Imprimerie de MIGNE, au Petit-Montrouge

DICTIONNAIRE UNIVERSEL

HISTORIQUE ET COMPARATIF

DE TOUTES LES

RELIGIONS DE LA TERRE [1].

J

[Cherchez par DJ, par I, par Y ou par Z les mots que l'on ne trouve pas ici par J.]

JABÉ (prononcé *Yavé*), transcription du nom de *Jéhova*, chez les Samaritains, d'après Théodoret. *Voy.* JÉHOVA, et DIEU, I, 6.

JABMÉ-AIMO ; c'étaient les enfers des Lapons; cette région des morts était, suivant eux, peuplée d'êtres d'une nature semblable à celle des vivants, et qui menaient une vie peu différente de celle des Lapons sur la terre. Mais ces êtres souterrains avaient une nature bien plus parfaite, jouissaient d'une condition et d'un sort beaucoup plus heureux, et étaient tout autrement habiles dans les arts. C'était là qu'habitaient les *Saiwos*, les *Loddés*, les *Guellés*, les *Sarwas*, etc.

Les Lapons avaient des sorciers ou jongleurs, qui prétendaient jouir de la faculté de se transporter réellement en esprit dans le Jabmé-Aimo; et c'était à eux que l'on s'adressait lorsqu'on voulait évoquer un de ses ancêtres pour prendre soin des troupeaux de rennes, ou lorsqu'on voulait obtenir des Jabmeks la santé d'un parent malade.

Quand on avait trouvé un magicien décidé à entreprendre ce voyage, on assemblait la famille et une grande multitude de peuple. Le magicien prenait son tambour, le battait et chantait en même temps de toutes ses forces; tous les assistants poussaient en même temps de grands cris. Le jongleur, arrivé au paroxysme de l'exaltation, courait de côté et d'autre, s'agitait avec une extrême célérité et faisait des gestes extraordinaires en frappant toujours le tambour magique, puis il tombait tout à coup, et paraissait comme mort et privé de tout sentiment. Cette espèce d'extase durait environ une heure; il fallait même un autre magicien, qui eût fait déjà le même voyage, pour le réveiller. Tous les sorciers lapons qui ont prétendu avoir fait ce voyage se sont accordés à dire que les *Saiwo-Guellés*, ou serpents venimeux qu'ils avaient évoqués par leurs chansons et le son de leur tambour, leur avaient apparu au moment du départ, et que, les ayant pris sur leur dos, ils les avaient portés dans le Jabmé-Aimo. Si les habitants de cet autre monde ne voulaient point laisser aller celui des morts que le magicien venait chercher; ou s'ils s'obstinaient à vouloir que le malade, dont le magicien demandait la santé, allât les joindre, ce que les parents du malade qui habitaient déjà le Jabmé-Aimo prétendaient assez souvent, la vie du magicien n'était point en sûreté. Cependant, lorsqu'il y avait du danger pour lui, il était vigoureusement défendu par son Saiwo-Guellé, qui attaquait avec intrépidité le Jabmek contraire au sorcier, et le forçait enfin à se prêter aux désirs de celui-ci, à lui accorder son congé et à consentir qu'il emmenât avec lui celui des Jabmeks qu'il était venu demander. Si les Jabmeks consentaient que le malade vécût encore, aussitôt celui-ci se rétablissait, pourvu toutefois qu'on ne manquât point à offrir à celui des Jabmeks qui désirait que le malade allât le joindre, le sacrifice qu'on lui avait promis. Quand le Jabmek était inexorable et qu'on ne pouvait le gagner par les vœux qu'on faisait de lui offrir des sacrifices, il fallait de toute nécessité que le malade mourût. A son retour du Jabmé-Aimo, le magicien devait sans dissimulation déclarer quel avait été son succès, bon ou mauvais.

JABMEAKKO, divinité laponne, souveraine du *Jabmé-Aimo*; son nom signifie mère de la Mort. C'est elle qui donne un autre corps à ceux qui descendent dans ses domaines, leur assigne les mêmes fonctions et leur accorde le même pouvoir qu'ils avaient sur la terre.

JABMEK, divinités des anciens Lapons; elles correspondaient aux Mânes des Latins; c'étaient les âmes des parents décédés; elles habitaient le *Jabmé-Aimo* ou séjour des âmes, d'où elles pouvaient être évoquées par les magiciens. *Voy.* JABMÉ-AIMO.

---

(1) Voyez l'*Avis* placé en tête du second volume.

ENCYCLOPÉDIE
THÉOLOGIQUE,

OU

SÉRIE DE DICTIONNAIRES SUR TOUTES LES PARTIES DE LA SCIENCE RELIGIEUSE,

OFFRANT EN FRANÇAIS

LA PLUS CLAIRE, LA PLUS FACILE, LA PLUS COMMODE, LA PLUS VARIÉE
ET LA PLUS COMPLÈTE DES THÉOLOGIES.

CES DICTIONNAIRES SONT :

D'ÉCRITURE SAINTE, DE PHILOLOGIE SACRÉE, DE LITURGIE, DE DROIT CANON, D'HÉRÉSIES ET
DE SCHISMES, DES LIVRES JANSÉNISTES, MIS A L'INDEX ET CONDAMNÉS, DES PROPOSITIONS
CONDAMNÉES, DE CONCILES, DE CÉRÉMONIES ET DE RITES, DE CAS DE CONSCIENCE,
D'ORDRES RELIGIEUX (HOMMES ET FEMMES), DES DIVERSES RELIGIONS, DE GÉOGRAPHIE
SACRÉE ET ECCLÉSIASTIQUE, DE THÉOLOGIE DOGMATIQUE ET MORALE, DE
JURISPRUDENCE RELIGIEUSE, DES PASSIONS, DES VERTUS ET DES VICES,
D'HAGIOGRAPHIE, D'ICONOGRAPHIE CHRÉTIENNE, DE MUSIQUE
CHRÉTIENNE, DE BIOGRAPHIE CHRÉTIENNE, DES PÈLERINAGES
CHRÉTIENS, DE DIPLOMATIQUE, DE SCIENCES OCCULTES,
ENFIN DE GÉOLOGIE ET DE CHRONOLOGIE RELIGIEUSES.

PUBLIÉE

PAR M. L'ABBÉ MIGNE,

ÉDITEUR DE LA BIBLIOTHÈQUE UNIVERSELLE DU CLERGÉ,

OU

DES COURS COMPLETS SUR CHAQUE BRANCHE DE LA SCIENCE ECCLÉSIASTIQUE.

50 VOLUMES IN-4°.

PRIX : 6 FR. LE VOL. POUR LE SOUSCRIPTEUR A LA COLLECTION ENTIÈRE, 7 FR., 8 FR., ET MÊME 10 FR. POUR LE
SOUSCRIPTEUR A TEL OU TEL DICTIONNAIRE PARTICULIER.

TOME VINGT-SIXIÈME.

DICTIONNAIRE DES RELIGIONS.

TOME TROISIÈME.

J-P

4 VOL. PRIX : 32 FRANCS.

CHEZ L'ÉDITEUR,

AUX ATELIERS CATHOLIQUES DU PETIT-MONTROUGE,
BARRIÈRE D'ENFER DE PARIS.

1850

DICTIONNAIRE

UNIVERSEL, HISTORIQUE ET COMPARATIF

DE TOUTES

LES RELIGIONS

DU MONDE,

COMPRENANT

LE JUDAISME, LE CHRISTIANISME, LE PAGANISME, LE SABÉISME, LE MAGISME, LE DRUIDISME, LE BRAHMANISME, LE BOUDDHISME, LE CHAMANISME, L'ISLAMISME, LE FÉTICHISME, ETC., AVEC TOUTES LEURS BRANCHES.

LES HÉRÉSIES ET LES SCHISMES QUI SE SONT INTRODUITS DANS L'ÉGLISE CHRÉTIENNE ;
LES SECTES QUI SE SONT ÉLEVÉES DANS LES AUTRES RELIGIONS,
LES ORDRES RELIGIEUX TANT DES CHRÉTIENS QUE DES PEUPLES INFIDÈLES ;
LES RITES, USAGES, CÉRÉMONIES RELIGIEUSES, FÊTES, DOGMES, MYSTÈRES, SYMBOLES, SACRIFICES, PRATIQUES SUPERSTIEUSES EN USAGE DANS TOUS LES SYSTÈMES DE RELIGION, ETC., ETC.;

RÉDIGÉ

PAR M. L'ABBÉ BERTRAND,

DE LA SOCIÉTÉ ASIATIQUE DE PARIS;

PUBLIÉ

PAR M. L'ABBÉ MIGNE,

ÉDITEUR DE LA BIBLIOTHÈQUE UNIVERSELLE DU CLERGÉ,

OU

DES COURS COMPLETS SUR CHAQUE BRANCHE DE LA SCIENCE ECCLÉSIASTIQUE.

TOME TROISIÈME.

4 VOL. PRIX : 32 FRANCS.

CHEZ L'ÉDITEUR,

AUX ATELIERS CATHOLIQUES DU PETIT-MONTROUGE,
BARRIÈRE D'ENFER DE PARIS.

1850

JACA, dieu des Singalais. *Voy.* Jaddèses.

JACOB, patriarche des Hébreux, surnommé *Israël*. Voy. Israel.

JACOBÉOS, nom que l'on a donné en Portugal aux partisans d'une erreur théologique sur le sacrement de pénitence. On sait que, suivant la doctrine de l'Eglise, un pénitent qui se confesse ne peut jamais déclarer nominativement à son confesseur les complices de sa faute, à moins que cette déclaration ne soit indispensable pour l'intégrité de sa confession, et cette règle est fondée sur ce que le pénitent ne peut, sans un nouveau péché, disposer de la réputation de son prochain. Cependant, dit l'abbé Grégoire, le Portugal vit, pendant quelque temps, d'autres maximes prévaloir dans certaines communautés religieuses, où le despotisme des supérieurs imposait à leurs subordonnés l'obligation de dévoiler non-seulement leurs fautes, mais encore celles de leurs frères, de leurs complices, et pliait tous les membres de ces communautés sous le joug d'une obéissance aveugle. Cet abus prit naissance vers 1744, chez des Ermites chaussés de Saint-Augustin, passa chez des moines réguliers, et de là s'étendit à beaucoup d'individus des autres ordres. Les partisans ecclésiastiques et laïques de cette doctrine y ajoutaient une piété outrée et mystique. On les nomma *Sigillistes*, comme donnant atteinte au secret de la confession, et *Jacobéos*, parce que dans la salle où ils avaient commencé leur complot il y avait un tableau représentant l'échelle de Jacob. Les Jacobéos et leurs adhérents devinrent extrêmement nombreux sous la protection du P. Gaspard de l'Incarnation, qui en était regardé comme le chef. Les Chanoines de Coïmbre rédigèrent un règlement calqué sur ces principes, qui furent soutenus par des exercices publics désignés sous le nom de *Theses, maximas, exercicios e observancias da Jacobea*. Une sentence du tribunal de la *Meza Censoria* les fit saisir et brûler par la main du bourreau. Le cardinal da Cunha et le patriarche de Lisbonne publièrent en 1745 des lettres pastorales et des édits contre cette doctrine, qui avait pour défenseurs les évêques d'Algarve, d'Elvas et de Coïmbre. Ce dernier écrivit même au pape, sur cet objet, une lettre apologétique. Benoît XIV, trop bien instruit des règles de l'Eglise pour tolérer un abus si criminel, donna, la même année, un bref contre le zèle indiscret qui voulait assujettir les pénitents à nommer leurs complices et les lieux de leur résidence. Le même pontife publia encore à ce sujet quatre bulles, dont la dernière est de 1749. Le tribunal de l'Inquisition publia, la même année, un décret contre les Jacobéos, et en 1774 un règlement qui prononçait des peines sévères contre les coupables, savoir : la fustigation, la déportation et six ans de galères pour la classe vulgaire ; l'exil sur les côtes d'Afrique pour les nobles ; l'interdit et un an d'exil ou de galères pour les membres du clergé ; la prison pour les femmes laïques ; pour les religieuses, l'exil dans le couvent le plus éloigné, et privation de voix active et passive au chapitre ; enfin pour les relaps, les châtiments affectés aux schismatiques et aux hérétiques.

JACOBINS, JACOBINES, surnom donné, en France, aux religieux et religieuses de l'ordre de Saint-Dominique, parce que leur couvent était situé près la porte Saint-Jacques à Paris. Ce couvent était antérieurement un hôpital pour les pèlerins de Saint-Jacques ; il fut donné aux Dominicains à la prière du pape Honoré III, l'an 1218, par le docteur Jean, doyen de Saint-Quentin.

Dans la rue Saint-Honoré il y avait un couvent de *Jacobins réformés*, fondé vers l'an 1611, par le P. Sébastien Michaëlis, qui avait rétabli l'ordre de Saint-Dominique dans sa pureté primitive.

JACOBITES, hérétiques du Levant, qui tirent leur nom du moine Jacob, surnommé *Baradæus* ou Zanzalus, homme ignorant, mais actif et zélé, que les Eutychiens firent élever sur le siége épiscopal d'Edesse. Il parcourut l'Orient, réunit les différentes factions des Eutychiens ou Monophysites, ainsi appelés parce qu'ils ne reconnaissaient qu'une seule nature en Jésus-Christ ; il établit partout des évêques et des prêtres, de sorte que, vers la fin du vi⁰ siècle, cette hérésie se trouva rétablie dans la Syrie, la Mésopotamie, l'Arménie, l'Egypte, la Nubie et l'Ethiopie, où elle subsiste encore. Cependant, comme l'observe Richard Simon, si l'on comprend sous le nom de Jacobites tous les Monophysites du Levant, c'est-à-dire ceux à qui l'on attribue l'hérésie de ne reconnaître qu'une nature en Jésus-Christ, il est certain que cette secte est fort étendue ; mais ceux qui s'appellent proprement Jacobites sont en très-petit nombre, et ils habitent principalement la Syrie et la Mésopotamie ; leur chef réside à Kara-Amid, capitale du Diarbékir.

Les Jacobites ne reconnaissent qu'une nature en Jésus-Christ, rejettent le concile de Calcédoine, condamnent la lettre de saint Léon, et regardent comme des défenseurs de la foi Dioscore, Barsumas et les Eutychiens, condamnés par le concile de Calcédoine. Toutefois ils ne croient pas que la nature humaine et la nature divine soient confondues en Jésus-Christ ; ils avouent qu'ils ne s'expriment ainsi que pour mieux défendre l'unité de personne contre les Nestoriens. Ils soutiennent qu'ils ne diffèrent point de l'Eglise romaine, qui établit deux natures en Jésus-Christ ; mais ils prétendent mieux expliquer le mystère de l'incarnation, en disant qu'il n'y a qu'une nature, parce qu'il n'y a qu'un Jésus-Christ Dieu et homme, que ne font les Latins, qui parlent, disent-ils, de ces deux natures comme si elles étaient séparées et qu'elles ne fissent pas un véritable tout. C'est aussi en ce sens que Dioscore, qui a adouci quelques expressions d'Eutychès, qui paraissaient trop rudes, disait qu'il reconnaissait que Jésus-Christ était composé de deux natures, mais qu'il n'était pas deux natures ; ce qui semble orthodoxe; car ils ne veulent pas avouer qu'il y ait deux natures en Jésus-Christ, de peur d'établir deux Jésus-Christs. De sorte que les Jacobites ne sont point, à proprement parler, engagés dans l'erreur d'Eutychès, mais dans celle des Acéphales, qui rejetaient le concile de Calcédoine.

Ils ont tous les sacrements de l'Eglise romaine, et n'en diffèrent que sur quelques pratiques dans l'administration des sacrements; ils ont, par exemple, conservé la circoncision, et marquent d'un fer rouge l'enfant après qu'il est baptisé; ils ont conservé la prière pour les morts. Leurs jeûnes sont fréquents et rigoureux; ils ont, outré le carême, le jeûne de la Vierge, celui des Apôtres, celui de Noël, celui des Ninivites, et chacun de ces jeûnes dure plusieurs semaines; de plus, ils jeûnent toute l'année le mercredi et le vendredi. Pendant tout le carême, un Jacobite ne peut ni boire de vin, ni manger de poisson, ni se servir d'huile; l'infraction de ces lois est punie de l'excommunication; il n'est permis de manger ni lait ni œufs les mercredis et les vendredis. Ils font consister presque toute la perfection de l'Evangile dans l'austérité de ces jeûnes, qu'ils poussent à des excès incroyables; on en a vu qui pendant beaucoup d'années ne vivaient durant tout le carême que de feuilles d'olivier. Il y a chez eux beaucoup de moines, dont les uns sont réunis en communauté, d'autres vivent dans des cellules séparées ou dans les déserts.

JACOBITES D'ANGLETERRE, secte politico-ecclésiastique, qui prit naissance en Angleterre après la révolution de 1688 qui avait chassé du trône Jacques II, pour y porter Guillaume, gendre de ce prince. La majorité du clergé anglican reconnut ce dernier comme roi de fait et de droit; quelques-uns comme roi de fait seulement. Mais Sancroft, archevêque de Cantorbéry, et sept autres prélats, croyant que la conscience défendait de se soustraire à l'autorité de Jacques II, quoique banni de ses Etats, refusèrent à son gendre le serment d'allégeance. En conséquence, ils furent appelés *Non-jurors* ou *Jacobites*; ils furent même accusés d'incliner au papisme, parce que le roi Jacques était catholique; c'est pourquoi les catholiques reçurent aussi la dénomination de Jacobites.

Les évêques anglicans opposés au serment se disaient seuls orthodoxes, seuls légitimes, taxaient les autres de schisme et d'hérésie, et firent une communion séparée. Mosheim leur attribue de croire que la succession au trône est d'institution divine, et qu'il n'est jamais permis, sous aucun prétexte, de résister aux princes. Les *Jurors*, pour soutenir la légitimité de Guillaume, s'appuyaient sur le texte: *Toute puissance vient de Dieu*. Les *Non-jurors* leur répliquaient: « Si donc vingt usurpateurs se succèdent, vous suivrez le dernier, comme l'épagneul suit le voleur monté sur le cheval de son maître, après avoir tué le propriétaire. » Ces derniers voulaient que l'Eglise ne dépendît aucunement du magistrat, mais de Dieu seul, surtout dans les affaires purement religieuses.

Ce parti s'était également répandu dans l'église épiscopale d'Ecosse; mais il reçut un coup mortel par la défaite de Charles-Edouard en 1745. Ce prince étant mort à Rome en 1788, une assemblée de leurs évêques, tenue à Aberdeen, reconnut enfin la maison de Brunswick, et statua qu'on prierait pour Georges III et sa famille. En 1792, on leur proposa de souscrire aux trente-neuf articles; leur consentement à cette demande fut ratifié en 1804, dans une assemblée générale; et maintenant l'Eglise épiscopale protestante d'Ecosse est en communion avec l'Eglise anglicane, mais sans être, comme elle, soumise à l'influence du gouvernement britannique.

JACQUES DE L'ÉPÉE (Ordre de Saint-), ordre militaire établi en Espagne, l'an 1170, pour s'opposer aux incursions des Maures qui troublaient les pèlerins allant à Compostelle au tombeau de saint Jacques. Il avait aussi pour but d'attirer les Mahométans à la religion chrétienne. Cet ordre fut approuvé par Alexandre III, en 1175. Les chevaliers proposèrent aux chanoines de Saint-Eloi, qui avaient des hôpitaux sur le chemin appelé *la Voie Française*, de s'unir à leur congrégation, ce qui eut lieu vers l'an 1275. Cet ordre était composé de clercs et de chevaliers; parmi ces derniers, les uns gardaient le célibat, les autres étaient mariés, et leurs femmes étaient comptées pour sœurs de l'ordre. La première dignité est celle de grand maître; elle est réunie à la couronne depuis Charles-Quint. La seconde est celle de prieur, affectée à deux chanoines qui portent la mitre et les autres ornements pontificaux. Les chevaliers font preuve de quatre races de chaque côté; tous peuvent se marier maintenant, mais seulement avec une permission du roi par écrit. Leur habit de cérémonie est un manteau blanc avec une croix rouge en forme d'épée, fleurdelisée par le pommeau et les croisons, sur la poitrine. C'est le plus considérable des ordres militaires d'Espagne; ses revenus sont immenses, et les commanderies embrassent deux villes et cent dix-huit bourgs.

Il y a aussi des chevalières ou chanoinesses de Saint-Jacques de l'Epée, dont le premier monastère fut fondé à Salamanque pour loger les pèlerins de Saint-Jacques. Elles font maintenant les trois vœux solennels qu'elles n'ont pas toujours été dans l'usage de prononcer. Leur habit est le même que celui des chanoines.

JACQUES-DU-HAUT-PAS (Ordre de Saint), chanoines hospitaliers, institués en Italie, vers l'an 1260. Le but primitif de cette institution était de faciliter aux pèlerins le passage des rivières en leur fournissant des bacs. Les membres de l'ordre étaient d'abord frères laïs, puis ils furent prêtres; ils portaient l'habit blanc. Ils formaient une congrégation dont le chef-lieu était l'hôpital de Saint-Jacques-du-Haut-Pas, sur l'Arno dans l'État de Florence. Cet institut s'étant propagé en France, le pape y nomma en 1286 un commandeur général qui résidait à Paris dans l'hôpital de Saint-Jacques-du-Haut-Pas. Pie II supprima cet ordre en 1459.

JADDÈSES ou DJADDÈS, troisième classe des prêtres, dans l'île de Ceylan. Ce sont, au rapport de Knox, les prêtres des esprits. Les pagodes qu'ils desservent n'ont point de revenus. Un homme dévot bâtit à ses dépens une maison, dont il devient le prêtre. Il fait peindre sur les murailles de cette maison des hallebardes, des épées, des flèches, des boucliers et des images. Ces maisons s'appellent ordinairement *Jacco*, qui veut dire maison du diable. *Jacco* ou *Jaca* est le nom du démon. Pour célébrer la fête de ce Jacco, le Jaddèse se rase toute la barbe.

JADUTHA, idole vénérée autrefois dans la Saxe et dans la Marche.

JAGA-BABA, divinité infernale des anciens Slaves; elle avait la forme d'une grande femme décharnée, dont les pieds étaient osseux. Elle était armée d'une barre de fer, avec laquelle elle tâchait de faire crouler le socle sur lequel elle était placée. On ignore le culte que lui rendaient ses adorateurs.

JAGGERNAUT, célèbre idole des Hindous. *Voy.* DJAGAD-NATHA.

JAGUAS (1). La plupart des anciens voyageurs nous représentent les Jaguas comme étant un peuple de l'Afrique; mais ils sont plutôt une secte ou une confédération, répandue dans une grande partie de l'Afrique centrale, et que l'on trouve principalement dans les royaumes de Kassangi et de Matamba. Il est assez difficile de faire concorder les récits des voyageurs du XVIIe siècle; il paraît cependant que les Jaguas sont soumis à un chef appelé par les uns *Grand-Jagua*, par les autres *Kalandola*, mais ce dernier nom est probablement le nom propre de l'individu qui était appelé à cette grande dignité. Quoi qu'il en soit, les Jaguas sont extrêmement féroces; ils sont presque toujours en guerre avec les peuples voisins, dans le seul but vraisemblablement de faire des prisonniers. Ceux-ci sont partagés en deux classes; les hommes et les femmes d'un âge mûr sont tués et mangés par eux, après les avoir fait engraisser; quelquefois ils se contentent de les vendre pour esclaves. Quant aux jeunes gens, ils les réduisent en servitude dans le dessein de les naturaliser parmi eux; ce qui a lieu après qu'on les a soumis à diverses épreuves, et lorsqu'ils ont apporté au Grand-Jagua la tête d'un ennemi. Pour éprouver le courage des jeunes captifs, ils tirent contre eux des flèches, presqu'à fleur de tête, et celui que la crainte fait sourciller est tué et mangé sans rémission. On leur fait perdre aussi quatre dents sur le devant de la bouche, deux de la mâchoire supérieure et deux de l'inférieure, après quoi on leur perce le nez et les oreilles; alors le jeune homme est déclaré *Gonso* ou soldat,

_____
(1) On écrit encore ce nom *Jagas, Jagues, Giagues, Djagas, Guagas*, etc.

et fait partie du *Chilombo* ou de la confédération. Il est rare qu'ils élèvent leurs propres enfants, qui les embarrasseraient dans leurs marches continuelles. Il arrive même qu'avant de grandes expéditions, tous ceux qui ont des enfants les offrent publiquement en sacrifice à leurs *Mokissos*, en pilent les chairs et les os, et en font une espèce d'onguent dont les guerriers se frottent tout le corps pour s'inspirer du courage et se rendre invulnérables. Les femmes et les filles sont soumises aux mêmes lois que les hommes et les garçons.

JAINCOA, nom de Dieu dans la langue eskuara ou basque. *Voy.* DIEU, n° XCII.

JALDABAOTH, divinité adorée par les Nicolaïtes.

JANA, divinité romaine, épouse de Janus. *Voy.* CARDA.

JANCHON. Les Botocudos, tribu sauvage du Brésil, redoutent des génies malfaisants ou démons noirs qu'ils nomment *Janchons*. Il y en a de grands, *Janchon Gipakein*, et de petits, *Janchon Koudji*. Quand le grand diable se montre et traverse leurs cabanes, tous ceux qui l'aperçoivent ne peuvent échapper à la mort. Ses apparitions ne durent pas longtemps; mais ses visites causent toujours le trépas de beaucoup de monde. Souvent il saisit un morceau de bois, et bat les chiens jusqu'à les tuer. Quelquefois il fait mourir les enfants que l'on a envoyés chercher de l'eau; dans ce cas, on trouve l'eau répandue de côté et d'autre. Ce démon paraît avoir une grande analogie avec l'*Agnian* ou *Ahanga* des Tupinambas. La crainte de cet esprit empêche les sauvages de passer la nuit seuls dans les forêts; ils ne s'y décident pas volontiers, et préfèrent marcher plusieurs ensemble.

JANG, sacrifice qu'offrent les Chinois pour chasser les maladies et les autres calamités.

JANGOU-MON. D'après les anciens voyageurs, un certain nombre de nègres de la Côte-d'Or professaient une espèce de dualisme: ils croyaient à l'existence de deux dieux: l'un blanc, appelé *Bossoum* ou *Jangou-Mon*, c'est-à-dire le bon homme; l'autre noir, qu'ils nommaient *Demonio* ou *Diablo*, mots empruntés du portugais. Ils disaient que le premier était le Dieu des Européens; mais ils se plaignaient beaucoup du second, lui attribuaient toutes sortes de méchancetés et tremblaient à son nom seul. Ils prétendaient en être quelquefois battus, et mettaient sur son compte les coups qu'ils recevaient, dans l'obscurité, par une main inconnue.

JANNANINS. Les Quojas, ancien peuple de la Guinée, étaient persuadés que les âmes des morts devenaient des esprits, auxquels ils donnaient le nom de *Jannanins*, c'est-à-dire, patrons, défenseurs, parce que l'occupation attribuée à ces esprits était de protéger et de secourir leurs parents et leurs anciens amis. Un nègre qui, à la chasse, avait échappé à quelque danger imminent, se hâtait d'aller au tombeau de son libérateur, où la reconnaissance lui faisait sacrifier un veau, avec du riz et du vin de palmier pour offrande, en présence des parents et des autres amis du Jannanin, qui célébraient cette fête par des chants et des danses.

Les Quojas qui recevaient quelque outrage se retiraient dans les bois, où ils s'imaginaient que ces esprits faisaient leur résidence. Là ils demandaient vengeance à grands cris, soit à Kanno, soit aux Jannanins. De même, s'ils se trouvaient dans quelque embarras ou dans le péril, ils invoquaient l'esprit en qui ils avaient plus de confiance. D'autres le consultaient sur les événements futurs. Par exemple, lorsqu'ils ne voyaient point arriver de vaisseaux d'Europe, ils interrogeaient leur Jannanin pour savoir ce qui les arrêtait, et s'ils apporteraient bientôt des marchandises. Enfin leur vénération était extrême pour les esprits des morts. Ils ne buvaient jamais d'eau ni de vin de palmier, sans commencer par en répandre quelques gouttes en l'honneur des Jannanins. S'ils voulaient assurer la vérité, c'est leur Jannanin qu'ils attestaient. Le roi même était soumis à cette superstition ; et quoique toute la nation parût pénétrée de respect pour Kanno, le culte public ne regardait que ces esprits. Chaque village avait, dans quelque bois voisin, un lieu fixe pour les évocations. On y portait, dans trois différentes saisons de l'année, une grande abondance de provisions pour la subsistance des esprits. C'était là que les personnes affligées allaient implorer l'assistance de Kanno et des Jannanins. Les femmes, les filles et les enfants ne pouvaient entrer dans ces bois sacrés. Cette hardiesse eût passé pour un sacrilège, qui eût été puni miraculeusement par une mort tragique. Une femme convaincue d'adultère, surtout après un premier pardon de son mari, était conduite au bois des Jannanins, où elle disparaissait sans que l'on pût jamais trouver d'elle la moindre trace ; il est probable qu'elle y était mise à mort et soigneusement enterrée par les exécuteurs de la justice.

JANSÉNISME, système erroné sur la grâce, ainsi nommé de Corneille Jansens, plus connu sous le nom latin de Jansénius, qui en est regardé comme le premier auteur. Cet homme fameux, né dans le comté de Leerdam en Hollande, l'an 1585, de parents très-attachés à la religion catholique, fut d'abord principal du collége de Bayonne en France, puis de celui de Sainte-Pulchérie à Louvain. Promu au doctorat en 1619, il fut nommé par le roi d'Espagne à une chaire d'Ecriture sainte. en 1630, puis, six ans après, à l'évêché d'Ypres, qu'il ne garda pas longtemps, étant mort de la peste le 6 mai 1638, âgé d'environ cinquante-trois ans. Cette mort n'eut rien que de glorieux, car il avait gagné cette maladie en visitant les pestiférés.

Pendant tout le cours de sa vie, Jansénius avait fait une étude approfondie des ouvrages de saint Augustin, et après s'être bien nourri des travaux de ce grand docteur, il composa lui-même un livre intitulé *Augustinus*, qui fut une pomme de discorde jetée dans le camp des catholiques. Nous sommes loin de regarder Jansénius comme le fondateur du Jansénisme ; cette célèbre opinion a pour principal auteur Duverger de Haurane, abbé de Saint-Cyran, ou plutôt elle n'est que la continuation du système condamné de Baïus ; mais l'*Augustinus*, qui pourtant ne fut publié qu'après la mort de Jansénius, fit tant de bruit et donna occasion à tant de débats, suscita une polémique si longue et si acharnée, qu'il mérita à son auteur le triste honneur d'attacher son nom à la secte nouvelle. Quelques-uns pensent que Jansénius était bien innocent des troubles que son livre occasionna après lui ; ils disent que rien n'est plus facile que de se tromper dans une matière aussi délicate que celle de la grâce, que les propositions condamnées lui échappèrent sans dessein ; ils se fondent, 1° sur une double déclaration de sa soumission au saint-siége, insérée dans l'ouvrage même, et par laquelle il le soumet humblement au jugement du souverain pontife ; 2° sur une semblable déclaration insérée dans son testament une demi-heure avant sa mort ; 3° enfin sur une lettre écrite quelques jours auparavant à Urbain VIII, et dans laquelle il dit ces belles paroles : « Je me trompe assurément, si la plupart de ceux qui se sont appliqués à pénétrer les sentiments de saint Augustin ne se sont étrangement mépris eux-mêmes. Si je parle selon la vérité ou si je me trompe dans mes conjectures, c'est ce que fera connaître cette pierre, l'unique qui doit nous servir de pierre de touche, contre laquelle se brise tout ce qui n'a qu'un vain éclat sans avoir la solidité de la vérité. Quelle chaire consulterons-nous, sinon celle où la perfidie n'a point accès ? A quel juge enfin nous en rapporterons-nous, sinon au lieutenant de celui qui est la voie, la vérité et la vie, dont la conduite met à couvert de l'erreur ? Dieu ne permettant jamais qu'on se trompe en suivant les pas de son vicaire en terre... Ainsi tout ce que j'ai pensé, dit ou écrit dans ce labyrinthe hérissé de disputes, pour découvrir les véritables sentiments de ce maître très-profond, et par ses écrits et par les autres monuments de l'Eglise romaine, je l'apporte aux pieds de Votre Sainteté, approuvant, improuvant, rétractant, selon qu'il me sera prescrit par cette voix de tonnerre qui sort de la nue du siége apostolique. »

D'autres croient au contraire que Jansénius s'est lancé à son escient dans une voie condamnable ou du moins périlleuse. Ils se fondent, 1° sur une défense des sentiments de Baïus écrite de sa main et composée par lui, mais qui est demeurée manuscrite ; 2° sur le titre d'*Apologie de Baïus*, que, dit-on, il voulait d'abord donner à son livre ; 3° sur les lettres qu'il écrivait à l'abbé de Saint-Cyran et dans lesquelles il ne se dissimule pas la hardiesse et la témérité de son entreprise ; il prévoit le trouble que sa doctrine occasionnera dans l'Eglise, les condamnations qui le menacent; et veut que son livre ne paraisse qu'après sa mort, afin de ne point s'exposer à voir le reste de ses jours s'écouler dans l'agitation et dans le trouble ; il assure enfin que le pouvoir tramontain est pour lui la moindre chose.

Quoi qu'il en soit de l'intention de l'auteur, le livre de Jansénius ne tarda pas à faire beaucoup de bruit dans l'université de Louvain. Les Jésuites s'empressèrent de le réfuter. La guerre s'alluma de part et d'autre, et l'on vit paraître une foule d'écrits de controverse sur cette matière. Le pape Urbain VIII, voulant apaiser ces querelles, interdit la lecture de l'*Augustinus* et des écrits des Jésuites contre ce livre, ajoutant cependant qu'on trouvait dans cet ouvrage des propositions déjà condamnées par ses prédécesseurs. La défense du pape ne put calmer des esprits trop échauffés. La querelle devint de jour en jour plus vive. La France y prit part, et il s'éleva dans ce royaume de grands troubles à cette occasion. Enfin quatre-vingt cinq évêques français, ayant extrait du livre de Jansénius cinq propositions qui contenaient toute sa doctrine, les déférèrent au pape Innocent X. Voici ces propositions :

1° *Quelques commandements de Dieu sont impossibles à des hommes justes qui veulent les accomplir, et qui font à cet effet des efforts selon les forces présentes qu'ils ont; et la grâce qui les rendrait possibles leur manque.*

2° *Dans l'état de nature déchue, on ne résiste jamais à la grâce intérieure.*

3° *Pour mériter et démériter dans l'état de nature déchue, il n'est pas nécessaire que l'homme ait une liberté exempte de nécessité, mais il suffit qu'il ait une liberté exempte de coaction ou de contrainte.*

4° *Les Semi-Pélagiens admettaient la nécessité de la grâce intérieure prévenante pour chaque action en particulier, même pour le commencement de la foi; ils étaient hérétiques en ce qu'ils voulaient que cette grâce fût telle que la volonté de l'homme pût y résister ou y obéir.*

5° *C'est une erreur semi-pélagienne de dire que Jésus-Christ est mort ou qu'il a répandu son sang généralement pour tous les hommes.*

Ces cinq propositions ont été censurées : la première, comme téméraire, impie, blasphématoire, frappée d'anathème et hérétique ; la 2e et la 3e comme hérétiques ; la 4e, comme fausse et hérétique ; la 5e, comme fausse, téméraire, scandaleuse, et étant entendue en ce sens Jésus-Christ soit mort pour le salut seulement des prédestinés, impie, blasphématoire, injurieuse, dérogeant à la bonté de Dieu et hérétique.

Tel fut le jugement prononcé par Innocent X dans sa bulle du 31 mai 1653. Cette bulle fut reçue par le clergé de France, qui dressa en 1655 un formulaire pour la condamnation des cinq propositions de Jansénius. Les partisans de ce dernier, se trouvant dans l'alternative d'abandonner leur docteur ou de désobéir à l'Eglise, crurent se tirer d'embarras et éviter le scandale en déclarant qu'ils souscrivaient à la condamnation que le saint-siége avait faite des propositions, mais que la doctrine qu'elles contenaient n'était point celle de Jansénius. Arnaud, l'un des coryphées de la secte, et avec lui soixante-douze docteurs de Sorbonne, ayant refusé de souscrire à la censure de ces propositions comme étant de Jansénius, furent exclus de la faculté de théologie, le 16 octobre 1638. Le pape Alexandre VII, ne voulant plus laisser aucun subterfuge aux partisans de Jansénius, publia une bulle par laquelle il déclarait expressément que les cinq propositions étaient dans l'*Augustinus*, qu'elles étaient condamnées dans le sens qu'elles présentent et dans le sens même de l'auteur. Le formulaire dressé par le clergé de France fut proposé à signer à tous les ecclésiastiques, religieux et religieuses du royaume ; et le roi lui-même en ordonna la signature par une déclaration expresse. Ce formulaire était ainsi conçu : « Je me soumets sincèrement à la constitution du pape Innocent X du 31 mai 1653, selon son véritable sens, qui a été déterminé par la constitution de notre saint-père Alexandre VII, du 16 octobre 1656. Je reconnais que je suis obligé en conscience d'obéir à ces constitutions; et je condamne de cœur, et de bouche la doctrine des cinq propositions de Cornélius Jansénius contenue en son livre intitulé *Augustinus*, que ces deux papes et les évêques ont condamnée, laquelle doctrine n'est point celle de saint Augustin, que Jansénius a mal expliquée contre le vrai sens de ce docteur.»

La signature de ce formulaire fut la source d'une infinité de contestations, de chicanes, de subtilités et de disputes frivoles sur le droit et le fait , sur l'infaillibilité du souverain pontife. Les uns voulaient se retrancher derrière un silence respectueux ; les autres déclinaient l'autorité du souverain pontife, lorsqu'il s'agissait de juger le sens d'un livre; d'autres en appelaient du pape mal informé au pape mieux informé où à un concile général. Bientôt cette querelle prit les proportions d'une véritable hérésie ; l'Eglise de France fut partagée en deux camps, dont chacun comptait dans ses rangs des évêques, des docteurs, des savants de tout ordre et du plus haut mérite. Les Jansénistes se distinguaient des autres par une plus grande austérité de mœurs, plus de sévérité et de décence dans le commerce ordinaire de la vie, plus d'éloignement des plaisirs mondains ; peut-être aussi par plus de mortification; plus de zèle pour les pratiques de la pénitence. Mais il faut convenir que ces beaux dehors cachaient la plupart du temps un orgueil démesuré, un amour-propre excessif, et un attachement inflexible à ses propres idées.

Le chef-lieu de la secte était le monastère de Port-Royal, situé dans une profonde solitude à six lieues de Paris ; c'était dans ce désert qu'allaient se retremper les chefs du parti, les Duverger de Hauranne, les Arnaud, les Pascal, les Nicole, les Lemaistre de Sacy, etc., hommes d'une vaste érudition et d'un profond savoir, qui ont rendu de grands services à la religion et aux lettres, mais qui eussent encore plus mérité de l'Église, s'ils n'avaient pas usé leurs talents à défendre par orgueil un système absurde et désolant. Après la mort de ces grands hommes, la secte tomba dans une phase de ridicule ; les Jansénistes se donnèrent le ton d'avoir des miracles ; le thaumaturge était un diacre appelant, d'une vie très-austère, inhumé dans le cimetière de Saint-Médard à Paris. Son tombeau devint l'objet d'un pèlerinage très-fréquenté à cause de la multitude de prodiges qui s'y opéraient journellement. C'est là que la puissance de Dieu et l'intercession du prétendu saint se traduisaient par des sauts, des gambades, des tours de force, des niaiseries puériles connues sous le nom de *convulsions*, et qui ont pendant si longtemps mystifié la capitale et le royaume. *Voy*. CONVULSIONNAIRES.

Depuis cette époque le Jansénisme a toujours été en déclinant ; et maintenant qu'il y a plus de deux siècles que Jansénius est mort, la secte n'est pas encore tout à fait éteinte ; cependant elle est réduite à sa plus simple expression ; il n'y a plus d'évêques, plus de prêtres de ce parti : d'ici à quelques années elle aura donc disparu pour toujours.

JANUALES, 1° fêtes que les Romains célébraient le jour des calendes de janvier, en l'honneur de Janus. Elles étaient signalées par des jeux, des danses et d'autres réjouissances publiques. Les consuls se rendaient en grande pompe au Capitole, suivis de la foule des citoyens parés de leurs plus beaux habits, et là on offrait des sacrifices à Jupiter. Ce jour-là, on se faisait des présents et d'heureux souhaits, et l'on avait grande attention de ne rien dire qui ne fût de bon augure pour le reste de l'année. On offrait à Janus des dattes, des figues, du miel et une sorte de gâteau, nommée *Janual*. La douceur de ces offrandes était regardée comme symbole de présages favorables pour l'année qui venait de commencer.

2° On appelait aussi *Januales* les vers que chantaient les Saliens en l'honneur de Janus; ils devaient être aussi libres que les vers saturniens.

3° Enfin, il y avait à Rome une porte, appelée *Januale*; elle était située sous le mont Viminal, et avait reçu ce nom à l'occasion d'un prétendu miracle arrivé à cette porte par la protection de Janus. Macrobe et Ovide rapportent que les Sabins, faisant le siège de Rome, avaient déjà atteint la porte qui est sous le mont Viminal; cette porte, qu'on avait bien fermée aux approches de l'ennemi, s'ouvrit tout à coup d'elle-même jusqu'à trois fois, sans qu'on pût venir à bout de la fermer. « C'est que la jalouse Junon, dit Ovide, en avait enlevé les serrures et tout ce qui servait à la fermer. » Les Sabins, instruits de ce prodige, et poussés par la fille de Saturne, accoururent en foule à cette porte pour s'en rendre maîtres ; mais Janus, protecteur des Romains, fit sortir à l'instant de son temple une si grande quantité d'eau bouillante, que plusieurs des ennemis furent engloutis ou brûlés, le reste prit la fuite. « C'est pour cela, ajoute Macrobe, que le sénat ordonna qu'à l'avenir les portes du temple de Janus fussent ouvertes en temps de guerre, pour marquer que Janus était sorti de son temple pour aller au secours de la ville et de l'empire. » Ovide en donne une autre interprétation. On ouvre ce temple, dit-il, pour demander aux dieux le retour des soldats qui sont à l'armée ; on le ferme à la paix, pour que la divinité, rentrée dans son asile, n'en puisse plus sortir. Un moderne explique cet usage d'une manière plus naturelle : « On invoquait Janus pour avoir la paix, et, après l'avoir obtenue, on cessait des supplications, devenues sans objet. »

JANUS, dieu particulier aux Romains, sur l'origine duquel les mythologues ne sont pas d'accord ; toutefois il est remarquable que les Romains eux-mêmes s'accordaient à lui attribuer une extraction étrangère. Les uns le disaient Scythe ; les autres le faisaient originaire du pays des Perrhèbes, peuple de Thessalie, qui habitait sur les bords du Pénée. Aurélius Victor rapporte que Créuse, fille d'Érechthée, roi d'Athènes, princesse d'une grande beauté, fut surprise par Apollon, et en eut un fils, qui fut élevé à Delphes. Érechthée donna sa fille en mariage à Xiphée, qui, ne pouvant avoir d'enfants, alla consulter l'oracle. Il lui fut répondu qu'il devait adopter le premier enfant qu'il rencontrerait le lendemain. Il rencontra Janus, fils de sa femme, et l'adopta. Celui-ci, devenu grand, équipa une flotte, aborda en Italie, y fit des conquêtes, et bâtit une ville qu'il appela de son nom *Janicule*. On prétend que ce fut lui qui policia les peuples de cette contrée, leur apprit à vivre en société, et leur donna des lois. Saturne, chassé de son trône par son fils Jupiter, ayant peu après abordé en Italie, Janus lui fit l'accueil le plus favorable, et l'associa même à sa royauté. Saturne par reconnaissance lui accorda le don de se ressouvenir du passé et de prévoir l'avenir. Janus, après sa mort, fut mis au rang des dieux.

Ovide nous apprend que Janus était représenté avec deux têtes ou au moins avec deux visages ; il a composé à cette occasion ce distique, dont le second vers nous paraît passablement ironique :

Jane biceps, anni tacite labentis origo,
Solus de superis qui tua terga vides.

Ailleurs, le même poète nous dit que les anciens l'appelaient le Chaos ; que ce ne fut qu'au moment de la séparation des éléments qu'il prit la forme d'un dieu ; que tout ce qui existe, le ciel, la terre, les mers, sont ouverts et fermés de sa main ; qu'il est l'auteur de toutes les révolutions ; qu'à sa volonté la paix et la guerre règnent tour à tour ; qu'il préside aux portes du ciel de concert avec les Heures ; que c'est par lui que Jupiter lui-même retourne à sa place.

On représente ce dieu tenant d'une main une clef et de l'autre une verge, pour marquer qu'il est le gardien des portes, et qu'il préside aux chemins. Il était aussi la personnification de l'année, dont le premier mois et le premier jour lui étaient dédiés. C'est pourquoi ses statues marquent quelquefois de la main droite le nombre de 300, et de la gauche celui de 65. Il y avait à Rome plusieurs temples de Janus; les uns dédiés à Janus *Bifrons*, les autres à Janus *Quadrifrons*. Ces derniers étaient à quatre faces, avec une porte et trois fenêtres à chaque face. Les quatre côtés et les quatre portes exprimaient sans doute les quatre saisons de l'année, et les trois fenêtres les trois mois de chaque saison. Varron dit aussi qu'on avait érigé à Janus douze autels par rapport aux douze mois. Ces autels étaient hors de Rome, au delà de la porte du Janicule. Comme dieu de l'année, on offrait à Janus, le jour de sa fête, des dattes, des figues ridées et du miel renfermé dans un vase neuf; on y ajoutait une pièce de monnaie, qui d'abord n'était que de cuivre, mais qui fut d'or dans la suite, lorsque Rome fut devenue plus riche. Sur cette monnaie était d'un côté une figure à deux visages, et de l'autre la figure d'un navire ou simplement une proue en mémoire du vaisseau sur lequel Saturne était venu se réfugier dans cette partie de l'Italie qui en fut appelée *Latium*, c'est-à-dire cachette.

Janus, qui avait eu un règne long et pacifique, fut aussi considéré comme dieu de la paix. C'est à ce titre que Numa lui fit bâtir un temple, qui restait ouvert durant la guerre, et qu'on fermait en temps de paix. Or, durant les huit premiers siècles de l'empire romain, ce temple ne fut fermé que trois fois : la première sous Numa; la seconde après la deuxième guerre punique, et la troisième sous Octave, après la bataille d'Actium. Il y eut sans doute beaucoup de jactance à Octave de faire fermer le temple à cette dernière époque; car, si Rome était en paix avec le reste du monde, elle était ravagée à l'intérieur par des discordes civiles. *Voy.* JANUALES, n° 3.

On donnait à Janus plusieurs noms : ceux de *Patulius*, celui qui ouvre; *Clusius*, celui qui ferme; *Geminus*, le double; *Pater*, le père; *Consivus*, celui qui favorise les productions de la nature; il paraît même qu'on l'appelait *Quirinus*.

Mais pourquoi l'appelle-t-on *Geminus*, et lui donne-t-on deux visages? Les anciens ne nous répondent qu'en tâtonnant. Les uns prétendent que ce double visage rappelle l'association de Saturne avec Janus dans le gouvernement du Latium. D'autres veulent que ce soit le symbole de la connaissance que Janus avait acquise des choses passées et des événements futurs. Plutarque assure que c'est pour nous apprendre que ce prince et son peuple étaient passés de la vie sauvage à la civilisation. Il en est qui pensent que le double visage exprime l'alliance des Romains et des Sabins opérée par Romulus et Tatius. D'autres enfin, surtout parmi les modernes, soutiennent que cette figure est l'emblème de l'année qui vient de finir et de celle qui va commencer. En effet, les anciens le considéraient comme la *porte* de l'année; aussi Macrobe ne balance pas à tirer son nom de *Janua*; c'était le portier du ciel ou plutôt du temps; on le représentait avec une clef à la main. Plusieurs indianistes identifient *Janus* avec *Ganès*, *Ganésa*, dieu de la théogonie brahmanique. Outre le rapport de consonance dans les deux vocables, l'un et l'autre sont revêtus de fonctions analogues; dans l'Inde comme dans le Latium, ils sont adorés sur toutes les routes, et placés honorablement sur tous les seuils; ils gardent le passage des dieux; ils président au calcul et par là au calendrier; et si Janus a simultanément deux têtes, Ganésa en a également deux, mais successives. « Ces analogies n'ont pas le droit de nous étonner, dit M. le baron d'Eckstein, depuis qu'il est clair comme le jour qui luit au ciel que la langue latine et le sanscrit dérivent de la même source, qui a dû couler pour les deux langues dans le berceau commun de la race arienne d'Orient et d'Occident, dans la haute Asie moyenne et centrale. »

Nous ne citons que pour mémoire l'opinion de quelques savants du siècle dernier, qui ont vu dans Janus le patriarche Noé. Suivant eux, on lui donnait deux têtes, parce que Noé jeta en arrière ses regards sur la race submergée, et en avant sur celle qui allait commencer avec lui; il portait une clef, parce qu'il avait, en quelque sorte, ouvert le monde après le déluge; il présidait au commencement de l'année, parce qu'il avait vu la fin de l'ancien monde et le commencement du nouveau. Enfin, le nom de *Janus* leur rappelait l'hébreu יין, *Jaïn*, *Yaïn*, le vin, parce que Noé avait planté la vigne.

JAPET, JAPHET. Les Grecs regardaient Japet comme l'auteur de leur race, et ne connaissaient rien de plus ancien que lui. *Plus ancien que Japet*, disaient-ils, lorsqu'ils voulaient parler d'un événement dont on avait presque perdu la mémoire. Hésiode le fait fils d'Uranus et frère de Saturne; il dit qu'il épousa Clymène, fille de l'Océan, et qu'il en eut quatre fils, Atlas, Ménécée, Prométhée et Épiméthée. La tradition rapportée par Diodore est différente : selon celui-ci, Japet aurait épousé la nymphe Asie, et au lieu de Ménécée, son second fils, il aurait eu Vesper ou Hesper. Ce fut, ajoute-t-il, un homme puissant en Thessalie, mais méchant, et plus recommandable par ses quatre fils que par son propre mérite.

Japet n'est autre que le Japhet biblique, fils de Noé, et père de la race humaine qui peupla l'Asie septentrionale et l'Europe orientale. En effet, le nom de Japet (Ἰαπετός), étranger à la langue grecque, est la transcription exacte de l'hébreu יפת *Iaphet*. Les Grecs le donnent comme l'auteur de leur race, et l'Écriture sainte nous dit en effet qu'il fut père de יון *Ivn*, nom hébreu qu'on peut indifféremment prononcer *Ion* ou *Iavan*; ce Ion fut le père des Ioniens ou Grecs, appelés encore *Iounaié* par les Syriens, *Iounani* par les Arabes, et *Iavanas* par les Hindous. Que Japet ait épousé une fille de l'Océan ou la nymphe Asie, cela trouve également son application ; on pouvait poétiquement appeler filles de l'Océan les femmes sauvées dans l'arche du déluge universel ; et d'un autre côté Japhet commença à s'établir dans l'Asie Mineure. C'est là qu'il donna naissance à *Gomer*, père des Cymbres ou Kimmériens, dont une branche s'établit en Arménie sous la conduite de Togarma, l'autre émigra dans la Chersonèse Taurique, et pénétra de là dans l'Europe septentrionale ; à *Magog*, père des Scythes et des Tartares ; à *Madaï*, père des Mèdes ; à *Javan*, le Prométhée des Grecs, établi dans l'Asie Mineure; à *Thubal*, père des Tibaréniens, vers le Pont-Euxin ; à *Mosoch*, père des Mosques, voisins de la Colchide et de l'Ibérie, suivant Hérodote, et dont le nom rappelle involontairement celui des Moscovites ; enfin à *Thiras*, qui donna son nom aux Thraces. Nous venons de dire que Javan était le Prométhée des Grecs ; en effet ses enfants furent *Elisa*, qui donna son nom à l'Elis ou Elide (les Hébreux appelaient ainsi tout le Péloponèse); *Tharsis*, dont l'établissement est peu connu : peut-être habita-t-il aussi la Thrace ou fonda-t-il Tharsus en Cilicie ; *Kittim*, père des Kittiens, établis dans l'île de Chypre ; et *Dodanim*, ou selon d'autres *Rodanim*, père des Dodoniens, des Dardaniens, ou des habitants de Rhodes.

JARIBOL, un des dieux des Palmyréniens, que l'on croit être le même que *Lunus*; en effet ce mot peut fort bien être la transcription du phénicien ירח *Iareh*, lune, et בעל *Bal*, seigneur, dieu; *Jarehbal*, le dieu Lune.

JARNWID, c'est-à-dire *aux arbres de fer*; forêt que les Celtes supposaient habitée par une vieille magicienne, mère de plusieurs géants qui avaient la forme de bêtes féroces, et de deux loups qui menaçaient sans cesse de dévorer le soleil et la lune. Le plus redoutable de cette race s'appelait *Managarmer*; ce monstre s'engraissait de la substance des hommes qui approchaient de leur fin. Quelquefois il dévorait la lune, obscurcissait le soleil et ensanglantait le ciel et les airs.

JARRETIÈRE (ORDRE DE LA), ordre de chevalerie institué vers l'an 1347 par Edouard III, roi d'Angleterre. On raconte que la comtesse de Salisbury, qui était aimée du roi, ayant laissé tomber, dans un bal, sa jarretière, Edouard la releva ; et comme son empressement donnait à rire aux courtisans, il 'écria, pour témoigner qu'il n'avait pas eu de mauvais dessein : *Honni soit qui mal y pense!* et jura que tel qui se moquait de cette jarretière s'estimerait heureux d'en porter une semblable. Peu après il créa le nouvel ordre. D'autres rejettent ce fait comme controuvé et pensent que l'ordre a une plus noble origine. Quoi qu'il en soit, Edouard créa vingt-cinq chevaliers, dont il se déclara le grand maître, et cinq officiers, savoir : le prélat ou grand aumônier, le chancelier ou garde des registres, le greffier, le roi d'armes ou héraut, et l'huissier. Il y joignit quatorze chanoines pour servir l'église, treize vicaires, treize ecclésiastiques et quatorze chantres. Cet ordre fut mis sous la protection de saint Georges, patron de l'Angleterre. L'habit de cérémonie consiste dans un justaucorps de soie blanche, avec les bas de même couleur, un surtout cramoisi et un manteau de velours bleu. Aujourd'hui le nombre total des membres ne dépasse pas vingt-six, y compris le souverain. Les chevaliers portent sur l'épaule droite un chaperon d'écarlate. La jarretière s'attache sous le genou gauche ; elle est de bleu céleste, brodée d'or, et ornée de pierreries : on lit dessus ces paroles en broderies : *Honni soit qui mal y pense*. La reine la porte au bras. La marque distinctive de l'ordre est un cordon bleu en forme d'écharpe, qui descend de l'épaule gauche jusqu'à la hanche droite.

JASION, demi-dieu des Grecs, fils de Jupiter et d'Electre, l'une des Atlantides, frère de Dardanus et d'Hermione ou Harmonie. Il épousa Cybèle, qui le rendit père de Corybas. Selon d'autres, il fut aimé de Cérès, dont il eut Philomèle, inventeur du labourage, et Plutus, dieu des richesses. C'est sans doute une allégorie qui indique que l'agriculture est la véritable source des richesses. Jupiter, voulant distinguer Jasion de ses autres fils, lui enseigna les mystères sacrés, auxquels ce prince admit le premier des étrangers. Resté dans sa patrie, pendant que Dardanus, son frère, était allé s'établir sur les côtes de la Troade, Jasion y reçut Cadmus, et lui donna sa sœur Hermione en mariage. Ce fut le premier hymen auquel les dieux assistèrent. Homère et Denys d'Halicarnasse prétendent que ce même Jasion, ayant voulu attenter à l'honneur de Cérès, fut écrasé par un coup de foudre.

JASO, déesse de la maladie; on la disait fille d'Esculape et d'Epione. On la voit représentée sur un monument avec Esculape; elle tient à la main une boîte qui est peut-être la pyxis ou boîte aux remèdes. Elle paraît être la même que la déesse appelée *Méditrine* par les Romains.

JATIT ou JATTILAISET, géant de la mythologie finnoise ; il était fils de Kaléwa, et passait sa vie à jouer dans les bois.

JAYMO-SAJENON, fête célébrée au Pégu en l'honneur d'une idole du pays. Le roi et la reine assistent à cette fête, montés sur un char magnifique.

JEAN-BAPTISTE (SOCIÉTÉ DE SAINT-); association d'illuminés qui se réunissaient sous la direction d'un nommé Loiseau, de Saint-Mandé, près Paris. Ils prétendaient que le saint précurseur de Jésus-Christ assistait à leurs réunions, toujours visible à leur chef, et quelquefois à tous les membres. Dans leurs réunions, on répétait ce qui avait été montré ou enseigné à celui qui était considéré comme l'organe de la parole ; on faisait des prières liturgiques indiquées par saint Jean, telles que les psaumes prophétiques du nouveau règne spirituel qui était annoncé; et les membres participants à la révélation se formaient, disaient-ils, à cette vie unitive par laquelle l'homme livré à l'esprit de Dieu coopère avec lui, concourt à ses desseins, en prépare l'accomplissement par la prière et les œuvres, et lui fait comme une *Jérusalem naissante*.

Les membres de l'OEuvre de la Miséricorde, qui vient d'être condamnée par le concile de Paris, rattachent leur association à la société de Saint-Jean-Baptiste; ils avancent que l'esprit prophétique n'a jamais cessé depuis 1772, époque où Loiseaut reçut les premières révélations certaines; après lui le saint précurseur inspira, en 1788, la sœur Françoise, épouse d'un nommé André, qui régit cette église jusqu'en 1803, époque de sa mort. La parole fut donnée alors à M. Légros, et les séances se tinrent à Paris, rue Basse-Saint-Pierre au Marais. En 1810, la révélation alla inspirer, dans l'église Saint-Pierre d'Avignon, madame Bouché, née Marguerite-Thérèse des Isnard, dite sœur Salomé. Enfin en 1837, ce fut l'archange saint Michel qui se révéla en Normandie à Eugène Vintras, dit Pierre-Michel, qui est aujourd'hui le coryphée de la secte. Voy. MISÉRICORDE (OEuvre de la).

JEAN-BAPTISTE (CHRÉTIENS DE SAINT-), et Chrétiens de Saint-Jean-l'Évangéliste. Voy. au tome Ier, article CHRÉTIENS.

JEAN DE DIEU (HOSPITALIERS DE SAINT-), ordre religieux fondé en 1572, pour soigner les malades dans les hôpitaux, et secourir les malheureux attaqués d'aliénation mentale. (Voy. FRÈRES DE CHARITÉ, au mot CHARITÉ.) Dans les siècles derniers cet institut desservait, en France et dans les colonies, environ quarante hôpitaux contenant trois cents religieux et quatre mille lits. Maintenant ils n'ont plus que quatre maisons en France, savoir, à Lyon, à Lille, à Dinan et à Paris. Les trois premières sont consacrées à soigner les aliénés, et la dernière est un hospice pour les malades non mentales.

JECHA, divinité honorée autrefois dans la Thuringe.

JEDOD ou JÉDUD, dieu des anciens Germains, que l'on croit correspondre au Mercure grec et à l'Ogmius des Gaulois, et présider comme eux au commerce et à la fraude.

JÉHOVA, nom propre de Dieu dans l'Ancien Testament; sa prononciation antique paraît avoir été *Iao*; tel qu'il est prononcé actuellement il exprime *Celui qui a été, qui est et qui sera*; c'est pourquoi il est assez bien traduit par le mot *Éternel*. Voy. l'article DIEU, n° 1.

Les juifs modernes l'appellent *Schem*, le nom par excellence, ou *Schéma rabba*, le grand nom, ou *Schem hannikbad*, le nom glorieux; *Schem hamioukliad*, le nom propre; *Schem hamphorasch*, le nom propre et particulier, incommunicable. Ils le nomment encore le nom de quatre lettres ou tétragramme, parce qu'il consiste en effet en quatre lettres hébraïques יהוה.

S'il faut en croire quelques juifs cabalistes, le tétragramme ne serait que l'abrégé d'un nom de Dieu composé de douze lettres, et d'un autre plus complet encore qui en contient quarante-deux. Selon Pierre Galatin, le nom sacré de douze lettres serait: אב בן ורוח הקדש, le *Père, le Fils, et le Saint-Esprit*; et celui de quarante-deux lettres: אב בן אל אלה אחד אל ורוח הקדש אל אבל א שלשה אלהים כי אם אלה אחד le *Père est Dieu, le Fils est Dieu, et le Saint-Esprit est Dieu; cependant ce ne sont pas trois dieux; mais un seul Dieu*; ou bien: אב אלהים בן אלהים רוח הקדש אלהים שלשה באחד אחד בשלשה, le *Père est Dieu, le Fils est Dieu, le Saint-Esprit est Dieu; trois en un; un en trois*. On parle aussi d'un nom de soixante-douze lettres que nous ne connaissons pas. Nous ne garantissons pas l'authenticité de ces traditions, pour lesquelles nous renvoyons aux *Lettres d'un rabbin converti à ses frères*.

Nous avons dit plus haut que la prononciation du tétragramme paraît avoir été *Iao* ou plutôt *Iaho*; en effet, on le trouve articulé de la sorte à la fin des noms propres bibliques, comme *Azar-Iaho* (Azarias), secours de Dieu; *Zebad-Iaho* (Zébédée), don de Dieu; *Hanan-Iaho* (Ananias), grâce de Dieu; *Tsidk-Iaho* (Sédécias), justice de Dieu, etc. Au commencement des noms propres *Iaho* se contractait en *Ieho* (e muet) ou *Io*, par une règle propre à la langue hébraïque qui veut que, dans les mots composés, le premier s'abrège le plus possible et se précipite pour ainsi dire sur le second, afin d'éviter la multiplicité des syllabes, comme *Iehu-ézer*, ou *Io-ézer*, secours de Dieu; *Ieho-zabad* ou *Io-zabad*, don de Dieu; *Ieho-hanan* ou *Io-hanan* (Joannès), grâce de Dieu; *Isho-tsedec* ou *Io-tsedec*, justice de Dieu. Parmi les anciens auteurs grecs qui ont cité le tétragramme, Diodore de Sicile, Eusèbe, Hésychius, Origène, Tzetzès, l'écrivent ΙΑΩ (on sait que la langue grecque manque de la lettre *h*); Théodoret dit que les Samaritains le prononçaient Ἰαβέ (*Iavé*), et les Juifs Ἰαώ; Philon de Biblos écrit Ἰευώ, et saint Clément d'Alexandrie Ἰαού; ce qui se rapproche de la prononciation actuelle du nom tétragramme à la fin des noms propres, *Azar-Iahou, Hanan-Iahou*, etc.

La prononciation actuelle *Iehova* vient de ce que les Juifs, s'abstenant de jamais prononcer le tétragramme, y substituent constamment le mot *Adonaï*, dans la lecture privée et publique de la Bible; on a appliqué à יהוה *Yehova* les voyelles qui appartiennent au mot אֲדֹנָי *Adonaï*, Seigneur, excepté qu'à la place du schevâ composé, on a mis le schevâ simple, parce que le premier est incompatible avec la lettre *yod*. Cela est si vrai que, quand le tétragramme est précédé d'*Adonaï*, on lui affecte les voyelles du mot אֱלֹהִים *Elohim*, Dieu, afin de ne pas prononcer deux fois de suite le mot *Adonaï*, en cette sorte: אֲדֹנָי יֱהֹוִה *Adonaï Iehovi*, c'est-à-dire: lisez *Adonaï Elohim*, Seigneur Dieu.

Le nom tétragramme n'a pas été inconnu

aux anciens Chinois ; le philosophe Lao-tseu, qui vivait dans le vie siècle avant notre ère, donne à l'être trine qui a formé l'univers le nom hébreu à peine altéré, et qu'il orthographie de la sorte *I-hi-wei*; et les commentateurs chinois ajoutent sur ce passage : « Si l'on est forcé de nommer celui qu'on ne voit pas, qu'on n'entend pas, et qu'on ne peut toucher, on dit *I-hi-wei*. »

Les Juifs partisans des rêveries rabbiniques soutiennent que la véritable articulation du mot Jéhova donnerait à celui qui la connaîtrait, le pouvoir d'opérer les prodiges les plus éclatants, et ils prétendent que c'est en vertu de cette connaissance que Jésus-Christ a fait des miracles. Voici ce qui est rapporté dans la Vie de Jésus composée par un auteur juif et publiée par Wagenseil. Il y avait dans la partie la plus sainte du temple, qu'on appelait le Saint des saints, une pierre sur laquelle était gravé le nom ineffable de Dieu, avec sa véritable prononciation. Les sages de la nation, craignant que les jeunes gens, venant à apprendre ce nom, ne s'en servissent pour causer de grands malheurs, formèrent, par art magique, deux lions d'airain, qu'ils placèrent devant l'entrée du Saint des saints, l'un à droite et l'autre à gauche. Si quelqu'un pénétrait dans le sanctuaire et apprenait ce nom ineffable, les deux lions rugissaient contre lui, lorsqu'il sortait, et lui causaient une si grande frayeur qu'il oubliait le nom qu'il avait appris. Jésus résolut d'user de ruse, pour ne pas oublier la prononciation; il pénétra secrètement dans le sanctuaire, apprit le nom sacré, l'écrivit sur un parchemin; puis ayant prononcé ce nom pour charmer la douleur, il se fit une incision dans la chair, y cacha ce parchemin, prononça une seconde fois le nom et referma la plaie. Les lions rugirent comme d'habitude, lorsqu'il sortit, et il oublia le nom; mais ayant retiré le parchemin de sa chair, il l'apprit d'une manière définitive. C'est à l'aide de cette connaissance qu'il guérit des lépreux et ressuscita des morts, non point seulement des morts de quatre jours, mais des gens dont le corps était devenu un véritable squelette. Possédant un talisman aussi puissant, il semble que Jésus ne devait point craindre d'être mis à mort par les Juifs, mais l'historien de cette fable absurde a prévu l'objection, ou du moins il y a paré; car il rapporte que les sages engagèrent un nommé Judas à faire tout ce que Jésus avait fait pour se procurer la connaissance du nom ineffable, et l'assurant pour calmer ses scrupules, qu'ils se chargeaient de son péché. Judas le fit, lutta contre Jésus, lui ravit le nom ineffable et le livra sans défense aux principaux de la nation, qui le firent lapider.

JEHUD ou JEHOUD, divinité des Phéniciens; il était, suivant Porphyre, fils de Saturne et de la nymphe Anobreth. « Saturne régnant en Phénicie, dit-il, eut de la nymphe Anobreth un fils auquel il donna le nom de *Jehud*, qui, en leur langue, signifie *unique*. Dans une guerre très-dangereuse que ce prince eut à soutenir, ayant couvert son fils des ornements de la royauté, il l'immola sur un autel élevé exprès pour ce sacrifice. » Cette tradition se rapporte singulièrement avec le dogme chrétien : Le Père éternel fit naître sur la terre, de la vierge Marie, son fils unique (אחד *éhad* יחיד *jehud*); dans la guerre que ce fils, roi du ciel et de la terre, eut à soutenir contre le monde et le prince des ténèbres, il subit la mort et fut immolé en sacrifice, par la volonté expresse de son père, élevé sur une croix plantée sur une petite montagne.

JEN-NANG, dieu des Chinois; c'est lui qui juge les morts et préside à la transmigration des âmes.

JEN-VANG, autre dieu des Chinois; c'est le souverain des enfers.

JEN-Y-TONG, un des dieux des Coréens; il est, avec Tai-pak, l'arbitre du foyer domestique.

JÉRÉMIE, l'un des quatre grands prophètes de l'Ancien Testament, qui, par un privilège particulier, fut sanctifié dès le sein de sa mère. Dieu le choisit pour annoncer aux Juifs les malheurs terribles qui devaient être la punition de leur infidélité et de leurs désordres. Il commença à prophétiser sous le règne de Josias, l'an 629 avant Jésus-Christ. La sainte liberté avec laquelle il s'acquitta de sa divine et périlleuse mission l'exposa aux mauvais traitements de ce peuple obstiné et endurci dans ses crimes. Il fut mis plusieurs fois en prison; mais comme son zèle n'en était pas moins ardent, on le jeta dans une basse fosse, d'où un ministre du roi Sédécias le fit retirer. On eut bientôt l'occasion d'admirer l'esprit de Dieu qui l'animait. Il avait prédit la prise de Jérusalem : cette ville se rendit effectivement aux Babyloniens, l'an 606 avant Jésus-Christ. Nabuzardan, général de l'armée de Nabuchodonosor, donna au prophète la liberté ou d'aller à Babylone pour y vivre en paix, ou de rester en Judée. Le prophète préféra le séjour de sa patrie, pour instruire le peu de Juifs qui y étaient demeurés. Il donna de bons avis à Godolias, gouverneur de la Judée; mais cet homme imprudent, les ayant négligés, fut tué avec ceux de sa suite. Les Juifs, craignant la fureur du roi de Babylone, voulurent chercher leur sûreté en Egypte; Jérémie fit tout ce qu'il put pour s'opposer à ce dessein, et fut enfin contraint de les suivre avec Baruch, son disciple et son secrétaire. Là, il ne cessa de leur reprocher leurs crimes avec son zèle ordinaire; il prophétisa contre eux et contre les Egyptiens. On ignore le genre de sa mort; quelques-uns disent qu'il fut lapidé.

Nous avons de lui un livre de prophéties en cinquante et un chapitres. Saint Jérôme dit que Jérémie est simple dans ses expressions et sublime dans ses pensées; mais cette simplicité offre souvent des termes forts et énergiques. Il y a quelques visions symboliques, espèce de langage typique, alors en usage dans l'Orient, et qui, par sa nature, était plus propre à faire impression sur les peuples que des vérités dépourvues d'images sensibles et frappantes. Mais le chef-d'œuvre de Jérémie, c'est le petit livre de ses *Threni* ou Lamentations; elles sont le sujet des chants élégiaques des catholiques dans les jours qui précèdent la fête de Pâques. Ce sont des cantiques de deuil composés à l'occasion des divers malheurs de Jérusalem. Jérémie, dont le suprême talent était d'exciter l'attendrissement et la piété, n'a jamais été surpassé dans ce genre d'élégie lyrique.

Jérémie est honoré comme saint dans l'Église, et son culte est particulièrement célèbre à Venise, où il y a une église érigée sous l'invocation de cet ancien prophète.

JERKERS, mot anglais qui signifie *secoueurs;* nom d'une branche de fanatiques appartenant à la secte des Méthodistes en Amérique. Ils se font remarquer par leurs contorsions ridicules dans les *Camp-Meetings,* espèce de fêtes sacramentelles, très-fréquentées par les Presbytériens, les Méthodistes et par les chrétiens dits *de la lumière nouvelle.* Dans ces réunions, qui rappellent les parades des convulsionnaires de Saint-Médard, les Jerkers commencent par des branlements de tête, en avant et en arrière, ou de gauche à droite, qu'ils exécutent avec une inconcevable rapidité. Ce mouvement ne tarde pas à se communiquer à tous les membres, et les Secoueurs bondissent dans toutes les directions. Les grimaces sont telles que la figure devient méconnaissable, surtout parmi les femmes, qui n'offrent plus que l'aspect hideux d'un costume en désordre. Plusieurs fois on a remarqué que ces transports se communiquaient sympathiquement, et prenaient le caractère d'une affection nerveuse. On cite un ministre presbytérien qui, en haranguant sa congrégation contre cette manie, en fut atteint subitement, et devint lui-même *Jerker.* Dans les tavernes, on a vu des joueurs, des buveurs, jeter tout à coup les cartes, les verres, les bouteilles, et se livrer aux folies que nous venons de décrire, et qui ne sont pas encore le dernier terme de dégradation auquel soient descendus des êtres à figure humaine : car la prime est due sans doute aux *Barkers* ou Aboyeurs, qui, marchant à quatre pattes, comme les chiens, grincent des dents, grognent, hurlent et aboient. *Voy.* BARKERS, MÉTHODISTES.

JÉRONYMITES, religieux qui suivent la règle de saint Jérôme. *Voy.* HIÉRONYMITES.

JÉRUSALEM, ville sainte des Juifs et des chrétiens; elle est située dans la Syrie ou plutôt dans l'ancienne Palestine, à peu près à égale distance de la Méditerranée et du lac Asphaltite, vers les sources du torrent de Cédron, par 31° 46' lat. N. 33° 41' long. E. Dans les temps les plus reculés elle portait le nom de *Salem,* et avait pour roi le célèbre Melchisédec ; ce nom signifie *la paix* ou *la pacifique.* Du temps des Chananéens elle devint, sous le nom de *Jébus,* la capitale de la tribu des Jébuséens; déjà cependant elle était aussi appelée *Jérusalem,* Ierouschalaïm, en grec *Hierosolyma,* ce qui signifie *habitation pacifique.* David lui conserva ce dernier nom, lorsqu'il s'en fut rendu maître; il en fit la capitale de la tribu de Juda et de tout le royaume, y établit le siège de son empire et y fit transporter le tabernacle et l'arche d'alliance. Salomon fit bâtir un temple magnifique sur le mont de Sion; et Jérusalem fut dès lors le siège définitif du culte judaïque.

Cette ville eut ensuite l'insigne honneur de voir accomplir dans son sein les admirables mystères de la rédemption du genre humain : Jésus-Christ y célébra la dernière pâque, y institua le sacrement de l'eucharistie, y fut trahi, livré, condamné à mort, et subit le supplice de la croix sur le monticule du Calvaire, au N.-O. de Jérusalem. Après avoir été ruinée de fond en comble par Titus, suivant la prédiction de Jésus-Christ, l'empereur Hadrien la rétablit et lui donna le nom d'*Ælia Capitolina;* mais Constantin lui rendit son ancien nom. Cet empereur, de concert avec sainte Hélène sa mère, y fit bâtir des temples dans les lieux où avaient été accomplis les mystères de la rédemption. Depuis cette époque surtout, Jérusalem devint le but des pèlerinages des chrétiens, qui y accouraient de toutes les contrées de la terre. Aussi, lorsque cette ville fut prise par les Sarrasins, l'an 636, un immense cri de douleur retentit dans toute la chrétienté. On n'en continua pas moins le pieux pèlerinage; mais les Sarrasins travaillant sans cesse à aggraver le joug qu'ils faisaient peser sur les chrétiens, l'Europe s'en émut ; tous les peuples chrétiens prirent les armes, délivrèrent Jérusalem de la tyrannie des infidèles, et fondèrent en 1099 le nouveau royaume de Jérusalem qui ne subsista que quatre-vingt-huit ans. La ville sainte fut reprise par les Musulmans, qui jusqu'à ce jour en sont restés les maîtres.

Jérusalem est encore à présent l'objet du respect religieux des Juifs, des chrétiens et des Mahométans; ces derniers même ne l'appellent guère autrement que *El-Cods,* la Sainte. Dans l'église du Saint-Sépulcre, toutes les communions chrétiennes, à l'exception des protestants, ont un lieu ou une chapelle déterminée, où ils peuvent accomplir les cérémonies de leur culte; le Saint-Sépulcre proprement dit est entre les mains des Latins.

« Quand on voyage dans la Judée, dit Châteaubriand, d'abord un grand ennui saisit le cœur; mais lorsque, passant de solitude en solitude, l'espace s'étend sans bornes devant nous, peu à peu l'ennui se dissipe, on éprouve une terreur secrète, qui, loin d'abaisser l'âme, donne du courage et élève le génie. Des aspects extraordinaires décèlent de toutes parts une terre travaillée par des miracles : le soleil brûlant, l'aigle impétueux, le figuier stérile, la poésie, tous les tableaux de l'Écriture sont là; chaque nom renferme un mystère; chaque grotte déclare l'avenir; chaque sommet retentit des accents d'un prophète. Dieu même a parlé sur ces bords : les torrents desséchés, les rochers fendus, les tombeaux entr'ouverts attestent le prodige; le désert parait encore muet de terreur, et l'on dirait qu'il n'a osé rompre le silence depuis qu'il a entendu la voix de l'Eternel.....

« Je conçois maintenant ce que les historiens et les voyageurs rapportent de la surprise des croisés et des pèlerins, à la première vue de la cité sainte.... Je restai les yeux fixés sur Jérusalem, mesurant la hauteur de ses murs, recevant à la fois tous les souvenirs de l'histoire, depuis Abraham jusqu'à Godefroi de Bouillon, pensant au monde entier changé par la mission du Fils de l'Homme, et cherchant vainement ce temple dont *il ne reste pas pierre sur pierre*. Quand je vivrais mille ans, jamais je n'oublierai ce désert qui semble respirer encore la grandeur de Jéhova et les épouvantements de la mort. »

JÉRUSALÉMITES. On appelle ainsi les partisans de certains fanatiques qui, de temps en temps, ont rêvé soit le rétablissement des Juifs à Jérusalem, soit l'établissement d'une nouvelle Jérusalem, calquée sur les visions apocalyptiques. Du nombre des premiers étaient les sectateurs de Jacques Brothers, qui avaient fixé le retour des Juifs à Jérusalem à l'an 1798 ; c'était lui qui devait les y conduire comme un autre Moïse. Dans le Yorkshire, ils formèrent une société de Nouveaux-Jérusalémites, désignée dans les gazettes sous le nom d'Ezéchiélistes ; le *millenium* jouait un grand rôle dans ces absurdes théories. *Voy.* BROTHERS, EZÉCHIÉLISTES.

Ce système était encore un des points importants de la doctrine de Swédenborg, qui fit même paraître un *Traité de la Nouvelle Jérusalem*. En Angleterre, où il comptait aussi un certain nombre d'adhérents, on faisait paraître un journal intitulé *The New-Jerusalem Magazine*. Cette Nouvelle Jérusalem était une nouvelle Eglise chrétienne désignée dans l'Apocalypse par les nouveaux cieux et la nouvelle terre. C'était Swédenborg qui était chargé de la préparer et de l'établir ; mais, par un préjugé assez singulier, les Swédenborgistes plaçaient dans l'Afrique la Nouvelle Jérusalem. Le Suédois Wadstrom partit à cet effet avec Sparmann, en 1787, pour visiter ces contrées. Par suite de la même idée, les Swédenborgistes mettaient un vif intérêt à la formation de colonies libres près du cap Mesurado. A des rêveries associant des idées louables, ils condamnaient l'esclavage des nègres ; c'est pourquoi ils coopérèrent à l'établissement de Sierra Leone, où résidèrent pendant quelque temps Afzélius et Ulric Nordenskiold, deux des principaux coryphées de la secte. *Voy.* SWÉDENBORGISTES.

JESSA, le Jupiter des anciens peuples de la Sarmatie européenne.

JÉSUATES, ordre religieux institué à Sienne, en 1363, par saint Jean Colombini, et approuvé en 1367 par le pape Urbain V. Les membres de cette congrégation furent appelés *Jésuates*, parce qu'ils avaient sans cesse à la bouche le saint nom de *Jésus*. En 1492, le pape Alexandre VI leur donna le nom de *Jésuates de Saint-Jérôme*. Aucun de ces religieux, pendant l'espace de deux cents ans, ne fut élevé au sacerdoce. Uniquement occupés à exercer les œuvres de charité, tantôt ils composaient des remèdes qu'ils distribuaient ensuite gratuitement aux pauvres malades, tantôt ils allaient servir dans les hôpitaux. Plusieurs d'entre eux s'amusant à distiller et faisant même trafic d'eau-de-vie, le vulgaire en prit occasion de les nommer les *Pères à l'eau-de-vie*. En 1426, le bienheureux Jean de Tossignan, prieur d'une de leurs maisons, leur avait donné des constitutions. Ils n'avaient eu jusqu'alors d'autre règle que leur ferveur et leur dévotion. Ils commencèrent, en 1606, à prendre les ordres sacrés, et à réciter le grand office, conformément à la permission que leur accorda le pape Paul V. Ils furent depuis nommés *Clercs apostoliques*. En 1640, ils joignirent à leurs constitutions la règle de saint Augustin. Quoique les grandes austérités de ces religieux, leur vie pénitente et mortifiée fussent d'une grande édification pour l'Eglise, cependant la république de Venise, ayant dessein d'employer leurs biens aux frais de la guerre contre les Turcs, qui avaient mis le siège devant Candie, demanda au pape Clément IX la suppression de cet ordre, et le pontife ne jugea pas à propos de la refuser. Cependant il conserva les couvents de filles de cet ordre, qui subsistent encore en plusieurs endroits de l'Italie. Leur vie est austère ; elles ont pour vêtement une tunique de drap blanc, une ceinture de cuir, un manteau de couleur tannée et un voile blanc. Les Jésuates n'ont jamais eu aucun établissement hors d'Italie, si l'on en excepte un monastère fondé à Toulouse en 1425.

JÉSUITES. De tous les ordres religieux qui ont paru successivement dans l'Eglise, l'ordre des Jésuites est, sans contredit, un de ceux qui ont joué le plus grand rôle et rendu les plus grands services. Il fut suscité par Dieu dans un double but : d'abord pour combattre le paganisme dans les pays idolâtres, et ensuite pour arrêter les progrès du protestantisme en Europe. On peut dire avec vérité que la compagnie de Jésus qui, à cette époque malheureuse, comme l'avant-garde de l'Eglise, son bouclier et son épée ; et le moment de sa chute a été pour l'Eglise et la société le signal des plus affreux malheurs. L'histoire de cette société célèbre demanderait des volumes entiers, mais le cadre de ce Dictionnaire ne nous permet pas de trop longs développements : nous ne nous étendrons donc principalement que sur les Constitutions des Jésuites, qui nous offriront la clef de leur rapide accroissement et des grandes choses qu'ils ont opérées.

Saint Ignace, fondateur de l'ordre des Jésuites, naquit en 1491 de parents nobles, dans la Biscaye espagnole. Militaire d'abord, puis converti, à la suite d'une blessure qu'il avait reçue au siége de Pampelune en 1521, il résolut de se consacrer à Dieu et de dépenser à son service le courage qui l'avait distingué dans le monde. Après s'être livré aux exercices de la plus rude pénitence, dans une grotte près de Manrèze, il fit un voyage en terre sainte, où il arriva en 1523. De retour en Europe, le pieux pèlerin, quoique âgé de trente-trois ans, étudia dans les universités d'Espagne; son zèle et sa piété, qui prenaient quelquefois un air extraordinaire, lui suscitèrent souvent des traverses. Il arriva à Paris en 1528 et recommença ses humanités au collége de Montaigu; il fit ensuite sa philosophie au collége de Sainte-Barbe et sa théologie aux Dominicains; ce fut à Sainte-Barbe que, sentant croître le zèle qu'il avait pour le salut des âmes, il résolut d'établir un nouvel ordre et d'en tirer les membres de l'université de Paris. Les premiers qu'il s'associa furent : Pierre Lefèvre, François Xavier, Jacques Laynès, Alphonse Salméron, Nicolas Alfonse Bobadilla, Simon Rodriguez. S'étant réunis le 25 août 1534 dans l'église de Montmartre, ils firent le vœu d'entreprendre, dans un temps prescrit, le voyage de Jérusalem, pour la conversion des infidèles du Levant ; de quitter tout ce qu'ils possédaient au monde, excepté ce qui leur était nécessaire pour le voyage ; et en cas qu'ils ne pussent entrer dans la terre sainte ou y demeurer, d'aller se jeter aux pieds du pape pour lui offrir leurs services et aller sous ses ordres partout où il lui plairait de les envoyer. Ils s'obligèrent encore à ne rien exiger pour leurs fonctions, tant pour être plus libres que pour fermer la bouche aux luthériens, qui reprochaient aux prêtres de faire un trafic honteux des choses saintes. Mais l'approbation du pape était nécessaire pour l'accomplissement de leurs desseins. Ils se rendent donc à Rome et se présentent à Paul III, qui les reçoit avec bienveillance et permet à sept d'entre eux, qui n'étaient pas prêtres, d'entrer dans les saints ordres. De Rome ils vont à Venise, où ils sont élevés au sacerdoce et font entre les mains du nonce les trois vœux de pauvreté, de chasteté et d'obéissance. Après quoi ils se répandent dans les diverses universités d'Italie, pour s'associer de nouveaux compagnons. Ignace seulement se retire à Rome afin de travailler à la formation de son institut. La guerre qui venait d'éclater avec les Turcs empêchait le voyage de Palestine. Ignace réunit alors ses associés à Rome, afin de voir comment ils s'occuperaient, et afin aussi de se donner une Constitution. Ils résolurent de se choisir un supérieur général auquel ils obéiraient en toutes choses, et aux trois vœux qu'ils avaient déjà faits ils ajoutèrent celui d'une obéissance complète pour tout ce que leur ordonnerait le pape. Après avoir encore ainsi réglé, de concert, plusieurs autres articles, ils présentèrent le projet du nouvel ordre, tel qu'ils l'avaient conçu, au pape Paul III. Celui-ci nomma une commission de trois cardinaux pour l'examiner, et, sur leur rapport, il donna le 27 septembre 1540, une bulle par laquelle il approuve le nouvel institut, sous le nom de clercs réguliers de la compagnie de Jésus, à condition toutefois qu'ils ne seraient pas plus de soixante. Dans cette bulle le pape loue ceux qui composaient alors la société et leur permet de faire les constitutions qu'ils jugeraient les plus propres pour leur perfection particulière, pour l'utilité du prochain et pour la gloire de Jésus-Christ.

Dès ce moment l'ordre des Jésuites est fondé et en peu de temps il prend les accroissements les plus considérables, grâce au zèle et aux talents de ceux qui le composent. Tandis que saint Ignace, élu général, se livre à Rome aux exercices de la plus ardente charité et élabore son livre merveilleux des Constitutions, ses compagnons vont porter la foi dans les contrées les plus reculées du monde; et dès les premières années de l'ordre, les Indes, le royaume de Diu, celui de Fez et de Maroc, l'Abyssinie et l'Éthiopie eurent reçu les lumières de la foi, et l'Europe catholique a admiré la science théologique d'un Laynès, d'un Legay et d'un Salméron. Les papes voient les nombreux services qu'ils peuvent tirer du nouvel ordre et le favorisent. Paul III, dès 1543, ôte la restriction contenue dans la bulle d'institution et permet aux Jésuites de prendre tous les élèves qu'ils voudront, en même temps qu'il leur accorde le droit de se donner de nouvelles règles. Dès lors ils obtinrent priviléges sur priviléges, exemption de l'ordinaire, droit de prêcher partout, de confesser, d'absoudre et de commuer les vœux avec la seule autorisation de leur supérieur; droit de conférer les sacrements à tous ceux qui assistent à leurs discours ; défense à tous les ordinaires de les gêner dans la construction de leurs colléges ou maisons; de toute part on offre à saint Ignace les moyens nécessaires pour établir des maisons de son ordre, et bientôt il en eut dans une grande partie du monde, à Constantinople, en Italie, en Amérique même. La compagnie éprouva de fortes oppositions dans son établissement en France ; ses nombreux priviléges effrayaient l'université en même temps que l'exemption de l'ordinaire indisposait le clergé, et en 1554 la Sorbonne déclara que l'ordre des Jésuites était établi pour la ruine plutôt que pour l'édification des fidèles. Ces orages ne tardèrent pas à se dissiper, et en peu de temps la compagnie fut plus florissante en France qu'en aucun autre pays. A la mort de saint Ignace l'ordre comptait jusqu'à douze maisons professes et cent colléges.

Ce fut en 1542 que parurent les Constitutions de saint Ignace, ce livre étonnant qui a fait dire à Richelieu qu'avec des principes si sûrs et des vues si bien dirigées on gouvernerait un empire égal au monde. Dans l'analyse que nous en ferons, nous suivrons le livre du P. de Ravignan, intitulé : *De l'existence et de l'utilité de la compagnie de Jésus*, dans lequel il est répondu avec tant de dignité et de calme aux calomnies multipliées dont les Constitutions de la compagnie ont été l'objet. Pour les justifier, ces Constitutions seront exposées. Le noviciat, les études, la troisième année de probation, le gouvernement de la compagnie, le vœu d'obéissance, voilà les points principaux dont il sera parlé. Saint Ignace de Loyola est l'unique auteur des Constitutions, comme des Exercices spirituels approuvés par Paul III en 1545. C'est assurément un curieux sujet d'observations qu'une législation objet à la fois de tant d'attaques et de tant de louanges. Deux mots pourraient résumer ici ce monument de sagesse, de piété, de sainteté admirable : but et moyen. Le but, c'est la gloire de Dieu et le salut des âmes; le moyen, c'est l'obéissance. Lorsqu'un homme frappe à la porte de la compagnie de Jésus, placé sur le seuil, ce candidat de la vie religieuse connaîtra d'avance, à cette heure solennelle, toute l'étendue des devoirs que la compagnie dicte à ses membres. Il doit savoir, il saura quel est l'esprit qui l'anime dans toute sa vérité; libre, il se décidera. Etes-vous prêt, lui demande-t-on, à renoncer au siècle, à toute possession comme à tout espoir de biens temporels? Etes-vous prêt à mendier, s'il le faut, de porte en porte pour l'amour de Jésus-Christ ? — Oui.

Etes-vous disposé à vivre en quelque pays du monde et en quelque emploi que ce puisse être, où les supérieurs jugeront que vous serez plus utile pour la plus grande gloire de Dieu et pour le salut des âmes? — Oui.

Etes-vous résolu d'obéir aux supérieurs, qui tiennent pour vous la place de Dieu, en toutes les choses où vous ne jugeriez pas la conscience blessée par le péché? — Oui.

Vous sentez-vous généreusement déterminé à repousser avec horreur, sans exception, tout ce que les hommes esclaves des préjugés mondains aiment et embrassent, et voulez-vous accepter, désirer de toutes vos forces, ce que Jésus-Christ Notre-Seigneur aima et embrassa? — Oui.

Vous passerez pour fou. — Oui, cela me convient. Quand le postulant, libre encore, a répondu, il est admis au noviciat.

Ici commence pour lui un nouvel ordre de choses. Le novice passera deux années dans une profonde retraite. Il aura ce temps pour réfléchir ; et ce temps est nécessaire avant de se lier par des engagements irrévocables. Les épreuves morales qu'il doit subir sont grandes : aussi sa détermination, après deux ans de noviciat, sera-t-elle libre, éclairée, forte. Durant ce même espace de temps, toute étude lui est interdite. La prière, les méditations prolongées, l'étude pratique de la perfection et surtout de la plus entière abnégation de soi-même, la réforme courageuse des penchants de la nature, la lutte journalière et fidèle contre l'amour d'un vain honneur et de fausses jouissances, l'usage familier des exercices spirituels et de la conversation avec Dieu, la connaissance de tout un monde caché au fond de l'âme et d'une vie toute intérieure, voilà ce qui remplit les heures du noviciat. Le novice, arraché aux illusions de la vie du siècle et mieux prémuni contre le danger de leur retour, n'est encore lié par aucun engagement; il est libre. Souvent, très-souvent, on appela ses réflexions sur les graves obligations que les vœux imposent; il a dû passer par des épreuves répétées et décisives. Il délibère, on l'examine; il est jugé, il juge avec une entière liberté. Il s'offre enfin ; la société l'accepte. Après deux ans révolus, il se donne au Seigneur par une consécration irrévocable.

Deux années se sont écoulées; les vœux sont prononcés ; l'heure des études a sonné. Le religieux de la compagnie entre dans une nouvelle carrière. Quand, dit saint Ignace, le fondement de l'abnégation et du progrès nécessaire des vertus aura été jeté dans ceux qui sont admis parmi nous, on songera alors à construire l'édifice de leurs connaissances. Les deux années qui suivent celles du noviciat sont données d'abord à la rhétorique et à la littérature ; trois ans à la philosophie et aux sciences physiques et mathématiques, quelquefois davantage. Vient en suite la régence ou l'enseignement des classes dans un collége. On fait en sorte que le jeune professeur, commençant par une classe de grammaire, monte successivement et parcoure tous les degrés du professorat les uns après les autres. Cinq ou six ans se passent ainsi dans le cours de régence. Vers l'âge de vingt-huit ou trente ans, le religieux est envoyé en théologie. Cette étude, avec celle de l'Ecriture sainte, du droit canonique, de l'histoire ecclésiastique et des langues orientales, occupe quatre années. Le sacerdoce n'est conféré qu'à la fin des études théologiques, rarement avant trente-deux ou trente-trois ans. Après chaque année de ce long cours d'études, un examen sévère est subi. Nul ne passe au cours de l'année suivante qu'après un jugement favorable, porté par les examinateurs, sur l'année qui a précédé. Toutes les études finies, ceux qui jusque-là ont réussi dans les examens annuels subissent un examen général sur l'universalité des sciences philosophiques, physiques et théologiques. Avoir obtenu trois suffrages favorables sur quatre, dans ce dernier examen est une des conditions nécessaires pour être admis à la profession. Tel est l'ordre des études pour les religieux de la compagnie de Jésus. Il doit être suivi régulièrement, quand l'âge, le défaut d'aptitude et de santé, quand les nécessités du saint ministère ou le malheur des temps n'y apportent pas d'obstacles invincibles. Toutes les épreuves ne sont pourtant pas encore achevées. Il y a de bien longues années que le religieux est sorti du noviciat; les Constitutions lui ordonnent d'y rentrer. La troisième année de probation est le chef-d'œuvre de saint Ignace. Après quinze ou seize ans de vie religieuse, le prêtre rentre au noviciat.

Il doit maintenant, pendant une année entière, pour dernière épreuve et pour préparation dernière, s'exercer, suivant l'expression remarquable des Constitutions, dans l'étude du cœur : *In schola affectûs*. Au sein de la retraite et du silence, rendu plus présent à Dieu et à lui-même, avant d'être livré aux autres, on va soigneusement appliquer le religieux, *in schola affectûs*, à tout ce qui affermit et fait avancer dans une humilité sincère, dans une abnégation généreuse de la volonté, du jugement même; dans le dépouillement des penchants inférieurs de la nature, dans une connaissance plus profonde, dans un amour plus grand de Dieu. De cette sorte, après avoir fortifié dans son âme, après y avoir fait pénétrer plus avant cette vie véritablement spirituelle, il pourra mieux aider les autres à s'avancer dans les mêmes voies, pour la gloire de Dieu et de Notre-Seigneur. Après l'année révolue, le supérieur s'informe religieusement des progrès faits, soit dans la vertu, soit dans la science, et suivant le jugement que le Père général porte sur les informations transmises, le grade est conféré; c'est-à-dire tout simplement qu'on est admis à prononcer les derniers vœux de coadjuteur spirituel ou de profès : car il y a ces deux classes de religieux. Les uns et les autres sont égaux entre eux. Les places de supérieur sont même de préférence données aux coadjuteurs spirituels, et les profès leur sont le plus souvent soumis. Cependant quelques charges, en très-petit nombre, sont réservées spécialement à ceux-ci. Les profès ont aussi le droit, avec certains supérieurs désignés par la règle, d'assister aux congrégations ou assemblées provinciales ou générales de l'ordre. Ainsi, après les deux ans de premier noviciat, viennent les trois vœux de religion simples, mais perpétuels; après quinze ou seize années d'épreuves ou d'études, après une troisième année de noviciat, viennent les vœux solennels de profès ou les derniers vœux de coadjuteur. Telle est la gradation ordinaire.

Le jour de l'action enfin arrivé, pour la plus grande gloire de Dieu, pour le service de ses frères, le jésuite sera plus que jamais indifférent à tous les lieux, à tous les emplois, à toutes les situations; il ne repoussera loin de lui par une dénégation invincible que les honneurs et les dignités. Il se dévoue toujours pour obéir, jamais pour commander. Tel est l'homme que les Constitutions ont voulu donner à l'apostolat catholique.

Le général de la compagnie est dépositaire de l'autorité. Il ne l'exerce que suivant la grande loi catholique, c'est-à-dire, dans la plus parfaite dépendance à l'égard du vicaire de Jésus-Christ. Quand il y a lieu de nommer le général, la société s'assemble en congrégations provinciales, c'est-à-dire que dans chaque province de la compagnie les profès et certains supérieurs sont convoqués et se réunissent. Le père provincial et deux profès élus par la congrégation provinciale se rendent à Rome pour composer la congrégation générale. Celle-ci procède également par voie d'élection pour donner un général à la compagnie. Elle lui donne un certain nombre d'assistants tirés des différentes nations et qu'il doit consulter pour les choses qui concernent son administration. La société désigne aussi un admoniteur dont la charge est d'avertir le général, surtout en ce qui regarde sa conduite personnelle et privée. Le général est obligé de prendre et de recevoir des conseils; mais il est juge de sa détermination dernière. Dans un cas extrême les provinces pourraient élire des députés; des assistants pourraient les convoquer afin de déposer le général devenu indigne ou incapable. Tous les supérieurs, tous les membres de la compagnie sont soumis au général et lui doivent obéissance; tous peuvent librement recourir à lui.

Comme tous les ordres religieux, la compagnie est divisée en provinces. Dans chaque province ou subdivision de pays, un provincial est le supérieur de tous les établissements qu'elle renferme. Il les visite par lui-même exactement chaque année. Tous peuvent aller à lui pour leurs besoins et dans leurs peines. Le provincial a ses consulteurs et son admoniteur, nommés par le général; il doit aussi prendre et recevoir leurs avis. Enfin chaque maison a son supérieur propre soumis au provincial et au général. Le supérieur de chaque maison a également un conseil et un admoniteur. Telle est la forme du gouvernement de la compagnie : l'unité de pouvoir, la multiplication d'avis consultatifs. La sagesse possède ainsi toute sa lumière et l'action toute sa puissance. Le général est à vie; tous les autres supérieurs, quels qu'ils soient, ne sont nommés que pour trois ans; cependant ils peuvent être continués.

La journée du Jésuite commence à quatre heures du matin. Aussitôt après le réveil, les religieux se rendent dans la chapelle au pied du très-saint sacrement. A quatre heures et demie les religieux rentrent dans leurs cellules, pour y vaquer seuls à la méditation, pendant une heure. La cloche de l'*Angelus* met fin à la méditation. Les prêtres disent successivement leur messe, et, l'action de grâces terminée, commence le cours des occupations journalières. Les uns sont appliqués aux pénibles et lentes préparations qu'exige la prédication évangélique; d'autres se livrent aux recherches scientifiques et historiques; tous s'emploient aux fonctions actives du ministère des âmes. Midi arrive; c'est un temps d'arrêt dans la vie de communauté : un quart d'heure est d'abord employé à l'examen de conscience sur les actions de la matinée; puis les religieux descendent au réfectoire en silence, la lecture assaisonne un repas frugal qui dure une demi-heure. Ils visitent ensuite le saint sacrement et se réunissent pendant trois quarts d'heure pour la récréation. On se quitte pour retourner au silence, au travail et le plus souvent au confessionnal. Le soir vient; il a fallu trouver cependant le temps de la prière et de l'office divin. A sept heures, le souper réunit les religieux. Quelques instants de récréation suivent encore. A huit heures un quart les litanies des saints se récitent en commun, à la chapelle. Chacun se retire alors dans sa cellule et consacre, seul, une demi-heure à la lecture spirituelle et à l'examen de sa conscience. A neuf heures, on sonne le repos.

Nous achèverons l'analyse des Constitutions en donnant l'idée juste de la grande loi de l'obéissance. Elle est l'âme, la vie, la force et la gloire de la compagnie ; c'est ici le point capital de l'institut. Voici les paroles de saint Ignace : Tous s'étudieront à observer principalement l'obéissance et à y exceller...; il faut avoir devant les yeux notre Créateur et Seigneur, à cause duquel on rend obéissance à l'homme... Il faut apporter tous ses soins pour agir dans un esprit d'amour, et non avec le trouble de la crainte : *Ut in spiritu amoris et non cum perturbatione procedatur*... Soyons aussi prompts et aussi dociles que possible dans toutes les choses réglées par le supérieur et où il ne se trouve point de péché. Ici se rencontre un mot célèbre : Que chacun soit bien convaincu qu'en vivant sous la loi de l'obéissance, on doit sincèrement se laisser porter, régir, remuer, placer, déplacer par la divine Providence, au moyen des supérieurs, comme si on était un mort, *perinde ac si cadaver essent;* ou bien encore, comme le bâton que tient à la main un vieillard et qui lui sert à son gré. Le saint législateur, expliquant sa pensée, ajoute : Ainsi le religieux obéissant accomplit avec joie ce dont il est chargé par le supérieur, pour le bien commun, certain par là de correspondre véritablement à la volonté divine. Quel est donc le sens de l'obéissance du Jésuite et de tout religieux sans exception? Le voici au point de vue de la foi : Dieu, dans sa providence surnaturelle et spéciale, a établi au sein de l'Eglise un genre de vie et de perfection évangélique dont le vœu d'obéissance est le fondement et le caractère essentiel. C'est à Dieu même que le religieux voue son obéissance. Dieu l'accepte et s'oblige ainsi, en quelque manière, à diriger et à gouverner, par une autorité toujours présente, les actions de celui qui veut et qui doit obéir. Dieu vit, Dieu agit et il préside dans l'Eglise aux fonctions de tout le corps et surtout aux fonctions de la hiérarchie. Cette hiérarchie divine et non humaine constitue, approuve, inspire les règlements et les supérieurs des ordres religieux, en sorte que l'obéissance de chacun de leurs membres, par une vue de foi certaine et pure, doit remonter à l'autorité de Dieu même. J'obéis à Dieu, non à l'homme. Je vois Dieu ; j'entends Jésus-Christ lui-même dans mon supérieur. C'est ma foi pratique ; c'est le sens de mon vœu d'obéissance et des règles qui l'expriment. Il y a là une théorie magnifique, elle est surnaturelle et divine ; le supérieur commande avec la conscience de l'autorité qui lui vient de Dieu ; l'inférieur obéit avec la conviction de l'obéissance qu'il doit à Dieu. Le supérieur vit de la foi ; l'inférieur vit de la foi : telle est l'obéissance chez les Jésuites.

Après cet exposé des Constitutions, les réflexions se présentent naturellement, sans que nous ayons besoin de les exposer. Que ne devait-on pas attendre d'hommes formés d'après de tels principes? Aussi les Jésuites ont-ils obtenu partout les plus grands succès : dans l'éducation de la jeunesse, le déplorable état où elle est tombée, de l'aveu de tous les gens sensés, depuis la suppression de l'ordre, est une preuve évidente des services que les Pères y ont rendus : dans la prédication, qui n'a entendu parler de leurs missions de la Chine, où ils ont éclairé des lumières de la foi tant de milliers d'infidèles, en même temps qu'ils y faisaient pénétrer nos connaissances européennes? mais surtout qui ne connaît leurs missions du Paraguay, où ces Pères établirent le gouvernement le plus singulier, le plus paternel, le plus heureux qui ait jamais existé? Dans les sciences enfin, est-il une branche d'étude qu'ils n'aient pas cultivée et où ils n'aient eu les hommes les plus distingués? Sans compter les Bourdaloue, les Bouhours, les André, les Sirmond, les Jouvency, les Duhalde, les Porée, les Brumoy, quelle foule de noms célèbres dont la nomenclature serait trop longue !

On a reproché aux Jésuites de s'être trop mêlés des affaires de ce monde, d'avoir poussé trop loin l'esprit de corps ; en outre, plusieurs de leurs casuistes les compromirent en enseignant une morale relâchée ou des doctrines dangereuses. Mais s'il est vrai que quelques-uns d'entre eux ont eu plusieurs fois des torts, il n'est pas moins vrai qu'il est injuste de rendre, comme on l'a fait dans plusieurs circonstances, tout le corps responsable des fautes d'un individu. Les Jésuites ont été impliqués dans plusieurs complots, quoique rien n'ait pu être prouvé, et ils ont été bannis pour diverses causes de la plupart des Etats qui les avaient reçus : d'Angleterre, en 1581 et 1601 ; de France, en 1594 et 1767 ; de Portugal, en 1598 et en 1753 ; d'Espagne et de Sicile, en 1767 ; enfin, le pape Clément XIV, contraint par les instances réitérées de plusieurs ministres tout-puissants à cette époque, supprima la Société en 1773.

Elle avait duré 233 ans, et comptait, au moment de sa chute, 22,800 religieux ; aucun autre ordre n'avait fait tant de choses en si peu de temps, inspiré tant d'amour, excité tant de haine. La Société était cependant tellement vivace, qu'elle ne succomba pas entièrement. Elle trouva un refuge chez les protestants. Le roi de Prusse, le philosophe Frédéric II, demanda et obtint qu'ils seraient conservés dans ses Etats. Catherine II les conserva aussi en Russie et en Pologne ; bien plus, en 1801, ils sont rétablis pour la Russie, avec permission d'avoir un général ; en 1804, ils sont rétablis en Sicile. A cette époque, Napoléon les reçoit et les protège en France sous le nom de *Pères de la Foi;* enfin, en 1814, Pie VII rétablit l'institut tel qu'il était avant la suppression de Clément XIV. La Sardaigne, Modène, Fribourg, rappellent les

DICTIONN. DES RELIGIONS. III.

Jésuites; le roi d'Espagne leur rend leurs biens non vendus; en France, ils ouvrent des colléges avec la tolérance et l'appui du gouvernement; ils reprennent leurs diverses missions, principalement en Amérique, dans les Indes, en Chine; mais ce progrès et cette faveur ne durent pas longtemps. En 1820, la Russie leur retire l'instruction publique et les bannit du royaume.

1828-1849. Un *Mémoire* de M. de Montlosier soulève encore l'opinion publique en France; le gouvernement fait fermer leurs écoles; les préventions persistent et augmentent. On refuse la liberté d'instruction pour les exclure de l'enseignement; de nouvelles haines éclatent. M. Guizot, au nom du gouvernement, négocie à Rome pour faire dissoudre leurs maisons d'études et de noviciat. Enfin, l'abbé Gioberti lance en Italie un libelle en huit volumes, qu'il intitule le *Jésuite moderne*; l'opinion publique se prononce encore contre eux. Une guerre sérieuse éclate en Suisse pour les faire chasser de Lucerne; cette guerre réussit; ils sont exclus. Peu après, ils sont obligés d'abandonner la Sardaigne; enfin, pour prévenir de plus grands maux, *Pie IX* leur retire l'instruction publique à Rome, et leur conseille de se séparer. Ils obéissent et se répandent dans plusieurs États, principalement en Amérique et en Angleterre.

Tel est leur état en ce moment. Quel sera leur sort à venir? Dieu seul le sait.

JÉSUITESSES, congrégations de filles et femmes dévotes, établies autrefois en Italie et en Flandre, et dont les maisons avaient le titre de colléges. Elles suivaient la règle des Jésuites; c'est pourquoi elles furent appelées *Jésuitesses*. Ces religieuses faisaient entre les mains de leurs supérieures les trois vœux ordinaires de pauvreté, chasteté et obéissance; mais elles ne gardaient point la clôture, incompatible avec leurs fonctions, car elles se mêlaient de la prédication. Cet ordre avait été fondé en 1534 par deux Anglaises, Warda et Tuittia, qui, se trouvant en Flandre, furent engagées par les Jésuites de cette province à entreprendre cet établissement. Le but de ces Jésuites était de former une colonie de filles qu'ils enverraient, comme autant de missionnaires, travailler à la conversion des Anglais, et dont ils espéraient d'autant plus de fruit, que de pareils prédicateurs seraient moins suspects et s'insinueraient plus aisément dans les esprits. Cette congrégation se dissipa d'elle-même en Italie, sur le simple bruit qui courut que le pape ne l'approuvait pas. Il n'en fut pas de même dans la basse Allemagne: le nonce leur intima en vain les ordres du pape; elles n'y déférèrent point. C'est pourquoi Urbain VIII publia, en 1630, une bulle par laquelle il leur ordonnait, sous peine d'excommunication, de quitter les maisons où elles vivaient en commun, et de se retirer chez elles.

JESUMI. C'est par erreur typographique que certains livres européens appellent ainsi la cérémonie par laquelle les Japonais témoignent, en foulant aux pieds le crucifix, qu'ils n'appartiennent point à la religion chrétienne. Les éditeurs du siècle dernier voyant le mot écrit *Jefumi*, ont cru qu'il fallait écrire *Jesumi*, par allusion au nom de Jésus, d'autant plus qu'à cette époque la lettre *s* médiale ressemblait beaucoup à l'*f*; mais l'expression correcte est *Jefumi* (prononcez *Yefoumi* ou *Ifoumi*), c'est-à-dire littéralement l'action de fouler aux pieds la figure ou l'image. *Voy.* YEFOUMI.

JÉSUS, 1° nom adorable du divin fondateur de la religion chrétienne, Messie prédit par les prophètes, Fils de Dieu, Dieu lui-même, médiateur entre le Créateur et les hommes, Rédempteur du genre humain. Il fut conçu dans le sein de Marie, vierge de Nazareth en Galilée, issue de la race royale de David, et fiancée à Joseph. Il naquit à Bethléem dans une étable, sous le consulat de Calvisius Sabinus et de Passianus Rufus, la douzième année du règne d'Auguste, l'an 4710 de la période Julienne, quatre ans avant l'ère vulgaire. Sa conception divine avait été annoncée à Marie sa mère par l'ange Gabriel, et sa naissance fut notifiée d'une manière miraculeuse aux bergers du voisinage, qui, les premiers, vinrent l'adorer. Peu après une étoile mystérieuse conduisit à son berceau les mages de l'Orient. Les merveilles qui avaient accompagné sa naissance, ayant fait craindre à Hérode, roi de Judée, qu'il ne fût réellement le Messie, ce prince, appréhendant qu'il ne lui ravît plus tard son royaume temporel, ordonna le massacre de tous les enfants de Bethléem et des environs; mais Joseph et Marie, avertis en songe, se réfugièrent en Égypte avec le Dieu enfant. Ils ne revinrent à Nazareth qu'après la mort d'Hérode. Jésus passa le temps de sa jeunesse auprès de ses parents, partageant leurs travaux d'artisans, vivant dans l'obéissance, l'obscurité et la retraite. Cependant il avait déjà laissé entrevoir ce qu'il serait un jour: dès l'âge de douze ans, il discourut dans le temple avec les docteurs de la loi, et les étonna par la sagesse de ses réponses. A trente ans, il commença à paraître en public, à prêcher la loi nouvelle qu'il venait apporter aux hommes, et à s'annoncer comme le Fils de Dieu. Il se fit d'abord baptiser par saint Jean-Baptiste dans les eaux du Jourdain; en ce moment on entendit du haut des cieux une voix qui le proclama Fils bien-aimé du Très-Haut, et le Saint-Esprit vint se reposer sur lui sous la forme d'une colombe. Il se retira ensuite dans le désert, où il passa, sans boire et sans manger, quarante jours et quarante nuits, au bout desquels il triompha des tentations de Satan. Il se choisit soixante-douze disciples, et se forma un collége de douze hommes qui devaient l'accompagner dans le cours de ses missions, et auxquels il donna le nom d'apôtres. Il les prit la plupart dans les classes les plus infimes de la société, et particulièrement parmi les bateliers et les pêcheurs de poissons; mais il leur donna le pouvoir de prêcher l'Évangile, de guérir les malades et de chasser les démons. Il parcourut avec eux les villes et les bourgades de la Judée et de la Galilée, prêchant aux hommes l'amour de Dieu, la charité pour le prochain, le renoncement aux choses de la terre, l'attente d'une autre vie, donnant l'exemple de toutes les vertus, et particulièrement du zèle, de l'humilité, de la patience, et confirmant ses discours par une foule de miracles. Il changea l'eau en vin aux noces de Cana, rendit la santé aux malades, la vue aux aveugles, l'ouïe aux sourds, la parole aux muets ; il chassa les démons, et ressuscita publiquement trois morts, entre autres, Lazare, décédé depuis quatre jours. Les nouveaux dogmes qu'il enseignait, les réformes qu'il prescrivait, le succès qu'il obtenait auprès des peuples, soulevèrent contre lui la jalousie des pharisiens et des prêtres juifs. Après avoir passé trois ans et demi à instruire les hommes, à les édifier et à leur faire du bien, Jésus, sachant que l'heure de consommer son sacrifice était arrivée, institua le sacrement de l'eucharistie, et se rendit au jardin des Oliviers pour vaquer à la prière, suivant sa coutume. Là, un de ses disciples, Judas Iscariote, soudoyé par les princes des prêtres, le livra à ses ennemis. Jésus fut traîné au tribunal de Caïphe, le grand prêtre, interrogé devant le Sanhédrin, et jugé digne de mort comme blasphémateur, pour s'être dit le Fils de Dieu. Mais comme ce tribunal n'avait plus le pouvoir de prononcer la sentence de mort, ils le déférèrent à Ponce Pilate, gouverneur de la Judée pour les Romains, devant lequel ils l'accusèrent de rébellion contre l'empereur. Pilate, bien que convaincu de son innocence, eut la faiblesse de prononcer sa condamnation. Jésus, avant de mourir, fut en butte à des outrages et des tourments de toute sorte, qu'il supporta avec une résignation admirable. Enfin il expira cloué sur une croix, en pardonnant à ses bourreaux. Sa mort fut accompagnée de prodiges éclatants, qui attestèrent la puissance de l'Homme-Dieu, dans le ciel, sur la terre et dans les enfers. Trois jours après, Jésus ressuscité sortit glorieux du tombeau comme il l'avait prédit, malgré toutes les précautions que ses ennemis avaient prises, pour prévenir un prétendu enlèvement de son corps ; il apparut ensuite à ses disciples à qui il donna plusieurs fois des preuves palpables de sa résurrection, à laquelle ils ne pouvaient croire ; il se montra encore différentes fois soit à eux, soit à différentes personnes de Jérusalem, durant l'espace de quarante jours ; enfin, après avoir donné mission à ses apôtres de porter la nouvelle du salut jusqu'aux extrémités de la terre, il s'éleva dans les cieux en présence de plus de cinq cents personnes assemblées ; il y siège maintenant avec son humanité sainte, remplissant auprès de son Père l'office d'intercesseur, jusqu'au jour où il descendra des cieux pour la seconde fois, afin de juger tous les hommes, et de rendre à chacun selon ses œuvres.

Le nom de *Jésus* signifie *salut* ou *sauveur*, c'est le mot hébreu ישוע *Ieschua*, et non point, comme le prétendent plusieurs, une contraction du nom יהושע *Iehoschua* (Josué), qui signifie , Celui qui est sauvé par Jéhova. Le nom de *Christ*, que l'on ajoute communément à celui de Jésus, est un mot grec qui signifie, comme *Messie* en hébreu, *oint* ou *sacré*.

Nous n'entrerons point ici dans un plus grand détail sur Jésus-Christ, bien que des volumes entiers soient insuffisants pour exposer dignement son excellence, sa doctrine et ses œuvres ; mais les chrétiens qui jettent les yeux sur ce *Dictionnaire* sont à même d'étudier ce divin Rédempteur, soit dans des ouvrages spéciaux, soit surtout dans le Nouveau Testament, qui, bien médité, peut à lui seul en apprendre beaucoup plus que tout autre livre. Nous allons maintenant exposer ce qu'en rapportent les Juifs et plusieurs autres peuples, en demandant d'avance pardon à sa personne adorable des impiétés et des blasphèmes que notre plan nous contraint de reproduire. Nous en retirerons cependant une précieuse constatation : c'est que les ennemis du nom chrétien sont contraints d'avouer et de reconnaître la vérité des miracles de Jésus.

2° Les Juifs écrivent ainsi le nom de Jésus : ישו *Ieschou* ; nous avons vu plus haut que l'orthographe véritable est ישוע *Ieschoua* ou *Ieschouang*, qui signifie *salut* : mais comme la langue grecque n'a aucun caractère pour représenter la dernière lettre de ce nom hébreu, très-difficile à articuler, les apôtres, se conformant à un usage déjà adopté, écrivirent tout simplement en grec Ἰησοῦς (1). Cependant les Juifs retranchent en hébreu cette dernière lettre, par haine pour le nom du Sauveur ; ils en font par là un nom barbare et corrompu, qui n'a point d'analogue dans leur langue ; ils prétendent ainsi ne pas le confondre avec les noms de plusieurs autres saints personnages de l'Ancien Testament. Cette transcription favorise aussi leurs idées cabalistiques : ainsi il est souvent recommandé aux Israélites de ne point adorer les dieux étrangers ou le dieu étranger ; en hébreu אלהי נכר ; or que doit-on entendre par ce dieu étranger ? Les lettres qui composent le mot אלהי נכר valent numériquement 316 ; on retrouve le même nombre dans le nom de ישו ; donc, en prohibant le culte du dieu étranger, Dieu a voulu prémunir son peuple contre l'adoration de Jésus. Enfin les Juifs regardent les trois lettres qui composent le nom de ישו comme les initiales de ces trois mots ימח שמו וזכרו *Que son nom et sa mémoire soient abolis!* ou comme l'abbréviation de cette autre formule . ישו שקר ותועבה *Le nom de Jésus est mensonge et abomination.*

Les Juifs ont écrit plusieurs Vies de Jésus, qui ne sont qu'un amas de sottises, d'absurdités et d'anachronismes ; une des princi-

---

(1) C'est ainsi qu'on écrit en grec et en latin *Hosée* pour *Hoschéany*, *Josué* pour *Jeho-Schouang*, *Amalec* pour *Ngamalec*, etc.

pales est celle qui est connue sous le nom de *Sepher Toldoth Jeschou*, Livre de la Vie de Jésus, qui a été publiée en hébreu et en latin par Wagenseil, dans son ouvrage intitulé *Tela ignea Satanæ*, et abrégée par Bullet, dans son *Histoire de l'établissement du christianisme*.

L'auteur place la naissance de Jésus à l'an du monde 3671, sous le règne de Jannée. Il donne à son père le nom de Joseph Pandera de Bethléem, et à sa mère celui de Miriam. Après avoir parlé des progrès étonnants que le jeune Jeschou fit sous un maître appelé *Elkhanan*, il assigne pour principale cause de sa retraite dans la haute Galilée, le refus qu'il avait fait de se voiler la tête, de courber le corps, et de fléchir les genoux sur le passage des sénateurs du Sanhédrin, qui le déclarèrent infâme. C'est là, dit-il, qu'il demeura plusieurs années. Il continue ensuite son histoire dans les termes suivants :

Il y avait alors dans la partie la plus sainte du temple, qu'on appelait le *Saint des saints*, une pierre sur laquelle était gravé le nom ineffable de Dieu. Les sages de la nation, craignant que les jeunes gens n'apprissent ce nom et ne s'en servissent pour causer de grands malheurs à l'univers, formèrent, par art magique, deux lions d'airain, qu'ils placèrent devant l'entrée du Saint des saints, l'un à droite, l'autre à gauche. Si quelqu'un entrait dans le Saint des saints et apprenait ce nom ineffable, les lions rugissaient contre cet homme, et par leurs rugissements ils lui causaient une si grande frayeur, qu'il oubliait le nom qu'il avait appris. L'infamie de la naissance de Jeschou ayant été dans la suite connue dans la haute Galilée, il en sortit et vint en cachette à Jérusalem. Étant entré dans le temple, il y apprit le nom ineffable de Dieu ; ayant écrit le nom sur du parchemin, il le prononça pour ne sentir aucune douleur ; il se fit une incision dans la chair, où il cacha ce parchemin ; et, le prononçant une seconde fois, il referma sa plaie.

Il faut que Jeschou ait employé l'art magique pour entrer dans le Saint des saints ; car, sans cela, comment les prêtres lui auraient-ils permis d'entrer dans un lieu si sacré ? Ainsi, il est manifeste que c'est par le secours du démon qu'il fit toutes ces choses. Jeschou étant sorti de Jérusalem, ouvrit de nouveau la plaie qu'il s'était faite, et en ayant tiré le parchemin, il apprit parfaitement le nom ineffable. Il passa aussitôt à Bethléem, lieu de sa naissance. « Où sont, dit-il aux habitants de cette ville, ceux qui disent que je suis né d'un adultère ? Ma mère m'a enfanté sans cesser d'être vierge : je suis le Fils de Dieu, c'est moi qui ai créé le monde ; c'est de moi qu'Isaïe a parlé, lorsqu'il a dit : *Voici qu'une vierge concevra*, etc... ».

Les Bethléemites lui dirent : « Prouvez-nous par quelques miracles que vous êtes Dieu. J'y consens, leur répondit-il : apportez-moi un homme mort, et je le ressusciterai. » Ce peuple court avec empressement ouvrir un tombeau, où l'on ne trouva que des ossements secs ; les ayant apportés devant Jeschou ; celui-ci rangea tous les os, les revêtit de peau, de chair, de nerfs, et rendit la vie à cet homme. Le peuple étant transporté d'admiration à la vue de ce prodige : « Quoi ! leur dit-il, vous admirez cela ! faites venir un lépreux, et je le guérirai. » Comme on lui eut amené un lépreux, il le guérit sur-le-champ en prononçant de même le nom ineffable.

Les habitants de Bethléem, frappés de ces merveilles, se prosternèrent devant lui, et l'adorèrent en lui disant : *Vous êtes véritablement le Fils de Dieu*.

Le bruit de ces merveilles ayant été porté à Jérusalem, les méchants en eurent beaucoup de joie ; mais les gens de bien, les sages, les sénateurs, en ressentirent la douleur la plus amère. Ils prirent la résolution de l'attirer à Jérusalem pour le condamner à mort. Pour cela, ils lui députèrent deux sénateurs du petit sanhédrin, qui, s'étant transportés auprès de lui, l'adorèrent. Jeschou, croyant qu'ils venaient augmenter le nombre de ses disciples, les reçut avec bonté. Ces sénateurs s'étant ainsi insinués dans ses bonnes grâces, lui dirent : « Les sages et les personnages les plus considérables de Jérusalem nous ont envoyés près de vous pour vous prier de venir dans cette ville, parce qu'ils ont appris que vous étiez le Fils de Dieu. » Jeschou leur répondit : « On leur a dit la vérité : je ferai ce qu'ils souhaitent, à condition que tous les sénateurs du grand et du petit sanhédrin viendront au-devant de moi, et me recevront avec le respect que les esclaves marquent à leurs maîtres. »

La condition ayant été acceptée, Jeschou se mit en chemin avec les députés. Lorsqu'il fut arrivé à Nobé, qui est près de Jérusalem, il dit aux députés : « N'y a-t-il point ici de bel âne ? » Les députés lui ayant répondu qu'il y en avait un, il leur dit de le faire venir, et l'ayant monté, il alla à Jérusalem.

Toute la ville courut au-devant de lui pour le recevoir. Pendant cette espèce de triomphe, Jeschou criait au peuple : « Je suis celui dont le prophète Zacharie a prédit la venue en ces termes : *Voici votre roi qui viendra à vous, ce roi juste et sauveur ; il est pauvre et monté sur un âne*. » A ces paroles, on fondit en larmes, et on déchira ses vêtements, et les plus gens de bien de la nation allèrent trouver la reine Hélène ou Oleine, épouse du roi Jannée, qui régnait après la mort de son mari : « Cet homme, lui dirent-ils, mérite la mort, parce qu'il séduit le peuple ; permettez-nous de le saisir. Faites-le venir ici, répondit la reine, je veux par moi-même m'instruire de cette affaire. » Elle avait en vue, en parlant ainsi, de le tirer de leurs mains, parce que Jeschou était son parent.

Les sages, qui pénétraient son dessein, lui dirent : « Gardez-vous, reine, de favoriser cet homme, qui, par ses enchantements, séduit le peuple, et qui a volé le nom ineffable ; songez plutôt à le punir comme il le mérite. Je ferai ce que vous souhaitez, leur dit la reine ; mais auparavant faites-le paraître devant moi, pour que je puisse voir ce qu'il fait, parce que tout le monde m'assure qu'il opère les plus éclatants prodiges. » Pour obéir à la reine, les sages firent venir Jeschou.

« J'ai appris, lui dit cette princesse, que vous faites des prodiges ; faites-en quelqu'un devant moi. Je ferai ce qu'il vous plaira, répondit Jeschou ; je vous demande seulement de ne pas me mettre entre les mains de ces scélérats. Ne craignez point, lui dit la reine. Faites venir, dit Jeschou, un lépreux, et je le guérirai. » On lui présenta un lépreux, qu'il guérit sur-le-champ, en lui imposant la main et prononçant le nom ineffable. « Apportez, dit encore Jeschou, un cadavre. » Ce qui ayant été fait, il le ressuscita de la même manière qu'il avait guéri le lépreux. « Comment, dit la reine aux sages, osez-vous dire que cet homme est magicien ? Ne l'ai-je pas vu de mes yeux faire des miracles comme le Fils de Dieu ? Sortez d'ici, et ne portez jamais de semblables accusations devant moi. »

Les sages, ainsi rebutés, cherchèrent quelque autre moyen pour se saisir de Jeschou. Ils résolurent de chercher quelqu'un qui voulût apprendre le nom ineffable, pour pouvoir le confondre. Un nommé Judas s'offrit à eux, pourvu qu'ils se chargeassent du péché qu'il commettrait en apprenant ce saint nom. Les sages s'étant chargés de son péché, il alla dans le Saint des saints, et fit tout ce que Jésus avait fait : il alla ensuite par toute la ville, en criant : « Où sont ceux qui disent que cet homme infâme est le Fils de Dieu ? Est-ce que moi, qui ne suis qu'un pur homme, je n'ai pas le pouvoir de faire tout ce que Jeschou a fait ? »

La reine ayant appris les discours de Judas, voulut qu'on le lui amenât avec Jeschou. « Faites-nous, dit-elle à Jeschou, quelque prodige pareil à ceux que vous avez déjà fait devant moi ; ce qu'il exécuta sur-le-champ. « Ne soyez point surprise, dit Judas à la reine, de ce que cet homme vient de faire devant vous : s'il s'élevait jusqu'au ciel, je saurais bien l'en précipiter. C'est un de ces magiciens desquels Moïse nous a avertis de nous défier. » Jeschou disait au contraire : « Je suis le Fils de Dieu : c'est moi que David, mon aïeul, avait en vue lorsqu'il a écrit : *Le Seigneur a dit à mon Seigneur : Asseyez-vous à ma droite.* Je vais monter à mon Père céleste et m'asseoir à sa droite ; vous le verrez de vos yeux. Toi, Judas, tu ne pourras pas monter jusque-là. » A l'instant, Jeschou prononça le nom ineffable, et un tourbillon s'éleva qui l'emporta entre le ciel et la terre. Judas au même moment prononça le saint nom, et il fut pareillement enlevé par un tourbillon de vent qui le soutint entre le ciel et la terre, de manière que Jeschou et Judas volaient tous les deux dans l'air. Ceux qui étaient présents à ce spectacle étaient fort surpris.

Judas ayant prononcé une seconde fois le saint nom, se jette contre Jeschou pour le faire tomber ; mais Jeschou l'ayant prononcé aussi, se jette contre Judas dans le même dessein, et ils luttaient ainsi ensemble. Judas, s'apercevant que ses efforts étaient inutiles, fit de l'eau sur Jeschou ; souillés l'un et l'autre par cette action, ils furent privés du pouvoir que leur donnait le nom ineffable, et tombèrent à terre.

Alors on prononça une sentence de mort contre Jeschou, et on lui dit : « Si tu veux éviter la mort, fais les prodiges que tu faisais auparavant. » Jeschou l'ayant tenté en vain, s'abandonna aux pleurs ; ses disciples et la troupe des méchants qui lui étaient attachés, voyant cela, attaquèrent les sages et les sénateurs, et procurèrent ainsi à Jeschou la liberté de sortir de Jérusalem ; Jeschou courut au Jourdain, s'y purifia, et ayant prononcé le saint nom, il fit de nouveaux miracles. Il saisit deux meules, les fit nager sur l'eau, s'assit dessus, et prit des poissons à la troupe qui le suivait.

A cette nouvelle, les sages et les sénateurs se trouvèrent dans un grand embarras ; mais Judas leur promit de les en tirer. Il va auprès de Jeschou, et, sans se faire connaître, il se mêle parmi les méchants, qui lui étaient attachés. Vers minuit, il procure par ses enchantements un sommeil profond à Jeschou, et étant entré dans la tente de ce dernier, il lui ouvre avec un couteau l'endroit du corps où était caché le morceau de parchemin sur lequel était écrit le nom ineffable.

Jeschou, s'étant éveillé, fut saisi d'une grande crainte lorsqu'il se vit dépouillé du nom ineffable. Il engagea ses disciples à l'accompagner à Jérusalem, espérant qu'en se cachant parmi eux il ne serait pas connu, et qu'il pourrait ainsi de nouveau entrer dans le temple pour enlever une seconde fois le saint nom ; mais il ne savait pas que Judas était caché parmi eux, et que par ce moyen il connaissait tous ses desseins. Judas dit aux disciples de Jeschou, qui ne l'avaient pas plus reconnu que leur Maître : « Prenons tous des habits semblables, afin que personne ne puisse distinguer notre maître. » Cet avis ayant été suivi, ils se mirent en chemin pour aller célébrer la pâque à Jérusalem. Lorsqu'ils furent arrivés dans cette ville, Judas alla en secret trouver les sages, et leur dit : « Jeschou viendra demain au temple pour offrir l'agneau pascal : alors vous pourrez le saisir ; mais parce qu'il a avec lui deux mille hommes, tous habillés comme lui, pour que vous ne vous trompiez pas, je me prosternerai devant lui lorsque nous serons arrivés dans le temple. »

Le lendemain Jeschou étant venu au temple, Judas se jeta à ses pieds, comme il en était convenu. Alors tous les citoyens de Jérusalem, bien armés, se saisissent de Jeschou, tuent plusieurs de ceux qui l'accompagnaient, en arrêtent quelques-uns, tandis que le reste prend la fuite dans les montagnes. Les sénateurs firent attacher Jeschou à une colonne de marbre qui était dans la ville, le firent fouetter, et lui mirent une couronne d'épines sur la tête. Cet infâme ayant eu soif, demanda un peu d'eau et on lui donna du vinaigre. L'ayant bu, il poussa un grand cri, et dit : « C'est de moi que David, mon aïeul, a écrit : *Ils m'ont donné du fiel pour nourriture, et du vinaigre pour étancher ma soif.* » Il se mit ensuite à pleurer, et dit en se plaignant : « Mon Dieu ! mon Dieu ! pourquoi m'avez-vous abandonné ? » Les sages lui dirent : « Si tu es le Fils de Dieu, pourquoi ne te délivres-tu pas de nos mains ? » Jeschou répondit : « Mon sang doit expier les péchés des hommes, ainsi que l'a prédit Isaïe par ces mots : *Sa blessure sera notre salut.* » Ils conduisirent ensuite Jeschou devant le grand et le petit Sanhédrin, qui le condamnèrent à être lapidé et pendu. Après l'avoir lapidé, on voulut le pendre à un arbre ; mais tous les bois auxquels on voulait l'attacher se rompaient, parce que Jeschou, prévoyant qu'on le pendrait après sa mort, avait enchanté tous les bois par le nom ineffable. Judas rendit inutile la précaution qu'il avait prise, en tirant de son jardin un grand chou auquel on l'attacha.

Le soir, les sages, pour ne pas violer la loi, le firent enterrer dans l'endroit où il avait été lapidé. Vers minuit, ses disciples vinrent à son tombeau qu'ils arrosèrent de leurs larmes. Judas l'ayant su vint secrètement enlever ce cadavre, l'enterra dans son jardin, dans le canal d'un ruisseau dont il avait détourné l'eau jusqu'à ce que la fosse fût faite et couverte.

Les disciples de Jeschou étant retournés le lendemain au tombeau de leur maître, et continuant de le pleurer, Judas leur dit : « Pourquoi pleurez-vous ? ouvrez le tombeau et voyez celui qu'on y a placé. » Les disciples ayant ouvert le sépulcre, et n'y voyant point le corps de leur maître, se mirent à crier : « Il n'est pas dans le tombeau, il est monté au ciel, comme il nous l'a dit lorsqu'il était vivant. »

La reine Hélène, ayant appris le supplice de Jeschou, fit venir les sages et leur demanda qu'est-ce qu'ils avaient fait de son corps. Ils lui répondirent : « Nous l'avons fait enterrer comme la loi l'ordonne. » Elle leur dit : « Faites-le apporter ici. » Les sages allèrent au tombeau et n'y ayant pas trouvé le corps de Jeschou, ils retournèrent auprès de la reine, et lui dirent : « Nous ne savons qui a enlevé ce cadavre du tombeau où nous l'avions fait mettre. » La reine leur dit : « Vous ne l'avez pas trouvé, parce qu'il est le Fils de Dieu, et qu'il est monté au ciel auprès de son Père, ainsi qu'il l'a prédit lorsqu'il vivait. Reine, lui dirent les sages, gardez-vous de penser ainsi ; c'était véritablement un enchanteur et un homme infâme. Qu'est-il besoin d'un plus long discours, dit la reine ? Si vous me faites voir son corps, je vous croirai innocents, sinon vous serez tous punis de mort. Accordez-nous quelque temps, lui dirent les sages, pour faire des recherches à ce sujet. » La reine leur accorda trois jours, pendant lesquels les sages indiquèrent un jeûne solennel. Les trois jours étant presque écoulés, sans qu'ils eussent recouvré le corps, plusieurs d'entre eux s'enfuirent de Jérusalem pour se soustraire au courroux de la reine. Un d'eux, nommé Rabbi-Tankhouma, qui errait par la campagne, vit Judas assis dans son jardin, qui prenait de la nourriture. « Quoi ! Judas, lui dit Tankhouma, vous prenez de la nourriture, tandis que tous les Juifs jeûnent et sont à la veille des plus grands malheurs ? Pourquoi donc, lui dit Judas, a-t-on indiqué ce jeûne ? Ce fils infâme, lui répondit Tankhouma, en est la cause ; il a été lapidé et pendu, comme vous savez, mais on ne trouve pas son corps dans le tombeau où il avait été mis, ce qui donne lieu aux méchants qui lui sont attachés de dire qu'il est monté au ciel ; et la reine Hélène nous a menacés de la mort, si nous ne le retrouvons pas. Venez, lui dit Judas ; je vous montrerai le cadavre que vous cherchez ; c'est moi qui l'ai enlevé, parce que je craignais que la troupe impie qui le suivait ne l'enlevât elle-même ; je l'ai enterré dans mon jardin, dans le canal du ruisseau qui y passe. » Tankhouma retourna promptement à Jérusalem pour apprendre aux sages ce que Judas venait de lui découvrir. Tous courent au jardin de Judas, on tire le cadavre de l'endroit où il était placé, on l'attache à la queue d'un cheval, et on le traîne ainsi devant la reine, qui, chargée de confusion, ne sut que répondre. Pendant qu'on traînait ainsi Jeschou, ses cheveux furent arrachés ; c'est pourquoi les moines se rasent.

Les Nazaréens ou disciples de Jeschou, irrités de la mort ignominieuse que les Juifs avaient fait souffrir à leur maître, se séparèrent d'eux et en vinrent à ce point d'aversion que, dès qu'un Nazaréen trouvait un Juif, il le massacrait. Leur nombre s'étant accru prodigieusement pendant trente ans, ils s'assemblaient en troupe et empêchaient les Juifs de venir à Jérusalem aux grandes solennités. Tandis que les Juifs étaient dans la plus grande consternation à la vue de ces malheurs, la religion des Nazaréens prenait chaque jour des accroissements et se répandait au loin. Douze hommes, qui se disaient les envoyés du pendu, parcouraient les royaumes pour lui faire des disciples. Ils s'attachèrent un grand nombre de Juifs, parce qu'ils avaient beaucoup d'autorité et qu'ils confirmaient la religion de Jeschou. Les sages, affligés de ce progrès, recoururent à Dieu, et lui dirent : « Jusqu'à quand, Seigneur, souffrirez-vous que les Nazaréens prévalent contre nous, et qu'ils massacrent un nombre infini de vos serviteurs ? Nous ne sommes plus qu'un très-petit nombre. Pour la gloire de votre nom, suggérez-nous ce que nous devons faire pour nous délivrer de ces méchants. »

Ayant fini cette prière, un des anciens, nommé Simon Képha, à qui Dieu s'était fait entendre, se leva et dit aux autres : « Mes frères, écoutez-moi : si vous approuvez mon dessein, j'exterminerai ces scélérats; mais il faut que vous vous chargiez du péché que je commettrai. » Ils lui répondirent tous : « Nous nous en chargeons; effectuez votre promesse. » Simon, ainsi rassuré, va dans le Saint-des saints, écrit le nom ineffable sur une bande de parchemin, et il la cache dans une incision qu'il s'était faite dans la chair. Sorti du temple, il retire son morceau de parchemin, et ayant appris le nom ineffable, il se transporte dans la ville métropole des Nazaréens. Y étant arrivé, il crie à haute voix : « Que tous ceux qui croient en Jeschou viennent à moi, car je suis envoyé de sa part. » Aussitôt une multitude, aussi nombreuse que le sable qui est sur le rivage de la mer, courut à lui. Ils lui dirent : « Montrez-nous par quelque prodige que vous êtes envoyé par Jeschou. — Quel prodige, répondit-il, souhaitez-vous? — Nous voulons, lui dirent-ils, que vous fassiez les prodiges que Jeschou a faits lorsqu'il était vivant. » Simon ordonne qu'on lui amène un lépreux, et, lui ayant imposé les mains; il le guérit; il commande qu'on lui apporte un cadavre, et il le ressuscite de la même manière. Ces scélérats ayant vu ces merveilles, se prosternèrent devant lui, en disant : « Vous êtes véritablement envoyé par Jeschou, puisque vous avez fait les mêmes prodiges qu'il a faits lorsqu'il était vivant. » Alors Simon Kepha leur dit : « Jeschou m'a ordonné de venir vers vous ; promettez-moi, avec serment, de faire tout ce que je vous commanderai. — Nous le ferons, » s'écrièrent-ils.

Alors Simon leur dit : « Il faut que vous sachiez que ce pendu a été l'ennemi des Juifs et de leurs lois, et que, suivant la prophétie d'Osée, ils ne sont pas son temple. Quoiqu'il soit en son pouvoir de les détruire en un moment, il ne veut pas le faire; mais il désire au contraire qu'ils restent sur la terre, pour qu'ils soient un monument éternel de son supplice. Au reste, Jeschou n'a souffert que pour vous racheter de l'enfer, et il vous commande, par ma bouche, de ne pas faire de mal aux Juifs, de leur faire au contraire tout le bien qui dépendra de vous. Il exige encore que vous ne célébriez plus la fête des Azymes; qu'en place de cette solennité, vous célébriez le jour de sa mort; que la fête de son Ascension au ciel vous tienne lieu de la Pentecôte que célèbrent les Juifs; et le jour de sa naissance, de la fête des Tabernacles. »

Ils lui répondirent : « Nous exécuterons ponctuellement tout ce que vous nous avez ordonné; nous vous demandons seulement de demeurer avec nous. — J'y resterai, leur dit-il, si vous voulez me bâtir une tour au milieu de la ville pour me servir de logement. » On lui bâtit une tour dans laquelle il s'enferma, vivant de pain et d'eau l'espace de six ans, au bout desquels il mourut, et fut enterré dans cette même tour, comme il l'avait ordonné. On voit encore à Rome cette tour; qu'on appelle *Peter*, qui est le nom d'une pierre, parce que Simon était assis sur une pierre jusqu'au jour de sa mort.

Après la mort de Simon, un homme sage, nommé Elie, vint à Rome, et dit publiquement aux disciples de Jeschou : « Sachez que Simon Kepha vous a trompés; c'est moi que Jeschou a chargé de ses ordres, en me disant : « Va, et dis-leur que personne ne croie que je méprise la loi. Reçois tous ceux qui se feront circoncire ; que ceux qui refuseront une circoncision soient noyés. Jeschou veut encore que ses disciples n'observent plus le sabbat, mais le premier jour de la semaine; et il ajouta à cela plusieurs mauvais règlements. » Le peuple lui dit : « Montrez-nous par quelque prodige que Jeschou vous a envoyé. Quel prodige, leur dit-il, désirez-vous? » A peine eut-il prononcé ces paroles, qu'une grosse pierre tomba sur sa tête et l'écrasa. Ainsi périssent, Seigneur, tous vos ennemis; et que ceux qui vous aiment soient comme le soleil lorsqu'il est dans le plus grand éclat.

3° « La religion mahométane, dit Mouradgea d'Ohsson, range dans la classe des prophètes tous les patriarches et tous les saints de l'ancienne loi; elle honore la mémoire de tous, et consacre même quelques-uns d'entre eux par des dénominations distinguées. Elle appelle Adam, le pur en Dieu; Seth, l'envoyé de Dieu; Enoch, l'exalté de Dieu; Noé, le sauvé de Dieu; Abraham, l'ami de Dieu; Ismaël (1), le sacrifié en Dieu; Jacob, l'homme nocturne de Dieu; Joseph, le sincère en Dieu; Job, le patient en Dieu; Moïse, la parole de Dieu; David, le calife ou vicaire en Dieu; et Salomon, l'affidé en Dieu, etc. Jésus-Christ est distingué au-dessus de tous; il est appelé l'Esprit de Dieu, puisque l'islamisme admet sa conception immaculée dans le sein de la sainte Vierge.

« L'islamisme place notre divin Rédempteur à la tête de tous ces prophètes. Voici comment Ahmed-Effendi, auteur mahométan, s'énonce sur la naissance, la vie et la mission de Notre-Seigneur : Jésus, fils de Marie, est né à Bethléem, qui veut dire maison des viandes ou marché du bétail. Marie, fille d'Amram (2) et d'Anne, descendait, comme Zacharie et Jean-Baptiste, de la tribu de Juda, par Salomon. Jésus-Christ, ce grand prophète, naquit d'une vierge par le souffle de l'archange Gabriel, le 25 décembre 5584, sous le règne d'Hérode, et l'an 42 d'Auguste, le premier des Césars. Il eut sa mission divine à l'âge de trente ans, après son baptême par saint Jean-Baptiste dans les eaux du Jourdain. Il appelle les peuples à la pénitence. Dieu lui donne la vertu d'opérer les plus grands miracles. Il guérit les lépreux, donne la vue aux aveugles, ressuscite les morts, marche sur les eaux de la mer; sa

(1) Les Musulmans prétendent que ce fut Ismaël et non Isaac qu'Abraham eut l'ordre de sacrifier au Seigneur.

(2) Le Coran confond Marie, mère de Jésus, avec Marie, sœur de Moïse, dont le père s'appelait Amram. Ce n'est pas le seul anachronisme du Coran.

puissance va jusqu'à animer par son souffle un oiseau fait de plâtre et de terre. Pressé par la faim, lui et ses disciples, il reçoit du ciel, au milieu de ses angoisses et de ses ferventes prières, une table couverte d'une nappe et garnie d'un poisson rôti, de cinq pains, de sel, de vinaigre, d'olives, de dattes, de grenades et de toutes sortes d'herbes fraîches. Ils en mangent tous, et cette table céleste se présente dans le même état pendant quarante nuits consécutives. Ce Messie des nations prouve ainsi son apostolat par une foule de prodiges. La simplicité de son extérieur, l'humilité de sa conduite, l'austérité de sa vie, la sagesse de sa morale, sont au-dessus de l'humanité : aussi est-il qualifié du nom saint et glorieux de *Rouhh-Ullah*, l'esprit de Dieu. Il reçoit du ciel le saint livre des Évangiles. Cependant les Juifs corrompus et pervers le persécutent jusqu'à demander sa mort. Trah par Judas, et près de succomber sous la fureur de ses ennemis, il est enlevé au ciel, et cet apôtre infidèle, transfiguré en la personne de son maître, est pris pour le Messie et essuie le supplice de la croix avec toutes les ignominies qui étaient destinées à cet homme surnaturel, à ce grand saint, à ce glorieux prophète. Ainsi Enoch, Khidir, Elie et Jésus-Christ, sont les quatre prophètes qui eurent la faveur insigne d'être enlevés au ciel vivants. Plusieurs imams, ajoute le même auteur, croient cependant à la mort réelle de Jésus-Christ, à sa résurrection et à son ascension, comme il l'avait prédit lui-même à ses douze apôtres, chargés de prêcher en son nom la parole de Dieu à tous les peuples de la terre. »

Ismaïl, fils d'Aly, raconte plus au long l'histoire de sa passion. Voici comment il s'exprime : « Comme les Juifs cherchaient avec empressement à se saisir de Jésus, un de ses disciples vint trouver Hérode, juge de la nation, et le collège des Juifs : « Que me donnerez-vous, leur dit-il, si je vous montre le Christ ? » Ils lui donnèrent trente deniers ; alors il leur découvrit où était Jésus. Ibn-at-Athir, continue l'auteur arabe, dit dans ses annales que les docteurs sont partagés en différentes opinions au sujet de sa mort, avant qu'il montât au ciel. Les uns prétendent qu'il y fut enlevé sans mourir, d'autres soutiennent que Dieu lui ôta la vie pendant trois heures, d'autres pendant sept. Ceux qui défendent ce dernier sentiment s'appuient sur ce passage du Coran, où Dieu dit au Christ : *O Jésus! je terminerai ta vie et t'élèverai jusqu'à moi.* Les Juifs ayant donc pris un homme qui ressemblait au Christ, le garrottèrent, et le traînant avec des cordes, ils lui disaient : « Toi qui ressuscitais les morts, ne pourras-tu te délivrer de ces liens ? » Et ils lui crachaient au visage. Ensuite ils jetèrent sur lui des épines et l'attachèrent à la croix, où il demeura pendant six heures. Un charpentier, nommé Joseph, vint demander son corps à Hérode, surnommé Pilate, qui était juge des Juifs, et il l'ensevelit dans un tombeau qu'il avait préparé pour lui-même. Alors Jésus descendit du ciel pour consoler Marie, sa mère, qui le pleurait, et lui dit : Dieu m'a pris à lui, et je jouis du souverain bonheur. Il lui commanda ensuite de faire venir ses apôtres, qu'il établit ambassadeurs de Dieu sur la terre, leur ordonnant de prêcher en son nom ce que Dieu l'avait chargé d'annoncer aux hommes. Les apôtres alors se dispersèrent dans les différentes contrées qu'il leur avait assignées. »

Ahmed, fils de Mohammed, un des principaux commentateurs du Coran, témoigne comme les précédents que c'était uniquement par haine que les Juifs cherchaient à faire mourir le Christ, et qu'ils attribuaient ses miracles à la magie. « Les Juifs, dit-il, ayant rencontré Jésus, s'écrièrent : Voici le magicien, fils de la magicienne ; voici l'enchanteur, fils de l'enchanteresse », et se répandirent en injures et en blasphèmes contre lui et contre Dieu. Jésus, les ayant entendus, fit contre eux cette imprécation : « O Dieu! vous êtes mon Seigneur ; je procède de votre esprit, et vous m'avez créé par votre parole. Ce n'est point de mon propre mouvement que je suis venu vers eux ; maudissez donc ceux qui m'ont outragé, moi et ma mère. » Dieu l'exauça, et changea en pourceaux ces blasphémateurs. Ce qu'ayant vu Judas, qui était leur chef, il fut saisi de crainte. Alors les principaux de la nation s'assemblèrent pour faire périr Jésus, et dirent au peuple : « C'est la présence de cet homme qui attire sur vous la malédiction du Seigneur. » Aussitôt les Juifs se lèvent, transportés de fureur, et courent fondre sur Jésus pour le mettre à mort ; mais Dieu envoie Gabriel, qui le transporte par une fenêtre dans une maison d'où le Seigneur l'enlève au ciel par une ouverture pratiquée sous le toit pour livrer passage à la lumière. Judas ordonne à un de ses satellites nommé Titianus d'entrer par cette fenêtre pour tuer Jésus. Le soldat pénètre dans la maison, et ne l'y trouvant pas, Dieu le transfigure en la personne du Christ : ainsi les Juifs le mettent à mort et le crucifient. »

On voit par ces passages et par les autres écrivains arabes, que les mahométans admettent la réalité des miracles de Jésus-Christ, et qu'ils les attribuent à une vertu surnaturelle qui était en lui. S'ils ne reconnaissent pas sa nature divine, ils le croient cependant supérieur aux autres hommes. Nous avons vu plus haut qu'ils avouent sa naissance miraculeuse produite par le souffle de Dieu dans le sein d'une vierge, et même sa conception immaculée. Il y a plus, nous avons des savants qui regardent Mahomet comme le premier auteur qui ait parlé positivement de l'immaculée conception de sa mère. Voici le passage du Coran qui a donné lieu à ce sentiment singulier.

L'épouse d'Amram dit à Dieu, lorsqu'elle eut donné le jour à sa fille : Mon Seigneur, c'est une fille que j'ai enfantée (or, le Seigneur connaissait seul ce qu'était cette enfant) ; mais nul homme ne lui sera comparable. Je l'ai nommée Mariam (Marie), je vous la recom-

mande, elle et sa race future, contre Satan qui a été lapidé (1).

Les commentateurs arabes favorisent encore davantage les théologiens catholiques. Djélal-ed-Din dit sur ce verset, que l'histoire nous apprend qu'aucun enfant ne vient au monde sans éprouver à sa naissance l'attouchement de Satan, et que telle est la cause des cris qu'il pousse en naissant. *Exceptons pourtant*, ajoute-t-il, *Marie et son fils*. — Cottada n'est pas moins clair : Tout descendant d'Adam, du moment qu'il vient au monde, est touché au côté par Satan ; il faut en excepter toutefois Jésus et sa mère ; car Dieu interposa entre eux un voile qui les préserva de son fatal attouchement, de sorte que le démon ne toucha que le voile. En outre, il est rapporté que ni l'un ni l'autre ne tombèrent dans les péchés que commet le reste des enfants d'Adam.

Quoique Mahomet nie la divinité du Christ, il lui donne cependant les éloges les plus pompeux dans le Coran ; il annonce qu'il reviendra avant la fin des temps pour régner sur la terre ; il appuie sa mission sur l'autorité de l'Évangile, qu'il préconise sans cesse, et qu'il cite presque à chaque page, mais étrangement défiguré.

4° Voici une légende indienne que nous trouvons dans l'*Histoire de la littérature hindoui et hindoustani* de M. Garcin de Tassy. Elle est extraite d'une espèce de Vie des saints, dans laquelle l'auteur hindou a introduit indifféremment les dévots personnages des religions chrétienne, brahmanique et musulmane. C'est une notice destinée à accompagner un dessin représentant la sainte Vierge tenant son divin Fils.

« Ceci nous représente la noble Marie, lorsque, après avoir mis au monde Jésus le Messie, être parfait, qui fut engendré sans père, les gens de sa famille étant venus la trouver, lui dirent : « Est-ce toi qui as mis au monde cet enfant? Si tu nous fais connaître la vérité, c'est bien ; sinon, n'oublie pas que nous sommes disposés à punir de mort le mensonge. » Ayant entendu ces mots, elle dit sans émotion : « Gens de Nazareth, pourquoi m'interrogez-vous ? Cet enfant est né de moi sans que j'aie commis une faute..... » Comme néanmoins on la tourmentait encore, elle ajouta : « Demandez à cet enfant lui-même comment a eu lieu sa naissance, car pour moi je n'en sais absolument rien ; j'en jure par Dieu. » Alors ses compatriotes s'adressèrent à l'enfant : « Raconte-nous toi-même, lui dirent-ils, ce qui s'est passé. » Jésus répondit : « Je suis prophète, je vous apporte les ordres de Dieu ; je suis le souffle du Très-Haut ; je suis l'illustre Messie. Ma mère est Marie et mon père c'est Dieu. »

(1) Les Musulmans croient que Satan fut chassé à coups de pierres par Abraham, lorsqu'il le tentait, en voulant l'empêcher d'immoler son fils, selon l'ordre que ce patriarche en avait reçu de Dieu. Ils prétendent aussi que les démons qui habitaient dans les airs en furent précipités par les bons anges, qui leur lancèrent des globes enflammés à l'époque de la naissance de Mahomet.

Les habitants de Nazareth ayant entendu ce discours, dirent à Jésus : « Fais un miracle pour que nous croyions à la vérité de ce que tu nous annonces. » — « Eh bien, dit Jésus, par la grâce de Dieu, je ressusciterai les morts, je rendrai la clarté aux yeux des aveugles et la santé aux corps des lépreux. » Ses compatriotes, désireux d'éprouver la vérité de cette assertion, demandèrent qu'on apportât des cadavres. Effectivement, on en transporta un grand nombre dans leur bière, et on les plaça devant Jésus. Il ne les eut pas plutôt vus que, s'adressant à chacun d'eux en particulier, il lui dit : « Lève-toi, Dieu te le permet ! » Alors tous ces cadavres furent rendus à la vie. Tel fut l'ordre de Dieu. De leur côté, des aveugles accoururent, dans l'espoir de la guérison : en effet, ils recouvrèrent tous la santé au nom du Tout-Puissant. Alors les gens de Nazareth reconnurent que Jésus était vraiment un prophète ; ils crurent et embrassèrent la religion qu'il annonçait. Mais l'enfant alla se placer de nouveau entre les bras de sa mère, qui l'abreuva de son lait pur. Plus tard, sa propre nation le persécuta ; mais il est inutile d'entrer dans aucun détail là-dessus. A la fin, le prophète Jésus s'étant délivré des mains du peuple, monta au ciel, où il vit éternellement. »

5° Nous terminons par une légende chinoise, forgée sans doute d'après les réminiscences des prédications de missionnaires catholiques. Nous l'empruntons à l'*Indo-Chinese Gleaner* de 1818, qui l'a extraite d'une compilation en vingt-deux volumes, faite par un médecin chinois nommé Tseu, d'après les ordres de Tchang-ki-tsoung, chef de la secte des Tao-sse.

« Les nations placées à l'extrémité de l'Occident disent qu'à la distance de 97,000 li (9700 lieues) de la Chine, ou environ trois ans de marche, commence la frontière de *Si-kiang*. Dans ce pays il y avait autrefois une vierge nommée *Ma-li-a*. Dans la première des années *Youan-chi* des *Han*, un Dieu céleste nommé *Kia-pi-hi-eul* (Gabriel), s'adressa respectueusement à elle et lui dit : « Le Seigneur du ciel t'a choisie pour sa mère. » Aussitôt que ces paroles furent prononcées, elle conçut, puis après donna le jour à un fils. Sa mère, pleine de joie, l'enveloppa d'étoffes grossières et le déposa dans une crèche. Une foule de dieux célestes chanta et se réjouit dans l'espace vide. Quarante jours après, sa mère le présenta au saint instructeur *Pa-te-li*, et le nomma *Yé-sou*. A douze ans, il suivit sa mère au saint palais pour adorer. En retournant à la maison, il s'égara loin de sa mère, dont le cœur fut saisi d'une vive douleur. Après trois jours de recherches, en entrant dans le palais, elle vit *Yé-sou* assis à une place d'honneur, et conversant avec les vieux et savants maîtres sur les ouvrages et le dogme du Seigneur du ciel. Il fut joyeux de revoir sa mère, retourna avec elle, et continua de remplir tous les devoirs de l'obéissance filiale. A trente ans il se sépara de sa mère et de son instructeur, et voyagea dans le pays de *Iu-ti-a*, pour enseigner aux hommes à faire le bien. Les divins miracles qu'il opéra sont innombrables. Les chefs de famille de cette contrée, et ceux qui y exerçaient un office, dans leur orgueil et leur perversité, conçurent de l'envie contre lui, en le voyant entouré d'une foule d'hommes qui le suivaient, et ils résolurent de le faire périr. Entre les douze disciples de *Yésou*, il y en avait un nommé *Iu-ta-sse*, homme cupide et qui, comprenant bien les intentions de la plus grande partie des habitants, sollicité par le prix offert, amena vers le milieu de la nuit un grand nombre d'hommes pour s'emparer de *Yé-sou*. Ils le garrottèrent et le conduisirent devant *A-na-sse*, à la cour de *Pi-la-to*. Ils le dépouillèrent brutalement de ses vêtements, l'attachèrent à un pilier, et lui appliquèrent plus de cinq mille quatre cents coups, jusqu'à ce que tout son corps fût meurtri et déchiré; et lui gardait le silence, et, comme un agneau, n'élevait pas une plainte. La populace, dans sa rage, prit un bonnet d'épines aiguës et le pressa fortement sur ses tempes; elle jeta sur lui un mauvais lambeau de couleur rouge, et lui rendit, par dérision, les honneurs impériaux. Elle construisit une grande machine de bois très-élevée, de la forme du caractère + *chi*, et le contraignit à la porter sur ses épaules. Cette charge accablante l'entraînait vers la terre, de sorte que toute la route il ne fit que se traîner et tomber. Ses mains et ses pieds furent cloués sur le bois, et comme il était altéré, on lui présenta du vinaigre et de l'absinthe. A sa mort les cieux furent obscurcis, la terre trembla, les rochers s'entrechoquant furent brisés en poussière. Il était alors âgé de trente-trois ans. Le troisième jour après sa mort il revint à la vie; ses formes étaient belles et éblouissantes. Il apparut d'abord à sa mère, pour dissiper sa douleur. Le quarantième jour, près de monter au ciel, il ordonna à ses disciples, au nombre de cent deux, de se séparer et de se répandre sur tout le *Thiên-hia*, pour instruire et pour administrer l'eau sainte qui devait effacer les péchés des hommes qui se réuniraient à leur secte. Lorsqu'il eut fait connaître sa volonté, une foule de saints venus avant lui l'accompagna au céleste royaume. Dix jours après, un Dieu céleste descendit pour recevoir sa mère, qui s'éleva aussi vers le ciel. Placée au-dessus des neuf ordres, elle devint impératrice du ciel et de la terre, et protectrice des créatures humaines. La foule des disciples se dispersa et alla instruire et renouveler les hommes. »

JÉSUS-CHRIST (Ordre de). Le pape Jean XXII institua sous ce nom, en 1320, un ordre de chevalerie dans la ville d'Avignon. La marque distinctive des chevaliers était une croix d'or émaillée de rouge, enfermée dans une autre croix patée d'or. Cet ordre est peut-être le même que l'*ordre de Christ*, institué l'année précédente en Portugal.

JÉSUS (Congrégation des prêtres du Bon-), instituée à Ravennes, en 1326, par Séraphin de Fermo, chanoine régulier de Saint-Sauveur, dans l'église de Saint-Jean-de-Latran. Les prêtres de cette congrégation vivaient en communauté et ne pouvaient rien posséder en propre. La prédication, la confession, l'instruction de la jeunesse, étaient leurs principales fonctions. Ils étaient vêtus de noir, portaient les cheveux très-courts, et avaient la tête couverte d'un bonnet rond.

JÉSUS ET MARIE (Ordre de), ordre de chevalerie, institué à Rome, sous le pontificat de Paul V. Les chevaliers étaient distingués par une croix bleu-céleste, au milieu de laquelle étaient tracés les noms de Jésus et de Marie. Les jours de cérémonie, ils étaient vêtus de blanc. Le but de leur institution était de combattre les ennemis de l'état ecclésiastique, et ils étaient obligés d'entretenir à cet effet un homme armé et un cheval. Il fallait faire preuve de noblesse pour être admis dans l'ordre. Cependant on passait par-dessus cette règle en faveur des gens riches, pourvu qu'ils fondassent une commanderie de 200 écus au moins, dont on leur laissait la jouissance leur vie durant, mais qui revenait à l'ordre après leur mort.

JÉSUS (Filles de l'Enfant-), communauté de filles, qui fut établie à Rome, en 1661, par Anne Moroni, native de Lucques. Le nombre de ces filles fut fixé à trente-trois, en l'honneur des trente-trois années que Jésus-Christ a passées sur la terre.

JÉSUS (Compagnie de). *Voy.* Jésuites.

JEUDI. 1° Ce jour était, chez les anciens, consacré à la planète de Jupiter. Les Athéniens le mettaient au rang des jours malheureux, et cette superstition fit longtemps chez eux différer les assemblées du peuple qui tombaient ce jour-là.

2° Parmi les chrétiens, on renouvelle ce jour-là la mémoire de l'institution de l'eucharistie, qui eut lieu la veille de la mort de Jésus-Christ; c'est pourquoi l'anniversaire de ce jour est appelé par excellence le Jeudi-Saint. Ce jour-là, dans les grandes églises, tout le clergé, même les prêtres, communie de la main de l'évêque. Après la messe on retire le saint sacrement des tabernacles, et on le porte dans une chapelle disposée à cet effet, et que l'on appelle vulgairement tombeau; de ce moment on ne sonne plus les cloches jusqu'à la messe du samedi suivant. Dans le courant de la journée, on procède au lavement des autels, puis au lavement des pieds de douze pauvres, en mémoire de Jésus-Christ qui, à pareil jour, lava les pieds à ses apôtres. La même cérémonie était autrefois pratiquée par les rois et reines de France. On fait ensuite la cène, c'est-à-dire que l'on distribue du pain et du vin aux fidèles. Dans quelques endroits, comme à la cour, cette cène commémorative est un grand repas; mais alors il a lieu dans une salle séparée de l'église. C'est encore ce jour-là que les évêques consacrent le saint chrême et les autres saintes huiles, qui sont ensuite envoyés dans toutes les églises paroissiales de leurs diocèses respectifs. Les différents mystères que l'on célèbre en ce jour, et les nombreuses cérémonies que l'on observe depuis les temps apostoliques, étant un obstacle à ce qu'on célèbre l'eucharistie avec toute la pompe que réclame cet auguste mystère, ont donné lieu à en faire une fête spéciale et solennelle, le jeudi après la Trinité, connue vulgairement sous le nom de *Fête-Dieu*. Cette solennité a pris naissance vers le XIVe siècle.

Un autre jeudi, très-solennel parmi les chrétiens, est celui où l'on célèbre la mémoire de l'Ascension de Jésus-Christ dans les cieux; il arrive quarante jours après la fête de Pâques.

JEUNE. On sait que le jeûne consiste dans la privation de toute espèce de nourriture pendant un temps déterminé, et, que cette privation doit être faite dans un but religieux, soit pour expier ses fautes, soit pour mortifier son corps, vaincre sa sensualité, élever plus facilement son esprit à Dieu, soit pour offrir à Dieu une sorte de sacrifice personnel. Le jeûne peut avoir lieu soit en conséquence d'un commandement imposé par la loi religieuse, soit de son propre mouvement et de sa libre volonté.

1° Le jeûne, chez les anciens Juifs, ne consistait pas seulement à manger plus tard, dit l'abbé Fleury, mais à s'affliger en toute manière. Ils passaient le jour entier sans boire ni manger jusqu'à la nuit. Ils demeuraient en silence dans la cendre et le cilice, et donnaient toutes les autres marques d'affliction. Les jeûnes publics étaient annoncés au son de la trompette, comme les fêtes. Tout le peuple s'assemblait à Jérusalem, dans le temple; aux autres villes, dans la place publique. On faisait des lectures de la loi, et les vieillards les plus vénérables exhortaient le peuple à reconnaître ses péchés et à en faire pénitence. On ne faisait point de noces ces jours-là, et même les maris se séparaient de leurs femmes.

Je ne trouve que six jours de jeûne de précepte, chaque année, pour les Juifs modernes; mais il y en a près de trente, en comptant ceux qui étaient pratiqués autrefois ou qui sont de conseil. Tous les jeûnes commandés et ordinaires commencent le soir, et l'on demeure sans boire et sans manger quoi que ce soit jusqu'au soir du lendemain, lorsqu'on a aperçu les premières étoiles. Le matin des jours de jeûne, on ajoute aux prières des formules de confession, et le récit des événements douloureux dont on célèbre l'anniversaire. Le jeûne qu'ils pratiquent le 9 du mois d'Ab, en commémoration de la ruine des deux temples, est sinon le plus solennel, du moins le plus remarquable. Le repas qui le précède doit se faire avec beaucoup de sobriété et de modestie. Un seul mets compose le service à la table de ceux qui pleurent sincèrement la *froissure* de Jérusalem. On en écarte tout ce qui flatterait le goût et la vanité. On mange peu et l'on boit encore moins. Les Allemands mangent alors des légumes et des œufs, parce qu'ils y voient l'image du deuil et de la tristesse. Autrefois on se contentait de pain sec, qu'on trempait dans l'eau, après y avoir ajouté un peu de sel. Ce triste repas se prenait, étant étendu par terre auprès du foyer, vêtu d'un sac, quelquefois couvert de cendres ; mais toujours pleurant et gémissant. Une cruche remplie d'eau était là pour apaiser la soif du pénitent, et réparer ses forces abattues par l'affliction. Il ne rompait le silence que pour sangloter; ses pieds étaient nus, et souvent il lui arrivait de mêler son pain avec de la cendre et du gravier. La nuit de ce jeûne doit se passer avec le plus d'incommodité possible; on couche sur un mauvais lit; quelques-uns prennent une pierre pour oreiller. Le lendemain, on ne lit point dans les livres de la loi, parce que *la loi réjouit le cœur*. On ne se salue pas. Le jour qui suit ce jeûne est encore un jour de tristesse, auquel on s'abstient de viande et de vin. La veille, on doit entrer sans souliers dans la synagogue; on s'assied par terre; on lit dans les Lamentations de Jérémie, à la clarté d'une lumière plus faible qu'à l'ordinaire; et, à chaque verset qui commence par le mot hébreu équivalent à *comment*, on hausse la voix d'une manière plaintive. Enfin ceux qui solennisent le plus dévotement la mémoire de la destruction du temple, doivent pratiquer chez eux avec soin tout ce qui peut inspirer la tristesse.

2° L'usage du jeûne religieux chez les païens, dit Noël, dans son Dictionnaire, est de la plus haute antiquité.

Porphyre, parlant des Égyptiens, assure que les sacrifices de toutes leurs grandes fêtes étaient précédés de plusieurs jours de jeûne, dont quelques-uns allaient jusqu'à six semaines, et que les moindres étaient de sept jours, durant lesquels les sacrificateurs s'abstenaient de chair, de poisson, de vin, d'huile, de pain, et même de certains légumes. Il ajoute que, toute leur vie, un de leurs soins principaux était de mortifier leurs corps par des veilles, par une diète des plus frugales et par des jeûnes fréquents. Hérodote témoigne qu'on jeûnait en l'honneur d'Isis.

3° Les Grecs avaient aussi leurs abstinences religieuses. Aristote nous apprend que les Lacédémoniens, voulant secourir une ville alliée, ordonnèrent un jeûne général dans toute l'étendue de leur domination, sans en excepter les animaux domestiques. — Les Athéniens avaient plusieurs fêtes, entre autres celles d'Éleusis et les Thesmophories, dont l'observation était accompagnée de jeûnes exacts, particulièrement entre les femmes, qui passaient un jour entier assises à terre, dans un appareil lugubre, sans prendre de nourriture. Un des jours de ces sortes de solennités s'appelait *Nesteia*, comme consacré uniquement au jeûne. — Jupiter avait ses jeûnes aussi bien que Cérès; et ses prêtres, dans l'île de Crète, ne devaient, suivant leurs statuts, manger, durant toute leur vie, ni viande, ni poisson, ni rien de cuit. En général, toutes les divinités exigeaient ce devoir de ceux qui voulaient se faire initier à leurs mystères, des prêtres ou prêtresses qui rendaient leurs oracles, de ceux qui se présentaient pour les consulter, pour avoir des révélations en passant la nuit dans leurs temples, ou pour se purifier de quelque manière que ce fût. C'était un préliminaire indispensable.

4° Il en était de même en Italie. Numa Pompilius observait des jeûnes périodiques pour se disposer aux sacrifices qu'il offrait lui-même tous les ans pour les biens de la terre. — Les Tarentins, assiégés par les Romains, ayant demandé du secours aux habitants de Reggio, ceux-ci ordonnèrent un jeûne de dix jours dans tout leur territoire, et réussirent à faire entrer un convoi dans la place. Les Romains levèrent le siége, et les Tarentins, en mémoire de leur délivrance, établirent chez eux un jour de jeûne à perpétuité. — Denys d'Halicarnasse nous apprend que les Albains s'abstinrent longtemps d'aliments, après le combat des Horaces et des Curiaces, dont l'issue leur avait été si funeste. — Les décemvirs, dans Tite-Live, ayant consulté, par ordre du sénat, les livres sibyllins, à l'occasion de divers prodiges, firent adopter un jeûne public en l'honneur de Cérès, que l'on devait observer tous les cinq ans. — Il paraît aussi que Rome en avait de réglés en l'honneur de Jupiter. Dans Horace, une mère, inquiète pour la santé de son fils, adresse ses prières au maître des dieux, et lui promet que le malade guéri ne manquera pas de se purifier aussitôt après dans le Tibre, dès le matin du jour de jeûne qui lui était consacré.

Jules César se dérobait un repas tous les mois, par principe de religion, et, ces jours-là, se contentait le soir d'une légère collation. Auguste, dans Suétone, se glorifie d'une abstinence semblable, et d'avoir passé à la manière des Juifs un jour entier dans un jeûne rigoureux, qu'il ne rompit qu'au commencement de la nuit. On en dit autant de Vespasien, de Marc-Aurèle, de Sévère et surtout de l'empereur Julien, qui se distinguait sur cet article, non-seulement de ses prédécesseurs, mais aussi des prêtres et des philosophes les plus rigides.

5° « Les premiers chrétiens, dit Fleury, jeûnaient plus souvent que les Juifs; mais la manière de jeûner était à peu près la même, renfermant les mêmes marques naturelles d'affliction. L'essentiel était de ne manger qu'une fois le jour, vers le soir, c'est-à-dire ne faire qu'un souper, s'abstenir du vin et des viandes les plus délicates et les plus nourrissantes, et passer la journée dans la retraite et la prière. On croyait rompre le jeûne en buvant hors le repas. Dans les premiers temps, on ne comptait pour jeûnes d'obligation dans la loi nouvelle, que ceux qui précèdent la Pâque, c'est-à-dire le carême. L'Église les observait en mémoire de la passion de Jésus-Christ. Il y avait d'autres jeûnes qui n'étaient que de dévotion: le mercredi de chaque semaine; les jeûnes commandés par les évêques, pour les besoins extraordinaires des églises; ceux que chacun s'imposait par sa dévotion particulière. Le jeûne du mercredi et du vendredi, autrement des quatrième et sixième féries, se nommait *station*, nom tiré des stations ordinaires, et appliqué souvent aux autres jeûnes de dévotion.

« Ces jeûnes étaient différents et l'on en comptait de trois sortes : les jeûnes de stations, qui ne duraient que jusqu'à none, en sorte que l'on mangeait à trois heures après midi : on les nommait aussi demi-jeûnes; le jeûne de carême, qui durait jusqu'à vêpres, c'est-à-dire environ six heures du soir et le coucher du soleil ; le jeûne double ou renforcé, *superpositio*, dans lequel on passait un jour entier sans manger. On jeûnait ainsi le samedi saint : quelques-uns y joignaient le vendredi. D'autres passaient trois jours, d'autres quatre, d'autres tous les six jours de la semaine sainte sans prendre de nourriture.

« Je sais, continue le même auteur, que l'on est aujourd'hui peu touché de ces exemples. On croit que ces anciennes austérités ne sont plus praticables. La nature, dit-on, est affaiblie depuis tant de siècles ; on ne vit plus si longtemps; les corps ne sont plus si robustes. Mais je demanderais volontiers des preuves de ce changement; car il n'est point ici question des temps héroïques de la Grèce, ni de la vie des patriarches, ou des hommes d'avant le déluge : il s'agit du temps des premiers empereurs romains, et des auteurs grecs et latins les plus connus. Que l'on y cherche tant que l'on voudra, on ne trouvera point que la vie des hommes soit raccourcie depuis seize cents ans. Dès lors, et longtemps devant, elle était bornée à soixante-dix ou quatre-vingts ans. Dans les premiers siècles du christianisme, quoiqu'il y eût encore quelques Grecs et quelques Romains qui pratiquassent les exercices de la gymnastique, pour se faire de bons corps, il y en avait encore plus qui s'affaiblissaient par les débauches, particulièrement par celles qui ruinent le plus la santé, et qui font qu'aujourd'hui plusieurs d'entre les Levantins vieillissent de si bonne heure. Cependant, de tous ces débauchés d'Égypte et de Syrie sont venus les plus grands jeûneurs ; et ces grands jeûneurs ont vécu plus longtemps que les autres hommes. »

La science de la médecine confirme ces réflexions de Fleury. Nous lisons dans le *Dictionnaire des Sciences médicales*, article ABSTINENCE : « L'homme mange beaucoup plus qu'il ne devrait habituellement manger, surtout dans l'état de civilisation et de loisir qui dissipe peu... C'est pour ramener l'homme vers le genre de vie simple et primitif, à la douceur antique et patriarcale, où, content des fruits délicieux que lui présentait la terre, il élevait, comme l'innocent Abel, ses vœux vers le ciel, que des sages instituèrent des jeûnes universels... Le jeûne rend le corps plus perméable, ouvre les conduits obstrués, facilite la marche des sécrétions et des excrétions, dissipe ou cuit, pour ainsi parler, les matières visqueuses ou saburrales qui engorgeaient les premières voies. Par la soustraction des nourritures, la pléthore diminuée laisse un cours plus libre au sang... Les grands hommes qui firent descendre des cieux les lois des carêmes et des jeûnes parmi les nations qu'ils voulurent civiliser, s'entendaient un peu plus en hygiène que ne le croient quelques philosophes modernes, qui n'y ont vu que de ridicules pratiques d'austérité... L'on ne doit donc point être surpris de l'extrême longévité des anachorètes. » L'auteur du *Cours élémentaire d'hygiène* s'exprime ainsi : « Il est impossible de nier que la privation de nourriture ne puisse devenir infiniment utile. Elle favorise l'animation de nos fluides, donne aux organes digestifs plus d'énergie, et à tous nos viscères, à toutes nos fonctions, plus d'aisance, plus d'activité. »

Toutefois, le relâchement des fidèles a depuis forcé l'Eglise d'apporter quelques adoucissements à la pratique du jeûne. Au temps de saint Bernard, tout le monde, sans distinction, jeûnait encore, en carême, jusqu'au soir. Mais, du temps de saint Thomas, c'est-à-dire il y a près de six siècles, on commençait à manger à none, c'est-à-dire sur les trois heures. On a depuis avancé l'heure du repas jusqu'à midi, et l'on a permis une collation le soir. D'autres font le repas le soir, et la collation vers midi.

Les catholiques romains ont quatre jeûnes d'obligation dans l'année, chacun de trois jours, dans chacune des quatre saisons de l'année, et que l'on appelle à cet effet les *Quatre-Temps*; celui du printemps se confond avec le jeûne du carême qui est de quarante jours. Il y a de plus un certain nombre de jeûnes d'un seul jour, qui ont lieu la veille de certaines fêtes; mais ces derniers varient assez souvent, suivant les différents diocèses; c'est-à-dire que des jeûnes observés dans une contrée peuvent ne l'être pas dans une autre.

6° Les Grecs sont de plus grands jeûneurs que les Latins ; ils ont comme ces derniers les Quatre-Temps, mais ils équivalent à quatre carêmes. Le premier commence le 15 novembre, ou quarante jours avant Noël ; le second est notre carême, qui précède Pâques immédiatement; mais ils le commencent à la Septuagésime, parce qu'ils ne jeûnent point le samedi. Ils appellent le troisième le jeûne des saints apôtres, et l'observent dans la pensée que les apôtres se préparèrent alors par la prière et par le jeûne à annoncer l'Evangile. Ce jeûne commence la semaine d'après la Pentecôte et dure jusqu'à la fête de saint Pierre et saint Paul. Ainsi le nombre des jours de ce jeûne n'est point déterminé, et il est plus ou moins long, suivant que la Pentecôte est plus ou moins avancée. Leur quatrième carême commence le premier août et ne dure que jusqu'au 15; c'est par ce jeûne qu'ils se disposent à célébrer la fête de l'Assomption de la sainte Vierge. Ce jeûne est observé si religieusement que les moines grecs ne se permettent pas même de manger de l'huile. Cependant l'abstinence est interrompue le 6 août, fête de la Transfiguration. Alors il est permis de manger de l'huile et du poisson. — A ces quatre jeûnes il faut ajouter ceux-ci : le 28 août en mémoire du martyre de saint Jean-Baptiste. Ils se préparent aussi par un jeûne de quatorze jours à la fête de l'Exaltation de la Croix; mais il n'y a guère que les religieux qui observent ce dernier jeûne, comme plus particulièrement engagés aux exercices spirituels et à la mortification du corps. Aussi ils s'abstiennent non-seulement de viande, de beurre, de fromage et de laitage, mais aussi de tout poisson qui a des écailles, des nageoires et du sang. Il leur est permis de manger de toute sorte de poisson dans le carême qui précède Noël, aussi bien que dans les jeûnes des mercredis et des vendredis, leur Eglise n'exigeant alors que l'abstinence de la viande et des choses qui en proviennent. Le lundi de la Pentecôte est encore, parmi les Grecs, un jour de jeûne, auquel on ne mange point de viande ; ce jeûne a pour effet de demander à Dieu la communication du Saint-Esprit qui est descendu sur les apôtres. Nous venons de voir que les Grecs jeûnent aussi les mercredis et vendredis de chaque semaine ; il faut en excepter toutefois les mercredis et vendredis qui tombent entre Noël et l'Epiphanie, ceux qui arrivent dans la semaine de la Pentecôte et quelques autres. Tout bien compté, dit le médecin Spond, en parlant des jeûnes et des jours d'abstinence des Grecs, il n'y a qu'environ cent trente jours dans l'année pendant lesquels ils peuvent manger de la viande. Ni les vieillards, ni même les enfants, ni les malades ne sont exemptés de ces jeûnes, qui rendent les Grecs secs et bilieux. Ils observent tous ces jeûnes avec autant de patience que de retenue ; ils pensent même que ceux qui violent les lois de l'abstinence se rendent aussi criminels que ceux qui commettent un adultère ou un vol. Ils ont une si haute idée de ces jeûnes, qu'ils croient impossible que le christianisme subsiste, ou que la profession en soit sincère, si l'on n'a pas soin de les garder. — Tous ces jeûnes se retrouvent dans presque toutes les communions orientales.

7° Les jeûnes des Arméniens sont beaucoup plus rigoureux que ceux des Grecs, et rien ne peut les en dispenser. Premièrement, ils jeûnent tous les mercredis et tous les vendredis de l'année, excepté depuis Pâques jusqu'à l'Ascension. Secondement, ils observent les dix jeûnes suivants, dont les six premiers sont chacun d'une semaine :

1. Le jeûne d'après le dimanche de la Trinité, qu'ils appellent jeûne de pénitence.

2. Le jeûne de la Transfiguration.

3. Le jeûne de l'Assomption. Le dernier jour, ils ne s'abstiennent que de viande.

4. Le jeûne de la Croix, dans le mois de septembre, observé comme le précédent.

5. Un jeûne de pénitence, après le 13e dimanche de la Trinité.

6. Un autre jeûne de pénitence, après le 21e dimanche.

7. Le jeûne de l'Avent.

8. Celui de Noël, dont la fête commence le matin et non à minuit.

9. Un jeûne de pénitence avant le carnaval; il dure quinze jours.

10. Le grand carême, qui dure sept semaines, pendant lesquelles il n'est permis de manger que des racines, des herbes ou des légumes, et beaucoup moins qu'il n'en faut pour contenter son appétit. Ce jeûne doit être accompagné de continence.

Outre ces jeûnes d'obligation qui emportent la moitié de l'année, il y en a trois autres de dévotion, chacun de cinquante jours. Le premier dure de Pâques à la Pentecôte; le second, de la Trinité à la Transfiguration; le troisième, du 20ᵉ dimanche de la Trinité à Noël. Ceux qui les observent exceptent le samedi et le dimanche; et ces jours-là ils s'abstiennent seulement de viande. Il y a encore une autre petit jeûne de dévotion qui dure de l'Ascension à la Pentecôte.

8° Les Maronites du mont Liban, quoique unis à l'Église latine, ont des jeûnes différents des nôtres. Ils n'observent que le carême, et ils ne commencent à manger ces jours-là que deux ou trois heures avant le coucher du soleil. Ils ne jeûnent point les Quatre-Temps, ni les veilles des saints, ni d'aucune autre fête; mais au lieu de cela, ils ont d'autres abstinences qu'ils observent rigoureusement, car ils s'abstiennent de manger de la chair, des œufs et du lait les mercredis et vendredis de chaque semaine; et en ces deux jours-là ils ne goûtent quoi que ce soit avant que midi soit passé, après quoi il est libre à chacun de manger tant et autant de fois qu'il lui plaît. Ils jeûnent de la même façon vingt jours avant la Nativité de Notre-Seigneur, et les religieux étendent ce jeûne encore davantage. A la fête de saint Pierre et saint Paul, ils jeûnent tous pendant quinze jours, et autant à la fête de l'Assomption de la sainte Vierge.

9° Les Coptes ont quatre grands jeûnes, comme les Grecs, mais avec quelque différence dans la durée. Le premier commence avant la Nativité de Notre-Seigneur et dure vingt-quatre jours. Le second, qui est de soixante jours, est le grand carême d'avant Pâques. Le troisième se nomme le jeûne des disciples de Notre-Seigneur, et commence à la troisième fête de la Pentecôte; il dure trente et un jours. Enfin, le quatrième, qui est de quinze jours, précède l'Assomption.

10. Les Abyssins ont également les quatre carêmes des Orientaux. Pendant leurs jeûnes, ils ne mangent qu'après le soleil couché. Le mercredi et le vendredi ils se mettent à table à trois heures; et pour ne pas se tromper d'un moment, ils mesurent leur ombre. Si elle a sept pieds, c'est l'heure de leur repas. Les prêtres abyssins, comme la plupart de ceux de l'Orient, ne disent la messe que le soir, dans les temps de jeûne, de peur de le rompre en consommant les saintes espèces. Cependant les laïques du pays ne se croient pas obligés au jeûne jusqu'à ce qu'ils aient des enfants en âge d'être mariés; mais comme la chaleur du climat avance beaucoup la puberté des jeunes gens, il y a peu d'Abyssins qui ne soient obligés de jeûner dès l'âge de vingt-cinq ans. Les moines enchérissent encore sur ces austérités. Quelques-uns ne mangent qu'une fois en deux jours; d'autres passent à jeun la semaine entière, surtout la semaine sainte, et ne prennent de nourriture que le dimanche.

11° Le jeûne consiste, chez les Musulmans, dans une entière abstention de toute nourriture, et dans une continence parfaite, pendant toute la journée, depuis la première heure canonique du matin, qui commence à l'aurore, jusqu'au coucher du soleil. Mais les Musulmans se croient permis de manger autant qu'ils veulent et tout ce qui leur plaît, tant que le soleil demeure sous l'horizon. L'obligation du jeûne est fondée sur ce passage de la seconde surate du Coran : *O vous qui croyez ! le jeûne est obligatoire pour vous, comme il l'a été pour vos prédécesseurs; craignez Dieu! La lune de ramadhan, pendant laquelle le Coran est descendu du ciel pour guider les hommes dans la voie du salut, est le temps destiné au jeûne. Celui qui l'aperçoit dans le ciel doit se disposer à l'abstinence. Il vous est permis de manger et de boire jusqu'au moment où, à la lueur du crépuscule, vous pouvez distinguer un fil blanc d'un fil noir : alors commence le temps d'abstinence jusqu'au coucher du soleil, et pendant ce temps n'approchez pas de vos femmes, mais livrez-vous à des œuvres de dévotion dans les mosquées. Le malade ou le voyageur compenseront plus tard le jeûne qu'ils ne peuvent accomplir par un nombre de jours égal à celui pendant lequel ils en auront négligé l'observance.* « Ces versets, dit M. Noël Desvergers, ont déterminé les principales dispositions de la sévère abstinence imposée aux islamites par Mahomet. La loi religieuse divise le jeûne en cinq espèces : il est canonique, satisfactoire, expiatoire, votif ou surérogatoire. Ces cinq espèces, quoique déterminées par des motifs différents, exigent cependant chacune la même abstinence pendant toute la durée du jour. Le jeûne canonique institué par Mahomet, pendant la seconde année de l'hégire, est d'obligation divine pour tout musulman de l'un et de l'autre sexe, parvenu à l'âge de la majorité. Le jeûne satisfactoire, également de précepte divin, a pour objet de remplacer, conformément aux paroles du Coran; les jours de jeûne canonique qui ont été omis par suite d'un empêchement légitime ou involontaire. Le jeûne expiatoire d'obligation canonique a été établi pour expier la transgression volontaire du jeûne solennel imposé aux fidèles pendant le mois de ramadhan. Chaque jour du mois pendant lequel le jeûne aurait été rompu doit être racheté par un jeûne de soixante-un jours; soixante jours comme expiation, et un jour comme satisfactoire. Le jeûne votif est également d'obligation canonique. Le fidèle s'y soumet par suite d'un vœu inspiré soit par esprit de pénitence, soit par sentiment de dévotion, soit même par des vues toutes mondaines, pourvu qu'elles ne portent sur aucun objet contraire à la morale ou à la religion. Enfin, le jeûne surérogatoire est un acte de pénitence entièrement soumis à la volonté du musulman, mais qui devient obligatoire dès qu'il a été commencé avec l'intention de s'y soumettre régulièrement. Telle est l'obligation que s'imposent quelques dévots Musulmans de jeûner deux jours chaque semaine ou les dix premiers jours de chaque mois. »

La dispense du jeûne canonique regarde tous ceux qui ne sont pas en état de l'observer, savoir : les malades, les voyageurs, les femmes enceintes, les nourrices, les femmes en état d'impureté légale, toute personne pressée par la faim et en danger de mourir, ceux qui ont l'esprit aliéné, les mineurs, enfin tous ceux qui par leur grand âge sont hors d'état de soutenir les rigueurs de l'abstinence. Toutes ces personnes, excepté celles des trois dernières classes, sont néanmoins soumises à la peine satisfactoire, c'est-à-dire à jeûner dans le reste de l'année autant de jours qu'elles en auraient omis dans le mois de ramadhan, qui est de trente jours consécutifs.

12° De toutes les religions connues, au rapport d'Anquetil du Perron, celle des Parsis est peut-être la seule dans laquelle le jeûne ne soit ni méritoire, ni même permis. Le Parsi au contraire croit honorer Ormuzd en se nourrissant bien, parce que le corps frais et vigoureux rend l'âme plus forte contre les mauvais génies; parce que l'homme, sentant moins le besoin, lit la parole avec plus d'attention, a plus de courage pour faire de bonnes œuvres; en conséquence plusieurs esprits célestes sont chargés spécialement de veiller au bien-être de l'homme. Rameschné, Kharom, Khordad et Amerdad lui donnent l'abondance et les plaisirs; et c'est ce dernier ized qui produit dans les fruits le goût et la saveur qui portent à les employer à l'usage pour lequel Ormuzd les a créés.

13° Les brahmanes, outre leur abstinence perpétuelle, sont astreints à des jeûnes fréquents et souvent rigoureux. Ils doivent en contracter l'habitude à compter du jour où ils ont reçu l'investiture du cordon brahmanique; et c'est pour eux une obligation indispensable, lorsqu'ils sont parvenus au rang de grihasta; l'âge, les infirmités, les maladies même; à moins qu'elles ne soient très-graves, ne sauraient les en dispenser.

Les jours ordinaires, le brahmane grihasta peut faire deux repas : l'un après midi, et l'autre avant de se coucher. Mais il y a un grand nombre de jours où il n'est permis de prendre qu'un seul repas, à trois heures environ après midi; il en est d'autres où l'on ne peut ni boire ni manger. — Les jours de la nouvelle et de la pleine lune sont des jours de jeûne. Le dixième, le onzième et le douzième jour de chaque lune sont trois jours de jeûne. Le dixième et le douzième jour, on ne peut faire qu'un repas, et le onzième on ne doit rien manger. Le jeûne pendant ces trois jours a un mérite particulier. — Le treize de la lune est un jour malheureux; on ne doit rien manger ce jour-là jusqu'au coucher du soleil. Le soir, avant de manger, on offre le poudja à Siva, pour se le rendre favorable, et l'on prend son repas. — Au quatorzième jour de la lune du mois de magh (février), tombe la fête appelé *Siva-ratri*; on ne peut, ce jour-là, ni boire ni manger pendant vingt-quatre heures, ni se livrer au sommeil. Le jour et la nuit, on offre de trois heures en trois heures le poudja à Siva; et le lendemain, après avoir fait le Sandhya, on est libre de manger. — Le neuvième jour de la lune de tchait, étant l'incarnation du grand Vichnou en la personne de Rama, on ne fait qu'un seul repas sans riz; il est permis seulement de manger des pois, des gâteaux, des bananes et des cocos. — Le huitième jour du mois sravan, jour où Vichnou s'incarna en la personne de Krichna, toute nourriture est interdite; on ne peut prendre son repas ordinaire que le lendemain, après le Sandhya. — Les jours anniversaires des dix avataras de Vichnou; les jours appelés Manouvantaras, Yougadia, Sankranti; ceux où arrivent les éclipses, les solstices, les équinoxes, la conjonction des planètes et autres jours malheureux; le jour anniversaire de la mort de son père ou de sa mère, le dimanche, et plusieurs autres jours de l'année, sont ceux auxquels on doit jeûner en ne faisant qu'un repas. Aux jours de jeûne, il est défendu aux époux d'user du droit conjugal; les femmes ne doivent point se frotter le corps avec de la poudre de safran, ni les hommes s'oindre la tête avec de l'huile. — Nous ne parlons pas des jeûnes monstrueux que s'imposent certains Faquirs, Djoguis, Sannyasis et autres fanatiques hindous, qui passent quelquefois des huit, dix et quinze jours sans prendre la moindre nourriture, se faisant quelquefois murer dans des espèces de tombeaux, et garder à vue pendant cet espace de temps.

14° Les bouddhistes du Tibet ont deux sortes de jeûnes communs aux ascètes et aux laïques. Le jeûne rigoureux, appelé *Ngounné*, dure vingt-quatre heures. La sévérité de ce jeûne est telle, qu'il n'est pas même permis d'avaler sa salive. La plupart l'observent trois jours de suite, ne prenant que du thé, une seule fois, et le matin. On nomme *Gnen-né* l'autre espèce de jeûne qui consiste à ne faire qu'un repas sur le soir. Il est même permis de boire quelquefois dans la journée. Les séculiers observent cette sorte de jeûne plus souvent que les ascètes; il est vrai que les religieux et les religieuses ne peuvent rien prendre ni goûter quoi que ce soit entre le dîner et la collation.

15° Le jeûne des Talapoins de Siam est l'opposé de celui des chrétiens, car il consiste à ne rien manger depuis midi; mais il leur est permis de mâcher du bétel; même quand ils ne jeûnent pas, ils ne font point de repas après midi, ils se contentent de manger des fruits. Outre les jeûnes de chaque mois, ils en ont d'annuels, entre autres une espèce de carême qui dure tant que la principale rivière de la contrée est débordée. Ce débordement arrive au mois de mars; le pays est alors couvert d'eau à cent milles à la ronde; et c'est à ce débordement qu'il doit sa fertilité.

16° Les anciens Chinois, au rapport du P. Lecomte, avaient de tout temps des jeûnes réglés, avec des formules de prières dont l'objet était de les préserver de la stérilité, des inondations, des tremblements de terre et autres calamités publiques.

17° La plupart des peuples des autres contrées de la terre ont également des jeûnes auxquels ils doivent se soumettre en certaines circonstances. On peut voir à l'article INITIATION, que les jeûnes des peuplades barbares de l'Afrique et de l'Amérique ne sont pas moins rigoureux que ceux des nations qui appartiennent aux religions antiques.

JEUNESSE, divinité honorée par les Romains; ils l'invoquaient surtout quand on faisait quitter aux enfants la robe prétexte. Les Grecs l'appelaient *Hébé*. Voy. JUVENTA.

JEUX, en latin *ludi*, sorte de spectacles que la religion avait consacrés chez les Grecs et les Romains. Il n'y en avait aucun qui ne fût dédié à quelque dieu en particulier, ou à plusieurs ensemble. Il y eut même un arrêt du sénat qui portait que les jeux publics seraient toujours consacrés à quelque divinité. On n'en commençait jamais la solennité qu'après avoir offert des sacrifices et fait d'autres cérémonies religieuses; et leur institution eut toujours pour motif, du moins apparent, la religion ou quelques autres devoirs. Il est vrai que la politique y avait bien autant de part; car les exercices de ces jeux servaient ordinairement à deux fins. D'un côté, les Grecs y acquéraient dès leur jeunesse l'humeur martiale, et se rendaient par là propres à tous les exercices militaires; d'un autre côté, on en devenait plus dispos, plus alerte, plus robuste; ces exercices étant très-propres à augmenter les forces du corps, et à procurer une vigoureuse santé. Il y avait trois sortes d'exercices : des courses, des combats et des spectacles. Les premiers, qu'on nommait jeux *équestres* ou *curules*, consistaient en des courses qui avaient lieu dans le cirque dédié à Neptune ou au Soleil. Les seconds, appelés *agonales*, étaient composés de combats et de luttes, tant des hommes que des animaux instruits à ce manége; et c'était dans l'amphithéâtre consacré à Mars et à Diane qu'ils avaient lieu. Les derniers, ou jeux *scéniques*, consistaient en tragédies, comédies et satires, qu'on représentait sur le théâtre en l'honneur de Bacchus, de Vénus et d'Apollon. Homère décrit, dans l'Iliade, les jeux que fit Achille à la mort de son ami Patrocle, et, dans l'Odyssée, différents jeux chez les Phéaciens, à la cour d'Alcinoüs, à Ithaque, etc. Virgile fait aussi célébrer des jeux par Énée, au tombeau de son père Anchise. On distinguait encore, chez les Romains, les jeux fixes et les jeux votifs et extraordinaires. Parmi les premiers, les plus célèbres étaient ceux qu'ils appelaient par excellence es *grands jeux* ou *jeux romains*. On les célébrait depuis le 4 jusqu'au 14 de septembre, en l'honneur des grands dieux, c'est-à-dire Jupiter, Junon et Minerve, pour le salut du peuple. La dépense que les édiles faisaient pour ces jeux allait jusqu'à la folie. D'autres jeux plus célèbres encore parmi les jeux fixes étaient les *séculaires*. Les votifs étaient ceux qu'on avait promis de célébrer, si l'on réussissait dans quelque entreprise, ou si l'on était délivré de quelque calamité. Les extraordinaires étaient ceux que les empereurs donnaient lorsqu'ils étaient près de partir pour la guerre, ceux des magistrats avant d'entrer en charge, les jeux funèbres, etc. La pompe de tous ces jeux ne consistait pas moins dans la magnificence des spectacles que dans le grand nombre des victimes, et surtout des gladiateurs, spectacle favori du peuple romain.

Nous allons parler ici des jeux principaux des Grecs et des Romains, de ceux surtout qui avaient quelque rapport avec la religion.

I. JEUX DES GRECS.

Jeux Isthmiques.

Ils étaient ainsi appelés, parce qu'on les célébrait dans l'isthme de Corinthe. On disait qu'ils avaient été institués par Sisyphe, en l'honneur de Mélicerte, dont le corps avait été porté par un dauphin, ou plutôt jeté par les flots sur le rivage de cette contrée. Mais il y a plus d'apparence que leur institution remonte à Thésée, qui les établit, au rapport de Plutarque, en l'honneur de Neptune, dont il prétendait être le fils; Neptune était en effet le dieu de l'isthme. Ces jeux revenaient régulièrement tous les trois ans, en été, et étaient réputés si sacrés, qu'on n'osa pas même les discontinuer après que la ville de Corinthe eut été détruite par Mummius; mais on donna aux Sicyoniens la charge de les continuer. Le concours y était si grand, que les principaux personnages des villes de la Grèce pouvaient seuls y avoir place. Athènes n'avait d'espace qu'autant que la voile du navire qu'elle envoyait à l'isthme en pouvait couvrir. Les Éléens étaient les seuls de tous les Grecs qui n'y assistaient pas, pour éviter les malheurs que leur pourraient causer les imprécations que Molione, femme d'Actor, avait faites contre ceux de cette nation qui viendraient à ces jeux. Les Romains y furent admis dans la suite, et les célébrèrent avec tant de pompe et d'appareil, qu'outre les exercices ordinaires de la course, du pugilat, de la musique et de la poésie, on y donnait le spectacle de la chasse, dans laquelle on faisait paraître les animaux les plus rares. Ce qui augmentait encore la célébrité de ces jeux, c'est qu'ils servaient d'époque aux Corinthiens et aux habitants de l'isthme. Ces jeux commençaient et finissaient par des sacrifices. Les vainqueurs étaient couronnés de branches de pin; puis on les couronna comme les vainqueurs aux jeux Néméens, avec cette différence que ceux des jeux Néméens étaient couronnés d'ache verte, au lieu que ceux des jeux Isthmiques l'étaient d'ache sèche. Dans la suite on ajouta à la couronne une somme d'argent, fixée par Solon à 100 drachmes ou 40 francs de notre monnaie. Les Romains ne s'en tinrent pas là, et assignèrent aux vainqueurs de plus riches présents.

Jeux Néméens.

Les anciens ne sont pas d'accord sur l'institution de ces jeux. Les uns prétendent qu'ils furent établis en mémoire de la victoire remportée par Hercule sur le lion de la forêt de Némée; d'autres disent qu'ils étaient consacrés à Jupiter Néméen. Pausanias les rapporte à Adraste, un des sept chefs de la première guerre de Thèbes; d'autres enfin prétendent que c'était dans l'origine des jeux funèbres, institués par les sept chefs argiens pour honorer la mémoire du jeune Ophelte ou Archémore, fils de Lycurgue; ils disent que les Argiens allant au siége de Thèbes, s'étant trouvés dans une extrême disette d'eau, la nourrice de l'enfant le déposa sur une plante d'ache, pendant qu'elle alla montrer aux chefs de l'armée une fontaine qu'elle seule connaissait. Pendant l'absence de sa nourrice, le jeune prince mourut de la piqûre d'un serpent. Ces jeux furent célébrés longtemps dans la Grèce, de trois ans en trois ans. C'étaient les Argiens qui les faisaient faire à leurs dépens dans la forêt de Némée et qui en étaient juges. Ils jugeaient, dit-on, en habit de deuil; c'est ce qui les faisait regarder comme des jeux funèbres. Il n'y eut d'abord que deux exercices, l'équestre et le gymnique; dans la suite on y admit les cinq sortes de combats comme aux autres jeux. Les vainqueurs, au commencement, étaient couronnés d'olivier, ce qui dura jusqu'au temps des guerres contre les Mèdes. Un échec que les Argiens reçurent dans cette guerre fit changer l'olivier en ache, herbe funèbre.

Jeux Olympiques.

Les jeux Olympiques étaient les plus célèbres de toute la Grèce. Voici ce que Pausanias dit en avoir appris, sur les lieux mêmes, des Éléens qui lui ont paru les plus habiles dans l'étude de l'antiquité. Suivant leur tradition, Saturne est le premier qui ait régné dans le ciel; et, dès l'âge d'or, il avait déjà un temple à Olympie. Jupiter étant venu au monde, Rhéa sa mère en confia l'éducation à cinq Dactyles du mont Ida, qu'elle fit venir de Crète en Élide. Hercule, l'aîné des cinq frères, proposa de s'exercer entre eux à la course, et que celui qui en remporterait le prix, qui était une couronne d'olivier. C'est donc Hercule Idéen qui eut la gloire d'inventer ces jeux, et qui les a nommés Olympiques; et, parce qu'ils étaient cinq frères, il voulut que ces jeux fussent célébrés tous les cinq ans. Quelques-uns disent que Jupiter et Saturne combattirent ensemble dans la lutte à Olympie, et que l'empire du monde fut le prix de la victoire. D'autres prétendent que Jupiter, ayant triomphé des Titans, institua lui-même ces jeux, où Apollon, entre autres, signala son adresse, en remportant sur Mercure le prix de la course.

C'est pour cela, disent-ils, que ceux qui se distinguent au pentathle dansent au son des flûtes, qui jouent des airs pythiens, parce que ces airs sont consacrés à Apollon, et que ce dieu a été couronné le premier aux jeux Olympiques.

Ils furent souvent interrompus jusqu'au temps de Pélops, qui les fit célébrer en l'honneur de Jupiter, avec plus de pompe et d'appareil qu'aucun de ses prédécesseurs. Après lui, ils furent encore négligés; on en avait même presque perdu le souvenir, lorsque Iphitus, contemporain de Lycurgue le législateur, rétablit les jeux Olympiques, à l'occasion que nous allons rapporter. La Grèce gémissait alors, déchirée par des guerres intestines et désolée en même temps par la peste. Iphitus alla consulter l'oracle de Delphes sur des maux si pressants; il lui fut répondu par la pythie que le renouvellement des jeux Olympiques serait le salut de la Grèce, qu'il y travaillât donc avec les Éléens. On s'appliqua aussitôt à recueillir les traditions anciennes; et à mesure qu'on se rappelait un nouvel exercice, on l'ajoutait à ceux que l'on connaissait déjà. C'est ce qui paraît par la suite des olympiades; car, dès la première, on proposa un prix de la course, et ce fut Corœbus, Éléen, qui le remporta. En la quatorzième, on ajouta la course du stade doublé; en la dix-huitième, le pentathle fut entièrement rétabli; le combat du ceste fut remis en usage en la 23ᵉ olympiade; dans la 24ᵉ, la course du char à deux chevaux, dans la 28ᵉ, le combat du pancrace, et la course avec les chevaux de selle. Ensuite les Éléens s'avisèrent d'instituer des combats pour les enfants, quoiqu'il n'y en eût aucun exemple dans l'antiquité. Ainsi, en la 37ᵉ olympiade, il y eut des prix proposés aux enfants pour la course et pour la lutte; en la 38ᵉ, on leur permit le pentathle entier: mais les inconvénients qui en résultèrent firent exclure les enfants, pour l'avenir, de tous ces exercices violents. La 65ᵉ olympiade vit introduire encore une nouveauté: des gens de pied tout armés disputèrent le prix de la course; cet exercice fut jugé très-convenable à des peuples belliqueux. En la 98ᵉ, on courut avec des chevaux de main dans la carrière, et en la 99ᵉ, on attela deux jeunes poulains à un char. Quelque temps après, on s'avisa d'une course de deux poulains menés en main, et d'une course de poulain monté comme un cheval de selle.

Quant à l'ordre et à la police des jeux Olympiques, voici ce qui s'observait, suivant le même historien: on faisait d'abord un sacrifice à Jupiter, ensuite on ouvrait par le pentathle; la course à pied venait après, puis la course des chevaux, qui ne se faisait pas le même jour. Les Éléens eurent presque toujours la direction de ces jeux, et nommaient un certain nombre de juges pour y présider, y maintenir l'ordre et empêcher qu'on usât de fraude ou de supercherie pour remporter le prix. En la 102ᵉ olympiade, Callippe, Athénien, ayant acheté de ses antagonistes le prix du pentathle, les juges éléens mirent à l'amende Callippe et ses complices. Les Athéniens demandèrent grâce pour les coupables; et, n'ayant pu l'obtenir, ils défendirent de payer cette amende; mais ils furent exclus des jeux Olympiques, jusqu'à ce qu'ayant envoyé consulter l'oracle de Delphes, il leur fut déclaré que le dieu n'avait aucune réponse à leur rendre, qu'au préalable ils n'eussent donné satisfaction aux Éléens. Alors ils se soumirent à l'amende.

Ces jeux, qu'on célébrait vers le solstice d'été, duraient cinq jours; car un seul n'aurait pas suffi pour tous les combats qui s'y donnaient. Les athlètes combattaient tout nus, depuis la 32ᵉ olympiade, où il arriva à un nommé Orcippus de perdre la victoire, parce que, dans le fort du combat, son caleçon s'étant dénoué l'embarrassa de manière à lui ôter la liberté de ses mouvements. Ce règlement en exigea un autre: c'est qu'il fut défendu aux femmes et aux filles, sous peine de la vie, d'assister à ces jeux, et même de passer l'Alphée pendant tout le temps de leur célébration; et cette défense fut si exactement observée, qu'il n'arriva jamais qu'à une seule femme de violer cette loi. La peine imposée par la loi était de précipiter les femmes qui oseraient l'enfreindre, d'un rocher fort escarpé qui était au delà de l'Alphée. Dans la même ville, les filles célébraient une fête particulière en l'honneur de Junon, et on les faisait courir dans le stade, distribuées en trois classes. Les plus jeunes couraient les premières, venaient ensuite celles d'un âge moins tendre, et enfin les plus âgées. En considération de la faiblesse de leur sexe, on ne donnait que cinq cents pieds à la longueur du stade, dont l'étendue ordinaire était de huit cents.

Jeux Pythiens ou Pythiques.

Ils se célébraient à Delphes, en l'honneur de Jupiter Pythien, d'autres disent d'Apollon, en mémoire de la victoire remportée par ce dieu sur le serpent Python. Ils eurent lieu d'abord tous les huit ans, puis on réduisit l'intervalle à quatre ans, et, comme les olympiades, ils servaient d'ère aux habitants de Delphes. Ces jeux étaient présidés par les Amphictyons, qui avaient le titre de juges ou d'agonothètes. Ils ne consistaient, dans le commencement, qu'en combats de chant et de musique; le prix était adjugé à celui qui avait composé et chanté le plus bel hymne en l'honneur du dieu, pour avoir délivré la terre du monstre qui la désolait. Dans la suite on y admit les autres exercices du pancrace, tels qu'ils étaient en usage aux jeux Olympiques. Les vainqueurs étaient couronnés de laurier; dans la suite on leur donna des couronnes d'or.

II. JEUX DES ROMAINS.

Jeux Apollinaires.

Tite-Live rapporte qu'un fameux devin, nommé Marc, ayant laissé un écrit dans lequel il conseillait au peuple romain d'instituer des jeux en l'honneur d'Apollon, assurant que, par ce moyen, il obtiendrait la victoire sur tous ses ennemis, le sénat, informé du contenu de cet écrit, commit aux décemvirs le soin d'instituer ces jeux. Les décemvirs consultèrent à cet effet les livres sibyllins, où ils apprirent les cérémonies qu'il fallait observer dans les jeux Apollinaires. Ils furent célébrés pour la première fois l'an de Rome 542. On y sacrifia un bœuf et deux chèvres, dont les cornes étaient dorées. On immola aussi une vache en l'honneur de Latone. Les assistants étaient couronnés de laurier. Il y avait des tables dressées dans les rues et devant les portes des maisons, où chacun se livrait à la bonne chère. Pendant qu'ils étaient ainsi plongés dans les plaisirs, ils reçurent avis que l'ennemi s'avançait pour les surprendre. Aussitôt, abandonnant les festins, ils volent à sa rencontre. Apollon lui-même, s'il faut en croire Macrobe, combattit du ciel en faveur des Romains, et accabla leurs ennemis d'une grêle de traits. Les Romains hésitèrent quelque temps à achever la célébration des jeux; ils craignaient que l'ennemi ne revînt à la charge; mais, ayant aperçu un vieillard, nommé C. Pomponius, qui dansait au son d'une flûte, ils en tirèrent un présage favorable, et, bannissant toute crainte, ils continuèrent leurs jeux; de là vint le proverbe: *Tout va bien, le vieillard danse.* Rome ayant été affligée, en 544, d'une peste violente, on crut la faire cesser en assignant un jour fixe pour la célébration des jeux Apollinaires, qui jusqu'alors n'avaient été célébrés que lorsqu'il avait plu au préteur. Il fut arrêté que le 5 juillet de chaque année serait affecté à ces jeux. *Voy.* APOLLINAIRES (*Jeux*).

Jeux Capitolins.

Voy. CAPITOLINS.

Jeux Céréaux ou de Cérès.

Voy. CÉRÉALES.

Jeux Consuales.

Voy. CONSUALES.

Jeux de Castor et Pollux.

Ils furent institués par le sénat, pour l'accomplissement d'un vœu fait par le dictateur Posthumius. Ce général, se trouvant dans une position critique, promit, s'il remportait la victoire, de faire célébrer à Rome des jeux solennels en l'honneur de Castor et de Pollux. Lorsqu'il fut rentré triomphant dans Rome, le sénat, instruit de son vœu, porta un décret par lequel il était ordonné de célébrer tous les ans des jeux, pendant huit jours, en l'honneur de ces deux héros. La principale cérémonie consistait dans une procession magnifique et pompeuse, où les magistrats de Rome, portant les statues des dieux, étaient suivis des légions qui marchaient en ordre de bataille.

Jeux Floraux.

Voy. FLORAUX.

Jeux funèbres.

C'étaient ordinairement des combats de gladiateurs qui s'entr'égorgeaient auprès du bûcher des illustres Romains. On prétendait honorer leurs mânes par ce barbare spectacle. On en attribue l'institution à Junius Brutus, libérateur de Rome; et ce n'est pas l'action qui fait le plus d'honneur à cet illustre consul; on y reconnaît son caractère dur et féroce. Cette coutume, si contraire à l'humanité, se soutint dans les siècles les plus polis de Rome, et ne fut abolie que l'an 500 de Jésus-Christ, par un prince ostrogoth, que les Romains traitaient sans doute de barbare; c'était le grand Théodoric.

Jeux Martiaux ou de Mars.

Ils étaient célébrés dans le cirque, le 1er d'août de chaque année, jour où l'on avait dédié un temple au dieu de la guerre. Les exercices ordinaires de ces jeux étaient des courses à cheval et des combats d'hommes contre des animaux. Ce fut dans ces jeux que Germanicus terrassa deux cents lions, au rapport des historiens.

Jeux Mégalésiens.

Ils furent institués à Rome en l'honneur de Cybèle, appelée *la Grande Déesse*, l'an 550 de la fondation de Rome, le 12 avril, jour auquel la statue de cette déesse qu'on avait envoyé chercher à Pessinunte, en Phrygie, fit son entrée dans Rome, et fut reçue par Scipion Nasica, le plus vertueux des Romains de ce temps-là. Pendant ces jeux, les dames romaines formaient des danses religieuses devant l'autel de Cybèle. Les magistrats y assistaient en robes de pourpre, et la loi défendait aux esclaves d'y paraître. Les danses étaient suivies de festins; mais, contre la coutume de ces sortes de fêtes, la frugalité et la modestie y régnaient. Les Galles ou prêtres phrygiens portaient en triomphe dans les rues de Rome l'image de la déesse; on représentait aussi sur le théâtre des comédies choisies. Un grand concours de peuple et d'étrangers assistaient aux jeux Mégalésiens.

Jeux séculaires.

C'étaient des fêtes solennelles que l'on célébrait avec une grande pompe, une fois dans l'espace de chaque siècle, vers les approches de la moisson, pendant trois jours et trois nuits consécutifs.

On conservait depuis longtemps à Rome un oracle fameux de la sibylle, conçu à peu près en ces termes : « Romain, souviens-toi d'offrir aux dieux des sacrifices, tous les cent ans, dans le champ que le Tibre arrose. Immole des chèvres et des moutons en l'honneur des Parques, pendant les ténèbres de la nuit. N'oublie pas dans les sacrifices la déesse Lucine, qui préside aux accouchements; égorge un porc et une truie noire en l'honneur de la Terre, qui est la nourrice du genre humain. Sacrifie sur l'autel de Jupiter des bœufs blancs; sur ceux de Junon et d'Apollon, une jeune vache, et que ces sacrifices se fassent pendant le jour; les dieux du ciel n'aiment pas les sacrifices nocturnes. Que de jeunes garçons et de jeunes filles, partagés en deux chœurs, chantent dans les temples des hymnes sacrés en l'honneur des dieux; mais songe qu'il ne faut employer à cet exercice que des enfants dont les père et mère soient encore vivants. Si tu observes fidèlement ces cérémonies, l'Italie deviendra la maîtresse de tout l'univers. »

Les Romains racontaient ainsi l'origine de ces jeux. Dans les premiers temps de Rome vivait Valerius Volusius, citoyen d'Eretum, dans le territoire des Sabins. Trois de ses enfants, deux fils et une fille, furent frappés en même temps de la peste; il reçut à ce sujet de ses dieux domestiques l'ordre de descendre le Tibre avec ses enfants, jusqu'à un lieu nommé Terentum, qui était au bout du Champ-de-Mars, et quand il y serait arrivé, de leur faire boire de l'eau chauffée sur l'autel de Pluton et de Proserpine. Ayant exécuté toutes ces choses, et ses enfants s'étant endormis après avoir bu de cette eau, ils se trouvèrent parfaitement guéris à leur réveil, et dirent à leur père qu'ils avaient vu en songe un homme de grandeur et d'un air au-dessus du commun, qui leur avait ordonné d'offrir des victimes noires à Pluton et à Proserpine, et de passer trois jours en réjouissances dans le même lieu. Le père, en action de grâces, offrit au même endroit les sacrifices indiqués, pendant trois nuits consécutives, sur un autel qu'il trouva enfoui dans la terre, en ce lieu même; il dressa aux dieux des lits de parade, *lectisternia*; et pour conserver le souvenir de cet événement il prit le nom de *Manius Valerius Terentinus : Manius*, à cause des Mânes ou divinités infernales auxquelles il avait sacrifié; *Valerius*, du verbe *valere*, parce que ses enfants avaient recouvré la santé; et *Terentinus*, parce que cet événement s'était passé à *Terentum*.

Il ne paraît pas cependant que ces jeux aient été célébrés jusqu'à l'an de Rome 245; en cette année, qui était la première après l'expulsion des rois, une peste violente, accompagnée de plusieurs prodiges, ayant jeté la consternation dans la ville, Publius Valerius Publicola fit, sur le même autel de Tarentum, des sacrifices à Pluton et à Proserpine, et la contagion cessa. Cet illustre Romain fit graver sur l'autel une inscription portant qu'il avait fait célébrer ces jeux pour la délivrance du peuple romain. Soixante ans après, l'an 305, on réitéra les mêmes sacrifices par ordre des prêtres des sibylles, en y ajoutant les cérémonies prescrites par les livres sibyllins; alors il fut réglé que ces fêtes se feraient toujours dans la suite au bout de chaque siècle; car jusqu'à cette époque, il paraît qu'elles n'étaient données que dans les temps de grandes calamités publiques. Ils furent en conséquence célébrés l'an 505 et l'an 605 de Rome; mais nous voyons qu'ensuite ces jeux furent quelquefois reculés, à cause des guerres ou des désordres de l'empire, ou avancés par le caprice des empereurs, pour se donner la satisfaction de voir accomplir cette rare cérémonie. Les cinquièmes jeux séculaires eurent lieu l'an 737 de Rome, sous Auguste; les sixièmes, l'an 800, sous Claude; les septièmes, en 846, sous Domitien; les huitièmes, en 900, sous Antonin le Pieux; les neuvièmes, en 957, sous Septime Sévère; les dixièmes, en l'an 1000, sous les deux Philippes; les onzièmes, en 1046, sous Gallien; les douzièmes et derniers, en 1157, sous l'empereur chrétien Honorius, qui ne put les refuser aux Romains non convertis.

L'appareil de ces jeux était fort considérable. On envoyait des hérauts dans les provinces, pour inviter le peuple à la célébration d'une fête qu'il n'avait jamais vue, et qu'il ne reverrait jamais. Quelque temps avant la fête, on l'annonçait également aux Romains assemblés dans le Capitole, où le souverain pontife, ou bien l'empereur, en cette qualité, les haranguait et les exhortait à se préparer par la pureté du corps et de l'esprit à une solennité aussi respectable.

Cette fête durait trois jours et trois nuits; le premier jour elle avait lieu dans le Champ-de-Mars, le second jour au Capitole, et le troisième au mont Palatin. La veille de la solennité, les consuls, ensuite les empereurs, et les quindécemvirs, gardiens des livres sibyllins, faisaient distribuer au peuple les choses nécessaires aux expiations préparatoires, comme des torches, des parfums, du soufre, du bitume; tout citoyen était obligé de faire ces expiations. Les consuls, ou l'empereur, et les quindécemvirs se mettaient ensuite à la tête d'une procession composée du sénat et du peuple en habits blancs, des palmes à la main, et la tête couronnée de fleurs; on y voyait aussi tous les collèges; on chantait, pendant le chemin, des vers faits exprès pour la circonstance, et l'on adorait en passant, dans les temples et dans les carrefours, les statues des dieux exposées sur des lits de parade. Le peuple se rendait ensuite au temple de Diane, sur le mont Aventin, où l'on offrait aux Parques de l'orge, du froment et des fèves; chaque père de famille distribuait à ses enfants une portion de ces grains, afin qu'ils pussent en offrir eux-mêmes et fléchir les divinités infernales. Aux approches de la nuit, et deux heures après le coucher du soleil, les chefs de la république se rendaient sur les bords du Tibre, où ils trouvaient trois autels préparés; ces autels restaient toujours en place, mais on les couvrait de terre après la fête. La cérémonie était éclairée d'un grand nombre de lumières. Des musiciens placés sur un lieu élevé chantaient des hymnes en l'honneur des dieux, et l'on finissait par immoler à Pluton, à Cérès, à Proserpine, aux Parques et à Lucine, plusieurs victimes noires. On arrosait ensuite les autels du sang de ces victimes et on consumait entièrement celles-ci par le feu.

Au commencement du jour, on allait au Capitole sacrifier à Jupiter et à Junon des victimes blanches; et l'on revenait au bord du Tibre, célébrer, sur des échafauds et sur des théâtres préparés exprès, des jeux en l'honneur d'Apollon et de Diane. On représentait des comédies au théâtre; on faisait des courses à pied, à cheval et en charriot, dans le cirque; les athlètes faisaient briller leur adresse et leur force; et l'on donnait dans l'amphithéâtre des combats de gladiateurs.

Le second jour, les dames romaines allaient à leur tour au Capitole; elles y offraient des sacrifices à Junon, et y chantaient des hymnes pour la prospérité de l'Etat et pour le succès de leurs accouchements; tandis que les chefs de l'Etat offraient des sacrifices ailleurs à Jupiter, Junon, Apollon, Diane, Latone et aux autres Génies.

Le troisième jour, cinquante-quatre jeunes gens, partagés en deux chœurs, dont l'un était composé de vingt-sept garçons et l'autre de vingt-sept filles, divisés les uns et les autres par bandes de neuf, tous ayant leur père et leur mère, chantaient dans le temple d'Apollon, des hymnes et des cantiques pour rendre les dieux favorables au peuple romain. Il nous reste quelques-uns de ces chants, composés par Horace, pour les cinquièmes jeux séculaires, sous l'empereur Auguste; l'un d'eux porte même le titre de *Carmen sæculare* : c'est un hymne en l'honneur d'Apollon et de Diane.

Pendant la nuit de ces deux jours, on se rendait également au bord du Tibre, et on y répétait sur les trois autels les sacrifices aux dieux infernaux : ce n'était plus un taureau noir et une vache noire, comme la première nuit; mais une brebis noire et une chèvre de la même couleur; la seconde nuit, c'était aux Parques qu'on immolait celles-ci; la troisième nuit, on sacrifiait un pourceau à la Terre. Pendant ces trois nuits, Rome était tellement illuminée et remplie de feux de joie, que l'obscurité en était bannie; c'est ce que Capitolin dit en particulier des jeux séculaires que fit célébrer Philippe; et pendant le jour ce n'étaient que jeux, spectacles, courses, luttes, combats de gladiateurs, etc.; en sorte que le peuple se partageait entre le plaisir et la dévotion. Les prêtres Saliens se distinguaient dans cette solennité par leurs danses allégoriques et guerrières. Après leurs sacrifices, ils se promenaient dans les rues, dansant, tantôt ensemble, tantôt seuls, au son des flûtes, frappant leurs boucliers avec leurs baguettes; ils chantaient en même temps des hymnes en l'honneur de Janus, de Mars, de Junon et de Minerve; un chœur de filles habillées comme eux leur répondait. Une des cérémonies remarquables de cette fête était l'ouverture de la porte du temple qui représentait l'entrée du siècle. Il existe des médailles sur lesquelles on voit un empereur qui frappe cette porte avec une baguette. C'est peut-être ce qui a donné lieu au souverain pontife des chrétiens d'ouvrir aussi la porte sainte, dans le jubilé, qui d'abord était séculaire, comme les jeux dont nous parlons.

A la fin de la fête, l'empereur donnait les offrandes aux officiers qui avaient présidé aux cérémonies, et ceux-ci en distribuaient une portion au peuple.

JOACHIMITES. L'abbé Joachim, Calabrais, abbé de Flora, de l'ordre de Cîteaux, passait durant sa vie pour un prophète; personne n'a jamais douté de ses vertus, et il avait une profonde soumission pour l'autorité de l'Eglise; aussi a-t-il laissé une mémoire vénérée; on lui rend même un culte public en Calabre, sans réclamations du saint-siége; et quelques martyrologes ont recueilli son nom. Mais il avait composé un certain nombre de livres, dans lesquels il avait émis des propositions fort singulières, entre autres des Commentaires sur Isaïe, sur Jérémie, sur l'Apocalypse, une concordance de l'Ancien et du Nouveau Testament, un livre de la Trinité contre le Maître des Sentences, et quelques prophéties. Des esprits amis de la nouveauté et du merveilleux s'emparèrent des opinions erronées qu'ils y trouvèrent, les soutinrent, les développèrent, les défendirent, et finirent par former un système hétérodoxe, qui fut condamné d'abord au concile de Latran en 1215; puis à celui d'Arles, en 1260.

Ce dernier nous apprend quelles étaient les principales erreurs des Joachimites. Posant pour fondement de leurs extravagances certains ternaires, ils établissaient dans leurs concordances une doctrine pernicieuse; et, sous prétexte d'honorer le Saint-Esprit, ils diminuaient l'effet de la rédemption du Fils de Dieu, et le bornaient à un certain espace de temps. Ils disaient que le Père avait opéré depuis le commencement du monde, jusqu'à l'avènement du Fils, s'appuyant sur ces paroles de Jésus, en saint Jean : *Mon Père opère jusqu'à présent, et j'opère aussi* ; que l'opération du Fils avait duré jusqu'à leur temps, c'est-à-dire pendant 1260 ans, après lesquels le Saint-Esprit devait aussi opérer à son tour. C'est, ajoutaient-ils, ce que signifiaient les douze cent soixante jours marqués dans l'Apocalypse, et les mille ans après lesquels Satan devait être déchaîné.

Les Joachimites, sur le fondement des trois personnes divines, bâtissaient des ternaires fantastiques; savoir, trois états ou ordres d'hommes, qui devaient se succéder selon les temps : le premier comprenait les gens vivant dans le mariage; c'était celui qui avait subsisté sous le règne du Père éternel, c'est-à-dire sous l'Ancien Testament; le second, les clercs, qui dominaient sous le Fils, dans le milieu du temps, c'est-à-dire jusqu'à l'époque où ils étaient arrivés; le troisième, les moines, qui devait s'établir, à dater de leur époque, sous le règne du Saint-Esprit. Ils ajoutaient un autre ternaire, savoir, celui de la doctrine, comprenant l'Ancien Testament, le Nouveau, et l'Évangile éternel. La durée du temps était également divisée en trois; la première partie appartenait au Père, c'était le règne de l'esprit mosaïque; la seconde, qui était le règne de l'esprit de grâce, appartenait au Fils; enfin ils donnaient la troisième au Saint-Esprit, et l'appelaient le temps de la plus grande grâce et de la vérité découverte; à quoi ils rapportaient ces paroles de l'Évangile : *Quand sera venu cet Esprit de vérité, il vous enseignera lui-même toute vérité.* Enfin un autre ternaire consistait dans la manière de vivre : dans le premier temps, les hommes vivaient selon la chair; dans le second, ils ont vécu entre la chair et l'esprit; dans le troisième, qui durerait jusqu'à la fin du monde, ils devaient vivre selon l'esprit. Ainsi les Joachimites anéantissaient la rédemption de Jésus-Christ, et prétendaient que les sacrements devaient finir, en disant que toutes les figures et tous les signes cesseraient, et que la vérité paraîtrait enfin à découvert.

L'Évangile éternel, dont il est question plus haut, avait été compilé par les Joachimites d'après les rêveries de l'abbé Joachim. Ce livre, tout rempli qu'il était d'absurdités et d'extravagances, fut cependant approuvé par plusieurs religieux. En 1254, quelques-uns même eurent la témérité de vouloir l'enseigner dans l'Université de Paris; mais il fut publiquement condamné, en 1260, par le concile d'Arles et par le pape Alexandre IV.

JOANNITES, nom que l'on donne à une secte d'Orientaux, demi-juifs et demi-chrétiens, que l'on appelle encore *chrétiens de Saint-Jean-Baptiste.* Voy. cet article et SABIS.

JOB, en hébreu *Iyob*, en arabe *Ayoub*; nom d'un ancien et puissant patriarche de l'Orient, qui perdit successivement ses grands biens, ses enfants et sa santé, sans jamais murmurer contre la Providence; et qui par là mérita de recouvrer un état plus prospère que celui qu'il avait perdu. Son histoire fait le sujet d'un livre qui porte son nom, et qui est sans contredit un des plus curieux de l'Ancien Testament. On ignore quel en est l'auteur; quelques-uns l'attribuent à Job lui-même, à Moïse ou à Isaïe; nous croyons qu'il est impossible qu'il ait été écrit par ces deux derniers; nous sommes même fondés à supposer que nous n'en avons que la traduction, et qu'il a dû être composé originairement, soit en arabe, soit dans quelqu'une des langues congénères parlées dans la Chaldée; en effet l'hébreu actuel de ce livre est mêlé d'idiotismes étrangers. Saint Jérôme prétend qu'il est écrit en vers; c'est possible, mais nous n'en pouvons reconnaître le mètre; toutefois, si les règles de sa prosodie nous échappent, on ne peut s'empêcher d'y reconnaître la poésie la plus haute, la plus riche et la plus touchante; il est animé par le feu du génie, par des expressions nobles et hardies, qui sont l'essence et l'âme de la poésie. Bacon admirait les profondes connaissances en philosophie et en physique renfermées dans ce livre; en effet on y trouve des données précieuses sur la morale, sur l'astronomie, l'histoire naturelle, la géologie, la métallurgie même, qui constatent l'état de la science à cette époque. La description du cheval, de *Béhémoth* (l'hippopotame) et de *Léviathan* (le crocodile), est traitée de main de maître; celle des travaux des mines présente des renseignements du plus haut intérêt, et démontre que, quelques siècles après le déluge, la race humaine n'était pas aussi arriérée qu'on serait tenté de le croire. On y trouve aussi des fragments d'histoire civile, et des morceaux tirés de chants ou de compositions plus anciennes. Le caractère de Job est admirable; ce n'est pas un de ces êtres passifs sur lesquels la douleur semble n'avoir aucune prise; c'est un homme qui souffre, et qui sent puissamment ses souffrances; il lutte contre tout, contre Satan, contre sa femme, contre ses amis, contre lui-même; j'ai presque dit contre Dieu; il est brisé; mais il ne veut pas s'avouer vaincu; il laisse échapper des plaintes éloquentes, des plaintes bien amères, qui s'arrêtent juste où commencerait le blasphème; il sent qu'il y a là une puissance supérieure contre laquelle il lui est impossible de regimber; et il finit par s'humilier devant Dieu, mais devant Dieu seul.

Parmi les commentateurs, les uns ont douté de l'existence de Job, et ont prétendu que le livre qui porte son nom est une espèce de parabole; d'autres, se fondant surtout sur les autres livres de l'Ecriture, qui proposent ce saint homme comme un modèle de patience et de résignation, soutiennent que son histoire est véritable. Notre sentiment particulier tient le milieu entre ces deux systèmes : nous croyons qu'il a réellement existé, dans une contrée de l'Orient, un homme puissamment riche et respecté, qui, en butte aux adversités les plus cruelles, les a supportées avec un courage admirable, et qui ensuite, à l'aide de la Providence, est devenu plus grand, plus riche et plus heureux que jamais; qu'un écrivain, inspiré de Dieu, s'est emparé de ce thème, et pénétrant dans tous les replis du cœur humain, en a tiré un haut enseignement pour ceux qui se trouveraient dans des circonstances analogues.

La forme de ce livre est essentiellement dramatique; après un prologue mythique, viennent cinq parties bien détachées, qui comprennent les trois entretiens de Job avec ses amis les patriarches; entretiens dans lesquels sont débattues les thèses les plus importantes à l'humanité, puis l'intervention du présomptueux Elihu; enfin le noble discours de Dieu, suivi de l'épilogue. Ce livre est peut-être le poëme le plus ancien qui ait été écrit.

JOCANNA, nom que les Caraïbes, anciens habitants de l'île Haïti, donnaient au dieu souverain, comme le Jupiter des Latins. Il avait cependant été créé, puisque les Caraïbes lui donnaient une mère qui portait cinq noms différents. Ils appelaient encore ce dieu *Guamanacou*.

JODULTE, idole des Saxons du moyen âge; ce n'était dans l'origine qu'une statue érigée aux environs de la forêt de Welps, par Lothaire, duc de Saxe, après la victoire qu'il remporta sur Henri V, en 1115. Cette statue représentait un homme, tenant de la main droite une massue, et de la gauche un bouclier rouge, et assis sur un cheval blanc.

JOEL, l'un des douze petits prophètes, dont les œuvres ont été recueillies dans l'Ancien Testament. On ignore dans quel temps il a prophétisé. Son œuvre ne contient que trois chapitres. Sa diction est magnifique; c'est, suivant M. Cahen, un des poëtes les plus remarquables des Hébreux. « Celui, dit Eichhorn, qui ne reconnaît pas dans Joël un grand poëte, n'en a jamais lu un avec goût. » On cite surtout son allégorie des sauterelles comparées à une armée, qui est magnifique et parfaitement bien soutenue. Sa prophétie regarde particulièrement la dévastation de la Judée, par les Chaldéens, et sous ce type, la destruction de Jérusalem par les Romains; la fin du monde, le jugement universel; les peines de l'enfer pour les réprouvés et la gloire des justes. Saint Pierre, dans les Actes des apôtres, en applique un passage considérable à la révolution qui établit le christianisme sur la terre.

JOHNSONIENS, sectaires d'Angleterre, qui suivent la doctrine de J. Johnson, lequel fut pendant quelque temps ministre dissident à Liverpool. Ils nient la préexistence de Jésus-Christ, et avouent cependant qu'on peut lui donner le nom de Dieu, parce qu'en lui réside la plénitude de la divinité. Cependant ils rejettent, avec les Unitaires, la pluralité des personnes divines. Bien qu'ils nient le péché originel et le décret de réprobation du genre humain, ils déclarent que personne ne peut devenir disciple de l'Evangile, s'il n'est éclairé par l'influence spéciale de la grâce. Quant au baptême, ils suivent la doctrine des Baptistes. Ils disent que, de toute éternité, Dieu avait élu le Christ et son peuple; que tout a été créé pour Jésus-Christ et son peuple; que le Christ se serait manifesté, et que son peuple eût été élevé en gloire, quand même le péché n'eût pas existé; et, dans cette supposition, ils avancent que le reste de l'espèce humaine eût été admis au bonheur dans un degré inférieur, en s'attachant à Jésus-Christ et à l'Eglise son épouse. D'après la doctrine des Johnsoniens, les enfants qui meurent ne vont pas directement au royaume céleste : ils sont réservés pour vivre en état de pureté dans la nouvelle terre qui sera formée après la conflagration générale, et sur laquelle Jésus-Christ régnera avec son Eglise pendant mille ans; après ce laps de temps, ces enfants seront envoyés dans une région plus glorieuse. Tous les hommes ressusciteront, les méchants seront à jamais malheureux, sans cependant que des tourments leur soient infligés. Ce qu'on lit dans l'Ecriture à ce sujet est métaphorique; leurs souffrances résulteront de leur état et de la situation de leur esprit. Ces sentiments au sujet de la vie future, que j'emprunte à l'*Histoire des sectes religieuses* de Grégoire, contredisent cependant une assertion du même auteur, qui avait dit plus haut : « Ils nient l'immortalité de l'âme, et prétendent que l'homme, tel qu'il est constitué présentement, est entièrement mortel; cependant ils admettent pour l'âme une existence particulière dans l'intervalle de la mort et de la résurrection. » Mais la plupart de ceux qui ont rejeté l'autorité de l'Eglise ne se targuent pas d'être conséquents avec eux-mêmes. Au surplus, il est reconnu que la secte des Johnsoniens n'a jamais produit aucun homme distingué par son savoir.

JOIE, en latin *Lætitia*. Les Romains l'avaient personnifiée sous la figure d'une divinité, dont on voit l'image sur les médailles. Les Grecs l'appelaient *Euthymie*.

JOLOKIAMO, nom du mauvais principe,

parmi les tribus sauvages de la Colombie. Il s'étudie à nuire aux hommes, à rendre les bois déserts et la terre stérile. Il est le père des maladies, des tempêtes, et du froid. Sans cesse en guerre contre Catchimana, le bon principe, il est constamment battu par lui; mais il ne tarde pas à ressaisir chaque fois ses avantages. On l'appelle encore *Ouatipa* et *Krocan*.

JOKA-MAKAA, divinité des anciens Finnois. C'était le même qu'Aarni qui présidait aux trésors cachés. *Voy.* AARNI.

JONAS, l'un des douze petits prophètes de l'Ancien Testament. Il commença à prophétiser sous le règne de Jéroboam II, roi d'Israël, et d'Ozias roi de Juda, environ huit cents ans avant Jésus-Christ. Chargé par le Seigneur d'annoncer aux Ninivites la destruction de leur ville, il recula devant cette mission dangereuse; s'enfuit à Joppé et s'y embarqua pour Tharsis. Mais le vaisseau ayant été assailli par une horrible tempête, en punition de sa désobéissance, il se reconnut coupable, et fut jeté à la mer. Il fut englouti par un cétacé, et demeura trois jours dans ses entrailles. Rendu miraculeusement à la vie, il reçut de nouveau les ordres du Tout-Puissant, se rendit à Ninive, et y fit entendre ces redoutables paroles : « Encore quarante jours, et Ninive sera détruite. » Les habitants, effrayés de ses menaces, firent pénitence, ordonnèrent un jeûne public, et Dieu leur pardonna. Jonas, qui n'avait pas voulu d'abord accepter la mission prophétique, craignit alors de passer pour faux prophète, et se plaignit au Seigneur; mais Dieu lui fit comprendre l'injustice de ses plaintes par une de ces raisons typiques, si propres à instruire et à convaincre. Pour le défendre de l'ardeur du soleil, il fit croître, dans l'espace d'une seule nuit, une plante grimpante qui projeta sur lui une ombre épaisse. Le prophète s'en réjouit; mais dès le lendemain un ver piqua la racine de la plante, la fit sécher, et Jonas resta, comme auparavant, exposé aux feux d'un soleil d'Orient. La douleur que Jonas en ressentit lui fit désirer la mort. *Eh quoi!* lui dit le Seigneur, *tu regrettes la perte d'un lierre qui ne t'a rien coûté; et moi je serais implacable pour Ninive, cette grande ville, dans laquelle il y a plus de 120,000 personnes qui ne savent pas distinguer entre leur main droite et leur main gauche!*

Le livre de Jonas, très-probablement écrit par lui-même, ne comprend que l'histoire de sa mission à Ninive, mais on y remarque un hymne d'un ton grave et solennel, composé dans les entrailles du poisson. Sous le rapport typique, Jonas a prophétisé Jésus-Christ non par ses paroles, mais par sa propre histoire. En effet, ce prophète, jeté dans la mer pour sauver ses semblables, englouti par le grand poisson et rendu à la vie le troisième jour, est, suivant l'Évangile même, la figure du Christ. Il l'est encore en ce que c'est le seul prophète de l'ancienne loi que Dieu ait envoyé aux gentils.

JONGLEURS, nom que l'on donne à certains personnages qui remplissent, à l'égard des tribus païennes de l'Amérique septentrionale, la triple fonction de prêtres, de médecins et de sorciers. Dans le Canada, celui qui se destine à la profession de jongleur commence par s'enfermer neuf jours dans une cabane, sans manger, et avec de l'eau seulement. Là, ayant à la main une espèce de gourde remplie de cailloux, dont il fait un bruit continuel, il invoque l'esprit, le prie de lui parler, de le recevoir médecin, et cela avec des cris, des hurlements, des contorsions et des secousses de corps épouvantables, jusqu'à se mettre hors d'haleine et à écumer d'une manière affreuse. Ce manège, qui n'est interrompu que par quelques moments de sommeil auquel il succombe, étant fini au bout de neuf jours, il sort de sa cabane, en se vantant d'avoir été en conversation avec l'esprit, et d'avoir reçu de lui le don de guérir les maladies, de chasser les orages et de changer le temps.

Lorsqu'il y a quelqu'un de malade, les parents font prévenir le jongleur et préparent un festin; les anciens du village assistent à la cérémonie. Le médecin s'y rend, chargé d'un sac qui contient ses médicaments, et tenant à la main une gourde emmanchée d'un bâton passé au travers. D'abord il entonne des chansons sur ses remèdes, et marque la cadence avec sa gourde remplie de petites pierres. L'enthousiasme saisit bientôt ceux qui composent l'assemblée; l'on n'entend plus que le son des voix et le cliquetis des gourdes. Le médecin étale ensuite ses drogues, fait quelques invocations et recommence à chanter, toujours dans une agitation extraordinaire; puis il s'approche de son malade avec toute la confiance d'un habile praticien, et tourne plusieurs fois en cadence autour de lui, pendant que l'assemblée chante. Enfin il touche le patient par tout le corps, l'examine avec l'attention d'un connaisseur, et lui déclare gravement qu'il a un sort en tel endroit de son corps, qu'il s'agit de l'ôter, qu'il va y consacrer ses soins, que la maladie est difficile, et qu'il faudra bien des cérémonies pour réussir à la guérir. Les parents du malade écoutent l'arrêt de cet Esculape sauvage, s'abandonnent à sa bonne foi et le recommandent à ses soins intelligents. On chante des chansons sur la plaie ou sur la partie malade, et l'on apporte une chaudière pour y mettre les présents destinés au prêtre médecin, qui, tout occupé en apparence des moyens qu'il doit employer pour guérir son patient, songe, ou fait semblant de songer aux remèdes nécessaires. Revenant ensuite comme d'un profond assoupissement, il déclare qu'il connaît le mal. On le croit; on lui livre le malade. Après qu'il l'a bien tourmenté par les remèdes qu'il lui applique, ou qu'il lui fait avaler, et par les mouvements violents qu'il lui fait faire, il annonce aux assistants que le malade est guéri, ou qu'il ne l'est pas. Un jongleur adroit n'en vaut pas moins, et ne perd rien de l'estime que son art lui a acquise, lorsque son malade meurt entre ses mains; il se tire d'affaire en attribuant le défaut de réussite au mauvais état du malade, à la puissance du sort, à la volonté des esprits, qui s'opposent à l'efficacité de ses remèdes. Mais si le jongleur manque d'adresse pour justifier la mort de la personne qu'il a traitée, il arrive quelquefois qu'on le tue, sans autre forme de procès.

Chez les Illinois, lorsqu'un malade se croit ensorcelé, ou du moins quand le jongleur lui a persuadé qu'il l'est, celui-ci, suivi d'une bande d'apprentis jongleurs, se rend dans la cabane du malade que l'on étend devant lui par terre, sur une peau de castor ou de quelque autre animal. Le médecin touche du doigt toutes les parties du corps du patient, jusqu'à ce qu'il vienne à la partie affligée, où le prétendu sort a été jeté. Un des disciples du maître jongleur applique sur la partie malade une peau de chevreuil pliée en plusieurs doubles; après quoi le médecin se jette à corps perdu sur le possédé, lui suce la peau, écume, se frappe sur le dos, et n'épargne pas même celui du malade qu'il presse sur toutes les parties de son corps, afin d'en faire sortir le charme. Il sort en effet; car le jongleur montre à l'assemblée un objet qu'il avait caché subtilement dans sa bouche ou dans les replis de la peau. Cependant il n'est pas toujours à propos que le charme sorte au premier signal, la prudence veut que l'opération soit variée; aussi arrive-t-il souvent qu'elle est réitérée plusieurs fois de suite sans aucun succès. Il est vrai que c'est aux dépens du malade; mais, là comme ailleurs, il vaut mieux nuire au malade qu'à l'art. Les jongleurs consacrent en quelque façon les remèdes dont ils se servent, et la cérémonie s'en fait avec beaucoup de mystère. On les met sur une peau, on ordonne un festin solennel, on danse toute la nuit autour des remèdes. On doit croire après cela qu'ils sont plus salutaires et plus efficaces; alors le jongleur les met dans son sac.

Il ne faudrait pas s'imaginer que ces jongleries, rapportées par les anciens voyageurs, sont tombées maintenant en désuétude; un missionnaire des Montagnes Rocheuses écrivait ce qui suit en 1841 : « Ces imposteurs n'ont qu'un seul remède pour toutes les maladies; le voici: on étend le malade, ou plutôt le patient, sur le dos; ses amis, armés d'un bâton dans chaque main, forment d'abord un cercle autour de lui; bientôt arrive le jongleur, qui, sans s'informer des symptômes du mal, sérieux comme un docteur, entonne un air lugubre que les assistants accompagnent en battant la mesure avec leurs bâtons. Après ce bizarre prélude, les opérations commencent : à genoux devant le malade, notre homme lui presse de toutes ses forces l'estomac avec ses deux poings; la douleur qu'éprouve le patient lui fait-elle jeter des cris affreux, le docteur chante alors beaucoup plus fort, les assistants en font autant; de sorte que la voix du malheureux reste étouffée par le bruit. A chaque couplet, le médecin joint ses mains et les approche en soufflant sur le malade, jusqu'à ce que, par un tour de sa façon, il lui fasse sortir de la bouche une petite pierre blanche, ou la griffe de quelque animal; aussitôt il la montre en triomphe à ceux qui s'intéressent à la santé du sauvage, et les assure de son prochain rétablissement. Là-dessus, le charlatan se fait bien payer, et peu lui importe que le malade guérisse. »

Ces jongleurs se mêlent aussi de rendre les oracles, d'interpréter les songes, qu'ils regardent comme des ordres et des avertissements du grand esprit, de prédire l'avenir. Ils se vantent même de faire venir la pluie, le beau temps, le calme, l'orage, la fertilité, et de rendre la chasse heureuse. Ceux des nations du Sud ont la prétention de pouvoir tuer un ennemi qui est à deux cents lieues d'eux. A cet effet, ils font une figure qui représente cet individu, et lui tirent une flèche vis-à-vis du cœur. D'autres prennent un caillou de la grosseur d'un œuf de pigeon, et font quelques conjurations sur ce caillou, prétendant qu'il s'en forme un pareil dans le corps de leur ennemi. Quelques-uns de ces jongleurs donnent des secrets ou des charmes pour la guerre et pour la chasse.

JORNUNGANDR, serpent de l'Océan, dont les replis entourent la terre, suivant la mythologie de l'Edda. Il fut sur le point d'être pris à la ligne par le dieu Thor, qui avait mis pour amorce à son hameçon une tête de bœuf. Dans la bataille entre les démons et les divinités d'Odin, qui doit précéder le *ragnarauk* ou crépuscule des dieux, ce serpent doit encore jouer un grand rôle; il fera périr le dieu Thor dans les flots de venin qu'il exhalera en mourant.

JORTANA, fleuve des régions de la Mort, dans la mythologie finnoise; on l'appelle encore *Aloën-Järvi*; c'est un lac de feu qui engloutit l'étincelle que Wäinämöinen et Ilmarinnen avaient fait jaillir du ciel. Tuoni, le Caron finlandais, fait passer ce fleuve aux morts sur sa barque noire, pour leur procurer l'entrée de son empire.

JOSAPHAT (VALLÉE DE), nom d'une vallée située près de Jérusalem. On lit dans le chapitre III de la prophétie de Joël : *J'assemblerai tous les peuples, et je les conduirai dans la vallée de Josaphat. Là, j'entrerai en jugement avec eux, au sujet de mon peuple, et d'Israël, mon héritage, qu'ils ont dispersé parmi les nations, et dont ils ont partagé le territoire. Que les peuples se lèvent et se rendent dans la vallée de Josaphat. C'est là que je m'assiérai pour juger toutes les nations rassemblées autour de moi.* C'est sur ce fondement que saint Jérôme et plusieurs autres commentateurs ont pensé que le dernier jugement aurait lieu dans la vallée de Josaphat; mais il n'y a là-dessus rien de certain.

JOSEPH (FRÈRES DE SAINT-), congrégation établie dans le diocèse du Mans, pour l'instruction de la jeunesse. Le siège a été transféré de Ruillé-sur-Loir à Sainte-Croix-lès-Mans.

JOSEPH DE CLUNY (SŒURS DE SAINT-), communauté de religieuses qui se livrent à presque toutes les œuvres de charité. Elles desservent les hôpitaux, tiennent des pensionnats, font des classes gratuites pour les filles pauvres et dirigent des hospices pour les aliénés.

JOSÉPHITES ou JOSÉPINS, nom de certains hérétiques, dont la secte était une branche de celle des Vaudois. Ils condamnaient l'acte du mariage, et soutenaient qu'on ne devait se marier que spirituellement ; mais il paraît que, sous cette apparence de rigorisme, ils s'abandonnaient à toutes sortes d'impuretés. Ils furent appelés Josépins, parce qu'ils avaient pour chef un certain Joseph. Le pape Lucius III les condamna dans son décret contre les hérétiques, dressé, l'an 1184, au concile de Vérone.

JOSUÉ, 1° nom d'un livre canonique de l'Ancien Testament, qui suit immédiatement le Pentateuque, dont il est comme la continuation ; il raconte l'histoire de l'entrée des Israélites dans la terre promise, sous la conduite de Josué, fils de Nun, chef du peuple et successeur de Moïse ; le passage miraculeux du Jourdain ; la conquête du pays de Chanaan, et le partage des terres entre les tribus. On ne sait pas positivement quel est l'auteur de ce livre ; mais la plupart des commentateurs pensent que Josué lui-même en a été le rédacteur, sauf quelques additions qui s'y sont glissées par la suite.

2° Les Samaritains ont aussi un livre de Josué, mais fort différent du texte biblique. Il est écrit en arabe, mais en caractères samaritains. C'est une espèce de chronique en quarante-sept chapitres ; elle commence par l'histoire des Hébreux, un peu avant la mort de Moïse, et se termine au temps des Romains, sous Alexandre Sévère. Il paraît que c'est une chronique écrite par différents auteurs.

Ils ont encore un autre livre du nom de Josué, composé par un certain Aboulfatah ; il commence à Adam et descend jusqu'à Mahomet. Il a été écrit vers l'an 1492. Nous ignorons si ces livres font autorité chez les Samaritains.

JOU (prononcé *Iou* ou mieux *Io-ou*). C'était le véritable nom de Jupiter, considéré comme Dieu souverain ; son génitif latin est *Jovis*. C'est le même vocable qui était articulé Ἰαω par les Grecs, et *Iaho*, *Iéhou*, *Io*, *Iéhova* (יהוה), par les Hébreux. Les Gaulois n'ignoraient pas ce nom, qui est resté même dans les langues modernes : ainsi le mont *Jou*, dans les Alpes, est celui que les Romains appelaient *mons Jovis* ; il en est plusieurs autres du même nom, en différents départements de la France. Le jour de la semaine consacré à Jupiter, *Dies Jovis*, s'appelle dans plusieurs contrées méridionales de la France, *Di-jou*, et dans le nord *Jeu-di*. Voy. JUPITER.

JOUANAS, nom des anciens prêtres païens de la Floride. C'est à eux que les dévots remettaient les offrandes et les dons qu'ils faisaient au soleil, leur principale divinité. Les Jouanas suspendaient ces offrandes à des perches placées de chaque côté de la grotte sacrée, et les y laissaient jusqu'à la fin de la cérémonie, après laquelle ils les distribuaient conformément à la volonté du donateur. C'étaient eux qui, dans les fêtes célébrées en l'honneur du soleil, chantaient les hymnes sacrés, jetaient des parfums dans le feu, faisaient les libations de miel et les offrandes de maïs.

Les Jouanas, outre leurs fonctions sacerdotales, exerçaient la médecine, comme les prêtres ou jongleurs des autres peuples de l'Amérique septentrionale ; et de plus, ils étaient les conseillers et les ministres d'État du Paraousti ou grand chef. Ce triple caractère était encore relevé par leur gravité, leur modestie, et une abstinence extraordinaire. Avant d'être promus à cette dignité, ils devaient s'y préparer par de longues épreuves, sous la conduite des anciens prêtres, qui leur enseignaient les mystères de la religion, et préparaient leur esprit aux graves fonctions qu'ils devaient exercer un jour. On les exerçait par le jeûne, l'abstinence, la privation des plaisirs des sens ; mais la rigueur du noviciat était, disait-on, adoucie par des visions et par une communication intime avec la divinité. Ces épreuves duraient trois ans.

Ces prêtres étaient revêtus d'un manteau de peaux coupées en bandes inégales. Quelquefois cet habillement était fait à la façon d'une longue robe ; ils l'attachaient alors avec une ceinture de peau, d'où pendait le sac qui renfermait leurs remèdes. Ils avaient les pieds et les bras nus et portaient sur la tête un bonnet de peau terminé en pointe ; souvent, au lieu de bonnet, ils avaient la tête ornée de plumes.

Les voyageurs disent qu'ils connaissaient assez bien la vertu des remèdes et les propriétés des herbes médicinales dont ils faisaient usage dans les maladies. Du reste, ils employaient les vomitifs, les sueurs et les scarifications, comme la plupart des autres médecins de l'Amérique. Ils n'étanchaient point le sang qui coulait des plaies qu'ils avaient faites ; ils le suçaient avec la bouche et souvent avec un chalumeau. Les Floridiens croyaient que le souffle et l'attouchement de leurs Jouanas ne pouvaient être que salutaires aux malades. Cependant les opérations de ces prêtres médecins étaient accompagnées de quelques paroles. Quand tous ces remèdes n'opéraient pas la guérison, ils prescrivaient le bain ; et quand ce dernier moyen demeurait sans effet, le Jouanas faisait exposer le malade à la porte de sa cabane, le visage tourné vers le soleil levant ; et il conjurait cet astre de lui rendre la santé par la douce influence de ses rayons.

Lorsque le Paraousti devait marcher contre l'ennemi, il consultait un des Jouanas sur le succès de son entreprise. Celui-ci se plaçait sur un bouclier, autour duquel il traçait des cercles concentriques ; et là, feignant de s'entretenir avec le dieu Toya, il s'agitait d'une manière extraordinaire, roulait les yeux, se tordait les membres, et se livrait à toutes les contorsions d'un frénétique. Après un quart d'heure de grimaces et d'attitudes forcées, le dieu abandonnait son ministre, qui, se relevant tout étourdi, allait rendre compte au Paraousti du succès de sa conférence avec le dieu; lui déclarait le nombre de ses ennemis, le lieu où ils étaient campés, et le succès de l'expédition projetée.

Il entrait aussi dans les attributions des Jouanas de maudire l'ennemi. Lorsque leur ministère était requis pour cette cérémonie, un Jouanas s'avançait au milieu de l'assemblée, et, tenant en main une petite idole, il prononçait des imprécations, pendant lesquelles trois hommes restaient agenouillés à ses pieds. L'un d'eux donnait en cadence des coups de massue sur une pierre, et les autres chantaient en s'accompagnant du son de leurs calebasses.

JOUKAHAINEN, géant de la mythologie finnoise; il voulut engager avec le dieu Wäinämöinen une lutte de science et de force, dans laquelle il fut vaincu.

JOU-LAI ou JU-LAI, un des noms chinois de Chakya-Mouni, le Bouddha indien; ce nom signifie proprement *comme* ou *ainsi venu*. Ses nombreux sectateurs lui donnent ce titre parce qu'il est venu dans le monde, de manière à n'être plus soumis à de nouvelles naissances.

JOULU, fête solennelle en l'honneur du soleil, célébrée par les Lapons et les Finnois; on la solennisait depuis la fin de décembre jusqu'à la mi-janvier; car, à cette époque, les jours commençaient à croître, le soleil semble en quelque sorte renaître et épancher de nouveau sur la terre cet éclat et cette joie que lui avaient enlevés les ténèbres de l'hiver. Alors, dit M. Léouzon Leduc, les Finnois se livraient à mille jeux singuliers; la bière et l'hydromel couronnaient les *tuoji*; des coqs étaient immolés en sacrifice, et la mère de famille, debout auprès du foyer, buvait la première, en l'honneur du feu, répandait de la liqueur sur la flamme et disait: *Elève-toi toujours aussi haut, ô ma flamme! mais ne brille ni plus grande ni plus ardente.*

Chez les Lapons, à la fête du Joulu, depuis le lever de la lune jusqu'à son coucher, les femmes ne pouvaient manier de la laine ou du chanvre, et les hommes ne pouvaient vaquer à aucune occupation qui dût être accompagnée de bruit. C'eussent été là des crimes qu'il aurait fallu expier par des sacrifices offerts à la déesse Ankaka, pour l'apaiser. Dès le moment où l'on apercevait la lune, le 25 décembre, on suspendait au toit de la cabane un anneau, par lequel sa lumière pût passer. On rendait aussi un culte au roi des Joules, appelé Ailès Olmaï; c'était un génie qui commandait à tous les *Ailékès*, et sur lequel on faisait une quantité de contes. *Voy.* JUL.

Le Joulu est devenu, pour les Finnois et les Lapons baptisés, la fête de Noël; la naissance du Sauveur se célèbre encore en quelques endroits, avec les mêmes jeux, le même luxe de boisson, que lorsqu'il était question de l'astre du jour. M. Léouzon Leduc cite un proverbe finnois, qui dit: *Juomaan Jou-luna pitä*; il faut boire pendant le Joulu, c'est-à-dire le jour de Noël.

Quelques auteurs ont cru que les Lapons avaient au contraire imaginé tout ce qu'ils disent des *Joulés* ou génies qu'ils honoraient au solstice d'hiver, d'après l'histoire de la naissance de Jésus-Christ, et ce qui y est raconté de l'apparition des anges aux bergers. Mais nous, ne nous rangeons point de leur avis.

JOUR (en latin *dies*, en grec ἡμέρα); les anciens en avaient fait, suivant le genre de ce mot dans leur langue, un dieu ou une déesse. D'après Hésiode, le Jour et l'Éther étaient enfants de l'Érèbe et de la Nuit. Ce poète allie le Jour avec l'Éther, parce que son nom en grec est féminin. Cicéron dit que l'Éther et le Jour devinrent à leur tour les père et mère du Ciel. Il fait mention d'un Jupiter, fils de l'Éther et d'un autre Jupiter, fils du Ciel, tous deux nés en Arcadie. Il parle aussi d'un premier Mercure, qui était fils du Ciel et du Jour; enfin il nomme une première Vénus, qui devait sa naissance à la même union.

Jours heureux et Jours malheureux.

Comme les jours de l'homme sont un mélange perpétuel d'événements heureux et malheureux, et que souvent on ignore les causes de ces événements, on les attribua, dans les temps de superstition et d'ignorance, à la nature même des jours: les uns furent regardés comme des jours heureux dans lesquels on pouvait tout entreprendre hardiment; et d'autres comme des jours malheureux dans lesquels tout ce qu'on entreprendrait se terminerait d'une manière funeste. On fut conduit à ces idées par les bons et les mauvais succès qu'on avait eus dans des jours pareils; on y fut confirmé par les idées qu'on se formait des nombres, les uns heureux, les autres malheureux; et par les qualités diverses qu'on attribuait aux divinités qui présidaient à ces jours, surtout aux diverses phases de la lune; car elle devait avoir plus d'influence, étant dans son plein, que lorsqu'elle décroissait ou ne paraissait plus; et ceci tenait à la physique: il était bien plus sûr d'entreprendre des voyages, des parties de plaisir ou d'affaires, lorsqu'on pouvait revenir au clair de la lune, que lorsqu'on en était totalement privé. Mais l'on abusa d'un petit nombre d'observations physiques pour en faire des règles générales et universelles, et pour leur attribuer une influence trop étendue. Ce qui acheva de tout gâter, c'est qu'on marqua sur les calendriers les jours qu'on regardait comme heureux, et ceux qu'on considérait comme malheureux, en y ajoutant ce à quoi chacun de ces jours était bon. Ainsi l'esprit se resserrait de plus en plus, et l'on était esclave de ces jours faits pour l'homme, qu'on aurait dû employer d'une manière utile au genre humain et à soi-même.

1° Les Chaldéens et les Égyptiens paraissent être les premiers qui aient observé la distinction des jours; de là cette superstition passa aux Grecs. Voyez ce que nous en disons à l'article ASTROLOGIE ; nous avons reproduit au n° 3 le plus ancien calendrier mensuel qui soit parvenu jusqu'à nous ; il est dû à Hérodote, et il note exactement les jours propres à vaquer aux devoirs les plus importants de la vie, et aux travaux de la campagne.

2° Les Romains eurent aussi des jours heureux et des jours malheureux. Tous les lendemains des calendes, des nones et des ides étaient estimés par eux funestes et malheureux. Voici, selon Tite-Live, ce qui donna lieu à cette croyance : — Les tribuns militaires, l'an de Rome 363, voyant que la république recevait toujours quelque échec, présentèrent requête au sénat pour demander qu'on en examinât la cause. Le sénat fit appeler le devin L. Aquinius, qui répondit que, lorsque les Romains avaient combattu contre les Gaulois près du fleuve Allia, avec un succès si funeste, on avait fait aux dieux des sacrifices le lendemain des Ides de juillet; qu'à Crémère, les Fabiens furent tous tués pour avoir combattu à pareil jour. Sur cette réponse, le sénat, de l'avis du collége des pontifes, défendit de combattre à l'avenir, ni de rien entreprendre le lendemain des calendes, des nones et des ides.

Outre ces jours-là, il y en avait d'autres que chacun estimait malheureux par rapport à soi-même. Auguste n'osait rien entreprendre le jour des Nones ; d'autres, le 4° des Calendes, des Nones et des Ides. Vitellius ayant pris possession du souverain pontificat le 15° des Calendes d'août, et s'étant mis à faire des ordonnances pour la religion ce jour-là, elles furent mal reçues, parce qu'à tel jour étaient arrivés les désastres de Crémère et d'Allia, suivant Tacite et Suétone. Il y avait encore plusieurs autres jours estimés malheureux par les Romains, comme le jour qu'on sacrifiait aux mânes des morts, le lendemain des Vulcanales, les fériés latines, les saturnales, le 4° avant les nones d'octobre, le 6° des Ides de novembre, la fête appelée *Lémuries*, au mois de mai, les Nones de juillet, appelées *Caprotines*, le 4° avant les Nones d'août, à cause de la défaite de Cannes arrivée ce jour-là ; le 4° des Ides de mars, parce que c'est le jour où fut tué Jules-César, et plusieurs autres dont il est fait mention dans le calendrier romain. Quelques-uns ne laissaient pas de mépriser toutes ces observances, comme ridicules et superstitieuses. Lucullus répondit à ceux qui voulaient le dissuader de combattre contre Tigrane, aux nones d'octobre, parce que à pareil jour, l'armée de Cépion fut taillée en pièces par les Cimbres : *Vous dites que ce jour est un jour malheureux, eh bien ! moi, je le rendrai heureux.* Jules-César ne laissa pas de faire passer des troupes en Afrique, quoique les augures fussent contraires. Dion de Syracuse combattit contre Denys le Tyran, et le vainquit un jour d'éclipse de lune. Il y a plusieurs autres exemples semblables.

3° Lorsque, dans les derniers siècles, on commença à rassembler les monuments de l'antiquité, on fut fort étonné de trouver dans les calendriers européens, fabriqués depuis le III° siècle de l'ère chrétienne, des jours distingués des autres sous le nom de *Jours Égyptiens*. Ceux qui firent cette découverte ne pouvaient comprendre ce qu'on avait voulu désigner par là ; mais on s'assura bientôt que ces jours étaient ceux qu'on regardait comme funestes, et dont Hésiode faisait mention. Le nom qu'on leur donne prouve seulement que les sages égyptiens n'avaient pas su se garantir de cette faiblesse, commune si longtemps à tous les peuples.

Les conciles ont souvent tonné contre ces jours Égyptiens. Saint Augustin leur en avait montré l'exemple, dans un de ses ouvrages, en blâmant vivement ceux qui ne voulaient pas commencer à bâtir, ou former quelque autre entreprise aux jours appelés *Egyptiens*, c'est-à-dire aux jours malheureux.

Le calendrier le plus ancien dans lequel on les trouve est de l'an 334 ; sous le règne de l'empereur Constance ; le voici tel qu'il est reproduit par Court de Gébelin, dans son *Histoire du Calendrier* :

Janvier,	2	6	16	Juillet,	6	18
Février,	7	25		Août,	6	21
Mars,	3	24		Septembre,	2	19
Avril,	2	19	21	Octobre,	3	20
Mai,	3	21		Novembre,	2	24
Juin,	7	20		Décembre,	4	14

On trouve également des jours Égyptiens dans Saumaise, dans Jean Aubrey, dans deux calendriers ecclésiastiques conservés dans la bibliothèque de Berne, ainsi que dans deux autres du VIII° ou IX° siècle, conservés dans la bibliothèque de Genève. Mais les jours malheureux sont différents dans chacun de ces calendriers ; chaque contrée avait donc les siens, fixés peut-être d'après autant de systèmes particuliers, relatifs sans doute aux usages ou au climat de ces contrées. Dans les calendriers conservés à Genève, le nombre de ces jours est même considérablement diminué, soit qu'on commençât à s'en dégoûter, soit qu'on cherchât à les faire disparaître entièrement. Voici en effet à quoi ils se réduisent dans l'un :

Janv.,	25		Mai,	25		Septem.,	3	21
Févr.,	26		Juin,	10	26	Octobre,	3	22
Mars,	2	28	Juil.,	13		Novem.,	5	28
Avril,	21		Août,	1	30	Décembre,	0	

L'autre calendrier n'offre qu'un jour Egyptien par mois.

On ne trouve plus ces jours dans les calendriers depuis le XIII° siècle, parce que l'observation en fut défendue par les conciles, et qu'on tint sans doute la main à ce qu'ils ne fussent plus insérés dans les calendriers.

Il est digne de remarque que, dans aucune de ces listes, on ne trouve le 17° d'aucun mois, jour regardé comme malheureux par tant de nations ; par les Hébreux, parce que Jérusalem fut prise par les Babyloniens le 17 du mois de Thamouz ; par les Égyptiens, parce qu'Osiris fut renfermé dans le coffre le 17 du mois d'Athor ; par les Romains, à cause des desastres de Crémère et d'Allia, arrivés le 17 juillet.

On avait mis en deux vers latins tous les jours Egyptiens de l'année. Ces vers sont composés de douze mots, représentant chacun un mois de l'année.

Augusto decies auditus lumine clangor
Liquit olens abiit coluit colet excute gallum.

Tel était l'artifice de ces vers, qui au reste ne signifient rien, que l'ordre alphabétique de la première lettre de chaque syllabe des mots dont ils sont composés indiquait les jours Egyptiens de chaque mois. Ainsi le mot *Gallum*, représentant le mois de décembre, donnait pour jours Egyptiens le 7, désigné par *g*, septième lettre de l'alphabet; et le 22, désigné par *l*, dixième lettre de l'alphabet, en ne comptant pas le *k*, et en commençant par la fin du mois; car le dixième jour d'un mois qui en a 31, tombe sur le 22, en commençant par la fin. Cependant ces vers sont faits pour un calendrier différent de ceux que nous avons rapportés, puisque dans ceux-ci on ne trouve point le 7 et le 22 décembre au nombre des jours Egyptiens.

Maintenant encore, dans le commun du peuple, cette superstition n'est pas complétement déracinée; il n'est pas rare de trouver des chrétiens qui, pour tout au monde, ne voudraient pas entreprendre une chose tant soit peu importante en certains jours qu'ils croient malheureux. Ces jours sont principalement le 13 de chaque mois, les jours de la semaine dans le nom desquels se trouve la lettre *r*, savoir le mardi, le mercredi et surtout le vendredi. La superstition du nombre 13 est fondée sur le traître Judas, que le peuple s'obstine à considérer comme le treizième apôtre; celle du vendredi, sur la mort de Jésus-Christ, événement qui, ayant opéré notre rédemption, devrait à plus juste titre faire mettre ce jour de la semaine au nombre des jours heureux.

4° Cette croyance aux jours malheureux ayant régné chez les peuples les plus éclairés et les plus civilisés, on ne doit pas être étonné de la retrouver chez les Musulmans. En 1618, les Persans perdirent un mois entier pour s'opposer aux Cosaques qui avaient fait une irruption dans leurs provinces septentrionales. Les habitants de ces contrées envoyaient courriers sur courriers pour demander le plus prompt secours, et on leur répondait froidement : *Camer be Acrebst*, la lune est dans le Scorpion; et il fallut que toute cette lune se passât avant qu'on les secourût. Nous avons vu à l'article ASTROLOGIE, qu'ils ont des jours heureux et malheureux qu'ils appellent *blancs* et *noirs*.

5° Les Hindous ont, chaque semaine, trois jours réputés malheureux; savoir : le dimanche, le mardi et le samedi. On ne doit, ces jours-là, entreprendre aucune affaire importante, ni se mettre en voyage. Sur les vingt-sept étoiles de chaque mois lunaire, sept sont plus ou moins malheureuses; et tout ce qu'on entreprend, les jours où elles tombent, a une issue funeste.

Il serait fastidieux de poursuivre la même recherche chez les autres peuples de la terre; ce serait une répétition continuelle des mêmes absurdités. *Voy.* cependant, à l'article ASTROLOGIE, ce que nous disons, à ce sujet, des Chinois, des Japonais et de plusieurs autres nations.

JOUSKEKA, génie que les sauvages de l'Amérique septentrionale honorent comme la personnification du Soleil. Cependant il joue dans leurs traditions antiques le rôle du Caïn de la Bible. Fils ou petit-fils d'Athaënsic, la mère du genre humain, il tua son frère, appelé Tahouet-Saron. En punition de ce forfait, sa race périt à la troisième génération, submergée par un déluge envoyé par le Grand-Esprit, et dans lequel il n'y eut de sauvé que Messou, le Noé biblique. *Voy.* MESSOU.

Cependant les Natchez n'avaient pas les mêmes traditions; car chez eux, Athaënsic, déesse de la vengeance, était la femme chef des mauvais Manitous, comme Jouskeka était la femme chef des bons.

JOUVENCE, nymphe que Jupiter métamorphosa en fontaine, aux eaux de laquelle il donna la vertu de rajeunir ceux qui iraient s'y baigner.

La fontaine de Jouvence joue un grand rôle dans la mythologie musulmane. Les auteurs orientaux disent qu'elle est située dans la région ténébreuse, c'est-à-dire dans un pays inconnu, que quelques-uns placent aux extrémités de l'Orient, où Alexandre le Grand la chercha en vain. D'autres la mettent entre le midi et le couchant, vis-à-vis du trône d'Eblis ou Satan. Ils la nomment encore fontaine de vie ou d'immortalité. C'est pour avoir bu de ses eaux que le prophète Khidr jouit d'une jeunesse éternelle. Ce Khidhr, Khizr ou Khéder est confondu par les Musulmans avec Elie ou Phinéès. Plusieurs Occidentaux ont pris ce conte au sérieux; c'est en cherchant la fontaine de Jouvence qu'un Espagnol découvrit la Floride.

Les Polynésiens ont aussi une fontaine de Jouvence. *Voy.* KANE-NOUI-AKEA.

JOVIALIES, fêtes que les Latins célébraient en l'honneur de Jupiter. Elles répondaient à celles que les Grecs nommaient Diasies.

JOVINIANISTES. Dans un monastère de Milan, vivait, au IV° siècle, dans les pratiques de la pénitence, un moine nommé Jovinien. Mais, dégoûté plus tard de la vie dure qu'il menait, il se rendit à Rome, où il enseigna que la sensualité et la continence sont par elles-mêmes des choses indifférentes en soi; que la virginité n'est pas un état plus parfait que le mariage; que Marie n'est pas demeurée vierge après son divin enfantement. Toutes ces opinions étaient mêlées aux principes du stoïcisme et aux subtilités de quelques autres hérétiques. Ainsi il soutenait que tous les péchés sont égaux, que les personnes régénérées par le baptême ne peuvent être vaincues par le démon ; que la chair de Jésus-Christ n'était ni véritable ni semblable à celle des autres hommes. Une doctrine si facile eut à Rome un assez grand nombre de sectateurs ; plusieurs renoncèrent à la pénitence et à la mortification, pour mener une vie molle et voluptueuse. Les protestants ont adopté plusieurs de ces erreurs, et en particulier l'inamissibilité de la grâce. Jovinien fut condamné par le pape Sirice, l'an 390, et par un concile tenu à Milan.

Les Helvidiens et les Anti-Marianistes, Anti-Mariens ou Antidicomarianistes, professaient à peu près les mêmes erreurs.

JUBA, roi de Mauritanie. Minutius Félix dit que les Maures l'honoraient comme un dieu. On dit aussi qu'il avait un autel dans l'Attique, ce qui est fort peu probable. Il serait possible que le nom de Juba (prononcé *Iouva*) fût le même mot que *Iehova*.

JUBÉ, tribune ou galerie élevée dans les églises, qui sépare le chœur d'avec la nef, et sur laquelle on récite l'évangile et on fait des lectures publiques aux messes solennelles ; on n'en trouve plus que dans les anciennes églises. Le plus beau jubé qui existe encore se voit à la Madeleine de Troyes ; il a 36 pieds de long sur 24 de haut ou environ ; c'est une véritable broderie en pierre. Le nom de *Jubé* vient de ce que le diacre ou le lecteur demande communément la bénédiction avant de lire, par ces paroles : *Jube, Domne, benedicere* : Monsieur, veuillez me bénir.

JUBILAIRES. C'est le nom que l'on donnait, dans quelques chapitres, aux chanoines qui avaient assisté régulièrement aux offices pendant tout le temps qu'exigeaient les statuts capitulaires.

JUBILÉ. Le mot *Jubilé* a sa racine dans plusieurs langues anciennes ; en latin *jubilus* signifie un cri de joie, un mouvement expressif d'allégresse ; en hébreu יובל *iobel*, exprime le son de la trompette guerrière, et une époque de joie universelle.

1° Chez les Juifs, le Jubilé ou l'année du Jubilé était une époque qui se renouvelait tous les cinquante ans, et alors toute chose devait revenir dans son état primitif. Cette année était annoncée solennellement au son des trompettes. On laissait alors les terres sans les cultiver ; tous les biens qui avaient été aliénés ou vendus revenaient à leurs premiers maîtres ; les esclaves devenaient libres ; toutes les dettes étaient remises, et les travaux de l'agriculture interrompus ; les productions de la terre étaient abandonnées aux pauvres. L'institution du Jubilé avait pour but de rappeler aux Israélites le souvenir de la servitude de l'Egypte, sous le joug de laquelle avaient gémi leurs pères, d'empêcher que les pauvres ne fussent opprimés et retenus dans un perpétuel esclavage, et que les riches ne vinssent peu à peu à s'emparer de toutes les terres. Le Jubilé arrivait donc deux fois par siècle ; il est fondé comme la semaine sur le nombre sept ; tous les sept ans il y avait une année sabbatique, dans laquelle on laissait reposer la terre ; et au bout de sept fois sept ans, c'est-à-dire quarante-neuf ans, venait l'année jubilaire. Quelques-uns font remonter le premier jubilé à l'an 48 après la sortie d'Egypte ; mais il ne paraît pas qu'il ait été observé régulièrement chez les Juifs, car il est impossible de constater par l'Ecriture sainte la célébration *effective* d'une seule année jubilaire. En effet, lorsque Dieu porta la loi de l'année sabbatique et de l'année jubilaire, il s'était engagé à répandre une bénédiction abondante sur la terre chaque sixième et chaque quarante-neuvième année, de manière à lui faire rapporter le triple des années ordinaires ; et cela à condition que les Israélites demeureraient fidèles à observer ses ordonnances. Or, l'histoire fait foi que ce peuple violait fréquemment les commandements, abandonnait même le vrai Dieu pour adorer de vaines idoles, et que Dieu les punissait par la guerre, la stérilité des terres et d'autres fléaux ; ils étaient donc obligés de cultiver la terre, les années sabbatiques et les années jubilaires, pour pourvoir à leur subsistance ; et la loi demeurait toujours la même, pour leur reprocher qu'ils avaient été les premiers à violer le contrat.

2° L'institution du jubilé public, dans l'Eglise catholique, peut être rapportée à l'année 1300, sous le pontificat de Boniface ; mais vers la fin de l'année 1200, le peuple déjà disait hautement que c'était un ancien usage de l'Eglise, que, chaque centième année, on gagnait une indulgence plénière, en visitant l'église de Saint-Pierre. Boniface, informé des bruits qui couraient, fit chercher dans les anciens livres ; mais l'on n'y trouva rien qui autorisât cette opinion. Il interrogea un vieillard âgé de 107 ans, qui lui répondit en présence de plusieurs témoins : « Je me souviens qu'à l'autre centième année, mon père, qui était laboureur, vint à Rome, et y demeura pour gagner l'indulgence ; jusqu'à ce qu'il eût consommé les vivres qu'il avait apportés. Il me recommanda d'y venir la centième année ensuite, si j'étais encore en vie, ce qu'il ne croyait pas. » Sur le témoignage de ce vieillard, et voyant que déjà un grand nombre de pèlerins se mettaient en route pour Rome, Boniface publia une bulle portant que ceux qui visiteraient, en l'année 1300, et tous les cent ans ensuite, les basiliques de Saint-Pierre et de Saint-Paul, après s'être confessés de leurs péchés, gagneraient une indulgence plénière ; mais dans cette bulle il n'était point encore fait mention de Jubilé. Le pape Clément VI donna le premier ce nom à cette institution, et en abrégea le terme, en ordonnant qu'elle fût célébrée tous les cinquante ans. Le second jubilé eut donc lieu en 1350. Urbain VI, en 1389, fixa cette période à trente-trois ans, ce qui fut observé par Martin V, en 1423 ; mais Nicolas V, voulant se conformer à la bulle de Clément VI, célébra un Jubilé en 1450. Paul II, désirant, en considération de la courte durée de la vie, que le plus grand nombre possible de fidèles participât à l'indulgence du Jubilé, réduisit sa célébration à chaque quart de siècle. Il y eut donc Jubilé général en 1475, sous Sixte IV; et depuis, tous les vingt-cinq ans, jusqu'en l'année 1825, à l'exception de l'an 1800, où la révolution française fut un obstacle à sa célébration, tellement que le dernier Jubilé n'eut lieu qu'au bout de cinquante ans. La présente année 1850 devrait être jubilaire; mais le souverain pontife Pie IX se trouvant éloigné de Rome par la faction républicaine, le Jubilé n'a pu être publié. De plus les souverains pontifes ont coutume de publier un Jubilé, l'année de leur exaltation au saint-siège, avec cette différence cependant, que dans ce dernier on n'ouvre pas les portes saintes.

Jusqu'à l'an 1475, il fallait absolument se rendre à Rome pour gagner les indulgences; mais les pontifes, successeurs de Sixte IV, ont dispensé les fidèles de visiter la capitale du monde chrétien, et ont accordé les mêmes indulgences à ceux qui visiteraient les églises ou chapelles désignées par les ordinaires des lieux; ce qui a singulièrement diminué le nombre des pèlerins qui se rendaient à Rome, et qui s'était monté à 1,200,000 en 1350.

« Le pape, dit l'auteur du *Tableau de la Cour de Rome*, intime le Jubilé universel, dans la capitale de la chrétienté, par une bulle qu'il fait publier le jour de l'Ascension de l'année précédente, quand il donne la bénédiction solennelle. Un sous-diacre apostolique commence à publier ce Jubilé, devant toute la cour romaine, par la lecture de la bulle, qui est en latin; et un autre sous-diacre la lit à haute voix devant le peuple, en italien. Incontinent après, les douze trompettes ordinaires du pape commencent des fanfares, et, quelques moments ensuite, douze veneurs sonnent de leurs cors d'argent, avec une espèce de concert qui s'accorde avec les trompettes; en même temps le château Saint-Ange fait une décharge de toute son artillerie. Le quatrième dimanche de l'Avent, les sous-diacres apostoliques publient une seconde fois la bulle du Jubilé; et, les trois jours qui précèdent immédiatement la fête de Noël, les cloches de la ville annoncent de toutes parts une solennité dont l'ouverture se doit faire le lendemain. Le 24 décembre, tout le clergé séculier et régulier s'assemble au palais apostolique, et de là s'en va en procession à Saint-Pierre du Vatican; mais le clergé étant arrivé dans la grande place qui est devant Saint-Pierre, trouve les portes de cette église fermées, et toutes les entrées du portique occupées par des gardes qui empêchent la foule d'entrer. Le pape, les cardinaux et les évêques, revêtus de leurs parements de damas blanc, et la mitre en tête, s'assemblent dans la chapelle Sixtine, où Sa Sainteté entonne le *Veni Creator*, tenant à la main un cierge allumé. Tous les cardinaux, en ayant de même, sortent chacun en son rang, et vont sous le portique des Suisses, où le pape nomme trois d'entre eux légats *a latere*, pour aller faire l'ouverture de la porte de Saint-Jean-de-Latran, de Sainte-Marie-Majeure et de Saint-Paul-hors-des-Murs. Ces cardinaux, après avoir reçu à genoux les ordres du souverain pontife, se rendent à ces églises, précédés des trompettes, des hautbois et d'une escouade militaire. Pour lui, il se réserve le soin d'ouvrir la porte de Saint-Pierre qui est murée; ce qu'il fait avec les cérémonies suivantes : le prince du trône lui présente un marteau d'or que le saint-père prend de la main droite; ensuite il se lève de son trône pour aller heurter à la porte sainte. Il frappe à trois reprises différentes, en disant à chaque fois : *Aperite mihi portas justitiæ*, « Ouvrez-moi les portes de justice. » Le clergé qui le suit répond par ces paroles : « C'est ici la porte du Seigneur; les justes y entreront, etc. » Alors les maîtres maçons abattent le mur, et le souverain pontife retourne sur son trône, jusqu'à ce que la place ait été déblayée; les matériaux en sont recueillis par les dévots qui les gardent soigneusement comme des reliques. La porte est ensuite lavée et nettoyée avec de l'eau bénite. Le pape descend ensuite de son trône, en commençant l'antienne, *Hæc dies quam fecit Dominus*, etc., que le chœur continue. Arrivé à la porte sainte, il récite quelques oraisons, prend la croix, se met à genoux, entonne le *Te Deum*, se relève et entre enfin dans la basilique suivi de tout le clergé et de la foule du peuple. Le lendemain, jour de Noël, le pape va à la loge de bénédiction, et donne au peuple une bénédiction solennelle en forme de Jubilé. »

Boniface VIII, instituteur du Jubilé, avait ordonné que, pour gagner les indulgences, on visitât les basiliques de Saint-Pierre et de Saint-Paul; à ces deux églises Clément VI ajouta celle de Saint-Jean-de-Latran, et Urbain VI, celle de Sainte-Marie-Majeure. Dans la suite on en visita une cinquième, qui est Saint-Laurent-hors-des-Murs, et comme on rencontre, chemin faisant, l'église de Saint-Sébastien et celle de Sainte-Croix de Jérusalem, cela forme en tout les sept églises que les pèlerins se font un devoir de visiter. Ces pèlerinages doivent se renouveler trente fois; mais le pape fait grâce de la moitié de ces visites aux fidèles étrangers.

Une des grandes dévotions du Jubilé est de monter à genoux la *Scala santa*, ou le Saint-Escalier. On donne ce nom à vingt-huit degrés qui sont les mêmes, assure-t-on, qui furent honorés par les pas de Jésus-Christ, lorsqu'il monta au prétoire de Caïphe ou à celui de Pilate. On prétend même qu'il s'y conserve une goutte du sang du Sauveur, couverte d'une petite grille de cuivre. Arrivé au haut de la *Scala*, le pèlerin récite une petite prière, et pénètre dans le sanctuaire, à l'exception des femmes, qui doivent se contenter de rester à la porte.

Le Jubilé attirait autrefois à Rome, ainsi que nous l'avons dit, une foule immense de pèlerins, qui s'y rendaient de toutes les contrées de la chrétienté. Les infirmes et les vieillards s'y faisaient porter en litière. Au premier Jubilé, sous Boniface VIII, on remarqua un Savoyard, âgé de plus de cent ans, porté comme en triomphe par ses enfants. Quoique ce genre de dévotion soit aujourd'hui beaucoup moins accrédité, surtout depuis que le souverain pontife étend, l'année suivante, le Jubilé à tout le monde chrétien, et depuis que les indulgences plénières ont été prodiguées; cependant il y a toujours à Rome, dans l'année du Jubilé, un certain nombre de pèlerins. Les prélats et les seigneurs les plus distingués de Rome leur lavent humblement les pieds. Le pape lui-même, et les cardinaux à son exemple, ne dédaignent pas de les servir à table. Ils ne s'en retournent jamais sans être munis de chapelets, de médailles et d'*agnus*, que le saint-père leur fait distribuer libéralement, et, ce qui est plus précieux, sans avoir obtenu la rémission entière des peines dues au péché.

Le Jubilé finit par la clôture des portes saintes. On les ferme la veille de Noël, un an après leur ouverture. Le pape, les cardinaux, le clergé et les personnes distinguées de la cour de Rome se rendent à Saint-Pierre en habits de cérémonie. On y chante les vêpres, après lesquelles le clergé va, un cierge à la main, rendre ses hommages à la sainte face, connue sous le nom de *Véronique*. Ensuite le pape entonne l'antienne : *Cum jucunditate exibitis*, etc. « Vous sortirez avec joie, etc. » Dès que l'antienne est commencée, chacun se hâte de passer par la porte sainte. Le saint-père s'approche ensuite de la porte, bénit les pierres et le ciment destinés à la fermer, et pose lui-même la première pierre, sous laquelle on jette quelques médailles commémoratives. Le pape retourne à son trône et se lave les mains pendant que l'on chante, *Salvum fac populum*, etc. Les maçons achèvent de murer la porte, au milieu de laquelle on enchâsse une croix de cuivre. La cérémonie se termine par la bénédiction pontificale donnée par le pape dans la loge destinée à cet effet.

3° En 1617, les luthériens célébrèrent le Jubilé de leur réforme; et ils ont continué depuis. Voici quelles sont les principales cérémonies de cette fête, qui dure plusieurs jours. Les citoyens les plus distingués de la ville se rendent dès le matin à l'hôtel-de-ville, revêtus de manteaux noirs; et de là ils vont processionnellement à la principale église du lieu. Ils rencontrent en chemin le clergé et les collèges qui se joignent à eux, et forment une procession régulière et nombreuse. On arrive en bon ordre à l'église, qui ce jour-là est jonchée de fleurs et parée de ses plus beaux ornements. Bientôt elle retentit du chant des psaumes et des cantiques, dans lesquels on célèbre le triomphe de Luther et de la Réforme, la défaite du pape et de l'Eglise romaine. Les instruments se joignent aux voix, et forment une harmonie complète. A ces chants de victoire succède un prêche ou sermon, dont le sujet est l'établissement du luthéranisme.

4° Les anciens Romains avaient un véritable Jubilé qui arrivait tous les cent ans; nous en donnons la description ci-dessus sous le titre de *Jeux séculaires*, à l'article Jeux. Plusieurs auteurs catholiques trouvent une certaine conformité entre les fêtes séculaires des Romains et le Jubilé des chrétiens. Il semble même que les souverains pontifes aient voulu, par des cérémonies analogues, détourner les Romains d'une solennité païenne, à laquelle ils étaient si fort attachés, qu'un empereur chrétien ne crut pas devoir s'opposer à sa célébration. Et, comme nous avons vu plus haut que cette dévotion est originairement venue plutôt du peuple que des pasteurs de l'Eglise, il se pourrait aussi que les peuples de l'Italie eussent contracté l'habitude de se rendre à Rome, en pèlerinage, tous les cent ans, en vertu de l'ancienne coutume où étaient leurs pères de célébrer avec grande pompe les fêtes séculaires dans la capitale de l'empire. Onuphre compare formellement le Jubilé aux fêtes séculaires. « On y faisait, dit-il, l'expiation des péchés de Rome; on promettait de mieux vivre; et notre Jubilé nous accorde le pardon général de nos péchés. » Turtin, dans sa dissertation *de Ludis sæcularibus*, nous fournit de nombreux points de comparaison. On publiait solennellement, dit-il, les jeux séculaires, de même qu'aujourd'hui l'on publie le Jubilé par des bulles envoyées à tous les princes chrétiens. On visitait aux jeux séculaires les temples des deux grandes divinités du paganisme, de même qu'aujourd'hui l'on visite pendant le Jubilé les basiliques de Saint-Pierre et de Saint-Paul, de Saint-Jean-de-Latran et de Sainte-Marie-Majeure. Les expiations et les lustrations des jeux séculaires étaient regardées comme très-propres à procurer la rémission des péchés, à satisfaire les dieux et à détourner leurs châtiments; l'objet du Jubilé est d'expier les péchés, de satisfaire à la justice divine, etc. Les offrandes que le peuple faisait pendant la cérémonie des jeux séculaires peuvent en quelque façon être regardées comme l'équivalent des oblations qu'on fait pour obtenir les indulgences. Autrefois l'empereur, en qualité de souverain pontife, présidait à la cérémonie, et était le chef, de même que le pape l'est aujourd'hui du Jubilé. Quelques médailles nous représentent l'empereur romain frappant à la porte d'un temple avec une verge, en qualité de directeur des jeux séculaires; le pape fait aujourd'hui la même cérémonie avec un marteau; en conséquence de cela, les portes sacrées s'ouvrent à l'un et à l'autre. La cérémonie païenne était accompagnée d'hymnes, comme aujourd'hui la célébration du Jubilé. Enfin les empereurs ont souvent changé le terme fixé pour solenniser les jeux séculaires, comme les papes ont plus tard apporté des modifications à l'époque originairement déterminée pour le Jubilé.

5° Les habitants du royaume de Laos ont une espèce de Jubilé tous les ans, au mois d'avril, pendant lequel les bonzes ou talapoins distribuent des indulgences plénières. On expose alors la statue du bouddha Chakya-Mouni, sur un lieu éminent au milieu d'une vaste cour. Dans la capitale du pays, cette idole est placée au milieu du couvent, dans une tour haute d'environ cent coudées, et percée de quantité de fenêtres spacieuses, afin qu'on puisse la voir facilement. Autour du dieu sont suspendues plusieurs feuilles d'or, dont l'agitation a pour but d'éloigner les mouches et les insectes; mais en se balançant au gré du vent, elles forment, par leur frottement les unes contre les autres un petit bruit argentin et assez agréable. Des talapoins se tiennent constamment auprès de l'idole pour recevoir les offrandes que les nombreux pèlerins ne cessent de lui apporter continuellement, et qui consistent en or, en argent, en riz, en toiles, en étoffes, et en une multitude d'autres objets.

Tous les jours de ce mois, on prêche dans le temple, et les orateurs s'efforcent de persuader à leurs auditeurs qu'il n'est point, dans toute l'année, de temps plus propice que celui-là pour se rendre digne de recevoir les biens et les avantages de cette vie, et pour se disposer à posséder les récompenses de la vie future. Tous les tribunaux sont fermés; on cesse de vaquer aux affaires publiques ou particulières; on ne s'occupe que d'œuvres de dévotion. Là, comme partout, ceux qui se sont donné la mission d'amuser le peuple, profitent de la circonstance pour faire de l'argent; des troupes de musiciens, de danseurs, des baladins, donnent des concerts, des spectacles, des représentations théâtrales. La clôture du Jubilé a lieu par un discours prononcé par un des talapoins les plus éloquents.

6° Les Mexicains célébraient tous les quatre ans une espèce de Jubilé; c'était une fête expiatoire et solennelle qui procurait une rémission des péchés générale et complète. On assure qu'à cette occasion ils immolaient plusieurs victimes humaines, et qu'il se faisait entre les jeunes gens une espèce de défi, à qui monterait le plus vite et d'une seule haleine jusqu'au sommet du temple de Tescalipuca. L'entreprise était des plus difficiles, car elle attirait de grands applaudissements à ceux qui avaient la gloire d'arriver les premiers au but, et ils étaient par la suite distingués de leurs compatriotes. Ils avaient de plus le privilége d'enlever les viandes sacrées, auxquelles les prêtres seuls avaient le droit de toucher.

Mais ce qui peut à meilleur droit passer pour le Jubilé des Mexicains, c'étaient les réjouissances qui avaient lieu au commencement de chaque siècle, qui, suivant leur calendrier, n'était que de cinquante-deux ans. Comme ils avaient appris par tradition ou autrement que l'univers devait périr à l'une de ces époques, lorsqu'on était arrivé au dernier jour de la cinquante-deuxième année, ils se préparaient au bouleversement de la nature. Persuadés qu'ils allaient mourir, ils brisaient leur vaisselle, éteignaient les feux, couraient toute la nuit comme des gens qui ont perdu l'esprit, et attendaient avec anxiété le moment où tout le monde allait être précipité dans la région des ténèbres. Mais lorsque le crépuscule reparaissait à leurs yeux tournés sans relâche du côté de l'Orient, chacun commençait à respirer; le soleil était salué, à son lever, par des hymnes et des chants d'allégresse, accompagnés du son des instruments de musique. Les Mexicains se félicitaient alors les uns les autres de ce que la durée du monde était au moins assurée pour un autre siècle. Ils allaient aux temples en rendre grâces aux dieux, et recevoir du feu nouveau de la main des sacrificateurs. On allumait ce feu nouveau devant les autels, par le frottement de deux morceaux de bois; après quoi chacun faisait de nouvelles provisions de tout ce qui était nécessaire à sa subsistance, et l'on célébrait ce jour-là par des réjouissances publiques. On ne voyait par la ville que des danses et autres exercices d'agilité, consacrés au renouvellement du siècle, de la même manière, dit l'auteur de la *Conquête du Mexique*, qu'en usait Rome autrefois dans les jeux séculaires, quoique le motif en fût différent.

JUDAÏSME. 1° C'est une croyance assez commune que le judaïsme a été pendant longtemps la seule religion véritable qu'il y eût sur la terre; je trouve même cette proposition formellement émise dans le *Dictionnaire des Cultes religieux*; c'est cependant une erreur grossière. En effet, lorsque Dieu plaça l'homme sur la terre, il lui révéla ce qu'il devait croire, ce qu'il devait attendre et ce qu'il devait faire. Cette révélation primitive peut se résumer en la foi à un Dieu unique, en la nécessité de lui rendre un culte, de faire le bien, d'éviter le mal, en la croyance à l'immortalité de l'âme, aux peines et aux récompenses de l'éternité, et enfin en l'attente d'un rédempteur, ou au moins d'une réparation future. Ceux qui observaient ce symbole étaient dans la droite voie; aussi voyons-nous que le Tout-Puissant n'y ajouta, dans la révélation faite à Noé, que la défense de manger du sang, sans doute pour prévenir de grands crimes qui avaient été commis avant le déluge, ou bien parce que Dieu, permettant alors pour la première fois de se nourrir de la chair des animaux, voulait inspirer une certaine horreur de l'effusion du sang. Plus tard, lorsque Dieu parla si fréquemment à Abraham, nous ne remarquons de prescription nouvelle que l'ordonnance de la circoncision; mais, en imposant cette pratique à Abraham et à sa race, le Seigneur ne lui en fait en aucune façon un point de religion; il ne l'y oblige que comme signe d'un contrat particulier passé entre lui-même et la postérité du saint patriarche; le récit de la Genèse démontre que c'était la marque distinctive d'un peuple particulier, et qui ne regardait point les autres nations. Il y a plus : c'est que, si toutes les autres nations eussent observé la même coutume, le but de la Providence était manqué. Il n'y avait donc encore rien de changé à la religion véritable au temps d'Abraham; il en fut de même sous les patriarches suivants jusqu'à Moïse; dans tous les peuples de la terre on pouvait donc sauver son âme en suivant les prescriptions faites aux premiers hommes. Ainsi, Melchisedec, Lot, et sans doute un grand nombre d'autres, n'étaient pas exclus du salut pour n'être pas circoncis ; les Égyptiens eux-mêmes et plusieurs autres peuples n'étaient probablement pas encore tombés dans l'oubli des vérités primitives.

Mais vers l'époque de Moïse, il y avait déjà longtemps que le sabéisme et l'idolâtrie avaient fait de grands progrès ; on voyait successivement les peuples de l'Asie centrale et occidentale abandonner le culte du vrai Dieu pour prostituer leurs adorations et leur encens aux astres ou à de vaines figures. Il était à craindre que la famille que Dieu avait choisie pour être dépositaire des promesses et préparer l'avénement du Rédempteur ne vînt elle-même à subir la contagion générale, et son histoire suivie nous prouve qu'elle ne pouvait s'en garantir que par une action perpétuelle et directe de la Providence. Il devenait donc nécessaire que cette famille, ce petit peuple, fût soumis à une organisation, à des lois et à des prescriptions particulières. Or, la loi mosaïque n'avait pas d'autre but ; cela est si vrai, que son code est constamment appelé *loi*, et non point *religion*. C'était si peu un nouveau système religieux, qu'il y est à peine fait allusion aux dogmes primitifs, tels que l'immortalité de l'âme, les peines et les récompenses futures, qui étaient des vérités qu'aucun peuple n'avait oubliées ; et si le législateur insiste si fortement sur le dogme fondamental, l'unité de Dieu et l'incommunication de son essence, c'est parce que c'était précisément le dogme qui avait reçu les plus graves et les plus funestes atteintes. Mais rien n'était changé au symbole primitif ; les autres peuples pouvaient donc très-certainement se sauver sans suivre la loi judaïque : aussi voyons-nous que les Israélites n'avaient pas pour mission de faire des prosélytes, et lorsque Naaman le Syrien voulut embrasser la vraie foi, le prophète Élie ne lui imposa d'autre obligation que de renoncer au culte des idoles. Le saint homme Job et les patriarches, ses amis, ne faisaient point partie du peuple hébreu ; plusieurs peuples ont pu également marcher dans la bonne voie en dehors de la loi mosaïque. Les Chinois surtout paraissent avoir conservé plus longtemps que les autres nations la croyance en un Dieu unique et spirituel.

Il ne faudrait pas cependant accorder à nos paroles plus d'extension que nous leur en donnons ; par le fait, le peuple hébreu se trouvait, dans les derniers temps surtout, à peu près le seul peuple qui eût conservé purement les traditions primitives, et qui rendît au vrai Dieu le culte qui lui est dû ; or, comme il en était venu là que grâce à une action continuelle de la Providence, il en résulte premièrement que toutes les nations de la terre avaient un immense besoin non-seulement d'un réparateur, mais d'un docteur universel ; et en second lieu, que la loi mosaïque ou judaïque était absolument nécessaire pour préparer ce grand événement, et pour conserver le dépôt de la tradition et de la révélation.

Si cette loi n'est pas, à proprement parler, un code religieux, cependant elle est basée tout entière sur la religion, seul lien capable de maintenir les hommes, les peuples et les gouvernements, seule et véritable sanction des lois, des prohibitions et des préceptes ; c'est ce que les nations modernes paraissent ne pas comprendre, mais ce que savaient fort bien les législateurs des nations antiques ; et c'est à ce fondement religieux que les peuples anciens durent d'avoir pu subsister si longtemps avec gloire.

Mais il y a entre les Juifs et les nations païennes cette énorme différence, que ces dernières, en se soumettant aux constitutions qui leur étaient imposées, avaient dû s'en rapporter à leurs législateurs, qui avaient supposé soit des entretiens mystérieux avec des génies, soit des livres apportés en secret du ciel ; tandis que chez les Hébreux tout s'était passé d'une manière ostensible et frappante ; aussi Moïse rappelle-t-il incessamment à ses auditeurs les merveilles dont ils avaient été et étaient encore les témoins et l'objet. Moïse ne met jamais en avant une vision personnelle, un ordre reçu en secret de la divinité ; mais les plaies d'Égypte, le passage de la mer Rouge, la voix formidable qui avait tonné les commandements au bruit des foudres et au son des trompettes célestes, l'eau sortie du rocher, la nuée lumineuse couvrant sans cesse le tabernacle, la manne qui tombait du ciel depuis quarante ans, à l'exception du jour du sabbat, etc., etc., événements qu'il se fût bien gardé de faire intervenir, s'il se fût trouvé là tout un peuple pour le démentir.

La loi mosaïque est donc divine, et en effet tout en elle porte ce cachet ; rien de plus pur que sa doctrine et sa morale. Il n'en est pas de la loi des Hébreux comme des livres sacrés des autres peuples, qui se contredisent à chaque instant ; où l'on a une peine infinie à démêler les vérités premières et fondamentales du fatras de mythes, de personnifications, de déifications et d'événements extravagants ou absurdes. Il y a, il est vrai, dans la Bible des prodiges, mais ces prodiges sont *naturels*, si l'on peut parler ainsi, c'est-à-dire, qu'ils sont pour la plupart au-dessus de l'ordre naturel des choses, mais non point contraires à l'ordre métaphysique ; ils sont raisonnables, déduits des faits précédents, et on en sent involontairement le besoin en les lisant.

Aucun peuple ancien n'a eu une connaissance plus claire et plus exacte de la divinité. Il y a un Dieu, dit la loi, et il n'y en a qu'un. Ce Dieu mérite seul d'être adoré. Être suprême, source nécessaire de tous les êtres, nul autre ne lui est comparable. Esprit pur, immense, infini, nulle forme corporelle ne le peut représenter : il a créé l'univers par sa puissance, il le gouverne par sa sagesse, il en règle tous les événements par sa providence. Rien n'échappe à son œil vigilant ;

DICTIONN. DES RELIGIONS. III.

tous les biens et les maux partent de sa main équitable ; et comme c'est de lui que tout vient, c'est à lui qu'il faut tout rapporter. Des ministres de son culte sont institués, des oblations et des sacrifices établis ; mais toute cette pompe n'est rien à ses yeux, si les sentiments du cœur ne l'animent. Le culte qu'il demande avant tout et par-dessus tout, c'est l'aveu de notre dépendance absolue et de son domaine suprême, la reconnaissance de ses bienfaits, la confiance en ses miséricordes, la crainte et l'amour. *Je suis celui qui est; tu n'auras point d'autre Dieu que moi; tu ne te feras point de simulacres pour les adorer; tu adoreras le Seigneur et tu ne serviras que lui; tu aimeras l'Eternel, ton Dieu, de tout ton cœur, de toute ton âme et de toutes tes forces.* Idées vraies, sublimes, et qui distinguent éminemment le législateur hébreu de tous les législateurs anciens.

Quelle pureté, quelle beauté dans sa morale! Est-il un vice qui n'y soit pas sévèrement condamné? Ce n'est point assez que les actions soient défendues, les désirs mêmes sont interdits : *Tu ne convoiteras point.* Non-seulement elle exige une équité parfaite, une probité sans reproche, la fidélité, la droiture, l'honnêteté la plus exacte, elle veut que les Israélites soient humains, compatissants, charitables, prêts à faire aux autres tout le bien qu'ils voudraient qu'on leur fît à eux-mêmes : *Tu aimeras ton prochain comme toi-même.* En un mot, tout ce qui peut rendre l'homme estimable à ses propres yeux et cher à ses semblables, tout ce qui peut assurer le repos et le bonheur de la société y est mis au rang des devoirs. Faut-il donc s'étonner si Moïse lui-même, frappé d'admiration en considérant l'excellence de ces lois, s'écriait avec transport : *O Israël! quelle est la nation si sage et si éclairée qui ait des ordonnances aussi belles et des statuts aussi justes que ceux que je t'ai proposés en ce jour?* C'est pourquoi Jésus-Christ et les apôtres, en apportant une loi plus parfaite encore, n'ont rien retranché à la philosophie et à la morale de l'ancienne. Mais ce qui distinguait tout d'abord la nation israélite de tous les autres peuples, c'était l'attente explicite d'un rédempteur. Tandis que ce dogme s'affaiblissait par le laps du temps dans les autres contrées, il s'affermissait et se développait de plus en plus chez le peuple de Dieu à mesure que le moment marqué approchait. Au temps de Moïse, on savait seulement dans quelle nation et dans quelle tribu il devait naître ; mais plus tard, les prophètes firent connaître la famille, puis les différentes circonstances de sa naissance, de sa vie, de sa mort, et enfin l'effet qui devait en résulter pour toutes les nations de la terre.

A la tête du gouvernement déterminé par Moïse, nous voyons le souverain le plus digne d'une obéissance entière : c'est le Dieu même qu'on y adore. Ce Dieu, maître de l'univers, mais élu roi d'Israël par le choix unanime et volontaire d'un peuple qui lui devait sa liberté et ses biens, tenait sa cour au milieu d'eux. Les enfants de Lévi étaient ses officiers et ses gardes, le tabernacle son palais. Là, il expliquait ses lois, donnait ses ordres, et décidait de la paix et de la guerre. Monarque suprême, en même temps qu'objet du culte, il réunissait tout à la fois, sous le nom de *Jéhova*, l'autorité civile et l'autorité religieuse. Ainsi l'état et la religion ne faisaient qu'un ; les deux puissances, loin de s'entrechoquer, se prêtaient un mutuel appui ; et l'autorité divine imprimait même aux lois civiles un caractère sacré, et par conséquent une force qu'elles n'eurent en aucune législation.

Sous Jéhova, un chef, son lieutenant et son vice-roi, gouvernait la nation conformément à ses lois. Il la commandait dans la guerre, il la jugeait pendant la paix ; la mort était la peine de la désobéissance à ses ordres ; mais son autorité n'était ni despotique, ni arbitraire. Un sénat, formé des membres les plus distingués de toutes les tribus, lui servait de conseil ; il en prenait les avis dans les affaires importantes ; et s'il s'en trouvait qui intéressaient la nation entière, *toute la congrégation*, c'est-à-dire l'assemblée du peuple, était convoquée ; on proposait, elle décidait, et le chef exécutait. Le même ordre régnait dans les différentes tribus : chacune avait son prince, son sénat, ses chefs de famille ; et au-dessous de ceux-ci des commandants de mille, de cent, de cinquante, de dix hommes, etc., revêtus, chacun selon sa place, de l'autorité civile et militaire.

Ce chef de l'Etat était pris indifféremment dans toutes les tribus, ou plutôt c'était Dieu lui-même qui le choisissait en manifestant sa volonté par quelque signe particulier. Jamais cependant il n'avait autorité sur le grand sacrificateur ; quelquefois c'était le grand sacrificateur lui-même qui jugeait le peuple, comme nous le voyons pour Héli, Samuel et plusieurs autres. Même après la captivité de Babylone, lorsque les Juifs n'eurent plus de roi, et qu'ils furent asservis à une domination étrangère, c'était le grand prêtre qui était considéré comme le chef de la nation.

L'ordre sacerdotal était l'apanage d'une des douze tribus dont se composait la nation. La tribu de Lévi tout entière était consacrée au service du tabernacle et plus tard du temple. Les Lévites avaient été exclus du partage des terres ; ils vivaient des dîmes qui avaient été imposées à leur profit sur les autres tribus ; ils avaient cependant des villes qui leur avaient été assignées pour demeure dans le temps où leurs fonctions n'exigeaient pas leur présence dans le lieu saint ; car ils les remplissaient par quartiers. Tous les lévites cependant n'étaient pas prêtres ; ceux-ci ne pouvaient être pris que dans la famille d'Aaron. Ils commençaient à vingt-cinq ans l'exercice de leur ministère, et le terminaient à cinquante ; après leur retraite, ils continuaient à être nourris des offrandes de l'autel. Leurs fonctions consistaient à brûler de l'encens dans le lieu saint, à offrir dans le temple les sacrifices ordinaires du matin et du soir, à immoler les victimes enjointes pour les cérémonies publiques ou amenées par la dévotion des particuliers. Ils répandaient au pied de l'autel le sang des victimes, entretenaient sur l'autel des holocaustes un feu continuel, allumaient les lampes, faisaient et offraient sur la table d'or les pains de proposition. Hors du temple, ils instruisaient le peuple, jugeaient les différends, examinaient les lépreux, connaissaient des impuretés légales, interprétaient la loi, et déterminaient les cas auxquels on devait recourir à l'épreuve des eaux de jalousie. Ils proclamaient au son de la trompette les néoménies, le sabbat et les autres fêtes solennelles; ils donnaient le signal de la guerre, excitaient et encourageaient les combattants. Les lévites aidaient les prêtres dans la plupart de leurs fonctions, avaient soin du temple, du tabernacle et des vases sacrés, chantaient les psaumes et les cantiques.

Nous n'entrons point ici dans un plus grand détail sur les cérémonies du culte judaïque, parce qu'elles se trouvent décrites dans le *Dictionnaire* sous l'article propre à chacune d'elles. Mais nous devons dire un mot des prohibitions ou impuretés légales assez nombreuses dans la loi de Moïse.

Une longue habitude a fait connaître à nos peuples civilisés les nourritures saines et les conditions de salubrité nécessaires à l'économie animale; mais, dans les siècles anciens, l'inexpérience exposait souvent la vie ou du moins la santé de l'homme, témoin les pestes fréquentes qui décimaient la population dans les siècles de barbarie, et dont toutes les histoires font foi. Le régime diététique formait donc alors un objet de police intéressant; les codes devaient être en partie des traités d'hygiène, et les législateurs sages ne pouvaient s'empêcher d'en prescrire les règles. Ceux de la Chaldée, de la Phénicie, de l'Egypte, de l'Inde, l'avaient fait ou travaillaient à le faire; Moïse devait ce bien à son peuple, et il le lui fit.

Le cnoix des aliments est une des choses qui contribuent le plus à la santé. Des viandes dures, pesantes, indigestes, ne peuvent que déranger l'économie organique. Le législateur assez éclairé pour les faire connaître à son peuple, et assez habile pour le forcer à s'en abstenir, méritait, dans ces anciens temps, la reconnaissance publique. Moïse partagea donc les animaux en purs et impurs, c'est-à-dire bons ou mauvais à manger: cette distinction existait déjà depuis des siècles; la Bible insinue même qu'elle avait lieu avant le déluge: il n'eut donc qu'à donner à la coutume force de loi, sans y faire d'autres changements que ceux que l'expérience avait montrés utiles, ou qu'exigeait le dessein de séparer son peuple des autres nations; car il est très-probable qu'aux raisons hygiéniques était joint un motif religieux. Mais en général les animaux qu'il prohibe sont les insectes venimeux ou sans substance, les oiseaux de proie nourris de cadavres, les poissons vivant dans la vase, les quadrupèdes qui ne ruminent pas et qui n'ont pas le sabot fendu, tels que le cheval, l'âne, le chien, le chat, etc., c'est-à-dire ceux-là précisément pour lesquels les peuples policés se sentent de la répugnance et dont ils s'abstiennent encore aujourd'hui. Si dans le nombre il s'en trouve quelques-uns que l'on mange maintenant avec plaisir, tels que le porc, le lapin, le lièvre, tout le monde convient que ce ne sont pas les viandes les plus saines, et qu'il ne faut en faire usage qu'avec modération. Des motifs analogues prohibaient aux Israélites la graisse, le sang, certaines parties des animaux purs, et même l'animal entier quand il était mort de maladie ou par accident. — La lèpre faisait à cette époque de cruels ravages, de là le détail minutieux dans lequel entre le législateur inspiré, pour assurer l'assainissement du corps, des maisons et même des meubles; de là les précautions qu'il indique à l'égard des maladies contagieuses, du linge, des corps morts; de là les lotions et les purifications fréquentes, et un tribunal spécial pour connaître de toutes les impuretés.

Nous n'entrerons pas dans le détail des lois civiles: elles étaient bonnes et saintes, mais toutes n'étaient pas parfaites; si elles l'eussent été, Jésus-Christ ne serait pas venu pour les compléter et les perfectionner. Au temps de Moïse, le peuple n'était pas encore mûr pour la perfection évangélique. La prudence exigeait que l'on tolérât certaines coutumes introduites depuis longtemps, qui étaient passées dans les mœurs, et dont l'abolition eût pu entraîner de grands malheurs; de ce nombre étaient le divorce et la polygamie. Le législateur les réglementa, laissant à celui qui pouvait donner la grâce d'accomplir ses préceptes, le soin de ramener les choses à leur institution première.

Nous terminerons par une dernière observation: il est certaines traditions qui ne peuvent venir que de la révélation primitive, et qui cependant paraissent bien moins explicites chez les Juifs que parmi d'autres nations devenues idolâtres. Nous voulons parler particulièrement du dogme trinitaire. Assurément nous ne prétendons point que les Grecs, les Assyriens, les Indiens, les Océaniens, etc., eussent eu connaissance de la Trinité, telle qu'elle est crue et entendue par les chrétiens; mais les rapprochements n'en sont pas moins frappants, comme nous le verrons au mot TRINITÉ. Or, quoi qu'en aient dit certains commentateurs, nous ne voyons rien de semblable dans l'Ancien Testament. Ç'a été sans doute par un effet de la sagesse divine, car cette conception primitive a pu, par la suite du temps, favoriser le polythéisme; le législateur hébreu, en promulguant une loi pour un peuple vivant au milieu de nations idolâtres, a dû en éliminer scrupuleusement tout ce qui pouvait le moins du monde affaiblir la croyance fondamentale en l'unité de Dieu. Cette observation est applicable à plusieurs autres vérités qui n'ont trouvé leur complet développement que dans le christianisme.

2° Le système religieux des Juifs, tel qu'il subsiste maintenant, ne peut pas être appelé une religion mauvaise, puisqu'il a Dieu même pour auteur; mais il est devenu inutile, absurde et sans but. Cette loi n'ayant été établie, comme nous l'avons vu, que pour préparer les voies au Messie, et celui-ci étant venu depuis longtemps, les Juifs sont absolument dans la position d'une députation envoyée à la frontière d'un royaume pour recevoir un souverain, et qui s'obstinerait à l'attendre encore, sous un arc de triomphe dressé exprès, après que ce prince aurait passé depuis longtemps sous ses yeux, sans qu'elle ait voulu le reconnaître, malgré son signalement exact et toutes les preuves qu'il lui aurait fournies sur son individualité. Il y a plus, c'est que leur religion est devenue impossible : une multitude de prescriptions n'étaient réalisables qu'en Palestine ou à Jérusalem; les sacrifices et l'immolation de l'agneau pascal sont abolis depuis longtemps ; chassés qu'ils sont de leur patrie, sans espoir d'y rentrer jamais, comme corps de nation, dispersés dans toutes les contrées de la terre, la distinction entre les tribus est totalement anéantie : plus de généalogie; nul moyen de reconnaître la tribu de Lévi, et par conséquent plus de sacerdoce, plus de sacrifices. Cependant le commun du peuple rêve encore le rétablissement dans la patrie ; ils attendent patiemment le Messie, attribuant son retard aux péchés de la nation. D'autres, ne pouvant concilier ce retard avec certains passages de la Bible qui leur paraissent formels, soupçonnent qu'il a pu venir incognito, ou bien que c'est un des personnages qui ont favorisé leur nation : les uns nomment Ezéchias, les autres Cyrus, d'autres Esdras, d'autres Vespasien ! d'autres Louis-Philippe ! D'autres, qui prétendent passer pour plus sages, soutiennent que le Messie attendu est la personnification d'une époque de liberté pour la nation, telle que celle qui maintenant commence à luire sur eux en Europe, et dont la France a donné le signal ; j'ai vu des Juifs appeler sérieusement le règne de Louis-Philippe le temps messianique ; mais la république de 1848 ne doit plus rien leur laisser à désirer, puisqu'ils ont vu leurs coréligionnaires tenir les rênes du gouvernement de la France, et dominer sur les chrétiens en qualité de ministres qui n'avaient personne au-dessus d'eux. Aussi maintenant s'agit-il d'une grande réforme dans le culte judaïque, surtout parmi les Juifs de France et d'Allemagne, qui demandent à grands cris que leur culte soit approprié à leur situation actuelle. Devenus citoyens des pays européens qu'ils habitent, participant à toutes les charges, à tous les emplois de la société qui les a reçus dans son sein, ils se demandent, non sans quelque apparence de raison, pourquoi ils conserveraient plus longtemps des formes religieuses qui sont une protestation perpétuelle contre cette fusion qui fait leur bonheur et leur gloire. Ils ne parlent de rien moins que d'abolir la circoncision, qui, jusqu'ici, en a fait un peuple à part au milieu de l'Europe, de transférer au dimanche l'obligation d'observer le repos du samedi. Mais alors que restera-t-il du culte judaïque? Sera-ce la distinction des viandes? Il y a déjà longtemps que ceux qui appellent la réforme laissent de côté les prohibitions mosaïques en s'asseyant à la table des gentils. Sera-ce la persistance à ne contracter des alliances qu'entre eux? Mais en ce cas ce sera encore une protestation contre la société dont ils feront partie ; au surplus ceux dont nous parlons ne voient pas d'un mauvais œil les mariages contractés avec les chrétiens. Ils tombent donc dans le pur déisme. Alors qu'est-il besoin davantage d'un rite inutile et d'une Bible qui les condamne?

Cependant, comme cette réforme rencontre encore une opposition assez vive, et que beaucoup de Juifs d'Orient et d'Occident sont encore dans les mêmes dispositions morales et religieuses qu'au moyen âge, attendant toujours le Messie, et observant du mieux qu'ils peuvent les prescriptions talmudiques, nous allons exposer ici les treize articles de foi qui ont été formulés par un de leurs plus fameux docteurs, Moïse Maimonide.

1er. Qu'il y a un Dieu, créateur de toutes choses, premier principe de tous les êtres, qui peut exister sans le concours d'aucune partie de l'univers, mais sans lequel rien ne peut subsister.

2e. Que Dieu est un et indivisible; que lui seul est la vraie unité, et que toute autre n'en est pas véritablement une.

3e. Que Dieu est incorporel, et que rien de physique ne peut lui être attribué.

4e. Que Dieu est sans commencement et sans fin, et que tout ce qui existe, excepté lui, a commencé avec le temps.

5e. Qu'à lui seul appartiennent le culte, l'amour, le respect et les louanges ; car lui seul est créateur; qu'on ne doit sacrifier, adresser ses prières ou rendre un culte quelconque ni aux anges, ni aux astres, ni à aucune créature céleste ou terrestre.

6e. Qu'il y a eu et qu'il peut encore y avoir des prophètes inspirés de Dieu.

7e. Que Moïse a été le plus grand des prophètes, et que l'esprit de prophétie dont Dieu l'a honoré est fort au-dessus de celui qui a été donné aux autres prophètes.

8e. Que la loi laissée par Moïse vient entièrement de Dieu.

9e. Que cette loi est immuable, et qu'on n'y peut rien ajouter ni retrancher.

10e. Que Dieu connaît toutes les actions et les pensées des hommes.

11e. Que Dieu rend à chacun selon son mérite, récompensant les bons et punissant les méchants, soit en cette vie, soit en l'autre.

12e. Que le Messie doit venir pour délivrer et rassembler les Juifs dispersés aux quatre coins de la terre; qu'encore qu'il tarde à venir, il faut l'attendre toujours sans perdre espoir et sans approfondir le temps de sa venue.

13e. Que tous les morts ressusciteront à la fin des temps, mais dans une époque connue de Dieu seul.

La doctrine des Juifs modernes est fondée en grande partie sur l'interprétation donnée par le *Talmud*, à laquelle ils ajoutent plus de foi qu'à la loi elle-même. *Voy.* TALMUD, RABBINS, SAMARITAINS, CARAÏTES, etc.

3° Le judaïsme paraît avoir été longtemps la religion dominante des Abyssins. Les chroniques du pays auxquelles Bruce prétend qu'on doit ajouter foi, racontent qu'il y fut introduit par la reine de Saba, ou d'Azéba. Voici ce que nous lisons dans ces Annales :

Une grande et puissante reine, nommée *Balkis* par les Arabes, et *Maquéda* par les Éthiopiens, régnait sur les pasteurs de l'Abyssinie ; ayant appris tout ce qu'on rapportait de la sagesse et de la grande puissance de Salomon, elle conçut le désir de s'en assurer par elle-même, et fit le voyage de Jérusalem, accompagnée d'un grand nombre de princes et seigneurs éthiopiens, et portant avec elle d'immenses trésors. Remplie d'admiration à la vue des merveilles dont elle fut témoin à la cour de Salomon, elle se convertit au judaïsme, demeura pendant quelque temps à Jérusalem, et eut de ce grand roi un fils auquel elle donna le nom de *Ménilek*. La reine s'en retourna dans son pays avec son fils, qu'elle garda auprès d'elle quelques années, et qu'elle envoya ensuite à son père pour le faire instruire. Salomon ne négligea rien pour l'éducation de cet enfant ; Ménilek fut oint et couronné roi d'Éthiopie dans le temple de Jérusalem, et à cette époque il prit le nom de *David*. Il revint ensuite à Azéba, où il conduisit une colonie de Juifs, parmi lesquels étaient plusieurs docteurs, et entre autres, un de chaque tribu. Il établit ces docteurs juges dans son royaume, et c'est d'eux que descendent les Umbares actuels, juges suprêmes, dont trois accompagnent toujours le roi. Avec Ménilek était aussi Azarias, fils du grand prêtre Sadoc, qui apporta une copie de la loi, laquelle demeura confiée à sa garde. Azarias reçut aussi le titre de *Nébrit* ou grand prêtre, et sa charge se perpétua également parmi ses descendants. Toute l'Abyssinie fut donc convertie au judaïsme, et le gouvernement de l'Église et celui de l'État furent entièrement modelés sur ce qui était alors en usage à Jérusalem. La reine de Saba, après avoir pris ces mesures pour affermir la constitution nouvelle et pour en assurer la durée, mourut 986 ans avant Jésus-Christ ; elle avait régné 40 ans. Son fils Ménilek lui succéda, et l'empire demeura constamment entre les mains de la race de Salomon jusque dans les derniers temps ; en effet, les empereurs d'Abyssinie ont toujours conservé le titre de *rois d'Israël*, même après leur conversion au christianisme ; et leur devise est encore : *Mo anbasa am nizilet Salomon am negardé Iudé* : « Le lion de la race de Salomon, de la tribu de Juda, a vaincu. »

Quoi qu'il en soit de la véracité de cette histoire fort accréditée en Orient, il est certain que de temps immémorial il existe en Abyssinie une colonie de Juifs appelés *Falashas*, ou les émigrés, qui prétendent que leurs ancêtres sont venus de Jérusalem à la suite de Ménilek, et qu'ils se sont soustraits à l'autorité des rois de la race de Salomon, lorsque ceux-ci embrassèrent le christianisme au temps de Constantin, mesure qu'ils traitent d'apostasie. Alors ils se choisirent pour souverain un prince de la tribu de Juda et de la race de Ménilek, appelé Phinéas. Celui-ci refusa d'abandonner la religion de ses pères ; et c'est de lui que les souverains de Falasha descendent en ligne directe. Dans le siècle dernier leur roi s'appelait Gédéon, et leur reine Judith ; leur population s'élevait, dit-on, à 150,000 hommes effectifs. Mais, vers 1800, leur famille royale s'éteignit, et maintenant ils ne connaissent d'autre maître que celui qui règne sur les chrétiens de l'Abyssinie. Ils ont tout à fait oublié l'hébreu ; mais ils possèdent une version de la Bible en ghyz ou éthiopien, la même dont se servent les chrétiens d'Abyssinie. Ils soutiennent que le livre d'Énoch est le premier livre de l'Écriture qu'ils ont reçu ; ils ne connaissent point celui de Seth ; mais ils placent Job immédiatement après Énoch, de sorte qu'ils supposent que Job a vécu un peu après le déluge. Ils croient que le livre qui porte le nom de ce saint patriarche est son propre ouvrage. Ils regardent le Nouveau Testament comme un ouvrage extravagant, où l'on suppose que le Messie est venu ; car ils se font du Messie l'idée d'un prince temporel, d'un prophète, d'un pontife et d'un conquérant. Ils n'ont jamais entendu parler des Targoums, ni du Talmud, ni de la Cabale ; ils ne portent ni franges, ni rubans à leurs robes sacerdotales, et il n'y a pas un seul scribe parmi eux. Ils nient que le sceptre soit jamais sorti de la maison de Juda, parce qu'ils ont un prince régnant de cette maison. Ils prétendent que la prophétie concernant la conversion des Gentils s'accomplira à l'arrivée du Messie qui n'est pas encore venu, et qu'alors tous les peuples de la terre seront juifs.

4° On trouve encore d'autres tribus israélites établies en différentes contrées de l'Orient et du midi, sans aucun rapport avec les autres Juifs répandus dans tous les pays de la terre ; entre autres en Arabie et dans l'Inde (*Voy.* BENI-ISRAEL, et BÉNI-KHAIBAR), dans la Guinée, sous le nom de *Iahaudi*, en Chine sous celui de *Hoei-Hoei*.

Voici ce que dit de ces derniers un savant allemand, Eichhorn : « On a découvert à la Chine, le siècle dernier, les débris d'une colonie juive, dont l'établissement dans cet empire remonte à l'an 73 après Jésus-Christ, peut-être même trois siècles plus tôt. Sept cents familles de Juda, de Benjamin et de Lévi, échappées à la destruction de Jérusalem par Titus, fils de Vespasien, gagnèrent la Chine par terre, et vinrent y fonder ou y accroître la colonie en question. Dix-sept cents années de persécutions, de massacres ou d'apostasies, les ont réduits à un petit nombre ; ils ne se retrouvent plus maintenant qu'à Kai-fong-fou, à 150 milles de Péking, et au nombre de 600 âmes. Ils avaient emporté l'Ancien Testament, et l'avaient conservé pendant 1100 ans. A cette époque, un incendie avait détruit leur synagogue et ses manuscrits. Ils les remplacèrent alors par un manuscrit du Pentateuque, provenant d'un juif mort à Canton. Non-seulement la synagogue, mais les particuliers possèdent des copies de cet exemplaire. Ce qui est tout à fait remarquable et fort important pour nous, c'est qu'outre le Pentateuque, ils conservent diverses portions du reste de l'Ancien Testament; ils disent les avoir sauvées de l'incendie du XII° siècle, et d'une inondation du fleuve de Hoang-ho, l'an 1446. De ces fragments ils forment un supplément à la loi, divisé en deux parties. La première contient les lambeaux de Josué et des Juges, les quatre livres complets de Samuel et des Rois; enfin les Psaumes. La seconde partie renferme quelques portions des Chroniques, Néhémie et Esther presque complets, Isaïe et Jérémie à peu près entiers, quelques débris de Daniel et de sept des petits prophètes. »

5° Les habitants de la côte de Malemboule, dépendance de l'île de Madagascar, et en général tous les peuples du voisinage qui prennent le nom de *Zafé-Ibrahim*, enfants d'Abraham, n'ont d'autre culte que certaines pratiques imitées des Juifs, dont on les croit descendus. Ils observent avec la plus grande exactitude le repos du sabbat, et s'imaginent que s'ils travaillaient ce jour-là ils seraient blessés ou attaqués de quelque maladie. Ils ne reconnaissent ni Jésus-Christ, ni Mahomet; ils n'ont même de Dieu qu'une idée très-vague; mais ils ont une extrême vénération pour Noé, Abraham, Moïse et David. Ils ont gardé la circoncision; mais c'est à peu près là seule pratique qu'ils aient conservée du culte judaïque; ils ne connaissent ni le jeûne, ni la prière; ils font cependant quelques sacrifices. Ces peuples, d'un autre côté, ont outré la superstition habituelle des Juifs; ils se feraient un grand scrupule de manger de la chair d'une bête ou de quelque gibier qu'ils sauraient avoir été tué par un chrétien, ou par quelque habitant de la côte méridionale. Ils se laisseraient plutôt mourir de faim que de toucher à un tel mets. Ils regardent comme maudits les enfants qui naissent le mardi, le jeudi et le vendredi, et les exposent impitoyablement dans les bois.

JUDAITES, nom que l'on a donné aux Caïnites, parce qu'ils avaient une grande vénération pour le traître Judas. On dit même que l'empereur Michel voulut le faire canoniser. *Voy.* CAÏNITES.

JUDITH, nom d'un des livres de l'Ancien Testament, reçu comme canonique par l'Église, mais regardé comme apocryphe par les juifs et les protestants. Il tire son nom du principal personnage de l'histoire qu'il contient. — Judith, pieuse veuve de la tribu de Siméon, d'une beauté ravissante, voyant la ville de Béthulie réduite à l'extrémité par Holopherne, général de l'armée de Nabuchodonosor, roi d'Assyrie, se para de ses vê-

tements les plus magnifiques, et se rendit au camp de ce général. Holopherne, frappé de son éclatante beauté, la reçut avec une grande joie. Il l'invita un soir à souper avec lui; et, dans ce repas, il s'enivra de vin et de désirs amoureux. Lorsque l'ivresse lui eut ôté entièrement l'usage de ses sens, on le mit sur son lit, et on le laissa seul avec Judith, qui, saisissant le cimeterre d'Holopherne, lui en trancha la tête. Après ce coup hardi, elle retourna triomphante à Béthulie. Le lendemain, les Assyriens voyant les ennemis fondre sur eux et leur général mort, prirent la fuite, et la ville fut délivrée.

Ce livre ne se trouve pas en hébreu, et c'est sans doute la raison pour laquelle il n'est pas dans le canon des juifs; il paraît cependant avoir existé en chaldéen; la version vulgate a été faite sur ce texte; mais le grec est un peu différent. Cette narration, regardée comme véridique par la plupart des commentateurs anciens et modernes, souffre de grandes difficultés historiques, chronologiques et géographiques. C'est pourquoi plusieurs n'y ont vu qu'une simple fiction, ou comme une parabole édifiante et consolante, mais dénuée de vérité. Grotius prétend que cet ouvrage fut composé du temps de la persécution d'Antiochus Epiphane, et avant que ce prince eût souillé le temple en y plaçant une idole. Selon lui, l'auteur voulait rassurer les Juifs par l'espérance d'un prompt secours. *Judith* signifie la Judée (יהודה *Judæa*) *Bethulia*, le temple ou la maison de Dieu (בית אל יה *Domus Dei Jehovæ*). Le glaive qui sort de Béthulie, ce sont les prières des saints. *Nabuchodonosor* désigne le démon, et l'*Assyrie*, le faste ou l'orgueil. Antiochus Epiphane est l'instrument dont se sert le démon; l'écrivain sacré l'a désigné obscurément sous le nom d'*Holopherne*, qu'on peut traduire, suivant Grotius, par l'huissier ou le satellite du serpent (הלביש נחש). Le grand prêtre *Eliakim* ou *Joakim* signifie, d'après l'étymologie de son nom, que le Seigneur suscitera un défenseur, ou viendra lui-même au secours. Judith est dépeinte comme une veuve d'une rare beauté et d'une vertu reconnue; telle était la Judée à l'époque de la persécution d'Antiochus. Elle se vante, dans le cours de cet ouvrage, de n'avoir point imité les prévarications de ses pères et de n'avoir point adoré les dieux étrangers. — Mais ce sentiment, tout spécieux qu'il est, n'est cependant qu'une simple conjecture.

JUGA, ou JUGALIS, ou JUGATINA, nom que les Romains donnaient à Junon, comme présidant aux mariages. Ce nom vient de *jugum*, par allusion au joug que l'on mettait en effet sur les deux époux, dans la cérémonie des noces, ou parce qu'elle les unissait sous le même joug. Junon *Jugalis* avait un autel dans une rue de Rome, appelée de son nom *Jugalius vicus*.

JUGATINUS. Les Romains avaient deux dieux de ce nom dont l'un présidait aux mariages, et l'autre au sommet des montagnes, appelés en latin *juga*.

JUGEMENT DERNIER. 1° C'est un des points fondamentaux de la religion chrétienne, qu'à la fin des temps tous les hommes morts depuis le commencement des temps ressusciteront dans leur propre chair, et que Jésus-Christ descendra des cieux visiblement pour les juger et rendre à chacun selon ses œuvres. Cette vérité est consignée dans le symbole des apôtres et dans celui de Nicée.

La croyance commune de l'Église est qu'immédiatement après la mort de tout homme, son âme paraît devant Dieu, pour être jugée aussitôt et traitée en conséquence de ses bonnes ou de ses mauvaises actions; c'est ce que l'on appelle le *jugement particulier*. Mais, outre cette sentence individuelle, il y aura, après la résurrection générale, un jugement solennel, porté en présence du ciel et de la terre, qui ne sera ainsi que la sanction et la confirmation publique du jugement particulier; c'est pourquoi on l'appelle *Jugement dernier, général ou universel*.

Ce jugement sera prononcé par Jésus-Christ, vrai Dieu et vrai homme, qui paraîtra lui-même avec la chair qu'il a revêtue sur la terre; c'est à lui qu'il appartient de le prononcer, premièrement, parce qu'en qualité de Fils de Dieu, il a reçu en apanage toutes les nations de la terre et qu'il est devenu le maître et le propriétaire de tous les habitants de l'univers; secondement, parce qu'en qualité de Rédempteur, il a le droit de demander à tous les hommes un compte rigoureux et exact du profit qu'ils ont retiré de ce qu'il a fait pour leur salut, et de la négligence qu'ils auront apportée à correspondre à sa bonne volonté pour eux. C'est alors que les secrets des cœurs seront dévoilés, que les opérations de la Providence trouveront leur raison et leur justification; que les œuvres merveilleuses de Dieu seront manifestées au grand jour, que la justice la plus équitable sera rendue, sans contestation et sans appel. Les justes et les pécheurs repentants seront récompensés par les joies ineffables de la félicité sans fin du paradis céleste; mais les pécheurs endurcis seront condamnés aux tourments éternels de l'enfer. *Voy.* RÉSURRECTION, FIN DU MONDE, PARADIS, ENFER, etc.

2° Les Juifs croient aussi au jugement général; ils disent qu'il aura lieu dans la vallée de Josaphat, près du mont des Oliviers; c'est pourquoi ils regardent comme un grand bonheur d'être inhumés le plus près possible de Jérusalem. *Voy.* GUILGOUL, RÉSURRECTION.

3° Les Mahométans, comme les chrétiens, admettent un jugement particulier et un jugement général. L'un et l'autre sont pour eux articles de foi.

Aussitôt après qu'une personne adulte a été étendue dans le sépulcre, que la fosse a été couverte et fermée, et que le peuple qui a assisté à l'inhumation s'est retiré, l'âme, séparée du corps, y rentre et le ranime. Il vient deux anges, l'un noir et l'autre bleu, appelés Monkir et Nékir, qui interrogent le défunt sur sa foi, et lui demandent quel est son seigneur, son prophète, sa religion, sa *quibla*, les bonnes œuvres qu'il a faites, etc. Si le défunt répond d'une manière satisfaisante, il reçoit aussitôt l'assurance de la béatitude éternelle, et son âme entre en jouissance des prémices de la félicité; sinon, les anges noirs lui annoncent sa damnation éternelle, et le frappent sans cesse avec des massues ardentes. Le résultat de cet interrogatoire est consigné dans un livre qui sera reproduit au jour du jugement général.

Ce dernier aura lieu en Arabie proche de la Mecque, dans un lieu appelé *Méhscher* (place de l'assemblée). L'ange Gabriel tiendra une balance réelle et véritable, dont les bassins seront plus larges que la superficie des cieux; les œuvres des hommes y seront pesées par la puissance de Dieu, et avec une telle précision, que la balance fera connaître jusqu'aux atomes, afin qu'il puisse s'ensuivre une connaissance précise et une parfaite justice. Le livre des bonnes œuvres sera déposé dans le *bassin de la lumière*, plus brillant que les étoiles, et le livre des mauvaises œuvres sera jeté dans le *bassin des ténèbres*, qui est d'un aspect horrible; le fléau ou balancier fera connaître à l'instant lequel des deux l'emporte et à quel degré. Après cet examen de la balance, tous les corps iront passer sur un pont étendu au-dessus du feu éternel, dont la superficie est plus étroite que le poil le plus délié, et le chemin plus aigu que le tranchant d'un rasoir; il est impossible de s'y soutenir sans le secours de la main toute-puissante de Dieu. Les infidèles et les méchants y broncheront au premier pas, et tomberont ainsi dans l'enfer; mais Dieu affermira les pieds des fidèles sur cette voie aiguë; ils passeront ce pont avec la rapidité de l'oiseau qui fend les airs et entreront au paradis éternel.

Il y a des Musulmans qui disent qu'au dernier jour Dieu partagera les hommes en trois classes: les bons, les méchants et les faibles, c'est-à-dire ceux qui auront cloché entre le bien et le mal; que le Seigneur ne demandera aucun compte aux bons, et qu'il les recevra sans examen dans le séjour céleste; que pour les faibles, il comptera avec eux bénignement et miséricordieusement; mais que pour les méchants, il leur demandera un compte sévère et rigoureux de leurs iniquités. Leurs livres enseignent que le principal sujet sur lequel roulera l'examen du dernier jour sera la matière de la foi et de la révélation. Dieu interrogera les fidèles au sujet des prophètes, c'est-à-dire sur la vérité de leur mission et sur la nature de leur doctrine. Il interrogera les infidèles sur leurs infidélités, et leur demandera pourquoi ils ont accusé de mensonge les envoyés. Il interrogera les hérétiques sur la succession du pouvoir spirituel et sur la tradition, leur reprochant d'avoir rejeté les véritables successeurs de Mahomet et le droit sens de la révélation. Ils ajoutent que ceux-là seuls qui auront vécu dans la vraie religion (c'est-à-dire le mahométisme) seront interrogés sur les œuvres.

L'opinion commune est que Dieu prononcera lui-même la sentence aux réprouvés. Il y a pourtant des docteurs en réputation qui pensent que c'est faire injure à la bonté de Dieu de croire qu'il puisse condamner à l'enfer de sa propre bouche ; que Dieu n'enverra personne aux enfers, mais que l'enfer attirera et engloutira les méchants comme sa proie et son partage.

C'est encore une croyance universellement reçue qu'au dernier jugement, Mahomet assistera en qualité d'intercesseur pour tous les peuples qui auront embrassé sa doctrine, soit afin de leur obtenir le paradis ou une plus grande gloire dans l'éternité, soit afin d'adoucir et de faire abréger les tourments de ceux qui auront mal vécu dans l'islamisme. Les Persans et les Indiens en qualité de Schiites associent à ce rôle d'intercesseur Ali et les autres imams descendus de lui, qui intercéderont en particulier pour leur secte. Ils assurent même que l'intervention de Fatima, fille unique de Mahomet et épouse d'Ali, sera fort efficace ce jour-là. Dans un ouvrage schiite que le rédacteur de ce Dictionnaire a donné au public sous le titre de *Séances de Haïdari*, cette femme célèbre est souvent appelée la Reine du jugement dernier.

4° Le chapitre XXXI, qui est le dernier des chapitres doctrinaux du Boundehesch, un des livres sacrés des Parsis, traite de la fin du monde par le feu d'une comète, de la résurrection dont cette fin sera suivie, et du jugement qui l'accompagnera. Alors, y est-il dit, les hommes se reconnaîtront, et chacun verra le bien et le mal qu'il aura fait. Les anciens Perses disaient qu'Ormuzd, le bon principe, après avoir laissé Ahriman tourmenter les hommes pendant un laps de temps déterminé, détruirait l'univers et rappellerait tous les hommes à la vie ; que les gens de bien recevraient la récompense de leurs vertus, les méchants, la peine de leurs crimes, et que deux anges seraient commis pour présider au supplice de ces derniers. Ils pensaient qu'après avoir expié leurs péchés pendant un certain temps, les méchants seraient aussi admis dans la compagnie des bienheureux ; mais que, pour les distinguer, ils porteraient sur le front une marque noire, et seraient à une plus grande distance que les autres du bon principe.

5° Selon les doctrines égyptiennes, l'âme, en quittant son corps mortel, subissait, dans la région inférieure de l'*Amenthi*, un jugement dans lequel on examinait sévèrement et l'on pesait les actions qu'elle avait faites sur la terre pendant sa vie. C'est ce que M. Champollion-Figeac appelle *Psychostasie*. La scène se passait dans le palais d'Osiris, juge suprême des âmes, qui était le prétoire de l'Amenthi. Il était accompagné de quarante-deux juges, ou plutôt jurés, qui formaient son conseil. La porte du prétoire était gardée par Oms, l'hippopotame femelle, qui chez les Egyptiens jouait le même rôle que le Cerbère de la mythologie grecque. L'âme du défunt était amenée devant le juge par la Vérité et la Justice. On dressait la balance infernale, surmontée du fil ou plomb qui indiquait exactement quel plateau l'emportait sur l'autre ; on pesait dans les deux plateaux les bonnes et les mauvaises actions du défunt; ces fonctions étaient réservées à Horus et Anubis ; le résultat de cet examen était consigné dans un registre par Thoth, qui remplissait la charge d'hiérogrammate, et qui le portait à la connaissance d'Osiris, qui prononçait la sentence définitive. Il récompensait les âmes fidèles à leurs devoirs en les appelant dans le séjour des dieux ; et il punissait celles qui avaient manqué à leurs obligations religieuses et sociales en les rejetant sur la terre pour y subir de nouvelles épreuves et y endurer de nouvelles peines sous une autre forme corporelle.

Les Egyptiens avaient transporté sur la terre, par rapport au corps, une image de ce qu'ils croyaient être pratiqué dans les enfers à l'égard de l'âme. L'antiquité grecque parle de juges auxquels les Egyptiens soumettaient les personnes de toutes les classes de la nation, avant de permettre que leur dépouille mortelle fût déposée dans le tombeau des ancêtres. Des juges inexorables examinaient en présence du peuple la conduite tenue par le défunt envers ses concitoyens, et ils refusaient à son corps une place dans la catacombe, s'il n'avait pas religieusement rempli ses devoirs envers les dieux et envers les hommes. Cette coutume éminemment morale, dit M. Champollion, produisait d'autant plus d'effet sur les mœurs publiques, qu'elle s'appliquait aux rois mêmes. Les sculptures des temples et des palais qu'on voit encore dans les ruines de Thèbes constatent suffisamment que les noms de quelques Pharaons furent proscrits par ces mêmes juges suprêmes.

6° Les Grecs et les Latins reconnaissaient aussi un jugement qu'avait à subir l'âme des hommes après la mort. *Voy.* JUGES DES ENFERS.

7° Quelques nègres de la Côte-d'Or en Afrique paraissent avoir une idée vague du jugement dernier. Ils prétendent qu'après leur mort ils seront transportés sur la rivière de Bosmanque, qui coule dans l'intérieur de leur pays. Là ils seront obligés de rendre compte à l'idole de toutes les actions qu'ils auront commises pendant leur vie. S'ils ont été fidèles à observer les devoirs de leur religion, ils passeront la rivière et iront aborder dans un séjour délicieux, où tous les plaisirs leur seront permis ; mais si, par leur négligence, ils se sont attiré la colère du fétiche, ils seront précipités dans les eaux, et y resteront engloutis pour jamais.

8° D'autres nègres de la Guinée croient que, bien avant dans l'intérieur de leur pays, habite un fétissero, ou prêtre des fétiches, doué d'un pouvoir surnaturel, qui dispose à son gré des éléments et des saisons, lit dans l'avenir, pénètre les pensées les plus secrètes, et guérit d'un seul mot les maladies les plus opiniâtres. Ils sont persuadés qu'après leur mort ils seront présentés devant cet être divin, qui leur fera subir un examen rigoureux. S'ils ont mené une vie criminelle, le juge prendra un gros bâton placé devant sa porte, et leur assènera quelques coups qui les feront mourir une seconde fois; mais si leur conduite a été irréprochable, le prêtre les enverra dans un séjour délicieux, jouir du bonheur qu'ils auront mérité.

JUGES (les), un des livres canoniques de l'Ancien Testament, appelé *Schophetim* en hébreu; il contient l'histoire du peuple de Dieu, ou au moins le récit des faits les plus saillants qui se sont passés dans le pays de Canaan, depuis la mort de Josué jusqu'au pontificat de Samuel. Il tire son nom des chefs qui gouvernèrent la république d'Israël pendant cet intervalle, qui est d'environ 340 ans. La charge de ces juges n'était pas héréditaire, et la plupart du temps elle ne dépendait pas du choix des hommes; c'était Dieu même qui les choisissait, soit par le moyen de ses prophètes, soit en leur envoyant des visions, et en manifestant son choix par quelque prodige signalé. Le gouvernement de la nation étant purement théocratique à cette époque, Dieu seul en était le roi, et, jaloux de cette qualité, il ne donnait aux juges qu'il suscitait de temps en temps qu'une autorité limitée. Et lorsque Samuel fut prié par le peuple de lui donner un roi, le Seigneur en marqua son juste ressentiment, en disant à ce prophète : *Ce n'est point vous, mais c'est moi qu'ils ont rejeté.* Quand on offrit la royauté à Gédéon et à sa postérité après lui, il répondit au peuple : *Ce ne sera pas moi qui vous dominerai, ni mon fils après moi; mais le Seigneur votre Dieu continuera à vous dominer.* La dignité des juges était à vie; le peuple reconnaissait volontiers la juridiction perpétuelle d'un chef manifestement envoyé par le Seigneur pour une circonstance particulière; mais leur succession ne fut pas continuée sans interruption. Il y eut assez souvent des intervalles où les tribus abandonnées à elles-mêmes se conduisaient comme elles le jugeaient à propos. C'est alors que le peuple oubliait le Seigneur et tombait dans l'idolâtrie; Dieu, pour le punir, permettait qu'il fût inquiété ou asservi par ses ennemis; le peuple reconnaissait sa faute, et recourait au Seigneur, qui suscitait un homme extraordinaire pour le délivrer. Telle est la cause à peu près constante de l'élévation de ces personnages à la dignité de juge, qui correspondait assez bien à celle de dictateurs; c'est pour des motifs semblables que Dieu suscita Othoniel, Aod, Gédéon, Samson, Jephté et plusieurs autres; on vit même une femme remplir ces hautes fonctions, ce fut la prophétesse Débora. — Ce livre est très-curieux, non-seulement pour celui qui veut suivre l'action de la Providence dans la suite de l'histoire du peuple de Dieu, mais encore pour celui qui veut étudier la forme et les effets de ce gouvernement républicain au milieu d'une foule de peuples qui tous étaient soumis à des rois; il contient de plus une multitude de renseignements sur les usages civils et militaires, sur la géographie, sur les mœurs et sur les relations des peuples à cette époque reculée, qui correspond aux temps mythologiques de la Grèce et de l'Asie Mineure.

JUGES DES ENFERS (1). Platon dit qu'avant le règne de Jupiter il y avait une loi établie de tout temps, qu'au sortir de la vie les hommes fussent jugés pour recevoir la récompense ou le châtiment de leurs bonnes ou de leurs mauvaises actions. Mais comme ce jugement se rendait à l'instant même qui précédait la mort, il était sujet à de grandes injustices : les princes avares et cruels, paraissant devant leurs juges avec toute la pompe et l'appareil de leur puissance, les éblouissaient et se faisaient encore redouter, en sorte qu'ils passaient sans peine dans l'heureux séjour des justes; les gens de bien, au contraire, pauvres et sans appui, étaient encore exposés à la calomnie et condamnés comme coupables. La fable ajoute que, sur les plaintes réitérées qu'on en fit à Jupiter, il changea la forme de ces jugements; le temps en fut fixé au moment même qui suit la mort. Rhadamanthe et Éaque, tous deux fils de Jupiter, furent établis juges, le premier pour les Asiatiques, le second pour les Européens; et Minos au-dessus d'eux, pour décider souverainement en cas d'obscurité et d'incertitude. Leur tribunal est placé dans un endroit appelé le Champ de Vérité, parce que le mensonge et la calomnie ne peuvent en approcher; il aboutit d'un côté au Tartare, et de l'autre aux Champs-Élysées. Là comparaît un prince dès qu'il a rendu le dernier soupir, dépouillé de toute sa grandeur, réduit à lui seul, sans défense et sans protection, muet et tremblant pour lui-même, après avoir fait trembler toute la terre. S'il est trouvé coupable de crimes qui soient d'un genre à pouvoir être expiés, il est relégué dans le Tartare pour un temps seulement, et avec assurance d'en sortir quand il aura été suffisamment purifié. Telles sont les idées qu'un philosophe païen avait sur l'autre vie. L'idée de ce jugement après la mort avait été empruntée par les Grecs d'une ancienne coutume des Égyptiens, rapportée par Diodore : « Quand un homme est mort en Égypte, on va, dit-il, annoncer le jour des funérailles, premièrement aux juges, ensuite à toute la famille et à tous les amis du mort. La loi permet à tout le monde de venir faire ses plaintes contre le mort. Si quelqu'un le convainc d'avoir mal vécu, les juges portent la sentence, et privent le mort de la sépulture qu'on lui avait préparée; mais si celui qui a intenté l'accusation ne la prouve pas, il est sujet à de très-grandes peines.

(1) Article du dictionnaire de Noël.

Quand aucun accusateur ne se présente, ou que ceux qui se sont présentés sont convaincus eux-mêmes de calomnie, tous les parents quittent le deuil, louent le défunt, sans parler néanmoins de sa race, parce que tous les Égyptiens se croient également nobles, et enfin ils prient les dieux infernaux de le recevoir dans le séjour des bienheureux. Alors toute l'assistance félicite le mort de ce qu'il doit passer l'éternité dans la paix et dans la gloire.

JUHLES. Les Lapons appellent ainsi certains esprits aériens auxquels ils ne consacrent ni images ni statues, quoiqu'ils leur rendent un culte religieux; on les honore sur des arbres derrière leurs cabanes, et à la portée d'un trait de flèche. Ce culte consiste à leur faire un sacrifice, la veille et le jour de Noël, qu'ils nomment la fête des Juhles. Ils commencent par jeûner la veille, ou du moins ils se privent de viande, et retranchent quelques morceaux à leurs autres aliments; ils font la même chose le jour de la fête; puis ils jettent ces morceaux dans un coffre de bouleau qu'ils suspendent à un arbre derrière leurs cabanes pour les Juhles errants dans les montagnes et les forêts. Quelques-uns regardent ce culte comme le produit d'un mélange des idées chrétiennes avec les restes de l'ancienne superstition. Dans la mythologie scandinave, Odin a le titre de roi des Juhles. *Voy.* JOULU.

JUIBA. Chez les Formosans, les femmes sont les directrices du culte, et elles ont le monopole des sacrifices; on les appelle *Juibas*. Leurs sacrifices consistent en pourceaux, en riz grillé, en pinang et en têtes de cerfs; elles font aussi des libations comme dans les autres pays. Après le sacrifice, la prêtresse adresse au peuple un discours long et véhément, accompagné de cris et de contorsions bizarres. L'esprit divin s'empare d'elle, elle roule des yeux égarés, hurle, se roule à terre ou y demeure immobile, sans qu'on puisse la relever. On est persuadé que c'est dans ces mouvements convulsifs que les dieux se communiquent à elle. Revenue de son extase, la prêtresse se relève toute tremblante; elle monte avec les autres Juibas, ses compagnes, sur la plate-forme de la pagode, où elles font de nouvelles prières; puis elles se dépouillent entièrement de leurs habits et se frappent sur certaines parties du corps. Cette cérémonie est suivie d'une ablution qui se fait en présence de l'assemblée; alors tout le monde se gorge de liqueurs jusqu'à s'enivrer.

Les Juibas se mêlent aussi de prédire la bonne et la mauvaise fortune, la pluie et le beau temps; elles conjurent les démons et les contraignent de quitter les lieux dont ils se sont emparés; car les Formosans croient que les démons, qui se plaisent à inquiéter les hommes, viennent souvent habiter parmi eux. Les exorcismes de ces prêtresses se font avec beaucoup de bruit; elles poussent des hurlements pour chasser les démons, et les poursuivent avec acharnement le sabre à la main, jusqu'à ce que les mauvais esprits, au dire des insulaires, soient obligés de se jeter dans la mer au risque de s'y noyer.

JUIFS. *Voy.* JUDAÏSME.

JU-KIAO. On sait que trois croyances principales règnent en Chine: le *Ju-kiao*, ou la loi des lettrés, développée dans la doctrine de Confucius, la religion de Bouddha ou *Foe*, d'origine indienne, et la doctrine du *Tao*, ou de l'intelligence primordiale qui a formé le monde et qui le régit comme l'esprit régit le corps.

La doctrine *Ju-kiao*, la plus ancienne de ce vaste empire, paraît avoir trois objets du culte: l'Être suprême qu'ils appellent *Thien*, *Ti*, *Chang-ti*, etc.; les Génies, *Kouei-chin*, partagés en bons, *Chin*, et mauvais, *Kouei*; enfin les Ancêtres.

Le *Thien* n'est représenté par aucune figure; c'est le ciel suprême, l'esprit du ciel, le suprême empereur. *Voy.* THIEN, TI, CHANG-TI. Il n'a pas même de temple à proprement parler, car on l'honore et on lui sacrifie en plein air. Le lieu du sacrifice s'appelle *Kiao*; celui de Péking est situé hors de la ville, au midi juste et tout à découvert; il est destiné uniquement à offrir des sacrifices au Chang-ti. Cependant on donne aussi le nom de *Kiao* à l'autel rond sur lequel on offre ces sacrifices, et aux sacrifices mêmes. Le Chou-king nomme *Che* un autre endroit où l'on sacrifiait. Il n'y a pas un ordre ou une classe particulière de personnes pour exercer solennellement les cérémonies; on voit cependant dans le Chou-king un grand-prêtre appelé *Tai-che-ling*; mais le droit de sacrifier publiquement au Chang-ti est réservé de tout temps à l'empereur; encore n'ose-t-il pas sacrifier par lui-même; il choisit le fondateur de sa famille pour cet emploi dont il se croit indigne; et comme ces cérémonies se font en forme d'un grand banquet, il se trouve honoré de servir à table. L'empereur fait aussi offrir des sacrifices par d'autres, comme par les mandarins et les grands officiers de l'empire. Entre les différents tribunaux établis à la Chine, il y en a un qu'on a nommé tribunal des rites, et qui juge des affaires concernant la religion.

Quand l'empereur va faire des sacrifices, sa marche est une espèce de procession, dans laquelle il est accompagné de toute la nature, en qualité de fils et représentant du Tien. On porte un grand nombre d'étendards qui représentent des divinités et divers objets du culte public, tels que les symboles du dieu du tonnerre, de celui de la pluie, de ceux des éléments, des montagnes, des rivières; le boisseau céleste ou les sept étoiles du nord; les planètes, les signes du zodiaque; tous les animaux que l'on porte dans cette marche tiennent à la religion, et sont regardés comme des génies. On y voit, parmi les volatiles, le phénix et des faucons; parmi les quadrupèdes, des lions, des dragons. On porte également des figures de serpents de différentes espèces. Les ministres de l'empereur sont divisés en neuf classes, et chaque classe est distinguée par une figure d'animal, que tous ceux qui en font partie portent brodée sur la poitrine ou sur le dos. Ceux de la première classe, qui sont les grands de l'empire, ont pour marque distinctive une espèce de faucon; ceux de la quatrième ont une grue pour symbole. En général, les symboles des ministres et des officiers des lettres sont empruntés des oiseaux; ceux des officiers de guerre le sont des quadrupèdes; enfin quelques officiers du palais portent des plantes et particulièrement la mauve.

En général, les sacrifices sont très-nombreux dans la religion Ju-kiao; mais ce n'est pas seulement au Chang-ti qu'on les offre. Pour ne parler que des principaux, il y en a pour le ciel, la terre et les ancêtres des empereurs, pour l'esprit ou le génie tutélaire des terres labourables, et pour le génie tutélaire des grains de l'empire; on sacrifie à ceux-ci en même temps. Il y a encore des sacrifices pour les cinq principales montagnes de l'empire, pour les cinq montagnes tutélaires, pour les quatre mers et les quatre fleuves. On sacrifie aux sépulcres des empereurs illustres des dynasties passées, au temple dédié à Confucius dans le lieu même de sa naissance, et aux autres sages ou héros. Tous ces sacrifices se font par l'empereur même ou par ses ordres. De plus, quand l'empereur doit marcher en personne pour quelque expédition militaire, il sacrifie à l'esprit des étendards, et l'on teint du sang des victimes les étendards et les tambours. Il sacrifie au génie qui préside au remuement des terres, et au génie des armes à feu. Outre cela, les empereurs sacrifiaient autrefois aux génies des éléments, par la vertu desquels ils croyaient que leur dynastie régnait.

On voit dans le Chou-king que les animaux qu'on offrait le plus souvent en sacrifice étaient des cochons, des brebis et des bœufs, mais surtout des bœufs dont on observait la couleur. On y voit aussi qu'on offrait du riz dans des plats, et du vin fait de riz, de froment et de millet. Ce vin demandait un cœur pur et plein de respect pour la divinité qu'on honorait. Les sacrifices étaient accompagnés du son des instruments, de danses religieuses et de simulacres de combat.

Les génies, *Chin*, composaient autour du Chang-ti une hiérarchie céleste, semblable à celle des dignitaires sous l'empereur. Ces génies habitaient l'air et surveillaient les actions des hommes. Chaque famille avait ses ancêtres pour génies tutélaires. Outre ces génies spéciaux à chaque famille, chaque montagne, chaque grande rivière avait son génie particulier, chaque canton même avait son génie protecteur, et l'esprit de la terre était invoqué dans les solennités qui ouvraient et terminaient les travaux de la culture annuelle.

Nous avons dit plus haut que les anciens Chinois n'avaient pas à proprement parler de temples, mais dans la suite on a érigé des temples ou plutôt des palais, soit au Chang-ti, soit aux personnifications de certaines forces de la nature; c'est ainsi que le palais de l'empereur, à Péking, renferme le *Taï-kouang-ming*, palais de la grande lumière, un autre dédié au *Pe-toū* ou aux étoiles du nord. Dans la ville on remarque aussi le *Thien-tang*, ou temple du Ciel, où l'empereur sacrifie au solstice d'hiver; le *Ti-tang*, temple de la terre, où l'empereur, après son couronnement, offre le sacrifice et laboure une pièce de terre; le *Pé-thien-tang*, temple du ciel septentrional; l'empereur y sacrifie au solstice d'été; le *Yeou-tang*, temple de la lune, où le sacrifice impérial a lieu à l'équinoxe. Dans le *Ti-vang-miao*, ou temple des anciens rois, on voit, dit-on, sur des trônes fort riches les statues des empereurs depuis Fo-hi. L'empereur régnant y va observer les cérémonies funéraires. Ce sont les mandarins qui sacrifient au *Ching-vang-miao*, ou temple de l'esprit qui garde les murs. Il paraît même que chaque ville a un temple consacré à son génie tutélaire. Dans un grand nombre d'entre elles il y a des tours pyramidales, à plusieurs étages, qui sont terminées par des temples ou chapelles; car ces bâtiments ont tous la divinité pour objet. *Voy.* Chin.

Le culte des ancêtres subsiste encore; mais autrefois on accomplissait en leur honneur une cérémonie spéciale au commencement de l'année et en automne. L'ancêtre principal y était représenté par un enfant désigné par le nom de *Chi* (littéralement le défunt); la cérémonie était suivie de repas et de réjouissances. Maintenant on a substitué à ces représentations vivantes une tablette sur laquelle sont écrits le nom et la qualité de la personne, le jour, le mois et l'année de sa naissance, et ceux de sa mort. *Voy.* Chi.

Les anciens Chinois observaient le septième jour, qu'ils appelaient *le grand jour*; on fermait alors les portes des maisons, on ne se livrait à aucun commerce, et les magistrats ne jugeaient aucune affaire. Maintenant on ne l'observe plus; mais les nouvelles et les pleines lunes sont consacrées à la mémoire des ancêtres, devant la tablette desquels on fait brûler des cierges et on apporte des offrandes. Les Chinois ont aussi plusieurs fêtes annuelles, telles que celle des bateaux, appelée *Long-tchhouen*, celle des *Lanternes*, celle de l'*Agriculture*. *Voy.* leurs articles respectifs.

Les philosophes de l'école *Ju-kiao* réduisent la morale à la pratique de ces deux vertus: *Jin*, terme qui signifie la piété envers la Divinité, envers les parents, et la bonté envers tous les hommes; *Y*, c'est-à-dire la justice ou l'équité qui fait qu'on rend à chacun ce qui lui est dû. Le Chou-king parle aussi de cinq règles ou enseignements immuables, qui indiquent les rapports des hommes les uns avec les autres, et qui, selon les Chinois, sont au nombre de cinq, savoir: ceux du père et des enfants, du roi et des sujets, de l'époux et de l'épouse, des vieillards et des jeunes gens, et enfin des amis.

« Que l'on ne s'imagine pas, dit le P. Visdelou, que la religion présente des Chinois soit différente de l'ancienne; quoiqu'on y ait innové de temps en temps touchant le lieu, le temps et la forme, cependant les choses principales s'y pratiquent selon le rite ancien. Aujourd'hui, comme autrefois, on sacrifie au ciel, à la terre, aux fleuves, aux ancêtres, etc. Aujourd'hui encore, les anciennes cérémonies sont en usage, excepté quelques-unes en petit nombre, qui n'ont été changées par aucun autre motif que parce qu'on a cru qu'elles ne convenaient pas à l'antiquité. » Mais si le dehors de la religion est toujours le même, les sentiments sont différents, ou du moins ne sont plus aussi uniformes et aussi universels. « Il ne faut pas juger, dit M. de Guignes, de la doctrine ni de la religion des anciens Chinois par celles des Chinois d'aujourd'hui, ni par les opinions des philosophes modernes. Les idées nouvelles ont à la Chine, comme partout ailleurs, des partisans, et l'amour des systèmes a fait naître dans ce pays des sentiments sur la divinité, qui ne sont pas universellement adoptés. » Ce savant s'accorde en cela avec le P. Visdelou, qui parle d'une secte d'*Athéo-politiques*, qui s'est formée parmi les lettrés depuis quelques siècles, et par les avis de laquelle les sacrifices au Chang-ti ont été, entièrement retranchés sous la dynastie des Ming.

Les personnes peu initiées dans l'histoire et la littérature de la Chine regardent communément Confucius comme le fondateur de la secte du *Ju-kiao*, ou des *Lettrés*, comme on l'appelle communément en France; mais c'est une erreur: la religion de Ju-kiao lui était de beaucoup antérieure, et elle date de la fondation de l'empire. Nous sommes portés à croire que cette religion était pure dans son principe, qu'elle n'était autre que celle que Noé transmit à ses enfants, même avec l'attente d'un libérateur futur, et qu'elle subsista longtemps dans sa simplicité primitive. Plus tard la superstition et le culte des génies la corrompirent; et comme il s'était encore glissé bien d'autres abus dans le commerce ordinaire de la vie, Confucius entreprit la réforme générale de la société, mais dans un but plutôt moral que religieux. Nous croyons même que sa théorie a nui beaucoup à l'idée et au sentiment religieux. C'est lui surtout qui a contribué le premier à importer dans les habitudes sociales ce ton prétentieux et maniéré qui pour les Chinois tient lieu de religion. Vous pouvez suivre telle religion qu'il vous plaît, ou n'en avoir aucune; vous pouvez être spiritualiste ou matérialiste; suivre les mauvais penchants de votre cœur ou y résister; être dans le commerce fripon ou désintéressé, personne n'y fera attention; mais violez les *rites*, agissez contrairement aux usages, manquez aux lois de la politesse, vous serez mis au ban de l'opinion publique, déféré aux tribunaux compétents, et passibles de peines plus ou moins sévères. C'est à l'absence de ce sentiment religieux dans la législation chinoise que nous devons attribuer cette espèce d'athéisme pratique qui frappe de prime abord l'étranger qui étudie les Chinois dans leurs mœurs actuelles et non dans les anciens livres. Les magistrats et les philosophes du pays gémissent sans cesse sur les vices de la société qu'ils ont sous les yeux, en rappellent aux vertus antiques, et citent en vain les axiomes de leurs sages, sans se douter que la différence entre l'intégrité ancienne et la corruption actuelle gît tout entière en ce que leurs ancêtres craignaient le Ciel ou le Suprême Empereur, tandis que leurs descendants en général se soucient fort peu de son existence.

Mais le coup le plus funeste au sentiment religieux a été porté par une doctrine philosophique qui a pris naissance dans le onzième siècle de notre ère et qui fut popularisée trois siècles et demi plus tard. A cette dernière époque (1415), l'empereur Tching-tsou chargea quarante-deux docteurs de l'académie des Han-lin de composer des explications plus amples que celles qui existaient déjà des livres classiques, en leur recommandant de prendre principalement pour guides les deux interprètes *Tching-tseu* et *Tchou-tseu*, qui florissaient vers l'an 1070. Ces mêmes docteurs composèrent aussi un grand ouvrage philosophique, intitulé Sing-li-ta-tsiouan, ou Traité complet de philosophie naturelle. Dans ce livre, ils admettent une première cause, qu'ils nomment *Tai-ki*. Il n'est pas aisé d'expliquer ce qu'ils entendent par ce mot; ils avouent eux-mêmes que le Tai-ki est une chose dont les propriétés ne peuvent être exprimées. Quoi qu'il en soit, voici l'idée qu'ils tâchent d'en donner: comme ces mots Tai-ki, dans leur sens propre, signifient le *grand faîte*, ces docteurs enseignent que le Tai-ki est à l'égard des autres êtres ce que le faîte d'une maison est à l'égard de toutes les parties qui la composent; que, comme le faîte unit et conserve toutes les pièces d'un bâtiment, de même le Tai-ki sert à allier entre elles et à conserver toutes les parties de l'univers. C'est le Tai-ki, disent-ils, qui imprime à chaque chose un caractère spécial qui la distingue des autres choses: on fait d'une pièce de bois un banc ou une table, mais le Tai-ki donne au bois la forme d'une table ou d'un banc; lorsque ces instruments sont brisés, le Tai-ki ne subsiste plus.

Les Ju-kiao donnent à cette première cause des qualités infinies, mais contradictoires; ils lui attribuent des perfections sans bornes: c'est le plus pur et le plus puissant de tous les principes; il n'a point de commencement, il ne peut avoir de fin. C'est l'idée, le modèle et l'essence de tous les êtres, c'est l'âme souveraine de l'univers, c'est l'intelligence suprême qui gouverne tout: ils soutiennent même que c'est une substance immatérielle et un pur esprit. Mais bientôt, s'écartant de ces belles idées, ils confondent leur Tai-ki avec tous les autres êtres; c'est la même chose, disent-ils, que le ciel, la terre et les cinq éléments, en sorte que, dans un seul, chaque être particulier peut être appelé Tai-ki. Ils ajoutent que ce premier être est la cause seconde de toutes les productions de la nature, mais une cause aveugle et inanimée, qui ignore la nature de ses opérations. Enfin, après avoir flotté entre mille incertitudes, ils tombent dans les ténèbres de l'athéisme, rejetant toute cause surnaturelle, n'admettant d'autre principe qu'une vertu insensible, unie et identifiée à la matière.

Quant aux autres religions de la Chine, voyez Foo ou Foé, Tao.

JEKS-AKKA, déesse des anciens Lapons; elle passait pour avoir enseigné l'art de tirer de l'arc et l'usage du fusil. Son image était placée dans le vestibule des temples, où les Lapons venaient tous les jours lui offrir une partie de leurs aliments et de leur boisson. Elle présidait, avec le dieu Sar-Akka, à la formation du fœtus dans le sein de sa mère; son influence en faisait une femelle, comme celle de Sar-Akka le déterminait à devenir mâle.

JUL, fête que les Scandinaves célébraient en l'honneur de la déesse Freyn, à l'occasion du retour du printemps; elle était accompagnée de banquets, de libations et de danses. Son nom vient du mot *jul*, qui signifie roue, symbole du temps qui marche toujours et dont les périodes se reproduisent annuellement. Les chrétiens ont transformé la fête de *Jul* en fête de Noël, qui arrive à l'époque où les jours recommencent à croître. *Voy.* JOULU, JUHLES.

JU-LAI, nom chinois du Bouddha Chakya-Mouni. *Voy.* JOU-LAI.

JULIE, surnom de Junon; il y avait à Rome une chapelle qui lui était dédiée sous ce nom.

JULIENS, prêtres romains, qui formaient un des trois collèges des Luperces.

JUMALA (prononcez *Ioumala*), nom de la principale divinité chez les anciennes nations permiennes, et dont le nom est resté chez les Lapons, les Finnois, les Tchérémisses, les Mordouines, pour exprimer le nom de Dieu. « Le mot *Jumala*, chez les peuples Finnois, est, suivant M. Léouzon Leduc, la plus haute expression du caractère divin; il emporte essentiellement l'idée de puissance créatrice. Aussi, ce n'est pas seulement au grand Dieu, ou plutôt au principe suprême et universel des choses, qu'il était appliqué, mais à tous les dieux qui tenaient un rang élevé dans la hiérarchie mythologique, de même à peu près que le *Bog* des Slaves, terme appellatif, convenant à tous les êtres déifiés. C'est donc à tort que certains écrivains ont particularisé le mot *Jumala*; ils sont tombés dans l'erreur de ceux qui transforment en noms propres les simples expressions épithétiques. »

Les écrivains qui prennent Jumala pour un dieu particulier disent que les Lapons le représentaient sous la figure d'un homme assis sur une espèce d'autel, portant sur la tête une couronne, et autour du cou une forte chaîne d'or. Il avait sur les genoux une tasse dans laquelle on déposait les offrandes. Jumala avait un empire souverain sur les autres dieux, ainsi que sur la vie, la mort et tous les éléments.

Le Kalevala, poëme épique des Finnois, contient une belle prière qu'un vieillard adresse à Jumala, dieu suprême, pour obtenir la guérison d'un blessé. En voici la traduction par M. Léouzon Leduc: « Conserve-nous, ô bon Créateur; sois-nous propice, dieu plein de douceur; ne permets point que nous soyons accablés par les maux du corps, ni brisés par ses douleurs. O glorieux Jumala! prépare ton char, attelle tes coursiers, monte sur ton siége splendide, et vole à travers les os, les membres, les chairs blessées, les veines déliées. Fais couler l'argent dans le vide des os, fais couler l'or dans les blessures des veines; que là où la chair a été brisée, de nouvelles chairs renaissent; que là où les os ont été brisés, de nouveaux os renaissent, que les veines détachées soient renouées; que le sang qui dévie dans son cours soit ramené dans son lit; que partout où une plaie a été faite, la santé revienne belle et entière! »

Au rapport de Strahlenberg, il n'est pas permis, suivant les idées des Tchérémisses, de représenter et d'honorer sous une figure sensible le dieu Jumala, parce qu'il est éternel et tout-puissant. Quand ils jettent dans le feu du pain et de la viande, ils crient *Jumala, Sargala*: Grand Dieu, ayez pitié de nous! Ils lui offrent des sacrifices publics, qui consistent en un bœuf, un cheval ou un mouton, mangent la chair de la victime, sauf une tranche qu'ils jettent dans le feu avec une tasse d'hydromel; puis ils en suspendent la peau sur une perche entre deux arbres; car ces sacrifices ont lieu communément sous des arbres et auprès d'une rivière ou d'une eau courante.

Les Mordouines et plusieurs autres peuplades de l'Asie septentrionale donnent à leurs simulacres le nom de Jumala. — Quelques tribus prononcent ce mot *Ibmel*.

JUMPERS ou *Sauteurs*: secte de fanatiques, appartenant à la branche des Méthodistes d'Angleterre, qui prit naissance, vers l'an 1760, dans le pays de Galles et le comté de Cornouailles. Les chefs des Jumpers étaient Harris Rowland et William Williams, surnommé le poëte gallois. Ce dernier, dit l'auteur de l'*Histoire des sectes religieuses*, publia un pamphlet pour justifier la singularité de leur dévotion; et l'usage de sauter, grogner, hurler, réitérer trente ou quarante fois la même stance, fit des prosélytes. Les prédicants voyageurs du pays de Galles recommandent la plupart de répéter fréquemment les mots *Amen* et *Gogoniant*. Ce dernier signifie *gloire* en langue celtique, qui est celle du pays. Ils conseillent de s'exciter aux transports et de sauter jusqu'au point de tomber par terre. Ces prédicants sont presque tous ignares, mais hypocrites et rusés. Ils ont, en plein air, outre les réunions hebdomadaires, une ou deux assemblées générales annuelles à Pulheli, à Caernawon et ailleurs.

Les Jumpers se croient mus par une impulsion divine; on remarque que les jeunes gens d'un tempérament sanguin sont les plus affectés. L'un débute en prononçant des sentences détachées d'un ton sourd qu'il pousse ensuite jusqu'au beuglement avec des gestes violents, et il finit par des sanglots ; un autre se borne à des exclamations ; un troisième gambade de toutes ses forces et entre-coupe ses bonds de quelques mots dont le plus usité est *Gogoniant*; un quatrième tire de son gosier des cris qui imitent ceux de l'instrument d'un scieur de pierres. L'enthousiasme se communique à la foule ; bientôt on voit les hommes, les femmes, les enfants, ayant les cheveux et les habits en désordre, crier, chanter, battre des pieds et des mains, sauter comme des maniaques ; ce qui ressemble plus à une orgie qu'à un service religieux. En sortant de là, ils continuent leurs grimaces à trois ou quatre milles de distance ; mais il en est, surtout parmi les femmes, qu'on est obligé d'emporter dans un état d'insensibilité, car cet exercice dure quelquefois deux heures, et doit nécessairement épuiser les forces.

Evans assista, en 1785, à une scène de ce genre près Newport en Montmouthshire. Le prédicant finit son sermon en recommandant de sauter, parce que David dansa devant l'arche, parce que saint Jean-Baptiste tressaillit dans le sein de sa mère, enfin parce que l'homme purifié par la grâce divine doit exulter de jubilation et de reconnaissance. Le prédicant accompagnait son discours d'un agitation qui semblait préluder à la danse. Alors neuf hommes et sept femmes commencèrent à sauter en gémissant ; une partie de l'auditoire leva la séance, d'autres, qui n'étaient que spectateurs, restèrent stupéfaits. Mais les Jumpers continurent leurs gambades depuis huit heures du soir jusqu'à onze ; puis, se mettant à genoux en cercle, ils élevèrent les mains, tandis qu'un deux priait avec ferveur. Ils terminèrent la cérémonie en regardant le ciel, et se disant mutuellement que bientôt ils seraient réunis pour n'être jamais séparés.

En 1804, l'Irlandais William Sampson vit encore les Jumpers sur la côte nord du pays de Galles ; ils y avaient beaucoup de chapelles, cependant ils s'assemblaient souvent en plein air dans les villages ou dans les champs. Le droit d'y prêcher par inspiration appartenait, dit-il, à tout âge et à tout sexe. Parmi ceux qui étaient en convulsion, il vit des vieillards mordre et mâcher l'extrémité de leurs bâtons en grognant comme les chats qu'on chatouille sur le dos. Les plus jeunes s'élançaient en l'air vers l'*Agneau invisible de Dieu*; et une jeune fille, qu'il interrogea sur le motif de ses sauts, lui dit qu'elle sautait *en l'honneur de l'Agneau.*

JUNIA TORQUATA, vestale romaine, d'une vertu digne des anciens temps, dit Tacite. Elle fut honorée après sa mort d'un monument public, où elle était qualifiée de Céleste Patronne.

JUNKARI, dieu des anciens Finnois ; il présidait à la chasse, et on l'invoquait contre les bêtes féroces.

JUNON, la plus grande des déesses du panthéon grec et latin ; elle était fille de Saturne et de Rhéa, et par conséquent sœur de Jupiter, de Neptune, de Pluton, de Cérès et de Vesta. Les Grecs l'appelaient *Héra*. Les grammairiens latins tirent son nom de *Juvans*, secourable, comme celui de *Jupiter*, qu'ils croient être pour *Juvans Pater*. D'autres regardent le nom de Junon comme une espèce de féminisation de celui de *Jovis*. Ces étymologies ne nous satisfont nullement, mais nous avouons que nous n'en avons pas de certaines à proposer. Si l'on pouvait constater l'identité de Junon avec la grande déesse de Syrie, nous tirerions son nom du syro-phénicien יונה *iona*, colombe ; en effet cet oiseau lui était consacré, et une colombe d'or était placée sur la statue de cette déesse dans le temple d'Hiérapolis. Il ne serait pas improbable que de *Dioné*, fille de l'Océan et l'une des épouses de Jupiter, les Latins eussent fait d'abord *Djoné*, puis *Juno*. Ceux qui préfèrent une origine sanscrite pourront la rapprocher du verbe *younami*, joindre, et lui donner la signification de *conjux*; l'épouse du grand dieu, ou de *djan*, enfanter (genitrix), ou de *djani*, la femme par excellence. En effet, Junon était la personnification de l'élément femelle ou principe passif de la nature. C'est la même divinité qui était honorée par les Egyptiens sous le nom d'*Isis*, par les Syriens sous celui d'*Astarté*, par les Chaldéens sous celui de *Mylitta*, par les Indiens sous celui de *Sacti* dédoublée en *Parvati*, *Lakchmi* et *Parvati*. Sous ce rapport il y a également identité chez les Grecs entre la *Junon* de Samos, la *Diane* d'Ephèse et *Cybèle* la grand'mère des dieux. Tous ces noms symbolisaient la nature, l'humide, principe générateur de tous les êtres. Mais les Grecs ne se contentèrent pas de ce symbolisme primitif et, les poëtes aidant, ils composèrent à Junon une biographie absurde et monstrueuse, comme celle des autres dieux, et dans laquelle il est assez difficile de retrouver la conception première.

Plusieurs pays se disputaient l'honneur de lui avoir donné le jour, et surtout Samos et Argos, où elle était honorée d'un culte particulier. Elle fut nourrie, selon Homère, par l'Océan et par Téthys, sa femme ; selon d'autres, par Eubée, Porsymne et Acrée, filles du fleuve Astérion. D'autres soutiennent que ce furent les Saisons ou les Heures qui prirent soin de son éducation. Jupiter devint amoureux de sa sœur, et la trompa sous le déguisement d'un coucou (*Voy*. Coucou); mais plus tard il l'épousa solennellement, et les noces furent célébrées sur le territoire des Gnossiens, près du fleuve Thérène, où l'on voyait encore, du temps de Diodore, un temple desservi par des prêtres du pays. Afin de rendre ces noces plus solennelles, Jupiter ordonna à Mercure d'y inviter tous les dieux, tous les hommes et les animaux. Tout s'y rendit, excepté la nymphe Chéloné, qui fut assez téméraire pour se moquer de ce mariage, et chercha des prétextes pour se dispenser d'y assister. Mercure, s'étant aperçu de son absence, se rendit à sa maison située au bord d'un fleuve, et l'y cipita avec son habitation. La nymphe fut ainsi changée en tortue, condamnée à traîner sa maison, et réduite à un mutisme éternel.

Il était impossible aux poëtes et aux philosophes païens de proposer l'union de Jupiter et de Junon comme le modèle des bons ménages; ces époux célestes vivaient dans des querelles et une guerre presque continuelles. Jupiter, qui n'était pas en cela plus sage que les maris grossiers et brutaux de tous les siècles, n'épargnait pas à sa divine moitié les coups et les mauvais traitements. On raconte même qu'il la suspendit une fois entre le ciel et la terre avec une chaîne, qui pour être d'or n'en était pas moins dure, et une enclume à chaque pied. Vulcain, son fils, ayant voulu dégager sa mère, fut précipité du ciel d'un coup de pied du roi des dieux. D'un autre côté, si Junon se montrait souvent revêche et acariâtre, il faut avouer que les innombrables infidélités de son époux lui en fournissaient une ample occasion; de là aussi la haine profonde qu'elle avait vouée à plusieurs belles mortelles et à leur race, et l'acharnement avec lequel elle les poursuivait. Il paraît même qu'en général elle haïssait toutes les femmes galantes, et ce fut pour cela sans doute que Numa leur défendit à toutes sans exception de paraître jamais dans les temples de Junon. Cette austérité édifiante nous fait croire que cette malheureuse déesse a été indignement calomniée par les poëtes, qui l'ont accusée d'avoir eu des intrigues scandaleuses avec le géant Eurymédon et quelques autres, ajoutant malignement qu'il y avait près d'Argos une fontaine merveilleuse où Junon se baignait tous les ans et recouvrait sa virginité. Nous sommes plus portés à admettre l'histoire de sa conjuration avec Neptune et Minerve pour détrôner Jupiter; elle en était bien capable; déjà elle avait réussi à l'enchaîner, et Jupiter allait perdre sa dignité suprême, si Thétis la Néréide n'eût amené à son secours le formidable géant Briarée, dont la seule présence arrêta les pernicieux complots de Junon et de ses adhérents.

On ne convient pas du nombre des enfants de Junon. Hésiode lui en donne quatre: Hébé, Vénus, Lucine et Vulcain. D'autres y ajoutent Mars et Typhon; encore allégorise-t-on plusieurs de ces générations, en disant que Junon devint mère d'Hébé en mangeant des laitues; de Mars, en touchant une fleur; de Typhon, en recevant dans son sein les vapeurs de la terre.

Comme on donnait à chaque divinité un attribut particulier, Junon avait en partage les royaumes, les empires et les richesses; elle ne balança pas à offrir tout cela au berger Pâris, s'il voulait lui adjuger le prix de la beauté qu'elle disputait à Minerve et à Vénus. On croyait aussi qu'elle prenait un soin particulier de la parure et des ornements des femmes; c'est pour cela que, dans ses statues, ses cheveux paraissent élégamment ajustés. On disait proverbialement que les coiffeuses présentaient le miroir à Junon.

Elle présidait aux mariages, aux noces, aux accouchements, sous les noms ou les épithètes de *Domiduca*, *Pronuba*, *Juga*, *Lucine*, *Adulta*, *Opigena*, *Manturna*, etc. (1). La ceinture que le mari ôtait à sa nouvelle épouse, la graisse dont celle-ci oignait les ferrements des portes de la maison conjugale, faisaient donner à cette déesse le nom de *Cinxia* et d'*Unxia*. Le fer de lance avec lequel on frisait les cheveux de la mariée la faisait appeler *Curitis*. Comme conservatrice du peuple, on l'invoquait sous le nom de *Sospita*; et comme bonne conseillère, sous celui de *Moneta* (du verbe *monere*, avertir, et non, comme le disent plusieurs, comme déesse de la monnaie, *moneta*).

De toutes les divinités du paganisme, il n'y en avait point dont le culte fût plus solennel et plus généralement répandu que celui de Junon. Le récit des prétendus prodiges qu'elle avait opérés, et des vengeances qu'elle avait tirées des personnes qui avaient osé la mépriser, ou se comparer à elle, avait inspiré tant de crainte et tant de respect, qu'on n'oubliait rien pour l'apaiser et pour la fléchir, quand on croyait l'avoir offensée. On trouvait partout, dans la Grèce, dans l'Italie, des temples, des chapelles ou des autels dédiés à cette déesse; et dans les localités considérables il y en avait plusieurs. Mais elle était principalement honorée, comme nous l'avons dit, à Argos et à Samos.

Le temple de Junon d'Argos était à 40 stades (environ 6 kilomètres) de la ville. « En entrant dans ce temple, dit Pausanias, on voit sur un trône la statue de la déesse, d'une grandeur extraordinaire, toute d'or et d'ivoire; elle a sur la tête une couronne au-dessus de laquelle sont les Grâces et les Heures. Elle tient d'une main une grenade, et de l'autre un sceptre, au bout duquel est un coucou. » La grenade était le symbole de la fécondité; quant au coucou, nous ne connaissons pas parfaitement de quoi il était l'emblème; mais il ne faut pas croire qu'il vient du conte puéril que nous avons rapporté plus haut; ce conte vient plutôt du peuple ignorant qui voulait trouver une raison d'un symbolisme dont on ne donnait la clef qu'aux initiés. Junon n'avait d'abord été représentée à Argos que sous une figure informe taillée dans le tronc d'un poirier sauvage; car les premières statues des dieux n'étaient que des blocs grossiers de pierre ou de bois. C'était sur l'autel de ce temple que les magistrats d'Argos venaient s'obliger par serment d'observer les traités de paix; mais il n'était pas permis aux étrangers d'y offrir des sacrifices. Il n'y avait rien de plus respecté dans la Grèce que les prêtresses de la Junon d'Argos; on leur élevait des statues qui, rangées en face du temple, donnaient une suite de dates que les historiens employaient quelquefois pour fixer

(1) Quelques-uns faisaient de tous ces noms autant de divinités différentes, que les femmes romaines invoquaient sous le nom de *Junones matres*.

l'ordre des temps. Ces prêtresses avaient soin de faire à la déesse des couronnes tressées d'une certaine herbe qui croissait sur les bords du fleuve Astérion; elles couvraient aussi son autel des mêmes herbes. L'eau dont elles se servaient pour les sacrifices et les mystères secrets était puisée dans la fontaine Eleuthérie, peu éloignée du temple, et il n'était pas permis d'en puiser ailleurs.

— Le jour de la grande fête de Junon, on se rendait avec grande pompe de la ville au temple. La procession s'ouvrait par cent bœufs ornés de guirlande et destinés au sacrifice; elle était protégée par un corps de jeunes Argiens couverts d'armes étincelantes, qu'ils déposaient par respect avant d'approcher de l'autel; elle était terminée par la prêtresse, portée sur un char attelé de deux bœufs de couleur blanche. Ce fut dans une circonstance semblable que Cléobis et Biton, fils de la prêtresse Cydippe, voyant que l'attelage n'arrivait point, s'attachèrent eux-mêmes au char de leur mère, et, pendant quarante-cinq stades, la traînèrent en triomphe dans la plaine et jusqu'au milieu de la montagne, où le temple était alors situé. Touchée de cette preuve de piété filiale, Cydippe, que tout le monde félicitait d'avoir de pareils enfants, pria Junon de leur accorder le plus grand bien que les mortels pussent recevoir des dieux. Après cette prière, ils sacrifièrent, soupèrent avec leur mère, s'endormirent dans le temple, et le lendemain furent trouvés morts, comme si les dieux n'avaient pas de plus grand bien à accorder aux hommes que d'abréger leurs jours. Les Argiens firent représenter cette histoire en marbre dans le nouveau temple qu'ils bâtirent après l'incendie du premier.

A Samos, le temple de Junon était situé dans le faubourg de la ville, non loin de la mer, sur les bords de l'Imbrasus, dans le lieu même où l'on croit qu'elle vint au monde, sous un arbrisseau appelé *agnus castus.* Elle était représentée, comme à Argos, avec une couronne sur la tête; aussi était-elle appelée *la reine Junon.* Sa statue était couverte d'un grand voile, depuis la tête jusqu'aux pieds; il paraît qu'elle n'était pas remarquable comme œuvre d'art; mais elle était respectable par son antiquité; cependant elle avait été précédée par une autre statue qui n'était qu'un simple soliveau, comme toutes celles de ces temps antiques. A ses pieds étaient deux paons de bronze, parce que ces oiseaux se plaisaient dans cette contrée, et étaient consacrés à Junon. On conservait aussi dans une caisse le même *agnus castus* qu'on disait lui avoir servi de berceau.

Junon avait aussi un temple célèbre à Olympie. Tous les ans on célébrait auprès, des jeux auxquels présidaient seize femmes choisies parmi les huit tribus des Eléens. Ces femmes entretenaient deux chœurs de musique pour chanter des hymnes en l'honneur de la déesse; elles brodaient le voile nouveau dont on couvrait sa statue chaque année, et décernaient le prix de la course aux filles de l'Elide. Dès que le signal était donné, ces jeunes émules s'élançaient dans la carrière, à demi nues, et les cheveux flottants. Celle qui remportait la victoire recevait une couronne d'olivier et la permission plus flatteuse encore de placer son portrait dans le temple.

A Lanuvium en Italie, la statue de Junon recevait d'autres attributs. « Votre Junon tutélaire de Lanuvium, disait Cotta à Velleius, ne se présente jamais à vous, pas même en songe, qu'avec sa peau de chèvre, sa javeline, son petit bouclier et ses escarpins recourbés en pointe sur le devant. » C'était dans cette ville que Junon était honorée sous l'épithète de *Sospita,* tutélaire ou conservatrice.

Ordinairement Junon était représentée sous la figure d'une matrone majestueuse, quelquefois une couronne radiale sur la tête, et un sceptre à la main. Près d'elle est un paon, son oiseau favori, et qui ne se trouve jamais avec une autre déesse. L'épervier et l'oison lui étaient aussi consacrés, et accompagnaient quelquefois ses statues. Les Egyptiens lui avaient consacré le vautour. On ne lui sacrifiait pas de vaches, parce que, dans la guerre des géants contre les dieux, Junon s'était réfugiée en Egypte sous la figure d'une vache, ce qui la fit confondre avec Isis. Le dictame, le pavot, et la grenade étaient les plantes ordinaires que les Grecs lui offraient, et dont ils ornaient ses autels et ses images. La victime la plus ordinaire était l'agneau femelle; cependant, au premier jour de chaque mois, les Romains lui immolaient une truie.

JUNONIES, fête que les Romains célébraient en l'honneur de Junon; voici en quelle occasion: Les pontifes avaient ordonné, en conséquence de certains prodiges, que vingt-sept jeunes filles, partagées en trois bandes, parcourussent la ville en chantant un hymne composé par le poëte Livius. Ces vierges, pour se conformer aux ordres qu'elles avaient reçus, se rassemblèrent dans le temple de Jupiter Stator, et là commencèrent à apprendre par cœur le cantique qu'elles devaient chanter. Pendant qu'elles étaient occupées à cet exercice, le temple de Junon fut frappé de la foudre. Ce nouveau prodige alarma les esprits. On consulta les devins, qui répondirent que les dames romaines devaient chercher à apaiser la déesse par des offrandes et des sacrifices. En conséquence, les matrones se cotisèrent entre elles et réunirent une somme d'argent assez considérable, qu'elles employèrent à acheter un bassin d'or pour être offert dans le temple de Junon sur le mont Aventin. Le jour marqué par les décemvirs pour la cérémonie, on introduisit dans la ville, par la porte Carmentale, deux vaches blanches, qu'on avait fait venir du temple d'Apollon. On portait ensuite deux statues de Junon faites de bois de cyprès; après quoi s'avançaient les vingt-sept jeunes filles couvertes de longues robes, et chantant l'hymne sacré. Elles étaient suivies des décemvirs, dont la robe était bordée de pourpre, et qui avaient sur la tête une couronne de laurier. La procession s'arrêta dans la grande place de Rome. Les filles y formèrent une danse religieuse, réglant leurs pas sur le chant de l'hymne ; puis on se remit en marche, et l'on se rendit au temple, dans lequel les statues de cyprès furent placées honorablement, et grand nombre de victimes furent sacrifiées à Junon par la main des décemvirs.

JUNONIUS, un des surnoms de Janus, ainsi appelé parce qu'il introduisit en Italie le culte de Junon, ce qui le fit passer pour le fils de cette déesse ; et parce qu'il présidait au commencement de chaque mois, dont les calendes étaient dédiées à Junon.

JUNONS, génies des femmes romaines, dont chacune avait sa Junon, comme chaque homme avait son Génie ; et tandis que les hommes juraient par leur génie tutélaire, les femmes juraient par leur Junon. On appelait aussi les mères Junons (*Junones matres*), les divinités invoquées par les femmes mariées, soit pendant leur grossesse, soit avant ou après l'accouchement ; c'étaient les déesses *Egérie*, *Lucine*, *Partula*, *Partunda* et plusieurs autres qui n'étaient que différentes personnifications de Junon.

JUOLETAR, divinité invoquée par les anciens Finnois ; c'était un beau vieillard, roi des ondes, dont les attributions peuvent être comparées à celles du Neptune des Grecs.

JUPITER. Commençons par chercher les étymologies de ce nom, si longtemps sacré ; elles ont presque toutes un certain degré de probabilité. Mais d'abord constatons que la déclinaison commune de ce vocable (*Jupiter*, *Jovis*, *Jovi*, *Jove*, *Jovem*) est irrégulière. *Jupiter* est un nominatif sans génitif ni autres cas ; son vrai génitif, *Jupitris* (ou *Jupiteris* suivant Priscien) est inusité. *Jovis* est également un génitif dont le nominatif *Jovis* ne se trouve que dans Ennius. Tous les grammairiens anciens et modernes conviennent en second lieu que *Jupiter* est un nom composé pour *Ju*, *Jou*, *Jovis-Pater*. Mais, parmi les étymologistes, les uns font dériver son nom du grec, les autres du latin, d'autres du sanscrit, d'autres enfin de l'hébreu.

Ceux qui tiennent à l'étymologie grecque le font venir de Ζεὺ πατήρ, et soutiennent que Ζεὺς vient lui-même du verbe ζάω, vivre, parce que Jupiter est le principe de la vie. Mais si nous admettons que *Iov* vient de Ζεὺς, nous voyons dans ce dernier une racine identique à celle du latin *Deus* ; la différence d'articulation est très-légère. Nous démontrons dans le second volume, article DIEU, n. XIV, XCVIII et CIII, que les mots Ζεὺς et *Deus* sont corrélatifs du sanscrit *Déva*. Jupiter, tiré ainsi du grec, signifierait donc, non pas le *Père vivifiant*, mais le *Dieu père* (de tout). Le titre de père était en outre attribué à plusieurs autres dieux ; c'est ainsi que l'on trouve, dans les auteurs anciens : *Liber-pater*, *Dis-pater*, *Neptunus-pater*, *Saturnus-pater*, *Janus-pater*, *Mars-pater* et même *Marspiter* ; ce dernier vocable offre le mot modifié de la même manière que dans *Ju-piter*.

Les anciens auteurs latins penchent pour l'étymologie latine, et tirent *Ju*, *Juv*, *Jovis*, de *juvare* aider, secourir. Ils disent que *Jupiter* est pour *Juvans-pater*, le Père secourable. C'est ainsi, ajoutent-ils, qu'on appelait *Ve-jovis* une divinité malfaisante, dont on n'avait aucun secours à attendre.

Si l'on s'en rapporte à l'étymologie indienne, Jupiter pourrait venir de *Div* (*Dju*)-*pitri*, le père de la région lumineuse (le ciel) ; ou *Div-pati*, le seigneur du ciel. Mais pour cela il faut changer l'articulation *Div* en *Dju*, puis cette dernière en *Iu*, procédé qui n'est, en fait de dérivation latine, ni fréquent, ni bien constaté.

Enfin l'origine hébraïque nous sourirait assez ; nous avons montré dans la synglosse (article DIEU, n° CIII) que le latin *Jovi* était identique avec le tétragramme *Jova*, *Jéhova*, prononcé aussi dans la Bible *Jaho*, *Jeho*, *Jehu* et enfin *Ju* (voyez aussi le mot JEHOVA dans ce volume). Or la première syllabe de *Ju-piter* est, de l'aveu de presque tous les grammairiens, la contraction de *Jovis*. Jupiter signifierait donc *Jéhova le père*. Nous n'avons pas besoin de rappeler à nos lecteurs que la religion gréco-romaine avait fait beaucoup d'emprunts aux doctrines de l'Orient ; c'est un fait acquis à l'histoire ; nous nous en tenons donc à cette dernière étymologie. — Mais arrivons au personnage.

Jupiter peut être considéré sous un triple point de vue : comme divinité suprême, comme personnage historique, et comme conception mythologique.

1° Sous le premier rapport, Jupiter était, ainsi que l'indique l'étymologie hébraïque, l'être existant par lui-même, éternel, infini, immense, souverain maître de toutes choses. Varron dit qu'il y avait au-dessus de tous les êtres et de toutes les divinités un Jupiter qu'adoraient ceux qui adoraient Dieu sans images. Voilà pourquoi dans plusieurs auteurs anciens le nom de Jupiter est synonyme de celui de Dieu ; en hébreu, Jéhova se met indifféremment pour l'appellatif commun. « L'univers a été produit par Zeus, disent les hymnes d'Orphée. A l'origine tout était en lui, l'étendue éthérée et son élévation lumineuse, la mer, la terre, l'Océan, l'abîme du Tartare, les fleuves, tous les dieux et toutes les déesses immortelles, tout ce qui est né et tout ce qui doit naître ; tout était renfermé dans le sein du Dieu suprême. » — « Zeus, dit-il ailleurs, le premier et le dernier, le commencement et le milieu, de qui toutes choses tirent leur origine, et l'esprit qui anime toutes choses, le chef et le roi qui les gouverne. » — Homère appelle Jupiter très-grand, très-glorieux, très-sage, très-redoutable, père et roi des hommes et des dieux qui le reconnaissent pour leur souverain, et lui adressent leurs prières. Ses décrets sont irrévocables, et il les cache quand il lui plaît. Il a créé la terre, le ciel, la mer et tous les astres qui couronnent le ciel. C'est ce

Dieu qu'Aratus invoque au commencement de son poëme, et qui doit être toujours présent à notre pensée. Il remplit et soutient l'univers qu'il a créé. Sa bonté envers les hommes se manifeste dans les œuvres de sa main. Il a placé des signes dans le ciel, il a distribué avec sagesse et affermi les astres, pour présider à l'ordre des saisons et féconder la terre. Être merveilleux dans ta grandeur, source de tous les biens pour l'homme, ô Père! je te salue, toi le premier et le dernier à qui s'adressent les prières. »

Les Latins, comme les Grecs, reconnaissaient dans Jupiter un Dieu unique, père des dieux et des hommes, éternel, tout-puissant, qui a créé le monde et le gouverne par sa providence. Ovide l'appelle le père et la mère des dieux. Les Étrusques, au rapport de Sénèque, entendaient par Jupiter, un être spirituel, gardien et directeur de l'univers, créateur et maître de tout ce qui existe. Macrobe l'appelle l'âme universelle. Nous nous bornons à ces citations, que nous pourrions multiplier à l'infini.

2° Les temps qui précédèrent le XIX° siècle avant Jésus-Christ sont nommés inconnus par les Grecs eux-mêmes. C'est vers cette époque que l'on place l'existence de Saturne, Jupiter, Neptune, Pluton, autrement appelés les Titans. Il est dit qu'ils formèrent un vaste empire dans l'Europe, qui était alors déserte : événements que l'on peut placer au temps de Tharé et d'Abraham. Quels étaient ces Titans? on n'en sait rien; on croit cependant qu'ils sortaient d'Égypte. La monarchie fondée par ces princes étrangers ne subsista pas longtemps. Après la famille des Titans, ce vaste empire fut dissous. Son histoire tomba alors dans le domaine mythologique.

Je crois devoir rapporter ici, d'après Noël, les deux traditions que les anciens nous ont laissées sur ce personnage. La première, plus historique, est celle que Diodore de Sicile nous a conservée, et que le P. Pezron a mise dans tout son jour. Les Titans, jaloux de la grandeur de Saturne, se révoltèrent contre lui, et s'étant saisis de sa personne, le renfermèrent dans une étroite prison. Jupiter, jeune alors et plein de courage, oubliant les mauvais traitements de son père qui avait voulu le tenir dans une dure captivité, sortit de l'île de Crète, où Rhéa, sa mère, l'avait envoyé secrètement, et l'avait fait élever par les Curètes ses oncles, défit les Titans, délivra son père, et l'ayant rétabli sur le trône, retourna victorieux dans le lieu de sa retraite. Saturne, devenu soupçonneux et défiant, voulut se défaire de Jupiter; mais celui-ci sortit heureusement de tous les pièges qui lui étaient tendus, repoussa son père de Crète, le suivit dans le Péloponèse, le battit une seconde fois, et l'obligea d'aller chercher un asile en Italie. A cette guerre succéda celle de ses oncles les Titans, qui dura dix ans, et que Jupiter termina par leur entière défaite près de Tartesse en Espagne. C'est à cette victoire et à la mort de Saturne que commença le règne de Jupiter. Devenu le maître d'un vaste empire, il épousa Junon sa sœur, à l'exemple de son père qui avait épousé Rhéa, et de son aïeul Uranus qui avait pris pour femme sa sœur Titée. Ses États étant d'une étendue trop vaste pour qu'il pût les régir seul, il les distribua en différents gouvernements, et établit Pluton gouverneur des parties occidentales, c'est-à-dire des Gaules et de l'Espagne. Après la mort de Pluton, son gouvernement fut donné à Mercure, qui s'y rendit très-célèbre, et devint la grande divinité des Celtes. Pour Jupiter, il se réserva l'Orient, c'est-à-dire la Grèce, les îles, et cette partie de l'Orient d'où venaient ses ancêtres. Peu content d'être conquérant, il voulut encore être législateur, et promulgua en effet des lois justes qu'il fit observer avec rigueur. Il extermina les brigands cantonnés en Thessalie et dans d'autres provinces de la Grèce. Outre la tranquillité qu'il assura par leur défaite à ses sujets, il s'occupa de sa propre sûreté en établissant sa principale demeure sur le mont Olympe, et se rendit recommandable par son courage, sa prudence, sa justice et ses autres vertus civiles et militaires; heureux s'il n'avait pas terni l'éclat de ses belles actions par le trop grand penchant qu'il avait pour le plaisir! De là tant d'intrigues amoureuses dont on nous a transmis l'histoire sous l'image de ses diverses métamorphoses. Ces galanteries fréquentes indisposèrent tellement Junon, qu'elle entra dans une conspiration formée contre lui. Il la dissipa, et ce fut le dernier de ses exploits. Accablé de vieillesse, il mourut en Crète, où son tombeau se vit longtemps près de Gnosse, avec cette inscription : *Ci-gît Zan, que l'on nommait Jupiter*. Il vécut cent vingt ans, et en régna soixante-deux, depuis la mort de Saturne. Les Curètes, ses oncles, prirent soin de ses funérailles.

La seconde tradition est beaucoup plus fabuleuse. C'est celle que les Grecs avaient adoptée de préférence. — Un oracle que le Ciel et la Terre avaient rendu, ayant prédit à Saturne qu'un de ses enfants lui raviait la vie et la couronne, ou, suivant d'autres auteurs, en conséquence d'une convention faite avec Titan, son frère aîné, qui lui avait cédé l'empire, à condition qu'il ferait périr tous ses enfants mâles, afin que la succession pût revenir un jour à la branche aînée, il les dévorait à mesure qu'ils venaient au monde. Déjà Vesta, sa fille aînée, Cérès, Junon, Pluton et Neptune avaient été dévorés, lorsque Rhéa, se sentant grosse et voulant sauver son enfant, alla faire un voyage en Crète, où, cachée dans un antre appelé Dictée, elle accoucha de Jupiter, qu'elle fit nourrir par deux nymphes du pays, qu'on appelait les Mélisses, et recommanda son enfance aux Curètes qui, dansant autour de la grotte, faisaient un grand bruit de lances et de boucliers, pour qu'on n'entendit pas les vagissements de l'enfant. Cependant, pour tromper son mari, elle lui fit avaler une pierre emmaillotée. Notons en passant que ce conte absurde d'une pierre avalée peut venir d'une équivoque des langues orientales, où *berà ben, ibn* ou *aben*, signifient, suivant les différents dialectes, engendrer un fils, ou dévorer une pierre(1). Jupiter, devenu grand, s'associa à ses frères Neptune et Pluton, et fit la guerre à Saturne et aux Titans. La Terre lui prédit une victoire complète, s'il pouvait délivrer ceux des Titans que son père tenait enfermés dans le Tartare, et les engager à combattre pour lui. Il l'entreprit, et en vint à bout. Ce fut alors que les Cyclopes donnèrent à Jupiter le Tonnerre, l'éclair et la foudre, à Pluton un casque, et à Neptune un trident. Avec ces armes ils vainquirent Saturne; et après que Jupiter l'eut traité de la même manière qu'il avait traité lui-même son père Uranus, il le précipita avec les Titans dans le fond du Tartare, sous la garde des Hécatonchires, géants aux cent mains. Après cette victoire, les trois frères, se voyant maîtres du monde, le partagèrent entre eux. Jupiter eut le ciel, Neptune la mer, et Pluton les enfers. A la guerre des Titans succéda la révolte des Géants, enfants du Ciel et de la Terre. Jupiter en fut très-inquiet, parce qu'un ancien oracle portait que les Géants seraient invincibles; à moins que les dieux n'appelassent un mortel à leur secours. Jupiter, ayant défendu à l'Aurore, à la Lune et au Soleil de découvrir ses desseins, devança la Terre, qui cherchait à secourir ses enfants; et, par l'avis de Pallas, il fit venir Hercule, qui, de concert avec les autres dieux, extermina les Géants. Jupiter jouit alors paisiblement de l'empire universel sur les dieux et sur les hommes.

Il serait bien difficile d'extraire de cette seconde tradition des données historiques tant soit peu probables : la première, celle qui nous a été transmise par Diodore, a quelque chose de spécieux, et porte en elle-même un certain cachet de vérité. On peut regarder en effet comme positif, que les contrées orientales de l'Europe ont été occupées originairement par un Titan, nommé *Zen* ou *Zeus*, qui, après sa mort, aura été honoré comme un Dieu; à l'instar des fondateurs des anciens empires de l'Orient. Son culte s'étant accru et propagé dans la suite des siècles, il a dû être enfin confondu avec la divinité suprême, ou du moins considéré comme un être supérieur à toutes les divinités secondaires. En effet, en lisant les poëmes d'Homère, si nous en exceptons quelques courts passages, où ce poëte confond son *Zeus* avec le Dieu suprême, il nous a toujours semblé, lorsqu'il nous fait pénétrer dans la cour de Jupiter et des autres dieux, qu'il nous raconte l'histoire d'une famille dont le chef était seigneur suzerain de l'Europe orientale et de l'Asie Mineure, et dont les membres prenaient une part différente aux démêlés qui avaient lieu entre leurs différents vassaux.

3° Bientôt les données historiques furent complètement oubliées; on s'habitua à considérer Jupiter comme Dieu et comme le vrai Dieu; puis, comme le peuple et les poëtes ne pouvaient se figurer la divinité qu'avec le cortége des vertus, des vices et des vicissitudes qui accompagnent notre pauvre humanité, on lui forgea une biographie monstrueuse. On lui rapporta tous les événements qui s'étaient passés dans la contrée; tous les phénomènes naturels nouvellement découverts ou observés, toutes les modifications apportées à la société ou aux différents états qui la composent, les institutions, les législations diverses, les découvertes géographiques, les inventions nouvelles, la naissance des grands hommes, etc., etc. De là autant d'épisodes dont il fut nécessaire de charger son histoire. Le peuple chercha à le découvrir sous les emblèmes dont il n'avait pas la clef et qu'il interprétait à son point de vue. De plus, comme les Grecs avaient l'habitude, je dirai presque la rage, de s'approprier tout ce qu'ils trouvaient chez les peuples étrangers, ils ne virent que leur Jupiter dans toutes les divinités principales adorées dans les autres contrées. Ainsi le *Sérapis* des Egyptiens, l'*Ammon* des Libyens, le *Bélus* des Babyloniens, le *Zérouané-Akéréné* des Assyriens, l'*Ormuzd* des Perses, le *Brâhma* des Indiens, le *Pappée* des Scythes, l'*Assabinus* des Ethiopiens, le *Taranis* des Gaulois, et même le *Jéhova* des Hébreux, n'étaient pas autre chose que leur Zeus ou Jupiter; et il fallait encore modifier sa biographie reçue pour l'enrichir des faits nouveaux et des idées nouvelles que leur fournissait ce système accapareur. Enfin, des princes orgueilleux prirent pendant leur vie ou reçurent après leur mort le surnom de Jupiter, comme le Jupiter-Apis, roi d'Argos, petit-fils d'Inachus; le Jupiter Astérius, roi de Crète, qui enleva Europe, et fut père de Minos; le Jupiter, père de Dardanus; le Jupiter Prætus, oncle de Danaé; le Jupiter-Tantale, qui enleva Ganymède; enfin, le Jupiter, père d'Hercule et des Dioscures, qui vivait soixante ou quatre-vingts ans avant le siège de Troie, etc. (2); sans compter tant de prêtres de ce dieu qui séduisaient les femmes, et mettaient leurs galanteries sur le compte de Jupiter; ceci nous donne la clef de toutes les infamies dont est souillée l'histoire du Jupiter mythologique.

Outre Junon, sa sœur, qu'il épousa, et qui lui donna trois enfants Hébé, Lucine et Vulcain (d'autres y ajoutent Vénus), il eut encore une foule de maîtresses, dont les prin-

(1) ברא *bera*, engendrer, enfanter; ברה *bera*, dévorer, בן *ben* ou אבן *ibn*, fils; אבן *aben*, pierre.

(2) Selon Varron et Eusèbe, on pourrait compter jusqu'à 300 Jupiters. Cicéron n'en reconnaît que trois : deux d'Arcadie, l'un fils de l'Éther et père de Proserpine et de Bacchus, auxquels les Arcadiens attribuaient leur civilisation; l'autre fils du Ciel et père de Minerve; qui a inventé la guerre et y présida; un troisième, né de Saturne, dans l'île de Crète, où l'on montrait son tombeau. Diodore de Sicile n'en cite que deux : le plus ancien, père des Atlantes; l'autre, plus célèbre, neveu du premier, roi de Crète, et qui étendit son empire jusqu'aux extrémités de l'Europe et de l'Afrique.

cipales sont : Io, mère d'Epaphus ; Sémélé, mère de Bacchus ; Cérès, mère de Proserpine ; Mnémosyne, mère des Muses ; Latone, mère d'Apollon et de Diane ; Maïa, mère de Mercure ; Thémis, mère des Heures et des Parques ; Eurynome, mère des Grâces ; Alcmène, mère d'Hercule, etc. Il enfanta à lui seul Minerve ou la Sagesse, qui sortit tout armée de son cerveau. Il se métamorphosa de mille manières pour satisfaire ses passions : il séduisit Danaé sous la forme d'une pluie d'or ; Léda sous celle d'un cygne ; il enleva Europe, sous la forme d'un taureau ; Ganymède sous celle d'un aigle.

On représentait le plus ordinairement Jupiter sous la forme d'un homme majestueux et barbu, assis sur un trône, tenant de la main droite la foudre figurée par une machine flamboyante d'où s'échappent des carreaux et des flèches, et de la gauche un sceptre ou une figure de la Victoire ; la partie supérieure du corps nue, et l'inférieure recouverte d'une draperie ; à ses pieds est un aigle aux ailes déployées. Les Crétois le peignaient sans oreilles, pour marquer ou son omniscience ou son impartialité. Les Lacédémoniens au contraire lui en donnaient quatre, afin qu'il fût plus en état d'entendre les prières. Les habitants d'Héliopolis le représentaient tenant un fouet levé dans la main droite, et dans la gauche la foudre et les épis. Les Etrusques le figuraient avec des ailes. Orphée lui donne les deux sexes, comme au père universel de la nature.

Jupiter tenait le premier rang parmi les divinités, et son culte fut toujours le plus solennel et le plus universellement répandu. Ses trois plus fameux oracles étaient ceux de Dodone, de Libye et de Trophonius ; ses temples les plus magnifiques, celui d'Olympie en Elide, et le Capitole à Rome. Les victimes les plus ordinaires qu'on lui immolait étaient la chèvre, la brebis et le taureau blanc, dont on avait soin de dorer les cornes. Souvent on se contentait de lui offrir de la farine, du sel et de l'encens. On ne lui sacrifiait point de victimes humaines. « Personne, dit Cicéron, ne l'honorait plus particulièrement et plus chastement que les dames romaines. » Parmi les arbres, le chêne et l'olivier lui étaient consacrés.

JUREMENT. 1° Le jurement ou serment solennel des dieux de la fable était par les eaux du Styx. La tradition mythologique dit que la Victoire, fille du Styx, ayant secouru Jupiter contre les Géants, il ordonna, par reconnaissance, que les dieux jureraient par ses eaux, et que, s'ils se parjuraient, ils seraient privés de vie et de sentiment pendant neuf mille ans ; c'est ce que dit Servius, qui rend raison de cette fable en ajoutant que les dieux étant bienheureux et immortels, jurent par le Styx, qui est un fleuve de tristesse et de douleur, comme par une chose qui leur est entièrement contraire ; ce qui est jurer par forme d'exécration. Hésiode rapporte, dans sa *Théogonie*, que lorsque quelqu'un des dieux a menti, Jupiter envoie Iris pour apporter de l'eau du Styx dans un vase d'or, sur lequel un menteur doit jurer ; et, s'il se parjure, il est une année sans vie et sans mouvement, mais pendant une année céleste, qui contient plusieurs millions d'années humaines.

2° Diodore de Sicile dit que, dans le temple des dieux Palices en Sicile, on allait faire les serments qui regardaient les affaires les plus importantes, et que la punition a toujours suivi de près les parjures. « On a vu, dit-il, des gens en sortir aveugles ; et la persuasion où l'on est de la sévérité des dieux qui l'habitent fait qu'on termine les plus grands procès par la seule voie du serment prononcé dans ce temple. Il n'y a pas d'exemple que ces serments aient été violés. »

3° Les Romains juraient par les dieux et par les héros mis au rang des demi-dieux, surtout par les cornes de Bacchus, par Quirinus, par Hercule, par Castor et Pollux. Le jurement par Castor s'exprimait par ce mot *Ecastor* ; par Pollux, *Edepol* ; par Hercule, *Hercle* ou *Me Hercle* ; par sa foi ou la Bonne Foi, *Me dius Fidius*. Aulu-Gelle remarque que le jurement par Castor et Pollux fut introduit dans l'initiation aux mystères d'Eleusis, et que de là il passa dans l'usage ordinaire. Les femmes faisaient serment plus communément par Castor, et les hommes par Pollux. Elles juraient aussi par leurs Junons, comme les hommes par leurs Génies. Sous les empereurs, la flatterie introduisit l'usage de jurer par leur salut ou leur génie. Tibère, selon Suétone, ne voulut pas le souffrir ; mais Caligula faisait mourir ceux qui refusaient de le faire ; et il en vint jusqu'à cet excès de folie, d'ordonner qu'on jurât par le salut et la fortune de ce beau cheval qu'il voulait faire son collègue dans le consulat.

4° Les chrétiens ne regardent pas le jurement ou le serment comme illicite, pourvu qu'il soit fait avec vérité et qu'il s'agisse d'une affaire importante. En effet, dans l'Ecriture sainte, Dieu nous est souvent représenté comme jurant par lui-même, parce que, dit saint Paul, *il n'y a rien au-dessus de Dieu, et on ne peut jurer que par un être plus grand que soi*. Nous voyons aussi, dans l'Ancien Testament, que les Juifs juraient par la vie ou l'existence de Dieu. Cependant le jurement étant une nécessité fâcheuse, puisqu'il suppose la possibilité de la mauvaise foi entre les parties, il serait à désirer que les hommes vécussent de telle sorte que tout jurement fût aboli. Voilà pourquoi l'apôtre saint Jacques dit : *Je vous recommande par-dessus tout, mes frères, de ne jurer ni par le ciel, ni par la terre, ni de faire quelque jurement que ce soit*. Jésus-Christ avait dit avec encore plus de force : *Vous avez appris qu'il a été dit aux anciens : Vous ne vous parjurerez point, mais vous vous acquitterez envers le Seigneur des serments que vous aurez faits. Et moi je vous dis de ne point jurer du tout, ni par le ciel, parce que c'est le trône de Dieu, ni par la terre, parce qu'elle est l'escabeau de ses pieds ; ni par Jérusalem, parce que c'est la ville du grand roi. Vous ne jurerez pas non plus par votre tête, parce que vous ne pouvez en rendre un seul cheveu blanc ou noir. Mais que votre parole soit: Oui, oui; Non, non; car ce qui se dit de plus vient du mal.* Cependant la coutume générale de l'Eglise dans tous les siècles, et même certaines paroles des apôtres, démontrent que ces paroles ne doivent pas être prises dans leur sens strict et rigoureux ; soit parce qu'elles impliquent plutôt un conseil qu'un précepte, ce que personne ne pouvait mieux savoir que les apôtres, soit que l'état de la société n'ait pas permis jusqu'à présent de se conformer au vœu de Jésus-Christ. Mais plusieurs communions séparées ont pris ces paroles à la lettre, et s'interdisent absolument toute espèce de jurement et de serment ; tels étaient autrefois les Pélagiens, et tels sont encore les Anabaptistes et les Quakers.

JURIDICTION ECCLÉSIASTIQUE, pouvoir que Jésus-Christ a laissé à ses apôtres, à leurs successeurs et à leurs représentants, en vertu duquel ils ont l'autorité de baptiser, d'instruire, de conférer les sacrements, de lier les âmes et de les délier. Cette juridiction est intérieure ou secrète, lorsqu'il s'agit de prononcer sur l'état des consciences ; elle est extérieure lorsqu'elle concourt à régler la discipline, à ordonner les censures, à faire des lois et des statuts, à juger les causes en matière ecclésiastique et spirituelle.

On appelle encore juridiction l'autorité qu'a un pasteur sur le troupeau qui lui a été confié ; en ce sens un curé a juridiction sur sa paroisse, un évêque sur son diocèse, le pape sur toute l'Eglise. Mais toute juridiction remonte au souverain pontife ; un prêtre qui prendrait le gouvernement d'une paroisse sans la mission de son évêque, un prélat qui ne serait point nommé ou approuvé par le pape, un pape même qui ne serait pas élu canoniquement, seraient autant d'intrus, et leur juridiction serait nulle.

Enfin on appelle juridiction l'autorité dont jouissent les membres de la hiérarchie ecclésiastique les uns sur les autres, lorsqu'il s'agit de causes contentieuses. Mais comme tout ce qui regarde la juridiction ecclésiastique est plutôt du ressort du droit canonique que de notre Dictionnaire, nous renvoyons au cours alphabétique de *Droit Canon* qui fait partie de cette *Encyclopédie Théologique*.

JURITES, divinités romaines qui, suivant Aulu-Gelle, présidaient aux serments.

JUSTICE, 1° divinité allégorique des Romains, qui la disaient fille de Jupiter et de Thémis. Elle siégeait dans le conseil de son père. Les Grecs l'appelaient *Dicé* ou *Diké*. Hésiode assure qu'elle est dans le ciel au pied du trône de Jupiter, et qu'elle lui demande vengeance, toutes les fois que les lois de l'équité sont violées. Auguste lui bâtit un temple à Rome. On la représente ordinairement sous la figure d'une femme tenant une balance et une épée, ou un faisceau de verges surmonté d'une hache, symbole de l'autorité chez les Romains ; on lui donne encore un sceptre surmonté d'une main ; quelquefois on lui met un bandeau sur les yeux, pour désigner l'impartialité rigoureuse qui convient au caractère de juge.

2° Dans le christianisme, la justice est une des quatre vertus cardinales.

JUSTIFICATION. Les théologiens appellent ainsi le changement intérieur qui se fait dans l'homme, lorsque de l'état de péché il passe à celui de la grâce, et que d'ennemi de Dieu qu'il était, il devient son ami. La justification se fait par l'application des mérites de Jésus-Christ. Elle consiste non-seulement dans la rémission des péchés, mais aussi dans la sanctification et le renouvellement de l'homme intérieur, par la réception de la grâce et des dons qui l'accompagnent. Cette justification s'obtient principalement par la réception des sacrements de baptême et de pénitence.

JUTURNE, divinité romaine, que révéraient particulièrement les filles et les femmes, les unes pour obtenir d'elle un prompt et heureux mariage, et les autres un accouchement favorable. Juturne était la nymphe du fleuve Numicus ; Virgile dit qu'elle était fille de Daunus, et sœur de Turnus, roi des Rutules ; qu'elle fut d'un grand secours à son frère dans la guerre que celui-ci fit à Enée, mais qu'enfin voyant qu'il allait périr, elle alla se cacher dans le fleuve. Elle donna naissance à une fontaine de son nom, appelée aujourd'hui *Treglio*, dont les eaux étaient très-saines. Suivant Ovide, elle fut aimée de Jupiter, qui, pour la récompenser de ses faveurs, lui donna l'immortalité et la changea en fontaine. Cette source était près de Rome, et l'on se servait de son eau dans les sacrifices, surtout dans ceux offerts à Vesta, pour lesquels il était défendu d'en puiser d'autre. On l'appelait *eau virginale*.

JUUTAS, un des noms d'Hiisi, l'esprit du mal, dans la mythologie finnoise. M. Léouzon Leduc pense que ce nom, cité par Ganander, est d'origine chrétienne ; et que les Finnois, chrétiens ou non convertis, auront appliqué à leur démon païen le nom du Juda de l'Evangile. *Voy.* HIISI.

JUVÉNALES, jeux institués à Rome en faveur des jeunes gens. Les Juvénales se confondaient avec les Saturnales ; Caligula ordonna qu'elles fussent célébrées le dernier jour de cette fête. Les jeunes Romains y offraient à la déesse Juventas les premiers poils de leur barbe, qu'ils jetaient avec l'encens dans un brasier. On prétend que cette cérémonie fut instituée par Néron, lorsqu'il se fit faire la barbe pour la première fois.

JUVENTA, JUVENTAS et JUVENTUS, déesse de la jeunesse chez les Romains, la même que l'Hébé des Grecs. Le duumvir Lucullus lui éleva un temple dans le grand Cirque. Les Romains invoquaient Juventa lorsqu'ils faisaient prendre à leurs enfants la robe prétexte. Elle présidait à l'intervalle qui s'écoule depuis l'enfance jusqu'à l'âge viril.

JUXAKKA, déesse des accouchements dans la mythologie finnoise. Elle était la troisième fille de Maderakka, l'une des divinités qui habitaient dans les régions situées au-dessous du soleil. Juxakka recevait dans ses bras les enfants nouveau-nés et les entourait des soins les plus tendres. Elle assistait aussi les femmes dans leurs règles mensuelles.

— JWIDIÈS, nom d'une classe de prophétesses ou nymphes des bois, dans la mythologie scandinave.

— JYRY, fête des anciens Finnois; elle coïncidait avec la fête chrétienne de saint Georges (25 avril). M. Léouzon Leduc pense qu'elle a pris naissance, ainsi que quelques autres semblables, vers l'époque de l'introduction du christianisme, et qu'elle était célébrée par les Finnois demi-païens et demi-chrétiens. « On la fêtait comme le dimanche, dit-il. Il n'était permis à personne de travailler ou de faire du bruit. C'est pourquoi les gonds des portes étaient frottés d'huile ou de bière. Toutes ces pratiques avaient pour but d'écarter des récoltes les ravages de la foudre. Le jour de Jyry, on se réunissait dans les bois, où l'on faisait aux dieux des libations de lait. Quoique dans cette fête le travail et le bruit fussent défendus, on avait cependant la permission de s'enivrer. »

K

[Cherchez par C, par CH, par H, par QU, etc., les mots que l'on ne trouve pas ici par K.]

KAABA (1), nom que les Musulmans donnent au principal sanctuaire de leur religion, qu'ils appellent encore *Mesdjid el-Harem*, le temple sacré, et *Beit-Allah*, la maison de Dieu. Il est situé à la Mecque, en Arabie, la ville sainte des Mahométans, et c'est une obligation pour tous ceux qui professent l'islamisme de s'y rendre en pèlerinage au moins une fois dans leur vie. Cependant ce lieu était déjà vénéré bien des siècles avant Mahomet, et les tribus païennes s'y rendaient annuellement de toutes les contrées de l'Arabie.

S'il faut en croire les Musulmans, ce sanctuaire serait aussi ancien que le monde. Ils disent en effet que, dès le temps d'Adam, les anges avaient dressé dans cet endroit même une tente qu'ils avaient apportée du ciel pour servir aux hommes de lieu propre à rendre à Dieu le culte souverain, et à obtenir la rémission de leurs péchés. Adam visitait souvent cette tente céleste, et Seth, son fils, suivit pendant longtemps l'exemple de son père, jusqu'à ce que les crimes des enfants de Caïn ayant contraint les anges de retirer cette tente céleste, il jugea à propos d'y construire un temple de pierre qui pût servir à sa postérité. Ce premier édifice ayant été détruit par le déluge, la terre demeura sans temple jusqu'au temps d'Abraham. Ce saint patriarche, après avoir sacrifié un bélier à la place de son fils Ismaël, suivant la tradition musulmane, reçut du Seigneur l'ordre de lui bâtir un temple à la place où était l'ancien, précisément au-dessous de la tente céleste qui est encore actuellement dans le ciel. Abraham et Ismaël édifièrent donc la Kaaba, et pour éterniser la mémoire de leur obéissance, ils attachèrent les cornes du bélier qu'ils avaient immolé, à la gouttière d'or qui reçoit les eaux de la couverture, et elles y demeurèrent jusqu'à ce que Mahomet les fit enlever pour ôter aux Arabes tout sujet d'idolâtrie. Aussitôt après l'érection de ce sanctuaire, Dieu commanda à Abraham d'inviter tous les peuples à venir en pèlerinage pour le visiter. *Comment, ô Dieu,* répondit le patriarche, *ma voix pourra-t-elle parvenir au genre humain dispersé dans les différentes régions de la terre ? — C'est à toi,* reprit le Seigneur, *d'élever la voix ; c'est à moi de la faire entendre.* Abraham monta alors sur la montagne de Cobéis et s'écria d'une voix retentissante : *O peuples, venez à votre Dieu.* Des millions de voix humaines répondirent aussitôt : *Je suis prêt à obéir, ô mon Dieu !* Après cette invitation solennelle, l'ange Gabriel enseigna à Abraham et à Ismaël les prières avec toutes les pratiques consacrées à ce saint exercice, les stations à Mina, à Arafat, les tournées autour de la Kaaba, le sacrifice d'un bouc, en un mot toutes les cérémonies que les Mahométans accomplissent encore aujourd'hui.

Quoi qu'il en soit, il paraît certain que le temple de la Mecque était, avant Mahomet, le panthéon où toutes les tribus arabes venaient adorer leurs dieux ; chacune y avait ses idoles qui étaient placées sur le couronnement de l'édifice, au nombre, dit-on, de 365 ; on ajoute même qu'on y voyait les images de Jésus et de Marie. Lorsque Mahomet se rendit maître de la Mecque et de son temple, ce qui arriva le vingtième jour du mois de ramadhan, la huitième année de l'hégire (22 janvier 630 de Jésus-Christ), il fit abattre toutes les idoles, ou, suivant d'autres, elles tombèrent d'elles-mêmes à sa voix, et il consacra cet édifice au culte du vrai Dieu. Ce temple fut plusieurs fois depuis détruit ou brûlé, mais reconstruit toujours à peu près sur le même plan. Nos lecteurs savent que tous les Musulmans, en quelque lieu de la terre qu'ils habitent, se tournent invariablement vers la Kaaba, pour faire leurs cinq prières journalières ; c'est cette direction qu'on appelle la *Quibla*. Voici la description de ce sanctuaire, telle que la donne, d'après

---

(1) On trouve encore ce mot écrit *Caba*, *Kabah*, *Kéabé*, etc. Il signifie un *cube*, parce qu'en effet la Kaaba est un édifice carré.

les meilleurs auteurs, M. Noël Desvergers, dans son *Arabie pittoresque* :

« Sa forme est celle d'un quadrilatère, dont les faces sont engagées dans des constructions particulières qui lui ôtent à l'extérieur toute régularité. Dix-neuf portes, disposées sans ordre, donnent entrée dans la cour intérieure. Irrégulières dans leurs constructions; les unes sont terminées par une arcade ogivale, les autres par un plein cintre; quelques inscriptions en l'honneur de celui qui les a fait élever en forment toute la décoration. Ces portes n'ont point de vantaux, et la mosquée reste ainsi ouverte à toutes les heures du jour et de la nuit. Une fois entré dans l'intérieur du temple, le voyageur est pour la première fois frappé de son immensité. Il se trouve dans une vaste cour formant un parallélogramme parfaitement régulier de 250 pas de long environ sur 200 de large. Elle est entourée d'arcades soutenues par une forêt de colonnes, dont quelques-unes sont en granit, d'autres en marbre, mais dont la plus grande partie toutefois sont taillées dans la pierre grise et commune qui forme les collines d'alentour. Au-dessus de ces arcades, du sommet desquelles pendent des lampes que l'on allume chaque nuit, s'élèvent une quantité de petites coupoles surmontées elles-mêmes par sept minarets, dont quatre sont placés aux quatre angles, et les trois autres d'une manière irrégulière dans la longueur des galeries formées par les arcades. Ce nombre mystérieux des sept minarets du temple de la Mecque n'a jamais pu être surpassé depuis, dans aucune des mosquées élevées par la piété des khalifes ou des sultans. Ce serait offenser le prophète que de décorer un édifice religieux d'un plus grand nombre de ces flèches élancées qui donnent un aspect si pittoresque aux villes de l'Orient.

« C'est au milieu du parvis que s'élève la maison sainte, cette Kaaba, révérée, le plus ancien temple, d'après les croyances arabes, qui ait été consacré au vrai Dieu. Sa forme et son architecture n'ont rien du reste qui puisse démentir une haute antiquité. C'est une espèce de cube, construit en pierres grises de la Mecque, grossièrement taillées en blocs de différentes grandeurs. Sa longueur, d'après Burckhardt, est de 18 pas, sa largeur de 14, et sa hauteur de 35 à 40 pieds anglais. Cette massive construction semble d'abord inaccessible. Ce n'est que par un examen attentif qu'on découvre, sur la face de l'édifice qui regarde le nord, une petite porte placée à environ 7 pieds du sol. Il faut, pour y parvenir, que l'on applique à la muraille un escalier mobile en bois, qui disparaît pour quelques mois lorsque les pèlerins ont accompli les rites sacrés. L'intérieur du temple offre à l'œil une vaste salle, dont le plafond est soutenu par deux piliers; pas d'autres ornements que des inscriptions arabes, et les nombreuses lampes d'or massif qui éclairent seules ce sanctuaire. Le pavé est formé de beaux marbres, disposés en élégantes mosaïques. Non loin de la porte d'entrée, à l'angle qui regarde le nord-est, se trouve enchâssée, dans la muraille extérieure, la fameuse pierre noire, objet du culte le plus ancien dans ces contrées. Longtemps avant Mahomet, toutes les tribus de l'Arabie venaient baiser avec respect ce fragment de rocher, qui, d'après leur croyance, avait été apporté du ciel par les anges, lorsque Abraham était occupé de la construction du temple, et, lui servant de marchepied, s'élevait ou s'abaissait selon les besoins de son travail. Cette pieuse relique a environ 6 ou 7 pouces de diamètre, et forme un ovale irrégulier d'un rouge tellement foncé, qu'il peut passer pour noir. Ce n'était pas là, au dire des Arabes, sa couleur primitive; jamais on n'avait vu, lors de sa miraculeuse arrivée sur la terre, hyacinthe d'un éclat plus brillant et d'une plus belle transparence; mais les baisers de tant d'hommes souillés d'iniquités de toute espèce l'ont ainsi métamorphosée. Quoi qu'il en soit de toutes ces merveilles, dues à l'imagination active des Orientaux, Burckhardt a cru reconnaître dans la pierre noire un fragment de lave, contenant quelques parcelles d'une substance jaunâtre, et Ali Bey y a vu un basalte volcanique (*Voy.* PIERRE NOIRE)... La pierre noire est le seul point de la Kaaba qui soit constamment offert à la dévotion des pèlerins; tout le reste est recouvert d'un immense voile noir, qui n'est relevé à quelques pieds du sol et suspendu en festons à des cordes de soie, que pendant les premiers jours du pèlerinage. On lit dans le *Sirat er-Resoul* (la Vie du Prophète) qu'un roi du Yémen, nommé Asad-Abou-Carib, fut le premier qui couvrit la Kaaba d'une étoffe. Il la revêtit d'abord du drap grossier nommé en arabe *Khassaf*. Averti en songe de la revêtir d'une étoffe plus belle, il y employa celle qu'on nomme *moafir*; et enfin, sur un nouvel avis révélé pareillement par un songe, il la revêtit des étoffes rayées qu'on fabrique dans le Yémen. Avant l'islamisme, il y avait deux couvertures, l'une pour l'été, l'autre pour l'hiver. Maintenant ce voile, que l'on nomme *Keswa*, est renouvelé seulement une fois chaque année. Il est entouré, vers le milieu de sa hauteur, d'une large bande où sont brodées en lettres d'or des inscriptions pieuses et des passages du Coran.

« Non loin de la Kaaba, dans la cour de la mosquée, s'élève une autre construction carrée, d'apparence également massive, mais beaucoup plus petite. Elle recouvre le puits de Zemzem, cette source qu'un ange fit jaillir au moment où Agar, errant dans le désert, voilait sa tête pour ne pas voir son fils Ismaël expirer dans les tourments de la soif. La salle où se trouve le puits sacré est revêtue de marbre, et huit fenêtres et laissent pénétrer de toutes parts les rayons du soleil. Une estrade de marbre blanc, haute de 5 pieds et large de 10, entoure la source où l'on puise l'eau sainte à une profondeur d'environ 50 pieds. Elle est trouble, et semble devoir être pesante; mais elle est au contraire fort saine quand on en fait usage, et n'a rien de ce goût saumâtre qu'on rencontre dans les autres fontaines de la ville. »

Outre le 15 du mois de dhoul-hidja, qui est celui du pèlerinage, on ouvre encore le sanctuaire le 15 de ramadhan, le 15 de dhoul-cada et le lendemain de ces trois jours ; les premiers sont pour les hommes, et les autres pour les femmes. On dresse alors à la porte de la Kaaba l'escalier portatif dont nous avons parlé. C'est une opinion assez commune que l'intérieur de ce sanctuaire est d'un éclat éblouissant. On croit aussi généralement que la nef en est habitée par des anges, et aucun Musulman n'ose porter ses regards vers le plafond, dans la crainte de perdre la vue par la splendeur de ces substances spirituelles. Quiconque pénètre dans cet intérieur est obligé de faire le *namaz* devant chacun des quatre murs, et de poser la tête contre les quatre angles, à mesure qu'il passe d'un mur à l'autre.

KAABIS, sectaires musulmans appartenant à la branche des Motazales; ils avaient pour chef Aboul-Casem, fils de Mohammed el-Kaabi, l'un des disciples de Djahidh, autre hérésiarque (*Voy.* DJAHIDHIYÉS). Ils enseignaient, entre autres erreurs, que Dieu agit sans sa volonté, et qu'il ne voit ni soi-même ni d'autres, que par le moyen de sa science.

KAARAMOINEN, un des mauvais génies de la mythologie finnoise. Käärämöinen était le patron des lézards.

KA ASI TSOU FIME, divinité japonaise, fille d'un génie céleste et d'une déesse terrestre. Elle épousa *Ama tsou Fiko*, et devint mère de plusieurs des esprits qui passent pour avoir régné sur le Japon, dans les temps anté-historiques. *Voy.* son histoire à l'article AMA TSOU FIKO FIKO, etc.

KABAGHI, courses à cheval qui avaient lieu autrefois à Tiflis en Géorgie, le jour de Pâques. Depuis l'introduction des armes à feu, la messe de la Résurrection était célébrée au bruit de salves continuelles d'artillerie et de mousqueterie. Après le service divin, le roi donnait un déjeûner aux personnes de sa cour, ainsi qu'aux fonctionnaires civils et militaires; à la suite de ce repas, il montait à cheval et se rendait, accompagné de tous ses convives, au lieu des courses ou *Kabaghi*. Au centre d'une des places de la ville s'élevait une colonne de pierre, au sommet de laquelle était posé un vase d'argent. Les fils du roi, les jeunes princes et les nobles, montés sur d'agiles coursiers superbement enharnachés, devaient parcourir, de toute la vitesse de leurs chevaux, l'étendue de la place, en passant devant la colonne, et tâcher d'abattre le vase à coups de flèches en courant au galop. Celui qui l'avait abattu l'enlevait rapidement de terre sans descendre de cheval, et allait le présenter au roi en s'agenouillant devant lui. Ce vase, rendu de la main du roi, était la récompense de l'adroit tireur.

KABANDHA, génie de la mythologie hindoue; son nom signifie un torse, ou un monstre sans tête; en effet on le représente comme étant aussi gros qu'une montagne, d'une couleur noire, sans jambes, mais avec des bras longs d'une lieue, une bouche formidable au milieu du ventre, et un œil d'une vaste dimension sur la poitrine. Cependant il n'avait pas toujours eu cette forme hideuse; antérieurement c'était un beau Danava, petit-fils de Danou, une des femmes de Kasyapa. Mais comme il avait pris malicieusement des formes hideuses pour effrayer les solitaires et les distraire dans leurs méditations, un saint richi, nommé Sthoula Sira, l'en punit en prononçant contre lui une imprécation dont il ne tarda pas à ressentir l'effet; car s'étant avisé peu de temps après de défier Indra ce dieu lui frappa de sa foudre la tête et les jambes, sans pouvoir cependant lui ôter la vie, parce que Brahmâ lui avait fait don de l'immortalité. Il fut condamné à rester dans ce déplorable état jusqu'à l'apparition de Vichnou, incarné en Rama. En effet, dans l'expédition de ce héros contre Lanka, il se saisit de Rama et de Lakchmana, son frère, dans l'intention de les dévorer; mais les deux princes se débarrassèrent de lui en lui coupant les bras. Le monstre demanda quels étaient ses vainqueurs, et ayant appris leur nom et leur race, il se réjouit de se voir ainsi mutilé. Il ordonna que son corps informe fût brûlé; il sortit renouvelé de ses cendres, reprit sa première forme, et se rendit au Swarga, en invitant Rama à se diriger vers la demeure de Sougriva.

KABÉ, un des principaux charmes des insulaires de Tonga; c'est une malédiction prononcée contre la personne à laquelle on veut du mal. Pour qu'elle produise tout son effet, il faut qu'elle soit exprimée suivant une certaine formule, d'un ton grave et posé, et avec une intonation très-prononcée. Dans ce dernier cas elle prend le nom de *wangui*. Le Kabé ni le wangui n'ont point d'effet de la part d'une personne inférieure contre une autre beaucoup plus élevée dans l'échelle sociale. Mariner rapporte un Kabé de quatre-vingts malédictions, dont voici quelques fragments :

« Déterre ton père au clair de la lune, et fais la soupe de ses os; ronge son crâne; dévore ta mère; exhume ta tante, et coupe-la en morceaux; mange la terre de ta tombe; mâche le cœur de ton aïeul; avale les yeux de ton oncle; frappe ton dieu; mange les os croquants de tes enfants; suce la cervelle de ta grand'mère; couvre-toi de la peau de ton père, et fais-toi une cuirasse des entrailles de ta mère. » *Voy.* TA-NIOU et TATAO.

KABIR-PANTHIS, secte de déistes de l'Hindoustan, qui suivent la doctrine de Kabir, simple tisserand qui vivait sur la fin du XVe et au commencement du XVIe siècle. Ce réformateur, qui avait été un des principaux disciples de Ramananda, propagea à son tour une réforme plus profonde et plus large. Son nom de *Kabir* n'est qu'un titre arabe signifiant le plus grand. On le nomme aussi en hindou *Djnani* ou le Sage. On savait si peu, durant sa vie, quelle était sa religion extérieure, que les Brahmanistes et les Musulmans de l'Inde le réclament chacun de leur côté comme appartenant à leur culte, et le vénèrent également. On dit même qu'à sa mort il y eut une grande contestation entre les membres de ces deux religions si différentes, les uns voulant brûler son corps, et les autres l'enterrer. On ajoute que Kabir apparut alors au milieu d'eux, et leur dit de lever l'étoffe qui couvrait son corps mortel; ils le firent et ne trouvèrent qu'un monceau de fleurs; les Musulmans en enterrèrent une partie, et les Hindous livrèrent l'autre aux flammes. Cependant on voit son tombeau à Aoude, où il est l'objet d'un pèlerinage très-fréquenté. Kabir est considéré par les Musulmans comme un soufi (c'est-à-dire un philosophe ou déiste) du premier rang et de la plus haute distinction, à cause de sa sagesse, de sa haute piété et de son hospitalité sans bornes, puisque souvent il aimait mieux souffrir le besoin, plutôt que de ne pas donner à manger à un étranger.

La doctrine de Kabir est si fortement empreinte du système philosophique des Védas, qu'elle leur a été évidemment empruntée, pour être adaptée à l'intelligence des gens du commun, quoique Kabir se moque également et sans réserve des sectateurs de Brahmâ et de ceux de Mahomet, des Védas, du Shaster et du Coran. Ce que nous disons plus loin du *sabd* ou *logos* démontre que cette doctrine a beaucoup d'analogie avec celle des Védas.

Les dogmes principaux des Kabir-Panthis sont les suivants: 1° Il y a un esprit ou une âme pénétrant tout ce qui doit gouverner le corps dans toutes ses actions. L'esprit de l'homme est différent de celui des animaux, et, à sa dissolution supposée ou apparente, il retourne au lieu d'où il est émané. 2° Nous devons maîtriser nos cinq passions ou affections, savoir: le désir, la colère, l'avarice, l'amour et l'orgueil, au lieu de les abandonner à l'influence des sens qui sont dérivés des organes de la vue, et de l'illusion qui est produite par l'ouïe, et qui sont unis ensemble, comme homme et femme, pour nous subjuguer. 3° Mais il ne faut pas seulement rendre ces affections de l'esprit soumises à notre volonté, nous devons de plus planter en nous ou recevoir les cinq vertus, qui sont: la piété, la tendresse, la science, la bienveillance, la patience. 4° Nos efforts doivent se borner à parvenir à cet heureux état dans lequel l'esprit, l'intelligence ou l'âme placée en nous n'a rien à espérer, à désirer ou à craindre, dans lequel nous n'avons rien à demander ou à implorer, et par conséquent où les prières, les hommages, les cérémonies, les pèlerinages et les offrandes sont inutiles et superflus. 5° Quant à l'esprit ou à l'âme, cette secte paraît avoir adopté l'opinion suivante: Le corps et l'esprit, nommés *Kabir* (1), étant formés de cinq éléments, chaque élément, lorsqu'une des parties est détruite ou plutôt tombe en dissolution, retourne à celle dont elle émane. Par exemple, *akás* ou l'éther étant l'origine de l'air, l'air l'étant du feu, le feu l'étant de l'eau, et l'eau de la terre, par une réaction ou réversion semblable, la terre se change en eau, l'eau en feu, le feu en air, l'air en éther ou *akás*, et ce dernier remplit tout l'univers.

Selon le sage Vyasa, à la création, les éléments primitifs furent produits sous la forme d'atomes, la première chose créée ayant été le vide, duquel naquit le vent, du vent le feu, du feu l'eau et la terre. Cette citation fait connaître l'autorité d'où Kabir dériva son dogme populaire, qui cependant a une grande affinité avec la philosophie sankhya (et celle-ci est analogue au système des pythagoriciens), suivant laquelle les cinq éléments, savoir, l'*akás* ou l'éther, l'air, le feu, l'eau et la terre composent les trois mondes; et, à la destruction de toutes choses, sont absorbés dans un ordre inverse de celui d'après lequel ils sont émanés de leurs principes primitifs. On sait aussi qu'Anaximènes enseignait que l'éther subtil était le premier principe matériel existant dans la nature.

Quant au *sabd* ou *logos*, en voici la définition d'après Kabir lui-même:

« Le *logos* est l'éther, le *logos* est l'enfer. Le chaos a été façonné par le *logos*. Le *logos* habite dans la bouche, le *logos* loge dans l'oreille. Les créatures ont été formées par le *fiat* du *logos*. Le *logos* est la parole, le *logos* est l'écriture. Le *logos*, ô mon frère, est le corps et l'esprit. Le *logos* est le talisman, le *logos* est la divination. Le *logos* est l'instituteur, le maître des étudiants. Le *logos* est mâle, le *logos* est femelle. Le *logos* embellit la trinité. Le *logos* est la vue, l'invisible, le tout-puissant. Le *logos* gouverne l'univers. Kabir dit: Cherches-tu le *logos*? Le Créateur, ô mon frère! est le *logos*. » On voit que le *sabd* de Kabir a la plus grande analogie avec le νοῦς de Platon et le λογὸς de Philon, auxquels ces philosophes rapportaient la création de ce monde visible. Il n'y a pas moins de connexion avec la doctrine des Védas, relativement au pouvoir de la divinité, de créer, de conserver et de détruire.

Suivant les Kabir-Panthis, 1° les vices sont transmis par les organes de la vue, ordinairement appelés *mann*, et par ceux de l'ouïe, généralement appelés *maya* ou illusion. 2° Il n'y a pas d'autre enfer que celui que l'homme crée lui-même dans son imagination, ni d'autre misère que celle qu'il s'attire. 3° Il n'y a ni commencement ni fin, ni vie ni mort. 4° Les éléments desquels l'homme et chaque chose sont composés, naissent les uns des autres. 5° L'homme forma les lettres de l'alphabet, donna des noms aux différents objets qu'il vit, fixa un commencement et une fin, et commença à adorer un être sous des formes et des dénominations diverses, qui ont été transmises de généra-

---

(1) Ces sectaires font dériver le nom de *Kabir* de deux mots indiens: *kaya*, corps, et *bir*, esprit.

tion en génération. 6° La reflexion ou l'examen que chacun fait de lui-même est recommandé pour toutes les actions. 7° Il est défendu de tuer aucun animal ; par conséquent, manger de la viande est interdit. 8° Des temples sont élevés pour le culte, par exemple à Bénarès et à Malwa : ils sont simples: la principale pratique consiste à réciter le *Bidjak*, ou le livre écrit par Kabir.

Les deux sectes d'unitaires ou de déistes de l'Inde les plus répandues sont les Sikhs du Pendjab et les Kabir-Panthis. Les premiers se rapprochent davantage de l'islamisme ; puisqu'ils permettent quelquefois les pèlerinages et l'adoration de Dourga, qu'ils mangent de la viande, et se conforment à d'autres observances. Cela suffit pour établir une différence entre eux et les Kabir Panthis, qui s'abstiennent de chair, n'ôtent la vie à aucun animal, n'adorent aucune espèce d'emblème ou d'image, et vivent d'une manière qui ne peut offenser les préjugés religieux des membres de leur propre famille qui n'ont pas embrassé leurs opinions hérétiques. En effet, il est très-singulier qu'un brahmane, un kchatrya, un vaisya, un soudra peut avoir été converti à la foi de Kabir, et cependant continuer à vivre et même se marier dans sa caste, privilège qui n'est pas accordé aux Sikhs, ni à aucune autre secte dissidente de l'antique culte de Brahmâ, de Vichnou et de Siva.

Le principal objet de Nanek et de Kabir, dans leurs réformes religieuses, parait avoir été d'exclure toute adoration d'idole, tout culte rendu à des lieux particuliers, à des rivières et à des emblèmes, et, en simplifiant la doctrine et les cérémonies pour le peuple, de lui faire comprendre plus aisément les vérités physiques et morales peu nombreuses et simples, qui sont répandues dans toutes les religions. Les Kabir-Panthis sont répandus principalement dans les provinces de Bengale, Behar, Aoude et Malwa.

Voici la traduction de quelques stances extraites des ouvrages de Kabir :

« Que peut effectuer l'âme entourée de plaisirs mondains? L'esprit dit : Quand irai-je? l'âme demande : Où irai-je? Le village que je cherche depuis six mois n'est qu'à un mille de moi. — Parler d'un pays qu'on n'a pas vu, c'est sottise ; ils mangent eux-mêmes du sel amer, et ils vont vendre du camphre (1). — La moitié d'un vers est suffisante, si l'on y réfléchit convenablement ; à quoi bon les écrits des Pandits qui sont chantés nuit et jour? car de même que le lait est bon quand il donne le beurre, de même la moitié d'un vers de Kabir égale les quatre Védas. — Ici on honore Dieu sous le nom de *Har*, là sous celui d'*Allah*; examine ton cœur soigneusement, tu y trouveras toute chose. — Les Scheikhs et les Musulmans étudient le Coran, les Hindous lisent les Shastras ; sans l'instruction donnée par un maî- tre, vous détruisez sciemment la vie. Celui qui réfléchit, et qui met de côté tout ce qui est inutile, est un vrai philosophe. C'est pourquoi je te dis : Quitte ce *maya* (illusion), et tu ne trouveras plus d'obstacle. — O Pandit ! s'il n'existait pas des êtres, il n'y aurait ni créateur ni substance, ni vide, ni air, ni feu, ni soleil, ni lune, ni terre, ni eau, ni lumière, ni forme, ni souci, ni monde, ni corps. — Il n'y a point de lieu où ne soit le Créateur. — Quand les hommes ignorants écouteront-ils la sagesse? Sans ailes il est impossible de monter aux nues, et l'âme ne meurt jamais. — Ils saisissent un nom faux qu'ils suivent, le prenant pour la vérité. Quand les étoiles brillent, le soleil se couche. Ainsi, quand l'âme réfléchit, elle détruit les deux propriétés. — Ils les appellent dieux, eux qui ne connaissent ni le doux, ni l'aigre. Le sot, de même que l'âne chargé de bois de sandal, ne connaît pas sa bonne odeur. — Ce corps ne recevra jamais la sagesse ; elle est cependant tout près d'eux à leur côté ; ils ne la cherchent pas, mais ils disent : Elle est éloignée. De toutes parts ils sont remplis de crainte. L'âme est entourée d'un millier de pièges. — O insensé ! brûle l'amitié du genre humain ; dans, laquelle sont les soucis et la mauvaise volonté : le temple est assis sans fondement. Je te le répète : Echappe-toi, autrement tu seras englouti. — Tout le genre humain est venu pour être ballotté dans le chariot de la peur. — Peux-tu écouter les jongleries des Brahmanes? Sans avoir la connaissance de *Har* (Dieu), ils coulent le bateau à fond. Peut-on être brahmane sans connaître l'esprit de *Brahm* (Dieu). Quand l'âme s'en va, diras-tu quelle est sa caste? si elle est blanche, noire ou jaune? »

KABO-KAMALI, génies malfaisants de l'île de Java ; ils sont regardés comme les protecteurs des voleurs et des malfaiteurs. Ils prennent ordinairement la forme du buffle, et souvent aussi celle des maris dans l'intention de tromper les femmes.

KABOUTO. Les Japonais donnent ce nom à des figures de personnages fameux par leur courage, ou de cavaliers armés de toutes pièces, qu'ils exposent dans la rue, à la porte, dans le vestibule des maisons, à la troisième fête annuelle, appelée *Tango-no Sekou*. Ces figures sont faites de bois, et recouvertes de papier et de pièces d'étoffes d'or, d'argent, de soie ou de laine de couleur. On expose également, à la même occasion, des cuirasses, des casques, des arcs, des flèches, des fusils, des piques et d'autres armes faites de bois de bambou vernissé. Ces exhibitions ont pour but d'inspirer une ardeur guerrière aux jeunes garçons, qui sont le but de la fête.

KACHA-IOVA, c'est-à-dire le *Seigneur Éternel* ; nom de la divinité suprême, chez les Carians Miesos, peuple de la Birmanie. Kacha-Iova a un fils appelé *Kacha-Klau*, c'est-à-dire seigneur occupé de bonnes œuvres. Ce fils eut pour mère *Phi-Naula*. Il est regardé comme le réparateur du genre humain, en ce sens que, par sa prédication,

---

(.) Kabir, en émettant cette sentence, fait allusion aux fondateurs et aux livres des religions brahmanique et musulmane.

confirmée par des miracles, il a ramené un grand nombre d'hommes dans le chemin du salut. Après sa mission remplie, Kacha-Klau mourut; mais il paraît qu'il ressuscita, puisque tous s'accordent à le faire disparaître du côté de l'Occident. Quelques-uns croient qu'il s'embarqua sur un navire européen. De là peut-être cette autre tradition, recueillie de la bouche d'un vieillard, qu'il devait venir, du même côté, des étrangers qui annonceraient une religion plus complète.

La légende de Kacha-Klau paraît être une réminiscence du christianisme. Ce qu'il y a de plus étrange encore c'est le nom de *Iova*, donné à Dieu le Père. Comme les Juifs, les Carians traduisent ce mot par *éternel*; comme les Juifs encore, il n'osaient le prononcer avant l'arrivée des Anabaptistes; on ne le faisait que dans des occasions très-solennelles. Les parents apprenaient à leurs enfants à ne jamais l'employer hors de là, par la raison qu'il y avait grand péché à s'en servir communément. Mais les Anabaptistes l'ayant depuis vulgarisé dans leurs livres, comme dans leurs prédications, personne ne se fait plus scrupule de le prononcer.

KACHI-KAORIS, sorte de religieux hindous de la secte de *Siva*, qui font le pèlerinage de *Kachi* ou Bénarès, d'où ils rapportent de l'eau du Gange dans des vases de terre jusqu'à Rameswar, près du cap Comorin, où est un temple très-renommé de Siva. Cette eau se répand sur le lingam de ce temple, que l'on prétend être celui du singe Hanouman; ensuite on la recueille pour la distribuer aux Hindous, qui la conservent religieusement, et lorsqu'un malade est à l'agonie, on lui en verse une ou deux gouttes dans la bouche et sur la tête.

KADAMÉSÉS, secte musulmane, qui est probablement la même que celle des Ismaéliens. Les Kadamésés habitent une vingtaine de villages situés sur les montagnes qui touchent au territoire de Tripoli. On assure que leur unique culte est d'adorer les parties sexuelles de la femme. Mais on ignore comment ils le pratiquent.

KADDAHIS, sectaires musulmans, ainsi appelés de leur chef Maïmoun, surnommé *Kaddha* ou l'Oculiste, qui paraît avoir enseigné le matérialisme.

KADOLE, ministre des prêtres dans les sacrifices et les mystères des grands dieux. C'est celui que l'on appelait *Camille* chez les Romains.

KADRAVEYAS, êtres ou démons infernaux de la mythologie hindoue; ce sont des serpents Nagas, enfants de Kadrou, femme de Kasyapa, qui habitent dans les régions inférieures du Patala.

KADROU ou **KADROUVA**, une des épouses de Kasyapa, père de tous les êtres suivant la mythologie hindoue; c'est elle qui devint mère des serpents Nagas. La jalousie la porta à employer la ruse pour réduire en esclavage Diti, autre femme de Kasyapa. *Voy.* l'article Diti.

KAETRI, dieu des anciens Finnois, dont la fonction était de présider sur les bestiaux.

KAFIR ou **KAFER**, nom générique sous lequel les Musulmans comprennent tous les peuples de la terre qui n'admettent point la mission prétendue divine de Mahomet. Ce mot, d'où dérivent par corruption ceux de *Keavour* et de *Ghiaour*, signifie un infidèle, un homme dans les ténèbres, dont les yeux sont fermés à la lumière et à la grâce divine. Ainsi, pour les Musulmans, non-seulement les idolâtres, mais aussi les juifs et les chrétiens, sont des *Kafers* ou *Cafres*.

KAH-GYOUR (1), un des livres sacrés des Tibétains; c'est une immense collection qui comprend tous les ouvrages révérés du bouddhisme; elle ne comporte pas moins de cent huit volumes in-folio manuscrits, mais qui se trouvent réduits à quatre-vingt-dix-huit dans l'édition imprimée. Cette collection offre en langue tibétaine les ouvrages du Bouddha Chakya-Mouni et de ses disciples, les actes des conciles de l'église bouddhique, les biographies de Bouddha, de ses disciples et des patriarches, enfin tout le corps de la littérature classique de cette religion.

Les Tibétains marquent leur vénération pour ce livre par les ornements très-riches dont ils en décorent les exemplaires; par les coffres et les buffets magnifiques où ils les conservent, et devant lesquels ils entretiennent jour et nuit un luminaire, et surtout par le soin qu'ils ont d'étendre des couvertures de soie, et même leurs habits, sur les endroits où ils les placent pour lire; car ils se feraient un scrupule de les déposer sur la terre nue, ou de la leur faire toucher. Les riches et les nobles les placent sur des tapis, des carreaux et de petites tables où l'or et les couleurs ne sont pas épargnés. Les religieux ont de petits sièges magnifiques, sur lesquels ils les placent quand ils veulent les lire. Il est vrai que les livres profanes d'art et de science ne sont guère moins respectés. Le respect des Tibétains s'étend jusqu'aux caractères d'écritures, surtout si ce sont de grandes lettres. Ce serait à leurs yeux une sorte de profanation de les laisser à terre ou dans des endroits peu décents.

Voici la liste des matières contenues dans la collection imprimée du Kah-gyour:

Le *Doul-ra* est une collection de traductions et de récits historiques relatifs au Magadha et aux progrès du bouddhisme dans l'Inde brahmanique et les contrées voisines; il comprend treize volumes. — Le *Sher-tchin* est une collection de traités sur la morale et la métaphysique, en douze volumes. Le *Do-de* comprend les ouvrages sur la philosophie naturelle, la théologie et l'astronomie, en trente volumes. — Le *Gyout-de* est une collection d'ouvrages sur la médecine, l'astrologie, les enchantements, les prières, les hymnes, en vingt et un volumes. — Enfin des *Mélanges*, comprenant princi-

(1) On écrit aussi *Kaghiour, Kahgiour, Kah-Gyur* et même *Bka Ghiour*.

palement des légendes et des morceaux historiques, en vingt-deux volumes.

Les Tibétains ont encore un autre livre sacré, appelé le *Stan-gyour*, qui comprend deux-cent dix-sept volumes imprimés. *Voy.* STAN-GYOUR.

KAHOA-ARII, divinité océanienne, dont le nom signifie le maître du soleil ; il habitait dans l'île de Taïti. La tradition des îles Hawaï rapporte qu'un jour les habitants de cet archipel ayant offensé le roi de Taïti, celui-ci, pour les punir, les priva du soleil. Effrayés des ténèbres répandues sur l'île, les Hawaïens allèrent trouver un géant, frère de Kana, qui faisait sa résidence dans le temple de Makini. Ce géant était d'une telle dimension, que souvent il se tenait debout, un pied sur Hawaï et l'autre sur l'île d'Oahou. Ils le prièrent de se rendre à Taïti pour faire lever le soleil. Le frère de Kana mit ses fortes bottes, alla trouver Kahoa-Arii, obtint de lui que le soleil serait rendu aux Hawaïens, et, pour éviter à l'avenir un pareil malheur, il fixa cet astre dans le ciel, d'où il n'a pas bougé depuis.

KAHOUMORS ou KAHOUMARATH (1), le premier homme ou l'Adam des Persans. D'après la cosmogonie du Zend-Avesta, le Dieu suprême créa d'abord un homme et un taureau qui vécurent, sans éprouver de mal, pendant trois mille ans dans les régions supérieures du monde ; et ces trois mille ans comprennent les signes du Bélier, du Taureau et des Gémeaux. Ensuite ils restèrent sur la terre trois mille autres années, sans souffrir ni peines, ni contradictions ; cette seconde époque correspond au Cancer, au Lion et à la Vierge. Après cela, le mal parut dans le courant du septième millénaire, correspondant au signe de la Balance. L'homme, qui avait nom *Kahoumors*, c'est-à-dire l'homme du Taureau (*kao*, bœuf, et *mard* ou *mars* homme), cultiva pendant trente ans la terre et les plantes, et prit soin du taureau. C'est cet homme qui devint la source des générations. Les astres commencèrent à fournir leur carrière le premier jour du mois ferverdin, qui est le commencement de la nouvelle année ; et par la rotation du ciel, le jour fut distingué de la nuit.

Les Persans regardent Kahoumors comme le premier roi de leur première dynastie ; plusieurs le confondent avec Adam ; d'autres soutiennent qu'il était fils d'Adam et frère de Seth ou Seth lui-même ; d'autres enfin le font fils de Mahaléel et contemporain d'Enoch. Suivant d'autres historiens plus raisonnables, il n'aurait vécu qu'après le déluge, et serait fils de Sem et petit-fils de Noé. On donne ordinairement à ce monarque mille ans de vie terrestre et cinq cent soixante ans de règne ; mais Firdoussi réduit la durée de son règne, qui eut quelque interruption, aux trente dernières, lorsqu'il eut repris la couronne après la mort de son fils Syamek, tué par les géants. Après avoir vengé la mort de Syamek et recouvré son corps, il le fit inhumer, et alluma sur sa fosse un grand feu qui y fut toujours entretenu dans la suite, et qu'on croit avoir été l'origine de ce feu perpétuel, objet du culte des Persans.

Kahoumors passe pour avoir le premier commencé à bâtir des maisons et des villes ; car, jusqu'à son temps, les hommes n'avaient point eu d'autres habitations que les cavernes ; et c'est à lui que l'on rapporte la fondation des villes de Balkh, d'Istakhar et de Damavend, dans les provinces qu'il avait subjuguées ; car son pays natal était l'Adherbidjan ou la Médie. On dit aussi que ce monarque fut l'inventeur des étoffes de laine, de poil, de coton et de soie, dont il enseigna la fabrique et l'usage, faisant quitter aux hommes les peaux dont ils s'habillaient, aussi bien que leurs cavernes ; c'est à lui que l'on rapporte l'invention de la fronde, et des autres instruments et machines propres à lancer des pierres, qui étaient les seules armes de ce temps-là.

Si Kahoumors fut le premier des hommes qui jouit de la souveraineté, il fut aussi le premier à s'en dégoûter ; car l'on dit qu'il s'en dépouilla pour retourner dans sa première demeure, qui était une grotte, où il vaquait à la prière, et adorait le Créateur de toutes choses, après avoir remis son sceptre et sa couronne à Syamek, son fils. Nous avons vu plus haut ce qui le contraignit à remonter sur le trône.

Suivant une autre tradition fabuleuse, Kahoumors étant mort après un règne de trente ans, un principe vivifiant échappé de son corps resta dans le sein de la terre pendant quarante ans, au bout desquels il en naquit deux plantes, qui, avec le temps, devinrent des êtres humains, ayant la même taille et la même figure. Leurs noms étaient *Meschi* et *Meschianeh* ; ils s'unirent et devinrent les ancêtres de tous les hommes qui habitent maintenant sur la terre à la place des génies qui l'occupaient autrefois.

KAHOUNA ou KAHOUA-HOUA, nom que les habitants des îles Sandwich donnaient aux prêtres des idoles. Le grand prêtre portait le titre de *Kahouna-Noui*. *Voy.* TAHOUNA.

KAILASA, le second des paradis hindous dans l'ordre progressif ; il est situé au-dessus du Swarga ou ciel, et est la demeure de Siva, troisième personne de la triade indienne. C'est, à proprement parler, une haute montagne qui fait partie de la chaîne de l'Himalaya, où les Hindous supposent que Siva et le dieu des richesses, Kouvéra, ont fixé leur séjour, et habitent chacun une ville où est leur palais ; la cité de Kouvéra se nomme Alaka ; celle de Siva s'appelle Sivapoura. Pour être admis dans ce paradis, il faut avoir passé sa vie entière dans l'exercice des plus rudes pénitences, ou avoir souffert la mort en défendant la religion, la patrie ou toute autre cause juste. Cependant il ne paraît destiné qu'aux adorateurs particuliers de Siva et de son infâme *lingam*. La mythologie hindoue représente le Kailasa sous l'aspect d'une montagne d'or. « Au sommet, dit Creuzer, est une plate-forme

---

(1) On dit aussi *Kaioumors* et *Kayoumarath*.

sur laquelle se trouve, une table carrée enrichie de neuf pierres précieuses; au milieu est le padma ou lotus, portant dans son sein le triangle, origine et source de toutes choses. De ce triangle sort le lingam, arbre de vie, qui avait primitivement trois écorces. L'écorce extérieure était Brahmâ; celle du milieu, Vichnou; la troisième et la plus tendre Siva; et quand les trois dieux se furent séparés, il ne resta plus dans le triangle que la tige nue, désormais sous la garde de Siva. Suivant une tradition, Siva divisa plus tard ce phallus en douze lingams rayonnants de lumière, qui fixèrent sur eux les regards des dieux et des hommes, et qui furent transplantés ensuite dans les diverses parties de l'Inde, où ils reçoivent les pieux hommages des Vasous préposés au gouvernement des huit régions du monde. » Dans Sivapoura, l'or et les pierres précieuses brillent de toutes parts; les fleurs de toutes les saisons y sont toujours épanouies, des fruits délicieux pendent aux arbres, de frais zéphyrs rafraîchissent l'air, que des oiseaux divins font retentir de leurs doux ramages. Siva s'y montre entouré de nymphes célestes qui le divertissent par leurs chants et par leurs danses, et d'une multitude de saints mounis de tous les temps, empressés à le servir, et qui partagent avec lui les faveurs de ses innombrables maîtresses. A ses côtés est Bhavani, Parvati ou Dourgâ, sa sœur et son épouse, la déesse du *Yoni*, organe féminin, qui porte dans son sein les germes de toutes choses, et enfante les êtres qu'elle a conçus de son divin époux.

Mais, s'il faut en croire les Vaichnavas et les ennemis du culte de Siva, ce paradis serait loin d'être aussi attrayant. D'après eux, la cour de Siva ne se compose que d'une troupe de démons, qui ont pour chef Nandi; ils font horreur à voir, n'ont point de vêtements pour cacher leur forme hideuse, sont dans un état d'ivresse perpétuelle; leurs querelles et leurs combats incessants sèment partout la terreur. Le dieu lui-même ne boit que des liqueurs enivrantes, et, comme les êtres immondes qui composent sa cour, il est toujours ivre; aussi s'abandonne-t-il sans mesure et sans pudeur à tous les excès de la sensualité. Il est vêtu d'une peau de tigre, tout couvert de cendres, et a le corps entouré de serpents. Monté sur son bœuf, il se promène de temps en temps sur les montagnes voisines avec sa femme Parvati. Les démons qui composent leur suite y font entendre des cris perçants, terminés par un son aigre qui peut s'exprimer par *kil, kil,* et c'est de là que le *Kailasa* tire son nom.

Quelle que soit l'étymologie du mot *Kailasa*, prononcé aussi *Kœles*, nous ne balançons pas à en rapprocher le grec κοῖλος, concavité, et le latin *cœlus* ou *cœlum*, ciel, prononcé autrefois *kœlus*.

KAIM ou KAYEM, c'est-à-dire le persistant, l'éternel; un des noms que les Druzes donnent à Hakem, leur dieu incarné, qui se manifesta sous ce nom à Mahadid, ville d'Afrique. (*Voy.* HAKEM).

KAIOUMARATH ou KAÏOUMORS, le premier homme, selon la mythologie persane. *Voy.* KAHOUMORS.

KAISANIS, sectaires musulmans, disciples de Kaïsan, affranchi d'Ali, qui fut instruit par Mohammed, fils de Hanefia. D'autres disent que Kaïsan est le nom de Mokhtar, fils d'Obaïd Thakéfi, qui entreprit de venger le meurtre de Hoséin. « Les Kaïsanis, suivant Sylvestre de Sacy, disent que le successeur d'Ali à l'imamat est Mohammed, fils de Hanefia, parce qu'Ali lui confia le drapeau à la journée du Chameau, et que Hoséin le déclara son lieutenant lorsqu'il partit pour se rendre à Koufa; mais ils se partagent en diverses opinions sur la succession à l'imamat, après la mort de Mohammed. Suivant les uns, les droits de l'imamat revinrent après lui aux enfants de Hasan et de Hoséin; suivant d'autres, il passa à Abou-Haschem Abdallah, fils de Mohammed, fils de Hanefia.

« Les Kaïsanis enseignent qu'il est possible que Dieu change de volonté. Une des sectes des Kaïsanis reconnaissait pour imam après Mohammed, fils de Hanefia, Abdallah, fils de Moawia. Celui-ci enseignait que les âmes passent successivement dans différents personnages, et que c'est sur ces personnages, qu'ils soient des hommes ou des brutes, que tombent les récompenses et les châtiments; que l'âme de Dieu avait aussi passé de la même manière dans différents personnages, et enfin en lui-même; que la divinité et la prophétie s'étaient reposées en lui, et qu'en conséquence il connaissait les choses cachées. Ses disciples l'adorèrent, ils nièrent la résurrection, soutenant que la transmigration des âmes se faisait dans ce monde même, et que les récompenses et les châtiments étaient infligés aux personnages dont nous avons parlé. Après la mort d'Abdallah, quelques-uns de ses disciples soutinrent qu'il était toujours vivant et qu'il reviendrait. D'autres, le reconnaissant pour imam, dirent que son âme avait passé dans Ishac, fils de Zéid, fils de Hareth. Ceux-ci, nommés Haréthis, vivaient en épicuriens, ne se refusant aucune jouissance, et ne regardant aucune chose comme illicite. »

KAISAN-PAIWA, fête de Sainte-Catherine, célébrée par les anciens Finnois, avec des cérémonies conservées du paganisme. Ce jour-là les femmes demandaient à leur voisine deux poignées de farine, dont elles faisaient une sorte de gâteau appelé *mämmi*. Ensuite on faisait cuire la tête d'une vache, dont on mangeait la langue avec le mämmi. Dans cette fête, les brebis étaient tondues pour la troisième fois. Sainte Catherine, Katrinatar, avait, suivant M. Léouzon Leduc, remplacé la déesse Mielikki dans la garde des troupeaux. On l'invoquait ainsi : *Katrinatar, douce femme, élève une cloison de fer autour de mon champ, de chaque côté de mon troupeau, afin que la race du méchant ne le touche point. Vierge de la nuit, vierge de l'au-*

rore, prends six fidèles servantes pour garder mon troupeau.

KAITABHA, nom d'un asoura ou démon de la mythologie hindoue, tué par Vichnou.

KAITOS, dieu des troupeaux, dans la mythologie finnoise.

KAKA-BHOUSOUNDA, la première des quatre métamorphoses de Brahma; elle eut lieu dans le kritayouga, ou premier âge du monde. Sous la forme d'un kâka ou corbeau appelé Bhousounda, il chanta la guerre engagée entre Bhavani, épouse de Siva, et les asouras ou géants, commandés par Mahéchasoura.

KAKAU, un des dieux principaux de l'île Ouvea ou Wallis, dans l'Océanie.

KALA, c'est-à-dire le Noir; nom de l'un des viswas, divinités hindoues, vénérées principalement dans les cérémonies funèbres. C'est aussi un surnom de Yama, dieu de la mort, et de Siva, comme dieu destructeur.

KALAÉMAGAL, un des noms tamouls de Saraswati, épouse du dieu Brahma. Ce mot signifie littéralement la dame des arts.

KALAI-KOURADÈS, c'est-à-dire les bonnes dames; ce sont les fées ou nymphes des Grecs modernes. Villoison a souvent observé dans ses voyages que ce sont elles que les Grecs saluent respectueusement dans l'île de Mycone et ailleurs, lorsque, avant de tirer de l'eau d'un puits, ils répètent trois fois: Je te salue, ô puits et ta compagnie. Par cette compagnie ils entendent les Kalai-Kouradès.

KALAKANDJA, nom d'une classe d'asouras de la mythologie hindoue, qui devaient leur naissance à un démon femelle appelé Kalaka.

KALAMOUKAS, nom de la troisième branche des saivas ou adorateurs de Siva, troisième personne de la triade hindoue. Voyez MAHESWARAS et PASOUPATAS.

KALANÉMI, nom d'un autre asoura ou démon tué par Vichnou, et qui, dans une naissance postérieure, devint le roi Kansa, ennemi mortel de Krichna, autre incarnation de Vichnou. Il succomba encore une fois sous les coups de son rival. Voyez KRICHNA et KANSA.

KALASA. 1° Prière que les Hindous doivent réciter le soir avant de se coucher; elle est adressée aux démons, gardes de Siva, et passe pour être de la plus grande efficacité. On doit, en la récitant, porter la main droite sur les différentes parties du corps à mesure qu'on les nomme:

« Que Bhairava me préserve la tête de tout accident; Vichana, le front; Bhouta-Karma, les oreilles; Préta-Vahana, le visage; Bhouta-Karta, les cuisses; les Datis, qui sont doués d'une force extraordinaire, les épaules; Kapalami, qui porte à son cou un chapelet fait de crânes d'hommes, les mains; Chanta, la poitrine; Kétrika, le ventre; les lèvres et les deux côtés; Katrapala, le derrière du corps; Kétraga, le nombril; Pattou, les parties sexuelles; Chidda-Pattou, les chevilles; et Chourakara, le reste du corps, depuis la tête jusqu'aux pieds; Vidatta, le haut du corps; et Yama, toute la partie inférieure à partir du nombril; que le feu, qui reçoit les hommages de tous les dieux, me garantisse de tout mal, dans quelque endroit que je puisse me trouver! Que les femmes des démons veillent sur mes enfants, sur mes vaches, sur mes chevaux, sur mes éléphants! que Vichnou veille sur mon pays! que le Dieu qui veille sur toutes choses veille aussi sur moi, surtout lorsque je me trouve dans des lieux qui ne sont sous la garde d'aucune divinité! »

Celui qui récite cette prière chaque soir en se couchant ne sera exposé à aucun événement funeste; il suffit de la porter attachée à son bras, de l'écrire et de la lire, pour devenir riche et vivre heureux. Le nom de Kalasa qu'on lui a donné signifie la pointe d'un dôme, ou l'ornement d'architecture qui le surmonte.

2° On appelle Kalasa-Sthapana l'offrande d'un vase d'eau que l'on fait à une divinité, après y avoir jeté préalablement de petites branches de cinq arbres sacrés, savoir d'Aswattha, de Figuier des Indes, d'Oudoumbar, de Sami et de Manguier.

KALA-SOSOUT, le second étage de l'enfer, dans le système religieux des bouddhistes de Siam et de la Barmanie. Les malheureux détenus en ce lieu sont roulés et grillés sur des barres de fer rougies à blanc. Ceux qui ont offensé leur père ou leur mère, leurs maîtres ou leurs supérieurs, ceux qui ont embrassé une doctrine erronée souffrent cet affreux supplice pendant mille ans.

KALASOUTRA, l'un des vingt et un narakas ou enfers de la mythologie hindoue.

KALÉDA, dieu de la paix chez les anciens Slaves, qui célébraient sa fête avec pompe le 24 décembre. Des festins, des jeux, des réjouissances publiques avaient été institués en son honneur, on en a la preuve dans des jeux et des chansons antiques où l'on fait mention de Kaléda. Le dieu de la guerre s'appelait Léda.

KALÉGUÉJERS, nom tamoul de la quatrième classe des souras; c'est la race de géants la plus terrible et la plus puissante; elle habite le Patala (régions infernales).

KALENDERS, derwichs ou religieux musulmans. Voy. CALENDERS.

KALÉWA, le premier et le chef de tous les géants, dans la mythologie des peuples finnois. Il s'occupait à entasser des rochers les uns sur les autres, et à les lancer à des distances considérables. « Encore aujourd'hui, dit M. Léouzon Leduc, on rencontre, dans plusieurs endroits de la Finlande, des amas de rochers et des jetées des pierres énormes, qu'on attribue à sa force prodigieuse. Souvent on voit des blocs d'une dimension extraordinaire, servant de bornes aux différentes possessions, et presque toujours on peut y lire une légende des causes qui ont obligé Kaléwa à les y placer. » Ce Kaléwa, qui était d'une taille si prodigieuse qu'il ne lui fallait rien moins qu'un mât de navire pour lui servir de cure-dent, révéla, après sa mort, au dieu Wäinämöinen, descendu dans sa vaste poitrine, les *runas de la science* (*Voy.* WAINAMOINEN). Mais j'ignore s'il est le même que le père de ce Dieu créateur appelé aussi *Kalewa* ou *Kawe*.

Kaléwa est encore le nom du paradis, de la sphère lumineuse, séjour du bon principe, où habitaient les enfants du géant Kaléwa. Cette région confinait à *Pohja*, sphère ténébreuse, où demeurait le mauvais principe et les génies du mal.

C'est de Kaléwa que vient le nom de *Kalewala*, grande épopée finnoise, composée de trente-deux Runas, qui, comme l'Edda des Scandinaves, contient l'histoire des temps mythologiques jusqu'à l'introduction du christianisme dans la Finlande. M. Léouzon Leduc en a publié en 1845 une traduction française, accompagnée de notes nombreuses dont nous avons tiré la plus grande partie de nos articles qui ont rapport à la mythologie de cette contrée.

KALI, un des noms de Parvati ou Dourga, épouse de Siva, troisième personne de la triade indienne. Siva, considéré comme dieu de la mort et juge des enfers, porte le nom de Kala; sa femme, sous celui de Kali, partage cette redoutable fonction. Les traits qu'on lui prête alors sont horribles. On la représente sous la forme d'une statue colossale, coiffée d'une espèce de tiare; des taches de sang ternissent l'éclat du globe enflammé de ses yeux; ses dents sont d'une dimension démesurée; sa langue, qui lui sort de la bouche, tombe pendante jusque sur son menton; sa chevelure en désordre couvre ses épaules et son sein; deux cadavres lui tiennent lieu de pendants d'oreilles; un collier formé de crânes et d'ossements lui descend jusqu'aux genoux; sa poitrine est inondée du sang qu'elle vient de boire; une ceinture composée de mains de géants entoure sa taille; ses huit mains, armées d'ongles longs et recourbés, tiennent des têtes coupées, des fouets, des cimeterres et d'autres instruments de supplice. Un de ses pieds est posé sur la poitrine, et l'autre sur la jambe de son époux. Ces différentes circonstances font allusion à une légende qui raconte que la déesse, victorieuse d'un géant, se mit à danser avec tant de violence que le monde en était ébranlé. Pour l'arrêter, Siva se jeta sous ses pas; à cette vue, elle resta sans mouvement, et la terre fut sauvée. En quelques endroits, on lui sacrifie des victimes humaines. Dans d'autres, on célèbre chaque année en son honneur une fête accompagnée de rites analogues aux fonctions qu'on lui prête. A la fin de la fête, on place sa statue sur deux bateaux réunis, de manière qu'elle porte également sur le bord de chacun d'eux; lorsqu'elle est parvenue au milieu du fleuve, aux respects et aux adorations qu'on lui a prodigués jusque-là, succèdent les injures les plus grossières et les plus violentes imprécations; puis les deux bateaux se séparent et la statue disparaît engloutie dans les flots aux grands applaudissements des spectateurs.

Cette déesse s'est incarnée autrefois en abeille pour détruire Arana le grand Asoura. C'est pourquoi on l'appelle *Kali bramaravasiri*, Kali habitant parmi les abeilles. *Voy.* DÉVI, DOURGA, PARVATI.

La déesse Kali est la seule divinité du panthéon hindou adorée par les Khonds, qui habitent la côte d'Orissa. Ils lui donnent encore les noms de *Bhadrawallou*, *Bhairavi* et *Komeswari*. Ils lui offrent ordinairement des buffles, des chèvres et des oiseaux; autrefois ils lui sacrifiaient aussi des victimes humaines, et aujourd'hui même ils renouvellent encore ces cruelles offrandes.

Les Tamouls, d'après Sonnerat, ont des *Kalis* ou *Poudaris*, ce sont les protectrices des villes; chaque ville a la sienne. Ces Indiens adressent des prières à ces divinités tutélaires et leur bâtissent des temples hors des aldées; pour l'ordinaire, elles se plaisent aux sacrifices sanglants; il est même des lieux où elles exigent des victimes humaines. Elles ne sont point immortelles, et prennent leur nom de l'aldée, ou des formes sous lesquelles on les représente. On les peint ordinairement de taille gigantesque, avec plusieurs bras et la tête entourée de flammes; on met aussi quelques animaux féroces à leurs pieds. On peut s'étonner à bon droit de voir le peuple des villes et des bourgades choisir comme divinité protectrice la déesse la plus cruelle de tout le panthéon indien, de préférence à tant d'autres qui sont données comme douces et bienfaisantes. Mais c'est précisément ce pouvoir de nuire qui lui est attribué qui effraye le peuple, et le porte à le conjurer par des prières, des oblations et des sacrifices.

KALIDASA, quatrième et dernière incarnation de Brahmâ. Elle eut lieu dans le Kali-Youga ou quatrième âge du monde. Brahmâ naquit alors dans le sein d'une famille indigente et prit le nom de *Kalidasa* (serviteur de Kali). Sa jeunesse s'écoula dans l'ignorance et dans tous les désordres qu'elle entraîne à sa suite. Mais, doué d'un esprit droit et de sentiments honnêtes, il réforma ses mœurs, s'appliqua à l'étude et acquit un remarquable talent poétique. Le radja Vikramaditya, protecteur éclairé des sciences et des savants, qui vivait cinquante-six ans avant notre ère, avait exprimé le désir de voir réunir et compléter les œuvres de Valmiki (autre incarnation du même dieu), en grande partie dispersées ou perdues. Personne n'osait entreprendre une tâche si difficile; Kalidasa s'en chargea, et l'accomplit avec une rare habileté. Il rétablit ces antiques poésies dans leur intégrité première, et retrouva jusqu'aux expressions mêmes du grand Valmiki. Un si beau succès valut à Kalidasa des récompenses et des distinctions, mais il éveilla la jalousie des pandits et des brahmanes qui vivaient à la cour de Vikramaditya. Le poëte fut calomnié, persécuté, proscrit; on l'accusait d'avoir substitué aux œuvres immortelles de Valmiki de misérables compositions qui ne pouvaient un instant soutenir le parallèle avec elles. Au milieu du concert d'imprécations et d'outrages dont il était l'objet, Kalidasa se présente sous les traits d'un pauvre brahmane, soutient l'authenticité des livres que l'on prétendait controuvés, et prouve ce qu'il avance en montrant que les stances contestées, gravées sur des pierres et jetées dans le Gange, surnagent à la surface du fleuve sacré. Confondus par un tel prodige, ses ennemis furent réduits au silence; et Kalidasa, réintégré dans les honneurs dont on l'avait privé, vit sa renommée s'accroître et se répandre dans l'univers. La vérité est qu'à la cour du roi Vikramaditya, vivait un poëte fort distingué, d'une grande fécondité, de beaucoup d'esprit et d'un jugement éclairé. Il a composé plusieurs ouvrages d'un haut mérite que nous avons encore. Mais comme on en trouve d'autres à côté, qui sont pleins de mauvais goût, on peut supposer avec raison qu'il y eut plusieurs Kalidasas, ou que des poëtes fort médiocres ont voulu assurer l'immortalité à leurs ouvrages en les faisant passer sous son nom. C'est ce qui explique l'opinion de ceux qui font ce poëte contemporain de radja Bhodja, souverain postérieur à Vikramaditya.

KALI-YOUGA, le quatrième âge du monde, selon les Brahmanes; il correspond à l'âge de fer des Grecs; la Vertu, personnifiée sous la figure d'une vache, qui se soutenait solidement sur ses quatre pieds dans le premier âge, qui en perdit deux successivement dans les deux âges suivants, n'est plus portée que sur un seul dans ce dernier. Sa durée est de 432,000 ans. « Dans cette période, dit l'historien hindoustani, Afsos, le monde n'a plus que la dixième partie des vertus et des qualités du *Dwapara-Youga*, le troisième âge; et la limite extrême de la vie n'est plus que de cent ans. On convient que cet âge est le pire de tous; les hommes sont plus méchants, moins civils, menteurs et traîtres; ils n'ont plus en eux-mêmes la force et le pouvoir surnaturel dont jouissaient leurs ancêtres. » Le Kali-Youga est l'époque historique des Hindous; il a commencé 3101 ans avant notre ère. Youdhichthira, chef de la famille des Paudawas, régnait alors sur l'Inde entière; c'est aussi l'époque de la mort de Krichna, dernière incarnation de Vichnou. A partir de ce moment, l'histoire indienne commence à devenir plus rationnelle; cependant elle est encore mêlée de fables; mais la critique peut déjà asseoir des bases plus ou moins certaines.

KALI-YOUGA LAKCHMI. Dans certains temples de Vichnou, les Brahmanes recrutent un certain nombre de jeunes filles pour les élever à l'honneur d'être les épouses de ce dieu; mais lorsque celles-ci commencent à vieillir, Vichnou leur fait signifier le divorce par la bouche des interprètes de ses volontés. On leur imprime alors sur la cuisse ou sur la poitrine, avec un fer rouge, la marque symbolique de Vichnou, on leur expédie une patente certifiant qu'elles ont loyalement servi, plus ou moins d'années, en qualité de femmes légitimes du dieu, et où on les recommande à la charité du public, puis on les met à la porte. Munies de leur congé de réforme, elles parcourent le pays sous le nom de *Kali-Youga Lackmi* (les Lakchmis du Kali-Youga, ce titre revient à épouses de Vichnou dans l'âge actuel, car Lakcnmi est la femme de ce dieu). Partout où elles paraissent, on fournit abondamment à leurs besoins.

KALKI, dernière incarnation de Vichnou; les Hindous l'attendent encore. A la fin du Kali-Youga, c'est-à-dire dans 427,049 ans, à dater de la présente année 1850, la terre sera couverte de crimes; le dieu s'incarnera en brahmane, dans la ville de Sambalagrama, et dans la famille de Vichnou-Sarma, il portera le nom de Kalki. Monté sur un cheval d'une blancheur éclatante, tenant d'une main un bouclier et de l'autre un glaive resplendissant à l'égal d'une comète, il parcourra le monde et en détruira les coupables habitants. Le soleil et la lune s'obscurciront, la terre tremblera, les cieux s'écrouleront, les sphères célestes seront confondues et s'arrêteront dans leur cours, le serpent Adisécha, vomissant des torrents de flammes, consumera l'univers; mais au milieu de cet embrasement général, les semences des choses seront recueillies dans le lotus, et dès ce moment recommencera une nouvelle création, un nouvel âge d'innocence. — Quelques-uns pensent que le cheval de Kalki sera lui-même une incarnation de Vichnou.

On peut remarquer dans ce mythe un reste des traditions primitives concernant l'attente d'un dieu réparateur; et en même temps l'annonce de la fin du monde présent qui sera consumé par le feu.

KALKI, géant de la mythologie finnoise. On l'appelle aussi *Soini* et *Kullerwo*. Il fut vendu au céleste ouvrier Ilmarinen, et causa à son maître, dans tous les travaux qu'il accomplit, les plus sinistres malheurs.

KALLA-FOUTONGA. Dans la relation de son troisième voyage, Cook rapporte que les habitants des îles des Amis reconnaissaient dans le ciel un être supérieur femelle, qu'ils nommaient Kalla-Foutonga. Cette déesse dirigeait à son gré la foudre, les vents, la pluie et tous les changements de température. Lorsqu'elle était irritée, elle frappait la terre de stérilité, anéantissait les récoltes, donnait la mort aux hommes et aux animaux; mais dès qu'elle s'apaisait, tout rentrait dans l'ordre accoutumé. Des divinités subalternes étaient soumises au pouvoir de cette déesse suprême, mais on ne leur supposait aucune influence sur le sort des hommes après la mort. — Les relations postérieures à celle de Cook ne disent rien de cette déesse et de ses attributs.

KALOU-NIOUZA, un des dieux subalternes de l'archipel Viti; il préside au tapou.

KALPA. Les Brahmanistes et les Bouddhistes appellent ainsi une période divine qui se reproduit plusieurs fois dans la durée de l'univers.

1° Voici comme procèdent les premiers pour déterminer la durée d'un Kalpa : Le terme ordinaire de la vie humaine, dans le quatrième âge, où nous sommes maintenant, est de cent années. Ces cent années multipliées par 360, nombre des jours qui composent chacune d'elles, donnent 36,000 ans. Ce nombre multiplié par 6, à cause des six subdivisions du jour, donne celui de 216,000 ans, base des calculs de la durée des quatre âges. 216,000 multiplié par 2, à cause de l'égalité des vertus et des vices, donne le nombre 432,000, qui exprime la durée du Kali-Youga, ou quatrième âge actuel; multiplié par 4, à cause des quatre Védas, il donne 864,000, nombre des années du Dwapara-Youga, ou troisième âge; multiplié par 6, à cause des six Shastras, il donne 1,296,000, nombre des années du Tréta-Youga, second âge; enfin, multiplié par 8, à cause des huit régions du monde, il produit 1,728,000, nombre des années du Krita-Youga, ou premier âge. Les années réunies de ces quatre âges donnent le nombre de 4,320,000. Cette somme mille fois répétée représente la durée d'un jour de Brahmâ, qui est ainsi de 4,320,000,000 ans; sa nuit ou son sommeil est d'une égale durée : ce qui porte un jour et une nuit de Brahmâ à 8,640,000,000 d'années; et c'est ce qu'on appelle un *Kalpa*. Trente Kalpas font un mois de ce dieu; douze mois semblables font une de ses années, et cent années pareilles sont le terme de sa vie. La vie entière de Brahmâ peut donc se supputer par 311,040,000,000,000 d'années humaines.

Cependant, cette immense durée n'est qu'un jour de la vie de Vichnou; il faut trente jours pour former un de ses mois, douze mois pour une de ses années, et il meurt au bout de cent années; alors tout est consumé par le feu. La vie entière de Vichnou équivaut donc à la somme énorme d'un quintillion 119 quatrillions 744 trillions d'années humaines. C'est ce qu'on appelle le grand Kalpa. Alors Vichnou, vivifié par Siva, demeuré seul sous l'apparence d'un feu dévorant, renaît sous la forme d'un petit enfant couché sur une feuille de figuier, au milieu de la mer de lait, et suçant le pouce de son pied droit, jusqu'à ce que Brahmâ sorte de nouveau de son nombril sur une feuille de lotus. L'univers se reproduit, recommence la série incommensurable des âges, et les mondes se renouvellent ainsi successivement dans des révolutions infinies.

2° Nous n'entrerons point dans l'exposé analytique des Kalpas des Bouddhistes; nous nous contenterons de remarquer que, comme les Brahmanistes, ils partagent la durée du monde en quatre âges ou moyens Kalpas, qui se subdivisent chacun en petits Kalpas. Le premier est le Kalpa de la perfection, ou de l'achèvement; le second est le Kalpa de l'état stationnaire : c'est celui dans lequel nous sommes, et dans lequel paraissent les différents Bouddhas. Le troisième est le Kalpa de la destruction du monde, et le quatrième, celui du vide ou de l'éther. La grande révolution du monde remplit ainsi un espace de 344,000,000 d'années. C'est ce que les Bouddhistes nomment un grand Kalpa, période immense, qui ne se termine que pour recommencer immédiatement, sans interruption comme sans fin, durant l'éternité. Mais les êtres qui habitent les étages supérieurs des cieux ont une existence beaucoup plus longue que le grand Kalpa. Ainsi, les divinités du quatrième ciel ont une vie égale à 60 révolutions du monde; et l'on assigne aux habitants du dernier ciel une vie égale à 88,000 révolutions du monde, c'est-à-dire à 107 trillions 520 billions d'années. — Nos lecteurs remarqueront qu'il y a ici de nombreuses incohérences mathématiques, que nous ne nous chargeons pas de réformer. *Voy.* COSMOGONIE, au *Supplément.*

KALPA-SOUTRAS, rituels védiques qui enseignent le mode propre de célébrer les rites religieux selon le système hindou du Mimansa. Ils n'appartiennent point à la collection des Védas, mais ils sont fondés sur les dogmes consignés dans ces livres sacrés.

KALPAVRIKCHA, arbre célèbre qui est planté dans le paradis d'Indra, et qui a la propriété de faire obtenir tout ce qu'on désire. Il fut produit, comme une foule d'autres choses précieuses, par le barattement de la mer de lait. *Voy.* BARATTEMENT DE LA MER.

KAMA ou KAMA-DÉVA, dieu de l'Amour, dans la théogonie hindoue, le même que l'*Eros* des Grecs et le Cupidon des Latins. Il est fils de Brahmâ et de Mayâ ou l'Illusion; d'autres le représentent comme étant tout à la fois le fils de Brahmâ, de Vichnou et de Siva. On lui donne la forme d'un beau jeune homme, qui tient en ses mains un arc et cinq flèches. Cet arc est de canne à sucre, et la corde est formée d'abeilles. Ses cinq flèches sont en rapport avec les cinq sens de l'homme; chacune d'elles est armée d'une fleur particulière, savoir : l'amra ou la fleur du manguier, le nagakesara (*Mesua ferrea*), le tchampaka, appelé reine des fleurs, le kétaka (*Pandanus odoratissimus*), et le maloura ou bilwa (*Egle marmelos*), qui porte le fruit nommé béla. Au moment de sa naissance, Brahmâ lui ayant dit qu'il serait le vainqueur des trois mondes avec ses cinq flèches, et que par lui l'univers serait peuplé, il essaya son pouvoir sur ce dieu lui-même, et le rendit amoureux de Sandhya, sa propre fille. Brahmâ le maudit et lui annonça qu'il serait réduit en cendres par Siva. En effet, on raconte que, s'étant insinué un peu trop avant dans les bonnes grâces de Parvati, épouse de Siva, il excita la jalousie et la colère de ce dieu, qui, dardant sur lui l'œil flamboyant qu'il porte au milieu du front, le consuma tout entier. Désespérée du triste sort de son amant, l'épouse infidèle mourut de douleur; mais ressuscitée bientôt après, elle ne profita de sa vie nouvelle que pour pleurer sans relâche, sur une montagne solitaire où elle s'était retirée, l'objet de sa flamme adultère. Siva éprouvait pour sa femme une passion que son infidélité n'avait pu effacer de son cœur; peu à peu son ressentiment s'affaiblit, et, prenant en pitié l'affliction de Parvati, il se rendit près d'elle, s'excusa de son emportement sur la violence de son amour, et la conjura de lui rendre ses bonnes grâces. La déesse n'y consentit qu'après que Siva eut promis de ressusciter Kama. Les dieux s'associèrent à lui pour opérer cette résurrection. Ils firent tomber une pluie d'amrita (ambroisie) sur la dépouille de Kama, et le rappelèrent ainsi à l'existence; mais il n'y eut que son âme qui ressentit les effets de ce prodige, et Kama est la seule divinité hindoue qui soit incorporelle. — Suivant une autre légende, Siva aurait promis à Parvati, pour la consoler, qu'un jour Kama renaîtrait dans la famille de Krichna. En effet, Roukmini, épouse de Krichna, le mit au monde sous le nom de Pradyoumna; mais aussitôt après sa naissance, il fut enlevé et jeté dans la mer par un asoura nommé Sambara. Il fut avalé par un poisson qui, bientôt après, pris dans les filets des pêcheurs, fut porté dans les cuisines de Sambara. Ce méchant asoura avait pour intendante l'épouse même de Kama, déguisée sous le nom de Mayavati. En ouvrant le poisson, elle y trouve l'enfant, qu'elle adopte et qu'elle élève avec un soin vraiment maternel. Pradyoumna, de son côté, l'aimait comme on aime une mère; mais en grandissant, ses sentiments changèrent de nature; il reconnut Rati, son épouse. Le cruel Sambara succomba bientôt sous ses coups, et Pradyoumna et Rati se rendirent en triomphe à la cour de Krichna.

Ces diverses aventures ont fait donner à Kama différents surnoms qu'il est bon d'expliquer. On l'appelle *Ananga*, qui est privé de corps; allégorie ingénieuse : l'amour, sans corps et tout esprit, vit et se nourrit indépendamment des objets matériels; *Manasidja*, qui naît dans le cœur; *Manobhava*, qui vit dans le cœur; *Manasisaya*, qui repose dans le cœur; *Smara*, qui vit de souvenirs; *Madana*, qui enivre d'amour; *Kandarpa*, qui a enflammé le premier des dieux; *Pantchasara*, qui a cinq flèches; *Sambarari*, ennemi de Sambara; *Pouchpadhanwa*, dont l'arc est de fleurs.

Il est dépeint comme accompagné de Rati, sa femme, du Printemps personnifié, du Kokila, espèce de coucou; de l'abeille qui bourdonne, et des brises rafraîchissantes. Il parcourt les trois mondes, dont l'empire lui a été donné : aussi l'appelle-t-on le dieu des dieux. On sait qu'Éros était également regardé, par Orphée et par Hésiode, comme le premier des dieux. On lui donne quelquefois une seconde femme, qui est *Priti*, l'affection, comme *Rati* est la volupté. Krichna, considéré comme Vichnou, a pour épouse Lakchmi : Kama, fils de Krichna, est par cette raison surnommé *Lakchmi-poutra*, enfant de Lakchmi. L'emblème de cette divinité est un poisson nommé Makara, espèce de requin selon les uns, d'alligator selon les autres, mais qui est plutôt un poisson véritable ou fabuleux dont la tête est armée d'une corne : c'est pourquoi on donne encore à Kama l'épithète de *Makarakétou* ou *Makaradhwadja*, celui qui a pour symbole le Makara.

KAMADHÉNOU, vache de l'Abondance, dans la mythologie hindoue; elle avait été produite par le barattement de la mer de lait, et habitait dans le ciel d'Indra. Ce dieu, pour récompenser la vertu d'un sage Mouni, père du célèbre Parasou-Rama, incarnation de Vichnou, lui prêta cette vache merveilleuse. Un soir, dans la saison des pluies, le roi Kartavirya-Ardjouna chassait dans la forêt habitée par ce saint religieux; harassé de fatigue, il aperçoit sa cellule, y entre, et demande impérieusement des rafraîchissements pour lui et pour toute sa suite. Djamadagni, c'était le nom du mouni, qui jamais n'avait mis à contribution pour lui-même le pouvoir de Kamadhénou, s'adresse à elle, et au même instant le radja peut s'asseoir avec sa troupe à une table splendidement servie, où les mets les plus variés et les vins les plus exquis se succèdent avec profusion. Après le repas, l'ermite présente au monarque des vêtements magnifiques et les bijoux les plus précieux. Ardjouna n'avait jamais vu tant de richesses; il en demande la source, apprend que Djamadagni les doit à la vache céleste, et exige qu'elle lui soit cédée à l'heure même. En vain le Mouni proteste qu'elle ne lui appartient pas, que c'est un dépôt sacré à lui confié par Indra, qu'il ne peut donc en disposer, que la vache elle-même ne consentirait pas à passer ainsi en d'autres mains; irrité de la résistance, le tyran ordonne à sa suite de se saisir de l'animal. Trois fois ses serviteurs s'approchent, trois fois une force miraculeuse les contraint à reculer. Alors Ardjouna fait avancer ses troupes; mais Kamadhénou se jette avec impétuosité au milieu des soldats, frappe à droite et à gauche des cornes et des pieds, tue le plus grand nombre des assaillants, met le reste en fuite, puis s'élève triomphante dans les airs, et se rend dans les régions célestes. Le radja, furieux de sa défaite, rassemble une armée plus nombreuse que la première et revient à la demeure de l'ermite; mais Kamadhénou n'y est plus. Il tourne alors sa vengeance sur Djamadagni, le tue et fait raser sa cellule. Rénouka, épouse du saint brahmane, en recueille les débris et se brûle sur le corps de son mari. C'est pour venger la mort de son père et de sa mère que Parasou-Rama extermina toute la race des Kchatriyas ou guerriers. C'est le sujet de la sixième incarnation de Vichnou. *Voy.* Parasou-Rama.

On place l'image de Kamadhénou dans les temples de Vichnou, où on la représente avec des ailes, la tête d'une femme, trois queues et un petit veau qu'elle allaite. On célèbre sa fête à la pleine lune de Phalgoun.

KAMAKCHI, un des noms de Parvati ou Dourga, épouse de Siva, troisième dieu de la triade indienne. Ce nom signifie la déesse qui a les yeux de l'Amour. Nous avons dit, à l'article Kama, que Parvati ne fut pas insensible aux flèches de ce dieu.

KAMA-NO MIYA, c'est-à-dire temple du

Kama; il est situé à Noumatsou, ville du Japon. On raconte qu'il y avait dans ce temple un *Kama* ou instrument de chasse d'une grandeur extraordinaire, dont on se servait dans les anciens temps. Des voleurs pénétrèrent une nuit dans le temple, et dérobèrent le Kama; mais comme ils l'emportaient, il devint tout à coup si pesant, qu'ils furent contraints de le laisser tomber dans la rivière, dans laquelle sa chute occasionna un grand trou. de là, cet endroit a pris le nom de *Kama-ga-fouts*, trou de Kama. Le Kama lui-même devint un esprit qui a l'inspection et le gouvernement du fleuve.

KAMARIM, prêtres des idoles chez les Hébreux, surtout lorsqu'ils adoraient le feu, comme plusieurs peuples voisins. Ces prêtres étaient habillés de noir : c'était en général, chez les anciens, le costume des prêtres consacrés au culte des divinités infernales. — Dans la suite, les Hébreux ont donné ce nom aux moines et aux ermites.

KA-MA-WA-TSA, formulaire des ordinations chez les Bouddhistes de la Barmanie. — Le père qui veut que son fils devienne prêtre de Bouddha, le met, dès sa première jeunesse, entre les mains d'un prêtre supérieur qui se charge de l'instruire. Au bout de trois ans, il prend les vêtements de couleur jaune, comme ceux que Siddhârtha portait avant de devenir Bouddha, se fait raser la tête et les sourcils, et supplie son tuteur de l'admettre dans l'ordre inférieur des prêtres. Celui-ci lui fait subir un examen, et s'il est jugé assez instruit, il est reçu *Quiaong*; il reste dans cette condition jusqu'à vingt ans. A cet âge, il se présente pour être admis dans l'ordre supérieur des prêtres appelé *Oupasampada* en pali, et *Padzing* en barman; alors il quitte ses vêtements jaunes, en revêt de blancs et est examiné par une assemblée de vingt prêtres au moins. Là on l'interroge suivant le formulaire prescrit, on lui apprend en quoi consiste l'état qu'il va embrasser, les causes qui le rendraient inhabile à recevoir l'ordination, les obligations auxquelles il va être soumis, les fautes qu'il devra éviter, le genre de vie qu'il lui faudra suivre, les choses qui lui seront permises, etc., etc. Puis il est reçu prêtre avec les cérémonies prescrites dans le *Ka-ma-wa-tsa*. M. l'abbé Bigandet, missionnaire à Tavaï et Mergui, dans la presqu'île Malaise, en a donné une traduction complète, insérée dans le tome XVII des *Annales de philosophie chrétienne*, 3ᵉ série.

KAMÉLIS, secte musulmane qui appartient à la branche des Schiites et suit la doctrine d'Abou-Kamel. Cet Abou-Kamel avait accusé les compagnons de Mahomet et Ali lui-même d'infidélité, les premiers pour ne lui avoir pas rendu hommage, et le second pour avoir renoncé à ses droits au khalifat. Ses partisans croient à la métempsycose, et disent que l'imamat est la lumière propagée d'un individu à l'autre. Les Kamélis enseignent également que les lumières divines ont passé successivement dans les imams, par une sorte de métempsycose. Leur système de métempsycose paraît se rapprocher de celui des Bouddhistes; car, suivant eux, le plus haut degré, c'est de devenir ange ou prophète, et le plus bas, de devenir démon ou serpent. D'après Scharistani, les Kamélis reconnaissaient quatre degrés de métempsycose.

KAMEN, *roche*. Les nations tartares et païennes qui habitent la Sibérie, ont beaucoup de respect pour les roches, surtout pour celles dont la forme est singulière. Ils croient qu'elles sont en état de leur faire du mal, et se détournent, lorsqu'ils en rencontrent dans leur chemin; quelquefois, pour se les rendre favorables, ils attachent, à une certaine distance de ces roches, toutes sortes de guenilles de peu de valeur.

KAMESWARI, un des noms de la déesse Vag-Dévi, la même que Saraswati, épouse de Brahmâ. *Voy.* VAG-DÉVI.

KAMI, nom que les Japonais de la religion du Sin-to donnent à leurs divinités, et principalement aux génies qui ont régné sur le Japon, avant l'apparition de la race humaine sur la terre. Souvent, dit Kæmpfer, on entend par ce nom un esprit ou un génie puissant; souvent une âme immortelle et distinguée des autres; plus communément un empereur, ou quelque grand personnage décédé et divinisé par le Daïri. On conserve, dans quelques temples, les armes dont on prétend qu'ils se servaient pour dompter les ennemis de l'empire. L'histoire des Kamis, qui fait une des principales parties de la théologie du Sintoïsme, est remplie d'aventures merveilleuses, de victoires remportées sur les géants, de dragons vaincus, et autres événements extraordinaires. Leurs temples s'appellent *Miya*, demeure des âmes. Ce sont de simples chapelles dénuées de décoration; il est rare d'y trouver l'image du Kami. Cet honneur n'est accordé qu'à ceux qui se sont distingués par quelque miracle éclatant; alors leurs statues sont placées sur le sommet du temple, dans une châsse qu'on ne découvre qu'à la fête du Kami qu'on y adore, et qui ne se célèbre qu'une fois tous les cent ans. L'intérieur des *Miya* n'offre à la vue que des banderoles de papier blanc suspendues au plafond, symbole de la pureté du lieu, et un grand miroir placé au milieu du temple. Ceux qui viennent prier le Kami sonnent une cloche, comme pour le prévenir de leur arrivée. Cependant on les adore fréquemment hors des temples, et il est fort ordinaire de voir les gens de la campagne se prosterner sur des monticules ou des pierres sacrées et y apporter leurs offrandes. Il n'y a ni formulaire, ni rite marqué pour l'invocation et le culte des Kamis, ni ordre sacerdotal pour desservir les *Miyas*; plusieurs même s'abstiennent de toute prière, persuadés que la divinité voit leurs pensées dans le fond de leur âme, comme ils voient eux-mêmes leur image dans le miroir du temple. Le Daïri prétend que les Kamis dont il descend lui ont transmis leur divinité ou leurs droits aux honneurs divins; on croit même que ces dieux ont pour leur petit-fils tant de respect, qu'ils se font un devoir de le visiter une fois l'an ; il est vrai qu'ils ne se rendent auprès de lui que d'une manière invisible. Durant le mois où les Kamis sont censés s'absenter de leurs temples pour résider à la cour du Daïri, on ne fait aucune solennité, et on ne leur rend aucun culte ; aussi l'appelle-t-on le *Mois sans dieux*.

Les Kamis sont appelés *Sin*, en langue chinoise articulée à la japonaise ; mais il ne faut pas les confondre avec les *Fotoki* ou *Fotognes*, qui sont les idoles des Bouddhistes du Japon. Voy. Sin-to, Miya.

KAMI-MITSI, culte rendu aux Kamis dans le Japon. Voy. Kami, Sin-to.

KAMI-NARI, dieu du tonnerre, dans la mythologie japonaise. Il est adoré avec *Kaseno-Kami*, le dieu des vents, dans le temple Asakou-sa.

KAMI-NA-TSOUKI, c'est-à-dire le *Mois sans dieux* ; nom que les Japonais donnent au dixième mois de l'année, parce que, pendant tout son cours, il ne se fait aucune cérémonie dans les temples des Kamis, ces divinités étant supposées aller rendre visite au Daïri, et lui faire invisiblement leur cour à cette époque de l'année.

KAMI-SIMO, vêtement de cérémonie, chez les Japonais ; il est composé de deux pièces, savoir, d'un manteau court sans manches, et d'une culotte. (*Kami* signifie ce qui est en haut, *Simo*, ce qui est en bas.) Le manteau se nomme *Katagenou*, et la culotte, *Vakama*. Tous les deux sont d'une forme particulière, et d'étoffes de couleur. On s'en sert seulement quand on va visiter les temples, dans les jours de cérémonie, et aux funérailles.

KAMLAT, opération magique en usage chez les Tartares de la Sibérie, et qui consiste à évoquer le diable au moyen d'un tambour magique qui a la forme d'un tamis ou plutôt d'un tambour de basque. Le sorcier qui fait le Kamlat marmotte quelques mots tartares, court de côté et d'autre, s'assied, se relève, fait d'épouvantables grimaces et d'horribles contorsions, roulant les yeux, les fermant et gesticulant comme un insensé. Au bout d'un quart d'heure, le sorcier fait accroire que, par ses conjurations, il évoque le diable, qui vient toujours du côté de l'Occident, et en forme d'ours, et lui révèle ce qu'il doit répondre. Il leur fait entendre qu'il est quelquefois maltraité cruellement par le diable, et tourmenté jusque dans le sommeil. Pour les en mieux convaincre, il feint de s'éveiller en sursaut, en criant comme un possédé. Les Lapons procèdent à peu près de la même manière dans leurs opérations magiques.

KAMMOUVA, rituel bouddhique, contenant le cérémonial usité à la réception d'un candidat dans l'ordre supérieur des prêtres barmans. Voy. Ka-ma-wa-tsa.

KAMO-HO-ARII, chef de la famille des dieux qui, suivant la tradition océanienne, vinrent de Taïti pour se fixer dans les îles Hawaï ou Sandwich, après la grande inondation ou le déluge. Cette famille divine se composait de *Kamo-ho-arii* (roi de la vapeur), *Ta-poha-i-tahi-ora* (explosion dans le lieu de la vie), *Te-oua-te-po* (pluie de la nuit), *Tane-hetiri* (tonnerre mâle), *Te-o-ahi-tamatawa* (fils de la guerre vomissant le feu), tous frères, et deux d'entre eux difformes et bossus comme Vulcain. Les sœurs venaient ensuite ; c'étaient : *Pélé*, l'aînée et la plus redoutable, *Ma-kore-wawahi-waa* (aux yeux étincelants et brisant les pirogues), *Hiatawawahi-lani* (déchirant le ciel et saisissant les nuages) ; puis, avec l'attribution générique *hiata* (saisissant les nuages), venaient : *Hiata-noho-lani* (habitant le ciel et saisissant les nuages), *Taarava-mata* (aux yeux sans cesse en mouvement), *Hoi-te-pori-a-Pélé* (baisant le sein de Pélé), *Ta-bou-ena-ena* (montagne enflammée), *Tereiia* (couronnée de guirlandes), enfin *Opio* (la jeune).

Toutes ces divinités vinrent se fixer dans le volcan de Kirau-Ea, d'où elles faisaient de fréquentes excursions dans l'île ; elles aimaient surtout à visiter les pics couronnés de neige. Leur arrivée était précédée de tonnerre, d'éclairs et de tremblements de terre. Les prêtres annonçaient alors qu'il fallait les conjurer au plus tôt avec des offrandes. Pélé, qui, sous la forme d'une lave brûlante, était le ministre de leur colère, dévorait parfois dans ses torrents jusqu'à deux cents cochons ; on les lui offrait tantôt vivants, tantôt cuits ; on les jetait dans le cratère quand il y avait menace d'éruption, ou dans la lave quand elle coulait. L'île entière, ainsi tributaire des dieux volcaniques, entretenait leurs temples et nourrissait leurs prêtres. C'était le culte de la terreur. Une infraction était-elle commise, à l'instant même, au dire des prêtres, le Kirau-Ea s'emplissait de lave et lançait contre les coupables sa rivière de cendres ardentes. Voy. Pélé.

KAMOI, dieu des Ainos et des îles Kouriles ; c'est le même que le Kami des Japonais.

KAMOINEN, mauvais génie de la mythologie finnoise ; c'est le patron des serpents.

KAMO-NOMIOSIN, dieu des Japonais, nommé aussi *Kami Kamo ô daï sin* ; son temple principal est au nord-est de la ville de Miyako, dans la province de Yamasiro, sur une petite montagne appelée de son nom *Kamo-yuma*, c'est-à-dire montagne de Kamo. Ce temple, dans lequel on lui offre encore des sacrifices, fut élevé l'an 571 de notre ère, par Kin-meï-ten-o, trentième Daïri.

KAMORTEN, un des quatre grands dieux du trente-troisième ciel, selon les Japonais.

KAMULAINEN, dieu terrestre des anciens Finnois ; il habitait *Hijen-Pesat*, avec la foule des *Wuoren-Väki*, génies travailleurs, occupés à durcir les rocs de granit et à les fixer sur leurs bases.

KANAKA-MOUNI, un des sept réformateurs qui, suivant les bouddhistes du Népâl, sont passés d'une nature mortelle à l'état et au rang de bouddha. Voici ce qu'en dit un traité népâli : « J'adore Kanaka-Mouni, le sage et le législateur, exempt de l'aveuglement des illusions mondaines, qui est né dans la ville de Sobhanavati, d'une race de brahmanes honorés par les rois. Sa personne resplendissante exista pendant 30,000 ans. Il obtint le degré de bouddha, magnifique comme le mont des pierreries, au pied de l'arbre Oudoumbara.» Kanaka-Mouni vivait dans le troisième âge; il s'appelle *Gachib* en langue vulgaire, *Hœ-sroung* en tibétain, *Gerel-Sakikichi* en mongol.

KANAPPEN, idole adorée par une peuplade hindoue qui habite au nord de Madras. Ce n'était qu'un simple chasseur malabar, qui avait l'habitude de déposer chaque jour son gibier au pied de la statue de Siva. Les prêtres desservants du temple le déifièrent, sans doute pour encourager le bon exemple.

KANDAR-CHASTI, fête que les Hindous célèbrent le lendemain de la nouvelle lune de kartik; elle dure jusqu'au septième jour suivant. On la célèbre en mémoire de la victoire que Kartikéya remporta sur le géant Taraka, après une guerre de six jours. Le septième on porte le dieu processionnellement, et dans quelques endroits on donne la représentation de la bataille où ce géant périt; on modèle cet assura en terre cuite, et des Indiens armés représentent les troupes.

KANDARCHIS, nom que les Hindous donnent aux richis ou saints qui expliquent les Védas.

KANDARPA, dieu de l'amour, chez les Indiens. *Voy.* KAMA.

KANDOU, saint personnage de la mythologie hindoue, auquel ses grandes austérités avaient acquis une puissance extraordinaire, mais qui la perdit pour avoir succombé tristement à une tentation charnelle. Les Hindous sont persuadés que par le moyen d'une contemplation profonde, et par les pratiques d'une pénitence perpétuelle, l'homme peut parvenir à s'élever au-dessus de toutes les créatures, et à se rendre redoutable aux dieux mêmes. Indra, entre autres, est menacé d'être détrôné un jour de sa demeure céleste par un simple mortel qui le surpassera en vertu; c'est pourquoi les regards pénétrants de ce dieu se promènent par intervalles sur la terre, et surtout sur les sombres forêts où les austères yoguis aiment à s'ensevelir; et s'il en aperçoit quelqu'un dont les mérites sont sur le point de recevoir leur récompense, il députe vers lui la plus agaçante des nymphes de sa cour, en lui enjoignant de mettre tout en usage pour le séduire. Nous croyons devoir insérer ici le petit poëme suivant, traduit du sanscrit par feu M. de Chézy, bien que le ton semble un peu léger; mais le lecteur y reconnaîtra le dogme de la chute de l'homme, et de la nécessité de sa réhabilitation, réhabilitation que l'homme ne peut acquérir que par la mortification de son corps, qui doit être dompté et soumis de nouveau à l'esprit par le jeûne, l'abstinence, les douleurs et les autres œuvres satisfactoires.

« Sur les bords sacrés du fleuve Gômati, dans une forêt solitaire abondante en racines, en fruits de toute espèce, sans cesse retentissant du gazouillement des oiseaux, du bruit léger des pas du cerf et de la timide gazelle, était situé, loin du concours des hommes, l'ermitage paisible de Kandou.

« Dans ce lieu de délices, le saint personnage était tout entier livré aux austérités les plus rudes: jeûnes, ablutions, prières, privations sans nombre; ces pénibles devoirs étaient trop doux pour lui. L'été régnait-il dans toute sa force, il s'entourait de feu, et recevait sur sa tête nue les rayons ardents du soleil; dans la saison des pluies, il se couchait dans l'eau; au cœur de l'hiver, des vêtements humides enveloppaient ses membres transis de froid.

« Témoins de ces effrayantes austérités, capables de lui assurer la conquête des trois mondes, les *dévas*, les *gandharvas* et autres divinités soumises à Indra étaient frappés d'admiration. « Oh! quelle étonnante fermeté! Oh! quelle constance dans la douleur! » ne cessaient-ils de répéter entre eux.

« Cependant leur admiration faisant place à la crainte, et désirant faire perdre au pieux ermite le fruit de sa longue pénitence, pleins de trouble, ils se rendent auprès de leur maître, et lui demandent son secours pour accomplir leur dessein.

« Accédant à leurs vœux, le dieu des éléments adresse ainsi la parole à la nymphe *Pramnotchâ*, remarquable par sa beauté, sa jeunesse, l'élégance de sa taille, l'éclat de ses dents:

« Va, Pramnotchâ, lui dit-il, va avec la rapidité de l'éclair dans les lieux où Kandou a établi sa demeure: ô belle, mets tout en œuvre pour rompre sa pénitence; porte le trouble dans ses sens.

« — Divinité puissante, lui répondit la nymphe, je suis prête à remplir tes ordres; mais je tremble pour mes jours; je redoute cet illustre solitaire, au regard terrible, au visage éclatant comme le soleil. De quelle horrible imprécation ne peut-il pas m'accabler dans sa colère, s'il vient à soupçonner le motif de mon arrivée? Que ne désignes-tu plutôt pour cette périlleuse entreprise, *Ourvassi*, *Menakâ*, *Rambhâ*, *Misra-Kessi* et autres nymphes de ta cour, toutes si fières de leurs charmes?

« — Non, lui répondit le divin époux de Satchî; ces nymphes doivent rester près de moi; c'est en toi que j'espère, beauté céleste; cependant je te donnerai, pour venir à ton aide, l'Amour, le Printemps et le Zéphire.

« La nymphe aux doux regards, rassurée par ces paroles flatteuses, traverse aussitôt l'éther avec ses trois compagnons, et ils descendent dans la forêt, aux environs de l'ermitage de Kandou. Ils errent quelque temps sous ces vastes ombrages, qui leur rappellent l'éternelle verdure des jardins enchantés d'Indra. Partout y souriait la nature; ce n'étaient que fruits, que fleurs, que mélodieux concerts. Là, leur vue s'arrête sur un manguier superbe; ici, sur un citronnier aux fruits d'or; plus loin, de hauts palmiers attirent leurs regards: le bananier, le grenadier, le figuier aux larges feuilles, leur prêtent tour à tour la fraîcheur de l'ombre.

« Perchés sur leurs rameaux flexibles, un

peuple d'oiseaux, aussi variés dans leur plumage que dans leur chant, flattaient également et l'oreille et les yeux.

« De distance en distance, des étangs limpides, des ruisseaux purs comme le cristal, embellis par les coupes d'azur et de pourpre du nénufar sacré, étaient sillonnés avec grâce par des couples de cygnes d'une blancheur éblouissante, et une foule d'oiseaux aquatiques amis de l'ombre et de la fraîcheur.

« Pramnotchâ ne pouvait se lasser de contempler ce ravissant spectacle; cependant elle rappelle au Zéphire, au Printemps et à l'Amour l'objet de leur voyage, et les engage à agir de concert pour la faire réussir dans son entreprise. Elle-même aussitôt s'apprête à déployer toutes les ressources de la séduction.

« Ah! ah! s'écrie-t-elle, nous allons donc
« le voir, cet intrépide conducteur du char
« de Brahmâ, qui se vante de tenir sous le
« joug le coursier fougueux de ses sens!...
« Oh! que je crains pour lui que dans cette
« rencontre les rênes n'échappent de ses
« mains!.... Oui! fût-il Brahmâ, Vichnou,
« le dur Siva lui-même, son cœur éprouvera
« aujourd'hui ce que peuvent les traits de
« l'Amour. »

« En achevant ces mots, elle se rend vers l'ermitage, où, par la présence du saint anachorète, les bêtes les plus farouches se sentaient dépouillées de leur férocité. A l'écart, sur le bord du fleuve, elle mêle aux chants du kokila sa voix enchanteresse, et fait entendre un cantique de louanges.

« Au même instant, le Printemps répand de nouveaux charmes sur toute la nature : le kokila soupire avec plus de douceur; une harmonie indicible jette l'âme dans une langueur voluptueuse. Chargé de tous les parfums des monts Matayas, sa patrie, le Zéphire agite mollement les airs, jonchant partout la terre des fleurs les plus odorantes; et l'Amour, armé de ses flèches brûlantes, s'approchant de Kandou, fait pénétrer dans ses veines un feu qui le dévore.

« Frappé des chants mélodieux qui parviennent à son oreille, déjà ivre d'amour et dans le plus grand trouble, il vole vers les lieux d'où partent ces accents. Il reste comme stupéfait à la vue des charmes que Pramnotchâ déploie à ses regards.

« Qui es-tu? quelle est ton origine, femme
« adorable, lui dit-il, toi dont la taille élégante, les sourcils si délicatement arqués,
« le sourire enchanteur, ne me laissent plus
« maître de ma raison? Dis-moi la vérité, je
« t'en conjure. »

« Tu vois en moi, lui répondit Pramno« tchâ, la plus humble de tes servantes, occu« pée seulement à cueillir ces fleurs.... Maî« tre, donne-moi promptement tes ordres :
« dis, que puis-je faire qui te soit agréa« ble? »

« A ces douces paroles, toute la fermeté de Kandou acheva de s'évanouir, et prenant aussitôt la jeune nymphe par la main, il la fit entrer dans son ermitage.

« Alors l'Amour, le Printemps et le Zéphire regagnèrent les régions éthérées, et racontèrent aux dieux enchantés la réussite de leur stratagème.

« Cependant Kandou, par le pouvoir surnaturel que ses austérités lui avaient acquis, se métamorphose à l'instant en un jeune homme d'une beauté toute divine. Des vêtements célestes, des guirlandes semblables à celles dont se parent les dieux, rehaussent encore l'éclat de ses charmes; et la nymphe, qui croyait seulement le séduire, se sentit séduite à son tour.

« Jeûnes, ablutions, prières, sacrifices, méditations profondes, devoirs envers les dieux, tout est mis en oubli. Uniquement occupé de sa passion, le pauvre ermite ne songeait pas à l'échec porté à sa pénitence. Plongé dans les plaisirs, les jours se succédaient sans qu'il s'en aperçût.

« Plusieurs mois s'étaient ainsi écoulés dans un ravissement continuel, lorsque Pramnotchâ lui témoigna le désir de retourner au séjour céleste, sa patrie; mais Kandou, plus épris que jamais, la conjure de demeurer encore. La nymphe cède, et au bout de quelque temps, elle lui déclare de nouveau ses intentions Mêmes instances de la part de l'ermite, qui cherche à la retenir. Pramnotchâ, dans la crainte d'attirer sur sa tête une imprécation redoutable, prolonge encore son séjour et trouve dans Kandou un amant de plus en plus passionné. Il ne la quittait pas un instant; aussi fut-elle singulièrement surprise un soir, en le voyant se lever brusquement de ses côtés, et précipiter ses pas vers un bocage consacré.

« Eh! quelle pensée vous agite donc? lui
« demanda-t-elle aussitôt. — Ne vois-tu pas,
« lui répondit Kandou, que le jour est près de
« finir? Je vole faire le sacrifice du soir, de
« peur de commettre la moindre faute dans
« l'accomplissement de mes devoirs.

« — Eh bien, homme consommé dans la
« sagesse, que vous importe donc ce jour de
« préférence à cent autres? Allez, quand ce« lui-ci se passerait encore sans être fêté
« comme tous ceux qui, durant de grands
« mois, viennent de s'écouler pour vous, qui,
« dites-le-moi, pourrait y faire attention et
« s'en scandaliser?

« — Mais, répliqua l'anachorète, lorsque ce
« matin même, ô femme charmante, que je
« t'ai aperçue sur le bord du fleuve, que je
« t'ai reçue dans mon ermitage, et que voici
« le premier soir témoin de la présence en
« ces lieux... dis-moi, que signifie ce lan« gage et ce rire moqueur que j'aperçois
« sur tes lèvres?

« — Et comment, lui répondit-elle, ne pas
« sourire de votre erreur, quand depuis ce
« matin dont vous parlez, voici qu'une révo« lution de l'année est en grande partie
« écoulée?

« — Quoi! serait-ce la vérité qui sortirait
« de ta bouche, ô nymphe trop séduisante!
« ou plutôt ne serait-ce pas un pur badina« ge? car il me semble que je n'ai encore
« passé qu'un seul jour avec toi.

« — Oh! pourriez-vous me soupçonner « d'user de mensonge envers un aussi vé- « nérable brahmane, un saint ermite qui a « fait vœu de ne jamais s'écarter un instant « du chemin suivi par les sages? »

« — Oh! malheur, malheur sur moi! s'é- « crie alors l'infortuné brahmane, dont les « yeux sont enfin dessillés. O fruit à jamais « perdu de ma longue pénitence! Toutes ces « œuvres méritoires, toutes ces actions con- « formes à la doctrine des Védas sont donc « anéanties par la séduction d'une femme!... « Fuis, fuis loin de moi, perfide! va, ta mis- « sion est accomplie! »

KANDOURI. Ce mot, qui signifie en persan une *nappe*, est employé dans l'Inde musulmane pour désigner une fête en l'honneur de Fatima, fille de Mahomet. Les femmes les plus vertueuses peuvent seules y prendre part. Il n'est permis à aucun homme de voir les mets et les offrandes qu'elles destinent à la fille du prophète. On récite à cette occasion le *fatiha* des saintes femmes, que nous avons reproduit à l'article FATIHA.

KANE-APOUA, un des dieux de la mer, adoré par les pêcheurs de l'île Hawaï, qui lui apportaient leurs offrandes.

KANE-NOUI-AKEA, autre dieu des îles Hawaï. D'après une ancienne tradition, ce dieu apparut à Kama-Pii-Kaï, prêtre qui desservait son temple, et lui ordonna de se rendre à Taïti, dont il lui révéla la situation. Kama-Pii-Kaï, pour obéir aux ordres de son dieu, s'embarqua avec un grand nombre de compagnons, sur quatre doubles pirogues, et resta quinze ans absent. A son retour, le prêtre fit à ses compatriotes un tableau ravissant du pays qu'il avait visité, et qu'il nommait Haupo-Kama. Il citait une plage couverte de coquillages et de fruits, et peuplée d'une belle race d'hommes. Mais ce qui attirait le plus l'attention, c'était une fontaine appelée *Wai-ora-roa* (eau de longue vie), qui avait la faculté de rajeunir et de cicatriser toute espèce de blessures. Kama-Pii-Kaï fit encore trois nouveaux voyages, accompagné chaque fois par un grand nombre de curieux, qui étaient attirés surtout par le désir de se baigner dans les eaux merveilleuses de la Jouvence polynésienne. Le prêtre entreprit un quatrième voyage d'où il ne revint pas, et l'on en conclut qu'il avait péri en mer, ou qu'il s'était fixé à Taïti.

KANG, ancien prince chinois, honoré comme un dieu sous le nom de *grand roi*. Son idole a trente pieds de hauteur. Elle est dorée depuis le haut jusqu'en bas, et revêtue d'habits magnifiques; sur sa tête brille une superbe couronne. C'est peut-être le même que le dieu mentionné dans l'article suivant.

KANG-Y, dieu des cieux inférieurs, chez les Chinois, qui le regardent comme pouvant dispenser à son gré la vie et la mort. Ils croient qu'il a toujours à ses côtés trois esprits subalternes, dont le premier, nommé *Tan-Kouang*, dispense la pluie pour rafraîchir et féconder la terre; le second, nommé *Tsen-Kouang*, est le dieu de la mer; les navigateurs lui font des vœux à leur départ, et lui rendent, à leur retour, des actions de grâces; le troisième, appelé *Tai-Kouang*, préside aux naissances, à l'agriculture et à la guerre.

KAN-HOEN, nom des prêtres chez les Tartares Kia-sse. Ces peuples sacrifient aux dieux en rase campagne, sans autre objet de culte que les eaux et les herbes. Ils n'ont point de temps réglé pour cela.

KANIKA-DANA. Parmi les œuvres de charité les plus méritoires chez les Hindous, on en compte trois principales, savoir le *Go-dana*, don d'une vache; le *Bhou-dana*, don d'une terre, et le *Kanika-dana*, don d'une fille ou d'une vierge; celui qui accepte un de ces dons est censé se charger des péchés de son bienfaiteur, et doit les expier par des pénitences et des bonnes œuvres.

Le *Kanika-dana* se fait, soit en donnant à de pauvres brahmanes une somme suffisante pour les dépenses de leur mariage, soit en faisant épouser sa fille à un parent pauvre qui, sans cette charité, n'aurait pas eu le moyen de se marier. Ordinairement le beau-père joint au don de sa fille des présents, en bijoux, en argent ou en maisons. Il fait tous les frais de la noce, et quelquefois, par une espèce d'adoption, il fait participer son gendre à son héritage, en lui donnant une part d'enfant. Quoique ces présents ne soient pas essentiels au mariage en Kanika-dana, il est néanmoins très-rare que le père de la fille n'en fasse point, parce qu'il n'y a qu'un homme sans biens et sans ressources qui consente à contracter un semblable mariage, et à s'avilir au point de se charger des péchés de son beau-père.

Quiconque reçoit le Kanika-dana est exclu de la succession de son père, à laquelle il renonce; en conséquence, ses héritiers paternels n'ont point de part à la succession; s'il meurt sans enfants, ses biens passent à la veuve qui en dispose à son gré. Quand cette renonciation se fait solennellement, celui qui se marie sort de la maison paternelle en présence de tous ses parents, se dépouille à la porte de tous ses vêtements, rompt le cordon brahmanique passé à son cou et à ses épaules, jette le tout à terre, et n'emporte rien de ce qu'il avait reçu de sa famille. La rupture du cordon, que les Indiens portent toute leur vie, est une renonciation, non-seulement aux biens, mais à sa propre famille à laquelle on devient étranger par cet acte.

KANKALI, divinité locale adorée dans l'Inde par les Khonds du district de Pountchora.

KANNO, nom que les Quojas, nègres de la Côte-d'Or, donnent à un être supérieur aux jannanins ou esprits, et auteur de tout ce qui existe. Ils lui attribuent un pouvoir infini, une connaissance universelle, et l'immensité de nature qui le rend présent partout. Ils croient que tous les biens viennent de lui; mais ils ne lui accordent pas une durée éternelle. Ils s'imaginent qu'il aura pour successeur un autre être, qui punira le vice et récompensera la vertu; quelque respect qu'ils aient pour Kanno, ils ne lui rendent presque aucun culte, si ce n'est que, quand ils sont outragés, ils demandent vengeance à Kanno, comme aux jannanins; et que, quand ils vont dans les bois pour implorer l'assistance de ces derniers, ils implorent aussi celle de Kanno. *Voy.* JANNANINS.

KANOUSIS, ministres des temples de la religion du Sinto, au Japon. Ce ne sont point des ecclésiastiques, mais des séculiers fort inférieurs aux Koughés, qui composent le véritable clergé du Japon, et qui résident presque tous à la cour du Daïri. Lorsque les Kanousis sortent, ils sont distingués par de longues robes ordinairement blanches, quelquefois jaunes, à grandes manches, qu'ils portent par-dessus leurs vêtements ordinaires. Ils se rasent la barbe, mais ils laissent croître leurs cheveux. Ils portent un bonnet roide, oblong en forme de bateau, et vernissé, qui avance sur le front et s'attache sous le menton avec des cordons de soie, et d'où pendent des nœuds à franges, qui sont plus ou moins longs, suivant l'emploi ou la qualité de la personne qui les porte; ces ministres ne sont obligés de s'incliner devant les personnes d'un plus haut rang, que jusqu'à ce que le bout de ces nœuds touche la terre. Leurs supérieurs ont les cheveux tressés et relevés sous une gaze noire d'une façon particulière; ils ont de plus deux oreillettes qui descendent plus ou moins sur les joues, selon les dignités ou les titres d'honneur que leur a conférés le Mikado ou Daïri. Dans les affaires ecclésiastiques, les Kanousis sont soumis à la juridiction absolue de Mikado : mais pour le temporel, ils obéissent aux ordres des deux Dzi-sin-bou-kio ou juges impériaux des temples, nommés par le monarque séculier.

Kæmpfer les accuse d'une fierté et d'un orgueil intolérables; ils se croient, dit-il, beaucoup plus parfaits et d'une plus noble extraction que les autres hommes. Quand ils sortent en habit laïque, ils portent deux cimeterres comme les personnes de la plus haute qualité. Ils croient que leur devoir et leur fonction les engagent à n'avoir absolument aucun commerce ni aucune liaison avec le commun peuple, quoiqu'ils soient eux-mêmes laïques. Il y en a même quelques-uns qui poussent si loin l'idée qu'ils ont de leur pureté et de leur sainteté, qu'ils croiraient se profaner, s'ils avaient quelque commerce avec les ecclésiastiques qui ne sont pas de leur secte.

KANPHATA espèce des djogui ou religieux hindou, qui a les oreilles fendues, ainsi que l'exprime son nom. Les Kanphata appartiennent à la secte de Siva.

KANSA, personnage de la mythologie hindoue, qu'on pourrait comparer au Saturne des Grecs, ou à l'Hérode de l'Évangile. Il était roi de Mathoura et ennemi mortel de Krichna, son neveu, qui était prédestiné à lui ôter la vie. Il commença à le persécuter dès avant sa naissance, en faisant garder à vue son père et sa mère, pour faire périr l'enfant au moment où il verrait le jour. Krichna, longtemps caché au milieu des bergers, avec son frère Bala-Rama, reparut à Mathoura, pour accomplir les destins, tua Kansa, et rétablit sur le trône Ougraséna, père du tyran, qui avait été détrôné par son propre fils.

Kansa était l'ennemi perpétuel de Vichnou; dans une naissance antérieure, il avait été le géant Kalanémi et avait succombé sous les coups de ce dieu. Or c'est le système hindou, que, quand un dieu s'incarne, il retrouve sur la terre les mêmes amis et les mêmes ennemis. Kricha, avatare de Vichnou, retrouve Kalanémi dans la personne de Kansa, comme sa femme bien-aimée Roukmini n'était autre que Lakchmi, son épouse divine. *Voy.* KRICHNA.

KAN-SÉO-SIO, personnage japonais, qui avait rempli les fonctions de ministre sous plusieurs Daïris; il mourut l'an 903 de l'ère chrétienne, à l'âge de cinquante-neuf ans. On prétend qu'il n'avait ni père ni mère, et que personne ne connaissait son origine. Après sa mort, on éleva des temples en son honneur, et on le vénéra comme un kami ou génie de premier ordre, sous le titre de *Taï-zio-daï-sin*.

KANTA SANNYASA, exercice de pénitence en usage parmi les Hindous, surtout dans la fête du *Tcharkh-Poudja*; il consiste à se jeter sur des branches de végétaux épineux étendus par terre, à les ramasser et à en manger les fruits.

KANTCHANA, l'un des sept bouddhas parvenus de l'état mortel à cette dignité suprême; le même que KANAKA-MOUNI. *Voy.* cet article.

KANTCHELIYAS, secte d'Hindous dévoués au culte du *Sacti* ou pouvoir féminin, personnifié dans les déesses. Leur religion semble avoir pour but d'établir parmi eux la communauté des femmes, et de fouler aux pieds toute pudeur et toute contrainte dans leurs rapports avec elles. Lorsqu'ils se réunissent pour les cérémonies du culte, les femmes ôtent leurs habits de dessus elles et les déposent dans une caisse, confiée à la garde d'un gourou. Après l'office, les hommes vont prendre chacun un habit dans la caisse, et la femme à laquelle il appartient va se livrer à celui à qui il est échu, quel que soit le degré de parenté qui l'unisse avec lui.

KANTHA, espèce de chapelet dont se servent les Musulmans de l'Inde, appartenant à la secte des Schiites; il est composé de gros grains d'argent, de cristal ou de terre argileuse prise dans la contrée de Kerbéla, lieu célèbre par la défaite et la mort de l'imam Hoséin. Le gros grain porte le nom d'*imam*, comme le ministre du culte qui préside aux prières.

KAN-THA-PHO, une des huit espèces de démons admis dans la théogonie des bouddhistes de la Chine; ce sont les Gandharvas des Hindous; on les représente comme des corps odorants, qui ne boivent pas de vin et ne mangent pas de chair. Les Kantha-pno ou Gandharvas sont les musiciens du ciel d'Indra.

KAONO-HIOKALA, dieu des îles Hawaï, qui partageait avec Koua-Païro la fonction de recevoir l'âme des rois à la sortie de leurs corps, de les conduire dans certaines parties des cieux, d'où ils les retiraient au besoin pour surveiller ou conseiller leurs descendants. Aussi les Hawaïens avaient-ils le plus grand respect pour les mânes de leurs rois et de leurs chefs.

KAOUS, génies malfaisants, qui, suivant les Persans, habitent le Caucase ou la montagne de Caf, séjour des génies.

KAPALAS ou KAPALIKAS, nom de la quatrième branche des *Maheswaras* ou adorateurs de Siva. Ils avaient coutume d'aller de côté et d'autre tout nus, couverts de cendres, armés d'un sabre ou d'une fourche à trois dents, et portant un crâne à la main. La plupart étaient dans un état perpétuel d'ivresse causé par l'abus des liqueurs fortes, et on les regardait comme capables de ne reculer devant aucun crime.

KAPALIN, nom d'un des onze Roudras, divinités indiennes. *Voy.* ROUDRA.

KAPILA, mouni ou ancien sage de l'Inde, qui passa pour avoir été une incarnation de Vichnou. Il était petit-fils de Kardama et de Dévahouti, fille de Manou Swayambhouva. Vichnou s'incarna dans sa personne pour la destruction des soixante mille fils de Sagara. Voici comme sa mission fut accomplie : les enfants du roi Sagara étant à la recherche du cheval destiné au sacrifice Aswamédha, trouvèrent le saint mouni absorbé dans la contemplation, sur le bord d'un abîme sans fond qui conduisait aux régions infernales, et le cheval paissait auprès de lui. Ils l'accusèrent de l'avoir dérobé, et fondirent sur lui pour le tuer; mais un feu dévorant sortit aussitôt des yeux de Kapila et les réduisit tous en cendres. Afin d'expier leur crime, de purifier leurs restes et d'assurer le repos à leurs âmes, Bhaguiratha, arrière-petit-fils de Sagara, fit descendre du ciel le Gange, par la vertu de ses austérités, et l'amena de l'Himalaya, où il était descendu, jusqu'à l'endroit où étaient les cadavres. Les enfants de Sagara furent purifiés, et les eaux du fleuve, coulant dans l'abîme, produisirent l'Océan. C'est de là que l'Océan porte en sanscrit le nom de *Sagara*.

D'autres veulent que Kapila soit fils de Brahmâ et l'un des grands Richis ou saints considérés comme émanations de cette divinité. Il en est qui l'identifient avec Agni, dieu du feu, dont il serait une incarnation. Quoi qu'il en soit, Kapila passe pour être le fondateur de la doctrine philosophique connue sous le nom de *Sankhya*. *Voy.* SANKHYA.

Il y a un temple célèbre dédié à Kapila sur le Ganga Sagara, à l'une des embouchures du Gange, où l'on suppose que s'est opéré le miracle rapporté plus haut. Ce temple est desservi à tour de rôle par des religieux appartenant aux sectes de Vichnou et de Siva, qui exigent une redevance de quatre anas (62 centimes) de tous les pèlerins qui viennent visiter le temple. En face de l'édifice est un figuier des pagodes, sous lequel sont les images de Rama et d'Hanouman; celle de Kapila est dans le temple même. Les pèlerins écrivent ordinairement leurs noms sur les murs du temple, et font une petite prière au saint personnage, ou bien ils suspendent aux branches de l'arbre une brique ou une motte de terre, pour obtenir la santé, des richesses ou des enfants, et promettent, si leurs vœux sont exaucés, de faire un présent à quelque divinité. Derrière le temple est une petite excavation remplie d'eau fraîche, dont les pèlerins peuvent boire quelques gorgées, moyennant une petite redevance au chef des gardiens du temple.

KAPPARA, cérémonie en usage chez les juifs du moyen âge, et qui se pratiquait la veille du jeûne de l'expiation. Ce jour-là, les hommes choisissaient un coq, et les femmes une poule; les femmes enceintes prenaient un coq et une poule. Le père de famille ou le maître de la maison, tenant le coq à la main, récitait quelques passages des psaumes et du livre de Job, après quoi il se frappait trois fois la tête avec le coq, en disant à chaque coup : *Que ce coq soit échangé pour moi, qu'il expie mes péchés, qu'il souffre la mort, et que je jouisse de la vie.* Cette cérémonie, répétée trois fois, parce qu'elle représentait l'expiation des péchés du chef de la maison, de ceux de sa famille et de ceux de ses domestiques, paraît faire allusion au chap. XVI, v. 17, du *Lévitique*, où le grand prêtre devait racheter ses péchés, ceux de sa maison et ceux de tout le peuple. Après avoir donné les trois coups, il serrait le cou de l'animal et l'étranglait, pour montrer que le pécheur avait mérité de perdre la vie; il lui coupait la gorge, pour exprimer que le pécheur devrait perdre son sang; il le jetait avec violence sur le pavé, en signe que le pécheur méritait d'être lapidé. Enfin, il rôtissait le coq, symbole du feu de l'enfer qui était la peine du péché; puis, il jetait les entrailles de l'animal sur le toit de la maison, peut-être pour abandonner aux oiseaux de l'air ces organes, siège des passions dans l'homme. Ce coq devait être blanc; on le croyait plus propre à se charger des péchés des hommes; car on supposait qu'un coq d'une autre couleur avait déjà toute sa charge. Après la mort du coq, on allait prier Dieu dans les tombeaux, et on donnait en argent à quelques pauvres la valeur de la victime. Autrefois on leur abandonnait sa chair, mais dans la suite les pauvres la refusèrent, parce qu'ils vinrent à réfléchir que cette viande était couverte d'iniquités.

KAPPOUHS ou KAPOURALES, nom des prêtres attachés au culte des génies ou divinités indigènes de l'île de Ceylan; ils ne reçoivent point une éducation particulière, mais ils appartiennent à une certaine caste, et doivent être de mœurs pures. Ils ne portent point d'habits qui les distinguent du reste du peuple, pas même lorsqu'ils officient; ils se contentent alors d'avoir du linge blanc et de se baigner avant de procéder aux cérémonies du culte. Ils jouissent d'un morceau de terre qui appartient au Déwal où ils officient. Ils labourent la terre et vaquent à leurs affaires ordinaires, excepté lorsque le service religieux les appelle, ce qui arrive tous les matins et tous les soirs, selon que le revenu du temple peut y suffire. Ce service consiste à présenter à l'idole du riz bouilli et d'autres provisions, qu'on laisse quelque temps dans le temple, après quoi les tambours, les joueurs de flûte et les autres ministres du temple les consomment.

KARA-DJAMEA, livre qui est aux Persans ce qu'étaient autrefois les oracles des sibylles pour le peuple romain. On le consulte dans les affaires importantes, et surtout ayant d'entreprendre une guerre. Il est composé de neuf mille vers, chaque vers comprenant une ligne de cinquante lettres. Il a été composé par le célèbre Schah-Séphi, aïeul du prince qui régnait au temps de Chardin, et les Persans étaient persuadés qu'il contenait une partie des principales révolutions de l'Asie, jusqu'à la fin du monde. Il était, à l'époque de ce voyageur, gardé avec soin dans le trésor royal, comme un original qui n'avait ni double ni copie; car la connaissance en était interdite au peuple.

KARAI-PAHOA, l'un des dieux les plus hideux de l'archipel Hawaï; il était l'objet d'un culte spécial de la part des habitants de l'île Morokaï. Cette idole, qui fut brisée à la mort de Tamea-Mea, et partagée entre les principaux chefs de l'île, était faite d'un bois tellement vénéneux, que l'eau qu'on y renfermait devenait bientôt mortelle.

Une légende des insulaires rapporte qu'un individu nommé Kanea-Kama ayant reçu de son dieu tutélaire, qui lui apparut en songe, l'ordre de lui faire une statue avec le tronc d'un arbre qui lui serait désigné dans la forêt, prit avec lui des ouvriers et se rendit au lieu indiqué. Là, ils aperçurent un groupe d'arbres où étaient logés Tane et d'autres dieux, qui indiquèrent aux bûcherons le travail qu'ils avaient à faire. Mais à peine ceux-ci eurent-ils commencé à porter les premiers coups, que des copeaux détachés du tronc en ayant touché quelques-uns, les firent périr à l'instant. Cette mort jeta l'épouvante parmi les autres ouvriers, qui se sauvèrent en abandonnant leurs haches; mais Kanea-Kama parvint à les ramener, et les décida à continuer, en leur couvrant tout le corps de feuilles de dracœna, et ne laissant qu'un œil libre. Ils se servirent aussi de pahoas (sabres de bois) au lieu de haches; d'où le dieu fut nommé Karaï-pahoa, fait avec le pahoa.

KARAKIA-TANGA, solennité par laquelle les Néo-Zélandais invoquent Wi-doua, l'esprit-oiseau, une de leurs divinités, avant d'en venir à des hostilités avec les tribus ennemies.

KARA-LINGUIS, religieux hindous, adorateurs de Siva; ce sont des vagabonds qui ne jouissent d'aucun crédit, excepté toutefois auprès de la basse classe de la société. On les rencontre rarement réunis plusieurs ensemble; ils vont nus, et pour marquer leur empire sur les désirs charnels, ils attachent un anneau de fer et une chaîne à l'organe viril.

KARANDJA, un des daityas ou démons de la mythologie hindoue, vaincu par Indra.

KARBANIM, c'est-à-dire sacrificateurs, ou Kohanim, prêtres, ou Kedeschim, personnes sacrées; nom que l'on donnait aux ministres du culte chez les Syriens et les Phéniciens. Leur nombre était très-considérable, et leurs chefs étaient pris dans les familles les plus distinguées du pays. Lorsqu'ils offraient de l'encens, ils étaient revêtus d'une robe de lin, qui était flottante et sans ceinture; elle était garnie d'un large clou, pendant qu'ils sacrifiaient. Leur tête rasée était couverte d'un bonnet aussi de lin, et ils avaient les pieds nus. On exigeait d'eux une grande pureté extérieure. Il ne leur était permis de se marier qu'avec une fille vierge; tout commerce leur était interdit avec leurs femmes dans le temps de leurs impuretés légales. Un prêtre phénicien était réputé souillé par l'approche d'un tombeau, s'il avait assisté à un repas funèbre, s'il avait vu quelque chose d'indécent, ou entendu quelque parole triste et lugubre qui eût pu l'émouvoir et le troubler. De là les lustrations, les ablutions, les bains auxquels ils étaient assujettis, avant de remplir aucune de leurs fonctions.

KAREITAR, divinité finnoise; c'était l'hôtesse et la patronne des renards.

KARÉ-PATRÉ-PANDARON, nom tamoul d'un religieux indien, dévoué à Siva, qui fait vœu de ne plus parler; en conséquence, pour demander l'aumône, il entre dans les maisons et frappe dans ses mains sans rien dire. Ceux qui lui font la charité, lui portent le riz tout cuit et le lui mettent dans les mains; il le mange dans l'endroit même où il le reçoit, sans en rien réserver. Si cela ne lui suffit point, il va dans une autre maison faire la même cérémonie. Son nom exprime le procédé dont il se sert; il vient du sanscrit Kara, main, et Patra, feuille servant d'assiette, et signifie celui qui se sert de ses mains en guise d'assiette.

KARES, déesse de la mythologie finnoise; c'était la nourrice des serpents.

KARI-CHANG. Les Formosans ont un temps d'abstinence, qu'ils prétendent leur avoir été prescrit par un certain homme qui, après avoir souffert les insultes auxquelles il était en butte de la part de ses compatriotes, à cause de quelques difformités naturelles, pria les dieux de le recevoir dans le ciel, la première fois qu'il lui arriverait d'être insulté. Sa prière fut exaucée. Il y a apparence que les dieux le revêtirent d'un emploi qui pouvait le rendre redoutable sur la terre; car il descendit à Formose peu de temps après, et, pour se venger des mépris du peuple, il lui apporta vingt-sept articles, dont est composé ce que les Formosans appellent Kari-chang. Le législateur vindicatif les menaça d'être châtiés rigoureusement, s'il leur arrivait de négliger quelqu'un de ces articles. Pendant ce Kari-chang, il est défendu aux Formosans de bâtir des maisons, de vendre des peaux, de se marier, d'avoir commerce avec une femme, même avec son épouse, de semer, de forger des armes, de faire quelque chose de neuf, de tuer des cochons, de donner un nom à un enfant nouveau-né, de se mettre en voyage, à moins qu'on ne soit déjà hors de son pays, quand ce deuil est commencé. Telle est la substance des principaux articles du *Kari-chang*.

KARILAÏNEN, dieu des anciens Finnois, boiteux comme Vulcain, sans toutefois que ses fonctions ressemblent aux siennes, car elles consistent à protéger contre les effets pernicieux du fer. La légende rapporte qu'un jour Karilaïnen creusa la terre avec l'orteil et le talon de son pied, et aussitôt on en vit sortir Herhilaïnen et Mebilaïnen, c'est-à-dire la guêpe et l'abeille, qui s'envolèrent à la recherche du miel, baume salutaire pour les blessures.

KARKOTA, roi des serpents, dans la mythologie du Népal.

KARMABINAS, secte d'Hindous qui ont rejeté toute observance rituélique. Ils font profession de regarder Vichnou comme la source unique et la somme de l'univers. Ils sont en petit nombre et peuvent à peine être considérés comme formant une secte.

KARMATES, sectaires musulmans. *Voy.* CARMATI.

KARMIKA, un des quatre systèmes du bouddhisme spéculatif; il a beaucoup de rapports avec le système appelé *Yatnika*. Le nom du premier est dérivé du *Karma*, mot par lequel on entend la conscience de l'action morale; et celui du second, du *Yatna*, qui est la conscience de l'action intellectuelle. « Je crois, dit M. Hodgson traduit par Klaproth, que ces écoles sont plus récentes que les autres (le *Swabhavika* et l'*Aishvarika*), et j'attribue leur origine à un désir de rectifier le quiétisme extravagant qui, dans les écoles anciennes, dépouillait les forces regardées comme étant de nature, soit matérielle, soit immatérielle, de toute providence et de toute souveraineté, et l'homme de toute son énergie active et de ses devoirs. Admettant comme justes les principes plus généraux de leurs prédécesseurs, ces sectaires semblent avoir dirigé principalement leur attention sur les phénomènes de la nature humaine, après avoir été frappés de la liberté de sa volonté et de la différence de ses forces intellectuelles et sentitives, et d'avoir cherché à prouver, malgré la loi morale nécessaire de leurs premiers docteurs, que la félicité de l'homme doit être assurée soit par la culture convenable de son sens moral, ce qui était le sentiment de Karmika, ou par la direction raisonnable de son intelligence, conclusion que les Yatnika préféraient; voilà, je crois, le fondement de la distinction entre les deux écoles comparées l'une à l'autre. »

KARONA, fleuve céleste qui, suivant les Hindous, coule dans le Vaikounta, paradis de Vichnou. Sur ses bords habitent un grand nombre de saints pénitents, qui y passent des jours heureux et paisibles. Ils se nourrissent de fruits délicieux qui croissent spontanément, et ils s'adonnent à la contemplation et à la lecture des Védas.

KAROUNIKA-SIDDHANTINS, troisième branche des Maheswaras ou adorateurs de Siva; ce sont les mêmes que les Kalamoukhas.

KARRA-KALF, le plus haut degré de la magie en Islande, dans les temps modernes. C'était le diable qui apparaissait sous la forme d'un veau nouvellement né et non encore nettoyé par sa mère. Celui qui désirait obtenir l'initiation était obligé de faire cette opération avec sa langue; et, par ce moyen, il parvenait à la connaissance des plus grands mystères.

KARRER, un des esprits célestes des Carolins occidentaux; il est fils de Leugueileng, et petit-fils d'Elieulep. *Voy.* ELIEULEP.

KARTA, c'est-à-dire le créateur; nom du grand Etre, chez les Indiens; il est le seul Dieu souverain, le plus subtil des éléments, infiniment parfait, éternel, indépendant, la sublime puissance. Il s'est transformé en trois figures humaines, Brahmâ, Vichnou et Siva, qui ne sont que les attributs de sa force unique. Brahmâ est le créateur, Vichnou le conservateur et Siva le destructeur, ou plutôt le réparateur et le vengeur. Il a rempli ces trois personnes d'intelligence; c'est par elles qu'il opère tout, mais il n'y a en elles qu'une seule divinité qui est Karta.

KARTAVIRYA-ARDJOUNA, 1° ancien héros indien, roi de Mahichmatipouri. Il jouissait d'une si grande puissance, qu'il reçut le surnom de *Sahasravahou* (mille bras). Il fut tué par Vichnou, incarné sous la forme de Parasou-Rama. *Voy.* son histoire à l'article KAMADHÉNOU.

2° Dieu adoré par les Parias de l'Inde. *Voy.* MARYAMMA.

KARTIKA ou KARTIKEYA, dieu de la guerre, chez les Indiens. Il est fils de Siva et de Dourgâ, et il vint au monde pour délivrer les hommes du joug de Taraka. On le considère comme le génie des combats, le chef des armées célestes, le héros du soleil, parcourant avec rapidité sa brillante carrière à la tête des constellations. Ami de la violence et de la discorde, respirant les combats et la mort, il répand la terreur sur son passage, et se fait l'instrument de la vengeance des dieux. Il était aussi le dieu des voleurs; mais, son influence, sous ce rapport, semble affaiblie; les gens de cette profession préfèrent s'adresser à Dourgâ, sa mère, sous le nom de Kali. Il eut le feu pour premier berceau, d'où vient qu'il est surnommé *Agnibhou*, né du feu. Comme on le représente assez souvent avec six têtes, on dit qu'il fut nourri par les six Pléiades, dont chacune présenta sa mamelle à l'une de ses six bouches. C'est de là qu'il reçut le nom de *Kartikéya*, les Pléiades s'appelant en sanscrit *Kritika*. On l'appelle encore : *Skanda*, le sauteur, *Koumara*, le jeune, et *Soubhramanya*, le resplendissant ; mais quelques-uns font de ce dernier une divinité distincte. On représente Kartikeya avec une ou six têtes, monté sur un paon, une flèche dans la main droite, et un arc dans la gauche ; souvent on met un coq auprès de lui. Il réside habituellement dans le Kailasa, paradis de son père. *Voy.* SOUBHRAMANYA.

KASCHKAWIS, sectaires musulmans appartenant à la grande division des Schiites ou Imamis ; mais on manque de renseignements sur leur doctrine particulière.

KA-SEF, divinité japonaise, la même que le *Kasyapa* des Hindous et le *Kia-che* des Chinois. *Voy.* ces mots.

KASE-NO KAMI, nom sous lequel les Japonais honorent le dieu du vent, dans la province d'Ize, où on lui a élevé un temple, en mémoire d'une tempête furieuse, suscitée par lui sur la mer, et qui submergea une flotte ennemie, l'an 1293 de notre ère. Ce temple s'appelle *Kase-no miya*, ou le palais du vent. Les Japonais disent que le dieu du vent est une incarnation du souffle d'ISANAGHI-NO MIKOTO, *Voy.* cet article.

KASI, KAÇI ou KACHI, la ville sainte des Hindous. *Voy.* BÉNARÈS.

KASSIGA-DAI-MIO SIN, divinité japonaise ; c'est l'esprit du soleil du printemps. On lui éleva pour la première fois un autel, afin de lui offrir des sacrifices, la 768ᵉ année de notre ère.

KASSIKO-NE-NO MIKOTO, esprit femelle des anciens Japonais ; son nom signifie *l'honorable de la racine de la crainte ;* elle était l'épouse d'*Omo tarou-no Mikoto*, le sixième des esprits célestes qui régnèrent sur le Japon antérieurement à la race humaine. Ces deux génies régnèrent 200,000,000 d'années.

KASYAPA, sage indien, fils de Maritchi et petit-fils de Brahmâ. Il est lui-même l'un des *Pradjapatis* ou pères des êtres créés. C'est à lui que les dieux, les démons, les animaux, les oiseaux, les reptiles, les plantes même doivent leur naissance. Il épousa treize filles de Dakcha ; les principales sont : *Aditi*, de qui sont sortis les dieux ; *Diti*, qui fut mère de Daityas ; *Danou*, des Danavas ; *Kadrou*, des serpents ; *Vinata*, de l'oiseau Garouda ; *Sourabhi*, des vaches ; *Ira*, des arbres et des plantes ; *Arichta*, des Gandharvas ; *Tamra*, des oiseaux, *Khasa*, *Sourasa*, *Sadhya*, etc. Ce patriarche réside dans une délicieuse vallée, assise sur le sommet d'une montagne, où il est entouré de nymphes aussi pures que belles. Les innocents, opprimés sur la terre, trouvent à sa cour repos et protection ; et Ganésa, dieu de la sagesse, est l'hôte qu'on y reçoit le plus souvent et avec le plus de plaisir.

« On suppose, dit M. Langlois, que le nom de ce personnage se reproduit dans un grand nombre de mots de l'Asie centrale : *Cau-case*, *Cas-pienne*, *Kache-mir*, etc. » (Ajoutons la constellation Cassiopée, bien que la tradition grecque en ait fait une femme ; mais les belles-sœurs de Kasyapa étaient aussi des constellations lunaires.) Toutefois, suivant le même indianiste, ce n'est pas une raison pour croire que Kasyapa soit, comme le disent quelques-uns, la personnification de la civilisation antédiluvienne, conservée par la race qui se réfugia dans cette partie du globe. Il y a treize familles ou *gotras* de brahmanes, distinguées par le nom d'un sage divin qui en est regardé comme le patriarche. Kasyapa est l'un de ces treize personnages.

Les bouddhistes du Népal considèrent Kasyapa comme le sixième des sept bouddhas qui ont déjà paru dans le monde. Voici ce que dit de lui un poëme nevari : «J'adore Kasyapa, le seigneur du monde, le sage le plus excellent et le plus éminent, qui est né à Bénarès, dans une famille de brahmanes vénérés par les princes. La vie de son illustre enveloppe dura 20,000 ans, et les eaux des trois mondes furent taries par la lampe de la sagesse divine qu'il acquit au pied d'un arbre *Nyagrodha*.»

KATAIS, sectaires musulmans, appartenant à la secte des Schiites ou des Imamis, avec lesquels cependant ils ne s'accordent pas sur l'ordre et la succession des Imams ; car ils font passer l'imamat à Ali, Hasan, Hoséin, Ali fils de Hoséin, Mohammed fils d'Ali, Djafar fils de Mohammed, Mousa fils de Djafar, et Ali, fils de Mousa. Ils terminent la succession de l'imamat à cet Ali, et c'est pour cela qu'on les nomme *Katais*, de *kataa*, couper, interrompre. Ils n'admettent point l'imamat de Mohammed fils d'Ali fils de Mousa, ni celui de Hoséin fils de Mohammed fils d'Ali fils de Mousa. *Voy.* IMAM.

KATAPOUTANA, mauvais génies de la mythologie hindoue, qui sont condamnés à se nourrir d'aliments impurs et de cadavres en putréfaction.

KATCHIMANA ou KATCHMANA, le bon principe chez les tribus sauvages de la Colombie ; c'est lui qui règle le cours des saisons et fertilise la terre, qui procure les chasses et les pêches abondantes, et qui fait ployer les arbres sous le poids des fruits dont ils sont chargés. Cependant on ne lui rend aucun hommage.

KATI, déesse de la mythologie finnoise ; c'est elle qui féconde les germes des pins et fait croître ces arbres.

KATIB, docteur de la loi musulmane qui gouverne chacune des îles Maldives, comprenant plus de quarante et un habitants. Ces docteurs ont sous eux les prêtres particuliers des mosquées. Leurs revenus consistent dans une sorte de dîme qu'ils lèvent sur les fruits, et dans certaines rentes qu'ils reçoivent du roi.

KATIBOU, pontife d'un ordre supérieur à Madagascar.

KATTRAGAM, un des dieux indigènes de l'île de Ceylan ; c'est le plus redouté de tous. Son temple, situé dans la partie orientale de l'île, est fréquenté par les pèlerins qui viennent du continent de l'Inde. Il serait impossible de déterminer un peintre du pays à dessiner la figure de l'idole Kattragam ; personne même n'ose la regarder en face. Ce Dieu est invoqué sous mille noms différents.

En général les dieux subalternes des Singalais sont désignés par des dénominations diverses, d'autant plus variées, qu'ils sont plus redoutés.

KAULAS, religieux hindous appartenant à la classe des Saktas ou adorateurs de l'énergie féminine des dieux. Ils font partie de la branche des Vamatcharis. *Voy.* cet article.

KAULIKI, une des huit Vasinyadyas, ou personnifications de la déesse hindoue Saraswati.

KAUNIS, ancienne divinité des Lithuaniens; c'était l'Amour, qu'on représentait sous la forme d'un nain.

KAUS ou Kaous, génie de la mythologie persane; c'est l'ange protecteur de la constellation du sagittaire.

KAUTHER. Ce mot, qui signifie proprement *abondance*, est, pour les Musulmans, le nom d'un fleuve du paradis, qui prend sa source dans le huitième ciel; son cours est d'un mois de chemin; ses rivages de pur or; ses cailloux des perles et des rubis; son sable est plus odoriférant que le musc; son eau, plus blanche et plus douce que le lait; son écume, plus brillante que les étoiles. C'est Ali qui est constitué l'échanson de cette précieuse liqueur; celui qui en boit une seule fois n'est plus jamais altéré. Néanmoins ces qualités ne sont point consignées dans le Coran; il est même fort douteux que Mahomet ait eu l'intention de désigner un fleuve dans le chapitre du Coran intitulé le *Kauther*. Voici ce qui lui donna lieu : As, fils de Waïl, pour railler Mahomet de ce qu'il n'avait point d'enfant mâle, l'appelait *Abtar*, ce qui veut dire *sans queue* ou *sans postérité*; mais Dieu, pour consoler son prophète, lui envoya ce chapitre, qui est le cviiie du Coran, et composé de trois versets :

« Au nom de Dieu clément et miséricordieux ! — 1. Nous t'avons donné le *Kauther*. — 2. Prie ton Seigneur et offre-lui un sacrifice. — 3. C'est celui qui te persécute qui est *abtar*. » Le premier verset peut fort bien se traduire par : *Nous t'avons donné une abondance* (de toute sorte de biens), et le troisième par : *Celui qui te persécute mourra sans postérité*.

KAWE, géant de la mythologie finnoise; le même que Kaléwa. *Voy.* Kaléwa.

KAWEL ou KOWEL, temples de l'île de Ceylan consacrés aux esprits que les Singalais nomment *Dagoutans*. On les appelle aussi *Dewal*.

KAWI ou KAWIN, nom des prêtres de l'île de Java. Ce mot signifie proprement un poëte ou un prophète.

KAY-DA, arbre de première grandeur, que les Cochinchinois appellent l'arbre des idoles. C'est le *Ficus religiosa* des botanistes. Les femmes ne manquent pas de se rendre auprès de ces arbres pour invoquer certains esprits qui passent pour y faire leur demeure, et entre autres, Ou-dou et Ba-nang. *Voy.* ces mots.

KAYPORA, esprit des forêts, à l'existence duquel croient encore certaines tribus américaines qui habitent sur les côtes du Brésil. Ils assurent que cet esprit enlève les enfants et les jeunes gens, les cache dans le creux des arbres et les y nourrit.

KCHAPANAKAS, anciens religieux hindous, qui appartenaient à la secte de Bouddha ou à celle des Djainas. Ils mendiaient tout nus. On dit qu'ils regardaient le temps comme leur divinité principale; que leur doctrine était fondée sur l'astrologie : c'est pourquoi ils portaient toujours avec eux une sphère armillaire et une espèce de quart de cercle, pour déterminer le temps.

KCHATRIYA, second fils de Pourous, le premier homme, et de sa femme Prakriti; c'est de lui que descend la caste des kchatriyas ou guerriers du premier âge. Voici sa légende racontée par les Indiens:

Les quatre enfants de Pourous, destinés à devenir les pères de toutes les tribus de l'Hindoustan, reçurent de Dieu l'ordre de se diriger chacun vers l'une des quatre parties du monde. Brahman marcha du côté de l'orient, Soudra, vers le nord, Vaisya, vers le midi; quant à Kchatriya, sa mission l'appelait à l'occident. Il prit donc en main l'épée que Dieu lui avait donnée comme un instrument de victoire et de conquête, et se mit en route, ne songeant qu'à chercher les occasions d'exercer son courage. Pendant son voyage, il tournait le dos tous les matins au soleil levant, et cependant il le voyait avec étonnement tous les soirs devant lui, après avoir achevé sa journée. Marchant de la sorte vers l'occident, il regardait incessamment de tous côtés, pour voir s'il ne se présenterait point quelque aventure digne de lui, souhaitant de trouver quelque créature à combattre, quelque puissant obstacle à surmonter. Dans cet esprit, il arriva au sommet d'une montagne, du haut de laquelle il vit venir à lui, d'un pas majestueux, une créature bien faite, qui lui ressemblait parfaitement et avait un air martial. Ils s'avancèrent l'un contre l'autre, résolus tous deux d'éprouver leur courage et leur valeur. Mais lorsqu'ils se furent approchés, Kchatriya reconnut que c'était une femme; elle avait des cheveux blonds et voltigeants sur ses épaules; elle tenait à la main un tchakra, disque dont la circonférence tranchante est très-propre à offenser; lancé avec force au moyen d'une corde passée dans le milieu, il est capable de tuer un ennemi à une grande distance. Le port de cette femme exprimait son courage, et le feu de ses regards marquait l'ardent désir qu'elle avait de vaincre et de triompher. Elle s'appelait Tadikchatri. Ils fondirent l'un sur l'autre et combattirent à outrance, en se servant l'un de son épée et l'autre du tchakra; mais chacun d'eux parait si habilement les coups portés par son adversaire, que la nuit les surprit avant que l'un ou l'autre eût remporté le moindre avantage. Le lendemain, dès l'aurore, ils recommencèrent le combat avec le même acharnement et sans plus de succès. Cependant, à la fin de la journée, Kchatriya fendit en deux, de son épée, le tchakra de Tadikchatri; mais l'obscurité de la nuit survenue tout à coup empêcha le premier de profiter de son avantage. La femme ramassa son disque rompu, en fit un arc, recueillit des flèches dans la forêt, et le duel recommença le troisième jour avec plus de fureur que jamais. Mais Kchatriya voyant que son épée ne pourrait le parer longtemps des armes nouvelles de son ennemie, qui pouvaient l'atteindre de loin, mais qui étaient impuissantes de près, saisit Tadikchatri corps à corps. La lutte dura longtemps, car ils n'avaient ni l'un ni l'autre assez de force pour vaincre, ni assez de faiblesse pour être vaincus. Mais, en serrant de si près sa valeureuse adversaire, Kchatriya fut surpris de la trouver encore plus belle qu'auparavant, comme si ce violent exercice n'eût servi qu'à augmenter ses attraits et à la rendre plus séduisante : il résolut de se servir de la parole pour terminer un combat que les armes n'avaient pu achever. « O merveille des créatures vivantes, tant en force qu'en beauté! lui dit-il, pourquoi faut-il que la fureur nous ait animés de la sorte l'un contre l'autre? Si je t'avais tuée dans ce combat, j'aurais maudit cette main qui aurait été l'instrument de ta ruine, et qui aurait détruit un si excellent ouvrage. Si, au contraire, tu m'avais ôté la vie, peut-être aurais-tu regretté de t'être privée de mon concours. Dieu ne nous a-t-il donné du courage et de la force que pour nous détruire l'un l'autre? Notre puissance ne sera-t-elle pas doublée si nous nous unissons? Nous serons alors en état de faire de plus grandes entreprises et de repousser vigoureusement les injures qu'on voudrait nous faire. Le monde n'est encore qu'à son enfance, et il a plus besoin d'être multiplié et propagé que d'être affaibli et détruit par la puissance des armes. Au lieu donc de rechercher, par des moyens violents et illégitimes, une gloire qui nous serait funeste à l'un et à l'autre, songeons plutôt à conclure entre nous une paix solide et de longue durée. » Tadikchatri goûta cette proposition, et consentit à vivre en paix, tant que son allié ne lui donnerait pas occasion de recommencer la guerre. Ils se fixèrent donc dans l'occident, et donnèrent naissance à la tribu guerrière qui porte leur nom, et qui, plus tard, périt par le déluge avec le reste du genre humain, en punition de ses violences et de sa tyrannie. *Voy.* BRAHMAN et l'article suivant.

KCHATRIYAS, nom de la deuxième caste des Hindous (1); c'est la classe des rois et des guerriers. On dit que les Kchatriyas ou Radjas tirent leur origine des bras de Brahmâ, le dieu créateur. Leur fonction est de gouverner les hommes, de régir les Etats, de défendre et de protéger le territoire, de faire la guerre et de mourir même les armes à la main, s'il est nécessaire. C'est la caste la plus respectée après celle des brahmanes; mais elle n'est pas la plus nombreuse; quelques-uns même prétendent qu'elle a été ex-

(1) Ce mot est encore écrit et prononcé dans les langues modernes : *Koütteri, Tchhatru, Satréa, Xatrier, Chatrier,* etc.

terminée tout entière par *Parasou-Rama*, incarnation de Vichnou. D'autres cependant soutiennent qu'il en échappa quelques-uns au massacre général, et que c'est d'eux que descendent les Kchatriyas actuels. En effet, le second Rama, autre incarnation de Vichnou, naquit dans cette caste et en soutint l'honneur avec éclat. Les Kchatriyas portent une ceinture comme les brahmanes ; mais celle des brahmanes est formée de *moundja*; celle des Kchatriyas, de *mourva*, et celle de la troisième caste est de chanvre. Les Kchatriyas portent aussi le cordon sacré, mais de laine, à la différence de celui des brahmanes, qui est de coton. Dans cette caste, la royauté est héréditaire de mâle en mâle, par ordre de primogéniture légitime. A défaut d'enfants, le prince peut adopter un de ses parents pour être son successeur; celui-ci, du moment de l'adoption, a tous les droits d'un fils légitime. Les branches cadettes des familles des Radjas, ainsi que les chefs de différentes tribus de Kchatriyas, possèdent ordinairement des terres à titre de fiefs. La plupart des individus de cette caste suivent la carrière des armes; ils se nomment Radjpoutes (*Radja-poutras,* fils de rois), et prennent du service chez les différents souverains de l'Inde, quelquefois sous l'autorité d'un vil soudras ; car quelques-uns de ceux qui appartiennent à la dernière caste se sont, dans la suite des temps, placés sur les trônes de l'Inde. Les Radjpoutes habitent la province d'Adjmir ; on en rencontre à peine dans les autres parties de l'Hindoustan, excepté parmi les militaires. — Les Kchatriyas n'ont pas le droit de lire les Védas ; mais ils ont le privilége de pouvoir en entendre la lecture faite par un brahmane.

KCHITIGUERBHA, un des Bodhisatwas d'origine mortelle, suivant la théogonie bouddhique du Népal; il passe pour le fils spirituel du Bouddha céleste Ratnasambhava; il est un des huit Vitaragas, c'est-à-dire des êtres exempts de passions ; il s'est montré sur la terre sous la forme de parasol.

KCHMA. Les bouddhistes appellent ainsi tout l'espace dans lequel peut s'étendre l'influence des vertus d'un bouddha, et où son avènement a eu lieu. L'universalité des mondes est, suivant leur cosmogonie, partagée en vingt étages superposés. L'univers, dont fait partie le monde où nous vivons, occupe le treizième étage à partir d'en bas ; il y en a donc sept qui lui sont supérieurs. Au premier étage, il n'y a qu'un seul *Kchna*, ou terre de Bouddha; le second en comprend deux, le troisième trois, et ainsi jusqu'au vingtième, qui en contient vingt. Autour de chaque Kchma sont disposés des mondes en nombre égal à celui des atomes dont se compose le mont Soumérou. Chacun de ces étages a sa forme particulière, ses attributs, son nom, et repose sur un appui d'une nature spéciale. Le treizième, celui dans lequel nous vivons, est porté par un enlacement de fleurs de lotus, que soutiennent des tourbillons de vent de toutes les couleurs. L'étage inférieur repose immédiatement sur la fleur d'un lotus, qu'on nomme fleur des pierres précieuses ; et comme il occupe dans ce lotus la place du pistil, on désigne le système entier des vingt étages de l'univers par le nom de *graine des mondes*.

KEAN-CROITHI, simulacre adoré par les anciens Irlandais. On dit qu'il représentait le chef des dieux.

KÉBÉ, un des dieux subalternes des Tchouwaches, peuple de la Russie asiatique.

KÉBLA, direction des Musulmans pendant la prière canonique. *Voy.* QUIBLA.

KÉDARA-VOUTDON, fête que les Tamouls célèbrent à la pleine lune de Kartik, en l'honneur de la déesse Parvati. Ceux qui l'observent ne font qu'une collation, et s'attachent au bras droit un cordon de fil de soie jaune. Une fois qu'on a commencé à la célébrer, on doit continuer tous les ans.

KE DHOUN KON-TSIOGH, le troisième objet du culte des Tibétains, pour lesquels Bouddha, la loi et l'Eglise, forment une sorte de trinité. Ils vénèrent en effet, comme une espèce de divinité, *la très-précieuse réunion des vertueux*, c'est ce que signifie le mot *Ke dhoun Kon-tsiogh*. L'attribut *Kon-tsiogh* (très-précieux) est pris, dans le langage ordinaire, comme exprimant le nom de Dieu. Ils divinisent ainsi le clergé, parce que les Bouddhas qui sont venus sur la terre, ayant rétabli la loi, ont conséquemment rétabli la règle des religieux, et parce que les saints personnages parvenus à la dignité suprême de Bouddhas avaient été auparavant des religieux sur la terre, et avaient été l'essence du monachisme.

KÉDIL, fête que les Tamouls célèbrent en l'honneur de Maryatale, dans le mois de tchaït : elle a lieu à Colénour, à quatre lieues de Pondichéry. Ceux qui croient avoir obtenu quelque faveur de cette déesse ou qui veulent en obtenir, font vœu de se faire suspendre en l'air. Cette cérémonie consiste à faire passer deux crochets de fer attachés au bout d'un levier très-long, sous la peau du dos de celui qui a fait le vœu ; ce levier est suspendu au haut d'un mât élevé d'une vingtaine de pieds. Dès que le patient est accroché, l'on pèse sur le bout opposé du levier, et il se trouve suspendu en l'air. En cet état, on lui fait faire autant de tours qu'il le désire ; et pour l'ordinaire il tient dans ses mains un sabre et un bouclier, dont il s'escrime aux grands applaudissements des spectateurs. Quelle que soit la douleur qu'il éprouve, il ne doit ni verser une larme, ni pousser un cri, sous peine d'être expulsé de sa caste ; mais cela n'arrive que rarement. Celui qui doit se faire accrocher boit une certaine quantité de liqueur enivrante, qui le rend presque insensible, et lui fait regarder comme un jeu ce dangereux appareil. Après plusieurs tours, on le descend, et ordinairement il tarde peu à être guéri de sa blessure ; cette prompte guérison passe pour un miracle aux yeux des zélateurs de la déesse. Les brahmanes n'assistent point à cette cérémonie, qu'ils méprisent. Ce n'est que dans les castes les plus basses qu'on trouve des adorateurs de Maryatale. Ceux qui se dévouent à cette déesse sont pour l'ordinaire des parias, des blanchisseurs, des pêcheurs, etc. *Voy.* MARYAMMA, TCHARKEN-POUDJA.

KE-GNIEN, novices des Lamas du Tibet. Dès l'âge de sept ans, ou même de six et de cinq, suivant la discipline actuelle (car anciennement ce n'était qu'à neuf ans), on est admis à faire les premiers vœux, par lesquels on s'oblige, 1° à ne tuer aucun être vivant, pas même un animal, ni l'insecte le plus chétif ; 2° à ne point mentir ; 3° à n'avoir ni commerce ni habitude avec une femme ; 4° à ne boire aucune liqueur enivrante ; 5° à ne faire aucun tort par fraude, par larcin ou autrement. C'est par cet engagement qu'on devient Ke-gnien, ce qui n'oblige pas à vivre en communauté, car il y a des Ke-gniens qui demeurent dans la maison paternelle. Ils sont tels parce que quelque supérieur de communauté a reçu leur engagement. Ce supérieur donne au novice un nom par lequel on reconnaît qu'il a été reçu. A l'âge de treize ans les Ke-gnien peuvent passer à l'ordre de Ke-tzhoul.

KE GON-SIO, une des huit observances bouddhiques les plus répandues dans le Japon ; elle est fondée sur la doctrine du livre intitulé *Ke gon ghio*. Elle fut fondée par le prêtre chinois Thou-chun-ho-chang, et introduite au Japon par Rô-ben, mort en 773.

KEITABHA, géant de la mythologie hindoue, qui, dans la guerre contre les dieux, tomba sous les coups de Dévi, épouse de Siva, parce qu'il avait voulu détrôner Brahma.

KEITHIENS. George Keith, Écossais, fut, avec son compatriote, Robert Barclay, un des principaux promoteurs du quakérisme en Amérique ; mais peu après il fut l'occasion d'une scission qui s'opéra dans la secte. Il accusait ses frères de ne pas croire en Jésus-Christ, tandis que lui-même émettait des opinions fort étranges sur l'humanité du Sauveur. Selon lui, cette humanité était double : l'une céleste, spirituelle et éternelle, l'autre terrestre et véritablement corporelle. Celle-ci était le corps de Jésus-Christ, né de la vierge Marie. Les quakers du parti opposé lui objectaient qu'il établissait un double Christ ; mais Keith répondait que son sentiment avait été constamment suivi de toute la secte, qu'il était la base du christianisme, et qu'en nier l'orthodoxie, c'était nier la passion, et la mort de Jésus-Christ. Il menaça même de se séparer de ceux qui combattraient ce sentiment. Cette dispute en fit naître d'autres entre ceux qui s'étaient déclarés contre Keith. Les uns soutenaient que Jésus-Christ n'était ni ressuscité, ni monté au ciel avec le corps qu'il avait pris en naissant ; les autres, qu'il était véritablement ressuscité avec ce corps, mais qu'il l'avait quitté à son ascension ; les autres enfin restaient dans le doute ; les plus modérés traitaient cette question de peu importante et d'inutile au salut. Les querelles ne s'arrêtèrent pas là ; on agita la question de l'état des âmes après la mort. Les uns soutinrent que les gens de bien allaient droit au ciel, et les méchants en enfer; cela supposait, leur disait-on, que les uns et les autres étaient jugés immédiatement après la mort, et que par conséquent il ne devait y avoir ni résurrection finale, ni jugement universel. D'autres quakers prétendirent que les hommes ont en eux, dès cette vie, le paradis et l'enfer. On imputait encore à Keith de croire à la transmigration des âmes. Toutes ces questions devinrent l'objet d'une assemblée générale de quakers, qui se tint en 1691; Keith y triompha, et sa doctrine touchant Jésus-Christ fut reconnue orthodoxe. Mais il fut condamné dans une autre assemblée tenue l'année suivante. Revenu ensuite en Angleterre, un certain nombre de quakers épousèrent ses sentiments, et les quakers américains et anglais se divisèrent en deux partis. Trois synodes consécutifs examinèrent l'objet de la controverse, et tâchèrent inutilement de les concilier; enfin il fut résolu au synode de 1696 que Keith ne serait plus reconnu pour frère, qu'il serait déclaré coupable de schisme et de division, et qu'il serait exclu de la société des quakers jusqu'à ce qu'il eût reconnu sa faute en public, et abjuré ses sentiments. Il paraît que, dans la suite, Keith embrassa la religion anglicane et devint ministre de cette Eglise.

Mais la société qu'il avait formée aux Etats-Unis ne fut pas dissoute par la défection du chef; on les appela *Keithiens* ou quakers-baptistes, parce qu'en conservant le costume, le langage et les manières des quakers, ils admettaient le baptême et faisaient la cène. Plusieurs d'entre eux se rapprochèrent ensuite de l'Eglise anglicane de Philadelphie; car un ministre envoyé par l'évêque de Londres baptisa plus de cinq cents enfants de ces quakers-Keithiens ou Baptistes, dont on trouve encore quelques restes dans les états de l'Union. Ils ont une congrégation à Rhode-Island, et trois dans New-Jersey.

KEITO, géant de la mythologie finnoise; il s'empara des traits que Rampa, fils de Louhiatar, lançait dans l'air avec Perisokia et Pirulainen.

KEJILLA, observance religieuse et pénitentielle que les prêtres du Congo imposent aux nègres de ce pays, en leur interdisant l'usage de la chair de certains animaux et de quelques sortes de fruits, de légumes, avec d'autres prescriptions gênantes. La soumission des nègres sur les ordonnances de leurs prêtres à ce sujet est portée à un tel point, qu'ils passeraient deux jours sans manger, plutôt que de toucher aux aliments qui leur sont défendus. Si leurs parents ont négligé de les assujettir au Kejilla dans leur enfance, à peine sont-ils maîtres d'eux-mêmes qu'ils se hâtent de le demander au prêtre, persuadés qu'une prompte mort serait le châtiment du moindre délai volontaire.

KEJJUSET, génies de la mythologie finnoise, semblables aux Dwergars des Scandinaves. C'étaient de petits lutins ailés, noirs et blancs, bons et mauvais, qui signalaient surtout leur présence en s'introduisant dans les maisons où gisait un corps mort, et en les remplissant de la vapeur de *kalma* (odeur de cadavre).

KEKHO, ordre de religieux bouddhistes, dans le Tibet.

KEKOU-AROA, divinité des îles Sandwich ou Hawaï. Au renouvellement de l'année, les insulaires célébraient une fête, dans laquelle un prêtre faisait le tour de l'île, portant dans sa main droite l'idole de ce dieu, et saisissant de la gauche tout ce qui se trouvait à sa portée.

KEKRI, génie de la mythologie finnoise, qui avait la charge de veiller sur la santé des bestiaux. Après l'introduction du christianisme dans la Finlande, le peuple conserva encore plusieurs coutumes païennes, en les mêlant aux pratiques du nouveau culte. C'est ainsi qu'à la Toussaint, appelée Kékri, on faisait des vœux, suivant M. Léouzon Leduc, pour la prospérité des récoltes; on immolait une brebis, dont la chair devait être cuite et mangée dans l'étable. Il n'en pouvait rien rester, car le moindre morceau non consommé portait malheur. Après le repas du sacrifice, on trempait une aile d'oiseau dans la bière, et l'on en frottait le dos des vaches.

KELBY, esprit qu'une superstition écossaise, existant encore parmi le peuple, suppose habiter les rivières, sous différentes formes, mais plus fréquemment sous celle du cheval. Il est regardé comme malfaisant, et porte quelquefois une torche. On attribue aussi à ses regards le pouvoir de fasciner.

KE-LONG, ordre de religieux bouddhistes dans le Tibet. *Voy.* GYALONG.

KÉMA, livre où furent écrits, selon Zozime Panoplite, les secrets des génies qui, aveuglés d'amour pour les femmes, leur découvrirent les merveilles de la nature, et qui furent bannis du ciel, pour avoir appris aux hommes le mal et ce qui était inutile aux âmes. C'est de ce mot qu'il fait dériver le nom de la *Chimie*.

KEMOUS, jour de fête des Shangallas, peuple de l'Afrique, voisin de l'Ethiopie. Tout le peuple s'assemble alors, et on sacrifie une vache, qu'on ne tue pas à la manière accoutumée, mais en lui donnant mille coups de poignards. C'est, au rapport de Salt, le seul acte de religion de ces tribus, qui au reste n'ont point de prêtres.

KENG-BON-TALL, cérémonie pratiquée dans le Pégu lorsqu'une femme relève de couches. On invite alors les prêtres à venir dans la maison, où on leur sert un repas. Les amis qui l'ont assistée pendant l'accouchement placent devant la porte une jarre, dans laquelle on a mêlé l'écorce du tarau, le fruit du Keng-bon et du bois de sandal. On invite les hôtes à s'y laver les mains avant d'entrer dans la maison. On place aussi devant la porte de l'huile, du bétel et des feuilles de thé. On sert aux invités un repas composé de riz, de carry et d'hydromel; quand ils s'en vont, ce qu'ils font rarement sans laisser un petit présent en argent, on les oblige encore à emporter du riz sec et des fruits.

KEN-GIOU ou **INKAI**, divinité japonaise. C'est le génie de la voie lactée, au nord de laquelle il réside. Il épousa Tanabata, fille de l'empereur du ciel ; mais il ne peut voir son épouse que dans la septième nuit du septième mois, époque où l'on célèbre leur fête. Les Japonais les invoquent pour obtenir la bénédiction du ciel, une longue vie, des richesses et de nouveaux progrès dans les arts et dans les sciences. Les femmes enceintes les prient de les assister dans leurs couches ; les filles, dans leurs ouvrages à l'aiguille et leurs broderies ; les garçons, dans leurs ouvrages mécaniques, leurs études et la poésie. Tous leur présentent en offrande de l'eau, du feu, de l'encens, des fleurs, du zakki, des sucreries, des légumes, des melons, des melons d'eau, des aiguilles, des fils de soie et de chanvre, des épithalames, des vers de noces, des sonnets, des pièces d'écriture soignées, suivant l'usage du pays. *Voy.* KIK-KO-TEN.

KEORO-EVA, dieu vénéré à Mawi, l'une des îles Sandwich. Quand des cochons lui étaient présentés comme offrande, le prêtre leur perçait les oreilles pour les faire crier ; puis il disait au dieu : *Voi.à l'offrande d'un tel, l'un de tes adorateurs.* Après quoi le cochon relâché avec une marque à l'oreille était libre de vaguer dans l'île. On ne le touchait pas, on ne l'inquiétait pas ; il était sacré.

KEOU-LIEOU SUN, nom chinois du bouddha *Krakoutchandra*, le quatrième de ceux qui sont déjà venus sur la terre.

KEOU-NA-HAN MOU-NI, nom chinois du cinquième bouddha venu sur la terre ; c'est celui qui est appelé dans l'Inde *Kanaka-Mouni*.

KER (1). Les Kers sont des êtres personnifiés, par lesquels l'antiquité grecque se représentait les causes immédiates, quelquefois violentes, mais toujours désagréables de la mort. Hésiode parle d'un Ker, fils de la Nuit. Dans ce poëte, ainsi que dans l'Iliade, il est représenté ayant un vêtement couvert de sang, avec des yeux terribles, et frémissant des dents, traînant sur le champ de bataille, et par les jambes, des mourants, des blessés et d'autres qui ne le sont pas. Hésiode parle aussi de plusieurs Kers ; ils sont de couleur noire ; ils montrent leurs dents blanches, avec des grincements et en lançant des regards effroyables. Ils suivent les guerriers qui vont au combat : lorsqu'il en tombe un, ils lui enfoncent dans le corps leurs immenses griffes, et sucent son sang, jusqu'à ce qu'ils en soient rassasiés ; après quoi ils jettent le cadavre de côté, et s'empressent de rejoindre la mêlée, pour avoir de nouvelles victimes. Ils traînent des cadavres après eux, et assomment les mourants avec des masses et des haches d'armes. Ces mythes et ces représentations se rapportent à la manière barbare dont on traitait les ennemis tués dans les temps les plus reculés, et dont l'Iliade nous fournit encore un exemple dans le traitement qu'Achille fit essuyer au corps d'Hector. Dans la suite, les mœurs s'étant adoucies, on se forma des Kers des idées beaucoup moins barbares. C'est ainsi que Mimnermus représente l'un des Kers comme amenant la vieillesse, et l'autre annonçant la mort. *Voy.* DESTIN, n° 3.

KÉRAMIS, hérétiques musulmans, partisans de la doctrine de Mohammed ben Keram, qui soutenait qu'il fallait prendre à la lettre tout ce qui est dit métaphoriquement, dans le Coran, des bras, des yeux et des oreilles de Dieu. Ils admettaient ainsi une sorte d'anthropomorphisme, sur lequel toutefois ils différaient entre eux de sentiment. Ils furent réfutés par Fakhr-ed-din Razi, fameux docteur. Mais Abd-el-Medjid ben Kedwat, l'un des chefs de la secte, eut tant de crédit sur l'esprit des habitants de la ville de Hérat, qu'il y excita une sédition ; il fut en conséquence expulsé par l'ordre du sultan Gayat-ed-din.

KERAON, dieu que les Spartiates honoraient comme l'instituteur des festins.

KÉRARIS, secte hindoue, dont les membres sont dévoués au culte de Dévi, sous ses formes terribles. Il y a sept ou huit siècles ils sacrifiaient des victimes humaines à Kali, à Tchamounda, à Tchinnamastaka et aux autres personnifications hideuses de l'épouse de Siva. Maintenant que les sacrifices humains sont contraires à tous les rituels connus, et ne pourraient être pratiqués impunément dans l'Inde, il n'est plus possible que cette secte existe. Quant à ceux qui maintenant encore font profession de se dévouer au culte de Dévi, ce sont des misérables, qui, par l'appât du gain plutôt que par dévotion, infligent à leur corps différentes espèces de tortures, se percent la chair avec des crocs et des broches, font passer des instruments pointus à travers leur langue et leurs joues, se couchent sur des lits de clous, ou se tailladent la peau avec des couteaux ; pratiques qui sont encore en usage dans l'Inde, en certaines circonstances, et principalement à la fête du *Tcharkh-poudja*, et dont une multitude d'Européens sont annuellement les témoins.

KERBÉLA, plaine située dans l'Irác, auprès de l'Euphrate, non loin de la ville de Koufa. Elle est très-célèbre parmi les Musulmans pour avoir été le théâtre du dernier combat de Hosein fils d'Ali, et le troisième des Imams, lorsqu'il fut investi par les troupes du Khalife Yézid, commandées par Obéidallah, fils de Ziyad. Hosein y périt avec les soixante-douze cavaliers qui l'accompagnaient et qui étaient tous de sa famille. C'est là qu'il fut inhumé ; aussi ce lieu est-il en grande vénération chez les Persans et chez les Hindous musulmans, qui sont Schiites pour la plupart, et qui se font un pieux devoir d'aller en pèlerinage à son tombeau. Ils ont une telle vénération pour la terre de ce lieu, qu'ils en emportent avec eux pour en faire soit des chapelets dont ils se servent

---
(1) Article du Dictionnaire de Noël.

avec le plus grand respect, soit des palets sur lesquels ils appuient leur front en se prosternant dans la prière. Le nom de Kerbéla retentit dans toutes les élégies qui ont été composées pour célébrer ce funeste événement, et que l'on chante à la fête du Déha.

KEREMET, nom de la divinité principale après le Dieu souverain, adorée par les Tchouwaches, peuple de la Sibérie. — C'est aussi le nom d'un lieu consacré au service solennel que ces peuples offrent une fois l'an. On choisit pour cet effet, hors du village, un endroit écarté, et, autant qu'il est possible, à la source d'un ruisseau, dans un terrain agréable et ombragé d'arbres. Le Keremet proprement dit est un espace carré entouré d'une palissade qui ne va pas tout à fait à hauteur d'homme. On y laisse trois entrées ou petites portes, l'une au milieu, du côté qui fait face à l'est, une autre au sud, et la troisième du côté de l'ouest. L'emplacement est choisi de telle sorte que la porte du nord soit dirigée vers la source ou le ruisseau voisin, parce qu'il faut que toute l'eau nécessaire au sacrifice, de quelque part qu'elle vienne, entre par cette porte. C'est par celle de l'est qu'on introduit les offrandes et les victimes, l'accès en est interdit à tout autre; la porte de l'ouest sert d'entrée et de sortie à la communauté. On place à côté de cette dernière porte un toit, sous lequel on fait cuire les chairs des animaux immolés. On dresse au-devant de ce lieu couvert une grande table, posée sur des pieux, pour y mettre les gâteaux sacrés, etc. Près de la porte du nord se trouve une autre grande table sur laquelle on dépouille et purifie les victimes; dans l'angle qui regarde le nord-ouest, sont les perches auxquelles on suspend les peaux des animaux immolés. Dans les villages d'une certaine étendue, ils ont un grand Keremet pour les sacrifices publics, et un petit pour les sacrifices privés de toute une parenté ou d'une famille. Les Tchouwaches qui habitent le district d'Alatyre sont dans l'usage de bâtir au milieu du Keremet une petite maison de bois, avec une porte tournée vers l'est. C'est là qu'on mange les offrandes, debout, à de longues tables couvertes de nappes.

KERJAKIS, dissidents de l'Eglise gréco-russe, plus connus sous le nom de *Raskolniks*. Voy. RASKOLNIKS.

KERKESSOUNDI, ou *Ortchilangghi-ebdektchi*, le premier bouddha de la théogonie mongole, appelé aussi *Krakoutchandra* par les Indiens, et *Khorva-dziagh* par les Tibétains.

KERMAN-KELSTACH, idole favorite des Ultoniens, en Irlande; elle avait pour piédestal la pierre d'or de Clogher. Elle correspondait à peu près à l'ancien Hermès des Grecs.

KERNUNNOS, dieu des anciens Gaulois. Voy. CERNUNNOS.

KERREDAIS, espèce de sorciers ou de prêtres des sauvages de l'Australie. Ce sont eux qui président à l'initiation du *Gna-loung*. Ils exploitent à leur profit les maladies, les terreurs et les superstitions des indigènes.

KESA, écharpe de pourpre que les prêtres bouddhistes du Japon portent sur leurs épaules, par-dessus leurs vêtements. Cette partie du costume des religieux est nommée en chinois *Kia-cha*, en tibétain *nam-dhjar*; et en mongol *kercha-taban*.

KESABI ou KESSABIENS, secte musulmane qui soutenait que Mohammed, fils d'Ali et d'Hanéfia, n'était pas mort, et qu'il devait reparaître un jour pour régner sur les Musulmans. La vénération dont les Schiites entouraient les enfants d'Ali venait de ce que celui-ci, ayant épousé Fatima, la fille de Mahomet, avait ainsi perpétué la race du prophète; de là l'espèce de culte dont les imams étaient l'objet. Cependant ce Mohammed, bien que n'étant pas du sang du prophète, ne laissa pas d'avoir des partisans qui le reconnurent secrètement pour khalife, après la mort de Hoséin. Il y eut entre autres un célèbre docteur, nommé Séid-al-Hémiari, qui le regardait comme un très-grand prophète que Dieu avait enlevé vivant, et caché dans une montagne, pour le faire paraître un jour dans le monde et y rétablir la justice et la piété. Il mourut cependant l'an 81 de l'hégire, laissant quelques enfants qui ne firent pas grand bruit après la mort de leur père, et cette petite secte fut éteinte.

KÉSAVA, surnom de Krichna, par allusion à la riche chevelure et aux tresses élégantes de ce dieu. Le Mahabharata donne une autre étymologie de ce nom, en disant que Késava est une incarnation de l'un des cheveux de Vichnou.

KÉSIN, nom d'un Daitya ou mauvais génie, tué par Krichna; de là ce héros est souvent appelé vainqueur de Késin. Dans une naissance antérieure, il avait été une espèce de centaure, vaincu par Vichnou, sous le nom et la forme d'Hayagriva.

KÉTOU et RAHOU. Le Mahabharata raconte que Rahou était un asoura, fils de Sinhika, qui, lorsque la mer fut barattée par les dieux pour en extraire l'ambroisie, se mêla parmi les Dévatas, et obtint par surprise une part du divin breuvage. Il fut découvert par le Soleil et la Lune, qui le dénoncèrent à Vichnou. Celui-ci lui abattit la tête, en lançant son disque tranchant; mais il avait goûté le breuvage d'immortalité, il ne pouvait périr. Sa tête garda le nom de Rahou, et devint en astronomie la personnification du nœud ascendant de la lune, et son tronc, sous le nom de Kétou, devint le nœud descendant. Pour se venger, il poursuit sans cesse les deux astres, parvient de temps en temps à s'en approcher; et il souille les corps du soleil et de la lune, qui deviennent minces et noirs; c'est ce qui occasionne les éclipses. Le peuple s'imagine qu'au moment de l'éclipse, Rahou avale l'astre et qu'il le vomit ensuite. Rahou est représenté de couleur noire, porté sur un lion et avec quatre bras. On peint Kétou en vert, et on lui donne pour monture un vautour.

KE-TZHOUL, nom d'une classe de religieux bouddhistes, dans le Tibet.

KEUTCHEK. Les Turcs appellent ainsi les novices qui veulent entrer dans l'ordre des Derwichs. Le sujet qui s'y destine est reçu dans une assemblée de religieux, présidée par le Scheikh qui lui touche la main et lui souffle à l'oreille trois fois de suite les paroles : *La Ilah illa Allah* (il n'y a point d'autre dieu que Dieu), en lui ordonnant de les répéter cent une, cent cinquante-une, ou trois cent une fois par jour. Le récipiendaire s'oblige en même temps à vivre dans une retraite parfaite, et à rapporter exactement au Scheikh les visions et les songes qu'il peut avoir dans le cours de son noviciat. Ces songes, outre qu'ils caractérisent et la sainteté de sa vocation et son avancement spirituel dans l'ordre, passent encore pour autant de moyens surnaturels qui dirigent le Scheikh sur les époques où il peut souffler successivement à l'oreille du néophyte les six autres paroles, qui sont : *Ya Allah*, ô Dieu, *Ya hou*, ô lui ! *Ya hakk*, ô justice, *Ya hay*, ô vivant ! *Ya cayyoum*, ô existant ! *Ya cahhar*, ô triomphateur ! Le complément de cet exercice demande six, huit, ou dix mois, quelquefois même davantage, selon les dispositions plus ou moins heureuses du candidat. Parvenu au dernier degré de son noviciat, il est censé avoir rempli pleinement sa carrière, et acquis la perfection nécessaire pour être agrégé solennellement dans le corps auquel il s'est dévoué.

KEWAN ou **KEIWAN**, génie qui préside à la planète de Saturne, suivant la mythologie des Parsis. De là, il est chargé de porter secours à la plage méridionale du ciel, lorsqu'il en est besoin. Les Chaldéens et les Babyloniens l'adoraient également. Les Israélites eux-mêmes lui rendirent un culte idolâtrique dans le désert. Son nom hébreu est prononcé *Kioun* par la Massore. Les Septante ont lu *Raiphan* ou *Remphan*.

KHADROMA, génies magiques de l'atmosphère, qui jouent un certain rôle dans la cosmogonie tibétaine. L'un deux se transforma en singe femelle, sous le nom de *Bhrasrinmo*, et s'étant unie à Djian raï Zigh, sous le nom de *Bhrasrinpho*, ils donnèrent la vie à trois fils et à trois filles qui peuplèrent le Tibet ; et c'est d'eux que descendent les habitants de cette contrée. Ils représentent cette Khadroma sous la figure d'une femme barbue, d'un regard terrible ; sa peau est noire et rougeâtre, son nez est comme celui des singes ; ses yeux sont livides, et elle a des défenses de sanglier. Ses cheveux sont jaunes et en désordre, et elle a pour coiffure cinq têtes de mort. Ses mains sont armées de griffes, sa posture est libidineuse et indique l'envie de donner la mort.

KHAGUERBHA, un des neuf Boddhisatwas de la théogonie bouddhique du Népal ; il est supposé fils spirituel d'Amitabha ; cependant il est d'origine mortelle. Il s'est manifesté sur la terre sous la forme inanimée d'une conque.

KHAKHO-MANSOU, prince des grands singes, qui résidait dans le voisinage du bouddha Chakya-Mouni. Voyant que l'on portait souvent à celui-ci des présents consistant en mets et en boissons, il recueillit des gaufres de miel d'abeilles sauvages et des figues, et les présenta un soir au saint pour son repas. Celui-ci les arrosa, selon sa coutume, avec de l'eau bénite et en mangea. Ravi de joie, le prince des singes faisait des sauts extraordinaires, de sorte qu'il tomba par mégarde dans un puits qui se trouvait derrière lui et se noya. En mémoire de cet accident, on y fonda la *place sainte des aliments offerts par le singe*.

KHAKIS, secte d'Hindous qui appartiennent à la grande branche des Vaïchnavas, dont, au reste, ils sont distingués par la terre et les cendres qu'ils appliquent sur leurs vêtements ou sur leur chair. Ceux d'entre eux qui résident dans des établissements fixes s'habillent communément comme les autres Vaïchnavas ; mais ceux qui mènent une vie errante vont nus ou presque nus, le corps enduit d'une composition de terre et de cendres qui le rend d'un gris pâle. Ils portent aussi fréquemment les cheveux tressés, commes les dévots à Siva, auxquels ils ont emprunté différentes pratiques qu'ils ont accommodées au culte de Vichnou. Les Khakis adorent aussi Sita, épouse de Rama, et ont une vénération particulière pour le singe Hanouman. Ils sont établis dans les environs de Farakhabad, mais leur siège principal, dans cette partie de l'Inde, est à Hanouman Guerh près d'Aoude. On croit que leur fondateur est *Kil*, disciple de Krichnada, qui paraît avoir été élevé à l'école de Ramananda. Ils vont vénérer son tombeau à Jaypour.

KHALÉFIS, sectaires musulmans, qui sont une branche des Kharidjis ; ils tirent leur nom d'un individu nommé Khalef, et sont répandus dans les provinces de Kerman et de Mekran. Ils attribuent à Dieu le bien comme le mal, et condamnent au feu de l'enfer les enfants des idolâtres, quand même ils n'auraient pas trempé dans l'idolâtrie de leurs pères.

KHALIFAT, dignité de khalife, c'est-à-dire de vicaire ou successeur de Mahomet. On divise le khalifat en parfait et imparfait ; le premier n'a duré que trente ans, à compter de la mort de Mahomet ; et pendant ce temps cette dignité est considérée comme ayant été élective. Le khalifat imparfait a commencé à la mort d'Ali, en la personne de Moawia, premier khalife ommiade, et a demeuré dans cette maison jusqu'à l'an 132 de l'hégire (749 de J.-C.). Il passa ensuite dans la maison des Abbassides et y resta jusqu'à l'an 923 (1517 de J.-C.), époque où il fut transmis à la maison othomane, qui conserve encore le souverain pouvoir, avec le titre de sultan. *Voy.* **KHALIFES**.

KHALIFE. Ce titre qui, pendant plusieurs siècles, a exprimé le souverain pouvoir temporel et spirituel sur toute la religion musulmane, ne signifie pourtant que vicaire ou successeur. Lorsqu'à la mort de Mahomet, Abou-Bekr fut élu pour gouverner les États et la religion, il ne voulut prendre d'autre titre que celui de *Khalifat resoul Allah*, c'est-à-dire vicaire du prophète de Dieu. Les premiers souverains joignaient au titre de *khalife* ceux d'*imam* et d'*émir*. De ces trois dénominations, la première implique la souveraineté universelle, la seconde le pontificat spirituel, et la troisième la monarchie temporelle; mais dès la mort de Mahomet, elles ont été disputées et usurpées, soit collectivement, soit les unes indépendamment des autres. Cependant on s'accorde à ne regarder comme khalifes proprement dits que ceux qui ont régné sur la totalité ou sur la plus grande partie des Etats musulmans. Nous allons en donner la liste et leur ordre chronologique, 1° parce qu'ils sont réellement les souverains pontifes de la religion musulmane, et 2° parce que leurs noms sont cités plusieurs fois dans ce Dictionnaire.

KHALIFAT PARFAIT.

1. Abou-Bekr, beau-père de Mahomet, élu l'an 11, mort l'an 13 de l'hégire.
2. Omar, fils de Khitab, 23
3. Othman, fils d'Affan, 35
4. Ali, cousin et gendre de Mahomet, 40

Ces quatre khalifes régnèrent ensemble trente ans moins six mois. On rapporte qu'en effet Mahomet avait prédit qu'après lui le véritable khalifat ne durerait que ce laps de temps. Pour compléter les trente ans, on ajoute les six mois de règne de Hasan, fils d'Ali, au bout desquels ce prince faible abdiqua en faveur de Moawia son compétiteur, l'an 41.

KHALIFES OMMIADES.
fin du règne.

5. Moawia, fils d'Abou-Sofian, de la famille d'Ommaya, 60
6. Yezid, fils de Moawia, 64
7. Moawia, fils de Yezid, 64
8. Merwan, fils d'Hakem, d'une autre branche de la maison d'Ommaya, 65
9. Abd-el-Malek, fils de Merwan, 86
10. Walid, fils d'Abdel-Malek, 96
11. Soliman, autre fils d'Abdel-Malek, 99
12. Omar, fils d'Abd-el-Aziz, petit-fils de Merwan, 101
13. Yézid, troisième fils d'Abd-el-Malek, 105
14. Hescham, quatrième fils d'Abd-el-Malek, 125
15. Walid, fils de Yézid, et petit-fils d'Abd-el-Malek, 126
16. Yezid, fils de Walid, et petit-fils d'Abd-el-Malek, 126
17. Ibrahim, fils de Walid et petit-fils d'Abd-el-Malek, 127
18. Merwan, fils de Mohammed, et petit-fils de Merwan Ier, 132

Merwan fut le dernier de la dynastie des Ommiades qui compte quatorze princes, et conserva le khalifat pendant quatre-vingt-onze ans: elle fut renversée par la dynastie des Abbassides, qui conserva le pouvoir pendant 523 années musulmanes ou lunaires, sous 37 princes.

KHALIFES ABBASSIDES.
fin du règne.

19. Aboul-Abbas-el-Saffah, fils de Mohammed, fils d'Ali, fils d'Abdallah, fils d'Abbas, oncle du faux prophète, 136
20. Abou-Djafar al-Mansour, frère du précédent, 158
21. Mahdi, fils d'Al-Mansour, 168
22. Hadi, fils de Mahdi, 170
23. Haroun al-Raschid, fils de Mahdi, 193
24. Amin, fils d'Haroun, 197
25. Al-Mamoun, fils d'Haroun, 218
26. Al-Motassem, fils d'Haroun, 227
27. Watek, fils de Motassem, 232
28. Motawakkel, fils de Motassem, 247
29. Montasser, fils de Motawakker, 268
30. Mostain, fils de Motassem et frère de Watek, 252
31. Motaz, fils de Motawakkel, 255
32. Mohtadi, fils de Watek, et petit-fils de Motassem, 256
33. Motamed, fils de Motawakkel, 279
34. Motadhed, fils de Mowafik et petit-fils de Motawakkel, 289
35. Moctafi, fils de Motadhed, 295
36. Moctader, fils de Motadhed, 320
37. Caher, fils de Motadhed, 322
38. Radhi, fils de Moctader, 329
39. Moctafi, fils de Moctader, 333
40. Mostacfi, fils de Moctafi, 334
41. Mothi, fils de Moctader, 363
42. Thai, fils de Mothi, 381
43. Cader, fils d'Ishac et petit-fils de Moctader, 421
44. Caïm, ou Cayem, fils de Cader, 467
45. Moctadi, fils de Mohammed et petit-fils de Caïm, 487
46. Mostedaher, fils de Moctadi, 512
47. Mostarsched, fils de Mostedaher, 529
48. Raschid, fils de Mostarsched, 530
49. Mottaki, fils de Mostedaher, 555
50. Mostandjed, fils de Mottaki, 566
51. Mostadhi, fils de Mostandjed, 575
52. Nasser, fils de Mostadhi, 622
53. Daher, fils de Nasser, 623
54. Mostanser, fils de Daher, 640
55. Mostazem, fils de Mostanser, 656

A cette époque, le souverain pouvoir passa entre les mains des Tartares. Cependant Mostanser, prince de la famille des Abbassides, fonda en Egypte, trois ou quatre ans après, une seconde dynastie du même nom, mais dont les khalifes ne possédèrent que leur seule dignité, sans aucun Etat à gouverner. Enfin, en l'an 923 de l'hégire (1517 de J.-C.), époque de la conquête de ce pays par Sélim Ier, le khalifat passa définitivement de la maison d'Abbas à celle des sultans othomans. Mais, comme ces derniers, bien loin d'appartenir à la famille et à la tribu de Mahomet, ne font pas même partie de la nation arabe, les princes que nous venons de citer sont les seuls reconnus par les Musulmans comme khalifes, c'est-à-dire pontifes et vicaires légitimes de Mahomet.

KHALIL, mot arabe qui signifie *ami*; les Musulmans en ont fait un surnom d'Abraham, qu'ils appellent ordinairement *Khalil Allah*, l'ami de Dieu, et par abréviation *Khalil*. Voici à quelle occasion il mérita ce titre glorieux :

Abraham, qui aimait tendrement les pauvres, avait en leur faveur vidé ses greniers, dans une famine qui affligeait la contrée où il demeurait. Voyant qu'il n'avait plus de grains, il envoya ses gens avec des chameaux en Egypte, vers un des plus puissants seigneurs du pays, qui était de ses amis, en le priant de lui en vendre. Celui-ci répondit aux serviteurs du patriarche : *Nous craignons nous-mêmes la famine; et il ne serait pas prudent à nous d'envoyer, pour nourrir les pauvres des autres pays, la subsistance des nôtres. Votre maître a d'ailleurs des provisions suffisantes pour lui et sa maison.* Ce refus, quoique honnête et motivé, causa beaucoup de chagrin aux gens d'Abraham; et pour se soustraire à l'humiliation de paraître revenir les mains vides, ils remplirent leurs sacs d'un sable très-blanc et très-fin. Arrivés auprès de leur maître, l'un d'eux lui révéla en secret le mauvais succès de leur voyage. Abraham dissimula sa douleur et se mit en prière. Sara, qui ignorait ce qui s'était passé, voyant les sacs pleins, en ouvrit un, le trouva rempli de belle farine, et sur-le-champ se mit à cuire du pain pour les pauvres. Abraham, après avoir terminé sa prière, sentant l'odeur du pain nouvellement cuit, demanda à sa femme quelle farine elle avait employée.—*Celle de votre ami d'Egypte, apportée par les chameaux*, répondit Sara.—*Dites plutôt*, répliqua Abraham, *celle du véritable ami, qui est Dieu; car il ne nous abandonne jamais au besoin.* Or, ajoutent les Musulmans, dans le moment qu'Abraham appelait Dieu son ami, Dieu le prit aussi pour le sien.

KHALITSA, cérémonie par laquelle une veuve juive retire le soulier du frère de son mari défunt, lorsqu'il refuse de l'épouser, conformément à la loi. Voyez-en le détail au mot IBOUM.

KHALWÉTIS, ordre de religieux musulmans, institué par Omar Khalweti, qui mourut à Césarée l'an 800 de l'hégire (1397 de J.-C.). Cet Omar menait une vie fort austère ; mais ayant un jour quitté sa retraite, on rapporte qu'il entendit une voix mystérieuse s'écrier : *O Omar Khalweti! pourquoi m'abandonnes-tu?* Docile à cet oracle, il se crut obligé de consacrer le reste de ses jours à des œuvres de pénitence, et même d'instituer un ordre sous le nom de *Khalwetis*, qui signifie hommes vivant dans la retraite. Les Derwichs de cet ordre se font un devoir de vivre d'une manière plus retirée et plus mortifiée que les autres. Ils passent souvent douze jours consécutifs, ne prenant pour toute nourriture que du pain et de l'eau, en l'honneur des douze imams de la race d'Ali. Quelques-uns observent ce pénible régime pendant quarante jours de suite, ce qu'ils appellent *Arbain* (carême). Ces pénitences ont pour objet l'expiation des péchés, la sanctification des âmes, la gloire de l'islamisme, la prospérité de l'Etat, et le salut général du peuple mahométan.

KHAMÉPHIS, dieux suprêmes de l'Egypte; ils formaient une trinité assez semblable à celle des Hindous, et composée de *Chnef*, *Phtah* et *Phré*, c'est-à-dire le principe générateur, le feu primordial et le soleil. Le mot *Khaméphis*, selon les mythographes, signifie gardiens de l'Egypte, contrée appelée originairement *Khami* ou *Khémé*, pays de Cham.

KHAMSÉ, nom que l'on donne, dans certaines parties de l'Inde, à la fête musulmane que les Schiites célèbrent les dix premiers jours du mois de moharrem, en l'honneur de l'imam Hoséin, et que nous avons décrite sous le nom de DÉHA. Nous ajoutons ici quelques particularités empruntées au *Traité des lois mahométanes du Décan*, par M. Eugène Sicé, de Pondichéry (1).

A peine les Musulmans distinguent-ils la lune de Moharrem, qu'ils se revêtent des costumes les plus bizarres, et se répandent ainsi déguisés, dans les quartiers de la ville, au son bruyant du tam-tam, de la trompe et du nacara. Les trois derniers jours, quelques jeunes Musulmans, les uns à pied, les autres à cheval, portant tous des faisceaux de plumes de paon liées ensemble et surmontées d'une main en argent, contre laquelle ils appliquent leur front, viennent se mêler à la foule. Chacun d'eux, sans proférer un seul mot, s'avance entre deux individus qui, aux cris répétés de Hasan, Hoséin, s'efforcent de le retenir avec des guides en soie, et de modérer la rapidité de leur marche. Le peuple, dans sa crédulité, attribue la vélocité que ces jeunes Musulmans déploient en ces sortes d'occasions, à une sainte ardeur pour la foi, et ils les regardent comme inspirés; tandis que leur exaltation vient de l'opium et des autres drogues qu'on leur administre. Le dernier jour, ils sont tellement épuisés par leurs courses rapides, les secousses violentes qu'ils ont éprouvées et la surexcitation de leur cerveau, qu'arrivés au bord de l'étang, autour duquel viennent se ranger les chars de la fête, ils tombent exténués, et restent quelquefois plusieurs heures dans un état d'atonie complète. On se presse autour d'eux; on leur baigne le visage avec de l'eau fraîche, jusqu'à ce qu'ils soient revenus à eux.

Dans la nuit du dixième au onzième jour, les chars sont portés en triomphe dans les principaux quartiers de la ville, accompagnés de flambeaux, de musique et d'une foule considérable. Ces chars, d'une forme toute particulière, brillent par le fini d'un travail dont la patience seule des Indiens peut venir à bout ; partout des découpures,

---

(1) Ce nom de *Khamsé* veut dire *cinq*; il vient des cinq doigts de la main d'argent que l'on promène en public, et qui représentent les cinq personnages les plus vénérés des Schiites, savoir : Mahomet; Ali, son gendre; Fatima, sa fille; Hasan et Hoséin, ses petits enfants.

des détails à jour d'une rare délicatesse, des globes; des verrines en talc, posées avec symétrie depuis la base jusqu'au sommet, font reluire des feuilles de plomb laminées, et peintes en diverses couleurs, qui recouvrent toutes les bordures, les colonnes et les parvis des compartiments intérieurs. Au centre on distingue plusieurs mains en argent parées d'étoffe rouge et ornées de fleurs. Chaque Musulman est tenu de contribuer à l'érection du char de son quartier, dont la dépense peut être évaluée de 5 à 600 francs.

A Pondichéry, la fête se termine par une procession à l'étang de Tirouvalli-Keïni, communément nommé étang du Poyé, situé à peu de distance de la ville. Arrivé à l'étang, on pose les chars par terre, et, après une légère aspersion, on les entoure d'un large rideau. Chacun distribue ses aumônes, puis rentre chez soi en récitant des prières. Quelques-uns accompagnent les chars, qu'on reporte toujours enveloppés à la place d'où on les a tirés.

A Madras, où les Musulmans sont très-nombreux, la fête du Khamsé cause quelquefois des désordres tels, que la force armée est obligée d'intervenir. Les croyants de sectes différentes profitent de cette fête pour se livrer à toute la fureur d'une haine de schismatiques que rien ne peut contenir. Ils en viennent aux mains, et ne cèdent qu'à la cavalerie anglaise, qui les disperse bon gré mal gré.

KHANDE-RAO ou KHANDOBA, une des principales divinités adorées par les Hindous du Dekhan; ce nom lui vient sans doute de ce que ce dieu met en déroute les armées ennemies, ou de ce qu'on le représente armé d'une espèce de sabre appelé en maratthi, *Khanda*. Son nom sanscrit est *Mallari*, corrompu en *Makhar*. Il fut ainsi appelé parce qu'il vainquit un daitya de ce nom. On pense que ce Kande-Rao était un prince qui secourut les brahmanes, dans une époque où ils étaient opprimés. On célèbre sa fête le sixième jour de la nouvelle lune de magh. Son temple principal est à Jéjuri, ville située à 30 milles à l'est de Pounah. *Voy.* MALLÂ.

KHANICAH, nom des couvents de Derwichs chez les Musulmans. *Voy.* COUVENT, n° 3.

KHAO, sacrifice que les Cochinchinois offrent aux dieux ou aux mânes des défunts pour les empêcher de nuire.

KAP-TCHOU, nom d'une classe de religieux bouddhistes dans le Tibet.

KHARA, démon de la mythologie hindoue; il était frère de Ravana, tyran de l'île de Ceylan. Il fut vaincu et tué par Rama, dans le bois de Djanasthana, avec 14,014 Rakchasas qu'il avait rassemblés pour venger sa sœur Sourpanakha. On rapporte qu'à la vue de la massue que Khara s'apprêtait à décharger sur sa tête, Rama, bien qu'il fût un dieu incarné, éprouva un sentiment de crainte et recula de trois pas, pensant que l'arme de son ennemi était d'une origine céleste, et ne pouvait être combattue par des armes ordinaires.

Khara est aussi le nom d'un autre mauvais génie, vaincu par Krichna, et de l'un des onze Roudras.

KHARIDJIS ou KHAWARIDJIS, sectaires, qu'on peut considérer comme les protestants de la religion musulmane; leur nom signifie *ceux qui sont sortis de l'obéissance*. Ils ne se soumettent pas à l'imam légitime, et sont regardés par les autres comme des rebelles et des révoltés auxquels on doit faire la guerre ainsi qu'à des infidèles. Ces hérétiques datent du premier siècle de l'islamisme, car les premiers d'entre eux se révoltèrent contre Ali, gendre de Mahomet, qui les dissipa en fort peu de temps. Ils regardaient ce khalife comme un usurpateur, et le coup qui lui fit perdre la vie partit de la main d'un Kharidji ; c'est pourquoi ils sont en exécration aux Schiites. Ils soutiennent aussi que le péché fait perdre la foi, en constituant celui qui le commet dans un état d'infidélité ; ils enseignaient qu'on peut légitimement se soulever contre l'imam et combattre contre lui.

On regarde Abdallah, fils de Waheb, comme le fondateur de cette secte.

Les Kharidjis se divisent en sept sectes, savoir : les *Mohkemis*, les *Beihisis*, les *Ezarikés*, les *Aazeriyés*, les *Asferiyés*, les *Ibadhis*, qui se subdivisent en quatre branches, et les *Adjaridés*, qui se partagent encore en dix branches. *Voy.* chacune de ces subdivisions à son article respectif.

KHATABIS, ou KHATTABIS, sectaires musulmans, qui font partie des Schiites ou dissidents. Ils tirent leur nom d'Abou Khatab el-Asadi; et disent que les imams sont des prophètes et des dieux ; que Djafar le Juste, sixième imam, est dieu, mais qu'Abou-Khatab, qui est dieu également, a le pas sur lui et sur Ali. Ils croient que le paradis consiste dans les délices de ce monde, et l'enfer dans les peines de cette vie ; que rien n'est défendu, et que chaque fidèle a ses révélations. Ils fondent cette doctrine sur ce passage du Coran : *Il n'est pas d'âme qui meure sans la permission de Dieu*. Or, disent-ils, cette permission est une révélation de Dieu. Quelques-uns soutiennent que le khalife véritable, après Abou-Khatab qui fut tué, est Moammer ; d'autres prétendent que c'est Bezigh, plus excellent que les archanges Gabriel et Michel. Voyez BEZIGHIS au *Supplément*, MOAMMÉRIS, OMAÏRIS.

KHASIDIM, secte de Juifs qui ont paru en Lithuanie dans le siècle dernier, où ils sont connus sous le nom de *Carolins*, du nom d'un village situé non loin de Pinsko, où la secte a pris naissance. Les détails qu'on va lire sont extraits d'une notice publiée en 1799 à Francfort-sur-l'Oder par Israël Loebel, second rabbin à Novogrodeck en Lithuanie, et réimprimée en 1807 dans la *Sulamith*, journal judaïque.

Un rabbin, nommé Israël, se rendit très-fameux à Miedzyvorz en Ukraine, entre les années 1760 et 1765. C'était un ambitieux qui, dépourvu de connaissances talmudiques, et ne pouvant se faire un nom par son savoir, chercha d'autres moyens pour acquérir de l'influence ; il se fit exorciste. « Mon esprit, disait-il, se détache souvent de mon corps pour aller chercher des nouvelles dans le monde intellectuel; il me révèle ce qui s'y passe, et détourne beaucoup de maux dont le monde des esprits menace notre terre. »

Pour réaliser ses desseins, Israël prit le masque d'une piété exemplaire, et ajouta à son nom celui de *Baal-Schem*, ou possesseur du nom de Dieu. La propension des hommes ignorants et crédules vers les sciences occultes lui procura, en moins de dix ans, plus de dix mille sectateurs, qu'il appela *Khasidim*. Ce nom désigne des hommes qui, non contents de suivre les lois rituéliques de Moïse, travaillent à s'unir plus intimement à Dieu par leur sainteté. Mais bientôt on découvrit que les liaisons entre le rabbin Israël et ses disciples ne conduisaient pas vers le but annoncé, et que leurs intentions, leurs actions, heurtaient les principes de la piété et de la morale ; c'est ce qui engagea le talmudiste Elias, grand rabbin de Wilna, de concert avec les anciens de la synagogue de Brod, à écrire contre la nouvelle secte un ouvrage, où il prouve qu'elle est nuisible à la religion judaïque et à l'État. Elias, étant près de mourir, enjoignit à tous ceux qui le visitaient de publier que quiconque aime Dieu et les hommes doit éviter soigneusement toute communication avec les Khasidim, qui, sous le manteau de l'hypocrisie, cachent une profonde immoralité.

Le rusé Israël Baal-Schem, voyant qu'il fallait au plus tôt renforcer son parti pour tenir tête aux *Orthodoxes*, s'efforça de gagner les plus riches, en publiant un écrit, qui est le code de sa doctrine, et qui contient des principes abominables. Il défend à ses adhérents, sous les peines spirituelles les plus sévères, de cultiver leur esprit. Ceux qui ont des lumières doivent chercher à les étouffer ; car il est dangereux, dit-il, de faire intervenir la raison dans les matières de religion. Il ne veut pas qu'en priant Dieu on verse des larmes, parce qu'un père voit avec plus de plaisir ses enfants joyeux que mécontents et tristes.... Si quelqu'un a commis ou veut commettre le péché, il peut se promettre l'absolution de la part de son chef, sans s'astreindre à changer de conduite, à mener une vie réglée. Ce principe détestable, surtout pour les gens qui n'ont pas ou qui ont très-peu d'instruction, accrut le nombre des partisans de Baal-Schem à tel point qu'on en comptait quarante mille lors de sa mort, arrivée quinze ans après la fondation de la secte.

Alors son régime, tant intérieur qu'extérieur, prit une forme nouvelle : à un chef unique on substitua plusieurs directeurs, qui, pour défendre leur doctrine, imprimèrent divers ouvrages, après en avoir publié deux posthumes attribués à leur fondateur. L'un, intitulé *Kesser Schem-tof*, parut à Korstchik et à Zulkiew, en deux parties. Dans la première, il donne à ses sectateurs une absolution générale de leurs péchés commis et à commettre, sous la condition qu'ils feront de leurs fils des Thalmudistes. Son âme ayant été ravie en extase dans le ciel, l'archange Michel, le protecteur des Juifs, lui a déclaré qu'à cette condition tout pécheur pouvait non-seulement obtenir la rémission, mais même une récompense de ses crimes. Dans la seconde partie il invite ses adhérents à prier Abraham, le père des Juifs, qui a conduit tant de malheureux à la véritable croyance, et qui la conserve dans l'âme de tant de gens disposés à la quitter. Il condamne toute liaison de leurs enfants avec des hommes qui n'appartiennent pas à la nation, surtout à sa secte. Dans un second ouvrage posthume, intitulé *Likkouté-hamomir*, le novateur enseigne que, pour s'unir à la divinité, il faut commettre péchés sur péchés : plus ils sont horribles, plus on lui est agréable ; car Dieu étant le premier sur l'échelle des êtres, et le plus grand pécheur étant au dernier échelon, entre eux il y a une espèce de contiguïté, en se figurant que l'échelle est d'une forme circulaire.

Baer, Medsirsitz, rabbin à Kortschik, et l'un des directeurs de la secte, a commenté les principes du fondateur par un écrit dans lequel il proscrit tout exercice des vertus ; mais le livre le plus abominable, intitulé *Noam hammelech*, a pour auteur Melech, un autre des directeurs et grand rabbin à Lezansk. Baal-Schem avait accordé l'absolution générale sous des conditions qu'on ne pouvait pas toujours remplir ; Melech va plus loin : il enseigne que chacun des directeurs peut absoudre des plus grands forfaits passés et futurs, si lui, directeur, a la volonté de les commettre : il excite même à s'y livrer, en promettant aux coupables que, n'ayant à redouter aucune puissance terrestre, ils maîtriseront la nature par leurs prières, pourvu toutefois que la secte reste fidèle à ses engagements. Dans cet ouvrage, il interdit aux malades l'usage des drogues médicales, vu que celui qui peut leur donner la vie éternelle peut à son gré prolonger la vie temporelle.

Par ces échantillons, tirés des livres de la secte, on voit combien elle est pernicieuse à l'État ; et l'on conçoit qu'elle a dû trouver beaucoup d'adversaires. Peut-être aussi ces accusations sont-elles exagérées, car elles sont puisées dans les écrits d'un de leurs ennemis les plus acharnés. Quoi qu'il en soit, il y a encore un assez grand nombre de Juifs Khasidim en Pologne et dans plusieurs autres contrées ; on en trouve même à Jérusalem. Ceux de Pologne sont ennemis déclarés non-seulement des chrétiens, mais encore de toutes les sectes judaïques. Ils rendent des hommages presque divins à leurs rabbins, qu'ils honorent du titre de *justes*. L'extravagance de leurs gestes pendant le service divin leur a fait donner le nom de *sauteurs*. On les voit tout à coup rompre le silence par des éclats de rire, frapper des mains, sauter d'une manière frénétique, élever leur visage vers le ciel, montrer le poing, comme s'ils défiaient le Tout-Puissant de refuser l'objet de leurs demandes. Leur secte s'est tellement accrue au commencement de ce siècle, dans la Pologne russe et la Turquie d'Europe, que leur nombre surpasse celui des rabbanites.

KHATIB, ministre du culte dans la religion musulmane, dont la fonction consiste à réciter la formule du prône, appelé *khotba*, chaque vendredi dans les mosquées principales; c'est pourquoi on les appelle encore *Imam-el-Djouma*, imams des vendredis. Ceux des mosquées impériales ont un rang supérieur aux autres; mais ils sont obligés de céder leur place aux deux chapelains du sérail, qui remplissent tour à tour ces fonctions dans la mosquée où il plaît au sultan de se rendre chaque vendredi, et aux deux fêtes du Beïram.

KHATM-KODJAKIAN, prières que doivent réciter chaque jour les derwichs musulmans de l'ordre de Nakschibendi : elles consistent à réciter au moins une fois la prière du pardon, sept fois la prière du salut; sept fois le premier chapitre du Coran et neuf fois deux autres chapitres déterminés du même livre.

KHAWARIDJIS, hérétiques musulmans. *Voy.* KHARIDJIS.

KHAYATIS, hérétiques musulmans, qui appartiennent à la grande secte des Motazales. Ils suivent la doctrine d'Aboul-Hoséin, fils d'Abou-Amrou el-Khayath, et disent que le néant est un être réel; que la volonté de Dieu s'est manifestée dans ses propres actions par la création, et dans celles de ses serviteurs par son commandement; qu'il *entend* tout et *voit* tout littéralement, et que c'est ce moyen qu'il est *omniscient*, qu'il se voit lui-même ou qu'il voit les autres.

KHAZAN, nom d'un ministre du culte dans les synagogues modernes des Juifs; c'est celui qu'on appelle en langue vulgaire le *Surveillant*, ce qui n'est que la traduction du mot hébreu. Le Khazan est chargé d'office de commencer les prières et d'entonner les psaumes et autres pièces de chant. C'est à lui à présider aux cérémonies dans les synagogues où il n'y a pas de rabbin, à enseigner la manière de lire et de prononcer les prières. Ses fonctions sont à peu près les mêmes que celle du lecteur chez les protestants. Le Khazan est rétribué soit par l'État, soit par la congrégation.

KHÉDRÉWIS, branche des Ismaéliens de Syrie, qui ne diffère des Soueïdanis que par certaines cérémonies extérieures. Les uns et les autres reconnaissent la divinité d'Ali, et admettent la lumière comme le principe universel des choses créées. Par suite de leur dissimulation en fait de religion, ils n'ont aucun temple public; ils vont cependant en pèlerinage à Nedjef, lieu de la sépulture d'Ali, à quatre ou cinq journées de Baghdad, dans le désert. Ils ont aussi un autre endroit de dévotion près la Mecque, nommé Redh-Woué, où ils se rendent furtivement quand ils le peuvent. — Les Khédréwis sont plus nombreux que les Soueïdanis; leur principale habitation est à Mesyat, ancienne forteresse située à douze lieues ouest de Hamah. Sur un rocher isolé, au pied de cette place, et à l'orient, est un gros bourg de même nom, entouré de murailles et formé de plus de deux cents maisons.

KHEREM, excommunication en usage chez les Juifs, qui correspond à peu près à l'excommunication majeure des chrétiens. Elle exclut de la Synagogue celui qui en est frappé, et le prive de tout commerce civil. *Voy.* EXCOMMUNICATION, n° 4.

Nous croyons que nos lecteurs liront avec curiosité une antique formule d'anathème judaïque, rapportée par Buxtorf.

« Par sentence du Seigneur des seigneurs, soit anathématisé un tel, fils d'un tel, dans les deux chambres du jugement, c'est-à-dire du ciel et des enfers; qu'il soit dans l'anathème des saints du ciel, dans l'anathème des Séraphins et des Ophanim, dans l'anathème de toute l'Église des grands et des petits. Que des plaies dangereuses et incurables, que de grandes et horribles maladies fondent sur lui; que sa maison soit le séjour des dragons; que son astre soit obscurci dans les nues; qu'il soit lui-même un objet d'indignation, de colère et de fureur; que son cadavre soit exposé aux animaux carnassiers et aux serpents; que ses ennemis et ses adversaires se réjouissent de sa perte; que son or et son argent soient donnés à d'autres; que tous ses enfants soient exposés à la porte de ses ennemis; que la postérité soit saisie d'étonnement en apprenant sa ruine. Qu'il soit maudit par la bouche d'Addiriron et d'Aktariel; par la bouche de Sandalpon et d'Hadraniel, par la bouche d'Ansisiel et de Patkhiel, par la bouche de Seraphiel et de Zaganzael, par la bouche de Michel et de Gabriel, par la bouche de Raphaël et de Meschartiel; qu'il soit anathématisé par la bouche de Tsabtsabib et par la bouche de Habhabib, qui est le grand Dieu, et par la bouche des soixante-dix noms du grand roi, et par la bouche de Tsortac, le grand chancelier. Qu'il soit englouti comme Coré et ses compagnons; que son âme s'échappe avec terreur et tremblement; que le courroux de Dieu le fasse périr; qu'il soit étranglé comme Achitophel dans son conseil; que sa lèpre soit comme celle de Giézi; que sa ruine soit sans remède; qu'il ne soit pas enseveli dans la sépulture des enfants d'Israël. Que sa femme soit livrée à d'autres, et qu'ils la violent lorsqu'il expirera. Que cet anathème tombe sur un tel, fils d'un tel, et qu'il soit son héritage. Mais que Dieu daigne répandre sur moi et sur tout Israël sa paix et sa bénédiction. Amen. »

KHI, nom de l'esprit de la terre chez les Chinois.

KHIA-LAN, dieu des bouddhistes de la Chine.

KHIAN-TCHOU TI-YO, le quinzième enfer des bouddhistes de la Chine. Dans ce lugubre séjour, il pleut des épées sur les damnés, et des oiseaux à bec d'acier leur arrachent les yeux.

KHIDR (1). C'est, suivant les Musulmans, un prophète de l'Ancien Testament; mais ils ne sont pas d'accord sur le temps où il a vécu. Quelques-uns le font contemporain d'Abraham, d'autres de Moïse, d'autres d'Elie, d'autres d'Alexandre le Grand. Il en est qui veulent que son âme ait passé de Phinées, enfant d'Aaron, dans le corps d'Elie, puis enfin dans celui de saint Georges. Au reste, tous conviennent qu'il a trouvé la fontaine de Jouvence, qu'il a bu de son eau à longs traits, et qu'en conséquence il jouit d'une vie immortelle, ainsi que le prophète Elie qui a eu le même bonheur. Le nom de Khidr signifie *verdoyant*, par allusion à la vertu qu'on lui prête de faire naître partout sous ses pas une verdure agréable. Il est regardé, ainsi qu'Elie, comme le protecteur des voyageurs : le premier sur mer, le second sur terre, qu'ils parcourent sans cesse l'un et l'autre pour cet objet. On croit que, dans leurs courses rapides et constantes, ils se rencontrent une fois l'an à Mina, aux environs de la Mecque, le jour de la station des pèlerins.

KHI-LIN, quadrupède fabuleux de la mythologie chinoise, que l'on prétend ne se montrer que sous les règnes des plus vertueux princes de la Chine, ou pour annoncer quelque événement heureux. C'est ainsi que sous le règne de Hoang-ti, le Khi-lin se promena dans les jardins de l'empereur. Quelque temps avant la naissance de Confucius, il apparut tout à coup dans les jardins de Chou-liang-ho, père du philosophe, sans qu'on pût deviner comment il s'y était introduit. Le Khi-lin tenait dans sa gueule une pierre de jade sur laquelle était gravée l'inscription suivante : *Un enfant pur comme l'onde cristalline naîtra sur le déclin de la dynastie des Tcheou; il sera roi, mais sans aucun domaine.* Frappée de ce prodige, Yen-che, épouse de Chou-liang-ho, et déjà fort avancée dans sa grossesse, va au-devant de l'animal, qui ne s'effarouche pas à son approche; elle le saisit, l'attache avec son mouchoir, et court en porter la nouvelle à son mari. Deux jours après, le Khi-lin disparut. — On dit que le Khi-lin parut encore deux ans avant la mort de Confucius; il fut pris à la chasse par le roi de Lou, appelé Ngaï-koung, sous le règne de l'empereur King-wang, 431 ans avant notre ère. Or, comme c'était alors une opinion répandue que son apparition présageait la venue d'un homme d'une rare sainteté, envoyé pour l'instruction et le bonheur du genre humain, on dit que Confucius, en apprenant cette nouvelle, s'écria tristement : *O Khi-lin! qui t'a donné ordre de paraître? Ma doctrine est sur son déclin, et ton avénement rend toutes mes leçons inutiles.* Il paraît aussi que Confucius dit plusieurs fois que *le Saint était en Occident.* Plusieurs savants missionnaires ont regardé ces différentes paroles de Confucius comme une sorte de prophétie du Messie, qui naquit en effet à l'occident de la Chine. Mais, sans nier que cette tradition fût répandue dans la Chine, car nous en avons d'autres preuves, nous sommes plus portés à croire que ces paroles vraies ou prétendues de Confucius faisaient allusion à la religion de Bouddha, qui, en effet, dès cette époque, commença à pénétrer dans l'Asie orientale, et à se propager en Chine, tandis que le Messie ne devait venir que quatre siècles et demi plus tard; et il est fort possible que les missionnaires bouddhistes aient prêté ces oracles au plus grand philosophe de la Chine pour favoriser la propagation de leur doctrine. *Voy.* KIRIN.

KHIN, génie de la mythologie chinoise. Ce nom signifie *noir*.

KHITAB, nom que les Juifs orientaux donnent, suivant l'historien arabe Makrizi, à la fête des Semaines ou de la Pentecôte. Ce mot arabe signifie *adresser la parole à quelqu'un*. C'est donc comme si l'on disait la *Fête de l'Allocution*, parce qu'à pareil jour Dieu avait parlé aux enfants d'Israël, en leur dictant sa loi.

KHODA, nom du vrai Dieu dans la langue actuelle des Persans. Ce mot paraît venir du zend *Qâ-dâta*, donné de soi-même, ou existant par lui-même.

KHOMCHIN-BODHISATWA, une des principales divinités mongoles. C'est le même personnage qui est appelé en sanscrit *Avalokiteswara*, en tibétain *Djian rai zigh*, en chinois *Kouan-chi yn*, et en mongol encore *Nidou ber ouzektchi*. *Voy.* ces noms divers à leur ordre dans ce Dictionnaire.

KHOM-GADIR, fête de l'Etang de Gadir, célébrée par les Musulmans schiites, en mémoire de l'institution prophétique d'Ali en qualité de khalife légitime. *Voy.* GADIR.

KHORDAD, bon génie de la mythologie des Parsis. Il est le roi des saisons, des mois, des années et des jours; c'est lui qui donne aux purs l'eau de pureté. On le considère aussi comme le feu de l'âme vivifiante des plantes. Il est chargé, avec les six autres amschaspands ou bons génies créés par Ormuzd, de veiller au bien-être de l'homme.

KHORLO. Les Tibétains appellent ainsi une roue de pierre semblable à la lanterne d'un moulin, ou à un cylindre; on la remplit de prières écrites, et les dévots la font tourner. Dans les temples, ces roues ont environ huit pieds de diamètre; chez les gens riches, on les voit suspendues au mur comme des horloges : lorsqu'on les monte, elles tournent continuellement. Ce moyen facile et économique de prier Dieu est en usage chez les Bouddhistes et les Chamanistes de la haute Asie. Les Chinois appellent cet instrument *Fa-lun* (roue de la loi); les Mongols, *Kourdæ*, et les Mantchous, *Moukhéren*.

KHORMOSDA ou KHOURMOUSDA, un des dieux principaux des systèmes mantchou et mongol. Il reçoit tantôt le titre de *Tengæri*, parce qu'il est le premier des trente-trois Tengæris ou esprits supérieurs; tantôt celui de *Bourkhan*, équivalent mongol du Bouddha indien, parce qu'il est venu en cette qualité

---

(1) On prononce encore *Khédher*, *Khidhir*, *Khizir*, *Khizr*, *Hizr*, etc.

sur la terre pour sauver les créatures. On l'adore comme le principal génie protecteur de la terre, et il est offert à la vénération publique sous la figure d'un vieillard qui porte dans la main droite une épée nue, et qui est monté sur un éléphant. Cet animal, qui lui sert de monture, est éblouissant de blancheur, à l'exception de sa tête qui est d'un rouge écarlate; il a deux berres et demi de longueur, un et demi de hauteur, et un berre de grosseur. Son pâturage accoutumé est une riante et romantique campagne, au bord d'un lac qui a deux cents berres de tour, et dont l'onde est blanche comme le lait, douce comme le miel. Quand Khormosda veut chevaucher sur ce magnifique animal, alors l'éléphant a trente-trois têtes, chacune desquelles porte plusieurs trompes; sur chaque trompe plusieurs lacs sont renfermés dans de larges bassins; à la surface de chaque lac flottent des fleurs de lotus, et chacune d'elles porte dans son calice plusieurs vierges sacrées, filles de Tengæris, qui frappent des cymbales. Sur la tête du milieu est assis Khormosda lui-même; sur les autres, les trente-deux Tengæris soumis à ses ordres Dans une vie précédente, cet éléphant était le célèbre oiseau Garouda. Khormosda se métamorphosa lui-même en cheval pour transporter à travers les airs le Bouddha Chakya Mouni, du palais de son père, où il était gardé à vue, sur les bords du fleuve Narandjara.

Khormosda paraît être le même que l'Indra des Brahmanistes. Quelques-uns rapprochent son nom de celui d'*Hormouzd* ou *Ormuzd* de la mythologie des Parsis. « Le Khormousda des Mongols bouddhistes, dit M. Schmidt de Saint-Pétersbourg, réside avec les trente-trois Tégris sur la cime du mont Soumer, qui est le Mérou ou Soumérou des Hindous; de même l'Hormouzd des adorateurs du feu habite la cime du mont Albordj, avec les trente Amschaspands et Izeds, ou, selon les Iecht-zadés, également avec trente-trois Amschaspands. »

KHORSCHID ou KHOUR, génie du soleil, ou la personnification de cette planète dans la mythologie des Parsis. Il est avec *Asman*, le ciel; *Aniran*, la lumière première, et *Schariver*, génie protecteur des métaux, un *Hamkar* de Mithra.

KHORVA-DZIOEGH, un des quatre Bouddhas qui, suivant les Tibétains, ont paru pendant la période actuelle du monde. C'est le même qui est appelé en sanscrit KRAKOUTCHANDRA. *Voy.* ce mot.

KHOTBA. C'est, chez les Musulmans, une espèce de prône où d'allocution adressée aux fidèles pour le chef de l'autorité temporelle, par l'imam avant la prière publique du vendredi; elle ne peut cependant avoir lieu que dans les villes, et seulement dans les principales mosquées qui s'y trouvent. La Khotba se récite également aux deux fêtes de Beiram. Elle se compose de plusieurs parties, qui toutes ne datent pas de la même époque. La plus ancienne, celle qui se récite la première, remonte à Mahomet; il la prononçait lui-même en s'acquittant des fonctions sacerdotales, comme chef de la prière. Cette première Khotba était une sorte de profession de foi, une glorification de Dieu, de son unité et de ses principaux attributs. Le prophète la prononçait du haut de la chaire (*member*) et non de l'autel (*mihreb*).

A la mort de Mahomet, son successeur Abou-Bekr fit suivre dans la Khotba l'invocation à Dieu de la glorification de Mahomet. Les successeurs d'Abou-Bekr, Omar, Othman et Ali, y ajoutèrent quelques mots sur leurs prédécesseurs respectifs. Il en fut de même des deux imams, Hasan et Hoséin, enfants d'Ali. Cette deuxième partie de la Khotba, nommé *Warodia* (introït), ne tarda pas à être suivie d'une troisième *Mowahida* (consacrée à célébrer l'unité de Dieu), qui se composait de quelques paroles tendant à rappeler aux hommes tout ce qu'ils doivent au Créateur. Ces trois parties forment ce que les Musulmans appellent première Khotba. Ce fut pour eux un article de foi que le vrai successeur de Mahomet pouvait seul la prononcer.

Cependant, lorsque plus tard les khalifes, devenus avant tout chefs politiques, déléguèrent les fonctions sacerdotales à des imams spéciaux, l'usage s'introduisit d'insérer dans la Khotba, à la suite des noms déjà désignés, le nom du khalife régnant, et de faire des vœux pour sa personne. Souvent on ajouta même le nom de son héritier présomptif; c'était pour celui-ci comme la constatation de ses droits éventuels. Dès lors la Khotba fut regardée comme attribut essentiel de la souveraineté. Cette seconde partie s'appelle la seconde Khotba.

Nous avons dit que Mahomet prononçait la Khotba du haut de la chaire; Abou-Bekr, par respect pour le prophète, ne monta jamais jusque-là, mais il se tenait un gradin plus bas. A son exemple, Omar, voulant aussi honorer la mémoire d'Abou-Bekr, s'arrêta sur un degré inférieur. Othman, animé du même esprit, descendit encore plus bas. Ali, craignant que cette déférence ne réduisît progressivement ses successeurs à se tenir au pied de la chaire, garda la même place qu'Othman, ce qui fut imité par tous les khalifes, soit Ommiades, soit Abassides.

Voici la formule de la Khotba, tirée du *Tableau général de l'empire Othoman*, par Mouradgea d'Ohsson; c'est celle qui a lieu dans les États Othomans:

« Grâces au Très-Haut, à cet Être suprême et immortel, qui n'a ni dimensions ni limites, qui n'a ni femmes ni enfants, qui n'a rien d'égal à lui, ni sur la terre ni dans les cieux, qui agrée les actes de componction de ses serviteurs, et pardonne leurs iniquités. Nous croyons, nous confessons, nous attestons qu'il n'y a de Dieu que Dieu seul, Dieu unique, lequel n'admet point d'association en lui; croyance heureuse à laquelle est attachée la béatitude céleste. Nous croyons aussi en notre Seigneur, notre appui, notre maître, Mahomet, son serviteur, son ami, son prophète, qui a été dirigé dans la vraie voie, favorisé d'oracles divins, et distingué par des actes merveilleux. Que la bénédiction divine soit sur lui, sur sa postérité, sur ses femmes, sur ses disciples, sur les khalifes orthodoxes, doués de doctrine, de vertus et de sainteté, et sur les visirs de son siècle, mais particulièrement et spécialement sur l'imam, le khalife réel du prophète de Dieu, l'émir des croyants, Abou-Bekr, le certificateur pieux, l'agréable à l'Éternel; sur l'imam, le khalife réel du prophète de Dieu, l'émir des croyants, Omar, le discernateur pur, l'agréable à l'Éternel; sur l'imam, le khalife réel du prophète de Dieu, l'émir des croyants, Othman, le possesseur des deux lumières (1), l'agréable à l'Éternel; sur l'imam, le khalife réel du prophète de Dieu, l'émir des croyants, Ali, le généreux intègre, l'agréable à l'Éternel; sur les deux grands imams, tous deux parfaits en doctrine et en vertus, distingués en sciences et en œuvres, illustres en race et en noblesse, résignés aux volontés du ciel et aux décrets du destin, patients dans les revers et les infortunes; les émirs, les princes de la jeunesse céleste, la prunelle des yeux des fidèles, les seigneurs des vrais croyants, Hasan et Hoséin, les agréables à l'Éternel, à qui tous puissent également être agréables.

« Ô vous assistants! ô vous fidèles! craignez Dieu et soyez-lui soumis; Omar, l'agréable à l'Éternel, dit que le prophète de Dieu a proféré ces mots: *Point d'actions que celles qui sont fondées sur l'intention.* Le prophète de Dieu est véridique dans ce qu'il dit; il est véridique, Mahomet, l'ami de Dieu et le ministre des oracles célestes. Sachez que la plus belle des paroles est la parole de Dieu tout-puissant, tout clément, tout miséricordieux. Écoutez son saint commandement: *Lorsqu'on fait la lecture du Coran, prêtez-y l'oreille avec respect et en silence, pour qu'il vous soit fait miséricorde. J'ai recours à Dieu contre le démon chassé à coups de pierres. Au nom de Dieu clément et miséricordieux! en vérité les bonnes actions effacent les mauvaises.* »

Ici le Khatib fait une pause, s'assied, récite tout bas différents versets du Coran, auxquels les muezzins placés dans leur tribune répondent en plain-chant: *Amin! Amin!* Il se lève ensuite et entonne la seconde Khotba:

« Par honneur pour son prophète, et par distinction pour son ami pur, ce haut et grand Dieu, dont la parole est ordre et commandement, dit: *Certes, Dieu et ses anges bénissent le prophète.* Ô vous, croyants, bénissez-le; adressez-lui des salutations pures et sincères. Ô mon Dieu! bénissez Mahomet, l'émir des émirs, le coryphée des prophètes, qui est parfait, accompli, doué de qualités éminentes; la gloire du genre humain, notre Seigneur et le Seigneur des deux mondes, de la vie temporelle et de la vie éternelle. Ô vous, qui êtes amoureux de sa beauté et de son éclat, bénissez-le; adressez-lui des salutations pures et sincères. Ô mon Dieu! bénissez Mahomet et la postérité de Mahomet, comme vous avez béni Abraham et la postérité d'Abraham. Certes, vous êtes adorable, vous êtes grand; sanctifiez Mahomet et la postérité de Mahomet, comme vous avez sanctifié Abraham et la postérité d'Abraham. Certes, vous êtes adorable, vous êtes grand. Ô mon Dieu! faites miséricorde aux khalifes orthodoxes, distingués par la doctrine, la vertu et les dons célestes dont vous les avez comblés, qui ont jugé et agi selon la vérité et selon la justice. Ô mon Dieu! soutenez, assistez, défendez votre serviteur, le plus grand des sultans, le plus éminent des Khacans, le roi des Arabes et des Persans, le serviteur des deux cités saintes (2), sultan, fils de sultan, petit-fils de sultan, le sultan Abdul-Medjid-Khan (3), dont le Tout-Puissant éternise le khalifat, et perpétue l'empire et la puissance, *Amin.*

« Ô mon Dieu! exaltez ceux qui exaltent la religion, et avilissez ceux qui l'avilissent. Protégez les soldats musulmans, les armées orthodoxes, et accordez-nous salut, tranquillité, prospérité, à nous, aux pèlerins, aux militaires, aux citoyens en demeure comme aux voyageurs sur terre et sur mer, enfin, à tout le peuple mahométan. Salut à tous les prophètes et à tous les envoyés célestes; louanges éternelles à Dieu créateur et maître de l'univers. Certes, Dieu ordonne l'équité et la bienfaisance. Il ordonne et recommande le soin des proches; il défend les choses illicites, les péchés, les prévarications; il vous conseille d'obéir à ses préceptes, et de les garder religieusement dans la mémoire. »

Formule de la Khotba, tirée de l'*Eucologe musulman*, et traduite par M. Garcin de Tassy:

« Au nom de Dieu clément et miséricordieux!

« Louanges au Très-Haut, qui seul peut repousser loin de nous le malheur, et nous mettre à l'abri des trahisons; qui peut seul entendre les brûlants désirs de ses fervents adorateurs dans les deux habitations; qui est le seul but du culte des hommes dans les deux mondes. Tous les mortels sont faibles, lui seul est fort; tous les humains sont pauvres, lui seul est riche; lui seul accorde la conservation et le secours; il pardonne les fautes, il reçoit le repentir, il punit sévèrement, mais il est doux et patient. Il n'y a de Dieu que lui : y a-t-il un autre créateur que le Très-Haut? Il accorde à votre esprit la nourriture spirituelle, à votre corps la temporelle. Il n'y a de Dieu que lui. Oui, par celui qui écoute et qui voit, il n'y a de Dieu que lui; oui, par celui qui connaît ce qui est manifeste et ce qui est caché, il n'y a de Dieu que lui. Moïse, lorsque Dieu lui parla sur le mont Sinaï, prononça ces mots : *Il n'y a*

---

(1) C'est-à-dire de deux filles de Mahomet, qu'il avait épousées.

(2) La Mecque et Médine.
(3) Nom du sultan actuellement régnant.

de Dieu que lui. Jonas, dans le ventre de la baleine, lorsque le Très-Haut lui fit entendre sa voix, s'écria : *Il n'y a de Dieu que Dieu!* Joseph, au fond du puits, lorsque Dieu le consola, dit aussi : *Il n'y a de Dieu que Dieu*. Abraham, dans la fournaise ardente (1), lorsque Dieu lui apparut, proclama cette vérité : *Il n'y a de Dieu que lui*. Oui, nous confessons qu'il n'y a de Dieu que Dieu seul, qu'il n'a point d'associé. Il est le vivant; il n'y a de Dieu que lui. Nous confessons que notre seigneur et maître Mahomet est son serviteur et son prophète. O Dieu! sois-lui propice, ainsi qu'à sa famille et à ses compagnons; bénis-le, et accorde-lui la paix.

« Sachez que le monde est périssable et ses plaisirs passagers. Nous y passons nos jours dans l'esclavage, pour avoir du pain, et la mort vient bientôt les terminer. O mes frères! nous avons un corps faible, un léger viatique, une mer profonde à traverser, et un feu dévorant à craindre. Le pont Sirât est bien étroit, la balance bien juste ; le jour de la résurrection n'est pas éloigné. Le juge de ce grand jour sera un Seigneur glorieux. En ce moment terrible, Adam, le pur en Dieu, dira : O mon âme! ô mon âme! Noé, le prophète de Dieu, Abraham, l'ami de Dieu, Ismaël, le sacrifié à Dieu, Joseph, le véridique en Dieu, Moïse, l'allocuteur de Dieu, Jésus-Christ, l'esprit de Dieu, prononceront la même parole; mais notre prophète, notre intercesseur s'écriera : O mon peuple! ô mon peuple! Et le Très-Haut (que sa gloire éclate à tous les yeux! que ses bienfaits s'étendent à tous les hommes!) fera entendre ces mots consolants : O mes serviteurs! ô mes serviteurs! Non, ils n'auront rien à craindre; non, la tristesse n'approchera pas d'eux. »

Ici, dans les mosquées de la Perse et des Indes, on récite un gazel ou petit poëme de Saadi sur la mort ; puis le Khatib s'assied un moment ; il se relève ensuite et dit :

« Louanges à Dieu! louanges à Dieu! Nous le louons, nous sollicitons son secours, nous lui demandons pardon ; nous croyons en lui, nous nous confions en lui. Nous l'implorons contre nos inclinations vicieuses, contre nos mauvaises actions. Personne ne peut dévoyer celui que Dieu conduit ; personne ne peut être le guide de celui que Dieu égare. Nous confessons qu'il n'y a de Dieu que Dieu seul ; qu'il n'a pas d'associé. Nous confessons que notre seigneur et maître Mahomet est son serviteur et son prophète. Que Dieu soit propice et accorde sa paix à cet envoyé céleste, à sa famille et à ses compagnons, et en par-

---

(1) Les Orientaux disent que Nemrod fit jeter dans une fournaise ardente Abraham, qui lui annonçait le culte d'un seul Dieu, et ce patriarche en sortit sain et sauf. On lit en effet dans la Bible : (Néhémie, ix, 7.) *C'est vous, ô Seigneur Dieu! qui avez choisi vous-même Abraham, qui l'avez tiré du feu des Chaldéens, et qui lui avez donné le nom d'Abraham.* (Note de M. Garcin de Tassy.)

Partout ailleurs, dans la Bible, on lit que Dieu a tiré Abraham de *Ur* (ville) *des Chaldéens*; mais le mot *Ur* signifie *le feu* dans les langues sémitiques. De là l'équivoque.

ticulier au premier de ses associés, au prince des croyants, Abou-Bekr le véridique (que Dieu soit content de lui) ; au plus juste des compagnons, à la crème des amis, au vieillard sincère, au prince des fidèles, Omar, fils de Khattâb (qu'il soit agréable à l'Eternel!); à celui qui recueillit les versets du Coran, au parfait en modestie et en foi, Othman, fils de Gaffan (que Dieu soit satisfait de lui!); à l'objet des prodiges et des merveilles du Très-Haut, au compagnon du prophète dans les épreuves et les afflictions, au lion de Dieu, au vainqueur des vainqueurs, au prince des croyants, Ali, fils d'Abou-Taleb (que Dieu soit content de lui!) ; aux braves imams, aux bienheureux martyrs, aux bien-aimés de Dieu, les saints Abou-Mohammed Hasan, et Abou-Abdallah Hoséin ; à leur mère, la première des femmes, Fatima Zohra, et aux deux oncles paternels du prophète, dignes d'honneur et de respect, Hamza et Abbas (que Dieu soit content d'eux!).

« O mon Dieu! accorde-moi le pardon de mes fautes ; fais la même grâce à tous les croyants et à toutes les croyantes ; à tous les Musulmans et à toutes les Musulmanes. N'écoute que ta miséricorde, ô le plus miséricordieux des êtres miséricordieux! »

Le Khatib s'incline et dit : « O mon Dieu! soutiens celui qui défend la religion de Mahomet et prive de secours celui qui la délaisse. »

Il se relève et dit : « O serviteurs de Dieu! conduisez-vous d'une manière conforme à la droiture. Dieu vous ordonne d'observer l'équité et la bienfaisance, surtout envers vos parents pauvres ; il vous défend le mal ; tout ce que la loi réprouve, tout ce qui n'est pas dans les limites de la justice. Il vous avertit dans l'espérance que vous vous rappellerez ses leçons. Souvenez-vous de Dieu, du Très-Haut, de l'Etre excellent, noble, glorieux, nécessaire, parfait et grand. »

Après la prière, le prédicateur monte en chaire et prononce un sermon.

Outre ces Khotbas ordinaires consacrées aux vendredis et aux fêtes de Beyram, il en est encore trois extraordinaires qui sont récitées à la Mecque, avant et après la fête des Sacrifices. C'est communément le Molla de cette cité qui s'en acquitte, le 7 de la lune de Dhoul-Hidja, dans le temple de la Mecque, le 9, au mont Arafat, et le 11 à Mina. Ce magistrat y joint différentes autres prières analogues au jour, et finit par une exhortation sur les sentiments de religion et de piété qui doivent animer les Musulmans dans les pratiques du pèlerinage.

KHOUBILKHAN. Ce mot mongol exprime, suivant le système des bouddhistes, l'incarnation d'un bouddha ou d'une âme supérieure. C'est ainsi que les Lamas actuels des Tibétains et des Tartares sont autant de Khoubilkhans des bouddhas anciens, ou du moins des boddhisatwas, fils spirituels des bouddhas. Cette incarnation s'appelle *Broul-ba* en tibétain, *Houa* en chinois, et *Kouboulin* en mantchou.

KHOUB-MESSAHITES, secte ou plutôt

opinion suivie par un certain nombre de personnes à Constantinople, lesquelles sont connues sous ce nom qu'on peut traduire par *les bons disciples du Christ.* Voici ce qu'en dit Ricaut, à qui nous laissons la responsabilité de son assertion, car nous croyons qu'il n'en est plus ainsi : « Il y a, dit-il, une opinion qui s'est établie depuis quelques années parmi les Turcs. Elle est suivie par les plus honnêtes gens du sérail, et est assez commune à Constantinople. Ceux qui font profession de la croire sont appelés *Khoub-Messahites.* Ils soutiennent que le Christ est Dieu, et qu'il est le rédempteur du monde. Les jeunes écoliers de la cour du Grand Seigneur sont généralement de cette opinion, particulièrement les plus civils, ceux qui ont le plus de politesse et d'autres qualités recommandables. De sorte que c'est une manière de parler extrêmement usitée parmi eux, lorsqu'il s'agit de louer quelqu'un qui se fait remarquer par ses vertus, de lui dire *Khoub-Messahi-sen*, comme s'ils lui disaient : Vous êtes obligeant et civil, ainsi que le doit être toute personne qui fait profession d'honorer le Messie. Il y a un grand nombre de ces gens-là à Constantinople ; et il s'en est trouvé qui ont soutenu cette doctrine avec tant de courage, qu'ils ont mieux aimé souffrir le martyre plutôt que d'y renoncer. »

KHOUEI, génie ou démon aérien de la mythologie chinoise, qui se montre dans les montagnes. Il a le corps d'un dragon, le visage d'un homme et des cornes sur la tête. D'autres disent qu'il ressemble à un bœuf sans cornes et qu'il n'a qu'un pied.

KHOURMOUSDA-TÉGRI, un des génies principaux du système religieux des Mongols. *Voy.* KHORMOSDA.

KHOURRÉMIS. Les Musulmans désignent par ce nom, que M. de Hammer traduit en français par *les Gaillards*, certains hérétiques appartenant à la secte des Ismaéliens, qui ne se font aucun scrupule de s'abandonner à toutes les jouissances et à tous les plaisirs de la chair. Suivant M. de Sacy, ils furent ainsi appelés parce qu'ils imitaient la conduite abominable du fameux Babek, fils de Khourrem.

KHOUTOUKHTOU. C'est le nom que l'on donne, dans les pays tartares, aux délégués ou vicaires du Dalaï-Lama, que celui-ci y envoie pour le représenter ; on pourrait comparer leur position à celle des patriarches catholiques vis-à-vis du souverain pontife. Ce mot signifie un saint maître (1). Le principal des Khoutoukhtou est celui des Mongols, qui de délégué du grand Lama du Tibet qu'il était autrefois, s'est rendu indépendant de son supérieur ecclésiastique, et joue le même rôle que lui. Son autorité est si bien établie, que celui qui paraîtrait douter de sa divinité, ou du moins de la transmission de l'âme de Bouddha en lui, serait en horreur à la nation. La cour de Péking a beaucoup contribué à cette apothéose, comme elle a favorisé celle de plusieurs autres Khoutoukhtou, dans des vues toutes politiques, afin de mettre la division entre plusieurs tribus que leur réunion rendait trop puissantes. Ces pontifes ne sont pas sans considération à la cour chinoise, et plusieurs d'entre eux ont saisi toutes les occasions de favoriser les Russes dans les petits différends qui naissaient entre eux et les Mongols des frontières.

Le Père Gerbillon eut l'occasion de voir le Khoutoukhtou des Mongols, en accompagnant les ambassadeurs de Kang-hi à Koukhou-Hotoun, lieu de la résidence de ce pontife, qui était alors un jeune homme de vingt-cinq ans. Il était sur une estrade, dans le fond d'un temple, assis sur deux grands coussins, l'un de brocard, l'autre de satin jaune. Un grand manteau de damas jaune lui couvrait le corps depuis la tête jusqu'aux pieds, en sorte qu'on ne lui voyait que la tête qui était nue. Ses cheveux étaient frisés. Son manteau était bordé d'une espèce de galon de soie de différentes couleurs, large de trois ou quatre doigts. Il y avait de chaque côté plusieurs lampes, dont une seule était allumée. Toute la civilité qu'il fit aux ambassadeurs fut de recevoir debout leurs respects. Quand ils furent à cinq ou six pas de lui, ils jetèrent d'abord leurs bonnets à terre, se prosternèrent trois fois, frappant la terre du front, et allèrent ensuite l'un après l'autre se mettre à genoux à ses pieds. Il leur mit la main sur la tête et leur fit toucher son chapelet. Ils se retirèrent en le saluant une seconde fois, pour aller prendre leurs places sur des estrades préparées de chaque côté. Les gens de leur suite vinrent pareillement à cette espèce d'adoration, et reçurent l'imposition des mains et du chapelet. Le Khoutoukhtou s'assit le premier. On apporta alors du thé tartare. Après que la collation fut desservie, on s'entretint pendant quelque temps. Le Khoutoukhtou garda fort bien sa gravité. Il ne dit que cinq ou six paroles, encore n'était-ce que tout bas, et pour répondre à quelques questions que lui firent les ambassadeurs. Dans cette pagode, il n'y avait pas de statues, comme dans les autres ; on n'y voyait que des figures peintes sur les murailles. Les ambassadeurs virent dans une chambre un enfant de sept à huit ans, vêtu comme le Khoutoukhtou, qui avait à ses côtés une lampe allumée ; peut-être était-ce le personnage destiné à recevoir l'infusion de l'âme divine, en cas de mort du Khoutoukhtou existant.

Celui-ci se montre rarement en public, et lorsqu'il paraît, c'est avec une pompe digne de sa prétendue divinité. Le son de divers instruments accompagne sa marche ; il s'assied sur le trône qui lui est préparé ; les lamas inférieurs se rangent autour de lui sur des coussins. Alors tous les instruments cessent ; tout le peuple assemblé devant le pavillon sous lequel il est assis, se prosterne et fait des exclamations à sa louange. Les lamas encensent le dieu vivant, avec des en-

---

(1) En tibétain on les appelle *Tsioh* ; en sanscrit, *Arya* ; en mantchou, *Endouringue* ; en chinois, *Ching*.

censoirs où brûlent des herbes odoriférantes; on encense également les idoles placées auprès de lui; puis on dépose les encensoirs aux pieds du Khoutoukhtou. Après quoi le premier des lamas présente au dieu et aux idoles sept tasses de porcelaine remplies de lait, de miel, de thé et d'eau de vie; pendant que le peuple s'écrie en forme de félicitation : « le Khoutoukhtou est un paradis brillant. » Le pontife, après avoir touché du bout des lèvres les liqueurs servies devant lui, ordonne de les partager entre les chefs des tribus, et s'en retourne à son palais. Lorsque le Khoutoukhtou vient à mourir, ou plutôt à changer de lieu, comme disent les chamanistes, son âme ne tarde pas à venir animer le corps d'un jeune enfant, et cette transmission est constatée par plusieurs signes extraordinaires, comme quand il s'agit du Dalaï-Lama.

Ce fut vers 1680 que le Khoutoukhtou des Kalkas secoua le joug de l'obéissance au Dalaï-Lama, dont il n'était que le délégué chez les Kalkas et les Eleuths. Il ménagea cette affaire avec tant d'adresse, qu'il n'est presque plus question du Dalaï-Lama chez les Kalkas, et qu'ils regardent leur Khoutoukhtou comme un *Lha* vivant, aussi immortel que le peut être celui du Tibet. La cour de Péking eut beaucoup de part à cette révolte et à ce schisme. Elle pressentit que, tant que les deux nations des Eleuths et des Kalkas demeureraient attachées à un même chef spirituel, il serait porté par son propre intérêt à les tenir toujours unies ensemble. Le Khoutoukhtou des Kalkas n'a point de demeure fixe : il est toujours environné d'un grand nombre de lamas et de soldats armés. Le peuple se présente à lui sur sa route pour recevoir sa bénédiction, qu'il donne en posant la main fermée sur la tête.

— KI. Les Chinois appellent ainsi dix grandes périodes antérieures aux temps historiques, pendant lesquelles régnèrent un grand nombre de personnages à la face d'homme et au corps de dragon ou serpent. « Ces hommes, dit M. Pauthier, dans la *Chine* de Firmin-Didot, demeuraient dans des antres, ou se perchaient sur des arbres, comme dans des nids; ils montaient des cerfs ailés et des dragons, pendant les six premières périodes, qui durèrent, selon les uns 1,100,750 années, et, selon d'autres, 90,000 seulement. »

— Le premier roi du septième Ki est *Kiu-ling*, le grand intelligent. Il naquit, dit-on, avec la matière première. Plusieurs auteurs chinois ajoutent qu'il est la véritable mère des neuf sources, qu'il tient en main sa grande image, qu'il a le pouvoir de tout convertir, qu'il monte sur le grand terme, qu'il marche dans la plus pure et la plus haute région, qu'il est sans intervalle, qu'il agit sans cesse, qu'il sortit des bords du fleuve Fen, qu'il précède le repos et le mouvement, qu'il retourne les montagnes et détourne les fleuves, et qu'il n'était pas toujours dans le même lieu. La spirituelle conversion qu'il opéra fut très-grande. Le vingtième roi de cette période fut *Chin-hoang*, le souverain des esprits, ou le spirituel souverain On le fait régner 300 ans, son char était traîné par six cerfs ailés. Les vingt-deux rois de ce Ki commencèrent la civilisation et l'empire de l'homme sur la nature; les êtres humains cessèrent d'habiter les cavernes.

Le huitième Ki renferme treize dynasties. Le fondateur de la première, Tchin-fang-chi, avait la tête fort grosse et quatre mamelles. Son char était attelé de six licornes ailées. En suivant le soleil et la lune, en haut le ciel et en bas la terre, il unit ses vues à celles de l'esprit. Les hommes se couvraient de vêtements d'herbes; les serpents et les bêtes étaient en grand nombre; les eaux débordées n'étaient point encore écoulées; et la misère était extrême. Tchin-fang apprit aux hommes à préparer les peaux et à en ôter le poil avec des rouleaux de bois, pour s'en servir contre les frimas et les vents qui les incommodaient; et ils furent nommés *hommes habillés de peaux*. Soui-jin, chef de la douzième dynastie, contempla le nord et détermina les quatre points cardinaux; il forma son gouvernement sur le modèle du ciel; il imposa le premier des noms aux plantes et aux animaux. Du temps de Yong-tching, chef de la treizième dynastie, on se servait, au lieu d'écriture, de cordes remplies de nœuds. Un philosophe chinois dit que, dans les premiers âges du monde, les animaux se multipliaient extrêmement, et que les hommes étant assez rares, ils ne pouvaient vaincre les bêtes ni les serpents. Un autre dit aussi que les anciens, perchés sur des arbres ou enfoncés dans des cavernes, possédaient l'univers. Ils vivaient en société avec toutes les créatures, et ne pensant point à faire du mal aux bêtes, celles-ci ne songeaient point à les offenser. Dans les siècles suivants on devint trop éclairé, ce qui fut cause que les animaux se révoltèrent : armés d'ongles, de dents, de cornes et de venin, ils s'attaquèrent les hommes qui ne pouvaient leur résister; c'est ce qui porta les hommes à se retirer dans des maisons de bois, pour se préserver des bêtes féroces, et dès lors la lutte entre eux ne cessa plus.

On attribue au premier empereur du neuvième Ki, l'invention des premiers caractères chinois. Cet empereur, nommé Tsang-ki, avait le front de dragon, la bouche grande et quatre yeux spirituels et brillants. Le suprême ciel le donna à tous les rois pour modèle, et le doua d'une très-grande sagesse. « Ce fut alors, dit M. Pauthier, que commença la différence entre le roi et le peuple. Les premières lois parurent; la musique fut cultivée, et les châtiments furent appliqués aux coupables; le premier gouvernement régulier fut établi. Sous le quatrième empereur de cette période, il y eut plusieurs présages très-heureux : il parut cinq dragons de couleur extraordinaire, le ciel donna la douce rosée, la terre fit sortir de son sein des sources de nectar, le soleil, la lune et les étoiles augmentaient leur clarté, et les planètes ne s'écartèrent point de leur route. C'est à propos du sixième empereur que l'on cite ces paroles d'un ancien philosophe chinois : *Ce que l'homme sait n'est rien en comparaison de ce qu'il ne sait pas.* Cet axiome est encore aussi vrai maintenant qu'il y a 5000 ans. Au septième empereur sont attribués l'invention des chars, les monnaies de cuivre, l'usage de la balance pour juger du poids des choses. Sous le règne du douzième, on dit que l'on coupait des branches d'arbres pour tuer les bêtes. Il y avait alors peu d'hommes, mais on ne voyait que de vastes forêts, et les bois étaient pleins de bêtes sauvages. » Le treizième empereur, porté sur six dragons et sur des *Khi-lin* volants, suivait le soleil et la lune; on l'appela par honneur *Kou-hoang*, l'ancien monarque. Sous le quatorzième empereur, les vents furent grands et les saisons tout à fait dérangées ; c'est pourquoi il ordonna à Sse-kouei de faire une guitare à cinq cordes, pour remédier au dérangement de l'univers et pour conserver tout ce qui a vie. Lo-pi dit à cette occasion que la musique n'est autre chose que l'accord des deux principes, l'un actif, nommé *Yang*, et l'autre passif, nommé *Yn*, sur lesquels roule la conservation du monde visible. Du temps du quinzième empereur, les eaux ne s'écoulaient point ; les fleuves ne suivaient point leur cours ordinaire, ce qui fit naître quantité de maladies. Cet empereur institua les danses nommées *Ta-vou*, comme mesure hygiénique, pour rétablir dans le corps la libre circulation du principe vital. Sous le seizième empereur, au contraire, les vents et les pluies étaient tempérés ; le froid et la chaleur venaient dans leur saison ; la paix était profonde ; le monde était si peuplé, que partout, d'un lieu à l'autre, on entendait le chant des coqs et la voix des chiens ; les hommes vivaient jusqu'à une extrême vieillesse, sans cependant avoir grand commerce les uns avec les autres.

Le dixième Ki commence avec Fou-hi, regardé communément comme le fondateur de l'empire chinois. Le règne de ce prince est historique, bien qu'il soit encore mêlé d'un grand nombre de fables. *Voy.* Fou-hi.

KI, nom du génie de la pluie chez les Chinois.

KI. Les Chinois appellent ainsi un instrument dont ils se servent pour évoquer le démon, et lui faire écrire ce que l'on désire connaître. Le mot Ki s'emploie aussi en général pour exprimer toute espèce de sort.

KIA-CHA, vêtement des bonzes de la Chine, semblable aux chapes des prêtres catholiques.

KIA-CHE, ou Kia-ye, transcription chinoise du mot indien *Kasyapa*. Les Bouddhistes comptent trois Kasyapa parmi les disciples immédiats et principaux de Chakya-Mouni ; ce sont Ourou Bilwa Kasyapa, Nadi Kasyapa et Gaya Kasyapa ; ou en chinois *Yeou-leou phin-lo*, *Na-ti Kia-che*, et *Kia-ye Kia-che*. Ces trois Kia-che quittèrent leurs maisons, sur l'invitation de Chakya-Mouni, pour embrasser la vie monastique ; ils furent suivis de mille hommes jaloux d'imiter leur détachement des choses de la terre. *Voy.* Kasyapa.

KIAI, nom générique des idoles et des pagodes, dans la presqu'île au delà du Gange, c'est-à-dire au Pégu, dans le royaume d'Arrakan, à Siam, etc.

Kiaï-docès, temple situé dans l'île de Munay, son nom signifie *le temple du dieu des affligés de la terre*.

Kiaï-guédé-laout-kidoul, ancienne divinité honorée dans l'île de Java. Son nom signifie *déesse de la grande mer du Sud*.

Kiaï-nivandel, temple du dieu des batailles.

Kiaï-pigraï, temple du dieu des atômes du soleil.

Kiaï-pimpokau, dieu des malades.

Kiaï-ponvedaï, divinité peu connue, qu'on invoquait pour la fertilité des terres.

Kiaï-pora-graï, dieu adoré autrefois à Oritan, ville située sur la rivière d'Arrakan. Le roi y faisait tous les ans un voyage pour visiter la pagode de *Pora-Graï*, et faisait servir, chaque jour, au dieu, un repas magnifique. Chaque année on célébrait en son honneur une fête nommée *Samsaporan* ; l'idole était promenée dans un grand chariot suivi de quatre-vingt-dix prêtres vêtus de satin jaune. Pendant la procession, les plus dévots s'étendaient sur le chemin, afin de faire passer sur eux le chariot sacré. D'autres se piquent avec des pointes de fer qu'on y attache exprès, pour arroser l'idole de leur sang. Ceux qui ont moins de courage s'estiment heureux de recevoir quelques gouttes de ce sang. Les pointes mêmes sont retirées avec beaucoup de respect par les prêtres, qui les conservent précieusement dans les temples, comme autant de reliques sacrées.

KIAK-KIAK, c'est-à-dire, en pégouan, *dieu des dieux*. On le représente sous une figure humaine qui a vingt aunes de longueur, couché dans l'attitude d'un homme endormi. Suivant la tradition du pays, ce dieu dort depuis 6000 ans, et son réveil sera suivi de la fin du monde. Cette singulière idole est placée dans un temple magnifique, dont les portes et les fenêtres sont toujours ouvertes, et dont l'entrée est permise à tout le monde.

KIAO, on appelle ainsi le lieu où les Chinois sacrifient au *Tien* ou Ciel. Ce lieu est hors des murs de la ville capitale de tout l'empire : il est situé au midi, et tout à découvert. Il est uniquement destiné à y honorer par des sacrifices le *Chang-ti* ou suprême empereur. Cependant on donne aussi le nom de *Kiao* à l'autel rond sur lequel on offre ces sacrifices, et aux sacrifices eux-mêmes.

KIAO-JIN. Les Chinois appellent ainsi une classe fabuleuse d'hommes qu'ils croient habiter dans les profondeurs de la mer du Sud, où ils font de très-beaux tissus, qu'ils viennent vendre à terre. Si on les contrarie dans leurs marchés, ils se répandent en pleurs, et leurs larmes se changent aussitôt en perles d'un grand prix.

KIAO-POU, divination en usage chez les Chinois. Elle consiste à jeter par terre deux morceaux de bois ou de bambou, appelés *Kino*; ils sont longs de cinq à six pouces, planes d'un côté et convexes de l'autre. Si le côté plat se trouve en haut, le présage est heureux; si au contraire il pose sur le sol, le sort est malheureux.

KIAO-WEN-TI-YO, le quatrième des huit grands enfers, suivant les Bouddhistes de la Chine; les réprouvés y sont condamnés à être bouillis dans des chaudières.

KIA-YE, personnage qui est l'objet des adorations des Bouddhistes de la Chine. *Voy.* KIA-CHE et KASYAPA.

KICHTAN. Les sauvages qui habitaient la partie de l'Amérique septentrionale, appelée depuis la Nouvelle-Angleterre, donnaient ce nom à la divinité suprême. Ils croyaient que *Kichtan* ou *Kiuchtanes* a créé le monde et tout ce qu'il contient; qu'après la mort, les hommes vont frapper à la porte de son palais; qu'il reçoit les gens de bien dans le ciel où il règne; qu'il rejette les méchants en leur disant: *Retirez-vous, il n'y a point de place ici pour vous*; que ces malheureux condamnés à un éternel exil ont à souffrir des maux qui n'auront jamais de fin. C'est à lui qu'ils rapportaient le bien-être dont ils jouissaient, les victoires qu'ils remportaient, et en général tout le bien qui pouvait leur arriver. — Suivant leur tradition, Kichtan avait d'abord créé l'homme et la femme d'une pierre; mais, mécontent de son ouvrage, il le détruisit bientôt, et tira d'un arbre un second couple, duquel sont descendues toutes les nations de la terre.

KIEN-POU, divination en usage chez les Chinois; elle consiste à faire avec de la pâte des boules creuses, ou espèce de cocons, dans lesquels on trace les caractères *Bonheur* et *Malheur*; on les fait cuire et on juge de ce qui doit arriver par le caractère qui a le mieux conservé sa forme pendant la cuisson.

KIEOU-PHAN-THOU, nom d'une classe de mauvais démons, dans la théologie bouddhique des Chinois; ils sont remarquables par un énorme phallus. On les appelle aussi *Yan-mo Kouei*; ce sont les *Koumbhandha*, des Indiens.

KIHAVANSKOINEN, génie de la mythologie finnoise. C'était un géant fils de Kalewa, qui, avec son frère, Liekiöinen, purgea les prairies des fléaux qui les désolaient.

KIKIMORA, divinité nocturne des anciens Slaves. C'était la mère des songes et des illusions; les fantômes, qui étaient ses enfants, venaient sur la terre pour épouvanter les mortels. Elle était représentée sous la forme d'un spectre horrible.

KIK-KO-TEN ou KIKKO-NO MATSOURI, sacrifice que les Japonais offrent le septième jour du septième mois, au génie de la voie lactée et à son épouse, la fille de l'empereur du ciel. On leur offre de l'eau, du feu, de l'encens, du zakki, des fleurs, des sucreries, diverses espèces de fruits et de légumes, des aiguilles, des fils de soie et de chanvre, des pièces de vers soigneusement écrites, etc. Ce sacrifice s'introduisit de la Chine dans le Japon, vers l'an 749. *Voy.* KEN-GIOU.

KIKOKKO, divinité particulièrement honorée dans le royaume de Loango en Afrique. Son temple est ordinairement placé sur le grand chemin; son image est noire et lugubre. Les nègres prétendent que cette divinité se communique souvent la nuit à ceux dont elle agrée les hommages, et qu'elle leur révèle l'avenir. Les personnes auxquelles ce dieu accorde cette faveur entrent aussitôt dans un enthousiasme qui dure quelques heures, et l'on écoute comme des oracles toutes les paroles qui sortent de leur bouche. Les artisans, les pêcheurs et les sorciers rendent à cette idole un culte particulier, qui consiste à frapper des mains en son honneur. Une de ses principales fonctions est de procurer le repos aux morts, d'empêcher que les sorciers ne les tourmentent par leurs conjurations, ne les contraignent à travailler, et ne leur fassent aucun mauvais traitement; aussi sa statue est-elle ordinairement placée auprès des tombeaux.

KI-KOU, nom des couvents de femmes bouddhistes dans la Chine. Les bonzes de cet empire se sont toujours montrés fort zélés pour engager les jeunes filles à renoncer au mariage et à se vouer à la vie religieuse. Plusieurs fois ces souverains ont cru devoir mettre un frein à cet esprit de prosélytisme; ainsi les empereurs Wou-tsong, vers 845, et Taï-tsou, vers 1370, firent fermer les monastères, et défendirent aux femmes de se faire religieuses. Mais ces lois ne furent guère exécutées que du vivant de ces empereurs, et les couvents de femmes ont toujours été et sont encore nombreux en Chine.

KILA ou KILESWARA, une des divinités bouddhiques adorées dans le Népal. *Voy.* MAHÉSA.

KILHAMITES, nom que l'on a donné à la scission qui s'est opérée parmi les méthodistes wesleyens, cinq ans après la mort de leur fondateur, et qui est plus connue en Angleterre sous le nom de *New-connexion* ou *New-itinerancy*.

Les ministres wesleyens s'étaient exclusivement réservé le gouvernement des Eglises sans aucune intervention de la part des laïques, et sans admettre ceux-ci dans les assemblées tenues pour cet objet. Les laïques prétendirent qu'ils avaient à souffrir d'une autorité dont ils n'avaient pas le contrôle, qu'une corporation hiérarchique était une brèche aux droits de l'universalité des membres, et ils réclamèrent une part active au régime de la secte. Jaloux de participer aux délibérations, ils secouèrent le joug des ministres et organisèrent leur gouvernement sur des principes plus populaires. Il fut statué que tous participeraient à l'administration du temporel et à la nomination des officiers ecclésiastiques. Ce droit d'élection est un des moyens qui leur attira des anglicans, irrités de ce que l'Eglise nationale est encore asservie au droit de patronage. Pour toutes les affaires, il y a appel à l'assemblée annuelle, composée de ministres et de laïques, qui juge en définitive.

Dans l'assemblée de 1796, où s'opéra leur scission, un jeune ministre, nommé Alexandre Kilham, avait montré tant d'ardeur pour l'accélérer, que souvent on appela *Kilhamites* ces nouveaux méthodistes. En 1806, ils avaient une trentaine de prédicateurs, et leur nombre s'élevait à 6 ou 7000, épars en diverses contrées et qui pénétrèrent jusqu'en Irlande.

KILKA, un des noms du génie du mal chez les anciens Finnois. *Voy.* Hisi, Juutas.

KIMBRARA, danse religieuse des nègres du Congo. On suppose qu'alors le Mokisso entre dans le corps d'un des assistants et lui inspire des réponses aux questions qu'on lui fait sur le passé et l'avenir.

KINÉDOUS, prêtres-sorciers des indigènes de l'Australie. *Voy.* Kerredais et Malgaradok.

KING (1). Par le mot *King* les Chinois entendent des livres d'une doctrine immuable, des ouvrages faits par des saints, et auxquels il n'est pas permis de rien ajouter, de rien ôter, ni de rien changer; aussi les Chinois ont-ils pour ces livres une vénération extrême, et un respect égal à celui que nous avons pour les saintes Écritures.

Voici les noms des principaux de ces Kings, *Ye*, *Chou*, *Chi*, *T-chun-Tsieou*, *Li*, *Yo*. Les deux derniers sont perdus. Le *Li* était le *livre des rites* ou *des cérémonies*; on lui a substitué une compilation de divers traités, faite vers le commencement de l'ère chrétienne; mais les savants chinois le regardent comme un amas défectueux nullement digne de porter le nom de Kings; aussi l'appelle-t-on seulement *Li-Ki*, comme qui dirait *commentaire sur les rites*. Le *Yo* était le livre de la *musique*, dont il ne reste qu'un fragment de peu de lignes, qui est pourtant précieux. Ce sont là les *Kings* de la secte philosophique, auxquels il faut joindre le *Tao-te-King*, le *Nan-hoa-King* et le *Li-sao-King*, qui sont d'une très-grande antiquité, quoique postérieurs aux autres.

A tous ces Kings il faut ajouter beaucoup de discours et de traités faits par des philosophes qui florissaient avant l'incarnation; mais il n'est pas aisé de fixer l'époque de ces ouvrages, tant ils sont anciens; enfin il s'est conservé quelques lambeaux de traditions dans les écrivains et les interprètes postérieurs qui ont mis au jour depuis 2000 ans une multitude innombrable de commentaires sur les monuments antiques des Kings.

Voilà en général ce dont est composée la littérature chinoise, tout se rapporte aux Kings; mais ce qui est venu depuis 2000 ans et plus est considéré comme moderne, d'où l'on peut conjecturer combien l'origine des Kings est éloignée de nous, puisqu'ils passaient déjà pour des livres de la première antiquité, cinq ou six siècles avant Jésus-Christ.

Les Kings, pris en eux-mêmes, quoique aujourd'hui assez altérés et tronqués, contiennent encore le système d'une doctrine admirable et sublime, dont voici quelques traits.

Le *Chang-ti*, ou le souverain empereur, s'appelle souvent dans ces monuments antiques: « Le ciel suprême, l'auguste ciel, ciel spirituel ou intelligent, le seigneur, le créateur, le dominateur de l'univers. On l'appelle aussi *Tao*, c'est-à-dire raison, règle, loi, code éternel; *Yen*, c'est-à-dire *verbe* ou parole; *Tching-tche*, vérité; *Tchi-tching*, la souveraine vérité. Ils disent de cette raison qu'elle est ineffable, qu'elle existait avant le monde, qu'elle créa l'univers, qu'elle le tira du néant, que la nature même est son ouvrage, qu'elle n'ignore rien, qu'elle est le soleil des esprits; mais que leur intelligence ne peut la comprendre, qu'elle est le principe et la fin des créatures. En d'autres endroits, le *Chang-ti* est la grande vérité, l'unité essentielle, l'unité existante par elle-même, de laquelle sort tout ce qui existe, qui de son sein tire cette multitude innombrable d'objets visibles dans le ciel et sur la terre. »

Outre le *Chang-ti*, ou souverain empereur, on trouve dans ces livres un personnage très-singulier qui est comme le ministre du *Chang-ti*; ces livres l'appellent ordinairement *Chin-jin*, c'est-à-dire homme saint, ou le Saint par excellence; *Ta-jin*, le grand homme. Ils disent que c'est à cet homme extraordinaire que nous devons nous attacher pour entendre les Kings, parce qu'il est l'objet, le but et le centre de toutes les merveilles qui y sont voilées. Nous commencerons par rapporter ici une partie des éloges sublimes que les mêmes Kings et les écrivains de tous les âges font de ce saint.

« 1° Il existait avant le ciel et la terre; il est l'auteur, le créateur et la cause du ciel et de la terre; c'est lui qui les conserve, il a une connaissance parfaite du commencement et de la fin. 2° Quoique si grand et d'une majesté si haute, il a néanmoins une nature humaine semblable à la nôtre, mais exempte d'ignorance, de passions et de péché; ces avantages mêmes sont une prérogative de sa naissance; il les possédait avant qu'il vint au monde: pour ces raisons il est appelé *Tchi-jin* ou l'homme suprême, placé au haut de l'humanité. 3° De là le genre humain a dans sa personne le modèle le plus accompli des plus éminentes vertus, et il n'y a que lui qui soit digne de sacrifier au souverain empereur et au maître du monde. 4° Il est intimement, indivisiblement uni avec la raison suprême, avec la souveraine vérité et avec le ciel, et pour cela il est appelé *Tien-jin*, le ciel-homme ou l'homme céleste. 5° C'est lui qui doit rétablir l'ordre et la paix dans l'univers en réconciliant le ciel avec la terre; il sera attendu comme l'auteur d'une loi sainte qui fera le bonheur du monde: cette

---

(1) Article tiré d'un manuscrit inédit d'un missionnaire catholique, inséré déjà dans les *Annales de philosophie chrétienne* de 1844.

loi remplira tout et soumettra tout de l'un à l'autre pôle ; tout ce qui pense, tout ce qui respire, et tout ce que le soleil éclaire lui sera obéissant. »

Ce n'est pas seulement la gloire, la majesté, l'empire de ce Saint que l'on voit marqués dans ces anciens livres, on y trouve quelques traits qui ne peuvent regarder que l'idée d'un Messie souffrant : « Il paraîtra, disent ces livres, dans le monde, lorsque le monde sera enveloppé des plus épaisses ténèbres de l'ignorance et de la superstition, lorsque la vertu sera oubliée et que les vices domineront ; il sera parmi les hommes et ils ne le connaîtront pas ; si le Saint ne meurt pas, le grand voleur ne cessera pas ; frappez le Saint, déchirez-le en pièces, et mettez le voleur en liberté ; rompez les balances, brisez les fouets, tout sera dans l'ordre, et la tranquillité publique sera rétablie ; celui qui se chargera des ordures du monde deviendra le seigneur et le maître des sacrifices ; le Saint ne sera point malade, mais il prendra nos maladies sur lui afin de nous en guérir ; celui qui portera les malheurs du monde sera le maître de l'univers. »

Enfin, c'est ce Saint qui est le point de réunion ; c'est à lui, en tant que ministre du Chang ti, dont il exécute les desseins, que se rapportent les Kings ; ces ouvrages mystérieux sont, à parler en général, comme son histoire hiéroglyphique, et ce que nous venons d'en dire n'est qu'un petit échantillon.

Entre les Kings dont les noms ont été rapportés plus haut, le Ye tient le premier rang : ils en sont sortis comme les ruisseaux coulent de leur source, disent les savants chinois. Le Ye est un tableau de la nature, car les caractères employés pour exprimer ce mot signifient changer ; or la base et l'objet du Ye est un double état du monde : le premier de ces états s'appelle ciel antérieur ; le second, ciel postérieur. Le second succéda au premier par le plus terrible changement qui soit jamais arrivé dans l'univers. Voici ce qu'on trouve dans ce livre sur cet état heureux :

« Alors le ciel et la terre avaient chacun la place qui leur convenait : la terre soumise au ciel, le ciel protégeant la terre, il y avait une continuelle et douce correspondance de l'un à l'autre. L'année s'écoulait sans cette inégalité des saisons que l'on éprouve aujourd'hui ; leur ordre n'était pas troublé, elles formaient comme un éternel printemps ; il n'y avait point de pluies violentes, ni de tonnerres, ni de vents impétueux ; les deux éléments qui composent les choses matérielles étaient d'une parfaite concorde, toutes les parties de l'univers conservaient entre elles un concert inaltérable ; le soleil et la lune, sans ténèbres et sans taches, brillaient d'une pure et éclatante lumière ; les cinq planètes suivaient leur cours sans écarts. L'homme, habitant un monde si réglé et si magnifique, ne voyait rien qui ne contribuât à contenter ses désirs ; uni au dedans à la souveraine raison, il exerçait la justice au dehors ; n'ayant rien de faux dans le cœur, il y goûtait une joie toujours pure et tranquille, ses actions étaient simples, sa conduite sans artifices ; le ciel l'aidait à augmenter ses vertus, et la terre, produisant d'elle-même avec abondance, lui procurait une vie délicieuse ; les êtres vivants n'avaient pas à craindre la mort, et les créatures ne se nuisaient pas mutuellement. Les animaux et les hommes étaient dans une espèce d'amitié ; l'homme ne pensait pas à leur nuire, et ils n'avaient pas la volonté de lui faire du mal ; il habitait un lieu délicieux ; c'était le séjour des immortels. »

Voici ce qu'ils disent du ciel postérieur : « La nature de l'homme, telle qu'il la reçut du ciel, était tranquille, en paix, sans guerre intestine ; un objet l'excita, de là le mouvement et le trouble ; ce qui est la concupiscence de la nature, l'objet agissant ; il y eut une connaissance très-claire, le bien et le mal parurent ; les désirs et les aversions étaient sans règle au dedans, la connaissance grandit au dehors, on ne réfléchissait plus sur soi-même, la raison du ciel fut éteinte, et la concupiscence domina partout ; les crimes sortirent de cette funeste source, les faussetés, les mensonges, les révoltes, les impuretés, les violences, puis les maladies incurables, et en un mot le désordre général de la nature ; l'âme était une puissance lumineuse, elle fut obscurcie : on doit aujourd'hui travailler à lui rendre la lumière. C'est en détruisant les faux désirs et l'amour-propre qu'on aperçoit la raison céleste. »

Il est dit ailleurs qu'un esprit superbe se révolta contre le Ti ou le seigneur, voulant se faire Ti lui-même ; qu'il entraîna dans sa révolte neuf troupes d'intelligences dont il était le chef ; que les colonnes du ciel en furent ébranlées, que le ciel s'inclina, d'où s'ensuivit un changement dans le cours du soleil, de la lune et des astres ; que le désastre s'étendit jusqu'à l'homme, que la terre en fut émue jusque dans ses fondements, qu'elle s'écroula, ce qui produisit une terrible inondation.

Ces mêmes livres parlent d'un troisième état du monde qui est un rétablissement de la nature dans le bonheur de sa condition primitive ; mais rétablissement qui s'exécute avec lenteur, parce qu'il ne se fait pas sans combats. Le Saint par excellence travaille à ce grand ouvrage ; il répare insensiblement les ruines du monde ; il renverse, il détruit peu à peu ce qui s'oppose à sa victoire ; quand elle sera complète, le monde se trouvera dans une situation fixe et immuable, les biens seront séparés des maux entièrement et pour toujours.

De là naissent trois différentes manières de prononcer le mot Ye : comme Y simple, avec un e muet ; comme Yè, avec un è ouvert, et comme Yé avec un é fermé, lesquels désignent le monde avant le changement, le monde changé et le monde rétabli.

Le premier livre Ye-King contient les différents changements arrivés dans l'univers ; le deuxième livre Chou-King contient plusieurs prédictions sur ce qui doit arriver jusqu'à la fin du monde; le troisième livre ou le *Chi-King*, contient les désirs de la nature gémissante et du genre humain soupirant après son libérateur; dans ces cantiques sacrés dont on se servait pendant les sacrifices, le cœur se porte et s'élance de toute sa force vers cet unique objet de nos vœux.

Dans le *Tchun-Tsieou* on trouve les fastes prophétiques du royaume où devait naître le *Saint*. Dans le *Yo-King*, qui s'est perdu, était exprimée la toute-puissante harmonie et l'éternel concert que le *Saint* devait rétablir entre le ciel et la terre; c'est l'idée particulière qu'on doit se former de chaque *King* considéré séparément.

KIN-KANG. Ce mot, qui veut dire en chinois *impénétrable* et *indestructible* (adamantinum), est le nom que donnent les bouddhistes aux huit divinités qui ont la direction de la plage occidentale du monde. On les représente sous la forme de guerriers à l'air farouche, mais parfaitement ressemblants entre eux, revêtus de cuirasses d'or, et tenant à la main des glaives d'une matière précieuse. Ils sont chargés de protéger la loi de Bouddha; c'est pourquoi on place leurs statues devant les temples.

KINNARA, classe de génies de la mythologie hindoue, qui sont au service de Kouvéra, dieu des richesses. Ce sont les musiciens du ciel; mais leur organisation paraît s'accorder peu avec leurs fonctions, car ils ont une tête de cheval. Leur nom rappelle l'hébreu *Kinnor*, le grec κινύρα, et l'arabe *Kinnara*, qui tous signifient un instrument de musique, une guitare.

KIN-NGAN, divinité chinoise; c'est le génie tutélaire des villes, des provinces et des tribunaux. Il a des temples par tout l'empire. Les mandarins qui vont prendre possession de leur gouvernement doivent auparavant en faire hommage à Kin-ngan, et se mettre sous sa protection. On l'appelle encore CHIN-HOANG. *Voy.* ce mot.

KIN-SIAN, un des noms chinois de Bouddha; ce mot veut dire l'*Immortel à couleur d'or*. Les bouddhistes soutiennent en effet que le corps de ce personnage était d'or, et qu'à son cou était suspendue une splendeur égale à celle du soleil et de la lune. On sait que Pythagore avait également la prétention d'être doué d'une cuisse d'or.

KIO, c'est-à-dire le livre; nom d'un livre sacré des bouddhistes du Japon. *Voy.* FOKE-KIO.

KIOKOU SOU-NO NEN, ou KIOK ZEN-NO IN, nom de la seconde fête annuelle des Japonais; elle arrive le troisième jour du troisième mois; les Européens de Nangasaki la nomment la *fête des Poupées*, parce que ce jour-là on dresse dans un appartement convenable un petit théâtre de la hauteur d'une table, qu'on couvre d'un tapis rouge, ou de quelque autre étoffe précieuse, sur lequel on place des figurines représentant la cour du Daïri, et des décorations qui représentent des temples et des bâtiments. On place devant ces figures, dans de petits plats et sur de petites tables, plusieurs sortes de mets, des gâteaux de riz et de jeunes feuilles d'armoise, en guise d'offrande. Les petites filles présentent ces mets aux conviés avec une tasse de zakki. Cette fête est proprement celle des femmes et des filles. Elle fut instituée au Japon par le vingt-quatrième Daïri, vers l'an de J.-C. 486. *Voy.* ONAGO-NO SEKOU.

KIOSE-OLMAI, dieu de la pêche chez les Lapons païens.

KIO TI-YO, le quatrième des seize petits enfers, selon les bouddhistes de la Chine. C'est l'enfer de la faim; les démons versent dans la bouche des réprouvés du cuivre fondu.

KIOUM, monastères des *Rahans* ou religieux bouddhistes du royaume d'Ava et de la Birmanie. Ces couvents sont assez ordinairement placés dans des lieux solitaires, à l'ombre des tamarins et des figuiers des Indes. C'est là qu'on élève la jeunesse; on y enseigne à lire et écrire, ainsi que les principes de la morale et de la religion. Les villageois y envoient leurs enfants, qui y sont élevés gratuitement et sans aucune distinction.

KIOUN, divinité babylonienne et arabe. *Voy.* KEWAN.

KIOU-SIN-RIO, divinité malfaisante des Japonais, qui le représentent comme un dragon à neuf têtes, lequel habite le mont Toka-Kousi. Autrefois on lui immolait ainsi qu'aux autres Kamis malfaisants, pour les conjurer, les membres les plus chers d'une famille, de jeunes garçons et de jeunes filles.

KIPA-TYTAR ou KIWUTAR, déesse de la mythologie finnoise, qui habite avec ses compagnes sur la colline de Kippumäki; c'est une vierge, fille de Wäinämöinen, dont la protection est invoquée contre les maladies. Elle les recueille dans un petit vase d'airain, et les fait cuire sur un foyer magique. — Voici, d'après M. Léouzon Leduc, une des formules citées dans les runas pour la conjuration des maladies:

« O maladie, monte vers les cieux; douleur, élève-toi jusqu'aux nuages; vapeur tiède, fuis dans l'air, afin que le vent te pousse, que la tempête te chasse aux régions lointaines, où ni le soleil ni la lune ne donnent leur lumière, où le vent frais ne caresse point la chair. — O douleurs, montez sur l'hippogryphe de pierre, et fuyez sur les montagnes couvertes de fer. Car il est trop rude d'être dévoré par les maladies, d'être consumé par les tourments. — Allez, ô maladies, où la vierge des douleurs a son foyer, où la fille de Wäinämöinen fait cuire les douleurs. Là sont des chiens blancs qui jadis hurlaient dans les tourments, qui gémissaient dans les souffrances. » *Voy.* KIPPUMÄKI.

KIPINATAR, mauvais génie de la mythologie finnoise; c'est le chat d'Hiisi, l'esprit du mal; cependant cet animal a cela de bon, qu'il inspire aux voleurs une terreur telle, qu'il les contraint à abandonner leur butin.

KIPOU, genre de divination pratiqué en Chine par les gens de la classe inférieure pour découvrir l'avenir. On prend à cet effet un bâton ou un manche à balai au bout duquel on fixe perpendiculairement une baguette longue de quelques pouces en guise de pinceau. On recouvre ensuite une table d'une couche de craie fine, et on procède à l'invocation d'un génie ou d'un saint en brûlant des papiers superstitieux. Lorsqu'on croit que l'esprit est présent, on met l'extrémité opposée du susdit bambou entre les mains d'un enfant par lequel l'on suppose que l'être invisible va rendre son oracle. L'enfant tient ce bambou devant lui horizontalement sur la table, et trace au hasard quelques lignes dans la craie au moyen de la baguette perpendiculaire qui sert de pinceau. Lorsque ces lignes sont tracées, chacun cherche à découvrir avec quel caractère elles ont de la ressemblance, et par conséquent quel présage on en peut tirer. Ce mode de deviner s'appelle vulgairement *Thsing-sien*, inviter un immortel à venir.

KI-POU, écrit avec un caractère différent du précédent, désigne un autre genre de divination, en usage autrefois dans la province de Canton, et qui se faisait au moyen d'un poulet.

KIPPOUR, une des grandes fêtes des Juifs modernes, si toutefois on peut appeler fête un jour que l'on passe tout entier dans le jeûne le plus absolu, dans les larmes, la pénitence, et la confession des péchés. Le jour du Kippour, c'est-à-dire de l'*Expiation*, arrive le dix du mois de Tisri, et c'est la solennité dont il est parlé dans le Lévitique, aux chapitres XVI et XXIII. La veille, deux ou trois heures avant le soleil couché, on va à la prière de l'après-midi, et l'on revient souper, ayant soin que le repas soit fini avant le coucher du soleil. On se rend ensuite à la synagogue, qui est très-éclairée ce soir-là de lampes et de bougies. Là on fait, suivant la coutume des diverses nations, différentes prières et formules de confession et de pénitence, ce qui dure au moins trois heures, après quoi on va se coucher. Il y en a qui passent toute la nuit dans la synagogue, priant Dieu, récitant des psaumes et ne dormant que très-peu. Le lendemain, dès le point du jour, on retourne à la synagogue, vêtu comme la veille d'habits de deuil, et l'on y demeure jusqu'à la nuit, récitant sans interruption des prières, des psaumes, faisant des confessions et demandant à Dieu pardon des péchés qu'on a commis. Cependant les prières, les formules de confession, les lectures de la loi et des prophètes sont déterminées par le rituel, qui les a distribuées pour les quatre parties de la journée. Plusieurs se font donner la flagellation, qui consiste à recevoir trente-neuf coups de fouet ou de nerf de bœuf. Lorsque la nuit est venue, et que l'on voit des étoiles, le rabbin étend ses mains vers le peuple et lui donne la bénédiction de Moïse, que le peuple reçoit avec beaucoup d'humilité, en se couvrant le visage de ses mains ; on sonne du cor pour indiquer que le jeûne est fini : après quoi on sort de la synagogue en se saluant et en se souhaitant les uns aux autres une longue vie. De retour chez soi, on récite l'*Habdala*, et on rompt le jeûne que l'on a gardé sévèrement depuis le soir du jour précédent.

C'était autrefois la coutume, la veille du Kippour, de prendre un coq vivant, de s'en frapper trois fois la tête en le chargeant de ses péchés, et de l'immoler ensuite. Mais cette cérémonie, appelée *Kappara*, a été supprimée presque partout comme une pratique vaine et superstitieuse. *Voy.* KAPPARA.

KIPPUMAKI. C'est, dans la mythologie finnoise, la colline des douleurs ; elle est située dans la région de Kemi. Cette colline est élevée ; à son sommet est couchée une vaste pierre, à surface plane, entourée de plusieurs autres grandes pierres. Dans celle du milieu sont creusés neuf trous, au fond desquels les maladies viennent s'abîmer par la force des conjurations ; ces maladies paraissent être également au nombre de neuf, savoir : la pleurésie, la goutte, la colique, la phthisie, la lèpre, la peste, les monstres marins, les dévastateurs de tous genres, et les sorciers des marais. Sur la colline de Kippumaki habitent des vierges qui sont invoquées contre les maladies. *Voy.* KIPA-TYTAR.

KIRCHMESSE, KIRCHWEIHE et KIRCHWEIHFEST, dénomination allemande que l'on employait autrefois pour désigner la dédicace d'une église, cérémonie qui, dans les siècles de foi, attirait un grand concours, et qui était renouvelée annuellement, ce qui donnait lieu à des foires et à des réjouissances publiques. Lorsque le protestantisme envahit ces contrées, on abolit la messe et la plupart des cérémonies religieuses ; mais le mot est resté dans l'usage vulgaire comme protestation contre cette prétendue réforme ; car encore à présent les fêtes de villages, qui ont lieu habituellement en automne, époque la plus ordinaire de la dédicace des églises, portent le nom de *Kirchmesse*, première *messe* célébrée dans une *église* ; ou de *Kircheweihe*, consécration d'une église. Dans la Hollande, le mot a été corrompu en *Kermis*.

KIRIE-KIRIETS, grand prêtre des anciens Prussiens. Ce pontife se tenait sous un grand dais, au pied d'un chêne, entouré d'idoles. Lui seul avait le droit d'entrer sous ce dais avec les prêtres qui lui étaient subordonnés. Mais lorqu'un des pruthéniens demandait la permission d'approcher et d'offrir ses prières et ses dons, les prêtres soulevaient le voile qui couvrait le chêne sacré, et lui permettaient de contempler les idoles placées au nombre de trois autour de l'arbre, à des distances égales.

KIRIN, animal mythologique des Japonais, le *Khi-lin* des Chinois. C'est un quadrupède ailé, d'une rapidité incroyable dans sa course. Il a le corps d'un cheval, les pieds d'un daim, la tête d'un dragon, et devant la poitrine deux cornes tendres recourbées en arrière. Cet animal est éminemment bienfaisant ; et même, lorsqu'il marche, il prend un soin tout particulier de ne pas fouler la moindre plante, et de ne faire aucun mal au plus vil insecte qui pourrait se trouver sur sa route. Sa conception et sa naissance ne peuvent arriver que sous une constellation déterminée, et vers l'époque de la naissance d'un saint personnage. C'est ainsi qu'il se manifesta pour prédire la naissance de Ko-si (Confucius), celle de Mo-si (Mencius), celle de Chakya-Mouni, le grand réformateur, et celle de Dharma, l'apôtre bouddhiste de la Chine et du Japon. Voy. KHI-LIN.

KIRNIS, génie de la mythologie des Slaves; il présidait aux cerisiers.

KISANGO, divinité adorée autrefois par les Jaguas de l'Afrique. C'était une idole de la hauteur de douze pieds, représentée sous une figure humaine; elle était environnée d'une palissade de dents d'éléphants, et sur chacune de ces dents était placée la tête d'un prisonnier de guerre, ou d'un esclave égorgé en son honneur.

KISLEW, le troisième mois de l'année civile des Juifs, et le neuvième de l'année ecclésiastique. Il correspond à nos mois de novembre et de décembre. Le 25 de ce mois on célèbre la fête du *Hanouka*, ou de la dédicace du temple sous les Machabées.

KISSI, espèce de fétiches vénérés par les nègres de la côte d'Afrique. Voici ce qu'en rapporte le voyageur Grandpré, dont la relation a paru en 1801 : La liste des Kissis est fort nombreuse; ils président à tous les besoins de la vie, mais surtout au boire et au manger. Ce sont des statuettes qui n'excèdent pas six pouces de hauteur, et dont quelques-unes n'ont pas plus de trois pouces. La face est la seule chose que l'on puisse reconnaître, le reste est informe et grotesque. La tête est communément surmontée d'un bonnet pointu, orné d'une petite plume consacrée; plusieurs petits morceaux d'étoffe de la plus dégoûtante malpropreté, attachés ou collés à l'idole, forment son habillement; le tout est enduit d'une croûte de poudre rouge : la figure surtout est saupoudrée de poussière de diverses couleurs.

Lorsqu'un chef de maison boit ou mange, un serviteur fait l'essai des mets et de la boisson, précaution que le maître prend contre ses domestiques; ils appellent cela *tama mikissi*, tirer le fétiche. Après cet essai, il mange, et, pour se prémunir contre ses ennemis secrets ou étrangers, il remplit sa bouche des mets qui lui sont présentés, et, après les avoir bien mâchés, il les crache à la figure de l'idole, qui reste ainsi barbouillée pendant le repas. Il en fait de même du vin de palmier; il demeure alors persuadé qu'il n'a plus à craindre d'empoisonnement. Cette statuette, toujours arrosée de la sorte et jamais nettoyée, finit par être très-sale; ce qui n'est pas un inconvénient pour les noirs du Congo, car la malpropreté est le défaut chéri de cette nation. Ces petites idoles passent pour influer sur la santé. Leur conjurateur se nomme *Ganga m'kissi*; il est chez eux ce que les médecins sont chez nous.

KITAB, un des noms du Coran; c'est un mot arabe qui signifie *le Livre* par excellence; on l'appelle aussi *Kitab Alla*, le livre de Dieu. Il est à remarquer que dans la plupart des systèmes de religion, les ouvrages inspirés ou réputés tels portent une dénomination analogue; ainsi, les mots *Micra* en hébreu, *Biblia* en grec, *Kitab* en arabe, *Granth* en indien, *King* en chinois, *Kio* en japonais, etc., ne signifient pas autre chose que *Livre* en général.

KITABIS ou AHL-EL-KITAB, les gens du livre; les Musulmans appellent ainsi les peuples favorisés avant Mahomet des grâces de la révélation par des livres divins, savoir : le Pentateuque, le Psautier et l'Evangile. Ces livres, quoique sacrés aux yeux des Mahométans, sont cependant réputés inférieurs au Coran en lumière, en grâce et en perfection. — Les Kitabis sont donc les juifs et les chrétiens, que la loi musulmane distingue des idolâtres dans plusieurs de ses dispositions. Par exemple, elle exclut ceux-ci de toute alliance de sang avec les Mahométans; au lieu que les premiers y sont admis, avec cette restriction cependant, que les seuls mâles musulmans peuvent se marier avec les femmes chrétiennes ou israélites, et nullement les chrétiens ni les juifs avec les femmes musulmanes. Au reste, tous les chrétiens en général sont appelés *Isawis* ou partisans de Jésus, *Nasranis* ou adhérents au Nazaréen; et les juifs *Yehoudis* ou *Beni-Yehoud*, enfants de Juda.

KITCHI-MANITOU, nom du Dieu suprême chez les sauvages du Canada, et dans presque toutes les tribus qui appartiennent à la grande famille Lénappé; ce mot signifie *le grand esprit*. Comme l'idée que ces peuples s'en formaient était assez raisonnable, les missionnaires chrétiens n'ont pas fait difficulté de conserver ce vocable pour exprimer le vrai Dieu. Dans le Canada, on faisait anciennement, une fois chaque année, de grands sacrifices en son honneur. Chacun apportait son offrande et la déposait sur une pile de bois, à laquelle on mettait le feu; après quoi on dansait à l'entour en chantant des formules consacrées.

KITIVARAVADANA, une des déesses des bouddhistes du Népal; elle est, comme les autres divinités femelles, une des manifestations spontanées de la matière. On lui donne une figure de sanglier, et on l'appelle aussi MARITCHI.

KITMIR. Les Musulmans donnent ce nom au chien des Sept-Dormants, martyrs d'Ephèse, qui périrent dans une caverne. La découverte de leurs reliques au bout d'environ un siècle et demi donna lieu à une légende populaire, d'après laquelle ces bienheureux martyrs, *endormis du sommeil de la mort*, auraient réellement dormi pendant cet espace de temps, et se seraient éveillés alors tout étonnés de trouver le monde chrétien. Les Musulmans supposent que ce sommeil extraordinaire aurait duré trois siècles environ, et ils ajoutent que le chien des sept frères aurait fait le guet tout ce temps pour veiller à la sûreté de ses maîtres. Quand le Seigneur enleva ceux-ci dans le paradis, Kitmir s'attacha à la robe de l'un d'eux, et pénétra ainsi dans le ciel. Dieu, le voyant là, lui dit : « Kitmir, par quel moyen es-tu venu dans le paradis ? Je ne t'y ai point amené ; je ne veux pourtant pas t'en chasser ; mais, afin que tu ne sois pas ici sans fonction, tu présideras aux lettres missives, et tu auras soin qu'on ne vole pas la valise des messagers pendant leur sommeil. » C'est pourquoi il est assez d'usage en Orient d'écrire le nom de Kitmir près du cachet des lettres, après la suscription, surtout lorsqu'elles sont expédiées au loin, ou qu'elles doivent passer la mer.

On trouve le nom de Kitmir avec ceux des Sept-Dormants sur des sceaux, des amulettes, des monuments publics, etc. Ils sont regardés en général comme de puissants talismans contre les voleurs, le feu, l'eau et les autres coups du sort qu'on aurait à appréhender. « Récitez les noms des gens de la caverne, disent les Arabes, car s'ils sont écrits sur la porte d'une maison, la maison ne sera point dévorée par les flammes ; s'ils se trouvent sur un meuble quelconque, il ne sera point la proie des voleurs ; si on les trace sur un navire, il ne sera point exposé aux tempêtes. »

KI-TO, génie de la guerre chez les Chinois ; il est honoré par les soldats et les gens de guerre.

KITOO, formule de prière que les Japonais récitent dans les temps de calamités publiques. On raconte qu'après l'arrivée du prêtre Jn-Ghen, qui vint de la Chine au Japon en 1653, pour réformer le culte bouddhique, on s'adressa à lui, à l'occasion d'une grande sécheresse qui menaçait la contrée d'une famine prochaine, et on le conjura de réciter le Kitoo. Après plusieurs refus motivés par sa modestie, il céda enfin aux instances et promit de se conformer aux vœux du peuple, mais en protestant qu'il n'en garantissait pas le succès. Il monta donc sur le sommet d'une montagne, où il prononça sa prière. Loin d'être inutile, elle produisit plus d'effet qu'on n'en aurait désiré. Le lendemain, il tomba une pluie si abondante, que les ponts de la ville furent entraînés par la violence des eaux.

KITOUBA, idole ou fétiche des nègres du Congo, qui n'est autre qu'une crecelle de bois.

KIUPA, ordre de religieux tibétains, qui résident dans des couvents, et qui ont été fondés par un lama venu de la Chine, appelé Achang. Ils s'adonnent à la contemplation et aux pratiques de la pénitence.

KIWASA, dieu des anciens Virginiens ; on l'appelait aussi *Okki* et *Quioccos*. Ces peuples consacraient à cette divinité des chapelles et des oratoires, où l'on voyait souvent différentes représentations de l'idole. Ils en avaient même dans l'intérieur de leurs maisons ; ils les consultaient dans l'occasion et leur communiquaient leurs affaires. Elles leur servaient alors de dieux tutélaires, et c'est d'elles qu'ils attendaient que la bénédiction céleste descendît sur leurs familles.

On dit que la principale idole de Kiwasa avait souvent une pipe à la bouche, et qu'il paraissait fumer réellement ; un prêtre caché derrière le simulacre était l'adroit auteur du prestige, qui remplissait le peuple de foi et de respect. Kiwasa se manifestait souvent par des oracles ou par des visions. On le consultait pour la chasse et pour des objets de moindre importance. Lorsqu'il était nécessaire de l'évoquer, quatre prêtres se rendaient à son temple, et le conjuraient par le moyen de certaines paroles inconnues au peuple. Alors Kiwasa se déguisait sous la forme d'un bel homme, ornait le côté gauche de sa tête d'une touffe de cheveux qui lui descendaient jusqu'aux talons, et paraissant en cet état au milieu de l'air, il prenait aussitôt le chemin du temple. D'abord, il s'y promenait avec une grande agitation ; mais il se calmait un instant après, et faisait appeler huit autres prêtres. L'assemblée étant réunie, il lui déclarait sa volonté, après quoi il reprenait le chemin du ciel. Les Virginiens regardaient comme autant d'inspirations particulières toutes les fantaisies et les caprices qui leur passaient par la tête ; cette idée leur faisait commettre mille extravagances.

KIWUTAR, déesse des douleurs dans la mythologie finnoise ; la même que KIPA-TYTAR. *Voy.* ce mot.

KLIZIÉS, sectaires musulmans qui appartiennent à la secte des Nesseriés ; ils ont mêlé à leurs pratiques religieuses quelques restes du sabéisme, car ils adorent le soleil et la lune. Leur dénomination vient sans doute de la ville de *Kliz* ou *Keliz*, située au nord d'Alep. *Voy.* NESSÉRIÉS.

KNEF ou KNOUPHIS, divinité égyptienne. *Voy.* CNEF.

KNIPPANA, dieu des bois et des forêts dans la mythologie finnoise ; il présidait aux animaux sauvages, les enchaînait dans leurs repaires ou les lançait au-devant des chasseurs. Voici l'invocation qu'on lui adressait, suivant Ganander :

« O Knippana ! roi des bois, vieillard barbu de la forêt joyeuse, amène dans la douce forêt tes animaux d'or, tes animaux d'argent. Etends ton rouge filet, ton filet bleu sur le fleuve de Pohjola, afin que les bêtes sauvages, grandes et petites, que les animaux de toute espèce, que les cavales de toute couleur accourent des frontières de Laponie, des régions les plus extrêmes du nord. »

L'épopée du Kalewala, traduite par M. Léouzon Leduc, offre une invocation plus détaillée et frappante d'originalité :

« O vieillard à la barbe noire, roi splendide des bois, entoure la forêt de glaives, mets une lance dans la main des déserts, enveloppe-les de bandeaux de lin. Revêts de toile les peupliers, les sapins d'or, les vieux pins de ceintures d'airain, les jeunes pins de ceintures d'argent, les bouleaux de franges d'or. Renouvelle tes libéralités d'autrefois aux jours où je saisissais la proie. Alors je vins dans le désert, je gravis la colline, et les rameaux des pins brillaient comme la lune, et les cimes des pins brillaient comme le soleil ; les peupliers resplendissaient d'un merveilleux éclat, et le jeune enfant était beau comme l'astre des nuits, la jeune fille belle comme la lumière du jour.

« Ouvre la vaste enceinte, le dépôt d'ossements, prends la clef d'or, le marteau d'airain, ébranle les forêts et les déserts; que tous les lieux où grandissent les bêtes sauvages se mettent en mouvement, afin qu'elles se précipitent vers le héros qui les poursuit et qui veut en faire sa proie.

« Dresse une haie d'or, une haie d'argent pour régler la course du troupeau. Si quelque bête prend la fuite et s'écarte de la route, exhausse la haie; si elle veut la franchir, exhausse-la encore; si elle veut se glisser par-dessous, abaisse-la; si la bête. reste fidèle à la voie, laisse la haie telle que tu l'auras faite. »

KNOUPH, divinité égyptienne, principe de la bonté conservatrice. On rencontre souvent ce vocable sur les Abraxas. *Voy.* CHNEF.

KO-BO-DAÏ-SI (1), illustre personnage japonais qui a mérité d'être mis, après sa mort, au rang des divinités. Un an avant sa naissance, sa mère rêva qu'elle était embrassée par un prêtre de l'Inde; elle devint enceinte, et, douze mois après, elle mit au monde un fils, l'an 774 de notre ère, le quinzième jour de la sixième lune. Cet enfant montra dès son bas âge beaucoup de bon sens, de sorte qu'on l'appela *le garçon ingénieux*. Il pénétra bientôt le sens de six *King* et des livres historiques. Il fut reçu parmi les disciples du célèbre bonze Gou-so, et commença dès lors à approfondir les livres de la loi de Bouddha; il s'appliqua aussi à l'étude de l'analyse des caractères chinois, et inventa le syllabaire japonais, appelé *Fira-kana*, à l'aide duquel on peut écrire la langue japonaise, sans qu'il soit nécessaire de recourir aux caractères chinois. A l'âge de vingt ans, il reçut le titre de *Koô-Kai*, ou de mer du vide, et à vingt-huit celui de *Ko-bo-daï-si*, c'est-à-dire le grand maître de la doctrine qui répand la loi. A l'âge de trente ans, il fut envoyé en Chine, et s'embarqua sur un vaisseau chinois; il arriva dans ce pays l'année suivante, et y étudia la doctrine de Bouddha sous la direction du bonze Hoei-ko. Au bout de trois ans (en 806), il retourna au Japon, et habita dans le temple du mont *Maki-no-yama*, province d'Idzoumi. En 830, il reçut un nouveau titre d'honneur, qui signifie *le grand maître de la doctrine, dont le pinceau, trempé dans l'aurore, transmet la lumière*. Il établit alors son séjour sur une haute montagne de la province d'Awa. En 824, il y eut une grande sécheresse dans l'empire; il prescrivit, pour obtenir la pluie, des formules de prières qui furent exaucées. A l'âge de quarante-trois ans, il jeta les fondements du temple *Kon-go-bou-si* sur la montagne de Ko-ya, lequel ne fut achevé qu'après sa mort, en 890. Il n'est pas permis aux femmes d'entrer dans son enceinte sacrée. Il est entouré de 7700 habitations qui en dépendent. Ce personnage mourut en 835, âgé de soixante-

---

(1) Les anciennes relations écrivent son nom *Cambadoxi*.

deux ans. En 921, le Daïri envoya une ambassade au temple Kon-go-bou-si pour honorer Ko-bo du titre de *Daïsi*, ou grand maître. C'est depuis ce temps qu'il porte le nom de *Ko-bo-daï-si*. Il a toujours été très-vénéré au Japon, où il y a beaucoup de temples et de sanctuaires, érigés en son honneur.

C'est une tradition répandue parmi le peuple qu'il n'est point mort, mais qu'il s'est retiré dans une caverne dont il fit murer l'entrée. Il doit en sortir dans quelques milliers d'années pour s'opposer à la doctrine d'un certain *Mirotsou*, qui doit venir un jour combattre la religion du Japon. Chaque année on célèbre l'anniversaire de sa retraite par des prières qu'on lui adresse.

Il y a plusieurs ordres religieux qui font remonter leur institution soit à Ko-bo-daï-si, soit à ses premiers disciples.

KOBOLD. Parmi l'innombrable armée des esprits que la fiction a créés, le *Kobold* est, en Allemagne, un petit être qui, lorsqu'il n'est pas insulté, ne fait jamais de mal aux hommes, leur rend au contraire toutes sortes de services, et même plaisante avec eux. Les mineurs l'appellent *Berggeist* et aussi *Bergmannchen*, c'est-à-dire esprit des montagnes, ou petit homme des montagnes. Peut-être l'existence de ces êtres a-t-elle été imaginée en premier lieu par les mineurs; car souvent les vapeurs du cobalt, en planant dans les mines, forment des apparitions bizarres, qui semblent être animées. *Voy.* COBALES.

KODAFA, chef de l'ordre des Sofis, que Schab Séfi établit en Perse pour attacher à sa personne et à celle de ses successeurs des sujets fidèles. Il convoque tous les jeudis au soir les Sofis dans une mosquée. Là ils prient tous ensemble pour la prospérité du prince. Les jours de fête, le Kodafa se présente devant lui avec un bassin dans lequel il y a quelques sucreries; il fait une prière comme pour les bénir, puis le prince en prend un morceau, ce qui est imité par les seigneurs de la cour.

KODJAGAR, fête célébrée par les Hindous à la pleine lune de Kouar; on place à la clarté de la lune la statue de la déesse Lakchmi; on lui rend des adorations, et on distribue ensuite le lait, le riz fraîchement grillé, et les autres mets offerts à l'idole. On exécute aussi, pendant cette nuit, le *Ras* de Krichna, appelée *Ras*. Le mot *Kodjagar* signifie: *Qui est éveillé?* On croit que c'est le cri que pousse Lakchmi, en descendant pendant cette nuit, parce que, dit-on, elle a promis des richesses à tous ceux qui veilleraient; aussi chasse-t-on le sommeil par les jeux, la gaîté, et les récits attrayants. Le symbole de la déesse, pendant cette fête, est un panier rempli de blé, devant lequel on exécute les cérémonies prescrites par le rituel.

KOEDESNIKS, prêtres des Tartares Samoyèdes, dont toute la science se réduit à être dépositaires et interprètes des traditions de leurs ancêtres, et tout le ministère à donner au peuple des avis et des idoles de leur

KOENDOES, dieu des anciens Finnois, qui le regardaient comme l'inventeur et le patron de la culture et de l'engrais des terres.

KŒPELI, autre dieu ou génie des Finnois. C'était un fantôme qui ne cherchait qu'à faire du mal et qu'on prétendait se montrer dans les lieux où étaient enterrés les morts. Maintenant encore, selon Idman, il est souvent question, parmi le peuple, de *Kœpelin vuori*, montagne du spectre, et de *Kœpelin linna*, bois du spectre.

KOES, KOIES ou KOIOLES, prêtre qui recevait la confession de ceux qui voulaient être initiés aux mystères de Samothrace, et qui purifiait ceux qui étaient coupables de quelque meurtre.

KOHT, déesse égyptienne, sur laquelle je n'ai aucun document.

KOLADA ou **KOLIADA**, appelé aussi *Derfintos*, dieu des Slaves, adoré à Kiew, comme président à la paix. Sa fête était célébrée dans cette ville le 24 décembre. Elle consistait en jeux, en plaisirs et en festins. On trouve encore, en plusieurs endroits de la Russie, des vestiges de ces fêtes dans les danses et les chansons dont s'amusent les gens de la campagne, et dans lesquelles ils répètent souvent le nom de cette ancienne divinité.

KOLJUMI, géant immense de la mythologie finnoise, qui fut tué d'un coup de flèche.

KOLLOK, fête annuelle célébrée dans le Pégu. On forme une danse mystérieuse, en l'honneur des divinités terrestres, au milieu d'un grand concours de peuple. On prétend qu'elle est exécutée de préférence par des hermaphrodites, qui, dit-on, sont en grand nombre dans cette contrée. Les acteurs s'agitent violemment avec mille contorsions, jusqu'à ce que, épuisés de fatigue, ils perdent haleine et tombent en défaillance. Le peuple croit alors qu'ils sont ravis en extase, que la Divinité leur parle et leur révèle des secrets importants, qu'ils ne manquent pas de communiquer aux assistants lorsqu'ils ont repris leurs sens. Leurs discours extravagants sont alors écoutés comme autant d'oracles.

KOLNA, génie de la mythologie scandinave, qui, chassé par Odin, d'Asgard, la ville des dieux, s'est réfugié sur la terre, où son occupation est de marier les fleurs.

KOLTKIS, génies nocturnes de la mythologie des Slaves. Ce sont des espèces de gnomes qui habitaient sous terre et servaient d'intermédiaires entre les hommes et les divinités des enfers.

KOMAINEN-TOULOUGOUBOUIA, un des dieux subalternes de l'archipel Viti.

KOMBEI-LAMA, ordre de religieux tibétains, qui sont au-dessous des souverains pontifes et des Lamas régénérés. Ceux-là sont simplement élus.

KOMEI BOUNI KOURA, un des dieux adorés dans l'archipel Viti, dans l'Océanie.

KOMESWARI, un des noms sous lesquels les Khonds de la province d'Orissa adorent la déesse Kali.

KOMOS. Les Éthiopiens ont dans chacune de leurs églises un officier qu'ils nomment *Komos*, qui est chargé du temporel de cette église; c'est lui aussi qui connaît des différends qui surviennent entre les clercs.

KONFIRA, un des Tengous, génies des Japonais. Les marins qui naviguent entre les îles Nipon et Sikokf ne manquent pas de présenter en passant des crabes, du poisson d'eau douce, de l'ail et des crevettes à Konfira, regardé comme le Tengou de cette contrée.

KONG-FOU, genre de médecine employée par les bonzes Tao-sse, au moyen de laquelle ils ont la prétention de guérir le corps de ses infirmités, tout en affranchissant l'âme de la servitude des sens. Le Kong-Fou, suivant eux, prépare l'homme à entrer en commerce avec les esprits, et lui ouvre la porte de l'immortalité. On procède à cette opération ou debout, ou assis, ou couché, suivant les différentes maladies dont on est affecté. On prend, dans l'une de ces situations, diverses postures forcées et gênantes; on se courbe, on se replie, on se rapproche les bras et les jambes, on se balance, on s'élance, etc., afin d'exciter la salivation; on force, ou gêne, ou précipite ou l'on retient l'aspiration et l'expiration. Ces mouvements sont accompagnés de certaines pratiques mystérieuses, d'après lesquelles on fait espérer que, dans quelques-unes de ces postures, on peut tellement se dégager de la matière, qu'on est en état de voir la Divinité, et même de parvenir à l'immortalité; ce qui a donné beaucoup de partisans au Kong-Fou, surtout parmi les empereurs et les gens riches.

KONG-KONG, symbole de l'esprit du mal, chez les anciens Chinois; son nom revient au grec Πανουργός (l'artisan de tout), et désigne l'Imposteur, l'Architecte de tout mal. Les livres chinois disent qu'il a le visage d'un homme, le corps d'un serpent, et la chevelure rouge; qu'il n'est que mensonge et tromperie; qu'il se révolta autrefois contre Tcho-yong et le combattit. Vaincu par celui-ci et frémissant de colère, il frappa de sa tête le mont Pou-tcheou; les colonnes du ciel en furent brisées, les liens qui retenaient la tête se rompirent, le ciel s'affaissa entre l'occident et le nord, et la terre s'ouvrit entre l'orient et le midi. Plus tard il disputa l'empire à Kao-sin, et fut précipité dans l'abîme. D'autres disent qu'il en vint aux mains avec Niu-oua, et qu'il fut étouffé par cette princesse, ce qui rappelle la tradition mosaïque. Un autre écrivain chinois dit que Kong-kong fut le premier des rebelles, qu'il excita le déluge pour rendre l'univers malheureux, et brisa les liens qui unissaient le ciel et la terre. Alors Niu-oua, déployant ses forces toutes divines, combattit Kong-kong, le défit entièrement et le tua.

KONOUT ou **CONOUT**, formule de prière, récitée dans quelques sectes musulmanes, et qui consiste en ces paroles : *O Dieu! nous te sommes humblement soumis.* Cette formule s'introduisit, en l'an 362 de l'hégire, dans la prière solennelle du vendredi.

KOPAL, idole adorée dans la pagode de Ganjam, sur la côte de Coromandel. Son temple est desservi par des brahmanes et des dévadassis.

KOPÉLI, génie ou spectre des anciens Finnois. *Voy.* KOEPELI.

KORCHA ou KORS, l'Esculape des Slaves, dont *Znitch* était l'Apollon ; il était aussi le dieu des plaisirs de la table.

KORIGANS, êtres surnaturels que les paysans de la Basse-Bretagne se représentent comme de petits nains qui habitent les monuments druidiques, appelés, pour cette raison, *maisons de Korigans.* La tradition prétend que ces petits êtres cherchent à attirer à eux l'imprudent voyageur ou le cupide paysan, en faisant sonner des pièces d'or sur la pierre des dolmens et des menhirs, et qu'ils les contraignent à danser en rond avec eux en répétant en celtique le nom des jours de la semaine. Aussi les paysans se gardent-ils bien d'approcher la nuit des lieux où l'on suppose qu'ils habitent, surtout s'ils ne sentent pas leur conscience en état de grâce.

KORNTHAL (SOCIÉTÉ DE). Nous empruntons cet article à l'*Histoire des sectes religieuses* de Grégoire, seul ouvrage qui nous ait fourni des renseignements sur cet objet.

En 1818, Théophile Guillaume Hoffmann, notaire royal et bourgmestre de Léonberg, voyant que la disparité de croyance entraînait un grand nombre de Wurtembergeois en Russie et en Amérique, pensa qu'un moyen efficace d'ôter à d'autres dissidents le désir de les imiter, était de réclamer l'intervention de la puissance publique pour les soustraire à la juridiction du consistoire luthérien et leur obtenir la liberté de leur culte. Un décret royal du 22 août 1819 sanctionna leur séparation de l'Eglise luthérienne, et approuva le plan rédigé par eux-mêmes de leur organisation religieuse et de leurs rapports avec l'Etat. Ils étaient alors environ quarante familles, dont le nombre s'accrut rapidement par l'accession de beaucoup d'autres. Ils achetèrent alors la ci-devant seigneurie de Kornthal, à deux lieues de Stuttgard. Un de leurs premiers soins fut de construire une *maison d'assemblée* (c'est ainsi qu'ils appellent leur temple), dont la pose de la première pierre et la dédicace se firent avec une grande solennité et attirèrent un grand concours.

Ils répugnent à ce qu'on les désigne comme *secte*, d'autant plus qu'ils ont la prétention d'être une Église *apostolique*, calquée sur le plan consigné dans les Actes des apôtres. Leur culte est organisé à peu près comme celui des Eglises protestantes, dont ils ont conservé les dogmes, et leur liturgie est assez conforme à celle de 1582. — Leur office religieux offre une suite de chants, de prières, de lectures bibliques. Ils distribuent la cène chaque quatrième semaine ; mais, huit jours avant, on assemble séparément, pour les y préparer, les hommes mariés et les veufs, les femmes mariées et les veuves, les garçons, les filles.

Outre les dimanches, ils ont les fêtes de Jésus-Christ, des Apôtres, de saint Etienne, le Nouvel-An, l'Epiphanie, les jeudi et vendredi saints, Pâques, l'Ascension, la Pentecôte, Saint Jean-Baptiste, l'Annonciation et la Purification de la sainte Vierge. Ils ont aussi chaque mois un jour de pénitence et de prières.

Leur clergé se compose de lecteurs, d'anciens et d'un président (*Vorsteher*) auquel on donne le titre d'évêque. Pour célébrer, il a un vêtement blanc. Un vorsteher, ou président laïque, dirige les affaires temporelles. Tous leurs officiers ecclésiastiques et civils sont élus par la communauté, qui a également droit de suffrage quand il s'agit d'admettre les prosélytes.

On évite tout ce qui a l'apparence d'une communauté de biens. Chaque membre de la société peut la quitter et emporter son mobilier, mais il ne peut vendre ses immeubles qu'à un autre membre de la secte, et s'il ne se trouve pas d'acheteur, la communauté achète. Aucun frère ne peut prêter de l'argent ; la communauté a une caisse où chacun peut obtenir des avances, en indiquant la destination de la somme qu'il emprunte. Aucun membre ne peut loger un étranger, ni prendre un domestique étranger, sans en prévenir le vorsteher. Les diverses branches de l'économie rurale et des arts mécaniques forment l'occupation habituelle de cette colonie. Chacun a sa vocation déterminée pour l'exercice d'un métier ou d'un genre quelconque de commerce. Tous les objets de consommation ont un prix fixe de même que la main d'œuvre. La mendicité est proscrite, mais on a soin des pauvres et des vieillards ; une partie des collectes que l'on fait pour ces objets est destinée à répandre la connaissance de l'Evangile chez les idolâtres. Il y a aussi des écoles séparées pour les deux sexes ; ils y reçoivent cependant des enfants de personnes qui n'appartiennent pas à la société. Les deux sexes sont également séparés dans la maison d'assemblée, pour le culte, et même dans le cimetière.

Ils ont emprunté plusieurs usages soit aux Anabaptistes, soit aux frères Moraves. Ainsi les repas somptueux aux baptêmes, aux enterrements, sont abolis, ainsi que les souhaits du nouvel an. On ne porte jamais le deuil ; le serment est défendu, et aucun frère ne peut porter plainte devant les tribunaux sans en avoir obtenu l'autorisation des anciens. Personne ne peut se marier sans l'avis des présidents, surtout s'il s'agit d'épouser une personne qui n'est pas de la société.

On recommande aux frères la bienveillance envers les personnes qui appartiennent à une autre religion ; mais chacun doit s'abstenir soigneusement de tout propos qui heurterait les principes dogmatiques admis dans la société.

Le chef ecclésiastique et le président laïque sont autorisés à visiter les familles, pour s'assurer, chacun dans la sphère de ses attributions, si tout est conforme au plan de l'institut; et les délinquants peuvent être temporairement privés de la cène, ou même, en certains cas, exclus définitivement.

« La secte de Kornthal répandue dans cette contrée et dans presque toute l'Allemagne, écrivait une femme d'esprit en 1828, se soutient avec sa dévotion mystique; c'est la doctrine Bourignon, nuancée par la doctrine protestante, et adaptée par des gens de lettres, des ecclésiastiques, à la philosophie de Hégel. La foule de brochures et de gros livres, plus ou moins teints de ces couleurs, est incroyable. Ce sont des sermons, des dissertations, des romans. Il en est dont les idées, nageant entre la dévotion exaltée et la sensualité sentimentale, révoltent le sens commun. Quelques-uns de ces écrits attestent la bonne foi des auteurs; mais parmi ceux que j'ai feuilletés, je n'en trouve aucun qui inculque les devoirs de l'homme comme citoyen et les préceptes du véritable chrétien. »

KOROBAROU, danse religieuse des indigènes de l'Australie, qu'ils exécutent dans les bois pendant la pleine lune. Ils y font des simulacres de combat, et imitent l'allure naturelle du kangarou et de l'ému.

KORSAKEN ou KERJAKIS, dissidents de l'Église gréco-russe, plus connus sous le nom de RASKOLNIKS. *Voy.* cet article.

KO-SI, nom japonais du célèbre philosophe Confucius (en chinois *Koung-tseu*). Sa doctrine commença à s'établir dans le Japon, ou du moins à y prendre de la consistance, dans le VII° siècle de notre ère. En 701, on tint une assemblée solennelle dans laquelle des discours furent, pour la première fois, prononcés en son honneur, et on lui offrit des sacrifices. Le Daïri ordonna que cette fête serait célébrée chaque année, au printemps et en automne. *Voy.* CONFUCIUS.

KOSSI, mokisso ou idole des noirs du Congo. Ce n'est qu'un sac rempli de terre blanche, et garni extérieurement de cornes. Sa chapelle est une petite hutte, environnée de bananiers. Il préserve du tonnerre, fait tomber les pluies dans la saison convenable, et préside à la pêche ainsi qu'à la navigation.

KOTAN-KARA-KAMOI, c'est-à-dire *Dieu de la maison et de la cour*; divinité protectrice des Aïnos : ces insulaires la vénèrent sous le symbole d'un pieu fiché en terre, dans le voisinage de l'habitation, et dont la partie supérieure est fendue en plusieurs copeaux minces et pendants. Chaque jour, l'habitant de la cabane lui adresse ces paroles : *Nous te remercions, Kamoi, de ce que tu es resté ici dans la cour, et de ce que tu as veillé pour nous.* En outre il répète souvent cette prière : *Kamoi, sois toujours soigneux pour nous.*

KOTILAKCHAKCHI, déesse des bouddhistes du Népal; c'est une des manifestations spontanées de la matière. On la représente avec des yeux innombrables. On lui donne aussi le nom de *Pratinghira*.

KO-TI-YO, le cinquième des petits enfers, dans le système bouddhiste des Chinois; c'est l'enfer de la soif; les démons introduisent dans la bouche des damnés des boules de fer rouge qui leur consument les lèvres et la langue.

KOU, un des génies ou êtres fabuleux des Chinois; il a la figure d'un homme et le corps d'un dragon, et demeure sur la montagne Tchong-chan, à 460 lis du Tchao-yao. Cette montagne fournit une immense quantité de jade. L'encyclopédie San-tsaï-tou-hoei assure que ce génie habitait autrefois les montagnes du Sud.

KOUA. Les huit *Koua* sont des figures symboliques qui jouent un rôle important dans l'histoire et la philosophie chinoises. On en attribue l'invention à Fou-hi, qui les découvrit, dit-on, par l'inspection attentive du ciel et de la terre. Voici l'explication qui nous paraît la plus raisonnable :

De tout temps les Chinois ont admis, comme premier principe de tout ce qui existe, ce qu'ils nomment *Tai-ki*, c'est-à-dire le grand comble ou le grand terme. De ce premier principe ils font sortir deux principes secondaires, qu'ils nomment *Yang* et *Yn*. Le Yang est le ciel, le feu, le jour, le parfait, le mâle, le père; Yn est la terre, la lune, l'obscurité, l'imparfait, la femelle, la mère. Il est parlé de ces deux principes dans le Chou-King, mais plus encore dans l'Y-King. Ces deux principes en ont produit quatre : le grand et le petit Yang, le grand et le petit Yn, qui ne sont que des modifications l'un de l'autre : quatre enfin ont produit huit, qui sont les huit premiers *Koua* de l'Y-King. Ces Koua ou premiers éléments sont exprimés dans l'Y-King par une ligne entière — qui représente le Yang, et par une ligne coupée — — qui représente le Yn. Placées différemment entre elles, c'est-à-dire une pleine et une coupée, dessus ou dessous, elles forment quatre ══ ══ ══ ══ ; ensuite combinées trois par trois, elles forment huit, et ce sont les huit Koua fondamentaux, dont voici la figure :

≡ ≡ ≡ ≡ ≡ ≡ ≡ ≡

Les Chinois placent ces figures en cercle ou en octogone en forme de boussole, et donnent à chacune d'elles le nom, la position et la signification suivante en commençant par la première à gauche. *Khan*, nord; *Ken*, nord-ouest; *Tchin*, ouest; *Sun*, sud-ouest; *Li*, sud; *Kouen*, sud-est; *Toui*, est; *Kian*, nord-est. Chaque figure de ces Koua, combinée successivement avec les autres, produit soixante-quatre autres Koua, chacun de six lignes. « Ces figures, dit M. Biot, sont probablement les vestiges d'une écriture primitive; mais, suivant les Chinois, chacun des traits dont elles se composent y tient la place d'un élément naturel (1). Les soixante-quatre combinaisons de

(1) Les éléments naturels des Chinois sont : la terre, le feu, l'eau, le bois, le métal.

ces traits renferment toutes les combinaisons possibles de ces éléments, et représentent les principes les plus parfaits de toutes les connaissances humaines. L'explication de ces Koua combinés passe, aux yeux des Chinois, pour le plus sublime effort de l'esprit humain; et les hommes les plus célèbres de leur antiquité ont passé un temps considérable à chercher cette explication. Le livre Y-King est spécialement consacré à l'interprétation de ces figures mystérieuses, et contient le résultat des travaux faits à ce sujet au XII⁵ siècle avant notre ère, par le célèbre prince de l'ouest Wen-Wang et par son fils Tcheou-Koung; au VI⁵ siècle, avant notre ère également, par le célèbre Confucius. »

En effet non-seulement Confucius admet les Koua, mais encore il enseigne en termes formels, dans le livre canonique des Changements, l'art d'en déduire les sorts; et certainement, dit le P. Visdelou, cet art attaché à ce livre ne se déduit que de ce qu'en a dit Confucius. De plus, Tso-Kieou-ming, disciple de Confucius, dont il avait écrit les leçons, dans ses *Commentaires sur les Annales canoniques* de son maître, a inséré tant d'exemples de ces sorts, que cela va jusqu'au dégoût; il fait cadrer si juste les événements avec les prédictions, que, si ce qu'il en dit, était vrai, ce serait autant de miracles. D'ailleurs, tous les philosophes, jusqu'à ceux d'aujourd'hui, usent de ces sorts; et même la plupart assurent hardiment que par leur moyen il n'y a rien qu'ils ne puissent prédire.

Ce ne sont pas seulement les Chinois qui ajoutent la plus grande confiance aux Koua, comme moyen de connaître l'avenir ou les choses passées, mais les Japonais, les Coréens, les Cochinchinois, les Tibétains, et en général tous les peuples qui ont quelque connaissance de la littérature et de la philosophie des Chinois.

KOUAI, sacrifice que les Chinois offrent aux divinités pour détourner les maux dont on est menacé.

KOUAN, divinité des Coréens; c'est le dieu des combats.

KOUAN. Les Chinois appelaient ainsi un sacrifice qu'ils offraient à leurs ancêtres dans la personne de l'enfant qui les représentait. (*Voy.* Chi). Celui-ci prenait le vin qu'on lui présentait et en faisait une libation à terre pour évoquer les esprits. Maintenant encore, quand on offre des sacrifices, on commence par faire cette libation (*Kouan*), afin d'attirer les génies et de les rendre présents à la cérémonie.

KOUAN-AM, KOUAN-LOA, SAN-TEA. Les Chinois établis à Batavia honorent sous ces trois noms un génie ou dieu secondaire, qu'ils regardent comme le maître de l'air, et dont ils célèbrent la fête le troisième jour du troisième mois.

KOUAN-CHI-YN, personnage du panthéon bouddhique vénéré en Chine; son nom signifie Celui qui contemple les sons du monde: on y ajoute le terme *Phou-sa*, c'est-à-dire Bodhisatwa, ou fils spirituel d'un Bouddha. C'est le même qui est appelé *Khomchin* par les Mongols, *Djian rai zigh* par les Tibétains, et *Avalokiteswaca* par les Hindous. *Voy.* les deux derniers noms dans ce Dictionnaire.

KOUAN-NIA ou KOUO-NIN, divinité domestique des Chinois; c'était une grande sainte, dont les légendes rapportent des choses étonnantes; on en a fait un génie qui préside à l'intérieur des maisons et aux productions de la terre. On la représente accompagnée de deux enfants, dont l'un tient une coupe, et l'autre a les mains jointes.

KOUAN-TE-KONG, personnage vénéré des Chinois, qui le regardent comme le fondateur de leur empire. Il passe pour avoir inventé une partie des arts, et donné aux Chinois des lois et des habits; car avant lui ces peuples allaient presque nus; il les réduisit sous une forme réglée de gouvernement, et les fit habiter dans des villes. Des inventions si utiles et si extraordinaires ne permettaient pas de se le figurer d'une taille commune: aussi l'a-t-on représenté comme un géant, et d'une force surnaturelle. On voit derrière lui son écuyer noir *Tsin-tcheou*, qui ne le cédait pas en force à son maître. Le P. Martini pense que ce Kouan-te-Kong pourrait bien être le même que Fou-hi, dont l'histoire, comme celle de tant d'autres fondateurs de royaumes, a été mêlée de fables.

KOUAN-TI, dieu protecteur des maisons, chez les Chinois établis à Batavia. On célèbre sa fête le 13 du premier et du cinquième mois.

KOUAN-YN, déesse adorée par les Chinois sous le nom de *Ching-mou*, ou de Sainte-Mère, avec le titre de *Kiaou-che-tche-mou*, mère libératrice du monde. *Voy.*, au mot Ching-mou, les curieuses particularités que nous avons consignées à ce sujet. Les femmes la considèrent comme leur protectrice. Les Chinois en font quantité de figures sur leur porcelaine blanche. Elle est représentée sous la figure d'une femme tenant un enfant dans ses bras. Les femmes stériles ont une grande vénération pour cette image, persuadées que la divinité qu'elle représente a le pouvoir de les rendre fécondes.

KOUA-PAIRO, dieu des îles Hawaï; il était chargé de protéger l'âme des rois après leur trépas. *Voy.* Kaono-Hioxala.

KOUBEL, dieu des bouddhistes du Népal; il est le gardien du nord; il préside à la naissance et à l'accroissement des grains, des fruits, etc., et à tout ce qu'il y a de rare et de précieux sur la terre, comme les métaux, les diamants, les pierres précieuses. Il est représenté assis sur un lotus; de l'une de ses mains droites il tient trois pierres précieuses jointes ensemble, et de l'autre une matrice de diamant; dans l'une de ses mains gauches il a un sceptre, et une souris dans l'autre.

KOUCHABARTI, fête hindoue, qui arrive au jour de la conjonction de la lune avec le soleil dans le mois de Bhadon. Ce jour-là les brahmanes offrent une herbe appelée *Kouch*,

(*Poa cynosuroides*), avec laquelle ils font aussi pendant toute l'année des offrandes aux mânes de leurs ancêtres.

KOUDMALA, un des vingt et un enfers de la mythologie des Hindous.

KOUDOUKOUDOUPEKARERS. Il y a dans l'Inde méridionale certains magiciens mendiants, dont l'emploi est d'exploiter la crainte ou la crédulité publique, en débitant des souhaits prophétiques analogues aux besoins de chacun, et par conséquent propres à leur attirer des largesses. Ces hypocrites s'appellent *Koudoukoudoupekarers*, du nom d'un petit tambour qu'ils agitent vivement en entrant dans les maisons. Quelquefois on les consulte sur des affaires de haute importance, dont le secret doit leur procurer une récompense considérable. C'est alors, dit-on, qu'ils ont recours aux sacrifices humains. Pour cela, comme ils ont ordinairement leur retraite dans les forêts, ils font choix de quelque femme de la campagne, qu'ils attirent à eux et dont ils se ménagent l'affection par de petits présents. Lorsqu'ils jugent leur victime suffisamment préparée, ils l'enferment dans leur cabane, et l'enterrent toute vive jusqu'au cou ; ils forment ensuite avec de la pâte de farine une espèce de grande lampe, qu'ils lui mettent sur la tête, et, après l'avoir remplie d'huile, ils y allument quatre mèches. Lorsque la chaleur a fait mourir cette malheureuse, ce qui ne tarde pas à arriver, ils la décapitent. Alors, comme l'âme de cette femme est devenue, par le fait seul du sacrifice, une divinité nouvelle, c'est à elle que les magiciens s'adressent pour obtenir la révélation désirée.

KOUEI et KOUEI-CHIN. Les Chinois donnent aux mauvais génies le nom de *Kouei*, et aux bons celui de *Chin*; la réunion de ces deux mots exprime les esprits en général, abstraction faite de la bonté et de la malignité. Cependant, dit le P. Visdelou, si on traduit cette expression par *esprit*, ce n'est pas assez ; si on la traduit par le mot *dieu*, c'est trop. Car le *Chin* des Chinois est une appellation commune à toute intelligence, même à celle de l'homme. Le même savant nous apprend que les Chinois divisent l'âme de l'homme en deux parties, l'une mobile et subtile, d'où provient la faculté de connaître; l'autre fixe et grossière, d'où provient la faculté de sentir. A l'une et à l'autre de ces deux parties répondent directement les *Kouei-Chin* ou les mânes. Car, après la mort, la première de ces parties, dégagée des liens du corps, retourne au ciel d'où elle était venue, et devient *Chin*; et la seconde, qui retourne à la terre avec le corps auquel elle était attachée et annexée, devient *Kouei*. Ainsi tout le mystère des sacrifices qu'on fait aux mânes des morts, père, mère et ancêtres, consiste en ce que, par la vertu d'une certaine sympathie, les deux parties de l'âme soient tellement émues et frappées de la piété sincère de ceux qui sacrifient, qu'elles viennent se réunir pour ce temps, et jouir des offrandes qu'on leur présente.

Les Chinois offrent des sacrifices aux *Chin* ou bons génies, mais jamais aux *Kouei* ou démons.

On donne aussi le nom de *Kouei* ou *Ky*, au génie de la pluie.

KOUEN-LUN, paradis terrestre des Chinois. Ce nom désigne, en géographie, les montagnes les plus élevées du Tibet, et en mythologie la montagne du pôle, ou le pôle arctique lui-même. C'est le *Mahâ-mérou* des Indiens, l'*Albordj* des Persans, le *Soumerou* des Bouddhistes, le *Caf* des Arabes, le *Caucase* ou peut-être l'*Olympe* des Grecs, etc.

Voici comme l'antique ouvrage intitulé *Chan-Haï-King* (le livre des montagnes et des mers) décrit le mont *Kouen-lun* : « Tout ce que l'on peut désirer se trouve sur cette montagne ; on y voit des arbres admirables et des sources merveilleuses. On l'appelle le jardin fermé et caché, le jardin suspendu, un doux ouvrage de fleurs. » Un autre auteur dit de la même montagne : « Le jardin suspendu, rafraîchi par des vents caressants, et planté des arbres les plus précieux, est situé au milieu de la montagne *Kouen-lun*, auprès de la porte fermée du ciel. On l'appelle le jardin brillant ; les eaux dont il est arrosé sont la source jaune, la plus élevée et la plus riche de toutes ; elle s'appelle la fontaine d'immortalité : celui qui en boit ne meurt pas.

« L'eau *jaune* sort de ce jardin entre le nord et l'orient ; l'eau *rouge*, entre l'orient et le midi ; l'eau *faible* ou morte, entre le midi et l'occident ; enfin l'eau de l'agneau, entre l'occident et le nord. Ces eaux forment quatre fleuves, toutes fontaines spirituelles du Seigneur-Esprit (*Ti-Chin*), qui s'en sert pour composer toutes les espèces de remèdes, et arroser toutes les choses qui existent. »

D'autres écrivains chinois ajoutent que le Kouen-lun est le séjour des esprits, la maison du grand seigneur, la cour inférieure du dieu du ciel ; que c'est de là qu'est sortie la vie. La porte de ce palais est gardée par un être appelé *Kaï-ming*, mot qui est interprété dans les gloses par *céleste animal* ou *animal spirituel*.

Il n'est pas difficile de trouver dans cette description une réminiscence frappante du paradis terrestre : ici, il est vrai, l'arbre de vie est remplacé par l'eau d'immortalité ; mais nous y remarquons que cette fontaine donne, comme dans le récit génésiaque, naissance à quatre fleuves, qui arrosent différentes contrées de la terre ; que ce lieu est un lieu de délices ; et que la porte en est gardée par un animal intelligent, qui rappelle le *Chérubin* de la Genèse, genre d'esprit représenté par les Hébreux sous les formes réunies d'un homme, d'un bœuf, d'un lion et d'un aigle. Enfin, suivant les Chinois, le chemin de ce fortuné séjour est perdu depuis longtemps, bien que leurs ancêtres en aient eu connaissance.

KOUE-TSE-KIEN, temples érigés à la mémoire et en l'honneur de Confucius ; ils ressemblent assez aux édifices consacrés à honorer le *Chang-ti* ou suprême empereur du ciel. Voyez-en la description et les cérémonies qu on y observe, à l'article CONFUCIUS.

KOUGHAS, démons ou esprits malfaisants redoutés des habitants des îles Aléoutes, voisines du Kamtchatka. Ces insulaires attribuent leur état de détresse et d'asservissement à la supériorité des Koughas russes sur les leurs. Ils s'imaginent aussi que les étrangers qui paraissent curieux de voir leurs cérémonies, n'ont d'autre intention que d'insulter à leurs Koughas, et de les induire à leur retirer leur protection.

KOUGHÉS, ecclésiastiques qui composent le véritable clergé du Japon et la cour du Daïri. Ils ont un habit particulier qui les distingue des laïques, portent de larges caleçons, et une robe fort ample à queue traînante. Leur bonnet est noir; leur forme diffère, suivant la dignité des personnes, en sorte qu'on reconnaît à cette marque, ainsi qu'à certaines autres particularités dans l'habillement, de quelle qualité est un ecclésiastique, et quel poste il occupe à la cour. Quelques-uns attachent à leur bonnet une bande de crêpe ou de soie noire, qui leur descend jusque sur l'épaule. D'autres portent devant les yeux une pièce semblable, en forme d'éventail. Plusieurs ont sur la poitrine une espèce d'écharpe qui leur tombe sur l'épaule. Plus cette écharpe est longue, plus la personne qui la porte est qualifiée : car l'usage des Koughés, comme celui des Kanousis, est de ne se baisser, en saluant, qu'autant qu'il est nécessaire pour que le bout de l'écharpe touche à terre.

Afin de ne pas donner de fausses notions, nous devons observer que cette classe de personnages, représentés comme un ordre ecclésiastique par Kæmpfer et d'autres écrivains anciens, ne serait, d'après le savant Klaproth, que les ministres d'État de la cour du Daïri, sans aucun pouvoir spirituel. L'erreur, selon lui, serait venue du préjugé où l'on est en Europe que le Daïri est un empereur ecclésiastique, une sorte de pape de la religion du Sinto, tandis qu'il n'est réellement que le véritable empereur civil ; et le Seogoun, auquel on donne communément ce dernier titre ou celui de roi, n'est en réalité que le premier dignitaire de l'empire, ou le général en chef de l'armée ; mais celui-ci a su, depuis plusieurs siècles, concentrer dans ses mains toute l'autorité, en laissant au Daïri, véritable empereur, son vain titre. *Voy.* DAÏRI.

KOUI, mauvais génie fort redouté des Chinois qui habitent la partie occidentale de l'île Formose ; aussi ces insulaires ont-ils soin de lui offrir des sacrifices pour détourner les maux qu'il pourrait leur faire.

KOU-JA, idole vénérée par les Chinois de Nang-Chang, capitale de la province de Kiang-si. Elle est dans le vestibule de la pagode principale, nommée Thi-si-King, entourée de beaucoup d'autres idoles, plus petites mais pourtant une fois aussi grandes qu'un homme d'une taille ordinaire. Kou-ja, en qualité de maître ou de défenseur de la pagode, est sur un trône élevé, portant sur les épaules un manteau couleur de pourpre ; il est assis sur une longue perche, entourée par les replis de deux dragons affreux et menaçants.

KOULA-DÉVATA. « C'est, dit M. Langlois, le nom que donnent les Hindous à la divinité domestique. Il n'y a point de maison sans divinité tutélaire, mais on ignore l'idée précise qu'ils attachent à ce mot. Le dieu qui est l'objet d'un culte héréditaire et de famille est toujours un des principaux de la mythologie. C'est le *Koula-Dévata* ; mais il paraît qu'il y a aussi le *Griha-Dévata*, ou dieu de la maison, qui a rarement un nom distinct. Dans le Bengale, le dieu domestique est souvent la pierre *Salagrama*, quelquefois la plante *Toulasi*, ou bien un panier de riz ou une jarre d'eau. Ces deux derniers objets sont chaque jour adorés quelques instants, le plus communément par les femmes de la maison. Quelquefois ce sont de petites images de Lakchmi ou de Tchandi, ou bien, s'il apparaît un serpent, on le révère comme le gardien de l'habitation. En général, dans les anciens temps, les divinités domestiques étaient regardées comme les esprits invisibles du mal, les fantômes et les spectres répandus de tout côté. On les honorait par certains rites particuliers. On leur faisait des offrandes en plein air, en jetant à la fin de toutes les cérémonies un peu de riz avec une petite pierre : c'était pour les entretenir en bonne disposition. Cette espèce de divinité correspond aux *genii locorum* des anciens plutôt qu'aux Lares et aux Pénates. »

KOULIKA, génie de la mythologie hindoue ; c'est l'un des huit chefs des serpents Nagas, qui habitent le Patala, ou les régions inférieures.

KOULINAS, sectaires hindous, appartenant aux *Vamatcharis*, branche des *Saktas* ; leur nom vient de *Koula* (famille), parce que les partisans de cette doctrine prétendent être d'une haute extraction. *Voy.* VÂMATCHARIS.

KOUMANO-GOO, papier magique que les Japonais emploient pour les épreuves ou pour découvrir les choses cachées. *Voy.* Goo.

KOUMA NO-NO KOU SOU FI-NO MIKOTO, un des anciens génies de la mythologie japonaise, fils de Sasan-no o-no Mikoto, et de Ten sio daï sin. Voyez l'histoire de sa naissance merveilleuse, à l'article TENSIO DAÏ SIN.

KOUMARA, un des noms de Kartikéya, dieu de la guerre chez les Hindous. Ce nom signifie le prince de la jeunesse guerrière.

KOUMBHAKARNA, géant de la mythologie hindoue. « On lui donne une taille énorme, dit M. Langlois, et un appétit si vorace qu'on craignait qu'il ne mangeât la terre. Par ses pénitences il avait obtenu le droit de demander un don à Brahmâ. Les dieux tremblaient d'avance, craignant qu'il ne voulût solliciter une grâce contraire à leurs intérêts. Saraswati, déesse de l'éloquence, entra en lui, et le porta à demander la faculté de dormir nuit et jour. Ses amis firent changer la décision, et on convint qu'il dormirait six mois sans interruption; que le dernier jour du sixième, il s'éveillerait; que, pendant la première moitié de ce jour, il pourrait combattre et vaincre les dieux, et, pendant l'autre moitié, dévorer ce qu'il voudrait. Il usait largement de cette dernière permission, et se brouilla même à ce sujet avec son frère Ravana. On donne à son lit une longueur telle qu'elle excédait de plus de vingt-trois fois la longueur de Lanka, que cependant il habitait. Telle est l'exagération des conteurs et des faiseurs de fables. Dans la guerre de Rama contre Ravana, ce monstre dévorait ses ennemis, et jetait l'épouvante parmi ceux qui étaient hors de sa portée. Rama lui coupa d'abord les bras, puis les jambes, et finit par lui donner un coup mortel sur le cou. »

KOUMBHANDAKAS, classe de mauvais génies de la mythologie bouddhique : ce sont des démons impurs, remarquables par un énorme linga; ils remplissent la fonction de choristes parmi les Asouras.

KOUMBHESWARA, déité indienne; un des huit Vitaragas.

KOUMBHINASI, sœur de Ravana : elle épousa le démon Madhou, dont elle eut Lavana. Selon le Bhagavata, Koumbhinasi serait mère de Ravana, et des autres Rakchasas ou mauvais génies, qui furent les tyrans de Lanka, capitale de l'île de Ceylan.

KOUMBLYA KARNA, rakchasa ou géant de la mythologie hindoue; son lit n'avait pas moins de 10,000 lieues de longueur; il absorbait dans un seul repas 10,000 moutons, autant de chèvres, 6,000 vaches, 5,000 buffles et autant de daims.

KOUMIS, boisson enivrante, formée de lait acide, en usage parmi les diverses peuplades de la Sibérie, et dont la fabrication devint chez les Yakoutes l'objet d'une cérémonie religieuse. Voici, d'après Billings, les détails qui l'accompagnent :

On construit une hutte d'été (la fête a toujours lieu dans cette saison), à laquelle on donne une forme conique : elle est faite de pieux amincis, couverte avec la seconde écorce du bouleau, et décorée de branches de bouleau en dedans et en dehors; un foyer est ménagé dans le milieu. Les parents et les amis sont spécialement invités au banquet, et on accueille amicalement tous les convives qui se présentent, de quelque nation qu'ils soient. Les Chamans occupent les premières places, et les autres s'asseyent suivant leur rang d'ancienneté.

Quand la cabane est remplie de convives, le plus âgé des Chamans se lève et appelle un des Yakoutes, qu'il sait être dans un état de pureté parfaite, c'est-à-dire qui, depuis un mois, n'a point vu de cadavre, n'a jamais été accusé de vol, et n'a jamais porté un faux témoignage contre personne, délit qui souille pour toujours, et rend indigne de la cérémonie du Koumis. Le Yakout s'étant avancé, le Chaman lui commande de prendre une grande coupe appelée *Tchoron*, qui ne sert que dans ces solennités. Il lui prescrit de la remplir de Koumis, et de se placer devant le foyer, le visage tourné vers l'Orient, et tenant le tchoron à la hauteur de la poitrine. Alors le Yakout en verse trois fois sur le brasier, comme une offrande à *Aar-Toyon*, leur dieu principal. Se tournant ensuite un peu à droite, il verse encore trois fois du Koumis en l'honneur de *Koubey-Khatoun*, femme de ce dieu. Après cela, regardant le sud, il fait de la même manière une libation pour chacune des divinités bienfaisantes. Vers l'ouest, il verse trois fois du Koumis pour les vingt-sept tribus d'esprits aériens, et vers le nord, il en offre également trois fois aux huit tribus d'esprits infernaux, et aux âmes des magiciens décédés. Après une courte pause, la dernière libation est offerte à *Enachsys*, déesse des troupeaux.

Ces libations achevées, le Chaman fait tourner vers l'Orient l'homme qui tient la coupe, et prononce à haute voix une prière pour remercier le Tout-Puissant de ses bienfaits, et le conjurer de continuer à protéger la tribu. En achevant sa prière, le Chaman ôte son bonnet, avec lequel il s'évente trois fois, en criant *Ouroui!* exclamation que répètent tous les assistants. Ensuite il prend le tchoron, boit un peu de Koumis, et le fait passer aux autres Chamans. Quand ceux-ci ont goûté de la liqueur, elle est présentée successivement à tous les autres convives, excepté à ceux qui sont dans un état de souillure. Les femmes ne sont point admises dans la cabane où l'on procède à cette cérémonie. Il leur est même défendu, ainsi qu'aux impurs, de boire du Koumis du premier vase, parce qu'on le regarde comme sanctifié et doué du pouvoir de fortifier l'esprit et de le remplir d'un sens divin.

Quand les Yakoutes à qui il est permis de boire du Koumis sacré ont porté les lèvres à la coupe, ils sortent tous de la cabane, et s'asseyent sur des branches de bouleau, formant des demi-cercles, et faisant face à l'Orient. Tous les vases sont portés hors de la cabane, et placés entre des branches d'arbres plantées en terre, et les convives commencent à boire. Chaque demi-cercle a son vase, son tchoron, et un Chaman pour le présider. C'est ce Chaman qui remplit la coupe et la fait circuler, toujours en suivant le cours du soleil. Alors commencent les joûtes, la lutte, la course, les sauts et divers jeux d'adresse. Celui qui remporte le prix dans tous ces exercices est regardé comme particulièrement favorisé des dieux; et dès ce moment son témoignage est plus respecté et a plus de poids que celui d'un homme ordinaire.

KOUNG, sorte de charme usité dans les provinces de l'Indo-Chine, au moyen duquel ni les couteaux ni les autres armes tranchantes ne peuvent blesser le corps. Les gens qui en font usage portent le nom de *Koung-jin*; le roi de Siam en entretient un certain nombre pour lui servir de gardes. Si l'un d'eux vient à commettre un crime qui doive être puni de mort, on ordonne aux bonzes de faire cesser, par leurs prières, le charme du *Koung* qui les preserverait.

KOUNG-CHI, nom du jeune enfant qui, chez les Chinois, représentait l'ancêtre principal dans les cérémonies qu'on remplissait en l'honneur des défunts de la famille. Ce titre veut dire *le défunt illustre*. Cet enfant se tenait immobile, pendant qu'on lui présentait des viandes, des fruits et du vin, et l'on augurait la prospérité future de la famille d'après les paroles qui pouvaient lui échapper. On pensait que c'était le mort qui parlait par sa bouche. Cet enfant venait ensuite prendre sa part du festin, qui durait au moins deux jours. *Voy.* CHI.

KOUNG-TSEU, nom chinois du célèbre philosophe connu en Europe sous le nom de *Confucius*. *Voy.* CONFUCIUS.

KOUNINGAN, une des deux fêtes annuelles des Balinais; elle a lieu à l'équinoxe d'automne, lorsqu'on récolte le riz, et elle dure deux jours. *Voy.* GALOUNGAN.

KOUNI SA TSOUTSI-NO MIKOTO, le second des esprits célestes qui règnent sur le Japon antérieurement à la race humaine; son nom signifie le *Vénérable du milieu maniant le maket*. Il régna, par la vertu de l'eau, l'espace de cent mille millions d'années. Un temple est érigé en son honneur dans la province de Kawatsi.

KOU NI TCHÉ ou **KOUN-TCHÉ**, fête que les habitants de Nangasaki, dans le Japon, célèbrent le septième jour du neuvième mois et les deux jours suivants. On fait exécuter par des enfants, dans la grande place publique, des danses en l'honneur du dieu *O-Souva-Sama*; les prêtres y amènent sa statue en grande pompe. Le troisième jour de la fête, on reconduit le dieu au temple, on asperge sa statue d'eau bouillante au moyen d'une poignée de feuilles de bambou, pour chasser les mauvais génies. C'est dans le même but qu'un ministre du culte monte à cheval et décoche des flèches en courant de tous côtés. *Voy.* TANGO-NO SEKOU.

KOUNI TOKO TATSI-NO MIKOTO, ou le *Vénérable du royaume toujours existant*, le premier des esprits célestes qui règnent sur le Japon au commencement du monde. Immédiatement après le débrouillement du chaos, ce dieu ou génie naquit spontanément d'une substance semblable à la plante *asi* (*Erianthus japonicus*), qui avait crû entre le ciel et la terre. Son règne dura cent milliards d'années. Les Japonais le font contemporain du *Phan-Kou* des Chinois. On l'adore principalement dans un temple de la province d'Oômi.

KOUNONG, dieu ou génie vénéré par les Coréens.

KOUON-CHI-YN ou **KOUON-YN**, divinité chinoise prise mal à propos pour une déité femelle par les anciens écrivains européens; c'est le personnage appelé par les Hindous *Avalokiteswara*. *Voy.* aussi KOUAN-CHI-YN.

KOUPALO, dieu (ou déesse) de l'abondance, des fruits et des autres productions de la terre, vénéré par les anciens Sarmates. La gaîté qu'inspire le retour de la belle saison, dans un climat rigoureux, avait marqué les jours où l'on devait rendre à Koupalo un hommage solennel. Sa fête se célébrait au commencement de l'été, vers le 23 ou le 24 juin. Le commencement de la récolte était le jour des offrandes destinées à cette divinité bienfaisante. Les douces impressions de la joie étaient universelles; la jeunesse des deux sexes, couronnée de fleurs et parée de guirlandes champêtres, se rassemblait devant son temple, et tandis qu'elle formait différents chœurs de danses et sautait par dessus les feux qu'elle avait allumés, les parents mêlaient leurs voix à celles de leurs enfants, et faisaient retentir le nom de Koupalo. Encore aujourd'hui, le peuple russe passe dans les festins et les divertissements la nuit qui précède le jour où se faisait autrefois la fête de Koupalo, allume des feux de joie, autour desquels il danse, et donne le surnom de *Koupalnitsa* à sainte Agrippine, dont la fête a remplacé celle de Koupalo.

KOURIS-MER-TSOHK, sorciers des Ossètes; ce sont des vieillards et des femmes âgées qui, le soir de la Saint-Silvestre, tombent dans une espèce d'extase, de sorte qu'ils restent étendus à terre, immobiles comme s'ils dormaient. Lorsqu'ils s'éveillent, ils disent qu'ils ont vu les âmes des défunts, tantôt dans un grand marais, tantôt montées sur des cochons, des chiens ou des boucs. Lorsqu'ils voient une âme sarclant du blé dans les champs et le portant dans le village, ils en augurent une moisson abondante.

KOURMAVATARA, c'est-à-dire *incarnation de Vichnou en tortue*; c'est le second des dix principaux Avatars. Les dieux et les démons ayant conçu le désir de se rendre immortels, entreprirent à cet effet de transformer en beurre et de là en *amrita* ou ambroisie la mer de lait, une des sept qui environnent le monde. Par le conseil de Vichnou, ils y transportèrent le mont Mandara, l'entourèrent comme d'une corde des replis du serpent à cent têtes, Adisécha; et les uns saisissant le monstre par une extrémité, les autres par l'extrémité opposée, ils le tirèrent en sens inverse, de manière que le Mandara, enlacé par le serpent, pivota sur lui-même, agita la mer, et la convertit en amrita. Mais les mouvements imprimés à la montagne étaient si rapides, que Adisécha, qui en était l'instrument, succomba bientôt à la fatigue. Son corps frissonna, ses cent bouches haletantes ébranlèrent l'univers de leurs formidables sifflements; un torrent de flammes dévorantes s'épancha de ses yeux; ses cent langues noires et pendantes palpitèrent, et il vomit un poison terrible dont tout, à l'instant, fut inondé. Effrayés de ce désastre, les dieux et les Asouras se hâtèrent de fuir. Plus hardi qu'eux tous, Vichnou recueillit le poison et s'en frotta le corps, qui se couvrit à l'instant d'une teinte bleuâtre. Rassurés par ce résultat, les dieux se rapprochèrent et reprirent leur travail. Mille ans s'écoulèrent ainsi. Alors arriva un nouvel accident: le Mandara s'abîmait dans la mer, et c'en était fait de cette longue et pénible opération, si Vichnou, se changeant aussitôt en tortue, ne se fût placé sous la montagne pour la soutenir. Enfin, la coagulation s'opéra, et avec elle une foule de merveilles, dont on peut voir le récit et le détail à l'article BARATTEMENT DE LA MER.

KOUROU, génie de la mythologie hindoue, un des dix Wiswas vénérés principalement dans les cérémonies funèbres appelées *Sraddha*.

C'est aussi le nom d'un prince de la dynastie lunaire, qui vivait sur la fin du troisième âge, c'est-à-dire dans les temps mythologiques. Il régnait dans le nord-ouest de l'Inde, contrée appelée de son nom *Kouroukchétra*; il fut l'aïeul des deux races ennemies des Pandavas et des Kauravas qui se livrèrent la fameuse bataille du *Mahabharata*.

KOU-SIA SIO, une des huit observances bouddhiques les plus répandues dans le Japon. Celle-ci est ainsi appelée d'un livre du même nom dans lequel elle est consignée et développée. Elle fut apportée de la Chine dans le Japon, par Ghen-bo, vers l'an 357 de notre ère.

KOU-TCHOU, une des divinités secondaires des Chinois de Batavia, dont la fête tombe le 8 du quatrième mois.

KOUTITCHARAS, religieux hindous, qui forment le premier degré de l'ordre des *Sannyasis*. Voy. SANNYASIS.

KOUTKA ou KOUTKHOU, dieu des Kamtchadales. Selon les uns, Koutka est l'esprit intelligent de leur dieu primitif *Nioustitchitch*; c'est le messager qui va commander la vengeance aux démons qui tourmentent les mortels, et les récompenses aux esprits dispensateurs des biens. Il voyage dans un chariot invisible, traîné par des animaux volants, qui ont la forme de souris, mais sont plus petits que l'esprit humain ne peut le concevoir, et plus rapides que l'éclair.—Suivant d'autres, il est le dieu créateur de la terre : après l'avoir formée, il vint s'établir au Kamtchatka, où les vallées se creusèrent sous ses pas; de ses enfants viennent les habitants actuels de cette contrée. Ce dieu voyage aussi de temps en temps sur les rivières, et, comme les mortels, il est quelquefois obligé de tirer ses canots d'une rivière à l'autre, ce qui produit le bruit du tonnerre, dont ils sont fort effrayés; mais en revanche plusieurs se persuadent que lorsqu'ils font eux-mêmes une semblable opération, ils produisent également un tonnerre qui est entendu et redouté de Koutka. Voy. COSMOGONIE DES KAMTCHADALES, au *Supplément*.

KOUTLIGITH, déesse des Kamtchadales, sœur de Koutka, qui, avec son frère, a apporté du ciel la terre, et l'a affermie sur les eaux de la mer. Voy. COSMOGONIE, au *Supplément*.

KOUTTAGOTTAROU, nom que les Khonds de la partie septentrionale d'Orissa donnent à leurs prêtres.

KOUVÉRA, le Plutus indien, dieu des richesses et des trésors cachés, ami des souterrains et des esprits qui y résident, protecteur des grottes et des cavernes. Par sa piété, il avait obtenu de Brahmâ la possession de Lankâ, où les chemins étaient couverts de poudre d'or; mais il en fut chassé par Râvana son frère, fils comme lui du Mouni Visravas. Il se retira alors dans le Kailasa, paradis de Siva, où il règne dans un district séparé dont la capitale est Alaka; de là il préside à la région septentrionale de l'univers. Si ce dieu est fort cultivé par les mortels, ce n'est point par sa beauté; car, outre la lèpre dont son corps est affligé, il a trois jambes et huit dents; une tache jaune occupe la place d'un de ses yeux; il tient dans sa main un marteau. Du reste sa cour est brillante; elle se compose entre autres des Kinnaras ou musiciens du ciel, et des Yakchas, sorte de gnomes préposés à la garde de ses jardins et de ses trésors. Ces trésors divins sont personnifiés au nombre de huit, savoir Padma, Mahapadma, Sanka-Makara, Katchapa, Moukounda, Nanda, Nila et Kharba; on les représente avec un vase d'où ils répandent la richesse dont chacun est le gardien. Quelquefois le dieu se tient dans une grotte profonde, défendue par des serpents et entourée de rapides courants d'eau et de torrents de flammes. Mais souvent il monte sur Pouchpaka, son char magnifique, qui se meut de lui-même, ou sur un coursier richement caparaçonné, une couronne sur la tête, un sceptre à la main, parcourant la terre, sur laquelle il exerce son empire.

KOUWON PAALISET, nom que les Finnois donnaient au festin qu'on célébrait lorsqu'un ours avait été tué à la chasse; car ces peuples regardaient cet animal, ainsi que plusieurs autres, comme animé par une sorte d'esprit divin. Voici comment M. Léouzon Leduc décrit cette cérémonie :

« De toutes parts les peuples accourent, les jeunes filles, les jeunes garçons se rassemblent. On boit, on mange, on chante. Tous les convives sont revêtus d'habits de fête. Les pères de famille traitent du mariage de leurs fils et de leurs filles, et les heureux fiancés prennent jour pour leur hymen. Cependant la tête de l'ours, tombée sous les traits du chasseur, a été suspendue à un arbre : tous les yeux la contemplent avec triomphe, toutes les bouches célèbrent la gloire de celui qui a renversé le monstre, et qui, ce jour-là, porte, en marque d'honneur, une clef de cuivre sur ses armes, ou tout autre signe à son cou. Bientôt le maître de la maison s'avance avec solennité, précédant ceux qui portent les plats où la chair de l'ours a été préparée en ragoûts. Arrivé sur le seuil de la *tupa*, il dit : *Que les enfants s'éloignent du vestibule, que les jeunes filles laissent l'entrée libre, car le noble vient dans la tupa, le célèbre est introduit dans la maison!* Puis le festin commence et se prolonge bien avant dans la nuit. Enfin les *runoia* prennent la parole, chantent les hommages respectueux qu'ils ont rendus à l'ours, et conjurent celui qui a été tué de les raconter aux autres ours de la forêt, afin qu'à son exemple ils se laissent vaincre plus facilement par le chasseur.

« Ce culte de l'ours est un des usages les plus anciens de la mythologie finnoise. En effet, on conçoit que, plus on remonte dans le passé, et plus on trouve dans ce pays de Finlande de forêts épaisses, de repaires sauvages, et par conséquent plus de monstres, citoyens de ces forêts, de ces repaires. Mais observons que le culte de l'ours n'avait point son principe dans la crainte. Les Finnois, audacieux à l'attaquer, ne l'envisageaient que comme un être bienfaisant qui leur donnait des fourrures pour se garantir du froid, de la chair pour se nourrir, de la gloire dans la hardiesse qu'ils devaient déployer en le chassant. » *Voy.* Ohto.

KOYAN, le bon génie ou le bon principe, vénéré par les peuplades de l'Austrasie; il est sans cesse en lutte contre *Potoyan*, le mauvais esprit, et s'efforce par tous les moyens possibles de neutraliser sa funeste influence. Aussi les Australiens l'invoquent dans leurs dangers, et lui font des offrandes de flèches et de dards.

KOZEI, chien de la mythologie kamtchadale. C'est lui qui mène dans un traîneau le dieu *Touila*: et lorsqu'il secoue son poil pour en faire tomber les flocons de neige, ses mouvements occasionnent des tremblements de terre.

KRAKOUTCHANDRA, un des Bouddhas humains qui, suivant la théologie du Népal, a paru dans le *Tréta-youga* ou troisième âge. Un hymne néwari que nous avons sous les yeux l'invoque en ces termes : « J'adore Krakouthchandra, le seigneur des pénitents, l'incomparable Sougata; la source de perfection, qui est né à Kchémavati, d'une famille de brahmanes, révéré par les rois; la vie de ce trésor de perfection fut de 40,000 ans, et il obtint, au pied d'un arbre siricha, l'état de *Djinendra*, avec les armes de la science qui anéantit les trois mondes. » Une autre légende dit que Krakoutchandra coupa les boucles de cheveux de sept cents brahmanes et kchatriyas; la moitié des cheveux monta au ciel et donna naissance au Kesavati; l'autre moitié tomba sur la terre et produisit une multitude innombrable de lingas.

KRAKTA, femme géante de la mythologie finnoise, dont l'occupation consistait à construire des vaisseaux magiques qui ne pouvaient contenir qu'une seule personne, sans toutefois pouvoir jamais être remplis.

KRATOU, un des dix Viswas de la mythologie hindoue, honorés principalement dans les cérémonies funèbres. — C'est aussi un des sept richis de la constellation de la Grande-Ourse.

KRATTI, génie de la mythologie finnoise qui, avec Aarni, veillait sur l'argent et les trésors enfouis dans la terre.

KREMARA, esprit domestique que les Slaves regardaient comme le protecteur des marcassins.

KREPKIBOG, autre divinité des anciens Slaves, qui présidait au développement ou à la conservation de la vigueur musculaire. Il joue un rôle important dans les légendes mythologiques, et on peut le comparer à l'Hercule des Grecs. On lui donnait aussi le nom d'Ila.

KREWE-KREWEYTO, nom du grand prêtre des païens de la Lithuanie. Il partageait le pouvoir suprême avec le chef de l'Etat, et sa puissance s'étendait depuis la Dwina jusqu'à la Prusse. Il était élu à cette dignité par le collège des *Weidalotes* ou sacrificateurs, et résidait dans le temple de Romnowé. Quand les troupes marchaient au combat, il était porté dans une litière par les membres de son clergé; et le peuple se prosternait sur son passage en agitant des bannières.

KRICHNA (1), huitième incarnation de Vichnou, la plus célèbre, la plus populaire, et même la plus complète, suivant les théologiens hindous.

Le royaume de Mathoura gémissait sous le joug tyrannique du sanguinaire Kansa, prince de la race des géants, et qui, dans une vie antérieure, s'était déjà déclaré l'ennemi des dieux, sous le nom de Kalanémi, et avait été mis à mort par Vichnou. Indigné des maux que Kansa faisait souffrir à son peuple, ce dieu conservateur résolut d'abattre sa puissance et de le punir de ses forfaits. En conséquence, il s'incarna de nouveau sous le nom de Krichna, et naquit à Mathoura, de Dévaki, sœur du tyran, et de Vasou-Déva, descendant de Yadou. Longtemps avant sa naissance, sa venue avait été prédite à Kansa, et cet homme cruel, pour se soustraire à la destinée dont il était menacé, mettait à mort de ses propres mains tous les enfants de sa sœur. Sept avaient déjà péri, et Krichna, le huitième, semblait ne pouvoir échapper. Cependant les gardes que son oncle avait apostés près de Dévaki, pour surprendre l'instant où elle deviendrait mère et l'en informer, ne purent accomplir leur mission. Au moment où Dévaki ressentit les premières douleurs de l'enfantement, un bruit d'instruments de musique se fit entendre, et couvrit le bruit des vagissements du nouveau-né. Krichna vint au monde à minuit, au lever de la lune. A peine eut-il vu le jour, qu'il ordonna lui-même à Vasou-Déva et à sa mère de le faire transporter à Gokoula, au delà de la rivière de Yamouna, pour y être élevé parmi les bergers qui habitaient cette ville, comme fils de l'un d'entre eux. Ce n'était, disait-il, qu'à la faveur d'une vie obscure et retirée qu'il pourrait se soustraire au sort funeste que son oncle lui réservait, et qui ne manquerait pas de l'atteindre, si on ne l'éloignait au plus tôt; car il savait que, furieux de sa disparition, le tyran ordonnerait le massacre de tous les nouveau-nés. Ce qu'il avait prédit se réalisa : le massacre fut ordonné, et le divin enfant eût inévitablement péri, si on ne l'eût caché soigneusement à tous les regards.

(1) Appelé aussi *Kristna*, *Kirsna*, *Crezno*, *Kissen*, *Crishna*, etc.

On le confia secrètement aux soins du berger Nanda et de sa femme Yasodá, qui l'élevèrent dans le pays de Vradja, sur les bords de la Yamouna. Il était encore enfant que déjà il étonnait tout le canton par les miracles journaliers qui signalaient sa nature divine. On le vit mettre à mort Panthana, femme remarquable par une taille et une force extraordinaires, ainsi que par sa férocité ; purger la terre d'un grand nombre de géants ; déraciner deux arbres d'une grandeur prodigieuse, qui couvraient de leur ombre la moitié de la terre ; tuer le mauvais génie appelé Madhou ; danser sur la tête du terrible serpent Kalya, après s'être dégagé de ses nombreux et formidables replis. Terrible pour ses ennemis, il était bon pour ses amis, dont il prévenait les besoins. Un jour, il soutint en l'air une montagne pour abriter 40,000 bergers qui avaient été surpris par un orage. Il se livra avec passion à l'art de la musique. Aux sons mélodieux de sa flûte, les animaux des forêts venaient se ranger autour de lui et se couchaient à ses pieds ; les bergères au milieu desquelles il vivait se plaisaient à danser à l'harmonie de ses divins accords. Il était même trop aimable avec elles, et celles-ci ne pouvaient s'empêcher de lui abandonner leur cœur. La légende lui donne 16,108 de ces *Gopis* pour maîtresses ; mais il avait distingué huit d'entre elles qui étaient l'objet de ses préférences, et Radha était la plus chérie et la plus favorisée. C'est ainsi qu'il passa sa jeunesse sous le nom de *Govinda* ou berger ; mais il était appelé à d'autres destinées. Il s'environna de jeunes guerriers, se mit à leur tête, fit à Mathoura une entrée triomphale, trompa la vigilance de Kansa, déjoua tous ses projets meurtriers, le vainquit, le mit à mort, et délivra sa famille de la dure captivité où le tenait le tyran.

D'autres ennemis exercèrent ensuite sa valeur : le puissant Djarasandha, roi de Magadha, et d'autres princes luttèrent contre lui ; souvent vaincus, ils eurent même recours aux étrangers, et appelèrent à leur secours Kala-Yavana (*Kala* le Grec, ou *Déva Kala-Yavana*, Deucalion), qui vint jusqu'à Mathoura avec une armée formidable. Mais Krichna l'avait prévenu, et toute la population de Vradja avait émigré pour aller fonder, dans une île, sur le golfe de Koutch, une ville nouvelle appelée Dwaraka. Kala-Yavana épuisa ses forces dans cette expédition, où il périt lui-même, laissant ses alliés à leur triste destinée. Djarasandha périt.

La guerre cependant n'avait pas fait perdre à Krichna ses goûts voluptueux. Il enleva Roukmini, fille du roi de Vidarbha, à l'instant même où elle allait épouser Sisoupala, roi de Tchédi. Roukmi, frère de Roukmini, avait pris parti pour Sisoupala et avait succombé. Sisoupala lui-même ne fut pas plus heureux ; et même il trouva la mort dans l'effort qu'il tenta contre lui. Il ne faut pas cependant regarder cette aventure comme une mauvaise querelle suscitée par Krichna ; car Sisoupala était encore un de ces ennemis éternels des dieux, qui gardent leur méchant caractère dans toutes leurs régénérations successives ; dans une vie antérieure il avait déjà, sous la forme du géant Poundra, éprouvé le courroux de Vichnou, et il entrait dans l'économie de cette incarnation de punir Sisoupala aussi bien que Kansa.

Cependant des dissensions éclatèrent dans la famille de Bharata, où Krichna avait pris naissance. Douryodhana, chef des Kauravas ou de la branche aînée, et frère de Pandou qui, de son vivant, occupait le trône d'Hastinapoura, s'était emparé, à la mort de celui-ci, de l'autorité suprême ; et redoutant la rivalité des Pandavas ou de la branche cadette, il avait exercé contre eux les plus cruelles persécutions (1). Dépouillés, proscrits, les Pandavas appelaient la vengeance. Krichna, qui s'était voué à combattre le mal sous quelque forme qu'il se présentât, leur vint en aide, ranima leur courage, et révéla même à l'un d'eux, nommé Ardjouna, sa nature divine, dans un moment où celui-ci se laissait abattre. Cet incident forme le sujet du fameux livre indien le *Bhagavat-guita* ou le Chant divin. Krichna marcha avec eux contre l'oppresseur, défit Douryodhana dans une bataille, le tua, et mit à sa place Youdichthira, l'aîné des Pandavas.

Krichna, vainqueur de ses ennemis, respecté de ses voisins, entouré d'une nombreuse famille, finit sa vie d'une manière malheureuse. Descendant de Yadou, il s'était servi de la race nombreuse des Yadavas, ses parents, pour fonder et soutenir sa puissance. Ceux-ci un jour insultèrent de saints *richis*. Ils avaient habillé un homme en femme et leur avaient demandé en riant quel serait le sort de l'enfant dont elle accoucherait. Les richis avaient répondu qu'il sortirait d'elle une barre de fer qui détruirait toute leur race. Krichna, connaissant cette réponse, leur conseilla de mettre la barre de fer en poudre, et de la jeter à la mer. A l'endroit où était tombée cette poudre, il vint des roseaux dont les Yadavas firent des flèches et se percèrent mutuellement, dans la guerre que nous venons de mentionner. Un morceau mal pulvérisé se retrouva dans le corps d'un poisson. Un chasseur, nommé Angada, en arma une de ses flèches ; et, un jour que Krichna était assis à l'ombre d'un buisson, ce chasseur le prit pour une bête fauve, le perça et le cloua au tronc d'un tchandana, ou arbre de sandal, qui, abattu et jeté ensuite dans les eaux saintes du Gange, le conduisit sur la côte d'Orissa, où il s'arrêta et devint l'objet du culte des habitants de Djagadnatha ou Jagrenat, lieu que visitent encore chaque année de nombreux dévots et pèlerins. Krichna avait vécu, dit-on, cent vingt-cinq ans. Roukmini et les 16,108 bergères se brûlèrent toutes sur son bûcher.

(1) L'auteur de ce Dictionnaire a donné, dans le *Journal Asiatique* de 1842, le récit détaillé de la querelle entre ces deux familles, et de la guerre acharnée qui s'ensuivit ; sous le titre d'*Histoire des Pandavas*, traduite de l'hindoustani, etc.

Ce dieu est représenté avec une couleur noire ou plutôt azurée, c'est ce que signifie son nom en sanscrit; quelquefois il porte une flûte à sa bouche, et sa maîtresse Radha est à sa gauche; c'est l'image de Krichna dans sa jeunesse; elle est la plus commune. Dans sa forme guerrière, il a quatre mains, dont deux avec des armes, la troisième avec un lotus, et la quatrième avec une conque. C'est l'image de Vichnou.

Il y a un grand nombre de fêtes de Krichna. Au mois de Kartik (octobre-novembre), il y a, pendant trois nuits de suite, des danses appelées *Rasa*, en mémoire de celles qu'exécutaient les Gopis avec Krichna. On y danse, on y chante toute la nuit, on s'y balance, et on jette aux passants une poussière rouge de sandal, ou avec les mains ou avec une seringue. Les six dixièmes de la population du Bengale sont dévots à Krichna. On compte peu de brahmanes dans le nombre. La marque de cette secte consiste en deux lignes tirées depuis le bout du nez jusque derrière la tête.

De même que Rama a eu pour chantre Valmiki, auteur du *Ramayana*, Krichna a été surtout célébré par Vyasa, auteur du *Mahabharata*. Ce héros a dû vivre trois ou quatre cents ans après Rama, et on peut le regarder comme antérieur à notre ère de mille à douze cents ans. D'autres reculent l'époque de son apparition jusqu'à la fin du troisième âge, et au commencement du quatrième, dont la première année tombe avec certitude trois mille cent un ans avant Jésus-Christ.

Parallèle de Krichna et de Jésus-Christ.

Nous n'avons donné qu'un abrégé très-succinct de l'histoire de Krichna, en suivant principalement M. Langlois, savant indianiste; car s'il fallait la raconter dans tous ses détails et avec toutes les légendes qui circulent dans l'Inde à son sujet, des volumes entiers ne suffiraient pas. Mais nos lecteurs auront sans doute remarqué, dans le premier paragraphe surtout, quelques analogies assez extraordinaires entre ce qu'on raconte de Krichna pendant sa jeunesse, et les premiers faits historiques de l'Evangile. Cette concordance et ces similitudes sont encore bien plus nombreuses, quand on vient à entrer dans le détail de la vie de Krichna. Elles n'ont pas échappé aux indianistes les plus distingués, qui en ont tiré des inductions diamétralement opposées, suivant qu'ils étaient ennemis ou partisans du christianisme. Ce parallèle mérite que nous nous y arrêtions, car nous y trouverons à quoi se réduisent les prétentions de l'école philosophique et sur quelles bases fragiles elle s'appuie. Nous exposerons donc d'abord le rapport qui existe entre le culte et les légendes de Krichna, et le culte et l'histoire de Jésus-Christ; puis nous rechercherons d'où a pu venir cette analogie. Nous croyons devoir prévenir nos lecteurs que presque tout ce que nous allons dire est tiré des consciencieux travaux de M. Garcin de Tassy,

homme qui joint un profond savoir à une foi sincère et éclairée, dont nous nous honorons d'être l'ami, et qui s'est prêté avec la plus extrême obligeance à seconder nos recherches et nos études. Nous entrerons dans ses vues chrétiennes et désintéressées en faisant de larges emprunts au second volume de son *Histoire de la littérature hindoui et hindoustani* (1). Les extraits qu'il cite et qu'il traduit sont tirés du *Prem-Sagar*, c'est-à-dire l'Océan de l'amour (divin), ouvrage populaire sur la vie et la divinité de Krichna, que ce savant professeur explique aux auditeurs du cours public d'hindoustani. Nous y ajouterons le résultat de nos propres recherches.

1° Nous avons remarqué plus haut que le culte de Krichna est le plus populaire de l'Hindoustan; en effet, Krichna est l'incarnation par excellence de Vichnou, seconde personne de la trinité indienne, celle qui résume à elle seule toutes les autres; c'est pourquoi plusieurs théologiens ne la mettent pas au nombre des dix avatars communément énumérés. Le brahmane Padmanaba, qui, dans le XVII° siècle, initia Abraham Rogers aux mystères de sa secte, lui témoignait qu'entre les dix apparitions de Vichnou, celle-ci était la plus admirable et la plus extraordinaire; il en donnait cette raison, que Vichnou, dans les autres apparitions, n'était venu qu'avec une partie de sa divinité, comme avec une étincelle de feu qui tombe de toute la masse; mais que, quand il était venu au monde sous le nom de Krichna, il vint pour lors avec toute sa divinité et que le ciel demeura vide. « On pourrait, dit M. Garcin de Tassy, comparer les incarnations antérieures, manifestations imparfaites de la divinité, aux révélations prophétiques de l'Ancien Testament; en effet, les Hindous semblent y voir la même différence que nous entre ces révélations et celles de l'Evangile: ainsi que dit saint Paul au commencement de sa sublime Epître aux Hébreux: *Dieu, qui avoit parlé autrefois..... par les prophètes, nous a parlé dans ces derniers temps par son Fils.* »

Voici maintenant des citations qui démontrent que la foi au Dieu incarné est le dogme prédominant dans le Prem-Sagar, comme dans l'Evangile:

« O maître indivisible, invisible, immortel!... Vous êtes le dieu des dieux; personne ne connaît votre essence; votre éclat se produit dans la lune, le soleil, la terre, le ciel; vous vous manifestez dans l'univers entier. Votre *maya* (2) est toute-puissante; elle a fasciné tous les êtres. Dans les trois mondes, il n'y a ni soura, ni homme, ni mouni qui puisse lui échapper... Vous vous êtes incarné plusieurs fois pour soulager la terre du poids du mal, pour faire périr les pécheurs et sauver le monde. Vous êtes le

---

(1) Nous avons inséré déjà, en 1847, un travail à peu près semblable dans le XVI° vol. des *Annales de philosophie chrétienne*, 3° série.

(2) L'illusion, le voile qui cache la divinité aux yeux des mortels.

seigneur invisible, indivisible, infini ; mais à cause de vos adorateurs, vous vous êtes rendu visible. Si votre bonté ne vous eût porté à le faire, vous seriez resté éternellement un esprit sans corps. Dans votre manifestation extérieure, le ciel est votre tête…, la terre vos pieds… les nuages vos cheveux… les arbres votre barbe… la lune et le soleil vos yeux, Brahmâ votre esprit, Siva votre majesté, le vent votre souffle, le mouvement de vos cils le jour et la nuit, le tonnerre votre voix….. »

« Ce monde est un océan de peines ; ses eaux sont le souci et la sensibilité. Sans le secours de la nacelle de votre nom, personne ne peut parvenir au delà de cet océan difficile : voilà pourquoi beaucoup s'y noient en voulant en sortir (d'eux-mêmes). Les hommes qui, pendant leur vie, alors qu'ils sont revêtus du corps, ne vous adorent pas, ne pensent pas à vous, ne s'adressent pas à vous, ceux-là oublient leur devoir et voient s'accroître leurs péchés. L'habitant du monde qui n'invoque pas votre nom est semblable à celui qui laisse l'ambroisie pour se nourrir de poison. Celui-là au contraire, dans le cœur de qui vous résidez, et qui chante vos louanges, possède la vraie piété et acquerra le salut. »

Plusieurs des invocations précédentes ne seraient point déplacées dans la bouche d'un chrétien, et quelques-unes rappellent involontairement certains passages de l'Ecriture sainte. Elles constatent d'une manière irréfragable que Krichna est identiquement le même que Vichnou, qu'il a droit au respect et aux adorations de toutes les créatures, qu'il est le seul sauveur de l'univers, que, hors de lui, il n'y a ni salut, ni vraie piété. Le Prem-Sagar va même plus loin, car il rabaisse et déprécie les autres dieux, et trouve qu'ils ne peuvent en aucune manière être comparés à Krichna.

Abordons maintenant le parallèle relatif à la naissance et à la vie de Krichna.

Il descendait de *Yadou*, dont le nom rappelle celui de Juda (*Youda*), père de la tribu de laquelle était Jésus-Christ. Son père était un *Kchatriya*, nommé *Vasou-Déva*, et sa mère *Dévaki*, sœur du roi *Kansa*, et fille du roi *Déraka*. On sait que Marie et Joseph étaient également tous deux de race royale.

L'entrevue de Dévaki et de Yasoda rappelle la visite de la sainte Vierge à Elisabeth. « Après que Krichna eut été conçu dans les entrailles de Dévaki, la maya vint habiter dans le sein de Yasoda, femme du berger Nanda. Elles étaient toutes deux enceintes, lorsqu'à l'occasion d'une fête, Dévaki étant allée se baigner dans la Yamouna, rencontra par hasard Yasoda qui allait s'y baigner de son côté. Elles s'entretinrent de leurs malheurs, et Yasoda finit par promettre à Dévaki de garder son enfant, et de lui donner le sien propre. » Ce fut en effet Yasoda qui éleva l'enfant et qui passa longtemps pour sa mère. Notons en passant cette particularité frappante que le nom de *Yasoda* (Jasu-da), appelée aussi *Yasou-mati* (Jasu-mati), peut fort bien se traduire par *mère de Jésus*. Le berger Nanda passait également pour le père de Krichna, comme le charpentier Joseph pour celui de Jésus ; mais le véritable père de celui-ci était Dieu même, comme celui de Krichna était *Vasou-Deva* (le dieu Vasou).

Krichna naquit dans une prison, et Jésus dans une étable. L'heure de minuit signala la naissance de l'un et de l'autre. Celle de Krichna fut précédée de celle de Balarama, son frère mais par une autre mère, son compagnon fidèle et son précurseur, comme Jésus fut précédé de Jean-Baptiste son cousin.

Les Dévatas (esprits célestes), qui célèbrent la naissance de Krichna, rappellent les anges qui accompagnèrent de leurs chants la naissance de Jésus-Christ. « Tous les Dévatas, est-il dit, ayant laissé leurs chars dans l'espace des airs, et s'étant rendus invisibles, vinrent à Mathoura dans la maison de Vasou-Déva, dont la femme Dévaki portait Krichna dans son sein. Là, les mains jointes, ils récitèrent les Védas, et chantèrent des louanges en l'honneur de cette divine grossesse. Personne ne les vit, mais chacun put entendre leurs chants. » Dans le Bhagavat, il est parlé d'un météore lumineux, pareil à l'étoile des mages, lequel annonça la naissance de Krichna.

Il n'y a pas jusqu'aux pasteurs de Bethléem qui n'aient leur pendant dans les bergers qui vinrent offrir leurs présents à Krichna enfant. « Tous les vachers et les bergers de Gokoula firent prendre à leurs femmes des pots de lait sur la tête, et eux-mêmes ils vinrent, en dansant et en chantant, offrir à Nanda, en l'honneur de la naissance de Krichna, leurs dons et leurs congratulations. »

A côté des prophéties de Siméon et d'Anne sur Jésus-Christ, nous pouvons citer les prédictions des pandits et des astrologues, qui, après avoir dressé le thème de la nativité de Krichna, firent la déclaration suivante : « Cet enfant est la seconde divinité (la deuxième personne de la *Trimourti*) ; il anéantira tous les Asouras (démons), et déchargera le pays de Vradja du fardeau de ses infortunes. Tout le monde célébrera sa gloire. »

Krichna est obligé de se soustraire par la fuite à la fureur de Kansa, comme Jésus à celle d'Hérode. « Vasoudéva dit à Nanda : Le vil Kansa enverra chercher sans doute l'enfant Krichna, dont il désire la mort. Allez-vous-en tous d'ici (1), avant que les Rakchasas viennent vous chercher. On ne sait pas en effet jusqu'où peut aller la perversité d'un homme méchant. » Après avoir entendu ces mots, Nanda agité prit avec lui tous les siens, et il alla de Mathoura (2) à Gokoula.

---

(1) Traduction presque littérale de ce passage : *Fuge in Ægyptum… futurum est enim ut Herodes quærat puerum ad perdendum eum.*

(2) T. Maurice (*Brahmanical fraud.*) a déjà remarqué la ressemblance du nom de *Mathoura* avec celui

Au massacre des innocents, enfants de la tribu de *Juda*, correspond l'ordre donné par Kansa, de tuer tous les enfants de la tribu de *Yadou*, pour envelopper Krichna dans ce meurtre; cet ordre est exécuté, tous les enfants périssent, à l'exception de Krichna, qui, comme Jésus, échappe seul au danger.

Nous pouvons rapprocher des inquiétudes de Marie, lorsqu'elle eut perdu son divin fils à Jérusalem, la désolation de Yasoda, lorsque Krichna resta à Mathoura. Voici le passage du *Prem-Sagar* où cet incident est rapporté : « Krichna renvoya Nanda, les bergers et leurs enfants à Vrindavana, et lui-même, avec Bala-Rama et quelques amis, resta à Mathoura. Alors, les premiers s'acheminèrent, pensifs comme un joaillier qui a perdu sa fortune ; leurs pieds chancelaient dans la route... En apprenant leur arrivée, Yasoda accourut très-émue; et n'apercevant ni Krichna ni Bala-Rama, elle dit à Nanda : « Ah! mon époux, où avez-vous laissé notre fils? Au lieu de le ramener, vous avez apporté des vêtements et des joyaux : c'est comme si vous aviez jeté hors de la maison l'or qui s'y trouvait, et que vous l'eussiez remplacé par du verre. Insensé! vous avez laissé l'ambroisie pour le poison; vous avez fait comme l'aveugle qui, sans le savoir, a trouvé la pierre philosophale, et la jette; puis, quand il entend vanter ses qualités, il se frappe la tête de dépit... » Nanda répondit : « O femme! n'appelez plus Krichna votre fils : reconnaissez-le pour votre Seigneur et adorez-le. » Ce fait a cela d'important, qu'il signale pour ainsi dire l'émancipation de Krichna, l'époque où il commence à agir comme Dieu, et d'une manière indépendante. Ainsi, dans l'Evangile, lorsque Marie dit à Jésus : « Voilà que *votre père* et moi vous cherchions tout chagrins, » il lui répond : « Ne savez-vous pas qu'il fallait que je m'occupe des affaires de *mon père*? » comme pour lui rappeler qu'un autre que Joseph avait droit à ce titre.

Aussi est-il bien constaté que Krichna est véritablement Vichnou, qu'il est réellement et substantiellement la seconde personne de la triade indienne. Citons encore le *Prem-Sagar* : « Krichna est le Dieu des dieux ; personne ne connaît le moyen d'être... Il est le Seigneur de Brahmâ et de Siva. Il faut l'adorer le premier et courber la tête devant lui. De même qu'en arrosant d'eau les branches d'un arbre, toutes les feuilles sèches reverdissent; ainsi en faisant le *poudja* (l'adoration) de Krichna, tous les dieux sont satisfaits. Il est le créateur du monde, il produit, il conserve, il détruit (1); ses actes sont infinis. Personne n'en connaît le but... Il s'est incarné par amour pour ses créatures, et, revêtu d'un corps, il agit comme une créature humaine. »

Les compagnons de ce personnage proclament hautement sa divinité, comme dans l'Evangile nous voyons saint Pierre confesser celle de Jésus, en s'écriant : *Vous êtes le Christ, Fils de Dieu vivant*. Alors tous les bergers dirent à Krichna : « Seigneur, vous nous avez trompés pendant longtemps, mais maintenant nous connaissons le mystère. Vous êtes le créateur de l'univers, celui qui efface les péchés des créatures, le Seigneur des trois mondes; soyez bienveillant envers nous, et montrez-nous aujourd'hui le paradis. » Les disciples du Sauveur avaient aussi témoigné plusieurs fois à leur maître le désir de voir son royaume et sa gloire ; et il en donna à quelques-uns d'entre eux, sur le Thabor, un avant-goût qui les transporta hors d'eux-mêmes. Le passage suivant ne serait-il pas une réminiscence du récit évangélique? — « Krichna se rendit aux vœux de ses compagnons, et leur montra, à Vradja même, le séjour où il donne à ses adorateurs la félicité. En cet instant, l'intelligence des habitants de Vradja fut ouverte, et, les mains jointes, la tête inclinée, ils dirent : « Seigneur, votre grandeur est sans limite; nous ne pouvons la célébrer dignement. Grâces vous soient rendues de ce que, par l'effet de votre bonté, nous avons vu aujourd'hui que vous êtes Vichnou et que, pour soulager la terre du fardeau des crimes qui l'oppressent, vous avez pris naissance dans le monde... (2). »

Les faits miraculeux n'ont pas fait faute à Krichna ; M. Garcin de Tassy en cite plusieurs dont nous allons reproduire ici quelques-uns. Le premier n'est pas sans analogie avec le style des évangélistes, et rappelle la femme courbée depuis dix-huit ans, qui fut redressée par Notre-Seigneur.

« En ce temps-là, Krichna rencontra dans les rues de Mathoura une bossue qui avait à la main un plateau chargé de vases pleins de sandal et de safran. Krichna lui demanda qui elle était et à qui elle portait ces objets. Elle répondit : « Protecteur du pauvre, je me nomme Koubdja et je suis au service de Kansa. Mais intérieurement je vous suis dévouée, et c'est ainsi que j'ai aujourd'hui le bonheur de vous voir et de rendre ma vie fructifiante... Actuellement, Seigneur, le désir de votre servante est que vous lui permettiez de vous offrir de ses mains du sandal. » Krichna, admirant la ferveur de cette femme, consentit à son désir. Alors Koubdja, avec attention d'esprit et beaucoup d'affection,

---

de *Matarea*, en Egypte, où Jésus-Christ, selon l'*Evangile de l'Enfance*, résida pendant son absence de la Judée, et où il fit nombre de miracles. Le même auteur a comparé aussi, avec raison, plusieurs traits de cet Evangile et d'autres écrits apocryphes avec des traits analogues du *Bhagavata*. Il est reconnu que Mahomet a mis à contribution ces Evangiles, surtout celui de l'Enfance, parce qu'en effet ils étaient très-répandus en Arabie dans les premiers siècles de l'Eglise; ils ont aussi pu parvenir facilement dans l'Inde avec les premiers missionnaires chrétiens, du moins les récits merveilleux qui les distinguent des Evangiles authentiques et les rapprochements de T. Maurice le prouvent évidemment. (*Note de M. Garcin de Tassy*.)

(1) Dominus mortificat et vivificat. *I Reg*. II, 6.
(2) Tu es Christus filius Dei benedicti, qui in hunc mundum venisti. *Joan*. XI, 27.

frotta Krichna de sandal (1). Puis le Seigneur ayant placé son pied sur celui de Koubdja, et ayant pris son menton avec deux de ses doigts, rendit droite sa taille. Bien plus, par l'attouchement de la main de Krichna, Koubdja devint fort belle. »

Un autre fait merveilleux est un incendie apaisé. Nous ne lisons point de fait semblable dans l'Evangile; nous ne le citons qu'en témoignage du pouvoir attribué à Krichna sur les éléments; toutefois on pourrait y voir le pendant de la tempête apaisée par Jésus-Christ à la prière de ses apôtres qui lui crièrent : « Seigneur, sauvez-nous; nous périssons ! »

« Un jour que les habitants de Vradja furent surpris par la nuit dans les djangles, ils dirent entre eux : « Comment pourrions-nous retourner à nos maisons, fatigués, affamés, altérés comme nous le sommes? passons la nuit ici, et, à l'aurore, nous irons à Vrindavana. » Ayant ainsi parlé, ils s'endormirent ; mais lorsqu'il fut minuit et que le ciel fut noir, le feu prit instantanément à la forêt de tous côtés; arbres, arbustes et animaux, tout brûla rapidement. A l'apparition de l'incendie, les bergers se réveillèrent en sursaut, et agités, tendant les bras, ils criaient: Krichna, délivrez-nous promptement de ce feu, autrement il se propagera et réduira tout en cendres... Krichna entendit les cris de Nanda, de Yasoda et des habitants de Vradja; il se leva, et en un instant il aspira le feu. L'ayant ainsi anéanti, il éloigna l'inquiétude de l'esprit de tous. Au matin ils retournèrent à Vrindavana, et dans toutes les maisons, on fit des réjouissances et on chanta des cantiques de félicitation. »

Il ne restait plus qu'à reconnaître en Krichna le pouvoir de ressusciter les morts; nous le trouvons dans le récit suivant, où ce personnage rend la vie à un jeune homme, comme Jésus-Christ avait ressuscité le fils d'une veuve de Naïm; mais le récit de ce prodige s'éloigne plus que les autres du style de l'Evangile, accompagné qu'il est de circonstances mythologiques.

« Sandipan, gourou (2) de Krichna et de Bala-Rama, sortit de sa maison, et étant allé devant Krichna et Bala-Rama, il dit au premier : « Seigneur, j'avais un fils ; je le pris un jour avec moi, et j'allai me baigner avec ma famille à l'occasion d'une fête. Arrivé à l'endroit convenable, j'ôtai mes vêtements et je me baignai avec mes compagnons. Mais une vague du fleuve emporta mon fils, et il ne revint plus. Sans doute quelque crocodile ou quelque poisson l'aura dévoré : aussi la douleur que je ressens est extrême. Mais puisque vous voulez bien m'accorder un don en récompense de mes soins, rendez-moi mon fils, et éloignez ainsi de mon esprit le chagrin. » Alors Krichna, suivi de son frère, se rendit auprès de Yama (dieu des enfers). En le voyant, celui-ci se leva de son siége, alla à sa rencontre et l'accompagna respectueusement. Il le fit asseoir sur son trône, lui lava les pieds et lui dit : « Heureuse cette ville, puisque le Seigneur vient s'y montrer pour accomplir le désir de ses serviteurs! Donnez-moi vos ordres, et votre serviteur s'empressera de les accomplir. » Alors Krichna lui dit : « Rendez la vie au fils de mon gourou... » Yama alla promptement et amena l'enfant; puis joignant les mains il dit : « Roi de bonté, j'ai su, par l'effet de votre grâce, que vous deviez venir chercher ici le fils de votre gourou ; c'est pourquoi je l'ai gardé avec soin jusqu'à ce jour sans lui rendre la vie (3)... Il dit, et remit l'enfant à Krichna. Ce dernier l'ayant fait placer sur son char, remit peu de temps après l'enfant entre les mains de son père. »

Passons maintenant à la doctrine. Loin de nous la pensée de la mettre de niveau avec la sainte et pure morale de Jésus; cependant, si la légende de Krichna a emprunté quelque chose à l'Evangile, il doit y refléter des émanations de ce livre divin. En effet, nous voyons le héros brahmanique préconiser quelques-unes des vertus que l'Homme-Dieu est venu enseigner au monde, et qui étaient à peu près inconnues avant lui, entre autres, l'humilité, le mépris des richesses, le pardon des injures. Pendant que les autres cultivent les grands et les puissants de la terre, Krichna vit au milieu des bergers et des vachères; il chérit les petits et les humbles, il inculque à ses sectateurs l'amour de la pauvreté. Le discours suivant qu'il adresse à Youdichthira offre un cachet tout chrétien :

« Je prive souvent de leurs richesses ceux que je veux traiter avec bonté, parce qu'en effet, lorsque l'homme perd sa fortune, il est ordinairement délaissé par sa famille, par ses frères, par ses amis, ses femmes et ses fils : alors il se convertit, et, par l'effet de ce changement, il abandonne l'illusion de la richesse et des créatures, et, libre de fascination, il applique son esprit à mon culte, et c'est par le mérite de ce culte qu'il obtient la jouissance de l'immuable béatitude... En faisant le *poudja* (adoration) des autres dieux, on obtient, il est vrai, les désirs de son cœur, mais non le salut... »

Un des points les plus admirables de la doctrine chrétienne est l'obligation d'aimer ses ennemis et de rendre le bien pour le mal; on la trouve développée presque à chaque page de l'Evangile, mais surtout dans saint Matthieu, chap. v, et dans saint Luc, chap vi. Nous retrouvons dans le passage suivant quelques-uns des motifs proposés par Jésus:

« Une gopi dit à Krichna : « Seigneur, les uns font du bien à des gens qui ne leur en ont jamais fait ; les autres rendent le bien pour le bien ; il y en a qui rendent le mal

---

(1) Madeleine oignit de même le corps de Jésus d'un onguent précieux.
(2) C'est-à-dire précepteur, directeur spirituel.

(3) Sous une autre forme, par le moyen de la métempsycose.

pour le bien, enfin d'autres ne tiennent aucun compte du bien qu'on leur fait. Quelle est la meilleure et la plus mauvaise de ces quatre sortes de personnes ? » — Krichna répondit : « La meilleure des quatre est celle qui fait le bien sans en avoir reçu préalablement. C'est ainsi que le père aime son enfant. En effet, il n'y a pas de mérite à rendre le bien pour le bien (1). Telle est la vache, par exemple, qui produit du lait parce qu'on lui donne de la nourriture. Si on rend le mal pour le bien, on doit être considéré comme un ennemi ; mais la pire espèce de gens, c'est celle qui méconnaît le bien qu'on lui a fait. » Il est à remarquer toutefois que Krichna ne fait ici aucune allusion à l'obligation de faire du bien *à ceux qui nous ont fait du mal*; la gopi ne le consulte pas même sur cet objet, sans doute parce que la charité indienne n'a pu s'élever jusque-là. Cependant nous voyons ailleurs Krichna recommander aux hommes de ressembler aux arbres qui, pour les rigueurs qu'ils éprouvent de la part du cultivateur, lui rendent des fruits abondants.

Jésus-Christ ne pouvait préconiser l'humilité sans condamner l'orgueil et le faste des pharisiens ; aussi l'Evangile retentit souvent des anathèmes lancés par le Sauveur contre ces hommes hautains, suffisants, pleins d'eux-mêmes et durs envers leurs semblables. Krichna traite à peu près de même les brahmanes de son temps qui, comme les pharisiens chez les Juifs, étaient parmi les Indiens les docteurs du peuple. En voici un exemple semi-historique, semi-parabolique.

« En ce temps-là, Krichna étant arrivé près de la Yamouna, se tenait debout sous un arbre, appuyé sur un bâton, lorsque ses compagnons vinrent et lui dirent les mains jointes : « Seigneur, nous avons une grande faim. » Krichna leur dit : « Vous voyez ces gens qui font élever la fumée des sacrifices ; ce sont des brahmanes de Mathoura, qui, par la crainte de Kansa, exercent leur culte en secret. Allez auprès d'eux en mon nom, et, avec l'humilité du mendiant, demandez-leur de la nourriture... Ainsi firent les bergers ; mais les brahmanes se fâchèrent et leur répondirent : « Il faut que vous soyez bien sots pour nous faire actuellement cette demande ; nous ne donnerons rien à personne que le sacrifice ne soit terminé. Quand la cérémonie sera finie, s'il y a quelques restes, nous les distribuerons. » Les bergers insistèrent encore : « Souvenez-vous, leur dirent-ils, que c'est une œuvre très-méritoire que de nourrir les affamés. » Les brahmanes ne firent aucune attention à ce discours, et détournèrent le visage. Les bergers revinrent alors auprès de Krichna, désespérés et regrettant d'avoir fait cette démarche... Krichna leur dit : « Actuellement allez exposer vos besoins aux femmes des brahmanes ; elles sont très-dévotes et très-charitables ; je suis sûr qu'aussitôt qu'elles vous verront, elles s'empresseront de vous donner de la nourriture avec honneur et respect. » Les bergers agirent ainsi, et trouvèrent ces femmes qui préparaient leur repas. Ils leur dirent : « Tandis que Krichna est occupé à faire paître les vaches dans la forêt, la faim s'est emparée de lui ; il nous envoie vous demander si vous pouvez lui donner quelque chose à manger. » Les brahmadis n'eurent pas plutôt entendu ces mots, que, contentes de pouvoir être utiles à Krichna, elles se levèrent, et mirent sur des plats d'or des mets des six saveurs ; et sans que personne ne les en empêchât, elles accoururent avec empressement... et trouvèrent Krichna entouré de bergers, debout, à l'ombre des arbres ; il avait la posture trinitaire, la fleur du lotus était dans sa main. Les brahmadis placèrent devant lui les plats, et reconnaissant en lui Vichnou lui-même, elles le saluèrent respectueusement en lui disant : « Seigneur de bonté, quelqu'un peut-il contempler votre face sans votre grâce ? Oh ! combien nous sommes heureuses aujourd'hui puisque nous avons eu le bonheur de vous voir, et d'effacer ainsi les fautes de notre vie. »

« Ces insensés brahmanes sont avares et fiers, enivrés par la prospérité et pleins de cupidité, quoiqu'ils se piquent de sagesse. L'homme reconnaît le dieu qu'il se crée ; mais, aveugle qu'il est, il méconnaît la véritable manifestation de la divinité... »

Ne pourrait-on pas retrouver dans ces brahmadis si pieuses et si charitables, une réminiscence des saintes femmes qui assistaient de leurs biens Jésus et ses disciples ?

L'anecdote suivante nous paraît rappeler l'empressement du publicain Zachée pour voir Jésus-Christ, et l'accueil qu'il reçut du Sauveur.

« Akroura, après avoir pris congé de Kansa, monta sur son char et se dirigea vers Vrindavana. Toutefois il se disait à lui-même : Ai-je accompli quelque acte pieux, quelque pénitence, quelque sacrifice qui puisse me mériter le bonheur de voir Krichna ?... Je n'ai jamais invoqué le nom de Krichna ; je suis toujours resté dans la société du méchant Kansa ; comment connaître le secret de l'adoration ?... Akroura craignait, dans son esprit, que Krichna ne vit en lui que l'envoyé de Kansa ; mais, disait-il néanmoins, puisqu'il connaît l'intérieur, il ne doit pas ignorer l'affection qu'on lui porte, et il doit distinguer entre les amis et les ennemis. Il ne pourra donc me croire tel que je parais être ; mais il s'empressera de me serrer avec bonté entre ses bras, et de poser sur ma tête sa main aussi douce que le lotus. Alors je pourrai regarder fixement la beauté de ce corps de lune, et je donnerai par là le repos à mes yeux... Cependant Akroura

---

(1) Si benefeceritis his qui vobis benefaciunt, quæ vobis est gratia ? *Luc.* vi, 33.

poussait son char vers l'endroit où se trouvaient Krichna, Bala-Déva et les bergers qui faisaient paître les vaches... En voyant de loin la face de Krichna, Akroura descendit de son char; il courut et se jeta aux pieds du Seigneur. Il était tellement hors de lui qu'il ne pouvait proférer une parole : des larmes de joie coulaient de ses yeux. Krichna le releva et l'accueillant avec beaucoup d'amitié, il le prit par la main, et le conduisit à sa maison. »

Dans le passage suivant, on voit Krichna se transfigurer devant le même Akroura :

« Sur ces entrefaites, Krichna, se manifesta à Akroura avec quatre bras, la conque, le disque, la massue et le lotus dans ses quatre mains, entouré des mounis, des kinnaras et des gandharvas. Alors Akroura stupéfait, méditant un instant sur ce qu'il voyait, en acquiert l'intelligence. Il joint ses mains en disant : « Tu es l'Être suprême, créateur et destructeur; tu es venu dans le monde pour tes adorateurs, et tu leur manifestes ta forme infinie. Les souras (dieux), les hommes, les mounis, sont renfermés dans ton essence; ils sont néanmoins visibles pour toi, comme l'eau qui sort de l'Océan et qui y est contenue. Ta grandeur est étonnante. Qui peut la célébrer dignement? »

Nous retrouvons un empressement plus grand encore que celui d'Akroura, et plus unanime, lors de l'entrée de Krichna et de Bala-Déva, son frère, dans la ville de Mathoura. Libre au lecteur de voir, dans les manifestations extérieures des habitants de cette ville, un souvenir de l'entrée triomphante de Jésus-Christ à Jérusalem.

« Comme la nouvelle de l'arrivée de Krichna et de Bala-Rama circula dans la ville de Mathoura, les habitants accoururent, oubliant les affaires de leurs maisons..... Les jeunes femmes laissèrent l'une son repas, l'autre le bain, une troisième la préparation de sa coiffure..... Laissant la retenue et la crainte, l'une se met à sa fenêtre, l'autre à son balcon; celle-ci reste debout à sa porte, celle-là court et erre dans les rues. De tous côtés elles étendaient les bras; elles montraient Krichna en disant : Bala-Rama est ce blond qui a des vêtements bleus; Krichna, ce brun qui en a de jaunes..... Celles-là ont fait de bonnes actions dans une vie antérieure qui aujourd'hui ont obtenu de voir ce que nous voyons..... Cependant Krichna s'en allait dans les rues, les places et les marchés; on répandait sur lui, du haut des maisons de la ville, des parfums et du sandal, et joyeusement on faisait tomber sur lui une pluie de fleurs. »

L'omniprésence visible de Krichna est également professée par les Hindous. Voici ce qu'en dit le *Prem-Sagar* :

« En ce temps-là, il vint dans l'esprit de Naréda de savoir comment Krichna remplissait ses devoirs envers ses 16,108 femmes. Dans cette pensée, il alla dans la ville de Dwarika; il entra d'abord dans la maison de Roukmini, et il y vit Krichna, brillant de son éclat, qui était debout, tandis que Roukmini tenait un pot plein d'eau. Naréda les salua respectueusement, et se dirigea vers la demeure de Djanwavati. Aussitôt que le maître eut aperçu Naréda, il se leva; et Naréda, après s'être incliné, se retira marchant à reculons (par respect). Il alla sur-le-champ auprès de Satibhama, et il trouva Krichna occupé à oindre son corps d'huile et de parfums. Naréda sortit en silence, parce qu'il est écrit dans les Shastras qu'il ne faut saluer ni roi ni brahmane au moment où il se frotte le corps d'huile. Naréda alla ensuite à la maison de Kalindi, auprès de qui Krichna dormait..... Naréda se transporta aussitôt chez Mitrabinda, et il vit qu'on faisait en cette maison une fête en l'honneur des brahmanes, et que Krichna s'était chargé de faire la distribution des vivres. Krichna, l'ayant aperçu, lui dit : Seigneur, puisque vous avez bien voulu venir, acceptez quelque chose, et donnez-moi vos restes pour sanctifier ma maison (1)..... Naréda alla ensuite à la maison de Satya, et il fut étonné de voir Krichna, l'amour des serviteurs, jouant avec cette femme. Chez Bhadra, Hari (2) mangeait; chez Lakchmana, il se lavait. Bref, Naréda alla dans les 16,108 maisons, et il n'en vit aucune sans Krichna. Alors le richi, d'abord étonné, fit ensuite réflexion que c'était l'effet de la maya, qui se manifeste sans qu'on s'y attende et sans qu'on puisse s'y soustraire. »

Enfin nous consignerons ici une légende ou anecdote parabolique sur le détachement des biens du monde et la pauvreté d'esprit. Elle nous fera connaître où en sont les Indiens, par rapport à certaines vérités spéculatives et pratiques.

« Dans la contrée méridionale de l'Inde, nommée Dravida, habitaient des brahmanes et des marchands, très-dévots à Hari. Ils se livraient à la méditation sur lui; ils faisaient des sacrifices, de bonnes œuvres, des aumônes, respectaient les saints et les personnes pieuses, honoraient les vaches..... Parmi eux se trouvait un brahmane nommé Soudama, qui avait eu le même gourou que Krichna. Son excessive maigreur annonçait sa misère, qui était telle, qu'il n'avait réellement pas de quoi se nourrir et qu'il n'avait pas le moyen de renouveler le chaume de sa maison. Un jour, sa femme, que son extrême pauvreté tourmentait vivement, dit à son mari : « Seigneur, la pauvreté où nous sommes plongés nous met dans une position bien pénible; mais si vous vouliez en sortir, je vous en indiquerai le moyen. — Quel est-il donc? dit ce brahmane. — Votre meilleur ami, répondit-elle, c'est le maître des trois mondes, Krichna, habitant de Dwarika; je suis sûre que si vous alliez le trouver, votre pauvreté cesserait, car Krichna donne à son gré la volonté, la justice, le pouvoir et le sa-

---

(1) Il dit cela parce que Naréda était brahmane, tandis que Krichna n'était, selon la chair, que kchatriya. (*Note de M. Garcin de Tassy.*)
(2) Un des noms de Vichnou, appliqué à Krichna.

lut. — Mais, mon amie, répliqua Soudama, Krichna ne donne rien sans recevoir d'avance quelque chose : tel est l'usage qui existe dans le monde (1); aussi je n'ai jamais rien reçu, parce que je n'ai jamais rien donné, à cause de ma pauvreté. Toutefois, pour te faire plaisir, j'irai, et je ne reviendrai auprès de toi qu'après avoir vu Krichna. » Alors la femme de Soudama mit dans un vieux morceau d'étoffe blanche un peu de riz, pour que son mari pût l'offrir au maître en forme de présent; puis elle plaça devant lui un vase de terre entouré d'une corde, et un bâton. Soudama, après avoir invoqué Ganésha et pensé à Krichna, se mit en marche vers la ville de Dwarika. Pendant la route, il disait en lui-même : « Les richesses ne me sont pas destinées; mais mon but, en allant à Dwarika, est seulement de voir Krichna.

« En arrivant à cette ville, il fut étonné de la trouver entourée de l'Océan des quatre côtés. Il y avait des bois et des bosquets remplis de fleurs et de fruits, des étangs, des réservoirs et des puits à roues, où l'on voyait les seaux monter et descendre; on apercevait des plaines où paissaient des vaches, que gardaient en jouant de jeunes bergers. Soudama, après avoir admiré la beauté des bois qui environnaient la ville, entra et put voir ses magnifiques palais, resplendissants d'or et de pierreries. Çà et là, dans des lieux consacrés spécialement au plaisir, le fils de Yadou avait formé des réunions pareilles à la cour d'Indra; dans les marchés, les chemins et les carrefours, on vendait toutes sortes d'objets; dans différentes maisons, on chantait les louanges du maître et on distribuait des aumônes; dans toute la ville enfin, il régnait une grande joie. Cependant Soudama parcourait la ville, demandant le palais de Krichna. Enfin il se présenta à la porte principale, et s'informa timidement où Krichna tenait sa cour. On lui répondit que Krichna était dans l'intérieur du palais, et qu'il le trouverait assis en face de lui, sur son trône de pierreries.

« Soudama entra en effet; mais aussitôt que Krichna l'eut aperçu, il descendit de son trône, et l'ayant pris amicalement par la main, il l'y conduisit, l'y fit asseoir et lui lava les pieds. Cependant Soudama dit à Krichna : « O Dieu de bonté, ami du pauvre, Seigneur qui connaissez les cœurs, vous savez tout, et rien au monde ne vous est caché. » Krichna sourit, comprenant tout de suite ce qu'il désirait, puis il lui dit : « Pourquoi ne me remettez-vous pas le présent que votre femme m'a envoyé ? » Soudama, confus et troublé, tira alors de dessous son bras le paquet de riz. Krichna l'ouvrit, en prit deux poignées qu'il mangea avec plaisir, et dit à Roukmini : « Celui-ci est mon grand ami; je ne saurais trop le louer. Il considère le bonheur extérieur comme l'herbe des champs. » Puis il offrit à Soudama des mets des six saveurs, lui donna du bétel, et le fit ensuite étendre sur un lit aussi mou que l'écume. Soudama, fatigué du voyage, ne tarda pas à s'endormir. Pendant ce temps, le maître appela Viswakarma, et lui dit : « Allez de suite bâtir pour Soudama un beau palais enrichi d'or et de pierreries; vous y placerez les huit pouvoirs (de la nature) et les neuf trésors de Kouvéra, pour que Soudama n'ait plus rien à désirer. » Ainsi fit Viswakarma.

« Au matin, Soudama se leva, se baigna, fit la méditation, l'adoration et le poudja, puis il alla auprès du maître pour prendre congé de lui. Le dieu ne put rien lui dire, tant il était affligé de son départ; il le regarda seulement les yeux mouillés de larmes. Cependant Soudama se mit en route, et tout en marchant il pensait en lui-même qu'il avait agi sagement en ne demandant rien à Krichna. « Si je l'avais fait, disait-il, il m'aurait sans doute accordé l'objet de ma demande, mais il m'aurait trouvé avide et immodéré dans mes désirs. N'y pensons plus; je ferai bien entendre raison à ma femme. Krichna m'a fait beaucoup de politesses et d'honneurs, et comme il a vu que je ne demandais rien, il a pensé que son bon accueil valait pour moi des lakhs de roupies (1). » En se livrant à ces réflexions, Soudama approchait de son village; mais il fut très-étonné de ne plus retrouver sa chaumière, ni même le lieu qu'elle occupait. A la place s'élevait un beau palais digne d'Indra. Le pauvre Soudama fut fort affligé à cette vue. « Qu'as-tu fait, Krichna? s'écria-t-il; j'avais une douleur, et tu m'en as donné une nouvelle. Qu'est devenue ma chaumière ? où est ma femme ? » Cependant il demanda au portier à qui était ce beau palais. — « A Soudama, l'ami de Krichna, » répondit le portier. Soudama allait répliquer, lorsqu'il aperçut dans l'intérieur sa femme couverte de beaux habits, ornée de joyaux de la tête aux pieds, parfumée et mâchant du bétel. A la vue de son époux, elle s'approcha suivie de ses compagnes, et lui dit : « Pourquoi mettez-vous en hésitant le pied dans ce palais ? Sachez que Viswakarma est venu en votre absence et l'a bâti en un instant. » Alors Soudama devint fort triste. Sa femme, étonnée, lui fit observer que tout le monde était content d'acquérir des richesses, et que lui seul en était fâché. Mais Soudama lui dit : « Chère amie, oui, je suis fâché que le Seigneur m'ait donné des richesses illusoires, qui ne sont que tromperies. En effet, elles ont trompé, elles trompent, elles tromperont le monde entier. Oui, je suis fâché que Krichna n'ait pas eu confiance en mon amour. Lui avais-je demandé ces biens, pour qu'il me les ait donnés ?... »

Terminons ce parallèle. Krichna finit par

---

(1) C'est-à-dire dans l'Inde. En effet, on n'y aborde jamais un grand sans lui offrir un présent, et même quelquefois une simple pièce de monnaie. (Note de M. G. T.)

(2) *Lakh* signifie cent mille. La *roupie* est une monnaie indienne qui vaut 2 francs 50 centimes

triompher de Kansa; il délivre ses sectateurs du joug de ce tyran, et établit sa puissance sur les ruines de son ennemi. On peut voir dans ce Kansa l'image du génie du mal, de ce *Satan*, perpétuel adversaire du genre humain et de Jésus, et qui a succombé sous les coups de l'Homme-Dieu. On retrouve le même symbole dans le serpent Kalya, vaincu aussi par Krichna. Mais si, d'après le témoignage de Jésus-Christ lui-même, son royaume n'était pas de ce monde, si son règne a dû être fondé sur les cœurs et sur les intelligences, celui de Krichna offre tous les caractères d'un règne humain et temporel. Il y a loin, bien loin, des monstrueuses amours de Krichna avec les 16,108 bergères, à la chaste intégrité du Dieu fait homme qu'adorent les chrétiens.

Si nous considérons la mort de l'un et de l'autre, ici surtout le sujet se refuse à toute comparaison : Krichna meurt tout humainement, tué par un chasseur maladroit qui le prend pour une bête fauve, comme si l'auteur de cette œuvre théurgique n'eût su comment se débarrasser de son héros. Ainsi le paganisme n'a pu rien inventer, rien imiter qui ait le moindre rapport avec la mort adorable de celui qui seul est véritablement le Sauveur de l'univers entier.

2° D'où peuvent venir ces points de concordance?

Constatons d'abord que ces rapports ne sont pas tellement frappants, que les faits relatés ci-dessus, et autres semblables, n'aient pu être attribués à l'un et à l'autre des deux personnages que nous avons rapprochés, sans que l'une des deux légendes ait été calquée sur l'autre ; les analogies que nous avons signalées ont pu être absolument fortuites : nous penchons même beaucoup pour cette hypothèse. Mais comme l'Europe savante ne manque pas actuellement d'utopistes qui voudraient faire soupçonner que l'Evangile a pu être emprunté à la théosophie indoue, et que Krichna a pu être le type du Christ, il est bon d'examiner quelle est la valeur de cette assertion. C'est pourquoi nous consignerons ici les réflexions que nous avons émises dans les *Annales de philosophie chrétienne*.

Lorsque, il y a plusieurs siècles, les missionnaires catholiques pénétrèrent dans les Indes pour y porter les lumières de la foi, ils ne tardèrent pas à remarquer certains rapports frappants entre les religions brahmanique et bouddhique d'une part, et le christianisme de l'autre. Ils expliquèrent tout naturellement ces analogies au moyen de certaines traditions qu'ils trouvèrent encore en vigueur dans ces contrées, et d'après lesquelles la parole évangélique aurait pénétré différentes fois dans les Indes. L'existence d'une Eglise assez nombreuse de chrétiens dans le sud même de la péninsule cis-gangétique ne laissait pas de donner un certain poids à cette conclusion. Au reste, l'histoire ecclésiastique était là, témoignant hautement qu'un des apôtres de Jésus-Christ, saint Thomas, pénétrant plus loin que ses collègues, avait porté l'Evangile jusqu'aux bords de l'Hindoustan, et scellé de son sang la vérité dont il avait douté un jour. Les anciennes villes de Narsingue et de Méliapor (1) furent le principal théâtre des travaux et des souffrances de ce généreux apôtre ; il y a même, dans cette dernière ville, une pierre sur laquelle est gravée *une croix*, accompagnée de caractères indiens fort anciens, que l'on prétend avoir été contemporaine et même témoin de son glorieux martyre : aussi est-elle en grande vénération dans le pays.

Plusieurs siècles après, la foi étant sur le point de périr, Dieu suscita un nouvel apôtre, nommé comme le premier *Thomas* ou *Mar-Thomé*, qui vint de la Syrie dans l'Inde, et, aidé de plusieurs évêques et coadjuteurs syriens, chaldéens et égyptiens, rétablit la religion et l'étendit peu à peu dans la plupart des contrées de l'Hindoustan, dans plusieurs pays circonvoisins, et même jusque dans la Chine (2). Mais l'hérésie de Nestorius y pénétra dans la suite avec les prêtres syriens. Dès lors cette Eglise, séparée du centre de la foi et de l'unité, commença à décliner peu à peu, et était réduite à quelques localités, lorsque de nouveaux apôtres, envoyés par le saint-siége après la découverte d'un nouveau passage aux Indes par Vasco de Gama, recommencèrent à la faire refleurir dans toute sa pureté.

---

(1) Méliapor, il est vrai, n'est pas une ville bien ancienne ; ce sont les Portugais qui l'ont construite non loin de celle où prêcha et mourut saint Thomas, et qui est ruinée depuis longtemps. On donne aussi à la nouvelle ville le nom de *San-Thomé*.

(2) En témoignage de ce fait, je me contenterai de citer deux pièces fort curieuses et peu connues, extraites du *Bréviaire chaldéen* de l'église de Saint-Thomas, du Malabar. La première est tirée d'une des leçons du second nocturne dans l'office de cet apôtre ; en voici la traduction littérale :

« C'est par le moyen de saint Thomas que l'erreur de l'idolâtrie a été bannie de l'Inde ;

« C'est par le moyen de saint Thomas que la Chine et l'Ethiopie ont été converties à la vérité ;

« C'est par le moyen de saint Thomas qu'ils ont reçu le sacrement de baptême et l'adoption des enfants ;

« C'est par le moyen de saint Thomas qu'ils ont reçu et confessé le Père, le Fils et l'Esprit de sainteté ;

« C'est par le moyen de saint Thomas qu'ils ont conservé la foi en un seul Dieu qu'ils avaient reçue ;

« C'est par le moyen de saint Thomas que les splendeurs de la doctrine vivifique ont paru sur toutes les Indes ;

« C'est par le moyen de saint Thomas que le royaume des cieux a volé et est parvenu dans la Chine. »

La seconde est une antienne du même bréviaire, où il est dit : « Les Hindous, les Chinois, les Persans et les autres insulaires, comme aussi ceux qui habitent la Syrie, l'Arménie, la Grèce et la Romanie, offrent des adorations à son saint nom, dans la commémoration de saint Thomas. »

Je rappellerai encore le fameux monument de *Singan-fou*, témoignage authentique de la diffusion de l'Evangile dans le vaste empire de la Chine, vers la même époque.

Il est donc constant que, depuis les temps apostoliques, la religion chrétienne a subsisté sans interruption dans l'Hindoustan et dans les contrées environnantes, que la foi a été prêchée dans la plupart des provinces de ce grand empire, que des rois même l'ont embrassée. On en pouvait, ce me semble, conclure avec quelque raison que dans ces régions, où tous les systèmes s'accréditent avec la plus grande facilité, quelques dogmes, quelques mystères du christianisme s'étaient glissés dans les fables antiques du brahmanisme, et avaient été plus ou moins monstrueusement altérés en passant dans le symbolisme des gentils.

Mais la philosophie, qui fait profession de croire tout ce qui n'est pas l'Evangile, aime mieux bâtir des hypothèses que d'adopter des conclusions aussi naturelles. On trouve donc plus simple de soutenir que la religion chrétienne, bien loin d'avoir fourni aux fables indiennes, était au contraire *empruntée du brahmanisme*. A défaut de faits positifs, ou plutôt contre les faits les plus positifs, on emploie des arguments négatifs ; le silence même des Evangiles est mis à profit. Croirait-on, en effet, que quelques rationalistes ne craignent pas d'avancer que si les évangélistes se taisent sur la vie et les actions de Jésus-Christ depuis l'âge de douze ans jusqu'à celui de trente (1), c'est que ce nouveau législateur avait jugé à propos, comme autrefois Solon et Pythagore, d'aller furtivement, pendant sa jeunesse, dérober la sagesse dans les Indes, pour, à son retour, inculquer à ses sectateurs un symbolisme mi-partie judaïque et indien ? Toutefois, on veut bien lui laisser l'honneur d'avoir enseigné une doctrine un peu moins absurde que celle de Vyasa-Déva. Et les faits ? et les historiens ? et les témoignages ? On s'en embarrasse peu ; la garantie de ces philosophes suffit ; on doit les en croire sur parole. D'ailleurs, n'ont-ils pas pour eux l'autorité *bien prouvée* du système brahmanique, la prodigieuse antiquité de la philosophie indienne ?

Mais voilà que tout cet échafaudage imposant s'est écroulé un beau jour.

Il existait dans l'Inde une langue sacrée et antique, qu'il n'avait été donné à aucun Européen d'étudier ; cette langue est le *sanscrit*. Les Anglais, devenus maîtres dans l'Hindoustan, firent tomber cette barrière ; le sanscrit fut étudié, enseigné publiquement, il fut permis de compulser les livres nombreux écrits dans ce mystérieux idiome. Sans doute on est encore loin d'avoir tiré à clair le monstrueux philosophisme hindou ; mais ce qui, jusqu'à ce jour, est bien prouvé, ce qui est avoué par tous les savants de l'Europe, catholiques, protestants, déistes athées même s'il en existe, c'est que, dans tout ce fatras brahmanique, *on manque de dates* ; c'est que tel livre, tel poëme, auquel on se plaisait à attribuer une antiquité si reculée, est comparativement *très-moderne* ; c'est que des œuvres théogoniques et historiques qu'on aimait à croire composées deux ou trois mille ans peut-être avant l'ère chrétienne, ont été rédigées *dans les* IIIe, VIe *et* XIIe *siècles après Jésus-Christ* ; c'est que, s'il existe encore des livres qui offrent des traces incontestables d'une haute antiquité, des interpolations maladroites attestent qu'ils ont été remaniés à des époques fort rapprochées de nous.

Quant au personnage qui est le sujet de cet article, qu'il soit historique ou imaginaire, il est certain que son mythe est de beaucoup antérieur à l'ère chrétienne, bien que les Hindous ne soient pas d'accord sur l'époque précise de son apparition ; d'après certains auteurs, elle eut lieu 3100 ans avant notre ère, selon d'autres 1900 ans, selon d'autres encore 1000 ou 1200 ans. Voilà déjà une chronologie fort indéterminée. Au reste, on ne saurait douter que, s'il a vécu réellement, ça été plusieurs siècles avant Jésus-Christ ; mais cela ne doit former aucune présomption en faveur du premier ; car il est positif, d'un autre côté, que *le culte rendu à Krichna n'a guère commencé qu'au* VIe *siècle de notre ère* ; et voilà le point important. De plus, il est fort douteux que le Krichna adoré actuellement par les Hindous soit le Krichna historique : autrement on lui eût rendu un culte immédiatement après son apparition ou son apothéose, puisqu'on le regardait comme une incarnation de Vichnou. Il faut donc, de toute nécessité, ou admettre qu'il y eut deux Krichna, l'un qui vécut dans les temps antérieurs à Jésus-Christ, et l'autre qui fut honoré quatre ou cinq siècles après la venue du Messie ; et ces deux personnages auront été confondus à cause de l'identité de leur nom et de la similitude de quelques-unes de leurs actions ; ou bien, si l'on ne veut reconnaître qu'un seul Krichna, il faut le considérer sous un double rapport, et comme personnage historique qui n'a droit à aucun culte, et comme personnage allégorique, dont le culte a commencé dans des temps plus rapprochés de nous ; et ce culte qui lui est rendu est la seule chose qui nous importe.

Ainsi, comme il est historiquement constaté que le culte de Krichna est postérieur à celui de Jésus, il est très-possible que l'Evangile soit entré pour beaucoup dans l'hommage rendu par les Hindous à ce mystérieux personnage ; qui sait même si la prédication évangélique n'a pas provoqué le culte rendu à Krichna ? Les Hindous, voyant une partie de la population se prosterner devant *un dieu fait homme, incarné pour sauver le genre humain, enveloppé d'abord sous les voiles de l'enfance, puis vivant au milieu des petits et des humbles, et occupé pendant toute sa vie à détruire la puissance du prince des*

---

(1) Notez bien que les évangélistes ne se taisent point sur ce sujet ; ils nous montrent Jésus-Christ résidant à Nazareth pendant tout ce laps de temps. Et lorsque le Sauveur commença à prêcher sa divine mission, ses auditeurs les plus hostiles le signalaient comme un charpentier, fils d'un charpentier bien connu.

ténèbres ; entendant raconter les merveilles de son enfance et de sa vie, l'auront facilement confondu avec leur ancien héros dont on racontait des choses à peu près semblables ; la première décadence du christianisme dans les Indes, qui eut lieu vers cette époque, aura aidé à cette déplorable confusion, en mêlant les faits historiques avec les légendes fabuleuses. Ce qui confirme encore puissamment notre opinion, c'est que le culte de Krichna a toujours été et est encore actuellement dans l'Hindoustan la religion du petit peuple et des gens ignorants et grossiers, et il n'a compté parmi ses adhérents qu'un petit nombre de gens instruits. Les brahmanes se partagent principalement entre les deux sectes de Siva et de Vichnou ; et s'ils rendent des hommages à ce dernier en tant qu'incarné, ce n'est guère que sous la forme de Rama-Tchandra. — Le nom même du Sauveur des hommes n'a peut-être pas peu contribué à donner le change : car on peut fort bien considérer le nom de *Krichna* comme une transcription indienne du grec Χριστός, *Christ*, d'autant plus que, dans plusieurs dialectes de l'Inde, ce nom est écrit et prononcé *Kristna*.

Pour nous résumer en peu de mots, nous voyons en Jésus-Christ et en Krichna (*Kristna*), identité de nom, similitude d'origine et de nature divine, quelques traits analogues dans les circonstances qui ont accompagné leur naissance, quelques points de rapprochement dans leurs actes, dans les prodiges qu'ils ont opérés et dans leur doctrine ; toutefois nous n'avons pas eu intention de donner comme démontré que la légende de Krichna ait été calquée expressément sur l'Évangile ; nous convenons que les analogies que nous avons signalées ont pu être fortuites ; nous laissons au lecteur à juger jusqu'à quel point elles sont probables. Ce serait en effet un fait fort curieux que le christianisme ait fourni à l'antique brahmanisme un *avatar* hors-d'œuvre, une incarnation de la divinité plus intime que les précédentes. Des recherches plus approfondies nous apprendront peut-être un jour ce à quoi nous devons nous en tenir touchant cette supposition. Mais ce qui, jusqu'à présent, se trouve en dehors de toute contradiction, c'est que l'Évangile n'a rien emprunté au culte de Krichna, puisque ce culte lui est postérieur de plusieurs siècles.

KRISASWA, personnage mythologique de la théogonie hindoue, qui est regardé comme le père des armes divines et vivantes données à Rama. Les poëtes supposent que ces armes ont un corps ou une forme céleste et une intelligence humaine ; aussi voyons-nous, dans le *Ramayana*, qu'elles s'adressent à Rama et lui demandent ses ordres. Il les appelle quand il veut s'en servir ; lorsqu'il n'a plus besoin d'elles, il les congédie : alors elles le saluent et se retirent. Quelques-unes sont lancées comme des traits, d'autres agissent en vertu d'une puissance mystérieuse ; quand on les emploie, elles paralysent un ennemi ou l'endorment, ou bien elles amènent la tempête, la pluie et le feu. Ce Krisaswa était un saint mouni, qui avait épousé Djaya et Vidjaya, toutes deux filles de Dakcha, le Danaüs des Hindous. Ces princesses mirent au monde les armes animées dont nous venons de parler, et qu'on appelle à cet effet enfants de Krisaswa, ou de Djaya et Vidjaya.

KRITAKRITYASAMAS, secte d'Hindous, adorateurs de la *Sakti* ou personnification féminine de l'énergie divine ; ils appartiennent, ainsi que les *Pournabhichiktas* et les *Akritarthas*, à l'ordre appelé de la main gauche. *Voy.* SAKTAS.

KRITAYOUGA, le premier âge de la mythologie hindoue, correspondant à l'âge d'or des anciens Grecs ; son nom signifie âge de la formation, on l'appelle encore *Satya-Youga*, ou âge de la vertu. Sa durée se compose de 4000 années divines, qui, avec les crépuscules qui le précèdent et qui le suivent, équivalent à 1,728,000 années humaines. A cette époque, tous les êtres se faisaient remarquer par leur justice et leur droiture, et vivaient dans la piété et la sainteté. La durée de la vie naturelle était de cent mille ans. Les Hindous allégorisent la vertu des quatre âges sous le symbole d'un taureau ou d'une vache, qui dans le premier se maintient ferme sur ses quatre pieds, mais qui en perd un successivement dans les âges suivants. Actuellement que nous sommes dans le quatrième âge, époque de vices et de misères, le pauvre animal est bien chancelant, car il n'est plus porté que sur un pied.

KRITTIKA, une des six nymphes célestes qui, suivant la mythologie brahmanique, passent pour avoir été les nourrices de Kartikéya ; elles forment la constellation des Pléiades. Ces nymphes étaient autrefois au nombre de sept, et avaient épousé les sept richis qui forment la constellation de la Grande-Ourse. Elles partageaient avec leurs époux la gloire de présider au pôle Nord ; mais six d'entre elles ayant cédé aux séductions d'Agni, dieu du feu, leurs maris indignés les chassèrent hors du cercle arctique. Elles furent sans demeure fixe, jusqu'au moment où Kartikéya, dont elles devinrent les nourrices, les plaça dans le zodiaque, à l'endroit où on les aperçoit encore.

KRITYA, nom d'une déesse hindoue, révérée et invoquée pour le succès d'un dessein magique.

KRIVE, nom du grand prêtre de Péroun, chez les Borusses ou anciens Prussiens.

KRONTCHA, asoura ou démon de la mythologie hindoue ; il avait pris parti pour Taraka, mais il fut vaincu par Kartikeya, général des dieux, qui reçut à cette occasion le surnom de *Krontchari*, ou ennemi de Krontcha.

KRUKIS, génie de la mythologie slave, qui était honoré comme le protecteur des marcassins.

KRUSMANN ou KRUTZMANN, dieu révéré autrefois par les tribus germaniques qui habitaient les bords du Rhin, près de Strasbourg. Il était représenté avec une massue et un bouclier ; c'est ce qui l'a fait prendre pour Hercule.

KRUTH-LODA, ou l'esprit de Loda ; divinité des peuples Erses. Loda était un lieu consacré au culte d'un Dieu que l'on croit être Odin, adoré par les peuples du Nord.

KSNIR, un des dieux subalternes des Tchouvaches; peuples de la Russie asiatique.

KUASER (1), fils des dieux, qui le formèrent à peu près de la même manière que l'Orion des Grecs l'avait été par les dieux de son pays. Ce demi-dieu était si habile qu'il répondait d'une manière satisfaisante à toutes les questions, quelque obscures qu'elles fussent. Il parcourut toute la terre pour enseigner la sagesse aux peuples. Mais l'envie marche toujours sur les pas de la gloire : deux nains le tuèrent par trahison, reçurent son sang dans un vase, et, le mêlant avec du miel, en firent un breuvage qui rend poëtes ceux qui en boivent. Les dieux, ne voyant plus leur fils, en firent demander des nouvelles aux nains, qui se tirèrent d'affaire en répondant que Kuaser était mort suffoqué de sa science, parce qu'il ne s'était trouvé personne en état de le soulager par des questions assez fréquentes ou assez ardues. Mais un événement imprévu découvrit leur perfidie. Les nains s'étant attiré le ressentiment d'un géant nommé Suttung, celui-ci se saisit d'eux, et les exposa sur un écueil environné de tous côtés des eaux de la mer. Dans le trouble où la crainte de périr jeta ces malheureux, ils ne virent plus d'autre ressource que d'offrir le breuvage divin pour prix de leur délivrance. Suttung en fut satisfait, et l'ayant emporté chez lui, le donna à garder à sa fille Gunloda ; c'est pour cela que les anciens poètes islandais appellent la poésie *le sang de Kuaser*, *le breuvage* ou *la rançon des nains*, etc.

Les dieux, de leur côté, souhaitaient vivement de se rendre maîtres de ce trésor ; mais l'entreprise était difficile, parce que le breuvage était gardé sous les rochers. Cependant Odin résolut d'en tenter la conquête, et voici comment il s'y prit. En passant près d'une prairie où fauchaient neuf ouvriers, il leur proposa d'aiguiser leurs faux, et les rendit en effet si tranchantes, que chacun d'eux le sollicitait de lui vendre sa pierre à aiguiser. Odin la jette en l'air ; tous accourent pour la saisir, et s'entretuent en agitant leurs faux. Le dieu continue sa route, se déguise sous les traits et le nom de Bolwerk ; après quoi il se rend chez Bauge, frère de Suttung, qui s'affligeait fort de la perte de ses ouvriers. Bolwerk se présente, propose de lui en tenir lieu, et promet d'achever leur ouvrage en peu de temps, si Bauge veut engager son frère à lui laisser boire un seul coup du breuvage poétique. Le marché conclu, Bolwerk fauche tout l'été ; aux approches de l'hiver, il demande son salaire. Bauge promet de l'appuyer de tout son pouvoir, et tous les deux se rendent auprès de Suttung, qui les assure positivement qu'ils n'en boiront pas même une goutte. Consternés de ce refus opiniâtre, ils se retirent tous deux ; mais Bolwerk dit à Bauge que, s'il veut le seconder, ils obtiendront par ruse ce qu'ils n'ont pu devoir à la prière. Au même instant il produit un foret avec lequel Bauge fait un trou au rocher sous lequel était la liqueur ; Bolverk, changé en ver, s'insinue par ce trou dans la caverne, où il reprend sa première forme ; et, gagnant le cœur de Gunloda, il obtient d'elle la permission de boire trois coups de la liqueur confiée à sa garde. Mais le dieu rusé ne laisse rien dans le vase. Alors, prenant la forme d'un aigle, il s'envole pour retourner à Asgard mettre en sûreté le trésor dont il s'est rendu maître. Cependant Suttung, qui était magicien, soupçonnant l'artifice, se change aussi en aigle, et vole rapidement après Odin, qui était déjà bien près des portes d'Asgard. Les dieux accourent à la rencontre de leur chef ; et, prévoyant qu'il aura bien de la peine à conserver la liqueur sans s'exposer à être pris par son ennemi, ils exposent à la hâte tous les vases qu'ils trouvent. En effet, Odin, ne pouvant s'échapper autrement, se débarrasse du poids qui appesantit son vol ; en un instant les vases sont remplis de la liqueur enchantée, et c'est de là qu'elle est passée aux dieux et aux hommes. Mais, dans la précipitation de ces moments, la plupart ne s'aperçurent point qu'Odin n'avait rendu qu'une partie du breuvage par le bec ; c'est de cette partie que ce dieu donne à boire aux bons poëtes, à ceux qu'il veut animer d'un esprit divin. A l'égard de l'autre, c'est la portion des mauvais rimeurs ; comme elle coula fort abondamment de sa source impure, et que les dieux en laissent boire à tous ceux qui en veulent, la presse est fort grande autour des vases qui la contiennent, et c'est la raison pour laquelle il se fait tant de méchants vers dans le monde.

KUBREWIS, ordre de Derwichs où religieux musulmans, fondé par Nedjm-ud-din-Kubra, mort à Kharezm, l'an 617 de l'hégire (1220 de J.-C.).

KULLERWO, géant de la mythologie finnoise, appelé aussi *Kalki* et *Soini*.

KURKHO, dieu de l'agriculture, chez les anciens Prussiens ; il composait, avec *Ischwambrat* et *Wurskaïto*, une espèce de trinité.

KWAN-ON, dieu des Japonais, le même que le *Kouan-in* des Chinois. On trouve encore son nom écrit, dans les anciens auteurs, *Canon*, *Quanon*, *Quanwon*, *Kang-won*, etc. Il est donné comme fils d'Amida, qui n'est lui-même qu'un bodhisatwa, c'est-à-dire un fils spirituel d'un Bouddha. Et cependant ces deux divinités sont représentées par la plupart des voyageurs comme celles dont le culte est le plus populaire et le plus célèbre. Kwan-on est honoré sous différentes formes : dans quelques pagodes il a quatre bras, et la partie inférieure de son corps semble engloutie par un poisson énorme ; sa tête est

(1) Article emprunté au Dictionnaire de Noël

parée d'une couronne de fleurs. D'une main il tient un sceptre, de l'autre une fleur, la troisième porte un anneau, la quatrième est fermée et le bras est étendu. Devant lui est un pénitent à moitié renfermé dans un coquillage; il a les mains jointes et semble invoquer le dieu. — Dans le temple appelé des mille idoles, et dans un autre lieu de pèlerinage situé auprès de Miyako, il est représenté avec vingt ou trente bras armés de flèches, et sept têtes d'enfant sont dessinées sur sa poitrine. — Quelquefois Kwan-on est représenté avec plusieurs bras, deux desquels sont fort élevés au-dessus de sa tête, et paraissent plus longs que les autres; chacun de ces bras porte un enfant; six autres enfants forment un cercle qui lui couronne la tête. Il a en outre deux enfants sur le haut de la tête, dont l'un est debout et l'autre assis. Chacune de ses mains tient un objet différent, comme un arc, une hache, une fleur, etc. — Près d'Osakka, il a un temple remarquable, monument gracieux, aux toits cannelés et montés par assises, orné de sculptures extérieures, et entouré de magnifiques jardins. Il est desservi par deux cents prêtres, qui ont leur logement dans les attenances du temple. — Les Japonais se noient par dévotion en l'honneur de Kwan-on et d'Amida.

KWAN-TSIOO, nom que les Japonais donnent au baptême conféré par les bouddhistes. *Voy.* BAPTÊME, n° 25.

KYNALAINEN, frère de Kämöinen, un des génies de la mythologie finnoise.

KYRBIS, tables triangulaires ou pyramidales, sur lesquelles les Grecs inscrivaient les lois et les fêtes des dieux.

L

LA, sacrifice que les Chinois offrent à la fin de l'année aux mânes de leurs ancêtres et à tous les esprits. Ils y immolent différentes espèces d'animaux pris à la chasse.

LABADISTES, partisans de Jean Labadie, fanatique qui, après avoir été jésuite, puis carme, finit par se faire calviniste; dans ces différents états, sa conduite paraît avoir toujours été digne de blâme. Catholique, on lui avait déjà reproché des intrigues amoureuses, sous prétexte de direction des consciences. Chassé d'Amiens, il se retira à Port-Royal, puis à Toulouse. On prétend que dans cette ville il enseigna aux religieuses qu'il était chargé de diriger à pratiquer deux ou trois fois par semaine l'*état d'innocence*; à cet effet elles se mettaient, dit-on, toutes nues devant lui, et écoutaient en cet état les sermons de l'apôtre adamite. Devenu calviniste, il fut successivement ministre à Montauban, à Orange, à Genève et à Middelbourg. Doué d'une élocution facile, il prêchait un genre de spiritualité et affectait une ferveur qui trompa bien des gens en Hollande, à tel point que beaucoup de calvinistes se firent Labadistes, ce qui le brouilla avec les ministres réformés. Condamné en 1666 par le synode tenu à Huesden, il fut déposé trois ans après par celui de Dordrecht. Plusieurs de ses disciples l'abandonnèrent, et divers écrits répandus dans le public démasquèrent les jongleries, et révélèrent les turpitudes d'un homme qui avait la prétention de réformer les Réformés. Il se fit chef de secte, prononça magistralement que les jours *de clarté de Dieu et de liberté d'esprit* étaient venus, que le temps des ombres était passé, et devait céder à la loi du Saint-Esprit.

Il avança, comme point doctrinal, que Dieu peut tromper les hommes, et que plusieurs fois il a usé de ce pouvoir; que la Bible, insuffisante pour instruire les chrétiens, doit avoir pour supplément l'*inspiration intérieure*; que la véritable Eglise ne connaît pas de rang ni de subordination; que les biens doivent être communs; que, dans l'état de contemplation, on ne doit pas s'inquiéter des mouvements du corps. Il prétendait que le baptême devait être différé jusqu'à l'âge de discrétion, ce sacrement étant une marque qu'on est mort au monde et ressuscité en Dieu. Selon lui, la nouvelle alliance, c'est-à-dire l'Evangile, n'admet que des hommes spirituels, et met l'homme dans une parfaite liberté. Il regardait l'observation d'un jour de repos comme une chose indifférente, et soutenait que Dieu n'a pas préféré un jour à l'autre. Jésus-Christ, ajoutait-il, a laissé la liberté de travailler, pourvu qu'on le fît dévotement. Il admettait le règne de mille ans, et distinguait deux Eglises, l'une où le christianisme avait dégénéré, l'autre composée de régénérés qui avaient renoncé au monde. La vie contemplative est un état de grâce et d'union toute divine pendant cette vie; elle est le comble de la perfection. L'homme dont le cœur est parfaitement content et tranquille jouit à demi de Dieu, s'entretient familièrement avec lui, et voit toutes choses en lui. Tout ce qui se voit, tout ce qui se fait en ce bas monde, est indifférent à cet homme régénéré. On ne parvient à ce bienheureux état d'indifférence et de tranquillité, que par un entier renoncement à soi-même, par la mortification des sens et de leurs objets, et par l'exercice de l'oraison mentale.

Labadie réunit à Middelbourg une petite église, qui bientôt se grossit d'une foule d'adhérents des Provinces-Unies; il passa avec eux à Amsterdam, et de là en Frise, où ils tentèrent de former une congrégation dans laquelle les biens seraient possédés en commun, et d'où la loi du célibat serait exclue. Ce projet ayant avorté, ils passèrent, en

1670, à Hervorden en Westphalie, sous la protection de la princesse Elisabeth, fille de l'électeur Palatin; il s'attacha aussi à la fameuse Marie Schurman, qui tenait pour certain que Dieu révèle quelquefois aux vrais chrétiens des choses incompréhensibles à la nature dépravée et même aux anges.

La secte ayant été chassée de Hervorden se transporta, en 1672, à Altona, où Labadie mourut deux ans après. La secte subsista encore assez longtemps après lui; il y avait encore, en 1770, un petit nombre de Labadistes dans les Provinces-Unies. On prétend même qu'on en trouve encore quelques-uns, vers Crevelt; mais cette assertion paraît fausse, bien qu'il y ait enore à présent quelques individus qui admirent les rêveries de Labadie, de Boëhm, de Swédenborg, de Poiret, de Bourignon, etc.

LABARUM, enseigne militaire accompagnée du monogramme du nom de Jésus-Christ. En voici l'origine. L'an 312 de l'ère chrétienne, l'empereur Constantin étant en guerre contre le tyran Maxence, « comme ses forces, dit l'historien Fleury, était moindres que celles de son adversaire, il crut avoir besoin d'un secours supérieur, et pensa à quelle divinité il s'adresserait. Il considéra que les empereurs de son temps, qui avaient été zélés pour l'idolâtrie et la multitude des dieux, avaient péri misérablement, et que son père Constance, qui avait honoré toute sa vie le seul Dieu souverain, en avait reçu des marques sensibles de protection. Il résolut donc de s'attacher à ce grand Dieu, et se mit à le prier instamment de se faire connaître à lui, et d'étendre sur lui sa main favorable. L'empereur Constantin priait ainsi de toute son affection, quand, vers le midi, le soleil commençant à baisser, comme il marchait par la campagne avec des troupes, il vit dans le ciel, au-dessus du soleil, une croix lumineuse et une inscription portant ces paroles : *Tu vaincras par ce signe.* Il fut étrangement surpris de cette vision, et les troupes qui l'accompagnaient et qui virent la même chose, n'en furent pas moins étonnées. L'empereur longtemps après racontait cette merveille, et assurait avec serment l'avoir vue de ses yeux, en présence d'Eusèbe, évêque de Césarée, qui en a écrit l'histoire.

« Constantin fut occupé de cette merveille le reste du jour, pensant à ce qu'elle pouvait signifier. La nuit, comme il dormait, Jésus-Christ lui apparut avec le même signe qu'il avait vu dans le ciel, et lui ordonna d'en faire une image, et de s'en servir contre les ennemis dans les combats. L'empereur se leva avec le jour, et déclara le secret à ses amis; puis il fit venir des orfévres et des joailliers, et, s'étant assis au milieu d'eux, leur expliqua la figure de l'enseigne qu'il voulait faire, et leur commanda de l'exécuter avec de l'or et des pierres précieuses. En voici la forme : Un long bois, comme d'une pique, revêtu d'or, avait une traverse en forme de croix : au bout d'en haut était attachée une couronne d'or et de pierreries, qui enfermait le symbole du nom de Christ, c'est-à-dire les deux premières lettres Xρ et Ρο, le P posé au milieu du X, en cette sorte ☧. A la traverse de la croix pendait un petit drapeau carré d'une étoffe très-précieuse, de pourpre tissue d'or et chargée de pierreries. Au-dessus de ce drapeau et au-dessous de la petite croix, c'est-à-dire du monogramme, était en or l'image de l'empereur et de ses enfants. Telle fut l'enseigne que fit faire Constantin : la forme n'en était pas nouvelle ; mais on ne trouve point avant ce temps le nom de *Labarum* qu'on lui donna toujours depuis. L'empereur en fit faire de semblables pour toutes les troupes. Lui-même portait sur son casque la croix, ou le monogramme de Christ; ses soldats le portaient sur leurs écus; et les médailles des empereurs chrétiens en sont pleines. L'empereur choisit ensuite cinquante hommes des plus braves et des plus pieux de ses gardes, qui eurent la charge de porter le Labarum tour à tour. »

Constantin ne tarda pas à remporter la victoire sur le tyran Maxence. En reconnaissance, il fit non-seulement cesser les persécutions contre les chrétiens, mais encore il donna les édits les plus favorables pour l'exercice de leur religion : lui-même embrassa le christianisme, et son règne, l'un des plus glorieux qu'on eût vus jusqu'alors, fut, à proprement parler, le règne de Jésus-Christ et de son Église.

LABITH HORCHIA, nom sous lequel les Tyrrhéniens adoraient Vesta. Les Scythes prononçaient le même nom Labiti.

LABRADÉE, **LABRADÉEN**, surnom sous lequel Jupiter était adoré en Carie, où ses images avaient pour attribut une hache au lieu de la foudre et du sceptre. Cette hache passait pour avoir appartenu à Hercule, qui l'avait laissée à Omphale, d'où elle avait passé aux rois de Lydie jusqu'à Candaule. Celui-ci l'ayant donnée à porter à l'un de ses courtisans, elle tomba, après la défaite de Candaule, dans les mains des Cariens, qui en armèrent leur Jupiter. Cependant Elien prétend que ce Jupiter tenait une épée dans la main, et que l'épithète de Labradéen ne lui avait été donnée que par rapport à la violence des pluies qui tombaient dans cette contrée-là. D'autres veulent que ce nom soit tiré du bourg même où l'on adorait ce dieu, et qui s'appelait *Labrada* ou *Labranda*. Il en est enfin qui le font venir de *Labrade*, Carien, qui, après avoir reçu Jupiter dans sa maison et l'avoir accompagné dans toutes ses expéditions, lui bâtit un temple, avec Atabyre, son frère.

LAC. 1° Les Gaulois avaient un respect religieux pour les lacs, qu'ils regardaient ou comme autant de divinités, ou du moins comme des lieux qu'elles choisissaient pour leur demeure; ils donnaient même à ces lacs le nom de quelques dieux particuliers. Le plus célèbre de ces lacs était celui de

Toulouse, dans lequel ils jetaient, soit en espèces, soit en barres, soit en lingots, l'or et l'argent qu'ils avaient pris sur leurs ennemis. Il y avait aussi dans le Gévaudan, au pied d'une montagne, un grand lac consacré à la lune, où on s'assemblait tous les ans des environs, pour y jeter les offrandes qu'on faisait à la déesse. Strabon parle d'un autre lac très-célèbre dans les Gaules, qu'on nommait le *Lac des deux corbeaux*, parce qu'il y avait deux de ces oiseaux qui y faisaient leur séjour, et desquels on faisait mille contes ridicules. Mais, ce qu'il y a de certain, c'est que, dans les différends qui y arrivaient, les deux parties s'y rendaient, et leur jetaient chacune un gâteau; celui que les corbeaux mangeaient, en se contentant d'éparpiller l'autre, donnait gain de cause.

2° Dans l'Inde, les lacs et les étangs sont également des objets sacrés pour les brahmanes; c'est sur leurs bords que l'on doit observer la plupart des cérémonies religieuses, surtout lorsqu'on est éloigné des fleuves sacrés. Les eaux de plusieurs de ces lacs ont une vertu très-efficace pour effacer les péchés de ceux qui en boivent ou qui s'y baignent.

LACCOPLUTES. Les Athéniens donnaient ce nom à ceux qui portaient les torches dans les mystères. Cette fonction était réservée aux descendants de Callias, à qui on avait donné ce nom, parce qu'il s'était enrichi durant la guerre des Perses, en s'appropriant un trésor enfoui dans les plaines de Marathon, après avoir tué celui qui le lui avait indiqué. Ce nom vient en effet de λάκκος, *fosse* et πλοῦτος, *richesse*.

LACCOS, *fosses* qui, chez les Grecs, tenaient lieu d'autels, lorsqu'on offrait des sacrifices aux divinités infernales.

LACÉDÉMONIES, fête dans laquelle les Lacédémoniennes, femmes, filles, matrones, servantes, se réunissaient dans un vaste appartement d'où les hommes étaient exclus. Athénée parle d'une fête du même nom où les femmes saisissaient les vieux célibataires, et les traînaient autour d'un autel en les frappant à coups de poing.

LACHÉSIS, l'une des trois Parques; son nom veut dire *sort*. C'était lui qui mettait le fil sur le fuseau. Hésiode lui fait tenir la quenouille, et Juvénal la fait filer aussi. Dans les concerts des trois sœurs, c'était Lachésis qui, suivant Plutarque, chantait les événements passés. Elle faisait son séjour sur la terre, et présidait aux destinées qui nous gouvernent. La robe de Lachésis est parsemée d'étoiles sans nombre, et elle a autour d'elle une multitude de fuseaux.

LACHUS, génie céleste, dont les Basilidiens gravaient le nom sur leurs pierres d'aimant magiques.

LACINIE ou **LACINIENNE,** surnom de Junon, tiré d'un promontoire d'Italie, dans le golfe de Tarente, où elle avait un temple respectable par sa sainteté, dit Tite-Live, et célèbre par les riches présents dont il était orné. Le même auteur décrit le bois sacré de la déesse, et les pâturages où ses immenses troupeaux allaient paître seuls, sans rien craindre de la férocité des loups, ni de la malice des hommes. Pline rapporte que les vents les plus violents ne dissipaient pas les cendres qui étaient sur l'autel de Junon, quoiqu'il fût exposé à l'air. Le temple était couvert de tuiles de marbre, dont une partie fut enlevée par le censeur Quintius Fulvius Flaccus, pour servir de couverture à un temple de la Fortune qu'il faisait bâtir à Rome; mais, comme il périt ensuite misérablement, sa mort fut attribuée à la vengeance de la déesse, et, par ordre du sénat, les tuiles furent rapportées au lieu où elles avaient été prises. A ce premier prodige on en ajoutait un autre plus singulier: c'est que, si quelqu'un gravait son nom sur ces tuiles, la gravure s'effaçait dès que cet homme mourait. Cicéron rapporte un autre miracle de Junon Lacinienne. Annibal voulant prendre une colonne d'or dans ce temple, et ne sachant si elle était d'or massif ou si elle était simplement couverte de feuilles d'or, l'avait fait sonder; de sorte qu'ayant reconnu qu'elle était toute d'or, il avait résolu de l'emporter; mais la nuit suivante, Junon lui apparut et l'avertit de se désister de son dessein, s'il ne voulait perdre le bon œil qui lui restait. Annibal déféra à ce songe; et de l'or qu'il avait retiré de la colonne en la sondant, il en fit fondre une petite génisse, qui fut posée sur le chapiteau de la colonne.

On dit que le surnom de Lacinienne est tiré de Lacinius, brigand redoutable qui ravageait les côtes de la Grande-Grèce. Ce Lacinius ayant voulu dérober les bœufs d'Hercule, fut mis à mort par le héros, qui, en mémoire de sa victoire, bâtit à Junon un temple sous le nom de *Lacinie*.

LACTON, divinité adorée par les anciens Sarmates; c'était le souverain des morts.

LACTUCINE, LACTURCINE ou **LACTURTIE,** déesse des Romains, dont la fonction était de présider à la conservation des blés en lait.

LACTURNE, dieu des Romains, dont les fonctions paraissent être les mêmes que celles de la déesse *Lacturcine*.

LAD, dieu de la guerre, chez les peuples Slaves; il avait pour épouse Yagababa, femme gigantesque, d'une horrible maigreur, qu'on représentait assise sur le bord d'un mortier, dont elle frappait le fond avec une massue de fer.

LADA ou **LADO,** déesse de la beauté, de l'hymen et de l'amour, chez les anciens Slaves; elle avait des temples très-riches à Kiew, et dans plusieurs autres lieux de la Sarmatie. On lui offrait des sacrifices avant de contracter mariage, afin de se la rendre favorable. Lada avait trois fils: *Lel*, l'amour; *Did*, l'amour mutuel, et *Polel*, l'hymen.

LAGA, divinité scandinave, gardienne des ondes rafraîchissantes ou des bains.

LAHRA, divinité adorée autrefois dans la Thuringe.

LAICA, nom que les Péruviens donnaient à une espèce de fées. Les Laïca étaient ordinairement bienfaisantes; au lieu que la plupart des magiciens mettaient leur plaisir à faire le mal.

LAICISME. On appelle ainsi le sentiment des hérétiques qui non-seulement rejettent le sacrement de l'ordre, mais qui de plus soutiennent que l'Eglise n'a aucune juridiction spirituelle, qu'elle n'est qu'une création de l'État, que les ministres du culte n'ont aucun caractère particulier, et que tout laïque est apte à remplir toute espèce de fonction ecclésiastique, et à présider aux cérémonies et aux assemblées. Quelques congrégations ont même rejeté toute espèce de ministres, entre autres celles des quakers; dans d'autres, ce sont des ministres, laïques par le fait, qui imposent les mains à d'autres laïques, et cet acte est appelé consécration. Le laïcisme émane directement de l'érastianisme. *Voy.* ERASTIENS.

LAICS ou LAÏQUES. Ce terme, en usage surtout dans l'Eglise chrétienne, sert à désigner tous ceux qui ne font pas partie de l'ordre ecclésiastique; il vient du grec λαός, peuple; on les appelle aussi les simples fidèles.

LAIMA, dieu du bonheur, adoré par les anciens Lithuaniens.

LAIS (FRÈRES). *Voy.* FRÈRES LAIS OU LAÏQUES.

LAIT. Dans les sacrifices des anciens, on faisait de fréquentes libations de lait. Les moissonneurs en offraient à Cérès, les bergers à Palès; et, dans un quartier de Rome, nommé pour cela *Vicus sobrius*, on offrait à Mercure du lait au lieu de vin.

Les libations de lait sont encore en usage parmi les Hindous, les Tartares, et chez un grand nombre de nations païennes.

LAKCHMANA, célèbre héros indien, frère de Rama-Tchandra, incarnation de Vichnou. Il suivit son frère dans son exil, partagea ses travaux guerriers, ses dangers et ses triomphes. Vers la fin de sa vie, Rama accueillit un jour Lakchmana avec humeur; celui-ci ne put supporter cet outrage, et se précipita dans les eaux sacrées du Sarayou. *Voy.* RAMA-TCHANDRA.

LAKCHMI, déesse de la prospérité et de l'abondance, dans la mythologie hindoue; et comme telle elle correspond à la Cérès des anciens; son nom n'est en même pas sans analogie avec celui de *Sri*, sous lequel Lakchmi est fréquemment adorée. Sa beauté est citée comme parfaite, d'où l'on peut la comparer à Vénus; comme cette dernière, elle naquit des eaux de la mer, lorsque les dévas et les asouras la barattèrent pour se procurer l'amrita (ambroisie). Comme Vénus encore, elle alluma une flamme ardente dans le cœur de tous les dieux; Siva, plus que tout autre, brûla d'amour pour elle; mais elle offrit sa main à Vichnou, qui en fit son épouse. Elle accompagna son mari dans la plupart de ses incarnations terrestres, et c'est elle que l'on retrouve sous les noms de Sita et de Roukmini, dans l'histoire de Rama-Tchandra et dans celle de Krichna. Il y a cependant des légendaires hindous qui la disent fille de Bhrigou, fils de Brahmâ, et l'un des sept ri-chis. Elle passe aussi pour sœur de la lune, parce qu'elle apparut aussitôt après cet astre.

On la représente de couleur jaune, assise sur un lotus, tenant d'une main une corde et de l'autre un collier. En lui voyant pour attribut cette corde, instrument de supplice, on se rappelle la peinture que fait Horace de la Fortune, qui apporte les biens comme les maux. Dans d'anciens temples, on voit la statue de cette déesse avec des mamelles gonflées, et une espèce de corne d'abondance entrelacée autour de son bras.

Les sectateurs de Vichnou la regardent comme la mère du monde; ils disent que Lakchmi n'a point d'essence qui lui soit propre; qu'elle est en même temps vache, cheval, montagne, or, argent, en un mot tout ce qui peut tomber sous les sens. Ils portent son nom attaché au bras ou au cou, comme un préservatif contre toutes sortes d'accidents.

Outre les noms de *Sri* et de *Lakchmi*, on lui donne encore ceux de *Kamala* et de *Padma* qui signifient lotus. — Cette déesse est adorée en cinq mois différents; mais sa fête la plus célèbre est celle qui tombe à la pleine lune du mois d'Asin (septembre-octobre). *Voy.* KODJAGAR.

LALLUS, dieu des Romains, invoqué par les nourrices pour empêcher les enfants de crier et pour les endormir; d'autres disent qu'il présidait au balbutiement des enfants. Ce nom vient du verbe *lallare*, dont les anciens se servaient pour exprimer le sommeil des petits enfants, parce que, d'après Cornutus, les nourrices les endormaient en répétant *lalla, lalla*.

LAMA, nom des prêtres ou religieux bouddhistes du Tibet, de la Mongolie, de la Mantchourie, etc. Ce nom signifie *supérieur* ou *prêtre supérieur*, et s'écrit en tibétain *bLa-ma*, et non point *Lha-ma*, comme l'orthographient quelques-uns, ce qui signifierait *mère des dieux*. Cependant il n'y a guère que les Européens qui appellent indifféremment tous les religieux tibétains *Lamas*; cette qualification appartient proprement aux supérieurs des couvents ou monastères. Il y en a de plusieurs sortes; les uns portent le nom de *Lamas renés* ou *régénérés*; ce sont ceux qui, à leur mort, passent d'un corps dans un autre. C'est parmi eux que se trouvent les Grands Lamas qui sont en assez grand nombre, et dont chacun a la suprématie sur plusieurs monastères. Les supérieurs particuliers de ces communautés sont élus par leur Grand Lama respectif, et ne peuvent être déposés que pour des raisons majeures; mais ils peuvent passer d'un couvent inférieur à un monastère plus important; on les appelle *Lamas élus*. Tous les Grands Lamas passent, aux yeux des Tibétains et des Tartares, pour être animés par l'âme de quelque Bodhisatwa, c'est-à-dire d'un des êtres antiques qui ont atteint la plus grande perfection, sans pourtant être encore parvenus au degré de Bouddha.

Le titre tibétain du Lama suprême est

Lama-rin-bo-tsé, c'est-à-dire grand prêtre, joyaux précieux; ou *Dalaï-Lama*, grand prêtre, océan (de sainteté). Les Lamas renés sont appelés *Tchang-tchoub-Lama*, et les Lamas élus, *Kombeï-Lama*. *Voy.* DALAÏ-LAMA.

Tous les Lamas, et même tous les religieux du Tibet, ont les cheveux coupés. Ils portent deux robes traînantes, dont celle de dessous tient lieu de hauts-de-chausses; et ces robes sont rouges. Par-dessus ces robes, ils en portent une troisième qui est pourpre; elle n'a point de manches, et elle est ouverte devant la poitrine, sur laquelle ils ont un morceau d'étoffe de laine. Ils ont de plus un grand et ample manteau de couleur de safran, qu'ils appellent le *manteau de la loi rétablie*, et qu'ils regardent comme propre à Chakya. Les bords de ce manteau sont rejetés sur leurs épaules. Un faisceau de cinq bandelettes de différentes couleurs leur pend derrière le manteau. Leur chaussure est également de diverses couleurs. Ceux qui sont parvenus à la dignité de Lamas portent des bâtons ou des cannes. Ils ont des nattes sur lesquelles ils se tiennent longtemps assis, où ils prennent leur sommeil, et qu'ils portent avec eux dans le temple.

Les monastères des Lamas sont, autant qu'il est possible, bâtis sur des hauteurs; on en compte environ 3000 dans le Tibet. Les religieux n'ont rien en propre; ils ne doivent se livrer à aucun travail manuel, tel que bâtir, semer, planter, moissonner, recueillir, moudre, pétrir la farine, moudre le pain, etc. Plusieurs de ces monastères sont des écoles publiques, dans lesquelles on instruit la jeunesse, on explique la loi, on enseigne la logique, la philosophie, l'astronomie, la médecine, et surtout la théologie.

Les Lamas et les religieux sont presque continuellement dans les couvents et dans les temples, occupés à l'étude et à la prière; ils ont la tête rasée et vivent dans le célibat. Il y en a un nombre prodigieux, car chaque famille se fait un honneur d'en avoir le plus possible parmi ses membres.

« Les sciences, les arts et la plus grande partie du commerce, dit M. Gabet, sont concentrés entre les mains des religieux; et le culte lamaïque sert à ce pays d'industrie, de gouvernement, de législation et de politique. Pour bien expliquer cet état, il faut dire que la religion de Bouddha possède tout le Tibet, avec ses habitants, ses terres, ses richesses, ses monuments et jusqu'à ses rochers; car on voit leur granit tantôt couvert de légendes superstitieuses, tantôt taillé en forme d'idole avec une niche creusée dans la pierre vive; on aperçoit même suspendues à leurs flancs les plus abruptes de grandes lamaseries, dont les cellules sont groupées et collées à la roche comme des nids d'hirondelles. Ces lamaseries jouissent toutes d'un territoire plus ou moins étendu, dont le produit forme le revenu des religieux, et dont l'administration appartient au Bouddha incarné du couvent. Tant d'avantages attachés à la dignité de Grand Lama excitent vivement les ambitions, et provoquent quelquefois les luttes les plus acharnées..... On voit aussi un grand nombre de Lamas contemplatifs, à la façon des faquirs de l'Inde. Nous passâmes au pied d'une caverne, où l'un d'eux menait depuis vingt et un ans la vie érémitique. Sa règle était, dit-on, de ne faire qu'un repas par semaine, et de ne paraître en public qu'une fois tous les trois ans. Il a près de lui un disciple pour transmettre ses réponses aux personnes qui viennent le consulter. La réputation dont il jouit est colossale. Ces ermites sont nombreux, et en général ils sont toujours la source d'une nouvelle incarnation. »

LAMA-RIN-BO-TSE, nom du Lama suprême chez les Tibétains. *Voy.* LAMA et DALAÏ-LAMA.

LAMENTATIONS DE JÉRÉMIE, un des livres canoniques de l'Écriture sainte, et sans contredit l'un des plus poétiques. Le prophète y déplore les malheurs de Jérusalem sa patrie, avec les accents les plus touchants et les plus pathétiques. On y trouve un grand nombre de figures hardies et énergiques. L'Église catholique les chante dans les trois derniers jours de la semaine sainte, sur une modulation appropriée aux paroles.

L'original hébreu de ce précieux opuscule est composé de cinq chapitres, dont les quatre premiers sont en vers acrostiches, le troisième est de plus disposé en tercets. Le cinquième est une prière. Les Juifs ne le mettent pas au rang des livres prophétiques, mais dans celui des hagiographes.

LAMIE ou DAMIE *Voy.* AUXÉSIA.

LAMIES, démons ou spectres de l'Afrique, que les anciens représentaient avec la figure et le sein d'une belle femme, et le corps d'un serpent, et qu'on disait se cacher dans les buissons près des grands chemins, d'où ils s'élançaient sur les passants. Les Lamies n'étaient point douées de la faculté de parler; mais elles sifflaient d'une manière si agréable, qu'elles attiraient les voyageurs et les dévoraient.

Diodore de Sicile parle d'une reine appelée *Lamie*, d'une beauté extraordinaire et qui habitait une profonde caverne garnie d'ifs et de lierre; mais en punition de la férocité de son caractère, elle fut transformée en bête sauvage. Ayant perdu tous ses enfants, elle tomba dans un tel désespoir, qu'elle faisait enlever ceux des autres femmes d'entre leurs bras pour les massacrer elle-même. C'est pour cela, dit le même écrivain, qu'elle est devenue odieuse à tous les enfants, qui craignent même d'entendre prononcer son nom. Quand elle était ivre, elle permettait de faire tout ce qu'on voulait, sans craindre de sa part aucun retour sur ce qui s'était passé durant son ivresse. C'est pour cela qu'avant de boire elle mettait, dit-on, les yeux dans un sac, c'est-à-dire, que l'ivresse la plongeait dans un profond sommeil.

Les Arabes, les Persans et les Musulmans en général croient encore à l'existence des Lamies qu'ils appellent *Ghoul, Dives*, etc.

LAMLÉMAHA, pontife dont la dignité répond, chez les Madécasses, à celle d'archevêque.

LAMMAS-DAY, c'est-à-dire le jour du Lammas; les Anglais appellent ainsi le premier du mois d'août, jour auquel on célébrait anciennement chez eux une messe d'actions de grâces pour la récolte des premiers fruits de la terre. On faisait aussi dans cette fête une procession solennelle appelée *le tribut d'août*.

Dans les anciens livres saxons, ce jour est appelé *Hlaf-mass*, c'est-à-dire la *messe du pain* ou *du blé*. Ce nom se trouve dans la Chronique saxonne, et caractérise la fête des premiers fruits de la moisson. La vérité de cette étymologie a été prouvée par plusieurs savants. C'est donc à tort que Bailey, Johnson, etc., tirent l'étymologie du *Lammas-day*, de l'agneau, *lamm, lamb*, que les fermiers de la cathédrale d'York donnaient anciennement à cette église, le premier jour d'août.

LAMM-BRÜDERS, c'est-à-dire, *Frères agneaux*, en latin *Fratres agnini*; on a donné ce nom aux Frères de Bohême, qui descendaient des Taboristes et des Hussistes, et qui étaient cachés, en 1420, sous le nom de Calixtins, lorsque ceux-ci avaient la liberté de culte; mais ils s'en séparèrent en 1457. Dix ans après, ils choisirent trois ministres, auxquels un curé conféra l'ordination; puis ils élurent un évêque, qui fut ordonné à Vienne en Autriche, par le pasteur que les Vaudois avaient décoré du même titre.

LAMMISTES, branche de Mennonites qui rejetaient toute profession de foi.

LAMPADAIRE, officier de l'Eglise de Constantinople; il était chargé du soin du luminaire. Lorsque le patriarche, l'empereur ou l'impératrice assistaient à l'office divin ou marchaient en procession, le lampadaire portait devant eux un bougeoir. Les évêques d'Occident ont pareillement la coutume de faire porter devant eux un bougeoir lorsqu'ils officient.

LAMPADODROMIE, course aux flambeaux, dans les fêtes grecques. *Voy.* LAMPADOPHORIES.

LAMPADOMANCIE, genre de divination, par laquelle les anciens observaient la forme, la couleur et les figures diverses de la lumière d'une lampe, afin d'en tirer des présages pour l'avenir. Cette superstition n'est pas encore abolie entièrement. Nous avons eu plusieurs fois occasion de voir les habitants des campagnes, lorsqu'ils assistent à un mariage, tirer des inductions relatives au caractère et au sort futur des époux, suivant que le cierge de l'un deux brûle plus ou moins vite, ou avec une flamme plus intense que celui de l'autre.

LAMPADOPHORE, celui qui, chez les Grecs, portait la lampe dans les sacrifices, ou le flambeau dans les Lampadophories. *Voy.* DADOUQUES.

LAMPADOPHORIES, fêtes dans lesquelles les Grecs allumaient une multitude de lampes en l'honneur de Minerve, qui la première leur avait donné l'huile; de Vulcain, inventeur du feu et des lampes, et de Prométhée, qui avait dérobé le feu du ciel. On y donnait aussi des jeux, qui consistaient à disputer le prix en courant, un flambeau à la main. Ce combat est ainsi décrit dans le *Voyage du jeune Anacharsis*: « La carrière n'a que six à sept stades de longueur; elle s'étend depuis l'autel de Prométhée, qui est à la porte du jardin de l'Académie, jusqu'aux murs de la ville. Plusieurs jeunes gens sont placés dans cet intervalle à des distances égales. Quand les cris de la multitude ont donné le signal, le premier allume le flambeau sur l'autel, et le porte en courant au second, qui le transmet de la même manière au troisième, et ainsi successivement. Ceux qui le laissent s'éteindre ne peuvent concourir. Il faut, pour remporter le prix, avoir parcouru les différentes stations. Ce combat se diversifie suivant la nature des fêtes. »

LAMPES (fête des). Cette fête se célébrait à Saïs en Égypte. Hérodote nous apprend qu'elle fut instituée à l'occasion de la mort de la fille unique d'un roi aimé de ses sujets.

LAMPÉTIENS, hérétiques, ainsi nommés de Lampétius, leur chef. Ils rejetaient les vœux de religion, particulièrement celui d'obéissance, qui était, disaient-ils, contraire à la liberté des enfants de Dieu; c'est aussi le sentiment des protestants et des autres hérétiques de nos jours. Ils ne voulaient point qu'un religieux pût être astreint à porter un habit d'une forme déterminée. Ils affectaient d'ailleurs un extérieur austère et des mœurs rigides; ils jeûnaient tous les samedis. Les Lampétiens paraissent avoir vécu dans le VIe siècle.

LAMPROPHORES, c'est-à-dire, *porteurs de clarté* ou *d'un habit éclatant de blancheur* (λαμπρὸς). Dans la primitive Eglise, on donnait ce nom aux néophytes pendant les sept jours qui suivaient leur baptême. On sait qu'en effet ils étaient revêtus de robes blanches pendant cette semaine. Maintenant encore, quand on baptise un adulte, on le revêt d'une tunique blanche. Chez les enfants cette tunique ou robe est remplacée par un voile, ou par un bonnet blanc appelé *chrémeau*.

LAMPTÉRIES (de λαμπτήρ, flambeau); fête que les Grecs célébraient à Pellène, en l'honneur de Bacchus, immédiatement après les vendanges. Ils faisaient alors de grandes illuminations pendant la nuit, et versaient du vin avec profusion à tous les passants.

LANCE. Les Romains, selon Varron, représentaient d'abord leur dieu de la guerre sous la forme d'une lance, et avaient pris cet usage des Sabins, chez qui la lance était le symbole de la guerre. *Voy.* QUIRINUS. D'autres peuples, selon Justin, rendaient un culte à une lance, et c'est de là, dit-il, qu'est venue la coutume d'en donner aux statues des dieux.

LANDJI, cérémonie qui accompagne les funérailles du Toui-Tonga, ou souverain pontife de l'archipel Tonga. Aussitôt après sa mort on lui lave le corps avec de l'huile ou de l'eau, et ses veuves viennent pleurer sur son corps. Le lendemain, tous les hommes, femmes et enfants se rasent la tête. La cérémonie de l'enterrement est la même que celle du roi; mais la durée du deuil est fixée à quatre mois pour le peuple, et à quinze pour ses proches parents, et le tabou, pour avoir touché son corps et ses vêtements, à dix mois. Les hommes ne se rasent pas pendant un mois au moins, et ne se frottent d'huile que la nuit, et les femmes passent deux mois entiers dans le faïtoka. Le soir de l'enterrement, des hommes, des femmes et des enfants, couverts de vieilles nattes, etc., et munis chacun d'un *tomé* ou torche, et d'un morceau de *bolata*, se réunissent au nombre d'environ deux mille, à la distance de quatre-vingts pas de la fosse. Une des pleureuses sort du faïtoka et leur crie : « Levez-vous et approchez. » La multitude se lève, s'avance d'environ quarante pas et s'assied de nouveau. Deux hommes placés derrière le faïtoka se mettent à sonner de la conque, tandis que six autres, tenant des torches allumées, de six pieds de long chacune, sortent de derrière le tertre, et courent çà et là en les brandissant. Ils remontent bientôt après sur le tertre, et au même instant, tous les assistants prennent en main leurs bolatas, se rangent sur une seule ligne pour les suivre, et vont déposer leurs torches éteintes derrière le faïtoka, où ils reçoivent des remerciments des pleureuses. Lorsqu'ils sont de retour à leurs places, le mataboulé qui conduit la cérémonie leur ordonne d'arracher l'herbe, les broussailles, etc., aux environs de la fosse, et chacun se retire ensuite dans la maison qu'il doit habiter pendant le deuil.

A la nuit les conques résonnent encore, pendant que les coryphées chantent une sorte de récitatif, partie en langue hamoa, partie en dialecte inconnu. C'est le prélude d'une cérémonie bizarre et peu séante qu'on s'explique difficilement. Quand les conques ont cessé de retentir, une des femmes du deuil s'assied hors du faïtoka et dit au peuple : « O hommes! vous êtes rassemblés ici pour accomplir les devoirs qui vous sont imposés; levez-vous et faites en sorte de les remplir complétement. » Ce complément des devoirs consiste en une excrétion générale, qui couvre et infecte bientôt le tertre sacré.

Le lendemain, au point du jour, les femmes du premier rang, les épouses et les filles des plus grands chefs, arrivent en procession, suivies de leurs servantes. Elles portent des corbeilles, et vont, à l'aide de larges coquilles, faire disparaître les ordures déposées la veille. Peu de femmes oseraient se dispenser de donner ce témoignage d'humilité religieuse. Durant quatorze nuits ce manége recommence. Enfin, le seizième jour, les mêmes femmes reparaissent, mais cette fois parées de leurs plus beaux atours. La tête ceinte de couronnes de fleurs, portant sous le bras des corbeilles élégantes, elles font la seule pantomime des dégoûtantes fonctions qu'hier encore elles remplissaient réellement. Suivant les naturels, cet acte tout symbolique signifiait que nul service n'était vil et dégoûtant quand il s'agissait de pontife religieux.

LANGALA-DHWADJA, surnom du troisième Rama, appelé aussi Bala-Rama, une des incarnations de Vichnou; il signifie celui qui porte une charrue pour étendard. *Voy.* RAMA.

LANGUE. Les Persans, dit Chardin, tiennent que les trois langues primitives sont l'arabe, le persan et le turc. Elles étaient, disent-ils, toutes trois en usage, et en même temps, dans le paradis terrestre. Le serpent qui séduisit nos premiers pères parlait *arabe*, langue éloquente, forte et persuasive, qui sera un jour la langue du paradis. Adam et Eve parlaient entre eux *persan*, idiome doux, flatteur, poétique, insinuant, qui réussit à Eve, comme on sait. L'ange Gabriel, qui les chassa du paradis, fut obligé de parler *turc*, parce que leur ayant commandé de sortir du paradis, d'abord en persan, puis en arabe, sans qu'ils en fissent rien, il s'exprima enfin dans les termes de cette langue menaçante, qui les effrayèrent et les firent obéir.

LANGUES LITURGIQUES ou SACRÉES

Les langues sacrées sont celles dans lesquelles sont écrits les livres sacrés ou réputés tels par les différents peuples de la terre. Les langues liturgiques sont celles dans lesquelles sont formulées les prières, lectures, cantiques, et les autres formes extérieures et publiques du culte. Nous croyons utile de donner ici un tableau de ces langues, car nous y faisons quelquefois allusion dans ce Dictionnaire.

1° Pour les *Juifs*, l'hébreu est la langue sacrée et liturgique; c'est en hébreu qu'est écrit l'Ancien Testament; c'est dans cette langue que se font les prières à la synagogue; c'est pourquoi ils l'appellent la langue sainte. Il y a aussi quelques parties de la Bible dont le texte est en *chaldéen* ou babylonien.

2° Les *Samaritains* regardent également l'*hébreu* comme langue sacrée; ils ont en cette langue le Pentateuque de Moïse, seul livre de l'Ancien Testament qu'ils aient conservé; mais ils l'écrivent avec des caractères particuliers, qui ressemblent beaucoup aux phéniciens. Leur langue liturgique paraît être le dialecte *samaritain*.

3° L'*Eglise latine* n'a point de langue sacrée qui lui soit particulière; sa langue liturgique est le *latin*.

4° Dans l'*Eglise grecque*, le *grec ancien* ou littéral est la langue sacrée et liturgique; car le Nouveau Testament est écrit en grec, ainsi que toute la liturgie.

5° Les autres *Eglises orientales* n'ont point de langue sacrée; mais leur langue liturgique varie suivant les diverses nations; toutefois il ne leur est pas libre de faire l'office dans une langue quelconque; la plupart des chrétiens de l'Orient font la liturgie dans le dialecte ancien qui n'est plus entendu du peuple. Ces langues liturgiques sont l'*arménien*, le *géorgien*, le *syriaque*, le *chaldéen*, l'*arabe*, le *copte*, l'*éthiopien* et le *slavon*.

6° Les protestants n'ont point de langue sacrée ni de langue liturgique; ils emploient pour la célébration de l'office l'idiome vulgaire en usage dans le pays où ils se trouvent.

7° Les livres sacrés ou sibyllins des Romains étaient écrits en latin ancien.

8° La langue sacrée et liturgique des *Musulmans* est l'*arabe ancien* ou *littéral*; c'est en arabe qu'est écrit le Coran.

9° La langue sacrée et liturgique des Parsis est le *zend*, dans lequel sont écrits les ouvrages de Zoroastre, le Zend-Avesta. Le *Pèhlvi* était aussi autrefois une langue sacrée pour eux.

10° La langue sacrée des *Brahmanistes* est le *sanscrit*; c'est en sanscrit que sont écrits les Védas, les Pouranas, les Oupanichadas, etc.

11° Les *Bouddhistes* ont plusieurs langues sacrées; ce sont principalement le *tibétain* pour le Tibet, la Tartarie, la Chine, etc., et le *pali*, pour l'île de Ceylan et la presqu'île au delà du Gange. Ils ont en outre plusieurs langues liturgiques, comme le *barman*, le *mongol*, le *mandchou*, le *kalmouk*, le *chinois*, le *japonais*, etc.

12° La secte du *Ju-kiao* ou des lettrés, répandus dans la Chine, le Japon, la Corée, la Cochinchine, a pour langue sacrée le *kouewen* ou chinois ancien et littéraire, idiome dans lequel sont écrites les œuvres de Confucius et des anciens sages.

LANIGÈRE, surnom de Cérès, lorsqu'elle est représentée précédée d'un bélier, ou assise sur lui. Elle avait sous ce nom un temple à Mégare, parce que cette contrée était renommée pour les ouvrages en laine.

LANITHO, nom sous lequel les habitants des Moluques adoraient le démon de l'air.

LANTERNES (fête des). 1° C'est la plus brillante et la plus solennelle des fêtes célébrées à la Chine. Elle commence le quinzième jour de la première lune. La nuit précédente, la grosse cloche du palais de l'empereur donne le signal de la fête. On fait des décharges d'artillerie; le son des tambours et des trompettes se fait entendre; enfin tout dispose les esprits à la joie. On suspend alors, dans toutes les rues de la ville, des lanternes embellies de tous les ornements imaginables, dorées, vernissées et ornées de sculptures. Elles ont ordinairement six ou huit panneaux. Chaque panneau est couvert d'une toile de soie bleue, sur laquelle sont représentés des fleurs, des arbres, des animaux et des figures humaines. Le grand nombre de lumières qui brillent dans la lanterne donne de la vie à toutes ces figures. Quelques-unes de ces lanternes sont faites avec une corne bleue, extrêmement fine et transparente, qui laisse voir dans l'intérieur différentes figures arrangées avec art, et qui paraissent vivantes, par la grande quantité de bougies dont elles sont éclairées. Le sommet de ces lanternes est orné de banderoles de différentes couleurs. Leur hauteur ordinaire est de quatre à cinq pieds; mais il s'en trouve dont le diamètre a jusqu'à trente pieds. Dans ces vastes machines, des farceurs représentent des scènes comiques pour l'amusement des spectateurs. Il y a de ces lanternes qui coûtent jusqu'à deux mille écus. Pendant que le peuple s'occupe à les considérer, les plus habiles musiciens font retentir les airs de leurs bruyantes symphonies. Ces concerts sont accompagnés de cris de joie, de fanfares, de trompettes, du son des cloches de tous les temples et de tous les monastères; ce qui forme un carillon qu'on entend de fort loin. Pendant cette fête, toutes les affaires sont interrompues, et toutes les boutiques fermées. Les prêtres et les religieux, l'encensoir à la main, conduisent en pompe dans la ville un grand nombre d'idoles. Les femmes mêmes, toujours si resserrées en Chine, paraissent quelquefois ce jour-là, magnifiquement parées; les unes sont montées sur des ânes; les autres se font porter dans des chaises découvertes par devant. Derrière elles sont leurs domestiques qui jouent de divers instruments.

Le P. Lecomte assure que le nombre des lanternes qu'on allume ce soir-là, dans toute l'étendue de la Chine, se monte à plus de deux cents millions. Chaque citoyen un peu aisé en achète, pour en parer sa maison; et tel est, sur cet article, l'ambition des Chinois, qu'ils retrancheront de leur dépense, pendant le cours de l'année, afin d'être en état de se procurer une des plus belles lanternes. Dans tous les quartiers de la ville, on tire ce jour-là des feux d'artifice magnifiques, tels que les Chinois savent les composer, ce qui contribue beaucoup à l'embellissement de cette fête. Les Chinois attribuent l'origine de cette fête à un accident qui arriva dans la famille d'un mandarin, dont la fille, en se promenant le soir, sur le bord d'une rivière, tomba dans l'eau et se noya. Le père affligé courut de tous côtés avec ses gens pour la retrouver; il se rendit jusqu'à la mer avec un grand nombre de lanternes; tous les habitants du lieu le suivirent avec des torches. La seule consolation du mandarin fût de voir l'empressement du peuple. L'année suivante, on fit des feux le même jour sur le rivage, et on continua la même cérémonie tous les ans; chacun allumait pour lors des lanternes, et peu à peu on en fit une coutume. D'autres attribuent l'origine de cette fête au dessein extravagant qu'un de leurs monarques conçut autrefois de s'enfermer avec ses maîtresses dans un superbe palais qu'il fit bâtir tout exprès, et qu'il fit éclairer de magnifiques lanternes, pour avoir le plaisir de vivre sous un nouveau ciel toujours éclairé, toujours serein, et qui lui fit oublier toutes les révolutions de l'ancien monde. Ces déréglements soulevèrent le peuple contre le monarque; on détruisit son palais, et, pour conserver à la postérité la mémoire d'une si indigne conduite, on en suspendit les lanternes dans tous les quartiers de la ville. Cette coutume se renouvela tous les ans, et devint depuis ce temps-là une fête célèbre. D'autres enfin disent que l'empereur Tcheou, prince cruel et haï de ses sujets, avait coutume de faire éclairer, pendant la nuit, le palais impérial d'une grande quantité de lumières, soit qu'il appréhendât une révolte, ou pour quelque autre raison, et que les Chinois, après sa mort, instituèrent la fête des Lanternes, en réjouissance d'être délivrés de ce tyran.

2° De la Chine cette fête passa au Japon, où cependant elle a un autre objet, car elle est consacrée à honorer les mânes des morts. Elle a lieu le quinzième jour du septième mois. Les Bouddhistes la nomment *Wouran-bon* ou simplement *Bon*, ce qui veut dire une assiette, un plat; mais les sectateurs du Sintoïsme l'appellent *Tchou-ghen*, de *tchou*, milieu, et *ghen*, commencement; pour signifier qu'en payant ses dettes au milieu de ce mois, on peut commencer à établir un nouveau compte.

A Nangasaki, on commence la fête par adresser, le 13, à six heures du soir, ses prières aux âmes des défunts. A cet effet, on tire de leurs caisses les tablettes de ses parents et celles de sa famille, et on les place dans une salle latérale, qui est le lieu où on les garde; ou bien on les met dans la salle et en dedans de l'alcôve, où on leur sert un repas en action de grâces et en signe de reconnaissance pour tout ce qu'on leur doit. Préalablement on étend des nattes vertes, sur lesquelles on met des deux côtés des épis de riz et du millet, des légumes et des fruits crus, comme des fèves, des figues, des poires, des marrons, des noisettes, des raiforts, et les premiers fruits de l'automne. On place au centre un petit vase où l'on brûle des bâtons d'odeurs et d'autres parfums. Devant ce vase, on pose, d'un côté, une jatte avec de l'eau pure; de l'autre, une jatte avec une feuille verte de nénufar rose, sur laquelle on met un peu de riz cru et de petits morceaux carrés d'une sorte de navets. Au-dessus de la jatte remplie d'eau, est placé un bouquet de chanvre, fait en forme de petit balai ou de goupillon, dont on se sert, quand on vient de faire ses prières, pour asperger le riz et les navets. On adresse ses prières au dieu Amida, en marmottant cent fois ou même mille fois, les mots *Nami Amida Bouts*: Amida, prie pour nous, et on le supplie en même temps de transporter le défunt dans un monde où il puisse jouir d'une félicité parfaite. Dans un autre vase, on met des branches d'un certain arbre, et d'autres belles fleurs, et on a soin de tenir des lanternes allumées pendant deux jours et trois nuits.

Dans la matinée du 14, on ôte la jatte d'eau, et on la remplace par de petites tasses de thé, qu'on sert jusqu'à trois fois par jour à chaque tablette, avec deux plats qu'on offre, l'un pour le déjeuner, l'autre pour le diner, et qui sont couverts de riz cuit et de plusieurs mets apprêtés comme à l'ordinaire. Dans l'intervalle de ces deux repas, on met devant la tablette plusieurs friandises, comme du *laksak*, des gâteaux, des *mansi* étuvés, des pains de sucre, etc.

Sur le soir, on commence, dans les cimetières, à allumer des lanternes devant chaque pierre érigée sur les tombeaux; elles brûlent jusqu'à dix heures, et sont suspendues à de longs bambous posés de chaque côté sur deux bâtons en forme de croix. En avant de la pierre, on met une petite écuelle de forme carrée, avec de l'eau pure, et des deux côtés un gobelet avec une petite branche verte. Dans deux morceaux de bambou plus courts, on brûle de petits bâtons d'odeurs, et on place en même temps des *mansi* étuvés, des sucreries et autres friandises sur le tombeau.

Dans la nuit du 15, le sacrifice se fait dans l'intérieur des maisons, devant les tablettes comme le jour précédent; on allume de même des lanternes près des tombeaux.

Le 16, à trois heures du matin, on empaquette tous les mets dont on vient de parler, dans de petites barques de paille, que les paysans des villages voisins apportent à pleins bateaux au marché; les voiles en sont de papier peint, de soie ou de toile de chanvre. On les éclaire avec de petites lanternes et des bâtons d'odeurs; puis on les porte solennellement, et au son de la musique, jusqu'au bord de la mer, où on les abandonne aux vents et aux flots qui ne tardent pas à les engloutir. On prétend par là congédier les âmes des défunts, qui retournent alors à leurs tombeaux; à moins que ces âmes n'aient appartenu à des impies; en ce cas elles sont condamnées à errer sans relâche, jusqu'à ce que le terme fixé pour l'expiation de leurs péchés soit expiré. Pour l'abréger, les prêtres vont faire des prières près des tombeaux.

Cette fête produit un effet très-pittoresque: en dehors de la ville, la vue prise de l'île Desima est des plus belles. On croirait voir un torrent de feu couler de la montagne, par la quantité immense de petites barques qu'on apporte au rivage, d'où elles sont envoyées à la mer. Au milieu de la nuit, et par un vent frais, l'agitation de l'eau qui fait changer de place toutes ces lumières produit un tableau charmant. Le bruit qu'on entend dans la ville, le son des bassins et les voix des prêtres se mêlent pour former une harmonie bizarre et difficile à imaginer. Toute la baie semble couverte de feux follets.

Au premier volume du livre des cantiques *Bouts setsou Wouran bon kio*, on trouve la tradition suivante: La mère du prêtre Mokren Bikou, disciple de Chakia, descendit après sa mort aux enfers pour y expier ses péchés; elle y souffrait une faim cruelle; son fils, qui, par ses grandes lumières, avait la connaissance du passé et de l'avenir, ainsi que de tout ce qui se passait au ciel et dans les enfers, tâcha de lui procurer quelque nourriture, et lui donna un plat de riz dont la vue la réjouit beaucoup; mais dès qu'elle eut approché un peu de riz de ses lèvres, il se changea en charbons ardents. Le fils, voyant cela de ce monde, alla consulter son maître Chakya sur le moyen de délivrer sa mère de la punition qu'elle avait encourue par son impiété, et reçut cette réponse : « Votre mère est morte en état de révolte contre les Fotoki; seul, vous n'êtes pas en état de lui donner des secours efficaces; mais, le quinzième jour du septième mois, rassemblez tous les prêtres pour chanter des hymnes avec eux, et préparez une offrande de cent sortes de mets pour les dieux. » Mokren obéit à Chakya, et réussit ainsi à délivrer sa mère.

3° La même fête est célébrée dans le Tong-King, le même jour et dans le même but qu'au Japon. Le jour de la pleine lune, chacun allume un feu à l'endroit occupé par le mort avant qu'il ait été enseveli, (dans la pensée que l'âme purifiée de la sorte, comme l'or dans la fournaise, se rend de là dans le ciel. Cette fête funèbre est observée très-religieusement; toutes les boutiques sont fermées, et il est sévèrement défendu de vendre ni d'acheter quoi que ce soit.

LANTHILA, nom que les habitants des îles Moluques donnaient à un être supérieur qu'ils supposaient commander à tous les Nitos ou génies malfaisants.

LAO-CHE-FOU, ministre de la religion musulmane chez les Chinois; c'est une espèce de marabout chargé de la garde de la mosquée. Il a pour office, chaque jour, au soleil levant, de donner le premier coup de couteau au bœuf ou à la vache dont la chair doit se vendre à la boucherie. Il ouvre aussi école pour les jeunes gens qui désirent étudier le Coran.

LAO-KIUN ou LAO-TSEU, célèbre philosophe chinois, qui naquit l'année 604 avant l'ère chrétienne, cinquante-quatre ans avant Confucius. Les sectateurs de sa doctrine philosophique, qui, par la suite des temps, et à l'aide d'une interprétation forcée, l'ont fait passer à l'état de religion, ou plutôt en ont fondé une appuyée sur elle, ne se sont pas contentés de l'origine humaine du philosophe; ils en ont fait une divinité qui n'avait pas eu de naissance, mais qui a fait plusieurs apparitions sur la terre, en s'incarnant dans des formes corporelles. Voici comme est exposée sa généalogie dans un livre chinois traduit par Klaproth :

« Autrefois le ciel et la terre n'étaient pas séparés; les principes *Yn* (l'imparfait) et *Yang* (le parfait) ne se trouvaient pas disjoints, le chaos était profond et ténébreux, et le souffle vivifiant était répandu partout (1). Au milieu de la spontanéité du vide continuel, produit sans lumière, se condensèrent dix milliards de principes, d'actions simples, qui produisirent par le changement *le saint Prince de l'Absolu*, *le Vénérable de la succession des temps*, dont le titre honorifique est *l'Empereur de l'Absolu*, *le Vénérable du ciel*,

---

(1) Comparez cet exposé avec les premiers versets de la Genèse : *In principio... terra erat inanis et vacua, et tenebræ erant super faciem abyssi, et spiritus Dei ferebatur super aquas.*

d'origine primordiale et existant par lui-même; un autre de ses titres est *le très-précieux Homme par excellence*.

« Après une autre série de 999,990,000,000,000, de périodes mondaines, dix milliards d'éléments bruts se condensèrent et produisirent le changement *le saint Prince de l'Existence*, qui s'appelle lui-même *le grand Empereur*, *le Souverain du vide*, *le Prince de la grande doctrine* (Tao), *le Joyau de la clarté qui perce les ténèbres*.

« Après une autre série de 80.888,000,000 de périodes mondaines, dix milliards d'éléments renfermant l'intelligence (Tao) se condensèrent et produisirent par le changement *le saint Prince du chaos*, qui, dans la suite des siècles, fut appelé *le véritable grand Empereur*, *le vieux Prince* (Lao-Kiun) *d'origine obscure et merveilleuse des dix mille métamorphoses du chaos*. Il porte encore le nom honorifique du *spirituel et précieux Homme par excellence*.

« Quoique le vieux Prince (Lao-Kiun), dans la succession des siècles, ne se fût reproduit que par les lois de la transformation, et ne fût pas né d'une manière humaine, au temps de Yang-Kia, dix-huitième roi de la dynastie des Chang, son esprit se sépara et devint âme dans le sein de *la merveilleuse et excellente Dame de Jaspe*, où il séjourna quatre-vingt-un ans; au bout de ce laps de temps il naquit dans le royaume de Thsou. Son nom de famille était *Li*.

« Il faut encore observer que, d'après le livre authentique de la sainte généalogie de Lao-Kiun, ce *très-élevé vieux Prince* habita dans le palais de la Grande Pureté, et qu'il est le premier ancêtre du souffle original vivifiant et le fondateur du ciel et de la terre. Son origine se trouve dans la plus parfaite tranquillité et dans le Grand Absolu, où il existait avant l'origine du monde et avant la création. C'est lui qui a vivifié le souffle et réuni les semences pures; il produit le ciel et la terre par le changement, et il fait que l'accomplissement et la destruction se succèdent dans une série perpétuelle et immense. Il prend toutes les formes par la transmutation, et se reproduit constamment dans ce monde de poussière et de sable; connaissant parfaitement les successions innombrables des périodes de création, il contemple le fort et le faible du siècle. Dans tous les temps, il a enseigné la doctrine, et fut de génération en génération l'instituteur des empereurs; partout il a répandu la loi, en la promulguant dans les neuf cieux, ou en la transmettant dans les quatre mers. Depuis, les trois *Houang*, les empereurs et les rois de tous les siècles l'ont vénéré et respecté, car on sait que l'âme intelligente qui vivifie tout ce qui est dans le ciel et au-dessous du ciel n'est que la transformation du vieux Prince (Lao-Kiun). Aussi a-t-il promulgué des cent mille et des dix mille lois, et il n'y a personne qui ne se ressente de son aide et de sa protection; le peuple en profite journellement sans le savoir.

« Lao-tseu disait : J'ai vécu avant qu'il y eût

des formes, j'ai pris naissance avant que la création fût entrée en activité. A l'origine de la première matière, je me tenais debout sur l'inondation, qui s'accrut, et je nageais au milieu du séjour des ténèbres; je sortais et j'entrais par la porte de la vaste obscurité (1). C'est pourquoi Ko-hiuan, dans sa préface du *Tao-te-king*, dit : La personne de Lao-tseu a pris naissance par elle-même; il a existé avant le Grand Absolu, et depuis que l'Absolu a causé la première origine des choses, il a traversé toute la suite des productions et annihilations du ciel et de la terre, pendant un nombre ineffable d'années. Les hommes racontent que Lao-tseu est venu au monde du temps de la dynastie de Yn; mais son nom honorifique a commencé à l'origine des périodes innombrables, à l'époque extrêmement éloignée de l'inondation très-vaste et très-obscure. Avant la dernière création, il est descendu derechef, et il est devenu instituteur des empereurs de génération en génération, sans interruption; mais les hommes ne peuvent le comprendre.

« Par la transformation, il a pris un corps et est venu au monde dans la dix-septième année de Yang-kia; alors il commença à se montrer sur le chemin de la naissance, à viser à la trace d'une nativité humaine. Des limites du Tao éternel de la grande clarté, il passa à l'aide d'une semence pure du soleil, et se changea en une masse de plusieurs couleurs, bleu (comme le ciel) et jaune (comme la terre), de la grosseur d'une balle d'arbalète. Elle entra dans la bouche de la Dame de Jaspe pendant qu'elle dormait dans la journée. Celle-ci l'avala, devint enceinte, et demeura grosse pendant quatre-vingt-un ans. Alors la Dame de Jaspe accoucha, par son flanc gauche, d'un enfant qui, à sa naissance, eut la tête blanche, et reçut le nom honorifique de *Lao-tseu* (le vieillard enfant). Il vint au monde sous un poirier; et montrant l'arbre, il dit : Ceci sera mon nom de famille. »

En effet, on dit que le nom de famille de Lao-tseu était *Li-eulh*, c'est-à-dire poirier-oreille, parce qu'il naquit sous un poirier (*Li*) et qu'il avait le lobe des oreilles (*Eulh*) fort allongé. Selon les données historiques, le père de Lao-tseu n'était qu'un pauvre paysan, et l'on raconte qu'il était arrivé à l'âge de soixante-dix ans sans avoir encore fait choix d'une femme; il se maria enfin à une paysanne comme lui, âgée de quarante ans. C'est elle qui est appelée ci-dessus la *Dame de Jaspe*. « Ce philosophe, dit M. Pauthier, vécut fort retiré, fort modeste, ne prétendant pas le moins du monde à passer pour un thaumaturge ou une divinité incarnée. On ne sait rien de sa jeunesse; mais lorsqu'il eut atteint un certain âge, il fut nommé historiographe et archiviste d'un roi de la dynastie Tcheou, qui lui conféra par la suite un petit mandarinat. Son premier emploi, qui le fixait au milieu des livres, lui inspira un goût vif pour l'étude. Il acquit alors une connaissance profonde de l'histoire et des rites anciens.... De nombreuses inductions, que nous ne pouvons exposer ici, continue le même écrivain, nous font présumer que la grande réforme du brahmanisme, prêchée et propagée par Bouddha dans l'Inde, quatre cents ans plus tôt, selon les chronologies chinoise et japonaise, avaient déjà eu alors un retentissement en Chine, et que la doctrine de Bouddha, encore à l'état de protestation philosophique, et même de système en grande communion avec le système *Sankhya*, ne fut pas inconnue à Lao-tseu. La tradition unanime que Lao-tseu voyagea à l'occident de la Chine confirme cette présomption. C'est le premier voyage à l'étranger d'un philosophe mentionné dans l'histoire chinoise. Il fallait un motif à ce voyage. Ce ne pouvait être, dans celui qui le fit, que le désir qui conduisit, à la même époque, Pythagore dans l'Inde, et, deux siècles plus tard, Platon en Egypte; l'amour de la sagesse; l'espérance de trouver des doctrines plus hautes, plus pures, plus propres à satisfaire la soif de connaître qui possède les grands hommes, et leur passion pour le bonheur de l'humanité. »

M. Pauthier pense que les ouvrages de Lao-tseu ont été composés avant son voyage dans l'Occident, et qu'en conséquence il n'a pu y consigner les découvertes qu'il a dû faire dans ces contrées. Mais, tout en admettant cette hypothèse, qui n'est pas certaine, plusieurs savants, Abel Rémusat entre autres, croient qu'il a eu connaissance des doctrines professées dans l'Asie occidentale.

« J'ai soumis, dit ce célèbre sinologue, à un examen approfondi la doctrine d'un philosophe très-célèbre à la Chine, fort peu connu en Europe, et dont les écrits, très-obscurs, et par conséquent très-peu lus, n'étaient guère mieux appréciés dans son pays, où on les entendait mal, que dans le nôtre, où l'on en avait à peine ouï parler..... Je trouvai curieux de rechercher si ce sage, dont la vie fabuleuse offrait déjà plusieurs traits de ressemblance avec celle du philosophe de Samos, n'aurait pas avec lui, par ses opinions, quelque autre conformité plus réelle. L'examen que je fis de son livre confirma pleinement cette conjecture, et changea du reste toutes les idées que j'avais pu me former de l'auteur. Comme tant d'autres fondateurs, il était sans doute bien loin de prévoir la direction que devaient prendre les opinions qu'il enseignait, et, s'il reparaissait encore sur la terre, il aurait lieu de se plaindre du tort que lui ont fait ses indignes disciples. Au lieu du patriarche d'une secte de jongleurs, de magiciens et d'astrologues, cherchant le breuvage d'immortalité, et les moyens de s'élever au ciel en traversant les airs, je trouvai dans son livre un véritable philosophe, moraliste judicieux, théologien disert et subtil métaphysi-

---

(1) Ce passage rappelle encore plusieurs versets du chapitre XXIV de l'Ecclésiastique : *Ab initio et ante sæcula creata sum... In fluctibus maris ambulavi, et in omni terra steti*, etc.

cien. Son style a la majesté de celui de Platon, et, il faut le dire, aussi quelque chose de son obscurité. Il expose des conceptions toutes semblables, presque dans les mêmes termes, et l'analogie n'est pas moins frappante dans les expressions que dans les idées......

« Comme les pythagoriciens et les stoïciens, notre philosophe admet pour première cause la *Raison*, être ineffable, incréé, qui est le type de l'univers, et n'a de type que lui-même. Ainsi que Pythagore, il regarde les âmes humaines comme des émanations de la substance éthérée, qui vont s'y réunir à la mort, et de même que Platon, il refuse aux méchants la faculté de rentrer dans le sein de l'âme universelle. Avec Pythagore, il donne aux premiers principes des choses les noms des nombres, et sa cosmogonie est en quelque sorte algébrique. Il rattache la chaîne des êtres à celui qu'il appelle *un*, puis à *deux*, puis à *trois*, qui, dit-il, ont fait toutes choses. Le divin Platon, qui avait adopté ce dogme mystérieux, semble craindre de le révéler aux profanes. Il l'enveloppe de nuages dans sa fameuse Lettre aux trois amis; il l'enseigne à Denys de Syracuse, mais par énigmes, comme il le dit lui-même, de peur que ses tablettes venant, sur terre ou sur mer, à tomber entre les mains de quelque inconnu, il ne puisse les lire et les entendre. Peut-être le souvenir récent de la mort de Socrate contribuait-il à lui imposer cette réserve. Lao-tseu n'use pas de tous ces détours, et ce qu'il y a de plus clair dans son livre, c'est qu'un être trine a formé l'univers. Pour comble de singularité, il donne à cet être un nom hébreu à peine altéré, le nom même qui désigne dans nos livres saints celui qui a été, qui est et qui sera, *Jéhova* (IHW, *I-hi-wei*). Ce dernier trait confirme tout ce qu'indiquait déjà la tradition d'un voyage de Lao-tseu dans l'Occident, et ne laisse aucun doute sur l'origine de sa doctrine. Vraisemblablement il la tenait ou des Juifs des dix tribus que la conquête de Salmanasar venait de disperser dans toute l'Asie, ou des apôtres de quelque secte phénicienne, à laquelle appartenaient aussi les philosophes qui furent les maîtres et les précurseurs de Pythagore et de Platon. En un mot, nous retrouvons dans les écrits de ce philosophe chinois les dogmes et les opinions qui faisaient, suivant toute apparence, la base de la foi orphique et de cette antique sagesse orientale dans laquelle les Grecs allaient s'instruire à l'école des Égyptiens, des Thraces et des Phéniciens.

« Maintenant qu'il est certain que Lao-tseu a puisé aux mêmes sources que les maîtres de la philosophie ancienne, on voudrait savoir quels ont été ses précepteurs immédiats, et quelles contrées de l'Orient il a visitées. Nous savons, par un témoignage digne de foi, qu'il est venu dans la Bactriane; mais il n'est pas impossible qu'il ait poussé ses pas jusque dans la Judée et même dans la Grèce.... »

Lao-tseu, qui, comme on vient de le voir, n'avait eu pour but que de poser les bases d'une philosophie plus rationnelle, se trouve par le fait devenu le chef et le fondateur d'une des trois grandes sectes religieuses qui se partagent la population de la Chine, celle des *Tao-sse*, ou sectateurs de la Raison; dénomination qui, quand on a étudié cette doctrine telle qu'elle est énoncée et pratiquée maintenant, semble une antiphrase; car ceux qui la professent tombent dans une sorte d'illuminisme et de quiétisme, cherchent la pierre philosophale et sont imbus de toutes les rêveries de l'astrologie et de la cabale. Nous développerons la doctrine de Lao-tseu à l'article TAO. *Voy.* aussi TAO-SSE.

LAPHRIA, ou la *Débonnaire*, surnom sous lequel les Calydoniens adoraient Diane. Auguste ayant transporté les habitants de Calydon à Nicopolis, ville qu'il venait de fonder, donna à ceux de Patras une partie des dépouilles, et entre autres la statue de Diane-Laphria, que ce peuple garda religieusement dans sa citadelle. Cette statue était d'or et d'ivoire, et représentait la déesse en habit de chasse. Les mythologues cherchent à donner au mot *Laphria* une étymologie tirée du grec; mais il est probable que c'était le nom d'une divinité locale, que les Grecs ont par la suite identifiée avec leur Diane.

LAPHRIES, fête solennelle que les habitants de Patras avaient instituée en l'honneur de Diane Laphria. Elle durait deux jours. Le premier jour on faisait des processions, dans lesquelles le char de la prêtresse vierge était traîné par des cerfs; le second, on mettait le feu à un bûcher immense, dressé avant la fête, et sur lequel on avait réuni des fruits, des oiseaux et des animaux vivants, tels que des cerfs, des chevreuils, des louveteaux, des oursons, des lionceaux, des marcassins. Comme ces animaux devaient être brûlés vivants, on les attachait sur le bûcher; il arrivait quelquefois que le feu consumait leurs liens avant qu'ils fussent hors d'état de fuir; ils s'élançaient alors loin du bûcher, au grand danger des assistants; mais la superstition grecque prétendait qu'il n'en résultait aucun accident.

LAPHYRE, surnom de Pallas, pris du grec λάφυρα, dépouilles, parce qu'elle est la déesse de la guerre, et que c'est elle qui fait remporter les dépouilles des ennemis.

LARA ou LARUNDA, nymphe qui, suivant Ovide, était fille du fleuve Almon. Jupiter, amoureux de Juturne, n'ayant pu l'approcher, parce qu'elle s'était jetée dans le Tibre, appela toutes les naïades du pays, et les pria d'empêcher que la nymphe ne se cachât dans leurs rivières : toutes lui promirent leurs services. Lara seule alla déclarer à Juturne et à Junon les desseins de Jupiter. Le dieu, irrité, lui fit couper la langue, et donna ordre à Mercure de la conduire aux enfers; mais en chemin, Mercure, épris de la beauté de cette nymphe, s'en fit aimer, et en eut deux enfants, qui furent appelés *Lares*, du nom de leur mère.

LARAIRE, espèce d'oratoire ou chapelle domestique, destinée, chez les Romains, au culte des dieux Lares; car chaque famille, chaque maison, chaque individu avait ses dieux Lares particuliers, suivant sa dévotion ou son inclination. Ceux de Marc-Aurèle étaient les grands hommes qui avaient été ses maîtres, et auxquels il portait tant de respect, dit Lampride, qu'il n'avait dans son Laraire que leurs statues d'or. Alexandre Sévère adressait, tous les matins, dans son premier Laraire, ses vœux aux statues des dieux, au nombre desquels il mettait Orphée, Abraham, Jésus-Christ, Apollonius, etc.; et dans son second Laraire il avait placé Achille, Cicéron, Virgile, et plusieurs autres grands hommes.

LARARIES, fêtes que les Romains célébraient en l'honneur des dieux Lares; elles avaient lieu le 11 avant les calendes de janvier, c'est-à-dire le 21 décembre. Macrobe l'appelle la solennité des statuettes, *celebritas sigillariorum*.

LARE, 1° dieu domestique des Romains: c'est celui que Denys d'Halicarnasse appelle le héros de la maison, et qui présidait à une maison particulière. Le Lare familier était Saturne, si l'on s'en rapporte au sentiment de quelques-uns.

2° Les Romains donnaient encore le nom de *Lare* au bon génie qu'ils attribuaient à chaque homme, et qui, semblable à l'ange gardien des peuples chrétiens, prenait plaisir à les préserver de tout danger. Les Grecs l'appelaient *Agathodémon*.

LARENTAL, nom du flamine ou prêtre consacré, chez les Romains, au culte d'Acca Larentia.

LARENTALES, fête romaine en l'honneur de Jupiter. Elle avait pris son nom d'Acca Larentia ou Laurentia, nourrice de Romulus, ou d'une célèbre courtisane du même nom, qui, sous le règne d'Ancus Martius, avait constitué le peuple romain légataire de toutes ses richesses. Cette fête était célébrée le 10 des calendes de janvier, c'est-à-dire, le 22 décembre, hors de Rome, sur les bords du Tibre; elle était présidée par le *Flamen Larentalis*. Voy. FLORAUX.

LARENTIA. *Voy.* ACCA LAURENTIA.

LARES, dieux domestiques des Romains: c'étaient les gardiens des familles et les génies protecteurs de chaque maison. Apulée dit que les Lares n'étaient autre chose que les âmes de ceux qui avaient bien vécu et bien rempli leur carrière. Au contraire, ceux qui avaient mal vécu erraient vagabonds et épouvantaient les hommes. Selon Servius, le culte des dieux Lares est venu de ce que l'on avait coutume autrefois d'enterrer les corps dans les maisons, ce qui donna occasion au peuple crédule de s'imaginer que leurs âmes y demeuraient aussi, comme des génies secourables et propices, et de les honorer en cette qualité. On peut ajouter, dit Noël, que la coutume s'étant aussi introduite d'enterrer les morts sur les grands chemins, c'est peut-être de là qu'on prit occasion de les regarder comme les dieux des chemins. Le sentiment des Platoniciens était que les âmes des bons devenaient des Lares, tandis que les Lémures étaient produits par celles des méchants. Les Lares, dit Plaute, étaient représentés anciennement sous la figure d'un chien, sans doute parce que les chiens font la même fonction que les Lares, en protégeant la maison; et on était persuadé que ces divinités en éloignaient tout ce qui aurait pu nuire. Leur place la plus ordinaire dans les maisons était derrière la porte ou autour du foyer. Les statues de ces dieux étaient de petite dimension; on les plaçait dans un oratoire particulier; on avait un soin extrême de les tenir proprement; il y avait même, du moins dans les grandes maisons, un domestique uniquement occupé au service de ces idoles; chez les empereurs, c'était la charge d'un affranchi. Il arrivait cependant quelquefois qu'on perdait le respect à leur égard, en certaines occasions, comme à la mort de personnes chères, parce qu'alors on accusait les Lares de n'avoir pas bien veillé à leur conservation, et de s'être laissé surprendre par les génies malfaisants. Un jour Caligula fit jeter les siens par la fenêtre, parce que, disait-il, il était mécontent de leur service.

Les statues des Lares étaient des marmousets placés ordinairement dans des niches et revêtus de peaux de chien. Au-devant, et à deux pieds de terre, on plaçait un petit autel, sur lequel était une concavité de la grandeur de la paume de la main, où l'on mettait du charbon allumé. A côté, était en pierre, la figure d'un chien qui aboie. Le jour de leur fête, on couronnait ces dieux de feuillage et de fleurs, surtout de violette, de myrte et de romarin; on allumait des lampes en leur honneur; et les portes des maisons étaient ornées de ramée ou de branches d'arbre. On offrait sur les autels des fleurs et de l'encens; on allait même quelquefois jusqu'aux sacrifices; la victime était ordinairement un porc. En outre, on leur offrait presque tous les jours du vin, de l'encens, une couronne de laine et une petite partie des mets servis sur la table; on leur faisait aussi de fréquentes libations.

Quand les jeunes garçons étaient devenus assez grands pour quitter la bulle, qu'on ne portait que dans la première jeunesse, ils la suspendaient au cou des dieux Lares. « Trois garçons, dit Pétrone, entrèrent revêtus de tuniques blanches; deux d'entre eux mirent sur la table les Lares ornés de bulles; l'autre, en tournant avec une coupe pleine de vin, s'écriait : Que ces dieux soient propices! » Les esclaves y suspendaient aussi leurs chaînes, lorsqu'ils recevaient la liberté.

On distinguait plusieurs sortes de Lares : les Lares publics, qui présidaient aux bâtiments publics; les Lares de ville, *Urbani*; ceux des carrefours, *Compitales*; les Lares des chemins, *Viales*; ceux des campagnes, *Rurales*; ceux qui repoussaient l'ennemi, *Hostiles*; ceux qui présidaient aux maisons ou aux familles, *Familiares*; *Parvi* étaient ceux des campagnes, dont les statues étaient extrêmement simples tant pour la forme que pour la matière; *Publici* étaient les rois et les princes qui, élevés au ciel après leur mort, sollicitaient le secours des dieux pour l'Etat; on leur sacrifiait un porc dans les carrefours. Les Lares marins présidaient aux vaisseaux. Quelques-uns pensent que c'étaient Neptune, Téthys et Glaucus. On ne doit pas les confondre avec les dieux Pataïques qu'on mettait sur la proue des navires.

Les douze grands dieux étaient eux-mêmes au nombre des Lares. Asconius Pedianus, expliquant le *diis magnis* de Virgile, prétend que les grands dieux sont les Lares de la ville de Rome. Janus, au rapport de Macrobe, était un des dieux Lares, parce qu'il présidait aux chemins. Diane-Enodie, ou la Routière, avait la même qualité, ainsi qu'Apollon-Agyieus où des rues. Il en était de même d'Harpocrate et de Mercure, dont les statues se trouvaient au coin des rues ou sur les grands chemins. En général, tous les dieux qui étaient choisis pour patrons et tutélaires des lieux et des particuliers, tous ceux dont on éprouvait la protection, en quelque manière que ce fût, étaient appelés Lares. Properce nous dit que ce furent les Lares qui chassèrent Annibal de devant Rome, parce que ce furent quelques fantômes nocturnes qui lui donnèrent de la frayeur.

Denys d'Halicarnasse fait mention d'un temple à Rome, près du Forum, où l'on avait placé les images des Pénates troyens que chacun pouvait voir librement, et où on lisait l'inscription DENAS, qui signifie *Penates*. Les Lares de la ville de Rome avaient un temple dans le champ de Mars. *Voy.* DÉNATES, GRUNDULES, PÉNATES.

LARMOYANTS, ou *Pleureurs*; branche d'Anabaptistes, qui s'imaginaient que les larmes ne pouvaient être qu'agréables à Dieu, et en conséquence ils s'exerçaient à acquérir la faculté de pleurer; ils mélaient toujours leurs pleurs avec leur pain, et on ne les rencontrait jamais que les soupirs à la bouche.

LARTHY-TYTIBAL, *maître du Tartare*; nom étrusque de Pluton, qui se trouve sur un ancien monument d'Etrurie.

LARUNDA, divinité des Sabins, qui présidait aux maisons. Jupiter la rendit mère des dieux Lares; d'autres en font honneur à Mercure. C'est vraisemblablement la même que *Lara*.

LARVES. Les Romains appelaient Larve le mauvais génie attaché à chaque homme, et qui ne s'occupait qu'à le tourmenter et à l'égarer. Ils supposaient aussi que les Larves étaient les âmes des méchants qui erraient çà et là pour épouvanter les vivants. On représentait les Larves comme des vieillards au visage sévère, la barbe longue, les cheveux courts, et portant sur la main un hibou, oiseau de mauvais augure. On donnait aussi le nom de Larves aux mânes des morts en général. Tous ceux qui périssaient de mort violente, ou qui ne recevaient pas les honneurs de la sépulture, devenaient des Larves. Lorsque Caligula eut été assassiné, le palais, dit Suétone, devint inhabitable par les fantômes effrayants qui apparurent, jusqu'à ce qu'on lui eût décerné une pompe funèbre. C'est de leur nom que les Romains appelaient Larves les masques, parce qu'on les faisait ordinairement hideux ou grotesques. *Voy.* LÉMURES.

LARYSIES, fête que les Grecs célébraient en l'honneur de Bacchus, sur le mont Larysius en Laconie. Elles avaient lieu au commencement du printemps; et, entre autres merveilles, on y voyait toujours une grappe de raisin mûr.

LASDONA, génie de la mythologie des Slaves; il présidait aux coudriers et les protégeait.

LAT, 1° idole adorée par les anciens Arabes. L'écrivain musulman Azraki prétend que c'était un rocher. Mahomet s'élève souvent dans le Coran contre le culte de Lat, qui était la divinité favorite de la tribu de Thakif. Elle fut détruite par l'ordre de ce prétendu prophète. L'histoire rapporte que, sommés par Mahomet d'embrasser l'islamisme, les Bénou-Thakif se rendirent auprès de lui, et lui demandèrent entre autres choses de conserver pendant trois ans encore le culte de Lat. Le prophète refusa. Ils réduisirent leur demande à un mois qu'il refusa de même. Ils demandèrent encore à être dispensés de la prière; Mahomet leur répondit : « La religion dans laquelle il n'y a pas de prière est une mauvaise religion. » Ils se soumirent enfin et embrassèrent l'islamisme. Lat fut donc détruit au milieu des pleurs et des gémissements de toute la ville.

2° Une idole de même nom était l'objet du culte des habitants de Soumenat dans le Guzerate, province de l'Hindoustan. Elle était haute de cinquante brasses et faite d'une seule pierre. Son temple, dit-on, était d'une magnificence incroyable, et soutenu par cinquante-six piliers d'or massif. Mahmoud 1er, fils de Sebekteghin, la fit briser, malgré les réclamations des prêtres qui offraient dix millions de rançon; et il trouva dans une cachette intérieure pour plus de cent millions en diamants, perles et rubis. La pagode où était l'idole de Lat était desservie par deux mille brahmanes, cinq cents bayadères, trois cents musiciens, et trois cents barbiers qui rasaient les dévots avant qu'ils fussent admis en présence du dieu.

LATERAGUS, LATERANUS et LATERCULUS, dieu ou génie de l'âtre ou du foyer chez les anciens Romains. Son nom dérive de *later*, brique, parce que le foyer est ordinairement construit en briques.

LATIAL, ou LATIAR, surnom de Jupiter, près du Latium, où il était singulièrement honoré. Les Romains, au rapport de Porphyre, lui sacrifiaient tous les ans un homme.

LATIAR, fête instituée par Tarquin le Superbe en l'honneur de Jupiter-Latiar. Ce prince, dit M. Noël, ayant fait un traité d'alliance avec les peuples du Latium, proposa, dans le dessein d'en assurer la perpétuité, d'ériger un temple commun, où tous les alliés, les Romains, les Latins, les Herniques et les Volsques, s'assemblaient tous les ans pour y tenir une foire, se traiter les uns les autres, et y célébrer ensemble des fêtes et des sacrifices; telle fut l'origine du Latiar. Tarquin n'avait consacré qu'un jour à cette solennité; les premiers consuls en établirent un second, après qu'ils eurent confirmé l'alliance avec les Latins; on en ajouta un troisième, lorsque le peuple de Rome, qui s'était retiré sur le mont Sacré, fut rentré dans la ville; et enfin un quatrième, après qu'on eut apaisé la sédition qui s'était élevée entre les plébéiens et les patriciens à l'occasion du consulat. Ces quatre jours étaient ceux qu'on nommait féries latines; et tout ce qui se faisait pendant ces féries, festins, offrandes, sacrifices, s'appelait Latiar. Les peuples, qui prenaient part à la fête, y apportaient les uns des agneaux, les autres du fromage, quelques-uns du lait, ou quelque autre liqueur propre aux libations. *Voy.* FÉRIES LATINES.

LATITUDINAIRES, branche de protestants qui prétendent que Jésus-Christ étant mort pour tous les hommes, tous les hommes seront infailliblement sauvés. On leur donne encore le nom d'*Universalistes*. Cette opinion, qui se montra dès les premiers temps du protestantisme, acquit plus d'éclat en 1588, lorsque Samuel Huber, prédicateur réformé à Burgdorf, canton de Berne, proclama publiquement la rédemption universelle. Il fut chassé de la Suisse, et successivement du Wurtemberg, de la Saxe et d'autres contrées, où il tenta de propager ses doctrines. *Voy.* HUBÉRIANISME. Ces erreurs ont été renouvelées en Angleterre dans le XVIe siècle, et en Amérique dans le XVIIIe. *Voy.* UNIVERSALISTES, RESTAURATIONISTES.

LATOBIUS, dieu des anciens Noriques. Quelques-uns en font un Esculape ou dieu de la santé, en se fondant sur son nom qu'ils tirent en même temps du latin et du grec: *latus* participe de *ferre*, apporter, et βιὸς, la santé. Mais ces composés hybrides sont impossibles chez les peuples qui ne connaissaient pas plus la langue des Hellènes que celle du Latium.

LATONE, divinité grecque et romaine, fille du Titan Cæus et de Phébé, sa sœur, suivant Hésiode, ou fille de Saturne, si l'on s'en rapporte à Homère. Elle fut aimée de Jupiter, et porta bientôt des marques sensibles des préférences de ce dieu. Junon s'en aperçut et résolut de perdre sa rivale. A cet effet elle suscita le serpent Python pour la poursuivre, et conjura en même temps la Terre de lui refuser tout asile. La malheureuse erra longtemps sur la terre et sur les mers sans pouvoir s'arrêter nulle part; mais Neptune, touché de compassion, fit sortir du fond des flots, d'un coup de son trident, l'île de Délos; d'autres disent que ce dieu fixa cette île en sa faveur et la rendit stable, d'errante qu'elle était auparavant. La déesse s'y réfugia, et à l'ombre d'un olivier, elle mit au monde Apollon et Diane. Après ses couches, Junon ne cessa de la poursuivre; elle fut obligée de quitter sa retraite, portant ses enfants entre ses bras, et de fuir de nouveau de contrée en contrée. Un jour qu'elle errait dans les campagnes de Lycie, pendant les grandes chaleurs de l'été, accablée de fatigue et de soif, elle s'arrêta sur les bords d'un étang, et conjura les paysans qui étaient occupés à couper des joncs, de la laisser puiser un peu d'eau pour étancher sa soif; mais ces rustres lui refusèrent sans pitié cette faveur, et l'accablèrent d'injures. La déesse irritée s'adressa à Jupiter, et changea les paysans en grenouilles. Latone trouva enfin un peu de repos lorsque ses enfants, devenus grands et puissants, furent en état de protéger leur mère; mais elle devint à son tour implacable et persécutrice. On cite entre autres un exemple terrible de sa vengeance.

Niobé, fille de Tantale et sœur de Pélops, avait épousé Amphion, roi de Thèbes, dont elle eut un grand nombre d'enfants. Homère lui en donne douze, Hésiode vingt, et Apollodore quatorze, dont sept filles et sept garçons. Cette fécondité la rendit fière, elle méprisa Latone qui n'avait que deux enfants, et s'opposa même au culte religieux qu'on lui rendait, prétendant qu'elle-même méritait, à bien plus juste titre, d'avoir des autels. Latone, offensée de l'orgueil de Niobé, s'en plaignit à ses enfants, et leur enjoignit de la venger. Un jour que les fils de Niobé s'exerçaient à la lutte dans les campagnes voisines de Thèbes, Apollon les tua tous à coups de flèches. Au bruit de ce funeste accident, les sœurs de ces infortunés princes accourent sur les remparts, et dans le moment elles se sentent frappées et tombent sous les coups invisibles de Diane. Enfin la mère arrive, outrée de douleur et de désespoir; elle demeure assise auprès des corps inanimés de ses chers enfants, et les arrose de ses larmes. Sa douleur la rend immobile, elle ne donne plus aucun signe de vie, la voilà changée en rocher. Un tourbillon de vent l'emporte en Lydie sur le sommet d'une montagne, où elle continue de répandre des larmes qu'on voit couler d'une roche de marbre. Espérons, pour l'honneur de Latone, que ce tragique événement n'est qu'une fable ou un mythe; les enfants de Niobé, comme ceux d'un grand nombre d'habitants de Thèbes, furent tués en effet par les flèches d'Apollon, c'est-à-dire par les rayons brûlants du soleil, dans une épidémie qui ravagea la ville; leur mère en mourut de douleur: l'imagination grecque a fait le reste.

Latone eut des temples à Délos, à Argos, et même, dit-on, dans les Gaules, et en plusieurs autres endroits. Les Grecs la confondaient avec la Bouto des Égyptiens. Les femmes en couches lui adressaient leurs vœux dans leurs douleurs.

LATRIE, du grec λατρεύω, adorer. Les théologiens appellent ainsi le culte que l'on doit rendre à Dieu seul, à la différence du culte de vénération que l'on rend aux saints, et que l'on appelle culte de *dulie*.

LATTER DAY SAINTS, ou Saints des derniers jours; hérésie nouvelle qui s'est manifestée en Angleterre et dans les Etats-Unis. Nous lisons à ce sujet dans les feuilles publiques du mois de juillet 1849 : « Il s'est formé dans plusieurs parties de la Grande-Bretagne, et notamment à Hereford, une secte de visionnaires, qui se qualifient de *Saints des derniers jours (Latter days Saints)*. Une de leurs doctrines, fondée par une fausse interprétation de l'Ecriture sainte, consiste à croire que toutes les maladies venant de Dieu, elles ne peuvent être guéries que par le Tout-Puissant, et qu'il y aurait impiété à invoquer les secours humains. Un de ces sectaires, qui s'était brûlé le bras en chauffant son four, a péri parce qu'il a opiniâtrement refusé l'assistance d'un médecin. Une petite fille, âgée de six ans, nommée Cécilia Howe, ayant éprouvé des vomissements, avant-coureurs d'une affection cholérique, son père et sa mère, suivant aveuglément les conseils d'un tailleur, qui est l'un des prédicateurs les plus renommés parmi les *Saints des derniers jours*, n'ont absolument rien fait pour la soulager. La petite fille est tombée dans un spasme comateux, et elle expirait lorsqu'un chirurgien, M. Payne, arrivait sur la réclamation de quelques voisins. Le coroner qui présidait l'enquête persistait à dire que les jurés devaient déclarer le père et la mère coupables d'homicide par imprudence. Le jury s'est borné à répondre que Cécilia Howe était morte par la visitation de Dieu. » *Voy.* MORMONS.

LAUDES, seconde partie de l'office canonial ; elle suit immédiatement les Matines ; il paraît même que les Laudes forment avec les Matines un seul office, qui en effet est terminé par une oraison commune. Autrefois cet office s'appelait *Matutinæ Laudes*, louanges matinales. Dans la suite l'usage a prévalu de donner à l'office de la nuit le nom de *Matines*, en réservant pour le suivant celui de *Laudes*. Le nom de celui-ci vient de ce qu'il est composé en grande partie de psaumes et de cantiques de louanges, dont plusieurs commencent par le mot *Lauda* ou *Laudate*.

LAURE. On appelait de ce nom, dans les anciens monastères de l'Orient, les cellules des moines, séparées les unes des autres, et non placées sous le même toit, comme dans les monastères modernes.

LAUREA, nom d'une divinité, qui se lit sur un monument trouvé en Catalogne.

LAURENTALES et LAURENTIA. *Voy.* LARENTALES et ACCA LAURENTIA.

LAURIER, arbre consacré à Apollon, parce qu'on était persuadé que ceux qui dormaient, la tête appuyée sur quelques branches de cet arbuste, recevaient des vapeurs qui les mettaient en état de prophétiser. Ceux qui allaient consulter l'oracle de Delphes se couronnaient de laurier à leur retour, s'ils avaient reçu du Dieu une réponse favorable. C'est ainsi que, dans Sophocle, OEdipe, voyant Oreste revenir de Delphes la tête ceinte d'une couronne de laurier, conjecture qu'il rapporte une bonne nouvelle. La couronne de laurier est l'attribut des excellents poëtes comme favoris d'Apollon. On dit que sur la coupole du mausolée de Virgile, près de Pouzzoles, il a poussé des lauriers qui semblent couronner l'édifice ; et quoiqu'on en ait coupé deux à la racine, qui étaient les plus grands de tous, ils renaissent et poussent des branches de tous côtés, comme si la nature eût voulu elle-même célébrer la gloire de ce grand poëte. La couronne de laurier était particulière aux jeux Pythiques, parce qu'ils étaient consacrés à Apollon. On mettait des branches de cet arbre à la porte des malades, pour se rendre favorable Apollon, qui était regardé comme le Dieu de la médecine. Enfin on couronnait de laurier les triomphateurs, et on en plantait des branches aux portes du palais des empereurs, le premier jour de l'année, et en d'autres temps, lorsqu'ils avaient remporté quelque victoire ; aussi Pline appelle le laurier le portier des Césars, le fidèle gardien de leurs palais. Jules César avait obtenu du sénat la permission de porter toujours une couronne de laurier, pour cacher la nudité de son front. Pompée pouvait aussi paraître couronné de laurier, dans les jeux du Cirque et sur le théâtre. Cet arbuste était aussi consacré à Diane et à Bacchus ; les prêtres de Junon et d'Hercule s'en couronnaient également.

Les anciens croyaient que le laurier jouissait de la propriété de n'être jamais frappé de la foudre. Ils l'employaient aussi dans les divinations. Ils présageaient les choses futures sur le bruit qu'il produisait en brûlant, ce qui était d'un bon augure ; mais si, au contraire, il se consumait sans pétiller, c'était un mauvais signe.

LAVA-AILEK, dieu des Lapons ; il présidait au jour de Saturne ou samedi ; il formait une espèce de trinité avec Buorres-Beive-Ailek, dieu du soleil ou du dimanche, et *Fried-Ailek*, la Vénus des peuples du Nord.

LAVABO ; 1° partie de la messe, après l'offertoire, ainsi appelée parce que le prêtre se lave alors les mains en récitant *Lavabo inter innocentes manus meas :* « Je laverai mes mains avec les justes, » et les versets suivants du psaume XXV, jusqu'à la fin. Cette ablution a lieu, et pour purifier les mains du prêtre, qui autrefois surtout touchait aux oblations, et qui maintenant encore manie l'encensoir, la navette, etc. ; et pour exprimer la pureté de cœur que l'on doit apporter aux saints mystères. « Vous avez vu, dit saint Cyrille de Jérusalem, qu'un diacre donnait à laver les mains au prêtre officiant et aux autres prêtres qui se tiennent autour de l'autel. Pensez-vous que ce fût afin de nettoyer le corps ? Nullement ; car nous n'avons pas coutume d'être en tel état, quand nous entrons dans l'église, que nous ayons besoin de nous laver de la sorte pour nous rendre nets. Mais ce lavement des mains nous marque que nous devons être purs de tous nos péchés, parce que nos mains signifiant les actions, laver nos mains n'est autre chose que purifier nos œuvres. »

Les prêtres accomplissent cette cérémonie debout, au coin de l'autel, du côté de l'Epître ; mais les évêques, dans les messes solennelles, s'asseyent à cet effet sur un siége, et l'eau est versée sur leurs mains par des acolythes à genoux.

2° Dans les églises d'Orient, le célébrant et le diacre se lavent les mains avant de commencer la liturgie, et après s'être revêtus de leurs ornements. Cette cérémonie se fait à la prothèse, petit autel à la gauche du grand, sur lequel on prépare le pain et le vin nécessaires au sacrifice. Ils récitent en même temps le psaume *Lavabo*.

3° On appelle encore *Lavabo*, le linge avec lequel le célébrant essuie ses doigts après les avoir lavés. Ce nom a même passé dans l'usage profane, car on nomme souvent *Lavabo* tout endroit où l'on se lave les mains.

LAVANA, mauvais génie de la mythologie hindoue, fils de l'asoura Madhou et de Koumbhinasi, sœur de Ravana, tyran de Lanka. Il avait hérité de son père un trident que celui-ci tenait de Siva, et qui le rendait invincible. Il fut tué cependant par Satroughna, frère de Rama, qui le surprit sans cette arme. Lavana était souverain de Mathoura; son vainqueur lui succéda. Mathoura était appelée auparavant Madhouvana ou Madhoupouri, le bois ou la ville de Madhou.

LAVATION DE LA GRANDE MÈRE DES DIEUX; fête célébrée le 26 mars par les Romains, qui l'avaient instituée en mémoire du jour où cette déesse fut apportée d'Asie, et lavée dans l'Almon. Les Galles conduisaient la statue de la déesse dans un chariot, accompagnés d'une grande foule de peuple, à l'endroit où elle avait été lavée la première fois. Devant ce char, de malheureux baladins chantaient des paroles obscènes, et faisaient mille gestes et postures lascives.

LAVATOIRE; c'était une pierre longue de sept pieds, creuse de six à sept pouces de profondeur avec un oreiller de pierre d'une même pièce que l'auge, et percée d'un trou du côté des pieds. Elle servait à laver les corps morts dans quelques couvents et dans certaines cathédrales. M. Guénebault dit qu'il y avait de ces lavatoires (en latin *lavatorium*) à Cluny, à Lyon, à Rouen, aux Chartreux, à Citeaux, et dans les diocèses de Bayonne et d'Avranches.

LAVEMENT DES PIEDS. C'est une des cérémonies les plus touchantes de l'Église catholique; elle a lieu le jeudi saint, en mémoire de ce qu'à pareil jour Jésus-Christ lava les pieds à ses apôtres pour leur donner une leçon d'abnégation et d'humilité.

« Avant le jour de la fête de Pâques, dit l'évangéliste saint Jean, Jésus sachant que son heure était venue de passer de ce monde à son Père, comme il avait aimé les siens qui étaient dans le monde, il les aima jusqu'à la fin... Après le souper, il se leva de table, quitta ses vêtements, et ayant pris un linge, il le mit autour de lui; puis, ayant versé de l'eau dans un bassin, il commença à laver les pieds de ses disciples, et à les essuyer avec le linge dont il était ceint. Il vint donc à Simon-Pierre qui lui dit: Vous, Seigneur, me laver les pieds! Jésus lui répondit: Vous ne comprenez pas maintenant ce que je fais, mais vous le comprendrez dans la suite. Jamais, lui dit Pierre, vous ne me laverez les pieds. Jésus lui répondit : Si je ne vous lave, vous n'aurez point de part avec moi. Alors Simon-Pierre lui dit: Seigneur, non-seulement les pieds, mais aussi les mains et la tête. Jésus lui dit : Celui qui a été déjà lavé, n'a plus besoin que de se laver les pieds, et il est pur de tout le reste; et vous aussi vous êtes purs, mais non pas tous. En effet il savait bien quel était celui qui devait le trahir; et c'est pour cela qu'il dit : Vous n'êtes pas tous purs. Après donc qu'il leur eut lavé les pieds, il reprit ses vêtements, et s'étant remis à table, il leur dit : Comprenez-vous ce que je viens de vous faire? Vous m'appelez Maître et Seigneur, et vous avez raison, car je le suis. Si donc je vous ai lavé les pieds, moi qui suis le Seigneur et le Maître, vous devez aussi vous laver les pieds les uns aux autres; car je vous ai donné l'exemple, afin que ce que je vous ai fait, vous le fassiez aussi vous autres. »

C'est en conséquence de cette recommandation du Sauveur que, dans tous les siècles de l'Église, les évêques dans leurs cathédrales, les abbés dans leurs monastères, les pasteurs dans leurs églises, les rois mêmes dans leurs palais, se prosternent aux pieds de leurs inférieurs ou des pauvres pour leur laver les pieds. Cette cérémonie s'appelle en italien le *Mandato*; et ailleurs, assez communément *Mandatum* ou *Mandé*, à cause de l'antienne qui s'y chante, et qui commence par ces paroles : *Mandatum novum*. Les rituels nomment aussi cette cérémonie *Mandatum*. Voici comment l'auteur du *Tableau de la cour de Rome* rapporte cette cérémonie pratiquée par le souverain pontife:

Le pape et les cardinaux s'étant rendus à la salle ducale, les cardinaux-diacres mettent à Sa Sainteté l'étole violette, la chape rouge et la mitre simple. Toutes les éminences assistent en chapes violettes. Le pape met à trois reprises des aromates dans l'encensoir, bénit le cardinal-diacre qui doit chanter l'évangile *Ante-diem festum Paschœ*, après lequel un sous-diacre apostolique vient présenter à baiser le livre d'Évangile au pape, et le cardinal-diacre lui présente trois fois le parfum de son encensoir. Incontinent après, un chœur de musiciens entonne l'antienne *Mandatum novum do vobis*. Le pape ôte alors sa chape, et prenant un tablier, lave les pieds à treize pauvres prêtres étrangers, qui sont assis sur un banc élevé, et vêtus d'un habit de camelot blanc, avec une espèce de capuchon, qui leur vient jusqu'à la moitié des bras. Ces prêtres ont la jambe droite nue, ou bien savonnée, avant de la présenter découverte; c'est celle-là que le pape leur lave; après quoi il leur fait donner par son trésorier à chacun deux médailles, l'une d'or et l'autre d'argent, qui pèsent une once la pièce; et le majordome leur donne une serviette avec laquelle le doyen des cardinaux, ou l'un des plus anciens évêques du collège apostolique leur essuie les pieds. Ensuite le pape retourne à sa chaise, ôte son tablier, se lave les mains dans l'eau qui lui est versée par le plus noble laïque de l'assemblée, et se les essuie avec la serviette que lui présente le premier cardinal-évêque. Cela étant fait, le pape reprend sa chape et sa mitre, puis entonne l'oraison dominicale, et récite plusieurs autres prières. Quand elles sont finies, il se rend à la chambre du lit des parements, sur lequel ayant déposé tous ses habits pontificaux, il se retire dans son appartement, où les cardinaux l'accompagnent.

Les treize prêtres qui ont eu les pieds lavés de la main du pape, et auxquels on donne ce jour-là le nom d'apôtres, sont, une heure après, conduits dans une belle salle du Vatican, où on leur sert un dîner magnifique. Le pape s'y trouve lorsqu'ils s'asseyent à table, et leur présente à chacun le premier plat, et quelque temps après leur verse le premier verre de vin, en leur parlant familièrement sur diverses matières, à l'occasion desquelles il leur accorde plusieurs grâces et priviléges; ensuite de quoi il se retire. Pendant que ces treize prêtres achèvent de dîner, le prédicateur du pape prononce devant eux un sermon, au lieu de la lecture spirituelle qui se fait pendant le repas, dans les communautés religieuses. Le souverain pontife se tient alors dans une tribune où il n'est vu de personne; et les cardinaux sont assis autour de la chambre, en chape violette, comme au consistoire.

La même cérémonie a lieu dans la plupart des églises cathédrales, collégiales, paroissiales ou autres; mais au lieu de repas, on se contente presque partout de bénir du pain et du vin que l'on distribue non-seulement à ceux qui représentent les apôtres, mais encore à tous les assistants en mémoire de la Cène de Jésus-Christ. Ceux à qui on lave ainsi les pieds sont ordinairement des pauvres ou des enfants, au nombre de douze ou de treize, suivant l'usage des lieux. Le treizième est censé représenter Judas; mais l'horreur qu'inspire généralement le nom de ce traître fait que l'on a souvent beaucoup de peine à trouver quelqu'un qui consente à remplir ce rôle. Il est plus simple de n'admettre que douze individus; les apôtres en effet ne dépassaient pas ce nombre lorsque Jésus-Christ leur lava les pieds.

Les souverains catholiques de l'Europe pratiquent la même cérémonie. En France, le premier médecin du roi choisissait pour cela treize domestiques du palais auxquels Sa Majesté lavait les pieds. Puis ils étaient admis à un banquet dans lequel on servait à chacun treize plats; ensuite on donnait à chacun encore un habit de velours, et treize pièces d'or. Le roi recevait les plats des mains d'un des grands officiers de la couronne, et les remettait aux princes du sang qui les plaçaient devant les pauvres. La reine lavait également les pieds à douze pauvres femmes, et les servait à table, aidée de ses filles et des princesses du sang.

Le roi d'Espagne s'acquitte de cette cérémonie dans son antichambre après avoir fait ses dévotions à sa chapelle. On dispose à cet effet des bancs dans l'antichambre, pour y faire asseoir les pauvres: vis-à-vis d'eux on dresse de longues tables, sur lesquelles on leur sert à dîner. On porte dans la même chambre le drap destiné pour leurs habits, et pour chacun d'eux une bourse renfermant une aumône en argent. Les officiers de la paneterie couvrent la table des pauvres; ceux de la cave leur fournissent du vin et de l'eau; ceux de la fruiterie servent les entrées et ornent la table de fleurs. Le clerc de l'aumône fait asseoir les pauvres sur le banc destiné au lavement des pieds; le médecin de la chambre les visite, pour voir s'ils n'ont point de maladie contagieuse; l'apothicaire, le clerc de l'aumône, le grand maréchal des logis et le grand aumônier leur lavent d'abord les pieds, afin qu'ils soient nets.

Dès que le saint sacrement est mis dans le tabernacle du monument, le roi sort de la chapelle, et se rend en procession à l'antichambre, accompagné de ses maîtres d'hôtel avec leurs bâtons. Lorsqu'il est arrivé, le diacre chante l'évangile; alors Sa Majesté ôte son chapeau et son épée, se ceint d'une nappe que lui présente le grand aumônier, et lave les pieds aux pauvres. Le roi reprend ensuite son chapeau et son épée, et le clerc de l'aumône fait asseoir les pauvres à table. Le roi commence à les servir, remettant au saucier, qui se tient à genoux, ceint d'une nappe, les entrées qui sont sur la table, lequel les met dans des corbeilles. Pendant que le roi sert l'entrée au premier pauvre, les gentilshommes de la chambre vont, par rang d'ancienneté, prendre les autres mets à la porte de l'appartement où ils sont, et chacun d'eux, assisté de ses domestiques, porte ce qui est destiné pour un pauvre, et le remet au contrôleur, lequel présente deux plats au roi, que celui-ci place devant un des pauvres. Le saucier reçoit les autres de la main du roi, et les met dans la corbeille.

Lorsque tous les mets sont servis, les gentilshommes de la chambre vont quérir le dessert: le roi le prend de leurs mains et le sert à chaque pauvre, lequel le reçoit dans une serviette, et en même temps le saucier le reprend et le met dans la corbeille avec le pain, la salière, le couteau, la cuiller et la fourchette. Cela fait, le chef de la paneterie lève la nappe; les gentilshommes de la chambre vont au buffet pour prendre les habits des pauvres, qu'ils présentent au roi, et Sa Majesté les distribue aux pauvres l'un après l'autre. La distribution des habits étant faite, le grand aumônier dit les grâces et donne la bénédiction.

LAVERNE. Les Romains, peu contents d'avoir mis les voleurs sous la protection d'un dieu particulier, qui était Mercure, leur donnèrent aussi une déesse. Laverne présidait en effet aux larcins, et était fort honorée des voleurs, des filous, des marchands, des plagiaires, des fourbes et des hypocrites. On lui avait consacré près de Rome un bois nommé *Lavernal*, où les bandits venaient faire leurs partages. Il y avait là une statue de la déesse à laquelle ils rendaient leurs hommages. Son image était une tête sans corps, disent les uns, un corps sans tête, disent les autres. Mais, comme l'observe Noël, l'épithète de *belle* que lui donne Horace permet de croire qu'elle était représentée sous des traits agréables, et qu'une divinité qui prêtait à ses nombreux partisans tous les masques dont ils avaient besoin, n'avait pas oublié de s'en réserver un qui pût lui faire honneur. Les sacrifices et les prières qu'on lui adressait se faisaient en grand silence. De pareils vœux étaient trop honteux pour pouvoir être articulés tout haut, témoin ceux qu'Horace met dans la bouche d'un imposteur qui ose à peine remuer les lèvres:

Labra movet metuens audiri : Pulchra Laverna,
Da mihi fallere ; da sanctum justumque videri ;
Noctem peccatis et fraudibus objice nubem.

« Belle Laverne, dit ce misérable, accorde-moi la grâce de pouvoir tromper, de passer pour juste et innocent ; couvre mes crimes des ombres de la nuit, et mes fourberies d'un nuage épais. » Un cuisinier, dans Plaute, jure par Laverne, et menace par elle celui qui lui a dérobé les instruments de son métier, comme si par sa profession même il appartenait à la déesse, et pouvait à ce titre réclamer sa protection. La main gauche, spécialement regardée par les anciens comme la main du vol, lui était plus particulièrement consacrée.

On n'est pas d'accord sur l'étymologie de son nom ; quelques-uns prétendent que *laverna* signifie voleur, arme à l'usage des brigands, ou voleur d'enfant ; d'autres le font venir du grec λάφυρα, dépouilles, ou du latin *latere*, se cacher, ou de *larva*, masque. Quoi qu'il en soit, les voleurs et ceux qui étaient dévoués à son culte étaient appelés de son nom *laverniones*.

LAZARE (ORDRE DE SAINT-). Cet ordre militaire fut institué dans le temps des Croisades, comme ceux des Templiers, de Saint-Jean de Jérusalem et des chevaliers Teutoniques dont il était séparé. Les chevaliers de Saint-Lazare étaient chargés de loger les pèlerins qui venaient dans la terre sainte, de leur servir de guides dans les chemins et de les défendre contre les insultes des Mahométans. Tant que les chrétiens conservèrent leur pouvoir en Palestine, cet ordre fut très-florissant ; les papes et les princes le comblèrent à l'envi de privilèges et de présents ; mais la décadence des chrétiens en Orient entraîna celle des chevaliers de Saint-Lazare. Le roi Louis VII leur donna, en 1154, la terre de Boigny près d'Orléans, où ils établirent leur siége, et tinrent leurs assemblées. Cependant comme ils étaient devenus inutiles, on commença à les mépriser ; les chevaliers de Malte avaient même obtenu du pape Innocent VII la suppression de cet ordre et sa réunion avec le leur ; mais ceux de France s'en étant plaints au parlement, il y fut ordonné que cet ordre subsisterait séparé de tout autre. Pie IV, en 1565, confirma leurs priviléges par une bulle, et leur accorda les mêmes exemptions qu'aux chevaliers de Malte. Sous Henri IV, cet ordre se releva encore, par les soins de Philibert Nérestan, qui fut nommé grand maître en 1608 ; mais ce fut sous Louis XIV que les chevaliers achevèrent de recouvrer leur ancien lustre. Ils avaient la liberté de se marier, et jouissaient du privilége d'avoir des pensions sur des bénéfices consistoriaux. Ils portaient la croix de l'ordre, attachée à un ruban de couleur amarante. En 1757, Louis XV nomma grand maître de Saint-Lazare le duc de Berri, fils de France ; et en attendant que ce prince eût l'âge de gouverner l'ordre par lui-même, il en confia l'administration au comte de Saint-Florentin. Le roi fit aussi la même année de nouveaux règlements, dont les principaux étaient qu'aucun chevalier ne serait admis dans l'ordre qu'après avoir fait preuve de catholicité et de quatre degrés de noblesse paternelle ; que le nombre des chevaliers serait fixé à cent ; qu'on n'en recevrait aucun qui n'eût l'âge de trente, ou au moins de vingt-cinq ans accomplis.

LAZARISTES ou CONGRÉGATION DE SAINT-LAZARE, nom que l'on donne communément en France aux prêtres de la congrégation de la Mission, fondée par saint Vincent de Paul, en 1625. Ils furent ainsi appelés du prieuré de Saint-Lazare à Paris, où ils s'établirent d'abord, et qui leur fut cédé, en 1633, par les Chanoines réguliers de Saint-Victor. Cette association fut autorisée par lettres patentes de Louis XIII données en 1627, et cinq ans après, Urbain VIII l'érigea en congrégation par une bulle du 12 janvier 1633. Ce ne fut cependant qu'en 1658 que le saint instituteur donna des constitutions à ses disciples. Ceux qui composent cette congrégation ne sont point des religieux, mais des prêtres séculiers, qui, après deux ans de probation ou de noviciat, font les quatre vœux simples de pauvreté, de chasteté, d'obéissance et de stabilité. Ils s'engagent, 1° à se sanctifier eux-mêmes par les exercices prescrits par leur institut ; 2° à travailler à la conversion des pécheurs ; 3° à former les jeunes ecclésiastiques aux fonctions du saint ministère. Les exercices que leur prescrit leur règle pour leur propre sanctification, sont de faire tous les matins une heure de méditation, de s'examiner trois fois par jour, d'assister chaque semaine à des conférences spirituelles, de passer tous les ans huit jours en retraite, et de garder le silence, excepté aux heures où il est permis de s'entretenir ensemble. Ils remplissent leur second engagement en s'employant aux missions de la campagne, et même aux missions lointaines dans les pays des infidèles, où ils rendent de grands services à l'Église. Chaque jour ils font le catéchisme et des discours familiers ; ils entendent les confessions, terminent les différends et pratiquent toutes les œuvres de charité. Pour satisfaire à la troisième obligation qu'ils se sont imposée, plusieurs d'entre eux tiennent les séminaires, donnent des retraites de huit à dix jours, où ils admettent des ecclésiastiques et même d'autres personnes; ils suivent, dans ces exercices, les règles pleines de sagesse qui leur ont été laissées par saint Vincent de Paul. L'avantage que l'Eglise retirait du nouvel institut lui donna tant d'accroissement, qu'à la mort du saint, en 1660, il comptait vingt-cinq maisons, tant en France qu'en Piémont, en Pologne et en d'autres contrées. Supprimée, comme les autres ordres religieux, à l'époque de la révolution française, cette congrégation a repris ses glorieux et saints travaux, sous la protection du gouvernement, qui l'a autorisée, dans les années 1804, 1816, 1817, 1823, 1827, etc.

LE-CAN-CHA, cérémonie que les Tunquinois ont imitée des Chinois. Elle consiste à bénir la terre. Le prince solennise cette espèce de consécration par beaucoup de jeûnes et de prières, et en labourant la terre, comme l'empereur de la Chine, afin de mettre l'agriculture en honneur. *Voy.* AGRICULTURE (*Fête de l'*), n° 4.

LECANOMANCIE, sorte de divination que les Grecs pratiquaient au moyen d'un bassin, λεκάνη. Ils mettaient dans un bassin plein d'eau des pierres précieuses et des lames d'or et d'argent gravées de certains caractères; ils en faisaient l'offrande aux esprits, et après les avoir conjurés par certaines formules, ils leur proposaient la question à laquelle ils désiraient une réponse. Alors, dit-on, il sortait du fond de l'eau une voix basse semblable au sifflement d'un serpent, qui contenait la solution désirée. Glycas rapporte que Nectanèbe, roi d'Egypte, connut par ce moyen qu'il serait détrôné; et Delrio ajoute que, de son temps, cette divination était encore en vogue parmi les Turcs.

LE-CAU-PHONG, cérémonie superstitieuse, au moyen de laquelle les païens de la Cochinchine croient pouvoir avoir un vent favorable, lorsqu'ils vont porter le tribut au roi.

LACHÉATÈS, surnom sous lequel Jupiter avait un autel à Aliphéra en Arcadie, à l'endroit même où les Grecs prétendaient qu'il avait donné naissance à Minerve.

LÉCHIES, génies de la mythologie slave, qui correspondaient aux satyres des Romains. Le peuple russe, chez qui l'idée en est restée, leur donne un corps humain dans la partie supérieure, avec des cornes, des oreilles et une barbe de chèvre, et de la ceinture en bas des formes de bouc. « Quand ils marchaient parmi les herbes, dit Levesque, ils ne s'élevaient pas au-dessus d'elles et de la verdure naissante; mais quand ils se promenaient dans les forêts, ils atteignaient au faîte des plus grands arbres; poussant des cris affreux qui répandaient au loin l'effroi. Malheur au téméraire qui osait traverser les forêts! Bientôt il était entouré par les Léchies, qui s'emparaient de lui, le conduisaient de divers côtés jusqu'à la fin du jour, et, à l'entrée de la nuit, le transportaient dans leurs cavernes, où ils prenaient plaisir à le chatouiller jusqu'à ce qu'il en mourût. » Quelquefois on les voyait se livrer à des danses lascives avec les Roussalki, nymphes des eaux et des forêts.

LEÇON. Dans l'Eglise catholique, on donne ce nom à des extraits de la Bible, des saints Pères ou de l'histoire d'un saint, qu'on lit à chaque nocturne des matines. Souvent on distingue les offices par le nombre des leçons; c'est ainsi qu'on dit: un office à neuf leçons ou à trois leçons, pour désigner un office double ou simple. On appelle encore leçons les lectures tirées de l'Ecriture sainte, que l'on fait à la messe avant l'Epître, dans certains jours de jeûne ou de Quatre-Temps.

LECTEURS. 1° Le second des quatre ordres mineurs dans l'Eglise catholique. L'évêque confère cet ordre en faisant toucher à l'ordinand le livre des saintes Ecritures, et en lui disant en même temps : « Recevez ce livre, et lisez aux fidèles la parole de Dieu; car si vous vous acquittez fidèlement de ce ministère, vous aurez part avec ceux qui dès le commencement auront administré avec fruit cette divine parole. » Puis il prononce sur eux plusieurs oraisons, et il les bénit.

Les Lecteurs étaient autrefois chargés de lire dans l'église les saintes Ecritures, les actes des martyrs, les homélies des Pères et les lettres que les évêques écrivaient aux églises; de chanter les leçons de l'office, de bénir le pain et les fruits nouveaux. Ils devaient aussi prendre soin d'instruire les catéchumènes et les enfants des fidèles. Maintenant la plupart de ces fonctions sont remplies par des laïques, surtout dans les églises où il n'y a pas un nombre suffisant de ministres.

2° Chez les Grecs, l'office de Lecteur est le premier degré de la hiérarchie ecclésiastique. Celui qui doit recevoir cet ordre se présente à l'église en habit de clerc ou de moine, suivant qu'il est séculier ou régulier. L'évêque fait d'abord sur lui trois signes de croix, et commence à lui raser la tête en forme de croix, puis on achève de lui donner la tonsure cléricale. Il se présente une seconde fois à l'évêque, qui lui donne le *phénolion*, espèce de chasuble, lui fait encore trois signes de croix sur la tête, lui impose les mains et prie pour lui. Il lui met ensuite entre les mains l'Ecriture sainte, dans laquelle le nouveau Lecteur lit quelques versets. La même ordination a lieu pour les chantres. L'office de Lecteur est de lire l'Ecriture sainte au peuple les jours de grandes fêtes.

LECTEURS DE SUÈDE, société protestante, qui prit naissance vers l'an 1803, dans le village de Portonas en Suède. Sept jeunes gens, dont trois hommes et quatre personnes de l'autre sexe, commencèrent à se réunir le dimanche, de quatre à huit ou neuf heures du soir, pour des lectures et des entretiens pieux. Cette association prit de l'extension, et se répandit dans plusieurs paroisses. Aux réunions du dimanche on ajouta celles du samedi ; on y lisait les sermons de Luther, ceux de Patterson, ceux du docteur Nohrborg, et le livre piétiste de Jean Arndt, intitulé : *Le vrai Christianisme*. En 1810 commença l'usage de prêcher dans leurs assemblées et d'y expliquer la Bible; puis ils envoyèrent des missionnaires dans les provinces, où ils se firent un assez grand nombre d'adhérents, qui se divisèrent ensuite en différentes congrégations.

Ces congrégations ont de commun la doctrine de la foi sans les œuvres, quoique la foi soit réputée la source unique des œuvres vraiment chrétiennes. Comme chez tous les protestants, la Bible est le dépôt exclusif des vérités dogmatiques, mais plus que les autres ils en font l'objet de leurs études ; ils examinent si les sermons sont conformes aux saintes Ecritures et à la doctrine de Luther, et jamais ils n'assistent à ceux des ministres qui paraissent s'en éloigner. Ils jugent avec sévérité les nouvelles liturgies, les cantiques, les catéchismes qu'on a voulu substituer aux anciens. Les Lecteurs se présentent à la cène plus souvent que le commun des protestants, sont assidus aux assemblées religieuses, et jugent sévèrement ceux qui s'en éloignent, ou qui les fréquentent rarement. Quand l'intempérie des saisons, la difficulté des communications, la distance des églises empêchent de s'y rendre, on célèbre la liturgie dans une maison particulière ; le chant, la prière, la bénédiction ont lieu, et, à défaut de prédicateur, on lit un sermonnaire. Le Lecteur est communément nommé par le curé, pour le suppléer dans le cas où l'on ne peut se rendre au temple. La majorité des adhérents à cette société sont des paysans, mais qui tous savent lire et sont plus ou moins instruits dans les matières religieuses. C'est pourquoi on appelle leurs exercices *Culte de village*, et la maison où ils se rassemblent porte le nom de *Maison de prière*. Voy. HOOFIENS, SIBBOITES.

LECTICAIRE, titre d'office dans quelques anciennes églises. Les fonctions des Lecticaires consistaient à emporter les corps de ceux qui étaient morts, afin de les enterrer. La voiture sur laquelle ils les transportaient était appelée en latin *lectica*, litière, d'où ils ont pris leur nom.

LECTISTERNE (1), cérémonie religieuse pratiquée à Rome dans des temps de calamités publiques, et dont l'objet était d'apaiser les dieux. C'était un festin que pendant plusieurs jours on donnait, au nom et aux dépens de la république, aux principales divinités, et dans leurs temples, s'imaginant qu'elles y prendraient part effectivement, parce qu'on y avait invité leurs statues, et qu'on le leur avait présenté. Mais les ministres de la religion, s'ils n'avaient pas l'honneur du festin, en avaient tout le profit, et se régalaient entre eux aux dépens des superstitieux. On dressait dans un temple une table avec des lits alentour, couverts de beaux tapis et de riches coussins, et parsemés de fleurs et d'herbes de senteur, sur lesquels on mettait les statues des dieux invités au festin ; pour les déesses, elles n'avaient que des sièges. Chaque jour que durait la fête, on servait sur la table un repas magnifique que les prêtres avaient soin de desservir le soir. Le premier Lectisterne parut à Rome vers l'an 356 de sa fondation : un mauvais hiver ayant été suivi d'un été encore plus fâcheux, où la peste fit périr un grand nombre d'animaux de toutes sortes, comme le mal était sans remède, et qu'on n'en pouvait trouver ni la cause ni la fin, un décret du sénat ordonna de consulter les livres des sibylles. Les duumvirs sibyllins rapportèrent que, pour faire cesser le fléau, il fallait faire une fête avec des festins à six divinités qu'ils nommèrent, savoir : Apollon, Latone, Diane, Hercule, Mercure et Neptune. On célébra pendant huit jours cette nouvelle fête, dont le soin et l'ordonnance furent confiés aux duumvirs, et dans la suite on leur substitua les épulons. Les citoyens, en leur particulier, pour prendre part à cette solennité, laissaient leurs maisons ouvertes, avec la liberté à chacun de se servir de ce qui était dedans : on exerçait l'hospitalité envers toutes sortes de gens connus, inconnus, étrangers. On vit en même temps disparaître toute animosité ; ceux qui avaient des ennemis conversèrent et mangèrent avec eux, de même que s'ils eussent toujours été en bonne intelligence : on mit fin à toutes sortes de procès et de dissensions ; on ôta les liens aux prisonniers, et, par principe de religion, on ne remit point dans les fers ceux que les dieux en avaient délivrés. Tite-Live, qui rapporte ce détail, ne nous dit pas si ce premier Lectisterne produisit l'effet qu'on en attendait ; du moins était-ce toujours un moyen de se distraire pendant ce temps-là des fâcheuses idées qu'offre à l'esprit la vue des calamités publiques. Mais le même historien nous apprend que la troisième fois qu'on tint le Lectisterne pour obtenir encore la cessation d'une peste, cette cérémonie fut si peu efficace, qu'on eut recours à un autre genre de dévotion, qui fut l'institution des jeux scéniques, dans l'espérance que, n'ayant point encore paru à Rome, ils en seraient plus agréables aux dieux.

Valère Maxime fait mention d'un Lectisterne célébré en l'honneur de trois divinités seulement, Jupiter, Mercure et Junon ; encore n'y eut-il que la statue de Junon qui fut couchée sur le lit, pendant que celles de Jupiter et de Mercure étaient sur des sièges. Arnobe fait aussi mention d'un Lectisterne préparé à Cérès seulement.

Le Lectisterne n'est pas d'institution romaine, comme on l'a cru jusqu'au temps de Casaubon ; ce savant critique a fait voir qu'il était aussi en usage dans la Grèce. En effet, Pausanias parle en plusieurs endroits de ces sortes de coussins, *pulvinaria*, qu'on mettait sous les statues des dieux et des héros. Spon, dans son *Voyage de Grèce*, dit qu'on voyait encore à Athènes le Lectisterne

---

(1) Article emprunté au *Dictionnaire* de Noël.

d'Isis et de Sérapis : c'était un petit lit de marbre, de deux pieds de long sur un de hauteur, sur lequel ces deux divinités étaient représentées assises. Nous pouvons juger par là de la forme des anciens Lectisternes. Le nom de la cérémonie est pris de l'action de préparer les lits, de les étendre, *lectum sternere*.

LÉDA, dieu de la guerre chez les anciens Slaves. Son nom vient, dit-on, du mot *led*, glace. *Voy.* LAD.

LEEK-AVEN ou LIE-AVEN, pierres ou monuments druidiques, qui se trouvent près d'Auray en basse Bretagne, au nombre de cent ou cent cinquante, et rangées trois à trois. Les gens du pays s'imaginent qu'en y allant à certains jours marqués, et y menant leurs troupeaux, ils se préserveront de toutes sortes de maladies.

LÉGAT. Ce titre est donné aux prélats envoyés par le pape pour présider en sa place aux conciles généraux; aux vicaires apostoliques perpétuels, établis dans les différents États; tels étaient les archevêques de Canterbury en Angleterre, et ceux d'Arles et de Reims en France: ce dernier se qualifie encore de légat-né du saint-siége. On nomme aussi *légats* des vicaires apostoliques délégués pour assembler des synodes en divers pays, et pour y réformer la discipline. Les gouverneurs des provinces de l'État ecclésiastique sont aussi des légats. Enfin les ambassadeurs extraordinaires que Sa Sainteté envoie dans les cours étrangères portent le titre de légats *a latere*. Ces légats ont une certaine juridiction dans les lieux de leur légation, mais elle est bien restreinte en France. *Voy.* l'article LÉGAT, dans le *Dictionnaire de Droit canonique*.

LÉGENDE. Ce mot revient à celui de *leçon*, et désignait autrefois les Vies des saints que l'on devait lire à l'office de la nuit et dans les réfectoires des religieux. Une des plus célèbres compilations de ce genre est celle qui a été faite par Jacques de Voragine ou de Varaze, qui mourut archevêque de Gênes en 1292. Cette compilation était si estimée dans le moyen âge, qu'elle reçut le nom de *Légende dorée*; mais elle est remplie de faits controuvés et de contes absurdes.

LEGO, lac dont il est souvent question dans les poésies d'Ossian; comme il était marécageux et qu'il s'en élevait des vapeurs malsaines et quelquefois mortelles, les bardes calédoniens feignirent que c'était le séjour des âmes pendant l'intervalle qui s'écoulait entre la mort et l'hymne funèbre. Les âmes des guerriers pusillanimes y séjournaient éternellement, et sans nul espoir de se réunir à celles de leurs ancêtres.

LÉHÉRENNE, divinité dont l'histoire ne nous apprend ni le culte ni les attributs.

LEIB-OLMAI, dieu des anciens Lapons. Il était le protecteur des animaux qui habitaient dans les forêts, et le défenseur des pâturages; on lui offrait des sacrifices, dans lesquels les hommes seuls avaient droit de manger leur part des victimes.

LÉKA, un des dieux subalternes de l'archipel Viti, en Océanie.

LEKIO, dieu des anciens Finnois; il présidait à la végétation des pois et des autres légumes.

LEL, LÉLA ou LÉLO, petit dieu des anciens Slaves, correspondant à l'Éros des Grecs, et au Cupidon des Latins: c'est lui qui allumait dans les cœurs les flammes de l'amour. Il était fils de Siva, déesse de la beauté, et avait pour frères Did, l'amour mutuel, et Polel, l'hymen.

LELUS et POLITUS, dieux des anciens Sarmates. Si l'on en croit certains auteurs, ce peuple honorait sous ce nom les héros grecs Castor et Pollux; c'est une erreur: ces deux divinités ne sont autres que Lela et Poléla, l'amour et l'hymen, enfants de Lada. Les Polonais n'ont pas oublié leurs noms, et les prononcent encore en signe de joie dans leurs festins. Ils avaient sur le mont Chauve (*Lysa-Gora*) un temple qui fit place plus tard à l'église de Sainte-Croix.

LEMMAS, mauvais génie de la mythologie finnoise; il habite les forêts, et s'occupe à dérouter les chasseurs et à détourner les voyageurs du droit chemin.

LEMPO, un des noms d'Hiisi, génie du mal, redouté des anciens Finnois. *Voy.* HIISI.

LÉMURES. Les Romains appelaient ainsi les ombres et les fantômes des morts, qui erraient pendant la nuit pour inquiéter et tourmenter les vivants. Selon Apulée, on appelait ainsi, dans l'ancienne langue latine, l'âme dégagée des liens du corps. « De ces Lémures, ajoute-t-il, ceux qui ont en partage le soin des habitants des maisons où ils ont eux-mêmes demeuré, et qui sont doux et pacifiques, s'appellent *Lares* familiers: ceux au contraire qui, en punition de leur mauvaise vie, n'ont point de demeure assurée, sont errants et vagabonds, causent des terreurs paniques aux gens de bien, et font des maux réels aux méchants; ce sont ceux qu'on nomme *Larves*. »

Quelques-uns veulent que *Lémures* soit pour *Rémures*, et que ce nom fasse allusion aux mânes de Rémus, qui molestaient Romulus, son frère.

LÉMURIES, LÉMURALES; fête que les Romains célébraient le neuvième jour du mois de mai, en l'honneur des Lémures, ou pour apaiser les mânes des morts. On prétend que ce ne fut d'abord qu'une solennité particulière instituée par Romulus pour satisfaire aux mânes de Rémus, son frère, et faire cesser la peste qui vengea sa mort, accompagnée de sacrifices appelés *Rémuries*. Elle devint peu à peu générale, et fut applicable à tous les défunts, sous le nom de *Lémuries*. La cérémonie commençait à minuit; le père de famille se levait de son lit, rempli d'une sainte frayeur, et se rendait à une fontaine, nu-pieds et en silence, faisant seulement claquer ses doigts pour écarter les ombres de son passage. Après s'être lavé trois fois les mains, il s'en retournait, jetant par-dessus sa tête des fèves noires qu'il avait dans la bouche, en disant : « Je me rachète, moi et les miens, avec ces fèves; » ce qu'il répétait neuf fois sans regarder derrière lui. L'ombre qui suivait était supposée ramasser les fèves sans être aperçue. Il prenait de l'eau une seconde fois, frappait sur un vase d'airain, et priait l'ombre de sortir de sa maison, en répétant neuf fois : « Sortez, mânes paternels. » Il se retournait ensuite, et croyait la fête bien et dûment solennisée. Ces cérémonies duraient trois jours, pendant lesquels il était interdit de se marier.

— LEN-DONG, sacrifice que les Cochinchinois font avant la moisson, pour obtenir une récolte favorable.

LÉNÉES, fêtes grecques célébrées dans l'Attique, au mois de Lénéon ou décembre, en l'honneur de Bacchus. Les poëtes y disputaient le prix; comme aux Panathénées et aux Dionysies, il fallait qu'ils y lussent quatre drames de leur composition, dont le dernier fût satirique; c'est ce qu'on appelait la *tétralogie*. Les Lénéennes ou Lénées étaient la fête des pressoirs (ληνός, *pressoir*).

LÉONISTES, nom que l'on a donné aux Vaudois, de *Leona*, ancien nom de la ville de Lyon. On les appelait également *Pauvres de Lyon*.

LÉONTIQUES, fêtes persanes que l'on croit les mêmes que les Mithriaques. Les initiés et les ministres y étaient déguisés sous la forme de divers animaux, dont ils portaient les noms; et comme le lion passe pour être le roi des animaux, ces mystères en prirent, chez les Grecs, le nom de Léontiques. D'autres disent que, dans ces fêtes, le soleil était symbolisé sous une figure à tête de lion rayonnante, et tenant des deux mains les cornes d'un taureau qui faisait de vains efforts pour se débarrasser.

LÉPISTA, coquille ou vase dans lequel on tenait l'eau dans les temples des Romains.

LEPRIGHAUN, agent surnaturel qui occupe un rang distingué dans la féerie irlandaise. On prétend qu'il apparaît, sous la forme d'un petit vieillard ridé, aux lieux où des trésors ont été enfouis dans les temps de trouble. On le rencontre, en conséquence, dans des lieux affreux et sauvages, loin des traces des hommes. Si le voyageur égaré, qui l'a aperçu pendant la nuit, laisse quelque marque à la place occupée par ce gardien des trésors cachés, lorsqu'il y revient le lendemain avec les instruments propres à creuser la terre, la tige de chardon, la pierre ou la branche qu'il y a mise se trouve tellement multipliée, qu'elle ne sert plus à rien. Les désappointements auxquels donne lieu la malice du petit Leprighaun l'ont mis en très-mauvaise réputation, et l'on n'emploie jamais son nom que comme terme de mépris.

LÉRINS (MOINES DE), ordre religieux fondé dans l'île de Lérins, vers l'an 420, par saint Honoré, évêque d'Arles. Leur règle était très-austère. Ils se réunirent dans la suite aux moines de Saint-Benoît.

LERNÉES, fêtes ou mystères que les Grecs célébraient à Lerne près d'Argos, en l'honneur de Bacchus, de Cérès et de Proserpine. Les Argiens y apportaient du feu pris dans le temple élevé à Diane sur le mont Crathis. La déesse y avait un bois sacré de platanes, et au milieu de ce bois s'élevait une statue de marbre qui la représentait assise. Bacchus y avait également une statue, devant laquelle s'accomplissaient annuellement des sacrifices nocturnes, que Pausanias dit ne lui être pas permis de révéler.

LESCHÉNORE, surnom d'Apollon. Ce dieu des sciences, dit Noël, recevait différents noms par rapport aux progrès qu'on y faisait. Pour les commençants, il se nommait *Pythien*, de πυνθάνομαι, s'informer; pour ceux qui commençaient à entrevoir la vérité, *Délien* ou *Phanée*, de δῆλος, clair, ou φάνος, visible; pour les savants, *Isménien*, d'ἴσημι, savoir; enfin pour ceux qui faisaient usage de leurs connaissances, qui se trouvaient dans les assemblées, qui y parlaient, y philosophaient, *Leschénore*, de λέσχη, entretien, conférence de philosophes.

LESSUS, dieu des pleurs et des gémissements chez les Romains; il avait une chapelle près de la porte Viminale. Il présidait aux lamentations que l'on poussait dans les funérailles. *Voy.* NÉNIES.

LETEUHIEUL, un des esprits célestes vénérés par les insulaires des Carolines occidentales. C'était un génie femelle qui épousa Elieulep dans l'île d'Ouléa; elle mourut à la fleur de son âge, et s'envola dans le ciel. Elieulep avait eu d'elle un fils, nommé Leugueileng, qu'on vénère comme le grand seigneur du ciel.

LÉTHÉ, un des fleuves des enfers, autrement nommé le fleuve d'oubli; son nom grec, λήθη, signifie en effet oubli; les mythologues en avaient fait aussi une déesse. Les ombres étaient obligées de boire de ses eaux, dont la propriété était de leur faire oublier le passé, et de les disposer à souffrir de nouveau les peines de la vie. On le surnommait le *fleuve d'huile*, parce qu'il coulait sans faire entendre le moindre murmure; c'est pourquoi Lucain l'appelle *Deus tacitus*, le dieu silencieux. Sur ses bords, comme près du Cocyte, on voyait une porte qui communiquait au Tartare. Le Léthé était représenté sous la forme d'un vieillard tenant une urne d'une main et une coupe de l'autre. Ce qui a pu faire imaginer que le Léthé était un fleuve des enfers, c'est qu'une rivière de ce nom coulait en Afrique et se jetait dans la Méditerranée près du cap des Syrtes. Elle interrompait son cours, coulait sous terre l'espace de quelques milles, et ressortait plus forte près de la ville de Bérénice.

LÉTHRA, lieu en Zélande, dans lequel les anciens Danois s'assemblaient tous les neuf ans, au mois de janvier. Là, ils immolaient aux dieux quatre-vingt-dix-neuf hommes, et autant de chevaux, de chiens et de coqs. Les prêtres de ces divinités inhumaines, issus d'une famille qu'on appelait la race de Bor, étaient chargés d'immoler les victimes.

LETTRÉS (SECTE DES), la plus noble et la plus distinguée des sectes des Chinois, dont Confucius est regardé comme le fondateur ou du moins comme le restaurateur. Cette secte adore un être suprême, éternel et tout-puissant, sous le nom de *Chang-ti*, qui signifie *suprême empereur*; ou *Thien, ciel souverain*. Plusieurs veulent que par ce nom de *Thien* ou *ciel* ils n'entendent en effet que le ciel même, matériel et visible. Quoiqu'ils aient souvent déclaré que leurs hommages s'adressaient à cet esprit supérieur qui règne dans le ciel, on a toujours soupçonné quelques équivoques dans leur doctrine. Mais lorsqu'on examine de près la chose, on est plus porté à les croire idolâtres qu'athées. Cependant il y a quelques sectateurs de Confucius qui se distinguent des autres par des opinions qui pourraient avec assez de raison les faire regarder comme athées, si l'obscurité de leur système permettait de porter un jugement certain. Ces nouveaux philosophes, dit le P. le Gobien, ne reconnaissent dans la nature que la nature même, qu'ils définissent le principe du mouvement et du repos. Ils disent que c'est la raison par excellence qui produit l'ordre dans les différentes parties de l'univers, et qui cause tous les changements qu'on y remarque. Ils ajoutent que si nous considérons le monde comme un grand édifice où les hommes et les animaux sont placés, la nature en est le sommet et le faîte; pour nous faire comprendre qu'il n'y a rien de plus élevé, et que, comme le faîte assemble et soutient toutes les parties qui composent le toit du bâtiment, de même la nature unit ensemble et conserve toutes les parties de cet univers... Ils distinguent la matière en deux espèces : l'une est parfaite, subtile, agissante, c'est-à-dire dans un mouvement continuel; l'autre est grossière, imparfaite et en repos. L'une et l'autre sont, selon eux, éternelles, increées, infiniment étendues, et en quelque manière toutes-puissantes, quoique sans discernement et sans liberté. Du mélange de ces deux matières naissent cinq éléments, qui, par leur union et leur température, font la nature particulière et la différence de tous les corps. De là viennent les vicissitudes continuelles des parties de l'univers, le mouvement des astres, le repos de la terre, la fécondité ou la stérilité des campagnes. Ils ajoutent que cette matière, toujours occupée au gouvernement de l'univers, est néanmoins aveugle dans ses actions les plus réglées, qui n'ont d'autre fin que celle que nous leur donnons, et qui, par conséquent, ne sont utiles qu'autant que nous savons en faire un bon usage. Ce système fut adopté vers le commencement du XVe siècle, par une nouvelle secte, qu'on peut regarder comme une réforme de la secte des Lettrés, et qui devint la secte dominante de la cour des mandarins et des savants. Voici quelle en fut l'origine :

L'empereur Tching-tsou, qui régnait alors, voyant que les sectes de Lao-tseu et de Fo avaient depuis plusieurs siècles introduit dans l'empire un nombre prodigieux d'idolâtries et de superstitions grossières, donna ordre à quarante-deux docteurs, choisis entre les plus habiles, de faire un extrait des plus saines maximes répandues dans les anciens auteurs, et d'en former un corps de religion et de doctrine. Ces docteurs, dans l'exécution de cet ouvrage, s'attachèrent moins à remplir les bonnes intentions de l'empereur, qu'à trouver dans les anciens auteurs de quoi justifier les préjugés dont ils étaient déjà imbus. Ils donnèrent des sens détournés aux plus saines maximes, et, par des interprétations forcées, parvinrent à les défigurer. Ils parlèrent des perfections du Dieu suprême, en apparence comme les anciens, mais en effet ils insinuèrent avec beaucoup d'art que ce Dieu n'était pas un être qui eût une existence particulière; qu'il n'était pas distingué de la nature même; que c'était un principe de vie et d'activité qui, par une vertu naturelle, produisait, disposait et conservait toutes les parties de l'univers. Ils se jetèrent donc dans une espèce de spinosisme, en débitant que Dieu, qu'ils nommaient *Chang-ti* ou *Empereur souverain*, était une âme répandue dans la matière, laquelle y opérait tous les changements nécessaires, et en attribuant à la nature toutes les qualités que les anciens philosophes chinois avaient reconnues dans l'Être suprême. Cette doctrine fut bien plus goûtée que ne l'avait été celle de Confucius, qui ne subsistait plus alors que chez un petit nombre de ses disciples. Elle flatta surtout l'esprit des grands, qui, naturellement orgueilleux, préfèrent toujours la doctrine qui les asservit le moins. Ils ne trouvèrent dans les nouvelles opinions qu'un système au lieu d'un culte, et ne manquèrent pas d'adopter avec avidité des spéculations qui semblaient les dispenser de toute espèce de religion. Ils aimèrent mieux être athées qu'idolâtres, et même, pour se justifier de l'accusation d'athéisme, ils enveloppèrent leurs dogmes de tant de subtilités et de mystères, que les plus clairvoyants y furent trompés. L'empereur protégea cette nouvelle secte de Lettrés et l'admit à la cour. Il prit même la résolution de détruire les autres sectes; mais on lui représenta qu'il était dangereux d'ôter au peuple les idoles dont il était si fort entêté, et que le nombre des idolâtres était trop grand pour qu'on pût espérer d'exterminer entièrement l'idolâtrie. Ainsi la cour se borna seulement à condamner toutes les autres sectes comme des hérésies : vaine cérémonie qui se pratique encore tous les ans à Péking, sans que le peuple en témoigne moins de fureur pour ses absurdes divinités.

Cette secte, si fameuse à la Chine, est aussi très-répandue dans le Tonquin et la Corée. On remarque cependant quelque différence entre les opinions des Lettrés tonquinois et celle des Lettrés chinois. Les premiers pensent qu'il y a dans les hommes et les animaux une matière subtile qui s'évanouit et se perd dans les airs, lorsque la mort dissout les différentes parties du corps. Ils mettent au nombre des éléments les bois et les métaux, et n'y comprennent pas l'air. Ils rendent les plus grands honneurs aux sept planètes et aux cinq éléments, qu'ils admettent. *Voy.* Ju-kiao.

LEUCANIE, déesse des anciens Latins, qui ne nous est connue que par une inscription.

LEUCÉ, île du Pont-Euxin, dont les anciens avaient fait une espèce de Champs-Élysées où habitaient les âmes de plusieurs héros, tels qu'Achille, les deux Ajax, Patrocle, Antiloque, Hélène, mariée à Achille, etc.

LEUCON, héros grec, auquel un oracle de la Pythie avait ordonné de rendre les honneurs divins, dans le temps de la guerre contre les Perses. Les Platéens surtout obéirent à l'ordre de la prêtresse, et offrirent des sacrifices à ce nouveau dieu.

LEUCOPHRYNE, surnom de Diane, pris d'un lieu situé sur les bords du Méandre, en Magnésie, où cette déesse avait un temple et une statue, qui la représentait avec plusieurs mamelles, et couronnée par deux Victoires.

LEUCOTHÉE, c'est-à-dire *la blanche déesse*; divinité marine qui paraît être la même qu'Ino, nourrice de Bacchus. On lui avait dédié un autel dans le temple de Neptune à Corinthe. Elle fut également honorée à Rome dans un temple où les dames romaines allaient offrir leurs vœux pour les enfants de leurs frères, n'osant pas prier la déesse pour les leurs, parce qu'elle avait été trop malheureuse en enfants. Il n'était pas permis aux femmes esclaves d'entrer dans ce temple, et si elles y étaient surprises, on les battait impitoyablement à coups de bâton, jusqu'à les faire mourir.

LEUGUEILENG, dieu des Carolins occidentaux, qui le révèrent comme le grand seigneur du ciel, dont ils le regardent comme l'héritier présomptif. Il forme, avec Elieulép, son père, et Oulifat, son fils, une trinité qui reçoit les principaux hommages des insulaires. D'après la tradition, Leugueileng avait épousé deux femmes, l'une céleste, qui lui donna deux enfants, Karrer et Meliliau ; l'autre terrestre, dont il eut Oulifat.

LEUH, tablettes célestes sur lesquelles, d'après les Musulmans, toutes les actions et les destinées des hommes sont écrites par le doigt des anges.

LÉVA ou **Lève**, déesse honorée autrefois dans le Brabant, en un lieu nommé Leewe ou Leuwe.

LÉVANA, déesse honorée par les Romains : elle présidait à la reconnaissance des enfants nouveau-nés. A la naissance d'un enfant, la sage-femme le déposait à terre, et le père, ou quelqu'un qui le représentait, le relevait et l'embrassait : cérémonie sans laquelle l'enfant n'eût pas été réputé légitime. Cette déesse avait à Rome des autels sur lesquels on lui offrait des sacrifices.

LEVIATHAN, animal marin dont il est fréquemment parlé dans la Bible. Quelques commentateurs le prennent pour la baleine; d'autres, avec plus de vraisemblance, pensent que c'est le crocodile. Les rabbins, qui ne sont jamais embarrassés en fait d'interprétation biblique, ne balancent pas à en faire un être exceptionnel, poisson monstrueux, qui fut créé le cinquième jour de la création du monde : il est d'une si prodigieuse grandeur que, d'une seule bouchée, il avale un autre poisson qui n'a pas moins de trois lieues de longueur. Toute la masse des eaux est portée sur ce monstre. Dieu lui avait d'abord donné une femelle; mais, comprenant tous les ravages que pourrait occasionner la postérité de semblables êtres s'ils venaient à multiplier, il mit le mâle hors d'état de perpétuer sa race, et tua la femelle, qu'il sala pour le festin que les Juifs doivent faire avec le Messie afin de le féliciter de sa venue.

LÉVITES, 1° nom des ministres du culte dans l'ancienne loi; ils étaient ainsi appelés parce qu'ils étaient de la tribu de Lévi, que Dieu avait choisie entre toutes pour les fonctions du sacerdoce. Il avait particulièrement distingué dans cette tribu la famille d'Aaron; et c'était dans cette famille que l'on choisissait le grand sacrificateur et les prêtres. Les autres familles étaient destinées au simple emploi de Lévites, et ne pouvaient exercer que les offices subalternes. Moïse dit que Dieu prit les Lévites à la place des premiers-nés d'Israël, qui devaient lui être consacrés de droit, mais qu'il permettait qu'on rachetât. Lorsque l'on consacrait les Lévites, on les arrosait avec de l'eau où l'on avait détrempé des cendres de la vache rousse. On leur rasait tout le corps, et on lavait tous leurs habits: ensuite le peuple les présentait au souverain sacrificateur, et mettait les mains sur leurs têtes, comme cela se pratiquait à l'égard des victimes qu'on offrait au Seigneur. Moïse ne leur assigna point de costume particulier; ils étaient vêtus comme le commun des Israélites. Ils étaient partagés en trois familles principales, lesquelles étaient subdivisées en vingt-quatre classes qui se succédaient à tour de rôle. Chaque famille avait son président ou capitaine ; et celui-ci avait nombre d'autres officiers sous sa direction. Les fonctions des Lévites étaient d'assister les prêtres, de préparer la fleur de farine, les gâteaux, le vin, l'huile et tout ce qui servait dans les sacrifices ; de chanter et de jouer des instruments de musique dans les néoménies et les fêtes solennelles; de garder le temple, et de faire sentinelle autour du tabernacle. Le roi Salomon permit à ceux qui remplissaient la fonction de chantres de porter une robe ou surplis de fin lin, et le roi Agrippa étendit ce privilége à tous les autres Lévites, l'an 62 de Jésus-Christ.

Dans le partage de la terre promise, on n'avait assigné aucune portion à la tribu de Lévi, qui ne devait subsister que des revenus du temple, des dîmes et des oblations des fidèles ; mais, dans le territoire des autres tribus, on avait choisi quarante-huit villes dont on lui avait cédé la propriété. Il y en avait treize pour les prêtres, et trente-cinq pour les Lévites. Ces villes avaient plusieurs droits, priviléges et immunités.

2° Dans l'Eglise chrétienne on donne souvent le nom de Lévites aux diacres, dont les fonctions sont analogues à celles des Lévites de l'ancienne loi.

LÉVITES ou **LÉVITIQUES**, branche d'hérétiques des premiers siècles, qui suivaient les erreurs des Gnostiques et des Nicolaïtes.

LÉVITICON, rituel des Templiers, contenant l'exposé de la doctrine religieuse des initiés, ainsi que les formes liturgiques de réception des membres dans divers grades, qui sont au nombre de neuf; savoir : 1° Lévite de la garde extérieure ou chevalier; 2° Lévite du parvis; 3° Lévite de la porte intérieure; 4° Lévite du sanctuaire; 5° Lévite cérémoniaire; 6° Lévite théologal; 7° Lévite diacre; 8° prêtre, docteur de la loi; 9° pontife ou évêque. *Voy.* TEMPLIERS.

LÉVITIQUE, livre canonique de l'Ancien Testament, faisant partie du Pentateuque dont il est le troisième livre. Il est appelé en hébreu *Vayicra*, parce qu'il commence par ce terme dans le texte original. Le nom de Lévitique lui a été donné par les Septante et les autres traducteurs, parce que tout ce qui concerne le ministère des Lévites y est amplement détaillé. Moïse traite en effet, dans ce livre, des cérémonies du culte judaïque, des différentes sortes de sacrifices, de la distinction entre les animaux purs et impurs, des diverses fêtes, de l'année jubilaire, etc. Il contient vingt-sept chapitres, et embrasse l'histoire du peuple de Dieu pendant l'espace d'un mois et demi.

LHA, mot tibétain qui signifie proprement le *ciel*, mais par lequel on entend communément toute la foule des dieux ou des esprits qui jouissent de la béatitude; les Lhas correspondent ainsi aux *Dévas* ou *Dévatas* des Hindous. Ces Lhas ne sont, à proprement parler, que les âmes de ceux qui ont bien mérité dans le cours de leurs transmigrations successives. Ils habitent différents lieux suivant leur degré de vertus et de bonnes œuvres; ils peuvent passer à un ciel plus élevé, lorsqu'ils se sont encore sanctifiés dans celui qu'ils habitent, comme ils peuvent aussi descendre, s'ils ont des fautes à expier, soit que ces fautes aient été commises avant leur admission dans un des cieux de la béatitude, soit qu'ils s'en soient souillés dans ce lieu même. Ces demeures sont innombrables, car les planètes et toutes les étoiles en font partie; mais on en compte ordinairement trente-deux, qui sont au-dessus du mont Righiel, dont le sommet est le terme du monde visible.

Les Tibétains les divisent encore en trois royaumes, dont l'un est celui de la concupiscence; le second, celui des Lhas corporels; le troisième, celui des Lhas incorporels. Dans le royaume de la concupiscence, il y a six stations, en y comprenant le onzième et le douzième degré de Righiel; il y en a treize dans le royaume des Lhas corporels, et quatre dans celui des Lhas incorporels. Les Lhas qui sont dans le premier de ces empires engendrent par l'embrassement du soleil, par l'attouchement des mains, par le ris de la bouche, par le regard. Les Lhas corporels se divisent en quatre espèces différentes de contemplateurs. Ceux qui sont incorporels ne goûtent aucune joie, ne souffrent aucune douleur; un esprit n'est sensible à la douleur ou à la joie que quand il est uni à un corps. Ces Lhas sont continuellement absorbés dans la contemplation; mais ils ne laissent pas d'être touchés de pitié pour les *voyageurs*, c'est-à-dire pour ceux qui parcourent la longue carrière des transmigrations.

LHA-BEUL-TINNE, c'est-à-dire *jour du feu de Beul*, fête païenne célébrée par les anciens Irlandais, le premier jour de mai, en l'honneur de Beul, dont on implorait la protection en lui offrant des sacrifices, et en faisant passer les bestiaux entre deux feux, pour les préserver des maladies contagieuses. Encore aujourd'hui les Irlandais croient que le mai ou arbre vert, planté ce jour-là devant les maisons, est une source de prospérité, et que sans lui on aurait beaucoup moins de laitage. *Voy.* BEUL.

LHA-MA-YIN, seconde classe des êtres soumis à la transmigration, selon la théogonie tibétaine; ce sont les non-dieux, correspondant aux Asouras ou démons de la mythologie hindoue. Ils sont sans cesse en guerre avec les Lhas ou âmes déifiées, pour leur disputer le fruit vivifiant de l'ambre Djambou. Leurs demeures sont inférieures à celles des Lhas; les âmes des hommes doivent passer par ce degré avant de parvenir aux stations supérieures. Le paradis des Lha-ma-yin est bien moins délicieux que celui des Lhas, car on y éprouve encore l'influence des passions et de l'existence.

LHA-MO-GYOU-HPHROUL, déesse de l'illusion, suivant les Tibétains. C'est elle qui donna naissance à leur fameux législateur Chakya-Mouni, le dernier des Bouddhas. Avant que cette femme, la plus belle et la plus sainte des vierges, mariée depuis peu au roi Zas-tsang, reçût le Bouddha dans ses entrailles, le prince des Lhas, Ghia-tchin, (l'Indra des Hindous), y répandit une si grande et si vive lumière, qu'il les purifia de toute souillure, et en écarta tout nuage. Ainsi pures, claires et transparentes, on y voyait l'enfant que la mère portait, tout resplendissant de l'éclat que son corps et son âme répandaient. C'est ce que des prophètes avaient annoncé d'avance, et c'est pourquoi ils avaient donné à sa mère le nom de Lha-mo-gyou-hphroul, qui signifie *déesse d'une beauté et d'une vertu admirable*. Pendant qu'il était dans ce sanctuaire, une armée de Lhas était préposée à sa garde par leur prince; sans cesse ils étaient occupés à en écarter tous les nuages et toutes les taches. Le bienheureux en sortit en ouvrant miraculeusement le flanc droit de sa mère, afin de ne point donner atteinte à sa virginité.

LHA-ROU, dieu de la mythologie tibétaine, protecteur de la famille de Chakya, dont tous les enfants lui étaient consacrés quelque temps après leur naissance. Le jeune Bouddha Chakya-Mouni, lui fut amené à Bénarès, et placé sous son patronage.

LHA-SA, ville sainte des Tibétains, appelée aussi anciennement *Lhadan*, ou la divine. *Voy.* HLA-SA.

LI, pratique de divination usitée parmi les Chinois. On prend cinquante brins de paille dont on fait un paquet; on en retire un brin afin d'avoir un nombre impair, et ensuite on divise au hasard le paquet en deux. D'un de ces demi-paquets on retire un brin que l'on suspend au petit doigt, puis quatre brins que l'on met de côté; on compte le reste du demi-paquet, et l'on insère entre ses doigts tous les brins de paille qui dépassent le compte rond des dixaines. On suit le même procédé pour l'autre paquet, après quoi on prend le nombre de tous les brins de paille séparés dans les deux opérations. Cette sorcellerie est répétée trois fois; on compare les trois nombres avec les huit *koua*, et suivant la ligne paire ou impaire à laquelle ils se rapportent, on juge du bon ou du mauvais succès de ses affaires. Les résultats de cette opération sont détaillés dans un des chapitres de l'Y-King.

LIADA, dieu des anciens Polonais, correspondant à Mars.

LIA-FAIL, pierre fameuse chez les anciens Irlandais. Elle servait au couronnement des rois, et on prétendait que cette pierre, dont le nom signifie *pierre fatale*, dans la langue du pays, poussait des gémissements quand les rois étaient assis dessus, lors de leur intronisation. Une prophétie annonçait que, tant que cette pierre serait conservée, il y aurait toujours sur le trône un prince de la race des Scots. Varé, écrivain irlandais, raconte que la pierre *Lia-fail*, apportée en Hibernie par les Thuata de Donains, les plus anciens colons, fut envoyée en Albanie, c'est-à-dire en Ecosse, pour servir au couronnement de Fergus; que Keneth l'avait placée dans une chaise de bois qui devait servir à l'inauguration des rois d'Ecosse; qu'elle fut mise dans l'abbaye de Scone; que de là Edouard Ier, roi d'Angleterre, la fit transporter dans l'abbaye de Westminster, où elle fut conservée avec vénération. Ce monarque la fit placer dans le fauteuil qui sert au couronnement des rois d'Angleterre, et l'on prétend qu'elle y est encore.

LIANG-HO-TI-YO, le dixième enfer des Bouddhistes de la Chine. Les réprouvés y sont condamnés à mesurer du feu à l'aide d'un boisseau de fer; le contact de l'élément igné leur calcine le corps et leur arrache des cris déchirants.

LIBANOMANCIE, divination que les Grecs pratiquaient au moyen de l'encens, λιβανος. Voici, au rapport de Dion Cassius, les cérémonies que les anciens observaient dans la Libanomancie : On prend, dit-il, de l'encens, et, après avoir fait des prières relatives aux choses qu'on demande, on jette cet encens dans le feu, afin que sa fumée porte ces prières jusqu'aux dieux. Si ce qu'on souhaite doit arriver, l'encens s'allume sur-le-champ. Quand même il serait tombé hors du feu, le feu semble l'aller chercher pour le consumer; mais si les vœux qu'on a formés ne doivent pas être remplis, ou l'encens ne tombe pas dans le feu, ou le feu s'en éloigne et ne le consume pas. Cet oracle, ajoute-t-il, prédit tout, excepté ce qui regarde la mort et le mariage. Il n'y avait que sur ces deux articles qu'il ne fût pas permis de le consulter.

LIBATION, 1° cérémonie religieuse, pratiquée par les anciens, qui consistait à remplir un vase de vin, de lait ou d'une autre liqueur, qu'on répandait tout entière après y avoir goûtée, ou après l'avoir effleurée du bout des lèvres. Elle accompagnait ordinairement les sacrifices; quelquefois aussi elle avait lieu toute seule dans les négociations, les traités, les mariages, les funérailles, avant d'entreprendre un voyage par terre ou par mer, en se couchant, en se levant, au commencement et à la fin des repas. Les libations des repas étaient de deux sortes : l'une consistait à brûler un morceau séparé des viandes, l'autre à répandre quelque liqueur sur le foyer en l'honneur des Lares, ou du génie tutélaire de la maison, ou de Mercure qui présidait aux événements heureux. On offrait du vin coupé avec de l'eau à Bacchus et à Mercure, parce que ce dieu était en commerce avec les vivants et les morts. Toutes les autres divinités exigeaient des libations de vin pur. Dans les occasions solennelles, la coupe avec laquelle on les faisait était couronnée de fleurs. Avant de faire des libations, on se lavait les mains et l'on récitait certaines prières. Ces prières étaient une partie essentielle de la célébration des mariages. Outre l'eau, le vin, l'huile et le lait, le miel s'offrait aussi aux dieux, et les Grecs le mêlaient avec l'eau pour leurs libations en l'honneur du soleil, de la lune et des nymphes. Des libations fort fréquentes étaient celles des premiers fruits des campagnes qu'on présentait dans de petits plats nommés *patellæ*. Cicéron remarque que les gens peu scrupuleux mangeaient eux-mêmes ces fruits réservés aux dieux. Enfin les Grecs et les Romains faisaient des libations sur les tombeaux, dans la cérémonie des funérailles. Quelques empereurs romains partagèrent les libations avec les dieux. Après la bataille d'Actium, le sénat en ordonna pour Auguste, dans les festins publics, ainsi que dans les repas particuliers.

2° Les Juifs pratiquaient aussi les libations dans les cérémonies de leur culte. Les chapitres XV et XXVIII du livre des Nombres indiquent la quantité de vin nécessaire pour la libation à chaque espèce de sacrifice. Ce vin était répandu non sur le feu, mais sur l'autel seulement. Le second livre des Rois rapporte que David, étant campé au milieu des Philistins, souhaita ardemment de boire de l'eau du puits de Bethléem; trois braves de son armée se dévouèrent, passèrent à travers le camp ennemi et apportèrent à leur roi de l'eau qu'ils avaient puisée au puits situé auprès de la porte de Bethléem; mais David ne put se résoudre à boire de l'eau acquise à un si haut prix, il la répandit devant le Seigneur en forme de libation.

3° Les libations sont encore maintenant une partie intégrante du culte brahmanique; tous les matins, le brahmane, en se baignant, prend trois fois de l'eau dans ses mains, se tourne vers le soleil levant et la répand devant cet astre, en la laissant couler le long de ses doigts. Après être sorti de la rivière ou de l'étang, il recommence cette triple libation en prenant de l'eau de ses mains et la répandant à terre; il la réitère encore en l'honneur de la triade hindoue, des dieux protecteurs des huit points cardinaux, des éléments, du ciel, de la terre, de l'enfer, etc. Il en est de même des adorations auxquelles il est obligé dans le courant de la journée et sur le soir. Dans les funérailles, on fait également des libations d'huile et d'eau. Enfin il est peu de cérémonies dans lesquelles les Hindous n'aient pas occasion de faire des libations de différentes espèces de liqueurs, et surtout d'eau, élément pour lequel ils professent le plus grand respect.

4° Les Yakoutes ont une fête annuelle qu'ils célèbrent au printemps avec beaucoup de solennité; ils allument un grand feu qu'on entretient tant que dure la fête. Ils se privent alors de toute espèce de breuvage; leur boisson leur sert à faire des libations qui consistent à répandre sur le feu, du côté de l'orient, de l'eau-de-vie distillée de lait de jument, qui forme leur breuvage ordinaire.

5° Les Mingréliens et les Géorgiens, bien que chrétiens, ne commencent jamais leur repas sans avoir fait sur la table une libation de vin. Cette libation est accompagnée d'une prière à Dieu et d'une salutation réciproque entre tous les convives.

6° Les insulaires de Yéso, qui ont à peine une religion, ont cependant soin, quand ils boivent auprès du feu, de jeter quelques gouttes d'eau en divers endroits du brasier, en forme d'offrande.

LIBATOIRE, en latin *libatorium* et *libeum*, vase qui servait à faire des libations.

LIBELLATIQUES. On appelait ainsi, dans la primitive Église, les lâches chrétiens qui, dans les temps de persécution, employaient auprès des magistrats l'argent ou la faveur pour obtenir des billets attestant qu'ils avaient obéi aux ordres de l'empereur et sacrifié aux idoles. Ces billets étaient appelés *libelli*, d'où le nom de *Libellatiques* donné à ceux qui en faisaient usage. Quoiqu'ils n'eussent pas renoncé publiquement à la foi, on les regardait cependant comme des apostats, parce qu'en prenant de tels billets ils consentaient tacitement à passer pour idolâtres; et lorsqu'ils voulaient rentrer dans la communion de l'Église, ils n'y étaient reçus qu'après une longue et rigoureuse pénitence. Les évêques coupables du même crime étaient irrévocablement déposés.

LIBENCE, **LIBENTINE** ou **LUBENTINE**, déesse à laquelle les anciens Romains attribuaient l'intendance du plaisir que l'on trouve à faire tout à sa fantaisie, bien ou mal, sans rien refuser à son inclination. Scaliger prétend qu'elle n'était point distinguée de Vénus, et que c'était à Vénus Libentine que les filles, devenues grandes, consacraient les amusements de leur enfance.

LIBER, un des noms de Bacchus ou Dionysius. Diodore de Sicile dit qu'il y a eu plusieurs personnages de ce nom, dont le plus célèbre est celui qui passe pour être né de Jupiter et de Sémélé, et qui naquit à Thèbes en Béotie. On s'accorde à tirer son nom du latin *liber*, libre, ou *liberare*, délivrer; ce qui reviendrait à *dieu de la liberté*. Il serait appelé ainsi soit parce qu'il aurait rendu libres les villes de la Béotie, car, suivant Plutarque, il combattit pour la liberté de son pays; soit parce que le vin, qui est sous son patronage, délivre l'esprit de tout souci; soit enfin parce que le vin inspire à ceux qui en abusent une grande liberté de paroles. On ajoutait souvent à ce nom la qualification de Père, *Liber Pater*, parce que ce dieu est le père de la joie et de la liberté, ou bien parce que le mot Père était une appellation commune aux dieux principaux, comme *Mars Pater*, *Saturnus Pater*, *Janus Pater*, *Jupiter*, etc. Les Romains le faisaient présider sous ce nom aux semences liquides des deux règnes, animal et végétal. C'est pourquoi Varron, cité par saint Augustin, nous rapporte qu'il présidait, avec une déesse nommée *Libera*, à la formation des hommes.

LIBERA, déesse que Cicéron fait fille de Jupiter et de Cérès, et qui pourrait être la même que Proserpine. Elle présidait avec Liber à la génération des hommes. Des médailles offrent les figures de Liber et de Libera couronnés de pampres de vignes; quelques archéologues veulent que ce soit l'image de Bacchus mâle et de Bacchus femelle.

LIBÉRAL ou **LIBÉRATEUR**, surnom donné à Jupiter, lorsque, après l'avoir invoqué dans un danger quelconque, on croyait en avoir été délivré par sa protection.

LIBÉRALES, fêtes romaines célébrées en l'honneur de Bacchus, le 17 mars; elles étaient différentes des Dionysies et des Bacchanales, mais elles n'étaient pas moins licencieuses que ces dernières. On portait processionnellement par la ville et par les champs un phallus sur un chariot. La ville de Lavinium se distinguait en ce genre de dévotion, car la fête n'y durait pas moins d'un mois. On y tenait les propos les plus obscènes, jusqu'à ce que le char eût traversé la place publique, et fût arrivé au lieu de sa destination. Alors la matrone la plus respectable de la ville devait couronner ce honteux simulacre en présence des assistants. C'est ainsi qu'on croyait rendre Liber favorable aux semences, et détourner des torres les charmes et les sortilèges. Varron dérive le nom de *Libérales* non de *Liber*, surnom de Bacchus, mais de l'adjectif *liber*, libre, parce que les prêtres de Bacchus se trouvaient alors libres de leurs fonctions, et dégagés de tout soin. De vieilles femmes, couronnées de lierre, se tenaient assises à la porte du temple de Bacchus, ayant devant elles un foyer et des liqueurs fabriquées avec du miel, invitant les passants à en acheter pour faire des libations à Bacchus, en les jetant dans le feu. On mangeait en public ce jour-là, et chacun avait la liberté de dire ce qu'il voulait.

LIBÉRIES, fête romaine, dans laquelle les jeunes gens quittaient la robe de l'enfance et prenaient la toge virile. On la célébrait avec une sorte de solennité, et les amis de la famille étaient invités comme à une noce. Cette fête avait lieu la plupart du temps le 16 des calendes d'avril, autrement dit le 17 mars, c'est-à-dire le jour même où l'on solennisait les Libérales, avec lesquelles elle était alors confondue.

LIBERTÉ, 1° divinité célèbre chez les Grecs, et surtout chez les Romains; ces derniers lui avaient élevé sur le mont Aventin un temple soutenu de colonnes de bronze, et orné de statues d'un grand prix. Ce temple, bâti par Tibérius Gracchus, était précédé d'une cour appelée *Atrium Libertatis*. La Liberté y était représentée sous la figure d'une dame romaine, vêtue de blanc, tenant un sceptre d'une main, de l'autre un bonnet d'affranchi, avec un chat à ses pieds. Elle était accompagnée des deux déesses Adéone et Abéone, ce qui exprimait la faculté d'aller et de venir à son gré. Le bonnet faisait allusion à la coutume des Romains d'en faire porter un à celui de leurs esclaves qu'ils voulaient affranchir. Le chat est un animal impatient de toute contrainte; c'est pourquoi les Alains, les Vandales, les Suèves, les anciens Bourguignons en portaient un dans leurs armoiries. Quelquefois, au lieu d'un sceptre, la Liberté tenait une baguette nommée *vindicta*, dont le magistrat touchait les esclaves, pour marque de leur affranchissement. Il se trouve aussi des médailles où elle porte d'une main une massue comme celle d'Hercule, et de l'autre un bonnet.

2° Les Français du XVIII° siècle, qui avaient répudié le nom même de Dieu, s'empressèrent d'admettre des déesses et de leur rendre un culte. Après la déesse de la Raison, celle qui avait le plus de part aux hommages était la déesse de Liberté. Le 20 brumaire an II (13 novembre 1793), les portes de la Convention s'ouvrirent à une foule de gens qui défilèrent dans la salle, au bruit des fanfares, entourant une femme de l'Opéra, nommée Maillard, portée sur les épaules et figurant, disent les procès-verbaux, *la divinité des Français, la Liberté*. La déesse prit place à côté du président, qui lui donna l'accolade; la musique entonna l'hymne de la liberté, et la moitié de la Convention partit avec cette tourbe athéo-fanatique pour installer la prostituée dans la basilique même de Notre-Dame. Les mêmes orgies se répétèrent dans un grand nombre de villes de France.

LIBERTINS (FRÈRES), secte de fanatiques, appartenant à l'hérésie des Anabaptistes, qui se répandirent en 1526 dans la Hollande et dans le Brabant. Un nommé Quintin, Picard de nation, et tailleur d'habits de profession, en était le chef. Ses partisans furent nommés *Libertins*, parce qu'ils soutenaient que toute servitude est contraire à l'esprit du christianisme, et les dogmes grossiers qu'ils publiaient paraissaient très-propres à favoriser ouvertement le libertinage. Ils enseignaient, entre autres choses, que l'homme n'opère rien de lui-même; que c'est Dieu qui fait tout en lui; que par conséquent rien n'est péché; que l'innocence consiste à vivre sans remords et sans scrupule, et la pénitence à soutenir qu'on n'a rien fait de mal; que l'âme périt avec le corps. Ils prêchaient encore d'autres dogmes de cette nature.

LIBETHRIDES, surnom des Muses, pris de la fontaine de Libéthra, qui leur était consacrée. Cette fontaine coulait auprès de Magnésie; elle avait dans son voisinage une autre source nommée *la Roche*. Toutes deux sortaient d'un rocher dont la figure offrait l'apparence du sein d'une femme, de sorte que l'eau semblait couler de deux mamelles comme du lait. — Il y avait aussi des nymphes nommées *Libéthrides*; elles habitaient sur le mont Libéthrus, en Thrace.

LIBITINAIRES, les Romains donnaient ce nom à ceux qui vendaient et fournissaient tout ce qui était nécessaire aux funérailles, ou qui prenaient soin des obsèques moyennant salaire. Ils étaient ainsi appelés parce que leurs magasins étaient dans le temple de Libitine, déesse des funérailles.

LIBITINE, déesse qui présidait, chez les Romains, aux cérémonies des funérailles. Elle avait un temple dans lequel on allait se procurer tout ce qui était nécessaire aux obsèques. L'argent qu'on donnait en payement aux Libitinaires s'appelait aussi *Libitine*, ainsi que la litière sur laquelle on portait les morts, et la porte de Rome par laquelle passait le convoi. Mais on ignore pourquoi on a donné à cette divinité le nom de *Libitine*, qui peut signifier *déesse du plaisir*, à moins que ce ne soit par la même raison qu'on fit appeler les furies, *Euménides*, douces et bienveillantes. Plusieurs pensent que Libitine est la même que Proserpine, reine des enfers et souveraine des morts. Plutarque, entraîné peut-être par l'étymologie du nom, suppose que cette déesse n'est pas différente de Vénus; et il dit que c'est avec beaucoup de sens que les Romains voulurent que l'appareil funéraire fût conservé dans le temple de Vénus; montrant par là que la fin de la vie n'est pas éloignée du commencement, puisque la même divinité qui présidait à la vie veillait aussi à la mort. Dans ce temple, on tenait aussi un registre, appelé *Libitinæ ratio*, dans lequel on inscrivait le nom de chaque mort pour lequel on réclamait l'appareil funéraire. C'est par là qu'on connaissait, chaque année, le nombre des morts. Suétone écrit que, sous le règne de Néron, il y eut un automne si funeste, qu'il fit porter 30,000 pièces d'argent au trésor de Libitine.

LIBUM, gâteau composé de farine, de miel, de lait et de sésame, dont les Romains faisaient usage dans les sacrifices, surtout dans ceux de Bacchus, des Lares, et à la fête des Termes.

LICNOPHORES, nom de ceux qui portaient le van ou crible (λίκνον), employé dans les mystères de Bacchus, et si nécessaire, que, sans lui, aucune des cérémonies n'eût été légale. Bacchus en était surnommé *Licnites*.

LIEG-AVAC, cérémonie en usage chez les Cambogiens, lorsqu'il y a quelqu'un de malade dans une maison, afin de lui faire recouvrer la santé. Des musiciens entrent dans le domicile du malade, et passent la nuit à faire un tapage qu'ils nomment concert, mais qui est un vrai charivari des mieux combinés. Des hommes et des femmes crient à tue-tête, en dehors de la maison du moribond, appelant par leurs cris le génie du mal à son secours. Cette cérémonie, appelée en langue du pays *Liég-Avác*, apaiser le diable, est rigoureusement défendue par la religion bouddhique; mais, en dépit des Talapoins, tout le monde y a recours; elle est même si fréquente qu'un missionnaire assure que, durant un séjour de quatre mois, il ne se passa pas une seule nuit sans qu'il entendît ce vacarme.

LIEKIOINEN, géant de la mythologie finnoise, fils de Kaléwa; avec le secours de son frère Kihavanskoinen, il purgea les prairies des fléaux qui les désolaient.

LIERRE, plante spécialement consacrée à Bacchus, ou parce que jadis il fut caché sous ses feuilles, ou parce que le lierre toujours vert marquait la jeunesse de ce dieu, qu'on disait ne point vieillir. Selon Plutarque, Bacchus enseigna à ceux qu'il rendait furieux à s'en couronner, parce que le lierre a la vertu d'empêcher l'ivresse. Bacchus n'était pas le seul qui fût couronné de lierre; Silène, les Satyres, les Faunes, les Bacchantes, et en général les divinités champêtres, jouissaient du même attribut. Quelques-unes des Muses en étaient aussi couronnées, comme l'attestent une multitude de monuments de l'antiquité. On couronnait aussi les poëtes de lierre, parce que les poètes sont consacrés à Bacchus, et susceptibles d'enthousiasme, ou parce que l'éclat des beaux vers dure éternellement et assure à leurs auteurs l'immortalité. Apulée dit que le lierre était employé dans les fêtes d'Osiris.

LIÉTHUA, déesse de la liberté chez les anciens Lithuaniens, qui paraissent en avoir tiré leur propre nom. Liéthua avait un chat pour symbole.

LIÈVRE (LE GRAND-), divinité des indigènes du Canada, qui le regardent comme l'auteur de la race humaine. Le Grand-Lièvre assembla un jour sur les eaux sa cour, composée de l'orignal, du chevreuil, de l'ours et des autres quadrupèdes. Il tira un grain de sable du fond du lac, et il en forma la terre. Il créa ensuite les hommes des corps morts de divers animaux; mais il ne put en former que six, ayant été contrarié dans ses desseins par Michabou, dieu des eaux, qui s'opposait à son entreprise. Un de ces hommes monta au ciel, et eut commerce avec la belle Athaënsic, divinité des vengeances. Le Grand-Lièvre s'apercevant qu'elle était enceinte, la précipita d'un coup de pied sur la terre, où elle tomba sur le dos d'une tortue. Les sauvages croient que le Grand-Lièvre réside dans une grande caverne, située à deux journées au-dessous du Saut-Saint-Antoine; cette caverne renferme un lac souterrain d'une profondeur inconnue; lorsqu'on y jette une pierre, le Grand-Lièvre fait entendre sa voix redoutable.

LIF, nom de l'homme qui, suivant la cosmogonie celtique, caché sous une colline, pendant que la terre sera dévorée par le feu, repeuplera le nouvel univers, où le grain croîtra sans semence et sans culture. Son nom signifie *la vie*.

LIFTERS, secte de l'Eglise d'Ecosse qui, dans le siècle dernier, soutenait que, lors de la célébration de la Cène, il était nécessaire d'élever (*to lift*) le pain, tandis que leurs adversaires n'attachaient aucune importance à la manière de tenir les éléments. Ils ont aussi quelques opinions particulières. *Voy.* ANTILIFTERS.

LIFTHRASER, femme de Lif, l'homme régénérateur de la mythologie celtique. Ces deux êtres se nourriront de rosée, et produiront une postérité si nombreuse, que la terre sera bientôt couverte d'une multitude d'habitants. Il est impossible, observe Noël, de méconnaître dans cette fable l'opinion celtique, qu'il reste dans la terre un principe, un germe de vie propre à réparer la ruine du genre humain.

LIGASTONS, nom que les Prussiens et les Poméraniens donnaient autrefois aux prêtres des idoles. Ils en ont conservé jusqu'au milieu du XIIIe siècle. Ces prêtres faisaient, dit-on, l'éloge des crimes et des débauches des défunts aux funérailles desquels ils étaient appelés.

LIGATURE, 1° se dit, en terme de magie, d'un état d'impuissance causé par quelque charme ou maléfice. Il est souvent parlé, dans le droit et dans les décrétales des papes, de dissolutions de mariages ordonnées pour cause d'impuissance provenue de ligature ou maléfice. L'Eglise excommunie ceux qui, par ligature ou autre maléfice, empêchent la consommation du mariage.

Delrio dit, dans ses *Disquisitiones magicæ*, que les sorciers font cette ligature de diverses manières, et Bodin, qui en désigne plus de cinquante dans sa *Démonomanie*, en rapporte jusqu'à sept causes, qu'on peut voir dans son ouvrage. Il observe que ce maléfice tombe plus ordinairement sur les hommes que sur les femmes, soit qu'il soit plus difficile de rendre celles-ci stériles, soit, dit-il, qu'y ayant plus de sorcières que de sorciers, les hommes se ressentent plutôt que les femmes de la malice de ces magiciennes. On peut, ajoute-t-il, donner cette ligature pour un jour, pour un an, pour toute la vie, ou du moins jusqu'à ce que le nœud soit dénoué; mais il n'explique ni comment ce nœud se forme, ni comment il se dénoue.

2° Kæmpfer parle d'une sorte de ligature extraordinaire qui est en usage parmi le peuple de Macassar, de Java, de Siam, etc Par le moyen de ce charme ou maléfice, un homme lie une femme, ou une femme un homme, en sorte qu'ils ne peuvent avoir de commerce avec aucune autre personne; l'homme étant rendu impuissant par rapport à toute autre femme, et tous les hommes étant rendus tels par rapport à cette femme.

Quelques philosophes de ces pays-là prétendent qu'on peut faire cette ligature en fermant une serrure, en faisant un nœud, en plantant un couteau dans un mur, dans le même temps précisément que le prêtre unit les parties contractantes, ou qu'une ligature ainsi faite peut être rendue inutile, si l'époux urine à travers un anneau. — On dit que cette superstition règne aussi chez les chrétiens orientaux.

LIGIEZ, dieu des anciens Slaves : c'était lui qui réconciliait les ennemis.

LIGOBOUD, fille de Saboucor et sœur d'Elieulep, suivant la théogonie des Carolins occidentaux. Se trouvant enceinte au milieu de l'air, elle descendit sur la terre, où elle mit au monde trois enfants. Elle fut bien étonnée de trouver la terre aride et infertile. A l'instant, par sa voix puissante, elle la couvrit d'herbes, de fleurs et d'arbres fruitiers; elle l'enrichit de verdure, et la peupla d'hommes raisonnables.

LI-KI, le quatrième livre des *King* ou livres sacrés des Chinois. C'est un recueil de maximes de morale et de religion, ou plutôt une espèce de rituel où l'on a joint à l'explication de ce qui doit être observé dans les cérémonies sacrées et profanes, les devoirs des hommes de tout état. Ce livre est communément attribué à Confucius, mais c'est une erreur, car l'ancien *Li-ki* est perdu; le *Li-ki* actuel est une compilation de mémoires assez indigestes, recueillis pour suppléer à l'ancien.

LI-KING, ancien livre sacré des rites, attribué à Confucius. Il est perdu depuis longtemps, et il a été remplacé par celui que l'on appelle *Li-ki*.

LILITH, sorte de larve ou démon femelle, fort redouté des Juifs, qui l'accusent d'enlever et de faire périr les enfants nouveau-nés. C'est pourquoi les Juifs, surtout ceux d'Allemagne, ont coutume d'écrire à la craie sur les quatre murailles de l'appartement d'une femme en couches, ces quatre mots : *Adam, Eve; hors d'ici, Lilith.* Ils y ajoutent les noms de trois anges protecteurs de la santé des hommes, qu'ils appellent Senoï, Sansnoï, Sammangloph. On suppose que ce démon n'est autre que la première femme d'Adam. On lit dans le livre intitulé *Ben-Sira* : Le Tout-Puissant ayant créé l'homme, dit : Il n'est pas bon que l'homme soit seul. Alors il forma de terre une femme, de même qu'il avait créé Adam, et l'appela Lilith. Mais des querelles incessantes ne tardèrent pas à troubler le ménage de notre premier père; Lilith refusant de se soumettre à son mari, sous prétexte qu'ayant été créés tous deux de la même manière, ils étaient égaux en autorité. Enfin Lilith prononça le nom incommunicable de Dieu et prit son vol à travers les airs. Ce voyant Adam, il adressa sa prière à Dieu et lui dit : Seigneur du monde, la femme que vous m'avez donnée s'est envolée d'auprès de moi. Aussitôt le Tout-Puissant envoya trois anges à sa poursuite pour la ramener, en leur disant : Si elle consent à revenir sous le toit conjugal, à la bonne heure ; sinon, tous ses enfants mourront, et chaque jour elle en verra périr une centaine. Les anges la poursuivirent donc, l'atteignirent au milieu des vagues de la mer, et lui firent part des ordres du Très-Haut; mais elle refusa d'y obtempérer. — Nous allons te submerger dans les flots, lui dirent les anges. — Laissez-moi, répondit-elle, car je n'ai été créée que pour tourmenter les femmes en couches. Pendant huit jours, à dater de la naissance, j'aurai pouvoir sur leur fruit, si c'est un garçon, et pendant vingt jours, si c'est une fille. En entendant ces paroles, les anges voulurent accomplir leur menace, mais elle leur adjura au nom du Dieu vivant et vivifiant, leur promit que tant qu'elle verrait ces anges ou leurs noms, ou leurs images, elle ne ferait aucun mal aux nouveau-nés, et consentit à perdre chaque jour cent de ses propres enfants. En conséquence il meurt chaque jour cent démons ; et les Juifs inscrivent les noms des trois anges sur une amulette qu'ils font porter aux enfants. Lilith les voit, se rappelle son serment, et les enfants sont épargnés.

Ce démon paraît correspondre aux Striges, sorte d'oiseaux monstrueux ou de vampire, qui, d'après la croyance des Latins, enlevaient les petits enfants de leurs berceaux, en l'absence de la nourrice, et leur suçaient tout le sang.

LIMBES. 1° C'est le lieu où l'Eglise croit que les âmes des patriarches, des prophètes et des justes de l'Ancien Testament, attendaient la venue du Messie, qui devait leur ouvrir les portes du ciel. Les limbes sont appelés *enfers* dans le langage de l'Ecriture sainte. Jésus-Christ y descendit après sa mort, annonça l'Evangile du royaume de Dieu aux âmes qui y étaient détenues, les en retira, et les emmena avec lui en triomphe dans la gloire éternelle.

Quelques théologiens donnent aussi le nom de *limbes* au lieu où ils supposent que vont les âmes des enfants morts sans baptême, lesquelles doivent être exclues pour toujours de la vue de Dieu.

2° Près de l'un des chemins qui conduisent à Yédo, capitale du Japon, on voit un lac appelé Fakone. C'est dans ce lac que les Japonais placent une espèce de limbe ou purgatoire, habité par les enfants qui meurent avant l'âge de sept ans; ils croient que ces enfants y souffrent divers tourments jusqu'à ce qu'ils aient été rachetés par les libéralités des vivants et les prières des bonzes. Autour du lac il y a plusieurs chapelles de bois dans lesquelles se tiennent des prêtres qui récitent le *Namanda* pour le soulagement des trépassés. Les passants leur donnent de la menue monnaie, et reçoivent en échange des papiers sur lesquels sont inscrits les noms de diverses divinités. On porte ces billets tête nue et avec beaucoup de respect sur le rivage, puis on les jette dans le lac, après les avoir préalablement attachés à une pierre, pour qu'ils descendent plus sûrement au fond. Ils sont persuadés qu'aussitôt que l'eau a effacé les noms des dieux et des saints écrits sur ces papiers, les âmes des enfants éprouvent un grand soulagement, sinon une rédemption plénière. Les bonzes mêmes et les prêtres font la même chose. L'endroit où l'on dit que les âmes de ces enfants sont confinées s'appelle *Sai-no kawara*, et il est indiqué par un monceau de pierres en forme de pyramide.

LIMÉNATIS, surnom de Diane comme présidant aux ports, *limên*. Sous cette dénomination, sa statue avait sur la tête une espèce de cancre-marin. Voy. LIMNÉTIS.

LIMENTIN et LIMENTINE, dieu et déesse, qui, chez les Romains, présidaient au seuil des portes, *limen*.

LIMÈS, *limite*, divinité romaine, la même que le dieu Terme.

LIMIENS, dieux des Romains, qui, suivant Arnobe, présidaient à tout ce qui était de travers, *limus*.

LIMNACIDES, LIMNADES, LIMNIADES, LIMNÉES, LIMNIAQUES, nymphes des lacs, des étangs et des marais; leur nom vient du grec λίμνη, étang.

LIMNÉTIS, LIMNÉE, LIMNIATIS, surnoms donnés à Diane par les pêcheurs, qui l'invoquaient comme la déesse des marais et des étangs. — Vénus portait aussi le nom de *Limnésie*, parce qu'elle était née des eaux.

LIMNÉTIDIES, fête que les pêcheurs célébraient en l'honneur de Diane Limnétis.

LIMONIADES, nymphes des prairies (en grec, λειμών). Elles étaient sujettes à la mort comme les Pans et les Faunes.

LIMUS, sorte de juppe bordée par en bas d'une frange de pourpre formant des sinuosités; elle couvrait le corps depuis le nombril jusqu'aux pieds, laissant le reste du corps à nu. C'était le vêtement des victimaires dans les sacrifices.

LIMYRE, fontaine de Lycie, qui rendait des oracles par le moyen des poissons. Les consultants leur jetaient de la nourriture : si les poissons l'avalaient avec avidité, l'augure était favorable; s'ils la refusaient, en la rejetant avec leurs queues, c'était l'indice d'un mauvais succès.

LINCEUL. 1° En Angleterre, par acte du parlement, les morts doivent être ensevelis dans une étoffe de laine appelée flanelle, sans qu'il soit permis d'y employer seulement une aiguillée de fil de chanvre, de lin ou de coton. Cette étoffe est toujours blanche, mais il y en a de plus ou moins fine. Ces vêtements de mort se trouvent tout faits, à tous prix et de toute grandeur chez les lingères. Ils se composent d'une chemise, d'un bonnet, de gants et d'une cravate, le tout en laine. La chemise doit être plus longue que le corps, d'un demi-pied au moins; on la plisse et on l'attache sous les pieds du mort avec un fil de laine. Le bonnet couvre toute la figure, et il est maintenu avec une large mentonnière de même étoffe. Au lieu de bonnet, on met aux femmes une autre sorte de coiffure avec un bandeau. Avant que le corps soit mis dans le cercueil, il est visité par des commissaires qui s'assurent s'il est bien enseveli dans la laine, et si rien n'y est attaché avec du fil

2° Les linceuls, chez les Musulmans, consistent en trois pièces pour les hommes: une chemise, un grand voile et un sous-voile. La chemise doit couvrir le corps depuis les épaules jusqu'aux genoux; les voiles, depuis la tête jusqu'aux pieds. Aux femmes, on ajoute un voile pour couvrir le sein, et un autre pour couvrir la tête. Les gens pauvres peuvent supprimer la chemise; et, en cas de nécessité, une seule pièce est suffisante, pourvu qu'elle enveloppe tout le corps. Les linceuls, soit des hommes, soit des femmes, doivent être noués par les deux bouts, à moins qu'ils ne soient assez larges pour couvrir et envelopper tout le corps. Ils doivent être de toile ou d'une étoffe dont l'usage soit permis aux vivants, mais toujours blancs, jamais d'aucune autre couleur, et constamment d'une seule pièce. Avant d'envelopper le corps, il est nécessaire de parfumer les linceuls et le cercueil destiné à les recevoir, ou une fois, ou trois, ou cinq, ou sept, toujours en nombre impair.

LING, génie de la mythologie chinoise. Il a une face humaine et le corps d'un quadrupède.

Il y a, en outre, quatre animaux auxquels les Chinois donnent le nom de *ling*, ou esprits, parce qu'ils leur supposent de l'intelligence; ce sont le *Khi-lin*, quadrupède fabuleux; le *Fong-hoang*, espèce de phénix; *Kouei*, la tortue, et *Long*, le dragon.

LINGA ou LINGAM. Les Hindous adorent sous ce nom l'organe générateur de Siva, troisième déité de la triade indienne. Le plus souvent même le Linga offre l'image des organes mâle et femelle réunis ensemble. On raconte différemment l'origine de ce culte honteux. Les uns disent que Siva ayant un jour enlevé à des brahmanes plusieurs belles femmes avec lesquelles ils vivaient, ces religieux maudirent l'instrument de la passion du dieu, qui en perdit l'usage. Siva déclara alors qu'il exaucerait les hommes qui honoreraient cette image. D'autres disent qu'un jour ce dieu étant renfermé avec Dourga, sa femme, un dévot personnage vint lui rendre visite. Voyant que la porte lui était refusée, il s'emporta en invectives contre Siva. Celui-ci l'entendit, il lui en fit des reproches. Le saint lui témoigna un grand regret de sa faute, et voulut, en réparation du préjudice qu'il lui avait causé, que tous ceux qui adoreraient Siva sous la figure du Linga fussent plus favorisés que ceux qui le vénéreraient sous la figure humaine, ce qui lui fut accordé. D'autres enfin font remonter plus haut l'histoire et la transportent dans le séjour même des dieux. Voici ce que nous lisons dans l'ouvrage de M. l'abbé Dubois.

« Brahmâ, Vichnou et Vasichta, accompagnés d'un nombreux cortége d'illustres pénitents, allèrent un jour au kailasa (paradis de Siva), pour rendre visite à ce dieu. Ils le surprirent usant avec sa femme des prérogatives du mariage. Sans être déconcerté par la présence de personnages aussi éminents, il ne témoigna aucune honte de paraître en cet état à leurs regards, et continua de se livrer à la fougue de ses sens. Ce dieu effronté avait à la vérité la tête fortement échauffée par les liqueurs enivrantes qu'il avait bues, et sa raison, égarée par la passion et l'ivresse, ne lui permettait plus d'apprécier l'indécence de sa conduite. A cette vue, quelques-uns des dieux, et surtout Vichnou, se prirent à rire; cependant la plupart, outrés d'indignation et de colère, chargèrent le cynique Siva d'injures et de malédictions. « Non, lui dirent-ils, tu n'es qu'un démon; tu es pire même qu'un démon, tu en portes la figure et en as toute la malice. L'amitié que nous avions pour toi nous avait conduits ici pour te faire une visite, et tu ne rougis point de nous rendre spectateurs de ta brutale sensualité. Maudit sois-tu! qu'aucune personne vertueuse n'ait désormais de liaison avec toi! que tous ceux qui te fréquenteront soient regardés comme des insensés, et bannis de la société des honnêtes gens! » Après avoir prononcé ces anathèmes, les dieux et les pénitents se retirèrent tout couverts de confusion.

« Cependant Siva, reprenant un peu l'usage de son jugement, demanda à ses gardes quelles personnes étaient venues le visiter. Ils ne lui laissèrent rien ignorer de ce qui avait eu lieu, et lui retracèrent l'indignation que ses illustres amis avaient fait éclater avant leur départ. Le récit de ses gardes fut un coup de foudre pour Siva et pour Dourga, sa femme; ils en moururent l'un et l'autre de douleur, dans la posture même où ils avaient été surpris par les dieux et les pénitents.

« Siva voulut que cette action, qui, en le couvrant de honte, avait occasionné sa mort, fût célébrée parmi les hommes. « Ma honte, dit-il, m'a fait mourir; mais aussi elle m'a donné une nouvelle vie et une nouvelle forme, qui est celle du Linga. — Vous, démons mes sujets, regardez-le comme un autre moi-même. — Oui, le Linga, c'est moi; et je veux que les hommes lui offrent désormais leurs sacrifices et leurs adorations. Ceux qui m'honoreront sous cette forme du Linga obtiendront infailliblement l'objet de leurs vœux et une place dans le kailasa. Je suis l'être suprême; mon Linga l'est aussi: lui rendre les honneurs, dus à la divinité est un acte du plus grand mérite. Le mangousier est de tous les arbres celui que j'aime le plus; si l'on veut obtenir mes faveurs, on doit m'en offrir les feuilles, les fleurs et les fruits. — Ecoutez encore, démons mes sujets: ceux qui jeûneront le 14e de la lune du mois magha, à l'honneur de mon Linga, et qui, la nuit suivante, lui offriront le poudja, et lui présenteront des feuilles de mangousier, s'assureront une place dans le kailasa. — Ecoutez encore, démons mes sujets: si vous désirez devenir vertueux, apprenez quels sont les fruits qu'on retire des honneurs rendus à mon Linga. Ceux qui en feront l'image avec de la terre ou de la fiente de vache, et sous cette forme lui offriront le poudja, en seront récompensés; ceux qui la feront en pierre, mériteront sept fois plus, et ne verront jamais le roi des enfers; ceux qui la feront en argent auront sept fois plus de mérite que ces derniers; et ceux qui la feront en or, mériteront encore sept fois plus. — Que mes ministres aillent enseigner ces vérités aux hommes, et les engagent à embrasser le culte de mon Linga. Le Linga, c'est Siva lui-même; il est de couleur blanche; il a trois yeux et cinq visages; il est vêtu de peau de tigre. Il existait avant le monde, et il est l'origine et le principe de tous les êtres. Il dissipe nos frayeurs et nos craintes, et nous accorde l'objet de tous nos désirs. »

« Il n'est pas croyable, continue l'abbé Dubois, il est même impossible qu'en imaginant cette ignoble superstition, les instituteurs de l'Inde aient eu en vue de faire rendre un culte immédiat des objets dont le nom seul, chez les nations civilisées, effarouche la pudeur. Sans doute ce symbole obscène cachait un sens allégorique, et rappelait, dans le principe, la force reproductrice de la nature, la source de la génération de tous les êtres vivants. Au reste, ce Linga offre une analogie incontestable avec le Priape des Romains, le Phallus des Egyptiens. Ainsi donc tous les fondateurs des fausses religions eurent besoin de parler aux sens grossiers, et de flatter les passions de leurs prosélytes, pour les attacher à leurs folles doctrines et les aveugler sur leurs impostures. »

Le culte du Linga, assez méprisé des Vaichnavas, adorateurs de Vichnou, est au contraire regardé par les Saivas, ou Sivaïtes (adorateurs de Siva), comme la plus haute expression religieuse. Il y en a même parmi ces derniers qui rejettent toute distinction de caste, soutenant que le Linga rend tous les hommes égaux; un paria même qui a embrassé ce culte n'est pas à leurs yeux inférieur à un brahmane. Là où se trouve le Linga, disent-ils, là aussi se trouve le trône de la divinité, sans distinction de rang ou de personnes; et l'humble chaumière du paria où est ce signe sacré est bien au-dessus du palais somptueux où il n'est pas.

La figure du Linga se compose d'un piédestal supportant un bassin du milieu duquel s'élève une colonne ronde au sommet. Le piédestal c'est Brahmâ; le bassin est Vichnou, le stèle est Siva, ou le Linga proprement dit. On adore le Linga en embrassant le pied de l'idole, ou bien en la touchant avec un pied, et en répandant sur elle du sang qu'on se tire des yeux à l'aide d'une lancette et en récitant certaines prières.

On comptait autrefois dans l'Inde douze grands Lingas, répandus dans différentes contrées de la presqu'île. C'étaient des stèles de pierre de quatre ou cinq coudées de haut; Wilson désigne les lieux où ils étaient honorés, dans son *Sketch of the religious sects of the Hindus*. On raconte que le Linga de Siva était si long, qu'il lui atteignait le front, ce qui lui rendait impossible tout commerce charnel; il fut obligé de le couper en douze parties qui donnèrent l'être à toutes les créatures vivantes. C'est d'après cette idée qu'on a déifié ces parties, comme le principe de la vie des hommes et des animaux. Ces douze Lingas étaient regardés comme la substance même de Siva; c'est pourquoi on cite de lui cette parole : « Je suis présent partout, mais je suis principalement sous douze formes ou en douze places. » Plusieurs de ces Lingas monstrueux ont été détruits par les conquérants musulmans.

Les Linganistes en portent la figure au cou, au bras, ou suspendue à leur cordon sacré. Les femmes elles-mêmes, qui, d'un autre côté, lui rendent souvent hommage dans des chapelles particulières, s'en parent comme d'un ornement, et quelquefois aussi en vue d'obtenir la fécondité. Dans la province de Kanara et dans plusieurs autres contrées de l'Inde, il n'est pas rare de rencontrer par les rues et par les chemins des religieux Saivas, dans un état absolu de nudité; des femmes de la même secte s'approchent d'eux et touchent ou baisent avec respect leurs membres dégoûtants, croyant accomplir ainsi un acte méritoire. Ces misérables sont voués à la chasteté la plus rigide, et malheur à celui qui enfreindrait ses serments ; leur violation entraînerait la peine de mort. La figure du Linga est partout : dans les temples, sur les places publiques, sur les grandes routes, dans les maisons privées, dans les lieux les plus fréquentés. Une lampe brûle continuellement devant l'idole; et on lui offre des sacrifices de fleurs et de fruits.

LINGA-BASWIS, prêtresses de Siva, chez les Hindous ; elles portent sur la cuisse l'empreinte du *Linga*, et sont fort respectées.

LINGAMITES ou LINGANISTES, secte d'Indiens, adorateurs de Linga. *Voy.* les articles précédents et le suivant.

LINGAWANT ou LINGAYET, secte indienne d'adorateurs de Siva sous l'emblème du Linga; leur signe caractéristique est de porter ce symbole sur leurs vêtements ou sur leur personne. C'est une petite figure de cuivre ou d'argent, renfermée dans un étui qu'ils suspendent à leur cou, ou qu'ils attachent à leur turban. Comme les autres Saivas, ils enduisent leur front de cendres, portent des colliers et des chapelets faits de graines de Roudrakcha. Les prêtres ou religieux de la secte teignent leurs vêtements avec de l'ocre. Ils sont peu nombreux dans le haut Hindoustan ; cependant on y rencontre des religieux mendiants qui conduisent un bœuf, symbole vivant de Nandi, le taureau de Siva. Les Lingawants sont très-nombreux dans le sud de la presqu'île, où leurs prêtres sont connus sous la désignation d'*Aradhya* et de *Pandaram*. On donne encore aux membres de cette secte le nom de *Vira-Saivas*.

LINGULAGA. Festus donne ce nom aux devineresses qui prédisaient l'avenir d'après le chant des oiseaux.

LINIES, fêtes célébrées en Orient en l'honneur de Linus.

LINKSTRANDEN, c'est-à-dire *plage des cadavres*, un des enfers de la mythologie scandinave; les meurtriers, les séducteurs, les parjures y errent sans cesse dans des cavernes de serpents, et des fleuves empoisonnés roulent sous leurs pas.

LINOS, chanson célèbre en Egypte, en Phénicie, en Chypre, dans la Grèce et ailleurs. Elle change de nom, dit Hérodote, suivant la différence des peuples; mais on convient que partout elle est la même que celle que les Grecs chantent sous ce nom. Au reste, ajoute-t-il, le *Linos* s'appelle chez les Egyptiens *Manéros*. Athénée parle de cette chanson ; il dit qu'on l'appelait aussi *Ælinos*, et que, selon Euripide, elle servait également dans les occasions de joie comme dans la tristesse. On fait dériver son nom de *Linus*, dont la mort fut pleurée des nations les plus barbares.

LINUS, personnage célèbre de l'antiquité, regardé comme l'un des législateurs du genre humain. On le fait fils d'Apollon et de Calliope ou d'Uranie; on dit qu'il reçut de son père la lyre à trois cordes, et qu'il inventa le rhythme et la mélodie. On lui attribue différents ouvrages sur l'origine du monde, sur le cours des astres, sur la nature des animaux et des plantes. Enfin on assure qu'il eut pour disciples Orphée, Thamyris et Hercule. Il mourut malheureusement ; les uns disent qu'il fut tué par Apollon, pour avoir substitué aux cordes de lin que son père avait mises à la lyre, des cordes de boyaux, qui rendaient des sons plus harmonieux ; d'autres, par Hercule, dont il s'était moqué ; d'autres enfin soutiennent qu'il y eut plusieurs Linus. Les habitants du mont Hélicon célébraient tous les ans son anniversaire avant de sacrifier aux Muses.

LION, animal consacré au Soleil, parce que, suivant Plutarque, de tous les animaux à griffes recourbées, c'est le seul qui voie clair en naissant, et parce qu'il dort fort peu et les yeux ouverts. La tête du lion était regardée comme le symbole du temps présent ou de l'heure de midi, moment du jour où le soleil est dans sa plus grande force. — En Egypte, il était consacré à Vulcain ; à cause de son tempérament ardent et plein de feu. — On portait une effigie du lion dans les sacrifices offerts à Cybèle, parce que ses prêtres avaient, dit-on, le secret de l'apprivoiser. Les poëtes représentent le char de cette déesse traîné par deux lions. — Les Léontins adoraient le lion, et en mettaient une tête sur leur monnaie. — Le lion était le symbole propre de Mithras; et l'on représente quelquefois ce dieu avec une tête de lion sur un corps d'homme. Ce symbole était si ordinaire dans les mystères mithriaques, qu'on les trouve quelquefois appelés *Léontiques* dans les inscriptions. Les initiés prenaient également le nom de *Lions*. — Cet animal était aussi consacré à Vesta, et l'emblème de la Terre. — Sur les Abraxas on voit, au-dessous de la figure d'Harpocrate, un lion courant au pied d'un lotus, avec cette inscription : ABRAXAS OMNIA CIENS, pour exprimer la force du soleil.—La peau du lion est le vêtement ordinaire d'Hercule, parce qu'on suppose qu'il se servit de la peau de cet animal après avoir vaincu le lion au mont Cithéron et celui de la forêt de Némée. Ceux qui prétendaient descendre de ce héros se faisaient représenter vêtus de la même manière, la peau de la tête leur servant de casque. *Voy.* HERCULE, *Premier Travail*.

LIOSALFAHEIM, c'est, suivant la cosmogonie des Scandinaves, le plus élevé des trois mondes supérieurs à la terre. Son nom signifie *le monde des génies de la lumière*.

LI-OU-TRAO, dieu ou génie honoré par les Tunquinois. *Voy.* son histoire au mot VUA-TRENH.

LI-POU, tribunal chinois, institué pour veiller à l'observation des rites. Il correspond à ce que nous appelons le ministère des cultes, ou mieux à la congrégation des Rites établie à Rome.

LITANIES. Ce mot signifie simplement en grec *supplication*, *prières*. 1° On appela d'abord ainsi les processions publiques. C'est le même nom que l'on donne encore aux processions solennelles que l'on fait le jour de saint Marc, et pendant les trois jours des Rogations. Les premières sont nommées *petites Litanies* ou *Litanies mineures*, parce qu'elles ne durent qu'un jour ; et les secondes, *grandes Litanies* ou *Litanies majeures*, parce qu'elles se font pendant trois jours. Il y a cependant des diocèses où ces dénominations sont renversées : la procession du jour de saint Marc s'appelle *grande Litanie* ou *Litanie romaine*, parce qu'elle a été instituée à Rome par saint Grégoire le Grand ; et celles des Rogations portent le nom de *petites Litanies* ou *Litanies gallicanes*, parce qu'elles ont été instituées en France par saint Mamert, évêque de Vienne, d'où elles ont passé dans les autres Eglises de France avant d'être reçues dans les pays étrangers, et surtout dans l'Eglise de Rome.

Comme, dans ces processions, chaque prière adressée à Dieu était suivie d'une invocation faite aux saints pour les inviter à prier pour nous, l'usage a prévalu d'appeler *Litanie* toute prière dans laquelle les clercs invoquent successivement les saints les plus connus, et le peuple répond : *Priez pour nous*. Les Litanies des saints sont incontestablement les plus anciennes, puis vinrent les Litanies de Notre-Dame de Lorette, appelées communément Litanies de la sainte Vierge ; on composa ensuite les Litanies du saint nom de Jésus et celles du Saint-Sacrement. Enfin, comme les choses les meilleures dégénèrent en abus, on en composa dans les derniers temps pour la plupart des mystères et pour une foule de saints particuliers, considérant toutes les phases du mystère ou les différentes actions du bienheureux. Toutes les litanies commencent par l'invocation grecque *Kyrie eleison*, d'où vient que cette partie de la messe a été elle-même appelée *Litanie*.

2° On chante, dans les Eglises luthérienne et anglicane, des Litanies qui ont pour objet Dieu et Jésus-Christ. On choisit pour les entonner de jeunes écoliers qui font l'office d'enfants de chœur. La règle est de chanter ces Litanies immédiatement après le sermon, tous les mercredis et vendredis.

LITES, personnifications des prières dans Homère : « Elles sont, dit ce grand poëte au IX° livre de l'Iliade, filles de Jupiter, boiteuses, ridées, toujours les yeux baissés ; elles marchent après l'Injure : car l'Injure altière, pleine de confiance en ses propres forces, et d'un pied léger, les devance et parcourt la terre pour offenser les hommes ; et les humbles Prières la suivent pour guérir les maux qu'elle a faits. Celui qui les respecte et qui les écoute en reçoit de grands secours ; elles l'écoutent à leur tour dans ses besoins, portent ses vœux au pied du trône du grand Jupiter ; mais celui qui les refuse et qui les rejette éprouve à son tour leur redoutable courroux : elles prient leur père d'ordonner à l'Injure de punir ce cœur barbare et intraitable, et de venger le refus qu'elles en ont reçu. » Telle est l'idée que le plus grand des poëtes païens se formait de la prière ; nous pensons qu'il y a loin de là à la confiance et au tendre abandon que le divin législateur des chrétiens recommande à ses disciples. Il ne leur fait pas envisager la prière comme une dure nécessité, mais comme la consolation du cœur et un doux entretien avec un Dieu bon et un tendre père.

LITHOBOLIE, c'est-à-dire *lapidation*, fête que les Grecs célébraient à Epidaure, à Egine, à Trézène, en mémoire de Lamie et d'Auxésie, jeunes Crétoises, qui avaient été lapidées par quelques Trézéniens dans une sédition. C'est pour apaiser leurs mânes que cette fête avait été instituée.

LITHOMANCIE, divination pratiquée au moyen des pierres, λιθός. On poussait l'un contre l'autre plusieurs cailloux, et le son plus ou moins clair ou aigu qu'ils rendaient faisait connaître la volonté des dieux. — On rapporte encore à cette divination la superstition de ceux qui croient que l'améthyste a la vertu de faire connaître à ceux qui la portent les événements futurs par les songes.

LITOMANCIE (de λιτός, simple, uni) ; autre genre de divination qui consistait à pousser l'un contre l'autre plusieurs anneaux, dont le son plus ou moins clair ou aigu manifestait la volonté des dieux, et formait un présage bon ou mauvais pour l'avenir.

LITURGE, un des ministre du culte à Athènes, sans doute celui qui faisait les supplications et les prières publiques.

LITURGIE. « La Liturgie, dit M. Combeguille, dans les *Annales de Philosophie chrétienne*, est l'expression la plus haute et la plus complète de la prière, et par conséquent de l'esprit religieux dans une société. Cette seule observation devrait suffire pour en montrer l'importance et pour justifier le soin qu'avaient pris les anciens législateurs afin de la rendre respectable au peuple. Dès la plus haute antiquité, en effet, et bien avant qu'on eût imaginé de donner aux associations humaines un autre fondement que la religion, nous voyons ces personnages que l'histoire honore du titre de fondateurs des cités, de civilisateurs des hommes, mettre au nombre des fonctions les plus saintes celles qui concernent le culte ; ils ne craignent point d'entrer à cet égard dans les détails les plus étendus ; rien ne leur paraît minutieux quand il s'agit de matières liturgiques, et cette sollicitude part d'un principe si vrai et si profond, qu'on ne peut s'empêcher de rendre hommage à leur haute sagesse, tout en déplorant qu'elle ait été mise au service de religions fausses et de honteuses superstitions. Toujours est-il qu'au milieu des souillures qu'elle avait contractées en traversant les siècles, la tradition primitive conserva dans toute sa pureté cette vérité incontestable, que toute famille, toute cité, tout corps de nation, doit, en sa qualité d'être moral, des honneurs publics à la Divinité, et que ces honneurs doivent faire l'objet de règlements au moins aussi importants que le reste de la législation. »

1° « Pour trouver le principe et le premier auteur de la Liturgie, dit encore le même écrivain, il faut remonter à Dieu ; c'est lui qui en révéla les premières formes dès l'origine du monde. Les livres saints nous montrent un culte exercé avec quelque solennité dans la famille d'Adam ; Caïn et Abel offrent des sacrifices ; leurs enfants conservent ces rites sacrés qui paraissent avoir été de la part d'Enoch l'objet d'une religion toute particulière, et, plus tard, nous voyons que le premier acte de Noé, en sortant de l'arche, après le déluge, fut un acte de culte conforme aux anciennes traditions, comme pour exprimer tout l'empressement qu'il mettait à sauver de la destruction commune ce précieux dépôt, et à le transmettre à la postérité aussi pur qu'il l'avait reçu. Les patriarches, fidèles aux ordres divins, ne cessent d'exercer les fonctions pontificales aussi bien que celles de chefs de famille et de tribu. Enfin, paraissent Moïse et Aaron, l'un, législateur, recevant de Dieu même, sur le Sinaï, les prescriptions les plus formelles sur tout ce qui concerne le culte agrandi, perfectionné, élevé au degré de la liturgie publique et nationale ; l'autre, pontife suprême, chargé de perpétuer l'ordre sacerdotal et de présider à toutes les choses saintes. »

En effet, la loi judaïque ne peut que donner l'idée la plus haute de la liturgie ; rien dans les cérémonies du culte n'est laissé à la décision ou à l'appréciation humaine ; c'est Dieu lui-même qui règle tout. Il entre à ce sujet dans des détails qui nous sembleraient minutieux : il fixe l'ordre, le nombre, le temps des sacrifices ; il détermine leurs différences ; il indique les rites qui doivent accompagner les diverses oblations ; il formule les prières qui doivent lui être adressées ; il détermine les fêtes, les sabbats, les néoménies et la manière de les observer ; il règle le calendrier ecclésiastique. Rien n'est oublié : les vêtements des prêtres, le nombre et la disposition des chœurs, les différents modes de musique, la composition des huiles, des parfums, de l'encens, le nombre, la forme et la dimension des vases et des instruments du sanctuaire ; le sexe, l'âge, la couleur même des victimes, tout est soumis à la sanction divine, ou plutôt appuyé sur l'ordre exprès de Dieu lui-même.

2° Mais ce n'est qu'à l'avènement du Messie (1) que ces observances solennelles, qui n'étaient que figures et symboles, eurent leur réalisation. La vie de l'Homme-Dieu sur la terre n'était même, à proprement parler, qu'un grand acte liturgique dont sa mort sur la croix fut l'accomplissement. Lui-même prescrivit à son Église, en la personne des apôtres, de perpétuer ce grand sacrifice dont il venait de leur montrer le rite adorable ; et ce fut lui encore qui voulut poser de sa propre main les fondements sur lesquels repose la Liturgie chrétienne, en instituant les sept sacrements. Ce qui fut ainsi établi par le Christ, les apôtres furent chargés de le conserver, de le promulguer, de le développer, en leur qualité de *ministres* et de *dispensateurs des mystères*. Aussi regardèrent-ils toujours comme une de leurs fonctions principales le soin de régler et de perfectionner les diverses parties de la Liturgie. C'est à la tradition apostolique qu'il faut rapporter toutes les cérémonies qui accompagnent la célébration des saints mystères, telles que bénédictions mystiques, flambeaux, encensements, habits sacrés, et généralement tous les détails propres à relever la majesté de cette grande action, et à porter l'âme des fidèles à la contemplation des choses sublimes cachées dans ce divin sacrifice.

Les trois premiers siècles n'offrent en quelque sorte que l'établissement des statuts apostoliques, et leur extension à tous les lieux où pénétrait la prédication de l'Évangile. La vie des premiers chrétiens se passait dans l'exercice des rites sacrés. Les nuits aussi bien que les jours étaient occupés par la lecture des livres saints et la récitation des psaumes, qu'on trouve déjà distribués selon les heures canoniques, en mémoire des différentes scènes de la passion du Sauveur. Quant aux assemblées des premiers chrétiens et à la célébration du saint sacrifice, si la persécution forçait trop souvent à chercher un asile au fond des Catacombes, on ne saurait nier qu'il n'y eût aussi des réunions de

(1) Tout ce que nous allons dire sur la liturgie catholique est extrait du judicieux compte rendu que M. Combeguille a donné des *Institutions liturgiques* de dom Guéranger, dans la troisième série des *Annales de Philosophie chrétienne*.

fidèles dans les maisons particulières, et quelquefois dans des édifices où le culte pouvait déployer plus de solennité.

Quelques soins qu'eussent pris les apôtres et leurs successeurs immédiats pour environner d'un véritable éclat les cérémonies du culte chrétien, ce ne fut qu'au IVᵉ siècle, à la paix de l'Eglise, que la Liturgie put revêtir toute sa pompe, qu'elle devint une institution publique et sociale comme la religion même, à laquelle son histoire est si étroitement liée. La consécration des basiliques, qu'alors on put élever librement, devint l'une des plus augustes cérémonies, et le pape saint Sylvestre en régla l'ordonnance qui est encore observée pour la dédicace des églises et des autels. Jusqu'à cette époque, les chantres seuls récitaient les psaumes durant l'office, et le peuple écoutait leurs chants avec recueillement. L'Eglise d'Antioche fut la première qui vit les fidèles prendre une part active aux offices, au moyen de la psalmodie générale et alternative de toute l'assemblée. Cette pratique, introduite dans le but d'attacher de plus en plus le peuple à la vraie foi, et de le prémunir contre les audacieux empiétements de l'arianisme, n'eut pas de peine à se répandre en Orient. En Occident, elle commença dans l'Eglise de Milan, qui en fut redevable à saint Ambroise, ainsi que de bien d'autres richesses liturgiques. Le chant des psaumes, des hymnes et des cantiques sacrés remplissant les voûtes des nouvelles basiliques, donna naissance à ces harmonies religieuses si pures, si touchantes, que saint Augustin nous dit avoir été l'une des causes de sa conversion.

Dans les trois siècles suivants, la Liturgie s'élabora encore; les décrets des conciles et les décisions des souverains pontifes tendirent à la ramener à l'unité, afin, dit l'un de ces derniers, que *la règle de croire découle de la règle de prier*. (1) Au nombre de ces papes sont les plus illustres que l'Eglise ait écrits dans ses fastes : saint Innocent Iᵉʳ, saint Célestin, saint Léon le Grand, saint Gélase, auteur d'un *Sacramentaire* qui porte son nom, enfin, saint Grégoire le Grand. On peut dire que les travaux liturgiques de saint Grégoire sont une des gloires de cet illustre pontife, comme il est lui-même l'une des gloires les plus éclatantes de l'Eglise et de l'humanité. Non content de régler par des décrets l'ordre des cérémonies, il entreprit la réforme de la Liturgie romaine : *Il réduisit en un volume*, dit Jean le diacre, *le livre du pape Gélase, qui contenait la solennité des messes, retranchant beaucoup de choses, en retouchant quelques-unes, et en ajoutant quelques autres*; telle est l'origine du *Sacramentaire grégorien*. Le pape saint Grégoire régla en même temps les jours et les lieux des stations aux différentes basiliques de Rome, tels qu'ils sont encore indiqués dans le Missel romain. L'œuvre du saint pontife paraîtrait incomplète, si, après s'être occupé des pompes du culte et des formules de la prière,

(1) *Ut legem credendi lex statuat supplicandi.* S. Cœlest. *Epist.* 21.

il n'eût porté ses soins sur le chant qui leur donne tant de charme et de majesté. Les perfectionnements dont il fut l'auteur ont laissé des traces si profondes, que la dénomination de *chant grégorien* sert et servira longtemps encore à désigner le chant ecclésiastique. Ce recueil de chants sacrés a formé l'*Antiphonaire grégorien*, qui, avec le *Sacramentaire*, fait encore le fond essentiel du rite romain.

Déjà, à cette époque, différentes liturgies s'étaient partagé les provinces de l'Eglise; nous en donnons ici la nomenclature d'après dom Guéranger :

EGLISE D'OCCIDENT. — 1° *Liturgie romaine* en usage à Rome, en Italie et ailleurs ; c'est celle dont nous venons de parler en dernier lieu.

2° *Liturgie de Milan*, ou *Ambrosienne*, ainsi nommée de saint Ambroise, qui, s'il n'en est pas l'auteur, la corrigea du moins, la perfectionna et lui donna les règles auxquelles elle n'a jamais dérogé.

3° *Liturgie africaine*, dont toutefois l'existence est contestable, et ne paraît pas assez prouvée par quelques passages fort vagues de Tertullien, de saint Cyprien, de saint Augustin et de quelques autres écrivains ecclésiastiques.

4° *Liturgie gallicane*, qui offre beaucoup de points de ressemblance avec celle des Eglises d'Orient, d'où elle fut apportée par les apôtres des Gaules, c'est-à-dire par les premiers évêques de Lyon, d'Arles et de plusieurs autres villes du midi de la France.

5° *Liturgie d'Espagne*, dite *Gothique* ou *Mozarabe*, dont l'origine, pleine d'obscurité, paraît cependant devoir être attribuée à la conquête des Maures, qui la substituèrent à l'antique rite romain, auparavant en vigueur dans la péninsule Ibérique.

6° *Liturgie monastique* ou *bénédictine*, suivie par les nombreuses familles de moines qui gardent la règle de saint Benoît.

7° Nous pouvons ajouter la *Liturgie slavonne*, en usage dans les Eglises de la Dalmatie et de l'Illyrie qui suivent le rite latin, et dans celles des Moscovites et des Bulgares, qui suivent le rite grec.

EGLISE D'ORIENT. — 1° *Liturgie grecque melchite*.

2° *Liturgies copte, éthiopienne, syrienne, arménienne*, pour la secte monophysite.

3° *Liturgies des Eglises copte, syrienne et arménienne unies*.

4° *Liturgie maronite*.

5° *Liturgie chaldéenne*, pour la secte nestorienne.

On peut dire que l'histoire des Eglises orientales est terminée, dès cette époque, sous le rapport liturgique comme sous plusieurs autres. Toute la vie, tout l'intérêt, sont transportés à l'Occident, grâce aux applications toujours plus nombreuses du principe de l'unité. C'est ainsi que l'on vit la plupart des Liturgies occidentales disparaître presque complétement, ou du moins se restreindre à un petit nombre de localités, à mesure que la liturgie romaine s'implantait parmi toutes les nations qui faisaient usage de la langue latine. Bientôt la France elle-même répudia son antique liturgie gallicane, pour adopter celle qui allait devenir universelle. Déjà, vers le milieu du VIIIᵉ siècle, saint Chrodegand, évêque de Metz, le célèbre instituteur des Chanoines réguliers, au retour d'un voyage à Rome, crut devoir établir dans sa cathédrale le chant et l'ordre des offices romains. Peu de temps après, ce fait isolé reçut une sanction générale et solennelle, car le pape Étienne, étant venu en France, obtint de Pepin qu'il fit adopter le rite romain dans toute l'étendue de son royaume, à l'exclusion du rite national, en sorte, disent les livres Carolins, *que l'ordre de la psalmodie ne fût plus différent entre ceux que réunissait l'ardeur d'une même foi.* Ces premières mesures, soutenues de l'autorité de Charlemagne, secondé par le pape Adrien, amenèrent enfin la substitution de la liturgie romaine à la liturgie gallicane, dans tous les lieux soumis à la domination de ce grand empereur.

Les XIᵉ et XIIᵉ siècles furent témoins d'un changement analogue en Espagne. Le rite romain succéda au rite gothique par les soins du pape saint Grégoire VII, et d'Alphonse VI, roi de Castille et de Léon. Observons toutefois que le rite mozarabe fut, quelques siècles plus tard, rétabli dans une chapelle de la cathédrale de Tolède et dix églises de la ville, par le cardinal Ximénés, avec l'autorisation expresse du souverain pontife, afin que tout vestige de cette belle et antique liturgie ne fût pas entièrement effacé. Il eût été à désirer qu'on en eût usé de même pour la liturgie gallicane; mais malheureusement il ne nous en reste que des débris fort incomplets. Il en est demeuré cependant des traces assez nombreuses qui se sont fondues dans les usages romains, et que l'on retrouve encore dans les Églises de Paris, de Lyon et de plusieurs autres diocèses.

Le pape Grégoire VII s'occupa encore de la révision de l'office romain, et c'est lui qui le réduisit définitivement aux formes qu'il a conservées depuis. Cette mesure, uniquement destinée dès le principe à la chapelle du pape, ne tarda pas à s'établir dans les diverses églises de Rome, et plus tard il fut importé dans toute l'Église latine par les soins des ordres religieux de Saint-François et de Saint-Dominique.

A partir du XIIIᵉ siècle, suivant dom Guéranger, nous entrons dans une époque de décadence liturgique; on peut l'attribuer au zèle peu éclairé de certains pasteurs, à l'oubli des doctrines anciennes, au mauvais goût de l'époque, à l'amour de la nouveauté, à l'ignorance et à la grossièreté des peuples, etc. Ces altérations de la Liturgie consistaient principalement en histoires apocryphes, inconnues aux siècles précédents, ou même rejetées par eux; en formules barbares insérées pour plaire à la multitude; en messes, cérémonies et autres offices insérés dans les livres ecclésiastiques par de simples particuliers, et présentant des circonstances superstitieuses ou grotesques. La fête *de l'Ane* et celle *des Fous* sont au nombre de ces abus les plus condamnables.

L'époque de la Renaissance vint lui porter le dernier coup. Le goût païen, qui se répandit tout à coup dans l'Europe entière, n'ayant d'admiration que pour l'architecture grecque et le latin de Virgile et de Cicéron, méprisa les cathédrales gothiques et le langage liturgique qu'elle trouvait barbare. On voulut faire parler l'Église dans la langue et le mètre d'Horace, on appela Dieu *Numen*, et la vierge Marie *Alma parens*. La Réforme avait en même temps jeté dans toutes les têtes un esprit d'insubordination; ceux mêmes qui ne voulurent pas se séparer de l'Église eurent cependant des doutes sur l'étendue de son autorité; ils discutèrent ses droits, ses prérogatives; ils déclamèrent contre ce qu'ils appelaient ses empiétements; ils limitèrent sa juridiction, mirent en doute la légitimité de ses décisions, et ne tardèrent point à porter une main téméraire sur l'œuvre des Gélase et des Grégoire le Grand.

Dans l'intervalle cependant le saint-siège et le concile de Trente avaient ordonné la révision et la réforme du Missel et du Bréviaire, afin d'en faire disparaître les superfétations introduites dans les siècles précédents. Cette réforme ne devait point consister à rien changer, à rien établir de nouveau: elle se réduisait au maintien des usages antiques et vénérables, à la correction des rubriques, à l'épuration des taches que le laps des temps avait amenées. Ce travail, commencé sous Paul IV, ne fut terminé que sous Pie V. Ce saint pontife publia la première édition du Bréviaire ainsi corrigé en 1568, et celle du Missel, deux ans après. Les bulles qui les accompagnent ordonnent l'établissement en tous lieux de la forme d'office contenue dans ces nouvelles éditions, sauf la liberté laissée aux églises en possession d'un Bréviaire ou d'un Missel particulier depuis *deux cents ans*, de conserver ce dernier ou d'adopter le nouveau. Il était impossible de mieux concilier les intérêts de l'unité catholique et les égards dus aux usages locaux dignes de quelque respect.

Rome et toute l'Italie se conformèrent rapidement aux intentions du souverain pontife. Un grand nombre d'Églises qui se trouvaient dans le cas d'exception prévu ne s'empressèrent pas moins de déférer aux désirs de l'Église mère et maîtresse. La seule Église de Milan conserva son rite ambrosien, dont l'usage immémorial remonte bien plus haut que saint Ambroise. L'Espagne, malgré l'opposition de quelques cathédrales, suivit l'exemple de l'Italie; le Portugal, placé comme l'Espagne sous le sceptre de Philippe II, adopta les nouveaux livres de prières, et les fit passer dans les colonies des Indes orientales et occidentales. La Flandre, la Suisse, l'Allemagne, la Hongrie, la Pologne, réformèrent leurs livres d'offices d'après celui de saint Pie V. Les Églises de France, réunies presque toutes en conciles provinciaux, obéirent aux dispositions de la bulle, soit en adoptant purement et simplement l'office romain, soit en corrigeant leurs livres diocésains selon le Bréviaire et le Missel réformés. Ainsi fut rétablie en France et dans toute l'Eglise latine l'unité liturgique.

Malheureusement cet état de choses ne dura pas longtemps. Bientôt on vit une portion notable de l'Eglise catholique s'efforcer de se soustraire à la loi commune, et réformer sa liturgie, ou plutôt s'en donner une nouvelle *a priori* et d'après des principes tout nouveaux. Par un malheur plus grand encore, cette fraction de la catholicité était l'Eglise de France, si célèbre dès les temps anciens par sa foi, par la multitude de saints et de grands évêques qu'elle avait produits, par son attachement inviolable au centre de l'unité, mais, à l'époque dont nous parlons, travaillée par des éléments de désordre et de révolte, qui avaient mis une bonne partie du clergé dans la position la plus fausse et qui devait nécessairement aboutir aux plus déplorables excès. Dom Guéranger attribue cette situation à une triple cause, c'est-à-dire au *protestantisme*, qui éteignait, au sein même des populations demeurées catholiques, l'esprit religieux qui commençait à baisser depuis longtemps, et inspirait à chacun un vague désir de concessions et de réformes; au *jansénisme*, qui, tout en s'obstinant à demeurer catholique, enseignait ouvertement la résistance à l'autorité; et aux *libertés de l'Eglise gallicane*, qui ont servi de prétexte à tous les empiétements contre la suprême juridiction de l'Eglise romaine.

Ce fut durant les trente dernières années du XVIIe siècle qu'on commença à parler d'une réforme liturgique. Plusieurs diocèses qui avaient conservé leurs livres d'office (ceux qui s'étaient conformés au romain ne suivirent leur exemple que plus tard), composèrent à cette époque de nouvelles éditions de leurs Bréviaires, avec des corrections plus ou moins considérables. De ce nombre étaient les diocèses de Soissons (1676), de Reims (1685), de Vienne (1678); mais aucun de ces Bréviaires n'alla aussi loin que celui de François de Harlay, archevêque de Paris, publié en 1680. Le diocèse de Paris, étant du nombre de ceux qui avaient conservé leurs anciens livres d'office, selon la faculté laissée par la bulle de Pie V, pouvait, sans aucun doute, les réformer, et rien n'eût été plus louable qu'une pareille revue faite conformément aux règles anciennes, se bornant à éliminer les taches qu'une sage critique, un goût plus épuré, les récentes découvertes de l'érudition ecclésiastique commandaient de faire disparaître, mais sans s'écarter jamais de l'esprit de piété et d'union avec le siége de Rome.

Au lieu de suivre cette marche, les commissaires nommés pour procéder à la correction parurent animés d'intentions bien différentes. Dom Guéranger réduit à trois les principes qui les dirigèrent : 1° diminuer le culte des saints et la confiance dans leur puissance; 2° restreindre les marques de dévotion envers la sainte Vierge; 3° comprimer autant que possible l'exercice de la puissance des souverains pontifes, diminuer la haute idée que les peuples avaient de leur autorité, habituer peu à peu les fidèles à regarder le pape comme un souverain étranger et revêtu d'un titre purement nominal.

A cet effet, un grand nombre de légendes de saints furent supprimées, les offices de la sainte Vierge virent disparaître les formules les plus expressives, celles qui rendaient le plus d'honneur à la Mère de Dieu. Ses fêtes furent attaquées et censurées jusque dans leurs dénominations. On supprima en même temps les légendes qui racontaient les actes d'autorité des pontifes romains; l'office de saint Pierre et des saints papes eut à subir des mutilations remarquables par l'esprit de méfiance et d'opposition qui pouvait seul les avoir motivées.

Quelques années après (1684), l'archevêque de Harlay publia un nouveau Missel, dans lequel fut appliqué en principe l'emploi exclusif des textes de l'Ecriture sainte pour les morceaux qui devaient être chantés. Dès lors disparurent une foule d'*introïts*, *graduels*, *versets* de la plus haute poésie, de la facture la plus large, presque tous devenus populaires, en même temps que les traditions les plus respectables furent renversées et déshonorées par d'indignes interpolations. Ce n'était pourtant là que le commencement des abus; on alla si vite et si loin, que, quarante ans après, un auteur célèbre par son goût réformateur, le docteur Grancolas, essaya de démontrer en détail l'identité générale du Bréviaire de François de Harlay avec le Bréviaire romain.

Enfin le Bréviaire de Paris, édité de nouveau à deux reprises, mais sans corrections considérables, par le cardinal de Noailles, reçut une dernière forme en 1736, sous l'épiscopat de Charles-Gaspard de Vintimille. Trois commissaires furent chargés de cette nouvelle révision : le P. Vigier, oratorien, fort suspect d'attachement au jansénisme; Mésenguy, simple clerc, l'un des champions les plus célèbres de l'appel contre la bulle *Unigenitus*, et Coffin, laïque, à qui l'Eglise même de Paris refusa les derniers sacrements pour ses opinions hérétiques et sa rébellion ouverte contre l'autorité catholique. C'est ce dernier qui fut chargé de la composition des hymnes nouvelles; et nous convenons qu'elles sont pour la plupart belles et pieuses; nous voudrions pouvoir en dire autant de celles de Santeul, qui ne sont, à notre avis, que de froids pastiches des odes d'Horace. Les hymnes antiques de saint Ambroise, de Sédulius, de Prudence, de Venance-Fortunat, durent disparaître presque en totalité pour faire place à ces compositions modernes. La correction du Bréviaire appelait celle du Missel; Mésenguy fut encore chargé de ce travail, qui vit le jour en 1738.

Ces deux livres composent le fond de la liturgie parisienne, qui prévalut et règne encore aujourd'hui dans un grand nombre de diocèses. Ils diffèrent tellement de l'office romain, que le Missel n'a guère conservé d'intact que les Evangiles; et le Bréviaire, que l'*Itinéraire* et la *Bénédiction de la table*. Nous nous bornons à indiquer, avec dom Guéranger, les principaux caractères de cette grande innovation :

1° *Éloignement pour les formules traditionnelles.*

2° *Remplacement des formules de style ecclésiastique par des passages de la Bible.*

3° *Fabrication des formules nouvelles* : hymnes, proses, préfaces, etc., d'où résulte une contradiction flagrante entre les principes posés et leur application.

4° *Affaiblissement considérable de l'esprit de prière et d'onction.*

5° *Diminution du culte de la sainte Vierge et des saints.*

6° *Abréviation de l'office et réduction de la prière publique.*

7° *Atteintes portées aux droits du saint-siège et en général à l'autorité ecclésiastique.*

8° *Intervention de la puissance séculière dans le règlement de la Liturgie.*

Paris avait donné le signal des réformes hardies; bientôt il fut imité par la majorité des diocèses de France, dont les uns adoptèrent sa Liturgie, les autres s'en manipulèrent une particulière, en travaillant d'après les mêmes principes; répudiant ainsi non-seulement les rites antiques qui avaient la sanction de l'Église universelle, mais encore les usages anciens et vénérables qu'ils avaient conservés jusqu'alors. Cet esprit d'innovation s'est continué jusqu'à l'époque de la révolution française, et lorsque, dans le xix° siècle où nous vivons, la paix eut été rendue à l'Église de France, à peine cette Église commençait-elle à respirer, que plusieurs évêques, marchant sur les traces de leurs devanciers, continuèrent cette œuvre de destruction fatale; les uns rejetant le rite romain conservé inviolable jusqu'à eux, pour lui substituer la Liturgie parisienne; les autres corrigeant, refondant, abolissant le rite fabriqué dans le siècle précédent, pour le remplacer par un autre, qui ne le vaut pas.

Mais voici que plusieurs s'aperçoivent qu'on a été beaucoup trop loin; en persévérant dans cette voie, il n'est pas d'évêque qui ne s'arroge le droit de réformer ou de changer totalement la Liturgie; il est même tel diocèse qui compte presque autant de réformes successives que d'évêques assis sur son siège. C'est pourquoi plusieurs prélats ont déjà donné le signal du retour à la Liturgie romaine, et d'autres n'attendent que le moment favorable pour les imiter; mais la masse de livres liturgiques nouvellement imprimés est un obstacle pour un grand nombre. Il y a cependant, suivant nous, un malheur dans ce retour, c'est que les diocèses qui reviennent ainsi à l'unité de prière, adoptent la Liturgie romaine pure et simple, et par là disparaissent des usages locaux, des rites anciens, précieux restes de la regrettable Liturgie gallicane, que les souverains pontifes avaient respectés eux-mêmes, et qui faisaient une des gloires des Églises de France.

3° Par le mot *Liturgie* on entend souvent la prière par excellence, c'est-à-dire le saint sacrifice de la messe; c'est en ce sens qu'il est pris par les Églises orientales. Les Grecs comptent quatre Liturgies, que nous appellerions ordinaires de la messe. La première est celle de saint Jacques, qui dure cinq heures : on ne la récite qu'une fois l'an, le 23 octobre, jour de la fête de saint Jacques. La seconde est celle de saint Basile, qui est beaucoup plus courte, et qu'on lit les dimanches du carême, excepté celui des Rameaux, le samedi saint, les vigiles de Noël et de l'Épiphanie, et le jour de saint Basile, peut-être aussi le jeudi saint et le jour de l'Exaltation de la croix. La troisième est la Liturgie de saint Jean Chrysostome, moins longue encore : elle se dit pendant toute l'année, excepté les jours spécifiés ci-dessus. La quatrième est celle de saint Grégoire; elle porte aussi le nom de *préconsacrée*, parce qu'elle suit toujours l'office de saint Chrysostome ou celui de saint Basile. Cette Liturgie de saint Grégoire, dans laquelle on ne consacre pas, n'est qu'une collection de prières propres à inspirer au prêtre et aux communiants les dispositions nécessaires pour recevoir dignement la communion.

4° Les anglicans appellent aussi *Liturgie* l'ordre des prières et cérémonies de leur culte, dressé sous Édouard VI, et changé ensuite sous le règne d'Élisabeth. Jacques Ier y fit quelques légers changements, après la conférence de Hamptoncourt, qui fut tenue en 1603, pour concilier les esprits, qui n'étaient pas tous d'accord au sujet de la forme du service, et de quelques points de discipline. La Liturgie causa des troubles et des disputes pendant l'interrègne, sous Cromwell, et l'autorité des Puritains la fit presque supprimer; mais Charles II la rétablit, et ordonna en 1660 qu'elle fût corrigée et retouchée. Après cette révision, on publia, sous l'autorité du roi et du parlement, l'ordre de s'y conformer dans tout le royaume, afin que le service divin se fit d'une manière uniforme.

5° On pourrait par extension donner le nom de *Liturgie* à l'ordre des cérémonies religieuses pratiqué dans toutes les sectes et dans toutes les religions de la terre; car il n'y a pas de peuple qui n'ait un Rituel écrit ou traditionnel pour accomplir les diverses cérémonies de son culte.

LITUUS, bâton augural, recourbé par un bout, comme une crosse, et plus gros dans cette courbure. C'était, dit-on, le bâton dont Romulus se servit pour désigner les divers emplacements de la ville de Rome qu'il faisait bâtir. On le gardait avec beaucoup de soin sur le mont Palatin; mais il fut perdu lors de l'incendie de la ville par les Gaulois : Camille ayant ensuite chassé les ennemis, le Lituus fut retrouvé intact dans une chapelle des Saliens, au milieu d'une multitude de débris consumés. On croit aussi que Romulus, après avoir créé trois augures, leur avait donné le *Lituus* comme marque de leur dignité. Depuis ce temps, ils le tenaient toujours en main lorsqu'ils observaient le vol des oiseaux. C'est pourquoi ils ne sont jamais représentés sans ce bâton, et on le trouve communément sur les médailles joint aux autres ornements pontificaux.

LIVRES CANONIQUES ou SACRÉS. Nous donnons ici la nomenclature des livres canoniques ou sacrés des différents peuples, renvoyant aux articles spéciaux la notice de leur contenu.

Livres sacrés :
1. Des Juifs, MICRA, ou les livres Protocanoniques de l'Ancien Testament.
2. Des Samaritains, le PENTATEUQUE seulement.
3. Des Chrétiens catholiques, la BIBLE ou collection intégrale de l'Ancien et du Nouveau Testament.
4. Des Gnostiques et autres hérétiques des premiers siècles ; divers ÉVANGILES apocryphes.
5. Des Sabis, le CODE NAZARÉEN.
6. Des Protestants ou hérétiques modernes, la BIBLE, à l'exception des livres Deutérocanoniques.
7. Des anciens Égyptiens, les livres de THÔTH ou HERMÈS.
8. Des anciens Romains, les livres SIBYLLINS.
9. Des Sandinaves, l'EDDA.
10. Des Persans, le ZEND-AVESTA.
11. Des Musulmans, le CORAN.
12. Des Druzes, LIVRE DES DOCUMENTS ET DES SECRETS DE LA RELIGION UNITAIRE.
13. Des Brahmanistes, les quatre VÉDAS ; le MANAVA-DHARMA SASTRA, ou Recueil des lois de Manou ; les dix-huit POURANAS ; les deux ITIHASAS, comprenant les deux poëmes *Mahabharata* et *Ramayana* ; le HARIVANSA ; les OUPANICHADAS, etc.
14. Des Djaïnas, les quatre VÉDAS ; les vingt-quatre POURANAS ; les soixante-quatre SASTRAS : tous ces livres sont différents de ceux des Brahmanistes.
15. Des Sikhs, l'ADI-GRANTH.
16. Des Kabir-Panthis, le KHAS-GRANTHA, collection des œuvres de leur fondateur, et principalement le grand et le petit BIDJAK.
17. Des Bouddhistes du Tibet, le KHAGHIOUR et le STA-GHIOUR.
18. Des Bouddhistes de Ceylan, le PHATIMOKKHA, le BOROMAT, etc.
19. Des Bouddhistes de Siam, le VIRAK.
20. Des Mongols, le NELIGARIN-DALAI (Océan de paraboles), et autres.
21. Des Chinois, les cinq KING ; le TAO-TE-KING, ou livre de la Raison et de la Vertu ; les SSE-CHOU, ou les quatre livres.
22. Des Japonais, le KIO ou FO-KE-KIO.

LLAIGUEN, un des neuf Guacas ou idoles principales adorés par les Péruviens à Cusco.

LO-CHA, démons des bouddhistes de la Chine ; leur nom signifie *rapides* ou *redoutables*, parce que leur colère est à craindre. Ce sont les Rakchasas des Hindous.

LOCUTIUS, dieu de la parole chez les Romains. *Voy.* AIUS-LOCUTIUS.

LODA, dieu de Lochlin ou de la Scandinavie, le même qu'Odin. Son nom retentit fréquemment dans les anciennes poésies erses. Ossian le met aux prises avec Fingal, c'est-à-dire avec un simple mortel, et ce n'est pas au dieu que reste l'avantage. Nous ne pouvons résister au plaisir de reproduire ici cet admirable morceau :

« Tout à coup fond de la montagne un vent impétueux ; il portait l'esprit de Loda. Le fantôme vient se placer sur sa pierre ; la terreur et les feux l'environnent : il agite sa lance énorme ; ses yeux semblent des flammes sur sa face ténébreuse, et sa voix est comme le roulement lointain du tonnerre. L'intrépide Fingal s'avance l'épée levée et lui parle en ces termes :

« Fils de la nuit, appelle tes vents, et fuis loin de moi. Pourquoi m'apparais-tu avec tes armes fantastiques ? Crois-tu m'effrayer par ta forme gigantesque ? Sombre esprit de Loda, quelle force a ton bouclier de nuages et le météore qui te sert d'épée ? Les vents les roulent dans l'espace, et tu t'évanouis avec eux : appelle tes enfants, et fuis loin de moi, faible enfant de la nuit. »

« Veux-tu me forcer à quitter l'enceinte où l'on m'adore, répondit le fantôme, d'une voix sépulcrale. Les peuples se prosternent devant moi : le sort des armées est dans mes mains. Je regarde les nations et elles disparaissent ; mon souffle exhale et répand la mort ; je me promène sur les vents : les tempêtes marchent devant moi ; mais mon séjour est paisible au-dessus des nuages. Rien ne peut troubler mon repos dans l'asile où je réside. »

« Reste en paix dans ton asile, répliqua Fingal, et oublie le fils de Comhal. M'as-tu vu porter un pas du sommet de mes collines dans ton paisible séjour ? Ma lance t'a-t-elle jamais attaqué sur ton nuage, sombre esprit de Loda ? Pourquoi viens-tu donc, en fronçant le sourcil sur moi, agiter ta lance aérienne ? Mais ta menace est vaine. Le roi de Morven n'a jamais fui devant les plus braves des hommes ; et les enfants de l'air pourront l'effrayer ? Non, il connaît l'impuissance de leurs armes. »

« Retourne dans ta patrie, reprit le fantôme ; fuis, je te donnerai des vents favorables : je tiens tous les vents emprisonnés dans ma main, et c'est moi qui dirige la course des tempêtes. Le roi de Sora est mon fils ; il fléchit le genou devant mes autels. Son armée assiége Carrictura : je veux qu'il triomphe. Retourne dans ta patrie, fils de Comhal, ou redoute ma colère. »

« A ces mots, le fantôme leva sa lance aérienne, et pencha vers Fingal sa stature immense. Aussitôt le roi s'avance, tenant son épée, fameux ouvrage du célèbre Lano ; il frappe, et l'acier brillant traverse sans résistance le corps aérien. Le fantôme perd sa forme, et s'étend dans l'air comme une colonne de fumée que le bâton d'un enfant a rompue au moment où elle sortait d'une fournaise à demi éteinte. L'esprit de Loda jette un cri, se roule sur lui-même et se perd dans les vents. »

LODDE, nom que les Lapons donnaient à des divinités ou génies qu'ils croyaient résider sous la première superficie de la terre.

LOFNA, déesse de la mythologie scandinave ; c'est elle qui raccommode les amants et les époux désunis.

LOGOS, mot grec qui signifie proprement *la parole*, ou mieux la raison éternelle, la volonté du Tout-Puissant, ce qui est *énoncé* de toute éternité ; on pourrait fort bien le rendre en latin par *fatum* (de *fari*, parler), mais l'usage a prévalu de le traduire par *Verbum*, le Verbe.

1° Saint Jean, dans son Evangile, désigne par cette expression la Parole éternelle et subsistante, seconde personne de la Trinité divine, incarnée dans la suite des siècles, sous le nom et la personne de Jésus-Christ, fils éternel de Dieu le Père et le Messie promis à toutes les nations de la terre. « Au commencement, dit-il, était le *Logos* ; » par ces paroles il établit d'abord son éternité, car ce qui existait déjà au commencement, existait nécessairement avant tout ce qui a commencé d'être. « Et le *Logos* était avec Dieu » et non point *en* Dieu, comme quelques-uns ont voulu traduire (la préposition πρός, régissant l'accusatif, désigne un rapport, un mouvement vers un objet quelconque) ; il en résulte que le *Logos* est distinct de Dieu et non point seulement une des manières d'envisager l'essence divine ; mais il ajoute aussitôt que le *Logos* joint lui cette essence divine : « et le *Logos* était Dieu. » Ainsi se trouvent réfutées d'un trait de plume trois grandes erreurs qui s'élevèrent dans les premiers siècles de l'Eglise : celle des Ariens, qui niaient l'éternité du Verbe ; celle des Sabelliens, qui rejetaient la distinction des personnes ; et celle des Ebionites et des Cérinthiens, qui attaquaient sa divinité. L'évangéliste ajoute : « Dès le commencement il était avec Dieu ; toutes choses ont été faites par lui ; et rien de ce qui a été fait n'a été fait sans lui. En lui était la vie, et la vie était la lumière des hommes ; et cette lumière luit dans les ténèbres, et les ténèbres ne l'ont point comprise,..... Il était là vraie lumière qui éclaire tout homme venant en ce monde. Il était dans le monde, et le monde a été fait par lui, et le monde ne l'a point connu. Il est venu chez soi, et les siens ne l'ont point reçu.... Car le *Logos* a été fait chair, et il a habité parmi nous, plein de grâce et de vérité ; et nous avons vu sa gloire, gloire telle que le Fils unique doit la recevoir du Père. » Dans un autre chapitre, saint Jean assigne la place positive du *Logos* dans la Trinité divine : « Il y en a trois, dit-il, qui rendent témoignage dans le ciel : le Père, le *Logos* et l'Esprit-Saint. »

Il résulte de ces admirables paroles que le *Logos* ou la parole de Dieu, subsistante de toute éternité a créé le monde, tiré les êtres du néant, les a coordonnés, vivifiés, et s'est, dans la suite des siècles, incarné pour le salut du genre humain ; mais avant la venue du Messie, les hommes jouissaient des bienfaits et de la lumière du *Logos*, sans cependant connaître sa nature et sa divinité. Les anciens sages, et les Juifs surtout, savaient que c'était par le moyen du *Logos* (en hébreu דבר *dabar*) que Dieu avait créé le monde, et opérait ses prodiges : « C'est par le *Logos* de Jéhova que les cieux ont été affermis (*Ps.* XXXII, 6). Dans leurs tribulations, ils ont crié à Jéhova, et il les a délivrés de leurs maux ; il a envoyé son *Logos* et il les a guéris. (*Ps.* CVI, 20). Votre *Logos*, ô Dieu l'est une lampe à mes pieds ; et une lumière à mes sentiers (*Ps.* CXVIII, 105). O Jéhova l'votre *Logos* subsiste éternellement dans le ciel (*Ps.* CXVIII, 89). Le *Logos* de notre Dieu subsiste éternellement. (*Isaïe*, XL, 8), etc. »

Cependant toutes ces expressions pouvaient s'entendre métaphoriquement de l'ordre ou de la volonté de Dieu ; et c'est sans doute ainsi que le comprenait la masse des lecteurs et des écrivains. Mais plusieurs semblent avoir eu une connaissance plus approfondie de cette vérité mise plus tard dans tout son jour. Ainsi il est impossible de méconnaître une expression très-remarquable de la doctrine du *Logos* ou du Verbe avant le christianisme, dans ces paroles remarquables que l'auteur des Proverbes met dans la bouche de la Sagesse :

« Jéhova m'a possédée dès le commencement de ses voies ; avant ses œuvres j'étais. J'ai été ordonnée dès le commencement et avant que la terre fût ; les abîmes n'étaient pas, et j'étais engendrée ; les sources étaient sans eaux, les montagnes n'étaient pas encore affermies ; j'étais engendrée avant les collines. Le Seigneur n'avait pas fait encore la terre, et les fleuves et les montagnes. Lorsqu'il étendait les cieux, j'étais là ; lorsqu'il entourait l'abîme d'une digue, lorsqu'il suspendait les nuées, lorsqu'il fermait les sources de l'abîme, lorsqu'il donnait à la mer des limites que les eaux ne dépasseront pas ; lorsqu'il posait les fondements de la terre ; alors j'étais auprès de lui, nourrie par lui, j'étais tous les jours ses délices, me jouant sans cesse devant lui, me jouant dans l'univers, et mes délices sont d'être avec les enfants des hommes (*Prov.* VIII, 22). »

Une preuve authentique que la doctrine du Verbe n'était pas inconnue à tous les Juifs, et qu'elle faisait partie de la révélation primitive, c'est que nous la voyons assez clairement énoncée dans les traditions de la Synagogue. Ainsi nous lisons dans la Paraphrase chaldaïque de Jonathan-Ben-Ouziel : Jéhova dit à son *Logos* ou Verbe : « Assieds-toi à ma droite. » Ailleurs on lit encore : « Le Verbe de Dieu est mon salut, » et « Celui-ci est Jéhova, dans le Verbe duquel nous avons espéré. »

Saint Jean n'avait donc pas besoin d'aller à l'école de Platon ou de Philon pour apprendre une doctrine qu'il trouvait déjà enseignée dans la Synagogue, et dont ses relations intimes avec le *Logos* incarné lui donnèrent une connaissance complète.

2° La conception du *Logos* n'était pas inconnue des païens, soit que des restes précieux de la tradition primitive se soient conservés au milieu d'eux, soit, ce qui est plus probable, qu'ils l'aient empruntée à l'école de la Synagogue. « Il paraît certain, disait Tertullien aux païens, que vos sages reconnaissaient le *Logos*, c'est-à-dire la Parole ou la Raison, comme le créateur de toutes choses.... et qu'ils l'appelaient *Fatum*, ou Dieu, ou Ame de Jupiter, ou la Nécessité de toutes choses (1). » On a prétendu que le *Logos* de Platon est le prototype de celui de saint Jean; mais il faudrait auparavant bien déterminer ce que Platon entend par le *Logos*, or c'est là le point difficile. On avance que Platon admettait une sorte de Trinité, composée du *Demiourgos*, ou architecte suprême; du *Logos*, appelé aussi *Nous*, sagesse suprême, et de l'âme universelle; mais cette théorie appartient plutôt à Plotin et à l'école d'Alexandrie, qui s'inspirèrent de l'idée chrétienne. Platon parle du *Logos* d'une manière fort vague. Selon lui, les idées étaient éternelles, universelles, immuables, innées, se rapportant à Dieu comme à leur substance même ; cette doctrine préexistait chez les Eléates et les Pythagoriciens, on la retrouve aussi chez les Egyptiens et les Indiens; mais par les développements qu'il lui donna, Platon s'en fit le créateur. Dieu donc était pour Platon l'idée, la raison, la lumière, la parole substantielle, le Verbe, le *Logos* en un mot; mais ce serait fort gratuitement qu'on affirmerait que le *Logos* de ce philosophe est une véritable hypostase ou personnalité de Dieu. Au reste voici un des principaux passages où Platon parle du *Logos* :

« Vous saurez que, dans toute l'étendue du ciel, il y a *huit* puissances, toutes sœurs l'une de l'autre; je les ai aperçues, et je ne m'en glorifie pas comme d'une découverte bien difficile; elle est aisée pour tout autre. De ces *huit* puissances, il y en a *trois* dont une est au soleil, une autre à la lune, la troisième à l'assemblage des astres... Les cinq autres n'ont rien de commun avec celles-ci (2). Toutes ces puissances et les corps célestes qu'elles renferment, soit qu'ils marchent d'eux-mêmes, ou qu'ils soient portés sur des chars (1), font leur route dans le ciel. Que personne de nous ne s'imagine que quelques-unes de ces astres sont des dieux et que les autres ne le sont pas; ils sont tous légitimes, et les autres de telle nature que nous ne puissions le dire sans crime. Disons et assurons tous, qu'ils sont tous frères et ayant des destinations fraternelles. Attribuons à tous des honneurs, non à l'un l'année, à l'autre le mois, et n'attribuant aux autres aucun partage, aucun temps, dans lequel ils achèvent leur révolution, contribuant tous ensemble à la perfection de ce monde, que le *Logos*, le plus divin de tous, a rendu visible. »

Nous voyons par ce texte que Platon connaissait plus d'un Verbe ou *Logos*, puisque c'est le plus divin de tous qui a rendu le monde visible; et le lecteur peut remarquer que, bien loin d'en faire une hypostase de la divinité, c'est aux huit puissances que, d'après Platon, il faut rendre des honneurs, et non à ce *Logos*, car Dieu est ici confondu avec les astres. Au reste, ces notions sur Dieu et sur le *Logos*, quelque incomplètes et en partie fausses qu'elles soient, ce philosophe avoue aussitôt après qu'il les doit aux *Egyptiens* et aux *Syriens*, c'est-à-dire aux Orientaux. Suivant lui, c'est un *barbare* qui en est le premier auteur; or ce barbare syrien ou chaldéen, qu'était-ce autre chose qu'un Juif?

Philon d'Alexandrie, Juif de naissance et de religion, mit ensuite plus d'ordre dans la philosophie de Platon; ce que du reste avaient déjà tenté les Platoniciens; aidé des enseignements de la Synagogue, il parla avec plus de clarté du *Logos*, et exposa une théorie plus voisine du dogme chrétien. Plusieurs anciens Pères, saint Augustin entre autres, parlent avec une espèce d'enthousiasme de cette conception platonicienne qu'ils avaient étudiée à fond, soit dans les ouvrages de ce philosophe, soit dans les écrits de ses disciples; ils énumèrent tous les rapports qu'ils y ont trouvés avec le mystère révélé explicitement par saint Jean; mais tous conviennent que les Grecs avaient puisé ces précieux renseignements dans leur commerce avec l'Orient, comme Platon en fait lui-même l'aveu.

3° Nous citons ici pour mémoire l'opinion de quelques modernes qui ont voulu trouver le *Logos* dans l'*Honover* des Parsis, prière primitive révélée par Ormuzd, à l'origine des temps, et qui est prise par Creuzer, tantôt pour la définition de Dieu, tantôt pour le *fiat* créateur, tantôt pour la volonté éternelle et pure. Le même écrivain fait ailleurs du *Férouer* d'Ormuzd, le prototype du *Logos* évangélique, du Verbe éternel consubstantiel au Père; tandis que les Férouers des Parsis ne sauraient guère être comparés qu'aux anges gardiens du catholicisme; de plus, suivant Creuzer lui-même, ils existent par la parole vivante du Créateur. C'est cette parole qui pourrait à plus juste titre être comparée au *Logos*.

4° Mais nous retrouvons le *Logos* de Platon, et peut-être en partie celui des chrétiens, dans une secte indienne, celle des Kabir-Panthis, qui a pris naissance il y a moins de deux siècles. Voici comment s'exprime le réformateur :

« Le Logos (*sabd*) est l'éther, le Logos est l'enfer.

« Le chaos a été façonné par le Logos.

---

(1) *Apud vestros quoque sapientes,* Λόγον, *id est Sermonem atque Rationem, constat artificem videri universitatis... eumdemque Fatum vocari, et Deum, et animum Jovis, et necessitatem omnium rerum.* Tertullian., *Apologeticus.*

(2) Et cependant Platon vient de dire que ces huit puissances *sont sœurs.*

« Le Logos habite dans la bouche, le Logos loge dans l'oreille.

« Les créatures ont été formées par le *fiat* du Logos.

« Le Logos est la parole, le Logos est l'écriture.

« Le Logos, ô mon frère, est le corps et l'esprit.

« Le Logos est le talisman, le Logos est la divination.

« Le Logos est l'instituteur, le maître des étudiants.

« Le Logos est mâle, le Logos est femelle.

« Le Logos embellit la trinité.

« Le Logos est la vue, l'invisible, le Tout-Puissant.

« Le Logos gouverne l'univers.

« Kabir dit : Cherches-tu le Logos ?

« Le Créateur, ô mon frère, est le Logos. »

5° Enfin, s'il faut en croire quelques-uns, le *Tao* des Chinois, c'est-à-dire la voie, la raison suprême et primordiale, ne serait autre chose que le *Logos*. A cela nous répondrons par cette observation de M. d'Eckstein, qui peut trouver son application dans plusieurs des paragraphes précédents.

« Toute interprétation du mot *Tao* par le mot *Logos* serait un contre-sens. D'abord il faudrait s'entendre sur cette expression de la philosophie platonicienne, adoptée par Philon, par quelques Pères de l'Eglise et par les Alexandrins. Le *Logos* de Platon n'est pas absolument le même que celui de Philon, et celui-ci diffère du Verbe des chrétiens ; sans parler de l'école néoplatonicienne, qui combine dans cette expression une foule de spéculations gréco-orientales. Avant de se servir d'un terme comme celui de *Logos*, pour l'appliquer à la doctrine du *Tao*, il faudrait commencer par s'entendre sur la valeur de l'expression. Or rien ne prouve que le *Tao*, en tant qu'il doit être considéré comme le principe des choses, corresponde au *Logos* des chrétiens ou à celui des Platoniciens. » *Voy*. Tao.

LOGOTHÈTE. Le grand Logothète ou chancelier est un officier de l'Eglise grecque; c'est lui qui porte la parole, qui garde le sceau du patriarche et le met à ses lettres. On appelle aussi Logothète un certain inspecteur des comptes et des affaires qui regardent l'Eglise.

LOHADARAKA, le vingt-unième Naraka ou enfer de la mythologie hindoue.

LOHA-PENNOU, dieu des armes chez les Khonds, tribus indiennes de la côte d'Orissa. Son symbole, dans les districts du Sud, est un morceau de fer de deux coudées de longueur; caché dans un arbre touffu, au milieu d'un bosquet que la hache ne touche jamais.

Lorsque la guerre est résolue, le prêtre entre dans le bosquet, accompagné de quelques anciens (les femmes et les enfants en sont soigneusement éloignés, car ce dieu les abhorre). Là, il immole un poulet, en fait couler le sang à terre, et répand sur le simulacre une libation de jus de palmier; il fait ensuite une offrande d'œufs clairs et de riz, en appelant la présence de la divinité par ces paroles : « Nos jeunes gens s'avancent pour combattre, marche devant eux. » Le prêtre fait alors plusieurs petits tas de riz, en offre un à Béra-Pennou, et les autres à des divinités qu'il croit capables de porter du secours aux combattants. Il quitte alors le bosquet, accompagné du dieu, si celui-ci est favorable à l'expédition; il trouve toute la jeunesse de la tribu complétement armée. Il fait avec beaucoup de solennité un monceau de leurs armes auprès d'un courant d'eau, et, prenant une poignée de longues herbes, il les plonge dans l'eau et en arrose les armes. Ensuite il invoque Loha-Pennou, Béra-Pennou, les dieux de la guerre qui résident sur les montagnes, et tous les autres dieux. Si Loha-Pennou est favorable, il prend possession du prêtre, qui entre en fureur, se débat comme un frénétique, secoue sa chevelure en désordre, pousse des cris affreux, tandis que tous les assistants l'accompagnent de leurs clameurs. Il saisit alors une brassée d'armes, en dirige la pointe vers la contrée habitée par les ennemis, et les distribue à ses plus proches voisins ; ceux-ci se précipitent en avant suivis par le reste des guerriers, qui attrapent comme ils peuvent les armes mises en monceau. Ils se dirigent tout droit sur les premiers villages de leurs ennemis, et attaquent quelques-uns de ceux qu'ils trouvent dans les champs, mais aucun de ceux qu'ils peuvent rencontrer sur la route, car on est toujours en sûreté sur les chemins, même lorsque le combat est engagé. S'ils ne rencontrent personne dans les champs, ils donnent des coups de hache à un des arbres plantés près du village. Lorsque le peuple ainsi attaqué prend l'alarme, il fait un appel à tous les villages; alors des deux côtés on se prépare à combattre le lendemain. Le prêtre fait une nouvelle offrande à Loha-Pennou en pleine campagne, et donne le signal de l'engagement. Il marche alors derrière un guerrier qui ne soit pas blessé, jusqu'à ce qu'il ait pu enlever le bras droit d'un ennemi tué; lorsqu'il a réussi, il retourne avec son compagnon au bosquet de Loha-Pennou, présente au dieu son trophée sanglant, et le prie de rendre les haches de la tribu plus tranchantes et ses flèches plus sûres.

Les succès à la guerre sont constamment attribués à l'intervention immédiate de Loha-Pennou, et jamais à la valeur personnelle.

Les prêtres ont en toute occasion le pouvoir d'empêcher la guerre, en déclarant que Loha-Pennou n'est pas favorable.

LOHASANKOU, le seizième enfer de la mythologie hindoue. Son nom signifie la place des dards de fer.

LO-HOU, génie de la mythologie chinoise. Il a le corps et les griffes d'un tigre, le visage d'un homme et neuf têtes. Il habite le sommet du mont Kouen-lun. C'est lui qui préside aux neuf collines du ciel, sur lesquelles sont situées les neuf villes célestes, et fixe les limites des jardins, des potagers ou métairies des empereurs du ciel.

LOI. Sous ce nom général on comprend trois sortes de lois : la loi naturelle, la loi divine positive, et les lois humaines.

1° La loi *naturelle* est une émanation de cette loi éternelle, qui est dans Dieu la règle primitive de toutes choses; c'est le flambeau intérieur de la conscience, qui nous sert à discerner le bien d'avec le mal; c'est cette voix secrète qui nous avertit de ne pas commettre le crime, et qui nous inspire des remords lorsqu'il a été commis; c'est ce sentiment intime qui ne nous trompe jamais, quand nous le consultons sincèrement, par le secours duquel nous connaissons le juste et l'injuste, ce qui est honnête et ce qui ne l'est pas. C'est de cette loi que parle saint Paul, lorsqu'il dit des païens : « Lorsque les gentils, qui n'ont point la loi (écrite), font naturellement les choses que la loi commande, n'ayant point eux-mêmes cette loi, ils se tiennent à eux-mêmes lieu de loi; ils font voir que ce qui est prescrit par la loi est écrit dans leur cœur, leur conscience leur rendant témoignage. »

On convient généralement que la loi naturelle comprend tous les préceptes du Décalogue, excepté la désignation d'un jour particulier pour rendre au Seigneur un culte spécial : ainsi, adorer Dieu, honorer son père et sa mère, ne pas tuer, ne pas dérober, ne pas porter de faux témoignage, en un mot ne pas faire à autrui ce qu'on ne voudrait pas qu'on nous fit à nous-même, sont des préceptes de la loi naturelle et se trouvent dans tous les systèmes de religion. Ces préceptes obligent tous les hommes, car saint Paul dit que *ceux qui commettent ces choses sont dignes de mort*, et il ajoute que *ceux qui ont péché sans la loi périront en dehors de la loi*. En effet, tout homme apporte en naissant ces préceptes gravés dans son cœur en caractères ineffaçables. Toutefois, cette loi est bien insuffisante, tant pour éclairer l'esprit que pour guérir et fortifier la volonté. L'homme ne peut remplir tous les devoirs qu'elle prescrit sans les secours surnaturels de Dieu, fruit des mérites de Jésus-Christ, qui ne sont refusés à personne. C'est par leur vertu que l'homme privé des lumières de la révélation peut observer la loi naturelle dans son intégrité, et par là obtenir les secours nécessaires au salut: Aussi c'est le sentiment commun des théologiens, que Dieu ferait plutôt un miracle que de laisser mourir dans l'ignorance des choses nécessaires au salut celui qui aurait fidèlement observé la loi naturelle. Corneille en est un exemple frappant dans les Actes des apôtres.

2° Mais comme cette loi naturelle est sujette à être obscurcie par le péché, les passions, les préjugés, l'éducation, etc., Dieu est venu au secours de notre faiblesse en nous donnant une loi positive, appelée communément *divine*, autrement dite la révélation. Cette loi se partage en deux : la loi *ancienne* ou *judaïque*, donnée aux Israélites par le Tout-Puissant sur le mont Sinaï, et promulguée ensuite par le ministère de Moïse; et la loi *nouvelle* ou évangélique, appelée aussi *loi de grâce*, apportée à tous les hommes par Jésus-Christ, et consignée dans le Nouveau Testament et dans la tradition. Observons toutefois qu'avant Moïse il y avait cependant une loi divine positive que Dieu avait donnée à Adam et aux anciens patriarches; cette loi a donc corroboré sans cesse la loi naturelle inscrite dans le cœur de tous les hommes.

3° Les lois humaines se divisent en *ecclésiastiques* et *civiles*. Les premières concernent le bien spirituel et la discipline de l'Église. Elles obligent les chrétiens, puisque Jésus-Christ a fait part à l'Église de toute son autorité. Les lois civiles se rapportent au gouvernement temporel des États, et elles émanent de l'autorité du souverain. Bien que celles-ci soient indépendantes des lois ecclésiastiques, elles ne doivent pas cependant y être opposées; autrement elles ne seraient pas dans l'ordre de la Providence, qui veut que l'ordre temporel soit relatif à l'ordre spirituel.

LOKA, mot sanscrit qui signifie *monde*, et dans lequel le lecteur reconnaîtra facilement le mot latin *locus*. Les Hindous appellent *Tchatour-loka* (les quatre mondes), les quatre paradis placés sur les flancs du mont Mérou, savoir : *Swarga-loka* ou *Indra-loka*, paradis d'Indra; *Kailasa-loka*, paradis de Siva; *Vaikounta-loka*, paradis de Vichnou; *Satya-loka* ou *Brahma-loka*, paradis de Brahma. Au-dessus on met encore le *Déva-loka*, séjour des dieux.

LOKANATH, divinité des Bouddhistes du Népal. C'est un des anciens Bouddhas; son nom signifie Seigneur du monde; il paraît être en effet le seigneur spécial des huit Vitagaras, et remplir la même fonction que les Lokapalas du système brahmanique.

LOKAPALA. Les Lokapalas sont, dans la mythologie hindoue, les génies gardiens du monde. On les confond quelquefois avec les divinités qui président aux points cardinaux; mais il faut les distinguer. Les Lokapalas sont proprement les divinités chargées par Brahma de créer le monde sous sa direction, et de veiller chacun sur les êtres d'espèces différentes soumis à leur autorité.

LOKAYATIKAS, secte indienne qui paraît être une branche des Tcharvakas. Ils nient que l'âme soit différente du corps, et prétendent que l'intelligence ou la sensibilité peut subsister dans les éléments modifiés en une forme corporelle; ils affirment qu'un corps organique revêtu des qualités de la sensibilité et de la pensée est la personne humaine.

« La faculté de penser résulte, selon eux, d'une modification des éléments agrégés, de la même manière que le sucre mêlé avec un ferment et d'autres ingrédients devient une liqueur enivrante, et de même que le bétel, l'arèque, la chaux et l'extrait de cachou, mâchés ensemble, acquièrent une propriété qui excite des sentiments agréables, que l'on ne trouve pas dans plusieurs de ces substances réunies ensemble et dans aucune d'elles séparément. De même aussi, il y a une grande différence entre le corps animé et la substance inanimée. La pensée, la connaissance, le souvenir, etc., perceptibles seulement là où existe un corps organique, sont les propriétés d'une forme ou d'un être organisé, n'appartenant pas aux substances extérieures, qui sont la terre et les autres éléments simples ou agrégés, à moins que ces éléments ou substances extérieures ne soient formés en un pareil être organisé.

« Aussi longtemps, ajoutent-ils, qu'il y a un corps, la pensée existe, ainsi que le sentiment du plaisir et de la peine. Ceux-ci n'existent plus dès l'instant qu'il n'y a plus de corps; et de là, aussi bien que de la conscience de soi-même, il est conclu que l'âme et le corps sont identiques. »

Ce système avait été autrefois enseigné chez les Grecs par Dicéarque de Messine, qui disait qu'il n'y a aucune chose comme l'âme dans l'homme; que le principe par lequel il perçoit et agit est répandu dans tout le corps, est inséparable de lui et se termine avec lui.

LOKE, la plus célèbre des divinités inférieures de la mythologie scandinave, dans laquelle il joue le rôle d'Ahriman, ou du génie du mal. Il est fils du géant Farbante et de Laufeya; ses deux frères sont Bileister et Heilblind (l'aveugle mort). C'est, dit l'Edda, le calomniateur des dieux, le grand artisan des fourberies, l'opprobre des dieux et des hommes. Il est beau de figure, mais son esprit est méchant et ses inclinations sont mauvaises. Il surpasse tous les mortels dans l'art des perfidies et des ruses. Souvent les dieux ont été exposés par lui aux plus grands périls; mais plusieurs fois aussi il les en a retirés par ses artifices. Tous ceux qui l'entourent sont aussi méchants que lui : c'est d'abord sa femme Signie, au caractère cruel, qui l'a rendu père de Nare et de plusieurs autres; c'est la géante Angerbode, qui lui a donné trois enfants redoutables : le loup Fenris, le grand serpent de Midgard (la demeure du milieu) et Héla (la mort). Le père universel, Allfader, prévoyant les maux que ces enfants, élevés dans le pays des Géants, devaient causer aux dieux, se les fit amener et jeta le serpent dans le fond de la grande mer; mais ce monstre s'y accrut tellement, que du sein des eaux il entoura de ses replis le globe entier de la terre, et peut encore se mordre lui-même l'extrémité de la queue; le loup est enchaîné jusqu'à la fin du monde, et Héla est reléguée dans les régions inférieures, où elle a le gouvernement des neuf mondes.

Loke, après avoir joué aux dieux une multitude de mauvais tours, se vit enfin poursuivi par eux, et dut recourir à plusieurs métamorphoses pour échapper à leur ressentiment. Une fois, entre autres, il se changea en saumon, et s'élança par-dessus le filet tendu pour le prendre; mais le dieu Thor le saisit par la queue, et c'est depuis cet événement que les saumons ont la queue si mince. Les dieux, maîtres de Loke, le lièrent à trois pierres aiguës, dont l'une lui presse les épaules, l'autre les côtés, la troisième les jarrets. Skada suspendit en outre sur sa tête un serpent dont le venin lui tombe goutte à goutte sur le visage. Cependant Signie, son épouse, est assise à côté de lui, et reçoit ce poison dans un bassin qu'elle va vider quand il est rempli. Durant cet intervalle, la bave vénéneuse découle sur Loke, ce qui le fait hurler et frémir avec tant de force, que toute la terre en est ébranlée : c'est ce qui produit parmi les hommes des tremblements de terre. Il restera captif dans cette caverne jusqu'à la fin des siècles, où il sera déchaîné; il prendra part à la guerre finale, attaquera Heimdal, le portier des dieux, et tous deux tomberont sous les coups l'un de l'autre.

LOKESWARA. Ce mot signifie *Seigneur du monde*, et désigne, dans la théogonie du Népal, le Bouddha qui gouverne le siècle, ou Padmapâni. Les Bouddhistes de la même contrée donnent aussi le titre de Lokeswara à cinq Bodhisatwas, fils spirituels des Bouddhas, qui sont : Ananda, Hari-hari-hari-vâha, Yakchamâlla, Amoghapasa et Tritokavasankara. On les invoque et on les adore.

LOLLARDS, branches de Fraticelles ou Béguards du XIVe siècle, qui tirent leur nom de Walter Lolhard, appelé aussi Gaultier Lollard, fanatique allemand, qui, vers l'an 1315, enseigna que les démons avaient été chassés du ciel injustement et qu'ils y seraient rétablis un jour; que saint Michel et les autres anges coupables de cette injustice seraient damnés éternellement avec tous les hommes qui n'étaient pas dans ces sentiments. Il méprisait les cérémonies de l'Église, rejetait l'intercession des saints; soutenait que les sacrements étaient inutiles, niait l'efficacité du baptême, la présence réelle dans l'eucharistie, l'autorité des évêques et des prêtres, et disait que le mariage n'était qu'une prostitution jurée, etc. Il établit douze hommes, choisis entre ses disciples, qu'il nommait ses apôtres, et qui, tous les ans, parcouraient l'Allemagne pour affermir ceux qui avaient adopté ses sentiments et qui étaient en grand nombre dans l'Autriche et la Bohême. Il y avait deux vieillards qu'on nommait les ministres, et qui, chaque année, feignaient d'entrer dans le paradis, d'où ils recevaient d'Élie et d'Énoch le pouvoir de remettre les péchés à ceux de leur secte.

Les inquisiteurs firent arrêter Lollard, et, ne pouvant vaincre son opiniâtreté, le condamnèrent au feu; la sentence fut exécutée à Cologne en 1322, il marcha au supplice sans frayeur et sans repentir. Les Lollards ne s'en propagèrent pas moins en Allemagne, et ils pénétrèrent ensuite en Flandre et en Angleterre. Dans la suite ils se réunirent d'une part aux Wiclèfites, et de l'autre préparèrent les esprits aux erreurs de Jean Hus et aux guerres des Hussites.

LONG ou LOUNG, animal merveilleux et mythologique des Chinois; les Européens l'appellent *dragon*. C'est le roi des animaux à écailles imbriquées; il a les cornes d'un cerf, les oreilles d'un bœuf, la tête d'un chameau, le cou d'un serpent, les pieds d'un tigre, les ongles d'un épervier, et sur le corps des écailles de poisson. Il y en a de deux espèces : l'une est naturelle, et l'autre provient de la transformation d'un poisson ou d'un serpent en cette forme monstrueuse. Ce prétendu animal passe pour être doué de la raison, aussi bien que le *Khi-lin*, le *Fonghoang* et le *Kouei*; tous ces animaux sont de bon augure. Le dragon peut en quelque sorte être considéré comme les armes impériales de la Chine, et sa figure est peinte ou brodée sur les meubles et les étoffes à l'usage du souverain. Il est encore d'autres personnages qui ont droit de porter la figure du dragon, mais ceux-ci sont distingués du dragon impérial par le nombre des griffes.

Suivant la mythologie des Bouddhistes chinois, les *Long*, qui correspondent aux serpents *Nagas* des Hindous, sont de quatre espèces : 1° ceux qui gardent les palais des dieux et les soutiennent pour les empêcher de tomber; 2° ceux qui dirigent les nuages et font tomber la pluie pour l'avantage des hommes; 3° les dragons de la terre, qui font couler les fleuves et percent les lacs; 4° ceux qui sont cachés, qui gardent le trésor des rois et des hommes opulents.

LONG-TCHHOUEN, c'est-à-dire *bateaux du dragon*: nom d'une fête que les Chinois célèbrent vers le solstice d'été, et que les Européens appellent la fête des eaux. Les maisons, depuis les portes jusqu'au toit, sont décorées de branches et de fleurs : on se fait réciproquement des visites. Les jeunes gens montent sur des barques très-ornées et construites en forme de gondoles; ils courent çà et là sur les fleuves et les rivières, cherchant et appelant à grands cris un personnage antique disparu depuis longtemps. On célèbre alors des joûtes sur l'eau. Voici, dit-on, quelle fut l'origine de cette fête : Sous le règne de *Ngan-vang*, trente-quatrième empereur de la dynastie des Tcheou, un mandarin de Ching-cha-fou eut le malheur de se noyer; tout le monde accourut pour le secourir. On le chercha longtemps; mais les recherches ayant été inutiles, on voulut du moins éterniser la mémoire de ce mandarin, et la douleur occasionnée par sa perte, en courant de même tous les ans sur les rivières pour le chercher encore et l'appeler par son nom. — D'autres prétendent que ce ne fut pas le mandarin qui se noya, mais sa fille qu'il aimait tendrement, qu'on la chercha sans succès, et que la fête fut instituée pour consoler ce père malheureux. On a soin de faire baigner les enfants et de les purger, avant de les conduire hors de la ville pour voir la fête.

LONI, génie de la mythologie finnoise, qui préside aux marécages et y habite.

LOO-YE, c'est-à-dire le Dieu supérieur, le premier et le plus ancien des dieux; idole vénérée dans un temple de Zuruchaitu, place située sur les confins de la Sibérie. Ce simulacre est placé entre deux colonnes, autour desquelles sont entortillés des dragons dorés; de grands drapeaux de soie, suspendus au plafond, en voilent la partie supérieure. Elle a le visage brillant comme de l'or, les cheveux et la barbe noirs, et tient en main une espèce de tablette, où elle paraît lire avec une grande attention; à sa droite on voit sept flèches d'or et un arc à sa gauche.

LORO-DJONGRANG, déesse adorée dans l'île de Java. Elle avait autrefois, au nord du village de Brambanan, un temple célèbre qui se composait de vingt petits édifices, dont douze petits temples; ce n'est plus aujourd'hui qu'une énorme masse de pierres. Le principal temple a 90 pieds de hauteur. En face de la porte d'entrée, on voit la statue de la déesse avec les attributs de Kouvéra, et de la hauteur de 6 pieds 3 pouces. Le premier de ses huit bras tient une queue de buffle, le second une épée appelée *kourg*, le troisième le *bhoulla*, le quatrième le *tchakra* ou disque; le cinquième la lune, le sixième l'écu, le septième l'étendard, et le huitième les cheveux de Mahéchasoura, qui est le vice personnifié. Il est enlevé avec violence par Loro-Djongrang, pour avoir voulu tuer le taureau Nandi, consacré à Siva. Cette déesse tient quelquefois un sabre à la main. Loro-Djongrang est la déesse appelée en sanscrit Bhavani, Dévi ou Dourgâ.

LOTCHANA, un des Bodhisativas vénérés par les Bouddhistes du Népal.

LOTION FUNÉRAIRE. La pratique de laver le corps des Musulmans décédés, tant ceux des hommes que des femmes et des enfants, est d'obligation divine, selon le rituel mahométan. On y procède avec beaucoup de décence; le corps d'un homme doit être lavé par des hommes, de même celui d'une femme ne peut l'être que par des femmes; de plus le cadavre doit être couvert depuis le nombril jusqu'aux genoux. Cette lotion doit être faite avec de l'eau pure, ou de préférence avec une décoction d'aromates. On savonne de plus la tête et la barbe. On doit commencer par le côté droit, en appuyant le corps sur le côté gauche; on lave ensuite le côté gauche en inclinant le corps sur le côté droit; après cela, on couche le mort sur le dos, pour lui frotter légèrement le bas ventre. A la suite de cette lotion, il faut bien essuyer le cadavre avec un linge propre pour qu'il n'y reste aucune humidité; enfin on le couvre d'aromates, et on frotte de camphre les huit parties du corps qui portent à terre dans les prostrations quotidiennes.

La lotion a lieu également à l'égard des vivants. *Voy.* Ghosl.

LOTOS, LOTUS, plante célèbre dans les mythologies égyptienne et hindoue.

On voit souvent dans les monuments égyptiens Isis assise sur une fleur appelée communément lotus. C'est une plante aquatique qui croit dans le Nil, et qui porte une tête et une graine à peu près comme le pavot. On la rencontre fréquemment comme emblème dans les mystères des Egyptiens, à cause du rapport que ce peuple croyait qu'elle avait avec le soleil, à l'apparition duquel elle se montre d'abord sur la surface de l'eau, et s'y replonge dès qu'il est couché; phénomène très-commun d'ailleurs à toutes les espèces de *nymphea* ou plantes aquatiques. C'est pourquoi Plutarque observe que les Egyptiens peignaient le soleil naissant de la fleur du lotus. En effet, on le trouve peint en jeune homme, assis sur cette fleur, et la tête entourée d'une couronne radiale; non pas, ajoute le même écrivain, qu'ils croient que le soleil soit né ainsi, mais parce qu'ils représentent allégoriquement la plupart des choses. — Les Grecs avaient consacré la même fleur à Apollon et à Vénus, car elle accompagne quelquefois leurs statues.

Il y a une autre espèce de lotus, que les botanistes appellent *persea*; elle croît aux environs du Grand-Caire et sur les côtes de Barbarie; ses feuilles sont semblables à celles du laurier, mais un peu plus grandes; son fruit, de la figure d'une poire, renferme une espèce d'amande ou noyau qui a le goût d'une châtaigne. La beauté de cet arbre toujours vert, l'odeur aromatique de ses feuilles, leur ressemblance à une langue, et celle de son noyau à un cœur, sont l'origine des mystères que les Egyptiens y avaient attachés, puisqu'ils l'avaient consacré à Isis; et qu'ils plaçaient son fruit sur la tête des simulacres de leurs dieux, quelquefois entier, d'autres fois ouvert, pour faire paraître l'amande. Cette description, qui est celle d'un moderne, approche beaucoup de celle que Polybe a donnée de telles espèces de lotus. L'auteur grec ajoute que quand ce fruit est mûr, on le fait sécher, et on le broie avec du blé. En le broyant avec de l'eau, on en tire une liqueur qui a le goût de vin mêlé avec du miel. C'est cette liqueur qui parut si agréable aux compagnons d'Ulysse, qu'ils ne voulaient plus quitter le pays qui produisait une plante aussi précieuse. Les Grecs disent aussi que les étrangers qui goûtaient le fruit du lotus perdaient le souvenir de leur patrie et le désir d'y retourner, d'où vint le proverbe : Λωτοῦ ἔφαγες, tu as mangé du lotus, que l'on adressait à ceux qui semblaient avoir oublié leurs amis.

2° Les Hindous comparent le monde au lotus flottant sur l'Océan. Les quatre feuilles du calice de cette fleur figurent les quatre *Maha-Dwipas*, ou grands dwipas, c'est-à-dire les quatre principales régions du monde; les huit feuilles extérieures, rangées deux à deux dans les intervalles, sont l'image des huit Dwipas secondaires. Le lotus étant ainsi le symbole de l'univers, il n'est pas étonnant que cette plante joue un si grand rôle dans la mythologie indienne; c'est pourquoi sa fleur sert de siége à la plupart des divinités, et quand celles-ci sont représentées avec plusieurs bras, il y a une main consacrée à tenir cette fleur. Peut-être aussi les anciens philosophes de l'Inde ont-ils voulu exprimer par l'emblème de cette plante aquatique, que l'univers était sorti de l'eau. Enfin une feuille de lotus nageant sur l'eau était chez les Egyptiens le signe du nombre mille, parce qu'ils prétendaient que le fruit de cette plante, lorsqu'il est coupé, montre mille graines. Ceci, observe M. Troyer, aurait pu, avec d'autres qualités, rendre sacrée aux Indiens et aux Egyptiens cette fleur, comme symbole de la fécondité. Le mythe de Brahmâ placé sous la forme d'un enfant par la divinité suprême sur une feuille de lotus, voguant sur les flots de l'Océan, en suçant le pouce de son pied, avant de procéder plus tard à la formation de l'univers, renferme à la fois tous ces symboles.

LOU, mauvais génie de la théogonie des Mongols : c'est un monstre ailé auquel on attribue les grands phénomènes de l'électricité. Durant la saison froide, il demeure paisiblement couché sur les flots des sept mers; pendant l'été il s'élève avec les vapeurs et les nuages, et devient l'auteur des grandes commotions. Un Tængæri à cheval sur ce dragon le force à pousser d'affreux hurlements, qui sont les voix du tonnerre, et l'éclair est le feu qui sort de sa gueule. Le céleste cavalier lance parfois du haut des airs des flèches enflammées qui vont porter au loin la mort et la destruction.

LOUHIATAR, déesse de la mythologie finnoise; on l'appelle encore la Vieille de Pohjola. Elle est la mère des maladies, et les enfanta dans son bain pendant une seule nuit d'été. Leurs noms sont : la Pleurésie, la Goutte, la Colique, la Phthisie, la Lèpre, la Peste, auxquelles il faut joindre les monstres des eaux, les dévastateurs de tous les lieux et les sorciers des marais.

LOUI, sacrifice que les anciens Chinois offraient aux esprits du ciel pour la conclusion de certaines affaires. On voit, dans l'Histoire de la Chine, que l'empereur Chun, parvenu au souverain pouvoir, offrit le sacrifice Loui au *Chang-ti* ou suprême empereur du ciel.

LOUI-CHIN, le Jupiter chinois : c'est l'esprit qui préside à la foudre, ainsi que l'indique son nom *Esprit du tonnerre*; et dans son emblème, la violence de ce météore irrésistible, la rapidité de l'éclair, et leurs effets réunis, sont représentés par une figure monstrueuse qui s'enveloppe de nuages. Sa bouche est recouverte par un bec d'aigle, symbole des dévorants effets du tonnerre, et les ailes en peignent l'extrême vélocité. D'une main il tient un foudre et de l'autre une baguette, pour frapper sur diverses timbales dont il est environné. Ses serres d'aigle sont quelquefois attachées à l'axe d'une roue, sur laquelle il tourne au milieu des nuages avec une rapidité extraordinaire. Dans l'original, d'où cette description est tirée, le pouvoir de cet esprit redoutable est indiqué par le spectacle d'animaux frappés de mort et couchés à terre, de maisons abattues et d'arbres déracinés.

LOU-IN, *passeport* délivré par les bonzes chinois : c'est une grande feuille imprimée, dont le coin est scellé du cachet des bonzes. Au centre est la figure de Fo, entourée d'un grand nombre de cercles rouges. On porte cette feuille aux funérailles des défunts, dans une boîte scellée par les bonzes. C'est une espèce de passeport pour le voyage de l'autre vie. Ce précieux trésor ne s'obtient qu'à prix d'argent; mais personne ne regrette la dépense, parce qu'on le regarde comme le présage du bonheur futur. *Voy.* NA-MO O-MI-TO FO.

LOUI-KONG, l'*esprit de la foudre*, chez les Chinois. *Voy.* LOUI-CHIN.

LOUISISTES, nom que l'on a donné aux prêtres français qui ne voulurent pas se soumettre au Concordat et à leurs adhérents. C'est surtout à Fougères, en Bretagne, et dans les environs qu'on les appelait ainsi, sans doute parce qu'ils n'ont voulu reconnaître aucune loi depuis les changements opérés dans le clergé sous Louis XVI. Ils ne se faisaient pas scrupule de donner la bénédiction nuptiale à des gens qui n'avaient pas justifié de leur mariage devant l'état civil.

LOUI-TSEU, femme de l'empereur Hoang-ti, dont le nom est encore en vénération à la Chine. Elle enseigna au peuple l'art d'élever les vers à soie, et celui de filer leur produit pour faire des vêtements. Cette industrie est devenue si prospère et si importante en Chine, que Loui-tseu a été élevée dans la suite des temps au rang des génies, et elle est honorée sous le nom d'*Esprit des mûriers et des vers à soie*.

LOUKHAN, un des Tængæris ou bons génies de la théogonie des Mongols; il concourut à la formation de l'univers avec Bisnæ, Mandi et Oubba. *Voy.* BISNÆ.

LOUKI, déesse des grains et des moissons chez les Hindous; elle est représentée couronnée d'épis et entourée d'une plante qui porte du fruit, dont elle tient des branches dans ses mains, tandis que la racine est sous ses pieds. Elle est aussi environnée d'un serpent.

On célèbre deux fêtes en son honneur : l'une vers le commencement de notre mois de décembre, époque où l'on commence la nouvelle récolte, et l'autre quelques semaines plus tard, vers le moment du solstice. On passe tout le jour de la première fête en prières; on jeûne et on se purifie dans le Gange; la nuit est consacrée aux festins et aux réjouissances. La seconde fête est célébrée de la même manière, excepté qu'on ne jeûne pas : on y fait des distributions de vivres aux pauvres, chacun suivant ses facultés. Cette déesse porte plus généralement les noms de LAKCHMI et de SRI : c'est la Cérès des Latins.

LOUKO ou LOUKWO, nom que les Caraïbes donnaient au premier homme. Ces peuples croyaient qu'il avait donné naissance au genre humain et créé les poissons; qu'il était ressuscité trois jours après sa mort, et qu'il s'était élevé dans le ciel. Quant aux autres animaux terrestres, ils disaient qu'ils n'avaient été créés qu'après le départ de Louko. Cet homme était descendu du ciel et n'avait été fait de personne; les ancêtres de la race humaine sortirent de son nombril, qu'il avait fort gros, et de sa cuisse, à laquelle il avait fait une incision. Ce mythe ressemble assez à celui du Brahmâ hindou.

LOULAB ou LOULAF, branches de palmier ou de saule, ou bouquets de myrte, dont les Juifs ornent leurs synagogues et leurs maisons à la fête des Tabernacles ou des Tentes.

LOUNG, dragons de la Chine; sorte de génies ou de divinités. *Voy.* LONG.

LOUNTCHITA-KÉSA, surnom des Djainas de la secte des Swétambaras, lesquels sont couverts de vêtements blancs. Le nom de *Lountchita-Késa* qu'on leur donne fait allusion à la pratique de s'arracher brusquement les cheveux de la tête ou les poils du corps, dans un esprit de mortification. Parswanatha est décrit comme s'arrachant cinq poignées de cheveux de sa tête en devenant dévot.

LOUP. 1°. De tous les Egyptiens, les habitants du nome Lycopolite étaient les seuls qui se permissent de manger de la chair de brebis et de mouton; aussi avaient-ils beaucoup de respect pour les loups; ce que signifie le nom que les Grecs leur ont donné. Elien rapporte même que, dans toute l'étendue de leur district, ils avaient eu soin d'arracher une plante du genre des aconits, connue sous le nom vulgaire d'étrangle-loup, de peur qu'il n'en arrivât quelque accident funeste à l'animal objet de leur vénération. Il est bon d'observer que le loup d'Egypte n'était autre que le chakal noir, emblème ordinaire d'Anubis; c'est pourquoi ce dieu était ordinairement représenté avec une tête de loup ou chakal. De plus, Osiris, qui avait souvent échappé aux poursuites de Typhon en prenant la figure de divers animaux, paraît avoir affectionné particulièrement la forme du loup, car il se métamorphosa souvent en cet animal.

2°. Le culte du loup passa de l'Egypte en Grèce : on sait que les Grecs avaient un Apollon *Lycius*. Les uns prétendent que ce surnom lui fut donné à Sicyone, depuis que l'oracle du dieu avait indiqué aux Sicyoniens le moyen de se délivrer des loups qui ravageaient leurs troupeaux. D'autres veulent, avec Pausanias, qu'un voleur, ayant dérobé l'argent du temple de Delphes, alla le cacher dans le bosquet le plus épais du Parnasse, et y fut tué la nuit suivante par un loup, qui le mit en pièces pendant son sommeil. Ce même animal entra ensuite dans la ville et la fit retentir de ses hurlements, ce qu'il continua les nuits suivantes; on le suivit enfin, et l'on retrouva l'argent sacré, que l'on reporta dans le temple. D'autres enfin disent qu'Apollon fut surnommé *Lycoctone*, tueur de loups, parce que le soleil, à son lever, tue la nuit. On pourrait ajouter l'opinion de ceux qui prétendent que cet animal est consacré à Apollon, à cause de sa vue pénétrante. A peine cette opinion arbitraire fut-elle reçue, que les Grecs, et les Egyptiens principalement, dans des temps plus modernes, s'efforcèrent de trouver de plus en plus des traits de ressemblance entre le Soleil et le loup. On finit même par rapporter au Soleil toutes les qualités des animaux. C'est ainsi que l'on voit sur une médaille de Trajan un Harpocrate monté sur un loup, pour désigner le cours rapide du soleil autour de la terre.

3° Les Romains figuraient cet animal comme gardien sur un grand nombre de monuments ; de cet usage est venue l'idée de faire du loup une divinité tutélaire, et c'est sous ce rapport qu'on le voit avec Horus et Harpocrate.

LOUZ, les rabbins appellent ainsi une des vertèbres de l'épine dorsale, qu'ils disent être incorruptible, qui demeure intacte dans le tombeau, même lorsque tout le reste du corps est tombé en putréfaction, et qui résiste même à l'action de la flamme. Ils ajoutent que c'est au moyen de cet os que Dieu ressuscitera les hommes, et qu'il sera comme une espèce de levain qui vivifiera toute la masse du corps. Ils attribuent les qualités de cet os à ce qu'il n'est point alimenté par les humeurs corporelles, mais par une sorte de rosée céleste qui rendra la vie aux cadavres. On lit cette anecdote dans les anciens livres rabbiniques.

L'empereur Hadrien demanda un jour à Rabbi Josué, fils de Khanina, comment Dieu pourrait ressusciter les hommes à la fin du monde. Le docteur répondit que ce serait au moyen de la vertèbre appelée *Louz*. L'empereur en voulut avoir la preuve. Alors on apporta le Louz, on le mit dans l'eau, qui ne l'amollit point ; on le jeta dans le feu, et il n'en fut point consumé ; on le mit sous une meule, et il ne put être broyé ; enfin, on le plaça sur une enclume, et on le frappa à grands coups de marteau ; l'enclume se rompit, et la vertèbre demeura intacte.

LOVNA, déesse de la mythologie scandinave. *Voy.* LOFNA.

LOWKPLATIM, dieu des anciens Slaves : il présidait à l'agriculture.

LOXIAS, c'est-à-dire *oblique* ; surnom d'Apollon, considéré comme le Soleil, qui, dans sa course zodiacale, coupe obliquement l'équateur. Diane ou la Lune était, pour la même raison, appelée *Loxon*. D'autres tirent le surnom de Loxias appliqué à Apollon, de l'ambiguïté de ses oracles.

LOYLYN-HALDIA, surnom d'Anterettoin, déesse suprême du bain, chez les anciens Finnois ; elle protégeait aussi les blessures reçues à la guerre. Les Finnois, qui avaient presque divinisé le bain, en conjuraient la chaleur et la vapeur, par des paroles magiques nommées *Loylyn-Sanat*, afin qu'elles ne nuisissent point aux blessures ouvertes.

LU, sacrifice que les Chinois offrent aux montagnes et aux eaux.

LUA, déesse qui présidait aux expiations chez les Romains. On l'honorait en lui consacrant les dépouilles des ennemis. Les Romains lui attribuaient le gouvernement de la planète de Saturne, que les Egyptiens nommaient l'astre de Némésis, ce qui fait croire que cette déesse était la même.

LUARASICI ; on appelait ainsi les principales divinités des Rhédaires, peuple qui habitait sur les côtes de la mer Baltique. C'étaient les plus honorées ; elles demeuraient toujours dans le temple qui leur était consacré au milieu d'une forêt.

LUBENTEA, LUBENTIA, et **LUBENTINA**, déesse du désir et du plaisir chez les Romains. *Voy.* LIBENTIA.

LUCARIES et **LUCATIES** ; fête que les Romains célébraient le jour des calendes de février, d'autres disent le 18 juillet. Elle avait lieu dans un bois sacré (*lucus*), situé entre la voie Salarienne et le Tibre, en mémoire de ce que, battus par les Gaulois, les Romains y avaient trouvé un asile. Il y a des auteurs qui tirent l'origine de cette fête des offrandes en argent qu'on faisait aux bois sacrés. Ce jour-là, le peuple de Rome se rendait en pèlerinage au bois de l'asile, et faisait des vœux dans le temple de Sospita, déesse conservatrice de la santé. Plutarque observe que, ce jour-là même, on payait les comédiens des deniers provenant des coupes réglées faites dans le bois dont nous venons de parler.

LUCERNARIUM, ou *heure lucernale* ; c'était, dans les anciennes liturgies, le nom de la partie des vêpres du jeudi saint qui contient la bénédiction du feu ou de la lumière, qui se fait actuellement dans l'office du samedi saint. Les Grecs l'appelaient ἐλλύχνιον ; Anne Comnène et Pachymère en font mention comme d'un usage pratiqué dans l'Eglise grecque à leur époque, c'est-à-dire au XIVᵉ siècle.

LUCETIUS, surnom de Jupiter, considéré comme dieu de la lumière (*a luce*). Junon était surnommée *Lucetia*, pour la même raison, ou parce que, présidant aux accouchements, elle était réputée donner la lumière aux enfants qui venaient au monde.

LUCIANITES, ou LUCANITES, hérétiques du Iᵉʳ siècle, disciples de Lucien ou Lucain, célèbre marcionite. Saint Epiphane dit qu'il reconnaissait trois principes : le bon, le juste et le mauvais. Tertullien ajoute qu'il niait l'immortalité de l'âme.

LUCIA-VOLUMNIA, divinité romaine, célébrée conjointement avec Mania, dans les hymnes des Saliens. Le nom de *Lucia Volumnia* pourrait signifier *l'année révolue*, comme celui de *Mania* paraît désigner *la lune* (μὰν, μὴν, μήνη, le mois, la lune).

LUCIFER. Ce mot, qui signifie au propre l'aurore ou l'étoile du matin, suivant la valeur étymologique (*lucem ferre*, apporter la lumière), se prend métaphoriquement en plusieurs acceptions fort différentes.

1° Dans le langage ecclésiastique il désigne Jésus-Christ, qui a apporté au monde la lumière évangélique et qui s'est appelé lui-même la vraie lumière. C'est en ce sens que le samedi saint le diacre qui vient de bénir le cierge pascal, lequel doit brûler pendant toute la nuit et le jour suivant, chante ces paroles : « Que le Lucifer matinal le trouve allumé ; ce Lucifer, dis-je, qui ne se couche jamais, qui étant ressuscité des enfers a lui avec sérénité sur le genre humain. » On peut encore entendre de Jésus-Christ ce passage de la seconde Epître de saint Pierre (I, 19) : « Nous avons les oracles des prophètes, dont la certitude est encore plus affermie, auxquels vous faites bien de vous arrêter, comme à une lampe qui luit dans un lieu obscur, jusqu'à ce que le jour commence à paraître, et que Lucifer se lève dans vos cœurs. » Cependant on peut prendre, dans ce verset, le mot Lucifer, comme exprimant simplement l'étoile du matin, prise, comme le mot jour, dans un sens métaphorique. Ce mot est exprimé dans l'original grec, par φωσφόρος.

2° Lucifer est pris vulgairement pour le démon. Cette idée est prise de la prophétie d'Isaïe (xiv, 12).: « Comment es-tu tombé du ciel, Lucifer, fils de l'aurore? » Le prophète adresse ces paroles au roi de Babylone; mais on les entend allégoriquement du démon, dont Nabuchodonosor était la figure. On suppose en effet que le démon avant sa chute était un des anges principaux du ciel, et que le prophète lui donne le nom qui convenait à sa dignité première. Racine le fils n'a eu besoin que de traduire littéralement le texte hébreu pour faire deux beaux vers français :

Comment es-tu tombé du ciel,
Astre brillant, fils de l'Aurore?

3° Lucifer, selon les poëtes, était fils de Persée ou, selon d'autres, de Jupiter et de l'Aurore. Chef et conducteur des astres, c'est lui qui prend soin des coursiers et du char du Soleil, qu'il attelle et détèle avec les Heures. On le reconnaît à ses chevaux blancs dans la voûte azurée, lorsqu'il annonce aux mortels l'apparition de sa mère. Les chevaux de main étaient consacrés à ce Dieu. Cette étoile brillante est appelée *Vénus*, le matin; et le soir elle porte le nom d'*Hesper*.

LUCIFERA, surnom de Diane, considérée comme la Lune, ou l'étoile du matin. Elle porte ce nom sur un monument où elle est représentée tenant d'une main une torche, de l'autre un arc, et portant un carquois sur l'épaule. Sur un autre, elle est couverte d'un grand voile parsemé d'étoiles, un croissant sur la tête, et levant un flambeau. Les Grecs invoquaient Diane Lucifera pour les accouchements, comme les Romains invoquaient Junon Lucine.

LUCIFÉRIENS, schismatiques du iv° siècle, ainsi appelés de Lucifer, évêque de Cagliari en Sardaigne, qui avait été un des plus rudes adversaires des Ariens. Son zèle outré pour la pureté de la foi le porta à soutenir qu'on ne devait point recevoir à la pénitence les Ariens qui demandaient à rentrer dans l'Eglise, et les évêques qui avaient communiqué avec eux, lorsqu'on avait surpris leur bonne foi. Comme les évêques catholiques n'étaient point de son sentiment, il se sépara d'eux, avec un certain nombre d'adhérents, répandus dans la Sardaigne et en Espagne. On accusa dans la suite les Luciferiens d'enseigner que nos âmes sont corporelles, et qu'elles sont engendrées comme les corps.

LUCINE, 1° divinité romaine qui présidait à l'accouchement des femmes et à la naissance des enfants; son nom vient de *Luce*, la lumière. On l'identifie quelquefois avec Diane, mais plus fréquemment avec Junon. Un ancien poëte lycien, Olénus, en fait une déesse particulière, fille de Jupiter et de Junon, et mère de Cupidon. Les couronnes et les guirlandes entraient dans les cérémonies de son culte. Cette déesse était représentée tantôt comme une matrone, tenant une coupe de la main droite, et une lance de la gauche; tantôt on la figurait assise sur une chaise, tenant de la main gauche un enfant emmailloté, et de la droite une fleur. Quelquefois on la couronnait de dictame, parce qu'on croyait cette herbe propre à favoriser l'accouchement. — Ovide donne dans ces deux vers une double étymologie du nom de Lucine (*Lib.* II *Fast.*) :

Gratia Lucinæ dedit hæc tibi nomina lucus;
Aut quia principium tu, dea, lucis habes.

Ceux qui dérivent son nom de *lucus*, le tirent du bois sacré consacré à Junon, dans le voisinage de Rome; ceux qui préfèrent l'étymologie *lux*, *lucis*, disent que cette déesse donne la lumière aux enfants qui viennent au monde.

2° Les Chinois honorent une divinité à laquelle ils attribuent les mêmes fonctions. Les jeunes filles l'implorent pour obtenir un époux, et les femmes stériles la prient de leur accorder des enfants.

LUCINIE, nom sous lequel Junon avait à Rome un autel. Les cendres qui restaient après les sacrifices demeuraient immobiles, quelque temps qu'il fît. Les femmes grosses y brûlaient de l'encens. C'était probablement la même que Lucine.

LUGOVES, dieu des anciens Ibériens, dont on ne connaît que le nom.

LULLUS, dieu des anciens Germains, sur lequel on manque de détails.

LUMINAIRE, nom que l'on donne, dans l'Eglise, aux cierges et aux torches que l'on allume pendant l'office divin. Plusieurs passages des Pères nous apprennent que cet usage est très-ancien.

LUNE. 1° La Lune préside à la nuit, de la même manière que le Soleil préside au jour; ils gouvernent chacun ainsi une moitié des temps; mais la lumière de la Lune est douce et modérée, pour rafraîchir l'air, pour tempérer les ardeurs du jour, pour ne pas troubler le calme de la nuit. Sans elle, les ténèbres seraient trop profondes; le passage du jour à la nuit trop brusque; il manquerait quelque chose aux œuvres de la création.

Quelle harmonie, quel contraste agréable ne résultent pas de l'existence de la Lune ! Que la sensation produite par son apparition est délicieuse! Lorsque, après avoir été brûlé, pendant le jour, par les ardeurs d'un soleil qui plombe sur la tête, et auquel on a été obligé de se dérober, on arrive enfin à ce moment où la reine de la nuit domine à son tour la nature entière, la limpidité de sa lumière, le reflet des eaux, la longueur des ombres, le parfum de mille plantes odorantes, que la fraîcheur empêche de se dissiper, tout charme, tout tranquillise, tout répare les forces abattues et les rétablit avec des impressions impossibles à décrire. Si des tableaux où de grands peintres cherchent à imiter ces effets, produisent tant de plaisir, sont si doux et reposent la vue avec tant de charmes, combien ne sont pas au-dessus de ces sensations, celles qu'inspire la nature elle-même dans ces clairs de lune aussi ravissants qu'utiles pour les travaux de l'été! Ce spectacle, déjà si doux dans nos froides contrées occidentales, revêt un aspect presque magique dans les zones intertropicales de l'Orient, qui ont donné naissance au Sabéisme.

Si nous ajoutons à cela le cours de la lune, qui, bien qu'irrégulier, est soumis cependant à des retours périodiques, qui ont servi à déterminer les mois, les années, les cycles, on comprendra jusqu'à un certain point qu'une fois tombées dans le Sabéisme, les nations orientales aient considéré la Lune comme la principale des divinités après le Soleil. Aussi la trouve-t-on adorée chez presque tous les anciens peuples; ceux mêmes qui avaient fait succéder au Sabéisme l'idolâtrie proprement dite avaient conservé son culte. Les Égyptiens la vénéraient sous le nom d'*Ioh*, et la personnifiaient dans Isis, qu'ils couronnaient de son disque entouré de deux cornes représentant son croissant. Chez les Phéniciens elle était devenue *Astarté*; et *Milytta* chez les Assyriens; les Arabes l'appelaient *Alilat* (la déesse) et peut-être aussi *Ménat*; c'était sans doute la *Méni* des Babyloniens, adorée par les Juifs de la captivité. Les Grecs l'appelèrent d'abord *Hélène*, féminin d'*Hélios*, le soleil; plus tard ils prononcèrent ce mot *Sélène*. Junon ne fut sans doute originairement que la Lune; ils appelaient cette déesse *Héra*, nom qui peut venir de l'hébreu ירח *Iérah*, la Lune, comme Jupiter était *Baal*, ou le Soleil. Les Romains la personnifièrent en Diane, Vénus, Junon, et peut-être *Iana*, femme de *Janus*, le Soleil.

2° César ne donne point d'autres divinités aux peuples septentrionaux de l'Europe et aux anciens Germains que le Feu, le Soleil et la Lune. Le culte de ce dernier astre franchit les bornes de l'Océan Germanique, et passa de la Saxe dans la Grande-Bretagne et dans les Gaules, où la Lune avait un oracle desservi par des Druidesses dans l'île de Sain, sur la côte méridionale de la Basse-Bretagne.

3° Plusieurs peuplades de l'Afrique rendent également un culte à la Lune. Kolben rapporte que les Hottentots de son temps solennisaient avec beaucoup de pompe les époques de la nouvelle et de la pleine Lune; l'adorant en ces occasions et lui demandant d'augmenter leur bétail, le lait de leurs troupeaux, et leur récolte de miel. *Voy.* NÉOMÉNIE.

4° Les Péruviens avaient beaucoup de respect pour la Lune, qu'ils regardaient comme la sœur et l'épouse du Soleil, et comme la mère des Incas. Cependant ils ne l'adoraient point comme déesse, ils ne lui dressaient ni temples, ni autels, et ne lui offraient point de sacrifices; ce qu'ils faisaient pourtant à l'égard du Soleil. Ils la considéraient toutefois comme la mère universelle de toutes choses.

5° Plusieurs tribus américaines, qui résident dans le voisinage de la baie d'Hudson regardent la Lune comme le mauvais principe, tandis que le Soleil est pour eux le bon principe. Il en est qui s'imaginent que, dans les tempêtes, l'esprit de la Lune se met au fond de la mer et y excite l'orage. Pour l'apaiser, ils lui sacrifient ce qu'ils ont de meilleur dans le canot, jetant tout à la mer, même le tabac. Ce sacrifice est accompagné de chants, et de quelques autres cérémonies qui tendent à chasser le mauvais esprit.

6° Les Mandans disent que la lune est la résidence d'une vieille femme qui ne meurt jamais; elle a sur la tête une raie blanche qui prend sur le front et se prolonge jusque sur l'occiput. Les sauvages lui adressent des sacrifices et des offrandes; ils ne savent pas qui elle est, mais ils assurent que sa puissance est fort grande. Elle a eu six enfants, trois fils et trois filles, qui habitent certaines étoiles. Le fils aîné est le Jour, c'est-à-dire le premier jour de la création; le second est le Soleil, habitation du soleil de la vie; le troisième est la Nuit. La fille aînée est l'étoile qui se lève à l'orient, et on l'appelle la femme qui porte une touffe de plumes; la seconde fille (*la citrouille barrée*) est une étoile fort élevée qui tourne autour de l'étoile polaire; et la troisième est l'étoile du soir, qui se montre près du soleil couchant.

LUNUS. Ce dieu n'était autre que la lune même. Dans plusieurs langues de l'Orient, la lune a un nom masculin ou même des deux genres. De là vient que les uns en ont fait un dieu, les autres une déesse, quelques-uns une divinité hermaphrodite. Ce dieu, que Strabon nomme *Men*, était surtout adoré à Carrhes en Mésopotamie. Les hommes lui sacrifiaient en habit de femme, et les femmes en habit d'homme. Spartien nous apprend que ceux qui appellent la Lune d'un nom féminin, et qui la regardent comme une femme, sont assujettis aux femmes et maîtrisés par elles; et qu'au contraire ceux qui la croient être mâle, ont toujours l'empire sur leurs femmes, et n'ont rien à craindre de leurs pièges. « De là vient, ajoute-t-il, que les Grecs et les Égyptiens, quoiqu'ils appellent la Lune d'un nom féminin, en parlent dans leurs mystères comme d'un dieu mâle. » Les Égyptiens l'appelaient *Pooh*, et le représentaient coiffé d'un croissant avec le disque de la Lune au milieu. Les monuments des autres peuples nous ont aussi conservé la figure du dieu Lunus. Les médailles de Carie, de Phrygie, de Pisidie, l'offrent sous les traits d'un jeune homme, un bonnet arménien sur la tête, un croissant sur le dos, tenant de la main droite une bride, de la gauche un flambeau, et ayant un coq sous les pieds.

LUONOTARET, une des trois vierges divines, dont les mamelles distillèrent trois sortes de fer, suivant la mythologie finnoise.

LUPERCA, déesse dont les bergers romains invoquaient la protection contre les loups.

LUPERCALES (1), fêtes instituées à Rome en l'honneur de Pan. Elles se célébraient, selon Ovide, le troisième jour après les Ides de février. Valère Maxime prétend que ces Lupercales ne furent commencées que sous Rémus et Romulus, à la persuasion du berger Faustulus. Ils offrirent un sacrifice, immolèrent des chèvres et firent un festin, où les bergers, échauffés par le vin, se divisèrent en deux troupes qui, s'étant ceintes des peaux de bêtes qu'ils avaient immolées, allaient çà et là, folâtrant les uns avec les autres. Mais Justin et Servius prétendent, avec plus de raison, que Romulus ne fit que donner une forme plus décente et plus régulière aux grossières institutions d'Évandre. En mémoire de ces fêtes, des jeunes gens couraient tout nus, tenant d'une main les couteaux dont ils s'étaient servis pour immoler les chèvres, et de l'autre des courroies, dont ils frappaient tous ceux qu'ils trouvaient sur leur chemin. L'opinion où étaient les femmes que ces coups de fouet contribuaient à leur fécondité ou à leur heureuse délivrance, faisait que, loin d'éviter leur rencontre, elles s'approchaient d'eux pour recevoir des coups auxquels elles attribuaient une si grande vertu. Ovide nous apprend l'origine de cet usage. Sous le règne de Romulus les femmes devinrent stériles, et allèrent se prosterner dans le bois sacré de Junon, pour désarmer la rigueur de la déesse. La réponse de l'oracle fut qu'elles devaient attendre des boucs leur fécondité. L'augure, homme d'esprit, interpréta cet oracle en sacrifiant une chèvre, et faisant couper la peau en lanières dont il ordonna de fouetter les femmes, qui redevinrent fécondes. L'usage de courir nu s'établit, ou parce que Pan est toujours ainsi représenté, ou parce qu'un jour que Rémus et Romulus célébraient cette fête, des voleurs profitèrent de l'occasion pour enlever leurs troupeaux. Les deux frères, et la jeunesse qui les entourait, mirent bas leurs habits, pour mieux atteindre les voleurs et leur reprendre le butin. Ovide en donne encore une autre raison. Omphale, qui voyageait avec Hercule, s'amusa un soir à changer d'habits avec ce héros. Le dieu Faune, amoureux d'Omphale, fut la dupe de ce changement, prit en horreur les habits qui l'avaient trompé, et voulut que ses prêtres n'en portassent pas pendant la cérémonie de leur culte. On sacrifiait un chien, soit parce qu'il est l'ennemi du loup, dont on célébrait les bienfaits, ou parce que ce jour-là les chiens devenaient fort incommodes à ceux qui couraient les rues dans cet état de nudité. Auguste remit cette fête en vigueur, et défendit seulement aux jeunes gens qui n'avaient pas encore de barbe de courir les rues avec les Luperques un fouet à la main. Les Lupercales se soutinrent jusqu'à la fin du ve siècle, où le pape Gélase réussit à les abolir.

(1) Article emprunté au *Dictionnaire* de Noël.

LUPERQUES, ministres de la religion romaine : ils étaient préposés au culte particulier de Pan, et célébraient les Lupercales. On attribuait leur institution à Romulus, qui le premier érigea les Luperques en colléges, et voulut que les peaux des victimes immolées leur servissent de ceinture. Ils étaient divisés en deux colléges : les Quintiliens et les Fabiens, pour perpétuer, dit-on, la mémoire d'un Quintilius et d'un Fabius, chefs, l'un du parti de Romulus, et l'autre de celui de Rémus. Entre autres cérémonies de leur culte, il fallait que deux jeunes gens de famille noble se missent à rire aux éclats, lorsque l'un des Luperques leur touchait le front avec un couteau sanglant, et que l'autre le leur essuyât avec de la laine trempée dans du lait. César ajouta, ou laissa créer en son honneur un troisième collége nommé des Juliens, et Suétone insinue que cette mesure fut une des choses qui le rendirent plus odieux, ainsi que ces cérémonies qui faisaient l'amusement du petit peuple. Ce sacerdoce n'était pas en grand honneur à Rome. Cicéron traite le corps des Luperques de société agreste, antérieure à toute civilisation, et reproche à Marc-Antoine d'avoir déshonoré le consulat, en montant à la tribune parfumé d'essences, et le corps ceint d'une peau de brebis, pour faire bassement la cour à César.

LUSTRAL (JOUR), en latin *lustricus dies*; jour où les enfants nouveau-nés recevaient leur nom et étaient soumis à la cérémonie de la lustration. La plupart des auteurs assurent que c'était pour les garçons le neuvième jour après leur naissance, et le huitième pour les filles. D'autres prétendent que c'était le cinquième sans distinction de sexe; d'autres, le dernier de la semaine dans laquelle l'enfant était né. Les accoucheuses, après s'être purifiées en se lavant les mains, faisaient trois fois le tour du foyer, en portant l'enfant dans leurs bras; ce qui désignait d'un côté son entrée dans la famille, et de l'autre qu'on le mettait sous la protection des dieux de la maison, à laquelle le foyer servait d'autel ; ensuite on aspergeait l'enfant de quelques gouttes d'eau. On donnait le même jour un festin avec de grands témoignages de joie, et l'on recevait à cette occasion des présents de ses amis. Si le nouveau-né était un garçon, la porte du logis était couronnée d'une guirlande d'olivier ; si c'était une fille, la porte était ornée d'écheveaux de laine, symbole de l'ouvrage dont son sexe devait s'occuper.

LUSTRALE (EAU). Les anciens se lavaient dans cette eau avant d'entrer dans les temples, en sortant des maisons, en passant dans les champs, dans les routes, et même dans les rues. Dans les fêtes de Bacchus, on apportait une amphore pleine d'eau lustrale; et il y avait certaines solennités ou cérémonies religieuses dans lesquelles les prêtres en aspergeaient le peuple. Les vases qui contenaient cette eau étaient nommés *aquiminarium*. L'usage de l'eau lustrale était connu des Romains, des Grecs, des Égyptiens, des Étrusques, des Hébreux, et d'un grand nombre de nations de l'antiquité. C'était la plupart du temps une eau puisée à un fleuve ou à une fontaine particulière; ou bien une eau dans laquelle les prêtres jetaient des cendres des victimes, ou quelques feuilles d'une plante consacrée à la divinité qu'on honorait. *Voy.* EAU LUSTRALE.

LUSTRALES, fêtes que l'on célébrait à Rome tous les cinq ans, d'où est venu l'usage de compter par lustres. Les censeurs faisaient un recensement général de tous les citoyens et de leurs biens pour la confection du cadastre et la répartition de l'impôt; après quoi il y avait une expiation solennelle, appelée le *lustre*, et pour laquelle on offrait le sacrifice appelé *Suovetaurilia*. Dans les monuments antiques, le censeur romain est quelquefois représenté tenant en main un petit vase plein d'eau lustrale, et de l'autre une branche d'olivier.

LUSTRATIONS, cérémonies religieuses, fréquentes chez les Grecs et les Romains, pour purifier les villes, les champs, les maisons, les troupeaux, les armées, les enfants, les personnes souillées de quelque crime, ou par l'attouchement d'un cadavre ou par quelque autre impureté. Elles se faisaient ordinairement par des aspersions d'eau lustrale, par des processions et par des sacrifices expiatoires. Les lustrations proprement dites avaient lieu de trois manières : ou par le feu, le soufre allumé et les parfums; ou par l'eau qu'on répandait; ou par l'air qu'on agitait autour de l'objet qu'on voulait purifier. Ces cérémonies étaient ou publiques ou particulières. Lorsqu'il s'agissait de purifier les troupeaux, le berger arrosait une partie choisie du bétail avec de l'eau; brûlait de la sabine, du laurier et du soufre, faisait trois fois le tour de son parc ou de sa bergerie, et offrait ensuite à Palès du lait, du vin cuit, un gâteau ou du millet. A l'égard des maisons particulières, on les purifiait avec de l'eau et des parfums composés de laurier, de genévrier, d'olivier, de sabine et autres végétaux semblables. Si l'on y joignait le sacrifice de quelque victime, c'était ordinairement celui d'un cochon de lait. Les Lustrations pour les personnes étaient proprement des expiations, et la victime se nommait *hostia piacularis*.

LUSTRE. Les Romains appelaient ainsi un sacrifice expiatoire que l'on offrait pour purifier la ville et ses habitants. Toutes les centuries se réunissaient, ainsi que les chevaliers, dans le champ de Mars, et on immolait un porc, une brebis et un taureau. Ce mot et tous ses dérivés, qui portent maintenant une expression de purification ou d'expiation, viennent originairement, selon Varron, du verbe *luere*, payer, parce que cette cérémonie n'avait lieu qu'après le recensement quinquennal, et lorsque tous les citoyens avaient payé la taxe imposée par les censeurs. De là le mot *lustre* a été employé par la suite pour désigner un laps de temps de cinq ans.

LUSTRICA, un des noms de l'aspersoir dont se servaient les Romains pour répandre l'eau lustrale.

LUSTRIES. Ovide appelle ainsi une fête romaine en l'honneur de Vulcain.

LUTHÉRANISME, la plus grande des hérésies modernes, celle qui, après l'Arianisme, a porté à l'Eglise les coups les plus désastreux, et qui a enfanté depuis trois siècles cette foule innombrable de sectes que, prises en général, on est convenu d'appeler le *protestantisme*. Car c'est le principe de réforme et d'interprétation libre de l'Ecriture sainte, posé par Luther, qui a enfanté le Calvinisme, l'Anabaptisme et toutes les sectes qui depuis ont non-seulement déchiré le sein de l'Eglise catholique, mais encore ont divisé le protestantisme lui-même.

Un événement inattendu donna lieu à cette prétendue réforme. Le pape Léon X, de cette illustre famille des Médicis qui s'était érigée en protectrice éclairée des arts, voulait mettre la dernière main à la basilique de Saint-Pierre, chef-d'œuvre de Bramante et de Michel-Ange, et le plus magnifique monument du monde chrétien, publia des indulgences qu'il fit prêcher en Allemagne par les religieux dominicains, à l'exclusion des Augustins, qui s'attendaient à en être chargés.

Luther, jeune encore, venait de faire profession dans le couvent des Augustins, à Erfurth. C'était un modèle de douceur, de candeur et de piété, au point que, tourmenté sans cesse de terreurs religieuses, il se consumait, la nuit et le jour, dans la prière, la mortification et les larmes. Peu de temps s'était écoulé depuis qu'il avait fait un voyage à Rome, chargé d'y suivre les affaires de son ordre. Ce voyage n'avait nullement répondu à son attente. Lui, pauvre moine, qui passait toutes ses heures dans la méditation, la crainte du Seigneur et les pratiques de la pénitence, il s'attendait à trouver, dans la capitale du monde chrétien, la mortification et la prière. Quel ne fut pas son étonnement lorsque, traversant l'Italie, il ne vit dans une grande partie du clergé inférieur, que les gais propos, l'intempérance et le relâchement des mœurs ; et lorsque, dans le haut clergé, il vit la plupart des princes de l'Eglise couverts d'habillements sur lesquels ruisselaient l'or et les pierres précieuses, et donnant presque toutes leurs heures à la mollesse et aux délassements mondains! Frappé tout à coup de ce pénible souvenir, qui de temps à autre lui apparaissait comme un sombre cauchemar, s'imaginant que le produit des indulgences n'allait être perçu que pour fournir aux vices de cette Rome qu'il avait vue si dissipée ; poussé, disent quelques-uns, par les chefs de son ordre, jaloux qu'à leur détriment les Dominicains fussent chargés de la prédication des indulgences, il se mit, dans un zèle exagéré, à écrire contre elles.

Il est certain qu'alors la pensée de Luther ne fut pas de jeter le trouble dans l'Eglise, e' de s'ériger en chef de secte. Tout au plus sa pensée fut-elle de porter la lumière sur quelques abus. Et en effet on ne peut disconvenir qu'il n'y eût alors des abus déplorables : les collecteurs et les prédicateurs des indulgences leur attribuaient une efficacité extraordinaire, et en prêchant l'indulgence, menaient une vie scandaleuse. « Plusieurs de ces négociants spirituels, dit Guichardin, en vinrent jusqu'à donner à vil prix et à jouer dans les cabarets le pouvoir de délivrer les âmes du purgatoire. »

Mais, soit que déjà les prédications de Wiclef, de Jean Hus et de Jérôme de Prague eussent disposé les esprits à une réforme, soit que la hardiesse de Luther à attaquer Rome lui attirât les applaudissements de quelques hommes passionnés, à peine la lutte fut-elle engagée que le moine saxon, timide dans le principe, puis usant d'adresse, puis s'enhardissant, sentit remuer dans ses entrailles quelque chose qui les brûlait, et ce quelque chose était le serpent de l'orgueil qui l'inondait de son poison. La condescendance trop grande dont Rome usa à son égard, et le pape Léon X particulièrement, qui l'estimait à cause de ses talents, ne contribua pas peu à l'encourager. Rompu aux études de l'Écriture, avide de disputes scolastiques, tant de mode en ce temps-là, lorsqu'on lui parla de retirer ses instructions sur les indulgences, il demanda à disputer, et la dispute, tout en gonflant son amour-propre, aigrit son humeur, le porta à l'audace ; dès ce moment, dans cette âme toute de feu la réformation était faite tout entière : il ne dépendait plus d'aucune puissance humaine de l'empêcher.

Comme il n'entre point dans notre plan de faire une histoire détaillée de Luther et de son hérésie, nous ne le suivrons pas dans les différentes phases de sa vie, si prodigieusement accidentée. Nous nous contenterons de citer la bulle de Léon X qui le condamnait, et qu'il eut l'audace de faire brûler publiquement ; la diète de Worms où il fut déclaré hérétique par Charles-Quint ; ses prédications furibondes à Wittemberg ; ses disputes avec Eckius, sur la pénitence, le purgatoire, le libre arbitre, les indulgences, la primauté du pape ; avec Érasme, sur le libre arbitre ; ses discussions avec Henri VIII ; ses luttes contre Charles V ; ses disputes avec Zwingle, au colloque de Marbourg, touchant la présence réelle ; ses nombreux assauts avec le diable à la Wartbourg ; son retour à Wittemberg, où il prêche ce fameux sermon sur le mariage, dans lequel l'indécence et la saleté de l'expression le disputent à l'inconvenance et à l'immoralité de la pensée ; son impatience furibonde durant les travaux de la diète d'Augsbourg, pendant laquelle il brisait de ses rugissements la parole de conciliation et de paix que son élève Mélanchthon ne cessa de faire entendre avec tant de candeur ; ses *conversations de table*, tenues dans le cabaret de l'Aigle-Noir à Wittemberg, dignes en tout d'un lieu perdu de réputation, et que le lecteur le plus courageux ne lira jamais sans baisser les yeux et sans rougir, enfin son mariage avec Catherine de Bore, religieuse qu'il avait débauchée, et dont il eut trois enfants.

Luther avait pris le titre d'ecclésiaste ou de prédicateur de Wittemberg, afin, dit-il aux évêques, qu'ils ne prétendent cause d'ignorance, que c'est la nouvelle qualité qu'il se donne à lui-même, avec un magnifique mépris d'eux et de Satan ; qu'il pourrait à aussi bon titre s'appeler évangéliste par la grâce de Dieu, que très-certainement Jésus-Christ le nommait ainsi, et le tenait pour ecclésiaste. En vertu de cette prétendue mission, Luther faisait tout dans l'Église : il prêchait, il corrigeait, il retranchait des cérémonies, il en établissait d'autres ; il instituait et destituait ; il établit même un évêque à Nuremberg. Son imagination véhémente échauffa les esprits, il communiqua son enthousiasme, il devint l'oracle de la Saxe et d'une grande partie de l'Allemagne. Étonné de la rapidité de ses progrès, il se crut en effet un homme extraordinaire. « Je n'ai point encore mis la main à la moindre pierre pour la renverser, disait-il ; je n'ai fait mettre le feu à aucun monastère, mais presque tous les monastères sont ravagés par ma plume et par ma bouche, et on publie que, sans violence, j'ai moi seul fait plus de mal au pape que n'aurait pu faire aucun roi avec toutes les forces de son royaume. »

Il prétendit que ces succès étaient l'effet d'une force surnaturelle que Dieu donnait à ses écrits et à ses prédications ; il le publiait, et le peuple le croyait. Attentif aux progrès de son empire sur les esprits, il prit le ton des prophètes contre ceux qui s'opposaient à sa doctrine. Après les avoir exhortés à l'embrasser, il les menaçait de crier contre eux s'ils refusaient de s'y soumettre. « Mes prières, dit-il à Georges, duc de Saxe, ne seront pas un foudre de Salmonée ni un vain murmure dans l'air ; on n'arrête pas ainsi la voix de Luther, et je souhaite que Votre Altesse ne l'éprouve pas à son dam : ma prière est un rempart invincible, plus puissant que le diable même ; sans elle il y a longtemps qu'on ne parlerait plus de Luther, et on ne s'étonnera pas d'un si grand miracle. »

Après avoir épuisé toutes les ressources de la logique, et les déclamations oratoires, il eut recours au langage ignoble des halles pour déverser l'injure et l'ignominie sur ce qu'on avait été accoutumé à regarder jusqu'alors comme saint et sacré ; l'Église devient pour lui la *grande prostituée*, le pape est l'*Antechrist*, et un *tyran impie* ; les princes de l'Église des *loups dévorants* ; les moines ne sont que des *ânes*, des *porcs ignobles*, des *libertins* ; les grandes illustrations littéraires du catholicisme, de *lourds scolastres*, de *misérables polissons*. « Le pape, dit-il, est si plein de diables qu'il en crache, qu'il en mouche.... — Mon petit Paul, dit-il encore, mon petit pape, mon petit ânon, allez doucement ; il fait glacé, vous vous rompriez une jambe : vous vous gâteriez, et l'on dirait : Que diable est ceci ? comme le petit papelin est gâté ! » — Et ailleurs : « Un âne sait qu'il est âne, une pierre sait qu'elle est pierre ; et ces ânes de papelins ne savent pas qu'ils sont des ânes.... Si j'étais le maître de l'empire, je ferais un même paquet du pape et des cardinaux, pour les jeter tous ensemble dans ce petit fossé de la mer de Toscane. Ce bain les guérirait, j'y engage ma parole, et je donne Jésus-Christ pour caution...» Que penser d'un réformateur qui descend à de telles grossièretés, à de pareils blasphèmes? Dira-t-on que ce sont des écarts produits par un zèle exagéré, et qu'il faut pardonner à un homme ardent qui n'avait en vue que la gloire de Dieu ? Mais alors que penser de sa doctrine ? lorsqu'on le voit consigner dans ses écrits et prêcher publiquement que Dieu opère en nous le péché, qu'il est voleur dans le voleur, assassin dans l'assassin ; que les bonnes œuvres, même opérées par une âme juste, sont tout autant de péchés ; lorsque, niant le libre arbitre, il soutient tantôt que l'homme n'est qu'une scie, tantôt que c'est la femme de Lot changée en statue de sel, tantôt un bloc de pierre qui ne voit ni n'entend, n'a ni cœur ni sens. Certes, il faut avoir une volonté de prosélyte plus que surhumaine pour trouver dans Luther l'apôtre inspiré d'en haut pour prêcher aux hommes le véritable Évangile (1).

« Du reste, veut-on savoir les blessures que la réformation fit alors au catholicisme, les voici : abolition de la confession auriculaire, de la messe privée, de la prière pour les morts, du culte des saints et des images, de l'onction sacerdotale, des vœux monastiques, des jeûnes, des abstinences, de l'extrême-onction, des œuvres expiatoires, du libre arbitre, du célibat sacerdotal, de la présence réelle qu'il n'admet que dans l'acte sacramentel, rejetant la transsubstantiation catholique, et expliquant sa pensée dogmatique par les termes d'*impanation*, d'*invination*, qu'il inventa.

« Et cependant, semblable à un rapide incendie, la révolte saxonne se répandit dans tout le nord de l'Allemagne, dans les duchés de Lunébourg et de Magdebourg et de Holstein, dans la Poméranie, la Prusse, sur les côtes de la mer Baltique, dans le Danemark, etc., etc., et sépara de la communion romaine plus de deux millions de chrétiens.

« Bien certainement, si Luther ne s'était posé que comme chef de secte, s'il s'était borné à prêcher sa doctrine et sa symbolique, la réformation n'eût pas vécu d'une bien longue vie, et Luther, avec toutes ses qualités personnelles, aurait subi le sort de tous ceux qui l'avaient devancé dans la carrière de l'innovation.

« Mais le moine saxon savait trop bien que sans une réforme sociale, il n'opérerait pas de réforme religieuse. Pour obtenir la première il fit donc un appel à toutes les passions humaines, et les passions humaines répondirent.

« Le peuple, suivant les prédications de Clémangis, attendait un nouveau Messie, il se présenta à lui comme tel : il portait un joug pesant sous les princes et les nobles, il lui prêcha l'insoumission et l'indépendance. La jeunesse des écoles, comme on la voit dans tous les temps, était rieuse, babillarde, aimant la dispute, amie des nouveautés, avide de raillerie et de bruit, il lui donna à brûler les bulles du pape et les décrétales, il lui fit contempler avec des rires fous ces fameuses caricatures du *pape-âne* du *pape-truie*, du *moine-veau*, dont l'idée lui appartenait, et dont Lucas Cranach était le dessinateur ; les disputes scolastiques faisaient toute sa passion, il les lui rendit dans tout leur éclat. Les nobles allemands haïssaient le clergé, payaient tribut au saint-siége, il leur apprit la vengeance et les enhardit au vol des richesses des églises et des monastères. Dans les couvents de moines, dans les couvents de religieuses, le joug de la chasteté était à quelques-uns dur à porter, il préconisa le mariage et la licence des mœurs. Alors, dans toute la Saxe, ce ne fut plus qu'un bruit d'insultantes risées contre les choses regardées comme saintes ; alors le pillage des couvents et des monastères fut mis à l'ordre du jour ; alors on vit, à la même heure, s'agiter une partie des États de l'Allemagne ; alors éclatèrent les fameux exploits de Goëtz de Berlichengen, de Guillaume de Grœmbrach, de Franz de Sickingen, véritables exploits de brigands et de voleurs de grands chemins ; alors les routes et les campagnes furent couvertes d'évêques chassés de leurs siéges, de prêtres chassés de leurs presbytères, de moines chassés de leurs couvents, n'ayant plus ni pain pour se nourrir, ni logement pour s'abriter ; alors toute l'Allemagne fut témoin de ces scandales publics donnés par des moines libertins et par des vierges folles qui se cherchaient au grand jour, et qui formèrent ces immorales unions regardées jusque-là par l'Église comme incestueuses.

« Ainsi, au signal de Luther, dans ses prédications et ses écrits, toutes les parties du corps social s'ébranlèrent ; et tandis que la pensée religieuse, dans cette violente élaboration, n'était que secondaire, en présence de la réaction sociale, elle se glissa dans les cœurs, y prit racine ; et voilà comment la Réformation, avec tous les désordres politiques et religieux, grandit instantanément, comme un colosse, et, sur la fin de sa vie, effraya Luther lui-même. Et puis, que l'on dise encore que la Réformation ennoblit l'homme, épura la société et ressuscita les lettres !

« Donc, en considérant la Réformation comme œuvre religieuse, ses innovations blessèrent la raison, altérèrent la foi, corrompirent la doctrine, et torturèrent le texte

---

(1) Une partie de ce qui précède et les paragraphes suivants sont empruntés à une savante appréciation de l'*Histoire de Luther*, par Audin, insérée par M. Geory dans les *Annales de Philosophie chrétienne* de 1842.

des Ecritures : œuvre sociale, elle prêcha le pillage, donna carrière à toutes les passions brutales, encouragea la lutte à main armée, fit verser le sang des peuples, et jeta le désordre dans le corps social.

« Pourtant, il faut en convenir, Luther donna l'éveil à l'esprit des peuples, il porta les hommes d'étude à l'examen, et lui-même osa attaquer plus d'un abus que l'Eglise et les siens, de son temps, avaient à se reprocher. Mais la cognée était déjà au pied de l'arbre, les conciles avaient commencé à tonner, et le pape Adrien VI, ce modèle parfait des mœurs pontificales, avait dénoncé le mal et allait le combattre. Le temps, plus modéré, eût fait avec calme et avec fruit ce que Luther, orgueilleux et colère, ne fit qu'avec du bruit, avec du sang et avec des ruines.

« Un immense ressort que l'imagination ardente de Luther et sa connaissance approfondie du cœur humain lui inspirèrent, ce fut l'intervention, au milieu de son œuvre, d'un de ces esprits, dont la seule pensée agit si puissamment sur la foule ; ce fut la grande figure du diable qu'il choisit, laquelle le poussait, l'accablait de tentations, l'obsédait dans tous les actes de sa vie : et ce fut à la faveur d'une apparition du diable à la Wartbourg, et d'une longue conversation qu'il eut avec lui, qu'il fit intervenir cette conférence devenue si célèbre sur la messe privée.

« Au milieu de cette grande tragédie, il est un nom qui de lui-même vient se placer à côté de celui de Luther, c'est le nom de Mélanchthon, figure rayonnante de candeur, qui tempérait par la douce lumière de ses traits la parole impétueuse et colère de Luther, homme qui valut à la Réformation je ne sais combien de prosélytes, par ses grands talents d'humaniste, par son esprit de tolérance, et par la chasteté peu commune de ses mœurs : âme timide qui, par faiblesse, fut subjuguée par la parole entraînante de Luther, et qui, par une pusillanimité sans pareille, ne put jamais s'en affranchir ; élève de prédilection du réformateur, auquel il fut malheureusement réservé de faire autant de mal au catholicisme par ses qualités brillantes que par l'indécision de sa nature. Cependant justice, grande justice doit être rendue à Mélanchthon. A la diète d'Augsbourg, il ne tint pas à lui qu'une grande réconciliation ne se fit, et que les scandales qui désolaient l'Eglise ne cessassent entièrement.

« Il consentait à reconnaître la suprématie du pape et le pouvoir des clefs, la juridiction épiscopale, la hiérarchie cléricale, l'expiation dans cette vie et dans l'autre par la prière et les œuvres ; avec Justus Jonas, il était prêt à restituer les biens ecclésiastiques, à rendre au moine sa cellule, au curé son presbytère, à l'évêque sa demeure épiscopale ; avec Spalatin, il était disposé à rétablir la messe privée et l'institution cénobitique ; mais Luther était là, et c'était un combat à outrance avec le catholicisme que Luther demandait à grands gestes et à grands cris.

« C'est ce même Mélanchthon qui, interpellé par sa mère mourante de lui dire, sans lui rien céler, *dans quelle foi elle devait mourir*, lui dit, les yeux pleins de larmes, et avec une admirable candeur : *La nouvelle doctrine est plus commode, l'autre est plus sûre* ; réponse d'une portée immense, et qui, en elle seule, résume la Réformation tout entière.

« Quant à Luther, abstraction faite de son rôle de réformateur, ceux-là se tromperaient étrangement qui le regarderaient comme un homme du commun. Doué d'une sensibilité vive, d'une imagination ardente et étendue ; porté à l'enthousiasme ; homme de science, versé dans les études scripturaires, infatigable aux travaux de l'esprit, l'âme pleine de feu et d'audace, d'une éloquence qui se prêtait à tous les tons, dont la parole était tantôt douce, légère, joueuse comme la voix d'un enfant, tantôt bruissait comme l'avalanche, tantôt se répandait en éclats comme le tonnerre ; homme de génie, dont le caractère avait au besoin la souplesse du tissu le plus fin, et la dureté du fer le mieux trempé ; vraiment fait pour imposer à la foule, pour être chef de secte et enchaîner à sa voix des élèves ; dont le regard foudroyant, l'attitude arrêtée, la voix fortement accentuée, jetaient comme un charme et des fascinations sur tous ceux qui le suivaient ; écrivain intarissable, qui, au milieu de toutes ses fatigues, en trente années, composa plus de trois cents écrits, parmi lesquels cet immense ouvrage, la traduction en langue vulgaire de la Bible, qui, malgré les grandes fautes et les grandes infidélités qui la déparent, n'en fut pas moins pour l'époque un travail de géant ; dans sa vie domestique, simple, frugal, ami de l'ordre et de l'économie, bêchant lui-même son jardin, aimant d'une tendresse extrême ses enfants, se mêlant à leurs jeux, et parlant avec eux le langage le plus simple et le plus naïf des enfants. Malheureusement chez lui un immense et insatiable orgueil l'emporta : c'est de la gloire qu'il voulut. Il en eut une très-grande ; mais cette gloire fut celle de la foudre qui écrase, du feu qui dévore, du fer qui tue.

« Néanmoins, une justice qui doit encore lui être rendue est celle-ci : c'est qu'au milieu du pillage qu'il préconisa, il ne réserva rien pour lui ; qu'il demeura pauvre, ne vivant, avec sa nombreuse famille, que des honoraires attachés à sa chaire de professeur à Wittemberg, et de quelques cadeaux de peu d'importance qu'il recevait, trouvant encore le moyen de faire des aumônes. » Ce célèbre hérésiarque mourut le 18 février 1546, âgé de soixante-trois ans.

Les Luthériens sont, de tous les protestants, ceux qui s'éloignent le moins de l'Eglise romaine, en ce qu'ils affirment que le corps et le sang de Jésus-Christ sont matériellement présents dans le sacrement de la sainte Cène, quoique d'une manière incompréhensible : c'est ce qu'ils appellent *consubstantiation*. Ils ont aussi conservé quelques rites et institutions antiques, tels que l'usage des images dans les églises, le costume ecclésiastique, la confession des péchés, le pain azyme dans la célébration de la Cène, les exorcismes dans l'administration du baptême, et autres cérémonies de même genre, qu'ils considèrent comme tolérables, et quelques-unes même comme nécessaires. Quant aux décrets divins par rapport au salut ou à la damnation des hommes, les Luthériens soutiennent qu'ils sont fondés sur la connaissance préalable que Dieu a de leurs sentiments et de leur caractère, et non pas sur la pure volonté de Dieu.

Vers la fin du siècle dernier, les Luthériens ont commencé à professer des principes plus larges que ceux qu'ils avaient d'abord adoptés, bien qu'en plusieurs endroits ils continuent à soutenir des principes plus sévères que ceux des autres sociétés protestantes. Leurs prédicateurs publics jouissent maintenant d'une liberté illimitée de s'écarter des décisions de ces symboles, qu'ils considéraient autrefois comme la règle infaillible de la foi et de la discipline; et ils peuvent exposer leurs dissentiments comme ils le jugent à propos.

Les articles capitaux établis par Luther sont les suivants :

1° Les saintes Ecritures sont l'unique source d'où nous devons tirer nos idées religieuses et la règle de la foi et des mœurs.

2° La justification est l'effet de la foi à l'exclusion des bonnes œuvres, et la foi ne doit produire des bonnes œuvres que pour obéir à Dieu, et non point pour servir à notre justification.

3° L'homme est incapable par lui-même de satisfaire pour ses péchés.

En conséquence de ces principes, Luther rejetait la tradition, le purgatoire, la pénitence, la confession auriculaire, la messe, l'invocation des saints, les vœux monastiques, les pèlerinages, le culte des reliques, l'abstinence des viandes, les jeûnes, le célibat des ecclésiastiques, l'usage d'une langue inconnue au peuple dans le service divin, et généralement la plupart des cérémonies observées dans l'Eglise romaine.

Les affaires extérieures des Eglises luthériennes sont dirigées par trois espèces de tribunaux : l'assemblée paroissiale, la conférence du district, et le synode général. Le synode est composé de ministres et de laïques en nombre égal, choisis par les assemblées paroissiales. Il n'y a point d'appel des décisions du synode.

C'est une assemblée de ministres qui dirige les affaires intérieures et spirituelles, telles que l'examen, l'approbation et l'ordination des ministres, le jugement des controverses en matière de foi, etc. Cette assemblée porte le nom de *ministère*; elle s'assemble annuellement, ainsi que le synode.

Luther avait établi une liturgie pour la Cène, qui ressemblait assez à l'ordinaire de la messe de l'Eglise romaine; il avait conservé les Introïts, le *Kyrie eleison*, le *Gloria in excelsis*, la Collecte, l'Epître, le Graduel, l'Evangile, quelques proses, comme le *Veni, sancte Spiritus*, le symbole de Nicée, la Préface, le *Sanctus*, l'élévation du pain et du calice, l'Oraison dominicale, le *Pax Domini*, l'*Agnus Dei*, les prières *Quod ore sumpsimus*, et *Corpus tuum, Domine, quod sumpsimus*, en guise de *Complenda* ou Postcommunion, et le *Benedicamus Domino* avec *Alleluia*. Mais il avait retranché soigneusement l'Offertoire, et tout ce qui pouvait rappeler le sacrifice dans le Canon de la messe. Il avait aboli les messes privées, dans lesquelles le prêtre seul communie, et rétabli pour tous les fidèles la communion sous les deux espèces. La liturgie de Luther, composée par l'Eglise de Wittemberg, dans laquelle elle fut d'abord célébrée, fut ensuite modifiée pour les Eglises de la Suède et du Danemark; et nous croyons que maintenant il reste bien peu de chose de la liturgie composée par le réformateur.

Bien des personnes regardent comme un bienfait l'impulsion prétendue réformatrice imprimée par Luther : elles disent qu'il régnait dans l'Eglise un grand nombre d'abus, et qu'il était nécessaire de les faire disparaître. Nous convenons en effet qu'à l'époque où parut Luther il y avait déjà longtemps que les gens pieux et sensés désiraient une réforme et l'appelaient de tous leurs vœux; mais plusieurs saints personnages avaient déjà mis la main à l'œuvre; de fréquents conciles particuliers avaient déjà sanctionné d'importantes améliorations, et cette réforme s'organisait peu à peu : car les abus qu'il fallait faire disparaître venaient moins du fait du clergé que de la grossièreté générale et des mœurs des siècles barbares qu'on venait de parcourir. C'était à l'Eglise à continuer l'œuvre et à la perfectionner : ce qu'elle fit en effet dans le concile de Trente; et elle s'en acquitta avec mesure et prudence. Mais désorganiser n'est pas réformer, détruire n'est pas réparer; et nous attendons encore qu'on nous signale nettement les bienfaits réels que le protestantisme a apportés à la religion et à la société. Notre Dictionnaire n'étant pas un livre de théologie ni de controverse, nous nous contenterons d'insérer ici une sorte de jugement porté sur le protestantisme par Luther lui-même. Si nous rapprochons ces plaintes amères de la décision de Mélanchthon citée plus haut, nous ne pourrons nous empêcher de conclure que les coryphées du Luthéranisme n'étaient pas bien persuadés eux-mêmes de la divinité de leur mission.

« Je ne m'étonnerais pas que Dieu ouvrît les portes et les fenêtres de l'enfer, et qu'il fît neiger et grêler des flots de diables, ou pleuvoir du ciel sur nos têtes le soufre et la flamme, et qu'il nous ensevelît dans des abîmes de feu, comme Sodome et Gomorrhe. Si Gomorrhe et Sodome avaient reçu les dons qui nous ont été accordés, si elles avaient eu nos visions et entendu nos prédications, elles seraient encore debout. Mille fois moins coupables cependant que l'Allemagne; car elles n'avaient pas reçu la parole de Dieu de ses prédicateurs. Et nous qui l'avons reçue et ouïe, nous ne cherchons qu'à nous élever contre le Seigneur. Des esprits indisciplinés compromettent la parole divine, et les nobles et les riches travaillent à lui ôter sa gloire, afin que nous autres, peuple, nous ayons ce que nous méritons : la colère de Dieu! Les autres détournent la main, et refusent de nourrir leur pasteur et leur prédicateur, et même de les entretenir.

« Si l'Allemagne doit vivre ainsi, je rougis d'être un de ses fils, de parler sa langue; et s'il m'était permis de faire taire la voix de ma conscience, je voudrais appeler le pape, et l'aider, lui et ses suppôts, à nous enchaîner, à nous torturer, à nous scandaliser plus qu'il ne l'a fait encore.

« Autrefois, quand nous étions au service de Satan, que nous profanions le sang du Christ, toutes les bourses étaient ouvertes; on avait de l'or pour doter les églises, pour élever des séminaires, pour entretenir la superstition. Alors rien n'était épargné pour mettre les enfants au cloître et les forcer d'aller à l'école ; et aujourd'hui qu'il faut élever des gymnases pieux, doter l'Eglise de Jésus-Christ, la doter! non, mais aider à la conserver; car c'est le Seigneur qui l'a édifiée, cette Eglise, et qui veille sur elle; aujourd'hui que nous connaissons la parole sainte et que nous avons appris à honorer le sang de notre Dieu martyr, les bourses sont fermées avec des cadenas de fer! Personne qui veuille rien donner! Des enfants qu'on délaisse et à qui on ne veut pas apprendre à servir Dieu, à vénérer le sang de Jésus, et qu'on sacrifie joyeusement à Mammon ! Le sang de Jésus qu'on foule aux pieds! Et voilà les chrétiens! Plus d'écoles, plus de cloîtres; *l'herbe est séchée et la fleur est tombée.* Aujourd'hui que des hommes de chair sont sûrs de ne plus voir désormais leurs fils, leurs filles jetés dans les cloîtres, dépouillés de leur patrimoine, personne qui cultive l'intelligence des enfants! Que leur apprendrait-on? disent-ils, puisqu'ils ne doivent être ni prêtres, ni moines! Dix Moïse lèveraient pour nous les mains et se mettraient en prières, que leur voix ne serait pas écoutée; et moi, si je voulais apitoyer le ciel sur ma patrie bien aimée, Dieu refoulerait ma prière, elle ne s'élèverait pas jusqu'à son trône. Dieu sauvera Loth et détruira Sodome.

« Depuis la chute du papisme, de ses excommunications et de ses châtiments spirituels, le peuple s'est pris de dédain pour la parole de Dieu ; le soin des églises ne l'inquiète plus ; il a cessé de craindre et d'honorer Dieu. C'est à l'*Electeur, comme au chef suprême,* qu'il appartient de veiller, de défendre l'œuvre sainte, que tout le monde abandonne ; c'est à lui de contraindre les cités et les bourgs qui ont à élever des écoles, des chaires, à entretenir des pasteurs, comme ils doivent le faire des ponts, des grandes routes et des monuments. Je voudrais, si cela était possible, laisser ces hommes sans prédicateur ni pasteur, et vivant en pourceaux. Il n'y a plus ni crainte ni amour de Dieu; le joug du pape brisé, chacun s'est mis à vivre à sa guise. Mais à nous tous, et principalement au prince, c'est un devoir d'élever l'enfance dans la crainte et l'amour du Seigneur, de lui donner des maîtres et des pasteurs : que les vieillards, s'ils n'en veulent pas, s'en aillent au diable! Mais il y aurait, pour le pouvoir, honte à laisser les jeunes gens se vautrer dans la fange. »

LUTHÉRIENS, hérétiques qui professent le Luthéranisme. On en distingue de plusieurs sortes, suivant qu'ils ont plus ou moins modifié la doctrine de Luther. En effet, le principe posé par ce réformateur, que chacun a la liberté d'interpréter à son sens la parole de Dieu, a dû nécessairement engendrer des dissonances de sentiments et de doctrine; et de là cette multitude de symboles adoptés successivement dans la grande communauté protestante, et ce nombre infini de scissions qui a constamment empêché l'unité de s'établir dans cette Eglise nouvelle. Il en est qui comptent jusqu'à trente-neuf sectes différentes parmi ceux qui se disent Luthériens; mais on pourrait en trouver un plus grand nombre. Pluquet les réduit à quatorze principales, savoir : les *Crypto-Calvinistes,* les *Synergistes,* les *Flavianistes,* les *Osiandristes,* les *Indifférents,* les *Stancaristes,* les *Majoristes,* les *Antinomiens,* les *Syncrétistes* ou *Pacificateurs,* les *Hubérianistes,* les *Origénistes,* les *Millénaires,* les *Piétistes,* les *Ubiquitaires.* Voy. chacune de ces sectes à leur article respectif.

On évalue le nombre des Luthériens répandus dans tout l'univers à quinze ou vingt millions. Voy. LUTHÉRANISME.

LYCÉEN, surnom donné à Jupiter et à Apollon.

1° Jupiter Lycéen était adoré sur le mont Lycée, en Arcadie, avec un culte particulier, établi, dit-on, par Lycaon, fils de Pélasgus. Il n'était pas permis aux hommes d'entrer dans l'enceinte consacrée. Si quelqu'un osait violer l'interdit, il mourait infailliblement dans l'année. On rapporte aussi que tout ce qui entrait dans cette enceinte, hommes et animaux, ne projetait pas d'ombre. Sur la croupe la plus haute de la montagne était un autel de terres rapportées, d'où l'on découvrait tout le Péloponèse. Au devant on avait élevé deux colonnes au soleil levant, surmontées de deux aigles dorés d'une facture fort ancienne. C'était sur cet autel qu'on sacrifiait au dieu avec un grand mystère; il paraît qu'originairement on lui immolait des victimes humaines, ce qui a donné lieu à la fable de Lycaon.

2° Les Argiens adoraient aussi Jupiter Lycéen, mais son culte et son nom avaient là une autre origine. Danaüs, venu à Argos, avec une colonie égyptienne, disputa la souveraineté de cette ville à Gélanor; mais tous deux s'en remirent à la décision du peuple. Le jour où la cause devait être décidée, un loup fondit sur un troupeau de génisses, et en étrangla le taureau. Sans autre délibération, cet événement fut interprété comme un signe de la volonté des dieux, et

Danaüs, désigné par le loup, fut proclamé vainqueur. En mémoire de ce qui était arrivé, le nouveau roi bâtit un temple à Jupiter *Lycéen* (de λύκος, loup). De là les Argiens adoptèrent une tête de loup pour emblème, et on la retrouve sur leurs médailles.

3° Apollon portait le nom de *Lycéen* à Sicyone, parce que l'oracle de ce dieu avait indiqué aux habitants le moyen de délivrer leurs troupeaux des loups qui les ravageaient. Ce moyen consistait à prendre l'écorce d'un morceau de bois, que les envoyés devaient trouver en s'en retournant, de la mêler avec de la viande, et d'exposer ce mélange aux endroits fréquentés par les loups. Tous ceux de ces animaux qui en mangèrent périrent.

LYCÉES, 1° fêtes grecques, célébrées en Arcadie, qui paraissent être les mêmes que les Lupercales à Rome. On y donnait des combats dont le prix était une armure d'airain. On immolait dans les sacrifices une victime humaine. *Voy.* LYCÉEN, n° 1.

2° Les Argiens célébraient aussi une fête du même nom en l'honneur d'Apollon *Lycoctone* ou tueur de loups, en mémoire de ce qu'il avait purgé la contrée d'Argos des loups dont elle était infestée.

LYCHNOMANCIE, (du grec λύχνος, lampe), divination pratiquée par les anciens, d'après l'inspection de la flamme d'une lampe.

LYCIARQUE, magistrat annuel de Lycie, qui présidait aux affaires religieuses et civiles de la contrée, aux jeux et aux fêtes célébrés en l'honneur des dieux.

LYCOCTONE, ou *tueur de loups*, surnom d'Apollon, qui avait défendu contre les loups les troupeaux d'Admète. *Voy.* aussi LOUP, LYCÉEN, n° 3, et LYCÉES, n° 2.

LYCOGÈNE, *né d'une louve*, surnom d'Apollon, tiré de ce que Latone, sa mère, sur le point d'accoucher, se métamorphosa en louve.

LYCOMÈDES, famille d'Athènes qui avait l'intendance des cérémonies et des sacrifices offerts à Cérès et aux grandes déesses, et pour laquelle Musée, Pamphus et Orphée avaient composé des hymnes que les Lycomèdes chantaient dans la célébration des mystères. Les Messéniens nommaient aussi Lycomèdes les prêtres de Cérès et de Proserpine; ils prétendaient que dans un de leurs bois nommé *Lycus*, les mystères de ces grandes déesses avaient été célébrés. Ils avaient des lames de plomb sur lesquelles était gravé tout ce qui concernait leur culte, et ils regardaient ce monument comme le gage le plus assuré de la conservation et de la durée de leur empire.

LYCURGIDES, fête que les Lacédémoniens instituèrent en l'honneur de Lycurgue, leur législateur. Ce grand homme, après avoir composé le code de ses lois, eut recours à l'oracle de Delphes pour les faire confirmer. On dit que la Pythie l'appela le bien-aimé des dieux, être surhumain et dieu lui-même. Un autre oracle avait prononcé que les Spartiates seraient heureux et florissants tant qu'ils observeraient ces lois. Lycurgue fit jurer au sénat et au peuple qu'ils s'y soumettraient jusqu'à son retour, disant qu'il allait à Delphes consulter Apollon sur quelques difficultés ; mais il alla se cacher dans un lieu ignoré, et on n'entendit plus parler de lui. Des historiens ont dit qu'il mourut en Crète, qu'il avait ordonné que son corps fût brûlé et ses cendres jetées à la mer, de peur qu'on ne les transportât à Lacédémone et que le peuple ne se crût dégagé de son serment, ayant un prétexte d'enfreindre ses lois. Les Spartiates portèrent à sa mémoire le même respect qu'ils avaient eu pour sa personne, et lui élevèrent un temple comme à un dieu. C'est dans ce temple qu'on affichait les arrêts.

LYMPHA, divinité romaine, sans doute l'eau divinisée ; Varron la met au nombre des douze divinités rustiques qui présidaient à l'agriculture.

LYNA, déesse de la mythologie scandinave, elle avait la garde des hommes que Frigga voulait soustraire à quelque péril.

LYSANDRIES, fête de Junon, célébrée à Samos. Les Samiens donnèrent par un décret à cette solennité le nom de fête de *Lysandre*; et les temples de cette déesse furent également appelés *Lysandrion*. D'autres veulent que cette fête ait eu pour objet un Lacédémonien du nom de Lysandre.

LYSIADES, nymphes ainsi appelées parce qu'on allait se rafraîchir dans leurs ondes.

LYSSA (*la rage*). Quelques mythologues font de Lyssa une quatrième furie, fille de la Nuit. Junon, dans Euripide, ordonne à Iris de conduire Lyssa auprès d'Hercule, pour lui inspirer les fureurs qui enfin lui firent perdre la vie. On la représente coiffée de serpents au dard allongé, et un aiguillon à la main.

M

MA, nom d'un sacrifice que les Chinois offrent, avant le combat, à celui qui passe pour avoir inventé la guerre.

MA, mot qui, dans la langue du Japon, signifie *le diable*. Les Japonais sintoïstes donnent ce nom au renard, parce qu'ils regardent cet animal comme animé par un mauvais génie d'une espèce particulière.

MA, déesse des Lydiens, sans doute la même qui était appelée Rhéa par les Grecs. Ces peuples l'honoraient en lui sacrifiant un taureau. Ils la représentaient portée sur des lions, un tambour à la main, et la tête couronnée de tours. Le mot *Ma* signifie *mère* dans presque toutes les langues ; les Lydiens l'appelaient ainsi parce qu'ils la regardaient comme la mère de tous les êtres.

MAABÉDIS, sectaires musulmans, appartenant à l'hérésie des Kharidjis; ils tirent leur nom de Maabed, fils d'Abderrahman, dont ils suivaient les erreurs, qui étaient à peu près les mêmes que celles de Thaalibis. Ils soutenaient, contre l'opinion de quelques autres dissidents, que le mariage entre croyants et idolâtres n'était pas permis.

MAATSO-BOSA, idole des Chinois qui résident à Nangasaki, dans le Japon. Tous les soirs ils vont brûler devant elle des morceaux de papier doré, qu'ils jettent ensuite dans la mer en guise d'offrande. De temps en temps ils portent son image autour de son temple au son des tambours et des cymbales.

MABOIA, nom que les anciens Caraïbes donnaient au mauvais principe. Ils lui attribuaient les éclipses et autres phénomènes naturels dont ils ignoraient la cause. Bien qu'ils admissent aussi un bon principe, ils ne lui adressaient jamais leurs vœux et leurs hommages, parce que, disaient-ils, étant essentiellement bienfaisant, il était inutile de le prier. Leur culte avait pour objet Maboïa, qu'ils priaient sans règle et sans détermination de lieu; sans chercher à le connaître, sans en avoir une idée un peu distincte, sans l'aimer en aucune façon, mais seulement pour l'empêcher de faire du mal. Pour se garantir de ses mauvais traitements, ils portaient au cou de petites images de ce démon, prétendant qu'elles leur procuraient du soulagement. On dit encore qu'ils se faisaient des incisions et jeûnaient pour l'amour de lui.

MACAM IBRAHIM, ou *Station d'Abraham*; un des endroits sanctifiés que les Musulmans doivent visiter dans le pèlerinage de la Mecque. Après avoir achevé les tournées de la Kaaba, on passe à la Station d'Abraham, et on y fait une prière de deux *Rikas*. C'est une pratique d'obligation. Ce lieu est celui où se tenait Abraham en bâtissant la maison sainte.

MACARIS, secte juive dans l'Orient; les mêmes que les Boudaanis. *Voy.* BOUDAANI.

MACÉDO, dieu égyptien; il était le gardien des Tropiques.

MACÉDONIENS, hérétiques du IVᵉ siècle, qui tiraient leur nom de Macédonius, archevêque arien de Constantinople. Son caractère violent le rendit odieux à ceux mêmes de son parti, et l'empereur Constance, bien qu'arien lui-même, le fit déposer. Irrité contre les Ariens et contre les catholiques, il soutint, contre les premiers, la divinité du Verbe, et nia, contre les seconds, que le Saint-Esprit fût une personne divine; ne reconnaissant en lui qu'une création plus parfaite que les autres. Il eut des sectateurs qui se répandirent dans la Thrace, dans les provinces de l'Hellespont et dans la Bithynie. Ses erreurs furent condamnées en 381 par le concile général de Constantinople. Il fut également réfuté par saint Athanase et saint Basile. Les Macédoniens furent aussi appelés *Pneumatomaques*, ou ennemis du Saint-Esprit.

MACÉRANES, déesses indigètes des Eugyens, ancien peuple de Sicile.

MACÉRIS, nom sous lequel les anciens Sardes honoraient Hercule.

MACHABÉES, nom de quatre livres de l'Ancien Testament, qui contiennent une partie de l'histoire du peuple de Dieu, sous les Asmonéens. Ces quatre livres n'ont jamais été reçus dans le Canon des Juifs, parce qu'ils ont été rédigés après le temps d'Esdras, qui, suivant les Juifs, a dû clore définitivement le Canon des saintes Écritures; c'est pourquoi ils sont rejetés par les protestants. Mais l'Église catholique reconnaît les deux premiers comme canoniques; le troisième et le quatrième sont apocryphes. Mais, suivant l'ordre des temps et des événements, le troisième devrait être le premier de tous; le second devrait être placé avant le premier, et le quatrième immédiatement après le premier. Ainsi, pour les mettre dans l'ordre naturel, il ne faudrait que placer le premier au troisième rang, et le troisième à la place du premier. Toutefois ces livres sont indépendants les uns des autres, et n'ont pas été composés par le même auteur. Le premier a dû être rédigé primitivement en hébreu, comme le style en fait foi; mais l'original est perdu maintenant. Les trois autres ont été écrits en grec. Le style du second a beaucoup de charme et d'élégance. Le nom de Machabées qu'ils portent vient de l'illustre Judas et de ses frères dont ils rapportent les hauts faits, et qui avaient le surnom de *Machabées*. On croit communément que ce mot est formé des initiales de cette formule biblique מי כמוך באלים יהוה *Mi Chamocha Beelim Iehova*. Qui parmi les dieux est semblable à toi, ô Iehova? Sentence qui était inscrite sur les étendards des Asmonéens.

MACHICOT, titre d'office autrefois en usage dans l'église métropolitaine de Paris. Le Machicot était au-dessous des bénéficiers; mais il avait le pas sur les chantres gagés. On dérive ce mot du latin *a mansione in choro*, que l'on prononça d'abord *mansicor*, puis *masicor* et enfin *machicot*.

MACMILLANISTES, nom sous lequel on désigne quelquefois les Caméroniens d'Écosse, de Mac-Millan, ministre de Balmaghie, qui épousa leur cause en 1706, et dont la famille a fourni de père en fils des ministres à la secte jusque dans ces derniers temps. *Voy.* CAMÉRONIENS.

MACSOURA, lieu séparé dans les mosquées des Mahométans où se placent les princes pour assister aux prières publiques. Ce lieu est ordinairement fermé de rideaux, et ressemble à la courtine des Espagnols, espèce de tour de lit qui dérobe la famille royale à la vue du peuple pendant le service divin.

MACTATION, terme de sacrifice chez les Romains. Lorsque la pâte, faite de farine de froment et de sel, était jetée sur la victime, elle s'appelait *Macta* pour *magis aucta*. Cette cérémonie était regardée comme une sorte de consécration qui donnait à la victime le degré de perfection nécessaire pour être reçue favorablement de la divinité à laquelle on allait l'immoler. Ainsi, *mactus est taurus* voulait dire : le taureau est prêt et parfait. De là *mactare*, pris dans le sens d'égorger, parce que les mots *cœdere, jugulare*, ayant quelque chose de sinistre, étaient soigneusement évités dans les sacrifices.

MACUIL-MALINALLI, dieu des Mexicains, qui avait des autels particuliers, et en l'honneur duquel on célébrait, vers le 12 septembre, une fête appelée *Macuilli-Malinalli*.

MADARI-FAQUIR, nom d'une classe de prêtres ou religieux musulmans de l'Hindoustan.

MADCINA, déesse de la mythologie des anciens Slaves ; elle présidait aux forêts, conjointement avec une autre divinité nommée Ragaïna.

MADERAKKO, déesse des anciens Lapons ; elle était l'épouse de Maderatia, et habitait la moyenne région de l'air.

MADERATIA, le premier des dieux de la troisième classe, dans la théogonie des Lapons. Il résidait dans la plus haute région de l'air, celle qui est la plus proche du ciel. Les Lapons attribuaient à lui et à *Maderakko*, son épouse, la production, la naissance, la vie, le mouvement de tous les hommes et de tous les animaux, en vertu du pouvoir que ces deux divinités avaient reçu de Radien-Atzhie. Maderatia fournissait l'âme ; Maderakko la recevait de son époux et la plaçait dans le corps qu'elle avait formé. Cependant c'était à un autre couple divin qu'il était réservé de décider du sexe que le fœtus devait avoir ; *Juks-Akka* en faisait un mâle, et *Sar-Akka* une femelle.

MADHAVA, surnom de Vichnou, qui exprime la victoire remportée par ce Dieu sur un démon nommé *Madhou*.

MADHAVIS, sectaires indiens, adorateurs de Vichnou. On dit qu'ils voyagent toujours avec des instruments à corde dans le genre d'une guitare, et qu'ils demandent l'aumône en s'accompagnant de la musique. Ils vont rarement de compagnie, et leur doctrine particulière est peu connue. Leur fondateur était un religieux appelé *Madho*, ou *Madhodji*.

MADHOU. Les livres hindous citent plusieurs mauvais génies de ce nom, qui pourtant a la signification de *miel*.

1° Dès le commencement du monde, un géant nommé Madhou se révolta contre Brahma, et Kaitabha, un de ses compagnons. Vichnou se réveilla pour réprimer son orgueil. De là plusieurs surnoms donnés à ce dieu et à Krichna, qui rappellent le souvenir de cette victoire. En effet Vichnou incarné en Krichna terrassa encore ce rebelle, car, suivant la mythologie hindoue, les dieux ont perpétuellement les mêmes adversaires dans leurs incarnations successives.

2° Madhou est l'ancien nom du premier mois de l'année, appelé ensuite *Tchétra*, (mars-avril). Cette victoire de Vichnou et de Krichna, connus aussi sous le nom de Madhava, qui est le second mois, n'est peut-être, comme l'observe M. Langlois, qu'une allégorie indiquant la succession des premiers mois de l'année.

3° Un autre mauvais génie du même nom s'était emparé, aux environs de Mathoura, d'un bois appelé aussi Madhou. Il est ainsi regardé comme l'ancien fondateur ou possesseur de Mathoura, appelé de là *Madhouvana* ou *Madhoupouri*, le bois ou la ville de Madhou. Il fut tué par Satroughna, fils de Rama, qui s'empara de la ville. D'autres disent que ce fut son fils Lavana qui succomba dans cette circonstance.

MADHOUN, nom de l'avant-dernière classe des ministres de la religion unitaire ou des Druzes. Ils sont subordonnés aux Daïs, et exercent, sous leur autorité, le ministère de missionnaires. Leur nom signifie ceux qui ont reçu la permission de briser et de restaurer, suivant le langage des Druzes, c'est-à-dire de montrer aux hommes la fausseté des autres religions, et de les introduire dans la connaissance des dogmes de la religion véritable. Ce sont eux qui ouvrent aux aspirants la porte de l'initiation. Ils ont au-dessous d'eux les *Mokaser*, qui leur sont subordonnés.

MADHOU-PARKA, cérémonie qui fait partie du poudja ou sacrifice journalier des Hindous : elle consiste à présenter à boire à la divinité qu'on adore du miel, du sucre et du lait mêlés ensemble dans un vase de métal. *Voy.* POUDJA.

MADHOU PONGOL, deuxième jour de la fête de Pongol, célébrée avec beaucoup de solennité dans le sud de l'Inde. *Voyez* PONGOL.

MADHVATCHARIS, secte indienne appartenant à la grande famille des Vaichnavas, et fondée par un brahmane, nommé Madhvatcharya. *Voy.* BRAHMA-SAMPRADAYIS.

MADHYA-LOKA, le monde du milieu, suivant la cosmogonie des Djaïnas : c'est celui que les mortels habitent, et où règnent la vertu et le vice. Ce monde a un *redjou* d'étendue : un redjou est égal à l'espace que le soleil parcourt en six mois. Le *Djamboudwipa*, qui est la terre sur laquelle nous vivons, n'occupe qu'une petite partie du Madhya-loka ; il est environné de tous côtés par un vaste océan, et à son centre se trouve un lac immense, qui a cent mille yodjanas, ou environ 300,000 lieues d'étendue. Au milieu de ce monde s'élève la fameuse montagne Maha-Mérou.

MADHYAMIKAS, classe particulière de Bouddhistes, qui soutiennent que tout est vide. Leur nom signifie *ceux qui tiennent le milieu*. L'inventeur de ce système philosophique est Nagardjouna, ancien docteur bouddhiste, qui fleurit quatre ou cinq cents ans après Chakya-Mouni, et passe pour avoir vécu six cents ans.

MADONNADASOUNI, nom de Dieu en pehlvi, langue sacrée des Parsis ; ce mot signifie l'*Être absorbé dans son excellence*.

MADOU-POUNGAL, fête des bestiaux, célébrée par les Hindous, dans la grande solennité du Poungal. De grand matin, les lanoureurs répandent de l'eau sur le blé dans les champs, en criant à haute voix *Poungal, Poungal!* Vers midi, on fait cuire du riz dans du lait, et on l'offre à Indra, un des huit gardiens du monde, en lui adressant des prières pour qu'il féconde la terre en laissant tomber les pluies à propos, qu'il multiplie les bestiaux et qu'il augmente leur pâture. Dans l'après-midi, on lave les vaches et les taureaux, on les nourrit avec une partie de l'oblation faite à Indra, on les peint et on les orne de guirlandes; puis on les réunit en troupeaux accompagnés d'une bande de musiciens; on les conduit à une place publique, où les vachers préparent de la nourriture, des parfums et des fleurs en l'honneur des vaches; ils les aspergent d'eau de safran avec des feuilles de manguier, pour les préserver du mal, en criant *Poungal, Poungal!* Après quoi les Hindous, en se donnant la main, font le tour des vaches et des taureaux; quelques-uns, surtout parmi les Brahmanes, se prosternent devant elles. Enfin les vachers remènent les troupeaux à l'étable.

MADRAVA, divinité hindoue; un des dix Viswas honorés principalement dans certaines cérémonies funèbres.

MA-FO, ou *la science des démons*; c'est le nom que les Chinois et les Japonais donnent à la magie. Ceux qui s'y adonnent s'abstiennent de tout commerce avec les femmes, persuadés que, s'ils se gardent purs sous ce rapport, ils peuvent exercer leur art avec plus de précision et de succès. *Ma-fo* est la prononciation japonaise; les Chinois articulent *Mo-fa*.

MAFOUISSE-FOULOU, dieu de l'île Futuna, dans l'Océanie occidentale. Les naturels lui attribuent les tremblements de terre; ils disent que ce dieu est couché sous l'île, à une grande profondeur; que quand il a dormi l'espace d'un an sur un côté, il se retourne pour dormir sur l'autre, et que ce sont les efforts qu'il fait qui ébranlent la terre. Si le volcan de Futuna, éteint depuis longtemps, venait à se rouvrir, ils pourraient ajouter que c'est encore Mafouisse qui souffle ses feux, et leur fable serait aussi poétique que celle d'Encelade chez les anciens.

MAGADA, déesse adorée autrefois dans la basse Saxe, où elle avait un temple fameux, respecté des Huns et des Vandales, et qui subsista jusqu'au temps de Charlemagne; cet empereur le fit détruire. Magada paraît correspondre à la Vénus des anciens.

MAGARES, sorciers de Mingrélie, fort redoutés des gens du pays. La cérémonie du mariage s'y fait toujours en secret, et sans jamais prévenir du jour, de peur que ces prétendus magiciens ne jettent quelque sortilège sur les époux.

MAGEC, divinité adorée par les Guanches, qui appelaient ainsi le soleil, objet de leurs adorations, parce qu'ils le considéraient comme l'image du dieu suprême. C'était au nom de Magec qu'ils prononçaient leurs serments. Ils lui donnaient pour compagne une autre divinité, appelée Moréiba, et qui peut être n'était autre que la lune.

MAGES, 1° ministres de la religion chez les anciens Perses. Ils jouissaient d'une grande considération, et se voyaient également recherchés des grands et du peuple. On leur confiait l'éducation des princes; et même aucun roi n'était couronné, dit Suidas, qu'il n'eût subi une espèce d'examen par-devant les Mages. Darius, fils d'Hystaspe, crut s'honorer beaucoup en faisant graver sur son tombeau qu'il avait été parfaitement instruit dans toutes leurs connaissances. Par rapport au culte de la Divinité, ils ne voulaient ni temples, ni autels, disant qu'on diminue la majesté de Dieu, de celui qui remplit tout par sa présence et par ses bienfaits, en le renfermant, pour ainsi dire, dans des murailles. Aussi, quand les Perses voulaient satisfaire aux devoirs de la religion, ils se retiraient sur les montagnes les plus élevées, et là ils se prosternaient devant Jupiter, c'est-à-dire devant le ciel même, qu'ils croyaient tout pénétré de la divinité; là, ils faisaient leurs différents sacrifices. Les mages croyaient à une espèce de métempsycose astronomique, toute différente de celle de Pythagore. Ils s'imaginaient que les âmes, après la mort, étaient contraintes de passer par sept portes, ce qui durait plusieurs millions d'années, avant d'arriver au soleil, qui est le ciel empyrée ou le séjour des bienheureux. Chaque porte, différente par sa structure, était aussi composée d'un métal différent, et Dieu l'avait placée dans la planète qui préside à ce métal. La première se trouvait dans Saturne, et la dernière dans Vénus. Comme rien n'était plus mystérieux que cette métempsycose, les mages la représentaient sous l'emblème d'une échelle très-haute, et divisée en sept passages consécutifs, dont chacun avait sa marque, sa couleur particulière; et c'est ce qu'ils appelaient la grande révolution des corps célestes et terrestres, l'entier achèvement de la nature.

Selon Thomas Hyde, savant anglais, les Mages ne connaissaient qu'un souverain Être, dont le feu était le symbole; et s'ils rendaient un culte religieux à cet élément, ce n'était qu'un culte relatif à la Divinité qu'il représentait. Cette religion, qu'on appelle le *Magisme*, subsiste encore aujourd'hui chez les Guèbres qui sont établis dans la Perse et dans les Indes. Zoroastre passe pour le fondateur de cette religion, et pour chef des Mages, auxquels il fit porter le nom de Herbad. Les Mages des Parsis ou Guèbres, ne se rasent que les joues, ils portent leur barbe fort longue au menton. Ils n'ont presque point de moustaches. Leur tête est couverte d'un grand bonnet, qui a la forme d'un cône, et qui leur descend jusque sur les épaules. Ils ont ordinairement les cheveux fort longs, et ne les coupent jamais que lorsqu'ils portent le deuil. Autrefois leurs bonnets se croisaient par-devant sur la bouche. Ils se la couvrent aujourd'hui avec un morceau d'étoffe carré. La ceinture dont ils se servent pour attacher leur robe a quatre nœuds qui désignent quatre choses différentes. Le premier nœud les avertit qu'il n'y a qu'un seul Dieu; le second, que la religion des Mages est la seule véritable; le troisième nœud, que Zoroastre est un prophète envoyé de Dieu; le quatrième, qu'ils doivent toujours se tenir prêts à faire de bonnes œuvres. Cette ceinture n'est pas particulière aux Mages; les laïques doivent toujours aussi la porter. C'est ordinairement vers l'âge de douze à quinze ans qu'ils commencent à la prendre. Les Guèbres trouvent dans cette divine ceinture une source abondante de bénédictions, et un rempart assuré contre les attaques du malin esprit. S'il leur arrive de la perdre, c'est le plus grand malheur dont ils puissent être affligés. Jusqu'à ce que le Mage leur en ait donné une autre, ils n'osent faire aucune action; ils ne diraient pas même une parole, et ne voudraient pas faire un pas, persuadés que tout ce qu'ils feraient sans leur ceinture tournerait à mal. Le *Sadder*, un de leurs livres sacrés, excommunie celui qui, à l'âge de quinze ans, n'aurait pas encore reçu la ceinture, et défend à toute personne de donner à ce profane du pain et de l'eau. Quant aux Mages, ils sont distribués dans les différents pyrées, où ils exercent le culte religieux. Ils vivent des dîmes et de quelques contributions volontaires que le peuple s'impose. Par exemple tous les Guèbres ont coutume d'éteindre leur feu chaque année, le 25 avril, et en achètent du nouveau à leur prêtre. La rétribution qu'ils lui donnent peut monter à la valeur de neuf ou dix sous de notre monnaie. Les Mages peuvent se marier; le sacerdoce est même concentré dans leurs familles; il n'y a que les fils de Mages qui puissent l'être eux-mêmes; mais s'ils se sont trompés dans leur choix, et que la femme qu'ils ont prise soit stérile, ils ne peuvent en épouser une autre que dans le pieux dessein d'augmenter le nombre des fidèles; seulement il est nécessaire que la femme stérile y consente, sans quoi le mage est obligé de la garder.

2° Les Mages de Cappadoce étaient des hérétiques qui s'étaient élevés parmi les anciens Perses, et avaient corrompu la pureté de leur culte. L'hommage que les Perses rendaient au feu était d'abord symbolique; ces Mages en firent l'objet direct de leur culte. Ils construisirent en l'honneur du feu des temples appelés pyrées, firent des images qui représentaient cet élément, les portèrent en procession, et leur offrirent des sacrifices. Ils se servaient d'un maillet de bois pour assommer les victimes qu'ils immolaient. Leurs pyrées n'étaient qu'une vaste enceinte, au milieu de laquelle il y avait une espèce d'autel ou foyer, où les mages entretenaient un feu continuel avec une grande quantité de cendres. C'était devant ce feu qu'ils récitaient leurs prières et pratiquaient les exercices de leur religion. Ils avaient la tête couverte d'une mitre retenue avec de larges cordons qui leur cachaient la bouche et presque tout le visage. Ils tenaient en main une poignée de petites bûchettes pour entretenir le feu. Plusieurs de ces usages leur étaient communs avec les Perses; mais, contrairement à la coutume de ces derniers, ils enterraient leurs morts.

3° Les anciens donnaient aussi le nom de *Mages* aux prêtres de Chaldée et d'Assyrie. Ces Mages étaient Sabéens, et rapportaient toute leur religion au culte des planètes et des étoiles. Comme leur culte était essentiellement astronomique, ils donnaient dans toutes les rêveries de l'astrologie judiciaire.

MAGICIENS, individus qui se mêlent de magie, et qui prétendent avoir un empire presque absolu sur les éléments. D'un coup de baguette, d'un mot, d'un signe, avec une goutte de liqueur, ils se font fort de bouleverser les substances créées, de faire apparaître les esprits et de les asservir à leur volonté, de changer l'ordre immuable de la nature, de livrer le monde aux puissances infernales, de déchaîner les tempêtes, les vents et les orages, de causer des maladies, de donner la mort, de guérir les infirmités, en un mot de faire tout le bien et surtout le mal, suivant qu'ils y sont portés par leurs passions ou par leur intérêt.

De tout temps il y eut des Magiciens ou des gens qui ont passé pour tels, principalement chez les peuples peu éclairés. Ils ont été surtout le fléau du moyen âge, qui sévit contre eux avec la plus grande rigueur; mais trop souvent aussi il arrivait qu'un lâche ennemi portait contre celui qu'il voulait perdre une absurde accusation de magie, qui l'envoyait presque infailliblement au bûcher. Maintenant encore, que nous sommes dans un siècle qu'on dit éclairé, on trouve de ces imposteurs qui prétendent jouir d'une certaine autorité sur les éléments, mais ils n'abusent guère que les simples, et leur crédit diminue de jour en jour. *Voy.* DEVINS, SORCIERS, ENCHANTEURS, JONGLEURS, etc.

1° Nulle part, en Europe, les Magiciens n'ont été plus accrédités qu'en Laponie, où ils formaient un corps nombreux et respecté; peut-être même les Lapons actuels ne sont-ils pas encore exempts de cette superstition. Le procédé le plus ordinaire pour connaître l'avenir ou les choses cachées était le tambour magique. Cet instrument est fait d'un seul morceau de pin ou de bouleau, creusé par le milieu; la peau tendue par-dessus est couverte de figures et d'hiéroglyphes dessinés en rouge. Ce tambour est si saint qu'on ne permet à aucune femme ou fille nubile de le toucher. Quand il faut le transférer d'un lieu à un autre, on le porte le dernier, après tous les autres meubles, et lorsque toutes les personnes du logis sont parties. Ce transport se fait par les soins du mari, jamais de la femme. On prend une voie particulière et éloignée des chemins communs, dans la persuasion que, si, trois jours après que le tambour a été transporté, quelqu'un, et particulièrement une femme ou une fille à marier, venait à passer fortuitement dans le même endroit, il lui arriverait un grand malheur, peut-être même une mort subite.

Dans la divination par le tambour, le Lapon qui veut découvrir quelque chose doit être à genoux, ainsi que toute l'assemblée. Quand il s'agit, par exemple, d'apprendre ce qui se passe dans les pays étrangers, un d'entre eux bat le tambour de la manière suivante : il met dessus, à l'endroit où l'image du soleil est dessinée, quantité d'anneaux de laiton attachés ensemble avec une chaîne de même métal; et frappe sur le tambour avec son marteau de manière à faire remuer les anneaux. Il chante en même temps d'une voix distincte une chanson appelée *jonke*; et tous les assistants, tant hommes que femmes, y ajoutent chacun leurs chansons appelées *duvra*. Dans ces chants on profère plusieurs fois le nom du lieu dont ils désirent avoir des nouvelles. Après avoir quelque temps battu le tambour, le Magicien le met sur sa tête, et tombe aussitôt par terre, comme s'il était endormi ou en syncope; on ne lui trouve ni sentiment, ni pouls, ni aucune marque de vie. Cela a donné occasion de croire que l'âme du Magicien sortait effectivement de son corps, et que, conduite par les démons, elle se rendait dans la contrée à laquelle on s'intéressait. Pendant que le devin est dans cet état, on dit qu'il souffre de telle sorte, que la sueur lui sort du visage et de toutes les autres parties du corps. Cependant toute l'assemblée continue à chanter jusqu'à ce qu'il revienne de son sommeil. On ajoute que, si le chant était discontinué, le devin mourrait, de même que si on essayait de le réveiller. C'est aussi peut-être pour cette même raison que l'on a grand soin d'écarter de lui les mouches et les autres insectes. A son réveil, le Magicien raconte ce qu'il a appris, et répond à ceux qui l'interrogent sur les choses qui les concernent. Il n'y a point de durée fixe à ce sommeil extatique : on dit seulement que le plus long persiste environ vingt-quatre heures, et que le devin montre à son réveil quelque objet du pays dont il est censé revenir, en preuve de la véracité de ses assertions.

Le tambour magique sert encore aux Lapons pour chercher la cause et la qualité de leurs maladies, c'est-à-dire si elles proviennent du sort ou d'une cause naturelle, comme aussi les moyens d'apaiser leurs dieux en cette occasion. On attribue aussi aux Lapons l'usage de certains dards magiques qu'ils lancent contre leurs ennemis pour leur nuire. Par ce sortilége, ils leur envoient des maladies violentes; ou, s'ils ne leur nuisent pas dans leurs personnes, ils leur nuisent dans leurs biens et dans leurs troupeaux. Quelques écrivains parlent d'esprits familiers que les septentrionaux envoient, pour faire du mal les uns aux autres, et l'on donne le nom de *Gan* à ces prétendus démons.

2° Les peuples de Norwége, ceux de la Laponie septentrionale, et ceux qui habitent les bords du golfe de Bothnie, passaient pour vendre des vents aux voyageurs et aux mariniers. Le secret de cette magie consiste en un cordon à trois nœuds, qu'ils donnent aux passagers pour un prix convenu. Au dénouement du premier nœud, un vent favorable s'élève; au second, le vent devient plus fort; mais au troisième, ce sont des tempêtes et des orages; on n'est plus le maître du vaisseau, qui va périr contre les écueils. C'est un secret, dit un auteur cité par Scheffer, qui dépend de la nativité du Magicien : il a un plein pouvoir sur le vent qui soufflait au moment de sa naissance; ainsi l'un gouverne un vent, et l'autre un autre. Comme ils ont le pouvoir de faire siller les vaisseaux, ils ont aussi celui de les arrêter; mais ce mal n'est pas sans remède, il suffit qu'une femme frotte le vaisseau de son sang; le bâtiment flotte alors en toute liberté.

3° Les Magiciens de la Chine se mêlent également de vendre les vents; et ces charlatans se trouvent toujours deux ensemble. L'un porte gravement sur l'épaule droite un sac, dans lequel est renfermé le vent prétendu, dont il livre pour de l'argent autant que le crédule acheteur croit qu'il lui en faut. De sa main gauche, il tient un marteau, avec lequel il frappe plusieurs fois la terre, pour en faire sortir le génie du vent, qui s'élance dans les airs porté sur un oiseau monstrueux. D'autres se mêlent de deviner par les nombres, par des cercles et des figures; par les lignes des mains et du visage, par les songes; ainsi que cela se pratiquait parmi les autres idolâtres, surtout dans la Grèce. Quelques-uns enseignent aux femmes les moyens d'avoir une grossesse prompte et heureuse.

4° Chez les Tunkinois, il y a des Magiciennes qui passent pour avoir une communication intime avec le démon, et pour connaître l'état des âmes dans l'autre monde. Ces Magiciennes appellent les âmes au son du tambour; et soit en contrefaisant leur voix ou par quelque autre artifice, elles font croire que l'âme évoquée parle et répond par leur organe. Les médecins du Tonquin se mêlent aussi de magie; car plusieurs fois ils attribuent les maladies à l'influence de tel ou tel démon. Ils ordonnent alors de l'apaiser par des sacrifices; et si cela ne réussit pas, on emploie la force pour le faire déloger. Les amis du malade investissent la maison et prennent les armes pour chasser le mauvais génie. Quand un magicien s'est assuré par ses livres ou par quelque autre moyen que la maladie est causée par l'âme d'un parent défunt, il met tout en usage pour attirer cette âme nuisible; et dès qu'il l'a en son pouvoir, il la renferme dans une bouteille, jusqu'à ce que le malade soit guéri. Il brise alors la bouteille et rend la liberté à l'âme malfaisante.

5° Les Magiciens ou devins de la Virginie coupaient leurs cheveux ras, et ne laissaient qu'une crête. Ils portaient sur l'oreille la peau d'un oiseau brun, se barbouillaient de suie et d'autre substance noire, et se voilaient les cuisses avec une peau de loutre. Ces Magiciens se mêlaient de conjurer les orages; à cet effet ils se rendaient au bord de l'eau, s'adressaient à elle avec des cris affreux, accompagnés d'invocations et de chants; après quoi ils jetaient au milieu de l'eau du tabac, des morceaux de cuivre et autres bagatelles semblables, pour apaiser la divinité qui y présidait. C'est à eux que l'on s'adressait dans les nécessités pressantes ; on leur demandait de la pluie, on les priait de faire retrouver les choses perdues ; ils servaient aussi de médecins, à cause des connaissances qu'on leur attribuait dans les effets naturels et surnaturels. Enfin leur avis décidait de la guerre ou de la paix, et rien d'important ne se faisait sans les consulter.

MAGIE ; on la définit l'art d'opérer des choses surprenantes et merveilleuses, soit par le secours de la nature, soit par le secours de l'art, soit par l'intervention des esprits ou démons ; de là vient la distinction de magie *naturelle*, magie *artificielle*, et magie *noire* ou *diabolique*. Du premier genre seraient les propriétés de certaines substances connues de très-peu de personnes qui s'en serviraient pour guérir des maladies, cicatriser des blessures ou produire d'autres effets surprenants. Du second genre sont les tours d'adresse opérés par les physiciens et les prestidigitateurs. Ces deux sortes de Magie sont innocentes par elles-mêmes et portent le nom de magie *blanche*; elles n'entrent pas dans le cadre de ce Dictionnaire. Quant à la Magie *noire*, on la divise en *célestielle*, c'est-à-dire l'astrologie judiciaire, et en *cérémonielle*, qui consiste dans l'invocation des démons, et s'arroge, en conséquence d'un pacte formel ou tacite fait avec les puissances infernales, le prétendu pouvoir de nuire et de produire des effets pernicieux, auxquels ne peuvent se soustraire les victimes de sa fureur. Ses diverses branches ou opérations sont la cabale, l'enchantement, le sortilège, l'évocation des morts ou des esprits malfaisants, la découverte des trésors cachés et des plus grands secrets, la divination, la prophétie, le don de guérir par des formules magiques et par des pratiques mystérieuses les maladies les plus opiniâtres, de préserver de tous maux, de tous dangers, au moyen d'amulettes, de talismans, etc.; la fréquentation du sabbat, etc., enfin toutes les rêveries humiliantes dont la religion et la philosophie auront toujours tant de peine à détromper l'espèce humaine.

Nous n'ignorons pas qu'aux yeux de certaines personnes la magie noire est un art absolument chimérique ; il est des gens qui relèguent les merveilles de la magie au rang des contes des fées, et qui soutiennent que les prodiges des magiciens n'ont été opérés que par des moyens physiques ignorés de la multitude ; sans vouloir prendre un parti décisif dans cette question, et nous prononcer péremptoirement, nous croyons qu'il y a sur cet article, comme sur plusieurs autres, un milieu à tenir entre l'incrédulité excessive et la trop grande crédulité. Il est vrai, et nous avouons que, dans les siècles d'ignorance et de barbarie, on a beaucoup exagéré et multiplié les merveilles opérées par les magiciens, qu'on a regardé bien des effets naturels comme produits par la magie ; qu'on a souvent donné le nom de magiciens à des gens qui n'étaient qu'habiles et industrieux ; qu'on eût gratifié, il y a moins de deux siècles, de cette qualification celui qui le premier aurait tenté une ascension dans un aérostat, mené des navires ou une file de voitures au moyen de la vapeur, ou qui eût tiré des portraits au daguerréotype ; mais après avoir bien pesé les autorités de part et d'autre, on est porté à convenir que non-seulement il peut y avoir, mais qu'il y a eu des gens qui, par des moyens surnaturels, ont opéré des effets au-dessus des forces de l'art et de la nature. Le seul témoignage de l'Ecriture sainte pourrait suffire pour le prouver. Elle dit que ce fut par des enchantements que les magiciens de Pharaon changèrent leurs baguettes en serpents, et l'eau du fleuve en sang. Ce qu'on lit au xxviiie chapitre du Ier livre des Rois n'est pas moins curieux et concluant. Il s'agit d'une évocation, et c'est particulièrement sur ce point que les personnes dont nous parlons sont incrédules. Saül, prêt à livrer bataille aux Philistins, consulte le Seigneur sur l'issue de l'événement, et n'en reçoit point de réponse. Désespéré de ce silence, il dit à ses gens : Cherchez-moi une devineresse, j'irai la consulter, et je saurai par son moyen ce que le Seigneur s'obstine à me cacher. Ses gens lui dirent qu'il y avait une devineresse cachée à Endor. Saül se déguise, et, accompagné seulement de deux hommes, il va trouver la magicienne et lui dit : « Employez pour moi les secrets de votre art, et faites-moi apparaître celui que je vous nommerai. — Vous savez, répondit la devineresse, que Saül a banni d'Israël tous les magiciens et devins ; pourquoi me tendez-vous des pièges, pour me faire mourir ? » — Saül lui jura par le Seigneur qu'elle ne courait aucun risque. — Elle lui demanda alors : « Qui ferai-je venir ? — Samuel, » répondit-il. La magicienne n'eut pas plutôt vu Samuel, qu'elle s'écria, en se tournant vers le roi : « Vous m'avez trompée : vous êtes Saül. — Ne craignez rien, lui dit le roi ; dites-moi qui vous avez vu. — J'ai vu, répondit la devineresse, des dieux ou des esprits s'élever du sein de la terre. — Quelle est la forme de celui que vous voyez, demanda Saül ? — Un vieillard s'élève revêtu d'un manteau, » répondit la magicienne. Saül connut à ce récit que c'était Samuel. Il se prosterna le visage contre terre, et l'adora. Samuel s'adressa ensuite à Saül, et lui annonça sa défaite et sa mort.

A ces récits de la Bible, on objecte que les métamorphoses opérées par les magiciens de Pharaon pouvaient être l'effet de quelque secret naturel qui fascinait les yeux, et faisait paraître les objets différents de ce qu'ils étaient réellement, ou bien qu'elles n'étaient que de simples tours d'adresse ; que l'évocation de la pythonisse n'était probablement qu'une fourberie adroitement conduite, dans laquelle le démon n'avait aucune part, et que l'oracle prétendu de Samuel n'était qu'une conjecture heureusement tirée de l'état présent de l'armée de Saül ; que l'Ecriture condamne les sorciers et les devins, plutôt comme des imposteurs qui favorisaient la superstition et la curiosité téméraire du peuple, que comme des hommes qui avaient commerce avec le diable; que les magiciens dont elle parle n'avaient pas plus de communication avec les puissances infernales que nos diseurs de bonne aventure et nos bohémiens, qui ne sont évidemment que des fourbes, dont la crédulité du peuple fait toute la magie; que l'Ecriture s'accommode souvent aux idées populaires; qu'elle dit que la pythonisse évoquait les ombres, comme elle dit que le soleil s'arrêta, parce que c'était la croyance commune; et que de même qu'aucun philosophe ne croit que le soleil tourne autour de la terre, ainsi aucun philosophe ne doit croire qu'il se fasse en effet des traités réels avec le diable, ni que les esprits des morts viennent prédire aux vivants l'avenir, qu'ils ne connaissent pas eux-mêmes; qu'il n'est pas probable que Dieu eût voulu se servir du ministère d'une magicienne pour faire rendre par Samuel un véritable oracle; que c'eût été accréditer la profession de gens infâmes et proscrits, et entretenir la superstition criminelle du peuple. De ces objections on conclut que la magie diabolique est une chimère.

Nous convenons qu'on peut interpréter en ce sens les différents passages de l'Ecriture sainte qui parlent de la magie, et que cette explication n'a rien d'hétérodoxe. Mais nous soutenons aussi que le sens propre et littéral du texte favorise le sentiment de ceux qui croient à l'existence réelle de la magie proprement dite. A l'autorité de la Bible on peut joindre encore celle des saints docteurs de l'Eglise, et de plusieurs hommes savants et éclairés, qui ont jugé dans le même sens. Les oracles des païens tenaient aussi à la magie, puisqu'ils étaient l'effet de l'évocation des dieux et des démons; et pourtant il serait bien difficile de prouver que tous ces oracles n'ont été que des tours d'adresse ou des fourberies, et nous n'accorderions pas volontiers que les prêtres de Delphes aient eu assez de présence d'esprit pour jouer imperturbablement leur rôle pendant près de dix siècles, sans jamais se démentir. — Enfin Corneille Agrippa, qui parle de la Magie avec connaissance de cause, puisqu'il l'avait exercée, confesse, dans son Traité de la vanité des sciences, que tous ceux qui s'adonnent à la magie seront condamnés à brûler dans les flammes éternelles, avec Simon le Magicien.

Mais tous ceux que l'on a appelés magiciens, ou qui se sont donnés pour tels, ne l'étaient pas réellement. Il faut prendre garde de mettre sur le compte de la magie ce qui n'est l'effet que de l'imposture d'une absurde crédulité, d'une vaine frayeur, ou d'une imagination exaltée. Car, sans admettre en son entier cet adage du médecin Marescot : *A natura multa, plura ficta, a dæmone nulla*, il faut convenir qu'on a autrefois étrangement abusé des termes de *magie* et *magicien*, et qu'on a mis sur le compte de cette prétendue science une multitude de fourberies ou d'effets naturels que les connaissances de l'époque ne permettaient pas alors d'apprécier. On a vu des gens, fort instruits d'ailleurs, accorder une pleine confiance à des récits absurdes et mensongers, et accueillir sans la moindre critique les faits controuvés qui leur étaient présentés comme résultat des sciences magiques. Cette crédulité n'est pas particulière aux siècles modernes, elle a existé dans toutes les contrées et toutes les époques.

Lucien, dans son dialogue intitulé *Philopseudès*, ou l'*Ami du mensonge*, nous apprend combien les philosophes les plus célèbres de son temps étaient entêtés des prestiges de la magie, et des prétendus miracles qui s'opèrent par le moyen de cet art frivole. La manière fine et agréable dont il se moque de la crédulité de ces hommes superstitieux, les traits curieux, la bonne plaisanterie et la saine critique qui sont répandus dans cet ouvrage, nous engagent à en donner un extrait au lecteur, avec d'autant plus de raison, qu'à la honte de notre siècle, la plupart des railleries de Lucien peuvent encore avoir leur application, sinon parmi les philosophes de nos jours, du moins parmi le peuple et les gens peu instruits.

Etant allé voir, dit Lucien, déguisé sous le nom de Tychiade, un des plus considérables citoyens d'Athènes, nommé *Eucratès*, alors malade de la goutte, je trouvai rassemblés autour de lui un grand nombre de philosophes fameux par leur sagesse et par leurs profondes connaissances : Cléodème le péripatéticien, Dinomaque le stoïcien; Ion, ce grand homme qui se flatte d'être le seul qui ait pénétré le sens caché de la philosophie de Platon et qui puisse en interpréter aux autres les oracles. Voyez quels personnages je vous nomme; les chefs de chaque secte, la plus fine fleur de la philosophie. Leur maintien était sévère et composé; leur visage, à force d'être sérieux, était presque terrible. Avec eux était le médecin Antigonus, appelé pour dire son avis sur la maladie d'Eucratès. Le malade me fit asseoir auprès de son lit, et affecta de me parler d'un ton faible et languissant, quoique avant que d'entrer je l'eusse entendu disputer avec chaleur et crier d'une voix de tonnerre. Pour moi, évitant avec grand soin de heurter les pieds du malade, je pris la place qu'il me marquait, après lui avoir fait les compliments ordinaires en pareille circonstance.

On reprit la conversation que mon arrivée avait interrompue; elle roulait sur les différents secrets qu'on peut employer avec succès pour la guérison de la goutte. Cléodème, qui parlait lorsque j'étais entré, continua donc ainsi son discours : « Levez de terre, avec la main gauche, la dent d'une belette tuée de la manière dont je viens de vous l'expliquer, renfermez-la dans la peau d'un lion nouvellement écorché et mettez-la autour des jambes du malade : la douleur s'apaisera sur-le-champ. — Ce n'est pas dans la peau d'un lion, répartit Dinomaque, mais dans celle d'une biche qu'il faut envelopper la dent, observant que la biche n'ait point été accouplée avec le mâle. C'est ainsi que je l'ai entendu dire, et cela me paraît bien plus probable, car la biche est agile, et a beaucoup de force et de souplesse dans les pieds: le lion est, il est vrai, un animal extrêmement fort et vigoureux; je ne nie pas que sa graisse, sa patte droite et les poils qui s'avancent en droite ligne des deux côtés de sa gueule, ne puissent avoir une grande vertu quand on sait en faire usage, en y joignant les paroles propres à chaque chose; mais toutes ces parties n'ont aucun rapport à la goutte. — Je croyais autrefois comme vous, reprit Cléodème, que c'était de la peau d'une biche qu'il fallait se servir, à cause de la légèreté naturelle de cet animal; mais un homme de Libye, expert dans ces matières, m'a détrompé, et m'a appris que les lions étaient plus agiles que les biches à la course, puisqu'ils venaient à bout de les attraper dans les forêts. »

Toute l'assemblée applaudit à Cléodème et au Libyen. Alors, prenant la parole: « Êtes-vous donc assez simples, leur dis-je, pour croire que de pareilles recettes aient quelque vertu, et qu'une dent de belette suspendue extérieurement puisse guérir un mal intérieur?» Mon interrogation excita la risée de tous les assistants. Ils me regardèrent comme un homme entièrement neuf, qui ne savait pas les choses les plus communes et dont personne ne doutait. Il n'y eut que le médecin Antigonus qui me parut charmé de la question que je venais de faire. Les remèdes que l'on proposait diminuaient son crédit. Il voulait traiter Eucratès selon les règles de l'art: il lui défendait le vin, lui ordonnait de ne manger que des légumes et de modérer le ton bruyant de sa voix. Eucratès préférait à ce régime rigoureux les recettes plus commodes de ses amis. « Quoi! vous ne croyez pas, me dit Cléodème en souriant et d'un air ironique, que le remède que je propose puisse être de quelque utilité? — Non certes, répondis-je aussitôt. Jamais on ne me persuadera que des choses appliquées extérieurement, et qui n'ont aucun rapport avec celles qui produisent intérieurement la maladie, puissent opérer une guérison par le secours de quelques paroles mystérieuses et de quelques charmes frivoles; non pas même quand on enfermerait seize belettes tout entières dans la peau du lion de Némée. — Mais vous êtes simple, repartit Dinomaque. Quoi! vous ignorez la vertu de ces secrets? Vous ne savez donc pas les recettes que l'on a pour guérir les fièvres périodiques, pour charmer les serpents, etc., recettes qui sont connues de toutes les vieilles, et dont elles font usage tous les jours? Que si leurs secrets réussissent, pourquoi ne voulez-vous pas que celui de Cléodème ait la même vertu? — Vous supposez ce qui est en question, lui répondis-je. Je nie toutes les cures de nos vieilles; et, si vous ne me donnez des raisons solides qui m'expliquent pourquoi la fièvre ou quelque autre maladie, épouvantée par quelque nom mystique ou par quelque mot étranger, prend la fuite et abandonne le corps de l'homme, tout ce que vous venez de dire se réduit encore à de véritables contes de vieilles. — Mais, reprit Dinomaque, puisque vous niez que des noms sacrés puissent chasser les maladies, vous nierez donc aussi l'existence des dieux? — Non, non, repris-je alors; ne confondons point les choses; rien n'empêche qu'il y ait des dieux, et que tous vos discours ne soient des fables. J'honore les dieux; je respecte les secours qu'ils ont donnés aux hommes par le moyen de la médecine. Esculape et ses descendants donnaient aux malades des remèdes salutaires; mais ils ne se servaient, pour les guérir, ni de lions, ni de belettes. »

« Laissez cet entêté, dit alors Ion; je vais vous rapporter un fait surprenant qui suffira pour le confondre. Je n'avais encore que quatorze ans lorsqu'on vint annoncer à mon père qu'un de ses esclaves, nommé *Midas*, avait été mordu à la jambe par une vipère, en travaillant à la vigne, et qu'il souffrait des douleurs extraordinaires. Nous vîmes bientôt le pauvre Midas lui-même, que ses compagnons rapportaient sur une civière, pâle, livide, enflé et à demi mort. Mon père se désolait de la perte d'un esclave qui était robuste et laborieux, lorsqu'un de ses amis lui dit: Ne vous affligez point; je vais vous amener un Chaldéen de ma connaissance qui le guérira sûrement. Il sortit aussitôt, et amena le Chaldéen, qui chassa le venin du corps de Midas, avec je ne sais quel charme, et par le secours d'une petite pierre du tombeau d'une jeune vierge qu'il lui attacha au pied. La guérison fut si subite et si parfaite que, l'instant d'après, Midas se leva gaiement, et chargeant sur son dos la civière sur laquelle on l'avait rapporté, s'en retourna vers sa vigne. Le même Chaldéen fit encore plusieurs autres prodiges. Étant un matin dans un champ, il prononça sept noms sacrés, qu'il lut dans un vieux livre, fit trois fois le tour du champ, le purifia avec du soufre et un flambeau, et donna ordre à tous les serpents du lieu de venir à lui. Aussitôt, aspics, serpents, vipères, accoururent en foule, attirés par la force de ses enchantements. Il n'y eut qu'un vieux serpent qui, accablé par les années, resta dans sa retraite, et n'obéit point. Le Chaldéen s'en aperçut, et dit: Ils ne sont pas tous ici. Alors il dépêcha le plus jeune serpent, avec ordre d'amener son vieux camarade, ce qui fut exécuté. Lorsqu'ils furent tous rassemblés, le magicien ne fit que souffler sur eux: aussitôt ils crevèrent tous.

« Dites-moi, dis-je alors au conteur, ce jeune serpent qui fut envoyé comme un ambassadeur vers le vieillard, lui donnait-il la main dans la route, ou le vieillard s'appuyait-il sur un bâton? — Vous plaisantez, me dit Cléodème; je n'en suis pas surpris: j'étais autrefois aussi incrédule que vous; mais depuis que j'ai vu un étranger, né dans les pays hyperboréens, voler dans l'air, se promener sur les eaux et marcher lentement au milieu des flammes, je me suis rendu à l'évidence — Quoi! lui répliquai-je, vous avez vu un Hyperboréen voler et marcher sur les eaux? — Oui, de mes propres yeux, me répondit-il; et je lui ai vu faire bien d'autres choses. Il rendait les femmes amoureuses, chassait les démons, ressuscitait les morts, et faisait descendre la lune. Je vais vous rapporter un de ses prodiges dont j'ai même été témoin.

« J'enseignais la philosophie à un jeune homme nommé Glaucias, plein d'esprit et de pénétration, qui avait déjà fait de grands progrès, et qui eût été bien plus loin, si l'amour ne l'eût détourné de l'étude. Glaucias était éperdument amoureux d'une fille nommée Chrysis, qui était sous la garde d'un père sévère. Il me découvrit sa passion et me demanda du secours. Touché de son état, je lui amenai cet Hyperboréen, auquel il donna une somme d'argent, avec promesse du triple s'il lui faisait avoir Chrysis. L'Hyperboréen attendit, pour opérer, que la lune fût dans son croissant; car c'est le temps favorable. Alors il creusa une grande fosse dans la cour du logis, et, vers minuit, il évoqua devant nous l'ombre d'Anaxicles, père de Glaucias, qui était mort depuis sept mois. Le vieillard s'emporta en invectives contre son fils, et contre sa passion imprudente; mais il se radoucit enfin, et lui permit de suivre son penchant. Le magicien nous fit voir ensuite Hécate, amenant avec elle le chien Cerbère; après quoi il fit descendre la lune. Nous vîmes avec surprise cet astre prendre d'abord la forme d'une femme, ensuite celle d'une belle vache, et enfin celle d'une petite chienne. Après nous avoir montré ces objets, l'Hyperboréen fit avec de la terre un petit Cupidon, auquel il dit: « Va-t'en, et nous amène Chrysis. » Le Cupidon partit. Peu de temps après, nous entendîmes frapper à la porte: c'était Chrysis elle-même. Elle entre; elle se jette au cou de Glaucias, et lui donne toutes les marques du plus violent amour. Elle demeura avec lui jusqu'au point du jour: alors elle se retira chez son père. La lune remonta au ciel, Hécate s'enfonça sous la terre, et tout rentra dans l'ordre naturel. Si vous aviez vu de pareils prodiges, ajouta-t-il en m'apostrophant, douteriez-vous de la puissance des charmes? — Non certes, répondis-je; mais mon incrédulité est excusable, puisque je n'ai jamais rien vu de semblable. Au reste, je connais cette Chrysis dont vous parlez: c'est une personne qui ne rebute aucun amant. Il était inutile d'employer, pour la faire venir, le messager de terre, le magicien, la lune, et tout cet attirail de spectres: avec vingt drachmes vous auriez fait aller jusque dans les pays hyperboréens. Elle se prête admirablement à cette dernière sorte d'enchantement. Bien différente de ces spectres que le son de l'airain et du fer font fuir, Chrysis accourt dès qu'elle entend le son de l'argent. Je ris aussi de la simplicité de votre magicien, qui, pouvant inspirer de l'amour pour lui aux femmes les plus riches, et faire par ce moyen une fortune brillante, s'amuse à rendre les femmes amoureuses des autres, pour un gain modique.

« Vous ne voulez rien croire, me dit Ion; mais que direz-vous de ceux qui chassent les démons? C'est cependant une chose vulgaire. Tout le monde connaît ce Syrien fameux, né dans la Palestine, qui délivre les possédés (1). Pendant qu'ils font leurs contorsions ordinaires et se remplissent la bouche d'écume, il interroge le démon qui les agite, et lui demande pourquoi il est entré dans leur corps? Le démon répond tantôt en grec, tantôt dans une autre langue, et ce Syrien, par ses conjurations et par ses menaces, le force à prendre la fuite. J'ai vu moi-même un démon noir et enfumé qui sortait du corps d'un de ces malheureux. — Je n'en suis pas surpris, répondis-je, puisque vous voyez bien les idées dont votre maître Platon donne la description; ces idées dont la forme est si subtile, qu'elle échappe aux faibles yeux des gens vulgaires...

« Eh quoi! dit Eucrates, Ion est-il le seul qui ait vu des démons? Pour moi j'en ai vu, non pas une fois, mais mille. Dans les commencements, ce spectacle me troublait; aujourd'hui j'y suis si accoutumé, que j'y fais à peine attention, depuis surtout qu'un Arabe m'a donné un certain anneau de fer, et m'a enseigné une formule qui consiste en plusieurs mots mystérieux. Vous avez sans doute vu, dans le vestibule de ma maison, une statue couronnée de guirlandes, et couverte de feuilles d'or: eh bien! cette statue descend toutes les nuits de dessus sa base, et se promène par toute la maison. Mes gens la rencontrent souvent qui chante: elle ne fait de mal à personne; il n'y a qu'à passer son chemin, sans lui rien dire. A chaque nouvelle lune, tous ceux de la maison ont coutume de lui faire une offrande, qui consiste en quelques oboles. Plusieurs ont été guéris, par son moyen, de maladies dangereuses; et par reconnaissance ils lui ont fait des présents qu'ils ont attachés avec de la cire à quelque partie de son corps. Une nuit, un de mes esclaves eut l'audace de lui dérober toutes ces offrandes; mais sa témérité ne resta pas impunie. Le malheureux ne put jamais retrouver son lit: il erra dans la maison, pendant toute la nuit, comme un insensé; et on le trouva, le lendemain matin, tenant encore en main ce qu'il avait volé. Je lui fis donner les étrivières; et la statue vint en outre, toutes les nuits, le déchirer à coups de fouet, avec tant de violence, que ce malheureux en mourut peu de jours après.

« J'ai aussi chez moi, dit le médecin Antigonus, une statue d'airain qui représente Hippocrate, et qui est de la hauteur d'une coudée. Elle a coutume de courir dans la

(1) Nos lecteurs comprendront de suite quel est ce Syrien fameux né dans la Palestine, dont parle Lucien. On sait que cet écrivain vivait dans le second siècle de l'ère chrétienne, et que Jésus-Christ ne lui était pas inconnu. Quelques-uns même ont avancé, mais à tort, qu'il était chrétien lui-même.

maison toutes les nuits; et, lorsque nous différons le sacrifice que nous avons coutume de lui offrir tous les ans, elle renverse les meubles, brise tout ce qu'elle rencontre, et fait un horrible dégât dans la maison.

« Écoutez, reprit Eucratès: voici quelque chose de plus surprenant, que j'ai vu moi-même il y a cinq ans, et dont je pourrais produire plusieurs témoins. Dans le temps des vendanges, me promenant un jour dans la campagne, vers l'heure de midi, je m'enfonçai dans un bois en rêvant. Tout à coup j'entends des chiens aboyer, et m'imagine que c'est mon fils qui s'amuse à chasser, lorsque je sens la terre trembler, et je vois approcher, avec un bruit égal à celui du tonnerre, une femme d'une taille gigantesque, tenant de la main gauche un flambeau, de la droite une épée longue de vingt coudées, ayant des pieds de dragon, un visage de Gorgone, des serpents pour cheveux et pour collier. »

En faisant ce récit, Eucratès montrait les poils de son bras, qui se dressaient d'horreur. Ion, Dinomaque et Cléodème, le corps penché, la bouche béante, l'écoutaient avec une attention puérile, et semblaient adorer intérieurement ce colosse monstrueux, cette femme gigantesque avec ses serpents. Hélas! disais-je en moi-même, voilà des vieillards, des philosophes, faits pour instruire la jeunesse, qui ne diffèrent des enfants que par la barbe et par les cheveux blancs. Ils se laissent bercer comme eux de fables surannées et de contes ridicules.

« Saisi d'horreur à ce spectacle, continua Eucratès, je tournai en dedans de ma main le chaton de l'anneau que l'Arabe m'avait donné. Cette femme terrible frappa la terre de ses pieds de dragon: il se fit tout à coup une grande ouverture où elle se précipita. Pour moi, saisissant un arbre voisin, j'avançai ma tête sur l'ouverture, et je vis tout ce qui se passait dans les enfers: j'y reconnus même quelques-uns de mes amis, et surtout mon père qui était encore vêtu des mêmes habits qu'il avait lorsque nous l'avons enseveli. Lorsque j'eus tout vu, l'ouverture se referma. Mes esclaves, qui me cherchaient, survinrent avant même qu'elle fût refermée, entre autres Pyrrhias, qui peut rendre témoignage de la vérité de ce que je raconte. Ecoute, Pyrrhias, dit-il : ne te souviens-tu pas de cette ouverture par où l'on voit l'enfer?
— Par Jupiter! rien n'est plus vrai, répondit Pyrrhias; j'ai même entendu Cerbère aboyer, et j'ai vu briller les flambeaux des furies. » Je ris beaucoup de ce témoin, qui ajoutait au récit de son maître les circonstances de l'aboiement et des flambeaux; mais je gardai le silence.

« La même chose m'est arrivée à peu près, dit Cléodème. Il n'y a pas encore longtemps, j'avais une fièvre violente, et l'on m'avait laissé seul par l'ordre du médecin; c'était Antigonus lui-même. Il espérait que je pourrais peut-être reposer. Mais il ne me fut pas possible. Ce fut alors que je vis un jeune homme extrêmement beau, vêtu de blanc, qui me fit lever, et, me prenant par la main, me conduisit par une ouverture jusqu'aux enfers, où je vis Tantale, Sisyphe et les autres. Je fus conduit au tribunal de Pluton, qui était occupé à visiter ses registres mortuaires, afin de voir ceux qui avaient rempli le terme prescrit. Il ne m'eut pas plutôt envisagé, qu'il entra en colère contre le jeune homme qui m'avait conduit. Celui que vous me présentez, lui dit-il, n'a pas encore achevé son temps : qu'il s'en retourne ; mais amenez-moi promptement le serrurier Démyle, qui a déjà passé les bornes marquées par les destins. Je m'en revins bien joyeux dans mon lit. Le voyage m'avait guéri de la fièvre. Quand on revint près de moi, on me trouva en bonne santé. Alors j'annonçai que le serrurier Démyle, qui était notre voisin, pouvait se disposer à partir pour l'autre monde; Il était malade en effet, et quelques jours après nous apprîmes sa mort. »

« Qu'y a-t-il d'étonnant à cela, dit Antigonus? Je connais un homme qui est ressuscité vingt jours après ses obsèques. Je l'ai traité avant sa mort et après sa résurrection. — Et comment se peut-il faire, lui demandai-je, qu'un corps ait pu résister vingt jours à la corruption? » En disant ces paroles, je vis entrer les enfants d'Eucratès, qui revenaient de leurs exercices. Le plus jeune était âgé de quinze ans. Après nous avoir salués, ils s'assirent auprès de leur père, et l'on m'apporta un autre siége. Alors Eucratès, montrant ses enfants : « Ainsi puissent-ils faire mon bonheur, dit-il, comme ce que je vais vous raconter est véritable ! On sait combien j'aimais leur mère, d'heureuse mémoire; je l'ai fait assez voir à sa mort en brûlant avec elle tous les ornements et toutes les parures qu'elle avait aimés pendant sa vie. Sept jours après ses funérailles, étant assis dans la place où je suis, et lisant, pour me consoler, le Traité de Platon sur l'immortalité de l'âme, je vis entrer ma femme, qui vint se placer où est mon fils cadet (le jeune homme tremblait et pâlissait à ce récit): aussitôt je l'embrasse et je commence à pleurer; mais elle, au lieu de me consoler, me reproche amèrement que j'avais manqué de brûler, avec le reste de ses ajustements, une de ses pantoufles brodées d'or, qu'elle nous dit être sous un coffre. Nous n'en savions rien; nous la croyions perdue. Je lui promis de la satisfaire sur ce point, lorsqu'un malheureux petit chien, qui était auprès de moi, commença d'aboyer, et fit disparaître ma chère femme. Nous trouvâmes en effet la pantoufle sous le coffre, et nous la brûlâmes. Oseriez-vous nier de pareils faits, ajouta-t-il, en m'adressant la parole ? »

L'arrivée du pythagoricien Arignote me sauva l'embarras de la réponse. A la vue d'un homme si célèbre et si respecté pour sa prudence et pour sa doctrine, je commençai à respirer. Voilà, me disais-je à moi-même, un puissant défenseur qui me survient : cet homme vénérable va fermer la bouche à ces conteurs de prodiges, et venger la vérité outragée. Arignote s'étant assis et ayant demandé des nouvelles de la santé d'Eucratès, s'informa du sujet de la conversation, et dit qu'il ne voulait pas l'interrompre. « Nous en étions à persuader à cette tête de fer, dit Eucratès en me montrant, qu'on voit souvent des démons, des spectres et des fantômes; que les âmes des morts errent sur la terre, et apparaissent quelquefois. » Je baissai les yeux, et je rougis, par respect pour Arignote. Alors, cet homme respectable, prenant la parole : « Peut-être, dit-il, n'a-t-il pas tout à fait tort. Il prétend sans doute que les âmes de ceux qui sont morts naturellement ne sont point errantes; qu'il n'y a que les âmes de ceux qui ont fini leurs jours par une mort violente. — Non, répondit Dinomaque, il ne fait point cette distinction. — Comment ! me dit Arignote, en jetant sur moi un regard d'indignation, vous niez absolument les apparitions des démons et des fantômes, dont il n'y a presque personne qui n'ait été témoin. — Pardonnez-moi, lui répondis-je; je ne crois rien, parce que je n'ai rien vu. — Eh bien ! reprit Arignote, si vous allez jamais à Corinthe, faites-vous montrer l'endroit dont le pythagoricien Arignote a chassé un démon. » Les assistants s'empressèrent de lui demander un détail plus long de cette histoire, et il continua :

« La maison était occupée par un spectre horrible, qui ne permettait à personne d'y habiter; j'en eus avis, et je m'y rendis, malgré les remontrances de mon hôte, muni d'un seul livre égyptien. J'entre seul à la lueur d'une lampe; je m'assieds à terre, dans un vaste appartement, et je commence à lire. Il était alors environ minuit. Le spectre vient. Il croyait avoir affaire à une homme ordinaire, de ceux qu'il avait déjà chassés plusieurs fois. Il pensait m'épouvanter par sa seule figure, qui était en effet des plus effroyables. Il me livra divers assauts, prit différentes formes; je le vis tantôt en chien, tantôt en taureau, tantôt en lion. Pour moi, n'ayant d'autres armes que mon livre égyptien, j'y lus plusieurs formules victorieuses qui repoussèrent le spectre, et le forcèrent de se retirer dans un coin de la maison. Je remarquai bien l'endroit où il s'enfonçait : je sortis ensuite, et revins trouver mon hôte, qui me croyait déjà mort. Je lui annonçai qu'on pouvait désormais habiter la maison sans crainte. Je l'y conduisis le lendemain, avec plusieurs autres personnes, et je fis creuser dans l'endroit où j'avais observé que le démon s'était retiré; l'on y trouva un cadavre dont la chair était toute rongée, et dont il ne restait plus que les os. »

Dès qu'Arignote eut fini son récit, tous les assistants jetèrent les yeux sur moi. Ils triomphaient, et me croyaient accablé par l'autorité d'Arignote, cet homme qui avait une si grande réputation de sagesse. Ils s'attendaient que j'allais enfin me rendre; mais, sans respect pour les cheveux blancs et pour la renommée du pythagoricien, je répliquai hardiment : « Quoi ! vous Arignote, vous, ma seule espérance, vous que je regardais comme le défenseur de la vérité, vous nous parlez aussi de spectres et de fantômes, et vous n'avez pas honte d'adopter et de débiter des contes ridicules ? — Mais, répondit Arignote, si vous ne voulez croire ni aucun des assistants, ni moi; nommez-nous donc quelqu'un que vous jugiez digne de foi, et auquel on puisse s'en rapporter sur ces matières. — Eh bien ! repartis-je, je vous nommerai le philosophe d'Abdère, le sage Démocrite. Il s'était retiré hors de la ville, au milieu des tombeaux, et là il passait les jours et les nuits dans l'étude de la vérité. Des jeunes gens essayèrent de lui faire peur. Ils se revêtirent d'habits lugubres, se couvrirent le visage de masques qui ressemblaient à des têtes de morts; et, dans cet équipage, ils allèrent pendant la nuit sauter autour de lui et faire mille contorsions. Démocrite, qui était alors occupé à écrire, fut si peu effrayé de cette mascarade, qu'il daigna à peine regarder ces prétendus fantômes, et, sans discontinuer son ouvrage, se contenta de leur dire : « Finissez ce badinage; » tant il était persuadé que les âmes une fois sorties de leurs corps ne reparaissent plus sur la terre. — Que faut-il conclure de ce discours ? dit Eucratès : que Démocrite n'était guère sage s'il pensait ainsi. Je vais opposer à l'autorité de Démocrite une aventure qui m'est arrivée à moi-même, et qui est bien capable de convaincre le plus incrédule.

« Mon père m'envoya en Égypte dans ma jeunesse pour m'instruire. Étant dans ce pays, l'envie me prit d'aller consulter la fameuse statue de Memnon, qui rendait des oracles lorsqu'elle était frappée par les rayons du soleil levant. Pendant mon voyage, je fis connaissance avec un sage de Memphis, qui était instruit de tous les mystères des Égyptiens. La déesse Isis lui avait appris la magie, et il avait passé vingt-trois ans dans les antres souterrains, appliqué à l'exercice de son art. — Je sais de qui vous voulez parler, dit Arignote; c'est de Pancrate, mon maître. Il a la tête rasée, porte un habit de lin, parle très-bien grec. Sa taille est fort grande, son nez camus, ses lèvres très-avancées, ses jambes fort minces. — C'est lui-même, reprit Eucratès. Je n'eus pas d'abord une grande opinion de son savoir; mais, lorsque je le vis prodiguer les miracles, monter sur le dos des crocodiles, badiner avec les animaux les plus féroces, qui le flattaient de la queue; je conçus pour cet homme extraordinaire une vénération profonde, et je tâchai de m'insinuer dans ses bonnes grâces. J'y réussis, et nous devînmes si amis qu'il me persuada de laisser tous mes gens à Memphis, et d'achever la route avec lui, m'assurant que nous ne manquerions pas de monde pour nous servir. En effet, lorsque nous arrivions dans quelque hôtellerie, mon homme prenait le gond d'une porte, une solive, un balai, ou quelque autre chose de cette nature; il l'habillait, et, par la vertu de quelques paroles, il lui donnait une figure humaine et du mouvement; puis il lui intimait ses ordres comme à un esclave. Cette machine animée les exécutait fidèlement : elle allait puiser de l'eau, préparait les repas, nous servait à table. Lorsqu'on n'avait plus besoin de son ministère, l'Egyptien lui rendait sa première forme, par le moyen de quelques autres paroles. Charmé d'un secret si utile, je le pressai en vain de me l'apprendre : il n'y voulut point consentir. Mais un jour, caché dans un coin à son insu, j'entendis les paroles magiques qu'il prononçait pour opérer cette métamorphose, et je les retins, dans le dessein d'en faire usage. Le lendemain, je saisis un moment qu'il était sorti : je pris une solive, je l'habillai, et prononçai les paroles que j'avais entendues : je lui ordonnai ensuite de puiser de l'eau; elle obéit. Lorsqu'il y en eut assez, je lui commandai de finir et de reprendre sa première forme ; mais je ne savais pas les paroles qu'il fallait employer pour cela : elle ne m'écouta point, et continua de puiser l'eau, tant qu'enfin la maison en fut remplie. Irrité de l'obstination de la solive, je pris une hache, et la coupai en deux. Mais cet expédient ne fit qu'augmenter mon embarras ; au lieu d'un puiseur d'eau, j'en eus deux qui travaillaient sans relâche. Sur ces entrefaites, le magicien arriva ; et voyant aussitôt de quoi il s'agissait, il remit les deux morceaux de la solive dans leur état naturel ; puis il disparut sans me rien dire, et je ne l'ai jamais revu depuis.

« Ainsi, vous pourriez donc encore, lui dit Dinomaque, faire un homme d'une solive? — Oui, sans doute, répondit Eucratès ; mais je ne pourrais pas lui rendre sa première forme. Dès que je lui aurais commandé une chose, il ne cesserait jamais de la faire, et il me serait beaucoup plus inutile. Alors, perdant patience, je m'écriai : « Cessez donc, vieillards imprudents, de raconter de pareilles absurdités ; respectez du moins ces jeunes gens, et ne les remplissez pas de vaines terreurs qui les accompagneront le reste de leur vie, et les feront trembler au moindre bruit. » Eucratès ne répondit à ces reproches qu'en s'embarquant dans une nouvelle narration au sujet des oracles. Je ne jugeai pas à propos d'en attendre la fin ; et, voyant que ma présence les gênait depuis longtemps, je me retirai, au milieu du récit, et les délivrai d'un censeur importun.

MAGISME. On trouverait difficilement, dans toute l'antiquité païenne, rien qui fût comparable à la simplicité à la fois sévère et sublime de la religion fondée par les mages de la Perse. « Le sabéisme, dit Creuzer, y est tellement idéalisé, le culte des éléments si épuré, tous les objets de l'adoration publique et privée si rigoureusement subordonnés à la notion d'un être bon, auteur, protecteur et sauveur du monde, qu'on ne saurait sans injustice taxer d'idolâtrie les sectateurs d'une telle doctrine. » Nous admettons ce jugement de Creuzer, en le restreignant toutefois aux premiers sectateurs du magisme, car il est certain que leurs descendants ont rendu des honneurs idolâtriques à l'élément du feu.

Cette croyance paraît remonter à l'époque la plus reculée ; les Perses parlent de quatre grandes dynasties qui successivement régnèrent sur leurs ancêtres, et sous lesquelles les hommes, étroitement unis à Dieu, ne reconnaissaient qu'une seule divinité, ne suivaient qu'une seule loi. Mais cette religion simple et pure embrassa bientôt l'adoration des corps célestes ; et des hommages publics, assujettis à des cérémonies et à des rites multipliés, furent adressés aux génies planétaires. Les saines notions s'effacèrent peu à peu ; la méchanceté des créatures terrestres et aériennes s'accrut en proportion. Enfin parut la dynastie des Pischdadiens, ou des premiers distributeurs de la justice. Kayoumors, le chef de cette race royale, entreprit de mettre un terme au désordre. Il tira de l'oubli les règles de l'équité et voulut qu'elles fussent observées. Beaucoup d'hommes et de génies pervers s'insurgèrent contre lui, mais il les défit et consolida son empire. Houscheng, son petit-fils, qui lui succéda, pratiqua la justice, et institua le culte du feu. Vint ensuite le prince Tahmouras, qui, dit-on, fit la guerre aux Dews ou esprits malfaisants, les chassa du milieu des hommes et les relégua dans les flots de la mer et dans les solitudes des montagnes ; on ajoute qu'il fut le premier qui se livra à la pratique de la magie et des enchantements, science qu'il avait apprise d'un Dew tombé en son pouvoir. L'idolâtrie fleurit de nouveau sous Djemschid, son successeur, prince auparavant vertueux, mais qui se laissa séduire par le démon.

« Au commencement de chaque mois, dit M. Dubeux, Djemschid rendait la justice à ses sujets ; et 700 ans se passèrent ainsi, sans que ce prince eût eu à supporter la moindre maladie et le moindre sujet d'affliction. Un jour, qu'il était seul dans son palais, Ahrimane, l'esprit de ténèbres, entra par la fenêtre et lui dit : Je suis un génie venu du ciel pour te donner des conseils. Sache donc que tu te trompes, lorsque tu t'imagines n'être qu'un homme. Les hommes tombent malades ; ils éprouvent des chagrins, et des traverses, et sont soumis à la mort. Tu es exempt de tous ces maux, parce que tu es dieu. Apprends que tu étais d'abord dans le ciel, et que le soleil, la lune et les étoiles étaient sous ton obéissance. Tu descendis sur la terre pour rendre la justice aux hommes et remonter ensuite au ciel, ta première demeure. Mais tu as oublié ce que tu es. Moi, qui suis un génie qu'aucun homme ne pourrait voir face à face sans mourir, je viens te rappeler ton essence. Fais-toi donc connaître aux hommes. Ordonne-leur de t'adorer, et que tous ceux qui refuseront de se prosterner devant toi soient condamnés aux flammes. Djemschid suivit le conseil d'Ahrimane, et fit périr un grand nombre de personnes qui refusaient de reconnaître sa divinité. Il envoya ensuite cinq lieutenants, qui parcoururent tout l'univers avec d'innombrables armées. Chacun de ces lieutenants avait une image de Djemschid devant laquelle les hommes étaient tenus de se prosterner; et il disait : Cette image est votre dieu ; adorez-la, autrement vous périrez par le feu. Beaucoup d'hommes commirent le mal et se livrèrent à l'idolâtrie par la crainte de la mort. Ces actes impies éloignèrent de Djemschid le cœur de ses sujets. » Ce prince fut attaqué par Dhohac ou Zohac, qui le vainquit, le poursuivit de contrée en contrée et enfin le mit à mort. Djemschid fut d'abord condamné pour ses crimes aux flammes de l'enfer ; mais Ormuzd, l'esprit de lumière, lui pardonna ensuite, à la prière de Zoroastre.

« C'est sous le règne de Djemschid, dit M. Clavel, qu'Ormuzd, le bon principe, envoya parmi les Perses le grand prophète Hom, *l'arbre de la connaissance de la vie, la source de toute bénédiction*, pareil à l'Hermès de l'Égypte, au Bouddha de l'Inde, et dont le nom rappelle le trigramme sacré des brahmanes, *aum*. Ce prophète, disent les traditions des Perses, est le fondateur du magisme. On l'avait surnommé Zaéré, couleur d'or, et cette épithète l'a fait confondre avec le véritable Zoroastre, de beaucoup postérieur, et qui s'appelle en zend, ou ancien persan, Zéréthoschtro. Hom, dit un historien, élève des brahmanes, peut-être Indien lui-même, apporta en Perse les lumières qu'il avait puisées sur les rives du Gange. A partir de ce moment, la Perse eut des docteurs, des moghs ou mages, conservateurs et maîtres de la loi révélée par Hom, et qu'Hérodote nous présente comme une tribu particulière, semblable aux lévites d'Israël et aux Chaldéens d'Assyrie. Dans le nouveau culte, on n'érigeait aux dieux ni statues, ni temples, ni autels ; on offrait les sacrifices à ciel découvert, presque toujours au sommet des montagnes, et l'on voit en effet Khosrou ou Cyrus s'acquitter de ce devoir en rase campagne. C'est vraisemblablement sur l'avis et à la sollicitation des mages que Bahman ou Xerxès brûla tous les temples de la Grèce, regardant comme chose injurieuse à la Divinité de la renfermer dans des murailles, elle à qui tout est ouvert, et dont l'univers entier doit être considéré comme la maison et le sanctuaire. »

Enfin parut Zoroastre, le dernier réformateur du magisme, à une époque qui n'est pas exactement déterminée, mais qui paraît devoir être circonscrite vers la fin du VIᵉ siècle avant Jésus-Christ. « Il s'annonça, dit l'écrivain cité plus haut, comme un prophète envoyé par Ormuzd pour corriger les mœurs et rétablir la foi. Il ne manqua pas de rattacher sa mission, ses enseignements, tout son caractère, à des noms autrefois révérés par les peuples de la Perse, et de se présenter comme l'interprète et le continuateur de Houscheng, de Djemschid et de Hom. Des débris épars de l'ancienne loi, il forma un corps de doctrine qui devint bientôt le code religieux des Perses, des Assyriens, des Parthes, des Bactriens, des Mèdes, des Corasmiens et des Saïques, et qui pénétra ensuite dans la Judée, dans la Grèce et dans tout l'empire romain. Il fit aussi élever des temples pour y adorer et pour y conserver, avec le soin le plus attentif, le feu sacré qu'il prétendait avoir rapporté du ciel avec le *Zend-Avesta*, livre divin dont l'Eternel l'avait chargé de répandre la connaissance. » Il fit adopter sa réforme par le souverain, qui ne tarda pas à l'imposer à la plus grande partie de ses sujets. Satisfait d'avoir ainsi conduit son œuvre à bonne fin, il établit sa résidence à Balkh, prit le titre de Mobed des Mobeds, c'est-à-dire de pontife suprême, et appliqua tous ses efforts à propager l'exercice de son culte.

Suivant sa doctrine, continue M. Clavel, le premier de tous les êtres est *Zérouané-Akéréné*, le temps sans bornes, à qui l'on donne ce nom parce qu'on ne saurait lui assigner aucune origine. Il est tellement enveloppé dans sa gloire ; sa nature et ses attributs sont si peu accessibles à l'intelligence humaine, qu'il faut se borner à lui payer le tribut d'une silencieuse vénération. De cette divinité suprême est primitivement émané *Zérouané*, le temps, la longue période, ou année du monde, équivalant à 12,000 révolutions complètes du soleil. C'est dans le sein de ce second être que repose l'ensemble de l'univers. De l'Eternel est également émanée la lumière pure, et de celle-ci le roi de lumière, *Ormuzd*, qui est aussi *Honover*, le verbe, la volonté divine. Cette parole mystérieuse est le fondement de toute existence, la source de tout bien. La loi de Zoroastre en est comme le corps, et c'est pour cette raison qu'on la nomme *Zend-Avesta*, la parole vivante. Quoiqu'il n'occupât que le quatrième rang dans la hiérarchie divine, Ormuzd était appelé le premier-né des êtres. Il est le principe des principes, la substance des substances, le dispensateur du savoir : c'est lui qui vivifie et nourrit toutes choses.

Par opposition nécessaire, indispensable à la lumière, à Ormuzd, naquirent les ténèbres ou Ahrimane, le second-né de l'Eternel, le mauvais principe, la source de toute impureté, de tout vice, de tout mal. Emané, comme Ormuzd, de la lumière primitive, et non moins pur que lui, mais ambitieux et plein d'orgueil, Ahrimane était devenu jaloux du premier-né. Sa haine et son orgueil l'avaient fait condamner par l'Etre suprême à habiter, pendant une période de douze mille ans, les espaces que n'éclaire aucun rayon de lumière, le noir empire des ténèbres.

Au moyen de la parole, Honover, Ormuzd fabriqua l'univers. D'abord il créa à son image six génies, qui entourent son trône, qui sont ses organes auprès des esprits inférieurs et auprès des hommes, qui lui en transmettent les prières, obtiennent pour eux sa faveur et leur servent eux-mêmes de modèles de pureté et de perfection. Ces esprits forment, avec Ormuzd leur chef, les *Amschaspands*. Il créa ensuite les génies des deux sexes, nommés *Izeds*, au nombre de vingt-huit, qui, de concert avec lui et avec les Amschaspands, veillent au bonheur, à la pureté et à la conservation du monde, dont ils sont les gouverneurs; président aux éléments, aux astres, aux mois, aux jours et aux divisions du jour. Ormuzd donna encore naissance aux *Gahs*, izeds surnuméraires qui commandent aux jours épagomènes et aux cinq parties de la journée ; enfin aux Férouers, prototypes et modèles de tous les êtres, idées que le premier-né du temps sans borne consulte toujours avant de procéder à la formation des choses.

Ormuzd, continuant son œuvre, édifia la voûte des cieux, et la terre sur laquelle elle repose. Il fit la haute montagne Albordj, qui a sa base sur notre globe, et dont le sommet, traversant toutes les sphères célestes, s'élève jusqu'à la lumière primitive. C'est sur cette montagne qu'il a fixé sa demeure. Au-dessous de son trône, il créa le soleil, la lune, les étoiles et la multitude des étoiles fixes. N'oublions pas de mentionner la création du taureau primordial, qui renfermait en lui les germes de tous les animaux et de tous les végétaux.

Pendant qu'Ormuzd créait et disposait ainsi les choses pures, Ahrimane de son côté ne demeurait pas oisif, et donnait l'existence à une foule d'êtres malfaisants comme lui. Aux sept Amschaspands, il opposa sept *Darvands* ou archi-Dews, destinés à paralyser leurs efforts pour le bien et à y substituer le mal. Pour résister aux Izeds et aux Férouers, il produisit l'immense cohorte des Dews, qu'il chargea de répandre dans le monde les voluptés physiques et morales, la fausseté, la calomnie, l'ivresse, les maladies, la pauvreté. Il y eut en outre des génies d'un ordre inférieur, subordonnés aux Darvands et aux Dews, et qui exécutaient aveuglément leurs ordres.

Ces deux créations avaient duré 6000 ans; savoir 3000 ans pendant lesquels Ormuzd travailla seul, et 3000 ans pendant lesquels il fut traversé par Ahrimane. Alors ce dernier, avec tous les esprits impurs, fit invasion dans l'empire de la lumière, et parvint jusque dans les cieux ; puis il s'élança sur la terre sous la forme d'un serpent, pénétra jusqu'au centre de notre globe, et s'insinua dans tout ce qu'il contenait : dans le taureau primordial, où étaient déposés les germes de toute vie organique, qu'il altéra ; dans le feu, ce symbole visible d'Ormuzd, qu'il souilla par le contact de la fumée de la terre. Le taureau frappé par Ahrimane donna naissance aux êtres terrestres ; l'homme sortit de ses épaules, les animaux durent la vie à sa semence, et toutes les plantes germèrent du reste de son corps. Cette nouvelle création avait encore eu lieu sous les auspices d'Ormuzd, ce qui augmenta la rage d'Ahrimane ; celui-ci mit tout en œuvre pour séduire l'homme et le corrompre ; il y réussit. (*Voy.* Meschia et Meschiané.) Enfin la lutte d'Ahrimane avec Ormuzd doit durer 6000 ans, espace de temps égal à la durée de la création. A la fin du monde Ahrimane sera définitivement vaincu par son céleste compétiteur ; la terre sera régénérée, les ténèbres disparaîtront, et avec elles la douleur, les tourments et l'enfer. Ormuzd régnera seul, et le chef des démons, entouré des innombrables légions des Dews, offrira en commun avec lui un sacrifice éternel à l'Etre suprême et infini. *Voy.* Cosmogonie au Supplément.

« Les points essentiels de la doctrine des mages se réduisaient à ceci : *Confesser Ormuzd, le roi du monde, dans la pureté de son cœur ; célébrer les œuvres de ce dieu suprême ; reconnaître Zoroastre comme prophète ; détruire le royaume d'Ahrimane.* De là découlaient les préceptes religieux et moraux. En commençant sa journée, le fidèle devait tourner ses pensées vers Ormuzd ; il devait l'aimer, lui rendre hommage et le servir. Il était tenu d'être probe, charitable ; de mépriser les voluptés corporelles ; d'éviter le faste et l'orgueil, le vice sous toutes ses formes, et surtout le mensonge, un des plus grands péchés dont l'homme puisse se rendre coupable. Il lui était prescrit d'oublier les injures et de ne s'en pas venger ; d'honorer la mémoire des auteurs de ses jours et de ses autres parents. Le soir, avant de céder au sommeil, il fallait qu'il se livrât à un rigoureux examen de conscience, et qu'il se repentît des fautes qu'il avait eu la faiblesse ou le malheur de commettre. Il lui était commandé de voir dans le prêtre le représentant d'Ormuzd sur la terre, de suivre ses conseils, d'obéir à ses décisions, et de lui payer fidèlement la dîme de ses revenus. Il était obligé de prier, soit pour obtenir la force de persévérer dans le bien, soit pour se faire absoudre de ses égarements. Il avait pour devoir de laver ses souillures par des ablutions, et de se confesser, ou devant le mage ou près de quelque laïque renommé pour sa vertu, ou, à défaut de l'un et de l'autre, en présence du soleil. Le jeûne et les macérations lui étaient interdits ; il devait au contraire se nourrir convenablement, et entretenir par ce moyen la vigueur de son corps : cette précaution rendait son âme assez forte pour résister aux suggestions des génies de ténèbres. D'ailleurs, est-il dit, l'homme qui n'éprouve aucun besoin lit la parole divine avec plus d'attention et a plus de courage pour faire les bonnes œuvres. C'est par une raison analogue qu'il était ordonné au Perse de détruire les insectes, les reptiles et les bêtes venimeuses et malfaisantes. Le mariage n'était pas une obligation moins impérieuse pour lui. Celui qui n'est pas marié, dit la loi, est au-dessous de tout. L'union la plus méritoire est celle qui avait lieu entre parents. C'était un crime d'empêcher une fille de se marier. Celle qui, par sa faute, était encore vierge à l'âge de dix-huit ans, et qui mourait dans cet état de péché, était vouée aux tourments de l'enfer jusqu'à la résurrection. » (B. Clavel, *Histoire pittor. des Religions.*) *Voy.* Mages, Parsis, Guèbres, Feu, n° 2.

MAGLANTE, divinité adorée par quelques indigènes des îles Philippines ; son nom signifie, dit-on, qui lance la foudre.

MAGMENTUM, pour *majus augmentum*, ce qu'on ajoutait par surcroît aux sacrifices,

Festus dit que c'était une offrande de mets que les gens de la campagne faisaient à Janus, à Sylvain, à Mars et à Jupiter.

MAGNÉTISME. Il n'est pas de notre plan de parler ici du magnétisme comme art réel ou prétendu; nous ne le mentionnons que parce que, dans le siècle dernier, il a été considéré par quelques-uns comme lié au spiritualisme. C'est par l'action de l'âme sur les objets créés que certains théosophes expliquaient les phénomènes de la nature, l'harmonie entre les êtres corporels et le monde intellectuel. Ils exigeaient la confiance en Dieu, la résignation à ses volontés, le désir ardent et sincère de connaître la vérité, comme dispositions nécessaires et indispensables pour être en communication avec les êtres immatériels, par une sorte d'initiation, dont les formes sont conservées dans une tradition orale. Plusieurs soutenaient cette doctrine sans prétendre pour cela porter atteinte au dogme; mais il y en avait quelques-uns qui franchissaient les limites de l'orthodoxie. Le baron d'Hénin reprochait, en 1814, à Puységur, à Deleuze et à leurs adhérents, qu'il appelait *fluidistes-magnétistes*, de donner à la pratique du magnétisme animal les caractères d'une religion mystique et superstitieuse, en exigeant une foi implicite. — D'autres, au contraire, le regardaient comme l'œuvre du démon. Maintenant on s'accorde presque généralement à considérer le fluide magnétique comme un agent naturel, dont cependant on ne connaît pas encore toutes les forces, et dont il est très-facile d'abuser.

MAGOPHONIE, fête que les anciens Perses célébraient en mémoire du massacre des mages, et en particulier de Smerdis, qui avait usurpé le trône après la mort de Cambyse. Darius, fils d'Hystaspe, élu roi à la place du mage, voulut en perpétuer le souvenir par une grande fête annuelle, appelée par les Grecs Magophonie. Ce jour-là aucun mage n'osait paraître en public.

MAGRÉBIS, une des sectes des Juifs orientaux, mentionnée par l'historien arabe Macrizi, qui ne donne point de détails sur elle. Son nom signifie *occidentaux*.

MAGUADAS, vierges qui chez les Guanches étaient chargées de conférer aux enfants nouveau-nés une sorte de baptême, en leur lavant la tête.

MAGUSAN, dieu des anciens Bataves, représenté la tête couverte d'un grand voile qui lui descend sur les bras. Il tient d'une main une grande fourche appuyée contre terre, et de l'autre un dauphin. A côté de lui est un autel, d'où sortent de longues feuilles pointues commes des joncs marins, et de l'autre côté est un poisson ou un monstre de mer. Il paraîtrait ainsi être le Neptune du pays où il était honoré. Cependant Olaüs Rudbeck interprète son nom par *vaillant*, et le regarde comme l'Hercule des Bataves. Les anciens l'ont également considéré comme une des personnifications de ce héros, car on a trouvé dans l'île de Walcheren une inscription latine portant ces mots : *Herculi Magusano*.

MAH, génie de la théogonie des Mages ou Parsis; c'est l'Ized ou génie protecteur de la Lune.

MAHA-BALI, ancien mouni indien qui, par ses austérités, avait mérité de devenir le souverain des trois mondes, c'est-à-dire de la terre, du ciel et des enfers; et comme il avait accompli cent fois le sacrifice du cheval, il avait droit au titre d'Indra; mais il abusa de son autorité, et fit gémir sous sa tyrannie tous les êtres soumis à son empire. Les Dévas eux-mêmes durent craindre d'être forcés à abandonner les demeures célestes. Vichnou résolut de remédier à cet état de choses, et, à cet effet, prit la forme d'un brahmane nain. Il se rendit à la cour de Maha-Bali, et lui demanda, pour se bâtir une cabane, l'étendue de terrain qu'il pourrait franchir en trois pas. Cette demande parut si modeste au souverain, qu'il allait la lui accorder à l'instant, lorsque sa femme, qui n'était autre que l'étoile de Vénus, soupçonnant quelque supercherie, s'y opposa de toutes ses forces; mais Maha-Bali, refusant d'être parjure, voulut ratifier sa promesse, selon l'usage du temps, qui consistait à emplir sa bouche d'eau et à la répandre sur les mains du donataire. Sa femme se métamorphosa aussitôt en étoile, se glissa dans le gosier du prince sans qu'il s'en aperçût, afin que l'eau qu'il avait avalée ne pût ressortir. Le prince, sentant son gosier bouché sans en soupçonner la cause, et ne respirant plus qu'avec peine, demanda un stylet de fer et l'enfonça bien avant dans son gosier, ce qui eut pour résultat de crever un œil à la fidèle étoile, qui méritait un meilleur sort; mais en même temps l'eau trouva une issue, et Maha-Bali la répandit sur la main du nain divin, qui changea aussitôt de forme, et parut sous les traits d'un géant d'une grandeur si prodigieuse que l'univers entier suffisait à peine à le contenir. D'un pas il enjamba la terre, du second le ciel, et tenant le pied suspendu, il demanda au prince atterré où il devait le poser pour le troisième pas? — « Sur ma tête », répondit le malheureux Maha-Bali, qui vit qu'il ne lui restait plus d'espoir. Le dieu abaissa son pied sur la tête du tyran, et le repoussa au fond des enfers. Maha-Bali demanda à Vichnou de lui laisser au moins l'empire des régions infernales, ce que ce dieu lui accorda volontiers. En effet, Maha-Bali siége maintenant comme juge des Patalas.

MAHABHARATA, le second grand poëme épique des Hindous, et qui fait partie des livres sacrés. Il contient le récit de la guerre qui éclata entre les descendants de Bharata, prince de la dynastie lunaire, au sujet de la succession au trône. Ce poëme porte un caractère philosophique très-prononcé, et contient une multitude d'épisodes qui en font une espèce d'encyclopédie mythologique, et entre autres le Bhagavat-Guita, ou chant divin, qui est d'une haute portée sous le rapport théologique. Valmiki, disent les Indiens, fut invité à célébrer en vers la querelle des Pandavas et des Kauravas, comme il avait chanté les hauts faits de Rama. Sur son refus, Parasara et Vyasa, son fils, essayèrent quelques vers : ceux du fils furent approuvés, et Vyasa devint le chantre des Pandavas. Cette anecdote, dit M. Langlois, est un conte fondé sur un anachronisme, car on fait Valmiki contemporain de son héros, et Vyasa n'a pu vivre que plusieurs centaines d'années après lui. Au reste, le nom de Vyasa désigne simplement un compilateur, c'est pourquoi on lui attribue un nombre d'ouvrages qui surpasserait les forces d'un seul homme. Le Mahabharata est un poëme de longue haleine, il contient cent mille slokas ou distiques, partagés en dix chants. On suppose que les Richis ayant mis dans les deux plateaux d'une balance d'un côté ce poëme, de l'autre les quatre Védas, le plateau où se trouvait le poëme l'emporta ; ce qui lui a mérité le titre de *Mahâ* ou grand. Au reste, il est le recueil de l'histoire antique de l'Inde, embellie par la riche imagination d'un poëte, mais précieuse sous le rapport des traditions que l'on peut dégager des fables. Plusieurs commentateurs indiens modernes sont enclins à le considérer comme une allégorie des combats entre les vertus et les vices.

MAHA-DAMAI-PRAVAI, le septième enfer des Djaïnas. Les maux qu'on y endure sont au-dessus de toute expression. C'est là que sont relégués les scélérats les plus corrompus, qui ne verront finir leurs horribles et continuelles souffrances qu'au bout de trente-trois mille ans révolus. Les femmes, que la faiblesse de leur complexion rend incapables de supporter d'aussi rudes épreuves, ne vont jamais, quelque perverses qu'elles aient été, dans cet épouvantable Maha-damaï-pravaï.

MAHADÉVA. Ce mot signifie *grand dieu*, c'est une épithète qu'on donne ordinairement à Siva, troisième dieu de la triade hindoue. Voici, d'après M. Langlois, comment Siva a obtenu ce titre. Les trois personnes de la triade se disputaient pour savoir quel était entre eux le premier-né. Siva résigna ses prétentions en faveur de celui qui atteindrait sa tête ou ses pieds. Brahmâ soutint qu'il avait touché sa couronne, et appuya son mensonge par un serment. Vichnou, plus franc, avoua qu'il n'avait pu atteindre ses pieds. Pour punir Brahmâ, Siva lui abattit une de ses têtes, et accorda à Vichnou la prééminence que perdait son rival. C'est pourquoi les Hindous sont divisés en deux classes, les adorateurs de Vichnou et ceux de Siva, mais il n'y a point de culte particulier rendu à Brahmâ.

MAHA-GANAPATI, dieu du panthéon hindou ; le même que GANA ou GANESA. *Voy.* ces articles. On comptait autrefois, dans les Indes, une classe particulière d'adorateurs de Maha-Ganapati.

MAHA-GOUROU, nom que les Bouddhistes indiens donnent au Grand Lama du Tibet. Ce mot signifie *grand pontife, grand maître spirituel*.

MAHA-ISWARA, c'est-à-dire le *grand maître* ou le *grand dieu* : c'est le huitième des Dévas principaux des Bouddhistes de l'Inde, et le même que le Siva des Brahmanistes. Comme celui-ci, on le représente avec trois yeux, monté sur un taureau blanc, et tenant à la main une épousette de la même couleur. Sa force est irrésistible, sa majesté inexprimable. Entre autres facultés dont il est doué, il peut connaître exactement le nombre des gouttes de pluie qui tombent dans un grand chiliocosme. Son autorité s'étend sur toutes les parties d'une de ces agrégations d'univers.

MAHAKALA, c'est-à-dire le *grand noir*. 1° C'est un des noms de Siva. Kala est le temps, le dieu destructeur, représenté sous une couleur noire. Sous cette forme on l'appelle encore *Djagad-bhakchaka*, ou le mangeur de monde ;

2° Les Bouddhistes du Népal le vénèrent comme une divinité particulière de leur panthéon, et placent son image dans les temples de Chakya-Mouni, avec celles de Ravana et d'Hanouman. Mahakala est regardé par la secte Swabhavika, comme né spontanément, et est invoqué par elle comme Vadjravira. Les Aïswarikas, au contraire, le considèrent comme fils de Parvati et de Siva.

3° Parmi les Brahmanistes, c'est encore le nom du principal officier de Siva, plus connu sous le nom de Nandi ; c'est le portier de ce dieu. *Voy.* NANDI.

MAHALIGUÉ-PATCHON, fête que les Tamouls célèbrent le lendemain de la pleine lune de septembre : elle dure quinze jours et n'est célébrée que dans les maisons ; son objet est d'obtenir le pardon des défunts. Pendant sa durée, on fait pour eux le *Darpenon*, et on donne l'aumône aux brahmanes, soit en argent, soit en toiles ou en légumes. *Voyez* DARPENON.

MAHA-MAYA, ou la *grande illusion* : déesse adorée par les Bouddhistes du Népal, qui la regardent comme le symbole de la nature. Presque tous les Bouddhistes en font la mère de Chakya-Mouni, le Bouddha des temps actuels. Ils disent qu'elle devint enceinte par la vertu des rayons du soleil. Confuse de l'état où elle se trouvait, parce qu'elle était vierge, elle alla cacher sa honte dans une épaisse forêt. C'est sur le bord d'un lac que, sans avoir éprouvé les douleurs ordinaires de l'enfantement, elle mit au monde son enfant, qui était d'une beauté ravissante. Ne pouvant le nourrir faute de lait, ni le voir expirer sous ses yeux, elle s'avança dans le lac, et le plaça sur le bouton d'une fleur de lotus qui lui ouvrit aussitôt son sein, et le referma dès qu'elle eut reçu ce précieux dépôt. *Voy.* MAYA.

MAHA-MÉROU, montagne célèbre dans les mythologies brahmanique et bouddhique ; elle est comme le centre et le point cardinal de la terre et du ciel ; elle est d'une forme conique, contournée en hélice, et divisée par étages. Au premier étage, du côté du nord, est le *Swarga*, paradis d'Indra ; à gauche, du côté de l'est, et un étage plus haut, le *Kailasa*, paradis de Siva ; puis un étage plus haut, et du côté du midi, le *Vaikounta*, paradis de Vichnou ; enfin, sur la cime de la montagne, le *Satya-loka*, paradis de Brahmâ. *Voy.* MÉROU.

MAHA-MOUNI, c'est-à-dire le *grand pénitent, de grand saint*; les Bouddhistes de l'Inde et du Tibet désignent par cette expression le fameux Chakya-Mouni, Bouddha des temps actuels. *Voy.* CHAKYA-MOUNI.

MAHA-NARAKA, ou le *grand enfer;* la septième des demeures infernales des Hindous brahmanistes.

MAHA-NAVAMI, c'est-à-dire la *grande fête de neuf jours*; elle est solennisée par les Hindous le 10 du mois de kouar (octobre). Cette fête, qui a pour objet principal d'honorer la mémoire des ancêtres, est tellement obligatoire, que celui qui n'a pas les moyens de la célébrer doit vendre un de ses enfants pour se les procurer. Chaque famille offre à ses ancêtres défunts les sacrifices accoutumés, et des cadeaux de toile neuve, à usage d'homme et de femme, pour qu'ils aient de quoi se vêtir. Cette fête dure neuf jours.

Elle est aussi celle des universités et des écoles du pays. Les étudiants, parés avec élégance, parcourent chaque jour les rues, en chantant de petits poëmes composés par leurs professeurs, qui marchent à leur tête, et ils vont les répéter devant la porte de leurs parents et celle des principaux habitants du lieu : ils exécutent en même temps des danses et des jeux fort innocents, en frappant en mesure et avec assez de grâce et de précision, sur de petites baguettes. Cet exercice terminé, les professeurs reçoivent une gratification en argent des personnes auxquelles ils ont procuré cet honorable passe-temps. Le dernier jour de la fête, les sommes qu'ils ont recueillies sont consacrées en partie à un régal qu'ils donnent à leurs élèves, et ils empochent le reste.

C'est aussi la fête des militaires. Les princes et les gens de guerre offrent, avec la plus grande solennité, des sacrifices aux armes offensives et défensives dont ils se servent dans les combats. Toutes ces armes étant réunies dans un même lieu, on fait venir un brahmane Pourohita, qui les asperge d'eau lustrale, en fait autant de divinités par la vertu de ses mantras; il offre le poudja, puis se retire; un bélier est amené en pompe, au son des tambours, des trompettes et autres instruments de musique, et est immolé en l'honneur de ces divers instruments de destruction. Ce cérémonial est observé avec le plus grand appareil non-seulement par les princes et les militaires indigènes, mais encore par les Mahométans, qui ont adopté sans restriction cette pratique idolâtrique des Hindous. Cette fête, qui porte le nom d'*Ayouda-Poudja*, sacrifice aux armes, est tout à fait militaire; et les indigènes qui ont embrassé la profession des armes, païens, mahométans ou chrétiens, ne se font aucun scrupule de concourir à cette solennité.

Pour augmenter l'éclat de la fête, les princes donnent des spectacles auxquels accourt une foule immense de curieux. Ces spectacles sont à peu près dans le goût de ceux des anciens Romains. Ils consistent en des combats d'animaux entre eux ou contre des hommes, mais surtout en combats d'homme à homme. Des athlètes viennent quelquefois de fort loin pour disputer, à la lutte et au pugilat, les prix destinés aux vainqueurs. Lorsque les combats sont terminés, le prince distribue aux acteurs des récompenses proportionnées à l'habileté et à la vigueur que chacun d'eux a déployées. *Voy.* AYOUDA-POUDJA, DOURGA-POUDJA, NAVARATRI, DACHAHARA, DASAHARA.

MAHANNA, dieu des Tahitiens ; c'est le Soleil, fils de Tane et de Taroa; il grandit rapidement après sa naissance, et revêtit les formes d'un beau jeune homme qu'on nomma *Oreoa-Taboua*; il chassa du ciel ses frères et ses sœurs, et régna seul dans le firmament. Il épousa Toonou, fille du dieu Taaroa, qui lui donna treize enfants; chacun d'eux préside à l'un des treize mois de l'année tahitienne.

MAHANT, supérieur d'un couvent brahmaniste, appelé *Math*. La nomination des Mahants est ordinairement le résultat de l'élection ; cependant, lorsque celui-ci a une famille, cette charge revient à ses enfants. Lorsqu'une élection doit avoir lieu, elle est conduite avec beaucoup de solennité, et présente une curieuse peinture du système régulier d'organisation auquel est soumise la hiérarchie sacrée, dans ces communautés qui offrent en apparence si peu d'intérêt.

Lorsqu'il doit y avoir une élection à la dignité de Mahant, les Mahants de l'ordre se réunissent avec ceux des autres ordres de la même secte, accompagnés chacun d'une suite assez nombreuse de disciples; sans compter les individus des ordres mendiants qui s'y rendent de leur côté; tellement qu'il se forme souvent une assemblée de plusieurs centaines et quelquefois de plusieurs milliers de personnes, entretenues aux frais du monastère dans lequel elles se réunissent ; si cependant la communauté n'a pas les ressources nécessaires, elles doivent pourvoir elles-mêmes à leur subsistance. L'élection est ordinairement une affaire de dix ou douze jours, et durant cet espace de temps on discute en assemblée différents points de doctrine et de discipline.

Les Mahants, dit M. Wilson, sont en général des hommes de talent et dignes de considération, bien qu'on remarque en eux une certaine dose de présomption et d'importance, produite par la bonne opinion qu'ils ont de leur haute sainteté. Toutefois il y a des exceptions à ce caractère, inoffensif en général ; car on cite des vols et des assassinats qui ont été le fait de ces établissements religieux. *Voy.* MATH.

MAHAPADMA, demi-dieu de la mythologie hindoue, compagnon de Kouvera, dieu des richesses ; il est la personnification d'un des neuf trésors de ce dieu. Son nom signifie *grand lotus*. — Mahapadma est aussi le nom d'un des chefs des serpents Nagas.

MAHAPRALAYA, nom que les Indiens donnent à la destruction du monde, qui doit arriver après une période de 4,320,000,000 d'années. Ce mot signifie *la grande dissolution*. Ils nomment encore *Mahapralaya* la destruction totale de l'univers qui doit arriver après une période mesurée par les cent années de la vie de Brahmâ. Chaque jour de sa vie est égal en durée à la période dont nous venons de parler, et chaque nuit a une égale longueur ; d'où la grande période divine est égale à 3 trillions 155 milliards 600 millions d'années humaines. A l'expiration de ce terme les sept lokas ou divisions de l'univers seront anéantis, ainsi que les hommes, les démons, les dieux et Brahmâ lui-même.

MAHARCHIS, les *grands saints* de la mythologie hindoue ; ils sont au nombre de dix, et doivent leur naissance à Manou-Swayambhouva ; on les appelle encore *Pradjapatis*, ou seigneurs des créatures. Les mythologues hindous ne sont pas d'accord sur les noms, le nombre et les attributions des Maharchis. Le Manava-dharma-sâstra, qui les place au premier rang des dieux, et les présente comme les pères d'une foule de divinités inférieures, en compte tantôt dix, tantôt sept seulement ; et dans ce dernier cas, il les confond avec les Richis proprement dits, qui sont la personnification mythologique des sept étoiles de la grande Ourse. Cet ouvrage n'est pas plus explicite en ce qui concerne la nature même de ces personnages. Il en fait, d'une part, des émanations directes du Créateur, participant à sa toute-puissance ; et d'un autre côté il semble ne les considérer que comme de simples mortels, parvenus, au moyen de leurs austérités et d'une sainteté particulière, à s'identifier avec l'essence divine, et à produire toutes les merveilles que le souverain être peut lui-même opérer.

MAHARAVAISAGUI, fête que les brahmanes tamouls célèbrent à la pleine lune de mai. Ils prient, ce jour-là, et font des cérémonies funèbres pour honorer la mémoire de leurs ancêtres.

MAHARÉGUI-TIROUMANGUÉNON, fête célébrée par les Tamouls à la pleine lune du mois de décembre. Elle n'a lieu que dans les temples de Siva, et surtout à Chalembron, sur la côte de Coromandel, où l'on adore ce dieu sous le nom de *Sababadi*.

MAHARORAVA, séjour des larmes ; le troisième des enfers de la mythologie brahmanique.

MAHASACTI, c'est-à-dire *la grande puissance*; nom que les Hindous adorateurs de Siva donnent à Dourga ou Parvati, épouse de ce dieu. On sait que les Indiens personnifient la puissance ou l'énergie active de leurs dieux, sous la forme d'une divinité féminine, qu'ils appellent *Sacti* et qu'ils représentent comme leurs épouses.

MAHA-SÉCHA, le grand serpent de la mythologie hindoue, qui supporte la terre entière. Voy. SÉCHA, ANANTA.

MAHASOUMDÉRA, idole représentée à genoux dans les temples de Gotama au Pégu. Les Birmans disent que c'est la déesse protectrice du monde jusqu'à l'époque de sa destruction, et qu'alors ce sera elle dont la main puissante brisera la terre et replongera l'univers dans le chaos. C'est probablement le *Maha-Samoudra*, ou grande mer des Hindous, appelée aussi *Ambhas*, l'eau sans rivage, et qui n'est point la masse des eaux matérielles, dont est sorti le système du monde actuel, ni l'eau que renferme l'atmosphère dans le nuage ; mais la mer éthérée, qui, suivant les Oupanichadas, est au-dessus du ciel et au milieu de tous les mondes.

MAHAVIRA, le vingt-quatrième et le plus célèbre des *Tirthankaras* ou grands législateurs des Djaïnas, qui tiennent chez ces sectaires à peu près le même rang que les Bouddhas dans le système théologique des Bouddhistes. Mahavira paraît être le seul personnage historique dans la liste des vingt-quatre Tirthankaras, comme Chakya-Mouni est le seul Bouddha qui ait réellement existé ; mais les Djaïnas ne déterminent pas l'époque à laquelle il parut sur la terre. Nous ne parlerons pas des naissances antérieures que lui prêtent gratuitement les Djaïnas ; lorsqu'enfin il vint sous le nom de *Mahavira*, le grand héros, il naquit le 13 de la quinzaine lumineuse du mois tchaitra ; les cinquante-six nymphes de l'univers assistèrent à sa naissance, et il fut consacré par Sakra et les soixante-trois autres Indras.

Siddharta, son père, prince de Pavana, le maria de bonne heure avec Yasoda, fille du prince Samaravira, qui lui donna une fille nommée Priyadersana ; celle-ci épousa le prince Djamali, un des disciples du saint, et qui fut depuis fauteur du schisme. Mahavira, ayant perdu son père et sa mère à l'âge de vingt-huit ans, embrassa la vie ascétique, car le gouvernement appartenait de droit à son frère aîné. Après deux ans de pénitence et d'abnégation passés dans sa maison, il commença à mener une vie errante, et à tendre au degré de Djina. Durant les six premières années de ses pérégrinations, il observa fréquemment des jeûnes de plusieurs mois, pendant lesquels il tenait les yeux constamment fixés sur le bout de son nez, et gardait un silence inviolable. Il était accompagné d'un Yakcha invisible, chargé par Indra de veiller à sa sûreté personnelle et de porter la parole lorsque cela était nécessaire. Il se trouva souvent dans de grands embarras, et reçut plusieurs fois des mauvais traitements ; mais les Yakchas venaient à son secours, et mettaient le feu aux maisons et aux propriétés de ceux qui l'attaquaient injustement. Pendant ces six années, il visita un grand nombre de villes et de villages, principalement dans le Béhar ;

puis il s'exposa volontairement aux mauvais traitements des tribus mletchhas, qui l'accablaient d'injures, le frappaient, lui lançaient des flèches, mettaient les chiens à sa poursuite. Mahavira ne leur opposait aucune résistance, mais il supportait toutes ces souffrances avec joie, pour parvenir à se purifier entièrement; car la pénitence d'un Djaïna ne doit pas consister à s'infliger des tortures, mais à se renoncer lui-même, à jeûner, à garder le silence, et à supporter patiemment les peines qui lui viennent de la part des autres. A la fin de la neuvième année, Mahavira rompit le silence pour répondre à une question de Gosala, son disciple, mais il continua à mener une vie errante et mortifiée.

Indra ayant déclaré que les méditations de Mahavira ne pourraient être troublées ni par les hommes, ni par les dieux, un des esprits inférieurs du ciel voulut faire mentir cette assertion, et assaillit le sage de tentations horribles; mais ce fut en vain. Mahavira demeura inébranlable dans ses pieuses abstractions. Il voyagea encore et visita Kausambi, capitale du Satanika, où il fut reçu avec beaucoup de respect, et où son cours d'abnégation pratique se termina par une complète exemption des infirmités humaines. Tous ces exercices préparatoires lui prirent douze ans et six mois, dont près de onze furent passés dans le jeûne. Ses différents jeûnes ont été supputés avec la plus grande précision; il y en eut un de six mois; neuf de quatre mois; douze d'un mois, et soixante-douze d'un demi-mois; ce qui fait dix ans et 349 jours. C'est alors que Mahavira ayant acquis la connaissance parfaite de toutes choses, commença à prêcher, à Apapouri dans le Behar, dans une chaire érigée à cet effet par Indra, qui l'écoutait environné de milliers de divinités. Lorsque la réputation de Mahavira se fut répandue au loin, sa doctrine attira l'attention des brahmanes du Magadha, dont les plus savants entreprirent de la réfuter; mais cela ne servit qu'à les convertir, et ils devinrent ses disciples, ses prédicateurs et les chefs de son école. Nous n'exposons pas ici ces doctrines, dont on trouvera un abrégé à l'article DJAÏNAS. Mahavira les propagea encore en parcourant avec eux différentes contrées.

Enfin, ayant accompli le cours de sa carrière terrestre, il revint à Apapouri, suivi d'une foule innombrable de disciples, que les Djaïnas ne balancent pas à porter au nombre de 530,200 tant hommes que femmes. Le moment de sa délivrance étant arrivé, Mahavira rendit l'esprit, et son corps fut brûlé par Sakra et les autres déités, qui se partagèrent les parties de son corps qui avaient résisté aux flammes, comme les dents et les os, et les conservèrent comme des reliques. Les cendres du bûcher furent distribuées entre les assistants. Mahavira était âgé de soixante-douze ans; il en avait passé trente dans les devoirs ordinaires de la société, et le reste dans les pratiques religieuses de sa secte. Il mourut deux cent cinquante ans après Parswanath, le précédent Tirthankara, qui paraît aussi avoir existé réellement. Mais comme on ignore l'époque à laquelle vivait ce dernier, cette date ne peut rien nous apprendre.

MAHA-YADJNA, les *grands sacrifices*. Il y a dans la maison, suivant les lois de Manou, cinq places ou ustensiles qui peuvent causer la mort des petits animaux: l'âtre, la pierre à moudre, le balai, le mortier et le pilon, la cruche à l'eau. En les employant, l'Indien est lié par le péché; mais pour l'expiation des fautes involontaires qui résultent de l'emploi de ces objets, il doit accomplir chaque jour cinq grandes offrandes ou *Maha-Yadjnas*. La première est l'adoration du Véda: elle consiste à réciter, à lire ou à enseigner la sainte Ecriture; la seconde est l'offrande aux mânes, qui se fait par une libation d'eau; la troisième, l'offrande aux divinités, qu'on accomplit en répandant sur le feu du beurre liquéfié; la quatrième, l'offrande aux esprits: elle s'opère en donnant du riz ou tout autre aliment aux créatures vivantes; enfin la cinquième est l'offrande aux hommes: elle comprend la pratique des devoirs hospitaliers.

MAHDI ou MEHDI. Nous avons dit, à l'article IMAM, que les Musulmans de la secte des Schiites ne reconnaissent pour souverains légitimes que les descendants d'Ali, gendre et cousin de Mahomet. En effet, ce faux prophète n'a laissé de postérité que par sa fille Fatima, mariée à Ali; mais les enfants de ce khalife, ayant été supplantés par la race de Moawia, durent céder la souveraineté temporelle, et se contenter de la qualité d'imams, ou pontifes suprêmes, qui n'était qu'un vain titre; car ces malheureux princes ne jouirent jamais de la moindre autorité. Mais plusieurs de leurs partisans voulurent, en diverses circonstances, faire valoir leur nom et leur titre, ce qui portait ombrage à la jalouse susceptibilité des khalifes qui, tout en ayant l'air de les protéger, trouvaient moyen de les faire disparaître adroitement soit par le fer, soit par le poison.

Les Schiites comptent une succession de douze imams, en commençant par Ali. Le dernier fut Mohammed, fils d'Hasan-Askeri, et surnommé *Mahdi*, c'est-à-dire le directeur par excellence. Il hérita de l'imamat à l'âge de cinq ans, et se perdit, à l'âge de douze ans, dans une grotte, auprès de la ville d'Asker ou Semenraï, l'an 260 de l'hégire (873 de Jésus-Christ). Mais les Schiites prétendent qu'il n'est pas mort, que sa mère le cacha dans cette caverne pour le soustraire aux périls qui avaient entouré la vie de ses ancêtres, et qu'elle l'y garde soigneusement, jusqu'à ce que le moment de sa manifestation soit arrivé. D'autres disent que cet imam a été caché deux fois: la première fut depuis sa naissance jusqu'à l'âge de soixante-quatorze ans; pendant cet espace de temps, il conversa secrètement avec ses disciples, sans se faire connaître aux autres hommes, dans la crainte des khalifes; sa seconde retraite commença lorsque le bruit de sa mort se fut répandu, et elle doit durer jusqu'à ce que les moments fixés par la Providence soient accomplis. Son retour fait l'objet perpétuel de l'attente des Schiites; chaque jour ils espèrent le voir apparaître dans un état pompeux, pour faire revivre les droits de sa maison, et établir un khalifat universel sur toute la face de la terre. Il sera accompagné dans cette grande œuvre par trois cent soixante esprits célestes, et aura Jésus-Christ pour lieutenant, d'autres disent que ce sera lui au contraire qui sera le vicaire du Messie. Comme on ignore le moment de son apparition, il y a toujours dans les écuries du roi de Perse (qui est Schiite ainsi que la majorité de la nation) un cheval tout équipé et richement caparaçonné, prêt à être monté par le Mahdi, si celui-ci venait à se manifester tout à coup.

Cette croyance fut très-funeste à plusieurs États mahométans, soit en Asie, soit en Afrique, ainsi qu'à l'empire othoman lui-même, sous ses premiers princes. Une foule d'aventuriers et de fanatiques, Derwischs pour la plupart, se servirent du nom imposant de Madhi pour former des entreprises qui, secondées par la séduction et la crédulité, entraînèrent la dévastation et la ruine de plusieurs provinces. Car, sans parler d'Aboul Casem Mohammed, chef et fondateur de la dynastie des Fatimites en Égypte; de Djélal, qui parut sous le sultan Selim Ier; de Yahya-Mohammed-Seyyah, sous Mourad III; d'Ahmed-Scheikh-Sacarya, sous Mourad IV, etc., ces derniers temps ont vu les tentatives de nouveaux imposteurs. Ils paraissent même avoir pris actuellement l'Afrique occidentale pour le théâtre de leurs téméraires entreprises; car, suivant une tradition attribuée à Mahomet, cette partie de l'Afrique serait spécialement désignée comme le théâtre futur d'une révolution remarquable; cette tradition prophétique porte qu'un jour le soleil se lèvera de l'Occident.

En 1828, un prétendu Mahdi s'est montré parmi les Félans de la province de Toro : Mohammed-ben-Amar, consacrant sa mission par le meurtre de son propre fils, au jour de la fête du sacrifice, bouleversa le pays, et, tour à tour vainqueur et vaincu, lutta audacieusement contre le puissant émir al-Moumenin, Yousef-ben-Siry, sultan du triple Foutah. — Vers la même époque, un nouveau Mahdi, levant l'étendard de la réforme schiite, au milieu des tribus Ssanhagytes du Sâhhel, inquiéta de ses prédications au désert la farouche susceptibilité du Maroc, qui dépêcha contre lui une armée. — Dans le vaste royaume de Kayor, qui de l'embouchure du Sénégal s'étend au loin vers l'est et vers le sud, un apôtre aussi s'est élevé au district de Kogy, et ses ambitieuses tentatives ont éveillé les sollicitudes du prudent Damel, qui s'est hâté de l'expulser de ses États. Dernièrement enfin, au milieu même de nos possessions sénégalaises, un apôtre des doctrines réformatrices était près de soumettre tout le pays de Ouálá à sa puissance lorsque l'intérêt de nos droits politiques et commerciaux a exigé l'intervention de nos forces.

MAHENDRA, c'est-à-dire le *grand Indra*, dieu du ciel, chez les Hindous. *Voy.* INDRA.

MAHÉSA, divinité redoutée des Bouddhistes du Népal. Nous lisons cette invocation dans un petit poëme népali : « Que Mahésa, surnommé Kila, émané de Samantabhadra, sous la forme d'un pavillon, sur la montagne sainte, pour le bien du genre humain, soit effrayant, comme avec un pieu, le terrible serpent Koulika, roi des Nagas: » Ce Mahésa est peut-être le même que le *Mahicha* ou *Mahichasoura* des Brahmanistes.

MAHESWARA, c'est-à-dire *le grand maître, le grand dieu*; nom de Siva, troisième personne de la triade brahmanique. *Voy.* MAHA-DÉVA et MAHA-ISWARA.

Les dévots adorateurs de Maheswara prennent leur dénomination de ce titre, parce qu'ils font profession de suivre sa révélation. Les ascétiques de cette secte portent leurs cheveux tressés et roulés autour de la tête comme un turban; ce qui les fait surnommer *Djatadharis*, portant une tresse. Les Maheswaras sont considérés comme ayant emprunté une grande partie de leur doctrine à la philosophie Sankhya; ils sont partagés en quatre branches : les *Saivas* proprement dits; les *Pasoupatas*, ou adorateurs de Siva en qualité de *Pasoupati*, seigneur des animaux; les *Karounika-Siddhantins;* et les *Kapalikas*. *Voy.* PASOUPATAS, et SAIVAS.

MAHHAR, divinité des Hindous du Dekhan, appelée aussi KHANDE-RAO, et MALLARI. *Voy.* ces noms.

MAHI, déesse du panthéon hindou. Ce mot, qui signifie *la grande*, est aussi un des noms de la terre, qui a été conservé dans la langue classique, par exemple, dans le composé *Mahi-pati*, maître de la terre.

MAHICHA ou MAHICHASOURA, c'est-à-dire l'*asoura à forme de buffle;* un des chefs des démons, suivant la mythologie hindoue. Son histoire rappelle, d'une manière frappante, la chute des mauvais anges. Voici comment M. Clavel raconte sa révolte, ses luttes et sa défaite :

« Dans l'origine, les intelligences célestes formaient une multitude de légions, commandées par des chefs particuliers, qui, à leur tour, obéissaient aux trois divinités supérieures : Brahmâ, Vichnou et Siva. Ces intelligences jouissaient d'un immense pouvoir et d'une félicité sans bornes. Heureuses de leur condition, la plupart d'entre elles ne cessaient de chanter les louanges de l'Être souverain, et de se montrer les dociles ministres de toutes ses volontés. Les autres, au contraire, qu'on nommait Asouras, supportaient impatiemment le joug salutaire auquel elles étaient soumises, car l'orgueil et l'ambition avaient trouvé accès dans leur âme. Cédant aux suggestions de Mahichasoura, leur chef, elles levèrent enfin l'étendard de la révolte et tentèrent de s'emparer du gouvernement de l'univers. A la nouvelle de leur rébellion, les anges fidèles furent frappés de surprise et d'indignation ; « et, pour la première fois le ciel connut la douleur. » Cependant, avant de sévir contre les coupables, l'Éternel voulut essayer de les faire rentrer dans le devoir par la douceur et la persuasion : il leur députa donc ses trois émanations directes, Brahmâ, Vichnou et Siva, qui firent d'inutiles efforts pour les ramener à de meilleurs sentiments. Alors Dieu investit Siva de sa toute-puissance, et lui ordonna de chasser du Swarga les Asouras révoltés et de les plonger dans l'abîme. Mais c'était une entreprise difficile ; et quoi qu'elle fît, l'armée entière des Dévas, commandée par Indra, ne put parvenir à la réaliser. La lutte fut longue et acharnée : à la fin, Mahichasoura, métamorphosé en buffle, après avoir soutenu pendant cent ans des combats continuels, vainquit Indra et les siens, et les expulsa eux-mêmes des demeures célestes.

« Touchés du malheur des vaincus, Siva et Vichnou exhalèrent de leur bouche un éclatant rayon de flamme, qui se convertit aussitôt en une déesse d'une incomparable beauté : c'était Bhâvani, qu'on appelle aussi Dourgâ. Montée sur un tigre, et ses quatre bras armés d'un glaive, d'une lance, d'un serpent et d'un cric, la déesse marcha contre Mahichasoura, l'attaqua sous toutes les formes qu'il revêtit pour échapper à sa furie ; et enfin, lui écrasant la tête sous ses pieds, elle la lui trancha d'un coup de cimeterre. On eût pu croire assuré le triomphe de Dourgâ ; mais, au même instant, du tronc mutilé du buffle, sortit un corps d'homme, tenant d'une main un sabre, et se couvrant de l'autre d'un bouclier. Le monstre se préparait à une lutte nouvelle : prompte comme l'éclair, Dourgâ lui jette autour du cou le serpent qu'elle avait à la main ; et, lui perçant le cœur avec sa lance, elle met heureusement fin au combat.

« Dès lors, privés de leur chef, découragés et affaiblis par leur défaite, les Asouras durent subir la loi du vainqueur. Dans un premier mouvement de colère, le Dieu suprême les condamna à souffrir les plus cruels tourments pendant l'éternité ; mais, sur les instances de Brahmâ et de Vichnou, il consentit à tempérer la rigueur de son arrêt. Le supplice qu'il infligea aux coupables n'eut plus qu'une durée qu'il dépendait d'eux d'abréger : il les soumit à une série d'épreuves à travers lesquelles ils pussent travailler à obtenir leur pardon, et à cet effet il créa les sept Swargas et les sept Patalas, qui, avec la terre, placée au centre, formèrent les quinze mondes de purification. Les sept Patalas, ou globes inférieurs, furent affectés au cours de pénitence et de punition ; les sept Swargas, ou globes supérieurs, à l'amélioration des Asouras repentants ; la terre, demeure intermédiaire, fut réservée aux peines de la métempsycose. Dieu établit en conséquence, sur notre planète, quatre-vingt-neuf formes de corps mortels, dont les dernières et les plus nobles sont celles de vache et d'homme. Ces formes furent successivement habitées par les âmes des Asouras qui, dans la proportion de leur désobéissance passée, ont été condamnés à endurer ici-bas des maux physiques ou moraux. Le temps des épreuves fut circonscrit dans la limite des quatre âges, ou yougas. Si, à la fin du dernier âge, il y a des âmes qui n'aient pas atteint le neuvième globe, c'est-à-dire le premier des Swargas, elles sont plongées à jamais dans l'abîme. Et afin que tous se déterminent en pleine connaissance de cause pour le bien ou pour le mal, et que leur option soit bien l'effet de leur libre arbitre, Dieu permet, d'une part, aux Asouras qui persévèrent dans leur impénitence, d'entrer dans les globes d'épreuves pour les tenter et les détourner de la voie du salut ; et d'autre part, aux Dévas de veiller sur elles et de les éclairer sur les pièges que leur tendent les mauvais anges. »

MAHOMET, fondateur de la religion musulmane. (Son nom se prononce en arabe Mohammed.) L'imagination la plus exaltée semble avoir tracé l'histoire de sa mission. Ses sectateurs l'appellent la lumière du monde, la gloire des nations, le dernier et le plus grand des prophètes. Il naquit à la Mecque, le lundi dixième jour du mois lunaire Rabi premier, de l'an du monde 6163, correspondant à l'an de Jésus-Christ 578. Il était fils d'Abdallah et d'Emina, l'un et l'autre de la tribu des Coréischites, la plus illustre parmi les Arabes, et dont les descendants, de diverses branches occupaient alors les dix dignités de schérif, qui formaient le gouvernement aristocratique de la Mecque.

« Son apostolat, dit Ahmed-Effendi, écrivain othoman traduit par Mouradgea d'Ohsson, fut reconnu, confessé et annoncé par les prophètes et les envoyés célestes qui ont prêché les hommes dans tous les âges et dans tous les siècles écoulés avant lui. Tous les peuples de la terre, tous les enfants d'Adam, depuis la création du monde jusqu'à la fin des temps, sont censés réunis dans un seul corps de nation, en lui seul, comme leur chef, leur conducteur, leur lumière, et le consommateur des prophéties et des mystères éternels. Il existait avant Adam, suivant ces paroles sacrées : *Adam était encore entre le corps et l'esprit, entre l'eau et la terre, que j'étais prophète.*

« Adam, à peine créé, eut le surnom d'*Abou-Mohammed*, c'est-à-dire de père de Mahomet. En ayant demandé l'explication, Dieu lui ordonna de lever les yeux, et ce premier père des hommes vit le saint nom de Mohammed écrit dans l'empirée sur le trône même de l'Éternel, couvert du voile étincelant de la lumière prophétique. Adam en extase entendit alors ces paroles divines : *Cette lumière est celle d'un prophète qui naîtra de ta race, et dont le nom aux cieux est Ahmed, et sur terre Mohammed. Sans lui, je n'aurais créé ni toi, ni la terre, ni les cieux.*

« Ainsi Mahomet est le prophète des prophètes. Tous se placèrent au-dessous de lui, la nuit de son enlèvement aux cieux, et tous se rangeront sous sa bannière sacrée, au grand jour du jugement. Sa naissance et sa mission divine se trouvent encore annoncées avec les caractères les plus évidents, dans tous les livres célestes, dans la Bible et dans l'Évangile. Il est écrit dans le livre de Moïse, que Dieu a dit à Abraham : *Certes, j'ai exaucé tes vœux pour Ismaël. Je l'ai béni; j'ai multiplié et exalté sa race; il aura douze enfants, qui formeront un grand peuple* (1). On y lit encore : *Dieu a paru à Sina, il s'est montré à Séir, il s'est manifesté à Pharan*: paroles qui désignent évidemment la Bible donnée sur le mont Sina, l'Évangile sur le mont Séir, et le Coran sur Pharan, nom générique de toutes les montagnes qui environnent la Mecque. Il est marqué dans un autre chapitre que Dieu dit à Moïse : *En vérité, j'élèverai en gloire et en merveilles, au milieu du peuple d'Israël, un d'eux, un de leurs frères, un prophète comme toi, dans la bouche de qui je mettrai ma parole.*

« Jésus-Christ lui-même dit, dans son Évangile : *Si je ne m'en vais pas, le Paraclet ne viendra pas.* Dans un autre passage : *Certes, le Paraclet est cet esprit de vérité que mon Père vous enverra en mon nom; c'est lui qui vous instruira sur toutes choses.* Le Messie dit encore : *En vérité, le Fils de l'homme est destiné à partir; mais après lui le Paraclet vous révélera les mystères célestes, vous expliquera toutes choses, et rendra témoignage de moi, comme je rends témoignage de lui. En vérité, je vous ai parlé en figures, en paraboles; c'est lui qui vous les expliquera* (2).

« Enfin, après son apostolat, Mahomet, éclairé de l'esprit de Dieu, a déclaré lui-même, que, 50,000 ans avant la création du monde, l'Éternel avait tout arrêté, dans le grand livre des destins, où, entre autres objets mystérieux, il était dit, que Mahomet serait le premier et le plus auguste des prophètes. Cet arrêt divin était même imprimé en caractères mystiques, sur ses épaules sacrées. »

A la suite de ce récit enthousiaste, l'auteur appuie encore la mission du prétendu prophète sur une foule d'événements extraordinaires et merveilleux qui ont annoncé, accompagné et suivi sa naissance, son apostolat et sa mort. Il parle des prédictions des devins et des cabalistes les plus célèbres du siècle; des acclamations et des cris d'allégresse de toute la légion des génies, et des

(1) On sait qu'Ismaël est un des pères des Arabes, et que les Musulmans font remonter la généalogie de Mahomet jusqu'à Ismaël.

(2) L'application du mot *Paraclet* à Mahomet ne fait pas honneur aux connaissances des Musulmans en fait d'hellénisme. *Paraclet*, disent-ils, est la traduction grecque du mot arabe *Mohammed*, qui signifie *loué*! Mais ils ont confondu παράκλητος et παράκλυτος : le premier, qui est le terme biblique, signifie l'*avocat*, le *consolateur*; c'est le second qui signifie; *non pas illustre*, comme ils le prétendent, mais au contraire *infâme, perdu de réputation*. Les deux mots grecs se prononçant de même, on serait tenté de prendre l'application de cette expression à Mahomet pour un mauvais calembourg.

êtres spirituels; des songes et des extases de plusieurs âmes saintes; de la révélation qu'eut Emina, sa mère, au commencement de sa grossesse, du bonheur qu'elle avait de porter dans son sein le plus glorieux des prophètes; de l'ordre céleste qu'elle eut en songe de lui donner le nom de *Mohammed*, qui signifie *le loué*; de la lumière dont il était couvert en naissant, et qui, répandue dans tout l'univers, embrassa à la fois l'Orient et l'Occident; du miracle de sa formation, parce qu'il était né circoncis et sans cordon ombilical; du don de la parole qu'il possédait au moment même de sa naissance, ayant très-distinctement proféré ces mots, *Rahmek Allah*, Dieu te fasse miséricorde; du mouvement qu'il fit l'instant d'après, en élevant la tête et les yeux vers le ciel; des feux célestes qui éclatèrent de toutes parts, et qui chassèrent les esprits impurs du haut du firmament, où ils allaient découvrir les secrets de la nature, pour les communiquer aux mages et aux devins de la terre; du bouleversement du fameux kiosque ou belvédère des Cosroès de Perse; du desséchement subit et étonnant du lac de Sara; de l'extinction du feu sacré des mages, qui brûlait depuis près de mille ans, sans interruption; de l'événement miraculeux qui sauva la Mecque et son sanctuaire de l'entreprise impie d'Abraha, roi du Yémen, cinquante jours avant sa naissance; enfin de l'opération de l'ange Gabriel, qui, à l'âge de trois ans, lui ouvrit le sein, purifia son cœur, et le remplit de la lumière céleste, etc., etc.

Cet auteur relève aussi, dans le même esprit, les prétendus miracles de Mahomet. Il parle de la marche active de la nature, qui, soumise à sa voix, l'avait fait grandir dans un âge où les hommes sont encore dans l'enfance; de l'horreur naturelle qu'il avait pour les idoles, dès son bas âge; de cette lumière céleste dont il était enveloppé, et qui faisait disparaître son ombre lorsqu'il marchait au soleil; des deux anges qui le couvraient toujours de leurs ailes dans ses courses et dans ses expéditions militaires; de sa parole, qui avait la vertu de donner la vie aux arbres secs, dont les branches se couvraient dans un instant de feuilles et de fruits; du respect que lui portaient tous les animaux, aucune mouche ne s'étant jamais posée ni sur son corps, ni sur ses habits; de la manière miraculeuse dont il s'était sauvé des mains sacriléges d'Abou-Djahal, qui, ayant à deux reprises attenté à ses jours, s'était vu, la première fois, arrêté par un fossé vomissant des feux, et la seconde par l'aspect effrayant de deux dragons assis sur les épaules du prophète; des puits desséchés de Tabouk et de Hodaïbiya, qui, à son ordre, se remplirent d'eau et fournirent abondamment aux besoins de son armée près de périr de soif; de l'efficacité de ses prières sur le tombeau d'Emina, sa mère, qui, ressuscitée, crut à sa mission et rentra dans sa tombe, l'instant d'après, convertie à la foi musulmane; du fameux miracle de son ascension aux cieux; de celui de la fraction de la lune, etc. (*Voyez* les articles ASCENSION DE MAHOMET, FRACTION DE LA LUNE, HÉGIRE, etc.) Il parle aussi de l'effet des anathèmes qu'il lança contre ses ennemis, et des bénédictions qu'il donna à ses disciples et à ses partisans. Il cite encore ses prédictions, celles, entre autres, qui annonçaient la mort de Khosrou-Parwiz, et du roi d'Ethiopie, le désastre de l'imposteur Eswed-Kézâb, et les maux dont son peuple serait affligé après la mort d'Omar. Enfin, le même auteur rapporte les événements miraculeux qui signalèrent la sainteté de son trépas. Il dit qu'étant à l'agonie, l'ange de la mort n'osa recevoir son âme qu'après lui en avoir demandé l'agrément, et qu'aussitôt après qu'il eut expiré, une voix céleste se fit entendre dans l'appartement, défendit qu'on lui ôtât sa chemise, et donna le salut de paix et de consolation à toute sa famille.

L'enthousiasme donna différents noms à cet homme fameux : connu sur terre sous le nom de *Mohammed*, il porte, dit le même écrivain, dans les cieux, le nom d'*Ahmed*; dans le paradis celui de *Casem*; sous terre celui de *Mahmoud*; et dans le feu, celui de *Dayi*. On lui donne aussi différents titres : les principaux sont *mahi*, le destructeur, faisant allusion à la ruine de l'idolâtrie; *haschi*, le réunisseur, pour désigner la réunion de divers peuples sous les enseignes de sa loi et de sa doctrine; *akib*, le dernier, s'étant lui-même annoncé pour le dernier des prophètes et le consommateur de la loi ancienne. On l'appelle encore *Aboul-Eramin*, le père des veuves, à cause des actes multipliés de charité et de bienfaisance qu'il fit pendant sa vie, et *Aboul-Mouminin*, le père des croyants, comme fondateur de l'islamisme. On porte ses noms, ses surnoms, ses titres à quatre-vingt-dix-neuf, nombre égal à celui des attributs de la Divinité.

Mais il est temps de sortir du domaine de l'extravagance et du merveilleux : nous avons dû rapporter ces qualités fabuleuses et prétendues surnaturelles, pour faire connaître l'empire du fanatisme et de la superstition sur les esprits vulgaires. Disons maintenant quelques mots de la vie réelle de ce célèbre imposteur; nous extrayons cette notice de l'*Arabie* de M. Noël Desvergers.

Mahomet naquit orphelin; son père était mort quelques mois avant sa naissance; d'autres disent qu'il le perdit à l'âge de deux mois. A six ans il perdit sa mère, et demeura confié aux soins d'Abd-al-Mottalib, son aïeul, mais le malheur s'attachait à ses premières années; Abd-al-Mottalib mourut deux ans après sa belle-fille, et Mahomet fut recueilli par son oncle, Abou-Taleb, qui l'occupa au commerce de transit qui se faisait au travers de la péninsule, entre les pays baignés de la mer des Indes et l'Asie occidentale. A l'âge de vingt-cinq ans il entra au service d'une riche dame arabe, nommée Khadidja, qui était comme lui de la tribu des Coraïschites, et fit pour elle plusieurs voyages en Syrie.

Ce fut pendant le cours de ses excursions, qu'il fut, dit-on, admis à Bosra dans un monastère chrétien, et accueilli avec la plus grande amitié par un moine nestorien, nommé Sergius ou Bohaïra, qui lui prédit de hautes destinées, et l'initia à la connaissance de l'Ancien Testament, dont Mahomet fit en partie plus tard la base de sa religion nouvelle : « Gardez bien ce jeune homme des séductions des Juifs, » disait le cénobite à Abou-Taleb; et sans doute, dit M. Noël Desvergers, il espérait avoir converti à la religion chrétienne celui dont il avait su apprécier la haute intelligence. Peut-être a-t-il, plus tard, déploré son enseignement, s'il a vécu assez pour voir que la semence de vérité avait produit l'erreur. A l'âge de vingt-cinq ans il épousa sa maîtresse; mais jusqu'à quarante ans il resta dans l'oubli, occupé à préparer en silence le plan général de la réforme à laquelle il voulait soumettre sa nation.

Tous les ans il avait coutume de passer un mois de retraite sur la montagne solitaire de Harra. Ce fut à la suite d'une retraite de ce genre qu'un jour il revint trouver Khadidja, la figure toute troublée et les yeux animés d'un feu extraordinaire. « Cette nuit, lui dit-il, j'errais sur la montagne, lorsque la voix de l'ange Gabriel est venue frapper mes oreilles : *Au nom de ton maître, qui a créé l'homme, et qui vient enseigner aux hommes ce qu'ils ignorent; Mahomet, tu es le prophète de Dieu, et je suis Gabriel.* Telles sont les paroles divines, et dès ce moment j'ai senti en moi l'inspiration prophétique. » La fidèle Khadidja n'hésita pas un seul instant à croire à la mission de son époux : « Réjouis-toi, lui dit-elle; car, par celui qui tient l'âme de Khadidja entre ses mains! tu vas être le prophète de notre nation. » Ensuite elle alla trouver un de ses cousins, nommé Waraka, qui passait pour l'un des hommes les plus instruits de la Mecque, et qui avait beaucoup étudié auprès des docteurs juifs ou chrétiens. Elle lui raconta ce que Mahomet venait de lui apprendre. « Dieu saint! s'écria-t-il, votre mari vient de voir apparaître l'ange du Seigneur, qui autrefois alla trouver Moïse : plus de doute qu'il ne soit destiné à être notre prophète et notre législateur. » Ainsi encouragé, Mahomet, pour rendre grâces au ciel et se préparer à ses hautes destinées, alla faire sept fois le tour de la Kaaba, puis rentra dans sa demeure, où, à compter de ce moment, les révélations, au rapport d'Aboul-Féda, se succédèrent pour lui sans interruption.

Pendant trois ans, la prédication du prophète ne s'étendit pas au delà de ses parents les plus proches et de ses amis intimes : Ali, fils d'Abou-Taleb, son cousin, qu'il avait accueilli chez lui à une époque de disette; Abou-Bekr, homme influent par son âge, sa position et sa haute probité; Othman, fils d'Affan; Abderrahman, Saad, Zobéir et Talha furent ses premiers disciples. Après s'être ainsi assuré du concours de quelques hommes d'élite, il se crut assez fort pour annoncer hautement sa doctrine et combattre le polythéisme à découvert. Il ne fit d'abord qu'un petit nombre de prosélytes; mais il s'attira presque aussitôt des traverses sans nombre et des persécutions acharnées, surtout de la part des Coréischites, c'est-à-dire des gens de sa propre tribu, qui prononcèrent contre lui un arrêt de proscription et mirent sa tête à prix. Pendant les dix années qu'il prêcha en public, sa vie fut une suite continuelle de luttes opiniâtres. Enfin, treize ans après avoir commencé son prétendu apostolat, il se voit contraint de fuir la Mecque, sa patrie, et de se réfugier à Médine, où il comptait un assez grand nombre de partisans. (*Voy.* HÉGIRE). Cet événement, que ses ennemis regardaient comme la consommation de sa ruine, devint au contraire le principe de sa puissance. A dater de ce moment sa doctrine va faire de nouveaux progrès, elle va même se modifier considérablement; car jusqu'alors le réformateur paraît avoir eu principalement en vue l'abolition de l'idolâtrie : il s'était tenu assez près de la Bible et de l'Évangile, de telle sorte que sa religion pouvait presque passer pour une simple hérésie du christianisme; mais, à dater de l'hégire, il formula des doctrines nouvelles et imposa le dogme à ses disciples. Avant sa fuite, ses prédications n'avaient eu du retentissement que dans les tribus de l'Arabie; mais, arrivé à Médine, l'islamisme va désormais remuer le monde. Dès lors il se vit à la tête d'un parti déjà nombreux, composé d'Ansariens et de Muhadjériens : les premiers étaient les auxiliaires de Médine, et les seconds les Mecquois qui l'avaient accompagné dans sa fuite, ou qui étaient venus ensuite le retrouver dans son asile. Déjà un grand nombre de chapitres du Coran étaient promulgués, et par conséquent les bases de la religion nouvelle étaient trouvées; mais l'œuvre de Mahomet n'était pas complète; un culte manquait à cette religion, une expression à la pensée. Dans les deux premières années de l'hégire, le législateur en arrêta les points principaux. « Ce fut d'abord l'institution de la prière, pendant laquelle on dut invariablement se tourner vers le temple de la Mecque. Le nouveau prophète voulait ainsi faire reconnaître que sa mission avait été de rappeler les hommes au culte du Dieu d'Abraham, dont ils s'étaient écartés depuis tant de siècles. En effet Mahomet a toujours évité avec le plus grand soin tout ce qui pouvait le faire regarder comme un novateur. Il avait bien compris qu'il donnait plus de force à sa doctrine en l'appuyant sur la révélation commune aux juifs et aux chrétiens, en sorte que les intérêts matériels, représentés par l'influence du pèlerinage sur le commerce de l'Arabie, les traditions de son peuple, son origine, tout l'engageait à conserver à la Kaaba le respect des nations, et à se donner comme un envoyé céleste chargé par le Dieu très-haut de purifier ses autels, non d'en créer de nouveaux. » La prière une fois instituée, Mahomet hésita sur le mode qu'il emploierait pour appeler les fidèles à la mosquée; sur la foi d'une révélation faite à l'un de ses disciples il donna la préférence à la voix humaine, comme l'instrument le plus noble. (*Voy.* EZAN.) Il institua ensuite le jeûne du Ramadhan, qui fut imposé aux fidèles pendant toute la durée du mois ainsi nommé, et qui consiste dans une abstinence complète de toute nourriture jusqu'au coucher du soleil. Cette prescription sévère, praticable sous les tropiques, où la différence des jours varie peu selon les saisons, rendrait impossible l'observance de l'islamisme sous les latitudes élevées : aussi s'est-on servi de cet argument lorsque la religion du prophète, triomphante dans une grande partie de l'ancien monde, valait la peine d'être combattue.

Il n'est pas de notre sujet d'entrer dans le détail des combats livrés ou soutenus par Mahomet, ni des expéditions qu'il entreprit pour propager sa doctrine et étendre son autorité. Nous nous contenterons de citer la journée de Bedr, où, à la tête de 314 combattants, il ne craignit pas d'attaquer une caravane de Coréischites, composée d'environ mille hommes, et remporta sur ceux-ci une victoire signalée; la journée d'Ohod, où, accompagné seulement de sept cents hommes, contre une armée de trois mille, il eut le dessous à son tour, et faillit être tué : mais il en fut quitte pour la perte de deux dents; la journée du Fossé, où il fit plusieurs miracles, et mit ses ennemis en fuite; le siége et la prise de Khaïbar, place défendue par les Juifs, où il faillit mourir du poison que lui administra une femme; enfin la prise de la Mecque, où il entra en vainqueur à la tête de dix mille hommes.

« L'un de ses premiers soins fut de faire appeler devant le parvis du temple les principaux chefs de ces Coréischites qui avaient proscrit ses jours. « Comment pensez-vous, leur dit-il, que je me conduirai à votre égard? — Avec bonté, répondirent-ils, car tu es un frère généreux. — Allez donc, et qu'il vous soit fait ainsi que vous l'avez dit : vous êtes libres. » Monté sur sa chamelle, il fit alors les sept tours sacrés autour de la maison sainte, et toucha la pierre noire d'un bâton recourbé qu'il tenait à la main; puis il entra dans l'intérieur du temple, et ayant vu entre les mains de la statue d'Abraham les flèches dont se servaient les Coréischites pour consulter le sort : « Quelle profanation! s'écria-t-il, ils ont placé dans les mains de notre saint patriarche les instruments de leur superstition. Qu'a de commun Abraham avec les flèches du sort? » Toutes les représentations de dieux ou de déesses dont les descendants d'Ismaël avaient souillé le sanctuaire, furent ensuite enlevées ou détruites par ses ordres, et il consacra désormais la Kaaba au culte de l'islamisme. » *Voy.* KAABA.

Nous passons sous silence les autres expéditions de Mahomet, soit avant soit après la prise de la Mecque. Devenu, pour ainsi dire, le souverain de l'Arabie, il résidait

Médine, qui était le centre de ses opérations. La dixième année de l'hégire, il fit à la Mecque un dernier pèlerinage, et revint à Médine, dont il ne sortit plus. L'année suivante il tomba dangereusement malade, par suite du poison qui lui avait été administré à Khaïbar, et mourut quinze jours après, le lundi 12 du mois rabi premier, âgé d'environ soixante-trois ans, la onzième année de l'hégire (8 juin 632 de Jésus-Christ). Il fut inhumé dans le lieu même où il rendit l'esprit. C'est là, près d'un bosquet de palmiers, plantés, dit-on, par sa fille Fatima, que les Musulmans vont chaque année, à l'époque du pèlerinage, prier sur la tombe de leur législateur.

Si l'on en croit les historiens arabes, Mahomet possédait toutes les qualités du cœur et de l'esprit. Sa taille était moyenne, sa tête forte, sa barbe épaisse, ses pieds et ses mains rudes, la charpente de son corps osseuse et pleine de vigueur; il avait les yeux noirs, les cheveux plats, le nez aquilin, les joues unies et colorées, les dents un peu écartées. Son extérieur avantageux était relevé par une expression de bonté et de noblesse qui fascinait; sa douceur et son affabilité lui conciliaient les esprits de ceux qui entraient en relation avec lui. D'une humeur égale avec les hommes de toutes les conditions, il ne se retirait jamais que celui auquel il donnait audience ne se fût retiré le premier; de même si quelqu'un lui prenait la main en le saluant à la manière arabe, il la lui laissait tant que celui-ci jugeait à propos de la garder. Conduisant en personne plus de dix-sept expéditions, il donna souvent des preuves de bravoure; doué d'une patience à toute épreuve, et d'une persévérance qui ne se démentit jamais, il était humain, et, oubliant volontiers les usages reçus, il pardonnait généreusement à ses ennemis les plus acharnés, dès qu'ils témoignaient le désir d'embrasser sa foi. « Cette manière d'agir, dit M. Kazimirski, pouvait aussi avoir un motif politique. On raconte, continue le même auteur, qu'après la prise de la Mecque, un de ses ennemis acharnés lui ayant été amené, Mahomet garda pendant longtemps le silence et lui pardonna enfin; puis, se tournant vers ses compagnons, il leur dit : J'ai gardé le silence, attendant que quelqu'un se levât et tuât cet homme. — Nous attendions un signe de ta part. — Il ne convient pas aux prophètes, reprit Mahomet, de faire avec les yeux des signes qui seraient une trahison. C'était enseigner comment à l'avenir on devait interpréter son silence; et voilà ce que nous apprennent naïvement les écrivains mahométans. »

Sans être riche, il avait de quoi subvenir à ses besoins et à ceux de sa maison, qui était nombreuse; à mesure que ses conquêtes s'étendaient, la cinquième partie du butin revenant de droit au chef, servait à augmenter son bien-être. Quand donc les biographes de Mahomet nous parlent de son extrême sobriété et de ses privations, quand ils nous racontent avec attendrissement que le prophète de Dieu était quelquefois obligé de se serrer le ventre pour faire taire le sentiment de la faim, ou qu'il se passait des mois sans qu'on fît de feu chez lui; que le pain d'orge, le lait et les dattes étaient sa nourriture ordinaire, il faut y voir plutôt la manière habituelle de vivre chez les Arabes, et les privations inséparables d'une vie active et aventurière, que l'indigence et le dénûment. Il cultivait son jardin, raccommodait ses habits, trayait lui-même ses brebis; mais il avait vingt-deux chevaux, cinq mules, deux ânes, quatre chamelles de selle, sans compter vingt autres à lait; cent brebis, et quelques chèvres.

Mahomet ne sera jamais proposé comme un modèle de chasteté : il eut quinze femmes légitimes et onze concubines; mais tant que Khadidja vécut, il n'eut point d'autre femme. À l'exception d'un fils, Ibrahim, qu'il eut de la copte Marie, tous ses enfants étaient de Khadidja : quatre garçons et quatre filles. Tous ses enfants mâles moururent en bas âge, Dieu ayant refusé à cet imposteur ce qui fait la joie et la gloire des Arabes, plus encore que de tout autre peuple. Parmi ses femmes, celles qui ont acquis quelque célébrité sont Khadidja, Ayescha, Hafsa, Zéinab et Omm-Habiba. Ce grand nombre de femmes, épousées en grande partie dans les dernières années de sa vie, est en contradiction avec les prescriptions du Coran, qui n'en permet que quatre au plus. Mahomet, loin de se conformer à ce précepte émané de lui-même, épousa, entre autres, Zéinab, femme de Zaïd, son affranchi, après que celui-ci l'eut répudiée pour ne pas déplaire au prophète; et comme cet événement causa du scandale parmi les Musulmans, Mahomet s'appuya de la révélation du ciel, qui lui permettait d'épouser des femmes selon son gré. Cette circonstance n'est pas la seule où Mahomet fit intervenir une révélation immédiate pour faire taire les propos malveillants de ses sectateurs. Le chapitre 14 du Coran est venu mettre un terme au scandale d'une accusation d'adultère intentée contre Ayescha. Mais les Musulmans, loin d'en tirer des conséquences défavorables à la mission divine de leur apôtre, loin de l'accuser de transgression des préceptes institués pour toute sa nation, soutiennent qu'il n'était point tenu de les observer, et qu'en sa qualité de prophète et de pontife, il jouissait de certaines prérogatives en dehors du droit commun.

MAHOMÉTANS, sectateurs de la religion de Mahomet. *Voy.* ISLAMISME et MUSULMANS.

MAHOMÉTISME, religion établie par Mahomet. *Voy.* ISLAMISME.

MAHORAGAS, les grands serpents, génies de la mythologie hindoue; ils forment la première des huit classes d'êtres supérieurs aux hommes; après eux viennent en ordre direct les Kinnaras, les Garoudas, les Asouras, les Gandharvas, les Yakchas, les Nagas et les Dévas. Les Mahoragas habitent dans la sixième région du mont Soumérou, du côté méridional ; leur roi est Viroutaka.

MAHOUKKÉ, dieu de la Nouvelle-Zélande; il est timide et sauvage et ne quitte jamais les antres ténébreux ; c'est pourquoi il est peu connu. On lui attribue la création du chien.

MAIDARI, le Bouddha futur des Mongols; de même que Chakya-Mouni préside à la période actuelle, Maïdari régnera quand l'époque suivante aura commencé ; l'empire lui eût même appartenu dès à présent, si l'ordre du destin avait reçu son exécution. Voici ce que les légendes rapportent à ce sujet : Chakya-Mouni, Mandchouchari et Maïdari se disputaient l'autorité suprême. Ils convinrent à la fin d'abandonner à la volonté du sort la décision de leur querelle. Tous trois se couchèrent pour dormir, après être convenus que celui-là serait roi, qui, au point du jour, trouverait une fleur éclose dans la coupe placée à son côté. Le sort favorisa Maïdari ; mais Chakya-Mouni, s'étant éveillé avant les autres, découvrit la fleur dans la coupe de son rival, s'en empara et la remplaça par sa coupe vide. Ainsi obtint-il l'empire de l'univers. On représente Maïdari de couleur jaune, avec une écharpe rouge autour du corps, et les mains jointes sur sa poitrine. Il paraîtra sur la terre lorsque, en vertu de l'ordre nécessaire des choses, la vie des hommes aura recouvré une durée de 20,000 ans ; et ce sera pour conduire l'humanité à une plus haute perfection. Ceux qui le verront, frappés de sa beauté et de sa stature magnifique, lui demanderont pourquoi il est si grand et si beau. Maïdari leur répondra que ces avantages sont le résultat des vertus qu'il a pratiquées, et qu'ils peuvent devenir semblables à lui s'ils veulent secouer le poids de leurs vices. L'exemple et les discours du dieu auront une puissante efficacité ; les hommes se relèveront de leur chute, et leurs années atteindront le chiffre de 80,000. *Voy.* MAÏTRÉYA.

MAIMOUNIS, secte de Kharidjis, ainsi appelés de leur chef, Maïmoun, fils d'Imran. Je ne trouve point de détails sur ces hérétiques de l'islamisme, dont parle M. Sylvestre de Sacy dans son ouvrage sur les Druzes.

MAI-POU, devin public chez les Chinois ; mot à mot *vendeur de divinations*. En effet les devins de profession ouvrent des boutiques où ils vendent les pratiques de leur art mensonger, comme on vend des marchandises. Cette branche de commerce est exploitée par trois sortes de marchands : 1° ceux qui prédisent l'avenir d'après le jour de la naissance ; 2° ceux qui prédisent d'après les huit *Koua* et les règles de *l'I-king* ; 3° enfin ceux qui jettent les sorts ou font les divinations dont il est question ici.

MAIRE-MONAN, dieu suprême des Tupinambas, peuple de la région brésilienne. *Voy.* TOUPA.

MAIS, troisième substitut de Vichnou, selon la doctrine des Ceurawaths, une des sectes des Banians. Son pouvoir s'étend sur les morts. Il sert comme de secrétaire à Vichnou, pour examiner les bonnes et les mauvaises œuvres des hommes. Il en fait un rapport fidèle à son maître, qui, après les avoir pesées, envoie l'âme dans le corps qui lui convient. Les âmes qui passent dans le corps des vaches sont les plus heureuses, parce que cet animal ayant quelque chose de divin, elles espèrent être plus tôt purifiées des souillures qu'elles ont contractées. Au contraire, celles qui ont pour demeure le corps d'un éléphant, d'un chameau, d'un buffle, d'un bouc, d'un âne, d'un léopard, d'un porc, d'un serpent, ou de quelque autre animal immonde, sont fort à plaindre, parce qu'elles passent de là dans d'autres corps de bêtes domestiques et moins féroces, où elles achèvent d'expier les crimes qui les ont fait condamner à cette peine. Enfin, Maïs présente les âmes purifiées à Vichnou, qui les reçoit au nombre des élus de son paradis.

MAITRAKCHA DJYOTIKA, démons maudits de la mythologie hindoue, qui sont condamnés à se nourrir de matières purulentes.

MAITRÉYA, le dernier des sept Bouddhas de la théogonie du Népal ; il n'est pas encore venu sur la terre ; il faut auparavant que l'âge actuel soit terminé. Il habite, en attendant, Touchita, le quatrième des six cieux des désirs ; c'est là en effet que réside chaque Bouddha avant de venir au monde pour sauver le genre humain. Voici ce que nous lisons au sujet de Maïtréya dans un hymne népali, consacré à la louange des sept Bouddhas :

« J'adore le seigneur Maïtréya, le chef des sages, demeurant à Touchitapour, qui prendra une naissance mortelle à Kétoumati, dans la famille d'un brahmane honoré par le roi, et qui, doué d'une perfection infinie, obtiendra le degré de Bouddha au pied d'un arbre Nâga. Son existence durera huit mille ans. » *Voy.* MAÏDARI.

MAIUMA, fêtes qui, des côtes de la Syrie, passèrent chez les Grecs et les Romains. Elles tirent leur nom d'une des portes de Gaza, appelée *Maiuma*, du phénicien *maïm*, les eaux. Cette fête n'était d'abord qu'un divertissement sur l'eau, que donnaient les pêcheurs et les bateliers, semblable aux joûtes modernes. Dans la suite, elle devint un spectacle régulier que les magistrats donnaient à certains jours. Ce spectacle dégénéra en fêtes licencieuses, où des femmes nues paraissaient sur le théâtre.

Les Romains célébraient cette même fête le premier jour de mai, en l'honneur de Flore. Elle fut instituée par l'empereur Claude pour corriger, sous leur nom, l'indécence des jeux floraux. Elles duraient sept jours, et se célébraient à Ostie, sur le bord de la mer, et se répandirent, au IIIe siècle, dans toutes les provinces. Plusieurs antiquaires rattachent à cette solennité la fête de *Maie*, qui se fait encore dans plusieurs villes de Provence.

MAIUS, épithète de Jupiter, qui exprimait sa supériorité sur les autres dieux. C'était la divinité suprême des Tusculans, et vraisemblablement la représentation virile de la terre divinisée.

MAJESTÉ, divinité allégorique des Romains, que l'on disait fille de l'Honneur et de Révérence, déesse du respect. C'est elle qui, suivant quelques-uns, donna son nom au mois de mai.

MAKAHNAS, espèce de devins ou prophètes des Mariannes. Ils s'étaient mis en crédit auprès des habitants en leur faisant accroire que, par l'invocation des *Anitis*, ou des âmes des défunts dont ils gardaient les crânes dans leurs maisons, ils avaient le pouvoir de commander aux éléments, de rendre la santé aux malades, de changer les saisons, de procurer une récolte abondante et une pêche heureuse. On ne rendait néanmoins aucun honneur aux têtes de morts dont les Makahnas se servaient dans leurs enchantements : on se contentait de les renfermer dans de petites corbeilles qui traînaient par la maison, sans qu'on s'en mît en peine, ni qu'on y fît la moindre attention, à moins que quelque dupe ne vînt les consulter.

MAKARA, demi-dieu hindou, compagnon de Varouna, dieu de la richesse, et l'un des huit trésors de ce dernier. — C'est aussi le nom d'un poisson fabuleux, représenté avec une longue corne, et qui est l'emblème d'Ananga, dieu de l'amour.

MAKARA-SANKRANTI, fête que les Hindous célèbrent le jour auquel le soleil entre dans le Capricorne, septième signe du zodiaque ; c'est ce qui est exprimé par ce nom sanscrit. Ce jour étant le matin des dieux, les brahmanes et les autres classes des Indiens doivent faire leurs ablutions, et offrir le *tarpana*, des libations d'eau mêlée de *téla* et de *kousa* (graine de rave et herbe longue) aux mânes de leurs ancêtres décédés, que l'on appelle *pitris*. Ils doivent également faire des oblations de riz cru et de lait, cuits ensemble dans un vase neuf, avec des bananes et du sucre, en l'honneur du soleil, emblème visible du dieu qu'ils adorent.

Les causes pour lesquelles le soleil est révéré par des oblations d'aliments préparés avec du lait et des fruits sucrés, le jour de Makara-Sankranti, sont, dit un auteur indien : 1° parce qu'on dit qu'un rayon de Dieu réside dans l'orbite du soleil, qui par là devient lumineux et capable d'éclairer le monde, et par sa présence donne naissance au jour ; de sorte que les adhérents des religions de Siva et de Vichnou rendent hommage au soleil comme à une forme visible de leurs dieux respectifs, en l'appelant indifféremment *Siva-Sourya* (Siva-Soleil) et *Sourya-Narayana* (Soleil-Vichnou), quoique les Sauras adorent le soleil comme un dieu ayant l'existence par lui-même ; 2° parce que le soleil est la cause physique de la chaleur qui contribue à produire le riz, principal aliment des Indiens, de même que les autres végétaux, de sorte qu'ils sont dans l'obligation d'offrir du riz au soleil, le jour de Makara-Sankranti ; 3° parce que ce Sankranti est le commencement de l'Outtarayana, espace de six mois, commençant au passage du soleil par le premier degré du Capricorne, et que ce laps de temps forme le jour des dieux, période heureuse, pendant laquelle les meilleurs grains, les fruits les plus délicieux et les fleurs les plus belles croissent et viennent à maturité ; tandis que les six autres forment la nuit des dieux, période de tristesse et de douleur. *Voy.* OUTTARAYANA, PONGOL.

MAKEMBA, mokisso ou fétiche des nègres du Congo, dont l'emploi est de présider à la santé du roi. On l'adore sous la figure d'une natte, dont l'extrémité supérieure est bordée d'une bande d'étoffe d'où pendent de petits paniers, des plumes, des coquilles, des tuyaux de casse, des os, des sonnettes et autres bagatelles semblables, peintes en rouge. Dans certaines fêtes publiques, le Ganga ou prêtre trempe un goupillon dans une liqueur rouge, dont il arrose le roi et toute la noblesse, en chantant un hymne analogue à la circonstance.

MAKHAROMSAS, génies supérieurs qui, suivant la cosmogonie des Mongols, habitent un peu au-dessous du sommet du Soumérou, montagne centrale de l'univers. Les Makharomsas forment quatre tribus, et la durée de leur vie est de cinq cents ans ; mais chacun de leurs jours équivaut à 50 années humaines, ce qui forme un total de 9,125,000 ans.

MAKONGO, idole des nègres de Loango ; on l'honore avec des crécelles, des tambours, de petits paniers d'osier et des hameçons de pê he teints en rouge.

MAKOSCH, esprit domestique, vénéré par les anciens Slaves. Sa fonction était de protéger les brebis et les chèvres.

MAKOSLA, autre dieu des Slaves ; c'était lui qui répandait les pluies abondantes.

MAKOUTOU, sorte d'enchantement en usage chez les Néo-Zélandais, qui supposent que les malheurs qui leur arrivent, les maladies qui les atteignent, les morts subites dont ils sont témoins, ne sauraient provenir d'une autre cause. Suivant eux, les Makoutous s'opèrent à l'aide de certaines formules, de prières spéciales ou de gestes consacrés. Quand le Makoutou est fulminé contre une tribu ennemie, il est accompagné d'un sacrifice de victimes humaines dont les prêtres dévorent la chair. Pour que ce sortilège ait son effet, il faut posséder des cheveux, des ongles ou quelque partie du corps de l'ennemi, que l'on trempe dans le sang des victimes ; il est souvent suivi d'effet : car si celui qui en est l'objet vient à l'apprendre, il est frappé d'un tel effroi qu'il refuse tous les aliments et finit par mourir de langueur.

MALA, dénomination sous laquelle la Fortune avait un temple dans le quartier des Esquilies à Rome.

MALACBEL, divinité syrienne dont le nom est composé de deux mots hébreux ou phéniciens : *malac*, roi, et *bel, baal*, seigneur ou dieu. Les Palmyréniens adoraient sous ce nom la Lune, ou plutôt le dieu Lunus, représenté sous les traits d'un homme, la tête surmontée d'un croissant et ceinte d'une couronne. On voit à Rome un monument palmyrénien représentant deux divinités syriennes avec cette inscription : ΑΓΛΙΒΩΛΩ ΚΑΙ ΜΑΛΑΚΒΗΛΩ ΠΑΤΡΩΙC ΘΕΟΙC ; *A Aglibol et Malachbel, dieux du pays.*

MALACHIE, le dernier des douze petits prophètes, dont on lit les œuvres dans l'Ancien Testament ; il vivait sous Néhémie, environ quatre cents ans avant Jésus-Christ. Son livre est fort court et ne contient que trois chapitres, dans lesquels il reproche au peuple ses désordres et prédit la venue d'un précurseur, le double avénement du Sauveur, l'abolition des sacrifices judaïques, et l'institution du nouveau sacrifice qui devait être offert dans tout l'univers. Son style a de la vie, de la force et des inspirations poétiques. Le mot *Malachie* paraît être moins un nom propre qu'un titre qui signifie en hébreu *mon ange*. Plusieurs ont cru que ce prophète n'était autre qu'Esdras.

MALAI, temple des idoles dans l'archipel Tonga. C'est une cabane de plus grande dimension que celles des habitants. L'extérieur en est décoré de statues à formes bizarres, qui sont les images et les emblèmes de la divinité.

MALAINGHA, nom général des anges du premier ordre chez les insulaires de Madagascar. Ces esprits célestes font mouvoir les cieux, les étoiles, les planètes, et sont chargés du gouvernement des saisons. Les hommes sont aussi confiés à leur garde ; ils veillent sur leurs jours et détournent les dangers qui les menacent. Leur nom vient de l'arabe *Malaika*, qui exprime aussi les anges.

MALAKANES, c'est-à-dire *laiteux* ou *mangeurs de lait*, 1° secte russe qui existait à Novogorod vers les années 1605 ou 1610. Les Malakânes étaient ainsi appelés parce que les mercredis et les vendredis ils ne mangeaient que du lait et des œufs, et jeûnaient le samedi. Ils révéraient en secret quelques images de saints, et racontaient sur les plaies de Jésus-Christ des détails qu'on ne trouve pas dans l'Evangile.

2° Les Russes donnent le même nom à une autre secte, qui prend le nom de *Chrétiens spirituels*, parce qu'ils vivent habituellement de laitage, et qu'ils l'emploient surtout pour préparer les aliments les jours de jeûne, dont ils sont rigides observateurs. Ils diffèrent de l'Eglise grecque en rejetant le culte des images et tout ce qui est tradition, pour s'en tenir uniquement à la Bible. Comme il ne leur est pas permis d'avoir des prêtres de leur secte, et qu'ils refusent le ministère des prêtres russes, ils ont renoncé au baptême et à la cène, et ils soutiennent que ces sacrements ne doivent être célébrés que spirituellement et sans acte extérieur. Ils repoussent tous les textes bibliques qu'on allègue pour combattre cette erreur, quoiqu'ils soient d'ailleurs familiarisés avec l'Ecriture sainte, et qu'ils aient des idées exactes sur la Trinité, le péché originel, la rédemption par les souffrances et la mort de Jésus-Christ.

On fait l'éloge de leur conduite ; ils évitent toutes sortes d'excès, s'appliquent aux œuvres de charité, et sont extrêmement officieux. C'est le témoignage que leur rendent deux missionnaires protestants, qui assistèrent à leur office liturgique. Il s'ouvre par le chant d'un passage de l'Ecriture. Ce chant, très-simple et même enfantin, sans règle déterminée, est cependant agréable, en ce qu'il paraît inspiré par le sentiment. Ensuite un septuagénaire, chef de la communauté, lit un chapitre de la Bible slavonne qu'ils comprennent très-bien. Cette lecture est suivie d'une longue prière, pendant laquelle ils se prosternent, et quelquefois en versant des larmes. Le service, commencé par un cantique, se termine de même. Ils sont très-exacts observateurs du dimanche.

Le mariage est béni à la maison par le père de l'épouse, devant lequel les conjoints s'agenouillent. De là on se rend à l'Eglise, où, devant Dieu et en présence de l'assemblée, ils se donnent la main droite en se promettant amour et fidélité. — En 1827, cette société se composait d'environ soixante familles.

MALANG-FAQUIR, classe de prêtres ou derwischs musulmans dans l'Inde.

MALCOUTH, flagellation pénitentielle en usage chez les Juifs modernes, particulièrement en Allemagne. Cette flagellation suit la confession des péchés qui se fait le jour du kippour. On choisit pour cela un de ses amis, avec lequel on se retire dans un coin de la synagogue, où l'on se discipline l'un l'autre, chacun à son tour. Un des pénitents se couche par terre, le visage tourné au septentrion et les pieds au midi ; on ne doit pas se faire fouetter étendu de l'orient à l'occident, parce que Dieu réside en ces endroits-là. Le pénitent reçoit trente-neuf coups d'un nerf de bœuf, confesse ses péchés pendant cette flagellation et se frappe la poitrine. Le flagellant fait son office en récitant en hébreu le verset 38 du psaume LXXVIII : « Il est miséricordieux, il pardonne l'iniquité, il ne perd pas à jamais ; il apaise souvent sa colère, et il n'allume point toute sa fureur. » Le flagellant récite trois fois ce verset, en donnant un coup de fouet à chaque mot. Or, comme il est composé en hébreu de treize mots, cela fait juste trente-neuf coups, nombre déterminé par les Juifs pour ne pas excéder les quarante coups, maximum autorisé par la loi. Le pénitent se relève ensuite, et paye exactement en même monnaie celui qui l'a discipliné.

MALÉFICE. Nous emprunterons cet article au *Traité des superstitions* de Thiers. Le maléfice, y est-il dit, a tant de connexion avec la magie, que les Latins nomment ordinairement magiciens ceux qui usent de maléfices. Quoique ce nom signifie en général toutes sortes de crimes et de dommages, et que l'on appelle *malfaiteurs* tous ceux qui commettent des mauvaises actions, quelles qu'elles puissent être, cependant la magie est appelée absolument *maléfice*, et les magiciens sont appelés simplement malfaiteurs, à cause de la grandeur et de l'énormité de leurs crimes. Le cardinal Tolet définit le maléfice : un art de nuire aux autres par la puissance du démon. Mais, de quelque manière que l'on nuise aux autres, cela ne se fait que par le maléfice somnifique, par le maléfice amoureux, ou par le maléfice ennemi, qui sont les trois espèces de maléfices que l'on distingue d'ordinaire. Le maléfice somnifique se fait par le moyen de certains breuvages, de certaines herbes, de certaines drogues, de certains charmes et de certaines pratiques dont les sorciers se servent pour endormir les hommes et les bêtes, afin de pouvoir ensuite plus facilement empoisonner, tuer, voler, commettre des impuretés, ou enlever des enfants pour faire des sortiléges. Le maléfice amoureux ou philtre, est tout ce qui se dit, tout ce qui se fait et tout ce qui se donne par la suggestion du démon, afin de faire aimer. Telle est la pratique de certaines femmes et de certaines filles qui, pour obliger leurs galants, lorsqu'ils sont refroidis dans leur amour, de les aimer comme auparavant et encore davantage, leur font manger du gâteau où elles ont mis des ordures que je ne veux pas nommer. Le maléfice ennemi est tout ce qui cause, tout ce qui peut causer et tout ce qui est employé pour causer quelque dommage aux biens de l'esprit, à ceux du corps et à ceux de la fortune, lorsque cela se fait en vertu d'un pacte avec les démons ; car, si le pacte ne s'y rencontre, ce qui cause du dommage est bien un mal à la vérité, mais ce n'est pas un maléfice. Ainsi ceux qui donnent aux moutons des boutons emmiellés et empoisonnés, qu'on appelle communément des *gobbes*, afin de les faire mourir, sont véritablement des empoisonneurs, mais ils ne sont pas toujours des sorciers, parce qu'il arrive souvent que ceux qui préparent ce poison, aussi bien que ceux qui le donnent, n'ont aucune société expresse ni tacite avec le démon pour cet effet. Ainsi les Borgia étaient de véritables empoisonneurs, parce qu'ils avaient empoisonné ou fait empoisonner deux bouteilles de vin qu'ils avaient destinées pour les cardinaux auxquels ils donnaient à manger ; mais on n'a pas dû les accuser de magie pour cela, d'autant que le poison qu'ils avaient mêlé ou fait mêler avec le vin était naturel. Au lieu que les habitants de la vallée de Messalcina, dans la Suisse, étaient non-seulement de véritables empoisonneurs, mais aussi de véritables sorciers et de véritables malfaiteurs, puisque, par l'entremise du démon, ils se servaient de maléfices pour donner des maladies aux hommes et aux bêtes, et même pour les faire mourir, ainsi que le rapporte le docteur Jussano, dans la Vie de saint Charles Borromée.

Ce qui a trompé quelques théologiens, quelques canonistes et quelques jurisconsultes, qui soutiennent qu'il est permis d'ôter un maléfice par un autre maléfice, est qu'ils se sont imaginé, comme en effet il y a apparence que cela est ainsi, que, par la loi *Eorum*, qui est du grand Constantin, il est permis de se servir du maléfice à bonne fin et à bonne intention. Mais ils doivent considérer que cette loi a été expressément révoquée par la constitution LXV de l'empereur Léon, *Qui propter temulentorum*, et, par conséquent, qu'on n'y doit avoir aucun égard. Joint que Constantin n'était pas si bon théologien qu'il était bon catholique après sa conversion, et que ses lois ne sont pas toujours des règles de conscience... Il y a bien des gens qui ne se soucient guère de quelle façon ils soient délivrés des maux qui les travaillent, pourvu qu'ils le soient, et qui ne font nulle difficulté lorsqu'ils ont des chevaux, des vaches, des bœufs, des moutons ou d'autres animaux malades, de faire venir chez eux des sorciers et des empoisonneurs, qu'ils connaissent pour tels, ou du moins qu'ils savent passer pour tels, de leur donner de l'argent et de leur faire faire bonne chère, afin qu'ils ôtent le maléfice qu'ils croient que l'on a jeté sur ces animaux. Ils ne considèrent pas que le démon ne perd jamais rien, et que, si le sorcier ou l'empoisonneur, qui est le funeste exécuteur de ses ordres, ôte le maléfice à un homme, il le donne à un autre homme ou à une femme ; que s'il l'ôte à un vieillard, il le donne à un jeune homme ou à un jeune enfant ; que s'il l'ôte au maître ou à la maîtresse du logis, il le donne au serviteur ou à la servante, ou bien il est lui-même en danger de sa vie ; que s'il l'ôte à un animal, il le donne à un autre animal ; enfin, que s'il guérit le corps, il tue l'âme.

Bodin rapporte les preuves de cette vérité dans sa *Démonomanie*, lorsqu'il dit : « On tient que, si les sorciers guérissent un homme maléficié, il faut qu'ils donnent le sort à un autre. Cela est vulgaire par la confession de plusieurs sorciers. Et, de fait, j'ai vu un sorcier d'Auvergne, prisonnier à Paris l'an 1569, qui guérissait les chevaux et les hommes quelquefois, et fut trouvé saisi d'un grand livre plein de poils de chevaux, vaches et autres bêtes de toutes couleurs ; et, quand il avait jeté le sort pour faire mourir quelque cheval, on venait à lui, et il le guérissait en lui apportant du poil, et donnait le sort à un autre, et ne prenait point d'argent ; car autrement, comme il disait, il n'eût point guéri. Aussi était-il habillé d'une vieille saie de mille pièces. Un jour, ayant donné le sort au cheval d'un gentilhomme, on vint à lui ; il le guérit, et donna le sort à son homme. On vint à lui pour guérir aussi l'homme ; il fit réponse qu'on demandât au gentilhomme lequel il aimait mieux perdre son homme ou son cheval ? Le gentilhomme se trouva bien empêché ; et, cependant qu'il délibérait, son homme mourut, et le sorcier fut pris. Il faut ajouter que le diable veut toujours gagner au change, tellement que si le sorcier ôte le sort à un cheval, il le donnera à un cheval qui vaudra mieux; et s'il guérit une femme, la maladie tombera sur un homme; s'il guérit un vieillard, la maladie tombera sur un jeune garçon; et si le sorcier ne donne le sort à un autre, il est en danger de sa vie. Bref, si le diable guérit le corps, il tue l'âme. J'en réciterai deux exemples. L'un que j'ai entendu de M. Fournier, conseiller d'Orléans; d'un nommé Hulin Petit, marchand de bois d'Orléans, lequel, étant ensorcelé à la mort, envoya quérir un qui se disait guérir de toutes maladies, suspect toutefois d'être grand sorcier, pour le guérir, lequel fit réponse qu'il ne pouvait le guérir s'il ne donnait la maladie à son fils, qui était encore à la mamelle. Le père consentit le parricide de son fils, qui fait bien à noter pour connaître la malice de Satan. La nourrice ayant entendu cela, s'enfuit avec son fils, pendant que le sorcier touchait le père pour le guérir. Après l'avoir touché, le père se trouva guéri. Mais ce sorcier demanda où était le fils, et ne le trouvant pas, il commença à s'écrier: *Je suis mort! où est l'enfant?* Ne l'ayant pas trouvé, il s'en va; mais il n'eut pas mis les pieds hors de la porte, que le diable le tua soudain. Il devint aussi noir que si on l'eût noirci de propos délibéré. J'ai su aussi qu'au jugement d'une sorcière, qui était accusée d'avoir ensorcelé sa voisine en la ville de Nantes, les juges lui commandèrent de toucher celle qui était ensorcelée, chose qui est ordinaire aux juges d'Allemagne; et même, en la chambre impériale, cela se fait souvent. Elle n'en voulut rien faire; on la contraignit; elle s'écria: *Je suis morte!* Elle fut condamnée à être brûlée morte. Je tiens l'histoire d'un des juges qui assista au jugement. J'ai encore appris, à Tolose, qu'un écolier du parlement de Bordeaux, voyant son ami travaillé d'une fièvre quarte à l'extrémité, lui dit qu'il *donnât la fièvre à un de ses ennemis.* Il fit réponse qu'*il n'avait pas d'ennemis. Donnez-la donc,* dit-il, *à votre serviteur.* Le malade en fit conscience. Enfin le sorcier lui dit: *Donnez-la-moi.* Le malade répondit: *Je le veux bien.* La fièvre prend le sorcier, qui en mourut, et le malade en réchappa. »

Lors donc qu'un chrétien est affligé de quelque maléfice, soit en sa personne, soit en ses proches, soit en ses biens, il faut qu'il ait particulièrement recours aux remèdes divins et ecclésiastiques, qui seuls se peuvent pratiquer sans danger et sans péché; qui sont toujours utiles aux âmes bien disposées, sans jamais nuire aux corps, et qui souvent nous délivrent où nous préservent des maléfices et des autres maux auxquels notre vie est si sujette. Tels sont la foi vive et animée de la charité, l'usage légitime des sacrements que nous pouvons recevoir dans l'état où nous nous trouvons, les prières des gens de bien en la piété desquels nous avons confiance, les exorcismes et les prières de l'Eglise, etc., etc.

MALEKIS, secte de Juifs orientaux, qui suivaient la doctrine de Malek, disciple d'Anan. Ils assuraient qu'au jour de la résurrection, Dieu ne ressusciterait d'entre les morts que ceux pour la conviction desquels il aura employé ses envoyés ou les livres révélés.

MALEKIS ou MALÉKITES, une des quatre sectes orthodoxes qui se partagent la religion musulmane. Ce sont ceux qui suivent la doctrine de l'imam Malik, qui mourut à Médine l'an 179 de l'hégire (795 de Jésus-Christ), sous le khalifat d'Haroun-el-Raschid. Il composa un Traité des lois orales de Mahomet; c'est un des ouvrages les plus estimés en ce genre. Sa doctrine fait loi principalement en Barbarie.

MALÉYAR, fête que les Indiens du Tamoul célèbrent huit jours après le Makara-Sankranti. Elle est ainsi appelée, parce que les vierges indiennes adorent la divinité à six têtes, Soubhramanya, sous l'image de son oiseau *mayel*, perroquet ou paon au plumage varié, en lui offrant des gâteaux, du lait et des mets, comme souvenir de l'adoration faite par la déesse Valleammi, avant qu'elle épousât ce dieu; mais ce jour de Maléyar n'est pas aussi sacré que le Makara-Sankranti, appelé communément *Pongol*.

MALGARADOK, espèce de sorciers qui tiennent lieu de prêtres aux Australiens. On a recours à eux dans les maladies, afin d'en détourner l'effet par leurs charmes. On les appelle encore *Kerredei* et *Kinédou*.

MALICA, nom d'Hercule, chez les habitants d'Amathus en Phénicie. Ce mot signifie *le roi*.

MALINAK, mauvais génie que les Groënlandais regardent comme l'adversaire de Torngar-Suk, leur bon principe. C'est un esprit femelle qui inspire le mal, souffle les tempêtes, brise les barques et enlève les poissons. Les Groënlandais du nord disent que Malinak est la fille d'un puissant Angekok; ils ne l'aiment point parce qu'elle leur fait du mal plutôt que du bien; ils ne la craignent point parce qu'ils ne la croient point assez méchante pour se faire un plaisir de tourmenter les hommes; mais elle se plaît, disent-ils, à garder la solitude dans son palais de délices, et l'environne de dangers, pour empêcher qu'on ne vienne l'y troubler. Quelques-uns distinguent deux esprits femelles, l'un mélancolique et qui fuit les hommes, l'autre méchant et qui cherche à leur nuire.

MA-LI-TCHI, le seizième des esprits célestes qui tiennent le premier rang dans la théogonie bouddhique des Chinois. Son corps ne peut être ni aperçu ni saisi, tant il est pur et diaphane. Il court incessamment devant le disque du soleil et de la lune. Son intervention dans les affaires de ce monde est bienfaisante et salutaire: c'est lui qui protége les peuples et qui les délivre des maux de la guerre et des autres calamités. *Ma-li-tchi* est emprunté au *Maritchi* des Brahmanistes.

MALLA, daitya ou démon de la mythologie brahmanique qui se plaisait à tourmenter les brahmanes. Un jour il organisa avec son frère Mani une partie de chasse ou plutôt de pillage, et ayant rassemblé une grande troupe de mauvais génies, ils se rendirent à une résidence de brahmanes, non loin de Pounah, et là ils détruisirent leurs jardins, tuèrent leurs vaches, battirent et maltraitèrent ces saints hommes et leurs familles. Alors les brahmanes, avec le secours du dieu Mallari Mahatmya, quittent la terre et se dirigent vers le ciel à travers les airs. Arrivés à Amaravati, résidence d'Indra, ils lui exposent leurs sujets de plainte. Le dieu les reçoit avec respect, mais il leur confesse qu'il n'est pas en son pouvoir de leur venir en aide, et leur conseille de s'adresser à Vichnou. Ils se rendent donc au Vaïkountha; Vichnou les reçoit de la même manière qu'Indra et les renvoie à Siva. Celui-ci écoute leurs prières, s'incarne sous la forme de Martanda Bhairava, détruit l'armée des Daityas, et tue leurs chefs. Mais avant de mourir, les deux démons Malla et Mani se convertissent au culte de Mahadéva; et en expirant ils obtiennent de la main de ce dieu d'être délivrés de l'existence individuelle, et d'être absorbés dans la divinité.

MALLARI-MAHATMYA, divinité hindoue, vénérée dans le Dekhan, où elle est plus connue sous le nom de Khandoba ou de Khande-Rao. Ce dieu fut appelé *Mallari*, du nom d'un démon *Malla* qu'il vainquit. *Voy.* MALLA.

MALLOPHORE (de μαλλός, *toison*), surnom de Cérès, considérée comme déesse tutélaire des troupeaux. C'étaient les Mégaréens qui l'honoraient sous ce titre, parce qu'elle leur avait appris à élever les brebis et à tirer parti de leur laine.

MALLUS, endroit où les Celtes s'assemblaient pour les cérémonies de leur culte. Ils entendaient par ce terme le sanctuaire où la divinité aimait à se manifester d'une façon particulière. Il n'était point permis d'en approcher sans y faire sa prière ou son offrande.

MALMIENG, dieu des Coréens, qui le regardent comme le protecteur et le vengeur des parents.

MALNAB, génie tutélaire de chaque village, chez les Pahariyas, peuple de l'Hindoustan.

MALOUK-DASIS, sectaires hindous, formant une subdivision des Vaichnavas-Ramanandis. Ils suivent la doctrine de Malouk-Das, qui vivait sur la fin du XVIe siècle. Cette doctrine est essentiellement la même que celle des Ramanandis. Vichnou, en tant qu'incarné en Rama, est l'objet de leur culte et de leurs adorations, et leurs principes participent à cet esprit de quiétisme qui a envahi toutes les sectes des Vaichnavas. Cependant les Malouk-Dasis ne forment point une corporation monastique, ils vivent dans leurs familles, et sont distingués par une petite raie rouge qu'ils portent sur le front.

MALOULI, dieu des Égyptiens, fils d'Horus et d'Isis. C'est en lui que se termine la succession des triades. Il était adoré principalement à Kalabschi, sous la forme et les attributs de Khons. *Voy.* DIEUX, n° 2, et HORUS.

MALOUMIS, sectaires musulmans appartenant à la branche des Kharidjis. Ils enseignent que tout homme qui reconnaît Dieu avec tous ses noms et ses attributs est vrai croyant, et que ceux qui ne le connaissent pas de la même manière sont infidèles.

MALTE (ORDRE DE). *Voy.* HOSPITALIERS, n° 2.

MAMACOCHA, dieu de la mer, suivant les anciens Péruviens, ou selon d'autres, l'Océan lui-même.

MAMACONAS ou MAMACOUNAS. Les Péruviens appelaient ainsi les plus âgées des vierges consacrées au Soleil; elles étaient chargées de gouverner les vierges plus jeunes.

MAMA-HUACO, épouse de Manco-Capac, fils du Soleil, suivant la mythologie péruvienne. *Voy.* MANCO-CAPAC.

MAMA-KOMBO, moyen superstitieux que les nègres de la Guinée emploient pour punir les fautes vraies ou prétendues de leurs femmes. Le Mama-Kombo est un mannequin colossal, fait d'écorces d'arbres, grossièrement peint, avec une longue robe à manches et un bonnet pointu, orné de figures mystérieuses. Ordinairement il est au repos, suspendu à un arbre peu distant du village; mais quand un mari croit avoir à se plaindre de sa femme, Mama-Kombo arrive sur la grande place, entouré de Marabouts. A son aspect on se range, on s'attroupe; les jeunes filles, les femmes, toutes tremblantes, ne savent pas encore à qui il en veut. Enfin, Mama-Kombo nomme la coupable; elle approche avec la honte et l'angoisse dans les traits, et là, en présence de ses compagnes, au milieu de leurs huées, une sévère fustigation punit une faute qui reste souvent inconnue. *Voy.* MOMBO-JOMBO.

MAMAKOURS, sorte de bracelets composés de verre ou de quelque autre matière plus riche, que portaient autrefois les insulaires des Moluques, comme préservatifs contre les pièges des *Nitos* ou esprits malins. Ils s'en servaient aussi pour connaître le succès des guerres qu'ils étaient sur le point d'entreprendre. Pendant la nouvelle lune, ils immolaient une poule dans le sang de laquelle ils trempaient ces bracelets; en les retirant ils examinaient attentivement quelle en était la couleur, pour juger de là ce qu'ils avaient à craindre ou à espérer.

MAMANGKOU, le deuxième ordre de prêtres chez les Javanais. Leur nom signifie *gardien*. Comme les *Aïdas*, prêtres de la première classe, ils sont pris exclusivement dans certaines familles, et se transmettent le sacerdoce par voie d'hérédité. Ils portent aussi le *ganitri*, cordon sacré des brahmanes.

MAMANIVA, idole adorée par les Hindous, près de Surate, sous un figuier des pagodes, au rapport de Tavernier. On lui fait des offrandes de riz, de millet, etc. Tous ceux qui viennent adorer Mamaniva sont marqués au front de vermillon, et l'idole est également teinte de cette couleur.

MAMA-OELLO, mère d'Huayna-Capac, le plus chéri des enfants du Soleil, de la race des Incas. L'image de cette reine, placée dans le grand temple de Cusco, avait la face tournée du côté de la lune. Elle devait cette prérogative à l'avantage d'avoir été la mère d'un si digne fils. *Voy.* Huayna-Capac.

MAMA-QUILLA, nom que les anciens Péruviens donnaient à la lune. Ce mot signifie *mère-lune*, parce qu'en effet ils regardaient cet astre comme la souche de leurs Incas. Elle avait à Cusco une chapelle dans le temple du Soleil. Les portes et les enclos de ce sanctuaire étaient revêtus de lames d'argent, pour donner à connaître par la couleur blanche que cet appartement était celui de la Lune. La figure de cet astre avait un visage de femme, et était sur une plaque d'argent. C'était là que les Péruviens allaient rendre leurs hommages à la Lune; cependant ils ne l'adoraient point et ne lui offraient point de sacrifices. De chaque côté de son image on voyait les corps des reines décédées, rangées en ordre, selon leur ancienneté. Celle de ces reines qui tenait le premier rang était Mama-Oëllo, mère d'Huayna-Capac.

MAMERS, nom que les Osques donnaient au dieu appelé Mars; *Mah-Mers* signifie le grand Mars. *Voy.* Mars.

MAMILLAIRES, secte de Mennonites dont parle Bayle, et qui prit naissance à Harlem, à l'occasion d'un jeune homme qui porta témérairement la main sur le sein d'une jeune fille qu'il était sur le point d'épouser. Cette indécence ayant été déférée au tribunal ecclésiastique, on se divisa sur la peine à infliger : les uns voulaient que le coupable fût excommunié; les autres, en avouant qu'il avait péché, trouvèrent le châtiment trop sévère, et furent en conséquence, appelés *Mamillaires*. La même dénomination a été depuis appliquée en Italie à des hommes qui ont osé se constituer les apologistes du vice, en s'efforçant de justifier ou d'atténuer les familiarités et les attouchements indiscrets.

MAMMISI. « Plusieurs monuments égyptiens, dit M. Champollion-Figeac, nous ont transmis les opinions et les pratiques de l'Égypte relatives à la naissance et à l'éducation de ses rois. Étant assimilés à ses dieux, ils ne pouvaient naître et grandir que par l'assistance divine. C'est par suite de cette croyance qu'à côté des grands temples où une triade était adorée, on en construisit un de bien moindre étendue, qui était l'image de la demeure céleste où la déesse, second personnage de cette triade, avait enfanté le jeune enfant qui la complétait, et ce jeune enfant n'était que la représentation du roi qui faisait élever l'édifice. Ce petit temple était appelé *Mammisi*, lieu de l'accouchement ; et c'est ainsi que dans celui qui est à côté du grand temple d'Edfou, la naissance et l'éducation de Ptolémée-Évergète II sont associées à celles du jeune Har-Sont-Thô, qui est le fils du Dieu Har-Hat et de la déesse Halt-Hôr, et qui forme avec son père et sa mère la triade adorée dans ce grand temple. Dans le Mammisi d'Hermonthis, c'est la naissance et l'enfance de Cæsarion, fils de Cléopâtre et de Jules César, assimilées à celles de Harphré, fils du dieu Mandou et de la déesse Ritho, triade adorée à Hermonthis. »

MAMMON ou MAMMONA, mot syriaque qui signifie *richesses*. Jésus-Christ emploie quelquefois cette expression dans l'Évangile ; et la manière dont saint Mathieu la rapporte, sans la traduire, dans cet axiome du Sauveur : « Vous ne pouvez servir Dieu et Mammona, » porte à croire que Mammon était chez les Syriens le dieu des richesses, et qu'il remplissait chez les païens de cette contrée les mêmes fonctions que Plutus chez les Romains, et Kouvéra chez les Indiens.

MAMOUKHI, déesse du Panthéon des Bouddhistes du Népal; elle est l'épouse, ou l'énergie active de Ratna-Sambhava, un des Dhyani Bouddhas qui ont déjà paru.

MANA, 1° déesse des Romains; elle présidait aux accouchements et aux maladies des femmes. On lui offrait en sacrifice de jeunes chiens qui tétaient encore, parce que, suivant Pline, la chair de ces animaux était réputée si pure qu'on la servait dans les repas préparés pour les dieux.

2° Mana ou Manuana, déesse romaine, mère des dieux Mânes. *Voy.* Mania.

3° Mana Genita, autre divinité romaine. *Voy.* Genita.

MANA, ou Manat, ou Menat, idole des anciens Arabes, adorée principalement par les tribus d'Horaïl et de Kosan. C'était une grande pierre informe et grossière, à laquelle on attribuait des effets merveilleux. Mahomet s'élève souvent, dans le Coran, contre son culte; et il ordonna de la détruire la huitième année de l'hégire.

MANALA, l'enfer des anciens Finnois. C'était le séjour des ombres et l'habitation des fils de la mort. Il était sous la domination de *Manalan-Matti*, la reine des sombres régions, qui introduisait dans ce lieu les âmes des défunts. Là se trouvait un lac de feu, que Tuoni, le Caron finnois, faisait passer aux morts, sur sa barque noire.

MANAR-SWAMI, dieu adoré dans le sud de l'Hindoustan; mais on n'est pas d'accord sur le personnage vénéré sous ce nom. Quelques-uns pensent qu'il est une transformation de Soubhramanya ou Kartikéya, dieu de la guerre, et fils de Siva. Cependant ce dogme n'est pas reçu généralement, et les brahmanes n'en conviennent pas. Ses temples, qui sont très-petits, se trouvent au milieu des champs. Pour l'ordinaire, on construit auprès de la porte trois figures colossales de brique, représentant des Boutas ou démons assis, qu'on dit être les gardiens du temple; au dedans, outre le Linga, qui est la figure principale, on trouve celles des enfants de Siva et de douze jeunes vierges. Des Soudras y font les cérémonies journalières, mais jamais les brahmanes, car ceux-ci méprisent ce culte.

Dans le cours de l'année, on célèbre plusieurs fêtes en l'honneur de Manar-Swami; mais elles n'ont point de jour fixe. On accomplit, ces jours-là, un grand nombre de cérémonies dans les temples qui lui sont consacrés.

MANASA, sœur de Vasouki roi des Nagas,

les dieux serpents de la mythologie hindoue ; elle épousa le sage Djaratkara, et elle est invoquée comme reine des serpents, pour obtenir d'être préservé de leurs piqûres. On la représente assise sur un lotus, vêtue de serpents. Son fils, nommé Asitka, lors de l'extermination des serpents par le roi Djanamedjaya, obtint grâce pour Takchaka, un de leurs souverains.

MANAVA-DHARMA-SASTRA, ou *Code des lois de Manou*, un des livres sacrés des Hindous. C'est, après les Védas, le livre qui prétend à une plus haute antiquité. William Jones fait en effet remonter cette compilation très-haut, et la place immédiatement après les Védas, avant les Itihasas. Mais il est impossible, dit H. Ritter, de ne pas voir sa superstition pour les choses modernes. Quant à nous, sans vouloir faire descendre cette composition jusqu'au XIIIe siècle de notre ère, comme l'ont supposé quelques-uns, nous nous en rapporterons au savant traducteur français, feu Loiseleur Deslongchamps. « L'époque où le Manava-Dharma-Sastra a été rédigé, dit-il, ne nous est guère mieux connue que le nom du véritable rédacteur, et l'on est forcé, à cet égard, de s'en tenir à des conjectures. Les calculs sur lesquels William Jones s'était fondé, pour placer la rédaction du texte actuel vers l'an 1280 ou vers l'an 880 avant notre ère, ont paru généralement reposer sur des bases si faibles, qu'il serait inutile d'en reproduire ici le détail. Les meilleures conjectures, d'après nos connaissances, sont probablement celles que l'on peut tirer du code lui-même. Les dogmes religieux y représentent toute la simplicité antique : un Dieu unique, éternel, infini, principe et essence du monde, *Brahme* ou *Paramâtma* (la grande âme), sous le nom de Brahmâ, régit l'univers, dont il est tour à tour le créateur et le destructeur. On ne voit aucune trace, dans le code de Manou, de cette triade ou trinité (*Trimourti*) si fameuse dans des systèmes mythologiques sans doute postérieurs. Vichnou et Siva, que les recueils de légendes appelés Pourânas représentent comme deux divinités égales et même supérieures à Brahmâ, ne sont nommés qu'une seule fois en passant, et ne jouent aucun rôle, même secondaire, dans le système de créations et de destructions du monde exposé par le législateur. Les neuf incarnations de Vichnou n'y sont pas mentionnées ; et tous les dieux nommés dans les lois de Manou ne sont que des personnifications du ciel, des astres, des éléments, et d'autres objets pris dans la nature. Ce système mythologique paraît avoir les plus grands rapports avec celui des Védas, dont la haute antiquité est incontestable. »

Quoi qu'il en soit de l'âge de ce recueil, la plupart des savants qui ont examiné le code de Manou conviennent qu'on ne saurait le regarder comme l'ouvrage d'un seul homme, ni même d'un seul siècle. « Il faut observer, dit Ritter, que cet ouvrage, semblable à beaucoup d'autres de la littérature indienne, n'est qu'une collection d'un grand nombre d'écrits de différente nature, un recueil de lois, mais non pas un code fait sur un plan unique ou donné par un seul homme. C'est ce que font assez voir l'introduction et la conclusion, mais mieux encore les différentes espèces de lois portées contre un seul et même crime ; et enfin le désordre du recueil. Il serait donc possible que cet ouvrage singulier, qui est rempli des dispositions les plus étranges et de principes pour ces dispositions, se composât de parties dont l'âge serait fort différent. Dans une grande partie des Institutions, on pourrait retrouver la simplicité antique ; d'autres endroits, au contraire, témoignent de la culture de temps plus voisins de nous, culture qui ne ressemble point au premier développement d'un peuple ; d'autres encore témoignent d'une corruption profonde, et du caractère sauvage et farouche de tout le peuple qui en a rendu les dispositions nécessaires. » *Voy.* MANOU.

MANCO-CAPAC, ou MANCO-INCA, législateur des Péruviens, honoré par eux comme une divinité. Sans nous arrêter aux rêveries de quelques modernes, dont les uns le font venir de la Chine, et d'autres le confondent avec l'apôtre saint Thomas, qui aurait évangélisé les Muyscas sous le nom de *Bochica*, et les Péruviens sous celui de *Manco-Capac*, nous nous contenterons d'exposer les anciennes traditions locales.

Avant que les Péruviens fussent gouvernés par les Incas, ils adoraient une multitude inconcevable de dieux et de génies ; chaque province, chaque tribu, chaque famille, chaque village, chaque rue, et même chaque maison avait ses dieux différents de ceux des autres ; parce qu'ils s'imaginaient qu'il n'y avait que le dieu auquel ils se vouaient particulièrement qui les pût aider dans leurs besoins. Ils adoraient des herbes, des plantes, des fleurs, des arbres, des montagnes, des cavernes. Dans la province de Puerto-Viejo, ils rendaient un culte idolâtrique à l'émeraude, au tigre, au lion, aux couleuvres, etc. On offrait à ces prétendues divinités non-seulement les fruits de la terre et des animaux, mais même des prisonniers de guerre, et on assure qu'au besoin ils immolaient leurs propres enfants. Ces sacrifices se faisaient en ouvrant les victimes toutes vivantes, en leur arrachant ensuite le cœur, et on barbouillait la figure de l'idole du sang qui en découlait tout chaud. Le prêtre brûlait ensuite le cœur de la victime, après l'avoir examiné, pour voir si l'idole agréait le sacrifice. Quelques autres offraient à leurs divinités leur propre sang qu'ils se tiraient des bras, des cuisses, de l'extrémité du nez, ou d'entre les sourcils.

Manco-Capac entreprit d'abolir ce culte barbare, et d'y substituer le sabéisme ; il se fit passer pour fils du Soleil, et, se faisant accompagner par Mama-Huaco, sa sœur et son épouse, il annonça qu'ils avaient reçu de cet astre la mission d'instruire et de civiliser les Péruviens. Ils partirent de Titicaca ; et se conduisant par le moyen d'une verge d'or que le Soleil, disaient-ils, leur avait donnée, et qui d'elle-même devait s'enfoncer dans la terre, lorsqu'ils seraient arrivés à l'endroit où ils devaient se fixer par la volonté de cet astre; ils prirent leur route du côté du septentrion, éprouvant continuellement la vertu miraculeuse de cette verge d'or. Enfin elle s'enfonça dans la vallée de Cusco, et ce fut là qu'ils résolurent d'établir le siège de leur empire. D'abord le fils du Soleil employa les armes spirituelles; le frère et la sœur allèrent prêcher la religion de leur père, et firent un grand nombre de prosélytes. Il affermit son autorité par des conquêtes, abolit l'ancienne religion, lui substitua le culte du soleil, et assigna ses descendants pour ministres du nouveau dieu. Cependant il ne paraît pas qu'il lui eût élevé des temples; ce n'est que longtemps après lui que les Péruviens consacrèrent des édifices pour l'image du Soleil et pour les cérémonies de la religion. Il ordonna que les offrandes consistassent uniquement en fruits, en liqueurs, en animaux, et proscrivit sévèrement les sacrifices de victimes humaines.

Il enseigna ensuite à ses sujets l'art de cultiver la terre, de se vêtir, de construire des habitations; leur donna un gouvernement et des lois, dont la principale leur prescrivait, dit-on, de s'aimer les uns les autres. Après avoir vu se réaliser tous les plans qu'il avait formés pour le bonheur de ses peuples, l'Inca, sentant sa mort approcher, appela autour de lui ses enfants, les grands de la cour, les curacas ou gouverneurs de provinces, et leur dit : « Mes forces diminuent, l'âge a glacé mes sens; le Soleil me retire du milieu de vous. Observez religieusement ses lois, qu'il entend devoir être immuables. » En achevant ces mots, sa paupière s'appesantit, et la vie l'abandonna. Pleuré comme un bienfaiteur et comme un père, Manco-Capac jouit bientôt des honneurs de l'apothéose; ses sujets lui dressèrent des autels, et à ses successeurs après lui, non qu'ils ne fussent convaincus que les Incas avaient été des hommes mortels, mais par reconnaissance pour les bienfaits qu'ils avaient reçus de ces descendants du Soleil, qu'ils adoraient, disaient-ils, sans lui donner de compagnon.

MANDAKINI, fleuve céleste, qui, suivant la mythologie hindoue, arrose le Swarga, séjour des dieux du second rang, d'où il découle sur la terre, sous le nom de Ganga. *Voy.* GANGA.

MANDCHI, nom des prêtres du dernier ordre, chez les Kalmouks. Ce sont des jeunes gens qui aspirent à la dignité de *Ghelloung*. Ils servent les Ghelloungs, et marchent nu-pieds.

MANDI, un des génies bienfaisants qui procéda, avec Bisnæ, Oubba et Loukhan, à la formation du soleil, de la lune et de tous les autres astres. *Voy.* BISNÆ.

MANDJOUCHARI, dieu des Bouddhistes de la Mongolie. C'est lui qui, durant la création, perça d'une flèche la grande tortue et la plongea au fond de l'Océan, afin de faire porter sur son dos le mont Souméroù, pivot de l'univers. On l'appelle aussi le père des mille Bourkhans. Il doit succéder à Maïdari dans le gouvernement du monde. Comme dieu de la justice, il porte une épée d'or dans une de ses mains; comme dieu de la science, il tient dans l'autre un livre qui repose sur une fleur sacrée. Enfin les deux mains qui lui restent (car il en a quatre), s'étendent pour répandre de nombreuses bénédictions sur ses adorateurs. *Voy.* MANDJOUNATH.

MANDJOUNATH, un des Bodhisatwas de la théogonie du Népal, qui le représente comme fils spirituel d'Akchobhya, l'un des Bouddhas célestes; il s'est manifesté aux hommes sous la forme d'un *tchauri* (queue de bœuf employée comme chasse-mouche). Un petit poëme népali parle ainsi de sa divinité : « Que Mandjounath qui, venu de Sircha avec ses disciples, fendit la montagne avec son cimeterre, et bâtit sur le lac desséché une ville, la demeure agréable des hommes, adorant la divinité assise sur le lotus élémentaire, vous soit propice : je l'adore. » Cette strophe représente Mandjounath comme le premier prédicateur de la religion bouddhique dans le Népal. La tradition lui attribue d'avoir délivré la contrée des eaux qui la submergeaient, en leur donnant une issue à travers les montagnes; suivant le texte, il y parvint en leur ouvrant un passage avec son cimeterre. Quant à la ville fondée par lui, elle n'existe plus.

On donne à Mandjounath plusieurs autres noms, comme *Mandjousri*, *Mandjou-ghocha*, *Mandjou-bhadra*, *Koumara* (le jeune homme ou le prince), *Nila* (au teint noir), *Badiradja* (roi de la controverse), *Khergui* (portant une épée), *Dandi* (portant un bâton), *Sikhadara* (ayant une boucle de cheveux sur le sommet de la tête), *Sinhakéli* (qui joue avec un lion), et *Sardoulavahana* (qui monte un tigre). Quelques-unes de ces épithètes ne doivent pas s'entendre dans un sens littéral, mais leur tendance générale est d'assigner à Mandjounath le caractère de législateur militaire, ou dont l'argument le plus convaincant était le tranchant de son épée. Il est le même que le *Mandjouchari* des Mongols.

MANDODARI, épouse de Ravana, tyran de l'île de Ceylan vaincu par Rama. On dit qu'après la mort de son mari, elle vint trouver le dieu en gémissant. Celui-ci, ne sachant pas qui elle était, lui souhaita de n'être pas veuve. Mais son mari venait d'être tué. Or, comme, suivant un proverbe indien, une femme n'est pas veuve tant que le bûcher de son époux n'est point éteint, Rama, pour que son souhait ne demeurât pas sans effet, ordonna au singe Hanouman de jeter continuellement du bois dans ce bûcher. Aujourd'hui encore Hanouman entretient ce feu; et toutes les fois qu'un Hindou met ses doigts dans ses oreilles et entend un son, il dit qu'il entend craquer les os de Ravana qui brûlent.

MANDOU, MANDOU-RÉ, MANDOULIS, dieu égyptien, représenté avec une tête d'épervier, surmontée du disque du soleil, et de deux plumes droites. Il formait avec Harphré, son fils, et Ritho, sa femme, une triade adorée dans la ville d'Hermonthis.

MANÉ, nom de la lune dans l'Edda. C'était le fils d'un homme appelé Mundilfare, qui, fier de la beauté de ses deux enfants, avait donné au fils le nom de *Lune*, et à la fille celui de *Soleil*. Les dieux, irrités de cette arrogance, les enlevèrent au ciel, et obligèrent la fille à conduire le char du soleil, qu'ils avaient formé des feux voltigeants hors de Muspelsheim (le monde enflammé), pour éclairer l'univers. Ensuite ils placèrent sous chaque cheval deux outres pleines d'air pour les rafraîchir. De là vient la fraîcheur du matin. Mané règle le cours de la lune, et ses différents quartiers. Un jour, il enleva deux enfants, nommés Bil et Hiuke, comme ils revenaient d'une fontaine, portant une cruche suspendue à un bâton. Ces deux enfants accompagnent toujours la Lune. Celle-ci est sans cesse poursuivie par un loup prêt à la dévorer, et par qui elle doit être engloutie à la fin des temps.

MANÉROS. A l'occasion du voyage d'Isis à Biblos pour chercher Osiris, Plutarque rapporte que les Egyptiens faisaient apporter, au milieu de la joie des festins, une cassette d'où l'on tirait une tête de mort, c'est-à-dire, un masque d'argent fait en forme de tête de mort. On montrait cette figure à tous les convives, non pour leur rappeler les malheurs d'Osiris, comme le croyaient les ignorants, mais pour indiquer qu'on eût à se réjouir tandis qu'on avait encore la liberté. Cette fête s'appelait *Manéros*. On imagina que ce Manéros était le nom d'un homme; on en fit un fils du roi de Biblos; et l'on prétendit qu'il était mort de frayeur, à cause d'un regard menaçant qu'Isis lui avait lancé.

Hérodote parle aussi du Manéros. Les Egyptiens, dit-il, ont plusieurs usages remarquables, en particulier celui de la chanson *Linos*, qui est célèbre en Phénicie, en Chypre et ailleurs. Elle change de nom, suivant la différence des peuples; mais on convient que partout elle est la même que celle que les Grecs chantent sous le nom de Linos. Si je suis surpris de plusieurs singularités de l'Egypte, continue-t-il, je le suis surtout du Linos, ne sachant d'où il a tiré son nom : il paraît qu'on a chanté cette chanson dans tous les temps : au reste le Linos s'appelle chez les Egyptiens *Manéros*; ils prétendent qu'il a été le fils unique de leur premier roi, et qu'ayant été enlevé par une mort prématurée, ils honorent sa mémoire par cette espèce de chant lugubre, et qui ne doit son origine qu'à eux seuls. *Voy.* Linos.

MANES, divinités auxquelles les anciens ont donné pour mère la déesse Mania, et pour père, suivant Hésiode, les hommes qui vécurent dans l'âge d'argent; mais leur véritable origine, selon Banier, doit se rapporter à l'opinion où l'on était que le monde était rempli de génies, qu'il y en avait pour les vivants et pour les morts; que les uns étaient bons et les autres mauvais, et que les premiers s'appelaient *Lares*, et les seconds *Larves* ou *Lémures*. Les anciens, dit Noël, n'avaient pas des idées bien fixes au sujet des Mânes. Tantôt ils les prenaient pour des âmes séparées du corps, tantôt pour les dieux infernaux, ou simplement pour les dieux ou les génies tutélaires des défunts. Quelques-uns, au rapport de Servius, ont prétendu que les grands dieux célestes étaient les dieux des morts; qu'ils n'exerçaient leur empire que dans les ténèbres de la nuit, auxquelles ils présidaient, ce qui a donné lieu d'appeler le matin, *mane*. Le mot Mânes a été pris aussi quelquefois pour les enfers en général. Enfin Virgile semble avoir entendu par ce mot les supplices de l'enfer :

Quisque suos patimur manes...

« Nous souffrons chacun notre peine, » c'est-à-dire un châtiment analogue à celui qu'on éprouve dans le pays des Mânes.

On peut trouver à ce mot plusieurs étymologies : 1° *manus*, adjectif latin qui se disait autrefois pour *bonus* (et qui subsiste encore dans *im-manis*, non bon, cruel), soit que l'on regardât les Mânes comme des divinités bienfaisantes, soit qu'elles fussent considérées comme méchantes et redoutables; en ce dernier cas, la signification de *bonnes* leur aurait été appliquée par antiphrase, comme les Grecs appelaient les furies *Euménides* ou bienfaisantes. 2° On pourrait rapprocher le mot Mânes du sanscrit *mânous*, et du germanique *man*, qui signifie *homme*; les Mânes seraient le petit homme intellectuel qui vit en nous et anime nos corps. 3° Enfin un autre mot sanscrit, *manas* ou *mânes*, signifie l'*âme*, l'*esprit*, comme le grec μένος et le latin *mens*.

1° Les Perses, les Egyptiens, les Phéniciens, les Assyriens et toutes les nations de l'Asie, honoraient les ombres. Les Bithyniens, en inhumant leurs morts, les suppliaient à haute voix de ne pas les abandonner entièrement, et de revenir quelquefois parmi eux; et, dans l'intérieur même de l'Afrique, des peuples barbares, tels que les Nasamons, connurent et pratiquèrent ce culte. Orphée fut le premier qui apporta parmi les Grecs l'usage d'évoquer les Mânes. Les Thesprotes lui dédièrent un temple à l'endroit où l'on croyait qu'il avait su rappeler l'ombre d'Eurydice. Ce temple devint très-renommé, et, plusieurs siècles après, Périandre y vint consulter l'ombre de sa femme Mélisse.

Le culte de ces dieux se répandit dans le Péloponèse, et on leur adressait des vœux dans les malheurs publics. Ulysse, suivant Homère, leur offrit un sacrifice pour obtenir un heureux retour dans ses Etats. De tous les prêtres grecs, les Thessaliens étaient ceux qui excellaient le plus dans l'art d'évoquer les Mânes. Lorsque les Spartiates eurent fait périr Pausanias dans le temple de Minerve, ils furent obligés de faire venir de Thessalie des prêtres pour chasser son ombre. Dans un champ, près de Marathon, on voyait les tombeaux des guerriers athéniens, morts en combattant contre les Perses. Des cris perçants, dit Pausanias l'historien, en sortaient quelquefois et épouvantaient les voyageurs. Souvent on n'entendait qu'un bruit sourd, pareil au murmure d'hommes qui combattent : ceux qui y prêtaient une oreille attentive étaient maltraités par les Mânes; mais les passants qui, sans prétendre en dévoiler la cause, continuaient leur route sans s'arrêter, n'éprouvaient aucun obstacle.

Quelquefois, pour apaiser l'ombre irritée de celui qu'un homicide ou un accident funeste avait privé de la vie, on lui immolait des victimes humaines, on lui érigeait une statue. Ainsi les éphores, voulant satisfaire aux Mânes du général Pausanias, lui élevèrent deux statues d'airain devant lesquelles on offrait tous les ans des sacrifices. Les Athéniens célébraient une fête solennelle en l'honneur des Mânes, dans le mois anthestérion, pendant laquelle on ne pouvait se marier. Les Platéens rendaient un culte religieux à ceux qui avaient perdu le jour. Ils offraient des sacrifices sur leurs tombeaux; et la victime, couronnée de myrte et de cyprès, était immolée au son des flûtes et des instruments les plus lugubres. Ils avaient même une fête générale, où tous les principaux de la nation, montés sur des chars drapés de noir, venaient près des sépulcres offrir de l'encens aux dieux des enfers. Le plus considérable d'entre eux faisait ensuite tomber sous la hache un taureau noir, et l'on suppliait les Mânes de sortir de leur demeure pour humer le sang de l'animal.

2° En Italie, comme en Grèce, les Mânes étaient invoqués comme des dieux; on leur élevait des autels; et on leur offrait des taureaux pour les engager à protéger les champs, à épouvanter les ravisseurs des fruits. Caton nous a conservé la formule par laquelle on enjoint aux ombres à qui l'on vient de sacrifier au milieu d'un champ, de veiller à sa conservation.

De Rome, le culte des Mânes passa dans toutes les contrées de l'Italie. Partout on leur éleva des autels; on mit sous leur protection les tombeaux, et chaque épitaphe portait en tête DIS MANIBVS. Ces dieux pouvaient sortir des enfers avec la permission de Summanus, leur souverain, et plus d'une fois la crédule ignorance s'imagina en distinguer au milieu des ténèbres. Les lieux destinés à la sépulture des morts, toujours dédiés aux dieux d'en bas, *diis inferis*, étaient appelés *loca religiosa*; tandis que ceux dédiés aux dieux d'en haut, *diis superis*, étaient nommés *loca sacra*.

Les autels qu'on élevait aux Mânes dans la Lucanie, l'Étrurie et la Calabre, étaient toujours au nombre de deux, et placés l'un près de l'autre. On les entourait de branches de cyprès, et l'on avait soin de n'immoler la victime que lorsqu'elle avait les yeux fixés vers la terre. Ses entrailles, traînées trois fois autour de l'enceinte sacrée, étaient ensuite jetées dans les flammes, qu'on rendait plus actives en y répandant de l'huile; il fallait y consumer tout l'animal, et même les liens qui l'avaient attaché, ainsi que tout le bois du sacrifice; enfin la cérémonie ne devait commencer qu'à l'entrée de la nuit. Ceux qui avaient de la dévotion pour les Mânes, et qui voulaient conserver avec eux quelque commerce particulier, s'endormaient auprès des tombeaux des morts, afin d'avoir des songes prophétiques par l'entremise des âmes des défunts.

Le cyprès était consacré aux dieux Mânes. Sur les monuments, tantôt ils paraissent soutenir les arbres funéraires, tantôt ils s'efforcent de les abattre à coups de hache, parce que le cyprès coupé ne pousse plus de rejetons, et que, lorsque la mort nous a frappés, nous ne devons plus espérer de renaître. Le nombre neuf leur était dédié, comme le dernier terme de la progression numérique, ce qui le faisait regarder comme l'emblème du terme de la vie. Les fèves, dont la forme ressemblait, suivant les anciens, à celle des portes infernales, leur étaient aussi consacrées. Le bruit et le son de l'airain et du fer leur était insupportable, et les mettait en fuite, ainsi que les ombres des enfers; mais la vue du feu leur était agréable : aussi tous les peuples d'Italie renfermaient dans les tombeaux des lampes tétragones. Les riches chargeaient des esclaves du soin de les allumer et de les entretenir. C'était un crime que de les éteindre, et les lois romaines punissaient avec rigueur ceux qui violaient ainsi la sainteté des tombeaux. Sur des monuments antiques, les dieux Mânes sont appelés tantôt *dii sacri*, tantôt *dii patrii*, dieux protecteurs de la famille. C'était une opinion commune dans les temps héroïques, que les Mânes de ceux qui étaient morts dans une terre étrangère, erraient et cherchaient à retourner dans leur pays.

3° Les Japonais rendent un culte solennel aux Mânes. *Voy.* AMES, n° 3.

4° Les Lapons avaient également un grand respect pour les Mânes, ou les âmes des défunts. Ce culte était l'effet de la crainte que ces âmes leur inspiraient; car ils s'imaginaient que, jusqu'à ce qu'elles fussent entrées dans de nouveaux corps, elles erraient parmi les vivants, cherchant à nuire au premier qu'elles rencontraient. Pour détourner l'effet de leur humeur malfaisante, les Lapons leur offraient des sacrifices. Les victimes qui leur étaient destinées étaient marquées par un fil noir attaché aux cornes et qui passait par l'oreille droite. Ces sacrifices étaient toujours suivis d'un festin dans lequel on mangeait la chair de la victime, à l'exception d'une partie du cœur et du poumon. On partageait ces parties, chacune en trois portions différentes. On trempait de petites broches de bois dans le sang de la victime, et on les enfonçait dans ces six petits morceaux de chair; puis on les enfouissait dans la terre, avec les os et tout ce qui restait de la victime.

5° Les indigènes de l'Australie, voisins de

Botany-Bay, croient aux apparitions des Mânes. Ils les dépeignent comme des fantômes sortant de terre avec un bruit terrible, vomissant des flammes, saisissant ceux qu'ils rencontrent, leur brûlant les cheveux, le visage, et les retenant pour les brûler encore.

MANÈS, MANI ou **MANICHÉE**, célèbre hérésiarque, qui importa dans le christianisme le système persan des deux principes. *Voy.* MANICHÉISME.

MANGALA, dieu du panthéon hindou : il est fils de la terre et commande le gros de l'armée céleste. C'est lui qui gouverne la planète de Mars, laquelle préside au troisième jour de la semaine, d'où le mardi est appelé *Mangalavara*. On représente ce dieu de couleur rouge et monté sur un mouton. On lui donne un collier rouge et des vêtements de même couleur. Il a quatre bras : d'une main il bénit, de l'autre il interdit la crainte, la troisième tient une massue et la quatrième une arme appelée *sacti*. Les hommes qui naissent sous l'influence de cette planète vivent dans une inquiétude continuelle ; ils sont exposés plus que d'autres à recevoir des blessures ; ils ont à craindre la prison, les voleurs, le feu, et ils courent le risque de perdre leurs biens et leur réputation.

MANGALACHTHA, cérémonie en usage dans les mariages des Hindous. Les époux s'asseoient vis-à-vis l'un de l'autre, et on déroule devant eux une pièce de soie soutenue par douze brahmanes, pour les dérober à la vue de tous les convives. Ceux-ci invoquent alors successivement, et à haute voix, Vichnou et sa femme Lakchmi, Brahma et Saraswati, Siva et Parvati, le Soleil et sa femme Tchhaya, la Lune et sa femme Rohini, Indra et Satchi, Vasichtha et Aroundati, Rama et Sita, Krichna et Roukmini, ainsi que plusieurs autres couples de dieux et de déesses.

MANGÉLIES, fêtes romaines citées par Banier, qui ne donne sur elles aucun détail.

MANGGOUS. Ce sont, suivant la mythologie mongole, des esprits malfaisants qui aiment à se nourrir de chair. Ils correspondent aux Rakchasas des Hindous. On les dépeint sous des formes horribles. Ils ont cependant le pouvoir de prendre de belles formes pour séduire plus facilement les hommes, et s'emparer d'eux, afin de les dévorer ensuite. Ils hantent principalement les lieux déserts et éloignés.

MANGONS, fanatiques du VIIIe siècle condamnés dans un capitulaire de Charlemagne. *Voy.* COTTIONS.

MANG-TAAR, c'est-à-dire *misère éternelle*, espèce d'enfer des Yakouts, habité par huit tribus d'esprits malfaisants. Ces esprits ont un chef dont le nom est *Acharai-Bioho*, le puissant. Ils ont des femmes, et le bétail dont le poil est entièrement blanc leur est consacré. Les Yakouts croient que leurs chamans (ou prêtres), lorsqu'ils viennent à mourir, vont se réunir à ces esprits.

MANI, mauvais génie de la mythologie hindoue, frère de Malla. *Voy.* MALLA.

MANI, prières qui se font d'elles-mêmes, chez les Bouddhistes du Tibet, sans qu'on ait besoin de les prononcer. — Les Mani sont des volumes cylindriques, couverts de cuir ou de bois, et qui, dressés perpendiculairement, tiennent tellement par leur axe à deux poutres horizontales, que, par une légère impression de mouvement, on peut les faire tourner sur eux-mêmes. Ces volumes sont remplis de cahiers contenant quelque partie du *kah-gyour* ou des formules de prières. Une des grandes dévotions des Tibétains, quand ils entrent dans la galerie des temples, ou qu'ils y font des processions, est de toucher à l'envi les Mani qui y sont dressés et de les faire tourner. Ils croient qu'il y a autant de mérite à leur faire faire un tour sur eux-mêmes qu'à réciter toutes les prières écrites sur les feuilles qu'ils contiennent. Aussi a-t-il des Mani qu'on porte à la main. Ce sont de petites boîtes cylindriques de cinq pouces de diamètre et d'une hauteur convenable. Une petite boule de plomb tient à l'extrémité d'une cordelette qui, roulée autour de l'axe de la boîte, sert à faire tourner le Mani facilement et avec rapidité. L'inscription *Om mani padmé hom*, écrite sur la boîte, indique assez ce qui y est enfermé.

Au-dessus des maisons, il y a des Mani que le vent fait tourner. Il y en a de papier qui pendent à la tige des lampes domestiques, et qui tournent au moyen de la fumée qui s'élève du lumignon. On en trouve de grands sur les chemins publics, particulièrement autour des pagodes ou des temples. Mais les plus grands sont dans les temples mêmes, dans les couvents, dans le palais du roi, dans celui du Dalaï-Lama. Ceux-ci contiennent tous les volumes du *Kah-gyour* écrits en caractères très-menus. Leur diamètre est de cinq palmes, et leur hauteur de douze. Des valets, nommés *ola*, sont nuit et jour occupés à tourner ces grands Mani, afin que la loi soit perpétuellement dans un mouvement circulaire.

Au reste, le nom de *Mani* se donne à beaucoup d'autres choses : comme à une petite pierre précieuse d'un grand éclat, que les simulacres ont au sommet de la tête ; à la prière *Om mani padmé hom* ; à un chapelet de cent huit grains, aux voiles, aux tableaux, etc., sur lesquels cette prière est imprimée ; à des monceaux de pierres qui sont sur les chemins, et où sont fichés des joncs qui soutiennent de petits linges sur lesquels la même prière est empreinte.

MANIA, 1° déesse des Romains ; elle passait pour la mère des Lares et des Mânes. On lui offrait, le jour de sa fête, qui tombait le 25 septembre, des figures de laine en nombre égal aux personnes qui composaient la famille. On la priait de se contenter de ces vains simulacres, et d'épargner ceux qui lui rendaient cet hommage. Dans les temps les plus reculés, on lui offrait en sacrifice des enfants mâles.

2° *Mania* ou *Manie* était aussi la déesse des fous.

MANIBHAVA, divinité des Bouddhistes du Népal. Ce dieu, qui est aussi appelé *Ratna-*

sambhava, est un des principaux Bouddhas du panthéon népali.

MANICHÉENS, sectateurs du système de Manès ou Manichée. *Voy.* Manichéisme.

MANICHÉISME, 1° hérésie célèbre, qui était une espèce de compromis entre le christianisme et le magisme des Persans. Elle prit naissance vers la fin du IIIe siècle, et fut fondée par Manès.

Ce Manès était né, dit-on, dans l'esclavage, et porta d'abord le nom de *Cubric*, qui dans les langues de l'Inde signifie *bossu;* d'autres l'appellent *Corbice*. Une dame veuve qui l'avait acheté, le prit en amitié, l'adopta et le fit instruire dans toutes les sciences des mages. Il devint également habile dans la peinture et dans la médecine. Ayant hérité de tous les biens de sa maîtresse, il vint s'établir proche du palais du roi de Perse, et prit le nom de *Manès* ou *Manichée*. On n'est pas certain de l'origine de ce nom : les uns veulent que Cubric se soit fait appeler *Manahem* ou *Manakhem*, qui, en hébreu et en chaldéen, signifie *paraclet*, *consolateur*, voulant jouer le rôle du Saint-Esprit incarné ; et que les Grecs, qui dans leur langue n'ont point de terminaison en *m*, aient changé ce mot en celui de *Manès* ou *Manichée;* d'autres le font venir du grec μανείς, *délirant*, mais on ne peut supposer que l'hérésiarque ait choisi un nom qu'on pouvait prendre en mauvaise part. Il en est qui le dérivent de la langue persane avec la signification de *conversation*, pour exprimer qu'il était habile dans la dialectique; mais nous croyons cette étymologie hasardée : le nom de Manès est articulé *Mani* dans tout l'Orient. Quoi qu'il en soit, ce novateur paraît avoir été Persan ou Indien d'origine.

Il avait trouvé dans le mobilier qui lui échut en succession, des livres de Scythien et de Thérébinthe, hérétiques orientaux qui avaient déjà voulu faire un amalgame des doctrines chrétiennes avec les principes du dualisme; il traduisit ces livres, y introduisit des changements, et les donna comme son ouvrage. Il envoya des disciples prêcher sa doctrine dans les provinces voisines de la Perse, puis dans l'Inde, dans la Chine et en Egypte. On en nomme trois principaux : Thomas, Buddas et Hermas ; il est bon de remarquer que le premier de ces noms appartient au christianisme, le second au bouddhisme, alors florissant dans l'Inde, et le troisième au paganisme grec; or, si le nom de Manès appartenait au magisme, nous aurions dans ces quatre personnages la personnification des quatre grands systèmes religieux qui se partageaient alors les nations orientales ; ce qui aurait été préparé à dessein par le novateur.

Manès cherchait à appuyer ses dogmes par de prétendus miracles ; dont les uns étaient dus à ses connaissances en médecine, d'autres à son adresse, et, suivant quelques-uns, les autres à la magie. Le fils du roi de Perse étant tombé dangereusement malade, et les médecins désespérant de le sauver, on fit appeler Manès, qui s'était vanté de le guérir par ses prières ; mais le jeune prince mourut entre ses mains. L'imposteur fut jeté en prison; il trouva moyen de se sauver et se réfugia en Mésopotamie. Jusque-là, la doctrine de Manès ne pouvait guère être considérée que comme une hérésie zoroastrienne. Ce fut pendant qu'il était en prison que ses disciples lui apportèrent l'Écriture sainte qu'il étudia, et qu'il s'efforça de rapprocher de la doctrine des mages, en ajoutant ou retranchant ce qui était favorable ou contraire à ses principes. Satan devint pour lui le mauvais principe, et en fit un être à peu près l'égal de Dieu ; il crut que les chrétiens attendaient encore le Paraclet, et jugea qu'en prenant cette qualité, il leur ferait plus facilement accepter ses dogmes monstrueux, dont plusieurs étaient condamnés par la religion de Zoroastre, aussi bien que par le christianisme. Il parcourut diverses contrées, semant partout sa doctrine, disputant avec les docteurs des diverses religions, et surtout avec les chrétiens. Parmi les rois de Perse qui succédèrent à Sapor, son persécuteur, il y en eut qui favorisèrent sa doctrine, d'autres la prohibèrent avec sévérité. Enfin le malheureux novateur, étant tombé entre les mains d'un de ces derniers, fut écorché vif, et son corps suspendu à un gibet.

La doctrine de Manès, dit l'abbé Fleury, roulait sur la distinction de deux principes : le bon, qu'il nommait *prince de la lumière*, et le mauvais, qu'il nommait *prince des ténèbres*; il ne prenait pas ces mots de *lumière* et de *ténèbres* métaphoriquement, mais au pied de la lettre; car il ne reconnaissait rien que de corporel. Le monde avait été fait du mélange de ces deux natures du bien et du mal. Il y avait cinq éléments de la nation des ténèbres : la fumée, les ténèbres, le feu, l'eau et le vent. Dans la fumée étaient nés les animaux à deux pieds et les hommes mêmes; dans les ténèbres, les serpents; dans le feu, les animaux à quatre pieds; dans l'eau, les poissons; dans l'air, les oiseaux. Pour combattre ces cinq éléments, Dieu en avait envoyé cinq autres de sa substance, et dans le combat ils s'étaient mêlés, savoir, l'air à la fumée, la lumière aux ténèbres, le bon feu au mauvais, la bonne eau à la mauvaise, le bon vent au mauvais. Le soleil et la lune étaient deux vaisseaux voguant dans le ciel comme en une grande mer; le soleil, composé du bon feu, la lune, de la bonne eau. C'est ainsi que les Manichéens expliquaient la Trinité divine : le Père habitait dans une lumière reculée, le Fils dans le soleil, la Sagesse dans la lune, le Saint-Esprit dans l'air : ainsi, le Fils n'était qu'une partie de la substance du Père. Dans ces deux vaisseaux, le soleil et la lune, étaient de jeunes garçons et de jeunes filles d'une excellente beauté, qu'ils appelaient les *vertus saintes*. Les princes des ténèbres, qui étaient aussi des deux sexes, en devenaient amoureux, et de ces amours suivaient des effets merveilleux, entre autres la pluie.

En chaque homme il y avait deux âmes : l'une bonne, qui venait du bon principe, et qui était une partie de sa substance, corporelle comme lui. L'autre âme était une partie du mauvais principe. Les âmes des fidèles, c'est-à-dire des Manichéens, étaient purgées par les éléments et portées dans la lune, d'où elles passaient dans le soleil, qui les rapportait à Dieu pour y être réunies. Les âmes de ceux qui n'avaient pas reçu sa doctrine étaient envoyées en enfer, pour être tourmentées un temps par les démons, à proportion de leurs crimes. Étant ainsi purgées, elles étaient renvoyées dans des corps d'autres hommes, de bêtes ou de plantes; et, si elles ne se corrigeaient pas, elles étaient enfin jetées dans le grand feu. Ainsi, tout le mystère de la rédemption consistait à détacher les particules de la divinité des corps mauvais où elles étaient engagées, pour les réunir à leur principe. Toutefois, il n'était pas permis de séparer les âmes, et celui qui le faisait devait souffrir la même peine. Celui qui avait tué un animal devait être changé au même animal. Celui qui avait arraché ou coupé une plante devait être changé en la même plante. Ils ne laissaient pas d'en manger quand d'autres les avaient cueillies. Quand donc on donnait un pain à un Manichéen, il disait : Retirez-vous un peu, que je fasse ma bénédiction. Alors il prenait le pain et disait : Je ne t'ai pas fait, et le jetait en haut, maudissant celui qui l'avait fait; il ajoutait : Je ne t'ai pas semé : que celui qui t'a semé soit semé lui-même. Je ne t'ai pas moissonné : que celui qui t'a moissonné soit moissonné lui-même. Je ne t'ai pas fait cuire : que celui qui t'a fait cuire soit cuit lui-même. Après ces protestations, il en mangeait en sûreté. En haine de la chair, qui était du mauvais principe, il fallait empêcher la génération, et par conséquent le mariage. Il ne fallait pas donner l'aumône ni honorer les reliques des saints, ce qu'ils traitaient d'idolâtrie, ni croire que Jésus-Christ se fût incarné, et qu'il eût véritablement souffert.

Les Manichéens étaient divisés en deux ordres : les *auditeurs*, qui devaient s'abstenir du vin, de la chair, des œufs et du fromage; et les *élus*, qui, outre une abstinence très-rigoureuse, faisaient profession de pauvreté. Ces élus avaient seuls le secret de tous les mystères, c'est-à-dire des rêveries les plus extravagantes de la secte. Il y en avait douze parmi eux, qu'on nommait *maîtres*, et un treizième, qui était le chef de tous les autres à l'imitation de Manès qui, se disant le Paraclet, avait choisi douze apôtres.

Le Manichéisme est, de toutes les hérésies, celle qui a subsisté le plus longtemps. Après la mort de Manès, les débris de sa secte se dispersèrent du côté de l'Orient, se firent quelques établissements dans la Bulgarie, et, vers le X° siècle, se répandirent dans l'Italie, et principalement dans la Lombardie, d'où ils envoyaient des prédicateurs qui pervertirent beaucoup de monde. Les nouveaux Manichéens avaient fait des changements dans leur doctrine : le système des deux principes n'y était pas toujours bien développé ; mais ils en avaient conservé toutes les conséquences sur l'incarnation, sur l'eucharistie, sur la sainte Vierge et sur les sacrements. Beaucoup de ceux qui embrassèrent ces erreurs étaient des enthousiastes, que la prétendue sublimité de la morale manichéenne avait séduits : tels furent quelques chanoines d'Orléans, qui étaient en grande réputation de piété. Le roi Robert les condamna au feu, et ils se précipitèrent dans les flammes avec de grands transports de joie en 1022. Les Manichéens firent beaucoup de progrès dans le Languedoc et la Provence. On assembla des conciles contre eux, et on brûla plusieurs sectaires, mais sans éteindre la secte. Ils pénétrèrent même en Allemagne, et passèrent en Angleterre. Partout ils firent des prosélytes ; mais partout on les combattit et on les réfuta. Le Manichéisme, perpétué à travers tous ces obstacles, dégénéra insensiblement, et produisit, dans les XII° et XIII° siècles, cette multitude de sectes qui faisaient profession de réformer la religion et l'Eglise : tels furent les *Albigeois*, les *Pétrobrusiens*, les *Henriciens*, les disciples de Tanchelin, les *Popelicains*, les *Cathares* ; ces hérétiques furent, en Allemagne et en Angleterre, le premier germe des Hussites et des Wiclefites, par lesquels ils touchent au protestantisme moderne.

2° Il y a, dans la Grèce, aux environs de Philippopolis, une communauté de chrétiens unis à l'Eglise Romaine, et qui ont des usages particuliers. On les appelle improprement *Manichéens*, bien qu'ils ne professent aucune des erreurs de Manès ; mais il paraît qu'autrefois il n'en était pas de même de leurs ancêtres. On les nomme encore *Paulistes*, *Paulinistes*, *Pauliciens*. *Voy.* PAULICIENS.

3° Les Musulmans ont en horreur les Manichéens à l'égal des idolâtres ; ils les nomment *Zendic*. Voici ce que nous lisons dans un historien arabe : « Un jour on amena au khalife Mahdi un zendic, que ce prince fit mettre à mort, et dont il ordonna d'attacher le corps à un gibet. Puis, s'adressant à Hadi : Mon fils, lui dit-il, lorsque tu seras à la tête de l'empire, attache-toi à détruire cette secte, c'est-à-dire les partisans de Mani. En effet ils commencent par prêcher aux hommes des actes extérieurs qui n'ont rien que de louable, tels que d'éviter les actions honteuses, renoncer aux biens du monde, et travailler pour la vie future. Bientôt ils les conduisent plus loin, leur interdisent la chair, le contact de l'eau pure et la mort des insectes. Ensuite ils leur enseignent le culte de deux natures, dont l'une est la lumière et l'autre les ténèbres. Enfin ils leur permettent le mariage avec leurs sœurs et leurs filles, leur prescrivent de se laver avec de l'urine, d'enlever les enfants sur les chemins, afin de les soustraire à l'erreur des ténèbres, et de les mener dans la voie droite, sous l'influence de la lumière. »

Il y a dans la Turquie européenne une peuplade dont les membres sont encore aujourd'hui appelés *Manichéens*, quoique depuis plusieurs siècles ils en aient abjuré les erreurs. Ils résident principalement en Bulgarie, et on en trouve aussi quelques-uns dans la Bosnie.

MANIES, divinités grecques que Pausanias croit être les Furies : leur nom signifie en effet fureur, frénésie. Elles avaient un temple dans l'Arcadie, près du fleuve Alphée, au même endroit où Oreste perdit la raison. Près du temple était une espèce de tombe, sur laquelle était gravée la figure d'un doigt : c'est pourquoi les Arcadiens l'appelaient la sépulture du doigt, et disaient qu'Orphée, dans sa fureur, s'était coupé là avec les dents un doigt de la main.

MANIFESTAIRES, secte d'Anabaptistes, qui, contrairement à la doctrine des Clanculaires, soutenaient qu'il ne fallait pas cacher la vérité, et qu'il n'était pas permis de parler en public comme le commun des hommes en matière de religion, en se réservant de ne dire ce que l'on pensait qu'à ceux sur la discrétion desquels on pouvait compter.

MANIGACHIS ; c'est, suivant le voyageur d'Etourville, le grand roi du ciel, dans les idées des Dénibas, peuple du Congo.

MANIGRÉPIS, la seconde classe de prêtres, dans le royaume d'Ava ; ils viennent après les *Grépis*, et sont au-dessus des *Taligrépis*.

MANIKOUSOUMA, un des dix bouddhas mortels de la théogonie du Népal. On dit qu'il vivait dans le Satya-youga ou premier âge.

MANI-LINGUESWARA, un des huit Vitaragas de la théogonie du Népal. La qualification de *Vitaraga* signifie exempt de passion, ou libérateur des passions. Il est adoré par les Bouddhistes de la contrée.

MANIPA, idole des Kalmouks, que l'on représente avec neuf ou onze têtes. *Voy.* DJIAN-RAI-ZIGU, et HO-PA-MÉ.

MA-NI-PA-THO, divinité des Bouddhistes de la Chine. C'est le frère de Sa-tchi, le neuvième des grands dieux. Il forme avec lui et son autre frère, nommé Wei-che-wen, une triade chargée de protéger la généralité des êtres, et de les garantir des vices et de l'erreur. *Voy.* SA-TCHI.

MANIPULE, ornement sacerdotal à l'usage des prêtres, des diacres et des sous-diacres lorsqu'ils officient au saint sacrifice de la messe. C'est une pièce d'étoffe de la couleur des autres ornements et bordée d'un galon, qui se porte sur le bras gauche. Il n'est maintenant d'aucun usage, mais autrefois c'était un linge blanc, ou mouchoir servant à essuyer les mains et les larmes qu'on répandait pendant les divins offices. Les officiants prennent le manipule à la sacristie, avant le commencement du sacrifice ; mais les évêques ne le mettent qu'après avoir fait la confession des péchés. En quelques églises, surtout dans l'Allemagne, le manipule porte le nom de *fanon*. Les Grecs et les Maronites ont un manipule à chaque bras.

MANITOU, c'est le nom que les habitants du nord de l'Amérique donnent à un génie qu'ils croient résider dans tout ce qui a vie, et même dans les choses inanimées. Ils adorent ce génie dans tout ce qui frappe leurs sens. Un oiseau, un bœuf, un ours, une flèche, ont un Manitou. Chaque sauvage a son Manitou particulier, qu'il regarde comme son dieu tutélaire ; ils l'exposent dans leurs cabanes, et lui font des sacrifices de chiens ou d'autres animaux. Les guerriers illinois portent leurs Manitous dans une natte, et ils les invoquent sans cesse, pour remporter la victoire sur leurs ennemis. Les jongleurs ont pareillement recours à leurs Manitous. Plusieurs peuplades n'ont pas d'autre mot pour exprimer la divinité que celui de Manitou ; elles appellent le bon principe *Kitchi-Manitou*, et le mauvais ou le démon, *Matchi-Manitou*.

Les Manitous jouent chez les sauvages de l'Amérique absolument le même rôle que les fétiches et les mokissos chez les nègres d'Afrique ; les uns et les autres les changent, les répudient ou en admettent de nouveaux avec la plus grande facilité. En voici un exemple récent rapporté par un missionnaire. Le premier blanc qui parut sur les terres des Cœurs-d'Alène (tribu qui habite les montagnes Rocheuses), portait une couverture de laine blanche avec une chemise d'indienne, tachetée de petits points de couleur assez semblables aux boutons de la petite vérole. Les Cœurs-d'Alène s'imaginant aussitôt que la chemise était le grand Manitou de la petite vérole, et la couverture le grand maître de la neige, pensèrent que, s'il leur était possible d'en devenir les possesseurs, et de leur rendre un culte, leur nation serait à jamais exempte de la funeste maladie, et que tous les hivers ils auraient la quantité nécessaire de frimas pour favoriser leur chasse. Ils présentèrent donc au blanc plusieurs de leurs meilleurs chevaux en échange de ses vêtements, et celui-ci n'eut rien de plus pressé que de leur céder sa chemise et la moitié de sa couverture. Elles ont été pendant quelques années l'objet d'un culte singulier parmi les Cœurs-d'Alène. De loin comme de près, les sauvages venaient leur offrir l'hommage de leur adoration. Aux principales solennités, le grand Manitou de la petite vérole et le grand maître de la neige étaient portés en procession sur un coteau élevé, consacré à la pratique de leurs rites superstitieux ; on les étendait respectueusement sur le gazon ; le calumet leur était présenté aussi bien qu'aux quatre éléments ; des cantiques étaient chantés en leur honneur, et la cérémonie se terminait par la grande danse de la Médecine, qui consiste à faire des contorsions étranges, en poussant des cris ou plutôt des hurlements affreux.

MANMAGON, fête indienne, célébrée à Combouconam, petite ville de la province de Tandjore, et qui y attire beaucoup de monde. Elle n'a lieu que tous les douze ans, vers le mois de février. L'année qui la ramène est réputée si malheureuse, que personne n'ose se marier ; les plus superstitieux même étendent cette crainte jusqu'à l'année qui la précède, ainsi qu'à celle qui la suit. La dernière solennité a dû avoir lieu en 1839, et la prochaine se fera en 1851.

MANMATHA, c'est-à-dire *qui agite le cœur*; nom du dieu de l'amour chez les Indiens, qui le disent fils de Vichnou et de Lakchmi. Il diffère peu du Cupidon des Romains. On le dépeint comme lui sous la figure d'un enfant, portant un carquois sur ses épaules, et tenant en main un arc et des flèches; mais l'arc est de canne à sucre, et les flèches de toutes sortes de fleurs. On le représente monté sur une perruche. Quoique enfant, on lui donne une épouse, nommée Rati. On représente quelquefois ce dieu monté sur un simulacre d'éléphant composé de sept jeunes femmes, si artistement groupées, que leur ensemble reproduit exactement la forme de ce monstrueux animal. *Voy.* KAMA.

MANN, fils de Tuisto et de la Terre: il passait pour le fondateur des nations germaniques, qui lui rendaient les honneurs divins. Il eut, suivant Tacite, trois fils, dont chacun donna son nom à trois différentes peuplades de la Germanie, les Ingévones, les Hermiones et les Istevones. Son nom n'est autre que le mot *Mann*, qui signifie *homme* dans toutes les langues teutoniques.

MANOU, nom général que les Hindous donnent à quatorze personnages mythologiques, chefs d'une révolution de temps appelée *manwantara*, au bout de laquelle le monde éprouve une destruction momentanée, pour se renouveler ensuite. La réunion de ces quatorze manwantaras forme un *kalpa*, grande période équivalant à un jour et une nuit de Brahmâ, et qui se termine par l'anéantissement de toute création. Le premier Manou est appelé Swayambhouva (existant par lui-même); il est petit-fils de Brahmâ, ou plutôt Brahmâ lui-même; car ce dieu, voulant procéder à la création des hommes et des animaux, se divisa en deux parts, et devint moitié mâle et moitié femelle; l'union de ces deux parties divines produisit Viradja, qui lui-même enfanta, en se livrant à une austère dévotion, Manou Swayambhouva, lui donna pour femme Sataroupa, et, les bénissant tous deux, leur dit de multiplier. A son tour, Manou donna naissance à dix saints éminents, appelés Maharchis, ou Pradjapatis (seigneurs des créatures), lesquels mirent ensuite au jour sept autres Manous, qui, chacun pendant leur période, ont produit et dirigé ce monde. Manou s'approcha de Sataroupa, et de ce contact naquirent les êtres humains: le premier homme, *Adima* (le premier); la première femme, *Prakriti* (la procréée). Les deux époux prirent une autre figure; Manou devint un taureau, Sataroupa revêtit la forme d'une vache, et ils donnèrent naissance à des êtres semblables à eux; ils se métamorphosèrent ensuite en cheval et en cavale, en âne et en ânesse, et prirent ainsi successivement toutes les formes des êtres vivants, jusqu'à celle des fourmis et des moindres insectes; de là viennent toutes les différentes espèces d'animaux. Manou est donc considéré comme le père de tous les êtres. C'est à lui qu'on attribue le code qui porte le nom de *Lois de Manou*. Si, dans Manou Swayambhouva, on doit reconnaître le premier homme, c'est à tort qu'on lui fait honneur de ces lois, dont la rédaction est assurément trop moderne pour avoir un auteur aussi vénérable. *Voy.* MANAVA-DHARMA-SASTRA.

On ne connaît guère que le nom des sept Manous secondaires, produits par les Maharchis; le premier se trouve être le même Manou-Swayambhouva que les livres hindous désignent comme leur aïeul, et qui se trouverait ainsi engendré par son propre fils. Au reste, il ne faut point s'arrêter à ce genre de contradictions, qui est commun dans le brahmanisme, et qui résulte des différents aspects sous lesquels on peut envisager la divinité suprême, dont tous les autres dieux ne sont que des attributs personnifiés. Les autres Manous sont: Swarotchicha, Ottomi, Tamasa, Raivata, Tchakchoucha; le septième, celui du Manwantara présent, est Vaivaswata, fils du Soleil et père de la dynastie solaire. *Voy.* VAIVASWATA.

Il reste encore à venir sept autres Manous, qui compléteront la série de ces dieux créateurs, d'ici à deux milliards cent soixante millions d'années environ. Ce seront: Sourya-Savarni, Daksha-Savarni, Brahmâ-Savarni, Dharma-Savarni, Roudra-Savarni, Routchéya et Agni-Savarni.

Le nom et le mythe de Manou n'est pas particulier aux Hindous; on les retrouve dans le *Menès* des Égyptiens, le *Minos* des Grecs, le *Mann* ou *Mannus* des Germains; peut-être même le nom de *Nouh* (Noé) en est-il la racine primitive. Mais si nous considérons le nom de manou comme purement indien, il a une portée très-haute en tant que dérivé de la racine *man*, penser. Nous ne pouvons résister au plaisir de citer ici les réflexions judicieuses que fait sur ce vocable M. Nève, professeur à l'université de Louvain, dans son *Essai sur le mythe des Ribhavas*:

« Le nom de Manou porte en lui-même l'expression ineffaçable d'un grand mystère du monde primitif; il est en quelque sorte l'écho d'une tradition aussi ancienne que l'humanité. L'Inde n'a pas seule le privilège d'avoir conservé dans son idiome sacré le souvenir de cette tradition; mais plusieurs langues de la vieille Europe le répètent et le proclament dans des termes qui sembleraient empruntés aux formes antiques du sanscrit. L'intelligence est le partage de l'homme; elle est pour ainsi dire le foyer de sa nature et le signe distinctif de son existence: telle est la vérité, qu'on peut dire vérité d'expérience et de fait, aussi bien que de révélation et de foi, et que le langage des peuples anciens a formulée dans quelques-uns de ses mots avec une admirable simplicité et avec une merveilleuse rigueur. Manou, c'est l'être pensant, c'est la personne intelligente qui porte en elle le sentiment de sa connaissance et la conscience de sa destinée. Manou, c'est l'humanité, individuelle ou sociale, qui se sépare des êtres non doués de pensée, et qui s'élève jusqu'aux êtres intelligents, placés au-dessus d'elle ; manou, c'est l'homme qui vit de sa propre vie et qui se prévaut de sa liberté au sein d'une nature immense qui se meut et qui se renouvelle autour de lui. N'est-ce point là la juste et grande idée de l'être humain, si exactement énoncée par le mot indien et si fidèlement reproduite par les mots qui lui sont analogues dans d'autres langues, comme si cette idée venait d'être puisée à la source encore pure de la plus vénérable tradition? N'est-ce point une sorte d'intime et d'irrésistible témoignage rendu par le génie des peuples à la prédominance du principe intelligent qui fait le fond de la personnalité humaine, et qui, à mieux dire, est tout l'homme? Que l'Hindou, pasteur et nomade, rende aux dieux lumineux l'hommage de l'admiration ou de la peur, il n'est pas subjugué par le pouvoir fatal des éléments et comme anéanti par le sentiment de sa faiblesse individuelle ; il se sait en possession de l'intelligence, et, par elle, il communique avec les Dévas qui ont en partage l'intelligence aussi bien que la vie à un plus haut degré. Ainsi, grâce à une prérogative qui lui est commune avec les dieux qu'il invoque, l'homme de l'âge védique s'arrache à l'empire de la matière, et, loin de se croire confondu avec les brutes et entraîné dans une même destruction, il se glorifie de la force qu'il doit à une parenté divine.

« Le monde occidental répond à la grande voix partie de l'Orient par de puissantes affirmations non-seulement dans ses langues, mais encore dans sa mythologie et son histoire : ce n'est point assez de l'étonnante conformité du nom indien *Manou*, et du nom germanique de *Mannus*, fils de Tuisto, né de la terre et père de trois grandes nations ; le nom commun des immenses populations des Gètes et des Goths, dont on a reconnu l'origine identique, porte inscrite en caractères lumineux la même vérité que résume le nom indien du premier homme ; car ces peuples se sont nommés eux-mêmes, les peuples *intelligents*, si on explique leur nom historique à l'aide des radicaux qui se sont conservés dans les vocabulaires du Nord. »

MANOUT, nom que les Siamois donnent aux habitants du monde intermédiaire, qui est celui que nous habitons. Ils appellent *Thehada* les êtres qui résident dans le ciel, et *Pii* ceux qui résident dans les enfers. *Manout* est le mot sanscrit *Manoucha*, qui a la même signification.

MANSACHTAKA, fête indienne, célébrée le huitième jour de la quinzaine obscure de la lune de Magh (20 janvier). Son nom signifie offrande de viande au huitième jour ; en effet on doit y offrir aux Pitris ou mânes, de la chair de chèvre ou de daim. Cependant cet usage est tombé en désuétude depuis que les sacrifices d'animaux sont devenus rares dans l'Inde. Les Brahmanes du haut Hindoustan substituent à l'offrande des viandes des gâteaux de farine de riz, confectionnés avec du lait et du sucre.

MANSOUR, nom de Hakem, divinité des Druzes, dans sa neuvième incarnation, et sous lequel il a paru à Mansourya en Egypte. *Voy.* DRUZES, HAKEM.

MANSOURIS, sectaires musulmans, branche des Ghoulats, qui sont une fraction des Schiites. Leur fondateur est Abou-Mansour el-Adjéli. Il disait qu'il avait succédé dans l'imamat à Mohammed Baquir ; qu'il avait été enlevé au ciel depuis que l'imamat s'était reposé sur lui, que Dieu lui avait touché la tête de sa propre main, et lui avait dit : Descends, mon fils, et annonce de ma part ma loi aux hommes ; qu'ensuite il était descendu, que c'était lui qui était le *morceau qui tombe du ciel*, dont il est parlé dans le Coran en ces termes : S'ils voient un morceau qui tombe du ciel, ils disent : C'est un nuage amoncelé. Les habitants du paradis ne sont autres, suivant lui, que certaines personnes pour lesquelles on doit avoir de l'attachement, comme Ali et ses enfants ; et les habitants de l'enfer en désignent d'autres pour lesquelles on ne doit avoir que de l'inimitié, comme Abou-Bekr, Omar, Othman, Moawia ; les devoirs sont les noms des hommes que l'imam recommanda comme amis, et les prohibitions les noms de ceux qu'il ordonna de regarder comme ennemis.

MANTELLATES, religieuses italiennes, qui composent un troisième ordre de Servites ; on leur donne ce nom à cause d'une espèce de mantelet à manches courtes qu'elles portent pour travailler avec plus de facilité. Elles ont été instituées pour servir les malades et pour exercer d'autres œuvres de charité. Sainte Julienne Falconiéri, qui mourut en 1340, en fut la première prieure. Cet ordre s'accrut promptement et s'est beaucoup étendu dans l'Italie et dans l'Autriche.

MANTHOU, dieu égyptien, époux de la déesse Ritho, le même que *Mandou* ou *Mandou-Ré*, adoré dans la ville d'Hermonthis. On l'appelait aussi *Month*.

MANTO, prophétesse grecque, fille de Tirésias. Thèbes ayant succombé sous les efforts des Épigones dans la seconde guerre, Manto fut emmenée avec les prisonniers à Claros en Asie, où elle établit un oracle d'Apollon. Ce fut là que, déplorant sans cesse les malheurs de sa patrie, elle fondit en larmes ; ses pleurs formèrent une fontaine et un lac dont les eaux communiquaient le don de prophétie ; mais, d'un autre côté, elles abrégeaient la vie. Manto avait laissé, dit-on, par écrit, plusieurs oracles dont Homère a fait usage dans ses poëmes. On voyait à Thèbes, du temps de Pausanias, devant le vestibule d'un temple, la pierre sur laquelle Manto s'asseyait pour rendre ses oracles ; on l'appelait *la chaire de Manto*.

MANTRA. Les mantras, si fameux dans l'Inde, ne sont autre chose, dit l'abbé Dubois, que des prières ou des formules consacrées, qui ont tant de vertu qu'elles peuvent, s'il faut en croire les Hindous, enchaîner le pouvoir des dieux. Les mantras servent ou à invoquer, ou à évoquer, ou à conjurer; ils sont conservateurs ou destructeurs, utiles ou nuisibles, salutaires ou malfaisants; il n'est sorte d'effets qu'on ne produise par leur moyen. Envoyer un démon dans le corps de quelqu'un, l'en chasser; inspirer de l'amour ou de la haine, causer les maladies ou les guérir, procurer la mort ou en préserver, faire périr une armée entière; il y a des mantras infaillibles pour tout cela, et pour bien d'autres choses encore. Heureusement que tel mantra, opposé à tel autre mantra, en neutralise l'influence; le plus fort détruit l'effet du plus faible.

Les brahmanes pourohitas sont, de tous les Indiens, ceux à qui ces formules sont le plus familières. Cependant tous les brahmanes sont présumés connaître au moins les principales, s'il faut en juger par ce sorite sanscrit qu'on entend souvent répéter:

Dévadinam djagat sarvam;
Mantradinam ta dévata;
Tan mantram brahmanadinam;
Brahmana mama dévata.

C'est-à-dire: « L'univers est au pouvoir des dieux; les dieux sont au pouvoir des mantras; les mantras sont au pouvoir des brahmanes: donc les brahmanes sont nos dieux. »

Pour offrir un échantillon de l'efficacité des mantras, l'abbé Dubois rapporte l'exemple suivant, tiré d'un poëme indien composé en l'honneur de Siva:

« Dachara, roi de Mathoura, ayant épousé Kalavati, fille du roi de Kasi (Bénarès), cette princesse, le jour même de son mariage, l'avertit de prendre bien garde de ne pas user des droits que sa qualité de mari lui donnait sur elle, parce que le mantra des cinq lettres qu'elle avait appris, l'avait pénétrée d'un feu purifiant qui ne permettait à aucun homme, sans risque de la vie, d'en agir familièrement avec elle, à moins qu'il n'eût été auparavant purgé de ses souillures par le même moyen qu'elle; qu'étant sa femme, elle ne pouvait pas lui enseigner ce mantra, parce qu'en le faisant, elle deviendrait son gourou, et par conséquent supérieure à lui. Le lendemain, les deux époux allèrent trouver le grand richi ou pénitent Garga, qui, après avoir connu le sujet de leur visite, leur ordonna de jeûner un jour, et de se laver le jour d'après dans le Gange. Ainsi préparés, les deux époux retournèrent auprès du saint, qui fit asseoir le mari par terre, le visage tourné à l'orient; et s'étant assis lui-même à côté, la face tournée à l'occident, il lui dit à l'oreille ces deux mots: *Na-ma Siva-ya!* (adoration à Siva! c'est le mantra de cinq lettres). A peine le roi Dachara eut-il appris ces mots merveilleux, qu'on vit sortir des différentes parties de son corps une troupe de corneilles qui s'envolèrent et disparurent: ces corneilles n'étaient autre chose que les péchés commis par ce prince dans les temps précédents. Le roi et son épouse, ainsi purifiés, vécurent heureux ensemble durant un grand nombre d'années, et ne quittèrent ce bas monde que pour aller se réunir à Para-Brahma, l'être suprême, dans le séjour du bonheur. »

Quand on objecte aux brahmanes que les mantras n'ont plus aujourd'hui la même efficacité et la même vertu qu'autrefois, ils répondent qu'il faut en attribuer la cause au kali-youga, quatrième âge du monde, dans lequel nous vivons maintenant, véritable âge de fer, où tout a dégénéré; temps de calamité et d'infortunes où le règne de la vertu a cessé d'exister sur la terre. Ils soutiennent toutefois qu'il n'est pas rare de voir encore les mantras produire un grand nombre de prodiges; ce qu'ils confirment par des histoires tout aussi authentiques que celle qu'on vient de citer.

Le plus fameux et le plus efficace pour la rémission des péchés, celui dont la vertu s'étend jusqu'à faire trembler tous les dieux, est le mantra appelé *goyatri*: il passe pour le plus ancien de tous; nous le rapportons à l'article GAYATRI.

Après lui, celui qui est le plus accrédité est le monosyllabe mystique AUM ou OM, qui est le nom symbolique du dieu suprême, et qui offre une certaine analogie avec le nom hébreu de Jéhova. *Voy.* DIEU, article XIV, n° 10, et OM.

Quoique les brahmanes soient réputés les dépositaires uniques des mantras, bien d'autres qu'eux se mêlent aussi d'en réciter; il y a même des professions auxquelles ils sont indispensablement nécessaires. Les médecins par exemple, ceux mêmes qui ne sont pas brahmanes, seraient regardés comme des ignorants, quelque habiles qu'ils fussent d'ailleurs dans l'art de guérir, s'ils ne savaient pas les mantras adaptés à chaque maladie: car la guérison est attribuée autant à l'effet des mantras qu'à l'art des médecins. Une des principales causes pour lesquelles les médecins européens n'acquièrent presque jamais de crédit parmi les Indiens, est fondée sur ce qu'en administrant leurs remèdes, ils ne récitent ni mantras, ni prières. Les sages-femmes doivent aussi en avoir un recueil. Elles sont quelquefois appelées *mantra-sanis*, ou femmes qui disent des mantras; et jamais en effet ils ne furent plus nécessaires que dans un moment où, selon les préjugés hindous, un tendre enfant et une nouvelle accouchée sont plus que jamais susceptibles de la fascination des regards, de l'influence et du mauvais concours des planètes et des jours néfastes, et en butte à mille autres impressions sinistres. Une bonne accoucheuse, munie de mantras efficaces, prévient tous ces maux, éloigne tous ces dangers, en les récitant à propos.

Mais les plus habiles dans cette espèce de science, et en même temps les plus redoutés, ce sont les charlatans qui passent pour être initiés à tout le grimoire des sciences occultes, tels que les sorciers, les magiciens, les devins, etc. Ils sont, à les en croire, possesseurs de mantras capables d'opérer toutes sortes de prodiges. Ils en ont pour découvrir les choses volées et les voleurs, les trésors cachés, les événements futurs, etc. Dans un pays où règnent la superstition, l'ignorance et la plus impertinente crédulité, on ne doit pas s'étonner de voir pulluler les imposteurs en raison du nombre des dupes qu'ils ont à faire.

Il est certains mantras d'une nature particulière, qu'on appelle *vidja-akcharas* ou lettres séminales (radicales), telles que celles-ci : *stroum, kraum, hroum, hrau, hau,* etc. Pour ceux qui en possèdent la vraie prononciation, il n'est rien d'impossible, rien de surnaturel qu'ils ne puissent exécuter à volonté. En voici une preuve :

Siva avait enseigné tout ce qui a rapport à ces lettres radicales à un petit bâtard, né d'une veuve de la caste brahmane, auquel l'ignominie de sa naissance occasionna l'affront d'être honteusement chassé d'un festin de noce où un grand nombre de personnes de cette caste avaient été conviées. Il s'en vengea en prononçant seulement deux ou trois des lettres radicales, à travers une fente de la porte de l'appartement où les convives étaient réunis ; aussitôt, par la vertu de ces mots merveilleux, tous les mets préparés pour le repas furent convertis en grenouilles. Ce prodige occasionna, comme on peut bien se l'imaginer, la plus grande rumeur dans l'assemblée ; personne ne douta que ce ne fût un tour du petit bâtard, et dans la crainte unanimement partagée qu'il n'arrivât pis encore, on courut vite lui ouvrir la porte. Après qu'on lui eut fait force excuses pour ce qui s'était passé, il entra, et ne fit que prononcer les mêmes paroles à rebours : soudain les grenouilles s'éclipsèrent, et l'on vit, non sans plaisir, reparaître sur la table les gâteaux et autres mets dont elle était couverte auparavant.

MANTURNE, déesse des Romains, à laquelle on s'adressait dans la cérémonie du mariage, pour obtenir que la nouvelle épouse se plût dans la maison conjugale. On fait dériver son nom de *manere,* rester, demeurer.

MANTUS, nom étrusque de Pluton, qu'on appelait aussi *Summanus, Februus* et *Vedius.* Ce dieu était la personnification de la mort et des ombres du ténébreux séjour.

MANWANTARA ; ce mot désigne l'intervalle d'un Manou à un autre. Les Hindous appellent ainsi une période de temps présidée par un Manou, et au bout de laquelle le monde éprouve une destruction momentanée, pour se renouveler peu après. Il y a déjà sept Manous de parus ; nous sommes conséquemment dans le septième Manwantara. Il doit s'en succéder encore sept autres, pour former le kalpa ou la grande période, après laquelle toute la création est anéantie. Voy. MANOU. Les Hindous, encore aujourd'hui, célèbrent, chaque année, les jours anniversaires des Manous qu'ils supposent avoir déjà paru.

MAOZZIM ou MAHUZZIM, divinité syrienne dont il est parlé dans le livre de Daniel ; on pense que c'est le dieu Mars ; son nom signifie *dieu des villes fortifiées.*

MAPHRIEN, dignité ecclésiastique, chez les Jacobites de la Chaldée. Le Maphrien était le coadjuteur du patriarche ; mais cette dignité est aujourd'hui supprimée.

MAPITOÏTI, le plus malfaisant des génies et le dieu de la mort, dans les îles Gambier. Les missionnaires catholiques ont envoyé en France le bâton avec lequel on supposait qu'il assommait les hommes.

MAPOUHANOUI, dieu des îles Marquises, ou Nouka-Hiva ; il passe pour avoir doté les insulaires des cochons qui sont leur nourriture la plus recherchée. De là vient la coutume de servir aux défunts un certain nombre de ces animaux domestiques, les uns cuits, les autres vivants. On place les premiers à côté du cadavre, dans le creux d'un tronc d'arbre ficelé soigneusement avec des filaments de coco, et suspendu à la charpente de la cabane. Mapouhanoui est censé s'en repaître de concert avec le mort. Lorsqu'on offre des porcs vivants, on les attache dans la hutte où repose le défunt, et on les y nourrit jusqu'à ce que les chairs de celui-ci se soient séparées des os ; après quoi on les laisse périr de faim.

MARA. Les maras sont, suivant les Bouddhistes, des démons puissants qui habitent le ciel Paranirmitavasavartitas (1), d'où ils règnent sur les six cieux du monde des désirs. Le chef qui les commande se nomme également Mâra ; c'est le Kama ou dieu de la volupté des Hindous. Ces démons sont les plus redoutables ennemis de Bouddha et de sa doctrine, qui prescrit principalement de s'attacher à vaincre la sensualité par tous les moyens possibles ; aussi ont-ils recours à mille ruses, à mille embûches, pour empêcher les hommes de pratiquer les saints préceptes.

MARABÈTES, nom de religieuses arméniennes ; elles sont en très-grand nombre ; mais elles n'ont point de monastère, et ne forment point de communauté. Chacune reste dans sa famille ou dans quelque autre maison, pour y exercer son emploi. Toutes sont vêtues de noir, sans porter aucune autre marque distinctive.

MARABOUT. Ce mot est la prononciation vulgairement usitée par les Européens pour désigner les prêtres musulmans de l'Afrique, et particulièrement des nègres ; la véritable épellation est celle de *Marbout* ou mieux *Morâbet.* Ces deux mots ont une racine commune avec celui de *rabât,* qui, entre autres significations, a celle d'*ermitage,* ce qui convient assez à une corporation qui vit généralement en dehors de la société commune. Le thème primitif de ces différents mots exprime l'action de lier ; le titre de Marabout désigne donc un individu lié plus étroitement aux exercices de sa religion, ou, comme nous l'appelons ordinairement, *un religieux.*

1° Ce nom fut donné originairement à une race d'Arabes, qui étant sortis du pays de Himyar, vint s'établir en Syrie, du temps d'Abou-Bekr, premier khalife des Musul-

(1) Ce mot signifie : qui exerce un pouvoir sur les métamorphoses produites par d'autres.

mans. Ces gens étant ensuite passés de la Syrie en Égypte, pénétrèrent bien avant dans l'Afrique, s'avancèrent jusque dans la partie la plus occidentale de cette contrée, et se cantonnèrent enfin dans le désert de Sahra, pour y vivre séparés des autres nations africaines, et y exercer plus librement les devoirs de leur religion. Cette nouvelle colonie d'Arabes, qui s'étendit beaucoup en peu de temps par le concours des tribus voisines, donna son nom à un peuple et à une secte, qui fut nommée d'abord les *Molthémin*, d'un voile qu'ils portaient tous sur le visage. La religion de ces émigrés, qui étaient d'ailleurs fort grossiers, paraît, dit d'Herbelot, avoir été d'abord le christianisme, qui dégénéra peu à peu par le commerce qu'ils eurent avec les Mahométans, et finit par s'effacer complétement de leur mémoire. Ils devinrent enfin des brigands, et ne retinrent même qu'une très-légère teinture de l'islamisme; car on dit qu'il ne leur était resté d'autre marque de cette religion que la profession de foi: *Il n'y a d'autre dieu que Dieu, et Mahomet est son prophète*. Cependant un des leurs, nommé Djauhar, ayant fait le pèlerinage de la Mecque, en ramena un docteur pour les instruire des pratiques de leur religion. Ceux-ci l'écoutèrent avec assez d'intérêt tant qu'il ne leur parla que du jeûne, de la prière, de l'obligation de donner la dîme de ses biens aux pauvres; mais lorsqu'il leur enseigna qu'il fallait punir de mort celui qui tue son autre homme, couper la main aux voleurs, lapider les adultères, ils refusèrent d'accepter cette doctrine, parce qu'elle ne s'accommodait pas à leur manière de vivre, et il n'y eut que la tribu de Djauhar, qui était la plus puissante, qui consentit à s'y soumettre. Le docteur loua fort le zèle de ceux-ci, et leur dit que s'étant engagés à obéir aux lois du Coran, ils étaient obligés de faire la guerre à tous ceux qui ne voudraient pas les embrasser, parce que ce livre commandait de les exterminer. Cette proposition fut reçue agréablement par des gens qui ne demandaient qu'à tuer et à piller, et ils élurent aussitôt un chef pour les conduire à la guerre contre les infidèles, auquel ils donnèrent le titre d'*Emir-al-Moslemin*, prince des Musulmans. Celui-ci se mit à leur tête, dompta les tribus rebelles, passa en Mauritanie, où il fit d'importantes conquêtes, et établit un puissant empire, connu chez les historiens espagnols sous le nom de dynastie des Almoravides, nom corrompu de celui d'*Al-Morabetoun*, ou des Marabouts. Djauhar et le docteur arabe, qui avaient été les promoteurs de ces expéditions, payèrent de leur vie le dangereux conseil qu'ils avaient donné. Le premier, piqué de n'avoir pas été choisi pour chef des Marabouts, avait résolu de les quitter et même d'abandonner leur religion: il fut mis à mort pour ce fait; le docteur fut tué dans les premières guerres contre les tribus réfractaires.

2°. Nous avons dit que le nom de Marabout se donnait principalement aux ministres du culte chez les nègres musulmans. Les voyageurs en font les récits les plus contradictoires, et cela n'est pas étonnant; car, répandus dans les immenses régions de l'Afrique, ils diffèrent les uns des autres, suivant les lieux dans lesquels ils vivent, et le degré de science auquel ils sont parvenus, science qui n'est jamais bien grande, car ils n'ont presque aucun rapport avec les Musulmans instruits et civilisés; la plupart sont plongés dans une ignorance grossière, et n'en savent guère plus que les barbares qu'ils se prétendent chargés d'instruire, dont ils exploitent la crédulité, et dont ils partagent tous les vices et toutes les passions. Tous, en général, savent plus ou moins lire et écrire l'arabe, et cela leur sert à écrire des versets du Coran sur des papiers qu'ils vendent fort cher, en guise d'amulettes ou de talismans, pour préserver de toutes sortes de dangers, pour guérir les maladies, pour faire remporter la victoire, etc.

Nous ne voyons pas cependant qu'ils président ordinairement aux cérémonies du culte, qui, il est vrai, sont presque nulles chez les nègres musulmans; mais ils vivent avec leurs familles dans des maisons ou des endroits retirés, où l'on vient les consulter; et cet éloignement de la société ne contribue pas peu à leur attirer un profond respect de la part des populations au milieu desquelles ils remplissent la triple fonction de pontifes, de sorciers et de médecins. Dans la plupart de ces contrées les Marabouts jouissent sans contredit d'une autorité plus grande que les princes et les rois; quand on rencontre un de ces imposteurs, on s'arrête, on forme cercle autour de lui en se mettant à genoux pour faire avec lui la prière et demander sa bénédiction. Le même usage s'observe dans la chambre des rois, lorsqu'il y entre un Marabout. On prétend que les nègres du Sénégal ont tant de vénération pour ces sortes de prêtres, qu'ils croient que ceux qui les offensent meurent dans trois jours. Aussi un ordre du Marabout est-il sacré; malheur à qui ne lui cède pas: il n'est pas rare d'apprendre que le réfractaire a succombé sous les coups d'une main mystérieuse. Dans la Gorée, ils ont institué une sorte de tribunal qui rappelle celui des francs-juges; le sanctuaire des sentences secrètes est dans une forêt, à quelques lieues de la mer, au pied d'un baobab énorme, qui couvre de ses branches la demeure du grand Marabout. Le seul recours contre ces terribles arrêts est dans une forte rançon versée dans la caisse commune de la congrégation de ces prêtres.

D'autres se livrent à l'instruction des enfants; il en est qui ont des écoles nombreuses, et le voyageur Jobson assure en avoir vu où l'on comptait plusieurs centaines d'écoliers. Ils leur apprennent à lire, à écrire, et leur enseignent le Coran.

Un certain nombre d'entre eux n'ont point de demeure fixe; ils mènent une vie nomade, parcourent les différentes contrées, faisant le commerce, et vendant des gris-gris, ce qui leur procure une fortune considérable. Les négociants européens ont souvent affaire à eux, et en général ils se louent de ces relations d'intérêt, parce qu'elles sont plus honnêtes et plus agréables qu'avec les autres nègres. Les bons procédés dont ils usent avec les blancs ne viennent pas assurément de leur délicatesse et de leur probité, mais ils sont d'effet de la supériorité incontestée dont les Européens jouissent sur les nègres. Le P. Labat raconte que les Marabouts de Cansoun persuadèrent à un petit prince du voisinage d'envoyer demander au chef des Français le payement d'un certain droit, menaçant de leur côté cet officier de le faire périr, avec sa garnison, par le moyen de leurs enchantements. L'officier leur fit répondre que ses canons étaient à l'épreuve de leurs conjurations.

3° Les Marabouts du Maroc, de l'Algérie et des autres provinces septentrionales de l'Afrique, sont des espèces de religieux, fort révérés des Musulmans, mais qui n'ont point l'autorité illimitée de leurs confrères du sud. Ils sont pour ces contrées ce que sont pour l'Egypte et l'Asie, les *faquirs* et les *derwischs*. Le Marabout, en effet, est l'homme spécialement voué à l'observation des préceptes du Coran; c'est lui qui, aux yeux des Arabes, conserve intacte la foi musulmane; il est l'homme que les prières sont le plus rapproché de la divinité. Ainsi ses paroles deviennent des oracles auxquels la superstition ordonne d'obéir, et qui règlent à la fois les discussions privées et les questions d'un intérêt général. C'est ainsi que les Marabouts ont souvent empêché l'effusion du sang en réconciliant des tribus ennemies; c'est ainsi que leur protection a souvent suffi pour garantir de toute atteinte les voyageurs ou les caravanes. Bien des fois encore ils ont, le Coran en main, prêché la guerre contre les infidèles. Ces exemples suffisent pour démontrer que leur influence s'étend sur les questions religieuses et politiques; elle est d'ailleurs d'autant mieux assurée, que l'exercice du culte, l'explication des livres saints, la consécration de toutes choses, mettent les Marabouts en relation continuelle et intime avec les Musulmans. Il faut remonter très-haut dans notre histoire pour retrouver le temps où nos évêques jouaient le rôle de Marabouts, et où leur influence spirituelle et temporelle était assez grande pour allumer une guerre sainte, en entraînant les croisés vers la Palestine.

Un des caractères principaux de la noblesse religieuse est qu'elle est héréditaire. Les premiers Marabouts étaient en général des hommes rigoureux observateurs du Coran, qui passaient pour avoir donné des preuves de leur nature supérieure en produisant des miracles; tels sont Mouley-Thaleb, Mohammed-ben-Aïssa, Hasuaouy, Abd-el-Kader, mort à Baghdad, etc..., en l'honneur desquels on trouve une foule de chapelles en Algérie. C'est ordinairement autour de ces *zaouya* (chapelles) que les Marabouts réunissent une sorte de douar, qui prend le nom de *zaouya*, précédé du mot *sidi*. Une partie des terres voisines, provenant en général de donations pieuses, est cultivée par des hommes de la zaouya, et sert à les nourrir. De larges offrandes, des provisions de toute espèce, sont offertes au marabout et à ceux qui, vivant près de lui, étudient la loi; quelquefois même, par suite d'anciennes obligations que la religion prescrit d'observer, les voisins de la zaouya lui payent l'*âchour* ou la dîme; toutefois ce tribut n'a jamais eu de caractère obligatoire devant la justice.

Les zaouya sont commandées par l'homme le plus influent de la famille des Marabouts. L'exercice de l'hospitalité envers tous les voyageurs et les étrangers musulmans est un des premiers devoirs de sa position; des criminels mêmes doivent trouver un abri chez lui; c'est ainsi que quelques chapelles (que nous appelons vulgairement Marabouts) sont un asile inviolable aux yeux des Arabes.

Du reste, ces congrégations religieuses sont tellement nombreuses dans quelques tribus, telles que les *Hachem*, par exemple, qu'elles y forment des divisions ou *farka* particulières.

Les Marabouts ne se livrent ordinairement à aucun travail manuel; ils se vouent, dans l'intérieur des zaouya, à l'instruction d'un certain nombre d'hommes ou d'enfants qui leur ont été confiés par les tribus. Ces disciples ou desservants de Marabouts prennent le nom de *tolba* (de *taleb*, lettré). Ces tolba étudient la religion dans le Coran, et les diverses branches des connaissances exigées pour leur état. Ils ont le droit de consacrer les mariages, de prononcer les divorces, etc., etc., et à ce titre ils jouissent d'une certaine considération. Toutefois, il arrive rarement de nos jours qu'à l'extinction d'une famille de Marabouts, un de ces tolba monte d'un degré et devienne Marabout à sa place dans la zaouya; le plus souvent ils aspirent à devenir soit maîtres d'école dans les villes, soit assesseurs du *kady*, soit même *kady*; d'autres fois encore ils ne suivent aucune de ces carrières, et vivent du produit des terres affectées à l'entretien du Marabout de leur ordre.

On commettrait une grande erreur en tirant de ce qui précède la conséquence que tous les *cheurfa*, *djouad* ou *Marabouts* occupent une position élevée dans la société arabe; on en voit, au contraire, journellement occupés à tous les métiers. Mais si les membres de ces classes ne jouissent pas d'une part égale de considération et d'influence, on peut affirmer au moins que la puissance et l'autorité ne se trouvent que chez elles.

MARACA, sorte de fétiche adoré par certaines peuplades du Brésil. Ce mot est une corruption de *tamaraca*, fruit de la taille d'un œuf d'autruche et qui a quelque ressemblance avec une calebasse. Les Brésiliens percent l'écorce de ce fruit, lorsqu'il est sec, le vident, le remplissent de petites pierres ou de grains de blé d'Inde. Ils bouchent ensuite les ouvertures, passent au travers un bâton d'un pied et demi de long, qui leur sert à le tenir et à l'agiter, puis ils l'ornent des plumes les plus belles. Selon plusieurs relations, les Brésiliens regardaient ces Maracas comme des divinités, du moins ils les honoraient et leur rendaient un culte religieux. Chacun d'eux avait dans sa maison un Maraca, auquel il présentait constamment des offrandes. Lorsque les prêtres parcouraient le pays, ils n'oubliaient pas leurs maracas ; ils les élevaient au sommet d'une perche fichée en terre, les ornaient de belles plumes, et persuadaient aux habitants du village de leur apporter à boire et à manger. Ils se servaient aussi des maracas pour pratiquer la divination.

MARAMBA, l'idole de la province de Mayamba dans le Congo ; elle est placée debout vis-à-vis de son temple, dans un panier fait en forme de ruche. On l'invoque pour la chasse, la pêche, et pour obtenir la guérison des maladies. C'est par elle aussi que le criminel doit se justifier des crimes dont on l'accuse. Il se met pour cela à genoux devant Maramba, et l'embrasse en lui disant : Maramba, je suis ici pour me justifier. Si l'accusé est coupable, il meurt aussitôt. Les dévots conservent et portent sur eux de petites images de Maramba, dans des boîtes, qu'on peut regarder comme les reliquaires des Nègres ; quelquefois ils ont cette image pendue au cou ou au bras gauche. Maramba marche toujours à la tête des armées ; on lui présente le premier morceau de ce qui est servi au repas du roi, et on répand en sa présence le premier coup qu'on lui verse à boire.

Certains voyageurs disent que tous les habitants sont consacrés à cette divinité dès qu'ils ont atteint l'âge de douze ans. Ceux qui sont arrivés à cet âge se présentent pour l'initiation devant le chef des prêtres, qui les enferme dans un lieu obscur, et leur fait observer un long jeûne ; après quoi il les remet en liberté, et leur ordonne de rester quelques jours sans parler, sous peine de n'être point admis à l'initiation. Lorsqu'ils ont heureusement subi cette épreuve, le prêtre les conduit devant l'idole, leur fait sur les épaules deux incisions en forme de croissant, et leur fait jurer par le sang qui coule, une fidélité inviolable à Maramba. Il leur commande ensuite en son nom de s'abstenir de certaines viandes, et leur prescrit plusieurs pratiques qu'ils observent scrupuleusement, persuadés que l'idole punirait leur désobéissance par quelque maladie dangereuse. Pour marque de leur initiation, ils suspendent à leur cou une petite boîte qui retombe sous le bras gauche, et dans laquelle sont renfermées quelques reliques de l'idole.

MARCELLIENS, sectateurs de Marcel d'Ancyre, qui vivait dans le IV° siècle. Cet évêque fut déposé pour avoir renouvelé les erreurs des Sabellianistes ; on l'accusait d'entendre par les trois personnes de la sainte Trinité trois noms différents appartenant à la même hypostase. Quelques-uns néanmoins soutenaient qu'il était orthodoxe, et que c'étaient les Ariens, ses ennemis, qui lui imputaient ces erreurs. Il fut en effet rétabli peu de temps après. On a été fort partagé sur cette hérésie, dit saint Epiphane, et il n'y a que Dieu qui sache véritablement ce qu'il en est ; mais pour ce qui est de ceux qui prennent son nom, il est constant qu'ils n'ont pas voulu reconnaître trois hypostases, en sorte que le marcellianisme n'est point une hérésie imaginaire.

MARCIONITES, hérétiques du II° siècle, disciples de Marcion. Ce Marcion était de la province du Pont, et fils d'un saint évêque. Solitaire et fervent ascète dans sa jeunesse, il encourut l'animadversion de son père, qui l'excommunia pour avoir séduit une vierge. N'ayant pu rentrer dans ses bonnes grâces, il se rendit à Rome, croyant trouver le clergé de cette ville moins inflexible que son père ; mais rebuté partout, son âme hautaine se révolta, et il embrassa les erreurs de Cerdon, auxquelles il ajouta lui-même.

Comme les autres hérésiarques sortis de la philosophie, il était rempli des idées de Pythagore, de Platon, des Stoïciens et de la plupart des Orientaux sur les deux principes, la matière et la Providence, sur la formation du monde, l'influence des génies, la médiation que Dieu avait faite par Jésus-Christ pour détruire leur empire. Mais, contrairement aux Cerdoniens, au lieu de se livrer aux désirs de la chair, il soutenait, malgré l'exemple qu'il avait donné, qu'il fallait les réprimer, et faisait de la continence et de la virginité un devoir rigoureux. C'est à ceux qui la gardaient qu'il administrait le baptême. Il eût voulu que le corps pût se soutenir sans prendre de nourriture, en haine de la chair qui selon lui procédait du mauvais principe. — Il disait que le souverain Dieu est invisible et sans nom ; que le Créateur du monde était le Dieu des Juifs, et que chacun de ces dieux avait promis son Christ ; que le nôtre, qui avait paru sous Tibère avec les *apparences* de la chair, était le bon, et que celui des Juifs, promis par le Créateur, n'était pas encore venu. Il rejetait l'Ancien Testament, comme ayant été donné par le mauvais principe, et avait composé un livre intitulé *des Antithèses*, ou oppositions de la loi et de l'Evangile. Du Nouveau Testament, il ne recevait que l'Evangile de saint Luc, en retranchant les deux premiers chapitres, qui traitent de la naissance temporelle du Fils de Dieu, et quelques Epîtres de saint Paul, dont il supprimait les passages qui lui étaient contraires. Il enseignait que Jésus-Christ descendu aux enfers n'avait point sauvé Abel, Hénoch, Noé et les autres justes de l'Ancien Testament, qui étaient les amis du Dieu des Hébreux ; mais qu'il avait sauvé les ennemis de celui-ci, comme Caïn, les Sodomites et les Egyptiens.

Les Marcionites condamnaient le mariage,

s'abstenaient de la chair des animaux et du vin, et n'usaient que de l'eau dans le sacrifice. Ils jeûnaient le samedi, en haine du Créateur, et ils poussaient l'aversion pour la chair jusqu'à s'exposer d'eux-mêmes à la mort, sous prétexte de martyre. Cette hérésie eut un grand nombre de sectateurs, et dura assez longtemps. Au commencement du ve siècle, elle était répandue en Italie, en Égypte, en Palestine, en Syrie, en Arabie et en Perse, en partie confondue avec les Manichéens. Depuis longtemps elle n'existe plus que dans l'histoire.

MARCOLIS, nom que les Rabbins donnent à Mercure. Elias prétend que ce nom est tiré de la planète de Mercure, que les anciens honoraient comme le messager et le médiateur des dieux célestes ou des astres. Il ajoute que le symbole de Marcolis consistait en deux grandes pierres dressées auprès l'une de l'autre, et recouvertes par une troisième, posée transversalement sur elles.

MARCOSIENS, hérétiques du IIe siècle, sectateurs de Marc, disciple de Valentin. Marc était un gnostique qui ajouta encore aux rêveries de son maître, et modifia la doctrine des éons. Considérant que le premier principe n'était ni mâle ni femelle, il jugea qu'il était capable de produire par lui-même tous les êtres, sans qu'il fût nécessaire d'admettre cette longue suite de mariages contractés par les éons, selon le système de Valentin. Prenant à la lettre l'expression de la volonté de Dieu formulée dans le premier chapitre de la Genèse, il soutenait que c'était en prononçant des mots distincts que Dieu avait créé les êtres distincts de lui-même. Ces mots ayant une force productrice et étant composés de lettres, les lettres de l'alphabet renfermaient aussi en elles-mêmes une énergie essentiellement productrice; c'est pourquoi Jésus-Christ avait dit qu'il était l'*alpha* et l'*oméga*. Or, comme chaque lettre possède une force productrice spéciale, il s'ensuivait que l'Être suprême avait créé autant d'êtres qu'il avait prononcé de lettres : ces lettres étaient au nombre de trente, formant quatre mots, selon Marc ; d'où il concluait que le premier principe avait créé trente éons, auxquels il avait commis le soin de l'univers. Suivant quelques autres historiens, Marc ne reconnaissait que vingt-quatre éons, nombre égal aux lettres de l'alphabet grec. Il avait joint à cette doctrine absurde le système pythagoricien des nombres dont se préoccupaient beaucoup de philosophes de cette époque. Il avait cru découvrir dans ces nombres une force capable de déterminer la puissance des éons, et d'opérer par leur moyen tous les prodiges possibles. De là à la magie il n'y avait qu'un pas. Mais comme il n'obtint pas de cette prétendue science tout le résultat qu'il en espérait, il se contenta d'opérer des prestiges et des tours d'adresse capables d'en imposer aux ignorants et aux femmes. C'est ainsi qu'au moyen d'un calice à double fond, dont il se servait dans sa liturgie ridicule, il faisait paraître ostensiblement l'eau changée en sang. On criait au miracle ; on appelait Marc un thaumaturge, et il se donnait comme possédant seul le caractère et la plénitude du sacerdoce.

C'était principalement aux femmes riches et nobles qu'il s'adressait afin de les abuser ; il leur faisait croire qu'il pouvait leur communiquer le don des miracles. Après leur avoir fait bénir en sa présence un calice de vin et d'eau, il le leur faisait verser dans un vase beaucoup plus grand, pendant qu'il prononçait ces paroles : « Que la grâce de « Dieu qui est avant toutes choses, et qu'on « ne peut ni concevoir ni expliquer, perfec- « tionne en nous l'homme intérieur ; qu'elle « augmente sa connaissance, en jetant le « grain de semence sur la bonne terre. » Alors la liqueur contenue dans le petit vase remplissait le grand, paraissait bouillonner, et se répandait par-dessus les bords. La prosélyte, étonnée, croyait avoir fait un miracle ; elle était transportée de joie, s'agitait, s'exaltait et se croyait remplie du Saint-Esprit. L'imposteur profitait de cet état de surexcitation pour lui enjoindre de prophétiser ; si elle répondait qu'elle ne savait point prophétiser, il faisait sur elle des invocations, et lui disait : Ouvre la bouche, et parle au hasard, tu prophétiseras. Il y eut des femmes fidèles, qui, tentées par l'hérésiarque, soufflaient contre lui et lui disaient anathème. Plusieurs de celles qu'il avait séduites revinrent à l'Église, confessant qu'il avait abusé d'elles, et qu'elles l'avaient aimé passionnément. Un diacre d'Asie l'ayant reçu dans sa maison, sa femme qui était belle se laissa corrompre et suivit longtemps Marc. Les frères eurent beaucoup de peine à la convertir, et elle passa le reste de sa vie en pénitence.

Les disciples de Marc suivaient les exemples de leur maître, et ils corrompirent plusieurs femmes, même dans les Gaules, dans les contrées arrosées par le Rhône. Ils se nommaient *parfaits*, prétendant que personne n'était arrivé à la hauteur de leur connaissance, pas même les apôtres ; soutenant qu'eux seuls avaient pénétré la grandeur de la vertu inénarrable, et qu'en conséquence ils avaient la liberté de tout faire sans rien craindre.

MARDAITES, nom que les hérétiques du Levant donnèrent autrefois aux Maronites. Ce terme injurieux vient du syriaque *marad*, et signifie *les révoltés*.

MARENTAKEN, c'est-à-dire rameau des spectres ; nom que les peuples du Holstein et des contrées voisines donnent au gui, à cause des propriétés magiques qu'ils attribuent à cet arbrisseau. *Voy.* GUI.

MARGOUILLISTES, dénomination que l'on a donnée, dans le siècle dernier, à une fraction de jansénistes convulsionnaires, que l'on accusait d'associer la débauche à leurs jongleries.

MARGUILLIER, officier laïque chargé de l'administration des affaires temporelles d'une paroisse, et qui a soin de la fabrique. Ce nom est une corruption du latin *matricularius*, celui qui tient le registre matricule es revenus d'un établissement. Il n'y avait autrefois qu'un seul marguillier, appelé aussi quelquefois trésorier ; maintenant, depuis la loi de 1809, leur nombre est déterminé à cinq ou à neuf, suivant l'importance des paroisses. Ces marguilliers forment, avec le curé et le maire, le conseil d'administration pour les affaires temporelles de l'église.

MARIAGE, contrat civil et politique qui règle et détermine l'union de l'homme et de la femme. Dans un grand nombre de contrées, il est accompagné de cérémonies religieuses, qui vont faire l'objet des articles suivants ; mais nous devons passer sous silence tous les peuples chez lesquels la religion est absolument étrangère au mariage.

1° Les anciens Grecs n'avaient point de rituel déterminé pour la célébration des mariages ; les cérémonies variaient suivant les provinces, les villes et les villages ; mais partout les nouveaux époux cherchaient à mettre leur union sous la protection de la divinité. Les filles qui songeaient à se marier ne manquaient point d'offrir des sacrifices à Junon, à Vénus et aux Grâces. Souvent elles avaient recours aux présages ; plusieurs consultaient les corneilles ; elles présentaient des figues à cet oiseau, et, suivant qu'il les mangeait avec plus ou moins d'avidité, elles en auguraient un mari plus ou moins agréable. C'est pourquoi, en certaines contrées, on recommandait à l'époux, le jour des noces, d'user de bons procédés envers sa compagne, en lui disant, avec un jeu de mots : Ἔρπε, κόρε, κόρωνε, Jeune homme, soignez la corneille. Le jour de la noce, les mariés se rendaient au temple, montés sur un char, les cheveux flottants, la tête couronnée de pavots, de sésame, ou d'autres plantes consacrées à Vénus. A la porte du temple, un prêtre leur présentait à chacun une branche de lierre, symbole des liens qui devaient les unir ; il les menait ensuite à l'autel, où il offrait à Diane une génisse en sacrifice. On invoquait aussi Minerve, Jupiter et Junon, Vénus et les Grâces, les Parques, etc. Les époux consacraient à Diane chacun une tresse de leurs cheveux : celle de l'homme, roulée autour d'une poignée d'herbes, et celle de la femme autour d'un fuseau ; usage ancien qui rappelait aux époux que l'un d'eux devait s'occuper par préférence des travaux de la campagne, et l'autre des soins domestiques. Les parents joignaient alors les mains de leurs enfants, qui se juraient une fidélité réciproque, et leurs serments étaient scellés par de nouveaux sacrifices. Comme ces cérémonies avaient ordinairement lieu le soir, on revenait à la maison à la clarté des flambeaux ; et de jeunes garçons ou de jeunes filles apportaient de l'eau puisée dans quelque fontaine sacrée dont on lavait les pieds des époux.

2° Chez les Romains, le mariage se contractait de trois manières différentes. 1° Si une femme, du consentement de ses tuteurs, habitait avec un homme l'espace d'un an, sans découcher durant trois nuits, elle tombait, en vertu de cette prescription, *usu*, sous la puissance du mari, au lieu qu'elle était jusqu'alors restée sous celle de son père ou de ses parents du côté paternel. 2° La seconde manière de contracter un mariage conforme au droit civil se nommait *coemptio*. C'était une vente simulée, par laquelle le futur époux et la future épouse s'achetaient et se vendaient l'un à l'autre. Une des formalités de cette vente, ainsi que des autres ventes simulées qui se pratiquaient chez les Romains, était de s'y servir de quelques pièces de monnaie, mais par pure formalité. Nous ignorons en quoi consistait cette formalité de la part du mari, aussi bien que les paroles solennelles et nécessaires que prononçaient les contractants ; mais nous savons que la femme apportait trois pièces de monnaie, qu'elle en tenait une à la main, et la donnait à son mari. Elle en avait une autre dans son soulier : elle offrait celle-ci aux dieux lares. La troisième était dans une bourse qu'elle avait mise en dépôt dans un lieu nommé *compitum vicinale*. Par le premier as, la femme était réputée acheter son mari ; par le second, elle était censée acheter les dieux pénates et la participation au culte particulier de la famille où elle entrait. Par le troisième as, elle achetait l'entrée de la maison. En effet l'épouse, que l'on conduisait chez l'époux, séjournait quelque temps dans le jardin, et sans doute dans la rue, s'il n'y avait pas de jardin, sous une espèce de bâtiment construit à la hâte, et que l'on abattait dès que la cérémonie était faite. C'est cet édifice que l'on appelait *compitum vicinale*. On appelait *confarréation* la troisième manière de contracter mariage. *Voy.* CONFARRÉATION. Le mariage était précédé des fiançailles. Après les fiançailles, on prenait jour pour faire le mariage. Tous les jours n'étaient pas propres à cet effet ; il y en avait qu'on regardait comme funestes : ils sont détaillés dans Macrobe. On avait grand soin de prendre les auspices avant le mariage, pour savoir la volonté des dieux. Lorsqu'on cessa d'observer cette ancienne coutume, on ne laissa pas d'employer des officiers appelés *auspices des noces*, pour en conserver le nom, quoiqu'ils n'en fissent pas les fonctions. L'épouse avait une couronne de marjolaine, une ceinture de laine de brebis, et des souliers de cuir jaune. Telle était aussi la couleur d'un voile appelé *flammeum*, et qui lui couvrait la tête et le visage. On feignait de l'enlever d'entre les bras de sa mère ou d'une proche parente. Deux de ses parents la conduisaient ensuite dans la maison de son époux, précédée de cinq jeunes garçons qui portaient chacun un flambeau. La porte de la maison du mari était ornée de fleurs et de branches d'arbres. L'épouse y étant arrivée, on lui demandait qui elle était : elle répondait qu'elle se nommait *Caia*. Après cette réponse, elle attachait des rubans de laine aux deux côtés de la porte, et les frottait d'huile ; puis elle sautait par-dessus le pas de la porte, ou plutôt elle était portée sous les bras par ceux qui la conduisaient, afin qu'elle ne touchât pas au seuil de la maison, ce qui aurait été de mauvais augure et regardé comme un sacrilége, dit Servius. Le même auteur, qui atteste l'usage de porter des flambeaux allumés devant les mariés, dit aussi qu'on leur lavait les pieds avec de l'eau puisée dans une fontaine d'une onde pure, qu'un jeune garçon ou une jeune fille avait également portée devant eux. Après le festin qui suivait le lavement des pieds, l'époux jetait des noix aux jeunes garçons de la noce; et ceux-ci chantaient des chansons libres et lascives, qui étaient permises en cette occasion. Quand l'épouse entrait dans la chambre du mari, les parents arrachaient à celui qui marchait devant, le flambeau qu'il portait. L'épouse était conduite vers la statue du dieu *Priape*, qui était dans un coin de la chambre, sur un lieu fort élevé, où étaient représentées d'autres divinités qui présidaient à tous les devoirs du mariage. Priape portait le nom de *Mutinus Tutinus*.

3° Les mariages des anciens Juifs n'avaient rien qui pût les faire regarder comme une cérémonie religieuse. C'était une affaire de famille dont les prêtres ne se mêlaient aucunement; c'est donc à tort que les peintres modernes représentent le mariage de la sainte Vierge et de saint Joseph comme contracté devant le grand prêtre. Le père de famille tenait lieu de pontife, et prononçait ordinairement une bénédiction sur les nouveaux époux, comme nous en voyons un exemple dans le livre de Tobie. Le mariage était ordinairement précédé des fiançailles, ces fiançailles donnaient aux jeunes gens la liberté de se voir familièrement, mais sans abus, ce qui ne leur était pas permis auparavant. Si, durant ce temps, la fiancée tombait en quelque faute contre son honneur, avec un autre que son fiancé, elle était punie comme adultère; car, bien que les fiancés eussent la faculté de se voir fréquemment, ils ne pouvaient user du droit que donne le mariage qu'après la célébration des noces. Telle était l'ordonnance des anciens; car la loi de Moïse, selon leur explication, ne le leur défendait pas, mais seulement les règlements civils; et cela pour conserver l'honnêteté publique et pour empêcher la licence. Si les fiancés contrevenaient à ces ordonnances des anciens, ils étaient condamnés à la peine du fouet. La coutume était que l'époux achetât son épouse, et avant les fiançailles on convenait des conditions du mariage, de la dot que le mari donnait à l'épouse, des présents qu'il devait faire au père et aux frères de la fille. Cela n'empêchait pas que le père ne donnât à sa fille certains présents, suivant ses moyens et sa condition, pour ses ajustements et pour les frais de la conduite de l'épouse chez son époux. Dans les temps modernes, la coutume en avait fixé la valeur à 50 *zouzim*, c'est-à-dire à environ 100 francs de notre monnaie. Lorsque les parties étaient d'accord sur le mariage et sur les conditions, on prenait un jour pour célébrer les noces.

4° L'usage des Juifs d'aujourd'hui est de choisir un jour de mercredi, ou un vendredi, si c'est une fille; ou un jeudi, si c'est une veuve. La veille de la cérémonie du mariage, la fiancée va au bain et se plonge tout le corps dans l'eau; elle est accompagnée de plusieurs femmes, qui la mènent au bain, et la ramènent au bruit de plusieurs instruments de cuisine, afin que tout le voisinage sache qu'elle va se marier. En comparant Selden, Buxtorf et Léon de Modène, qui ont écrit sur cette matière, on remarque entre eux assez de différences; ce qui fait juger que les usages ne sont point uniformes partout, et que les Juifs se conforment en bien des choses aux coutumes des pays où ils se trouvent. Le jour où le mariage se doit célébrer, on pare l'épouse des habits les plus magnifiques; on la conduit pour cela, en cérémonie, et au chant des femmes de la noce, dans la salle où elle doit être parée. Les rabbins enseignent que le Seigneur lui-même ne dédaigna pas de parer Ève de ses propres mains, avant de l'amener à Adam; et qu'il la lui présenta comme une belle épouse ornée de tout ce qu'il avait de plus précieux. Les anges jouèrent des instruments, et chantèrent dans la célébration de ce premier mariage. Le Seigneur fit aussi le dais sous lequel le mariage se conclut. Rêveries pitoyables d'un peuple grossier et sensuel.

Ordinairement la cérémonie des épousailles se fait en plein air, dans une cour, dans un jardin, ou à la campagne. Quelquefois cela se fait dans une salle parée exprès, dit Léon de Modène. L'époux et l'épouse sont conduits au son des instruments, sous un dais porté par quatre jeunes gens. L'épouse porte un voile de couleur noire, qui lui pend sur le visage en mémoire de celui dont Rébecca se couvrit lorsqu'elle aperçut Isaac, son époux; et l'époux porte de même un voile noir, pour les faire, dit-on, souvenir de la ruine du temple et de Jérusalem. Alors on met sur la tête des mariés un *taled*, qui est un voile carré, d'où pendent quatre houppes aux quatre coins. Les rabbins disent que c'est en mémoire de ce qui est dit dans l'histoire de Ruth : *Étendez le bord de votre habit sur votre servante, parce que vous êtes mon plus proche parent*; et de ces paroles d'Ézéchiel, où le Seigneur, parlant à la race d'Israël, qu'il représente comme une épouse, lui dit : *J'ai passé près du lieu où vous étiez dans l'opprobre et dans l'ignominie; j'ai étendu mon manteau sur vous, et j'ai couvert votre ignominie; je me suis engagé par serment à vous prendre pour femme; j'ai fait alliance avec vous, et vous êtes devenue mon épouse*. Alors le rabbin du lieu, ou le chantre de la synagogue, ou enfin le plus proche parent, prend une tasse, ou un vase plein de vin; et après avoir prononcé la bénédiction, en disant : *Soyez béni, Seigneur, qui avez créé l'homme et la femme, et ordonné le mariage*, etc., il présente le vase à l'époux et puis à l'épouse séparément, afin qu'ils en goûtent. Puis l'époux met un anneau au doigt de son épouse, en présence de deux témoins, qui sont ordinairement rabbins, et lui dit : *Par cet anneau, vous êtes mon épouse, suivant le rite de Moïse et d'Israël.* Buxtorf dit que cet anneau doit être d'or massif, et sans aucune pierre enchâssée; et que l'époux prend à témoin toute l'assemblée que l'anneau est de bon or et de valeur convenable. Cette cérémonie achevée, on lit le contrat de mariage, et après la lecture, l'époux le remet entre les mains des parents de l'épouse. Puis on apporte une seconde fois du vin dans un verre ou autre vase de matière fragile ; et après avoir chanté six bénédictions, qui, jointes à la première dont on a parlé, font le nombre de sept, on présente encore à boire aux mariés, et on jette le reste à terre, en signe d'allégresse. Alors l'époux, prenant le vase, le jette avec force contre le mur ou contre la terre, en sorte qu'il le mette en pièces; et cela en mémoire de la désolation du temple de Jérusalem. En quelques endroits, on met de la cendre sur la tête de l'époux pour la même raison. D'autres donnent une explication plus morale et plus raisonnable de cette cérémonie, dont le but, selon eux, est de mêler l'idée de la mort à la joie du mariage, et de faire connaître que l'homme est aussi fragile que le verre qui vient d'être cassé.

Autrefois l'époux et l'épouse portaient des couronnes dans la cérémonie de leur mariage. La couronne de l'époux était d'or ou d'argent, ou de roses, ou de myrte, ou de branches d'olivier. Celle de l'épouse était d'or ou d'argent, mais faite en forme de tour crénelée, à peu près comme on représente Cybèle, mère des dieux, et quelques impératrices dans les médailles. Cette cérémonie est aujourd'hui abolie chez les Juifs.

Les Juifs d'aujourd'hui ont coutume de jeter sur les mariés, et particulièrement sur l'épouse, du froment à pleines mains, en criant : *Croissez et multipliez-vous.* Dans quelques endroits on mêle au froment quelques pièces d'argent qui sont ramassées par les pauvres.

Une autre coutume assez singulière, c'est que lorsque l'époux est arrivé sous le dais où se doit faire le mariage, des femmes y conduisent l'épouse, qui fait trois tours autour de l'époux, suivant cette parole de Jérémie : *Femina circumdabit virum* ; et l'époux, prenant ensuite l'épouse, lui fait faire seulement une fois le tour du dais.

Buxtorf dit qu'après toute la cérémonie du mariage faite solennellement sous le dais, les époux et la parenté rentrent dans la maison, et on s'assied à table. Alors l'époux chante une bénédiction assez longue en hébreu; après quoi on sert une poularde cuite et un œuf cru. L'époux donne une petite partie de la poularde à son épouse ; puis les autres s'emparent du reste de la viande, et la mettent en pièces, se l'arrachent l'un à l'autre, et se jettent l'œuf au visage, avec de grands éclats de rire. Après le repas, le plus honorable de l'assemblée prend la mariée par la main, et de suite tous les hommes se tiennent de même et commencent à danser. Les femmes se lèvent aussi et dansent, mais séparément, la plus qualifiée de la compagnie prenant l'épousée par la main. Cette danse est très-ancienne parmi les Juifs. Ils l'appellent *la danse du commandement*, prétendant qu'elle est commandée de Dieu pour la réjouissance du mariage.

5° Chez les chrétiens, le mariage n'est pas seulement un contrat légal, mais il a été élevé à la dignité de sacrement par Jésus-Christ, comme le prouvent l'Ecriture sainte, la tradition apostolique et l'enseignement de l'Eglise. D'où il résulte que le prêtre devant qui il est constaté est en même temps officier civil et ministre ecclésiastique ; mais dans la législation nouvelle qui régit la France et plusieurs autres contrées, on distingue le contrat civil du sacrement ; le premier a lieu devant l'officier civil, le second est conféré par le prêtre. Nous n'avons à parler que du sacrement et des cérémonies religieuses.

Dès le commencement du II° siècle les fidèles ne se mariaient qu'après en avoir informé leur évêque, qui, en leur faisant joindre les mains l'un avec l'autre, leur donnait sa bénédiction. Et comme, à cette époque, l'Eglise n'avait point encore établi d'empêchements dirimants du mariage, il n'y avait point préalablement de publications de bans. Mais dans la suite, l'Eglise ayant jugé à propos de défendre le mariage à certaines personnes, sous peine de nullité, il s'établit, en Occident, la coutume de publier et d'annoncer aux messes de paroisse les futurs mariages des chrétiens, pour découvrir s'il ne leur était point défendu de se marier ensemble : cette coutume eut force de loi, en 1215, en vertu de la décision du IV° concile de Latran, renouvelée plus tard par le concile de Trente. Dans plusieurs diocèses, lorsqu'il y a eu promesse de mariage, on procède aux fiançailles , c'est-à-dire que les futurs se promettent mutuellement, en présence de leurs parents, de leurs amis et de leur curé, de se prendre pour mari et femme. Cette promesse se fait à l'église solennellement et avec serment. Avant de la recevoir, le pasteur examine si les parties sont de la paroisse ; s'ils n'ont point promis ou contracté quelque autre mariage ; s'ils ne sont point parents ou alliés l'un de l'autre ; en un mot, s'il ne se trouve point entre eux quelque empêchement. Ensuite il doit les instruire de la nature du sacrement de mariage, et des préparations nécessaires pour le contracter saintement. — Dans la plupart des autres diocèses, les fiançailles ont été abolies ou fixées immédiatement avant la célébration du mariage, pour éviter les abus et les scandales qui s'ensuivaient fréquemment.

Nous ne saurions rapporter ici les différentes cérémonies du mariage, qui ont été pratiquées autrefois dans l'Eglise, ou que l'on trouve dans différents rituels, tant anciens que nouveaux ; nous nous contenterons de rappeler celles qui ont lieu actuellement, et qui sont à peu près les mêmes partout.

Le pasteur, ou un prêtre expressément délégué par lui, s'avance dans l'église à la porte du chœur ou se place au pied de l'autel ; les futurs époux se tiennent debout devant lui, l'homme à la droite de la femme. Le prêtre leur demande leur nom, et leur fait les autres questions prescrites par le Rituel, puis il publie pour la dernière fois le mariage, en sommant les personnes présentes qui connaîtraient quelque empêchement, de le révéler aussitôt. S'il n'y a pas d'opposition, il bénit un anneau que doit porter l'épouse, et la pièce d'or ou d'argent, que le mari doit remettre à sa femme en signe du douaire qu'il est censé lui assurer. Puis, leur ayant fait joindre leurs mains droites, il les interpelle l'un et l'autre, en les appelant par leur nom propre, et demande d'abord au mari s'il prend une telle pour son épouse, s'il s'engage à lui garder fidélité en toutes choses ; il fait des questions analogues à la femme, et, sur leur réponse affirmative, il leur donne la bénédiction nuptiale, dans laquelle il exprime qu'il les unit en mariage, au nom du Père, et du Fils, et du Saint-Esprit. Il remet l'anneau nuptial au mari, qui le passe au quatrième doigt de la main gauche de son épouse, en lui disant : Je vous donne cet anneau en signe du mariage que nous contractons. Il donne ensuite au mari la pièce de monnaie bénite ; celui-ci la met dans la main de sa femme, en signe du douaire convenu dans le contrat. Le prêtre ajoute quelques autres prières, précédées ou suivies d'une exhortation ; enfin il célèbre, s'il y a lieu, le saint sacrifice de la messe. Avant l'offertoire les nouveaux mariés vont à l'offrande, ainsi que leurs parents et leurs amis. Si l'épouse est encore vierge, ou réputée telle, on étend sur elle et sur son mari un voile, quelque temps avant la communion ; le prêtre se tourne vers les époux, étend la main sur eux, et prononce une longue prière que l'on appelle la bénédiction des mariés. Dans cette prière, le célébrant demande entre autres, pour la nouvelle épouse, la fécondité et toutes les vertus des saintes femmes des patriarches : l'amabilité de Rachel, la sagesse de Rébecca, la fidélité et la longue vie de Sara. Cette imposition du voile est fort ancienne, car saint Ambroise en fait mention ; Tertullien dit aussi que le prêtre interrompait l'action du saint sacrifice pour bénir les mariés. Autrefois ceux-ci communiaient à la messe de leur mariage, car c'était la coutume de garder la continence pendant plusieurs jours ; mais cet usage est aboli presque partout. Enfin, les époux et les témoins se rendent à la sacristie pour signer l'acte de la célébration du mariage, dans un registre tenu à cet effet.

6° Chez les Grecs, on célèbre les fiançailles à l'église. Les accordés se présentent devant le prêtre. On dépose sur l'autel deux anneaux, l'un d'or et l'autre d'argent ; on leur donne à chacun un cierge allumé, puis on les introduit dans l'église, où ils se placent à la porte du sanctuaire. Le prêtre fait sur eux par trois fois le signe de la croix, et il récite plusieurs prières auxquelles les assistants répondent *Kyrie eleison* ; les dernières sont pour ceux qui sont fiancés, afin de demander à Dieu qu'il les conserve et qu'il leur donne des enfants, une charité parfaite, la paix et la concorde, un mariage honorable, et une couche sans tache. Le prêtre prononce sur eux quelques oraisons , pour demander à Dieu qu'il bénisse en toutes manières le mariage qu'ils sont sur le point de contracter ; ensuite il donne l'anneau d'or au fiancé, et celui d'argent à la fiancée, en disant : *Ce serviteur de Dieu fiance cette servante de Dieu, au nom du Père, et du Fils, et du Saint-Esprit* ; il en dit autant à la fiancée, après quoi il prononce sur eux une bénédiction.

L'office du couronnement , dans lequel consiste proprement le sacrement de mariage, se fait de la manière suivante : ceux qui doivent être mariés entrent dans l'église, tenant à la main des cierges allumés ; le prêtre marche devant eux avec l'encens ; on chante le psaume *Beati omnes qui timent Dominum*, et à chaque hémistiche le peuple répond : *Gloire à vous, Seigneur !* Ensuite le diacre commence à annoncer les prières ordinaires pour la paix, pour la tranquillité de l'Église, et enfin pour les mariés et leur conservation, afin que Dieu bénisse leur mariage comme les noces de Cana ; qu'il leur donne la tempérance, une heureuse lignée et une vie irréprochable. Lorsque la prière commune est finie, le prêtre en dit une autre à haute voix, par laquelle il appelle la bénédiction de Dieu sur ce mariage ; puis il parle des bénédictions répandues sur Abraham, Isaac, Sara, etc. Il en prononce une seconde qui regarde particulièrement les bénédictions spirituelles. Celle-ci est suivie d'une troisième qui est la principale, et dans laquelle le prêtre dit, entre autres choses : *Unissez-les par une parfaite concorde, et couronnez-les, afin qu'ils soient une seule chair. Donnez-leur le fruit du mariage, et qu'ils soient heureux en enfants*, etc. Enfin le prêtre, prenant des couronnes, en met une sur la tête de l'époux, et l'autre sur celle de l'épouse, en disant : *Un tel, serviteur de Dieu, épouse une telle, servante de Dieu, au nom du Père, et du Fils, et du Saint-Esprit*. Le couronnement est suivi d'une triple bénédiction, de leçons et de quelques prières. Pour dernière cérémonie , le prêtre fait boire les époux dans une tasse pleine de vin, qu'il a bénie auparavant ; ensuite il leur ôte leurs couronnes. Thévenot ajoute que le prêtre boit le dernier et brise le verre. Une dernière prière du célébrant, accompagnée de la bénédiction et de quelques baisers que se donnent les époux, termine la cérémonie religieuse.

7° Les Coptes suivent le rituel du patriarche Gabriel, qui prescrit pour les mariages les cérémonies suivantes : Après les matines et les prières du point du jour, l'époux sort de sa maison avec ses parents et ses amis. Quelques prêtres et diacres le reçoivent à la porte de l'église, avec des cierges et des sonnettes ; on chante des répons, et après avoir placé l'époux au lieu où doit se faire la cérémonie, on va de même recevoir l'épouse, qui est menée à l'endroit où se mettent les femmes. Le prêtre et les diacres se revêtent de leurs ornements respectifs. Cependant on dépose sur l'autel, du côté de l'Évangile, une robe neuve, une ceinture, une croix, un anneau et de l'encens. On récite les psaumes pénitentiaux et quelques répons, le *Kyrie eleison*, le psaume XXXI, puis on lit l'Épître et l'Évangile en copte et ensuite en arabe, avec les cérémonies prescrites par la liturgie, l'oraison générale pour la paix, le symbole, la prière d'action de grâces et l'absolution comme dans la liturgie. Le parrain découvre les habits destinés à l'époux, que le prêtre bénit et lui fait mettre ; puis il le ceint de la ceinture, qui est, en Égypte, depuis plusieurs siècles, la marque extérieure du christianisme ; il lui met l'anneau au doigt, puis on se rend au lieu où doit se faire le couronnement. Ensuite on conduit l'époux à l'endroit où sont les femmes, et on le présente à l'épouse qui est assise à sa place ; il lui met dans la main droite l'anneau auquel est attachée la couronne, après les avoir reçus du prêtre, et l'épouse, étendant la main pour recevoir l'anneau et la couronne, témoigne ainsi qu'elle donne son consentement, et qu'elle accepte pour époux celui qui les lui présente. La marraine de l'épouse la mène dehors, et la place à la droite de l'époux. On étend sur leurs têtes un voile blanc, pour signifier qu'ils sont joints par une union chaste, pure et sainte, on chante des répons et on lit encore un évangile ; après quoi le prêtre prononce la bénédiction sur l'un et sur l'autre, et à chaque fois qu'il prononce leurs noms, il fait sur eux le signe de la croix. Puis il bénit de l'huile, et il en fait une onction sur eux. Il bénit les couronnes, récite une oraison, et il les leur met sur la tête en disant : *Le Père les couronne d'honneur et de gloire, le Fils bénit, le Saint-Esprit couronne, descend et achève.* On répond : *Il est digne.* On trouve aussi une oraison plus ample, qui est en forme de bénédiction, et dans les mêmes termes que celle des rituels grecs et latins. On commence ensuite la liturgie. Le rituel ne marque pas que les nouveaux mariés y reçoivent la communion, mais cela paraît être sous-entendu, car certains auteurs le disent expressément ; outre qu'en divers traités ou offices, il est marqué qu'on ne la donne pas aux bigames, ce qui fait juger que ceux qui se mariaient en premières noces la recevaient.

8° Alvarez décrit ainsi les cérémonies du mariage qu'il a vu célébrer en Abyssinie. L'époux et l'épouse étaient à la porte de l'église, où l'on avait préparé une espèce de lit. L'Abouna les y fit asseoir. Il fit la procession autour d'eux avec la croix et l'encensoir. Ensuite il posa les mains sur leurs têtes, et leur dit : *Comme aujourd'hui vous devenez une même chair, vous ne devez avoir qu'un même cœur et une même volonté.* Après un petit discours conforme à la circonstance, il alla dire la messe ; l'époux et l'épouse y assistèrent ; ensuite le patriarche leur donna la bénédiction nuptiale.

9° En Arménie, le jour fixé pour le mariage, les fiancés montent à cheval ; le jeune homme, sortant de la maison de sa future, marche le premier, la tête couverte d'un réseau d'or ou d'argent, ou d'un voile de gaze incarnat, suivant sa qualité ; ce voile ou ce réseau descend jusqu'à mi-corps. Il tient de la main droite le bout d'une ceinture, dont la fiancée, qui le suit à cheval couverte d'un voile blanc, tient l'autre extrémité. Le voile de celle-ci tombe jusque sur les jambes de son cheval. Deux hommes marchent à côté du cheval de la fiancée pour en tenir les rênes. Les parents, les amis, la jeunesse à cheval ou à pied les accompagnent à l'église, au son des instruments, en procession, le cierge à la main et sans confusion. On met pied à terre à la porte de l'église, et les fiancés s'avancent jusqu'aux marches du sanctuaire, tenant toujours la ceinture par les bouts. Là, ils s'approchent de front, et le prêtre leur ayant mis la bible sur la tête, prononce les paroles sacramentelles, fait la cérémonie des anneaux et dit la messe. La bénédiction nuptiale est exprimée en ces termes : *Bénissez, Seigneur, ce mariage d'une bénédiction perpétuelle, et accordez-leur par cette grâce qu'ils conservent la foi, l'espérance et la charité ; donnez-leur la sobriété ; inspirez-leur de pieuses pensées ; conservez leur couche sans souillure*, etc.

Les Arméniens de Julpha ont quelques usages singuliers. Le jour des noces, le fiancé met un cierge à la main de chacun des conviés. De jeunes filles chargées d'habits et d'autres présents, et suivies de quelques femmes, entrent en dansant au son des tambours et des hautbois, et attachent une croix de satin vert brodé sur l'estomac de l'époux. On présente au prêtre les vêtements du marié et de la mariée, qui s'en revêtent aussitôt. Le marié, revêtu de ses habits nuptiaux, se rend avec ses principaux amis auprès de sa future, y fait des compliments et en reçoit à son tour. Alors les mêmes jeunes filles lui attachent une croix de satin rouge sur la première. Les femmes apportent un mouchoir qu'elles lui font prendre par un bout ; donnant l'autre à la mariée. C'est en se tenant ainsi que les deux époux se rendent à l'église. Avant la lecture du formulaire de mariage, et après les interrogations du prêtre, un garçon de la noce, ou le paranymphe, leur lient les mains et la tête jointes avec un mouchoir. Ensuite on les couvre d'une croix qui reste sur eux jusqu'à la fin de la lecture du formulaire et des prières. Après la bénédiction nuptiale, les époux sont reconduits chez les parents de la mariée dans le même ordre et avec la même cérémonie, à quoi l'on ajoute les félicitations et les marques ordinaires de joie.

10° En Géorgie le mariage se fait ordinairement le soir ou dans la nuit. Avant la cérémonie, le futur, bien paré et accompagné de tous ses parents, de ses amis, et de ses convives, tous portant des cierges allumés, va chercher sa fiancée chez elle. Des musiciens ouvrent la marche; quand il a parcouru la moitié du chemin, ou quelques minutes avant d'arriver à la maison de sa prétendue, il lui fait annoncer sa venue par un messager qui est reçu par le père ou le frère de la fille, et régalé de vin contenu dans un gobelet d'argent. On lui donne ce vase en reconnaissance de la bonne nouvelle qu'il apporte, et on y ajoute un châle ou un morceau d'étoffe, suivant la fortune de la future. Sur ces entrefaites, elle est habillée, et pendant toute la journée elle ressemble réellement plus à une poupée qu'à une créature vivante. Il est presque incroyable à quel degré le fard blanc et rouge, et un vernis vitreux, étendu par-dessus avec un art particulier, privent le visage de la jeune fille de toute expression de vie. Parée dès le matin par ses compagnes, immobile et les yeux baissés, elle se place sur un siège élevé orné richement, dans le goût oriental. Sa tête est ceinte d'un bandeau large de trois à quatre doigts, garni de plusieurs rangs de perles, d'émeraudes et de rubis, et ressemblant à un petit diadème. Un voile de gaze très-fine lui couvre le visage, qui paraît encore plus animé. De son cou, d'une blancheur éblouissante et entouré d'un beau collier, pend un cordon auquel sont attachés des ducats et d'autres pièces de monnaie en or. Le *naba*, ou robe à longue taille et échancrée sur la poitrine, est ordinairement de satin, ou d'une autre étoffe de soie blanche, toute simple et serrée par une riche ceinture ou un châle précieux. Le sein est couvert d'une chemisette rouge ou rose et garnie de perles ou de grenats. Une demi-pelisse rouge clair, ou une étoffe, est jetée par-dessus la robe de noce. Le pied est chaussé d'une petite pantoufle de velours rouge clair, brodée en or et bordée de perles.

Dès que le prétendu est entré dans la maison de son futur beau-père, on le voile et on le mène dans la salle où tout le monde est réuni; il s'y assied silencieusement à droite de sa fiancée. Quelques minutes après, un parent âgé de celle-ci s'approche du couple, prend la main droite de la fille, la pose dans celle du fiancé, et adresse à celui-ci un discours dans lequel il lui dépeint, avec les expressions les plus exagérées, les excellentes qualités de sa future compagne, et même toutes celles qu'elle n'a pas; voici un échantillon de ces sortes de harangues: « Je te remets maintenant pour toujours ma chère parente qui est ornée des qualités les plus brillantes: elle est pure et intacte de corps et d'âme, prudente, bonne, douce comme un agneau, excellente femme de ménage, et très-adroite dans tous les ouvrages de son sexe; j'espère que l'amour le plus ardent enflammera vos cœurs jusqu'à la fin de vos jours. Je supplie en même temps le Tout-Puissant de vous accorder une longue suite d'années, et par sa grâce ineffable de vous bénir, comme il a béni Isaac et Jacob, d'accroître votre famille, comme il a accru et étendu leur descendance, à l'honneur de son saint nom. *Amen*. »

Cette allocution finie, le futur et la future se lèvent; le *père de mariage* s'approche avec deux cierges allumés qu'il leur remet. Ensuite il se place derrière eux et avec un sabre donne le signal d'aller à l'église; aussitôt toute la compagnie se met en marche au milieu des chants et du son des instruments de musique, et du bruit des salves de mousqueterie.

Pendant que chacun prend sa place à l'église, le prêtre et le père de mariage tressent avec des fils de soie blanche deux cordons minces que le premier pose sur l'autel, et en même temps on étend à terre un magnifique tapis de Perse. Aussitôt que les futurs mettent le pied sur ce tapis pour recevoir la bénédiction, le père de mariage y dépose devant eux son sabre; ensuite il prend la croix que le père lui présente et la tient au-dessus du jeune couple pendant toute la cérémonie du mariage. Quand les couronnes sont posées sur la tête des futurs, le prêtre passe un des deux cordons autour du prétendu, on réunit avec de la cire les deux bouts pendant sur sa poitrine et on appose, en guise de sceau, la croix que le père de mariage tient; il suspend de la même manière l'autre cordon au cou de la fille.

La permission de dénouer ces cordons est ordinairement accordée le troisième jour ou le quatrième jour: jusque-là le jeune couple doit observer la continence. Cette coutume est empruntée des Grecs, chez lesquels elle est encore en usage, surtout chez les gens du commun qui s'y conforment comme à un article de foi.

La cérémonie de passer ces cordons significatifs est la dernière partie de la cérémonie du mariage. Aussitôt après, le jeune homme présente à sa femme l'extrémité d'un mouchoir de soie; elle le prend de la main droite, et le suit en marchant à pas lents jusqu'à sa maison, où arrivent aussi, accompagnées par des chants et de la musique, toutes les personnes invitées. Quand les nouveaux époux entrent, le père du marié leur donne à chacun un morceau de sucre, comme symbole d'une vie remplie de satisfaction et exempte de toute amertume; ensuite ils sont conduits dans une grande salle magnifiquement ornée et éclairée brillamment; ils s'y asseyent sur un trône élevé préparé pour eux, et sans baldaquin. C'est là qu'ils reçoivent les félicitations des convives; chacun leur offre un présent, qui varie suivant le choix et la fortune de celui qui les fait, et consiste quelquefois en toutes sortes de bagatelles à la mode. Chaque chose est reçue sur un plat d'argent par le prêtre ou par le père de mariage, qui proclame tout haut le nom et la qualité du donneur et la qualité du don.

Quand tous les convives ont fait annoncer leurs noms et leurs présents, commence la danse, à laquelle les femmes seules prennent principalement part. Parmi les hommes, les uns se contentent presque toujours de rester spectateurs, et font présent aux jeunes filles de pièces de monnaie d'or et d'argent qu'elles prennent avec les lèvres; d'autres vont dans les appartements voisins, où ils jouent aux échecs ou bien se livrent à d'autres divertissements. Le jeu et la danse continuent jusqu'au souper, dont le père de la mariée fait les honneurs. Les hommes mangent séparés des femmes, dans des salles différentes, où l'on boit copieusement à la santé du jeune couple. A ce repas, la nouvelle mariée se joint aux femmes ou bien reste auprès de son époux sur le trône; le père des fiançailles leur y apporte des mets et des fruits sur un plat d'argent. D'après un ancien usage immuable, la jeune femme ne peut goûter aucun mets.

Le régal des convives dans la maison du jeune homme dure trois jours, pendant lesquels il porte le titre de roi, et sa femme celui de reine. Le troisième jour, après le souper, ou peu de moments avant que ce repas finisse, le sceau de cire apposé aux cordons par le prêtre est solennellement ouvert; à cette occasion, l'un des parents qui est doué de la facilité de parler, adresse un panégyrique aux jeunes époux. Ensuite le père de mariage s'avance, enlève avec son sabre le voile de la jeune femme, et lit la longue liste des présents de noce, ce qui termine le dernier jour des cérémonies du mariage.

Ceci est l'usage ancien, il n'est plus suivi maintenant que par les Géorgiens âgés. Le temps et l'adoption des coutumes européennes, beaucoup plus simples, feront disparaître les dernières traces de ces cérémonies antiques.

11° La description suivante du mariage des Moscovites trouvait encore son application dans le siècle dernier; mais il y a maintenant quelques modifications à apporter, quoique dans plusieurs provinces on ait conservé les usages anciens.

Dans la cérémonie des fiançailles, le père renonçait autrefois à l'autorité paternelle, en donnant deux ou trois petits coups de fouet à sa fille, et en remettant ensuite le fouet à son gendre futur. Le père de l'auteur de ce Dictionnaire a vu pratiquer encore cette cérémonie dans le siècle où nous sommes.

Un peu avant le jour de la noce, les personnes distinguées, et ceux qui les imitent, louent deux *suachas*, ou inspectrices, pour présider à toutes les cérémonies, l'une du côté du garçon, l'autre du côté de la fille. Celle-ci doit se rendre chez le fiancé, pour y faire préparer un beau lit nuptial sur quarante gerbes de seigle ou de blé, autour desquelles on met divers tonneaux, remplis de froment, d'orge et d'avoine, symboles de l'abondance et de la fécondité. La veille des noces est principalement destinée à faire des présents à la fiancée, ce qui est du département de la suacha du jeune homme. Entre ces présents, les dames russes estiment surtout le fard, dont elles font un grand usage. Le jour suivant, le marié sort de chez lui vers le soir, et se rend chez sa future, accompagné de ses parents et de ses amis, et précédé d'un prêtre qui marche à cheval devant lui. Après les préliminaires de joie et de compliments, on se met à table. On y sert trois plats, mais personne n'en mange, et on laisse au haut bout de la table une place pour le marié. Pendant que celui-ci s'entretient avec les parents de la mariée, un jeune garçon s'empare de la place, et ne consent à la quitter qu'à force de présents. Le marié ayant enfin pris sa place, on lui amène son épouse, parée et voilée; un rideau de taffetas cramoisi, tenu par deux jeunes garçons, les sépare et empêche qu'ils ne se voient. Alors la suacha de la mariée lui tresse les cheveux, et y met une couronne d'or ou de vermeil mince, doublée d'une étoffe de soie, et riche à proportion des moyens de ceux qui se marient. L'autre suacha pare aussi le marié. Pendant ce temps-là, on rit et on plaisante sur le compte des époux; les filles de la noce jettent du houblon sur l'assemblée; deux jeunes hommes entrent, portant des pains et un grand fromage, sur une civière, à laquelle sont suspendues des zibelines. On en apporte autant de la part de la mariée : tout cela est transporté à l'église, après avoir été béni par le prêtre. Enfin on dépose sur la table un grand bassin d'argent, plein de petits morceaux de satin et de taffetas, de petites pièces d'argent carrées, de houblon, d'orge et d'avoine, le tout mêlé ensemble. La suacha, après avoir recouvert le visage de la mariée, en prend quelques poignées, et les jette sur la compagnie; vient ensuite l'échange des anneaux, opéré par les pères des deux époux. La suacha conduit la mariée à l'église; l'époux la suit avec le prêtre. Dans l'église, le pavé est couvert de taffetas cramoisi, et par-dessus d'une autre pièce d'étoffe semblable, sur laquelle les mariés se tiennent debout. Avant de procéder à la bénédiction, les époux vont à l'offrande, qui consiste en poisson, pâtisserie, etc. Le prêtre les bénit ensuite et tient sur leurs têtes les images des saints qu'ils ont choisis pour patrons. Puis, prenant la main droite du marié, et la main gauche de la mariée entre ses mains, il leur demande trois fois s'ils consentent de bon gré au mariage, et s'ils s'aimeront l'un l'autre comme ils le doivent. Lorsqu'ils ont répondu oui, le marié met une bague au doigt de son épouse. Le prêtre prend alors deux couronnes unies de vermeil, les leur fait baiser et les leur met sur la tête. Dans d'autres endroits, c'est une couronne de rue que le prêtre leur met sur la tête, s'ils sont vierges, ou sur l'épaule, s'ils sont veufs. Le prêtre dit en même temps : *Croissez et multipliez*; après quoi il achève de les marier en ajoutant ces paroles : *Que l'homme ne sépare* point ce que Dieu a joint. Les époux se prennent alors par la main, et font trois fois le tour de l'église, pendant que le prêtre récite ou chante le psaume 127, qui renferme une partie des bénédictions du mariage. On présente un verre de vin rouge au prêtre, qui en boit lui-même, et en fait boire aux deux époux, qui le jettent à terre et le brisent. En même temps les femmes répandent sur eux de la graine de lin et de chanvre. La mariée retourne chez elle, dans un traîneau environné de six flambeaux, et l'époux s'y rend à cheval, accompagnés l'un et l'autre de toutes les personnes invitées à la noce. Ici se terminent les cérémonies religieuses, pour faire place aux réjouissances et aux cérémonies profanes, qui varient suivant les diverses localités.

13. Les protestants ne regardent pas le mariage comme un sacrement; dans la plupart de leurs communions toutefois, sa célébration est accompagnée de cérémonies religieuses.

La discipline des Luthériens est assez uniforme sur le mariage, parce que Luther en donna d'abord un formulaire, dont on ne s'éloigna pas dans la suite. On commence par la publication des bans, ou les *annonces*, pour parler à la manière des protestants. S'il ne se rencontre aucun empêchement, les époux se présentent devant le pasteur, qui leur demande le consentement mutuel; après quoi ils se donnent la main droite, et font l'échange des anneaux. Alors le pasteur dit à peu près ces paroles : *Un tel et une telle voulant se marier l'un à l'autre en présence de toute l'Eglise, je les déclare mariés, au nom du Père*, etc. Ensuite il récite à l'autel diverses paroles de l'Ecriture, qui sont autant d'exhortations aux mariés; et le tout finit par une prière qu'il fait pour eux. Voilà ce que Luther avait prescrit, et sur quoi on règle encore aujourd'hui ce qui est du ressort de l'Eglise dans le mariage.

Les Luthériens ne bénissent point le mariage dans les temps de jeûne ou de préparation à la communion; et même, en divers endroits, on observe le canon d'un ancien concile qui défendait de se marier le dimanche. Les gens d'une condition médiocre se marient généralement à l'église; mais les personnes distinguées se marient de nuit, et chez elles; on fait venir le ministre, et la cérémonie se fait comme dans le temple.

Dans la communion anglicane, les fiancés se rendent dans le chœur de l'église avec leurs parents et leurs amis, et là, étant auprès l'un de l'autre, l'homme à la droite de la femme, le prêtre leur fait une instruction sur les devoirs du mariage qu'ils vont contracter; puis il les somme de déclarer s'ils ont connaissance de quelque empêchement qui puisse rendre leur mariage illicite et invalide. S'il ne s'en rencontre point, le ministre dit à l'époux: *N., veux-tu avoir cette femme pour ton épouse, vivre avec elle selon le commandement de Dieu, dans le saint état du mariage? veux-tu l'aimer, la chérir, l'honorer, la garder en temps de maladie et en temps de santé; et renonçant à toute autre femme, veux-tu t'attacher à elle seule, tant que vous vivrez tous deux?* L'homme répond : *Je le veux*. Le prêtre demande le consentement de la femme dans les mêmes termes, et lorsqu'elle l'a donné, le ministre dit : *Qui est-ce qui donne cette femme en mariage à cet homme?* Recevant alors la femme de la main de son père ou de ses proches parents, il fait prendre à l'époux par la main droite, et le mari dit : *Je N. te prends N. pour ma femme et épouse, soit que tu sois meilleure ou pire, plus riche ou plus pauvre, pour t'avoir et te garder dès ce jour et à l'avenir, en maladie et en santé; pour t'aimer et te chérir selon le saint commandement de Dieu, jusqu'à ce que la mort nous sépare; et sur cela je te donne ma foi*. Puis ils se quittent les mains, et la femme reprenant l'homme par la main droite, lui donne sa foi dans les mêmes termes. Après cela, l'époux met sur le livre du ministre un anneau avec ce qui est dû au ministre et au clerc. Le prêtre prend l'anneau, le donne au mari, qui le met au quatrième doigt de la main gauche de son épouse, en disant : *Je t'épouse avec cet anneau; je t'honore de mon corps, et je te communique tous mes biens temporels, au nom du Père, et du Fils, et du Saint-Esprit*.

Les époux se mettent à genoux, le ministre récite une oraison, puis, leur joignant les mains droites, il dit : *Ceux que Dieu a conjoints, que l'homme ne les sépare point*. Il déclare ensuite à haute voix, en présence de l'assemblée, qu'un tel et une telle sont mariés par l'engagement mutuel de leur foi et par le don et la réception de l'anneau, etc.; puis il leur donne la bénédiction. Suit une liturgie particulière, dans laquelle on récite le psaume *Beati omnes*, ou *Deus misereatur nostri*, avec l'oraison dominicale et plusieurs autres prières. Le tout se termine par une instruction. Le rituel ajoute : Il est bon que les nouveaux mariés fassent la cène lorsqu'ils s'épousent, ou à la première occasion qui s'en présentera après le mariage.

14. Chez les Sabis ou chrétiens de Saint-Jean, en Orient, le prêtre et les parents de l'époux vont demander à la future si elle est vierge; on ne se contente pas d'une réponse affirmative, on lui demande le serment, et même on charge la femme du prêtre de la visiter. Sur le témoignage favorable rendu par la matrone, on mène la future épouse au fleuve avec son prétendu; le prêtre les y baptise et les reconduit au logis de l'époux. Lorsqu'ils en sont à cinquante pas, le prêtre prend l'épouse par la main, la mène à la porte de la maison, puis la ramène à l'endroit où il l'a prise, et ainsi sept fois de suite, après quoi ils entrent dans la maison. Le prêtre les fait asseoir l'un près de l'autre, leur joint la tête, et récite un long office. Il prend ensuite un livre de divination, appelé *Fal*, afin d'y trouver le moment heureux pour la consommation du mariage. Lorsqu'elle a été accomplie, les parties vont se présenter devant l'évêque, auquel le mari affirme qu'il a trouvé sa femme vierge. Alors

l'évêque les marie lui-même, en leur mettant des anneaux aux doigts, et en les baptisant de nouveau. Mais s'il arrive que le mari ne fasse pas serment que sa femme était vierge, l'évêque ne les marie pas; il faut alors s'adresser à un prêtre pour cette cérémonie, et il est de la dernière infamie de n'avoir pas été marié par un évêque; car cela veut dire qu'on a pris une femme peu vertueuse.

15. Chez les Musulmans, le mariage est considéré comme le plus auguste et le plus solennel des actes civils. « Épousez les femmes qui vous plaisent, dit le Coran, épousez-les au nombre de deux, trois et même quatre. Mariez-vous, a dit le Seigneur, car au jour du jugement, je me glorifierai dans la multitude de mes peuples. » Et Mahomet a ajouté : « Le mariage est un des actes que j'ai pratiqués, et celui qui ne suit pas mon exemple, n'est pas des miens. » Cependant le mariage n'est point regardé comme un acte religieux par les Mahométans.

Au jour fixé pour la célébration du mariage, les parents et amis des futurs époux se réunissent chez la fille ou chez le jeune homme, quelquefois, mais rarement, à la mosquée. Là, on nomme un ou plusieurs *wali* ou mandataires et deux témoins. Le cadhi est tenu d'y assister; s'il se trouve empêché, l'on choisit dans l'assemblée un homme versé dans les lois, pour le suppléer; mais le cadhi en titre peut déléguer quelqu'un pour le représenter. L'assemblée se divise alors en deux portions : l'une se compose du jeune homme, de ses parents, du wali, des deux témoins et de tous les étrangers invités à la noce; l'autre ne doit se composer que de la jeune fille et de ses proches parents. Un rideau doit séparer ces deux divisions, de manière cependant que ce qui est dit dans chacune d'elles soit réciproquement entendu dans l'autre. Cela fait, le wali, assisté des deux témoins, se rend auprès de la jeune fille, et lui demande, de la part du jeune homme et de ses parents, si elle consent à prendre un tel pour époux. Si elle y consent, il faut qu'elle sourie, ou pleure, ou même garde le silence; si elle n'y consent, elle est obligée de le dire à haute et intelligible voix. Dans le cas où elle consent, ses parents prennent la parole et font connaître au wali la dot qu'ils désirent obtenir pour leur fille. Aussitôt le wali, toujours assisté des témoins, se rend auprès du jeune homme et lui fait part des intentions des parents de la fille. Alors le cadhi se lève, s'approche du jeune homme, et lui prenant la main, dit : *Nous vous accordons en mariage, et comme épouse légitime, une telle, fille légitime ou naturelle d'un tel et d'une telle, que vous et vos parents dotez de la somme de......, ce dont tel et tel sont témoins; chose communiquée et arrangée par le wali un tel, ici présent. Y consentez-vous ?* Si le jeune homme n'y consent pas, soit parce que les prétentions des parents de la fille seraient exagérées, ou même parce qu'il aurait changé d'avis, il allègue les motifs de son refus; mais, s'il y consent, le cadhi se dessaisit de sa main, et lit à haute voix un morceau de poésie, nommé *khotba*, où sont décrits les devoirs des époux. Après cette lecture, il récite une prière dite *fatiha*. Le jeune homme se lève et fait une profonde révérence aux personnes réunies. En l'achevant, il reçoit de ses parents et de ses amis des cadeaux et des offrandes. Il reprend sa place et donne, s'il le désire et si ses moyens le lui permettent, un repas, ou seulement fait distribuer du bétel, de l'arek et des essences. Les étrangers se retirent, et le jeune époux se rend auprès de sa fiancée.

16. Les Parsis ont cinq sortes de mariages qu'une femme peut contracter ; le premier est celui de la jeune personne qui n'a pas encore été mariée ; le second est celui d'une fille qui, en se mariant, veut que le premier garçon qui naîtra soit réputé le fils de son père ou de son frère qui n'en avaient point ; le troisième est celui de la femme donnée pour une somme convenue à un homme mort après l'âge de quinze ans. Ces deux dernières espèces de mariages sont la conséquence de l'idée où sont les Parsis, qu'on ne peut être heureux dans l'autre monde si on n'a pas satisfait à la loi de la reproduction, et l'on croit remédier à ce malheur par ces espèces de compromis. Le quatrième est ce que nous appelons les secondes noces. Le cinquième est celui d'une fille qui, refusant le mari que sa famille lui destine, s'en choisit un à son gré, qu'elle épouse malgré ses parents.

Les Parsis, comme les Hindous, marient leurs enfants de fort bonne heure, quelquefois lorsqu'ils n'ont encore que quatre ou cinq ans. Voici la cérémonie qui a lieu à cette occasion : Sur une espèce d'autel entouré d'une balustrade en bois sont placés deux sièges où figurent l'époux et l'épouse dans leurs plus beaux ajustements ; trois prêtres se promènent autour des jeunes fiancés, en récitant des prières et en leur jetant du riz et du sucre, qu'ils prennent sur deux plats qu'ils tiennent de la main gauche, pendant qu'un quatrième attache ensemble les deux pouces des enfants avec un énorme écheveau de soie blanche, qu'il dévide en répétant toujours de longues prières. Les parents passent ensuite dans une autre maison recouverte d'un drap rouge, et au-dessus, d'un drap bleu foncé, parsemé d'étoiles d'argent ; et tandis qu'ils prennent place à table, une foule d'enfants s'assemblent, déguisés de toutes manières. L'époux, précédé par des cors, des tambours et des torches, se met à leur tête, et ouvre la procession à cheval, avec sa petite épouse dans un palanquin ; ils font ainsi le tour de la ville, au milieu de cris innombrables de joie; mais cette cérémonie ne peut guère être considérée que comme des fiançailles ; car le mariage n'est véritablement contracté que lorsque les époux ont donné des signes de puberté. On s'assemble alors dans un pyrée, où le prêtre ratifie tous les articles du mariage, et donne aux mariés les bénédictions convenables, comme celle de la fécondité, celle de vivre longtemps ensemble, etc. Lorsqu'on remet l'épouse entre les mains de l'époux, on jette de la verdure sur la tête de l'un et de l'autre; on allume un feu, et on leur en fait faire le tour, après les avoir auparavant liés l'un à l'autre par l'extrémité de leurs vêtements. Le reste de la journée est consacré aux festins et aux réjouissances.

Suivant une autre relation, les mariés sont assis auprès l'un de l'autre sur un lit. Vis-à-vis d'eux se tiennent deux herbads ou prêtres, l'un pour l'époux, l'autre pour l'épouse, et les parents sont à côté de ces prêtres, qui tiennent en main du riz, emblème de la fécondité. Le prêtre qui est pour le marié demande à l'épouse, en lui mettant le premier doigt de la main sur le front : *Voulez-vous que cet homme soit votre époux?* Lorsqu'elle a répondu oui, le prêtre assistant de la mariée fait la même cérémonie pour l'époux, après quoi ils se prennent mutuellement la main, et l'époux donne à sa femme quelques pièces d'or en signe d'engagement, et comme preuve qu'il fournira à tous ses besoins. Ensuite on répand du riz sur eux. Les prêtres et les parents prient pour le bonheur de leur mariage, et leur donnent des bénédictions. Toute la cérémonie nuptiale est célébrée devant le feu.

17. Les Hindous reconnaissent quatre sortes de mariage : le premier et le plus honorable, est lorsque le père de la fille, bien loin d'exiger une dot de la part des parents du jeune homme, se charge de tous les frais de la cérémonie et de l'emplette des joyaux : c'est celui qui a lieu entre les personnes de distinction. Le second est lorsque les deux familles conviennent de supporter chacune une part égale des dépenses. Le troisième est quand les parents de la fille exigent des parents du garçon, non-seulement qu'ils se chargent de toutes les dépenses et de l'acquisition des joyaux, mais encore qu'ils payent à la rigueur la somme d'argent qu'ils ont droit d'exiger. Cette manière est celle des gens peu fortunés; aussi est-elle la plus usitée, car se marier ou acheter une femme sont deux expressions synonymes dans l'Inde. En ce cas, quelques jours avant le mariage, le père du garçon remet au père de la fille, en présence d'un brahmane et des parents assemblés, la somme convenue, en lui disant : *L'or est à vous, et la fille est à moi;* le père de la fille répond de même tout haut : *L'or est à moi, et la fille est à vous.* La quatrième manière, et la plus humiliante de toutes : elle a lieu lorsque les parents de la fille n'ont absolument rien; ils vont eux-mêmes la livrer à la discrétion de ceux du garçon, les laissant maîtres d'en disposer selon leur bon plaisir, de la marier quand ils voudront, de faire telles dépenses qu'ils jugeront à propos, les priant seulement de leur donner, pour leur fille, une somme d'argent quelconque.

Lorsque les parents ont jeté les yeux sur une fille, et se sont assurés des dispositions de la famille, ils font choix d'un jour où tous les augures soient favorables, pour en faire la demande en forme; mais chemin faisant, ils font attention à tous les présages qu'ils remarquent, et qui, quelquefois, les font retourner sur leurs pas, comme cela arrive s'ils rencontrent un serpent, un chat, un chakal, etc. Les parents de la fille consultent aussi les présages avant de rendre une réponse définitive. Lorsque le consentement est donné, et les préliminaires accomplis, le pourohita détermine un jour heureux où l'on puisse procéder à la célébration du mariage.

On commence par construire un *pandel* ou *mandapa*, pavillon de verdure soutenu sur des colonnes de bois; on y transporte le dieu Ganésa, auquel on offre le poudja, en le priant d'écarter tous les malheurs qui pourraient survenir. Le pourohita qui préside à la cérémonie a dû se rendre un des premiers sous le pandel, muni d'herbe darbha, de petits morceaux de bois des sept arbres sacrés et de quelques autres objets nécessaires aux sacrifices. On rend, en premier lieu, les honneurs dus aux dieux domestiques. A cet effet, tous les brahmanes présents, hommes et femmes, se frottent la tête d'huile de sésame, et vont se baigner; les femmes, après avoir préparé les divers mets pour le repas, en prélèvent une portion de chacun, qu'elles mettent sur un plat de métal, et vont, en chantant des cantiques et accompagnées de tous les convives, l'offrir à ces dieux, après leur avoir, comme de raison, préalablement présenté le poudja. On pousse l'attention jusqu'à placer à leur droite de la marinade, pour qu'ils en assaisonnent leur riz; et à leur gauche, un vase plein de boisson sucrée pour se désaltérer. Le maître de la maison fait le san-calpa, et présente du sandal, des akchattas, des fleurs et de l'eau lustrale à ses convives, qui doivent, en recevant tout cela, penser aux *dieux domestiques*, en l'honneur desquels on sert immédiatement ensuite le repas, qu'on s'est appliqué à rendre aussi copieux que splendide. Lorsqu'il est terminé, il se fait une distribution de bétel, et l'on se sépare.

Le second jour, neuf brahmanes choisis pour cela font le sacrifice homam, et un autre sacrifice au feu, en l'honneur des neuf planètes. Deux femmes prennent le feu consacré, le portent, en chantant, au milieu du pandel, le déposent sur l'estrade de terre, et reçoivent chacune le présent d'une toile neuve et d'un petit corset. Tous les assistants font ensuite le tour de ce brasier en récitant des mantras, répandant de l'herbe darbha, et s'inclinant profondément. On fait quelques cadeaux aux neuf brahmanes qui ont sacrifié aux planètes, et la séance finit, comme à l'ordinaire, par un repas.

Le troisième jour, le père du jeune époux, ayant fait ses ablutions, prend les akchattas dans une tasse, et va de bonne heure inviter ses parents et ses amis.

Dès qu'ils sont tous réunis sous le pandel, une toile pure ou un tapis est étendu sur l'estrade de terre, et l'on y fait asseoir les futurs époux, le visage tourné à l'orient. Des femmes mariées s'approchent d'eux, leur frottent la tête d'huile en chantant, puis procèdent à la cérémonie importante connue sous le nom de *nalangrou*, qui consiste à leur jaunir les parties nues du corps avec de la poudre de safran, et à leur verser ensuite sur la tête une grande quantité d'eau chaude. Pendant ce temps, les femmes ne cessent de chanter et les musiciens jouent de leurs instruments. Après le *nalangrou*, les femmes font aux jeunes mariés leur toilette.

Le soir du même jour, à l'instant où l'on allume les lampes, les convives reviennent pour assister à la cérémonie que voici : Les femmes mariées, recommençant à chanter, prennent un cylindre de bois qu'elles enduisent de chaux, tracent dessus, en longueur, des bandes rouges, et y attachent de petites branches de manguier; elles mettent sur ce cylindre une grande quantité de safran réduit en poudre, qu'elles versent ensuite dans un vase de terre neuf; elles le portent avec solennité, en chantant, au milieu du pandel, où on lui offre un sacrifice d'encens, et du bétel; chaque assistant fait à ce vase une inclination profonde. Ce safran, consacré de la sorte, est le seul dont on fera usage durant la solennité.

Ce ne sont là que des actes préparatoires à la célébration du mariage, qui doit durer cinq jours.

Le premier jour est appelé *mouhourta*, c'est-à-dire le grand jour, le jour heureux, le jour favorable; c'est celui où ont lieu les cérémonies les plus importantes. Le chef de la famille va de bon matin faire ses invitations, tandis que les femmes s'empressent de purifier la maison et le pandel, qu'elles ornent tout autour de nouvelles guirlandes de feuilles de manguier.

Les convives étant arrivés se fardent le front, se frottent la tête d'huile de sésame, et vont faire leurs ablutions. A leur retour le pourohita évoque tous les dieux dont les noms se présentent à sa mémoire, et les prie avec de grandes louanges de rester sous le pandel, et d'y présider durant les cinq jours que doit durer la cérémonie du mariage.

Vient ensuite l'évocation des ancêtres. Les futurs époux, étant assis sur l'estrade de terre, au milieu du pandel, et ayant à côté d'eux leurs pères et leurs mères, les uns et les autres la face tournée vers l'orient, le père de la fille se lève, se met au doigt du milieu, de la main droite, le *pavitram*, met dans un plat de métal une mesure de riz, et sur ce riz un coco teint en jaune, trois noix d'arèque dans la gousse, et cinq autres séparées de la gousse. Prenant alors d'une main une de ces noix, et de l'autre le plat de métal, il prononce trois fois, à haute voix, les noms de son père, de son grand-père et de son bisaïeul. A chaque fois il frappe trois coups sur le plat de cuivre avec les noix d'arèque; enfin les interpellant de nouveau par leurs noms, il dit :

« O vous, mes ancêtres, qui habitez le *Pitra-loka* (paradis des ancêtres), daignez vous rendre sous ce pandel, accompagnés de tous les autres ancêtres qui vous ont précédés; restez-y durant les cinq jours consacrés à la célébration du mariage; présidez à cette fête, et veillez à ce qu'elle obtienne une heureuse fin ! »

Il donne ensuite au pourohita le riz, le coco et les noix d'arèque contenus dans le plat.

Sur ces entrefaites, des femmes mariées apportent en chantant du feu dans un réchaud de terre neuf, et le placent au milieu du pandel. Le pourohita en fait la consécration : à cet effet, il répand tout autour du réchaud de l'herbe darbha; au nord, il dépose de petits morceaux de l'arbre sacré *aswattha*, à côté desquels on apporte trois petits vases de cuivre, qui contiennent, l'un du lait, le second du beurre liquéfié, le troisième du lait caillé, et le quatrième une mesure de riz cru et une de riz bouilli, mêlés ensemble. Au sud du réchaud, on répand, sur une grande feuille de bananier, neuf mesures de riz, en l'étalant bien également, et l'on divise ce riz en neuf compartiments ou carrés, destinés chacun à une des neuf planètes : on offre individuellement à ces planètes le poudja, des bananes et du bétel : après quoi on leur fait la même invitation qu'aux dieux et aux ancêtres.

Le pourohita va placer à l'est du réchaud une autre feuille de bananier, sur laquelle il répand de l'herbe darbha et des akchattas; c'est une offrande à Brahma auquel il présente encore du sucre brut et du bétel. Il fait ensuite l'évocation des Achta-dikou-palaka, ou huit dieux gardiens des huit coins du monde, et il leur offre le poudja sur la même feuille de bananier.

On passe à l'inauguration du *dieu ami* et à l'apothéose des cinq petites cruches.

Ces cérémonies terminées, le père de la fille fait le homam en l'honneur de Brahma, de Vichnou et de Siva, des huit dieux gardiens des huit coins du monde, des huit Viswas et d'Indra, en ayant soin de prononcer les noms de ces différents dieux, ainsi que les mantras adaptés à la circonstance. Il fait de nouveau le homam aux neuf planètes, un sacrifice au feu auquel il offre du beurre liquéfié.

On apporte un réchaud de terre neuf, auquel il attache, avec un fil, un morceau de safran, et où il dépose le feu consacré. Des femmes portent en chantant ce réchaud dans un lieu isolé, où l'on a soin d'entretenir, nuit et jour, jusqu'à la fin de la fête, le feu qu'il contient. Si, par négligence ou par tout autre accident, il venait à s'éteindre, ce serait un présage des plus funestes.

Arrive enfin le *mouhourta*, c'est-à-dire ce qui fait l'essence du mariage. Après un sacrifice offert à Ganésa, des femmes mariées parent avec l'élégance la plus recherchée les époux assis sur l'estrade de terre, la face tournée vers l'orient. L'époux se lève ensuite et prie les dieux de lui pardonner tous les péchés qu'il a commis depuis qu'il a reçu le triple cordon ; il accompagne sa prière d'une aumône de quinze fanons faite à un brahmane.

S'équipant alors en pèlerin, comme s'il devait entreprendre le pèlerinage sacré de Kasi (Bénares), il sort de la maison, accompagné des femmes mariées qui chantent en chœur, de ses parents et de ses amis, et précédé des instruments de musique. Arrivé hors du village, il se dirige du côté de l'orient ; mais son futur beau-père vient à sa rencontre, lui demande le but de son voyage, et l'engage à y renoncer. Il a, lui dit-il, une jeune vierge, et, s'il le veut, il la lui donnera en mariage. Le pèlerin accepte la proposition avec joie, et retourne avec son cortège à l'endroit d'où il était parti. En entrant, les femmes lui font la cérémonie de l'aratti.

Les époux, ayant pris place sur l'estrade, et le san-calpa terminé, on passe à la cérémonie importante appelée *kankana*. A cet effet, on se procure deux morceaux de safran, autour desquels on attache un fil double ; on met dans un plat de métal deux poignées de riz, sur ce riz un coco teint en jaune, et sur ce coco les deux morceaux de safran ; on adresse des prières à tous les dieux en général ; on les prie de venir tous se fixer sur ce kankana, et d'y rester jusqu'à ce que les cinq jours que doit durer la fête du mariage soient expirés. L'époux, prenant alors un de ces morceaux de safran, l'attache au poignet gauche de l'épouse, qui, à son tour, lui attache l'autre morceau au poignet droit. On donne ensuite au pourohita le riz et le coco sur lesquels a été posé le kankana.

Suit la procession du *dieu ami*. La mère de l'épouse, accompagnée des autres femmes et des brahmanes présents, va prendre le vase de cuivre qui représente le dieu ami ; les femmes se mettent à chanter, les musiciens jouent de leurs instruments, et tous vont ainsi processionnellement jusqu'au bout de la rue : là, choisissant un endroit propre, on y verse une partie de l'eau contenue dans le vase. Le dieu ami, déposé par terre, reçoit l'offrande du poudja, puis est reporté avec la même pompe à la place où on l'avait pris. Vient, après cela, la plus importante de toutes les cérémonies du mariage, appelée *kanyara-dana* ou *don de la vierge*. Voici comment elle se pratique :

L'époux étant assis et tourné toujours vers l'orient, son beau-père fait le san-kalpa, vient en face de lui, et le regarde quelque temps en silence : il doit s'imaginer qu'il voit, dans son gendre, le grand Vichnou ; et dans cette pensée, il lui offre un sacrifice consistant en divers mets et fleurs. On apporte un plat neuf de cuivre, dans lequel le marié met les deux pieds, et son beau-père les lui lave d'abord avec de l'eau, puis avec du lait, et une troisième fois avec de l'eau, en récitant les mantras propres à la circonstance. Mettant alors la main de sa fille dans celle du futur époux, il verse dessus un peu d'eau et lui donne du bétel, ce qui est un gage ordinaire de donation.

Le don de la vierge est suivi de trois autres dons, en vaches, en terres et en salagrama, qui sont de petites pierres auxquelles on attache des idées superstitieuses.

Vient la cérémonie appelée *mangalachta*. Les époux étant assis vis-à-vis l'un de l'autre, une pièce de soie déroulée devant eux, et soutenue par douze brahmanes, les dérobe à la vue des convives. Ceux-ci invoquent alors successivement plusieurs dieux et déesses.

Le mangalachta fini, on procède à la cérémonie du tali. On enfile le tali dans un petit cordon teint en jaune avec de l'eau de safran et composé de cent huit fils bien fins, tressés ensemble, et on le présente aux convives hommes et femmes, qui le touchent tous et le chargent de leurs bénédictions. Quatre grandes lampes de métal à quatre mèches, posées sur un piédestal de la même matière, sont apportées ; on place dessus d'autres lampes faites avec de la pâte de farine de riz et remplies d'huile ; on les allume, et quatre femmes les prennent entre leurs mains ; on allume en même temps, tout autour du pandel, un très-grand nombre d'autres lampes ; alors, au son bruyant des instruments de musique et au chant de toutes les femmes, viennent se mêler le tintement de petites cloches et le bruit assourdissant des plaques de bronze et de tous les corps sonores qu'on a sous la main, sur lesquels chacun frappe à qui mieux mieux.

Au milieu de ce tintamare, l'époux s'approche de sa jeune compagne, qui est assise la face tournée vers l'Orient, et lui attache au cou le tali, en le nouant de trois nœuds.

Les époux, s'asseyant à côté l'un de l'autre, se présentent réciproquement du bétel : deux femmes mariées s'approchent d'eux, les bénissent et leur font la cérémonie de l'aratti.

On apporte du feu dans un réchaud de terre neuf, et après que ce réchaud a été consacré par le pourohita, on l'environne de lampes allumées, et l'on pose auprès une petite pierre, appelée *la pierre de sandal*, sans doute parce qu'elle est enduite de cette matière. Alors l'époux, tenant sa femme par la main, fait trois fois le tour de ce feu sacré ; à chaque tour, prenant de la main droite le pied droit de sa femme, il lui fait toucher la *pierre de sandal*, et la touche lui-même avec le sien. En faisant ce dernier acte, les deux conjoints doivent diriger leur intention et leurs pensées vers la grande montagne du Nord, appelée *Sapta-Koula-Parvata* ou la *Montagne des sept castes*, lieu de l'origine de leurs ancêtres, laquelle montagne est représentée par la pierre de sandal.

Telles sont les diverses cérémonies qui composent le *mouhourta*. Dès qu'elles sont finies, on plante au milieu du pandel deux bambous, l'un près de l'autre, au pied de chacun desquels on pose une corbeille faite du même bois : les mariés s'y placent debout chacun dans la sienne, et l'on apporte deux autres corbeilles pleines de riz : ils prennent tour à tour de ce riz avec les deux mains, et se le répandent mutuellement sur la tête. Ils répètent ce manége à plusieurs reprises jusqu'à ce qu'ils soient fatigués, ou qu'on leur dise de cesser. Dans quelques castes, ce sont les convives qui font aux nouveaux mariés cette cérémonie, à laquelle on donne le nom de *sacha*.

Lorsque toutes ces cérémonies sont achevées, on donne aux brahmanes présents, hommes et femmes, de la poudre de sandal, des akchattas et du bétel. Tous vont faire leurs ablutions et reviennent pour le repas, qui, ce jour-là, doit être des plus splendides. Avant de s'asseoir pour manger, on ne manque pas de porter avec solennité, aux *dieux domestiques*, leur part de tous les mets qui ont été préparés.

Le grand repas terminé, on songe à celui des époux, mais ce n'est pas sans cérémonie. On apporte d'abord le feu sacré devant l'estrade où ils sont assis : l'époux se lève et fait le homam sur ce feu, tandis que le pourohita récite des mantras ; ensuite les femmes vont en procession, et en chantant, remettre le réchaud à sa première place. Les jeunes mariés, se tenant par la main, vont à l'endroit où est placé le *dieu ami* ; ils lui font une inclination profonde, et l'époux lui présente ses offrandes. Ils font une inclination semblable aux cinq vases de terre placés près du *dieu ami*, dans lesquels sont semées dix espèces de graines, et versent de l'eau sur ces vases.

Ce n'est qu'après tous ces préliminaires que les jeunes mariés vont prendre le repas qui a été préparé pour eux seuls. Ils s'asseyent en face l'un de l'autre, au milieu du pandel, sur deux petits escabeaux, l'époux ayant le visage tourné vers l'Orient. Devant eux est étalée une grande feuille de bananier aux quatre coins de laquelle on place une lampe faite de farine de riz, pleine d'huile, et qu'on allume en même temps qu'un grand nombre d'autres lampes disposées tout autour du pandel. Des femmes mariées apportent, entre deux plats neufs de métal, en chantant, et au son des instruments de musique, les divers mets destinés aux époux. Après les leur avoir servis, on commence par leur verser trois fois, sur le bout des doigts, un peu de beurre liquéfié qu'ils avalent aussitôt ; ils prennent ensuite leur repas ensemble sur la même feuille. Manger de la sorte est une marque de l'union la plus intime ; c'est la preuve d'amitié la moins équivoque. Plus tard, la femme pourra bien manger les restes du repas de son mari, mais elle ne sera plus admise à manger en commun avec lui ; cette faveur ne lui est accordée que le jour seul de son mariage. Le repas fini, les nouveaux mariés sortent précédés de la musique et accompagnés des chanteuses, de tous les convives et du pourohita. Celui-ci leur montre une petite étoile de la Grande-Ourse, épouse du saint pénitent Vasichtà, et exhorte la nouvelle mariée à la prendre pour modèle. *Voy.* AROUNDHATI. Ainsi finissent les cérémonies du premier jour. Nous ferons grâce à nos lecteurs des cérémonies, sacrifices, amusements, repas des quatre jours suivants. Tout est exécuté en vertu de prescriptions rituéliques qu'il n'est pas permis d'enfreindre.

Le cérémonial que nous venons de décrire est celui des brahmanes ; les noces des kchatriyas et celles des soudras offrent des variantes plus ou moins nombreuses ; mais partout elles sont accompagnées de la plus grande solennité, et on ne peut entreprendre de se marier sans faire d'énormes dépenses ; aussi est-il très-ordinaire aux gens peu fortunés de se ruiner à l'occasion d'un mariage : il est des Hindous qui dépensent tout ce qu'ils possèdent et bien au delà ; d'autres contractent, pour remplir cette obligation, des dettes qu'ils ne seront jamais en état d'acquitter.

3° Lorsqu'il est question de mariage chez les Siamois, les parents du jeune homme font demander la fille à ses parents par des femmes âgées et de bonne réputation. Si la proposition leur convient, ils donnent une réponse favorable, tout en se réservant néanmoins la faculté de consulter leur fille. En même temps ils prennent l'heure de la naissance du garçon, et donnent celle de la naissance de leur fille : de part et d'autre on va chez les devins, muni de cette pièce, pour les consulter et savoir si le parti est avantageux, et surtout si la famille avec laquelle on doit contracter alliance est riche. Car, comme chacun, dans ce pays-là, cache ses richesses, pour se garder de la concussion des magistrats et de l'avidité du prince, il faut aller aux devins pour savoir si une famille est dans l'aisance. C'est donc sur l'avis du devin qu'on se détermine. Alors, si le mariage doit se conclure, le jeune homme va voir sa future trois fois, et lui porte, pour tout présent, du bétel et du fruit. À la troisième visite, les parents de chaque côté s'y trouvent aussi ; on compte la dot de l'épouse, et ce que l'on donne de bien à l'époux, auquel le tout est délivré sur-le-champ et en présence des parents, mais sans contrat écrit. Les nouveaux mariés reçoivent aussi pour l'ordinaire, en cette occasion, des présents de la part de leurs oncles ; et dès lors, sans aucune cérémonie religieuse, le mariage est conclu et ratifié. Il est même défendu aux Talapoins d'y assister. Seulement ils vont quelques jours après chez les époux, jettent beaucoup d'eau bénite, et récitent quelques prières en langue pâli.

19. Dans le Tong-King, il n'y a pas non plus de cérémonie religieuse : le soir des noces, les parents de la mariée la conduisent, en chantant et en dansant, dans la maison de son époux, où étant arrivée, elle va dans la cuisine, et salue le foyer ; ensuite elle se jette à terre, pour témoigner la soumission qu'elle doit à son mari. La fête nuptiale et les festins durent neuf jours, et il faut que les époux soient bien pauvres pour la terminer le troisième jour. Dès le lendemain des noces, le mari et la femme se traitent mutuellement de frère et de sœur.

20 En Chine, lorsque deux personnes sont d'accord sur les articles du mariage qu'elles veulent contracter, ou, plutôt lorsque leur union a été décidée par les pères et mères respectifs, sans même que les jeunes gens aient pu s'apercevoir (car c'est ainsi que cela arrive le plus souvent), les astrologues décident du jour où la célébration des noces doit se faire. La jeune épouse est conduite à la maison de son époux, dans une litière exactement fermée, mais accompagnée d'un grand cortège de musique et de chants joyeux. Le mari l'attend à la porte, ouvre lui-même la litière, et la conduit dans une salle, où tous deux rendent leurs hommages au *Thien*, en lui faisant quatre révérences profondes. D'après l'étiquette, ce n'est qu'alors que le jeune homme peut voir sa fiancée pour la première fois; elle lève alors son voile et attend, non sans anxiété, le résultat de l'examen de son mari, qui la plupart du temps l'accepte telle qu'elle est. Après s'être mutuellement salués, le mari remet son épouse entre les mains des femmes invitées à la cérémonie, qui passent tout le jour en festin et en divertissements, tandis que, de son côté, il en fait autant avec ses amis.

21. Au Japon, les mariages sont célébrés avec une multitude de cérémonies, dont voici les principales : Le marié et la mariée sortent séparément de la ville, chacun avec son cortège, et se rendent par des chemins différents à une colline voisine, sur laquelle se trouve un temple ou, à défaut de temple, une tente dressée exprès, et dans laquelle on a érigé la statue du dieu de l'hymen. Ce simulacre a une tête de chien, symbole de la fidélité, et tient en ses mains un cordon ou un fil de laiton, autre emblème de la force et de la nécessité des liens du mariage. Devant l'idole se tient un ministre de la religion; l'épouse se place à sa droite et l'époux à sa gauche. Le ministre récite le formulaire du mariage, et, à un instant donné, l'épouse prend une torche, l'allume aux lampes de l'autel, et la présente au jeune homme qui y allume la sienne. Quand les deux torches flamboient, tous les assistants poussent un cri d'allégresse, en souhaitant aux époux toutes sortes de prospérités; alors le prêtre prononce sur eux la bénédiction. Ceux qui les ont accompagnés allument au pied de la colline un grand feu, dans lequel on jette les jouets et tout ce qui servait d'amusement à la mariée; on en fait de même des vêtements qu'elle portait dans son enfance. Enfin on tue, dit-on, au pied de la colline, deux bœufs et quelques moutons, que l'on immole au dieu tutélaire de l'union conjugale, mais dont la chair est sans doute consommée, pendant les huit jours que dure la noce. L'épouse est ensuite ramenée dans la maison de son époux; elle la trouve ornée et parée; le pavé et le seuil de la porte sont jonchés de fleurs et de verdure; des bannières et des pavillons flottent à l'extérieur; on se livre alors aux festins et aux réjouissances.

22. Dans le Tibet, comme dans la plupart des contrées soumises au bouddhisme, le mariage se contracte sans l'entremise des ministres de la religion ; il n'y intervient que des parents âgés. Dès que la fille a donné son consentement au mariage, son nouvel époux prend du beurre et lui en fait une onction au front; elle fait la même chose à son mari, aussitôt que celui-ci a exprimé son consentement. Ils vont ensuite dans un temple, y rendent leurs hommages à la divinité, et en font le tour par la voie sacrée, en continuant de prier.

Dans une autre relation, traduite du chinois, que nous avons sous les yeux, il n'est pas même question de visite ni de prières dans les temples. — Quand le temps d'aller chercher la fiancée est arrivé, y est-il dit, les deux familles font leurs invitations. Les conviés arrivent avec des présents qui augmentent la dot, et les parents de la fiancée lui donnent pour dot des terres et du bétail. Le jour de la noce, on ne se sert ni de chariots, ni de chevaux; mais on dresse une tente devant la maison de la fiancée, au milieu de laquelle on étale trois ou quatre matelas carrés, puis on prend un plat de blé dont on répand les grains par terre. On conduit la fiancée par les bras et on la fait asseoir à la place la plus élevée. Le père et la mère se mettent près d'elle, les autres parents des deux côtés, d'après leur rang. On pose devant eux de petites tables couvertes de fruits et de plats ; le repas fini, les membres des deux familles prennent la fiancée par les bras pour la mener à pied à la maison du futur; ou si c'est loin, ils la conduisent à cheval. On jette des grains de froment ou d'orge grisé sur la fiancée; à cette occasion la famille de la femme donne des mouchoirs à tous les parents du mari. Quand l'épouse est arrivée dans la maison de celui-ci, on ne lui fait plus de présents, mais on la prend par le bras, on la place près du fiancé, et on présente à tous les deux du vin et du thé.

Un quart d'heure après, les nouveaux époux s'asseyent à part, et tous les parents leur donnent des mouchoirs.

Les gens les plus distingués suspendent ces mouchoirs au cou des jeunes gens, tandis que ceux-ci mettent dans leur sein ou placent devant eux en tas les mouchoirs qu'ils ont reçus de leurs égaux. A la fin du repas, les proches parents prennent de la viande et des fruits, et les emportent chez eux. Le lendemain, les parents et toute la famille des mariés, revêtus de beaux habits et le cou enveloppé de mouchoirs, se promènent avec eux dans les rues, font des visites aux proches parents qui viennent à leur rencontre à la porte de la maison, et leur offrent du thé et du vin ; après avoir bu, on s'assied en cercle, les jambes croisées, et on chante. On passe ainsi trois jours, et le mariage est consommé.

23. Chez les Mongols, la demande en mariage est faite par des personnes étrangères; le consentement donné, le père du futur, ac-

compagné de ses plus proches parents et de l'entremetteur, va chez le père de la future; il apporte au moins un mouton cuit et découpé, des vases pleins d'aïrak et des *khadaks* (mouchoirs bénits). Les émissaires du futur, après avoir exposé le motif de leur visite, mettent sur un plat devant les idoles, la tête et d'autres morceaux du mouton, ainsi que les khadaks. Ils allument des cierges et se prosternent plusieurs fois devant les images saintes; ensuite tout le monde s'assied, et les arrivants régalent avec du vin et le reste du mouton les parents de la future, à chacun desquels ils doivent remettre en même temps un khadak ou une pièce de monnaie en cuivre, qu'on jette dans un vase rempli de vin; le père boit le vin et garde la pièce.

Lorsque tout est convenu, et qu'on a déterminé le nombre de bestiaux qui doivent entrer dans la dot de la fille, ses parents lui font construire une nouvelle iourte, munie de tout ce qui est nécessaire à un ménage; ils lui doivent aussi tous les objets qui concernent la toilette, et même un cheval sellé, qu'elle doit monter pour se rendre chez son époux. Le père de la fille donne alors une fête, qui est bientôt rendue par le futur. Le jeune homme se rend chez son beau-père avec une suite nombreuse de parents et d'amis, et y fait porter des plats de mouton cuit en nombre suffisant, avec force aïrak et des khadaks. Après avoir adoré les idoles, on présente des khadaks au beau-père, à la belle-mère et aux plus proches parents; ensuite tous les convives sortent de la iourte, s'asseyent en cercle et commencent le repas, qui consiste en vin et en thé. En même temps on consulte les lamas, qui choisissent un jour heureux pour la célébration du mariage.

La veille du jour désigné, les lamas récitent des prières adaptées à la circonstance, et deux d'entre eux vont chez les parents de la fiancée s'informer s'il n'est point survenu d'empêchement. Pendant que tous les objets qui composent la dot sont expédiés, les amis intimes se rassemblent chez la iourte, et s'asseyent en cercle, près de la porte, avec la future, en se tenant le plus près d'elle qu'il est possible. Les envoyés du futur ont bien de la peine à les faire sortir un à un, et à se saisir de la fille pour l'emporter dehors. Autrefois même on la liait et on l'attachait à la iourte par les manches de sa robe. Lorsqu'ils ont réussi à s'en emparer, ils la placent sur un cheval, la couvrent d'un manteau, et lui font faire trois fois le tour du feu sacré; puis ils se mettent en route, accompagnés de la mère et des plus proches parentes.

Quand la fiancée est à quelques centaines de pas de sa demeure future, le fiancé envoie du koumis et de la viande pour la régaler ainsi que sa suite. A son arrivée, elle reste entourée de ses compagnes jusqu'à ce que sa propre iourte soit préparée. Dès qu'elle y est entrée, on la fait asseoir sur le lit, on défait ses tresses nombreuses, symbole de son état de fille; on lui ôte ses parures de corail, et après avoir ajouté quelques ornements aux deux tresses qu'on lui laisse, elle est revêtue de l'habillement des femmes mariées et conduite chez son beau-père pour lui faire la révérence: tous les parents et les amis de son mari futur y sont réunis. Pendant que le prêtre lit les prières du rituel, elle a le visage caché, et, suivant les divers mouvements d'un homme qui lui sert de guide et qui est toujours choisi du même âge qu'elle, elle s'incline respectueusement vers le feu, et ensuite vers le père, la mère et les autres proches parents du mari; tous lui donnent à haute voix leur bénédiction. Pendant cette cérémonie, des vêtements et d'autres objets sont distribués de sa part aux assistans. Elle entre ensuite dans sa iourte; mais le mariage n'est quelquefois consommé qu'au bout de six ou sept jours, surtout durant le séjour de la mère qui doit rester au moins une nuit auprès de sa fille.

24. Nous ne disons rien de la célébration des mariages sur le continent Africain, car toutes les tribus des nègres, tant musulmans qu'idolâtres, contractent l'union conjugale sans la moindre cérémonie religieuse. La plupart du temps la femme est achetée de ses parents, l'époux l'emmène dans sa cabane, et le mariage est conclu. Les cérémonies, quand il y en a, se bornent à des danses, un festin et autres réjouissances profanes.

25. « Il y a, dit Châteaubriant, deux espèces de mariages parmi les sauvages de l'Amérique du Nord: le premier se fait par le simple accord de la femme et de l'homme; l'engagement est pour un temps plus ou moins long, et tel qu'il a plu au couple qui se marie de le fixer. Le terme de l'engagement expiré, les deux époux se séparent. Tel était à peu près le concubinage légal dans le VIIIe et le IXe siècle. Le second mariage se fait pareillement en vertu du consentement de l'homme et de la femme; mais les parents interviennent. Quoique ce mariage ne soit point limité, comme le premier, à un certain nombre d'années, il peut toujours se rompre. On a remarqué chez les Indiens le second mariage, le mariage légitime, était préféré par les jeunes filles et les vieillards, et le premier par les vieilles femmes et les jeunes gens.

« Lorsqu'un sauvage s'est résolu au mariage légal, il va avec son père faire la demande aux parents de la femme. Le père revêt des habits qui n'ont point encore été portés, il orne sa tête de plumes nouvelles, lave l'ancienne peinture de son visage, met un nouveau fard, et change l'anneau pendant à son nez ou à ses oreilles; il prend dans sa main droite un calumet dont le fourneau est blanc, le tuyau bleu, et empenné avec des queues d'oiseau; dans sa main gauche il tient son arc détendu en guise de bâton. Son fils le suit, chargé de peaux d'ours, de castors et d'orignaux; il porte en outre deux colliers de porcelaine à quatre branches, et une tourterelle vivante dans une cage.

« Les prétendants vont d'abord chez le plus vieux parent de la jeune fille ; ils entrent dans sa cabane, s'asseyent devant lui sur une natte, et le père du jeune guerrier prenant la parole, dit : « Voilà des peaux. Les deux colliers, le calumet bleu et la tourterelle demandent ta fille en mariage. » Si les présents sont acceptés, le mariage est conclu ; car le consentement de l'aïeul ou du plus ancien sachem de la famille l'emporte sur le consentement paternel. L'âge est la source de l'autorité chez les sauvages : plus un homme est vieux, plus il a d'empire. Ces peuples font dériver la puissance divine de l'éternité du Grand Esprit.

« Quelquefois le vieux parent, tout en acceptant les présents, met à son consentement quelque restriction. On est averti de cette restriction si, après avoir aspiré trois fois la vapeur du calumet, le fumeur laisse échapper la première bouffée au lieu de l'avaler, comme dans un consentement absolu. De la cabane du vieux parent on se rend au foyer de la mère et de la jeune fille. Quand les songes de celle-ci ont été néfastes, sa frayeur est grande. Il faut que les songes, pour être favorables, n'aient représenté ni les esprits, ni les aïeux, ni la patrie, mais qu'ils aient montré des berceaux, des oiseaux et des biches blanches. Il y a pourtant un moyen infaillible de conjurer les rêves funestes, c'est de suspendre un collier rouge au cou d'un marmouset de bois de chêne. »

Après cette première demande, tout a l'air d'être oublié ; un temps considérable s'écoule avant la conclusion du mariage. Le jeune homme est obligé d'affecter un air d'indifférence et d'attendre les ordres de la famille. Selon la coutume ordinaire, les deux époux doivent demeurer d'abord dans la cabane de leur plus vieux parent ; mais souvent des arrangements particuliers s'opposent à l'observation de cette coutume. Le futur mari bâtit alors sa cabane avec l'aide de ses amis, et on la meuble de tous les ustensiles nécessaires.

« Huit jours avant la célébration du mariage, continue Châteaubriant, la jeune femme se retire à la cabane des purifications, lieu séparé où les femmes entrent et restent trois ou quatre jours par mois ; et où elles vont faire leurs couches. Pendant les huit jours de retraite, le guerrier engagé chasse ; il laisse le gibier dans l'endroit où il le tue ; les femmes le ramassent et le portent à la cabane des parents pour le festin des noces. Si la chasse a été bonne, on en tire un augure favorable. Enfin, le grand jour arrive : les jongleurs et les principaux sachems sont invités à la cérémonie. Une troupe de jeunes guerriers va chercher le marié chez lui ; une troupe de jeunes filles va pareillement chercher la mariée à sa cabane. Le couple promis est orné de ce qu'il a de plus beau en plumes, en colliers, en fourrures, et de plus éclatant en couleurs.

« Les deux troupes, par des chemins opposés, surviennent en même temps à la hutte du plus vieux parent. On pratique une seconde porte à cette hutte, en face de la porte ordinaire. Environné de ses compagnons, l'époux se présente à l'une des portes ; l'épouse, entourée de ses compagnes, se présente à l'autre. Tous les sachems de la fête sont assis dans la cabane, le calumet à la bouche. La bru et le gendre vont se placer sur des rouleaux de peaux à l'une des extrémités de la cabane. Alors commence en dehors la danse nuptiale entre les deux chœurs restés à la porte. Les jeunes filles, armées d'une crosse recourbée, imitent les divers ouvrages du labour ; les jeunes guerriers font la garde autour d'elles, l'arc à la main. Tout à coup un parti d'ennemis, sortant de la forêt, s'efforce d'enlever les femmes ; celles-ci jettent leur hoyau et s'enfuient ; leurs frères volent à leur secours ; un combat simulé s'engage : les ravisseurs sont repoussés.

« A cette pantomime succèdent d'autres tableaux tracés avec une vivacité naturelle : c'est la peinture de la vie domestique, le soin du ménage, l'entretien de la cabane, les plaisirs et les travaux du foyer, touchantes occupations d'une mère de famille. Ce spectacle se termine par une ronde où les jeunes filles tournent à rebours du cours du soleil, et les jeunes guerriers, selon le mouvement de cet astre. Le repas suit ; il est composé de soupes, de gibier, de gâteaux de maïs, de canneberges, espèce de légumes, de pommes de maïs, sorte de fruit porté par une herbe ; de poissons, de viandes grillées et d'oiseaux rôtis. On boit dans de grandes calebasses le suc de l'érable ou du sumac, et dans de petites tasses de hêtre une préparation de cassine, boisson chaude que l'on sert comme du café. La beauté du repas consiste dans la profusion des mets.

« Après le festin la foule se retire. Il ne reste dans la cabane du plus vieux parent que douze personnes : six sachems de la famille du mari, six matrones de la famille de la femme. Ces douze personnes, assises à terre, forment deux cercles concentriques : les hommes décrivent le cercle extérieur. Les conjoints se placent au centre des deux cercles ; ils tiennent horizontalement, chacun par un bout, un roseau de six pieds de long. L'époux porte dans la main droite un pied de chevreuil ; l'épouse élève de la main gauche une gerbe de maïs. Le roseau est peint de différents hiéroglyphes qui marquent l'âge du couple uni et la lune où se fait le mariage. On dépose aux pieds de la femme les présents du mari et de sa famille, savoir : une parure complète, le jupon d'écorce de mûrier, le corset pareil, la mante de plumes d'oiseaux ou de peaux de martres, les mocassines brodées en poil de porc-épic, les bracelets de coquillages, les anneaux ou les perles pour le nez et pour les oreilles.

« A ces vêtements sont mêlés un berceau de jonc, un morceau d'agaric, des pierres à fusil pour allumer le feu, la chaudière pour faire bouillir les viandes, le collier de cuir pour porter les fardeaux, et la bûche du foyer. Le berceau fait palpiter le cœur de l'épouse, la chaudière et le collier ne l'effrayent point : elle regarde avec soumission ces marques de l'esclavage domestique. Le mari ne demeure pas sans leçons : un casse-tête, un arc, une pagaie, lui annoncent ses devoirs : combattre, chasser et naviguer. Chez quelques tribus, un lézard vert, de cette espèce dont les mouvements sont si rapides que l'œil peut à peine les saisir ; des feuilles mortes entassées dans une corbeille, font entendre au nouvel époux que le temps fuit et que l'homme tombe. Ces peuples enseignent par des emblèmes la morale de la vie, et rappellent la part des soins que la nature a distribués à chacun de ses enfants.

« Les deux époux, enfermés dans le double cercle des douze parents, ayant déclaré qu'ils veulent s'unir, le plus vieux parent prend le roseau de six pieds ; il le sépare en douze morceaux, lesquels il distribue aux douze témoins ; chaque témoin est obligé de représenter sa portion du roseau pour être réduite en cendres, si les époux demandent un jour le divorce. Les jeunes filles, qui ont amené l'épouse à la cabane du plus vieux parent, l'accompagnent avec des chants à la hutte nuptiale ; les jeunes guerriers y conduisent de leur côté le nouvel époux. Les conviés à la fête retournent à leurs villages ; ils jettent en sacrifice aux manitous des morceaux de leurs habits dans les fleuves, et brûlent une part de leur nourriture. »

26. Dans le Mexique, les mariages se contractaient par l'autorité des prêtres. On exprimait dans un acte public les biens que la femme apportait en dot, et le mari était obligé de les restituer, en cas qu'ils vinssent à se séparer. Après qu'on s'était accordé sur les conditions, les deux parties se rendaient au temple, où l'un des sacrificateurs examinait leur volonté par des questions précises et destinées à cet usage. Il prenait ensuite d'une main le voile de la femme et la mante du mari, et il les nouait ensemble par un coin, afin de signifier le lien intérieur des volontés. Ils retournaient alors à leur maison, liés ainsi l'un à l'autre et accompagnés du sacrificateur, et à leur arrivée ils allaient visiter le foyer, qui, selon leur croyance, était le médiateur des différends entre les mariés. Ainsi, chez les Romains, les conjoints s'approchaient du feu et de l'eau qu'ils trouvaient à l'entrée du logis et rendaient leurs hommages aux Lares. Les époux mexicains faisaient sept fois le tour du foyer, précédés par le sacrificateur. D'autres disent que la femme seule faisait cette cérémonie, qui était suivie de celle de s'asseoir, afin de recevoir également la chaleur du feu, ce qui donnait la dernière perfection au mariage. Le marié avait de son côté deux vieillards pour assistants ou témoins, et la mariée deux vieilles femmes.

L'histoire mexicaine représentée en figures et en hiéroglyphes ajoute qu'à l'entrée de la nuit une espèce d'entremetteuse, accompagnée de quatre matrones, armées chacune d'un flambeau, chargeait la mariée sur son dos, et la portait au logis du marié. Les parents de celui-ci, qui étaient allés au-devant de sa future épouse, la conduisaient en un lieu où le marié l'attendait : c'est là que s'achevait le reste de la cérémonie de la façon que nous venons de le dire. Le repas nuptial suivait de près, et quand on s'était suffisamment diverti à manger et à boire, les vieillards prenaient le marié à part, et les femmes âgées la mariée, afin de leur donner à chacun en particulier les conseils utiles et nécessaires en ce changement d'état, et les moyens de s'acquitter exactement des devoirs que prescrit la vocation à laquelle on est appelé par le mariage.

Voilà ce qui se pratiquait généralement chez les Mexicains : cependant quelques provinces de l'empire y ajoutaient ou retranchaient selon les caprices de l'usage. A Tlascala on rasait la tête aux conjoints, comme pour leur apprendre qu'il était temps de quitter les amusements de l'enfance. Dans le Méchoacan la fiancée était obligée de tenir les yeux attachés sur le fiancé pendant le temps de la cérémonie, sans quoi il manquait un degré de perfection à l'hymen. Dans une autre province de cet empire on enlevait le marié, pour faire accroire qu'on le forçait au mariage. Dans la province de Panuco les maris achetaient leurs femmes pour un arc, deux flèches et un filet. Après le mariage, le beau-père passait la première année sans dire un seul mot à son gendre ; et celui-ci, dès qu'il était devenu père, en passait deux sans s'approcher de sa femme. Dans les vingt premiers jours de leurs mariages, les Macataeas, autres sujets des Mexicains, jeûnaient, priaient leurs dieux, leur sacrifiaient, et par un motif de pénitence se tiraient du sang et en frottaient la bouche et le visage de leurs idoles.

27. Chez les Muyscas, quand un jeune homme voulait se marier, il allait trouver le père de celle qu'il avait choisie, et lui offrait un certain prix pour sa fille ; s'il était refusé, il pouvait renouveler deux fois son offre en la doublant, mais il ne pouvait aller au delà. Dans quelques endroits, le jeune homme envoyait aux parents une pièce d'étoffe, sans ajouter un seul mot. Si elle était acceptée, il leur en envoyait une seconde, plus une charge d'hayo et un demi-cerf, pourvu qu'il leur fût permis d'en manger, car l'usage de cette viande était accordé comme une faveur par l'usage. Le lendemain, avant le lever de l'aurore, il allait s'asseoir devant la porte de son futur beau-père, en faisant juste assez de bruit pour qu'on s'aperçût de son arrivée. Le maître de la maison lui criait alors à travers la porte : « Que voulez-vous ? êtes-vous un voleur ? je ne dois rien, et je n'ai invité personne. » Le jeune homme attendait sans rien dire que sa future sortît de la maison, ce qu'elle faisait bientôt après en tenant à la main une calebasse remplie de chicha, qu'elle lui offrait après en avoir goûté. Le mariage était alors regardé comme conclu, mais les parents n'accordaient leur fille qu'à celui qu'ils regardaient comme bon travail-

leur, et en état de la faire vivre. Quand un chef entendait parler de la beauté d'une jeune fille, il la faisait demander à ses parents, qui se faisaient un honneur de la lui envoyer. Aussitôt qu'elle était entrée dans son palais, on la dépouillait de tous ses vêtements, et elle devait aller complètement nue jusqu'à ce qu'il l'eût approchée.

Quoique les Muyscas, et surtout les nobles, eussent le droit de prendre autant de concubines qu'ils en pouvaient nourrir, ils n'avaient cependant qu'une seule femme légitime, qu'ils épousaient en présence du prêtre. Les deux conjoints plaçaient leur bras sur l'épaule l'un de l'autre. Le prêtre demandait alors à la femme si elle serait plus soumise à Bochica qu'à son mari ; quand elle avait répondu que oui, il lui demandait si elle aimerait mieux son mari que les enfants qu'elle aurait de lui, et si elle aimerait mieux ses enfants qu'elle-même ; si elle ne mangerait pas quand son mari souffrirait la faim, et si elle viendrait à lui sans qu'il eût besoin de l'appeler. Quand elle avait répondu affirmativement à toutes ces questions, le prêtre se tournait vers le mari, et lui disait que s'il voulait prendre pour épouse légitime celle qui était auprès de lui, il devait le déclarer à haute voix, afin que tous ceux qui étaient présents l'entendissent : quand il avait fait cette déclaration par trois fois, le mariage était regardé comme conclu.

28. Voici ce que nous apprend le Péruvien Garcilasso sur le mariage des incas : « Le roi faisait assembler chaque année, ou bien de deux ans en deux ans, tout ce qu'il y avait de filles et de garçons de sa race, qui étaient à marier dans la ville de Cusco. Les filles devaient être âgées de dix-huit à vingt ans, et les garçons de vingt-quatre, car on ne leur permettait pas de se marier plus tôt, parce que, disaient-ils, il fallait avoir l'âge et le jugement requis pour bien gouverner sa maison, et que c'était une pure extravagance de s'engager plus jeune. Quand il s'agissait de les marier, ils se tenaient près les uns des autres ; l'inca se mettait au milieu d'eux, les appelait par leur nom, puis les prenant par la main, il leur faisait donner la foi mutuelle et les remettait entre les mains des parents. Les nouveaux mariés s'en allaient alors dans la maison du père de l'époux, et la noce se faisait pendant trois ou quatre jours, ou davantage, si bon leur semblait, parmi les parents les plus proches ; ces filles ainsi mariées s'appelaient ensuite les femmes légitimes, ou bien *les femmes livrées* de la main de l'inca, nom qu'on leur donnait pour leur faire plus d'honneur. Après que l'inca avait marié les personnes de sa race, le lendemain, des ministres, députés à cet effet, mariaient dans le même ordre les autres jeunes hommes, fils des habitants de la ville, observant la division des quartiers qu'on appelait Cusco la haute et Cusco la basse. Les parents donnaient les meubles ou les ustensiles de la maison ; chacun apportait sa pièce de ménage, ce qu'ils faisaient entre eux fort ponctuellement, sans ajouter à leurs mariages ni sacrifices ni autres cérémonies.

Les gouverneurs et les curacas étaient obligés par le devoir de leur charge, de pourvoir de la même manière les garçons et les filles qui étaient à marier dans leur province. Il fallait qu'ils assistassent en personne à ces mariages, ou qu'ils les fissent eux-mêmes, comme seigneurs et pères de la patrie. Les communautés de chaque ville étaient chargées de faire la maison des nouveaux mariés parmi les bourgeois ; et les plus proches parents, de fournir des meubles pour leur ménage.

29. Nous n'avons rien à dire sur les cérémonies matrimoniales pratiquées dans les îles nombreuses parsemées dans la grande mer du Sud, car elles ne sont jamais accompagnées d'un acte religieux.

MARIE, nom de la mère, selon la chair, de Jésus-Christ, Sauveur des hommes. Bien que mariée à saint Joseph, elle enfanta son divin Fils en demeurant toujours vierge. L'histoire évangélique nous rapporte très peu de choses sur sa vie et ses actions ; mais la tradition nous la représente comme un parfait modèle de toutes les vertus. C'est aussi une croyance généralement admise dans l'Eglise, que Marie ne put être retenue par les liens de la mort, mais que, trois jours après avoir fermé les yeux, elle fut corporellement enlevée dans le ciel, où elle est considérée comme l'avocate des chrétiens, la reine des anges et des saints. Aussi Marie est-elle, après Dieu, le principal objet du culte de l'Eglise catholique. Une multitude de temples lui sont consacrés dans toutes les contrées de la terre ; il n'y a pas d'église, si petite qu'elle soit, dans laquelle un autel au moins ne soit érigé en son honneur ; un grand nombre de confréries et d'ordres religieux ont été fondés sous son invocation ; l'Eglise a autorisé des pratiques de piété destinées à l'honorer ou à implorer son secours, telles que le *Rosaire*, le *Chapelet*, le *Scapulaire*, l'*Angelus*, etc. On l'appelle communément la *sainte Vierge* et *Notre-Dame*.

Nous devons ajouter ici que tous les peuples de la terre, même les nations païennes, qui en ont entendu parler, professent pour elle la plus grande vénération ; les Musulmans, entre autres, la considèrent comme une vierge pure et sans tache, préservée par Dieu des fautes même les plus légères. Mahomet avait coutume de dire qu'on pouvait trouver un certain nombre d'hommes accomplis, mais qu'il n'y avait que quatre femmes parfaites : Asia, femme de Pharaon ; Marie, mère de Jésus ; Khadidja, première femme du faux prophète, et Fatima, sa fille. Les Juifs sont les seuls qui déversent sur Marie le fiel de la haine et les saletés de la calomnie.

MARIE (FRÈRES DE), communauté d'hommes qui fournit des instituteurs dans divers départements. Leur siège est à Bordeaux.

MARISINA, fête que les Géorgiens célèbrent le jour de l'Assomption de la sainte Vierge. Ils la commencent dès le point du jour, en mangeant une poule de l'année, arrosée d'huile de noix, aussi de l'année; car la cérémonie importante des solennités géorgiennes est de bien boire et bien manger dès le grand matin. Ce n'est qu'à cette époque qu'ils commencent à manger des noix nouvelles et de jeunes poulets: c'est pourquoi ils n'en vendent pas auparavant; il faut qu'on ait fait sur ces comestibles les prières de la Saint-Pierre. Ces prières consistent à demander à Dieu de multiplier leurs poules; ce sont ordinairement les femmes qui s'acquittent de cette dévotion. Le jour du Marisina, ils bénissent aussi les champs et les prés: pour cela, ils prennent trois feuilles de la plante dont ils font du pain, avec une petite branche de fraisier et un peu de cire, dont ils forment une espèce de rameau. Ce petit bouquet ayant été bénit par le prêtre dans l'église, ils le portent dans un champ ensemencé où ils le plantent au milieu, croyant que cela préserve sûrement les champs du tonnerre, de la grêle et des autres désastres. Ils font, en le plantant, quelques courtes oraisons, recommandant le champ à Dieu et à l'image de leur patron; le tout est terminé par un grand repas fait dans le champ même; car sans repas ils ne croient point qu'aucune dévotion soit utile ou efficace.

MARISTES. Il y a en France, sous ce nom, des congrégations d'hommes qui se livrent au travail des missions dans les pays étrangers, et des communautés de femmes qui s'adonnent à l'éducation des enfants et à d'autres bonnes œuvres.

MARISTINE, un des dieux de la guerre chez les Japonais, qui célèbrent en son honneur une fête solennelle dans le mois d'avril. Sur les deux heures de l'après-midi, on voit paraître deux corps d'armée, dont chaque soldat porte sur l'épaule, en forme de livrée, l'image du dieu pour lequel il va se battre. Les deux corps étant en présence, on détache de chaque côté de petits garçons à l'escarmouche; une demi-heure après partent des escadrons qui voltigent pendant que le corps d'armée s'avance. A la portée du mousquet, chacun fait sa décharge et se bat ensuite de plus près, avançant toujours les uns sur les autres, jusqu'à ce que l'un des deux partis s'avoue vaincu.

MARITCHA, mauvais génie de la mythologie hindoue, fils de Sounda et de Taraka. Il vint troubler les sacrifices de Viswamitra, et fut tué par Rama. Suivant d'autres auteurs, il fut tué plus tard, lorsque, métamorphosé en biche, il attira l'attention de Rama, pendant que Sita était enlevée par Ravana, tyran de Lanka. Maritcha blessé poussa un cri qui imitait la voix de Rama; Sita alarmée pria son frère Lackmana d'aller au secours de son époux. C'est alors que, seule et sans protecteur, elle devint la proie de Ravana.

MARITCHI, 1° personnification du rayon créateur, suivant la mythologie hindoue. Son nom signifie *mirage*, suivant M. Wilson. C'est le rayon brisé, répercuté réfléchi dans la nature première, sur laquelle le créateur dirige son regard tout-puissant, l'œil de l'esprit. Maritchi est également la personnification du monde, embrassant le ciel et l'atmosphère; il y a deux divisions, l'une supérieure, l'autre inférieure. La division d'en haut est indiquée par le soleil, qui occupe le ciel, et que l'on appelle le petit-fils de Maritchi. La division d'en bas comprend l'espace où se répand le rayon de la lumière et que ce rayon embrasse dans toute l'étendue de l'atmosphère.

2° *Maritchi* est aussi le nom d'une déesse du système bouddhique du Népal.

3° Le seizième dieu de la théogonie bouddhique porte encore le nom de *Maritchi*. Voy. MA-LI-TCHI.

4° Enfin *Maritchi* est le nom d'un des sept richis qui président aux sept étoiles de la constellation de la Grande-Ourse. Voy. RICHIS.

MARITCHIPA, nom d'une classe de génies de la mythologie brahmanique. Ce nom signifie un être qui se nourrit en buvant les rayons du soleil.

MARJANA, déesse de la récolte chez les anciens Slaves.

MARKOPÈTES, génies que les anciens Prussiens regardaient comme les médiateurs entre les hommes et les divinités infernales; ils erraient çà et là dans les régions aériennes.

MARNAS, grande divinité de la ville de Gaza en Phénicie, où ce dieu avait un temple magnifique; on célébrait en son honneur des jeux et des courses de chars. Platon le fait secrétaire de Minos; suivant d'autres auteurs, c'était le Jupiter crétois. Son nom signifie *seigneur des hommes*.

MARONITES, peuple chrétien qui habite le mont Liban, et qui tire sa dénomination d'un certain abbé Maron, dont Théodoret a écrit la vie. Il vivait au commencement du v° siècle. Le Ménologe grec et le Martyrologe romain le placent au nombre des saints, et sa fête se célèbre le 9 février. Mais les divers écrivains ne sont pas d'accord sur la foi des Maronites et de leur fondateur. Les uns prétendent que l'abbé Maron était monothélite, qu'il engagea toute sa nation dans cette hérésie, et qu'elle y persévéra jusque vers la fin du XII° siècle, époque où ils abjurèrent leurs erreurs entre les mains d'Haymeric, patriarche latin d'Antioche. D'autres veulent que Maron ait au contraire ramené du monothélisme les habitants du mont Liban, et ils ajoutent que ce qui a donné lieu de croire qu'ils avaient été dans le schisme, c'est qu'on a pris le renouvellement de leur réunion avec l'Église romaine pour un véritable retour à la foi catholique, et qu'on leur a imputé les erreurs des peuples au milieu desquels ils vivaient. Quoi qu'il en soit de la pureté de la foi de l'abbé Maron, il est certain que les Maronites ont professé, pendant plusieurs siècles, l'hérésie qui n'admet en Jésus-Christ qu'une seule volonté. C'est un fait historique qu'il est bien difficile de nier, puisqu'il est attesté, dit M. Quatremère, dans ses *Mémoires sur les Nabathéens*, par plusieurs écrivains, tant musulmans que chrétiens, orthodoxes ou hérétiques. « On a cité et commenté, dans cette controverse, continue ce savant orientaliste, le passage d'Eutychius. Le judicieux Masoudi (historien arabe), dans un de ses ouvrages, donne des détails intéressants sur les Maronites, leurs dogmes, leurs établissements, et sur Maron, leur fondateur ; et il assure expressément qu'ils professaient le monothélisme. Grégoire Bar-Hebræus atteste que les Maronites diffèrent des autres chrétiens en ce qu'ils admettent une seule volonté et une seule opération pour les deux natures de Jésus-Christ, au lieu de deux volontés et de deux opérations. Le missionnaire Ricold de Montcroix, qui parcourut l'Orient dans le XIII° siècle, s'exprime en ces termes : « De là vainsmes au mont de « Libanus, et la demourent Maronites, qui « sont chrétiens mescréants et maintiennent « que en Christ n'a ne eust que une simple vo- « lunté. » Le même religieux, descendant du Tigre, depuis Mossul jusqu'à Bagdad, rencontra des Maronites, dont il parle en ces termes : « Là demourent Maronites mescréants chré- « tiens et scismaz ; et ont ung archevesque. « Ilz maintiennent que Crist fut une seulle « volunté. C'est leur erreur. En toutes autres « choses se accordent ilz à notre foy catholic- « que plus que à nulle autre secte d'Orient. » Le frère Richard, dans son traité contre la religion des Turcs, assure que les Maronites admettaient en Jésus-Christ une seule volonté. Il ajoute qu'ils s'étaient soumis à l'Eglise romaine, et que leur patriarche assista au concile général de Latran tenu sous le pontificat d'Innocent III, mais qu'ensuite ils revinrent à leurs premières erreurs. Brocard range aussi les Maronites avec les Nestoriens, les Jacobites, au rang des hérétiques. »

Ce fut l'an 1182 que les Maronites, au nombre d'environ quarante mille hommes, vinrent, en présence d'Haymeric, patriarche d'Antioche, abjurer l'hérésie du monothélisme, et rentrer dans le giron de l'Eglise romaine, à laquelle ils sont demeurés fidèlement attachés. Cette nation, qui comptait autrefois une population de plus d'un million d'âmes, n'en compte plus aujourd'hui que cinq cent vingt-cinq mille, dont quatre cent quatre-vingt-deux mille dans la chaîne du Liban ; les autres sont répartis à Alep, à Damas, au Caire, dans l'île de Chypre, et en quelques autres lieux, ainsi qu'à Constantinople.

Les Maronites, non-seulement du Liban, mais en quelque lieu qu'ils se trouvent, reconnaissent pour leur premier chef spirituel, après le pape, le patriarche établi dans le mont Liban, où il a trois diverses résidences. Indépendamment du patriarche, et sous sa juridiction, les Maronites ont neuf archevêques ou évêques diocésains, ceux d'Alep, de Damas, de Beyrouth, de Seyde, d'Héopoli, de Potri-Djébaïl, d'Eden, de Tripoli et de Chypre ; six autres n'ont pas de siège. Deux de ces derniers remplissent auprès du patriarche les fonctions de vicaires ; l'un pour le spirituel, l'autre pour le temporel ; un troisième réside à Rome, où il représente la nation maronite auprès du souverain pontife ; les trois autres résident dans divers couvents ou collèges du Liban. Tous ces archevêques et évêques sont nommés et consacrés par le patriarche, qui, lui-même, comme le patriarche maronite d'Antioche, est élu par les évêques nationaux, et doit être confirmé par le pape. Les curés maronites sont mariés pour la plupart, comme les curés grecs-catholiques de la basse Hongrie.

Les monastères ou couvents maronites, tant d'hommes que de femmes, sont au nombre de quatre-vingt-deux, savoir : soixante-sept qui comptent quatorze cent dix religieux, et quinze qui contiennent trois cent trente religieuses ; tous ces monastères ont des statuts sévères confirmés par le saint-siège. Les moines sont tous de l'ordre de Saint-Antoine, l'usage de la viande leur est absolument interdit en tout temps, même en cas de maladie. Ils n'exercent aucune fonction spirituelle, comme la prédication, la confession, etc. ; ils sont uniquement occupés à la prière et au travail des mains, principalement à la culture de la terre. Le nombre des églises, en dehors des couvents, se monte à trois cent cinquante-six ; elles sont desservies par douze cent cinq prêtres, sous l'autorité des évêques et du patriarche. Quatre collèges publics entretiennent chacun de vingt à vingt-cinq élèves. Là sont enseignées, sans aucune rétribution, les grammaires arabe et syriaque, la philosophie, la dogmatique, la théologie, etc. ; mais on n'admet à étudier la théologie que ceux qui font vœu d'embrasser l'état ecclésiastique, d'obéir au patriarche, et de se livrer aux missions dans la contrée.

Les Maronites suivent le calendrier romain pour la division du temps et la célébration des fêtes, excepté pour quelques-unes qui leur sont particulières. La liturgie et tous les offices se font en langue syriaque, à l'exception de l'Epître, de l'Evangile et de quelques oraisons qui, pour une plus grande intelligence, sont récités en arabe, seule langue entendue du peuple ; le syriaque n'étant que pour l'Eglise, à peu près comme le latin chez les catholiques d'Europe. La communion est administrée avec du pain azyme, selon le rite romain. Les ornements sacerdotaux et pontificaux sont les mêmes qu'à Rome (A. Laurent, *Relation historique des affaires de Syrie*, 1846, tom. I).

MAROUT, un des deux anges qui, suivant les Musulmans, se perdirent par le vin et la concupiscence charnelle. *Voy.* HAROUT.

MAROUTAS, génies aériens, qui sont la personnification des vents dans la mythologie hindoue ; ils sont au nombre de quarante-neuf. Leur empire s'étend dans les plaines de l'air ; Indra, dieu du ciel et leur souverain, les lance comme sa milice fidèle tour à tour sur la terre et sur les masses de nuages ; qui recèlent dans leurs flancs les eaux bienfaisantes de la pluie. Les Maroutas sont les émissaires d'Indra, les exécuteurs de ses ordres ; semblables aux enfants du terrible Éole, tantôt ils sont renfermés dans les demeures que leur chef leur assigne, tantôt ils s'échappent à sa voix, et s'élancent dans l'espace qui leur est ouvert, pour mouvoir, ébranler, déchirer et détruire. Aussi étaient-ils autrefois fort redoutés des pasteurs et des colons de l'Inde, qui les conjuraient par des prières et par des vœux. Voici quelques fragments des hymnes du Rigvéda, traduits par M. Nève, qui expriment poétiquement les phénomènes causés par les Maroutas, et la manière dont on les conjurait:

« Qui de vous est le plus grand, ô chefs qui ébranlez le ciel et la terre! quand vous agitez ce monde comme le sommet d'une colline? L'homme protège sa demeure contre votre impétuosité et votre violence horrible : la plus haute montagne céderait devant vous ; à votre choc renversant tout, la terre tremble comme un chef affaibli par les ans.... Partout où s'avancent les Maroutas, ils résonnent avec fracas sur leur route ; tous les êtres entendent leur marche. Venez promptement sur vos chars rapides ; des cérémonies ont été préparées pour vous par les fils de Kanva ; soyez comblés de joie en ces lieux. » — Quand la foudre a retenti comme le mugissement d'une vache, les Maroutas l'accompagnent aussitôt pour répandre la pluie ; au milieu des journées, ils produisent l'obscurité par le nuage portant le poids des eaux, quand ils vont inonder la terre ; après leurs coups retentissants, toutes les habitations terrestres sont saisies de tremblement ainsi que les hommes. — Renversant les corps solides et immobiles, soulevant les fardeaux les plus lourds, les Maroutas brisent et déracinent les arbres du sol ; ils ébranlent et entr'ouvrent les flancs des montagnes. Ils ne connaissent aucun ennemi ni dans le ciel, ni sur la terre ; leurs forces, toujours bien unies, renversent et domptent tous les obstacles : ils s'avancent de toutes parts comme saisis par l'ivresse. — Par leur vigueur irrésistible, ils agitent violemment toutes les créatures terrestres ou célestes, douées de la force la plus solide ; ils soulèvent des tourbillons de poussière, et abreuvent de l'eau des nuages la terre desséchée. Tels que des éléphants sauvages, ils détruisent les forêts ; ils rugissent avec fureur comme des lions ; ils ressemblent à des archers qui vibrent sans cesse dans leurs mains des flèches menaçantes ; ils sont toujours prêts à lancer leurs traits étincelants. — Les Maroutas combattent avec agilité comme des soldats exercés et avides de gloire ; ils sont redoutés de tous les êtres, ces chefs d'un aspect éclatant. — Ils font briller leurs armes étincelantes, et ils signalent leur force par des coups destructeurs ; sous le poids des nuages qu'ils amoncèlent, l'univers entier tremble, dans l'attente des pluies abondantes qui s'en précipiteront des hauteurs du ciel. — Ces grands agitateurs du monde, brillants comme le soleil, se servant d'Agni (le feu) comme de leur langue, sont appelés au sacrifice avec la foule des Dévas ; ils ont part aux libations de chaque jour ; ils sont conjurés, par des prières chantées, de joindre leur assistance efficace à l'assistance que les maîtres du ciel lumineux ne refusent jamais à l'homme qui les implore. Un hymne du Rigvéda les représente portés sur des chars aux roues d'or, tenant des épées de fer, et courant çà et là pour exterminer leurs ennemis (*Essai sur le mythe des Ribhavas*, pp. 12 et 55). *Voy.* PAVANA.

MAROWIT, mauvais génie des anciens Slaves. C'était la personnification du cauchemar. *Voy.* KIKIMORA.

MARRAINE, fille ou femme qui tient un enfant sur les fonts de baptême, afin de répondre à sa place et de rendre compte de sa foi. Elle doit, à défaut des parents, veiller avec le parrain sur l'éducation religieuse de cet enfant lorsqu'il sera devenu grand. La marraine devenant la mère spirituelle du baptisé, elle contracte avec lui et avec son père et sa mère une alliance spirituelle, qui forme un empêchement de mariage, d'institution ecclésiastique, et dont l'Église peut dispenser.

MARS, un des dieux principaux des Grecs et des Latins. Les premiers l'appelaient *Arès*. Le mot latin pourrait venir de *Mah-Arès*, le grand Arès ; les anciens Romains le nommaient aussi *Mamers*.

Les poëtes ne s'accordent pas sur sa naissance. Les uns le disent fils de Jupiter et de Junon ; les autres attribuent à Junon toute seule les honneurs de cette production, et bâtissent à ce sujet la fable suivante : « La reine des dieux, jalouse de ce que son époux avait, sans sa participation, fait sortir Pallas de son cerveau, essaya, pour s'en venger, de faire aussi quelque ouvrage de son chef, et se mit à voyager dans l'Orient, cherchant le moyen de devenir mère sans le secours de son mari. Fatiguée de la route, elle s'assit un jour auprès du temple de Flore, qui lui demanda le sujet de son voyage ; l'ayant appris, elle lui promit de lui faire connaître le secret qu'elle cherchait, à condition qu'elle ne le révèlerait jamais à Jupiter. Junon lui en ayant fait le serment, Flore lui montra dans les champs d'Olène une fleur qui avait la propriété de faire concevoir par son seul attouchement ; ce fut donc par le moyen de cette plante merveilleuse que Junon donna naissance à Mars, dieu mutin et querelleur. Elle fit élever son fils par Priape, un des Titans ou Dactyles idéens, dont il apprit la danse et les autres exercices gymnastiques, qui sont les préludes de la guerre. C'est pour cela, dit Lucien, qu'en Bithynie on offrait à Priape la dîme des dépouilles consacrées à Mars. Le jeune dieu ne tarda pas à faire éclater ses inclinations guerrières. Il était vif, impétueux, robuste, adroit à tous les exercices du corps. Il ne se livrait point de combats sur la terre qu'il ne voulût y prendre part, et qu'il ne parût dans la mêlée, déguisé sous une forme humaine. Ce fut particulièrement pendant le siége de Troie qu'il se distingua. Il favorisait les Troyens, non par l'intérêt qu'il portait à ce peuple, mais par complaisance pour Vénus, dont il était amoureux, et qui avait un fils dans la ville assiégée. En vain Jupiter avait défendu aux dieux de se mêler des querelles des Grecs et des Troyens, Mars était toujours parmi ces derniers, les animant au combat et combattant lui-même à leur tête ; mais son ardeur impétueuse lui coûta cher. Minerve, qui protégeait les Grecs, suscita contre lui le vaillant Diomède, dont une flèche, conduite par Minerve, fit à ce dieu une blessure profonde. Mars, se sentant blessé, jeta, dit Homère, un cri terrible, tel que celui d'une armée entière qui charge l'ennemi. Il s'éleva aussitôt vers l'Olympe, et vint porter ses plaintes à Jupiter. Il lui demanda justice de l'attentat que Minerve, par les mains de Diomède, avait commis contre sa personne, et lui reprocha sa prédilection pour cette déesse née de son cerveau. Jupiter le reçut d'abord assez mal. « Ne m'importune plus de tes lamentations, lui dit-il, dieu perfide et inconstant. De tous les habitants de l'Olympe tu es le plus odieux pour moi. Tu ne te plais que dans le sang et dans le carnage ; tu ne respires que la discorde et les combats, et tu n'as que trop hérité du caractère indomptable de ta mère. » Néanmoins le père des dieux se radoucit et recommanda à Péon de panser la blessure de Mars, qui fut bientôt guéri par les soins du médecin des immortels. »

Nous passerons sous silence les aventures galantes du céleste guerrier ; la plus célèbre est son amour adultère pour Vénus. Mars s'était mis en garde contre les yeux clairvoyants de Phébus, qui était son rival auprès de la belle déesse, en mettant en sentinelle Alectryon, son favori ; mais celui-ci s'étant endormi, Phébus aperçut les coupables et courut en prévenir Vulcain. L'époux outragé les enveloppa dans un réseau aussi solide que subtil, et voulut rendre tous les dieux témoins de leur crime et en même temps de sa honte. Mars punit son favori en le métamorphosant en coq : depuis cette époque, cet oiseau tâche de réparer sa faute en annonçant par son chant le lever de l'astre du jour. Les poëtes donnent à Mars plusieurs femmes et plusieurs enfants ; il eut Hermione de Vénus, Rémus et Romulus de Rhéa, et de Thébé, Evadné, femme de Capanée.

Les anciens ont distingué plusieurs Mars : le premier fut Bélus, à qui Diodore de Sicile fait honneur de l'invention des armes et de l'art de ranger les troupes en bataille. Hygin nous apprend qu'on donna à cet ancien roi de Babylone le nom de *Bélus*, du grec βέλος, trait, pour avoir fait le premier la guerre aux animaux ; mais c'est une erreur ; le mot *Bel* est le même que *Bal* ou *Baal*, et désigne la divinité en général ; Bélus était plutôt Jupiter ou le Soleil. Le second Mars était un roi d'Égypte ; le troisième un roi des Thraces, nommé Odin, qui se distingua tellement par sa valeur et ses conquêtes, qu'il obtint d'être mis par ce peuple belliqueux au rang de dieu de la guerre : c'est celui qu'on nomme Mars hyperboréen (*Voy.* ODIN). Le quatrième est Arès, le Mars des Grecs ; le cinquième et dernier, celui des Latins, qui rendit Rhéa Sylvia mère de Rémus et de Romulus, et que l'on croit le même qu'Amulius, frère de Numitor.

Le culte de Mars paraît avoir été peu répandu chez les Grecs. Pausanias ne parle d'aucun temple élevé en son honneur, et ne cite que deux ou trois de ses statues, en particulier celle de Sparte, qui était liée et garrottée, afin que le dieu ne les abandonnât pas dans les guerres qu'ils auraient à soutenir.

Mais son culte triomphait chez les Romains, qui le regardaient comme le protecteur de leur empire. Dans la guerre contre les Lucaniens, les Romains crurent le voir marchant à leur tête et armé d'un casque ailé. Parmi ses temples, à Rome, celui qu'Auguste lui dédia après la bataille de Philippes, sous le nom de Mars Vengeur, passait pour le plus célèbre. Vitruve remarque que les temples de ce dieu étaient de l'ordre dorique, et qu'on les plaçait ordinairement hors des murs, afin que la divinité fût là comme un rempart pour garantir les murs des fureurs de la guerre. Mais cet usage n'était pas général, puisqu'à Halicarnasse le temple de Mars était au milieu de la citadelle. Les Saliens, prêtres de Mars, formaient un collège sacerdotal très-célèbre.

On immolait à Mars le taureau, le verrat et le bélier : quelques peuples lui sacrifiaient des chevaux : les Lusitaniens, des boucs, des chevaux et même des prisonniers de guerre ; les Cariens, des chiens ; les Scythes et les Saracores, des ânes. Le coq et le vautour lui étaient consacrés. On le mettait quelquefois dans la classe des divinités infernales. Et à qui ce titre convenait-il mieux, dit Noël, qu'à un dieu meurtrier, dont le plaisir était de repeupler sans cesse le royaume de Pluton ? Mars est représenté d'une manière assez uniforme, c'est-à-dire sous la figure d'un guerrier armé d'un casque, d'une pique et d'un bouclier.

Les anciens Sabins le représentaient sous l'effigie d'une lance *quiris*. Voy. QUIRINUS. Il en était de même chez les anciens Scythes, où une vieille épée couverte de rouille, et plantée sur un monticule, était l'emblème du dieu de la guerre. Ces peuples lui consacraient aussi de magnifiques bocages, dans lesquels ils affectaient d'avoir quelques chênes d'une grandeur extraordinaire. Ces arbres étaient si sacrés à leurs yeux, qu'ils tenaient pour sacrilège et digne de mort quiconque en arrachait la plus petite branche. Ils lui sacrifiaient des bœufs, des chevaux, et quelquefois des prisonniers de guerre, et ils arrosaient leurs arbres sacrés du sang des victimes. Les Gaulois pareillement adoraient Mars, ou plutôt leur dieu de la guerre sous la forme d'une épée déposée sur un autel, dans un de leurs bocages. Ils consacraient à cette divinité les dépouilles de leurs ennemis, qu'ils rassemblaient en monceau, et laissaient exposées au milieu de la campagne, sans craindre que qui que ce fût se permît d'en détourner la plus légère partie.

MARSOBA, fête que les Géorgiens célébrent pour le mal d'yeux le jour de sainte Agnès, 21 janvier. Ils se rendent à une église et portent en présent, les uns un peu de cire, d'autres de la corde, d'autres du fil, qu'ils mettent dans la main du prêtre. Celui-ci le leur tourne sur la tête, puis ils l'offrent à l'image, afin qu'elle les préserve du mal d'yeux.

MARSPITER, un des noms latins du dieu Mars, composé de *Mars* et de *pater*, de la même manière que l'on dit *Jupiter* pour *Joupater*.

MARSYAS, satyre de la mythologie grecque, personnification d'un fleuve de la Phrygie. Il joignait, suivant Diodore de Sicile, à beaucoup d'esprit et d'industrie, une sagesse et une continence à toute épreuve. Son génie parut surtout dans l'invention de la flûte, où il sut rassembler tous les sons qui se trouvaient auparavant distribués entre les divers tuyaux du chalumeau. Il fut le premier qui mit en musique les hymnes consacrés aux dieux. Attaché à Cybèle, il l'accompagna dans tous ses voyages, qui les conduisirent l'un et l'autre à Nyse, où ils rencontrèrent Apollon. Fier de ses nouvelles découvertes, Marsyas eut la hardiesse de faire au dieu un défi qui fut accepté, à condition que le vaincu serait à la discrétion du vainqueur. Les Nyséens furent pris pour arbitres. Ce ne fut pas sans peine et sans péril qu'Apollon l'emporta sur son concurrent. Indigné d'une telle résistance, il attacha Marsyas à un arbre, et l'écorcha tout vif, ou, comme dit Hygin, il fit faire cette cruelle opération par un Scythe. Mais quand la chaleur de son ressentiment fut passée, se repentant de sa barbarie, il rompit les cordes de sa guitare, et la déposa avec ses flûtes dans un antre de Bacchus, auquel il consacra ces instruments. Elien dit que la peau de Marsyas formait comme un miracle continuel : toutes les fois qu'on jouait de la flûte, elle s'agitait et résonnait, au lieu qu'elle ne produisait ni son ni mouvement quand on jouait de la lyre. On lui attribue encore l'invention du chalumeau composé de la double flûte, et de la ligature qui empêchait le gonflement du visage, si ordinaire dans le jeu des instruments à vent, et donnait plus de force au joueur en affermissant les lèvres et les joues. Le mythe de Marsyas fait sans doute allusion à l'introduction dans la musique d'un instrument nouveau et des luttes qu'eurent à essuyer ses partisans avec ceux qui tenaient pour l'ancienne méthode.

Les villes libres avaient dans la place publique une statue de Marsyas, symbole de leur liberté, à cause de la liaison intime de Marsyas, pris pour Silène, avec Bacchus, surnommé *Liber* ; car les poëtes et les peintres le représentent quelquefois avec les oreilles de faune ou de satyre, et une queue de Silène. A Rome, il y avait dans le Forum une de ces statues voisines d'un tribunal. Les avocats qui gagnaient leurs causes avaient soin de la couronner, pour remercier Marsyas du succès de leur éloquence, et le rendre favorable à leur déclamation en sa qualité d'excellent joueur de flûte.

MARTANDA-BHAIRAVA, incarnation de Siva. C'est sous cette forme que ce dieu mit en déroute l'armée des Daityas qui molestait les Brahmanes. *Voy.* MALLA.

MARTHE (DAMES DE SAINTE-), congrégation religieuse, dont le but est de donner aux malades les soins nécessaires et d'instruire les jeunes personnes. Leur maison-mère et le noviciat sont à Romans, dans le diocèse de Valence. Il y a dans ce diocèse douze maisons de cet ordre, et soixante professes, qui donnent l'instruction gratuite à plus de huit cent filles.

MARTIALES LARINI, ministres publics du dieu Mars chez les Romains.

MARTIAUX, jeux que les Romains célébraient le premier jour d'août en l'honneur de Mars, parce que c'était ce jour-là qu'on avait dédié le temple à ce dieu. On y faisait des courses à cheval et des combats d'hommes contre les animaux. Germanicus y tua une fois deux cents lions, au rapport des historiens.

MARTINISTES, 1° sectaires théosophiques, qui, sur la fin du siècle dernier, se formaient un symbole calqué en partie sur le christianisme, en partie sur la philosophie naturelle, et en partie sur l'illuminisme. Mais l'abbé Grégoire demande quel est fondateur du Martinisme ; car, dit-il, on peut choisir entre Saint-Martin et Martinez ; en effet c'est ce dernier qui initia Saint-Martin aux mystères théurgiques. — On ignore la patrie de Martinez Pascalis, qui mourut à Saint-Domingue en 1799 ; on présume cependant qu'il était Portugais. Il prétendait trouver dans la cabale judaïque la science qui nous révèle tout ce qui concerne Dieu et les intelligences créées par lui. Il admettait la chute des anges, le péché originel, le Verbe réparateur, la divinité des saintes Écritures. Il disait que quand Dieu créa l'homme, il lui donna un corps matériel, tandis qu'auparavant celui-ci n'avait qu'un corps élémentaire. Le monde avait été également dans l'état d'élément ; c'est Dieu qui coordonna l'état de toutes les créatures physiques à celui de l'homme.

Saint-Martin, né à Amboise en 1743, eut occasion de connaître à Bordeaux Martinez Pascalis, qu'il cite pour son premier instituteur, et Jacques Boehm pour le second. Ces liaisons décidèrent du sort de sa vie et de sa doctrine. Il avait d'abord embrassé la profession d'avocat, qu'il quitta pour l'état militaire ; il renonça également à celui-ci, voyagea en Italie et en Angleterre, et vint se fixer à Paris, où il demeura jusqu'à la révolution ; il mourut à Aulnay-lès-Bondy, en 1804. Il composa un certain nombre d'ouvrages théosophiques, dont plusieurs sont signés *le philosophe inconnu*. Il a la prétention de fonder sa doctrine sur les rapports éternels qui existent entre Dieu, l'homme et l'univers, et il avance que ces rapports sont développés non-seulement dans l'Ancien et le Nouveau Testament, mais dans tous les livres réputés sacrés par les différents peuples. Nous n'entrerons point ici dans le détail de sa doctrine, laquelle serait au reste assez difficile à formuler; elle est fondée presque tout entière sur l'illuminisme et sur une physique souvent absurde. A quelques vues saines s'intercalent une foule de choses inintelligibles, au milieu desquelles la raison s'égare sur la danse, sur la moelle; elle est l'image du limon, de ce matras général, ou de ce chaos par lequel la nature temporelle actuelle a commencé; — sur l'esprit astral ou sidérique: le temple de Jérusalem eut lieu pour garantir les opérations du culte lévitique des communications astrales. — L'existence des êtres corporels n'est qu'une véritable quadrature. — Toute la nature est un somnambulisme. — Notre bouche est entre les deux régions interne et externe, réelle et apparente; elle est susceptible de frayer avec l'une et l'autre : aussi les hommes se donnent plus de baisers perfides que de baisers sincères et profitables. — Si l'homme fût resté dans sa gloire, sa reproduction eût été l'acte le plus important, et qui eût le plus augmenté le lustre de sa sublime destination; aujourd'hui cette reproduction est exposée aux plus grands périls. Dans le premier plan, il vivait dans l'unité des essences; mais actuellement les essences sont divisées : une preuve de notre dégradation est que ce soit la femme terrestre qui engendre aujourd'hui l'image de l'homme, et qu'il soit obligé de lui conférer cette œuvre sublime, qu'il n'est plus digne d'opérer lui-même. Néanmoins, la loi des générations des divers principes, tant intellectuels que physiques, est telle que, quelle que soit la région vers laquelle il porte son désir, il y trouve bientôt un matras pour recevoir son image : vérité immense et terrible; etc., etc.

Dans un parallèle entre le christianisme et le catholicisme, comme si ces deux choses n'étaient pas identiques, il s'est donné libre carrière pour dénaturer et calomnier le catholicisme, qui n'est, dit-il, que le séminaire, la voie d'épreuves et de travail, la région des règles, la discipline du néophyte pour arriver au christianisme. — Le christianisme repose immédiatement sur la parole non écrite; il porte notre foi jusque dans la région lumineuse de la parole divine : le catholicisme repose en général sur la parole écrite ou sur l'Évangile, et particulièrement sur la messe; il borne la foi aux limites de la parole écrite ou de la tradition. — Le christianisme est le terme, le catholicisme n'est que le moyen; le christianisme est le fruit de l'arbre, le catholicisme ne peut en être que l'engrais; le christianisme n'a suscité la guerre que contre le péché, le catholicisme l'a suscitée contre les hommes.

On ne saurait nous reprocher de ne pas donner ici un précis raisonné des idées de Saint-Martin, car ses disciples eux-mêmes contestent la faculté de l'apprécier à quiconque n'est pas initié à son système; tel ne l'est qu'au premier degré; tel autre au second, au troisième, etc.; d'où il résulte qu'il faut attendre une grâce intérieure, ou, comme ils disent, un développement radical, pour le saisir et le comprendre. Voy. THÉOSOPHES.

2° Il y a en Russie une secte, née dans l'université de Moscou, vers la fin du règne de Catherine II, à laquelle la conformité de doctrine avec les Martinistes français a fait donner le même nom. Elle eut pour chef le professeur Schwarts. Les Martinistes russes étaient nombreux à la fin du XVIIIe siècle; mais ayant traduit en russe quelques-uns de leurs écrits, et cherché à répandre leur doctrine, plusieurs furent emprisonnés, puis élargis quand Paul monta sur le trône. Actuellement ils sont réduits à un très-petit nombre.

Ils admirent Swedenborg, Boehm, Ekartshausen et d'autres écrivains mystiques. Ils recueillent les livres magiques et cabalistiques, les peintures hiéroglyphiques, emblèmes des vertus et des vices, et tout ce qui tient aux sciences occultes. Ils professent un grand respect pour la parole divine, qui révèle non-seulement l'histoire de la chute et de la délivrance de l'homme, mais qui, selon eux, contient encore les secrets de la nature; aussi cherchent-ils partout dans la Bible des sens mystiques. Tel est à peu près ce qu'en disait Pinkerton en 1817.

MARTYR, mot grec qui signifie *témoin*. 1° C'est le nom que l'on donne, dans le christianisme, à ceux qui souffrent quelque supplice et la mort pour la défense de la foi de Jésus-Christ. C'est par le sang des martyrs que la religion chrétienne a été cimentée. Les empereurs romains, pendant l'espace de trois siècles, firent de vains efforts pour la détruire. Il y eut, par leurs ordres, dans toutes les provinces de l'empire, un affreux carnage des disciples de Jésus : ni l'âge, ni le sexe, ne mettait à l'abri de ces persécutions sanglantes; on traînait au supplice de saints pontifes, des magistrats vénérés, des grands de l'empire, de pauvres artisans, de respectables vieillards, de pieuses matrones, de nobles guerriers, de jeunes vierges, de tendres enfants, des esclaves;. on employait tous les genres de tortures pour les faire renoncer à leur foi, les cachots, les chevalets, les ongles de fer, l'eau ou l'huile bouillante, la lacération ou l'amputation des membres; et quand ils avaient survécu à ces affreux tourments, on leur arrachait un reste de souffle par le tranchant du glaive, par la croix, par le feu, par la dent des bêtes féroces, sans parler de genres de mort plus raffinés, inventés par le dépit et par la rage. Déjà, du temps de saint Jérôme, on évaluait à onze cent mille le nombre des chrétiens mis à mort dans l'étendue de l'empire romain. Mais plus on en faisait périr, plus le nombre des chrétiens augmentait; on eût dit, suivant la belle expression de Tertullien, que *le sang des martyrs était la semence des chrétiens*. La lutte eut cependant un terme; la patience invincible de ces athlètes de Jésus-Christ triompha de la puissance des maîtres du monde. Le christianisme, étendu et affermi par les moyens mêmes qui eussent

DICTIONN. DES RELIGIONS. III.

dû le détruire, s'assit enfin sur le trône des Césars; et l'Eglise, après avoir été inondée du sang de ses enfants, vit enfin fleurir dans son sein la paix et la sécurité.

Les chrétiens des premiers siècles recueillaient avec une sainte avidité les interrogatoires des confesseurs et des témoins de la foi, et les procès-verbaux rédigés soit par les tribunaux, soit par leurs propres *notaires* ou sténographes. On dit que le pape saint Clément avait établi à Rome sept notaires, dont chacun avait cette charge pour deux quartiers de la ville, et saint Cyprien, durant la persécution, recommandait de marquer soigneusement le jour où chacun aurait fini son martyre. C'étaient ces procès-verbaux qu'on appelait les *Actes des martyrs;* les chrétiens en achetaient chèrement des copies. Sur ces Actes, et sur ce qu'ils avaient observé de leur côté, les passions des martyrs étaient écrites et conservées par autorité publique dans les églises. Plusieurs de ces pièces précieuses périrent dans la persécution de Dioclétien, et quoique Eusèbe de Césarée en eût encore ramassé un grand nombre, son recueil a été perdu. Dès le temps du pape saint Grégoire, il ne s'en trouvait plus à Rome : on avait seulement les catalogues de leurs noms, avec les dates de leur bienheureuse mort, c'est-à-dire des martyrologes. Mais il s'était conservé ailleurs quelques Actes des martyrs, dont les religieux bénédictins ont donné un recueil latin sous le nom d'*Actes choisis et sincères*. L'Eglise chrétienne a toujours professé la plus haute vénération pour les martyrs; chaque année on célébrait avec solennité l'anniversaire de leur combat et de leur triomphe; ce sont même les premiers pour lesquels on ait institué des fêtes spéciales; ces jours-là on lisait en public leurs actes dans les églises, et on offrait, autant que possible, le saint sacrifice, sur le lieu même où ils avaient répandu leur sang, ou sur le tombeau qui renfermait leurs cendres et qui alors servait d'autel.

Cependant les martyrs n'ont pas été bornés aux trois premiers siècles : il y eut encore ensuite dans l'empire romain des persécutions partielles où le sang chrétien fut de nouveau répandu. Au dehors de l'empire romain, la Perse fit de nombreux martyrs, jusqu'au VIIe siècle ; les Musulmans à leur tour continuèrent cette œuvre de sang. Dans ces derniers temps, on vit, en France même, des flots de sang répandus par la seule haine du nom chrétien, et avec des raffinements de barbarie dignes des peuplades les plus sauvages; la Chine, la Cochinchine et plusieurs autres contrées éloignées ont encore fourni naguère à l'Eglise des champions aussi intrépides que les premiers, et de nouveaux protecteurs.

2° Les Musulmans ont aussi leurs martyrs, qu'ils appellent *schahid* ou témoins; ce sont ceux qui ont été tués à la guerre contre les infidèles, c'est-à-dire contre les chrétiens, les Juifs ou les païens ; ou ceux qui ont subi une mort injuste et violente. A la tête de tous leurs martyrs, ils mettent Mahomet, qui eut deux dents cassées à la bataille d'Ohod.

MARTYRIAIRE, nom donné, dans les anciennes liturgies, aux gardiens ou préposés d'une église et spécialement du lieu où reposaient les reliques des martyrs, comme cryptes, confessions, catacombes.

MARTYRIENS, païens du IVe siècle, qui honoraient les reliques de leurs martyrs. *Voy.* MASSALIENS.

MARTYRION, nom donné aux oratoires, aux chapelles élevées sur les tombeaux des martyrs, dans les premiers siècles de l'Eglise. On a même quelquefois appelé le saint sépulcre *martyrion;* ce nom ne se confond alors avec celui d'*anastasis*, résurrection.

On a encore donné ce nom au maître autel d'une église où reposaient les reliques des martyrs ; c'est ce que l'on appelle à Rome confession. Dans quelques églises, le martyrion est placé dans les constructions souterraines, et c'est ce que l'on nomme alors *cryptes*.

MARTYROLOGE, catalogue qui contient les noms et la date de la mort des martyrs et autres saints de l'Eglise chrétienne. Les calendriers des églises particulières, où l'on marquait les fêtes, ont donné lieu aux martyrologes. Le premier auteur connu dont nous ayons des martyrologes, est Bède, qui en composa deux, l'un en prose et l'autre en vers, au commencement du VIIIe siècle. Ceux qu'on attribue à Eusèbe et à saint Jérôme sont supposés. Florus, diacre de Lyon, fit, dans le IXe siècle, un grand nombre d'additions au martyrologe en prose de Bède, et le donna tel que nous l'avons aujourd'hui. On trouve dans le tome V du Spicilége de D. Luc d'Achéry, un martyrologe en vers, composé vers l'an 580, par Wandalbert, moine du monastère de Prum. Canisius, dans ses Antiquités ecclésiastiques, nous a donné ceux de Raban Maur, archevêque de Mayence, et celui de Notger le Bègue, moine de Saint-Gall. Usuard, moine de Saint-Germain des Prés, dédia à Charles le Chauve, en 870, un Martyrologe plus ample et plus exact que les précédents. On en fit depuis un grand nombre jusqu'à Baronius. Ce savant en dressa un nouveau, accompagné de notes, qui fut approuvé du pape Sixte V, et adopté par l'Eglise romaine : c'est celui qu'on appelle le Martyrologe romain. On le lit chaque jour à l'office public, à la fin de Prime, avant l'office capitulaire dont il fait partie. Plusieurs diocèses ont en outre un Martyrologe particulier.

MARTZANA ou MARZÉNA, déesse des Slaves, adorée à Kiew. Elle répondait à la Cérès des Latins, et on la considérait comme la divinité tutélaire des moissons.

MARUNUS, dieu tutélaire des voyageurs dans les Alpes. Les Romains l'avaient assimilé à Mercure, comme on le voit par une inscription découverte à Baden en Argew. Quelques-uns pensent que ce nom est tiré des guides qui conduisaient ou même portaient les voyageurs à travers les neiges des montagnes, et que les Romains appelaient *marrones* ou *marruni*.

MARYAMMA, MARYATALE et MARYATTA, déesse de la petite vérole, chez les Hindous; c'est la divinité par excellence de la basse classe; elle est l'objet spécial du culte des parias, des blanchisseurs, des pêcheurs, etc., qui la confondent avec Rénouka, épouse du sage Djamadagni, et mère de Parasou-Rama, incarnation de Vichnou. Ils racontent ainsi son histoire:

Cette déesse commandait aux éléments, mais elle ne pouvait conserver cet empire qu'autant que son cœur resterait pur. Un jour qu'elle ramassait de l'eau dans un étang, et que, suivant sa coutume, elle en faisait une boule pour la porter à sa maison, elle vit sur la surface de l'eau des figures de Gandarbhas qui voltigeaient au-dessus de sa tête. Elle fut éprise de leur beauté, et le désir entra dans son cœur; l'eau déjà ramassée se liquéfia de suite et se confondit avec celle de l'étang. Elle ne put réussir à en rapporter chez elle sans le secours d'un vase. Cette impuissance découvrit à Djamadagni que sa femme avait cessé d'être pure, et, dans l'excès de sa colère, il enjoignit à son fils de l'entraîner dans le lieu marqué pour les supplices et de lui trancher la tête. Cet ordre fut exécuté, mais Parasou-Rama s'affligeait tellement de la mort de sa mère, que Djamadagni lui dit d'aller prendre son corps, d'y joindre la tête qu'il avait décollée, et de lui prononcer à l'oreille un mantra ou formule mystérieuse, l'assurant qu'elle ressusciterait aussitôt. Le fils courut avec empressement, mais par une méprise singulière, il joignit à la tête de sa mère le corps d'une femme suppliciée pour ses infamies; assemblage monstrueux qui donna à ce nouvel être les vertus d'une déesse et les vices d'une misérable. La déesse, devenue impure par ce mélange, fut chassée de la maison, et commit toutes sortes de cruautés. Les Dévétas, voyant le ravage qu'elle faisait, l'apaisèrent en lui donnant le pouvoir de guérir la petite vérole, et lui promirent qu'elle serait invoquée pour cette maladie.

Maryamma est donc la grande déesse des parias, qui la mettent au-dessus de Dieu; plusieurs membres de cette vile classe se dévouent à son culte. Pour l'honorer, ils ont coutume de danser, ayant sur la tête plusieurs cruches d'eau posées les unes sur les autres: ces cruches sont garnies de feuilles de margousier, arbre qui lui est consacré. Quand quelqu'un est attaqué de la petite vérole, on en place toujours quelques branches dans son lit, et ce n'est qu'avec elles qu'on lui permet de se gratter; on en place encore au-dessus du lit, dans les autres chambres, sur les toits, et les voisins en mettent aussi sur leurs maisons.

Les Hindous craignent beaucoup cette déesse; ils lui élèvent des temples dans tous les villages; on ne place dans le sanctuaire que sa tête, à laquelle seule les Hindous de bonne caste adressent leurs vœux; son corps est placé à la porte du temple, et devient l'objet de l'adoration des parias.

Maryamma, devenue impure par l'union de sa tête avec le corps d'une infâme, et craignant de n'être plus adorée de son fils Parasou-Rama, pria les Dévétas de lui accorder un autre enfant, et ils lui donnèrent Kartavirya; les parias partagent leurs adorations entre sa mère et lui. C'est le seul de tous les dieux auquel on offre des viandes cuites, du poisson salé, du tabac, etc., parce qu'il est issu d'un corps de paria.

On célèbre tous les ans la fête de Maryamma. Ceux qui pensent avoir obtenu de grands bienfaits de cette déesse ou qui veulent en obtenir, font vœu de se faire suspendre en l'air. Cette cérémonie consiste à faire passer deux crochets de fer, attachés au bout d'un très-long levier, sous la peau du dos de celui qui a fait le vœu; ce levier est suspendu au haut d'un mât élevé d'une vingtaine de pieds. Dès que le patient est accroché, l'on pèse sur le bout opposé du levier, et il se trouve en l'air. Dans cet état on lui fait faire autant de tours qu'il veut, et pour l'ordinaire il tient dans ses mains un sabre et un bouclier, et fait les gestes d'un homme qui se bat. Quoi qu'il souffre, il doit paraître gai; s'il lui échappe quelques larmes, il est expulsé de sa caste; mais cela n'arrive que très-rarement. Celui qui doit se faire accrocher boit une certaine quantité de liqueur enivrante qui le rend presque insensible, et lui fait regarder comme un jeu ce dangereux appareil. Après plusieurs tours on le descend, et il est bientôt guéri de sa blessure; cette prompte guérison passe pour un miracle aux yeux des zélateurs de Maryamma. *Voy.* TCHARKH-POUDJA.

MARZANA ou **MARZÉNA**, déesse des Sarmates; la même que *Martzana*. Quelques-uns en font la Vénus, d'autres la Diane de ces peuples. L'historien Bielski dit que de son temps, en 1550, existait encore dans les campagnes de la Pologne l'usage de noyer, le premier dimanche de carême, un mannequin de paille, vêtu de longs habits et appelé Marzanna; on accompagnait cette cérémonie de chants mélancoliques.

MASAN, esprits de la mythologie des Indiens qui habitent les montagnes de Kamaon. Les masan ou lutins sont les âmes des jeunes enfants dont les corps ont été ensevelis et non pas brûlés; ils rôdent autour des villages sous la forme d'ours et d'autres animaux sauvages.

MASARIS, nom de Bacchus chez les Cariens. On dérive ce vocable de *Ma*, une des nourrices de Bacchus, et d'*Arès*, nom grec du dieu de la guerre, parce que Ma persuada à Junon que son nourrisson était un fils de Mars. Cette étymologie, donnée par Etienne de Byzance, nous paraît forcée et est contraire aux procédés communs de dérivation. Nous préférerions tirer *Masaris* de l'oriental *Maserath*, qui désigne une boisson tirée de la compression du raisin.

MASAUPADA, ou *le mois du jeûne*, nom que les Hindous donnent à une période de jeûne qui se prolonge pendant toute la durée du mois de Kartik (octobre-novembre) ; quelques-uns même le poussent jusqu'au dix du mois suivant. Ce jeûne a lieu en l'honneur de Vichnou ; pendant toute sa durée, on doit se baigner chaque jour, changer de vêtements, et visiter une pagode consacrée à Vichnou. Dès le matin, le dévot, revêtu d'un habit bien net, fait cent et une fois le tour de cette pagode : d'autres, plus religieux, font mille et un tours; et à chaque tour on doit prononcer tout bas un des mille noms de Vichnou. Pendant ce laps de temps on ne doit manger que des figues et du lait, s'abstenir du commerce des femmes, ne parler que de Vichnou et chanter ses louanges. Ce jeûne, pour être régulièrement célébré, doit s'observer pendant douze ans; mais chaque année on le recule d'un mois, de sorte que chacun des mois de l'année s'est trouvé sanctifié par ce jeûne.

MASA YA YA KATSOU-NO FAYA FI AMA-NO OSI WO MIMI-NO MIKOTO, le deuxième des esprits terrestres qui ont régné sur le Japon antérieurement aux hommes ; c'est le fils aîné de Ten sio daï sin. Il épousa *Tagou tada tsi tsi fime*, fille de *Takan mi mosou fi-no Mikoto*, et en eut un fils appelé *Ama tsou fiko fiko fo-no ni ni ghi-no Mikoto*, qui lui succéda. Voyez la naissance merveilleuse de Masa ya ya katsou-no, à l'article SASAN-NO O MIKOTO.

MASOUCHKI, nom que certaines tribus de nègres de la Guinée donnent à leurs prêtres.

MASSALIENS, hérétiques du IVe siècle, appelés en grec *Euchites*, c'est-à-dire *priants*. On croit que le nom de Massaliens signifie la même chose; en effet, *masalla*, ou *musalla*, veut dire en arabe et en chaldéen celui qui prie; or, les premiers Massaliens venaient d'Assyrie, et ils faisaient consister dans la prière seule l'essence de la religion. Il y en eut de deux sortes.

1° Les plus anciens étaient païens et n'avaient rien de commun avec les chrétiens ni avec les Juifs. Quoiqu'ils reconnussent plusieurs dieux, ils n'en adoraient qu'un qu'ils nommaient Tout-Puissant; on croit avec vraisemblance que ce sont les mêmes que d'autres appellent Hypsistaires ou adorateurs du Très-Haut. Leurs oratoires étaient de vastes bâtiments découverts en forme de places publiques. Ils s'y assemblaient le soir et le matin, pour y chanter, à la lumière des lampes, des cantiques à la gloire de Dieu, d'où on les appela aussi en grec *Euphémites*. Quelques magistrats en firent mourir plusieurs, parce qu'ils corrompaient la vérité, et imitaient les usages de l'Église sans être chrétiens. Les Euphémites prirent les corps de ceux d'entre eux qu'on avait fait mourir, et les inhumèrent en des lieux où ils s'assemblèrent pour prier, d'où ils prirent le nom de *Martyriens*. Quelques-uns, considérant la grandeur et la puissance du démon pour faire du mal aux hommes, s'adressaient à lui, l'adoraient et le priaient pour l'apaiser, d'où leur vint le nom de *Sataniens*.

2° Ceux qui portaient le nom de chrétiens commencèrent vers le règne de Constance, mais leur origine était incertaine. Saint Épiphane attribue leur erreur à l'excessive simplicité de quelques-uns qui avaient pris trop à la lettre le précepte de Jésus-Christ, de renoncer à tout pour le suivre, de vendre son bien et d'en donner le prix aux pauvres Ils quittaient tout en effet, mais ils menaient ensuite une vie oisive et vagabonde, demandant l'aumône et vivant pêle-mêle hommes et femmes, jusqu'à coucher ainsi dans les rues pendant les nuits d'été. Ils rejetaient le travail des mains comme mauvais, abusant de cette parole de Jésus-Christ : Travaillez, non pour la nourriture qui périt, mais pour celle qui demeure dans la vie éternelle. Ils n'observaient point le jeûne, mais ils mangeaient dès les huit ou neuf heures du matin, et même avant le jour, selon que l'appétit les prenait.

Les Massaliens disaient que chaque homme avait un démon qui le suivait depuis sa naissance et qui le poussait aux mauvaises actions ; que le seul moyen de le chasser de l'âme était la prière, et que cette arme arrachait avec lui la racine du péché. Ils regardaient les sacrements comme des choses indifférentes ; l'Eucharistie, selon eux, ne faisait ni bien ni mal ; le baptême opérait comme un rasoir, retranchant les péchés, mais sans en ôter la racine. Ils dormaient la plus grande partie du jour ; puis ils disaient qu'ils avaient eu des révélations, et faisaient des prédictions, souvent démenties par l'événement. Ils se vantaient de voir la sainte Trinité des yeux du corps, et de recevoir le Saint-Esprit d'une manière visible et sensible. Aussi avaient-ils des transports dans la prière, qui leur faisaient faire des actions extravagantes. Ils s'élançaient tout d'un coup, disant qu'ils sautaient par-dessus les démons, et qu'ils tiraient contre eux, en imitant le geste d'un homme qui tire de l'arc ; ils faisaient plusieurs autres folies semblables, qui ont été renouvelées dans le siècle dernier par les Convulsionnaires. Ils se disaient patriarches, prophètes, anges et le Christ même, prétendant que par la science et la vertu les hommes pouvaient devenir non-seulement semblables, mais égaux à Dieu ; d'où il résultait qu'une fois parvenu à ce degré, on devenait impeccable et qu'on ne pouvait plus même pécher par ignorance. Les Massaliens ne se séparaient point de la communion des fidèles, mais ils cachaient soigneusement leur hérésie, la niant même au besoin, et l'anathématisant avec impudence. Les chefs de cette secte étaient Adelphius, qui n'était ni moine ni clerc, mais simple laïque; Sabbas, qui portait l'habit de moine et s'était fait eunuque, d'où le nom lui en était resté; un autre Sabbas, Eustathe le vénérable, Dadoès, Hermas, Siméon et quelques autres. Ils furent combattus par saint Flavien d'Antioche et condamnés par plusieurs conciles.

MASSIA, petites chapelles des Japonais : elles sont élevées en l'honneur des dieux subalternes, et desservies par des individus appelés *Kanousis*, qui s'y tiennent pour recevoir les offrandes des dévots qui vont invoquer la divinité à laquelle les Massia sont érigés.

MASSI-MAGON, ou mieux *Mag-Magha*; fête que les Indiens-Tamouls célèbrent à la pleine lune de Magh dans le mois de février; elle consiste à se baigner dans une eau sainte. C'est une œuvre très-méritoire d'aller à Allahâbâd, pour se baigner dans le confluent du Gange et de la Yamouna. Ceux qui sont dans l'impossibilité de s'y rendre doivent le faire dans une autre rivière. Les habitants de Pondichéry n'ayant pas d'étangs sacrés dans leurs pagodes, vont à la rivière de Tircangi, un peu au delà de Villénor. Il faut accompagner ce bain religieux de jeûnes, de prières pour les morts et d'autres bonnes œuvres.

MASSORE, c'est-à-dire tradition : les Juifs donnent ce nom à l'exégèse biblique et aux travaux des anciens commentateurs qui ont fixé la lecture du texte hébreu de la Bible, supputé le nombre des versets, des mots et des lettres, déterminé le nombre des variantes et fixé les accents, afin que la lecture de l'Ecriture sainte demeurât uniforme et constante dans tous les temps et dans tous les lieux, et qu'aucun changement, aucune altération ne pût s'y introduire.

On distingue quelquefois deux Massores; la première, composée avant l'invention des points-voyelles; elle consiste principalement dans certaines notes marginales appelées *kéri* et *kétib*. Le kétib (*scriptum*) est la manière dont est écrit un mot ou un membre de phrase du texte, et le kéri (*effatum*) est la manière dont il doit être lu ou prononcé. Le *kéri-kétib* a lieu pour substituer dans la lecture un mot correct à un mot corrompu, absent ou mal orthographié, une expression décente à une autre qui est devenue malsonnante ou obscène, et enfin à prononcer le mot *Adonaï* toutes les fois que l'on rencontre le nom de *Jéhova*. La seconde Massore serait l'invention des points-voyelles et des accents prosodiques et orthographiques.

Les Juifs font remonter très-haut l'une et l'autre Massore: à les entendre, elles auraient été inventées par Esdras; quelques-uns même soutiennent qu'elles sont dues à Moïse; mais il faut ranger ces prétentions parmi les fables rabbiniques, car la Massore n'est pas antérieure à la dissolution de la fameuse école de Tibériade; tout au plus pourrait-on admettre que les docteurs de cette université se sont occupés, avant de se séparer, de fixer la lecture et la prononciation du texte sacré, afin de prévenir les altérations postérieures. Malheureusement leur superstition les a empêchés de comprendre la mission dont on les avait chargés, ou qu'ils s'étaient imposée à eux-mêmes. Au lieu de recourir aux sources antiques et à une exégèse libérale, ils se sont asservis aux traditions corrompues de leur temps, et ont consacré ainsi les leçons, la prononciation, l'intonation, les règles grammaticales de leur époque : ils ont même sanctionné les erreurs et les fautes d'orthographe, prétendant que de grands mystères étaient cachés dans les mots ou dans les lettres changées, altérées, ajoutées ou effacées, tandis que c'étaient tout simplement des fautes de copistes.

Tout en rendant grâces aux Massorètes pour leurs minutieux travaux, qui, il faut en convenir, ont rendu quelque service aux lettres sacrées, nous n'en devons pas moins déplorer l'esprit étroit et superstitieux qui a présidé à cette opération, de sorte qu'il ne faut user de la Massore qu'avec une grande critique et beaucoup de circonspection. Mais ce dont nous ne saurions trop nous étonner, c'est que les protestants, qui, sur tout autre objet, se montrent si indépendants, aient abandonné avec mépris l'exégèse de l'Église romaine, qui avait bien une certaine autorité, pour se mettre servilement à la remorque des absurdes traditions de Juifs sans caractère et sans mission authentique, et suivre la Massore avec la plus étonnante superstition.

MASSORÈTES. On donne communément ce nom aux docteurs juifs qui ont inventé la Massore et fixé la lecture du texte hébreu de la Bible.

MATAGABIA, génie de la mythologie slave. C'était lui qui surveillait le four, et, en vertu de cette fonction, il avait droit au premier pain qu'on en retirait.

MATAI, dieu du vent, chez les Taïtiens. Il était fils de Tane et de Taroa. Lorsque Mahanna (le soleil), son frère, reçut l'empire universel, il eut en partage la région intermédiaire, où il occasionne des tempêtes lorsqu'il éprouve des contrariétés.

MATALI, dieu indien, conducteur du char d'Indra.

MATAMBOLA, ou prêtre des ressuscités, un des Gangas du Congo. Voici comme le P. Cavazzi raconte les prétendus prodiges qu'il opère. Si, un homme étant mort et enseveli, ses parents viennent prier Matambola de le ressusciter, celui-ci leur commande de le déterrer et de le porter dans un bois. Là, en présence de ses affidés, il tourne plusieurs fois autour du corps et fait diverses figures, invocations et autres cérémonies, jusqu'à ce que le mort commence à donner quelques signes de vie, en remuant ou les pieds, ou les mains, ou la tête. Alors le prêtre redouble ses conjurations, jusqu'à ce que le mort se lève sur ses pieds, qu'il fasse quelques pas, qu'il prononce quelques sons articulés, et qu'il reçoive de la viande dans sa bouche. On ne peut pas, ce semble, souhaiter des signes de vie plus apparents. Le Ganga rend aussitôt le prétendu ressuscité à ses parents ; mais il les charge en même temps de tant de préceptes impraticables, qu'ils en ont enfreint quelqu'un avant qu'ils soient bien loin. Alors le cadavre ranimé retombe à terre pour ne plus se relever.

MATANGA, saint personnage de la mythologie hindoue. Son ermitage était placé sur la pente du mont Richyamouka ; jamais les fleurs ne s'y fanaient, jamais les arbres n'y vieillissaient. Quand Rama y arriva, il y avait longues années que le saint et ses disciples avaient disparu : tout était cependant préparé pour le recevoir dans l'ermitage, qui était demeuré inaccessible aux êtres malfaisants, et les instruments de cuisine étaient dans un ordre parfait, comme si on l'eût attendu.

MATCHI-MANITOU, ou *mauvais esprit;* nom que les habitants de l'Amérique du Nord donnent au démon ou principe du mal ; ils le regardent comme l'ennemi de la prospérité des hommes, et lui attribuent les maux qu'ils souffrent. Dans quelques tribus le Soleil étant considéré comme le bon principe, *Kitchi-Manitou*, la Lune est pour elles le mauvais. C'est pourquoi, lorsqu'ils étaient surpris par des tempêtes, ils jetaient à la mer ce qu'ils avaient de plus précieux dans leurs canots, espérant apaiser par ce sacrifice l'esprit irrité de la Lune, qu'ils croyaient résider au fond de la mer.

MATCOMEK. Quelques tribus sauvages de l'Amérique septentrionale donnent ce nom à un dieu qu'ils invoquent durant le cours de l'hiver.

MATÉRA, un des surnoms de Minerve, à laquelle étaient consacrées les piques. On en suspendait autour de ses autels et de ses statues. Le *matéra* était une espèce de trait en usage chez les Gaulois.

MATÉRIALISME. C'est le nom que l'on donne au système de certains philosophes qui prétendent que l'âme est une substance matérielle. Ce sentiment, qui flatte les sens et favorise le libertinage, fut autrefois soutenu par les Épicuriens, et il a été depuis renouvelé par certains prétendus esprits forts, qui sans doute ne trouvaient rien à perdre et tout à gagner en enseignant une pareille doctrine. Quelques-uns, plus modérés, se sont contentés de dire qu'il était possible que Dieu élevât la matière à la faculté de penser, et que, par conséquent, l'on ne pouvait assurer avec certitude que l'âme fût spirituelle : tels sont particulièrement Locke, Fabricius et quelques autres. L'étendue et la pensée, dit Locke, sont deux attributs de la substance : pourquoi Dieu ne pourrait-il pas donner à la fois ces deux attributs à une même substance ? Pour faire voir que ce raisonnement n'est qu'un sophisme, il suffit de rétorquer l'argument. La forme ronde et la forme carrée sont deux modifications de la matière : pourquoi le même morceau de matière ne pourrait-il pas être à la fois rond et carré ? Mais on peut répondre directement à Locke, en lui démontrant qu'il répugne que la matière pense.

En effet, lorsque nous réfléchissons sur nous-mêmes, nous voyons que toutes les impressions des objets extérieurs sur nos organes se rapprochent vers le cerveau et se réunissent dans le principe pensant ; en sorte que c'est ce principe qui perçoit les couleurs, les sons, les figures et la dureté des corps ; car le principe pensant compare ces impressions ; et il ne pourrait les comparer, s'il n'était pas le même principe qui aperçoit les couleurs et les sons. Si ce principe était composé de parties, les perceptions qu'il recevrait seraient distribuées à ses parties, et aucune d'elles ne verrait toutes les impressions que font les corps extérieurs sur les organes. Aucune des parties du principe pensant ne pourrait donc les comparer. La faculté que l'âme a de juger suppose donc qu'elle n'a point de parties, et qu'elle est simple. Plaçons, par exemple, sur un corps composé de quatre parties, l'idée d'un cercle : comme ce corps n'existe que par ses parties, il ne peut aussi s'apercevoir que par elles. Le corps composé de quatre parties ne pourrait donc apercevoir un cercle que parce que chacune de ses parties apercevrait un quart de cercle ; or, un corps qui a quatre parties, dont chacune apercevrait un quart de cercle, ne peut apercevoir un cercle, puisque l'idée du cercle renferme quatre quarts de cercle, et que, dans les corps composés de parties, il n'y en a aucune qui aperçoive les quatre quarts du cercle. La simplicité de l'âme est donc appuyée sur ses opérations mêmes ; et ses opérations sont impossibles, si l'âme est composée de parties simples et matérielles.

Les matérialistes insistent beaucoup sur cet intime rapport qu'on aperçoit entre l'âme et le corps, entre les pensées et les sensations. Il semble, disent-ils, que l'âme croisse et se développe, qu'elle éprouve les mêmes faiblesses et les mêmes infirmités. Si les organes sont épais ou mal arrangés, les pensées sont lentes, confuses et embarrassées. Si les organes sont déliés, subtils et bien disposés, les pensées sont nettes, vives et ingénieuses. Qu'il arrive dans l'organisation un dérangement considérable, l'âme ne pense plus, et paraît avoir perdu tout son ressort. Que le sommeil appesantisse les organes, les pensées sont vagues, sans ordre et sans suite. Ne doit-on pas conclure, de cette influence singulière de l'état du corps sur les opérations de l'âme, qu'elle n'est en effet autre chose que la disposition même des organes de notre corps ? Non, sans doute. La seule conclusion qu'on en puisse tirer, c'est que l'âme est étroitement unie avec le corps, et que cette union est pour nous un mystère inexplicable ; mais une chose que nous ne comprenons pas ne peut jamais nous autoriser à nier une vérité démontrée.

MATH, mot indien qui signifie à la fois un temple hindou, un couvent et un collège, parce qu'auprès des temples il y a ordinairement un couvent ou un collège, et quelquefois l'un et l'autre établissement.

Les Maths, considérés comme couvents, sont sous la direction d'un supérieur appelé *mahant*. Le nombre des religieux varie de trois ou quatre à trente ou quarante, qui résident dans l'établissement sans compter ceux qui, tout en étant attachés à la communauté, n'ont point de demeure fixe. Les membres résidants sont ordinairement les plus anciens de la congrégation, et quelques jeunes gens qui font leur noviciat. La plupart des Maths possèdent des fonds de terre, mais qui sont de peu de valeur, excepté les

Maths qui se trouvent dans les grandes villes; mais les offrandes des fidèles sont ce qui contribue le plus efficacement à leur entretien ; quelquefois aussi la communauté se livre sous main au commerce ; enfin il y a toujours un certain nombre de membres qui sortent journellement pour faire la quête ; et ils rapportent en aumône du riz et d'autres grains en quantité suffisante pour la nourriture de la congrégation.

MATHURINS, religieux fondés dans le XIIIe siècle par saint Jean de Matha, pour racheter les captifs, et approuvés par Innocent III. Le nom de leur institut est l'*ordre de la Sainte-Trinité pour la rédemption des captifs*; par abbréviation on les appelle simplement les *Trinitaires*. Le nom de *Mathurins* qu'ils portaient en France vient de ce que l'église qu'ils desservaient à Paris était dédiée à saint Mathurin. On les trouve aussi appelés anciennement *Frères aux ânes*, parce que leurs règlements ne leur permettaient pas de voyager autrement que sur des ânes, quand ils voulaient se servir de monture. *Voy.* TRINITAIRES.

MATINES. C'est la première des heures canoniales dans l'office divin ; elles doivent être récitées ou chantées la nuit. Dans les fêtes doubles, elles sont composées de trois nocturnes, sans doute parce que, dans les monastères, on se relevait aux trois premières veilles de la nuit, c'est-à-dire de trois heures en trois heures pour prier. Les Laudes étaient chantées à la quatrième veille. Dans plusieurs ordres religieux, on a conservé l'usage de les célébrer, à minuit, ou bien à une ou deux heures du matin, mais dans d'autres on les récite sur le soir avant la nuit ou le lendemain au matin. Le véritable nom de cette partie de l'office est les *nocturnes* ou l'*office de la nuit*; celui de *Matines* convient plutôt aux Laudes, qui en effet étaient appelées autrefois *matutinæ Laudes*.

Les Matines sont peut-être la partie du Bréviaire la plus intéressante, comme elles étaient autrefois la plus solennelle; en effet, après un invitatoire chanté sur un mode grave et pompeux, on chante une hymne et un certain nombre de psaumes, ordinairement au nombre de neuf, mais qui vont quelquefois jusqu'à dix-huit, suivant le rite romain, et on y fait lecture de l'Ecriture sainte, de la Vie des saints, des discours ou homélies des saints Pères. Ces lectures sont partagées en leçons, suivies chacune d'un répons approprié à la fête ou au mystère qu'on célèbre. Le tout est terminé par le chant du *Te Deum*; excepté dans les temps de pénitence.

MATLACUEJE, déesse des eaux, chez les Mexicains, et épouse du dieu Tlaloc. On la représente vêtue d'une robe de couleur bleu-céleste.

MATOUA, le grand prêtre des idoles, aux îles Gambier dans l'Océanie.

MATRALES, fêtes qu'on célébrait à Rome, le 11 juin, en l'honneur de Matuta ou Ino. Les dames romaines participaient seules aux cérémonies qu'on y accomplissait, et pouvaient entrer dans le temple. Une seule esclave y était admise, et on la renvoyait après l'avoir légèrement souffletée, en mémoire de la jalousie qu'Ino avait conçue contre une de ses esclaves. Les Romaines n'offraient des vœux à cette déesse que pour les enfants de leurs frères ou de leurs sœurs, parce que Matuta avait été trop malheureuse pour les siens propres. Le sacrifice qu'elles offraient consistait en un gâteau de farine, de miel et d'huile, cuit sous une cloche de terre.

MATRES, *mères*, nom que les anciens donnaient aux Parques, soit à raison du soin qu'elles daignaient prendre pour favoriser le passage de l'homme à la vie, soit en reconnaissance des secours que les femmes croyaient en obtenir dans les douleurs de l'enfantement.

Banier prétend qu'elles présidaient principalement à la campagne et aux fruits de la terre. On les invoquait aussi pour la prospérité des empereurs et de leur famille, ainsi que pour celle des particuliers. Elles sont souvent confondues sur les inscriptions, comme elles l'étaient dans le même culte, avec les Commodèves, les Sulèves, les Junons, les Matrones, les Sylvatiques, et semblables divinités champêtres. D'autres les font venir de Phénicie. Il paraît que ce n'était en général autre chose que les génies des lieux, soit villes ou campagnes, où elles étaient honorées.

MATRI, *mère*. « C'est, dit M. Langlois, dans la mythologie hindoue, l'énergie personnifiée d'un dieu, ou sa femme, et en un sens figuré, la mère des dieux et des hommes. Les Mâtris sont au nombre de huit : d'autres n'en reconnaissent que sept ; quelquefois on en compte jusqu'à seize. Voici les noms des huit Mâtris : Brahmi, mâtri de Brahmâ; Maheswari, de Siva; Vaichnavi, de Vichnou; Aindri, d'Indra; Vârâhâ, de Vichnou dans l'avatare Vârâhâ; Kaumari, de Kartikéya; Kauveri ou Tchamounda, de Kouvera ; et Tchartchika, de Siva, en mémoire d'une de ses incarnations inférieures. Une autre liste les nomme ainsi : Maheswari, Brahmi, Narayani, Aindri, Vârâhi, Kaumari, Narasinhi et Aparadjita. Narasinhi est l'énergie de Vichnou dans l'avatare Narasinha, et Aparadjita est une forme de Dourga. Il paraît qu'on les honore comme les Pitris (patriarches), en leur présentant les restes de l'offrande, la face tournée vers le Sud. Dans les provinces qui sont sur le Gange, elles n'ont plus de culte régulier et permanent. Dans le *Dévi Mahatmya*, on les décrit avec leur costume, leur char et leurs armes. »

MATRIGANA, classe de divinités adorées dans l'Inde, peut-être les mêmes que les Mâtris.

MATRIKA, les mères divines, ou personnifications hindoues de l'énergie des dieux. *Voy* MATRI.

MATRONALES, fête célébrée par les dames romaines aux Kalendes de Mars. Ovide assigne cinq causes à l'institution de cette fête : 1° la manière dont les Sabines terminèrent la guerre entre les Sabins et les Romains ; 2° le désir d'obtenir de Mars la même félicité qu'il avait accordée à ses enfants Romulus et Rémus ; 3° afin que la fécondité que la terre éprouve dans le mois de mars fût accordée aux dames romaines ; 4° la dédicace d'un temple à Junon Lucine sur le mont Esquilin, qui avait eu lieu aux kalendes de ce mois ; 5° parce que Mars était fils de la déesse qui présidait aux noces et aux accouchements.

On célébrait cette fête avec autant de pompe que de plaisir. Les femmes se rendaient le matin au temple de Junon, lui présentaient des fleurs et s'en couronnaient elles-mêmes. De retour chez elles, elles y passaient le reste du jour dans leurs plus beaux ajustements, et y recevaient les félicitations et les présents que leurs amis ou leurs maris leur envoyaient, en souvenir de l'heureuse médiation des Sabines. Dans la matinée du même jour, les hommes mariés se rendaient au temple de Janus, pour lui faire aussi leurs sacrifices. La solennité finissait par de somptueux festins que les maris donnaient à leurs épouses. Dans cette fête, les dames accordaient à leurs servantes les priviléges dont les esclaves jouissaient aux saturnales.

MATRONE, nom de Junon, protectrice des femmes nubiles, en état de devenir mères. —C'était aussi un surnom des Parques. *Voy.* MATRES.

MA-TSOU, divinité chinoise. C'était, suivant les uns, une magicienne ; selon d'autres, une femme dévote célèbre par sa vertu, et qui avait fait vœu de virginité. Les Chinois lui ont rendu les honneurs divins. Ils représentent ordinairement à ses côtés deux autres filles dévotes, qui soutiennent une espèce de dais sur la tête de Ma-tsou.

MATSOURI, fête que les Japonais célèbrent à Nangasaki, et qui coïncide avec le Tango-no-sekou, solennité du neuvième jour du neuvième mois ; elle a lieu en l'honneur d'O-souva-sama, dieu du sintoïsme, et consiste en processions faites dans la principale rue de la ville, et en spectacles publics donnés dans une grande place contruite à cet effet, et qui garde le nom *d'Oo tabi tokora*, ou place de la grande procession. Ce jour-là on y élève un temple de bambous, avec des ailes aux deux côtés ; il a une couverture en paille et un aspect fort chétif, pour rappeler la simplicité des temps primitifs. Lorsque tout est préparé, les prêtres, suivis d'une foule immense, apportent en bon ordre la statue du dieu, et la placent dans le temple, à l'endroit qui lui est destiné. Alors ont lieu des réjouissances, qui consistent en spectacles et en danses publiques, exécutés avec une grande précision par des filles tirées des maisons de débauche, et par des enfants superbement vêtus. Le lendemain est un jour de repos ; mais le troisième jour, les danses recommencent ; après quoi on reconduit l'idole dans son sanctuaire habituel. Pendant le trajet, trois prêtres ayant devant eux des poêles de fer remplies d'eau bouillante, y trempent des bottes de feuilles vertes de bambous, et font des aspersions autour de la statue, pour chasser les mauvais génies. Un autre prêtre monte à cheval, et tire en courant çà et là, avec un arc et des flèches, pour éloigner les mauvais esprits. Cette fête est principalement consacrée à ce dieu pour obtenir, par son intercession, que le commerce avec les Hollandais et les Chinois se fasse sans interruption, et soit heureux et avantageux pour les habitants.

MATSYAVATARA, ou *incarnation en poisson*; le premier avatare de Vichnou. Suivant la légende commune et populaire, le géant Skankasoura avait dérobé les Védas, au moment où ils sortaient des quatre bouches de Brahmâ, les avait avalés et avait été se réfugier dans le fond de la mer. Vichnou se métamorphosa en poisson (*matsya*), poursuivit le ravisseur dans la retraite où il s'était caché, l'atteignit, le tua, lui ouvrit les entrailles et en retira les livres saints.

Mais dans les livres anciens tels que les Pouranas et le Mahabharata, cet avatare paraît être une réminiscence du déluge universel. Si l'on s'en rapporte aux Pouranas, le déluge a eu lieu à l'époque d'un *pralaya* ou d'une dissolution universelle, Manou est sauvé dans une arche qu'il a reçu l'ordre de construire ; il y conserve les semences de tous les êtres qu'il lui a été donné de rassembler, par le pouvoir du yoga, c'est-à-dire par la vertu de la dévotion contemplative qui tend à l'union finale avec la divinité. Comme le sujet est important et qu'il rappelle les traditions bibliques, nous allons en donner une analyse, en nous servant de la traduction de M. Burnouf, et des observations de M. Nève.

La narration du Pourana est sous la forme d'un dialogue entre le roi Parikchit et Souka, disciple et successeur du célèbre Vyasa ; le roi interroge le sage, dans le but de s'instruire au renoncement du monde par la connaissance contemplative de *Bhagavat*, l'être adorable, qui n'est autre que Vichnou. Cet épisode se compose de 61 stances.

1. « Le roi dit : Seigneur, je désire entendre le récit de la première incarnation de Hari (Vichnou) aux actions merveilleuses, lorsqu'il parut sous l'apparence trompeuse d'un poisson.

2. « D'où vient que le Seigneur revêtit, comme s'il eût été enchaîné par ses œuvres, cette forme de poisson qui est méprisée du monde, dont la nature est celle des ténèbres, et qui est difficile à supporter ? »

Souka répondit au prince :

5. « C'est, quand il veut protéger les vaches, les brahmanes, les Souras (génies), les hommes vertueux, les Védas, la justice et tous les biens, que le Seigneur revêt des corps variés.

6. « Pénétrant comme l'air toutes les créatures, les inférieures et les supérieures, il reste étranger à la perfection ou à la bas-

sesse qu'elles tiennent de leur esprit, parce que lui-même n'a pas de qualités. »

Alors Souka déclare qu'à la fin du kalpa précédent eut lieu l'anéantissement périodique de l'univers appelé du nom de Brahmâ, et que la terre et les autres mondes furent alors submergés par l'Océan. Le chef des Dânavas, le puissant Hayagriva, ayant ravi les Védas de la bouche du créateur endormi, le bienheureux Hari, qui est le Seigneur, revêtit la forme du poisson Saphari (*Cyprinus chrysoparius*).

Le dieu se remet, sous cette humble forme, entre les mains de Satyavrata, richi d'entre les rois, le même qui, dans le Mahakalpa actuel, est né de Vivaswat, et a été élevé au rang de Manou. Quand Satyavrata voulut le relâcher dans le fleuve, le poisson lui adressa une prière, afin qu'il ne l'abandonnât pas aux races des poissons dévorants. Le roi, qui était doué d'une grande compassion, le recueillit. Mais le poisson merveilleux grandit sans cesse : il ne put être contenu, ni dans un vase, ni dans une jarre, ni dans un étang, ni dans des lacs immenses et profonds. Lorsque Satyavrata le jeta enfin dans l'Océan, il fut suppléé de nouveau par le poisson énorme; et ce fut seulement alors qu'il reconnut le dieu incarné.

25. « Trompé de cette manière par le beau langage de cet animal, le roi lui dit : Qui es-tu, toi qui me fais illusion sous cette forme de poisson ?

26. « Je n'ai jamais vu ni entendu citer un poisson d'une vigueur telle que la tienne, toi qui, grandissant en un jour de cent yodjanas (300 lieues), as rempli entièrement un lac.

27. « Sans doute tu es le bienheureux Hari, *Narayana* (porté sur les eaux), l'être impérissable, qui, pour témoigner sa bienveillance aux créatures, as pris un corps de poisson.

28. « Adoration à toi, ô le meilleur des Esprits ! à toi le maître de la conservation, de la création et de la destruction ! Tu es, Seigneur, pour ton serviteur dévoué qui t'implore, le premier moyen de salut qu'ait son âme.

29. « Toutes les incarnations que tu revêts, en te jouant, ont pour objet la conservation des créatures ; je désire donc savoir pour quel motif tu as revêtu cette forme.

30. « O toi dont les yeux ressemblent au lotus, toi qui es l'ami affectueux de tous les êtres, le culte qu'on rend à tes pieds n'est pas inutile comme celui qui s'adresse aux dieux que leur personnalité distingue les uns des autres ; c'est pourquoi tu m'as montré ton corps merveilleux. »

Bhagavat répondit à son fidèle adorateur pour lui prédire la catastrophe qui aurait lieu au bout de *sept jours* : car « les trois mondes, la terre l'atmosphère et le ciel, seront submergés par l'Océan de la destruction. » Il lui annonça l'approche d'un grand vaisseau qu'il lui enverrait pour le recueillir (1), et il lui ordonna de monter sur ce grand navire, entouré des *sept Richis*, après avoir rassemblé la collection de tous les êtres, en prenant avec lui toutes les plantes et les semences, grandes et petites. Il lui dit de parcourir sans crainte l'Océan immense et ténébreux, guidé par la seule splendeur des Richis. Mais le dieu-poisson interviendra lui-même.

36. « Comme un vent impétueux agitera le vaisseau, je me tiendrai près de toi, et tu attacheras ton navire à ma corne, à l'aide du grand serpent (*vasouki*).

37. « Traînant après moi sur l'Océan le vaisseau qui te renferme ainsi que les Richis, je le parcourrai tout le temps que durera le sommeil de Brahmâ.

38. « Tu reconnaîtras dans ton âme ma grandeur qu'on nomme le Brahmâ suprême, et que ma bienveillance aura révélée à tes questions. »

Satyavrata attendit l'époque fixée, et lorsqu'il eut exécuté les ordres de Vichnou, il le vit, apparaître, au milieu du grand Océan, sous la forme d'un poisson de couleur d'or, ayant une corne unique sur la tête. Après avoir amarré son vaisseau à cette corne, le roi satisfait rendit hommage au dieu sauveur qui dirigeait le vaisseau flottant. Ici se trouvent plusieurs strophes conçues dans le langage exalté des adorateurs contemplatifs de Bhagavat ; qu'on juge de leur mysticisme par la citation des deux dernières.

52. « Tu es l'ami affectueux, le souverain, l'âme, le précepteur, la science, la perfection désirée de tout être ; et cependant, enchaîné par le désir, le monde aveugle ignore que tu résides dans le cœur de tous les hommes.

53. « Aussi me réfugié-je, pour m'instruire, auprès de toi, ô Seigneur, Dieu désirable, auprès du meilleur des dieux : tranche en moi les liens du cœur avec les paroles qui m'éclairent sur mon intérêt, et ouvre-moi ton séjour. »

Quand Satyavrata eut terminé son adoration, Bhagavat lui enseigna la vérité, c'est-à-dire :

55. « La divine collection du (Matsya) Pourana, avec le Sankhya, la théorie du yoga, celle de l'action et la mystérieuse science de l'Esprit ; le tout sans en rien omettre.

56. « Assis dans le vaisseau avec les Richis, le roi apprit de la bouche de Bhagavat la doctrine indubitable de l'Esprit, qui est l'éternel Brahmâ. »

Le terme du cataclysme venu, Hari tua l'ennemi des dieux, Hayagriva, et rendit à Brahmâ réveillé le corps des Védas. Quant au roi Satyavrata, qui possédait la science divine et humaine, il devint par la faveur de Vichnou le Manou Vaivaswata, chef du présent Kalpa, ou de la période actuelle de l'univers.

Le rédacteur du Pourana termine cette

---

(1) Le Manou du *Mahabharata* reçoit l'ordre de construire un vaisseau solide, bien muni de cordages, comme on le verra plus loin.

histoire du poisson en promettant à celui qui l'écoutera la délivrance de ses péchés, et à celui qui la récitera chaque jour, la réussite de ses projets et enfin le salut suprême.

La narration de Mahabharata est plus ancienne que celle des Pouranas; elle est comme le type duquel ont été tirées les différentes versions qui circulent dans l'Inde. Ce n'est plus Vichnou qui sauve le Noé indien, Manou : c'est Brahmâ, le premier des dieux, qui se confond avec la divinité suprême; il ne s'agit plus d'arracher les Védas à un démon qui les a dérobés; le seul but de l'incarnation est le salut du genre humain. Nous croyons devoir rapporter ici ce brillant épisode, dont on remarquera facilement la conformité avec plusieurs passages de la Bible. Nous en empruntons la traduction à M. Pauthier. C'est un sage du nom de Markandeya qui fait ce récit à Youdichthira, oncle de Parikchit, qui avait remporté la célèbre bataille donnée entre les Pandavas et les Kauravas leurs cousins, dans laquelle périrent, dit-on, près de sept millions d'hommes; de là les nombreuses épithètes honorifiques répétées presque à chaque vers.

1. Le fils de Vivaswata (du soleil) était un roi et un grand sage, un prince des hommes, semblable par son éclat à Pradjapati.

2. Par sa force, sa splendeur, sa félicité et sa pénitence surtout, Manou surpassa son père et son aïeul.

3. Les bras levés en haut, ce souverain des hommes, ce grand saint (1), debout sur un seul pied, soutint longtemps cette pénible attitude.

4. La tête penchée, le regard fixe et immobile, ce redoutable pénitent se livra à ces austérités pendant une longue série d'années (2).

5. Un poisson s'étant approché du pénitent aux cheveux longs et humides, sur les bords du Varini, lui parla ainsi :

6. O bienheureux! je suis un petit et faible poisson qui ai peur des poissons grands et forts; c'est pourquoi sauve-moi, toi qui exauces les vœux des mortels.

7. Car les gros poissons mangent toujours les petits poissons : telle est notre condition éternelle.

8. C'est pourquoi, sauve-moi de ces gros monstres qui inspirent la crainte; je te serai reconnaissant de l'action que tu auras faite pour moi.

9. Lui, Manou, le fils du soleil, ayant entendu le discours du poisson, fut ému de pitié, et il prit ce poisson dans sa main.

10. L'ayant apporté sur le bord de l'eau, Manou, le fils du soleil, le jeta dans un vase qui brillait comme les rayons de la lune.

11. Là, ô roi! ce poisson crut par les soins de Manou, qui le soigna comme un fils, en lui donnant toute son attention.

12. Mais, après un long temps, ce poisson devint très-gros, et comme il ne pouvait plus se tenir dans le vase,

13. Le poisson dit de nouveau à Manou, en le voyant : O bienheureux! porte-moi maintenant dans une autre demeure.

14. L'ayant retiré du vase, aussitôt le bienheureux Manou transporta le poisson dans un grand lac.

15. Là, le jeta Manou, le vainqueur des villes ennemies; mais le poisson y grossit de nouveau pendant un grand nombre d'années.

16. Le lac avait trois yodjanas (9 lieues) de longueur, et un yodjana de largeur; le poisson aux yeux de lotus ne put se placer,

17. Ni se mouvoir dans ce lac, ô fils de Kounti! ô maître des Vaisyas! Alors le poisson, en voyant Manou, lui tint de nouveau ce discours :

18. Porte-moi, ô bienheureux! dans l'épouse ou la compagne de l'Océan, la rivière du Gange, où je demeurerai; porte-moi partout ailleurs où tu le désires;

19. Car il me convient de demeurer sans murmure dans le lieu que tu ordonneras, puisque j'ai obtenu cette grosseur extraordinaire par tes soins, ô toi qui es sans péché!

20. Ainsi interpellé, Manou, le bienheureux, le puissant, transporta le poisson dans le fleuve du Gange, où il le jeta lui-même, l'indompté.

21. Là, le poisson grossit encore pendant un certain temps, ô dompteur des ennemis! Alors le poisson, en voyant Manou, lui tint de nouveau ce discours :

22. Je ne puis mouvoir ma grosseur dans le Gange, ô très-élevé! porte-moi promptement dans l'Océan, sois-moi favorable, ô bienheureux!

23. Alors Manou ayant retiré lui-même le poisson des eaux du Gange, le porta vers l'Océan, ô fils de Pritha! où il le précipita.

24. Mais le poisson, porté là par Manou, était devenu très-gros, et lorsqu'on le touchait avec la main, il répandait d'agréables parfums.

25. Quand ce poisson fut jeté dans l'Océan par Manou, alors il lui tint en souriant ce discours :

26. O bienheureux! tu m'as procuré une entière et continuelle conservation; apprends de moi ce que tu dois faire lorsque le temps sera venu.

27. Bientôt, ô bienheureux, tout ce qui appartient de fixe et de mobile à la nature terrestre subira une submersion générale (3), ô très-heureux! une dissolution complète.

28. Cette submersion temporaire du monde est prochaine; c'est pourquoi je t'annonce aujourd'hui ce que tu dois faire pour ta propre sûreté.

29. Ce qui se meut et ce qui ne se meut pas du mobile et de l'immobile, le temps s'approche pour lui menaçant et terrible.

---

(1) *Noe vir justus atque perfectus fuit in generationibus suis.* Gen. vii, 6.

(2) Noé avait six cents ans lorsqu'arriva le déluge.

(3) *Ecce ego adducam aquas diluvii super terram ut interficiam omnem carnem, in qua spiritus vitæ est subter cœlum.* Gen. vi, 17.

30. Tu dois construire un navire fort, solide, bien assemblé avec des liens (1) ; là tu dois monter avec les *sept Richis* ou sages (2), ô grand saint !

31. Et tu porteras aussi sur ce navire toutes les semences (3), comme elles furent autrefois désignées par les hommes deux fois nés (les brahmanes), afin qu'elles s'y conservent longtemps.

32. Et étant sur le navire, alors tu m'apercevras venant à toi, ô le bien-aimé des mounis (saints) ! Je m'approcherai de toi, ayant une corne sur la tête, par où tu me reconnaîtras, ô pénitent !

33. Voilà ce que tu dois faire ; je te salue ; je m'en vais. Les grandes eaux ne pourront être surmontées sans moi.

34. Mais tu ne dois pas mettre en doute mes paroles, ô très-élevé ! — J'agirai ainsi que tu me l'as prescrit, fut la réponse de Manou au poisson.

35. Ils s'en allèrent tous deux du côté qu'il leur plût, après qu'ils se furent salués mutuellement. Ensuite Manou, ô grand roi ! ainsi qu'il lui avait été prescrit par le poisson,

36. Rassemblant toutes les semences avec lui, se mit à voguer sur l'Océan terriblement soulevé, dans un beau navire (4), ô dompteur des ennemis !

37. Et Manou pensa au poisson ; et celui-ci ayant connu cette pensée (5), ô vainqueur des villes ennemies ! se présenta tout à coup avec sa corne, ô le meilleur des enfants de Bharata !

38. Manou ayant vu le poisson, ô prince des descendants de Manou ! nageant dans les grandes eaux de l'Océan, portant une corne, et ayant la figure qu'il avait prédite,

39. Alors Manou attacha une corde à la corne que le poisson portait sur sa tête, ô prince des descendants de Manou !

40. Le poisson étant attaché avec cette corde, ô vainqueur des villes ennemies ! il entraîna avec une grande vitesse le navire sur les flots de l'Océan.

41. Le souverain des hommes traversa ainsi sur son navire, la mer qui était comme dansante avec ses vagues soulevées, et comme mugissante avec ses ondes.

42. Agité par des vents violents le navire vacillait sur les grandes lames amoncelées, il chancelait comme une femme ivre.

43. Ni la terre, ni les régions du ciel, ni l'espace qui est entre eux, n'étaient plus visibles (6) : tout était eaux, l'espace et le ciel, ô prince des hommes !

44. Au milieu du monde ainsi submergé, ô prince des enfants de Bharata ! se voyaient les sept Richis ou sages, et Manou et le poisson (7).

45. Ainsi, ô roi ! ce poisson fit voguer ce navire plusieurs séries d'années sans se lasser, dans cette plénitude des eaux.

46. Ensuite là où l'Himavan (l'Himalaya) élève son plus haut sommet, ô prince des enfants de Bharata ! là le poisson traîna le navire (8).

47. Et alors le poisson parla ainsi aux Richis en souriant : Attachez promptement ce navire à ce sommet de l'Himavan.

48. Le navire fut aussitôt attaché par les Richis au sommet de l'Himavan, après avoir entendu les paroles du poisson, ô prince des enfants de Bharata !

49. C'est pourquoi ce sommet, le plus haut de l'Himavan, fut nommé *Nau Bandhanam* (liaison du navire), nom qu'il porte encore aujourd'hui, ô prince des enfants de Bharata !

50. Alors le gracieux (poisson), le regard immobile (9), parla ainsi aux Richis : Je suis BRAHMA, l'ancêtre de toutes les créatures ; aucun être n'est plus élevé que moi.

51. Sous la forme d'un poisson, je suis venu vous sauver des terreurs de la mort. De Manou doivent naître maintenant toutes les créatures, avec les dieux, les démons et les hommes (10).

52. Il doit recréer tous les mondes, tout ce qui est mobile et tout ce qui n'est pas mobile, et c'est par une dévotion, des austérités extraordinaires, que ce que j'annonce recevra son accomplissement.

53. Par ma faveur, la création des êtres ne tombera pas en confusion. Ayant ainsi parlé, le poisson disparut aussitôt à la vue.

54. Mais Manou, pressé de créer les créatures, tomba en perplexité ; à l'instant il fit une pénitence sévère.

55. Plein de repentir, il se met ensuite à créer toutes créatures ; il les créait instantanément, telles qu'elles devaient être.

56. Telle est cette ancienne et célèbre histoire qui porte le nom d'Histoire du poisson, racontée par moi, et qui efface tous les péchés.

57. Celui qui l'écoute toujours, l'histoire des courses de Manou (sur la mer), celui-là, satisfait dans la position des choses parfaites, entrera dans le monde céleste.

Si nous avons rapproché de ce récit hindou plusieurs passages de la Genèse, ce n'est pas que nous croyions que l'auteur indien ait fait des emprunts à Moïse ; car le Mahabha-

---

(1) *Fac tibi arcam de lignis lævigatis.* Gen. VI, 14.
(2) *Ingredieris arcam tu et filii tui, uxor tua et uxores filiorum tuorum tecum.* Ibid., 18. Sept personnes avec Noé.
(3) *Tolles igitur tecum de omnibus escis, quæ mandi possunt, et comportabis apud te.* Ibid., 21.
(4) *Multiplicatæ sunt aquæ, et elevaverunt arcam in sublime a terra.* Gen. VIII, 4.
(5) *Recordatus autem Deus Noe.* Gen. VIII, 1.
(6) *Aquæ prævaluerunt nimis super terram, opertique sunt omnes montes excelsi sub universo cœlo.* Gen. VII, 19.
(7) *Remansit autem solus Noe et qui cum eo erant in arca.* Ibid., 23.
(8) *Requievitque arca... super montes Armeniæ.* Gen. VIII, 4.
(9) Ne clignant point les yeux ; c'est à cet attribut particulier des dieux, comme à la faculté qu'ont leurs corps, de ne point projeter d'ombre, que les Indiens croient reconnaître les divinités.
(10) *Crescite et multiplicamini, et replete terram.* Gen. IX, 1.

rata est peut-être contemporain du Pentateuque, sinon antérieur à lui; mais nous croyons que ces coïncidences viennent de ce que les auteurs des deux ouvrages ont puisé aux mêmes sources, les traditions primitives. Moïse a eu, sur Vyasa ou le compilateur indien, l'avantage d'avoir puisé à des sources pures, et d'avoir été lui-même inspiré.

MATTA, idole monstrueuse, fort honorée autrefois dans l'ancienne ville de Négracut, dans l'Inde. Elle avait une riche pagode, où se rendaient un grand nombre de pèlerins, dont quelques-uns se coupaient un morceau de la langue pour le lui offrir.

MATTA-SALOMPO, c'est-à-dire *toutvoyant*, premier roi de Boni, dans l'île Célèbes. La tradition porte qu'il descendit du ciel, et épousa une princesse de Toro, également d'origine céleste, dont il eut un fils et cinq filles, de qui descendirent tous les rois de Boni. Après un règne de quarante ans, Matta-Salompo remonta au ciel avec sa femme.

MATURNE, déesse que les Romains invoquaient quand le blé était parvenu à maturité.

MATUTA, divinité romaine, la même que Leucothée ou Ino, fille de Cadmus, honorée par les Grecs. *Voy.* MATRALES.

Junon avait aussi, sous ce nom, un autel à Rome, dans le marché aux herbes.

MAULAWIS, ordre de religieux musulmans. *Voy.* MEWLEWIS.

MAUNIS, classe de religieux hindous de l'ordre des mendiants, qui observent un silence perpétuel.

MAURICE (ORDRE MILITAIRE DE SAINT-). Amédée, duc de Savoie, ayant quitté la souveraineté, alla mener la vie érémitique à Ripaille, lieu situé sur le bord du lac de Genève, et environné de bois et de rochers. Il fut suivi par six gentilshommes, tous veufs et âgés chacun de plus de soixante ans. Il les enrôla soldats de Saint-Maurice, et s'appela leur doyen. Tous portaient des croix d'or sur la poitrine. Leur habit était simple et à peu près semblable à celui des pèlerins ou ermites. Amédée leur donna des règles, et fonda deux maisons, l'une pour eux et l'autre pour des chanoines réguliers, qui étaient gouvernés par un abbé, et chargés de faire l'office divin. Telle fut l'origine de l'ordre militaire de Saint-Maurice, dont le roi de Sardaigne est grand maître. Les chevaliers ne peuvent se marier qu'une fois sans dispense. L'ordre, dans l'état où il est présentement, fut institué par Emmanuel-Philibert, duc de Savoie, et le pape Grégoire XIII l'approuva et le confirma en 1572.

MAVORS, un des noms de Mars, chez les Romains. Cicéron pense que ce nom est dérivé de *magna-vertat*, parce que la guerre produit de grands changements. Cette étymologie est peu probable; nous croyons ce nom identique avec *Mamers*, par le changement d'une labiale en une autre, *le grand Mars*.

MAWI, divinité qui joue un grand rôle dans plusieurs archipels de la Polynésie.

1° A Taïti, c'était un des dieux de seconde classe. Il y en avait une figure dans cette île; elle était faite en osier, mais assez bien dessinée. Sa hauteur était de plus de sept pieds, mais les proportions n'étaient pas bien gardées, et sa circonférence était trop épaisse, même pour cette taille. La carcasse était entièrement couverte de plumes blanches dans les parties où les indigènes laissaient à leur peau sa couleur naturelle, et noires dans celles où ils avaient coutume de se peindre. On avait figuré des espèces de cheveux sur sa tête, et quatre protubérances, trois au front et une derrière la tête, qu'on aurait pu prendre pour des cornes, mais que les Taïtiens décoraient du nom de *Taté-Eté*, petits hommes. M. Ellis pense que Mawi était un prophète célèbre dans cet archipel.

2° Dans la Nouvelle-Zélande, Mawi forme, avec ses deux frères Mawi-Potiki et Taki, une triade à laquelle les insulaires attribuent la création de leur île. Souvent même ces trois dieux sont confondus sous le nom unique de Mawi.

Suivant les traditions qui paraissent le mieux détaillées, Mawi, descendu du ciel sur la mer, se mit à cingler, jusqu'à ce qu'il rencontrât un rocher qui s'élevait à l'endroit où se voit maintenant l'île du nord, appelée *Ika-na Mawi*; il s'y arrêta et s'assit pour pêcher; et comme il n'y trouva rien de mieux pour faire des hameçons que les mâchoires des deux enfants qu'il avait eus de la déesse Hina, sa femme, il les fit mourir. L'œil droit de l'un devint l'étoile du matin, appelée *Matariki*, et l'œil droit de l'autre fut l'étoile du soir, sous le nom de *Rereahiahi*.

Un jour que Mawi pêchait avec la mâchoire et une partie d'une oreille de son fils aîné, il sentit quelque chose de pesant accroché à son hameçon; après de longs et inutiles efforts pour tirer ce qu'il croyait être un monstre marin, il attacha sa ligne au bec d'une colombe, à laquelle il communiqua son esprit; et la colombe, en s'élevant dans les airs, tira des abîmes la Nouvelle-Zélande.

Aussitôt que l'île parut hors de l'Océan, le dieu pêcheur et ses compagnons s'élancèrent sur la plage, formèrent en se promenant les plaines, les collines, les montagnes et les vallées, fécondèrent la nouvelle terre, et lui firent produire des arbres et des plantes. Dans une de ses promenades, Mawi aperçut du feu : il le trouva si beau, qu'il s'empressa d'y porter la main; comme il se brûlait les doigts, et qu'il ne voulait pas cependant s'en dessaisir, il se précipita dans la mer. Bientôt il reparut, les épaules chargées de matières sulfureuses qui formèrent les volcans. Quand sa grande œuvre fut achevée, ce dieu mourut; mais il n'emporta pas son esprit dans la région de la nuit; il le légua à un oiseau qu'on appelle *Icie*, et qu'on voit pendant la belle saison. Ses frères continuèrent son ouvrage en créant les hommes.

3° Les naturels de Tonga ont une tradition à peu près semblable : Mawi, le plus grand de leurs dieux, pêcha Tonga dans l'Océan. On conserve encore, disent-ils, l'hameçon qui servit à tirer l'île du fond des mers. Mais ceux qui en ont la garde ont soin de dire que le premier qui le verra sera frappé de mort. La vue n'en est permise qu'au roi seul, enfant bien-aimé de Mawi.

MAWI-MOUA, c'est-à-dire le *premier Mawi*, le premier dieu de la Triade néo-zélandaise. (*Voy.* l'article précédent, n° 2.) Suivant une autre tradition, il travailla longtemps à former la terre au-dessous des eaux, et la prépara à être attirée à leur surface au moyen d'un hameçon qui la tenait attachée à un immense rocher. On ajoute que Mawi-Moua tua et mangea son frère cadet Mawi-Potiki; d'où vint la coutume des Néo-Zélandais de manger les corps de leurs ennemis tués dans les combats. Suivant M. Nicholas, ces deux frères ne viendraient qu'après la grande trinité qui a pour chef *Mawi Ranga Rangui*. Leur histoire rappelle le meurtre d'Abel par Caïn.

MAWI-POTIKI, second dieu de la triade néo-zélandaise. (*Voy.* MAWI, n° 2.) Mawi Potiki reçut des mains de son frère la terre que celui-ci avait préparée au fond des eaux, l'entraîna à la surface, et lui donna la forme qu'elle a aujourd'hui. Il préside en outre aux maladies humaines, et le plus important de ses priviléges est de pouvoir donner la vie que Tipoko seul peut retirer. On dit qu'il fut mis à mort et mangé par son frère Mawi-Moua, et qu'en se retournant dans sa tombe il occasionne les tremblements de terre.

MAWI-RANGA-RANGUI, nom du dieu principal des Néo-Zélandais, correspondant à l'Indra des Indiens et au Jupiter des anciens Grecs; son nom signifie littéralement *Mawi, habitant du ciel*. Outre la création de la terre, on lui attribue celle de la femme, qu'il tira d'une des côtes de l'homme, après avoir préalablement endormi celui-ci d'un profond sommeil. *Voy.* Ivi.

MAYA, mot sanscrit qui signifie *illusion*. 1° On en fait un être féminin qui représente la nature comme fondée sur des apparences non réelles. C'est, dit M. Langlois, une espèce de magie personnifiée, qui trompe nos sens par des phénomènes extérieurs; c'est un songe perpétuel au milieu duquel nous vivons. Quelques Hindous expliquent par ce mot la première inclination de la divinité à se personnifier elle-même en créant des mondes. Pour d'autres il signifie le système des perceptions primaires et secondaires, que Platon, Epicharme et quelques autres philosophes, ont cru être produites par la présence de la divinité dans l'esprit de ses créatures, sans avoir une existence indépendante.

2° Dans un sens mythologique, Maya est l'épouse de Brahmâ ou de dieu créateur; elle est la cause immédiate et active de la création, qui elle-même n'est qu'une déception pour les hommes, car Maya ne produit que des prestiges. De même que Prana, elle a la figure d'une vache à trois couleurs; et alors on la nomme Kamadhénou. Ces trois couleurs sont les trois qualités de bonté, de passion et d'obscurité, dont Prakriti ou Maya est le mélange. Dans le sein de Prakriti, Atma, l'âme, le grand principe, Brahmâ lui-même, au centre des trois qualités, était comme l'araignée au centre de sa toile. Maya développa le tissu des trois qualités; et cette mère de toutes choses, s'unissant à l'être lumière, à Brahmâ, mit au jour la Trimourti, ou les trois formes, les trois aspects de Dieu.

3° Les Brahmanistes font de Maya ou Maya-Dévi, la mère de Bouddha; on serait tenté de croire qu'ils ont voulu flétrir dans son origine un système religieux qu'ils taxent de fourberie et d'erreur, si ce mythe n'était pas universellement admis par les Bouddhistes eux-mêmes. Voici la légende qu'ils racontent à ce sujet; nous en empruntons la rédaction à M. Clavel:

Lorsque Maya-Dévi fut mariée au prince Souddhodana, le futur bouddha, qui déjà existait comme Bodhisatwa, s'approcha du sein de sa mère, monté sur un éléphant blanc. « Maya était alors plongée dans le sommeil. Un songe lui montra un éléphant radieux, traversant majestueusement les airs et dont la lumière éclairait l'univers tout entier; une musique ravissante d'instruments et de voix se faisait entendre autour de lui; on répandait des fleurs et l'on brûlait des parfums sur son passage. A peine le merveilleux cortège fut-il parvenu au-dessus de sa tête, que tout ce tableau disparut subitement. Ce rêve lui causa une vive frayeur et la tira violemment du sommeil. Le roi partagea ses craintes, et pour connaître avec certitude le malheur dont il se croyait menacé, il résolut de consulter les devins. Mais ces hommes inspirés dissipèrent ses appréhensions. « Ce songe, lui dirent-ils, est le signe de votre bonheur, ô roi! Il annonce qu'un saint esprit est descendu dans le sein de la vierge, votre épouse. Elle concevra de ce songe, et le fils qu'elle engendrera étudiera la loi, deviendra bouddha et délivrera les dix parties du monde. » Aussitôt le sein de Mahâ-Mâyâ devint transparent comme un cristal; et l'on y voyait l'enfant, aussi beau qu'une fleur, à genoux et appuyé sur ses mains.

« Depuis que Mâyâ avait conçu le rédempteur, elle ne prenait plus aucun aliment matériel; les dieux lui présentaient les mets savoureux qui forment leur nourriture ordinaire. Le corps du céleste enfant était arrivé à son complet développement à la fin du dixième mois, correspondant, selon les uns, au solstice d'été; d'après les autres, à l'équinoxe d'automne; et suivant le plus grand nombre, au solstice d'hiver. Alors Mâyâ sortit du palais, traversa les flots pressés d'une foule de peuple, et alla se placer sous l'ombrage d'un arbre. En ce moment, les fleurs s'épanouirent, et une étoile brillante parut dans le ciel. Mâyâ s'appuya sur une branche de l'arbre, et enfanta par le côté droit. Le nouveau-né tomba à terre, fit sept pas, s'arrêta, et levant la main, il dit: « Dans le ciel et sous le ciel, il n'y a que moi d'honorable. Tout est amertume dans les trois mondes, et c'est moi qui adoucirai cette amertume. » Comme il achevait ce discours, les cieux et la terre tremblèrent; une éclatante lumière éclaira les trois chiliocosmes; tous les dieux et tous les génies vinrent l'entourer; deux rois des dragons versèrent sur lui, à droite, une eau fraîche, et, à gauche, une eau tiède. Brahmâ et Indra l'enveloppèrent dans une robe céleste; il plut des fleurs d'une merveilleuse variété de couleurs et de formes; on entendit une musique ravissante, et l'espace tout entier fut embaumé par des parfums délicieux. Bientôt la vierge-mère, tenant le prince dans ses bras, prit place sur un char attelé de dragons et orné de banderoles flottantes; et, précédée par une troupe de musiciens du ciel, elle reprit le chemin du palais. A quelque distance, elle rencontra le roi qui venait au-devant d'elle avec une suite nombreuse de brahmatchâris, de ministres, de grands officiers, de magistrats, de soldats et de peuple. En touchant la terre de leurs pieds, les chevaux du roi mirent à découvert cinq cents trésors, et un océan de bonnes œuvres se produisit au grand avantage des hommes. A la vue du royal enfant, les brahmatchâris et les astrologues poussèrent de vives acclamations de joie, et d'une commune voix ils le saluèrent du nom de *Siddhârta*, ou de bienheureux. L'aspect du cortége divin qui entourait le jeune prince pénétra Souddhôdana d'un respect religieux; et, par un mouvement involontaire et irrésistible, il descendit de cheval et rendit hommage à l'enfant prédestiné.

« Comme on approchait des portes de la ville, on aperçut un temple dédié à un génie en grande vénération dans le pays. Les brahmatchâris et les devins proposèrent d'y conduire le prince, pour l'y faire accomplir un acte de dévotion envers ce génie révéré. Mais à peine Siddhârta eut-il pénétré dans l'enceinte, que le génie et toutes les intelligences qui lui obéissaient se prosternèrent devant lui. Alors chacun reconnut que le prince lui-même était un être véritablement grand et excellent, puisqu'il était l'objet de pareilles vénérations : c'est de là qu'il reçut le nouveau nom de *Dévati déva*, c'est-à-dire dieu des dieux.

« La naissance du bodhisatwa fut signalée par trente-deux prodiges. La terre trembla et les montagnes s'affaissèrent. Les routes et les chemins se nettoyèrent d'eux-mêmes, et les lieux fétides exhalèrent des parfums. Les arbres desséchés se couvrirent de feuillages. Il apparut dans les jardins des fleurs rares et des fruits savoureux. Des lotus grands comme les roues d'un char poussèrent dans des terrains complétement dépourvus d'humidité. Les trésors que la terre recélait dans son sein se manifestèrent à tous les regards. Les diamants et les autres parures qui fermèrent ces richesses resplendirent d'un éclat inusité. Les vêtements et les garnitures des lits enfermés dans les coffres en furent tirés et placés en évidence. Toutes les eaux qui roulent leurs flots à la surface de la terre devinrent d'une pureté et d'une transparence sans égales. Les vents retinrent leur haleine, et le ciel, voilé de nuages, se montra partout pur et serein. Il en tomba une rosée odoriférante. La perle divine de la lune fut suspendue sur la salle du palais. Les luminaires qui éclairaient l'intérieur de cet édifice furent éteints, comme inutiles. Tous les astres s'arrêtèrent dans leur cours. D'innombrables étoiles filantes saluèrent la nativité de Siddhârta. Un dais étincelant de richesse fut étendu au-dessus de sa tête par les dieux du triple ciel de Brahmâ. Les génies des huit parties du monde déposèrent à ses pieds des objets de prix. Devant lui se présentèrent d'eux-mêmes cent sortes d'aliments célestes et délicieux. Dix mille vases d'un travail exquis, et remplis d'une douce rosée, se tinrent suspendus dans l'air. Les dieux et les génies amenèrent le char de la rosée avec les sept choses précieuses. On vit aux portes du palais cinq cents éléphants blancs qui volontairement s'étaient enfermés dans les filets tendus pour les prendre. A la porte de la ville on trouva attachés cinq cents lions, dont la robe était d'une blancheur éclatante, et qui étaient descendus du sommet des montagnes tout exprès pour se livrer aux mains des chasseurs. Les nymphes du ciel parurent au-dessus des épaules des musiciennes. Les filles des rois des dragons se rangèrent en cercle autour du palais. Sur les murs, on vit dix mille vierges qui tenaient à la main des chasse-mouches faits avec des queues de paon, d'autres se groupèrent dans l'espace avec des urnes pleines d'eau de senteur. Les musiciennes célestes descendirent de leurs demeures, et exécutèrent des concerts ravissants. Les supplices qu'enduraient les damnés dans les régions infernales furent tout à coup interrompus. Les animaux venimeux se cachèrent dans les profondeurs de la terre, et les oiseaux de bon augure chantèrent en agitant leurs ailes. Les hommes qui se livrent à la chasse et à la pêche ne furent plus animés par leurs instincts durs et féroces; ils éprouvèrent au contraire des sentiments de bonté et de douceur. Les femmes enceintes donnèrent le jour à des garçons, et les malades et les infirmes furent en un instant délivrés de leurs maux. Enfin, les ermites habitant les bois quittèrent spontanément leurs solitudes et vinrent avec humilité offrir leurs adorations au jeune Bodhisatwa. »

MAYESWARA, l'air divinisé, selon les Hindous, qui le regardent comme une des cinq puissances primitives engendrées par le Créateur.

MAYOUKHAS, les Hindous donnent ce nom à la personnification de prétendus rayons émanés du *tchakra* ou disque mystique, et dont ils font autant de divinités. Leur nombre paraît être indéfini ; mais, d'après un certain système astrologique, on en compte 56 sur la terre, 52 dans l'eau, 62 dans le feu, 54 dans le vent, 72 dans le ciel, et 64 dans l'esprit, formant ensemble 360, somme égale au nombre des jours de l'ancienne année indienne et égyptienne. Nous allons en donner les noms parce que ce sont autant de divinités mâles ou femelles (1), nous les tirons des savantes recherches de M. Troyer, sur un poëme théosophique hindou inséré dans le *Journal asiatique*, de Paris, en 1841 et 1847.

I. *Rayons sur la terre.*

1. Daddiswara
2. Daddiswari
3. Djaleswara
4. Djaleswari
5. Pourneswara
6. Pourneswari
7. Kameswara
8. Kameswari
9. Srikanta
10. Vahana
11. Ananta
12. Swarasa
13. Sangkara
14. Mati
15. Pinggala
16. Pataladévi
17. Nadakhya
18. Nada
19. Anada
20. Dakini
21. Alasya
22. Sakini
23. Mahananda
24. Lakini
25. Yogya
26. Kakini
27. Atit
28. Sakini
29. Pada
30. Hakini
31. Adharésa
32. Nakta
33. Tchakrisa
34. Tchanda
35. Kurangguisa
36. Karala
37. Madadhrisa
38. Mahogouchma
39. Anadivimala
40. Matanggui
41. Sarvadjna-Vimala
42. Poulinda
43. Yoga-Vimala
44. Samwari
45. Siddha-Vimala
46. Vatchapara
47. Samaya-Vimala
48. Koulalika
49. Mitrésa
50. Koubdja
51. Daddisa
52. Labdhara
53. Chachtisa
54. Kouleswari
55. Tcharyadhisa
56. Koundja

II. *Rayons dans l'eau.*

1. Sadyodjata
2. Maya
3. Vamadéva
4. Sri
5. Aghora
6. Padma
7. Tatpouroucha
8. Avika
9. Ananta
10. Nivritti
11. Anatha
12. Pratichta
13. Djanasrita
14. Vidya
15. Atchintya
16. Santa
17. Sasisékhara
18. Ouma
19. Tivra
20. Gangga
21. Manivahana
22. Saraswati
23. Abdjavahana
24. Kamala
25. Tedjodhisa
26. Parvati
27. Vidyavaguiswara
28. Tchitra
29. Tchatourvidyeswara
30. Sakamala
31. Oumaganggueswara
32. Manmatha
33. Krichmeswara
34. Sriya
35. Srikanta
36. Naya
37. Ananta
38. Sati
39. Sangkararatna
40. Mekhala
41. Pinggala
42. Yasovati
43. Sadhyaratha
44. Hansananda
45. Paridivyaugha
46. Vama
47. Ridiviaugha
48. Djyechta
49. Pidaugha
50. Raudri
51. Sarveswara
52. Sarvamayi

III. *Rayons dans le feu.*

1. Parapara
2. Tchandeswari
3. Parama
4. Tchatouchmati
5. Tatpara
6. Oukhakali
7. Apara
8. Samvarrta
9. Tchidananda
10. Nilakoubdja
11. Aghora
12. Gandha
13. Samarasa
14. Rasa
15. Lalita
16. Smaya
17. Swatchhada
18. Sparsa
19. Bhouteswara
20. Sabda
21. Ananda
22. Dakini
23. Alasya
24. Ratnadakini
25. Prabhananda
26. Tchakradakini
27. Yogananda
28. Yadjnadakini
29. Atita
30. Koubdjadakini
31. Swada
32. Prapantchadakini
33. Yogueswara
34. Tchanda
35. Pideswara
36. Kosala
37. Koulakauleswara
38. Pavani
39. Kouleswara
40. Samaya
41. Srikanta
42. Kama
43. Ananta
44. Révati
45. Sangkara
46. Kala
47. Pinggala
48. Karala
49. Sadakhya
50. Koubdjika
51. Karala-ratri-gourou
52. Para
53. Siddhagourou
54. Smrityantara
55. Ratna-gourou
56. Santa
57. Siva-gourou
58. Divya
59. Mékahala-gourou
60. Pratichta
61. Samaya-gourou
62. Nivritti

IV. *Rayons du vent.*

1. Khagueswara
2. Bhara
3. Kourma
4. Adhara
5. Mékhala
6. Soka
7. Mina
8. Mallika
9. Djnana
10. Vimala
11. Mahananda
12. Sarvvari
13. Tivra
14. Mila
15. Priya
16. Koumouda
17. Kalika
18. Ménaki
19. Damara
20. Dakini
21. Rama
22. Rakini
23. Lama
24. Lakini
25. Kamada
26. Kakini
27. Samaya
28. Sakini
29. Hamara
30. Hakini
31. Akara
32. Sasaka
33. Tchakrisa
34. Vindou
35. Kouladja
36. Koula
37. Mayisisa
38. Koubdjika
39. Hridisa
40. Kamakala
41. Sirasa
42. Kouladidhika
43. Sikhósa
44. Sarvvara
45. Varmma
46. Vahouroupa
47. Asatrésa
48. Mahattari
49. Paragourou
50. Manggala
51. Paradhigourou
52. Kosata
53. Poudjyagourou
54. Nama

V. *Rayons du ciel.*

1. Hridaya
2. Kauliki
3. Dhara
4. Kanta
5. Bhoga
6. Visveswari
7. Bhaya
8. Yoguini
9. Maha

(1) On sait que les Persans mettent également chaque jour de l'année sous l'influence d'un génie particulier.

10. Pràhasara
11. Sava
12. Savari
13. Drava
14. Kalika
15. Basa
16. Pouchtatcnanoa.i
17. Moha
18. Aghorasi
19. Manomaya
20. Hela
21. Soka
22. Saharakta
23. Djanamgouhya
24. Koubdjika
25. Mourddha
26. Hakini
27. Vayou
28. Papaghni
29. Koula
30. Mahakoula-lakini
31. Bhiyodjvala
32. Kakini
33. Tedja
34. Sakini
35. Mourddha
36. Hakini
37. Vayou
38. Papaghni
39. Koula
40. Sinha
41. Sanhara
42. Koulanvika
43. Viswambhara
44. Kama
45. Kautila
46. Karmmamata
47. Galava
48. Kakochti
49. (manque)
50. Vyoma
51. Swasata
52. Nanda
53. Khédjara
54. Mahadévi
55. Vahoula
56. Mahattari
57. Tata
58. Koundalini
59. Koulantita
60. Koulesi
61. Adjou
62. Idhika
63. Manata
64. Dipika
65. Vrasa
66. Retchika
67. Siva
68. Metchikâ
69. Parama
70. Parâ
71. Para
72. Vit.

VI. *Rayons de l'Esprit.*

1. Para

2. Parapara
3. Rama
4. Ramapara
5. Tchitpara
6. Tchitparâ
7. Mahamaya
8. Mahamayapara
9. Itchtchha
10. (manque)
11. Srichti
12. Srichtipara
13. Smiti
14. Smitipara
15. Nirodha
16. Nirodhapara
17. Moukti
18. Mouktipara
19. Djnana
20. Djnanapara
21. Satya
22. Satyapara
23. Asata
24. Asatipara
25. Sadasat
26. Sadasatpara
27. Kriya
28. Kriyapara
29. Atma
30. Atmapara
31. Indriyasraya
32. Indriyasrayapara
33. Gotchara
34. Gotcharapara
35. Lokamoukhya
36. Lokamoukhyapara
37. Dévavat
38. Dévavatpara
39. Samvit
40. Samvitpara
41. Koundalini
42. Koundalinipara
43. Sauchmana
44. Sauchmanapara
45. Pranasoutra
46. Pranasoutrapara
47. Syanda
48. Syandapara
49. Matrika
50. Matrikapara
51. Swarodbhava
52. Swarodbhavapara
53. Varnadja
54. Varnadjapara
55. Sabdadja
56. Sabdadjapara
57. Varnadjnata
58. Varnadjnatapara
59. Vargadja
60. Vargadjapara
61. Samyogadja
62. Samyogadjapara
63. Mantravighnaha
64. Mantravighnahapara.

« Quoique ces noms appartiennent à des sectes, continue M. Troyer, on peut cependant supposer qu'un bon nombre en est emprunté d'une religion, sinon générale, au moins très-répandue. Au reste, il n'est peut-être aucune sorte de renseignement qui, dans l'état présent de la littérature sanscrite, en Europe, soit tout à fait à dédaigner. Nous voyons ici des noms qui marquaient peut-être 360 jours d'un calendrier.

« Parmi ces noms, un bon nombre se rapporte à Siva ; d'autres expriment des qualités, facultés, imperfections, substances, tant physiques qu'intellectuelles, telles que : *djnana*, connaissance ; *itcha*, désir ; *soka*, chagrin ; *bhaya*, crainte ; *moha*, folie ; *sparsa*, contrat ; *ratna*, joyau ; *kourma*, tortue ; *mékhala*, ceinture (qui paraît être la même que le *koschti*, des anciens Perses et des Guèbres modernes) ; *koumouda*, plante aquatique, etc. etc. Nous voyons des noms de divinités peu connues, telles que : *Dakini*, souvent répété, espèce de lutin femelle ; *Hakini*, *Rakini*, etc. Ce qui est remarquable, c'est que plusieurs de ces divinités appartiennent aux Djainas, classe de Bouddhistes que l'auteur du poëme combattait avec beaucoup de force. Ainsi nous remarquons comme divinités, ou personnes sacrées des Djainas : *Tchanda*, *Malaggui*, *Padma*, *Sasi-sékhura*, *Samvara* ; cette dernière, selon Csoma de Körös, appartient spécialement aux Tantrikas. Nous trouvons que le mot de *gourou* fait partie de noms de plusieurs rayons, car un gourou ou maître spirituel, sera facilement honoré et même élevé au rang d'une divinité par la société particulière à laquelle il préside.

« Plusieurs de ces noms sont répétés dans plusieurs classes, et même dans la même classe de rayons.... Tout bizarres et puérils que puissent paraître les noms donnés à ces *Mayoukhas* ou rayons, que l'on attribue à la terre, à l'eau, au feu, à l'air ou au vent, au ciel et à l'esprit, remarquons cependant qu'il s'agit des six éléments, et que tout ce que les Hindous savent de la nature s'y trouve résumé. En effet, aux quatre éléments, savoir : la terre, l'eau, le feu, l'air, ils ajoutent généralement le ciel ou l'éther ; mais les Bouddhistes en particulier joignent à ces éléments matériels encore l'esprit, appelé *manas* (mens), *Vidjnana* et *Tchit* (intelligence). »

MAYR, nom que les anciens Germains donnaient à trois divinités qui présidaient aux accouchements et qui, comme les fées, douaient les enfants au moment de leur naissance.

MAZD ou MAZDA, nom d'Ormuzd, en zend et en pehlvi. Ce vocable est formé de *maz*, grand, et du radical *dâ*, donner, créer. Ces deux éléments réunis présentent le sens de *grand*, ou plus littéralement, *grandement créateur*, épithète qui convient très-bien à Ormuzd, mais cette expression est plus communément précédée du mot *Ahoura*, roi ou seigneur, et ce composé *Ahura-Mazda* donne le nom complet prononcé *Ormuzd* ou *Hormouzd* en Occident, et *Khourmouzda*, chez les Mongols.

MAZDARIS, hérétiques musulmans, appartenant à la secte des Motazales. Leur chef fut Abou-Mousa, fils d'Isa, fils de Sabih el-Mazdar, un des disciples de Beschr. Il admettait la possibilité que Dieu fût menteur et injuste, et que les hommes pussent produire un ouvrage qui égalât le Coran, et le surpassât même en éloquence.

MAZDÉISME, nom que l'on donne quelquefois à la religion parse réformée par Zoroastre; il signifie proprement *culte d'Ormuzd*. En Europe on l'appelle plus communément *Magisme*, mot sans doute dérivé de *Mazda*. Voy. MAGISME.

MAZDÉKITES, partisans de Mazdek, fameux imposteur de la Perse, qui, sous le règne de Cobad, se mit à prêcher la communauté des femmes et des biens, sous prétexte que les hommes étant descendus d'un même père, ils sont tous frères. Il prétendait éteindre par ce moyen les divisions que les femmes et les richesses causent dans le monde; ce qui n'arriverait plus, disait-il, lorsque ces deux choses seraient aussi communes que le feu, l'eau et l'herbe. Il se fit un grand nombre de sectateurs, entre lesquels était Cobad lui-même, qui, dit-on, lui offrit sa propre femme en signe de conversion. Ses disciples sont appelés *Zendic* ou impies, par les Arabes qui les confondent souvent avec les Guèbres. Nouschirewan, successeur de Cobad, sévit contre la nouvelle doctrine; il condamna Mazdek à mort, et la secte ne tarda pas à disparaître. Les Musulmans donnent quelquefois ce nom à la secte des *Baténis*. Voy. BATÉNITÉ et ISMAÉLIENS.

MAZDIEN, adorateur d'Ormuzd; le mot zend est *Mazdayasna* ou *Mazdeyesnan*. Dans le Vendidad ce nom est mis en opposition avec celui de *Daevayasna* ou *Dewiesnan*, adorateur des Dews, c'est-à-dire des démons ou de l'esprit du mal. Voy. MAGES, MAGISME.

MA-ZEUS, nom que les Phrygiens, au rapport d'Hésychius, donnaient à Zeus ou Jupiter: ce mot signifie *le grand Jupiter*.

MAZIRI, nom que les peuples de la côte orientale d'Afrique donnent au créateur de l'univers. Ils l'appellent encore *Mozimo* et *Atouno*.

MAZOUKHIR, esprit céleste qui, selon les Kalmouks, fut envoyé sur la terre avec une loi nouvelle, après le déluge qui avait terminé le premier âge du monde. Sa taille était d'une hauteur extraordinaire, son front serein, son regard doux. Les hommes étonnés lui demandèrent comment il était devenu si beau. «C'est, dit-il, que j'ai foulé aux pieds la concupiscence, la luxure et toutes les passions: mortels, suivez mon exemple, et vous deviendrez tous semblables à moi.» Les hommes, à sa voix, furent pénétrés de l'horreur du crime, et n'eurent plus de passion que pour les charmes de la vertu. Ils l'embrassèrent, elle fit leur bonheur, et fut leur première récompense. La durée de la vie humaine, qui avait été successivement réduite à dix ans, commença de nouveau à s'accroître prodigieusement et fut prolongée jusqu'à 80,000 ans. Par leur santé, par leur vigueur, par leur félicité, les hommes devinrent semblables aux esprits célestes.

Mais le vice, qui nous flatte pour nous détruire, s'ouvrit insensiblement le chemin de leurs cœurs; il fascina leurs yeux, et, par ses attraits fardés et trompeurs, il les rendit chaque jour insensibles à la beauté inaltérable de la vertu. Punis par leurs fautes mêmes, ils parcoururent toutes les périodes de la dégradation qu'avait subie l'âge précédent. Un autre âge succéda, c'est le nôtre, qui a déjà beaucoup perdu de sa première gloire. Ainsi chaque âge est marqué par deux époques, celle de la grandeur et de la force humaine, celle de sa petitesse et de son affaiblissement. Chaque âge est détruit par l'eau, par le feu, ou par quelque autre fléau non moins destructeur.

MÉCASPHINS, enchanteurs chaldéens, qui usaient d'herbes, de drogues particulières et d'ossements de morts, pour leurs opérations superstitieuses. Ils s'occupaient aussi d'astrologie. Ce nom est le mot hébreu מכשפים, *mékaschphim*, qui signifie *enchanteurs*.

MECASTOR, formule de serment ou de jurement en usage chez les Romains; c'est l'abrégé de *Me Castor adjuvet*, Que Castor me soit en aide. On disait aussi *Ecastor*. Voy. ce mot.

MECCIENS, ordre religieux fondé par Alexis Meccio. Voy. CELLITES.

MÉCHANÉEN, surnom de Jupiter, comme bénissant les entreprises des hommes (du grec μηχανάσθαι, entreprendre). Il y avait au milieu d'Argos un cippe de bronze qui soutenait la statue de ce dieu, avec ce surnom. Ce fut devant ce simulacre que les Argiens, avant de se rendre au siége de Troie, s'engagèrent par serment à périr plutôt que d'abandonner leur entreprise.

MÉCHANIQUE ou **MÉCHANITIS**, surnom de Minerve ou Pallas, comme présidant à la construction des villes. Les Mégalopolitains donnaient le même nom à Vénus, en qualité de déesse qui favorisait les projets habiles et en assurait le succès.

MECQUE (LA), cité sainte des Musulmans; elle est située dans l'Arabie Heureuse, à l'est de la mer Rouge. Les habitants la désignent sous le titre pompeux de mère des cités, de patrie de la foi, de maison de l'immutabilité, de mère de la miséricorde, etc. Son caractère religieux, le prix attaché à sa possession, qui a été la véritable cause de la dernière guerre entre Mahmoud et Méhémet-Ali, et a ébranlé ainsi la paix du monde, lui donnent une importance que bien peu de villes en Orient peuvent réclamer aujourd'hui. Elle est bâtie dans une étroite vallée dont la direction s'étend du nord au sud; entourée de tous côtés par des collines grises et complétement dénudées, dont le triste aspect n'affecte pas même des formes hardies ou pittoresques, elle semble cacher sous une enveloppe commune les trésors de la grâce que viennent y chercher tous les sectateurs de l'islam. Le terroir, qui n'est qu'un sable pierreux et inégal, est tout à fait stérile, sans arbres fruitiers, sans autre verdure que celle qu'on y fait venir à force de culture. Cette ville n'a que de l'eau de citerne, à la réserve du puits de Zemzem, et d'une eau qui lui est amenée du mont Arafat par un aqueduc; cependant on y a des vivres en abondance, il y croît des fleurs et des légumes dans tous les temps de l'année; de plus l'époque du pèlerinage y amène de tous les pays soumis à la loi de Mahomet une foule de denrées et de provisions qui s'échangent les unes contre les autres et font de la Mecque le marché peut-être le plus riche et certainement le plus varié de l'Orient. Les Mahométans disent que cette abondance est un miracle perpétuel, et ils racontent qu'Agar s'étant retirée en ce lieu même avec son fils Ismaël, elle se mit à pleurer à la vue de la stérilité du pays et de l'ardeur de ses sables; l'ange Gabriel la rassura et lui prédit que cette contrée si mal partagée deviendrait la plus fréquentée du monde, et qu'il y aurait une perpétuelle abondance des choses non-seulement nécessaires à la vie, mais même les plus délicieuses.

Les Musulmans assurent que la Mecque (en arabe *Bekka* ou *Mekka*, que l'on traduit par *assemblée compacte*), est une des villes les plus anciennes du monde. Les uns en font remonter la fondation à Adam, et disent que ce premier père des hommes, ayant été chassé du paradis céleste et exilé sur la terre, pria Dieu qu'il lui fût permis de construire, pour sa consolation, une chapelle sur le modèle du quatrième ciel, où il avait habité avec les autres prophètes, afin qu'il pût y prier, tourner les yeux vers elle, lorsqu'il serait en voyage, et en faire le tour ou la procession, comme il avait vu faire les anges autour du trône de Dieu. Ils ajoutent que non-seulement le Seigneur exauça la prière d'Adam, mais qu'il créa même un temple glorieux et resplendissant sur le modèle du quatrième ciel, ou sur le modèle d'un temple qui est au quatrième ciel, ainsi que l'expliquent quelques docteurs mahométans. Ce temple fut placé à l'endroit où est à présent la Mecque, et Adam y exerça son culte religieux pendant toute sa vie. Mais ses descendants s'étant rendus indignes d'y entrer, à cause de leur extrême corruption, Dieu retira ce temple et on ne le vit plus. Les hommes en étant fort affligés, se mirent à en bâtir un autre de même figure, selon que leur mémoire le leur rappelait, et ce second sanctuaire dura jusqu'au déluge et au delà.

Cependant tous les écrivains musulmans ne conviennent pas de cette antiquité: la plupart se contentent de rapporter à Abraham la construction et la fondation du temple de la Mecque; car ils croient que ce patriarche le bâtit, avec l'aide de son fils Ismaël, soit sur le modèle que l'ange Gabriel lui en donna, soit sur la figure qui lui fut montrée en vision, soit sur la tradition de la forme du premier temple élevé sous Adam. Ils affirment encore que la *Kaaba* est bâtie précisément sur le point de la terre qui parut le premier hors de l'eau, et qui servit comme de centre pour tirer le reste de la surface, et que c'est là le nombril de la terre. Ce dernier sanctuaire doit durer jusqu'à la fin des siècles. Quelques-uns cependant nient cette perpétuité, et ils citent une prophétie de Mahomet portant que la Kaaba doit être ruinée par les Éthiopiens, mais que le monde finira peu après. Il ne faut pas croire cependant que la construction actuelle est contemporaine d'Abraham; la Kaaba fut plusieurs fois détruite et brûlée; et depuis le temps d'Omar, tant de khalifes, de sultans, d'imams, ont signalé leur piété par des changements, des réparations, des embellissements, des constructions nouvelles, qu'il est impossible d'y reconnaître quelques traces du premier travail. *Voy.* KAABA, PÈLERINAGE.

Ce qui ajoute encore au profond respect des Musulmans pour cette cité, c'est, disent-ils, qu'elle a été la demeure des patriarches Abraham et Ismaël; qu'elle possède dans son enceinte la Pierre Noire et les eaux sacrées de Zemzem; qu'elle donna naissance à Mahomet; qu'elle reçut du ciel les premières révélations de l'islamisme et la plus grande partie du Coran; qu'en un mot elle fut le théâtre où Dieu manifesta davantage sa puissance par des prodiges et des miracles. C'est même une opinion générale chez les Mahométans, que jamais aucun oiseau ne se repose sur le toit du sanctuaire, excepté une race de pigeons qui s'y sont multipliés depuis l'établissement de l'islamisme, et pour lesquels ils ont une espèce de vénération, parce qu'ils les croient issus de deux pigeons sauvages qui déposèrent leurs œufs à l'entrée de la caverne où Mahomet et Abou-Bekr s'étaient cachés. Ils croient aussi que tout animal féroce qui entre sur le territoire de cette ville prend à l'instant un nouveau caractère et devient animal domestique.

Les peuples ont une si grande vénération pour la Mecque, que le gouvernement y respecte jusqu'aux criminels réfugiés dans la Kaaba, seul lieu d'asile qui existe dans tout l'empire musulman. Enfin, disent les anciens docteurs, telle est la sainteté de cette ville, qu'elle exige la vie la plus pure, la plus vertueuse et la plus édifiante dans ceux qui ont le bonheur de l'habiter. Par ce motif, plusieurs imams ne permettent pas aux pèlerins de se fixer dans cette ville, craignant que l'habitude de voir continuellement le sanctuaire ne diminue en eux cette sainte frayeur dont ils doivent être pénétrés à l'approche d'un lieu si auguste et si saint. Le khalife Omar l'avait expressément défendu; et tous les ans, immédiatement après le pèlerinage et les fêtes du Beiram, il prenait son bâton pastoral, et parcourait les rangs des pèlerins, en disant: « O vous, peuple du Yémen, reprenez le chemin du Yémen; ô vous, peuple de Syrie, reprenez le chemin de Syrie; ô vous, peuple de l'Irac, reprenez le chemin de l'Irac, pour conserver et affermir dans vos cœurs le respect qui est dû à la maison de votre Dieu... « Les pèlerins ne restent ordinairement que dix ou quinze jours après la célébration de la fête. Tous ont un égal intérêt de quitter promptement le pays, soit pour retourner à leurs affaires, soit pour profiter des dispositions générales que prend le gouvernement à cette époque pour la sûreté du voyage. Il arrive cependant que des personnes de condition ou des citoyens opulents d'un certain âge se font un devoir de demeurer plusieurs mois, et même quelques années de suite, soit à la Mecque, soit à Médine, visitant tour à tour la Kaaba et le tombeau de leur prophète, et vivant dans la prière, dans la méditation et dans la retraite la plus austère. On appelle ces dévots *Moudjawirs*, c'est-à-dire proches, voisins, indiquant par là que ce sont des âmes pieuses qui passent leurs jours dans la fréquentation et la proximité des lieux saints. Plusieurs même s'y fixent pour le reste de leur vie, dans l'espoir d'attirer sur eux les grâces qui sont attachées au bonheur de mourir sur une terre spécialement consacrée par la religion au culte de Dieu.

Cette opinion des Mahométans sur la sainteté de ces deux villes ne permet point aux non-Musulmans d'y pénétrer jamais : la défense en est rigoureuse ; elle date du règne d'Omar, qui expulsa pour toujours de la Mecque et de Médine les chrétiens, les juifs, les païens, enfin tous ceux qui ne professent pas la doctrine de Mahomet. Cette prohibition dure encore, et, pendant de longs siècles, l'Europe n'a pu connaître ces deux villes que par les livres et les récits des Musulmans ; mais depuis quelques années le voile qui les couvrait est tombé, grâce à l'intrépidité de quelques voyageurs, grâce surtout au dévouement de Burckhardt, qui parvint, sous l'habit d'un pèlerin, à tromper le fanatisme mahométan.

Tout le territoire de la Mecque est censé participer à la sainteté de cette ville ; il s'étend à une distance de trois journées, du côté de Médine, de sept milles du côté du Yémen et de l'Irac, et de dix du côté de Djidda. Toute cette enceinte est regardée comme sacrée, ainsi que les montagnes qu'elle renferme. On a pour la montagne d'Abou-Cobéis une vénération particulière, 1° parce que la Pierre Noire y fut apportée par Dieu lui-même ; 2° parce que le corps d'Adam y fut déposé ; 3° parce que c'est du haut de cette montagne que le patriarche Abraham invita tous les peuples de la terre à visiter la Kaaba ; 4° parce que c'est sur son sommet que le prétendu prophète opéra le miracle de la fraction de la lune, par un signe de sa main. Pour perpétuer la mémoire de ce prodige, les Musulmans des premiers siècles élevèrent sur cette hauteur un monument en forme de grotte, que beaucoup de pèlerins vont visiter par dévotion. C'est ordinairement au pied de cette montagne que les pèlerins quittent leur monture ; là aussi les femmes s'arrêtent, et attendent jusqu'à l'entrée de la nuit que la foule soit écoulée du temple, pour aller s'acquitter elles-mêmes avec plus de liberté des tournées autour du sanctuaire. — Le mont Arafa est célèbre par la reconnaissance d'Adam et d'Ève qui s'y rencontrèrent après une séparation de 130 ans. Du côté d'Arafa sont les fameuses montagnes de Hira et de Nour, également vénérées par l'islamisme, comme les lieux où Mahomet reçut de l'ange Gabriel les premiers versets du Coran, les lumières du ciel, et le caractère de prophète. Sur le sommet de cette dernière montagne on voit un oratoire que les pèlerins les plus dévots ne manquent jamais de visiter. Presque au pied de Mina, on voit encore une espèce de chapelle élevée en mémoire d'Abraham, parce que, selon les traditions musulmanes, c'est là que ce patriarche immola un bouc à la place de son fils Ismaël. Il y a encore plusieurs autres lieux vénérés, soit dans la ville soit dans les environs ; nous en parlerons à l'article PÈLERINAGE.

La ville, le temple et tous les saints lieux sont sous la juridiction d'un schérif descendant de la famille de Mahomet. Son autorité est cependant subordonnée à celle du Grand Seigneur, qui ne peut élever à cette fonction importante qu'un personnage de la même famille.

MÉDIAREH, un des six Gahanbars de la mythologie des Parsis. *Voy.* GAHANBAR.

MÉDINE, ville de l'Arabie, célèbre par le tombeau de Mahomet qu'elle renferme, ce qui en fait une cité sacrée, objet d'un pèlerinage, qui, pour n'être pas d'une rigoureuse obligation, n'en est pas moins fréquenté. Le sépulcre du prétendu prophète est au milieu d'un édifice en pierre, d'une construction simple, élevé sur le sol même de la maison habitée autrefois par Ayescha, une des épouses de Mahomet. Le sultan Walid I, étant allé visiter ce tombeau avec le plus grand appareil, le fit couvrir d'un riche brocard ; cet usage s'est perpétué jusqu'à ce jour et s'observe encore scrupuleusement par les monarques ottomans. C'est une étoffe de soie rouge sur laquelle sont richement brodés un ou des versets du Coran. On l'appelle *Astar-schérif*, c'est-à-dire doublure ou couverture sacrée. Elle est travaillée à Constantinople, et on la renouvelle de droit à l'époque de chaque nouveau règne, et par esprit de dévotion une fois tous les trois ou quatre ans. L'ancien voile, comme celui de la Kaaba de la Mecque, sert à couvrir les mausolées des souverains et des princes. Plusieurs monarques se sont signalés par de riches présents faits au sépulcre du prophète ; on y voit encore aujourd'hui une lampe de or enrichie de pierreries, offerte par Mourad III, et un diamant de la valeur de 80,000 ducats donné par Ahmed I. La garde de ce monument est confiée au gouverneur de Médine, qui porte le titre de *Scheikh el-Harem*, seigneur du lieu sacré ; il a sous ses ordres quarante eunuques noirs, appelés *Mouhaffiz*, ou gardiens, qui jouissent de la plus haute considération, bien que leur emploi consiste à avoir soin des lampes et des ornements, à frotter, à nettoyer et à balayer l'intérieur de la chapelle sépulcrale. Ils ont pour substituts en survivance plus de 300 *ferraschs* ou balayeurs, domiciliés dans la même ville, et distingués par un large manteau de drap ou de camelot blanc. Indépendamment de ces *ferraschs* effectifs, il y en a encore environ 2000, simples titulaires : c'est à proprement parler une espèce de confrérie, dont les places sont toujours recherchées avec ardeur par les premiers personnages de l'empire, jusqu'aux pachas à trois queues, qui forment le premier ordre de l'État. On attache à la seule qualification de ferrasch le plus grand prix dans l'ordre de la religion.

Cette ville s'appelait autrefois *Yathreb* : c'est depuis que Mahomet en fit le centre de ses missions qu'elle prit le nom de *Médinet el-Nabi*, ville du prophète, et par abréviation *Médine*.

MÉDIOSCHEM et MÉDIOTSÉREM, deux génies de la mythologie persane. Ils font partie des six Gahanbars. *Voy.* ce mot.

MÉDIOXIMES, dieux mitoyens ou aériens que les Romains croyaient habiter les airs, et tenir le milieu entre ceux du ciel et de la terre. Servius dit que c'étaient des dieux marins, et Apulée des génies inférieurs aux dieux célestes, et supérieurs aux hommes.

MÉDITRINALES, fêtes que les Latins célébraient en l'honneur de Méditrine ; elles avaient lieu le dernier jour de septembre, dans la Campagne romaine, et le 11 du mois suivant dans la ville de Rome. On faisait ce jour-là des libations de vin vieux et de vin nouveau, et on en buvait par forme de médicament ou de préservatif, en prononçant cette formule amphigourique : *Novum vetus vinum bibo, novo veteri morbo medeor* ; ce que l'on traduit ainsi : « Vieux, je bois du vin nouveau ; je remédie par le vin nouveau à une vieille maladie. »

MÉDITRINE, divinité romaine qui présidait à la médecine et aux médicaments. Le prêtre chargé du soin de son culte lui faisait des libations de vin.

MEDJHOULIS, hérétiques musulmans appartenant à la secte des Kharidjis ; ils soutiennent qu'il suffit de connaître quelques-uns des noms et des attributs de Dieu pour être au nombre des vrais croyants.

MÉDUSE, la dernière et la plus célèbre des trois Gorgones ; elle seule était mortelle, tandis que ses sœurs Euryale et Sthéno n'étaient assujetties ni à la vieillesse, ni à la mort. On dit que c'était une très-belle fille, et que, de tous les attraits dont elle était richement pourvue, il n'y avait rien de si magnifique que sa chevelure. Une foule d'amants la recherchèrent en mariage ; mais Neptune, s'étant métamorphosé en oiseau, enleva Méduse et la transporta dans un temple de Minerve, qui fut ainsi profané. La déesse en fut si irritée qu'elle changea en affreux serpents les beaux cheveux dont Méduse se glorifiait, et donna à ses yeux la vertu de pétrifier tous ceux qu'elle regarderait. Un grand nombre de personnes ayant éprouvé les pernicieux effets de ses regards, les dieux voulurent délivrer le pays d'un si grand fléau, et envoyèrent Persée pour la faire mourir. Pour préserver ce héros d'être changé en pierre, Minerve lui fit présent de son miroir, et Pluton de son casque ; ces deux objets avaient la propriété d'empêcher celui qui les portait d'être aperçu. Persée se présenta donc devant Méduse sans en être vu, et de sa main, conduite par Minerve elle-même, il coupa la tête de la Gorgone, que depuis il porta devant lui comme un épouvantail dans toutes ses expéditions. Elle ne perdit rien de sa vertu après avoir été tranchée ; Persée s'en servit pour pétrifier les habitants de l'île de Sériphe, et pour changer Atlas en une haute montagne. Du sang qui était sorti de la plaie naquirent Chrysaor et le cheval Pégase ; et lorsque Persée eut pris son vol par-dessus la Libye, toutes les gouttes de sang qui découlèrent de cette tête fatale devinrent autant de serpents qui infestèrent la contrée. Persée, vainqueur de tous ses ennemis, consacra à Minerve la tête de Méduse, qui, depuis ce temps-là, fut gravée sur la redoutable égide de la déesse. De là vint aussi la coutume de graver la figure de cette Gorgone sur les boucliers, du temps des héros. *Voy.* GORGONES.

MEETING, mot anglais qui veut dire simplement *assemblée*, et qui est employé non-seulement pour désigner des réunions civiles et politiques, mais aussi, surtout depuis le siècle dernier, pour exprimer les assemblées religieuses des communions dissidentes de l'Angleterre et de l'Amérique. Les plus célèbres sont celles des Méthodistes, appelées *Camp-Meetings*, assemblées du camp, qui se tiennent dans un lieu préparé à cet effet dans les bois et loin des villes. Le camp peut avoir un demi-arpent et plus d'étendue. Il est entouré de maisons de bois formées de troncs d'arbres, au milieu desquelles se trouve une espèce d'échafaud couvert, d'où les ministres, qui se rendent à ces assemblées en grand nombre, parlent à la multitude qui les environne. Les prédicateurs sont quelquefois plus de cent réunis ; ils demeurent tous quatre jours et quatre nuits dans ce camp, et se logent dans les maisons de bois dont on vient de parler, et qui sont bientôt remplies de personnes des deux sexes. Ils ont eu soin de faire transporter sur des chariots leurs lits, des vivres, en un mot tout ce qui leur est nécessaire. Il se fait quatre ou cinq discours par jour, surtout le soir, temps plus favorable à la conversion de ceux qui ont besoin de se convertir. La nature de ces conversions s'entendra mieux par le récit de ce qui est arrivé en 1831, dans le comté de Washington ; mais il est à propos d'observer d'abord que, dans le camp, se trouve une espèce d'enceinte, de forme circulaire, appelée, on ne sait pourquoi, l'*autel*, ou, avec plus de raison, le *parc* (*the pen or altar*). Cette enceinte sert à recevoir les convertis.

Dans le discours du soir, le ministre élève extraordinairement la voix. Il invite tous les pécheurs à pleurer leurs péchés, et, pour cet effet, à entrer dans le parc. L'esprit de Dieu, dit-il, est dans le camp. Venez, ô pécheurs, ne rougissez pas de pleurer vos fautes. Poussez vos soupirs vers le ciel et implorez la miséricorde divine. A ces paroles, les jeunes gens des deux sexes s'avancent tout à coup. Ils entrent dans le parc, se jettent sur la paille préparée pour les recevoir, poussent de longs gémissements accompagnés de hurlements horribles, et tombent enfin en convulsions. De jeunes filles d'une complexion faible et délicate se donnent des mouvements si violents, que quatre femmes peuvent à peine les retenir, et sauver, s'il est possible, les apparences de la pudeur. Tout ceci s'appelle cependant opérations surnaturelles de l'Esprit. Il n'est pas au reste très-étonnant que des personnes d'un esprit faible et d'une imagination vive éprouvent des convulsions dans des circonstances semblables. Tout concourt à la produire. Cinquante, et quelquefois plus de cent de ces sectaires s'occupent à la fois aux exercices que leur dicte une piété imaginaire. Le ministre fait retentir sa voix; d'autres, que l'on appelle *exhortateurs*, adressent les paroles les plus vives et les plus remplies d'enthousiasme à ceux qui se trouvent près du parc. Ceux-ci font entendre ces cris : Miséricorde ! miséricorde ! Ceux-là prient à haute voix ; les uns chantent des hymnes, les autres poussent des hurlements affreux ; de sorte qu'il est presque impossible de ne point céder au torrent, et de résister à cette fermentation universelle. Il est évident que ce séjour au milieu des bois et dans des maisons foulées de monde doit être la source des plus grands désordres. Aussi, quoique le prétexte de la religion soit mis en avant pour justifier de telles assemblées, l'opinion publique les repousse comme provoquant aux excès les plus révoltants une jeunesse licencieuse.

Ces Camp-Meetings se tiennent tous les ans pendant l'automne; on y distribue la cène à quiconque se présente. Ils sont très-fréquentés par les Presbytériens, les Méthodistes, et une classe de dissidents qui porte le nom de *New-Light*, nouvelle lumière.

MÉGABYZES ou MÉGALOBYZES, prêtres eunuques de Diane d'Ephèse ; Strabon dit qu'une déesse vierge n'en voulait pas d'autres. On leur portait un grand respect, et des filles vierges partageaient avec eux les honneurs du sacerdoce ; mais cet usage changea suivant les temps et les lieux.

MÉGALARTIES (de μέγας, grand, et ἄρτος, pain), fêtes célébrées, dans l'île de Délos, en l'honneur de Cérès; on y portait en procession un grand pain. Cette déesse était aussi appelée *Mégalartos*, parce qu'elle avait appris aux hommes à faire du pain.

MÉGALASCLÉPIADES, fête que les habitants d'Épidaure célébraient en l'honneur d'Esculape, appelé en grec *Asclépios*.

MÉGALÉSIENS, jeux qui accompagnaient les Mégalésies, chez les Romains. Les dames y dansaient devant l'autel de Cybèle ; les magistrats y assistaient en robes de pourpre ; la loi défendait aux esclaves d'y paraître. Durant ces jeux, plusieurs prêtres phrygiens portaient en triomphe dans les rues de Rome l'image de la déesse ; on représentait aussi sur le théâtre des pièces choisies. Un grand concours de peuple et d'étrangers assistaient à ces jeux, dont la célébration tombait le jour d'avant les ides d'avril, jour auquel le culte de la déesse avait été introduit à Rome.

MÉGALÉSIES, fête instituée à Rome, en l'honneur de Cybèle, vers le temps de la seconde guerre punique. Les oracles sibyllins marquaient, au jugement des décemvirs, que l'ennemi ne serait vaincu et chassé d'Italie, que si la mère Idéenne était apportée de Pessinunte à Rome. Le sénat envoya des députés vers Attale, qui leur remit une pierre que les gens du pays appelaient *la mère des dieux*. Cette pierre, apportée à Rome, fut reçue par Scipion Nasica, qui la déposa au temple de la Victoire sur le mont Palatin, le 14 avril, jour auquel on institua les Mégalésies. Selon d'autres, cette solennité avait lieu le 5 du même mois.

On raconte un prodige arrivé en cette occasion. Le vaisseau qui portait la statue de la déesse, étant arrivé près de Rome, devint immobile, et rien ne put le faire avancer. La vestale Claudia, d'une beauté rare et d'une des plus illustres familles de la ville, mais dont le goût pour la parure avait fait suspecter la vertu, ce qui ne l'exposait à rien moins qu'à être ensevelie toute vive, supplia la déesse de manifester son innocence par un prodige signalé ; alors, en présence du sénat, des chevaliers et du peuple, elle saisit d'une main une corde attachée au navire, et seule elle le fit avancer contre le courant de l'eau. Claudia fut aussitôt reconnue pour une vierge chaste, aux acclamations de la multitude.

MÉGARES, nom que l'on donnait aux temples de Cérès, suivant Eustathe et Pausanias ; ce mot signifie *vénérables* ou *respectables* (du grec μεγαίρω, respecter).

MÉGÈRE, la seconde des trois furies ; elle excitait la haine et les querelles parmi les mortels. C'était elle qui punissait les coupables avec le plus d'acharnement ; son nom dérive du grec μεγαίρω, *envier*, parce qu'elle faisait naître dans les cœurs l'envie et la jalousie.

MÉHER, ange, qui, suivant les Persans, donne la fertilité aux champs cultivés. Les œuvres qui lui sont agréables sont l'agriculture, le soin des bestiaux, la sépulture des morts et le secours des pauvres.

ME HERCLE, ou ME HERCULE, serment des Romains, qui signifie *par Hercule !* ou qui est une abréviation de *Ita me Hercules juvet*, Qu'Hercule me soit en aide ! Il n'était pas permis aux femmes de jurer par Hercule, parce que, suivant Macrobe, des femmes avaient refusé de l'eau à ce héros, lorsque, ramenant d'Espagne les bœufs de Géryon, il était pressé d'une soif ardente ; ou bien, selon d'autres auteurs, parce qu'il ne convenait pas à un sexe faible et timide de provoquer par un serment celui dont la force prodigieuse avait subjugué la terre.

MEHILAINEN, génie de la mythologie finnoise, qui sortit de la terre creusée par le talon du dieu Karilainen. C'est la personnification de l'abeille, occupée à chercher le miel pour cicatriser les blessures des guerriers.

MEHSCHER. Les Arabes désignent par ce mot l'assemblée des hommes réunis pour le jugement général. Quelques-uns donnent ce nom à une vallée proche de la Mecque, où ils prétendent que Dieu fera le dernier jugement.

MEHTOLA, appelée aussi Sinisirkku, divinité finnoise; c'est une des vieilles qui résident dans les châteaux magiques des forêts, et que les chasseurs invoquent pour qu'elles leur livrent une proie facile.

MEINGALDR, sorte de maléfice en usage chez les anciens Scandinaves. Il consistait en imprécations lancées secrètement contre la personne sur laquelle on voulait attirer quelque calamité. Les paroles de l'imprécation étaient accompagnées d'une action symbolique indiquant le genre de malheur qu'on désirait provoquer.

MÉKHITARISTES, société ecclésiastique arménienne, qui professe la religion catholique. Elle fut fondée à Constantinople, en 1701, par le prêtre arménien *Mékhitar* (consolateur), et se distingua dès son origine par un soin particulier pour l'avancement de la théologie. Poursuivi par l'esprit de secte, Mékhitar s'embarqua en 1715 avec onze disciples pour se rendre à Venise, où la congrégation reçut à perpétuité du sénat l'île de Saint-Lazare, en qualité de don, et où elle construisit alors une église et un couvent. Elle s'est distinguée, jusqu'à ce jour, par son activité littéraire, et a fondé une académie arménienne et nationale à Saint-Lazare. Elle fut installée à Vienne, en 1810, avec l'approbation impériale, et après que les Mékhitaristes résidant à Trieste eurent été éloignés par le gouvernement français d'alors. Pendant les dernières années de Louis-Philippe, il fut question de les laisser fonder une maison à Paris ; il serait à désirer, dans l'intérêt de la religion et des lettres orientales, qu'il soit donné suite à ce projet.

MELA, mot sanscrit qui signifie *assemblée*, et qui désigne principalement une foire annuelle occasionnée par un pèlerinage au tombeau d'un saint, hindou ou musulman. « Outre ceux que la dévotion ou l'intérêt y amène, dit M. Garcin de Tassy, dans son *Mémoire sur quelques particularités de la religion musulmane dans l'Inde*, beaucoup de gens y viennent par curiosité, d'autres pour se livrer au plaisir ; et enfin des voleurs et des filous ne manquent pas de s'y trouver, dans l'espoir d'y exercer leur coupable industrie. Ainsi ces réunions se composent de faquirs, de dévots de toutes les classes, de musiciens, de jongleurs, de courtisanes et de danseuses, de merveilleux et de libertins, de fripons, de voleurs. La description suivante d'une de ces fêtes demi-religieuses, demi-mondaines, en donnera une idée exacte. Il s'agit de la foire qui se tient chaque année à Baraïtch, dans le royaume d'Aoude, le premier dimanche de *djeth* (mai-juin), auprès du tombeau du célèbre martyr musulman Salar Masoud Gazi (1) :

« Cette foire annuelle se tient au milieu d'un bois que les bêtes féroces abandonnent alors. Là, mille objets s'offrent de tous côtés aux regards ; on voit partout des escarpolettes : à chaque arbre est suspendue une balançoire. Des tentes et des bancs de marchands sont établis de tous côtés : des sucreries de toutes sortes, de toutes couleurs, y sont artistement étalées ; des pains de plusieurs espèces, les uns à l'eau, les autres au lait, couvrent les tables des boulangers ; tandis que, d'un autre côté, des viandes rôties ou cuites de différentes façons sont disposées sur des plats. Le riz, préparé de plusieurs manières, et des monceaux de fruits frais et secs sont offerts aux acheteurs. Il y a surtout un grand débit de bétel qui se vend par paquets de cent feuilles, de petits radeaux nommés *béra*, et des fleurs que les dévots achètent pour offrir au saint en accomplissement de leurs vœux.

« Il y a aussi des musiciens jouant de différents instruments ; des jongleurs exécutant des tours d'adresse variés ; des danseurs du Dékhan d'une étonnante souplesse. De gracieuses bayadères, d'intrépides sauteurs de corde se font surtout remarquer. Au milieu de ces ravissants spectacles, la liqueur enivrante, faite avec l'exsudation des fleurs du chanvre circule de toutes parts ; bientôt, hors d'eux-mêmes, les buveurs font entendre les cris de *haé* (hélas !) et de *hou* (Dieu !). Cependant chacun se rend auprès du tombeau vénéré, et offrant des fleurs et des sucreries, il exprime son vœu. Les chanteurs et les joueurs d'instruments de musique rendent à leur manière leurs hommages aux reliques du saint. Parmi des fleurs de lotus et de cyprès, mille bougies, mille lampes et lanternes jettent le plus vif éclat. Tout cela dure depuis le soir jusqu'au matin. Alors les pèlerins satisfaits rentrent dans la ville. On les attend avec impatience, et aussitôt qu'ils arrivent on les entoure. On jette sur eux, par honneur, des pièces de monnaie et des guirlandes de fleurs ; et chacun veut leur baiser les pieds. Ils ne parviennent à se retirer de la foule qu'en distribuant des objets qui ont touché le tombeau du saint. »

MÉLAMIS ; on donne ce nom, dans l'Orient musulman, à des derwichs qui se distinguent des autres religieux, par une vie plus austère, par des œuvres surérogatoires, par des révélations et par d'autres grâces surnaturelles. Cette classe d'illuminés, qui appartiennent à différents ordres, a produit une foule de fanatiques dans tous les siècles du mahométisme, et a fait éclore plusieurs faux *Mahdis*, qui, sous ce nom, ont fait les entreprises les plus hardies et désolé des

(1) Cette description est extraite de l'ouvrage hindoustani *Bara-maça*, traduit par M. Garcin de Tassy.

contrées entières, en égarant l'esprit de la multitude par leurs impostures, leurs prestiges et leurs prétendues prophéties.

MÉLAMPADA, le cinquième et le plus élevé des paradis indiens. C'est là que réside l'Être souverain ; c'est là que sont élevées, après la mort, les âmes de ceux qui ont mené sur la terre une vie sainte et exempte de reproche. Elles y jouissent d'un bonheur éternel et ineffable, qui consiste principalement à être sans cesse en présence de Dieu, à le connaître, à lui être intimement uni, et même à ne faire plus qu'un seul être avec lui. Voy. DEVALOKA.

MÉLAMPE, personnage mythologique des anciens Grecs, qui le disaient fils d'Amithaon et de Dorippe, et cousin germain de Jason. Sa légende est assez singulière.

On lui donna le nom de Mélampe, qui signifie *pieds noirs*, parce qu'étant enfant, sa mère l'avait accoutumé à ne pas porter de chaussure, et que le soleil lui avait noirci les pieds. Il s'adonna à la médecine, et devint très-habile dans la connaissance des plantes. Il entendait aussi, dit-on, le langage des animaux, prérogative qu'il devait à un événement raconté par Apollodore. Ses domestiques ayant découvert un nid de serpents dans un vieux chêne, tuèrent sur-le-champ le père et la mère, et en apportèrent les petits à Mélampe, qui les fit élever avec soin. Ces animaux, devenus grands, l'ayant trouvé un jour endormi, s'attachèrent chacun à une de ses oreilles, les nettoyèrent si parfaitement avec leurs langues, qu'à son réveil il fut tout surpris d'entendre les conversations de ces animaux. Il se rendit ensuite célèbre par des cures merveilleuses. Les filles de Prœtus ayant perdu l'usage de la raison jusqu'à se croire devenues vaches, Mélampe les guérit par le moyen de l'ellébore, qu'on nomma depuis *melampodium*, et il épousa une des filles du roi. Sous le règne d'Anaxagore, les femmes argiennes ayant été attaquées d'une telle manie qu'elles couraient les champs, Mélampe leur rendit l'usage de la raison. Anaxagore, en reconnaissance, lui céda la troisième partie de ses États. Les descendants de Mélampe y régnèrent durant six générations. Hérodote le peint comme un homme savant, instruit dans l'art de la divination, qui enseigna aux Grecs les cérémonies des sacrifices offerts à Bacchus, et tout ce qui concernait le culte des dieux d'Égypte, qu'il avait appris des Égyptiens mêmes.

Ce prince, après sa mort, fut honoré comme un demi-dieu ; on offrait des sacrifices sur son tombeau ; il fut même compté au nombre des dieux de la médecine. On lui érigea un temple à Égisthène, ville de la Mégaride, et tous les ans on y célébrait une fête en son honneur.

MÉLANÉGIS, surnom de Bacchus, qui signifie *peau noire*. On l'appelait ainsi à Hermione, où, chaque année, on célébrait à son honneur des jeux dans lesquels les musiciens, les nageurs et les rameurs se disputaient le prix.

MÉLANÉPHORES, ministres du culte chez les Égyptiens, peut-être les mêmes que les *Pastophores;* c'étaient eux qui dans certaines fêtes d'Isis, portaient le voile noir de la déesse ; ils étaient eux-mêmes habillés de noir.

MÉLANGISTES, nom que l'on a donné, dans le siècle dernier, à des Jansénistes qui, sans approuver toutes les jongleries des Convulsionnaires, disaient que les convulsions étaient de la fange qui recélait des paillettes d'or.

MÉLANIDE, MÉLANIS ou **MELÆNIS** ; tous ces mots signifient *noire;* c'étaient autant de surnoms de Vénus, comme se plaisant dans les ténèbres de la nuit, favorables à ses plaisirs. Elle avait sous ce vocable un temple dans le bois Cranaé, à la base occidentale de l'Acrocorinthe.

MÉLANIPPIES, fête que les Sicyoniens célébraient en l'honneur de Mélanippe, fille d'Éole, qui, séduite par Neptune, en eut deux enfants. Son père irrité fit exposer ses enfants, creva les yeux à Mélanippe et la renferma dans une étroite prison. Les enfants, ayant été recueillis et élevés par des bergers, délivrèrent par la suite leur mère de sa prison, et Neptune lui rendit la vue.

D'autres disent que les Mélanippies avaient pour but d'honorer la mémoire de Mélanippus, capitaine thébain, tué par Amphiaraüs.

Il y eut un autre Mélanippus qui, ayant profané le temple de Diane, à Patras en Achaïe, en y violant Cométho, prêtresse de cette déesse, paya de sa vie son sacrilège, ainsi que sa complice. Leur crime ayant été suivi d'une stérilité générale et d'une épidémie, l'oracle de Delphes ordonna d'apaiser le courroux de Diane par le sacrifice annuel d'un jeune garçon et d'une jeune fille, choisis parmi ceux qui excellaient en beauté.

MÉLANTHIDE, nom sous lequel les Athéniens avaient érigé un temple à Bacchus, en mémoire de ce qu'il avait paru derrière Xanthus, pendant son combat contre Mélanthus, avec une peau de chèvre noire sur les épaules. On y célébrait tous les ans une fête, dans laquelle on offrait des sacrifices à Bacchus-Mélanthide.

MELCART ou **MELICERTE**, dieu de Tyr, dont le nom signifie *seigneur de la ville*. Tous les quatre ans on célébrait en son honneur des jeux solennels. La conformité de son culte avec celui d'Hercule a donné lieu aux Grecs de l'appeler l'Hercule de Tyr ; mais il est plus probable que c'était le Baal des Babyloniens et des Phéniciens.

MELCHISÉDÉCIENS, hérétiques qui parurent à la fin du IIe ou au commencement du IIIe siècle. Ils faisaient de l'ancien prêtre Melchisédech une vertu céleste qui était pour les anges ce que Jésus-Christ était pour les hommes. D'autres soutenaient qu'il était le Saint-Esprit ; et, comme il est dit du Messie dans l'Ancien Testament : *Tu es prêtre selon l'ordre de Melchisédech*, ils mettaient ce patriarche fort au-dessus du Sauveur des hommes. Quelques-uns ont avancé que Melchisédech était lui-même le Fils de Dieu. Toutes ces rêveries gnostiques ne tardèrent pas à tomber d'elles-mêmes.

MELCHITES, nom que l'on donne aux chrétiens orientaux qui suivent la même doctrine que les Grecs. Le nom de Melchites (de l'oriental *melech*, roi) leur fut appliqué par les schismatiques, parce qu'ils suivaient le sentiment commun des Grecs qui avaient reçu le concile de Calcédoine comme s'ils ne l'eussent fait que pour obéir aux ordres de l'empereur; car le mot *melchite* correspond à celui de royaliste. Nous donnons maintenant ce nom aux Syriens, aux Coptes, aux Égyptiens et aux autres nations du Levant qui professent la même doctrine que les Grecs schismatiques, à la différence des Jacobites, qui ne reconnaissent qu'une seule nature en Jésus-Christ. Les Melchites de Syrie obéissent à un patriarche particulier qui réside à Damas, et prend le titre de patriarche d'Antioche, comme celui des Maronites. Ils célèbrent la liturgie, les uns en syriaque, les autres en arabe.

MELCHOM, dieu des Ammonites, le même que Molech ou Moloch. On sacrifiait des victimes humaines en son honneur. Salomon lui avait bâti un temple dans la vallée d'Hennon, et Manassès, roi de Juda, lui érigea, dans le temple de Jérusalem, un autel qui fut renversé par Josias, son petit-fils. *Voy.* MOLECH.

MÉLÉCIENS, schismatiques du IIIe siècle. Mélèce, évêque de Lycopolis en Égypte, avait sacrifié aux idoles pendant la persécution de Dioclétien. Déposé dans un synode pour son apostasie, il refusa de se soumettre et de recourir à la pénitence; bien plus, il se rendit un des principaux instruments du tyran Maximin, pour persécuter les fidèles; il eut de nombreux partisans, et occasionna un schisme qui dura près de cent cinquante ans. Les Méléciens se montrèrent par la suite les ennemis les plus acharnés de saint Athanase.

MELEK-EL-MAUT; l'*ange de la mort*, selon les Persans et les Arabes. C'est lui qui est chargé de recueillir les âmes, lorsque les hommes rendent le dernier soupir. Les Persans l'appellent l'*ange aux vingt mains*, pour faire entendre qu'il peut suffire à recueillir toutes les âmes. Les Musulmans avancent qu'il ne put remplir son ministère auprès de Mahomet qu'après lui en avoir demandé la permission. Les anciens Persans l'appelaient *Mordad*, et les Mahométans *Ezraïl*. *Voy.* EZRAÏL et AZRAÏL.

MÉLÉTÉ, une des trois Muses, dont le culte fut institué par les Aloïdes, à Thèbes en Béotie.

MÉLIADES, MÉLIES, MÉLIDES, nymphes qui prenaient soin des troupeaux; leur nom vient de μῆλον, brebis. D'autres le tirent de μελία, frêne, arbre qui leur était consacré, et disent qu'on les supposait mères ou protectrices des enfants dont la naissance était furtive, ou que l'on trouvait exposés sous un arbre.

MÉLICERTE, dieu de Tyr, le même que Melcart; ce nom phénicien מלך קרת *Melek carth* ou *Kereth*, signifie le dieu ou le roi de la ville. Cette divinité avait pénétré jusque chez les Grecs, qui l'honoraient dans l'île de Ténédos, où on lui offrait des enfants en sacrifice. Il ne faut pas le confondre avec Mélicerte, fils d'Athamas, simple mortel qui n'avait rien de commun avec le dieu.

MÉLIES, nymphes nées, selon Hésiode, ainsi que les Érinnyes, les Furies et les Géants, du sang tombé sur la terre, lorsque Saturne mutila son père Uranus. Silène rendit l'une d'elles mère de Pholus. *Voy.* MÉLIADES.

MÉLILIAU, fils de Leugueileng, un des êtres surnaturels des Carolins occidentaux. Sa mère était d'origine céleste.

MÉLINOÉ, nom qu'un hymne orphique donne à une fille que Jupiter, sous les traits de Pluton, eut de sa propre fille Proserpine. Elle naquit sur les eaux du Cocyte, et devint la reine des ombres. Elle est tantôt blanche, tantôt noire, porte un vêtement jaunâtre, prend des formes effrayantes, et épouvante les humains par des fantômes aériformes.

MÉLISSES, 1° femmes inspirées, attachées au service des temples. En Crète on appelait ainsi la prêtresse de la Grande Déesse.

2° On donne aussi ce nom aux nourrices de Jupiter, que les uns appellent Mélisse et Amalthée, et d'autres Adrastée et Ida.

MÉLITÉLÉ, déesse des fleurs, chez les anciens Lithuaniens, qui célébraient sa fête au printemps. Son culte a duré jusqu'en 1530.

MELITOSPONDA, sacrifice des anciens, qui ne consistait qu'en libations de miel. On offrait aussi à Trophonius des gâteaux sacrés, pétris avec du miel, et qu'on appelait *Melithyta*.

MÉLIUS, surnom sous lequel les Thisbiens et les Thébains honoraient Hercule, et dont on raconte ainsi l'origine: Dans les temps anciens, il était d'usage de sacrifier une brebis à l'une des fêtes de ce héros. Un jour, la crue des eaux de l'Asopus n'ayant pas permis d'apporter cette victime, les jeunes gens, se prévalant de l'équivoque du mot grec μῆλον, qui signifie *pomme* et *brebis*, lui offrirent des pommes supportées par de petits bâtons en guise de jambes. Le dieu rit de l'expédient, et depuis on lui offrit des pommes, dans cette solennité, en mémoire de cet événement.

MELLARIUM, vase rempli de vin, que les Romains portaient dans les fêtes de la Bonne-Déesse. On lui faisait des libations de ce vin, auquel on donnait le nom de lait.

MELLONE, divinité champêtre, que les Romains supposaient prendre sous sa protection les abeilles et leurs produits. Celui qui volait le miel ou détériorait les ruches de son voisin, s'exposait à sa colère.

MELPOMÈNE. 1° L'une des neuf Muses; elle présidait à la tragédie. On la représente avec un air grave et sérieux, richement vêtue, chaussée du cothurne, tenant d'une main des sceptres et des couronnes, et de l'autre un poignard ensanglanté. Son nom vient du grec μέλπομαι, chanter un hymne.

2° Bacchus portait aussi, chez les Acarnaniens, le nom de *Melpomène* ou chantant. Les Athéniens l'honoraient également sous ce titre comme présidant aux théâtres, que les Grecs avaient mis sous la protection de ce dieu.

MÉMACTÉRIES, fête que les Athéniens célébraient le 20 du mois mémactérion, en l'honneur de Jupiter-Mémactès, ou l'impétueux. Ce dieu étant regardé comme le maître des saisons, on lui offrait des sacrifices dans le cours de ce mois qui précédait l'hiver, afin qu'il en modérât la rigueur. On le priait aussi de modérer les tempêtes en faveur des navigateurs.

MEMBRES. 1° Chaque membre du corps était, chez les anciens, consacré à une divinité particulière : la tête à Jupiter, la poitrine à Neptune, la ceinture à Mars, l'oreille à la Mémoire, le front au Génie, la main droite à la Foi, les genoux à la Miséricorde, les sourcils à Junon, les yeux à Cupidon ou à Minerve, le derrière de l'oreille droite à Némésis, le dos à Pluton, les reins à Vénus, les pieds à Mercure, les talons et les plantes des pieds à Thétis, les doigts à Minerve, etc. Saint Athanase prétend même que ces différentes parties du corps humain étaient adorées comme des dieux particuliers.

2° Il en est de même chez les Hindous : Bhairava préside à la tête, Vichana au front, Bhouta-Karma aux oreilles, Préta-Vahana au visage, Bhouta-Karta aux cuisses, les Datls aux épaules, Kapalami aux mains, Chanta à la poitrine, Kétrika au ventre et aux lèvres, Katrapala au dos, Kétraga au nombril, Patou aux parties sexuelles, Chidda-Patou aux chevilles, Vidatta à la partie supérieure du corps, Yama à la partie inférieure, et Chourakara à tout le corps, depuis la tête jusqu'aux pieds. Toutes ces divinités sont des démons, gardes de Siva.

MEMENTO, parties du sacrifice de la messe, dans l'une desquelles on fait mémoire des vivants, et des morts dans l'autre. Le prêtre s'arrête un instant et prie en particulier pour ceux auxquels il s'intéresse, ou qui lui ont été recommandés. Le nom de ces prières vient de ce qu'elles commencent par le mot latin *Memento*, souvenez-vous. Le *Memento* des vivants est avant la consécration, et celui des morts avant la récitation du *Pater*.

MEMNON, personnage mythologique des anciens Grecs. Il passait pour fils de Titon et de l'Aurore, et vint au secours de Troie, vers la deuxième année du siége, à la tête de dix mille Perses, autant d'Éthiopiens orientaux, c'est-à-dire d'Indiens, et un grand nombre de chariots. Il se distingua par sa bravoure, et tua Antiloque, fils de Nestor; mais Achille, à la prière du sage vieillard, vint l'attaquer, et après un rude combat le fit tomber sous ses coups. L'Aurore, au désespoir, alla se jeter aux pieds de Jupiter, les cheveux épars et le visage baigné de larmes, le suppliant de distinguer son fils du reste des mortels, et menaçant, s'il ne le faisait, de refuser au monde sa lumière. Le père des dieux exauça sa prière : le bûcher déjà allumé s'écroula, et l'on vit sortir des cendres une infinité d'oiseaux qui firent trois fois le tour du bûcher en poussant de grands cris ; au quatrième tour, ils se séparèrent en deux bandes, et se battirent les uns contre les autres avec tant de fureur et d'opiniâtreté, qu'ils tombèrent auprès du bûcher comme des victimes qui s'immolaient aux cendres dont ils venaient de sortir. Ces oiseaux étaient noirs et ressemblaient à des éperviers, mais ils étaient étrangers à la contrée, on les appela *Memnonides;* tous les ans ils arrivaient en automne du pays de Cyzique, et recommençaient le même combat. Suivant Pausanias, les Memnonides venaient des côtes de l'Hellespont, et se rendaient à jour fixe sur le tombeau de Memnon, qu'ils arrosaient de leurs ailes après les avoir préalablement trempées dans les eaux de l'Ésépus. Ces honneurs et ces distinctions ne calmèrent pas les douleurs de l'Aurore, qui ne cesse, depuis cette malheureuse époque, de verser chaque jour des larmes; et telle est l'origine de la rosée qui humecte chaque matin les prairies et les champs.

Il est aisé de voir que Memnon, fils de l'Aurore, était un prince de l'Orient, probablement d'Assyrie, qui vint au secours des Troyens, et périt au siége de cette ville. La fable des Memnonides est due soit à une apparition d'oiseaux de passage, qui coïncidait avec l'anniversaire de la mort de Memnon, soit à des jeux funèbres exécutés en son honneur, d'où ceux qui y prenaient part recevaient le nom de Memnonides.

Mais il est singulier que les Grecs aient confondu ce héros avec un personnage égyptien auquel on avait élevé à Thèbes une statue colossale connue sous le nom de statue parlante de Memnon. Il est probable que cette confusion est due au nom d'*Amenoph*, qu'ils auront hellénisé en celui de *Memnon ;* car c'est bien au pharaon Amenophis de la dix-huitième dynastie qu'appartient cette effigie colossale, comme le démontrent les inscriptions hiéroglyphiques gravées sur ce monument. La propriété singulière qu'avait cette statue de rendre au lever du soleil un son plus ou moins harmonieux, ce qu'on regardait comme un prodige perpétuel, en avait presque fait une divinité, et on accourait de tous les pays du monde pour l'entendre et y déposer des offrandes.

Mais ce son mystérieux était-il réellement produit ? était-il dû à une supercherie, ou bien était-ce un effet naturel ? 1° La statue de Memnon rendait un son réel : ce fait est trop bien attesté pour qu'il puisse être l'objet du plus léger doute. M. Champollion-Figeac cite, dans son *Égypte ancienne*, une multitude de témoignages rendus par des témoins auriculaires, qui tous attestent ce fait avec les plus minutieux détails. 2° Ce son n'était point dû à une supercherie, bien que le voyageur anglais Wilkinson ait prétendu avoir découvert à la base de cette fameuse statue, qui existe encore, une cavité dans laquelle un homme pouvait se placer et produire des sons mystérieux ; car, sans parler de l'impossibilité qu'il y aurait eu d'en imposer à la crédulité pendant près de deux mille ans, ce colosse fut renversé par un tremblement de terre, sans cesser pour cela de rendre des sons harmonieux ; tandis qu'ayant été restauré et rétabli sur sa base, sous l'empereur Septime-Sévère, dans le dessein avoué d'opposer les oracles de Memnon à ceux du christianisme, la merveille fut détruite à jamais parce qu'on en ignorait la nature. 3° En effet, ces sons étaient produits par un effet naturel : le colosse était d'un seul bloc de grès-brèche de soixante pieds de hauteur ; or, il est constaté que les granits et les brèches produisent souvent un son au lever du jour, et quant à la statue de Thèbes, les rayons du soleil, dit M. Rozières, venant à frapper le colosse, ils séchaient l'humidité abondante dont les fortes rosées de la nuit avaient couvert sa surface, et ils achevaient ensuite de dissiper celle dont ces mêmes surfaces dépolies s'étaient imprégnées. Il résulta de la continuité de cette action que des grains ou des plaques de cette brèche cédant et éclatant tout à coup, cette rupture subite causait dans la pierre rigide et un peu élastique un ébranlement, une vibration rapide qui produisait ce son particulier que faisait entendre la statue au lever du soleil ; mais elle est bien muette depuis seize siècles.

MÉMOIRE. Les Grecs et les Romains avaient fait une divinité allégorique de cette faculté intellectuelle. (*Voy.* MNÉMOSYNE.) Il y avait à Rome une divinité particulière adorée sous le nom de MÉMOIRE ANCIENNE.

MEMRUME, dieu des Phéniciens ; il était fils des premiers Géants. Il apprit aux hommes à se couvrir de peaux de bêtes. Il fit plus, car un vent impétueux ayant enflammé une forêt près de Tyr, il prit un arbre, en coupa les branches, et l'ayant lancé dans la mer, il s'en servit en guise de vaisseau. Il rendit aussi un hommage religieux à deux pierres qu'il avait consacrées au Vent et au Feu, et répandit en leur honneur le sang des animaux. Après sa mort, ses enfants lui consacrèrent des morceaux informes de bois et de pierre qu'ils adorèrent, et en l'honneur desquels ils établirent des fêtes annuelles : premier exemple, dit-on, d'un culte religieux rendu à des hommes morts.

MEN (le mois) ; les Grecs en avaient fait une divinité qui n'était autre que la Lune. Plusieurs temples étaient consacrés à son honneur dans l'Asie Mineure et dans la Perse, où l'on jurait souvent par le *Men* du roi, c'est-à-dire par sa fortune.

MENA ou **MÉNÈ,** divinité qui, selon Pline, présidait aux infirmités périodiques des femmes. C'était encore la même que la Lune.

MÉNADES (1), nom des Bacchantes, du grec μαίνομαι, être saisi de fureur. On les appelait ainsi parce que, dans la célébration

(1) Article emprunté au *Dictionnaire* de Noël.

des orgies, elles étaient agitées de transports furieux, courant échevelées, à demi nues, agitant le thyrse dans leurs mains, faisant retentir de leurs hurlements et du bruit des tambours les monts et les bois, et poussant la fureur jusqu'à tuer ceux qu'elles rencontraient, et à porter leurs têtes en bondissant de rage et de joie. — Les Ménades, couronnées de lierre, de smilax et de sapin, s'exerçaient à la danse et à la course, se faisaient un plaisir de la chasse des animaux sauvages et se paraient de leurs dépouilles.

Bien que les vierges, les femmes mariées et les veuves concourussent à la célébration des fêtes de Bacchus, il paraît cependant que les véritables Ménades étaient vierges. Nonnus dit qu'elles étaient si jalouses de conserver leur chasteté, que, pour ne point être surprises en dormant, elles se faisaient une ceinture avec un serpent, et, dans l'Anthologie, on voit que les Bacchantes Eurynome et Porphyride quittèrent les mystères de Bacchus parce qu'elles étaient sur le point de se marier. Euripide nous apprend que les Ménades ou Bacchantes savaient conserver leur chasteté au milieu de l'agitation et de la fureur dont elles étaient inspirées, et qu'elles se défendaient à grands coups de thyrses des hommes qui voulaient leur faire violence ; mais Juvénal est d'un autre sentiment, et Lycophron donne l'épithète de Bacchante à une femme de mœurs dissolues.

Il y avait à Sparte onze filles appelées *Dionysiades,* qui, aux fêtes de Bacchus, se disputaient le prix de la course appelée *Endromia.* Voy. BACCHANTES.

MÉNAGYRTES, prêtres de Cybèle, qui faisaient la quête tous les mois, et s'efforçaient de provoquer la générosité des dévots par leurs danses et leurs bouffonneries.

MÉNAKA, nymphe ou déité de la mythologie hindoue. Elle épousa l'Himalaya, et devint mère de Dourga ou Parvati, épouse de Siva. — Il y eut aussi une nymphe céleste ou apsara, du nom de *Ménaka* (peut-être la même que la précédente), qui fut envoyée pour séduire un prince nommé Kausika, dont la piété portait ombrage aux dieux. Kausika succomba à la tentation, et eut de la nymphe une fille appelée Sakountala.

MÉNANDRIENS, hérétiques du 1er siècle, qui tiraient leur nom du Samaritain Ménandre, disciple de Simon, philosophe et partisan comme lui de la magie. Il ne fut guère moins habile que son maître dans l'art des prestiges, et il se donnait pour l'envoyé de Dieu. Il enseignait que la majesté du Dieu suprême était cachée et inconnue à tout le monde, et qu'on ne savait de cet être rien autre chose, sinon qu'il était la source de l'existence et l'énergie par laquelle tout subsistait. C'étaient les génies qui avaient créé le monde et les hommes ; mais ces anges créateurs, par méchanceté ou par impuissance, avaient enfermé l'âme humaine dans des organes où elle éprouvait une alternative continuelle de biens et de maux, qui se terminait par la mort. D'autres génies bienfaisants, touchés du malheur des hommes, avaient placé sur la terre des ressources contre ces malheurs; Ménandre était, comme de raison, un de ces bons génies, celui qui devait sauver les hommes et les délivrer de leurs misères. Le secret gisait dans une sorte de baptême magique qu'il conférait, et qui selon lui avait le pouvoir de rendre immortel, puis dans la pratique de la théurgie et de la magie. Il eut quelques disciples à Antioche. Il y avait encore, du temps de saint Justin, des Ménandriens qui ne doutaient pas qu'ils ne fussent immortels; mais ils ne tardèrent pas à se confondre avec les autres Gnostiques.

MENAT, idole des anciens Arabes, dont il est souvent parlé dans le Coran, et que Mahomet fit détruire. *Voy.* MANAT.

MENCIUS, nom latinisé du célèbre philosophe chinois *Meng-tseu*. Il naquit au commencement du IV° siècle avant Jésus-Christ, dans la ville de Tséou, et mourut vers l'an 314, à l'âge de quatre-vingt-quatre ans. Il a laissé un livre qui fait partie des ouvrages classiques, et par conséquent sacrés; réuni à ceux de Confucius, on appelle cette collection les *Sse-chou*, ou les quatre livres par excellence. C'est tout simplement un ouvrage de morale, assez médiocre, et dans lequel il n'est aucunement question de religion; mais on sait que dans la secte des Lettrés il n'y a guère d'autre religion que la morale, et point d'autre culte que les rites. Son livre est cependant écrit avec plus de verve que ceux de Confucius, et on y remarque plusieurs passages qui rappellent l'esprit des anciens philosophes grecs, et même quelque chose de l'esprit français; quoi qu'il en soit, cet ouvrage fit sa gloire, et Mencius, placé immédiatement après Confucius, fut honoré du titre de *Ya-ching*, qui signifie deuxième saint. On lui a même décerné, par un acte de la puissance publique, le titre de *saint prince du pays de Tséou*; et on lui rend, dans le grand temple des Lettrés, les mêmes honneurs qu'à Confucius. Une partie de cette illustration a, selon l'usage chinois, rejailli sur les descendants de Mencius, qui ont obtenu la qualification de *Maîtres des traditions sur les livres classiques*, dans l'académie impériale de Han-lin. Environ l'an 1005 de notre ère, un empereur de la dynastie des Soung lui éleva un temple dans la partie orientale de la province de Chan-toung, où reposaient ses cendres; il fit ensuite placer sa statue dans une niche du temple de Confucius; enfin un autre empereur institua des sacrifices en son honneur.

MENDAITES ou MENDAI-YAHYA, c'est-à-dire *disciples de saint Jean-Baptiste*; nom que l'on donne en Orient à une secte demi-juive et demi-chrétienne, qui ne connaît point d'autre baptême que celui du précurseur de Jésus-Christ. Elle est répandue en divers endroits de la Perse et de la Syrie. *Voy.* CHRÉTIENS DE SAINT-JEAN-BAPTISTE.

MENDÈS, dieu égyptien, le même que Pan ou Ammon générateur. Il y avait dans la basse Egypte une ville de même nom où cette divinité était particulièrement honorée; les Mendésiens le comptaient au nombre des huit dieux principaux, et l'honoraient sous la forme d'un bouc, symbole du principe de fécondité de la nature entière. Dans la table Isiaque, il a les cornes du bouc au-dessus de celles du bélier, ce qui en fait quatre. Parmi les Mendésiens, le bouc était regardé comme sacré; c'eût été un grand crime à leurs yeux de tuer cet animal. Cependant les chèvres étaient moins respectées que les boucs; mais il rejaillissait sur les chevriers quelque chose du respect que l'on portait à l'animal qu'ils gardaient. Le jour de la fête de Mendès, les dames égyptiennes allaient visiter maternellement le bouc sacré, afin d'attirer sur elles une heureuse fécondité; à la mort de cet animal, le deuil était général.

MENDIANTS (RELIGIEUX). 1° On distingue dans l'Eglise quatre ordres principaux de religieux mendiants, savoir : les Carmes, les Dominicains, les Franciscains ou Cordeliers, et les Augustins. On peut y joindre les Récollets, les Capucins et les Minimes. Ces ordres sont appelés *Mendiants* parce que les religieux doivent vivre d'aumônes et aller quêter leur nourriture de porte en porte.

Cette institution a eu une origine louable. Dans le XII° siècle, époque où ces ordres ont commencé, l'Europe était infectée de différentes sectes d'hérétiques, qui, sous les dehors de la pauvreté, de la mortification et de l'humilité, séduisaient les peuples et introduisaient leurs erreurs : tels étaient les Cathares, les Vaudois et une foule d'autres. Plusieurs saints personnages, qui voulaient préserver de ce piége les fidèles, sentirent la nécessité d'opposer des vertus réelles à l'hypocrisie des sectaires, et de faire par religion ce que ces derniers faisaient dans le but de tromper les simples et les ignorants. Tout prédicateur qui ne paraissait pas aussi mortifié que les hérétiques n'aurait pas été écouté : il fallait donc des hommes qui joignissent à un véritable zèle la pauvreté que Jésus-Christ avait recommandée à ses apôtres. Plusieurs s'y engagèrent par vœu, et telle est l'origine des ordres mendiants; mais cette pieuse institution ne tarda pas à dégénérer en abus. Les fondateurs de ces ordres avaient défendu que les congrégations possédassent aucun bien temporel, et ordonné aux religieux de vivre du travail de leurs mains; mais les unes et les autres trouvèrent le moyen d'éluder la loi, ou de se faire dispenser par le souverain pontife, et n'en continuèrent pas moins de mendier, au détriment des véritables pauvres, tout en possédant de grandes propriétés et des revenus assurés. C'était aller contre le but de l'institution; aussi voyons-nous que de saints personnages se mirent à prêcher contre ces abus, dès qu'ils aperçurent la tendance que prenaient l'ambition et le désir du luxe et du bien-être. « Nous voulons bâtir, s'écriait saint Bonaventure, qui appartenait à l'ordre mendiant des Franciscains; nous ne nous contentons plus des pauvres et simples logements que notre règle nous prescrit. Nous sommes à charge à tout le monde, et nous le serons encore plus si nous continuons. » Saint François, qu'on peut regarder comme le premier fondateur des ordres mendiants, disait : « Je travaillais de mes mains ; je veux continuer de travailler, et je veux fermement que tous les frères s'appliquent à quelque travail honnête, et que ceux qui ne savent pas travailler l'apprennent. »

2° Un grand nombre de religieux hindous de différents ordres vivent également d'aumônes. Comme dans les congrégations chrétiennes, il y en a qui ne peuvent rien posséder en propre, tandis que d'autres font la quête individuellement, bien qu'ils appartiennent à des maisons qui ont des revenus. La règle des Sannyasis porte : « Quoiqu'un Sannyasi ait droit de demander l'aumône, il est cependant plus convenable qu'il la reçoive sans la demander : en conséquence, lorsqu'il aura faim, il se présentera chez les gens du monde, sans rien dire et sans exposer ses besoins. Si on lui donne quelque chose de bonne volonté, il le recevra d'un air indifférent et sans remercier ; si on ne lui donne rien, il se retirera sans se fâcher et sans témoigner de mécontentement ; il ne se plaindra pas non plus si ce qu'on lui donne est de mauvais goût. » La plupart vivent dans une grande pauvreté réelle, mais volontaire, ayant à peine de quoi se couvrir ; d'autres poussent le dénûment jusqu'à ses dernières limites, affrontant les regards des passants, au milieu même des villes, dans un état de nudité absolue.

3° La religion bouddhique a aussi ses religieux mendiants, qui fourmillent dans le Tibet, la Tartarie, la Chine, le Japon, et dans toutes les autres contrées où ce culte est établi.

4° Enfin on trouve des religieux mendiants en assez grand nombre parmi les nations musulmanes ; ce sont particulièrement les Bektaschis et les Roufayis, qui voyagent par ordre de leurs supérieurs, pour faire des quêtes et recommander leur institut à la charité des âmes pieuses. Il y a, en outre, des faquirs et des santons qui se vouent individuellement à une pauvreté volontaire, ou plutôt à la paresse, et ne comptent pour vivre que sur les aumônes qu'ils reçoivent des dévots. Plusieurs d'entre eux, comme les Sannyasis de l'Inde, vivent dans un état complet de nudité.

MÉNÈ, la Lune, déesse des Grecs.

MÉNÉES. Les Ménées, chez les chrétiens grecs, sont ce que l'on nomme chez les Latins bréviaires, sacramentaires et antiphonies ; ce sont des livres d'office pour tous les saints dont la fête tombe dans le mois, ainsi que l'indique leur nom. « On reproche aux auteurs des Ménées, dit M. Guénebault, d'avoir recueilli que des abrégés de la Vie des saints d'après des sources peu exactes. Les actes originaux y sont corrompus, et l'on ne peut se fier à eux, lorsqu'il n'existe pas d'ailleurs de pièces authentiques qui confirment leurs récits. » On distingue les grandes et les petites Ménées. Les grandes ont été imprimées à Venise en 1525 et 1639, 6 vol. in-fol., sous le titre de *Viridarium sanctorum ex Menæis*.

MÉNÉLAIES, fête qu'on célébrait à Téraphné, ville de Laconie, en l'honneur de Ménélas, qui y avait un temple. Les habitants prétendaient que Ménélas y était inhumé dans le même tombeau avec Hélène, son épouse. On sait que l'enlèvement d'Hélène par le Troyen Pâris fut la cause de la célèbre guerre de Troie. Après le sac de cette ville, Ménélas ramena son épouse à Sparte.

MENERVA, déesse des anciens Etrusques, la même que la Minerve des Latins.

MÉNÈS ou MÉNEÏ, législateur et premier roi d'Egypte ; il succéda aux dieux dans le gouvernement des hommes, fonda Memphis, y consacra un temple à Phtha, et enseigna à ses sujets le culte des dieux et la manière d'offrir des sacrifices. Après sa mort, il fut mis lui-même au rang des divinités. On lui attribue l'origine de l'idolâtrie, fondée sur la nécessité de retenir auprès de lui les Egyptiens qui se dispersaient. — Il est digne de remarque que son nom est presque homophone avec ceux des législateurs de plusieurs grandes nations, tels que le *Minos* des Grecs, le *Manou* ou *Ménou* des Indiens, le *Mann* des Germains, etc.

MENHI, déesse des Egyptiens, la même que *Neith*. Voy. cet article. On célébrait sa fête dans le temple d'Esneh, le 25 du mois d'athyr.

MENHIR, mot celto-breton qui signifie *pierre dressée* : ce sont en effet des monuments druidiques consistant en un monolithe brut ou grossièrement taillé, planté comme un obélisque. On ignore quel était précisément leur usage ; peut-être étaient-ils la représentation des dieux : on sait que les anciens Grecs n'avaient d'autres simulacres de la Divinité que des bornes ou des poteaux. Mais on s'accorde plus généralement à les considérer comme des pierres tumulaires, dont les plus élevées (il y en a d'environ 50 pieds de haut) marquaient la tombe des grands personnages. On sait en effet jusqu'à quel point les anciens portaient la piété envers les morts, et le soin qu'ils prenaient de leur élever des monuments. Dans toutes les parties du monde, les regards du voyageur sont frappés de ces collines factices, de ces pierres tumulaires que les temps et les hommes ont respectées pendant plus de quarante siècles.

On trouve des Menhirs dans plusieurs parties de la France, mais les départements de l'Ouest sont les plus riches en Menhirs et *Dolmens* (pierres couchées) ; et on a lieu de penser que les endroits qui en renferment une grande quantité ne sont autre chose que des cimetières privilégiés. Nulle part on n'en voit une plus grande quantité que sur le rivage de Carnac, dans le Morbihan ; là, ces pierres brutes, rangées sur plusieurs lignes, se comptent par centaines et présentent l'aspect d'une armée en bataille, sur une surface de plus d'une demi-lieue. Ces monolithes réunis sont trop régulièrement placés pour faire supposer un cimetière, trop nombreux pour laisser croire qu'un culte particulier s'adressait à chacun d'eux, comme aux Menhirs isolés dans la campagne; leur assemblage a plutôt l'aspect d'un temple n'ayant d'autre voûte que le ciel, à l'instar de ceux des Perses, et en général des adorateurs des astres. Cette espèce de cathédrale présente dix nefs parallèles, formées par onze lignes de piliers imparfaits alignés sur une étendue de plusieurs milles, si on y rattache les pierres d'Ardeven, auxquelles ils se lient par plusieurs points intermédiaires. Un hémicycle occupe une des extrémités; il semble que ce soit le sanctuaire de ce temple gigantesque où pouvait être un lieu de réunion des colléges druidiques; car de même que ces prêtres se rassemblaient quelquefois dans les sombres et mystérieuses forêts des environs de Dreux, ils aimaient aussi le rivage de Carnac, où leurs regards étaient souvent frappés par les grandes scènes d'une nature sauvage, parfaitement en harmonie avec leur culte cruel.

Quoique les Menhirs soient encore nombreux en Bretagne, il y en a beaucoup moins qu'à l'époque où le christianisme y pénétra. Ne pouvant déraciner du cœur des Armoricains le culte qu'ils tenaient de leurs ancêtres, les missionnaires recoururent à l'expédient de faire surmonter certains Menhirs d'une petite croix, et d'en faire tailler quelques-uns de manière à représenter tant bien que mal l'emblème de la religion nouvelle. C'est ainsi qu'ils s'emparèrent aussi des fontaines sacrées, dont quelques-unes sont encore aujourd'hui consultées par les mères et les amants.

MENI, idole adorée par les Juifs résidant à Babylone, qui associaient à son culte celui de Gad, comme nous le voyons par Isaïe, chapitre LV. Mais on n'a pas de donnée certaine sur la divinité qu'elle représentait. Les uns veulent que ce soit la Lune, appelée par Jérémie la reine du ciel; son nom concorderait alors avec le grec *Méné*. D'autres pensent que c'est l'étoile de Vénus, comme Gad serait celle de Jupiter. Gésénius et plusieurs autres inclinent à la regarder comme la Destinée, et Gad serait la Bonne-Fortune. Enfin on peut rapprocher ce nom de *Ménat*, idole des anciens Arabes, et de *Menhi*, un des noms de Neith, déesse égyptienne.

MENNINGAEISET, dieux des Finnois, qui procuraient et favorisaient les mariages.

MENNONITES, branche d'Anabaptistes qui tirent leur nom de Simon Menno, qui naquit dans la Frise en 1505 et mourut en 1561. C'était un prêtre catholique qui embrassa la nouvelle doctrine, en 1536, à la persuasion de deux prédicants qui n'avaient jamais approuvé les sentiments et les désordres des Anabaptistes de Munster. Ce Menno entreprit la réforme de cette doctrine, et propagea sa secte dans la Frise, la Westphalie, la Gueldre, la Hollande, le Brabant et plusieurs autres lieux. Mais bientôt ses partisans se divisèrent sur l'article de l'excommunication: les uns la prodiguaient et en étendaient fort loin les conséquences; les autres, plus modérés, en restreignaient l'application et les effets. Les disputes s'échauffèrent à un tel point, qu'on ne vit bientôt plus que factions et synodes divisés les uns contre les autres; et on en vint, après la mort de Menno, jusqu'à regarder comme un crime de communiquer les uns avec les autres. On opéra cependant une espèce de réunion en 1632; mais il s'éleva ensuite des divisions sur des points moins importants, qui partagèrent les Mennonites en différentes branches.

Les Mennonites de Hollande envoyèrent des colonies dans les Etats-Unis; ils s'établirent dans la Pensylvanie, où ils forment une congrégation nombreuse; on en trouve encore dans plusieurs autres Etats. Leur nombre en Amérique est évalué à soixante-dix mille individus environ, et ils y possèdent plus de deux cents églises.

C'est chez eux une maxime générale, que l'essence de la religion consiste dans la piété pratique, et que la marque la plus certaine de la véritable Eglise est la sainteté de ses membres. Ils s'accordent tous à préconiser la tolérance religieuse. Ils n'excluent personne de leurs assemblées, pourvu qu'on mène une vie pieuse, et reconnaissent l'Ecriture sainte pour la parole de Dieu. Ils enseignent que les enfants ne sont pas capables de recevoir le baptême, que les ministres de l'Evangile ne doivent pas être salariés, qu'il n'est jamais permis de jurer ni de faire la guerre. Ils soutiennent aussi qu'on ne doit pas se servir des mots *personne* ou *Trinité* en parlant du Père, du Fils et du Saint-Esprit.

Les Mennonites s'assemblent aussi en particulier, et chacun d'eux a la liberté, dans ces assemblées, de parler, d'expliquer les Ecritures, de prier et de chanter. Ils ne baptisent point par immersion, bien qu'ils n'administrent ce sacrement qu'aux adultes. La personne qui doit être baptisée se met à genoux, le ministre étend les mains sur elle, pendant que le diacre verse l'eau sur le sommet de la tête du catéchumène; suivent l'imposition des mains et la prière.

MÉNOLOGE. Cet ouvrage, fréquemment cité par les hagiographes, est, à proprement parler, le martyrologe de l'Eglise grecque. On en attribue l'origine soit à l'empereur Basile le Macédonien, mort en 886, soit à Basile le Jeune, dit Porphyrogénète, mort en 1025. Les Bollandistes disent que ce recueil est fait d'après de mauvaises sources. Néron y est désigné sous le nom de *saint César*, ce qui peut faire juger du reste. Les actes originaux y sont dénaturés. Au reste, comme l'observe M. Guénebault, dire qu'il fut composé après le schisme de l'Eglise grecque, c'est donner la valeur de cette œuvre liturgique.

MENOUTHIS, divinité égyptienne adorée dans le bourg du même nom, près de la ville de Canope. Selon Jablonski, *Men-outhi* signifierait la déesse de l'eau. D'autres la confondent avec Eu-Ménuthis, femme du pilote de Ménélas.

MENS, *la pensée* : les Romains en avaient fait une divinité, qu'ils adoraient comme l'âme générale du monde et celle de chaque être en particulier. Ils l'invoquaient pour qu'elle ne suggérât que de bonnes pensées, et détournât celles qui ne servent qu'à égarer les hommes. Le préteur T. Otacilius lui voua un temple qu'il fit bâtir sur le Capitole lorsqu'il était décemvir, et on célébrait sa fête le 8 juin.

Les Hindous ont à peu près la même vénération pour la pensée, qu'ils appellent *manas* ou *menas*, et qu'ils regardent comme l'âme universelle.

MENSE, portion de terre exempte d'imposition, qui était attachée à un bénéfice ecclésiastique. Celle qui appartenait à l'évêque s'appelait *mense épiscopale* ; celle du chapitre, *mense capitulaire* ; celle de l'abbé, *mense abbatiale*, et celle des religieux, *mense conventuelle*. Il n'y a plus de menses en France, mais on donne ce nom encore à présent aux revenus ecclésiastiques dans plusieurs autres pays catholiques ou protestants.

MÉPHITIS, déesse qui présidait à l'air corrompu. Junon avait, sous ce vocable, un temple dans la vallée d'Amsancte et à Crémone. Tacite remarque que, dans l'embrasement général de cette dernière ville, ce temple resta seul debout, protégé par sa situation ou par la divinité à laquelle il était consacré.

MER. 1° Non-seulement la mer avait des divinités qui présidaient à ses eaux, mais elle était elle-même une grande divinité, personnifiée par les Grecs sous le nom d'Océan, auquel on faisait de fréquentes libations. — Lorsque les Argonautes furent près de mettre à la voile, Jason ordonna un sacrifice solennel, et chacun s'empressa de répondre à ses désirs. On éleva un autel sur le rivage, et, après les oblations ordinaires, le prêtre répandit dessus de la fleur de farine, mêlée avec du miel et de l'huile, immola deux bœufs aux dieux de la mer, et les pria de leur être favorables pendant leur navigation. Ce culte était fondé sur l'utilité qu'on en retirait, sur les merveilles qu'on remarquait dans la mer : l'incorruptibilité de ses eaux, son flux et reflux, la variété et la grandeur des monstres qui vivent dans son sein, tout cela amenait l'adoration des dieux qu'on supposait gouverner cet élément. Le sacrifice qu'on offrait à la mer, c'est-à-dire à l'Océan et à Neptune, pour reconnaître leur souverain pouvoir sur les ondes, était, selon Homère, d'un taureau noir, lorsqu'elle était agitée ; lorsqu'elle était calme, on lui sacrifiait un agneau et un porc. Virgile dit cependant que le taureau était la victime immolée le plus communément aux dieux de la mer. On lui offrait aussi quelquefois des chevaux en sacrifice, témoin Mithridate, qui, pour se la rendre favorable, y fit précipiter des chariots attelés de quatre chevaux.

Quand le sacrifice se faisait sur le bord de la mer, l'usage était de recevoir dans des patères le sang de la victime, qu'on y versait ensuite en faisant des prières convenables. Si le sacrifice avait lieu à bord d'un navire, on laissait couler dans la mer le sang du taureau, comme l'observe Apollonius de Rhodes. Virgile ajoute à cette cérémonie qu'on jetait dans les flots les entrailles de la victime, en faisant des libations de vin ; et c'est aussi, selon Tite-Live, ce que fit Scipion à son départ de Sicile pour l'Afrique. Mais dans le sacrifice que fait Cyrène à l'Océan, au milieu du palais de Pénée, à la source de ce fleuve, le même poëte la représente versant du vin, à trois reprises différentes, sur la flamme qui brillait sur l'autel. L'encens n'était pas non plus épargné dans ces sortes de sacrifices, toujours accompagnés de vœux et de prières.

On offrait encore, à cette occasion, différentes sortes de fruits. On voit sur la colonne Trajane une pyramide représentée sur l'autel devant lequel l'empereur, tenant une patère à la main, fait égorger un taureau à bord de son vaisseau. Cependant Justin nous apprend qu'Alexandre le Grand, au retour de ses expéditions, voulant se rendre l'Océan favorable, se contenta de lui faire des libations, sans autre sacrifice ; et, au rapport de Thucydide, Alcibiade, Nicias et Lamachus, généraux de la flotte athénienne, n'avaient fait aussi, en partant du port du Pirée, que de simples libations de vin à la mer, dans des coupes d'or et d'argent, en chantant des cantiques.

2° Quant aux Egyptiens, ils avaient la mer en abomination, parce qu'ils croyaient qu'elle était Typhon, un de leurs anciens tyrans, et persécuteur d'Osiris.

3° Les Hindous comptent sept mers mythologiques : celle d'eau salée, celle de beurre, celle de lait caillé, celle de *toddi* ou jus de palmier, celle de serpents, celle d'eau et celle de lait. — Quant à l'Océan proprement dit, ils le regardent comme une des plus anciennes divinités. Les marins, les pêcheurs et toutes les personnes qui fréquentent la mer, se rendent de temps en temps sur ses bords, pour lui offrir des adorations et des sacrifices. Thévenot fut témoin d'un sacrifice fait à la mer en faveur d'un voyageur absent depuis quelque temps. Une femme portait entre ses mains un navire de paille couvert d'un voile ; trois hommes l'accompagnaient en jouant de la flûte, et deux autres avaient sur la tête un panier plein de viandes et de fruits. Arrivés sur le rivage, ils jetèrent à la mer le vaisseau de paille, après quelques prières, et laissèrent là les viandes qu'ils avaient apportées. — D'autres, qui habitent les bords de la mer, font un sacrifice à cet élément vers la fin du mois de septembre, c'est ce qu'ils appellent ouvrir la mer, car personne ne peut naviguer dans ces parages depuis le mois de mai jusqu'à cette époque. Toute la cérémonie consiste à jeter des cocos dans la mer.

4° La mer est la divinité tutélaire du royaume de Saka, situé en Afrique sur la côte d'Ivoire. Le roi de ce pays envoie tous les ans, vers le mois de décembre, un canot monté par un certain nombre de ses sujets, qui sont chargés d'aller sur la côte d'or pour offrir un sacrifice à la mer. Ce sacrifice consiste en de vieux haillons, des cornes de bouc pleines de poivre et des pierres de plusieurs sortes; le but est d'engager la mer, par de telles offrandes, à favoriser le commerce et la navigation. Le canot étant de retour, il en part un autre pour le même objet, et ainsi successivement jusqu'à la fin d'avril. A la suite de chaque canot, les négociants ont coutume d'en faire partir plusieurs autres, persuadés qu'il ne peut leur arriver aucun accident en compagnie du canot sacré.

5° Au cap Corse, sur la côte de Guinée, on immole tous les ans une chèvre sur un rocher qui s'avance dans la mer et qu'on regarde comme le principal fétiche du canton. Le sacrificateur mange une partie de la victime et jette le reste dans la mer, invoquant la divinité avec des postures et des contorsions ridicules. Il annonce ensuite aux assistants la saison et les jours les plus favorables pour la pêche, assurant que le fétiche les lui a indiqués de sa propre bouche. Chaque pêcheur ne manque pas de payer cette instruction par un présent qu'il fait au prêtre.

6° Les habitants des royaumes de Bénin et d'Ardra, sur la côte d'Afrique, ont coutume de jurer par la mer ou par leur souverain.

MERCEDONE, déesse romaine qui présidait aux marchandises (*merces*) et aux payements.

MERCI (NOTRE-DAME DE LA), ordre institué par saint Pierre Nolasque, et confirmé en 1235 par le pape Grégoire IX. Il était dans l'origine composé de deux sortes de membres : les *chevaliers*, dont l'habillement ne différait de celui des séculiers qu'en ce qu'ils portaient une écharpe ou scapulaire; et les *frères*, engagés dans les saints ordres, qui faisaient l'office divin. Les chevaliers gardaient les côtes pour empêcher les incursions des Sarrasins; mais ils étaient obligés d'assister au chœur quand ils n'étaient point de service. On prit parmi les chevaliers, quoiqu'en plus petit nombre que les frères, les sept premiers généraux ou commandeurs. Le premier prêtre qui ait possédé cette dignité est Raymond-Albert, élu en 1317. Les papes Clément V et Jean XXII ayant ordonné que les prêtres seuls pourraient être élevés au généralat, les chevaliers furent incorporés à d'autres ordres militaires. Cet institut est connu sous le titre *d'Ordre royal, militaire et religieux de Notre-Dame de la Merci pour la rédemption des captifs*. Il possède en Espagne des commanderies fort riches. Il a huit provinces en Amérique, trois en Espagne et une dans la partie méridionale de la France, que l'on appelle la province de Guienne. Cet ordre, par ses constitutions, n'est point obligé à de grandes austérités corporelles. Le P. Jean-Baptiste Gonzalès, autrement dit *du Saint-Sacrement*, mort en 1618, y introduisit une réforme qui fut approuvée par le pape Clément VIII; ceux qui la suivent vont nu-pieds, et vivent dans la plus exacte pratique de la retraite, de la pauvreté et de l'abstinence. Les Pères réformés de la Merci ont deux provinces en Espagne et une en Sicile.

MERCURE ; un des dieux les plus célèbres de l'ancien paganisme. Les Grecs le nommaient *Hermès*, interprète ou messager. Son nom latin vient des marchandises, *a mercibus* (car nous trouvons trop forcée une autre étymologie par laquelle on voudrait le dériver de *medius currere, quasi medicurius*, comme inventeur de la parole, et interprète de la pensée des hommes); ce mot n'est pas fort éloigné de l'hébreu מרכלת *mercoleth*, marché.

La mythologie grecque et latine n'offre point de divinité qui ait réuni en sa personne tant de fonctions diverses. Interprète et ministre fidèle des autres dieux, et en particulier de Jupiter, son père, dit M. Noël, il les servait avec un zèle infatigable même dans les emplois peu délicats. Il avait soin de toutes leurs affaires, tant de celles qui regardaient la paix et la guerre, que de l'intérieur de l'Olympe; de leur fournir et servir l'ambroisie, de présider aux jeux et aux assemblées, d'écouter les harangues publiques et d'y répondre, etc. C'était lui qui était chargé de conduire aux enfers les âmes des morts et de les ramener, et l'on ne pouvait mourir que lorsqu'il avait entièrement rompu les liens qui unissaient l'âme au corps. Il présidait en outre à l'éloquence et à l'art de bien parler; il était le dieu des voyageurs, des négociants et même des filous. Ambassadeur et plénipotentiaire des dieux, il se trouvait à tous les traités de paix et d'alliance. Tantôt on le voit accompagner Junon, ou pour la garder ou pour veiller sur sa conduite; tantôt il est envoyé par Jupiter pour entamer quelque intrigue avec une nouvelle maîtresse. Ici, c'est lui qui transporte Castor et Pollux à Pallène; là, il accompagne le char de Pluton lorsque celui-ci enlève Proserpine. Embarrassés de la querelle excitée entre trois déesses au sujet de la beauté, les dieux l'envoient avec elles au berger Pâris. Enfin on l'invoquait dans les mariages pour qu'il rendît les époux heureux. Tant de fonctions différentes ont fait croire qu'il y avait eu plusieurs Mercures, et qu'on avait donné au seul fils de Jupiter des attributs qu'il aurait fallu partager entre plusieurs dieux du même nom.

Les mythologues reconnaissent en effet plusieurs Mercures : Lactance le grammairien en compte quatre : l'un, fils de Jupiter et de Maïa; le second, du Ciel et du Jour; le troisième, de Liber et de Proserpine; le quatrième, de Jupiter et de Cyllène, qui tua Argus, et s'enfuit ensuite, disent les Grecs, en Égypte, où il porta la connaissance des lettres. Suivant Cicéron, il y en avait cinq : l'un, fils du Ciel et du Jour; l'autre, de Valeur et de Phéronis; c'est celui qui se tenait sur la terre, et qui s'appelait Trophonius. Le troisième était fils de Jupiter et de Maïa ; le quatrième, fils du Nil, que les Egyptiens croyaient qu'il n'était pas permis de nommer ; le cinquième, honoré par les Phénéates, était le meurtrier d'Argus. Tous ces Mercures peuvent se réduire à deux : l'ancien Mercure, ou le Thoth, ou Thaut des Egyptiens, contemporain d'Osiris ; et celui qu'Hésiode dit fils de Jupiter et de Maïa.

1° Les temps héroïques n'ont point de personnage plus célèbre que le Mercure égyptien. Il était l'âme du conseil d'Osiris, qui s'en servit dans les affaires les plus délicates, et qui, avant son départ pour la conquête des Indes, le laissa à Isis, qu'il avait nommée régente, comme le ministre le plus habile. Il s'appliqua en effet à faire fleurir le commerce et les arts dans toute l'Egypte. Occupé des connaissances les plus sublimes, il enseigna aux Egyptiens la manière de mesurer leurs terres, dont les limites étaient souvent dérangées par les accroissements du Nil. Enfin, il y a peu de sciences dans lesquelles il ne fît de grands progrès, et ce fut lui en particulier qui inventa l'usage de ces lettres mystérieuses nommées hiéroglyphes. Diodore de Sicile ajoute qu'Osiris l'honora beaucoup, parce qu'il le vit doué d'un talent extraordinaire pour tout ce qui peut contribuer à l'avantage de la société. En effet, Mercure forma le premier une langue exacte et régulière des dialectes incertains et grossiers alors en usage, imposa des noms à une infinité de choses usuelles, inventa les premiers caractères, régla jusqu'à l'harmonie des phrases, institua plusieurs pratiques, et donna aux hommes les premiers principes d'astronomie. Il leur apprit ensuite la lutte et la danse, ainsi que la force et la grâce que le corps humain peut acquérir dans ces exercices. Il imagina la lyre à laquelle il mit trois cordes, par allusion aux trois saisons de l'année. Enfin, c'est lui qui, selon les Egyptiens, a planté l'olivier que les Grecs croient devoir à Minerve.

2° Le second Mercure, fils de Jupiter et de Maïa, fille d'Atlas, devint célèbre parmi les princes Titans. Après la mort de son père, il eut pour son partage l'Italie, les Gaules et l'Espagne, où il fut maître absolu après la mort de son oncle Pluton ; et les Mauritanies, après celle de son beau-père Atlas. C'était un prince fin, artificieux, dissimulé ; il voyagea plus d'une fois en Egypte, pour s'instruire dans les coutumes de cet ancien peuple, et pour y apprendre la théologie, et surtout la magie alors fort en vogue, et où il excella dans la suite : aussi fut-il regardé comme le grand augure des princes Titans, qui le consultaient continuellement. Son éloquence et son adresse dans les négociations, dont Jupiter tira grand parti dans les guerres qu'il eut avec les princes de sa famille, le firent passer pour le messager des dieux. Ses défauts ne furent pas moindres que ses belles qualités ; et sa conduite artificieuse, son humeur inquiète, obligèrent les autres enfants de Jupiter à lui déclarer une guerre durant laquelle, vaincu plusieurs fois, il prit enfin le parti de se retirer en Egypte, où il mourut. D'autres croient qu'il finit ses jours en Espagne, où l'on montrait même son tombeau.

Telle est l'histoire de Mercure, altérée par les Grecs et mêlée de plusieurs fables ; car 1° il paraît qu'on a donné son nom aux princes qui avaient quelqu'une de ses qualités ; 2° ces mêmes qualités ont donné lieu à diverses allégories. Ainsi cette chaîne d'or qui sortait de sa bouche, et qui s'attachait aux oreilles de ceux qu'il voulait conduire, signifie qu'il enchaînait les cœurs et les esprits par la magie de son éloquence. Si on le peignait avec la moitié du visage claire, et l'autre noire et sombre, c'est parce qu'on croyait qu'il conduisait les âmes aux enfers, et qu'ainsi il était tantôt au ciel ou sur la terre, et tantôt dans le royaume des ombres. Si les Egyptiens le représentaient avec une tête de chien, c'était, suivant Servius, pour marquer sa vigilance et sa sagacité.

En qualité de dieu des marchands et des larrons, on a mis sur le compte de Mercure plusieurs filouteries : nous apprenons de Lucien, qu'étant encore enfant, il avait volé le trident de Neptune, les flèches d'Apollon, l'épée de Mars et la ceinture de Vénus, ce qui semble indiquer qu'il était habile navigateur, adroit à tirer de l'arc, brave dans les combats, et qu'il joignait à ces qualités toutes les grâces du discours. Apollodore fait mention d'un autre vol qu'il fit à Apollon, lorsqu'il était encore au berceau. Il sortit, dit cet auteur, de son berceau, pour enlever les bœufs d'Apollon dans le temps que celui-ci, chassé du ciel, était réduit à garder les troupeaux du roi Admète, et les fit marcher à reculons, pour en faire perdre la trace. Le dieu vint redemander ses bœufs, trouva l'enfant au berceau, disputa contre lui, et le menaça ; Mercure eut encore l'adresse de lui dérober son carquois en ce moment même. Apollon, malgré sa colère, ne put s'empêcher de rire ; enfin, par composition, Mercure fit présent à Apollon du nouvel instrument qu'il venait d'inventer, et celui-ci lui céda ses bœufs. Mercure exerçait en outre auprès de Jupiter un emploi fort peu honorable : c'était lui qui servait le père des dieux dans ses intrigues galantes ; ce fut lui qui conduisit vers le rivage de la mer les troupeaux d'Agénor, lorsque Jupiter, transformé en taureau, enleva la belle Europe ; ce fut lui qui alla ordonner à la nuit de prolonger sa course, pendant que Jupiter était dans les bras d'Alcmène : en un mot, il était rare que Jupiter entreprît quelque expédition amoureuse, sans être accompagné de son fidèle Mercure. Cependant, malgré tant de services rendus à son père, Mercure ne conserva pas toujours les bonnes grâces de ce dieu, qui le chassa du ciel, et le réduisit à son tour à garder les troupeaux.

Le culte de Mercure n'avait rien de particulier, sinon qu'on lui offrait les langues des victimes, emblèmes de son éloquence. Par la même raison, on lui présentait du miel et du lait. La première figue que l'on cueillait était placée devant l'image de Mercure, et la prenait ensuite qui voulait, d'où le proverbe *ficus ad Mercurium*, pour désigner ce qui devient la proie du premier occupant. On lui immolait aussi des veaux et des coqs. Il était spécialement honoré par les Gaulois, qui lui offraient des victimes humaines; en Égypte, où les prêtres lui consacraient la cigogne, animal le plus respecté parmi eux après le bœuf; en Crète, comme pays de commerce; à Cyllène en Élide, parce qu'on le croyait né sur le mont du même nom, situé près de cette ville, où il avait une statue posée sur un piédestal, dans une posture indécente, symbole de la fécondité. Il avait aussi en Achaïe un oracle qui ne se rendait que le soir. Après beaucoup de cérémonies, on parlait au dieu, à l'oreille, pour lui demander ce qu'on voulait; on sortait ensuite du temple, les oreilles bouchées avec les mains, et les premières paroles qu'on entendait étaient la réponse du dieu. Amphion fut le premier qui lui éleva un autel. En Italie, ce dieu fut placé au rang des huit divinités principales, nommées *dii selecti*. On lui accorda la sixième place, parce qu'on lui attribua le gouvernement de la sixième planète. Chez les Crotoniates, où l'on avait adopté le système égyptien renouvelé par Pythagore, qui attribuait au cours de chaque planète un son musical, on croyait que Mercure faisait entendre la note *ut*, et la Lune le *si*. Les *ex-voto*, que les voyageurs lui offraient au retour d'un long et pénible voyage, étaient des pieds ailés.

Les négociants romains célébraient une fête en son honneur le 15 de mai, jour auquel on lui avait dédié un temple dans le grand cirque, l'an de Rome 675. Ils sacrifiaient à ce dieu une truie pleine, et s'arrosaient de l'eau de la fontaine nommée *Aqua Mercurii*, à laquelle on attribuait une vertu divine, priant Mercure de leur être favorable dans leur trafic, et de leur pardonner, dit Ovide, leurs petites supercheries. Comme leur divinité tutélaire, on le peint ordinairement la bourse à la main. Des monuments le présentent avec la bourse à la main gauche, et à l'autre un rameau d'olivier et une massue, emblèmes, l'un de la paix, utile au commerce, l'autre de la force et de la vertu, nécessaires au trafic.

En qualité de négociateur des dieux, il porte le caducée, symbole de paix, et qui de plus a la vertu d'amener sur les paupières des mortels le sommeil et les songes. Les ailes qu'il porte à son bonnet, à ses pieds, à son caducée, marquent sa légèreté à exécuter les ordres des dieux, surtout celui de conduire aux enfers les âmes des morts, et de les en ramener. De ces ailes, les unes sont noires et les autres blanches : les premières annoncent le Mercure céleste; les autres lui servent à pénétrer dans les enfers. La vigilance que tant de devoirs demandent fait qu'on lui donne un coq pour attribut. Comme les bergers le prenaient aussi pour leur patron, on le voit quelquefois avec un bélier. La tortue qu'il a près de lui rappelle qu'il est l'inventeur de la lyre, appelée en latin *testudo*. On le peint en jeune homme, beau de visage, d'une taille dégagée, tantôt nu, tantôt avec un manteau sur les épaules, qui ne le couvre qu'à demi. Lorsqu'on lui donnait une longue barbe et la figure d'un vieillard, on l'entourait d'un long manteau qui descendait jusqu'à ses pieds. Les Grecs l'ont souvent fait présider, comme Priape, aux désirs désordonnés des sens. Quelquefois il porte une lance, une perche armée de crocs ou un trident. C'est avec ces attributs qu'il protégeait le commerce maritime. On lui accordait le trident, suivant Macrobe, parce que, dans la distribution que fit Jupiter des éléments à plusieurs divinités, Apollon fut chargé de prendre soin du feu, Phébé de la terre, Vénus de l'air et Mercure de l'eau. Aussi regarda-t-on ce dieu, dans la suite, comme l'inventeur de la clepsydre. Les Grecs, qui désignaient le guide divin de chaque planète par une voyelle de l'alphabet, la Lune par l'*alpha*, Vénus par l'*éta*, le Soleil par l'*iôta*, Mars par l'*omicron*, Jupiter par l'*ypsilon*, Saturne par l'*oméga*, figurèrent hiéroglyphiquement Mercure par l'*epsilon*. Ainsi, sur les médailles grecques, l'A et l'E indiquent souvent une invocation à la Lune et à Mercure. Quelquefois on distingue près du dieu la tête d'Argus, comme un monument de sa victoire; c'était encore dans l'intérêt des amours de Jupiter que Mercure avait tranché la tête à ce gardien aux cent yeux de la belle Io, changée en vache. D'autres fois on le représente avec les deux sexes, parce qu'on lui attribuait le privilége d'en changer à volonté. — Comme conducteur des ombres, il est nu; tient d'une main son caducée, et de l'autre un flambeau propre à le guider dans le ténébreux séjour. C'est pour cela que son nom se trouve sur les urnes sépulcrales. Par la même raison, on s'imaginait que ceux qui le voyaient en songe devaient bientôt mourir.

La fable de Mercure n'a paru à plusieurs savants qu'une allégorie du cours du soleil, et des phénomènes produits par cet astre. Le Mercure céleste représente le soleil au solstice d'été. Le Mercure infernal est le soleil d'hiver. S'il tue un géant, c'est un marais qu'il dessèche. D'un autre côté, Argus n'est que l'emblème du ciel, où brillent cent yeux, c'est-à-dire des étoiles innombrables; et Io, celui de la terre, figurée par une vache, l'animal terrestre le plus utile. Si Junon, c'est-à-dire la pluie, poursuit Io jusqu'en Égypte, c'est que le soleil, plus ardent sur les bords du Nil, y dissipe les brouillards et y rend la terre plus féconde. Si Mercure enfin descend aux enfers pour en ramener les ombres, c'est que le soleil se couche sous l'horizon, et qu'à son lever il semble chasser devant lui les ténèbres et les fantômes, enfants de la nuit. Tel est entre autres le système de Court de Gébelin et de Dupuis; mais il ne faut adopter qu'avec beaucoup de discernement. (Noël, *Dictionnaire de la Fable*.)

MERCURES, jeunes enfants de huit, dix à douze ans, employés dans la célébration des mystères. Lorsqu'on allait consulter l'oracle de Trophonius, deux enfants du lieu, nommés Mercures, venaient frotter d'huile les consultants, les lavaient, les nettoyaient, et leur rendaient tous les services nécessaires. Les Romains les appelaient Camilles.

MERCURIALES, fête que les Crétois célébraient avec une magnificence qui attirait beaucoup d'étrangers, dévotion qui tournait au profit du commerce. Une fête semblable se célébrait à Rome, le 14 juillet, mais avec beaucoup moins d'appareil.

MERDJAN-BANOU, fée ou enchanteresse dont il est souvent fait mention dans les légendes des Orientaux. Elle était de la race des Péris, c'est-à-dire des géants ou démons de la belle espèce. Les Dives, leurs ennemis, commandés par Demrousch, ayant fait une irruption en Perse, Merdjan-Péri fut prise et emmenée captive. Demrousch, à qui elle échut en partage, voulut obtenir ses faveurs; mais n'en ayant reçu que des mépris, il la maltraita et l'enferma dans les cavernes de la montagne de Caf. Elle y resta jusqu'à la défaite de son persécuteur, tué par Tahamourath, qui lui rendit la liberté. Ayant engagé son libérateur dans une guerre malheureuse, où il perdit la vie, Merdjan désolée quitta la Perse, et se retira en Europe, où elle se fit une grande réputation sous le nom de fée Mergianne ou Morganne. C'est de son nom que nos anciens romanciers ont formé celui de *Morgante la Déconnue*.

MERHIS, déesse égyptienne, adorée à Méroé. C'est d'elle que cette ville tirait son nom.

MERISSA, déesse des abeilles, adorée encore à présent par les Circassiens, dont la religion est un mélange de christianisme, de mahométisme et de paganisme.

MERMEL, esprit ou génie des Groënlandais. C'est un enfant au joli visage et à la longue chevelure, qu'on rencontre au bord de la mer, et plus souvent dans les îles désertes, où il fait entendre des chants harmonieux qui invitent les pêcheurs à venir vers lui; mais ceux qui ont l'imprudence de se fier à cette voix ne revoient plus leur patrie.

MÉRODAK, idole des Babyloniens, que l'on croit être la personnification de la planète de Mars. Les Orientaux l'honoraient, comme Saturne, en lui immolant des victimes humaines, parce qu'ils le regardaient comme un dieu sanguinaire et auteur de la guerre. Son nom vient du persan *mord, mort*, qui signifie la mort ou le carnage; et Gésénius le regarde comme identique avec les mots latins *Mars, Mavors* et *Mors*.

MÉROT, dieu de la mort, selon les anciens Moraviens. Il régnait sur les enfers.

MÉROU, 1° montagne cosmogonique des Hindous brahmanistes. Ils supposent que la terre présente est une surface plane, entourée d'une rangée circulaire de montagnes, appelées Lokalokas. Au centre est le mont Mérou, composé d'or et de pierres précieuses, demeure de la Trimourti, et qui soutient et réunit le ciel, la terre, les enfers, c'est-à-dire les trois mondes, et est lui-même supporté par huit éléphants, soutenus par la grande tortue, qui repose elle-même sur le grand serpent Sécha. On compare cette montagne à la coupe qui contient les graines du lotus et les sept continents ou *Dwipas* aux feuilles de cette plante. Sa hauteur est de 84,000 yodjanas (environ 250,000 lieues) dont 60,000 sont sous terre. Sa forme est diversement décrite, comme carrée, conique, pyramidale, sphérique ou spirale. Les quatre versants de cette montagne sacrée regardent les quatre points cardinaux. Le versant oriental est blanc; le septentrional rouge; l'occidental, brun ou noir, et le méridional, jaune. Le Gange tombe du ciel sur le sommet du mont Mérou, et de là s'épanche en quatre fleuves, vers les mondes qui l'environnent, par les bouches de quatre animaux, la vache, l'éléphant, le lion et le cheval. La branche du sud est le Gange de l'Inde; celle du nord, qui coule dans la Tartarie, est le Bhadrasoma; celle de l'est est le Sita, et celle de l'Ouest est le Tchakchous ou l'Oxus. Ce mythe rappelle d'une manière frappante la source du paradis terrestre, qui se divisait elle aussi en quatre grands fleuves. Dans ces quatre régions croissent quatre arbres de vie, d'espèces différentes, désignés sous le nom générique de Kalpavrikcha.

Autour du Mérou sont groupés les sept dwipas, appelés Djambou, Kousa, Plaksa, Salmala, Krauntcha, Saka et Pouchkara, formant sept zones concentriques, avec sept climats correspondants. Entre les sept zones se trouvent sept mers qui leur servent de ceinture; une mer salée, une mer enchantée, une mer de sucre, une de beurre clarifié, une de lait caillé, une de lait et d'amrita (ambroisie), et une mer d'eau douce. Le sommet du Mérou est un plateau circulaire fermé par une enceinte de collines; c'est une autre terre, une terre céleste, Swarga-bhoumi, où se répètent, dans l'ordre des Swargas ou cieux, et dans celui des demeures divines correspondantes, tout l'ordre des dwipas terrestres, comprenant les cieux des sept planètes et celui des étoiles fixes. C'est le long des flancs de la montagne que se trouve la résidence des quatre principales divinités de l'Inde. Le *Swarga* ou paradis d'Indra est le plus inférieur, et regarde le nord; à l'est et un étage plus haut, est le *Kailasa*, paradis de Siva; celui de Vichnou, appelé *Vaikounta*, est encore plus haut du côté du midi; enfin le *Satya-loka*, paradis de Brahmâ, est sur la cime de la montagne; c'est là que réside le chef de la Trimourti, entouré de richis, de gandharvas, etc., qui l'adorent. De plus les huit gardiens du monde appelés *Achta-dikou-palakas* y occupent chacun la face de la montagne qui correspond à son poste.

En le considérant sous un autre point de vue que la mythologie, le mont Mérou est le plateau de la Tartarie, immédiatement au nord de l'Himalaya. On le nomme encore *Soumérou*, c'est le pôle du nord, auquel est opposé le *Koumérou*, ou pôle du sud. Les Grecs l'ont connu et l'ont appelé *Méros*, en lui donnant une terminaison propre à leur langue. C'est sur cette montagne qu'ils font naître le Bacchus indien, bien que d'autres, plus ignorants, aient fait naître ce dieu de la cuisse de Jupiter, parce que, ne connaissant point le mont Mérou, ils se sont arrêtés à la signification du mot μηρός, qui veut dire cuisse.

2° Les Bouddhistes ont aussi leur mont Mérou, dont ils racontent des fables à peu près semblables; c'est sur ses flancs et au-dessus de sa cime qu'ils étagent les six divisions du monde des désirs. Le monde des formes ou des contemplations est plus élevé encore, à une hauteur incommensurable. Mais comme les Bouddhistes divisent l'univers en trois chiliocosmes (le petit, le moyen et le grand), ou en trois congrégations de mondes, contenant mille, cent mille et mille millions de soleils, ils admettent par conséquent un nombre égal de monts Mérou, accompagnés chacun de quatre continents.

3° Les Djainas ont aussi apporté leurs modifications à ce mythe. Pour eux le mont Mérou s'élève au milieu du Djambou-dwipa, au centre d'un lac immense qui a d'étendue un lakh de yodjanas (300,000 lieues environ). De son sommet sort une source qui alimente quatorze grands fleuves, dont les deux principaux sont le Gange et le Sindhou, différents cependant du Gange et du Sindhou des Brahmanes, dont les eaux sont sujettes à s'élever et à baisser. La mer qui environne le Djambou-dwipa a deux lakhs de yodjanas, ou 600,000 lieues d'étendue. Au delà de cet océan existent quatre autres continents séparés l'un de l'autre par une mer immense, et habités aussi par l'espèce humaine.

4° Les anciens Persans connaissaient le mont Mérou sous le nom de montagne d'*Albordj*.

MESCH, génie de la mythologie persane, qui réside dans la planète de Saturne ; il est spécialement chargé de porter secours à la région du midi, si elle se trouvait attaquée par les mauvais génies d'Ahrimane.

MESCHIA et MESCHIANÉ, nom du père et de la mère du genre humain, suivant la cosmogonie persane. Ils durent leur naissance à Kayoumors, le premier homme, dont la semence étant tombée sur la terre, produisit deux plantes qui mirent quarante ans à germer. Ces deux plantes devinrent, avec le temps, des êtres humains, ayant la même taille et la même figure. Ils furent appelés Meschia et Meschiané. Leurs premières années s'écoulèrent dans l'innocence, car ils avaient été créés pour le ciel ; mais ils se laissèrent séduire par Ahrimane, et la femme fut la première qui céda aux suggestions du tentateur, et sacrifia aux esprits infernaux. D'abord ils acceptèrent de la main d'Ahrimane une coupe pleine de lait de chèvre ; mais à peine eurent-ils goûté de ce breuvage qu'ils sentirent les atteintes du mal, qui leur avait été inconnu jusqu'alors. Encouragé par ce premier succès, le démon leur présenta des fruits ; ils les portèrent à leur bouche, et cette faute les rendit sujets à la mort ; de cent béatitudes il ne leur en resta plus qu'une. Cinquante ans après leur chute, dont ils porteront la peine dans les abîmes infernaux jusqu'à la résurrection, ils mirent au monde leurs deux premiers enfants ; ils en eurent encore seize autres, et c'est d'eux que descendent les habitants actuels de la terre.

MESDJID, c'est-à-dire *lieu d'adoration*, nom que les Musulmans donnent à leurs temples, et dont nous avons fait le mot *mosquée*. Voy. MOSQUÉE.

MESMÉRISME. Nous ne citons ici la théorie du fluide universel apportée chez nous par Mesmer dans le siècle dernier, fluide qui, dit-on, remplit l'espace, et par son mouvement influe sur tous les corps et les met en rapport, que parce que plusieurs écrivains ont voulu faire de son auteur le chef d'une secte philosophico-théologique, et parce qu'elle a été liée à l'illuminisme dans quelques-uns des adhérents de cet imposteur. Nous croyons que toute la science théurgique de Mesmer consistait en un peu de magnétisme et beaucoup de charlatanerie.

MESSALIENS, 1° hérétiques du IV° siècle. Voy. MASSALIENS.

2° Sectaires de l'Eglise moscovite qui rejettent le baptême, la cène, le mariage, et s'abandonnent à tous les désordres des sens.

MESSAPÉE, surnom de Jupiter, honoré en Laconie, au pied du mont Taygète.

MESSE. C'est le sacrifice par excellence de la religion chrétienne ; c'est celui dont les sacrifices de l'ancienne loi n'étaient que la figure, celui qui les remplace tous efficacement, le seul digne de la Divinité, parce qu'on y offre une victime égale à Dieu. Le nom de messe remonte à une antiquité fort haute : cependant on lui en a donné plusieurs autres, on l'a nommé la *liturgie*, la *synaxe*, la *collecte*, les *solennels*, le *service*, l'*oblation*, les *mystères*, la *supplication*, etc. ; et enfin *missa*, la messe. On a donné à cette dernière expression une multitude d'étymologies, que nous nous dispenserons de rapporter. Nous nous en tiendrons à celle que nous fournit saint Augustin, qui est, à notre avis, la plus rationnelle et la seule vraie. *Post sermonem*, dit-il, *fit missa catechumenis, manebunt fideles*: Après le discours on renvoie les catéchumènes, les fidèles restent. Comme ce renvoi était proclamé et opéré solennellement avant l'oblation du sacrifice, on s'accoutuma insensiblement à appeler cette partie de la liturgie l'office après le renvoi, l'office du renvoi ou tout simplement le renvoi. C'est ce que signifie le mot *missa*, la messe. Toutefois il est bon d'observer que ce mot n'est en usage que dans l'Eglise latine. Les Eglises orientales se servent de celui de *liturgie*.

Nous croyons superflu de donner ici la description des nombreuses cérémonies de la messe, dans l'Eglise latine, dont nos lecteurs sont presque chaque jour spectateurs, et qui appartient plutôt au Dictionnaire de Liturgie. Au reste, nous parlons, dans le présent Dictionnaire, de chacune des parties et des cérémonies principales, à leur article respectif. Mais il est bon d'observer que le sacrifice de la messe, tout en étant essentiellement le même dans l'Eglise, n'a pas néanmoins nécessairement les mêmes cérémonies et les mêmes formules ; d'où les différentes liturgies. Dans toutes on retrouve l'oblation, la consécration par les paroles sacramentelles, et la communion, qui sont les parties intégrantes du sacrifice ; mais les prières et les cérémonies varient considérablement. Les langues liturgiques dans lesquelles on célèbre la sainte messe sont le latin, le grec, le slavon, l'arménien, le géorgien, le syriaque, le chaldéen, l'arabe, le copte et l'éthiopien. Toutes ces langues peuvent être ramenées à deux rites principaux : l'oriental ou grec, et l'occidental ou latin. Le rite occidental peut se subdiviser en romain, qui a toujours été à peu près le même, en gallican, qui a fleuri dans les Gaules jusque vers le temps de Charlemagne, en ambrosien, qui est encore observé dans l'Eglise de Milan, et en mosarabe, qui est célébré dans quelques églises du diocèse de Tolède.

La messe latine peut se diviser en deux parties principales : la messe des catéchumènes et celle des fidèles. La première, à laquelle seule les catéchumènes et même quelquefois les infidèles assistaient dans les premiers siècles, comprend la lecture de l'Epître et de l'Evangile, le sermon ou l'instruction, entremêlés de quelques prières. La messe des fidèles commençait au symbole, comprenait l'oblation ou offrande, le canon, la consécration, l'oraison dominicale, la communion et la bénédiction ; c'est celle qu'on appelait particulièrement les saints mystères, et dont la connaissance était soigneusement dérobée aux non fidèles. C'est dans ce but qu'on ne l'écrivait point ; les évêques et les prêtres en apprenaient par cœur les formules, qui paraissent même n'avoir point été d'abord nettement déterminées, ce qui a amené les différentes liturgies. Maintenant l'Eglise ne fait aucune difficulté de célébrer les saints mystères devant toute espèce de personnes qui y assistent avec respect. Elle n'en exclut que les excommuniés dénoncés.

On distingue les messes en messes hautes et messes basses.

La messe *haute*, qu'on appelle encore messe *solennelle*, messe *chantée* ou *grand'messe*, est celle qui est exécutée avec tous les officiers du chœur. Le célébrant est accompagné d'un diacre, d'un sous-diacre qui y exercent les fonctions de leur ordre, et quelquefois d'un ou deux prêtres assistants. Une grande partie de l'office est chantée par des ecclésiastiques ou des laïques appelés chantres, et revêtus d'ornements particuliers. Des acolytes portent la croix, les chandeliers, font les encensements, servent les ministres de l'autel, et exécutent plusieurs cérémonies ; cette messe est souvent précédée d'une procession faite à l'extérieur ou à l'intérieur de l'église. Les cérémonies de la messe solennelle sont fort belles et imposantes, et attirent l'admiration même des ennemis de notre foi. Elle a lieu les dimanches et les fêtes dans les églises paroissiales, et même chaque jour dans les chapitres des grandes églises.

La messe *basse* ou *privée* est célébrée sans chant, par un seul prêtre, servi par un seul ecclésiastique ou même par un laïque. C'est celle que l'on dit les jours ordinaires ; et même il y en a plusieurs chaque jour dans la plupart des églises, car chaque prêtre a l'habitude de dire presque tous les jours la messe en son particulier, contrairement à l'ancien usage, suivant lequel il n'y avait qu'une messe par jour dans chaque église, et tous les prêtres qui la desservaient offraient tous ensemble le saint sacrifice.

La messe *paroissiale* est la messe solennelle qui est dite tous les jours de dimanche et de fête dans les églises paroissiales, et à laquelle les habitants sont convoqués au son de la cloche. On y fait le prône, une instruction, les annonces ; on y publie les bans d'ordination et de mariage, on y lit les ordonnances épiscopales, les mandements, etc. ; enfin le sacrifice est offert spécialement pour tous les habitants de la paroisse et pour les âmes de ceux qui y sont morts ou qui y ont été inhumés. — Dans les congrégations religieuses, cette messe prend le nom de messe *capitulaire*, ou de *communauté*, ou *collégiale*.

La messe *papale* est celle que Sa Sainteté célèbre elle-même en personne. Elle diffère des autres messes solennelles en deux points principaux : le premier est que l'on chante deux fois l'Evangile, d'abord en grec, puis en latin ; la seconde différence se trouve dans la communion qui a lieu de cette manière. Après que l'*Agnus Dei* a été chanté, le pape se rend à son trône. Le cardinal-diacre qui a chanté l'Evangile se tient du côté de l'Epître, les mains jointes, en sorte qu'il puisse voir le saint sacrement sur l'autel, et le pape marchant vers son trône. Lorsqu'il y est arrivé, le diacre prend l'hostie consacrée sur la patène, couverte d'un voile, et se tournant vers le peuple, il l'élève par trois fois, à savoir au milieu de l'autel et aux deux coins. Il la donne ensuite au sous-diacre, qui la porte au pape. Le diacre prend alors le calice où est le vin consacré, et l'ayant également élevé trois fois comme l'hostie, il le porte au pape, qui adore Jésus-Christ sous les deux espèces, à mesure qu'on les lui apporte ; ce qu'il fait par une profonde inclination de la moitié du corps, en se tenant pourtant debout, et quand le diacre et le sous-diacre sont tout à fait arrivés auprès de lui, ils se rangent l'un à sa droite et l'autre à sa gauche. Le pape prend la grande hostie, qui est sur la patène, et communie en se la mettant lui-même dans la bouche ; puis il donne deux petites hosties au diacre et au sous-diacre, qui sont à genoux, et qui lui baisent la main avant de recevoir la sainte hostie. Cependant le diacre tient toujours le calice, jusqu'à ce que le cardinal-évêque assistant vienne en chape devant le trône pontifical, où le sacristain du pape lui présente un chalumeau d'or, dont il plonge un bout dans le calice que le diacre tient ; le pape en ce moment porte la main sur l'autre bout, et baissant un peu la tête pour y appliquer les lèvres, il suce une partie du vin consacré, laissant le reste au diacre qui rapporte le calice à l'autel, où étant arrivé, il suce avec le même chalumeau une autre partie de ce qui est resté dans le calice, et en laisse quelques gouttes au sous-diacre, qui les prend sans chalumeau, et boit ensuite ce qu'on lui verse, pour l'ablution du calice, qu'il essuie avec un purificatoire. Cependant le pape donne le baiser de paix au diacre seulement, et la communion sous l'espèce du pain aux autres cardinaux, aux ambassadeurs, princes et prélats, et quelquefois à des particuliers qui souhaitent la recevoir de sa main; après quoi il retourne à l'autel, et achève la messe avec les cérémonies ordinaires.

A la fin de la messe, le doyen du chapitre de l'église où le pape officie présente à Sa Sainteté une bourse contenant vingt-cinq jules de monnaie antique, *pro bene cantata missa*.

Messe *des morts* ou *de requiem*. C'est celle que l'on célèbre dans les obsèques ou les cérémonies funèbres; on la dit avec des ornements noirs ou noirs et blancs. Elle diffère des autres messes par la suppression de plusieurs cantiques ou prières, qui ont un rapport direct aux vivants, ou qui sont incompatibles avec le deuil. La messe solennelle de *requiem* est ordinairement suivie de l'absoute. Les messes des morts, lorsque le corps du défunt n'est pas présent, ne peuvent être célébrées ni les dimanches ni les fêtes solennelles.

Messe *solitaire*. C'est celle qui est dite par un prêtre seul, sans assistants et sans ministre pour le servir et pour lui répondre. Ces sortes de messes sont interdites en principe.

Messe *sèche*, ou *navale*, ou *nautique*. C'est un simulacre de messe dans lequel on ne consacre point. On y supprime tout ce qui a rapport à l'oblation, le canon de la messe, à l'exception du *Pater* et de l'*Agnus Dei*. Il n'y avait donc ni consécration, ni communion. On la disait autrefois aux enterrements qui avaient lieu le soir. On l'appelait nautique ou navale, parce qu'on la célébrait aussi sur mer, où les balancements du vaisseau auraient pu faire répandre le précieux sang contenu dans le calice. Il est maintenant défendu de dire des messes sèches.

Messes *à plusieurs faces*, abus déplorable introduit par la cupidité. Pour gagner plusieurs rétributions de messes, il y avait des prêtres qui ne rougissaient pas de réciter une messe jusqu'à l'offertoire, puis d'en recommencer une seconde, une troisième, et quelquefois plus, jusqu'au même endroit; ils faisaient ensuite l'offrande, disaient une seule préface, le canon de la messe, et récitaient autant de secrètes et de postcommunions qu'ils avaient commencé de messes. C'est ce qu'on appelait en latin *missæ bifaciatæ, trifaciatæ*, etc. L'Église a prononcé anathème contre ces profanations.

MESSIE, mot tiré de l'hébreu משיח *meschiah*, et qui signifie *oint, consacré*. Il est corrélatif du grec χριστός, christ, et se donnait autrefois, chez les Juifs, aux sacrificateurs et aux rois qui avaient reçu l'onction sainte; mais il désigne d'une manière particulière l'envoyé de Dieu pour le salut du genre humain, attendu pendant de longs siècles par la Synagogue, et adoré par l'Église chrétienne dans la personne de Jésus-Christ, fils unique de Dieu, qui a été sacré mystiquement par Dieu même en qualité de Roi des rois, de chef des prophètes, de souverain pontife de la loi de grâce, et de prêtre éternel selon l'ordre de Melchisédech.

1° Le Messie a été annoncé au genre humain, aussitôt après la chute d'Adam, lorsque Dieu dit au serpent qu'un jour le fils de la femme lui écraserait la tête. Cette prédiction fut renouvelée avec plus de clarté à Abraham, à Isaac et à Jacob, quand Dieu leur annonça que toutes les nations de la terre seraient bénies en leur postérité; et ce dernier révéla expressément que ce serait dans la tribu de Juda que le futur libérateur prendrait naissance. A mesure qu'on approchait des temps où devait s'accomplir la promesse, les prédictions devenaient plus explicites; c'est ainsi que, dans la suite, la race de David fut désignée, entre toutes les familles de Juda, pour celle qui devait concourir immédiatement à la rédemption. Une fois ce point bien établi, les prophètes s'appliquèrent à développer les différents caractères du Messie, à préciser l'époque de sa venue, le lieu de sa naissance; à détailler les différentes circonstances de sa naissance, de sa vie, de ses souffrances, de sa mort, de sa résurrection, de son règne éternel; les conséquences de son sacrifice, l'établissement de son Église, etc., etc. De plus, la croyance de l'Église est que le Messie a été figuré et annoncé obscurément dans les sacrifices et les cérémonies de l'ancienne loi, dans la vie des patriarches, et dans les divers événements qui se sont succédé dans l'ancienne loi. Elle est persuadée que tous les événements qui se sont passés dans le monde n'ont pas eu d'autre but, dans les desseins de Dieu, que de préparer l'avènement du Fils de Dieu, et d'établir son règne sur la terre. Enfin elle enseigne que c'est en vue des mérites du Messie, que les patriarches, les prophètes, les saints de l'ancienne loi, et les justes qui ont pu se trouver sur la terre antérieurement à sa venue, ont été sauvés, et que depuis sa venue nul homme ne peut parvenir que par lui au salut éternel.

2° La croyance au Messie a toujours été un dogme fondamental chez les Juifs, comme nous le voyons dans tous leurs livres tant anciens que modernes, et leur fameux docteur, Moïse Maimonides, l'a consignée au nombre de ses treize articles de foi. La plupart l'attendent encore; mais quelques-uns, ayant de la peine à concilier ce long retard avec quelques prédictions positives énoncées dans l'Ancien Testament, croient qu'il est venu, et en cherchent les caractères dans certains grands personnages historiques qui ont fait du bien à leur nation. Les uns l'ont vu dans Ezéchias, d'autres dans Cyrus, dans Esdras, dans Agrippa II, Vespasien, Saladin, Louis-Philippe! D'autres, sans fixer d'époque précise, ne doutent pas que, suivant les anciens oracles, le Messie ne soit venu dans les temps marqués par les prophètes; mais ils croient qu'il ne vieillit point, qu'il reste caché sur la terre, et attend pour se manifester et établir son peuple avec force, puissance et sagesse, qu'Israël ait célébré scrupuleusement le repos du sabbat, ce qu'il n'a point encore fait, et que les Juifs aient réparé les iniquités dont ils se sont souillés, et qui ont arrêté envers eux le cours des bénédictions de l'Éternel. Quelques-uns ont cru que ce Messie était né le jour de la dernière destruction de Jérusalem par les armées romaines. Plusieurs veulent que le Messie soit actuellement dans le paradis terrestre; d'autres le placent à Rome, et les thalmudistes prétendent que cet oint du Très-Haut est caché parmi les lépreux et les malades qui sont à la porte de cette ville, attendant qu'Élie, son précurseur, vienne le manifester aux hommes. Toutes ces erreurs ont donné lieu à une multitude d'imposteurs, qui ont voulu se faire passer pour le Messie, et dont on pourrait dresser une longue liste. Nous nous contenterons de citer Judas de Galilée et Théodas, mentionnés dans les Actes des apôtres; Coziba, qui se fit surnommer *Bar-Kokébas* ou fils de l'étoile, qui parut vers l'an 130; Moïse, qui souleva les Juifs de Crète, en 434; Hakem, surnommé *Burca* ou le masque, qui vivait en Orient dans le VIIIe siècle; un autre qui parut en Perse, l'an 1138; un autre en Moravie, dans le XIIe siècle; El David, en Perse, l'an 1200; David Leimlen en Allemagne, vers la fin du XVe siècle; le fameux Sabthaï Tsévi, qui commença à jouer son rôle en Syrie, l'an 1666; enfin un certain Daniel, qui voulut continuer le rôle et les fourberies de Tsévi, en 1703.

Les Juifs, prenant à la lettre les passages de la Bible qui annoncent le règne spirituel du Messie, ne peuvent se le figurer que comme un conquérant, comme un prince qui fondera un royaume temporel et qui dominera sur toutes les nations de la terre. D'autres, pour expliquer les passages qui font allusion à ses souffrances, imaginent qu'il y en aura deux: l'un pauvre, abject et méprisé; le second glorieux et triomphant; mais ni l'un ni l'autre ne doit participer à la nature divine; car la pluralité de personnes en Dieu paraît aux Juifs détruire son unité.

Dix grands miracles, si nous nous en rapportons aux rêveries rabbiniques, précéderont l'avénement du Messie. Dieu suscitera d'abord les trois plus cruels tyrans qui auront jamais existé, et qui persécuteront les Juifs à outrance. Des extrémités du monde viendront des hommes noirs à deux têtes, à sept yeux étincelants, et d'un regard si terrible, que les plus intrépides n'oseront paraître en leur présence. Viendront ensuite des pestes, des famines, des mortalités; le soleil sera changé en d'épaisses ténèbres, la lune en sang; les étoiles tomberont du ciel. Un marbre, que Dieu a formé dès le commencement du monde, et qu'il a sculpté de ses propres mains sous les traits d'une belle fille, sera l'objet d'un monstrueux commerce. Il en naîtra Armillaüs ou Armilius, l'Antechrist. Armillaüs vaincra le premier Messie, mais il sera vaincu par le second. Celui-ci rendra la vie au premier, rassemblera tous les Juifs vivants et morts, relèvera les murs de Sion, rétablira le temple de Jérusalem, sur le plan offert à Ézéchiel dans une vision, fera périr tous les ennemis de sa nation, établira son empire sur toute la terre habitable, et fondera ainsi la monarchie universelle; il épousera une reine et un grand nombre d'autres femmes, dont il aura une nombreuse famille qui lui succédera. Ce sera pour célébrer sa victoire qu'il donnera à son peuple, rassemblé dans la terre de Chanaan, un repas dont le vin sera celui que fit Adam lui-même dans le paradis terrestre, et qui se conserve dans de vastes celliers creusés par les anges au centre de la terre. On y servira aussi l'immense poisson Léviathan, et la chair du monstrueux Béhémoth.

Bien loin d'admettre ces fables, les Juifs actuels, qui se piquent de sagesse et d'érudition, ne croient même plus au personnage du Messie. Celui-ci n'est pour eux qu'un symbole mythique personnifiant l'époque où la liberté civile leur doit être rendue. Maintenant qu'en France et dans plusieurs autres États européens leur nation est complétement émancipée, et que les Juifs sont, assimilés en tout au reste des citoyens, ils proclament hautement que les temps messianiques sont arrivés, et que les prophéties sont accomplies.

3° Les Samaritains attendent également la venue d'un prophète qui doit les délivrer de l'oppression, remettre leur loi en honneur, et leur soumettre les autres nations; ils fondent l'attente où ils sont d'un libérateur sur ces paroles de Dieu à Moïse: *Je leur enverrai un prophète comme toi, pris du milieu d'eux.* Mais ils ne lui donnent pas volontiers le nom de *Messie*, qu'ils regardent comme une expression judaïque; ils l'appellent השב *Haschhab*, ou dans leur dialecte ההתיב *Hatlihab*, mot dont on n'a encore proposé aucune explication tant soit peu vraisemblable. En qualité d'ennemis des Juifs, ils n'appliquent point à l'avénement du Messie la célèbre prophétie de Jacob, qui annonce que le sceptre ne sortira point de Juda jusqu'à l'apparition de *Schilo*; ils croient au contraire que ce nom désigne un personnage ennemi de la vraie religion, qui a séduit les nations, et les a détournées de l'obéissance à la loi. Ce personnage n'est autre que Salomon, si l'on s'en rapporte à quelques écrits des Samaritains qui nous sont parvenus.

4° On sait que la connaissance du Messie n'était pas entièrement étrangère aux peuples païens. Les philosophes grecs nous fournissent plusieurs passages qui témoignent qu'ils attendaient un futur réparateur. Nous citerons seulement une page du Banquet de Platon, qui nous paraît frappante. C'est un dialogue entre Socrate et Alcibiade : « Il faut attendre, dit Socrate, jusqu'à ce que quelqu'un nous enseigne quels doivent être nos sentiments envers Dieu et envers les hommes. — *Alcibiade.* Quel sera ce maître, et quand viendra-t-il ? Je verrai avec une grande joie cet homme, quel qu'il soit. — *Socrate.* C'est celui à qui est à présent vous êtes cher, mais, pour le connaître, il faut que les ténèbres qui offusquent votre esprit, et qui vous empêchent de discerner clairement le bien du mal, soient dissipées ; de même que Minerve, dans Homère, ouvre les yeux de Diomède pour lui faire distinguer le dieu caché sous la figure d'un homme. — *Alcibiade.* Qu'il dissipe donc cette nuée épaisse, car je suis prêt à faire tout ce qu'il m'ordonnera pour devenir meilleur. — *Socrate.* Je vous le dis encore, celui dont nous parlons désire infiniment votre bien. — *Alcibiade.* Alors il me semble que je ferai mieux de remettre mon sacrifice jusqu'au temps de sa venue. — *Socrate.* Certainement ; cela est plus sûr que de vous exposer à déplaire à Dieu. — *Alcibiade.* Eh bien ! nous offrirons des couronnes et les dons que la loi prescrira lorsque je verrai ce jour désiré ; et j'espère de la bonté des dieux qu'il ne tardera pas à venir. »

5° Les livres sibyllins n'étaient pas moins explicites chez les Romains. Virgile y fait de fréquentes allusions dans son églogue à Pollion ; il paraît même leur faire dans ses vers de nombreux emprunts. Il célèbre le retour de la Vierge, la naissance du grand ordre que va bientôt établir le Fils de Dieu descendu du ciel : « La grande époque s'avance, continue-t-il ; tous les vestiges de notre crime étant effacés, la terre sera pour jamais délivrée de la crainte. L'Enfant divin qui doit régner sur le monde pacifié recevra pour premiers présents de simples fruits de la terre, et le serpent expirera près de son berceau. » Nous ne prétendons pas que Virgile ait voulu dans ses vers chanter le Messie ; loin de là, nous croyons qu'il a voulu tout simplement flatter bassement la naissance d'un jeune prince ; mais ce qui est hors de doute, c'est qu'il fait à cet enfant l'application presque sacrilège des anciens livres sibyllins, comme il l'annonce dès son début :

Ultima Cumæi venit jam carminis ætas;

et la manière dont il s'exprime démontre que cette tradition était bien connue de ses contemporains. En effet, dès l'an 63 avant l'ère chrétienne, il circulait un oracle sibyllin qui annonçait que la nature allait faire naître un roi pour le peuple romain : *Regem populo romano naturam parturire.*

On rapporte que César Auguste alla visiter l'oracle de Delphes, la 55° année de son règne (Jésus-Christ était alors âgé d'environ quatorze ans). Ayant offert le sacrifice d'une hécatombe, il demanda à la pythie de lui apprendre quel serait celui qui après lui gouvernerait l'empire romain. Mais la prêtresse ne lui donna aucune réponse. Il fit donc un nouveau sacrifice, et renouvela la demande en ces termes : « Pourquoi l'oracle garde-t-il le silence, et ne me donne-t-il aucune réponse. » Alors enfin la pythie fit cette réponse que nous rapportons dans le texte original, à cause de son importance :

Παῖς Ἑβραῖος κέλεταί με Θεὸς μακάρεσσιν ἀνάσσων,
Τὸν δὲ δόμον προλιπεῖν, καὶ ἄϊδον αὖθις ἱκέσθαι·
Λοιπὸν ἄπιθι σιγῶν ἐκ βωμῶν ἡμετέρων.

Ce que l'on a traduit par ces vers latins :

Me puer Hebræus, divos Deus ipse gubernans,
Cedere sede jubet, tristemque redire sub Orcum;
Aris ergo de hinc tacitis abscedito nostris.

« Un enfant hébreu, roi des immortels, Dieu lui-même, m'ordonne de quitter ce temple, et de retourner de nouveau dans l'enfer : éloigne-toi donc de nos autels désormais silencieux. » En conséquence, Auguste ayant quitté l'oracle, et étant venu au Capitole, fit construire un autel, où l'on a gravé en lettres latines : ARA PRIMOGENITI DEI, *autel du premier-né de Dieu.* Cet autel se voyait encore plusieurs siècles après. Ce fait curieux est rapporté par Eusèbe, Jean Malalas, Nicéphore et plusieurs autres.

Au reste, il fallait que les livres sibyllins fussent bien explicites, puisque les savants chrétiens ne balançaient pas à y renvoyer les païens. « Prenez en main les livres grecs, leur disaient-ils, lisez la Sibylle, comment elle révèle un seul Dieu et annonce les choses à venir ; prenez Hystaspe, lisez-le, et vous y trouverez le Fils de Dieu désigné d'une manière bien plus éclatante et bien plus évidente, et comment plusieurs rois se réuniront contre le Christ, animés de haine contre lui, et contre ceux qui portent son nom, et contre ses fidèles, et contre son attente et son arrivée. » (*Voy.* saint Clément d'Alexandrie, *Stromat.* lib. VI.).

6. Les anciens Chinois attendaient également le Messie. Confucius répétait sans cesse que c'était dans l'Occident que devait naître le Saint attendu par les justes depuis plus de trois mille ans. Il l'appelle le plus grand des saints, vaste et étendu comme le ciel, profond comme l'abîme. Il dit que tout le monde croira à sa parole, que tous applaudiront à ses actions : « Son nom et sa gloire, dit-il, s'étendront sur tout l'empire, se répandront jusque chez les barbares du midi et du nord, partout où les vaisseaux et les chars peuvent aborder, où les forces de l'homme peuvent pénétrer ; dans tous les lieux que le ciel couvre et que la terre supporte, qui sont éclairés par le soleil et la lune, et fertilisés par la rosée et le brouillard. Tous les êtres qui ont du sang et qui respirent l'honoreront et l'aimeront ; il est l'égal du *Thien* (ciel ou Dieu)... Oh ! combien les voies du Saint sont élevées ! combien sa doctrine est répandue au loin ! combien elle est sublime ! Si vous considérez son immen-

sité, elle réchauffe et nourrit toutes choses ; si vous considérez son élévation, elle atteint jusqu'au ciel. Mais il faut attendre cet homme divin, afin que cette divine doctrine règne partout. C'est de là que vient le vieux proverbe qui dit : Si la grande Vertu n'est pas présente, la grande doctrine ne peut être exercée. »

Le Saint ainsi attendu par les Chinois portait les noms de *Chin-jin*, l'homme divin ; *Thien-jin*, l'homme céleste, ou l'homme-Dieu ; *Y-jin*, l'homme unique ; *Mouei-jin*, l'homme beau, bon, doux ; *Tai-jin*, l'homme que l'on doit attendre, le désiré ; *Tchi-jin*, l'homme très-parfait ; *Ki-jin*, l'homme séparé, nazaréen ; *Chang-jin*, l'homme suprême ; *Eulh-jin*, l'homme second, seconde personne ; *Youen-keou*, le roi éternel ; *Thien-tseu*, le fils du ciel ; *Youen-tseu*, le fils principe ; *Kioung-tseu*, le fils roi ; *Fou-tseu*, le fils maître ; *Lao-tseu*, le fils antique, etc., etc.

Nous pourrions multiplier beaucoup de semblables traditions parmi les autres peuples ; mais elles sortiraient du cadre de ce Dictionnaire.

MESSIES, déesses des moissons (*messis*) chez les Romains ; il y en avait une particulière pour chaque espèce de moisson.

MESSOU, le Noé de l'Amérique du Nord. Quelques tribus indigènes nommaient ainsi celui qu'elles disaient avoir été le réparateur du monde après le déluge. Ce Messou étant un jour allé à la chasse, ses chiens se perdirent dans un grand lac, qui, venant à déborder, couvrit la terre en peu de temps. Messou, voyant ce débordement, députa un corbeau pour s'enquérir de l'état des choses ; mais le corbeau s'acquitta mal de la commission. Alors Messou fit partir le rat musqué, qui lui apporta un peu de limon. Messou rétablit la terre dans son premier état ; il lança des flèches contre le tronc des arbres qui étaient encore debout, et ces flèches devinrent des branches. Il épousa ensuite, par reconnaissance, une femelle du rat musqué : de ce mariage naquirent tous les hommes qui peuplent aujourd'hui le monde.

ME-SUK-KUM-MIK-OKWI, divinité des Pottowatomis, sauvages de l'Amérique du nord. C'est la personnification de la terre, grande aïeule du genre humain. C'est à elle que furent confiées les racines et les plantes médicinales, capables de guérir les maladies et de tuer les animaux à la chasse. C'est pourquoi, dès qu'un sauvage déterre des racines médicinales, il ne manque pas de déposer en même temps dans la terre sa petite offrande à *Me-suk-kum-mik-okwi*.

MÉTABE, héros honoré comme un dieu par les Métapontins, parce qu'il était le fondateur de leur ville. C'était un chef des Privernates qui, poursuivi par ses sujets, consacra sa fille Camille au service de Diane. On lui érigea une chapelle à Métaponte.

MÉTAGITNIES (du grec μεταγειτνιάω, passer dans le voisinage) ; fêtes célébrées dans l'Attique pendant le mois de juin, qui en tira son nom, par les habitants de Mélite ; parce que ceux-ci avaient quitté, sous les auspices d'Apollon, le bourg qu'ils habitaient, pour aller se fixer dans un bourg voisin, nommé Diomée. Pendant cette fête, des gens de diverses tribus campaient sous des tentes et se réunissaient en société.

MÉTAGYRTES, ministres subalternes de Cybèle, mendiants de profession, ainsi nommés des aumônes qu'ils recueillaient (ἀγυρτάζειν) au nom de la mère des dieux. Leur emploi était d'entrechoquer les cymbales et de faire résonner les tambours, instruments qu'ils portaient suspendus à leur cou. *Voy.* AGYRTES.

MÉTAMORPHITES, hérétiques du XIIe siècle. C'étaient quelques-uns de ces esprits subtils qui, voulant expliquer toutes choses, et ne concevant pas dans quel état se trouvait le corps de Jésus-Christ dans le ciel, imaginèrent de dire qu'il avait été transformé en Dieu, d'où leur vint le nom de Métamorphites ou *transformateurs*.

MÉTAMORPHOSES. 1° Les métamorphoses jouent un grand rôle dans la mythologie grecque. Les mythologues en comptent de deux sortes : les unes apparentes ou transitoires, telles que celles des dieux qui ne conservaient que pour un temps les formes qu'ils prenaient ; c'est ainsi que Jupiter se métamorphosa en taureau, en aigle, en pluie d'or, etc. ; les autres, réelles et permanentes, par lesquelles certains individus conservaient la forme nouvelle que les dieux leur avaient donnée : telle est la métamorphose de Lycaon en loup, celle de Daphné en laurier, celle d'Aréthuse en fontaine, etc.

2° Les métamorphoses de la mythologie hindoue sont appelées *Avatars*, descentes ou incarnations. Les plus célèbres sont celles de Vichnou ; on en compte dix principales.

MÉTANGISMONITES, anciens hérétiques dont parle saint Augustin, qui soutenaient que, dans la sainte Trinité, le Fils était moindre que le Père, se servant, pour exposer leur doctrine, de la comparaison d'un vase contenu dans un vase plus grand. C'est de là qu'ils furent appelés *Métangismonites* (en grec μεταγγεισμὸς, infusion d'un vase en un autre).

MÉTÉ, divinité des anciens Gnostiques et des Templiers. Son nom grec, Μῆτις, signifie la raison, la prudence. M. de Hammer prétend que c'est le même Eon qui, chez diverses sectes gnostiques, portait le nom de Sophie, Prunicos, Barbelo, Hakhamoth. Les Grecs appelaient Métis, la prudence ; Jupiter l'épousa, mais, prévoyant qu'elle mettrait au jour un fils qui serait le souverain de l'univers, il l'avala. C'est de ce mythe que les Ophites tirèrent leur Mété ; ils en changèrent le sens, en firent une divinité androgyne, et lui attribuèrent, comme les Cypriens à leur Vénus, une grande barbe. Proclus dit que Métis était un des noms du dieu androgyne des Orphiques ; il lui donne aussi celui d'Ἐπικάρπαιος. Les Templiers s'emparèrent de cette divinité, et en sculptèrent la figure sur un grand nombre de leurs monuments ; ils la représentèrent, conformément aux idées des Ophites, sous une figure humaine, réunissant les attributs des deux sexes. Elle est figurée avec une grande barbe, une poitrine de femme et des cornes sur la tête. Elle est accompagnée de la croix tronquée ou de la clef de la vie et du Nil des anciens Egyptiens, qui ressemble à un T, du serpent si fameux dans toutes les mythologies, de la représentation du baptême de feu, et en outre, de tous les symboles maçoniques, tels que le soleil, la lune, l'étoile signée, le tablier, la chaîne, le chandelier à sept branches, etc., etc. Ces idôles, ces hiéroglyphes et ces symboles se retrouvent sur les châteaux, les églises et les tombeaux des Templiers, tant en Orient qu'en Occident. En arabe, on lui donne le titre de *Téaca*, que les Orientaux donnent à Dieu, et qu'on peut rendre par *toute-puissante*; elle est aussi appelée *Nasch* (*germinans*), c'est-à-dire productrice, nom qui se rapporte assez à celui d'Ἐπικαρπαιος que cite Proclus. C'est du mot *Mété* et de celui de *Baphé* que s'est formé le nom de *Baphomet*, qui signifie baptême de l'esprit, lequel a rapport au baptême de feu des anciens Gnostiques, et dont les Templiers firent encore une idole.

MÉTEMPSYCOSE, passage d'une âme d'un corps dans un autre, après la mort du premier.

1° Chez les Juifs, plusieurs ont cru à la métempsycose, et ont enseigné cette doctrine. Les Pharisiens étaient persuadés que les âmes des bons pouvaient aisément retourner dans un autre corps, après avoir quitté le premier. Philon dit aussi que les âmes, qui sont descendues de l'air pour animer les corps, retournent dans l'air après la mort, et que quelques-unes conservent toujours un très-grand éloignement de la matière, et craignent de s'engager de nouveau dans un corps ; mais que d'autres y retournent volontiers, et suivent le penchant qui les y rappelle. Les Juifs qui soutiennent la métempsycose ou, comme ils l'appellent, la révolution des âmes, citent ce passage de Job, comme favorable à leur sentiment : *Le Dieu fort fait ces choses-là deux et trois fois envers l'homme* (chap. XXXIII, v. 29); ce qu'ils entendent d'une triple révolution, ou d'un triple retour de l'âme dans le corps. Mais le vrai sens du passage est que Dieu garantit jusqu'à trois fois, c'est-à-dire plusieurs fois, l'homme qui recourt à lui, du danger où il se trouve. Ils s'appuient encore de ces paroles de la Genèse, ch. III, v. 19 : *Tu es terre et tu retourneras en terre*, comme si elles signifiaient que l'homme, après avoir quitté son premier corps de terre, retournera dans la vie pour en animer un second.

On voit dans l'Évangile que cette doctrine était assez commune parmi les Juifs, au temps de Jésus-Christ; car le Sauveur ayant demandé à ses apôtres ce que l'on disait de lui, ils lui répondirent : « Les uns croient que vous êtes Jean-Baptiste, les autres Élie, les autres Jérémie, ou quelqu'un des prophètes.» Et Hérode le Tétrarque, entendant parler des prodiges de Jésus-Christ, disait : « C'est Jean-Baptiste, que j'ai fait décapiter, qui est ressuscité. » Les cabalistes et les rabbins, défenseurs de ce sentiment parmi les Hébreux, ont sur ce sujet une infinité de détails et de minuties que nous n'avons pas dessein d'approfondir. Nous exposerons seulement le motif sur lequel ils fondent le dogme de la transmigration. Dans la crainte, disent-ils, que les âmes ne se plaignent à Dieu de n'avoir pas eu le moyen de garder tous les commandements, ayant été envoyées dans des corps mal disposés, les unes trop mélancoliques, les autres trop bilieux, ou trop sanguins, ou trop portés au plaisir, le Seigneur, par un effet de sa bonté, les fait passer successivement d'un corps dans un autre, afin qu'elles n'aient aucun prétexte de se plaindre, si elles sont condamnées aux supplices éternels, et afin qu'elles puissent acquérir, dans un second corps, la perfection qu'elles n'ont pu obtenir dans le premier, et qu'ainsi elles puissent arriver dans l'autre vie au bonheur qui leur était destiné. Ils prétendent que cette transmigration de l'âme se fait jusqu'à trois fois, fondés sur le passage de Job que nous avons rapporté.

On a lieu de s'étonner cependant que les Juifs aient pu croire que l'âme de Jean-Baptiste fût entrée en Jésus-Christ, eux qui n'ignoraient pas que Jésus-Christ était contemporain de Jean-Baptiste, puisque celui-ci l'avait baptisé et lui avait rendu témoignage. Mais les rabbins soutiennent qu'un homme peut avoir jusqu'à deux ou trois âmes, et qu'en ayant déjà une, il peut lui en survenir une nouvelle pour expier quelque péché passé, ou pour acquérir quelque nouveau degré de perfection qui lui manque, ou pour lui aider à faire mieux son devoir. Alors cette seconde âme est regardée comme le père spirituel de celui qu'elle anime. C'est en ce sens que les rabbins croient que les saints peuvent avoir des enfants dans l'autre vie. Ainsi l'âme de Jean-Baptiste, après sa mort, put fort bien, selon eux, venir dans Jésus-Christ, et donner lieu de dire que Jean-Baptiste était en quelque sorte ressuscité en lui, et faisait par lui des miracles.

Ils ne bornent pas la révolution des âmes aux hommes seuls, ils l'étendent jusqu'aux bêtes et jusqu'aux créatures inanimées; car un rabbin assure que l'âme d'un médisant qu'il avait connu fut envoyée dans un torrent aride, et qu'il le reconnut là. Ils disent que les âmes des hommes passent aussi quelquefois dans le corps des femmes; mais alors ces âmes demeurent stériles et ne se perfectionnent pas; aussi Dieu permet rarement ces révolutions. Il y en a qui deviennent semblables à un lion, d'autres à un serpent, d'autres à un âne ; chacun est transformé aux animaux avec lesquels il a eu plus de conformité par la disposition de ses mauvaises inclinations.

2° Les prêtres égyptiens enseignaient qu'après la mort l'âme passait successivement dans les corps des animaux terrestres, aquatiques et aériens, révolution qu'elle achevait en trois mille ans, après quoi elle revenait animer un corps humain. Ces prêtres expliquaient par là la prodigieuse inégalité des conditions humaines. L'infortune était une expiation des crimes commis dans une vie précédente, et le bonheur, la récompense des vertus d'une vie antérieure. Ils pensaient aussi que les hommes qui, durant un certain nombre de transmigrations, avaient entièrement expié leurs fautes, étaient transportés dans une étoile ou dans une planète, qui leur était assignée pour demeure. Ce dogme pouvait avoir deux avantages : le premier, de servir de fondement à l'opinion de l'immortalité de l'âme, ce qui donne lieu à Lucain de l'appeler un officieux mensonge, qui écarte les frayeurs de la mort; le second, de rendre le vice odieux et la vertu aimable, en enseignant que l'âme passait en d'autres corps nobles ou méprisables, suivant le mérite des actions. Mais il conduisait assez naturellement au culte des animaux, en apprenant à les regarder comme les domiciles de ceux qui avaient été les bienfaiteurs de leur patrie et de l'humanité. Dans l'*Égypte* de M. Champollion, nous voyons qu'Osiris récompensait l'âme fidèle à ses devoirs, en l'appelant dans un monde meilleur, ou bien il la punissait de ses fautes en la rejetant sur la terre pour y subir de nouvelles épreuves et y endurer de nouvelles peines, sous une nouvelle forme corporelle, jusqu'à ce qu'elle se présentât pure de toute faute au tribunal de l'Amenthi.

3° La doctrine de la métempsycose fut importée dans la Grèce et dans l'Italie, vers la 62ᵉ olympiade, par Pythagore, qui l'avait empruntée des Égyptiens et des Indiens. Cependant ce dogme ne fit jamais partie de la religion nationale de ces peuples : il était professé seulement par l'école qui reconnaissait ce philosophe pour son chef. Pythagore ne se faisait aucun scrupule de recourir au mensonge pour confirmer ses enseignements, et, n'en déplaise à ses admirateurs, il avait trop souvent recours au charlatanisme. Ses disciples lui demandèrent un jour s'il se ressouvenait d'avoir vécu dans un autre temps. Il leur répondit en exposant ainsi sa généalogie psychique : « J'ai d'abord paru dans le monde sous le nom d'Étalide, fils de Mercure, à qui je demandai la grâce de me ressouvenir des différentes transmigrations auxquelles je pourrais être soumis. Il m'accorda cette insigne faveur. Depuis ce temps-là, je naquis dans la personne d'Euphorbe, et je fus tué au siége de Troie par Ménélas; j'animai ensuite un nouveau corps, et je fus connu sous le nom d'Hermétime; après quoi je fus pêcheur de l'île de Délos, sous le nom de Pyrrhus; et enfin je suis maintenant Pythagore. » Mais comme les disciples de ce philosophe n'étaient pas toujours crus sur parole, lorsqu'ils débitaient le privilége de cette réminiscence, ils la prouvaient par le détail de plusieurs circonstances également fabuleuses. C'est ainsi qu'ils rapportaient que leur maître entrant pour la première fois dans le temple de Junon en Eubée, reconnut son propre bouclier, que les Grecs avaient consacré à cette déesse, après qu'il avait été tué sous le nom d'Euphorbe. Cette fable était si souvent répétée par les Pythagoriciens, qu'Ovide la rappelle dans le discours qu'il met dans la bouche de ce philosophe, et qu'il termine de cette manière :

« Tout change et rien ne meurt. Les âmes errent et circulent sans cesse d'un lieu en un autre. Sortant du corps d'une bête, elles entrent dans celui d'un homme ; elles quittent le corps d'un homme pour entrer dans celui d'une bête. Jamais elles ne périssent. De même qu'une cire docile reçoit les impressions de toutes sortes de cachets, et prend mille formes différentes sans cesser d'être la même ; ainsi l'âme passe dans une infinité de corps, et reste toujours la même. Lors donc qu'un appétit aveugle et criminel vous porte à manger la chair des animaux, vous mangez vos semblables, et peut-être vos plus proches parents. Peut-être que, dans le corps de cet animal dont vous repaissez, était logée l'âme de votre frère, ou de votre père, ou de votre fils ; et vous renouvelez, sans y songer, l'abominable repas de Thyeste. Laissez donc désormais vivre en paix des animaux qui peuvent être vos parents, et en qui habitent certainement des âmes humaines. Tuer des animaux, c'est s'essayer au meurtre et à l'homicide. On est bien disposé à répandre le sang humain, lorsqu'on peut égorger un jeune veau sans pitié, et entendre sans émotion ses gémissements plaintifs. Celui qui n'est point touché des bêlements enfantins du chevreau qu'il immole, pourra être insensible aux cris du malheureux qui lui demandera la vie ; et l'homme inhumain qui tue un oiseau domestique de la même main dont il l'a nourri, tuerait peut-être dans l'occasion son meilleur ami. Laissez donc le bœuf labourer tranquillement la terre, et que cet animal utile ne puisse imputer sa mort qu'à la vieillesse. Contentez-vous de tondre la brebis et de traire la chèvre. Renoncez à l'usage des lacs, des filets et de tous ces instruments pernicieux, production de la fraude et de la cruauté. Que l'oiseau soit libre et en sûreté dans les airs, le poisson dans les eaux, le cerf dans les forêts. Si quelques animaux menacent votre vie, tuez-les, j'y consens, mais ne les mangez pas. »

Pythagore enseignait en effet que l'âme des hommes passait dans les corps, soit des hommes, soit des animaux. Mais plusieurs de ses disciples, persuadés que tout ce qui végète a du sentiment et participe à l'intelligence universelle, ajoutaient que l'âme, pour surcroît de peine, allait s'ensevelir dans une plante ou dans un arbre. Platon, au contraire, en adoptant le système de Pythagore, le modifia dans un autre sens. Il enseigna que l'âme humaine passait toujours dans le corps d'un autre homme, et jamais dans celui des animaux. C'était aussi le sentiment de Celse, de Porphyre, de Plotin et de plusieurs autres. Origène, de son côté, enseigna la transmigration des mondes, et prétendait que Dieu n'avait créé le monde actuel que pour punir les âmes qui avaient failli, soit dans le ciel, soit dans un monde précédent.

4° Les Druides gaulois enseignaient le même dogme ; ils persuadaient aux peuples que les âmes ne mouraient point, mais qu'après leur séparation d'avec le corps elles passaient dans un autre ; ce qui ne contribuait pas peu à inspirer aux Gaulois un courage invincible et le mépris de la mort. Ils croyaient que les âmes circulaient éternellement de ce monde-ci dans l'autre, et de l'autre monde dans celui-ci ; c'est-à-dire que ce qu'on appelle la mort était l'entrée dans l'autre monde, et que ce qu'on appelle la vie en était la sortie pour revenir dans ce monde ; qu'après la mort l'âme passait dans le corps de tel ou tel autre homme, et que l'inégalité des conditions et la mesure des peines et des plaisirs se réglaient sur le bien ou le mal qu'on avait fait dans une autre vie. *Voy.* METENSOMATOSE.

5° Les Germains, les Celtes, et la plupart des peuples du Nord, avaient autrefois les mêmes opinions que les Gaulois.

6° La doctrine de la métempsycose est comme le point fondamental de la religion des Hindous. Il est peu de livres indiens où ce système ne soit expliqué et développé. En voici un extrait d'après le *Bhagavata*.

Vichnou, l'Être souverain, avant de rien créer de ce qui existe, commença par produire les âmes, qui animèrent d'abord des corps fantastiques : durant leur union avec ces corps, elles opérèrent le péché et la vertu. Après un long séjour dans ces enveloppes provisoires, elles en furent retirées pour comparaître au tribunal de Yama, le juge des morts. Ce dieu admit dans le *Swarga* (ciel) celles qui avaient mené une vie éminemment vertueuse ; et il enferma dans le *Naraka* (enfer) celles qui s'étaient abandonnées tout à fait au péché ; quant aux âmes qui avaient été en partie vertueuses et en partie pécheresses, elles furent envoyées sur la terre pour animer d'autres corps, et y porter la peine due à leurs péchés, ou y recevoir la récompense de leurs vertus ; ainsi toute renaissance heureuse ou malheureuse est la conséquence des œuvres pratiquées dans les générations antérieures, et en est la récompense ou la punition. On peut donc juger, en voyant la condition d'une personne dans cette génération, ce qu'elle a été dans la génération précédente. Toutefois ceux qui meurent en terre sainte ne sont plus exposés à de nouvelles renaissances ; ils vont droit au Swarga.

Les âmes des hommes, après la mort de ceux-ci, vont ordinairement animer différents corps : tantôt c'est celui d'un insecte, d'un reptile, d'un oiseau, d'un quadrupède, tantôt celui d'un autre homme : cependant les plus parfaites sont reçues dans le Swarga, et les plus criminelles sont plongées dans le Naraka. C'est uniquement à leurs bonnes ou mauvaises œuvres qu'elles sont redevables d'une transmigration plus ou moins avantageuse, ainsi que des biens ou des maux qu'elles auront à éprouver dans les divers états par lesquels elles passeront. C'est aux mêmes causes qu'il faut attribuer les distinctions qu'on observe parmi les hommes. Les uns sont riches, les autres pauvres ; les uns sont malades, les autres en bonne santé ; les uns sont beaux, les autres laids ; les uns de basse condition, les autres d'un rang élevé ; les uns heureux, les autres malheureux ; rien de tout cela n'est l'effet du hasard, mais bien le résultat des vertus ou des vices qui ont précédé la renaissance.

L'homme est ce qu'il y a de plus éminent sur la terre ; naître dans cette condition, en quelque caste que ce soit, suppose toujours un certain degré de mérite. Parmi les hommes, les Brahmanes tiennent la première place ; or la faveur d'animer un Brahmane n'est accordée qu'aux mérites accumulés d'un grand nombre de générations antérieures. Pratiquer la vertu pour obtenir quelque grâce est toujours un bien ; mais la pratiquer avec un entier désintéressement et sans attendre aucun retour, aucune récompense, est ce qu'il y a de plus parfait ; on s'assure par là le bonheur du Swarga, et l'on n'est plus sujet à aucun changement. Voilà donc le fruit de nos œuvres, voilà pourquoi la même âme habite tantôt dans le corps d'un homme, tantôt dans celui d'une bête ; pourquoi elle est tantôt heureuse, tantôt malheureuse, dans ce monde et dans l'autre.

Nous ne suivrons pas les Hindous dans la longue énumération des peines réservées aux différents péchés ; nous nous bornerons à faire connaître les plus saillantes.

Celui qui tuerait la vache d'un brahmane ira après sa mort en enfer, où il sera dévoré sans cesse par des serpents, et tourmenté par la faim et la soif. Après des milliers d'années d'horribles souffrances, il passera sur la terre dans le corps d'une vache, et restera dans cette condition autant d'années que la vache qu'il a tuée avait de poils sur le corps. Enfin il renaîtra paria, et sera affligé de la lèpre l'espace de 10,000 ans.

L'homicide d'un brahmane, pour quelque cause que ce puisse être, est un péché quatre fois plus énorme que le précédent : quiconque en rendrait coupable, sera condamné en mourant à revêtir la forme d'un de ces insectes qui se nourrissent d'ordures. Renaissant ensuite paria, il appartiendra à cette caste et sera aveugle durant quatre fois plus d'années qu'il n'y a de poils sur le corps d'une vache. Il pourra cependant expier son crime en donnant à manger à 40,000 brahmanes.

Celui qui tuera un insecte deviendra lui-même insecte après sa mort ; puis il renaîtra soudra ; mais il sera sujet à toutes sortes d'infirmités.

Tout brahmane qui fera la cuisine d'un soudra, ou qui voyagera monté sur un bœuf, ira en enfer après sa mort ; il y sera plongé dans l'huile bouillante, et sans cesse mordu par des serpents venimeux ; il renaîtra ensuite sous la forme d'un de ces oiseaux de proie qui dévorent les cadavres, et restera mille ans sous cette forme, et cent ans sous celle d'un chien.

Un brahmane qui a bu des liqueurs spiritueuses renaît sous la forme d'un insecte, d'un ver, d'une sauterelle, d'un oiseau se nourrissant d'excréments.

Celui qui a volé de l'or passe mille fois dans des corps d'araignée, de serpents, de caméléons, d'animaux aquatiques et de vampires malfaisants.

L'homme qui a souillé le lit de son père renaît cent fois à l'état d'herbe, de buisson, de liane, de vautour, de lion et de tigre.

Si, par cupidité, un homme a dérobé des pierres précieuses, des bijoux de toute sorte, il renaît dans la tribu des orfévres.

Pour avoir volé du grain, il devient rat; du laiton, cygne; de l'eau, plongeon; du miel, taon; du lait, corneille; de la viande, vautour; du sel, cigale; des vêtements de soie, perdrix; une vache, crocodile, etc.

Le brahmane qui a négligé son devoir revient à la vie sous la forme d'un esprit nommé Oulkamoukha, qui mange ce qui a été vomi: le Kchatriya, sous celle d'un esprit appelé Katapoutana, qui se nourrit d'aliments impurs et de cadavres en putréfaction; le Vaisya devient un malin esprit qu'on appelle Maïtrakchadjyotika, qui avale des matières purulentes; le soudra, un mauvais génie qu'on nomme Tchaïlasaka, qui se nourrit de vermine.

En général, pour des actes criminels provenant particulièrement du corps, l'homme passe, après sa mort, à l'état de créature privée de mouvement; pour des fautes commises surtout par la parole, il revêt la forme d'un oiseau ou d'une bête fauve; pour des péchés accomplis spécialement en esprit, il renaît dans la condition humaine la plus vile.

Une conséquence naturelle du dogme de la métempsycose est, pour les Hindous, comme elle l'était pour les pythagoriciens, l'abstention de la chair des animaux. C'est pourquoi les brahmanes et en général les Hindous des hautes castes sont fort scrupuleux sur cet article. Mais dans un grand nombre de tribus de Soudras, on ne se fait pas scrupule de tuer des animaux et de se nourrir de leur chair; la vache seule est exceptée. On y compte même des bouchers et des chasseurs de profession; et c'est cette violation d'un usage respecté qui attire en grande partie à cette caste le mépris des castes plus élevées.

7° La métempsycose est encore un dogme fondamental de toutes les nations qui professent le bouddhisme. Quoique leur système sur la transmigration ressemble beaucoup à celui des Brahmanistes, il en diffère cependant en quelques points. Ainsi personne n'est excepté de la transmigration; la plus haute vertu ne peut pas s'acquérir dans tous les états; ainsi l'âme ne peut parvenir d'un bond de l'état d'homme ou de brute à la félicité suprême; il faut nécessairement, quand on se trouve dans les conditions inférieures, traverser toute la série de l'échelle des êtres pour arriver à l'anéantissement final, qui est pour les Bouddhistes la béatitude souveraine. Or l'échelle des êtres se compose de six degrés principaux, qui sont, en commençant par le plus infime, les démons, les lutins, les animaux, les hommes, les génies et les dieux. Les deux premiers genres résident dans l'enfer, les deux autres sur la terre et les deux derniers dans le ciel, ou plutôt au-dessus de la terre. La condition humaine est regardée à peu près comme l'état mitoyen; les démons, les lutins et les animaux sont dans un état de peine et de punition; l'homme dans un état de mérite et de démérite, les génies et les dieux dans un état de progression et de perfectibilité. Telle est la gradation qu'il faut suivre pour parvenir à la béatitude; si les âmes renfermées dans les conditions inférieures pratiquent la vertu, elles montent nécessairement et prennent une nouvelle naissance dans les conditions supérieures; si au contraire elle viennent à démériter, elles passent de nouveau dans des conditions encore plus infimes, où elles sont condamnées à rester pendant des milliers ou des millions d'années. Mais chacune des six classes dont nous venons de parler comporte un grand nombre de divisions. Ainsi on compte trente-deux enfers; les catégories d'animaux sont innombrables; les états dans lesquels peuvent se trouver les hommes sont infinis; et les mondes supérieurs à la terre ont des étages célestes par centaines. D'où il résulte que l'âme, même en supposant qu'elle acquière constamment des mérites, doit passer par une série presque infinie d'êtres différents avant de parvenir à l'état de Bouddha ou à la béatitude suprême.

La conséquence du dogme de la transmigration des âmes a amené également, chez les Bouddhistes, l'abstinence de la chair des animaux; et elle est assez exactement observée par les bonzes, les talapoins, les lamas et autres personnes engagées dans l'état religieux. Mais bon nombre de laïques ne se font pas scrupule de manger de la chair; quelques-uns, plus méticuleux, ne tueraient jamais un animal, mais une fois qu'il a été mis à mort par un autre, ils croient pouvoir en manger impunément, ne se regardant pas comme responsables de sa mort. Il en est qui éludent la loi au moyen de distinctions subtiles ou d'interprétations favorables: ainsi, tel individu qui se garderait bien de tuer un animal à la chasse ou à la cuisine, se livrera sans remords à la pêche; si on lui observe qu'il ôte la vie aux poissons, il répond qu'il ne fait que tirer ces animaux de l'élément de l'eau, et les placer sur la terre; que ce n'est pas sa faute s'ils viennent à mourir.

8° Plusieurs nègres des pays intérieurs de la Guinée croient que les âmes de leurs parents passent dans le corps des lézards, reptiles fort communs dans leur pays. Quand ils les voient paraître autour de leur demeure, ils disent que ce sont leurs parents qui viennent faire le *folgar*, c'est-à-dire se divertir et danser avec eux. Ils se feraient un grand scrupule de tuer un de ces petits animaux. — D'autres, sur la Côte-d'Or, s'imaginent qu'après la mort, leurs âmes seront transportées dans le pays des blancs, où elles animeront le corps d'un homme blanc.

9° Quelques tribus de l'Amérique du Nord croient à la transmigration des âmes. Parmi les indigènes, il en est qui s'imaginent que leur âme doit passer dans le corps de quelque animal; d'autres, qu'ils iront revivre, après avoir été de grands guerriers et gens de bien, chez une nation parfaitement heureuse, à qui la chasse ne manque jamais; que si, au contraire, ils ont mal vécu, ils doivent s'attendre de ressusciter dans une nation malheureuse et dénuée de chasse.

10° Les Chipeways, peuplade sauvage de l'Amérique septentrionale, ont aussi quelque idée de ce système. Si, par hasard, un enfant vient au monde avec des dents, ils s'imaginent aussitôt qu'il ressemble à quelqu'un des leurs qui a vécu très-longtemps, et qui renaît avec ces signes extraordinaires de son existence antérieure.

MÉTENSOMATOSE, transmigration de l'âme d'un corps dans un autre corps, ou plutôt changement de corps. 1° Système des Gaulois par rapport à l'état de l'âme après cette vie. Ces peuples, si l'on s'en rapporte à quelques judicieux écrivains, admettaient moins la métempsycose que la palingénésie, c'est-à-dire une nouvelle naissance, et un changement de corps, ou métensomatose; car ils croyaient, non pas que les âmes des hommes passaient, après cette vie, dans d'autres corps humains, moins encore dans des corps d'animaux, mais que les âmes, après un certain temps, ranimaient chacune un nouveau corps, ou plutôt le même corps qu'elles avaient animé, mais dans un autre monde. Voici cette doctrine plus développée. Ils étaient d'abord persuadés que l'âme survit au corps, qu'elle est immortelle. Ils admettaient après cette vie des peines et des récompenses qui devaient être le prix de la conduite qu'on avait tenue dans ce monde. Après ce temps, les morts devaient revenir à la vie, ou les âmes ranimer leur corps une autre fois. Cette nouvelle vie était immortelle; les hommes qui la reprenaient ne mouraient plus pour revivre encore. Ces dogmes paraissent avoir été communs aux Gaulois et aux Germains.

2° Les Hindous admettent aussi la métensomatose : ils croient que, par la vertu de mantras ou de formules magiques, un individu peut, à sa volonté, faire sortir son âme de son corps et l'introduire dans un autre. Ils citent plusieurs faits semblables dans l'histoire ancienne. Le plus fameux est l'aventure qui arriva au célèbre radja Vikramaditya, qui vivait cinquante-six ans avant l'ère vulgaire. Ce prince étant devenu vieux, cassé et impotent, un djogui, habile magicien, appelé Samaudra-Pala, vint le trouver, s'insinua dans ses bonnes grâces, et le séduisit par ses discours et ses enchantements. Lorsqu'il l'eut amené au point qu'il désirait, il lui dit un jour : « Votre corps élémentaire est devenu débile et impotent par l'effet du grand âge, et n'a plus la faculté de se mouvoir. Je suis d'avis que, après avoir appris de moi l'art de vous dépouiller de votre propre corps, vous quittiez cette enveloppe usée pour entrer dans le corps d'un jeune homme récemment privé de la vie, où vous jouirez une seconde fois de la jeunesse et des délices corporelles. » Le radja goûta la proposition du djogui, et, par le moyen des mantras, fit entrer son âme dans le corps d'un jeune homme mort prématurément. Le djogui, praticien expert en cette faculté, quitta aussitôt son propre corps, fit pénétrer son âme dans la dépouille du radja, tua le jeune homme vivifié par l'âme du prince, et monta à sa place sur le trône. Il est bon d'ajouter que l'écrivain hindoustani, sur lequel j'ai traduit ce fait extraordinaire, révoque en doute son authenticité; mais cet auteur, en qualité de musulman, est moins crédule que les Hindous brahmanistes.

MÉTÉORES. Les Grecs modernes donnent ce nom à des monastères bâtis sur des montagnes très-escarpées, qui ont la forme de pyramides. On en voit de ce genre en Thessalie, près de Trincala, qui ont des biens très-considérables, mais ils sont souvent rançonnés par le pacha de Janina.

MÉTÉOROMANCIE, divination par les météores. Or, comme les météores ignés sont ceux qui jettent le plus de crainte parmi les hommes, la météoromancie désigne proprement la divination par le tonnerre et les éclairs. Ce genre de divination passa des Toscans aux Romains, sans rien perdre de ce qu'elle avait de frivole. Sénèque nous apprend que deux auteurs graves, et qui avaient exercé des magistratures, écrivirent à Rome sur cette matière. Il semble même que l'un d'eux l'épuisa entièrement, car il donnait une liste exacte des différentes espèces de tonnerres. Il circonstanciait et leurs noms et les pronostics qu'on en pouvait tirer, le tout avec un air de confiance plus surprenant encore que les objets qu'il traitait.

MÉTHODISTES. 1° Au XVIIe siècle, on appelait ainsi, en Angleterre, suivant Mosheim, des controversistes catholiques qui avaient inventé une nouvelle méthode pour combattre les protestants. Southey, au contraire, avance qu'à la même époque, on donnait ce nom à certains prédicants dont les discours, étrangers à tous les ornements de la littérature, étaient remarquables par leur extrême simplicité. L'abbé Grégoire remarque que ces deux explications sont discordantes, et il pense que, du temps de Cromwell, le nom de Méthodistes fut employé pour désigner une sorte de Piétistes; qu'ensuite on a transporté la même dénomination à des gens dont la dévotion offrait à peu près les mêmes caractères.

II° En effet, elle sert actuellement à qualifier une secte assez nombreuse, détachée de l'Eglise anglicane, qui prit naissance, en 1729, à l'université d'Oxford. Quelques étudiants, assidûment occupés de la Bible, formèrent une petite société dirigée par les deux frères John et Charles Wesley, fils d'un ministre de l'Eglise anglicane. Ils avaient pour ainsi dire compassé toutes leurs actions, et distribué leurs moments entre l'étude, la prière et l'exercice d'autres bonnes œuvres. Cette conduite régulière les fit appeler *Méthodistes* par dérision, et ils adoptèrent cette dénomination, quoiqu'elle ne fût pas de leur choix. A cette société naissante s'agrégea, en 1735, George Whitefield, qui est regardé comme le second fondateur du méthodisme. Les deux Wesley partirent pour aller convertir les indigènes du nouveau monde, et abordèrent en Géorgie. Whitefield, voulant coopérer à leurs travaux, s'y rendit trois ans après, et par les contributions volontaires de ses auditeurs, il fonda une maison d'orphelins à Savannah. John Wesley revint le premier en Europe, et forma des assemblées, surtout à Bristol, qui devint en quelque sorte la métropole du méthodisme. Ses sectateurs étant très nombreux, il les répartit en quatre classes, hommes et femmes, garçons et filles, qui, indépendamment du culte public, où tous étaient rassemblés, avaient des réunions particulières. Ces classes furent subdivisées en bandes de trois ou quatre, pour conférer sur les matières spirituelles, s'exhorter et s'encourager. Chaque membre devait y dévoiler aux autres l'état de son âme, les grâces qu'il avait reçues, les tentations qu'il avait éprouvées, les péchés qu'il avait commis. Cette espèce de confession a été critiquée amèrement par les adversaires du méthodisme. Les assemblées hebdomadaires étaient suivies de réunions trimestrielles, où n'étaient admis que les membres de la société, en présentant leur billet d'entrée. La prédication, la prière et le chant des cantiques, étaient l'objet de ces réunions. En 1743, John Wesley adopta plusieurs coutumes des Frères Moraves, entre autres celle des *fêtes d'amour*, espèce d'imitation des agapes usitées dans les premiers temps du christianisme. C'étaient des repas à l'église après la communion. Dès 1741 les Méthodistes s'étaient divisés en deux partis ; George Whitefield adopta la doctrine de Calvin, et John Wesley celle d'Arminius. Les Méthodistes arminiens sont les plus nombreux dans la Grande-Bretagne et les Etats-Unis. Wesley mourut en 1791, âgé de quatre-vingt-huit ans ; on dit qu'il avait débité 50,000 sermons. Whitefield alla sept fois en Amérique, et mourut à Newburyport, en 1770, âgé de cinquante-trois ans.

Voici quels sont les points dogmatiques des Méthodistes d'Amérique ou Méthodistes épiscopaux, d'après l'ouvrage intitulé *Doctrines and Discipline of the Methodist episcopal Church* :

1. Il n'y a qu'un Dieu vivant et véritable, éternel, sans corps ni parties, d'un pouvoir, d'une sagesse et d'une bonté infinis, créateur et conservateur de toutes les choses visibles et invisibles. Dans l'unité de cette divinité, il y a trois personnes d'une même substance, également puissantes et éternelles, savoir le Père, le Fils et le Saint-Esprit.

2. Le Fils, qui est la parole du Père, Dieu véritable et éternel, d'une même substance que le Père, prit la nature humaine dans le sein de la sainte Vierge ; de telle sorte que deux natures entières et parfaites, c'est-à-dire la divinité et l'humanité, sont réunies indivisiblement en une seule personne, qui est un Christ unique, vrai Dieu et vrai homme, qui a souffert réellement, a été crucifié, est mort et a été enseveli, pour réconcilier son Père avec nous, et pour s'offrir en sacrifice non-seulement pour la faute originelle, mais aussi pour les péchés actuels des hommes.

3. Christ est réellement ressuscité d'entre les morts, a repris son corps, et tout ce qui concerne la perfection de la nature humaine ; et il est monté ainsi dans le ciel, où il siège, et d'où il reviendra pour juger tous les hommes au dernier jour.

4. Le Saint-Esprit, procédant du Père et du Fils, est Dieu véritable et éternel, et a la même substance, la même justice, la même gloire que le Père et le Fils.

5. L'Ecriture sainte contient tout ce qui est nécessaire au salut, tellement qu'on ne peut exiger d'un homme qu'il croie comme article de foi ou comme nécessaire au salut rien de ce qui n'est pas consigné dans les livres saints, ou qu'on ne saurait prouver par eux. Sous le nom d'Ecriture sainte, nous entendons les livres canoniques de l'Ancien et du Nouveau Testament, dont l'autorité n'a jamais été révoquée en doute dans l'Eglise. (Suivent les noms des livres canoniques de la Bible reconnus par les protestants.)

6. L'Ancien Testament n'est pas contraire au Nouveau ; dans l'Ancien comme dans le Nouveau Testament, la vie éternelle est offerte aux hommes par Christ, qui est le seul médiateur entre Dieu et les hommes, étant lui-même Dieu et homme tout ensemble. C'est pourquoi on ne doit pas écouter ceux qui prétendent que les anciens patriarches n'ont attendu que des promesses transitoires. Quoique la loi donnée de Dieu par le ministère de Moïse touchant les cérémonies et les devoirs n'oblige pas les chrétiens, et que les préceptes civils et politiques ne doivent pas être reçus nécessairement dans la république chrétienne, toutefois il n'y a pas de chrétien qui soit dispensé d'obéir aux commandements qui regardent la morale.

7. Le péché originel ne consiste pas dans la descendance d'Adam, comme les Pélagiens l'avancent faussement, mais il est une corruption de la nature de chaque individu, engendré naturellement de la postérité d'Adam, corruption qui rejette l'homme bien loin de la justice originelle, et le rend naturellement et continuellement enclin au mal.

8. La condition de l'homme après la chute d'Adam est telle, qu'il ne peut, par ses œu-

vres ou par des moyens naturels, acquérir la foi, ni se tourner vers Dieu. C'est pourquoi nous n'avons pas le pouvoir de faire de bonnes œuvres, agréables à Dieu, sans la grâce de Dieu accordée en vue de Christ, grâce qui nous prévient pour que nous ayons une bonne volonté, et qui opère en nous lorsque nous avons cette bonne volonté.

9. Nous ne pouvons être justifiés devant Dieu que par les mérites de notre Seigneur et Sauveur Jésus-Christ, qui nous sont appliqués par la foi et non par nos propres œuvres, quelque bonnes qu'elles soient. C'est pourquoi la doctrine de la justification par la foi est la plus salutaire et la plus consolante.

10. Quoique les bonnes œuvres, qui sont les fruits de la foi et la conséquence de la justification, ne puissent effacer nos péchés et soutenir la sévérité des jugements de Dieu, cependant elles sont agréables à Dieu en Jésus-Christ, et l'effet d'une foi vive et véritable ; tellement que c'est par elles qu'on peut reconnaître la vivacité de la foi, comme on peut distinguer un arbre par ses fruits.

11. On ne peut sans présomption et sans impiété imposer aux hommes l'obligation de faire des œuvres qui ne soient pas ordonnées par les commandements de Dieu, et que l'on appelle œuvres surérogatoires, parce qu'en les accomplissant les hommes déclarent que non-seulement ils rendent à Dieu tout ce qu'ils lui doivent, mais encore qu'ils font pour lui plus qu'on est obligé de faire, ce qui est condamné par ces paroles de Jésus-Christ : « Lorsque vous aurez fait « tout ce qui vous a été commandé, dites : « Nous sommes des serviteurs inutiles. »

12. Tout péché commis volontairement après la justification n'est pas le péché contre le Saint-Esprit, ni un péché impardonnable. C'est pourquoi on ne doit pas refuser de recevoir à repentance celui qui est retombé dans le péché après sa justification. Après avoir reçu le Saint-Esprit, nous pouvons perdre la grâce divine et tomber dans le péché, et nous pouvons, par la grâce de Dieu, nous relever et amender notre conduite. En conséquence on doit condamner ceux qui disent qu'ils ne peuvent plus pécher ici-bas tant qu'ils vivront, ou qui refusent la grâce du pardon à ceux qui se repentent véritablement.

13. L'Église visible de Christ est la congrégation des fidèles, dans laquelle on prêche la pure parole de Dieu, et on administre dûment les sacrements suivant l'institution de Christ.

14. La doctrine romaine touchant le purgatoire, les indulgences, le culte et l'adoration des images et des reliques, l'invocation des saints, est une invention vaine et absurde, qui n'est point fondée sur l'Écriture, et qui répugne à la parole de Dieu.

15. C'est une coutume absolument opposée à la parole de Dieu et à l'usage de la primitive Église, de faire des prières publiques dans l'église et d'administrer les sacrements dans une langue non entendue du peuple.

16. Les sacrements institués par Christ sont non-seulement les signes et les marques de la profession du christianisme, mais les signes de la grâce et de la bonne volonté de Dieu envers nous, par lesquels il opère invisiblement en nous, et au moyen desquels non-seulement il vivifie, mais il fortifie et confirme notre foi en lui.

Il y a deux sacrements institués par Jésus-Christ Notre-Seigneur dans l'Évangile : ce sont le baptême et la cène du Seigneur.

Les cinq autres, appelés communément sacrements, savoir, la confirmation, la pénitence, les ordres, le mariage et l'extrême-onction, ne doivent pas être comptés comme sacrements de l'Évangile, parce que les uns sont une imitation *corrompue* de ce que pratiquaient les apôtres, les autres sont des états de vie autorisés dans l'Écriture sainte, mais qui n'ont point un caractère semblable à ceux du baptême et de la cène, puisqu'ils n'ont aucun signe visible, et qu'ils n'ont point de cérémonies instituées par Jésus-Christ.

Les sacrements n'ont point été institués par Jésus-Christ seulement pour qu'on les considère et qu'on les porte çà et là, mais pour qu'on en usions dignement, et ce n'est que lorsqu'on les reçoit dignement qu'ils produisent un effet ou une opération salutaire ; car ceux qui les reçoivent indignement consomment leur propre condamnation.

17. Le baptême est non-seulement un signe professionnel et la marque qui distingue les chrétiens de ceux qui ne sont pas baptisés, mais il est aussi un signe de régénération ou une nouvelle naissance. On doit conserver dans l'Église l'usage de baptiser les petits enfants.

18. La cène est non-seulement un signe d'union entre les chrétiens, mais c'est aussi un sacrement de notre rédemption par la mort de Christ ; de sorte que, pour celui qui le reçoit dignement, saintement et avec foi, le pain que nous rompons est une participation du corps de Christ, et la coupe que nous bénissons est une participation du sang de Christ.

La transsubstantiation, ou le changement du pain et du vin dans la cène du Seigneur, ne peut être prouvée par l'Écriture sainte ; elle répugne aux paroles précises de l'Évangile, elle détruit la nature du sacrement, et a donné occasion à plusieurs superstitions.

Le corps de Christ n'est donné, pris et mangé, dans la cène, que d'une manière céleste et évangélique (*scriptural*) ; et le moyen par lequel le corps de Christ est reçu et mangé à la cène, c'est la foi.

Le sacrement de la cène n'a pas été établi par Christ pour être conservé, porté çà et là, élevé ou adoré.

19. La coupe du Seigneur ne doit pas être refusée aux laïques ; les deux substances de la sainte cène doivent être administrées également à tous les chrétiens, selon l'ordre et le commandement de Christ.

20. L'oblation de Christ une fois faite est un parfait sacrifice de rédemption, de propi-

tiation et de satisfaction pour tous les péchés du monde, tant originels qu'actuels, et il ne peut y avoir d'autre satisfaction pour les péchés. C'est pourquoi le sacrifice de la messe dans lequel le prêtre offre Jésus-Christ pour la rémission des fautes et des peines des vivants et des morts est une fable blasphématoire et une imposture dangereuse.

21. Christ n'a pas commandé à ses ministres, en vertu d'une loi divine, de faire vœu d'embrasser tel état de vie, ni de s'abstenir du mariage : c'est pourquoi ils ont, comme les autres chrétiens, la faculté de se marier à leur discrétion, selon qu'ils jugent que cela peut servir à leur avancement spirituel.

22. Il n'est pas nécessaire que les rites et les cérémonies soient les mêmes en tous lieux, ou exactement semblables, car ils ont toujours été différents, et peuvent être changés, suivant la diversité des lieux, des temps et des mœurs, pourvu qu'il n'y ait rien de contraire à la loi de Dieu. Quiconque enfreint ouvertement, de son autorité privée et de sa propre volonté, les rites et les cérémonies de l'Eglise à laquelle il appartient, lorsque ces rites et ces cérémonies ne sont pas contraires à la loi de Dieu, et qu'ils ont été ordonnés et approuvés par l'autorité compétente, doit être réprimandé publiquement, afin que les autres craignent de l'imiter, comme quelqu'un qui a violé l'ordre commun de l'Eglise, et scandalisé la conscience des faibles.

Chaque Eglise particulière peut établir, changer et abolir les rites et les cérémonies, pourvu cependant que cela soit fait pour l'édification.

23. Le président, le congrès, les assemblées générales, les gouverneurs et les conseils d'Etat, en qualité de délégués du peuple, constituent le gouvernement des États-Unis d'Amérique, suivant la division du pouvoir établie pour tous les Etats par la constitution générale, et pour chaque Etat par sa constitution particulière. Ces Etats forment une nation souveraine et indépendante, qui ne doit pas être assujettie à une juridiction étrangère.

24. Les biens et les richesses des chrétiens ne sont pas une propriété commune, comme quelques-uns le prétendent faussement. Tout homme cependant doit donner libéralement aux pauvres de ce qu'il possède, à titre d'aumône, et selon ses facultés.

25. Nous confessons que les serments vains et téméraires sont défendus par Notre-Seigneur Jésus-Christ et Jean, son apôtre. Ainsi nous jugeons que la religion chrétienne ne doit pas les prohiber, mais qu'on ne doit jurer que lorsqu'on en est requis par le magistrat, ou pour une cause qui concerne la foi ou la charité, c'est-à-dire, suivant l'expression du prophète, avec justice, avec jugement et avec vérité.

Outre les prédicateurs à poste fixe, les Méthodistes ont beaucoup de prédicateurs ambulants (*itinerant preachers*), dont l'auditoire est quelquefois composé de plusieurs milliers de personnes. Dans les premiers temps, plusieurs de ces derniers étaient des hommes illettrés, suppléant au défaut de l'éloquence par des vociférations et des gestes exagérés, ayant un costume vulgaire, un langage et des manières ignobles ; néanmoins, rapprochés par cela même des classes inférieures de la société, ils obtinrent un ascendant inouï. Cette dévotion, que l'on voulait rendre purement sentimentale, ne tarda pas à introduire dans la secte un mysticisme outré et une exaltation qui tenait du délire. On assure qu'en Angleterre et en Amérique le méthodisme a multiplié le nombre des aliénations mentales ; on cite des gens devenus réellement fous par les prédications méthodistes ; l'un d'eux se pendit de peur de pécher contre le Saint-Esprit ; un autre se suicida après avoir détruit toute sa famille.

L'Eglise méthodiste épiscopale d'Amérique est divisée en 22 circonscriptions dites *conférences annuelles*, formées de tous les ministres résidants et voyageurs ; chaque conférence particulière envoie des députés à la conférence générale, qui a l'autorité suprême et se réunit tous les quatre ans. Cette dernière élit six évêques, qui sont chacun évêque de toutes les églises de la république, et dont les fonctions consistent principalement à administrer les ordres inférieurs, et à voyager sans cesse au milieu de ce vaste territoire. Ce sont, ainsi que les prédicateurs, de véritables inspecteurs généraux essentiellement nomades. Les honoraires des ministres méthodistes sont réglés d'après leur code officiel, *la Discipline*. Ils ne peuvent, sous les peines les plus sévères, ni vendre des liqueurs spiritueuses, ni posséder des esclaves. Chaque prédicateur voyageur reçoit 200 dollars (1060 francs) pour ses honoraires ; de plus, il est défrayé de ses frais de voyage et de ses dépenses de pension dans tous les lieux où il stationne. La société méthodiste alloue annuellement 100 dollars à la femme de chaque prédicateur, 16 dollars par enfant au-dessous de sept ans, et 24 dollars par enfant de sept à quatorze ans. Les ministres vieux ou infirmes, et les veuves, ont des pensions de retraite. D'après les rapports officiels de 1835, il paraît que les Méthodistes épiscopaux sont répartis dans tous les Etats, mais qu'ils sont surtout groupés sous les conférences suivantes, à Philadelphie, 54,689 ; à Baltimore, 51,250 ; et dans celle de l'Ohio 63,447. Cette société chrétienne s'est distinguée par son zèle pour la conversion des esclaves noirs ; aussi elle compte dans la république des Etats-Unis, 83,135 hommes de couleur, et 2436 indigènes, membres de son Eglise. On compte en tout dans la même contrée, 652,528 Méthodistes épiscopaux ; mais le nombre des Méthodistes de toute dénomination surpasse trois millions.

III. NOUVEAUX MÉTHODISTES. — Parmi les Méthodistes wesleyens se forma une secte qui prit le nom de *New-Connexion*, ou *New-Itinerancy*, qui, en affectant de professer la même doctrine que l'Eglise anglicane, effectua une scission en 1796, cinq ans après la mort du fondateur. Et comme cette séparation fut fortement appuyée par un ministre nommé Alexandre Kilham, on donne aussi aux nouveaux méthodistes le nom de *Kilhamites*. Ils firent entrer dans le gouvernement temporel et spirituel des Églises l'élément laïque. *Voy.* KILHAMITES.

IV. MÉTHODISTES ASSOCIÉS OU PROTESTANTS. Les Méthodistes protestants adhèrent aux doctrines wesleyennes, sauf en certains points de discipline, particulièrement en ce qui concerne l'épiscopat, et la manière de constituer la conférence générale. Ils se séparèrent de l'Église méthodiste épiscopale en 1830, et formulèrent une constitution et une doctrine particulières. Cette constitution est précédée du préambule et des articles suivants.

« Nous, représentants des Églises méthodistes associées, étant assemblés en convention générale, reconnaissant le Seigneur Jésus-Christ comme le seul chef de l'Église, et la parole de Dieu comme la règle suffisante de la foi et de la pratique, dans tout ce qui appartient à la sainteté; étant pleinement persuadés que la forme représentative du gouvernement de l'Église est la plus conforme à l'Écriture sainte, la plus convenable à notre État, et la plus en rapport avec nos vues et nos sentiments, comme concitoyens des saints et domestiques de Dieu : attendu qu'une constitution écrite, déterminant la forme du gouvernement, et assurant aux ministres et aux membres de l'Église leurs droits et leurs priviléges, est la meilleure sauvegarde de la liberté chrétienne ; en conséquence, nous confiant dans la protection de Dieu tout-puissant, et agissant au nom et par l'autorité de nos commettants, nous établissons, ordonnons et statuons que l'Église méthodiste protestante sera gouvernée d'après les principes élémentaires et la constitution suivante :

1. Une Église chrétienne est une société de personnes croyant en Jésus-Christ, et est une institution divine.

2. Christ est le seul chef de l'Église; et la parole de Dieu, la seule règle de foi et de conduite.

3. Quiconque aime le Seigneur Jésus-Christ, et obéit à l'Évangile de Dieu, notre Sauveur, ne peut être privé de la qualité de membre de l'Église.

4. Tout homme a un droit inaliénable à juger par lui-même en matière de religion, et un droit égal à exprimer son opinion, pourvu qu'il le fasse de manière à ne pas violer les lois de Dieu, ou les droits du prochain.

5. Les jugements ecclésiastiques ne doivent être dirigés que d'après les principes de l'Évangile : ainsi, aucun ministre, aucun membre ne peut être excommunié que pour cause d'immoralité ou pour propagation de doctrines contraires au christianisme, ou pour négligence des devoirs imposés par la parole de Dieu.

6. L'office et les devoirs des pasteurs et des ministres sont d'institution divine, et tous les anciens dans l'Église de Dieu sont égaux ;

les ministres ne peuvent être maîtres dans l'héritage de Dieu, ni avoir autorité sur la foi des saints.

7. L'Église a le droit de faire et de confirmer des règlements, pourvu qu'ils soient d'accord avec l'Écriture sainte, et seulement lorsqu'ils sont nécessaires, ou qu'ils tendent à faire mettre en pratique le grand système du christianisme.

8. Le pouvoir nécessaire pour établir des règlements réside dans les ministres et dans les membres de l'Église ; mais ils peuvent déléguer de temps en temps une partie de ce pouvoir en conséquence d'un plan de représentation, selon qu'ils le jugent utile et nécessaire.

9. Il est du devoir de tous les ministres et de tous les membres de l'Église de maintenir l'esprit de sainteté, et de s'opposer à tout mal moral.

10. C'est une obligation pour les ministres de l'Évangile d'être fidèles dans l'accomplissement du devoir pastoral, et c'est également une obligation pour les membres de l'Église d'avoir beaucoup de respect pour eux à cause de leurs œuvres, et de leur rendre une juste compensation pour leurs travaux.

11. L'Église doit garantir à tous ses délégués l'autorité nécessaire pour procurer un bon gouvernement; mais elle n'a pas le droit de créer des souverainetés distinctes et indépendantes. »

Nous omettons la constitution, parce que les principes précédents suffisent pour donner une idée du système particulier des Méthodistes protestants. Cette Église naissante était déjà en voie de progrès, dès 1835 ; on y comptait environ 500,000 membres. Il y en a un grand nombre dans la Nouvelle-Angleterre ; mais la majeure partie se trouve dans les États du centre et du midi. Leur population excède 100,000 aux États-Unis.

MÉTHUER ; surnom d'Isis ; il signifie, selon Plutarque, la plénitude et la cause, ou, suivant d'autres, pleine de vertu et d'efficacité.

MÉTHYNE, (du grec μέθυ, vin), divinité qui présidait au vin nouveau. On l'adorait à Rome le dernier jour de novembre.

MÉTIS, (la Prudence), déesse grecque dont les lumières étaient supérieures à celles de tous les autres dieux et de tous les hommes. Jupiter l'épousa ; mais, ayant appris de l'oracle qu'elle était destinée à être mère d'un fils qui deviendrait le souverain de l'univers, il avala la déesse avec l'enfant, afin d'apprendre le bien et le mal. Ce fut ainsi qu'il conçut et enfanta Minerve. Apollodore dit que Jupiter, devenu grand, s'associa Métis, ce qui désigne la prudence qu'il fit paraître dans toutes les actions de sa vie. Ce fut par le conseil de Métis qu'il fit prendre à Saturne un breuvage dont l'effet fut de vomir premièrement la pierre qu'il avait avalée, et ensuite tous les enfants qu'il avait dévorés. Platon, qui l'appelle la déesse de la bonne conduite, la fait mère de Porus, dieu de l'abondance. — Métis devint plus tard une des principales divinités des Gnostiques, et ensuite des Templiers. *Voy.* MÉTÉ.

MÉTOECIES, sacrifice institué par Thésée; on l'offrait le 16 d'août, non pour les étrangers qui s'établissaient à Athènes, mais pour les habitants, en mémoire de ce qu'ils avaient quitté leurs bourgs pour tenir leurs assemblées dans la ville.

MÉTOPOSCOPIE, art de découvrir le tempérament, les inclinations, le caractère, par l'inspection ou du front (μέτωπον), ou des traits du visage. Les Métoposcopes distinguent sept lignes au front, à chacune desquelles préside une planète : Saturne à la première, Jupiter à la seconde, et ainsi des autres.

MÉTRAGYRTE, surnom de Cybèle, mère des dieux. On appelait aussi *Métragyrtes*, les prêtres ambulants qui faisaient la quête pour cette déesse. *Voy.* AGYRTES et MÉNAGYRTES.

MÉTROON. Les Grecs appelaient ainsi en général un temple consacré à Rhéa ou Cybèle, et en particulier celui que les Athéniens avaient élevé à l'occasion d'une peste dont ils furent affligés pour avoir jeté dans une fosse un des prêtres de la Mère des dieux.

MÉTROPOLE, c'est-à-dire *ville mère*. Les Grecs appelaient ainsi les villes d'où étaient sorties des colonies pour aller s'établir dans d'autres pays. Ces colonies regardaient toujours les villes dont elles étaient sorties comme leur mère-patrie. Dans la suite des temps, les Romains donnèrent le nom de *métropoles* aux villes principales ou capitales de chaque province de l'empire; et comme le gouvernement civil fut la règle du gouvernement ecclésiastique, les églises établies dans les villes métropoles furent aussi appelées *métropoles, églises-mères;* leurs évêques furent nommés métropolitains.

MÉTROPOLITAIN. C'est le nom qui fut donné, dans l'Église grecque, aux évêques des villes métropoles. Ce titre est très-ancien, et se trouve employé dès le temps du concile de Nicée. Les Grecs l'ont toujours conservé; mais les Latins lui ont substitué ceux de primat ou d'archevêque. En Afrique, c'était le plus ancien évêque de chaque province qui jouissait du titre et des prérogatives de métropolitain. On trouve, dans l'histoire ecclésiastique, qu'il y a eu des évêques qui ont porté le nom de métropolitains, sans avoir de suffragants. Pendant le schisme élevé en France à la fin du siècle dernier, la Constitution civile du clergé avait supprimé le titre d'archevêque pour y substituer celui de métropolitain.

Les métropolitains ont la préséance, dans leurs provinces, sur tous les autres évêques. Ils ont droit de donner et de confirmer l'ordination aux évêques de leur province, de convoquer les conciles provinciaux et de les présider, de veiller au maintien de la foi et de la discipline, dans toute l'étendue de la province, de juger les appels des évêques leurs suffragants. Toutes ces prérogatives sont de droit ecclésiastique.

MEUI, divinité égyptienne, personnification de la pensée ou de la raison. Elle est une des transformations du dieu Thoth. *Voy.* THOTH.

MEULEN, génie du bien, adoré par les Araucanos, peuples sauvages du Chili.

MEULIVIARE, dieu des anciens Celtibériens, qui n'est connu que par une inscription latine portant : *Meuliviaro Deo*.

MEWLEWIS ou MAULAWIS, ordre de religieux musulmans, fondé par Djelal-eddin Mewlana, surnommé Molla-Hunkar, mort à Counya, l'an 672 de l'hégire (1273 de Jésus-Christ). La réception dans cette congrégation est accompagnée de cérémonies particulières. L'aspirant est tenu de travailler au couvent, pendant mille et un jours consécutifs, dans les derniers emplois de la cuisine; c'est pourquoi il est appelé *cara-couloukdji*, garçon noir. Au terme prescrit, on procède à son initiation. Le chef de cuisine, qui est l'un des derwischs les plus notables, le présente au scheikh qui, assis dans l'angle du sopha, le reçoit au milieu d'une assemblée générale de tous les religieux du couvent. Le candidat baise la main du chef, et s'assied devant lui sur la natte qui couvre le parquet de la salle. Le chef de cuisine met sa main droite sur la nuque, et la gauche sur le front du récipiendaire, en récitant ce distique persan, de la composition du fondateur même de l'ordre : « C'est une véritable « grandeur et une félicité réelle de fermer « son cœur aux passions humaines ; le re- « noncement aux vanités du monde est l'heu- « reux effet de cette force victorieuse que « donne la grâce du prophète. » Ces vers sont suivis du *Tekbir ;* après quoi le scheikh couvre la tête du nouveau derwisch, qui va se placer avec le chef de cuisine au milieu de la salle, où ils se tiennent tous deux dans la posture la plus humble, les mains croisées sur la poitrine, le pied gauche sous le pied droit, et la tête inclinée vers l'épaule gauche. Alors le scheikh adresse ces paroles au chef: « Que les services du derwisch ton « frère soient agréables au trône de la majesté « divine et aux yeux de notre saint fonda- « teur ! que sa satisfaction, sa félicité et sa « gloire s'accroissent dans ce nid des hum- « bles, dans cette cellule des pauvres ! Di- « sons *Hou* en l'honneur de Mewlana. » On répond *Hou* (lui ! Dieu !), et l'agrégé, quittant sa place, va baiser la main du scheikh, qui lui fait alors des exhortations paternelles sur les devoirs de son état, et finit par ordonner à tous les derwischs de l'assemblée de reconnaître et d'embrasser leur nouveau confrère.

Les Mewlewis se distinguent par la singularité de leur danse, qui diffère d'avec celle des autres sociétés ; aussi l'appelle-t-on *séma* au lieu de *daur*, et les salles qui y sont consacrées, *séma-khanés*. Leur construction est même différente : la pièce représente une espèce de pavillon assez léger et soutenu par huit colonnes de bois. Ces derwischs ont aussi des prières et des pratiques qui leur sont particulières. Chez eux, les exercices publics ne se font ordinairement que par neuf, onze ou treize individus. Ils commencent par former un cercle, assis sur des peaux de mouton étendues sur le parquet à égale distance les unes des autres : ils restent près d'une demi-heure dans cette position, les bras croisés, les yeux fermés, la tête penchée, et dans un profond recueillement. Le scheikh placé au bout, sur un petit tapis, rompt le silence par un hymne en l'honneur de la divinité, et invite ensuite l'assemblée à chanter avec lui le *fatiha*, premier chapitre du Coran.

« Chantons, dit-il, le *fatiha* à la gloire du saint nom de Dieu, en l'honneur de la bienheureuse légion des prophètes, mais surtout de Mahomet le choisi, le plus grand, le plus auguste, le plus magnifique de tous les prophètes, et en mémoire des quatre premiers khalifes, de Fatima la sainte, de Khadidja la chaste, des imams Hassan et Hosséin, de tous les martyrs de la mémorable journée de Kerbéla, des dix disciples évangélisés, des vertueuses épouses du prophète, de tous les disciples zélés et fidèles ; de tous les imams interprètes de la loi ; de tous les docteurs, et de tous les saints et saintes de l'islam. Chantons aussi en l'honneur de son excellence Mewlana, fondateur de notre ordre ; de son excellence Sultan el-Ouléma (son père), du seigneur Burhan-eddin (son précepteur) ; de Scheikh Schems-eddin (son consécrateur) ; de Validé sultane (sa mère) ; de Mohammed Ali-eddin Effendi (son fils et son vicaire) ; de tous les Tchélébis, ses successeurs ; de tous les scheikhs ; de tous les derwischs et de tous les protecteurs de notre institut, auxquels le Très-Haut daigne accorder paix et miséricorde. Prions pour la prospérité constante de notre sainte société ; pour la conservation du très-docte et très-vénérable Tchélébi-Effendi (général de l'ordre), notre maître et seigneur ; pour la conservation du sultan régnant, le très-majestueux et très-clément empereur de la foi musulmane ; pour la prospérité du grand visir, du scheikh el-islam, et pour celle de toutes les milices mahométanes et de tous les pèlerins de la sainte cité de la Mecque. Prions aussi pour le repos de l'âme de tous les instituteurs, de tous les scheikhs et de tous les derwischs des autres ordres ; pour tous les gens de bien ; pour tous ceux qui se sont distingués par leurs œuvres, leurs fondations et leurs actes de bienfaisance. Prions encore pour tous les Musulmans de l'un et de l'autre sexe, de l'Orient et de l'Occident ; pour le maintien de toute prospérité ; pour l'éloignement de toute adversité, pour l'accomplissement de tous les vœux salutaires, et pour le succès de toutes les entreprises louables ; enfin, demandons à Dieu qu'il daigne conserver en nous les dons de sa grâce et le feu de son saint amour. »

Après le *fatiha*, que l'assemblée chante en corps, le scheikh récite le *tekbir* et le *salawat*, auxquels succède la danse. Quittant leur place tous à la fois, les derwischs se rangent en file à la gauche du supérieur, et s'avancent vers lui à pas lents, les bras croisés et la tête inclinée vers la terre. Le premier des religieux, arrivé presque en face du supérieur, salue d'une inclination profonde la tablette placée au-dessus de son siège, et qui présente le nom de Mewlana, fondateur de l'ordre. Gagnant ensuite par deux sauts le côté droit du scheikh, il se retourne vers lui, le salue profondément et commence la danse. Elle consiste à tourner sur le talon du pied droit, en s'avançant lentement et faisant insensiblement le tour de la salle, les yeux fermés et les bras ouverts : il est suivi du second derwisch, celui-ci du troisième, et ainsi des autres qui finissent par occuper la salle entière, en répétant tous le même exercice, chacun séparément, et à une certaine distance l'un de l'autre. Cette danse dure environ deux heures ; elle n'est interrompue que par deux légères pauses, pendant lesquelles le scheikh récite différentes prières. Vers la fin de l'exercice, il y prend part lui-même en se plaçant au centre des religieux ; reprenant ensuite son siège, il récite des vers persans qui expriment des vœux pour la prospérité de la religion et de l'État. Le général de l'ordre y est de nouveau nommé, ainsi que le sultan régnant, en ces termes : « L'empereur des Musulmans et le plus auguste des monarques de la maison ottomane, sultan, fils de sultan, petit-fils de sultan, sultan Abdul-Medjid-Khan, fils de sultan Mahmoud-Khan, etc. » Ici le poëme fait mention de tous les princes du sang, du grand vizir, du moufti, de tous les pachas de l'empire, des oulémas, de tous les scheikhs et bienfaiteurs de l'ordre, et de toutes les milices musulmanes, en invoquant les bénédictions du ciel pour le succès de leurs armes contre les ennemis de l'empire. « Prions enfin pour tous les derwischs présents et absents, pour tous les amis de notre sainte société, et généralement pour tous les fidèles morts ou vivants, soit en Orient, soit en Occident. » La cérémonie se termine par un autre chant du *fatiha*. Ces exercices ont lieu deux fois par semaine ; le mardi et le vendredi, immédiatement après la prière de midi.

Les Mewlewis ont coutume de distribuer de l'eau aux pauvres ; on les appelle pour cette raison *sacas*, échansons. Le dos chargé d'une outre, ils parcourent les rues en criant : *Fi sebil-illah* (c'est-à-dire : Dans le sentier de Dieu, ou plutôt : dans la vue de plaire à Dieu), et donnent de l'eau à tous ceux qui en veulent, sans jamais rien exiger ; s'ils reçoivent quelque rétribution, c'est pour la partager avec les pauvres. Les monastères des Mewlewis sont les mieux dotés de tous ceux de l'empire Ottoman ; celui du général de l'ordre, à Counya, possède des terres considérables. Les religieux de cet ordre sont fort considérés des grands de l'empire.

MEWLOUD, mot arabe que l'on pourrait traduire par *noël* (on le prononce encore *Mauloud*, *Meuloud*, *Mevlud*, etc.) ; c'est une fête instituée en 1558 par Mourad III, en l'honneur de la nativité de Mahomet. On la célèbre le 12 de la lune de rabi premier (1); elle consiste principalement en un panégyrique sur la vie, les miracles et la mort du prophète, prononcé à la cour du sultan; c'est pourquoi elle n'est que pour les grands de l'État et non pour le peuple. Mouradjéa d'Ohsson remarque que les cérémonies qu'on y observe s'écartent de l'esprit du culte public de l'islamisme, en ce qu'elles sont un mélange de pratiques religieuses et de cérémonies civiles et politiques.

Le Mewloud se célèbre toujours, comme les deux fêtes de Beiram, dans la mosquée du sultan Ahmed, à cause de la commodité qu'offre au cortége du sultan la place immense de l'Hippodrome qui est en face. Elle a lieu vers les dix heures, entre la prière du matin et celle de midi. Les différents ordres de l'État se rendent séparément à la mosquée en grande pompe; et chacun des seigneurs, suivi des officiers de sa maison, est placé conformément à son rang, ou suivant l'étiquette particulière à cette solennité. Lorsque le sultan a pris place dans sa tribune, la cérémonie commence par un panégyrique divisé en trois parties, dont chacune est prononcée successivement par trois scheikhs, savoir : celui de Sainte-Sophie, comme le premier de tous les prédicateurs des mosquées impériales; celui de la mosquée où se célèbre la fête, et enfin l'un des scheikhs des autres mosquées impériales, dont chacun jouit alternativement de cette distinction, suivant le rang qu'occupe sa mosquée. Pendant le panégyrique, les deux premiers gentilshommes de la chambre du sultan lui présentent trois fois, au milieu du discours de chacun des trois scheikhs, du sorbet, de l'eau de rose et du parfum de bois d'aloès. Dans les mêmes moments, une soixantaine d'officiers du sérail font les mêmes honneurs à toute l'assemblée des Oulémas et des seigneurs. A mesure que chacun des trois scheikhs finit son discours et descend de chaire, il est reçu sur les derniers degrés par deux grands officiers qui le soutiennent sous les bras par distinction, et le décorent, au nom du sultan, d'une fourrure de zibeline.

A la suite du panégyrique, les muezzins de la mosquée entonnent, du haut de leur tribune, le nath-schérif, hymne à la louange du prophète. Quinze autres chantres, placés derrière un siège portatif, consacré à la cérémonie du jour, chantent un des cantiques *Ilahis* ou spirituels. Après quoi, trois ministres, appelés *Mewloud-Khanan*, montent sur ce siège et psalmodient successivement le *mewloudiyé*, espèce d'hymne en vers turcs, sur la nativité du prophète. Alors les balladjis du sérail, au nombre d'environ deux cents, s'avancent, tenant en main de grands cabarets, garnis, les uns de confitures sèches, les autres de dix à douze vases de porcelaine ou de cristal, pleins de sorbets de nature et de couleurs différentes. Les grands officiers de l'État vont placer deux de ces plateaux ainsi chargés, les uns devant le sultan, les autres devant le grand vizir, le moufti, les oulémas, les seigneurs, chacun suivant son rang. Dès que le premier des trois chantres a fini la première partie de l'hymne Mewloudiyé, il descend de chaire, et cède la place au second, qui continue. Au moment où celui-ci prononce les paroles qui annoncent la naissance du prophète, toute l'assemblée se lève, et on procède à la cérémonie de la réception d'une lettre officielle du schérif de la Mecque pour le sultan. Cette lettre est la réponse à celle que Sa Hautesse adresse tous les ans au prince de l'Arabie, au sujet de la sûreté des pèlerins, et de différents autres objets relatifs au pèlerinage. Le Muzdedji-Baschi, qui s'est arrangé de manière à revenir de la Mecque quelques jours auparavant, remet au grand vizir la lettre du schérif, enveloppée dans une bourse de satin vert. Ce premier ministre la remet au réis-effendi qui d'un pas grave se rend à la tribune du sultan, précédé du grand maître des cérémonies et du muzdedji-baschi. Le kizlar-aghassi reçoit la lettre vers la porte de la tribune, la présente au sultan, qui la lui redonne après l'avoir parcourue. Le kizlar-aghassi la rend aussitôt au réis-effendi, pour être déposée dans la chancellerie impériale. Pendant cette cérémonie, le mewloudiyé se continue, et aussitôt cet hymne fini, les trois Mewloud-Khanan reçoivent chacun un caftan d'honneur. Ceux qui ont apporté ou transmis la lettre du schérif reçoivent aussi de leur côté soit une fourrure de zibeline ou un caftan, chacun suivant son rang. L'office se termine par une courte prière de toute l'assemblée, et le sultan rentre au sérail. Ce jour-là, comme aux deux fêtes du Beiram, il fait des libéralités au peuple.

Cette fête se célèbre aussi dans les autres mosquées impériales, mais à des jours différents, et ordinairement dans le cours de la même lune ou de la lune suivante; mais elle a lieu sans éclat et avec très-peu de cérémonies.

MÊY, sacrifice offert par les Chinois pour demander au ciel que l'empereur ait des enfants.

MI, démons aériens qui, suivant la croyance des Chinois, infestent les montagnes.

MEZOUZOTH, nom que les Juifs modernes donnent à certains morceaux de parchemin qu'ils enchâssent dans les poteaux ou jambages des portes de leurs maisons, prenant à la lettre ce que Moïse leur ordonne dans le Deutéronome, en disant : *Vous n'oublierez jamais la loi de Dieu; vous la graverez sur les poteaux de vos portes.* Ces paroles ne veulent dire autre chose, sinon : Vous vous en souviendrez toujours, soit que vous entriez dans vos maisons, soit que vous en sortiez. Mais les rabbins et les docteurs hébreux ont cru que le législateur demandait quelque chose de plus, et qu'il fallait prendre ce commandement à la lettre. Mais afin de ne pas se rendre ridicules en écrivant

(1) Il est singulier que les Musulmans de l'Inde célèbrent, le même jour, la fête de la mort de Mahomet.

ostensiblement sur leurs portes les commandements de Dieu, ou plutôt pour ne pas les exposer à la profanation des impies, ils ont ordonné de les écrire sur un parchemin et de les enfermer dans une boîte. On écrit donc sur un carré de parchemin préparé exprès, avec une encre particulière, d'un caractère bien carré, ces mots du chapitre vi du Deutéronome: *Ecoute, Israël; Jehova notre Dieu, Jehova est un. Tu aimeras Jehova ton Dieu de tout ton cœur, de toute ton âme et de toute ta force. Et ces paroles que je te dis aujourd'hui seront sur ton cœur, et tu les inculqueras à tes enfants, et tu les méditeras étant assis dans ta maison, en marchant sur la route, à ton coucher et à ton lever. Tu les liras en signe sur tes mains, et elles seront comme des frontaux devant tes yeux; et tu les écriras sur les poteaux de ta maison et sur tes portes.* On laisse ici un petit espace blanc, et on continue par ce passage du Deutéronome depuis le verset 13 jusqu'au verset 20 du chapitre xi: *Il arrivera, si vous obéissez à mes commandements,* etc., jusqu'à ces paroles: *Tu les écriras sur les poteaux de ta maison et sur tes portes.* Après cela, on roule ce parchemin, on le met dans un tuyau de roseau ou de métal; on écrit à l'extrémité de ce cylindre le mot שדי *schaddai*, Tout-Puissant; et on le met aux portes des maisons, des chambres et de tous les lieux qui sont fréquentés; on l'attache sur le battant de la porte, du côté droit, et toutes les fois qu'on entre dans la maison ou qu'on en sort, on touche le cylindre du bout du doigt, et on baise ce doigt par dévotion.

MIA, nom des temples des Japonais. *Voy.* Miya.

MIAO, temples des Chinois. On donne aussi ce nom à la salle des ancêtres, que chaque individu a dans sa maison; c'est là que l'on place les tablettes sur lesquelles sont inscrits les noms des défunts de la famille, et que l'on se rend chaque jour, pour s'acquitter des cérémonies prescrites envers les défunts. Ces tablettes portent le nom de *Miáo-tchù*.

MICHABOU ou Michapou, dieu du ciel et créateur du monde, suivant la cosmogonie des sauvages du Canada.

Les indigènes rapportent, s'il faut en croire le témoignage du baron de la Hontan, que Michabou, après avoir créé le ciel, forma ensuite tous les animaux et les plaça sur des bois flottants à la surface des eaux. Il réunit toutes ces différentes pièces de bois en forma une espèce de radeau, sur lequel ces animaux demeurèrent plusieurs jours sans prendre aucune espèce de nourriture. Mais Michabou, prévoyant que ces créatures ne pourraient subsister longtemps ainsi, et que son ouvrage serait imparfait, s'il n'obviait aux résultats de la faim, se vit obligé de recourir à Michinisi, le dieu des eaux, et voulut lui emprunter un peu de terre pour y loger les animaux. Celui-ci ne s'étant pas trouvé disposé à faire droit à la requête de Michabou, ce dieu envoya tour à tour le castor, la loutre et le rat musqué pour amener de la terre du fond des eaux; mais il ne put en retirer que quelques grains de sable par le moyen de ce dernier; il sut néanmoins le mettre si bien à profit, qu'il le fit servir de noyau à une haute montagne. Il commanda au renard de tourner autour de cette montagne, en l'assurant que chacun de ses tours agrandirait la terre. Le renard tourna pendant quelque temps; mais il se lassa bientôt, et Michabou acheva le reste. A peine les animaux eurent-ils pris possession de la terre que la discorde se mit entre eux; Michabou en détruisit plusieurs, et de leurs cadavres il forma les hommes. Ces hommes nouvellement créés inventèrent contre les bêtes l'arc et les flèches. L'un d'entre eux, s'étant un jour écarté des autres, découvrit une cabane dans laquelle il trouva Michabou, qui lui donna une femme et leur traça leurs devoirs respectifs. La chasse et la pêche furent le partage de l'homme; la cuisine, la quenouille et les soins du ménage furent destinés à la femme. Michabou maria de même les autres hommes qu'il avait créés; il leur donna puissance sur les animaux, et les avertit qu'ils mourraient un jour, et qu'après la mort ils iraient dans un lieu de délices. Les hommes vécurent heureux et contents durant quelques siècles; mais le genre humain s'étant extrêmement multiplié, il fallut chercher de nouveaux pays pour la chasse. La discorde et la jalousie se mirent parmi les chasseurs, et telle est l'origine de la guerre.

Les Canadiens font en l'honneur de Michabou des festins, dans lesquels on est obligé de manger toute la chair des animaux qui sont servis: ce serait un mauvais présage pour le maître du festin, si les convives ne mangeaient pas tout ce qui leur est présenté; il devrait s'attendre à être traversé dans ses entreprises. Quant aux os, on les consacre à Michabou et aux esprits.

M. de Chateaubriand fait de Michabou le dieu des eaux, et la personnification du chat-tigre; il ajoute que les hommes furent créés par le Grand Lièvre, et que Michabou s'opposa de toutes ses forces à cette entreprise. Le même auteur fait naître Michabou à Méchillimakinak, sur le détroit qui joint le lac Huron au lac Michigan. De là ce dieu se transporta au détroit, jeta une digue au saut Sainte-Marie, et, arrêtant les eaux du lac Alimipigon, il fit le lac Supérieur, pour prendre des castors. Michabou apprit de l'araignée à tisser des filets, et il enseigna ensuite le même art aux hommes. Ce dieu réside dans un lac immense situé par delà les montagnes qui sont au couchant du lac supérieur.

MICHÉE, le sixième des douze petits prophètes dont nous avons les œuvres dans l'Ancien-Testament. Il exerça son ministère dans le royaume de Juda, sous les règnes de Joathan, d'Achaz et d'Ézéchias. « Il prophétise, dit M. Cahen, contre Israël et Juda, contre ce dernier particulièrement. Il attaque les chefs qui oppriment le peuple par l'injustice; les faux prophètes dirigés par leur intérêt, les sacrificateurs qui rendent la justien pour de l'argent; les riches qui trompent; et, en général, le peuple qui, par sa dureté et ses vices, se révolte contre les vrais prophètes. Il se plaint amèrement que la droiture et la piété aient disparu, et qu'il n'y ait plus ni amour ni fidélité parmi les plus proches parents, entre l'homme et sa femme, les parents et leurs enfants. » — « Michée, dit Eichhorn, est poëte; pour l'exposition, la finesse des traits et le sublime, il peut lutter avec Isaïe. Il est difficile d'en citer des exemples, car chaque ligne de ce prophète est un exemple. »

MICHEL (Ordre de Saint-); ordre militaire institué à Amboise, par le roi Louis XI, le 1ᵉʳ août 1469. Il ordonna que les chevaliers porteraient un collier d'or, fait à coquilles lacées l'une à l'autre, et posées sur une chaînette d'or, d'où pendait une médaille de l'archange saint Michel, ancien protecteur de la France. Les statuts de cet ordre furent compris en soixante-cinq chapitres, dont le premier établit qu'il y aura trente-six gentilshommes dont le roi sera le chef, et qu'ils quitteront tout autre ordre antérieurement reçu, s'ils ne sont ducs, rois ou empereurs. La devise était exprimée par ces paroles: *Immensi tremor Oceani.* Cet ordre, après avoir été en honneur sous quatre rois, devint vénal sous le règne de Henri II; la reine Catherine de Médicis le donnait indifféremment à tout le monde, et on l'appelait le *collier à toutes bêtes,* de sorte que les seigneurs n'en voulaient plus. C'est pour le remplacer que Henri III institua l'ordre du Saint-Esprit; cependant il ne voulut pas abolir celui de Saint-Michel; il prétendit au contraire le rétablir en sa force et vigueur; c'est pourquoi aucun chevalier commandeur n'était admis à l'ordre du Saint-Esprit, qu'il ne fût auparavant chevalier de Saint-Michel. En conséquence, la veille du jour où il devait recevoir l'habit et le collier du Saint-Esprit, il était créé chevalier de l'ordre de Saint-Michel; à cet effet, il se mettait à genoux devant le roi, qui le frappait sur les épaules du plat d'une épée nue, en lui disant: *De par saint Georges et de par saint Michel, je vous fais chevalier.*

MICHIBICHI, un des Manitous ou bons génies des sauvages du Canada; il n'est autre qu'une espèce de petit tigre, qui fuit l'approche de l'homme et s'acharne à la poursuite des autres animaux. On dit même que lorsque les chasseurs poursuivent un ours ou un bœuf, il s'élance avec fureur sur l'animal poursuivi. Les sauvages disent que ces petits tigres sont des Manitous qui aiment les hommes; c'est pourquoi ils les honorent et les considèrent à tel point, qu'ils aimeraient mieux mourir que d'en tuer un seul.

MICHINISI, dieux des eaux chez les sauvages du Canada. *Voy.* Michabou.

MICTLAN, enfer des Mexicains, lieu obscur situé dans le centre de la terre, et gouverné par le dieu *Mictlanteuctli.* Pour y arriver, il fallait d'abord passer entre deux montagnes qui frappaient sans cesse l'une contre l'autre, traverser deux endroits dont l'un était gardé par un serpent, et l'autre par un lézard vert, franchir huit collines et parcourir une vallée où le vent était si fort qu'il lançait à la figure des fragments de cailloux tranchants. On arrivait ensuite en présence de Mictlanteuctli, auquel les morts offraient les objets qui avaient été enterrés avec eux à cet effet. Pour sortir de ce lieu, il fallait traverser une rivière nommée *Chicunappa* (neuf fois), qui faisait neuf fois le tour du Mictlan. On n'en venait à bout qu'avec l'aide d'un chien roux, que l'on tuait chaque fois que l'on enterrait un mort, et qui allait attendre l'âme dans cet endroit pour la passer sur l'autre rive.

MICTLANTEUCTLI, dieu du Mictlan, ou de l'enfer mexicain. *Voy.* Mictlan, et Omateuctli.

MIDGARD, 1° ou *Manheim,* monde des hommes; l'un des neuf mondes des anciens Scandinaves. Il est situé au centre de tous les autres; autrefois les dieux l'habitèrent et y construisirent la ville céleste d'*Asgard,* cité des Ases.

2° C'est le nom du grand serpent fils de Loke, le génie du mal. Odin le précipita dans la mer, où il ronge éternellement sa queue. Ailleurs il est représenté comme entourant la terre de ses replis. A la fin des temps il combattra contre Thor, qui le terrassera et lui portera un coup mortel; mais en expirant il vomira des flots de venin qui étoufferont son vainqueur.

MIELIKI, déité finnoise, habitante des bois, où elle réside dans un château, avec les déesses ses compagnes, qui favorisent les chasseurs. Elle passe pour la mère nourrice de l'ours.

MIEN-MO, montagne centrale de l'univers, selon le système cosmogonique des Bouddhistes barmans; c'est le *Mérou* des Indiens. Ce mont occupe le centre de notre globe, et a une hauteur de quatre-vingt-deux mille yodjanas (deux cent quarante-six mille lieues), et ses racines s'enfoncent dans la terre à la même profondeur. Autour de ce mont sont disposées les grandes îles dans la direction des quatre points cardinaux; chaque grande île est environnée de cinq cents petites îles; sept montagnes sont rangées autour du Mien-mo. La plus haute atteint la moitié de la hauteur de ce mont, et en est séparée par une distance qui égale sa hauteur. Les autres montagnes vont en diminuant toujours chacune de moitié de celle qui lui est opposée, et conservent une distance proportionnelle. Ces îles ont chacune une forme différente. Celle du nord a huit mille yodjanas d'étendue et présente la forme d'un carré long; celle de l'est a deux mille yodjanas et ressemble à une demi-lune; celle du sud a dix mille yodjanas et offre la forme d'un triangle; enfin l'île de l'ouest a deux mille yodjanas et offre l'aspect d'une pleine lune. Au sommet du mont Mienmo sont les six contrées des *Nats* ou êtres divins.

MIHR, génie du soleil dans la mythologie persane, ou plutôt la personnification du soleil; c'est celui que les Grecs et les Romains ont connu sous le nom de *Mithra*. Le soleil est aussi honoré par les Hindous, sous le nom de *Mihira*. Voy. MITHRA.

MIHRAB, concavité pratiquée au fond des mosquées, dans l'épaisseur du mur. Elle est haute de six ou huit pieds, et n'a d'autre objet que d'indiquer la position géographique de la Mecque, vers laquelle on doit se tourner en faisant la prière ; c'est donc très-improprement que Mouradjea d'Ohsson l'appelle *autel*. Il y a ordinairement deux cierges, l'un à droite, l'autre à gauche du Mihrab; ils sont entretenus aux frais du fondateur de la mosquée; mais les âmes pieuses peuvent en ajouter d'autres, en vertu d'une fondation perpétuelle. Ainsi quelques mosquées en ont quatre, six, huit, dix, etc. Ils sont toujours placés à côté des deux premiers en ligne droite, le long du mur ; le nombre cependant n'excède jamais celui de dix-huit, neuf de chaque côté du Mihrab. En cas de nouvelles donations, le caïm-baschi de la mosquée, au lieu d'en augmenter le nombre, les réunit à la masse des anciennes, et fait faire de plus gros cierges en forme de flambeaux. Les chandeliers sont communément de cuivre ; très-peu de mosquées en ont d'argent ; celle de Sainte-Sophie en a deux grands d'or massif, triste monument des dépouilles de la Hongrie.

MIHRGAN, fête que les anciens Persans célébraient le 16 du septième mois en l'honneur du soleil, parce que ce fut ce jour-là que le premier roi mit sur sa tête une couronne qui représentait cet astre.

MIKADO, un des titres du Daïri ou empereur du Japon, que quelques-uns considèrent comme le pontife de la religion du Sinto. Non-seulement il a le pouvoir de faire des dieux, mais il est lui-même un objet de culte et d'adoration pour les Sintoïstes. Comme on suppose qu'il descend en ligne directe des anciens *Kamis* de la nation, et qu'il a hérité des vertus et du caractère auguste de ses célestes aïeux, on le regarde comme l'image vivante de ces divinités, et on lui rend à peu près les mêmes hommages qu'aux Kamis de premier ordre. On croit même que tous les dieux du pays ont un respect infini pour sa personne, et qu'ils se font un devoir de le visiter une fois l'an. On prétend qu'ils choisissent le dixième mois pour cette respectueuse visite, et qu'ils se tiennent alors auprès de lui, bien que d'une manière invisible ; c'est pourquoi ce mois est appelé le *mois sans dieux*, car, comme on les suppose absents du ciel et des temples, on ne leur rend aucun hommage. Plusieurs des Mikados ou Daïris ont été mis après leur mort au rang des divinités nationales. Quelques-uns regardent le titre de *Mikado* comme un diminutif de celui de *Mikoto*, dieu; mais Klaproth prétend qu'il est corrélatif du chinois *ti*, et qu'il signifie simplement empereur ; il peut se traduire par la *sublime porte*.

MIKIAS, symbole égyptien, offrant la figure d'une longue perche surmontée d'une barre transversale en forme de T, à laquelle on ajoutait quelquefois plusieurs autres traverses ; c'était la mesure et l'indice des progrès du Nil. On en fit le signe d'un bonheur désiré ou de la délivrance d'un mal. Le mikias devint enfin une amulette, qu'on suspendait au cou des malades et à la main de toutes les divinités bienfaisantes. D'autres ont vu dans la croix ansée du Nil l'image du phallus et le symbole de la fécondation.

MIKOSI, chapelles qui dépendent des *miyas* ou temples des Japonais. Elles sont carrées, hexagones ou octogones, très-proprement vernissées, ornées en dehors de corniches dorées, et en dedans de plusieurs miroirs, de figures découpées en papier, et d'autres colifichets. Elles sont soutenues par deux bâtons pour être portées en procession, ce que l'on fait à certaines fêtes avec beaucoup de pompe et de solennité. Quelquefois la figure du Kami auquel le miya est consacré, et les reliques qu'on y garde, sont portées dans ces mikosis. Le chef des Kanousis les tire alors de la châsse où elles sont renfermées dans le temple, les porte sur son dos au mikosi, et les y place en marchant à reculons ; mais auparavant on a eu soin de faire retirer le peuple, comme une race impure et profane, indigne de voir les choses saintes.

MIKOTO, titre réservé aux Kami, dieux et demi-dieux des deux premières dynasties qui régnèrent sur le Japon. On peut traduire ce mot par divinité ; il correspond au chinois *tsun*, vénérable.

MILADIS, nom que l'on a donné en Orient à une secte de Juifs caraïtes, parce qu'ils déterminaient les néoménies, non par les phases sensibles de la lune, comme leurs coreligionnaires, mais d'après les calculs astronomiques, ou par les conjonctions du soleil et de la lune. Ce nom arabisé vient sans doute de l'hébreu מולד *molad*, qui signifie, chez les rabbins, la nouvelle lune.

MILDA, déesse de la beauté chez les anciens Lithuaniens ; elle correspondait à Fréya, divinité scandinave. Elle était mère de Kaunis, l'amour, qu'on représentait sous la forme d'un nain.

MILDAWNIKAS, prêtres lithuaniens qui étaient spécialement chargés de brûler des parfums en l'honneur de Milda.

MILLÉNAIRES. On donne ce nom à certains personnages des premiers siècles, qui prétendaient que Jésus-Christ devait régner sur la terre pendant mille ans, avec les justes seuls, lesquels jouiraient alors de toutes sortes de délices. Ils appuyaient leur opinion sur plusieurs passages de l'Apocalypse, qui, en effet, pris dans un sens trop littéral, semblent leur être favorables. Ce sentiment a même été soutenu par plusieurs anciens Pères, par Papias, par saint Justin, etc. Mais les partisans du millénarisme étaient divisés sur la nature de la béatitude terrestre, que les uns plaçaient dans les plaisirs spirituels, les autres dans les plaisirs sensuels. D'autres saints Pères, et en particulier saint Denis d'Alexandrie, saint Jérôme, le combattirent avec force.

Cette opinion trouva, au XIIᵉ siècle, un nouveau défenseur dans l'abbé Joachim, dont les rêveries répandues parmi les Frères Mineurs s'y maintinrent quelque temps. Elle fut enfin renouvelée par les protestants, qui voulurent appuyer sur l'Apocalypse leur doctrine touchant l'Antechrist et la prétendue prostitution de l'Eglise romaine; et l'on trouve encore plusieurs savants personnages qui la soutiennent.

Nous donnons ici, d'après l'*Histoire des sectes religieuses*, les sentiments de plusieurs théologiens protestants du dernier siècle.

Thomas Burnet et Whiston croient que la terre sera purifiée par le feu, et que de cette matière ainsi purifiée Dieu fera une création nouvelle. La terre et l'atmosphère seront ce qu'elles étaient dans l'état paradisiaque, plus capables dès lors de procurer à l'homme des jouissances. Ceux qui auront reparu à la première résurrection, mentionnée dans l'Apocalypse, ch. XX, v. 6, seront sur la terre pendant mille ans, dans un état de bonheur, moindre toutefois que celui qui suivra le jugement universel.

Fleming, appuyé sur ce passage de l'Apocalypse, pense que les saints les plus distingués de l'Ancien Testament étant ressuscités à la mort du Sauveur, les saints du Nouveau auront part également à la première résurrection; ils apparaîtront aux divers habitants de la terre pour faire revivre parmi eux l'esprit religieux, et l'Eglise prospérera. Ils seront pendant mille ans avec Jésus-Christ dans un état heureux, mais inférieur à celui qui suivra le jugement universel. Fleming, d'accord en cela avec Burnet et Whiston, diffère de ceux-ci sur le lieu où les justes jouiront de ce *millenium*; il les met au ciel avec Jésus-Christ, tandis que ceux-ci les placent sur la terre.

Ray adopte une rénovation de la terre: on n'y retrouvera pas les mêmes plantes, ni les mêmes animaux; ils seront remplacés par d'autres qui auront la bonté et la perfection au suprême degré; mais il doute si ce globe, embelli après la résurrection générale, sera l'habitation d'une nouvelle race d'hommes, ou seulement un objet de contemplation pour quelques esprits bienheureux.

Selon Whitby, le *millenium* est l'état prospère du christianisme après la chute de l'Antechrist et la conversion des Juifs, qui, unis aux gentils, formeront une Eglise sur laquelle Jésus-Christ régnera mille ans; mais ce serait détériorer le sort des saints que de les amener sur la terre pour y goûter un bonheur de ce genre; car la nouvelle alliance n'est pas fondée sur des promesses temporelles: le chrétien est censé mort au monde, sa conversation est dans le ciel.

Worthington pense que l'Evangile ramènera graduellement l'état du paradis à la suite d'événements dont plusieurs sont déjà accomplis: tel fut le déluge, qui, selon Sherlock, a beaucoup amélioré l'état naturel du globe (la plupart des savants soutiennent précisément le contraire). Les progrès des sciences et des arts, dit Worthington, sont encore un acheminement à ce but; mais ces progrès seront accélérés vers l'an 2000, parce qu'alors le *millenium* commencera; et, malgré quelques désastres causés dans cet intervalle par la perversité de Gog et Magog, tout finira par les nouveaux cieux et la nouvelle terre annoncés dans l'Apocalypse. Le mal physique et le mal moral disparaîtront; la mort même ne moissonnera plus personne. Les justes persévéreront dans la justice; le plus haut degré de bonheur terrestre durera jusqu'au jugement dernier, qui, longtemps après, terminera cette scène brillante, en les menant au ciel à la suite de Jésus-Christ. Il présume que ce pourrait être l'an 25,920 du monde, à la fin de la grande année platonique.

Suivant Lowman, le *millenium* est figuratif de l'état heureux de l'Eglise, délivrée des persécutions et des corruptions; il doit durer depuis l'an 2000 jusqu'à l'an 3000.

Selon le docteur Cotton-Mather, la conflagration du monde aura lieu lors du second avènement de Jésus-Christ, qui ensuite créera de nouveaux cieux et une nouvelle terre. Celle-ci, vrai paradis, aura pour habitants des justes, dont la postérité sera exempte de la mort et du péché; mais le mariage n'aura pas lieu parmi les saints habitants des nouveaux cieux, que Dieu enverra de temps en temps sur la nouvelle terre pour instruire et gouverner les nations. Cet ordre de choses durera au moins mille ans. Tous les habitants de la nouvelle terre passeront, soit successivement, soit simultanément, dans les nouveaux cieux.

Bellamy croit que le *millenium* sera un règne spirituel de Jésus-Christ sur la terre: il n'y aura plus ni guerre, ni famine, ni vices, ni extravagances; l'industrie fleurira, le globe fournira des vêtements et la subsistance à un nombre d'habitants bien plus considérable qu'aujourd'hui. Dieu sera universellement connu et adoré; et dans cet espace de mille ans il y aura plus de gens sauvés que dans tous les siècles précédents.

Keitt, ministre anglican, pense que le *millenium* commencera à la fin des trois phases du règne de l'Antechrist, qui sont le papisme, le mahométisme et l'infidélité. Alors sera établi un règne de bonheur éternel, sous la conduite du Rédempteur. La nouvelle Jérusalem sera, comme le jardin d'Eden, séparée du monde, qui continuera à être un lieu d'épreuves; le démon tentera les saints, mais enfin le monde sera détruit; alors arriveront la résurrection, le jugement dernier, la punition éternelle de Satan et de ses adhérents, le bonheur éternel des justes.

Winchester soutient qu'à l'ouverture du *millenium*, l'empire turc sera affaibli, pour faciliter aux Juifs leur retour à Jérusalem. Gog et Magog, figurant leurs ennemis, les attaquent, prennent Jérusalem, et réduisent les habitants à la dernière extrémité. Alors Jésus-Christ paraît dans les nuées; les enfants d'Israël le reconnaissent pour le Messie ; le *millenium* glorieux commence, ils redeviennent le peuple chéri de Dieu, le peuple fidèle, heureux et saint. Les douze tribus sont dans la Palestine, sous le gouvernement du Sauveur. Jérusalem est rebâtie; elle est le rendez-vous de tous les peuples pour adorer Dieu dans un temple nouveau. Jésus-Christ y tient sa cour ; de là il envoie des saints dans toute la terre pour instruire les nations ; Satan est enchaîné, l'Evangile se propage, tous les maux physiques cessent, la population s'accroît, le bonheur règne. Mais à la fin du *millenium*, Satan, déchaîné contre les nations, les attaque à la tête d'une forte armée, le feu du ciel le dévore. Viennent ensuite la résurrection, le jugement général, la destruction du monde ; la terre n'est plus qu'un globe de feu, où les méchants sont punis dans les siècles des siècles. Ensuite il y a de nouveaux cieux, une nouvelle terre, une rénovation générale ; le péché et la misère cessent ; le bonheur et la sainteté sont absolus et universels, et Jésus-Christ règne dans l'éternité.

Nous pourrions multiplier beaucoup de semblables citations ; mais ce que nous venons de dire suffit pour donner une idée de ces folles rêveries, émanées du cerveau de quelques songe-creux ; nous ferons seulement observer qu'elles ne sont pas plus absurdes que les théories modernes des fouriéristes.

MIMALLONES ou **MIMALLONIDES**, nom que l'on donnait aux Bacchantes, qui, à l'imitation de Bacchus, portaient des cornes. Les uns dérivent ce nom de Mimas, montagne de l'Asie Mineure, où la célébration des orgies se faisait avec beaucoup d'appareil ; les autres, de la licence effrénée des discours des Bacchantes.

MIMANSA, un des systèmes philosophiques des Hindous, peut-être le plus ancien. Son objet est l'interprétation des *Védas* ; son dessein, dit un commentateur, est de déterminer le sens de la révélation ; son grand but est d'établir les preuves du *devoir*, comprenant sous cette expression la vertu, les sacrifices et les autres pratiques de religion. L'école du Mimansa est divisée en deux ; le *Pourva-Mimansa* ou *Karma-Mimansa* (premier Mimansa ou Mimansa pratique), et l'*Outtara-Mimansa* ou *Brahma-Mimansa* (dernier Mimansa ou Mimansa théologique) appelé aussi *Védanta*.

Le Mimansa, philosophie des nombres et des sons, rappelle la doctrine des Pythagoriciens, qui prenaient la musique et les règles de l'harmonie pour base de tout un ensemble d'idées. On y voit une intelligence première, un son simple, qui s'exprime par une parole ou un verbe, et une multitude de sons composés, émanés du son éternel, immense, et qui sont les créatures. Djaimini est regardé comme l'auteur de ce système. Ceux qui le suivent portent le nom de *Mimansakas* ; ce sont les plus tolérants de tous les Hindous ; comme ils passent pour admettre un destin aveugle et irrésistible, ils professent un tolérantisme absolu à l'égard des autres sectes. Ils examinent et discutent les dogmes de celles-ci sans les condamner, ni oser rien décider. Ils recommandent une grande indulgence en matière d'opinions, et affirment que toutes les sectes, toutes les religions conduisent à la même fin, qui est la félicité, quoiqu'elles varient dans les moyens d'y parvenir.

MIMER ou **MIMIR**, Scandinave célèbre autrefois par sa réputation de prudence et de sagesse. Pour mieux en imposer aux peuples, Odin, leur législateur, portait toujours sa tête avec lui, la consultait dans les affaires civiles, et feignait d'en recevoir des oracles. D'autres font de Mimir le dieu de la sagesse ; il avait acquis cette qualité précieuse en buvant tous les matins de l'eau de la fontaine Vergelmer, qui coulait des racines du frêne céleste. Odin doit aller le consulter souvent avant le combat fatal qu'il livrera au loup Fenris, avant la conflagration du monde entier. Les savants du Nord ont voulu retrouver Minos dans ce personnage allégorique.

MIMERKI, divinité finnoise, une des vieilles déités vierges qui habitaient les forêts, et fournissaient la proie aux chasseurs.

MIMI, nom d'une idole du Loango ; elle consiste en un tronc d'arbre assez élevé, sur lequel on place un sac rempli de plumes, de coquilles, d'os, de sonnettes et d'autres bagatelles ; mais le principal de ces bijoux est un collier de verre, surchargé de petites coquilles, du milieu desquelles pend une pièce de bois creux, sur laquelle on frappe respectueusement. Le mokisso est enfermé dans une petite hutte environnée de bananiers et d'autres arbres ; il est si respecté qu'un nègre qui n'aurait pas gardé la continence la nuit précédente n'oserait y toucher.

MIMON, l'un des dieux Telchines, honorés dans l'île de Rhodes. *Voy.* TELCHINES.

MINA, vallée proche de la Mecque, dans laquelle les Musulmans croient que Caïn et Abel offrirent leurs sacrifices. C'est pourquoi ce lieu fut dès lors consacré aux sacrifices qui ont lieu à l'époque du pèlerinage, dans les fêtes d'Id-Adha, ou du Corban. Avant d'immoler l'animal, les pèlerins doivent jeter sept pierres contre le démon, en mémoire de ce qu'Abraham, passant par ce lieu pour aller sacrifier son fils Ismaël, chassa à coups de pierres Satan qui lui suggérait de ne point obéir à Dieu. En lançant ces pierres, le pèlerin doit dire : « Au nom de Dieu ! Dieu est grand en dépit du démon et des siens. Rends, ô mon Dieu, les travaux de mon pèlerinage dignes de toi, et agréables à tes yeux. Accorde-moi le pardon de mes offenses et de mes iniquités. »

MINARET, tourelles qui accompagnent les mosquées des Musulmans ; elles ont à la base trois ou quatre toises de diamètre, et se terminent en pointe surmontée d'un croissant. Ces tourelles sont le plus souvent couvertes de plomb; elles n'ont ni cloches pour appeler les fidèles à la prière, ni horloges pour sonner les heures; mais elles ont une ou plusieurs galeries circulaires et superposées, sur lesquelles montent les muezzins pour appeler les Musulmans au temple. Les mosquées ordinaires n'ont qu'un minaret; mais les mosquées impériales et les principales de celles du second ordre ont deux, quatre, et quelques-unes même jusqu'à six de ces flèches. *Voy.* EZAN, MUEZZIN.

MINÉENS. Avant la destruction de Jérusalem, les Minéens formaient une secte demi-juive et demi-chrétienne, dont les membres étaient circoncis. Ils se réunirent bientôt après aux sectateurs d'Ebion, dont l'hérésie commençait à se faire jour. Cet Ebion était d'un bourg nommé Cacata, au pays de Basan; son nom, en langue hébraïque, signifiait *pauvre*, et ses partisans faisaient profession de pauvreté. Les Minéens admirent alors la pluralité des femmes; ils faisaient même une obligation de se marier avant l'âge de puberté. Ils disaient que Dieu avait laissé l'empire du monde à deux êtres, au Christ et au diable; que le diable avait tout pouvoir sur le monde présent, et le Christ sur le siècle futur. Le Christ avait été créé comme les anges, mais il était plus grand que tous les anges; Jésus était né de Joseph et de Marie, à la manière des autres hommes; mais ensuite, ayant fait des progrès dans la vertu, il avait été choisi pour être Fils de Dieu par le Christ, qui était descendu sur lui sous la forme d'une colombe. *Voy.* EBIONITES.

MINERVALES, fêtes romaines en l'honneur de Minerve, dont l'une était célébrée le 3 de janvier, l'autre le 19 de mars; elles duraient chacune cinq jours. Les premiers se passaient en vœux adressés à la déesse, les autres étaient employés à des sacrifices et à des combats de gladiateurs. On y représentait aussi des tragédies; et les savants, par la lecture de divers ouvrages, y disputaient un prix fondé par Domitien. C'était durant ces fêtes que les écoliers portaient à leurs maîtres un honoraire nommé *Minerval*.

MINERVE, fille de Jupiter, déesse de la sagesse, de la guerre, des sciences et des arts. Elle est appelée en grec *Pallas* et *Athéné*; *Neith* en égyptien. Les Latins ont cherché l'étymologie de son nom dans les verbes *minari*, menacer; *minuere*, diminuer; *monere*, avertir, donner des conseils. On disait autrefois *Menerva*, mot qui ne nous semble pas fort éloigné du sanscrit *menesuin*, doué de sagesse (par le changement assez fréquent en latin de l'*s* en *r*).

Les anciens ont reconnu plusieurs Minerves; Cicéron en admet cinq : l'une mère d'Apollon; l'autre, issue du Nil, honorée à Saïs en Egypte; la troisième, fille de Jupiter; la quatrième, fille de Jupiter et de Coriphe, fille de l'Océan, nommée *Corie* par les Arcadiens, et à laquelle on doit l'invention des chars attelés de quatre chevaux de front; la cinquième, que l'on peint avec des talonnières, eut pour père Pallas, à qui, dit-on, elle ôta la vie, parce qu'il voulait la violer. Saint Clément d'Alexandrie en compte également cinq : la première, Athénienne et fille de Vulcain; la seconde, Egyptienne et fille du Nil; la troisième, fille de Saturne, laquelle avait inventé l'art de la guerre; la quatrième, fille de Jupiter; et la cinquième fille de Pallas et de Titanis, fille de l'Océan, laquelle, après avoir ôté la vie à son père, l'écorcha et se couvrit de sa peau. Pausanias parle d'une Minerve, fille de Neptune et de Tritonie, nymphe du lac Triton, à laquelle on donnait des yeux bleus comme à son père, et qui se rendit fameuse par des ouvrages de laine, dont elle fut l'inventrice.

Mais la plus célèbre et celle qui doit être comptée seule au nombre des grandes déesses, est la Minerve qui naquit du cerveau de Jupiter, mythe ingénieux qui indique que Dieu seul produit la sagesse et peut la donner aux hommes; ou plutôt ne pourrait-on pas y voir un vestige de la doctrine du *Logos*? Au lieu de chercher à soulever les voiles qui couvraient cette donnée antique, les mythologues grecs l'ont ridiculisée en l'entourant de fables absurdes. Ils racontent que Jupiter avait résolu de s'unir à Métis, la prudence, mais ayant connu par l'oracle que le fils que cette déesse portait serait le plus sage des dieux, il avala la mère et l'enfant. Il en éprouva une indigestion qui lui causa un violent mal de tête; il alla trouver son fils Vulcain qui, pour lui décharger le cerveau, lui fendit le crâne d'un coup de hache. Minerve sortit du cerveau du père des dieux, armée de pied en cap.

Semblable à la Dévi des Hindous, Minerve seconda son père avec succès dans la guerre qu'il eut à soutenir contre les Géants; et comme ce fut principalement à son sage et puissant concours que l'on dut de remporter la victoire, elle fut invoquée dans la suite en qualité de déesse des combats.

Un des traits les plus fameux de son histoire est son différend avec Neptune, pour donner un nom à la ville d'Athènes. Les douze grands dieux, choisis pour arbitres, décidèrent que celui des deux qui produirait la chose la plus utile à la ville lui donnerait son nom. Neptune, d'un coup de trident, fit sortir de terre un cheval; Minerve produisit un olivier, ce qui lui assura la victoire; elle appela donc, de son nom, la ville nouvelle *Athènes*. Varron nous apprend que ce qui donna lieu à cette fable, c'est qu'en bâtissant les murs d'Athènes, Cécrops trouva un olivier et une fontaine; que l'oracle de Delphes, consulté à ce sujet, conféra à Minerve et à Neptune le droit de nommer la nouvelle ville, et que le peuple et le sénat assemblés décidèrent en faveur de la déesse. Vossius voit dans cette fable un différend des matelots qui reconnaissaient Neptune pour leur chef, avec le peuple attaché au sénat gouverné par Minerve, et la préférence donnée à la vie champêtre sur la piraterie. Peut-être, dit Noël, est-il plus naturel d'expliquer cette fable, qui se retrouve chez les Corinthiens et les Argiens, par l'introduction du nouveau culte qui s'établissait au détriment d'un plus ancien.

« Quoi qu'il en soit de ces explications, continue le même auteur, on peut dire que les anciens regardaient cette déesse comme la plus noble production de Jupiter; aussi était-elle la seule qui eût mérité de participer aux prérogatives de la divinité suprême. C'est ce que nous apprend l'hymne de Callimaque sur les bains de Minerve. On y voit que cette déesse donne l'esprit de prophétie, qu'elle prolonge à son gré les jours des mortels, qu'elle procure le bonheur après la mort, que tout ce qu'elle autorise d'un signe de tête est irrévocable, et que tout ce qu'elle promet arrive infailliblement; car, ajoute le poëte, elle est la seule dans le ciel à qui Jupiter ait accordé le glorieux privilége d'être en tout comme lui, et de jouir des mêmes avantages. Tantôt elle conduit Ulysse dans ses voyages, tantôt elle daigne enseigner aux filles de Pandare l'art de représenter des fleurs et des combats dans les ouvrages de tapisseries. C'est encore elle qui embellit de ses mains le manteau de Junon. Enfin, c'est elle qui construit le vaisseau des Argonautes, ou en trace le dessin, et qui place à la proue le bois parlant, coupé dans la forêt de Dodone, lequel dirigeait leur route, les avertissait des dangers, et leur indiquait les moyens de les éviter : langage figuré, sous lequel il est aisé de reconnaître un gouvernail.

« Minerve ou Pallas était aussi le symbole de la providence divine. On la supposait vierge, parce que la prudence ne commet point de fautes, ou parce que, selon Diodore, elle représentait l'air, qui est incorruptible de sa nature; et le sentiment de saint Augustin est que les anciens voyaient dans Minerve l'air le plus subtil ou la lune.

« Plusieurs villes se distinguèrent par le culte qu'elles rendirent à Minerve, entre autres, Saïs en Égypte, qui le disputait à toutes les autres villes du monde. La déesse y avait un temple magnifique. — Les Rhodiens s'étaient mis sous sa protection; et l'on dit que, le jour de sa naissance, on vit tomber une pluie d'or; mais qu'ensuite, piquée de ce qu'on avait une fois oublié de porter du feu dans un de ses sacrifices, la déesse abandonna le séjour de Rhodes pour se donner tout entière à Athènes. — En effet les Athéniens lui dédièrent un temple magnifique, et célébrèrent en son honneur des fêtes dont la solennité attirait à Athènes des spectateurs de toute la Grèce. » *Voy.* PANATHÉNÉES. — Les Romains lui érigèrent un temple qui est maintenant l'église de Sainte-Marie-Majeure.

On lui donnait, dans ses statues et ses peintures, une beauté simple, négligée, modeste, un air grave, noble, plein de force et de majesté. Elle a ordinairement le casque en tête, une pique à la main, un bouclier de l'autre, et l'égide sur la poitrine. — L'égide de Minerve était sa cuirasse, au milieu de laquelle était la tête de Méduse. Quelques-uns prétendent qu'elle était faite de la peau du géant Pallas, que Minerve avait tué en se défendant de ses poursuites. Quelquefois l'égide est prise pour le bouclier de Minerve, mais plus rarement. Presque tous les monuments anciens s'accordent à lui donner l'égide pour cuirasse, et l'erreur de prendre le bouclier de cette déesse pour son égide est venue vraisemblablement de ce qu'on voit indistinctement sur l'un et sur l'autre la tête de Méduse. Hérodote dit que les Grecs prirent des femmes africaines les vêtements et l'égide avec lesquels ils avaient coutume d'habiller Minerve. — Les animaux qui lui étaient consacrés étaient surtout la chouette et le dragon, qui accompagnent souvent ses images. C'est ce qui donna lieu à Démosthènes exilé de dire que Minerve se plaisait dans la campagnie de trois vilaines bêtes : la chouette, le dragon et le peuple.

MINEURS (CLERCS), ordre des Clercs Réguliers, fondé par Jean-Augustin Ardone, prêtre génois, qui s'était associé avec François et Augustin Caraccioli, et dont la première maison fut établie à Naples. Ils furent approuvés par Sixte V en 1588, et par Paul V en 1605. Ils se répandirent en Italie et en Espagne. Ces Clercs ont des maisons de quatre sortes : dans celles qui sont nommées maisons d'exercice, on s'occupe à procurer aux fidèles tous les secours spirituels; d'autres sont destinées pour former les novices. Les troisièmes sont des colléges où ils enseignent toutes sortes de sciences, non-seulement aux religieux de l'ordre, mais aux externes; de plus on y reçoit ceux qui veulent faire des retraites spirituelles. Enfin les Clercs Mineurs qui tendent à une plus haute perfection peuvent, avec la permission des supérieurs, se retirer dans une quatrième sorte de maison, qu'ils appellent ermitage, dont l'entrée est interdite aux séculiers.

Ils font tour à tour une heure d'oraison; et tous les jours, excepté les fêtes de précepte, il y en a un d'entre eux qui porte le cilice, un autre qui prend la discipline, et un troisième qui jeûne au pain et à l'eau, et qui porte sa portion du réfectoire à un pauvre, auquel il fait en même temps une instruction.

MINEURS (FRÈRES), ordre religieux fondé au commencement du XIIe siècle par saint François d'Assise, qui voulut que ceux qui le composaient prissent le nom de *Frères Mineurs*, par humilité, et afin qu'ils se rappelassent sans cesse qu'ils devaient se regarder comme les derniers des hommes. Depuis, ils ont été divisés en diverses branches, savoir : les *Conventuels*, qui ont un général particulier; les *Observantins* ou religieux de l'étroite observance, les *Récollets* et les religieux *de la Pénitence* ou du *tiers ordre*, qui sont sous le même général; enfin les *Capucins*, qui ont aussi leur général particulier. *Voy.* FRANCISCAINS, et les autres noms cités dans le présent article.

MING-THANG, sacrifice que les anciens Chinois offraient au ciel en plein air.

MINIMES, ordre religieux institué par saint François de Paule, et approuvé par Sixte IV, en 1473. Leur saint fondateur voulut enchérir encore sur l'humilité de saint François d'Assise, en statuant que ses religieux porteraient le nom de *Minimes*, afin que, selon la valeur de cette dénomination, ils se regardassent comme les plus petits d'entre les serviteurs de Dieu. Leur saint fondateur ayant été appelé en France par le roi Louis XI, ses religieux ne tardèrent pas à s'y établir, et furent d'abord nommés à Paris les *Bons-Hommes*, soit à cause du nom de *Bon Homme* que Louis XI et ses courtisans donnaient familièrement à François de Paule, soit à cause qu'ils furent établis, au bois de Vincennes, dans un monastère de religieux de l'ordre de Grammont, que l'on appelait Bons-Hommes. En Espagne, le peuple les appelle *Pères de la Victoire*, parce que Ferdinand V remporta sur les Maures une victoire qui lui avait été prédite par François de Paule. Les Minimes, outre les trois vœux de religion, s'engagent par un quatrième à observer un carême perpétuel. — Il y a aussi des religieuses de l'ordre des Minimes qui observent à peu près la même règle que les religieux.

Les Minimes avaient un assez grand nombre de couvents en France, en Espagne et en Italie.

MINISTRES, nom que les protestants donnent à leurs pasteurs, car ils ont presque partout rejeté le titre et la qualité de prêtres. Ces ministres ne sont point ordonnés par les évêques, et par conséquent ils n'ont point de vocation légitime, et l'ordination ne saurait leur être validement conférée. Mais les Luthériens répondent qu'il n'est pas absolument nécessaire que l'ordination soit conférée par un évêque; que le droit d'élire et d'ordonner appartient à toute l'assemblée des fidèles, et ils apportent en preuve ce qui se passe chez les catholiques, où les évêques élisent et ordonnent le patriarche, et les cardinaux le pape. Mais les catholiques mettent une grande différence entre l'élection, qui confère un droit, et l'ordination, qui imprime un caractère. L'assemblée du clergé et du peuple peut concourir validement à une élection, tandis que l'ordination ou la consécration ne peut être conférée que par celui qui a reçu lui-même la consécration épiscopale. Les Anglicans cependant se vantent d'avoir encore l'épiscopat et le sacerdoce; ils pourraient avoir raison, s'il n'y avait pas lieu de douter de la validité de l'ordination de Parker, qui sacra à son tour presque tous les évêques anglicans de son temps. Mais nous laissons aux théologiens le soin de discuter ce point.

Les ministres remplissent, dans toutes les communions protestantes, à peu près les mêmes fonctions que les prêtres et les curés parmi les catholiques. Ce sont eux qui président aux cérémonies religieuses, qui confèrent le baptême, qui prêchent la parole de Dieu, qui bénissent le pain et le vin à la cène, qui apprennent aux enfants et aux ignorants les éléments de la foi, qui ont soin des pauvres, qui visitent les malades, etc., etc. Dans le commerce habituel de la vie, ils ont le même costume que les séculiers, seulement ils évitent les modes trop mondaines; au temple, ils sont en général vêtus d'une longue robe noire ou espèce de soutane; mais les Anglicans ont conservé le surplis ou rochet blanc.

Nous croyons que nos lecteurs verront avec plaisir le détail de quelques ordinations protestantes.

1° Chez les Luthériens, le candidat qui a fait les études nécessaires et subi un examen préalable se rend à l'église où il doit être ordonné, en présence des ministres, des juges ecclésiastiques et de l'assemblée des fidèles. Il commence par se confesser avant ou pendant le prêche. Dans la prière qui suit le prêche, on fait expressément mention de lui en ces termes: *Un tel devant être reçu et ordonné ministre par l'imposition des mains, suivant l'usage apostolique, prions tous pour lui, que Dieu lui veuille donner son Saint-Esprit et le combler de ses dons*, etc. Le prédicateur étant descendu de chaire, on entonne le *Veni, sancte Spiritus*, et pendant le chant, le surintendant, qui est le plus éminent du clergé luthérien, se rend à l'autel, accompagné de six collègues, et suivi du candidat qui se met à genoux devant lui. Le surintendant s'adressant à ses collègues, après leur avoir communiqué le désir du postulant, les invite à joindre leurs prières aux siennes, et lit ensuite le formulaire de l'élection, qui est suivi d'une autre prière, après laquelle il parle en ces termes aux six pasteurs: *Mes chers frères en Jésus-Christ, je vous exhorte à poser vos mains sur ce postulant qui se présente ici pour être reçu ministre de l'Eglise de Dieu, selon l'ancien usage apostolique, et de concourir avec moi pour le revêtir du saint ministère*. En achevant ces derniers mots, il pose le premier les mains sur la tête du postulant et lui dit: *Soyez et demeurez consacré à Dieu*. Les six collègues répètent, après le surintendant, la cérémonie de l'imposition des mains avec les mêmes paroles; après quoi le surintendant s'adresse de la manière suivante au nouveau pasteur: *Etant assemblés ici avec le secours du Saint-Esprit, nous avons prié Dieu pour vous, et nous espérons qu'il aura exaucé nos prières. C'est pourquoi je vous ordonne, je vous confirme, je vous établis, au nom de Dieu, pasteur et conducteur des âmes dans l'Eglise de N*. Ces paroles sont proprement l'essence de l'ordination. En achevant de les prononcer, le surintendant descend de l'autel, et le prédicateur ordinaire s'en approche, revêtu de ses habits sacerdotaux, pour lire l'institution de la cène, et consacrer le pain et le vin dont il communie le nouveau ministre, qui reçoit la communion à genoux. Quelques cantiques et la bénédiction ordinaire terminent la cérémonie, après laquelle tous les pasteurs rentrent dans la sacristie. On félicite en latin le nouvel élu sur sa vocation, et le surintendant lui fait de nouvelles exhortations sur les devoirs de la charge pastorale. Ce rite est celui qui est suivi à Augsbourg ; mais les cérémonies varient suivant les temps et les lieux.

2° Suivant le rite calviniste, la nomination des ministres est précédée d'un examen et d'un discours prononcé par le candidat devant le synode ; puis on la publie par trois jours de dimanches consécutifs dans l'église que le nouveau ministre va desservir. Au jour fixé pour la cérémonie, on se rend dans le consistoire de cette église ou dans le synode, où l'on prononce un sermon analogue à la circonstance. Ensuite le président de l'assemblée lit le formulaire de l'imposition des mains au nouveau pasteur, qui est à genoux. Ce formulaire contient une exhortation assez longue sur tous les devoirs du ministère, et une prière que le président prononce, les mains posées sur la tête du nouveau pasteur. La prière étant finie, le président présente la main d'association à l'élu, et tous ceux qui composent le consistoire font la même chose après lui. L'après-midi, si l'imposition des mains a été faite un dimanche, le pasteur qui vient d'être admis au ministère prononce un discours que l'on appelle sermon d'entrée.

3° L'ordination, chez les Anglicans, consiste en trois choses : les prières, l'exhortation et l'imposition des mains. Par les constitutions de l'année 1603, l'ordination des prêtres et des diacres doit se faire les dimanches qui suivent les Quatre-Temps, au moment du service, dans l'église cathédrale, ou dans une paroissiale du lieu où l'évêque fait sa résidence, en présence de l'archidiacre, du doyen, de deux prébendaires, ou au moins de quatre personnes graves, qui aient été reçues maîtres ès arts et reconnues pour prédicateurs légitimes ; mais ils ne sont que les témoins de l'ordination, et ils n'y participent que par leurs prières et par l'imposition des mains. Après l'examen et l'exhortation qui le suit, et qui précède immédiatement la cène, on lit une épître tirée des Actes des apôtres, chap. xx, du verset 17 au verset 36, et si, dans le même jour, l'ordinand reçoit le diaconat et la prêtrise, ce qui arrive quelquefois, on ajoute le chapitre III de la première Épître à Timothée ; après quoi on lit au dernier chapitre de saint Matthieu, du verset 18 jusqu'à la fin, ou dans saint Jean, chapitre xx du verset 19 au 24. On chante le *Veni Creator*, et après avoir reçu de l'élu le serment de suprématie, l'évêque invite l'assemblée des fidèles à contribuer par des prières mentales au mérite et au succès de l'ordination, invitation que suit un silence de quelques instants. L'évêque prie ensuite tout haut, et fait immédiatement l'imposition des mains avec les prêtres assistants, sur les ordinands, qui sont à genoux. En leur imposant les mains, l'évêque emploie cette formule, qui est fortement censurée par les puritains : *Recevez le Saint-Esprit ; les péchés seront remis à ceux à qui vous les remettrez*, etc. *Soyez fidèles dispensateurs de la parole de Dieu et des sacrements*, etc. L'évêque remet ensuite la Bible entre les mains des nouveaux prêtres, et les communie de sa main. La cérémonie finit par une prière convenable et par la bénédiction.

4° Le candidat au ministère, chez les puritains d'Écosse, doit souscrire avant toutes choses aux dogmes et à la discipline de cette église, et signer la confession de foi. Avant son élection, il doit produire une attestation de sa vie et de ses mœurs, par où il paraisse qu'il a donné un plein assentiment à la doctrine de l'Église presbytérienne, qu'il a été constamment orthodoxe, évitant surtout de lire des livres hérétiques, ou de s'amuser à de vaines spéculations, à des paradoxes et à des recherches futiles. Il doit être examiné publiquement sur la discipline, sur les principaux points de la théologie et sur l'Écriture sainte. Les examinateurs y choisissent eux-mêmes les passages sur lesquels ils lui demandent son explication ; et cet examen est réitéré plus ou moins souvent, à la volonté des examinateurs. On n'oublie pas de lui représenter aussi la charge et les devoirs du ministère, et comment il est obligé de préférer à ses intérêts la gloire de Dieu et l'édification de l'Église, d'y maintenir la saine doctrine et la discipline ecclésiastique. L'Église pour laquelle se fait l'élection doit s'y préparer par le jeûne et la prière.

5° Chez les frères de Bohême, on exige du candidat au ministère des attestations de bonne vie ; on le soumet à un triple examen dans le synode, et on lui fait des représentations vives et souvent réitérées sur les devoirs, les travaux et les dangers du ministère. Puis on le fait mettre à genoux, et il fait sa prière avec l'assemblée des fidèles. On lui fait ensuite les devoirs de la charge pastorale, et il jure fidélité à Dieu et à l'Église. Alors les *antistes* ou surintendants le confirment dans le ministère en posant les mains sur sa tête, et en priant pour lui en même temps. Après cette imposition des mains, toute l'assemblée chante le *Veni sancte Spiritus* ; enfin on lui présente la main d'association. On l'introduit ensuite dans l'église qui lui est destinée. L'introducteur fait une exhortation au nouveau ministre et à son troupeau ; l'élu se recommande aux prières des fidèles, se met à genoux et prie avec eux. Les prières finies, l'introducteur prend le ministre par la main, le conduit à l'autel ou à la table sacrée, lui met le rituel entre les mains, et lui ordonne de commencer à exercer le pouvoir des clefs par l'administration des sacrements.

MINISTRE, est aussi le nom que porte le supérieur des maisons des Trinitaires ou Mathurins. Il n'y avait que le supérieur de la maison de Cerfroy, chef-lieu de l'ordre, qui fût distingué par le titre de prieur.

MINKHA, ce mot signifiait autrefois, chez les Hébreux, une oblation ou sacrifice non sanglant, offerte à Dieu, chaque jour dans l'après-midi. Le Minkha était distingué en grande et petite oblation. Le temps de la grande oblation commençait aussitôt après midi et finissait sur les trois heures ; celui de la petite venait immédiatement après et se terminait un quart d'heure avant le coucher du soleil. Les Juifs modernes donnent le nom de *Minkha* à des psaumes, des prières et des lectures, des litanies et des prières, qu'ils récitent sur les trois heures de l'après-midi, et qui correspondent ainsi aux nones de l'office canonial chez les chrétiens. *Voy.* OFFRANDE, n° 1.

MINORESSES, nom que l'on a donné quelquefois aux religieuses fondées par saint François d'Assise, avec la coopération de sainte Claire, et qui suivaient une règle analogue à celle des Frères Mineurs. *Voy.* CLARISSES.

MINORIES, nom des couvents occupés par les Pauvres Clarisses, appelées aussi *Minoresses*.

MINOS, législateur des Crétois et fondateur de leur empire; il gouverna son peuple avec beaucoup de sagesse et de douceur, et fit bâtir plusieurs villes: entre autres, Gnosse et Phestus. Afin de donner à ses lois plus d'autorité, il se retirait tous les neuf ans dans un antre, où il feignait d'avoir des entretiens avec Jupiter, et de rédiger son code d'après les ordres du souverain des dieux; ce qui lui fit donner par Homère le titre de disciple de Jupiter. Il était fils d'Astérius, surnommé Jupiter, et d'Europe; c'est pourquoi il passa dans la suite pour fils du roi de l'Olympe. L'historien Josèphe est le seul des anciens qui ait avancé que Minos avait reçu ses lois d'Apollon, et qui l'ait fait voyager à Delphes pour les apprendre de ce dieu. La sagesse de son gouvernement, et surtout son équité, lui ont fait donner après sa mort, par les poëtes, la fonction de juge des enfers, qu'il partageait avec Eaque et Rhadamanthe. Minos était regardé comme le président des assises infernales. Homère le représente avec un sceptre à la main, assis au milieu des ombres, dont on plaide les causes en sa présence. Virgile le dépeint agitant dans sa main l'urne fatale où est renfermé le sort de tous les mortels, citant les ombres à son tribunal, et soumettant leur vie entière au plus sévère examen.

On trouve des rapports de consonnance entre le nom de *Minos* et ceux du *Menès* égyptien, du *Manou* indien, et du *Mann* germanique, tous législateurs de leurs peuples respectifs.

Il ne faut pas confondre ce Minos avec Minos II, son petit-fils, père d'Androgée, d'Ariadne et de Phèdre, et auquel il faut rapporter les fables de Pasiphaé, du Minotaure et de Dédale. Le premier a dû régner vers l'an 1500 avant l'ère chrétienne, et fut peut-être contemporain de Moïse, législateur des Hébreux; le règne du second peut être rapporté vers l'an 1320.

MINOTAURE, mythe célèbre des Crétois et des Grecs: c'était un monstre moitié homme et moitié taureau, comme l'exprime son nom. Le *Minotaure* pourrait aussi être un homme à tête de taureau, et les Crétois auraient emprunté ce mythe aux Persans. Les Athéniens, intéressés à noircir Minos II, leur vainqueur, firent du Minotaure le fruit de l'infâme passion de la reine Pasiphaé pour un taureau blanc. Ils racontent que ce Minos sacrifiait tous les ans à Neptune le plus beau taureau de ses troupeaux. Il s'y trouva une fois un taureau d'une forme si belle, que le roi en substitua un autre de moindre valeur. Neptune irrité inspira à Pasiphaé une honteuse passion pour ce taureau, que Dédale favorisa en construisant une vache d'airain. Le Minotaure dut sa naissance à ces absurdes amours. Le même Dédale construisit alors le fameux labyrinthe de Crète pour y renfermer le monstre qu'on nourrissait de chair humaine. Les Athéniens vaincus furent obligés d'envoyer tous les sept ans, en Crète, sept jeunes garçons et autant de jeunes filles, pour servir de pâture au Minotaure. Le tribut fut payé trois fois; mais à la quatrième, Thésée s'offrit pour délivrer ses concitoyens; il tua le Minotaure, et se délivra avec ses compagnons d'infortune, en sortant du labyrinthe, à l'aide d'un fil ou d'un plan topographique, que lui avait donné à cet effet Ariadne, propre fille de Minos.

Il est facile de rétablir sur cette fable les faits historiques. Les Athéniens furent vaincus par *Taurus*, général de Minos, et contraints d'envoyer, tous les sept ans, sept garçons et sept jeunes filles en otage au roi de Crète. Les Athéniens, pour discréditer leur vainqueur, publièrent que la reine avait eu des intrigues secrètes avec Taurus, général des armées de son mari, et ils donnèrent à l'héritier présomptif de la couronne, pour l'avilir, le nom de *Mino-Tauré*, qui, dans l'intention des Athéniens, exprimait une paternité douteuse. Thésée, envoyé à son tour comme otage, trouva le moyen, avec le concours de la fille du roi, qu'il avait séduite, de faire décharger sa patrie de ce honteux tribut.

MINUTIUS, dieu que les Romains invoquaient pour les petites choses, pour les *minuties*. Ils lui avaient bâti un petit temple près de la porte Minutia, qui tirait son nom de cette étrange divinité.

MIPLETSETH, 1° idole syrienne, adorée par les Israélites idolâtres. L'Ecriture sainte rapporte que Maacha, mère d'Asa, roi de Juda, régente du royaume, fit élever son simulacre pour le placer dans un bocage; mais son fils, devenu grand, mit cette idole en pièces et la brûla près du torrent de Cédron. Quelques-uns ont vu sous ce nom Pluton; d'autres, avec plus de vraisemblance, Priape; mais plusieurs commentateurs regardent ce mot comme exprimant simplement une idole.

2° On trouve le même nom *Miplezeth* parmi les anciennes divinités du Nordgaw en Germanie; ce dieu était, dit-on, représenté comme le Priape des Romains.

MIRA, paradis des anciens Taïtiens. Ils l'appelaient encore *rohouto-noanoa*, paradis parfumé. Cet Élysée était situé au nord-ouest de Raïatea, sur la montagne Temehaniounaïina; il n'était visible que pour les esprits; les parfums les plus suaves, et des plantes d'une verdure éternelle s'y trouvaient en abondance, et l'on y goûtait d'ineffables délices sans pouvoir jamais les épuiser.

MIRA-BAIS, secte d'Hindous qui font profession d'adorer Krichna, réuni, sous la forme de Ranatchhor, à une héroïne nommée Mira-Baï, dont voici la légende abrégée :

Mira était fille d'un petit radja, souverain d'une ville appelée Merta. Elle épousa le prince d'Oudayapour ; mais à peine fut-elle établie dans la maison de son mari, qu'elle eut des querelles avec sa belle-mère, parce que celle-ci, adoratrice de Dévi, voulait qu'elle prît part au culte que toute la famille rendait à cette déesse, et que Mira ne voulut jamais consentir à abandonner le culte de Krichna. Ce refus la fit chasser de la maison de son mari. Il paraît toutefois qu'on la traita avec une sorte de considération, et qu'on lui fit une position indépendante ; mais qu'elle dut cette espèce de transaction plutôt à son adresse qu'à sa sainteté personnelle, dont elle avait cependant donné des preuves ; car elle but une fois, sans la moindre hésitation, un poison que lui présenta son mari, et elle n'en fut pas le moins du monde incommodée. Rendue à la liberté, elle adopta le culte de Ranatchhor, une des formes de Krichna, et devint la protectrice des Vaichnavas errants. Elle alla visiter, en pèlerinage, Vrindavana et Dwaraka, lieux honorés autrefois par la présence de Krichnā. Pendant qu'elle était dans cette dernière ville, s'éleva, à Oudayapour, une persécution contre les Vaichnavas, et on envoya des brahmanes pour la ramener de Dwarika ; mais, avant de partir, elle alla visiter le temple de sa divinité tutélaire pour prendre congé d'elle. Lorsqu'elle terminait ses adorations, l'image de Krichna s'ouvrit, Mira s'élança dans l'ouverture, qui se referma aussitôt, et Mira ne parut plus. En conséquence de ce miracle, l'image de Mira-Baï est adorée à Oudayapour, conjointement avec celle de Ranatchhor.

MIRACLES, événements supérieurs au cours ordinaire de la nature, et dont Dieu se sert quelquefois pour faire éclater sa toute-puissance et manifester la vérité aux hommes. C'est une erreur ou au moins une témérité de dire que les miracles sont des faits contraires aux lois de la nature ; car pour parler de la sorte il faudrait que nous connussions bien quelles sont ces lois ; or, il est certain que l'homme ne les connaîtra jamais dans leur universalité. Sans doute, Dieu, qui est l'auteur de la nature, a la puissance d'agir contrairement aux lois de la physique qu'il a posées ; il peut simplement les suspendre, mais il a pu aussi se réserver le moyen d'agir en certains cas conformément à un ordre de choses que nous ne connaissons pas, et qui *paraît* opposé à l'ordre physique dont nous avons étudié les lois. Nier les miracles, c'est nier la toute-puissance de Dieu, c'est l'asservir à quelque chose qui n'est pas lui, c'est lui ôter son indépendance, sa liberté, sa faculté de vouloir et d'agir, c'est l'assimiler à la matière inerte ; la négation des miracles est en quelque sorte la négation de Dieu. Pourquoi un miracle serait-il en soi-même une chose impossible ? En effet, s'il est certain que Dieu peut suspendre les lois qu'il a établies, ou agir conformément à un ordre de choses que nous ne connaissons pas, peut-on nier qu'il ne puisse avoir quelquefois des motifs pour agir ainsi ? Mais, dira-t-on, je n'ai jamais vu les lois de la nature suspendues. — Qu'en veut-on conclure ? Que Dieu n'a jamais fait de miracles ? Mais faudra-t-il absolument qu'un miracle devienne commun pour être croyable ? Faudra-t-il que Dieu en opère en faveur de chaque individu à qui il arrivera de douter ? Alors ce ne seraient plus des miracles. Est-ce là une prétention raisonnable ? C'est cependant ainsi que Hume a raisonné pour nier la certitude d'aucun miracle. Un autre philosophe, Laplace, raisonne à peu près de la même manière ; mais il convient qu'il faudrait bien croire un miracle, si on en était le témoin. Or, il n'est pas plus certain que nos sens ne nous trompent pas qu'il n'est certain qu'une foule d'hommes de tous caractères et de toutes conditions n'ont pas pu se réunir pour attester un fait, même miraculeux, si ce fait par lui-même est facile à constater et s'ils n'ont aucun intérêt à le supposer, sans que ce fait miraculeux soit vrai. Au reste, un autre incrédule, J.-J. Rousseau, a avoué franchement que, si tout Paris lui attestait qu'il a vu un mort ressuscité, il n'y croirait pas. A un parti pris irrévocablement il n'y a rien à répondre.

Parmi tous les miracles qui ont concouru à l'établissement du christianisme sur la terre, nous n'en voyons pas de plus grand que son établissement même, qui résume en lui seul tous les autres. Et à ce sujet nous ne pouvons nous empêcher de citer ce beau passage de saint Augustin dans la *Cité de Dieu* : « Il y a trois choses incroyables, dit-il, qui néanmoins sont arrivées : Il est incroyable que Jésus-Christ soit ressuscité en sa chair, et qu'avec cette même chair il soit monté au ciel. Il est incroyable que le monde ait cru une chose si incroyable. Il est incroyable qu'un petit nombre d'hommes vils, inconnus, ignorants, aient pu persuader une chose si incroyable au monde et aux doctes du monde. De ces trois choses incroyables les incrédules ne veulent pas croire la première ; ils sont contraints de voir la seconde ; et ils ne sauraient comprendre celle-ci sans admettre la troisième. »

On peut distinguer deux sortes de miracles : ceux que l'on doit croire comme réels, authentiques et articles de foi, et ceux que l'on n'est pas obligé de croire d'une foi explicite. Les premiers sont ceux qui ont été opérés dans l'intérêt général de la religion et dans l'économie de la rédemption du genre humain ; ils sont consignés dans l'Ancien et le Nouveau Testament ; il est à remarquer qu'ils ont été pour la plupart opérés en public ou attestés par un nombre suffisant de témoins dignes de foi : tels sont, dans l'Ancien Testament, le passage de la mer Rouge, la manne descendue du ciel, l'eau sortie du rocher, etc. ; et, dans le Nouveau, la guérison de l'aveugle-né, la résurrection de Lazare, celle de Jésus-Christ, la guérison du paralytique assis à la belle porte du temple, etc., etc. Les miracles que l'on n'est pas obligé de croire d'une foi explicite sont ceux qui ont été opérés en faveur d'un, ou de plusieurs individus, ou qui n'intéressent qu'une localité. On n'est pas même obligé de les connaître; mais une fois qu'ils ont été suffisamment constatés, il y aurait de la témérité à les nier ou à les révoquer en doute.

On distingue encore les miracles en vrais et en faux : les vrais miracles sont ceux dont nous venons de parler; les faux miracles ne sont point des miracles, mais ou bien ils sont supposés, ou bien ils sont l'effet de la physique ou de l'adresse, ou de la fourberie, ou de l'ignorance; car le peuple ignorant a très-souvent considéré comme des miracles les effets dont il ignorait la cause.

Il n'y a presque point de système religieux qui n'appuie sa doctrine sur des miracles ; mais les prodiges relatés dans les fausses religions n'ont d'autre garant que le livre mythologique qui les rapporte, et je ne sache pas que les païens, les Musulmans, les Hindous, les Bouddhistes aient jamais songé à prouver d'une manière authentique les faits merveilleux qu'ils rapportent. Ils se contentent de les proposer à la crédulité des auditeurs.

Nous croyons inutile de rapporter ici les prétendus miracles admis dans les fausses religions; les principaux sont détaillés dans un grand nombre d'articles de ce Dictionnaire.

MIRES, espèce de fées qui, chez les Grecs modernes, correspondent aux Parques des anciens, dont elles portent le nom, Μοῖραι. La jeune Grecque qui éprouve une émotion inconnue, dit le voyageur Pouqueville, fait exposer, par sa bonne, une offrande de gâteaux et de miel dans quelque grotte, afin de supplier les Mires de lui envoyer un époux qu'on a soin de désigner par quelque emblème. Les nouvelles mariées invoquent ces génies invisibles pour obtenir la grâce de la fécondité. Le cinquième jour de l'accouchement, on célèbre la visite des Mires, qui a remplacé l'Amphidromie. La plus pauvre cabane prend alors un air de fête pour recevoir les *bonnes dames*, qu'on ne voit jamais, quoiqu'elles emportent la fièvre de lait de l'accouchée. Malgré cette attentive bonté, il faut se garder de la laisser seule, dans la crainte qu'elles ne lui tordent le cou; car ces fées, quoique débonnaires, étant des vierges surannées, envient aux épouses le bonheur de la maternité.

MIRIEK, dieu ou génie des Coréens.

MIROIR, symbole de la Divinité chez les Japonais. Le dieu Amatsou fiko fonoki ninigi-no Mikoto l'envoya sur la terre avec le glaive et la planchette; c'est ce qu'on appelle les trois choses précieuses. Ce miroir est appelé *Ma fou tsou-no kagami*, ou le miroir qui aide à arriver à bon port. Il est l'emblème de la pureté; aussi ne voit-on, dans les temples des Sintoïstes, qu'un miroir suspendu à une boule nommée *kokoro* ou le cœur. Les Japonais visitent ces temples avec une profonde vénération. Le corps incliné, ils y offrent avec le plus grand recueillement et en silence leurs hommages au miroir, emblème de l'esprit suprême, qui est la source de toute création. Ainsi que dans un miroir, disent-ils, on aperçoit les défauts du corps, de même la Divinité aperçoit les moindres vices et les mauvaises intentions dans le cœur humain.

MIROKOU, dieu des marchands, dans le Japon. On le représente avec un gros ventre. *Voy.* FOTTEI.

MISCHNA; ou *Deutérose*, c'est-à-dire *seconde loi*. Les Juifs appellent ainsi le recueil contenant les traditions de leurs pères, qui ont été observées depuis Moïse, et transmises successivement par la voie orale jusqu'à rabbi Juda, surnommé *Haccadosch*, le saint, et *Hannasi*, le prince, qui florissait sous l'empereur Antonin, l'an 150 de l'ère vulgaire. Ce rabbin, voyant que la science des Juifs diminuait, que les lois traditionnelles étaient livrées à l'oubli, et que le peuple juif se dispersait de plus en plus, entreprit de rétablir ces traditions et de les consigner dans une collection pour empêcher qu'elles ne se perdissent. Il recueillit donc tout ce qui en était resté dans la mémoire des Juifs de son temps, et tout ce qu'il put trouver dans les écrits de ses coreligionnaires; il en composa un livre, auquel il donna le nom de *Mischna*, et qui ne tarda pas à obtenir un grand crédit auprès des Juifs, qui l'approuvèrent et le reçurent à l'unanimité. Il devint le corps authentique du droit tant pour ceux qui demeuraient dans la Judée, que pour ceux qui habitaient la Babylonie, et on l'expliqua dans les académies.

La *Mischna* compose, avec la *Gémare*, qui en est comme la glose, ce que l'on appelle le Talmud de Babylone; elle est partagée en six divisions, qui traitent des plantes et de leur usage, des fêtes et des sabbats, des femmes et des mariages, des dommages et de leur réparation, des sacrifices et des choses saintes, enfin des purifications et des souillures. — Les rabbins disent proverbialement que la Bible ressemble à de l'eau, la Mischna à du vin, le Talmud à une liqueur composée; ou bien que la Bible est comme le sel, la Mischna comme le poivre, et le Talmud comme les aromates.

MISÉ, ancienne divinité grecque, que les Orphiques appellent la mère de Bacchus, la chaste, la reine ineffable. Elle est douée des deux sexes. Tantôt elle reçoit les parfums du temple d'Eleusis; tantôt elle célèbre avec Cybèle des mystères dans la Phrygie; tantôt elle s'amuse, dans l'île de Chypre, avec Vénus; tantôt elle parcourt gaiement les plaines sacrées et fertiles des bords du Nil, où elle accompagne Isis enveloppée d'habits de deuil, et la tête surmontée de cornes. Misé n'est sans doute autre chose que Proserpine. Dans les détails donnés par les Orphiques, on trouve les idées de la mère nature, de la lune et de la fertilité.

MISÉRICORDE. 1° C'est une des vertus les plus recommandées dans le christianisme. On compte communément sept œuvres de miséricorde corporelle, et autant de miséricorde spirituelle. Les sept œuvres de miséricorde corporelle sont : 1° donner à manger à ceux qui ont faim; 2° donner à boire à ceux qui ont soif; 3° vêtir ceux qui sont nus; 4° loger les voyageurs; 5° visiter les infirmes; 6° visiter les prisonniers; 7° ensevelir les morts. — Les sept œuvres de miséricorde spirituelle sont : 1° donner des conseils à ceux qui sont dans le doute; 2° instruire les ignorants; 3° avertir les pécheurs; 4° consoler les affligés; 5° pardonner les offenses; 6° supporter patiemment les injures; 7° prier pour les vivants et pour les morts.

2° Les Grecs et les Romains avaient fait de la Miséricorde une déesse, à laquelle ils avaient élevé des temples, qui servaient d'asile aux criminels et aux malheureux poursuivis par leurs ennemis. Les petits-fils d'Hercule se réfugièrent dans celui d'Athènes pour se dérober à la fureur des séditieux, qui les poursuivaient à dessein de venger sur eux les maux que ce héros leur avait fait souffrir.

3° On donne, dans les églises catholiques, le nom de *miséricorde* à un petit cul-de-lampe en bois adapté à chacune des stalles du chœur et sur laquelle on s'appuie lorsque la stalle est levée. On l'a appelée *miséricorde* parce que ce n'est que par une espèce de condescendance que l'on permet de s'appuyer ainsi pendant les parties de l'office assez nombreuses où l'on doit se tenir debout. Les moines de l'Orient appuient en pareil cas leurs bras sur une potence ou béquille. — Les Chartreux donnent le même nom à l'endroit de leur couvent destiné à mettre les habits. — Enfin, dans quelques monastères, on appelait autrefois *miséricorde* une récréation de surcroît et une mesure de vin plus grande qu'à l'ordinaire.

4° Il y a en France une congrégation de prêtres qui porte le nom de *Pères de la Miséricorde*, qui se livrent à la prédication et à l'instruction. *Voy.* Missionnaires.

5° Il y a aussi plusieurs communautés de dames de la *Miséricorde*, dont les établissements sont un asile et une retraite volontaire pour les filles égarées et revenues à Dieu; d'autres sont établies pour les orphelines et pour le soulagement et le pansement des infirmes.

MISÉRICORDE (Œuvre de la). En 1840, un homme des environs de Caen, nommé Pierre-Michel Vintras, se prétendit illuminé par des inspirations célestes; il simula des états d'extase dont il donnait le spectacle pendant des nuits qu'il appelait mystérieuses, et voulait faire croire qu'il était en communication avec Dieu ou avec ses organes. Il soutenait que Jésus-Christ et la sainte Vierge lui apparaissaient sous des formes humaines; que l'archange saint Michel se présentait à lui sous l'aspect d'un vieillard vénérable; que saint Joseph se montrait sous le costume d'un ouvrier, avec une règle à la main; ces saints personnages prononçaient des paroles mystérieuses, qu'il rapportait à ses auditeurs et en les prononçant il tombait dans un état d'extase. Bientôt il se donna pour un prophète, prétendit faire des miracles qui prouveraient sa mission divine; annonça de grands châtiments, et à leur suite *le règne de la Miséricorde et de l'esprit*, dont les principaux agents au milieu des hommes seraient le *Monarque fort* et le *Grand-Pontife*.

Cet homme se fit beaucoup d'adeptes dans la Touraine et dans le Maine; ils ont pris le nom d'associés de l'*Œuvre de la Miséricorde*, et portent pour insignes une petite croix blanche, sans christ, attachée avec un ruban rose. Ils portent aussi un ruban en l'honneur de l'immaculée conception de la sainte Vierge. Dans cette secte nouvelle, la loi suprême est l'inspiration que chacun reçoit individuellement et dont il est le seul juge. Le monde, disent-ils, a vécu sous le règne de la *crainte* depuis Moïse jusqu'à Jésus-Christ; sous le règne de la *grâce*, depuis Jésus-Christ jusqu'à nos jours, et il va passer sous le règne de l'*amour* dans l'Œuvre de la Miséricorde : ainsi règne du Père sous la loi, règne du Fils sous l'Évangile, règne du Saint-Esprit sous l'Évangile mieux compris, où le Paraclet enseignera toute vérité. Dans cette troisième période, le Seigneur choisit pour organe Pierre-Michel, qu'il chargea de recevoir, d'écrire et de répandre ses communications divines au sujet de l'alliance qu'il va renouveler avec les hommes en les régénérant par le Saint-Esprit.

Pierre-Michel Vintras enseigne que l'homme, outre son corps et son âme, a un esprit distinct de l'âme; que les esprits sont des anges déchus, qui sont envoyés dans des corps terrestres en expiation des fautes qu'ils ont commises dans le ciel; et ce nouveau prophète révèle à chacun le nom que l'esprit qu'il a en lui portait dans le ciel.

Cependant un schisme n'a pas tardé à naître au sein de la nouvelle religion; il paraît que, parmi les inspirés et les adeptes de l'Œuvre de la Miséricorde, beaucoup inclinent à regarder Pierre-Michel comme inspiré du démon. Ceux-ci se rallient au drapeau du Polonais André Towianski, qui, à l'en croire, a maintenant en lui l'esprit de Napoléon; ce grand capitaine n'est mort loin de la France, à Sainte-Hélène, que pour expier le tort d'avoir manqué à la divine mission qu'il avait reçue de régénérer le monde selon les idées de l'*Œuvre de la Miséricorde et de l'Amour*; André Towianski s'est chargé d'accomplir cette mission, et c'est dans ce but qu'il alla à Rome pour faire sanctionner sa mission par le pape, qui ne pouvait, dit-il, refuser de reconnaître en lui l'envoyé de Dieu.

Pierre-Michel Vintras a été condamné, le 20 août 1842, à cinq ans d'emprisonnement et à 100 francs d'amende par le tribunal correctionnel de Caen, pour escroquerie et abus de confiance; arrêt confirmé par la Cour de cassation. Cette condamnation ne refroidit pas cependant le zèle de ses disciples, dont un certain nombre persévèrent encore dans leurs illusions. Ces fanatiques viennent d'être condamnés dans le concile de Paris, dont les Pères s'expriment ainsi dans la lettre synodale adressée au clergé et aux fidèles de leurs diocèses :

« Des débris de plusieurs écoles mystiques dont les chefs ne sont plus, une secte s'est formée, qui essaye d'étendre dans l'ombre ses racines, et qui, sous le manteau de la piété, a déjà séduit un grand nombre d'âmes simples et ignorantes. Nous avons appris avec un douloureux étonnement qu'elle était parvenue à s'établir dans quelques-uns de nos diocèses, et qu'elle comptait même quelques prêtres parmi ses adeptes. Elle a pris le nom menteur d'*OEuvre de la Miséricorde*. Elle renouvelle des rêveries anciennes, déjà condamnées par les conciles. Elle annonce, comme prochaine dans l'Eglise, une ère nouvelle qui sera le règne du Saint-Esprit. Sa doctrine sur les anges, sur la nature humaine, est contraire à la foi. Elle l'appuie sur des révélations et sur de prétendus miracles. Par l'abus le plus impie des choses saintes, elle fait servir même nos plus sacrés mystères à ses pratiques superstitieuses, et à toutes les menées souterraines qui ont pour but la séduction et la corruption des âmes.

« Le point de départ de ces sectaires, c'est l'obscurcissement prétendu de l'Eglise. Oubliant les promesses qui lui ont été faites, et qui lui assurent jusqu'à la consommation des siècles l'assistance divine, ils la déclarent déchue, et ils se présentent pour la restaurer et la renouveler.

« Nous devions démasquer ces novateurs, et arrêter, autant qu'il était en notre pouvoir, les ravages qu'ils font au milieu même de nos troupeaux. Tous les points de cette doctrine, dont les auteurs mentent, même en la proclamant nouvelle, ont été déjà condamnés par l'Eglise dans les temps anciens. De notre temps, la secte elle-même a été l'objet d'une condamnation expresse de la part de Grégoire XVI et de plusieurs évêques. Nous avons renouvelé toutes ces condamnations.»

MISSEL, livre d'église à l'usage des évêques et des prêtres qui célèbrent la sainte messe ; il est ainsi appelé parce qu'il contient les différentes messes de l'année, selon les jours et les fêtes. Par extension, on appelle également Missel le même livre latin ou traduit, que l'on met entre les mains des fidèles : plusieurs diocèses, surtout en France, et quelques ordres religieux, ont un Missel particulier. L'ordinaire de la messe est en général le même ; mais les variantes se trouvent dans les parties accessoires qui changent presque à chaque jour, et qui ne sont pas toujours les mêmes dans les diocèses et les ordres dont nous venons de parler. On regarde le pape Zacharie comme le premier auteur du Missel; saint Grégoire le Grand corrigea son ouvrage et le rédigea dans un meilleur ordre, qui se trouve presque tout entier dans le Missel romain actuel. Ce dernier a vu ses dernières formes consacrées par les papes Pie V, en 1570 ; Clément VIII, en 1604, et Urbain VIII, en 1634.

MISSION, 1° pouvoir que les pasteurs reçoivent de l'autorité compétente pour prêcher l'Evangile, administrer les sacrements et diriger les peuples dans la voie du salut ; les prêtres tiennent leur mission de l'évêque diocésain, et les évêques la reçoivent du souverain pontife. Ce pouvoir émane en dernière analyse de Jésus-Christ, qui a dit à ses apôtres : *Comme mon Père m'a envoyé, je vous envoie de même.*

2° On appelle encore *mission* une suite de prédications, de catéchismes et de conférences extraordinaires, que vont donner dans les villes et les villages plusieurs prêtres ou religieux, par l'ordre des évêques et avec l'agrément des pasteurs locaux.

3° Enfin on donne le nom de *mission* aux travaux des prédicateurs de la foi, qui vont dans les contrées étrangères porter le flambeau de la foi et les lumières de la civilisation.

Les missions, prises dans ce dernier sens, sont essentiellement propres à la religion chrétienne, parce qu'il n'y a que la religion véritable qui ait la prétention de se dire *universelle*, et d'appeler dans son sein tous les peuples de la terre. Ainsi les anciens païens n'ont jamais songé à propager leur doctrine au delà du cercle de leur nation respective ; les Brahmanistes regardent leur système religieux comme propre à leur contrée, et impossible partout ailleurs ; les Musulmans, il est vrai, se sont répandus au loin, mais c'est en s'élargissant successivement, et en imposant le Coran le fer à la main; il en a été à peu près de même des Bouddhistes, qui ont insinué peu à peu leur doctrine autour du centre primitif ; mais aucun de ces peuples ne s'est avisé d'envoyer des missionnaires au loin et chez les peuplades barbares pour prêcher leurs dogmes au péril de leur vie. Les Juifs eux-mêmes, qui possédaient la connaissance du vrai Dieu, n'ont jamais cherché à faire des prosélytes au dehors, parce que, comme nous en faisons l'observation ailleurs, le judaïsme n'est pas une *religion*, mais une *loi* faite pour un peuple particulier.

Jésus-Christ étant mort et ayant satisfait pour tous les peuples de la terre, il s'ensuit nécessairement que le christianisme a dû chercher tous les moyens pour répandre promptement cet immense bienfait dans tous les lieux habités du globe, comme en effet Jésus-Christ en avait donné l'ordre à ses disciples : *Allez donc, instruisez toutes les nations.* Persuadés qu'eux seuls étaient les dépositaires de la vraie foi, que cette foi était pour tous les hommes indispensable au salut, ils ont dû regarder comme un devoir de charité et une obligation pressante de se vouer à cette grande œuvre et de propager le royaume de Jésus-Christ. Aussi les apôtres ont-ils été les premiers missionnaires (1) et ils ont prêché avec un tel succès chez toutes les nations du monde connu alors,

(1) Le mot *apôtre* (en grec Ἀπόστολος) signifie *envoyé*, et correspond parfaitement à celui de *missionnaire.*

que, peu d'années après la dispersion des apôtres, saint Paul a pu dire hautement aux chrétiens de Rome : *Votre foi est annoncée dans l'univers entier*. Les successeurs des apôtres ont continué l'œuvre de leurs devanciers; et ils ne se sont arrêtés que lorsqu'ils n'ont plus trouvé de nations à convertir. Les missions, il est vrai, ont éprouvé un point d'arrêt dans l'Orient; c'est lorsque l'Eglise grecque, tombée dans le schisme ou dans l'hérésie, après avoir usé toutes ses forces dans les subtilités d'une dialectique vaine et inutile, tomba enfin dans une insouciante apathie et une léthargie mortelle. Mais, dans l'Occident, où la foi se conserva toujours pure, les missionnaires continuèrent à porter l'Evangile dans toutes les contrées nouvelles, à mesure que leurs connaissances géographiques s'étendaient, et ils ne s'arrêtèrent que devant les bornes que leur opposa l'Océan. Mais lorsqu'au xv° siècle d'intrépides navigateurs se furent ouvert, à travers l'Océan, des routes nouvelles qui révélèrent l'existence d'immenses contrées dans l'Orient et dans l'Occident, de nombreux essaims de missionnaires s'élancèrent à leur suite, et depuis cette époque n'ont pas cessé de sillonner les mers, de parcourir les continents et les îles, de braver les feux de la zone torride, les neiges et les glaces des régions septentrionales, pour porter à toutes les nations la parole du salut.

Sans nous étendre davantage sur les missions catholiques, considérées sous le rapport théologique, nous constaterons que les missionnaires catholiques, et surtout les missionnaires français, ont rendu de grands services :

1° A la *religion*, qu'ils ont propagée dans presque toutes les contrées du monde.

2° Aux *nations étrangères*, qu'ils ont retirées de la barbarie, dont ils ont adouci les mœurs, à qui ils ont enseigné les arts utiles.

3° Au *commerce* : car ce sont les missionnaires qui ont ouvert les Echelles du Levant aux produits de l'industrie française, comme Louis XIV et Colbert l'ont reconnu dans un document authentique. Ce sont eux encore qui, par l'ascendant que leur savoir et leurs vertus leur ont souvent fait obtenir sur l'esprit des princes infidèles, ont protégé les marchands et les navigateurs européens dans les villes maritimes de l'Inde et de la Chine.

4° A l'*industrie*. C'est un de ces admirables ouvriers qui nous a donné les premiers renseignements sur les toiles et les teintures indiennes. La riche correspondance connue sous le nom de *Lettres édifiantes*, et les *Mémoires concernant les Chinois*, ont fourni une foule de données utiles à la fabrication d'un grand nombre de produits.

5° Aux *sciences*. L'archéologie leur doit de précieuses découvertes; l'histoire naturelle, d'intéressantes descriptions de lieux et d'objets mal connus avant eux. Mathématiciens avancés, ils ont contribué aux progrès de l'astronomie, de la géographie et de la physique. Philologues érudits, ils ont révélé à l'Europe le génie des langues de l'Orient; ils ont inspiré le goût de ces littératures où la science puise chaque jour tant de richesses et qu'elle exploite si heureusement au profit de toutes les vérités.

6° A la *diplomatie* : car ce sont eux, la plupart du temps, qui ont créé ou ménagé les relations des Etats européens avec les puissances de l'Orient, et qui ont sauvegardé les intérêts de notre nation.

Les sectes protestantes, jusque vers la fin du siècle dernier, n'avaient jamais songé à propager leur doctrine parmi les nations étrangères; elles blâmaient même ce qu'elles appelaient l'ardeur du prosélytisme dont les catholiques étaient animés; mais voilà que, depuis quelque temps, elles sont entrées dans la même voie, et répandent à grands frais des missionnaires dans toutes les contrées de la terre. Cette impulsion a été donnée par les Anglais, qui ont vu quel parti ils pourraient tirer de leurs missionnaires pour asseoir leur domination sur toutes les terres et les mers. Mais le résultat démontre que leur œuvre n'est pas l'œuvre de Dieu; car avec une allocation de près de cinquante millions de francs, ils sont bien éloignés d'obtenir les effets qui couronnent les efforts des missionnaires catholiques soutenus d'aumônes qui ne dépassent pas trois millions. Nous convenons que les protestants ont converti au christianisme de nombreuses peuplades dans les îles de la mer du Sud; mais là ils n'ont affaire qu'à des sauvages, dont ils sont à peu près les maîtres absolus; encore ces pauvres insulaires les quittent-ils volontiers lorsque les missionnaires catholiques viennent leur apporter un autre rite et des formes religieuses plus douces et plus consolantes. Mais dans les pays de l'Orient, où cependant leur nation jouit soit d'une autorité absolue, soit d'une grande prépondérance, leurs succès sont presque nuls; nous ne voulons pas en apporter d'autres preuves que le passage suivant, extrait du voyage du révérend Malcolm, missionnaire protestant lui-même, et témoin oculaire des faits qu'il rapporte avec une admirable franchise.

« Plus de 250,000 écoliers reçoivent aujourd'hui (dans l'Inde) l'instruction dans les écoles des missionnaires, et le nombre de ceux qui y ont été reçus jusqu'ici, et qui ont vécu sous l'influence des ministres, peut se monter à un million. Feu M. Reichardt de Calcutta, qui fut employé pendant longtemps au service de ces écoles, assurait que, parmi tant de milliers de jeunes gens, *cinq ou six* seulement s'étaient faits chrétiens. A Vépery, faubourg de Madras, où pendant un siècle une entreprise de ce genre a été puissamment soutenue par la Société des connaissances chrétiennes, les résultats ne sont guère plus encourageants, non plus qu'à Tranquebar, où les missionnaires danois ont des écoles depuis 130 ans. Dans tout Madras, où les écoles sont fréquentées par plusieurs milliers d'indigènes, on n'en compte pas plus d'une *demi-douzaine* qui aient embrassé le christianisme. Au collège anglo-chinois, élevé à grands frais à Malacca il y a plus de vingt ans, on compte une *vingtaine* de conversions. L'école établie à Calcutta par l'Association générale écossaise, et qui, depuis six ans, réunit environ 400 écoliers, compte *cinq ou six* néophytes; celle qui a été fondée, il y a seize ans, à Chittagong, et qui réunit plus de 200 élèves, n'a vu jusqu'ici que *deux* de ses écoliers amenés à la connaissance de la vérité. A Arracan, les écoles n'ont pas encore produit *une seule* conversion. Dans tout l'empire des Birmans, je n'ai pas ouï parler *d'un seul* chrétien sorti des écoles. Dans les lieux où les écoles prospèrent le plus, un nombre considérable d'élèves ont à la vérité abandonné l'idolâtrie, mais sans embrasser le christianisme, et sont à présent des infidèles entêtés, pires dans leur conduite que les païens; plusieurs, grâce à l'éducation qu'ils ont reçue, ont obtenu des fonctions et une influence dont ils se servent contre la religion même... Je n'ai pas entendu parler *d'un seul* Malais converti dans toute la presqu'île...

« Il y a quelque chose d'inexplicable, continue le révérend Malcolm, dans la stérilité des missions protestantes; car les missionnaires catholiques, avec de très-faibles ressources, ont obtenu beaucoup plus de succès; ils ont fait un grand nombre de prosélytes: leur culte est devenu populaire, et partout il excite l'attention publique. Ne pourrait-il pas se faire que la surabondance des moyens possédés par les missionnaires protestants, leurs richesses mêmes et leur grandeur apparente, fussent quelques-uns des principaux obstacles? Ils ne sont pas placés au niveau des peuples auxquels ils s'adressent; il ne peut jamais exister assez de familiarité entre eux et la foule pour attirer la confiance, la sympathie nécessaire pour faire une forte impression sur les esprits. A Singapour, par exemple, où l'on a fait des efforts extraordinaires, on n'a pu jusqu'à présent, comme on l'a dit plus haut, convertir un seul Malais à la religion protestante, tandis que les missionnaires catholiques y ont deux églises, ont opéré nombre de conversions parmi les Malais, les Chinois et autres, et réunissent tous les dimanches à leurs églises un concours considérable d'hommes de toutes les religions. Quelles peuvent être les raisons de cette différence dans les travaux des uns et des autres? Voici celles qui se présentent à mon esprit: les missionnaires *papistes* dans l'Inde sont en général gens de bonnes mœurs; ils vivent d'une manière beaucoup plus humble; ils se mêlent plus volontiers avec le peuple; leurs honoraires, autant que j'ai pu l'apprendre, ne sont que de cent piastres par an, et n'étant pas mariés, ils savent vivre de peu. »

A ces raisons du révérend Malcolm, nous autres catholiques nous en ajoutons deux autres que nous croyons les principales: la bonté de notre cause et la bénédiction de Dieu.

Les protestants comptent beaucoup, pour convertir les infidèles, sur la traduction, l'impression et la distribution de la Bible, c'est pourquoi ils l'éditent dans toutes les langues connues, et ils la mettent inconsidérément dans la main de tous ceux qu'ils rencontrent. Or ces traductions, faites le plus souvent par des Européens qui n'ont pas une connaissance suffisante de la langue, sont la plupart du temps dans un langage barbare que ne comprennent point les lecteurs; ou si, comme il y en a quelques-unes, elles sont d'un style correct, au lieu de s'en édifier, les lecteurs infidèles s'en scandalisent, à cause des choses étranges qui passent sous leurs yeux sans qu'ils y soient préparés. Ainsi un brahmane qui lira dans l'Ancien Testament l'ordre de manger l'agneau pascal, d'immoler le bœuf et la vache, et de manger sa part du sacrifice, rejettera bientôt ce livre avec un profond dégoût, comme l'œuvre d'un infâme paria. C'est pourquoi les missionnaires protestants de l'Orient, qui veulent passer leur temps sérieusement, s'occupent soit à tenir des écoles, soit à composer des grammaires et des dictionnaires, soit à faire de nouvelles traductions de la Bible.

Nous ne pouvons résister au désir de citer encore V. Jacquemont, notre compatriote, qu'on n'accusera pas certes de partialité en faveur du catholicisme:

« Nous rencontrâmes, dit-il, des domestiques qui menaient deux chevaux fumant de sueur, et nous distinguâmes en même temps deux grandes figures blanches comme la neige. On me dit que l'inconnu était M. Mac, un missionnaire, et que, sans mystère, il se promenait paisiblement avec sa femme, après avoir couru à cheval avec elle. Et ils s'étonnent de ne pas faire de conversions! Ils ont une femme, des chevaux, des domestiques, ils habitent une maison commode, et ils se disent missionnaires!

« Quelques missionnaires catholiques courent le monde à pied et nu-pieds, pour convertir les infidèles; ils en ont converti beaucoup. Ils s'y prennent comme les apôtres, et comme eux souvent ils ont réussi. Les missionnaires anglais, et, d'une manière générale, les missionnaires chrétiens protestants, attendent patiemment chez eux que les infidèles se présentent. M. Carey, missionnaire, ne sort pas de sa maison pour convertir les Hindous. Qu'est-ce que cela lui rapporterait? Mais, malgré son âge, il va chaque semaine à Calcutta, pour donner, au fort William, une leçon de bengali aux pupilles de la compagnie, qui le paye amplement. M. Mac, missionnaire assistant, prêche la parole de Dieu aux polissons qui viennent chez lui pour l'entendre; pour la prêcher il ne se dérange pas, mais pour la chimie, c'est une autre affaire, il court jusqu'à Calcutta après un auditoire: mais il faut payer pour entrer. »

Le même écrivain nous montre, dans la relation de son voyage, les missionnaires protestants, sédentaires et intéressés; ce qu'il explique à très-juste titre par le seul fait qu'ils sont mariés et chargés de famille; et les missionnaires catholiques, au contraire, laborieux, voyageant beaucoup, et souvent capables de courage et de générosité, leur but, libre d'entraves, étant de vivre en apôtres et d'en imiter les sublimes vertus.

MISSION (CONGRÉGATION DE LA), association de prêtres, fondée à Paris, par saint Vincent de Paul. Ils sont plus connus sous le nom de *Lazaristes*, que le peuple leur donna, à cause du prieuré de Saint-Lazare qui leur fut cédé par les Chanoines réguliers de Saint-Victor, et dans lequel ils s'établirent en 1633. *Voy.* LAZARISTES.

MISSIONNAIRES, nom que l'on donne aux ecclésiastiques séculiers ou réguliers, qui, animés d'un zèle ardent pour la gloire de Dieu, se consacrent à l'instruction des peuples, et s'occupent à prêcher les dogmes et les vérités de la religion, soit dans leur pays, soit dans les contrées étrangères.

En 1816, le gouvernement autorisa la société des *Missions de France*, dont les membres allaient prêcher la parole de Dieu dans les différentes villes de France ; ils ne firent pas tout le bien qu'on avait droit d'attendre d'eux, et ils s'attirèrent un grand nombre d'inimitiés. Cette autorisation leur fut retirée en 1830 ; les missionnaires français prirent alors le titre de *Pères de la Miséricorde* ; ils se livrent encore à la prédication, avec moins d'éclat qu'auparavant, il est vrai, mais avec plus de succès.

Il y a de plus à Paris une société de prêtres, connue sous le nom de *Séminaire des Missions étrangères*, dont l'institution est d'aller prêcher l'Évangile dans les pays étrangers.

MISTIL-TEINN, nom celtique du gui, plante dont se servit le génie du mal pour donner la mort à Balder (*Voy.* BALDER). Le gui était vénéré non-seulement chez les Gaulois, mais chez toutes les nations celtiques de l'Europe. Les peuples du Holstein et des contrées voisines le désignent encore aujourd'hui sous le nom de *Marentaken*, rameau des spectres, à cause de ses prétendues propriétés magiques. Dans quelques endroits de la haute Allemagne, le peuple a conservé le même usage, qui se pratiquait naguère en plusieurs provinces de France : les jeunes gens vont, au commencement de l'année, frapper aux portes et aux fenêtres des maisons, en criant *Guthyl*, c'est-à-dire le gui. *Voy.* GUI et AU GUI L'AN NEUF.

MITG, nom sous lequel les Kamtchadales craignent la mer. Ils en font un dieu et la représentent sous la forme d'un poisson ; mais ils reprochent à ce dieu de ne songer qu'à lui : ils disent que s'il envoie des poissons dans les rivières, ce n'est pas pour servir de nourriture à l'homme, mais pour lui chercher du bois qui lui serve à construire des canots. En général les Kamtchadales sont fort maussades à l'égard de leurs dieux, dont ils ne sont jamais contents, et qu'ils incriminent sans cesse, en suspectant leurs meilleures intentions.

MITHAMA, génie dont les Basilidiens opposaient la puissance aux mauvais démons, et dont le nom se trouve sur leurs amulettes.

MITHODIS, une des trois divinités inférieures des Cimbres. C'est sans doute le même que les Scandinaves appelaient *Mithothin*, et qu'ils regardaient comme le plus grand de tous les magiciens. On raconte qu'Odin ayant été déshonoré par sa femme Frigga, se retira, et que Mithothin entreprit de se faire dieu à sa place. Mais Odin étant revenu après un exil de dix ans, obligea tous ceux qui, pendant son absence, avaient usurpé la divinité, de la déposer.

MITHRA, MITHRAS et MITRA, divinité persane, sur laquelle les savants modernes sont loin d'être d'accord. Les uns, avec Plutarque, avec les Grecs et les Romains, disent que Mithras est un dieu médiateur, entre Ormuzd et Ahriman, dieu qui n'est autre que le feu, ou le soleil ; c'est l'opinion de MM. de Hammer, Sylvestre de Sacy, Anquetil, Guigniaut, etc. D'autres, avec Hérodote, considèrent Mithra comme une divinité femelle, qui n'est autre que l'Uranie des Arabes, la Vénus des Grecs, et la Mylitta des Assyriens ; c'est le système de MM. Rhode, Lajard, etc. D'autres enfin, comme Creuzer, veulent que Mithra soit une divinité mâle et femelle ; Creuzer va même plus loin, il fait une distinction entre *Mithras* dont il fait un dieu, et *Mitra*, sans aspiration, qu'il suppose une déesse. « Les Perses, dit-il, après Firmicus Maternus, avaient divisé leur divinité suprême en deux puissances représentées par les deux sexes, et ils avaient fait du feu, qui en constitue l'essence, un dieu et une déesse. Les livres zends, continue-t-il, dissipent toute espèce de doute sur ce point : au dire de ces livres, le feu, organe universel de la divinité, est mâle et femelle ; il conçoit et enfante. C'est au feu femelle ou à la déesse du feu qu'Hérodote applique la dénomination de *Mitra* ; quant au feu mâle, il est généralement connu sous celle de Mithras. » Nous ne prendrons pas parti dans cette querelle littéraire, qui est loin d'être décidée : nous remarquerons seulement que l'étymologie persane et sanscrite se prête à tous ces sentiments, car *Mihr* en persan signifie le *soleil* et l'*amour*, et *Mitra*, en sanscrit, veut dire *ami* et s'applique également au *soleil*.

« Cependant, il faut convenir, dit M. Guigniaut, que le nom de *Mihr*, dans le Schahnameh, comme celui de *Mithra*, dans les livres zends, sont spécialement appliqués à un génie mâle qui préside au soleil. Les héros de Firdausi jurent par *Mihr*, comme Cyrus et Artaxerxe, dans Xénophon et dans Plutarque, par *Mithras*. Selon le Zend-Avesta, *Mithra* est le grand, le fort roi, le héros à la course rapide, le héros victorieux, qui dit la vérité dans les assemblées, qui profère la parole de vérité dans l'assemblée des célestes Izeds ; le juste juge ; l'actif, l'agissant, le gardien vigilant aux mille oreilles, aux dix mille yeux, qui ne dort jamais et veille incessamment, attentivement avec ses mille forces ; l'auteur de la paix, le médiateur ; celui qui féconde les déserts, qui augmente les eaux, le maître des générations. Dans ces épithètes ou invocations diverses, dominent trois idées principales : celle de la suprême vérité et justice, de la suprême force ou de l'activité médiatrice, de la suprême puissance de vivifier et de produire. Le symbole de la première de ces hautes facultés, dans le langage figuré de la plupart des peuples anciens, c'est le soleil ; celui de la seconde, le marteau ou la massue ; celui de la troisième, le taureau. Or Mithra porte le soleil, ou la mitre solaire, sur sa tête ; il est armé de la massue ou de la lance, de l'arc et des flèches, du glaive, mais plus souvent de la massue dans les livres zends......

« On ne saurait douter que, même dans les livres zends, Mithra révèle en soi un caractère supérieur à celui de Génie du soleil. Il est le premier des Izeds, le médiateur de la création, le conducteur des âmes ; on le retrouve trait pour trait, sous cet image, dans Porphyre et dans Plutarque, se référant tous deux à des auteurs plus anciens : il y a mieux, c'est que le triple Mithras, et ses mystères si élevés, et les monuments romains qui en offrent à nos yeux les grands et divers symboles, dans les sacrifices du taureau, sont évidemment en rapport, soit avec le système religieux du Zend-Avesta, soit avec les idées et les symboles qui dominent la plupart des religions de l'antiquité. Mithras porte sur sa tête le soleil de vérité et de justice ; dans sa main la massue d'or, éternelle, vivante, intelligente, victorieuse ; il est monté sur le taureau fécondant et générateur, qu'il immole pour dégager l'âme impérissable du monde de ce vase périssable où elle était emprisonnée : ce taureau unique d'où proviennent tous les corps, et qui doit mourir pour que le principe de la vie vienne les animer, est une victime propitiatoire de la création....

« Mais le type ordinaire de Mithras, c'est l'homme, le guerrier, le roi, qui féconde la nature, combat les fléaux qui la menacent, répand sur la terre les bénédictions du ciel, fait régner en tous lieux la parole divine, maintient l'harmonie du monde, forme entre tous les êtres le lien le plus sacré ; il est nommé le chef de la milice céleste, le protecteur et le chef des croyants, le roi des vivants et des morts, le médiateur universel, le pur, le saint, le savant par excellence. Occupé sans cesse entre le soleil et la lune, entre le ciel et la terre, il élève ses mains vers Ormuzd, qu'il proclame le monarque de l'univers, et dont il implore la miséricorde ; il préside au seizième jour du mois, dans le cours duquel il est invoqué trois fois avec Ormuzd ; il est, en outre, invoqué trois fois dans le jour : au lever du soleil, à midi, au coucher du soleil ; enfin, sous tous les points de vue, il est à la fois le médiateur et le triple Mithras. » *Voy.* MYLITTA.

MITHRIAQUES, fêtes et mystères célébrés en l'honneur de Mithras. Ce dieu persan, comme l'observe M. Guigniaut, arriva, dans notre Occident, après maintes erreurs, maintes métamorphoses ; et, sans changer au fond de caractère, il se modifia singulièrement dans le cours de ses longs voyages ; ce dieu barbare finit même, comme tant d'autres, par s'humaniser avec les dieux élégants de l'Olympe, auxquels il s'associa diversement. « Un passage d'Eubulus, dit Creuzer, faisait croire à Porphyre que déjà chez les Perses on célébrait dans des grottes sacrées les mystères de Mithras. Ce qu'il y a de sûr, c'est que, dans la période romaine, ce dieu fut l'objet d'un culte secret chargé de cérémonies. On était admis à ces mystères à la suite d'épreuves multipliées dont quelques-unes portent le nombre à quatre-vingts ; les dernières étaient fort périlleuses. » D'abord on faisait baigner les candidats, puis on les obligeait de se jeter dans le feu ; ensuite on les reléguait dans un désert, où ils étaient soumis à un jeûne rigoureux de cinquante jours ; après quoi on les fustigeait durant deux jours, et on les mettait durant vingt autres dans la neige, car la cérémonie avait lieu dans le mois de décembre. Ce n'était qu'après ces épreuves, sur l'observation rigoureuse desquelles veillait un prêtre, et dans lesquelles il arrivait souvent que le récipiendaire succombait, qu'on était admis à l'initiation. Il y est question d'une sorte de baptême, de signes imprimés sur le front, d'un breuvage mystique de farine, avalé en prononçant certaines formules. On a prétendu que ces usages étaient autant d'emprunts faits au christianisme, mais Creuzer pense le contraire.

Les mystères de Mithras avaient sept degrés, d'après le nombre des planètes. Le premier comprenait les soldats, *milites*, titre qui nous rappelle et les idées du Zendavesta et le nom même d'un des livres qui le composent. Lors de la réception au premier degré, on présentait au récipiendaire une couronne soutenue d'une épée, que celui-ci rejetait derrière sa tête, en disant : « C'est Mithras qui est ma couronne. » Aussitôt on déclarait les initiés soldats de Mithras, et le secret le plus rigoureux leur était ordonné. Les adeptes du second degré s'appelaient *lions* et les femmes *hyènes* : sans doute que ces noms avaient un double sens ; ils exprimaient la force qui avait pu triompher des plus pénibles épreuves, et, de plus, ils faisaient allusion aux émigrations des âmes à travers le zodiaque. Un degré plus élevé renfermait les *corbeaux* ; puis venait le grade des *Perses*, nom quelquefois donné à Mithras. Suivaient les grades de *Bromius* et d'*Hélius*. Les membres du dernier degré, le plus élevé de tous, se nommaient *Pères*. Tous ces grades divers se retrouvent dans les inscriptions, et chez les auteurs sous les noms de *Léontiques*, *Coracies*, *Persiques*, *Patriques*, etc. Chacun avait ses dogmes et ses rites particuliers, et il est probable qu'on y développait progressivement aux initiés l'idée de Mithras, jusqu'à l'identifier avec l'Être éternel, *Zerouané Akéréné*. Dans les Persiques, on ne faisait au grand *Perses* Mithras que des offrandes de miel. Ceux qui étaient admis aux Léontiques portaient un vêtement parsemé de figures de toutes sortes d'animaux. Les Pères, dans le langage de l'ordre, s'appelaient *aigles* et *éperviers*; les Éopolés se nommaient *griffons*, et ils figuraient sous cette image au moyen d'un costume mystique dont on les revêtait. Parmi les symboles secrets de la doctrine supérieure, était encore une sorte d'échelle avec huit portes de différents métaux, qui avaient rapport au soleil, à la lune, aux planètes, et au passage des âmes dans ces astres, d'après un ordre qui avait le carré pour base.

« C'est seulement dans la période romaine, dit encore Creuzer, que l'histoire des Mithriaques commence à sortir des ténèbres. Ce culte se répandit de bonne heure dans l'Arménie, la Cappadoce, le Pont jusqu'en Cilicie, et dans tout le reste de l'Asie Mineure; on veut même en retrouver les traces dans la Syrie, la Palestine et les pays voisins. Selon Plutarque, ce fut aux pirates détruits par Pompée sur les côtes de l'Asie Mineure, particulièrement de la Cilicie, que les Romains en durent la première connaissance. Avec les empereurs, on voit les récits se multiplier. Hadrien défendit par un décret les sacrifices humains, et il paraît que cette défense concernait entre autres les Mithriaques. En effet, dans l'Orient même, on croyait honorer Mithras par ce culte affreux, et l'on cherchait à lire l'avenir dans les entrailles des victimes humaines. Après Hadrien, cet usage reparut encore; l'atroce Commode immola de sa propre main un homme à Mithras. Ce fut alors que, par diverses causes, et principalement par un effet de la lutte qui s'éleva entre le paganisme et le christianisme, les divinités orphiques commencèrent à se répandre généralement. Le culte du Soleil, entre autres, prit un grand essor avec un sens plus élevé. Les Césars donnèrent l'exemple.... Plus tard, après Constantin, l'empereur Julien, si ardent à restaurer l'ancienne religion, témoigna surtout son zèle en favorisant le culte de Mithras; et l'une de ses premières occupations, lorsqu'il devint maître du trône, fut l'établissement des Mithriaques à Constantinople.

MITRE, ornement de tête des anciens et surtout des femmes. C'était un bonnet garni au-dessus du front d'une espèce de bandelette fort large. Nonnus dit que Bacchus portait une mitre en forme de serpent, comme un symbole de son éternelle jeunesse.

Maintenant la mitre est devenue la coiffure des évêques lorsqu'ils officient pontificalement; mais sa forme primitive a été modifiée, elle consiste en deux cartons réunis par le bas et terminés en pointe par le haut, l'un sur le front et l'autre sur le derrière de la tête; ils sont revêtus, selon les circonstances, d'une étoffe d'or, d'argent, de soie ou de toile, par derrière sont deux fanons qui tombent sur les épaules. Les abbés réguliers et quelques chefs de chapitre ont aussi le droit de porter la mitre; il en est de même des chanoines de quelques cathédrales, en vertu d'un privilége particulier accordé par le souverain pontife.

MITYLÉNIES, fête que les habitants de Mitylène célébraient hors de la ville en l'honneur d'Apollon.

MIWA MIO SIN, dieu que les Japonais regardent comme un des protecteurs de leur empire. Le cinquante-sixième daïri l'éleva au premier rang des divinités de première classe. Miwa mio sin est honoré particulièrement dans la province de Yamato, où il a un temple sur le mont Miwa-yama.

MIYA, temple des Japonais appartenant à la secte du Sinto, et dans lequel on adore les Kamis, anciennes divinités du pays. Les miyas sont situés dans les lieux les plus riants et les plus agréables, au-dedans ou auprès des grandes villes, des gros villages et autres lieux habités, et presque toujours sur le penchant d'une colline. Une allée large et spacieuse de hauts cyprès conduit à la porte de l'édifice. A l'entrée de cette avenue, pour la distinguer des chemins ordinaires, il y a une espèce de portail, de pierre ou de bois, construit d'une manière particulière, quoique fort simple. Deux piliers élevés perpendiculairement soutiennent deux poutres couchées, dont la plus élevée est cintrée au milieu, et ses deux extrémités se relèvent vers le ciel. Entre ces deux poutres est une table carrée, ordinairement de pierre, sur laquelle est écrit en caractères d'or le nom du Kami auquel le miya est consacré. Quelquefois on trouve un semblable portail devant le miya, ou devant la cour du lieu saint, s'il y a plusieurs miyas dans la même enceinte. A quelque distance du miya, il y a un bassin plein d'eau, dans laquelle vont se laver ceux qui viennent faire leurs dévotions. Auprès du temple est un grand coffre de bois pour recevoir les aumônes. Le miya est un bâtiment simple, sans aucun ornement, communément carré, fait de bois et dont les poutres sont grosses et assez propres. La hauteur n'excède guère douze ou quinze pieds, et la largeur est de deux ou trois brasses. Il est élevé d'environ une verge au-dessus de terre, et soutenu par des piliers de bois. Tout autour règne une petite galerie sur laquelle on monte par quelques degrés. Le frontispice du miya est d'une simplicité qui répond au reste : il consiste en une ou deux fenêtres grillées, qui laissent voir l'intérieur, afin que les adorateurs puissent se prosterner devant le lieu sacré, qui est toujours fermé, et souvent il n'y a personne qui le garde. Il y a des miyas qui sont un peu plus grands, et qui ont quelquefois un vestibule et deux chambres de chaque côté, où se tiennent les gardiens vêtus de leur costume ecclésiastique. Le toit est couvert de larges tuiles de pierres ou de planches de bois qui avancent de manière à couvrir la galerie. Ces toits sont recourbés, faits avec beaucoup d'art, et soutiennent des poutres placées d'une manière assez singulière. A la porte du temple est suspendue quelquefois une grosse cloche plate que frappent les dévots qui viennent faire leurs prières, comme pour avertir les dieux de leur arrivée. Dans le temple est suspendu du papier blanc découpé. Il est rare de voir des idoles dans les temples, mais il y a souvent un grand miroir, emblême de la divinité. Chaque miya a une ou plusieurs chapelles portatives, appelées mikosi, que l'on porte en procession les jours de fête. *Voy.* MIROIR, MIKOSI. Ces miyas sont desservis, non par des ecclésiastiques, mais par des laïques, qui portent le nom de *Kanousi*, et qui sont entretenus soit par des legs assurés par les fondateurs du temple, soit par les contributions des fidèles, soit par des subventions faites par le Mikado.

MNÉMONIDES ou MNÉMOSYNIDES, surnom des Muses, filles de Mnémosyne.

MNÉMOSYNE, la déesse Mémoire, chez les Grecs, qui la disaient fille du Ciel et de la Terre, sœur de Saturne et de Rhéa. Jupiter, sous la forme d'un berger, la rendit mère des neuf Muses. Elle accoucha sur le mont Piérius, d'où les Muses furent nommées Piérides. Suivant Diodore de Sicile, on attribue à la Titanide Mnémosyne l'art du raisonnement et l'imposition du nom convenable à tous les êtres, inventions dont d'autres auteurs font honneur à Mercure. Mais on accorde généralement à Mnémosyne le premier usage de tout ce qui sert à rappeler la mémoire des choses dont nous voulons nous ressouvenir, et son nom même l'indique assez. *Voy.* MÉMOIRE.

MNÉVIS, taureau consacré au Soleil, dans la ville d'Héliopolis. Macrobe lui donne le nom de Néton, et Élien celui de Ménès. Les Grecs ont remarqué que Mnévis était moins considéré dans l'Égypte que le bœuf Apis, quoique son culte fût beaucoup plus ancien. Ce taureau devait avoir le poil noir et hérissé. On le regardait comme le symbole d'Osiris.

MO, mauvais génies qui, selon les Chinois, peuvent molester les hommes et même les faire périr. Ils les appellent encore les *Mo-kouei*.

MOAMMÉRIS, hérétiques musulmans appartenant à la secte des Motazales. Ils suivaient la doctrine de Moammer, fils d'Abbad Salami. Entre plusieurs dogmes qui leur étaient particuliers, ils enseignaient que Dieu n'avait créé que les corps, dont la production et l'anéantissement ne sont que des accidents; que l'homme gouverne le corps, mais n'y fait pas sa demeure; que l'homme n'est susceptible ni de longueur, ni de largeur, ni de couleur, ni de mouvement, ni de repos; qu'il n'habite point dans un endroit; qu'il n'est point contenu dans un espace; qu'il ne peut être ni vu, ni touché. Enfin ils attribuaient à l'homme les mêmes qualités qu'à Dieu, et la même définition. Ils disaient que les hommes jouiraient des délices dans le paradis, ou éprouveraient les peines dans l'enfer, sans pour cela être contenus dans l'enfer ou le paradis et y faire leur demeure. Suivant eux, la volonté d'une chose en Dieu n'est point Dieu, et est un acte différent de la création. Ils ne voulaient point que, pour exprimer l'éternité de Dieu, on employât le mot *cadim*, parce que ce mot vient de la racine *cadama*, être antérieur. Ils enseignaient que le monde n'aura point de fin, que le paradis n'est autre chose que tous les biens qui arrivent à l'homme en ce monde, et l'enfer, tous les maux qu'on y éprouve. Ils permettaient l'usage du vin, la fornication et toutes les choses prohibées par la loi, et soutenaient qu'on ne devait pas faire la prière. Enfin ils enseignaient la doctrine de la métempsycose.

MOANSA, un des principaux prêtres des noirs du Congo.

MOATTALES, hérétiques musulmans qui enseignent qu'on ne doit admettre en Dieu aucun attribut. *Voy.* MOTAZALES.

MOBAHHIS, hérétiques musulmans appartenant à la secte des Schiites ; ils regardaient les actions de l'homme comme indifférentes.

MOBED, prêtre des Parsis; les Mobeds sont les seuls qui aient le droit d'entrer dans l'*Atesch-Gah*, ou chapelle du feu sacré, pour le garder et l'entretenir avec du bois et des parfums ; mais dans un cas de nécessité, un simple parsi peut remplir cette fonction. Les Mobeds sont sous la juridiction d'un grand pontife appelé *Mobed-Mobédan*.

MOBILES (FÊTES). On appelle ainsi, dans l'Église chrétienne, les fêtes qui n'arrivent pas toujours, chaque année, le même jour du mois. Ces fêtes sont déterminées par l'incidence de la fête de Pâques, laquelle dépend elle-même de la pleine lune qui suit immédiatement l'équinoxe du printemps. Les principales fêtes mobiles sont: Pâques, l'Ascension, la Pentecôte, la Trinité et la Fête-Dieu. Les fêtes non mobiles sont : Noël, l'Épiphanie, l'Assomption, la Toussaint, etc.

MOCABÉLÉ, c'est-à-dire *exaltation de la gloire de Dieu*, exercices qui ont lieu dans les couvents des moines musulmans. Ils commencent par la récitation des sept paroles mystérieuses faites par le scheikh, savoir: 1° *La Ilah ill' Allah*, il n'y a d'autre dieu que Dieu; 2° *Ya Allah*, ô Dieu! 3° *Ya hou*, ô lui! 4° *Ya hakk*, ô vérité! 5° *Ya haï*, ô vivant! 6° *Ya cayyoum*, ô existant! 7° *Ya cahar*, ô vengeur! Le scheikh chante ensuite divers passages du Coran, et à chaque pause, les derwichs, placés en cercle, répondent en chœur, tantôt par le mot d'*Allah*, tantôt par celui de *Hou*. Dans quelques-unes de ces sociétés ils restent assis sur les talons, les coudes bien serrés les uns contre les autres, et en faisant tous dans la même mesure de légers mouvements de la tête et du corps. Dans d'autres, le mouvement consiste à se balancer lentement de droite à gauche et de gauche à droite, ou bien à incliner méthodiquement le corps en avant et en arrière. Il y a des congrégations où ces mouvements commencés assis se continuent debout, toujours à pas cadencés, l'air recueilli et les yeux fermés ou fixés vers la terre.

MOC-CHU, tablette dans laquelle les Cochinchinois croient que réside l'âme d'un défunt, et qu'ils exposent pour cela dans leurs maisons.

MODANI, déesse hindoue; l'une des formes de Saraswati, épouse de Brahma.

MODÉRATEUR, nom que les Calvinistes donnent au président du synode. « La charge du Modérateur, dit la discipline, est de conduire et de modérer toute l'action ; d'avertir des lieux, des jours et des heures auxquels on s'assemblera pour les sessions du synode; de proposer et faire ouverture des choses qui sont en délibération ; de recueillir les voix de chacun en particulier; de faire que chacun parle par ordre et sans confusion ; de faire les remontrances ; de présider aux censures, etc. » La charge de Modérateur cesse avec le synode.

MODÉRÉS, une des branches des Mennonites, ainsi nommés par opposition aux *Rigides*, qui usaient d'une grande sévérité dans l'application de l'excommunication. Autrefois les Modérés étaient subdivisés en deux branches : les *Lammistes* et les *Zonnistes*; ceux-ci observateurs ponctuels de leur confession de foi, ceux-là rejetant toute confession de foi. Voy. MENNONITES.

MOD-GUDUR (l'adversaire des dieux), divinité scandinave ; c'est une jeune fille à laquelle est confiée la garde d'un pont jeté sur le fleuve Giall, et dont le toit est recouvert d'or brillant.

MODIM, c'est-à-dire *nous confessons*; formule de confession de foi que les Juifs récitent le jour du sabbat; elle consiste en ces paroles :

« Nous confessons devant vous que vous êtes le Seigneur notre Dieu et Dieu de nos pères, à jamais et à perpétuité ; que vous êtes notre fort, le fort de notre vie et le bouclier de notre salut. Dans tous les âges nous vous célébrerons et nous raconterons vos louanges, pour nos vies qui sont remises entre vos mains, pour nos âmes qui vous sont mises en dépôt, pour les miracles que vous faites chaque jour avec nous, et pour les merveilles et les bontés que vous faites éclater sur nous en tout temps, le soir, le matin et l'après-midi. O bon, dont les miséricordes ne sont jamais consumées ! ô compatissant, dont les bontés n'ont jamais de fin ! car nous espérons en vous dès le commencement des siècles. »

Pendant que le ministre répète tout haut ce Modim, on se courbe un peu, et les fidèles récitent en leur particulier le Modim suivant, qu'on appelle *Modim des Rabbins* :

« Nous confessons devant vous que vous êtes le Seigneur notre Dieu, Dieu de nos pères et Dieu de toutes les créatures; notre créateur et le créateur de l'ouvrage des six jours. Les actions de grâces et de louanges sont dues à votre grand et saint nom, parce que vous nous avez donné la vie, et que vous nous avez fait subsister. Donnez-nous de même la vie, faites-nous grâce, et rassemblez dans le parvis de votre sanctuaire notre peuple captif, afin que nous observions vos règlements, que nous exécutions votre volonté, et que nous vous servions d'un cœur parfait ; sur ce que nous venons de confesser devant vous. Béni soyez-vous, ô Dieu des célébrations ! »

MODJASSÉMIS, hérétiques musulmans qui attribuent un corps à Dieu. Voy. KÉRAMIS.

MOÉ-MOÉ, cérémonie par laquelle on lève, dans l'archipel Tonga, le tabou mis sur un chef. Elle consiste à toucher la plante de ses pieds, d'abord avec la paume de la main, puis avec le revers. Ce sont les prêtres qui peuvent ainsi affranchir du tabou.

MOEZZ, nom de Hakem, divinité des Druzes, dans sa sixième incarnation. Sous ce nom, il se transporta de Mehdiya dans le Maghreb, où il avait paru sous le nom de Caïm, en Egypte, où il se montra dans tout l'éclat de sa divinité, et fonda, sur le bord de la mer, le port de *Roschida* (Rosette).

MOFAWADHIS, hérétiques musulmans, qui appartiennent à la secte des Schiites. Ils soutiennent que Dieu déféra la création du monde à Mahomet, et celui-ci à Ali, son gendre.

MOGH, MOUGH, nom que les Orientaux donnent aux ministres du culte chez les Parsis. C'est notre mot *mage*. Voy. MAGES, MAGISME.

MOGHAIRIS, hérétiques musulmans, appartenant à la secte des Schiites. Ils devaient leur origine et leur nom à Moghaïra, fils de Saad el-Adjeli, qui s'arrogea lui-même l'imamat, après Mohammed, fils d'Abdallah, fils de Hasan, et qui, accompagné de vingt autres personnes, excita un soulèvement à Coufa. Moghaïra se donnait pour prophète, et en preuve de sa mission, il arguait de la connaissance qu'il avait du grand nom de Dieu, et du pouvoir qu'il avait de ressusciter les morts. Voici un abrégé de sa doctrine :

« Dieu est un corps qui a la forme humaine, un homme lumineux, qui a sur la tête une couronne de lumière; ses membres sont semblables aux lettres de l'alphabet, et ses pieds à un *elif;* son cœur est la source de toute sagesse. Il créa le monde en prononçant les saints noms, et écrivit de son propre doigt toutes les actions des hommes, tant bonnes que mauvaises; mais à la vue des péchés que devaient commettre ses créatures, il se fâcha et sua de colère; de sa sueur se formèrent deux océans, l'un d'eau salée et l'autre d'eau douce. Il se regarda dans la mer de lumière, où il aperçut son ombre. Il détacha un morceau de son ombre réfléchie par l'océan de lumière, et en créa le soleil et la lune ; il anéantit le reste de l'ombre lumineuse, pour qu'il n'y ait rien qui puisse lui être égalé. Il créa de la mer d'eau salée les infidèles, et de celle de lumière les fidèles, c'est-à-dire les Schiites. »

L'imam que les Moghaïris attendent encore est Zakarya, fils de Mohammed, fils d'Ali, fils de Hoséin, fils d'Ali, gendre de Mahomet. Ils disent que ce Zakarya est encore vivant, et qu'il est caché dans la montagne de Hadjer.

MOGON, dieu adoré anciennement par les Cadènes, peuple du Northumberland, comme il paraît par des monuments trouvés en 1607, dans la rivière de Rhéad. Une tradition du pays porte que ce Mogon avait longtemps défendu la contrée contre un tyran.

MOGOSTOCOS, surnom de Diane, comme président aux accouchements.

MOGOURIS, conseillers de justice et de religion dans les îles Maldives.

MOHADJIRS. Ce mot signifie fugitif ou

émigré. Les Musulmans donnent ce nom aux habitants de la Mecque qui accompagnèrent Mahomet dans sa fuite ; ils forment avec les *Ansars* ou auxiliaires, habitants de Médine, ce qu'on appelle les *Ashabs* ou compagnons du prophète. On donne ce dernier nom à tous ceux qui, de son vivant, embrassèrent sa doctrine, qui furent admis en sa présence, ou qui assistèrent à ses prédications ; on en porte le nombre à cent quatorze mille.

MOHAKKIMS, hérétiques musulmans, appartenant à la secte des Kharidjis. *Voy.* HAKÉMIS.

MOHAMMÉRÉS, c'est-à-dire *les rouges*, nom que les Orientaux ont donné aux hérétiques ismaéliens, à cause de la couleur qu'ils affectaient dans leurs vêtements.

MOHANE, nom que les Américains des Pampas donnent à leurs prêtres, ou plutôt à des espèces de sorciers ou charlatans, qui passent pour avoir des communications avec le diable, et savoir détourner ses influences malignes. On les consulte sur la guerre et la paix, sur les moissons, sur la santé publique, sur les mariages, et principalement sur les maladies particulières. Le métier de Mohane est très-périlleux ; car si leurs artifices ou leurs prédictions ne sont pas suivis du succès, la vengeance de leurs dupes ne s'assouvit que dans leur sang.

Comme toutes les maladies sont attribuées aux artifices des Mohanes ou à l'influence du diable, leur maître, le premier soin qu'une famille croit devoir à un malade, c'est de découvrir quel est le Mohane qui l'a ensorcelé. A cette fin, le plus proche parent boit un extrait de datura ; enivré par cette espèce de poison végétal, il tombe à terre et reste souvent pendant deux ou trois jours dans un état voisin de la mort. Revenu à ses sens, il annonce avoir vu en songe tel ou tel sorcier dont il donne le signalement. On cherche le Mohane, et si on en trouve un auquel le portrait puisse convenir, on l'oblige à se charger de guérir le malade. Si, par malheur, le malade était mort pendant cette cérémonie préliminaire, on cherche le Mohane désigné tout simplement pour le tuer. Si les visions n'ont donné aucun résultat positif, on force le premier qu'on rencontre à faire l'office de médecin.

On place alors deux hamacs très-près l'un de l'autre : le malade en occupe un, le Mohane se met dans l'autre. Celui-ci commence à se balancer et à chanter avec un sifflement très-désagréable des formules magiques, par lesquelles il invite les oiseaux, les quadrupèdes et les poissons à concourir à la guérison du malade. De temps en temps il se dresse sur son séant, et, en faisant mille simagrées, il donne au malade une poudre ; il lui applique un emplâtre de végétaux, il suce ses blessures et même ses ulcères. Si l'état du malade empire, le Mohane entonne un chant dans lequel il s'adresse à l'âme, et dont chaque strophe se termine par ce refrain : *Ne nous abandonne pas*. Ce chant est recommencé sans interruption par le Mohane et par tous les assistants, et toujours d'un son de voix plus élevé et plus lamentable. Quand tous les remèdes ont été employés en vain, et que la mort prochaine s'annonce par des signes certains, le Mohane saute brusquement du lit et sauve sa vie par une fuite précipitée, sans pouvoir cependant éviter les coups de bâton et de pierres qui pleuvent sur lui.

MOHARREM, nom de la grande fête que les Musulmans schiites de l'Inde célèbrent les dix premiers jours du mois de Moharrem, en l'honneur du martyre de l'imam Hoséin et de ses compagnons. *Voy.* DÉHA.

MOHEL, nom de celui qui, chez les Juifs, circoncit les enfants, huit jours après leur naissance. Chez les Juifs portugais, le Mohel garde précieusement la chair de tous les enfants qu'il a circoncis, et on l'enterre avec lui dans son cercueil.

MOHINI, forme que prit Vichnou lors du barattement de la mer. Lorsque l'agitation des flots eut produit l'*amrita* (ambroisie) et la déesse *Sri*, les démons voulurent s'en emparer ; mais Vichnou, pour détourner l'attention des mauvais génies, prit, sous le nom de *Mohini*, la forme d'une femme d'une beauté si accomplie, que tous les démons, séduits à son aspect, se laissèrent enlever le breuvage d'immortalité. Mohini est devenue une déesse, qui est l'illusion personnifiée ; son nom signifie *celle qui captive l'intelligence. Voy.* AMRITA, BARATTEMENT DE LA MER.

MOHISE, génie céleste, préposé à la pluie, suivant la croyance des Dembas, peuples du haut Congo. D'après leurs idées, le ciel est le réservoir des eaux, qui sont séparées de l'air par une croûte transparente. Dans cette croûte sont pratiqués quatre trous ou cataractes, placés vers les quatre points cardinaux. Un Mohise tient la porte de chacun de ces trous, et n'ouvre celui dont il a la garde qu'au temps des pluies, d'après l'ordre que lui en donne le grand Manigachis, roi du ciel. L'averse vient du côté où le trou est ouvert. Lorsque toutes les cataractes sont fermées, l'eau qui est au-dessus de la croûte transparente, filtre toujours un peu au travers, et de là proviennent l'humidité, les brouillards, et les nuages d'été, d'autant plus abondants dans une contrée qu'elle est plus voisine du ciel.

MOHKÉMIS, hérétiques musulmans, appartenant à la secte des Kharidjis. Ce sont sans doute les plus anciens de tous ; car ils se composaient de douze mille hommes qui se soulevèrent contre le kalife Ali, et le taxèrent d'infidèle. Ils disaient que l'établissement d'un imam était permis, mais non nécessaire. Ils tenaient pour infidèles le khalifes Othman et la plupart des compagnons du prophète.

MOHO-AROU, roi des lézards, divinité des îles Sandwich, adoré sous l'emblème d'un requin par les habitants de l'île Morokai, qui lui avaient élevé des temples sur tous les promontoires.

MOILL, nom de Hakem, divinité des Druzes, dans sa quatrième personnification. Il parut avec ce nom dans la contrée de Palmyre et dans les provinces de l'Orient, sous l'apparence d'un marchand; mais son aspect avait un air [de majesté qui faisait une vive impression sur tous les cœurs, et il unissait une profonde sagesse à de grandes richesses et à l'opulence.

MOINE, c'est-à-dire *solitaire* (du grec μόνος, unique, μοναχός, seul). C'est le nom que l'on donne à ceux qui, renonçant au monde et aux soins temporels, pour vaquer plus librement à la pratique des vertus chrétiennes, se sont retirés dans la solitude du cloître.

Les premiers moines remplirent toute l'étendue de leur nom. C'étaient des ermites qui vivaient seuls au fond des déserts; tel fut saint Paul l'Égyptien, qui donna le premier exemple de la vie érémitique. Saint Antoine, après avoir longtemps pratiqué le même genre de vie, rassembla quelques disciples dans le désert, et forma une communauté. Il fut imité par saint Hilarion, saint Pacôme et les autres fondateurs de l'état monastique. La prière et le travail des mains, telles étaient les principales occupations de ces premiers moines. Leurs cellules étaient un peu éloignées les unes des autres. Ils y demeuraient pendant tout le jour, appliqués au travail, et ne se voyaient que le soir et la nuit, aux heures de la prière. Il y avait de ces moines qui travaillaient à la campagne, et se louaient comme des ouvriers pour la moisson et les vendanges; mais les plus parfaits trouvaient que ces sortes de travaux entraînaient trop de dissipation. Ils demeuraient dans leurs cellules, où ils fabriquaient des paniers et des nattes de jonc, occupation paisible, pendant laquelle ils pouvaient méditer la sainte Écriture et tenir leur esprit élevé à Dieu. Quelques-uns travaillaient à copier des livres; en un mot, il n'y en avait aucun qui ne s'employât à quelque travail du corps, et l'on regardait ce point comme si nécessaire, que les Massaliens, ayant soutenu que l'on pourrait suppléer au travail par la prière, furent traités d'hérétiques. Lorsque avec le prix de leurs ouvrages ils s'étaient procuré les choses nécessaires à la vie, ils distribuaient aux pauvres ce qui leur restait; et comme leurs besoins étaient extrêmement bornés, leur superflu était relativement considérable. Saint Augustin dit que l'on chargeait souvent des vaisseaux entiers des aumônes que faisaient ces moines. Leur vie, quelque austère qu'elle nous paraisse, n'était cependant point nouvelle ni extraordinaire, si l'on en excepte le célibat, le renoncement aux biens temporels et au commerce des hommes. Ils vivaient au reste en bons chrétiens, et conservaient la pratique exacte de l'Évangile, qu'ils voyaient se relâcher de jour en jour. Leur conduite était celle des chrétiens de la primitive Église, et ils ne cherchaient point à se faire admirer par un genre de vie particulier. C'étaient de bons laïques, vivant de leur travail en silence, et s'exerçant à combattre les vices l'un après l'autre, dit l'abbé Fleury. Ils n'étaient alors engagés dans l'état monastique par aucun autre lien que ce-

lui de la ferveur et de la bonne volonté; mais on avait un souverain mépris pour ceux qui rentraient dans le monde, sans aucune raison légitime, et l'Église même les mettait en pénitence. On tirait quelquefois de leur solitude des moines illustres par leur piété, pour les élever au sacerdoce et même à l'épiscopat. La vénération que l'on avait pour les moines contribua beaucoup à les multiplier. Les déserts de l'Orient en furent bientôt peuplés. Il y avait jusqu'à cinquante mille moines de la seule règle de saint Pacôme. Il est vrai qu'il était alors fort aisé d'établir des monastères: il ne fallait que du bois et des roseaux pour construire des cellules dans des lieux inhabités. Il n'était pas question de rentes ni de donations. Les moines n'étaient à charge à personne; ils se rendaient même fort utiles au public par leurs travaux et par leurs aumônes. Il n'était pas même nécessaire, dans ces premiers temps, d'avoir la permission de l'évêque. Ce ne fut que lorsque les moines commencèrent à quitter leurs solitudes pour s'ingérer dans les affaires ecclésiastiques, que le concile de Calcédoine défendit d'établir aucun monastère sans la permission de l'évêque. Cette prodigieuse multiplication des moines leur devint funeste. Les déserts se trouvant remplis, il leur fallut s'approcher des lieux habités. Saint Jean Chrysostome jugea même à propos de les introduire dans les villes pour l'édification publique; mais ce changement ne put se faire sans que l'esprit de ferveur et de recueillement n'en souffrît. Le relâchement, qui fut d'abord presque insensible, devint plus considérable dans la suite, et peut-être que, dans la décadence générale des mœurs et de la discipline des chrétiens, les moines auraient conservé leur première ferveur, si, absolument morts au monde, ils fussent toujours restés ensevelis dans leurs déserts. Les moines, qui se trouvaient voisins des villes, se rendaient à l'église pour y participer aux saints mystères, et recevoir les instructions de l'évêque avec les autres fidèles. Ils étaient placés tous ensemble dans un lieu destiné pour eux. Dans les monastères trop éloignés, il y avait un prêtre et quelques diacres.

Quoique ce fût particulièrement en Orient que la vie monastique était florissante, il y avait aussi des moines en Occident, même avant le temps de saint Benoît; mais ces moines n'étaient d'aucun ordre particulier. Dans le ve siècle, la plupart des évêques et des prêtres des Gaules et d'Occident vivaient en moines et en portaient l'habit. « Le vrai usage de la vie monastique, dit l'abbé Fleury, était de conduire à la plus haute perfection les âmes pures qui avaient gardé l'innocence du baptême, ou les pécheurs convertis qui voulaient se purifier par la pénitence. C'est pour cela que l'on y recevait des personnes de tout âge et de toute condition: de jeunes enfants que leurs parents y offraient pour les dérober de bonne heure aux périls du monde, des vieillards qui cherchaient à finir saintement leur vie, des hommes mariés dont les femmes consentaient à mener la même vie de leur côté. On voit des règlements pour ces différentes personnes, dans la règle de saint Fructueux, archevêque de Prague. Ceux qui, pour leurs crimes, étaient obligés par les canons à des pénitences de plusieurs années, trouvaient sans doute plus commode de les passer dans un monastère, où l'exemple de la communauté et la consolation des anciens les soutenaient, que de mener une vie singulière au milieu des autres chrétiens : aussi le monastère devint une espèce de prison ou d'exil, dont on punissait souvent les plus grands seigneurs, comme on le voit en France, sous les deux premières races de nos rois, et, en Orient, depuis le VI⁰ siècle. »

Les reproches que l'on a faits depuis à quelques moines ne doivent point retomber sur la vie monastique, qui n'est point, comme le disent bien des gens, un état de mollesse et d'oisiveté. Qu'on jette les yeux sur les premiers moines, et qu'on voie ce qu'auraient pu leur reprocher ces hommes qui, se donnant pour philosophes, se font une espèce de devoir de décrier les moines du dernier siècle. Ils ne pourraient s'élever contre leurs vastes possessions : les ouvrages de leurs mains étaient leurs seules rentes ; contre leur oisiveté : ils travaillaient tout le jour ; contre leur inutilité : non-seulement ils se rendaient utiles par leurs travaux, ils l'étaient encore par les aumônes qu'ils répandaient ; contre leur vie molle et sensuelle : ils n'accordaient à leur corps que ce qui était nécessaire pour l'empêcher de succomber à la fatigue ; enfin ils ne pourraient leur reprocher d'être répandus dans le monde, et d'y former des intrigues et des cabales : ils étaient presque toujours enfermés dans leurs cellules, loin du commerce des hommes. Toutefois, la vérité nous oblige de convenir que ces reproches étaient applicables à un certain nombre de monastères qui existaient en France dans les siècles derniers ; mais les fautes des individus ne sauraient être imputables à une institution pure, sainte et éminemment utile à son origine. Sans vouloir entrer ici dans une discussion qui nous entraînerait fort loin de notre but, disons en un mot que les moines auxquels *le monde* reprochait certains défauts n'étaient pas ce que *le monde* les avait faits. Que pouvait-on attendre en effet de monastères dont la dignité suprême était accordée non pas au mérite, non pas à la sainteté, non pas à la vie humble, pénitente, mortifiée, mais à l'intrigue et à la faveur ? Que pouvait-on attendre d'abbayes données en commendes, dont les titulaires vivaient grassement à la cour et dans leurs châteaux ? Que pouvait-on attendre de religieux dont les supérieurs ou les abbés étaient des cadets de famille, souvent perdus de débauche, qui obtenaient cette charge pour s'assurer une fortune, dans un temps où le droit d'aînesse ne leur aurait laissé qu'une pension modique, incapable de fournir aux exigences d'une vie de mollesse et de plaisirs ? Or ce n'étaient pas les moines qui avaient choisi cet état de chose ; les princes de la terre avaient réussi à leur ôter le droit d'élection, pour s'arroger le privilége de leur imposer des supérieurs. Mais Dieu a purifié son Église, en faisant passer sur tous les monastères le soc destructeur de la révolution ; et maintenant le petit nombre de monastères qui se sont relevés dans notre patrie, reproduisent les travaux et les vertus des temps primitifs. Si les mêmes abus subsistent encore dans les monastères des autres nations chrétiennes, il est à présumer que Dieu, dans sa sagesse, se réserve les moyens de les ramener à la pureté de leur institution.

On a été jusqu'à reprocher aux moines la singularité de leurs vêtements ; singularité qui nous frappe aujourd'hui, parce que nous ignorons que le costume des religieux n'est qu'un reste des usages antiques qu'ils ont fidèlement conservés, tandis que les gens du monde s'en sont prodigieusement éloignés. La tunique, la cuculle et le scapulaire étaient des habits communs aux pauvres gens, du temps de saint Benoît. La tunique était en usage parmi le petit peuple, du temps même d'Horace, qui lui donne l'épithète de *tunicatus*. Les paysans portaient la cuculle, qui était une espèce de capote. « Cet habillement de tête, dit l'abbé Fleury, devint commun à tout le monde dans les siècles suivants ; et, étant commode pour le froid, il a duré dans notre Europe environ deux cents ans. Non-seulement les clercs et les gens de lettres, mais les nobles mêmes et les courtisans, portaient des capuces et chaperons de diverses sortes. La cuculle marquée par la règle de saint Benoît, servait de manteau ; c'est la coulle des moines de Cîteaux : le nom même en vient, et le froc des autres Bénédictins a la même origine. Saint Benoît leur donne encore un scapulaire pour le travail. Il était beaucoup plus large et plus court qu'il n'est aujourd'hui, et servait, comme l'indique le nom, à garnir les épaules pour les fardeaux, et conserver la tunique. Il avait son capuce comme la cuculle, et ces deux vêtements se portaient séparément : le scapulaire, pendant le travail ; la cuculle, à l'Église ou hors de la maison..... Ne point porter de linge paraît aujourd'hui une grande austérité ; mais l'usage du linge n'est devenu commun que longtemps après saint Benoît : on n'en porte point encore en Pologne ; et, par toute la Turquie, on couche sans draps, à demi vêtu. »

1⁰ Il n'y a, à proprement parler, qu'un seul ordre de moines dans l'Église latine, c'est celui de Saint-Benoît, dont les membres portent le nom de Bénédictins. Il s'est divisé en plusieurs branches, telles que les Chartreux, les Bernardins, les Trappistes, etc., mais tous sont Bénédictins et ont droit au titre de moines. Dès l'an 1215, ces moines s'étaient tellement multipliés dans toutes les contrées de l'Europe, que le concile de Latran défendit d'établir de nouveaux ordres religieux ; mais cette défense fut comme le signal de l'érection de nouveaux ordres, qui se succédèrent rapidement, et qui réussirent presque tous à se faire approuver par les souverains pontifes; en effet aucun siècle n'en a produit davantage que le XIII°; mais, conformément à la règle posée par le concile de Latran, les membres de ces nouveaux ordres ne furent point appelés moines, mais religieux; tels furent principalement les Franciscains, les Dominicains, les Carmes, les Augustins, etc., qui eux-mêmes se subdivisèrent en une multitude de branches; ce qui fit que pour les distinguer on leur donna des noms auxquels n'avaient jamais songé leurs fondateurs, mais tirés de ce qui frappait davantage le public. C'est ainsi que les *Capucins* furent ainsi nommés, non de ce qu'ils ont de plus édifiant et de plus austère dans leur état, mais de leur *capuce* long, pointu, extraordinaire. Les *Cordeliers*, de ce qu'ils sont ceints et liés d'une *corde*. Les religieux de l'ordre de *Sainte-Croix*, de ce qu'ils portent une *croix* blanche et rouge sur leur scapulaire noir. Beaucoup d'ordres religieux retiennent le nom du lieu où ils ont été d'abord établis; ne fût-ce qu'un village, un simple champ, une vallée, une montagne: comme *Cluny, Cîteaux, Chartreuse, Camaldoli, Prémontré, Grammont, Sommasque, Mont-Olivet, Vallombreuse, Feuillant*, le *Val-des-Choux*, le *Val-des-Ecoliers, Fontevrault, Piquepuce*, la *Trappe*, etc. Les *Carmes* sont ainsi appelés du mont *Carmel*, où ils furent introduits vers le XII° ou XIII° siècle, et depuis nommés les *Barrés*, parce que, quand saint Louis les fit venir en France, ils avaient leur chape *barrée* en face de blanc et de tanné; les *Bernardins*, du nom de leur collège de Paris, appelé de *Saint-Bernard*; les *Jacobins*, de l'église de *Saint-Jacques* qu'on leur donna en la même ville; les *Théatins*, de *Théate*, maintenant Chiéti, ville du royaume de Naples, dont Jean-Pierre Caraffe, leur premier supérieur, était archevêque; les *Barnabites*, de l'église de *Saint-Barnabé* de Milan, où ils furent premièrement établis; les *Lazaristes*, du prieuré de *Saint-Lazare* qu'ils occupèrent d'abord à Paris; les *Mathurins*, de l'Eglise de *Saint-Mathurin* dans la même ville; les Pères de l'*Oratoire* de Rome, de la petite église où ils tiennent et font *oratoire*, comme on dit en Italie, c'est-à-dire où ils font les prières et autres exercices du soir, les fêtes et les dimanches, dénomination qui a passé aux *Oratoriens* de France, institués par le cardinal de Bérulle; les religieux hospitaliers de *Saint-Antoine*, du nom de saint Antoine, patron d'un prieuré dépendant de l'abbaye de Montmajour, proche duquel était leur hôpital. Il n'y a guère que les noms de *Jésuates* et de *Jésuites*, qui, pris de celui de *Jésus*, s'éloignent de la dénomination habituelle. Car ce qu'on dit assez communément que les Jésuites tirent leur nom de leur église de Rome appelée le *Jésus*, est sans fondement, puisqu'ils étaient déjà appelés de ce nom avant que le Jésus fût bâti.

Parmi plusieurs services éminents que les moines ont rendus à la société, un des principaux est d'avoir conservé, dans les temps de barbarie, le dépôt précieux des bonnes lettres. Pendant qu'une ignorance profonde couvrait la face de l'Europe entière, les sciences réfugiées dans les monastères, comme dans leur dernier asile, étaient encore cultivées par les moines. Ce sont eux qui nous ont transmis, par le moyen des copies, les admirables ouvrages de l'antiquité sacrée et profane. Nous leur devons la plupart des histoires anciennes, et ils ont laissé de riches et nombreux matériaux que les savants de notre époque exploitent chaque jour, sans pouvoir les épuiser.

2° Il n'y a également qu'un ordre de moines dans l'Eglise grecque, c'est celui de Saint-Basile, mais il est divisé en différentes congrégations. Tous les moines regardent saint Basile comme leur père, et ce serait un crime parmi eux de s'éloigner tant soit peu de sa règle. On voit par toute la Grèce plusieurs beaux monastères avec des églises bien bâties, où ces moines chantent l'office divin jour et nuit. Ils n'ont pas tous néanmoins la même manière de vivre; car il y en a qui s'appellent *cénobites*, c'est-à-dire qui vivent en communauté; d'autres s'appellent d'un nom qui signifie vivant à sa fantaisie. Les premiers sont ceux qui demeurent ensemble, qui mangent dans un même réfectoire, qui n'ont rien de singulier entre eux pour leurs habits, et qui enfin ont les mêmes exercices, aucun d'entre eux ne pouvant s'en exempter. Il y a pourtant deux ordres parmi eux; car les uns sont du *grand et angélique habit*: ils passent pour être d'un rang plus élevé que les autres, et font profession de mener une vie plus parfaite; ils sont plus nombreux que ceux de l'autre ordre, appelé du *petit habit* ou μικρόσχημοι, qui sont d'un rang inférieur, et ne mènent pas une vie si parfaite. Quant à ceux qui vivent à leur manière, et qu'on appelle pour cette raison ίδιόρρυθμοι, avant de prendre l'habit religieux, ils donnent une petite somme pour avoir une cellule et quelque autre chose du monastère. Le cellérier leur fournit du pain et du vin de même qu'aux cénobites, mais ils pourvoient eux-mêmes au reste. Ainsi, étant exempts de ce qu'il y a d'onéreux dans le monastère, ils s'appliquent à leurs affaires. Ces derniers lèguent par testament ce qu'ils possèdent, tant au dedans qu'au dehors du monastère, à leur serviteur ou à leur compagnon qu'ils appellent disciple, et qu'ils ont choisi parmi les cénobites pour les assister dans leurs besoins. Celui-ci, après la mort de son maître, augmente encore par son adresse les biens dont il a hérité, et il laisse par testament ce qu'il a acquis à celui qu'il a pris à son tour pour lui servir de compagnon; quant aux biens que son maître lui avait légués en mourant, ils retournent au monastère, qui les vend s'il y a lieu. Il se trouve néanmoins, parmi ces derniers, des moines libres qui sont si pauvres, que n'ayant pas de quoi acheter un fonds, ils sont obligés de donner au monastère tous leurs soins et tout leur travail, et de s'appliquer aux plus vils emplois. Ceux-là font tout pour le profit du couvent; c'est pourquoi le couvent leur fournit ce qui leur est nécessaire, et s'il leur reste quelque temps après leur travail ils le consacrent à la prière.

Il y a un troisième ordre de moines, auxquels on donne le nom d'*anachorètes*. Ceux-ci ne pouvant pas travailler, ni supporter les autres charges du monastère, veulent cependant vivre dans le repos de la solitude. Ils achètent une cellule hors du monastère avec un petit fonds dont ils puissent vivre; et ils ne vont au monastère que les jours de fêtes, pour assister à l'office: après cela ils retournent à leurs cellules, où ils s'occupent à leurs affaires, et ils n'ont aucune heure fixe pour la prière. Il se trouve cependant de ces anachorètes qui sont sortis du monastère, avec le consentement de leur abbé, pour mener une vie plus retirée, et pour s'appliquer davantage à la méditation et à la prière. Le monastère leur envoie, une fois ou deux par mois, de quoi se nourrir, parce qu'ils ne possèdent ni fonds, ni vignes; mais ceux qui ne veulent point dépendre de l'abbé, louent quelque vigne voisine de leur cellule, dont ils mangent le raisin; il y en a qui vivent de figues, d'autres de cerises, ou de quelques fruits semblables. Ils sèment aussi des fèves dans la saison. De plus, il y en a qui gagnent leur vie à copier des livres.

Les monastères sont sous la direction d'un supérieur qui porte le titre d'*archimandrite*, expression qui peut se traduire par *pasteur* ou *chef d'un troupeau*. L'*hégumène* ou conducteur diffère peu de l'archimandrite, et ces deux termes sont souvent pris l'un pour l'autre. L'*exarque* est supérieur à l'archimandrite; cette dignité a quelque rapport avec celle de *général* chez les Latins; l'hégumène est choisi par élection, et sa charge est temporaire; lorsqu'il la quitte, il reçoit le titre de *prohégumène* ou *ex-supérieur*. Les moines honorés du sacerdoce sont appelés *hiéromonaques* ou moines sacrés; ils ne célèbrent qu'aux grandes fêtes, car il y a presque toujours des prêtres ou papas entretenus pour desservir les églises et les couvents. *Voy.* CALOYERS.

3° Les moines de la Géorgie suivent la règle de saint Basile, et portent le nom de *Bères*. Ils ne mangent jamais de chair; ils sont vêtus d'une étoffe de laine de couleur foncée, portent la barbe et les cheveux longs, jeûnent et prient fort exactement. *Voy.* BÈRES.

4° L'ordre monastique est en grande réputation parmi les Arméniens, depuis que Nersès, l'un de leurs patriarches, introduisit celui de saint Basile. Mais ceux qui se sont réunis à l'Église romaine ont entièrement changé leur règle pour s'accommoder à celle des Latins. Celui qui donna occasion à cette réforme fut un religieux de l'ordre de Saint-Dominique, nommé Barthélémi, qui, sous le pape Jean XXII, ayant réussi par ses prédications, à gagner quelques moines, se servit d'eux ensuite pour opérer la réunion des deux Églises. Ce fut en ce temps-là que l'ordre de Saint-Dominique fut établi dans l'Arménie, et l'on appelle ces religieux *frères unis*. Cet ordre s'acquit en peu de temps beaucoup de réputation; de sorte que les frères unis bâtirent des monastères non-seulement dans l'Arménie et la Géorgie, mais même au delà du Pont-Euxin, principalement à Caffa, qui était alors sous la dépendance des Génois. Maintenant ces religieux sont réunis aux Dominicains de l'Europe, et sont sous la juridiction du général de cet ordre, qui leur envoie un provincial.

5° La vie monastique n'est pas moins en recommandation parmi les Maronites, que dans tout le reste du Levant; mais leurs moines sont de l'ordre de Saint-Antoine, et il est probable qu'ils sont un reste de ces anciens ermites qui habitaient les déserts de la Syrie et de la Palestine; car ils sont retirés dans les lieux les plus cachés des montagnes, et éloignés de tout commerce. Leur vêtement est pauvre et grossier; ils ne mangent jamais de chair, même dans les plus grandes maladies, et ils ne boivent du vin que très-rarement. Ils ne savent ce que c'est que de faire des vœux; mais quand ils sont reçus dans un monastère, on les avertit des devoirs qui leur sont imposés et ils s'y soumettent sans autre cérémonie. Ils ont en propre des biens et de l'argent dont ils peuvent disposer à la mort; et lorsqu'ils ne veulent plus demeurer dans un monastère, ils passent dans un autre. Ils ne peuvent faire aucune fonction ecclésiastique, comme de prêcher et de confesser, de sorte qu'ils n'ont à s'occuper que de leur salut, ils travaillent de leurs mains et cultivent la terre conformément à leur institution. Enfin ils exercent hautement l'hospitalité, et leurs monastères sont toujours ouverts aux étrangers et aux voyageurs. Ils ont actuellement soixante-sept monastères d'hommes contenant mille quatre cent dix religieux, et quinze couvents de femmes, où il y a trois cent trente religieuses.

6° Les institutions monastiques furent apportées dans la Chaldée par Eugène, religieux de la Thébaïde, qui quitta son désert, vers la fin du III° siècle, et passa en Syrie, accompagné de vingt-huit disciples. Il s'arrêta avec sa colonie près de la ville de Nisibe, et choisit pour demeure la solitude du mont Izla, qui limite au septentrion les plaines du Sindjar. L'obéissance, le recueillement et la ferveur des frères attirèrent sur la communauté les bénédictions célestes, et elle se multiplia avec une fécondité si merveilleuse, qu'elle couvrit bientôt de ses fondations la Mésopotamie et la Chaldée. Mais les erreurs qui s'élevèrent en Orient, et surtout l'hérésie du nestorianisme, pénétrèrent peu à peu dans les monastères et y portèrent le désordre et la dissolution, pendant de longues années; mais vers le commencement du siècle présent, la réforme, la piété et la vertu rentrèrent dans le couvent de Rabban-Ormuzd, à la suite du saint religieux Gabriel Denbo, qui rétablit dans cette communauté la règle de saint Antoine dans sa pureté primitive.

7° Les moines coptes suivent aussi la règle de saint Antoine ; comme les autres religieux, ils renoncent au mariage, à leurs parents, aux biens du monde. La règle veut qu'ils prient toujours, qu'ils pensent toujours à Dieu, qu'ils jeûnent et travaillent sans relâche. Ils doivent s'habiller de laine, se ceindre d'une courroie, ne boire jamais de vin, vivre toujours dans le désert, coucher par terre sur une natte, se prosterner tous les soirs cent cinquante fois le visage et le ventre contre terre, les deux bras étendus en croix et la main fermée ; en se relevant ils doivent faire le signe de la croix ; et cela sans préjudice des sept autres prostrations qui précèdent les sept heures canoniales, une pour chacune d'elles. Nous citerons, parmi leurs principaux couvents celui de Saint-Antoine, situé au lieu même que ce saint patriarche a sanctifié dans le désert par sa pénitence ; et celui de Sainte-Catherine sur le mont Sinaï fondé par sainte Hélène, mère de Constantin. Les religieux de ce dernier monastère sont tolérés par les Arabes, en mémoire du bon traitement qu'ils firent à Mahomet dans le temps qu'il était encore réduit à garder les chameaux du couvent. Un voyageur anglais, qui visita ce monastère il y a quelques années, rapporte qu'ayant demandé à un moine âgé de quatre-vingt-dix ans et qui était dans le couvent depuis soixante-dix, comment il avait passé sa vie, celui-ci lui répondit : « Un jour succédait à l'autre et se passait de même ; je ne pouvais contempler que les précipices, les cieux et le désert ; maintenant toutes mes pensées se rattachent à un autre monde, et j'attends tranquillement l'heure de mon départ. »

8° On distingue en Éthiopie deux ordres de moines qui portent le nom de leurs fondateurs : ceux de Técla-Haïmanot, Éthiopien d'origine, et ceux de l'abbé Eustathé, Égyptien. Le général des premiers s'appelle *Itchégué*, et les religieux portent le nom de *dakik* ou petits. Ce sont les abbés et les supérieurs des différents monastères de l'ordre qui choisissent l'*itchégué*. Les autres ont pour supérieur général l'abbé du couvent de Mahébar-Sélassé. Chaque monastère a son abbé particulier, que les moines élisent à la pluralité des voix, et qu'on appelle *abba*, c'est-à-dire père. Les supérieurs de ces deux ordres portent, pour se distinguer, un tissu de trois courroies de cuir rouge, qu'ils attachent autour de leur cou avec une agrafe de fer ou de cuivre. Les simples moines n'ont point d'habit particulier ; chacun suit en cela sa fantaisie ; en général, ils sont vêtus misérablement. Ils ont une ceinture de cuir autour de leur habit, une espèce de chapeau ou de bonnet, souvent un morceau de toile ou de drap leur couvre la tête. Ils habitent dans de petites maisons particulières bâties autour de leur église, et chacun cultive le petit champ qui lui est assigné pour vivre. Quand un moine fervent désire pratiquer des austérités plus grandes que celles qui sont en usage dans son monastère, il se retire dans le désert, et là il s'abandonne à toutes les austérités que lui suggère son zèle ; à son retour il prend un manteau noir ou quelque autre signe qui le distingue des autres religieux.

9° Par extension, on donne quelquefois, dans les relations le nom de *moines* aux religieux musulmans. *Voy.* Derwisch, Faquir, Santons, etc.

10° Il en est de même des religieux brahmanistes et bouddhistes ; toutefois il est bon d'observer qu'ils portent dans l'Inde un nom très-voisin du mot français ; c'est celui de *Mouni*. *Voy.* Bonzes, Djoguis, Mounis, Talapoins, etc.

MOINES NOIRS, nom que l'on a donné en Angleterre, à une congrégation de Bénédictins dont les monastères avaient été unis par Lanfranc, et qui porta d'abord le nom de son instituteur. Cette congrégation adopta, en 1335, de nouvelles pratiques, et embrassa un genre de vie plus austère. C'est alors qu'elle fut connue sous le nom de *Moines noirs*.

MOIS. Les mois étant, dans presque toutes les nations, intimement liés à la religion, puisque c'est d'après eux qu'on règle les fêtes et les cérémonies, nous croyons devoir donner ici un tableau des mois des principaux peuples, avec leur synchronisme, par rapport aux mois des Romains en usage dans toute l'Europe. Cependant, comme nous n'avons pas besoin d'une précision astronomique ou mathématique, nous nous contenterons, pour la plupart, d'une simple approximation.

1. Mois attiques.

Commencement :

	D'après le cycle d'Harpalus, 448 ans avant Jésus-Christ.	D'après le cycle de Méton, 412 ans avant Jésus-Christ.
1 Hécatombæon	2 août.	6 juillet.
2 Métagéitnion.	1ᵉʳ septembre.	4 août.
3 Boédromion.	30 septembre.	5 septembre.
4 Pyanepsion.	30 octobre.	2 octobre.
5 Mæmactérion.	28 novembre.	1ᵉʳ novembre.
6 Posidéon.	28 décembre.	30 novembre.
7 Gamélion.	6 février.	30 décembre.
8 Anthestérion.	8 mars.	28 janvier.
9 Elaphébolion.	6 avril.	27 février.
10 Munychion	6 mai.	28 mars.

11 Thargélion.	4 juin.	27 avril.
12 Scirrhophorion.	4 juillet.	27 mai.

Dans ces deux périodes on intercalait un second Posidéon pour accorder, au temps déterminé, les années lunaires, ou civiles et lunaires, avec le cours du soleil.

II. Mois des anciens Macédoniens, d'Antioche, de Pergame et d'Ephèse.	III. Mois des nouveaux Macédoniens ou Syromacédoniens, de Smyrne et de Tyr.	Commencement de ces mois suivant le calendrier romain.
1 Dios.	Hyperbérétæos.	24 septembre.
2 Apellæos.	Dios	24 octobre.
3 Audinæos.	Apellæos.	23 novembre.
4 Peristios.	Audinæos.	24 décembre.
5 Dystros.	Peristios.	23 janvier.
6 Xanthicos.	Dystros.	22 février.
7 Artémisios.	Xanthicos.	25 mars.
8 Daisios.	Artémisios.	25 avril.
9 Panemos.	Daisios.	25 mai.
10 Loos.	Panemos.	25 juin.
11 Gorpiæos.	Loos.	25 juillet.
12 Hyperbérétæos.	Gorpiæos.	25 août.

IV. Mois des Bithyniens.	V. Mois des Béotiens.	VI. Mois des Lacédémoniens.
1 Heréos.	Bucatios.	. . . . . .
2 Herméios.	Herméios.	. . . . . .
3 Metroos.	Prostatérios.	. . . . . .
4 Dionysios.	. . . . . .	. . . . . .
5 Heracleios.	. . . . . .	. . . . . .
6 Dios.	. . . . . .	Geræstos.
7 Bendiéos.	Hippodromios.	Artémisios.
8 Strateios.	Panémos.	Hecatombæos
9 Areios.	. . . . . .	Phliasios.
10 Periépios (Prestios).	Alalcomenos.	. . . . . .
11 Aphrodisios.	Damatrios.	Carnios.
12 Demetrios.	. . . . . .	. . . . . .

VII. Mois de l'île de Chypre.

Les habitants de Paphos avaient donné à Auguste une singulière marque de flatterie, en changeant les noms de leurs mois, et en les empruntant des mots relatifs à l'origine et aux dignités de ce prince. Leur ensemble formait ainsi une inscription en son honneur. Tels furent ces noms en commençant à l'équinoxe d'automne.

1 Aphrodisios.	Descendant de Vénus,	Septembre-octobre.
2 Apogonicos.	issu de	Octobre-novembre.
3 Ainicos.	Enée, et de	Novembre-décembre.
4 Iulos.	Jules	Décembre-Janvier.
5 Kaisarios.	César,	Janvier-février.
6 Sebastos.	Auguste,	Février-mars.
7 Autocratoricos.	empereur,	Mars-avril.
8 Demarchexusios.	tribun du peuple,	Avril-mai.
9 Pléthypatos.	consul presque perpétuel,	Mai-juin.
10 Archiéréos.	souverain pontife,	Juin-juillet.
11 Estios.	citoyen	Juillet-août.
12 Romaios.	romain.	Août-septembre.

VIII. Mois des Anglo-Saxons.

Selon Bède le Vénérable.	Selon Verstegan.	
1 Giuli-aftera.	Wolf-monath.	Janvier.
2 Sol-monath.	Sprout-kele.	Février.
3 Hred.	Lenct-monath.	Mars.
4 Oster.	Oster-monath.	Avril.
5 Tri-milkhi.	Tri-milkhi.	Mai.
6 Lida premier.	Mede-monath.	Juin.
7 Lida second.	Hey-monath.	Juillet.
8 Weod-monath.	Barn-monath.	Août.
9 Haleg-monath.	Gerst-monath.	Septembre.
10 Winter-fallith.	Wyn-monath.	Octobre.
11 Bloth-monath.	Wyndy-monath.	Novembre.
12 Giuli-erra.	Wynter-monath.	Décembre.

IX. Mois des Francs du temps de Charlemagne.	X. Mois des Allemands anciens.	XI. Mois des Allemands modernes.	
1 Winter-manoth.	Schene-monat.	Jänner.	Janvier.
2 Hornung.	Regen-monat.	Hornung.	Février.
3 Lentzin-manoth.	Wind-monat.	Lenzmond.	Mars.
4 Ostar-manoth.	Keime-monat.	Oster monat.	Avril.
5 Winne-manoth.	Blüthe monat.	Wonnemond.	Mai.
6 Brach-manoth.	Wiesen-monat.	Brachmond.	Juin.
7 Hew-manoth.	Aernte-monat.	Heumond.	Juillet.
8 Aran-manoth.	Bade-monat.	Aerntmond.	Août.
9 Herbst-manoth.	Herbst-monat.	Herbstmond.	Septembre.
10 Windu-manoth.	Früchte-monat.	Weinmond.	Octobre.
11 Witu-manoth.	Nebel-monat.	Windmond.	Novembre.
12 Heilag-manoth.	Frost-monat.	Christmond.	Décembre.

XII. Mois des Flamands et Hollandais.	XIII. Mois des Danois.	XIV. Mois des Suédois.	
1 Louw-maand.	His-manet.	Thor.	Janvier.
2 Sprokkel-maand.	Blide-manet.	Gœje.	Février.
3 Lente-maand.	Thor-manet.	Var.	Mars.
4 Gras-maand.	Fare-manet.	Grœs.	Avril.
5 Bloje-maand.	Maye-manet.	Blomster.	Mai.
6 Brak-maand.	Ster-sommer.	Sommar.	Juin.
7 Hooi-maand.	Arne-manet.	Hœ.	Juillet.
8 Oogst-maand.	Blost-manet.	Skœrde.	Août.
9 Gerst-maand.	Fisk-manet.	Hœst.	Septembre
10 Win-maand.	Sœde-manet.	Slagt.	Octobre.
11 Slagt-maand.	Slagt-manet.	Vinter.	Novembre.
12 Winter-maand.	Christ-manet.	Jul.	Décembre.

XV. Mois des Islandais.	XVI. Mois des Russes.	XVII. Mois des Polonais	
1 Mids-vetrar-manudr.	Henvare.	Styczen.	Janvier.
2 Fosten-gangs-manudr.	Fevrale.	Luty.	Février.
3 Jaffn-degra-manudr.	Marte.	Marzec.	Mars.
4 Sumar-manudr.	Aprele.	Kwiecien.	Avril.
5 Fare-daga-manudr.	Maye.	May.	Mai.
6 Nott-leysa-manudr.	Ioune.	Czerwiec.	Juin.
7 Madka-manudr.	Ioule.	Lipiec.	Juillet.
8 Hey-anna-manudr.	Ayhouste.	Sierpien.	Août.
9 Addraatta-manudr.	Sentiabre.	Wrzesien.	Septembre.
10 Slatrunar-manudr.	Octiabre.	Pazdziernik	Octobre.
11 Rydtrydar-manudr.	Noiabre.	Listopad.	Novembre.
12 Skam-deiger-manudr.	Dekabre.	Grudzien.	Décembre.

XVIII. Mois des Celto-Bretons.	XIX. Mois des Basques.		
1 Genver.	Urtaril ou Ilbatz.		Janvier.
2 C'houevrér.	Otsail.		Février.
3 Merc'h.	Epail.		Mars.
4 Imbrel.	Jorrail.		Avril.
5 Maé.	Ostaro.		Mai.
6 Mec'hewen.	Errearo ou Ekaim.		Juin.
7 Gwéré ou Mezevennik.	Uztail.		Juillet.
8 Eost.	Agoril.		Août.
9 Gwengolo.	Irail.		Septembre.
10 Hezré.	Uril.		Octobre.
11 Du.	Acil ou Açaro.		Novembre.
12 Kerzu.	Lotazil ou Abendo.		Décembre.

XX. Mois républicains français.

1 Vendémiaire, commençait le	22 septembre.
2 Brumaire.	22 octobre.
3 Frimaire.	21 novembre.
4 Nivôse.	21 décembre.
5 Pluviôse.	21 Janvier.
6 Ventôse.	19 février.
7 Germinal.	21 mars.
8 Floréal.	20 avril.
9 Prairial.	20 mai.
10 Messidor.	19 juin.

DICTIONN. DES RELIGIONS. III.

XX. Mois républicains français.

11 Thermidor, *plus anciennement* fervidor. 19 juillet.
12 Fructidor.   18 août.

Suivaient cinq ou six jours supplémentaires.

XXI. Mois des Juifs.	XXII. Mois des Syriens.	
1 Nisan.	Nisan.	Mars-avril.
2 Iyar.	Iyar ou Mavis.	Avril-mai.
3 Sivan.	Kheziran.	Mai-juin.
4 Thamouz.	Thamouz.	Juin juillet.
5 Ab.	Ob ou Avostos.	Juillet-août.
6 Eloul.	Iloul.	Août-septembre.
7 Thisri.	Thisri premier.	Septembre-octobre.
8 Kheswan.	Thisri second.	Octobre-novembre.
9 Kislef.	Kanoun premier.	Novembre-décembre.
10 Tebeth.	Kanoun second.	Décembre-janvier.
11 Schebet.	Aschbat.	Janvier-février.
12 Adar.	Adar ou Mart.	Février-mars.

Tous les trois ans environ on ajoute un second mois *Adar* pour faire concorder l'année lunaire avec le cours du soleil.

XXIII. Mois des Egyptiens.	XXIV. Mois des Coptes.	XXV. Mois des Ethiopiens.	
1 Thoth.	Thot.	Maskaram.	8 septembre.
2 Paophi.	Baba.	Tekempt.	8 octobre.
3 Athyr.	Hathor.	Hédar.	7 novembre.
4 Khoyak.	Kaihak.	Takhsas.	7 décembre.
5 Tybi.	Tobi.	Ter.	6 janvier.
6 Mekhir.	Meschir.	Yakatit.	5 février.
7 Phamenoth.	Pharmenoth.	Mégabit.	7 mars.
8 Pharmouthi.	Pharmouthi.	Miazia.	6 avril.
9 Pakhon.	Paschans.	Ghinbot.	6 mai.
10 Payni.	Paoni.	Séni.	5 juin.
11 Epiphi.	Abib.	Hamlé.	5 juillet.
12 Mesori.	Meschori.	Nahasi.	4 août.

Ces mois sont suivis de cinq jours épagomènes. Dans le synchronisme précédent nous avons suivi la coïncidence du calendrier Grégorien, et non celle du calendrier Julien.

XXVI. Mois des Persans.		XXVII. Mois des Musulmans.	
1 Farvardin.	Mars-avril.	1 Moharrem.	30 jours.
2 Ardebihischt.	Avril-mai.	2 Safar.	29 —
3 Khordad.	Mai-juin.	3 Rabi premier.	30 —
4 Tir.	Juin-juillet.	4 Rabi second.	29 —
5 Amerdad.	Juillet-août.	5 Djoumadi premier.	30 —
6 Scheheryar.	Août-septembre.	6 Djoumadi second.	29 —
7 Mihrdjan.	Septembre-octobre.	7 Redjeb.	30 —
8 Aban.	Octobre-novembre.	8 Schaban.	29 —
9 Adher.	Novembre-décembre.	9 Ramadhan.	30 —
10 Dey.	Décembre-janvier.	10 Schewal.	29 —
11 Bahman.	Janvier-février.	11 Dhoul-cada.	30 —
12 Espendarmad.	Février-mars.	12 Dhoul-hidja.	29 ou 30 jours.

L'année persane était suivie de cinq jours épagomènes, tous les mois étant de 30 jours.

L'année musulmane est absolument lunaire et composée de 354 ou 355 jours; ainsi le commencement n'en est point fixe, et parcourt insensiblement tous les mois de l'année solaire. D'où il résulte que les Musulmans gagnent une année sur nous tous les 33 ans

XXVIII. Mois des Arméniens.	XXIX. Mois des Albaniens.	XXX. Mois des Géorgiens.		
1 Navasardi.	Navasardos.	Akhltzéli	ou Akhal-tséli.	11 août.
2 Hori.	Toulen.	Sétéli	Sthoulisa.	10 septembre.
3 Sahmi.	Namotsn.	Teriati	Tiris-coni.	10 octobre.
4 Dré.	Hile.	Tiristini	Tiris-déni.	9 novembre.
5 Kaghots.	Bocavon.	Apani	Apani.	9 décembre.
6 Arats.	Maré.	Noutzcni	Sourtsqounisi.	8 janvier.
7 Mehekan.	Boudjconé.	Nivneani	Mircani.	7 février.
8 Areki.	Tzakhoulé.	Igacaï.	Igrica.	9 mars.

XXVIII. Mois des Arméniens.	XXIX. Mois des Albaniens.	XXX. Mois des Géorgiens.		
9 Ahekan.	Boutocé.	Vardoupaï	Wardobisa.	8 avril.
10 Maréri.	Orili.	Maréli	Mariali.	8 mai.
11 Margats.	Ikhnaï.	Boubas	Thiba.	7 juin.
12 Hrotits.	Bakhniaï.	Kouralouban	Kwelthoba.	7 juillet.

Suivent cinq jours épagomènes.

XXXI. Mois des Ossètes.	XXXII. Mois des Dougour.	
1 Tenghé-maï.	Anzour.	Janvier.
2 Khomakhzan.	Komakhzoun.	Février.
3 Tsekenné-maï.	Markhoua doua mai,	Mars.
4 Sachsé.	(les deux mois de carême).	Avril.
5 Serdewra-maï.	Nicola-maï (mois de Saint-Nicolas).	Mai.
6 Fistissera-maï.	Amistoulta.	Juin.
7 Souzené-maï.	Zozan.	Juillet.
8 Ikina-maï.	Rakhana doua maï.	Août.
9 Rakhana-maï.	(les deux mois du rut des cerfs).	Septembre.
10 Kefta-maï.	Kefti-maï.	Octobre.
11 Ghéorgouba.	Gheorgouba (mois de Saint-Georges.)	Novembre.
12 Tsippours.	Atsolagozart.	Décembre.

XXXIII. Mois des Ouïgours et des Khataïens.

Mois lunaires.		Demi-mois solaires.			
1 Aārm	correspondant à	1 Li-tchun	et	2 Wou-chi.	Février.
2 Ikindi	—	3 Kin-tcheh	—	4 Choun-fen.	Mars.
3 Utchindj	—	5 Ching-ming	—	6 Kou-wou.	Avril.
4 Tourntoundj	—	7 Li-khab	—	8 Sio-man.	Mai.
5 Bichindj	—	9 Man-tchoun	—	10 Cha-tchen.	Juin.
6 Altindj	—	11 Chao-chou	—	12 Dai-chou.	Juillet.
7 Ietindj	—	13 Li-tchiu	—	14 Tchiou-chiou.	Août.
8 Sekizindj	—	15 Pe-lou	—	16 Sio-fen.	Septembre.
9 Toukousindj	—	17 Han-lou	—	18 Chouan-koun.	Octobre.
10 Onundj	—	19 Li-toun	—	20 Sao-seh.	Novembre.
11 Birikirmindj	—	21 Daï-seh	—	22 Doun-dji.	Décembre.
12 Tchakchabath	—	23 Sio-khan	—	24 Daï-khan.	Janvier

Ils ont un mois lunaire intercalaire appelé *Chun*, pour faire concorder l'année lunaire avec l'année solaire.

XXXIV. Mois Sanscrits.	XXXV. Mois Hindoustanis.	XXXVI. Mois Tamouls.	
1 Tchaitra.	Tchait.	Chittere.	Mars-avril.
2 Vaisakha.	Baisakh.	Vayasi.	Avril-mai.
3 Djyechta.	Djeth.	Ani.	Mai-juin.
4 Achadha.	Asarh.	Addi.	Juin-juillet.
5 Sravana.	Srawan.	Avani.	Juillet-août.
6 Bhadra.	Bhadoun.	Prétachi.	Août-septembre.
7 Koumara ou Aswina.	Kouar ou Asin.	Arpichi.	Septembre-octobre.
8 Karttika.	Kartik.	Kartigué.	Octobre-novembre.
9 Agrahâyana.	Aghan.	Margazi.	Novembre-décembre.
10 Paucha.	Pous.	Taï.	Décembre-janvier.
11 Magha.	Magh.	Masi.	Janvier-février.
12 Phalgouna.	Phalgoun.	Pangoumi.	Février-mars.

XXXVII. Mois des Chinois.	XXXVIII. Mois des Annamites.		XXXIX. Mois des Coréens.
1 Tching-youe.	Thang-gieng ou	Thang-dan.	Tchong-wor.
2 Eul-youe.	Thang-hai	Thang-meo.	Yie-wor.
3 San-youe.	Thang-ba	Thang-thin.	Sam-wor.
4 Ssu-youe.	Thang-tu	Thang-ti.	So-wor.
5 Ou-youe.	Thang-nam	Thang-ngo.	O-wor.
6 Lou-youe.	Thang-sau	Thang-mui.	Lou-wor.
7 Tsi-youe.	Thang-bay	Thang-than.	Tseir-wor.
8 Pa-youe.	Thang-tam	Thang-dau.	Par-wor.
9 Kieou-youe.	Thang-chin	Thang-tuat.	Kou-wor.
10 Chi-youe.	Thang-muoi	Thang-hoi.	Sie-wor.
11 Chi-y-youé.	Thang-muoi-mot	Thang-ti.	Tong-seïter.
12 La-youe.	Thang-chap	Thang-suu.	Sutter.

XL. Mois des Japonais.

Mois lunaires.	Mois solaires.
1 Djo-guats.	Fak-yo-kiou.
2 Ni-guats.	Kin-giou-kiou.
3 San-guats.	Tso-ki-kiou.
4 Si-guats.	Kio-kaï-kiou.
5 Ko-guats.	Si-si-kiou.
6 Rok-guats.	Sits-djo-kiou.
7 Sits-guats.	Tim-bin-kiou.
8 Fats-guats.	Ten-kats-kion.
9 Kou-guats.	Tsin-ba-kiou.
10 You-guats.	Ma-kats-kiou.
11 Djouito-guats.	Vo-bin-kiou.
12 Djounits-guats.	So-gio-kiou.

XLI. Mois des Tibétains.

Lava ou dava-tangbou.	Février.
dava-gnipa.	Mars.
dava-soumba.	Avril.
dava-zhiba.	Mai.
dava-gnappa.	Juin.
dava-touakpou.	Juillet.
dava-doumba.	Août.
dava-ghiappa.	Septembre.
dava-gouabba.	Octobre.
dava-tchouba.	Novembre.
dava-tchou-tchikpa.	Décembre.
dava-tchou-gnipa.	Janvier.

Les noms des mois des cinq peuples précédents désignent en général leur ordre numérique; le synchronisme européen n'est pas toujours bien déterminé; mais en général l'année commence dans le mois de février, ou vers l'équinoxe de printemps. On ajoute tous les deux ou trois ans un mois intercalaire, que l'on place soit après la cinquième lune, soit à la fin de la douzième, suivant un ordre déterminé dans chaque nation.

XLII. Mois des Javanais.

1 Koso	41 jours.
2 Karo	23 —
3 Katigo	24 —
4 Kapat	24 —
5 Kalimo	26 —
6 Kanam	41 —
7 Kapitou	41 —
8 Kawolou	26 —
9 Kasougo	25 —
10 Kasapoulon	25 —
11 Dasto	23 —
12 Sodo	41 —
	360 jours.

XLIII. Mois des Célébiens.

Sarawana	30 jours.
Padrowanae	30 —
Soudjewi	30 —
Pachekae	31 —
Pasae	31 —
Mangasserang	32 —
Mangasoutewe	30 —
Mangalompae	31 —
Nayae	30 —
Palayounae	30 —
Bessakae	30 —
Djetae	30 —
	365 jours.

XLIV. Mois des Marianais. — XLV. Mois des îles Sandwich. — XLVI. Mois des Betsimitsaras.
(Madagascar).

1 Toumegouini.	O velehou.	Atsia.	Janvier.
2 Maino.	O makalii.	Vola-sira.	Février.
3 Oumotaraf.	O kaelo.	Volan-posa.	Mars.
4 Loumouhou.	O kaouloua.	Vola-maka.	Avril.
5 Magmamao.	O nana.	Hia-hia.	Mai.
6 Mananaf.	O ikiki.	Saka-mase.	Juin.
7 Semo.	O velo.	Saka-ve.	Juillet.
8 Tenhos.	O kaaona.	Volan-bita.	Août.
9 Loumamlam.	O hinaiaeleele.	Asara-manta.	Septembre.
10 Fagoualou.	O hinilehou.	Asara-be.	Octobre.
11 Soumongsougn.	O bilina.	Vatra-vatra.	Novembre.
12 Oumadjanggan.	O hikoua.	Asoutri.	Décembre.

XLVII. Mois des Mexicains.

Ils sont au nombre de dix-huit et composés chacun de vingt jours; l'année des Mexicains commençait vers le mois de février.

1 Tlacaxipehualiztli.	7 Hueytecuylhuitl.	13 Checiogli.
2 Tozoztontli.	8 Micaylhuitl.	14 Panquetzaliztli.
3 Hueytozoztli.	9 Hueymicaylhuitl.	15 Aremoztli.
4 Toxcatl.	10 Ochpaniztli.	16 Tititl.
5 Etzalcualiztli.	11 Pachtli.	17 Izcagli.
6 Tecuylhuitl.	12 Hueypachtli.	18 Atlacoalo.

Ces dix-huit mois ne font que 360 jours; les Mexicains ajoutaient cinq jours appelés *nénontemi*, qui faisaient concorder l'année avec le cours du soleil.

XLVIII. Mois des Sioux.   XLIX. Mois des Algonquins.

1 Wisthociasia-oni.	Ouabanni-quisis.	Mars.
2 Mograhoandi-oni.	Pokaodaquimi-quisis.	Avril.
3 Mograhochanda-oni.	Wabigon-quisis.	Mai.
4 Wojusticiascia-oni.	Hodeïmin-quisis.	Juin.
5 Champascia-oni.	Mikin-quisis.	Juillet.
6 Tantankakiocu-oni.	Wathebaqui-quisis.	Août.

L. Mois des Sioux.	LI. Mois des Algonquins.	
7 Wasipi-oni.	Inaqui-quisis.	Septembre.
8 Sciwostapi-oni.	Binahamo-quisis.	Octobre.
9 Takiouka-oni.	Kaskadino-quisis.	Novembre.
10 Ahesciakiouska-oni.	Manito-quisis.	Décembre.
11 Ouwikari-oni.	Kitci-manito-quisis.	Janvier.
12 Owiciata-oni.	Wamebinni-quisis.	Février.

MOISE ou **Moyse**, un des plus grands personnages de l'Ancien Testament, prophète et législateur des Israélites, conducteur et chef souverain du peuple de Dieu pendant quarante ans. Il naquit au moins 1570 ans avant notre ère, et il est probablement le plus ancien de tous les écrivains dont les écrits sont parvenus jusqu'à nous. Les seuls qui pourraient être l'objet de quelque doute seraient les auteurs des Védas, mais il n'est nullement certain que ces livres soient antérieurs à Moïse.

1° Il n'entre pas dans notre plan de tracer ici sa biographie. On sait qu'il fut exposé sur le Nil, en conséquence d'un ordre de Pharaon qui avait ordonné de faire périr tous les enfants mâles; que, recueilli par la fille du roi, il fut élevé dans toutes les sciences des Egyptiens; qu'obligé de fuir, à l'âge de quarante ans, pour avoir tué un Egyptien qui opprimait un de ses frères, il se retira en Arabie, où il se maria et garda pendant quarante ans les troupeaux de son beau-père; qu'au bout de ce laps de temps, il reçut sa mission, retourna en Egypte, contraignit Pharaon par des prodiges et par les fléaux dont il accabla l'Egypte, au nom du Seigneur, de laisser aller le peuple d'Israël; qu'il fit passer à sa nation la mer Rouge à pied sec; qu'il lui promulgua la loi dictée par Dieu même, et qu'il l'amena, après un voyage de quarante années, jusqu'à l'entrée de la terre promise, en vue de laquelle il mourut, après une vie signalée par des prodiges éclatants et sans nombre.

Mais ce qui fait surtout sa gloire, et ce qui doit lui mériter à jamais la reconnaissance de tous les peuples, c'est d'avoir écrit ce livre admirable que nous appelons le Pentateuque, qui, outre l'intérêt particulier qu'il offre au peuple juif, dont il expose l'origine et contient les lois, a la plus haute valeur non-seulement pour les savants de tous les ordres, mais encore pour tout homme qui réfléchit. Le théologien y trouve le système religieux le plus pur, le plus rationnel, que nous ait transmis l'antiquité, et la base des préceptes plus parfaits et plus saints encore que nous a donnés l'Evangile. Le philosophe y admire une morale nette et positive, exempte de ces tâtonnements et de ces doutes que l'on rencontre si souvent dans la philosophie païenne. Le législateur y voit un système de lois dans lequel tout est merveilleusement coordonné pour entretenir dans la nation l'unité, la concorde, la prospérité, le bien-être, l'hygiène publique, et qui règle les rapports des citoyens les uns à l'égard des autres, des maîtres et des serviteurs, des riches et des pauvres, des citoyens et des étrangers. L'historien y trouve l'origine des différentes nations qui peuplent la surface du globe, le géologue une cosmogonie confirmée par les découvertes les plus récentes; le philologue, une langue qui lui donne la clef de bien des mystères. *Voy.* PENTATEUQUE.

Moïse n'est pas seulement un législateur et un historien, c'est aussi un grand poëte; il nous a laissé entre autres deux cantiques d'un style élevé et sublime, d'une richesse de sentiments et d'expressions qu'Homère et Pindare n'ont jamais pu atteindre, parce qu'il réunit à l'enthousiasme du génie celui de l'inspiration divine.

Nous venons de prononcer le mot d'inspiration, qui fait sourire les incrédules quand il ne les fait pas blasphémer. Certes, nous avons bien le droit de dire Moïse inspiré, quand il est maintenant de mode de proclamer l'inspiration des Manou, des Confucius, des Orphée, des Mahomet, quand la nouvelle école publie hautement que tout homme est inspiré. Qu'on nous permette une seule réflexion : il est positif, en premier lieu, que la cosmogonie mosaïque, qui traite des temps antérieurs à l'homme, se trouve pleinement confirmée par les récentes découvertes de la science moderne; il est positif, en second lieu, que les résultats obtenus aujourd'hui n'ont pu jamais être soupçonnés, bien loin d'être connus dans toute l'antiquité; or, de deux choses l'une : ou Moïse n'a pu écrire les détails de cette cosmogonie qu'en vertu d'une révélation particulière, ou il a tout simplement consigné dans son livre ce qu'il avait appris de ses ancêtres, qui n'avaient pu eux-mêmes acquérir ces connaissances que par une révélation spéciale, ce qui, en dernière analyse, revient au même. — Niera-t-on les prodiges et les miracles opérés par son entremise? Mais si l'on récuse le témoignage de tout un peuple, témoin oculaire des faits qu'il atteste ou dont il approuve le récit, il n'y a plus sur la terre de certitude morale. De plus, le seul fait d'une colonie de près de deux millions d'âmes voyageant et subsistant pendant quarante ans dans les sables arides de l'Arabie, est lui-même un des prodiges les plus signalés.

Aussi les incrédules, qui sentent bien la nécessité d'admettre dans son intégrité le récit du Pentateuque, si on reconnaît qu'il a été écrit au temps où ces événements se sont passés, se retranchent derrière la question de savoir si ce livre a été composé par Moïse, ou bien si ce n'est pas un livre apocryphe compilé peut-être du temps de Salomon. Nous ne saurions ici traiter cet important sujet, qui demanderait une longue dissertation; nous nous contenterons d'observer que ceux qui soulèvent cette objection n'ont pas étudié sérieusement le Pentateuque, qu'ils n'ont pas suivi le génie de la langue à ses différentes époques, et qu'enfin ils ne font que reculer et augmenter les difficultés historiques; car plus on s'éloigne des temps primitifs, plus les traditions antiques sont mises en oubli, et il faudrait admettre que le petit peuple hébreu, sans relation aucune avec les autres peuples de la terre, avait plus de connaissances physiques, géologiques et ethnographiques que les nations les plus savantes et les plus célèbres, telles que les Egyptiens, et les Grecs.

Le nom de Moïse, en hébreu *Mosché*, vient du verbe משה *mascha*, tirer, et ce nom lui fut donné par la fille de Pharaon, parce qu'elle l'avait *tiré* ou sauvé des eaux, ainsi que le déclare l'Ecriture sainte. Josèphe, dans ses Antiquités judaïques, donne à ce nom une origine égyptienne et le fait dériver de *mô*, eau, et *oudje*, préserver. Les Septante semblent avoir accepté cette étymologie en adoptant la transcription grecque Μωυσῆς, *Moyses*. Les Français l'ont accommodé à leur orthographe en l'écrivant maintenant *Moïse*. Nous regardons comme très-probable que les Grecs ont connu Moïse sous le nom de *Musée*, poëte, philosophe et théologien, qu'ils font contemporain d'Orphée, et auquel ils attribuent des ouvrages sur les *Mystères*, les *Préceptes* et la *Théogonie*.

2° Les rabbins et les cabalistes ont débité sur Moïse, comme sur la plupart des grands personnages de l'Ancien Testament, plusieurs fables ridicules. Voici comme ils racontent l'histoire de son mariage : — Moïse, s'étant enfui de l'Egypte, se retira dans la terre de Madian et s'assit près d'un puits. Un instant après, il vit venir Séphora, et fut si charmé de sa beauté qu'il lui proposa de la demander en mariage. Séphora lui répondit qu'il ne connaissait pas le danger de la proposition qu'il lui faisait ; que son père avait coutume d'ordonner à tous ses amants d'aller arracher un certain arbre qui faisait mourir tous ceux qui en approchaient. Moïse lui demanda quel était cet arbre. « Il faut que vous sachiez, lui répondit Séphora, que Dieu, le soir du sixième jour de la création du monde, produisit, entre les deux vêpres du sabbat, un bâton qu'il donna au premier homme : après la mort d'Adam, ce bâton passa successivement entre les mains d'Enoch, de Noé, de Sem, d'Abraham, d'Isaac, de Jacob et de Joseph. Ce dernier l'ayant emporté en Egypte, les Egyptiens s'en saisirent après sa mort, et le portèrent au palais de Pharaon. Mon père, qui était alors un des principaux magiciens du roi, connut aussitôt la vertu de ce bâton et s'en empara. Il l'enfonça ensuite en terre, dans son jardin ; le bâton prit aussitôt racine, et se couvrit de fleurs et de fruits. Depuis ce temps, mon père ordonne à ceux qui me demandent en mariage d'aller arracher cet arbre; et ils meurent aussitôt qu'ils s'en approchent. » Le discours de Séphora n'effraya point Moïse : il résolut de tenter l'aventure. S'étant rendu à la maison de Jéthro, il lui demanda sa fille Séphora. Jéthro, pour toute réponse, lui proposa l'épreuve ordinaire. Moïse alla dans le jardin, arracha l'arbre et l'apporta. Cette action causa une grande surprise à Jéthro; il consulta son art, et connut que cet étranger devait faire de grands maux à l'Egypte. C'est pourquoi il le fit jeter dans une fosse profonde, où il fût mort de faim sans le secours de Séphora, qui prit soin de le nourrir secrètement pendant l'espace de sept ans, au bout desquels cette généreuse fille parla à son père de Moïse, et le pria de voir s'il était encore vivant. Jéthro, ignorant de quelle manière il avait été nourri, le croyait mort depuis longtemps. Il fut étrangement étonné de le trouver encore en vie. Ce prodige fit sur lui une telle impression, qu'il embrassa Moïse, lui demanda pardon des maux qu'il lui avait faits, et lui donna sa fille en mariage, ne doutant plus qu'il ne fût un prophète et un ami de Dieu. Quant au bâton que Moïse avait arraché dans le jardin de Jéthro, il s'en servit toujours depuis comme de baguette, et ce fut par son moyen qu'il opéra tous ses prodiges.

3° Les Musulmans appellent Moïse *Kelam Allah*, la parole de Dieu ; ils le qualifient de libérateur et de législateur du peuple d'Israël ; ils disent qu'il était marqué d'une verrue au nez et d'une autre au bout de la langue ; et qu'il fut honoré quatre cents fois de la visite du Seigneur. Entre plusieurs autres fables, ils racontent ainsi sa mort : ce législateur, errant seul dans le désert, trouva par hasard un sépulcre vide et ouvert, fait à sa juste mesure. Pendant qu'il le considérait, survint l'ange de la mort. Moïse le reconnut et lui demanda ce qui l'amenait vers lui. — « C'est pour ôter ton âme de ton corps, » répondit celui-ci. — « Par où? lui répliqua Moïse ; tu ne peux la tirer par la bouche, parce qu'elle a parlé à Dieu ; ni par les oreilles, parce qu'elles ont entendu la voix de Dieu ; ni par les yeux, parce qu'ils ont vu la face de Dieu ; ni par les mains, parce qu'elles en ont reçu les tables de la loi ; ni par les pieds, parce qu'ils m'ont porté sur le mont Sinaï. » L'ange disparut sans répondre à toutes ces difficultés, se transforma, et revint avec une pomme de paradis, qu'il présenta à Moïse. Celui-ci, sans se défier de rien, approcha cette pomme de ses narines pour en respirer l'odeur. Alors l'ange lui saisit le nez, le serra, et lui tira l'âme par là, de sorte que le corps tomba et demeura dans ce sépulcre, que jamais personne n'a pu trouver.

MOKASER, ministre de la religion unitaire ou des Druzes. Les Mokasers exerçaient la fonction de missionnaires, mais d'une manière subordonnée aux *Daïs* et aux *Madhouns*. Leur nom, eu égard à son étymologie, doit signifier *celui qui brise*, et métaphoriquement celui qui inspire de la méfiance, qui affaiblit la conviction ; il paraît indiquer que leur fonction devait se borner à inspirer aux hommes des doutes sur leurs religions ; mais il semble avoir quelquefois une plus grande latitude, et signifier en général celui qui enseigne, qui prêché ; ce qui n'a rien de surprenant, puisque les efforts faits pour détruire une croyance avaient pour but de disposer à en adopter une autre.

Le Mokaser est désigné par les Unitaires sous le nom allégorique de *fantôme*, parce que, ainsi qu'un fantôme qui survient dans une nuit obscure, il luit par sa science et sa prédication, et qu'il laisse entrevoir quelque chose par ses discours, sans pouvoir dévoiler la vérité.

MOKCHA-SADAKA, c'est-à-dire *exercice pénitentiel*. Les Hindous donnent ce nom aux pratiques religieuses par lesquelles les vanaprastas ou pénitents tendent à anéantir en eux les trois grands penchants des hommes, qui ont pour objet l'or, la terre et les femmes ; à se délivrer de tous les préjugés touchant les castes, les distinctions et les honneurs. Ils veulent qu'on résiste aux impulsions de l'âme les plus naturelles, et même au sentiment de sa propre conservation. Ils exigent de leurs disciples qu'ils soient insensibles au froid et au chaud, au vent et à la pluie, aux souffrances et aux maladies. On peut dire que ceux qui mettent en pratique le Mokcha-Sadaka sont plus stoïciens que Zénon lui-même, et plus cyniques que Diogène ; plusieurs de ces vanaprastas vont entièrement nus ; cette conduite indécente a pour but de convaincre leurs admirateurs qu'ils sont inaccessibles aux atteintes de la concupiscence, et que les objets les plus capables de l'exciter ne font sur eux aucune impression.

MOKISSO, dieux ou idoles des habitants du Loango, en Afrique. Ils en ont un grand nombre, qui sont distingués par différents noms, suivant leur office et leur juridiction. Aux uns ils attribuent l'empire sur les éclairs et les vents ; ils servent comme d'épouvantail dans leurs champs, pour la conservation des grains, contre les injures de l'air, et contre les oiseaux et les insectes. D'autres président aux poissons de la mer, d'autres à ceux des rivières, aux bestiaux, à la santé, à la bonne fortune, à la lucidité des yeux, à la fermeté des jambes, à la connaissance des sciences occultes. Enfin chaque Mokisso jouit du pouvoir qui lui est propre, et dans les limites d'un lieu déterminé. Dans le Congo, les Mokissos publics sont ordinairement placés au centre des villes. Dans le royaume d'Angola, comme dans celui de Loango, l'usage est de mettre dans les champs ensemencés un panier rempli de cornes de chèvres, de plumes de perroquets, et autres choses semblables ; ce panier passe pour le Mokisso protecteur des fruits du champ. Un voyageur qui, fatigué de son fardeau, le laisse sur le grand chemin avec un nœud d'herbes entrelacées, pour faire connaître qu'il le met sous la protection de son Mokisso, peut être certain que personne n'aura la hardiesse d'y toucher.

Ces idoles sont fort variées dans leurs formes. Les unes représentent la figure humaine ; d'autres ne sont que des bâtons, garnis de fer par le bout, ou décorés d'un peu de sculpture ; des roseaux, qui se portent autour des bras et du cou ; des cordes ornées de petites plumes et de deux ou trois petites cornes, qui servent de ceinture ; des pots remplis de terre blanche ; des cornes de buffles, revêtues de la même terre, et garnies d'un anneau de fer à l'extrémité. La plus ridicule espèce de ces divinités est le pot, qui est rond et sans pieds. Ils mouillent soigneusement la terre dont il est rempli et lui font surpasser les bords de quelques pouces. Les dehors sont peints de diverses couleurs. Ces Mokissos, dans l'opinion de leurs adorateurs, sont jaloux les uns des autres ; et si l'on ne veut point s'exposer au ressentiment de ceux qui se croiraient négligés, il faut leur rendre à tous les mêmes adorations. Nous donnons, à l'article. ENGANGA-MOKISSO, la manière dont les nègres consacrent ces sortes d'idoles.

MOKOSCH, une des divinités inférieures des anciens Slaves.

MOKRIMIS, hérétiques musulmans appartenant à la secte des Kharidjis ; ce sont les disciples de Mokrimi, fils d'Adjeli ; ils diffèrent de ceux de leur secte en ce qu'ils soutiennent que celui qui néglige la prière est un infidèle.

MOLA ou MOLE, 1° déesse des Romains qui présidait au grain que l'on faisait moudre. On en comptait plusieurs que l'on disait filles de Mars, parce qu'il écrase les hommes comme la meule écrase le blé.

2° On appelait aussi *moles* les statues colossales élevées en l'honneur des dieux.

3° Enfin, la *mola* était une pâte de farine salée, dont on frottait le front des victimes avant de les égorger. De là vient le verbe *immolare*, qui signifiait proprement préparer la victime au sacrifice, mais qui, par la suite, a été pris dans l'acception de *sacrifier*, surtout en français.

MOLINISME, système fameux sur la grâce et le libre arbitre, dont l'auteur est Louis Molina, jésuite espagnol. On le trouve détaillé dans son livre intitulé : *De Concordia gratiæ et liberi arbitrii*. Molina y enseigne que toute grâce donne à l'homme un secours suffisant pour qu'actuellement et de fait il puisse opérer le bien ; qu'elle met la volonté dans une espèce d'équilibre, en sorte qu'elle peut pencher du côté qu'elle veut. Il appelle grâce *suffisante* celle à laquelle l'homme résiste, quoiqu'elle lui fournisse tout ce qui est nécessaire pour faire le bien ; et grâce *efficace*, celle à laquelle l'homme ne résiste pas, quoiqu'il soit en son pouvoir d'y résister. Ainsi, selon ce théologien, la grâce est versatile, et son efficacité dépend de la coopération de l'homme. Une grâce égale, donnée à deux personnes également disposées, et dans les mêmes circonstances, peut être efficace dans l'une et inefficace dans l'autre. Ce système fit beaucoup de bruit lorsqu'il parut, et donna naissance à ces vives disputes sur la grâce et la prédestination, agitées avec tant de chaleur et d'animosité dans les XVI° et XVII° siècles. Les Dominicains s'élevèrent contre le livre de Molina, et le déférèrent à l'inquisition. L'affaire, après de grands débats, fut portée au tribunal du pape Clément VIII. Ce pontife établit, pour l'examiner, la congrégation appelée *De Auxiliis*. Les Dominicains et les Jésuites plaidèrent leur cause avec animosité, en présence des cardinaux qui composaient cette congrégation. Le pape Clément VIII étant mort pendant le cours des disputes, elles continuèrent sous son successeur Paul V. Enfin, ce pape les termina, non par un jugement définitif, mais par un ordre exprès aux deux partis de garder le silence sur ces matières en attendant sa décision. Il fit par là cesser les disputes juridiques; mais il ne put apaiser les querelles particulières, qui subsistèrent entre les deux ordres, malgré ses défenses et ses menaces, et qui se perpétuèrent avec les Jansénistes, aux sentiments desquels les propositions de Molina n'étaient pas moins opposées.

MOLINOSISME. On appelle ainsi la doctrine pernicieuse du quiétisme, parce qu'elle fut enseignée d'abord par Michel Molinos, prêtre espagnol, qui se rendit célèbre à Rome, dans le XVIIᵉ siècle, par des idées de mysticité dont on ne connut pas d'abord tout le danger. Il fut, pendant l'espace de vingt-deux ans, un des directeurs les plus accrédités de cette ville, et même plusieurs papes l'honorèrent de leur confiance. Il est probable qu'il eût fini tranquillement ses jours, avec la réputation d'un saint, s'il n'eût eu l'imprudence de publier en espagnol un livre, qui avait pour titre *la Guide spirituelle*, dans lequel toutes ses opinions étaient détaillées. Ce livre fit ouvrir les yeux. On reconnut qu'il était plein d'erreurs d'autant plus dangereuses qu'elles faisaient servir la dévotion de voile et d'excuse aux actions les plus infâmes. Molinos fut arrêté et mis dans les prisons de l'inquisition. On condamna soixante-huit propositions extraites de son livre comme hérétiques, scandaleuses et blasphématoires. Ses écrits furent brûlés, et lui-même eût eu le même sort, s'il n'eût abjuré publiquement ses erreurs sur un échafaud dressé à cet effet dans l'église des Dominicains. Par égard pour le repentir qu'il témoigna, on se contenta de le condamner à une prison perpétuelle, où il fut conduit revêtu de l'habit des pénitents. Il avait alors cinquante-huit ans; il y demeura onze ans, et mourut en 1696. *Voy.* le détail de sa doctrine à l'article QUIÉTISME.

MOLHIDIS. Les Musulmans appellent ainsi les hérétiques, les apostats, les déistes, les infidèles, ceux qui nient la résurrection des morts, et en particulier la secte contemplative des *Baténis*. *Voy.* BATÉNIYÉ, ISMAÉLIENS.

MOLIS, nom que les Babyloniens donnaient à Vénus. C'est la même que MYLITTA.

MOLLA ou MOULLA (plus correctement *Maula*), nom des ministres de la religion musulmane dans la Perse et dans les Indes. Ce sont eux qui sont chargés de lire en public dans les mosquées, de présider à certaines cérémonies religieuses et d'enseigner la loi. Les uns sont maîtres d'écoles ou précepteurs; les autres, scribes ou prédicateurs, et ils prêchent non-seulement dans les mosquées, mais aussi dans les places publiques et dans les cafés; plusieurs font la quête après avoir fini leurs instructions. Ceux qui veulent embrasser ce genre de vie commencent par s'habiller fort modestement et simplement, portant un turban blanc et une robe ou casaque de camelot, appelée *abba*, qui tombe sur les talons. Ensuite ils se livrent tout entiers à l'étude et se font appeler *Taleb-ilm*, chercheurs de la science; puis ils se mettent à enseigner dans les maisons pour subsister, vivant cependant dans une modestie exemplaire et avec une contenance grave. Enfin, ils vont à la Mecque, s'ils en ont le moyen, ou au tombeau des imams et des martyrs; et à leur retour ils se font inscrire sur le registre du pontife pour obtenir quelque bénéfice ou une pension, ou bien ils s'attachent à une mosquée rentée, avec l'expectative de la première vacance; ils y font les prières avec assiduité, et c'est alors qu'ils ont le titre de *Mollas*.

Dans la Turquie, la Syrie et ailleurs, le titre de Molla est donné aux magistrats qui connaissent de toutes sortes d'affaires civiles et criminelles. Au reste, on sait qu'il n'y a point de distinction chez les Musulmans entre les affaires civiles et les affaires religieuses, car les unes et les autres ont le même fondement, qui est le Coran et la tradition venant directement du prophète.

C'est du mot *Molla* que vient celui de *Muley*, titre porté par plusieurs souverains des Etats barbaresques.

MOLOCH ou MOLECH, idole des Ammonites, dont le nom signifie *roi* ou *gouverneur*. Elle est encore appelée *Milchom* et *Malchom*. Les Hébreux lui offrirent plusieurs fois des victimes dans la vallée d'Hinnom. Les rabbins assurent que cette idole était de bronze, et que sur un corps humain elle avait la tête d'un veau; qu'elle était assise sur un trône de même métal, et que ses bras étaient étendus comme pour embrasser. Lorsqu'on voulait lui sacrifier des enfants, on allumait un grand feu dans l'intérieur de la statue et dès que le métal était brûlant, on mettait entre ses bras ces malheureuses victimes, que l'excès de la chaleur ne tardait pas à consumer. Mais, afin qu'on n'entendît pas leurs cris plaintifs, les prêtres faisaient autour de l'idole un grand bruit de tambours et d'autres instruments. Selon d'autres auteurs, la statue avait les bras penchés vers la terre, en sorte que l'enfant mis entre ses bras tombait aussitôt dans les brasiers allumés à ses pieds. Les victimes humaines n'étaient pas les seules qu'on lui offrait. Les rabbins prétendent que, dans l'intérieur de cette statue, on avait ménagé sept espèces d'armoires. On en ouvrait une pour la farine, une autre pour des tourterelles, une troisième pour une brebis, une quatrième pour un bélier, la cinquième pour un veau, la sixième pour un bœuf, et la septième enfin pour un enfant. C'est ce qui a donné lieu de confondre Moloch avec Mithras, avec les sept portes mystérieuses duquel ces sept chambres ont beaucoup de rapport. D'autres ont cru y reconnaître le Saturne des Carthaginois, que ceux-ci honoraient comme l'esprit du mal, et qu'ils s'efforçaient d'apaiser en lui offrant des victimes humaines. Enfin, il en est qui soutient que Moloch était une de ces divinités que les Grecs nommaient Panthées, et qu'il représentait, chez les Ammonites, les sept planètes, à chacune desquelles on offrait les victimes que la superstition lui avait consacrées.

MOLOH, petit-fils de Minos, que les Gortyniens, habitants de l'île de Crète, honoraient comme un dieu.

MOLONGA, prêtre du Congo, que les nègres vont consulter pour connaître l'issue de leurs maladies.

MOLOUNGO, dieu souverain reconnu par les peuples voisins du Monomotapa en Afrique. Ces tribus grossières n'en ont qu'une idée confuse, et, bien qu'ils le reconnaissent comme l'auteur du ciel et de la terre, ils ne lui demandent rien et ne lui font ni vœux ni prières. C'est à leurs rois qu'ils s'adressent dans leurs besoins. Ces dieux visibles sont invoqués pour toutes les nécessités de la vie; ils doivent délivrer de la famine et des maladies, procurer la pluie ou l'arrêter suivant que cela est nécessaire. C'est pourquoi ils donnent à ce prince les titres de seigneur du soleil et de la lune, de roi de la terre et de la mer, et lui attribuent un empire absolu sur la nature.

MOMBO-JOMBO, simulacre mystérieux des nègres de la Guinée, inventé par les maris pour contenir leurs femmes dans la soumission. Cette machine, qu'elles prennent pour un être surnaturel, est revêtue d'une longue robe d'écorce d'arbre, avec une toque de paille sur la tête. Sa hauteur est de huit ou neuf pieds. Peu de nègres ont l'art de lui faire pousser les sons qui lui sont propres : on ne les entend jamais que durant la nuit, lorsque l'obscurité aide à l'imposture. Les hommes ont-ils quelque différend avec leurs femmes, on s'adresse au Mombo-Jombo, qui décide ordinairement la difficulté en faveur du mari. Le nègre qui agit sous cette figure monstrueuse jouit d'une autorité absolue, et s'attire tant de respect que personne ne paraît couvert en sa présence. Lorsque les femmes le voient ou l'entendent, elles prennent la fuite et se cachent soigneusement; mais si les maris ont quelque liaison avec l'acteur, il fait porter ses ordres aux femmes, et les force de reparaître; alors il leur commande de s'asseoir, et les fait chanter ou danser, suivant son caprice. Si quelques-unes refusent d'obéir, il les fait chercher par d'autres nègres, qui exécutent ses lois, et la désobéissance de ces femmes est punie de la peine du fouet. La rebelle est mise toute nue, attachée à un poteau et cruellement frappée de la baguette du Mombo, au milieu des cris et de la risée de tous les spectateurs. Il est à remarquer que, dans ces occasions, ce sont les femmes qui crient le plus fort contre la malheureuse qu'on châtie.

Ceux qui sont initiés dans le mystère s'engagent par un serment solennel à ne le jamais révéler aux femmes, ni même aux autres nègres qui ne sont pas de la société. On n'y peut être reçu avant l'âge de seize ans. Le peuple jure par cette idole, et n'a pas de serment plus respecté. Il y a peu de villes ou de villages considérables qui n'aient une figure de Mombo-Jombo. Pendant le jour, elle demeure sur un poteau, dans quelque lieu voisin de la ville, jusqu'à l'entrée de la nuit, temps ordinaire de ses opérations. En 1727, un roi d'Agra, qui avait révélé le secret à l'une de ses femmes, fut poignardé avec elle aux pieds de l'idole par les grands du pays et d'après la sentence du Mombo-Jombo. *Voy.* MAMA-KOMBO.

MOMIERS, nom donné à une fraction de Calvinistes de l'Église de Genève. En 1818, un mauvais plaisant assistant, à Ferney, au sermon d'un jeune ministre méthodiste, qui peut-être gesticulait trop, s'avisa de dire que c'était une *momerie*. Cette expression fit fortune; répétée par une feuille publique, elle devint le signal d'une persécution dirigée par des Calvinistes mondains contre des Calvinistes fervents, qu'on appela *Momiers*, et ce nom leur resta.

MOMUS, dieu de la raillerie et des bons mots; Hésiode le fait fils du Sommeil et de la Nuit. Satirique jusqu'à l'excès, rien ne trouvait grâce à ses yeux, et les dieux mêmes étaient l'objet de ses plus sanglantes railleries. Choisi par Neptune, par Vulcain et par Minerve, pour juger de l'excellence de leurs ouvrages, il les critiqua tous trois. Neptune aurait dû mettre au taureau qu'il avait fait les cornes devant les yeux pour frapper plus sûrement, ou aux épaules pour donner des coups plus forts. La maison de Minerve lui sembla mal entendue, parce qu'elle n'était pas mobile, et qu'on ne pourrait la transporter ailleurs si on avait un mauvais voisin. Quant à l'homme de Vulcain, il eût voulu lui voir une petite fenêtre au cœur, pour qu'on pût connaître ses plus secrètes pensées. C'est peut-être lui qui a inspiré aux Fouriéristes l'idée qu'il manquait à la perfection de l'homme une queue armée d'un œil, afin qu'il pût voir ce qui se passait derrière lui. Vénus même ne put être à l'abri de ses traits malins; mais comme sa personne était trop parfaite pour donner prise à la censure, Momus en fut réduit à critiquer sa chaussure.

MONARCHIQUES, hérétiques du IIe siècle, qui suivaient les erreurs de Praxéas, Phrygien, qui avait été montaniste. Il soutenait que Dieu le Père tout-puissant était le même que Jésus-Christ qui avait été crucifié, d'où il suivait, entre autres absurdités, qu'il était lui-même assis à sa propre droite. Ses sectateurs furent appelés *Monarchiques*, parce que, pour n'admettre qu'un principe (ἀρχή), ils ne reconnaissaient en Dieu qu'une seule personne. On leur donna aussi le nom de *Patropassiens*, parce qu'ils attribuaient au Père comme au Fils la passion et la croix.

MONASIKHITES, philosophes musulmans qui forment une secte particulière, et qui adoptent le système de Pythagore sur la transmigration des âmes. C'est le sens de leur dénomination arabe.

MONASTÈRE, maison habitée par des moines, des religieux ou des religieuses. Les premiers monastères n'étaient que des cabanes ou petites maisons séparées, comme celles des Camaldules. Quelquefois deux ou trois moines y logeaient ensemble; c'est de là qu'on a souvent nommé *celles* les moindres monastères, qui furent dans la suite appelés du nom de *prieuré*. On donnait aussi à ces cabanes le nom de *cases*: l'un et l'autre semblent venir des logements des esclaves chez les anciens; car les premiers moines n'usaient que de ce qui était affecté aux personnes les plus pauvres et les plus méprisées. Lorsque les moines se réunirent en plus grand nombre pour vivre sous les yeux de leur supérieur ou de leur abbé, ils entourèrent d'une enceinte qui leur servait de clôture ces cellules isolées les unes des autres; ou bien ils élevèrent des bâtiments plus considérables, capables de loger tous les moines, mais sans chercher la commodité, l'élégance, ni les ornements d'architecture. Tels furent les premiers monastères d'Orient, entre autres ceux de Saint-Antoine dans le désert, de Sainte-Catherine sur le mont Sinaï, les laures de Saint-Sabas en Palestine, et sans doute les monastères fondés par sainte Paule à Jérusalem. Enfin, lorsque les moines furent regardés universellement comme un corps religieux, et qu'ils prirent une part active aux affaires de l'Église et de l'État, ils commencèrent à élever de vastes édifices, soit auprès des villes, soit dans l'intérieur même des cités, avec des églises magnifiques, de vastes salles appropriées aux différents exercices des religieux, et des galeries connues chez les Grecs sous le nom de péristyle, et en Occident sous celui de cloître.

1° On ferait une longue liste de tous les monastères célèbres de l'Occident; il en est bien peu qui n'aient rendu d'éminents services à la société; les uns ont défriché des déserts, colonisé des solitudes et fondé des villes opulentes; les autres ont porté l'aisance et l'industrie au milieu des populations pauvres et ignorantes; d'autres ont favorisé les beaux-arts en élevant ces admirables basiliques du moyen âge, que les différentes provinces montrent encore avec un légitime orgueil, en appelant les peintres et les sculpteurs les plus habiles pour les décorer; enfin d'autres ont bien mérité des lettres, en nous conservant les précieux manuscrits de l'antiquité, en les copiant avec un soin extrême, et en sauvant par là les langues anciennes de l'oubli profond dans lequel elles seraient tombées assurément. Bien plus, on peut avancer sans témérité que ce sont les monastères qui ont sauvé la société en Occident, en devenant des centres d'association intime et féconde pour tous ceux qui ne pouvaient s'accommoder du relâchement et de l'inertie de l'ordre civil. « La société civile, dit un célèbre avocat, était en pleine dissolution; la vie se retirait de l'empire romain, et déjà elle ne palpitait plus aux extrémités; la Gaule ne tenait plus à l'empire que parce que la mort ne sépare pas aussitôt chaque membre du reste du cadavre; en elle, avec la chute de la hiérarchie politique, le mouvement intellectuel s'était arrêté. Le génie de l'antiquité voyait incessamment déserter ses fastueuses écoles; et, pour ne pas périr à jamais dans le silence et l'oubli, il était forcé de se réfugier dans les cloîtres et d'y chercher des maîtres et des disciples, qui ne l'étudiaient que pour le façonner au christianisme.

« Les monastères de Lérins, de Saint-Victor, d'autres encore furent au ve siècle les asiles et les ateliers de la pensée humaine. Les féroces enfants du Nord s'arrêtèrent éblouis devant ces saintes retraites où brillait ce qui restait de science et de vertu sur la terre. Ils furent puissamment saisis de ces exemples pacifiques et laborieux au milieu de la confusion et de la destruction universelles, et leur adoration à Odin et à Velléda céda devant ces merveilles du Dieu inconnu..... »

« L'activité des moines, dit plus loin M. Janvier, se déploya dans un but éminemment social: rien ne rappela en eux ces prêtres de l'Inde et de l'Égypte qui monopolisaient les lumières, qui avaient l'égoïsme de la vérité et ne lui permettaient pas de franchir l'enceinte impénétrable et sacrée. Les moines, au contraire, furent prodigues de ce qu'ils possédaient; ils pratiquèrent en grand la charité: elle grandit en eux jusqu'à être la civilisation elle-même. Le génie de Chateaubriand s'est avoué au-dessous de sa tâche pour exalter les travaux de ce monachisme, pour qui on a de nos jours tant de mépris et de ressentiment. Comment me taire cependant sur leur tendre et ingénieuse sollicitude pour les malheureux? Pas une douleur qu'ils n'aient cherché à soulager. L'indigent éprouve à leur porte que le Christ n'avait pas en vain commandé l'aumône. Des ordres particuliers se dévouèrent aux malades, et il y en eut d'autres qui bravaient la fureur des infidèles pour la rédemption et la délivrance des captifs. Allez au sommet des Alpes, et vous verrez qu'il y a mille ans les moines ont songé au voyageur en détresse. Ni la faiblesse de l'enfance, ni les périls de la jeunesse, ni les souffrances de la maternité, ni les infirmités de l'âge n'ont été oubliées. O vous qui connaissez une misère que les moines n'ont pas voulu secourir, ah! venez me la dire, pour que je puisse joindre à vos réprobations quelques accents accusateurs. »

2° Le mont Athos, dans la Roumélie, est célèbre par le nombre de ses monastères et de ses religieux: on compte une vingtaine des premiers, et les moines sont au nombre d'environ six mille; c'est pourquoi on l'appelle *hagion oron*, la montagne sainte. De ces six mille, il y en a ordinairement deux mille hors du monastère, que l'on envoie à la quête. Ces couvents sont plus ou moins riches, et, à l'exception de deux ou trois que leur pauvreté affranchit des taxes, ils payent au sultan un tribut de mille écus par mois ; mais ils sont taxés inégalement, les uns à plus, les autres à moins, selon leurs moyens. Ces monastères sont sous la juridiction de deux archevêques, établis par le patriarche de Constantinople; ces prélats s'occupent uniquement des monastères de la montagne; ce sont eux qui président à la liturgie et qui confèrent les ordres. Ces couvents sont sous la protection du bostandji-baschi, qui nomme tous les ans un agha, pour aller recueillir le tribut annuel de 12,000 écus dont dix bourses lui sont affectées (chaque bourse est de 500 écus). Outre cela, chaque monastère lui donne une brebis tous les mois, sans compter les présents d'agneaux et de chevreaux qu'on lui fait à Pâques. Tous ces couvents ont une maison ou halle commune, dans laquelle ils tiennent leur synode, et où se règlent les intérêts de l'ordre. Ce synode est appelé l'*Assemblée des anciens*. Chaque couvent se cotise ou est taxé à proportion de ses revenus, pour entretenir les bâtiments publics et les personnes qui y demeurent, et pour fournir aux frais des cierges, de l'huile, des lampes, ainsi qu'à la subsistance de ceux qui célèbrent la liturgie toutes les semaines, c'est-à-dire tous les jours de marché. Ils ont, sous l'agha duquel ils dépendent, une si grande liberté, sous le rapport religieux et civil, qu'il n'y a point de Turc qui ose mettre le pied sur la montagne sans sa permission. Ces différents couvents possèdent des bibliothèques riches en manuscrits. Les couvents de l'Église orientale n'ont pas, à beaucoup près, rendu les mêmes services que ceux de l'Europe, car l'hérésie et le schisme ont paralysé la vie et l'intelligence dans tous les esprits.

3° Le nombre des monastères était autrefois si prodigieux en Abyssinie, que lorsque l'on chantait dans l'église d'un couvent, on était entendu dans un autre, quelquefois même dans plusieurs. Il est vrai que la musique du chœur se faisait avec beaucoup de fracas ; les voix, les instruments, les tambours se faisaient entendre au loin. Les assistants, qui, pour battre la mesure, frappaient la terre du pied, augmentaient encore cette bruyante harmonie. Ajoutez à cela que chaque monastère avait deux églises, l'une destinée aux hommes, l'autre où les femmes seules pouvaient entrer.

On ne sait pas précisément quelle a été l'origine de la vie monastique en Abyssinie, ni dans quel temps ont été bâtis les premiers monastères. Il paraît probable que ces fameux solitaires de la Palestine et de l'Égypte, connus sous le nom d'Esséniens et de Thérapeutes, introduisirent les premiers ce genre de vie dans l'empire abyssin. Les noms et la forme de ces monastères confirment cette opinion. La plupart des monastères portent les noms de quelques endroits remarquables de la Palestine, comme *Débra-Libanos*, *Débra-Thabor*, *Débra-Sinaï*, ce qui semble marquer que leurs premiers instituteurs sont venus de la Palestine ; au reste, la plupart des monastères portent le nom de *Débra* ou montagne. Leur forme ressemble presque en tout à ceux des Esséniens et des Thérapeutes, dont Josèphe et Philon nous ont laissé des descriptions exactes. Ce ne sont point, comme en Europe, des bâtiments environnés de hautes murailles, mais plutôt des paroisses et de grands villages, où un moine a sa cellule, comme un séculier aurait sa maison, à une assez grande distance des autres. Ils n'ont pas besoin de la permission du supérieur pour sortir de leur retraite ; et, hors le temps consacré aux exercices de piété, il leur est libre de jouir du plaisir de la promenade. Chacun d'eux a une portion de terrain qui lui est assignée et qu'il cultive avec le plus grand soin. Ils ne mangent point en communauté, et la frugalité de leurs repas est extrême : quelques légumes, quelques racines, fruit de leurs travaux, dont ils relèvent le goût avec un peu de sel, sont leurs mets les plus délicats. Ils ne connaissent point d'autre boisson que l'eau. Ils s'épargnent même cette nourriture si simple et si grossière, et, pendant tout le temps de leurs fréquents carêmes, ils ne mangent qu'une fois tous les deux jours. Il y a plusieurs monastères où l'on admet des hommes mariés. Il leur est même permis d'élever leurs enfants dans la vie monastique, et de partager avec eux le seul bien qu'ils aient ordinairement, leur petit jardin et leur cellule. Ces monastères ont deux églises, dont l'une est destinée pour les femmes et les filles des moines mariés. Elles sont très-exactes à s'y trouver au temps marqué, le jour comme la nuit, et l'on y célèbre l'office divin de la même manière que dans celui des hommes, excepté que les tambours et les tambourins ne s'y font point entendre. La plus extrême pauvreté règne dans ces monastères, qui n'ont rien de remarquable que le nombre des moines et l'étendue des terres dont ils sont possesseurs. Leurs églises, dont la forme est ordinairement ronde, sont couvertes de chaume et dénuées de tous ornements; on y voit seulement quelques peintures communes et des boiseries assez bonnes ; on n'y trouve ni salles d'assemblée, ni réfectoires. Les cellules des moines sont, comme les églises, couvertes de chaume, et n'ont d'autres meubles qu'une table, quelques chaises et une misérable natte qui sert de lit.

Ces monastères étaient autrefois très-florissants, tant par le nombre des moines que par la grandeur des édifices. On admirait surtout le célèbre monastère d'Hallelo, de l'ordre de l'abbé Eustathe. Il était situé dans le royaume de Tigré, sur une montagne très-élevée, et environné d'une épaisse forêt. Au pied de la vallée coule le fleuve Mareb. L'église était longue de quatre-vingt-dix-neuf pieds, et large de soixante-dix-huit. Les cellules des moines étaient bâties tout autour; on n'en comptait pas moins de douze mille.

Au loin, dans la campagne, étaient dispersés d'autres moines, en plus grand nombre encore, qui formaient quatre-vingt-dix petites communautés dépendantes de la grande, qui avaient chacune leur église. Ce monastère fameux était la résidence du chef général de l'ordre, homme qui tenait dans l'État un rang distingué. Lorsqu'une affaire pressante l'appelait à la cour, il s'y rendait accompagné de cent cinquante moines montés sur des mules, et revêtus de grandes robes flottantes, qui n'avaient qu'une ouverture en haut pour passer la tête. Ce monastère a éprouvé plus sensiblement que les autres, la fureur des Agaus, des Gallas et des autres nations barbares, qui ont exercé de si cruels ravages en Abyssinie. Il n'est plus célèbre que par ses ruines. De ce grand nombre d'églises et de cellules, il ne reste plus que de tristes masures au milieu desquelles on aperçoit à peine une petite église et une douzaine de cellules. Il en est à peu près de même des célèbres monastères du Damuo et du Bizien, récemment visités par M. l'abbé de Jacobis.

L'instruction publique, en Abyssinie, est exclusivement confiée aux monastères. Ce qu'on appelle en Europe, école, collége, lycée, université, est compris dans cette contrée sous l'unique dénomination de *Débra*. Nul Débra n'est dirigé par des laïques; chacun de ces établissements est contigu à une église ou à un couvent, en sorte que *Débra-Damuo*, *Débra-Mahemmache*, par exemple, signifient couvent de Damuo et son école, église de Saint-Jean et son université. Les professeurs sont le plus souvent des prêtres et des moines; à leur défaut on appelle à l'enseignement de simples defiéras, ou maîtres lauréats nommés par l'empereur. A cette source commune, princes et sujets viennent sans distinction puiser la science nationale. L'instruction y est tout à fait gratuite, et le traitement professoral reste à la charge du Débra. Ce traitement, réduit aux proportions les plus exiguës, consiste en vingt-quatre mesures de blé par an, du poids de cinquante livres, et quatre *amuliés*, pièce qui équivaut en moyenne à la moitié d'un écu.

4° Quant aux monastères des Musulmans, des Brahmanistes et des Bouddhistes, *voy.* COUVENT, n°s 3 et 4, DERWISCH, FAQUIR, DJOGUIS, MATH, BONZES, TALAPOINS, etc.

MONASTÉRIENS. 1° On appelle ainsi en Orient (μοναστηριακοί) les religieux qui habitent les monastères ou les couvents, ou qui appartiennent à de grandes communautés, à la différence des anachorètes qui vivent seuls ou deux ou trois ensemble, en cultivant un petit coin de terre.

2° On a aussi donné ce nom aux partisans du faux prophète Jean Becold, surnommé Jean de Leyde, chef des Anabaptistes, par allusion aux désordres inouïs et aux profanations de toutes sortes qu'ils exercèrent dans la ville de Munster (en latin *Monasterium*), dont ils s'étaient rendus maîtres, et où Jean de Leyde avait été proclamé roi.

MONDE; les anciens en avaient fait un dieu. *Voy.* PANTHÉISME. Quant à l'origine, à la création du monde et à sa fin, *voy.* COSMOGONIE au Supplément.

MONETA, 1° surnom sous lequel les Romains avaient élevé un temple à Junon. Il en est qui font dériver ce nom de *monere*, avertir, parce que, pendant un tremblement de terre qui effraya la ville de Rome, une voix inconnue sortit du temple de Junon, et avertit de sacrifier une truie pleine pour détourner le fléau. D'autres assignent à ce vocable une autre étymologie: Les Romains, en guerre avec Pyrrhus, réclamèrent le secours de Junon dans l'extrême pénurie d'argent où ils se trouvaient. Ayant réussi à s'en procurer et à chasser Pyrrhus de l'Italie, ils bâtirent à la déesse un temple avec cette inscription: *Junoni Monetæ*; on gardait dans ce temple l'argent monnayé. Junon aurait été ainsi la déesse de la monnaie; en effet les médailles la représentent avec le marteau, l'enclume, les tenailles et le coin, et le mot latin *moneta*.

2° Moneta était encore, selon Hygin, la mère des Muses. Ce serait, dit Noël, une allégorie peu honorable pour ces divinités, que celle qui les ferait naître de la déesse *monnaie*.

MONIME, divinité phénicienne. C'était un des deux assesseurs que les habitants d'Édesse donnaient au soleil; l'autre se nommait Aziz. Selon Jamblique et Julien, le premier était Mercure, et le second Mars.

MONITION, avertissement donné par autorité ecclésiastique à un clerc, par lequel on lui signifie qu'il ait à corriger ses mœurs scandaleuses. On donne aussi le nom de *monition* à la publication d'un monitoire

MONITOIRE, ordonnance ecclésiastique qui se publie au prône des paroisses, et qui enjoint à tous les fidèles, sous peine d'excommunication, de révéler ce qu'ils savent sur certains crimes spécifiés dans le monitoire, et d'en dénoncer les auteurs, s'ils les connaissent. En France, c'étaient les juges laïques qui ordonnaient la publication des monitoires, lorsqu'ils la jugeaient nécessaire pour découvrir des faits dont on ne pouvait avoir connaissance par aucun autre moyen. Les juges d'Église n'avaient pas le pouvoir de décerner les monitoires de leur autorité privée. Ils étaient obligés, sous peine de saisie de leur temporel, d'en faire publier toutes les fois qu'ils en étaient requis par les magistrats.

MONKIR et NÉKIR. Ce sont, suivant les Musulmans, deux anges noirs et bleus, d'un aspect formidable, qui font subir un premier interrogatoire aux morts, dans le sépulcre même. Ils disent qu'aussitôt qu'un défunt a été descendu dans la tombe et recouvert de terre, son âme revient pour quelques instants ranimer le cadavre; alors Monkir et Nékir se présentent à lui et lui demandent: « Quel est ton seigneur? quelle est ta religion? quel est ton prophète? » — A quoi le fidèle décédé répond: « Dieu est mon seigneur; l'islamisme est ma religion; Mahomet est mon prophète. » Ils l'interrogent ensuite sur ses bonnes et ses mauvaises actions. Si le défunt est un vrai croyant et qu'il ait fait des bonnes œuvres, son âme jouit aussitôt des prémices de la félicité; dans le cas contraire, ces anges lui dénoncent sa damnation éternelle, et le frappent continuellement avec des massues ardentes.

MON-LAM, grande fête que les Tibétains célèbrent le 22 de la première lune, correspondant à notre mois de février : elle est présidée par le Dalaï-Lama, ou à son défaut par le Lama de Kaden.

On prépare une pâte faite de farine d'orge mêlée avec du beurre, et à laquelle on donne la forme d'une pyramide, qui porte sur toutes ses faces des représentations de fleurs de lotus. Au sommet de cette pyramide, est une tête de mort percée d'un dard. La pyramide se place sur un trépied devant l'autel et la statue de Chakya-Mouni, dans le temple, et elle est la matière d'un sacrifice qu'on va offrir hors des murs de la ville. A cet effet, on part du temple en procession. La marche est ouverte par seize porte-étendards avec des bannières au haut desquelles est un trident; ils sont suivis des Lamas et des Ghelongs, la mitre en tête et la chape sur les épaules, marchant deux à deux, battant du tambour, sonnant de la trompette et chantant des hymnes. Après eux viennent les Ngarambas, la tête couverte d'un chapeau, et revêtus d'une espèce de dalmatique, à laquelle sont attachés des crânes ou des têtes de morts. Suivent huit ministres avec des étoles transversales et la mitre en tête, dont six portent des encensoirs allumés, et les deux autres une coquille d'argent où est l'orge, et une burette pleine de bière. C'est entre ces deux officiers que marche le célébrant, portant une coupe de la main droite, et de la gauche une sonnette. Viennent enfin les Trabas, qui portent sur un trépied la pyramide de pâte, appelée *thourma*, et qui sont suivis de serviteurs laïques avec de grosses torches ardentes. La procession étant arrivée au lieu du sacrifice, on pose le trépied à terre, et à côté on étend la peau d'un yak, ou bœuf sauvage noir. L'officiant s'approche du trépied, remplit de bière la coupe qu'il tient, mêle l'orge avec la bière, et en prononçant certaines paroles, verse à plusieurs reprises ce mélange à l'entour du cône sacré. Les Ngambaras exécutent ensuite une danse. Après un certain nombre de sauts, ils renversent à coups de pieds le thourma sur la peau du yak. Aussitôt les serviteurs avec leurs torches mettent le feu à cette masse brisée par sa chute, en brûlent une partie, et abandonnent la plus grande à des chiens que l'on tient tout prêts pour la manger, craignant que les démons de l'air ne se jettent dessus. C'est pourquoi, dans le moment où le thourma renversé se brise, des soldats font des décharges de mousqueterie ou de canon pour écarter ces génies. Cette cérémonie, à laquelle préside le Dalaï-Lama, ou par lui-même, ou par un lieutenant, à la fête de Mon-Lam, se fait encore dans tous les autres mois de l'année; mais alors elle n'est présidée que par un simple Lama.

Ce Mon-Lam du premier mois de l'année est une espèce de jubilé qui dure quinze jours, pendant lesquels on ne cesse de faire des prières et des processions publiques. Dans l'octave, on fait une procession magnifique en l'honneur de Tcham-bha. Le simulacre du dieu, qui est d'airain doré et d'une grandeur extraordinaire, est sur un char magnifiquement orné. Sous le char sont des hommes entièrement couverts de riches vêtements, qui le conduisent avec beaucoup de dignité, au milieu d'une troupe de Lamas qui chantent des hymnes et qui jouent des instruments. La statue de Chakya-Mouni, suivie de celle d'Ourghien et de celle de Tzongkaba, ferme la procession.

MONOGRAMME, c'est-à-dire *d'un seul caractère*. 1° Les anciens appelaient les dieux *monogrammes*, pour marquer leur immutabilité.

2° Depuis la conversion de Constantin, les empereurs chrétiens mirent sur leurs drapeaux et sur leurs médailles le monogramme du Christ, composé des deux lettres initiales du mot grec Χριστὸς, réunies ensemble en cette sorte ☧. On peut aussi regarder comme un monogramme ce signe en usage chez les Latins IHS, que quelques-uns considèrent à tort comme les initiales de *Jesus Hominum Salvator*, mais qui représente en réalité les trois premières lettres grecques du nom de Jésus, ΙΗΣ.

MONOPHAGIE, fête que les Eginètes célébraient en l'honneur de Neptune. On appelait *Monophages* ceux qui y prenaient part, parce qu'ils mangeaient ensemble (μόνος, φαγεῖν), sans avoir aucun domestique pour les servir. Les habitants de l'île d'Egine étaient les seuls à qui il fût permis d'assister à la Monophagie.

MONOPHYSITES. Ce nom signifie partisans de l'*unité de nature* (μόνη φύσις) en Jésus-Christ. On le donna à quelques-uns des disciples d'Eutychès qui cherchaient un moyen terme entre la doctrine catholique et l'eutychianisme. Ainsi, ils ne soutenaient pas, comme les autres Eutychiens, que, dans Jésus-Christ, la nature divine eût absorbé la nature humaine, ni que ces deux natures fussent confondues : ils disaient qu'en lui la nature divine et la nature humaine étaient si intimement unies, qu'elles ne formaient qu'une nature, et cela sans changement, sans composition et sans mélange des deux ; qu'ainsi il n'y avait en lui qu'une nature, mais double et composée: système peu intelligible, comme l'on voit.

MONOPTÈRE; les anciens appelaient ainsi un temple d'une forme circulaire, qui n'avait point de murailles, et dont la couverture n'était soutenue que par des colonnes.

MONOTHÉLITES, hérétiques du VIe siècle, ainsi nommés, parce qu'ils ne reconnaissaient en Jésus-Christ qu'une seule volonté (μόνον θέλημα). Leur erreur était le résultat de la doctrine des Eutychiens, qui sou tenaient qu'il n'y avait qu'une seule nature dans la personne du Fils de Dieu incarné. L'Eglise ayant défini qu'il y avait en lui deux natures, il s'éleva de subtiles docteurs qui soutinrent qu'à la vérité les deux natures subsistaient encore, et que l'humanité n'était pas confondue en Jésus-Christ avec la divinité, mais que la volonté humaine était si parfaitement assujettie et gouvernée par la volonté divine, qu'il ne lui restait plus d'activité propre, ni d'action personnelle; qu'ainsi il n'y avait en Jésus-Christ qu'une seule volonté et une seule opération.

« Cet admirable expédient, dit M. Bonnetty (*Annales de Philosophie chrétienne*, tome III), était le fruit des réflexions de trois docteurs eutychiens: Athanase, évêque des Arméniens; le prêtre Paul, et Sergius, patriarche de Constantinople. Ceux-ci firent adopter ces idées par l'empereur Héraclius. L'empereur, à l'imitation de ses prédécesseurs, qui, depuis Constantin, s'étaient beaucoup trop occupés des affaires de l'Eglise, et pas assez de celles de l'Etat, ordonna par un édit de recevoir cette nouvelle explication de la croyance catholique. Mais jamais tempérament ne produisit si peu d'effet, et on voit ici, comme dans toutes les autres circonstances semblables, que l'intervention du prince et de l'autorité extérieure dans les choses de foi ne produit jamais que de funestes effets.

« D'abord les évêques partisans des Eutychiens adoptèrent l'explication dans un concile tenu en 633; mais un autre concile, tenu l'année suivante, condamna comme hérétique le dogme d'une seule volonté en Jésus-Christ. Alors la question fut portée devant le pontife de Rome, Honorius, lequel, dans une réponse trop souvent citée par ceux que l'on appelle *gallicans*, sembla approuver l'opinion hérétique. Il n'entre pas dans notre plan d'examiner à fond cette discussion; nous ne pouvons cependant nous empêcher de déplorer en général le vain labeur de tant de savants estimables, et chrétiens sincères, qui, depuis trop longtemps, s'en vont travaillant à saper et à détruire l'autorité du chef visible des catholiques; croient-ils que le troupeau sera plus uni, plus fort, plus puissant, lorsqu'ils auront diminué l'autorité du pasteur?

« Cependant, comme les catholiques, ayant Sophronius de Jérusalem à leur tête, ne cessaient de réclamer contre la *nouveauté* de cette opinion, Héraclius donna en 639 un nouvel édit, connu dans l'histoire ecclésiastique sous le nom d'*Ecthèse* ou exposition de foi, par lequel, tout en enseignant qu'il n'y avait qu'une seule volonté en Jésus-Christ, il défendait d'agiter plus longtemps cette question. Mais l'année suivante, le pape Jean IV, dans un concile tenu à Rome, rejeta l'Ecthèse et condamna les Monothélites. Héraclius se soumit, mais la division ne finit pas pour cela.

« En 648, nouvel édit, que l'on nomme le *Type* ou *Formulaire*, de l'empereur Constant, lequel supprime l'Ecthèse d'Héraclius, et ordonne de nouveau le silence. Mais la vérité doit être prêchée, et non étouffée par la contrainte. Aussi, en 649, comme les hérétiques dogmatisaient encore, le pape Martin Ier tint à Rome un concile qui condamna l'Ecthèse, le Type et le Monothélisme. *Nous ne pouvons*, disaient les évêques, *abjurer tout à la fois l'erreur et la vérité*. L'empereur, indigné de ce prétendu affront, commença alors à persécuter le pape Martin, qui mourut en exil, de misère et de souffrance, l'an 655, relégué dans la Chersonèse Taurique, aujourd'hui la Crimée.

« Enfin, en 680, sous le règne de Constantin Pogonat et le pontificat du pape Agathon, se tint le VIe concile œcuménique, dans lequel le Monothélisme et ses adhérents furent solennellement condamnés. L'Eglise assemblée y décida qu'il y a en Jésus-Christ deux volontés et deux opérations: qu'elles sont réunies dans une seule personne, sans division, sans mélange et sans changement; qu'elles ne sont point contraires, mais que la volonté humaine se conforme entièrement à la volonté divine et lui est parfaitement soumise.

« En 710, l'empereur Philippicus-Bardane prit de nouveau la défense des Monothélites, mais il ne régna que deux ans. Peu à peu cette hérésie se perdit dans celle des Eutychiens. On prétend néanmoins que les Maronites du mont Liban ont persévéré dans le monothélisme jusqu'au XIe siècle. »

MONTANISTES, hérétiques du IIe siècle; ainsi appelés de Montan, leur chef. C'était un eunuque néophyte, Phrygien de nation, et sujet à des attaques d'épilepsie; il sut tirer parti de cette infirmité en faisant croire que dans ses accès il recevait l'Esprit de Dieu et l'inspiration prophétique. Il se donnait pour un homme envoyé de Dieu afin de procurer à la religion et à la morale chrétienne un nouveau degré de perfection; il se fit appeler le Paraclet ou le consolateur promis par Jésus-Christ.

« Il ne paraît pas qu'il ait rien changé à la foi, mais il prétendait astreindre les hommes à une morale plus parfaite que celle de l'Eglise. Il refusait l'absolution et la communion à tous les pécheurs, et imposait à ses sectateurs de nouveaux jeûnes, des abstinences extraordinaires, trois carêmes, et deux xérophagies, pendant lesquelles il fallait s'abstenir, non-seulement de la chair, mais encore de tout ce qui a du jus, pour ne vivre que d'aliments secs. Il condamnait les secondes noces comme des adultères, la parure des femmes comme des pompes diaboliques; la philosophie, les belles-lettres et les arts, comme des occupations indignes d'un chrétien; il ne voulait pas que l'on prît la fuite pour éviter la persécution.

« Par cette affectation de morale rigide, Montan séduisit plusieurs personnes distinguées, entre autres deux dames, Priscille et Maximille, dont il fit deux prophétesses. La sévérité de Montan en imposa à un grand homme, Tertullien, dont le caractère dur et austère sympathisait avec cette grande rigueur. Il crut, dit-on, à Montan comme au vrai Paraclet, et à ses deux associées comme à deux prophétesses. Presque tous ses traités de morale sont composés sous cette influence. C'est là qu'il donne aux catholiques le nom de *psychiques* ou *animaux*, comme n'étant pas aussi *spirituels* qu'il le voulait.

« Le chef-lieu de cette secte fut établi à Pépuse en Phrygie, ce qui les a fait appeler *Pépusiens*, *Phrygiens* et *Cataphrygiens*. Ils eurent aussi des partisans dans la Galatie, la Lydie, à Constantinople et même à Rome. Ils pervertirent entièrement l'Eglise de Thyatire, d'où la religion catholique fut bannie pendant cent douze ans. — Ils furent réfutés par Miltiade, apologiste chrétien, par le prêtre Astérius Urbanus, et par Apollinaire, évêque d'Hiéraple. » (*Annales de Philosophie chrétienne*, tome II.)

MONTH, dieu éponyme de la ville d'Hermonthis ; il était, avec Ritho, sa femme, la grande divinité du nome dépendant de cette ville. On l'appelait aussi *Mandou-ré* ou *Manthou*.

MONTINUS, dieu des Romains, qui en avaient fait le protecteur des montagnes.

MONT-JOIE ; on appelait autrefois de ce nom des amas de pierres que faisaient les pèlerins, et sur lesquels ils plantaient des croix aussitôt qu'ils apercevaient de loin l'église ou le lieu qui était l'objet de leur pèlerinage. Sur le chemin de Saint-Jacques en Galice, il y a plusieurs de ces monts-joie, qui servent à indiquer la route. Les croix que l'on rencontrait encore dans le siècle dernier, sur le chemin de Paris à Saint-Denis, s'appelaient les *monts-joie de Saint-Denis*. — L'usage des monts-joie paraît avoir été imité des païens, qui élevaient des monceaux de pierres sur les grands chemins, autour des statues de Mercure, dieu des voyageurs. Ces monceaux s'appelaient en latin *acervus Mercurii*. Il en est parlé au chapitre XXVI des Proverbes.

MONT-JOIE ; ordre religieux et militaire, institué à Jérusalem, par le pape Alexandre III, et confirmé en 1180. Les chevaliers portaient une croix rouge, s'engageaient à combattre contre les infidèles, et à observer la règle de saint Basile. Le roi Alphonse le Sage les fit venir en Espagne, et employa leurs armes contre les Maures. Il récompensa libéralement leurs services par les grands revenus qu'il donna à leur ordre ; mais sous le règne de Ferdinand, il fut réuni à celui de Calatrava.

MON-ZEK, les Japonais donnent ce nom aux princes du sang impérial qui embrassent l'état ecclésiastique, parce qu'ils doivent se tenir à la porte (*mon*) du palais.

MOPSUS, 1° demi-dieu des anciens Grecs, qui le disaient fils d'Apollon et de Manto, fille de Tirésias. Il passait pour un habile devin et un grand capitaine ; il succéda à Claros au sacerdoce de son père, et rendit des oracles qui furent toujours si merveilleusement confirmés par l'événement, qu'ils donnèrent lieu au proverbe : *Plus certain que Mopsus*. Pendant sa vie, il avait signalé son talent au siège de Thèbes, et surtout à la cour d'Amphimaque, roi de Colophon, où il l'emporta sur le devin Calchas. Après sa mort, il eut un oracle célèbre à Malée en Cilicie. Plutarque raconte que le gouverneur de cette province, ne sachant que croire des dieux, parce qu'il était obsédé d'Epicuriens qui avaient fait naître beaucoup de doutes dans son esprit, résolut, dit agréablement l'historien, d'envoyer un espion chez les dieux pour apprendre ce qu'il en était. Il lui donna un billet cacheté pour le porter à Mopsus. L'envoyé s'endormit dans le temple, et vit en songe un homme fort bien fait, qui lui dit ce seul mot, *noir*. Il porta cette réponse au gouverneur. Elle parut fort ridicule aux Epicuriens de sa cour ; mais ils en furent frappés d'étonnement et d'admiration, car, en ouvrant le billet, il leur montra ces mots qu'il avait écrits : *T'immolerai-je un bœuf blanc ou noir ?* Après un tel prodige, il fut, tout le reste de sa vie, très-dévot au culte de Mopsus.

2° Il y avait près de Carthage un autre oracle d'un Mopsus, qui était peut-être le même que le précédent, mais qui passait pour le fils d'Amycus et de la nymphe Chloris. C'était encore un devin fameux, qui avait fait partie de l'expédition des Argonautes, et qui, à son retour de la Colchide, alla s'établir en Afrique, près de Teuchira, sur le golfe où depuis fut bâtie Carthage. Après sa mort, les habitants lui rendirent les honneurs divins, et lui consacrèrent un oracle qui fut longtemps fréquenté.

MOQUAMOS, nom que les habitants de l'île Socotora donnent à leurs temples. Ces Moquamos sont fort petits et fort bas ; ils ont trois entrées, mais pour y pénétrer il faut se courber extrêmement. Dans ces chapelles, on voit un autel, sur lequel il y a une croix et des bâtons mis en fleurs de lis, c'est-à-dire formant la croix de Saint-André. Chaque chapelle est gouvernée par un chef ou prêtre, appelé *Hodamo*. Les rites religieux accomplis dans les Moquamos consistent à s'y rendre au lever ou au coucher de la lune, et de frapper trois fois un certain nombre de coups sur un long bâton avec un autre plus court, puis de faire trois fois le tour de la chapelle, en se tournant trois fois de suite à chaque tour. Cet exercice est suivi d'une espèce de sacrifice de bois de senteur, qu'on met dans un bassin de fer suspendu par trois chaînes sur un grand feu. Après quoi on encense trois fois l'autel, et trois fois les portes du temple ; on fait à haute voix des vœux et des prières à la lune, dans les Moquamos et dans le parc qui l'environne, pour lui demander sa protection. Pendant cette dévotion, le Hodamo tient sur l'autel une chandelle allumée ; cette chandelle est faite de beurre, l'usage de toute autre graisse étant défendu. On enduit aussi de ce beurre les croix et les bâtons employés aux usages religieux. En certains jours de l'année, on fait une procession solennelle autour du temple; on choisit alors un des principaux du pays pour y porter le plus grand des bâtons sacrés, et après la procession on lui coupe les doigts de la main, et on lui remet un petit bâton, qui, par le moyen de certaines marques, lui sert de sauvegarde contre toutes sortes d'insultes, sans parler des honneurs particuliers que ce bâton lui attire, et d'une odeur de sainteté que lui procure l'avantage d'avoir porté à la procession le symbole sacré.

MORABA, nom sous lequel Ganésa est adoré dans le sud de l'Inde, où l'on prétend que ce dieu s'est incarné dans la personne de ce Moraba et de ses descendants jusqu'à la septième génération. Ce Moraba vivait à l'époque de l'établissement de l'empire des Marattes, et sa race s'est éteinte naguère avec la septième génération; mais le fils adoptif du dernier Ganésa incarné est encore aujourd'hui vénéré, à Chinchore, comme une divinité.

MORABITES, nom que les Musulmans donnent à une ancienne secte de Schiites, et à ceux qui font une profession particulière de sainteté et d'études religieuses. *Voy.* MARABOUT.

MORAI, nom que les Taïtiens donnaient à leurs temples ou aux lieux dans lesquels ils rendaient aux morts un culte religieux. Ces moraïs étaient de vastes enclos entourés de palissades et le plus souvent de murs, renfermant les chapelles des dieux, les autels ou plates-formes pour les offrandes, les cases des prêtres et souvent les tombes des chefs. On en distinguait de trois sortes: ceux qui servaient à l'île entière, et portaient souvent le titre de *Tabou-tabou-atea*, espace très-sacré; ceux qui ne servaient qu'à un district; enfin ceux qui étaient dédiés seulement aux dieux de la famille. Leur forme habituelle était celle d'un vaste rectangle, dont l'étendue variait suivant la fortune de l'individu et l'influence du dieu. Deux des côtés étaient fermés par de hautes murailles de pierre; la façade était défendue par une palissade basse, et en face s'élevait souvent un bâtiment massif de forme pyramidale sur lequel on plaçait les effigies des dieux. Au grand morai d'Ata-Hourou, cette pyramide n'avait pas moins de 250 pieds de long, sur 90 de large à la base, et 50 pieds de hauteur. La surface supérieure avait encore 170 pieds de longueur, et près de 6 pieds de largeur; des degrés de 6 pieds de hauteur chacun conduisaient au sommet. Les pierres extérieures de la pyramide, composées de madrépores ou de basalte, étaient placées avec beaucoup de soin et bien équarries, surtout celles des angles; ce qui avait dû coûter aux naturels des soins immenses.

Aujourd'hui les moraïs sont au ras du sol; mais quelque part que l'on aille dans l'archipel, on en trouve des décombres, dans les vallons intérieurs, auprès des villages, sur les promontoires et dans les gorges des collines. Les arbres qui croissaient autour d'eux étaient sacrés; c'étaient le plus souvent des casuarinas au feuillage mélancolique, des *calophyllum*, des thespésias et des cordias impénétrables au soleil.

Les moraïs particuliers étaient joints à la maison que le défunt habitait pendant sa vie. L'un des bouts de ce hangar était ouvert, et le reste était fermé par un treillage d'osier. La bière sur laquelle on déposait le corps mort était un châssis de bois, le fond était couvert d'une natte, et quatre poteaux le soutenaient; le corps était enveloppé d'une natte, et par-dessus d'une étoffe blanche. On plaçait à ses côtés une massue de bois, qui était une de leurs armes de guerre, et près de la tête, qui touchait à l'extrémité fermée du hangar, deux coques de noix de coco, de celles dont ils se servent pour puiser de l'eau. A l'autre bout du hangar, on plantait à terre, à côté d'une pierre de la grosseur d'un coco, quelques baguettes sèches et des feuilles vertes liées ensemble. Il y avait près de cet endroit un jeune plane, emblème de la paix, et à côté une hache de pierre. Un grand nombre de noix de palmier enfilées en chapelets étaient suspendues à l'extrémité couverte du hangar, et en dehors ils plantaient en terre la tige d'un plane. Au sommet de cet arbre il y avait une coque de noix de coco remplie d'eau douce. Enfin on attachait au côté d'un des poteaux un petit sac renfermant quelques morceaux de fruit à pain grillés. Il paraît que ces aliments étaient des offrandes qu'ils présentaient alors à leurs dieux; ils ne supposaient pas cependant qu'ils eussent besoin de manger, mais c'était un témoignage de respect et de reconnaissance, et un moyen de solliciter la présence plus immédiate de la divinité. Ces endroits étaient ornés de figures grossièrement sculptées d'hommes, de femmes, de chiens et de cochons; les naturels y entraient de temps en temps d'un pas lent et avec la contenance de la douleur. Le milieu de ces hangars était bien pavé de pierres rondes; mais ils étaient vraisemblablement peu fréquentés, car le célèbre Cook y trouva des herbes touffues.

Les grands moraïs étaient le théâtre des cérémonies religieuses, qui n'avaient lieu qu'au crépuscule du soir, et sous les yeux du peuple assemblé; à moins qu'on ne dût y accomplir des rites mystérieux; car, en ce dernier cas, les initiés seuls devaient en être témoins. Ces rites, qui réclamaient le huis-clos et la nuit, n'étaient autres que l'oblation des victimes humaines. Dans les circonstances importantes, comme lorsqu'il s'agissait de repousser une invasion, de conjurer une maladie, une disette, une autre calamité publique, les prêtres demandaient au nom des dieux une offrande humaine. On choisissait alors un individu dans les classes inférieures de la société; ce n'était que dans des circonstances rares qu'on immolait des femmes enceintes; on entourait alors la maison de la victime désignée, on l'appelait, et on la mettait immédiatement à mort d'un coup de casse-tête; d'autres fois on l'attachait vivante aux arbres du moraï, et on la faisait périr au milieu de cruelles tortures et d'une longue agonie. Les enfants étaient souvent offerts en holocauste; on les écrasait sur les marches de la pyramide, et leurs membres épars étaient supposés servir de pâture aux âmes des défunts. Parfois on leur attachait au cou et aux oreilles une grosse pierre, et on les lançait dans la mer ou dans une rivière des environs. Les victimes, après les sacrifices, étaient enveloppées de feuilles de cocotier; on les accrochait aux parois du moraï, ou on les suspendait aux branches des arbres d'alentour. Les enfants étaient ornés de colliers et autres objets, qu'on regardait ensuite comme sacrés. Les cadavres restaient ainsi en plein air, jusqu'à ce que leur chair fût tombée en lambeaux, ou dévorée par les oiseaux, les cochons ou les chiens.

MORAVES (Frères), appelés aussi *Frères-Unis*. 1° Ce nom a été donné aux sectateurs de Nicolas Lewis, comte de Zinzendorf, qui, en 1721, s'établit à Bartholdorf, dans la haute Lusace. Il y fit des prosélytes dans deux ou trois familles moraves, et les ayant engagés à quitter leur patrie, il les reçut à Bartholdorf ou Berthelsdorf. Ils construisirent, sous sa direction, une maison dans un bois, à une demi-lieue de ce village, où ils tinrent leur première assemblée en 1722. Cette société s'accrut si rapidement, qu'en peu d'années ils eurent un hôpital pour les orphelins et d'autres édifices publics. Une colline voisine, appelée le *Huth-Berg*, fournit aux colons l'occasion d'appeler leur habitation *Hernnhut*, nom qui peut se traduire par *la garde* ou *la protection du Seigneur*; d'où cette société est souvent désignée sous le titre de *Hernnhutters*. Le comte de Zinzendorf visita le nord de l'Amérique et mourut à Hernnhut, en 1760, âgé de soixante ans, vénéré et chéri de tous ses partisans.

Les Moraves fuient toute discussion touchant les vérités spéculatives de la religion, et insistent sur la pratique de l'Evangile, laquelle, suivant eux, doit produire un changement réel de sentiments et de conduite, seule chose essentielle en religion. Ils considèrent la manifestation de Dieu en Jésus-Christ comme la révélation la plus avantageuse à l'humanité; et, en conséquence, ils font de la vie, des mérites, des actions, des paroles, des souffrances et de la mort du Sauveur, le thème principal de leur doctrine, tandis qu'ils évitent soigneusement d'entrer dans les discussions théoriques sur l'essence de la Divinité, se contentant d'adhérer simplement aux paroles de l'Ecriture. Ils admettent l'Ecriture sainte comme la seule source de la révélation divine; ils croient néanmoins que l'Esprit de Dieu continue à diriger plus avant dans la connaissance de la vérité ceux qui croient en Jésus-Christ, non en leur révélant de nouvelles doctrines, mais en enseignant à ceux qui désirent sincèrement s'instruire, à mieux comprendre et à mieux appliquer chaque jour les vérités contenues dans les Ecritures. Ils croient que vivre conformément à l'Evangile est le point essentiel pour viser en toutes choses à accomplir la volonté de Dieu : c'est pourquoi ils tâchent de s'assurer de cette volonté, même lorsqu'il s'agit de leurs affaires temporelles, non qu'ils attendent quelque manifestation miraculeuse de cette divine volonté, mais en soumettant leurs desseins et leurs intentions à la lumière de la parole sainte. Ils ne font rien comme société, sans avoir procédé à cet examen, et, en cas de doute, la question est décidée par la voie du sort, afin d'éviter toute influence humaine, avec l'humble espoir que Dieu voudra bien les diriger dans la justice, lorsque leur intelligence leur fait défaut. Dans les commencements, les mariages des membres de la société étaient, à certains égards, considérés comme affaire de la communauté, car il avait été décidé qu'on n'en pourrait conclure aucun sans l'approbation des anciens, dont le consentement ou le refus était ordinairement déterminé par le sort. Cependant cet usage a été abandonné à la longue : le consentement des anciens n'est plus nécessaire, mais on exige toujours la bonne conduite des parties. Ils ne considèrent aucun de leurs règlements comme essentiel : tous peuvent être changés ou abandonnés, lorsque cela est jugé nécessaire, pour parvenir à l'objet principal de leur secte, qui est l'avancement dans la piété.

Ce qui caractérise le plus les frères Moraves, et ce qui les signale le plus à l'attention publique, c'est leur zèle pour les missions, qui l'emporte sur celui de toute autre secte protestante. Leurs missionnaires s'enrôlent volontairement, car c'est une de leurs maximes de ne jamais persuader à qui que ce soit de s'engager dans les missions. Ils sont tous du même sentiment quant aux doctrines qu'ils enseignent, et rarement entreprennent leur une mission, à moins d'être une demi-douzaine pour la commencer. Leur zèle, dit-on, est calme, solide, persévérant; ils tâchent d'insinuer leurs dogmes avec modestie et douceur, et se font remarquer par leurs habitudes de silence, de décence et de réserve.

Nous allons donner maintenant une esquisse du genre de vie des Moraves ou Frères-Unis, lorsqu'ils forment de petites communautés séparées, ce qui toutefois n'est pas toujours le cas, puisqu'il y a quelquefois dans les grandes villes, des congrégations appartenant à l'*Unité* (c'est le nom qu'ils donnent à leur communion), mêlées avec le reste de la population ; celles-ci sont alors régies par des règlements particuliers. — Dans leurs communautés distinctes, ils ne permettent pas de se fixer au milieu d'eux, à ceux qui ne sont pas en pleine communion avec eux, et qui n'ont pas signé l'acte d'union fraternelle, sur lequel repose leur constitution et leur discipline ; cependant ils tolèrent la résidence temporaire des étrangers, lorsque ceux-ci consentent à se conformer à leurs règlements extérieurs. Ils prohibent sévèrement tout genre d'amusements considérés comme dangereux pour la morale la plus stricte, tels que les bals, les danses, les divertissements publics, les spectacles et les assemblées où se trouve réunie la jeunesse des deux sexes; toutefois il n'est pas défendu aux jeunes gens qui pensent à s'unir ensemble d'avoir entre eux les relations nécessaires, mais avec la permission des parents et sous leur surveillance. Dans les communautés d'Europe, où, jusqu'à ce jour, un grand nombre de jeunes gens des deux sexes demandent à devenir membres de la société par un principe de piété et dans le désir de se préparer à être missionnaires chez les païens, et où d'ailleurs la difficulté d'élever une famille limite beaucoup le nombre des mariages, on a besoin d'apporter sur ce point une attention plus sévère. C'est pourquoi, les hommes non mariés et les garçons qui n'appartiennent pas aux familles de la communauté demeurent ensemble, sous la surveillance d'un ancien pris parmi eux, dans un établissement appelé *maison des frères célibataires*, où sont établis divers métiers et manufactures pour l'entretien de cette maison ou de la communauté, et où l'on procure à bon marché le vivre et le couvert à ceux qui sont employés comme ouvriers, apprentis; quelquefois on les place dans les familles qui font partie de la communauté. On leur fournit souvent des sujets particuliers d'édification; et cette maison est le lieu où les jeunes hommes et les garçons apprennent à utiliser leur temps, car c'est une règle générale que chaque membre de la société doit s'adonner à quelque occupation utile. Il y a un établissement semblable pour les femmes non mariées et les filles qui n'appartiennent point aux familles de la communauté, ou qui n'y sont point employées comme servantes; on l'appelle *maison des sœurs célibataires*, elle est soumise aux mêmes règles et confiée aux soins d'une surintendante. Ils regardent la maison des sœurs comme leur principal point de réunion aux heures de loisir. C'est ainsi qu'ils inculquent des habitudes d'industrie.

Dans les Etats-Unis, la facilité que l'on a d'élever les familles, et les mariages précoces qui en sont la conséquence, ont rendu inutiles les maisons de frères célibataires, cependant elles ont toutes des maisons de sœurs, comme en Europe, qui procurent un asile confortable aux vieilles femmes non mariées, en même temps qu'elles fournissent aux jeunes filles qui ont quitté l'école le moyen de continuer et de perfectionner leur éducation. Dans les communautés plus populeuses, il y a de semblables maisons, qui présentent les mêmes avantages aux veuves qui désirent mener une vie retirée; on les appelle *maisons de veuves*. Les personnes qui demeurent dans ces établissements payent une petite rente, qui, jointe au prix de la pension, fournit aux dépenses; on peut y joindre encore les profits que les pensionnaires se font par les travaux d'aiguille. Les personnes âgées et nécessiteuses sont soutenues par les mêmes moyens. Chaque division de sexe et d'état, savoir, les veuves, les hommes célibataires et les jeunes gens, les femmes non mariées et les filles, est placée sous la direction spéciale des anciens de ces classes respectives, dont l'emploi est de les aider de leurs conseils et de leurs bons avis, et de coopérer de tout leur pouvoir au bien-être spirituel et temporel de chaque individu. Les enfants des deux sexes sont sous la dépendance immédiate du surintendant de chaque *chœur*, comme on appelle ces différentes classes. L'instruction religieuse et l'initiation aux diverses branches des connaissances humaines et à la littérature sont données séparément à chaque sexe, sous l'inspection du ministre établi dans la communauté, et du conseil des anciens. Il y a de même un autre conseil spécial d'anciens pour veiller au bien-être spirituel des gens mariés. Tous ces anciens des deux sexes, réunis avec le ministre établi pour prêcher l'Evangile, et les personnes chargées des intérêts temporels de la communauté, forment ce qu'on appelle le conseil des anciens, chargé du gouvernement de la communauté, avec le concours du comité élu par les habitants pour toutes les affaires temporelles. Ce comité veille à l'observance de tous les règlements, exerce la police, et décide les différends qui s'élèvent entre les particuliers. Les matières d'un intérêt général sont soumises à l'assemblée de toute la communauté, assemblée qui se compose soit de tous les individus mâles de l'âge compétent, soit de délégués élus par eux. Les assemblées publiques ont lieu sur le soir, une fois par semaine. Les unes sont consacrées à la lecture de l'Ecriture sainte, les autres à la communication des nouvelles des missions, d'autres à chanter des hymnes et des cantiques choisis.

Le dimanche matin on récite à l'église la litanie, et on fait des sermons à la congrégation; en quelques endroits on prêche encore dans l'après-midi. Le soir on prononce des discours dans lesquels on explique les textes relatifs au jour, et on les applique aux circonstances particulières où se trouve la communauté. Outre ces moyens ordinaires d'édification, on célèbre d'une manière spéciale les fêtes de l'Eglise chrétienne, telles que Pâques, la Pentecôte, Noël, etc., comme des jours qui offrent un grand intérêt dans l'histoire de la société. Une musique solennelle exécutée à l'église est la partie saillante de leurs moyens d'édification, car cet art est l'occupation favorite à laquelle plusieurs se livrent dans leurs moments de loisir. En certaines occasions, avant que la congrégation participe à la cène, on s'assemble tout exprès pour entendre une musique vocale et instrumentale, mêlée d'hymnes chantées par toute la congrégation, pendant qu'on distribue à chacun une tasse de café, de thé ou de chocolat, avec des petits gâteaux en signe d'union et de fraternité. Cette solennité est appelée *fête d'amour*, et est une imitation des agapes de la primitive

Eglise. On célèbre la cène à des époques déterminées, avec des rites simples, mais graves et solennels.

La matinée du jour de Pâques est consacrée à une cérémonie toute particulière : la congrégation s'assemble dans le cimetière au lever du soleil; on célèbre un service accompagné de musique, qui exprime la joyeuse attente de l'immortalité et de la résurrection, et on fait une commémoration solennelle de tous ceux de la communauté qui ont quitté ce monde dans le cours de l'année précédente, et qui *sont allés dans la maison du Seigneur*, expression dont ils se servent souvent pour désigner la mort.

Considérant le terme de la vie présente non comme un mal, mais comme l'entrée dans un état de bonheur éternel pour les disciples sincères du Christ, ils désirent dépouiller ce moment fatal de toutes les terreurs qu'il inspire communément ; c'est pourquoi le décès de chaque individu est annoncé à la communauté par une musique solennelle, exécutée à grand renfort d'instruments. Ils n'approuvent pas les apparences du deuil extérieur. Toute la congrégation accompagne le cercueil au cimetière, qui est ordinairement arrangé comme un jardin, avec un chœur de musiciens qui jouent les airs de versets bien connus, exprimant l'attente de la vie éternelle et de la résurrection. Le corps est déposé dans une simple fosse pendant le service funèbre.

Le soin de maintenir la communauté dans sa pureté est confié au conseil des anciens et à ses différents membres, qui doivent instruire et avertir ceux dont ils sont chargés, et appliquer avec sagesse et discrétion la discipline établie chez eux. En cas de mauvaise conduite et de mépris flagrant des règlements de la société, on assemble le conseil. Si les réprimandes sont sans succès, les délinquants sont privés pour un temps de la participation à la sainte communion, ou traduits devant le comité. Pour une mauvaise conduite opiniâtre, ou pour des excès évidents, le coupable est expulsé de la société.

Les officiers ecclésiastiques, généralement parlant, sont 1° les évêques, dont la succession et l'ordination régulières ont été transmises aux Frères-Unis par l'ancienne Eglise des frères de Bohême et de Moravie ; ils sont seuls autorisés à ordonner des ministres, mais ils n'ont d'autorité dans le gouvernement de l'Eglise que celle qu'ils tiennent de quelque autre charge, car ils sont très-souvent présidents d'un conseil d'anciens ; 2° les vieillards civils, auxquels appartient l'administration des affaires extérieures de l'Unité, sous la subordination du conseil des anciens ; 3° les prêtres ou ministres établis des communautés ; 4° enfin les diacres. Le degré de diacre est le premier conféré aux jeunes ministres et aux missionnaires, par lequel ils sont autorisés à administrer les sacrements. Les femmes ne reçoivent pas l'ordination, bien qu'elles soient revêtues de la charge d'*anciennes*, relativement à leur sexe; elles n'ont pas voix dans les délibérations du conseil des anciens, où elles ne sont admises qu'à titre de renseignements.

Les Moraves qui vinrent les premiers dans les Etats-Unis s'établirent à Savannah, en 1735. Les Frères-Unis ont des sociétés dans différentes contrées de l'Union, mais c'est en Pensylvanie qu'on les trouve en plus grand nombre. Leur population dans les Etats-Unis est d'environ 6000. Il y en a quelques-uns dans le Canada.

Ces détails, qui concernent particulièrement les Frères Moraves d'Amérique, sont extraits de *Religious creeds and statistics*, etc., par John Hayward. Mais il se trouve quelques différences entre eux et les Moraves de l'Europe qui sont répandus dans différents Etats de l'Allemagne et dans plusieurs contrées environnantes. Ces derniers sont les descendants d'une secte plus ancienne, connue sous le nom de Frères de *Bohême* ou *de Moravie*, par lesquels, comme on l'a vu plus haut, les Moraves modernes prétendent avoir reçu la transmission de la consécration valide. Si leur prétention est fondée, ils sont contraints de remonter à l'Eglise catholique, dont quelques évêques embrassèrent le parti des Vaudois, des Calixtins, des Hussites, qui sont la souche des sectes qui ont porté le nom de Moraves.

Toutefois, ceux qui antérieurement aux Moraves modernes portaient le nom de *Frères de Moravie*, étaient plutôt une branche d'Anabaptistes qui avaient formé une sorte de communauté moitié religieuse, moitié civile, sous la direction de Hutter, disciple de Stork, qui donna à ses adhérents un symbole et des lois. Ce symbole portait, 1° que Dieu, dans tous les siècles, s'était choisi une nation sainte qu'il avait rendue dépositaire du vrai culte ; que la difficulté était d'en reconnaître les membres dispersés parmi les enfants de perdition, et de les réunir en corps pour les conduire à la terre promise ; que ce peuple était celui que rassemblait Hutter pour le fixer en certain lieu ; enfin, que se séparer du chef, ou négliger les lois du conducteur d'Israël, c'était le signe d'une damnation certaine ; 2° qu'il faut regarder comme impies toutes les sociétés qui ne mettent pas leurs biens en commun ; qu'on ne peut pas être riche en particulier et chrétien tout ensemble ; 3° que Jésus-Christ n'est pas Dieu, mais prophète ; 4° que les chrétiens ne doivent pas reconnaître d'autres magistrats que les pasteurs ecclésiastiques ; 5° que presque toutes les marques extérieures de religion sont contraires à la pureté du christianisme, dont le culte doit être dans le cœur, et qu'on ne doit point conserver d'images, puisque Dieu l'a défendu ; 6° que tous ceux qui ne sont pas rebaptisés sont de véritables infidèles, et que les mariages contractés avant la nouvelle régénération sont annulés par l'engagement que l'on prend avec Jésus-Christ ; 7° que le baptême n'effaçait point le péché originel et ne conférait point la grâce ; qu'il n'était qu'un signe par lequel tout chrétien se livrait à l'Eglise ; 8° que la messe est une invention de Satan ; le purgatoire, une rêverie ;

et l'invocation des saints une injure faite à Dieu; que le corps de Jésus-Christ n'est pas réellement dans l'eucharistie.

Comme parmi eux on n'accordait le baptême qu'aux personnes d'un âge mûr, on demandait au prosélyte s'il n'avait jamais exercé de magistratures, et s'il renonçait à tout le faste et à toute la pompe de Satan qui les accompagnent. On examinait ses mœurs, et il n'était jugé digne d'être admis au nombre des frères que quand, d'une voix unanime, le peuple s'était écrié : *Qu'on le baptise!* Alors le pasteur prenait de l'eau, la répandait sur le prosélyte, en disant : *Je te baptise au nom du Père, et du Fils, et du Saint-Esprit.*

Les Moraves huttérites ne participaient à la cène que deux fois par an, au temps marqué par le chef pour la communion publique. La cérémonie commençait par la lecture de l'Évangile, suivie d'un discours, à la fin duquel l'ancien allait porter à chacun des frères un morceau de pain commun. Tous le recevaient dans leurs mains étendues, tandis que le prédicateur expliquait le mystère; enfin il prononçait à haute voix ces paroles : *Prenez, mes frères, mangez, annoncez la mort du Seigneur.* Alors tous mangeaient le pain. L'ancien allait ensuite de rang en rang avec la coupe, et le prédicateur disait : *Buvez au nom de Christ, en mémoire de sa mort.* Tous buvaient alors le calice, et demeuraient ensuite dans une espèce d'extase dont ils n'étaient tirés que par les exhortations du prédicateur, qui leur expliquait les effets que devait produire en eux le mystère auquel ils venaient de participer. La cène n'était pas plutôt finie, qu'on détachait de l'assemblée des apôtres pour les envoyer dans les provinces voisines.

MORDAD, l'ange de la mort, suivant les Parsis. Les Musulmans leur ont emprunté cet ange, auquel ils donnent le nom d'*Azraïl*; c'est lui qui a reçu de Dieu la commission de séparer les âmes des corps.

MORDJIS ou MORDJITES, sectaires musulmans, qui forment une des six ou sept grandes hérésies. Semblables aux protestants du christianisme, ils soutiennent l'efficacité de la foi sans les œuvres, et subordonnent les actions à l'intention, qui, suivant eux, en fait tout le mérite. Ils disent que le péché ne saurait nuire quand il est joint à la foi, de même que l'obéissance n'a aucun mérite lorsqu'elle est réunie à l'infidélité. Leur nom vient de la racine arabe *radja*, qui signifie *espérer* et *différer*; il leur a été sans doute donné en vertu de cette sentence du docteur orthodoxe Schabi : *Craignez les menaces de Dieu, et ne soyez pas de ceux qui espèrent le salut en différant de faire de bonnes œuvres.* Les Mordjis se subdivisent en cinq sectes, savoir : les *Younisis*, les *Obéidis*, les *Ghasanis*, les *Thobanis* et les *Thoménis*.

MOREYBA, déesse des anciens Guanches, qui la considéraient comme l'épouse d'*Eraoranhan*; ils étaient les deux divinités tutélaires des habitants de l'île de Fér. Moreyba était la protectrice des femmes, comme Eraoranhan était le protecteur des hommes. On croyait qu'ils résidaient sur deux rochers élevés de Bentayga, que l'on désigne encore aujourd'hui sous le nom de *Santillos de los antiguos.* Dans les temps de sécheresse, la population se portait en masse vers Bentayga, et chaque sexe se groupait autour de son rocher protecteur, priant à la fois les deux divinités pour obtenir la pluie et l'abondance.

MORID, état religieux qui, chez les Musulmans de la Perse et de l'Inde, est une sorte de noviciat à la profession de faquir; ce mot signifie en effet *disciple* ou *aspirant*. Voici, d'après M. Sicé de Pondichéry, comment on est agrégé à cet ordre :

Celui qui désire se faire recevoir Morid doit d'abord être âgé de seize ans au moins, puis se présenter au chef ou Morschid de la congrégation dans laquelle il veut entrer, et lui exposer sa demande. Si le Morschid l'agrée, il convoque une assemblée à laquelle tous les anciens Morids sont tenus d'assister. Il est facultatif d'y admettre le public. L'assemblée réunie, le chef fait placer devant lui le jeune néophyte, et lui adresse quelques paroles d'édification; puis il lui tend la main droite, que le néophyte prend dans les siennes; alors le chef lit quelques passages du Coran et retire sa main : c'est la formalité du serment que prête le Morid d'être fidèle aux obligations prescrites aux religieux. Le Morschid fait ensuite apporter un breuvage ou sorbet préparé d'avance, et composé soit avec du lait, soit avec de l'eau et du sucre; il en boit une gorgée et donne le reste au Morid, qui est tenu d'avaler le tout. A la suite de cette cérémonie, le nouveau Morid, complimenté par tous les assistants, fait distribuer du bétel et des parfums; après quoi le public se retire. Les anciens Morids et le jeune novice restent avec le chef, qui s'approche du dernier et lui parle bas à l'oreille, formalité après laquelle il est définitivement reçu Morid.

Le Morid nouvellement admis prend, s'il le veut, le costume affecté aux jeunes gens du même grade que lui, et qui se compose d'un bonnet appelé *tadj*, d'une tunique, d'un pagne pour la ceinture, d'un chapelet, de bracelets et d'un cordon composé de quelques brins de fil coloré. Il ne peut se disposer à entrer dans l'ordre de faquir que lorsqu'il croit avoir suffisamment acquis les connaissances nécessaires en théologie.

MORIMO, dieu des Béchuanas, peuple de l'Afrique méridionale. Il est regardé par eux comme le génie du mal; mais ils le croient relégué au centre de la terre, où il s'occupe peu des mortels : de sorte qu'il est inutile de chercher à le fléchir par des prières. Ils s'en occupent donc fort peu, et les seules traces de culte que l'on trouve chez eux sont les sacrifices de bestiaux qui ont lieu dans leurs cérémonies funèbres.

MORI-SAKI, dieu des Japonais, dont on célèbre la fête le onzième jour du troisième mois.

MORITASGUS, divinité gauloise, dont le

nom n'est connu que par une inscription trouvée en 1632 à l'entrée du vieux cimetière d'Alise, aujourd'hui Sainte-Reine, en Bourgogne. On pense que c'était un ancien roi des Gaules, mis après sa mort au rang des dieux.

MORMONES, larves ou génies redoutables, qui, suivant les anciens Grecs, prenaient la forme des animaux les plus féroces et inspiraient le plus grand effroi.

MORMONS. La secte des Mormons est due à une imposture qui a pris naissance en 1830, dans les États d'Ohio et d'Ontario (Union américaine), et dont voici l'origine:

Un ministre protestant nommé *Spaulding* s'était mis en tête, pour se délasser de ses nombreux loisirs, d'écrire un roman historique sur la population primitive du continent américain. Son manuscrit, donné à un imprimeur, tomba entre les mains d'un ouvrier de l'établissement, nommé *Rigdon*, qui le copia en secret. Le manuscrit, pour une raison quelconque, ne fut pas imprimé. Après la mort de Spaulding, Rigdon concerta, à ce qu'on prétend, une imposture infâme avec Joseph Smith, gros marchand à la mine imposante et solennelle, qui lui sembla fait pour jouer le rôle de prophète, et pour établir une nouvelle religion à leur profit.

Tout à coup des annonces imprimées circulèrent en Amérique, pour donner l'heureuse nouvelle d'une récente révélation, complément de celle de Notre-Seigneur et de Moïse. Une bible d'or avait été trouvée enfouie dans la terre, écrite en caractères égyptiens réformés, sur des lames d'or et de bronze. Smith, instruit par un ange du lieu où se trouvait le livre sacré, avait aussi trouvé des lunettes mystérieuses, à l'aide desquelles il en pouvait avoir la sûre intelligence. Il était chargé par le ciel de le traduire en anglais, et de le donner au monde. Ainsi le roman de Spaulding, arrangé par les deux imposteurs pour cadrer avec leurs nouvelles vues, devint la célèbre *Bible des Mormons*, dont nous allons donner une analyse détaillée, afin de démontrer jusqu'à quel point peut aller la crédulité humaine dans notre siècle si positif et que l'on prétend si incrédule.

Ce volume contient 588 pages in-12, partagées en quinze livres, que l'on suppose avoir été composés en différents temps, par les personnages dont ils portent les noms; en voici la liste:

1. Le premier livre de Néphi.
2. Le second livre de Néphi.
3. Le livre de Jacob, frère de Néphi.
4. Le livre d'Enos, fils de Jacob.
5. Le livre de Jarom, fils d'Enos.
6. Le livre d'Omni, fils de Jarom.
7. Les paroles de Mormon.
8. Le livre de Mosiah.
9. Le livre d'Alma.
10. Le livre d'Hélaman.
11. Le livre de Néphi, fils de Néphi, fils d'Hélaman.
12. Le livre de Néphi, fils de Néphi, un des disciples de Christ.
13. Le livre de Mormon.
14. Le livre d'Ether.
15. Le livre de Moroni.

La première année du règne de Sédécias, roi de Juda, il y avait à Jérusalem un Israélite, nommé *Léhi*, établi depuis longtemps dans cette ville avec sa femme *Sariah*, et leur quatre enfants *Laman*, *Lemuel*, *Sam* et *Néphi*. Lorsque les prophètes se mirent à annoncer la ruine prochaine de la ville sainte, Léhi s'humilia, et après diverses visions et révélations, il se retira dans le désert avec ses enfants. Mais comme il avait oublié d'emporter avec lui les mémoires de sa famille et ceux des Juifs, Néphi, son plus jeune fils, retourna dans la ville avec un pieux courage, et réussit à mettre sur des plaques de bronze les annales des Juifs, depuis la création jusqu'à la première année de Sédécias, roi de Juda, ainsi que les prophéties, dont plusieurs avaient été données par Jérémie. Ces mémoires faisaient foi que Léhi était un des enfants de Joseph. Il persuada à un individu nommé *Ismaël* de les accompagner dans le désert avec sa famille, et les enfants de Léhi prirent ses filles pour épouses.

Léhi était plus grand prophète qu'aucun de ceux qui parurent parmi les Juifs, car il prédit tous les événements de l'ère chrétienne, et développa l'histoire évangélique de saint Matthieu, saint Luc et saint Jean, 600 ans avant la naissance de Jean-Baptiste. Ces émigrés voyagèrent pendant plusieurs jours à travers le désert, *dans la direction sud-sud-est, le long des bords de la mer Rouge*. Une boule avec des aiguilles, sur laquelle étaient tracés des caractères ingénieux, que l'on consultait dans l'occasion, leur servait de guide dans cette solitude où ils voyagèrent pendant bien longtemps. Pendant huit ans, leur arc et leurs flèches pourvurent à leur subsistance, dans le voyage qu'ils firent à l'orient de Jérusalem, jusqu'à ce qu'enfin ils arrivèrent à une grande mer. En conséquence d'une révélation divine, *Néphi* construisit un vaisseau, et malgré l'opposition qu'il trouva dans l'incrédulité de ses frères, mais avec l'assistance du Saint-Esprit, il réussit à le mettre heureusement à flot et à y faire embarquer toute la tribu avec une provision de grains, des animaux et d'autres denrées nécessaires. Ils avaient une *boussole*, dont Néphi seul savait se servir. Le Seigneur leur avait promis une riche contrée, et après une longue traversée, dans laquelle ils eurent à essuyer une multitude d'épreuves et de dangers, ils abordèrent sains et saufs à la *terre de promission*.

Aussitôt après son arrivée en Amérique, car c'était cette contrée qui leur avait été promise, Néphi s'empressa de fabriquer des lames de bronze, sur lesquelles il consigna leurs pérégrinations, leurs aventures, et toutes les prophéties par lesquelles Dieu lui avait révélé les destinées futures de son peuple et de la race humaine.

Après la mort de son père, ses frères se révoltèrent contre lui. Ils finirent par se disperser dans le désert, et devinrent la souche de différentes tribus, qui firent fréquemment dans la suite des incursions sur le territoire les unes des autres. Les *Néphites* furent, pendant plusieurs générations, de *bons chrétiens*, comme leur père, professant la doctrine énoncée par les théologiens modernes, prêchant le baptême et les autres pratiques du christianisme, plusieurs centaines d'années avant la naissance de Jésus-Christ; car Néphi les avait instruits de tout ce qui est maintenant enseigné dans l'Etat de New-York.

Avant sa mort, qui arriva cinquante-cinq ans après la fuite de Léhi de Jérusalem, Néphi eut soin d'oindre et d'ordonner son frère Jacob prêtre des *Néphites*; c'est ainsi qu'on appelait ce peuple. Jacob instruisit son fils *Enos dans l'éducation et l'admonition du Seigneur* (in the nurture and admonition of Lord), lui donna les tablettes, et l'institua son successeur dans l'office de prêtre des Néphites. Enos dit: *Une voix se fit entendre à moi, me disant: Enos, tes péchés te sont pardonnés, et tu seras béni. Je dis: Seigneur, comment cela se fait-il? Il me fut répondu: Par la foi en Christ, que tu n'as ni entendu ni vu* (page 143). Enos mourut l'an 179 de l'ère de Léhi, et par conséquent 431 ans avant la naissance de Jésus-Christ.

Enos laissa les tablettes ou plaques métalliques à *Jarom*, son fils. De son temps, *on gardait la loi de Moïse et le saint jour du sabbat du Seigneur*. Sous le sacerdoce et le règne d'Enos, il y eut de grands troubles et des guerres entre ce peuple et les *Lamanites*; c'est alors qu'on inventa les flèches aiguës, les carquois et les dards. Jarom laissa les tablettes à son fils *Omni*, et rendit l'esprit, l'an 238 de la fuite de Léhi. Omni mourut l'an 276 de la même ère, et les tablettes passèrent à son fils *Amarom*, qui les transmit à son frère *Chémish*, l'an 320. De celui-ci elles passèrent entre les mains d'*Abinidom*, fils de Chémish, puis dans celles d'*Amaléki*, fils d'Abinidom, qui, n'ayant point d'enfants, les donna au saint roi *Benjamin*. Ce prince avait trois fils, Mosiah, Hélorum et Hélaman, qu'il éleva dans la doctrine de ses pères. Il donna à *Mosiah* les plaques métalliques de Néphi, le globe qui l'avait guidé dans le désert, et l'épée de Laban, guerrier très-renommé. Le roi Benjamin enrichit sa nation d'un nouveau temple qu'il fit élever; car ce peuple avait dès lors, dans le nouveau monde, un temple, des synagogues et une tour.

Le roi Benjamin assembla le peuple autour du nouveau temple pour offrir un sacrifice selon la loi; il leur donna en même temps les institutions chrétiennes, et leur fit ses adieux dans une allocution patriarcale. Après avoir écouté son discours et offert le sacrifice, tout le peuple se prosterna à terre et pria en ces termes: « Oh! ayez pitié de nous, et appliquez-nous les mérites du sang expiatoire de Christ, afin que nous recevions la rémission de nos péchés, et que nos cœurs soient purifiés; car nous croyons en Jésus-Christ, fils de Dieu, qui a créé le ciel, la terre et toutes choses, et qui doit venir ici-bas parmi les enfants des hommes. » Alors l'esprit du Seigneur descendit sur eux, et ils furent remplis de joie d'avoir reçu la rémission de leurs péchés (p. 162). Le roi Benjamin ordonna à son peuple de prendre leur dénomination du nom de Christ, en leur adressant ces paroles remarquables: « Il n'y a pas d'autre nom donné, par lequel le salut puisse venir; c'est pourquoi je veux que vous preniez le nom de Christ, vous tous qui êtes entrés en alliance avec Dieu, en prenant l'engagement de lui obéir jusqu'à la fin de votre vie (page 166). »

Tout le peuple ayant donc pris le nom de Christ, Benjamin ordonna des prêtres et des prédicateurs, laissa le royaume à son fils *Mosiah*, et rendit l'esprit, l'an 476 de la fuite de Léhi, 124 ans avant la naissance de Jésus-Christ. Mosiah laissa les lames de bronze et tous les objets qu'il avait reçus, à *Alma*, fils d'Alma, qui avait été nommé *juge et grand prêtre*, le peuple ne voulant plus avoir de roi, et il mourut l'an 569 de la sortie de Jérusalem.

La 14ᵉ année des juges, l'an 69 avant Jésus-Christ, on envoya des prêtres missionnaires qui prêchèrent dans toutes les tribus de la contrée, contre tous les vices, annonçant la venue du Fils de Dieu, ses souffrances, sa mort, sa résurrection, assurant aux peuples qu'il leur apparaîtrait après être sorti du tombeau; ces paroles étaient écoutées avec la plus vive allégresse (p. 268).

Le livre d'Alma se termine à la fin de la 39ᵉ année des juges. C'était une époque admirable. On fonda des villes, on livra des batailles, on éleva des forteresses, on écrivit des livres, et même il y eut une année où un certain *Hagoth* construisit un vaisseau excessivement grand, et le lança à l'eau dans la mer de l'Ouest. Plusieurs Néphites s'y embarquèrent. L'année suivante, le même entrepreneur construisit d'autres navires dont l'un se perdit corps et biens (p. 406).

Les prophéties allaient toujours leur train; l'une d'elles annonçait que, 400 ans après la naissance de Christ, les Néphites abandonneraient leur religion. Dans le temps des juges, beaucoup portaient le nom de chrétiens, et le *baptême pour la repentance* était chose commune. « Et il arriva qu'ils établirent des prêtres et des prédicateurs dans toute la contrée, sur toutes les églises (p. 349). — Et ceux qui appartenaient à l'Église étaient fidèles; assurément, tous ceux qui étaient vrais croyants en Christ acceptèrent avec joie le nom de Christ ou de chrétiens, ainsi qu'ils étaient appelés à cause de leur foi en Christ (p. 301). — Et il y en eut plusieurs qui moururent fermement convaincus que leurs âmes étaient rachetées par le Seigneur Jésus-Christ; ainsi ils quittèrent le monde avec joie (p. 353). » La parole de Dieu était prêchée par Hélaman, Shiblon, Corianton, Amnon et ses frères, etc., qui tous avaient été établis par le saint commandement de Dieu, ayant été baptisés pour la repentance, et envoyés pour prêcher au peuple (p.

623). Ceci arriva la 19ᵉ année des Juges, 72 ans avant Jésus-Christ.

Avant ce temps-là, il y avait des synagogues avec des chaires pour les *Zoramites*, espèce d'Episcopaux, qui se réunissaient une fois par semaine, au jour appelé le *jour du Seigneur*. « Et ils avaient une place haute « et élevée, qui ne pouvait contenir qu'un « seul homme, lequel récitait les prières, les « mêmes prières chaque semaine ; et cette « place élevée était appelée *Rameumpton*, ce « qui signifie le *saint poste* (p. 311). »

Le livre d'*Hélaman* descend jusqu'à la quatre-vingt-dixième année des Juges, correspondant à celle qui précéda la naissance du Messie. Dans la période embrassée par la narration d'Hélaman, il y eut plus de dix mille personnes baptisées. « Et voilà que le « saint Esprit de Dieu descendit du ciel, et « entra dans leurs cœurs, et ils furent rem- « plis comme de feu, et ils parlèrent un lan- « gage merveilleux (p. 421). »

La franc-maçonnerie fut inventée vers ce temps-là ; car les hommes commencèrent alors à se lier par des serments secrets pour se prêter aide et protection en toutes choses, bonnes et mauvaises. Le pouvoir de lier et de délier dans le ciel fut conféré à *Néphi*, fils d'Hélaman, ainsi que toutes les prérogatives miraculeuses que possédaient les apôtres. Il y eut aussi un *Samuel*, qui prédit que « le Christ naîtrait dans cinq ans ; que « la nuit de sa naissance serait aussi lumi- « neuse que le jour, et que le jour de sa « mort serait aussi ténébreux que la nuit » (p. 445). Le livre de ce Néphi commence avec la naissance du Messie, six cents ans après la fuite de Léhi. « Au milieu des me- « naces des mécréants de massacrer les fidè- « les, le soleil se coucha. Cependant, voilà « que la nuit fut claire comme en plein midi. » C'est pourquoi, à dater de ce moment, ils changèrent leur ère, et supputèrent les années comme nous le faisons. Une étoile apparut en même temps, mais on ne nous dit pas comment on put l'apercevoir dans une nuit aussi brillante que le jour ; cependant elle fut vue dans toute la contrée pour le salut des justes et pour la confusion de leurs ennemis. Les terreurs du jour de la mort du Christ sont pareillement décrites. La trente-quatrième année après sa naissance, Jésus, ressuscité, descendit du ciel et vint visiter le peuple de Néphi ; il les fit venir, afin de leur montrer ses mains et son côté, bien qu'aucun d'eux n'eût exprimé de doute. Il y eut deux mille cinq cents personnes, tant hommes que femmes et enfants, qui examinèrent ses plaies et l'adorèrent. Il commanda à Néphi de baptiser, et lui apprit les paroles dont il devait se servir, savoir : *En vertu de l'autorité de Jésus-Christ à moi conférée, je vous baptise au nom du Père, et du Fils, et Saint-Esprit. Amen.* Il établit onze autres individus qui, avec Néphi, furent les douze apôtres de l'Amérique, et il promit de baptiser lui-même dans le feu et l'Esprit-Saint ceux qu'ils convertiraient. Il leur donna ensuite le sermon sur la montagne et quelques autres discours rapportés par les quatre évangélistes. Il guérit leurs maladies et pria pour leurs enfants ; mais tout ce qu'il leur dit était si grand et si admirable, qu'on ne saurait le rapporter ni l'écrire. Il ordonna, pour administrer la cène, un ministre qui avait seul l'autorité de la dispenser aux disciples baptisés en son nom. Les seuls commandements nouveaux donnés aux chrétiens d'Amérique dans ces visites plusieurs fois renouvelées furent les suivants : « Priez le « *Père*, chacun dans vos familles, mais tou- « jours en mon nom, pour que vos femmes « et vos enfants soient bénis. — Assemblez- « vous souvent, et n'empêchez personne de « venir à vous, lorsque vous vous réunis- « sez (p. 492). »

En qualité de chef des douze apôtres, Néphi se baptisa lui-même et baptisa les onze autres, dont les noms sont *Timothée, Jonas, Mathoni, Mathonihah, Kumen, Kumenonhi, Jeremiah, Shimnon, Jonas, Zedekiah* et *Isaiah*. Ils furent baptisés dans le feu et le Saint-Esprit. Bien que Jésus soit supposé avoir parlé pendant plusieurs jours à ses disciples d'Amérique, on ne trouve cependant, dans le livre des Mormons, rien de plus que ce qui est consigné dans le Nouveau Testament, parce que les merveilleux discours qu'il tint dans ces occasions ne pourraient être racontés ni écrits. Le Seigneur examina les plaques de Néphi, et n'y trouva qu'une omission, savoir, qu'il n'y est pas fait mention de la résurrection de plusieurs saints en Amérique, au moment de la tempête et du tremblement de terre. Il ordonna aux Néphites de se faire appeler *Chrétiens*.

Le livre de *Néphi*, fils de Néphi, donne en quatre pages l'histoire de cent vingt ans après le Christ. La trente-sixième année, tous les habitants de la contrée furent convertis ; il y avait une communauté parfaite, et l'on ne vit aucune querelle dans le pays pendant cent soixante-dix ans. Il y a trois des apôtres américains qui ne sont pas morts, et qui furent vus quatre cents ans après le Christ ; mais personne ne peut dire ce qu'ils sont devenus, à moins que *Cowdry, Whitmer* et *Harris*, les trois témoins de l'authenticité des plaques de Néphi, ne soient ces trois hommes immortels. Vers la fin de l'histoire de Néphi, ou du journal d'Ammaron, les schismes, les divisions et les guerres devinrent fréquents, et la vertu avait presque quitté le continent, en l'an 320.

Mormon apparaît ensuite sur la scène ; c'était, pour le dire en passant, un vaillant capitaine et un grand chrétien. Dans un engagement contre les Lamanites, il commanda une armée de quarante-deux mille hommes ; cette terrible bataille fut livrée l'an 330 de Jésus-Christ. Les *Lamanites* prirent pour eux l'Amérique méridionale, et laissèrent aux *Néphites* les régions du Nord.

Moroni termina ce que Mormon, son père, avait laissé inachevé, et continua l'histoire jusqu'en l'an 400 de Jésus-Christ. Il dit que personne ne peut refuser d'ajouter foi à ses mémoires à cause de leur imperfection ; il déclare que celui qui les recevra sans les condamner, parviendra à la connaissance de choses plus importantes, et que celui qui les condamnera sera en danger du feu de l'enfer (p. 532). Il se plaint de l'influence de la franc-maçonnerie, à l'époque où son livre sera déterré, et il prouve que les miracles ne cesseront jamais, parce que Dieu est le même, hier, aujourd'hui et à jamais. Il exhorte à ne baptiser personne sans l'avoir éprouvé préalablement, et à ne pas distribuer aux indignes le sacrement du Christ (p. 537).

Moroni dit, en finissant le livre de Mormon : « Si ces tablettes eussent été plus « grandes, nous eussions écrit en hébreu ; « mais à cause de leur peu d'étendue, nous « avons écrit en *égyptien réformé*, caractère « remanié et abrégé pour notre usage, con- « formément à notre manière de parler. — « Ne me condamnez pas, ajoute-t-il, à cause « de mes imperfections, ni mon père à cause « des siennes, ni ceux qui ont écrit avant « lui ; mais plutôt remerciez Dieu de ce qu'il « vous a manifesté nos imperfections, afin « que vous appreniez à être plus sages que « nous n'avons été (p. 538). »

Moroni écrivit aussi le livre d'*Ether*, contenant l'histoire du peuple de *Jared*, qui s'échappa de la construction de la tour de Babel, sans perdre son langage. Dieu marcha en avant de ce peuple, au milieu d'un nuage, le dirigea à travers le désert, et lui enseigna à construire des bateaux pour traverser les mers. Ils fabriquèrent huit barques imperméables à l'air, et reçurent ordre de pratiquer un trou en haut pour livrer passage à l'air, et un autre dans le fond pour avoir de l'eau. Chaque barque avait seize fenêtres de pierre fondue qui, ayant été touchée par le doigt de Jésus, devint aussi transparente que le verre, et leur transmettait la lumière tant au-dessus de l'eau que sous des montagnes de flots. Celui qui avait touché ces pierres apparut au frère de Jared, et lui dit : « Je suis Jésus-Christ ; je suis le Père et le Fils. » Deux de ces pierres furent renfermées avec les plaques et servirent de lunettes à *Joseph Smith*, suivant une prédiction faite avant la naissance d'Abraham. Il était aussi prédit, dans le livre d'Ether, écrit par Moroni, que celui qui trouverait les plaques aurait le privilège de les montrer à ceux qui l'aideraient à mettre cette œuvre au jour, et à trois autres personnes avec la permission de Dieu, pour donner une garantie de l'authenticité de ces choses (p. 548).

Les huit barques inaccessibles à l'air, et faites en forme de canards, après avoir flotté et plongé pendant trois cent quarante-quatre jours, abordèrent sur les côtes de la terre promise. Le livre d'Ether raconte les guerres et le carnage qui eut lieu parmi ce peuple. Dans la suite des générations, on compta deux millions de braves tués, sans les femmes et les enfants ; finalement ils furent tous tués, à l'exception d'un seul, qui tomba à terre comme s'il n'avait plus de vie. Ainsi finit le livre d'Ether (p. 573).

Le livre de *Moroni* détaille la manière d'ordonner les prêtres et les prédicateurs, de faire des règlements et des ordonnances, et contient les épîtres de Mormon à son fils Moroni. Moroni termine son journal l'an du Seigneur 420, et assure que les dons spirituels ne cesseront jamais, excepté par manque de foi. Il déclare que, quand les plaques de Néphi seront déterrées, les hommes demanderont à Dieu, le Père éternel, au nom de Christ, si ces choses sont véritables. — « Si vous faites cette demande avec un cœur « sincère et une intention droite, ayant foi « en Christ, vous connaîtrez la vérité de « toute chose (p. 586). »

Si nos lecteurs ont eu le courage de lire jusqu'au bout ce tissu d'absurdités, ils se sont sans doute demandé à eux-mêmes comment il est possible qu'un livre semblable ait obtenu du crédit au milieu d'une nation éclairée ; l'auteur s'est fait la même objection, et il a cru prévenir ou lever les scrupules en faisant attester sa prétendue découverte par trois témoins aussi inconnus que lui. Chose étonnante ! cette attestation a paru suffisante à des milliers d'individus, qui ont accepté ce livre avec un saint respect, ont cru à sa révélation, y ont conformé leur foi, et ont confié à son auteur le salut de leur âme. Car, en 1835, la doctrine de Mormon comptait déjà au moins 20,000 adhérents. Mais, comme la secte des Mormons a fait beaucoup de bruit en Amérique et qu'elle est fort peu connue en France, nous croyons devoir mettre sous les yeux de nos lecteurs les différentes pièces que nous trouvons dans le livre américain intitulé : *The religious creeds and statistics of every christian denomination in the United States*, etc., par John Hayward. Voici d'abord l'attestation des trois témoins :

« Aux hommes de toute nation, de toute tribu et de toute langue, auxquels parviendra cet ouvrage, nous faisons savoir que, par la grâce de Dieu le Père et de Notre-Seigneur Jésus-Christ, nous avons vu les plaques contenant ces mémoires, qui sont les annales du peuple de Néphi, des Lamanites, leurs frères, et du peuple de Jared, qui vint de la tour dont il a été parlé. Nous savons aussi que ces récits ont été traduits par le don et le pouvoir de Dieu, car *sa voix nous l'a déclaré*, afin que nous connaissions avec certitude que cet ouvrage est véritable. Nous certifions également que nous avons vu les caractères gravés sur les plaques ; qu'ils nous ont été montrés, non par le pouvoir d'un homme, mais par celui de Dieu. Nous déclarons sommairement qu'un ange de Dieu descendit du ciel, qu'il apporta les plaques, mit sous nos yeux, que nous les vîmes et les contemplâmes, ainsi que les caractères qui y étaient gravés ; nous savons que c'est par la grâce de Dieu le Père et de Notre-Seigneur Jésus-Christ que nous avons vu ces choses et que nous en attestons l'authenticité ; ce qui est merveilleux à nos yeux ; mais la voix du Seigneur nous a commandé de le porter à la connaissance du public ; c'est pourquoi, afin d'obéir aux commandements de Dieu, nous portons témoignage de la vérité de ces choses. Et nous savons que si nous sommes fidèles en Christ, nous nous dépouillerons des vêtements de notre chair mortelle, nous serons trouvés sans tache devant le tribunal de Christ, et nous habiterons éternellement avec lui dans le ciel. Et honneur soit au Père et au Fils et au Saint-Esprit, qui sont un seul Dieu. Amen.

« OLIVIER COWDRY.
« DAVID WHITMER.
« MARTIN HARRIS. »

C'est assurément quand certains personnages se donnent comme *envoyés de Dieu* pour réformer la religion ou pour en fonder une nouvelle, qu'il est important d'examiner leur caractère, leurs mœurs, leur genre vie, afin de savoir jusqu'à quel point ils offrent des garanties morales, et le degré de confiance qu'on peut accorder à leurs actes et à leurs paroles. Or nous trouvons à ce sujet des renseignements précieux dans une déclaration faite par M. *Hale*, d'Harmony-Township (Pensylvanie), beau-père de Joseph Smith. Nous croyons devoir la mettre sous les yeux de nos lecteurs ; ils y trouveront d'autres détails sur cette œuvre d'imposture.

« Je commençai à connaître Joseph Smith en novembre 1825. Il avait alors un emploi dans une société de gens appelés *chercheurs d'or*, et son occupation était de voir ou de prétendre voir au moyen d'une pierre placée dans son chapeau, son chapeau étant rabattu sur sa figure. Il prétendait découvrir de cette manière les minéraux et les trésors cachés. Son extérieur était à cette époque celui d'un jeune homme insouciant, assez mal élevé, très-effronté (*very saucy*) et insolent à l'égard de son père. Smith et son père habitaient ma maison avec quelques autres chercheurs d'or, pendant qu'ils travaillaient à creuser une mine, qu'ils supposaient avoir été ouverte et exploitée quelques années auparavant par les Espagnols. Le jeune Smith donna d'abord des espérances très-encourageantes aux chercheurs d'or ; mais quand ils furent arrivés en creusant, près d'un endroit où il avait assuré qu'on devait trouver un grand trésor, il dit que l'enchantement était si puissant qu'il ne pouvait plus voir. Les ouvriers se découragèrent, et bientôt après ils se dispersèrent.

« Après ces événements, le jeune Smith fit plusieurs visites à ma maison, et enfin il demanda mon consentement pour épouser ma fille Emma. Je refusai, et lui donnai les raisons de mon refus ; les principales étaient qu'il était étranger, et qu'il suivait une profession que je ne pouvais approuver. Il abandonna donc la place ; mais il revint peu de temps après, et pendant mon absence, il enleva ma fille et l'emmena dans l'Etat de New-York, où ils se marièrent sans mon consentement. Après leur arrivée à Palmyre (New-York), Emma m'écrivit pour me demander si elle pouvait avoir ce qui lui appartenait, comme ses vêtements, etc. Je lui répondis que ce qui lui appartenait avait été mis de côté et était à sa disposition. Quelque temps après ils revinrent, amenant avec eux Pierre *Ingersol*, et par la suite il fut résolu qu'ils viendraient habiter près de chez moi.

« Smith m'assura qu'il avait abandonné ce qu'il appelait sa faculté de voir par le moyen du verre (*glasslooking*), qu'il était disposé à travailler ferme pour vivre, et qu'il y était bien déterminé. Peu après j'appris qu'ils avaient apporté avec eux un livre merveilleux composé de plaques. On me montra une boîte dans laquelle ce livre était soi-disant renfermé ; suivant toutes les apparences, cette boîte avait servi à transporter du verre, et elle était de la dimension d'une vitre ordinaire. Il me fut permis d'examiner le poids de cette caisse, et ils me donnèrent à entendre que le livre de plaques y était alors, mais je ne pus obtenir la faculté de le voir. Je demandais à Joseph Smith quel serait le premier qui pourrait voir le livre de plaques ; il me dit que ce serait un jeune enfant.

« Je fus très-mécontent, et lui signifiai que, s'il y avait dans ma maison des choses semblables dont la vue m'était interdite, il n'avait qu'à les enlever, sans quoi j'étais déterminé à les voir. Là-dessus les plaques furent, à ce qu'on dit, cachées dans les bois.

« Vers le même temps, *Martin Harris* parut sur la scène. Smith commença à interpréter les caractères ou hiéroglyphes qui, disait-il, étaient gravés sur les plaques, tandis que Martin Harris écrivait l'interprétation. On dit qu'Harris écrivit 116 pages et les perdit. Peu après, Martin Harris m'apprit qu'il devait y avoir *un plus grand témoin*, et qu'il en avait parlé avec Joseph. D'un autre côté, Joseph lui dit qu'il ne pouvait pas ou qu'il n'osait pas lui montrer les plaques, mais que lui, Joseph, irait dans les bois où le livre des plaques était caché, et qu'il en reviendrait peu après ; qu'alors Harris, en suivant ses traces sur la neige, trouverait le livre et l'examinerait par lui-même. Harris m'apprit plus tard qu'il avait suivi les traces de Smith, mais qu'il n'avait pu trouver le livre, ce qui le mécontenta beaucoup.

« Le jour suivant j'allai à la maison qu'habitait Joseph Smith, et je le trouvai avec Harris occupé de la traduction de leur livre. Chacun d'eux avait une feuille de papier écrite, qu'ils comparaient ensemble. En voici quelques paroles : *Mon serviteur cherche un plus grand témoin, mais un plus grand témoin ne peut lui être donné*. Il y avait aussi quelque chose comme ceci : *Trois qui devaient voir la chose*, voulant dire, je suppose, le livre des plaques ; et ceci : *Si les trois ne vont point exactement selon les ordres, la chose leur sera ôtée*. Je demandai de qui étaient ces paroles, et il me fut répondu par Joseph ou par Emma (je suis plus porté à croire que ce fut le premier qui parla), que c'étaient les paroles de Jésus-Christ. Je leur dis que je considérais tout cela comme une fourberie, et les engageai à l'abandonner. La manière dont il prétendait lire et interpréter était la même que quand il regardait pour les chercheurs d'or avec une pierre dans son chapeau rabattu sur sa figure, pendant que le livre des plaques était alors caché dans les bois!

« Après cela, Martin Harris s'en alla, et Olivier Cowdry vint et écrivit pour Smith, tandis que celui-ci interprétait de la manière que j'ai mentionnée ci-dessus. C'est ce même Olivier Cowdry dont on peut trouver le nom dans le livre de Mormon. Cowdry continua d'écrire comme secrétaire de Smith, jusqu'à ce que le livre de Mormon fût achevé, comme je le compris et le suppose.

« Joseph Smith resta près de moi encore quelque temps, et j'eus de nombreuses occasions de le connaître et de connaître ses associés ; je crois en conscience, d'après les faits que j'ai détaillés, et d'après plusieurs autres circonstances que je n'ai pas cru nécessaire de rapporter, que tout *le livre de Mormon*, comme on l'appelle, est une sotte compilation de mensonges et de méchancetés, rassemblés par spéculation, et dans le dessein de duper les gens simples et crédules, afin que ceux qui l'ont fabriqué puissent vivre des dépouilles de ceux qui avalent la déception.

« ISAAC HALE. »

Cette déposition a été faite le 20 mars 1834 devant le juge de paix Charles Dimon, et a été légalisée par les juges associés de la cour des Common Pleas, qui attestent la moralité et la véracité de M. Hale.

Mais ce n'était pas assez d'avoir préparé l'imposture, il fallait l'accréditer : pour cela les novateurs durent encore compter sur la crédulité du public ; comme Mahomet, ils supposèrent des révélations successives suivant que le besoin s'en faisait sentir ; et comme Mahomet, ils trouvèrent des gens d'une foi assez robuste pour les recevoir sans opposition. En voici quelques-unes :

Révélation faite à Olivier Cowdry, David Whitmer et Martin Harris, au mois de juin 1829, avant qu'ils eussent vu les plaques contenant le livre de Mormon.

« 1° Considérez ce que je vous dis, que vous devez compter sur ma parole ; si vous vous y conformez avec une pleine intention de cœur, vous obtiendrez la vue des plaques, comme aussi du pectoral et de l'épée de Laban, les *Urim* et *Thummin*, qui furent donnés au frère de Jared sur la montagne, lorsqu'il parla au Seigneur face à face, et des guides miraculeux qui furent donnés à Léhi, pendant qu'il était dans le désert, sur les bords de la mer Rouge ; c'est par votre foi que vous obtiendrez la vue de ces choses, par la foi qu'avaient les prophètes des anciens temps.

« 2° Après que vous aurez obtenu la foi, et que vous aurez vu tout cela de vos yeux, vous en rendrez témoignage par la puissance de Dieu, et vous le ferez afin que mon serviteur Joseph Smith ne soit pas confondu, et que je puisse, par cette œuvre, faire réussir mes justes desseins parmi les enfants des hommes. Et vous témoignerez que vous avez vu ces choses, comme mon serviteur Joseph Smith les a vues ; car c'est par mon pouvoir qu'il les a vues, et uniquement parce qu'il a eu la foi ; et il a traduit de ce livre la partie que je lui avais commandé de traduire ; et comme votre Seigneur et votre Dieu est vivant, ceci est vrai.

« 3° C'est pourquoi vous avez reçu le même pouvoir, la même foi et le même don que lui ; et, si vous observez les derniers commandements que je vous ai donnés, les portes de l'enfer ne prévaudront point contre vous ; car ma grâce est suffisante pour vous, et vous serez élevés au dernier jour. Et moi, Jésus-Christ, votre Seigneur et votre Dieu, je vous ai dit ces choses, afin que je puisse exécuter mes justes desseins parmi les enfants des hommes. Amen. »

Révélation faite à Joseph Smith et à Sidney Rigdon, en décembre 1830.

« 1° Considérez ce que je vous dis ; il ne me convient pas que vous traduisiez davantage, jusqu'à ce que vous soyez allés dans l'Ohio, et cela à cause de l'ennemi et pour votre sûreté. Et je vous dis encore que vous ne devez point vous en aller, jusqu'à ce que vous ayez prêché mon évangile dans ce pays, et que vous ayez fortifié l'Église partout où elle est établie, et spécialement à Colesville ; car considérez que c'est là où ils me prient avec plus de foi.

« 2° Et encore : Je donne ce commandement à l'Église, qu'il me convient qu'ils s'assemblent dans l'Ohio, pendant le temps que mon serviteur Olivier Cowdry retournera parmi eux. Voilà, ceci est la sagesse, et que chaque homme choisisse pour lui-même, jusqu'à ce que je vienne ; ainsi soit-il. Amen. »

Révélation faite en mars 1832.

« Véritablement, ainsi vous dit le Seigneur : mon serviteur Stephen Burnett, allez, allez dans le monde ; et prêchez l'Évangile à toute créature qui viendra au son de votre voix, et aussitôt que vous désirerez un compagnon, je vous donnerai mon serviteur Eden Smith ; c'est pourquoi, allez prêcher mon Évangile soit au nord, ou au midi, à l'est ou à l'ouest, peu importe, car vous ne pouvez aller mal à propos. C'est pourquoi déclarez les choses que vous avez entendues, que vous croyez véritablement, et que vous savez être vraies. Voilà, ceci est la volonté de celui qui vous a appelé, de votre Rédempteur Jésus-Christ. Amen. »

Révélation faite en novembre 1834.

« 1° C'est ma volonté que mon serviteur Warren A. Cowdry soit ordonné grand prêtre président sur mon Église dans la terre de Liberté et dans les régions d'alentour, qu'il prêche mon évangile éternel, qu'il élève sa voix, qu'il avertisse le peuple non-seulement de son propre pays, mais aussi des contrées adjacentes, et qu'il consacre tout son temps à cette haute et sainte vocation que je lui donne maintenant, cherchant avec diligence le royaume de Dieu et sa justice et toutes les choses nécessaires lui seront données en surcroît; car le travailleur est digne de son salaire.

« 2° Et encore : véritablement je vous dis : la venue du Seigneur est proche : elle surprendra le monde, pendant la nuit, comme un voleur ; c'est pourquoi ceignez vos reins, afin que vous soyez les enfants de la lumière, et que ce jour ne vous surprenne pas comme un voleur.

« 3° Et encore : véritablement je vous dis : il y eut joie dans le ciel, quand mon serviteur Warren s'inclina sous mon sceptre, et se sépara des artifices du monde. Béni soit donc mon serviteur Warren, car j'aurai pitié de lui, et, malgré la vanité de son cœur, je l'élèverai autant qu'il s'humiliera devant moi ; et je lui donnerai ma grâce et l'assurance, partout où il ira ; et s'il continue à être un fidèle témoin, et une lumière pour l'Eglise, j'ai préparé une couronne pour lui dans les demeures de mon Père. Ainsi soit-il. Amen. »

Ces révélations sont tirées d'un livre intitulé : *Doctrine et conventions de l'Eglise des Saints du dernier Jour soigneusement recueillies des révélations de Dieu*, et réunies par *Joseph Smith junior, Olivier Cowdry, Sidney Rigdon* et *Frédéric G. Williams*, anciens et présidents de ladite Eglise ; publiées à *Kirtland, Ohio*, 1835. Il contient les articles de foi, la discipline, les commandements, et ce qui concerne le sacerdoce, la vocation, le mariage, le gouvernement, les lois, etc.

En effet, il ne suffisait pas d'avoir jeté parmi le peuple ces idées saugrenues, et de chercher à l'attirer par l'appât de la nouveauté : il fallait travailler à lier les crédules adhérents, par un symbole tout fait, par une constitution déjà établie, par des règlements appropriés à l'étrangeté de la matière. N'ayant pu nous procurer le livre dont nous venons de donner le titre, nous y suppléerons en reproduisant ici une profession de foi donnée par M. *Joseph Young*, de Kirtland, dans l'Ohio, un des anciens de l'Eglise des *Saints du dernier Jour* (Latter Day Saints) ; tel est le titre que prennent les *Mormons*.

« Principes fondamentaux de la doctrine religieuse de l'*Eglise des Saints du dernier Jour*, communément appelés *Mormons*. Cette Eglise a été organisée le 6 avril 1830, dans l'Etat de New-York ; ses principaux articles de foi sont les suivants :

« 1° Nous *professons* la croyance en un seul Dieu, vivant et véritable, créateur du ciel et de la terre, et en son Fils Jésus-Christ, qui est venu dans ce monde, à Jérusalem, il y a dix-huit siècles, qui fut mis à mort, ressuscita du tombeau, monta au ciel, et maintenant est assis dans les cieux à la droite de la souveraine Majesté. Nous croyons que, par le moyen de cette expiation ainsi accomplie, tous les hommes peuvent aller à Dieu, et trouver accueil auprès de lui, pourvu qu'ils croient tout ce qui a été révélé dans les saintes Ecritures.

« 2° Que partout où son Evangile est proclamé et sa loi connue, Dieu exige de tous les hommes qu'ils se repentent de leurs péchés, qu'ils évitent le mal et qu'ils fassent le bien ; que sa parole exige aussi que tout homme soit baptisé, dès qu'il se repent, et que le mode véritable, indiqué par l'Ecriture, de conférer le baptême, est l'immersion ; après quoi l'individu a la promesse du don du Saint-Esprit ; que cette communication divine est promise d'une manière absolue à tout homme qui est visité par le Seigneur notre Dieu, pourvu qu'il soit obéissant à ses commandements. Ce don du Saint-Esprit était autrefois accordé par l'imposition des mains des apôtres : ainsi cette Eglise croit que ceux qui ont autorité pour gouverner selon les ordonnances de l'Evangile, ont ce droit et ce pouvoir par la prière ; et que, sans cette autorité et ce don, l'Eglise ne serait plus *maintenant* ce qu'elle était *anciennement* ; conséquemment elle ne saurait être reconnue pour la véritable Eglise de Christ (1).

« 3° Que Dieu, dans les derniers jours, rassemblera les descendants charnels de Jacob dans la terre anciennement possédée par leurs pères, qu'il les conduira comme autrefois, et les rétablira comme au commencement ; qu'il découvrira son bras en leur faveur, et que sa gloire les accompagnera nuit et jour. Que cela est nécessaire pour l'accomplissement de sa parole, car sa science doit couvrir toute la terre, comme les eaux couvrent les mers. Et que de même que les hommes avaient autrefois des visions, voyaient en songe, étaient en communication avec les anges, et conversaient avec le ciel, ainsi il en sera dans les derniers jours, pour préparer la voie à toutes les nations et à toutes les langues, afin qu'ils servent Dieu dans la vérité.

« 4° Que le temps viendra où le Seigneur Jésus descendra du ciel, accompagné de dix mille de ses saints ; qu'un ange très-puissant saisira le dragon, l'enchaînera, et le précipitera dans la fosse, où il sera empêché de tromper les nations pendant mille ans, durant lequel temps une paix perpétuelle régnera dans tous les cœurs.

« 5° Ils croient à la résurrection des corps ; ils croient que tous les hommes comparaîtront en la présence de Dieu, et seront jugés selon les œuvres accomplies pendant leur vie ; que les justes entreront dans le repos éternel, en la présence de Dieu, mais que les méchants seront rejetés, pour recevoir une juste récompense de leur mérite ; et que pour jouir de la vie éternelle, il faut garder jusqu'à la fin une obéissance exacte à tous les commandements de Dieu. »

M. Young dit que le livre de *Mormon* est l'accomplissement littéral du chapitre XXIX des prophéties d'Isaïe. Il renvoie aussi à

---

(1) Nous ne pouvons nous empêcher d'observer ici que ce dernier principe est très-juste, et qu'il est entièrement opposé à la doctrine protestante, professée cependant en général par les Saints du dernier Jour

Ezéchiel, chapitre xxxvii, et au 12ᵉ verset du chapitre viii d'Osée.

Quant à l'histoire des Mormons, nous en sommes réduits à très-peu de détails. Nous extrayons ce qui suit d'une lettre du P. Thébaud, missionnaire de la compagnie de Jésus, insérée dans le tome XVI des *Annales de la Propagation de la foi*, et datée du 15 octobre 1843 :

« On aura sans doute, dit-il, de la peine à croire au loin qu'une aussi grossière imposture ait trouvé ici des dupes. C'est pourtant un fait humiliant pour la nature humaine que le nouveau prophète vit bientôt autour de lui des fidèles pleins de confiance en sa mission. Il leur parla d'abord d'une colonie à établir dans l'État du Missouri ; mais l'entreprise échoua bientôt. Le pays était trop peuplé, et le dogme bien caractérisé de la nouvelle secte, qui regarde toute la terre et ses biens comme appartenant aux Mormons, était fait pour inspirer à ceux-ci des principes très-relâchés sur le septième commandement du Décalogue, et pour donner à leurs voisins des craintes bien fondées sur la sûreté de leurs propriétés personnelles ; de part et d'autre on ne s'aimait pas, et les sectaires furent bientôt chassés.

« Ils remontèrent alors le Mississipi jusqu'en face d'un ancien village français (Montrose), à quelques milles au-dessus des premiers rapides du fleuve. Là , Smith fonda *Nauvoo*, leur sainte cité. Il était impossible de choisir un plus bel emplacement : le fleuve s'élargit en cet endroit, et se couvre d'îles verdoyantes ; sur le rivage, une élévation presque imperceptible conduit enfin à un plateau d'où l'on découvre la rivière, qui fait autour un long circuit. Smith acheta ce terrain et le divisa en lots, pour le céder à ses futurs adeptes à des conditions onéreuses. Il ne se contenta pas de faire circuler son livre et ses pamphlets en Amérique, il en inonda l'Angleterre, d'où la description de *Nauvoo* et de sa prospérité amena bientôt de nouveaux colons. Cette ville compte déjà 15,000 habitants, tous à peu près Mormons. Ils forment une petite république, ont leurs lois, élisent leurs magistrats, se gouvernent à leur fantaisie.

« La population de *Nauvoo* est répandue sur un vaste terrain, et couvre plusieurs milles carrés. Chaque maison, entourée de son jardin et de ses dépendances, forme un établissement à part. Quelques rues, près de la rivière, offrent seules une exception à ce plan général. C'est là aussi seulement que se fait tout le commerce de la ville ; on ne sait trop comment font les autres habitants pour vivre. Les maisons sont loin d'offrir à l'extérieur de la splendeur et du luxe, elles sont en général misérables et presque délabrées : ce sont des constructions en bois, dont les plus anciennes n'ont pas quinze ans, et semblent déjà vieilles. Quelques-unes pourtant, celle de Smith en particulier, qu'on nous montra de la rivière, sont élégantes et propres.

« Un seul édifice attire les regards : il est actuellement en construction : c'est un temple pour leur culte, en pierre de taille ; il doit avoir cent vingt pieds de long et quatre-vingts de large. Son extérieur a quelque chose d'imposant, sans avoir aucun air de ce que nous appelons une église. Imaginez un beau rectangle ; sur chaque côté huit fenêtres à plein cintre et d'une certaine richesse architecturale ; de front, trois grandes portes encore plus riches d'ornements, et vous pourrez facilement vous faire une idée de ce que les Mormons croient être la huitième merveille de l'univers. Une fantaisie bizarre, qui sort peut-être du cerveau de Smith, a fait représenter en bas-relief, sur les piédestaux de tous les pilastres extérieurs, des croissants renversés, accompagnés de la silhouette d'usage. Y a-t-il là quelque allégorie ? je l'ignore.

« Ce temple est loin d'être fini. On y montera par un bel escalier en pierre ; la partie inférieure sera consacrée aux divers baptêmes de la secte ; car ils en reconnaissent de plusieurs espèces. Un Mormon peut se faire baptiser aussi souvent qu'il le désire, au profit des défunts. Il paraît que, dans leur croyance, on rachète les trépassés, même de la damnation, en se plongeant pour eux dans l'eau du baptême. On baptise encore les malades pour les guérir, et les pécheurs pour les purifier. Plusieurs de ces immersions doivent avoir lieu à l'extérieur dans la rivière ; les autres se feront et se font déjà dans un appartement souterrain du temple, que nous eûmes la curiosité de visiter. Un baptistère y est construit sur le modèle de la mer d'airain de Salomon ; douze bœufs en bois peint supportent une cuve de même matière ; un escalier double, surmonté d'une petite estrade entourée d'une rampe, à peu près en forme d'un ambon, conduit au-dessus de la cuve, d'où le baptême s'administre par immersion.

« Les Américains, en général, n'aiment pas les Mormons ; ceux de l'État d'Illinois, en particulier, les haïssent ouvertement. De part et d'autre les esprits s'échauffent, les haines s'exaltent. Avant peu, peut-être, nous verrons une guerre civile dans ce beau pays. »

M. John Hayward dit que les Mormons s'établirent d'abord à Kirtland, dans le comté de Geauga, en Ohio ; que quelques-uns d'entre eux se proclamèrent indépendants dans le comté de Jakson, d'où ils furent chassés. A Kirtland, ils élevèrent un temple de pierre, dont la dépense se monta à 40,000 dollars. Il couvre une superficie de quatre-vingts pieds sur soixante, et il a cinquante pieds de hauteur. Le premier étage est destiné au culte ; il y a quatre pupitres à chaque extrémité ; chaque pupitre est disposé de manière à contenir trois personnes. Ces pupitres s'élèvent derrière et au-dessus d'un cinquième ; ils sont destinés pour les évêques, les prêtres, les prédicateurs et les diacres, selon le rang qu'ils tiennent dans cette société.

On trouve des Mormons dans plusieurs États de l'Union, dans le Canada et dans la

Nouvelle-Écosse; mais les États où ils sont en plus grand nombre sont ceux de l'Ohio et du Missouri.

Mais comment des fables aussi absurdes purent-elles acquérir autant de crédit dans un siècle aussi positif que le nôtre? C'est que Smith, bien qu'il ne fût au fond qu'un effronté coquin, avait sérieusement étudié les populations au milieu desquelles il vivait. Il remarqua qu'il y avait en Amérique deux ressorts : la cupidité et le fanatisme; l'amour de l'argent et le souvenir des anciens Puritains; il pensa qu'il était possible de combiner les deux moyens, et de promettre aux gens la fortune au nom de la Bible, peut-être même de la leur donner. Les uns voulaient le règne de Dieu, les autres leur fortune; la plupart voulaient l'un et l'autre : il essaya de mettre en œuvre ce double espoir. Mais il portait ses vues encore plus loin, et n'aspirait à rien moins qu'à élever sa fortune et son pouvoir aux dépens de l'Union. Il regardait la démocratie américaine comme une forme provisoire, remplie d'éléments de combats et de ruine, sans discipline, sans ordre, sans marche régulière. Il ne se dissimulait pas cependant qu'il faudrait des forces immenses pour triompher de cette grande république, quoique privée de cohésion, de lien et de résistance; mais s'il pouvait s'attacher les tribus indigènes, ses desseins avaient alors plus de chances de succès. C'est dans ce but qu'il composa son livre et qu'il le fit traduire dans les idiomes des sauvages. Ce livre semblait rappeler aux indigènes la magnificence antique et le pouvoir immémorial de leurs différentes races, écrasées par des usurpateurs. Le commentaire s'en faisait à bas bruit. On leur démontrait qu'ils n'étaient pas inférieurs à la race européenne; que, comme celle-ci, ils descendaient des chrétiens; que, plus que celle-ci, ils avaient été l'objet des préférences du Tout-Puissant; on les exhortait à reconquérir leur pouvoir perdu et leur grandeur évanouie. Les Illinois, les Ioways, les Cherokees, les Criks, les Commanches, étaient électrisés de se savoir les descendants des Néphites et des tribus perdues d'Israël. Plus d'une révolte des Peaux-Rouges fut la conséquence de ce système ainsi combiné.

Tous les Mormons cependant n'étaient pas dans le secret; mais tous formaient un point d'appui qui pouvait devenir fort puissant. Nous avons parlé de plusieurs grands travaux entrepris par la secte; pour y subvenir, Smith fonda une banque qui manqua, et les Mormons reculèrent devant leurs créanciers. Les fanatiques gagnèrent des localités désertes ou sauvages, favorables à leur défense, qu'ils soutinrent à main armée. Acculés comme le sanglier aux abois, ils renoncèrent à toute apparence de discipline religieuse, et formèrent une bande de brigands terribles contre lesquels il fallut lever des troupes. Les nouveaux prophètes volaient du bétail et des chevaux, campaient dans les bois et se soutenaient comme ils pouvaient par le pillage. Smith ne se décourageait pas; il fit un nouvel appel à ses fidèles, et déclara que tout Mormon qui ne viendrait pas retrouver ses frères au rendez-vous convenu sur les bords du Mississipi, dans l'Illinois, serait déchu de son titre. Tous les frères accoururent, et leur nombre reconstitua leur force; tous ayant des votes, et ces votes étant dirigés par l'unique volonté de Joseph Smith, les intérêts de l'Illinois tout entier se groupèrent autour de lui. Ce fut alors que s'éleva *Nauvoo*, dont le nom est indien, la capitale des Mormons, espèce de forteresse perchée sur la cime d'un roc.

Une fois à Nauvoo, Smith y fit l'orgie, s'entoura d'un sérail, et mit en pratique les plus licencieuses imaginations de la vieille débauche européenne. Les Américains finirent par le fusiller, mais sans tuer ni ses idées ni sa secte. Les Mormons furent chassés vers les Montagnes Rocheuses, où ils se montrent des ennemis fort à craindre pour l'Union américaine. Quant à Nauvoo, c'est là que M. Cabet s'est retiré avec les débris de l'Icarie (1).

MOROGROG, un des *Elus-Mélahus* ou esprits malfaisants, selon la croyance des Carolins occidentaux. Ce démon, ayant été chassé du ciel pour ses manières inciviles et grossières, apporta sur la terre le feu qui y avait été inconnu jusqu'alors.

MORPHÉE, fils du Sommeil et de la Nuit; il tenait le premier rang, au rapport d'Ovide, parmi les songes qui habitaient le palais de son père. Il était, ajoute-t-il, le seul d'entre eux qui annonçât les choses vraies, et le plus habile à prendre la démarche, le visage, l'air et le son de la voix de ceux qu'il voulait représenter, et c'est de là qu'il tirait son nom (μορφή, *figure*). Cette déité ne prenait la ressemblance que des hommes, et le Sommeil se servait toujours de son ministère lorsqu'il avait quelques avis à donner en songe. Cependant dans l'usage habituel on confond souvent Morphée avec le sommeil. On lui donne pour attributs une plante de pavot, avec laquelle il touchait ceux qu'il voulait endormir, et des ailes de papillon pour exprimer sa légèreté.

MORPHO, surnom sous lequel les Lacédémoniens avaient érigé un temple à Vénus; il vient de μορφή, qui exprime la beauté des formes. La déesse y était représentée voilée, et avec des chaînes aux pieds. La tradition portait que c'était Tyndare qui les lui avait mises, soit pour marquer la fidélité et la subordination des femmes, soit, ce qui est moins naturel, pour se venger de Vénus, à laquelle il imputait l'incontinence et les désordres de ses propres filles.

MORSCHID. Ce mot, qui signifie *directeur*, est le titre des chefs de communauté des Musulmans de l'Inde et de la Perse. On leur

---

(1) Ces derniers détails sont tirés d'un article de M. Tolmer, inséré dans le *Journal des Débats*, du 4 décembre 1849.

donne encore le nom de *Pir*, seigneur, vieillard.

MORT (la). Les Grecs l'avaient mise au rang des divinités; ils la disaient fille de la Nuit, qui l'avait conçue sans le secours d'aucun autre dieu, et sœur du Sommeil, ennemie implacable de l'espèce humaine, et odieuse même aux immortels ; c'est dans le Tartare que les poëtes grecs, Hésiode entre autres, fixent son séjour. Virgile la place devant la porte des enfers. C'est dans ces lieux qu'Hercule l'enchaîna avec des liens de diamant, lorsqu'il vint délivrer Alceste. Cette déité était rarement nommée en Grèce, parce que la superstition craignait de réveiller une idée fâcheuse en rappelant à l'esprit l'image de la destruction.

« On ne sait rien, dit Noël, du culte qu'on lui rendait. On nous apprend seulement que les Éléens et les Lacédémoniens l'honoraient comme une divinité; et ces derniers avaient, au rapport de Pausanias, une de ses statues près de celle du Sommeil, son frère. Le même écrivain parle d'une statue de la Nuit qui tenait entre ses bras ses deux enfants, le Sommeil et la Mort, l'un qui dormait profondément, et l'autre qui feignait de dormir. Les Romains lui élevèrent aussi des autels ; mais c'est surtout en Phénicie et en Espagne qu'elle fut plus particulièrement honorée. Les Phéniciens lui bâtirent, dans l'île de Gadira, un temple qui ne subsista pas longtemps. Nous ne dirons rien des figures sous lesquelles on représente la mort : elles sont presque innombrables, et dépendent absolument du caprice des artistes; nous observerons seulement que l'usage, si commun aujourd'hui, de la figurer sous la forme d'un squelette hideux, était inconnu aux anciens, qui la représentaient le plus souvent comme une femme pâle et livide. »

On consacrait à cette divinité l'if, le cyprès et le coq, parce que le chant de cet oiseau semble troubler le silence qui doit régner dans les tombeaux.

ANGE DE LA MORT, chez les Musulmans et les Persans. *Voy.* AZRAEL, EZRAÏL, MORDAD.

PÈRES DE LA MORT; on donne ce nom à des religieux établis pour assister les moribonds et les pestiférés. On appelait autrefois à Paris *Pères de la mort*, les Augustins déchaussés de la Place des Victoires, connus depuis sous le nom de PETITS-PÈRES.

MORTA, nom que quelques-uns ont donné à l'une des trois Parques, que l'on fait présider au destin de ceux qui, nés avant ou après le terme ordinaire de la naissance, venaient à mourir. *Voy.* NONA.

MORTADD, nom que les Musulmans donnent à ceux qui de chrétiens se sont faits Mahométans, qui ensuite ont retourné au christianisme, et enfin, par une dernière inconstance, sont rentrés dans l'islamisme. Les Musulmans ont pour ces sortes de gens un souverain mépris, et ceux-ci, en revanche, affectent de paraître encore plus zélés pour les pratiques de l'islamisme que les Mahométans eux-mêmes.

MORTS (CULTE RENDU AUX). *Voy.* AMES (*Culte rendu aux*); COMMÉMORATION DES MORTS, LANTERNES (*Fête des*); etc.

MOSALLA, oratoire ou chapelle, autre que la mosquée, chez les Musulmans.

MOSARABES, nom que l'on donnait autrefois, en Espagne, aux chrétiens qui vivaient sous la domination des Maures; ce mot est une corruption de l'arabe *mostarab*, qui signifie *Arabes mélangés* ou mieux *peuples arabisés*. Ils avaient une liturgie particulière, appelée *mozarabique*, dont saint Isidore de Séville passe pour le principal instituteur; elle fut sanctionnée dans le concile de Tolède, tenu en 633, et imposée à toutes les Églises d'Espagne; mais plus tard elle dut céder à la liturgie romaine. Cependant le rite mozarabe a été rétabli dans quelques églises du diocèse de Tolède par le cardinal Ximénès, au commencement du XVIe siècle.

MOSAWWERIS, hérétiques musulmans, dont parle Mouradjea d'Ohsson, sans donner sur eux aucun détail : ce sont sans doute les mêmes que les Moschébis, qui prêtent une forme à Dieu.

MOSCHÉBIS, sectaires musulmans, dont le nom signifie *assimilants*, parce qu'ils assimilent Dieu aux créatures. Ils ressemblent en cela à quelques sectes des Schiites-Ghoulats, telles que les Sabayis, les Béyanis, les Moghaïris et d'autres. Il y en eut parmi eux, comme Madhar, Hems et Hedjimi, qui ont dit que Dieu est un corps de chair et de sang, qui a des membres; et quelques-uns ont été jusqu'à lui attribuer les parties sexuelles; d'autres, comme les Kiramis, disent qu'il n'y a d'autre jurisprudence que celle d'Abou-Hanifa, et point d'autre foi que celle de Mohammed, fils de Kiram. Les opinions des assimilants sont très-nombreuses et variées. Quelques-uns croient que Dieu réside dans l'*arche*, c'est-à-dire l'empyrée, et disputent si l'empyrée est plein ou vide. D'autres se permettent l'expression de corps, mais ne sont pas d'accord si c'est un corps étendu de tous les côtés ou non ; ils enseignent que Dieu n'a de pouvoir que sur les événements qui tiennent à son essence, et non sur ceux qui lui sont étrangers; que la prophétie et l'apostolat sont deux attributs existant dans la personne du prophète, indépendamment de la révélation, des miracles et de la pureté. Ils admettent plusieurs prophètes, et la coexistence de deux imams contemporains, comme Ali et Moawia; et disent que la foi s'étend sur tous, excepté sur les renégats, que la foi de l'hypocrite, comme foi, est égale à celle du prophète.

MOSCHTARI, divinité des anciens Arabes; c'était la planète de Jupiter, qu'ils regardaient comme président à la bonne fortune.

MOSCHTEHID. Les Persans donnent ce nom aux principaux docteurs de l'islamisme, dont les attributions ont quelque chose d'analogue au caractère épiscopal. Pour obtenir ce degré, il faut être habile en soixante-dix sciences musulmanes, qui, à elles toutes, ne forment pas la moitié d'une des nôtres.

MOSERRIN, c'est-à-dire *ceux qui gardent*

le secret. Les Turcs donnent ce nom à une secte philosophique, qui prétend avoir le véritable secret. Or ce secret n'est autre que de nier absolument la divinité, et de croire que c'est la nature, ou le principe interne de chaque être qui règle le cours ordinaire de la nature. C'est de là, disent les Moserrins, que le soleil, la lune, les étoiles, la terre, tirent leur origine et leur mouvement. C'est ce qui fait que l'homme germe, croît et se flétrit comme l'herbe et comme les fleurs. Il y a à Constantinople un grand nombre de gens qui professent ces principes. La plupart de ces impies sont des cadhis et des personnes savantes dans les sciences musulmanes. Les autres sont des chrétiens renégats, qui, pour éviter les remords produits par leur apostasie, s'efforcent de se persuader qu'il n'y a rien à craindre ou à espérer après la mort. Cette doctrine contagieuse s'est insinuée jusque dans le sérail, et a infecté même l'appartement des femmes et celui des eunuques.

MOSLEM ou **MOSLIM**, *vrai croyant*, nom par lequel les Mahométans désignent ceux qui font profession de l'islamisme. *Voy*. MUSULMANS.

MOSLÉMIS, sectaires musulmans, qui reconnaissaient pour imam Abou-Moslem, partisan de la dynastie d'Abbas. Les Moslémis se trouvaient dans le Khorassan; après la mort d'Abou-Moslem, ils se divisèrent en deux partis : l'un soutenait qu'il n'était point mort, et qu'il ne mourrait point avant d'avoir fait triompher sa doctrine, qu'ils appelaient la justice; l'autre assurait qu'il était mort, et reconnaissait sa fille Fatima pour imam. On nommait ceux-ci *Fatimis*, et l'historien arabe Masoudi assure qu'au temps où il écrivait, en l'an 332 de l'hégire, il existait encore des sectes dérivées de celles-là.

MOSQUÉE, nom des temples musulmans; ce mot vient de l'arabe *mesjid*, prononcé en Egypte *mesguid*, lieu d'adoration, d'où les Italiens ont fait *meschita*, les Espagnols *mezquita*, et les Français, par corruption, *mosquée*.

Il y a trois classes distinctes de mosquées dans l'empire othoman : les mosquées impériales, les mosquées ordinaires et les simples Mesdjids.

1° Les mosquées impériales ne se trouvent que dans les grandes villes de la monarchie, telles que Brousse, Andrinople, le Caire, Damas, Constantinople, etc. Cette capitale en compte quatorze, dont la principale est Sainte-Sophie, magnifique église chrétienne que Mahomet II convertit en mosquée, le jour même où il entra en vainqueur dans la ville. Elle est depuis cette époque la cathédrale ou la première chaire de l'empire othoman. Les Musulmans lui ont conservé le nom grec d'*Aya-Sophia* (Ἅγια Σοφία). Ces édifices sont de la plus grande magnificence; ils frappent l'œil par l'immensité de leur étendue et l'élévation de leurs voûtes. La plupart sont ornés de riches colonnes de porphyre, de vert antique ou de marbre. Les dômes et les toits sont couverts de plomb. Toutes ces mosquées ont droit de célébrer l'office solennel des vendredis et des deux fêtes du Beiram; les ministres attachés à leur service sont distingués par certaines prérogatives, et les sultans y ont leur tribune.

2° Les mosquées ordinaires ont été fondées par les vizirs, les paschas, les beys ou par des sultanes; la plupart ont aussi le droit de célébrer l'office public des vendredis et des deux grandes fêtes. Il y en a plus de deux cents à Constantinople.

3° Les mosquées de troisième classe sont des espèces de chapelles ou oratoires publics, dans lesquels cependant on ne célèbre jamais l'office public des vendredis et des fêtes; ces mosquées se trouvent dans les bourgs, les villages et les campagnes.

Au-dessus de tous ces temples sont les mosquées de la Mecque et de Médine, dont les prérogatives sont supérieures à celles de tous les temples musulmans, comme leur construction est différente de celle des autres mosquées.

Les décorations de toutes les mosquées se réduisent à de petites lampes d'argent et à petits lustres artistement travaillés, garnis à l'entour de lampions et d'œufs d'autruche, et sur lesquels on lit des versets du Coran écrits en lettres d'or. Les murs n'offrent que des inscriptions ou des tablettes sur lesquelles sont écrits, en grosses lettres d'or le nom de Dieu, *Allah*, et ceux de Mahomet, des premiers khalifes, des premiers imams; on n'y voit aucune image, aucune figure, aucune représentation quelconque, ni en peinture, ni en sculpture; la loi est très-rigoureuse sur ce point.

Trois objets principaux caractérisent, pour ainsi dire, tous les temples musulmans : ce sont, 1° le *mihrab*, espèce de niche pratiquée dans le mur, et qui n'a d'autre objet que d'indiquer la position topographique de la Mecque, vers laquelle on doit se tourner en priant; 2° la tribune des muezzins, toujours à gauche du mihrab; 3° la chaire (*korsi*) des scheikhs prédicateurs; elle est élevée de deux ou trois gradins à la droite du mihrab. Dans les mosquées principales, qui ont droit de faire le prône (*khotba*) à l'office solennel des vendredis et des deux grandes fêtes, il y a une seconde chaire, appelée *member*, uniquement consacrée au khatib qui remplit cette fonction importante. Cette chaire, de 15, 20 ou 23 gradins, en proportion de la hauteur de l'édifice, est placée à une certaine distance du mihrab, toujours à gauche. Les mosquées impériales sont de plus garnies d'une tribune pour le sultan.

Pendant le jour, l'office se fait sans cierges et sans flambeaux; ce n'est que dans les prières de nuit, aux premier, quatrième et cinquième *namaz*, qu'on allume une partie des lampions suspendus aux voûtes, et les cierges placés près du mihrab.

On ne voit dans aucune mosquée ni bancs ni chaises, dont l'usage serait incompatible avec la nature du culte, qui consiste en différents mouvements et des prostrations

Grands et petits, tous s'asseyent indistinctement sur les tapis ou sur les nattes dont les mosquées sont toujours garnies.

Dans l'office public, l'imam célébrant est toujours placé devant le mihrab, à la tête de l'assemblée; le peuple se range derrière lui en lignes parallèles, de droite à gauche, depuis le mihrab jusqu'à la porte du temple. Les mouvements, les divers exercices que l'on y fait avec une méthode et une précision remarquables, offrent le coup d'œil le plus frappant. L'imam récite seul les prières à haute voix : il n'est permis qu'à lui et aux muezzins de psalmodier. Le peuple répète à voix basse le chant de l'imam, et écoute en silence les différents chapitres du Coran qu'il récite. Il n'y a que l'*amen* (*amin*) qu'il puisse articuler à haute voix. Cette prière, appelée *namaz*, a lieu chaque jour dans toutes les mosquées grandes ou petites, aux cinq heures canoniques. Le peuple y est convoqué par les muezzins, qui font l'appel à la prière du haut des minarets ou tourelles qui accompagnent les mosquées; on n'est pas cependant obligé de se rendre à la mosquée pour prier, chacun peut remplir ce devoir chez soi ou dans tout autre lieu; mais il est rare qu'on se dispense de faire les namaz du jour en commun, soit à la mosquée soit ailleurs, à moins d'empêchements légitimes. Comme la loi n'admet dans l'assemblée des hommes que des femmes d'un certain âge, on n'en voit guère dans les mosquées; cependant des tribunes particulières leur sont réservées : elles sont élevées à l'entrée, au-dessus de la porte principale et garnies de jalousies; par là les femmes qui s'y rendent forment, suivant l'esprit de la loi, les derniers rangs de l'assemblée.

Les mosquées principales sont ordinairement environnées de divers édifices dont la fondation a pour objet l'instruction de la jeunesse, le soulagement des pauvres, et en général l'utilité publique. Ce sont des *imarets* ou hôtelleries, des hôpitaux pour les malades, des hospices pour les fous, des écoles, des colléges, des bibliothèques, et quelquefois des chapelles sépulcrales où reposent les cendres des sultans et des princes.

MOSTÉDRIKIS, sectaires musulmans, qui appartiennent à la branche des *Nédjaris*. *Voy.* cet article.

MOTAKHALLIM, branche de philosophes musulmans, dont le nom pourrait se traduire par *dogmatiques* ou *scolastiques*. Opposés à ceux qui, disciples serviles d'Aristote, admettent la philosophie dans toute son intégrité, sans s'embarrasser de la doctrine du Coran, et qui ne reculent devant aucune des conséquences tirées des prémisses de ce philosophe, quelque opposées qu'elles soient à la théologie musulmane; les Motakhallim, dit M. Noël Desvergers, voulurent adapter aux exigences de l'islamisme les théories de l'école d'Alexandrie, et défendre la religion de Mahomet au nom des mêmes principes que leurs antagonistes allaient puiser dans les œuvres d'Aristote. Acceptant la révélation apportée par leur prophète comme la dernière vérité à laquelle il soit permis de parvenir, ils rejetaient de la philosophie ce qui était incompatible avec les doctrines révélées, et laissaient subsister tout le reste du système des Péripatéticiens, mais toutefois en le changeant ou le modifiant partout où ils en sentaient le besoin.

MOTAZALES, grande secte musulmane, dont le nom signifie proprement *schismatiques* ou *dissidents;* on le tire de l'énoncé de Hasan de Bassora, l'un des premiers docteurs de l'islamisme, qui a dit de Wasil, fils d'Ata, fondateur de cette secte : *Ettazal anna*, c'est-à-dire il a dévié de nous. On les appelle aussi *Cadris*, parce qu'ils établissent la libre volonté de l'homme et nient le destin (*cadr*). Ils s'appellent eux-mêmes *les partisans de la justice et de l'unité*, parce qu'ils professent que la justice de Dieu est nécessaire, et qu'ils mettent l'unité de Dieu dans la privation de tous les attributs qu'ils nient. Cette secte prit naissance dans la centième année de l'hégire. Les Motazales disent que l'éternité de Dieu est l'attribut propre de son essence, et qu'il n'a aucun autre attribut éternel, c'est-à-dire que Dieu connaît tout, en vertu de sa propre essence, qu'il est tout-puissant et qu'il subsiste par cette même essence, et non point en vertu de son omniscience, ou d'une toute-puissance, ou d'une vie inhérente à son être de toute éternité; car, ajoutent-ils, si ces attributs participaient à son éternité, qui est son attribut essentiel, ils participeraient aussi à sa divinité. Vous condamnez les chrétiens, objectaient-ils aux autres Musulmans, parce qu'ils distinguent dans la substance divine trois propriétés, et pourquoi cela, si vous-mêmes vous en reconnaissez huit ou neuf? Vous êtes encore plus infidèles qu'eux. Dieu est un dans son essence, il est indivisible et sans attributs, et quiconque admet un attribut renonce au dogme de l'unité et admet deux dieux.

Ils établissent de plus que Dieu est nécessairement tenu à l'observation de la justice dans ses décrets, à la récompense des bons, à la punition des méchants; que Dieu ne sera point vu par les hommes dans l'autre vie; ils nient que le corps doive éprouver la peine du sépulcre. Ils soutiennent que le Coran est créé et a eu un commencement, contrairement à la croyance commune des Musulmans. Les Motazales se subdivisent en vingt sectes, qui se taxent d'infidèles les unes les autres.

MOTÉWÉLI, titre que les Musulmans donnent aux administrateurs des mosquées, qui correspondent à peu près à ce que nous appelons marguilliers. Ils sont chargés du temporel des temples; et outre la distribution et l'administration des revenus, ils ont soin des réparations, dépenses, fournitures, etc. Les grandes mosquées et celles qui ont des revenus considérables sont les seules qui aient des Motéwélis; les autres n'en ont point.

MOTET, passage d'un psaume, ou prière quelconque, en latin, mis en musique pour être chanté à l'église. Ce nom de *motet* paraît désigner sa brièveté comme si ce n'était qu'un *petit mot*. Il y en a cependant plusieurs qui, par le moyen des reprises et des répétitions, deviennent extrêmement longs.

MOUCHES (1). Les Acarnaniens les honoraient. Les habitants d'Accaron, chez les Philistins, offraient de l'encens au dieu qui les chassait, appelé *Béel-Zéboub*. Les Grecs avaient aussi leur dieu Chasse-mouche, *Myagrius*. Élien dit que les mouches se retirent d'elles-mêmes aux fêtes Olympiques, et passent au delà de l'Alphée avec les femmes qui se tiennent de l'autre côté. Il ajoute que dans le temple d'Apollon à Actium, lorsque la fête approche, on immole un bœuf ou un taureau aux mouches : elles s'attachent au sang de la victime, et dès qu'elles sont rassasiées, elles se retirent; au lieu que celles de Pise se retirent d'elles-mêmes, et semblent marquer la vénération qu'elles ont pour la divinité. Il y avait encore un temple à Rome, où les mouches, selon Pline, n'entraient jamais : c'était le temple d'Hercule vainqueur. Cependant on dit qu'Hercule, faisant un sacrifice à Jupiter, ne put jamais chasser les mouches ; et Paracelse dit que Jupiter lui-même n'avait pas ce pouvoir.

Les mouches se portaient en affluence aux sacrifices de Moloch, d'Astaroth et des autres divinités des païens ; et les Juifs regardaient comme un augure heureux, que l'on n'en vît jamais une seule dans le temple bâti par Salomon.

MOUDÉVI, célèbre déesse des Hindous. Son véritable nom est *Maha-Dévi*, la grande déesse. *Voy.* MAHA-DÉVI, DÉVI, DOURGA, PARVATI, KALI, etc. Aux documents que nous donnons dans ces articles, nous ajouterons ici que, sous le nom de Moudévi, quelques-uns la regardent comme la déesse de la discorde et de la misère. Les Hindous prétendent que celui qui serait protégé par elle ne trouverait pas un grain de riz pour apaiser sa faim. On la peint de couleur verte, et on la représente montée sur un âne, et portant en main une bannière sur laquelle est l'effigie d'un corbeau.

MOUFTI (2), ministre de la religion, regardé comme le souverain pontife de la loi musulmane, particulièrement dans l'empire othoman. Il est encore appelé *faiseur de lois*, *oracle des jugements*, *prélat de l'orthodoxie*, etc. Le jour de son installation, le sultan le revêt d'une riche pelisse de martre zibeline, et lui fait un présent de mille écus d'or. A peine est-il installé, que les ambassadeurs, les agents des paschas viennent le féliciter, et lui font un présent d'environ 5000 écus. Tout dans l'empire est soumis à son autorité, parce qu'il est lieutenant absolu du sultan, pour les affaires qui concernent la religion et la justice civile ; et le Grand-Seigneur ne prononce aucune condamnation capitale sans le consulter. Le respect que le souverain porte à ce personnage sacré va jusqu'à se lever lorsqu'il le voit venir, et à faire sept

pas au-devant de lui. Le moufti a le droit de baiser l'épaule gauche du sultan, tandis que le grand vizir lui-même n'ose poser ses lèvres que sur le bas de la robe du prince, qui fait trois pas seulement vers son premier ministre. Les dénominations les plus emphatiques sont prodiguées au moufti : c'est *le sage des sages, la clef des trésors de la vérité*, etc. ; aussi la nation entière a-t-elle pour ce chef suprême de la loi, de la magistrature et du sacerdoce, la vénération la plus profonde ; et les plus grands seigneurs eux-mêmes lui rendent les hommages les plus respectueux. Quoique le premier de tous les ministres de la religion, il n'exerce cependant de fonctions sacerdotales que relativement à la personne du monarque. C'est lui qui procède à l'inauguration du nouveau sultan dans la cérémonie du sabre, qui tient lieu de couronnement, et qui remplit à son égard la fonction d'imam dans la prière funèbre. La charge de moufti est censée donnée à vie, mais l'expérience démontre qu'il n'y a pas de dignité plus chancelante et plus amovible. Le caprice du prince, ou la jalousie du grand vizir peut le précipiter de son rang ; alors il est exilé dans une de ses terres, sans pouvoir en sortir, et y demeure inconnu et ignoré jusqu'à sa mort. Un de ces malheureux disgraciés fut pilé et mis en pâte dans un mortier de marbre, par les ordres de Mourad IV.

Dans l'origine, la dignité de moufti n'était pas aussi éminente. Les ministres ou docteurs de la loi portaient tous indistinctement ce titre. Il y en avait un dans chaque ville principale, et celui qui résidait auprès du souverain avait une certaine prééminence sur les autres. Leur office consistait, non pas à interpréter à leur gré les préceptes du Coran et les lois canoniques, mais à les annoncer, à les publier, à les faire connaître à tous ceux qui avaient recours à leurs lumières. C'était une espèce de consultation qu'on leur demandait sur des points analogues à l'ordre moral, civil et criminel, aux dogmes et aux pratiques du culte religieux. Toujours dirigées par la loi, ces décisions étaient consacrées sous le nom de *fetwa*, qui répond à *sentence* ou *prononcé légal* ; de là dérive le nom de *moufti*, celui qui décide.

Ces docteurs, malgré l'importance et la grandeur de leurs fonctions, n'occupaient cependant que le second rang dans l'ordre hiérarchique. Dans la capitale comme dans les provinces, ils cédaient le pas aux cadkis qui sont les juges ordinaires de chaque ville. Cet ordre fut admis chez les Othomans, dès l'origine de leur empire, et on l'observe encore aujourd'hui dans toutes les provinces ; il n'y a d'exception que pour la capitale, dont le moufti est le plus haut dignitaire ecclésiastique.

Il en est de la Perse comme des provinces de la Turquie ; la fonction du moufti se ré-

---

(1) Article du Dictionnaire de Noël.

DICTIONN. DES RELIGIONS. III.

(2) On écrit aussi *mufti, mouphti, muphty*, etc.

duit à résoudre les cas qu'on lui propose, et à donner son avis sur les consultations des juges, qui le suivent ou le modifient comme il leur plaît. Cette dignité est conférée par le roi, qui le choisit parmi les hommes les plus savants; mais il a soin d'élire celui qu'il juge le plus accommodant dans ses décisions, pour pouvoir dans l'occasion l'influencer à son gré.

MOUI ou NOUI ATOUA, le dieu maître du monde, selon la croyance des Néo-Zélandais; quelques-uns le confondent avec Mawiranga-rangui. On le retrouve à Tonga: « Le monde, dit Marmer, repose sur Moui, le plus colossal des dieux. Moui n'inspire jamais personne, n'a ni prêtres, ni autels, est constamment couché, et se tient toujours dans la même position. Arrive-t-il un tremblement de terre, on suppose que, trouvant sa posture fatigante, Moui essaye de se mettre à son aise. Alors le peuple pousse de grands cris et frappe la terre à coups redoublés, pour l'obliger à se tenir tranquille. Sur quoi est-il couché? c'est ce qu'on ignore, et on ne hasarde même aucune supposition à cet égard; car, disent les indigènes, qui pourrait y aller voir? »

MOUKOUNDA, demi-dieu des Hindous, un des compagnons de Kouvéra, dieu des richesses; il est la personnification d'un des neuf trésors de ce dieu. C'est encore un des surnoms de *Vichnou*. Ce nom signifie celui qui donne l'émancipation.

MOUKTA-KATCHHAS, nom que l'on donne dans l'Inde aux sectateurs de Bouddha, par allusion à une particularité de leur habillement, apparemment l'habitude de porter l'ourlet de la bordure inférieure du vêtement, détroussée ou traînante. *Moukta* en sanscrit signifie délié, et *katchha*, bordure inférieure du vêtement. Voy. BOUDDHISTES.

MOUKTAMBARAS ou MOUKTAVASANAS, nom que les Hindous donnent aux Djainas, par allusion à la nudité de l'ordre rigide d'ascétiques composant cette secte. Le premier signifie *vêtus par les régions de l'atmosphère*, et le second *délivrés du fardeau des vêtements*. Voy. DJAINAS.

MOUKTASWAMI, un des noms de Siva, troisième dieu de la triade hindoue; il signifie *seigneur de l'émancipation*.

MOUKTI, *libération*; c'est, suivant les Hindous, la béatitude finale, obtenue au moyen de la parfaite connaissance de Brahma; elle consiste en l'identification avec la Divinité, et l'absorption dans son essence, sans cependant exclure le sentiment de ce bonheur.

MOULLA, espèce de prêtre musulman. Voy. MOLLA.

MOUMEN, mot arabe qui signifie *vrai croyant, fidèle*; c'est le titre que prennent les sectateurs de Mahomet. Les khalifes étaient autrefois qualifiés d'*Emir al-mouminin*, chefs des croyants; ce que nos historiens du moyen âge ont corrompu en *Miramolin*.

MOUNDA, démon de la mythologie hindoue, qui fut tué par la déesse Dévi, lors de la guerre des Géants. Voy. DÉVI.

MOUNDA PENNOU, dieu des citernes, chez les Khonds, peuple indien de la côte d'Orissa. Ils recueillent soigneusement l'eau des ruisseaux qui leur est nécessaire pour les irrigations, au moyen de petites digues appelées *mounda*, construites grossièrement auprès des sources; et ils offrent fréquemment des brebis et des oiseaux en sacrifice à Mounda Pennou, sous un arbre voisin, pour le prier de préserver la levée.

MOUNGOUSCH, esprits inférieurs et méchants de la cosmogonie mongole; on leur attribue les deux sexes.

MOUNI. Les Hindous désignent par ce nom les saints, les *moines* ou religieux, les pénitents, et en général tous ceux qui tendent à la plus haute perfection. Quelquefois ce terme est synonyme de celui de *richis*, et désigne les anciens sages des temps mythologiques. Les Mounis des temps modernes sont ceux qui se livrent à toutes les pratiques de la pénitence la plus austère. « Quand le sage, dit le Bhagavat-Guita, a renoncé à tous les désirs qui peuvent agiter l'esprit, content de lui-même, il est calme dans l'infortune; les voluptés n'ont point d'attraits pour lui; exempt d'amour, de haine, de colère, il médite avec constance; il est un vrai *Mouni*. » On ne saurait se faire une idée de la multiplicité des tortures que ces malheureux s'imposent. Ceux-ci chancellent sous le poids de lourdes chaînes qui les meurtrissent; ceux-là s'emprisonnent à perpétuité le cou dans d'énormes colliers de fer; les uns se suspendent aux arbres par des cordes ou des chaînes, et vivent souvent dans cette posture, sans aucun appui pour reposer leurs membres, pendant des mois entiers; les autres restent durant plusieurs années au même endroit dans la plus complète immobilité et les yeux tournés vers le soleil. Il y en a qui marchent avec des chaussures garnies intérieurement de pointes acérées, ou se font emprisonner dans une cage de fer qui enferme tout le corps, depuis le cou jusqu'aux chevilles, de façon qu'il leur est impossible de se coucher ou de s'asseoir. D'autres demeurent les bras élevés au-dessus de la tête, pendant des mois entiers, sans les abaisser jamais, de sorte qu'à la fin les cartilages s'étant solidifiés, ils ne pourraient plus le faire, quand même ils le voudraient; d'autres enfin se font enterrer vivants dans des sépulcres et y restent des semaines entières sans prendre la moindre nourriture.

MOURA, nom d'un démon tué par Vichnou; de là l'épithète de *Mouraripou*, ennemi de Moura, donnée à Vichnou ou à Krichna.

MOURADIS, ordre de religieux musulmans, fondé par Mourad Schami, mort à Constantinople, l'an 1132 de l'hégire (1719 de Jésus-Christ.)

MOURALI, confrérie de filles hindoues, consacrées au culte de Khande-Rao, dans le temple de Djédjouri; elles y sont offertes par leurs parents, dès qu'elles sont devenues nubiles, afin de s'y prostituer en l'honneur de cette divinité. Ces mouralis sont au nombre de douze. Le révérend J. Stevenson observe cependant que cette insulte à la morale publique, sous le voile de la religion, est loin d'être approuvée par la partie la plus saine de la population.

MOUSA ou MOUSSA (Moïse), le septième des imams légitimes, vénéré par les Schiites comme un saint et un martyr. Il était le second fils de l'imam Djafar, qui lui transmit la succession à l'imamat, parce qu'Ismaïl, son fils aîné, était décédé. Toutefois les enfants d'Ismaïl ont eu des partisans qui voulaient que la succession de l'imamat fût perpétuée dans la branche aînée ; ils formèrent une secte nombreuse sous le nom d'*Ismaéliens* (*Voy.* cet article). Mais le khalife Haroun el-Raschid lui-même regardait Mousa comme le véritable héritier des droits d'Ali ; car il l'attira à Baghdad, dans la crainte que sa présence à Médine n'occasionnât des troubles, puis enfin le fit empoisonner quelque temps après, l'an 183 de l'hégire. *Voy.* IMAM.

MOUSAWIS, sectaires musulmans, appartenant à l'hérésie des Schiites. Ils soutiennent que l'imamat a passé de Djafar à son fils Mousa, et non point à Ismaïl l'aîné, parce que celui-ci était décédé avant son père. Ils avancent que Mousa n'est pas mort, et que c'est lui qui est l'imam dont on doit attendre le second avénement. On les nomme aussi *Wakéfis*, de *Wacafa*, arrêter, parce qu'ils arrêtent la succession des imams à Mousa, au lieu de la continuer jusqu'au douzième, qui est Mohammed, le Mahdi à venir.

MOUSIMOS, fête des âmes, célébrée par les peuples voisins du Monomotapa, en Afrique. Les âmes des gens de bien paraissent être les seules divinités de ces tribus ; et les nègres ont une confiance aveugle dans les oracles qu'ils croient rendus par ces morts. C'est le monarque qui détermine les fêtes qui doivent avoir lieu en l'honneur des Mousimos. On immole alors des grands seigneurs du pays aux ancêtres du prince.

MOUSKABIS, secte orientale, composée d'individus demi-juifs, demi-musulmans. Leur chef était un juif appelé Mouska, qui excita une sédition et fut tué dans le territoire de Com. Ces sectaires reconnaissaient Mahomet pour prophète, et avouaient la vérité de sa mission ; mais ils la bornaient aux Arabes et à tous les autres peuples, à l'exclusion des Juifs, parce que, disaient-ils, les Juifs avaient une religion révélée. Ils disaient que celui qui adressa la parole à Moïse était un ange envoyé de Dieu, et que c'était à cet ange qu'on devait attribuer toutes les actions qui sont attribuées à Dieu dans la Bible, parce que Dieu est trop élevé au-dessus de toutes choses, pour qu'on puisse l'assimiler à l'homme, ou lui attribuer quelqu'une des qualités qui conviennent à l'humanité.

MOUSOUKKA, nom que les nègres, voisins de la côte du Monomotapa, donnent au génie du mal. Ils le regardent comme l'ennemi des hommes, le craignent beaucoup et ne lui rendent aucun hommage.

MOUSSAPH, c'est-à-dire *ajouté*; les Juifs modernes donnent ce nom à une prière ajoutée qu'on récite le samedi et les jours de fête, ainsi que le premier de chaque mois. Elle renferme les paroles du sacrifice surnuméraire qui se faisait autrefois dans le temple à pareil jour.

MOUTH, 1° divinité syrienne, adorée dans l'île de Samothrace. C'était le dieu de la mort, dont il portait le nom (מות *Mouth* en phénicien signifie la mort).

2° Chez les Egyptiens, Mouth était le nom de la déesse mère, qui, avec Amou-Ra, son époux, et Khons, son fils, formait la triade suprême, adorée principalement à Thèbes ; ce sont eux qui s'incarnèrent sur la terre sous les noms d'Osiris, Isis et Horus.

MOUTIER, ou, comme l'on prononçait autrefois, *monstier* ; nom formé du latin *monasterium*, dont on se servait anciennement pour désigner les couvents, les monastères, ou simplement les églises.

MOUTINOU, prêtre, ou ganga du Congo, en Afrique ; il prend le titre de roi de l'eau, et fait accroire aux nègres qu'il tire de l'eau des remèdes et des préservatifs contre les maladies. Lorsque des malades s'adressent à lui, il les conduit sur le bord d'une rivière, y jette une cruche vide en marmottant quelques paroles, la retire pleine d'eau un instant après, et la distribue aux infirmes comme un remède souverain.

MOZDARIS, hérétiques musulmans qui suivent la doctrine d'Abou-Mousa Isa, fils de Sabah, surnommé *Mozdar* (Pococke et Maracci ont *Merdad* ou *Merdar*). C'était un homme d'une dévotion extraordinaire qui lui valut le surnom de *Moine des Motazales*. Il enseignait que Dieu peut mentir et commettre l'injustice, sans que sa divine majesté en soit aucunement blessée ; que la même action peut être produite par deux agents, sans doute Dieu et l'homme, à la manière de la génération ; que quiconque avance que l'on verra Dieu des yeux du corps, sans distinction de la manière dont cela aura lieu après la résurrection, est un infidèle, et que douter de l'infidélité d'un tel homme, c'est être soi-même infidèle. Il introduisit le premier, parmi les Motazales, la doctrine de la création du Coran ; il soutenait que sa rédaction n'avait rien d'extraordinaire, et à quoi l'homme ne puisse atteindre ; que, loin que son éloquence surpasse les facultés des mortels, on peut l'imiter et même le surpasser ; qu'il pourrait se trouver parmi les Arabes un homme assez habile et assez éloquent pour composer une œuvre semblable, si un certain respect n'empêchait généralement les savants de prétendre à cette distinction. Mahomet ayant dit que celui qui soutiendrait que le Coran avait été créé, devait être regardé comme un impie et un infidèle, on peut juger combien les Musulmans orthodoxes devaient avoir en horreur ceux qui défendaient une erreur aussi coupable, selon eux ; c'est pourquoi il ne faut pas s'étonner que certains khalifes aient suscité des persécutions terribles contre ces sectaires, et qu'ils les aient punis de mort, lorsqu'ils ne voulaient pas rétracter cette hérésie. Cependant Mozdar objectait à ceux qui l'accusaient d'hétérodoxie, que reconnaître le Coran comme éternel, c'était détruire la notion même de Dieu, puisque l'on admettait ainsi deux êtres coéternels. D'autres cherchèrent un milieu entre l'opinion qui faisait le Coran un livre existant de toute éternité, et l'autre opinion qui le considérait comme créé postérieurement. Dieu, disaient-ils, a conçu de toute éternité le Coran dans sa pensée, mais il conserve cette œuvre typique dans le ciel; celle que nous possédons n'en est qu'un reflet ou une ombre qui est notre production et qui nous appartient; si c'était la même œuvre, il s'ensuivrait que le même être peut se trouver en même temps dans deux lieux différents, ce qu'on ne peut soutenir sans absurdité.

MOZETTE. C'est le nom que l'on donne au camail des évêques et des chanoines; il est interdit à tout autre clerc de le porter. La mozette est ronde, et couvre seulement les épaules en descendant jusqu'au coude. Ce qui distingue principalement la mozette du camail, c'est que la première n'a de capuchon que pour la forme; car il est si petit qu'il est incapable de servir. La mozette des évêques est violette, celle des chanoines est noire et communément doublée d'écarlate, quelquefois elle est garnie d'hermine.

MUBBEN, une des divinités malfaisantes des anciens Lapons.

MUDERRIS. Ce sont, chez les Turcs, les professeurs de ces académies ou colléges, *médrésés*, que les princes othomans ont fait élever auprès des mosquées. Ils sont chargés d'y enseigner le droit civil et le droit canon. Le Muderris de la mosquée de Soliman est le premier de ces professeurs, et parvient souvent à la dignité de Molla.

MUEZZIN, crieur public des Musulmans, chargé d'annoncer les prières canoniques, du haut des minarets, d'appeler le peuple à la mosquée, et d'y psalmodier des prières sur une certaine modulation. Les Muezzins préposés à ces annonces excellent ordinairement par la mélodie de leur voix et les accents agréables de leur intonation. Montés sur les galeries qui environnent les minarets, ils entonnent l'Ezan, tournés vers la Mecque, les yeux fermés, les deux mains ouvertes et élevées, les pouces dans les oreilles. Dans cette attitude, ils parcourent à pas lents, la petite galerie, en continuant la formule prescrite. Le calme et le silence qui règnent dans des villes où l'on n'est jamais troublé ni par le son des cloches, ni par le bruit des voitures, portent au loin la voix de ces Muezzins dans toutes les heures canoniques, mais surtout dans celle du matin vers l'aurore. « Ces annonces périodiques, dit Mouradgea d'Ohsson, ont quelque chose de grand et de majestueux; elles réveillent la dévotion même des personnes les moins religieuses. L'âme en effet est doucement émue, lorsque du fond de son lit et à la lueur du crépuscule, on entend des voix mélodieuses prononcer et répéter ensemble ces paroles : *Venez à la prière, venez au temple du salut; la prière est à préférer au sommeil.* » *Voy.*, à l'article EZAN, la formule de cette annonce.

MUGGLETONIENS. « Vers le milieu du XVIIe siècle, un tailleur anglais, Louis Muggleton, se donna pour un prophète qui avait le pouvoir discrétionnaire de damner et de sauver, selon son bon plaisir. Lui et son associé Reeves étaient les deux témoins annoncés dans l'Apocalypse, qui paraîtront à la fin du monde. Reeves assurait que Jésus-Christ, du haut de sa gloire, lui avait dit : Je t'accorde le don d'intelligence des Écritures, plus que ne l'eut jamais aucun mortel; je t'ai choisi pour mon dernier envoyé dans ce monde terrestre, qui est livré à l'incrédulité; et je t'ai donné Louis Muggleton pour être ton organe.

« A ces délires les sectateurs de Muggleton en ajoutaient d'autres; ils niaient la Trinité. Dieu, qui de toute éternité est un être spirituel, avait apparu et souffert sous une forme humaine; mais le prophète Élie avait été enlevé dans un tourbillon, et porté dans le ciel pour y représenter Dieu pendant qu'il était sur la terre. En 1695, fut imprimé en anglais un ouvrage intitulé : *Les principes muggletoniens victorieux*, qui est une réplique à un adversaire. On y voit qu'ils avaient très à cœur la liberté de conscience; et à l'occasion de ceux qui la violent, l'auteur assure, qu'au jugement de Dieu, beaucoup de personnages ici-bas réputés hérétiques, seront reconnus saints, et beaucoup de canonisés comme saints seront classés au nombre des démons.

« Muggleton étant mort en 1697, âgé de quatre-vingt-huit ans, sa secte était agonisante dans les commencements du XVIIIe siècle. Il paraît néanmoins, par l'ouvrage de Sinclair, que des membres de ce petit troupeau sont disséminés en Écosse; et Nightingale, dans un livre publié en 1821, dit qu'ils existent encore, mais en petit nombre. » (*Histoire des sectes religieuses*, tome V.)

MULCIBER, un des noms de Vulcain; il paraît être pour *mulcifer*, parce que ce dieu a l'art de dompter et d'amollir le fer (*mulcet ferrum*) par le moyen du feu.

MULTIPLIANTS, nom que l'on a donné à certains hérétiques sortis des nouveaux Adamites; on les a ainsi appelés, parce qu'ils prétendent que la multiplication des hommes est nécessaire et ordonnée; ils se sont confondus avec les Anabaptistes.

MUMBO-JUMBO, simulacre des Nègres. *Voy.* MOMBO-JOMBO et MAMA-KOMBO.

MUNYCHIES, fête que les Athéniens célébraient le 16 du mois de *munychion*, dans le port de *Munychie*, en l'honneur de Diane surnommée *Munychienne*. Cette déesse y avait un temple, qui était un asile.

MURCIE, déesse de la paresse, chez les Romains. C'est elle qui ôtait aux hommes toute force et toute volonté d'agir. Son nom vient de *murcus*, *murcidus*, qui signifie, stupide, lâche. Elle avait une chapelle au pied du mont Aventin, appelé autrefois *Murcus*. Ses statues étaient couvertes de mousse pour exprimer la nonchalance. Quelques écrivains prétendent que Murcie n'est autre que Vénus, et ce nom exprime la mollesse qu'elle inspire, et qui rend l'homme incapable de rien faire de grand et de généreux.

MURIES, espèce de saumure. Festus rapporte, d'après Véranius, qu'elle était composée de sel grossier, pilé dans un mortier, mis ensuite dans une marmite soigneusement couverte et enduite de plâtre dans les interstices, et enfin cuit au four. Les Vestales le coupaient ensuite avec une scie de fer, et le jetaient dans une urne de terre qui était dans la chapelle extérieure de Vesta; elles remplissaient cette urne d'eau vive, et venaient y puiser toutes les fois qu'elles avaient besoin d'eau dans les sacrifices.

MUSAGÈTE, c'est-à-dire *conducteur des Muses*; surnom d'Apollon qu'on représentait souvent à la tête du collège des doctes sœurs. — On donna le même surnom à Hercule, parce que, dit-on, en purgeant la terre des monstres qui la désolaient, il procura du repos aux Muses. Son culte fut apporté de Grèce à Rome par C. Fulvius, qui lui bâtit un temple au cirque de Flaminius, où étaient aussi les neuf sœurs. Il les mit sous la protection d'Hercule, parce que le héros doit, par sa protection, assurer le repos des Muses, c'est-à-dire des sciences, et les Muses à leur tour doivent célébrer la vertu et la gloire du héros. L'Hercule Musagète est caractérisé par une lyre qu'il tient d'une main, tandis qu'il s'appuie de l'autre sur sa massue.

MUSCARIUS, surnom de Jupiter; invoqué comme le dieu qui éloigne les mouches des sacrifices et des offrandes. C'est en ce sens qu'il était appelé par les Grecs *Apomyos*. *Voy.* Mouches, Apomyos, Myiagore, etc.

MUSÉE, ancien poëte et philosophe grec, antérieur à Homère, et qui passe pour disciple d'Orphée. Il était en même temps prophète et théologien. On lui attribue l'invention de la sphère, et il est l'auteur de poëmes sur les *Mystères*, les *Préceptes*, la *Théogonie*, etc.; malheureusement ils sont tous perdus. Il serait très-possible que Musée ne fût autre que Moïse, prophète et législateur des Israélites, appelé en hébreu *Moché* ou *Mousé*.

MUSÉES, fêtes que les Grecs célébraient en l'honneur des Muses. Les Thespiens entre autres la solennisaient tous les cinq ans sur le mont Hélicon. Les Macédoniens avaient la même fête en l'honneur de Jupiter et des Muses et la célébraient par toutes sortes de jeux publics et scéniques qui duraient neuf jours.

MUSES, déesses des belles-lettres, des sciences et des arts. Hésiode en compte neuf, toutes filles de Jupiter et de Mnémosyne, déesse de la mémoire. « Dans l'Olympe, dit-il, elles chantent les merveilles des dieux, connaissent le passé, le présent, l'avenir, et réjouissent la cour céleste de leurs harmonieux concerts. » Leur histoire ne présente que des traditions absurdes; mais leurs noms indiquent leur origine. Il paraît en effet que les premiers poëtes, frappés des beautés de la nature, se laissèrent aller au besoin d'invoquer les nymphes des bois, des montagnes, des fontaines, et que cédant au goût de l'allégorie, alors généralement répandu, ils les désignèrent par des noms relatifs à l'influence qu'elles pouvaient avoir sur les productions de l'esprit. Ils ne reconnurent d'abord que trois Muses: *Mélété*, *Mnémé*, *Aœdé*, c'est-à-dire la *méditation* ou la réflexion qu'on doit apporter au travail, la *mémoire* qui éternise les faits éclatants, et le *chant* qui en accompagne le récit. A mesure que l'art des vers fit des progrès, on en personnifia les caractères et les effets. Le nombre des Muses s'accrut, et les noms qu'elles reçurent alors se rapportèrent aux charmes de la poésie, à son origine céleste, à la beauté de son langage, aux plaisirs et à la gaieté qu'elle procure, aux chants et à la danse qui relèvent son éclat, à la gloire dont elle est couronnée. Ces idées naquirent dans un pays barbare, dans la Thrace, où, au milieu de l'ignorance, parurent tout à coup Orphée, Linus et leurs disciples. Les Muses y furent honorées sur les monts de la Piérie; et de là étendant leurs conquêtes, elles s'établirent successivement sur le Pinde, le Parnasse, l'Hélicon, dans tous les lieux solitaires où les peintres de la nature, entourés des plus riantes images, éprouvaient la chaleur de l'inspiration poétique.

Le culte des trois Muses primitives fut, suivant Pausanias, établi dans la Grèce par les Aloïdes. Quelques-uns trouvèrent dans ce nombre la personnification des trois modes de chant, savoir: la voix sans instruments, le souffle avec les instruments à vent, et la pulsation sur les cordes de la lyre. Cicéron ajoute une quatrième Muse aux trois premières et la nomme *Thelxiopé*, celle qui charme par son chant. Puis il nomme les neuf généralement connues.

Diodore donne aux Muses une origine assez singulière: « Osiris, dit-il, aimait la joie, et prenait plaisir au chant et à la danse. Il avait toujours avec lui une troupe de musiciens, parmi lesquels étaient neuf filles instruites de tous les arts qui ont quelque rapport à la *musique*, d'où vient leur nom de *muses*; elles étaient conduites par Apollon, un des généraux du prince; de là peut-être son surnom de *Musagète*, donné aussi à Hercule, qui avait été comme lui un des capitaines d'Osiris. » Leclerc croit que la fable des Muses vient des concerts établis par Jupiter dans l'île de Crète; que ce dieu n'a passé pour le père des Muses que parce qu'il est le premier parmi les Grecs qui ait eu des concerts réglés, et qu'on leur a donné Mnémosyne pour mère, parce que c'est la mémoire qui fournit la matière des poëmes.

On a donné au mot *Muse* plusieurs étymologies différentes qui nous paraissent peu satisfaisantes: nous croyons que ce nom exprime tout simplement le chant, et que son radical se retrouve encore dans le mot *Musique*. Les noms de chacune des neuf Muses sont plus faciles à interpréter, et ils indiquent en général les fonctions réservées à chacune d'elles.

Clio signifie *la gloire*, parce qu'elle procure une gloire immortelle à ceux qui sont célébrés dans ses vers. Elle préside à l'histoire. — Euterpe, *celle qui plaît* ; elle préside à la musique proprement dite, et aux instruments à vent. — Thalie, *la joie vive*, surtout celle qui règne dans les festins ; elle préside à la comédie. — Melpomène, *celle qui se plaît aux chants* ; c'est la déesse de la tragédie. — Terpsichore, *celle qui se plaît à la danse* ; son nom indique sa fonction. — Erato, *l'aimable* ; elle préside à la poésie lyrique et anacréontique. — Polymnie, *la multiplicité des chants* ; c'est la Muse de la rhétorique. — Uranie, *la céleste* ; elle préside à l'astronomie. — Enfin Calliope, désigne *l'élégance du langage*, et préside à la poésie héroïque. Leurs noms et leurs fonctions sont consignés dans les vers suivants attribués à Ausone :

Clio gesta canens transactis tempora reddit.
Melpomene tragico proclamat mœsta boatu.
Comica lascivo gaudet sermone Thalia.
Dulciloquis calamos Euterpe flatibus urget.
Terpsichore affectus citharis movet, imperat, auget.
Plectra gerens Erato saltat pede, carmine, vultu.
Carmina Calliope libris heroica mandat.
Uranie cœli motus scrutatur et astra.
Signat cuncta manu, loquitur Polyhymnia gestu.
Mentis Apollineæ vis has movet undique Musas,
In medio residens complectitur omnia Phœbus.

Les anciens ont regardé les Muses comme des divinités guerrières, et les ont souvent confondues avec les Bacchantes, sans doute à cause de cette verve et de cette fureur poétique qu'elles inspiraient à ceux qu'elles daignaient favoriser. Non-seulement elles furent mises au rang des déesses, mais on leur prodigua tous les honneurs divins. On leur offrait des sacrifices en plusieurs villes de la Grèce et de la Macédoine. Elles avaient à Athènes un magnifique autel. Rome leur avait aussi consacré deux temples, et un troisième où elles étaient fêtées sous le nom de Camènes. Les Muses et les grâces n'avaient ordinairement qu'un temple : on ne faisait guère de repas agréable sans les y appeler et sans les saluer le verre à la main. Les Muses passaient pour vierges et chastes ; on les peint jeunes, belles, modestes, vêtues simplement. Apollon est à leur tête, la lyre à la main et couronné de laurier. Comme chacune d'elles préside à un art différent, elles ont des couronnes et des attributs particuliers, selon le goût du peintre ou du sculpteur.

Diverses fontaines, fleuves et montagnes leur étaient consacrés, d'où elles sont souvent désignées sous différents noms poétiques. Ainsi on les appelle *Héliconides* ou *Héliconiades*, du mont Hélicon en Béotie ; *Parnassides*, du mont Parnasse dans la Phocide ; *Aonides*, de l'Aonie, contrée voisine de la Phocide ; *Cithérides*, du mont Cithéron dans l'Attique ; *Piérides*, de la Piérie en Macédoine, qui passait pour leur patrie ; *Thespiades*, du bourg de Thespie, près de l'Hélicon ; *Hippocrénides*, de la belle fontaine d'Hippocrène, située au pied de l'Hélicon ; *Libéthrides*, de la fontaine et de la caverne de Libéthra, qui leur étaient consacrées dans la Magnésie, contrée de Macédoine ; *Pimpléides*, du mont Pimpla dans la Thrace ; *Castalides*, de la fontaine de Castalie au pied du Parnasse, etc., etc.

MUSPILHEIM, un des trois mondes, qui, suivant la cosmogonie des Scandinaves, sont situés au-dessus de la terre. Le Muspilheim est du côté du sud ; c'est un monde ardent, lumineux, inhabitable aux étrangers. Surtur le Noir y tient son empire : dans ses mains brille une épée flamboyante. Il doit venir à la fin du monde ; il vaincra alors tous les dieux, et livrera l'univers aux flammes.

MUSULMANISME, religion des Mahométans. *Voy.* ISLAMISME.

MUSULMAN. Ce mot vient de l'arabe *Moslem* ou *Moslim*, qui peut se traduire de plusieurs manières différentes, et cependant exactes, car il signifie, *dévoué au service de Dieu, soumis à sa loi, celui qui se confie en Dieu, celui qui est entré dans la voie du salut et de la paix* ; mais dans l'acception commune il a maintenant la valeur de *vrai croyant*, et il est opposé à *Kafir*, et à *Djahel*, qui signifient *incrédule* et *infidèle*. Le pluriel arabe de *Moslim* est *Moslimin*, mais en persan on dit au pluriel *Mosleman* ou *Muselmân* ; c'est de là que nous avons fait le mot français *Musulman*. C'est le titre que prennent tous les sectateurs de Mahomet, qui taxent d'infidèles tous les autres peuples, idolâtres, juifs ou chrétiens. Ils sont très-jaloux de ce titre, et ne souffrent pas qu'il soit porté par tout autre qu'un sectateur de leur croyance.

Or, comme les mots *Moslem, Musulman*, signifient un fidèle ou celui qui est dans la voie du salut, il s'ensuit qu'un chrétien doit s'abstenir de donner cette qualification à un Mahométan, car, en le faisant, il semble par là convenir qu'il est lui-même dans une voie fausse et erronée ; c'est pourquoi les chrétiens du Levant qui se respectent ne disent jamais à un Turc : Vous êtes musulman ; mais, vous êtes mahométan. Cependant, comme cette dénomination ne tire pas, dans nos contrées, à conséquence, et qu'elle est presque universellement reçue, nous n'avons pas fait difficulté de donner fréquemment aux Mahométans, dans ce Dictionnaire, le titre de Musulman ; et nous ne croyons pas avoir besoin de protester ici que nous l'avons fait sans vouloir porter atteinte le moins du monde à la foi véritable à laquelle Dieu nous a appelé et que nous avons le bonheur de professer. *Voy.* ISLAMISME.

MUTA, c'est-à-dire muette, déesse du silence chez les Romains, qui célébraient sa fête le 18 février. Ils la confondaient avec Lara, mère des Lares. Quelques-uns la font fille du fleuve Almon, et racontent que

Muta ayant eu l'indiscrétion de découvrir à Junon l'intrigue de Jupiter avec la nymphe Juturne, le dieu irrité lui coupa la langue, et donna ordre à Mercure de l'emmener aux enfers. Comme elle était fort belle, Mercure en devint amoureux et l'épousa, persuadé qu'une femme sans langue n'était pas un inconvénient pour un mari. C'est sans doute pour cette raison que les Romains l'honoraient comme déesse du silence, et ils joignaient sa fête à celle des morts. Ils l'invoquaient surtout pour détourner d'eux la médisance et empêcher les méchantes langues de leur nuire. Ovide donne, dans ses Fastes, une description plaisante des rites domestiques qu'on accomplissait pour se mettre sous la protection de Muta : « Une vieille, dit-il, accompagnée de plusieurs jeunes filles, sacrifie à la déesse du silence, et a bien de la peine à le garder elle-même. Elle prend avec trois doigts trois grains d'encens, et les met sous le seuil de la porte, dans l'endroit où un rat s'est frayé un chemin secret. Prenant ensuite sept fèves noires, elle les tourne dans sa bouche ; après quoi, elle colle avec de la poix la tête d'un simulacre. Elle la pique avec une aiguille, la couvre de menthe, puis la jette dans le feu. Pendant que cette tête brûle, la vieille a soin de l'arroser par des effusions de vin. Elle donne à boire à ses compagnes une partie du vin qui reste, mais elle en boit elle-même plus que toutes les autres ensemble ; jusqu'à ce qu'enivrée de cette agréable liqueur, elle s'écrie : Nous avons enchaîné les langues de nos ennemis, et nous n'avons plus rien à craindre de leurs discours. »

MUTINE, dieu du silence, dit Turnèbe, qui dérive son nom de *Mutire*, parler entre ses dents. Au reste, on ne trouve le nom de ce dieu ni dans les mythologues, ni dans les poëtes. Le Dictionnaire de Trévoux dit qu'on l'invoquait pour en obtenir le don de garder son secret et de retenir ses pensées cachées.

MUTINITINUS ou MUTINUSTITINUS, dieu du silence chez les Romains.

MUTINUS, MUTO, MUTUNUS, divinité infâme des Romains ; sans doute la même que Priape. Les nouvelles mariées allaient prier devant la statue de ce dieu, et on accomplissait alors des rites peu honnêtes, comme les saints Pères l'ont souvent reproché aux païens.

Les Romains donnaient aussi aux Hermès placés à l'entrée des palais, le nom de *Mutini Tutivi*, les silencieux protecteurs.

MYIAGORE ou MYIAGRIUS, génie imaginaire, auquel les anciens attribuaient la vertu de chasser les mouches pendant les sacrifices. Les Arcadiens, dans leurs jours d'assemblée, commençaient par invoquer ce dieu, et le priaient de les préserver des mouches. Les Éléens encensaient avec constance les autels de cette divinité, persuadés qu'autrement des essaims de mouches viendraient infester leur pays sur la fin de l'été, et y occasionner la peste. *Voy.* APOMYIUS, BÉEL-ZÉBUB, MOUCHES.

MYLITTA, la grande déesse des Babyloniens, la même que la *Baaltis* des Syriens, l'*Alilat* des Arabes, l'*Isis-Athor* des Egyptiens, la *Mithra* des Perses, la *Vénus-Uranie* de la Grèce et de l'Asie Mineure. Elle avait sous ce nom un temple à Babylone, où les femmes étaient obligées de se prostituer une fois dans leur vie, mais aux étrangers seulement. Elles allaient alors s'asseoir dans le temple de Mylitta avec des couronnes sur la tête. L'étranger choisissait celle qui était à sa convenance, et lui jetait une pièce d'argent en lui disant : C'est à ce prix que je te rends favorable la déesse Mylitta. La femme choisie ne pouvait refuser cet argent, quelque modique que fût la somme. C'est ce que rapporte Hérodote.

Mylitta était la femme et la sœur de Bel ; elle représentait la déesse nature, expression de l'humide, principe générateur de tous les êtres. Son simulacre était assis sur un siége radié, vêtu d'habits splendides, avec les fruits du pavot et de la grenade, emblème de sa fécondité ; la figure était vue de face, position qui indiquait le disque de la lune, selon M. Raoul Rochette, et le corps s'appuyait sur un lion ; devant lui deux chiens s'élançaient l'un sur l'autre en se croisant ; à ses pieds était un autel sur lequel étaient placées des têtes de béliers, signe de l'équinoxe ; à côté de lui une étoile et un croissant, signes du soleil et de la lune. Cette personnification de l'élément femelle est passée avec tous les symboles dans la Mythologie des Grecs.

Cependant cette déesse paraît avoir subi des transformations assez nombreuses ; M. Lajadren trouve quatre principales, justifiées par des monuments antiques, qui caractérisent quatre époques dans lesquelles le mythe et le culte de Mylitta ont été successivement modifiés. Ces monuments sont : 1° ceux qui représentent Mylitta avec les deux sexes réunis, ce qui la rapproche du Mithra persan, ou même l'identifie avec cette divinité ; 2° ceux sur lesquels elle est représentée avec le sexe féminin seulement ; mais avec le triple caractère de reine du ciel, de reine de la terre et de reine des enfers ; 3° ceux qui sont consacrés à Mylitta comme reine du ciel seulement ; 4° enfin, ceux qui la reproduisent avec le caractère de mère de l'Amour.

MYOMANCIE, divination pratiquée au moyen des rats et des souris. Les anciens tiraient des présages malheureux, ou de leur cri, ou de leur voracité. Élien raconte que le cri aigu d'une souris suffit à Fabius Maximus pour se démettre de la dictature ; et, selon Varron, Cassius Flaminius, sur un pareil présage, quitta la charge de général de cavalerie. Plutarque rapporte qu'on augura mal de la dernière campagne de M. Marcellus, parce que des rats avaient rongé l'or du temple de Jupiter. Un Romain vint un jour fort effrayé consulter Caton, parce qu'un rat avait rongé un de ses souliers. Caton lui répondit que c'eût été un prodige bien plus étrange et un présage bien autrement important, si son soulier eût rongé le rat.

MYRICÉEN, surnom donné à Apollon, comme président à la divination par les branches de bruyère (en latin et en grec *myrica*), plante à laquelle on donnait l'épithète de prophétique : on lui mettait alors une branche de cette plante à la main.

MYRIONYME, *déesse aux dix mille noms* : 1° surnom d'Isis, parce qu'on la peint de mille manières différentes, suivant les diverses fonctions qu'on lui attribue.

2° On pourrait donner le même nom à Vichnou, second dieu de la triade hindoue, parce qu'il a en effet mille noms, que plusieurs de ses adorateurs se font un devoir de réciter chaque jour.

MYRTE, arbrisseau consacré à Vénus, parce qu'il lui avait été d'un grand secours dans une occasion racontée par Ovide. « La déesse étant sur le bord de la mer, dit-il dans ses Fastes, occupée à sécher ses beaux cheveux, elle aperçut de loin une troupe de satyres, et trouva un abri sous des myrtes touffus qui la dérobèrent à leur pétulance. En mémoire de cet événement, elle affectionna cet arbrisseau, et voulut que, dans le bain, les dames fussent couronnées de myrte. »

Les couronnes de myrte se donnaient aussi aux dieux Lares, au moins dans les maisons peu fortunées, s'il faut s'en rapporter à Horace. — A Athènes, les suppliants et les magistrats portaient des couronnes de myrte, aussi bien que les vainqueurs dans les jeux Isthmiques. — Le myrte était aussi consacré aux nymphes de la mer.

MYSIES, fêtes ridicules que les Grecs célébraient en l'honneur de Cérès ; elles étaient ainsi nommées parce qu'elles avaient lieu dans un temple que Mysias, Argien, avait bâti à la déesse dans le voisinage de Pallène. Elles duraient trois jours. Au troisième, les femmes chassaient du temple les hommes et les chiens, et s'y renfermaient pendant la journée et la nuit suivante avec les chiennes. Le lendemain, les hommes revenaient voir les femmes dans le temple, ce qui donnait lieu à beaucoup de plaisanteries de part et d'autre.

MYSTAGOGUE. C'était celui qui, chez les anciens, amenait les initiés à la connaissance des mystères. On donnait ce titre à l'Hiérophante.

MYSTAGOGIE, *initiation aux mystères*. Les chrétiens orientaux ont donné ce nom aux cinq livres des catéchèses de saint Cyrille de Jérusalem, dans lesquels il traite de la grandeur du sacrifice de la messe. On le trouve aussi employé par saint Jean Damascène.

MYSTÈRES, 1° cérémonies secrètes qui faisaient partie de la religion des anciens païens. Elles étaient pratiquées en l'honneur de certains dieux, et le secret n'en était connu que des seuls initiés, qui n'y étaient admis qu'après de longues et pénibles épreuves ; il y allait pour eux de la vie s'ils le révélaient aux profanes. On les appelait mystères, non qu'ils continssent rien d'incompréhensible, mais parce que la connaissance en était dérobée au vulgaire. Ils paraissent avoir pris naissance en Égypte, pays par excellence, de la superstition et de l'idolâtrie.

Il est certain que l'idolâtrie a eu sa source primitive dans le symbolisme. Les premiers législateurs, s'adressant à des peuples grossiers et demi-barbares, eurent le tort de leur représenter la divinité ; les phénomènes de la nature, ceux de l'astronomie, de l'agriculture, et les autres connaissances nécessaires à la société, sous des images et des symboles qui frappaient les sens. Ces moyens et ces emblèmes, innocents dans leur but, eurent des suites fâcheuses ; ils corrompirent la religion qui jusqu'alors avait été pure, simple et conforme à la révélation primitive ; l'ignorance et la superstition convertirent en autant de divinités les figures allégoriques ; et peu à peu le peuple fut tellement infatué des dieux qu'il s'était faits, qu'il perdit entièrement le sens primitif des symboles qu'il avait divinisés. Tout le monde oriental fut entraîné à un culte absurde, rendu soit à la matière soit à des êtres purement idéals ; il vit des dieux partout, il divinisa toutes les passions, en un mot il se précipita dans les superstitions les plus monstrueuses. Cependant les gens les plus sensés sentirent la nécessité de ramener la religion à sa simplicité et à sa vérité première ; mais pouvaient-ils entreprendre d'ôter à la multitude ses dieux et ses fêtes ? N'aurait-ce pas été le moyen de froisser les intérêts et les passions. Il eût fallu une mission céleste pour ce grand œuvre ; et cette mission était réservée au christianisme, qui eut à lutter pendant trois siècles contre le paganisme oriental, et qui aurait infailliblement succombé à la tâche, s'il n'eût été soutenu par la puissance de son divin auteur. Les sages des anciens temps crurent donc qu'il était plus prudent de rechercher ensemble les vérités enveloppées sous les symboles, d'étudier le sens des cérémonies, de remonter s'il était possible à l'intention du législateur, enfin de débarrasser la religion de cet océan d'erreurs et de mensonges dans lequel elle était plongée. Lorsqu'ils crurent avoir trouvé la vérité, ils sentirent le danger qu'il y aurait à la communiquer au vulgaire, peut-être même que quelques généreuses tentatives faites dans ce sens eurent un résultat fatal ; ils résolurent alors de ne communiquer leurs découvertes, vraies ou prétendues, qu'aux hommes choisis, sur la discrétion desquels ils pouvaient compter ; de là les épreuves, de là les serments redoutables, de là enfin ces nouveaux symboles qui amenaient graduellement l'initié à la connaissance de ce qu'ils appelaient les mystères. Il y eut alors deux religions : l'une publique et suivie par la multitude, qui n'était qu'un amas confus de fables et de symboles dont le peuple avait perdu le sens, et sur lequel il avait pris le change ; l'autre particulière et secrète, qui n'était connue que des prêtres et des seuls initiés. Or ce secret a été bien gardé ; aucun des initiés n'a révélé les mystères ; quelques-uns nous ont bien laissé des détails plus ou moins circonstanciés sur les épreuves et sur certaines cérémonies ; mais il ne s'en est pas trouvé un seul qui ait révélé clairement à la postérité la doctrine secrète. Cependant la plupart des anciens philosophes grecs et latins s'étaient fait initier à quelques-uns de ces mystères ; aussi voyons-nous que leurs écrits s'en ressentent, et nous pouvons y admirer souvent une doctrine et des dogmes qui échappent presque malgré eux et qui ne sont pas ceux du vulgaire. On voit par exemple que s'ils parlent *des dieux* comme réellement existants, ils n'usent de cette formule que pour se conformer à l'opinion du vulgaire ; mais quand ils écrivent philosophiquement, ils emploient volontiers le singulier ; leur mépris pour les idoles perce quelquefois malgré eux. On sent que bien souvent ils n'osent pas dire tout ce qu'ils savent. Ainsi lorsque Cicéron dit en parlant des mystères d'Eleusis : « Quand ces mystères sont expliqués et ramenés à leur vrai sens, il se trouve que c'est moins la nature des dieux qu'on nous y apprend, que la nature des choses, » on voit qu'il ne s'exprime qu'à demi-mot, et qu'il laisse seulement entrevoir ce qu'il ne lui était pas permis de publier ; mais il est un peu plus explicite dans un autre endroit : « Par le secours de ces mystères, dit-il, nous avons connu les moyens de subsister ; et les leçons qu'on y donne ont appris aux hommes, non-seulement à vivre dans la paix et avec douceur, mais même à mourir dans l'espérance d'un meilleur avenir. » Ces dernières paroles sont remarquables, aussi bien que ces vers de Pindare, cités par saint Clément d'Alexandrie : « Heureux celui qui, après avoir vu ces cérémonies, descend dans les profondeurs de la terre ! Il sait la fin de la vie, il sait le commencement donné par Jupiter. »

Toutefois comme les meilleures institutions finissent par se corrompre, les mystères ne purent échapper à cette loi générale. Plusieurs dégénérèrent en infamies favorisées par le voile religieux, et quelques-uns se solennisaient dans des grottes et au sein des ténèbres, plus propres à receler des crimes qu'à célébrer des cérémonies religieuses. Chacune des divinités principales avait ses mystères particuliers ; les plus célèbres étaient ceux de Bacchus, de Cérès et d'Isis. *Voy.* Dionysiades, Eleusinies, Mithriaques, Bonne-Déesse, Thesmophories, Initiation égyptienne, etc.

2° Dans l'Eglise chrétienne, on donnait le nom de *mystères* aux sacrements, qui, dans les premiers siècles, étaient cachés avec grand soin, non-seulement aux infidèles, mais encore aux catéchumènes. Jamais on ne les célébrait devant eux : on n'osait pas même raconter en leur présence ce qui s'y passait, ni prononcer les paroles solennelles, ni parler sur la nature du sacrement. On prenait les mêmes précautions dans les livres qui traitaient de la religion. Lorsque, dans un discours public ou dans un écrit, on était obligé de parler de l'Eucharistie ou de quelque autre mystère, on se servait de termes couverts, dont les chrétiens seuls entendaient le sens. Ce secret des mystères donna lieu aux païens de débiter les calomnies les plus atroces sur les premiers chrétiens ; et comme, dans les autres religions, la plupart des mystères cachaient des infamies, on jugeait que les mystères des chrétiens n'étaient pas plus innocents. Ainsi se répandit cette fable, que les chrétiens, dans leurs assemblées nocturnes, tuaient un enfant pour le manger, après l'avoir fait rôtir et couvert de farine, et avoir trempé leur pain dans son sang ; ce qui venait manifestement du mystère de l'Eucharistie mal entendu. On disait encore qu'après leur repas commun, où ils mangeaient et buvaient avec excès, on jetait un morceau de pain à un chien attaché au chandelier ; que ce chien, en s'élançant, renversait la seule lampe qui les éclairait ; et qu'ensuite, à la faveur des ténèbres, toute l'assemblée se livrait brutalement à la plus honteuse promiscuité. Les Juifs furent les principaux auteurs de ces calomnies ; et, quelque absurdes qu'elles fussent, le peuple les croyait, et les chrétiens en étaient réduits à se justifier. L'exemple des Bacchanales, où, deux cents ans auparavant, on avait découvert des crimes horribles, persuadait en général qu'il n'y avait point d'abomination qui ne pût s'introduire sous le prétexte de la religion.

On appelle encore *mystères* les dogmes et les vérités de la religion chrétienne, parce qu'ils sont, non pas opposés à la raison humaine, mais supérieurs à l'ordre naturel des choses physiques, et parce que l'esprit de l'homme ne saurait les concevoir et les comprendre dans leur plénitude et leur étendue. Les principaux mystères sont ceux de la Sainte-Trinité, de l'Incarnation du Fils de Dieu, de la Rédemption du genre humain par la mort du Christ, de l'Eucharistie et des sacrements en général, du péché originel, de la grâce et de la prédestination, de la résurrection des morts, etc., etc.

Dans la vie de Jésus-Christ on distingue les mystères joyeux, savoir : 1° son incarnation dans le sein de la sainte Vierge ; 2° la visite faite par Marie à sainte Elisabeth ; 3° la naissance de Jésus-Christ ; 4° sa présentation au temple ; 5° sa dispute avec les docteurs ; on pourrait y joindre l'Epiphanie ou l'adoration par les mages. — Les mystères douloureux, qui sont : 6° sa prière et son agonie au jardin des Olives ; 7° sa flagellation ; 8° son couronnement avec des épines ; 9° le portement de la croix ; 10° sa crucifixion et sa mort. — Les mystères glorieux, qui sont : 11° sa résurrection ; 12° son ascension au ciel ; 13° la descente du Saint-Esprit ; 14° l'assomption de la sainte Vierge ; 15° le couronnement de Marie dans le ciel. Les deux derniers n'appartiennent point à Notre-Seigneur Jésus-Christ ; mais ceux que nous venons de citer sont honorés sous le nom des quinze mystères du rosaire. Les deux derniers peuvent être remplacés par la session de Jésus-Christ à la droite de Dieu le

Père, et son second avénement pour juger tous les hommes.

Enfin on a donné, dans le moyen âge, le nom de mystères à des représentations ou dialogues composés sur les différents mystères de la religion, et particulièrement sur la passion de Jésus-Christ; ils furent l'origine du théâtre français.

MYSTES, c'est-à-dire voilés; nom que les Grecs donnaient à ceux qui étaient initiés aux petits mystères de Cérès; ils ne pouvaient aller au delà du vestibule des temples, ni pénétrer dans le sanctuaire. Il leur fallait au moins un an pour être admis aux grands mystères et pouvoir entrer dans le temple même; alors ils prenaient le nom d'*Epoptes*. Il était défendu de conférer ces deux titres à la fois. *Voyez* l'initiation au grade de myste, à l'article *Eleusinies*.

MYSTICISME, MYSTICITÉ, MYSTIQUES. Le mysticisme, tel qu'on l'entend communément, est l'exagération du sentiment religieux; ce n'est pas qu'il n'y ait un mysticisme raisonnable, qui est celui des âmes pures, dévouées à Dieu, et qui comprennent la nature du culte religieux; il n'y a même point de vraie religion sans le sentiment mystique : aussi voyons-nous qu'il a toujours été en grande estime dans l'Eglise. Si les apôtres, les saints Pères, les docteurs et les théologiens voient dans les faits racontés dans l'Ancien Testament, dans la Vie des anciens patriarches, dans les sacrifices et les ordonnances, les figures et les symboles de la loi nouvelle; si saint Paul désire devenir anathème pour le salut de ses frères, si les saints savent élever leurs cœurs à Dieu à la vue des créatures, et faire servir les événements et les objets temporels à leur édification ou à l'édification du prochain, tout cela est du mysticisme, mais un mysticisme vrai, solide, rationnel, qui est le plus sûr garant du sentiment religieux. C'est le mysticisme de saint François de Sales, qui a su rendre la piété si chère et si aimable. Ce n'est pas ce mysticisme qui est à blâmer, mais bien celui de certains cerveaux échauffés, qui ont prétendu en faire un art, le réduire en principe, en déduire les règles, comme s'il pouvait y avoir une école de sentiment; et qui ont abouti à l'absurdité, au quiétisme et à l'illuminisme.

Entre ces deux extrémités il y a une multitude de degrés sur lesquels nous nous abstiendrons de nous prononcer, car les voies de Dieu sont multiples, et on a vu dans tous les siècles du christianisme des âmes que Dieu a dirigées d'une manière toute particulière, et dont les actions, procédant d'une foi vive et d'une charité ardente, ont été taxées de folie par les enfants du siècle. Tel fut le mysticisme de saint François d'Assise, dont la charité s'étendait même sur les animaux qu'il appelait quelquefois ses frères; celui du bienheureux Gilles, qui tombait en extase quand les enfants et les bergers s'amusaient à crier après lui : *Paradis, paradis*; celui de sainte Thérèse, qui s'écriait : *Ou souffrir, ou mourir;* celui de sainte Catherine de Sienne, qui enchérissait encore sur cette bienheureuse et disait : *Ne pas mourir, mais souffrir;* celui de saint François Xavier, obligé d'ouvrir sa soutane pour ne pas suffoquer de consolations intérieures, et de dire à Dieu: *C'est assez, Seigneur, c'est assez.* Nous pourrions citer une multitude de faits semblables; mais nous n'avons point à nous en occuper; il n'entrait nullement dans l'intention de ces saints personnages l'idée de faire école. Citons seulement les principaux mystiques contemporains de ceux que nous avons déjà nommés; ce sont saint Bonaventure, Jean Tauler, Rusbroch, Denis le Chartreux, sainte Brigitte, la bienheureuse Angélique de Foligny, saint Jean de la Croix, Louis de Grenade, sainte Catherine de Gênes, Rodriguez, Eusèbe de Nuremberg, le cardinal Bona, Barbanson, Horstius, Bernières de Louvigny. Aucun de ceux-ci n'a jamais été accusé d'avoir fait schisme.

Mais, plus tard, quelques têtes ardentes ont outré la doctrine de ces pieux personnages, ils ont quintessencié la contemplation, ont affecté un langage alambiqué et obscur, ont préconisé des actions bizarres, absurdes, extravagantes, et ont donné naissance à des sectes mystiques qui ont fait irruption dans l'Eglise. Il semble à nos mystiques modernes que, dans l'état de contemplation qui leur paraît si recommandable, il ne soit permis ni de penser, ni de parler juste, et que l'enthousiasme de la mysticité doive être comme une fièvre violente, qui ôte la raison et le bon sens aux malades. Plaisante idée ! de croire que pour se rendre agréable à Dieu, et digne de son amour, il faille se mettre hors du sens et de la raison, et que la dévotion raffinée, subtilisée dans une méditation continuellement abstraite, soit capable de frapper et de convertir les hommes, en leur offrant des chimères dans un langage aussi obscur que celui des alchimistes. Outre cela, on reproche aux mystiques des expressions dangereuses par les idées qu'elles donnent, et qui passeraient pour des blasphèmes et des traits du plus hardi libertinage, s'il fallait les prendre à la lettre. Il faut supposer, pour excuser les personnes qui les emploient, qu'elles n'attachent pas à ces expressions les idées qu'elles présentent. Mais pourquoi s'en servent-elles ? Ne pèchent-elles pas contre le bon sens en les employant ? A ces expressions il faut ajouter les désirs extravagants, par exemple, de souhaiter d'être la fable et la risée du monde; de se réjouir, comme le faisait la bonne Armelle, de ce que le siècle pensait et parlait mal d'elle. Ajoutons à cela le vœu burlesque du marquis de Renti, conçu en ces termes : « J'aurais grand plaisir, s'il m'était permis de m'en aller tout nu en chemise courir les rues de Paris, pour me faire mépriser et estimer fou. » Les principaux mystiques français qui ont fait sensation sont : madame Guyon, mademoiselle Bourignon, le ministre Poiret, mademoiselle Brohon, mademoiselle Chéret, la duchesse de Bourbon, etc., etc. Ces rêveries et ces absur dités aboutirent enfin au quiétisme et à l'illuminisme.

Le protestantisme eut aussi ses mystiques; l'Angleterre et l'Allemagne en fournissent un assez grand nombre : Rous, Bromley, Pordage et plusieurs autres devinrent célèbres parmi les mystiques anglais. Mais le nom de piétistes leur est donné préférablement à celui de quiétistes ; le premier étant affecté aux protestants et le second aux catholiques. Les Anabaptistes, les Quakers, les Frères Moraves et plusieurs branches de Méthodistes ne sont que des Mystiques raffinés.

Les poëtes musulmans, qui ont la prétention de passer pour théosophes, donnent dans le mysticisme le plus extravagant; ils ne prennent pas même la peine de gazer la crudité de leurs expressions; le vin, l'ivresse grossière, les plaisirs charnels, les vices mêmes contre nature sont hautement chantés par eux, comme représentant la vie contemplative, l'union de l'âme avec Dieu, les transports de l'amour divin.

Enfin, en parcourant ce Dictionnaire, on se convaincra que le mysticisme joue pareillement un grand rôle dans plusieurs sectes du brahmanisme et du bouddhisme. *Voy.* ILLUMINÉ, QUIÉTISTES, PIÉTISTES, VICTIMES (*Société des*), etc.

MYTHE (1). Ce mot, qui a reçu, il n'y a pas longtemps, droit de cité dans notre langue, désigne un récit merveilleux, formé successivement par les mille bouches d'une longue tradition, sur un grand fait primitif, qui en a été le germe. C'est ainsi que la plupart des faits qui constituent les Annales de l'ancien monde sont parvenus jusqu'à nous au moyen de la tradition orale, et grossis sur leur passage de circonstances accessoires. Ces récits ne reproduisaient d'abord que des événements réels ; mais bientôt la poésie, en leur prêtant ses charmes, les a revêtus d'une enveloppe empruntée, imaginée, a noyé, si l'on peut s'exprimer ainsi, la réalité dans l'idéal ; la simplicité et la vérité ont disparu, et il n'est resté que le mythe qui a pris la place de l'histoire.

« On distingue plusieurs espèces de mythes, suivant la nature de l'élément dominant : le mythe historique, philosophique, mixte et poétique.

« Le fond du *mythe historique* est toujours un fait réel, un événement qui a laissé une impression plus ou moins profonde dans l'esprit des contemporains. Comme l'un et l'autre ont eu lieu à une époque où l'écriture encore inconnue ne pouvait les saisir, et, en leur conservant toute leur réalité, les transmettre aux siècles futurs, la tradition seule en a conservé le souvenir. Que l'on se représente donc les premiers hommes jaloux de raconter à leurs descendants ces événements qui les ont frappés, et dans lesquels ils ont joué un rôle quelconque ; leur imagination exubérante de sève et de magnificence a dû les porter à donner aux moindres circonstances du poids et de l'intérêt, à les charger d'embellissements, à les revêtir de toutes les couleurs que leur prêtait cette imagination ardente et bouillante. Ajoutons à cela un penchant naturel pour le grandiose et le merveilleux, et l'on conçoit que, sous cette double influence, les faits ont pris des formes plus grandes, plus gigantesques que la tradition ne le comporte. L'importance des événements ainsi exagérée, restait à grandir les proportions des personnages pour les mettre en harmonie avec leur œuvre. Alors on fit intervenir une puissance surhumaine ; les dieux descendirent du ciel pour seconder l'entreprise des mortels, s'associer à eux, combattre dans leurs rangs, leur communiquer une force et une valeur extraordinaires. Voulez-vous savoir quel résultat produisit ce contact avec la divinité? Bientôt on vénéra, comme descendants des immortels, des hommes qui avaient fait impression sur leur siècle, et dont l'origine était le plus souvent obscure et ignorée. Ainsi s'explique la formation des mythes historiques des travaux d'Hercule, de l'expédition des Argonautes, des aventures d'Ulysse, et en général de la mythologie des héros et des demi-dieux.

« A côté de ces événements, dont les hommes des premiers âges du monde étaient ainsi les témoins ou les acteurs, se présentaient des phénomènes naturels qui les frappèrent par leur grandeur ou leur singularité. L'imagination s'empara également de ce canevas pour le broder à sa manière, et bientôt les traits principaux du fait originaire disparurent sous une foule de circonstances accessoires, variables suivant le génie des mythographes : ainsi prenons un fait quelconque, nous le retrouvons au fond des mythologies de la Grèce, de Rome, de l'Asie Mineure, de l'Inde, de l'Amérique, de l'Océanie, etc. ; mais on sait combien de fictions plus ou moins ressemblantes l'ont grossi pendant ce voyage à travers le monde.

« Mais c'était peu pour l'homme naturellement porté à demander à chaque chose la cause de son existence, d'avoir constaté les faits qui frappaient ses sens, et décrit les phénomènes que chaque jour plaçait devant ses yeux. Les sages de certains pays, déjà séparés des autres peuples, ayant perdu le fil des vraies traditions, éprouvèrent un besoin pressant de se lancer à la recherche des principes qui les régissent l'un et l'autre, puis d'étendre et de généraliser la grande loi de causalité dont ils avaient, dans certains cas, reconnu l'exactitude. Quel est, se demandèrent-ils, l'auteur de cet univers? Qui a placé dans l'espace cet astre brûlant dont les rayons répandent partout la chaleur et la fécondité? Qui suspend chaque nuit dans les cieux ces corps étincelants qui, par leur clarté, tempèrent l'horreur des ténèbres? Et l'homme lui-même, d'où vient-il? Pourquoi les douleurs physiques, les souf-

---

(1) Article extrait d'un savant travail inséré par M. l'abbé Hébert-Duperron dans les *Annales de Philosophie chrétienne*. Août 1842.

frances morales s'attachent-elles sans cesse à ses pas? Pourquoi ces tempêtes qui bouleversent la nature et font naître l'effroi dans les cœurs?... A ces problèmes et à mille autres semblables que le spectacle du monde soulevait chaque jour, il fallait une solution quelconque ; pour la trouver, ces sages séparés, comme nous l'avons dit, des vraies traditions, s'abandonnèrent aux spéculations de leur esprit, bâtirent des systèmes, rattachèrent tel effet à telle cause qu'ils croyaient être la véritable, et comme, à cette époque, la foule n'était pas capable de saisir des notions abstraites, ils lui présentèrent leurs opinions sous une forme historique, afin de les rendre sensibles et de les faire pénétrer dans les intelligences ; or, ces premiers essais de la raison, s'efforçant de dérober à la nature ses secrets, ont produit les *mythes philosophiques*. Toutes les théogonies, cosmogonies, géogonies, et les vieilles doctrines sur l'état de l'homme après cette vie, appartiennent à cette classe de mythes qui va s'augmentant sans cesse, à mesure qu'on se rapproche des temps civilisés. On voit par là que le mythe philosophique a pour base une idée, une opinion, un raisonnement sur un fait du monde physique ou du monde moral, tandis que le mythe historique s'incorpore à un fait réel et emprunté à l'histoire. Plutarque a donc bien fait connaître la nature du premier quand il a dit : « Comme les mathématiciens enseignent que l'arc-en-ciel est produit par la réfraction des rayons du soleil, et qu'il paraît formé de plusieurs couleurs, parce qu'on l'aperçoit à travers un nuage ; ainsi, le mythe est le rayonnement d'une doctrine dont il faut chercher ailleurs la signification. »

« Souvent la tradition a confondu sous une même enveloppe l'idée et l'histoire, ces deux éléments qui, pris séparément, ont donné lieu à deux classes de mythes bien distinctes : ce mélange a produit les *mythes mixtes* ou *historico-philosophiques*. On suppose que les philosophes ont pris un fait réel qui a servi de thème à leurs fictions ; puis, après ce travail, après cette fusion du fait et de l'idée, ils les ont présentées sous une forme historique. Ainsi, d'après Schelling, la fiction philosophique de l'âge d'or et des âges suivants a pris sa source dans des traditions relatives à la vie simple que menèrent d'abord les Grecs, et dont ils s'éloignèrent peu à peu ; le mythe du déluge, retracé par Ovide, à peu près sous sa forme primitive, appartient aussi à cette classe, ainsi que celui de Deucalion et de Pyrrha.— La date de cette dernière espèce de mythes est postérieure à celle des deux premières.

« Viennent enfin les *mythes poétiques* : ce sont tantôt des récits anciens augmentés, embellis, comme le cas a lieu chez Homère et les tragiques, et quelquefois purifiés, comme dans Pindare, de ce qu'ils présentaient de grossier et de repoussant ; tantôt ce sont des opinions populaires, certains enseignements des sages, que les poëtes ont arrangés à leur manière ; on peut se former une idée de la manipulation à laquelle ils les ont soumis en étudiant dans Virgile la doctrine de Platon sur la métempsycose ; enfin ces mythes sont quelquefois de pures inventions des poëtes ; ils sont nés de leur imagination plutôt que de la nature même des choses. L'Aurore traînée sur un char rapide dans le ciel, où elle précède sans cesse le Soleil ; Eole tenant les vents enchaînés dans un antre, etc., sont des mythes poétiques. »

MYTHOGRAPHE, celui qui écrit sur la mythologie, qui rapporte ou qui explique les mythes de l'antiquité.

MYTHOLOGIE, recueil des mythes des anciens : la *Théogonie* d'Hésiode, les poëmes d'Homère, les *Métamorphoses* d'Ovide, sont de véritables mythologies. On donne encore ce nom à la connaissance générale du paganisme, de ses dogmes, de ses mystères, de ses cérémonies, du culte dont il honorait ses dieux et ses héros, ainsi que des diverses allégories des poëtes, des artistes et des philosophes. Ce corps informe et irrégulier a été l'objet de plusieurs systèmes : Fulgence y a cherché un sens allégorique ; Noël le Comte, un sens moral ; Banier, un sens historique ; Pluche, des instructions symboliques ; Guérin Durocher a prétendu en trouver l'explication dans la Bible ; Bergier a voulu l'interpréter par la physique ; Rabaud de Saint-Etienne, par la géographie ; Court de Gébelin, par l'agriculture ; Dupuis, par les phénomènes astronomiques. Mais la connaissance récente que l'on a acquise de la mythologie des différents peuples orientaux et particulièrement des Hindous, a ouvert un nouveau champ à la critique. On a vu avec surprise une multitude d'analogies entre la théogonie grecque et la théogonie brahmanique : souvent même les noms des principaux personnages sont presque homophones. Cette précieuse découverte et la lecture des caractères égyptiens ont ruiné presque tous les anciens systèmes que l'on avait élevés pour expliquer la mythologie grecque, latine et égyptienne ; mais elles ont rendu les savants plus circonspects : ils attendent maintenant pour se prononcer, qu'on ait eu le temps de pénétrer au fond de ces immenses panthéons qui sont actuellement ouverts à notre curiosité.

MYTHOLOGUE, celui qui possède la mythologie, et qui traite des mythes de l'ancien paganisme, des divinités, des fêtes, des mystères, et des monuments qui y ont rapport.

N

NAAMA, sœur de Tubalcaïn, belle comme les anges auxquels elle s'abandonna. Les Talmudistes disent qu'elle est une des quatre mères des démons. Elle vit encore ; c'est un démon succube qui entre subtilement dans le lit des hommes endormis, et surprend à leurs sens fascinés des moments d'égarement.

NAANG-PHRA-TO RANI, ange gardienne de la terre, selon les Siamois, qui établissent parmi les esprits une différence de sexe. Ceux qui aspirent à devenir bouddhas ne manquent pas d'implorer son secours en versant de l'eau.

NABI, nom que les Hébreux donnent à leurs prophètes. Autrefois ils les appelaient *Roé*, c'est-à-dire *voyants*, comme qui dirait des hommes qui voient dans l'avenir, qui ont une vision divine. « Celui qui s'appelle aujourd'hui *prophète*, dit l'auteur du premier livre des Rois, s'appelait autrefois *voyant*, et l'on s'exprimait ainsi dans Israël, lorsqu'on allait consulter le Seigneur : Allons trouver le voyant. » Le nom de *Nabi* a une signification fort étendue, car il signifie non-seulement celui qui prédit l'avenir, mais en général tout homme inspiré, et qui parle de la part de Dieu. Ainsi Abraham est qualifié prophète du Seigneur (*Nabi*), aussi bien qu'Aaron qui était l'interprète de Moïse son frère ; c'était lui qui parlait au peuple de la part de Moïse, et qui lui exprimait ses volontés. « Je vous ai établi le dieu de Pharaon, dit le Seigneur à Moïse, et Aaron votre frère sera votre prophète. » Bien plus saint Paul donne ce nom à un poëte païen, Épiménide de Crète, parce que, chez les païens, les poëtes étaient regardés comme des gens favorisés des dieux et remplis d'un enthousiasme surnaturel. L'Écriture sainte applique souvent, par extension, le nom de prophète à des séducteurs, qui se vantaient faussement d'être inspirés.

Ce mot est également chaldéen, syriaque, arabe et éthiopien ; les Musulmans l'appliquent non-seulement aux prophètes de l'Ancien Testament, mais surtout à Mahomet, qu'ils appellent le plus grand et le dernier des prophètes.

NABKHAZ ou NIBKHAZ, idole des Hévéens, dont il est parlé dans le IVe livre des Rois, chapitre XVII ; les commentateurs juifs prétendent que c'était une idole surmontée d'une tête de chien.

NABO ou NEBO, divinité des Assyriens, des Babyloniens, des Moabites et des anciens Arabes. C'est la planète de Mercure, dit Gésénius. Non-seulement les meilleurs grammairiens expliquent ainsi le mot נבו nébo, mais c'est aussi sa signification dans l'idiome des Sabéens. Cette planète représente chez les Orientaux le greffier du ciel, chargé d'enregistrer les événements du ciel et de la terre, et qui a de l'analogie avec l'Hermès ou Anubis des Égyptiens ; il est aussi figuré comme tel, et c'est pour ce motif qu'on prétend que les Arabes lui sacrifiaient, au quatrième jour de la semaine, un jeune homme exercé dans l'art de l'écriture. Les Sabéens croient que le démon planétaire *Nébou* s'est incarné dans Jésus, qu'ils appellent faux prophète, croyance fondée peut-être sur le changement de *nabo* en *nabi* (נביא), prophète.

Mais il est probable aussi que cette étymologie est la vraie, et que ce mot signifie réellement en sabéen, *interprète des dieux*. Le nombreux noms propres, dans la composition desquels entre ce mot, prouvent que cette divinité a été l'objet d'un culte assidu chez les Babyloniens et les Assyriens ; tels que NABU-*chodonu-sor*, Nabo, prince des dieux ; NABU-*sar-adan*, Nabo, prince et seigneur ; NABU-*sazban*, adorateur de Nabo ; NABO-*ned*, NABO-*nassar*, NABO-*polassar*, NABU-*nabus*, NABO-*nid*, etc. Cette divinité doit aussi avoir été adorée dans le pays de Moab, où il se trouve un endroit ainsi nommé. Les Moabites partageaient sans doute ce culte avec les Arabes leurs voisins.

NACALIS, secte musulmane qui s'éleva, l'an 295 de l'hégire, parmi les Karmates du Sowad. Abou-Khatem, qui en était le fondateur, interdisait à ses disciples l'ail, le poireau et les raves, et leur défendait de verser le sang d'aucun animal. Il leur fit abandonner toutes les observances religieuses, et leur prescrivit beaucoup de choses qui ne pouvaient être adoptées que par des gens ignorants et stupides. Aussi au bout d'un an cette secte fut éteinte ; on appelait encore les adhérents d'Abou-Khatem *Bouranis*, du nom d'un de leurs daïs ou missionnaires.

NACHTA-TCHANDRA, c'est-à-dire *lune perdue* ; cérémonie que les Hindous pratiquent le quatrième jour de la quinzaine lumineuse de la lune de Bhâdon. Ils font à midi le poudja de Ganésa, et lorsque la nuit arrive, ils évitent de regarder la lune, dans la persuasion que la vue de la lune expose ce jour-là à calomnie, parce que Krichna y fut en butte à pareille époque. En effet il fut faussement accusé durant son enfance d'avoir dérobé un bijou à Praséna qui avait été tué par un lion. C'est pourquoi ce jour est de mauvais augure, et l'aspect de la lune porte malheur. Aussi les gens du peuple lui jettent-ils de la boue, qui salit en retombant les toits et les maisons.

NADAB, souverain pontife des Mahométans de la Perse, dont la dignité répond à celle de moufti en Turquie, avec cette différence que le Nadab peut se dépouiller de sa qualité ecclésiastique pour aspirer aux emplois civils, ce qui n'est pas permis au moufti. Le Nadab a sous lui deux fonctionnaires appelés, l'un *scheikh el-islum*, l'autre *cadhi*, qui décident de toutes les questions religieuses soumises à leur tribunal. *Voy.* SEDR.

NADJIS. Les Musulmans comptent dans leur religion soixante-douze sectes, qui, suivant les Sunnites, sont toutes plongées dans l'erreur, et dont Dieu a dit qu'elles sont destinées au feu de l'enfer. Il n'y en aura qu'une seule de sauvée, c'est pourquoi on l'appelle *Nadji*, la libérée, la délivrée ; c'est celle des *Sunnites* ou orthodoxes, dont Mahomet a dit : « Ils suivent ce que je suis, moi et mes compagnons. » Les Nadjis s'accordent tous sur la création du monde et l'existence de Dieu ; ils disent qu'il n'y a de Dieu que celui qui existe de toute éternité, tout-puissant, omniscient, sans égal (par opposition aux Assimilants), qui n'est point incorporé (par opposition aux Goulats), qui ne se meut point, qui ne s'étend point (par opposition aux Kimarites), que tout ce que Dieu veut se fait, et que ce qu'il ne veut pas ne se fait point ; qu'il n'a point de limites, ni commencement, ni fin, ni accroissement, ni décroissement. Ils croient à la résurrection des corps, au pont Sirat, à la balance de la justice, à la création du paradis et de l'enfer, à la rémission des péchés, à l'intercession auprès de Dieu, à la mission des prophètes avec des miracles, depuis Adam jusqu'à Mahomet. Ils disent que ceux qui rendirent au prophète l'hommage de Ridhwan, et ceux qui combattirent avec lui à Bedr, entreront dans le paradis ; que les imams de droit sont Abou-Bekr, Omar, Othman et Ali ; ils ne taxent d'infidélité, parmi ceux qui se tournent vers la Kibla, que ceux qui nient la puissance de Dieu et la prophétie, ou qui donnent à Dieu des compagnons, ou qui déclarent permises les choses défendues. Ce court symbole de la foi musulmane orthodoxe est tiré de l'ouvrage du savant Djordjani, sur la métaphysique d'Adhad-eddin al-Idji.

NADZOU-PENNOU, c'est-à-dire *dieu du village*, divinité des Khonds, peuple de la côte d'Orissa ; c'est le gardien de chaque hameau. Ces lares universels sont le grand objet du culte domestique des Khonds, qui s'imaginent que la ruine ou la prospérité des villages est en leur pouvoir. Ils implorent leur secours protecteur dans toutes leurs entreprises ; ils leur adressent des vœux dans leurs maladies, et les femmes en couche les invoquent spécialement pour leur heureuse délivrance. Dans l'Orissa et le Telingana, les divinités rurales qui portent la même dénomination, sont des dieux hindous localisés et pris pour patrons ; mais le Nadzou-Pennou des Khonds paraît être une déité locale tout à fait distincte de ces grandes divinités.

Tout le monde peut approcher familièrement du trône de ce dieu, qui est marqué par une simple pierre placée sous un cotonnier au centre du village. On lui offre des brebis, des oiseaux, des porcs, des grains et des fruits. Le chef du village est son prêtre, mais chacun peut officier à son autel pour son propre compte.

NAGA, 1° race de demi-dieux de la mythologie hindoue, dans laquelle ils sont représentés soit sous la forme entière de serpents, soit avec la face humaine et une queue de serpent. Ils sont issus de Kasyapa et de Kadrou, fille de Dakcha, et ils habitent, les uns dans les régions infernales, les autres dans le ciel où ils font partie du cortège des dieux, à la suite desquels ils paraissent quelquefois sur la terre. Le roi des Nagas est Vasouki, confondu quelquefois avec le grand serpent Sécha, qui supporte la terre, mais qui est d'une autre race. La sœur de ce roi est Manasa, épouse du sage Djaratkara, invoquée comme reine des serpents, pour être préservé de leurs morsures.

Vers le commencement du quatrième âge, la race des serpents Nagas faillit être anéantie tout entière par Djanamedjaya, roi d'Hastinapoura. Voici à quelle occasion : le roi Parikchit, pour avoir distrait un saint ermite de sa contemplation, en lui jetant au cou le cadavre d'un serpent mort, fut dévoué par le fils de l'anachorète à périr par la morsure de Takchaka, roi des serpents Nagas. Le roi l'ayant appris, prit toutes les précautions imaginables pour ne laisser pénétrer auprès de lui aucun de ces animaux, et s'adonna aux œuvres de piété jusqu'au moment fatal où l'imprécation devait être accomplie. Mais Takchaka se glissa, sous la forme d'un petit ver, dans un fruit présenté au roi, et le prince ayant ouvert le fruit pour le manger, le monstre reprit son aspect formidable, piqua le roi, lui infiltra son venin, et disparut. Parikchit expira sur-le-champ. Djanamédjaya son fils, étant monté sur le trône, résolut de venger la mort de son père. A cet effet il convoqua de puissants enchanteurs, et des brahmanes savants dans les formules sacrées, qui contraignirent tous les serpents à quitter la terre, les enfers et les cieux, et à se précipiter dans un brasier immense préparé exprès. Ils y vinrent par centaines, par milliers et par millions, poussés par une puissance invisible à laquelle il leur était impossible de résister. Vasouki lui-même, tout troublé, était sur le point de déposer le fardeau de la terre, pour aller se jeter dans les flammes, mais Dieu ne le permit pas, dans l'intérêt du genre humain. Astika, saint mouni, qui était fils de Manasa, alla trouver le Radja et, par ses supplications, obtint la grâce du petit nombre de serpents qui restaient encore ; Takchaka, qui était la cause principale de cette destruction, se trouva du nombre de ceux qui furent sauvés. Cette légende est racontée plus au long dans l'*Histoire des Pandavas*, que l'auteur de ce Dictionnaire a traduite de l'Hindoustani. — Les Nagas ont encore un ennemi mortel dans l'oiseau-dieu Garouda, qui leur fait une guerre acharnée, et qui pour cette raison est fort vénéré des Hindous, qui cependant honorent aussi les serpents Nagas. Mais, dans la pratique, les Indiens savent fort bien faire une distinction entre les serpents du ciel et ceux qui rampent sur la terre.

On prétend que les Nagas ont la faculté de se transformer selon leur bon plaisir, excepté dans cinq occasions particulières qui ne leur permettent pas de cacher leur forme : 1° à leur naissance ; 2° à leur mort ; 3° lorsqu'ils prennent leurs ébats amoureux ; 4° quand ils sont animés par la colère ; 5° quand ils se livrent au sommeil.

2° Les Bouddhistes mettent les Nagas au nombre des huit classes d'êtres supérieurs aux hommes, et ils leur assignent pour demeure le flanc méridional du mont Mérou, vers le sommet, où ils sont gouvernés par Viroupakcha, leur roi. Dans les livres qui ont cours parmi les Bouddhistes de l'Asie centrale, il est dit que Chakya-Mouni, peu de temps avant sa mort, prêcha à une multitude immense d'hommes et de dieux, parmi les noms desquels se trouvent ceux de huit Naga-Radjas, ou rois des serpents. *Voy.* LOUNG.

Les Nagas de l'Inde étaient des tribus de montagnards qui habitaient dans les contrées voisines du Cachmir; M. Troyer a mis cette vérité historique dans tout son jour. Le mot *naga* signifie en effet habitant des montagnes. *Voy.* NAGAS.

NAGA-KANYA, race de demi-déesses, qui habitent le Patala, ou les régions infernales; elles sont d'extraction serpentine et d'une grande beauté.

NAGA-LOKA, région souterraine qui est la demeure des serpents Nagas; elle est située dans le Patala; le soleil n'y pénètre jamais, et elle est éclairée par une multitude de joyaux resplendissants.

NAGAMOUKHA, surnom du dieu Ganésa, fils de Parvati, qu'on représente avec une tête d'éléphant; c'est ce que signifie son nom, car Naga, en sanscrit, veut dire non-seulement *serpent*, mais aussi *éléphant*. *Voy.* GANESA.

NAGA-PANTCHAMI, fête en l'honneur du serpent Naga, monture de Vichnou; que les Indiens célèbrent le cinquième jour de la quinzaine lumineuse de la lune de Sravan. Ce jour-là les Hindous font le poudja du serpent, persuadés que par cet acte de dévotion, ils se délivrent de la crainte de cette espèce d'animaux. A Bénarès on se baigne dans une citerne appelée le puits du Serpent.

NAGA-POUDJA, ou adoration du serpent, cérémonie exécutée dans l'Inde le quatrième jour de la lune de Kartik et en plusieurs autres occasions. Ce sont les femmes qui en sont ordinairement chargées. Lorsqu'elles veulent l'accomplir, elles se rendent sur les bords des étangs où croissent l'arichi et le margousier; elles portent sous ces arbres une figure de pierre représentant le Linga entre deux serpents; elles se baignent, et, après l'ablution, elles lavent le Linga, brûlent devant lui quelques morceaux d'un bois particulièrement affecté à ce sacrifice, lui jettent des fleurs, et lui demandent des richesses, une nombreuse postérité et une longue vie pour leurs maris. Il est dit dans les Sastras que lorsque la cérémonie du Naga-Poudja se fait dans la forme prescrite, on obtient toujours ce qu'on demande. La prière finie, la pierre est abandonnée sur les lieux; on ne la rapporte jamais à la maison; elle sert au même usage à toutes les femmes qui la trouvent. S'il n'y a au bord de l'étang ni arichi ni margousier, on y porte une branche de chacun de ces arbres, qu'on plante pour la cérémonie, de chaque côté du Linga, et dont on lui fait une espèce de dais. L'arichi est regardé par les Hindous comme le mâle, et le margousier comme la femelle, bien que ces arbres soient de genres fort différents l'un de l'autre.

NAGAR-PRADATCHHINA, cérémonie hindoue qui consiste, ainsi que le porte son nom, à faire le tour de la ville. « Il est écrit dans les Sastras, dit M. Garcin de Tassy, que l'habitant de Kasi (ou Bénarès) qui dit un mensonge ou fait une mauvaise action est plus coupable qu'il résidait dans un autre lieu. Pour obtenir la rémission de ces fautes, il doit parcourir l'espace de cinq kos; mais, s'il ne le peut, il faut alors qu'il fasse, à la pleine lune d'Aghan, le tour de la ville à l'extérieur et à l'intérieur. Si, par malheur, dans cette promenade de cinq kos ou du tour de la ville, il vient à commettre une faute, elle ne lui sera jamais pardonnée. »

NAGAS. Toutes les grandes sectes de l'Inde ont une classe d'individus qui portent le nom de *Nagas*; ils suivent la règle des Vairaguis et des Sannyasis dans tous les points essentiels; mais, dans l'excès de leur zèle, ils portent à tel point leur mépris pour les habitudes les plus ordinaires, qu'ils renoncent à toute espèce de vêtements, c'est ce que signifie le nom de *Nagas* qui veut dire *ceux qui vont nus*. Il y a toutefois quelques points sur lesquels ils diffèrent du caractère général des mendiants hindous, mais ils sont indubitablement les plus vils et les plus débauchés de leurs religions respectives.

Une preuve frappante de leur caractère querelleur, c'est leur usage de porter des armes; ils voyagent toujours armés d'un mousquet, d'une épée et d'un bouclier, et on a pu se convaincre en plusieurs occasions qu'ils ne les portent pas en vain, car il y a eut plusieurs fois de sanglants conflits entre les Nagas des différentes sectes.

Les Nagas de la secte de Siva sont le rebut des ordres des Dandis et des Atits, ou des hommes qui ont horreur d'une vie active et occupée. Ils s'enduisent le corps de cendres, laissent pousser leurs cheveux, leur barbe et leurs moustaches, et portent la tresse de cheveux appelée *djata*. Ils marchent en troupe, et, les armes à la main, demandent l'aumône et lèvent des contributions sur les particuliers. Lorsqu'ils sont fatigués de leur vie vagabonde et de leurs habitudes violentes, ils rentrent dans les classes mieux organisées qu'ils avaient d'abord quittées.

On dit que les Nagas de la religion sikhe diffèrent de ceux qui appartiennent aux sectes de Vichnou et de Siva, en ce qu'ils s'abstiennent de l'usage des armes, et qu'ils mènent une vie religieuse et retirée. Ils ne se distinguent des *Nirmalas* qu'en ce qu'ils ne portent point de vêtements.

NAGATES, astrologues de l'île de Ceylan; les habitants n'entreprennent rien sans les consulter. Ribeyro observe naïvement que ces nagates font quelquefois des prédictions surprenantes par la conformité des événements avec elles, et il a de la peine à croire qu'il n'y ait pas en cela quelque pacte avec le démon, ou quelque chose de surnaturel. Mais il est démontré qu'en astrologie, le hasard, la connaissance de quelques circonstances secrètes, et une certaine pénétration, sont les démons les plus puissants. Ces nagates décident souvent du sort des enfants: car, aussitôt qu'il lui est né un fils, le père va trouver l'astrologue, pour savoir si cet enfant est venu sous une planète favorable, et dans un moment heureux; et il le fait mourir sur-le-champ, si l'heure et la planète sont malheureuses. Quand il lui fait grâce de la vie, il le remet à quelqu'un de même condition que lui, afin qu'il en prenne soin, dans la persuasion que cet enfant pourra, entre des mains étrangères, échapper au sort malheureux qui l'attend avec ses parents. Ils s'imaginent qu'un enfant né sous une fâcheuse influence ne peut être que vicieux et méchant. Cependant ils exceptent de cette loi un premier-né; mais s'ils ont ensuite trop d'enfants, ils les exposent, sous prétexte que l'étoile de ces derniers est mauvaise.

On consulte encore les astrologues lorsqu'il s'agit de se marier, quand un membre de la famille tombe malade, pour connaître l'issue de sa maladie. Ces astrologues enseignent aussi quel est le temps auquel on doit se laver la tête, car cette opération est regardée comme une cérémonie religieuse, dont l'accomplissement dépend du moment de la naissance. Enfin ce sont eux qui rédigent les almanachs, et qui déterminent le commencement et la fin de chaque nouvelle année.

NAGLEFARE, vaisseau fatal de la mythologie du Nord, fait des ongles des hommes morts; il ne doit être achevé qu'à la fin du monde, et son apparition fera trembler les hommes et les dieux. C'est sur ce navire que l'armée des mauvais génies doit arriver d'Orient.

NAHAMOUO, déesse du panthéon égyptien; elle était caractérisée par le vautour, emblème de la maternité, qui formait sa coiffure, avec l'image d'un petit propylon s'élevant au-dessus de cette coiffure symbolique. C'était l'épouse du dieu Thoth, et les légendes tracées à côté de son image dans un temple de Médinet-Habou, l'assimilent à *Saschfmoué*, compagne habituelle de Thoth, et régulatrice des périodes d'années et des assemblées sacrées.

NAHID, divinité des anciens Perses; c'était la personnification de la planète de Vénus, et la même peut-être que la Mylitta des Arabes. *Voy.* ANAHID, ANAÏTIS.

NAHOUCHA, célèbre personnage de la mythologie hindoue. « Il passe, dit M. Langlois, pour avoir conquis le monde, et quelques auteurs ont reconnu en *Déva-Nahoucha* le *Dio-nysos* des Grecs, voisin du mont *Mérou*, qui rappelle le mot grec *méros*; il partit de là pour subjuguer toute la terre, et, à son retour, y bâtit une ville superbe, appelée *Deva-Nahoucha-nagari (Dionysiopolis)*, nommée aussi *Nahoucham*, par syncope *Nocham*, d'où l'on fait venir *Nysa*. » Maître d'une grande partie de la terre, Nahoucha parvint bientôt à l'empire du ciel. Indra, roi du céleste empire, avait offensé Vrihaspati, son gourou ou maître spirituel, et avait pris pour prêtre un démon, nommé Viswaroupa, qui, obéissant à son naturel mauvais, trahissait en secret les dieux qu'il était appelé à servir. La foudre avait puni le traître; mais ce juste châtiment avait en même temps irrité le père de Viswaroupa, géant redoutable, qui poursuivit Indra. En vain le saint mouni Dadhitchi avait voulu sauver le dieu en se livrant lui-même à la mort, et en donnant ses os pour en faire des armes contre l'ennemi du ciel; un autre monstre, la gueule ouverte, poursuivait Indra partout où il s'enfuyait, pour le dévorer. Les dieux étaient dans un effroi et une confusion inexprimable; le ciel était sans maître. Nahoucha venait d'accomplir, pour la centième fois, le sacrifice aswamédha, ce qui lui donnait le droit de régner sur swarga; il fut donc élevé sur le trône vacant. Jaloux de jouir de tous ses droits, il voulut avoir l'amour de Satchi, épouse du roi dépossédé; son ambition le perdit. Satchi exigea qu'il vînt chez elle dans un équipage plus pompeux que celui d'Indra. L'insolent crut qu'il n'y avait rien de plus grand que de se faire porter sur les épaules d'un brahmane; ce fut le saint homme Agastya qu'il choisit pour remplir la fonction humiliante de monture; il osa même le frapper de sa houssine. Mais Agastya le changea en serpent (*Voy.* AGASTYA). Retiré dans les monts Himalaya, il attendit sous cette forme le temps où les Pandavas devaient faire cesser sa métamorphose. Vichnou, voyant que des deux rois du ciel, l'un était en fuite, et l'autre réduit à l'état de brute, maudit le monstre, cause de leur malheur, et rendit le trône à Indra.

NAHR, c'est-à-dire *sacrifice*; les Musulmans donnent le nom de *yaum-el-nahr* à un des jours de la lune de Dhoul-Hidja, dans lequel ils offrent leur sacrifice annuel. *Voy.* CORBAN, n° 2.

NAHUM, l'un des douze petits prophètes, dont les écrits sont au nombre des livres canoniques de l'Ancien Testament. Il exerça son ministère dans le royaume de Juda, sous le règne d'Ezéchias, ou sous celui de Manassés. « Nahum, dit M. Cahen, s'occupe de la chute de Ninive et de la puissance assyrienne. Il n'offre pas de doctrines dogmatiques, politiques et morales ; mais il a une imagination vive et riche. L'objet général de sa prophétie est : Jéhova, juge de l'univers, châtiera durement Ninive, comme cette ville a agi envers Israël. »

NAIADES, nymphes honorées par les anciens d'un culte particulier ; elles présidaient aux fontaines et aux rivières, d'où est venu leur nom (ναεῖν, *couler*). On les disait filles de Jupiter ; d'autres les font filles du fleuve Achéloüs. Strabon les compte au nombre des prêtresses de Bacchus. Quelques-uns les font mères des satyres. On leur offrait en sacrifice des chèvres et des agneaux, avec libations de vin, de miel et d'huile ; le plus souvent on se contentait de mettre sur leurs autels du lait, des fruits et des fleurs : le culte de ces divinités champêtres ne s'étendait pas jusqu'aux villes. On les peint jeunes, jolies, assez ordinairement les bras et les jambes nus, appuyées sur une urne dont l'eau s'épanche, ou tenant à la main un coquillage et des perles dont l'éclat relève la simplicité de leur parure ; une couronne de roseau orne leur chevelure argentée qui flotte sur leurs épaules.

NAIMAN-DOKCHOLT, esprits célestes de la cosmogonie des Mongols ; leur nom veut dire *formidables* ; ils sont au nombre de huit, et mis au rang des Bourkhanes.

NAINS, personnages de la mythologie scandinave : ce n'étaient d'abord que des petits vers formés de la corruption du cadavre du géant Ymer ; mais, par l'ordre des dieux, ils participèrent à la raison et à la figure humaine ; leur demeure était entre la terre et les rochers. Les principaux d'entre eux étaient Modsogner et Dyrin. On a cru reconnaître dans cette origine peu flatteuse les Lapons, et les hommes adonnés aux arts et aux métiers, que le préjugé barbare d'une nation toute guerrière faisait regarder comme l'occupation exclusive des lâches et des esclaves. C'est vraisemblablement à cette tradition septentrionale qu'il faut faire remonter le rôle et le caractère qu'on assigne aux nains dans nos vieux romans de chevalerie.

NAIRRITA, NAIRRITI ou **NIROUDI**, le quatrième des Vasous de la cosmogonie brahmanique ; il est chargé du gouvernement de la partie sud-ouest du monde ; c'est le roi des génies malfaisants appelés *Rakchasas*, *Pisatchas* et *Bhoutas*. On le représente porté sur les épaules d'une de ces divinités gigantesques, et tenant un sabre à la main. *Voy.* ACHTA-DIKOU-PALAKA.

NAIVÉDYA, offrande que les Hindous font aux dieux, dans la cérémonie du poudja ou de l'adoration ; elle consiste en bétel, en riz bouilli, fruits, beurre liquéfié, sucre, bananes et autres comestibles.

NAIYAYIKAS, philosophes indiens, qui suivent la doctrine appelée NYAYA. *Voy.* ce mot.

NAKHIS, religieux hindous, dévoués à Siva ; leur caractère distinctif est dans la longueur de leurs ongles qu'ils ne coupent jamais. Ils vivent d'aumônes qu'ils vont mendier, et portent la livrée des Sivaïtes.

NAKIB, chef de tous les émirs qui descendent ou qui prétendent descendre de Mahomet. Tous ceux qui croient avoir droit à cette glorieuse descendance portent le titre de *schérif* (au pluriel *eschraf*), noble, illustre ; c'est pourquoi celui qui est reconnu comme le chef de cette sainte tribu porte le titre de *Nakib-el-Eschraf*, prince des nobles. Le nombre de ces émirs est très-considérable dans l'empire othoman ; on croit qu'ils forment au moins la trentième partie de la nation. Ils sont confondus dans tous les ordres de l'État, dans la magistrature, dans le clergé, dans la bourgeoisie, dans le militaire ; on en voit une multitude dans les classes les plus inférieures et dans les professions les plus abjectes, même parmi les mendiants. Or, si l'on ajoute à ce grand nombre de schérifs dans l'empire othoman, ceux qui élèvent la même prétention dans la Perse et dans l'Inde, où ils ne sont pas en moindre nombre, on aura droit de s'étonner à la vue de cette nombreuse postérité de Mahomet, surtout lorsqu'on se rappellera que l'imposteur n'a laissé qu'une seule fille, et que les descendants de celle-ci ont toujours été ou persécutés ou mis à mort par les khalifes qui les regardaient comme des rivaux dangereux. Mais on aura le nœud de l'énigme lorsqu'on se rappellera qu'il n'y a point, parmi les Musulmans, de tribunal préposé pour examiner les généalogies. Aussi plusieurs Mahométans ne se font pas scrupule de s'arroger cette descendance, qui est pour eux un titre puissant de recommandation auprès de leurs coreligionnaires ; ils ne courent de risque que lorsqu'ils sont soupçonnés et dénoncés : en ce cas le Nakib a le droit de procéder à la vérification de leurs titres, et de sévir contre leur irréligieuse audace. Le peuple croit qu'un véritable schérif ne peut avoir aucune défectuosité corporelle, ni se trouver jamais réduit à la mendicité, vu qu'il est constamment favorisé de la grâce et de la protection du prophète. D'après cette opinion, tout schérif estropié ou malheureux donne lieu à des soupçons sur sa naissance, et les dévots se font alors un devoir de rechercher ses preuves.

Les descendants de Mahomet portent encore les titres d'*émir* et de *saïds*, qui ont la même signification : ils sont distingués du reste des Musulmans par la mousseline verte de leur turban ; les femmes mêmes sont obligées de s'en tenir à cette couleur dans tout ce qui compose leur coiffure. Cette marque seule leur attire, tant aux hommes qu'aux femmes, les respects des personnes de tout état et de toute condition. Lorsqu'il s'agit d'infliger à l'un d'eux une peine afflictive, les officiers de police ne manquent jamais de lui ôter son turban, qu'il ne peut reprendre qu'après la correction. Par suite du même principe, aucun maître ne souffre que son domestique schérif porte le turban vert, soit pour ne pas dégrader ce titre, soit pour n'être pas gêné dans l'exercice de son autorité sur lui.

NAKSCHIBENDIS, religieux musulmans, fondés au commencement du VIII⁵ siècle de l'hégire, par Mohammed Nakschibendi, qui voulut relever les anciennes congrégations d'Abou-Bekr et d'Ali. Dans cette vue, il institua l'ordre qui porte son nom, lequel n'est qu'une simple association religieuse. Cette nouvelle congrégation ne fut composée que de gens du monde ; la dévotion y engagea des personnes de tous les rangs de la société, même des grands seigneurs. Le premier devoir des membres est de réciter chaque jour en particulier quelques prières appelées *Khatm-Khodjakan*. A cette obligation se joignent des pratiques purement volontaires, qui consistent à réciter les mêmes prières en commun, ou plutôt dans une assemblée d'un certain nombre de frères, une fois la semaine. C'est ordinairement le jeudi soir, après le cinquième *namaz* du jour. Dans chaque ville, ou dans chaque quartier, les membres de cette association se réunissent chez leurs doyens respectifs ; là, assis le long d'un sofa, ils s'acquittent de ces pieux exercices dans le plus profond recueillement. Le doyen, ou tout autre frère à sa place, psalmodie les prières de la confrérie, et l'assemblée répond en chœur, tantôt *Hou* (lui, *Jéhova*), tantôt *Allah* (Dieu). Dans quelques villes, ces Nakschibendis ont des salles particulières, uniquement consacrées à cette prière commune ; et alors le doyen est distingué des autres frères par un turban conforme à celui des scheikhs des mosquées.

NAL-TCHALANA, c'est-à-dire *action de mettre des bambous en mouvement*; pratique magique employée par les Hindous pour découvrir les voleurs. Deux morceaux de bambou d'égale longueur sont placés à côté l'un de l'autre, et tenus par deux hommes, un à chaque extrémité; on prend à cet effet les premières personnes qui se rencontrent. Alors le magicien prononce certaines formules dont l'efficacité est telle que les bambous se tournent spontanément vers le lieu où est le voleur ou les objets dérobés, et y entraînent les hommes qui les soutiennent.

NAMANDA, espèce d'oraison jaculatoire, que les Bouddhistes du Japon répètent fréquemment pour implorer le secours d'Amida. Cette expression est une formule corrompue pour *Namo-Amida-Bouts*, que je trouve traduite par « Bienheureux Amida, priez pour nous, » ou, selon d'autres, « sauvez-nous ; » mais qui me semble signifier : « Adoration à Amida Bouddha ! » Les religieux japonais prononcent le Namanda cent fois ou mille fois de suite, à l'aide de chapelets dont ils roulent les grains entre leurs doigts. Ils ont en outre des jours déterminés dans lesquels ils le chantent solennellement au son des cloches. Il y a une pieuse association de personnes particulièrement dévouées au culte d'Amida, dont la principale fonction est de réciter presque continuellement cette prière. Des bourgeois, et même des nobles, sont associés à cette confrérie ; mais le plus grand nombre des confrères sont des gens du peuple ou des mendiants, qui récitent le Namanda au milieu des rues, des places publiques, ou le long des chemins. Ils appellent les passants en frappant sur une petite cloche, et ceux-ci leur font des aumônes afin que le Namanda soit récité à leur intention, ou pour les trépassés.

NAMAZ, prière canonique à laquelle sont tenus, cinq fois le jour, les Musulmans de tout âge, de tout sexe et de toute condition ; ils doivent s'y préparer par la pureté corporelle, la modestie du costume et du maintien, et la direction de l'intention. Voici la forme liturgique de cette prière :

1° Le fidèle doit commencer par se tenir debout, le visage tourné vers la Mecque, dans le recueillement le plus profond, puis hausser les deux mains, les doigts entr'ouverts, en portant le pouce sur la partie inférieure de l'oreille ; la femme ne doit hausser les mains que jusqu'à la hauteur des épaules. En cet état on récite le Tekbir: *Dieu très-grand, Dieu très-grand! Il n'y a d'autre Dieu que Dieu. Dieu très-grand, Dieu très-grand! A Dieu est la gloire.*

2° On pose ensuite les deux mains sur le nombril, la main droite toujours sur la main gauche, en récitant les prières suivantes: 1° le Tesbih : *Que ton nom soit exalté, ô Très-Haut !* 2° le Sena: *O mon Dieu, sois loué à jamais ! que ton nom soit béni ! que ta grandeur soit exaltée ! il n'y a d'autre Dieu que toi.* 3° le Teawouz : *J'ai recours à Dieu contre Satan lapidé. Au nom de Dieu clément et miséricordieux.* Puis on récite la Fatiha, premier chapitre du Coran. *Voy.* FATIHA.

3° On fait une inclination en tenant la tête et le corps horizontalement penchés, posant les mains, les doigts bien ouverts, sur les genoux, récitant encore le Tekbir, puis le Tesbih, qu'il faut répéter neuf fois de suite, ou bien sept, cinq, ou pour le moins trois fois.

4° On se relève en récitant le Tesmi : *Dieu écoute celui qui le loue;* le Tahmid : *O notre Seigneur, à toi la gloire!* et le Tekbir comme ci-dessus.

5° On fait une prostration la face contre terre : savoir les genoux, les doigts des pieds, les mains, le nez et le front touchant la terre. Pendant la prostration on doit encore réciter le Tekbir, et pour le moins trois fois le Tesbih.

6° On se relève de terre, et on reste un instant assis sur ses genoux, les mains posées sur les cuisses, en répétant encore le Tekbir.

7° On fait une seconde prostration absolument comme la première.

8° On se relève en s'appuyant des mains, non pas contre terre, mais contre les genoux, et en récitant encore le Tekbir.

Toute cette partie de la prière forme un Rikat. Le Namaz est composé de plusieurs Rikats, deux, quatre, six, etc., suivant les heures canoniques ; il faut au moins deux Rikats pour former un Namaz. Cependant les Rikats qui suivent le premier ne commencent que par l'inclination marquée cidessus au numéro 3.

9° A la fin de chaque second Rikat, on doit s'asseoir sur les genoux, en posant les mains, les doigts ouverts, sur les deux cuisses, placer alors en dedans la jambe gauche, et tenir le pied droit tendu et levé par derrière, les doigts toujours contre terre. Mais la femme doit s'asseoir du côté gauche, en portant ses deux pieds du côté droit. Dans cette posture, il faut réciter le cantique Teschehoud : *Les prières vocales sont pour Dieu; les prières corporelles et les prières aumônières sont aussi pour Dieu. Salut et paix à toi, ô prophète de Dieu ! Que la miséricorde et la bénédiction de Dieu soient aussi sur toi! Salut et paix à nous et à tous les serviteurs de Dieu, justes et vertueux ! Je confesse qu'il n'y a de dieu que Dieu, et que Mahomet est son serviteur et son prophète.*

10° A la fin du dernier Rikat, on récite assis le Salawat : *O mon Dieu ! donne ton salut de paix à Mahomet et à la race de Mahomet, comme tu as donné ton salut de paix à Abraham et à la race d'Abraham ; et bénis Mahomet et la race de Mahomet, comme tu as béni*

Abraham et la race d'Abraham; louanges, grandeurs, exaltations sont en toi et pour toi.

11° On récite ensuite un chapitre du Coran, dont le choix est laissé à la volonté de chaque fidèle.

12° Enfin, on termine le Namaz par une profession de foi et par une salutation à droite et à gauche, à ses anges gardiens, en disant : *Que le salut de paix et la miséricorde de Dieu soient sur vous!*

Le Namaz forme comme la base de la religion musulmane ; tout fidèle est indispensablement obligé de faire cette prière, soit chez lui, soit à la mosquée, soit ailleurs, cinq fois par jour, savoir : le matin, à midi, l'après-midi, le soir et la nuit. Le Namaz du matin peut se faire depuis l'aurore jusqu'au lever du soleil ; celui de midi, depuis le milieu du jour jusqu'au moment où l'ombre du gnomon est double de la longueur de l'aiguille; celui de l'après-midi, depuis ce moment jusqu'au coucher du soleil ; celui du soir, depuis le coucher du soleil jusqu'à l'entière obscurité de l'horizon; enfin celui de la nuit, depuis ce moment jusqu'à l'aurore. Chacune de ces cinq prières doit être composée de plusieurs Rikats : la première de quatre, la seconde de huit, la troisième de six, la quatrième de cinq et la cinquième de six. Les vendredis on doit ajouter à la prière de midi quatre autres Rikats.

Les casuistes musulmans entrent dans une foule de détails sur la manière dont on doit accomplir ces cérémonies, sur les empêchements qui peuvent survenir, sur la manière de suppléer aux prostrations quand on est infirme ou malade, sur tout ce qui peut vicier la prière, comme de bâiller, d'éternuer, de dire une seule parole, de tousser, etc., etc. ; sur la place que doit tenir l'imam qui préside au Namaz public; sur la manière dont on doit être couvert, ou vêtu ; sur les objets que l'on doit éviter de porter alors sur soi ; sur l'emplacement que l'on doit choisir soit au logis, soit en plein air ; sur la manière de se placer quand on se trouve plusieurs ensemble, etc., etc.

NAMBOURI, nom que l'on donne aux brahmanes indigènes du Malabar. Ils sont, après le souverain, les personnages les plus puissants et les plus respectés de l'Etat. M. Burnouf pense que ce nom est d'origine tamoule, et qu'il signifie proprement *notre Dieu*. Ce qui pourrait confirmer cette conjecture, c'est que les brahmanes avouent hautement leur prétention de passer pour les dieux de la terre.

Dans le même pays on donne le nom de *nambie* ou *nambiyan* aux brahmanes inférieurs qui servent dans les temples.

NA-MO O-MI-TO FO, invocation bouddhique, en usage dans la Chine, qui correspond absolument au *Namanda* des Japonais, et qui signifie « adoration à Amitabha Bouddha. » Les dévots et les dévotes prononcent mille fois de suite cette prière, à laquelle la plupart ne comprennent rien, parce qu'elle est en langue sanscrite; ils font en même temps plus de cent génuflexions ; après quoi ils consignent soigneusement l'accomplissement de cette pratique religieuse, sur une image de Fo ou Bouddha environnée d'une multitude de petits cercles, qu'ils ont achetée des bonzes. Chaque cercle teint en rouge indique qu'ils ont fait les cent génuflexions, et qu'ils ont répété mille fois le *Na-mo O-mi-to Fo*. De temps en temps ils invitent les bonzes à venir chez eux pour y faire des prières, et en même temps sceller et authentiquer le nombre des cercles qui ont été remplis. Cette image est portée en pompe aux funérailles, dans un petit coffre scellé par les bonzes. C'est ce qu'ils appellent *Lou-in*, c'est-à-dire passeport pour le voyage de cette vie en l'autre. Ce passe-port ne s'accorde point qu'il n'en coûte quelques taëls; mais aussi on est assuré d'un voyage heureux.

Les dévots de la secte de Fo ont continuellement pendue au cou, ou autour du bras, une sorte de chapelet composé de cent grains médiocres et de huit plus gros ; à la tête se trouve un gros grain de la figure de ces petites tabatières faites en forme de calebasses. C'est en roulant ces grains qu'ils prononcent leur *Na-mo O-mi-to Fo*. Voy. NAMANDA.

NAMOUTCHI, nom d'un Asoura ou démon de la mythologie hindoue, qui fut tué par Indra. C'est aussi un des noms de la divinité de l'amour.

NANABOUSCH, personnage mythologique des Pottowatomis de l'Amérique septentrionale, qui le regardent comme l'ami de l'homme et le neveu du genre humain. C'est lui qui a créé, par l'ordre du Grand-Esprit, la terre, qu'ils appellent *Me suk Kum mik Okwi*, c'est-à-dire la grande grand'mère du genre humain. Celle-ci reçut le commandement de pourvoir à tous les besoins des oncles et des tantes de Nanabousch; par cette expression on entend les hommes et les femmes. Nanabousch, toujours le bienveillant intercesseur du genre humain auprès du Grand-Esprit, obtint la création des animaux, leur chair devait servir de nourriture, et leur peau de vêtement. Il procura aussi aux hommes des racines et des herbes médicinales d'un pouvoir souverain pour guérir leurs maladies. Les sauvages invoquent souvent Nanabousch, et le supplient de vouloir être leur interprète, en présentant leurs prières au Maître de la vie.

NANACATZIN, dieu du soleil chez les Mexicains. Après le déluge universel, dans lequel avaient péri le soleil et la lune, les dieux s'occupèrent des moyens d'éclairer le nouveau monde; à cet effet, ils se rassemblèrent à *Teutlihuacan* (l'habitation des dieux), y allumèrent un grand feu et décidèrent que celui qui oserait le premier s'y jeter volontairement deviendrait le soleil. Jaloux de mériter une aussi brillante destinée, ils se disputèrent à qui aurait la préférence; pendant la querelle, l'un d'eux, qui se nommait *Nanacatzin* (lépreux), et que tout le monde méprisait à cause de son infirmité, s'approcha du brasier et s'y précipita. Un autre dieu, nommé *Tezcatécatl*, suivit son exemple, et c'est lui qui est la lune.

NANAKOUSA, fête que les Japonais célèbrent le septième jour du premier mois. Elle tire son nom d'un plat composé de sept sortes de légumes dont on régale en ce jour-là ses amis. Les légumes qui entrent dans ce potage sont des navets, des radis, du persil, des choux, du *fakobera*, du *fotokenosa* et des épinards. Cet usage a commencé sous le cinquante-neuvième daïri, l'an 890 de Jésus-Christ ; on offrit à ce prince un ragoût composé de riz et des légumes ci-dessus désignés. Le soixante-quinzième daïri fit à cette occasion la pièce de vers suivante, qui a trente-un caractères :

Ki mi ga ta mo
Na na tsou na o sa no
Na na kou sa ni
Na o tsou mi so ye nou
Yo re tsou no no fa rou.

« Puisse-t-on, pendant dix mille ans encore, continuer de cueillir sept sortes de légumes, dans la matinée du septième jour du premier mois, pour l'usage du prince. » Les Japonais prétendent que ce mets rappelle la frugalité et la pauvreté de leurs ancêtres, et doit leur faire sentir le bonheur de l'abondance dont ils jouissent maintenant. On se lève ce jour-là de grand matin, et on va visiter ses parents et ses amis. On se rend aussi dans les temples, quelques-uns par dévotion, mais la plupart n'y vont que par bienséance et en partie de plaisir. Le nanakousa est la première des cinq grandes fêtes de l'année.

NANDA, demi-dieu du panthéon hindou : c'est un des compagnons de Varouna, et la personnification d'un des neuf trésors du dieu des richesses. Son nom signifie la *joie*.

Nanda est aussi le nom du père nourricier de Krichna. C'est lui qui éleva, avec Yasodâ, sa femme, ce dieu incarné, comme s'il était son propre fils. *Voy.* KRICHNA.

NANDANA, ce mot, qui signifie *délices*, est le nom de l'élysée d'Indra, roi du ciel, suivant la cosmogonie hindoue. Il est situé sur le mont Mérou. *Voy.* INDRA et SWARGA.

NANDI, un des compagnons du dieu Siva ; c'est lui qui bat le tambour pour animer les pas de ce dieu, quand celui-ci danse pour amuser son épouse Parvati. Il est représenté sous la forme d'un taureau couché à plat ventre sur un piédestal, trois de ses jambes pliées sous lui, et le pied droit de devant allongé. Son image accompagne souvent celle de Siva, et elle est placée devant tous les temples consacrés à ce dieu, parce qu'on le considère aussi comme le portier de son maître. *Voy.*, à l'article BASWA, les aventures d'un personnage que les Siwaïtes regardent comme une incarnation de cette divinité.

NANDIROUDRA, un des noms de Siva, troisième dieu de la triade hindoue.

NANÉE, déesse qui avait un temple célèbre à Elymaïs en Perse. Les uns croient que cette divinité était Diane ou la Lune. Appien y reconnaît Vénus. Polybe l'appelle Vénus Elyméenne. D'autres prétendent que c'était Cybèle ; mais le sentiment le plus probable est que c'était Diane, la même que Strabon appelle Anaïtis.

Antiochus étant venu une fois au temple, comme pour épouser la déesse, et pour y recevoir de grandes sommes à titre de dot, les prêtres de Nanée lui montrèrent tous ses trésors ; après qu'Antiochus fut entré avec quelques gardes dans l'intérieur, ils fermèrent le temple sur lui. Alors, ouvrant une porte cachée par le lambris, laquelle communiquait dans le temple, ils l'accablèrent d'une grêle de pierres ; et, mettant en pièces plusieurs de ceux qui l'accompagnaient, ils leur coupèrent la tête et la jetèrent à ceux qui étaient dehors.

NANEK-PANTHIS ou NANEK-SCHAHIS, sectateurs de Nanek-Schah, célèbre réformateur hindou et fondateur de la secte des *Sikhs*, qui regardent l'apparition de leur maître comme une incarnation secondaire de la Divinité.

Nanek naquit en 1469, dans un village de la province de Lahore, nommé Talbindi ; d'autres disent qu'il naquit sous le règne de l'empereur Baber, c'est-à-dire de 1505 à 1530. Il était encore jeune lorsqu'il se retira du monde pour vivre dans la dévotion et l'austérité. Il était d'une équité inflexible, d'un courage à toute épreuve, et de plus il avait un organe imposant ; il eut même plus d'éducation que n'en reçoivent communément les enfants de ce pays, qui savent tout au plus lire et écrire. Il semble avoir été partisan du culte de l'invisible, et avoir blâmé fortement l'adoration des images et les prières offertes à tout autre qu'à la Divinité suprême, ainsi que l'usage de placer des figures dans les temples. Il ramenait à l'unité le système monstrueux du polythéisme hindou, reléguant au pays des fables et la trimourti indienne, et les nombreuses conceptions mythologiques qui en découlent. Il composa un livre regardé comme sacré, et qui porte le titre d'*Adi-Granth*, le premier livre. Il y enseigne qu'il n'y a qu'un Dieu tout-puissant et présent partout, qui remplit tout l'espace et pénètre toute la matière ; qu'on doit l'adorer et l'invoquer ; qu'il y aura un jour de rétribution, où la vertu sera récompensée et le vice puni. Non-seulement Nanek y commande la tolérance universelle, mais il défend encore de disputer avec ceux d'une autre croyance. Il défend aussi le meurtre, le vol et les autres mauvaises actions ; il recommande la pratique de toutes les vertus, et principalement une philanthropie universelle et l'hospitalité envers les étrangers et les voyageurs. Il n'employa, pour propager sa doctrine, d'autres armes que la persuasion et une grande simplicité de mœurs. Plus de quinze années de sa vie furent employées à parcourir la plupart des royaumes de l'Inde, la Perse, l'Arabie et l'île de Ceylan. Dans ses voyages, il était accompagné d'un musicien musulman, nommé Merdana, qui devint son prosélyte, et resta fidèlement attaché à sa personne. Après diverses aventures, le radja de Callanore, qui s'était rangé parmi ses disciples, lui donna un terrain et une maison, où il finit paisiblement ses jours à l'âge de quatre-vingt-dix ans. Le lieu de sa retraite devint célèbre, et un concours prodigieux vient accomplir des cérémonies à son tombeau, le jour anniversaire de sa mort.

Les sectateurs de Nanek-Schah portent le nom de *Nanek-Panthis* ou de *Sikhs*; ce dernier vocable n'est autre que l'impératif hindoustani du verbe *sikhna*, apprendre, parce que ce réformateur répétait souvent ce mot à ses disciples. Les Nanek-Panthis sont divisés en sept classes, qui, bien que professant toutes la doctrine du fondateur, diffèrent néanmoins les unes des autres par une discipline, des coutumes et des pratiques particulières ; ce sont les *Oudasis*, les *Gandj-Bakhchis*, les *Ramrayis*, les *Soutrch-Schahis*, les *Govind-Sinhis*, les *Nirmalas* et les *Nagas*. Voy. leurs articles respectifs et le mot SIKHS.

NANG-TCHII, religieuses siamoises: ce sont celles que nous appelons Talapoines. Elles sont vêtues de blanc, comme les frères laïques des Talapoins, et ne sont pas regardées tout à fait comme des religieuses. Un simple supérieur peut leur donner l'habit ; et quoiqu'elles ne puissent avoir aucun commerce avec les hommes, néanmoins on ne les brûle pas pour cela, comme on brûle les Talapoins qu'on surprend avec les femmes. On les livre à leurs parents, qui les châtient avec le bâton, parce que les Talapoins et les Talapoines ne peuvent frapper personne.

NANNA, déesse scandinave : c'était l'épouse de Baldor. Après que son mari eut péri par les ruses de Loke, l'esprit du mal, elle mourut de douleur, et fut brûlée avec lui, un nain vivant et le cheval de son mari.

NANOUKA SIOGWATS, la première des cinq grandes fêtes des Japonais ; on la célèbre, comme l'indique son nom, le septième jour du premier mois. Voy. NANAKOUSA.

NAPÉES, nymphes que les uns font présider aux forêts et aux collines ; les autres, aux bocages ; d'autres, aux vallons et aux prairies. Leur nom vient de νάπος, collines ou vallées ombragées. On leur rendait à peu près le même culte qu'aux naïades.

NARA, personnage de la mythologie hindoue, frère de Narayana. Il est regardé par quelques-uns comme un avatar ou incarnation d'Ardjouna, compagnon de Krichna.

NARADA ou NAREDA, l'un des dix Maharchis ou grands saints du panthéon hindou ; il était fils de Brahma, et passe pour avoir inventé le luth ; c'est ce qui le fait considérer comme l'un des dieux de la musique. C'est une espèce de Mercure, auquel les poëtes prêtent un caractère malin et caustique. Il aime à rapporter tout ce qu'il voit et ce qu'il entend. Si, d'un côté, il rend service à ses amis en les avertissant des projets de ses adversaires, ou des intentions des dieux, ou des anciens décrets du destin ; d'un autre côté, il lui arrive aussi de répandre le trouble et la confusion par ses discours indiscrets.

Quelques-uns disent que ce fut lui qui provoqua l'incarnation de Vichnou en Rama : Voici en quelle occasion : Narada, éperdument épris d'une jeune fille d'une rare beauté, lui offrit sa main ; mais celle-ci la rejeta avec mépris en déclarant qu'elle était résolue de n'épouser ni un homme ni un dieu, à moins qu'il ne l'égalât en attraits. Désolé de ce refus, Narada confia ses chagrins à Vichnou ; le dieu, qui était en ce moment en belle humeur, lui promit de le rendre aussi beau que sa maîtresse ; mais, au mépris de cet engagement, il plaça une tête de singe sur le corps du malheureux amant. Sans se douter de sa hideuse métamorphose, Narada vola avec un confiant empressement vers la cruelle qui avait dédaigné ses vœux. Les autres dieux avertis voulurent assister à l'entrevue, et ils ne purent retenir de bruyants éclats de rire, lorsqu'ils furent témoins de la surprise mêlée d'horreur qu'éprouva la jeune fille à la vue de l'amoureux ainsi métamorphosé. Narada ne put s'expliquer la cause de l'hilarité générale qu'après s'être regardé dans un miroir. Furieux d'avoir été joué de la sorte, il prononça une imprécation terrible par laquelle il contraignit Vichnou à descendre sur la terre sous les traits d'un homme, et les dieux sous la forme de singes. Toute malédiction prononcée par un brahmane ne peut manquer d'avoir son effet, Vichnou vint donc au monde sous le nom de Rama, et après un grand nombre d'exploits, il se rendit maître de la cité de Lanka, à l'aide de Sougriva et de Hanouman, chefs de la tribu des singes. Ces singuliers auxiliaires n'étaient autres que les dieux contraints de revêtir cette forme humiliante. Voy. RAMA.

NARAKA, le Tartare des Hindous. Le Naraka est proprement le cinquième enfer, mais on le prend souvent pour l'enfer en général, dont le nom propre est *Patala*. Voy. PATALA, et ENFER n° 11.

Naraka est aussi le nom d'un daitya ou démon tué par Krichna.

NARAMÉDHA, le sacrifice de l'homme, un des quatre grands sacrifices qui étaient autrefois accomplis dans l'Inde. Les trois autres étaient l'*Aswamédha*, sacrifice du cheval ; le *Gomédha*, sacrifice de la vache, et le *Gadjamédha*, sacrifice de l'éléphant. Le Rig-véda contient un hymne destiné aux cérémonies du Naramédha ; la tradition attribue cet hymne à Pradjapati ou Brahma, le grand sacrificateur, et à Yadjnya son fils, la victime. Pradjapati sacrifia en effet son propre fils, et ce serait en mémoire de ce sacrifice originel que le Naramédha aurait été institué. Les rites de ce sacrifice ne s'accomplissent plus depuis le Kali-youga, ou le commencement de l'âge actuel. Cependant, selon l'orientaliste Ward, le Naramédha s'est perpétué et s'accomplit encore dans l'Hindoustan pendant les fêtes nocturnes de la déesse Kali. On sait aussi que l'homicide religieux est organisé sur une grande échelle par l'association des *Thags* ou *Phansgars*.

NARASINHA ou NARASINGA, incarnation de Vichnou en homme-lion. *Voy.* NRI-SINHA.

NARAYANA, c'est-à-dire *qui marche sur les eaux*; un des noms de Vichnou, parce que, lors de la destruction des mondes, ce dieu est représenté sous la forme d'un enfant dormant sur une fleur de lotus qui flotte sur les eaux de l'Océan : c'est pour cela sans doute que l'on peint la figure de Vichnou en bleu, couleur qui fait allusion à la teinte de ce fluide primordial.

NARÉ, mauvais génie de la mythologie scandinave : il était fils de Loke, l'esprit du mal, et aussi méchant que son père. Dévoré par Valé, son propre frère, ses intestins furent changés en chaînes de fer et servirent de liens à son père.

NARMADA, déesse de la mythologie hindoue, personnification de la rivière du même nom, qui a sa source dans les monts Vindhyas, près du village d'Amarakantaka; elle coule vers l'ouest, et va se jeter dans le golfe de Cambaye. Elle sort d'un lac, et, à quelque distance de là, elle devient aussi la source de la Sona. A trois milles de ce lac, au pied de la colline, est un ruisseau insignifiant, appelé Djouhalâ. Si nous donnons ces détails topographiques peu importants, c'est qu'ils sont nécessaires pour comprendre une petite légende hindoue, rapportée par M. Langlois, au sujet de ces cours d'eau. On fait de Sona un jeune dieu, de Narmadâ une déesse, forme de Bhavâni et fille de Ménaka, l'un des monts Vindhyas ; enfin de Djouhala, une jeune esclave au service de cette dernière. Sona, ayant entendu parler de la beauté de Narmadâ, la demanda en mariage. Narmadâ envoya Djouhalâ pour s'assurer si cet époux était réellement digne de sa faveur, et pour l'amener à Amara-Kanta, dans le cas où il pourrait convenir à une déesse comme elle. Djouhalâ le vit, en devint amoureuse et l'épousa, en se faisant passer pour sa maîtresse. Narmadâ, pour se venger, ôta à Djouhalâ la beauté dont elle avait abusé ; elle précipita Sona du haut de la montagne, et disparut elle-même dans l'endroit d'où sort aujourd'hui la rivière de son nom. Elle coule à l'ouest, comme si elle fuyait Sona, tandis que les eaux de ce dernier se dirigent vers le nord. Des pleurs de Djouhalâ il se forma une petite rivière de ce nom. La Narmadâ se nomme aujourd'hui Nerbudda.

NARMÉ, le dix-huitième et dernier des enfers des Tibétains ; son nom signifie *le feu de la souffrance*. Les âmes qui y résident deviennent une espèce de démons, occupés à tourmenter ceux qui ont mérité de souffrir les peines de l'enfer après leur mort; mais les supplices qu'ils endurent eux-mêmes sont beaucoup plus cruels que tous ceux qu'ils peuvent infliger aux autres.

NARTEKIS, dévadasis ou bayadères de seconde classe. Elles reçoivent à peu près la même éducation que celles de la première classe, mais elles sont loin de jouir de la même considération que ces prêtresses des autels. Les Nartékis vivent généralement en commun, sous la surveillance et la direction d'une vieille dévadasi qui a quitté le service du temple. Souvent elles sont appelées chez les riches Hindous qui donnent des fêtes ; elles vont y déployer leurs talents chorégraphiques, ou bien elles parcourent toutes les contrées de l'Inde, exerçant leur industrie de village en village. Il est rare qu'elles n'amassent pas de grandes fortunes. Les supérieures n'admettent dans leur troupe de nouveaux sujets, qui se recrutent dans toutes les classes, qu'autant que ces nouveaux sujets joignent à de grands avantages physiques quelque développement dans les facultés intellectuelles. Les Nartékis portent le même costume que les dévadasis sacrées.

NARTHEX, nom du vestibule des anciennes basiliques chrétiennes, dans lequel se plaçaient les catéchumènes, les énergumènes, et les pénitents du deuxième et du troisième rang. Ces narthex étaient tantôt à l'extérieur, tantôt à l'intérieur de l'église ; si l'on s'en rapporte à quelques anciens auteurs, il semble qu'il y en avait quelquefois plusieurs pour la même église.

NASI, mot hébreu qui signifie *prince*. 1° Les Juifs donnent ce titre au chef des tribus, des grandes familles, et même aux princes des peuples. Aujourd'hui il est en quelque sorte consacré pour signifier le chef, le président, le premier juge du sanhédrin. Simon Macbabée fut honoré du même titre, depuis qu'il fut affranchi de la servitude des Grecs. Il porte le nom de *nasi* dans les médailles. Le prince, ou le nasi du sanhédrin était dépositaire de la loi orale ou de la tradition que Moïse avait, selon les rabbins, confiée aux soixante-dix vieillards qui composaient cette assemblée. Ceux qui soutiennent que le sanhédrin subsista toujours depuis Moïse, prétendent que la dignité de nasi est aussi ancienne ; ceux au contraire qui croient que l'institution du sanhédrin est postérieure à Moïse, reculent d'autant celle du nasi. Quelques-uns veulent qu'Esdras soit l'instituteur de cette charge, et qu'il l'attacha à la maison de David. Hillel, venu de Babylone sous le règne d'Hérode, l'exerça avec beaucoup d'éclat. Après la ruine de Jérusalem, on changea ce nom en celui de *patriarche* ou *chef de la captivité*. Il est important de connaître ces titres pour entendre le langage des rabbins ou des auteurs qui ont écrit sur la république et les affaires des Juifs.

2° Chez les anciens Arabes, le soin de régler l'année lunaire, et de fixer la place du mois intercalaire était confié à des hommes qui portaient la qualification de *nâsi*. Les nâsis arabes, ou du moins plusieurs de ceux qui remplirent les premiers ces fonctions, paraissent avoir été aussi décorés du titre de *calammas*, mot qui signifie grosse mer, et métaphoriquement, homme habile, homme supérieur, pour ainsi dire mer de science. Le ministère de nâsi était affecté, comme privilége spécial, à une certaine famille, nommée les enfants d'Abd-Focaym. Cette famille faisait partie de la tribu de Kinana, répandue aux environs de la Mecque, et dont les Coraïschites, habitants de cette ville, formaient la principale branche.

Le mois surnuméraire et l'intercalation elle-même portaient (aussi le nom de *nasi*, mais par un a bref. Mahomet abolit cet usage ou cette institution, qu'il regardait comme une impiété, en ce qu'elle pouvait avancer ou reculer l'incidence des mois sacrés, et l'époque du pèlerinage. L'année fut alors réduite à douze mois lunaires, telle qu'elle est encore à présent: d'où il résulte que l'année musulmane est plus courte de onze jours que nos années solaires; ce qui fait que les Mahométans, dans leur comput, avancent sur nous d'une année en trente trois ans environ.

NASIB, nom que les Musulmans donnent au destin, dont les décrets sont consignés, suivant eux, dans un livre écrit au ciel, et qui contient la bonne et la mauvaise fortune de tous les hommes, qu'ils ne peuvent éviter, malgré tous leurs efforts. De là la persuasion d'une prédestination absolue, qui les précipite dans les plus grands périls, parce qu'il n'en arrivera que ce que porte le nasib. C'est pourquoi, lorsqu'ils se trouvent frappés des calamités les plus grandes, ils se consolent en s'écriant : *Haza mektoub*, C'était écrit.

NASOU, un des dews ou mauvais génies de la cosmogonie des Parsis; c'est le démon des cadavres; le Vendidad le représente comme se promenant sur la mort. Anquetil orthographie son nom *Nésosch*.

NASR, divinité des anciens Arabes, qui la représentaient sous la forme d'un aigle. C'était sans doute une constellation, peut-être les trois étoiles de l'Aigle, ou Véga de la Lyre. Son idole fut détruite par l'ordre de Mahomet.

NASRANIS ou NESRANIS, nom générique sous lequel les Musulmans comprennent tous les chrétiens: ce mot veut dire proprement les sectateurs du *Nazaréen*. Ils leur donnent aussi quelquefois le nom d'*Isawis*, disciples d'*Isa* (ou Jésus), et très-rarement celui de *Messihi*, disciples du Messie. Ce dernier correspond exactement au mot *chrétien*. Le terme *Nasrani* n'est pas injurieux dans la bouche d'un Mahométan, comme celui de Galiléens que Julien l'Apostat avait imposé aux disciples de Jésus; car, dans les premiers siècles, on donnait indifféremment aux chrétiens, surtout en Orient, le nom de Nazaréens. Ceux-ci le quittèrent lorsqu'il se fut élevé une secte du même nom.

NASTIKAS, dénomination donnée par les Brahmanistes aux Bouddhistes; ce mot veut dire ceux qui *nient l'existence* de Dieu ou d'une autre vie, et correspond ainsi à celui d'*athées*. En effet les Bouddhistes n'ont point de Dieu à proprement parler, et suivant leur système, tout se passe dans cette vie et dans l'autre en vertu d'un ordre moral et physique nécessaire. *Voy.* BOUDDHISME.

NASTRAND, le second enfer des Scandinaves, celui qui doit subsister éternellement, mais qui ne commencera qu'après la fin du monde, lorsque aura cessé le Niflheim, enfer temporaire ou espèce de purgatoire. Le Nastrand (*rivage des morts*) sera situé sur le point le plus éloigné du soleil, et ses portes seront tournées vers le nord. Cette demeure ne sera construite que de cadavres de serpents, dont toutes les têtes vomiront dans l'intérieur des flots de venin. Il s'en formera un long fleuve empoisonné, dans les ondes rapides duquel se rouleront les parjures, les assassins et les adultères. Un loup dévorant et un dragon noir ailé y rôderont sans cesse et rongeront les corps des malheureux qui y seront enfermés.

NAT, classe d'êtres supérieurs à l'homme suivant la théogonie bouddhique des Barmans. Ils sont eux-mêmes partagés en six classes, qui habitent autant de cieux inférieurs au sommet du mont Mérou.

« Le *nat*, dit M. l'abbé Bigandet, est un être doué d'un corps et d'une âme, dont la demeure est dans les six cieux inférieurs, que l'on nomme ordinairement les six contrées des *nats*. Leurs sens sont doués d'une perspicacité surhumaine. De là vient l'expression commune dans les écrits bouddhistes: avoir des yeux de nat, des oreilles de nat, pour signifier voir à une distance qui est au delà de la portée de la vue de l'homme, percevoir des sons qui ne peuvent frapper une oreille commune. On suppose généralement que le nat embrasse d'un seul regard presque tous les êtres qui existent. Du corps du nat des rayons de lumière s'échappent et brillent d'un vif éclat. Ce corps, comme à demi spiritualisé, peut parcourir les airs et se transporter avec une vélocité extraordinaire d'un lieu dans un autre. On conçoit parfaitement qu'un corps si parfait ne peut servir de demeure qu'à une âme ou à une intelligence d'un ordre supérieur. Les nats qui habitent les trois premiers cieux inférieurs sont sujets à la concupiscence charnelle, et obéissent à son influence; ceux qui habitent la quatrième demeure sont satisfaits par un simple et chaste attouchement; ceux de la cinquième sont délectés par la simple vue, et enfin ceux qui habitent la dernière de ces six demeures sont heureux au suprême degré par le fait même de leur réunion.

« Les sexes sont donc conservés dans la condition de nat. Les différentes demeures des nats renferment tous les plaisirs que l'on peut imaginer, et rien n'égale les belles et souvent licencieuses descriptions que l'on trouve souvent dans les livres bouddhistes touchant ces riants et délicieux séjours.

« Aussi les Ponghis birmans sont fort libéraux, en promettant la nature des nats à ceux qui leur feront des offrandes en abondance. La durée de la vie, dans la première demeure des nats, est seulement de 9,000,000 d'années. Ce chiffre, multiplié par 4, donne la durée de la vie dans la seconde demeure; en multipliant par 4 le nombre d'années de la demeure inférieure, on obtient l'exact nombre de la durée de la vie dans la demeure qui est immédiatement au-dessus. D'où il suit que, dans la plus haute région des nats, la durée de la vie est de 9,216,000,000 d'années.

« La vie des nats est donc, à proprement parler, une vie de plaisirs et d'amusements, un état où l'on reçoit les récompenses de certaines bonnes œuvres que l'on a faites. Cependant, on assigne aux nats différents offices dans le monde. Ils sont si multipliés, qu'il suffit de dire que des nats sont supposés veiller sur la conservation de tous les êtres, à l'exception de l'homme, qui est privé de nat gardien. Du reste, maisons, villages, bourgs, villes, arbres, fontaines, tout a son nat tutélaire, préposé à sa garde.

« On distingue les bons et les mauvais nats. Les premiers sont essentiellement bons de leur nature, et toujours ils font du bien. Mais ils ne peuvent accorder à ceux qui les invoquent que des avantages temporels, des richesses, des plaisirs, un rang distingué, etc. Les mauvais nats, au contraire, ennemis de l'homme, tendent sans cesse à lui nuire, soit en sa personne, soit en ses biens. L'origine des mauvais nats vient de ce qu'au temps où un être, arrivé à la condition de nat, ou bien auparavant, a commis quelques fautes dont l'influence pernicieuse domine le caractère et porte sans cesse à procurer à l'homme et aux autres êtres ce qui peut tourner à leur détriment. Ces mauvais nats n'habitent point dans les demeures des nats, ils sont errants sur la terre, dans une assez pitoyable condition. Les Birmans craignent beaucoup ces nats persécuteurs, et leur font sans cesse des offrandes pour les apaiser. Ils font aussi beaucoup d'offrandes aux nats bons pour en obtenir différents avantages, et on peut dire qu'en somme, les Birmans sont beaucoup plus zélés dans le culte qu'ils rendent aux nats que dans celui qu'ils rendent aux idoles.

« Le nat, dans son état de nat, n'acquiert pas de mérites, ou au moins fort peu. Il n'est pas dans la voie. Il jouit du fruit de certaines bonnes œuvres qu'il a pratiquées. Quand la somme des jouissances qui lui étaient assignées est épuisée, il meurt, ou plutôt il revient sur la terre. »

NATAGAI. Les Mongols, du temps de Genghiz-Khan, reconnaissaient un dieu auteur de toutes choses, qu'ils appelaient *Natagaï*; mais ils ne lui rendaient aucun culte. Ils adressaient leurs prières et leurs sacrifices à des simulacres particuliers. Voy. NATIGAÏ.

NATALICE, 1° fêtes que les Romains célébraient le jour anniversaire de leur naissance, qu'ils appelaient *jour natal*. Cette solennité se renouvelait tous les ans, et toujours sous les auspices du génie invoqué comme une divinité qui présidait à la naissance de tous les hommes. On dressait un autel de gazon entouré d'herbes sacrées, sur lequel on immolait un agneau. Les parents saluaient leurs enfants avec cérémonie et en ces termes : *Hodie, nate, salve*. Chaque particulier étalait ce jour-là ce qu'il avait de plus magnifique. Toute la maison était ornée de fleurs et de couronnes, et la porte était ouverte à la compagnie la plus enjouée. Les amis ne manquaient guère de s'envoyer des présents. On célébrait même souvent l'honneur de ces grands hommes dont la vertu consacre la mémoire, et que la postérité dédommage de l'injustice de leur siècle. L'adulation n'oublia point de solenniser la nativité de ceux que la fortune avait portés aux grandes places, et par qui se distribuaient les grâces et les bienfaits. Le jour de la naissance des princes était surtout consacré par la piété ou par la flatterie. Ces honneurs eurent aussi leur contraste ; on mit au rang des jours malheureux la naissance de ceux que la tyrannie proscrivait, et celle des tyrans eux-mêmes.

2° Les Romains n'étaient pas les seuls qui célébrassent ainsi l'anniversaire de leur naissance; cette coutume avait lieu chez beaucoup d'autres peuples, et plusieurs l'ont conservée. Les Grecs appelaient cette fête *Génethlies*. — L'Évangile observe que saint Jean-Baptiste eut la tête tranchée par l'ordre d'Hérode, le jour même où ce prince célébrait son natalice. On sait que la tête du saint fut le prix d'une danse exécutée par la fille d'Hérodias, danse dont Hérode avait été si charmé, qu'il avait promis inconsidérément à cette fille de lui accorder la grâce qu'elle lui demanderait, fût-ce la moitié de son royaume.

3° L'Église appelle *Natalice* des saints, et principalement des martyrs, le jour anniversaire de leur mort, parce qu'elle le fête comme le jour de leur naissance véritable; la mort en effet est pour une âme sainte et chrétienne le moment où elle est enfantée à une vie bienheureuse et éternelle.

NATEC. Dans le système des Druzes, la suite des siècles, depuis l'origine du monde, se partage en sept périodes, dont chacune a eu sa religion fondée par un prophète, qui, dans le langage de la secte, est appelé *Natec*, mot qui signifie proprement *parleur*, mais qu'on peut fort bien traduire par législateur. Chacun de ces prophètes a eu une suite de sept lieutenants ou vicaires qui n'ont apporté aucune modification à sa doctrine, et qui, pour cette raison, sont nommés *Samet* ou silencieux ; le premier de ces vicaires porte cependant le nom d'*Asas* ou fondement : ainsi Simon-Pierre était l'Asas du Natec Jésus-Christ; Ali est l'Asas du Natec Mahomet. Voyez, au mot ASAS, la succession des sept Natecs et de leurs premiers vicaires.

NATHINÉENS (en hébreu *Nethinim*, les donnés). On appelait ainsi, chez les Israélites, certains individus tirés des peuples conquis, tels que les Gabaonites d'abord, et plus tard les Chananéens, qui étaient voués au service du tabernacle et du temple, où ils remplissaient les emplois les plus pénibles et les plus bas, comme d'y fendre le bois, porter l'eau et servir les lévites.

NATIGAI ou ITOGAY, divinité tutélaire et domestique des Tartares Mongols. C'est ce dieu qui, suivant eux, rend la terre féconde et protége les familles; ils mettent son image dans leurs cabanes, placent sa femme à côté de lui, et ses enfants devant lui. On le fait toujours dîner le premier avec toute sa famille; ce dîner consiste à leur frotter la bouche avec de la graisse. Les restes du repas sont jetés hors de la tente pour d'autres esprits inconnus, et il n'est permis à personne d'y toucher.

NATIO, divinité romaine qui présidait à la naissance des enfants, et que les femmes invoquaient pour obtenir une heureuse délivrance. Cicéron nous apprend qu'elle avait, dans le territoire d'Ardée, ville du Latium, des chapelles où on lui offrait des sacrifices.

NATIVITAIRES. On a donné autrefois ce nom, dans l'Eglise, à ceux qui enseignaient que la naissance divine de Jésus-Christ avait eu un commencement, et qui niaient l'éternité de sa filiation.

NATIVITÉ. 1° L'Eglise chrétienne célèbre solennellement trois nativités ou naissances : 1° celle de Jésus-Christ, appelée aussi la fête de NOEL (*Voy.* ce mot); 2° celle de la sainte Vierge, et 3° celle de saint Jean-Baptiste. On peut demander pourquoi elle célèbre la naissance de ces deux saints de préférence à tous les autres. C'est que tous les saints sont nés avec la souillure originelle, à l'exception de Marie, qui, suivant la croyance commune de l'Eglise, a été conçue sans péché; et de Jean-Baptiste, qui, d'après l'Evangile, a été sanctifié dès le sein de sa mère.

La Nativité de la sainte Vierge est célébrée le 8 septembre. Son institution remonte au moins au VII° siècle; car il est parlé, dans l'Ordre romain, des homélies et de la litanie qu'on y devait lire, suivant ce qui avait été décidé par le pape Sergius en 688, ainsi que d'une procession qui s'y faisait de l'église de Saint-Adrien à la basilique Libérienne, connue aujourd'hui sous le nom de Sainte-Marie-Majeure. Cependant il est probable qu'elle fut établie bien longtemps avant cette époque, car elle est également célébrée par les Grecs, les Syriens, les Coptes, les Ethiopiens, et par toutes les églises schismatiques de l'Orient.

La fête de la Nativité de saint Jean-Baptiste est aussi ancienne que l'Eglise, parce que la naissance miraculeuse du précurseur de Jésus-Christ est un des mystères de l'Evangile : c'est pourquoi elle est universellement célébrée dans l'Orient et dans l'Occident, et il en est fait mention dans les anciens Pères. Il est remarquable que cette fête est célébrée presque partout par un feu de joie que l'on allume la nuit précédente, et dont on a donné une multitude de raisons différentes. Celle qui nous paraît la plus plausible est que, cette solennité coïncidant avec le solstice d'été, époque de l'année où les païens célébraient par des feux de joie l'entrée du soleil dans le signe du Lion, l'Eglise chercha à christianiser cette coutume antique, que sans doute elle ne pouvait réussir à abolir. On en fit l'expression de la joie que, suivant l'oracle de l'Ecriture, la naissance de Jean-Baptiste a dû causer au monde, en annonçant la naissance prochaine du Verbe fait chair.

2° Les Musulmans célèbrent la fête de la Nativité de Mahomet. *Voy.* MEWLOUD.

NATT, divinité scandinave, personnification de la nuit (*night* en anglais, *nacht* en allemand). Elle était fille de la race des Géants, et se maria trois fois. De son dernier mariage elle eut *Dag*, le jour (*day, tag*), beau jeune homme, ressemblant à son père, qui était de la race divine des Ases. Natt et Dag ont reçu d'Odin chacun un chariot avec son attelage, dont ils se servent pour faire le tour de la terre dans l'espace de 24 heures; l'écume qui tombe du mors de *Rim-faxe*, courrier de la nuit, produit la rosée; la crinière de *Skin-faxe*, cheval du jour, illumine la terre et les cieux.

NATURALISME, système philosophique qui consiste à rejeter l'ordre surnaturel, à nier que l'homme ait été créé dans un état surnaturel et pour une fin surnaturelle, c'està-dire pour voir Dieu, posséder Dieu et vivre de la vie de Dieu. Il y a cependant un naturalisme plus relevé qui reconnaît et admet cette vision, cette possession de Dieu, et une vie surnaturelle et divine; mais il les regarde comme un des apanages de la nature humaine; il fait de la grâce une faculté de notre âme, de l'infini un attribut du fini, et de Dieu même un mode de l'humanité. Enfin, il y a un dernier naturalisme plus grossier, qui ne reconnaît dans le monde d'autre Dieu que la nature; ce dernier n'est autre chose que l'athéisme.

NATURE. Les anciens en avaient fait une divinité que les uns disaient femme, les autres sœur, les autres fille de Jupiter; d'autres fois une divinité bien connue est vénérée en certains pays comme symbole de la nature. C'était le rôle que jouaient la Diane d'Ephèse, la Junon de Samos, Cybèle et Cérès dans une multitude de contrées; la Mylitta des Babyloniens, la Baaltis ou l'Astarté des Syriens, l'Isis égyptienne, la Parvati, et en général les divinités femelles de la religion brahmanique, etc. — Suivant le système des Platoniciens, développé par Virgile en vers si brillants et si harmonieux, et reproduit depuis par Spinosa d'une manière bien moins séduisante, la Nature n'est autre chose que Dieu, qui n'est lui-même que l'assemblage de tous les êtres :

Jupiter est quodcunque vides, quodcunque movetur.

C'est la doctrine qui est enseignée encore à présent dans plusieurs écoles philosophiques, sous le nom de *Panthéisme*, qui est la religion de ceux qui n'en ont pas.

Le culte de la Nature a été certainement le fond et l'origine des religions antiques; dans le commencement cependant, lorsqu'on n'avait pas encore oublié les traditions patriarcales, on n'avait pas songé à la diviniser, et on ne reconnaissait point en elle le Dieu suprême; les hommages qu'on lui rendait formaient une espèce de culte commémoratif des bienfaits du Tout-Puissant; mais plus tard le symbole fut identifié avec son sujet, et prit la place de l'Être souverain dont il ne devait être que le signe. Or il ne faut qu'une légère déviation de la vérité pour précipiter dans un abîme d'erreurs sans fond; et peu à peu la nature et ses phénomènes finirent par être l'objet du culte dû au seul Créateur.

NAUTCHIS, troisième classe des dévadâsis ou bayadères de l'Inde : elles sont vouées au célibat par leur institution, mais elles n'en ont pas moins une conduite fort libre et déréglée. Leur emploi ne consiste guère qu'à exécuter, pour l'agrément de ceux qui les payent, des danses très-licencieuses.

NAVANITA-GANAPATI, une des formes sous laquelle les Hindous adorent le dieu Ganésa.

NAVARATRI, c'est-à-dire *la neuvième nuit*; fête que les Indiens célèbrent le neuvième jour de la lune de Kouar, en l'honneur de Dourga, de Saraswati et des principales déesses. *Voy.* DOURGA-POUDJA.

NAVISALVIA, déesse romaine dont on a retrouvé le nom dans des inscriptions. On l'invoquait apparemment, soit pendant les tempêtes, soit avant de se mettre en mer; ou peut-être ces inscriptions sont-elles des *ex-voto* pour avoir échappé au naufrage.

NAYIB, docteurs de la loi musulmane, qui, dans les îles Maldives, ont, chacun dans leur province, l'intendance de tout ce qui appartient non-seulement à la religion, mais encore à l'exercice de la justice. Chaque île qui contient plus de quarante-un habitants est gouvernée par un autre docteur nommé *Khatib*, et qui a sous lui les prêtres particuliers des mosquées. Leur revenu consiste dans une sorte de dîme qu'ils lèvent sur les fruits, et dans certaines rentes qu'ils reçoivent du roi. L'administration principale est entre les mains des nayibs, qui sont les seuls juges civils et criminels. Leur emploi les oblige à faire quatre fois l'année la visite des îles de leur district. Ils ont un supérieur qui réside dans l'île de Malé, et qui ne s'éloigne jamais de la personne du roi; il est distingué par le titre de *Pandiar*, et il est tout à la fois le chef de la religion et le juge souverain du royaume. On appelle à son tribunal de la sentence des nayibs; mais il ne peut prononcer de jugement dans les affaires importantes sans être assisté de trois ou quatre conseillers appelés *Mocouris*, parce qu'ils savent le Coran par cœur.

NAYIKAS, classe de nymphes de la mythologie hindoue.

NAZARÉENS. Trois communautés différentes ont porté ce nom :

1° Les Nazaréens (en hébreu נזיר *nazir*, *séparé*), étaient chez les Juifs une espèce de religieux ou de personnes consacrées solennellement au Seigneur. Le chapitre VI des Nombres contient les prescriptions imposées aux Nazaréens; la principale est l'abstention de vin et de toute espèce de liqueur enivrante; et dans la crainte sans doute qu'ils ne se laissent aller peu à peu à l'enfreindre, il leur est même défendu de goûter à tout ce qui provient de la vigne, même à un grain de raisin fraîchement cueilli ou séché, à une pellicule ou seulement à un pepin. La seconde prohibition leur défend de couper leurs cheveux, et la troisième de toucher à un corps mort et d'assister à aucunes funérailles, pas même à celles de leurs plus proches parents; car ils devaient s'abstenir de tout ce qui aurait pu leur faire contracter une souillure légale. Si le Nazaréen venait à encourir une souillure, son nazaréat était annulé; il fallait qu'il se présentât devant le prêtre, qui lui rasait la tête, offrait pour lui des sacrifices expiatoires, et le soumettait à une nouvelle consécration. Le nazaréat était ou temporaire ou perpétuel; dans le premier cas, il était ordinairement le résultat d'un vœu, et à l'expiration du terme, le Nazaréen offrait des sacrifices, se faisait couper les cheveux par le prêtre, qui les brûlait dans le feu du sacrifice. Le nazaréat perpétuel était souvent la conséquence d'un vœu fait par les parents avant la naissance de leurs enfants : Samson, Samuel, saint Jean-Baptiste étaient des Nazaréens perpétuels.

2° Dans les premiers siècles de l'Église, on appelait souvent les chrétiens Nazaréens; ce surnom n'avait rien d'injurieux, car c'était le nom de Jésus-Christ même, qui avait été appelé Nazaréen, tant parce qu'il avait été consacré à Dieu, que parce qu'il avait habité à Nazareth, pays de sa sainte mère. Les chrétiens sont encore appelés Nazaréens (*Nasranis*) par les Syriens, les Arabes, et par tous les Musulmans.

3° Enfin, on a donné le nom de Nazaréens à une secte du IIe siècle, demi-juive et demi-chrétienne. Ces derniers, considérant que Moïse et Jésus-Christ avaient donné chacun une loi particulière, et prouvé leur mission par des miracles, en concluaient qu'il fallait en même temps observer les prescriptions judaïques et obéir à l'Évangile. Mais comme, en voulant concilier deux partis opposés, ils ne réussirent qu'à se faire excommunier par les Juifs et par les chrétiens, ils ne tardèrent pas à se faire les ennemis des deux religions. Et comme les uns et les autres les réfutaient par des textes tirés tant de l'Ancien que du Nouveau Testament, ils en vinrent à soutenir que les Juifs avaient altéré la loi de Moïse, et les chrétiens l'Évangile. C'est pour cela sans doute qu'ils composèrent ou qu'ils accommodèrent un évangile à leur doctrine : on l'appela l'Évangile des Nazaréens; d'autres le citent sous le nom d'Évangile des douze apôtres. Il est probable que c'était l'Évangile de saint Matthieu, dans lequel ils avaient fait quelques suppressions et additions, lorsque, faisant ensuite cause commune avec les Ébionites, ils nièrent la divinité de Jésus-Christ et la virginité de sa sainte mère.

NAZILI, nom que les Mingréliens ou Géorgiens donnent au viatique que l'on porte aux malades. Les prêtres de ce pays le consacrent seulement une fois l'année, comme les Grecs, le jour du jeudi saint, en mémoire de la cêne du Seigneur. Mais, au lieu que les Grecs le conservent dans un ciboire d'or ou d'argent, ou dans quelque autre vase décent, ces prêtres mingréliens le mettent dans une bourse de toile ou de peau qu'ils portent attachée à leur ceinture partout où ils vont. Quand ils se déshabillent ou se couchent, ils la mettent sous leur chevet ou avec leurs habits. Lorsqu'un malade demande le viatique, ils le lui portent, ou bien, s'ils n'en ont pas le temps, ils le lui envoient par la personne même qui est venue les avertir, soit homme, femme ou enfant. Or, comme ce Nazili est quelquefois fort dur, parce qu'il est confectionné depuis longtemps, on le prend avec les mains pour le casser en petits morceaux, sur un plat ou sur une pierre, sans se mettre en peine des parcelles qui peuvent s'égarer; on le trempe dans un peu de vin, et on le donne à boire au malade. Cependant peu de gens prennent ce viatique, parce qu'on croit qu'il est de mauvais augure; c'est pourquoi, au lieu de le donner à avaler, on le jette dans le vin d'une bouteille ou d'un autre vase, et on le laisse dans un coin. On observe seulement ce qu'il devient, sur quoi on juge de l'issue de la maladie; car si le nazili va au fond du vase, c'est un signe que le malade mourra; si au contraire le nazili surnage, c'est un présage favorable. Le nazili est fait de farine, de vin et de sel; on n'y met point d'eau comme au pain eucharistique, parce que, disent-ils, s'il y en avait, ce pain ne durerait pas toute l'année. A la fin de l'année, les prêtres qui ont du nazili de reste, le portent sur l'autel et l'abandonnent à tout ce qui peut arriver.

Ces détails se lisent dans la relation du P. Zampi, insérée dans les voyages de Chardin; ils paraissent empreints d'exagération, comme la relation entière de ce religieux, qui semble chercher à dénigrer tous les usages des Mingréliens; au surplus, nous avons lieu de croire que, sous l'influence de la Russie, les Géorgiens ont modifié leurs coutumes mauvaises, et qu'ils traitent maintenant les sacrements avec plus de décence.

NAZIR. Les Juifs appellent de la sorte les personnes consacrées au Seigneur, qui doivent s'abstenir de boire du vin, de se couper les cheveux et de toucher à un cadavre. Ils disent proverbialement : « Nazir, va partout où il te plaît, mais n'approche pas de la vigne; » ce qui signifie qu'il faut fuir les occasions de péché. Voy. NAZARÉENS.

NÉANT (du latin philosophique ne ens), le non-être, la négation de l'existence. On peut à peine concevoir que ce qui n'existe pas ait pu recevoir un nom dans le langage; car presque partout où il se trouve il constitue un non-sens. Le mot néant est cependant très-commode dans le discours, pourvu qu'on l'entende d'une manière large et qu'on ne le prenne pas dans sa stricte signification. Ainsi cette expression si commune : *L'homme a été tiré du néant*, ne doit pas être prise en ce sens que le néant serait l'origine de l'homme, ou que celui-ci aurait été formé de la négation de la substance; ni que l'homme a passé de l'état de non-existence à l'état d'existence, car pour passer ainsi il faut déjà exister; mais elle signifie seulement que l'homme a été amené à l'existence sans qu'aucun être préexistant ait concouru à la composition de ses facultés spirituelles ou de ses organes sensibles. A ce sujet nous croyons devoir rapporter ici ces belles réflexions de M. Bonnetty, dans les *Annales de Philosophie chrétienne*, n° 110, 3ᵉ série :

« Nous n'aimons guère cette définition qui nous dit que l'homme a été tiré du néant, non qu'elle ne soit exacte en elle-même, mais c'est parce qu'elle a été prise en un sens faux. En effet, l'homme, cet être qui, lorsqu'il est arrivé à un certain degré d'affaiblissement d'esprit et de cœur, cherche tous les moyens pour s'éloigner de Dieu, s'est fait du néant une espèce de divinité à laquelle il a voué tout son être. A ceux qui lui ont dit qu'il avait été tiré du néant, il a répondu : Eh bien ! puisque je suis le fils du Néant, je veux retourner à mon père; et il s'est complu dans cette filiale pensée, et il a renié son Dieu, seul être universel, pour se vouer au non-être, au néant, et il s'est réjoui de cette fantastique filiation. Dans sa lâcheté et sa paresse, il s'est endormi en pensant avec délices à ce père, qui n'aura à lui demander aucun compte de sa vie. C'est là une erreur bien déplorable. A ces hommes il ne faut donc pas dire qu'ils sont sortis du néant, car cela est inexact dans le sens qu'ils y attachent; il faut leur dire qu'ils sont sortis de la volonté de Dieu. Cette expression est bien plus exacte que l'autre, elle est plus noble pour nous, et surtout elle nous tient mieux entre les mains du pouvoir de Dieu. Il faut que l'homme sache que, sorti de la volonté de Dieu, il retombera, à la fin des temps, dans cette même volonté qui lui demandera compte de sa vie. »

NÉBAHAZ, dieu des Hévéens. Voy. NABKHAZ.

NÉBRODA, prince de l'impureté, selon les Manichéens. Ces hérétiques avançaient que Nébroda avait créé Adam et Eve, conjointement avec un autre esprit nommé Sacla.

Les Grecs donnaient à Bacchus le surnom de *Nebrodes*, du mot νεβρίς ou νεβρός, peau de faon ou de biche, parce que Bacchus était revêtu de la peau d'un de ces animaux, ainsi que les faunes, les bacchantes, etc.

NÉCESSARIENS. On donne ce nom à tous ceux qui prétendent que les êtres raisonnables agissent en vertu d'une nécessité, physique selon les uns, morale selon les autres. La nécessité morale suppose un pouvoir actif différent de la matière. Jonathan Edwards, dans son traité sur le Libre Arbitre, soutient que les effets moraux résultent aussi infailliblement de leurs causes morales, que les effets physiques de leurs causes matérielles; il rejette toute notion de liberté qui supposerait contingence ou indifférence de la part de l'agent, et définit la liberté la faculté d'agir à son gré, qu'il trouve concordante avec la nécessité morale. Dieu, par sa prescience, a vu cette connexité entre la cause et l'effet qui en résulte infailliblement, quoique la volonté des agents exclue nécessité. Il en est de même en Dieu et dans l'âme de Jésus-Christ, qui était prédéterminée inévitablement au bien. L'inhabilité des pécheurs au bien ne les exempte pas du crime. Edwards prétend que ce système est le seul *scriptural*, ou conciliable avec l'Ecriture sainte.

Lord Kaims trouve, dans le monde moral comme dans le monde physique, une liaison immuable entre les causes et les effets : rien, à proprement parler, n'est contingent ; Dieu a doué l'homme d'une sorte de liberté illusoire, qui lui persuade qu'il agit spontanément. Il peut être à cet égard dans la même erreur que sur la représentation des objets extérieurs ; vus par nos yeux ou au microscope, ils présentent beaucoup de différence.

La différence entre Edwards et Kaims consiste en ce que Kaims regarde cette nécessité morale comme inconciliable avec la liberté ; il applique également le terme d'inévitable à la nécessité morale ou naturelle. Si l'homme avait une notion claire de la nécessité réelle de ses actions, toute idée de mérite ou de blâme disparaîtrait à ses yeux. Edwards prétend, au contraire, accorder la nécessité morale avec la liberté : cette nécessité morale doit être appelée *certaine* et non *inévitable*, comme la connexion entre la cause et l'effet physique. Cette nécessité se concilie avec les récompenses et les châtiments.

Ce système, moitié religieux, moitié philosophique, a été modifié par Samuel Hopkins. *Voy.* HOPKINSIENS.

NÉCESSITÉ. Les anciens en avaient fait une divinité, dont la volonté et la puissance étaient absolues; son empire s'étendait à tout l'univers ; les dieux et Jupiter lui-même étaient forcés de lui obéir. On la disait fille de la Fortune ; elle avait à Corinthe un temple où ses prêtresses seules avaient la faculté d'entrer. On la représentait souvent à côté de la Fortune, sa mère, avec des mains de bronze, dans lesquelles elle tenait de longues chevilles, d'énormes coins, des crampons de fer, symbole de son pouvoir insurmontable et de la force avec laquelle elle entraîne les humains.

Platon la représente avec des couleurs très poétiques. Il imagine un fuseau de diamant, qui touche d'un bout à la terre, pendant que l'autre extrémité se perd dans les cieux. La Nécessité, assise sur un trône élevé, tient ce fuseau entre ses genoux ; et les trois Parques, placées au pied de l'autel, le tournent avec leurs mains.

La Nécessité est souvent prise chez les poëtes pour le Destin à qui tout obéit. C'est en ce sens qu'ils font les Parques ses filles. Les philosophes eux-mêmes confondaient les Parques avec le Destin, la Nécessité, Adrastée et Némésis.

NÉCROLOGE, registre d'un chapitre ou d'une communauté religieuse, qui contient le nom des bienfaiteurs décédés, des abbés, prieurs, religieux, chanoines, dignitaires, ou autres personnes qui ont laissé des fondations, etc. On lit publiquement ce nécrologe à l'office capitulaire qui suit l'office de Prime, et on récite ensuite le psaume *De profundis* pour le repos de l'âme de ceux dont on vient de rappeler l'anniversaire de la mort.

NÉCROMANCIE ou NÉCYOMANCIE, divination par laquelle les anciens prétendaient évoquer les morts, pour les consulter sur l'avenir. Elle était fort en usage chez les Grecs, et surtout chez les Thessaliens ; ils arrosaient de sang chaud un cadavre, et prétendaient ensuite en recevoir des réponses certaines sur l'avenir. Ceux qui le consultaient devaient auparavant avoir fait les expiations prescrites par le magicien qui présidait à cette cérémonie, et surtout avoir apaisé par quelques sacrifices les mânes du défunt, qui, sans ces préparatifs, demeurait constamment sourd à toutes les questions. Delrio distingue deux sortes de nécromancie : l'une était en usage chez les Thébains, et consistait en un sacrifice et en enchantement : on en attribue l'origine à Tirésias ; l'autre était pratiquée par les Thessaliens, comme on l'a vu plus haut. Il est bon d'observer que ce que les anciens prétendaient évoquer par la nécromancie n'était proprement ni le corps ni l'âme du défunt, mais une sorte d'image que les Grecs appelaient εἴδωλον, figure, et les Latins, *umbra*, ombre. C'est ce simulacre qui descendait aux Champs-Elysées, pendant que l'âme montait quelquefois dans l'Olympe. C'est ainsi qu'Homère nous montre Ulysse trouvant l'ombre d'Hercule dans les Champs-Elysées, pendant que ce héros était dans le séjour des dieux. On peut consulter la nécyomancie de l'Odyssée et celle de la Pharsale, pour avoir une idée des rites et des cérémonies employés dans les évocations. Lucain en compte trente-deux. Nous avons de Lucien un dialogue intitulé *Nécromancie*, dans lequel cet auteur suppose que le philosophe Ménippe, las d'avoir cherché inutilement la vérité sur la terre, et de n'y trouver qu'obscurité et contradictions, prend enfin la résolution de descendre aux enfers pour y consulter le devin Tirésias. De retour sur la terre, il raconte à son ami Philonide la manière dont il était parvenu dans le royaume des ombres ; nous allons donner ce passage, car, bien que le sceptique grec ne parle qu'en plaisantant de cette superstition, son récit contient vraisemblablement les rites principaux employés par les nécromanciens de son temps.

« Comme je rêvais là-dessus nuit et jour, dit Ménippe, il me prit envie d'aller à Babylone consulter quelques mages des disciples de Zoroastre, parce qu'on disait que, par des charmes et des sortiléges, ils ouvraient la porte des enfers, et faisaient entrer et sortir qui il leur plaisait. Mon dessein était de consulter Tirésias, qui, étant sage et prophète tout ensemble, me pourrait enseigner, mieux que nul autre, quelle était la meilleure vie, et celle qu'un honnête homme devait choisir. Je fis donc marché avec l'un d'eux, nommé Mithrobarzanes, qui avait de longs cheveux et une longue barbe blanche, et obtins de lui, avec beaucoup de peine, qu'il voulût être mon guide dans une entreprise si hasardeuse. Il me prit et me lava dans l'Euphrate un mois entier, selon le cours de la lune, commençant au lever du soleil, le visage tourné vers l'orient, et marmottant une longue oraison, comme ces sergents enroués qui parlent si vite et si mal qu'on ne les entend pas. Je pense toutefois qu'il invoquait les démons. Après avoir fait toutes ses conjurations, il me cracha au nez par trois fois, et me ramena, sans regarder personne, par le même chemin. Cependant il ne me donnait à manger que du gland, et à boire que du lait et de l'hydromel, ou de l'eau du fleuve Coaspès. Nous avions la terre pour lit et le ciel pour couverture. Lorsque je fus bien préparé de la sorte, il me mena, sur le minuit, au bord du Tigre, et, m'ayant bien lavé et nettoyé, il fit quelques cérémonies de purification avec une torche, de l'oignon marin et plusieurs autres choses, marmottant toujours cette longue oraison. Lorsque je fus bien enchanté et tournoyé, il me ramena au logis en me faisant marcher à reculons, pour n'être point endommagé par les fantômes. Le reste de la nuit fut employé à nous préparer au départ. Il mit donc une longue soutane de magicien, et m'arma d'une massue, d'une lyre et d'une peau de lion, avec recommandation, si l'on me demandait mon nom, de ne pas dire Ménippe, mais Ulysse, Hercule ou Orphée. Il croyait que nous passerions mieux sous le nom de ces héros, qui sont connus dans les enfers, que sous le nôtre. Le jour venu, nous descendîmes à la rivière pour nous embarquer, car il avait préparé un bateau et des victimes, avec les autres choses nécessaires pour le sacrifice. Après que nous eûmes chargé notre petit fardeau, nous entrâmes tristes et dolents, comme dit le poëte, quittant à regret le rivage. Nous n'eûmes pas vogué longtemps, que nous descendîmes dans le lac où l'Euphrate se perd, et de là dans une terre déserte et si couverte de bois qu'on n'y voyait goutte. Je mis pied à terre sous la conduite du mage; et, après avoir creusé une fosse, nous y égorgeâmes nos victimes et épanchâmes le sang tout autour. Pendant tous ces mystères, il tenait une torche allumée, et invoquait ensemble tous les démons, les Peines, les Furies, la nocturne Hécate, et la redoutable Proserpine, entremêlant parmi ses discours de grands mots barbares et inconnus, criant à pleine tête, et non plus entre ses dents, comme auparavant. Tout à coup la forêt tremble par la force de l'enchantement; la terre se fend, et l'on entend de loin les cris de Cerbère. L'enfer peu à peu se découvre, avec le lac brûlant, le fleuve de feu, et le manoir de Pluton, qui tremblait jusque sur son trône. Nous entrons par cette ouverture, et trouvons Rhadamanthe à demi mort de frayeur,

Cerbère aboyant, et tout prêt à nous dévorer; mais je l'endormis aisément au son de ma lyre. Lorsque nous fûmes à la barque de Caron, nous faillîmes ne point passer, tant elle était pleine : ce n'étaient que gens blessés, l'un à la jambe, l'autre à la tête, comme au retour d'un combat; mais aussitôt qu'il nous vit, et qu'il aperçut la peau de lion et la massue, s'imaginant que j'étais Hercule, il nous fit faire place et nous passa à l'autre bord; ensuite il nous montra le chemin. Mithrobarzanes marchait devant, parce qu'on ne le voyait goutte, et je le suivais pas à pas, le tenant par sa robe, jusqu'à ce que nous arrivâmes dans un pré qui était tout planté d'asphodèles, où nous fûmes incontinent environnés d'ombres murmurantes. Nous passâmes outre jusqu'au tribunal de Minos, qui avait à ses côtés les démons, les Peines et les Furies, avec une nombreuse troupe de coupables, d'adultères, d'hypocrites, de flatteurs, etc. Nous demeurâmes là quelque temps à entendre leurs défenses; mais ils étaient accusés par de plaisants orateurs. Te souvient-il de ces ombres que produisent les corps lorsqu'ils sont opposés au soleil? Ce sont là nos accusateurs après notre mort, et les fidèles témoins de tout ce que nous avons fait au monde, comme ceux qui ne nous ont point abandonnés pendant le c de oursnotre vie, etc. »

NECTAR, breuvage délicieux réservé aux divinités de l'Olympe. Sapho le prend pour un aliment, mais tous les autres poëtes en parlent comme d'une liqueur. Homère donne l'épithète de rouge à celui que Ganymède versait au maître du tonnerre. Hébé le servait aux autres divinités.

NÉCUS ou NÉCYS, divinité adorée autrefois en Espagne : on croit que c'était le dieu Mars. On le représentait la tête rayonnante. D'autres articulent son nom *Néton* ou *Nicon*.

NÉCYSIES (du mot νέκυς, mort), fêtes solennelles que les Grecs célébraient en l'honneur des morts. Elles avaient lieu dans le mois anthestérion, qui correspond en partie à celui de février, consacré également par Numa à la mémoire des ancêtres. Les Romains, aussi bien que les Grecs, s'imaginaient que les ombres sortaient des enfers pour assister à cette solennité, et que les portes en étaient ouvertes tant que la fête durait. Pendant ce temps le culte des autres divinités était suspendu, leurs temples étaient fermés, et l'on évitait de célébrer les mariages durant ces jours lugubres. On y offrait des sacrifices à la Terre; les Bithyniens y invitaient les ombres des morts en les appelant à haute voix par leur nom, lorsqu'ils leur rendaient les derniers devoirs.

NEDJARIS, hérétiques musulmans, qui tirent leur dénomination de Mohammed, fils de Hoséin-el-Nedjar. Ils s'accordent avec les Sunnites ou orthodoxes dans l'opinion que les actions sont créées, et que la demande de l'obéissance doit accompagner l'action. Mais ils s'accordent avec les Schiites en niant les attributs positifs, et en soutenant que la parole de Dieu n'est pas éternelle, que le Coran a été produit dans le temps. Ils sont subdivisés en trois branches, les *Berghoussiyés*, les *Zaferanis* et les *Mostedrikis*, qui diffèrent seulement dans leurs opinions sur la parole de Dieu.

NÉDUSIE, un des surnoms de Minerve; on ignore son origine : les uns pensent qu'il vient du fleuve Néda, sur les bords duquel elle avait un temple célèbre ; d'autres le tirent d'une chapelle que Nestor lui avait élevée à Nédon à son retour de Troie.

NÉÉRA, déesse aimée du Soleil : elle eut de lui deux filles, Phaétuse et Lampétie, qu'elle envoya habiter l'île de Trinacrie, et prendre soin des troupeaux de leur père. Il ne faut pas la confondre avec Nééra, femme de Céléus, et mère du fameux Triptolème.

NEF (du mot *navis*, vaisseau, ou plutôt de l'attique ναὸς pour νεώς, temple); on donne ce nom à cette partie d'une église qui s'étend entre les colonnes ou piliers, depuis la balustrade du chœur jusqu'à la porte principale. Autrefois la nef était destinée aux chantres, aux religieux et aux différents officiers du chœur, mais maintenant elle est abandonnée aux laïques.

NÉGHIS, prêtres séculiers qui desservent les miyas, ou temples japonais dédiés aux Kamis. Ce sont des laïques distingués des autres par une robe blanche ou jaune qu'ils mettent par-dessus leurs vêtements ordinaires. Ils portent un bonnet en forme de barque, garni de franges et de cordons plus ou moins longs, selon leur grade ; ils se rasent la barbe et laissent croître leurs cheveux. Plusieurs d'entre eux sont mariés et demeurent avec leur famille auprès des temples confiés à leurs soins. Quand ils n'ont point de cérémonie religieuse à remplir, leur costume ne diffère en rien de celui du public. Les Néghis sont sous l'autorité immédiate du Daïri, qui nomme leur général, avec pouvoir de conférer des titres et des honneurs non-seulement aux membres de son clergé, mais même aux divinités, aux idoles et aux âmes des défunts. *Voy.* KANOUSIS.

NEGORI, ordre religieux du Japon, qui fait profession d'honorer d'une manière particulière un saint bouddhiste, nommé Ko-bo-daï-si, et qui passait pour être très-habile dans la magie et dans les sciences secrètes. (*Voy.* KO-BO-DAÏ-SI.) Cette congrégation a été fondée par un disciple du saint personnage. Les Négoris se vantent d'avoir hérité de la puissance de leur maître sur les mauvais esprits, et de pouvoir livrer aux démons, par le moyen de certaines paroles, ceux qu'ils veulent punir. Ils prétendent que Ko-bo-daï-si n'est pas mort, mais qu'il vit retiré dans une caverne, dont il doit sortir un jour pour combattre Mirotsou, espèce d'Antechrist. On a bâti un grand nombre de temples en son honneur. Les Négoris sont divisés en trois classes : la première, qui est la moins nombreuse, se compose des religieux proprement dits ; ils s'appliquent au culte des divinités bouddhiques et aux cérémonies de la religion. La seconde fait profession de porter les armes, et la troisième s'occupe à les forger. Les soldats Négoris passent pour être fort bien disciplinés. Les anciennes relations disent qu'ils sont si nombreux, qu'on peut lever parmi eux, en trois ou quatre heures, au son d'une cloche qui s'entend de fort loin, une armée de 30,000 hommes. C'est ce qui oblige les souverains à leur faire de grands dons, pour les avoir toujours à leur disposition. Tous les Négoris sont soumis à un supérieur, élu par eux à l'unanimité des voix.

NEHALLÉNIE, déesse dont on a trouvé plusieurs statues dans l'île de Walcheren en Zélande, l'an 1646, avec des inscriptions. Elle est tantôt debout, tantôt assise, a l'air jeune, et porte un vêtement qui la couvre depuis la tête jusqu'aux pieds. Les symboles qui l'environnent sont ordinairement une corne d'abondance, des fruits qu'elle porte sur son giron, un panier, un chien. On a encore trouvé des monuments de cette déesse en France, en Angleterre, en Italie, en Allemagne. Parmi les savants, les uns ont cru que Néhallénie était la nouvelle lune ; les autres, avec plus de vraisemblance, ont pensé que c'était une des déesses mères, divinités champêtres, auxquelles conviennent tous les attributs qui l'accompagnent. Neptune se trouve joint trois fois aux figures de Néhallénie, ce qui a fait croire aussi que c'était une déesse marine, et qu'on l'invoquait pour obtenir une heureuse navigation.

NEHAM, divinité adorée à Halle en Allemagne. C'était, suivant Keisler, la même que Néhallénie.

NÉHÉMIE, 1° saint personnage de l'Ancien Testament, qui a écrit, sinon en totalité, du moins en partie, un livre qui porte son nom, mais qui est cité plus souvent sous le titre de second livre d'Esdras. *Voy.* ESDRAS.

2° Les Talmudistes donnent le nom de Néhémie au premier des deux Messies qu'ils attendent. Ce Néhémie, fils de Haziel, de la famille de Joseph et de la tribu d'Ephraïm, sera pauvre, misérable, homme de douleur. Malgré son peu d'apparence, il rassemblera de toutes les extrémités de la terre les tribus d'Ephraïm, de Manassé, de Benjamin, et une partie de celle de Gad. A la tête de cette armée formidable, il fera la guerre aux Romains et aux chrétiens, détruira la ville de Rome, et ramènera les Juifs en triomphe à Jérusalem. Ses prospérités et ses succès seront traversés par l'Antechrist Armillaüs, qu'il vaincra d'abord et qu'il fera prisonnier ; mais Armillaüs s'échappera, remettra sur pied une nouvelle armée, et remportera une victoire complète. Néhémie perdra la vie dans la bataille, mais non pas par la main des hommes, et il sera ressuscité par le second Messie. *Voy.* MESSIE.

NÉIBAN, la béatitude finale, suivant les Bouddhistes de la Birmanie (les Hindous l'appellent *Nirvana*). Cette béatitude consiste dans l'absence de tout sentiment de plaisir ou de peine, et par conséquent dans la privation de l'existence. « *Néiban*, dit l'abbé Bigandet, est un mot pali qui signifie repos, ou plus exactement *exemption de tout ce qui empêche le repos*. On dit d'un être exempt de passions, qu'il est arrivé au néiban de ses passions. On distingue trois sortes de néibans. Celui dont il s'agit se nomme *Khanda-Néiban*. Khanda signifie un être animé. Cinq choses constituent un être animé, quel qu'il soit : la matérialité, la sensation, la perception, la volonté et l'intellect. Ainsi le néiban de Khanda est l'exemption totale de ces cinq parties constitutives d'un être animé. Arriver au néiban, c'est arriver à la destruction de ce qui constitue l'être. Ailleurs le néiban est défini la fin de l'être, *finis essendi*, c'est-à-dire cet état où le destin, l'âme avec ses passions bonnes ou mauvaises, les saisons, les sensations corporelles cessent d'agir. Or, quiconque comprend le système bouddhiste saura apprécier cette définition.

« De l'aveu de tout le monde, celui qui est dit arriver au néiban sort de l'échelle des êtres. Mais les Bouddhistes ne conçoivent rien au delà des êtres qui existent dans les trente-un états (qui comprennent tout ce qui existe). Au delà ils n'imaginent ni place, ni lieu, ni être, ni état. Ils disent tous, sans exception, qu'au-dessus des cieux invisibles est le vide, au-dessous de l'enfer est le vide, que le monde, pris dans sa plus ample signification, est environné par le vide. Par conséquent, sortir de l'échelle des êtres, c'est entrer dans le vide, ou, en d'autres termes, c'est se perdre et s'anéantir..... Les Birmans de toutes les classes déclarent unanimement que le néiban est la délivrance des vicissitudes de l'existence, de l'influence des bonnes et mauvaises œuvres, l'exemption de plaisir et de peine, la disparition, la fin de l'être, etc., etc., expressions qui tendent à laisser voir que le néiban est l'anéantissement de l'être. » *Voy.* NIRVANA.

NEIHT, 1° déesse égyptienne de premier ordre, qui devint le type d'une des principales divinités grecques. En effet, le grand dieu qui, en Egypte, porta les noms d'Amon, Amon-Ré, Knef ou Knouphis, fut le principe générateur mâle de l'univers; et le principe générateur femelle de la nature entière fut symbolisé dans la personne de Neith.

« Ces deux principes étroitement unis, dit M. Champollion-Figeac, ne formaient qu'un seul tout dans l'être premier qui organisa le monde. De là vient que les Egyptiens considéraient Neith comme un être à la fois mâle et femelle, et que le nom propre de cette divinité exprimait en langue égyptienne, comme nous l'apprend Plutarque, l'idée : *Je suis venue de moi-même*.

« La déesse Neith occupait la partie supérieure du ciel. Inséparable du Démiurge, elle participa à la création de l'univers, et présidait à la génération des espèces : c'est la force qui meut tout.

« Le culte de cette divinité, général dans toute l'Egypte, comme les monuments le prouvent, était spécialement en honneur dans la ville principale de la basse Egypte, à Saïs, où résidait un collège de prêtres. Le temple de la déesse portait l'inscription fameuse : *Je suis tout ce qui a été, tout ce qui est, et tout ce qui sera. Nul n'a soulevé le voile qui me couvre. Le fruit que j'ai enfanté est le soleil.* Il serait difficile de donner une idée plus grande et plus religieuse de la divinité créatrice. »

Dans la fête célébrée en son honneur, on allumait des lampes dans toutes les maisons qui entouraient la place où se faisait le sacrifice solennel. Hérodote dit que ces lampes avaient une signification secrète. Le chef des prêtres de la déesse était appelé *Pantoneith*. Le symbole vivant de cette divinité était la brebis.

« Neith était le type de la force morale et de la force physique, dit encore M. Champollion. Elle présidait à la sagesse, à la philosophie et à l'art de la guerre : c'est pour cela que les Grecs crurent reconnaître, dans la Neith de Saïs, leur Athénée, la Minerve des Latins, divinité également protectrice à la fois des sages et des guerriers.

« Selon les débris de la doctrine égyptienne, épars dans les écrits des derniers Platoniciens et dans les livres hermétiques, la déesse Neith, ou la Minerve égyptienne, ne formait qu'un seul tout avec le Démiurge Amoun, à l'époque même qui précéda la création des âmes et celle du monde physique. C'est en la considérant dans cet état d'absorption en l'Être premier, que les Egyptiens qualifièrent Neith de divinité à la fois mâle et femelle. Le monde étant composé de parties mâles et de parties femelles, il fallait bien que leurs principes existassent dans le dieu qui en fut l'auteur. Aussi, lorsque le moment de créer les âmes et le monde arriva, Dieu, suivant les Egyptiens, *sourit*, ordonna que la nature fût, et à l'instant il procéda de sa voix un être femelle parfaitement beau (c'était là nature, le principe femelle, Neith), *et le père de toutes choses la rendit féconde*. On retrouve dans cette naissance de Neith, émanation d'Ammon, la naissance même de l'*Athénée* des Grecs (dont le nom est presque l'anagramme de Neith), sortie du cerveau de Zeus.

2° Les Gaulois honoraient une divinité du même nom, et lui consacraient tous les ans des animaux, des étoffes précieuses, des fruits, de l'or et de l'argent. On la croyait irascible et d'une bonté fort équivoque; opinion qui convenait assez au maître d'un élément perfide, car Neith était adoré comme le dieu des eaux. Il y avait dans le lac de Genève un rocher qui lui était consacré et qui porte encore le nom de Neiton.

NÉKID, ange qui, suivant les Talmudistes, préside aux aliments et particulièrement au pain.

NÉLÉIDIES, fêtes instituées en l'honneur de Diane, par Nélée, roi de Pylos.

NÉMANOUN, divinité syrienne, que Plutarque semble identifier avec Astarté et Minerve. Court de Gébelin pense qu'elle n'était autre que la Lune, et propose de lire *Lebanoun*, nom qui en effet signifierait *la lune* dans la langue phénicienne. Plutarque lui donne *Suasis* pour époux.

NEMBOUTS-KOO. Les Japonais donnent ce nom aux membres d'une certaine confrérie, qui se rendent tour à tour dans les maisons de leurs confrères, de leurs parents, de leurs voisins ou de leurs amis, pour chanter le *Namanda*, à l'intention des âmes des défunts, ou pour le soulagement de leurs propres âmes, lorsqu'elles auront quitté leur corps. Le mot *Nembouts* est, comme le *Namanda*, une formule abrégée pour *Nama Amida Bouts*, adoration à Amida Bouddha! que l'on récite fréquemment pour le repos des âmes décédées. *Voy.* NAMANDA.

NEMDA, lieu de dévotion et de pèlerinage, chez les Tartares Tchérémisses. Il est spécialement consacré au culte des démons et des esprits malfaisants. Les populations d'alentour viennent leur rendre leurs hommages et leur apporter des offrandes. On ne se présente jamais devant eux les mains vides, autrement on périrait infailliblement de langueur.

NÉMÉEN, surnom de Jupiter, pris du culte qu'on lui rendait à Némée depuis qu'Hercule lui avait consacré les jeux de ce nom. Les Argiens faisaient des sacrifices à Jupiter Néméen, et c'était à eux qu'appartenait le droit d'y élire un prêtre. Au reste, le surnom de Néméen se donnait aussi à Hercule, qui avait vaincu le lion de la forêt de Némée. *Voy.* HERCULE, *premier travail.*

NÉMÉENS. Les jeux Néméens étaient comptés entre les plus fameux de la Grèce : ils furent institués, dit-on, par Hercule, après qu'il eut tué le lion de Némée, et en mémoire de sa victoire. Pausanias dit que ce fut Adraste, un des sept chefs de la première guerre de Thèbes, qui en fut l'auteur; d'autres racontent que ce fut pour honorer la mémoire du jeune Opheltē, ou Archémore, fils de Lycurgue, que les sept chefs Argiens célébrèrent ces jeux; d'autres enfin prétendent qu'ils furent consacrés à Jupiter Néméen. Quelle qu'ait été leur origine, il est certain qu'on les célébra longtemps dans la Grèce, de trois en trois ans. C'étaient les Argiens qui les faisaient faire à leurs dépens dans la forêt de Némée, et qui en étaient les juges. Ils jugeaient, dit-on, en habit de deuil, pour marquer l'origine de ces jeux. Il n'y eut d'abord que deux exercices, l'équestre et le gymnique ; on y admit ensuite les cinq sortes de combats, comme dans les autres jeux. Les vainqueurs, au commencement, étaient couronnés d'olivier, ce qui dura jusqu'au temps des guerres contre les Mèdes. Un échec que les Argiens reçurent dans cette guerre fit changer l'olivier en ache, herbe funèbre. Aussi les jeux Néméens ont-ils passé pour des jeux funéraires.

NÉMÉONIQUES, vainqueurs dans les jeux Néméens. Leur récompense était une simple couronne d'ache ; mais plusieurs ont eu la gloire d'être immortalisés par les vers de Pindare.

NÉMÉSÉES ou NÉMÉSIES, fêtes instituées en l'honneur de Némésis. Elles étaient funèbres, parce qu'on croyait que Némésis prenait même les morts sous sa protection, et qu'elle vengeait les injures faites à leurs tombeaux. On y faisait aussi des expiations en faveur de ceux qui avaient abusé des présents de la fortune ou des dons de la nature.

NÉMÈSES, divinités qui, selon Hygin, étaient filles de l'Erèbe et de la Nuit. Quelques-uns les confondent avec les Euménides. Elles étaient en grande vénération à Smyrne, ville qu'Alexandre avait fondée sur la foi d'une apparition de ces déesses qui le lui avaient ordonné en songe. Hésiode a distingué aussi deux Némèses : l'une était la Pudeur, qui retourna au ciel après l'âge d'or ; l'autre resta sur la terre et dans les enfers, pour la punition des méchants. Ces deux divinités, invoquées principalement dans les traités de paix, assuraient la fidélité des serments. On les représentait ailées, avec une roue sous les pieds, symbole des vicissitudes humaines, propres à rappeler l'homme orgueilleux aux sentiments de modération et de justice. Souvent les Némèses tiennent un frein pour arrêter les méchants, ou un aiguillon pour exciter au bien. Elles approchent un doigt de leur bouche, pour apprendre qu'il faut être discret ; et le frein qu'elles portent annonce surtout qu'il en faut toujours mettre un à ses discours. La plupart de ces attributs conviennent à Némésis. (Noël, *Dictionnaire de la Fable.*)

NÉMÉSIS, déesse de la vengeance divine ; elle était fille de Jupiter et de la Nécessité, ou, selon d'autres, de l'Océan et de la Nuit. Ammien-Marcellin la dit fille de la Justice. « Cette divinité redoutable, élevée dans les cieux, dit Noël, regardait du haut d'une éternité cachée tout ce qui se passait sur la terre, veillait en ce monde à la punition des coupables, et les châtiait dans l'autre avec la dernière rigueur. Ses punitions étaient sévères mais équitables, et personne n'était à l'abri de ses coups. Cette divinité, souveraine des mortels, juge des motifs secrets qui les faisaient agir, commandait même à l'aveugle Destin, et faisait à son choix sortir de l'urne de ce dieu les biens ou les maux. Elle se plaisait à courber les têtes orgueilleuses, à humilier ceux qui manquaient de modération dans la prospérité, ceux que la beauté et la force du corps ou les talents rendaient trop fiers, et ceux qui désobéissaient aux ordres des personnes qui avaient droit de leur en donner. Ministre de la justice, elle avait une inspection spéciale sur les offenses faites aux pères par les enfants. C'était elle enfin qui recevait les vœux secrets de l'amour dédaigné ou trahi, et qui vengeait les amantes malheureuses de l'infidélité de leurs amants.

« Une déesse si redoutable devait avoir un grand nombre d'autels. Regardée par plusieurs comme la puissance solaire, son empire s'étendait sur le globe entier, et son culte s'était universellement répandu. Elle était honorée des Perses, des Assyriens, des Babyloniens, des peuples d'Ethiopie, originaires d'Égypte. Elle avait, au rapport de Pline, dans le Labyrinthe, près du lac Mœris, quinze chapelles qui lui étaient dédiées; on ne pouvait mieux placer cette déesse distributrice des punitions et des récompenses, que dans le Tartare égyptien, c'est-à-dire au lieu où l'opinion publique plaçait la demeure dernière des bons et des méchants. Son culte fut porté dans la Grèce par Orphée : on l'adorait surtout à Rhamnus (bourg de l'Attique, d'où son nom de *Rhamnusie*), à Samos, à Side, à Ephèse, à Smyrne. L'Italie reconnut aussi sa puissance, et la plaça au rang des divinités principales, sous le nom grec de Némésis. A Rome, on lui donnait le nom de *Sainte*, et on lui consacra un autel au Capitole ; là, avant de partir pour les combats, les guerriers venaient lui immoler des victimes et lui faire offrande d'un glaive. Elle présidait à l'oreille droite, et souvent on lui en offrait la représentation en argent. Aussi un Romain venait-il, dans l'entretien le plus familier, à prononcer quelque parole de mauvais augure, il se taisait tout à coup ; et, après s'être baisé l'annulaire de la main droite, il se touchait l'oreille droite, partie que l'on nommait la place de Némésis. »

On fait dériver le nom de Némésis soit de νέμειν, distribuer, parce qu'elle distribuait aux hommes les châtiments et les récompenses ; soit de νεμεσᾶν, concevoir de l'indignation à la vue de la prospérité des méchants. On lui donnait encore le nom d'*Adrastée*.

NÉMESTRIN, dieu des Latins, qui présidait aux forêts et qu'on regardait comme le souverain des dryades, des faunes et des autres divinités forestières.

NÉMIATACOA, dieu des anciens Muyscas d'Amérique, adoré principalement par les orfévres et les tisserands. C'était aussi lui qui présidait aux orgies, où il apparaissait, dit-on, sous la forme d'un ours couvert d'un manteau, qui dansait et s'enivrait avec les indigènes. On ne lui offrait jamais de sacrifices, parce qu'il se contentait de la chicha qu'il buvait en cette occasion. On le désignait encore sous le nom de Fo, renard, parce qu'il prenait quelquefois la forme de cet animal.

NÉMISA, dieu des anciens Slaves : il présidait à l'air. On l'appelait encore *Poremut* et *Striborg*.

NÉMORALES, fête que les Romains célébraient dans la forêt d'Aricie, en l'honneur de Diane Aricine, surnommée *Nemorensis*, la déesse des bois.

NEMROD, fils de Chus, fondateur de la ville de Babylone. Il passe pour avoir le premier détourné les hommes du culte du vrai Dieu, pour leur faire adorer les idoles. Quelques-uns même prétendent qu'il voulut se faire adorer lui-même, et qu'il fut le premier homme auquel on rendit les honneurs divins ; ils le regardent comme le Saturne des Babyloniens ; d'autres le confondent avec Bélus ; d'autres enfin croient reconnaître en lui le type de Bacchus.

NEMTEREQUETEVA, personnage mythologique, des Muyscas de la région de Cundinamarca. Ces peuples racontaient que ce vieillard, appelé aussi *Chiminzigagua*, arriva dans leur pays à l'âge de quatorze cents ans, monté sur un chameau, dont on adora dans la suite les ossements. Il apprit aux indigènes une foule de choses utiles, et entre autres l'art de filer le coton. On prétend que ce fut lui qui leur enseigna l'usage des croix qu'ils peignaient sur leurs manteaux, et qu'ils plaçaient sur le tombeau de ceux qui étaient morts d'une morsure de serpent. Il parcourut toute la contrée et habita longtemps une caverne située au nord-ouest de la région montagneuse, d'où il instruisait toutes les populations qui venaient à lui. Puis il se dirigea vers l'est et disparut. Les missionnaires rapportent que de leur temps, on montrait encore son portrait sculpté en pierre, et entouré de figures ressemblant à des calices. Quelques-uns le confondent à tort avec Bochica, législateur des Muyscas.

NÉNIE, déesse des funérailles, honorée principalement aux obsèques des vieillards. On commençait à l'invoquer lorsque l'agonie commençait. Elle avait un temple hors de Rome, près de la porte Viminale. Elle présidait aux chants lugubres exécutés en mémoire des morts, et qui étaient appelés de son nom *Nénies*.

NÉNIES, chants lugubres exécutés aux funérailles chez les Romains. Les Nénies contenaient les louanges du défunt ; ils étaient débités d'une voix lamentable, aux son des flûtes, par une femme louée à cet effet, et à laquelle on donnait le nom de *Præfica*. On en attribuait l'origine à Simonide. Dans la suite, ce mot a été appliqué à toute espèce de chant désagréable, et même aux discours ineptes. Enfin on entendit par ce nom le chant dont les nourrices se servaient pour endormir les petits enfants.

NE-NO KOUNI, c'est-à-dire *le royaume des racines* ; nom que les Japonais de la religion sintoïste donnent à l'enfer.

NENS, jeunes enfants que les Siamois placent auprès des talapoins pour recevoir leurs instructions et pour les servir. Chaque talapoin en a ordinairement un dans sa cellule, quelquefois deux ou trois, jamais davantage. Au reste ces nens ne sont pas tous jeunes, car il y en a qui vieillisent dans cette condition, qui n'est pas censée entièrement religieuse, et qui ne font jamais profession. Le plus ancien a le titre de *Talen* ; au nombre de ses devoirs, il a la fonction d'arracher les herbes qui croissent dans le terrain du couvent, ce que les talapoins ne croient pas pouvoir faire eux-mêmes sans péché. L'école des nens est une salle de bambou isolée. Ils portent le même habit que les talapoins, et vivent sous une discipline très-sévère, ne mangeant que deux fois par jour, et jeûnant six fois par mois. Il ne leur est permis ni de chanter, ni d'écouter aucune chanson. Ils sont chez les talapoins, ce que sont les frères lais dans nos couvents.

NÉOCHRISTIANISME, religion maintenant à la mode parmi la multitude de gens du monde et de personnes plus ou moins instruites, qui, tout en voulant vivre à leur

DICTIONN. DES RELIGIONS. III.

guise, aiment à se donner un ton et un air de christianisme, parce que, à l'époque actuelle, il est du bon genre de reconnaître que le christianisme a rendu *quelques services* à la cause de l'humanité, et qu'il a *préparé* les voies à l'émancipation de l'esprit humain. Si nous demandions à ces néochrétiens de nous formuler leur profession de foi, ils seraient sans doute fort embarrassés; nous allons le faire pour eux.

Le néochristianisme est *la fusion de quelques données évangéliques avec les pompes et avec les œuvres de Satan*, autrement dit, avec les maximes et les vanités du monde.

Les néochrétiens croient en Dieu et se soumettent entièrement à lui, à condition qu'il ne leur commande rien de pénible, d'austère, de difficile, rien qui contrarie les passions, les désirs, l'amour-propre, la sensualité.

Ils admettent l'Écriture sainte dans son intégrité, à condition qu'ils ne pratiqueront que les commandements qui ne les gênent pas, et quand ils ne les gêneront pas.

Ils croient à l'immortalité de l'âme et aux récompenses futures, mais ils ne veulent pas entendre parler de peines éternelles.

Ils croient en Jésus-Christ, et ils lui font l'honneur de le considérer comme un sage, un peu excentrique parfois, mais plein de bonnes intentions pour l'humanité.

Ils reconnaissent la nécessité des bonnes œuvres, pourvu qu'on ne leur parle ni de jeûne, ni d'abstinence, ni de pénitence.

Ils pratiquent la charité, mais pourvu qu'il n'y ait rien de retranché à leur superflu. Ils se regardent comme les bienfaiteurs de l'humanité souffrante, lorsqu'ils ont été à un bal, à un concert ou à un spectacle, parce qu'on a annoncé que cette partie de plaisir était au profit des pauvres.

Ils vont volontiers à la messe, et aux offices, lorsqu'ils sont exécutés en musique, et par les artistes de l'opéra.

Ils fréquentent les églises, mais celles-là seulement qui sont fraîches et parfumées pendant l'été, et attiédies l'hiver par des calorifères, et pourvu que leurs membres délicats reposent sur la soie et le velours.

Ils sanctifient généralement le dimanche, pourvu qu'il n'y ait ce jour là, ni steeple-chase, ni fête publique, ni concert, ni bal masqué, ni partie de campagne projetée, ni visites à faire ou à recevoir, ni roman à lire, ni légère incommodité, ni rien, autre chose absolument à faire.

Quelques-uns, ou plutôt quelques-unes, vont à confesse et communient; cela les pose bien dans certaines sociétés, et leur fait une réputation de vertu solide.

En un mot les néochrétiens veulent avant tout *persuader* aux autres et finissent par se persuader à eux-mêmes qu'ils sont éminemment religieux, mais si on les examine de près, on ne tarde pas à se convaincre que leur conduite diffère très-peu de celle des gens qui se targuent de n'avoir aucune religion.

NÉOCORES (du grec ναός *temple, nef*, et κορέω *avoir soin*), prêtres grecs qui, n'ayant été que ministres inférieurs dans les premiers temps, furent dans la suite élevés au rang le plus distingué, et chargés des principales fonctions des sacrifices.

C'était proprement, chez les Grecs, ce que nous appelons aujourd'hui sacristains, ceux qui avaient soin d'orner les temples, et de tenir en bon état tous les ustensiles des sacrifices. Dans la suite des temps, cet office devint très-considérable. Selon Vaillant, les Néocores, au commencement, n'avaient soin que de balayer le temple. Montant ensuite à un degré plus haut, ils en eurent la garde, et parvinrent enfin à de plus hautes dignités. Ils sacrifièrent pour le salut des empereurs, comme honorés du souverain sacerdoce. On trouve des Néocores avec le titre de *Prytane*, nom de gouvernement, et avec celui d'*Agonothète*, qui distribuait le prix dans les grands jeux publics. Les villes mêmes, surtout celles où il y avait quelque temple fameux, comme Éphèse, Smyrne, Pergame, Magnésie, prirent la qualité de *Néocores*.

NÉOÉNIE, (du grec νέος, *nouveau*, et οἶνος, *vin*) fête du vin nouveau, que les Grecs célébraient en l'honneur de Bacchus, lorsqu'on faisait l'essai du vin de l'année.

NÉOMÉNIE, fête célébrée chaque mois, à l'apparition de la nouvelle lune; on la retrouve chez presque tous les peuples anciens, et plusieurs peuples modernes l'ont conservée.

1° Chez les Juifs, les néoménies étaient célébrées par des sacrifices et par le son de la trompette, par des festins, par des assemblées religieuses, et même, comme on le voit dans Amos, par la cessation d'opérations commerciales. Toutefois les néoménies n'ont jamais été considérées comme des fêtes proprement dites; cependant la quantité des victimes indiquée dans les Nombres est plus considérable que pour le sabbat. Il est ordonné d'offrir au Seigneur en holocauste, deux veaux, un bélier et sept agneaux d'un an. Le sacrifice de chaque veau était accompagné de l'offrande d'un gâteau composé de trois dixièmes de fine farine pétrie à l'huile, celui du bélier, de deux dixièmes de farine, et celui de chaque agneau d'un dixième de farine, également pétrie à l'huile. On faisait des libations de vin proportionnées à la grosseur de la victime, et dont la quantité est déterminée dans l'ordonnance du sacrifice. Enfin il fallait encore offrir un bouc pour l'expiation des péchés.

La néoménie était réglée non d'après la conjonction réelle de la lune avec le soleil, mais du moment de l'apparition de cet astre. On envoyait ordinairement deux hommes gagés pour observer le moment de l'apparition de la nouvelle lune; dès qu'ils l'avaient aperçue ils s'empressaient d'en donner connaissance, soit en prévenant le sanhédrin, soit en sonnant de la trompette; on publiait alors que le mois était commencé. Cet usage, rapporté par les rabbins, n'avait probablement lieu que dans les provinces, et dans les lieux éloignés de Jérusalem; car dans cette ville et aux environs, les néoménies et les fêtes étaient toujours fixées par la décision de la chambre du jugement.

Maintenant le commencement des mois est déterminé par le calcul astronomique, et tous les ans, on imprime un calendrier qui marque soigneusement les lunaisons. Les Juifs sanctifient actuellement la néoménie par des prières et des lectures particulières qui se font soit à la synagogue, soit au logis, et par la prière appelée *Moussaph*. Voy. ROSCH-HODESCH.

2° Les néoménies étaient célébrées avec beaucoup d'appareil chez les Égyptiens, mais non point d'une manière uniforme; les cérémonies variaient beaucoup selon les localités. Quelques-uns disent qu'on promenait processionnellement les animaux qui correspondaient aux signes célestes dans lesquels le soleil et la lune allaient entrer. Voici ce que l'on lit dans un calendrier rituélique sculpté sur les murs du palais de Médinet Habou, relativement à la néoménie de Thoth: « Manifestation de l'étoile sothis; l'image d'Amon-Ra, roi des dieux, sort processionnellement du sanctuaire, accompagnée par le roi Ramsés, ainsi que par les images de tous les autres dieux du temple. » Nous citerons encore comme exemple les cérémonies pratiquées dans le temple d'Esneh, à la néoménie de Khoyak : « A la néoménie de Khoyak, panégyries et offrandes dans le temple de Chnoufis, seigneur d'Esneh. On étale tous les ornements sacrés; on offre du pain, du vin et autres liqueurs, des bœufs et des oies; on présente des collyres et des parfums au dieu Chnoufis et à la déesse sa compagne; ensuite, le lait à Chnoufis. Quant aux autres dieux du temple, on offre une oie à la déesse Menhi, une oie à la déesse Neith, une oie à Osiris, une oie à Khem et à Thoth, une oie aux dieux Phré, Atmou, Thoré, ainsi qu'aux autres dieux adorés dans le temple; on présente ensuite des semences, des fleurs et des épis de blé, au seigneur Chnouphis, souverain d'Esneh, et on l'invoque en ces termes, etc., etc. »

3° Les Phéniciens dressaient des tables sur les terrasses des maisons, aux portes, aux vestibules, aux carrefours, en l'honneur d'Astarté, honorée comme personnification de la lune. Ils allumaient aussi, dans ces occasions, de grands feux, par-dessus lesquels ils sautaient, eux et leurs enfants, pour se purifier, de même que pour se réjouir, et lutter à qui sauterait le mieux.

4° Chez les Grecs, la néoménie était, suivant Plutarque, le jour le plus sacré. Il était consacré à tous les dieux, surtout à Apollon et à Diane. On faisait des sacrifices solennels à Hécate. Les Athéniens offraient ce jour-là des sacrifices dans la citadelle d'Athènes, accompagnés de vœux pour la félicité publique pendant le cours du mois, et ils donnaient au serpent sacré des gâteaux pétris avec du miel. Les enfants imploraient les dieux pour leurs pères. On plaçait dans les carrefours, des tables couvertes de pains pour les pauvres qui les emportaient, et l'on disait qu'Hécate les avait mangés. Dans la nuit qui précédait la néoménie, la populace s'assemblait dans les carrefours, appelait Hécate sept fois en hurlant, et chantait des chansons lugubres, en mémoire des infortunes de Cérès et de Proserpine.

5° Les Romains donnaient aux néoménies le nom de *calendes*. Au commencement de chaque mois, ils faisaient des prières et des sacrifices aux dieux, en reconnaissance de leurs bienfaits, et obligeaient les femmes de se baigner; mais les calendes de Mars étaient les plus solennelles, parce que ce mois ouvrait l'année des Romains. Horace dit: « Si, toutes les fois que la lune se renouvelle, vous élevez au ciel vos mains suppliantes, si vous offrez aux Lares de l'encens, des fruits et un porc, vos moissons, vos vignes et vos troupeaux n'éprouveront aucun mal. »

Les Romains, comme les anciens Hébreux, ne célébraient la néoménie qu'après avoir vu la lune; c'était le second pontife qui, ayant marqué son renouvellement, l'annonçait au roi des sacrifices; et après avoir fait ensemble le sacrifice de la néoménie, ils appelaient le peuple au Capitole, et lui annonçaient les fêtes du mois. La femme du roi des sacrifices en offrait un de son côté, d'une brebis ou d'une truie, à Junon, déesse qui présidait à toutes les calendes. La néoménie était aussi un jour d'assemblée pour le sénat; tous les sénateurs qui étaient à la ville étaient obligés de s'y trouver sous peine d'une amende.

6° Les Chinois consacrent les nouvelles et les pleines lunes à la mémoire des ancêtres devant lesquels ils font brûler des cierges, des papiers dorés, etc.

7° Au Japon, c'est un jour où l'on se visite, et où l'on se fait des présents, comme chez nous au nouvel an. Les Japonais se lèvent alors de grand matin et vont de maison en maison rendre visite à leurs supérieurs, à leurs amis à leurs parents, leur faire des compliments, et les féliciter sur l'heureux retour de la nouvelle lune. Le reste du jour se passe auprès des temples et dans d'autres lieux agréables où il y a de belles promenades. La soirée est consacrée à converser ou à prendre différents genres d'amusements.

8° Les habitants du Bengale fêtent l'apparition de la nouvelle lune avec des acclamations et en dansant. Il en est de même des Javanais.

9° Les Nègres de l'Afrique saluent la lune, dès qu'elle paraît, et lui demandent que leur bonheur puisse croître avec ses quartiers. D'autres la saluent à genoux, et souhaitent que leur vie se renouvelle avec elle.

10° Les Mexicains, les Péruviens, les Caraïbes célébraient la nouvelle lune en criant, en hurlant et en faisant un grand bruit.

NÉOPHYTE, mot grec qui signifie *nouvellement planté*. On donne ce nom aux personnes qui viennent d'être baptisées, ou qui sont nouvellement converties.

NÉOPTOLÉMÉES, fête célébrée par les Delphiens en mémoire de Néoptolème, fils d'Achille, qui périt au pillage du temple d'Apollon, qu'il avait entrepris dans le dessein de venger la mort de son père, causée par ce dieu au siége de Troie. Les Delphiens ayant tué Néoptolème dans le temple même crurent devoir établir une fête à sa mémoire, et honorer ce prince comme un héros.

NÉOTÈRE, jeune ou nouvelle déesse; titre que prit la reine Cléopâtre avec l'habit d'Isis, lorsque Marc-Antoine prit le nom et l'appareil de Bacchus.

NÉPHALIES, sacrifices que les Athéniens offraient au Soleil, à la Lune, à l'Aurore, à Mnémosyne, à Vénus et aux Nymphes; les libations dont ils étaient accompagnés ne consistaient qu'en une simple boisson d'hydromel. Ils brûlaient à cette occasion, sur leurs autels, toutes sortes de bois, excepté celui de la vigne et du figuier. On célébrait aussi des Néphalies en l'honneur de Bacchus. Le mot *néphalies* peut se traduire par sacrifices sobres.

NÉPHILIM, c'est-à-dire *les déchus, les tombés*, nom que l'Écriture sainte donne aux brigands qui naquirent de l'alliance des enfants de Dieu avec les filles des hommes. On traduit communément ce mot par *Géants*, et plusieurs livres anciens supposent qu'ils naquirent du commerce des anges avec les filles de la postérité d'Adam. *Voy.* GÉANTS, n° 1.

NÉPHTÉ ou NÉPHTHYS, grande déesse des Égyptiens: elle était sœur d'Osiris, et femme de Typhon. Elle mit au monde son fils Anubis avant son terme, en conséquence d'une terreur que lui occasionna son brutal époux, qui avait pris ombrage de la familiarité dont Néphthys usait avec Osiris, son frère. D'autres assurent que c'était Typhon qui était amoureux d'Isis, femme d'Osiris. Plutarque dit qu'elle était prise pour la Victoire; on la représentait avec des ailes; sa figure surmonte quelquefois les sistres égyptiens. Elle présidait dans le zodiaque au signe des Poissons.

NEPTUNALES, fêtes célébrées par les Romains, le 23 juillet. Elles étaient différentes des *Consuales*, bien que celles-ci fussent aussi en l'honneur de ce dieu; mais pendant la durée des unes et des autres, comme l'on croyait que Neptune avait formé le premier cheval, les chevaux et les mulets, couronnés de fleurs, demeuraient sans travailler, et jouissaient d'un repos que personne n'eût osé troubler.

NEPTUNE, un des trois dieux principaux de l'ancien paganisme ; c'est à lui qu'était échu l'empire des eaux et de la mer. Selon l'opinion la plus généralement adoptée, c'était un des princes Titans, fils de Saturne et de Rhéa. S'il faut s'en rapporter à la fable d'après laquelle le jaloux Saturne dévorait tous ses enfants, lorsque Rhéa fut accouchée de Neptune, elle le fit élever dans une bergerie de l'Arcadie, et fit accroire à son mari qu'elle avait mis au monde un poulain qu'elle lui donna à dévorer. Dans le partage que les trois frères firent de l'univers, c'est-à-dire du vaste empire des Titans, il eut pour son lot la mer, les îles et tous les lieux adjacents ; c'est ce qui le fit regarder par la suite comme le dieu de la mer. Selon Diodore, Neptune fut le premier qui s'embarqua sur la mer avec l'appareil d'une armée navale. Saturne lui avait donné le commandement de sa flotte, avec laquelle il arrêta toutes les entreprises des princes Titans ; et lorsque Jupiter, son frère, qu'il servit toujours très-fidèlement, eut obligé ses ennemis à se retirer dans les pays occidentaux, il les y serra de si près, qu'ils ne purent jamais en sortir, ce qui donna lieu à la fable que Neptune tenait les Titans enfermés dans l'enfer où ils les empêchait de remuer.

Les poëtes, dit Noël, ont donné le nom de Neptune à la plupart des princes inconnus qui venaient par mer s'établir dans quelques nouveaux pays, ou qui régnaient sur des îles, ou qui s'étaient rendus célèbres sur la mer par leurs victoires, ou par l'établissement du commerce : de là tant d'aventures sur le compte de Neptune, tant de femmes, de maîtresses et d'enfants qu'on lui donne ; tant d'enlèvements, de métamorphoses qu'on lui attribue. Vossius en a remarqué plusieurs, tels que le Neptune Égyptien, qui eût de Libye Belus et Agénor ; celui qui d'Amymone, fille de Danaüs, eut Nauplius, père de Palamède ; le père du fameux Cercyon, tué par Thésée ; celui qui de Tyro, fille de Salmonée, eut Pélias ; celui qui est surnommé Égée, père de Thésée ; enfin celui dont il est question ici, et dont l'histoire est chargée des aventures de tous les autres.

Neptune eut pour femme Amphitrite, fille de l'Océan et de Doris. Ce dieu en étant devenu amoureux et ne pouvant la gagner, lui envoya un dauphin, dont la négociation habile amena la princesse à répondre à l'affection de son amant divin. Mais le lien conjugal ne l'empêcha pas de chercher à faire de nouvelles conquêtes amoureuses, et souvent, à l'exemple de son céleste frère, il eut recours à des métamorphoses pour séduire de simples mortelles. Il se changea en taureau pour enlever Mélanippe, fille d'Éole ; sous la forme du fleuve Énipée, il rendit Iphimédie mère d'Iphialte et d'Otus ; sous celle d'un bélier, il séduisit Bisaltis ; sous celle d'un cheval, il trompa Cérès ; il se changea en oiseau dans son intrigue avec Méduse, et en dauphin pour enlever Mélantho ; Alope, Amymone et plusieurs autres citées plus haut cédèrent encore aux empressements du dieu. Mais les anciens ont-ils voulu donner des leçons de retenue et de morale, en rapportant les suites fâcheuses de la plupart de ces liaisons désordonnées ? C'est ce que l'on serait porté à croire en voyant les enfants de Mélanippe, exposés par ordre d'Éole leur aïeul, et leur mère enfermée dans une étroite prison, après que son père lui eut fait crever les yeux ; Alope, tuée par son père, et changée en fontaine ; Amymone, changée en fontaine ; Méduse métamorphosée en monstre horrible, et dont la magnifique chevelure fut changée en affreux serpents, etc.

On raconte que dans le commencement de son règne, Neptune, mécontent du lot qui lui était échu en partage, conspira contre Jupiter ; ce dieu, pour le punir, le chassa de l'Olympe, et le relégua sur la terre pour un certain temps, avec Apollon, qui était entré dans le complot. Dans leur désœuvrement, ils engagèrent leurs services à Laomédon, et lui aidèrent à bâtir la ville de Troie ; mais ce prince perfide leur refusa la récompense promise. Neptune, indigné d'une pareille injustice, s'en vengea en suscitant une inondation subite qui renversa les murs de la nouvelle ville.

Il n'est pas très-facile de deviner pourquoi Neptune voulait s'arroger le droit de donner son nom à presque toutes les nouvelles villes qui s'élevaient ; mais on le voit soutenir cette prétention contre Junon, à propos de Mycènes, contre le Soleil au sujet de Corinthe, et contre Minerve à l'occasion d'Athènes. Cette dernière querelle est la plus célèbre ; on sait qu'ils convinrent de laisser cet honneur à celui des deux qui produirait l'objet le plus utile à l'humanité : Neptune frappa la terre de son trident et en fit sortir un cheval, symbole de la guerre ; Minerve la frappa de sa lance et en fit sortir un olivier, emblème de la paix et de l'abondance. La victoire fut décernée à la desse. Cependant ces deux compétiteurs furent toujours regardés comme les protecteurs de l'Attique, Neptune à cause des mers qui favorisaient le commerce national et que l'on supposait produites par sa puissance ; Minerve à cause de l'arbre fertile qui faisait la richesse du pays.

On attribuait à Neptune les tremblements et les autres mouvements extraordinaires qui se manifestaient sur terre et sur mer, ainsi que les changements et les perturbations qui arrivaient dans les fleuves, les rivières et les étangs. C'est pourquoi les Thessaliens, dont le pays était inondé, publièrent, lorsque les eaux se furent écoulées, que c'était Neptune qui avait fermé le canal par lequel elles s'étaient retirées. On le regardait encore comme le dieu tutélaire des montagnes et de leurs fondements qu'il renversait ou affermissait à son gré.

Neptune était un des dieux du paganisme les plus honorés. Indépendamment des Libyens, qui le regardaient comme leur grande divinité, la Grèce et l'Italie, surtout dans les lieux maritimes, avaient un grand nombre de temples élevés en son honneur, des fêtes et des jeux. Ceux de l'isthme de Corinthe, et ceux du Cirque à Rome, lui étaient spécialement consacrés sous le nom d'Hippius. Les Romains même avaient tant de vénération pour ce dieu, qu'indépendamment de la fête qu'ils célébraient en son honneur le premier de juillet, tout le mois de février lui était consacré, soit parce que la moitié de ce mois était destinée aux purifications qui se faisaient principalement avec de l'eau, élément auquel il présidait, soit pour le prier d'avance d'être favorable aux navigateurs qui, dans les commencements du printemps, se disposaient aux voyages sur mer. Platon nous apprend que, chez les Atlantides, il avait un temple où il était représenté sur un char tiré par quatre chevaux ailés dont il tenait les rênes, et que la statue était si grande, qu'elle touchait la voûte du temple, quoique fort élevée. Pline fait mention de celui qu'il avait chez les Cariens, et Hérodote d'un autre que lui avaient dédié les Potidéens. Ce même auteur parle d'une statue d'airain, haute de dix pieds et demi, qu'il avait près de l'isthme de Corinthe. Outre les victimes ordinaires, c'est-à-dire le cheval et le taureau, et les libations en son honneur, les aruspices lui offraient particulièrement le fiel de la victime, par la raison que l'amertume en convenait aux eaux de la mer.

On représentait ce dieu tantôt assis, tantôt debout sur les flots ; souvent sur un char traîné par des chevaux marins, dont la croupe se terminait par une queue de poisson, environné de néréides, mais toujours nu, avec une grande barbe, et un trident à la main, pour exprimer l'abondance qu'amène la navigation. On dépeignait quelquefois Neptune sur une mer tranquille, entre deux dauphins, ayant près de lui une proue de navire chargée de grains et de marchandises. Pour exprimer son empire sur les tempêtes et sur les monstres marins, on le représentait assis sur les flots agités, son trident planté devant lui, et un oiseau monstrueux à tête de dragon, avec des ailes de chauve-souris, qui semblait prêt à s'élancer sur lui, pendant que le dieu demeure impassible, et paraît détourner la tête avec mépris.

On ignore quelle est la véritable étymologie du nom de Neptune ; nous ne citons que pour mémoire celle de Cicéron, qui le dérive de *nare*, et celle de Varron, qui le fait venir de *nubere* ; nous préférons de beaucoup celle de Plutarque, qui le fait venir de l'égyptien *neptyn*, qui signifie *finisterre*, ou extrémité d'un pays, contrée maritime. La Genèse parle d'une contrée de l'Egypte appelée *Neptuhim*, et les Egyptiens avaient une divinité appelée *Nephthys*. Neptune portait chez les Grecs le nom de *Posidon*.

NEPTUNES, certains génies dont on fait une description à peu près semblable à celle des faunes, des satyres, etc.

NÉRÉE, dieu marin, que l'on dit plus ancien que Neptune ; en effet, il était fils de l'Océan et de Téthys ; d'autres lui donnent la Terre pour mère. Il avait épousé Doris, sa sœur. On le représente comme un vieillard doux et pacifique, plein de justice et de modération. Noël le Comte avance que Nérée fut l'inventeur de l'hydromancie, et dit que c'est pour cela qu'il fut regardé comme une divinité des eaux et habile devin. Il prédit à Pâris les maux que l'enlèvement d'Hélène devait attirer sur sa patrie. Il apprit à Hercule où étaient les pommes d'or qu'Eurysthée lui avait ordonné d'aller chercher ; non toutefois sans avoir pris différentes formes pour éluder cet éclaircissement ; mais le héros le retint jusqu'à ce qu'il eût repris son ancienne figure. Apollodore nous apprend qu'il faisait son séjour ordinaire dans la mer Égée, où il était environné de ses filles qui le divertissaient par leurs chants et leurs danses. Les poëtes ont souvent pris Nérée pour l'eau même, ce qui s'accorde très-bien avec l'étymologie grecque et sanscrite, νηρός nára, humide. Il serait alors le dieu hindou *Nârayan*, le même que Vichnou, dieu des eaux et de l'humide.

NÉRÉIDES, nymphes de la mer, filles de Nérée et de Doris; elles étaient au nombre de cinquante, selon Hésiode; de trente, d'après Homère, et de quatre seulement si l'on s'en rapporte à Apollodore. On donna ensuite le nom de Néréides à des princesses qui habitaient sur les îles, ou sur les côtes de la mer, ou qui se rendirent fameuses par l'établissement du commerce et de la navigation. Il fut donné encore à certains poissons de mer à qui l'on supposait la partie supérieure du corps à peu près semblable à celui d'une femme. Pline rapporte que, du temps de Tibère, on vit sur le rivage de la mer une Néréide telle que les poëtes les représentent. Ces divinités avaient des bois sacrés et des autels en plusieurs endroits de la Grèce, surtout sur les bords de la mer. Pausanias dit que Doto, nymphe de la mer, avait un temple célèbre à Gabalès, et qu'on offrait en sacrifice aux Néréides du lait, du miel, de l'huile, et que quelquefois on leur immolait des chèvres. Les anciens monuments s'accordent à les représenter comme de jeunes filles, les cheveux entrelacés de perles, portées sur des dauphins ou des chevaux marins, tenant ordinairement d'une main le trident de Neptune, de l'autre un dauphin ou une couronne, ou des branches de corail. Quelquefois cependant on les figure, comme les syrènes, moitié femmes et moitié poissons.

NERGAL, dieu des Cuthéens, il en est fait mention dans la Bible, au IVᵉ livre des Rois, chap. XVII. Le rabbin Jarkhi pense qu'il était représenté sous la forme d'un coq; mais il ne se fonde que sur le rapprochement de ce mot avec *tharnegol*, qui signifie un coq. Selden croit qu'il dérive de *ner*, lumière, et *gal*, révolution ou descente, et qu'il s'agit, dans ce passage, du feu perpétuel que les Perses conservaient dans les temples. Gésénius le rapproche du mot *Nirig*, qui en syriaque désigne la planète de Mars, et pense que Nergal est le même que *Mérodak*.

NÉRIE, NÉRIÈNE, ou **Nério**, épouse de Mars, primitivement déesse des Sabins. Noël prétend que son nom signifie douceur, et il y trouve une allégorie ingénieuse, qui apprend que l'humanité doit tempérer et diminuer les horreurs de la guerre. Nous ne pensons pas que les anciens aient songé à ce rapprochement. Aulu-Gelle au contraire dit que *Nério* est un mot sabin qui signifie la force et l'audace. C'est ce qui a porté les Romains à en faire l'épouse de Mars. Les Sabins appelaient aussi le dieu de la guerre *Nérienès*.

NÉRINE, NÉRITE ou **Névérite**, déesse du respect et de la vénération.

NÉRIOSENG, ange de la théogonie des Parsis : c'était la personnification du feu vital des animaux. Ormuzd le députa à Zoroastre pour lui ordonner d'annoncer sa loi au genre humain. Nérioseng tint ce discours au législateur : « Va, lui dit-il, en Irman; Irman que je créai pur et que le serpent infernal a souillé, le serpent qui est concentré dans le mal, et qui est gros de la mort. Toi, qui t'es approché de moi sur la sainte montagne, où tu m'as interrogé, et où je t'ai répondu, va, porte ma loi en Irman; je te donnerai mille bœufs aussi gras que le bœuf de la montagne de Sokand, sur lequel les hommes passèrent l'Euphrate dans le commencement des temps; tu posséderas tout en abondance; extermine les dews et les magiciens, et mets fin aux maux qu'ils ont faits. Voilà la récompense que j'ai promise dans mes secrets aux habitants d'Irman, qui sont de bonne volonté. »

NERPOU-TIROUNAL, fête du feu, célébrée dans le pays Tamoul, en l'honneur de Draupadi, épouse des cinq frères Pandavas. Elle demeurait une année avec chacun d'eux, mais avant de passer dans les bras d'un autre, elle avait soin de se purifier par le feu; telle est l'origine de cette fête ou plutôt de cette cérémonie religieuse. J'ignore pourquoi Sonnerat donne pour époux à Draupadi le dieu Dharma-Radja, le même que Yama, dieu de la justice et des enfers; car cette princesse n'eut jamais rien de commun avec lui. C'est sans doute parce que l'image de ce Dieu est alors portée en procession. Quoi qu'il en soit, cette solennité dure dix-huit jours, pendant lesquels ceux qui ont fait vœu de l'observer, doivent jeûner, garder la continence et coucher sur la dure. Le dernier jour on les conduit processionnellement à un brasier; ils marchent au son des instruments, la tête couronnée de fleurs, en suivant en cadence les images de Dharma-Radja et de Draupadi. Lorsqu'ils sont arrivés, on remue le brasier pour en raviver l'activité; ils prennent ensuite un peu de cendres dont ils se frottent le front; et, quand les images en ont fait trois fois le tour, ils s'avancent nu-pieds sur la braise ardente, et marchent plus ou moins vite, suivant leur dévotion. Les uns portent leurs enfants sous le bras, les autres tiennent des lances, des sabres ou des étendards. Ce brasier a environ quarante pieds de longueur; les plus fervents le parcourent plusieurs fois; on assure que marcher vite et légèrement est le vrai moyen de se brûler; le danger est moins grand quand on pose le pied d'aplomb, ce qui en effet peut contribuer à étouffer les charbons. Après la cérémonie, le peuple s'empresse de ramasser un peu de cendres pour se barbouiller le front, et d'obtenir des acteurs de la fête quelques-unes des fleurs qui le décorent pour les conserver précieusement. Cette fête singulière n'a point de jours fixes, cependant on ne peut la célébrer que dans les mois de tchait, de baisakh ou de djeth, qui sont les trois premiers mois de l'année.

NÉSOSCH, mauvais génie de la mythologie des Parsis. *Voy.* NASOU.

NESROCH, idole des Ninivites. Il est dit au IVe livre des Rois, chap. xix, que les deux fils de Sennachérib assassinèrent leur père pendant qu'il était prosterné dans le temple de son dieu Nesroch. Quelques rabbins prétendent que c'était une planche de l'arche de Noé, dont les restes étaient conservés dans les montagnes de l'Arménie. C'est une absurdité. Gœnres et Gésénius pensent que ce pourrait être un aigle, animal appelé *neser* en hébreu et en arabe. Au reste, ce passage de la Bible est le seul endroit où il soit question de cette divinité.

NESSÉRIÉS ou **NOSAIRIS**, secte religieuse de l'Orient que l'on trouve sur la chaîne de montagnes qui borde à l'est le territoire de Latakié. Assemani nous apprend qu'un vieillard nommé Hamdan el-Gosaïbi se donna comme prophète, l'an 891 de Jésus-Christ. Plusieurs hommes du peuple s'étant déclarés ses partisans, le commandant du lieu en fut alarmé et le fit mettre en prison. Une fille, esclave du geôlier, touchée de son malheur, prit les clefs de son maître, une nuit qu'il dormait profondément, par suite d'ivresse, et ouvrit au vieillard qui s'évada en Syrie, précédé de la renommée de sa vie sainte, et en répandant le bruit qu'un ange avait opéré sa délivrance. Ce prétendu prophète assurait qu'il avait, dans une vision, conféré avec le Messie Jésus, Verbe et Directeur, et avec Ahmed fils de Mohammed, de la postérité d'Ali, qui, selon lui, était l'ange Gabriel. Il publia un livre, mélange de christianisme et de mahométisme, et fit des prosélytes assez nombreux qui prirent le nom de *Nosaïris* ou *Nessériés*, soit du village de *Nasar*, près de Kufa, patrie de Hamdan, soit de *Nosranis*, dénomination que l'on donne aux chrétiens dans l'Orient. Mais les Nessériés ont mêlé à la doctrine de leur maître des pratiques du paganisme; car il y en a parmi eux qui adorent le soleil; on les appelle *Schemsiés* ou *Kiziés*; d'autres, les *Schemeliés*, adorent la lune; d'autres enfin, les *Ghaïbiés*, croient à un Dieu créateur absent et inconnu.

Les Nessériés ont sept fêtes, dont plusieurs leur sont communes avec les chrétiens. Ce sont El-Miled ou Noël, Gouzeli ou le jour de l'an, El-Ghétas ou l'Épiphanie; les autres arrivent le 17 mars, le 4 et le 15 avril, et le 15 octobre; on dit que l'une de celles-ci est l'Ascension.

Les jeunes gens ne sont initiés dans les mystères de leur religion qu'après l'âge de quinze ans. Lorsqu'on leur reconnaît assez de circonspection et d'intelligence, un des notables du village s'empare du néophyte, le conduit seul dans les montagnes, et l'endoctrine pendant quarante jours, au bout desquels le jeune initié retourne chez ses parents, et a le droit de porter le turban, qu'il ne pouvait mettre auparavant; c'est le signe de son initiation. Il ne désigne plus celui qui l'a instruit que par la dénomination de *maître*. Les femmes sont regardées comme faisant partie des bestiaux de la maison, et traitées comme des esclaves; elles n'ont aucune idée de religion, et lorsqu'elles ont assez de hardiesse pour s'en informer auprès de leurs maîtres, ceux-ci leur répondent que leur religion est d'être chargées de la reproduction de l'espèce, et d'être soumises aux volontés de leurs maris.

Pendant la fête du Couzeli, on dit que les hommes se livrent aux actions infâmes reprochées aux anciens Gnostiques, et même aux premiers chrétiens. *Voy.* COUZELI.

Les Nessériés n'ont point de livres sacrés. Il leur est défendu d'écrire ou de noter les points fondamentaux de leur religion; ils n'en sont instruits, comme nous venons de le dire, que par initiation et verbalement. Ils se reconnaissent par signes comme les francs-maçons, font serment de ne jamais divulguer les mystères de leur culte, et résistent effectivement avec une opiniâtreté héroïque, aux plus affreux tourments et aux offres les plus séduisantes. Il n'y a pas eu jusqu'ici un seul exemple d'apostasie d'un Nessérié, et aucune révélation n'a jamais pu leur être arrachée, quelques moyens que les Turcs aient employés pour cela. Ils reçoivent quelquefois parmi eux des personnes d'une autre croyance; mais elles ne sont initiées qu'après de longues et sévères épreuves, qui ne peuvent durer moins de trois ans, et elles sont surveillées toute leur vie, pour être sacrifiées à la moindre indiscrétion de leur part. Ce qui est encore plus extraordinaire et digne de remarque, c'est que ces étrangers sont souvent plus fanatiques que les Nessériés mêmes, et tout au moins aussi scrupuleusement attachés à l'inviolabilité de leur serment.

Les Nessériés sont circoncis, font leurs ablutions comme les Musulmans, et prient à minuit et avant le lever du soleil. Ils peuvent faire leurs prières étant assis, debout ou en marchant; mais ils sont obligés de la recommencer en faisant une ablution, s'ils parlent à une personne étrangère à leur religion, s'ils aperçoivent de loin ou de près, un chameau, un cochon, un lièvre, un serpent ou un nègre. Dans leurs prières, ils maudissent l'homme qui se rase sous le menton et celui qui est inhabile à la génération, ainsi que les deux khalifes Abou-Bekr et Omar, parce qu'ils appartiennent, comme les Ismaéliens, plutôt à la secte des Schiites qu'à la religion réputée orthodoxe. Ils boivent du vin et de l'eau-de-vie, mais à la dérobée; ne pouvant pas célébrer leurs fêtes sans vin, ils emploient, lorsqu'ils n'en ont pas, une décoction de raisins secs, à laquelle on donne du moins la couleur du vin, si on ne peut pas lui en donner tout à fait le goût.

Ils croient à la venue de Jésus-Christ comme prophète, aux douze apôtres et aux quatre évangélistes; ils lisent même nos Évangiles et nos psaumes. Ils honorent également Ali, qu'ils surnomment *Azim*, le très-grand, et Hamdan el-Ghosaïbi leur prophète; ils ont des prières où le nom de ces deux personnages est répété mille fois. Ils ne font aucun jeûne, mais ils s'abstiennent de manger du lièvre, du cochon, de la gazelle, du chameau, des crabes, des porcs-épics, des anguilles, et enfin de tous poissons sans écailles et de tous coquillages. Les Schéméliés s'abstiennent, en outre, d'animaux femelles, estropiés, aveugles, borgnes ou malades; plusieurs ne fument jamais de tabac, bien que celui de Latakié soit réputé le meilleur.

Les scheikhs, dits *oulémas* ou savants, sont distingués des autres par leur coiffure et leur costume. Ils ne mangent jamais chez les Turcs, de peur qu'on ne leur serve de la chair d'animaux femelles; ni chez les chrétiens, dans la crainte qu'on ne leur donne de la chair de porc; mais ils ne font aucune difficulté de se mettre à table avec un simple Nessérié, à moins que ce ne soit une personne diffamée.

Les mariages n'exigent que le consentement du scheikh et du fermier du village; il n'y a point de contrat écrit; après qu'on est convenu du prix de la fille avec ses parents, car les Nessériés achètent leurs femmes, le mariage est conclu. Les réjouissances commencent le lundi; la musique et les danses durent nuit et jour jusqu'au jeudi; alors on fait monter la nouvelle mariée sur un cheval que l'on promène autour du village; elle est précédée d'un corps de jeunes gens, qui font flotter un mouchoir blanc au bout d'un roseau, et accompagnée de tous les habitants du lieu, hommes, femmes et enfants, qui chantent et poussent des cris de joie, à la manière des Arabes; après cela, une personne de l'assemblée s'avance et fait la quête; chacun des assistants donne, selon ses facultés, quelque pièce de monnaie; le produit de la quête est remis à l'époux; il l'emploie à servir un souper copieux à toute l'assemblée, qui est ainsi congédiée. Les époux se retirent enfin dans une bicoque qui doit leur servir de logement, et une salve de mousqueterie apprend à tout le village que le mariage est consommé. L'adultère entre eux n'est pas sévèrement puni; l'homme répudie sa femme aussitôt qu'il peut prouver qu'elle lui a fait infidélité, reprend de ses parents le prix qu'il en a donné, et se remarie s'il veut, quelques jours après, avec une autre. Le galant est obligé d'épouser la femme délaissée, ou de s'absenter pour un an et un jour. Cependant la femme est punie de mort, si elle a eu affaire avec un homme étranger à sa religion.

Les Nessériés lavent leurs morts comme les Turcs. Leur grand deuil consiste à détacher leur turban, qu'ils laissent tomber négligemment sur le cou, et à ne changer d'aucun vêtement qu'au bout de quarante jours. Les femmes, dans la même occasion, se noircissent le visage.

Ils croient tous à la métempsycose; ils révèrent la mémoire de quelques-uns de leurs scheikhs ou santons, morts en odeur de sainteté, et ne font aucun cas des serments au nom de Dieu, qu'ils prodiguent pour la moindre chose; aussi les Turcs les placent-ils au-dessous des Juifs, et prétendent-ils que ce sont des gens sans foi ni loi, et dont la vie et les biens peuvent leur être enlevés impunément; ils croient même que c'est une œuvre méritoire pour eux de verser le sang impur d'un Nessérié. Ceux-ci, de leur côté, détestent les Turcs, mais ils aiment assez les chrétiens; en général, ils pratiquent avec exactitude les devoirs de l'hospitalité.

Leur territoire s'étend depuis Antioche jusqu'à Tripoli, et ils sont dispersés dans cent quatre-vingt-deux villages; leur population est d'au moins 40,000 âmes. D'autres les disent plus nombreux. Voilà à peu près tout ce que l'on a pu savoir de ces mystérieux sectaires, qui paraissent se rattacher en même temps aux Sabéens, aux chrétiens, aux Ismaéliens et aux Druzes.

NESSERZI, idole des anciens Arabes, détruite par l'ordre de Mahomet, sans doute la même que NASR.

NESTORIANISME, l'une des grandes hérésies qui s'élevèrent dans l'Eglise; elle tire son nom de Nestorius, Syrien de naissance, et patriarche de Constantinople. Homme d'esprit, éloquent, d'un extérieur modeste et mortifié, mais d'un zèle trop ardent, sans érudition, presque sans études, et opiniâtre dans ses idées, il avait toutes les qualités et tous les défauts qui font les chefs de secte. Vers l'an 428, il s'éleva avec aigreur contre la coutume de l'Eglise d'appeler *Marie mère de Dieu*; car, disait-il, Dieu peut-il avoir une mère? la créature a-t-elle enfanté le créateur? Marie a-t-elle pu mettre au monde celui qui était plus ancien qu'elle? A-t-elle eu la divinité en partage? Cela cependant aurait dû être, ajoutait-il, si elle eût mis au monde un Dieu; car une vraie mère est de la même nature que celui qui est né d'elle. Marie a donc été la mère de Jésus-Christ en tant qu'homme et non point en tant que Dieu. Cette première erreur le conduisit à une seconde encore plus importante; car, comme on lui répondait que Marie ayant donné naissance à un Fils dans lequel la divinité était unie hypostatiquement à l'humanité, un Fils qui était réellement Dieu au moment de sa naissance, pouvait et devait être appelée réellement mère de Dieu; il ajoutait que le corps qui avait été formé en elle par l'opération du Saint-Esprit n'était qu'un corps ordinaire auquel le Fils de Dieu avait bien voulu s'unir, et dont il avait fait l'instrument de notre rédemption, d'où il résultait que le Christ n'était pas né, qu'il n'avait pas souffert, qu'il n'était pas ressuscité, mais seulement l'homme qui lui était uni. En dernière analyse, il reconnaissait en Jésus-Christ deux personnes, la personne divine et la personne humaine, unies l'une à l'autre par une communauté d'affection, de volonté et d'opérations, et non par une communauté de substance; ce qui était contraire à la foi et à l'enseignement de l'Eglise universelle. Nestorius, combattu d'abord par Eusèbe de Dorylée et par saint Cyrille d'Alexandrie, fut enfin condamné dans le concile général d'Ephèse. Déposé de son siège, il mourut dans ses erreurs, au désert d'Oasis en Egypte.

Cependant ses partisans ne se soumirent pas à la décision du concile. Proscrits par les empereurs, ils se retirèrent dans la Perse, où ils furent bien reçus par les rois de ce pays. C'est là qu'ils se multiplièrent en peu de temps. Ils y fondèrent un grand nombre d'Eglises, eurent une école célèbre à Edesse, ensuite à Nisibe, élurent un patriarche sous le nom de *Catholique*, dont la résidence fut d'abord à Seleucie et ensuite à Mossoul. Ils prirent le titre de *Chrétiens orientaux*. Au VIe siècle, ils avaient porté leur doctrine aux Indes et sur la côte de Malabar; au VIIe, ils envoyèrent des missionnaires dans la Chine; ils ont eu des Eglises à Samarcande et dans d'autres parties de la Tartarie. Plusieurs fois il y eut réunion des Nestoriens avec l'Eglise romaine, entre autres sous les papes Innocent IV, Jules III et Paul V; mais ces réunions eurent peu de durée; un grand nombre sont maintenant revenus à la vraie foi, mais le nestorianisme règne encore dans la plupart des contrées où il s'était implanté.

NET ou NETON, dieu des Accitains, ancien peuple de l'Espagne, qui habitaient dans la contrée qu'on nomme actuellement le royaume de Grenade. Ils le représentaient la tête ornée de rayons, et ils lui rendaient les plus grands honneurs. On croit que c'était le même que le dieu Mars.

NÉTHINIM, tribu étrangère qui, chez les Hébreux, était employée au service du temple, et qui étaient chargée, sous les ordres des lévites, des travaux les plus pénibles. *Voy.* NATHINÉENS.

NETPHÉ, déesse égyptienne, épouse du dieu Sev. Ce dieu et son épouse étaient Saturne et Rhéa, de la religion gréco-romaine.

NEUROUZ, c'est-à-dire *le nouveau jour*, fête du nouvel an en Perse. Elle a lieu le premier jour du mois de ferverdin, au commencement de l'année solaire, vers l'équinoxe du printemps, bien que les Persans aient universellement adopté l'année lunaire des Musulmans; mais la fête de Neurouz a survécu aux ruines de la religion antique. Autrefois la durée de cette fête était de dix jours. Le soir du cinquième jour, on amenait au palais un beau jeune homme, qui passait la nuit, dans l'antichambre du monarque. Le matin, il entrait dans la chambre sans être annoncé. Le prince lui demandait qui il était. Le jeune homme répondait : « Je suis *Almobarek* (c'est-à-dire le béni). Je viens de la part de Dieu et j'apporte la nouvelle année. » Il avait à peine achevé ces paroles, que les chefs du peuple entraient, portant chacun dans leurs mains un vase d'argent où il y avait différentes sortes de graines, une canne à sucre et deux pièces d'or. Ces offrandes étaient pour le roi. Sur la fin de la cérémonie, on apportait un grand pain; le prince en mangeait un morceau, et invitait les assistants à imiter son exemple; en leur adressant ces paroles : « Voici un nouveau jour, qui est le commencement d'un nouveau mois et d'une nouvelle année. Il est juste que nous renouvelions réciproquement les bienfaits qui nous unissent les uns aux autres. » Ensuite, revêtu d'un manteau royal, il donnait aux assistants sa bénédiction, et les renvoyait avec de riches présents. Chardin dit que la fête durait huit jours à la cour; le premier jour, le roi recevait les vœux de la foule du peuple; il donnait le second aux savants, et particulièrement aux astronomes, le troisième aux prêtres, le quatrième aux magistrats, le cinquième aux grands du royaume, le sixième à sa famille, et les deux autres à ses femmes et à ses enfants.

Cette fête fut abolie peu à peu, comme appartenant à l'ancien culte, lors de l'introduction du mahométisme en Perse, et de l'établissement de l'année lunaire; mais l'an 475 de l'hégire, le roi Djelal-eddin étant monté sur le trône le jour même de l'équinoxe vernal, les astronomes du pays en prirent occasion de lui représenter que c'était par la permission de la Providence que son avènement à l'empire était arrivé le premier jour de l'année solaire, afin de lui fournir l'occasion de rétablir la coutume de la Perse, qui avait été pratiquée de temps immémorial, et de célébrer par une fête le premier jour de l'année solaire; d'autant plus que cette solennité ne pouvait être remise au commencement de l'année lunaire qui était marquée par une cérémonie de deuil et par des larmes amères. (*Voy.* DÉHA.) Le roi goûta la proposition et rétablit la fête de Neurouz, qui a toujours été célébrée depuis avec beaucoup de pompe.

On l'annonce au peuple par des décharges d'artillerie et de mousqueterie. Les astrologues magnifiquement vêtus, se rendent au palais du roi ou chez le gouverneur du lieu, une heure ou deux avant l'équinoxe, pour en observer le moment. A l'instant précis, ils donnent le signal; en même temps on fait les décharges; les instruments de musique, les timbales, les cors et les trompettes font retentir les airs. Ce ne sont que chants et qu'allégresse chez tous les grands et les riches du royaume. A Ispahan, on sonne des instruments pendant les huit jours que dure la fête, devant la porte du roi, avec des danses, des feux et des comédies, comme à une foire, et chacun passe la huitaine dans une joie qu'on ne saurait décrire. Les Persans, entre autres noms qu'ils donnent à cette fête, l'appellent *la fête des habits neufs*, parce qu'il n'y a homme si pauvre et si misérable qui n'en mette un, et ceux qui en ont le moyen, en mettent un nouveau chaque jour de la fête. Chacun s'envoie des présents, et dès la veille, on échange des œufs peints et dorés. Il y a de ces œufs qui coûtent jusqu'à trois ducats d'or la pièce. Le roi en donne de cette espèce environ cinq cents dans son sérail, et on les présente dans de riches bassins aux dames principales. L'œuf est couvert d'or avec quatre petites figures ou miniatures très-finement exécutées aux côtés. On dit que, de tout temps, les Persans se sont ainsi donné des œufs au nouvel an, parce que l'œuf est le symbole de l'origine et du commencement des choses. On ne peut croire la quantité qui s'en débite à cette fête. Mais si le roi dépense beaucoup en distribuant de semblables cadeaux, il en est amplement dédommagé par les grands présents qu'il reçoit des grands de sa cour, qui vont le féliciter après l'équinoxe, et lui faire leurs offrandes, qui consistent en bijoux, en pierreries, en étoffes, en parfums, en chevaux, en argent ou en or. Le plus fréquemment c'est de l'or qu'on lui donne, en s'excusant de ne plus rien trouver dans le monde qui soit digne d'entrer dans la garderobe de Sa Majesté. Le cadeau se monte ordinairement de cinq cents ducats à quatre mille. Les grands qui ont un emploi dans les provinces, n'en sont pas dispensés; chacun d'eux reçoit à son tour des présents de la part de ceux qui sont sous leur dépendance, car c'est en Orient la coutume invariable que l'inférieur donne à son supérieur, le pauvre au riche, depuis le laboureur jusqu'au roi.

NEUVAINE, pratique de dévotion en usage chez les catholiques. Elle consiste à faire, pendant neuf jours de suite, quelque œuvre de dévotion, comme entendre la messe, ou la faire dire par un prêtre, réciter certaines prières, visiter des églises, faire des aumônes. Ces œuvres sont bonnes en elles-mêmes lorsqu'elles sont bien faites; mais le plus grand nombre de personnes qui font des neuvaines ou en font faire, y mettent de la superstition. Tel s'imaginera, par exemple, que neuf messes célébrées, ou telles prières récitées pendant neuf jours de suite, seront bien plus efficaces que des messes ou des prières faites pendant six, huit ou dix jours. Il est à remarquer que, si l'Eglise tolère les neuvaines, elle n'en commande jamais.

Les neuvaines tirent sans doute leur origine de l'usage de certaines Eglises de France et d'Espagne, de célébrer d'une manière particulière les neuf jours qui précèdent immédiatement la fête de Noël, en mémoire, dit-on, des neuf mois de grossesse de la sainte Vierge. La célébration de cette neuvaine commença, dit-on, sous le pontificat du pape Vitalien, ou du moins à la tenue d'un concile de Tolède vers l'an 694. Cependant les Eglises qui suivent le rite romain, ne font ces prières et ces cérémonies que pendant sept jours. *Voy.* O.

NEW-LIGHT, ou *Nouvelle-Lumière*; 1° nom que l'on donne, dans les États-Unis, à des dissidents qui, de leur côté, ont pris la dénomination exclusive de *Chrétiens*. Voy. CHRISTIANS.

2° Il y eut en 1834, une secte ridicule qui prit le même nom, et dont les membres prétendaient parler la même langue qu'Adam et Eve. Nous trouvons à ce sujet les détails suivants dans les journaux de l'époque:

« Le chef de cette secte s'est rendu à Chelmsford, avec plusieurs de ses initiés. Une femme surnommée l'*Ange*, parce que c'est elle que l'Esprit-Saint favorise plus particulièrement de ses inspirations, était debout près de lui, dans une séance publique tenue en présence de deux ou trois cents personnes. Semblable à la Pythonisse de Delphes, l'Ange a éprouvé tout à coup des tremblements nerveux qui ont bientôt dégénéré en convulsions horribles : puis cette femme dit d'une voix mal articulée : *Ho mony! mony ho!* Cela signifie, a dit le grand maître, qu'il y a des mécréants dans la salle. — Peut-être des mouchards, a ajouté un autre affilié. Le chef s'est promené gravement au milieu de la salle, les mains dans ses poches, et a protesté qu'il ne découvrait rien. *Mony ho! ho mony!* disait l'Ange, dont les convulsions ne cessaient pas. Il y a ici quelque chose d'étrange, reprit le grand prêtre, mais un de nos frères est inspiré à son tour; nous allons savoir ce que c'est. Alors, un des frères prenant la parole, a dit : « L'Esprit-Saint me révèle la cause du peu de succès de notre assemblée. Il nous retire ses faveurs en cessant d'inspirer notre Ange, parce qu'il vient de se passer, dans notre congrégation, une chose épouvantable ; c'est l'abomination de la désolation! Apprenez que l'un de nous a maintenant pour maîtresses les deux sœurs. » A ces mots, l'indignation la plus vive éclate dans l'assemblée : l'Ange s'écrie : *Zoro! zoro! tono tone!* Tous les assistants répètent les mêmes paroles, dont le grand prêtre leur fait ensuite connaître la signification. Cela veut dire que chacun doit réparer ses péchés, et que celui de leurs frères qui a commis la faute d'aimer les deux sœurs, doit, sur-le-champ, épouser l'une d'elles, l'aînée ou la cadette, à son choix. »

Ces faits ont été révélés à l'audience de police de Chelmsford, par suite d'une rixe qui s'était élevée dans la rue entre plusieurs initiés et quelques jeunes étourdis, à qui ils refusèrent l'entrée de leur salle. Les frères ont protesté qu'ils n'avaient répondu aux injures les plus grossières, que par les mots *zara batani!* qui, dans leur langue mystique, annoncent le pardon des outrages.

NGAO et SAO, espèces de Lares ou dieux domestiques des Chinois. L'esprit Ngao passe pour être supérieur à Sao ; cependant celui-ci est plus respecté, comme étant le plus nécessaire à la vie. De là le proverbe : L'esprit Ngao préside sur la salle, mais on doit respecter l'esprit Sao, qui préside à la cuisine.

NGARAMBA, classe de Lamas, chez les Tibétains ; ils s'occupent spécialement de magie (*nga*). Il y a à Hlassa deux couvents dans lesquels on donne des leçons de cet art.

NGA-YE, nom de l'enfer chez les Bouddhistes de la Birmanie ; c'est le plus inférieur et le plus douloureux des états de souffrances, dans lesquels les êtres coupables doivent expier leurs fautes. Ici l'imagination orientale a épuisé ses forces dans la distribution des différents enfers, et dans l'énumération des châtiments infligés dans chacun de ces lugubres séjours. L'enfer est divisé en huit grands étages ; chacun d'eux est de forme carrée, ayant une porte à chaque face, et quatre petits enfers, ce qui porte à 128 le nombre entier des enfers grands et petits. Voici les noms des huit grands enfers, avec la durée des peines qu'on y endure :

1ᵉʳ Sé-indzo, 500 ans.
2ᵉ Kala-sosout, 1000 ans.
3ᵉ Sing-kata, 2000 ans.
4ᵉ Hau-rou-wa 4000 ans.
5ᵉ Grand Hau-rou-wa, 8000 ans.
6ᵉ Ta pa-na, 16000 ans.
7ᵉ Grand Tapana, un demi andraka.
8ᵉ Awidzi, une éternité.

Cette dernière expression ne doit pas cependant être prise à la lettre ; car les Bouddhistes ne reconnaissent point l'éternité des châtiments. Au reste, on peut voir le détail des tourments qu'on endure dans chacun d'eux, et les coupables auxquels ils sont destinés, à leur article respectif.

NGODI, gauga ou prêtre du Congo, dont la fonction est de rendre l'ouïe aux sourds.

NGO-KOUEI, esprits malfaisants des Chinois, qu'ils supposent vivre en hostilité continuelle avec les hommes et avec les *Chin* ou bons génies. Sans l'intervention de ces derniers, ils ne manqueraient pas de troubler les airs, d'exciter les vents et les tempêtes. Ces êtres pervers, qui tiennent le milieu entre l'homme et la brute, habitent autour des tombeaux, aux environs des trésors et des mines, des eaux croupissantes, des lieux infects. Quand ils peuvent se glisser dans un cadavre, et, sous cette enveloppe, se mêler parmi les hommes, ils effraient le monde par la perversité de leur nature et par l'énormité de leurs crimes. Tel féroce tyran, telle femme aux conseils funestes, cités avec opprobre dans les annales de l'empire, n'étaient en réalité que des *Ngo-Kouei* déguisés.

NGOMBO, le plus considérable des Gangas, après le Chitombé, grand pontife des nègres du Congo. Il passe pour un prophète. De toutes parts on accourt pour le consulter, et ses réponses ne sont pas moins ambiguës que celles des autres oracles. Il vend fort cher ses charmes et ses amulettes pour guérir les maladies, et l'on est si persuadé de leur efficacité, que, s'ils n'opèrent pas tout à coup ou si le malade vient à mourir, cet insuccès n'est pas imputé au Ngombo, on l'attribue à un sort jeté sur le malade par un ennemi ou un envieux. Les parents lui demandent quel est l'auteur du sortilége, afin d'en tirer vengeance. Alors il les fait venir dans sa maison, et les conduit dans une chambre obscure. Là, il débute par des conjurations terribles et d'affreuses grimaces. Il fait ensuite aux assistants une peinture vague de celui qui a ensorcelé le malade. Les parents irrités croient reconnaître le coupable, ils sortent avec toute la famille et vont massacrer un innocent, qui malheureusement se trouve avoir quelqu'un des traits indiqués par le Ngombo. Quelquefois l'imposteur fait cette cérémonie en public. Il rassemble alors le peuple dans quelque bocage épais et sombre, et, après ses exorcismes et ses conjurations ordinaires, il saisit un des assistants comme étant le coupable, et le conduit bien garrotté dans un endroit où, pour se justifier, il est contraint de boire une liqueur tellement préparée, qu'il ne sort jamais à son honneur de cette épreuve.

NGOSCHI, un des principaux Gangas ou prêtres du Congo. Il doit toujours avoir onze femmes qui portent le nom d'autant d'idoles rangées autour de son habitation. On les encense en brûlant de la paille devant elles, et leurs adorateurs prennent soin d'en bien recevoir la fumée au visage ; car ils se persuadent que plus la fumée vient sur eux, plus ils sont agréables à ces idoles. Ceux qui veulent se venger d'un ennemi, s'adressent au Ngoschi, qui leur coupe les cheveux, en fait un paquet et les jette au feu, en prononçant des imprécations contre l'ennemi et contre toute sa famille.

NGUNNÉ ; jeûne des Tibétains ; il dure vingt-quatre heures, et il est si rigoureux qu'il n'est pas même permis d'avaler sa salive. La plupart l'observent trois jours de suite, ne prenant que du thé, une seule fois par jour et le matin. Ils ont un autre jeûne moins rigoureux, appelé *Gnenné*, dans lequel on fait un repas vers le soir.

NHA-MA, édifice de papier que les Cochinchinois élèvent à la mémoire des défunts, et qu'ils brûlent ensuite, en s'imaginant qu'il se changera pour eux en une maison véritable dans l'autre vie.

NHANG, esprit que, chez les Chiampas, peuple actuellement réuni au Tunkin, quelques-uns regardent comme l'auteur de tout ce qui leur arrive, et auquel ils offrent des sacrifices.

NHUONG, sacrifice que les Cochinchinois offrent aux divinités pour éloigner d'eux les malheurs qui les menacent.

NHU-TRIEU-LINH, maison que les Cochinchinois construisent pour les défunts qui viennent de mourir, et qu'ils brûlent après les funérailles. *Voy.* NHA-MA.

NIA ou NIAMÉ, dieu des anciens Slaves, qui, avec sa femme Ninwa, régnait dans les entrailles de la terre. Les morts étaient traduits à son tribunal pour y être jugés. Radamas lui servait d'assesseur. Sa cour était complétée par les *Sudices* ou parques, qui comptaient les jours des mortels, et par les *Tassanis* ou furies, qui exécutaient ses terribles arrêts. Nia avait à Gnezne un temple célèbre où les anciens Polonais accomplissaient de fréquents pèlerinages.

NIAO-POU, ou *divination par les oiseaux*; elle était en usage chez les anciens Chinois, et consistait à répandre du riz sur un endroit élevé, afin d'attirer les oiseaux. Dès qu'il en venait, on les attrapait, on les ouvrait, et s'ils avaient du grain dans l'estomac, on en concluait que l'année suivante devait être fertile ; si au contraire leur gésier était vide, c'était un présage de famine.

NIBBAS, dieu syrien, qu'on croit le même qu'Anubis. L'empereur Julien, après avoir renoncé au christianisme, entreprit de rétablir le culte presque oublié de cette ancienne divinité ; il en fit même graver sur la monnaie la figure tenant d'une main le caducée, et de l'autre le sceptre égyptien. C'est sans doute le même que le dieu *Nibhaz* ou *Nibkhaz*.

NIBKHAZ, dieu des Hévéens. *Voy.* NABKHAZ.

NICÉE, naïade, fille du fleuve Sangar, et mère des satyres, qu'elle eut de Bacchus, après que ce dieu l'eut enivrée en changeant en vin l'eau d'une fontaine dont elle avait coutume de boire.

NICÉTÉRIES, fête que les Athéniens célébraient en mémoire de la victoire remportée par Pallas sur Neptune, lorsqu'ils disputaient l'honneur de donner un nom à la ville d'Athènes.

NICHILIANISTES, c'est le nom qu'on donna aux partisans des erreurs d'Abélard, parce que, disait-on, ils soutenaient que Jésus-Christ n'était rien, *nichil*, (comme l'on prononçait et l'on écrivait autrefois au lieu de *nihil*), philosophiquement parlant.

NICHOLISTES, branche de Quakers, qui, dans le siècle dernier, suivaient la doctrine d'un prédicateur, nommé Joseph Nichol, qui voyageait beaucoup en Amérique, vers l'an 1766, et forma dans le Maryland des congrégations assez nombreuses. Ils avaient une petite église à Baltimore. On ne connaît pas beaucoup leur doctrine; on sait seulement qu'ils élevaient les principes des Amis à un plus haut degré de sévérité. Ainsi ils ne portaient aucun vêtement qui fût teint; tout ce qui était à leur usage devait être dans son état naturel. Après la mort de Nichol, ses adhérents, à très-peu d'exceptions près, sont rentrés dans le sein du quakérisme. On les appelait aussi les nouveaux Quakers.

NICKEN, dieu des mers, honoré autrefois en Danemark; on prétendait qu'il apparaissait quelquefois sur la mer, ou sur les rivières profondes, sous la forme d'un monstre marin, avec une tête humaine, surtout à ceux qui étaient en danger d'être noyés. C'est le même que *Nocca*.

NICOLAITES, hérétiques du Ier siècle, qui soutenaient qu'il était permis de se prostituer et de manger des viandes offertes aux idoles. Ils prétendaient suivre la doctrine de Nicolas, l'un des sept premiers diacres, qui, dit-on, avait émis cette proposition : Il faut abuser de la chair. Le mot grec que l'on traduit par *abuser* est équivoque, et peut signifier réprimer aussi bien qu'abuser. C'est à peu près comme si l'on disait en français : il faut *user* la chair. Les voluptueux profitèrent de l'équivoque pour se livrer sans scrupule aux plaisirs des sens. Ils disaient que Nicolas avait autorisé par son exemple la communauté des femmes ; car les apôtres lui ayant reproché sa jalousie à l'égard de sa femme, qui était fort belle, il fit venir celle-ci au milieu de l'assemblée, et lui permit d'épouser qui elle voudrait. Toutes ces accusations sont sans doute autant de calomnies ; Nicolas n'eut jamais d'autre femme, que la sienne; ses filles demeurèrent toujours vierges, et son fils garda toujours la continence. Les Nicolaïtes ajoutèrent à leur inconduite des erreurs sur les dogmes du christianisme, et finirent par se fondre avec les Gnostiques.

NICON, c'est-à-dire *vainqueur*, nom d'un des dieux Telchines. *Voy.* TELCHINES.

NICONIENS, nom que les Raskolniks de Russie donnèrent aux adhérents à l'Église établie, qu'ils accusaient d'avoir corrompu la foi et altéré la tradition, parce que le patriarche Nicon avait revisé les livres liturgiques, et les avait corrigés d'après la liturgie de Constantinople, en y introduisant cependant quelques additions et modifications jugées nécessaires. Cette nouvelle édition fut imprimée et distribuée en 1659.

NID, degré supérieur de magie, que les Islandais comparaient à leur *seidur* ou magie noire. Cette espèce de magie consistait à pouvoir, dans chaque occasion, improviser et chanter un cantique religieux, entremêlé de termes de malédiction contre un ennemi, et par lequel ils lui souhaitaient tous les malheurs possibles.

NIDANA, livre sacré des Bouddhistes du Népal ; ce sont des traités dans lesquels les causes des événements sont exposées ; on y voit par exemple comment Chakya-Mouni parvint à l'état de Bouddha, en accomplissant le *dâna*, ou la charité, ainsi que les autres vertus cardinales.

NIDDOUI, l'excommunication mineure chez les Juifs ; elle consiste à être privé de l'usage des choses saintes, et exclu de la société des hommes, même de sa femme et de ses domestiques, dont on ne doit pas approcher plus près de quatre coudées. Elle dure un mois de trente jours ; si l'excommunié ne reconnaît pas sa faute, on proroge l'excommunication pendant un second mois, puis pendant un troisième, et s'il demeure toujours obstiné on prononce le *Kherem* ou l'anathème. *Voy.* KHEREM et EXCOMMUNICATION, n° 4.

Il y a vingt-quatre causes qui font encourir le Niddoui, les voici : 1° mépriser un docteur, même après sa mort ; 2° mépriser un député de la maison du jugement ; 3° appeler son prochain, esclave ; 4° ne pas comparaître à la citation du juge ; 5° mépriser les paroles de la loi ou des rabbins ; 6° ne pas se soumettre à la sentence du juge ; 7° ne point se défaire d'un animal ou d'un objet dangereux pour la société, comme d'un chien enragé, d'une échelle vermoulue ; 8° vendre sa propriété à un chrétien ou à un gentil ; 9° rendre témoignage contre un juif dans un tribunal de chrétiens ; 10° ne point faire les parts de réserve dans les sacrifices, quand on est sacrificateur ; 11° travailler le dimanche dans les pays chrétiens ; 12° faire une œuvre servile le soir du jour de Pâques ; 13° prononcer le nom de Dieu en vain ; 14° donner aux autres l'occasion de le profaner ; 15° engager les autres à manger les choses saintes hors du temple ; 16° composer des calendriers hors de la terre sainte ; 17° faire tomber un vieillard ; 18° occasionner aux autres du retard dans l'accomplissement de l'œuvre de la loi ; 19° immoler sciemment une victime impure ; 20° ne point faire examiner si le glaive du sacrifice est dans les conditions légales ; 21° montrer de la négligence pour s'instruire ; 22° avoir des relations commerciales avec la femme que l'on a répudiée ; 23° avoir une mauvaise réputation, quand on est docteur ; 24° excommunier quelqu'un qui n'a pas mérité de l'être.

NIDHAVGGR, serpent des enfers, dans la mythologie scandinave ; il ronge les racines inférieures du frêne Yggdrasill.

NIDI, un des dwergues de la mythologie scandinave. C'est le génie de la lune.

NIDOUBER-OUZEKTCHI, un des plus célèbres Bourkhans de la théogonie mongole ; il est honoré aussi sous le nom de *Komchin-Bodhisatwa*. Ses émanations ont donné la vie à plusieurs êtres célestes ou humains, entre autres au Bouddha Chakya-Mouni. On le représente avec plusieurs têtes superposées en forme de tour ou de pyramide, et huit figures symboliques qu'il porte dans ses mains. A ses pieds se trouvent ordinairement les deux compagnes de ses voyages, Noyon Dara Ækké et Tsagaan Dara Ækké, ainsi nommées, l'une à raison de la couleur verte, l'autre à cause de la couleur blanche qu'on leur attribue. *Voy.* HOPAMÉ et DJIAN RAÏ-ZIGH.

NIFLHEIM, c'est-à-dire le *monde des ténèbres*, nom du premier enfer, dans la mythologie scandinave, de celui qui ne doit durer que jusqu'à la fin du monde, et qui sera remplacé par le Nastrand, l'enfer éternel. Le Niflheim forme la neuvième partie de l'univers, il est situé au-dessous de la terre, dont il précéda la formation de quelques hivers. Au centre est la fontaine Vergelmer, qui donne naissance à neuf fleuves : l'Angoisse, l'Ennemi de la joie, le Séjour de la mort, la Perdition, le Gouffre, la Tempête, le Tourbillon, la Rugissement et le Hurlement. Le Niflheim est la demeure de Héla, qui en est la souveraine, du loup Fenris et de plusieurs autres monstres. Le Niflheim était destiné à recevoir les hommes lâches et timides, qui n'étaient pas capables de défendre les dieux en cas d'attaque imprévue, en un mot tous ceux qui mouraient ailleurs que sur le champ de bataille.

NIJA, dieu des anciens Slaves ; il recueillait les âmes pour les conduire dans les demeures infernales.

NIKÉ, la victoire, déesse de la mythologie grecque, une des compagnes inséparables de Jupiter ; elle naquit du commerce de Pallas avec Ayx, fille de l'Océan et de Téthys. *Voy.* VICTOIRE.

NIL. « Il paraît, dit Champollion-Figeac, que les anciens philosophes grecs avaient tiré du sanctuaire de l'Egypte l'opinion d'après laquelle l'eau était le principe de toutes choses ; qu'elle existait antérieurement à l'organisation matérielle des autres parties du globe, et que ce principe de l'humidité, qui était la mère et la nourrice des êtres, fut appelé par les Grecs l'Océan, et par les Egyptiens le Nil. Ce nom fut aussi celui du grand fleuve qui arrosait leur pays.

« Ce fleuve fut en effet de tout temps, pour la terre d'Egypte, le véritable principe créateur et conservateur ; c'est au limon annuellement apporté par ses eaux que cette riche contrée doit son existence ; c'est le Nil qui en maintient et en renouvelle l'inépuisable fécondité : aussi ce fleuve bienfaisant fut non-seulement nommé le *très-saint*, le *père* et le *conservateur du pays*, mais il fut regardé comme un *dieu*, et eut en cette qualité un culte et des prêtres.

« Les Egyptiens allaient jusqu'à considérer leur fleuve sacré comme une image sensible d'Ammon, leur divinité suprême ; il n'était pour eux qu'une manifestation réelle de ce dieu, qui, sous une forme visible, vivifiait et conservait l'Egypte ; aussi les Grecs avaient-ils appelé le Nil le *Jupiter Egyptien*.

« Les philosophes égyptiens avaient imaginé dans le ciel des divisions semblables à celles de la terre ; ils avaient donc un Nil céleste et un Nil terrestre.

« Leur grand dieu Chnouphis était considéré comme la source et le régulateur du Nil terrestre, et il est représenté sur un grand nombre de monuments, de forme humaine, assis sur son trône, étroitement enveloppé dans une tunique bleue ; sur ce corps humain est placée une tête de bélier, dont la face est verte, et il tient dans ses mains un vase duquel s'épanchent les eaux célestes. Le dieu Nil céleste avait quelquefois à côté de ses représentations trois vases, qui étaient l'emblème de l'inondation ; l'un de ces vases représentait l'eau que l'Egypte produit elle-même ; le second, celle qui vient de l'Océan en Egypte, au temps de l'inondation ; le troisième, les eaux de pluie qui, à l'époque de la crue du Nil, tombent dans les parties méridionales de l'Ethiopie. Voilà ce que raconte Horapollon, celui qui a écrit un précis sur l'interprétation des hiéroglyphes.

« Le Nil terrestre était représenté par un personnage de forme humaine, fort gras, et qui semble participer des deux sexes. Sa tête était surmontée d'un bouquet d'iris ou glaïeul, symbole du fleuve à l'époque de l'inondation. Il faisait, au nom des rois qu'il avait pris sous sa protection, des offrandes aux grands dieux de l'Egypte. On l'a en effet représenté portant sur une tablette tantôt quatre vases contenant l'eau sacrée, et séparés par un sceptre qui est l'emblème de la pureté, tantôt des pains, des fruits, des bouquets de fleurs et divers genres de comestibles, surmontés aussi du sceptre de la pureté. Il était ainsi représenté sur deux bas-reliefs qui ornaient deux côtés du dé sur lequel s'élevait en Egypte l'obélisque de granit transporté à Paris. De pareilles représentations de ce dieu existent sur beaucoup d'autres monuments : les Egyptiens appelaient ce dieu en leur langue *Hopi-mou*, et ce nom signifie : celui qui a la faculté de *cacher* ou *retirer* ses eaux, après en avoir couvert le sol de l'Egypte pour le féconder...

« Dans l'ancienne croyance égyptienne, tout ce qui se rapportait à l'état périodique du Nil était sacré comme le fleuve lui-même. La religion intervenait dans les principales circonstances, et consacrait par l'assistance des dieux, les faits physiques les plus indépendants de la volonté des hommes. On a appelé la *clef du Nil* le symbole même de la vie divine. Enfin toute l'antiquité classique est remplie des souvenirs du culte du Nil, père nourricier de l'Égypte. »

Mais de toutes les époques de l'année, il n'y en avait point pendant laquelle ce fleuve fût honoré avec plus de solennité et de magnificence que vers le solstice d'été, terme du plus haut degré de sa crue. Alors se faisait l'ouverture des canaux du Nil, en présence du roi d'Égypte et des plus grands seigneurs du royaume, avec une affluence prodigieuse de peuple sur le bord de ce fleuve. Les prêtres d'Osiris et d'Isis y portaient en grande pompe les figures de ces deux divinités, dont on célébrait alors les noces ; et leurs images réunies étaient, dans le système égyptien, la représentation du mariage qui se faisait alors de la terre de l'Égypte prise pour Isis, avec le fleuve du Nil, pris pour Osiris, ainsi que le dit Plutarque. Toutes les cérémonies religieuses qu'on pratiquait alors se terminaient par l'offrande faite au fleuve d'une jeune fille qu'on précipitait dans ses eaux.

L'Égypte a toujours conservé une espèce de vénération pour ce fleuve bienfaisant, et l'on y trouve encore quelques vestiges du culte qu'on lui rendait autrefois. Chaque année la rupture des digues qui ferment les canaux donne lieu à de grandes fêtes et à de grandes réjouissances parmi la population actuelle de cette province.

Le Nil est toujours la divinité principale des Agaws, idolâtres établis dans l'Abyssinie et qui occupent les provinces de Baguemder et de Goyam. Ils s'assemblent tous les ans sur une espèce de tertre qui s'élève du haut d'une montagne. Leur prêtre y fait le sacrifice d'une vache, et en jette la tête dans une des sources du Nil, qui sont sur le penchant de la montagne. Après cette cérémonie, chacun d'eux sacrifie, en son particulier, une ou plusieurs vaches, selon ses facultés ou sa dévotion. Ils regardent la chair de ces animaux comme une chose sacrée, et la mangent avec respect. Les os entassés de ces vaches ont déjà formé deux monticules assez élevés. Le repas fini, le prêtre s'assied au milieu d'un bûcher fait exprès, ayant tout le corps frotté de suif et de la graisse des vaches. Le bûcher s'allume de manière que la flamme ne fasse pas fondre le suif et que le prêtre n'en reçoive aucune atteinte. Tranquille au milieu du feu, il prêche aux assistants ravis d'admiration, et ne termine son discours que lorsque le bûcher est consumé. La fête finit par de grandes largesses que les Agaws font à leur prêtre.

NILA, dieu hindou, chef de tous les serpents nâgas. Il est regardé par les Kachmiriens comme le protecteur de leur pays, à la formation duquel ils prétendent qu'il a contribué. Ils disent aussi qu'il arrêta les ravages du froid et de la neige, sous le règne d'Abhimanyou.

NILAKANTHA, c'est-à-dire *gosier bleu*;
surnom de Siva. Lorsque les dieux et les démons barattèrent la mer de lait pour en obtenir l'ambroisie, les eaux produisirent d'abord un poison mortel qui se répandit dans les trois mondes. Siva, par l'ordre de Brahma, avala ce poison pour sauver l'univers ; mais la liqueur caustique s'arrêta dans la gorge du dieu, et y produisit une large tache d'un bleu-noir, qui lui est restée ; de là le surnom de *Nilakantha*.

NILA-POUDJA ou NILA SANNYASA, c'est-à-dire culte de Nilawati, épouse de Siva. On appelle de ce nom certaines expiations qui ont lieu dans les fêtes indiennes en l'honneur de la déesse Kali. Les dévots les plus zélés courent en foule aux pagodes. Là, ils se percent la langue avec des fers pointus, des couteaux ou d'autres instruments larges et tranchants ; d'autres se percent les doigts et y laissent des broches de fer. Il en est qui se font faire au front, au dos et à la poitrine, cent vingt blessures, nombre exigé dont on ne connaît pas le mystère. D'autres enfin se font percer les hanches, et passent dans l'ouverture des cordes et des baguettes en forme de sétons. Ces supplices volontaires sont des pénitences satisfactoires pour les péchés commis ; c'est pour expier le mensonge que l'on se perce la langue ; pour le vol, on se larde les doigts ; les blessures au front expient les mauvaises pensées et les regards illicites ; celles de la poitrine sont la peine du vin ou des liqueurs enivrantes que l'on a bues ; ceux qui se font percer les reins se proposent de satisfaire pour les fornications et les adultères qu'ils ont commis. Mais ce ne sont que des gens de la lie du peuple qui se livrent à ces pratiques aussi cruelles que ridicules. En cet état, ils circulent dans la ville, plusieurs de compagnie, et s'arrêtent pour danser devant la porte de ceux qui leur font l'aumône ; car les riches expient leurs péchés avec leur argent, et ils rachètent leurs pénitences par la douleur des pauvres ; ce qui suivant les Hindous n'est ni moins méritoire, ni moins agréable à Dieu. La marche processionnelle des pénitents se fait au bruit des instruments et des acclamations de la multitude. On brûle des parfums et c'est la paume de la main de quelques-uns de ces gueux qui sert de cassolette. Il est probable que quelques précautions prises d'avance empêchent l'excès de la douleur. Rien d'ailleurs de plus merveilleux que la prompte guérison de toutes ces pieuses blessures, surtout si on la compare avec celle des plaies reçues en toute autre occasion. Le lait sert à guérir la langue ; le jus de certaines herbes ou l'application de certaines drogues cicatrise le reste. Il en est cependant, ce sont sans doute les plus maladroits ou les plus dévots, qui mettent plus de six semaines à se guérir.

NILAWATI, déesse hindoue, épouse de Siva. *Voy.* KALI.

NIMAWATS, secte religieuse de l'Hindoustan, appartenant à la branche des Vaichnavas. Leur fondateur, Bhaskara-Atcharya, plus connu sous le nom de Nimbaditya, était un ascète qui passe pour avoir été une incarnation du soleil, pour la suppression des doctrines des hérétiques qui prévalaient alors. Il vivait près de Vrindavan, où il fut visité un jour par un Dandi, d'autres disent par un religieux djaina, avec lequel il entama une controverse qui dura jusqu'au soir. Il offrit alors à son visiteur quelques rafraîchissements, ce qui est contraire à la pratique constante des ordres mendiants, qui ne doivent rien accepter dans les ténèbres; en conséquence, l'étranger fut obligé de les refuser. Pour obvier à la difficulté, Nimbaditya arrêta le soleil à son extrême limite, et lui ordonna de rester dans un nimb (l'arbre *Melia azederacht*) du voisinage, jusqu'à ce que les mets fussent cuits et mangés; le soleil obéit, et c'est de là que le saint fut nommé *Nimbaditya*, c'est-à-dire le *Nimb-soleil*.

Les Nimawats sont distingués par un cercle noir au milieu de la double ligne de terre blanche que les autres Vaichnavas se tracent sur le front. Ils portent un collier ou chapelet fait du bois de Toulasi. L'objet de leur adoration est Krichna réuni à Radha. Le livre qui fait autorité pour eux est le Bhagavat; ils n'en ont point de particuliers pour leur secte; ils prétendent en avoir eu autrefois, mais ils disent qu'ils ont été détruits à Mathoura, du temps d'Aurengzeb. Les Nimawats sont très-répandus dans le haut Hindoustan, particulièrement dans le Bengale et aux environs de Mathoura.

NIMBE, auréole ou cercle lumineux dont les anciens entouraient quelquefois la tête des divinités. Il y a des images de Proserpine avec le nimbe. Dans la suite, on le donna aux empereurs; il est alors de forme triangulaire ou de lozange. Léon l'Isaurien, son fils Constantin et l'empereur Maurice sont représentés quelquefois avec cet ornement. Les chrétiens sont également dans l'usage d'en entourer la tête des saints.

On donnait aussi le nom de *nimbe* à la nuée qui servait de char aux dieux.

NIMETULLAHIS, c'est-à-dire gens qui éprouvent *la grâce de Dieu*; ordre religieux fondé chez les Turcs, l'an 777 de l'hégire (1375 de Jésus-Christ). Le fondateur était généralement estimé pour sa vertu et sa science dans la médecine. Il mangeait de toutes les choses que Dieu a permis de manger, sans s'astreindre à aucun jeûne d'obligation. Quand il dormait, disent les écrivains musulmans, il n'étendait pas ses pieds comme les bêtes qui mangent du foin dans leur étable. La crainte des jugements de Dieu le faisait quelquefois tomber en extase; et, dans cet état, Dieu lui manifestait ses volontés. Les Nimetullahis s'assemblent la nuit du lundi pour prier, à l'exemple de leur fondateur. Ceux qui veulent entrer dans cet ordre, passent quarante jours enfermés dans une chambre, n'ayant par jour que trois onces de pain. Pendant ce temps, ils voient, disent-ils, Dieu face à face, et ont souvent des révélations, fruits ordinaires de ces sortes de jeûnes excessifs. Quand le temps des révélations et de la solitude est expiré, les frères les mènent dans une prairie, où ils dansent autour d'eux. Lorsqu'au milieu de la danse, le novice a des visions, il jette son manteau par derrière, et se laisse tomber sur le visage, comme s'il était frappé du tonnerre. Le supérieur arrive, et fait pour lui quelques prières; alors le sentiment lui revient, il a les yeux rouges et enflammés, l'esprit égaré, et ressemble à un fou ou à un homme ivre. Aussitôt on inscrit sur des registres ses visions béatifiques, et il est reçu Nimetullahi.

NI-NI-FO, génie de la mythologie chinoise qui préside à la volupté, aux plaisirs illicites aussi bien qu'aux satisfactions permises.

NIN O DAI, c'est-à-dire *les augustes de la race humaine*; les Japonais donnent ce titre aux premiers empereurs qui ont régné immédiatement après les cinq générations des esprits terrestres. *Zin mou ten o*, fondateur de la monarchie japonaise, descendait à la cinquième génération du grand esprit *Ten sio daï sin*, et était le quatrième fils de *Fiko na Kisa take ou ka ya fouki awa sesou-no Mikoto*, le cinquième des esprits terrestres; et sa mère *Tama yori fime* était fille de Riozin, le dieu Dragon. Il régna de l'an 660 à 585 avant Jésus-Christ. Il est compté pour le premier Daïri.

NINWA, déesse des Slaves, épouse de Nia, et reine des enfers.

NIORD, dieu des Scandinaves, sans cependant être d'extraction divine; il règne sur les eaux, et réside dans un lieu appelé Noatan. Maître des vents, il apaise la mer et le feu; c'est à lui qu'il faut adresser des vœux pour le succès de la navigation, de la chasse et de la pêche. Disposant à son gré des richesses de la terre, il peut donner à ceux qui l'invoquent des pays et des trésors. Il a été élevé à Vanheira; mais les Vanes, habitants du pays, le donnèrent en ôtage aux dieux, et prirent en sa place Haner; par ce moyen, la paix fut rétablie entre les dieux et les Vanes. Niord épousa Skada, fille du géant Thiasse. Elle demeure avec son père dans le pays des montagnes, où, l'arc à la main et les patins aux pieds, elle s'occupe à la chasse des bêtes féroces; mais Niord préfère habiter près de la mer. Cependant ils ont fini par convenir de passer trois nuits sur les bords de la mer, et neuf dans les montagnes.

NIOUSTITCHITCH, le plus ancien des dieux des Kamtchadales.

NIPARAYA, divinité malfaisante, adorée par les Péricous, peuplade de la Californie.

NIPINGR, un des Dwergars ou lutins de la mythologie scandinave. Nipingr a le caractère méchant.

NIRDJALA, c'est-à-dire *privation d'eau*; les Hindous ajoutent de temps en temps à leurs jeûnes cette abstinence qui les rend encore plus pénibles, et ils la regardent comme très-méritoire. Il y a certains jours où elle est recommandée, comme le onzième jour de la pleine lune de Djeth, où les Indiens pratiquent le Nirdjala afin d'obtenir de la pluie pour les biens de la terre.

NIREUPAN ou NIRPEAN STAN SWON, c'est ainsi que les Bouddhistes siamois appellent la béatitude finale nommée par les Birmans *neiban*, et par les Hindous *nirvana*. Lorsque l'âme a acquis le plus haut degré de perfection, qu'elle a parcouru toute l'échelle des êtres, sans avoir mérité par ses fautes de descendre dans des degrés inférieurs, ou qu'elle a expié ses crimes en passant dans tous les états de souffrance, et qu'elle s'est élevée successivement dans tous le cieux des désirs et dans ceux de la contemplation, alors elle parvient au Nireupan; c'est-à-dire qu'elle tombe dans un état de quiétude, de prostration totale, dans une sorte d'anéantissement où elle n'éprouve plus ni peine ni plaisir, et où elle n'a pas même la conscience de son existence. Telle est la suprême félicité. *Voy.* NEIBAN et NIRVANA.

NIRISWARA-SANKHYA, secte hindoue appartenant à la philosophie du Sankhya, commentée par Kapila. Semblable aux sectes de Djaina et de Bouddha, elle ne reconnaît ni créateur de l'univers, ni providence souveraine. Les dieux de Kapila sont des créatures supérieures à l'homme, mais, comme lui, sujettes au changement et à la transmigration.

NIRMALAS, secte indienne appartenant à la religion des Sikhs. Les Nirmalas font profession de mener une vie exempte de toute espèce de souillure mondaine, et ont en conséquence une conduite essentiellement religieuse. Ils observent le célibat, et négligent leur personne jusqu'à aller presque nus. Ils ne vivent point en communauté, et ils ne s'attachent à aucune forme particulière du culte, mais ils réduisent leur dévotion à faire des méditations spéculatives sur les écrits de Nanek, de Kabir et des autres réformateurs unitaires. Ils sont toujours dans la solitude, soutenus par leurs disciples ou entretenus par des personnes riches. Ils ont en général la réputation d'être de bons commentateurs de la philosophie du Védanta, et les Brahmanes qui désirent l'étudier ne dédaignent pas de se constituer leurs écoliers. Les Nirmalas sont peu nombreux, mais on est toujours sûr d'en trouver quelques-uns dans les grandes cités de l'Inde, et particulièrement à Bénarès.

NIRRITI, chef des démons et des génies malfaisants, dans la théogonie hindoue; il est un des huit dieux protecteurs des huit plages du monde, et commande à la région sud-ouest. On le représente porté sur les épaules d'un géant et tenant un sabre à la main. Sa couleur est le jaune. Son nom est encore prononcé NAIRRITA.

Nirriti est aussi le nom de la mort personnifiée. Ce mot signifie *calamité*.

NIRVANA, état de béatitude finale, selon les Bouddhistes, dans lequel l'âme, après des transmigrations sans nombre, doit être enfin anéantie; nous en parlons aux articles NEIBAN, NIREUPAN, BOUDDHISME, etc.; mais comme cette matière est très-importante, et que les orientalistes ne sont pas d'accord sur cet objet, nous croyons devoir consigner ici quelques observations du savant Colebrooke, traduites par M. Pauthier:

« Dans les mémoires publiés sur les opinions religieuses des Bouddhistes et des Djainas, composés principalement d'après des informations orales, des doutes ont été exprimés relativement au sens attaché par eux aux termes qu'ils emploient pour signifier l'état de félicité auquel arrivent les saints accomplis. On a demandé si l'*annihilation*, ou quelque autre condition que ce soit d'une extinction absolue pareille, est entendue comme étant l'état qui doit être décrit.

« Ces deux sectes, ainsi que la plupart de celles qui ont une origine indienne, proposent comme le grand objet auquel l'homme doit aspirer, l'obtention d'un état de bonheur final, d'où le retour (aux misères du monde) est impossible.

« Toutes s'accordent pour assigner à l'obtention de cette félicité parfaite, le même terme, *moukti* ou *mokcha*, avec quelques faibles différences dans l'interprétation du mot: comme *émancipation, délivrance du mal, libération ou affranchissement des liens terrestres, exemption de transmigrations subséquentes*, etc.

« Beaucoup d'autres termes sont en usage, comme étant synonymes du premier; et ils sont ainsi employés par la totalité ou presque totalité de ces sectes, pour exprimer un état d'affranchissement moral du monde: tels sont les mots *amrita*, immortalité; *apavarga*, conclusion, complétion ou abandon; *sréyas*, excellence; *nihsreyasa*, excellence assurée, perfection; *kaivalya*, solitude ou isolement; *nihsarana*, sortie, départ. Mais le terme que les Bouddhistes, ainsi que les Djainas, affectent plus particulièrement, et qui est cependant aussi employé par les autres, est le mot NIRVANA, calme profond. Dans son acception ordinaire ou d'adjectif, il signifie *éteint*, comme un feu qui est parti; *effacé*, comme un astre ou une lumière sidérale qui est tombée; *défunt*, comme un saint qui a disparu; son étymologie vient de *vâ*, souffler comme le vent; avec la préposition *nir*, employée dans un sens négatif, il signifie *calme et tranquille*. La notion qui est attachée au mot, dans l'acception dont il s'agit, est celle d'*apathie parfaite*. C'est une condition de bonheur tranquille et sans mélange, ou extase (*ananda*). D'autres termes, comme *soukha*, *moha*, etc., distinguent différents degrés de plaisir, de joie et de délices. Mais un état heureux d'*imperturbable apathie* est le suprême bonheur (*ananda*) auquel l'Indien aspire; en cela le Djaina, aussi bien que le Bouddhiste, s'accorde avec l'orthodoxe Védantin.

« A peine peut-on croire qu'une apathie non interrompue et perpétuelle diffère du sommeil éternel. Sa notion, comme celle d'une condition heureuse, semble être dérivée des épreuves d'extases ou de celles d'un profond sommeil, dont une personne se réveille toute rafraîchie ou soulagée. Le sentiment agréable est rapporté à la période du repos actuel. En effet, le Védânta considère l'âme individuelle comme étant passagèrement, durant la période d'un profond sommeil, dans une condition semblable de réunion avec l'âme suprême, à laquelle elle se joint d'une manière permanente à l'époque de son émancipation finale des liens du corps.

« Cette doctrine n'est pas celle des Djaïnas ni des Bouddhistes. Mais ni les uns ni les autres ne considèrent le repos éternel accordé à leurs saints parfaits comme obtenu par une *discontinuation de l'individualité*. Ce n'est pas une *annihilation*, mais une *apathie incessante*, qu'ils comprennent comme étant l'extinction (*nirvana*) de leurs saints, et qu'ils regardent comme la suprême félicité, digne d'être recherchée par la pratique de la mortification, aussi bien que par l'acquisition de la science. »

NIRVRITTI, état de repos et d'abstraction, suivant la philosophie des Hindous. *Voy.* NIVRITTI, PRAVRITTI et SWABHAVIKA.

NISAN, le premier mois de l'année ecclésiastique des Juifs, et le septième de l'année civile : il est composé de trente jours. C'est le quinze de ce mois qu'on célèbre la fête de Pâques, en mémoire du passage de la mer Rouge. Cette fête dure huit jours, pendant lesquels les Juifs ne mangent que des pains sans levain appelés azymes. Le mot ניסן *nisan* paraît être pour ניצן *nitsan*, et signifier le mois des fleurs, *floréal*.

NIS-FONGOUAN SI SIO, une des sectes bouddhiques du Japon. *Voy.* FONGOUAN SI SIÔ.

NISOUMBHA, géant de la mythologie hindoue, qui, avec Soumbha, son frère, s'était livré à des dévotions dont les mérites faisaient trembler les dieux. Ils furent blessés par le dieu de l'amour, et se laissèrent séduire par la beauté de deux nymphes célestes. Mais ensuite, reconnaissant leur erreur, ils obtinrent, par de nouveaux actes de piété encore plus extraordinaires, que Siva leur accordât d'être plus riches et plus forts que les dieux. Ceux-ci implorèrent le secours de Dourga, qui, pour détruire ces deux géants, prit dix formes différentes. Ils furent mis à mort par la déesse.

NITO. Ce mot désigne un mauvais esprit, dans les îles Moluques. Les insulaires croient qu'il en existe plusieurs, qui sont soumis à un chef appelé *Lanthila*. Chaque ville a son Nito. On le consulte pour toutes les affaires que l'on veut entreprendre. On s'assemble à cet effet au nombre de vingt ou trente, on appelle l'esprit au son d'un petit tambour consacré, pendant que quelques personnes de la troupe allument plusieurs bougies, et prononcent des paroles mystérieuses qui ont le pouvoir de l'évoquer. Il paraît enfin, ou pour mieux dire, quelqu'un se charge de représenter le Nito, de parler et d'agir pour lui ; mais, avant de le consulter, on lui présente à boire et à manger. Après l'oracle rendu, les consultants mangent ce qui reste. C'est ainsi que l'on agit dans les consultations publiques ; mais on peut aussi s'adresser à lui en particulier. On allume alors des bougies dans un coin du logis, et on lui sert à manger. Les chefs de famille conservent soigneusement certains objets qui ont été consacrés à ce Nito, et dans lesquels on croit qu'il réside quelque grâce particulière. Plusieurs voyageurs disent que les insulaires des Moluques n'ont guère d'autre religion que leur croyance aux Nitos, et la crainte de les offenser. Maintenant cependant le mahométisme est le culte dominant, surtout dans les villes.

NI-TSEU-POU-TO, le second des enfers glacés, selon la croyance des Bouddhistes de la Chine. La rigueur du froid que les damnés y endurent leur couvre le corps de rides et de gerçures.

NITSI REN SIO, une des sectes bouddhistes du Japon : elle fut introduite dans cet empire en l'an 1260 de l'ère chrétienne, par un bonze nommé *Nitsi-ren*. Elle compte un grand nombre d'adhérents.

NITSNE-KAMOI, dieu des enfers, ou le génie du mal, dans le système religieux des Aïnos.

NIU-WA, personnage mythologique de la Chine, dont on fait la sœur ou la femme de Fou-hi. On lui donne les titres de *Niu-hoang*, souveraine des vierges ; *Hoang-mou*, souveraine mère ; *Wen-ming*, lumière pacifique. Le Choue-wen dit que Niu-wa est une vierge divine qui convertit toutes choses. On lit, dans le texte du Lou-se, qu'elle a fait le ciel ; et dans le Chan-hai-king, qu'elle a pris de la terre jaune et en a formé l'homme. Niu-wa avait le corps de serpent, la tête de bœuf et les cheveux épars ; en un seul jour elle pouvait se changer en soixante-dix ou soixante-douze manières. Elle est la déesse de la paix et de la guerre, et préside aux mariages. Niu-wa obtint par ses prières d'être vierge et épouse tout ensemble. Le ciel avait reçu au nord-ouest une grande brèche, et la terre avait été rendue insuffisante au sud-est ; Niu-wa répara tout, en donnant à la terre de nouvelles forces, et en remplissant les brèches qui avaient été faites au ciel. Comme elle régna par le bois, on dit que sa domination est à l'orient. On attribue à Niu-wa plusieurs instruments à vent et à anche. Cette princesse régna cent trente ans, et l'on voit son tombeau dans cinq endroits différents. Cependant, bien qu'elle ait quitté sa dépouille terrestre, elle apparaît quelquefois aux regards des mortels. Sa lumière remplit tout l'espace. Montée sur le char du tonnerre, elle le fait traîner par des dragons ailés soumis à ses ordres. Un nuage d'or la couvre et l'environne, et elle se joue ainsi dans les régions les plus élevées de l'air, jusqu'à ce que, parvenue au neuvième ciel, elle aille faire sa cour au seigneur, à la porte de l'intelligence.

Quelques savants croient reconnaître dans son nom et dans quelques-unes de ses actions le *Noé* biblique. En effet, de son temps le mauvais génie Kong-Kong avait excité une révolte dans le ciel, et causé un déluge sur la terre, en brisant les liens qui unissaient la terre au ciel. Niu-wa, émue de compassion à la vue des souffrances de la race humaine, déploya ses forces toutes divines, combattit Kong-Kong, le défit entièrement et le chassa. Puis elle éleva des digues contre le débordement des eaux. — Dans certains livres chinois, Niu-wa est représentée comme étant un homme.

NIVRITTI. Les Hindous donnent ce nom à l'état d'un homme parvenu à la perfection des vertus. L'âme, dans cet état, brûle du feu de la sagesse. Sa puissance anéantit les actions des sens, et cette âme rentre dans l'immensité de l'être universel. Tout homme, dans la condition de Nivritti, mourra dans le temps que le soleil prend sa course vers le nord, et le matin d'un jour où la lune est dans son premier quartier. Élevé par les rayons du soleil, il ira dans le paradis de Brahmâ, nommé *Satyaloka*, où il jouira des plaisirs inexprimables qu'y goûtent les dieux ; la matière dont il est composé devient subtile et se change en corps universel; et, par la sagesse de son âme, il détruit la faculté de ce corps casuel. De ce lieu de délices, il monte dans le *Swarga*, d'où les sectateurs de Vichnou passent dans le *Vaikounta*, et ceux de Siva dans le *Kailasa*. Voy. SWABHAVIKA, PRAVRITTI.

NIX, divinité des anciens Germains, qui l'honoraient comme le génie président aux eaux, Voy. NICKEN, NOCCA. Le petit peuple de l'Allemagne ne l'a pas encore oublié : il place son domicile dans les lacs et dans les fleuves, et il est fortement persuadé que les hommes lui doivent un tribut annuel. Quand quelqu'un a le malheur de se noyer, les plus crédules ne manquent pas d'assurer que c'est le Nix qui l'a tiré par les pieds, et qui l'a étouffé dans les eaux.

NIXES, dieux des Romains, qui présidaient à l'accouchement des femmes. Ils étaient au nombre de trois ; on voyait leurs images dans le Capitole devant la chapelle de Minerve; ils étaient représentés appuyés sur leurs genoux. Les femmes en couche les invoquaient conjointement avec Lucine ou Junon Opigène.

NIYAZIS, religieux musulmans, dont l'ordre a été fondé par Mohammed Niyazi l'Egyptien, mort à Lemnos, l'an 1106 de l'hégire (1694 de Jésus-Christ).

NIZAMIS, hérétiques musulmans appartenant à la secte des Motazales ; ils tirent leur nom d'Ibrahim, fils de Seyar Nizam, mort l'an 135 de l'hégire (752 de Jésus-Christ), qui mêla des dogmes des philosophes à ceux des Cadris. Ils enseignent l'impuissance absolue de Dieu de rien faire qui ne soit pour le bien de ses créatures, et de rien ajouter aux récompenses du paradis ou aux punitions de l'enfer. L'homme, selon eux, est l'esprit auquel le corps sert d'instrument (1); les accidents, tels que les couleurs, les goûts, sont des corps ; la science est égale à l'ignorance, et la foi à l'infidélité. Dieu a tout créé à la fois, et la priorité ou postériorité des créatures consiste seulement en ce qu'elles restent encore cachées, ou viennent à paraître. Ils nient, contre l'opinion commune,
que les versets du Coran soient des miracles.

NKITI, association mystérieuse, chez les nègres du Congo : ceux qui en font partie célèbrent leurs mystères en des lieux obscurs et déserts, et les tiennent cachés avec le plus grand soin. Quand quelqu'un se présente pour devenir membre de leur société, ils le font passer et repasser tant de fois sur une corde enchantée, que l'étourdissement le fait enfin tomber à terre. Ils l'emportent en cet état dans le lieu de leur assemblée, et lorsqu'il a repris ses sens, ils le font jurer de demeurer leur confrère jusqu'à la mort. Ceux qui violent ce serment en sont punis aussitôt, et on les immole aux dieux protecteurs de l'association.

NKONI, ganga ou prêtre du Congo, dont l'attribution est de guérir les maladies.

NOAAIDÉ, nom que portaient autrefois les ministres du culte, chez les Lapons païens. Les Noaaidés étaient en même temps les devins, les magiciens, les prêtres et les magistrats de ce peuple. Ceux d'entre les jeunes Lapons qui montraient de l'inclination et du talent pour un état de cette importance y étaient appelés immédiatement par le *Tonto;* mais les uns d'une façon, les autres d'une manière différente. Quelquefois le Tonto jugeait à propos de leur apparaître dans la personne d'un certain *Saiwo-Gadze;* d'autres fois il leur apparaissait dans un profond sommeil qui était l'état de l'ivresse; enfin, il y en avait auxquels le Tonto se montrait, lorsqu'ils marchaient seuls dans les champs. De quelque manière que se fissent ces apparitions, on était persuadé que le Tonto avait des entretiens avec les aspirants, et qu'il les destinait au ministère de Noaaidé.

Dès qu'un jeune homme était désigné et appelé, le *Saiwo-Gadzé* se chargeait de le former et de l'instruire; à cet effet, il avait avec lui de fréquents colloques, et l'exerçait au ministère qu'il devait remplir; ce qu'il faisait, soit lorsque l'élève était seul à la campagne, soit sous les auspices et la conduite des Noaaidés habitants du Saiwo, où, par le secours du Tonto, il fallait conduire le candidat. Lorsqu'il était parfaitement instruit, on l'initiait par les cérémonies suivantes. Tous les anciens des magiciens étant assemblés, l'un d'eux s'asseyait à terre à la porte de la cabane du candidat et auprès de lui, de manière qu'ils avaient les pieds l'un dans l'autre. Le futur magicien commençait alors sa chanson magique, en battant sur son tambour. Si, pendant qu'il touchait et qu'il chantait, les Saiwo ou les *Noaaidé-Gadzés* se rendaient à l'assemblée (ce qui ne manquait guère d'arriver), et qu'ils fussent entrés dans la cabane de façon que le candidat seul sentît leur attouchement, le vieux magicien qui était auprès de lui, ne sentant rien, et reconnaissant néanmoins à d'autres signes la présence de ces esprits, aussitôt le candidat était reçu magicien, reconnu et salué comme tel par les autres. Dès qu'il était ainsi proclamé, il

---

(1) Cette définition rappelle celle de M. de Bonald : « L'homme est une intelligence servie par des organes. »

se présentait à lui des *Noaaidé-Gadzés*, c'est-à-dire des compagnons de magiciens. C'étaient des esprits familiers, qui, depuis le moment de l'inauguration solennelle, devaient avoir avec le nouveau sorcier des entretiens beaucoup plus fréquents qu'auparavant; qui devaient toujours être prêts à l'assister, et qu'il pouvait au besoin faire venir en plus grand nombre. Ces esprits ou génies, au rapport des magiciens, apparaissaient le plus souvent sous la forme et l'habit d'un jeune Lapon, et plus rarement sous l'habit et la forme d'un vieillard ou d'une femme. Sous quelque forme qu'ils se montrassent, on les appelait *Tonto*, et on les regardait comme des *Saiwo-olmak* ou des *Saiwo-nieidé*.

Un magicien lapon n'était pas seulement assisté de ces génies familiers : il avait aussi à son ordre des oiseaux venimeux qui volaient vers lui au premier signe de sa volonté. Dès qu'ils s'étaient posés à terre, en secouant leurs ailes, ils en faisaient tomber des insectes venimeux, semblables à des poux, et qu'on appelle dans le nord *mouches ganiques*. Le magicien ramassait avec soin, et les mains couvertes, ces sortes d'insectes; puis les enfermait dans une boîte pour lui servir au besoin. Si ces mouches s'envolaient par hasard de leur boîte, au moment où le magicien voulait s'en servir, et qu'il ne jugeât pas à propos d'attendre l'arrivée d'un autre oiseau qui lui en aurait fourni, il pouvait en emprunter d'un autre magicien, en le payant sur-le-champ, s'il l'exigeait. Il pouvait suppléer encore d'une autre manière au défaut de ces mouches, en obtenant de son génie familier un certain *bâton ganique*, fait en forme de hache, et tellement envenimé, qu'un homme ou un animal qui en aurait été frappé tombait sur-le-champ dans une maladie dont il ne pouvait être guéri que par les remèdes que le magicien, apaisé par la satisfaction qu'il aurait reçue, lui appliquait. Un magicien avait encore à son service un *Noaaidé-Guellé*, un *Noaaidé-Sarwa*, et enfin un *Noaaiden-Dirri*. Les Noaaidé-Guellés étaient des serpents venimeux, les Sarwas des rennes mâles; mais le Noaaiden-Dirri était de toutes les pièces d'un magicien la plus parfaite et la plus puissante pour faire des sortilèges.

Un autre meuble fort important pour le Noaaidé est le tambour runique : c'est une grande boîte de forme ovale, ouverte par dessus, et remplie à l'intérieur d'anneaux et d'autres objets de cuivre suspendus à des courroies; cette boîte est couverte d'une peau fortement tendue, dont la superficie est chargée de différentes figures tracées avec de l'écorce d'aune. Les unes représentent le grand dieu Radien; d'autres, des anges; ceux-ci des démons; ceux-là des Noaaidé-Gadzés; il en est qui représentent le soleil, la planète de Vénus, des temples, des cabanes, des oiseaux, des poissons, des ours, des renards, etc. Parmi ces caractères, les uns sont de bon augure, les autres sont de mauvais présage. Les Lapons ne formaient aucune entreprise importante, sans avoir consulté le tambour, ce qui avait lieu de la manière suivante. On mettait sur la peau du tambour un grand anneau destiné à cet usage; on battait ensuite le tambour avec un petit marteau fait de bois de renne. Le mouvement imprimé à la peau du tambour ne pouvait manquer de porter l'anneau sur les caractères de bon ou de mauvais augure. L'anneau suivait-il le cours du soleil, le magicien en tirait un présage heureux; allait-il contre le cours du soleil, le magicien doutait que l'affaire qu'on voulait entreprendre, voyage, chasse, pêche, dût avoir un bon succès. On croyait aussi pouvoir connaître, par le tambour, si un malade se rétablirait ou s'il devait mourir. L'arbre dont se faisaient les tambours devait être venu dans un lieu écarté de toute autre sorte d'arbre, et qui n'eût jamais été éclairé par les rayons du soleil. On avait peu de confiance aux tambours qui ne venaient pas de succession. Un sorcier gardait son tambour, comme une chose très-secrète, et le tenait enveloppé de bandes, pour qu'il ne fût exposé aux regards de personne. Il était défendu aux femmes de le toucher. *Voy.* JABMÉ-AIMO, MAGICIENS, n° 1.

Nous avons dit que les Noaaidés étaient les devins de la nation; ils s'étaient en effet rendus maîtres de tout ce qui appartenait à la divination, de tout l'art et de toute la science runique. D'où il arrivait que tous les Lapons étaient à leur égard dans la plus entière dépendance, et qu'ils leur rendaient une obéissance sans bornes. Les traditions de ces maîtres étaient autant de lois et d'oracles pour le peuple. Cependant on n'avait pas une égale confiance dans tous ces sorciers. Ceux qui avaient le plus d'expérience, et qu'on supposait avoir un commerce plus familier avec le *Saiwo* ou le *Jabmé-Aimo*, étaient tout autrement écoutés, crus et obéis, que ceux qu'on regardait encore comme des novices. C'était à ces magiciens à examiner les animaux destinés aux sacrifices ; c'était à eux que l'on s'adressait pour connaître l'issue des maladies ; plusieurs même passaient pour avoir le pouvoir de rendre la santé, de rétablir une fortune ruinée par des accidents, de préserver des dangers auxquels on était exposé dans les déserts ou sur les mers. Dans ces occasions importantes, le magicien devait se préparer par un jour de jeûne à remplir ses fonctions. Dans les affaires très-importantes plusieurs Noaaidés se réunissaient; ils consultaient ensemble leurs tambours; si ce premier essai ne réussissait pas, ils offraient un sacrifice à un dieu désigné par leur oracle; et enfin, si le sacrifice n'avait pas l'effet qu'on s'en promettait, il ne restait plus qu'une ressource, c'était que l'un d'eux entreprît le voyage dans l'autre monde, que nous décrivons à l'article JABMÉ-AIMO. Au reste, l'âge d'un magicien propre à bien remplir toutes ces fonctions ne dépassait guère cinquante ans; après cette époque on attendait peu de chose de lui, et s'il avait perdu ses dents auparavant, on ne s'en promettait plus aucun secours.

NOCCA, dieu des eaux, chez les anciens Goths, Gètes, etc. *Voy.* NICKEN, NIX.

NOCÉNA, déesse des anciens Slaves, personnification de la Lune.

NOCES. Autrefois par le mot *noces* on entendait le mariage lui-même; maintenant il est généralement employé pour désigner soit le cortége des époux, soit les réjouissances qui accompagnent ou qui suivent la célébration du mariage. *Voy.* MARIAGE.

NOCTILUCA, c'est-à-dire, qui brille pendant la nuit; Diane était ainsi appelée par les Romains, qui lui avaient élevé sous ce titre un temple sur le mont Palatin.

NOCTULIUS, dieu de la nuit, qui n'est connu que par une inscription trouvée à Brescia avec sa statue. Il est représenté sous le costume d'Atys, ce qui l'a fait prendre pour un Atys Noctulius, honoré conjointement avec la Mère des dieux.

NOCTURNE, 1° dieu qui présidait aux ténèbres de la nuit. Les Romains donnaient aussi quelquefois ce nom à l'étoile de Vénus, appelée aussi *Hesper*, ou l'astre du soir.

2° Dans l'Eglise catholique, le mot *nocturne* désignait autrefois tout l'office de la nuit; maintenant il en désigne les différentes parties. Les fêtes doubles et au-dessus ont trois nocturnes, les fêtes simples et les féries n'en ont communément qu'un seul. Les trois nocturnes correspondaient aux trois premières veilles de la nuit chez les anciens; la quatrième était remplie par l'office des Laudes. Le Nocturne se compose de trois ou neuf psaumes (quelquefois douze dans l'office romain), de trois leçons et d'autant de répons.

NODIN, dieu adoré par les anciens Romains comme président aux nœuds qui se forment à la paille des grains. En effet, saint Augustin nous apprend que les Romains invoquaient Proserpine lorsque le grain germait et prenait racine; Nodin, lorsque les nœuds du chaume paraissaient; la déesse Volutine, lorsque la graine se formait; la déesse Patelène, lorsque la paille s'ouvrait et laissait paraître l'épi; Hostiline, lorsque la tige était parvenue à sa croissance. Venaient ensuite les déesses Flore, Lactucine et Matute, lorsque le blé était en fleur, en lait ou parvenu à sa maturité.

NODUT, autre dieu des Romains, invoqué pour obtenir la solution des difficultés; on le confondait aussi avec le précédent.

NODUTÉRUSE, divinité romaine qui présidait à l'action de battre et de broyer le blé.

NOÉ, le dixième patriarche de la Bible, et le second père ou second Adam du genre humain. Tout le monde connaît l'histoire de la grande catastrophe qui arriva de son temps, qui submergea tous les êtres vivants, et à laquelle il échappa seul avec sa famille, c'est-à-dire lui, sa femme, ses trois fils et les femmes de ses fils. Nous donnons, à l'article DÉLUGE, la narration biblique de cette grande inondation, afin de la confronter avec les traditions répandues parmi les autres peuples. Ainsi nous n'avons ici à considérer Noé que comme le restaurateur de la race humaine. — L'Ecriture sainte a pris le soin de nous donner la généalogie détaillée des enfants de Noé, et de citer les tribus et les nations auxquelles ils ont donné naissance, car plusieurs des noms énoncés dans ces généalogies, étant au pluriel, démontrent que l'écrivain sacré a mis en scène des familles et des peuples au lieu d'individus. Il est digne de remarque que la plupart des noms cités dans le texte de la Genèse sont demeurés jusqu'à ce jour, de telle sorte que l'homonymie seule peut être déjà une présomption de la filiation des peuples; il suffit de jeter un coup d'œil sur le xe chapitre de la Genèse pour se convaincre que les enfants de Sem ont peuplé l'Asie orientale, ceux de Japhet, l'Asie septentrionale et l'Europe orientale, ceux de Cham, l'Asie occidentale et l'Afrique. Le nom de Sem (en hébreu *Schem*) se retrouve aussi dans celui de *Scham*, que les Orientaux donnent encore à la Syrie; les Grecs nous ont conservé celui de *Japheth* sans altération, *Iapetus*; et celui de Cham (*Ham*) se reconnaît dans l'Egypte appelée terre de *Chémi*, d'*Hammon*, etc.

Nous croyons devoir donner ici le tableau des enfants de Noé, avec les peuples dont les noms ont avec eux des rapports d'assonance, sans cependant vouloir empiéter sur les droits de la critique, et donner ce résultat comme certain.

Enfants de Japhet :

Gomer	les *Cimbres, Cimmériens.*
Magog	(nation tartare.)
Madaï	les *Mèdes.*
Iavan (Ion)	les *Ioniens*, Grecs.
Tubal	les *Tibaréniens.*
Mosok	les *Mosques, Moscovites.*
Thiras	la *Thrace.*

Enfants de Gomer :

Askenez	les *Ascaniens* (?)
Riphat	les habitants des monts *Riphéens.*
Thogorma	les Arméniens, qui appellent *Torgoma* le fondateur de leur empire. Les *Turcomans.*

Enfants de Iavan :

Elisa	l'*Elide* et le Péloponèse.
Tharsis	les fondateurs de *Tarsis*, dans l'Asie Mineure.
Kittim	les *Kitiens*, les Cypriotes, les Crétois.
Dodanim ou Rodanim	les *Dodonéens.* ou les *Rhodiens.*

Enfants de Cham :

Kusch	l'Ethiopie, appelée *Kusch* dans la Bible.
Misraïm	l'Egypte, appelée *Mesr, Misr*, dans tout l'Orient.
Put	(nation de la Mauritanie).
Canaan	les Cananéens.

Enfants de Cusch :

Saba
Havila ou Khavila
Sabatha ou Sebtha
Regma ou Rama
Sabataka.
} Plusieurs tribus de l'Arabie et de l'Egypte, dont les noms se retrouvent encore dans ces contrées. Le Rama de la Bible serait-il le Rama hindou, qui a porté ses conquêtes jusque dans l'île de Ceylan ?

Enfants de Misraïm :

Ludim — les *Lydiens.*
Anamim — ?
Lahabim — les *Libyens.*
Nephtuhim — les habitants de l'extrémité de l'Egypte appelée *Nephthys.*
Petrusim — *Petrès* dans l'Egypte méridionale.
Casluhim — { Pelistim — les *Philistins.* Caphtorim — les Cappadociens (?) les Crétois (?).

Enfants de Chanaan :

Sidon — les *Sidoniens.*
Heth — les *Héthéens.*
Jebusi — les *Jébuséens.*
Emori — les *Amorrhéens.*
Girgasi — les *Gergéséens.*
Hivvi — les *Hévéens.*
Araki — les habitants d'*Arca.*
Sini — les fondateurs de *Sinna.*
Arvadi — les fondateurs d'*Aradus.*
Semari — les fondateurs de *Simyra.*
Hamathi — les fondateurs de *Hamath.*

Enfants de Sem :

Elam — les *Elamites* ou *Elyméens*, les Persans.
Assur — les *Assyriens.*
Arphaxad — les *Arrapachites.*
Lud — les *Lydiens* de Syrie.
Aram — les *Araméens* ou Syriens.

On trouve dans l'histoire de presque tous les peuples un ancien patriarche, père de trois enfants qui ressemblent assez aux trois fils de Noé. On vient de voir que Sem eut en partage les belles contrées de l'Asie; Japheth, les pays maritimes, et Cham, les régions brûlées par le soleil.

Chez les Grecs, les trois enfants de Khronos, sont *Zeus*, roi de l'Asie ou du ciel; *Poseidon*, roi des eaux ou des contrées maritimes; et *Adès*, roi de la région méridionale ou de l'enfer.

Chez les Romains, les noms seuls sont changés; les trois fils de Saturne, *Jupiter*, *Neptune* et *Pluton*, ont les mêmes attributions que chez les Grecs.

Les Atlantes reconnaissaient pour premier roi Uranus, dont les principaux enfants étaient *Titan*, *Océanus* et *Saturne*.

Les Hindous ont Brahma, dieu du ciel; Vichnou, dieu de l'Océan; Siva, dieu des enfers.

Les Scandinaves disent que le monde fut peuplé par *Bore*, qui eut trois enfants *Odin*, *Vile* et *Ve*.

Les Germains croyaient que leur premier roi et leur premier fondateur avait été Mann, qui eut trois enfants, pères des *Ingevones*, des *Herminones* et des *Isterones*.

Les Druides donnaient pour les patriarches des Iles-Britanniques *Hu-Gadarn*, *Prydain* et *Dyunwald-Moelmad*.

Les Scythes, d'après Hérodote, avaient pour fondateur un premier roi, père de *Leipoxain*, *Arpoxain* et *Kolauxain*.

Chez les Pélasgues, les trois enfants du cyclope Polyphème étaient *Celtus*, *Gallus* et *Illyricus*, pères des Celtes, des Gaulois et des Illyriens.

En Chine, les trois enfants de Hoang-ti sont *Chao-hao*, *Fo-hi* et *Tchang-y*.

Enfin on a cru retrouver, avec plus ou moins de vraisemblance, le Noé biblique dans le *Satyavrata* et le *Manou* des Hindous; le *Menès* et l'*Osiris* des Egyptiens; le *Fo-hi* ou le *Niu-wa* des Chinois; le *Deucalion*, le *Noachus* ou *Inachides* des Grecs; le *Janus* des Latins; l'*Oannès* et le *Xisuthrus* des Chaldéens; le *Cox-cox* des Aztèques, le *Wodan* des Chiapois; le *Bochica* des Muyscas, etc., etc. Les noms de ces personnages se trouvent dans ce *Dictionnaire* à leur article respectif.

NOEL. C'est un cri de joie qui se faisait autrefois aux fêtes et aux naissances publiques, comme au baptême des princes et aux entrées des rois. — Entre les plus grandes solennités de l'Eglise, celle de Noël a toujours tenu le premier rang après celles de Pâques et de la Pentecôte. Elle est ainsi nommée de *natalis*, le jour natal de Jésus-Christ, la fête de la naissance. Saint Augustin en parle en plusieurs endroits, et dit qu'elle se célébrait le huitième avant les calendes de janvier, c'est-à-dire le 25 de décembre. Dans l'Eglise d'Orient, le jour n'était pas si universellement déterminé; et on commença par faire cette fête le 6 de janvier, avec le baptême de Jésus-Christ; puis on les sépara, à l'exemple de l'Eglise latine. Nous avons le jeûne de la veille de Noël, marqué dans Théophile d'Alexandrie, en une année où cette fête arrivait un dimanche, jour auquel il était défendu de jeûner. Théophile, pour accorder la joie du dimanche avec le jeûne de Noël, permit seulement de manger quelques dattes. Saint Augustin déposa un prêtre et un curé de son diocèse, pour n'avoir pas jeûné la veille de Noël.

A Marseille, la naissance de Jésus-Christ était annoncée par quatre choristes, la veille de Noël, et par l'archidiacre en chape de soie; et tout le monde se prosternait, baisant la terre, pour honorer Jésus-Christ. Puis l'archidiacre baisait l'évangile du jour, dans la tribune, en cérémonie, avec encens et lumière; pendant ce temps, on sonnait la grosse cloche. A Constantinople, on portait le saint évangile de la naissance à baiser aux empereurs, dans leur oratoire, avec pompe et magnificence, et les chantres chantaient pour l'empereur : *Vivat, vivat !*

En quelques endroits, on faisait quelque collation le soir, pour être en état de mieux soutenir les fatigues de la nuit : cela dégénéra en régal. On bénissait dans les familles la bûche de Noël, en versant du vin dessus, et disant : *Au nom du Père*, etc.

Aux matines du jour de Noël, les chanoines de la cathédrale de Lyon vont baiser l'autel en signe d'adoration, à l'invitatoire *Christus natus est ; venite, adoremus*. On rapporte de quelques empereurs, comme Charles IV et Frédéric III, qu'étant à Rome, ils affectaient de lire la septième leçon, à cause de ces paroles : *Exiit edictum a Cæsare Augusto*. Frédéric III le fit devant le pape Paul II, en 1468. L'empereur Sigismond le fit au concile de Constance, étant habillé en diacre ; et cela a passé dans le cérémonial romain, que si l'empereur se trouvait à Rome ce jour-là, ce serait à lui à lire cette leçon, en surplis, en chape et avec l'épée.

L'usage des trois messes célébrées en ce jour vient de Rome. On les disait à cause des trois stations indiquées par le pape pour le service divin : la première, à Sainte-Marie-Majeure, pour la nuit ; la seconde, à Sainte-Anastasie, pour le point du jour ; et la troisième à Saint-Pierre, pour l'heure ordinaire des grandes fêtes. C'était ordinairement le pape qui disait ces trois messes. Saint Léon, écrivant à Dioscore d'Alexandrie, lui dit que la coutume de son Eglise était de réitérer le sacrifice plusieurs fois aux grandes fêtes, afin que personne ne fût privé du fruit du sacrifice, en ces jours où il y avait un grand concours de peuple ; et cela se pratiquait dans toutes les grandes villes. Saint Ildefonse, évêque de Tolède, en 855, marque trois messes au jour de Noël, de Pâques, de la Pentecôte, et à la Transfiguration. Comme tous les prêtres et tout le peuple étaient obligés de se trouver à l'office de la cathédrale, il fallait bien au moins réitérer le sacrifice, autrement la plus grande partie du peuple aurait manqué d'assister à la messe ces jours-là. C'est là que dans les grandes paroisses on dit plusieurs messes solennelles les jours de fête, et surtout de la fête de Pâques, parce qu'on n'en devait point dire en public, ces jours-là, dans les églises des moines.

Avant le siècle de Charlemagne, chaque prêtre, en France, en Espagne, et à Milan même, ne disait pour l'ordinaire qu'une messe le jour de Noël. Il n'y en a qu'une dans le missel mozarabique et dans l'ancien ambroisien, car dans le nouveau il y en a trois. Dans le missel gothique il n'y en a qu'une, et Grégoire de Tours ne fait mention que d'une messe, au jour de Noël.

Quant à l'usage de manger de la viande lorsque Noël arrive le vendredi, saint Epiphane déclare que, de son temps, on ne jeûnait point le jour de Noël quand il tombait un mercredi ou un vendredi. Nicolas Ier, exhortant les Bulgares à l'abstinence tous les vendredis de l'année, en excepte la fête de Noël, si elle arrive le vendredi. Matthieu Pâris, dans son Histoire d'Angleterre, en l'an 1255, parle, comme d'un usage commun en Angleterre, de manger de la viande le jour de Noël quand il arrivait le vendredi. Le pape Honoré III, consulté sur cela, répond à l'évêque de Prague que l'on peut manger de la viande le vendredi quand la fête de Noël s'y rencontre, si l'on n'est engagé à une pratique contraire par vœu ou par la profession religieuse.

Le temps de Noël est pour les Anglais un mélange de dévotion chrétienne et de divertissements mondains, et cela dure jusqu'après l'Epiphanie. Les présents, qui ne se font en France qu'au premier jour de l'an, se font dès Noël en Angleterre ; et même les cabaretiers et les traiteurs donnent en partie ce que l'on consomme chez eux : c'est-à-dire qu'ils font payer le vin ; mais ils donnent gratis le fromage et le pain rôti, apprêtés d'une manière qui invite gracieusement l'ecclésiastique et le laïque à réitérer les rasades de gros vin de Porto et de Sherry. Dans les familles, on fait un pâté, qu'on appelle *Christmaspie*, le pâté de Noël : c'est un docte pouding de langues de bœuf, de blanc de volaille, d'œufs, de sucre, de raisins de Corinthe, d'écorce de citron, d'orange, de diverses sortes d'épiceries, etc.

Des réjouissances semblables ont lieu également en Allemagne, où la nuit de Noël est appelée *Weihnachten*, la nuit de la consécration. Le nom anglais de *Christmas* signifie la messe du Christ.

NOELS. On donne ce nom à des cantiques populaires composés sur quelques circonstances du mystère de la Nativité de Notre-Seigneur, et que l'on chantait autrefois dans les églises ou dans les familles, depuis le commencement de l'Avent jusqu'à la Chandeleur. Plusieurs se font remarquer par une charmante naïveté ; malheureusement la plupart sont remplis de détails bas et puérils, et sont rebutants par la grossièreté des pensées et la trivialité du style. On en a imprimé des recueils à Troyes en Champagne, sous le titre de *Grande Bible des Noëls*.

NOÉTARQUE, nom du principe des philosophes éclectiques. Suivant leur théogonie, c'est le dieu de toute la nature, le principe de toute génération, la cause des puissances élémentaires, supérieur à tous les dieux, en qui tout existe, immatériel, incorporel, subsistant de toute éternité par lui-même, premier, indivisible et indivisé, tout par lui-même, tout en lui-même, antérieur à toutes choses, même aux principes universaux et aux causes générales des êtres, immobile, renfermé dans la solitude de son unité, la source des idées, des intelligibles, des possibilités, se suffisant, père des essences et de l'entité, antérieur au principe intelligible. Cette première puissance tira la matière de l'essence, et l'abandonna à l'intelligence, qui en fabriqua des sphères incorruptibles. Celle-ci employa ce qu'il y avait de plus pur à cet ouvrage ; elle fit du reste les choses corruptibles et l'universalité des corps.

NOÉTIENS, hérétiques du IIe siècle ; ils avaient pour chef un certain Noétus, qui avait été honteusement chassé de l'Eglise pour sa doctrine. Il se donnait pour un nouveau Moïse, et faisait appeler son frère Aaron. Il soutenait les mêmes opinions que Praxéas, et n'admettait qu'une seule personne en Dieu, ce qui fit donner à ses adhérents le nom de *Monarchiques*.

NOH, nom du premier père des Hottentots, suivant l'une de leurs traditions. Ils disent que *Noh* et sa femme *Hingnoh* furent envoyés dans leur pays par Tikoua, et qu'ils y entrèrent par une *porte* ou par une *fenêtre*, car le mot qu'ils employaient exprime l'une et l'autre ouverture. Ces deux patriarches apprirent à leurs descendants à garder les troupeaux et à faire un grand nombre d'autres choses utiles. Les Hottentots disent encore que leurs premiers parents commirent une faute si grande et offensèrent tellement le Dieu suprême, qu'il les maudit, eux et toute leur postérité, et qu'il endurcit leur cœur de manière qu'ils ont très-peu de connaissance de cet être, et qu'ils se sentent toujours de l'éloignement pour son service.

NOHEMOUO, déesse égyptienne, épouse de Thoth. *Voy.* NAHAMOUO.

NOHESTAN, nom sous lequel les Israélites adoraient le serpent d'airain élevé par Moïse dans le désert. On l'avait conservé jusqu'au temps d'Ezéchias, comme monument d'un prodige signalé ; mais ce prince le fit briser et détruire, parce qu'il était devenu un objet de superstition et d'idolâtrie. Ce nom se prononce en hébreu *Néhouschtan*, et vient du mot *Nahasch*, serpent.

NOIJAT, nom que les Finnois donnaient à leurs devins. Ces sortes de gens, dit M. Marmier, jouissaient d'une haute considération et d'un redoutable ascendant ; on les recherchait et on les craignait. Ils avaient, comme tous les savants des écoles, leurs disciples et leurs sectateurs, et, comme tous les puissants de la terre, leurs courtisans et leurs favoris. Malheur à qui semblait douter de leur expérience, à qui semblait affronter leur colère ! ils pouvaient déchaîner contre lui la peste et la famine, lancer dans sa demeure les sangliers farouches et les ours affamés, renverser sa barque sur les vagues, anéantir ses moissons, faire périr ses troupeaux ; ils pouvaient même invoquer contre lui l'empire des morts ; car la terre et l'air, les régions visibles et invisibles, l'onde et le feu obéissaient à leurs enchantements. Mais si on savait les prendre adroitement, s'immiscer dans leurs bonnes grâces, leur donner à propos une pièce d'argent, des souverains des éléments étaient les meilleures gens du monde. Ils vidaient une cruche de bière comme de simples mortels, et acceptaient sans difficulté un témoignage palpable d'estime et de reconnaissance. On pouvait alors attendre d'eux toutes sortes d'agréables services. Ils guérissaient les malades, ils retrouvaient les bestiaux égarés dans les bois, les objets volés, et quelquefois même les voleurs. On venait les consulter de loin dans les divers accidents de la vie, et quand ils se présentaient à la porte d'une maison, on accourait au-devant d'eux avec respect.

NOMADOI, un des neuf Guacas ou idoles principales adorées par les Péruviens, à Guamachuco. *Voy.* GUACA.

NOMBRES (LES), un des livres sacrés de l'Ancien Testament, le quatrième de la collection du Pentateuque. Ce livre est désigné en hébreu par le nom de *Vaiedabber* (et *locutus est*), mot par lequel il commence. Les Grecs lui ont donné le titre d'*Arithmi*, et les Latins, d'après eux, l'ont appelé les *Nombres*, parce que les trois premiers chapitres contiennent le dénombrement du peuple et des lévites. Il comprend encore l'itinéraire des Israélites dans les différents campements du désert ; la sédition d'Aaron et de Marie contre Moïse leur frère, et leur punition ; l'exploration de la terre promise par douze députés tirés de toutes les tribus ; les murmures des Israélites ; la révolte et le châtiment de Coré, Dathan et Abiron ; la floraison du bâton de commandement d'Aaron ; les Israélites punis de leur rébellion par la morsure des serpents ; leur guérison par l'érection du serpent d'airain ; la fameuse prophétie de Balaam ; la défaite des Madianites, et plusieurs autres événements aussi curieux qu'importants.

NOMBRES (1). Personne n'ignore que les Pythagoriciens appliquèrent les propriétés arithmétiques des nombres aux sciences les plus abstraites et les plus sérieuses. On va voir, en peu de mots, si leur système méritait l'éclat qu'il a eu dans le monde, et si le titre pompeux de théologie arithmétique, que lui donnait Nicomaque, lui convient.

L'unité, n'ayant point de parties, doit moins passer pour un nombre que pour le principe général des nombres. Par là, disaient les Pythagoriciens, elle est devenue comme l'attribut essentiel, le caractère sublime, le sceau même de Dieu. On le nomme avec admiration celui qui est *Un* ; c'est le seul titre qui lui convient, et qui le distingue de tous les autres êtres qui changent sans cesse et sans retour. Lorsqu'on veut représenter un empire florissant et bien policé, on dit qu'un même esprit y règne, qu'une même âme le vivifie, qu'un même ressort le remue.

Le nombre 2 désignait, suivant Pythagore, le mauvais principe, et par conséquent le désordre, la confusion et le changement. La haine qu'on portait au nombre 2 s'étendait à tous ceux qui commençaient par ce même chiffre, comme 20, 200, 2000, etc. Suivant cette ancienne prévention, les Romains dédièrent à Pluton le deuxième mois de l'année, et le deuxième jour du même mois, ils expiaient les mânes des morts. Des gens superstitieux, pour appuyer cette doctrine, ont remarqué que ce deuxième jour du mois avait été fatal à beaucoup de lieux et de grands hommes ; comme si ces mêmes fatalités n'étaient pas également arrivées dans d'autres jours.

Mais le nombre 3 plaisait extrêmement aux Pythagoriciens, qui y trouvaient de sublimes mystères, dont ils se vantaient d'avoir la

---

(1) Article emprunté au *Dictionnaire* de Noël.

clef; ils appelaient ce nombre l'harmonie parfaite. Un Italien, chanoine de Bergame, s'est avisé de recueillir les singularités qui appartiennent à ce nombre; il y en a de philosophiques, de poétiques, de fabuleuses, de galantes, même de dévotes; c'est une compilation aussi bizarre que mal assortie.

Le nombre 4 était en grande vénération chez les disciples de Pythagore: ils disaient qu'il renfermait toute la religion du serment, et qu'il rappelait l'idée de Dieu et de sa puissance infinie dans l'arrangement de l'univers.

Junon, qui préside au mariage, protégeait, suivant Pythagore, le nombre 5, parce qu'il est composé de 2, premier nombre pair, et de 3, premier nombre impair. Or, ces deux nombres réunis ensemble pair et impair font 5, ce qui est un emblème ou une image du mariage. D'ailleurs le nombre 5 est remarquable, ajoutaient-ils, par un autre endroit: c'est qu'étant toujours multiplié par lui-même, c'est-à-dire 5 par 5, il vient toujours un nombre 5 à la droite du produit.

Le nombre 6, au rapport de Vitruve, devait tout son mérite à l'usage où étaient les anciens géomètres de diviser toutes leurs figures, soit qu'elles fussent terminées par des lignes droites, soit qu'elles fussent terminées par des lignes courbes, en six parties égales; et comme l'exactitude du jugement et la rigidité de la méthode sont essentielles à la géométrie, les Pythagoriciens, qui eux-mêmes faisaient beaucoup de cas de cette science, employèrent le nombre 6 pour caractériser la justice, elle qui, marchant toujours d'un pas égal, ne se laisse séduire ni par le rang des personnes, ni par l'éclat des dignités, ni par l'attrait ordinairement vainqueur des richesses.

Aucun n'a été si bien accueilli que le nombre 7: les médecins y croyaient découvrir les vicissitudes continuelles de la vie humaine. C'est de là qu'ils formèrent leur année climatérique.

Le nombre 8 était en vénération chez les Pythagoriciens, parce qu'il désignait, selon eux, la loi naturelle, cette loi primitive et sacrée qui suppose tous les hommes égaux.

Ils considéraient avec crainte le nombre 9, comme désignant la fragilité des fortunes humaines, presque aussitôt renversées qu'établies. C'est pour cela qu'ils conseillaient d'éviter tous les nombres où le 9 domine, et principalement 81, qui est le produit de 9 multiplié par lui-même.

Enfin, les disciples de Pythagore regardaient le nombre 10 comme le tableau des merveilles de l'univers contenant éminemment les prérogatives des nombres qui le précèdent. Pour marquer qu'une chose surpassait de beaucoup une autre, les Pythagoriciens disaient qu'elle était dix fois plus grande, dix fois plus admirable. Pour marquer simplement une seule chose, ils disaient qu'elle avait dix degrés de beauté. D'ailleurs, ce nombre passait pour un signe d'amitié, de paix, de bienveillance; et la raison qu'en donnent les disciples de Pythagore,

c'est que, quand deux personnes veulent se lier étroitement, elles se prennent les mains l'une dans l'autre, et se les serrent en témoignage d'une union réciproque. Or, disaient-ils, deux mains jointes ensemble forment, par le moyen des doigts, le nombre 10.

NOMES, airs ou cantiques en l'honneur des dieux. Les Grecs leur avaient donné ce nom parce qu'ils étaient assujettis à des rhythmes réglés, et que les tons qui leur avaient été adaptés étaient regardés comme des règles invariables (νόμοι) dont il n'était pas permis de s'écarter. Le nome Orthien était consacré à Pallas; le Trochaïque était destiné à sonner la charge dans les combats; l'Harmatique avait pour sujet Hector lié au char d'Achille, et traîné autour des murs de Troie. Les Nomes étaient déterminés par un législateur qui portait le nom de *Nomographe*.

NOMIE, déesse des bergers, νομέων, la même que Palès.

NOMINALIES, jour de solennité auquel les Romains imposaient le nom aux enfants. Cette cérémonie avait lieu sous les auspices de la déesse Nondina.

NOMINAUX, secte philosophique qui fit beaucoup de bruit dans le moyen âge, surtout pendant les xiv⁰ et xv⁰ siècles. Les Nominaux étaient opposés aux Réalistes, qui mettaient des distinctions partout, tandis qu'eux-mêmes n'en voulaient reconnaître que dans les termes. Les Réalistes se piquaient de juger des choses par ce qu'elles sont en elles-mêmes, et les Nominaux par le nom qu'elles portent. Ces querelles nous semblent oiseuses, absurdes même, et elles le sont en effet; mais cette métaphysique étroite et pointilleuse passionnait les docteurs des siècles passés, et l'ardeur de la dispute, jointe à l'amour-propre de faire prévaloir son sentiment contre ses adversaires, portait les uns et les autres à émettre des propositions contraires à la foi et au sentiment de l'Eglise, tout en voulant toujours demeurer parfaitement orthodoxes. On distinguait deux sortes de vérités, les unes naturelles et philosophiques, les autres révélées et évangéliques. Les savants croyaient pouvoir garder une foi égale aux unes et aux autres, et on se rassurait sur les propositions dangereuses qu'on émettait témérairement en se persuadant qu'on ne voulait pas appliquer la vérité philosophique à la vérité évangélique, et en déclarant que l'on croyait et que l'on respectait toujours celle-ci, sans cependant abandonner l'autre. Mais, tout en se retranchant derrière l'orthodoxie, on n'usait point de la même mesure à l'égard de ses adversaires. Chaque parti saisissait au passage les propositions hasardées par le parti opposé, et les déférait aux facultés de théologie, aux conciles, aux souverains pontifes, et n'avait pas de peine à en provoquer la condamnation. Tour à tour vainqueurs et vaincus, absous ou condamnés, les Réalistes et les Nominaux voyaient alternativement s'ouvrir ou se fermer pour leurs docteurs les chaires des universités, leur doctrine enseignée ou prohibée, leurs livres expliqués publiquement ou lacérés, *enchaînés* et *cloués* par la main du bourreau.

Nous n'entrerons point dans le détail des erreurs condamnées dans l'un et dans l'autre parti ; mais, pour en donner une idée à nos lecteurs, nous en citerons quelques-unes :

Pierre de Rieu, réaliste, avait d'abord avancé cette proposition générale toute scolastique : *Les propositions sur les futurs contingents ne sont point vraies, parce qu'autrement il n'y aurait plus de liberté, et que tout arriverait nécessairement.* Puis il voulut appliquer cette vérité scolastique aux paroles de la Bible : ainsi il crut pouvoir dire qu'il n'y avait aucune vérité dans ces paroles de Jésus-Christ à saint Pierre : *Vous me renierez trois fois;* ni dans celles de l'ange à la sainte Vierge : *Vous enfanterez un fils et vous le nommerez Jésus;* ni dans celles du Symbole : *Jésus-Christ viendra juger le monde; il y aura une résurrection des morts.*

Les Nominaux, de leur côté, virent condamner ces propositions extraites des ouvrages d'Ockam : « On peut dire que telle proposition d'un auteur classique est vraie dans le sens d'un auteur, et fausse dans ses termes. — On n'a de science que celle qui consiste dans les termes et les mots. — Socrate et Platon, Dieu et la créature ne sont rien (sans les termes). » Les erreurs suivantes tiennent davantage à la théologie : « *L'essence divine*, quoiqu'elle soit la même dans le Père, le Fils et le Saint-Esprit, *en tant qu'essence*, quoiqu'elle soit *une* dans le Père et le Fils *en tant que forme*, cependant sous ce dernier rapport *de forme*, n'est pas *une* dans le Saint-Esprit. — Il y a de toute éternité plusieurs *vérités* qui n'étaient pas *Dieu*. — Le premier moment d'existence n'est ni création ni créature. »

NOMIOS, surnom donné à Mercure, soit du mot νομεύς, *berger*, parce que l'on croyait qu'il gardait dans le ciel les troupeaux de Jupiter, et que, par cette raison, les bergers l'honoraient comme une divinité champêtre, et lui donnaient pour attribut un sceptre surmonté d'une toison de bélier; soit du mot νόμος, *loi*, parce qu'il était invoqué dans les lois du commerce et dans les conventions des négociants ; soit enfin pour avoir trouvé les règles de l'éloquence.

Ce nom était aussi donné à Jupiter et à Apollon, comme dieux protecteurs des campagnes, des bergers et des pâturages. Suivant Cicéron, il était donné à Apollon, en mémoire de ce qu'il avait gardé les troupeaux d'Admète. C'était aussi celui de Pan, à Molpée, ville près de Lycosure, et l'un des surnoms de Bacchus.

NOMOPHYLACES, c'est-à-dire gardiens des lois. Les Grecs donnaient ce nom à ceux qui, dans les grandes Panathénées, dirigeaient la procession du voile de Minerve qui se rendait du quartier Céramique d'Athènes à Éleusis. Les insignes de la dignité des Nomophylaces consistaient en une couronne de rubans blancs.

NOMOS, être allégorique, que, selon Noël, les poëtes prennent dans un sens différent, selon qu'ils ont vécu à une époque plus ou moins reculée. Pindare, dans un fragment rapporté par Hérodote, entend par cette divinité *la nécessité absolue* du destin à laquelle tout doit céder. C'est pour cela qu'il appelle *Nomos* le roi des mortels et des immortels, qui exerce la justice avec une main toute-puissante. Sous un autre rapport, un fragment d'Orphée, publié par Gessner, donne à *Nomos* le nom d'assesseur de Jupiter, que Thémis et Dicé portaient également. On voit par cette attribution que Nomos était regardé comme le symbole des lois. — Enfin, dans un hymne orphique qui lui est consacré, Nomos est représenté comme le roi des dieux et des hommes, qui dirige les étoiles, prescrit des lois à la nature, et récompense ou punit les hommes, selon qu'ils le méritent. Dans cette dernière fable, Nomos désigne la volonté de la divinité qui détermine le sort et les lois du genre humain.

NONA, nom donné à l'une des trois Parques; les deux autres étaient *Decima* et *Morta*. Nona et Decima présidaient à la naissance des enfants qui venaient au monde le neuvième ou le dixième mois de la grossesse, ce qui est le terme favorable. Morta présidait à la naissance de ceux qui prévenaient ce terme ou qui venaient après, et qui avaient peu de chance de vivre.

NONALIES, fêtes religieuses qui avaient lieu à Rome, aux nones de chaque mois.

NONCARNALA, dieu des anciens Guaïmis, tribu américaine, qui le regardaient comme le créateur du ciel, de la terre et de la lumière.

NON-CONFORMISTES. On donne ce nom, en Angleterre, à ceux qui s'écartent de la discipline et des cérémonies établies dans l'Église anglicane, et qui pratiquent un culte différent de celui qui a été établi par la nation. Les Puritains et les Méthodistes sont dits *non-conformistes*.

NONCE, prélat envoyé par le pape dans les différentes cours des États catholiques, pour y représenter le souverain pontife et s'acquitter en son nom des fonctions d'ambassadeur. Les nonces ont succédé aux légats, dont les pouvoirs plus étendus sur le temporel et le spirituel portaient ombrage aux chefs des États. La plupart des princes s'étant accordés à ne plus recevoir de légats pour faire partie du corps diplomatique, les papes ne leur ont plus envoyé que de simples nonces, dont l'autorité est beaucoup moins étendue ; car ils ne sont guère considérés que comme ambassadeurs d'une puissance étrangère. Dans quelques pays cependant, ces nonces exercent une certaine juridiction. En France, ils sont dans l'usage de faire les informations de vie et mœurs des ecclésiastiques nommés aux archevêchés ou aux évêchés.

NONDINE, déesse qui présidait chez les Romains à la purification des enfants. Cette cérémonie avait lieu pour les mâles le neuvième jour après sa naissance ; c'est de là que cette divinité tirait son nom (*nono die*, neuvième jour).

NONE, une des parties de l'office divin, et la dernière des heures canoniales appelées petites heures : elle se compose, comme prime, tierce et sexte, d'une hymne, de trois psaumes, d'une antienne, d'un capitule, d'un répons et d'une collecte. Elle est récitée ou chantée avant vêpres, sur les trois heures après midi, moment de la journée appelé autrefois la *neuvième* heure, d'où cet office tire son nom. C'est à ce moment que l'on rompait anciennement le petit jeûne ; dans les grands jeûnes, on commençait la messe immédiatement après none, puis on chantait les vêpres, et on ne prenait sa réfection que lorsque tous ces offices étaient terminés.

Dans le rite Mozarabe, none a quatre psaumes, divers répons, une prophétie, une épître, une louange, une hymne, des prières appelées *clamores*, une supplication, le capitule, le *Pater* et la bénédiction.

Chez les Grecs, none est composé à peu près comme chez les Latins, si ce n'est qu'on y chante l'hymne après les psaumes, et qu'on y récite quarante fois *Kyrie eleison* avec des oraisons.

Dans le rite arménien, none débute par une oraison, le psaume *Miserere*, une homélie, la collecte, trente-deux psaumes, trois autres psaumes, une homélie, un cantique, une oraison, et ensuite la messe.

NONES, une des divisions du mois chez les Romains ; les Nones étaient le 5 des mois de janvier, février, avril, août, septembre, novembre et décembre, et le 7 dans les autres mois. Dans l'origine, les Nones correspondaient au premier quartier de la lune. Le mot *Nones* signifie *neuvième*, parce qu'il y avait toujours neuf jours depuis les Nones jusqu'au jour appelé *Ides* inclusivement, c'est-à-dire que le jour des Nones était le premier de ces neuf jours, et le jour appelé Ides le neuvième ; celui-ci correspondait à la pleine lune. Pendant les Nones on offrait des sacrifices appelés Nonalies. *Voy.* CALENDRIER DES ANCIENS ROMAINS.

NONNE. Les auteurs latins du christianisme ont employé cette expression pour désigner une pénitente ou une personne consacrée à Dieu : maintenant cette dénomination, appliquée aux religieuses, est devenue triviale. Ce mot paraît avoir été autrefois un terme populaire de la langue latine qui désignait une aïeule ou une personne respectable par son âge ; on en a fait ensuite un titre qui distinguait les supérieures des communautés religieuses. On le trouve même au masculin (*nonnus*, *nonni*), avec un sens analogue à celui d'abbé.

NONO, génies malfaisants, que les Aétas, tribu des îles Philippines, placent dans des sites extraordinaires, entourés d'eau : ils ne passent jamais dans ces lieux qui remplissent d'effroi leur imagination, sans leur en demander la permission. Quand ils sont attaqués de quelque infirmité ou maladie, ils leur offrent des sacrifices de riz, de coco et de cochons.

Ce sont les Babaïlanas ou prêtresses qui font ces offrandes en tenant une lance à la main, et on en porte ensuite une portion à la personne malade.

NOR, 1° géant de la mythologie scandinave. Il est le père de Nött, la Nuit, noire et naine comme toute sa race. Elle épousa le dieu Dellingr, qui la rendit mère de trois enfants : son fils aîné était *Audr*, la richesse ; sa fille *Jord*, la terre, et son autre fils *Dagr*, le jour. Ce dernier était blond et aussi beau que son père. Odin plaça dans le ciel Nöt et son fils Dagr, et leur donna à chacun un cheval et un char avec lesquels ils font journellement le tour de la terre. Le cheval de la Nuit porte le nom de *Rin-faxe* (crinière gelée), et celui du jour s'appelle *Skin-faxe*, crinière lumineuse. La Nuit marche la première, et l'écume qui sort de la bouche de Rin-faxe produit la rosée matinale. Dagr vient ensuite, et la crinière de son cheval éclaire la terre et les airs.

2° *Nor* est aussi le fondateur du royaume de Norwége. Il est vraisemblable que c'est un personnage historique, vivant entre l'an 200 et 250 de l'ère chrétienne ; mais sa généalogie, comme celle de tous les fondateurs d'empires, est entièrement mythologique. La voici, d'après M. Le Bas :

Il y avait un homme appelé *Forniotr* (l'ancien ou le père des âges), qui fut père de trois fils : *Hler* ou *Hymis*, roi de la mer ; *Loge*, roi du feu, et *Kare*, roi des Vents. Kare fut père de *Jokut* ou *Frost* (les frimas) ; Frost, père de *Snio* ou *Snaer* (la neige). Snaer eut un fils nommé *Thorrer* ou *Thor*, et trois filles : *Faun* (la neige gelée), *Driva* (la neige fondue ou dégouttante), et *Mioll* (la neige molle ou blanche). Thor fut un roi puissant qui régnait sur le Jutland, et en même temps un pontife qui donna son nom au premier mois de l'année. Il avait deux fils : *Nor* et *Gor*, et une fille : *Goé* ou *Gœjé*. Pendant qu'il était occupé à un sacrifice solennel, sa fille lui fut ravie, et c'est en mémoire de cet événement que le second nom s'appelle *Gœjé*. Trois hivers après ce rapt, Nor et Gor se mirent à la recherche de leur sœur, et ce fut à cette occasion qu'ils firent la conquête de la Norwége, qu'ils se partagèrent. Nor eut le continent, depuis Gandwik jusqu'à Gœtha-Elf, et Gor, les îles.

NORDRI, génie de la mythologie scandinave qui préside à la région septentrionale du ciel, qui en a tiré son nom.

NORNES, fées ou Parques de la mythologie scandinave. Elles étaient au nombre de trois, et s'appelaient *Urd*, le passé ; *Vérandi*, le présent, et *Skalda*, l'avenir. Elles dispensaient l'âge et la vie des hommes, et faisaient leur séjour dans une ville extrêmement belle, située près de la fontaine du temps passé, où elles allaient puiser de l'eau pour arroser le grand frêne Ygdrasil. Skalda, la dernière des Nornes, allait tous les jours à cheval avec Gadure et Rosta, pour choisir les morts dans les combats et régler le carnage qui devait se faire.

NORNOR, fleuve sacré, qui, suivant les Scandinaves, coule dans la ville céleste d'Asgard, et arrose les racines du grand frêne Ygdrasil.

NORTIA, déesse étrusque honorée en Volsinie. Chaque année, les Volsiniens plantaient un clou sacré dans le temple de cette divinité, et le nombre de ces clous servait à supputer les années. On croit que Nortia est la même que Némésis. Les Volsiniens, les Falisques et les Volaterrans, remplis de vénération pour elle, joignaient à ce nom le surnom honorable qu'on n'accordait ailleurs qu'à Cybèle, celui de *Grande Déesse*. Les derniers la représentaient quelquefois avec un jeune enfant dans ses bras, parce qu'elle favorisait particulièrement les humains dans cet âge, qui est celui de l'innocence.

NOSAÏRIS, sectaires orientaux qui appartiennent à l'hérésie musulmane des Ismaéliens. On les a confondus avec les Druzes; mais ceux-ci rejettent bien loin toute espèce de participation avec les Nosaïris, qu'ils accusent de crimes contre nature les plus infâmes. Il est possible que la dénomination de Nosaïris ait été donnée à plusieurs sectes différentes, et qu'il y ait dans l'Orient des Nosaïris qui se rattachent aux Druzes, d'autres aux Ismaéliens; peut-être même en est-il qui se rattachent au christianisme, car leur nom a la même étymologie que celui de *Nasranis* ou *Nosranis*, que l'on donne aux chrétiens. *Voy*. NESSÉRIÉS. Voici ce que dit Sylvestre de Sacy des Nosaïris, comme branche des Ismaéliens :

« Les Nosaïris sont une branche de Schiites outrés. Ils assurent qu'il n'y a aucun doute que les substances spirituelles ne puissent paraître sous un corps matériel; que Dieu lui-même a paru sous la figure de certains personnages, et que, n'y ayant point, après le prophète de Dieu, de personnage plus excellent qu'Ali, et ses enfants étant après lui les meilleures d'entre les créatures, Dieu a paru sous leur figure, a parlé par leur langue, et a pris par leurs mains : c'est pour cela, disent-ils, que nous leur attribuons sans difficulté la divinité. Ils citent quelques actions miraculeuses d'Ali, et en concluent qu'une particule divine et une vertu toute-puissante résidaient en lui; qu'il est celui sous la figure duquel Dieu a parlé, par les mains duquel il a créé, par la langue duquel il a commandé. Ils ajoutent, comme une conséquence de cela, qu'Ali existait avant la création du ciel et de la terre. »

NOSSA, déesse scandinave, fille de Hoder et de Freya : elle était douée d'une si grande beauté, qu'on appelait de son nom tout ce qui était beau et précieux.

NOTARICON, une des trois divisions de la cabale chez les Juifs. Elle consiste à prendre chaque lettre d'un mot comme initiale d'un mot ou d'une phrase ; ou au contraire les premières lettres de tous les mots d'une sentence, pour en faire un seul mot. Nous en donnons des exemples à l'article CABALE.

NOTRE-DAME, expression sous laquelle on désigne ordinairement la sainte Vierge Marie, Mère de Dieu, considérée comme *Dame* et maîtresse de tous les chrétiens. Beaucoup d'églises, de chapelles, d'ordres religieux, de fêtes, de pèlerinages ont été érigés ou institués sous ce nom. Nous allons faire connaître les principaux.

Il existe sous le titre de NOTRE-DAME un grand nombre de congrégations religieuses, et plusieurs communautés de filles qui se vouent à l'instruction de la jeunesse, surtout de la classe indigente.

NOTRE-DAME AUXILIATRICE. Il y a en France plusieurs communautés de sœurs de Bon-Secours établies sous cette invocation. Notre-Dame Auxiliatrice est honorée surtout à Vienne en Autriche, où une confrérie fut érigée en son honneur, en 1683, à l'occasion du siège de la ville levé par les Turcs.

NOTRE-DAME D'ASPREMONT, objet d'un pèlerinage célèbre dans la Belgique.

NOTRE-DAME D'ATOCHA, image de la sainte Vierge qui est à Madrid, dans une chapelle éclairée par cent lampes d'or et d'argent. Elle porte ordinairement des habits de veuve; mais dans les jours de fêtes on la couvre de vêtements magnifiques, de perles, de pierreries et d'ornements précieux, et on la couronne d'un soleil. On remarque, comme une singularité, qu'on lui a mis un chapelet à la main. On dit qu'il s'est fait beaucoup de miracles à cette chapelle.

NOTRE-DAME DE BANELLE, image miraculeuse, trouvée dans un champ.

NOTRE-DAME DE BONNE-DÉLIVRANCE, nom sous lequel la sainte Vierge est invoquée pour obtenir d'être délivré de différents malheurs : ce sont surtout les marins qui ont recours à elle dans les tempêtes ; aussi il y a, dans les lieux voisins des différents ports de mer, des chapelles érigées sous ce titre, où les matelots viennent accomplir leurs vœux; plusieurs sont remplies d'*ex-voto*

NOTRE-DAME DE BON-SECOURS, la même que *Notre-Dame de Bonne-Délivrance*. Il y a, sur le sommet d'une montagne voisine de Rouen, une très-belle chapelle gothique qui vient de lui être dédiée; le clergé de la ville et une grande multitude d'habitants s'y sont rendus processionnelement, en 1849, pour obtenir la cessation du choléra.

Il y a en France plusieurs communautés de sœurs de *Notre-Dame de Bon-Secours*, établies pour le soulagement des malades et l'éducation de la jeunesse. A Paris les sœurs de *Notre-Dame de Bon-Secours* sont instituées dans le but spécial de soigner les malades à domicile; mais elles ne vont que dans les familles où on a le moyen de les payer.

NOTRE-DAME DE CHARITÉ. Plusieurs communautés de filles sont établies sous ce titre pour l'éducation gratuite des jeunes orphelines. — Les religieuses de *Notre-Dame de Charité du Refuge* ont été établies par le P. Eudes, pour ouvrir un asile aux filles repentantes, et pour offrir une retraite aux jeunes filles dont l'innocence se trouve exposée.

NOTRE-DAME DE GRACE. A l'ouest d'Honfleur, sur la falaise la plus élevée, on découvre, du milieu du fleuve, un massif d'arbres qui environne une chapelle dédiée à Marie.

« Si le capitaine du steam-boat, dit M. Th. Luquet, conservait l'antique usage, il se placerait sur l'amont, ôterait le premier son chapeau, et inviterait les passagers à se recommander à *Notre-Dame de Grâce*. Le naufrage d'un paquebot en cet endroit avait donné lieu, dit-on, à cette coutume religieuse. Le tableau que présentait alors le paquebot était à la fois solennel et touchant. A peine le pilote avait-il parlé, que les conversations s'arrêtaient ; tout le monde se découvrait ; un profond silence s'établissait ; on n'entendait plus pendant quelques instants que le bruissement des vagues et le murmure de la prière. Notre-Dame de Grâce était autrefois desservie par les Capucins, qui avaient là un petit hospice. » Inutile d'ajouter que c'est un lieu de pèlerinage très-fréquenté des matelots, qui ne manquent jamais d'aller saluer Notre-Dame au retour de la mer.

A Grenoble, les Dames de *Notre-Dame de Grâce*, sous la règle de saint Thomas de Villeneuve, sont chargées de la direction des hôpitaux civil et militaire.

Notre-Dame de Guérison, pèlerinage célèbre en Gascogne.

Notre-Dame de Fourvières, autre pèlerinage célèbre à Lyon. La chapelle fut érigée en 1192, sur le point le plus élevé de la ville. Les protestants la ruinèrent en 1562, mais elle fut bientôt rétablie, car dès l'origine elle s'était acquis une grande réputation par le nombre des miracles qui s'y opéraient ; cette réputation s'est continuée jusqu'à nos jours. La chapelle, fort mesquine d'ailleurs, est tapissée d'*ex-voto* ; et Notre-Dame de Fourvières est encore l'objet d'une grande dévotion.

Notre-Dame de Halle, lieu célèbre en Flandre par le culte qu'on y rend à la sainte Vierge, les fréquents pèlerinages dont il est le but, et les guérisons qui y ont été opérées.

Notre-Dame de Ham. Il y a sous ce nom des communautés de femmes à Bar-le-Duc et ailleurs.

Notre-Dame de la Délivrande, la même que *Notre-Dame de Bonne-Délivrance* : il y a des chapelles votives sous ce titre sur les côtes de la mer.

Notre-Dame de la Garde, chapelle fameuse par le concours des pèlerins ; elle fut construite au XIIIe siècle auprès d'une tour sur la montagne de la Garde, près de Marseille, et réédifiée en 1477. Cinquante ans après, François Ier la fit enclore avec la tour dans le fort que l'on construisit alors. Cette chapelle est en grande vénération, surtout parmi les marins ; elle est tapissée d'*ex-voto* et enrichie d'une foule d'offrandes, dont plusieurs viennent de hauts personnages. Il y a une statue de la sainte Vierge que chaque année on descend dans la ville en grande pompe, à l'époque des processions de la Fête-Dieu.

Notre-Dame de la Merci, ordre militaire et religieux fondé par saint Pierre Nolasque pour la rédemption des captifs. *Voy.* Merci. Ces religieux possèdent, dans le royaume de Valence, une maison qui porte aujourd'hui le nom de *Notre-Dame de la Merci del Puche*; elle fut bâtie à l'endroit d'une image de la sainte Vierge, que l'on voit encore dans l'église, et qui attire un grand concours de fidèles.

Notre-Dame de la Miséricorde, hôpital fondé à Paris dans la rue Censier, l'an 1624, par Antoine Séguier, président au parlement de Paris, pour cent pauvres orphelines de pères et de mères, natives de la ville ou des faubourgs de Paris, et âgées de six ou sept ans ; elles pouvaient demeurer dans cette maison jusqu'à l'âge de vingt-cinq ans accomplis.

Notre-Dame de la Présentation, communauté religieuse établie à Manosque, dans le diocèse de Digne.

Notre-Dame de la Roue, près Craon ; c'était autrefois une abbaye de Chanoines réguliers, fondée par le B. Robert d'Arbrisselles, qui en fut le premier abbé.

Notre-Dame de Liesse, bourg de Picardie, à quatre lieues de Laon, célèbre par une image de la sainte Vierge, objet d'un pèlerinage très-fréquenté et qui remonte au XIIe siècle. On raconte à son sujet la légende suivante : — Au temps des croisades, une princesse d'Égypte, qui avait entendu parler des miracles de la sainte Vierge, voulut en avoir l'image, et s'adressa pour cet effet à trois chevaliers picards, prisonniers au Caire. Aucun d'eux ne savait peindre, et cependant l'un de ces gentilshommes fut assez hardi pour s'engager à satisfaire le vœu de la princesse. Après avoir travaillé inutilement à s'acquitter de sa promesse par le secours d'un art qu'il n'entendait pas, il s'adressa à la sainte Vierge. Ses deux compagnons joignirent leurs prières aux siennes, après quoi ils s'endormirent. A leur réveil, ils trouvèrent une belle image de Notre-Dame, qu'ils remirent à la princesse. Celle-ci, en reconnaissance, délivra les trois prisonniers, et s'enfuit avec eux pour embrasser la religion chrétienne ; mais comme les moyens leur manquaient pour quitter l'Égypte et traverser la mer, les trois chevaliers et la Mauresque se trouvèrent miraculeusement transportés, avec l'image, dans la Picardie, au lieu même où depuis on a bâti l'église de Notre-Dame de Liesse (en latin *lætitia*).

La fondation de cette église date de 1134 : elle est constamment fréquentée par les pèlerins qui y viennent de contrées fort éloignées. Plusieurs rois et reines de France l'ont visitée ; la duchesse de Berry en fit le pèlerinage en 1821. Cette église est simple, petite et sans ornement ; l'image de Notre-Dame est son trésor et sa richesse.

Notre-Dame della Consolata, autre pèlerinage célèbre à Turin : il s'y est opéré plusieurs miracles, et il y est le but d'un pèlerinage très-fréquenté.

Notre-Dame de l'O, fête instituée en Espagne sous le pontificat de Vitalien, vers le milieu du VIIe siècle, pour honorer l'accouchement de la sainte Vierge. On l'appelle aussi fête de l'*Attente* de la naissance de Notre-Seigneur. Le nom de *Notre-Dame de l'O* lui vient des grandes antiennes qui commencent par l'exclamation *O*, et que l'Église chante pendant sept ou neuf jours avant Noël.

Notre-Dame de Lorette, pèlerinage célèbre qui a lieu à Lorette, ville de l'État de l'Église, dans la Marche d'Ancône, où l'on croit posséder la maison dans laquelle la sainte Vierge est née, dans laquelle elle fut fiancée, où eurent lieu l'annonciation de la naissance du Fils de Dieu et son incarnation. On l'appelle la *Santa-Casa*, sainte maison; voici en abrégé comment on raconte sa translation:

Il y avait plus de treize siècles que cette maison subsistait à Nazareth, lorsqu'en 1291, les anges, pour la soustraire à la domination des Musulmans, l'enlevèrent et la transportèrent en Dalmatie, et la posèrent, le 10 mai, sur la petite montagne de Tersato, où elle demeura trois ans et sept mois, au bout desquels les anges la portèrent dans le territoire de Recanati, au milieu d'une forêt. Des concerts célestes et une grande lumière, dont la Santa-Casa était environnée, attirèrent les habitants du voisinage; la nature elle-même se réjouit de cette translation, et les arbres de la forêt saluèrent l'humble sanctuaire, qui ne demeura cependant que huit mois en cet endroit; car les vols et les brigandages qui se commettaient dans cette forêt furent cause que la chambre fut de nouveau transportée à un mille de là. Elle ne put encore se fixer dans cet endroit: deux frères, à qui le terrain appartenait, se disputèrent la sainte demeure, chacun voulant l'avoir dans son lot. Pour terminer la contestation, les anges l'enlevèrent pour la dernière fois, et la portèrent à quelques pas de là, au milieu d'un grand chemin où elle a toujours demeuré depuis. Pour la garantir des inconvénients auxquels l'exposait cette situation, on bâtit en cet endroit une magnifique église, et pour conserver plus précieusement encore cette chambre sacrée, on éleva depuis quatre murailles, qui l'environnent et la renferment comme dans une boîte, sans toutefois la toucher. On employa, pour décorer cet ouvrage, tous les ornements que peuvent fournir l'architecture, la sculpture et la peinture. C'est un ordre corinthien et un marbre blanc de Carrare, avec des bas-reliefs extrêmement finis, où toute l'histoire de la Vierge est représentée. Il y a aussi dix niches, l'une sur l'autre, entre les doubles colonnes. Dans les dix niches d'en bas, sont les statues de dix prophètes, et dans les dix niches d'en haut, celles de dix sibylles. La Santa-Casa est longue en dedans de trente-deux pieds, large de treize et haute de dix-sept. On voit en dedans, sur les murs, en cinq ou six endroits, des restes de peintures, qui représentent la Vierge tenant dans ses bras l'enfant Jésus. Vers l'orient est la petite cheminée de la chambre, et au-dessus, dans une niche, la grande Notre-Dame de Lorette. On dit que cette statue est de bois de cèdre, et on l'attribue à saint Luc.

La figure est haute de quatre pieds environ; les ornements dont elle est chargée sont de grand prix. Elle a un grand nombre de robes de rechange, et sept différents habits de deuil pour la semaine sainte. Soit qu'on l'habille ou qu'on la déshabille, cela se fait avec de grandes cérémonies. Sa triple couronne, qui est couverte de joyaux précieux, est un présent de Louis XIII, roi de France. On dit que ce distique est gravé en dedans:

Tu caput ante meum cinxisti, Virgo, coronâ;
Nunc caput ecce tegit nostra corona tuum.

« O Vierge! c'est vous qui m'avez couronné; souffrez que je vous couronne à mon tour. »

Dans une petite fenêtre ménagée dans le mur du côté du midi, on conserve précieusement quelques plats de terre, que l'on prétend avoir servi à la sainte famille, et dont plusieurs sont revêtus d'or. Parmi les reliques qui sont placées sous l'autel où l'on célèbre ordinairement, on remarque un autel qu'on dit construit par la main des apôtres. Ces reliques sont enchâssées dans de l'argent. Il serait difficile de décrire les immenses richesses accumulées dans ce lieu. Les yeux, de quelque côté qu'ils se portent, sont éblouis par l'éclat de l'or et des pierreries. On ne voit que lampes, que statues, bustes et autres figures d'or ou d'argent. On y compte vingt-huit candélabres d'argent et de vermeil, et douze d'or massif, dont chacun pèse 37 livres. On laisse pendant un certain temps la dernière offrande riche sous les yeux de la sainte Vierge, jusqu'à ce qu'il en vienne une autre aussi riche qui la remplace. Tous ces trésors ont été enlevés en 1800 par les Français; mais ces pertes sont en partie réparées aujourd'hui.

Il est difficile d'imaginer le nombre immense de pèlerins qui affluent à ce sanctuaire, les uns processionnellement des contrées voisines, les autres isolément de tous les pays de l'univers; il y a des années où l'on en a compté plus de 200,000. La pratique ordinaire est de faire le tour de la Santa-Casa, à genoux, en tenant son chapelet à la main et en murmurant ses prières; aussi le pavé qui l'entoure est-il creusé comme un ruisseau par le frottement des genoux.

Notre Dame del Pilar ou du Pilier. Les Espagnols disent que saint Jacques étant à Saragosse, la sainte Vierge lui apparut, et qu'après l'apparition, l'apôtre lui fit bâtir une chapelle, qui dans la suite a été appelée *Nuestra Señora del Pilar*. Quelques annalistes avancent que les anges furent eux-mêmes les architectes de la chapelle. La sainte Vierge, parée magnifiquement, y réside sur un pilier de marbre, et tient l'enfant Jésus entre ses bras. Plusieurs anges d'argent l'environnent avec des flambeaux, sans compter cinquante lampes d'argent, et un grand nombre de chandeliers du même métal qui l'éclairent jour et nuit. Les murailles de ce lieu sacré sont tapissées de figures de pieds, de mains, de bras, de jambes, de cœurs, etc., que les fidèles offrent à la sainte Vierge en reconnaissance des guérisons miraculeuses obtenues sur ces parties par son intercession.

NOTRE-DAME DE MONTSERRAT, en Catalogne. Autre pèlerinage très-cher aux Espagnols : il remonte à l'an 880. Saint Ignace de Loyola y vint faire une retraite au commencement de sa mission.

NOTRE-DAME DE PAIX, religieuses bénédictines qui ont, en France, des communautés sous cette invocation.

NOTRE-DAME DE PITIÉ, nom sous lequel l'Eglise honore les douleurs que la sainte Vierge éprouva au pied de la croix de son divin Fils : on l'appelle encore *Notre-Dame des Sept-Douleurs*. Notre-Dame de Pitié est honorée surtout à Naples.

NOTRE-DAME DE PROTECTION, religieuses bénédictines qui ont des communautés érigées sous ce titre.

NOTRE-DAME DES ANGES, pèlerinage célèbre en Italie, auprès de la ville d'Assise; cette petite chapelle devint comme le berceau de l'ordre des Frères Mineurs; elle est connue sous le nom de *Portioncule*.

NOTRE-DAME DE SAINT-AUGUSTIN, religieuses chanoinesses de l'ordre de Saint-Augustin, instituées par le B. Père Fourrier, sous le titre de *Congrégation de Notre-Dame*. Elles ont, en France, un grand nombre de communautés.

NOTRE-DAME DES ERMITES; image célèbre de la sainte Vierge, qui attira un grand concours de pèlerins à Einsielden, ville du canton de Schwitz, où elle est vénérée dans un monastère de Bénédictins. Le pape Nicolas V l'enrichit de grandes indulgences, qui ont été confirmées et augmentées par Pie II.

NOTRE-DAME DES NEIGES, fête de la sainte Vierge, célébrée le 5 août; c'est sous ce titre que fut bâtie à Rome l'église connue aujourd'hui sous le nom de Sainte-Marie-Majeure. — La tradition porte que, sous le pontificat du pape Libère, un patrice romain, se voyant vieux et sans enfants, résolut, d'un commun accord avec sa femme, de bâtir une basilique à la sainte Vierge. La sainte leur apparut en songe et leur dit que la volonté de son fils et la sienne étaient qu'ils élevassent une église sur le mont Esquilin, dans un endroit qu'ils trouveraient couvert de neige. Ils communiquèrent leur songe au pape, qui avait eu de son côté la même révélation. Celui-ci fit assembler son clergé, et on se rendit en procession au mont Esquilin, où l'on trouva en effet un endroit tout couvert de neige, bien que l'on fût au mois d'août. C'est là que l'on bâtit une église, qui fut appelée d'abord *basilique Libérienne*, du nom du pape; puis Sainte-Marie *ad Præsepe*, lorsque la crèche qui servit de berceau à Notre-Seigneur y fut transportée de Bethléem, et enfin Sainte-Marie-Majeure. Le jour anniversaire de la dédicace de cette église, on rappelle la mémoire du miracle qui provoqua son érection, en faisant tomber, du haut des voûtes, des fleurs de jasmin blanc, qui imitent la neige descendant sur la terre.

NOTRE-DAME DES SEPT-DOULEURS, nom que l'on donne communément à la fête de la Compassion de la sainte Vierge, que l'on célèbre le vendredi de la passion. On ne sait trop d'où vient la dénomination de *Sept-Douleurs*, donnée à ce mystère; car l'Evangile ne parle que d'un glaive de douleur dont le cœur de cette sainte mère fut percé au pied de la croix de son divin Fils. Benoît XIV pense qu'elle tire son origine des sept fondateurs de l'ordre des Servites, qui, méditant sur les douleurs de leur auguste patronne, en découvrirent sept, fondées soit sur l'Evangile, soit sur des raisons sinon positives, du moins vraisemblables. Les peintres représentent Notre-Dame des Sept Douleurs, le cœur percé de sept glaives.

NOTRE-DAME DES VERTUS OU DES MIRACLES, pèlerinage autrefois très-fréquenté, à Aubervilliers, près Paris, où il y avait une image miraculeuse de la sainte Vierge qui commença à attirer un grand concours de fidèles, vers l'an 1338. Ce pèlerinage est à peu près oublié aujourd'hui, il n'en reste que le nom *des Vertus*, donné populairement au village, et la fête de la patronne célébrée le second mardi du mois de mai.

NOTRE-DAME DES VICTOIRES, église fondée à Paris par Louis XIII, en mémoire des victoires qu'il avait remportées sur les Huguenots. Elle était desservie par les Augustins réformés, appelés communément les *Petits-Pères*. Maintenant c'est une église séculière; elle est devenue, sous la direction de M. l'abbé Desgenettes, curé actuel de la paroisse, le centre d'une archiconfrérie, qui étend ses ramifications dans tout l'univers chrétien.

NOTRE-DAME D'HUMILITÉ, vénérée autrefois dans le prieuré des Bénédictins d'Argenteuil; le curé actuel, M. l'abbé Millet, travaille à rétablir cette dévotion.

NOTRE-DAME DU CALVAIRE, communauté de religieuses bénédictines érigées sous cette invocation.

NOTRE-DAME DU MONT-CARMEL, fête de la sainte Vierge, célébrée le 16 juillet. C'est aussi le nom d'un ordre religieux. *Voy.* CARMEL.

NOTRE-DAME DU MONT DE LA GUARDIA, pèlerinage à cinq lieues de Bologne. Son image, que l'on dit peinte par saint Luc, est promenée durant trois jours, dans la ville de Bologne.

Nous ne parlerons pas d'une multitude d'autres églises, dédiées à la sainte Vierge, sous le titre de Notre-Dame, et qui tirent leur nom de la ville où elles sont érigées, comme Notre-Dame de Chartres, de Cléry, d'Embrun, de l'Epine, de Saumur, de Boulogne, du Puy, de Bugloses, etc., etc.

NOTT, déesse de la nuit, chez les Scandinaves. *Voy.* NOR.

NOUBOU, dieu des anciens Guaïmis, en Amérique. Ils avaient dans leur pays une montagne dont ils regardaient le sommet comme le trône de cette divinité ; ils n'en approchaient jamais qu'à la distance d'au moins une lieue.

NOUI, le grand dieu de la Nouvelle-Zélande. *Voy.* Moui-Atoua et Mawi-Rangá-Rángui.

NOULOUM, espèce de jubilé que les Lamas du Tibet célèbrent chaque année dans la ville de Hlassa. Cette cérémonie dure vingt et un jours, pendant lesquels tous les tribunaux restent fermés ; chaque magistrat suspend l'exercice de ses fonctions ; les affaires, de quelque nature qu'elles soient, religieuses ou civiles, criminelles ou commerciales, ressortent des Lamas directeurs du *Hlassa-Nouloum*. Ils sont les juges suprêmes ; leurs arrêts sont irrévocables, et à peine les ont-ils rendus que d'autres Lamas sont chargés de les exécuter. Ce pouvoir dure jusqu'au vingt et unième jour.

NOUMANK-MACHANA, nom du premier homme, selon les Mandans, peuple de l'Amérique du Nord. Bien qu'ils le disent créé par le Seigneur de la Vie, les Mandans croient qu'il est de nature divine, que le Dieu suprême lui a accordé une grande puissance, et qu'il est le médiateur entre le créateur et le genre humain. C'est pourquoi ils l'adorent et lui offrent des sacrifices. *Voy.* Ohmahank-Noumakchi.

NOUNG-HIOUEI-TI-YO, le neuvième enfer, suivant les Bouddhistes de la Chine. Les damnés y sont baignés entièrement dans du sang et des matières purulentes, que le besoin de respirer les oblige à avaler.

NOUREDDINIS, ordre de Dervischs ou religieux Turcs, fondé à Constantinople par Noureddin Djerrahi, mort l'an 1164 de l'hégire (1750 de Jésus-Christ).

NOUVELLE LUMIÈRE, sectes anglaises. *Voy.* New-Light.

NOUYE, esprit infernal qui, suivant les Japonais, molestait beaucoup la personne et la cour de Kon yé-no in, soixante-seizième Daïri, sous la forme d'un oiseau monstrueux qui poussait des cris effrayants. D'autres disent qu'il avait la tête d'un singe, la queue d'un serpent, le corps et les griffes d'un tigre. C'était sans doute quelque oiseau de proie qui incommodait le voisinage par ses cris ; le peuple superstitieux le prit pour le dragon infernal, et l'imagination lui prêta des formes extraordinaires. Yori-masa en délivra la capitale d'un coup de flèche ; mais on prétendit qu'il ne lui avait fallu rien moins que l'aide de Fatsman, génie de la guerre, pour vaincre un pareil monstre.

NOVATIENS, hérétiques du IIIe siècle, que l'on nommait aussi *Cathares*, c'est-à-dire *purs*, et que l'on peut considérer comme les puritains de la primitive Église. Diminuant la bonté de Dieu et resserrant les entrailles de sa miséricorde, ils enseignaient que l'on devait refuser le pardon, non-seulement à ceux qui avaient apostasié, mais encore à ceux qui, après leur baptême, étaient tombés dans quelque péché grave. Bien plus, ils assuraient que l'Église n'avait pas le pouvoir de remettre les grands crimes. Dans la suite, ils condamnèrent les secondes noces et rebaptisèrent les pécheurs. Ils furent condamnés par plusieurs conciles, et entre autres par le 1er concile général de Nicée ; mais cette désolante doctrine a subsisté en Orient jusqu'au VIIe siècle, et en Occident jusqu'au VIIIe.

NOVELLE, surnom sous lequel les pontifes romains invoquaient Junon à l'époque des calendes.

NOVENDIALES, sacrifices et banquets que faisaient les Romains, durant neuf jours, soit pour apaiser la colère des dieux, soit pour se les rendre favorables avant de s'embarquer. Ils furent institués par Tullus Hostilius, quatrième roi des Romains, à la nouvelle des ravages causés par une grêle terrible sur le mont Aventin.

On donnait aussi ce nom aux funérailles, parce qu'elles se faisaient neuf jours après le décès. On gardait le corps durant sept jours, on le brûlait le huitième, et le neuvième on enterrait les cendres. Les Grecs, pour la même raison, nommaient cette cérémonie *Ennata*.

NOVENSILES, dieux des Romains introduits par les Sabins, et auxquels Tatius avait fait bâtir des temples. Ils étaient ainsi appelés de *novus*, nouveau, parce qu'ils étaient venus les derniers à la connaissance du peuple, ou qu'ils avaient été divinisés après les autres : tels étaient la Santé, la Fortune, Vesta, Hercule. Quelques-uns néanmoins prétendent que les dieux Novensiles étaient ceux qui présidaient aux nouveautés et au renouvellement des choses. D'autres font dériver leur nom de *novem*, neuf, parce qu'ils étaient au nombre de neuf, savoir : Hercule, Romulus, Esculape, Bacchus, Enée, Vesta, la Santé, la Fortune et la Foi ; mais on ignore ce que ces neuf divinités avaient de commun entre elles et ce qui les distinguait des autres dieux. Quelques-uns ont pensé que c'étaient les neuf Muses qui étaient appelées de ce nom. Il y en a qui ont supposé que c'était le nom des dieux champêtres ou étrangers, et que, comme ils n'étaient qu'au nombre de neuf, on leur donna le nom de Novensiles, afin de n'être pas obligé de les nommer les uns après les autres.

NOVICE. On appelle *novice* une personne qui se destine à l'état religieux, qui en porte déjà l'habit, et qui suit les règles de la communauté, mais qui n'a point encore fait ses vœux. N'ayant point encore contracté d'engagement, le novice est libre de quitter le couvent ou le monastère et de rentrer dans le monde.

NOVICIAT, temps destiné à éprouver la vocation des personnes qui se destinent à l'état religieux. Ce temps était autrefois de trois ans, suivant la règle des anciens moines d'Egypte, suivie par Justinien dans ses Novelles. Saint Benoît le réduisit à un an. Il y a cependant des ordres où le noviciat est de deux ans. Le temps du noviciat déterminé dans chaque ordre doit être continué sans interruption ; car si un novice venait à quitter la communauté seulement pendant quelques jours, sans l'ordre ou la permission de ses supérieurs, il lui faudrait recommencer son noviciat pour pouvoir prononcer ses vœux. On appelle aussi *noviciat* la maison ou le lieu dans lequel on éprouve les novices.

Il est tellement conforme à la raison d'éprouver, pendant un certain temps, la vocation de ceux qui prennent pour la vie un engagement semblable à l'état religieux, que, dans toutes les religions, les personnes qui se vouent à un état analogue à celui des religieux chez les chrétiens sont préalablement soumises à un noviciat plus ou moins long et rigoureux. Ainsi, pour devenir derwisch ou santon chez les Musulmans ; djogui, tapasi ou sannyasi chez les Hindous ; lama, bonze, talapoin, ho-chang, etc., chez les Bouddhistes, il faut auparavant faire un noviciat de plusieurs mois ou de plusieurs années.

NOYON DARA ÆKÉ, déesse de la théogonie mongole ; c'est une des compagnes du dieu Nidouber Ouzektchi ; sa couleur est verte : elle a été produite par une larme tombée de l'œil gauche de ce dieu, comme Tsagaan Dara Æké ou Dara la Blanche a été produite par une larme tombée de l'œil droit.

NPINDI, ganga ou prêtre du Congo, qui se fait passer pour le maître des éléments et pour celui qui commande aux foudres et aux tempêtes. Lorsqu'il veut faire montre de son pouvoir, il élève des monceaux de terre près de sa maison, et après avoir fait les sacrifices et les conjurations accoutumées, on voit sortir du pied d'un de ces monticules un petit animal qui s'élève dans l'air ; après quoi le ciel s'obscurcit ; il tonne, il éclaire et il pleut. Toutefois il arrive assez souvent que l'exorcisme ne réussit pas.

NRISINHA, c'est-à-dire *homme-lion* ; nom d'un avatar ou incarnation de Vichnou, dans laquelle ce Dieu prit la figure d'un être moitié homme et moitié lion, pour détruire un géant impie et blasphémateur. *Voy.* Hiranya-Kasipou. Les Hindous célèbrent la mémoire de cet événement le quatorzième jour de la quinzaine lumineuse de la lune de Baisakh ; les dévots à Vichnou font en ce jour des actes méritoires, tels que des aumônes et d'autres pratiques de charité, et ils ne se livrent à aucun travail.

NTOUPI (prononcez *Doupi*). Les Grecs donnent ce nom aux cadavres de ceux qui sont morts excommuniés, parce qu'ils sont persuadés qu'ils ne pourrissent point jusqu'à ce que l'excommunication soit levée, mais qu'ils deviennent noirs, durs et enflés comme un ballon. A l'appui de cette opinion, nous allons livrer à l'appréciation de nos lecteurs le récit suivant, qui paraît assez singulier :

Le sultan Mahomet II ayant été informé des effets merveilleux que l'excommunication produisait sur les corps morts, voulut s'assurer plus exactement de ce qu'on lui avait rapporté, et envoya ordre à Maxime de faire exhumer un excommunié mort depuis longtemps, pour qu'on vît en quel état serait son cadavre. Cet ordre embarrassa le patriarche et son clergé, non qu'ils doutassent de l'effet de l'excommunication, mais ils ne savaient où trouver un cadavre d'excommunié. Enfin, après avoir bien cherché, quelques-uns se rappelèrent qu'une veuve très-belle, ayant autrefois accusé faussement le patriarche Gennadius d'avoir voulu la corrompre, avait été excommuniée par ce prélat, et était morte quarante jours après ; qu'on avait déjà exhumé une fois son corps, qui s'était trouvé entier, et qu'on l'avait remis en terre sans que l'excommunication eût été levée. On fit des perquisitions pour découvrir le lieu de sa sépulture, et quand on l'eut trouvé, le patriarche en donna avis à Mahomet, qui envoya des officiers pour être présents à l'ouverture du tombeau. Le corps de la veuve fut trouvé entier, noir comme un charbon et dur comme une pierre. Mahomet, sur le rapport de ses officiers, donna mission à quelques paschas de visiter le cadavre, de le faire transporter dans une chapelle de l'église de Pammacarista, et d'en sceller la porte avec son cachet ; ce qui fut exécuté. Quelque temps après, les mêmes paschas, par l'ordre du sultan, firent retirer le cadavre de la chapelle, et ordonnèrent au patriarche de lever l'excommunication pour voir quel effet produirait cette cérémonie. Le patriarche fit ce qu'on exigeait de lui, et prononça la formule d'absolution. On assure que, pendant qu'il la prononçait, on entendait le craquement des os du cadavre qui se relâchaient et se déboîtaient. La cérémonie de l'absolution étant finie, les paschas firent remettre le cadavre dans la même chapelle ; et l'ayant visité quelques jours après, ils furent étrangement surpris de le trouver entièrement dissous et réduit en poussière. Ils firent à Mahomet un rapport exact de ce prodige, et l'on dit que ce prince ne put s'empêcher de s'écrier que la religion des chrétiens était admirable.

NUAGES. Les Calédoniens croyaient que tous ceux qui s'étaient distingués par leur bravoure ou leur vertu, habitaient, après leur mort, un palais *aérien* ou de *nuages*. Les héros y conservaient tous leurs goûts, et s'y livraient aux mêmes plaisirs qu'ils avaient connus durant leur vie, et comme la chasse était un des principaux, armés d'un arc de *neige* ou d'une lance de *vapeurs*, ils poursuivaient, dans les vastes plaines du firmament, des chevreuils de *météores* et des sangliers de *brouillards*. Là s'éteignait tout sentiment de haine. Les habitants du palais aérien apparaissaient quelquefois à leurs enfants et à leurs amis ; ils disposaient à leur gré des éléments, déchaînaient les tempêtes, troublaient les mers, mais n'avaient d'ailleurs aucun pouvoir sur les hommes. Ils étaient divisés en bons et mauvais esprits : les premiers ne se montraient qu'aux rayons d'un jour pur, sur le bord des ruisseaux ou dans les riantes vallées ; les seconds, au contraire, ne paraissaient qu'environnés d'éclairs, au bruit du tonnerre et dans les nuits orageuses. — Ossian s'adresse en ces termes aux mânes de son père :

« Le vent du nord ouvre les portes, ô Fingal ! je te vois assis sur les vapeurs, au milieu du faible éclat de tes armes. Tu n'es plus la terreur des braves. Ta substance n'est qu'un nuage pluvieux, dont le voile transparent nous laisse voir les yeux humides des étoiles. Ton bouclier est comme la lune à son déclin ; ton épée est une vapeur à demi enflammée. Qu'il paraît sombre et faible, ce héros qui jadis marchait si brillant et si fort !

« Mais tu te promènes sur les vents du désert, et tu tiens les noires tempêtes dans ta main. Dans ta colère, tu saisis le soleil et tu le caches dans tes nuages. Les enfants des lâches tremblent, et mille torrents tombent du ciel. Mais quand tu t'avances calme et paisible, le zéphir du matin accompagne tes pas. Le soleil sourit dans ses plaines azurées ; le ruisseau plus brillant serpente dans son vallon ; les arbrisseaux balancent leurs têtes fleuries, et le chevreuil bondit gaiement vers la forêt. Un bruit sourd s'élève dans la bruyère ; les vents orageux se taisent. »

NUDIPÉDALES, cérémonie extraordinaire qu'on ne célébrait à Rome que rarement, et toujours par ordonnance du magistrat, à l'occasion de quelque calamité publique. On y marchait nu-pieds, ce qui lui a valu le nom de *Nudipédales*. Les dames romaines elles-mêmes, lorsqu'elles invoquaient Vesta dans des circonstances extraordinaires, faisaient leur procession nu-pieds dans le temple de la déesse.

Les Lacédémoniens avaient aussi leurs Nudipédales, appelées dans leur langue *Gymnopodies* ; c'étaient des chœurs d'enfants qui dansaient les pieds nus dans les fêtes célébrées en l'honneur des guerriers morts pour la patrie. Les Grecs avaient également, comme les Romains, la coutume de marcher pieds nus dans certaines fêtes expiatoires.

Les Juifs pratiquèrent cette cérémonie avec une grande solennité, l'an 67 de Jésus-Christ, sous l'empire de Néron, dans le temps qu'ils gémissaient sous la tyrannie du gouverneur Cestius Florus.

Enfin les chrétiens usent de la même pratique par esprit d'humilité, de mortification et de pénitence, comme dans les temps de peste ou de calamités publiques. C'est encore un usage généralement pratiqué dans un grand nombre d'églises, au moins par le clergé, le jour du vendredi saint.

NUI-BO-DA, nom d'une montagne que les Bouddhistes de la Cochinchine regardent comme le paradis et le séjour de la félicité.

NUIT. 1° Les anciens païens en avaient fait la déesse des ténèbres, fille du Ciel et de la Terre, ou, selon d'autres, fille du Chaos, la première et la plus ancienne de toutes les divinités. Hésiode la met au nombre des Titans et la nomme la mère des dieux, parce qu'on a toujours cru que la nuit et les ténèbres avaient précédé toutes choses, ce qui est même conforme avec la cosmogonie génésiaque. Aristophane la dépeint étendant ses vastes ailes, et déposant un œuf dans le sein de l'Érèbe (le couchant), d'où sortit l'Amour avec ses ailes dorées.

Cette théogonie était particulièrement celle des Egyptiens, qui faisaient de la Nuit le principe de toutes choses : ils la nommaient *Bouto*, et la faisaient la compagne du grand Etre et la nourrice des dieux. Cette déesse, source féconde d'où sortirent une foule d'êtres vivants, était considérée comme cette obscurité première qui, enveloppant le monde avant que la main toute-puissante du Démiurge eût créé la lumière et ordonné l'univers, renfermait dans son sein les germes de tous les êtres à venir. Aussi les vers Orphiques, vénérables débris de la plus ancienne théologie des Grecs, et qui contiennent des doctrines conformes, sur presque tous les points, à celle des Egyptiens, donnent-ils à la déesse *Nyx* (la nuit primitive) les titres de *première-née, commencement de tout, habitation des dieux*; titres qui répondent exactement aux qualifications de *grande déesse, mère des dieux,* et *génératrice des dieux grands,* données à Bouto dans les légendes hiéroglyphiques.

Plus tard, les Grecs lui attribuèrent un rôle moins honorable, la détrônèrent de son rang suprême, et ne la considérèrent plus que comme le principe des divinités sévères, implacables ou malfaisantes. Ils dirent que sans le commerce d'aucune divinité elle donna naissance au Destin, à la Parque noire, à la Mort, au Sommeil, à la troupe des Songes, à Momus, à la Misère, aux Hespérides gardiennes des pommes d'or, aux impitoyables Parques, à la terrible Némésis, à la Fraude, à la Concupiscence, à la triste Vieillesse, à la Discorde opiniâtre ; en un mot, tout ce qu'il y avait de fâcheux dans la vie passait pour une production de la Nuit. Elle épousa l'Achéron, fleuve des enfers, qui la rendit mère des Furies et de plusieurs autres enfants ; cependant de son commerce avec l'Érèbe, elle avait eu l'Éther et le Jour. Dans la mythologie scandinave nous voyons pareillement la Nuit devenir la mère du Jour.

Varron fait dériver le nom de la Nuit, *nox*, du verbe *nocere*, nuire, à cause de son influence nuisible, soit parce qu'elle répand souvent les maladies, soit parce que ceux qui ont quelques peines morales ou physiques les sentent plus vivement pendant la nuit : c'est ce qui l'a fait surnommer par Ovide : *nutrix maxima curarum*, la nourrice des chagrins. Elle fut connue dans tout le Péloponèse sous le nom d'*Achlys*. Homère l'a surnommée *Erebenne*; d'autres lui ont donné les noms d'*Euphroné*, et d'*Eubulie*, la bonne conseillère.

Les uns plaçaient son empire en Italie, dans le pays des Cimmériens; les autres, loin des limites du monde connu, qui finissait aux colonnes d'Hercule. L'antiquité l'a généralement fixé vers la partie de l'Espagne nommée *Hespérie*, contrée du couchant. C'était près de Gibraltar, où les Romains croyaient que le Soleil éteignait son flambeau ; et Posidonius prétendait que du rivage près de Cadix, on entendait le frémissement des ondes, lorsque l'astre se précipitait dans l'Océan. La Nuit, dit Hésiode, étendait son voile obscur depuis ce lieu jusque sur le Tartare, où elle passe par une porte de fer pour conduire aux habitants de la terre le Sommeil, frère de la Mort.

Chez les Grecs et les Romains, on immolait à la Nuit des brebis noires, et c'est un pareil sacrifice qu'Énée lui offrit avant d'entrer aux Enfers. On lui sacrifiait aussi un coq, parce que les cris perçants de cet oiseau troublent son silence. Le hibou, qui ne chérit que les ténèbres, lui était également consacré.

La plupart des peuples regardaient la Nuit comme une déesse; mais les habitants de Brescia en Italie en avaient fait un dieu, nommé *Noctulius* ou *Nocturnus*, et on a trouvé parmi eux plusieurs monuments qui lui étaient consacrés. La chouette, qu'on voit aux pieds de ce dieu tenant un flambeau renversé qu'il s'efforce d'éteindre, annonce l'ennemi du jour.

Nous ne donnons point ici le détail des emblèmes sous lesquels on symbolise la nuit, ils ne sont assujettis à aucune règle et dépendent absolument du goût des peintres et des sculpteurs.

2° Les Musulmans ont consacré à la vénération publique, dans le cours de l'année, sept nuits auxquelles ils donnent le nom de *saintes* ou *bénies*; les Turcs les célèbrent avec beaucoup de solennité. Ces nuits rappellent la mémoire de plusieurs événements importants dans l'islamisme: ce sont, dans l'ordre de leurs époques lunaires:

1. La nuit de la naissance de Mahomet, le 12 du mois rabi premier.
2. Celle de sa conception, le premier vendredi de redjeb.
3. Celle de sa prétendue ascension, le 27 du même mois. *Voy.* ASCENSION DE MAHOMET.
4. La nuit excellente, dans laquelle l'ange de la mort et les anges gardiens qui tiennent registre des actions des hommes, bonnes et mauvaises, déposent leurs registres et en recommencent de nouveaux; ce qui arrive le 15 de la lune de scbaban.
5. La nuit du destin ou de la toute-puissance ou du Décret, dans laquelle tous les êtres inanimés adorent Dieu; on ignore le jour précis de son incidence, mais on la célèbre le 27 de Ramadhan. *Voy.* DÉCRET (NUIT DU).
6. La nuit du 1er de la lune de scheval, fête de la rupture du jeûne. *Voy.* FITR.
7. Celle du 10 de dhoulhidja, jour où l'on célèbre la fête des victimes. *Voy.* CORBAN.

Les Musulmans célèbrent ces nuits comme celles du Ramadhan, par l'illumination des minarets et des mosquées. Les temples sont ouverts, et quoiqu'il n'y ait aucune obligation canonique de s'y rendre, ni d'y faire des prières particulières, la dévotion néanmoins y attire beaucoup de monde de tout état et de toute condition. Il est même recommandé de garder la continence.

Indépendamment de ces sept nuits saintes, les Musulmans et surtout les derwischs, honorent encore, chaque semaine, d'une manière particulière, celle du jeudi au vendredi, et celle du dimanche au lundi, en mémoire, l'une de la conception, et l'autre de la nativité de leur prophète.

NULLATENSES. Les anciens auteurs ecclésiastiques désignent sous ce nom les prélats qui n'ont pas de siége où ils exercent, quel qu'en soit le motif; ce qui est fort rare dans la primitive Église. C'est sans doute ce que l'on nomme actuellement les évêques *in partibus*.

NUMA, législateur et second roi des Romains: son histoire est en grande partie mythologique; aussi plusieurs critiques modernes prétendent qu'il n'a jamais existé et qu'il est la personnification et l'emblème de la domination sabine. Son nom a une singulière analogie avec le mot grec νόμος, loi, et avec le latin *numen*, divinité. Numa fonda des temples, régla le culte et les cérémonies sacrées, créa les colléges des saliens, des vestales, des pontifes, des féciaux, donna des lois écrites, régularisa l'année, qui jusqu'alors avait eu dix mois, et à laquelle il en donna douze, répartit le peuple en corps de métiers, et s'efforça d'abolir toute distinction entre les Sabins et les Romains. Ses institutions furent favorisées par une paix profonde qui dura pendant tout son règne, lequel fut de quarante-trois ans; pour les faire adopter, Numa feignit de recevoir des révélations de la nymphe Égérie, qu'il allait consulter dans une forêt, et que le peuple croyait sa femme. Il plaça dans le temple de Mars douze *ancites* ou boucliers échancrés, d'une forme absolument semblable, dont un, disait-il, était tombé du ciel et devait être comme un palladium, gage de la stabilité du nouvel empire. Numa mourut l'an 671 avant Jésus-Christ.

NUMÉIAS, esprits domestiques des anciens Polonais, représentés le plus communément sous la forme de reptiles. On leur offrait du laitage ou des œufs; il y avait peine de mort contre quiconque eût entrepris d'offenser ces hôtes protecteurs.

NUMÉRIE. Saint Augustin nous fait connaître cette divinité romaine qui présidait à l'arithmétique. Les femmes enceintes, d'après Noël, l'invoquaient pour obtenir une heureuse délivrance.

NUNDINE, déesse romaine qui présidait à la purification des enfants ou à l'imposition de leur nom. *Voy.* NONDINE.

NUNQUETHEBA, divinité des Muyscas d'Amérique. Ce personnage est le même que *Bochica* leur législateur. *Voy.* aussi NEMTEREQUETEVA.

NUPTIAUX (DIEUX), ou *des noces*. Plutarque en compte cinq: Jupiter, Junon, Vénus, Suada, Diane ou Lucine. La superstitieuse antiquité en ajouta plusieurs autres qui présidaient aux mystères de l'hymen. On leur adressait des vœux, pour les prier de rendre les mariages heureux.

Quand on sacrifiait à Junon Nuptiale, on ôtait le fiel de la victime, et on le jetait derrière l'autel, pour donner à entendre qu'il ne devait point y avoir d'aigreur ni d'amertume entre les époux.

NURGAL et **NURHAG**, tumulus ou monceaux de pierres sur lesquels les anciens allumaient ou entretenaient le feu sacré en l'honneur du Soleil ou d'un autre dieu. Les Cuthéens leur donnaient le nom de *Nur-gal*, et les habitants de la Sardaigne celui de *Nur-hag*; il existe encore de ces monuments antiques dans cette dernière contrée. Les mots *Nur-gal* et *Nur-hag* appartiennent à la langue hébraïque ou phénicienne, et expriment le but pour lequel ils étaient élevés.

NYAYA, un des systèmes philosophiques des Hindous: il a pour auteur Gautama; c'est le rationalisme presque dans sa pureté, et il offre la plus grande analogie avec la philosophie d'Aristote; quelques savants même pensent que ce sont les brahmanes qui communiquèrent leur doctrine à Callisthènes, de qui Aristote l'emprunta pour la revêtir des formes grecques.

Gautama établit un système nouveau et complet de dialectique: la raison humaine, qui, jusque-là toute contemplative, ne concevait guère que par intuition, fut soumise à des règles. Ces règles, désormais reines absolues de l'intelligence, furent chargées de contrôler et de vérifier toutes les croyances; celles que la logique ne peut accepter durent être rejetées, car il fut reconnu que la logique était infaillible, et que l'homme avec cette balance pèserait tout, jusqu'à Dieu.

Nous n'avons pas à nous occuper ici du Nyaya, comme système philosophique; au reste, nous le répétons, on le retrouve tout entier dans la logique aristotélicienne; il nous suffira d'observer que, sous le rapport religieux, il a une tendance tout à fait idéaliste, et qu'il mène très-facilement au scepticisme. Les philosophes indiens qui, sous le règne des premiers Césars, accompagnèrent à Rome les ambassadeurs de Taprobane, ne dissimulaient point à cet égard l'audace de leur doctrine: ils regardaient toutes les religions de l'Europe comme des institutions politiques, et ce monde avec tous ses cultes divers, comme une des soixante-dix mille comédies que la divinité fait jouer devant elle pour amuser son loisir. Nous avons vu la méthode aristotélicienne conduire au même résultat.

Mais, sans pousser le système Nyaya à ces conséquences extrêmes, il est bon de remarquer qu'il porte sur quatre principes fondamentaux, savoir: le témoignage des sens bien appliqué; les signes naturels et évidents; l'application d'une définition connue au défini jusque-là inconnu; enfin l'autorité d'une parole infaillible. De l'examen du monde sensible, qui est composé d'atomes indivisibles, éternels, inanimés, on passe à la connaissance de son auteur, dont on conclut l'existence, l'intelligence et l'immatérialité. Dans la constitution de l'homme, les Nyayikas trouvent un corps et deux âmes, l'une suprême (*paramatma*), et l'autre animale ou vitale (*djivatma*). La sagesse consiste à comprimer et éteindre l'âme sensitive, par son union avec l'âme suprême, qui n'est autre chose que Dieu. Cette union, appelée *yoga*, commence par la contemplation de l'Être souverain, et se termine par une sorte d'identité avec lui, dans laquelle il n'y a plus ni sentiment ni volonté propre, et qui exclut toute métempsycose subséquente; car le Nyaya s'accorde avec le Sankhya et les autres écoles brahmaniques, dans la promesse d'une béatitude ou perfection finale, et de la délivrance du mal, en récompense de la parfaite connaissance des principes qu'il enseigne, c'est-à-dire de la vérité.

NYCTAGES, nom que l'on a donné à certains hérétiques qui condamnaient l'usage de veiller la nuit pour chanter les louanges de Dieu.

NYCTÉLIES, fêtes nocturnes que les Grecs célébraient tous les trois ans en l'honneur de Bacchus, au commencement du printemps. C'était un de ces mystères ténébreux où l'on s'abandonnait, à la faveur des ténèbres, à toutes sortes de débauches et de désordres. La cérémonie apparente consistait dans une course tumultueuse que faisaient dans les rues ceux qui prenaient part à ces fêtes; ils portaient des flambeaux, des brocs et des verres, et faisaient à Bacchus d'amples libations. — On célébrait des fêtes semblables en l'honneur de Cybèle. Les Romains, qui avaient emprunté des Grecs les Nyctélies, finirent par les supprimer, à cause des grands désordres que la licence y avait introduits.

Bacchus avait tiré de ces fêtes la dénomination de *Nyctelios*.

NYEL-BA. Les Bouddhistes du Tibet donnent ce nom à l'enfer et aux démons qui l'habitent. C'est le séjour de ceux qui n'ont point effacé leurs péchés par la pénitence et par le dessein de mener une meilleure vie. Les malheureux damnés y passent un temps démesurément long, sans cependant y demeurer éternellement; car les Bouddhistes n'admettent point des châtiments éternels. Lorsqu'ils ont satisfait pour leurs péchés dans les différentes demeures du Nyel-ba ils passent dans les corps de démons moins torturés, et enfin dans ceux des animaux; s'ils continuent à mériter dans ces différents états, ils peuvent encore parvenir à la béatitude suprême.

NYI, un des Dwergars, ou génies de la mythologie scandinave. Il est chargé avec Nidi de présider à la lune.

NYMPHE. « Ce nom, dans sa signification naturelle, signifie, dit Noël, une fille mariée depuis peu, une nouvelle mariée. On l'a donné dans la suite à des divinités subalternes qu'on représentait sous la figure de jeunes filles. Selon les poètes, tout l'univers était plein de ces nymphes. Il y en avait qu'on appelait *Uranies*, ou célestes, qui gouvernaient la sphère du ciel; d'autres terrestres ou *Epigies*. Celles-ci étaient subdivisées en nymphes des eaux et nymphes de la terre.

« Les nymphes des eaux étaient encore

divisées en plusieurs classes : les nymphes de la mer, appelées *Océanides*, *Néréides* ou *Mélies*; les nymphes des fontaines ou *Naiades*, *Crénées*, *Pégées*; les nymphes des fleuves et des rivières, ou les *Potamides*; les nymphes des lacs et des étangs, ou les *Lymniades*.

« Les nymphes de la terre étaient aussi de plusieurs classes : les nymphes des montagnes, qu'on appelait *Oréades*, *Orestiades* ou *Orodemniades*; les nymphes des vallées et des bocages, ou les *Napées*; les nymphes des prés, ou *Limniades*; les nymphes des forêts, ou les *Dryades* et les *Hamadryades*.

« On trouve encore des nymphes avec des noms ou de leur pays ou de leur origine, comme les nymphes *Tibériades*, les *Pactolides*, les *Cabirides*, les *Dodonides*, les *Cithéronides*, les *Sphragitides*, les *Corycides* ou *Corycies*, les *Anigrides*, les *Isménides*, les *Sithnides*, les *Amnisiades*, les *Héliades*, les *Hérésides*, les *Thémistiades*, les *Lélégéides*, etc.

« Enfin on a donné le nom de nymphes non-seulement à des dames illustres dont on apprenait quelque aventure, mais même jusqu'à de simples bergères et à toutes les belles personnes que les poëtes font entrer dans le sujet de leurs poëmes. L'idée des nymphes peut être venue du sentiment où l'on était que les âmes demeuraient auprès des tombeaux, ou dans les jardins et les bois délicieux qu'elles avaient fréquentés pendant leur vie. On avait pour ces lieux un respect ceux religieux; on y invoquait les ombres de qu'on s'imaginait y habiter; on tâchait de se les rendre favorables par des vœux et des sacrifices. De là est venue l'ancienne coutume de sacrifier sous des arbres verts, sous lesquels on croyait que les âmes errantes se plaisaient beaucoup. De plus on croyait que tous les astres étaient animés, ce que l'on étendit ensuite jusqu'aux fleuves et aux fontaines, aux montagnes et aux vallées; en un mot, à tous les êtres inanimés auxquels on assigna des dieux terrestres. On rendit aussi une sorte de culte à ces divinités; on leur offrait en sacrifice de l'huile, du lait et du miel; quelquefois on leur immolait des chèvres. On leur consacrait des fêtes. En Sicile, on célébrait, tous les ans, des fêtes solennelles en l'honneur des nymphes, selon Virgile. On n'accordait pas tout à fait l'immortalité aux nymphes, mais on s'imaginait qu'elles vivaient très-longtemps. Hésiode les fait vivre plusieurs milliers d'années. Plutarque en a déterminé le nombre, et il a réglé le cours de leur vie à 9720 ans.

NYMPHOLEPTE, c'est-à-dire *agité par les nymphes*: on donnait ce nom aux personnes que l'on croyait inspirées par les nymphes : tels étaient les habitants d'une contrée voisine du mont Cithéron, sur la croupe duquel était l'antre des nymphes Sphragitides, où il y avait autrefois un oracle. On appelait encore *Nympholeptes* ceux qui avaient vu une nymphe, parce qu'ils tombaient alors dans une sorte de frénésie ou fureur divine.

NYSÉIDES ou NYSIADES, nymphes qui élevèrent Bacchus : elles tiraient leur nom de la ville ou de la montagne de *Nysa*, patrie de ce dieu, appelé aussi Nyséen. Suivant une autre légende, *Nysa* était le nom de la nourrice de Bacchus.

NZAMBI, ce nom paraît signifier *esprit* ou *génie*, dans la langue des nègres, surtout de ceux du Congo; car ils le donnent à Dieu et au démon. Pour exprimer le dieu du ciel, ils disent *Nzambi a-n'pongou*. Voy. DIEU, n° CXCIII.

Nzambi est aussi le nom d'un ganga ou prêtre nègre, dont la fonction particulière consiste à purifier d'une espèce de lèpre fort commune dans le pays.

NZI, autre ganga, qu'on peut regarder comme le grand pénitencier des nègres; son ministère consiste à absoudre ceux qui se sont parjurés, en leur frottant la langue avec des dattes, et en prononçant des imprécations contraires à celles du pénitent.

O

[Cherchez par U et par W les mots que l'on ne trouve pas ici par Ou.]

O (LES). On appelle les O de l'Avent ou les grandes antiennes, certaines prières qui commencent toutes par l'exclamation *O*, et que l'on chante solennellement dans les églises catholiques latines, les jours qui précèdent la fête de Noël. Elles n'ont été introduites dans l'office que pendant le moyen âge; autrefois elles étaient seulement chantées dans les réfectoires des moines. On voit, par quelques bréviaires, qu'elles commençaient à la fête de saint Nicolas, 6 décembre, et se poursuivaient jusqu'à Noël. Le nombre en a varié depuis sept jusqu'à douze. A Rome, elles ne sont qu'au nombre de sept; mais à Paris et dans plusieurs autres églises, elles durent neuf jours, en mémoire des neuf mois de la grossesse de Marie.

Ces antiennes sont d'une composition admirable, et tirées des paroles de l'Ecriture sainte; elles expriment les désirs ardents de la Synagogue, et les vœux qu'elle formait pour hâter la venue du libérateur promis. Voici les antiennes que l'on chante dans la plupart des églises de France :

Le 15 décembre. — « O Sagesse, qui êtes sor-
« tie de la bouche du Très-Haut, qui atteignez
« d'une extrémité à l'autre, et qui disposez
« toutes choses avec force et avec suavité !
« venez nous apprendre la voie de la pru-
« dence. »

Le 16. — « O Adonaï, conducteur de la
« maison d'Israël, qui êtes apparu à Moïse,
« dans la flamme du buisson ardent, et qui
« lui avez donné la loi sur le mont Sinaï ve-
« nez nous racheter en déployant la force de
« votre bras. »

Le 17. — « O rejeton de Jessé, qui êtes ex-
« posé comme un étendard pour réunir les
« peuples, devant qui les rois demeureront
« dans le silence, et que les nations invo-
« queront ! venez nous délivrer; ne différez
« pas davantage. »

Le 18. — « O clef de David et sceptre de la
« maison d'Israël, qui ouvrez sans que per-
« sonne puisse fermer, qui fermez sans que
« personne puisse ouvrir ! venez, et tirez de
« la prison le captif qui est assis dans les té-
« nèbres et dans l'ombre de la mort. »

Le 19. — « O Orient, splendeur de la lu-
« mière éternelle, et soleil de justice ! venez
« et illuminez ceux qui sont assis dans les
« ténèbres et dans l'ombre de la mort. »

Le 20. — « O Saint des saints, miroir sans
« tache de la majesté de Dieu, image de sa
« bonté ! venez, afin que l'iniquité soit effa-
« cée et que la justice éternelle arrive. »

Le 21. — « O Roi des nations et le Désiré des
« peuples, pierre angulaire qui réunissez les
« deux murailles ! venez, et sauvez l'homme
« que vous avez formé du limon de la terre. »

Le 22. — « O Emmanuel, notre roi et notre
« législateur, l'attente et le sauveur des na-
« tions ! venez nous sauver, Seigneur notre
« Dieu. »

Le 23. — « O Pasteur d'Israël, souverain
« dominateur dans la maison d'Israël, dont
« l'origine date du commencement des jours
« de l'éternité ! venez faire paître le troupeau
« de votre peuple avec force et régner dans
« l'équité et dans la justice. »

L'Église romaine ne commence les *O* que le 17 décembre, et supprime *O Saint des saints !* et *O Pasteur d'Israël !*

Dans les églises qui comptaient douze antiennes, il y en avait une adressée à la sainte Vierge, pour la fête de la Conception, 8 décembre ; une autre adressée à saint Thomas, pour le 21 décembre ; une autre adressée à l'ange Gabriel, qui avait annoncé le mystère de l'Incarnation, ou bien à Jérusalem, ville où ce mystère devait se consommer. On trouve ces antiennes dans les *Origines liturgiques* de l'abbé Pascal, qui font partie de cette Encyclopédie (1).

OANNÈS, être mythologique, moitié homme et moitié poisson ; il était sorti de l'œuf primitif d'où tous les autres êtres avaient été tirés. Il avait deux têtes : celle d'homme était sous celle de poisson ; à sa queue étaient joints des pieds d'homme, et il en avait la voix et la parole. Ce monstre était venu de la mer Érythrée, et parut dans un lieu voisin de Babylone. Il demeura pendant quelque temps parmi les hommes sans manger, leur donna la connaissance des lettres et des sciences, leur enseigna la pratique des arts, à bâtir des villes et des temples, à établir des lois, et à fixer les limites des champs par des règles sûres, à semer et à recueillir les grains et les fruits, en un mot, tout ce qui pouvait contribuer à adoucir leurs mœurs. Au coucher du soleil, il se retirait dans la mer et passait la nuit sous les eaux. Bérose rapporte qu'il parut dans la suite d'autres êtres semblables à celui-ci, dont il avait promis de donner l'explication ; mais cette explication n'est pas parvenue jusqu'à nous. La figure d'Oannès se voyait sur les murs du temple de Bélus.

Quelques savants ont supposé que cet Oannès était un étranger arrivé par mer, qui donna aux Chaldéens quelques principes de civilisation. Peut-être était-il vêtu de peaux de poisson depuis la tête jusqu'aux pieds. Tous les soirs il rentrait dans son vaisseau, et prenait ses repas à bord sans être vu de personne. Quant à l'œuf primitif dont on le faisait sortir, cela a pu venir de la ressemblance de son nom avec le mot grec ὠόν, qui signifie œuf.

Mais cet Oannès est-il aussi ancien que le fait Bérose ? Ne serait-il pas une réminiscence du prophète Jonas ? car, outre une similitude frappante de noms (2), il semble avoir avec celui-ci des rapports multipliés de situation et de rôle. Comme le dieu babylonien, le prophète hébreu plonge au fond de la mer, devient l'hôte d'un énorme cétacé, et sort des ondes pour venir annoncer à Ninive les desseins du Seigneur, et lui indiquer la marche que ses habitants doivent suivre pour conjurer le malheur qui les menace. Comme Oannès, le prophète, après sa prédication, se retire au dehors de la ville. Ce rapprochement est dû au savant archéologue Raoul-Rochette.

OB. Ce mot est employé dans la Bible pour désigner, soit un nécromancien, un sorcier, un ventriloque, celui qui se vante de faire parler les morts ou les esprits ; soit l'art prétendu d'évoquer les mânes ; soit, enfin, un démon que les Septante et la Vulgate traduisent par *Python*. La loi de Moïse défendait de consulter ceux qui se livraient à cette infâme profession. Des peines sévères avaient été portées contre eux en différents temps. Saül, qui les avait renouvelées, ayant consulté le Seigneur avant sa dernière bataille, sans en recevoir de réponse, se résolut à aller consulter une magicienne initiée dans l'art d'Ob. Cette femme lui fit apparaître le prophète Samuel qui lui prédit sa mort.

OBARASSON, jeûne rigoureux des Tamouls. *Voy.* OUPAWAS.

OBARATOR, un des dieux champêtres des Latins. Servius dit qu'il présidait au labourage.

OBÉDIENCE, du mot *obedire*, obéir : acte donné par le supérieur d'une communauté religieuse à un inférieur, par lequel il lui permet ou lui ordonne de passer d'un monastère dans un autre.

---

(1) Dans le temps où la piété n'était pas toujours accompagnée de bon goût, un pieux ecclésiastique avait composé un petit commentaire sur ces antiennes, intitulé : *La Mouelle savoureuse des O de l'Avent*, jeu de mots peu digne des choses pieuses, mais excusable sans doute à cause de la simplicité de l'auteur.

(2) Ce qui peut contribuer à prouver que les noms de Jonas et d'Oannès sont identiques, c'est que saint Pierre est appelé tantôt *Bar-Jona*, fils de Jonas, et tantôt *filius Joannis*, fils de Joannès. Le nom d'Oannès n'a qu'un *iod* de moins, qui a pu être négligé dans la transcription grecque.

On appelle aussi *obédience* une commission donnée à des religieux de desservir un bénéfice dépendant d'un chef d'ordre, sans qu'ils en soient titulaires, et lorsqu'ils sont révocables *ad nutum*.

Autrefois on donnait le nom d'*obédience* aux maisons, églises, chapelles ou métairies où l'on commettait des religieux pour les desservir ou les faire valoir.

Sous l'empire de l'ancien concordat, on nommait *pays d'obédience* ceux qui n'étaient pas compris dans le concordat, et où le pape avait le droit de conférer les bénéfices vacants pendant huit mois de l'année.

Enfin, le mot *obédience* est très-fréquent dans les communautés religieuses ; outre sa signification propre d'obéissance, il y est encore employé dans une multitude d'acceptions particulières (1).

OBÉIDIS, hérétiques musulmans qui appartiennent à la secte des Mordjis, dont ils diffèrent en soutenant que Dieu a la forme humaine. Ces anthropomorphites tirent leur nom de leur chef Obéid-al-Mokesib.

OBÉISSANCE, un des trois vœux solennels que prononcent les religieux et les religieuses, et par lequel ils s'engagent à obéir à leurs supérieurs, dans tout ce que ceux-ci ont droit de leur commander. Or ce droit radical est très-étendu en certaines communautés, car il s'étend à tout ce qui n'est pas interdit par la loi divine; cependant les supérieurs n'en doivent user qu'avec la plus grande discrétion, et seulement dans l'intérêt de l'ordre et de la religion.

Les prêtres séculiers promettent l'obéissance à leur évêque, mais sans en faire un vœu; ce qui ne les engage pas moins en conscience.

Cette obéissance est si nécessaire pour quiconque vit en communauté, qu'elle est requise de tous ceux qui mènent une vie commune, même parmi les infidèles, comme dans les couvents de djoguis, de bonzes, de talapoins, de derwischs, etc.

OBIT, du mot *obitus*, décès. Dans le style ecclésiastique, on entend par cette expression une fondation de messes ou de prières pour le repos de l'âme d'un défunt, soit au jour anniversaire de sa mort, soit à d'autres époques déterminées. Il y avait autrefois, dans l'église de Notre-Dame à Paris, un obit appelé l'*obit-salé*, à cause d'une distribution de sel qui y était faite.

OBITUAIRE. On appelle ainsi l'ecclésiastique chargé d'acquitter un obit, ou celui qui est pourvu d'un bénéfice vacant par la mort du précédent titulaire.

Obituaire est encore le nom d'un registre sur lequel sont inscrits les obits fondés dans un chapitre ou une église, ou celui dans lequel on tient note des décès arrivés dans le chapitre ou dans le monastère. On nomme plus communément celui-ci *nécrologe*.

(1) Dans les temps de schisme où il y avait deux papes à la fois, le mot *Obédience* servait à désigner les différents États qui reconnaissaient l'un ou l'autre pape. Ainsi, au XIV° siècle, pendant le grand schisme d'Occident, on distinguait *l'obédience d'Urbain VI*,

OBLAT, en latin *oblatus*, offert. Autrefois, lorsque dans une famille on destinait un enfant à l'état religieux, ses parents le menaient dans quelque monastère, où ils le laissaient sous la conduite des moines. L'enfant, élevé dans toutes les pratiques de la vie religieuse, éloigné du monde et de l'air contagieux des vices, prenait aisément l'esprit de l'état auquel il était voué, et n'avait pas même l'idée d'un genre de vie plus doux que celui de religieux. Cet usage était excellent, dans un temps où les moines n'avaient presque aucun commerce avec le monde. Les enfants ainsi élevés dans les monastères étaient appelés *oblats*, c'est-à-dire offerts à Dieu.

On donnait aussi le nom d'*oblat* à un séculier qui se dévouait au service de Dieu, dans un monastère à son choix, auquel il se donnait avec ses enfants et ses biens, et dont il devenait le serf. Pour marque de sa servitude, on lui entourait le cou avec les cordes des cloches de l'église, et on lui mettait sur la tête quelques deniers qu'il reprenait ensuite et qu'il mettait sur l'autel. Les oblats portaient un habit religieux, mais différent de celui des moines.

Le premier oblat dont il soit fait mention dans l'histoire était un homme de qualité qui se donna à l'abbaye de Cluny, avec sa femme, en 948. On ignore son nom, mais celui de sa femme était Dode. — En 1022, une femme noble, nommée Gise, se donna au monastère de Saint-Michel, elle et tous ses descendants, et, pour marque de cet engagement, elle mit sur l'autel un denier percé et le bandeau de sa tête.

Tel était encore le titre d'un moine lai que le roi mettait autrefois dans chaque abbaye ou prieuré dépendant de sa nomination. Cet oblat était chargé de sonner les cloches, de balayer l'église et la cour du couvent, et les religieux devaient lui donner une portion monacale. Ces sortes de places étaient ordinairement la récompense des soldats estropiés et invalides; mais, depuis l'établissement des Invalides, les pensions des oblats ont été appliquées à une partie de l'entretien de cet hôtel, où les défenseurs de la patrie trouvent aujourd'hui une retraite plus convenable et une récompense plus honnête.

OBLATES, 1° religieuses d'un ordre ou d'une congrégation fondée par sainte Françoise, veuve romaine : elles furent ainsi appelées parce qu'en se consacrant à Dieu elles se servent du mot *oblation*, et non de celui de *profession*. Cet ordre fut approuvé en 1437 par le pape Eugène IV. On les appelle aussi *Collatines*.

2° On appelait encore *oblate* ou *oblation*, dans l'ancienne liturgie, les pains dont on se servait pour le sacrifice de la messe. On distinguait deux sortes d'oblates, celles qui étaient réservées pour la consécration, et comprenant l'Italie septentrionale, l'Allemagne, la Bohême, la Hongrie, la Pologne, la Prusse, le Danemark, la Suède, la Norwège et l'Angleterre ; et *l'obédience de Clément VII*, qui comprenait le reste de l'Europe.

celles que l'on distribuait au peuple, pour l'usage commun, comme on fait aujourd'hui le pain bénit. C'est du mot *oblate* que nous avons fait celui d'*oublie*, donné autrefois au pain eucharistique, et qui désigne aujourd'hui un genre de pâtisserie.

OBLATION. Ce terme est synonyme d'offrande. Dans l'Eglise catholique, il désigne : 1° l'action du prêtre qui, au commencement du sacrifice, offre le pain et le vin qui doivent être consacrés quelques instants après ; 2° les offrandes volontaires faites par le peuple, à l'autel ou en dehors de l'autel, comme à la quête, dans les troncs, à l'occasion de l'administration des sacrements, ou de quelque autre cérémonie pieuse. *Voy.* OFFERTOIRE, OFFRANDE.

OBLATS DE MARIE IMMACULÉE, société de prêtres fondée dans le midi de la France, par Mgr Masenod, évêque de Marseille, vers l'an 1827. En 1841, plusieurs d'entre eux se vouèrent aux travaux des missions étrangères. La société compte maintenant plusieurs établissements en Amérique, dans le Canada, à la baie d'Hudson, chez les Algonquins, les Abbitibbis, et dans plusieurs peuplades de sauvages.

OBLATS DE SAINT-AMBROISE, congrégation de prêtres séculiers, établis à Milan en 1578, par saint Charles Borromée, archevêque de cette ville. Ils furent ainsi appelés parce qu'ils s'étaient offerts volontairement à ce saint prélat pour l'aider dans l'administration de son diocèse, et exécuter tout ce qu'il lui plairait de leur ordonner. Cette congrégation, mise sous la protection de saint Ambroise, fut approuvée par le pape Grégoire XIII, qui leur accorda plusieurs privilèges, et leur attribua des revenus considérables. Les Oblats ne font point d'autre vœu que celui d'obéissance à l'archevêque, qui les emploie soit à desservir les églises, soit à donner des missions et des retraites, soit à diriger les collèges et les séminaires.

OBNONCIATION, expression employée par les augures romains. S'il arrivait que ceux-ci remarquassent au ciel quelque signe sinistre, ils faisaient dire (*abnuntiabant*) à celui qui tenait les conciles : *Alio die*, à un autre jour. Cette faculté, dont les augures abusaient pour conduire les affaires à leur gré, leur avait été donnée par les lois Ælia et Fusia, et leur fut retirée, cent ans après, par la loi Clodia.

OBODAS, dieu des anciens Arabes, adoré principalement par les Nabathéens. Il est probable qu'il n'était autre qu'un roi de ce peuple, dont parle l'historien Josèphe, qui vainquit une armée de Juifs, l'an 92 avant Jésus-Christ. Il fut mis après sa mort au rang des divinités. L'orthographe exacte de son nom serait *Abd-Waad*.

OBRÉGONS, religieux espagnols qui appartiennent au tiers ordre de Saint-François. Ils ont été fondés par Bernardin Obrégon, gentilhomme de Madrid. On les appelle encore *Minimes infirmiers*, parce qu'ils se consacrent au service des aliénés et des autres malades. Ils vivent dans les hôpitaux ou dans des sociétés qu'ils appellent familles. La plupart ne font que les vœux simples de chasteté, de pauvreté et d'obéissance aux évêques dans les diocèses desquels ils sont établis, en y ajoutant celui de servir les malades.

OBRIMO, c'est-à-dire la *violente* ou la *puissante*; surnom de Proserpine, reine des enfers.

OBSÉCRATIONS, prières et sacrifices que le sénat romain ordonnait dans les temps de calamité. C'étaient les duumvirs qui avaient soin de les faire exécuter.

OBSÈQUES, du latin *obsequium*, déférence, bon office; derniers devoirs que l'on rend aux morts. *Voy.* FUNÉRAILLES.

OBSERVANCE. On donne le nom de *religieux de l'Observance* à certaines communautés qui s'imposent la loi d'*observer* dans toute leur rigueur les règles monastiques ou les constitutions de leur ordre, qui ont été peu à peu mitigées. On distingue, 1° les *Pères de l'Observance régulière* ou *Observantins*, sortis de l'ordre de Saint-François, à la suite de la réforme de 1363 ; ils étaient distingués en religieux de la petite Observance, et religieux de la grande Observance; 2° les religieux de l'*étroite Observance*, de l'ordre de Cîteaux; 3° ceux de la *grande Observance*, de l'ordre de la Merci ; 4° ceux de la *primitive Observance* des Frères Prêcheurs, réforme des Dominicains, qui s'introduisit en France en 1636.

OBSERVANTINS, ou religieux de l'*Observance régulière*; nom donné à certains religieux de l'ordre de Saint-François, qui, suivant l'esprit de leur institution, vivaient dans des ermitages ou dans des maisons basses et pauvres, par opposition aux religieux franciscains, qui suivaient une règle mitigée et vivaient dans de grands couvents ; ces derniers étaient appelés *Conventuels*. On regarde saint Bernardin de Sienne comme le réformateur de ceux qui furent appelés Observantins, en 1419.

Les réformes de cet ordre s'étant multipliées, Léon X, en 1517, les réduisit toutes à une, sous la dénomination de *Franciscains réformés*, et permit à chacune d'avoir son général. Les Observantins de France furent appelés *Cordeliers*, de la corde qui leur sert de ceinture. Parmi les Observantins, quelques réformes plus sévères se sont maintenues, malgré l'union faite par Léon X, ou se sont établies depuis ; on appelle ceux-ci *Observantins de l'étroite Observance*; on distingue parmi eux les *Franciscains déchaussés* d'Espagne.

OBSESSION. Les démonographes distinguent l'*obsession* de la *possession*, et définissent la première, l'état où le démon, sans entrer dans le corps d'une personne, la tourmente et l'*obsède* au dehors, à peu près comme un importun qui suit et fatigue un homme dont il a résolu de tirer quelque chose. Les marques de l'obsession sont d'être élevé en l'air, et ensuite d'être rejeté à terre avec force, sans toutefois en être blessé ; de parler des langues étrangères qu'on n'a jamais apprises ; de connaître et de prédire les choses cachées, d'exécuter des œuvres qui surpassent les forces naturelles de la personne obsédée, de faire des contorsions extraordinaires, après lesquelles les membres reviennent dans leur état normal, sans violence et sans efforts, etc.

OBY (Vieillard de l'), idole des Tartares Ostiaks qui habitent sur les rives de l'Oby. Il est de bois, et il a un groin armé d'un crochet de fer, pour marquer qu'il attire le poisson de la mer dans l'Oby. Ses yeux sont de verre, et sur la tête il a deux petites cornes. Dans le temps que les glaces se fondent et que les rivières débordent, les Ostiaks vont en foule lui demander une heureuse pêche. Si le succès a répondu à leurs espérances, on lui offre les prémices de la pêche : à cet effet on prépare un grand festin, et avant de toucher aux mets, on lui frotte le groin avec de la graisse, et après le repas on reconduit l'âme du dieu en frappant l'air avec des bâtons. Afin de faire participer toute la population aux bienfaits du dieu, on le transporte d'un endroit à l'autre sur les rives du fleuve : cette translation a lieu tous les trois ans, dit-on, dans une barque destinée à cet usage, et elle est faite avec beaucoup de solennité. Si cependant la pêche n'a pas été heureuse, on charge l'idole d'injures et d'outrages, on lui ôte ses habits, on la fouette, on la jette dans la boue, comme un dieu méprisable, sans force et usé de vieillesse.

OCCABE, ornement de cou et de bras, collier ou bracelet garni de pierres précieuses, et d'où pendaient de petites chaînes, que portaient les sacrificateurs dans les cérémonies éclatantes, et surtout dans celle du Taurobole.

OCCASION, divinité allégorique des Romains : elle présidait au moment le plus favorable pour réussir. Les Grecs en avaient fait un dieu qu'ils nommaient Καιρὸς, et qu'un poëte disait être le plus jeune des fils de Jupiter. *Voy.* Cérus. Les Eléens lui avaient érigé un autel.

On représentait l'Occasion sous la forme d'une femme nue, chevelue par devant et chauve par derrière, un pied en l'air et l'autre porté sur une roue tournante. Ces symboles nous apprennent que l'occasion est fugitive, qu'elle nous échappe rapidement, qu'il faut savoir la saisir au passage, et qu'une fois passée, il n'y a plus aucun moyen de la retenir.

OCCATOR, dieu romain qui présidait aux travaux de ceux qui hersent la terre pour en rompre les mottes et couvrir le grain. Le flamine de Cérès l'invoquait en sacrifiant à la déesse.

OCCIDENT (Eglise d'), nom donné à l'Eglise latine, par opposition à l'Eglise d'Orient qui se compose des Grecs, des Syriens, des Arméniens, des Coptes, des Ethiopiens et de tous les autres chrétiens orientaux.

OCCOPIRN, un des douze grands dieux des anciens Prussiens. C'était une émanation de *Schwayxtix* ou du Soleil.

OCCUPO, surnom que Pétrone donne à Mercure, sans doute parce qu'il est considéré comme le dieu des voleurs, *qui aliena occupant*.

OCÉAN, premier dieu des mers, ou plutôt la mer elle-même personnifiée. Les Grecs le disaient fils du Ciel et de la Terre, et le considéraient comme le père des dieux et de tous les êtres, parce que, suivant le système de Thalès, l'eau était la matière première dont tous les corps étaient formés, ou parce que l'eau contribue plus à elle seule à la production et au développement des corps que les autres éléments. « Il est vraisemblable, dit Noël, que parmi les Titans il y en eut un qui porta le nom d'Océan. Par là on explique à la lettre : 1° ce que dit Homère, que les dieux tiraient leur origine de l'Océan et de Téthys ; 2° ce que dit le même poète, que les dieux allaient souvent en Ethiopie visiter l'Océan, et prendre part aux fêtes et aux sacrifices qu'on y faisait : allusion à un ancien usage des habitants des bords de l'Océan atlantique, qui, au rapport de Diodore, célébraient dans une saison de l'année des fêtes solennelles ; 3° ce que l'on raconte de Junon, élevée chez l'Océan et Téthys, parce que véritablement Rhéa l'envoya chez sa belle-sœur, pour la dérober à la cruelle superstition de Saturne ; 4° ce que dit Eschyle, que l'Océan était l'ami intime de Prométhée, frère d'Atlas. — D'anciens monuments nous représentent l'Océan sous la figure d'un vieillard assis sur les ondes de la mer, avec une pique à la main, et ayant près de lui un monstre marin. Ce vieillard tient une urne et verse de l'eau, symbole de la mer, des fleuves et des fontaines.— Ce que les Grecs disaient de l'Océan, les Egyptiens le disaient du Nil, qui portait ce nom chez eux, et où les dieux avaient pris naissance. »

OCÉANIDES, nymphes de la mer, filles de l'Océan et de Téthys. On en compte jusqu'à trois mille.

OCRIDION, dieu des Rhodiens : c'était un de leurs anciens rois qui fut divinisé après sa mort.

OCTAÉTÉRIDE, nom d'un cycle ecclésiastique de huit ans, qui servait à régler l'époque où devait finir le carême et commencer la fête de Pâques. On assure que saint Denys en est l'auteur. Ce cycle était connu des chrétiens des premiers siècles, même celui qui fut dressé ou composé par saint Hippolyte, disciple de saint Irénée, qui du reste ne semble être qu'un octaétéride doublé.

Il paraît que les anciens Grecs connaissaient aussi l'Octaétéride, ou terme de huit ans, au bout desquels ils ajoutaient trois mois, et que ce cycle fut en usage jusqu'à l'invention de celui de dix-neuf ans par Méthon.

OCTAVE. On appelle ainsi dans l'Eglise un espace de huit jours consacrés à la célébration d'une fête, dont le premier et le dernier sont les plus solennels ; ce qui a eu lieu à l'imitation des Juifs, qui célébraient leurs grandes fêtes pendant huit jours. Telles sont les octaves de l'Epiphanie, de l'Ascension de Notre-Seigneur, de la Fête-Dieu, de l'Assomption de la sainte Vierge, de la Toussaint, etc. Les fêtes de Noël, de Pâques et de la Pentecôte, ne sont pas des octaves proprement dites, car elles ne durent que sept jours. — Le huitième jour est appelé proprement *octave*; les jours intermédiaires sont dits *pendant l'octave*: on les distingue par leur ordre numérique.

OCTOBER, cheval que les Romains immolaient tous les ans au dieu Mars, dans le mois d'octobre. Le rite exigeait que sa queue fût transportée avec tant de vitesse du champ de Mars, où on la coupait, jusqu'au temple du Dieu, qu'il en tombât encore des gouttes de sang lorsqu'on la mettait sur le feu de l'autel.

ODACON, être mythologique des Chaldéens: c'est un des quatre Oannès sortis de la mer Erythrée, suivant Bérose et Apollodore: son corps était en partie d'un homme et en partie d'un poisson. Celui-ci parut sous le règne d'Everodach, dont l'époque est fort incertaine. *Odacon* est sans doute la même divinité que *Dagon*, le dieu poisson; car les deux noms sont identiques. *Voy.* DAGON.

ODD ou WODD, idole que Mahomet, dans le Coran, suppose avoir été adorée par les contemporains de Noé, conjointement avec Soa, Yaghouth, Yaouk et Nesr; il est très-probable que ces divinités étaient encore vénérées de son temps, et qu'il met un discours à leur sujet dans la bouche du patriarche, afin de faire plus d'impression sur son peuple. Zamakhschari, commentateur arabe, dit que Wodd était le ciel représenté sous la forme humaine; que Soa avait la figure d'une femme; Yaghouth, la forme d'un lion; Yaouk celle d'un cheval, et Nesr, celle d'un aigle. Le même auteur ajoute que plusieurs écrivains pensent que ces noms sont ceux de quelques grands hommes dont on adorait les statues.

ODER, dieu de la mythologie scandinave, époux de Freya qui pleure sans cesse son absence. *Voy.* FREA ou FREYA, et HODER.

ODIN, législateur et conquérant des peuples du Nord; déifié après sa mort, peut-être même pendant sa vie, il fut confondu avec Allfader, le père tout-puissant et le plus grand des dieux. L'Edda le définit ainsi : « Il vit et gouverne pendant les siècles, dirige tout ce qui est en haut et tout ce qui est en bas, ce qui est grand et ce qui est petit. Il a fait le ciel, l'air et l'homme, qui doit toujours vivre, et, avant que le ciel et la terre fussent, ce dieu était déjà avec les géants. C'est le dieu terrible et sévère, le père du carnage, le dépopulateur, l'incendiaire, l'agile, le bruyant, celui qui donne la victoire, qui ranime le courage dans le combat, qui nomme ceux qui doivent être tués sur le champ de bataille. » On voit qu'Odin était en même temps le Jupiter et le Mars des Scandinaves. Ceux qui allaient combattre faisaient vœu de lui envoyer un certain nombre d'âmes qu'ils lui consacraient. Ces âmes étaient le droit d'Odin, et il les recevait dans le Valhalla, sa demeure ordinaire, où il récompensait ceux qui étaient morts les armes à la main. Aussi les amis et les parents de ceux qui périssaient dans les combats leur criaient : « Puisse Odin te recevoir! puisses-tu aller joindre Odin. » On implorait le secours de ce dieu dans toutes les guerres, et c'était à lui que les vœux des deux partis s'adressaient. On croyait qu'il venait souvent lui-même dans la mêlée, ranimer la fureur des combattants, frapper ceux qu'il destinait à périr et emporter leurs âmes dans ses demeures célestes. On voit, par des inscriptions sépulcrales et par des espèces d'oraisons funèbres qui subsistent encore, que, dans certains pays septentrionaux, l'usage était de recommander en ces termes les âmes des morts à Odin : « Odin te garde, cher enfant, ami fidèle et bon serviteur. » Nous avons un cantique funèbre, dans lequel le roi Lodbrog, fameux par ses exploits, se félicite de ce qu'il va bientôt aller dans le magnifique palais d'Odin, boire de la bière dans le crâne de ses ennemis : « Aujourd'hui les dieux me réclament, dit ce guerrier intrépide, dans la fosse aux serpents ; il ne faut pas pleurer la mort. Je vais bientôt atteindre le but. Les déesses envoyées par Odin m'appellent dans la patrie des braves, dans les salles du Valhalla. Dans le palais élevé des dieux, je vais boire de la bière avec les Ases. Le temps de ma vie est écoulé, je meurs en souriant. » *Voy.* VALHALLA.

Deux corbeaux sont toujours placés sur les épaules d'Odin, et lui disent à l'oreille tout ce qu'ils ont entendu ou vu de nouveau. L'un s'appelle *Hugin*, l'esprit, et l'autre *Munnin*, la mémoire. Odin les lâche tous les jours, et, après qu'ils ont parcouru le monde, ils reviennent le soir vers l'heure du repas. C'est pour cela que ce dieu sait tant de choses, et qu'on l'appelle le dieu des corbeaux.

Odin avait à Upsal un temple magnifique dont le toit était entouré d'une chaîne d'or, et un autre en Islande où on arrosait les assistants avec le sang des victimes. D'abord on n'offrit à ce dieu que les prémices des fruits de la terre; ensuite on lui immola des animaux, et enfin on lui sacrifia des hommes, des enfants de rois, et quelquefois des rois mêmes. La manière la plus ordinaire d'accomplir ces affreux sacrifices était de coucher la victime entre deux pierres énormes, où elle était écrasée, et du plus ou moins d'impétuosité avec laquelle le sang jaillissait, les prêtres inféraient le succès que devait avoir l'entreprise qui faisait l'objet du sacrifice.

Les savants s'accordent à regarder la religion odinique comme une réforme importée dans l'ancien culte du Nord qui reconnaissait Thor comme le dieu souverain et qui se rapprochait davantage du système druidique. On suppose que cet être mystérieux, Odin, était originairement roi des Ases, peuple des bords de la mer Caspienne. Contemporain de Mithridate, il fut sur le point de s'allier avec lui contre Rome ; mais la mort du roi de Pont vint déranger ses projets, et dès lors il ne songea plus qu'à occuper l'esprit belliqueux de ses peuples en faisant la conquête de la Germanie. Aidé des conseils du philosophe Mimer, et de ceux de Frigga ou Freya, son épouse, ce fut pendant cette migration qu'il donna aux Ases la religion qu'il rêvait depuis si longtemps, et dont il devait être le principal personnage. « On ne saura jamais avec certitude, dit M. Le Bas, si l'on doit voir dans Odin, le Decœnus ou Cœneus dont parlent Strabon et Jornandès, et qui, au temps de la dictature de Sylla, vint chez le roi des Gètes, Byrebistes, obtint, avec l'amitié du roi, un pouvoir égal à celui de ce monarque, étendit la domination des Gètes sur une grande partie de l'Allemagne, donna des lois, enseigna la philosophie, la morale, la physique et l'astronomie, et fut regardé comme la résurrection de Zamolxis. Ce dont il faut convenir, c'est que toutes ces données s'appliquent assez bien à l'Odin du Nord. » Il introduisit les lettres runiques dans les contrées septentrionales, enseigna une cosmogonie nouvelle, et une morale qui, il faut le reconnaître, est plutôt celle d'un aventurier adroit que celle d'un dieu. Pour première base, le suicide y était consacré, et quiconque mourait de sa mort naturelle emportait la réputation d'un lâche, et devait mériter les peines de l'enfer.

Odin était arrivé sur les bords de la Baltique, l'ancienne patrie des peuples scandinaves; il y était venu, lui douzième, et bientôt lui et ses compagnons se donnèrent pour des incarnations des anciens dieux du pays. Il sut profiter habilement de l'humeur guerrière des Scandinaves, bien qu'il ne soit pas fait mention des faits d'armes par lesquels il put s'illustrer lui-même; mais il savait imposer à la multitude par une langue poétique et énigmatique, dans le goût oriental, et il possédait toutes les ressources de la sorcellerie, par laquelle même encore aujourd'hui, les Chamans en Sibérie, et les Angekoks chez les Groënlandais exercent une si grande influence. « Il sait, dit l'ancienne Edda, guérir les maladies, émousser le glaive de l'ennemi, faire tomber les chaînes des prisonniers. Son regard retient la flèche dans l'air, il fait retomber les imprécations sur ceux qui en prononcent contre lui. Par ses charmes il éteint la flamme et amortit la haine dans le cœur de ses ennemis, il commande au vent de la mer, il apaise les vagues. Son seul regard est un charme puissant qui maîtrise les esprits malins. Il sait rendre la vie à un homme pendu; qu'il jette quelques gouttes d'eau sur un enfant nouveau-né, et celui-ci devient invulnérable. Enfin, s'il veut posséder seul le cœur d'une jeune fille aux blanches mains, il sait à son gré captiver ses pensées. »

« Odin, continue M. Le Bas, réussit complétement en Danemark; mais en Norwége, l'ancien culte de Thor se maintint presque sans altération; en Suède, où il avait bâti le premier temple à Sigtuna sur le lac Mœlar, un de ses compagnons lui succéda. Il se fit payer un impôt personnel, que l'on appela l'impôt des nez, et moyennant lequel il s'obligea à défendre le pays contre les ennemis et à faire les sacrifices dus aux dieux. Partout il sut s'accommoder aux idées religieuses du pays, et c'est ainsi qu'il n'abolit point le sacrifice des prisonniers. On connaît la prière que les Saxons lui adressèrent, lors de leur dernier effort pour résister aux armes victorieuses de Charlemagne : « Saint et grand Wudan (c'est la modification allemande d'Odin), sois-nous en aide à nous et à nos princes Wittekind et Kelta, contre le méchant Charles! Fi le boucher! Je te donnerai un ure, deux brebis et le butin. Je t'immolerai tous les Francs sur ta sainte montagne du Hartz. »

« Odin paraît avoir été au commencement adoré comme le dieu du soleil; mais, par suite d'une révolution ou d'une réforme survenue, à ce qu'on pense, un siècle environ avant Jésus-Christ, il devint le dieu suprême, le chef invisible d'une théocratie puissante, et son culte était répandu dans presque toutes les contrées du Nord, à l'époque où commencèrent les missions........ On croit entrevoir qu'un chaman, ou chef d'une colonie de prêtres, venu du Caucase, se fit passer pour une incarnation du dieu du soleil, que son but fut dans le principe d'expulser entièrement les vieilles divinités et de fonder une théocratie nouvelle, mais que les peuples se montrant trop attachés à leur culte primitif, un système mixte fut formé, où l'antique religion trouva sa place près d'Odin qui, n'ayant pas entièrement réussi sur la terre, se fit le maître de l'avenir et par ce moyen arriva plus tard à ses fins. » *Voy.* OTHIN.

ODORIE, déesse des odeurs, chez les Romains.

OEGER, dieu de la mer chez les anciens Scandinaves.

OEIL. L'œil humain était, suivant Plutarque, un des symboles d'Osiris : c'est pourquoi l'on trouve quelquefois sur les monuments hiéroglyphiques un œil à côté de la tête de ce dieu. D'autres disent que cet œil était consacré au soleil, parce que cet astre jette ses regards de tous côtés : les poëtes en effet appellent le soleil l'œil de Jupiter, et les Latins *Cœlispex*, qui regarde le ciel ou du haut du ciel.

OEILLADE, ou *influence du mauvais œil*. La plupart des peuples anciens et modernes ont été persuadés que les regards avaient une vertu dangereuse et maligne, qu'on ne pouvait conjurer qu'au moyen de cérémonies particulières.

1° Les Grecs employaient, pour prévenir la malignité des regards, plusieurs pratiques, telles que de se laver la tête, d'y attacher la figure d'un œil, etc.; suivant M. Coray, ces pratiques sont encore en usage dans la Grèce moderne.

2° Les Romains invoquaient, contre la fascination du regard, un dieu nommé Fascinus, dont la représentation était attachée au cou des enfants et suspendue sur la tête des triomphateurs. On connaît ce vers de Virgile :

Nescio quis teneros oculus mihi fascinat agnos.

« J'ignore quel est l'œil qui fascine mes tendres agneaux. »

3° Les Arabes avaient coutume, dans le même but, d'employer une cordelette blanche entourant la tête, et qu'ils nommaient *hacab*. « Au Caire et dans toute l'Egypte, dit M. Marcel, dès qu'une femme, soit du peuple, soit de la haute classe, voit un étranger jeter, même par hasard et sans intention, le moindre regard sur son enfant, elle s'empresse de le soustraire à sa vue, pour le mettre à l'abri de la malignité du clin d'œil. Dans ces mêmes contrées, le spécifique le plus en renom parmi le vulgaire pour préserver de cette malignité, c'est un morceau de drap écarlate suspendu au front, de manière à tomber entre les deux yeux de l'enfant. Le plus sûr effet de cette amulette est d'irriter continuellement les organes de la vision et de multiplier outre mesure le nombre des aveugles, des borgnes, ou tout au moins des louches. Grâce à la présence continuellement inévitable de ce lambeau rouge, attirant invinciblement les rayons visuels, à l'irritation succède l'inflammation, d'abord partielle, puis générale des membranes ; des larmes âcres sillonnent l'orbite avec des douleurs de plus en plus croissantes ; des points ulcérés s'implantent dans les vaisseaux variqueux : de là, érosion des tuniques oculaires, ulcération générale, destruction complète de l'organe visuel. »

4° Les Hindous redoutent à tout âge, et dans toutes les circonstances de la vie, l'influence du mauvais œil. C'est pourquoi les cérémonies établies pour la détourner font partie intégrante des divers actes du culte ou de la vie civile. La manière la plus commune d'obvier à la malignité de l'œillade est de promener à la hauteur du visage de la personne qu'on veut préserver une lampe faite de pâte de farine de riz, dans laquelle on verse du beurre liquéfié, ou à son défaut un vase d'eau rougie avec du safran, du vermillon ou une autre substance. Cette cérémonie est toujours exécutée par de vieilles femmes, qui ont grand soin de jeter cette eau qui a ainsi reçu toutes les influences pernicieuses. Elle a lieu principalement lors de l'initiation des jeunes Brahmatcharis et dans les mariages. Dans cette dernière occasion, il arrive aussi que, pour parvenir au même but, on déchire une toile en deux devant les yeux des époux, et on en jette les morceaux des deux côtés opposés ; ou bien on se contente de faire voltiger trois fois cette étoffe devant leurs yeux, et on la jette, comme imprégnée du venin de l'envie. D'autres fois on attache à la tête des mariés certains cercles mystérieux.

Les Indiens sont tellement persuadés de l'existence des maléfices, qu'ils y rapportent leurs maladies, et surtout celles de leurs enfants. C'est pourquoi ils sont presque toujours occupés à faire des pratiques superstitieuses pour rompre ce charme. Non-seulement ils croient que les hommes y sont exposés, mais encore ils pensent que les arbres, les fruits, les semences et les maisons en sont susceptibles, et que c'est la cause de leur dépérissement : de là vient la coutume de mettre dans les champs et dans les jardins des vases ronds blanchis à la chaux et marqués de plusieurs points noirs ; on les suspend au haut d'une perche, afin qu'attirant de prime abord les regards des passants, les propriétés soient préservées de l'influence maligne des regards. *Voy* ARATTI, FASCINUS, etc.

OELLO, nom que les Péruviens donnaient à des matrones du sang royal, qui, sans se vouer, comme les vierges du Soleil, à la vie claustrale, vivaient dans la retraite et la chasteté, au sein de leurs maisons, dont elles ne sortaient que pour visiter leurs proches parentes, quand celles-ci étaient indisposées, ou en couches, ou qu'il était question de donner un nom et de couper les cheveux à leurs aînés. La chasteté de ces femmes et leurs vertus domestiques leur attiraient la plus grande vénération et leur assuraient de grands priviléges. Si on eût remarqué dans leur conduite de l'hypocrisie ou qu'elles eussent trahi leur serment de vivre dans la continence, elles étaient alors brûlées toutes vives ou jetées dans une fosse aux lions.

OENISTÉRIES, fête que les jeunes Athéniens célébraient lorsqu'ils entraient dans l'adolescence, avant de se faire couper pour la première fois la barbe et les cheveux. Ils apportaient dans le temple d'Hercule une certaine mesure de vin, en faisaient des libations, et en offraient à boire aux assistants. Ce n'était qu'après ces cérémonies qu'ils étaient reçus dans leur curie.—On appelait encore *œnistérie* le vase avec lequel on faisait à Hercule des libations de vin (οἶνος).

OENOMANCIE, divination par le vin (οἶνος). Elle avait lieu soit par l'inspection de la couleur, soit par la dégustation, et l'on tirait des inductions de son aspect ou de son goût. Les Perses passaient pour être fort attachés à ce genre de divination.

OENOSPONDES, sacrifices dans lesquels on faisait des libations de vin.

OEONISTICE, OEONOMANCIE, ou OEONOSCOPIE, l'art de deviner les choses futures par le vol des oiseaux (οἰωνός), leur chant, leur plus ou moins d'appétit en prenant leur nourriture. Les Romains l'appelaient *augure*, ou *auspice*.

OEONOPOLE, nom que les Grecs donnaient à ceux qui prédisaient l'avenir d'après l'inspection du vol des oiseaux, l'audition de leur chant, etc. C'était ce que les Romains appelaient *augures*.

OES, divinité des anciens Babyloniens, qui était moitié homme et moitié poisson. On croit que c'est le même personnage qu'*Oannès*.

OETOSYROS, nom du dieu Soleil chez les Scythes, d'après Hérodote. Ce nom est sanscrit, *Aidhasuras*, brillant soleil.

OEUF, symbole mystérieux qu'on retrouve dans plusieurs cosmogonies antiques, comme emblème du monde et de sa création.

1° Les Egyptiens représentaient Chnef ou

Chnouphis, le démiurge, avec un œuf qui lui sortait de la bouche; de cet œuf était né un autre dieu qu'ils nommaient *Phtha*, et les Grecs *Héphœstos* (Vulcain). Cet œuf était pour eux le symbole du monde primitif, encore renfermé dans la volonté du Créateur, ou du moins à l'état de chaos ou de matière première; car, de même que dans l'œuf n'existe pas encore le corps de l'oiseau, mais bien la matière et les forces vitales propres à le former, et que l'animal en sort en son temps; ainsi, dans cette première masse, chaos informe, le monde n'était pas encore ordonné tel que nous le voyons maintenant; le monde, dans sa signification propre, n'y était pas en acte, mais en puissance, puisqu'il y avait sa matière ainsi que les forces qui devaient la disposer et qu'il devait se montrer en son temps. La première apparition qui sortit de cet œuf fut Phtha, le *feu* ou la *lumière*.

Il semble que l'on retrouve dans ce mythe une réminiscence des livres saints. L'œuf, il est vrai, n'y est pas nommé; mais le récit génésiaque nous représente l'esprit de Dieu, générateur et vivifiant, *couvant* sur les eaux, selon la signification littérale du mot hébreu *merahepheth*; et la première manifestation de la création fut celle de la lumière, *or*, ou du feu, *ur*.

Suivant un autre symbole rapporté par Hérodote, Osiris avait renfermé dans un œuf douze figures pyramidales blanches, pour marquer les biens infinis dont il voulait gratifier les hommes; mais Typhon, son frère, ayant trouvé le moyen d'ouvrir cet œuf, y introduisit secrètement douze autres pyramides noires, et par ce moyen le mal se trouva toujours mêlé avec le bien. C'est par ce symbole que les Egyptiens expliquaient l'opposition des deux principes du bien et du mal qu'ils admettaient.

2° Les Phéniciens, selon Plutarque, reconnaissaient un dieu suprême, qu'ils représentaient dans leurs orgies sous la forme d'un œuf. Les Chaldéens avaient la même doctrine; la forme ovoïde avait chez eux une signification hiératique; dans leur cosmogonie, d'après les documents que Sanchoniaton nous a conservés, le monde est représenté sous la forme d'un *œuf*, et c'est d'un œuf que la création est sortie.

3° Les Persans avaient un mythe semblable à celui de l'œuf d'Osiris. Ormuzd, le bon principe, après avoir créé les six bons génies, qui formaient avec lui les sept Amschaspands, créa en outre vingt-quatre dieux qu'il plaça dans un *œuf*, pour en éclore en leur temps; mais Abrimane, de son côté, créa vingt-quatre esprits mauvais qui percèrent l'œuf, s'y introduisirent et se mêlèrent avec les bons: telle est la source des biens et des maux qui se partagent l'univers.

4° Orphée porta en Grèce la conception égyptienne de l'œuf primitif, comme nous l'apprenons de saint Clément d'Alexandrie. « Selon Orphée, dit-il, exista d'abord le chaos éternel, immense, non engendré, et d'où sont sorties toutes choses. Il n'était ni ténèbres ni lumière, ni humide ni sec, ni chaud ni froid; mais tout cela ensemble et un tout sans forme; ou plutôt ayant la forme d'un *œuf* immense. Il sortit ensuite de lui-même un être aux deux sexes, qui fut le principe de tout, et qui commença par séparer les quatre éléments; qui forma ensuite avec deux de ces éléments le ciel, et avec les autres la terre; et par la participation de ces éléments naquirent tous les êtres. Les Grecs respectaient trop Orphée pour négliger une de ses principales idées; ils la développèrent. Au commencement, disaient-ils, rien n'existait hors la divinité. Tout ce qu'éclaire maintenant la lumière du jour était nuit: celle-ci régnait sur cet espace où sont contenus tous les êtres. Enfin un *œuf* paraît; la nuit le couvre de ses ailes; l'Amour, fils aîné du Père de toutes choses, seconde ses soins; l'œuf est fécondé, il s'ouvre: le soleil et la lune en sortent, ils vont régner au haut de l'empyrée; les corps plus pesants s'abaissent, ils forment la terre et toutes ses dépendances. Alors la nuit éternelle fait place à la lumière; elle se retire au delà des régions de la lumière, et chaque soir elle en revient pour couvrir de ses ailes ténébreuses tout ce qui respire, pour réparer les forces des mortels, pour donner naissance à de nouvelles générations.

5° Les Hindous avaient aussi modifié à leur façon le symbole de l'œuf primitif. Lorsque la divinité créatrice, après s'être réduite à la petitesse d'une goutte de rosée, veut reproduire le monde, elle devient elle-même d'abord de la grosseur d'un grain de sénevé, puis elle atteint le volume d'une perle, et enfin celui d'un œuf, dans lequel les cinq éléments prennent ensuite naissance. Cet œuf a sept coques ou enveloppes, l'une sur l'autre, semblables à des pellicules d'ognon. De cet œuf sortent le feu et l'air: le feu s'élève en haut, l'air prend une direction contraire; par ce moyen l'œuf s'ouvre et se divise en deux parties: la partie supérieure, qui est d'or, forme le ciel; et la partie inférieure, qui est d'argent, forme la terre. Comme cet œuf a sept coques, quand il vient à être ouvert, il se trouve quatorze demi-coques, sept supérieures, qui forment les sept cieux, et sept inférieures qui deviennent les sept terres. Le fœtus et l'albumen restent dans la moitié inférieure, et servent à former les montagnes et les mers, la foudre et les nuages.

Suivant la doctrine de l'Aitaréya-Opanichada, l'œuf en s'ouvrant donna naissance au *Pouroucha*, ou homme primitif, l'homme cosmique, le corps subtil de l'univers; sa bouche s'ouvrit à l'instant, et laissa échapper un son; le dieu de ce son est le dieu du *feu*, qui parut le premier entre les dieux de l'univers. Le Pouroucha est la nature dans laquelle a pénétré l'esprit, qui prend la figure du monde sous forme organique. Les rapports, dit M. d'Eckstein, sont établis sur l'échelle suivante. De la bouche sort la parole, de la parole le dieu du feu. Des narines sort la respiration, de la respiration le dieu de l'air. De l'œil sort le regard, du regard le dieu du soleil. De l'oreille sort l'ouïe, de l'ouïe le dieu de l'espace. De la peau sortent les cheveux, des cheveux le dieu des végétaux. De la poitrine sort le cœur, du cœur le dieu de la lune. Du nombril sort le souffle qui dévore, de ce souffle sort le dieu de la mort. De l'organe générateur sort la semence, de la semence le dieu des eaux. Ainsi la nature première disparaît pour faire place à un tout organique, conçu dans les eaux (car l'œuf avant de s'ouvrir était porté sur les eaux génératrices produites par le Créateur), sorti des ténèbres, et qui est la nature pénétrée par l'esprit.

OEUFS. Les Romains et les Grecs offraient des œufs aux dieux, quand ils voulaient se purifier. Ils en mettaient aussi dans les repas des funérailles pour purifier les morts.

Les anciens croyaient que, lorsqu'un œuf couvert de cendres chaudes venait à éclater ou à crever, cet accident était de mauvais augure soit à la famille, soit à celui pour lequel il était apprêté.

OEUVRE. On appelle ainsi la fabrique et le revenu d'une église, destiné à la construction ou à la réparation des bâtiments et à l'entretien du service. On donne le même nom à un siège ou banc placé dans la nef des églises, qui est destiné aux marguilliers ou administrateurs de la fabrique, et sur lequel on expose les reliques.

OFARAI ou OFAWAÏ, espèce de certificat ou d'absolution que les bonzes du Japon donnent ou plutôt vendent aux pèlerins qui sont venus visiter les temples fameux de la province d'Ize. Cet Ofawaï est une petite boîte, de la longueur d'environ un empan et demi, de deux pouces de largeur, et d'un pouce et demi de hauteur : elle est faite de planchettes fort minces, et remplie de petits bâtons dont quelques-uns sont enveloppés dans des morceaux de papier blanc pour rappeler au pèlerin qu'il doit être pur et humble, ces deux vertus étant les plus agréables aux dieux. Le nom du temple *Dai sin gou*, ou temple du grand esprit, est collé sur la boîte, imprimé en grand caractères ; au revers est en lettres plus petites le nom du Kanousi ou prêtre qui l'a délivré, avec le titre de *Tai you*, ou messager des cieux, titre que portent tous les officiers des Miyas.

Cet Ofawaï est reçu des pèlerins avec de grandes marques de respect. Ils l'attachent d'abord sous leur chapeau pour le mettre à couvert de la pluie, le placent devant leur front, et lui font équilibre du côté opposé du chapeau, au moyen d'une autre boîte ou d'un autre objet d'égale pesanteur. Ceux qui voyagent à cheval peuvent le mettre plus commodément à couvert. Lorsque les pèlerins sont arrivés heureusement chez eux, ils conservent précieusement cet Ofawaï, qu'ils regardent comme une relique de grande importance ; et bien que ses effets soient limités à l'espace d'une année, ils ne laissent pas, après le terme expiré, de lui donner une place honorable dans un de leurs plus beaux appartements, et le mettent dans une niche où l'on peut difficilement atteindre. En quelques endroits, on a coutume de mettre les vieux Ofawaï au-dessus des portes des maisons, sous un petit toit ; les pauvres gens, faute d'un endroit plus convenable, le mettent dans le creux d'un arbre. On traite de la même manière les Ofawaï des morts, et ceux que l'on trouve sur le grand chemin.

Les Kanousis envoient tous les ans une grande quantité de ces Ofawaï dans toutes les contrées de l'empire, pour la commodité de ceux qui n'ont pas la facilité de faire le pèlerinage d'Ize. Ceux qui sont chargés de les vendre se rendent dans les grandes villes, vers la fête du nouvel an ; car ils peuvent alors s'en défaire avec profit. Ils vendent en même temps des almanachs nouveaux, imprimés à Ize par autorisation du Mikado ou Daïri. On peut se procurer l'un et l'autre pour un prix modique ; mais les gens riches en donnent volontairement un prix bien plus élevé pour avoir une plus grande part aux suffrages de l'établissement religieux qui les fournit.

OFEOU FEOU MAITERAI, ancienne divinité des Taïtiens : elle était engendrée de la nuit et devint l'épouse du dieu Taaroa.

OFE-OUNA, paradis particulier, qui, suivant les Taïtiens, était destiné aux âmes des cochons. Ces animaux étaient dignes d'égards aux yeux des insulaires. Chaque cochon avait un nom tout comme un homme ; seulement le nom du cochon était invariable, tandis que celui de l'homme changeait aux divers âges de la vie. Les uns prétendaient que ces animaux avaient été créés postérieurement à l'homme par Taaroa ; d'autres disaient qu'un grand personnage des temps anciens étant venu à mourir, il naquit, de son cadavre putréfié, une truie qui peupla l'île de cochons.

OFFA, espèce de pâte que les augures romains jetaient aux poulets sacrés, quand ils voulaient prendre les auspices. S'ils en mangeaient avidement, l'auspice était favorable, et surtout si, en la mangeant, ils en laissaient une partie tomber à terre.

OFFENDICES, bandes qui descendaient de chaque côté des mitres ou bonnets des flamines, et qu'ils nouaient sous le menton. Si le bonnet d'un flamine venait à tomber durant le sacrifice, celui-ci perdait sa place.

OFFERTE. On nomme ainsi, en certaines contrées et surtout en Espagne, une promesse faite de vaquer à une bonne œuvre pendant un temps déterminé. L'offerte diffère du vœu en ce que sa violation ne rend pas coupable de péché mortel. — On trouve aussi le nom d'*offerte* au lieu de celui d'*offertoire*.

OFFERTOIRE, partie de la messe dans laquelle le prêtre offre à Dieu le pain qu'il doit consacrer, en le tenant élevé des deux mains sur la patène, et en prononçant en même temps la prière *Suscipe, sancte Pater*. Il offre de la même manière le calice, après y avoir mis du vin et une goutte d'eau, en prononçant l'*Offerimus*. Il fait ensuite une autre prière et une invocation au Saint-Esprit, encense les offrandes et l'autel, dans les messes solennelles, se lave les mains au coin de l'autel, revient au milieu, continue l'offertoire par la prière *Suscipe, sancta Trinitas*, invite les fidèles à prier pour lui, et récite les secrètes, qui sont une continuation de l'offertoire. Pendant ces différentes cérémonies, le chœur chante gravement une antienne qui porte aussi le nom d'offertoire; mais elle est suppléée par le son de l'orgue dans les grandes églises. L'offertoire est, à proprement parler, le commencement du sacrifice; autrefois les infidèles, les catéchumènes et les pénitents de la première classe n'avaient pas le droit d'y assister; on les congédiait à la fin de la messe des catéchumènes, qui se terminait à l'instruction pastorale, immédiatement avant le symbole.

OFFICE DIVIN. C'est un devoir si naturel à l'homme de louer Dieu et de le prier, qu'il ne faut pas s'étonner si, de tout temps, l'Eglise en a fait sa principale fonction. On ne peut faire attention aux grandeurs et aux perfections divines, ni aux obligations que nous avons à Dieu, sans se répandre en cantiques de louanges. Le prophète nous représente les cieux et les êtres inanimés comme publiant, par leur harmonie, la gloire et la majesté de leur créateur, et plusieurs philosophes païens ont été persuadés que les astres exécutaient à la lettre dans l'espace le plus harmonieux des concerts. Les anges, selon Isaïe, ne cessent de bénir le Tout-Puissant et d'adorer sa sainteté, et Job nous assure que c'est l'exercice continuel des enfants de Dieu de se joindre aux astres du ciel, afin de louer la grandeur et la puissance de celui qui nous a donné l'être et qui nous le conserve avec tant de bonté. Saint Cyrille d'Alexandrie prouve que les hommes, dès le commencement du monde, ont chanté des psaumes et des cantiques à la louange de Dieu, et qu'Adam ne manqua pas de s'acquitter de ce devoir; en effet, plusieurs psaumes ou fragments de psaumes sont attribués par les Hébreux à Adam lui-même; et s'il est dit d'Enos, fils de Seth, qu'il a le premier invoqué le nom du Seigneur, cela doit s'entendre de ce qu'il a le premier commencé à établir un culte public, à assembler les hommes pour rendre leurs hommages à la souveraine majesté, c'est-à-dire qu'il a le premier institué des prières publiques, et que, depuis lui, les sacrifices se sont toujours perpétués, soit entre les particuliers, soit entre les familles, jusqu'au déluge. Noé conserva la tradition de ses pères touchant les sacrifices et les prières. Tous ses descendants, Abraham, Isaac et Jacob, gardèrent les mêmes coutumes. Nous avons le cantique que Moïse chanta avec les Israélites au passage de la mer Rouge. Marie, sa sœur, le chanta aussi, et fut, comme dit Zénon de Vérone, la figure de l'Eglise qui s'unit avec ses enfants pour publier les miséricordes du Seigneur, qui fait passer les fidèles du désert de cette vie dans la gloire du ciel.

Depuis David, la prière publique, chez les Hébreux, fut composée en grande partie des psaumes dus à la piété de ce saint roi. Il établit des chantres pour les chanter à certaines heures du jour. Il se levait au milieu de la nuit, et priait à sept différentes heures de la journée, comme il le dit lui-même, ce qui est devenu le modèle de l'office divin chez les chrétiens. Daniel priait trois fois le jour; Esdras le faisait quatre fois. Depuis la composition ou la rédaction du Psautier chez les Juifs, et lorsque la Synagogue en eut adopté les psaumes, cette collection tenait, pour ainsi dire, lieu de bréviaire, et formait, comme encore aujourd'hui, le fond des prières publiques et particulières. On les expliquait dans les assemblées religieuses, et Jésus-Christ même en citait des passages dans ses prédications. Les psaumes étaient les hymnes qu'il chantait avec ses disciples. Il ne faut donc pas s'étonner si l'Eglise, dès son établissement, se fit un devoir principal de la prière ou de l'office public. Les apôtres, après l'ascension de Jésus-Christ, se renfermèrent avec les fidèles pour vaquer ensemble à la prière publique. Sur ce modèle furent formées les synagogues ou assemblées des premiers chrétiens, qui se trouvaient dans les temples avec les évêques et le clergé pour chanter des psaumes et faire des prières. Tertullien fait souvent mention des assemblées que tenaient les chrétiens avant le lever du soleil, chantant tous ensemble des psaumes et des cantiques à la gloire de Dieu. La coutume qu'avaient de s'assembler les premiers chrétiens était si notoire, que les païens ne manquaient jamais d'en faire mention quand ils parlaient de notre religion: on le voit dans la lettre de Pline le Jeune à l'empereur Trajan. Celse, philosophe païen, en voulait même faire un reproche à l'Eglise, comme il paraît par Origène, qui justifie la dévotion de nos pères, lesquels prévenaient ordinairement le lever du soleil pour s'assembler plus facilement et pour prier Dieu avec plus de tranquillité.

Quant au nom qu'on a donné aux prières publiques de l'Eglise, les Latins les appellent *office*, c'est-à-dire le devoir que chacun doit remplir. C'est en ce sens que Cicéron et saint Ambroise intitulent leurs ouvrages sur les devoirs des hommes dans la vie civile et pour la conduite chrétienne: *De Officiis* ou *Liber Officiorum*; et l'on a donné ce nom à la prière de l'Eglise, parce qu'elle est comme une dette, ou un office dont elle s'acquitte envers Dieu, lorsqu'elle lui consacre ses prières.

D'autres l'appellent *cursus*, cours, à cause du cours du soleil, qui règle les heures de la prière, en ce que les ecclésiastiques doivent le réciter pendant tout le cours de leur vie, comme on appelle *cours* de philosophie ou de théologie, ce qu'on apprend ordinairement en ces sciences durant le cours de quelques années. Saint Colomban, Grégoire de Tours, Fortunat, évêque de Poitiers, et saint Boniface de Mayence, donnent à l'office divin le nom de *cours*.

Les Grecs l'appellent *liturgie*, œuvre de la prière, ou bien *canon*, c'est-à-dire règle; c'est de là qu'est venu l'usage de nommer *canoniales* les heures qui partagent l'office divin, parce qu'elles sont instituées selon la règle des canons de l'Eglise. Jean Moschus dit qu'elles sont, pour ainsi dire, la règle et la mesure du tribut que nous devons payer à Dieu chaque jour, ainsi que les fermiers payent à leurs maîtres certaines mesures de grains pour les terres qu'il leur a louées.

Cassien nomme l'office divin *synaxis*, assemblée, parce qu'on s'assemblait pour chanter les psaumes. Dans la règle de saint Pacôme, il est appelé *collecte*, ce qui signifie la même chose. Saint Benoît le nomme *opus Dei*, l'œuvre de Dieu, ou *agenda*, ce qu'on doit faire, parce que l'office divin est une des plus importantes actions de l'Eglise. Le concile d'Agde lui donne le nom de *messe*, parce qu'à la fin on congédiait le peuple, comme on fait encore à la fin du sacrifice.

Le Missel et le Bréviaire sont maintenant les deux principaux ouvrages dans lesquels est contenu l'office divin. Le premier contient le rite et les prières du saint sacrifice pendant tout le cours de l'année; et le second, toutes les heures canoniales. On l'appelle *Bréviaire*, c'est-à-dire abrégé, d'abord parce qu'il est en effet abrégé d'un office beaucoup plus long, en usage autrefois; ensuite, parce qu'on y trouve un abrégé des livres saints, un choix des instructions et des homélies des Pères, un précis de la Vie des saints, et enfin des prières, des psaumes et des hymnes. On loue Dieu par les psaumes, les hymnes et les cantiques; on s'instruit par la lecture de la Bible, des Pères de l'Eglise et de la Vie des saints, et l'on adresse ses prières à Dieu par les oraisons et les collectes.

L'office divin, sans parler de la messe, est maintenant partagé en huit heures canoniales, savoir: matines, laudes, prime, tierce, sexte, none, vêpres et complies. Les deux premières sont ce qu'on appelle l'office de la nuit. Elles sont souvent considérées comme ne faisant qu'un tout, bien qu'on puisse les diviser en quatre, savoir: les trois nocturnes de matines, et les laudes. Ces huit parties correspondent exactement aux sept prières du jour faites par David et à sa prière de minuit. On peut faire remonter l'ordre de ces prières jusqu'aux apôtres. En effet, les apôtres étaient en prière à l'heure de tierce lorsque le Saint-Esprit descendit sur eux; plus loin nous voyons que saint Pierre priait à l'heure de sexte; à l'heure de none, saint Pierre et saint Jean montent au temple pour prier. Saint Paul et Silas prient au milieu de la nuit. Les Constitutions apostoliques prescrivent la prière au matin, à tierce, à sexte, à none, au soir et au chant du coq, c'est-à-dire à minuit. Saint Cyprien marque le matin et le soir, avec les heures de tierce, sexte et none. Saint Basile, saint Jérôme, saint Ambroise, parlent des sept heures canoniales. Tertullien fait mention de tierce, sexte et none. L'auteur de la lettre à la vierge Démétriade, qu'on croit être Pélage, lui prescrit de prier le matin, à tierce, à sexte, à none et au soir. Saint Jérôme, dans sa lettre à la dame Léta, lui marque les mêmes heu-

res. Cassien rapporte que les moines de Palestine et de la Mésopotamie priaient aux mêmes heures, mais que les moines d'Egypte n'avaient que deux heures destinées à la prière, savoir: le matin et le soir; mais dans la suite ils y ajoutèrent tierce, sexte et none. Saint Epiphane témoigne que, de son temps, en Chypre, on ne priait que le matin et le soir. Dans la suite on multiplia ces heures. Saint Fructueux, évêque de Brague, ordonna dans sa règle dix heures pour l'office divin: prime, seconde, tierce, sexte, none, la douzième heure, l'entrée de la nuit, avant minuit, après minuit et le matin. Saint Colomban, dans sa règle, fait mention de neuf: le commencement de la nuit, minuit, matines, prime, tierce, sexte, none, vêpres et complies.

On voit dans les Capitulaires d'Hincmar de Reims, de l'an 853, que la récitation de l'office aux heures canoniales était d'obligation pour les prêtres, mais qu'ils pouvaient prévenir ces heures en le récitant en particulier. Les fidèles sont invités par l'Eglise à assister aux heures canoniales de l'office divin, surtout les dimanches et les fêtes; mais les ecclésiastiques, les moines et les religieux et religieuses de différents ordres sont obligés de le réciter, soit en public, soit en particulier, tous les jours de leur vie.

L'office divin a Dieu pour objet et pour fin; cependant on y fait, à certains jours, mémoire spéciale de la sainte Vierge et des saints; de là le nom d'office de la Vierge ou de tel saint, qu'il porte le jour consacré à la vénération d'un saint ou d'une sainte. C'est ainsi qu'on appelle office des morts celui que l'on fait aux obsèques, aux anniversaires des décès ou dans d'autres solennités funèbres.

Les offices sont distingués, quant au rite, en doubles, semi-doubles et simples. Les doubles, suivant l'usage de l'Eglise romaine, se divisent en doubles ordinaires, et doubles de deuxième et de première classe. Quelques diocèses de France appellent ces derniers triples de deuxième et de première classe. A Paris et ailleurs, le rite des offices est distingué en annuel, solennel, double, semi-double et simple. Les trois premiers se divisent encore en majeurs et mineurs. Vient ensuite l'office férial qui a aussi différents degrés.

OFFICIAL, juge d'église, commis par un prélat pour exercer la juridiction contentieuse de son diocèse. L'official, en vertu de sa commission, ne peut infliger que des peines canoniques, et doit avoir recours au juge laïque pour les peines corporelles et afflictives. On appelait autrefois *official forain* un prêtre auquel les évêques donnaient la même autorité, hors du lieu de leur résidence, lorsque leur diocèse avait une grande étendue. Leur juridiction s'étendait sur un district déterminé.

OFFICIALITÉ, tribunal ecclésiastique institué par les archevêques et les évêques pour exercer en leur nom et à leur place la juridiction contentieuse : ce tribunal connaît aussi des empêchements de mariage et fulmine les dispenses. Ainsi l'officialité n'est en quelque sorte qu'une émanation du pouvoir juridictionnel de l'évêque qui, au lieu de décider, de prononcer ou de punir par lui-même directement et immédiatement, juge par un tribunal dont l'institution et l'autorité émanent de lui.

OFFICIANT. On donne ce nom à l'évêque ou au prêtre qui préside aux offices publics de l'Eglise ; on confond souvent l'officiant avec le célébrant, bien qu'il y ait une différence. Le célébrant est celui qui offre le saint sacrifice, et l'officiant est celui qui préside à tout l'office public. Le prêtre qui dit une messe basse est célébrant, il n'est pas officiant.

OFFRANDE, sacrifice, oblation, présent que l'on fait à Dieu ou à ses saints. L'offrande, considérée comme sacrifice, ne se fait qu'à Dieu seul ; mais comme étant un présent, une simple oblation, elle peut se faire en l'honneur des saints.

1° « Chez les Hébreux, dit M. Munk, l'offrande se composait de fleur de farine, de froment et d'huile d'olives ; tantôt on offrait la pure farine, on y versait de l'huile et on y mettait de l'encens ; tantôt on en faisait une espèce de tourteaux pétris avec de l'huile, ou des flans oints d'huile. Il fallait toujours y mettre du sel, mais il n'était jamais permis d'y mettre du miel ou du levain. Quelque minutieux que puissent paraître les rites des offrandes, le législateur avait ici des motifs analogues à ceux qui le guidaient dans tout le plan de sa loi cérémonielle. Maimonides nous apprend qu'ici comme ailleurs, Moïse prescrivit des usages contraires à ceux des païens, qui, selon les livres des Sabiens, mêlaient à leurs offrandes du levain et du miel, et jamais du sel. Les offrandes accompagnaient toujours les holocaustes et les sacrifices pacifiques, mais jamais les sacrifices de péché et de culpabilité, excepté cependant celui du lépreux. La quantité de la farine, de l'huile et du vin, dépendait de l'importance de la victime ; la colombe n'était accompagnée d'aucune offrande.

« L'offrande, ou Minkha, proprement dite, et indépendante du sacrifice sanglant, était, comme celui-ci, de deux espèces, publique ou privée. Les offrandes publiques étaient : 1° l'omer (gomor), ou les prémices de la moisson des orges, offertes pendant la Pâque ; 2° les deux pains, offerts le jour de la fête des semaines ; 3° les douze pains d'exposition (ou de proposition) que l'on renouvelait chaque sabbat. — Les offrandes privées étaient de quatre espèces : 1° l'offrande du pauvre, qui avait à expier un péché quelconque, mais qui n'avait pas les moyens d'offrir même des colombes ; 2° l'offrande de jalousie, ou celle de la femme soupçonnée d'adultère. Elle était d'orge. Avec ces deux premières espèces, il n'y avait ni huile, ni encens. 3° L'offrande du prêtre. Le prêtre admis pour la première fois à exercer ses fonctions offrait un dixième d'épha de fleur de farine, moitié le matin et moitié le soir, avec le sacrifice quotidien. Selon les rabbins, le grand prêtre répétait cette offrande tous les jours, pendant tout le temps de ses fonctions : ce sont les gâteaux du grand prêtre dont il est question dans le Talmud. La même chose est confirmée par Josèphe. 4° L'offrande volontaire ou par suite d'un vœu.

« De ces offrandes on vaporisait une poignée sur l'autel ; le reste appartenait aux prêtres. L'offrande du prêtre était entièrement vaporisée. » Telle était l'offrande proprement dite appelée Minkha, mais les sacrifices volontaires nommés pacifiques étaient aussi des offrandes, puisqu'ils étaient la conséquence d'un vœu ou d'une détermination volontaire.

2° Dans la primitive Eglise, tous les fidèles avaient coutume d'apporter chaque jour leur offrande, et de la présenter au commencement de la messe proprement dite, c'est-à-dire, après que le prêtre avait lu l'évangile et récité le symbole. C'était alors que commençait la messe des fidèles ; car toutes les prières qui précèdent étaient appelées messe des catéchumènes. Les païens offraient la matière du sacrifice auquel ils devaient participer. A leur exemple, les fidèles apportaient et offraient au prêtre le pain et le vin qui sont la matière du sacrifice de la messe. L'Eglise n'était pas assez riche, dans les premiers temps, pour faire elle-même cette dépense. Elle avait même besoin que les peuples prissent occasion de l'offrande pour contribuer à l'entretien de ses ministres. Les Juifs nouvellement convertis, non plus que les païens, n'avaient pas de peine à adopter cette pratique, puisqu'ils l'observaient dans la religion qu'ils venaient de quitter. L'usage de porter le pain et le vin à l'offrande s'observe encore au sacre des rois et des évêques, aux bénédictions des abbés et des abbesses, et aux messes des morts. A Milan, il y a quatre femmes vêtues de noir et de blanc, comme des religieuses, qui vont tous les jours à la porte du chœur de la cathédrale présenter aux ecclésiastiques qui vont à l'offrande le pain et le vin que l'on doit consacrer, et on les appelle encore diaconesses. En effet, c'était, dans les premiers siècles, un des emplois des diaconesses de recevoir les offrandes des femmes et de les porter aux diacres.

Autrefois on venait tous les jours à l'offrande. Les capitulaires des rois de France ordonnent d'y aller au moins tous les dimanches. Le second concile de Mâcon, en 585, ordonne aux hommes et aux femmes d'y venir au moins tous les dimanches, et d'y offrir du pain et du vin. Les évêques, dans leurs visites, devaient s'informer si tous les hommes et les femmes venaient à l'offrande. Si les hommes manquaient, les femmes devaient avoir soin d'y venir pour elles et pour leurs maris. Saint Césaire pressait les fidèles de venir à l'offrande, surtout quand ils communiaient, leur représentant qu'il serait honteux de communier d'un pain offert par un autre : *Erubescere debet homo idoneus si de aliena oblatione communicaverit* ; et c'est encore la pratique de plusieurs personnes d'aller à l'offrande les jours où elles doivent communier. C'est pour cela qu'il y a des églises où l'on y va, pendant la quinzaine de Pâques, à toutes les messes basses.

Tant que l'Eglise latine se servit indifféremment de pain levé et de pain azyme, on prenait, du pain et du vin présentés à l'offrande, ce qui était nécessaire pour le sacrifice; mais quand l'usage du pain levé eut été aboli, celui qu'on offrait ne servit plus qu'à être distribué au peuple, comme symbole de communion, ainsi qu'on fait aujourd'hui du pain bénit. Il servit encore à la nourriture des ministres de l'église, ou bien on le vendit au profit des ministres ou de la fabrique. Depuis, à la place du pain, on a donné de l'argent, afin que l'église se pourvût elle-même du pain azyme et du vin nécessaire pour le sacrifice. C'est de cette manière que l'offrande des peuples s'est convertie en argent. On a pourtant conservé dans quelques églises la coutume d'offrir des hosties et du vin dans des calices, comme à Besançon le jour des Morts, et à Milan. A Sens, dans les grands obits, on porte à l'offrande des calices avec du vin, et du pain azyme sur des patènes. En certains jours, dans quelques autres églises, où l'on offre du pain levé, on prend du vin qu'on a offert, et on en verse dans le calice du prêtre pour la consécration. Ceux qui vont à l'offrande portent souvent un cierge allumé qu'ils donnent au prêtre, pour représenter que, de tout temps, les fidèles ont offert ce qui est nécessaire pour l'entretien des pasteurs et pour le service public de l'église, et par conséquent, de quoi entretenir le luminaire. En quelques lieux, au lieu d'un cierge, on porte de l'huile à l'offrande.

Les offrandes que le peuple faisait autrefois étaient de deux sortes : les uns apportaient ce qui était nécessaire pour le sacrifice, les autres offraient ce qui pouvait faire subsister les ministres de l'église. On ne mettait sur l'autel que ce qui pouvait servir au sacrifice, comme le pain, le vin et l'eau, les épis et les autres fruits nouveaux. L'huile et l'encens qu'on brûlait dans le sacrifice se mettaient aussi sur l'autel pour être bénis ; mais toutes les autres choses qu'on apportait à l'offrande, et qui étaient pour la nourriture des ministres ou des pauvres, ne se mettaient point sur l'autel, on les portait à la maison de l'évêque ; c'est ce que nous apprend le 24° canon du IV° concile de Carthage. Il y avait deux temps différents pour recevoir ces deux sortes d'offrandes. On apportait, avant la messe ou avant l'Evangile, ce qui était destiné pour les ministres de l'autel. On offrait, après l'Evangile, ce qui devait servir au sacrifice, et à l'offertoire on venait seulement apporter l'hostie avec laquelle on devait communier.

Le clergé et les laïques, les hommes et les femmes, les grands et les petits venaient autrefois à l'offrande, pourvu qu'ils ne fussent pas excommuniés. On n'y admettait point non plus les catéchumènes, les pénitents et les énergumènes, auxquels il n'était pas permis de participer ni d'assister aux saints mystères. Pendant qu'on chantait l'offertoire, chacun apportait du pain et du vin, sur des nappes ou serviettes blanches. Les hommes venaient les premiers à l'offrande, ensuite les femmes. Les prêtres et les diacres venaient les derniers. Ils n'offraient que du pain, et cela devant l'autel ; c'est ce qui est marqué dans l'Ordre romain. Burchard rapporte un décret d'un concile de Mayence, qui défend aux femmes et aux religieuses d'aller à l'offrande quand elles ont leurs infirmités ordinaires. On ne recevait les offrandes des laïques que hors du chœur. Saint Ambroise, au rapport de Théodoret, reprit l'empereur Théodose d'être entré dans le chœur pour y apporter la sienne : et cet empereur s'en excusa en disant que cela se pratiquait ainsi à Constantinople. Le concile *in Trullo* permit seulement à l'empereur d'approcher de l'autel pour y venir faire son offrande, et le défendit à tout autre seigneur. Les moines et les solitaires avaient aussi le privilège de présenter leur offrande à l'autel ; saint Jérôme le dit expressément dans sa lettre à Héliodore. Les femmes ne quittaient pas leur place au temps de l'offrande ; le prêtre ou les diacres allaient autour de l'église recevoir leur oblation, comme l'ordonne Théodulphe d'Orléans. Dans plusieurs capitulaires, il est également défendu aux laïques d'approcher de l'autel pour y faire leur offrande.

Voici le mode actuel de procéder à l'offrande. Après le *Credo*, lorsque les chantres ont entonné l'offertoire, le prêtre descend de l'autel et s'avance jusqu'à l'entrée du sanctuaire, et là, il bénit le pain, si on le présente, puis il donne à baiser soit la patène, soit une croix, suivant l'usage des lieux, aux personnes qui se présentent à l'offrande et qui ont ordinairement un cierge à la main. Dans les cérémonies funèbres, on ne bénit point le pain et le vin apportés à l'offrande. Lorsque l'offrande est générale, les prêtres s'avancent les premiers, puis les autres ministres de l'Eglise, chacun suivant son ordre ou son rang ; les hommes viennent ensuite et enfin les femmes. Chacun, après avoir baisé la patène, dépose une ou plusieurs pièces de monnaie dans un bassin préparé à cet effet. Dans quelques églises, lorsque l'offrande du clergé et des officiers du chœur est terminée, le célébrant s'avance à l'entrée de la nef pour recevoir les oblations des laïques, qui, suivant l'usage antique, ne pénètrent point dans le chœur. L'ordre de l'offrande est le même lorsque c'est un évêque qui officie, avec cette différence qu'il s'assied sur un fauteuil, qu'on se met à genoux devant lui, et qu'au lieu de la patène il présente à baiser sa main ou son anneau épiscopal, puis il donne la bénédiction à chacun. En présentant la patène ou sa main à baiser, le célébrant dit : *Pax tecum,*

« La paix soit avec vous; » aux cérémonies funèbres, il dit : *Requiescat in pace*. Nous ignorons si, à Laon, le célébrant a conservé l'ancien usage de dire à ceux qui viennent à l'offrande : *Centuplum accipietis, et vitam æternam possidebitis.*

3° Dans l'Église anglicane, les offrandes de Pâques et les oblations sont pour le clergé une source de revenus qui n'est pas à dédaigner. Ces offrandes ou *dues*, comme on les appelle, sont certains payements d'usage qu'on fait à Pâques et lors des principales fêtes de l'Église anglicane, et auxquels tout habitant domicilié est tenu. Ils servent à remplacer les offrandes en nature que l'on faisait dans les premiers temps. Leur valeur varie selon les localités. Dans le nord de l'Angleterre, on paye ordinairement six pences au lieu d'une poule; un shelling au lieu d'une oie ou d'un dindon, etc. En certains endroits on lève ces impositions avec une ténacité extrême, et le clergé les considère comme une partie de ses *anciens droits*. On estime la valeur des offrandes de Pâques à 100,000 livres sterling (2,500,000 fr.) par an.

4° Les fruits de la terre, le pain, le vin, l'huile et le sel sont les oblations les plus anciennes que les païens aient offertes à leurs dieux. Numa Pompilius enseigna aux Romains à offrir aux divinités des fruits, du froment, de la farine, ou de la mie de pain avec du sel, du froment grillé ou rôti. Théophraste observe que, parmi les Grecs, la farine mêlée avec du vin et de l'huile, qu'ils appelaient *thylema*, était la matière des sacrifices ordinaires des pauvres. La différence qu'il y avait entre les offrandes de farine, de vin et de sel, dont les Grecs et les Latins accompagnaient leurs sacrifices sanglants, et celles dont les Hébreux se servaient dans leurs temples, consistaient en ce que les Hébreux jetaient ces oblations sur les chairs de la victime immolée et mise sur le feu, au lieu que les Grecs les mettaient sur la tête de la victime encore vivante et près d'être sacrifiée. *Voy.* MOLA.

5° Les sacrifices des Hindous ne consistent guère qu'en offrandes de productions naturelles : celles qui entrent dans le poudja sont de l'eau, du sandal réduit en poudre, des grains de riz enduits de safran, des fleurs, de l'encens et un plat composé de riz bouilli, de fruits, de beurre liquéfié, de sucre et autres comestibles et de bétel. Les offrandes de lampes sont fort en vogue; on en voit quelquefois des milliers qui brûlent autour de l'idole et dans l'enceinte du temple; on les alimente avec du beurre, qui, bien plus que l'huile, est une substance agréable aux dieux. *Voy.* POUDJA.

C'est aussi un acte très-méritoire de faire des offrandes aux brahmanes; on leur en présente dans toutes les circonstances importantes, et surtout quand on réclame leur ministère; mais de toutes les offrandes qu'on peut leur faire, celle qui leur est la plus agréable est le *pantcha dana* ou les cinq dons, qui sont de l'or, des terres, des habits, des grains et des vaches; ou le *dasa dana*, les dix dons. Les brahmanes, de leur côté, ne demeurent pas en retour de générosité : ils donnent à ceux qui ont mérité leur faveur, soit une pincée de cendres de fiente de vache, soit l'eau avec laquelle ils se sont rincé la bouche ou lavé les pieds; on s'enduit le front des premières, ou boit la seconde : rien de plus infaillible pour purifier l'âme et le corps de leurs souillures.

6° Les Siamois font des offrandes publiques aux idoles qui sont dans les temples; mais elles passent auparavant entre les mains des talapoins, qui sont chargés de les présenter aux simulacres. Ils mettent l'offrande sur l'autel, et ne tardent pas à la retirer; souvent ils se contentent de la tenir sur la main et de la montrer au dieu. On suppose que la divinité est satisfaite de la vue du présent. Quelquefois les offrandes consistent en des bougies allumées, que les talapoins ont coutume de placer sur les genoux du simulacre.

7° Il en est de même dans le Tonkin : ce sont les bonzes qui présentent aux dieux les offrandes des fidèles; leur manière de les faire agréer à la divinité consiste à se prosterner et à brûler de l'encens. Le dévot, au nom duquel l'oblation a été faite, donne ensuite au bonze un peu de riz ou quelque autre chose de peu de valeur, ce qui est à peu près le seul revenu des bonzes.

8° Dans le Tibet, outre les offrandes qu'on va faire dans les temples, il est bien peu de Lamas ou de pères de famille qui n'aient dans leurs cellules ou dans leurs maisons un petit autel dressé devant la statue de Chakya-Mouni, sur lequel ils offrent leurs sacrifices journaliers. Quand ils y ont déposé des gâteaux de farine d'orge et de beurre faits en forme de pyramide ou de cône, ils les distribuent ensuite aux pauvres. On offre quelquefois de l'eau pure, ou de l'eau teinte, ou de l'eau exprimée des fleurs. Les Lamas et les ascètes ne boivent point de bière qu'elle n'ait été préalablement offerte aux idoles.

9° On voit dans le *Chou-King*, qu'outre les cochons, les brebis et les bœufs que les anciens Chinois offraient en sacrifice, ils faisaient au ciel et aux génies des offrandes de riz, de froment, de millet, et de vin de riz. Il y est parlé d'un vin appelé *kou-tchang*, parce qu'il était fait de *kou* ou millet noir, et d'une herbe odoriférante nommée *tchang*; ce vin demandant, pour être offert, un cœur pur et plein de respect. Dans le *Chi-King*, on voit que l'on présentait des viandes, des fruits et du vin à l'enfant qui représentait l'ancêtre décédé. Les offrandes que l'on présente maintenant à Confucius consistent ordinairement en pain, en vin, en cierges, en parfums; quelquefois on offre un mouton. Aux ancêtres les offrandes quotidiennes sont communément des fleurs, des bâtons d'odeur, des papiers dorés et découpés, etc.

10° Suivant le baron de la Hontan, les sauvages du Canada ne faisaient jamais de sacrifices de créatures vivantes; mais ils brûlaient, en l'honneur du Kitchi-Manitou, des marchandises dont ils trafiquaient avec les Français; et le sacrifice allait quelquefois jusqu'à 50,000 écus. Voici le détail que ce voyageur nous donne de toute la cérémonie on choisit pour la solenniser un jour serein et un temps calme. Alors chaque sauvage porte son offrande sur le bûcher. Ensuite, quand le soleil est le plus élevé au-dessus de l'horizon, les jeunes Canadiens se rangent autour du bûcher avec des écorces allumées, pour mettre le feu. Les guerriers chantent et dansent jusqu'à ce que le sacrifice soit consumé, pendant que les vieillards haranguent le Kitchi-Manitou; et présentent de temps en temps au soleil leurs calumets allumés. Les danses et les chansons durent toute la journée, et les hommages du calumet se rendent depuis le lever du soleil jusqu'à son coucher, en observant de l'adorer à son levant, à son midi et à son couchant.

11° Les habitants de la Floride faisaient au soleil une offrande assez singulière : ils choisissaient la peau du plus grand cerf qu'ils pouvaient trouver. Après l'avoir remplie de toutes sortes d'herbes, ils l'ornaient de fleurs et de fruits, et l'élevaient au sommet d'un grand arbre, la tête tournée au soleil levant. Cette cérémonie se faisait tous les ans au mois de février, et était toujours accompagnée de prières et de chansons. Les Floridiens demandaient au soleil qu'il lui plût de bénir les fruits de la terre et de lui conserver sa fécondité. La peau du cerf demeurait exposée sur l'arbre jusqu'à l'année suivante.

— Nous croyons devoir ne pas pousser plus loin ce détail, qui deviendrait une répétition fastidieuse, car il est de l'essence de presque toutes les religions de la terre de faire des offrandes à la Divinité; ce qui est au reste une preuve que les peuples regardent Dieu comme le souverain maître de tout ce qu'ils possèdent, et une reconnaissance de leur dépendance et de leur servitude. *Voy.* SACRIFICES.

OG, roi de Basan, vaincu par les Israélites sous la conduite de Moïse. La Bible le donne comme le dernier des géants de la race des Réphaïm, et ajoute qu'on gardait à Rabbath son lit de fer, long de neuf coudées et large de quatre. Les rabbins n'ont pas manqué d'exagérer son histoire : ils disent qu'il naquit avant le déluge, que dès sa plus tendre enfance il était déjà si fort, qu'il brisait en se couchant tout autre berceau qu'un berceau de fer, et qu'il ne se sauva de l'inondation générale qu'en montant sur le toit de l'arche où étaient Noé et sa famille. Ce patriarche lui fournissait les vivres, non par compassion, mais pour faire voir aux hommes qui viendraient après le déluge quelle avait été la puissance de Dieu en exterminant de pareils monstres. Dans la guerre qu'il fit aux Israélites, il avait enlevé une montagne large de 6000 pas pour la jeter sur le camp d'Israël et pour écraser toute l'armée d'un seul coup; mais Dieu avait permis que des fourmis eussent creusé la montagne dans l'endroit où elle posa sur sa tête, en sorte qu'elle tomba sur le cou du géant qui en eut la tête ensevelie. Ensuite ses dents s'étant accrues extraordinairement, s'enfoncèrent dans les flancs de la montagne et l'empêchèrent de s'en débarrasser, de sorte que Moïse put venir à bout de le tuer sans trop de difficulté en le frappant à la cheville; car il ne put atteindre plus haut; et pourtant Moïse avait lui-même six aunes de hauteur; il prit une hache de la même grandeur et fit un saut de six aunes de haut. On peut de là inférer la taille du géant. Les neuf coudées que l'Écriture sainte donne à son lit n'ont rien d'absurde, surtout si l'on remarque que les anciens regardaient la coudée comme la sixième partie de la taille de l'homme; et l'on peut supposer que cet homme, d'une taille réellement extraordinaire, cherchait encore à l'exagérer et à en donner une idée merveilleuse en se servant de meubles d'une grande proportion.

OGEN, un des plus anciens dieux du paganisme, l'Océan. Les Grecs l'appelaient aussi *Ogénos*; d'où le nom d'*Ogénides* donné quelquefois aux vieillards, comme fils de l'antique Océan.

OGGA ou ONGA, nom phénicien d'une déesse, que les Grecs ont honorée comme étant Minerve. Les Béotiens lui avaient élevé un temple à Thèbes, et Pausanias nous apprend que cette déesse avait encore un autre temple à Amyclée en Laconie. Le mot *onga* (en phénicien ענגא) signifie *molle et délicate*.

OGMION, OGMIOS, dieu des anciens Gaulois, que l'on regarde comme correspondant en même temps à Hercule et à Mercure. Lucien nous apprend que cet Ogmios était représenté, chez nos pères, comme un vieillard décrépit, qui avait une partie de la tête chauve, et le reste à demi couvert de cheveux blancs. Sa peau, dit le même écrivain, est ridée, noire et brûlée. Il est revêtu d'une peau de lion (1). Sa main droite est armée d'une massue, et sa gauche d'un arc tendu; à ses épaules est suspendu un carquois. Il traîne après lui un grand nombre de personnes attachées par l'oreille à une chaîne d'or fort mince, qui ressemble à un beau collier. Quoique ces prisonniers puissent aisément rompre le faible lien qui les attache et prendre la fuite, cependant il ne paraît pas qu'ils fassent aucune résistance pour suivre le vieillard; ils semblent même marcher sur ses pas avec joie; et, loin de se laisser traîner, l'ardeur qu'ils ont de s'approcher de lui fait que leur chaîne est fort lâche.

Quant à l'étymologie d'Ogmion, Ogmios, rien de plus incertain : les uns le font dériver d'*ogus*, mot celtique qui voudrait dire puis-

---

(1) Il est bon d'observer que les Gaulois ne connaissaient pas les lions, qui étaient étrangers à toute l'Europe. Ce ne fut qu'après l'invasion romaine qu'ils les connurent par ouï-dire; ce qui peut faire regarder Ogmios comme une divinité comparativement moderne. Au reste les anciens Gaulois n'avaient point de simulacres.

sant sur mer ; cette étymologie a le tort de ne rendre pas raison de la lettre *m*; d'autres le tirent d'un autre mot celtique *oga, ogum, ogma*, qui signifierait des lettres celtiques écrites en chiffres ; d'où ils concluent que c'était le dieu du savoir et de l'éloquence ; d'autres veulent que *Hercule Ogmios* soient deux mots phéniciens signifiant le *marchand étranger*. Si l'on était certain que ce dieu fût une importation de l'Orient, on pourrait se contenter de cette dérivation ; en effet, *harokel, herkol*, signifie dans l'Orient un négociant, et *agem* un barbare.

OGNON, plante potagère vénérée par les Egyptiens comme une divinité, ou au moins comme son symbole ; ce qui a fait dire à Juvénal ces vers devenus si célèbres :

Porrum et cæpe nefas violare ac frangere morsu.
O sanctas gentes, quibus hæc nascuntur in hortis
Numina!

« C'est un crime chez eux de porter les dents sur un porreau ou un ognon. O la sainte nation, qui voit ainsi ses dieux pousser dans ses jardins ! »

Sur la rive orientale de la bouche Pélusiaque, dans une bourgade dépendant du nome Sethroïte, était un temple où l'on rendait un culte à l'ognon marin. Les Egyptiens, comme plusieurs autres peuples, voyaient dans les différentes peaux de l'ognon l'image des cieux concentriques qui environnaient la terre.

OGOA ou Osogo, surnom de Jupiter à Mylasa, ville de Carie. D'autres croient que c'était Neptune. Il avait un temple sous lequel on prétendait entendre couler la mer. Les prêtres, pour concilier plus de respect au dieu qu'ils servaient, savaient faire monter l'eau par le jeu de quelques pompes, sans qu'on s'en aperçût, et en inondaient parfois ceux qui se trouvaient dans le temple. Une de ces inondations fut si funeste à Epytus, fils d'Hippothoüs, qu'il en perdit la vue, et, peu de jours après, la vie même.

OGYGÈS, premier roi connu de la Grèce, plus ancien que Deucalion d'environ 250 ans. Il passait pour fils de Neptune ou des eaux, sans doute parce qu'il avait abordé par mer dans cette contrée ; il vivait dans le XIXᵉ siècle avant l'ère chrétienne. De son temps arriva dans la Béotie une grande inondation, à laquelle on a donné le nom de déluge d'Ogygès, et que plusieurs savants regardent comme identique avec le déluge universel ; mais les Grecs l'auront localisé, comme ils ont fait de presque tous les grands événements. Selon d'autres, Ogygès serait la personnification du déluge. Il y eut un temps où la Béotie et une partie de l'Attique étaient occupées par des marécages que firent disparaître des travaux d'art. C'est cette époque primordiale que représenterait le règne d'Ogygès. Le nom d'Ogygès (*Ogoughès*) n'est pas sans analogie avec celui de *Gog* (*iagoug*).

OHMAHANK-CHIKÉ. Les Mandans, peuple de l'Amérique septentrionale, appellent ainsi un mauvais génie (*le vilain de la terre*) qui a un grand pouvoir sur les hommes ; mais il n'est pas aussi puissant que le seigneur de la vie et le premier homme. Voy. l'article suivant.

OHMAHANK-NOUMAKCHI, le seigneur de la vie : c'est, suivant les Mandans d'Amérique, le premier, le plus sublime et le plus puissant des êtres ; c'est lui qui a créé la terre, les hommes et tout ce qui l'environne. Ce peuple croit qu'il a une queue, qu'il se montre tantôt sous la figure d'un vieillard, tantôt sous celle d'un jeune homme, et qu'il fait sa résidence dans le soleil.

Quand la terre n'existait pas encore, le Seigneur de la vie créa le premier homme, *Noumank-Machana* ; celui-ci est regardé par les Mandans comme participant à la nature divine ; il reçut d'Ohmahank-Noumakchi une grande puissance, et fut à son tour le créateur de la terre. En se promenant un jour sur les eaux, il rencontra un canard qui faisait le plongeon. L'homme dit à l'oiseau : « Toi qui plonges si bien, va au fond et rapporte-moi un peu de terre. » Le canard obéit et rapporta de la terre, que le premier homme répandit sur la surface de l'eau, en prononçant quelques paroles magiques, pour faire paraître la terre, et elle parut. Mais cette nouvelle terre était nue, il n'y croissait pas un brin d'herbe. Le premier homme s'y promenait et il s'y croyait seul, quand tout à coup il aperçut un canard. « Je croyais être seul ici, dit-il, mais tu y es aussi. Qui es-tu ? » Le canard ne répondit pas. « Je ne te connais pas, mais il faut que je te donne un nom. Tu es plus âgé que moi ; car ta peau est rude et écailleuse : il faut que je t'appelle mon grand-père, car tu me parais bien vieux. » Étant allé plus loin, il aperçut un tesson d'un vase de terre. « Je croyais être seul ici, dit-il ; mais il faut qu'il y ait eu des hommes avant moi. » Il prit dans une main le tesson, et dit : « A toi aussi je veux donner un nom ; et, comme tu étais avant moi, il faut que je t'appelle aussi mon grand-père. » En avançant encore il trouva une souris. « Il est évident, se dit-il en lui-même, que je ne suis pas le premier être ; toi, je te nomme ma grand'mère. » Un peu plus loin, il rencontra le seigneur de la vie : « Oh ! voilà un homme comme moi, » s'écrie-t-il, et il s'approche de lui. « Comment cela va-t-il, mon fils ? » dit l'homme à Ohmahank-Noumakchi ; mais celui-ci répondit : « Ce n'est pas moi qui suis ton fils ; tu es le mien. » Le premier homme répondit alors : « Je nie tes paroles. » Mais le seigneur de la vie répliqua : « Non, tu es mon fils, et je te le prouverai, si tu ne veux pas me croire. Nous allons nous asseoir, et nous ficherons en terre le bâton de médecine que nous tenons à la main ; celui de nous qui se lèvera le premier sera le plus jeune et le fils de l'autre. » Ils s'assirent donc et se regardèrent longtemps l'un autre, jusqu'à ce qu'enfin le seigneur de la vie pâlit et sa chair quitta ses os ; sur quoi le premier homme s'écria : « Maintenant tu es certainement mort ; » et ils se regardèrent ainsi pendant dix ans ; comme, au bout de ce temps, les os du seigneur de la vie étaient complètement blanchis, l'homme se leva et dit : « Qui, maintenant il est certainement mort ! » Il prit alors le bâton d'Ohmahank-Noumakchi et le tira hors de terre ; mais, au même instant, le seigneur de la vie se leva en disant : « Me voici ; je suis ton père, et tu es mon fils. » Et le premier homme le reconnut pour son père. Puis, comme ils s'en allaient tous deux, le seigneur de la vie dit : « Cette terre n'est pas bien faite, il faut que nous fassions mieux que cela. » Dans ce temps, le bison était déjà sur la terre. Le seigneur de la vie appela le bison, et lui dit de creuser la terre et de rapporter de l'herbe, ce qu'il fit ; puis il le renvoya pour qu'il cherchât du bois, ce qu'il fit encore. Il partagea avec l'homme l'herbe de la terre, et lui donna la moitié de chaque chose. Ceci se passait à l'embouchure du *Natka-passahé* (rivière du Cœur). Le seigneur de la vie ordonna alors au premier homme de former la rive septentrionale du Missouri, et se chargea de former lui-même la rive sud-ouest, qui est si agréablement diversifiée par des collines, de petites vallées et des bois. L'homme au contraire fit tout le terrain uni, avec de grandes forêts à peu de distance de la rivière. S'étant réunis de nouveau, le seigneur de la vie regarda l'ouvrage du premier homme, et dit en secouant la tête : « Tu n'as pas bien fait cela ; tout est en prairie, de sorte que l'on ne peut se mettre en embuscade pour prendre des bisons, ni s'approcher d'eux sans qu'ils s'en aperçoivent. Les hommes ne pourront pas y vivre ; ils se reconnaîtront à une trop grande distance ; il leur sera impossible de s'éviter, et ils s'entretueront les uns les autres. » Il conduisit alors Noumahank-Machana sur l'autre bord de la rivière, et lui dit : « Vois ici ; j'ai des sources et des ruisseaux en grand nombre ; j'y ai pratiqué des collines et des vallées, où j'ai placé toutes sortes d'animaux et de beaux arbres. Ici l'homme peut vivre de la chasse et se nourrir de la chair de ces animaux. »

Cependant le seigneur de la vie et le premier homme voulurent créer le genre humain. Ils commencèrent leur travail sur les bords du Missouri. Mais afin que l'homme pût se propager, ils lui placèrent la partie nécessaire pour cela sur le front ; sur quoi une grenouille sortit de l'eau et leur dit : « Vous faites là une grande sottise, » et elle changea l'organe de place. « De quoi te mêles-tu ? » s'écria le seigneur de la vie ; en parlant ainsi, il frappa la grenouille sur le dos avec son bâton, et c'est depuis cette époque que la grenouille a le dos bombé.

Le premier homme se trouvait un jour sur les bords du Missouri, quand le courant amena près de lui une vache morte dont les loups avaient mangé un des flancs. Sur la rive, il y avait une femme qui dit à sa fille : « Hâte-toi ; ôte vite tes habits, et tire la vache à terre. » Le premier homme entendit ce qu'elle disait, et lui envoya la vache. La jeune fille mangea de la graisse que le premier homme lui donna, et devint grosse. Honteuse de ce qui lui était arrivé, elle dit à sa mère qu'elle ne savait pas comment elle se trouvait en cet état, puisqu'elle n'avait eu de rapports avec aucun homme. La mère en rougit autant qu'elle. La fille donna le jour à un garçon qui grandit avec rapidité, et ne tarda pas à devenir un vigoureux jeune homme. Il devint immédiatement premier chef de son peuple, et premier général parmi les hommes.

Le premier homme dit alors aux *Noumang-Kakes* qu'il allait les quitter et qu'il ne reviendrait plus jamais : il se rendait dans l'Ouest ; mais s'ils se trouvaient dans l'embarras, ils n'avaient qu'à s'adresser à lui et il les secourrait. Ils demeuraient près du Natka-Passahé, dans un petit village, quand ils furent entourés d'ennemis qui menaçaient de les détruire. Dans cette grande difficulté, ils résolurent d'invoquer leur protecteur. Mais comment arriver jusqu'au premier homme ? L'un d'entre eux proposa de lui envoyer un oiseau ; mais les oiseaux ne pouvaient pas voler si loin. Un autre dit que sans doute l'œil devait pénétrer jusque-là ; mais la vue était interceptée par les collines qui entouraient la prairie. Enfin le troisième sentit que le moyen le plus sûr d'atteindre le premier homme était par la pensée. Il s'enveloppa donc dans sa robe et se jeta par terre. Au bout de quelques instants, il s'écria : « Je pense, j'ai pensé, je reviens ! » Il se dépouilla de sa robe, et se releva couvert de sueur. « Le premier homme va bientôt venir ! » s'écria-t-il. Il vint en effet, attaqua les ennemis et disparut sur-le-champ. Depuis lors on ne l'a plus revu.

Cependant les blancs, dans leur inimitié pour les Américains, firent monter les eaux si haut que toute la terre fut submergée. Alors le premier homme inspira aux ancêtres des Noumang-Kakes l'idée de construire sur une hauteur une tour ou un fort de bois, et leur promit que l'eau ne dépasserait pas ce point. Ils suivirent son avis et construisirent l'arche sur le bord inférieur de la rivière du Cœur ; elle était sur une forte et grande échelle, de sorte qu'une partie de la nation y trouva son salut, pendant que le reste périt dans les flots. En souvenir de la généreuse protection que le premier homme leur avait accordée, ils placèrent, dans chacun de leurs villages, un modèle en petit de cet édifice ; ce modèle existe encore. Les eaux baissèrent après cela, et aujourd'hui on célèbre, en mémoire de cette arche, la fête d'*Okippe*. Voyez-en la description au mot Okippe.

OHTO, personnification de l'ours, dans la mythologie finnoise. On lui donne pour père Hongonen, pour mère et pour nourrice Hongatar, nymphe illustre des bois, patronne des pins. Hongas, autre déesse, veille sur l'ours, et l'empêche d'attaquer les troupeaux.

« Le culte de l'ours, dit M. Léouzon Leduc, est un des usages les plus anciens de la mythologie finnoise. En effet, on conçoit que plus on remonte dans le passé, et plus on trouve, dans ce pays de Finlande, de forêts épaisses, de repaires sauvages, et par conséquent plus de monstres, citoyens de ces forêts, de ces repaires. Mais observons que le culte de l'ours n'avait point son principe dans la crainte. Les Finnois, audacieux à l'attaquer, ne l'envisageaient que comme un être bienfaisant, qui leur donnait des fourrures pour se garantir du froid, de la chair pour se nourrir, de la gloire dans la hardiesse qu'ils devaient déployer en le chassant. Écoutons maintenant la *Runa*.

« Le peuple dit : Où le bel Ohto est-il né ? Où la belle crinière a-t-elle grandi ? De quelles régions la bête grasse a-t-elle été apportée ? Où la queue blanche a-t-elle été trouvée ? Est-ce sur le chemin du bain, ou sur le sentier qui mène au puits ?

« Le vieux, le brave Wäinämöinen répondit : Ohto n'est point né dans un lit ; il n'a point dormi dans une crèche. Le bel Ohto est né, la belle crinière a grandi dans les régions voisines de la lune et du soleil, dans la patrie des étoiles, sur les bras des grandes *otawa* (la Grande Ourse). Ukko, le roi splendide des cieux, le vieillard très-haut, jeta dans l'eau un flocon de laine ; et ce flocon fut poussé par les vents, enflé par la vapeur humide, porté par les vagues de la mer jusqu'aux rives de l'île florissante, jusqu'au promontoire de miel.

« Mielikki, la douce vierge de la forêt, la femme courageuse de Tapio, s'élança au milieu des vagues, prit le léger flocon de laine, et le cacha dans son sein. Ensuite elle déposa son petit oiseau bien-aimé dans une petite corbeille d'argent, dans un beau berceau d'or, et attacha le berceau de l'enfant à un des arbres chevelus de la forêt.

« Déjà elle berce doucement son bien-aimé dans son petit lit d'or, suspendu au toit de sapin ; elle nourrit son Ohto, sa belle crinière, au pied de l'humble bouleau, dans la petite forêt de pins, parmi les fleurs qui portent le miel.

« Mais Ohto n'a pas encore de dents, les ongles manquent encore à ses pattes. Mielikki, l'hôtesse de la forêt, la femme courageuse de Tapiola, va partout chercher des dents et des ongles pour son ours : elle en cherche dans le sein des arbres durs, dans le cœur des troncs brûlés ; elle en cherche sur les collines verdoyantes, dans les plaines couvertes de pins, dans les champs riches d'arboisiers. Un pin, un bouleau s'élevaient sur leurs tiges. Dans le pin brillait un rameau d'argent, dans le bouleau un rameau d'or. Kawe arracha ces rameaux avec la main, et en fit des dents et des ongles pour Ohto.

« Et elle bâtit une *lupa* de bois de pruniers, et voulut que l'ours l'habitât au lieu de parcourir les marais, d'errer dans les bois, de s'égarer dans les plaines. C'est de là qu'Ohto est venu, que notre hôte d'or a été amené. » (*Kalewala*, runa XXVIII. Cette runa est consacrée presque tout entière à Ohto ou à l'ours.)

OIAHOU, un des dieux inférieurs, chez les Taïtiens idolâtres.

OIAROU, espèce de fétiche chez les Iroquois. L'Oiarou est la première bagatelle qu'ils auront vue en songe ; un calumet, une peau d'ours, un couteau, une plante, un animal, etc. Ils croient pouvoir, par la vertu de cet objet, opérer ce qui leur plaît, même se transporter ailleurs et se métamorphoser. Les devins, qui sont censés acquérir dans ces visions un pouvoir surnaturel, sont appelés d'un mot qui signifie les *voyants*, nom que les Orientaux donnaient aussi à leurs prophètes.

OINTS D'ANGLETERRE, secte détachée des Brownistes, qui prit naissance vers le commencement du XVIIe siècle, et qui eut pour chef un nommé Writ. Les *Oints* soutenaient que personne ne péchait, sinon ceux qui rejetaient leur doctrine, qu'ils appelaient la doctrine de vérité. Ils sont aussi connus sous le nom de *Millénaires*, parce qu'ils croyaient au règne de mille ans, que Jésus-Christ devait venir fonder sur la terre pour y vivre en paix avec les justes ; après quoi viendrait le jugement dernier. *Voy.* BROWNISTES, MILLÉNAIRES.

OISIFS DE LA SYNAGOGUE, en hébreu *Batlanin* : ce sont dix hommes payés par la synagogue pour se trouver à toutes les prières et à toutes les cérémonies, afin qu'il y ait toujours assemblée et que l'officiant ne soit pas exposé à se trouver seul. Les rabbins disent que quand Dieu vient à la synagogue et n'y trouve pas les dix oisifs, il se fâche, suivant ce passage d'Isaïe (L, 2) : « Lorsque je viens, pourquoi n'y a-t-il personne ? Lorsque j'appelle, pourquoi ne me répond-on pas ? »

OKBARIS, secte de Juifs orientaux, disciples d'Abou-Mousa (ou Meschoui) de Bagdad et d'Ismaël Okbari. Ils ne diffèrent des autres Juifs que sur quelques points relatifs au sabbat et à la manière d'interpréter la loi.

OKÉE ou OKI, nom que les habitants de la Virginie et de la Floride donnaient à leur divinité principale ; ce mot veut dire *esprit*. On le trouve aussi chez les Hurons. *Voy.* KIWASA.

OKIN TENGHERI, une des divinités secondaires des Bouddhistes de la Mongolie.

OKIPPE, fête que les Mandans d'Amérique célèbrent en mémoire du déluge universel et de l'arche dans laquelle les pères de leur nation ont été sauvés. Dans chaque village ils gardent une figure en petit de cette arche, et c'est en sa présence qu'a lieu la fête d'Okippe, qui dure quatre jours. *Voy.* OHMAHANK-NOUMAKCHI.

Toutes les personnes qui veulent s'imposer une pénitence ou faire quelques austérités pour se rendre dignes du seigneur de la vie et du premier homme, viennent le matin dans la loge de médecine. Leur nombre n'est pas fixé : il est tantôt plus, tantôt moins grand. Tous sont peints sur tout le corps avec de l'argile blanche ; ils sont nus et portent leurs robes le poil en dehors et rabattu sur le visage, qui en est tout à fait couvert ; arrivés dans la loge de la médecine, ils ôtent leurs robes. Pendant les trois premiers jours de la fête, les pénitents restent tranquilles dans cette loge, sans manger ni boire. Dans la soirée du troisième jour, ils se couchent sur la place du village, loin de l'arche, mais l'entourant en cercle et étendus sur le ventre. Quelques-uns commencent dès lors à se faire martyriser. Ils font présent à quelque homme distingué d'un fusil, d'une couverture de laine ou de quelque autre objet de prix, pour qu'il veuille bien les faire souffrir. Aux uns on coupe des bandes de peau et de chair sur la poitrine, sur les bras ou sur le dos, mais de manière à ce qu'elles restent attachées par les deux extrémités; on y passe une courroie, et on lance ainsi le patient par-dessus le bord escarpé de la rivière, où il demeure par conséquent suspendu en l'air. Aux autres, on attache à la courroie un crâne de bison, et ils sont obligés de traîner cette lourde masse après eux. D'autres encore se font suspendre par les muscles du dos, ou bien se laissent couper des phalanges des doigts, ou élever en l'air par la chair découpée de la poitrine, en laissant pendre des corps pesants à leurs muscles découpés. Ceux qui ont été torturés ce jour-là retournent dès le soir dans leurs cabanes; mais ceux qui sont assez forts pour jeûner plus longtemps ne se soumettent à l'épreuve que le quatrième jour. Les blessures faites dans ces occasions sont pansées, mais elles laissent, pour toute la vie, des cicatrices grosses et enflées. Les crânes de bisons que ces sauvages ont traînés après eux au milieu des souffrances sont conservés avec soin et passent des pères aux fils; souvent ils leur servent de talismans; on les garde dans la cabane, et en passant devant, on leur frotte le nez et on leur offre à manger.

OKKI ou OKKISIK. Les Hurons donnent le nom d'*Okki* à la divinité suprême, et celui d'*Okkisik* aux génies ou esprits, soit bienfaisants soit malfaisants, qu'ils supposent attachés à chaque homme. Ils regardent la multitude de ces esprits comme des divinités subalternes, et ils attribuent à la plupart un caractère plus porté à faire du mal que du bien. C'est pourquoi ils les redoutent beaucoup, et les honorent plus que le grand esprit, qui de sa nature est trop bon, disent-ils, pour leur faire du mal.

OKKOU-MA, dieu adoré par les Esquimaux, qui le représentent sous la forme d'un ours, et quelquefois sous celle d'un homme qui n'a qu'un bras. C'est lui qui révèle aux Angekôk, ou prêtres, les choses futures, et leur donne leur pouvoir. Son empire est situé dans les entrailles de la terre. Ses intentions bienveillantes sont souvent neutralisées par une méchante déesse, contre laquelle il est obligé de lutter sans cesse.

O KOUNI TAMA-NO KAMI, ou *l'âme de l'empire*; dieu secondaire des Japonais qui, avec *Omono nousi*, a été chargé par le dieu supérieur *Miwa mio sin* du soin d'accorder toute sorte de prospérités à l'empire du Japon.

OLCHIRBANI, un des principaux Bourkhans de la théogonie mongole. C'est lui qui a les nuages sous sa puissance; les orages et les tempêtes sont son ouvrage; on l'invoque surtout contre les enchantements et contre les influences des esprits mauvais. Son nom vient du sceptre sacerdotal, appelé *olchir*, qu'il tient dans sa main droite. Sa demeure est une montagne solitaire couverte de sable rouge.

OLEGERLANDA-PEROUNAL, nom sous lequel les Tamouls adorent Vichnou dans le temple de Tircovelor, comme réunissant en lui la *trimourti* tout entière, c'est-à-dire le triple attribut de création, de conservation et de destruction.

OLÉRIE, surnom de Minerve, adorée en Crète, dans la ville d'Olère; on avait institué en son honneur des fêtes appelées Oléries.

OLI, le plus révéré de tous les fétiches des Madécasses. Il consiste en une petite boîte divisée en tuyaux remplis de saletés, telles que du sang de serpent, des prépuces d'enfants circoncis, des racines aphrodisiaques, du sang menstruel, de la chair de Français égorgés, et de celle de crocodiles. Ces divers ingrédients mis séparément dans chaque trou, avec d'horribles grimaces, et à une certaine époque, constituent cet Oli, talisman dans lequel ils ont la plus grande confiance, qu'ils ne quittent jamais, et avec lequel ils croient pouvoir venir à bout des entreprises les plus difficiles. Ils le portent ordinairement autour d'eux, attaché avec une courroie de cuir. Les grands font enchâsser cette petite boîte dans une autre d'or ou d'argent, et la portent au cou suspendue à une chaîne en forme de collier. Quand ils la portent à leur ceinture, ils mettent à leur cou d'autres boîtes remplies de caractères magiques et de talismans dont ils sont persuadés que dépend le bonheur de leur vie. Lorsqu'ils ont été battus, ils plantent une perche dans le premier village où ils arrivent, et placent leur Oli sur le sommet : là ils lui font des réprimandes, le traitent d'ingrat, et afin qu'une autre fois il ne s'avise plus de leur être contraire, ils le frappent à coups de bâton. Si la fortune vient ensuite à changer, ils attribuent cet effet du hasard à la correction infligée à leur Oli.

On donne encore le nom d'Oli à des caractères que les prêtres donnent aux peuples pour les préserver de plusieurs malheurs, et notamment pour enchaîner la puissance du diable. *Voy.* AULI.

OLIVÉTAINS, ordre religieux fondé en Italie par le bienheureux Bernard Ptolomée, dont les constitutions furent approuvées d'abord par Gui, évêque d'Arezzo, en 1319, puis par les papes Jean XXII, Clément VI et Grégoire XI. Les Olivétains portent l'habit blanc, et suivent la règle de saint Benoît. Leur congrégation, instituée sous le titre de *Congrégation de la Vierge Marie du Mont-Olivet*, est fort nombreuse en Italie; sa principale maison est celle de Sainte-Françoise, à Rome. — Il y a aussi des religieuses de cet ordre qui portent également l'habit blanc, et qui suivent les mêmes constitutions

OLIVIER, arbre consacré à Jupiter, mais plus particulièrement à Minerve, qui, dans sa dispute avec Neptune, fit sortir de la terre un olivier chargé de fruits, ce qui marque sans doute que la déesse avait appris aux Athéniens à cultiver cet arbre et à exprimer l'huile des olives.

L'olivier est le symbole ordinaire de la paix. Les nouveaux époux, à Rome, portaient des guirlandes d'olivier, et l'on en couronnait aussi les morts qu'on déposait sur le bûcher. Un olivier frappé de la foudre annonçait, suivant les augures, la rupture de la paix. Virgile représente Numa Pompilius une branche d'olivier à la main, pour marquer que son règne était pacifique. Une couronne du même arbre était le prix de la victoire aux jeux Olympiques.

L'olivier sauvage était consacré à Apollon : on le plantait devant les temples, et l'on y suspendait les offrandes et les vieilles armes.

OLOLYGMOMANCIE, divination que les Grecs tiraient des hurlements des chiens. Dans la guerre de Messénie, Aristodème ayant appris que les chiens hurlaient comme des loups, et que du chiendent avait poussé autour de son autel, désespéra du succès, et se tua sur la foi des devins, qui virent dans ces signes de funestes présages.

OLWANIS, derwischs musulmans, dont l'ordre a été fondé par le scheikh Olwan, mort à Djidda, l'an 766 de l'ère chrétienne.

OLYMPE, montagne de la Grèce, située entre la Macédoine et la Thessalie. Jupiter, roi titan, y avait construit une citadelle, dans laquelle il demeurait souvent. Le mont Olympe fut pris dans la suite pour le ciel même; et des brigands étant venus assiéger cette forteresse, la Fable dit que les géants avaient escaladé le ciel. Selon les poëtes, les vents, la pluie et les nuages n'osent approcher du sommet, séjour d'un printemps éternel. L'on n'y voyait point de loups, s'il faut en croire Pline. Solin en raconte d'autres merveilles plus fabuleuses : « L'endroit le plus élevé, dit-il, est appelé ciel par les habitants. Il y a là un autel dédié à Jupiter. Les entrailles des victimes immolées sur cet autel résistent au souffle des vents et à l'impression des pluies, en sorte qu'elles se trouvent, l'année suivante, dans le même état où elles avaient été laissées. En tout temps, ce qui a été une fois consacré au dieu est à l'abri des injures de l'air. Les lettres tracées sur la cendre restent entières jusqu'aux cérémonies de l'année suivante. La partie la plus élevée de cette montagne s'appelait Pythium ; Apollon y était adoré. » L'Olympe, dans les poëtes, n'est plus une montagne, c'est le séjour des dieux, c'est la cour céleste, où la flatterie romaine publiait que les empereurs et les impératrices allaient, après leur mort, s'asseoir à la table des dieux, et jouir comme eux de l'immortalité, en partageant leur puissance. M. de Mairan croit que c'est l'aurore boréale qui a fait croire que Jupiter et les dieux étaient assemblés sur l'Olympe. On fait dériver ce nom d'ὅλος et λάμπειν, tout brillant de lumière; cependant l'absence de l'aspiration au commencement de ce mot rend cette étymologie douteuse.

Un académicien du siècle dernier, M. Boivin, supposait que l'Olympe céleste était une montagne dont la base était fixée sur le firmament et dont la pointe ou le sommet était tourné vers la terre, perpendiculairement sans doute à l'Olympe de la Thessalie. Comme ce système est spécieux et ne manque pas de probabilité, nous allons laisser parler son auteur.

« En lisant attentivement Homère et en m'appliquant à le bien entendre, il m'a paru, dit-il, que l'Olympe dont il parle en beaucoup d'endroits était, selon lui, une montagne qui avait pour base le ciel, et dont le sommet regardait la terre. Je me suis dit d'abord à moi-même, que cette idée était chimérique, puisqu'elle faisait du ciel et de l'Olympe un monde renversé ; ensuite ayant lu et relu plusieurs fois et comparé soigneusement tous les passages de l'Iliade et de l'Odyssée où il est fait mention de l'Olympe, je me suis confirmé dans la pensée où j'étais que c'était là le véritable sentiment d'Homère.

« Dans le v° livre de l'Iliade, Pallas et Junon, sachant que Mars fait un carnage horrible des Grecs dans les plaines du Scamandre, entreprennent d'arrêter sa fougue et de le châtier. Pallas, après s'être armée de toutes pièces dans le palais de Jupiter, monte sur le char de Junon et s'achemine avec elle vers la terre. Devant elles s'ouvrent les portes du ciel où les dieux habitent et dont la garde est confiée aux Heures ; elles entrent ensuite dans la route qui mène du ciel à la terre, et rencontrent sur le chemin Jupiter assis sur le plus haut sommet de l'Olympe. Le poëte ne dit pas qu'elles se soient détournées de leur route pour venir trouver ce dieu. Il dit seulement : *Elles trouvent le fils de Saturne assis, à l'écart des autres dieux, sur le plus haut sommet de l'Olympe.* Il faut donc que le plus haut sommet de l'Olympe soit sur le chemin du ciel à la terre. Donc il est plus près de la terre que l'endroit dont les déesses sont parties. Or, elles sont parties du ciel et de l'endroit même où les dieux habitent. Donc l'Olympe, du côté de sa base, s'éloigne autant de la terre qu'il s'en approche par son sommet. Donc l'Olympe, par rapport à nous, est une montagne renversée, et telle que nous avons dit qu'Homère la supposait.

« Dans le VIII° livre, vers le commencement, Jupiter assemble les dieux, non pas dans son palais où il a coutume de les assembler, mais sur le plus haut sommet de l'Olympe ; il leur déclare sa volonté, et après avoir vanté sa puissance, il leur fait un défi : « Pour vous convaincre tous, dit-il, de la vérité de ce que je dis, essayez, suspendez du ciel une chaîne d'or, attachez-vous à cette chaîne, tout ce que vous êtes ici de dieux et de déesses; donnez-vous des peines infinies; jamais, quoi que vous fassiez, vous ne pourrez entraîner du ciel en terre Jupiter, le dieu suprême, qui dispose de tout souverainement; mais s'il me plaisait aussi, après cela, de vous attirer de force vers moi, pour lors je vous entraînerais tous, et avec vous, j'enlèverais encore la mer et la terre. » Jupiter ajoute : « Je n'aurais ensuite qu'à lier la chaîne au plus haut sommet de l'Olympe, et tout cela demeurerait suspendu en l'air. »

« Beaucoup de gens s'imaginent que l'Olympe où habitent les dieux est l'Olympe de Thessalie : je leur demande comment il se pourrait faire que la mer et la terre demeurassent suspendues par une chaîne au plus haut sommet d'une montagne qui tient à la terre et qui n'en est qu'une très-petite portion. Il faut donc chercher un autre Olympe que celui de Thessalie, sur lequel les dieux aient pu établir leur domicile, et il faut que cette montagne soit de nature à pouvoir soutenir le poids de la terre et de la mer, s'il plaisait à Jupiter d'accrocher au plus haut sommet de l'Olympe la chaîne d'or à laquelle tous les dieux se seraient suspendus pour l'entraîner...

« Mais, dira-t-on, Homère supposait alors que les dieux marchaient sur l'Olympe, les pieds plus élevés que la tête, et la tête renversée du côté de la terre. — D'abord on peut répondre, pour justifier Homère, qu'il ne s'agit pas ici de corps pesants qui tendent au centre d'un globe massif tel qu'est celui de la terre : il s'agit de corps subtils et légers, plus légers et plus subtils que la matière éthérée. Tels sont en effet les corps des dieux selon Homère : leur sang n'est pas un sang grossier comme est le nôtre, c'est une liqueur subtile formée dans leurs veines par le nectar et par l'ambroisie dont ils se nourrissent... Les corps des dieux, légers par eux-mêmes, et que nul aliment grossier n'appesantit, se meuvent en tous sens dans les plus hautes et les plus basses régions du ciel : ils font tout ce qu'ils veulent, et de la manière qu'ils le veulent ; ils marchent, ils volent, ils s'élancent, ils sautent, ils se précipitent ; ils se font traîner ou porter comme il leur plaît, sur la terre, sur la mer, au milieu des airs : leurs chars, pour être d'or ou d'argent, n'en sont pas moins légers, étant fabriqués par Vulcain, qui, par de secrets ressorts, sait rendre légers les métaux les plus pesants. Quant à leurs chevaux, non-seulement ils sont immortels comme eux, mais ils semblent être plus légers que les dieux mêmes. Ainsi donc les dieux d'Homère montent et descendent avec une égale facilité, ou plutôt ils ne montent ni ne descendent réellement, lorsqu'ils paraissent se mouvoir de l'une ou de l'autre façon. »

L'ingénieux académicien développe beaucoup plus longuement son singulier système. Il cherche à justifier Homère sur tous les points et avec toutes sortes d'arguments. Il appelle à son aide la cosmographie, l'astronomie, la physique. Tantôt il compare l'Olympe à une immense clef de voûte qui pend du ciel ; tantôt il suppose que, dans la pensée d'Homère, le ciel est un corps sphérique, infiniment plus vaste que la terre, et sur lequel l'Olympe n'est rien de plus qu'une montagne analogue à toutes les autres. — On pourrait ruiner cet ingénieux système en prouvant que, dans le style d'Homère, comme dans celui des autres poëles, le nom de l'Olympe était pris tout simplement comme synonyme du mot ciel, et que les termes de montagne, de sommet, de portes, etc., n'étaient que des expressions poétiques dont les anciens rhapsodes ne cherchaient probablement pas à se rendre compte.

OLYMPIADE, espace de quatre années qui s'écoulaient entre deux célébrations consécutives de jeux Olympiques. Ainsi un siècle correspond à vingt-cinq olympiades. La première olympiade commence l'an 776 avant Jésus-Christ, année où les jeux furent reconstitués et où Cœrœbus fut vainqueur. On ne trouve plus aucune supputation des années par les olympiades après la 340e, qui finit à l'an 440 de l'ère vulgaire. Dans ce mode de supputation, on emploie deux nombres, l'un qui désigne l'ordre numérique de l'olympiade, l'autre qui indique l'année de l'olympiade ; d'ordinaire on écrit le premier en chiffres romains, et le second en chiffres arabes ; ainsi : OL. LXXI, 3, veut dire troisième année de la soixante-onzième olympiade. *Voy.* ÈRE DES ANCIENS GRECS.

OLYMPIADES, surnom donné par Hésiode aux muses du mont Olympe, leur séjour le plus ancien.

OLYMPIEN, surnom de Jupiter adoré à Olympie, où il avait un temple et une statue qui passaient pour une des merveilles du monde. En effet, la statue du Jupiter Olympien fut non-seulement le chef-d'œuvre de Phidias, mais encore celui de la sculpture antique. Phidias était très-âgé quand il l'exécuta. Vers la 85e olympiade, obligé de s'enfuir d'Athènes, par suite de l'accusation de sacrilège et de vol intentée contre lui, il se réfugia en Élide, à l'époque où les travaux du temple d'Olympie étaient en très-grande activité ; et les Éléens s'empressèrent de confier à l'illustre sculpteur l'exécution de la statue du dieu qui devait être adoré dans leur temple.

L'ordonnance du temple d'Olympie était dorique, l'intérieur environné de colonnes ; sa hauteur, jusqu'au sommet du fronton, était de soixante-huit pieds, sa largeur de quatre-vingt-quinze, sa longueur de deux cent trente. L'édifice, construit en pierres du pays, était couvert de dalles de marbre taillées en forme de tuiles. C'était dans le fond du temple que se trouvaient placés le trône et la statue de Jupiter. Phidias conçut l'un et l'autre dans les proportions les plus colossales, et il eut à sa disposition les plus riches matériaux.

Le dieu, fait d'or et d'ivoire, se voyait assis sur son trône ; sa tête portait une couronne imitant la branche d'olivier. Dans sa main droite il avait une Victoire faite aussi d'or et d'ivoire, tenant une bandelette, ayant sur sa tête une couronne. Dans la main gauche de Jupiter était un sceptre brillant de toutes sortes de métaux; au sommet du sceptre était posé un aigle; le dieu avait une chaussure d'or; son manteau était également d'or, on y avait peint des figures et des fleurs.

La structure élémentaire du trône consistait en un bâtiment de charpentes, et était de forme carrée; trois sortes de figures entraient dans les décorations; des bas-reliefs, des rondes-bosses, puis des ornements peints; ces figures avaient été travaillées séparément, placées, rapportées et incrustées sur le bois. Ce trône était un assemblage diversifié d'or, de pierres précieuses, d'ivoire et d'ébène. A chacun des quatre pieds, on voyait quatre victoires, et encore deux autres en avant de la partie inférieure de chaque pied. Sur chacun des quatre pieds étaient représentés de jeunes Thébains enlevés par des sphinx. Au dessous des sphinx, Apollon et Diane perçaient de leurs flèches les enfants de Niobé. Dans le milieu des pieds du trône, s'étendaient quatre traverses carrées, qui allaient d'un pied à l'autre. Sur la traverse qui s'apercevait du côté de l'entrée du temple, il y avait huit figures qui représentaient des combats athlétiques. On voyait un jeune homme se ceignant la tête d'une bandelette, qui passait pour avoir été fait d'après Pantarcès, jeune Eléen, favori de Phidias. Sur les autres traverses était représentée la troupe des compagnons d'Hercule, prête à combattre contre celle des Amazones. Le nombre des personnages des deux troupes était de vingt-neuf. Le trône ne portait pas uniquement sur quatre pieds; il s'élevait encore dans le milieu de leur intervalle deux colonnes égales aux pieds. Sur les sommités du trône, et au-dessus de la tête de la statue du dieu, Phidias avait sculpté d'un côté les Grâces, de l'autre les Heures, les unes et les autres au nombre de trois. Le marchepied de Jupiter avait des lions d'or, et sur ses faces on voyait le combat de Thésée contre les Amazones. Sur le soubassement qui portait le trône étaient placés beaucoup d'autres objets d'ornement. Les sujets représentés en or étaient le Soleil montant dans son char; ensuite Jupiter et Junon: tout auprès une Grâce; celle-ci donnait la main à Mercure, qui la donnait à Vesta. Après Vesta, c'était l'Amour recevant Vénus qui sort de la mer, et que Pitho couronne; suivaient Apollon et Diane, Mercure et Hercule. A l'extrémité du soubassement étaient Neptune et Amphitrite, et la Lune montée sur un cheval.

La statue et le trône de Jupiter étaient éclairés par une ouverture pratiquée dans la toiture du temple; un voile de pourpre tombant en avant pouvait garantir la statue de l'influence de l'air extérieur. Le Jupiter assis avait, sans le marchepied, jusqu'au sommet de la tête, trente pieds. Le marchepied avait trois pieds; le trône sans le soubassement avait quarante pieds de hauteur et vingt-quatre de largeur; le soubassement douze pieds de hauteur.

Le pavé en face de la statue était de marbre noir, entouré circulairement de marbre de Paros, destiné à arrêter l'huile qu'on versait sur le pavé. Cette huile servait à préserver l'ivoire de l'humidité de l'Altis, sur le terrain duquel avait été construit le temple d'Olympie.

La tradition grecque racontait que l'habileté de Phidias avait reçu un témoignage éclatant de la satisfaction de Jupiter lui-même. L'ouvrage terminé, le grand artiste pria le dieu de lui faire connaître s'il en était content; aussitôt le pavé du temple fut frappé de la foudre.

Cette statue était si admirée des anciens, que, suivant Pline, elle faisait le désespoir de tous les grands statuaires qui vinrent après Phidias; que, d'après Quintilien, elle ajoutait à la grandeur de la religion, en égalant par sa majesté celle du dieu qu'elle représentait; et qu'enfin, au rapport d'Epictète, les Grecs et les Romains regardaient comme un malheur de mourir sans l'avoir vue.

Dans ce même temple de Jupiter, les Eléens avaient érigé six autels à douze dieux, en sorte que l'on sacrifiait à deux divinités tout à la fois sur le même autel: à Jupiter et à Neptune sur le premier; à Junon et à Minerve sur le second; à Mercure et à Apollon sur le troisième; aux Grâces et à Bacchus sur le quatrième; à Saturne et à Rhéa sur le cinquième; à Vénus et à Minerve-Ergané sur le sixième.

OLYMPIENS. Les douze dieux olympiens ou principaux étaient Jupiter, Mars, Neptune, Pluton, Vulcain, Apollon, Junon, Vesta, Minerve, Cérès, Diane et Vénus.

OLYMPIQUES (1). Les jeux Olympiques étaient les plus célèbres de la Grèce. Voici ce que Pausanias dit en avoir appris sur les lieux mêmes, des Eléens, qui lui ont paru les plus habiles dans l'étude de l'antiquité. Selon eux, Saturne est le premier qui ait régné dans le ciel; et, dès l'âge d'or, il avait déjà un temple à Olympie. Jupiter étant venu au monde, Rhéa, sa mère, en confia l'éducation à cinq Dactyles du mont Ida, qu'elle fit venir de Crète en Elide. Hercule, l'aîné des cinq frères, proposa de s'exercer entre eux à la course, et de voir qui en remporterait le prix, qui était une couronne d'olivier. C'est donc Hercule Idéen qui eut la gloire d'inventer ces jeux, et qui les a nommés Olympiques; et parce qu'ils étaient cinq frères, il voulut que ces jeux fussent célébrés tous les cinq ans. — Quelques-uns disent que Jupiter et Saturne combattirent ensemble à la lutte dans Olympie, et que l'empire du monde fut le prix de la victoire. — D'autres prétendent que Jupiter, ayant triomphé des Titans, institua lui-même ces jeux, où Apollon, entre autres, signala son adresse en remportant le prix de la course sur Mercure. C'est pour cela, disent-ils, que ceux qui se distinguent au pentathle dansent au son des flûtes, qui jouent des airs pythiens, parce que ces airs sont

---

(1) Article emprunté au *Dictionnaire* de Noël.

consacrés à Apollon, et que ce dieu a été couronné le premier aux jeux Olympiques.

Ils furent souvent interrompus jusqu'au temps de Pélops, qui les fit représenter en l'honneur de Jupiter, avec plus de pompe et d'appareil qu'aucun de ses prédécesseurs. Après lui, ils furent encore négligés ; on en avait même presque perdu le souvenir, lorsqu'Iphitus, contemporain de Lycurgue le législateur, rétablit les jeux Olympiques à l'occasion qu'on va voir. La Grèce gémissait alors, déchirée par des guerres intestines, et désolée en même temps par la peste. Iphitus alla à Delphes pour consulter l'oracle sur des maux si pressants ; il lui fut répondu par la Pythie que le renouvellement des jeux Olympiques serait le salut de la Grèce, qu'il y travaillât donc avec les Éléens. On s'appliqua aussitôt à se rappeler les anciens exercices de ces jeux ; et à mesure qu'on se ressouvint de quelqu'un d'eux, on l'ajoutait à ceux qui avaient été retrouvés. C'est ce qui paraît par la suite des Olympiades ; car dès la première on proposa un prix de la course, et ce fut Corœbus, Éléen, qui le remporta. En la 14e, on ajouta la course du stade doublé ; en la 18e, le pentathle fut entièrement rétabli ; le combat du ceste fut remis en usage en la 23e olympiade ; dans la 25e, la course du char à deux chevaux ; dans la 28e, le combat du pancrace, et la course avec les chevaux de selle. Ensuite les Éléens s'avisèrent d'instituer des combats pour les enfants, quoiqu'il n'y en eût aucun exemple dans l'antiquité. Ainsi, en la 37e olympiade, il y eut des prix proposés aux enfants pour la course et pour la lutte ; en la 38e, on leur permit le pentathle entier ; mais les inconvénients qui en résultèrent firent exclure les enfants, pour l'avenir, de tous ces exercices violents. La 65e olympiade vit introduire encore une nouveauté : des gens de pied tout armés disputèrent le prix de la course ; cet exercice fut jugé très-convenable à des peuples belliqueux. En la 98e, on courut avec des chevaux de main dans la carrière ; et en la 99e, on attela deux jeunes poulains à un char. Quelque temps après on s'avisa d'une course de deux poulains menés en main, et d'une course de poulain monté comme un cheval de selle.

Quant à l'ordre et à la police des jeux Olympiques, voici ce qui s'observait, selon le même historien : on faisait d'abord un sacrifice à Jupiter ; ensuite on ouvrait par le pentathle ; la course à pied venait après ; puis la course des chevaux, qui ne se faisait pas le même jour. Les Éléens eurent presque toujours la direction de ces jeux, et nommaient un certain nombre de juges pour y présider, et maintenir l'ordre, et empêcher qu'on usât de fraudes ou de supercherie pour remporter le prix. En la 102e olympiade, Callippe, Athénien, ayant acheté de ses antagonistes le prix du pentathle, les juges éléens mirent à l'amende Callippe et ses complices. Les Athéniens demandèrent grâce pour les coupables ; et n'ayant pu l'obtenir, ils défendirent de payer cette amende ; mais ils furent exclus des jeux Olympiques, jusqu'à ce qu'ayant envoyé consulter l'oracle de Delphes, il leur fut déclaré que le dieu n'avait aucune réponse à leur rendre, qu'au préalable ils n'eussent donné satisfaction aux Éléens. Alors ils se soumirent à l'amende.

Ces jeux, qu'on célébrait vers le solstice d'été, duraient cinq jours ; car un seul n'aurait pas suffi pour tous les combats qui s'y donnaient. Les athlètes combattaient tout nus depuis la 32e olympiade, où il arriva à un nommé Orcippus de perdre la victoire, parce que, dans le fort du combat, son caleçon s'étant dénoué, l'embarrassa de manière à lui ôter la liberté des mouvements. Ce règlement en exigea un autre, c'est qu'il fut défendu aux femmes et aux filles, sous peine de la vie, d'assister à ces jeux, et même de passer l'Alphée pendant tout le temps de leur célébration ; et cette défense fut si exactement observée, qu'il n'arriva jamais qu'à une seule femme de violer cette loi. L'amour maternel l'avait portée à se déguiser en homme ; mais les transports qu'elle fit éclater en voyant son fils vainqueur décelèrent son sexe. (Les juges lui firent grâce en considération du sentiment qui l'avait portée à enfreindre la loi.) La peine imposée par cette loi était de précipiter les femmes qui oseraient l'enfreindre, d'un rocher fort escarpé qui était au delà de l'Alphée.

Dans la même ville, les filles célébraient une fête particulière en l'honneur de Junon, et on les faisait courir dans le stade, distribuées en trois classes. Les plus jeunes couraient les premières ; venaient ensuite celles d'un âge moins tendre, et, après toutes les autres, les plus âgées. En considération de la faiblesse de leur sexe, on ne donnait que cinq cents pieds à la longueur du stade, dont l'étendue ordinaire était de 800.

OM, syllabe mystique et sainte que les Hindous regardent comme la plus excellente de toutes les prières. Composée des trois lettres A, U et M (les deux premières se résolvant en O comme en français), elle désigne les trois grands dieux de la trinité brahmanique : Brahmâ par A, Vichnou par U, et Siva par M. Suivant d'autres, Vichnou est représenté par la première lettre, Siva par la seconde et Brahmâ par la troisième. La répétition murmurée de ce nom mystérieux, en méditant attentivement sur sa signification, est un des moyens les plus efficaces de rendre la dévotion méritoire, de parvenir à la vie contemplative, et de là à la béatitude finale.

OMADIOS, dieu adoré par les insulaires de Ténédos, qui lui sacrifiaient un homme dont on déchirait les membres les uns après les autres. On croit communément que ce dieu était le même que Bacchus. Ce nom paraît d'origine orientale ; *Omadi* signifie celui qui subsiste par lui-même. *Voy.* OMOPHAGIES.

OMAIRIS, branche de Khattabis, sectaires musulmans, qui se distinguaient des autres en ce qu'ils soutenaient qu'après la mort d'Aboul-Khattab, la succession à l'imamat avait passé à Omaïr, fils de Beyan. Ils dressèrent une tente à Koufa, où ils se rassemblaient pour rendre leur culte à Djafar-Sadic; mais Yézid l'ayant appris, fit pendre Omaïr, leur imam, et la secte fut éteinte.

OMAN, OMANÈS ou OMANUS, dieu des Cappadociens, adoré avec ANAÏTIS, Anandrate et Disandas. Dans les solennités, on portait en procession la statue d'Omanus. Strabon l'appelle un démon ou un génie des Perses. Tous les jours les mages allaient dans son temple, au milieu duquel était un autel où ils entretenaient un feu perpétuel, chanter leurs hymnes pendant une heure devant le feu sacré, tenant de la verveine en main, et portant des tiares dont les bandelettes pendaient des deux côtés des joues. L'Omanus des Cappadociens n'est autre que le *Hom* ou *Homa* des Persans. *Voy.* cet article.

OMASIOS, Bacchus, le même sans doute qu'*Omadios*.

O MAOWI, idole des Taïtiens, à l'époque du voyage du capitaine Cook. Forster en donne la description suivante : « Nous vîmes la figure d'un homme grossièrement faite d'osier, mais qui n'était pas mal dessinée; elle avait plus de sept pieds de haut, et elle était trop grosse d'après cette proportion. La carcasse était entièrement couverte de plumes blanches, dans les parties où ils laissent à leur peau sa couleur naturelle, et noires dans celles où ils ont coutume de se peindre. On avait formé des espèces de cheveux sur sa tête, et quatre protubérances, trois au front et une par derrière, que nous aurions nommées des cornes, mais que les insulaires décoraient du nom de *tata-été*, petits hommes. Cette figure était la seule de son espèce à Taïti. Nous apprîmes dans la suite que c'était une représentation de Mawi, un de leurs Eatouas, ou dieux de la seconde classe. *Voy.* MAWI.

OMBIASSES, ou mieux OMPIATS, personnages qui, chez les Madécasses, cumulent les fonctions de prêtres, de docteurs, d'astrologues, de médecins, de devins et de sorciers. Il y a dans l'île des écoles publiques, où ceux qui veulent se faire Ombiasses sont instruits de tout ce qui est du ressort de leur profession. Quelques-uns d'eux se vantent particulièrement de connaître les aspects des astres et les influences des planètes. Ils ont des traités écrits sur la force et la vertu de chaque jour de la lune. Ceux qui exercent la profession de médecins emploient des remèdes qui consistent en décoctions d'herbes et de racines; ils se servent en outre de billets écrits en guise d'amulettes qu'ils suspendent au cou des malades, ou attachent à leur ceinture pour charmer le mal. Ils tracent aussi des figures soit pour connaître l'époque de la guérison du malade, soit pour trouver les remèdes qui lui conviennent. A cette charlatanerie ils joignent la consultation des *Aulis* ou *Olis*, espèce d'esprits familiers qu'ils tiennent enfermés dans de petites boîtes, et qu'ils portent sans cesse avec eux. D'autres fois, les Ombiasses écrivent des formules magiques sur un papier qu'ils lavent ensuite, et en font boire l'eau au malade; il est bien entendu que si la maladie ne cède pas, ce n'est jamais l'Ombiasse qui a tort; mais c'est le malade qui a manqué à quelque formalité.

Lorsqu'un enfant vient au monde, on va ordinairement consulter l'Ombiasse, qui examine le moment de sa naissance et l'aspect des planètes; et si celui-ci trouve que l'aspect n'est pas favorable, et que l'enfant est né en un jour malheureux, ou à une heure néfaste, il ne balance pas à prédire au nouveau-né l'horoscope le plus funeste, ce qui a pour résultat de faire abandonner la pauvre petite créature, qui périt infailliblement de misère et de faim, quand elle n'est pas dévorée par les bêtes féroces. Les Ombiasses se vantent aussi d'avoir commerce avec les morts; souvent il arrive que, quand un individu tombe malade, l'Ombiasse évoque l'âme de son père décédé ou de son aïeul, par une petite ouverture qu'il fait à la cabane, et lui demande ce qu'il est à propos de faire pour rendre la santé à son fils ou à son petit-fils. Il en est de même lorsque quelqu'un tombe dans l'aliénation mentale. L'Ombiasse persuade aux parents que son esprit lui a été ravi par son père et son aïeul défunt : il se rend alors au lieu de la sépulture, fait un trou au tombeau, place un bonnet sur l'ouverture, évoque l'âme du défunt et lui demande l'esprit de son fils. Il ferme aussitôt le bonnet, court à la maison du malade, en criant qu'il a retrouvé l'esprit; il met le bonnet sur la tête de l'aliéné et assure qu'il va recouvrer la raison.

OMBRE. Dans le système de la mythologie païenne, ce qu'on appelait *ombre* n'était ni le corps ni l'âme, mais quelque chose qui tenait le milieu entre l'un et l'autre, et qui, ayant la figure et les qualités du corps, servait à l'âme comme d'enveloppe. C'est ce que les Grecs appelaient εἴδωλον ou φάντασμα, et les Latins *umbra, simulacrum.* C'était cette ombre qui descendait aux enfers. Ulysse voit l'ombre d'Hercule dans les champs Elysées, pendant que ce héros était dans les cieux. Il n'était pas permis aux ombres de passer le Styx avant que leurs corps eussent reçu les honneurs de la sépulture; sans cela, elles étaient errantes et voltigeaient cent ans sur le rivage : ce n'était qu'après ce long exil qu'elles passaient enfin à l'autre bord.

Les anciens Calédoniens croyaient que les animaux voyaient les ombres des morts : aujourd'hui encore, dans les montagnes d'Ecosse, lorsqu'un animal tressaille subitement sans aucune cause apparente, le peuple attribue ce mouvement à l'apparition d'un fantôme.

OMÉCIHUATL, déesse de la théogonie mexicaine; elle habitait dans le douzième ciel. Après avoir eu un grand nombre d'enfants, Omécihuatl accoucha d'un caillou, que ses autres enfants jetèrent sur la terre, où il se brisa en morceaux. Il en sortit seize mille héros. Ceux-ci, connaissant leur noble origine, et voyant qu'ils n'avaient personne pour les servir, parce que le genre humain avait été détruit par les ouragans, envoyèrent une ambassade à la déesse Omécihuatl, pour la prier de leur accorder le pouvoir de créer des hommes qui pussent les servir. Celle-ci leur répondit que, s'ils avaient eu des sentiments plus élevés, ils auraient cherché à mériter d'être reçus dans le ciel; mais que, puisqu'ils consentaient à habiter la terre, il fallait aller trouver Mictlanteuctli, dieu de l'enfer, et en obtenir un os des hommes qui avaient péri dans la destruction universelle, et que, quand ils l'auraient arrosé de leur sang, il en sortirait un homme et une femme qui en produiraient d'autres. Elle les avertit en même temps de se défier de Mictlanteuctli, qui, après avoir accordé l'objet de leur demande, pourrait bien s'en repentir. Xolotl, un de ces héros, se mit en route pour exécuter ces ordres, et pénétra dans les abîmes. Mictlanteuctli lui accorda sa demande, mais à peine Xolotl se fut-il mis en route avec l'os qu'il en avait obtenu, que le dieu de l'enfer, se repentant de sa condescendance, comme Omécihuatl l'avait prévu, se mit à sa poursuite pour le lui reprendre. Xolotl tomba en hâtant sa course, et l'os fut brisé en plusieurs morceaux: il eut cependant le temps de les ramasser, et échappa à Mictlanteuctli, qui le poursuivit jusqu'à la surface de la terre. Il se rendit en toute hâte à l'endroit où ses frères l'attendaient. Ils réunirent dans un vase tous les fragments d'os qu'il avait apportés, et les arrosèrent du sang qu'ils se tirèrent des différentes parties du corps. Le quatrième jour, il en sortit un garçon, et trois jours plus tard une fille, qui furent les premiers parents de la race humaine actuelle. C'est parce que l'os fut brisé en plusieurs morceaux que les hommes n'ont plus la haute stature qu'ils avaient autrefois, et qu'ils sont d'une taille inégale. C'est aussi en souvenir de cet événement que les hommes sacrifient aux dieux en se tirant du sang des différentes parties du corps.

OME KAGAMI-NO MIKOTO, dieu du miroir céleste, un des anciens Kamis du Japon.

OMEN, signe ou présage de l'avenir tiré des paroles d'une personne, s'il faut en croire Festus, qui donne ce mot comme une abréviation d'*Ore-men*. Cicéron attribue aux Pythagoriciens l'usage d'observer non-seulement les paroles des dieux, mais encore celles des hommes, qui, étant proférées spontanément dans certaines circonstances importantes, leur semblaient le résultat d'une impulsion divine. Le mot *omen* a été pris ensuite pour exprimer différentes sortes de présages.

OMÉTEUCTLI, dieu du paradis céleste, dans la mythologie mexicaine. Il habitait, avec Omécihuatl, une ville magnifique, située dans le douzième ciel.

OMETOCRTLI, dieu du vin chez les Mexicains. Il est probable que le vin auquel il présidait n'était pas le fruit de la vigne, l'Amérique n'en peut produire; c'était sans doute quelque liqueur fermentée.

O-MI-TO, divinité bouddhique des Chinois: c'est le bodhisatwa Amitabha, l'Amida des Japonais. Les Chinois l'invoquent sans cesse par cette formule *Na-mo O-mi-to-Fo*; adoration à Amitabha Bouddha!

OMKARESWARA. « Ce mot décomposé, dit M. Langlois, signifie *seigneur de la syllabe* OM. La syllabe om, ou mieux aum, est mystique: elle précède toutes les prières et les invocations; elle est à la tête de tous les ouvrages. Elle exprime, dit-on, l'idée de la triade indienne des trois en un. A est le nom de Vichnou, U celui de Siva, et M celui de Brahmâ. C'est une pratique de dévotion très-méritoire que de prononcer cette syllabe, et de méditer sur le mystère qu'elle représente. On peut même quelquefois, par ce moyen, arriver à un état de perfection qui donne une puissance surnaturelle. Telle est celle des pénitents qui s'identifient avec Dieu par le Yoga. Cette espèce de dévots appartient ordinairement à la secte des Saïvas: voilà pourquoi on pense que le mot *Omkareswara* est une épithète de Siva. »

OMM AL-KITAB, c'est-à-dire *la mère du livre*; table ou livre des décrets divins, dans lequel les Musulmans prétendent que le destin de tous les hommes est écrit en caractères ineffaçables.

OM-MA-NI-PAD-MÉ-HOUM ou OM-MA-NI-PAT-MÉ-HOUM (1): « c'est la formule de prière bouddhique la plus répandue et la plus populaire de toutes. Elle est tirée de la langue sanscrite et signifie littéralement: *Salut, précieuse fleur du nénufar*. Mais les Tibétains, en la faisant passer dans leur langue, lui ont attaché un sens plus étendu, plus mystique et plus conforme à leurs croyances; pour eux elle est le symbole de la doctrine de la métempsycose, par la transmigration céleste et terrestre, par la transmigration des esprits et celle des démons, par la transmigration humaine et animale.

« Cette prière se dit en récitant un chapelet de cent vingt grains, fait de bois dur, de fruits secs, de noyaux, composé quelquefois avec les articulations de l'arête d'un poisson ou d'un serpent, quelquefois de petits ossements humains: tous les sectateurs de Bouddha, hommes et femmes, vieillards et enfants, lamas (religieux) et hommes noirs (hommes du monde) portent ce chapelet pendu au cou en forme de collier, ou passé autour de leur bras en forme de bracelet.

« On voit dans toute la Tartarie, mais plus encore dans le Tibet, cette formule gravée comme inscription sur les monuments, sur le fronton des maisons et le portail des temples. Souvent on rencontre de longs enchaînements de bandelettes faites de papier, de soie, de peaux ou d'autres matières, liées à des cordages allant d'un arbre

---

(1) Nous devons cette notice à M. Gabet, missionnaire apostolique de la Mongolie.

à un autre; quelquefois suspendues au-dessus d'un fleuve et attachées au ravin de l'un à l'autre bord : on en trouve même avec des proportions grandioses tendues de la cime d'une montagne à la cime de la montagne voisine, et qui couvrent le vallon d'une ombre toujours agitée : chacune de ces bandelettes est écrite en entier de la prière mille fois répétée *Om-ma-ni-pat-mé-houm*.

« Dans les déserts, les arbres sont dépouillés de leur écorce pour recevoir cette prière sur leur substance ligneuse mise à nu. Les chemins sont bordés de pierres sur lesquelles on distingue les débris de cette inscription à demi effacée; les rochers en sont couverts et la font lire de loin au voyageur écrite en caractères gigantesques. Sur le sommet des montagnes, dans le fond des vallées, on rencontre à chaque pas de grands monuments, faits de pierres brutes amoncelées; chaque pierre a sur sa surface et ses contours ces mots symboliques. On voit fréquemment ces monuments couronnés de branches d'arbres auxquelles sont suspendues des milliers d'omoplates ou d'autres ossements, couverts en entier de cette prière. Ce sont quelquefois, au lieu de branches d'arbres, des têtes de cerfs avec leurs bois longs et rameux, des têtes de bœufs ou d'énormes bouquetins avec leurs cornes ramenées en croissant ou retournées sur elles-mêmes comme du fil élastique. Le front de ces têtes, dépouillé de sa peau et blanchi, se voit toujours dans toute son étendue couvert d'écriture, et l'écriture n'est jamais autre que cette prière.

« On l'écrit sur des crânes d'hommes desséchés, sur des débris de squelettes humains qu'on entasse sur le bord des voies publiques.

« Elle se lit surtout autour de la circonférence du *Tchu-kor*, c'est-à-dire de la *roue priante*. La prédilection enfin des Bouddhistes pour tout ce qui exprime révolution sur soi, départ et retour continuel, paraît avoir été la raison inventrice de la roue priante. Elle exprime, par l'image simple et juste de sa rotation, la loi de la transmigration des êtres, telle qu'ils se la figurent et qui forme le point de leur croyance le plus clair et le plus enraciné.

« Il y en a de portatives qu'ils tiennent à la main en les faisant incessamment tourner; il en est de plus grandes qui ressemblent à un cylindre fixé et rendu mobile sur un pivot; d'autres de formes tout à fait grandioses, posées de même sur un pivot et que l'on fait mouvoir à force de bras. On en voit de construites sur le bord des torrents et qui tournent au moyen de rouages et d'engrenures, d'autres posées sur le faîte des maisons que le vent seul agite, d'autres encore suspendues sur le foyer, et qui se meuvent à la vapeur du feu. Les maisons en ont toujours une longue rangée à leur vestibule, et l'hôte, avant d'entrer, ne manque jamais de leur imprimer un violent mouvement de rotation, espérant par là attirer le bonheur sur soi et sur la maison qu'il vient visiter.

« La prière *Om-ma-ni-pat-mé-houm* est sue de tout le monde; l'enfant apprend à bégayer par ces six monosyllabes, et ils sont encore là dernière expression de vie qu'on voit se moduler sur les lèvres du mourant; le voyageur la murmure le long de sa route, le berger la chante à côté de ses troupeaux, les filles et les femmes n'en donnent nul relâche à leurs lèvres; dans les villes et les rassemblements des lamaseries, on en distingue les échos à travers le bruissement des conversations et le tumulte du commerce : à l'instant du danger, c'est le cri d'alarme qu'ils font entendre, et dans la guerre le combattant s'arrête près de l'ennemi qu'il vient d'immoler pour célébrer par cette prière l'ivresse de son triomphe.

« Les tribus errantes de la Mongolie et de la Tartarie indépendante, les hordes qui se promènent au nord des deux côtés de la chaîne du *Bokte-oola* (la sainte montagne), les féroces et anthropophages sectateurs qui vers le sud, en possession de la célèbre montagne *Soumiri*, passent leur vie à en faire perpétuellement le tour; toutes ces peuplades voyageuses, ces nations nomades qui, ne voulant s'arrêter sur aucun point de la terre, emploient tous les jours de leur vie à en parcourir la surface, murmurent sans cesse cette mystérieuse invocation.

« Tous les points de l'Asie centrale sont couverts d'éternelles processions de pèlerins que l'on voit, chargés d'or et d'argent, se rendre à la montagne Bouddha (*Bouddhala*), où en revenir rapportant les bénédictions qu'ils y ont reçues, et toujours on les trouve accompagnant du chant de la formule mystique leur marche lente et silencieuse dans le désert. De la mer du Japon jusqu'aux frontières de la Perse, cette prière n'est qu'un long et ininterrompu murmure qui remue tous les peuples, anime toutes les solennités, est le symbole de toutes les croyances, l'antienne de toutes les cérémonies religieuses.

« Le corps de la religion bouddhique couvre une grande partie du monde de ses gigantesques conformations, et partout cette prière est le véhicule de la vie, le nerf des mouvements qui l'animent. »

OMOFI GANE-NO KAMI, dieu du destin, chez les Japonais.

OMOMANCIE, divination par le moyen des épaules (ὦμοι). Il y avait chez les anciens Arabes une espèce de divination appelée *ilm el-aktaf*, science occulte des épaules; parce qu'on employait à cet effet des omoplates de mouton, qui, par le moyen des points dont elles étaient marquées, offraient certaines figures d'après lesquelles on tirait des présages.

OMO NO NOUSI-NO KAMI, divinité japonaise. C'est un des dieux protecteurs de l'empire. *Voy.* O KOUNI TAMA-NO KAMI.

OMOPHAGIES, fêtes que les habitants des îles de Chio et de Ténédos célébraient en l'honneur de Bacchus ou d'Omadios. On lui sacrifiait un homme, que l'on mettait en pièces en lui déchirant les membres les uns après les autres. Arnobe, qui fait mention de cette fête, la représente sous un jour moins odieux. Les Grecs, dit-il, animés d'une fureur bachique, s'entortillaient de serpents, et mangeaient toutes crues des entrailles de cabri, dont ils avaient la bouche ensanglantée. Ce mot vient du grec ὠμός, cru ; si la première lettre était un omicron, l'omophagie désignerait une fête dans laquelle on mangeait en commun.

OMOROCA ou OMORCA, déesse qui, suivant Bérose, existait au commencement du monde et renfermait en elle-même tous les êtres ; ces êtres formés des ténèbres et de l'eau, avaient des formes monstrueuses. C'étaient des hommes qui avaient deux ou quatre ailes et autant de visages ; d'autres, sur un seul corps, avaient deux têtes, l'une d'homme, l'autre de femme, réunissant ainsi les deux sexes ; d'autres avaient un corps de cheval, ou de taureau, ou bien des pieds et des cornes de chèvre. Il y avait des chiens avec quatre corps et des queues de poisson ; ou des quadrupèdes moitié chevaux et moitié chiens. Des poissons, des serpents, des reptiles réunissaient en eux des parties d'animaux d'autres espèces. Ces êtres monstrueux étaient représentés sur les murs du temple de Bel. Tel était l'état du monde lorsque Bel partagea Omoroca par le milieu, et forma de ses deux parties les cieux et la terre. Aussitôt les animaux monstrueux que renfermait Omoroca périrent. Une autre tradition porte que les animaux étant nés de l'humidité primordiale, le dieu Bel coupa la tête d'Omoroca, et que les autres dieux, en mêlant son corps avec de la terre, formèrent les hommes, qui, en conséquence ont l'intelligence en partage, et sont doués d'une portion de la sagesse divine. Le mot Omorca est oriental (אם־רקה) et signifie la mère du vide ou du néant.

OMO-TAROU-NO MIKOTO, le sixième des esprits célestes qui, suivant les Japonais, ont régné sur la terre avant les générations actuelles. Sa femme, génie femelle, portait le nom de Kassiro-na-no Mikoto. Ils régnèrent tous deux par la vertu de la terre pendant deux cents millions d'années.

OMPANOMÉSAVOUS, sages ou devins des Madécasses. Ils jouissent d'un grand crédit parmi les Ovas, qui sont très-superstitieux, et ajoutent une grande foi à la divination. Ils consultent les skids, c'est-à-dire du sable, placé sur une assiette et sur lequel sont tracés des caractères ; ils y attachent un sens qu'ils interprètent eux-mêmes. Ils ont aussi une grande confiance dans les amulettes dont ils ornent leur personne. *Voy.* OMBIASSES.

OMPANORATS, classe d'Ombiasses ou devins de l'île de Madagascar. Ils enseignent à lire et à écrire en arabe. Ils exercent la médecine, et confectionnent des talismans et autres charmes, qu'ils vendent fort cher. Cette classe de savants est plus riche et plus respectée que les autres Ombiasses.

OMPHALOPSYCHITES, c'est-à-dire : *ceux qui ont l'âme au nombril* ; secte de chrétiens grecs, du XIVe siècle, qui donnaient dans les erreurs des quiétistes. Ils tiraient ce nom de la posture dans laquelle ils se mettaient pour se livrer à la contemplation, en tenant leurs regards fixés sur la région ombilicale. *Voy.* HÉSYCHASTES.

OMPHIS, un des noms d'Osiris. Ce mot signifie *bienfaiteur* ; il est par conséquent très-convenable à une divinité qui passait pour avoir doté l'Egypte d'une multitude de bienfaits.

OMPITSIKILIS, classe d'Ombiasses ou devins madécasses qui se mêlent de prédire l'avenir. Ils tracent des figures magiques avec des topazes, du cristal, des pierres d'aigle, qu'ils disent leur avoir été apportées par le tonnerre.

OMRA, chapelle située au nord de la Mecque, à deux heures de chemin, que les pèlerins musulmans sont tenus de visiter, avant ou après les stations au sanctuaire de la ville. Cette obligation est fondée sur ces paroles de Mahomet : « Acquittez-vous de la visite de l'Omra, à la suite du pèlerinage, car certes, la réunion de ces pratiques religieuses attire la bénédiction céleste et sur vos jours et sur vos biens, efface vos péchés et vous en purifie, comme l'orfèvre purifie au feu l'or et l'argent, en les dépouillant de leurs scories. »

OMS, le Cerbère de la mythologie égyptienne. C'est un hippopotame dont les formes sont mélangées de celles du crocodile. Dans les tableaux astronomiques de Thèbes et d'Esnèh, il occupe au ciel la place que les Grecs ont donnée à la Grande Ourse. Cette constellation était nommée le Chien de Typhon par les Égyptiens, et sa présence dans l'Amenthi ne laisse pas douter que cet animal ne soit le type du chien Cerbère, qui, selon les mythes grecs, gardait l'entrée du palais d'Adès. La légende égyptienne le nomme Oms, et le qualifie de recteur de la région inférieure.

OMSIA, grande fête que les Aïnos célèbrent annuellement ; toute la famille y assiste et se régale de zakki et de chair d'ours. A cette occasion on orne la maison avec la tête de l'ours favori, et avec les armes du propriétaire, qui sont un arc, des flèches, un carquois et un sabre japonais.

ON, un des noms du Soleil chez les Égyptiens. Ce nom signifie en copte: *la lumière*. Une ville d'Égypte consacrée au Soleil portait le même nom, qui tantôt est conservé dans le texte de la Bible, et tantôt traduit par *Beith-Schemesch*, maison du Soleil. Les Grecs le rendirent de même dans leur langue par *Hélio-polis*, la ville du Soleil. Enfin les ruines de cette ville sont encore aujourd'hui appelées par les Arabes *Aïn-Schems*, la fontaine du Soleil.

ONA, fête que les Malabares célèbrent dans le mois d'août, en l'honneur de l'incarnation de Vichnou en nain, et de la défaite de Mahabali. C'est une espèce de bacchanale, pendant laquelle les Indiens, de quelque condition qu'ils soient, s'équipent le plus magnifiquement qu'ils peuvent se régalent de leur mieux et passent le temps dans la joie et les plaisirs.

ONCTION, action d'oindre ou de frotter d'huile une personne ou un objet quelconque, afin de lui imprimer une sorte de consécration. C'est ainsi que Jacob, ayant eu un songe mystérieux dans les plaines de la Mésopotamie, oignit d'huile la pierre qui lui avait servi de chevet pendant la nuit, la consacra au Seigneur, et donna à ce lieu le nom de *Beth-el* (maison de Dieu). C'est de là sans doute que venaient les pierres connues des anciens sous le nom de *bétyles*.

1° Les onctions d'huile, soit naturelle, soit mélangée avec des parfums, entraient dans presque toutes les cérémonies de l'ancienne loi. Tous les ornements et les meubles du tabernacle, l'arche d'alliance, la table, le chandelier à sept branches, les autels, le tabernacle lui-même, furent consacrés dans le désert avec l'huile d'onction. Cette huile était composée d'aromates, de myrrhe franche, de cinnamome, de roseau odorant, de casse et d'huile d'olive. Aaron et ses enfants furent consacrés prêtres du Seigneur par l'effusion de l'huile sainte sur leurs têtes. Et plus tard lorsqu'il y eut des rois dans Israël, ils furent également sacrés par le moyen de l'onction ; quelquefois on en agissait de même à l'égard des prophètes ou de ceux qui recevaient une mission extraordinaire.

2° L'Église a emprunté à la Synagogue l'usage des onctions : elle les emploie dans les sacrements de baptême, de confirmation, d'extrême-onction et d'ordre ; dans la consécration des églises, des autels, des calices, etc.; dans la bénédiction des cloches, dans le sacre des rois et des empereurs. Ces onctions ont pour but, comme dans l'ancienne loi, de consacrer à Dieu d'une manière particulière les personnes et les choses. De plus, lorsque ces onctions sont faites sur les personnes, elles ont une signification symbolique qui est d'attirer sur l'âme une grâce fortifiante et de lui faciliter la pratique de la vertu, de même que les anciens employaient l'huile pour fortifier le corps et en assouplir les membres, comme cela avait lieu particulièrement dans les combats des athlètes.

3° Les Phéniciens et autres peuples de l'antiquité étaient dans l'usage de répandre de l'huile sur les pierres qui servaient à distinguer les limites des champs, ainsi que sur celles qui étaient placées à l'entrée d'un bois sacré ou de quelque autre lieu destiné à un culte. *Voy.* HUILES SAINTES, CONFIRMATION, EXTRÊME-ONCTION, etc.

ONDEN-HEI, ou ONDEN-HI, dieu de l'archipel Viti ; c'est lui qui a créé le ciel, la terre, toutes les choses et tous les autres dieux. Aussi dit-on qu'après la mort l'âme va se réunir à Oden-hei, quels qu'aient été le genre de mort et la moralité des actions qu'on ait faites pendant sa vie.

ONDHÉRA ou ANDHÉRA, ténèbres, obscurité. Nom que les Hindous donnent à l'enfer.

ONDOIEMENT. On appelle ainsi le baptême conféré à un enfant par un laïque, dans un cas de nécessité, et lorsqu'on n'a pas le temps de le porter à l'église ou de faire venir un prêtre. Ce baptême est valide ; si l'enfant échappe à la maladie, on le porte ensuite à l'église, pour suppléer aux autres cérémonies qui accompagnent le baptême.

ONG-KHONG, nom sous lequel Confucius est connu des Tonquinois. Ce nom signifie l'aïeul Khong. Ils l'appellent encore *Khongtu*, ce qui est son véritable nom, et *Trongni*, le précieux personnage. Ils le regardent comme le plus sage de tous les hommes ; et, sans examiner d'où lui est venue la sagesse, ils croient qu'il n'y a point de vertu et de vérité qui ne soit fondée sur ses principes ; aussi n'obtient-on parmi eux aucun degré d'honneur et d'autorité, si l'on n'est versé dans ses écrits. Le fond de sa doctrine consiste dans des règles morales, réduites aux articles suivants : « Chacun doit se connaître soi-même, travailler à la perfection de son être, et s'efforcer par ses bons exemples de conduire les créatures de son espèce au degré de perfection qui leur convient, pour arriver ensemble au bien suprême. Il faut étudier aussi la nature des choses, sans quoi l'on ne saurait jamais ce qu'il faut suivre, ce qu'il faut fuir, et comment il faut régler ses désirs. »

Les sectateurs tonquinois de Confucius reconnaissent un dieu souverain qui dirige et qui conserve toutes les choses terrestres. Ils croient le monde éternel, rejettent le culte des images, honorent les esprits jusqu'à leur rendre une sorte d'adoration, attendent des récompenses pour les bonnes actions, et des châtiments pour le mal. Partagés dans l'opinion qu'ils ont de l'immortalité, les uns croient l'âme immortelle sans exception, et prient même pour les morts ; d'autres n'attribuent cette heureuse prérogative qu'à l'âme des justes, et croient que celle des méchants périt en sortant du corps. Suivant eux, l'air est rempli d'esprits malins, qui s'occupent sans cesse à nuire aux vivants. Le respect pour la mémoire des morts est d'une haute recommandation : chaque famille honore les siens par des pratiques régulières qui approchent beaucoup de celles de la Chine. Cette religion sans temples et sans prêtres, sans forme établie pour le culte, se réduit à honorer le dieu du ciel et à pratiquer la vertu. Chacun est libre dans sa méthode ; ainsi jamais aucun sujet de scandale. C'est la religion de l'empereur, des princes, des grands et de toutes les personnes lettrées. Anciennement l'empereur seul avait le droit de faire des sacrifices au roi du ciel ; mais en usurpant l'autorité souveraine, le Cho-va se mit par la suite en possession de cette prérogative. Dans les calamités publiques, telles que la pluie et les sécheresses, la famine, la peste, etc., il fait un sacrifice dans son palais. Ce grand acte de religion est interdit à tout autre sous peine de mort. *Voy.* CONFUCIUS.

ONAGO-NO SEKOU, ou fête des femmes ; la seconde des fêtes annuelles des Japonais.

On la célèbre le troisième jour du troisième mois. Les Européens la nomment la *fête des poupées* : elle se fait principalement pour les filles, comme la troisième fête annuelle pour les garçons.

Dans toutes les maisons, soit chez les gens de qualité, soit parmi le peuple, on dresse dans un appartement convenable, en dedans ou en dehors de l'alcôve, un petit théâtre de la hauteur d'une table, lequel est couvert d'un tapis rouge ou de quelque étoffe précieuse de couleur, suivant les moyens du maître de la maison. On y pose des figures et des décorations qui représentent la cour du Daïri, des temples, des bâtiments, le Daïri lui-même, ses femmes, ou d'autres personnes distinguées des deux sexes : on nomme ces images poupées d'enfants. Elles sont très-bien imitées en miniature ; on leur offre dans de petits plats et sur de petites tables plusieurs sortes de mets, comme cela est d'usage chez le Daïri et chez les gens distingués ; l'on y trouve de même en petit tout l'ameublement d'une maison, et tout ce qu'il faut pour la cuisine.

Cette fête instruit les filles des gens de qualité de tout ce qu'il faut pour l'ornement d'une maison, et les filles des classes inférieures de tout ce qui est nécessaire pour le ménage et pour bien diriger une maison. On cherche ainsi à leur apprendre en jouant, dès leur première jeunesse, à devenir par la suite de bonnes et d'habiles ménagères.

Un ancien auteur dit que ces images étaient faites de son temps avec du papier, et représentaient des enfants marchant sur leurs mains. On trouve dans un autre ouvrage que ces poupées, nommées *Ama-gatsou* dans la langue savante, se donnaient aux filles jusqu'à leur troisième année, et qu'on les chargeait de toutes les petites fautes commises par les enfants, pour donner à ceux-ci une leçon indirecte. Enfin, un autre auteur raconte que Gensi-no kimi, qui résidait sur le bord de la mer, à Sima-no moura, dans la province de Farima, fit à pareil jour une image qu'il envoya en mer, dans un petit bateau, pour se garantir de toute infection et des exhalaisons mauvaises, et que de là sont venus les *Vina*, dont le nom signifie enfant ou poussin. On les nomma aussi *Fafako*, de *fafa*, mère, et *ko*, enfant, parce que la mère et l'enfant s'en frottaient le corps pour se purger de toute infection ; on allait ensuite jeter les poupées dans la mer pour éloigner de soi toutes les souillures dont on les supposait chargées. Nous donnons à l'article BENSAITEN une autre origine historico-mythologique de cette fête.

Depuis les temps les plus reculés, on a eu la coutume de faire ces jours-là des petits gâteaux de riz et de feuilles vertes d'armoise, qu'on offre en présent à une mère et à sa fille pour conserver leur santé, au lieu de l'herbe *fafa-ko kousa*. L'on boit aussi du zaki distillé sur des feuilles de pêcher, dans la vue d'obtenir une bonne santé et prolonger sa vie : on suppose aux pêches la propriété de résister à toutes les infections, ce qui est fondé sur le conte chinois que voici :

Une femme immortelle, nommée Sen-nin seï yo bo, offrit à l'empereur Kanno-boute (Wou-ti), de la dynastie des Hans, une pêche qui n'avait pas été produite sur la terre, mais qui provenait d'un arbre qui ne donnait des fruits que tous les trois mille ans. Elle l'assura que s'il mangeait cette pêche il atteindrait cet âge : c'est pour cela que les Chinois et les Japonais se régalent ces jours-là d'une boisson distillée sur des fleurs de pêcher, en se souhaitant les uns aux autres la bénédiction du ciel et un grand âge. Voy. SAN-GOUATS SAN-NITS.

ONCA ou ONGA, déesse honorée chez les Phéniciens. Ce nom signifie *délicate*. Voy. OGGA.

ONCHESTIES, fêtes célébrées dans la ville d'Oncheste, en Béotie, en l'honneur de Neptune, qui avait dans ce lieu un temple et un bois sacré, d'où il était surnommé *Onchestien*.

ONCO, pagode célèbre dans le royaume de Camboge ; on s'y rend en pèlerinage de cinq ou six Etats à la ronde. Le collège des bonzes y rend des décisions que l'on reçoit avec le respect et la confiance la plus entière.

ONGOOZA-BARIDRAU, esprits ou divinités inférieures de la cosmogonie mongole. Ce sont des Tenghéris nageurs, qui habitent au pied du mont Mérou, dans la partie la plus voisine des bords de la mer.

ONI, génies ou démons qui, suivant les Japonais, sont encore actuellement les seuls habitants de l'île Genkaï-sima.

ONIROCRATIE, ONIROCRITIE, ONIROMANCIE, ONIROSCOPIE. Tous ces termes expriment l'art d'interpréter les songes (en grec ὄνειρος).

1° Cet art est par lui-même vain et frivole, car les songes ne sont la plupart du temps que le fruit d'une imagination vagabonde. Cependant, s'il n'est pas permis de prédire l'avenir par le moyen des songes, parce que les événements futurs sont ou le résultat des actions posées librement par les hommes, ou la conséquence de la volonté de Dieu, on peut quelquefois arriver par les songes à la connaissance des choses passées, ou du caractère et des habitudes d'un individu ; car les songes sont très-souvent en rapport avec les objets dont l'esprit est habituellement préoccupé. C'est ainsi que de grands criminels ont révélé leurs forfaits, soit en racontant leurs rêves, soit, plus fréquemment, en parlant dans leurs songes, ce que l'on appelle *rêver tout haut*. C'est ainsi qu'un voluptueux rêve aux plaisirs, un ambitieux aux honneurs et aux dignités, un ascète aux choses de Dieu. — De plus, il peut arriver que la divine Providence emploie les songes soit pour donner aux hommes des avertissements ou des instructions salutaires, soit pour communiquer ses volontés. On en cite des exemples frappants dans l'histoire de tous les peuples, et l'Ecriture sainte cite un grand nombre de faits qui prouvent que quelquefois les songes sont envoyés de Dieu : tels que le songe dans lequel Jacob vit une échelle mystérieuse ; celui où Joseph, son fils, se vit adoré par le soleil, la lune et onze étoiles; le songe d'Abimélech, roi de Gérare; celui d'un soldat madianite, ennemi de Gédéon; celui du jeune Samuel; celui de Salomon; ceux de Joseph, époux de Marie; celui des mages, etc., etc.

Quant à l'Onirocritie ou à l'interprétation des songes, bien que ce soit en général un art vain et frivole, parce qu'il ouvre un vaste champ à l'imposture, cependant elle n'était pas formellement prohibée dans l'ancienne loi, comme la nécromancie ou les autres genres de divination, parce que, ainsi que nous venons de le voir, Dieu manifestait de temps en temps sa volonté par le moyen des songes; le VIe chapitre des Nombres insinue même que les songes étaient un des modes habituels de la vocation des prophètes (1). Il y a de plus dans l'Ancien Testament plusieurs songes dont l'interprétation est donnée par un homme inspiré de Dieu. Tels sont les songes des officiers de Pharaon et ceux de ce prince lui-même, interprétés par Joseph; les songes de Nabuchodonosor, interprétés par Daniel. Mais dans ces occasions l'interprétation donnée était appuyée préalablement par un fait miraculeux: c'est ainsi que l'accomplissement exact des circonstances prédites par Joseph à l'égard des officiers de Pharaon, entraînait ce prince à ajouter foi à l'interprétation que le jeune Hébreu lui donnait de ses songes; et que Daniel, en devinant préalablement les songes que Nabuchodonosor avait oubliés, donnait une garantie de l'explication qu'il allait en faire. Ainsi l'Ecriture sainte, en nous donnant ces interprétations comme le résultat d'une inspiration divine et directe, condamne par-là même tous ceux qui se mêlent témérairement d'expliquer les songes sans justifier auparavant de leur mission extraordinaire.

2° L'Onirocritie était un art important du paganisme. Artémidore, qui a donné un Traité des songes, les divise en spéculatifs et en allégoriques. La première espèce est celle qui présente une image simple et directe de l'événement prédit. La seconde n'en offre qu'une figure symbolique. Aussi Macrobe définit-il un songe en général, la vue d'une chose représentée allégoriquement, et qui a besoin d'interprétation. L'ancienne Onirocritie consistait dans des interprétations raffinées et mystérieuses. On disait, par exemple, qu'un dragon signifiait la royauté; un serpent, la maladie; une vipère, de l'argent; des grenouilles, les impostures; le chat, l'adultère, etc. Les prêtres égyptiens paraissent avoir été les premiers interprètes des songes, et la science symbolique, dans laquelle ils étaient devenus très-habiles, semble avoir servi de fondement à leurs interprétations. Les anciens rois entretenaient à leur cour des interprètes des songes, comme nous le voyons, dans l'Ecriture sainte, de Pharaon, roi d'Egypte, et de Nabuchodonosor, roi de Babylone. Cette superstition dura fort longtemps; nous ne sommes pas bien éloignés de l'époque où les souverains de l'Europe avaient auprès d'eux des astrologues, des devins, et d'autres imposteurs, qui passaient pour habiles à expliquer les songes; et une multitude de gens, dans toutes les classes de la société, ont encore la faiblesse d'accorder aux visions de la nuit une foi plus ou moins explicite.

ONIROPOMPE. Esculape avait sous ce nom un temple chez les Egéates. Les anciens admettaient aussi l'existence d'un génie de ce nom, que les magiciens contraignaient par leurs conjurations de procurer tel ou tel songe.

ONKELVOINEN, mauvais génie de la mythologie finnoise, dont l'occupation est de détourner du droit chemin les chasseurs et les voyageurs.

ONNOFRIS, c'est-à-dire modérateur des vivants; dieu égyptien, le même qu'Osiris Péthempamentès, confondu par les Grecs avec Bacchus.

ONNONHOUARORI. Il y a sur les songes une idée fort singulière répandue parmi plusieurs peuples sauvages de l'Amérique septentrionale: ils s'imaginent que, comme l'âme ne peut rester dans l'inaction, dès qu'elle voit le corps plongé dans le sommeil, elle en sort pour aller se promener, et qu'elle y revient ensuite comme à son gîte. Cette idée est heureusement sans conséquence. Il n'en est pas de même de la suivante. Ils se persuadent que, quand leur âme reste dans le corps pendant le sommeil, elle contracte avec leur génie protecteur une liaison si intime, qu'elle est dans une espèce d'extase, et qu'alors elle connaît tout ce qui lui est nécessaire. A leur réveil, ils ne doutent pas que leur âme n'ait vu réellement ce qu'elle s'est représenté en songe. Ils agissent conséquemment à cette ferme persuasion. A la vérité tous les songes ne les affectent pas également. Il y en a de plus mystérieux les uns que les autres. Il y en a surtout que les sauvages regardent comme une espèce de fatalité qui peut avoir pour eux les plus grandes suites. Ont-ils vu en songe quelque chose qu'ils aient cru devoir leur appartenir, ils n'ont aucune tranquillité qu'ils ne se soient rendus possesseurs de cet objet, qu'ils conservent ensuite aussi chèrement que leur propre vie. Ont-ils rêvé à quelque être animé, si cet animal vient à mourir pendant qu'ils en sont les maîtres, ils sont saisis d'une crainte si vive de mourir bientôt après, que leur frayeur leur cause quelquefois la mort. Tout sauvage d'ailleurs

---

(1) Cependant la Vulgate porte, Lév. XIX, 26: *Non augurabimini, nec observabitis somnia*; et Deuter. XVIII, 10: *Nec inveniatur in te... qui ariolos sciscitetur, et observet somnia atque auguria*. Mais le texte hébreu porte dans le premier passage: *Vous n'userez point de divination, et vous ne ferez point d'enchantements*; et dans le second: *Qu'il ne se trouve personne au milieu de toi.... qui fasse des divinations, ou des enchantements, ou des sortilèges*. Le mot que la Vulgate a rendu par *songe* signifie proprement l'art de consulter les nuages. Et si, Deut. XIII, 5, il est ordonné de mettre à mort certains songeurs, il n'est question que de ceux qui auront mis en avant des visions fausses pour accréditer l'erreur.

est libre de demander, même aux villages voisins, ce qui a été l'objet de ses rêves ; il est sûr d'obtenir ce qu'il souhaite.

Tous les ans, en outre, à peu près dans la même saison, on célèbre une fête générale, qui est comme la fête des songes ou des désirs. Elle dure quelquefois trois ou quatre semaines de suite. Plusieurs nations la nomment *Onnonhouarori*, c'est-à-dire la folie ou le renversement de la tête. Tout le village entre dans une sorte de frénésie. Chaque particulier se peint le corps et le visage, ou s'habille et se coiffe d'une façon extraordinaire et bizarre. Équipés de cette manière, les hommes courent de cabane en cabane, rompant, brisant, renversant tout, sans qu'on puisse y trouver à redire, sans qu'on songe même à s'en plaindre. Ces forcenés crient qu'ils ont rêvé. Ils laissent deviner leurs songes à ceux qui les approchent, en leur montrant leurs habits, qui sont des espèces d'hiéroglyphes, et en leur disant seulement quelques mots dans leurs chansons. Celui qui a deviné est obligé de payer ou de satisfaire aux désirs du songeur. Il le fait avec plaisir, parce que c'est un sujet de gloire pour lui d'avoir pu expliquer l'énigme. Les rêveurs sont ainsi chargés de haches, de chaudières, de meubles, de viande, enfin de tout ce qu'ils paraissent désirer. La fête dure autant que leurs provisions. Elle se termine par la cérémonie d'aller jeter la folie hors du village. Après la fête, on rend à chacun tout ce qu'il a donné, et qui n'était pas le mot de l'énigme.

ONOCENTAURES, monstres moitié hommes et moitié ânes, que les anciens considéraient comme des génies malfaisants.

ONOCHÈLE, ONOCHOERITE, ONOCHOETÈS, noms injurieux que les païens donnaient, dans le 1ᵉʳ siècle, au dieu des chrétiens : le premier signifie, qui a les pieds d'un âne, et les deux autres désignent un monstre moitié âne et moitié porc. Ils l'appelaient ainsi, parce que les chrétiens adoraient le même dieu que les juifs, lequel, suivant les idolâtres, était représenté sous la figure d'un âne ; d'autres s'imaginaient que les juifs s'abstenaient de la viande de porc parce que cet animal était aussi l'objet de leur culte.

ONOMANCIE, pour *Onomatomancie*, divination par les noms. Elle était fort en usage chez les anciens. Les Pythagoriciens prétendaient que les esprits, les actions et les succès des hommes étaient conformes à leur destin, à leur génie, à leur nom. On remarquait qu'Hippolyte (ἵππος, cheval, λυτός, débridé) avait été déchiré par ses chevaux, comme son nom le portait. De même on disait d'Agamemnon que, suivant son nom, il devait rester longtemps devant Troie (ἄγαν, beaucoup, et μένειν, demeurer), et de Priam, qu'il devait être racheté de l'esclavage (πρίαμαι, racheter). De même un Thasien nommé Nicon, *vainqueur*, fut quatorze fois couronné dans les jeux solennels de la Grèce. On dit qu'Auguste, sortant de Rome pour aller livrer la bataille d'Actium, rencontra un paysan conduisant un âne ; l'homme s'appelait *Eutychus*, fortuné, et l'animal *Nicon*, vainqueur. Il prit cette rencontre pour un présage de sa victoire future, et après qu'il l'eut remportée, il fit bâtir, au lieu même où était son camp, un temple dans lequel il mit la figure de l'âne et du paysan. On pourrait citer des faits semblables parmi les modernes : le dominicain *Torquemada* (ou la tour brûlée) fut un des premiers et des plus zélés promoteurs de l'inquisition d'Espagne ; le cordelier *Feu-Ardent*, fut un des ligueurs les plus acharnés contre Henri III et Henri IV.

Une des règles de l'onomancie, parmi les Pythagoriciens, était qu'un nombre pair de voyelles, dans le nom d'une personne, signifiait quelque imperfection au côté gauche, et un nombre impair, une imperfection du côté droit. Ils avaient encore pour règle que, de deux personnes, celle-là était la plus heureuse dans le nom de laquelle les lettres numérales, jointes ensemble, formaient la plus grande somme : ainsi, disaient-ils, Achille devait vaincre Hector, parce que les lettres numérales comprises dans le nom d'Achille formaient une somme plus grande que celles du nom d'Hector.

C'était sans doute d'après un principe semblable que, dans les parties de plaisir, les Romains buvaient à la santé de leurs maîtresses autant de coups qu'il y avait de lettres dans leurs noms.

Enfin, on peut rapporter à l'onomancie tous les présages qu'on prétendait tirer des noms, soit considérés dans leur ordre naturel, soit décomposés et réduits en anagrammes : folie trop souvent renouvelée chez les modernes.

Cælius Rhodiginus a donné la description d'une singulière espèce d'onomancie. Théodat, roi des Goths, voulant connaître le succès de la guerre qu'il projetait contre les Romains, un devin juif lui conseilla de faire enfermer un certain nombre de porcs dans de petites étables, de donner aux uns des noms romains, aux autres des noms goths, avec des marques pour les distinguer, et de les garder jusqu'à un certain jour. Ce jour étant arrivé, on ouvrit les étables, et l'on trouva morts les cochons désignés par des noms goths, ce qui fit prédire au juif que les Romains seraient vainqueurs.

ONOMASTÉRIES, fêtes que les Grecs célébraient le jour où l'on donnait aux enfants le nom qu'ils devaient porter.

ONOMATE, fête établie à Sicyone en l'honneur d'Hercule, lorsque, au lieu des simples honneurs dus à un héros, il fut ordonné par Phestus qu'on lui sacrifierait comme à un dieu, et qu'on lui en donnerait le nom.

ONONYCHITES, du grec ὀνόνυξ, qui a l'ongle ou le pied d'un âne : nom que les païens donnaient aux chrétiens du 1ᵉʳ siècle, parce qu'ils adoraient le même dieu que les Juifs, que les idolâtres supposaient représenté sous la figure d'une âne. *Voy.* ONOCHÈLE.

ON-SAI, prêtres ou religieux de la Cochinchine. Il y a parmi eux une hiérarchie qui n'est pas sans analogie avec la nôtre :

c'est pourquoi ils sont vêtus différemment, selon la diversité de leurs ordres, ou le degré de leur dignité. Les uns font vœu de pauvreté et ne vivent que d'aumônes; les autres vaquent à des œuvres de charité, et travaillent à la guérison des malades, par la magie ou par des remèdes naturels, mais sans exiger ni salaire ni récompense. Il y en a qui s'occupent à construire des ponts, qui vont en pèlerinage, qui font la quête, et qui élèvent des temples. D'autres enseignent en public ou en particulier; il en est enfin qui prennent soin des animaux. Ceux qui jouissent, parmi les On-sai, d'une certaine autorité, portent un bâton doré ou argenté, comme marque de juridiction.

ONUAVA, divinité adorée par les anciens Gaulois, que l'on croit être la Vénus céleste. Sa figure portait une tête de femme, avec deux ailes déployées au-dessus, et deux larges écailles au lieu d'oreilles. Cette tête était environnée de deux serpents dont les queues allaient se perdre dans les deux ailes. C'est sans doute la même divinité qui est représentée à Montmorillon dans le Poitou, sur la porte d'un ancien temple gaulois. Cette femme est nue et droite, et a les cheveux flottants sur les épaules; elle a l'air de s'enlever, portée sur deux serpents enroulés autour de ses jambes et de ses cuisses et qui se glissent sur son sein; elle les prend et les tient collés à sa poitrine pour être plus ferme et ne point tomber. Plusieurs archéologues pensent que c'est cette fée ou démon qu'on supposait faire avec les sorcières des courses nocturnes, connues sous le nom de courses de Diane.

ONUPHIS, taureau sacré, honoré à Hermonthis en Egypte. Il était fort grand et de couleur noire. Macrobe le nomme *Pacis* ou *Pabacis*; il dit qu'il avait le poil couché en sens contraire, et qu'à chaque heure il changeait de couleur. Il ajoute que ce bœuf était consacré au soleil. Les Egyptiens le nourrissaient avec le plus grand soin, et avaient pour lui un respect religieux.

ONYCHOMANCIE (d'ὄνυξ, *ongle*); divination que les anciens pratiquaient au moyen des ongles. Ils frottaient d'huile et de suie les ongles d'un jeune garçon, et les lui faisaient présenter au soleil; on s'imaginait y voir des figures qui faisaient connaître ce qu'on avait envie d'apprendre. D'autres fois on frottait simplement les ongles d'huile ou de cire. — C'est de là que les chiromanciens modernes ont appliqué le nom d'onychomancie à cette partie de leur art qui consiste à deviner le caractère et la bonne ou la mauvaise fortune, par l'inspection des ongles.

OO ANA MOUTSI-NO KAMI, un des anciens Kamis du Japon; fils de *So san-no o-no Mikoto* et d'*Ina da fime*. Voy. AMA TSOU FIKO FIKO.

OO FIROU ME-NO MOUSI, un des principaux Kamis du Japon; c'est un esprit femelle, fille du dieu *Isa nami-no Mikoto*; ce nom signifie l'Intelligence précieuse du soleil céleste. Mais elle est plus connue sous le titre de *Ten sio daï sin*. Voy. son article.

OOMANCIE ou OOSCOPIE, d'ᾠόν, *œuf*; art de deviner, au moyen des œufs, ou des signes et des figures qui y paraissent. Suétone nous fournit un exemple de cette divination employée par Livie. Cette princesse, voulant savoir si elle deviendrait mère d'une fille ou d'un garçon, couva elle-même un œuf jusqu'à ce qu'elle eût fait éclore un poulet ayant une belle crête.

OO TOMA BE-NO MIKOTO, génie femelle de la cosmogonie japonaise, qui épousa *Oo to-no tsi-no Mikoto*.

OO TO-NO TSI-NO MIKOTO, le cinquième des esprits célestes qui régnèrent sur le Japon antérieurement à la race humaine: il épousa *Oo toma be-no Mikoto*, et régna avec elle par la vertu du métal pendant deux cent mille millions d'années. Leur temple est dans la province de Yetsizen.

OPALES ou OPALIES, fêtes que les Romains célébraient en l'honneur d'Ops, épouse de Saturne, le 19 décembre, troisième jour des Saturnales. On faisait coïncider ces deux fêtes, parce que Saturne et Ops étaient époux, et que c'était à eux qu'on devait l'art de semer le blé et de cultiver les fruits. C'est pourquoi ces fêtes avaient été fixées non-seulement après la moisson, mais lorsqu'on avait recueilli et rentré toutes les productions de la terre. On invoquait la déesse Ops en s'asseyant sur la terre, parce qu'elle était elle-même la terre et la mère de toutes choses, et l'on faisait des festins aux esclaves occupés, durant l'année, aux travaux de la campagne.

OPALSKI, sources d'eaux chaudes dans le Kamtchastka. Les habitants du pays s'imaginent que c'est la demeure de quelque démon, et ont soin de lui apporter des légères offrandes pour apaiser sa colère; sans cela, disent-ils, il soulèverait contre eux des tempêtes terribles.

OPECONSIVE, la déesse Ops, considérée comme divinité protectrice des semailles et des biens de la terre. Les Romains célébraient en son honneur une fête appelée *Opeconsive*. La déesse avait dans le temple de Vesta une chapelle sous ce nom, dans laquelle il n'y avait que le pontife et les vestales qui eussent le droit d'entrer.

OPERTANÉENS, dieux que les Romains plaçaient avec Jupiter dans la première région du ciel.

OPERTANÉES, sacrifices offerts à Cybèle, ainsi nommés du mystère dont on les couvrait, afin qu'ils ne fussent pas profanés par les regards des profanes. On y observait un silence encore plus rigoureux que dans les sacrifices offerts aux autres dieux, où l'on devait également l'observer, conformément à la doctrine des Pythagoriciens et des Egyptiens, qui enseignaient que le culte des dieux devait être accompagné du silence, parce qu'au commencement du monde tous les objets créés en avaient pris naissance. C'est en ce sens que Plutarque dit: « Les hommes nous ont appris à parler; mais les dieux nous apprennent à nous taire. »

OPHIEUS ou **OPHIONÉE**, le dieu aveugle: nom de Pluton chez les Messéniens. Ce peuple avait des augures consacrés à ce dieu ; on les privait de la vue dès leur naissance, et on les appelait de même *Ophionées*.

OPHIOLATRIE, *culte des serpents*. Ce culte a été connu des Babyloniens et des Égyptiens. Celui d'Esculape y avait aussi quelque rapport. On le retrouve dans l'Inde, chez les Nègres de l'Afrique et au Mexique. *Voy.* SERPENT.

OPHIOMANCIE, divination au moyen des serpents : elle était fort en usage chez les anciens, et consistait à tirer des présages des divers mouvements qu'on voyait faire aux serpents. On en trouve plusieurs exemples chez les poëtes. Rien de plus simple que l'origine de cette divination. « Le serpent, dit l'abbé Pluche, symbole de vie et de santé, si ordinaire dans les figures sacrées, faisant si souvent partie de la coiffure d'Isis, toujours attaché au bâton de Mercure et d'Esculape, inséparable du coffre qui contenait les mystères, et éternellement ramené dans le cérémonial, dut passer pour un des grands moyens de connaître la volonté des dieux. On avait tant de foi aux serpents et à leurs prophéties, qu'on en nourrissait exprès pour cet emploi; et, en les rendant familiers, on était à portée des prophètes et des prédictions. La hardiesse avec laquelle les devins et les prêtres maniaient ces animaux était fondée sur leur impuissance à mal faire; mais cette sécurité en imposait aux peuples, et un ministre qui maniait impunément les couleuvres devait avoir des intelligences avec les dieux. »

On peut encore regarder comme une espèce d'ophiomancie la coutume qu'avaient les psylles d'exposer aux cérastes leurs enfants nouveau-nés, pour connaître s'ils étaient légitimes ou adultérins.

OPHION, divinité que les Phéniciens regardaient comme le bon principe. Elle n'était autre qu'un serpent, ainsi que l'indique son nom grec. « Entre tous les serpents, dit Epéis, traduit par Arius d'Héracléopolis, il en est un tout divin, à figure d'épervier et de l'aspect le plus agréable ; dès qu'il ouvre les yeux, tout brille de la plus vive lumière ; dès qu'il les ferme, tout rentre dans les ténèbres. » N'oublions pas que les Égyptiens, pour peindre le monde, représentaient dans la même vue un cercle de couleur bleue, environné de flammes qui s'en échappaient de toutes parts, et dans le centre duquel était un serpent à tête d'épervier, figure parfaitement semblable au *thêta* des Grecs ; ainsi, tandis que le cercle représentait l'univers, le serpent qu'il renfermait était le symbole du bon génie, sans organes extérieurs, comme le serpent; à la vue perçante, comme l'épervier, centre de tout l'univers et source de toute lumière.

Les Grecs faisaient Ophion fils de l'Océan, et disaient qu'il avait eu le souverain pouvoir, avec son épouse Eurynome, avant le règne de Saturne.

OPHIONÉE, chef des démons ou mauvais génies qui se révoltèrent contre Jupiter, selon Phérécyde le Syrien. — C'est aussi un dieu des Messéniens. *Voy.* OPHIEUS.

OPHITES, hérétiques du IIe siècle, qui appartenaient à la secte des Gnostiques : ils rendaient au serpent un culte superstitieux. Il paraît que les Ophites étaient déjà répandus en Égypte, avant l'établissement du christianisme ; quelques-uns de ses membres, ayant entendu les prédications de l'Évangile, y adaptèrent leurs croyances. A toutes les erreurs des Valentiniens, qui leur servirent de base, ils ajoutèrent que le serpent qui séduisit Ève était le Christ en personne, ou la sagesse éternelle cachée sous la figure de ce reptile, qui, en procurant à nos premiers parents la connaissance du bien et du mal, leur avait rendu le plus grand service ; la mort qui s'ensuivit est, selon eux, un faible inconvénient comparé à l'avantage de tout savoir. Aussi adoraient-ils cet animal. Ils tenaient un serpent enfermé dans une cage, et lorsqu'ils voulaient célébrer la mémoire du service rendu par lui au genre humain, ils ouvraient la porte de la cage et l'appelaient ; le serpent sortait, montait sur la table où étaient les pains, et s'entortillait à l'entour de ces pains : c'est ce qu'ils appelaient leur eucharistie. Après l'adoration du serpent, ils offraient par lui un hymne de louange au Père céleste. Pour faire partie de leur société, il fallait renoncer à Jésus, qui n'était venu sur la terre que pour écraser la tête du serpent, leur christ.

OPIGÈNE, surnom de Junon, pris soit de ce qu'elle était fille d'Ops, soit de ce qu'elle portait secours aux femmes en travail d'enfant. Diane, Lucine et la Lune ont porté le même nom.

OPIMES (DÉPOUILLES). C'est ainsi qu'on nommait les armes consacrées à Jupiter Férétrien, et remportées par le chef ou par tout autre officier de l'armée romaine sur le général ennemi, après l'avoir tué de sa main en bataille rangée. Ces dépouilles étaient suspendues dans le lieu le plus fréquenté de la maison; il n'était pas permis de les en retirer quand on la vendait, ou de les suspendre de nouveau si elles venaient à tomber. Une loi attribuée à Numa en distinguait de trois sortes : les premières, consacrées à Jupiter Férétrien ; les secondes, à Mars, et les troisièmes, à Quirinus. Mais le nom d'*Opimes* resta aux premières.

OPINION. Les anciens en avaient fait une divinité allégorique qui présidait aux sentiments des hommes. Ils la représentaient sous la figure d'une femme dont la démarche et la contenance étaient mal assurées, mais dont l'air et le regard étaient très-hardis.

OPINIONISTES, hérétiques qui commencèrent à dogmatiser sous le pontificat de Paul II. Ils furent ainsi-nommés à cause des opinions ridicules et extravagantes qu'ils soutenaient opiniâtrément, et qu'ils voulaient faire passer pour autant de vérités incontestables. Ils enseignaient, entre autres erreurs, que la pauvreté réelle et effective était la vertu la plus éminente du christianisme;

que pour être saint, il ne suffisait pas d'être détaché de cœur de tous les biens du monde, mais qu'il fallait n'en posséder aucun. Ils affectaient eux-mêmes cette pauvreté, et prétendaient qu'elle devait se rencontrer dans celui qui était le véritable vicaire de Jésus-Christ; d'où ils concluaient que le pape ne l'était pas.

OPIS, 1° nom d'un dieu qu'on invoquait quand on avait besoin de secours, *qui opem feȓebat*; 2° surnom de Diane, considérée comme divinité protectrice des femmes en couches; 3° la même que Némésis. Giraldi dérive son nom du voile mystérieux qui couvre nos destinées (ὄπισθεν, *derrière*).

OPITER, OPITULATEUR, OPITULE, c'est-à-dire *secourable*; surnoms de Jupiter.

O-PO-PO et OPOU-TO, dieux des enfers de glace, selon les Bouddhistes de la Chine. Les damnés y éprouvent un froid si violent que leurs corps en sont tout contractés et couverts de rides et de gerçures.

OPS, la grande déesse italique des temps primitifs. Son nom veut dire terre, en vieille langue italique, et il a donné naissance au mot *opes*, biens, richesses, comme si la terre était la richesse par excellence. Dans la suite, les Romains la confondirent avec Rhéa ou Cybèle, femme de Saturne. Philochorus fut le premier qui dédia dans l'Afrique un autel à Saturne et à Ops; T. Tatius lui voua et bâtit à Rome un temple, dans lequel on mit le trésor public. Tullus Hostilius lui en éleva un autre, où elle était adorée avec Saturne. On lui immolait au mois d'avril une vache pleine et un porc. Les Opales étaient célébrées en son honneur le 19 décembre.

OPTIME-MAXIME, qualification la plus ordinaire que les Romains donnaient à Jupiter, comme étant celui qui caractérise mieux la divinité suprême, dont les deux principaux attributs sont la souveraine bonté et la souveraine puissance. Les chrétiens n'ont pas fait difficulté d'emprunter aux païens cette locution, dans le style monumental.

OQUAMIRI, sacrifice que les Mingréliens offrent, à l'imitation des Juifs, bien qu'ils soient chrétiens. Les Oquamiris sont de trois sortes.

Dans les premiers, on tue des bœufs, des vaches, des veaux, ou d'autres animaux semblables; on fait préalablement venir un prêtre qui prononce quelques oraisons sur la victime. Il brûle l'animal jusqu'à la peau, en cinq endroits, avec une bougie allumée; ensuite il se promène autour des personnes pour le salut desquelles se fait le sacrifice, puis on l'immole et on le fait cuire soit totalement, soit en grande partie. Lorsque la victime est cuite, on la met sur une table placée au milieu de la salle. Les gens de la maison et les conviés se rangent à l'entour, tenant à la main une bougie allumée. Celui à l'intention duquel on a fait le sacrifice se met à genoux devant cette chair, tenant pareillement une bougie allumée, pendant que le prêtre prononce des prières. Quand elles sont terminées, celui qui offre le sacrifice et ses parents avec lui jettent un peu d'encens sur du feu qui est sur une tuile à côté de la victime; et le prêtre, coupant un morceau de la chair, la tourne sur leurs têtes et leur en donne à manger. Alors tous les assistants s'approchent de ceux qui offrent le sacrifice, font tourner leurs chandelles autour de leurs têtes, et les jettent dans le feu. Cela fait, chacun reprend sa place, et se tient debout; le prêtre seul s'assied. La plus grande partie de la victime lui appartient; car de ce qui est cuit, il a les intestins entiers; et de ce qui est cru, il a la tête, les pieds et la peau; c'est là son payement pour la messe qu'il a dite pendant que la chair cuisait. Chacun des assistants peut manger de cette chair tant qu'il veut, mais sans emporter rien de ce qu'on a mis devant lui. Le prêtre seul a le droit d'emporter ce qu'il ne peut manger.

Dans le second genre de sacrifices, où l'on immole seulement du menu bétail et des cochons, le ministère du prêtre n'est pas nécessaire, il n'est pas besoin de bougies et d'encens. On les fait pour la prospérité de sa famille et de ses parents. Cependant on ne laisse pas d'y inviter presque toujours le prêtre qui dit la messe et prend part au festin.

Dans les troisièmes, on offre du sang, de l'huile, du pain et du vin. Ce sont les sacrifices des morts. On tue sur leurs tombeaux des veaux, des agneaux et des pigeons, et on répand dessus l'huile et le vin mêlés ensemble.

Outre ces sacrifices, ils en font un, chaque jour, à table; car la première fois qu'ils veulent boire, soit chez eux, soit chez leurs amis, ils prennent une coupe pleine de vin, et avant de la boire ils saluent en particulier chaque personne de la compagnie, en faisant des vœux pour leur prospérité. Ils invoquent ensuite le nom de Dieu, et, penchant la coupe, ils répandent un peu de vin, soit à terre, soit dans un autre vase, et l'offrent à Dieu, à l'exemple de David qui offrit ainsi l'eau de la citerne de Bethléem, qu'il avait si ardemment désiré de boire, et que ses officiers étaient allés chercher au péril de leur vie.

Ils font un autre sacrifice de vin, en l'honneur de saint Georges, à l'époque des vendanges. Ils emplissent une mesure d'environ vingt bouteilles du meilleur vin, l'offrent à saint Georges, et le mettent à part. On l'ouvre à la Saint-Pierre, et jamais avant, quand même on manquerait de vin. Ce jour-là, le chef de la maison prend de ce vin dans un petit vase, le porte à l'église de Saint-Georges, y fait sa prière, puis revient chez lui avec ce vase, entre dans la cave avec sa famille, et ils prient tous ensemble autour du tonneau consacré, ayant mis dessus auparavant un pain fait avec du fromage et des ciboules ou des poireaux. Ils tuent après cela un veau, un chevreau ou un porc, dont le père de famille verse le sang autour du tonneau, et après avoir encore prié, ils vont enfin boire et manger.

Les Mingréliens font encore divers autres

Oquâmirís, où sacrifices de grandes jarres de vin à divers saints, et n'en boivent qu'au temps prescrit. L'un de ces sacrifices est en l'honneur de saint Michel archange ; un autre en l'honneur de saint Quirice ; un autre en l'honneur de Dieu. Dans le premier, ils tuent un petit cochon et un coq ; dans le second, ils offrent un petit cochon et un pain ; ils invitent les étrangers à l'un et à l'autre ; mais personne n'est invité au troisième. Ceux de la maison y assistent seuls, et y mangent ce qu'ils ont sacrifié, qui est toujours quelque pièce de menu bétail.

Enfin, ils ont encore beaucoup d'autres sacrifices dans le cours de l'année ; les jours où ils les font sont appelés par eux de grands jours, parce que ce sont pour eux des jours de gala et de festin ; et c'est ainsi qu'ils célèbrent toutes leurs fêtes.

Nous ignorons si les Mingréliens observent encore ces sacrifices ; mais nous avons lieu de croire que la domination russe a dû bien modifier ces usages, si elle n'a pu les abolir.

OR ou OUR (אור), feu pur et primordial, principe des êtres, lumière incréée, splendeur éternelle : tels étaient le nom et l'image sous lesquels les Chaldéens se représentaient le dieu suprême, père et maître de tous les êtres.

ORAA, dieu de l'île de Borabora, que les Taïtiens adoptèrent dans le siècle dernier, parce qu'ils étaient mécontents des divinités de leur pays. Anderson appelle ce dieu *Olla*.

ORACLE, ordre ou réponse donnée par la Divinité, et comme par sa propre bouche. (Le mot *oraculum* vient de *ore*, *nomine vocabulum de voce*). Sénèque le définit la volonté des dieux annoncée par la bouche (*ore*) des hommes.

1° Les oracles étaient fréquents chez les Juifs, et cela devait être, surtout dans les anciens temps ; car le gouvernement étant essentiellement théocratique, dans toute la rigueur de l'acception du mot, il était souvent nécessaire de recourir au souverain lui-même, soit lorsque le texte de la loi paraissait obscur, soit lorsqu'il se présentait un cas ou un événement imprévu. C'est pourquoi le Seigneur avait établi un mode de le consulter, et nous voyons que les Juifs recevaient toujours une réponse précise, excepté lorsque le Seigneur était irrité contre eux, car alors l'oracle gardait le silence ; c'est ce qui arriva à Saül, la veille de sa mort ; ce prince eut beau recourir à l'oracle, il ne reçut point de réponse. Mais quel était cet oracle, et comment était-il rendu ? C'est ce qui n'apparaît pas clairement dans l'Ecriture sainte. Car il n'est pas question ici des réponses données par les prophètes, et qui étaient le résultat d'une inspiration ou d'une vision; et qui dit oracle suppose une réponse donnée par la Divinité elle-même. Le livre des Nombres expose clairement la manière dont Moïse recevait les oracles de Dieu : « Moïse entrait dans le tabernacle de l'alliance pour consulter l'oracle, il entendait une voix qui lui parlait du propitiatoire qui était sur l'arche du témoignage entre les deux chérubins, et elle lui parlait de là. » Mais il n'en fut pas de même après Moïse, et l'Ecriture dit expressément qu'il n'y eut plus de prophète que le Seigneur ait ainsi entretenu face à face.—Ce qui paraît certain, c'est que la réponse divine était donnée au moyen d'un instrument ou ornement que le grand prêtre portait sur sa poitrine et qu'on appelait le Pectoral ou le Rational du jugement. C'était un tissu d'or, d'hyacinthe, de pourpre, d'écarlate et de fin lin, de forme carrée, de la hauteur et de la largeur d'une palme ; il portait quatre rangs de pierres précieuses, enchâssées dans de l'or, au nombre de douze, toutes d'une espèce différente, et portant chacune le nom d'une des tribus d'Israël. Ce Pectoral était suspendu au cou du grand prêtre au moyen de deux petites chaînes d'or, et fixé sur l'éphod par des cordons d'azur. De plus il y avait sur le Pectoral deux autres objets appelés en hébreu *Ourim* et *Thoummim*, mais dont on ignore absolument la nature ; car déjà du temps de Josèphe et de Philon les sentiments étaient partagés à ce sujet : les uns ne voient dans *Ourim* et *Thoummim* que deux mots signifiant *révélation et vérité*, comme traduisent les Septante, et d'autres ont pensé que c'étaient deux petites figures mystérieuses ; d'autres enfin ont cru que *Ourim* et *Thoummim* n'étaient autres que les douze pierres précieuses. Quoi qu'il en soit, c'était ce Rational qui manifestait les ordres du Seigneur. Nous n'entrerons point dans le détail des suppositions que l'on a faites pour en exposer la manière, les uns l'ont vue dans l'éclat plus ou moins brillant des pierres précieuses, d'autres dans les caractères gravés sur elles. Ces réponses étaient généralement fort courtes. Ainsi, après la mort de Saül, David, voulant savoir dans quelle ville il devait se faire proclamer roi, consulta le Seigneur, et demanda : « Dois-je monter dans une ville de la tribu de Juda ? »—L'oracle répondit : « Monte. »—« Dans laquelle ? » demanda-t-il encore.—« A Hébron, » lui fut-il répondu. Quelquefois cependant la réponse était motivée, comme lorsque, après la mort de Josué, les Israélites demandèrent quelle était la tribu qui devait marcher en avant pour combattre les Chananéens ; l'oracle répondit : « Que Juda marche en avant, car j'ai livré le pays dans sa main. »

Les prophéties sont une seconde espèce d'oracle, et comme il entrait dans les desseins de la Providence que l'esprit prophétique se perpétuât dans Israël jusqu'à l'accomplissement des promesses, il était nécessaire que le peuple eût une garantie contre le fanatisme, l'illusion et l'imposture ; aussi voyons-nous que plusieurs prophètes, tels que Elie et Elisée, confirmèrent la réalité de leur inspiration par des prodiges et des miracles ; mais la preuve la plus ordinaire de la véracité d'un prophète était l'accomplissement des événements qu'il avait prédits. « Lorsqu'un homme aura prédit la paix, et qu'elle arrivera en effet, vous en conclurez que c'est un vrai prophète, » dit Jérémie. Et le Seigneur, parlant à son peuple par la bouche de Moïse, lui dit : « Si un prophète vient vous parler en mon nom, et que ses prédictions ne s'accomplissent point, vous saurez que le Seigneur n'a point parlé, et que cet homme n'a suivi que l'orgueil et la présomption de son cœur. » Ainsi les Israélites ne furent jamais contraints d'ajouter foi aux prophéties dont ils ne voyaient point l'accomplissement. C'est pourquoi les prophètes, qui prédisaient des événements qui devaient s'accomplir après la génération actuelle, certifiaient la réalité de leur inspiration en prédisant en même temps des événements dont l'accomplissement prochain prouvait l'authenticité de leur mission. Voy. PROPHÈTES.

2° Les païens avaient une multitude d'oracles. Le désir, toujours vif et toujours inutile, de connaître l'avenir leur donna naissance, l'imposture les accrédita, et le fanatisme y mit le sceau. On ne se contenta pas d'en faire rendre à tous les dieux : ce privilége passa jusqu'aux héros. Outre ceux de Delphes et de Claros que rendait Apollon, et ceux de Dodone et d'Ammon en l'honneur de Jupiter, Mars en avait un en Thrace, Mercure à Patras, Vénus à Paphos et dans Aphaca, Minerve à Mycènes, Diane en Colchide, Pan en Arcadie, Esculape à Epidaure et à Rome, Hercule à Athènes et à Gadès, Sérapis à Alexandrie, Trophonius en Béotie, etc. On consultait les oracles non-seulement pour les grandes entreprises, mais même pour de simples affaires particulières. Fallait-il faire la guerre ou la paix, établir des lois, réformer les Etats, en changer la constitution, détourner une calamité publique, on avait recours aux oracles. Un particulier voulait-il se marier, entreprendre un voyage, guérir d'une maladie, réussir dans quelque affaire, il allait consulter les dieux qui avaient la réputation de prédire l'avenir, car ils n'avaient pas tous ce privilége. Les oracles se rendaient de différentes manières, comme on a occasion de le voir dans le cours de cet ouvrage. Il fallait quelquefois, pour obtenir une réponse, beaucoup de préparation, de jeûnes, des sacrifices, des lustrations, etc. D'autres fois on y mettait moins de façons, et le consultant recevait la réponse en arrivant, comme Alexandre en allant visiter Jupiter Ammon.

On peut distinguer deux sortes d'oracles chez les païens, les uns véritables, les autres, fruit de l'imposture ou de la crédulité.

On sera peut-être étonné de nous voir admettre des oracles véritables chez les païens, quand presque tout le monde s'accorde à les regarder comme faux ou controuvés. Mais si nous examinons toutes les réponses rendues par les oracles anciens, que nous ont transmises les historiens, il faut nécessairement convenir que plusieurs sont frappantes et tiennent du prodige. Que l'on fasse à la crédulité des peuples, à l'imposture et à la subtilité des prêtres, une part aussi large que l'on voudra, il est certain que les anciens n'étaient pas plus absurdes que nous ne le sommes. Dans les beaux siècles de la Grèce et de Rome, il y avait des incrédules et des esprits forts, qui mettaient les oracles à l'épreuve, qui prenaient toutes les précautions et les garanties nécessaires pour sortir vainqueurs de la lutte et mettre la divinité en défaut. Quelquefois l'oracle répondait aux simples pensées du consultant. Tacite s'exprime en ces termes, au II° livre des Annales : « Germanicus alla consulter Apollon de Claros. Ce n'est point une femme qui y rend des oracles comme à Delphes, mais un homme choisi dans certaines familles, et qui est presque toujours de Milet. Il suffit de lui dire le nombre et le nom de ceux qui viennent le consulter; ensuite il se retire dans une grotte, et ayant pris de l'eau d'une source qui s'y trouve, il répond en vers à ce que vous avez dans l'esprit, quoique le plus souvent il soit fort ignorant. »

Certes, nous sommes fort éloignés de prétendre que tous les oracles des païens aient été réels : nous n'émettons cette supposition que pour un très-petit nombre, sans entreprendre de décider si c'était Dieu ou le démon qui y avait le plus de part; car l'une et l'autre hypothèse a été soutenue : en effet, d'un côté Dieu pouvait inspirer, diriger ou permettre certaines réponses, qui avaient pour résultat le salut ou la ruine des empires, l'intérêt général des peuples, et surtout l'économie de la rédemption universelle, le salut du genre humain ne pouvant être indifférent au Seigneur ; car tandis que parmi le peuple israélite Dieu préparait incessamment les voies à la venue du Réparateur, il n'abandonnait pas pour cela les gentils, mais il les initiait peu à peu au grand mystère qui devait s'accomplir un jour. Tel peut-être cet oracle répandu dans Rome, l'année de la naissance d'Auguste : *Regem populo Romano natura parturit.* « La nature enfante un roi pour les Romains. » Tels les oracles sibyllins qui faisaient dire à Cicéron: « Quel est l'homme qui est annoncé, et dans quel temps viendra-t-il ? *Quem hominem, et in quod tempus est ?* Ces vers, dit-il ailleurs, prétendent qu'il faut recevoir un roi, si nous voulons être sauvés. » *Si salvi esse vellemus.* Tel enfin cet autre oracle portant que de la Judée allait sortir le maître du monde. D'un autre côté, le démon pouvait aussi rendre des oracles, car nous ne devons pas oublier que son empire était grand sur la terre avant la venue du Messie; et comme nous le voyons dans toute la suite de l'histoire sainte constamment occupé à saper le royaume de Dieu, il devait parmi les infidèles, chercher à accroître leur confiance dans les fausses divinités. Cette dernière hypothèse expliquerait le silence des oracles vers le temps de la venue de Jésus-Christ ou de l'établissement du christianisme.

Mais si quelques oracles des païens ont pu être vrais, il n'en est pas moins certain que la plupart étaient le résultat de la crédulité, de l'imposture et de l'adresse. L'ambiguïté en était un des caractères les plus ordinaires, et ils étaient composés de telle sorte, que, quoi qu'il en arrivât, l'événement parût les justifier : c'est ce qui est reconnu par les païens eux-mêmes. Voici comment s'exprime Cicéron : *Callide qui illa composuit oracula, perfecit ut quodcunque accidisset prædictum videretur, et hominum et temporum definitione sublata. Adhibuit etiam latebram obscuritatis.* Telle était la réponse donnée à Pyrrhus, et qu'on a traduite par ce vers latin :

Aio te, Æacida, Romanos vincere posse.

Vainqueur ou vaincu, le roi d'Épire ne pouvait arguer l'oracle de faux.

Crésus, voulant éprouver la véracité des oracles, envoya des députés à Delphes, à l'antre de Trophonius, au temple de Jupiter Ammon, et dans plusieurs autres lieux, avec ordre de leur proposer à tous, le même jour, la question suivante : « Que fait en ce moment Crésus, fils du roi d'Alyatte, roi de Lydie? Ce fut l'oracle de Delphes qui, sans doute mieux informé des projets du monarque, rendit la réponse suivante : « Je connais le nombre des grains de sable qui couvrent les rivages de la mer ; j'ai mesuré l'immense étendue de ce vaste élément. J'entends le muet et celui qui ne sait pas encore parler. Mes sens sont frappés de l'odeur d'une tortue cuite dans de l'airain, avec des chairs de brebis, airain dessus, airain dessous. » Or il se trouva qu'en ce moment Crésus faisait cuire ce jour-là une tortue et un agneau dans une marmite d'airain qui avait un couvercle du même métal. Crésus, sans songer que son messager avait pu trahir son secret, demeura confondu d'étonnement, et, pénétré de respect, il offrit à Apollon un sacrifice de trois mille bœufs ; et lui envoya dix-sept lingots d'or, avec un lion d'or qui pesait cent talents, et plusieurs autres riches présents. Il chargea les ambassadeurs qui portaient toutes ces richesses de demander à l'oracle, en son nom, quel serait le succès de la guerre qu'il avait dessein d'entreprendre contre les Perses. L'oracle répondit : « Crésus, en passant l'Halys, renversera un grand empire. » Le prince se regarda dès lors comme assuré de vaincre cette nation puissante qui lui faisait ombrage. Il combla de nouveaux présents le temple de Delphes, et consulta une troisième fois l'oracle, pour savoir quelle serait la durée de son empire ; il lui fut répondu qu'il subsisterait jusqu'à ce que l'on vît un mulet remplir le trône des Mèdes. Crésus, jugeant par cette dernière réponse que son empire serait éternel, puisqu'il ne devait finir que lorsque l'on verrait arriver une chose impossible, attaqua les Perses avec confiance; mais, vaincu et prisonnier, il reconnut que le grand empire renversé était le sien, et que le mulet était Cyrus, né d'un père persan et d'une mère mède.

La Pythie de Delphes, consultée par Néron sur la durée de son règne, lui répondit : « Garde-toi des soixante-treize-ans. » Ce prince crut pouvoir se promettre une longue vie, et il ne se mit point en garde contre Galba, âgé de soixante-treize ans, qui lui ravit l'empire.

Macrobe nous apprend que Trajan étant sur le point de porter la guerre chez les Parthes, on lui conseilla de consulter auparavant l'oracle d'Héliopolis ; mais comme sa confiance était sans doute fort médiocre, il résolut de l'éprouver préalablement, et envoya au temple un billet soigneusement cacheté, mais dans lequel il n'y avait rien d'écrit. Il reçut en réponse un billet également blanc. L'empereur, qui ne se doutait pas de l'adresse de certaines gens à enlever et à replacer les sceaux sans les endommager, conçut un grand respect pour l'oracle, et renvoya le consulter sérieusement pour connaître l'issue de la guerre qu'il méditait; les prêtres lui firent porter plusieurs sarments d'une vigne du temple. Le prince les regarda comme un symbole et un gage de la victoire ; mais il mourut dans cette campagne, et ses os furent apportés à Rome. On trouva que rien ne ressemble plus à des ossements qu'un cep de vigne brisé et desséché.

Un nommé Rutilien étant allé demander au devin Alexandre quels précepteurs il devait donner à son fils, le prophète répondit qu'il fallait lui donner Pythagore et Homère. Il crut que l'oracle avait voulu faire entendre qu'il fallait instruire le jeune homme dans la philosophie et les belles-lettres ; mais celui-ci étant mort peu de temps après, le malheureux père se consola en trouvant que le prophète n'avait pas menti, puisque son fils avait été se réunir à Pythagore et à Homère dans le royaume des ombres.

Quelquefois ces réponses n'étaient que de simples plaisanteries : témoin celle que fit l'oracle à un homme qui venait demander par quel moyen il pourrait devenir riche. Le dieu répondit qu'il n'avait qu'à posséder tout ce qui était entre les villes de Sicyone et de Corinthe. On en peut dire autant de cette autre réponse faite à un goutteux, que, pour guérir, il n'avait qu'à boire de l'eau froide.

Par ces exemples et par mille autres que nous pourrions citer, il est facile de se convaincre que ces prétendus oracles n'étaient la plupart du temps que des tours d'adresse et de pures jongleries. Cependant il arrivait la plupart du temps que ces réponses paraissaient concluantes aux consultants, et avaient un rapport direct avec la situation dans laquelle ils se trouvaient ; ce qui s'explique facilement si l'on fait attention à la manière dont on consultait les oracles.

Nous ne répéterons pas ici ce que nous avons dit aux articles DELPHES, DODONE et ailleurs ; mais il est bon de remarquer que les oracles en général étaient environnés de tout ce qui pouvait contribuer à en augmenter le mystère et en donner une haute idée. On choisissait de préférence ou de sombres forêts, ou de profondes cavernes, ou des fontaines intermittentes, ou des terrains étrangement accidentés. Les prêtres du lieu avaient seuls le privilège de pénétrer dans le sanctuaire. Les consultants se tenaient dans une salle voisine, d'où ils pouvaient tout au plus entendre les réponses de l'oracle, lorsqu'elles étaient rendues à haute voix, mais sans rien voir de ce qui se passait. De là vient que les anciens auteurs parlent fort diversement de la forme des oracles. L'histoire fait cependant mention de deux princes qui, par un privilège spécial, ont été admis dans le sanctuaire. Alexandre, au rapport de Strabon, fut introduit par le prêtre dans le temple de Jupiter Ammon, tandis que ses courtisans demeurèrent en dehors. Vespasien, qui n'était pas alors empereur, se trouvant à Alexandrie, voulut consulter l'oracle de Sérapis sur des choses importantes, probablement sur les projets qu'il formait déjà pour s'élever à l'empire; mais pour plus de sûreté il ordonna auparavant que tout le monde sortît du temple, ce qui porte à conjecturer qu'il pénétra dans le sanctuaire.

Plusieurs de ces temples avaient des avenues souterraines connues des prêtres seuls, comme Rufin nous l'apprend du temple de Sérapis. On voit, dans le livre de Daniel, que le temple de Bel à Babylone avait également des issues secrètes par lesquelles les prêtres s'introduisaient à l'insu du roi et du peuple; quelques statues ou leurs piédestaux étaient creusés de manière à cacher un homme. Les voûtes des sanctuaires étaient construites de manière à augmenter le volume de la voix et à la faire retentir au loin : de là cette voix surhumaine de la Pythie de Delphes, qui imprimait la terreur et le respect dans l'âme de tous ceux qui l'entendaient. Quelquefois, au rapport de Plutarque, il sortait du fond du sanctuaire une vapeur très-agréable, causée par les parfums qu'on y brûlait. Cette odeur, qui remplissait le lieu où les consultants attendaient la réponse, était pour eux comme le signal de l'arrivée du dieu.

Il y avait des jours où il n'était pas permis de consulter l'oracle; mais ces jours n'étaient point fixés, les prêtres s'étaient réservé le droit de les marquer arbitrairement. Ainsi, lorsqu'on venait consulter l'oracle, on était souvent renvoyé, sous prétexte que le dieu n'était pas d'humeur de répondre, ce qui peut faire soupçonner que les prêtres avaient besoin de temps pour préparer et concerter leurs réponses. Alexandre étant allé consulter l'oracle de Delphes, la prêtresse lui répondit qu'il n'était point alors permis de l'interroger. Mais le jeune monarque, ne se payant pas de cette raison, saisit brusquement la prêtresse par le bras, et voulut la forcer d'entrer dans le temple; alors elle s'écria : « Ah! mon fils, on ne peut te résister ! » Alexandre prit cet exclamation pour un oracle, et se retira sans rien demander davantage.

Avant de consulter l'oracle, il était nécessaire d'offrir des sacrifices. Les prêtres examinaient les entrailles des victimes : s'ils voulaient gagner du temps, ils n'avaient qu'à dire que les signes n'étaient pas favorables, c'était un prétexte honnête pour différer. Cependant on remettait aux prêtres, ou l'on déposait sur un autel un billet soigneusement cacheté, dans lequel était posée la question, à laquelle il ne devait être répondu que le lendemain ; puis le temple était fermé. Les prêtres avaient le temps d'y pénétrer pendant la nuit et de prendre adroitement connaissance du billet : ils avaient encore mille autres moyens de surprendre le secret des consultants, et ils étaient les maîtres de différer la réponse jusqu'à ce qu'ils fussent éclaircis. Les officiers subalternes, sous prétexte de faire voir les curiosités aux nouveaux venus, s'entretenaient avec eux et s'instruisaient adroitement de leurs affaires. Les hôteliers questionnaient les domestiques, et, par cette voie, les prêtres pouvaient encore s'instruire avant de répondre. Cette réponse se donnait de différentes manières : tantôt par écrit, tantôt par la bouche des prêtres, ou par une voix qui sortait du sanctuaire ; quelquefois en songe, ou par des apparitions nocturnes. En ces derniers cas, on préparait le consultant par un jeûne rigoureux, on échauffait son imagination par des récits mystérieux, des spectacles extraordinaires, on le faisait coucher dans le temple sur la peau des victimes immolées, et là, éveillé ou endormi, il entendait des paroles contenant la solution de ses demandes, ou avait des visions que les prêtres lui expliquaient le lendemain. Plutarque rapporte qu'un gouverneur de Cilicie, fort entiché de la philosophie épicurienne, et par conséquent peu crédule, envoya à Mallée consulter l'oracle de Mopsus, afin de l'éprouver. L'émissaire avait un billet cacheté dont il ignorait le contenu et qu'il remit à l'oracle. S'étant endormi dans le temple, il vit un homme d'un port majestueux, qui lui dit ce seul mot : *Noir*. Il porta cette réponse au gouverneur, et ses courtisans la trouvèrent fort ridicule ; mais ils furent frappés d'étonnement et d'admiration, lorsque le gouverneur, décachetant le billet, leur montra ces mots qu'il y avait écrits : « T'immolerai-je un bœuf blanc ou noir ? »

Il y avait dans l'Achaïe un oracle de Mercure, qui se rendait d'une manière assez bizarre. On allait dire au dieu tous bas et mystérieusement ce qu'on voulait lui demander ; puis on sortait du temple, et les premières paroles qu'on entendait étaient censées la réponse du dieu.

Les prêtres de la déesse de Syrie avaient inventé, nous dit Apulée, une espèce d'oracle très-commode, qui convenait à tout, et qui était conçu en deux vers dont voici le sens : « Les bœufs attelés sillonnent la terre, afin que les campagnes produisent leurs fruits. » Avec le secours de ce distique ils répondaient à toutes les questions posées. S'agissait-il d'un mariage, les bœufs attelés et les campagnes fécondes donnaient un sens satisfaisant. Si l'on consultait sur l'achat de quelques terres, les bœufs et les campagnes venaient encore fort à propos. Si l'on partait pour la guerre, le joug de l'attelage pouvait présager celui que le vainqueur imposerait aux vaincus, et ainsi du reste. Peut-être cependant faut-il entendre autrement ce passage : ce distique pouvait fournir différentes combinaisons de syllabes et de lettres qui satisfaisaient aux diverses questions.

L'équivoque, l'obscurité et l'ambiguïté formaient donc en général le fond des oracles; cette pauvreté de moyens n'échappait point aux esprits éclairés : nous avons déjà vu par ce qui précède que plusieurs personnages n'y avaient qu'une confiance fort limitée; il y avait même certains philosophes qui ne craignaient pas de dire hautement ce qu'ils en pensaient. Lorsque Xerxès vint fondre sur la Grèce, l'oracle de Delphes, consulté par les Athéniens, leur répondit que Minerve, protectrice d'Athènes, faisait tous ses efforts pour fléchir le courroux de Jupiter; que tout ce qu'elle pouvait obtenir était que les Athéniens se sauvassent dans des murailles de bois; que Salamine verrait la perte de beaucoup d'enfants chers à leur mère, soit quand Cérès serait dispersée, soit quand elle serait ramassée. Il eût été besoin d'un autre oracle pour expliquer celui-là. Les murailles de bois étaient probablement les vaisseaux, cela pouvait s'entendre; mais ces enfants chers à leurs mères, dont Salamine devait voir la perte, seraient-ils Grecs ou Perses? Lequel des deux peuples remporterait la victoire? C'est ce qu'il était difficile de conjecturer. Un certain OEnomaüs, philosophe cynique, dont Eusèbe nous a conservé des fragments, invective à ce sujet contre l'oracle de Delphes, d'une manière sanglante : « Beau devin, dit-il, tu ne sais point à qui seront ces enfants dont Salamine verra la perte, s'ils seront Grecs ou Perses. Il faut bien qu'ils soient de l'une ou l'autre armée, mais tu ne sais point du moins qu'on verra que tu ne le sais pas. Tu caches le temps de la bataille sous ces belles expressions poétiques : soit quand Cérès sera dispersée, soit quand elle sera ramassée. Tu veux nous éblouir par ce langage pompeux; mais ne sait-on pas bien qu'il faut qu'une bataille navale se donne au temps des semailles ou de la moisson? Apparemment ce ne sera pas en hiver. Quoi qu'il arrive, tu te tireras d'affaire par le moyen de ce Jupiter que Minerve tâche d'apaiser. Si les Grecs perdent la bataille, Jupiter a été inexorable; s'ils la gagnent, Jupiter s'est enfin laissé fléchir. Tu dis, Apollon, qu'on fuie dans des murs de bois; tu conseilles, tu ne devines pas. Moi qui ne sais point deviner, j'en eusse bien dit autant. J'eusse bien jugé que l'effort de la guerre serait tombé sur Athènes; et que, puisque les Athéniens avaient des vaisseaux, le meilleur pour eux était d'abandonner leur ville et de se mettre tous sur la mer. »

On voit par cet exemple que les oracles n'étaient pas universellement respectés. En effet, trois grandes sectes de philosophes faisaient profession de regarder les oracles comme autant d'impostures propres à séduire le peuple. C'étaient les Epicuriens, les Péripatéticiens et les Cyniques. Les prêtres avaient soin d'écarter de leurs sanctuaires ces incrédules, dont l'œil trop clairvoyant pouvait éclairer leurs mystères. Cet Alexandre, dont Lucien décrit si agréablement les fourberies, avait toujours soin de faire éloigner les Epicuriens, lorsqu'il commençait ses cérémonies. Il prenait la même précaution à l'égard des chrétiens; et, voyant que ces deux sortes de gens s'efforçaient de montrer la fausseté de ses oracles, il usa de stratagème pour les faire chasser du Pont, où il faisait alors son séjour. Il déclara au peuple que le dieu dont il était l'interprète était irrité contre les impies, dont le nombre se multipliait chaque jour dans le Pont, et qu'il ne parlerait plus si l'on n'en purgeait le pays. Le peuple furieux chassa aussitôt les Epicuriens et les chrétiens.

Hérodote rapporte qu'un Lydien, nommé Pactias, sujet du roi de Perse, s'étant réfugié à Cumes, ville de Grèce, et son souverain ayant fait demander qu'on le lui livrât, les habitants de Cumes envoyèrent consulter l'oracle des Branchides, pour savoir comment ils devaient se comporter en cette occurrence. L'oracle répondit qu'il fallait livrer Pactias. Aristodicus, un des principaux citoyens de la ville, indigné de cette réponse, qui lui paraissait injuste et barbare, obtint qu'on enverrait à l'oracle une seconde députation, et se fit nommer parmi les députés. L'oracle, consulté une seconde fois, répondit la même chose. Aristodicus, très-mécontent, usa d'un stratagème pour faire sentir au dieu l'iniquité de sa réponse. En se promenant autour du temple, il en chassa de petits oiseaux qui y faisaient leurs nids. Aussitôt il entendit une voix qui lui criait du fond du sanctuaire : « Détestable mortel, quelle est ton audace de chasser de mon temple ceux qui sont sous ma protection? » Eh quoi ! répliqua sur-le-champ Aristodicus, ne nous ordonnes-tu pas de chasser Pactias qui est sous la nôtre? — Le dieu se tira de ce mauvais pas avec adresse. « Oui, je vous l'ordonne, répondit-il, afin que vous, qui êtes des impies, périssiez plus tôt, et que vous ne veniez plus importuner les oracles sur vos affaires. »

Le même historien nous fournit une autre preuve du peu de cas qu'on faisait quelquefois des décisions des oracles. Les Athéniens étaient sur le point de déclarer la guerre aux habitants d'Egine, qui avaient fait des ravages dans l'Attique, lorsqu'ils reçurent un oracle de Delphes, qui leur défendait de rien entreprendre contre les Eginètes avant le terme de trente ans. Au bout de ce temps, il fallait qu'ils construisissent un temple en l'honneur d'Eaque, et commençassent ensuite la guerre, qui devait leur être très-avantageuse : autrement ils n'avaient à attendre que des malheurs. Les Athéniens, écoutant plutôt leur ressentiment contre les Eginètes que les menaces de l'oracle, n'accomplirent que la moitié de ce qui leur avait été ordonné. Ils bâtirent le temple d'Eaque, et sans attendre le laps de trente ans, ils attaquèrent sur-le-champ les Eginètes, et remportèrent sur eux une victoire complète en dépit de l'oracle.

Ce qui contribuait à diminuer la confiance, c'est qu'on savait que les oracles se laissaient corrompre quelquefois, et, pour de l'argent, disaient tout ce qu'on voulait. Les Athéniens les plus éclairés n'ignoraient pas que celui de Delphes était vendu à Philippe; ce qui faisait dire à Démosthènes que la Pythie *philippisait*. — Démarate, roi de Sparte, était accusé par Cléomène, son collègue, de posséder injustement l'autorité royale, disant que Démarate n'était pas vraiment le fils d'Ariston, son prédécesseur, et alléguant en preuve qu'il était né trop peu de temps après le mariage d'Ariston, et que cette naissance précoce avait excité les plaintes d'Ariston lui-même. Cette affaire embarrassante fut soumise à l'oracle de Delphes, qui, corrompu par Cléomène, répondit que Démarate n'était pas fils d'Ariston. Plus tard on découvrit l'imposture, et la prêtresse fut punie par la perte de sa dignité. Ce fait est rapporté par Hérodote, ainsi que le suivant. — Quelques Athéniens, bannis de leur patrie par le tyran Hippias, corrompirent la prêtresse de Delphes, et l'engagèrent, à force d'argent, à ordonner, de la part d'Apollon, à tous les Lacédémoniens qui viendraient la consulter, de délivrer Athènes de la tyrannie d'Hippias. La Pythie seconda si bien leur intention, que les Lacédémoniens, voyant que l'oracle leur répétait toujours la même chose, et craignant de s'attirer la colère du dieu, armèrent contre Hippias, bien que celui-ci fût leur allié. — On ne peut guère douter que l'oracle qui déclarait Alexandre fils de Jupiter Ammon, n'ait été imaginé par la basse flatterie des prêtres de ce dieu. — Il en est de même de celui qui fut rendu à Auguste, au sujet de Livie, que ce prince avait épousée étant grosse d'un autre. Non-seulement l'oracle approuva cette action, mais il déclara même que les mariages contractés avec des femmes enceintes étaient les plus heureux.

Cependant les oracles subsistèrent dans toute leur gloire jusque vers le temps de la naissance de Jésus-Christ : les chrétiens virent dans ce fait, attesté par plusieurs auteurs païens, la conséquence de la décadence de l'empire de Satan; car ils regardaient le démon comme le principal moteur des oracles des païens; et naturellement le règne du Sauveur devait lui imposer silence. Cette opinion est appuyée sur plusieurs oracles où les démons annonçaient la venue de Jésus-Christ et leur propre déchéance : tels sont les suivants, tirés par Eusèbe des écrits de Porphyre : « 1° Gémissez, trépieds; Apollon vous quitte. Il vous quitte, forcé par une lumière céleste. Jupiter a été, il est et il sera. O grand Jupiter! hélas! mes fameux oracles ne sont plus.... 2° La voix ne peut revenir à la prêtresse : elle est déjà condamnée au silence depuis longtemps, faites toujours à Apollon des sacrifices dignes d'un dieu.... 3° Malheureux prêtre, ne m'interroge plus sur ce divin Père, ni sur son Fils unique, ni sur l'Esprit qui est l'âme de toutes choses. C'est cet Esprit qui me chasse de ces lieux. » — Suidas, Nicéphore, Jean Malalas, Cédrénus et Timothée rapportent qu'Auguste, déjà vieux, alla lui-même consulter l'oracle de Delphes sur le choix d'un successeur; le dieu se fit longtemps prier, mais vaincu par les instances de l'empereur, il répondit en ces termes : « Un enfant hébreu, Dieu, et Roi des bienheureux, m'ordonne de quitter ce lieu et de rentrer dans les enfers; retire-toi donc, et laisse mes autels, désormais silencieux. »

Toutefois, Cicéron et Plutarque donnent d'autres raisons de la cessation des oracles et la font remonter plus haut. « Ce qui est essentiel à remarquer, dit l'orateur romain dans son livre de la Divination, c'est que les oracles de Delphes ne se rendent plus de la même manière, non-seulement de notre temps, mais depuis bien longtemps, de telle sorte qu'il n'y a rien de plus méprisé que ces oracles. Lorsqu'on interroge les prêtres sur ce point, ils répondent que l'ancienneté a fait disparaître la vertu de ce lieu, d'où sortait de la terre le vent ou le souffle, qui inspirait la Pythie, et lui faisait rendre ses oracles. On croirait vraiment qu'il s'agit ici de vin ou de quelque salaison que le temps aurait fait éventer. » — « Les vers prophétiques, dit Plutarque, se décrièrent par l'usage qu'en faisaient les charlatans que le peuple consultait dans les carrefours. Mais ce qui contribua le plus au discrédit des oracles fut la soumission des Grecs sous la domination romaine, laquelle, calmant toutes les divisions de la Grèce, ne fournit plus matière aux oracles. Le mépris des Romains pour toutes ces prédictions en fut une autre cause. Ce peuple ne s'attachait qu'à ses livres sibyllins et aux divinations étrusques, et il n'est pas étonnant que les oracles, étant une invention grecque, aient suivi la destinée de la Grèce. Enfin, la fourberie qui les soutint longtemps était trop grossière pour n'être pas enfin découverte par diverses aventures scandaleuses, telles que celles de Mundus, de Tyrannus, prêtre de Saturne et autres imposteurs, qui abusèrent de leur caractère et de la superstition des peuples pour se procurer les faveurs des plus belles femmes, sous le nom du dieu dont ils étaient les ministres. »

Néanmoins, le métier de rendre des oracles était trop lucratif pour être sitôt abandonné par les prêtres. Si les dieux se turent réellement, les prêtres parlèrent, et ils parlèrent encore longtemps après Cicéron et après Jésus-Christ. Nous avons vu plus haut que Néron, Vespasien, Trajan, consultèrent les oracles. Plutarque, qui vivait sous le règne de ce dernier, ne dit pas, dans le passage cité ci-dessus, que les oracles fussent entièrement abolis, mais que leur crédit était considérablement déchu; il ajoute même que l'oracle de Delphes subsistait encore de son temps, mais qu'il était réduit à une seule prêtresse, au lieu de deux ou trois qu'il avait autrefois. Ce même oracle rendit une réponse très-célèbre au sujet de trois rivaux qui se disputaient l'empire après la mort des Antonins. La Pythie, consultée sur les trois concurrents, répondit en vers : « Le noir est le meilleur, l'Africain est bon, le blanc est le pire. » Le noir était Pescennius Niger ; le blanc, Claudius Albinus ; l'Africain, Sévère Septime, né en Afrique. On lui demanda ensuite auquel des trois demeurerait l'empire ; elle répondit : « On versera le sang du blanc et du noir ; l'Africain gouvernera le monde. » — Théodoret nous apprend que l'oracle de Delphes subsistait encore du temps de Julien l'Apostat, qui l'envoya consulter sur l'expédition qu'il méditait contre les Perses. Depuis ce temps il n'en est plus fait mention. — Sans nous engager dans l'histoire de la durée de tous les oracles, nous remarquerons que l'historien Dion, qui n'acheva son histoire que sous l'empire d'Alexandre Sévère, 230 ans après Jésus-Christ, rapporte que, de son temps, l'oracle d'Amphiloque était encore célèbre par les décisions qu'il rendait dans les songes. — Zozime nous apprend que les habitants de Palmyre consultèrent, sous l'empire d'Aurélien, l'oracle de Vénus Aphacite en Phénicie. — Licinius, au rapport de Sozomène, ayant consulté l'oracle d'Apollon de Dydime, pour savoir s'il devait recommencer la guerre contre Constantin, il lui fut répondu par ces deux vers d'Homère : « Malheureux vieillard, est-ce à toi de combattre contre les jeunes gens ? tes forces sont épuisées, et la vieillesse t'accable. »

Il est donc probable que les oracles se conservèrent tant que subsista le paganisme ; or le dernier coup lui fut porté l'an 451 de Jésus-Christ, par les empereurs Valentinien III et Marcien, qui défendirent, sous peine de la vie, tout exercice du culte païen.

ORAISON. Dans le langage de l'Eglise, ce mot est à peu près synonyme de *prière*, et signifie une élévation de l'âme à Dieu, soit pour le louer et le bénir, soit pour lui demander ses grâces, soit pour le remercier de celles qu'on a reçues. C'est particulièrement le nom d'une courte prière, appelée aussi collecte, que fait publiquement le prêtre soit au commencement de la messe, soit à la fin des heures canoniales.

On distingue plusieurs sortes d'oraisons : l'oraison *vocale*, qui consiste à prononcer de bouche des prières plus ou moins longues ; l'oraison *mentale*, à laquelle il n'y a que le cœur et l'esprit qui prennent part : c'est ce que l'on appelle aussi *méditation* ; et même l'expression *faire oraison* ne signifie pas autre chose que méditer pendant un certain espace de temps sur les vérités du salut ; l'oraison *jaculatoire*, qui consiste en des élancements de l'âme vers Dieu, exprimés en peu de paroles, mais vives et ardentes : on les appelle ainsi parce qu'elles vont droit à Dieu comme des flèches, *tanquam jacula* ; enfin, l'oraison *passive* ou de quiétude, mise en pratique par certaines personnes, est un acte de foi par lequel on se met devant Dieu pour ne faire attention qu'à sa présence, non pour chercher à le connaître, mais uniquement pour l'aimer.

L'*Oraison Dominicale*, ou du Seigneur, est la plus excellente de toutes les prières, parce qu'elle a été composée par Jésus-Christ lui-même, et qu'elle a un rapport direct à tous les besoins de l'homme : c'est celle qui est le plus fréquemment récitée par les chrétiens. *Voy.* Dominicale, n° 3.

ORAISON FUNÈBRE, discours prononcé à la louange d'un mort. L'usage en est fort ancien.

1° Chez les Juifs, l'oraison funèbre était représentée par un chant ou cantique composé à la louange d'un personnage qui venait de mourir : tel est le cantique funèbre que David composa sur la mort tragique de Saül et de Jonathas ; il est d'une haute poésie, et plein de sentiments nobles et touchants ; tel est celui que composa Jérémie pour le roi Josias.

2° Les oraisons funèbres étaient en usage chez les Grecs, au moins en certaines circonstances, comme nous le voyons par l'exemple de Périclès, qui prononça l'éloge funèbre des guerriers morts dans un combat.

3° Chez les Romains, Valérius Publicola fut le premier qui introduisit la coutume de louer les morts. Junius Brutus, son collègue, ayant été tué dans un combat contre les Étrusques, il fit exposer son corps aux yeux du peuple, dans le Forum ; puis, montant sur la tribune, il prononça l'éloge de cet illustre libérateur de Rome. Depuis ce temps, on continua de rendre ce tribut légitime de louanges à tous les grands hommes après leur mort. On rendit aussi cet honneur aux dames romaines ; ce fut une récompense de la générosité avec laquelle elles avaient offert leurs bijoux et leurs pierreries, pour contribuer à payer les sommes immenses que les Gaulois exigeaient de la république. Le sénat reconnaissant ordonna qu'à l'avenir les dames romaines seraient honorées après leur mort d'un éloge funèbre, et Popilla fut la première qui jouit de ce privilège.

4° Aujourd'hui, dans l'Eglise latine, les hommes et les femmes illustres par leur naissance et leur rang reçoivent le même honneur ; un orateur distingué prononce leur éloge, au milieu du service, en forme de sermon. Maintenant, cependant, cet usage n'est plus guère en vigueur que pour les princes, ou des personnages d'une condition très-élevée. Ces longs panégyriques, qui souvent n'avaient d'autre mérite que l'éloquence du prédicateur, sont remplacés souvent par un petit discours prononcé sur la tombe même du défunt, par ses parents ou ses amis. Ces adieux funèbres deviennent de jour en jour plus fréquents ; mais bien des fois c'est un moyen d'exciter les passions politiques, sans parler des occasions où l'impertinence le dispute au ridicule.

5° Il paraît que, parmi les Luthériens d'Allemagne, surtout en quelques endroits, c'est la coutume de prononcer l'oraison funèbre de tout défunt dont on fait les obsèques, quelque basse que soit sa naissance.

Il arrive de là que le sujet est, la plupart du temps, fort stérile, et que le prédicateur est obligé de se rejeter sur des lieux communs. Un auteur saxon, que nous avons sous les yeux, dit qu'on en fait même pour les enfants qui meurent au berceau.

6° Sur la Côte-d'Or, en Afrique, après les obsèques d'un nègre de qualité, un prêtre faisait autrefois un discours pathétique aux assistants. Il s'étendait beaucoup sur les vertus du défunt, exhortait ses auditeurs à les imiter et à remplir exactement tous leurs devoirs. Le voyageur Barbot assista un jour à une de ces oraisons funèbres. Il rapporte que l'orateur, en terminant son discours, prit en main les mâchoires des moutons que le mort avait sacrifiés pendant sa vie. Ces mâchoires étaient attachées ensemble, et formaient une espèce de chaîne dont le prêtre tenait un bout, tandis que l'autre descendait dans la fosse. Il exalta beaucoup le zèle du défunt pour les sacrifices, et engagea les assistants à suivre son exemple. Il eut le don de les persuader : la plupart, après le sermon, vinrent offrir un mouton, dont le prédicateur profita.

7° Les oraisons funèbres, dans les îles Sandwich, étaient des complaintes, comme chez les Juifs, *Voy.* DEUIL, n° 37.

ORANG-ALOUS. Les habitants de l'île Bali croient à l'existence d'une classe d'êtres qui, d'après leurs qualités et leurs attributs, tiennent le milieu entre les Dévas et les Djinns, se rapprochant néanmoins davantage de la nature des premiers ; on les nomme *Orang-alous*, c'est-à-dire hommes subtils, impalpables et invisibles. « Je ne connais pas précisément, dit M. Raffles, leur essence et leur office. Ce sont, à ce qu'il paraît, des êtres en qui le matériel et l'immatériel se confondent, et qui participent de la nature des créatures humaines et de celle des esprits. J'ai vu un homme que l'on disait marié avec un être féminin de la classe des Orang-alous ; il avait une monstrueuse progéniture ; mais personne n'avait jamais aperçu un seul de ses enfants; d'où je conclus qu'ils ressemblaient à leur mère. Cet homme se nommait Diou-Pati-Radjo-Vali. »

ORARIUM, nom que l'on donne à l'étole dans l'Eglise grecque. Cet insigne du prêtre et du diacre a été quelquefois appelé ainsi dans l'Eglise d'Occident. Nos lecteurs remarqueront que ce mot est même d'origine latine.

ORATOIRE, petite chapelle ou lieu particulier attenant à une maison, dans lequel on se retire pour prier Dieu en particulier. On a donné d'abord ce nom aux petites chapelles jointes aux monastères, avant que les religieux eussent des églises; dans la suite on a appelé ainsi les autels ou chapelles ménagées dans les maisons particulières, où il est permis de dire la messe à certains jours, et même les chapelles érigées dans la campagne et qui n'avaient pas le titre de paroisse.

ORATOIRE (CONGRÉGATION DE L'), établie à Rome et dans quelques autres villes d'Italie, par saint Philippe de Néri, vers l'an 1558. Des conférences que ce pieux ecclésiastique tenait dans sa chambre, à Rome, donnèrent lieu à cette congrégation. Le grand nombre de personnes qui se rendaient à ces réunions engagea Philippe à demander aux administrateurs de l'église de Saint-Jérôme un lieu où il pût commodément tenir ses pieuses assemblées. On lui accorda ce qu'il demandait, et ses conférences commencèrent à prendre une forme plus régulière. Il arrangea en forme d'oratoire le lieu qu'on lui avait cédé, et c'est de là que cet établissement a pris son nom. En 1574, la nouvelle congrégation fut transférée dans l'église de Saint-Jean-des-Florentins, qu'elle quitta en 1583, pour aller s'établir dans l'église de la Vallicella. Philippe de Néri envoya quelques-uns de ses disciples à Naples, à San-Severino, à Fermo et à Palerme. Ils y fondèrent des établissements sur le modèle de celui de Rome. La congrégation de l'Oratoire se répandit insensiblement dans toute l'Italie, où elle a un grand nombre de maisons ; mais la plupart ne sont point unies à celle de Rome. Elles forment entre elles comme autant de congrégations particulières. Il n'y a que les maisons de Naples, de San-Severino et de Lanciano, qui tiennent à celle de Rome. Les membres de cette congrégation ne sont pas liés par des vœux. Leur général est triennal, ce qui n'empêche pas qu'il ne puisse être continué dans sa dignité aussi longtemps qu'on le juge à propos. La congrégation de l'Oratoire, et particulièrement la maison de Rome, a produit plusieurs grands hommes, entre autres les cardinaux Baronius et Octave Pallavicini. Ceux qui la composent se dévouent à l'instruction de la jeunesse et aux fonctions laborieuses du saint ministère. Ils sont fort utiles à l'Eglise à ces deux égards.

ORATOIRE (DAMES DE L'), société de femmes vertueuses, établie par saint Charles Borromée, qui leur donna une règle de conduite.

ORATOIRE DE JÉSUS (CONGRÉGATION DE L'), établie en France par le cardinal Pierre de Bérulle. Cet illustre prélat, s'étant retiré, le jour de Saint-Martin 1611, dans une maison du faubourg Saint-Jacques, appelée l'hôtel de Valois, avec cinq ecclésiastiques, y jeta les fondements de sa nouvelle société. En 1615, il quitta cet hôtel, sur l'emplacement duquel on bâtit le Val-de-Grâce, et alla s'établir avec ses compagnons, à l'hôtel de Bouchage. Enfin on donna à la nouvelle congrégation la maison qu'elle occupait dans la rue Saint-Honoré. Elle ne tarda pas à s'étendre dans la France et dans les Pays-Bas, où elle rendit de grands services à la religion. Les prêtres de l'Oratoire n'étaient point religieux, et pouvaient sortir de la congrégation ; cet article de leur règlement fut spécialement confirmé par Paul V, en 1613 ; mais ils devaient vivre dans la pauvreté volontaire, dans l'obéissance et l'exercice des fonctions du ministère. Ils se proposaient, comme un des points principaux de leur institution, d'honorer, autant qu'il était en eux, les mystères de l'enfance, de la vie et de la mort de Jésus-Christ et de la sainte Vierge. Ils instruisaient la jeunesse dans les colléges; ils dirigeaient les jeunes ecclésiastiques dans les séminaires; ils distribuaient au peuple le pain de la parole dans les chaires chrétiennes, et entreprenaient des missions. On comptait en France soixante-quinze maisons de cette congrégation, qui fut féconde en hommes illustres par la piété et par la science. On a remarqué cependant que de toutes les congrégations religieuses, la congrégation de l'Oratoire fut celle dont les membres donnèrent en plus grand nombre dans les erreurs de la révolution à la fin du siècle dernier. Leur église de la rue Saint-Honoré est actuellement un temple de protestants dits *Chrétiens réformés.*

ORATORIENS, nom que l'on donne aux membres de la congrégation de l'Oratoire en France. Les Oratoriens d'Italie sont appelés *Filippini* ou *Philippiens*, du nom de leur fondateur.

ORBIBARIENS, ou habitants du monde; on appelait ainsi quelques missionnaires sortis des Vaudois, vers la fin du XIIe siècle, qui couraient de côté et d'autre, prêchant qu'il n'y avait point de Trinité, et qu'il n'y aurait ni résurrection des morts, ni jugement dernier. Ils enseignaient que Jésus-Christ n'était qu'un homme, qu'il n'avait point souffert, et diverses autres erreurs semblables. Ces hérétiques étaient en petit nombre, ils furent condamnés par le pape Innocent III.

ORBONE, du mot *orbus*, orphelin; déesse que les Romains invoquaient afin d'empêcher que les enfants devinssent orphelins, ou pour les recommander à elle lorsqu'ils avaient perdu leurs parents. Elle avait un autel à Rome, près du temple des dieux Lares.

ORCUS, surnom de Pluton chez les Romains. On l'invoquait sous ce nom, lorsqu'on le prenait pour garant de la sûreté des serments, ou lorsqu'on demandait vengeance des parjures; aussi ce nom dérive-t-il du grec ὅρκος, serment. D'autres cependant le font venir du latin *urgere*, presser. Isidore trouve son étymologie dans le mot *orca*, vase creux et profond; mais ces dernières dérivations nous paraissent peu admissibles, car Homère nous représente l'Orcus comme un fleuve de Thessalie, sortant des marais du Styx, et dont les eaux étaient si grasses qu'elles surnageaient sur celles du Pénée, après sa jonction avec cette rivière. Les Romains donnaient le même nom à Aïdonée, roi des Molosses, dont ils confondaient l'histoire avec celle du roi des enfers, parce que ses Etats étaient humides et bas; aux fleuves infernaux, et aux enfers eux-mêmes. Caron et Cerbère furent quelquefois aussi désignés par le nom d'Orcus.

ORDALIE ou ORDÉAL, terme générique par lequel on désignait autrefois les différentes épreuves du feu, du fer chaud, de l'eau bouillante ou froide, du duel, etc., auxquelles on avait recours pour découvrir la vérité dans les causes difficiles. Ce nom vient du saxon *or*, grand, et *deal*, jugement; c'est de là qu'est dérivé le mot allemand *urtheil*. Voy. ÉPREUVES.

ORDINAIRE. En droit canonique on entend par cette expression tout supérieur ecclésiastique en possession d'une juridiction ordinaire; c'est communément l'archevêque ou l'évêque; mais un ecclésiastique d'un ordre inférieur peut être par délégation, ou par privilége l'ordinaire d'un lieu, d'un canton, etc. Le pape prend le titre d'*ordinaire des ordinaires*, pour marquer sa supériorité sur tous les autres ordinaires.

L'*ordinaire de la messe* comprend les prières et formules habituelles du saint sacrifice, qui ne changent point, quelle que soit la fête qu'on célèbre, à la différence des collectes, épîtres, évangiles, etc., qui varient à chaque office.

ORDINATION, action de conférer le sacrement de l'ordre. Ce pouvoir appartient aux seuls évêques, surtout en ce qui concerne les ordres majeurs. Quant aux ordres mineurs, il y a des abbés qui jouissent du privilége de les conférer à leurs moines ou religieux; de simples prêtres peuvent également être délégués pour le même objet. C'est une règle de l'Eglise que les ordinations soient faites dans les Quatre-Temps, qui sont des époques de jeûnes et de prières; le jour déterminé est le samedi, ou le dimanche matin, pourvu qu'on n'ait pas encore rompu le jeûne du samedi. Les samedis qui précèdent le dimanche de la Passion et la fête de Pâques sont assimilés aux Quatre-Temps. Pour conférer les ordres majeurs un autre jour que le samedi des Quatre-Temps, les évêques ont besoin d'un induit du souverain pontife. Il n'y a pas de jours déterminés pour la collation des ordres mineurs. Nous exposons en abrégé, à chacun des degrés qui constituent les saints ordres, la manière de les conférer. Voy. ORDRE.

ORDO, petit manuel en forme d'almanach, à l'usage des ecclésiastiques, des religieux et des religieuses, qui prescrit la manière de faire l'office divin chaque jour de l'année, et qui enseigne ce qu'il y a de particulier dans la messe de la férie ou de la fête qu'on célèbre. Ce livre, que l'on renouvelle chaque année, est autrement appelé *directoire* ou *bref*; mais quelquefois les ecclésiastiques lui donnent le nom de *guide-âne*.

ORDRE, sacrement de la loi nouvelle, établi par Notre-Seigneur Jésus-Christ, qui consacre à Dieu d'une manière particulière et irrévocable celui auquel il est conféré, et lui communique la puissance nécessaire pour exercer les fonctions ecclésiastiques. Pour prouver que l'ordre est un véritable sacrement, il suffit de citer ce passage de l'Evangile de saint Jean: *Hæc cum dixisset (Jesus), insufflavit, et dixit eis: Accipite Spiritum sanctum*, etc. « Jésus ayant dit ces paroles, il souffla sur eux, et leur dit: Recevez le Saint-Esprit, etc. » Ici se trouvent les trois choses nécessaires pour établir un sacrement : 1° l'institution divine : c'est Jésus-Christ qui parle à ses apôtres ; 2° le signe extérieur : il souffle sur eux ; 3° la grâce sanctifiante : il leur donne le Saint-Esprit. Outre la grâce conférée à celui qui le reçoit dignement, ce sacrement imprime en lui un caractère ineffaçable, que le ministre ne peut jamais perdre.

Par les paroles que nous venons de citer Jésus-Christ conféra à ses apôtres la plénitude du sacerdoce ; et les établit pontifes de la loi nouvelle. Devenus à leur tour dépositaires de la puissance ecclésiastique de Jésus-Christ, qui leur avait dit : « Comme mon Père m'a envoyé, je vous envoie de même, » les apôtres jugèrent à propos de conférer ce pouvoir à d'autres avec plus ou moins de plénitude, suivant les besoins de l'Eglise. Les premiers ministres qu'ils ordonnèrent avant de sortir de Jérusalem furent les diacres ; puis, étant sortis de la ville et ayant commencé à se répandre dans les autres villes, dans les provinces de l'empire romain, et parmi les nations étrangères, ils établissaient des évêques partout où ils avaient formé ce qu'on appelait une église, c'est-à-dire une assemblée plus ou moins nombreuse de chrétiens. Enfin, à mesure que le troupeau fidèle s'accroissait dans une ville ou dans une contrée, on ordonnait des anciens ou prêtres, auxquels on donnait à peu près le même pouvoir qu'aux évêques, mais d'une manière qui les rendait tout à fait subordonnés à ceux-ci ; bien que les prêtres eussent reçu dans leur ordination un pouvoir plus grand que celui des diacres et que leurs fonctions fussent différentes, ils n'eurent pas d'abord plus de juridiction que ceux-ci : c'était toujours l'évêque qui instruisait, qui baptisait, qui offrait le sacrifice, qui réconciliait les pénitents, etc. Les prêtres ne remplissaient ces fonctions que temporairement et en l'absence de l'évêque. Enfin les fidèles devinrent si nombreux qu'il fut impossible à l'évêque de remplir seul les fonctions ecclésiastiques ; ce fut alors que les prêtres reçurent une juridiction plus étendue, et qu'ils furent autorisés à présider au nom de l'évêque aux différentes cérémonies du culte, et à conférer les sacrements, sous l'autorité de l'évêque, particulièrement dans les bourgs et les campagnes éloignées du siége épiscopal. C'est alors aussi que l'on établit des ministres inférieurs pour aider les évêques, les prêtres et les diacres, ou pour le service des églises.

Suivant la doctrine universellement enseignée dans l'Eglise, les ministres ecclésiastiques reçoivent par l'ordination une double puissance ; savoir, la puissance d'ordre et la puissance de juridiction. La première regarde proprement la consécration du corps de Jésus-Christ et la faculté de remplir les fonctions saintes ; la seconde a rapport uniquement à son corps mystique, qui est l'Eglise. C'est par cette dernière puissance que les pasteurs ont droit de gouverner les fidèles en ce qui concerne le spirituel. L'évêque est le ministre du sacrement de l'ordre, parce qu'il réunit seul en sa personne la souveraineté et la plénitude du sacerdoce. Ainsi, selon la discipline présente, personne ne peut être ordonné que par son propre évêque, c'est-à-dire celui du lieu où il est né ou celui du lieu où il possède un bénéfice, à moins qu'il n'ait obtenu des lettres de dimissoire pour se faire ordonner par un autre évêque. Les ordinations faites par un évêque schismatique, hérétique ou excommunié, n'en sont pas moins valides, bien qu'illicites. Les Pères du premier concile de Nicée conservèrent aux Novatiens qui se réunirent à l'Eglise les honneurs et les prérogatives de l'ordre qu'ils avaient reçu dans leur secte, sans en excepter même l'épiscopat. Les évêques d'Afrique, au nombre de trois cents, offrirent aux évêques donatistes de leur abandonner leur siége s'ils voulaient rentrer dans le giron de la foi catholique.

On reconnaissait anciennement plus ou moins d'ordres ecclésiastiques, suivant les divers lieux et les différents temps. Le quatrième concile de Carthage, qui marque dans un grand détail les rites et les formules avec lesquels chacun des ordres devait être conféré, en compte neuf, savoir : des évêques, des prêtres, des diacres, des sous-diacres, des acolytes, des exorcistes, des lecteurs, des portiers et des chantres ou psalmistes. Le concile de Rome, que l'on dit s'être tenu sous le pape saint Sylvestre, en compte autant, et ne diffère du concile de Carthage qu'en ce qu'au lieu des chantres il met les gardiens des martyrs. Les Maronites admettent aussi neuf ordres, mais ils les comptent bien différemment, comme on le voit dans le livre qui contient le rite des ordinations : ce sont les chantres, les lecteurs, les sous-diacres, les diacres, les archidiacres, les prêtres, les archiprêtres, les chorévêques et les évêques. Aujourd'hui, dans nos églises, le nombre des ordres a été réduit à sept, en conservant la nomenclature du concile de Carthage ; seulement l'ordre des chantres a été supprimé, et l'épiscopat n'est considéré que comme un même ordre avec la prêtrise, et désigné par le nom commun de sacerdoce, quoique les évêques aient reçu de tout temps une consécration particulière, qui se fait avec plus d'appareil que l'ordination des prêtres, et qu'on n'ait jamais douté que cette bénédiction ne donnât des grâces particulières et un pouvoir plus étendu que celui de la prêtrise.

Les Grecs n'ont que cinq ordres, savoir : l'épiscopat, la prêtrise, le diaconat, le sous-diaconat et celui de lecteur. Le pape Innocent IV, en l'an 1254, tenta, dans une lettre à l'évêque de Tusculum, son légat en Chypre, d'amener les Grecs à l'usage des Latins sur ce point, mais inutilement ; ils s'en sont tenus à l'ancienne pratique qu'ils conservent encore aujourd'hui. Saint Epiphane néanmoins parle d'exorcistes, d'interprètes des langues, de portiers et de ceux qui avaient soin d'ensevelir les morts. Mais on ne voit pas que, dans l'Eglise grecque, ceux qui étaient chargés de ces fonctions aient fait partie du clergé; quoique l'on ne puisse nier que, dans certains endroits, quelques-uns d'entre eux n'aient pu être considérés comme étant de l'ordre ecclésiastique. Car on peut dire véritablement que sur cette matière il y a eu beaucoup de variété dans les diverses églises et dans les temps différents, et qu'on a établi ces ordres mineurs, qui tous sont renfermés éminemment dans le diaconat, suivant le besoin que l'on en a eu, et que l'occasion s'est présentée. En sorte que, dans les églises moins nombreuses, les diacres remplissaient les fonctions de tous ces ministres inférieurs, qui auraient été inutiles et même à charge au commencement de l'Eglise, et dans les temps et les lieux où les chrétiens étaient en petit nombre. Aussi, dans la primitive Eglise, ne voyons-nous pas ce grand nombre de ministres et de tant d'ordres différents. On n'y reconnaît que les évêques, les prêtres et les diacres, comme dit le pape Urbain II, dans un concile de Bénévent, et les apôtres n'ont fait d'ordonnances touchant les ministres de la religion que celles qui regardent ces trois ordres.

De là est venue la distinction des ordres en *majeurs et mineurs*. De tout temps, on a appelé ordres majeurs ceux dont il est fait mention dans les Actes des apôtres, l'épiscopat, la prêtrise et le diaconat. Le sous-diaconat, qui n'était anciennement qu'un ordre inférieur, a été depuis réputé ordre majeur, dans l'Eglise latine; car, dans l'Eglise grecque, il est encore au nombre des ordres mineurs. Ainsi, chez les Latins, les ordres majeurs sont actuellement au nombre de trois, savoir, le sacerdoce, comprenant l'épiscopat et la prêtrise, le diaconat et le sous-diaconat; les quatre ordres mineurs sont les degrés d'acolyte, d'exorciste, de lecteur et de portier. Les Grecs ont trois ordres majeurs, l'épiscopat, la prêtrise et le diaconat, et deux ordres mineurs, ceux de sous-diacre et de lecteur.

Dans l'Eglise latine, les ordres majeurs, appelés aussi sacrés, imposent à ceux qui les reçoivent l'obligation de se consacrer pour toujours aux devoirs et aux fonctions ecclésiastiques, de renoncer aux habitudes de la vie séculière, et de vivre dans le célibat. Les ordres mineurs, tout en imprimant une sorte de caractère, n'empêchent pas ceux qui les ont reçus de rentrer dans la vie du siècle.

Les femmes n'ont jamais été appelées à recevoir le sacrement de l'ordre; cependant plusieurs d'entre elles étaient, dans les premiers siècles, promues au degré de diaconesses ; elles recevaient pour cela une espèce d'ordination, qui leur était conférée par l'imposition des mains de l'évêque. Cependant elles n'ont jamais été considérées comme faisant partie du clergé, et elles n'avaient aucune fonction à remplir relativement au saint sacrifice. *Voy.* DIACONESSES.

Les protestants, qui ont conservé quelque hiérarchie ecclésiastique, ne reconnaissent en général que les degrés mentionnés dans les Actes des apôtres; les Anglicans les appellent évêques, prêtres et diacres; les Luthériens, surintendants, ministres et clercs. Les Calvinistes n'ont que des ministres.

ORDRES RELIGIEUX. On entend par ordre religieux, un corps de réguliers, qui font profession de vivre sous une règle approuvée par l'Eglise. Nous donnons ici la liste des principaux, avec la date de leur institution, le nom de leur fondateur, et leur maison-mère, ou le lieu où ils ont pris naissance.

Date.	Nom de l'ordre.	Fondateur.	Chef-lieu.
310	Antonins.	Saint Antoine.	Le mont de Nitrie, en Thébaïde.
320	Tabennites.	Saint Pacôme.	Tabenne, en Thébaïde.
363	Moines de Saint-Basile.	Saint Basile.	Mataza, dans le Pont.
395	Augustins.	Saint Augustin.	Hippone, en Afrique.
400	Carmes.	[Le prophète Elie (?).]	Le mont Carmel en Palestine.
420	Moines de Lérins.	Saint Honoré, évêque d'Arles.	L'île de Lérins.
529	Bénédictins.	Saint Benoît.	Le mont Cassin.
565	Moines de Saint-Colomban.	Saint Colomban.	L'Ecosse.
763	Chanoines réguliers.	Saint Chrodegand.	Metz.
910	Moines de Cluny.	L'abbé Bernon.	Cluny, en Bourgogne.
997	Camaldules.	Saint Romuald.	Camaldoli, en Italie.
1060	Moines de Vallombreuse.	Saint Jean Gualbert.	Vallombreuse, en Toscane.
1063	Chanoines réguliers.	Arnolfe.	Divers lieux.
1076	Ordre de Grandmont.	Etienne d'Auvergne.	Grandmont.
1088	Chartreux.	Saint Bruno.	La Chartreuse.
1095	Saint-Antoine de Viennois.	Gaston, du Viennois.	Vienne en Dauphiné.
1098	Cisterciens.	Saint Robert.	Citeaux en Bourgogne.
1104	Hospitaliers ou Joannites.	Le B. Gérard.	Jérusalem.
1107	Chanoines réguliers de Saint-Ruf.	Saint Ruf, évêque de Lyon.	Valence en Dauphiné.
1117	Ordre de Fontevrault.	Robert d'Arbrisselles.	Fontevrault.
1118	Templiers.		Jérusalem.
1120	Chanoines réguliers de Prémontré.	Saint Norbert.	Prémontré.

Date.	Nom de l'ordre.	Fondateur.	Chef-lieu.
1124	Congrégation du Mont-de-la-Vierge.	Guillaume de Verceil.	Royaume de Naples.
1148	Gilbertins.	Gilbert Sempingan.	Diocèse de Lincoln.
1152	Ermites de Saint-Guillaume.	Guillaume duc d'Aquitaine.	Malavalle près de Sienne.
1160	Religieux de Sainte-Croix.		
1170	Béguines.	Lambert Beigh (?)	Diocèse de Liége.
1190	Les Humiliés.		Milan.
1197	Trinitaires.	Saint Jean de Matha.	Diocèse de Meaux.
1198	Chevaliers du Saint-Esprit.	Gui.	Montpellier.
1203	Ordre de Mont-Dieu.	Alexandre.	Diocèse de Spire.
1205	Carmes.	Albert, patron de Jérusalem.	Réunis en divers lieux.
1208	Franciscains ou Cordeliers, ou Frères-Mineurs.	Saint François d'Assise.	Assise.
1212	Clarisses.	Sainte Claire.	Eglise de Saint-Damien, près d'Assise.
1212	Ordre du Val-des-Ecoliers.	Guillaume.	Diocèse de Langres.
1213	Ordre du Val-des-Choux.	Viard.	Diocèse de Langres.
1215	Dominicains ou Frères-Prêcheurs.	Saint Dominique.	Boulogne.
1215	Ermites de Saint-Paul.	Eusèbe, archevêque de Strigonie.	Bade en Hongrie.
1218	Ordre de la Merci.	Saint Raymond de Penpafort.	Barcelone.
1221	Tiers ordre de Saint-François.	Saint François d'Assise.	Poggi-Bonzi, en Toscane.
1231	Sylvestrins.	Sylvestre Gonzolin.	Osma.
1241	Chanoines réguliers de Saint-Marc.		
1251	Augustins de la Pénitence.		Marseille.
1271	Célestins.	Pierre d'Iserne.	Le mont Murhon, près de Sulmone.
1276	Ermites de Saint-Augustin.		
1313	Congrégation du mont Olivet.	Bernard Ptolomée.	Mont Olivet en Toscane.
1363	Religieuses de Sainte-Brigitte.	Sainte Brigitte.	En Danemark.
1367	Jésuates.	Jean Colombin.	Sienne.
1374	Jéronimites.	Pierre Ferrand.	En Espagne.
1376	Frères de la Vie Commune.	Gérard.	En Flandre.
1380	Ermites de Saint-Jérôme.	Pierre Gambacurta.	En Italie.
1380	Congrégation Fésulane.	Le B. Charles.	Fiezzoli.
1395	Congrégation Frisonnaire.	Barthélemi Colonne.	En Toscane.
1408	Congrégation de Sainte-Justine.	Louis Barbe.	Au mont Cassin.
1408	Scopetins.	Etienne de Sienne.	Près de Sienne.
1419	Observantins.	Bernardin de Sienne.	En divers lieux.
1425	Religieux de Saint-Bernard.	Martin Vasga.	En Espagne.
1429	Congrégation de Bursfeld.	Jean Rodius.	Trèves.
1432	Carmes Mitigés ou Billiettes.		
1433	Congrégation de Saint-Ambroise.		Milan.
1435	Minimes.	Saint François de Paule.	En Calabre.
1444	Augustins de Lombardie.	Grégoire Rocchius.	En Lombardie.
1484	Barnabites.		
1493	Pénitentes ou Repenties.		Paris.
1498	Annunciades.	La B. Jeanne	Bourges.
1524	Théatins.	Jean-Pierre Caraffa.	Théate ou Chieti.
1525	Capucins.	Mathieu Baschi.	Pise.
1531	Somasques.	Jérôme Emiliani.	Pavie.
1532	Recollets.	Jean de Guadalupe.	En Espagne.
1533	Barnabites de Saint-Paul.	Jacques-Antoine Morigia.	Milan.
1540	Jésuites.	Saint Ignace de Loyola.	Paris.
1568	Carmes Déchaussés.	Sainte Thérèse.	En Espagne.
1571	Pères de la Doctrine chrétienne.		
1572	Frères de la Charité.	Saint Jean-de-Dien.	Grenade.
1577	Feuillants.	Jean Barreria.	Diocèse de Toulouse.
1579	Religieux de Saint-Basile.	Saint Basile.	Venue d'Orient.
1588	Clercs-Mineurs.	Augustin Adorne.	Gênes.
1595	Augustins Déchaux.		

Date.	Nom de l'ordre.	Fondateur.	Chef-lieu.
1595	Trinitaires Déchaux.		
1608	Dominicains Réformés.	Jean Michaélis.	En France.
1610	Religieuses de la Visitation.	Sainte Jeanne-Françoise de Chantal.	Annecy en Savoie.
1611	Ursulines.	Marie Lhuillier de Sainte-Beuve.	Paris.

Nous croyons devoir passer sous silence la multitude presque infinie de congrégations religieuses tant d'hommes que de femmes, qui se sont élevées en France et ailleurs depuis cette dernière époque. On en trouve une partie dans ce Dictionnaire; quant aux ordres religieux en général, nous renvoyons au Dictionnaire spécial qui fait partie de cette Encyclopédie.

Tous ces ordres religieux avaient été abolis en France par le décret du 13 février 1790. Mais ce décret se trouve comme abrogé par les Chartes de 1814 et de 1830, et surtout par la Constitution de 1848. Aussi plusieurs des anciens ordres qui avaient rendu tant de services à la religion, à la société, aux sciences et aux lettres, se relèvent maintenant en France avec l'autorisation ou la tolérance du gouvernement.

ORDRISE, divinité particulière aux Thraces, qui croyaient en tirer leur origine.

ORÉADES ou ORESTIADES, nymphes des montagnes (en grec ὄρος). Ce nom se donnait aussi aux nymphes de la suite de Diane, parce qu'elles chassaient dans les montagnes avec cette déesse.

ORÉBITES, hérétiques qui appartenaient à la secte des Hussites; ils parurent dans la Bohême, vers l'an 1418, et commirent d'horribles cruautés, particulièrement envers les prêtres catholiques. Ils furent appelés *Orébites*, parce qu'ils avaient choisi le mont *Oreb* pour le lieu de leur retraite; tandis qu'une autre fraction de Hussites, s'étant retranchés sur le mont Thabor, à la suite de Jean Zisca, furent de là appelés Thaborites. *Voy.* HUSSITES, CALIXTINS, THABORITES.

ORGÉONS, ORGÉONES et ORGIASTES, prêtres et prêtresses de Bacchus qui présidaient à la célébration des mystères appelés Orgies.

ORGIES, fêtes en l'honneur de Bacchus; ce nom vient du mot ὀργή, colère, à cause de la fureur divine dont ceux qui les célébraient étaient transportés. « Il y avait en Grèce, dit Noël, trois solennités de ce nom: celles de Bacchus, celles de Cérès, et celles de Cybèle, et toutes trois avaient des cérémonies communes. Celles de Bacchus se célébraient tous les trois ans, de là l'épithète de *triétériques*, que leur donne Virgile. Dans les commencements les Orgies étaient peu chargées de cérémonies. On portait seulement en procession une cruche de vin avec une branche de sarment; puis suivait le bouc qu'on immolait comme odieux à Bacchus, dont il ravageait les vignes; ensuite paraissait la corbeille mystérieuse suivie des Phallophores. Mais cette simplicité ne dura pas longtemps, et le luxe introduit par les richesses passa dans les cérémonies religieuses. Le jour destiné à cette fête, les hommes et les femmes, couronnés de lierre, les cheveux épars, et presque nus, couraient à travers les rues, criant comme des forcenés : *Evohe, Bacche!* etc. Au milieu de cette troupe on voyait des gens ivres, vêtus en satyres, en faunes et en Silène, faisant des grimaces et des contorsions où la pudeur était peu ménagée. Venait ensuite une troupe montée sur des ânes, suivie de faunes, de bacchantes, de thyiades, de mimallonides, de naïades, de nymphes et de tityres, qui faisaient retentir la ville de leurs hurlements. Après cette troupe tumultueuse, on portait les statues de la Victoire, et des autels en forme de ceps de vignes, couronnés de lierre, où fumaient l'encens et autres aromates. Puis arrivaient plusieurs chariots chargés de thyrses, d'armes, de couronnes, de tonneaux, de cruches et autres vases, de trépieds et de vans. De jeunes filles marchaient à la suite, et portaient les corbeilles où étaient enfermés les objets mystérieux de la fête; c'est pour cela qu'on les nommait Cistophores. Les Phallophores les suivaient avec un chœur d'Ityphallophores habillés en faunes, contrefaisant des personnes ivres, et chantant en l'honneur de Bacchus des hymnes dignes de leurs fonctions. La procession était fermée par une troupe de bacchantes couronnées de lierre entrelacé d'if et de serpents. Au milieu de ces fêtes, des femmes nues s'y donnaient le fouet, d'autres se déchiraient la peau; enfin on y commettait tous les crimes qu'autorisent l'ivresse, l'exemple, l'impunité et la licence la plus effrénée. Aussi l'autorité se vit-elle obligée de les interdire; Diagondas les abolit à Thèbes, et un sénatusconsulte, qui parut à Rome, l'an 566 de la fondation de cette ville, les défendit sous peine de mort, et pour toujours, dans toute l'étendue de l'empire. »

ORGIOPHANTES, principaux ministres ou sacrificateurs dans les Orgies. Ils étaient subordonnés aux Orgiastes, ou femmes qui présidaient à ces fêtes; car, chez les Grecs, c'était aux femmes qu'appartenait la haute administration des mystères de Bacchus.

ORGUE, instrument de musique, réservé presque exclusivement à l'usage du culte catholique, car ces petits instruments portatifs, que l'on a, dans ces derniers temps, confectionnés pour les salons, ne sont pas des orgues proprement dits. Les grands orgues doivent réunir dans leurs innombrables tuyaux le son de tous les instruments de musique les plus harmonieux; et lorsqu'ils sont convenablement touchés par une main habile, rien ne contribue davantage à la majesté du culte divin, et n'est plus propre à élever l'âme et à exciter en elle des sentiments religieux. Malheureusement la direction des orgues est confiée trop souvent à des artistes étrangers à la chaste harmonie des choses divines, et qui, par des mélodies profanes et mondaines, cherchent à s'attirer les applaudissements des esprits légers et superficiels.

La plupart des historiens rapportent que le premier orgue qu'on ait vu en France, fut envoyé au roi Pepin, en 757, par l'empereur Constantin Copronyme. Si l'on en croit le témoignage de Walafride Strabon, lorsque l'on commença à toucher l'orgue, en France, pendant le service divin, une femme, entendant pour la première fois les sons harmonieux de cet instrument, tomba dans un ravissement et dans une extase qui furent suivis de la mort.

L'orgue a été conservé par les Anglicans et par les sectes luthériennes.

ORGYIES, petites idoles que gardaient précieusement les femmes initiées aux mystères de Bacchus. Dans les fêtes de ce dieu elles prenaient ces petites statues et les emportaient dans les bois en poussant des hurlements.

ORIENT (Église d'). On comprend en général sous ce nom toutes les Églises qui suivent un rite autre que celui de l'Église latine ou d'Occident : tels sont les Grecs, les Arméniens, les Géorgiens, les Syriens, les Chaldéens, les Arabes, les Coptes, les Éthiopiens, les Melchites, les Nestoriens, les chrétiens du Malabar; on peut y joindre les Slavons ou Russes. Les chrétiens des Indes, de la Birmanie, du Tunkin, de la Chine, etc., bien que sous une longitude plus orientale que ceux que nous venons de citer, n'appartiennent point à l'Église d'Orient, mais à l'Église latine, parce qu'ils suivent le rite latin.

ORIFLAMME (plusieurs anciens écrivent *Auriflamme*, flamme d'or), bannière qui, sous les anciens rois de France, était portée pendant la guerre à la tête de nos armées ; en temps de paix elle était déposée dans l'abbaye de Saint-Denis. Suivant la tradition, l'oriflamme aurait été donnée par Dieu à Clovis ; le dépôt en était confié à l'église de Saint-Denis, parce que ce saint était le patron de la France. Quelques-uns pensent que l'oriflamme était la bannière particulière de l'abbaye de Saint-Denis ; car autrefois toutes les églises et tous les monastères avaient de semblables bannières ; et lorsque leur territoire était menacé par l'ennemi, on remettait cette bannière entre les mains d'un seigneur qui était leur avoué et leur défenseur, afin qu'il la fît porter à la tête des troupes qu'il avait levées pour la défense des biens de l'Église. Ainsi l'oriflamme n'aurait servi d'abord que dans les guerres où l'abbaye de Saint-Denis était intéressée. Le comte de Vexin, protecteur de ce monastère, avait seul le droit de la faire porter. Elle n'aurait paru dans les armées de nos rois, que lorsque Louis VI, dit le *Gros*, eut acquis le comté de Vexin. Ce prince l'aurait fait porter pour la première fois, l'an 1124. Ses successeurs, dans toutes leurs guerres, n'oublièrent jamais l'oriflamme, qu'ils allaient recevoir, avant de partir, des mains de l'abbé de Saint-Denis. L'ancienne oriflamme aurait été tout à fait perdue, suivant une tradition, sous Philippe de Valois, pendant la guerre de Flandres. Cependant on en porta une autre, sous Charles VI, à la bataille de Rosbec, en 1382 ; depuis cette époque il n'en est plus fait mention.

On a différentes descriptions de l'oriflamme, qui ne s'accordent point parfaitement entre elles. « L'auriflamme, dit André Duchesnes, cette bannière de vermeil toute semée de fleurs-de-lys d'or, que l'on dit avoir esté envoyée du ciel au grand Clovis. »

Guillaume Guiart l'a décrite en ces termes dans son roman :

Oriflamme est une bannière,
Aucun poi plus forte que guimple,
De cendal roujoiant et simple,
Sans pourtraiture d'autre affaire.

Un ancien inventaire de Saint-Denis en faisait cette autre description :

« Étendard d'un sandal fort épais, fendu par le milieu en forme de gonfanon, fort caduque, enveloppé d'un bâton couvert de cuivre doré et un fer longuet aigu au bout. »

« C'était, dit enfin un auteur moderne, un étendard de taffetas rouge à trois pointes garnies de houppes vertes sans franges d'or, et suspendu à une lance de bois doré ou de bois blanchi. »

On peut faire acorder ces différentes versions : la bannière s'usait ; il fallait remplacer tantôt la lance, tantôt l'étoffe, et l'oriflamme changeait de siècle en siècle et se modifiait comme toutes choses, sans cesser cependant d'être elle-même.

ORIGÉNISTES, 1° hérétiques du III° siècle, qui appuyaient leurs erreurs sur les sentiments philosophiques d'Origène. « Le christianisme, dit M. Bonnetty, commençait alors à compter dans le monde savant. En face de cette école d'Alexandrie, recueil de toutes les erreurs philosophiques, les chrétiens venaient d'élever une école, où ils enseignaient les lettres divines et humaines. A saint Clément d'Alexandrie succéda Origène, un des docteurs les plus distingués de l'Église, et dont l'érudition et l'éloquence attiraient en grand nombre les chrétiens et les païens. Il fut surnommé *Adamantius* à cause de son assiduité au travail, de la multitude de ses écrits, et de son courage dans les épreuves auxquelles il fut exposé. Rien de moins prouvé que les accusations portées contre lui. Le principal reproche qu'on lui a fait, celui qui paraît le plus fondé, c'est d'avoir voulu un peu trop faire accorder les idées philosophiques avec les dogmes chrétiens : ce qui ne doit pas pourtant surprendre dans un homme qui, dans l'intérêt de la religion, et à cause de sa qualité de professeur de philosophie dans la première école du monde, était dans des relations continuelles et des discussions journalières avec tous les philosophes de ce temps-là. D'ailleurs, quelles qu'aient été ses erreurs, on ne peut le ranger au nombre des hérétiques, puisque l'Eglise ne l'a pas condamné ; cependant il est certain que quelques personnes abusèrent de son nom et de son autorité pour répandre des erreurs. Ce sont ceux qui furent condamnés sous le nom d'*Origénistes*. »

Dans son traité des Principes, Origène a pour but principal de renverser les hérésies de Valentin, de Marcion et autres semblables, qui, pour expliquer la cause du mal, avaient inventé deux principes, et voulaient qu'il y eût des esprits et des hommes de deux natures différentes ; les uns essentiellement bons, les autres essentiellement mauvais. Origène établit au contraire qu'il n'y a que Dieu qui soit, de sa nature, bon et immuable ; que toute créature est sujette au changement, et capable de bien ou de mal ; que la cause du mal est l'imperfection de la créature raisonnable, qui, usant mal de la liberté, déchoit de la perfection de son origine, par sa propre faute. Il établit donc pour fondement le libre arbitre qu'il prouve solidement, et par la raison et par l'Ecriture, répondant à tous les passages dont les hérétiques abusaient pour les combattre. Mais il en pousse trop loin les conséquences ; car, il prétend que l'inégalité des créatures n'est que l'effet de leur mérite. Selon lui, Dieu a créé avant les corps un certain nombre d'esprits égaux, qui pour la plupart ont failli, et, selon le degré de leurs fautes, ont été attachés à divers corps, créés exprès pour les punir ; en sorte que de purs esprits ils sont devenus des âmes qui ont animé ou des anges, ou des astres ou des hommes. Les anges sont ainsi composés d'âmes et de corps très-subtils, et suivant leur mérite, ils sont appliqués à différents ministères. Il en est de même des astres, qui sont animés, et servent de réceptacle à des esprits moins coupables que ceux qui habitent ce bas monde. Celui de tous les esprits qui, dès le commencement, s'est attaché à Dieu par une charité plus parfaite, a mérité de lui être uni d'une manière plus excellente, pour n'en être jamais séparé ; c'est l'âme de Jésus-Christ. Tous les autres esprits sont sujets à changer de bien en mal, et de mal en bien. La félicité des bienheureux ne les rend pas impeccables, de peur qu'ils ne s'attribuent cet avantage à eux-mêmes plutôt qu'à Dieu ; le démon d'ailleurs cessera un jour d'être ennemi de Dieu ; sa mauvaise volonté étant détruite, afin que Dieu soit tout en tous. Mais cela n'arrivera qu'après une longue suite de siècles ; car après ce monde, il y en aura un autre et plusieurs autres, comme il y en a eu plusieurs avant ; il n'y aura même jamais de temps sans monde, et il n'y en a jamais eu, car Dieu n'est jamais oisif. Ainsi d'après ces principes se trouvait expliqué le péché originel, et les peines de ce monde ou de l'autre étaient purement médicinales, par conséquent elles n'étaient pas éternelles.

Mais ces idées platoniciennes n'étaient données par lui que comme des opinions soumises au jugement du lecteur ; car, après avoir exposé la foi de l'Eglise catholique et ce qu'elle enseigne universellement, il traite tout le reste comme des questions problématiques, sur lequel il propose ses pensées avec une grande modestie. Au reste, il est certain que ses ouvrages furent falsifiés par des hérétiques qui avaient intérêt à insinuer leurs opinions erronées sous le patronage d'un aussi grand génie. Voici comme il s'en explique lui-même dans une de ses lettres : « Un certain hérésiarque, après que nous eûmes disputé en présence de plusieurs personnes, prit la relation des mains de ceux qui l'avaient écrite, y ajouta, en ôta, y changea tout ce qu'il voulut, faisant paraître sous mon nom ce qu'il avait écrit lui-même, et m'insultant. Nos frères de Palestine en furent indignés, et m'envoyèrent un homme à Athènes pour avoir l'original. Je ne l'avais ni lu ni revu, et je l'avais tellement négligé que j'eus de la peine à le trouver. Je l'envoyai toutefois, et je prends Dieu à témoin, qu'ayant été trouver celui qui avait falsifié cet écrit, comme je lui demandais pourquoi il l'avait fait, il me répondit, comme pour me satisfaire, qu'il avait voulu orner et corriger notre dispute. Voyez quelle correction. C'est ainsi que Marcion ou Apelles, son successeur, ont corrigé les évangiles et saint Paul. » Origène en cite encore d'autres exemples. Or, si l'on falsifiait ses ouvrages pendant sa vie, les hérétiques durent user d'une liberté plus grande encore après sa mort.

2° Une autre secte d'*Origénistes* suivait la doctrine d'Origène, Égyptien de nation, et surnommé l'*impur*, sans doute pour le distinguer du grand génie dont nous venons de parler. Origène l'impur enseignait que le mariage était une invention du démon ; qu'il était permis de suivre tout ce que la passion suggérait de plus infâme, afin que l'on empêchât la génération par telle voie que l'on pourrait inventer, même par les plus exécrables. Cette doctrine infâme trouva des partisans qui, bien que rejetés avec horreur par toutes les Eglises, se perpétuèrent néanmoins jusqu'au v° siècle.

3° Enfin on donne quelquefois le nom d'*Origénistes*, à ceux qui se mutilent, à l'imitation d'Origène, croyant faire une action méritoire, en se soustrayant pour toujours à l'occasion de pécher.

ORION, 1° nom du dieu de la guerre chez les Parthes.

2° Personnage mythologique des anciens Grecs, qui le placèrent dans le ciel, où il forme une des constellations les plus grandes et les plus magnifiques. Orion, disent-ils, était un géant énorme, fils d'un taureau, ou, suivant d'autres, de Neptune et Euryale ; il pouvait traverser sans danger les eaux les plus profondes. Adonné à la chasse, il était devenu la terreur des forêts. Croyant que rien ne devait lui résister, il osa aspirer à la main de Mérope, fille d'OEnopion, de l'île de Chio ; mais celui-ci, irrité de son audace, lui creva les yeux sur les bords de la mer ;

mais Orion recouvra la vue lorsqu'il fut arrivé à l'Orient, où il s'était fait conduire. Devenu amoureux de l'Aurore, il perdit la vie par la jalousie ou la vengeance de Diane, qui suscita contre lui un scorpion dont la piqûre lui causa la mort.

Ce récit est une allégorie ingénieuse qui retrace une leçon d'astronomie. Orion est la constellation la plus brillante, celle qui occupe une plus vaste étendue : elle a l'air d'un colosse qui s'élance au haut des cieux ; aussi est-elle appelée un géant, et son nom est *Orion*, qui dans les langues orientales signifie l'étincelant, l'éclatant (*or*, *ora*, lumière ; *ori*, *orion*, lumineux). Il est fils du Taureau ; car il se lève à la suite de ce signe zodiacal. Il passe sans péril les eaux les plus profondes ; car il a ses pieds dans le fleuve Éridan, constellation céleste, et ce fleuve ne lui va pas aux chevilles. C'est un chasseur déterminé, car il en a tout l'équipage ; à sa suite sont les deux chiens ; devant lui le lièvre qui s'enfuit. Il perd la vue sur le bord de la mer ; car cette constellation étant arrivée à l'Occident, côté de l'univers que les Orientaux appelaient la mer, disparaît à la vue et ne se lève plus qu'avec le soleil. C'est OEnopion qui lui crève les yeux ; ce nom signifie en effet œil aveuglé, dans les langues de l'Orient (*aïn*, *oin*, œil, *ob* ou *oph*, obscurci). C'est pour le punir d'avoir aimé Mérope ; mais ce mot signifie en grec le genre humain, avec lequel Orion allait se lever, lorsqu'il disparaît tout à coup. Il ne recouvre la vue qu'en Orient ; car ce n'est qu'en y reparaissant là, au bout de six mois, qu'il brille de nouveau. S'il périt par la piqûre d'un scorpion, c'est que, lorsque le scorpion céleste se lève, Orion se couche ou expire. Enfin, si l'on en a fait un chasseur, si on lui en a donné l'équipage, c'est parce que cette constellation se lève dans le temps que s'ouvre la chasse.

ORIOS, le dieu Terme.

ORISSA (1), nom que les nègres de la côte de Benin donnent à leur divinité suprême. Ils conçoivent ce dieu comme une nature invisible qui a créé le ciel et la terre, et qui continue de gouverner le monde par les lois d'une profonde sagesse. Ils croient qu'il est inutile de l'honorer parce qu'il est essentiellement bon ; au lieu que le diable étant un esprit méchant qui peut leur nuire, ils se croient obligés de l'apaiser par des prières et des sacrifices.

ORMUZD, le génie du bien, le bon principe des anciens Perses, et de leurs descendants actuels, appelés Parsis ou Guèbres. Son nom a été orthographié par les Grecs *Oromaze* ou *Oromazdès* ; dans la langue zend, il est écrit *Ahura-mazda*, que l'on traduit communément par *la grande lumière* (M. Burnouf en donne une autre étymologie ; *voy.* DIEU n° VIII, 2). En écriture persépolitaine on lit *Auramazda*. Les historiens du Bas-Empire écrivent *Hormisdas*; les Mongols et les autres Tartares, *Khormozda*, *Khourmousta*, etc.

Il est certain que, dans les temps les plus anciens, les Perses n'admettaient qu'un principe unique de toutes choses, éternel, universel, excellent en bonté, tout-puissant, etc. Ils l'appelaient *Zérouané Akéréné*, le temps sans bornes. Dans la suite cette divinité suprême, voulant procéder à la création des êtres, commença à produire deux principes secondaires, la lumière et les ténèbres ; la lumière était *Ormuzd* ; les ténèbres *Ahriman*.

Le premier était avec la science souveraine et la pureté dans la lumière du monde ; ce séjour était la lumière primordiale, tandis que la science souveraine, production d'Ormuzd, est la loi. Mais Ahriman était dans les ténèbres avec sa loi, et le lieu ténébreux qu'il habitait étaient les ténèbres primitives.

Ormuzd, le chef de la lumière, fut occupé pendant trois mille ans à créer les êtres lumineux, les étoiles, le soleil, la lune, les planètes, et six génies qui font avec lui les sept Amschaspands, pour le seconder dans toutes ses opérations. Celles-ci furent parfaites et sans aucun mélange de ténèbres ou de mal, parce qu'Ormuzd put s'y livrer sans trouble. Ahriman était lié ; mais au bout des trois mille ans, le génie du mal fut délié ; il créa à son tour six génies malfaisants, et ils s'occupèrent à faire évanouir et à troubler tout ce qu'Ormuzd produisait. De là les désordres ou le mélange de mal et de bien qui règne ici-bas. La durée de la création par Ormuzd fut ainsi de six mille ans ; trois mille ans pendant lesquels il travailla seul, et trois mille ans pendant lesquels il fut traversé par Ahriman. Ce monde ne doit durer selon la doctrine des Mages, que le même espace de temps ; en tout douze mille ans.

Entre les astres produits par Ormuzd, il y eut quatre constellations répondant aux quatre côtés du monde, qui furent chargées de veiller sur toutes les étoiles ; on les appelle, dans le Boundehesch, Taschter ou Tir, Satevis, Venand et Haftorang. La première est le gardien de l'orient ; la seconde, de l'occident ; la troisième, du midi ; et la quatrième, du septentrion. Ce sont celles que nous nommons Sirius ou la Canicule, les Hyades, Orion et la grande Ourse. Ormuzd assigne ensuite aux planètes les douze signes du zodiaque, divisés en vingt-huit constellations.

Ormuzd et ses génies créèrent notre globe dans l'espace de six époques, qui forment, selon les Persans, une révolution d'années, ou de trois cent soixante-cinq jours, qu'ils distribuent ainsi : le ciel ou l'atmosphère, en quarante-cinq jours ; l'eau en soixante : la terre en soixante-quinze ; les arbres en cinquante ; les animaux en quatre-vingts ; l'homme en soixante-quinze. En créant l'homme, Ormuzd dit : « Je lui ai donné le monde ; je l'ai créé pour être roi du temps, pour faire la guerre aux Dews et pour les écarter. » En même temps l'intelligence qui sait tout, anima les hommes en portant les âmes dans leurs

---

(1) Dans quelques ouvrages, je lis *Ovissa*, ce qui est sans doute une faute.

corps, et elle leur dit : « Quel avantage ne retirerez-vous pas de ce que, dans le monde, je vous donnerai d'être dans des corps ; combattez et faites disparaître les mauvais génies, et je vous rétablirai dans votre premier état : vous serez heureux et immortels. »

Telle est la divinité que les Parsis adorent comme le bon principe, comme la personnification de la lumière primordiale créée par le Tout-Puissant ; et, peut-être comme le verbe et la parole éternelle, fondement de toute existence, et source de tout bien. C'est lui que l'on invoque devant le feu, qui est regardé comme son image la plus pure ; c'est lui qui est supposé avoir instruit Zoroastre ; et lui avoir inspiré la réforme de l'ancien culte. Voy. AHRIMAN, AMSCHASPAND, etc.

ORNÉES, fêtes célébrées en l'honneur de Priape, à Colophon, ville d'Ionie. Le dieu n'y avait pour ministres que des femmes mariées. Les ornées tiraient sans doute leur nom de la ville d'Ornéa où elles furent d'abord solennisées.

ORNÉOSCOPES et ORNITHOSCOPES, augures qui, chez les Grecs, observaient le vol des oiseaux, leur chant, leur manière de manger, pour en tirer des présages.

ORNITHOMANCIE, divination tirée du vol, du cri ou du chant des oiseaux.

ORO, ou ORO MATOU, dieu des Taïtiens, fils de Taaroa ; d'autres le font fils de Tane, et supposent qu'il forme une triade sacrée avec son père et Taaroa, qui est le dieu esprit ou oiseau. Suivant Dumont d'Urville, Oro, divinité nationale de Taïti, prit une femme qui lui donna deux fils, et ces quatre divinités, réunies aux deux dieux principaux, Taaroa et sa femme Ofeou-feou-maïteraï, engendrée de la nuit, formaient une espèce d'exarchie céleste, qui paraissait être la combinaison la plus accréditée. Les deux fils d'Oro étaient Teriapotououra et Tetormata. Une autre légende, rapportée par Ellis, donne d'autres détails sur ce dieu. Oro forma le dessein de prendre une épouse parmi les filles de Taata, le premier homme. En conséquence, il dépêcha deux de ses frères, pour chercher une compagne digne de lui. Ils parcoururent tout l'archipel, depuis Taïti jusqu'à Borabora, et ce fut là seulement qu'ils purent accomplir l'objet de leur mission. Au pied de la montagne aux flancs rouges, ils aperçurent Vaïri-imati, et à son aspect ils se dirent : Voici une femme qui convient à notre frère. Alors ils remontèrent au ciel en toute hâte, et apprirent à Oro l'heureux succès de leur voyage. Oro tendit l'arc-en-ciel sur les nuées, de manière qu'une des extrémités s'appuyât sur la montagne aux flancs rouges, et formât un chemin du ciel à la terre. Le dieu descendit par cette voie ; il vit Vaïri-imati, et il l'épousa. Chaque soir, il quittait le séjour des nuages pour se rendre auprès d'elle, et, le lendemain matin, il regagnait par l'arc-en-ciel les régions éthérées. Cependant ses absences continuelles furent remarquées par ses deux plus jeunes frères Ourou-tetefa et Oro-tetefa. Ils entreprirent de suivre ses traces, et, descendant par la même voie, ils le découvrirent assis près de sa femme. Comme ils étaient honteux de les aborder sans avoir un présent à leur offrir, un d'entre eux se transforma aussitôt en un porc et en une touffe de plumes rouges (ourou), et l'autre donna ce riche cadeau aux deux époux. Le porc et les plumes restèrent ce qu'ils étaient mais le dieu qui y était caché reprit sa première forme. Une telle marque d'attention toucha vivement Oro ; et pour récompenser ses frères, il les éleva au rang des dieux, et les institua Aréoïs. En commémoration de cette métamorphose, les Aréoïs, dans chacune de leurs fêtes, sacrifiaient un porc et déposaient sur l'autel une touffe de plumes rouges. Les deux frères qu'Oro avait faits dieux et rois des Aréoïs vécurent dans le célibat et n'eurent point de postérité ; c'est pourquoi ceux qui se dévouèrent à leur culte purent se marier, mais il leur fut défendu d'avoir des enfants. Voy. ARÉOÏS.

Oro était un dieu sanguinaire et cruel ; son culte exigeait toujours des sacrifices humains ; mais il semble que le trépas ne suffisait pas pour satisfaire cette divinité féroce ; les insulaires étaient persuadés que l'encens le plus agréable pour lui étaient les angoisses de la douleur, les tortures d'un être souffrant, et la longue agonie d'un malheureux se débattant contre les tourments sans cesse renaissants, jusqu'à ce qu'un trépas vivement attendu vînt l'y soustraire. Ainsi les victimes attachées aux arbres des Moraïs étaient frappées avec des bâtons pointus, couvertes de blessures mortelles, et expiraient dans une lente agonie, en poussant des cris de douleur et de rage.

Lorsque l'île fut convertie au christianisme, le grand bloc qui représentait ce dieu, servit, dans la cuisine du roi Pomaré, à supporter les corbeilles remplies de vivres qu'on y suspendait.

ORO-MATOUA, idoles des anciens Taïtiens, qui étaient destinées à rappeler la mémoire des parents décédés, aux âmes desquels on adressait des prières pour les bonnes actions, et pour obtenir la guérison des malades.

OROMAZE, nom que les Grecs donnaient à Ormuzd, le bon principe des Perses. Personne, parmi les anciens, n'a parlé du magisme avec plus d'étendue et d'exactitude que Plutarque. C'est pourquoi, nous allons rapporter ici ce qu'il dit d'Oromaze, afin qu'on puisse le comparer à ce que nous avons dit d'Ormuzd et d'Ahriman.

« Plusieurs croient qu'il y a deux dieux, tellement fixés par leur nature à des inclinations contraires, que l'un fait toujours le bien, et l'autre toujours le mal. Ils appellent dieu le bon principe, et démon le mauvais ; et c'est ainsi que pensait le mage Zoroastre, qui nomma *Oromaze* le premier de ces dieux, et *Arimane* le second ; et se servant d'une comparaison tirée des choses sensibles, il disait qu'Oromaze était tout à fait semblable à la lumière ; et Arimane aux ténèbres et à l'ignorance. Il ajoutait que

Mithra tient le milieu entre ces dieux, et que par cette raison, les Perses appellent Mithra, le mitoyen ou le médiateur. Au reste, ils attribuent à Oromaze tous les événements heureux, et les sinistres à Arimane. Zoroastre, en conséquence, apprit à sacrifier à l'un de ces dieux, pour lui demander toutes sortes de biens, ou pour l'en remercier, et à l'autre, pour détourner les maux et tout ce qui est malheureux (1). En effet, les Perses broient je ne sais quelle herbe, qu'ils appellent *omomi* dans un mortier, et invoquent Pluton et les ténèbres; puis mêlant cette herbe avec le sang d'un loup qu'ils ont immolé, ils la portent et la jettent dans un lieu obscur où le soleil ne pénétra jamais. Car ils croient que parmi les herbes et les plantes, il y en a qui appartiennent au dieu bon, et d'autres au mauvais démon; idée qu'ils étendent aux animaux, attribuant à Dieu les chiens, les oiseaux, les hérissons terrestres; et au mauvais démon les animaux aquatiques : c'est pourquoi ils font un mérite à ceux qui tuent le plus grand nombre qu'ils peuvent de ces animaux. Ces sages disent beaucoup d'autres choses incroyables touchant les dieux ; entre autres, qu'Oromaze, né de la lumière la plus pure, et Arimane, des ténèbres, se font mutuellement la guerre; que le premier a engendré six dieux, qui sont la Bienveillance, la Vérité, le Bon ordre, la Sagesse, la Richesse et la Joie vertueuse; que le second en a de même engendré six, contraires aux premiers; qu'ensuite Oromaze s'étant fait lui-même trois fois plus grand qu'il n'était, s'est élevé au-dessus du soleil, autant que le soleil est au-dessus de la terre; et qu'il a orné le ciel d'étoiles, dont une entre autres (la canicule) avait été établie comme la sentinelle des cieux, ou la garde avancée des astres; qu'il fit, outre cela, vingt-quatre autres dieux, qui furent mis dans un œuf; que ceux qui furent produits par Arimane, aussi au nombre de vingt-quatre, percèrent l'œuf, et mêlèrent ainsi les maux avec les biens; mais qu'il viendra un temps marqué par les destins, où Arimane, après avoir amené la peste et la famine, sera lui-même entièrement détruit : qu'alors la terre, sans aucune inégalité, sera le séjour des hommes, tous heureux, parlant la même langue, vivant sous la même loi. Théopompe ajoute que, selon les mages, l'un de ces dieux doit être 3000 ans vainqueur, et l'autre vaincu ; qu'ils seront trois autres mille ans à combattre l'un contre l'autre, et à détruire réciproquement leurs ouvrages ; que Pluton, c'est-à-dire Arimane, périra, et que les hommes revêtus de corps transparents, jouiront d'un bonheur inaltérable ; enfin que Dieu, après avoir achevé toutes ces choses, se reposera pendant un certain temps, qui pourtant ne sera pas long; mais tel à peu près que le sommeil d'un homme qui aurait achevé un pénible travail. Telle est la mythologie des mages. »

OROU et OROU-HATOU, divinités secondaires, vénérées autrefois dans l'île de Taïti. Orou était honoré principalement dans l'île Raïatea.

ORPHÉE, un des plus célèbres personnages de l'ancienne Grèce ; il réunissait en sa personne la triple qualité de poëte, de musicien et de théologien. Il était fils d'OEagre, roi de Thrace, et de la muse Calliope ; d'autres le disent fils d'Apollon et de Clio, père de Musée et disciple de Linus. Musicien habile, dit Noël, il avait cultivé surtout la cithare, qu'il avait reçue en présent d'Apollon ou de Mercure, et avait même ajouté deux cordes aux sept qu'avait cet instrument. Ses accords étaient si mélodieux, qu'il charmait jusqu'aux êtres insensibles. Les bêtes sauvages accouraient à ses pieds déposer leur férocité ; les oiseaux venaient se percher sur les arbres d'alentour ; les vents même tournaient leur haleine de son côté ; les fleuves suspendaient leur cours, et les arbres formaient des chœurs de danse : exagérations poétiques qui expriment, ou la perfection de ses talents, ou l'art merveilleux qu'il sut employer pour adoucir les mœurs féroces des Thraces et les faire passer de la vie sauvage aux douceurs de la civilisation. Philosophe et théologien, il eut bientôt joint la qualité de pontife à celle de roi; c'est ce qui lui fait donner par Horace le titre de ministre et d'interprète des cieux. Son père OEagre lui avait déjà donné les premières leçons de théologie, en l'initiant aux mystères de Bacchus ; et ses divers voyages le perfectionnèrent dans cette science, au point qu'il est regardé comme le père de la théologie païenne. C'est aussi lui, dit-on, qui, à son retour d'Egypte, où il avait été initié, porta en Grèce l'expiation des crimes, le culte de Bacchus, d'Hécate Chthonia ou terrestre, et de Cérès, et les mystères nommés orphiques. Pour lui, il s'abstenait de manger de la chair, et avait en horreur l'usage des œufs, persuadé que l'œuf était le principe de tous les êtres, conception cosmogonique qu'il avait puisée chez les Egyptiens.

Sa descente aux enfers est célèbre. La mort lui ayant ravi Eurydice, son épouse, il se mit en devoir de l'aller chercher jusque chez les morts. Il prit sa lyre, descendit par le Ténare sur les rives du Styx, charma par la douceur de son chant les divinités infernales, les rendit sensibles à ses douleurs et obtint d'elles le retour de sa femme à la vie, à condition de ne pas jeter les yeux sur elle avant d'avoir franchi les limites des enfers. Orphée, impatient, oublia la défense ; il revit Eurydice, mais pour la dernière fois. Dans l'excès de son désespoir, il s'ôta la vie.

Cependant la mort d'Orphée est racontée de plusieurs manières différentes : quelques auteurs le font périr d'un coup de foudre, en punition de ce qu'il avait révélé les mystères à des profanes. Une autre tradition le fait mettre en pièces par les femmes de

---

(1) Plutarque se trompe en cela : les Parsis ne rendent aucune espèce de culte à Ahriman.

Thrace; mais la cause de cette fureur est racontée diversement. Selon les uns, Vénus, irritée contre Calliope, mère d'Orphée, qui avait adjugé à Proserpine la possession d'Adonis, inspira aux Thraciennes une passion si furieuse pour lui, qu'elles le déchirèrent en se disputant la préférence. Suivant d'autres, ce fut en punition du refus qu'il avait fait de les admettre à la célébration des orgies. D'après Virgile, Orphée, depuis la perte d'Eurydice, insensible aux douceurs de l'amour, vit ainsi punir ses dédains par les Bacchantes, qui dispersèrent ses membres dans les campagnes et jetèrent sa tête dans l'Hèbre, ce qui a inspiré les beaux vers suivants à Lefranc de Pompignan :

> Quand le premier chantre du monde
> Expira sur les bords glacés
> Où l'Hèbre effrayé dans son onde
> Reçut ses membres dispersés,
> Le Thrace, errant sur les montagnes,
> Remplit les bois et les campagnes
> Du cri perçant de ses douleurs ;
> Les champs de l'air en retentirent,
> Et dans les antres qui gémirent
> Le lion répandit des pleurs.

Dans la suite on éleva un temple à Orphée au lieu où il était mort, et on l'honora comme un dieu ; mais l'entrée de ce temple fut toujours interdite aux femmes.

Orphée a laissé des poëmes mythologiques et philosophiques, que malheureusement nous ne possédons plus. Pausanias, qui parle de ses hymnes, nous apprend qu'ils étaient courts et en petit nombre. Les Lycomides, famille athénienne, les savaient par cœur et les chantaient en célébrant leurs mystères. Du côté de l'élégance, ils étaient inférieurs à ceux d'Homère ; mais la religion avait adopté les premiers, et n'avait pas fait le même honneur aux autres. On croit au reste que les fragments que nous avons aujourd'hui d'Orphée ne sont pas de ce poëte, mais de plusieurs autres venus longtemps après lui, ou du moins qu'ils ont été corrigés et que le style en a été rajeuni.

Les Indianistes font un rapprochement fort curieux de l'Orphée grec avec le *Ribhou*, *Orbhou* du Véda, dont les enfants ont préparé le règne des idées religieuses et des lois civiles parmi les tribus dispersées dans les contrées septentrionales de l'Inde, comme Orphée avait fait au nord de la Thessalie.

ORPHÉOTÉLESTES, nom de ceux qui étaient chargés d'initier aux mystères d'Orphée, et qui interprétaient les doctrines mystiques qui y étaient enseignées.

ORPHIQUE (VIE), vie pure, religieuse, éclairée par la science, et dont une des pratiques consistait à ne point manger la chair des animaux. Orphée passait pour avoir enseigné aux Grecs ce genre de vie. Cependant Platon dépeint les Orphiques comme des charlatans qui allaient frapper à la porte des grands, pour leur offrir soit de les purifier, soit de faire tomber la colère des dieux sur leurs ennemis, au moyen de quelques cérémonies religieuses.

ORPHIQUES, surnom donné aux Orgies de Bacchus, en mémoire, disent les uns, de ce qu'Orphée y perdit la vie ; parce que, disent les autres, Orphée avait introduit dans la Grèce ces mystères dont l'Egypte était le berceau.

ORRA, nom du dieu principal de l'île de Borabora, dans l'archipel de la Société ; peut-être le même qu'Oro à Taïti.

ORRE-ORRE, dieu du vent chez les anciens habitants de Taïti.

ORTCHILLANGGHIN-ABDEKTCHI, un des quatre bouddhas de la théogonie mongole, qui sont descendus sur la terre, pendant la période de dégradation, pour y prêcher la pénitence. A l'époque où parut celui-ci, la durée de la vie humaine cessa de s'élever à 80,000 ans. Ce dieu est le même qui est appelé par les Hindous *Krakoutchandra*.

ORTHANE ou ORTHONE, divinité adorée par les Athéniens. Le culte qu'on lui rendait ressemblait à celui de Priape.

ORTHÉSIE, nom que les Thraces donnaient à Diane, qu'ils supposaient secourir les femmes en travail d'enfant, et généralement aider les hommes dans toutes leurs entreprises. On fait dériver ce nom d'ὀρθοῦν, diriger, faire réussir ; ou du mont Orthésius, en Arcadie, où cette déesse était adorée sous la même dénomination.

ORTHIE ou ORTHIENNE et ORTHIONE, autre surnom que Diane portait à Lacédémone, où elle avait un simulacre que l'on prétendait avoir été enlevé de la Tauride par Oreste et Iphigénie. Si les Spartiates ne lui immolaient pas des victimes humaines, comme les habitants de la Tauride ; du moins c'était devant cette statue qu'on fouettait les jeunes gens jusqu'au sang, pour leur apprendre à souffrir avec courage. Cette statue était liée avec des brins de sarments ; c'est de là que quelques-uns tirent le nom d'*Orthia*, qui signifie droite, parce que, disent-ils, elle ne pouvait pencher d'aucun côté ; cette étymologie nous semble puérile. D'autres l'interprètent par *sévère*, et fondent leur opinion sur le goût que cette idole avait pour le sang humain ; habitude qu'elle avait contractée chez les barbares. Le surnom d'*Orthione*, qui, comme le précédent, peut se traduire par inflexible, fait allusion à la sévérité avec laquelle Diane punissait celles de ses nymphes qui manquaient à la chasteté.

ORTHODOXE, mot grec qui signifie *bien pensant* ; on donne ce nom aux catholiques dont la foi est pure et conforme à la foi de l'Eglise. — Quelquefois, par extension, le titre d'*orthodoxe* est donné, dans ce dictionnaire, aux membres d'une fausse religion qui suivent l'opinion la plus généralement reçue, par opposition à ceux qui ont fait scission avec eux. C'est ainsi que, parmi les Musulmans, les *Sunnites* sont réputés orthodoxes, et les *Schiites*, dissidents ou hérétiques.

ORTHODOXIE, conformité à la droite et

saine opinion sur tous les points de la religion.

Les Grecs appellent *Orthodoxie* une fête qu'ils ont coutume de célébrer tous les ans, le dimanche qui termine la première semaine de carême, en mémoire du rétablissement des saintes images après les persécutions des Iconoclastes.

ORUS, un des dieux égyptiens les plus célèbres. *Voy.* HORUS.

USAAJAT, c'est-à-dire *intelligents*; prêtres ou devins des anciens Finnois, qui se mêlaient de prédire l'avenir, et se glorifiaient d'exercer, à leur gré, sur la destinée des autres mortels, une influence bienfaisante ou fatale.

USCHAKIS, ou EUSCHAKIS, ordre de derwichs musulmans, fondés par Hosam ed-din Euschaki, mort à Constantinople l'an 1001 de l'hégire (1580 de Jésus-Christ).

OSCHEN, génie de la mythologie des Parsis; un des cinq Gahs ou Izeds surnuméraires qui président aux cinq parties du jour.

OSCHOPHORIES, fête que les Athéniens célébraient en l'honneur de Minerve et de Bacchus, et dans laquelle on portait des branches de vigne chargées de raisin, ὄσχος. Elles furent instituées par Thésée en reconnaissance de ce que, par la protection de ces deux divinités, ce héros avait vaincu le Minotaure, et affranchi sa patrie de l'indigne tribut que le roi de Crète l'avait obligée de payer à ce monstre. *Voy.* MINOTAURE. Plutarque avance que les oschopories avaient lieu en mémoire de Bacchus et d'Ariadne qui avait fourni à Thésée le fil pour le tirer du labyrinthe, et parce que le retour du héros à Athènes s'effectua au temps des vendanges. On choisissait, pour la cérémonie de cette fête, des jeunes gens d'extraction noble, qui prenaient des habits de fille, et portaient à la main des branches de vigne, courant ainsi depuis le temple de Bacchus jusqu'à celui de Minerve. Celui qui arrivait le premier au but était proclamé vainqueur et offrait le sacrifice.

Cette fête était célébrée dans toute l'Attique le quatrième ou le cinquième mois, c'est-à-dire en octobre ou novembre, parce qu'alors on avait vu cesser la stérilité dont l'Attique était affligée. Le refrain des hymnes que l'on y chantait étaient ces deux interjections, *eu ! hei !* (bien ! et hélas !), pour rappeler aux Grecs ce que l'expérience a enseigné à toutes les nations, que la prospérité et l'adversité se suivent, et par conséquent qu'il faut se défier de la première et ne pas désespérer de la seconde.

OSCHTOUET, génie femelle de la mythologie des Parsis; il préside au second des jours épagomènes. *Voy.* GAH.

OSCILLES, nom donné à des têtes de cire qu'Hercule offrit en Italie au lieu de victimes humaines. C'étaient aussi de petites figures humaines dont la tête seule était bien formée. On les consacrait à Saturne ou à Pluton, en les faisant toucher ou en les suspendant à leurs statues. Après cette espèce de consécration, les anciens en mettaient partout dans leurs maisons, et même dans les champs, où ils les suspendaient aux arbres, comme un préservatif infaillible contre ce qu'ils redoutaient de la magie et des enchantements.

On donnait aussi le nom d'*Oscilles*; soit à une petite représentation de personnes qui se tuaient elles-mêmes, que l'on balançait sur une escarpolette, dans la persuasion que cette oscillation faisait jouir leurs mânes d'un repos que, sans cela, elles n'eussent point éprouvé; soit à toutes sortes de masques faits d'écorce d'arbre, surtout à ceux qui présentaient des images grotesques ou hideuses.

OSCINUM, genre d'augure ou de divination que les Romains tiraient du chant des oiseaux, appelés *oscines*, tels que le corbeau, la corneille, le hibou. Le pivert et le corbeau étaient *oscines* et *alites* tout à la fois, parce qu'on consultait leur chant et leur vol.

OSÉE, le premier des douze petits prophètes, dont les ouvrages font partie de l'Ancien Testament. Il exerça son ministère sous les règnes d'Osias, de Joatham, d'Achaz et d'Ezéchias, rois de Juda, et sous ceux de Jéroboam et de Joas, rois d'Israël. « Osée, dit M. Glaire, s'adresse particulièrement à Ephraïm (Israël). Aucun prophète ne tonne avec plus de force contre l'idolâtrie qu'Osée; il représente, en général, le caractère du peuple comme très-corrompu. On cherche en vain la crainte de Dieu et la piété, l'amour et la fidélité ; le parjure, la tromperie, le vol, le brigandage, l'assassinat, la débauche, l'adultère et l'orgueil règnent partout ; l'anarchie est dans l'intérieur de l'État ; on fait des alliances avec les Assyriens et les Égyptiens : ces alliances ne servent à rien, au contraire, elles portent malheur.

« Les prophéties d'Osée sont généralement des remontrances sévères ; cependant il a aussi des promesses consolantes. Son style est simple ; il n'a ni visions, ni paraboles, ni allégories ; il n'a que deux actions symboliques qu'il explique lui-même. Son livre se compose de deux parties distinctes : la première comprend les trois premiers chapitres; la deuxième va du chapitre iv jusqu'à la fin du livre. »

OSGOODITES, sectaires des États-Unis, qui suivent la doctrine de Jacob Osgood. Ils s'élevèrent vers l'année 1812 dans le comté de Merrimack, New-Hampshire.

Les Osgoodites admettent un Dieu qui est pleinement connu par ses propres œuvres ; mais ils croient qu'il y a plusieurs choses qui ont été opérées par des agents mauvais, et dont Dieu n'a pas eu connaissance. Ils rejettent la divinité du Christ, et toute idée de régénération. Ils prétendent avoir le don des miracles, comme de guérir les maladies, et d'attirer par leurs prières le jugement de Dieu sur leurs adversaires. Ils ne reconnaissent aucune sainteté particulière dans le jour du dimanche, bien qu'ils s'assemblent ce jour-là pour pratiquer leur culte ; mais ils ne le font pas pour se conformer au commandement. Ils rejettent le baptême et la cène; et sont opposés aux sociétés bibliques, ainsi qu'à toutes les autres institutions religieuses et morales, comme les sociétés de Tempérance.

OSIANDRISTES, partisans de la doctrine d'Osiander, disciple de Luther, qui se signala parmi les Luthériens par une opinion nouvelle sur la justification. Il ne voulait pas, comme les autres protestants, qu'elle eût lieu par l'imputation de la justice de Jésus-Christ, mais par l'intime union de la justice substantielle de Dieu avec nos âmes, se fondant sur ces paroles souvent répétées dans Isaïe et dans Jérémie : *Le Seigneur est votre justice.* Selon Osiander, de même que nous vivons par la vie substantielle de Dieu, et que nous aimons par l'amour essentiel qu'il a pour lui-même, nous sommes justes par la justice essentielle qui nous est communiquée, et par la substance du verbe incarné, qui est en nous par la foi, par la parole et par les sacrements.

Dès le temps qu'on dressa la Confession d'Augsbourg, il s'efforça de faire embrasser cette doctrine par tout le parti, et il la soutint en face de Luther, dans l'assemblée de Smalkalde. On fut étonné de sa hardiesse; mais, comme on craignait de faire éclater de nouvelles divisions dans le parti, où il tenait un rang considérable par son savoir, on le toléra. Cependant sa doctrine sur la justification mit en feu l'université de Kœnigsberg, et toute la province. Osiander mourut en 1552 à cinquante-quatre ans.

OSIREN, un des cinq génies qui, chez les Perses, président aux cinq divisions du jour.

OSIRIS. Si l'on en croit la plupart des auteurs anciens et modernes, Osiris, Isis sa femme, et Horus leur fils, étaient les trois principales divinités de l'Egypte; cependant MM. Champollion démontrent qu'au contraire ils formaient comme le dernier anneau qui rapprochait de la terre les triades divines; et ils expliquent fort bien que ces trois divinités, quoique les plus infimes, étaient cependant les plus vénérées par les Egyptiens, parce qu'elles étaient les conservateurs du monde sublunaire, et en conséquence celles qui devaient se trouver plus en rapport avec les hommes. *Voyez*, dans ce Dictionnaire, les articles DIEUX, n° II, et HORUS.

On raconte sur Osiris plusieurs légendes, qui nous ont été transmises par les Grecs, et que nous allons essayer d'analyser succinctement.

Osiris était, suivant les Grecs, fils de Cronos et de Rhée; au moment de sa naissance, on entendit une voix qui prononça ces paroles : « Le Seigneur de toutes choses est venu au monde; » d'autres disent qu'une jeune fille de Thèbes, nommée Pamylie, venant de quérir de l'eau au temple de Jupiter, entendit une voix qui lui ordonnait d'annoncer la naissance d'un héros qui devait faire un jour la félicité de l'Egypte. On chargea cette femme du soin de nourrir le jeune prince, et elle s'en acquitta avec tout le zèle possible. Osiris ayant atteint l'âge nubile, fut marié avec Isis, sa sœur jumelle, qu'il aimait tendrement, car leur amour avait commencé dans le sein de leur mère. Il vécut avec elle dans une grande union et ils s'appliquèrent l'un et l'autre à polir les mœurs des Egyptiens, encore à demi sauvages, à leur apprendre les arts utiles à la vie, à les former à la piété, à la vertu, et à toutes les qualités sociales. Plein d'un amour généreux pour l'humanité, Osiris ne voulut pas que ses bienfaits fussent renfermés dans les bornes de l'Egypte; il résolut de parcourir toute la terre, et d'apprendre aux peuples divers à profiter des avantages et des ressources que la nature a procurés à l'humanité. Avant de quitter ses Etats, il en confia l'administration à sa femme Isis, dont il savait apprécier la sagesse, et lui laissa pour conseil Hermès Trismégiste, ou Thoth, et donna le commandement des forces de la nation à Hercule ou Djom, le plus fameux guerrier de l'époque. Quant à lui, il partit à la tête d'une armée nombreuse composée d'hommes et de femmes, et se rendit d'abord en Ethiopie, où il fit hausser les bords du Nil, élever des digues et creuser des canaux, afin de prévenir les inondations trop fréquentes de ce fleuve, et d'en distribuer les eaux avec plus d'égalité. Il apprit aussi aux Ethiopiens l'art de cultiver la terre, et bâtit dans leur pays plusieurs villes. De là il passa dans l'Arabie, dans l'Inde, parcourut une partie de l'Asie, passa en Europe, visita la Thrace et les contrées voisines, laissant partout des marques de ses bienfaits. Il amena les hommes, alors entièrement sauvages, aux douceurs de la société civile, leur apprit l'agriculture, à bâtir des villes et des bourgs, et revint comblé de gloire, après avoir fait élever partout des colonnes et d'autres monuments sur lesquels étaient gravés ses exploits.

De retour en Egypte, ce prince reconnut que Typhon, son frère, avait cabalé contre le gouvernement et s'était rendu redoutable. Comme Osiris avait l'âme pacifique, il chercha à calmer cet esprit ambitieux; mais il ne put le garantir de ses embûches. Typhon conjura sa perte avec soixante-douze de ses amis, et prit avec eux les mesures nécessaires pour l'exécution de son projet. Il fit prendre la mesure exacte du corps d'Osiris, et sur cette mesure, il fit construire un coffre magnifique. Puis, ayant invité Osiris à un grand festin où se trouvèrent tous les conjurés, il se fit apporter le coffre au milieu du repas. Chacun des convives se mit à en admirer la richesse et la beauté; sur quoi Typhon leur dit en riant, qu'il en ferait présent à celui dont le corps pourrait y entrer. Tous les conjurés en firent l'essai tour à tour, comme ils en étaient convenus; mais il se trouva que le coffre ne convenait point à leur taille. Osiris en fit aussi l'épreuve, et entra sans peine dans le coffre. Il n'y fut pas plutôt engagé, qu'on ferma sur lui le couvercle. Les conjurés versèrent ensuite du plomb fondu sur le coffre, et le jetèrent dans la mer. Isis, informée de la fin tragique de son époux, donna toutes les marques de la plus vive douleur; elle coupa une boucle de ses cheveux, se revêtit d'habits de deuil, et se mit à courir de tous côtés pour chercher le corps d'Osiris. Après bien des recherches et des perquisitions, elle apprit que le coffre qui renfermait le corps de son mari, avait été jeté par les flots de la mer sur une touffe de genêt à Biblos, et que le genêt avait poussé tout-à-coup une tige d'une si prodigieuse grandeur, qu'elle cachait tout le coffre. Isis se rendit promptement à Biblos, découvrit heureusement le coffre, et l'emporta à Abidos, ville d'Egypte, où elle le cacha le mieux qu'il lui fut possible; ce qui n'empêcha pas que Typhon, chassant une nuit, au clair de la lune, ne le découvrît. Ce scélérat coupa le corps d'Osiris en quatorze morceaux, qu'il sema dans différentes contrées. Isis se mit une seconde fois en voyage pour recueillir les membres dispersés de son époux; et, dès qu'elle en trouvait un, elle l'enterrait au même endroit. Mais, malgré toutes ses recherches, elle ne put venir à bout de trouver les parties naturelles d'Osiris, que Typhon avait jetées dans le Nil, et qui avaient été dévorées par certains poissons, dont l'espèce a toujours été depuis en abomination parmi les Egyptiens. Isis, pour se consoler en quelque sorte de cette perte irréparable, institua un culte particulier en l'honneur du phallus. Puis elle s'occupa du soin de venger la mort de son époux. *Voy.* Isis.

Osiris fut considéré par les Egyptiens comme le souverain de l'Amenthi ou enfer, de là la coutume de le représenter sous différents symboles sur les cercueils et les monuments funéraires. M. Champollion le dépeint ainsi, dans une scène dont il donne la description, et qu'il appelle le jugement de l'âme : « Ce dieu est caractérisé par une coiffure particulière, formée de la partie supérieure du *pschent* (une tiare royale), ceinte d'un large diadème, et unie au disque du soleil et aux cornes du bouc, emblèmes de la lumière et de la faculté génératrice. Il tient en ses mains un fouet et un sceptre recourbé en forme de crochet, soit pour exprimer le pouvoir d'exciter le mouvement des choses et de les ralentir, soit par allusion au nom de la région infernale à laquelle ce dieu préside, c'est-à-dire l'Amenthi, qui attire les âmes de tous les vivants, et qu'on croyait les relancer dans le monde; ce dieu est Osiris, dieu très-bienfaisant, seigneur de la vie, dieu grand, médiateur éternel, président de la région inférieure et roi divin. Nous retrouvons donc là le souverain de l'enfer égyptien, Osiris, divinité qu'Hérodote, Diodore de Sicile et Plutarque regardaient unanimement comme le type primitif du Dionysos ou Bacchus des Grecs et des Romains. L'opinion de ces classiques est pleinement confirmée par le groupe emblématique placé en face du dieu et dans la chapelle même. Un grand nombre de papy-rus montrent clairement dans ce groupe un vase d'où sort un tyrse, auquel est liée par des bandelettes une peau de panthère. Ainsi ces principaux emblèmes de Bacchus sont constamment figurés auprès d'Osiris, et on en conclut l'origine égyptienne de la divinité grecque, le culte égyptien étant sans aucun doute antérieur au culte grec. Toutefois les Grecs adoptant la divinité égyptienne, en restreignirent singulièrement les attributions. De même Phtha, le ministre immédiat du dieu supérieur et organisateur du monde physique, devint en Occident le forgeron Hephæstos, Vulcain. Osiris, le principe humide du monde, ne fut ainsi pour les Grecs, du moins dans la croyance populaire, que l'inventeur de la vigne, le dieu du vin, et le pin fut ajouté au thyrse. »

OSKAFIS, hérétiques musulmans, appartenant à la secte des Motazales; ils suivent la doctrine d'Abou Djafar el-Oskaf. Nous ignorons en quoi ils diffèrent des autres Motazales qui les traitent d'infidèles.

OSLAD, dieu des anciens Slaves, adoré à Kiew; il était le dieu du luxe et des festins et dispensait la joie et les plaisirs.

OSNON, pontife des nègres d'Issini, sur la côte des Dents. Lorsqu'il vient à mourir, le roi convoque une assemblée des nobles, qui sont entretenus aux frais du public pendant le cours de l'élection. Leur choix est libre, et tombe ordinairement sur quelque sujet digne du rang auquel il est élevé. Aussitôt que l'élection est terminée, les nobles investissent celui qu'ils ont nommé, des marques de sa dignité; ces marques consistent en une multitude de fétiches joints ensemble, dont ils le couvrent depuis la tête jusqu'aux pieds. Dans cet équipage, le nouveau pontife est conduit en procession par toutes les rues, après qu'on lui a remis une certaine somme levée sur le public. Il est précédé dans cette marche solennelle par un nègre qui proclame à haute voix que les habitants aient à apporter quelque offrande au nouvel Osnon, s'ils veulent avoir part à ses prières. On attache à l'extrémité de chaque village un plat d'étain pour recevoir ces aumônes. — L'Osnon est le seul prêtre du pays; son office consiste à faire les grands fétiches publics, et à donner ses conseils au roi, qui n'entreprend rien sans son avis et son consentement. S'il tombe malade, on lui envoie de même les délibérations pour qu'il en prenne connaissance. Lorsqu'il fait un froid excessif, ou que le temps est mauvais, le peuple fait une quête pour engager l'Osnon à prier les fétiches de faire changer le temps.

OSSA-POLLA-MAUPS, les anciennes relations donnent ce nom à la divinité suprême des Singalais, au dieu qui a créé le ciel et la terre. C'est sans doute un des génies qu'ils honorent, en dehors du culte qu'ils rendent à Bouddha.

OSSÉNIENS, secte juive ou chrétienne du Ier siècle de l'Eglise. *Voy.* ELCÉSAÏTES, ESSÉNIENS.

OSSILAGO, OSSIPANGA, déesse des Romains qui présidait à l'affermissement des os des petits enfants, ou que l'on invoquait contre les entorses et les fractures des membres.

OSSUAIRE, petite urne dans laquelle les Romains mettaient les ossements des morts que le feu n'avait pas entièrement consumés. Lorsque le corps était brûlé, les parents éteignaient avec du vin le reste du feu, et recueillaient avec soin les os calcinés qui avaient résisté à l'action des flammes.

OSTER, OSTERA, OSTRA, déesse de l'ancienne Germanie. On croit que c'était la Lune, représentée sous la figure d'une femme portant une corne ou un croissant. Il est probable que le nom d'*Oster, Easter*, donné à la fête de Pâques, en Allemagne et en Angleterre, vient d'une fête lunaire, célébrée en l'honneur de cette déesse, dans le mois d'avril. En effet, la coutume d'allumer des feux sur le sommet des montagnes, le premier jour de cette solennité, est encore assez commune dans la basse Saxe, quoique proscrite en 742, par le concile de Ratisbonne.

OTARED, nom sous lequel les anciens Arabes adoraient la planète de Mercure.

OTHIN, dieu des anciens Scandinaves, que l'on confond ordinairement avec Odin; mais il paraît plus probable qu'on doit l'en distinguer. Odin est le vainqueur et le législateur des peuples du nord, qui, comme nous l'avons vu à son article spécial, a réformé l'ancien culte, sans doute dans l'impossibilité de le changer complètement, comme il en avait eu l'intention; tandis qu'Othin, appartient à cet ancien culte. Othin formait avec Vile et Ve, ses frères, une triade divine qui devait sa naissance à Bore, fils de Buri, qui tirait son origine à la vache Audhumbla. Les trois frères tuèrent le géant Ymer, dont le sang causa un déluge qui noya les géants; et de ses sourcils, ils construisirent sur la terre un château immense, pour se défendre contre les nouveaux géants, enfants de Bergelmer, qui avait échappé au déluge universel, en se sauvant dans une barque avec sa femme. C'est cette citadelle qu'on appelle Midgard, le monde ou la résidence du milieu; au centre se trouve Asgard, ou la résidence des dieux. Lorsque l'homme et la femme eurent été produits par le frêne et l'aulne, c'est Othin qui leur donna l'âme et la vie.

Durant le siècle d'or, Othin était assis sur son trône, d'où il voyait l'intérieur de tous les hommes et comprenait tout ce qu'il voyait. Les dieux construisirent des fourneaux, ils forgèrent des marteaux, des tenailles, des enclumes et d'autres outils, puis fabriquèrent une infinité d'ustensiles d'or massif, car ils possédaient une telle quantité de ce métal que tous leurs meubles étaient d'or; ce qui fit donner à cette époque le nom d'âge d'or. Ils vécurent ainsi au sein des plaisirs et de l'abondance, jusqu'au jour où trois filles de géants arrivèrent au milieu d'eux, et dès lors la paix avec les géants fut rompue. Othin jeta sa lance au milieu du peuple, et la première guerre s'alluma. Cette guerre longue et funeste, bien que terminée par une victoire, fut continuée par les héros, lorsque les dieux se furent retirés dans le ciel. C'est depuis cette guerre qu'Othin accueille dans le Valhalla tous ceux qui tombent sur le champ de bataille, pour aller un jour avec eux combattre l'ennemi dans la bataille de Ragnarauk (le crépuscule des dieux).

Après la mort d'Odin, ce héros fut assimilé avec l'antique Othin, et bientôt on confondit les actions et les attributions de ces deux personnages.

OTH-LATH-GLA-GLA, nom que les indigènes voisins de l'embouchure de la Colombie, dans l'Amérique septentrionale, donnent au Dieu suprême. Ils placent son habitation dans le soleil, et le regardent comme un esprit bon et tout-puissant; ils le considèrent comme le créateur de toutes choses, et lui attribuent le pouvoir de prendre à son gré toutes sortes de formes; mais ils pensent que, dans les occasions extraordinaires et importantes, il revêt celle d'un oiseau prodigieux, planant dans les hautes régions de l'atmosphère, et versant dans sa colère le tonnerre et les éclairs sur les mortels coupables. Il lui offrent en sacrifice annuel les premiers saumons qu'ils prennent, des bêtes fauves, etc.

OTI-ORE, une des classes des Aréoïs, dans l'île de Taïti; leurs deux bras, comme marque distinctive, étaient tatoués depuis les doigts jusqu'aux épaules. *Voy.* Aréoïs.

OTKON, nom d'un génie que les indigènes de l'Amérique septentrionale regardent comme le créateur du monde. Ce mot signifie *chef, capitaine*, dans la langue hurone; mais dans celle des Onondagos, il veut dire *âme* ou *esprit*.

OTOLCHI, un des plus célèbres bourkhans ou bouddhas de la théogonie mongole. On le regarde comme le dieu de la médecine; on le représente assis, les jambes croisées, et nu jusqu'à la ceinture; il est peint en rouge, et une écharpe bleue lui ceint le corps.

OTOU, un des dieux secondaires des Taïtiens. C'était la divinité principale de l'île Mau-roua.

OUAHICHE, génie ou démon dont les jongleurs iroquois se prétendent inspirés. C'est lui qui leur révèle les choses passées, éloignées ou futures.

OUARACABA, espèce d'idole des Caraïbes. C'est un morceau de bois en forme de planche fort épaisse d'environ trois pieds de hauteur sur autant de largeur à sa partie supérieure, et d'un pied et demi à deux pieds par le bas, ayant la figure d'un trapèze élevé, debout sur le plus petit de ses côtés, et posé en travers sur la proue d'une pirogue caraïbe. Cette pièce est ordinairement sculptée, sur la surface extérieure, d'une espèce de bas-relief représentant une grosse tête hideuse, de figure ovale, plate et vue de face, dont les yeux et la bouche sont formés avec des coquillages incrustés dans le bois. La grandeur énorme de cette tête ne laisse vers le bas de la planche qu'un espace d'environ un pied au plus, dans lequel est peint à plat et sans relief, le corps disproportionné du monstre, représentant à peu près celui d'un lézard à courte queue; le tout barbouillé de blanc et de noir d'une façon bizarre.

OUARÉ-ATOUA, c'est-à-dire *maison de Dieu;* nom des temples chez les Néo-Zélandais. C'est une cabane de plus grande dimension que les autres. L'extérieur en est décoré de statues à forme bizarre, dans lesquelles les insulaires ne voient point l'image de la divinité, mais de purs symboles représentant ses divers attributs. C'est dans les Ouaré-Atoua que se célèbrent les cérémonies du culte, que l'on fait les *Karakia* ou prières, et qu'on dépose la nourriture sacrée, offerte aux dieux; c'est là aussi que dans les temps de guerre les tribus viennent accomplir le *Karakia-tanga,* prière solennelle qui a pour objet d'interroger le *Waïdoua* ou l'esprit saint.

OUATIPA, le mauvais principe, chez les tribus sauvages de la Colombie. On l'appelle aussi *Jolo-Kiamo. Voy.* cet article.

OUBBA, un des quatre bienfaisants Tenghéris qui créèrent le monde, suivant la cosmogonie mongole. *Voy.* BISNÆI.

OUBOSES, génies de la mythologie des Slaves, qui se les figuraient comme des nains animés par les âmes des morts.

OUCHA, fille de Bâna, asoura ou démon de la mythologie hindoue. Éprise d'Anirouddha, petit-fils de Krichna, elle l'épousa secrètement, et introduisit par là un ennemi dans la maison de son père. Bientôt arrivèrent Krichna, Balarama et Pradyoumna; et Bana, qui avait osé défier Vichnou lui-même, succomba sous les coups de la famille de Krichna.

OUCHANA, divinité hindoue; c'est le régent de la planète de Vénus. *Voy.* SOUKRA, nom sous lequel il est plus connu.

OUCHNICHARPANA, déesse des Bouddhistes du Népal; c'est une des manifestations spontanées de la matière.

OUCHSYT, dieu des Yakouts, peuple de la Sibérie. C'est lui qui porte leurs prières au ciel, et qui exécute les volontés du Tout-Puissant. Ils disent qu'Ouchsyt a souvent paru parmi eux, et qu'il continue à se montrer encore, tantôt sous la forme d'un cheval blanc, tantôt sous celle d'un oiseau.

OUDANA, livres sacrés des Bouddhistes du Népal. Ils traitent de la nature et des attributs de Bouddha, et sont composés en forme de dialogues entre un Gourou Bouddhiste et un disciple.

OUDASIS, la principale des sept classes dans lesquelles est partagée la secte indienne de Nanek-Schah. Les Oudasis sont regardés comme les vrais disciples de ce réformateur, et ils professent, comme l'indique leur nom, la plus grande indifférence pour les vicissitudes humaines. Ils s'adonnent entièrement aux pratiques religieuses, et vaquent continuellement à la prière et à la méditation, dans les collèges ou couvents, dans lesquels ils sont ordinairement réunis; ils vont aussi visiter les lieux célèbres par les pèlerinages. On en trouve quelques-uns dans les principales villes de l'Hindoustan, qui vivent sous le patronage de quelque grand personnage; cependant, en quelque position qu'ils se trouvent, ils gardent toujours la pauvreté, quoiqu'ils ne demandent point l'aumône; et bien qu'ascètes, ils ne font point consister la perfection à porter des habits déchirés, ou à se priver totalement de vêtements. Au contraire, ils sont en général bien vêtus, et comme ils laissent croître leur barbe et leurs moustaches, ils ont assez souvent un air vénérable et imposant. Ils vivent ordinairement dans le célibat; cependant cela ne paraît pas être d'une stricte obligation parmi les sikhs qui habitent dans les provinces gangétiques. Ils servent communément de prêtres, mais leur office consiste principalement à lire et à exposer les écrits de Nanek et de Govind Sinh, qui sont contenus dans l'*Adi-Granth* et dans le *Das Padschah-ki Granth;* ils entremêlent leur lecture du chant des hymnes composés par Kabir, Mira-Bhai, Sour-das, et autres réformateurs. Comme les Indiens ont une propension naturelle à vénérer les objets sensibles, on rend des adorations au livre sacré, et les dévots lui offrent des roupies, des fleurs et des fruits, qui deviennent la propriété de l'Oudasi officiant. En compensation l'Oudasi abandonne assez souvent son superflu à la congrégation, et lui distribue des confitures, lorsque la cérémonie est terminée. Dans quelques-uns de leurs établissements à Bénarès, le service commence le soir après le coucher du soleil, et les chants et la fête durent une grande partie de la nuit. Plusieurs Oudasis savent bien le sanscrit, et sont capables d'expliquer la philosophie du Védânta, qui est le fondement de la doctrine de Nanek.

La secte des Oudasis a été établie par Dharmatchand, petit-fils de Nanek, qui a perpétué la race de ce sage; et ses descendants, connus sous le nom *Nanek-poutras,* sont encore dans le Pendjab, où les Sikhs témoignent à leur égard une vénération spéciale.

Nous trouvons dans Wilson (*Sketch of the religious sects of the Hindus*) quelques-unes des hymnes de Nanek que les Oudasis chantent à Bénarès; en voici un échantillon:

« Tu es le seigneur! A toi soit la louange! Toute vie est avec toi. Tu es mes parents; je suis ton enfant. Tout bonheur provient de ta clémence. Personne ne connaît ta fin. Seigneur très-haut entre les très-hauts, de tout ce qui existe tu es le régulateur. Et tout ce qui vient de toi obéit à ta volonté. Toi seul connais tes mouvements et ton bon plaisir. Nanek, ton esclave, t'offre son libre arbitre. »

Le prêtre dit alors : « Méditez sur le maître,*(le rédacteur)* du livre, et poussez l'exclamation *Wah Gourou!* Le peuple s'écrie *Wah*

Gourou! Wah Gourou-ki fateh! ô Gourou! louange au Gourou! »

OUDBHID, nom d'un sacrifice, indiqué dans les livres philosophiques indiens, pour obtenir des bestiaux; suivant l'étymologie du mot, c'est une cérémonie par laquelle la possession du bétail est en quelque sorte *déterrée*.

OUDIYANA, sage ou saint personnage adoré par les Bouddhistes du Tibet, à cause des facultés surnaturelles qu'il passe pour avoir acquises par ses austérités.

OU-DOU, c'est-à-dire *seigneur du monticule*. Les Tunquinois appellent ainsi un esprit qu'ils croient résider en certains endroits où il y a des monticules de terre, ou des arbres d'une grandeur remarquable, tels que ceux qu'on appelle Kai-da. Les femmes ont coutume de l'invoquer en passant, et de faire vœu, s'il leur prête son secours pour faire de bons marchés, d'ajouter, à leur retour, quelques mottes de terre pour augmenter le tertre, ou d'y déposer quelques livres de papier doré ou argenté, ou des couronnes de fleurs, ou des bâtons d'odeur; ce qu'elles font en revenant du marché, pour s'acquitter de leur vœu. C'est pourquoi l'on y voit un grand nombre de mottes de terre entassées. Souvent aussi on dresse sur ces monticules une petite hutte, et l'on y place une petite statue en l'honneur de l'esprit qui y domine.

OUESILATOU, prêtre, médecin et sorcier des Warons, peuple de la Guyane. Il a la réputation de guérir les maladies. Le Ouesilatou procède toujours de nuit à ses opérations; après s'être enfermé avec le malade dans les plus profondes ténèbres, il l'inonde de fumée de tabac, fait mille contorsions, décrit mille cercles autour de lui; en poussant des cris lugubres, et le laisse enfin dans un état d'excitation qui doit aboutir à une crise bonne ou mauvaise.

OUETCHÉKOU, esprit des ancêtres, que les prêtres mantchous vont honorer tous les matins dans la chapelle de Fo.

OU FITSI NI-NO MIKOTO, le quatrième des esprits célestes qui régnèrent autrefois sur le Japon. Il fut le premier qui s'associa un esprit femelle, sans qu'il y eût cependant de copulation charnelle; il en fut de même sous ses successeurs, car les esprits divins s'engendrent tout seuls. Ou fitsi ni-no mikoto régna par la vertu du bois; il posséda l'empire, avec Sou fitsi ni-no Mikoto sa compagne, pendant deux cent mille millions d'années.

OUGADI, nom du premier jour de l'année indienne; il tombe le premier jour de la lune de mars. Le Brahmane pourohita rassemble les principaux habitants du lieu de sa résidence, et annonce solennellement, au bruit des instruments de musique, accompagné des chansons et des danses des bayadères, quels seront, pour l'année qui commence, le roi des dieux et celui des étoiles, leurs premiers ministres et leurs généraux d'armée; quel sera le dieu des moissons; quelle espèce de grains réussira le mieux. Il détermine la quantité de pluie qui doit tomber, ou la sécheresse qui doit avoir lieu; il prédit si les sauterelles et autres insectes attaqueront et dévoreront les jeunes plantes, ou non; si la vermine qui ronge la peau sera plus ou moins incommode; s'il y aura cette année-là plus de malades que de gens bien portants, plus de décès que de naissances, si l'on aura la paix ou la guerre; de quel côté le pays sera envahi, qui remportera la victoire, etc. Toutes ses prédictions ne dépendent pas de l'inspiration du pourohita, mais elles sont consignées dans l'almanach qui est confectionné chaque année par des brahmanes astrologues.

OUGRAS, secte hindoue, dont les membres font profession d'adorer Siva, qui porte aussi le nom d'*Ougra*, c'est-à-dire le terrible. Leur marque distinctive est le *Damarou* ou tambour du dieu qu'ils portent sur leurs épaules.

OUGUINDA, seconde fête annuelle des Tchérémisses; on la célèbre avant la coupe des foins; son but principal est d'invoquer le dieu des blés, pour en obtenir une bonne récolte.

OUHOUS, quatrième classe de personnages sacrés dans l'archipel Nouka-Hiva des Marquises. Ce sont les ministres inférieurs du culte, et les aides des Tahouas dans les sacrifices. Ce nom leur a été imposé, parce que personne ne peut prétendre à cet honneur, s'il n'a tué dans le combat un ennemi, au moins avec son *ouhou* (casse-tête). Ces, ouhous, dont les fonctions se bornent au service subalterne des temples, ont le droit d'assister aux festins des Tahouas et des Tahounas, interdits au reste des indigènes.

OUIAOUPIAS, mauvais génies qui, suivant la croyance des Tupinambas, peuplade du Brésil, répandent la stérilité sur les campagnes, font naître les maladies et tous les autres fléaux qui affligent l'humanité. Leur chef est *Géropari*.

OUITIKKA, mauvais génie des Esquimaux; il est fils d'une méchante femme, éternelle adversaire de Torngarsuk. La mère et le fils ne se plaisent qu'à faire le mal; ce sont eux qui suscitent les tempêtes, renversent les barques, ruinent les travaux et causent les malheurs des hommes. Ils habitent une demeure infernale, dont l'accès est défendu par des monstres marins, des phoques et des chiens féroces retenus par des chaînes, comme le Cerbère des anciens. Une seule lampe, alimentée par une cuve dans laquelle nagent des oiseaux aquatiques, éclaire ce lieu de désolation, où parviennent quelquefois à pénétrer les Angekok (prêtres ou devins), à l'aide de leurs conjurations magiques, pour arracher au démon qui y préside le secret de ses enchantements et de ses maléfices.

OUKAYA FOUKI AWA SESOU-NO MIKOTO, le dernier des cinq esprits terrestres qui régnèrent sur le Japon, antérieurement à la race humaine. *Voy.* FIKO NA KISA TAKE.

OUKE MOTSI - NO KAMI, un des anciens génies du Japon. Selon les traditions mythologiques des Japonais, le cheval et le bœuf furent produits par les yeux de cet esprit, et les autres animaux domestiques sortirent de sa bouche.

OUKARAS, secte de religieux mendiants de l'Inde, qui sont dévoués au culte de Siva. Contrairement aux autres classes de religieux qui professent le même culte, les Oukharas ne se font pas scrupule de manger de la viande et de boire des liqueurs spiritueuses. On les regarde comme le rebut des ordres mendiants.

OU-KING, c'est-à-dire *les cinq livres* ; ouvrages considérés comme sacrés par les Chinois ; ils ont été rédigés ou corrigés par Confucius ; ce sont le *Chou-King*, ou livre des annales ; le *Chi-King*, ou livre des vers ; l'*Y-King*, ou livre des mystères ; le *Li-Ki*, ou livre des rites, et le *Tchun-Tsieou*, ou le printemps et l'automne, autre livre d'annales.

OUKKOUMA, c'est-à-dire *grand chef*, dieu des Esquimaux, qui lui attribuent une bonté infinie. C'est ce dieu qui leur accorde tous les biens dont ils jouissent, et en reconnaissance, ils chantent ses louanges et lui adressent des prières.

OUL, nom que les Gallas, peuple païen de l'Abyssinie, donnent à un être supérieur, qu'ils n'honorent cependant pas d'un culte réglé.

OULEGOUEN-BOUNA, un des dieux inférieurs adorés dans l'archipel Viti.

OULEMA ou **ULEMA**, nom générique sous lequel on désigne en Turquie le corps des ministres de la religion, de la justice et des lois. Dans les premiers temps de l'islamisme, les khalifes, successeurs de Mahomet, réunissaient en leur personne l'autorité spirituelle et temporelle ; mais ils regardaient l'exercice des fonctions sacerdotales comme le plus auguste de leurs droits et le premier de leurs devoirs. Ils étaient tout à la fois pontifes de la religion, administrateurs de la justice et docteurs de la législation universelle ; ils s'acquittaient de ces diverses fonctions, tant par eux-mêmes que par des vicaires établis soit dans la capitale, soit dans les provinces. Ces vicaires composaient l'ordre hiérarchique sous les noms de *fokaha*, qui veut dire jurisconsultes, et d'*oulema*, qui signifie docteurs, savants, lettrés. Nonobstant son unité, ce corps était partagé en trois grandes classes, qui comprenaient les ministres du culte, les docteurs de la loi et les ministres de la justice. Chacune de ces classes était subdivisée en plusieurs autres. Cette division est encore à peu près la même, mais l'organisation de cette espèce de magistrature religieuse et civile a éprouvé différentes modifications dans la suite des siècles et sous les divers gouvernements. Ainsi, tandis qu'autrefois c'était le premier cadhi ou ministre de la justice qui était le chef suprême de toute la magistrature et qui avait la prééminence sur les ministres de la religion et sur les jurisconsultes, c'est maintenant le Moufti de la capitale, qui possède la suprématie sur tous les autres ordres.

C'est dans les médressés ou colléges que se forment les sujets qui se destinent à la carrière des oulémas. Parvenu à un certain âge, et à un degré suffisant de connaissances, tout individu qui a suivi le cours d'étude, est libre d'embrasser à son gré ou le ministère de la religion, ou celui de la loi, ou celui de la justice. Les deux premiers états n'offrent à l'ambition qu'une carrière assez bornée, mais ceux qui se destinent au troisième, qui est bien plus lucratif, sont tenus à de plus longues études et à des formalités plus rigoureuses ; ils sont obligés de subir plusieurs examens tant particuliers que publics, puis de faire une étude spéciale du droit dans un des colléges de la mosquée du sultan Bayézid, où ils peuvent passer un temps assez long, car on ne délivre de diplômes qu'à deux sujets tous les six mois. Parvenus à ce premier degré d'initiation dans l'ordre judiciaire, trois carrières différentes s'offrent encore à eux : celle de *naïb*, magistrat de dernier ordre ; celle de *cadhi*, magistrat de quatrième ordre, et celle de *muderis*, ou docteur en droit et professeur dans les colléges publics ; ce dernier degré est la seule voie pour parvenir aux magistratures des trois premiers ordres ; mais pour y être admis, il faut encore sept années d'études, après lesquelles on subit un nouvel examen en présence du Moufti, qui alors donne aux candidats le grade de mudéris, qui se partage en dix degrés différents, qu'il faut nécessairement parcourir si l'on veut parvenir au sommet de la hiérarchie ; ainsi il faut quelquefois plus de quarante ans pour arriver au grade de *soleimaniyé*, le plus élevé de tous ; et à chaque degré auquel on parvient, il faut un nouveau diplôme. Tous ces muderis forment pour ainsi dire un corps de réserve qui fournit continuellement les sujets nécessaires aux magistratures des trois premiers ordres, ainsi qu'aux charges de moufti des provinces ; mais en attendant, ils sont revêtus de l'office de professeurs ou d'autres emplois lucratifs.

OULIFAT, personnage mythologique des insulaires des Carolines occidentales. Il était fils de Leugueileng, et d'une simple mortelle. Ce jeune homme ayant su que son père était un esprit céleste, prit son vol vers le ciel, dans l'impatience de le voir ; mais à peine se fut-il élevé dans les airs, qu'il retomba sur la terre, désolé de sa chute et pleurant amèrement sa malheureuse destinée. Cependant il ne se désista pas de son premier dessein ; il alluma un grand feu, et, à l'aide de la fumée, il fut porté une seconde fois dans les airs où il parvint à embrasser son père céleste.

OULKAMOUKHA, mauvais esprits de la mythologie hindoue, qui sont condamnés à manger ce qui a été vomi.

OULOU-TOYON, chef des vingt-sept tribus d'esprits malfaisants, que les Yakoutes supposent répandus dans l'air et acharnés à leur nuire ; il a une femme et un grand nombre d'enfants.

OULPILLO, un des neuf Guacas ou idoles

principales adorées par les Péruviens à Guamachuco.

OU-LUN, les *cinq devoirs* qui, suivant les Chinois, comprennent toutes les relations de la vie civile ; ce sont : 1° les devoirs des sujets à l'égard du roi ; 2° des enfants à l'égard de leur père ; 3° de l'épouse à l'égard de son époux ; 4° des frères cadets à l'égard de leurs aînés ; 5° des hommes à l'égard les uns des autres ; ils comprennent en même temps les devoirs respectifs des supérieurs à l'égard de leurs inférieurs. On les appelle encore *Ou-tien* ou les cinq enseignements immuables.

OUM. C'est, suivant les Hindous, le premier-né du Créateur. *Oûm* est la première parole qu'il prononça ; on l'appelle encore *Prâna* ou le souffle divin ; pareil au pur éther, il renferme en lui toutes les qualités, tous les éléments ; il est le nom et le corps de Brahmâ, et par conséquent il est infini comme lui ; comme lui, auteur et maître de toutes les créatures ; son image est la vache qui est aussi l'image du monde. *Voy.* OM.

OUMA, un des noms de Parvati, épouse de Siva, qu'on appelle pour cette raison *Oumésa*, et *Oumâpati*, le seigneur de la déesse Oumâ. Ce dernier nom lui fut donné à cause des austérités auxquelles elle se livra pour mériter l'attention de Siva.

OUNOU-OUNOU, signes que les habitants des îles Tonga mettent sur les objets taboués, pour indiquer qu'ils sont consacrés ; tantôt c'est un drapeau blanc, tantôt un morceau de tapa ou natte, taillé en forme de lézard ou de requin. — A Hawaï, une tresse passée dans l'oreille d'un porc signifiait que cet animal était soumis au tabou ; un pieu enfoncé au bord de la mer et surmonté d'une touffe de feuilles ou d'un lambeau d'étoffe blanche interdisait la pêche sur cette partie de la côte ; pour indiquer qu'un fruit devait être respecté, on liait autour de l'arbre une feuille de cocotier.

OUNSTIQUI et **OUVIGAIÉTRO**, deux ministres célestes d'Atagoujou, divinité suprême des anciens Péruviens. Ce peuple croyait que ces deux serviteurs intercédaient pour eux auprès du dieu : c'est pourquoi ils avaient recours à eux, comme les catholiques s'adressent aux saints.

OUPANAYANA, c'est-à-dire *introduction aux sciences* ; cérémonie de l'investiture du cordon chez les Hindous. *Voy.* BRAHMATCHARI, CORDON BRAHMANIQUE.

OUPANICHAD, livres sacrés des Hindous : ils sont au nombre de 40 à 50, et forment un appendice aux Védas. Ce sont des traités théologiques sur l'unité de Dieu et l'identité de l'esprit avec lui. Une partie en a été traduite en persan par l'ordre de Dara-Schakoh, fils de Schah-Djehan ; c'est celle qu'Anquetil a reproduite en français sous le titre d'Oupnekhat. Quelques-uns, plus courts, ont été publiés en anglais par W. Jones, le docteur Carey, et le brahmane Ram-Mohan-Raé.

OUPASAMPADAS, prêtres de la religion bouddhique dans l'île de Ceylan. Un noviciat rigoureux est imposé à celui qui veut parvenir à cette dignité : le jeune candidat est mis d'abord sous la garde d'un prêtre, dont il est pour ainsi dire le page. Au bout de trois ans, il est élevé au grade de *Samerero* (enfant de prêtre). Alors il se revêt d'une robe jaune, se fait raser la tête et les sourcils, et peut être employé à quelques-unes des cérémonies. A l'âge de 20 ans, il quitte sa robe jaune, se revêt d'une tunique blanche, et se présente devant un collège de vingt docteurs, pour y subir un examen. S'il répond d'une manière satisfaisante, on le pare d'un habit de velours galonné d'or, et on le promène triomphalement par les rues de la ville, entouré d'un cortége de musiciens, de danseurs, de jeunes filles vêtues de robes de mousseline brodées d'or et d'argent, de ses parents, de ses amis et de ses domestiques. Ce cérémonial achevé, on l'introduit dans l'assemblée des Rahans ; là on lui coupe les cheveux, on le dépouille de sa brillante parure, on lui fait reprendre le froc jaune, et on le proclame *Oupasampada* ; dès cet instant il renonce à sa famille et au monde.

OUPASIKAS, sorte de religieux bouddhistes qui restent dans leurs familles, ou qui observent une profession laïque.

OUPAWAS, le grand jeûne des Hindous : il consiste à ne rien prendre pendant vingt-quatre heures, pas même une goutte d'eau. Les Tamouls l'appellent *Obarasson*.

OUPAYIS, femmes bouddhistes qui, comme les Oupasikas, mènent une vie religieuse, sans pour cela quitter leurs familles et entrer dans une communauté.

OUPENDRA, un des noms de Vichnou.

OUPITZÉ, chef des Ponghis ou religieux bouddhistes de l'empire Birman. On peut le comparer à un évêque ou à l'abbé d'un monastère. C'est lui qui préside aux assemblées religieuses et qui confère les ordres à ceux qui embrassent l'état ecclésiastique ou religieux.

OUPOU, déesse que les habitants des îles Marquises regardent comme la souveraine du paradis. Ces insulaires croient que les âmes de tous ceux qui meurent dans l'archipel vont se réunir sur la cime d'une haute montagne appelée *kioukiou*. Quand il y en a un grand nombre de rassemblées en ce lieu, la mer s'entr'ouvre, et elles tombent sur une terre de délices, plantée de toutes sortes de fruits excellents, et embellie par les eaux toujours calmes d'un lac azuré. La déesse Oupou ne permet d'habiter cet Éden, de manger ces fruits délicieux, et de se baigner dans ce beau lac, qu'à ceux qui, pendant leur vie, ont eu beaucoup d'hommes à leur service, ont possédé beaucoup de cochons et n'ont point été méchants. Il paraît en outre que, pour y être admis, il est d'étiquette de ne porter aucune trace de tatouage ; car un missionnaire raconte que, le roi de Tahuata étant mort, la reine le garda pendant trente jours dans sa cabane, et qu'elle s'occupait à enlever avec ses doigts la peau du défunt, à mesure qu'elle se détachait. Et comme le prêtre lui demandait la raison d'une cérémonie aussi étrange que dégoûtante, elle répondit que c'était pour effacer le tatouage, parce qu'il fallait que le corps de son mari fût sans tache pour que la grande déesse Oupou lui permît de vivre sur sa terre et de se baigner dans son lac.

Ce paradis n'est que pour les riches; les esclaves et les pauvres vont dans une terre sombre, qui n'est jamais éclairée par le soleil, et où ils ne trouvent que des eaux bourbeuses. Toutes ces âmes, après avoir demeuré très-longtemps dans l'un ou l'autre lieu, reviennent sur la terre pour animer d'autres corps.

OURAN ou OURAN-SOANGUE, association de magiciens qui exploitaient, dans le xvie siècle, la crédulité des habitants des îles Moluques. Ces magiciens avaient la réputation de se rendre invisibles quand il leur plaisait, et de se transporter où ils voulaient pour faire le mal. Aussi le peuple les redoutait extrêmement et les haïssait mortellement; quand l'un d'eux venait à tomber entre leurs mains, ils le tuaient sans miséricorde. On dit que dans le nom d'*Ouran-soangue* entrent les mots d'homme et de diable. Une relation portugaise, imprimée en 1581, dit que Brito, chef d'escadre, avait employé avec succès la coopération de ces magiciens contre le roi de Tidor.

OURANOS, *le ciel*, une des plus anciennes divinités des Grecs. Voy. COELUS et URANUS.

OURCHENDI, le petit jeûne des Indiens du Tamoul, pendant lequel ils peuvent manger une fois par jour, tandis que dans le grand jeûne, appelé *Obarasson*, ils s'interdisent toute espèce de nourriture pendant 24 heures.

OURCHOUCHILLAI, un des dieux du ciel, adoré par les anciens Péruviens. C'était l'étoile de Véga dans la constellation de la Lyre.

OURDDHABAHOUS, religieux fanatiques des Indes, qui s'imposent des pénitences extraordinaires, pour l'expiation de leurs péchés ou pour acquérir de grands mérites. Les uns tiennent continuellement leurs bras en l'air; les autres joignent leurs mains par-dessus leur tête sans jamais les séparer, en sorte que les ongles de leurs mains en continuant de s'allonger pénètrent dans leurs chairs; en même temps ils se tiennent assis les jambes croisées, avec le vœu de ne jamais se relever, de sorte qu'on est obligé de leur porter la nourriture à la bouche: ce sont leurs disciples et les dévots qui s'acquittent de ce devoir. Ce sont proprement les *Ourddhabahous*, dont le nom signifie, ceux qui tiennent leurs bras élevés. D'autres entreprennent de longs pèlerinages, soit en se couchant par terre et se roulant sur le dos et sur le ventre, soit en mesurant le chemin de la longueur de leur corps, soit en avançant toujours de trois pas et en reculant aussitôt de deux. Il en est qui se font enchaîner à un arbre pour y rester jusqu'à leur mort. Quelques-uns fixent chaque jour les yeux sur le soleil levant, le suivent dans sa course céleste, et n'en détachent point leurs regards jusqu'au coucher de cet astre. Enfin il en est d'autres qui se couchent sur des lits hérissés de pointes de fer, ou qui passent leur vie à réciter des prières sans discontinuer un moment. Les Ourddhoubahous appartiennent à la secte de Siva; ils vont nus et vivent d'aumônes.

OURDWA-LOKA, ou *monde supérieur*, le ciel ou paradis des Djainas. Devendra en est le souverain. On y compte seize demeures différentes, dans chacune desquelles la mesure de bonheur est graduée en proportion des mérites des âmes vertueuses qui y sont admises. La première et la plus élevée de ces demeures est le *Sadhou-dharma*; il n'y a que les âmes éminemment pures qui y aient accès; elles y jouissent d'un bonheur non interrompu pendant 33,000 ans. L'*Asouddha-karpa*, qui est la dernière et la plus belle de ces seize demeures, est destinée aux âmes qui n'ont ni plus ni moins de vertu qu'il en faut pour entrer dans l'Ourdwa-Loka; elles y jouissent pendant mille ans de la quantité de bonheur qui leur est départie. Dans les autres demeures intermédiaires, l'étendue et la durée du bonheur sont fixées dans une progression relative.

Des femmes de la plus rare beauté embellissent ces séjours délicieux. Cependant les bienheureux n'ont avec elles aucune accointance; la vue seule de ces objets enchanteurs suffit pour enivrer leurs sens et les plonger dans une extase continuelle bien supérieure à tous les plaisirs mondains. A cela près, le *Swarga* des Djainas ne diffère guère de celui des Brahmanes.

Au sortir de l'Ourdwa-Loka, après l'expiration du temps assigné, les âmes des bienheureux renaissent sur la terre et y recommencent le travail des transmigrations.

OURÉ, objet du culte des Néo-Zélandais; cet Ouré paraît être le même que le bouc Mendès des Égyptiens. On l'honore par des danses lascives.

OURGHIEN, célèbre pandit indien qui passa dans le Tibet et y vécut plusieurs années vers le viiie ou le ixe siècle; on l'appelle encore *Padma Sambhava* et *Padma djoung ghan*; ce fut lui qui institua la doctrine bouddhique qui porte son nom; on la dit monstrueuse et fondée sur la magie. Il établit aussi un ordre religieux pour les deux sexes, et cet ordre diffère des autres monastères bouddhistes, car les religieuses Ourghienistes sont les femmes des religieux, qui en ont plus d'une. Dans ces couvents on apprend à faire des chapelets avec des ossements humains, à fabriquer des tasses avec des crânes pour s'en servir dans les opérations magiques. Avec les os des jambes et des bras ils font des sifflets et autres instruments pour opérer des enchantements et des sortiléges; c'est pourquoi ils gardent dans une chambre les corps de ceux qui ont été suppliciés.

OURGOULDI-SOKTOKHO, c'est-à-dire *toujours ivres*; nom de certains génies qui, suivant la cosmogonie mongole, habitent les flancs du mont Souméfou, et dont la vie se passe dans une continuelle ivresse.

OURIKATI-TIROUNAL; fête que les Tamouls célèbrent le huitième jour après la pleine lune du mois Avani, en l'honneur de la naissance de Krichnâ. On la solennise dans les temples de Vichnou, et pendant les neuf jours qu'elle dure, on porte en procession dans les rues la statue du dieu. Cette fête est principalement observée par les bergers et les pasteurs en mémoire de ce que Krichnâ fut élevé au milieu d'eux; on dresse des pandels ou tentes de toiles et de feuillage à la porte des temples et dans des carrefours. Au milieu de ces tentes on suspend un coco dans lequel est une petite pièce de monnaie d'argent. Ce coco est attaché à une corde, dont le bout est en dehors du pandel, on la tire afin d'élever ou de baisser le coco à volonté. La caste des pasteurs, ou du moins tous ceux qui ont conservé cet état, se promènent ensemble dans les rues; et lorsqu'ils arrivent à ces tentes, ils s'efforcent de casser avec des bâtons la noix de coco; ce qui est assez difficile, car on la hausse ou on la baisse pour la faire échapper à leurs coups. L'origine de ce jeu n'est pas bien connue; peut-être était-ce un des amusements que Krichnâ prenait avec les bergers.

OUROUS, fête que les Kalmouks célèbrent tous les ans, depuis le huitième jusqu'au quinzième jour du premier mois d'été, qui correspondent aux derniers jours d'avril et aux premiers du mois de mai. Tous les Bouddhistes honorent, par cette fête, la conception de Chakya-Mouni, le plus grand des bouddhas. Voici la description qu'en donne Benjamin Bergmann, témoin oculaire.

« Le bruit des instruments me conduisit aux huttes sacrées. Les portes de chacune d'elles étaient ouvertes de manière que je pouvais tout observer facilement; même sans y entrer. On y voyait des prêtres de toutes classes assis dans l'intérieur; sur le côté étaient attachées les images des Bourkhans ou Bouddhas, et en face de l'entrée se trouvait une espèce d'autel. Tout le service divin consista en un concert de plusieurs instruments, qui, à la vérité, ne formaient pas une harmonie parfaite, mais avaient cependant une espèce de régularité dans le ton. Quelquefois on accompagnait cette musique avec la voix. Un des prêtres les plus distingués, placé à la gauche de l'autel, paraissait conduire cette musique avec une petite cloche qu'il tenait à la main. Les autres prêtres avaient différents instruments, qu'ils appellent le bouré, le bichkour, le gangdoung, le kengbergué et le tsilang. Je laisse à penser quel bruit se fait entendre, quand tous ces instruments jouent dans plusieurs huttes à la fois. Pendant la fête, cette musique dure continuellement pendant quelques heures le matin et le soir. Les prêtres s'assirent la tête découverte. Pendant les pauses de la prière, on servit du lait aigri; les prêtres sortirent pour prendre cette boisson rafraîchissante, et se reposer quelques instants de leur longue séance.

« Je fus invité par plusieurs prêtres d'entrer dans leur hutte; j'acceptai avec plaisir cette offre, afin de satisfaire, autant que je le pouvais, ma curiosité. Dès que j'eus vidé ma coupe de tchigan, je demandai la permission d'observer les images et les autres objets sacrés, ce qui me fut accordé, sous la condition que je ne m'en approcherais pas trop. Je leur fis entendre que voir de loin n'était rien voir; On me permit alors de m'approcher, mais je n'osais rien toucher, et je fus obligé de tenir mon chapeau devant ma bouche, sans doute afin que mes doigts ou mon haleine ne profanassent pas leurs divinités. Je contemplai ainsi les images, dont la plupart étaient peintes assez proprement sur du taffetas jaune; elles pendaient autour de la hutte. Comme il n'y avait pas longtemps que j'avais lu les mémoires de Pallas sur les Mongols, et que ma mémoire se rappelait encore les gravures qui y sont annexées, il ne me fut pas difficile d'indiquer plusieurs noms. Là, dis-je, est Chakya-Mouni; là Yaman-Dagos, Okin-Tenghéri, Tsagaan-Dara Ækhé, Noyon-Dara Ækhé. Les prêtres kalmouks, qui me voyaient pour la première fois dans leur hutte, furent très étonnés. Deux d'entre eux me conduisirent dans une autre hutte pour me faire voir de nouvelles images, et j'eus occasion dans cet endroit de leur nommer Nidouber-Ousouktchi, Maïdari, Manchoucharï, Ærlik-Khan, et je ne sais encore quels autres dieux mongol-kalmouks.

« L'autel placé en face de l'entrée remplissait tout le fond de la hutte, et consistait en un assemblage de pièces de bois, couvertes de rideaux en soie de différentes couleurs. Au-dessus était une espèce de baldaquin aussi en soie, où l'on me fit remarquer le dragon du ciel qui conjure le tonnerre et les éclairs, et plusieurs figures singulières. Sur la partie du milieu de l'autel étaient plusieurs Bourkhans en bronze, revêtus d'habillements en soie. On voyait sur un avancement dans le bas quelques coupes d'offrandes remplies de grains, de fèves, de riz et d'autres choses que les brahmanes emploient au même usage. Près de ces coupes était placé un vase contenant l'eau lustrale, d'où sortaient plusieurs plumes de paon. Au-dessous il y avait un miroir.

« On voulait me faire voir encore plusieurs raretés, lorsqu'on entendit au dehors de la hutte, un grand bruit de trompettes, qui servait de signal aux prêtres pour se rassembler de nouveau et se mettre en prières. Ils furent donc obligés de reprendre leurs places, et moi de sortir. Il y avait à l'entrée de la hutte plusieurs prêtres des plus distingués, portant des manteaux rouges, et sur la tête une espèce de casque d'où pendait derrière le dos une touffe de laine jaune. A côté d'eux on voyait plusieurs prêtres d'un ordre inférieur, qui épuisaient leurs poumons d'une manière peu commune, en sonnant continuellement de la trompette appelée triton.

« A quelque distance bouillait une immense chaudière sur un feu entretenu au moyen d'un tas énorme de charbon de fumier. Des vaches entières et des moutons y étaient étuvés. Plusieurs prêtres, assis à l'entour, enlevaient l'écume et paraissaient attendre avec impatience l'instant où leur estomac, fatigué par le jeûne, pourrait de nouveau se remplir..... Auprès d'une hutte où se faisait la prière, on avait dressé une espèce d'antichambre en pavillon, où les morceaux de viande cuite étaient déposés pour être coupés en plus petits morceaux avant qu'on les portât dans la tente. Un grand nombre de jeunes prêtres se trouvaient là sous la conduite de quelques-uns plus anciens; les uns paraissaient attendre avec une vive impatience que les vases qu'on avait apportés dans l'intérieur leur parvinssent aussi, tandis que les autres dévoraient avec appétit les morceaux qui étaient servis. »

OURS. 1° Les anciens Finnois avaient le plus grand respect pour l'ours, dont ils faisaient une espèce de divinité. *Voy.* OHTO.

2° Quand les Ostiaques ont tué un ours, ils l'écorchent et mettent sa peau sur un arbre, auprès d'une de leurs idoles; après quoi ils lui rendent leurs hommages, lui font de très-humbles excuses de lui avoir donné la mort, et lui représentent qu'après tout ce n'est pas à eux qu'il doit s'en prendre, puisqu'ils n'ont pas forgé le fer qui l'a percé, et que la plume qui a hâté le vol de la flèche appartient à un oiseau étranger.

OURVASI, une des plus célèbres Apsaras ou nymphes du ciel d'Indra. Voici comment on raconte sa naissance: Nara et Narayana, fils de Dharma et d'Ahinsa, se livrèrent à des pratiques de dévotion tellement méritoires, que les dieux tremblèrent pour leur empire et craignirent de se voir dépossédés par eux. Indra envoya Kama et Vasanta, ou l'amour et le printemps, avec les nymphes du ciel, pour enflammer les deux saints des feux de la passion, et détruire ainsi le fruit de leur pénitence. Narayana, en voyant leurs manières, soupçonna leur dessein. Il les invita à s'approcher, et les traita avec tant de politesse qu'ils se crurent vainqueurs. Le saint Mouni cependant, prenant la tige d'une fleur, la plaça sur sa cuisse. En ce moment parut une beauté merveilleuse; les nymphes du ciel, en voyant ses attraits, rougirent de honte d'être ainsi éclipsées. Narayana leur dit alors, de retourner auprès d'Indra, et de lui présenter de sa part la nymphe nouvelle, pour lui prouver qu'il n'avait pas besoin des beautés du ciel, s'il voulait avoir une compagne. On donna à la nouvelle Apsara le nom d'Ourvasi, du mot *Ourou*, qui signifie *cuisse*. Elle devint par la suite la mère du sage Agastya.

OUSA-FATSMAN, dieu de la guerre chez les Japonais. On dit aussi *Ousa-no fatsman*; ce nom lui vient d'un temple que le trentième Daïri lui fit bâtir dans le district d'Ou-sa-no Kori. Il y apparut une fois, dit-on, avec une taille de trente tsio de hauteur (300 pieds), et il jetait un éclat comme la pleine lune. *Voy.* FATSMAN.

OUSANA, autrement Soûkra, est, chez les Hindous, le régent de la planète de Vénus; d'où le vendredi est appelé *Soukravara*. Ce dieu est habillé de blanc; il a quatre mains, dont l'une tient un chapelet; l'autre, un plat à recevoir les aumônes; la troisième, une massue; la quatrième donne une bénédiction. Ousana est fils du sage Brighou, et précepteur et prêtre des Daityas. On le représente comme privé d'un œil. Quand Vichnou, métamorphosé en nain, vint demander un présent au roi Bali, Soukra lui conseilla de n'en rien faire. Le prince insista; Soukra était obligé de lire les formules sacrées, et de verser l'eau qui était dans le vase pour ratifier la promesse de Bali. Alors, sous une forme invisible, il entra dans le vase, empêchant l'eau de tomber par la science magique. Vichnou enfonça dans le vase une paille qui entra dans l'œil de Soukra, et lui causa tant de douleur qu'il reprit sa forme visible. On le distingue par l'épithète de *kavi*, poëte; en effet, on trouve, dans les grands poëmes, des vers moraux qui lui sont attribués. Les Indiens disent que celui qui naît sous cet astre a la faculté de connaître le présent, le passé et l'avenir; qu'il aura beaucoup de femmes, qu'il sera roi, et jouira d'une fortune brillante.

OUSAPOU, un des noms du dieu souverain des Péruviens, appelé aussi *Pacha-Camac* et *Viracocha*. Le titre d'Ousapou signifie, dit-on, admirable.

OUSOUR, pratique religieuse observée par les Turkestanais, lorsqu'ils vont visiter les tombeaux des saints personnages, ce qui a lieu trente jours après la rupture du jeûne. Elle consiste à se traverser, avec un couteau, la peau du cou ou de la gorge, et à y passer un ruban de toile; ce qui ne tarde pas à les inonder de sang. Ils disent que c'est pour sacrifier, aux dépens de leur propre corps, aux esprits des saints. Les gens moins fanatiques se contentent de se prosterner devant les tombeaux et de réciter des prières.

OUSSOUL, nom que les Musulmans donnent aux ordres religieux cardinaux, c'est-à-dire desquels les autres ordres sont dérivés, tels que ceux des Olvanis, des Edhémis, des Cadris, des Rufayis, des Nakschibendis, des Khalvétis, etc. Les ordres secondaires portent le nom de *Coll* ou *Fourou*.

OUTCHICHTHA-GANAPATI, secte d'adorateurs de Ganésa, qui ont aboli tout rituel obligatoire et toute distinction de castes. On les appelle aussi *Hairambas*.

OUTLEIGHIN, dieu des Kamtchadales, qui passe pour avoir créé la mer.

OUTTARA-MIMANSA, c'est-à-dire dernière Mimânsa; un des systèmes philosophiques de l'Inde, plus communément appelé *Védanta*. Voy. ce mot.

OUTTARAYANA, fête célébrée par les Hindous, le premier du mois de Magh (12 ou 13 janvier). Ce jour-là, on fait aux Pitris ou mânes, aux Vastou-Dévas, ou dieux Lares, et aux Viswa-Dévas, ou dieux universels, des offrandes qui consistent en graines de sésame, soit naturelles, soit mélangées avec de la mélasse ou du sucre de dattes, et en gâteaux de riz pétris avec du sucre et du beurre fondu. On va aussi se baigner dans le Gange. Il paraît que cette fête a pour but de célébrer l'entrée du soleil dans le signe du Capricorne; mais elle a été transportée en ce jour, à une époque où l'année commençait par le mois de Magh. *Voy.* MAKARA-SANKRANTI.

OUTZÉ, dignité ou office dans les couvents bouddhiques du Tibet. L'Outzé est le préfet de chant ou de musique. Dans les quatre grands monastères de Botala, de Ghaldan, de Bhrœboung et de Sera, l'Outzé est nommé par le grand Lama; dans les autres, il est élu de l'avis et par le conseil des anciens.

OUVANE, déesse des anciens Allobroges. On croit que c'était Minerve qu'ils adoraient sous ce nom.

OUVIGAIETRO, divinité péruvienne. *Voy.* OUNSTIQUI.

OUZORPILLAO, dieu des anciens Péruviens; il avait, près de Conacacha, un grand temple qui possédait deux maisons remplies de richesses, et trois autres qui étaient destinées à loger des pèlerins; car on venait de tous côtés pour l'adorer, mais on n'osait approcher de l'idole.

OVATES; c'étaient, dans la Gaule païenne les interprètes des Druides auprès du peuple; ils étaient chargés de la partie extérieure du culte et de la célébration des sacrifices.

OZOCHOR, nom particulier de l'Hercule égyptien, général des armées d'Osiris et intendant de ses provinces.

OZZA, idole des anciens Arabes, qui, dit-on, n'était autre qu'un dattier; elle était particulièrement adorée par la tribu des Khozaïtes. Mahomet déclame souvent, dans le Coran, contre le culte de Lat et d'Ozza. Il fit abattre cette idole et toutes les autres dès qu'il se fut rendu maître de la Mecque.

P

PA, génie de la sécheresse chez les Chinois; on le représente sous la figure d'un enfant haut de deux ou trois coudées, avec un œil au sommet de la tête. Il court comme le vent, et porte la sécheresse partout où il va; mais si on réussit à le surprendre et à le jeter dans un fumier, il meurt aussitôt.

PAAS, nom de la divinité suprême chez les Ersaniens, tribu de Mordouines, dans la Sibérie.

PABACIS, taureau sacré des Egyptiens, nommé aussi Onuphis. *Voy.* ONUPHIS.

PACALIES, fête que les Romains célébraient en l'honneur de la Paix qu'ils regardaient comme une divinité.

PACHA-CAMAC, grande divinité des Péruviens; son nom vient de *Pacha*, le monde, et *camac*, participe du verbe *camar*, animer, vivifier, *cama*, âme; il signifie donc l'âme du monde, ou celui qui anime et vivifie le monde. Pacha-Camac était un personnage venu des contrées du sud, et qui civilisa les Péruviens encore sauvages; c'est pourquoi les traditions mythologiques rapportent qu'il transforma en bêtes fauves les hommes que Choun, l'ancien dieu, avait créés, et leur substitua une génération nouvelle. On ignore la durée de sa mission et de son règne; mais son œuvre régénératrice fut reprise et continuée longtemps après par Manco-Capac, qui est regardé comme le législateur de ces peuples. Dans la suite, Pacha-Camac fut mis au nombre des divinités, et considéré même comme le plus grand des dieux, car les Péruviens le mettaient au-dessus du Soleil; celui-ci était leur dieu sensible et présent, tandis que Pacha-Chamac était le dieu invisible et inconnu, être immatériel, auteur du bien, principe de la vie, âme de l'univers. Son nom était en si grande vénération, qu'ils n'osaient le proférer; mais si la nécessité les y obligait, ils le faisaient avec de grandes marques de respect et de soumission, baissant la tête et le corps; ou bien ils levaient les yeux vers le ciel, puis tout à coup les baissaient vers la terre; puis ils portaient la main gauche à l'épaule droite, et de l'autre donnaient des baisers à l'air; c'était encore lui qu'ils invoquaient dans leurs peines et leurs fatigues. Ainsi lorsqu'ils avaient gravi une colline, pesamment chargés, ils déposaient leur fardeau au sommet, levaient les yeux au ciel, les baissaient presque aussitôt, en rendant grâces à Pacha-Camac de ce qu'il leur avait fait supporter les fatigues de la route. Ensuite, pour une espèce d'offrande, ils se tiraient le poil des sourcils, et soit qu'ils s'en arrachassent ou non, ils les soufflaient en l'air, comme s'ils eussent voulu les envoyer au ciel. Ils prenaient aussi dans leur bouche d'une herbe appelée *Cuca*, qu'ils jetaient en l'air, comme une offrande à leur dieu. Leur superstition allait même jusqu'à lui offrir de petits éclats de bois, ou des pailles, des cailloux, une poignée de terre, s'ils ne trouvaient rien de plus précieux. On voyait même de grands monceaux de ces offrandes sur le sommet des collines. Dans ces occasions et autres semblables, ils ne regardaient jamais Inti ou le Soleil, car ce n'était pas à lui, mais à Pacha-Camac, que ces adorations s'adressaient. — Ce dieu était aussi appelé *Pacha-Rurac*, l'auteur du monde.

Les Péruviens opposaient *Cupaï* à Pacha-Camac; et lorsqu'ils étaient obligés de nommer ce génie du mal, ils crachaient à terre pour exprimer l'horreur qu'ils éprouvaient pour lui.

PACHAIA-CHACIC, un des dieux des anciens Péruviens, le même sans doute que *Pacha-Camac*.

PACHA-MAMA, déesse des Péruviens;

c'était la personnification de la terre ; son nom signifie *mère du monde*.

PACIFICATEURS. 1° On donna ce nom aux partisans de l'Hénotique de l'empereur Zénon, parce qu'ils prétendaient que cet édit était propre à pacifier tous les troubles excités par la secte des Monothélites.

2° Les Anabaptistes prirent aussi le titre de *Pacificateurs*, parce qu'ils publiaient que leur doctrine devait établir sur la terre une paix universelle.

PADMA. C'est, dans la mythologie hindoue, un des huit chefs des serpents Nagas, et la personnification de l'un des neuf trésors de Kouvéra, dieu des richesses. Ce nom signifie *lotus*.

PADMAPANI, un des Bodhisatwas adorés par les Bouddhistes ; c'était le fils spirituel du bouddha Amitabha. Les habitants du Népal le regardent comme un des plus anciens prédicateurs de leur contrée. La tradition rapporte qu'il fut invité à y demeurer, dans un temps de famine, par le roi Narendra déva, et qu'il y vint accompagné de Bhaïravas et d'autres religieux. On lui donne aussi le nom d'Abdjapani.

PADZING, dignité bouddhique, qui, chez les Birmans, correspond à peu près à celle de prêtre. Les ponghis ou religieux sont promus à cet ordre dans une assemblée de rahans, composée d'au moins cinq ponghis dans les villages, et de dix dans les villes, et présidée par un oupitzé, dont les fonctions répondent à celles d'abbé ou d'évêque. Le jeune candidat y subit d'abord un examen et un interrogatoire, pour que l'on puisse s'assurer s'il a toutes les qualités nécessaires pour recevoir cette dignité. Lorsqu'on n'a trouvé en lui aucun empêchement, le maître lecteur, debout au milieu des rahans, leur adresse ainsi la parole : « Rahans ici assemblés, veuillez prêter l'oreille à mes paroles. Ce jeune élu que vous voyez demande à son maître oupitzé la dignité de padzing ; j'ai interrogé suivant les règles ce jeune élu qui a pris pour son maître l'oupitzé, qui se nomme Theissa. Si cela vous paraît bon, le jeune élu s'approchera. » Et en même temps il ordonne au jeune élu de venir près des rahans assemblés. Ce qu'il fait aussitôt, et sur l'ordre qui lui en est donné, il s'assied, portant au front ses deux mains jointes, et jusqu'à trois fois répète la formule suivante : « Mon maître oupitzé, et vous rahans assemblés, je demande la dignité de padzing ; veuillez bien me regarder avec un œil de bonté et de commisération, et en me dépouillant de toute espèce de mal, de toute ma mauvaise nature, me revêtir d'une autre nature, et m'établir solidement dans la voie des mérites et des bonnes œuvres. Veuillez bien me faire passer de la dignité de samané à celle de padzing. » Lorsque l'élu a renouvelé trois fois sa demande, le maître lecteur prend la parole et dit : « Seigneur oupitzé, et vous rahans assemblés, écoutez mes paroles : cet élu a demandé au seigneur oupitzé la dignité de padzing ; si cela vous plaît, je l'interrogerait maintenant au milieu de l'assemblée, sur les treize points qui peuvent invalider ou entacher son élévation. » L'assemblée ayant manifesté son approbation, il s'adresse à l'élu qui est assis au milieu, et lui dit : « Élu, écoute avec attention ; voici le moment où il faut dire la vérité. Je t'interrogerai sur différentes choses, toujours tu devras dire exactement ce qui est et ce qui n'est pas, etc. » Il lui renouvelle alors les questions qu'il lui a déjà faites en particulier, et lui demande s'il est affligé de quelque maladie contagieuse ; s'il est vraiment homme, mâle et libre, s'il a des dettes, s'il a obtenu la permission de ses parents, s'il est âgé de plus de vingt ans ; s'il est muni du vêtement jaune et de la tasse pour recevoir les aumônes, etc.

Ces interrogations terminées, le maître lecteur s'adresse à l'assemblée en disant : « Seigneur oupitzé et vous rahans assemblés, veuillez prêter l'oreille à mes paroles : cet élu, qui est ici devant vous, demande au seigneur oupitzé la dignité de padzing ; il est exempt de tout empêchement qui pourrait invalider ou rendre défectueuse son élévation..... Maintenant il demande à l'assemblée que l'on procède à ce qui, par l'entremise du seigneur oupitzé, doit lui communiquer la plénitude de la dignité de padzing. Plaît-il à l'assemblée que l'élu obtienne cette faveur ? » Les rahans à qui cela est agréable n'ont qu'à garder le silence ; ceux au contraire à qui cela déplairait doivent parler et donner les raisons sur lesquelles est fondée l'opposition qu'ils font. Ayant répété jusqu'à trois fois cette même formule, si l'élu se trouve, par le fait même du silence gardé, revêtu de la dignité. Puis le maître lecteur continue ainsi en s'adressant à l'assemblée : « Maintenant l'élu a reçu de son seigneur oupitzé la dignité de padzing ; il a plu à l'assemblée que l'élection fût terminée et complète. »

Le jeune élu étant devenu padzing, le maître lecteur fait connaître le moment, l'heure et la constellation sous laquelle l'ordination a été faite, ainsi que la saison, le jour et la partie du jour. Puis il instruit le jeune padzing des quatre choses dont il lui sera permis d'user, puis des quatre autres choses dont il devra s'abstenir avec une scrupuleuse exactitude. Les quatre choses commandées sont le *tsoun*, ou vivre des aliments qu'on reçoit en aumônes ; la *singan*, ou l'habit jaune ; le *quiaong*, ou le couvent, et les médicaments dont les ponghis peuvent user. Les quatre choses défendues sont l'usage du mariage, le vol, le meurtre d'un être animé, et enfin la prédication de dogmes étrangers à ceux qu'un homme doit communément savoir.

PÆAN. *Voy*. **PÉAN**.

PAÉNI-KÂORIS, espèce de Pandaras ou religieux hindous, chargés de porter les offrandes que les Indiens font au temple de Paéni, dédié à Kartikéya ; ces offrandes consistent en argent, sucre, miel, camphre, lait, beurre, cocos, etc. Ils sont ordinairement habillés de jaune, comme les Pandaras, et portent aux deux bouts d'un bâton les présents dont ils sont chargés. Pour se mettre à l'abri du soleil, ils ajustent sur le bâton un tendelet de drap rouge, tel à peu près que celui d'un palanquin.

PAGANALES, fêtes des Romains, ainsi nommées parce qu'on les célébrait dans les villages, appelés *pagi*. On croit qu'elles furent instituées par le roi Servius Tullius. Durant ces fêtes, les habitants des campagnes allaient en procession autour de leur village, faisant des lustrations pour les purifier. Il y avait aussi des sacrifices dans lesquels ils offraient des gâteaux sur les autels de Cérès et de la déesse Tellus, pour obtenir une récolte abondante. Cette fête avait lieu au mois de janvier, après les semailles; et l'argent que les habitants de la campagne y apportaient était une espèce de tribut et de redevance annuelle, à laquelle Servius Tullius les avait assujettis. Tous les habitants de chaque village étaient tenus d'y assister et d'y porter une petite pièce de monnaie, différente selon l'âge et le sexe : de sorte que celui qui présidait à ce sacrifice connaissait tout d'un coup l'âge, le sexe et le nombre de ceux qui y prenaient part.

PAGANIES, larves immondes qui, dans la croyance des Grecs modernes, sont des Juifs adorateurs de l'âne, occupés à chercher le Messie dans son berceau, afin de le faire périr. Leur passage dure depuis Noël jusqu'à l'Epiphanie. On représente ces Paganies comme des sorciers maigres, à tête d'âne, à queue de singe, courant les champs et se rassemblant dans les carrefours, en invoquant la Lune, qu'ils prient d'éclairer leurs banquets, où ils mangent des grenouilles et des tortues, amphibies regardés comme immondes. Mais après la bénédiction de l'eau, c'est-à-dire des puits, des fleuves et de la mer même, qui se fait, dans l'Eglise grecque, le jour de l'Epiphanie, par l'immersion de la croix, ces spectres hideux disparaissent. Les nuits sont purifiées, le ciel est réconcilié avec la terre; par cette sanctification des eaux, les tempêtes cessent, et le vent du nord-ouest reprend son empire accoutumé sur les mers de la Grèce.

PAGANISME. On est convenu d'appeler ainsi l'ancienne religion des Orientaux, des Egyptiens, des Grecs et des Romains. Ce nom vient du mot *pagus*, village, campagne, parce que du ve au viiie siècle, la religion chrétienne étant devenue maîtresse dans les villes, les partisans de l'ancien culte ne se trouvaient plus que dans les villages où la foi n'avait pas encore été prêchée universellement.

Le paganisme, surtout celui des Grecs et des Romains, ne saurait être formulé en symbole; du moins nous ne trouvons rien, dans les auteurs anciens, qui puisse nous mettre à même d'en reconstruire un authentique. Varron divisait les dieux en *certains* et en *incertains*; il distinguait la science des dieux en théologie *fabuleuse*, théologie *naturelle* et théologie *civile*. La première, selon lui, est celle des poëtes; la seconde, celle des philosophes; et la troisième, celle des peuples. Le même auteur avertit ouvertement que, dans la théologie des poëtes, il y a beaucoup de choses inventées par le bon plaisir des hommes contre la dignité et la nature des dieux immortels; et que si la théologie des philosophes était au-dessus de la portée des peuples, la théologie des poëtes était au-dessous de leur bon sens.

Quatre sources principales ont concouru à la formation de l'ancien paganisme; ce sont: le *naturalisme*, le *fétichisme*, l'*apothéose* et le *symbolisme*. Mais vers la fin de la république romaine, la plupart des gens instruits, et en particulier les philosophes stoïciens, sentant l'impossibilité de soutenir le système de la religion grecque et romaine, travaillèrent à la spiritualiser, et inventèrent le panthéisme universel, d'après lequel Dieu était le grand tout, ou le Pan qui entourait, pénétrait, animait toute la création. Mais en changeant la théorie de la religion, peuples et philosophes n'en arrivèrent pas moins au même résultat, qui était de voir des dieux partout. Au reste, les esprits les plus sensés paraissent avoir fait bon marché de la théologie absurde des poëtes, aussi bien que des objets directs de l'adoration et de la croyance des peuples. Nous voyons, dans les écrits des philosophes, une multitude de passages dans lesquels ils parlent comme de véritables monothéistes. Pythagore, Platon, Aristote, Cicéron et une multitude d'autres, ne croyaient assurément qu'en un seul Dieu; et si, dans leurs écrits, ils parlent *des dieux* au pluriel, ils ne le font que pour s'accommoder au langage usuel, ou bien ils entendent par cette expression certaines forces de la nature sur la substance desquelles ils ne savaient trop quel jugement porter. Quelques-uns cependant appelaient ainsi des substances célestes supérieures aux mortels, mais fort inférieures à la Divinité, telles à peu près que sont les anges dans le christianisme, avec cette différence toutefois qu'ils leur attribuaient une coopération directe dans le cours des événements qui avaient lieu en ce monde. C'est ainsi que les Gnostiques, les Valentiniens, les Basilidiens, etc., entendaient les anges; car la plupart des hérésies des deux premiers siècles avaient fait un monstrueux amalgame des doctrines du paganisme avec l'élément chrétien.

Nous terminons ce simple aperçu par ces belles paroles que Cicéron met dans la bouche de Scipion, et que l'on croirait échappées à la bouche d'un chrétien : « Il est un Dieu suprême qui régit l'univers; tout ce que tu vois, mon fils, est son temple. Immortelle, puisqu'elle se meut par elle-même et qu'elle est émanée du ciel, l'âme de l'homme, aussitôt qu'elle a quitté sa prison mortelle, retourne vers sa source. Cette âme divine, sache-le bien, mon fils, cette âme seule est toi : l'âme de l'homme, voilà l'homme. »

PAGODES. On donne communément ce nom aux temples des peuples idolâtres de l'Inde, de la Chine et des contrées adjacentes. Il vient originairement du persan *but-kedeh* ou *bout-kada*, maison des idoles. Les voyageurs donnent par extension, mais abusivement, le même nom aux idoles elles-mêmes.

1° Les pagodes sont extrêmement multipliées dans l'Inde; on voit peu de villages, peu de hameaux qui n'en aient une. C'est même une opinion généralement reçue, qu'on ne doit pas habiter un lieu où il n'y a point de temple, sous peine de courir les risques de quelque malheur.

Parmi les bonnes œuvres recommandées aux riches, une des plus honorables et des plus méritoires consiste à dépenser une partie de leur fortune à la construction de ces édifices, et à la dotation des personnes chargées de les desservir. Cette munificence est un moyen infaillible pour obtenir la protection des dieux, la rémission de ses péchés, et l'entrée d'un séjour de bonheur après sa mort.

Outre les temples dont tous les villages sont pourvus, on en rencontre une foule érigés dans des endroits isolés, dans les bois, sur les grandes routes, au milieu des rivières, sur le bord des étangs et autres grands réservoirs d'eau, et surtout à la cime de rochers escarpés, de montagnes et de collines; il est peu de montagnes, où se trouve un puits ou une source, qui ne soient surmontées par un établissement de ce genre. Le choix de ces emplacements ne paraît pas dû au caprice: on sait que le même usage subsiste chez la plupart des nations asiatiques. Non-seulement les anciens peuples idolâtres, mais même les enfants d'Israël, choisissaient toujours des lieux élevés pour y accomplir les rites de leur religion; et nous voyons dans l'Ancien Testament que Dieu reproche souvent aux Israélites le culte qu'ils rendaient aux idoles sur les hauteurs, et ordonne de détruire les autels et les temples qui y étaient construits, ainsi que les bois sacrés qui les environnaient.

La plupart des pagodes ont une apparence très-misérable, et ressemblent plutôt à des granges ou à des étables qu'à des édifices consacrés aux dieux; quelques-unes servent en même temps de maison de ville, de salle de justice, d'asile pour les voyageurs. Mais aussi on en aperçoit plusieurs qui, vues de loin, offrent un caractère de grandeur qui excite quelquefois l'admiration de l'observateur. La forme des grands temples, tant anciens que modernes, est partout la même. La porte d'entrée des grandes pagodes est pratiquée à travers une haute pyramide massive, dont le sommet est ordinairement terminé en croissant ou en demi-lune. Cette porte fait face à l'orient. Au delà de cette pyramide se trouve une grande cour, au bout de laquelle est une autre porte pratiquée, ainsi que la première, dans une pyramide de même forme que l'autre, mais plus petite. On passe de là dans une seconde cour peu spacieuse, qui précède le temple où réside la principale idole.

Au milieu de cette cour, en face de l'entrée du temple, on voit communément, sur un grand piédestal ou dans une espèce de lanterne ouverte des quatre côtés et soutenue par quatre colonnes, une figure de pierre grossièrement sculptée, qui représente, ou un bœuf couché sur le ventre, ou le linga, si le temple est dédié à Siva, ou le singe Hanouman, ou le serpent Capelle, si c'est un temple de Vichnou, ou le dieu Ganésa, ou enfin quelque autre attribut du culte indien; et c'est le premier objet auquel les dévots offrent leurs hommages avant de pénétrer dans le temple.

La porte en est généralement étroite et basse: c'est cependant la seule ouverture qui puisse donner passage à l'air et à la lumière extérieure; car l'usage des fenêtres est entièrement inconnu dans l'Inde. Ces temples sont habituellement dans l'obscurité ou seulement éclairés par la faible lueur d'une lampe qui brûle, nuit et jour, à côté de l'idole. L'intérieur de l'édifice est en général divisé en deux parties, et quelquefois en trois: la première, qui est la plus vaste, est celle où le peuple vient se placer. La seconde est le sanctuaire où réside l'idole à laquelle le lieu est consacré: cette partie est plus petite et beaucoup plus sombre; elle est ordinairement fermée, et la porte ne peut en être ouverte que par le prêtre officiant, qui, avec quelques-uns de ses acolytes, a seul le droit de s'introduire dans cet asile mystérieux, pour laver l'idole, la parer et lui présenter les offrandes de fleurs, d'encens, de sandal, de lampes allumées, de fruits, de beurre liquide, d'habits précieux, de joyaux, que les croyants viennent lui apporter.

Quelques temples modernes sont construits en voûte; mais la plupart sont surmontés d'une plate-forme avec plusieurs rangs de piliers en pierres de taille massives, et dont les chapiteaux sont composés de deux fortes pierres en croix, sur lesquelles sont posées des traverses, aussi en pierre, qui se croisent de même dans toute la longueur et la largeur de l'édifice. Les travées sont couvertes horizontalement de dalles solidement jointes avec du ciment, pour empêcher les infiltrations. Enfin, soit pour rendre ces édifices plus majestueux et plus solides, soit pour les préserver des incendies, il n'entre jamais dans leur construction d'autre bois que celui de la porte qui en ferme l'ouverture.

Le sanctuaire est souvent construit en dôme: mais tout l'édifice est généralement fort bas; ce qui en détruit d'une manière choquante, les proportions. Ce défaut d'élévation joint à la difficulté que l'air éprouve pour s'y introduire par une seule issue étroite et habituellement close; les miasmes délétères qu'exhalent à flots des monceaux de fleurs fraîches ou fanées, les lampes allumées; l'huile et le beurre répandus dans les libations; les excréments des chauves-souris qui font de ces lieux obscurs leur séjour de prédilection; la transpiration fétide d'une foule de gens malpropres, sont autant de causes qui concourent à rendre ces divines tanières excessivement insalubres. Un Indien seul peut demeurer un peu longtemps au milieu de ce foyer actif de putréfaction sans être asphyxié.

Quant à la forme des idoles vénérées dans les pagodes. *Voy.* l'article IDOLATRIE, n° 15.

2° Les pagodes des Chinois sont consacrées au culte de Bouddha ; les plus fameuses sont construites dans les grandes villes ou sur des montagnes ; comme dans l'Inde, elles sont souvent accompagnées de tours pyramidales. Elles servent communément d'habitation aux bonzes ou religieux ; les voyageurs mêmes y trouvent un asile. L'intérieur de la pagode est orné d'images et d'idoles, dont les unes sont des divinités ou des génies, les autres ne sont que des figures symboliques. Les murs sont généralement percés d'une infinité de petites niches pour loger ces idoles, qui sont pour l'ordinaire en bas-reliefs. L'édifice est éclairé de plusieurs lampes qui brûlent nuit et jour. Dans le milieu, on voit un autel, sur la table duquel est posée l'idole principale, qui est communément de taille extraordinaire, et qui est environnée d'une quantité d'autres figures plus petites. Il y a communément devant la grande idole un long bambou creux, qui en renferme de plus petits, sur lesquels sont écrits en caractères chinois des formules mystérieuses. Aux deux côtés de l'idole brûlent des parfums, et au-devant est un bassin de bois destiné à recevoir les offrandes. L'autel est peint en rouge, couleur destinée uniquement aux choses saintes. On conserve aussi dans ces pagodes les reliques et les corps des saints personnages parvenus à la dignité des Bodhisatwas.

Nous avons dit que la statue principale de chaque pagode est d'une taille colossale ; en effet quelques-unes ont jusqu'à 30 et 40 pieds de hauteur ; elles sont richement dorées ou vêtues avec magnificence ; mais les Chinois paraissent considérer comme un grand mérite dans leurs idoles d'avoir des joues boursoufflées et le ventre extrêmement proéminent.

PAHARIYAS, c'est-à-dire *montagnards*, secte nombreuse de l'Inde, que l'on trouve dans les montagnes situées entre Allahabad et Masulipatam : ils sont désignés tour à tour sous les noms de Kols, de Gonds et de Bhils, suivant les pays où ils sont établis. Leur principale divinité est Bado-Gosdei, c'est-à-dire le grand dieu, auquel ils adressent leurs prières soir et matin. Ils disent que ce dieu a partagé la terre entre sept frères, et que chacun d'eux reçut en présent un échantillon des aliments dont lui et ses descendants devaient faire leur nourriture. L'aîné, qui est celui dont ils prétendent descendre, emporta de toutes les sortes de ces aliments dans un plat salé ; voilà pourquoi, ajoutent-ils, ils ne craignent pas de prendre leurs repas en compagnie des étrangers. Le sang des pourceaux paraît leur tenir lieu d'eau bénite. Ils croient fermement aux sorciers ; ils ont des interprètes des songes, qu'ils supposent être possédés d'un démon familier. Quand un de ces sorciers meurt, ils ne l'enterrent pas, ils jettent son corps au milieu des broussailles. Ils attribuent leurs maladies à l'influence des mauvais esprits, et, lorsqu'ils y succombent, leurs cadavres sont voués à ces auteurs invisibles des maux auxquels ils ont succombé ; on abandonne dans les bois ceux qui périssent de la petite vérole, et l'on jette dans l'eau ceux dont l'hydropisie a causé la mort.

Lorsqu'il s'agit de prêter un serment, on plante deux flèches dans la terre, l'une par la pointe, l'autre par l'extrémité opposée, en leur donnant une position inclinée, de telle façon que les extrémités supérieures se joignent et que les flèches forment un triangle avec le sol. Le pahariya admis au serment doit, en le prononçant, tenir entre l'index et le pouce l'angle supérieur de ce triangle. Dans les circonstances solennelles, on répand du sel sur la lame d'un sabre, et, après avoir prononcé la formule sacramentelle, la personne qui jure approche la lame de la lèvre inférieure de celle qui reçoit le serment et lui fait tomber le sel dans la bouche. *Voy.* BADO-GOSDEI.

PAHITNOUFI, une des formes de Thot, l'Hermès égyptien ; ce nom signifie : *celui dont le cœur est bon.*

PAÏENS, nom que l'on a donné aux sectateurs de la religion gréco-romaine, parce que, depuis le ve siècle jusqu'au vi^e, la religion chrétienne étant devenue dominante dans l'empire, les idolâtres ne se trouvaient plus guère que dans les campagnes, *pagi*, de sorte qu'on les appelait vulgairement *pagani*, les paysans, dont nous avons formé le mot païens. Par extension on donne la même dénomination à tous les idolâtres, de quelque contrée qu'ils soient. Les anciens auteurs français appellent même de ce nom les Musulmans, bien que ceux-ci adorent le vrai Dieu.

PAIN BÉNIT. La coutume de bénir et de distribuer du pain, aux messes solennelles dans l'Eglise catholique, paraît remonter aux agapes des premiers chrétiens. Le pain et le vin, qui faisaient le fond de ces festins de charité, étaient pris des oblations, c'est-à-dire du pain et du vin que les fidèles, surtout les riches, apportaient toujours abondamment pour la célébration des saints mystères. Après le sacrifice et la communion de tous ceux qui y avaient assisté, on distribuait aux fidèles les restes du pain et du vin qui avaient été offerts et qui étaient bénits, mais non consacrés. Dans la suite, ces repas édifiants ayant provoqué des abus, on les abolit. Cependant les offrandes des fidèles n'en étant pas moins abondantes, on substitua à ces anciennes agapes une distribution du pain qui restait après le sacrifice ; c'est ce que l'on appela *eulogie*, quoique le même nom ait été aussi donné à la sainte eucharistie et à des présents de toute sorte que les chrétiens s'envoyaient en signe d'union et d'amitié.

Cette coutume de distribuer du pain bénit pendant la sainte messe a dû prendre une nouvelle vigueur, lorsque le nombre des personnes qui communiaient avec le prêtre ayant considérablement diminué, on crut suppléer en quelque sorte à la sainte communion en faisant manger ce pain comme souvenir de l'eucharistie et en union avec la communion du prêtre et celle des pieux fidèles qui approchaient de la sainte table.

Le pain bénit est regardé comme un des objets que l'on appelle sacramentaux; car, pris avec foi, il peut contribuer à effacer les péchés véniels en excitant de pieux mouvements dans l'âme de ceux qui le reçoivent. Par la vertu des prières de l'Église, on lui attribue aussi le pouvoir de chasser le démon et de guérir les maladies du corps.

Le célébrant bénit ce pain avant ou pendant l'offertoire; il est présenté tour à tour par les chefs de famille qui habitent sur la paroisse, qui l'apportent en personne à l'autel, ou se font représenter par une autre personne de la famille, et l'on fait en même temps une offrande au prêtre.

PAIN DE SAINT-HUBERT, DE SAINTE-GENEVIÈVE, DE SAINT-NICOLAS DE TOLENTIN, etc. On appelle ainsi des pains bénits, et sur lesquels on a invoqué le saint ou la sainte dont ils portent le nom; cette cérémonie a lieu dans certains endroits où l'on va honorer ces bienheureux en pèlerinage. On attribue à ces pains plusieurs propriétés, comme de guérir la rage, de la fièvre et d'autres maladies; mais trop souvent ces pieuses coutumes ont dégénéré en superstitions.

PAINS DE PROPOSITION. Ils seraient mieux nommés *pains d'exposition* (en hébreu מנחם לחם, *panis faciei*). C'étaient des pains qui, dans l'ancienne loi, devaient être toujours en présence de Dieu sur la table d'or, dans le sanctuaire du tabernacle ou du temple. Ils étaient au nombre de douze, par allusion aux douze tribus d'Israël, faits du plus pur froment, sans aucun levain. Le matin de chaque jour de sabbat, les prêtres en apportaient de nouveaux, récemment cuits, et remportaient les vieux qu'ils avaient seuls le droit de manger, à moins de cas extraordinaire, comme nous voyons que le grand prêtre les donna à David fugitif et à ses gens, qui ne pouvaient s'en procurer d'autres.

Les pains de proposition étaient placés sur deux rangs, chacun de six, l'un sur l'autre; on mettait sur chaque rangée une poignée d'encens, et le samedi d'après cet encens était jeté au feu.

PAIWATAR, déesse regardée par les Finnois comme un mauvais génie; c'était une des nourrices d'Ajmatar, mère des loups.

PAIX, 1° divinité allégorique des anciens, qui la disaient fille de Jupiter et de Thémis. Les Grecs l'appelaient *Irène*. Les Athéniens lui consacrèrent un temple et lui élevèrent des statues; mais elle fut encore plus célébrée chez les Romains, qui lui érigèrent, dans la rue Sacrée, le plus grand et le plus magnifique temple qui fût dans Rome. Ce temple, commencé par Agrippine et achevé sous Vespasien, reçut les riches dépouilles que cet empereur et son fils avaient enlevées au temple de Jérusalem. Cependant, ayant cette époque, cette déesse avait à Rome des autels, un culte et des statues. C'était dans le temple de la Paix que s'assemblaient ceux qui cultivaient les beaux-arts pour y disputer leurs prérogatives, afin qu'en présence de la divinité, toute aigreur fût bannie de leurs disputes. Les malades, au rapport de Galien, avaient une grande confiance en cette déesse et se faisaient porter dans son temple avec l'espoir d'obtenir leur guérison; aussi voyait-on toujours dans son enceinte une foule d'infirmes ou de gens qui faisaient des vœux pour leurs amis alités; et cette foule était cause qu'on voyait souvent, dit-on, arriver des querelles dans le temple de la Paix.

On représentait cette divinité sous la figure d'une femme parfaitement belle, à l'air doux et serein, portant sur la tête une couronne de branches d'olivier et de laurier entrelacées. Elle tenait d'une main un caducée, de l'autre des épis de blé et des roses, quelquefois une corne d'abondance ou un flambeau renversé. Dans le temple d'Athènes, la Paix tenait dans son sein la figure de Plutus, dieu des richesses, pour marquer qu'elle produit la prospérité et l'abondance.

2° Dans l'Église chrétienne, on appelle la *Paix* le baiser qui se donne avant la communion. Ce baiser était autrefois général; le célébrant le donnait au plus digne du chœur après lui; celui-ci le transmettait à son voisin, et ainsi de suite jusqu'au dernier ecclésiastique qui le donnait au premier des laïques; l'homme qui l'avait reçu le dernier le portait à la plus âgée des femmes; c'est ce qui s'observe encore dans plusieurs églises d'Orient. Ailleurs, chacun embrassait indifféremment tous ceux qui se trouvaient à sa portée; mais les deux sexes étaient alors exactement séparés. Maintenant la paix ne se donne plus qu'aux ecclésiastiques et à certaines personnes admises dans le chœur des églises; encore se sert-on pour cela d'une image en métal que l'on présente à baiser; cet instrument se nomme *la paix* ou *instrument de paix*. Cependant, dans la cérémonie de l'ordination et en quelques autres occasions, le baiser se donne sur la joue. *Voy.* BAISER DE PAIX.

PAJONITES, sectateurs de la doctrine de Claude Pajon, protestant célèbre par ses disputes avec Jurieu, ministre calviniste. Il était né à Romorantin, en 1626, d'une famille distinguée; élevé dans le calvinisme, qui était la religion de ses parents, il se distingua tellement à Saumur, pendant ses études, par les talents de son esprit et la régularité de sa conduite, qu'il fut élevé à la dignité de ministre, n'ayant encore que vingt-quatre ans. Le refus qu'il fit de prendre part à une querelle qu'avait Jurieu avec un de ses confrères, fut la source de toutes les tracasseries qu'il eut à essuyer, et lui donna lieu de former, au milieu du calvinisme, une espèce de secte particulière. Jurieu se vengea du refus de Pajon, en l'attaquant sur sa doctrine. Ces deux ministres n'avaient pas les mêmes sentiments sur la manière dont le Saint-Esprit opère la conversion dans le cœur de l'homme. Jurieu accusa Pajon d'avoir sur cette matière des principes erronés. L'accusé fit l'apologie de sa doctrine dans le synode d'Anjou, tenu en 1667, et ses raisons persuadèrent si bien tous ceux qui composaient cette assemblée, qu'ils le déclarèrent absous, et lui permirent de continuer ses leçons à Saumur, où il avait été appelé, l'année précédente, pour enseigner la théologie. Ce jugement ne fit qu'irriter davantage la colère de Jurieu; il ne cessa de persécuter Pajon, et forma contre lui une cabale si puissante, que le même homme qui avait été absous au synode d'Anjou en 1667, fut condamné dans l'académie de Saumur en 1682. On obligea même les étudiants qui voudraient prendre les degrés, de souscrire à cette condamnation. Pajon, poussé à bout, publia plusieurs écrits pour sa défense, et se forma un parti pour l'opposer à celui de Jurieu. Ses sectateurs furent appelés *Pajonites*, et pour distinguer sa doctrine, on la nomma *Pajonisme*. Après de grands débats, il fut enfin obligé de quitter la chaire de théologie de Saumur, et d'accepter une place de ministre à Bione, près d'Orléans.

PAKKANEN, dieu des anciens Finnois; c'était la personnification du Froid, frère de l'hiver; son père était Hyylämöinen, et sa mère Hytto.

PALADAS, géant de la mythologie hindoue, qui s'avisa une fois de rouler la terre entière comme une feuille de papier, de la charger sur ses épaules et de l'emporter avec lui jusqu'au fond des abîmes du Patala. Dans cette extrémité Prithwi, déesse de la terre, implora l'assistance de Vichnou; à cet appel, le dieu revêtit la forme d'un sanglier, pénétra dans les enfers, attaqua le géant, le vainquit, souleva la terre à l'aide de ses énormes défenses, et la rétablit à la place qu'elle occupait auparavant; c'est le sujet de la troisième incarnation de Vichnou.

PALÆMON ou PALÆSTES, c'est-à-dire *lutteur*, surnom donné à Jupiter, parce que, Hercule s'étant présenté au combat de la lutte, et personne n'osant se mesurer contre lui, ce dieu accepta le défi, à la prière de son fils, et se laissa vaincre par complaisance, pour accroître la gloire de ce héros.

PALAMÈDE, roi de l'île d'Eubée, un des héros grecs qui allèrent assiéger la ville de Troie; il y trouva la mort non par la main des ennemis, mais par les artifices d'Ulysse, qui était jaloux de sa science. On lui attribue l'invention des poids et mesures, l'art de ranger un bataillon, et de régler le cours de l'année par celui du soleil, et le cours du mois par celui de la lune, le jeu des échecs, celui des dés et quelques autres. C'est fort gratuitement, à notre avis, qu'on lui fait honneur de toutes ces découvertes, qui toutes, à l'exception du jeu d'échecs, lui sont fort antérieures. Nous craignons qu'il n'en soit de même des quatre lettres grecs Θ, Σ, Φ, et X, ou, selon d'autres, des trois lettres Υ, Φ, et X, que nous croyons postérieures à son époque. Quoi qu'il en soit, il paraît qu'il fut honoré comme un dieu, car on lui avait érigé une statue avec cette inscription : *Au dieu Palamède.*

PALAMITES, hérétiques du XIVe siècle, qui tirent leur nom de Palamas, moine grec du mont Athos, et ensuite archevêque de Thessalonique; il avait adopté les erreurs des Hésychastes qui, en tenant leurs regards fixés sur le nombril, croyaient voir la lumière éternelle et incréée. A cette absurdité Palamas ajoutait que cette lumière ombilicale était la même dont Jésus-Christ avait été revêtu sur le Thabor. Cette impertinence fit du bruit; Palamas compta de nombreux partisans, et il fut considéré comme un saint après sa mort; et aujourd'hui encore les Grecs récitent, le dimanche de l'Orthodoxie, second du carême, un symbole composé par Palamas. *Voy.* HÉSYCHASTES.

PALAMNÉE, surnom de Jupiter, vengeur du sang répandu. — C'était aussi, chez les Grecs, le nom d'un démon lutteur qui attaquait les hommes. Les dieux *Palamnées* cherchaient sans cesse à nuire au genre humain.

PALATIN, surnom d'Apollon. Auguste ayant acquis le mont Palatin, le tonnerre tomba sur une portion du terrain qu'il avait acheté. Sur la réponse des devins, que cet endroit était revendiqué par un dieu, le prince y bâtit, du plus beau marbre, un temple à Apollon; il y joignit une bibliothèque, et tout autour il éleva des portiques. Cette bibliothèque n'était pas seulement destinée à offrir des secours utiles aux savants, Auguste en fit comme une académie, qui devint le rendez-vous des gens de lettres, et où des juges examinaient les nouveaux ouvrages de poésie : ceux qui paraissaient dignes d'être transmis à la postérité étaient placés honorablement avec le portrait de l'auteur.

PALATINE, surnom de Cybèle; une inscription trouvée en Provence appelle cette déesse la grande Idéenne Palatine.

PALATINS, 1[o] prêtres saliens établis par Numa Pompilius. Ils étaient destinés au service de Mars sur le mont Palatin, d'où est venu leur nom.

2[o] On appela aussi *Palatins* des jeux institués par Livie en l'honneur d'Auguste, ou, selon d'autres, par Auguste lui-même, en l'honneur de Jules César. Ils prirent leur nom du temple qui était sur le mont Palatin, où on les célébrait tous les ans durant huit jours, à commencer du 15 décembre.

PALATUA, déesse, adorée à Rome comme la patronne du mont Palatin, où elle avait un temple magnifique. Quelques-uns pensent qu'elle est la même que *Palatie*, femme de Latinus, appelée aussi *Palantha* ou *Palatho*, et qu'on dit fille d'Évandre.

PALATUAL, sacrifice que les Romains offraient à la déesse Palatua, sur le mont Palatin; elle avait à son service un flamine appelé *Palatualis*, qui offrait les sacrifices et était le gardien du mont.

PALE, instrument dont se servent les prêtres pour couvrir le calice pendant le saint sacrifice de la messe. Autrefois on n'employait pour cela que de la partie postérieure du corporal, que l'on relevait et ramenait sur le calice ; mais, pour plus de commodité, on finit par prendre une pièce de toile séparée, et afin de la maintenir, on l'assujettit sur un carton. L'autre côté du carton est souvent d'une étoffe précieuse et richement brodée, et la pale est bordée des quatre côtés par un galon ou une frange plus ou moins précieuse. Les pales reçoivent avec les corporaux une bénédiction particulière, soit d'un évêque, soit d'un prêtre qui en a obtenu l'autorisation. Elles font partie des linges sacrés ; une fois qu'elles ont servi, il faut être au moins sous-diacre pour les toucher ; et pour être blanchies, elles doivent être préalablement purifiées par un ecclésiastique dans les ordres sacrés.

PALÉMON, l'un des dieux marins adorés chez les Grecs. Il fut redevable de sa divinité à ses malheurs. Ino, redoutant la jalousie et les fureurs de son époux Athamas, roi de Thèbes, s'enfuit avec son fils Mélicerte, et, se voyant sur le point de tomber entre les mains de son mari qui la poursuivait, elle se précipita dans la mer avec le jeune compagnon de sa fuite. Les dieux, touchés de leur sort, les admirent au nombre des divinités de la mer : Ino, sous le nom de *Leucothée*, et Mélicerte sous celui de *Palémon*. Ce dernier fut honoré dans l'île de Ténédos, où une superstition cruelle lui offrait des enfants en sacrifice. A Corinthe, Glaucus institua en son honneur les jeux Isthmiques, qui, interrompus dans la suite, furent rétablis par Thésée en l'honneur de Neptune. Pausanias raconte que, dans le temple consacré à Neptune par les Corinthiens, il y avait trois autels : un de ce dieu, le second de Leucothée, et le troisième de Palémon. On y trouvait une chapelle basse, où l'on descendait par un escalier dérobé. On prétendait que Palémon s'y tenait caché, et quiconque osait y faire un faux serment, soit citoyen, soit étranger, était aussitôt puni de son parjure.

Palémon avait l'intendance des ports de mer ; les Romains l'honoraient sous le nom de Portumne.

PALÈS, déesse des pasteurs chez les anciens Romains. Elle avait les troupeaux sous sa protection ; aussi célébrait-on dans les campagnes une grande fête en son honneur. *Voy.* PALILIES.

PALESTINES, déesses que l'on croit être les mêmes que les Furies. Leur nom vient sans doute de la ville de Paleste, en Epire, où elles étaient honorées.

PALEUR ; les Romains en avaient fait un dieu, parce que ce mot est masculin en latin. Le roi Tullus Hostilius, voyant ses troupes sur le point de prendre la fuite, voua à la Crainte et à la Pâleur un temple qui fut élevé hors de la ville.

PALICES ou PALIQUES, frères jumeaux, qui furent mis au rang des dieux. Jupiter étant devenu amoureux d'une nymphe de la Sicile, appelée Thalie ou Etna, qui était fille de Vulcain, celle-ci, craignant le ressentiment de Junon, pria son amant de la cacher dans les entrailles de la terre. Lorsque le terme de sa grossesse fut arrivé, la terre s'entr'ouvrit, et il en sortit deux enfants qui furent appelés Palices, du grec, πάλιν ἱκέσθαι, revenir. Cette fable a pu être inventée pour trouver une origine à leur nom ; car Hésychius les fait enfants d'Adramus. Quoi qu'il en soit, les frères Palices furent honorés comme dieux par les Siciliens ; ils avaient un temple où Servius dit qu'on offrait autrefois des victimes humaines. Près de ce temple étaient deux petites mares d'eau bouillante et soufrée, toujours pleines sans jamais déborder ; on les regardait comme le berceau des Palices. On attribuait à ces bassins la vertu de découvrir les vérités cachées, de rendre des oracles, et de sanctionner la vérité des serments en punissant les parjures. Ceux qui étaient admis au serment se purifiaient, et, après avoir fourni caution de payer, si les dieux les y condamnaient, ils s'approchaient des bassins, et juraient par la divinité qui y présidait. La formule était écrite sur des tablettes que l'on jetait dans l'eau ; si elles surnageaient, on jugeait qu'elles étaient conformes à la vérité, sinon le parjure était puni immédiatement, et d'une manière miraculeuse, quoique les divers auteurs qui en parlent ne s'accordent pas sur le genre de châtiment : Macrobe dit qu'il tombait dans le bassin et s'y noyait ; Palémon, qu'il était frappé de mort subite ; Aristote et Etienne de Bizance, qu'il était dévoré par un feu secret ; Diodore de Sicile, qu'il était frappé de cécité. Ce lieu était aussi un asile pour les esclaves maltraités ; leurs maîtres, pour les reprendre, devaient s'engager à les traiter plus humainement ; ce qu'ils observaient généralement avec scrupule, dans la crainte d'un châtiment redoutable. Ces effets merveilleux, ainsi que les oracles et les prophéties qui se rendaient dans le sanctuaire, attiraient dans le temple un grand concours ; aussi les autels de ces divinités étaient-ils toujours chargés d'offrandes de toutes sortes, tellement qu'ils en avaient reçu le nom d'*autels gras*.

PALILIES, fête que les Romains célébraient tous les ans le 21 avril, en l'honneur de la déesse Palès. C'était proprement la fête des bergers, qui la solennisaient pour chasser les loups et les éloigner de leurs troupeaux. Ovide fait parler ainsi un adorateur de cette déesse. « Je vous ai souvent offert en expiation des objets passés au feu, de la cendre de veau, de la paille de fèves : souvent j'ai sauté trois fois sur des feux arrangés avec art, et j'ai trempé une branche de laurier dans l'eau lustrale. » C'étaient autant de cérémonies en usage dans cette fête. Le poëte suppose ensuite que Palès prescrit à cet adorateur tout ce qu'il faut faire pour la célébrer dignement. « Allez, dit-elle ; que le peuple prenne sur l'autel de Vesta ce qui est nécessaire pour les fumigations ; vous devrez ainsi à Vesta l'avantage d'être purifiés. Vous ferez brûler du sang de cheval, la cendre d'un veau, et du chaume de fèves. Aussitôt que le soleil sera couché, que le berger arrose ses brebis d'eau lustrale, et que de sa houlette il balaie la terre sur laquelle elles se reposeront pour se sécher; que les bergeries soient ornées de feuilles et de branches; que des guirlandes de fleurs couronnent leurs portes; qu'avec du soufre pur on produise une fumée bleue, jusqu'à ce que les brebis aient bêlé. Brûlez du romarin, de la résine, de l'herbe sabine, et faites pétiller dans le feu des feuilles de laurier; offrez aussi des gâteaux de millet, et des paniers pleins de millet. Cette déesse rustique s'en fait un régal; ajoutez-y du lait et ses mets ordinaires; adressez-lui ensuite cette prière: « Palès, prenez sous votre protection ce troupeau et ceux à qui il appartient. Que le mal n'approche point de mes bergeries, lors même que j'aurais imprudemment mené paître mes brebis dans un lieu sacré, ou qu'elles auraient touché à quelque arbre sacré, ou à l'herbe venue sur quelque tombe; lors même que je serais entré dans une forêt sacrée, que les nymphes et le dieu Pan auraient été obligés de fuir loin de mes regards, ou qu'avec ma serpe j'aurais coupé dans un bois sacré quelques branches pour en donner les feuilles à une brebis malade. Accordez-moi votre pardon pour toutes ces choses; que je ne sois puni ni pour avoir mis mon troupeau à couvert de la grêle dans un temple formé par la nature, ni pour avoir troublé l'eau de vos étangs. Nymphes, pardonnez-nous, si quelquefois nous brebis ont troublé vos eaux limpides. Déesse, apaisez vous-même pour nous les nymphes des fontaines et les dieux répandus dans nos forêts; que nos yeux n'aperçoivent jamais les dryades, ni Diane au bain, ni Faune, lorsqu'il se promène à l'heure de midi. Chassez au loin les maladies; conservez en bonne santé et les hommes et les troupeaux, et les chiens vigilants qui les gardent. Que chaque jour je ramène toutes mes brebis en bon état; qu'aucune ne tombe sous la dent cruelle du loup; que nous ayons toujours en abondance du fourrage, des feuilles, des eaux pour les abreuver et pour les laver. Qu'elles me fournissent en abondance du lait, du fromage et du petit lait. Que le bélier soit vigoureux, qu'il fasse prospérer les brebis; que mes bergeries abondent toujours en agneaux; que leur laine ne blesse point les filles qui la fileront, ou qui s'en habilleront. Exaucez nos prières, et que, chaque année, nous puissions faire de grands gâteaux à l'honneur de Palès, souveraine des bergers. C'est ainsi qu'on apaisera cette déesse. Répétez quatre fois cette prière, en vous tournant vers l'orient, et lavez vos mains dans une eau vive. Buvez ensuite du lait et du vin cuit, versés dans un grand vase, et, d'un pied léger, sautez par-dessus des feux de paille. » Ces cérémonies étaient accompagnées d'instruments, tels que flûtes, cymbales et tambours.

Il est probable que la fête de Palès remonte à la plus haute antiquité, et qu'elle était célébrée dans le Latium, bien avant la fondation de Rome; mais Romulus ayant jeté les fondements de la nouvelle ville le 21 avril, jour dès lors consacré à Palès, ce prince fit servir cette fête à la mémoire de la fondation de Rome; ainsi on confondit toujours depuis ces deux objets dans la même solennité.

PALINGÉNÉSIE, c'est-à-dire *régénération, renaissance, renouvellement*. Cette expression a été entendue de plusieurs manières différentes :

Selon les Pythagoriciens, la palingénésie n'était autre que la métempsycose, c'est-à-dire le passage de l'âme, après la mort, dans le corps d'un autre individu, soit homme, soit animal. Pythagore avait emprunté cette doctrine aux brachmanes de l'Inde; mais ce philosophe ne prit qu'une partie de leur doctrine, car il s'arrêta à la transition des âmes dans des corps différents, tandis que les Indiens donnent à la palingénésie beaucoup plus d'extension. Suivant eux, la durée du monde se compose d'une série éternelle de créations et de destructions successives. Lorsque le Dieu créateur, émanation de l'âme suprême, a créé l'univers et donné naissance aux dieux, aux hommes, aux animaux et à tous les êtres, il disparaît, et s'absorbant de nouveau dans l'âme suprême, le temps de la création et de la vie est remplacé par celui de la dissolution et de la mort. Ce dieu sort ensuite de sa léthargie et le monde accomplit de nouveau ses actes; il s'assoupit encore, et l'univers se dissout. C'est ainsi que par un réveil et par un repos alternatif, il fait revivre et mourir successivement cet assemblage de créatures mobiles et immobiles. Le sommeil de Brahmâ ou la dissolution, le *pralaya*, a une durée de mille âges divins, c'est-à-dire de quatre milliards trois cent vingt millions d'années humaines, temps égal à celui de la durée des êtres. A l'expiration de cette longue nuit, Brahmâ se réveille et fait émaner de lui le *Manas*, l'esprit divin, qui existe par son essence, mais qui n'existe pas pour les sens extérieurs. Poussé par le désir de créer, l'esprit divin donne naissance à l'éther, qui est doué de la qualité du son; à l'air, qui est tangible; à la lumière, qui éclaire et a pour qualité la forme apparente; à l'eau, que distingue la saveur; et à la terre, qui a l'odeur pour attribut. De la combinaison de l'esprit et des éléments naissent tous les êtres, et le monde se reconstruit. Mais ce long jour et cette longue nuit ne font encore qu'un moyen kalpa, après une période de cent années composées de jours et de nuits semblables (3 trillions 110 billions 400 millions d'années humaines). Brahmâ lui-même vient à mourir, et tout rentre dans le néant, à l'exception du seul être ineffable et suprême qui demeure immobile dans son éternité. C'est ce que l'on appelle le grand kalpa. Puis l'essence éternelle reproduit de nouveau le Brahmâ créateur, et il y a une nouvelle palingénésie semblable aux précédentes.

Le système bouddhique est analogue à celui des brahmanes; seulement ce n'est pas en vertu de l'action divine que les êtres se renouvellent, mais par la force naturelle des choses; et les âmes passent non-seulement dans les corps matériels des hommes et des animaux, mais encore dans les essences plus subtiles des démons, des anges, et dans les substances inertes des végétaux et des minéraux. *Voy.* MÉTEMPSYCOSE.

La palingénésie faisait aussi partie de la doctrine des Gaulois ; ils croyaient qu'après un certain nombre de révolutions, l'univers serait dissous par l'eau et par le feu, et qu'il renaîtrait de ses cendres; que rien ne meurt, rien ne se détruit. *Voy.* MÉTASOMATOSE.

Les chrétiens attendent aussi une palingénésie, qui fait partie de leur croyance, et que Jésus-Christ est venu leur enseigner. Cette palingénésie n'est autre que la résurrection de la chair et la vie éternelle; car, selon saint Paul, la nature tout entière gémit et enfante douloureusement le grand jour de la révélation des enfants de Dieu; et nous attendons, dit saint Pierre, de nouveaux cieux et une nouvelle terre dans laquelle habite la justice. Mais plusieurs chrétiens, des premiers siècles comme des derniers, prenant à la lettre certains passages obscurs de l'Apocalypse, ont rêvé une palingénésie terrestre, supposant que la justice aurait enfin en ce monde un règne universel et florissant, et que tous les justes formeraient sur la terre même, pendant mille ans, une république de paix et d'amour, qui aurait Jésus-Christ pour chef immédiat et visible. *Voy.* MILLÉNAIRES.

Enfin il y a eu dans tous les siècles une multitude de gens qui ont rêvé une palingénésie sociale; ils ont considéré l'homme sur la terre sans remonter à son origine, sans examiner sa fin, sans faire attention à sa nature. Ne voyant en lui qu'un animal un peu moins imparfait que les autres, et faisant totalement abstraction de son âme, de ses destinées futures, ils n'ont su comment expliquer le mélange des biens et des maux, et l'inégalité des conditions; alors ils ont espéré en une rénovation universelle; ils l'ont appelée de tous leurs vœux, ils l'ont annoncée, ils ont même cherché à lui préparer les voies. Aucun siècle n'a été plus fécond que le nôtre en utopistes de ce genre; il en fourmille; chaque année, chaque mois, chaque jour presque voit surgir un nouveau Messie, qui se présente avec des tables de la loi toutes dressées, et veut arriver de suite à l'application immédiate. Inutile de dire que loin de s'entendre les uns les autres, ils s'anathématisent mutuellement. Il n'entre pas dans notre plan de discuter ici leurs doctrines plus ou moins désastreuses : contentons-nous de citer les Saints-Simoniens, les Fouriéristes, les communistes, les socialistes, les Icariens, et les théories de Pierre Leroux, de Proudhon, de Louis Blanc, de Lammenais, etc., etc.

PALINOD. Voici ce que l'on rapporte sur l'origine de ce pieux établissement.

Helsin, ou Herbert, abbé de Ramèse, ayant été envoyé au Danemark, en 1070, par Guillaume, surnommé le *Conquérant*, duc de Normandie et roi d'Angleterre, pour y conclure un traité de paix avec les peuples de ce royaume, fût accueilli, à son retour, d'une violente tempête, qui le mit dans le plus pressant danger. Herbert, se voyant sur le point d'être englouti par les flots, eut recours à la sainte Vierge, et lui promit d'honorer d'un culte particulier le privilége de sa Conception immaculée, si, par son moyen, il pouvait échapper au péril qui le menaçait. Dès qu'il eut fait ce vœu, la tempête commença à s'apaiser, et fit bientôt place au calme et à la sérénité. Herbert, ayant heureusement abordé en Angleterre, fit au roi le récit de la tempête qu'il avait essuyée, du vœu qu'il avait fait à la sainte Vierge, et du secours miraculeux qu'il en avait reçu. Guillaume, ayant consulté là-dessus les prélats d'Angleterre, écrivit, par leur avis, à tous les évêques de Normandie, une lettre circulaire, par laquelle il les invitait à établir dans la province une fête en l'honneur de la Conception immaculée de la sainte Vierge. L'intention du roi fut remplie, et la fête de la Conception commença d'être solennisée dans la Normandie; ce qui fit qu'on l'appela d'abord *la fête aux Normands*. A l'occasion de cette fête, il se forma, dans l'église de Saint-Jean de la ville de Rouen, une confrérie, sous le titre de l'*immaculée Conception de la sainte Vierge*, composée de plusieurs personnes des plus considérables de la ville. Cette confrérie fut approuvée par Jean de Bayeux, archevêque de Rouen. Elle était dirigée par un président que les confrères élisaient eux-mêmes tous les ans, et auquel ils donnaient le nom de *prince de l'association*. Cette dignité ayant été conférée, en 1489, à Pierre Daré, écuyer, sieur de Châteauroux, conseiller du roi, et lieutenant général de Rouen, le nouveau prince, plein de zèle pour la gloire de sa confrérie, forma le projet de l'ériger en académie, et il y réussit. Robert de Croismare, archevêque de Rouen, confirma par son approbation les nouveaux statuts qui furent dressés par les soins du sieur de Châteauroux, pour servir à la nouvelle académie. Des prix furent proposés pour ceux qui auraient composé la plus belle pièce de poésie en l'honneur de la Conception de la Vierge, et des juges éclairés furent établis pour examiner les ouvrages des concurrents. La distribution solennelle des prix se fit, pour la première fois, dans l'église de Saint-Jean, la même année 1489. Le nombreux concours qu'attirait cette cérémonie donna lieu à la translation de l'académie, qui se fit en 1515. L'église de Saint-Jean était devenue trop petite; Jacques des Homets, abbé de Saint-Vandrille, élu, cette année, prince de l'académie, la transféra dans le couvent des Carmes. Ce fut vers le même temps qu'on donna le nom de *Palinod* à cette académie, qu'on appelait auparavant l'*académie de l'immaculée Conception* ou *du Puy*. Les pièces que l'on présentait pour les prix étaient des chants royaux et des ballades, sorte de poésie qui a pour règle que le dernier vers, ou refrain, soit répété à la fin de chaque strophe, sans que le sens soit altéré ; et c'est à cause de cette répétition du refrain, que l'académie fut appelée Palinod, du grec πάλιν, derechef, et ᾠδή, chant, comme qui dirait chant réitéré, ainsi que les pièces que l'on y présentait. Ces pièces se lisaient publiquement, sur une tribune élevée, qui fut nommée le Puy de la Conception. La distribution des prix se faisait le dimanche qui suivait la fête de l'Immaculée Conception. Les vainqueurs étaient couronnés au son des timbales et des trompettes. Dans les premiers temps de l'académie, ces prix n'étaient pas fondés. Le prince, de concert avec quelques-uns des associés les plus considérables, les proposait et en faisait la dépense. Guillaume le Roux, seigneur de Bourghteroulde, donna le premier un fonds fixe pour fournir aux frais de cet établissement. Ce fonds consistait en vingt-cinq livres de rente. En 1520, le pape Léon X donna, en faveur de l'académie des Palinods, une bulle qui confirmait cette association, et lui accordait les plus beaux privilèges. Les principaux étaient que l'académie des Palinods aurait la prééminence sur toutes les autres associations de la province ; que les académiciens pourraient faire dresser, dans quelque endroit de leurs maisons, un autel portatif, y faire célébrer le sacrifice de la messe, et y recevoir l'Eucharistie ; que tout confesseur, choisi par les académiciens aurait pouvoir de les absoudre des cas mêmes réservés au pape, de commuer leurs vœux, et de leur donner une indulgence plénière de tous leurs péchés. Cette précieuse bulle fut malheureusement perdue, avec plusieurs autres chartes, pendant les troubles que les Calvinistes excitèrent dans le royaume. Dans ces temps malheureux, l'académie perdit tout son éclat, et fut presque abolie ; mais elle se rétablit enfin vers l'an 1596, par les soins de Claude Groulard, chevalier, sieur et baron de Monville, premier président au parlement de Rouen. Cet illustre magistrat, élu, cette même année, prince de l'académie, fonda le premier prix des stances. L'année suivante, les associés, pour réparer la perte de la bulle qui contenait leurs privilèges, présentèrent requête au parlement, pour qu'il leur fût permis de faire réimprimer un petit livre qu'ils avaient trouvé dans la bibliothèque d'un président au parlement, nommé Pierre Monsaud, qui contenait la bulle de Léon X et les autres privilèges de l'académie. Par la même requête, ils demandèrent qu'il leur fût permis de jouir des privilèges qui leur étaient octroyés dans cette bulle. Le parlement leur accorda l'un et l'autre. En 1611, le second prix des stances fut fondé par Claude Groulard, sieur de Torcy, conseiller au parlement. Charles de la Roque, abbé de la Noé, conseiller au parlement, fonda les deux prix du chant royal et de la ballade en 1613. Le prix de l'épigramme latine fut fondé en 1614 par Alphonse de Butteville, prieur de Saint-Blaise de l'Huy, official, chantre et chanoine de Rouen, et alors prince de l'académie. La même année, Marin le Pigny, chanoine et archidiacre de Rouen, fonda le prix du sonnet. Celui de l'ode latine fut fondé en 1624 par François de Harlai, coadjuteur de Rouen. Enfin Barthélemi Hallé, sieur d'Orgeville, chanoine de Rouen et archidiacre d'Eu, fonda celui de l'ode française en 1627.

Le P. Mauduit, de l'Oratoire, qui a fait imprimer un Recueil de poésies couronnées à l'académie des Palinods, s'exprime ainsi sur ces sortes de pièces, dans la préface de son Recueil. « On appelle, dit-il, Palinods, des combats en vers qui ont été institués en l'honneur de la Conception immaculée de la sainte Vierge ; et l'on y adjuge le prix à la pièce la plus excellente en chacun des genres qui sont prescrits. » Les sujets en sont libres, à la discrétion du poète, pourvu qu'ils tombent sous la règle. On en reçoit de deux sortes. Les uns sont, lorsqu'un sujet est uniquement excepté de quelque disgrâce commune à toute son espèce ; que représente le privilège de la sainte Vierge, qui, entre tous les enfants d'Adam, a été seule préservée du péché originel. Les autres sont, lorsque le contraire se forme ou se conserve par son contraire, ainsi que la sainte Vierge est sortie toute pure d'une source que le péché avait souillée. Les chants royaux et les ballades sont remarquables, entre les autres ouvrages, par la gêne et la difficulté qui leur est particulière. Chaque strophe finit par un refrain que l'on nomme la ligne palinodique, et qui leur a donné le nom de Palinods. La chute en doit être heureuse et aisée ; la contrainte des rimes de même sorte, sans répétition, qu'on doit disposer dans toutes les strophes aux mêmes endroits qu'à la première, rend ces ouvrages, et surtout le chant royal, si difficiles, qu'on est bien-aise des Muses, quand on se soutient jusqu'au bout sans tomber dans le galimatias..... Aussi, de cent qui auront été couronnés, à peine en trouvera-t-on deux ou trois raisonnables, parce que les juges, qui sont obligés par le fondateur à récompenser le moins mauvais, donnent souvent le prix à des ouvrages auxquels ils ne donnent pas leur estime. Ils deviennent même ennuyeux par la multitude des rimes de même sorte ; et, comme les poètes choisissent toujours les plus abondantes pour remplir leurs bouts rimés, à la fin les oreilles sont aussi fatiguées des mêmes sons qui reviennent les frapper de temps en temps, que l'esprit est rebuté par la jonction bizarre de mots qui pourraient souvent s'étonner comment ils se sont trouvés ensemble. »

Il y avait dans quelques villes de Normandie des prix établis pour ceux qui avaient fait la plus belle pièce de vers en l'honneur de la sainte Vierge. Ces établissements, ainsi que les pièces des concurrents, se nommaient aussi Palinods.

PALLADES, jeunes filles consacrées d'une manière infâme à Jupiter, dans la ville de Thèbes en Égypte. On les choisissait parmi les plus belles et dans les plus nobles familles. De ce nombre était une jeune vierge qui avait la liberté d'accorder à son gré ses faveurs, jusqu'à ce qu'elle fût nubile; on la mariait alors, mais, jusqu'à son mariage, on la pleurait comme morte.

PALLADIUM (1), statue de Minerve, taillée dans l'attitude d'une personne qui marche, tenant une pique levée dans sa main droite et une quenouille dans la gauche. C'était, dit Apollodore, une espèce d'automate qui se mouvait de lui-même. Suivant plusieurs autres écrivains, elle était faite des os de Pélops. Quelques-uns prétendent que Jupiter l'avait fait tomber du ciel, près de la tente d'Ilus, lorsque ce héros élevait la citadelle d'Ilium. Hérodien la fait tomber à Pessinunte en Phrygie; d'autres veulent qu'Electre, mère de Danaüs, l'ait donnée à ce prince. Les uns disent que c'était l'astrologue Asius qui en avait fait présent à Tros comme d'un talisman auquel était attachée la conservation de la ville; les autres, que Dardanus le reçut de Chryse qui passait pour être fille de Pallas. Quoi qu'il en soit de ces différentes opinions, les Grecs regardant cette statue comme un obstacle à la prise de Troie, entreprirent de l'enlever. Un ancien mythologue fait ici un conte qui a donné lieu à un proverbe. Lorsqu'Ulysse et Diomède, à qui les Grecs font honneur de cet enlèvement furent arrivés au pied du mur de la citadelle, Diomède monta sur les épaules d'Ulysse, le laissa là, sans l'aider à son tour, pénétra dans la citadelle, trouva le Palladium, l'emporta, et vint rejoindre son compagnon. Celui-ci, piqué, affecta de marcher derrière lui, et tirant son épée, allait le percer, lorsque Diomède, frappé de la lueur de l'épée, se retourna, arrêta le coup, et força Ulysse de passer devant lui: de là le proverbe grec, *La loi de Diomède*, à propos de ceux que l'on oblige à faire quelque chose malgré eux. Suivant plusieurs traditions, Dardanus ne reçut de Jupiter qu'un Palladium; mais sur ce modèle, il en fit faire un deuxième exactement semblable, et le plaça au milieu de la basse ville, dans un lieu ouvert à tout le monde, afin de tromper ceux qui auraient dessein d'enlever le véritable. Ce fut ce faux Palladium dont les Grecs se rendirent maîtres; pour le véritable, Enée l'emporta avec les statues des grands dieux, et les fit passer avec lui en Italie. Les Romains étaient si persuadés qu'ils en étaient possesseurs, qu'à l'exemple de Dardanus, ils en firent faire plusieurs qui furent déposés dans le temple de Vesta, et l'original fut caché dans un lieu qui n'était connu que des prêtres. Plusieurs villes leur contestaient pourtant la gloire de posséder le véritable, telles qu'une ancienne ville de Lucanie qu'on croyait être une colonie troyenne, Lavinium, Argos, Sparte et beaucoup d'autres : mais les Iliens revendiquaient cet avantage, et prétendaient n'avoir jamais perdu le Palladium; et plusieurs auteurs racontent que Fimbria ayant brûlé Ilium, on trouva dans les cendres du temple de Minerve, cette statue saine et entière, prodige dont les Iliens conservèrent longtemps le souvenir dans leurs médailles.

PALLAS, 1° géant de la mythologie grecque, fils de Crius et d'Eurybie ; il épousa Styx, fille de l'Océan, dont il eut l'Honneur, la Victoire, la Force et la Violence, qui accompagnent toujours Jupiter; c'est sans doute le Titan de ce nom qui fut écorché par Minerve; quelques-uns même disent qu'il était père de cette déesse, et qu'ayant voulu faire violence à sa fille, il fut tué par elle.

2° Déesse de la guerre chez les anciens Grecs. On la confond communément avec Minerve, ou Athène, sortie du cerveau de Jupiter; en effet Homère joint souvent les deux noms et appelle la même déesse Παλλὰς Ἀθήνη. Mais d'autres les distinguent; et Hérodote ayant dépeint Pallas comme vive, violente, indomptable, aimant le tumulte, le bruit, la guerre et les combats, ils trouvent que ces qualités ou ces défauts ne conviennent guère à la déesse de la sagesse, des sciences et des arts. Apollodore soutient que Minerve et Pallas ne peuvent être confondues. Cette dernière était fille de Triton, à qui l'éducation de Minerve fut confiée. Toutes deux, dit-il, aimaient également les exercices militaires; un jour qu'elles s'étaient défiées à un combat singulier, Pallas allait porter à Minerve un coup dont elle aurait été blessée dangereusement, si Jupiter n'eût mis l'égide devant sa fille. Pallas en fut épouvantée; et, tandis qu'en reculant elle regardait cette égide, Minerve la blessa à mort. Cependant elle en eut beaucoup de regret, et, pour se consoler, elle fit une image toute semblable à Pallas, et arma sa poitrine de l'égide qui avait causé sa frayeur. Pour lui faire plus d'honneur, elle voulut que cette statue demeurât auprès de Jupiter. Electre, ajoute Apollodore, se réfugia auprès de ce Palladium dans le temps d'une grande peste, et elle l'apporta à Ilium. Le roi Ilus fit alors construire un temple magnifique dans lequel on le plaça. — Hésiode semble aussi confondre Pallas avec Minerve, car il la fait sortir du cerveau de Jupiter, et l'appelle la Tritonienne aux yeux pers.

PALLIUM, ornement pontifical, que les papes, les patriarches, les primats et les métropolitains portent par-dessus leurs habits pontificaux en signe de juridiction. L'usage du *pallium* fut introduit dans l'Eglise grecque au IV° siècle. Les empereurs l'envoyèrent aux prélats comme une marque d'honneur. Ce *pallium* était une espèce de manteau impérial, qui marquait que les prélats avaient pour le spirituel la même autorité que l'empereur pour le temporel. Il avait à peu près la forme de nos chapes, et descendait jusqu'aux talons ; mais il était fermé devant. Il n'était fait que de laine, par allusion aux brebis, dont les prélats sont les pasteurs. Cette forme parut depuis trop embarrassante: le *pallium* ne fut plus qu'une espèce d'étole qui pendait par devant et par derrière, et

---

(1) Article du *Dictionnaire* de Noël.

qui avait, sur chacun de ses côtés, une croix d'écarlate. Les patriarches, lorsqu'ils étaient sacrés, prenaient le *pallium* sur l'autel. Lorsqu'ils confirmaient l'élection de quelqu'un de leurs métropolitains, ils lui envoyaient le *pallium*; et les métropolitains le donnaient à leurs suffragants dans la cérémonie de leur consécration; mais ni le patriarche ni les métropolitains ne donnaient jamais cet ornement sans la permission de l'empereur. Les prélats ne pouvaient officier pontificalement qu'ils n'eussent reçu le *pallium*. Ils ne le portaient qu'à l'autel, lorsqu'ils célébraient la messe solennelle, et même ils l'ôtaient pendant l'évangile.

L'usage du *pallium* commença plus tard dans l'Église latine, où il paraît que ce ne fut qu'au VI° siècle. Les papes ne le donnèrent d'abord qu'aux seuls primats et vicaires apostoliques. Le métropolitain d'Arles est le premier prélat de France qui en ait été honoré. Le pape Zacharie l'accorda à tous les archevêques, vers le milieu du VIII° siècle. On trouve que les papes ont aussi donné quelquefois le *pallium* à des évêques.

Le *pallium* que le pape envoie aujourd'hui aux archevêques est fait de laine blanche, et en forme de bande large de trois doigts, qui entoure les épaules comme de petites bretelles, ayant des pendants longs d'une palme, par-devant et par-derrière, avec de petites lames de plomb arrondies aux extrémités, couvertes de soie noire et quatre croix rouges. Ce sont deux agneaux, que l'on offre tous les ans sur l'autel de l'église de Sainte-Agnès, à Rome, qui fournissent la laine dont on fait les *pallium*. L'offrande de ces agneaux se fait le 21 janvier, jour de la fête de sainte Agnès. Les sous-diacres apostoliques sont chargés du soin de les élever, jusqu'à ce que le temps soit venu de les tondre. C'est dans le sépulcre des saints apôtres que l'on conserve l'étoffe des *pallium*. La formule dont se servent les prélats pour demander au pape cet ornement, est *instanter, instantius, instantissime*. Les archevêques ne peuvent ni sacrer les évêques, ni faire des dédicaces, ni officier pontificalement, qu'ils n'aient reçu le *pallium*; et il faut qu'ils en demandent un nouveau, s'il arrive qu'ils changent d'archevêché. Les évêques d'Autun en Bourgogne, du Puy en Vélay, et de Dol en Bretagne, obtiennent le *pallium* par une concession anciennement attribuée à leurs sièges. C'est aussi quelquefois une récompense personnelle pour certains évêques qui se sont signalés. Feu M. de Belzunce, évêque de Marseille, fut décoré du *pallium* pour avoir soulagé, avec un zèle apostolique, les pestiférés de cette ville.

PALLORIENS, prêtres saliens destinés au service du dieu *Pallor* (la pâleur), compagnon de Mars. Ils lui sacrifiaient un chien et une brebis.

PALMES (DIMANCHE DES), nom que l'on donne au dernier dimanche de carême, qui précède immédiatement celui où l'on célèbre la résurrection du Sauveur. On l'appelle ainsi parce qu'avant l'office le célébrant bénit des palmes ou des rameaux de buis, que l'on porte à une procession solennelle, en mémoire des Juifs qui vinrent au-devant de Jésus-Christ, avec des palmes à la main, lorsque ce divin Rédempteur fit son entrée solennelle à Jérusalem, quelques jours avant d'y être crucifié. *Voy.* RAMEAUX.

PALMES (CONGRÉGATION DE LA TOUR DES), société religieuse, qui fut réunie avec plusieurs autres, pour en former l'ordre des Ermites de Saint-Augustin.

PALMITÈS, nom d'une divinité égyptienne : on ignore quelle est celle que les anciens ont voulu désigner par ce vocable; Jablonski pense que c'est un surnom d'Osiris ou du Soleil. C'est peut-être le même nom que *Pammelès*.

PALMOSCOPIE, augure ou divination qui avait lieu par la palpitation des membres et des parties du corps. On l'appelait aussi *Palmicon* (du grec παλμὸς, palpitation).

PALOMANCIE, divination analogue à la rhabdomancie, ou divination par les baguettes; elle se pratiquait aussi par le moyen de dés agités dans un cornet : c'est ce qu'exprime le mot πάλος.

PALOU-ALAWAKA, démon de la mythologie bouddhique chez les Birmans : c'est un monstre que l'on suppose se nourrir de chair humaine.

PAMBÉOTIES, fêtes que les Béotiens célébraient en l'honneur de Minerve. Ils se rendaient, à cet effet, dans la ville de Coronée de tous les cantons de la province : c'est de là que vient leur nom.

PAMMÉLÈS, surnom d'Osiris, ou du Soleil chez les Égyptiens. On dit qu'il signifie le dieu *qui veille à tout*. Sa nourrice portait le nom de *Pamyla* ou *Paamilès*. D'autres font de Pammélès une divinité analogue à Priape.

PAMMIGES. Les Grecs ont donné ce nom, qui signifie *ramas, mélange impur*, aux Massaliens, hérétiques des premiers siècles. *Voy.* MASSALIENS.

PAMYLIES, fête que les Égyptiens célébraient le 25 du mois de phamenoth, après la moisson. Les uns veulent qu'elle ait été instituée en l'honneur d'Osiris; d'autres, en mémoire de Pamyla ou Paamilès, sa nourrice. On y portait une figure d'Osiris, assez semblable à celle de Priape, soit en souvenir du malheur arrivé à ce dieu, soit parce qu'il était regardé comme l'emblème de la reproduction.

PAN. Les anciens et les modernes prêtent à ce dieu une multitude de rôles différents : tantôt ils en font la Divinité suprême, l'âme universelle dont la substance est répandue dans toute la nature, se fondant sur l'étymologie grecque, car *Pan* signifie *tout* en cette langue; tantôt ce dieu est la personnification de la nature elle-même; d'autres nous le donnent comme un des principaux personnages de l'Égypte, le compagnon des travaux et des voyages d'Osiris; d'autres enfin en font un dieu de bas étage, dont l'occupation consiste à lutiner les bergers et plus encore les bergères. Il serait donc bien difficile de coordonner les différentes légendes de Pan ; au reste, il paraît qu'il y eut plusieurs personnages de ce nom : on en compte jusqu'à douze dans les écrivains grecs; il n'est donc pas étonnant qu'il soit donné ou comme fils du Ciel et de la Terre, ou de Jupiter ou de Calisto, ou de l'Air et d'une néréide, ou de Mercure et de Pénélope, ou de Jupiter et de la nymphe Thymbris.

Les Egyptiens l'honoraient d'un culte particulier ; ils le regardaient comme un dieu de première classe, mais ils ne lui immolaient ni chèvres ni boucs, parce qu'ils donnaient à ses images la face et les pieds de cet animal, adorant sous cet emblème le principe de la fécondité de la nature. D'autres prétendent que l'origine de cette peinture est que ce dieu, ayant trouvé en Egypte les autres dieux échappés aux mains des géants, leur conseilla, pour n'être pas reconnus, de prendre la figure de divers animaux, et que, pour leur donner l'exemple, il prit celle d'une chèvre. Il combattit même avec vigueur contre Typhon ; et, pour le récompenser, ces mêmes dieux, qu'il avait si bien défendus, le placèrent dans le ciel, où il forme le signe du Capricorne. Pan était en tel honneur dans l'Egypte, qu'on voyait ses statues dans tous les temples, et qu'on avait bâti dans la Thébaïde une ville qui lui était consacrée sous le nom de Chemnis, ou ville de Pan. Il n'était pas moins honoré à Mendès, dont le nom signifiait également *Pan* et *bouc*. On croyait qu'il avait accompagné Osiris dans son expédition des Indes avec Anubis et Makédo. Polyen, dans son Traité des stratagèmes, attribue à Pan l'invention de l'ordre de bataille, des phalanges, et de la division d'une armée en aile droite et en aile gauche, ce que les Grecs et les Latins appellent les cornes d'une armée : et c'est pour cela, dit-il, qu'on le représentait avec des cornes. Ce serait sur ce fond très-simple que les Grecs auraient brodé leurs ridicules légendes.

Or, comme les mythologues ne respectent rien, pas même les traditions les plus vénérables, ils en firent le fruit d'un prétendu adultère de Pénélope. Suivant les uns, Mercure se serait changé en bouc pour avoir accès auprès de la reine d'Ithaque, et c'est pour cela qu'on aurait donné à Pan les cornes et les pieds de cet animal ; un autre, plus absurde encore, avance que le nom de Pan fait allusion à tous les prétendants qui aspiraient à la main de Pénélope, en l'absence d'Ulysse. La vie de ce dieu dut nécessairement correspondre à cette naissance honteuse : aussi le représente-t-on comme un être lascif et d'une grande lubricité. La plus célèbre de ses aventures est son amour pour Syrinx, la plus belle des nymphes qui couraient les forêts à la suite de la chaste Diane. Son extérieur repoussant était peu fait pour plaire, Syrinx repousse ses avances et prend la fuite, Pan la poursuit, et il était sur le point de l'atteindre, au bord du fleuve Ladon, quand la pauvre fille, invoquant les nymphes ses sœurs, se précipite au milieu des roseaux ; sa prière est exaucée, elle est elle-même métamorphosée en cette plante, et Pan, croyant embrasser Syrinx, n'embrasse que des roseaux. Il reconnaît son erreur, et soupire; introduits dans les roseaux, ses soupirs y produisent un son plaintif dont il est étonné ; il en arrache aussitôt quelques-uns, observe qu'ils rendent une note différente en les taillant de différentes longueurs ; il en unit sept avec de la cire ; et voilà la flûte à tuyaux inventée ; on l'appelle encore *flûte de Pan*. Le dieu se rendit si habile à jouer de cet instrument, qu'il osa défier Apollon sur sa lyre, Midas, juge de ce combat, se prononça en faveur de Pan, et reçut, pour récompense d'un si beau jugement, une paire d'oreilles d'âne.

Pan était principalement honoré en Arcadie, où il rendait des oracles célèbres. On lui offrait en sacrifice du miel et du lait de chèvre, et l'on célébrait en son honneur les Lupercales, fête qui, dans la suite, devint très-célèbre en Italie, où l'Arcadien Évandre avait porté le culte de Pan. On le représente ordinairement fort laid, les cheveux et la barbe négligés, avec des cornes, et le corps de bouc depuis la ceinture jusqu'en bas, enfin ne différant point d'un faune ou d'un satyre. On attribue la difformité de ses traits à la colère de Vénus, qui le punit ainsi d'un jugement rendu contre elle. Il tient souvent une houlette, comme dieu des bergers, et la flûte à sept tuyaux dont il est l'inventeur. On le disait aussi dieu des chasseurs, mais nous avons vu quel était son gibier de prédilection. Outre la fable de Syrinx, les Grecs en débitaient plusieurs autres au sujet de ce dieu, comme d'avoir découvert à Jupiter le lieu où Cérès s'était cachée après l'enlèvement de Proserpine. Jupiter, en conséquence de cet avis, envoya les Parques consoler cette déesse, et la déterminer par ses prières, à faire cesser la stérilité que son absence avait causée sur la terre. Plusieurs savants confondent Pan avec Faune et Sylvain, et croient que ce n'était qu'une même divinité adorée sous ces différents noms. Les Lupercales même étaient également célébrées en l'honneur de ces trois déités, différentes à la vérité dans leur origine, mais confondues dans la suite des temps.

Pan est néanmoins le seul des trois qui ait été allégorisé et regardé comme le symbole de la nature, suivant la signification de son nom ; c'est pourquoi, suivant les mythologues, les cornes de son front figurent les rayons du soleil et le croissant de la lune ; la vivacité et le rouge de son teint expriment l'éclat du ciel ; la peau de chèvre étoilée qu'il porte sur l'estomac représente les étoiles du firmament ; la partie inférieure de son corps est velue et hérissée, pour désigner les animaux et les plantes : il a des pieds de chèvre, pour symboliser la solidité de la terre. En cette qualité on le disait fils de Démogorgon.

C'est surtout vers la fin de l'empire grec et de la république romaine, que les philosophes, sentant l'impossibilité de soutenir le système de la religion vulgaire, et cherchant à la spiritualiser, firent de Pan le grand Tout qui entourait, pénétrait et animait l'universalité des êtres.

A cette occasion, nous croyons devoir rapporter ici une histoire, célèbre du temps de Jésus-Christ, écrite par Plutarque et reproduite par Eusèbe. Cléombrote l'avait apprise d'Emilien, et Emilien de son père Epithèrse, qui avait tout vu et tout entendu.

Epithèrse racontait donc qu'il voguait vers l'Italie, lorsque, près de l'île de Paxe, l'une des Echinades, à l'entrée du golfe de Corinthe, le vent cessa tout à fait à l'entrée de la nuit. Tous les gens du vaisseau étaient bien éveillés, la plupart même passaient le temps à boire de compagnie. Tout à coup on entendit une voix venant des îles, qui appelait Thamus, le patron du vaisseau. Thamus se laissa appeler deux fois sans répondre; mais à la troisième, il demanda ce qu'on lui voulait. La voix lui dit que, quand il serait vers Pelode, qui est le port de Bathrote en Epire, il devait crier que *le grand Pan était mort*. Il n'y eut personne dans le navire qui ne fût saisi de frayeur et d'épouvante. On délibérait si Thamus devait obéir à la voix; et celui-ci décida que, quand on serait arrivé au lieu marqué, s'il faisait assez de vent pour passer outre, il ne dirait rien; mais que si le calme les arrêtait là, il s'acquitterait de sa commission. On ne manqua pas d'être surpris par un calme à l'endroit désigné; le pilote se mit alors à crier de toutes ses forces que *le grand Pan était mort*. Aussitôt on entendit de tous côtés des plaintes et des gémissements, comme d'une multitude surprise et affligée de cette nouvelle. Tous ceux qui se trouvaient dans le vaisseau furent témoins de l'aventure, qui fut ébruitée à leur arrivée à Rome; l'empereur Tibère, qui en entendit parler, voulut l'apprendre de la bouche même de Thamus; il assembla ensuite les gens les plus instruits dans la théologie païenne, pour apprendre d'eux quel était ce grand Pan, et il fut conclu que c'était le fils de Mercure et de Pénélope. S'il s'agit simplement de ce personnage, on peut dire que c'était beaucoup de bruit pour rien; nous aimerions mieux y voir l'annonce de la ruine du paganisme à la naissance du Sauveur, et les plaintes des démons de voir leur empire sur le point de finir. C'est ainsi que l'entendirent les premiers chrétiens.

PANACÉE, déesse grecque qui présidait à la guérison de toutes sortes de maladies; on la disait fille d'Esculape et d'Epione. Les Oropiens avaient un autel dont la quatrième partie était dédiée à Panacée et à quelques autres déités.

PANAGÉE, surnom de Diane, tiré, dit-on, de ce qu'elle courait de montagne en montagne, de forêt en forêt, qu'elle changeait souvent de demeure, étant tantôt au ciel, tantôt sur la terre, enfin de ce qu'elle changeait de forme et de figure.

PANAGIA, (prononcez *Panaya*), c'est-à-dire *la toute sainte*; nom que les Grecs modernes donnent à la sainte Vierge, mère de Dieu.

PANATHÉNÉES, grandes fêtes que les Grecs célébraient en l'honneur d'Athène ou Minerve, et qui furent d'abord appelées Athénées. Sous ce premier nom, elles avaient été originairement instituées par Erichthonius, fils de Vulcain, ou, selon d'autres, par Orphée. Thésée, ayant depuis incorporé en un seul chef-lieu toutes les villes subalternes, rétablit ces fêtes sous le nom de Panathénées. On y recevait tous les peuples de l'Attique, suivant les vues politiques de Thésée, afin de les habituer à regarder Athènes comme la patrie commune. Ces fêtes, dans la simplicité de leur première origine, ne duraient qu'un jour; mais sa pompe s'en accrut ensuite, et le terme en devint plus long. On établit alors les grandes et les petites Panathénées. Les grandes étaient célébrées tous les cinq ans, le 25 du mois hécatombæon, et les petites, tous les trois ans, ou plutôt tous les ans, le 20 du mois thargélion. Chaque ville de l'Attique, chaque colonie athénienne devait, dans ces occasions, un bœuf à Minerve, par manière de tribut; la déesse avait l'honneur de l'hécatombe, et le peuple en avait le profit. La chair des victimes servait à régaler les spectateurs.

On proposait à ces fêtes des prix pour trois sortes de combats: le premier, qui se faisait le soir, et dans lequel les athlètes portaient des flambeaux, était ordinairement une course à pied; mais depuis elle devint une course équestre, et c'est ainsi qu'elle se pratiquait du temps de Platon; le second combat était gymnique, c'est-à-dire que les athlètes y combattaient nus; il avait un stade particulier, construit d'abord par Lycurgue le rhéteur, puis rétabli magnifiquement par Hérode Atticus; le troisième combat, institué par Périclès, était destiné à la poésie et à la musique. On y voyait disputer à l'envi d'excellents chanteurs, qu'accompagnaient des joueurs de flûte et de cithare; ils chantaient les louanges d'Harmodius, d'Aristogiton et de Thrasybule. Des poëtes y faisaient représenter des pièces de théâtre jusqu'au nombre de quatre chacun, et cet assemblage de poëmes s'appelait *tétralogie*. Le prix de ce combat était une couronne d'olivier et un baril d'huile exquise que les vainqueurs, par une grâce particulière, pouvaient faire transporter où il leur plaisait, hors du territoire d'Athènes. Ces combats, comme on vient de le dire, étaient suivis de festins publics et de sacrifices, qui terminaient la fête.

Telle était en général la manière dont se célébraient les Panathénées; mais les grandes l'emportaient sur les petites par le concours du peuple, et parce que, dans cette fête seule, on conduisait en grande pompe un navire orné du voile ou *péplos* de Minerve. Après que ce navire, accompagné du cortège le plus nombreux, et qui n'était poussé en avant que par des machines, avait fait plusieurs stations sur la route, on le ramenait au lieu d'où il était parti, c'est-à-dire au

Céramique. A cette procession assistaient toutes sortes de gens, jeunes et vieux, de l'un et de l'autre sexe, portant tous à la main une branche d'olivier, pour honorer la déesse à qui le pays était redevable de cet arbre utile. Tous les peuples de l'Attique se faisaient un point de religion de se trouver à cette fête ; de là vient son nom de *Panathénées*, comme si l'on disait les Athénées de toute l'Attique. Les Romains les célébrèrent à leur tour ; mais leur imitation ne servit qu'à relever davantage l'éclat des vraies Panathénées.

PANCARPE, sacrifice dans lequel les Athéniens offraient toutes sortes de fruits ; ils l'appelaient πάγκαρπος θυσία. Les Romains donnèrent ce nom à un spectacle public, dans lequel les gladiateurs combattaient contre des animaux de toutes sortes, au milieu de l'amphithéâtre à Rome.

PANCLADIES, fête que les Rhodiens célébraient à l'époque de la taille de la vigne (du mot κλάδος) branche.

PANDA. Les Romains avaient deux divinités de ce nom.— La première, pour laquelle on avait une grande vénération, était ainsi nommée parce qu'elle ouvrait le chemin. C'était la déesse des voyageurs. Ils l'invoquaient surtout lorsque le voyage pouvait être dangereux, ou que le lieu où l'on allait était d'un accès difficile.—La seconde était la Paix, ou la déesse de la Paix, qu'on appelait ainsi parce qu'elle ouvrait les portes des villes. Elius, ancien auteur cité par Varron, croyait que Panda et Cérès étaient une même divinité, et que ce nom lui avait été donné *a pane dando*, parce qu'elle procurait du pain aux hommes, et parce qu'on présentait du pain à ceux qui entraient dans son temple. Varron distingue l'une de l'autre, et dérive le nom de *Panda* de *pandere*, ouvrir.

PANDARA, déesse de la mythologie bouddhique du Népal : c'est la personnification de l'énergie active du Bodhisatwa Amitabha.

PANDARAS (en langue tamoule *Pandarons*), religieux hindous de la secte de Siva. Ils se barbouillent toute la figure, la poitrine et les bras avec de la cendre de bouze de vache. Ils parcourent les rues en demandant l'aumône, et en chantant les louanges de Siva. Ils tiennent à la main un paquet de plumes de paon, et ont le linga suspendu au cou ; ils portent aussi pour l'ordinaire des colliers et des bracelets faits de noyaux d'un fruit qui croît dans le nord de l'Inde, et dans lesquels ils prétendent que leur dieu se plaît à se renfermer. Parmi les Pandaras, il en est qui mènent la vie de Sannyasis, c'est-à-dire qui vivent isolés et sans famille ; on les appelle encore *Tapasis* ; ils sont nus la plupart du temps, ou s'habillent de toile jaune. D'autres sont mariés et vivent avec leurs femmes et leurs enfants, ou habitent en communauté. Ils témoignent leur reconnaissance à ceux qui leur font l'aumône en leur donnant des cendres de bois de sandal et de bouse de vache, qu'ils disent rapporter des lieux saints. Il y en a de plusieurs sortes ; *Voy.* KARÉ-PATRÉ-PANDARON, KATCHI-KAORIS, PAÉNI-KAORIS, etc.

PANDEL. Les Hindous appellent ainsi un pavillon de verdure dans lequel on exécute les principales cérémonies religieuses qui regardent la famille, telles que l'investiture du cordon brahmanique, le mariage, etc. On l'élève avec beaucoup de pompe dans la cour ou devant la porte d'entrée de la maison. Le pandel est ordinairement soutenu par douze piliers de bois et couvert de feuillages ; le plafond est orné de toiles peintes ou d'étoffes précieuses ; des guirlandes de fleurs et de feuillages, et diverses autres décorations règnent tout autour. Les piliers sont peints en rouge et en blanc, par bandes alternatives. Les pandels des personnes riches sont souvent d'une élégance exquise. On choisit toujours, pour élever ces grands pandels, un jour, une étoile et un moment favorables ; alors les parents et les amis s'assemblent pour planter le pilier du milieu, auquel on offre le *poudja* (adoration), au son des instruments de musique. C'est sous ce pavillon qu'ont lieu toutes les cérémonies dont la fête est l'objet, et les convives y restent assemblés jusqu'à ce qu'elles soient terminées ; alors on congédie le pandel avec un rite déterminé.

PANDÉMÉ, ce mot (qui vient du grec πᾶν, tout, et δῆμος, peuple, et signifie *populaire, commun*, universel), indiquait, chez les Grecs, différentes choses relatives à la religion :

1° C'était d'abord un surnom de Vénus, correspondant au *volgivaga* des Latins. Ce nom lui vient, selon Pausanias, de ce que Thésée introduisit son culte à Athènes, après avoir réuni toutes les tribus de l'Attique en un seul peuple ; selon d'autres, parce que Solon lui bâtit un temple au moyen d'une contribution payée par les femmes publiques.

2° L'Amour portait aussi le nom de *Pandéme* ; mais Plutarque dit qu'il s'appliquait seulement à celui des deux Amours qui passait pour inspirer des désirs grossiers.

3° Les jours *Pandémes* étaient ceux durant lesquels on offrait aux morts des festins publics.

4° Enfin, les Panathénées étaient quelquefois appelées le *Pandémon*, du grand concours de peuple qui se rassemblait pour les célébrer.

PANDIAR, chef de la religion et juge souverain dans les îles Maldives. C'est le chef des nayibs, et c'est à son tribunal qu'on appelle de leurs sentences. Cependant, il ne peut prononcer de jugement dans les affaires importantes sans être assisté de trois ou quatre *mogouris*, graves personnages qui savent le Coran par cœur. Les mogouris sont au nombre de quinze et forment le conseil du Pandiar ; le roi seul a le pouvoir de réformer les jugements de ce tribunal. Le Pandiar réside toujours dans l'île de Malé et ne s'éloigne jamais de la personne du monarque.

PANDICULAIRES, jours auxquels les Romains sacrifiaient à tous les dieux en commun. On les nommait aussi *Communicarii*.

PANDIES, fête en l'honneur de Jupiter. On la croit ainsi nommée de Pandion, roi d'Athènes, qui l'avait instituée. D'autres auteurs donnent à cette fête une origine différente.

PANDIT, savant hindou. Les Pandits sont ce qu'on appelle généralement les docteurs, et surtout les docteurs en théologie, ou, si l'on aime mieux, en mythologie; car la religion des Védas est tombée en désuétude, ainsi que les Védas eux-mêmes sont tombés dans l'oubli : il n'y a guère que les Pouranas qui soient lus maintenant; c'est leur théologie qui domine. Les Pandits les expliquent; cependant ils doivent aussi connaître les Védas. Il y a des brahmanes qui ne sont que d'un Véda, c'est-à-dire qui n'en étudient qu'un ; il en est qui sont des quatre Védas, c'est-à-dire qui les connaissent tous : mais ceux-là sont rares, si tant est qu'il y en ait. Ainsi les *Pandits* sont les docteurs, les *Gourous* sont les directeurs.

PANDORE, nom de la première femme, selon les Grecs, qui racontent ainsi son origine : Jupiter, irrité contre Prométhée de ce qu'il avait eu la hardiesse de faire un homme et de dérober le feu du ciel pour animer son ouvrage, ordonna à Vulcain de former une femme du limon de la terre et de la présenter à l'assemblée des dieux. Minerve la revêtit d'une robe d'une blancheur éblouissante, lui couvrit la tête d'un voile et de guirlandes de fleurs, qu'elle surmonta d'une couronne d'or. En cet état, Vulcain l'amena lui même. Tous les dieux admirèrent cette nouvelle créature, et chacun voulut lui faire son présent. Minerve lui apprit les arts qui conviennent à son sexe, entre autres celui de faire de la toile ; Vénus lui donna la beauté et répandit autour d'elle les charmes, avec le désir inquiet et les soins pénibles. Les Grâces ornèrent sa gorge de colliers d'or ; Apollon lui apprit la musique et le chant ; Mercure la doua de la parole et du talent d'engager les cœurs par des discours insinuants. Enfin tous les dieux lui ayant fait leurs présents, la nommèrent *Pandore*, mot grec qui signifie *réunion de présents*, *assemblage de tous les talents*. Cependant Jupiter n'avait encore rien donné, il réservait son présent pour le dernier ; mais soit malice, soit vengeance contre Prométhée, il remit à Pandore une boîte bien close, avec ordre de la porter au créateur du genre humain. Celui-ci, se défiant de quelque piége, ne voulut recevoir ni Pandore ni sa boîte, et recommanda bien à Epiméthée, son frère, de ne rien accepter de la part de Jupiter. Mais à l'aspect de Pandore, Epiméthée oublia tout ; il devint son époux : la boîte fatale fut ouverte et laissa échapper tous les maux et tous les crimes dont le déluge a depuis inondé ce triste univers. Epiméthée voulut la refermer, mais il n'était plus temps. Il n'y retint que l'Espérance, qui était près de s'envoler et qui demeura sur les bords.

On retrouve cette fable chez les noirs de l'Afrique. Tous les maux étaient dans une calebasse ; le mauvais génie vint et la cassa d'un coup de pierre.

PANDROSE, la troisième des filles de Cécrops, premier roi d'Athènes. Minerve lui confia un jour, à elle et à ses sœurs, un dépôt, et Pandrose fut la seule qui répondit à la confiance de la déesse. En récompense de sa piété, les Athéniens lui élevèrent, après sa mort, un temple auprès de celui de Minerve, et instituèrent en son honneur une fête nommée *Pandrosie*. Elle avait eu, dit-on, de Mercure, un fils du nom de Céryx.

PANES ou PANS, satyres qui reconnaissaient Pan pour leur chef. C'étaient les dieux protecteurs des chasseurs, des bois et des champs.

PANGA, idole des nègres du Congo. C'est un bâton de la forme d'une hallebarde, surmonté d'une tête sculptée et peinte en rouge.

PANGOUMI-OUTRON, fête que les Tamouls célèbrent dans le mois de phalgoun, qui correspond à mars, en l'honneur de Parvati, épouse de Siva : elle a lieu dans les temples consacrés à ce dieu.

PANHELLÉNIES, fêtes en l'honneur de Jupiter, instituées par Eaque et renouvelées par l'empereur Hadrien : toute la Grèce devait y prendre part. On y sacrifiait à Jupiter Panhellène, auquel le même empereur avait fait ériger sous ce nom un temple à Athènes en qualité de protecteur de toute la Grèce.

PANIONIES, fête établie en l'honneur de Neptune Héliconien, sur le mont Mycalé, par les colonies ioniennes. C'est là que se réunissaient chaque année tous les habitants de l'Ionie. Ce qu'il y avait de remarquable dans cette fête, c'est que, si la victime venait à beugler avant le sacrifice, ce mugissement passait pour un présage de la faveur spéciale de Neptune. Le lieu où se rassemblaient ainsi les Ioniens portait le nom de *Panionium*.

PANIS, nom que les Sabins donnaient à Cérès, et d'où serait venu, suivant Servius, le mot latin *panis*, pain.

PANISQUES, *petits Pans*, dieux champêtres auxquels on accordait tout au plus la taille des Pygmées.

PAN-KI, nom que les Cambogiens donnent aux gens qui suivent la secte des lettrés. Les Pan-ki sont vêtus de toile comme les gens du commun, excepté qu'ils portent au cou un ruban blanc, qui est la seule marque distinctive à laquelle on reconnaît qu'ils sont lettrés. Ceux d'entre eux qui parviennent aux charges deviennent de grands personnages, et le ruban blanc qu'ils portent au cou ne les quitte jamais.

PAN-KOU, le premier homme qui parut dans l'univers après que la substance des choses eut été engendrée, s'il faut en croire certaines traditions chinoises qui le représentent comme l'architecte du monde et l'ordonnateur des formes visibles. On l'appelle encore *Hoen-tun*, chaos primordial. Le travail de Pan-kou dura 18,000 ans. Le ciel s'élevait chaque jour de dix pieds; la terre s'épaisissait d'autant, et Pan-kou grandissait dans la même proportion. L'œuvre terminée, il mourut. Sa tête devint une montagne; de ses veines sortirent les fleuves et les rivières; ses cheveux poussèrent des feuilles et formèrent des forêts; les poils de son corps furent changés en herbes. Une autre tradition dit seulement qu'aussitôt que le ciel et la terre furent séparés, Pan-kou parut au milieu d'eux. L'époque de ce premier homme et de ce premier empereur est si reculée, selon les Chinois, qu'ils placent entre lui et la mort de Confucius (arrivée l'an 479 avant notre ère), un intervalle de deux jusqu'à 96 millions d'années. M. Pauthier soupçonne qu'il y a identité entre le Pan-kou chinois et le Manou indien (dont le nom en effet a pu devenir en chinois Manhou, Man-kou et Pan-kou) : ce qui corrobore ce sentiment, c'est que l'on attribue à l'un et à l'autre une puissance tellement grande sur la nature, qu'elle allait jusqu'à une action créatrice. — Pan-kou est sans doute le même que *Poun-tan*, qui, dans les îles Mariannes, passe pour avoir fabriqué le monde.

PANNYCHIDES (de πᾶν, toute, et νύξ, nuit). L'on trouve, désigné sous ce nom, dans Eusèbe et Philon, ce que l'on nommait autrefois, en style ecclésiastique, *les veilles hebdomadaires* ou *de plusieurs jours*, veilles qui existaient déjà du temps des apôtres, comme nous l'apprenons d'Eusèbe, de saint Épiphane et de saint Cyrille d'Alexandrie. C'est la réunion de ces veilles que nous nommons *la grande semaine* ou *la semaine sainte*.

Les païens avaient aussi leurs veillées religieuses ou des mystères, qu'ils appelaient *Pannychisme*.

PANOMPHÉE, surnom de Jupiter, dont les louanges se trouvent dans la bouche de tous les hommes (πᾶν, tout, et ὀμφή, voix), qui était adoré par tous les peuples et dans toutes les langues, qui rendait les oracles, à chacun dans son idiome particulier. Ce nom lui convenait surtout parce qu'il était regardé comme l'auteur de toutes les divinations, ayant entre ses mains les livres du destin dont il révélait plus ou moins à ses prophètes, selon son bon plaisir.

PANTCHA-AMRITA, ou *les cinq ambroisies*, préparation lustrale en usage chez les Hindous. Les cinq ingrédients qui entrent dans sa composition sont le lait, le caillé, le beurre liquéfié, le miel et le sucre mêlés ensemble. Cette liqueur, bien qu'ayant beaucoup d'efficacité pour la rémission des péchés, le cède toutefois au *Pantcha-gavya*.

PANTCHA-DANA, ou *les cinq dons*. Un des priviléges des Brahmanes consiste à recevoir des présents soit à titre de rémunération; quand ils ont présidé ou assisté à quelque cérémonie, soit simplement en qualité de personnages dignes de toutes sortes d'honneurs. Or, parmi les dons qu'ils souffrent qu'on leur fasse, il en est qui ont le pouvoir de leur plaire d'une manière toute spéciale : on les désigne sous le nom de *pantcha-dana*; ce sont de l'or, des terres, des habits, des grains et des vaches. Le dernier de ces dons surtout leur est infiniment agréable, attendu que le laitage est leur principale nourriture. Ils ne dédaignent pas davantage un autre genre de gratification que l'on appelle *dasadana*, ou les dix dons, qu'on est tenu de leur faire en certaines circonstances. *Voy.* DASA-DANA.

PANTCHA-GAVYA ou PANTCHA-KARYA, c'est-à-dire les *cinq choses* ou les *cinq substances* qui sortent du corps *de la vache*; c'est pour les Hindous, la plus précieuse et la plus salutaire de toutes les liqueurs. Voici comme l'on procède à sa confection : on commence par purifier la maison, puis on prend cinq petits vases de terre neufs; on met dans l'un du lait, dans l'autre du caillé, dans le troisième du beurre liquéfié, dans le quatrième de la fiente de vache, et dans le dernier de l'urine du même animal. On range ces cinq vases par terre, sur de l'herbe *darbha*, et on leur fait le *poudja* ou l'adoration de la manière suivante. On divinise d'abord par la pensée ces cinq substances, et on en fait un dieu; on s'incline profondément devant lui, et l'on médite quelque temps sur ses perfections et ses mérites. On pose quelques fleurs sur les cinq vases, on fait des libations autour, et on leur offre du riz, des fleurs, de l'encens, une lampe allumée, des bananes et du bétel; puis on leur fait une inclination profonde.

Ces préliminaires terminés, le prêtre qui y a présidé adresse au dieu Pantcha-gavya, ou, ce qui est tout un, aux substances contenues dans les cinq vases, la prière suivante : « Dieu Pantcha-Gavya ! daignez accorder le pardon de leurs péchés à toutes les créatures dans le monde qui vous offriront le sacrifice et qui vous boiront. Pantcha-gavya, vous êtes sorti du corps de la vache; c'est pourquoi je vous offre mes prières et mes sacrifices, afin d'obtenir la rémission des fautes et la purification du corps et de l'âme de tous ceux qui vous boiront. Daignez aussi nous absoudre, nous qui vous avons offert le poudja, de tous les péchés que nous avons commis, soit par inadvertance, soit de propos délibéré. Pardonnez-nous et sauvez-nous. »

Après cette prière, on fait une nouvelle inclination, et l'on réunit dans un seul vase les substances contenues dans les cinq. Prenant ensuite ce vase entre les mains, le Pourohita boit un peu de la liqueur salutaire, en verse dans le creux de la main des personnes présentes, qui la boivent aussi, et conserve le reste pour servir dans l'occasion. On donne ensuite du bétel aux brahmanes présents et on les congédie.

Rien n'égale les vertus purifiantes de cette mixtion : les brahmanes et tous les Indiens en boivent fréquemment pour déterger leurs souillures tant extérieures qu'intérieures.

PANTCHAGNI, ou *les cinq feux* ; genre de pénitence auquel se soumettent, pendant l'été, les pénitents de l'Inde : il consiste à se livrer à des pratiques religieuses au milieu de cinq feux : savoir, quatre feux allumés autour de soi vers les quatre points cardinaux, et le soleil au-dessus de sa tête.

PANTCHAKARTA, c'est-à-dire les cinq puissances ou les cinq dieux. C'est ainsi que les Hindous désignent les cinq éléments qui, produits par le créateur, concoururent à la formation de l'univers. Dieu commença par produire l'éther ; l'action de l'éther donna naissance à l'air ou au vent. Du choc de l'éther et de l'air naquit le feu. A sa retraite, celui-ci laissa une humidité dont l'eau tira son origine. De l'union de ces puissances résulta un sédiment qui, réduit en masse compacte par la chaleur du feu, devint la terre.

PANTCHANGA. Le calendrier indien porte ce nom, qui signifie *les cinq membres*, parce qu'il contient cinq articles principaux, savoir : le quantième du mois lunaire ; la constellation dans laquelle se trouve la lune chaque jour ; le jour de la semaine ; les éclipses et le lieu des planètes. On y trouve encore marqués les bons et les mauvais jours ; ceux auxquels on peut voyager vers l'un des quatre points cardinaux ; car tel qui peut aujourd'hui sans danger faire route vers le nord, s'exposerait à quelque malheur s'il s'avisait d'aller au sud. On voit encore dans l'almanach une foule d'autres prophéties de cette force, qu'il serait fastidieux de détailler. *Voy.* OUGADI. La confection de ces précieux calendriers appartient aux plus savants d'entre les brahmanes appelés Pourohitas. Encore n'y a-t-il que ceux de certaines villes ou lieux saints qui en aient le privilège et le monopole.

PANTCHARAKCHA, ou les cinq Rakichas, les cinq puissances protectrices, suivant la théogonie des Bouddhistes du Népal ; ce sont *Pratisara*, *Mahasahasrapramerddini*, *Mahamayouri*, *Mahasétavati* et *Mahamantranousarini*.

PANTCHARATRAKAS, secte hindoue qui fait partie des Vaichnavas ou adorateurs de Vichnou : cette dénomination est tirée du *Pantcharatra*, titre de l'ouvrage original contenant leur doctrine particulière, qui paraît s'éloigner des Védas. Cependant plusieurs d'entre les membres de cette secte pratiquent les cérémonies initiatoires de la régénération et de l'admission dans les ordres sacrés, en se conformant à des prescriptions rituéliques tirées du Vadjour-Véda. D'autres, se bornant rigidement à la pratique de leurs propres règles, accomplissent les rites initiatoires dans un mode différent et même contraire ; mais leur initiation est contestée par les autres brahmanes, sur le motif de l'insuffisance de leurs modes non sanctionnés par l'un ou l'autre des trois Védas primitifs qui font seuls autorité.

La doctrine religieuse de cette secte est considérée comme hérétique, bien qu'elle soit attribuée à Vasoudéva, dont on fait une incarnation de Vichnou ; mais cet avatar, comme celui de Bouddha, aurait eu lieu, suivant les orthodoxes, tout exprès pour tromper les hommes et les induire en erreur. Les Pantcharatrakas identifient Vasoudéva avec Bhagavat, la divinité suprême, le premier principe unique, omniscient, qui est tout à la fois la providence surintendante, ou souveraine et directrice. Cet être, se divisant lui-même, devient quatre personnes par une production successive. De lui sort immédiatement *Sankarchana*, identifié avec l'âme vivante ; de celui-ci, *Pradyoumna*, le sens intérieur ; et de ce dernier, *Anirouddha* ou la conscience du moi. Vasoudéva ou Bhagavat étant la nature suprême ou la seule cause de tout, tous les autres êtres sont ses effets. Il a six attributs spéciaux, étant revêtu de six qualités prééminentes, savoir : la connaissance, le pouvoir, la force, la volonté irrésistible, la vigueur et l'énergie. De la diffusion et de la coopération de la connaissance avec la force, naît San-Karchana ; de la vigueur et de la volonté irrésistible, vient Pradyoumna ; et du pouvoir et de l'énergie, sort Anirouddha.

La délivrance, consistant dans la rupture et la séparation des chaînes du monde, peut être obtenue par l'adoration ou le culte de la Divinité, la connaissance de cette même Divinité, et la contemplation profonde ; c'est-à-dire, 1° en se rendant aux saints temples avec un corps, une pensée et une parole humbles, et en murmurant la prière du matin en même temps que des hymnes et la louange de Bhagavat, ainsi qu'en faisant des salutations révérencieuses et d'autres cérémonies ; 2° en recueillant et préparant des fleurs et autres objets requis pour le culte ; 3° par la pratique actuelle du culte divin ; 4° par l'étude du texte sacré, et en lisant, en écoutant, en réfléchissant sur ce saint livre et sur d'autres également saints qui lui sont conformes ; 5° par une profonde méditation et une contemplation absorbée après la prière du soir, et en fixant fortement et exclusivement ses pensées sur la Divinité. (Colebrooke, *Essai sur la philosophie des Hindous*, traduit par Pauthier.)

PANTHANA, le dix-huitième des vingt-un enfers, selon les Hindous brahmanistes.

PANTHÉES, divinités ornées de symboles de plusieurs divinités réunies. Ainsi les statues de Junon tenaient quelque chose de celles de Pallas, de Vénus, de Diane, de Némésis, des Parques. On voit, dans les anciens monuments, une Fortune ailée qui tient de la main droite le timon, et de la gauche la corne d'abondance, tandis que le bas finit en tête de bélier. L'ornement de la tête est une fleur de lotus qui s'élève entre deux rayons, attribut d'Isis et d'Osiris. Elle a sur l'épaule le carquois de Diane, sur la poitrine l'égide de Minerve, sur la corne d'abondance le coq de Mercure, et sur la tête de bélier le corbeau d'Apollon. Les médailles offrent aussi des Panthées ou têtes chargées de divers attributs. Telle est celle qui se trouve sur la médaille d'Antonin le Pieux et de la jeune Faustine, qui est tout ensemble Sérapis par le boisseau qu'elle porte, le Soleil par les rayons, Jupiter Ammon par les deux cornes de bélier, Pluton par la barbe fournie, Neptune par le trident, Esculape par le serpent entortillé autour du manche. On croit, avec assez de raison, que ces Panthées doivent leur origine à la superstition de ceux qui, ayant pris plusieurs dieux pour protecteurs de leurs maisons, les réunissaient tous dans une même statue, qu'ils ornaient des différents symboles de ces déités.

PANTHÉISME, une des grandes hérésies de l'humanité ; c'est le système par lequel *tout est dieu,* πᾶν θεός.

« Le panthéisme se divise en religieux et philosophique. Le panthéisme religieux, dit M. Bonnetty, provient du système de l'*émanation* mis à la place de la *création :* la création est la réalisation de ce qui n'était pas ; l'émanation est la manifestation de ce qui était caché ; ce n'est pas une production, c'est un développement, c'est Dieu dans ses œuvres, ce sont ces œuvres divinisées. Le système de l'émanation paraît avoir pris naissance dans l'Inde : c'est là au moins qu'on en trouve les premiers vestiges. »

Déjà, dans le brahmanisme, l'universalité des êtres ne sont que les manifestations successives et les émanations de la divinité créatrice ; ou plutôt ce ne sont que de vaines apparences produites par l'illusion, *Maya,* qui est le désir, la volonté de Brahma. Mais la grande hérésie bouddhique formula le panthéisme d'une manière explicite et sur une vaste échelle ; Dieu disparut tout à fait pour faire place à je ne sais quelle substance qui volate éternellement de la terre au ciel et aux enfers, et qui est toujours la même dans les esprits célestes, les démons, les hommes, les animaux et la matière inerte. De l'Inde le panthéisme a pu passer en Egypte, en Chaldée, puis dans la Perse, où il se modifia en dualisme. En Chine, la doctrine de l'émanation, venue aussi de l'Inde avec le dieu Fo, ne s'y développa qu'avec la secte de Taï-ki, au XV° siècle. La Grèce s'imbut certainement des doctrines indiennes, qu'elle modifia bientôt en mythes, qui conservent, sous les formes homériques, un fond caché de doctrines orientales. Par la suite, il devint impossible de soutenir le paganisme dans son absurde crudité ; il parut nécessaire d'admettre une sorte d'unité dans la nature divine : alors le polythéisme populaire devint une simple apparence, comme dans l'Inde, une vaste nomenclature symbolique : les trente-trois millions de dieux n'étaient que les opérations et les portions diverses de la nature, qu'il fallait adorer comme parties intégrantes de la divinité, n'importe sous quel nom et sous quel signe.

On trouva dans le catalogue des divinités un nom qui cadrait merveilleusement avec ce système ; c'était celui de *Pan* (tout), qui devint ainsi le symbole de l'universalité des êtres. De là la doctrine de l'émanation passa aux Gnostiques et aux éclectiques d'Alexandrie.

« Le panthéisme philosophique, établi en système dans le Védanta indien, passa en Grèce, où il s'établit dans les écoles de Pythagore, de Timée, d'Ocellus, dans celle d'Elée, qui, d'idéaliste panthéistique passa dans le sensualisme athée. Exclu des écoles de Platon, d'Epicure, d'Aristote, de Zénon, il revit dans les éclectiques d'Alexandrie. C'est alors que l'hellénisme, le pythagorisme, le platonisme s'unirent à l'orientalisme pour résister aux doctrines chrétiennes qui se faisaient jour. Les Gnostiques, d'origine juive, acceptèrent la plupart des croyances panthéistiques orientales. Enfin, vint le néoplatonisme, qui amalgama toutes les erreurs polythéistes, et en donna des explications quasi chrétiennes. L'ensemble de sa doctrine, représentée par Plotin et Proclus, comprend l'émanation des Orientaux, l'unité absolue et l'âme du monde des Pythagoriciens, l'idéalisme de l'école d'Elée, les idées archétypes de Platon transformées en êtres réels, enfin les formes logiques d'Aristote. Un des axiomes de cette école était que nous découvrons dans notre propre essence l'essence supérieure dont elle dérive. Elle continua son enseignement jusqu'au temps de Justinien, qui la fit fermer. »

Nous ne suivrons pas le panthéisme philosophique à travers le moyen âge, où il est la conséquence plus ou moins explicite des doctrines de Scot Erigène, d'Amaury de Chartres, de Spinosa ; mais à notre époque il fut de nouveau érigé en école par les Allemands Fichte, Schelling, Hégel, disciples de Kant ; et M. Cousin importa en France cette doctrine. Le panthéisme philosophique finit par amener, comme autrefois, le panthéisme religieux ; et ce système forme aujourd'hui la base de ces utopies que nous voyons éclore chaque jour, et dont les inventeurs se posent comme les apôtres et les régénérateurs de l'humanité. Ce sont d'abord les Saint-Simoniens, qui disaient en 1831 : « Cet Océan qui se brise en grondant sur ses rivages, se retire et gronde encore ; ces globes qui gravitent dans l'espace, cette lumière dont les flots nous inondent, l'homme destiné à aimer, à connaître, à pratiquer tant de merveilles, l'*univers* enfin, voilà le *dieu* que nous adorons. » Le père Enfantin formulait le symbole suivant, qui paraît avoir été celui de l'école saint-simonienne, jusqu'au moment de sa dissolution :

Dieu est tout ce qui est ;
Tout est en lui, tout est par lui ;
Nul de nous n'est hors de lui ;
Mais aucun de nous n'est lui.
Chacun de nous vit de sa vie,
Et tous nous communions en lui,
Car *il est tout ce qui est.*

Bien que la religion tienne peu de place dans le système des Fouriéristes, cependant leur théologie est basée sur le panthéisme : car ils ne reconnaissent d'autre dieu que la nature, laquelle, suivant eux, est composée de trois principes éternels, incréés et indestructibles, qui sont dieu ou l'esprit, principe actif et moteur ; la matière, principe passif et mû ; et la justice ou les mathématiques, principe neutre régulateur du mouvement.

Nous n'entrerons point dans le dédale des conceptions panthéistiques émises par la tourbe des régénérateurs modernes, qui, tout en voulant mettre de côté la religion, se trouvent nécessairement ramenés à l'idée religieuse, et qui, contraints de lui donner une place dans leurs utopies, s'efforcent de la faire cadrer avec elles, en formulant un panthéisme plus ou moins vague. Que sont, au reste, ces doctrines désastreuses qui luttent maintenant dans la société, soit contre la vérité, soit les unes contre les autres, sinon la déification de l'homme, et par conséquent le panthéisme pratique?

PANTHÉON, temple en l'honneur de tous les dieux. Le plus fameux de tous les édifices de ce genre est celui qui fut élevé par Agrippa, gendre d'Auguste. Il le fit construire de forme ronde, soit pour éviter, dit plaisamment Lucien, toute dispute de préséance entre les dieux; soit, comme l'observe Pline, parce que la convexité de sa voûte représentait celle des cieux. Ce temple était couvert de briques, et revêtu en dedans et en dehors de marbres de différentes couleurs. Les portes étaient de bronze, les poutres enrichies de bronze doré, et le faîte du temple couvert de lames d'argent, que l'empereur Constantin fit enlever et transporter à Constantinople. Il n'y avait point de fenêtres; le jour n'y pénétrait que par une ouverture pratiquée au milieu de la voûte. Dans l'intérieur du temple, on avait pratiqué un grand nombre de niches, pour y placer les statues des divinités principales. On y distinguait celle de Minerve, qui était d'ivoire, chef-d'œuvre de Phidias, et celle de Vénus, qui avait à chaque oreille une moitié de cette perle précieuse qui avait appartenu à Cléopâtre, et dont cette princesse fastueuse avait fait dissoudre la pareille dans du vinaigre, pour l'avaler. Quoique le temple fût consacré généralement à tous les dieux, il avait été dédié spécialement à Jupiter Vengeur. Cet édifice subsiste encore, et il est maintenant à l'usage de l'Eglise catholique; le pape Boniface IV le fit purifier, et, en 607, il le dédia sous l'invocation de la sainte Vierge et de tous les martyrs. C'est ce qui a donné lieu à l'établissement de la fête de tous les saints, le 1er novembre. Cette église est connue aujourd'hui sous le nom de Sainte-Marie aux Martyrs, ou de la Rotonde.

Il y avait à Rome un autre Panthéon, dédié spécialement à Minerve Médica, ou déesse de la médecine. Athènes se vantait aussi d'en posséder un qui ne le cédait pas de beaucoup à celui d'Agrippa. Enfin on croit que le temple de Nîmes, qu'on dit avoir été dédié à Diane, était un Panthéon. Il y avait douze niches, dont six subsistent encore. C'était un édifice consacré aux douze grands dieux; c'est pourquoi il est appelé par quelques-uns *Bodécathéon*.

Le mot *panthéon* est pris souvent pour désigner toutes les divinités admises ou reconnues par un peuple. C'est en ce sens qu'on dit le panthéon égyptien, le panthéon hindou, etc.

PANTIQUE, déesse des voyageurs; la même que PANDA.

PAOR-NOMI, nom donné par les Tamouls à une grande fête que les Hindous célèbrent la veille ou le jour de la pleine lune du mois de kartik (novembre); en voici les détails extraits de Sonnerat.

Le Paor-Nomi est la grande fête du temple de Tirounamali, parce que c'est dans ce jour que parut la montagne sur laquelle ce temple est situé. Les Saivas la célèbrent dans toutes les pagodes de Siva : elle dure neuf jours, pendant lesquels les pèlerins accourent de toutes les parties du littoral; il s'y tient alors une grande foire.

L'histoire de Tirounamali est très-célèbre; elle occupe tout un Pourana. Le temple est construit sur une montagne sacrée, parce qu'elle représente Siva. Ce dieu y descendit en colonne de feu, pour terminer une dispute de préséance élevée entre Vichnou et Brahma. Vichnou, sous la forme d'un sanglier, creusa la terre pendant mille ans, pénétra jusqu'aux enfers, et bien qu'en un clin d'œil il parcourût un espace de 3000 lieues, il ne put jamais trouver le pied de la colonne. Brahma, de son côté, métamorphosé en oiseau, chercha à parvenir au sommet : il s'éleva pendant 100,000 ans en faisant 6000 lieues en un instant, et ne put venir à bout de l'apercevoir; tous deux s'avouèrent vaincus et reconnurent, disent les Sivaïtes, la suprématie de Siva. Celui-ci, pour perpétuer la mémoire de cet événement, changea la colonne enflammée en une montagne de terre, et voulut que ses sectateurs la révérassent. C'est à cause de son premier état qu'ils allument sur le sommet un grand feu qui dure toute la neuvaine; ils le placent dans un immense chaudron de cuivre, et l'entretiennent avec du beurre et du camphre, qu'on y envoie de tous côtés; la mèche est composée de plusieurs pièces de toiles de 64 coudées chacune. Les brahmanes ont soin de ramasser le marc de ce feu, dont ils font des présents à leurs bienfaiteurs, qui, tous les jours, s'en mettent un peu sur le front. C'est à l'imitation de ce feu sacré que les Saivas font chez eux un grand gâteau de pâte de riz, pétri seulement avec de l'eau; ils font un trou dans le milieu, qu'ils remplissent de beurre, et y allument une petite mèche; ensuite ils adorent ce feu, jeûnent toute la journée, et après six heures du soir, ils mangent cette pâte avec quelques fruits.

Les Vaichnavas ont aussi une grande fête le jour de cette même pleine lune. Elle ne diffère de l'autre que par son objet, de manière que les deux sectes la célèbrent ensemble. On allume des feux de joie devant les temples; les rues et les maisons sont illuminées, et on porte les dieux processionnellement. Les vaichnavas disent que c'est le jour de la pleine lune de ce mois que Vichnou prit la forme d'un brahmane nain, et relégua dans le Patala le puissant géant Mahabali; que ce géant, pendant qu'il régnait sur la terre, aimant beaucoup les illuminations, fournissait à chaque maison une certaine mesure d'huile, afin de satisfaire son goût, et qu'en allant au Patala, il pria Vichnou de vouloir bien faire continuer sur la terre les usages qu'il avait établis. Ce dieu le lui promit, et lui permit en même temps de revenir tous les ans à pareil jour, afin de voir par lui-même s'il était fidèle à sa promesse.

C'est là le motif de l'illumination; et les enfants courent dans les rues en tenant du feu dans leurs mains et en criant: *Mahavali-ro!*

PAPA ou **PAPAS**, nom générique des prêtres chrétiens dans presque toute l'Eglise orientale, et principalement chez les Grecs, les Moscovites, les Arméniens et les Géorgiens. On sait que ce nom vient originairement d'un mot grec qui a absolument la même signification que le mot *papa* en français. Dans l'Occident, il était autrefois donné indifféremment à tous les évêques, mais depuis longtemps la coutume a prévalu d'en faire la qualification spéciale de l'évêque de Rome, chef de toutes les Eglises.

On a longtemps reproché aux papas ou prêtres orientaux leur ignorance crasse, leur avarice, leur grossièreté et même leurs mauvaises mœurs. Ces défauts, à jamais déplorables, trouvaient non leur justification, mais leur explication et leur origine dans le despotisme que les Musulmans faisaient peser sur eux, et dans le malheureux schisme qui, les séparant de l'Eglise romaine, leur ôtait en même temps tout moyen de soutien ou de réforme. Mais maintenant que l'émancipation a commencé à luire dans les contrées orientales, que ces peuples voient au milieu d'eux une multitude de catholiques dont le zèle et les vertus rappellent les temps apostoliques, et que plusieurs vivent sous des gouvernements sinon chrétiens, du moins éclairés, nous avons lieu de croire que le clergé schismatique est entré dans des voies de réforme, et que par là il prépare les voies à une union qui paraît s'avancer et se faciliter de jour en jour. *Voy.* PRÊTRE.

PAPADIE, nom que les chrétiens orientaux donnent à la femme d'un prêtre: il équivaut à celui de *prêtresse*, bien que les femmes ne tiennent aucun rang dans la hiérarchie ecclésiastique, et qu'elles n'aient aucun pouvoir dans l'Eglise.

On sait que les prêtres orientaux ne sont pas astreints à la loi du célibat. Saint Epiphane se plaignait que, de son temps, les ministres sacrés inférieurs aux évêques usassent du mariage. Cette tolérance devint bientôt une permission, que l'empereur Justinien autorisa depuis par ses lois. Dans une de ses Novelles, il permet aux personnes mariées de recevoir les ordres sacrés, et d'user du mariage après leur ordination. Mais en même temps il défend d'ordonner ceux qui ne sont pas mariés, à moins qu'ils ne promettent de vivre dans le célibat, et veut qu'ils soient déposés et réduits au rang des laïques, s'ils manquent à cet engagement. Ces dispositions furent confirmées par le concile *in Trullo*, dont les actes sont regardés comme faisant loi dans l'Eglise d'Orient.

Et telle est encore aujourd'hui la coutume des Orientaux. Les prêtres ne peuvent se marier qu'une seule fois, et cela avant leur ordination et avec une fille vierge; eux-mêmes doivent avoir vécu également dans la continence.

Les femmes des prêtres passent pour être les plus belles et les plus chastes; aussi les familles tiennent-elles communément à grand honneur de voir leurs filles recherchées par un ecclésiastique qui se dispose à prendre les ordres; et c'est un dicton populaire, chez les Grecs, quand on veut louer une femme, de dire qu'elle est *belle comme une papadie*. Elles sont en général d'une grande modestie, portent sur la tête un voile blanc, et se font remarquer par la propreté de leurs vêtements et la simplicité de leur conversation.

Les protestants, qui, en autorisant le mariage de leurs ministres, ont prétendu remonter aux usages primitifs de l'Eglise, conservés, selon eux, dans les communions orientales, ont donné dans un excès qui n'a jamais été toléré dans aucune Eglise chrétienne; car ils permettent le mariage aux évêques, ils ne voient aucun inconvénient à ce que les prêtres se marient après leur ordination; enfin ils laissent à chacun d'eux la faculté de se remarier autant de fois qu'ils deviennent veufs: toutes choses qui sont en horreur aux Orientaux.

PAPE, chef visible de l'Eglise, vicaire de Jésus-Christ et successeur de saint Pierre, prince des apôtres. Il réside à Rome, et jouit à la fois d'un pouvoir temporel et d'un pouvoir spirituel. Comme chef spirituel, le pape a la souveraine autorité sur l'Eglise universelle, fait observer les canons et les règlements, convoque et préside les conciles généraux, crée les cardinaux, confirme les évêques, institue, autorise ou supprime les ordres religieux, veille au maintien du dogme et de la discipline; approuve ou censure les doctrines nouvelles, écrit dans ce but des *bulles*, des *brefs*, des *encycliques*; fulmine ou lève les excommunications, commue les vœux, accorde les grandes dispenses, distribue les indulgences, proclame les jubilés, etc. Comme prince temporel, le pape gouverne la ville de Rome et son territoire, qu'on appelle les Etats de l'Eglise. Il entretient près des cours étrangères des *légats*, des *nonces*, qui représentent à la fois son double pouvoir.

Le pape porte une tiare, ou triple couronne, symbole des diverses puissances qu'il réunit sur sa tête (chef de l'Eglise, évêque de Rome, souverain temporel des Etats Romains); il tient à la main une clef d'or et une clef d'argent, qu'on nomme les clefs de saint Pierre, emblème du pouvoir qu'il a de lier et de délier. Il est élu par le collége des cardinaux enfermés dans le conclave, qui le choisissent parmi eux. L'élection se fait communément au Vatican; elle est suivie de l'exaltation, dans laquelle le nouveau pape, placé sur son siége pontifical, est porté sur les épaules à l'église Saint-Pierre; après l'exaltation a lieu le couronnement. Le pape se donne à lui-même le titre de *serviteur des serviteurs de Dieu;* on le nomme aussi *souverain pontife, saint-père, très-saint-père,* etc.; en s'adressant à lui, on dit *Votre Sainteté.* Le mot *pape,* qui en grec signifie *père et aïeul,* se donnait autrefois à tous les évêques; ce n'est que depuis Grégoire VII, en 1073, qu'il a été appliqué exclusivement au souverain pontife.

La suite des papes remonte sans interruption jusqu'à saint Pierre, qui avait été choisi par Jésus-Christ lui-même, comme chef et pierre fondamentale de l'Eglise, et qui fonda le *saint-siége.* La suprématie de ce siége fut reconnue dès l'origine; l'histoire nous montre, dès les premiers siècles, Rome exerçant son autorité sur les autres Eglises, et celles-ci recourant à elle pour les points en litige. Quand la capitale de l'empire eut été transférée à Constantinople, les évêques de cette ville obtinrent du concile de Constantinople, en 380, le premier rang dans l'Eglise après l'évêque de Rome, avec quelque autorité sur les autres Eglises d'Orient; puis, élevant de plus en plus leurs prétentions, ils finirent par s'attribuer une autorité égale à celle du pape, ce qui amena le schisme d'Orient. Dans les premiers siècles, les papes ne possédaient qu'un pouvoir spirituel, et ils obéissaient aux empereurs ou aux princes qui les représentaient en Italie. Constantin les dota richement, mais il ne paraît pas certain qu'il leur ait fait cette célèbre donation que l'on a quelquefois alléguée : ce n'est que du VIIIe siècle que date véritablement leur pouvoir temporel. Après avoir abattu les Lombards, Pepin le Bref (755) et Charlemagne (775) donnèrent aux papes une partie des Etats conquis (l'exarchat de Ravenne, la Pentapole, puis le Pérugin et le duché de Spolète), et en firent ainsi une puissance terrestre. La donation faite au saint-siége, par la grande-comtesse Mathilde, du territoire appelé depuis *patrimoine de saint Pierre,* accrut encore leur pouvoir temporel (1077). Au moyen âge, les papes jouent un rôle de plus en plus important : ils civilisent les peuples, propagent la religion, prêchent ou encouragent les Croisades; devenus les arbitres de l'Europe, ils sont les médiateurs des princes dans leurs différends, et poursuivent jusque sur le trône le crime ou l'infamie. On a souvent reproché aux papes d'avoir abusé de leur souverain pouvoir, en prenant parti dans les guerres civiles, et en prétendant disposer des trônes et des empires : cela est possible; mais ils suivaient l'impulsion de leur siècle, et cette grande suprématie leur était pour ainsi dire concédée par le consentement universel; ils se regardaient comme les protecteurs-nés de toutes les nations chrétiennes, et ils agissaient en conséquence. C'est surtout avec l'Empire et la France qu'eurent lieu ces querelles qui mirent en feu l'Allemagne et l'Italie. — En 1309, le pape Clément V alla se fixer à Avignon, et ses successeurs continuèrent à y résider jusqu'en 1377; pendant tout ce temps, ils furent sous l'influence des rois de France. Grégoire XI retourna à Rome en 1377. A la mort de ce pape éclata le grand schisme d'Occident, qui dura soixante-dix ans (1378-1448), et pendant lequel on vit régner simultanément deux séries de pontifes qui résidaient, les uns à Rome, les autres à Avignon ou ailleurs, et qui s'anathématisaient réciproquement. Vers le même temps, les papes virent ébranler leur puissance par les tentatives de divers novateurs qui prétendaient réformer l'Eglise : Wiclef, Jean Huss, Jérôme de Prague, échouèrent; plus tard Luther (1517), Zwingle et Calvin (1535) leur succédèrent; Henri VIII, à son tour, sépara l'Angleterre de l'Eglise romaine, et plus de la moitié de l'Europe échappa à l'autorité des papes. Depuis cette époque, la puissance temporelle des papes a toujours été en déclinant, ou plutôt ils ont renoncé à toute influence sur les affaires politiques des nations étrangères. Mais est-ce impuissance réelle? Nous ne le croyons pas. N'avons-nous pas vu, de nos jours, des personnages politiques, assez peu religieux d'ailleurs, reprocher aux souverains pontifes de ne pas user, comme autrefois, de leur pouvoir spirituel, pour prêcher de nouvelles croisades contre les monarques qu'ils appelaient les oppresseurs de l'Europe catholique? Et naguère les populations libérales de l'Italie, de la France et de la Pologne n'attendaient qu'un mot de la bouche de Pie IX pour le mettre à la tête de toutes les républiques d'Italie et courir ensuite porter le fer et la dévastation dans l'Autriche, dans la Russie, dans l'Allemagne, et proclamer enfin une république universelle. Pie IX a compris que le rôle de l'Eglise ne devait plus être le même aujourd'hui que dans les siècles passés; et celui qui, peut-être, aurait pu réaliser le rêve des Millénaires, paye en ce moment par l'exil son esprit de modération, et son amour pour tous les chrétiens (février 1850).

Par rapport à l'autorité du pape en matière de foi, il y a deux sentiments différents : les ultramontains soutiennent que le souverain pontife règle seul la foi de l'Eglise, et que ses décisions doivent être reçues comme des oracles, toutes les fois qu'il parle *ex cathedra;* mais d'autres, et principalement les gallicans, prétendent que le pape n'est infaillible que lorsqu'il est à la tête de l'Eglise universelle assemblée en concile, ou que ses décrets ont acquis toute leur force, par le consentement exprès ou tacite des autres juges dans la foi, qui sont les évêques répandus dans le monde chrétien.

L'habillement ordinaire du pape consiste en une soutane de soie blanche, une ceinture de soie rouge avec des agrafes d'or, un rochet de fin lin, un camail de velours rouge ou de satin incarnat, des souliers de drap rouge, sur lesquels est brodée une croix en or, et un bonnet rouge. Pendant le carême, l'avent et les jours de jeûne, il est revêtu d'une soutane de laine blanche et d'un camail de drap rouge. Depuis le jeudi saint jusqu'au samedi suivant, il porte un camail de damas blanc. Lorsqu'il célèbre la messe, il est paré des ornements ordinaires des prêtres et porte la mitre. Dans les jours solennels, il paraît couvert de la tiare, et porte une calotte blanche.

PAPÉE, nom du grand dieu des Scythes, dont la Terre était la femme. Le Παπαῖος d'Hérodote n'est autre que le sanscrit *Papous*, père, créateur.

PAPISTES, nom que les protestants donnent aux catholiques romains, soumis à l'autorité spirituelle du *pape*, que les premiers regardent seulement comme l'évêque de la ville de Rome, tandis que les seconds le considèrent comme le chef de l'Eglise universelle. Ils désignent aussi le catholicisme par le mot *papisme*.

PAQUES, la plus grande solennité des Juifs et des chrétiens. Quelques auteurs font dériver ce mot (πάσχα, *pascha*) du grec πάσχω, souffrir, à cause de la passion de Jésus-Christ; mais c'est une erreur : c'est un terme syriaque bien antérieur à la venue du Sauveur. פסחא, *paskha*, vient du verbe פסח, *pasakh*, passer, et rappelle le passage de la mer Rouge. *Voy.* l'origine et l'institution de cette fête, à l'article AGNEAU PASCAL.

1° Chez les Juifs modernes, la fête de Pâques commence le quinzième jour de la lune de nisan, qui est le mois dans lequel tombe l'équinoxe du printemps. Elle dure sept jours pour les Juifs qui vivent à Jérusalem ou dans les environs, et huit pour ceux qui habitent d'autres villes. Le sabbat qui précède la Pâque est nommé le grand sabbat : en ce jour, le rabbin de chaque synagogue fait une lecture dans laquelle il explique les règles à observer aux approches de la fête. Pendant ce temps, les Juifs ne peuvent manger que du pain sans levain, et doivent avoir soin qu'aucun levain ne reste dans leurs maisons. A cet effet, dès le treizième jour, la recherche la plus minutieuse est faite par le chef de famille dans toutes les parties de la maison. Tout ce qu'il peut trouver de levain est réuni dans un vase, conservé soigneusement pendant la nuit, et brûlé avec solennité le jour suivant, avec le vase qui le contient. On ne se sert, dans les fêtes de Pâques, d'aucun vase qui ait renfermé du levain, et, par la même raison, tous les ustensiles de cuisine dont on fait usage en d'autres temps sont mis de côté et remplacés par des nouveaux, ou par des vases qu'on conserve d'une fête à une autre; on purifie jusqu'aux tables de cuisine, chaises, étagères, etc., d'abord avec de l'eau chaude, ensuite avec de l'eau froide.

Lorsque la purification est terminée, on prépare des gâteaux sans levain, pour remplacer le pain ordinaire; la pâte est pétrie peu de temps avant la cuisson, afin de prévenir toute fermentation. Ces gâteaux sont ordinairement ronds, minces et remplis de petits trous; ils sont faits d'eau et de farine seulement, mais les Juifs plus aisés y ajoutent des œufs et du sucre. On n'a point la permission de les manger le premier jour de la fête. Il est aussi défendu de boire aucune liqueur faite de grain pendant tout ce temps-là; les Juifs ne boivent que de l'eau ou du jus de raisin qui n'a point fermenté. Le quatorzième jour du mois, le premier-né de chaque famille est obligé de jeûner, en mémoire des premiers-nés des Israélites, qui furent délivrés au préjudice des premiers-nés des Egyptiens. Le soir de ce même jour, les hommes s'assemblent dans la synagogue, pour se préparer à la fête par des prières ; et, pendant ce temps, les femmes sont occupées à préparer les tables pour leur retour. Tout ce qu'elles ont de plus beau dans leur ménage est mis au jour dans cette occasion. Sur l'un des plats, elles placent le quartier d'agneau rôti et un œuf; sur un autre, trois gâteaux enveloppés soigneusement dans deux serviettes; sur un troisième, elles mettent de la laitue, du persil, du céleri et du raifort. Ce sont là les herbes amères. Près de ces légumes, il y a une burette de vinaigre, du sel et de l'eau. On voit aussi un plat qui est censé représenter, aux yeux des Juifs, les briques que leurs ancêtres étaient obligés de faire en Egypte : c'est une pâte épaisse, composée de pommes, d'amandes, de noisettes, de figues, délayée dans du vin et assaisonnée de cannelle.

Toute la famille s'assied alors et prend place autour de la table. Le maître de la maison prononce une bénédiction sur la table en général, et sur le vin en particulier; puis, s'appuyant sur son bras gauche d'un air qu'il tâche de rendre noble, car il a l'intention de représenter la liberté que regagnèrent les Israélites à leur sortie d'Egypte, il boit un peu de ce vin, et cet exemple est suivi par le reste de la famille. Puis chacun trempe une partie des herbes dans le vinaigre et les mange, tandis que le chef de la famille prononce une seconde bénédiction. Il déploie ensuite les serviettes, et, prenant le gâteau du milieu, il le casse en deux, replace un des morceaux entre les deux gâteaux entiers, et cache l'autre morceau sous son assiette ou sous le coussin sur lequel il s'appuie, pour faire allusion, disent-ils, à cette circonstance rapportée par Moïse; Exode, XII, 34 : *Les Israélites prirent leur pâte avant qu'elle ne fût levée, leur pétrin étant enveloppé dans leurs vêtements.* Puis le chef de la famille ôte l'agneau et l'œuf de dessus la table; tous les assistants se réunissent pour soulever le plat contenant les gâteaux, et disent ensemble, en langue chaldéenne, sur un récitatif monotone : « Voilà le pain de l'affliction que nos pères ont mangé dans la terre d'Egypte ; tous ceux qui ont faim peuvent venir ici et manger ; tous ceux qui sont dans le besoin peuvent venir ici et célébrer la Pâque. Cette année dans ce pays, l'année prochaine dans la terre d'Israël ; cette année dans ce pays, esclaves ; l'année prochaine dans la terre d'Israël, hommes libres. »

L'agneau et l'œuf sont de nouveau replacés sur la table ; le plat qui contenait les gâteaux est éloigné, afin d'amener les enfants à demander ce que signifie cette fête ; s'il n'y a point d'enfants, une personne de la famille fait la question sous une forme régulière. En réponse, le chef de famille fait l'énumération de tous les prodiges que le Seigneur a opérés en faveur des Israélites depuis la création du monde jusqu'à la destruction du temple. Enfin l'on rend des actions de grâces à la Divinité pour la délivrance de l'esclavage d'Egypte. A certains passages, on distribue à tous les assistants des morceaux de gâteaux, ou des feuilles de laitue trempées dans la compote de fruits. On fait l'éloge de rabbi Jokhanan ben-Zakai, de rabbi Hakiba, de rabbi Tarphon, etc., qui avaient l'habitude de passer toute la nuit de Pâques en chantant les louanges du Seigneur. La première moitié du récit achevée, on se ceint les reins d'un foulard, on prend en main un bâton, et on mange debout, en grande hâte, l'agneau pascal et un œuf dur par tête. Cependant, en bien des endroits, on ne mange point d'agneau pascal, parce que les Juifs disent que ce n'est point exécuter la loi que de le manger hors de la Judée, et dans une terre étrangère qui n'est point sanctifiée : c'est pourquoi ceux-là mêmes qui mangent un quartier d'agneau ne le font pas en exécution de la loi, mais comme une cérémonie commémorative. On fait ensuite un souper abondant; puis on recommence la lecture des récits, que l'on poursuit très-vite, afin d'arriver plus tôt aux chansons et aux hymnes, qui égayent la soirée et font les délices des enfants et des vieillards. Le motif de la plupart de ces hymnes est grand et naïf tout à la fois, ainsi que toute la musique primitive. Ce sont autant d'actions de grâces adressées à l'Eternel, autant de louanges de Dieu tout-puissant. Les vieillards répètent souvent, cette heure de délassement arrivée, des légendes traditionnelles, dont nous allons offrir une des plus bizarres. On prétend qu'elle fait allusion, dans un style symbolique, à toutes les persécutions que le peuple d'Israël a subies et doit subir encore, et qu'elle annonce leur délivrance finale. Il paraît que cette légende a été inventée à Ferrare, ou traduite par les Ferrarais seulement; car dans toute la Lombardie on la récite dans le patois de cette ville, sur un air monotone et cadencé.

« Chose étrange! chose étrange! un che-
« vreau, un chevreau qui a acheté mon père
« pour deux petits écus. Un chevreau, un
« chevreau!

« Le chien est venu, et il a mordu le che-
« vreau, parce que le chevreau a acheté mon
« père pour deux petits écus. Un chevreau,
« un chevreau!

« Le chat est venu, et il a égratigné le
« chien, parce que le chien a mordu le che-
« vreau, parce que le chevreau a acheté mon
« père pour deux petits écus. Un chevreau,
« un chevreau!

« Le bâton est venu, et il a bâtonné le
« chat, parce que le chat a égratigné le
« chien, parce que le chien a mordu le che-
« vreau, parce que le chevreau, etc.

« Le feu est venu, et il a brûlé le bâton,
« parce que le bâton a bâtonné le chat, parce
« que le chat a égratigné le chien, parce que
« le chien, etc.

« L'eau est venue, et elle a éteint le feu,
« parce que le feu a brûlé le bâton, parce
« que le bâton a bâtonné le chat, parce que
« le chat, etc.

« Le bœuf est venu, et il a bu l'eau, parce
« que l'eau a éteint le feu, parce que le feu a
« brûlé le bâton, parce que le bâton, etc.

« Le *schohet* (boucher) est venu, et il a
« égorgé le bœuf, parce que le bœuf a bu
« l'eau, parce que l'eau a éteint le feu, parce
« que le feu, etc.

« L'ange de la mort est venu, et il a égorgé
« l'égorgeur, parce que l'égorgeur a égorgé
« le bœuf, parce que le bœuf a bu l'eau,
« parce que l'eau, etc.

« Le Très-Saint (béni soit-il) est venu, et il
« a égorgé l'ange de la mort, parce que l'ange
« de la mort a égorgé l'égorgeur, parce que
« l'égorgeur a égorgé le bœuf, parce que le
« bœuf a bu l'eau, parce que l'eau a éteint
« le feu, parce que le feu a brûlé le bâton,
« parce que le bâton a bâtonné le chat, parce
« que le chat a égratigné le chien, parce que
« le chien a mordu le chevreau, parce que le
« chevreau a acheté mon père pour deux pe-
« tits écus. Un chevreau, un chevreau ! »

Le repas pascal a encore lieu le second soir, mais ordinairement avec moins de solennité; on le répète dans la crainte de se tromper dans la date de la commémoration. Les quatre jours qui suivent ne sont point considérés comme jours de grande fête. Les deux derniers sont aussi solennels que les deux premiers. Le dernier jour se termine par la cérémonie appelée *Habdala*, pendant laquelle le chef de famille, tenant à la main une coupe remplie de vin, répète plusieurs chapitres de l'Ecriture, boit un peu de la liqueur, et passe la coupe au reste des assistants.

Depuis le lendemain de Pâques jusqu'au trente-troisième jour suivant, les Juifs passent ce temps dans la tristesse, sans se marier, sans tailler d'habits neufs, sans se couper les cheveux, ni prendre part à aucune réjouissance publique, parce que, dans cet espace de temps, il y eut une grande mortalité parmi les disciples du rabbin Hakiba, qui était un grand personnage, et comme, après la mort de plusieurs milliers d'hommes, le mal s'arrêta au trente-troisième jour, ils nommèrent ce jour לג *lag*, qui signifie *trente-trois* en prenant ces deux lettres pour des chiffres. On célèbre ce jour avec joie et comme une fête, et après qu'il est passé, on quitte tout extérieur de tristesse.

2° La Pâque des chrétiens a pour objet de célébrer le *passage* de Jésus-Christ de la mort à la vie, c'est-à-dire sa résurrection, par laquelle il a fait *passer* les hommes de la mort du péché à la vie de la grâce; en ce sens la Pâque des Juifs et le *passage* de la mer Rouge ne furent que la prophétie et l'emblème de la Pâque des chrétiens. Dans les premiers siècles, cette grande solennité n'était pas universellement célébrée le même jour; quelques églises la solennisant le même jour que les Juifs, tandis que la plupart des autres la remettaient au dimanche suivant; mais le concile de Nicée décréta, en 325, que la fête serait universellement célébrée le dimanche qui suit immédiatement la pleine lune après l'équinoxe, tant pour ne pas judaïser que parce que le dimanche est, par excellence, le jour du Seigneur, Jésus-Christ étant ressuscité en ce jour.

La Pâque est pour les chrétiens la fête par excellence, parce qu'elle est le mémorial de la rédemption du genre humain; c'est d'après son incidence que toutes les autres fêtes sont réglées; elle est précédée d'un jeûne solennel de quarante jours, qu'on appelle le carême, et elle est célébrée avec une liturgie et des rites particuliers. Ce qui ajoutait autrefois à sa solennité, c'est que la nuit même de la résurrection du Sauveur on baptisait la multitude de catéchumènes qui avaient été disposés pendant le carême à recevoir le sacrement de la régénération pour ressusciter spirituellement avec Jésus-Christ. C'est là la raison pour laquelle les offices de cette semaine sacrée sont encore aujourd'hui plus courts qu'à l'ordinaire; car chaque jour on leur faisait des catéchèses publiques pour les initier aux mystères qu'il ne leur avait été permis que d'entrevoir pendant leur catéchuménat. C'est pourquoi les matines ne sont composées que d'un seul nocturne au lieu de trois; les vêpres n'ont, dans plusieurs églises, que trois psaumes au lieu de cinq; c'est qu'à cette dernière partie de l'office on conduisait les néophytes aux fonts baptismaux, soit pour les instruire, soit pour leur faire renouveler les promesses qu'ils venaient de faire; la coutume en est restée en plusieurs lieux de faire encore cette procession solennelle. Ajoutons à cela que l'office a gardé sa couleur antique; ainsi on n'y a point encore introduit les hymnes, les répons, brefs, les versicules, et certaines autres parties de l'office divin, qui originairement n'étaient pas entrés dans la liturgie, et qui n'y ont été admis que plus tard.

C'est pendant la semaine de Pâques ou dans celle qui précède cette fête que tous les chrétiens doivent, selon le commandement de l'Eglise, s'approcher de la sainte table et communier dignement, en recevant le corps de Jésus-Christ dans la sainte eucharistie; c'est ce que l'on appelle *faire ses Pâques*.

Plusieurs églises, soit en France soit ailleurs, ont en ce jour des cérémonies particulières, dont plusieurs remontent à une haute antiquité, d'autres ne datent que du moyen âge. Tantôt c'est une messe solennelle chantée vers les trois ou quatre heures du matin, moment de la résurrection du Sauveur; tantôt c'est une espèce de drame modulé ou chanté par le chœur, dans une chapelle où l'on a figuré le tombeau de Jésus-Christ. La prose *Victimæ paschali*, que l'on chante encore actuellement, est formée de fragments décousus d'un de ces anciens mystères. On trouve quelques particularités curieuses à ce sujet, dans le *Dictionnaire de Liturgie* de M. l'abbé Pascal, qui fait partie de cette *Encyclopédie*.

3° Dans l'Eglise grecque, ainsi que dans les autres communions chrétiennes, Pâques est la principale fête de l'année. Ce jour-là et les trois jours suivants, on s'aborde les uns les autres en disant : *Le Christ est ressuscité*, à quoi l'on répond : *Il est vraiment ressuscité*; puis on se donne le baiser de paix. Plusieurs voyageurs rapportent que, le vendredi saint, pour célébrer la mémoire de la mort du Sauveur, des papas portent la nuit en procession, sur leurs épaules, la figure d'un tombeau, au-dessus duquel est peint Jésus crucifié. Le jour de Pâques, ce tombeau est porté hors de l'église, et le prêtre commence à chanter : *Jésus-Christ est ressuscité; il a vaincu la mort et donné la vie à ceux qui étaient dans le tombeau*. Ensuite on rapporte dans l'église cette représentation du saint sépulcre, on l'encense, et on continue l'office. Le prêtre et l'assemblée répètent à tous moments : *Le Christ est ressuscité*. Après cela l'officiant fait trois fois le signe de la croix, baise l'évangile et l'image de Jésus-Christ; on tourne l'autre côté du tableau, qui représente Jésus-Christ sortant du tombeau; le prêtre le baise en répétant plus haut : *Le Christ est ressuscité*. Les assistants en font de même. On s'embrasse, on se réconcilie, et l'on tire des coups de pistolet. La cérémonie finit par la bénédiction du papas officiant.

4° En Russie, les cloches ne cessent de sonner pendant toute la nuit qui précède la fête de Pâques, le jour et le lendemain. Les Moscovites commencent alors à se donner des œufs de Pâques, et cela dure pendant quinze jours. Ces œufs sont cuits, et peints les uns en bleus, les autres en vert et en blanc; plusieurs sont très-soigneusement préparés et valent jusqu'à deux et trois rixdales. Il en est sur lesquels on lit ces paroles : *Christos vos chrest;* Christ est ressuscité. On répète les mêmes paroles à ceux que l'on rencontre, et ils répondent : *Il est véritablement ressuscité*, puis on se baise à la bouche. Ces œufs de Pâques ne se refusent pas, n'importe par qui ils soient offerts; les domestiques ne manquent pas d'en porter dans la chambre de leurs maîtres, dont ils reçoivent un présent qu'ils nomment *præsnik*.

5° Chez les Géorgiens, le papas, avec d'autres prêtres de sa paroisse, passe dans l'église toute la nuit qui précède la fête de Pâques. A minuit, il commence à sonner la cloche et à battre le bois sacré. Quand le point du jour approche, tous les prêtres sonnent de la trompette; alors tout le monde se lève, hommes et femmes, ils s'ajustent le mieux qu'ils peuvent, et se mettent en chemin avant le jour pour se rendre à l'église, prenant avec eux des œufs rouges ou d'autre couleur. Là le prêtre leur donne à chacun une bougie, faite de toile cirée, plus ou moins grosse, selon la qualité des personnes. A la cour, c'était le prince qui distribuait les bougies de ses propres mains à tous ceux qui venaient à l'église, et même aux évêques. Après cela les femmes, séparées des hommes, se mettent en haie hors de l'église; alors le prêtre ou le père le plus digne monte au clocher, et annonce au peuple par trois fois la résurrection de Jésus-Christ; le peuple lui répond avec acclamation, et chacun jette quelques pierres contre la muraille. On fait ensuite trois fois la procession autour de l'église dans l'ordre suivant : la trompette est en tête, sonnant de temps en temps; la bannière la suit; le prêtre s'avance ensuite, et enfin le peuple, mais seulement les hommes; car les femmes demeurent en haie au milieu du porche, devant l'église. Le prêtre chante avec tout le peuple un hymne fort court sur le mystère. Après la procession on célèbre la messe, et chacun s'en retourne chez soi en se faisant des compliments de félicitation.

6° Les Frères Moraves ont une manière assez singulière de célébrer la fête de Pâques; la congrégation s'assemble dès le matin dans le cimetière, où ils font un office, avec accompagnement de musique, pour exprimer l'heureuse espérance de la résurrection et de l'immortalité, et ils font en même temps une commémoration solennelle de tous ceux qui sont morts l'année précédente, ou plutôt qui sont allés dans la maison du Seigneur, car les Moraves évitent de prononcer le mot de mort.

— On appelait autrefois *Pâques* toutes les grandes fêtes. Celle de la Résurrection était la grande Pâque, et l'on disait pareillement Pâque de la Nativité, pour désigner le jour de Noël; Pâque de l'Epiphanie, de l'Ascension, de la Pentecôte.

— La *Pâque annotine* était le jour anniversaire du baptême. On nommait ainsi cet anniversaire, parce qu'anciennement ceux qui avaient été baptisés à Pâques célébraient l'anniversaire de leur régénération l'année suivante, au jour du mois que s'était fait leur baptême, qui, étant un jour fixé, se trouvait souvent éloigné du jour de Pâques où ils l'avaient reçu, parce que ce dernier était mobile.

PARABARAVASTOU, nom que les Malabars donnent à la Divinité suprême. Ils l'appellent aussi *Tambouran*.

PARABRAHMA, ou le Brahma suprême; nom que les Indiens donnent à l'essence divine infiniment supérieure à Brahmâ, Vichnou et Siva, et à tous les autres dieux, qui tous ont eu un commencement. Mais Parabrahma existe avant tous les temps : c'est le dieu suprême, unique, éternel, impérissable, infini, tout-puissant, excellent et parfait, incorporel, invisible, présent partout, substance universelle, cause de tous les phénomènes, l'âme du monde, l'âme de chaque être en particulier, la forme de la science et la forme des mondes sans fin, qui ne font qu'un avec lui, l'unité et le tout à la fois, plus petit qu'un atome, plus grand que l'univers, ineffable et inexprimable par son essence. Les hommes le désignent sous les noms de *Brahma* (a bref final, à la différence de *Brahmâ*, première personne de la triade), de *Parabrahma* ou d'*Atma* (âme). *Oum* est la première parole qu'il prononça; cette parole passe pour le premier-né du dieu suprême, et c'est elle qui a produit Brahmâ le créateur, Vichnou le conservateur et Siva ou Roudra le destructeur.

PARACLET, nom que l'Ecriture sainte et l'Eglise catholique donnent au Saint-Esprit; c'est un mot grec, παράκλητος, qui signifie *avocat, défenseur, consolateur*. En latin on trouve souvent ce mot écrit *Paraclitus* ou *Paraclytus* ; la première transcription est admissible (car les Grecs prononcent l'η comme un i); cependant il faut éviter de le prononcer bref, comme dans quelques hymnes; mais la seconde est une véritable faute, et représente un autre mot grec παράκλυτος, *mal famé*. Les Musulmans, dans leur ignorance de la langue grecque et des textes de l'Évangile, orthographient *Paraclytos* ce nom du Saint-Esprit, et prétendent qu'il signifie *loué, célébré, bien famé*; ils soutiennent que Mahomet (dont le nom arabe *Mohammed* signifie également *le loué*) est le Paraclet dont la venue a été prédite par Jésus-Christ.

— *Paraclet* est aussi le nom d'une célèbre abbaye située dans le diocèse de Troyes, près de Nogent-sur-Seine. Abélard, persécuté de tous les côtés, se retira dans le lieu où depuis on éleva cette abbaye. Il y bâtit avec des joncs et des branches d'arbres une petite chapelle qu'il dédia à la sainte Trinité. Ses facultés l'ayant mis depuis en état de la rendre plus magnifique, il la dédia au Saint-Esprit, et lui donna le nom de *Paraclet*. Les persécutions que lui suscitèrent ensuite saint Norbert et saint Bernard, au sujet de cette dénomination, lui rendirent sa solitude insupportable : il quitta le Paraclet, et y établit Héloïse, qui, dans le même temps, fut forcée de quitter le monastère d'Argenteuil. Elle fut la première abbesse du Paraclet, qui devint bientôt une abbaye considérable par les grands biens qu'on lui fit de tous côtés. Nicolas Camusat, chanoine de l'église de Troyes, a prétendu que c'était un usage établi au Paraclet, de faire tous les ans, l'office en grec, le jour de la Pentecôte, en mémoire de la grande connaissance qu'Héloïse avait de cette langue. On a cherché à s'éclaircir de la vérité d'un fait qui serait très-curieux, s'il était véritable; mais on a trouvé que les plus anciens manuscrits de l'abbaye ne faisaient aucune mention de cette coutume. Ce monastère a été détruit en 1794.

PARADIS. C'est, dans toutes les religions, le lieu où l'on suppose que les âmes justes jouiront après leur mort d'un parfait repos, qui sera la récompense de leurs vertus. Le mot *paradis* se retrouve dans la plupart des langues de l'Asie occidentale (en sanscrit *paradésa*, région admirable; en zend *pardas*; en arménien *pardez*, en hébreu *pardes*, en arabe *firdaus*, en syriaque *phardaïsa*, en grec παράδεισος); il signifie proprement jardin planté d'arbres et arrosé d'eaux vives. Tous les peuples de la terre admettent un paradis pour les bons et un enfer pour les méchants; mais nous ne parlerons ici que de ceux qui peuvent nous fournir quelque chose de curieux, de saillant et de précis.

1° Le paradis qu'attendent les chrétiens n'est point déterminé à une localité particulière : c'est un état de bonheur et de délices sans mélange, dans lequel on jouira de la plénitude de la majesté divine. Les anges et les bienheureux, qui partagent cette félicité suprême, ne connaissent ni les plaintes, ni la terreur, ni les souffrances, ni la mort. Les âmes de ceux qui sont morts dans la grâce de Dieu sont admises dans le paradis, soit immédiatement, si elles sont pures, soit après qu'elles ont achevé de se purifier dans le purgatoire; mais, après la résurrection générale, les justes jouiront en corps et en âme de ces délices ineffables; les corps seront alors doués de quatre qualités qui les assimileront en quelque sorte aux esprits, savoir : la clarté ou la splendeur, l'agilité, la subtilité et l'impassibilité ou l'immortalité. Plusieurs écrivains ou orateurs sacrés ont cherché à faire la peinture des délices du paradis : ce sont autant de tentatives malheureuses, car ce bonheur est ineffable; saint Paul en dit beaucoup plus que ce que l'imagination la plus vive pourrait supposer ou inventer, par ces simples paroles : *L'œil de l'homme n'a point vu, son oreille n'a point entendu, et son esprit ne saurait concevoir ce que Dieu prépare à ceux qui l'aiment.*

2° Les Juifs talmudistes disent que le paradis ou jardin d'Éden est soixante fois plus grand que l'Égypte, et qu'il est placé dans la septième sphère du firmament. Il a deux portes, où entrent soixante myriades d'anges dont les figures brillent comme le firmament. Au moment où le juste arrive devant eux, ils le dépouillent de ses vêtements, placent sur sa tête deux couronnes, l'une d'or et l'autre de pierres précieuses, lui donnent huit bâtons de myrte, et dansent devant lui, en lui disant : Mange ton pain en te réjouissant. Alors ils le font entrer dans un lieu entouré d'eau ; quatre fleuves y coulent : un de miel, un de lait, un de vin et un d'encens. Il y a aussi des tables de pierres précieuses. Quatre-vingts myriades d'arbres s'élèvent de chacun des angles ; dans chacun de ces angles sont placées soixante myriades d'anges qui chantent continuellement, d'une voix agréable, des louanges à Dieu ; au milieu du jardin est planté l'arbre de la vie ; son feuillage ombrage tout le jardin. Les anges sont des êtres qui tiennent le milieu entre Dieu et les hommes ; leur substance est moitié eau et moitié feu.

3° Selon les Musulmans, le paradis embrasse dans sa grandeur les cieux et la terre; c'est le lieu de l'éternelle félicité; il est partagé en huit degrés de béatitudes, et arrosé, comme le paradis du Talmud, de quatre grands fleuves, dont l'un roule du lait, le second du miel, le troisième du vin, et le quatrième une eau pure et délicieuse. Les dix premiers Arabes convertis par Mahomet, et surtout les quatre premiers khalifes, ainsi que Fatima, fille du prétendu prophète, ont pour partage les régions les plus élevées et les plus enchantées du ciel ; la félicité dont ils jouissent dans ce séjour ravissant est au-dessus de l'intelligence humaine ; Dieu a destiné à chacun d'eux soixante-dix pavillons superbes tout éclatants d'or et de pierreries ; chacun de ces pavillons immenses est garni de 700 lits éblouissants, et chaque lit est entouré de 700 houris ou vierges célestes.

Les Musulmans croient qu'il y a eu sept animaux auxquels l'entrée du paradis a été ouverte : ce sont : le chameau du prophète Élie, le bélier d'Abraham, le poisson qui engloutit Jonas, la jument *Borac*, la fourmi et la huppe de Salomon, et *Kitmir* le chien des Sept-Dormants. *Voy.* la description des délices matérielles du paradis des Musulmans, aux articles DJENNA, DJENNAT-ADN, HOURI, ASCENSION DE MAHOMET, etc.

Cependant il faut être juste, même à l'égard de ceux qui sont dans l'erreur, et nous ne devons ni calomnier leur doctrine, ni enchérir sur leurs erreurs : c'est pourquoi nous sommes obligés de convenir que la partie la plus saine des Musulmans ne croit pas du tout à cette béatitude sensuelle, et que les passages du Coran où il en est question peuvent être pris dans un sens métaphorique. M. Garcin de Tassy a recueilli, dans ses *Doctrines et Devoirs de la religion musulmane*, tous les passages du Coran relatifs au paradis ; or, la plupart pourraient être énoncés par des chrétiens, ce qui ne doit pas paraître étonnant, puisque la religion musulmane a été formulée en grande partie sous l'influence du christianisme. Voici les principaux de ces passages :

« Le paradis est le séjour préparé aux justes, à ceux qui font l'aumône dans la prospérité et dans l'adversité, et qui, maîtres des mouvements de leur colère, savent pardonner à leurs semblables. III, 127. Dieu appelle les humains au séjour de la paix, et conduit ceux qu'il veut dans les voies du salut. Une récompense magnifique sera le partage des bienfaisants. La noirceur et la honte ne voileront jamais leur front ; ils habiteront éternellement le séjour des éternelles voluptés. X, 36, 37. Ceux qui ont eu la crainte du Seigneur seront sauvés. Ils posséderont le séjour du bonheur. Le mal et la peine n'approcheront point d'eux. XXXIX, 62. Annonce à ceux qui croient et qui font le bien, qu'ils habiteront des jardins où coulent des fleuves. Là, ils trouveront des femmes purifiées (houris). Ce séjour sera leur demeure éternelle... Dieu ne rougit pas de te déclarer ceci *en parabole*. Les croyants savent que la parole est la vérité ; mais les infidèles disent : Pourquoi le Seigneur propose-t-il de semblables allégories ? II, 23, 24. »

Ce passage et un autre cité plus bas sont

les principaux où il soit question d'objets sensibles ; mais le législateur a bien soin de déclarer ici qu'il parle en parabole et sous le voile de l'allégorie, et que par conséquent ces paroles ne doivent pas être prises à la lettre. Mais les Musulmans sensuels se sont emparés de ces expressions pour en bâtir leur paradis grossier et charnel.

« Vois comme nous avons établi des degrés parmi les hommes. Dans la vie future, les rangs seront bien plus distincts, bien plus glorieux. XVII, 22. Les récompenses seront proportionnées au mérite. VI, 132. Les croyants qui s'arracheront du sein de leurs familles pour se ranger sous les étendards de Dieu, sacrifiant leurs biens et leur vie, auront les places les plus honorables dans le royaume des cieux. Ils jouiront de la félicité suprême. Dieu leur promet sa miséricorde. Ils seront l'objet de ses complaisances, et ils habiteront les jardins de délices où régnera la souveraine béatitude. Là ils goûteront d'éternels plaisirs, parce que les récompenses du Seigneur sont magnifiques. IX, 20, 22. Ils seront les hôtes de Dieu. Qui mieux que lui peut combler de biens les justes ? III, 195.

« O mes adorateurs ! dans ce jour, il n'y aura pour vous ni chagrin ni alarmes. Les croyants qui auront professé l'islamisme seront à l'abri de leurs atteintes. On leur dira : Entrez dans le séjour de la paix, vous et vos épouses ; ouvrez vos cœurs à la joie... Le cœur trouvera dans ce lieu tout ce qu'il peut désirer, l'œil tout ce qui peut le charmer, et les plaisirs seront éternels. Voici le paradis dont vos œuvres vous ont procuré la possession. XLIII, 68-72. Rassasie-toi des plaisirs qui te sont offerts ; ils sont le prix du bien que tu as fait sur la terre. LXIX, 24.

« Les justes jouiront des bienfaits éternels de Dieu. LI, 15. Le Très-Haut les a délivrés des peines éternelles. Leur tête est ceinte d'un éclat radieux. La beauté et la joie brillent sur leur front. Les jardins de délices et les vêtements de soie sont le prix de leur persévérance. Ils reposent sur le lit nuptial. L'éclat du soleil et de la lune ne les importune point. Les rameaux chargés de fruits s'abaissent devant eux. On leur présente des vases d'argent et des coupes égales en beauté au cristal ; ils s'y désaltèrent à leur gré. Un mélange de vin exquis et d'eau pure de *Zendjébil* est leur boisson. *Selsebil* est le lieu où coule cette source magnifique. Des enfants doués d'une éternelle jeunesse s'empressent à les servir ; la blancheur de leur teint égale l'éclat des perles. L'œil, dans ce séjour délicieux, ne voit que des objets enchanteurs ; il se promène sur un royaume de vaste étendue. L'or et la soie forment leurs habits. Des bracelets d'argent sont leur parure. Dieu les fait boire dans la coupe du bonheur. Telle est la récompense qui nous est promise. LXXVI, 11-22.

« Ceux qui, dociles aux commandements du Seigneur, n'enfreignent point son al-

liance, ceux qui craignent Dieu et le compte qu'ils auront à rendre ; ceux que l'espoir de voir Dieu rend constants dans l'adversité, qui font la prière, qui donnent, en secret ou en public, une portion des biens que nous leur avons dispensés, et qui effacent leurs fautes par les bonnes œuvres, seront les hôtes du paradis. Ils seront introduits dans les jardins d'Éden. Leurs pères, leurs épouses et leurs enfants, qui auront été justes, jouiront du même avantage. Là, ils recevront la visite des anges qui entreront par toutes les portes. La paix soit avec vous, leur diront-ils ; vous avez été patients ; jouissez du bonheur qu'a mérité votre persévérance. XIII, 23, 24. Le front des justes sera rayonnant de joie. Le contentement de la vertu dilatera leurs cœurs. Ils habiteront le paradis ; les futilités seront bannies de ce séjour. On y trouvera des sources jaillissantes, des lits élevés, des coupes préparées, des coussins mis en ordre, des tapis étendus. LXXXVIII, 9-16.

« L'amour du plaisir éblouit les mortels. Les femmes, les enfants, les richesses, les chevaux superbes, les troupeaux, les campagnes sont les objets de leurs ardents désirs. Telles sont les jouissances de la vie mondaine ; mais l'asile que Dieu prépare est plus délicieux. III, 12. Celui qui demandera sa récompense dans ce monde la recevra ; celui qui désirera les biens de la vie éternelle les obtiendra. III, 138. Les biens terrestres sont passagers ; les trésors du ciel sont plus précieux, plus durables. XLII, 34. Que sont les biens terrestres en comparaison des plaisirs du ciel ? IX, 38. Vos jouissances sont passagères ; celles que Dieu vous promet sont permanentes. XVI, 98. »

Si du Coran nous passons aux commentateurs, aux théologiens et aux théosophes, nous verrons le bonheur des élus encore plus spiritualisé. Ils font consister la félicité du paradis à voir la beauté et la majesté de Dieu, à se confondre et à s'absorber pour ainsi dire en lui, à vivre de sa vie, à être inondé de sa lumière ineffable, et à jouir d'une paix profonde et inaltérable. Les objets sensibles dont il est fait mention dans le Coran, sont pour eux autant de métaphores auxquelles le législateur avait recours pour faire pénétrer ces vérités dans l'esprit des Arabes grossiers auxquels il s'adressait.

4° M. Champollion le Jeune décrit ainsi le bonheur du paradis, selon la mythologie égyptienne, d'après les figures gravées dans le temple de Ramsès à Thèbes :

Le dieu Soleil visite à la cinquième heure les Champs Élysées, habités par les âmes bienheureuses se reposant des peines de leurs transmigrations sur la terre ; elles portent sur la tête la plume d'autruche, emblème de leur conduite juste et vertueuse. On les voit présenter des offrandes aux dieux ; ou bien, sous l'inspection du *Seigneur de la joie du cœur*, elles cueillent les fruits des arbres célestes de ce paradis,

Plus loin, d'autres tiennent en main des faucilles : ce sont les âmes qui cultivent les champs de la vérité; leur légende porte : « Elles font des libations de l'eau et des offrandes des grains des campagnes de gloire; elles tiennent une faucille et moissonnent les champs qui sont leur partage; le dieu Soleil leur dit : Prenez vos faucilles, moissonnez vos grains, emportez-les dans vos demeures, jouissez-en, et les présentez au dieux en offrandes pures. » Ailleurs enfin on les voit se baigner, nager, sauter et folâtrer dans un grand bassin que remplit l'eau céleste et primordiale, le tout sous l'inspection du dieu Nil-céleste.

5° Nous ne savons si les Égyptiens attendaient dans l'autre vie un bonheur plus parfait que celui qu'ils représentaient en figures sur les murailles de leurs temples, et qui, suivant nous, laissait beaucoup à désirer. Nous en dirons presque autant du paradis des Grecs et des Romains. *Voy.* ÉLYSÉE.

6° Les Scandinaves n'admettaient guère dans le paradis que les âmes de ceux qui étaient morts à la guerre. *Voy.* VALHALLA.

7° Les anciens Persans, comme les Parsis modernes, appellent le paradis *Behescht*, le très-excellent. L'âme juste, après avoir obtenu un jugement favorable d'Ormuzd et de Bahman, son assesseur, traverse le pont Tchinevad, et à son extrémité est accueillie par les transports de joie des Amschaspands, qui lui ouvrent les trésors de la béatitude céleste. Les bienheureux y jouissent dès à présent d'une béatitude ineffable, qui sera parfaitement consolidée, lorsqu'à la fin des temps, l'empire d'Ahrimane sera complétement détruit.

8° Les Hindous brahmanistes admettent plusieurs cieux ou paradis pour les justes; ce sont le paradis d'Indra, appelé *Indraloka* ou *Swarga*; celui de Siva, dont le nom est *Kailasa*; celui de Vichnou, *Vaikounta*; et celui de Brahma, *Brahma-loka*, *Déva-loka* ou *Satya-loka*. Tous ces paradis sont supposés environner les hauts sommets du mont Mérou. *Voy.* leurs articles respectifs.

9° Les Bouddhistes reconnaissent vingt-huit cieux ou paradis; ils sont la conséquence de leur système cosmogonique; on y arrive nécessairement en vertu de ses mérites, mais après un laps de temps incommensurable, passé successivement dans quelques-uns ou dans la totalité des trente-deux enfers, si au lieu d'acquérir des mérites dans une vie précédente, on avait au contraire démérité.

Le mont Mérou ou Soumerou est également l'Olympe des Bouddhistes; ses flancs sont de cristal, de saphir, d'or et d'argent; il est partagé en plusieurs étages habités par des dévas, ou êtres divins de plusieurs degrés. Il donne naissance à un arbre mystérieux dont l'ombrage est favorable aux dieux, et dont les fruits leur servent de nourriture. A son quatrième étage, commence la série des six cieux superposés, qui constituent ce qu'on nomme le *monde des désirs*, parce que tous les êtres qui l'habitent sont soumis également, quoique sous des formes diverses, aux effets de la concupiscence. Au premier de ces six cieux, en commençant par le bas, habitent quatre dieux qui président aux quatre points cardinaux. Le deuxième ciel est nommé le *ciel des trente-trois*, parce que Indra y fait son séjour, avec trente-deux personnages parvenus comme lui, par leur vertu, de la condition humaine à celle de dévas ou divinités. Le troisième ciel est appelé *ciel de Yama*, parce que le dieu de ce nom y réside avec d'autres êtres semblables à lui. Dans le quatrième ciel, appelé *séjour de la joie*, les cinq sens cessent d'exercer leur influence; c'est là que les êtres purifiés, parvenus au degré qui précède immédiatement la perfection absolue, c'est-à-dire au grade de bodhisatwa, viennent habiter en attendant le moment de descendre sur la terre en qualité de bouddhas. Au cinquième ciel, *ciel de la conversion*, les désirs nés des cinq atomes, ou principes des sensations, sont convertis en plaisirs purement intellectuels. Au sixième enfin, habite Iswara, le Seigneur, qui aide à la conversion d'autrui, aussi nommé le roi des génies de la mort. Tous les êtres des quatre cieux supérieurs dont nous venons de parler, résident non plus sur le mont Soumérou, mais au sein même de la matière éthérée. Dans la description de ces étages célestes, on a remarqué des différences entre les livres des Hindous, des Tibétains, des Chinois, des Mongols; mais il est inutile de les signaler ici.

Au-dessus des six cieux du monde des désirs, commence une seconde série de cieux superposés qui constituent le *monde des formes* ou *des couleurs*, ainsi nommé parce que les êtres qui y habitent, bien que supérieurs en pureté à ceux dont nous venons de parler, sont encore soumis à l'une des conditions de l'existence matérielle, la forme ou la couleur. On compte, dans ce monde des formes, dix-huit degrés d'étages superposés; et les êtres qui les habitent se distinguent par des degrés correspondants de perfection morale et intellectuelle. Ces dix-huit cieux sont partagés en quatre *contemplations*. Dans la première contemplation se trouvent les trois cieux *des Brahmas*: le premier est affecté à la demeure de l'armée de Brahma; le second à celle de ses ministres; le troisième à la résidence de Brahma lui-même. La deuxième contemplation compte également trois cieux : le *ciel de la lumière faible*, le *ciel de la lumière immense* et le *ciel de la lumière qui sert de voix*. Au-dessus encore est la troisième contemplation, divisée, comme les précédentes, en trois étages : ceux-ci n'ont point de nom déterminé; ils sont affectés à la demeure d'êtres de différents degrés de perfection, qui jouissent d'une pureté de pensée toute spéciale, et nagent dans les délices d'une joie ineffable. Neuf étages partagent la quatrième contemplation : le premier en montant est le *ciel sans nuages*, auquel succèdent le *ciel de la vie* heureuse, le ciel des grandes récompenses, le ciel où il n'y a pas de réflexion; le ciel sans fatigue, le ciel du terme de la pensée, le ciel où l'on voit tous les mondes, le ciel où tout est manifeste, et enfin l'*Aganitcha*, ou le ciel des dieux qui ont atteint la dernière limite de la ténuité de la matière; quelques-uns placent au-dessus de l'Aganitcha le ciel du suprême seigneur *Maheswaravasana*.

Quand on a dépassé le monde des formes, on trouve le *monde sans forme*, où les cieux immatériels, composé de quatre cieux superposés, dont les habitants se distinguent par des attributs encore plus relevés. Ceux du premier habitent l'*éther*; ceux du deuxième résident dans la *connaissance*; ceux du troisième vivent dans l'*anéantissement* ou la *non-localité*; et ceux du quatrième, au-dessus duquel il n'y a rien, également exempts des conditions de la connaissance localisée et de l'anéantissement, qui n'admet pas de localité, sont désignés par une expression sanscrite qui signifie littéralement *ni-pensants ni non-pensants*. Plusieurs avancent qu'au-dessus des vingt-huit cieux ou paradis, il y a encore les demeures séparées des bôdhisatwas, et enfin des bouddhas.

Tels sont les lieux de félicité réservés aux êtres qui sont parvenus à se détacher des liens de la matière, et à acquérir par leurs bonnes œuvres et par la contemplation, des degrés de pureté plus ou moins avancés. Le bouddhisme n'admettant pas dans cette vie la distinction des castes, ouvre à tous les hommes, quelles que soient leur naissance et leur condition, l'accès de la béatitude finale. *Voy.* la description de quelques-uns de ces paradis bouddhiques aux articles ABIDABA, KHORMOZDA, TAVENTAZA, etc.

10° Les tribus Koukies placent le paradis sur le sommet d'une très-haute montagne, d'où l'on peut voir toutes les beautés de la nature; pour être admis à jouir du bonheur de cet état, on offre à l'ange gardien de la montagne les têtes des singes, des daims, des cochons et des autres animaux que l'on a tués; c'est pourquoi on garde ces têtes avec grand soin dans les maisons; mais celui qui n'a pas le bonheur de posséder une de ces têtes est envoyé en enfer, comme n'étant bon à rien.

11° Les habitants de l'île Formose disent que les âmes des méchants sont précipitées et tourmentées dans une fosse pleine d'ordures. Celles des gens de bien passent gaiement par-dessus la fosse, sur un pont de bambous fort étroit, et prennent la route d'un paradis sensuel, où l'on trouve tous les agréments de cette vie; mais quand les âmes des méchants passent sur le pont, il tourne tout à coup, et ces âmes tombent dans la fosse. Ce pont se retrouve chez les Parsis et les Musulmans.

12° Les Sintoïstes du Japon placent le *Takama-no wara*, leur paradis, immédiatement au-dessous du trente-troisième ciel; c'est là que sont reçues les âmes qui ont bien vécu dans le monde.

13° Les Ostiaks ne font les honneurs du paradis qu'aux âmes de ceux qui meurent d'une mort violente, ou dans la chasse contre les ours; mais les âmes de ceux qui meurent dans leur lit, ou d'une mort ordinaire, sont obligées de servir longtemps auprès d'un dieu sévère, qui réside sous la terre.

14° Les Lapons disaient que ceux qui avaient vécu sur la terre sans qu'on pût leur reprocher aucun vol, aucun parjure, aucun démêlé avec leurs compatriotes, allaient après leur mort dans le *Jabmé-Aimo*, reprendre de nouveaux corps, pour vivre éternellement avec les Saiwo-Olmak et les Saiwo-Nieidès, et partager avec eux leur félicité; que cette nouvelle vie se passait à exercer l'art runique, à aller à la chasse, à avoir la compagnie des femmes, à être toujours dans les festins, à boire de l'eau de vie, à fumer du tabac; et que tous ces exercices et ces plaisirs qui l'emportaient de beaucoup sur les plaisirs du même genre qu'on goûte sur la terre, formaient la félicité des habitants du Jabmé-Aimo; qu'au reste les ours et les oiseaux jouiraient du même sort; qu'après avoir passé quelque temps dans le Jabmé-Aimo, ceux qui y avaient été admis seraient transportés dans le *Radien-Aimo*, ou dans le ciel que Radien habite.

15° Comme les Groënlandais tirent de la mer la meilleure partie de leur subsistance; ils placent leur séjour de bonheur après cette vie, au fond de l'Océan, ou dans les entrailles de la terre, sous ces voûtes et ces rochers qui servent de digue et de soutien aux eaux. Là, disent-ils, règne un été perpétuel, car ils ne connaissent pas le printemps; le soleil n'y laisse pas entrer la nuit; les eaux y sont toujours claires; tous les biens y abondent; c'est-à-dire les rennes, les poules d'eau, les poissons, mais surtout les chiens; les veaux marins s'y pêchent sans peine, et tombent tout vivants dans des chaudières toujours bouillantes. Mais pour arriver à ces demeures fortunées, il faut l'avoir mérité par l'adresse et la constance au travail; il faut s'être signalé par des exploits à la pêche, avoir dompté les baleines et les monstres marins, avoir souffert de grands maux, avoir péri dans la mer, ou en travail d'enfant. Les âmes n'abordent pas en dansant à ce séjour, mais doivent y glisser pendant cinq jours le long d'un rocher escarpé, tout hérissé de pointes et couvert de sang.

D'autres placent le séjour de félicité dans les cieux, au-dessus des nuages. Il est si facile à l'âme de voler aux astres, que, dès le premier soir de son voyage, elle arrive à la lune, où elle danse et joue à la boule avec les autres âmes; car les phosphores du nord ne sont, dans l'imagination des Groënlandais, que la danse des âmes. Elles ont leurs tentes autour d'un grand lac où foisonnent les poissons et les poules d'eau. Quand ce lac déborde, la terre a des pluies, et, s'il rompait ses digues, elle éprouverait un déluge universel.

Ceux qui placent sous terre le séjour du bonheur, disent que celui qui est dans les cieux est fait pour les méchants, dont les âmes maigriront et mourront de faim dans les espaces vides de l'air, ou qu'elles y seront perpétuellement infestées et harcelées par les corbeaux, ou qu'elles n'y auront ni paix, ni trève, emportées dans les cieux comme par les ailes d'un moulin. Enfin il y en a qui se contentent de dire qu'ils ne savent point quelle sera la nourriture, ni l'occupation des âmes après cette vie, mais qu'elles habiteront certainement une demeure de paix.

16° Les Mandans croient que chaque homme a quatre âmes : une noire, une brune, et une d'une couleur claire; que cette dernière seule retourne vers le seigneur de la vie. Ils disent qu'après la mort on va habiter plusieurs villages situés vers le midi, et qui sont souvent visités par les dieux. Les hommes vaillants et distingués vont au village des bons, et les méchants vont dans un autre. Ils y vivent comme ils vivaient auparavant; ils y ont des aliments et des femmes; ils chassent et font la guerre. Ceux qui ont bon cœur et font beaucoup de présents aux autres, retrouvent là de tout en abondance; leur existence est conforme à la conduite qu'ils ont tenue sur la terre. D'autres veulent qu'après la mort on aille habiter le soleil ou l'une des étoiles.

17° La plupart des sauvages de l'Amérique septentrionale placent le paradis du côté de l'occident; ils le regardent comme un séjour agréable où l'on a la liberté de chasser et de pêcher. — Les caciques des Natchez prétendent que, comme ils sont descendus du soleil, ils y retourneront après leur mort. — Les Virginiens n'accordaient qu'à leurs prêtres et à leurs chefs les honneurs du paradis situé derrière les montagnes, vers le soleil couchant; c'est là que, couronnés de plumes, et le visage barbouillé de diverses couleurs, ces bienheureux passaient leur temps à fumer du tabac, à danser et à chanter avec leurs ancêtres. — Les Apalachites prétendaient que les âmes de ceux qui avaient bien vécu étaient transportées au ciel et placées entre les étoiles. — Au reste, la plupart de ces tribus croyaient et croient encore à la palingénésie ou métempsycose; ils s'imaginent voir l'âme de leurs parents, soit dans certains animaux, soit dans les étrangers qui passent dans leur pays, soit dans les fleurs, les étoiles, etc.

18° Les Mexicains disaient que les âmes des hommes morts en combattant, et des femmes mortes en couches allaient à la maison du soleil où elles menaient une vie de délices. Chaque matin elles le saluaient à son lever par des chants, des danses et des cris d'allégresse. Celles des hommes qui habitaient l'orient accompagnaient cet astre jusqu'au point culminant de sa course, où il était reçu par celles des femmes, qui venaient au devant de lui de l'occident qu'elles habitaient, et l'accompagnaient jusqu'à son coucher. Au bout de quatre ans, ces âmes entraient dans le corps des plus beaux oiseaux, et pouvaient, à leur volonté, remonter vers le ciel ou descendre vers la terre, pour puiser leur subsistance dans le calice des fleurs. — Les âmes de ceux qui mouraient noyés, frappés de la foudre, d'hydropisie, de tumeurs, de blessures et d'autres maladies, ainsi que celles des enfants qui étaient sacrifiés à Tlaloc, dieu des eaux, allaient dans un endroit frais et agréable, nommé *Tlalocan*, où ce dieu résidait, et où ils trouvaient des festins et toutes sortes de plaisirs; ils passaient ensuite dans le corps d'animaux moins nobles; tandis que ceux qui étaient envoyés dans le *Mictlan*, enfer, animaient ensuite des insectes et des reptiles.

19° Les Péruviens partageaient l'univers en trois mondes : le *Hanan-pacha* ou le haut monde; le *Hurin-pacha* ou le bas monde; et le *Veu-pacha* ou le monde souterrain. Les gens de bien allaient dans le ciel ou Hanan-pacha. Les Péruviens faisaient consister le bonheur que l'on goûtait dans ce haut monde, à mener une vie paisible et libre des inquiétudes de celle-ci; mais ils ne comptaient point parmi les plaisirs de ce séjour, les voluptés charnelles et tout ce qui flatte les sens. Ils réduisaient toute la félicité de ce paradis à la tranquillité de l'âme et à celle du corps.

20° Les Puelches immolent des chevaux sur la tombe des chefs, afin que ceux-ci puissent les monter pour se rendre à l'*Alhuemapou* (pays de la mort).

21° Les nègres de l'Afrique admettent un paradis pour les âmes qui ont bien vécu sur la terre; les uns le placent sous la mer, ou sur les bords d'un fleuve, ou dans l'intérieur des terres; la plupart supposent qu'on aura dans cette autre vie les mêmes besoins et les mêmes plaisirs que dans celle-ci; c'est pourquoi, à la mort d'un chef, ils enterrent avec lui tous les objets qu'ils croient pouvoir lui être utiles dans l'autre monde; et ils tuent même, à cet effet, ses femmes et ses esclaves. D'autres supposent que l'âme passe dans une autre région, pour y recevoir un nouveau corps dans le sein d'une femme, et que les âmes de cette région passent de même dans la leur; de sorte qu'il se fait un échange continuel d'habitants entre les deux mondes.

22° Le paradis, pour les habitants des îles Mariannes, était un lieu sous terre, rempli de délices, qui consistaient dans la beauté des cocotiers, des cannes à sucre et des fruits d'un goût merveilleux. Au reste, ce n'était point la vertu qui conduisait dans ce séjour fortuné; les bonnes et les mauvaises actions n'y servaient de rien. Si on a le malheur de mourir de mort violente, on est renfermé dans le *Zazarroguan*, l'enfer; si au contraire on meurt de mort naturelle, on a le plaisir d'aller en paradis, pour y jouir des arbres et des fruits qui y sont en abondance. Cette doctrine est précisément l'opposée de celle de presque tous les peuples sauvages.

23° Les Carolins croient qu'il y a un lieu où les gens de bien sont récompensés, et un autre où les méchants sont punis ; ils disent que les âmes qui vont au ciel retournent le quatrième jour sur la terre, et demeurent invisibles au milieu de leurs parents. Il y a parmi eux des prêtresses qui prétendent avoir des communications régulières avec les âmes des morts ; ce sont elles qui, de leur propre autorité, déclarent si elles sont allées au ciel ou en enfer. On honore les premières comme des esprits bienfaisants à qui on donne le nom de *tahoutoup*, c'est-à-dire patron ; chaque famille a le sien, qu'elle invoque dans toutes ses entreprises, avant de se mettre en voyage, de partir pour la pêche, de faire la guerre, etc.

24° Le Bolotou est le paradis des îles de Tonga ; mais il n'y a que les âmes des eguis et celles des mataboulés, c'est-à-dire des nobles, qui y parviennent ; elles y servent de ministres aux dieux : quant aux gens de la classe inférieure, ils sont censés n'avoir point d'âme.

25° Les Taïtiens pensaient que les âmes des bons devenaient après la mort du corps des esprits célestes, qui participaient à la divinité. *Voy.* Eatouas.

26° Quant au paradis des îles Marquises, ou Nouka-Hiva, *voy.* Oupou.

27° Nous décrivons le triste paradis des Néo-Zélandais, à l'article Reinga.

Paradis terrestre. *Voy.* Eden et Djennat-Adn.

PARALIPOMÈNES, nom que l'on donne à deux livres de l'Ancien Testament, qui contiennent les généalogies des principales familles israélites, et un abrégé de l'histoire des rois depuis David jusqu'à la captivité de Babylone. Les Hébreux appellent ces livres *Dibré hayyamim*, c'est-à-dire faits journaliers. Les Grecs leur ont donné le nom de *Paralipomènes*, qui signifie *choses omises*, et qui pourrait se traduire par *supplément*. Les protestants les appellent *chroniques*. Cet ouvrage a été rédigé dans les derniers temps de la littérature hébraïque, et sur des mémoires et des documents de différents personnages. On remarque des variantes dans les faits et dans les dates, entre ces livres et les livres des Rois.

PARAMAHANSAS, sannyasis ou religieux hindous de la secte de Siva. Ils ne s'occupent que de l'investigation de Brahma, ou de l'esprit ; le plaisir et la peine, le froid et le chaud, la satiété et la pénurie doivent leur être parfaitement indifférents. En conséquence, ils vont nus en toute saison, ne parlent point et n'exposent jamais leurs besoins. Leurs serviteurs reçoivent pour eux les aliments ou les aumônes qu'on leur apporte. Ces domestiques s'attachent à eux, soit à cause de la grande sainteté qu'ils leurs supposent, soit parce qu'ils y ont leur intérêt, trouvant le moyen de se nourrir sur les aumônes qu'on fait à leurs maîtres ; ils les font manger et les servent en tout comme on ferait à des enfants. On doit bien penser qu'il se mêle beaucoup de fourberie à ce prétendu renoncement, cependant il y a beaucoup d'Hindous que l'enthousiasme et le fanatisme poussent à cette vie d'abnégation ; et ils ont peu de risques à courir d'être abandonnés, car la crédulité des dévots et surtout des dévotes ne manque pas de suppléer abondamment à tout ce qui leur manque. Wilson s'inscrit en faux contre une assertion de Moor, qui avance, dans son Panthéon hindou, que les Paramahansas mangent de la chair humaine et se nourrissent de cadavres.

PARAMATMA, *l'âme suprême*, chez les Hindous ; c'est le siège de la connaissance éternelle ; le dieu souverain qui a créé tous les êtres. On l'appelle encore Brahma et *Parabrahma*.

PARAMESWARA, c'est-à-dire le *maître suprême*, le *souverain seigneur*. Les Hindous donnent ce titre à Siva, troisième personne de la triade divine. Les chrétiens de l'Inde désignent le vrai Dieu par ce vocable, que l'on prononce, suivant les dialectes : *Parmesouor, Paramesouaren, Parmesouren*, etc.

PARAMMON, nom sous lequel les Eléens faisaient des libations à Mercure, parce que, dit-on, un temple était bâti dans une plaine sablonneuse, ἄμμος. D'autres rapprochent ce nom du mot indien *Brahman* ; chez les Hindous Bouddha tient la place de Mercure.

PARANYMPHE, 1° chez les Hébreux, il était auprès de l'époux ; c'est pourquoi Jésus-Christ l'appelle l'*ami de l'époux* ; c'était lui qui faisait les honneurs de la noce, et conduisait l'épouse à son époux.

2° Chez les Grecs, le paranymphe était une espèce d'officier qui, dans les mariages, réglait les détails du festin et les réjouissances ; il était spécialement chargé de la garde du lit nuptial.

3° Enfin, chez les Romains, on donnait ce nom à trois jeunes garçons qui conduisaient la nouvelle mariée à la maison de son mari. Pour être admis à remplir cette fonction, ils devaient avoir leur père et leur mère vivants ; un des trois marchait devant, ayant à la main une torche de pin, et les deux autres soutenaient la mariée, après laquelle on portait une quenouille de laine avec un fuseau.

PARASACTI, la *grande énergie* divine, personnifiée sous la forme féminine ; en ce sens elle passe pour la mère de Brahmâ, Vichnou et Siva. Mais communément on donne ce titre à Parvati, épouse de Siva, parce que les sectateurs de ce dernier, fort nombreux dans l'Inde, regardent leur dieu comme le plus puissant de la triade suprême ; c'est pourquoi ils l'appellent par excellence *Maha-déva*, le grand dieu ; *Maheswara*, le suprême seigneur. *Voy.* Sacti, Parvati.

PARASCÈVE, en grec παρασκευή, *préparation* ; c'est le nom qu'on donne, dans l'Église, à la sixième férie de la dernière semaine de carême, jour auquel Jésus-Christ a consommé sur la croix le mystère de la rédemption ; c'est le jour que nous appelons le *vendredi saint*. Ce nom vient des Juifs hellénistes qui appelaient ainsi la veille de la solennité de Pâques, parce qu'alors on devait *préparer* tout ce qui était nécessaire pour la fête du lendemain.

PARASCHA, nom que les Juifs donnent aux

divisions du Pentateuque; car ils ont partagé les cinq livres de Moïse en cinquante-trois *paraschoth* ou sections, selon le nombre des semaines de l'année (quand l'année n'a que cinquante-deux samedis, on réunit les deux dernières en une). On en commence la lecture le samedi qui suit la fête des Tentes ou des Tabernacles, et l'on continue ainsi chaque samedi jusqu'à la fin de l'année hébraïque. C'est pourquoi les Juifs, au lieu de citer un passage de Moïse par le livre, le chapitre et le verset, se contentent la plupart du temps de renvoyer à la *parascha* dans laquelle il se trouve; chacune d'elles est distinguée par un ou deux mots tirés du premier verset. Ainsi la première s'appelle *Bereschit* (*In principio*); la seconde, *Elle tholdoth Noah* (*Hæ sunt generationes Noe*) ou simplement *Noah* (*Noë*); la troisième *Lek-leka* (*Vade tibi*); etc.

PARASITES, ministres subalternes des dieux, chez les Grecs. C'étaient eux qui recueillaient et choisissaient les froments destinés au culte. De là le nom de *parasite*, c'est-à-dire qui a soin du blé, παρά pour, σῖτος, froment. Presque tous les dieux avaient leurs parasites, lesquels faisaient aussi certains sacrifices avec les femmes qui n'avaient qu'un mari. Ces parasites étaient en honneur à Athènes; ils avaient séance parmi les principaux magistrats, et part aux viandes du sacrifice. Ces ministres correspondaient aux épulons des Romains. Dans la suite ce nom dégénéra; mais il n'est pas aisé d'assigner l'époque où ces parasites, dont les fonctions entraient dans le culte des dieux, commencèrent à tomber en discrédit. Il y a toute apparence qu'ils s'avilirent, en se ménageant l'entrée des grandes maisons à force de basses flatteries. Un passage de Plutarque nous apprend l'origine du sens que nous donnons aujourd'hui à ce mot; en voici la traduction par Amyot : « C'est aussi une autre chose propre et particulière à Solon, qu'il a ordonné touchant ceux qui devroyent manger à certains jours au palais et hôtel de ville, ce qu'il appelle en ses ordonnances parasiter; car il ne veult pas qu'une même personne y mange souvent; mais aussi si celui auquel il eschet d'y devoir aller ne le veult faire, il le condamne à l'amende, reprenant la chicheté et l'avarice de l'un, ou l'arrogance de l'autre, de mespriser les coutumes publiques. »

PARASOU-RAMA, une des plus célèbres incarnations de Vichnou. En voici le récit détaillé :

Dans le tréta-youga ou second âge, vivait Djamadagni, brahmane d'une naissance illustre; mais plus touché de la contemplation des choses célestes que de l'éclat des grandeurs de la terre auxquelles il pouvait prétendre, il avait embrassé la vie anachorétique, et demeurait dans la solitude, avec Rénouka, sa femme, fille du radja d'Ayodhya. Ses austérités et ses bonnes œuvres l'avaient rendu tout-puissant auprès de Dieu; c'est pourquoi sa femme le supplia de lui obtenir un fils; sa belle-mère, qui en ce moment se trouvait avec lui, formula le même vœu. Le pieux mouni offrit donc un sacrifice à la divinité, puis il prépara deux gâteaux de riz, qu'il donna aux deux femmes, en les assurant que, dès qu'elles les auraient mangés, elles obtiendraient l'objet de leurs désirs. Mais sa belle-mère, soupçonnant avec quelque raison que, dans la confection des gâteaux, Djamadagni avait apporté plus de soin et fait entrer des ingrédients plus puissants dans le gâteau de sa femme que dans celui qui était destiné à elle-même, substitua adroitement l'un à l'autre, et mangea celui qui avait été donné à Renouka. Il en résulta que le fils qu'elle eut de son mari, bien que Kchatriya de naissance, se trouva avoir toutes les vertus et les inclinations d'un brâhmane, tandis que l'enfant de sa fille, brahmane d'origine, était doué du caractère et des inclinations guerrières qui distinguaient la tribu des Kchatriyas. Ceux-ci exerçaient alors une tyrannie intolérable. Non contents d'avoir usurpé le pouvoir qui appartenait aux brahmanes, ils usaient à leur égard de toutes sortes de cruautés et de vexations, interrompant les exercices religieux, persécutant les gens de bien, et s'attirant par leurs violences la haine de tout le monde. Vichnou, lassé de leurs crimes, résolut enfin de les punir; c'est pourquoi il s'incarna dans le fils de Djamadagni; toutefois il paraît que cette incarnation ne se manifesta qu'à l'entrée de Parasou-Rama dans la ville de Mahichmatipouri.

Le jeune homme donna dès son enfance des preuves de la fermeté de son caractère; car sa mère ayant manqué, en pensée seulement, à la foi conjugale, en voyant passer dans les airs un des êtres célestes appelés Gandharvas, Djamadagni ordonna à son fils de venger son honneur outragé et de la mettre à mort. Parasou-Rama exécuta sans balancer l'ordre de son père; puis, interrogé quel prix il exigeait de son obéissance, il lui demanda de rendre la vie à sa mère, ce qui lui fut accordé.

Le dieu Siva, témoin des inclinations belliqueuses de cet enfant, le demanda à ses parents pour achever son éducation, et le plaça dans son paradis, appelé Kailasa. Quant aux deux époux, ils menaient une vie si pieuse et si pénitente, qu'Indra, le roi du ciel, leur confia Kamadhénou, vache de l'abondance, animal merveilleux, produit par le barattement de la mer, lors de la première incarnation de Vichnou; présent funeste, qui causa la perte de Djamadagni. Un jour Kartavirya-Ardjouna, roi de Mahichmatipouri, à qui sa puissance avait fait donner le surnom de *Sahasravahou* (mille bras), chassait dans la forêt habitée par ce saint mouni; il aperçoit sa cellule, y entre et demande impérieusement des rafraîchissements pour lui et pour toute sa suite. Djamadagni, qui jamais n'avait mis à contribution pour son profit le pouvoir de Kamadhénou, s'adresse à cette vache merveilleuse; au même instant, le radja peut s'asseoir à une table splendidement servie, où les mets les plus variés, les vins les plus exquis se succèdent avec profusion. Après le repas, l'ermite présente au monarque des vêtements magnifiques et les bijoux les plus précieux. Ardjouna n'avait jamais vu tant de richesses; il en demande la source, apprend qu'il les doit à la vache céleste, et exige impérieusement qu'elle lui soit cédée à l'instant même. Djamadagni proteste qu'elle ne lui appartient pas; que c'est un dépôt sacré à lui confié par Iudra, qu'il ne peut donc en disposer; que la vache elle-même ne consentirait pas à passer ainsi en d'autres mains. Irrité de la résistance, le tyran ordonne à sa suite de se saisir de l'animal; trois fois ses serviteurs s'approchent, trois fois une force miraculeuse les contraint à reculer. Alors Ardjouna fait avancer ses troupes, mais Kamadhénou se jette avec impétuosité au milieu des soldats, frappe à droite et à gauche des cornes et des pieds, tue le plus grand nombre des assaillants, met le reste en fuite, puis s'élève triomphante dans les airs, et se rend dans les régions célestes. Le radja, furieux de sa défaite, rassemble une armée plus nombreuse que la première, et revient à la demeure de l'ermite; mais Kamadhénou n'y est plus. Il tourne alors sa vengeance sur Djamadagni, le tue, et fait raser sa cellule. Renouka éplorée en ramasse les débris, les dresse en bûcher et s'y brûle avec les restes de son mari.

Cependant Kamadhénou avait porté la nouvelle de ce désastre dans le Kailasa, où Parasou-Rama vivait heureux. A la nouvelle des cruautés exercées contre sa famille, le jeune brahmane court aussitôt à la demeure de ses parents, n'y trouve qu'un bûcher encore fumant, et jure par le Gange de ne prendre aucun repos qu'il n'ait vengé la mort de son père en exterminant la race entière des Kchatryas. Rempli alors de la divinité, incarné dans son sein, armé de l'arc et des flèches que lui avait donnés Siva, il entre seul dans Mahichmatipouri, attaque le meurtrier de son père, qui s'avançait contre lui à la tête d'une armée formidable et l'étend mort à ses pieds. Mais là ne s'arrête pas sa vengeance; il veut punir la race dégénérée des Kchatryas à laquelle appartenait le tyran. Il marche de royaume en royaume, de cité en cité, livrant à cette tribu impie des combats si sanglants, qu'après chaque victoire il remplissait de sang le vaste étang de Tanésar, et en faisait une offrande aux mânes de ses parents. Vingt et un combats successifs ne suffisent pas pour abattre l'orgueil des Kchatryas, qui continuent ou recommencent à persécuter les brahmanes. Parasou-Rama prend la résolution de ne s'arrêter que lorsqu'il n'en existera plus un seul. Il les poursuivit donc avec une telle rigueur qu'il les extermina tous, n'épargnant que les femmes. C'est pourquoi on pense aujourd'hui que les Kchatryas qui se vantent d'être de cette caste, les Rajpoutes entre autres, ne sont pas d'une race pure, et qu'ils proviennent des mariages que les veuves des Kchatryas tués par Parasou-Rama contractèrent avec des brahmanes. D'autres veulent que les races solaire et lunaire aient été épargnées; ou que plusieurs Kchatryas trouvèrent un asile chez les brahmanes eux-mêmes, que leur malheureux sort avait touchés de compassion et qui les admirent à leur table.

Parasou-Rama se reposait de ses triomphes quand il apprit que Rama-Tchandra venait de briser l'arc de Siva son bienfaiteur. Il accourut pour le punir; mais il sentit bientôt que son jeune rival pouvait être son vainqueur; en effet, il n'était autre que Vichnou aussi bien que lui-même; ou plutôt nous devons supposer que Parasou-Rama ayant achevé son œuvre, la divinité se retira de lui pour opérer, dans un autre avatar, des merveilles non moins surprenantes: sans quoi la mythologie hindoue nous offrirait le singulier phénomène d'un dieu opposé à lui-même. Quoi qu'il en soit, Parasou-Rama se résigna à son infériorité, il alla demander asile aux brahmanes qu'il avait si richement dotés; ils eurent l'ingratitude de le lui refuser. Il se retira donc sur le mont Mahendra, dans la chaîne des Gates, dont le pied était alors baigné par la mer, et pria Varouna, dieu de l'Océan, de retirer un peu ses eaux, afin de lui laisser une place où il pût habiter, ne lui demandant que l'espace d'un trait de flèche. Varouna y consentit; mais un des dévas, témoin de l'engagement qu'il avait contracté, lui montra qu'il avait fait une promesse imprudente; que l'inconnu était Vichnou lui-même, et que certainement une flèche lancée par un bras si puissant irait par-delà toutes les mers, de sorte qu'il ne saurait plus en retirer ses eaux. Désolé de ne pouvoir rétracter sa parole, Varouna implora le secours de Yama, dieu de la mort, qui, pour l'aider dans cette fâcheuse conjoncture, se métamorphosa en fourmi blanche, pénétra pendant la nuit dans la chambre de Parasou-Rama, et rongea la corde de l'arc, de manière à ne lui laisser que la force nécessaire pour qu'il restât tendu. Parasou-Rama, ignorant cette supercherie, se rendit le matin sur le rivage de la mer, appuya une flèche sur son arc, et se mit en devoir de la lancer de toute sa force; mais la corde se rompit, et le trait alla tomber à une faible distance. Le terrain franchi par le trait se dessécha à l'instant même, et forma la contrée que l'on connaît sous le nom de côte du Malabar. Se rappelant alors l'ingratitude dont il avait été victime, Parasou-Rama condamna tout brahmane qui mourrait sur cette côte, à revenir au monde sous la forme d'un âne. *Voy.* RAMA-TCHANDRA.

PARATHÈSE, c'est, dans la liturgie des Grecs, le nom de la prière que l'évêque récite sur les catéchumènes, en étendant les mains sur eux pour leur donner la bénédiction. Ce mot peut répondre à ce qu'on nomme l'exorcisme dans l'Église romaine.

PARCHBAPARI-BARAT. Les Hindous appellent ainsi le 11e jour de la quinzaine lumineuse de la lune de Bhadon, jour auquel ils croient que Vichnou se retourne durant son sommeil de quatre mois; c'est pourquoi les vaichnavas s'adonnent à cette occasion à des pratiques de piété et font des œuvres méritoires.

PARDON. Ce mot, dans les anciens auteurs français, est synonyme *d'indulgence*. On appelait ainsi la sonnerie et la récitation de l'*Angelus*, parce que des indulgences y sont attachées. Maintenant encore les fêtes patronales des églises et des paroisses portent, dans la province de Bretagne, le nom de *pardons*, surtout lorsqu'elles sont l'occasion d'un grand concours de peuple. Cela vient de ce qu'autrefois la plupart de ces réunions populaires étaient provoquées par un pèlerinage, où l'on gagnait des indulgences ; ces *pardons* ont dégénéré partout en foires et en fêtes champêtres.

PARÈDRES ou **SYNTRONES**, c'est-à-dire *assesseurs, associés* ; les Grecs appelaient ainsi les nouvelles divinités, c'est-à-dire les personnages qui, après leur mort, étaient mis au rang des dieux.

PAREGORE, déesse de la consolation ; on lui avait érigé une statue dans le temple de Vénus-Praxis, à Mégare.

PARENTALES, solennités et banquets que les anciens faisaient aux obsèques de leurs parents et de leurs amis. Ovide en attribue l'établissement à Énée, d'autres à Numa Pompilius. Ces solennités réunissaient non-seulement les parents du mort, mais encore les amis, et souvent tous les habitants du quartier où elles avaient lieu. Les Latins célébraient cette fête durant le mois de mai, et les Romains au mois de janvier. Les uns et les autres faisaient, ces jours-là, de grands festins dans lesquels on ne servait presque que des légumes.

PARÈS, déesse qui, selon quelques auteurs, est la même que Palès. On fait dériver son nom de *parere*, produire, enfanter, parce qu'elle influait sur la fécondité des brebis et des autres animaux domestiques.

PARFAITS, nom que prirent, en différents temps, les hérétiques qui prétendaient réformer l'Église ou pratiquer des vertus extraordinaires.

Ce titre fut accaparé par une société d'Anabaptistes qui s'étaient séparés du monde afin d'accomplir à la lettre le précepte de ne point se conformer au siècle. Avoir un air de sérénité ou de satisfaction, faire le moindre sourire, c'était, selon eux, s'attirer cette malédiction de Jésus-Christ : *Malheur à vous qui riez, car vous pleurerez*.

Enfin on a donné ce nom, après la restauration, aux prêtres qui ne voulurent point se soumettre au concordat. *Voy.* ANTICONCORDATAIRES, CONCORDAT, PURISTES.

PARHERMÉNEUTES, c'est-à-dire *faux interprètes*. Il s'éleva, vers la fin du VII° siècle, un certain nombre de demi-savants qui prétendaient qu'il n'était nullement nécessaire de recourir aux explications de l'Église et des docteurs orthodoxes pour comprendre le vrai sens des Écritures. Ils soutenaient que le sens de la Bible était clair et facile à comprendre, et qu'en conséquence chacun pouvait les interpréter à l'aide de sa raison particulière. C'est absolument le principe du protestantisme. Mais le dix-neuvième canon du concile *in Trullo*, tenu en 692, posa les vrais principes catholiques, qui sont qu'il faut demander aux docteurs témoins de la tradition, et à l'Église, gardienne des vérités que le Fils de Dieu est venu révéler aux hommes, le vrai sens de ses paroles.

PARIA, mot généralement employé dans le midi de l'Inde, par les Européens, pour désigner ceux des Hindous qui sont rejetés de toutes les castes. Ce mot vient du tamoul *pareyer*, sous lequel on les désigne en cette langue.

C'est à tort que quelques écrivains disent *la caste des parias*. Il n'y a que quatre castes dans l'Inde : celle des *brahmanes*, prêtres ou théologiens ; celle des *kchatriyas*, rois ou soldats ; celle des *vaisyas*, marchands et négociants, et celle des *soudras*, laboureurs et artisans. Les parias se composent de tous ceux qui ont été rejetés de leurs castes respectives, soit pour leurs crimes, soit bien plutôt pour avoir enfreint les règles et les usages de la caste à laquelle ils appartenaient, ou bien dont les ancêtres ont été rejetés hors de la société pour les mêmes motifs. Voici le tableau de la condition des parias, extrait de l'ouvrage de feu l'abbé Dubois :

Dans tous les pays de l'Inde, les parias sont entièrement asservis aux autres castes, et traités partout avec dureté. Dans la plupart des provinces, il ne leur est pas permis de cultiver la terre pour leur propre compte, mais ils sont obligés de se louer aux autres tribus, qui, pour un modique salaire, les emploient aux travaux les plus pénibles. Leurs maîtres peuvent les battre quand ils le veulent, sans que ces malheureux aient le droit de se plaindre, ou de demander réparation pour les mauvais traitements qu'on leur fait endurer. En un mot, les parias sont les esclaves nés de l'Inde ; c'est à eux que sont dévolus tous les travaux les plus pénibles de l'agriculture, et les autres ouvrages les plus indispensables et les plus rudes.

Cependant, à quelque degré de misère et d'oppression qu'ils soient réduits, on ne les entend jamais se plaindre de leur condition, ni même murmurer de ce que le hasard ne leur a pas donné une naissance plus relevée. Tout paria est élevé dans l'idée qu'il est né pour être asservi aux autres castes, et que c'est là sa seule condition, sa destinée irrévocable. Plongés dans la plus affreuse misère, la plupart n'ont pas de quoi se procurer les vêtements les plus grossiers ; ils vont presque nus, ou toujours couverts de haillons. Il y en a fort peu qui aient leur nourriture assurée durant tout le cours de l'année. Quand ils possèdent quelque chose, c'est une règle parmi eux de le dépenser bien vite, et de s'abstenir de tout travail tant qu'ils ont de quoi vivre sans rien faire. Dans quelques districts ils sont autorisés à cultiver la terre pour leur compte ; mais ceux qui le font sont presque toujours les plus misérables, parce qu'ils travaillent avec tant d'indolence et d'incurie, que, même dans les meilleures années, leur récolte ne suffit pas pour les faire subsister pendant six mois.

Le mépris et l'aversion que les autres castes en général, et surtout celle des brahmanes, témoignent à ces malheureux, sont portés à un tel excès, que, dans bien des endroits, leur approche seule ou la trace de leurs pieds est considérée comme capable de souiller tout le voisinage. Il leur est interdit de jamais traverser la rue où logent les brahmanes; s'ils s'avisaient de le faire, ceux-ci auraient le droit, non pas de les frapper eux-mêmes, puisqu'ils ne peuvent pas, sans se souiller, les toucher même avec la pointe d'un long bâton, mais de les faire assommer de coups par d'autres personnes. Un paria qui pousserait l'audace jusqu'à entrer dans la maison d'un brahmane, pourrait être mis à mort sur-le-champ; et l'on a vu des exemples de cette iniquité révoltante, dans des pays soumis à des princes indigènes, sans que personne y trouvât à redire.

Toute personne qui a été touchée, soit par inadvertance, soit volontairement, par un paria, est souillée par cela seul, et ne peut communiquer avec qui que ce soit, jusqu'à ce qu'elle ait été purifiée par le bain, ou par d'autres cérémonies plus ou moins importantes, selon la dignité et les usages de la caste à laquelle cette personne appartient. Manger avec des gens de cette classe, ou toucher à des vivres apprêtés par eux, et même boire de l'eau qu'ils auraient puisée; se servir de vases de terre qu'ils ont tenus dans leurs mains; mettre le pied dans leurs maisons, ou leur permettre d'entrer dans la sienne; tout cela offrirait autant de motifs d'exclusion; et celui qui l'aurait encourue n'obtiendrait de rentrer dans sa caste qu'après de pénibles et dispendieuses formalités. Quiconque aurait eu commerce avec une femme paria serait traité encore plus sévèrement, si son délit était prouvé.

Cependant cette horreur qu'inspirent les parias n'est pas aussi grande dans les provinces du nord de l'Hindoustan, on y est beaucoup plus tolérant; il est des cantons où l'on souffre qu'ils entrent dans l'étable aux vaches, et mettent la tête et un pied seulement dans l'appartement du maître.

Mais si cette classe est réputée si vile et si infâme, il faut avouer qu'elle le mérite à bien des égards, par la conduite ou par le genre de vie que mènent les individus qui la composent. Un grand nombre de ces malheureux se vendent eux-mêmes comme esclaves, pour toute la vie, avec leurs femmes et leurs enfants, à des cultivateurs qui leur font exercer les travaux les plus pénibles et les traitent avec la dernière dureté. Les valets des villages, obligés par leur office de nettoyer les lieux communs, de balayer les rues et d'en enlever toutes les immondices, appartiennent toujours à cette classe. Les parias, convaincus qu'ils n'ont rien à perdre ni à gagner dans l'opinion publique, se livrent sans retenue et sans honte à toutes sortes de vices, et l'on voit régner parmi eux les plus grands désordres, sans qu'ils paraissent en ressentir le moindre remords. Ils sont fort adonnés à l'ivrognerie, vice extrêmement odieux à tous les autres Indiens; et dans l'état d'ivresse, ils se livrent à des excès de violence et de brutalité dont leurs femmes sont les premières victimes, même lorsqu'elles sont enceintes. Leur malpropreté fait horreur; leurs cabanes couvertes d'ordures, d'insectes et de vermine, sont encore, s'il est possible, plus dégoûtantes que leurs personnes. Mais ce qui révolte le plus contre eux les autres Indiens, c'est la qualité repoussante des aliments dont ils font leur principale nourriture. Attirés par la puanteur d'une charogne, ils courent en troupe en disputer les débris aux chiens, aux chacals et aux corbeaux; ils s'en partagent la chair à demi pourrie, et vont la dévorer dans leurs cabanes, sans aucun assaisonnement, peu leur importe la maladie dont l'animal est mort, puisqu'ils empoisonnent quelquefois secrètement les vaches et les buffles, pour pouvoir ensuite se repaître impunément de leurs infectes et morbifiques dépouilles.

Parmi les parias, il en est qui ont la garde et le soin des chevaux des particuliers, de ceux des armées, des éléphants, des bœufs; d'autres sont portefaix, ou se livrent aux différents travaux des manœuvres. Dans ces derniers temps, des parias ont été admis dans les armées des Européens et dans celles des princes du pays, et ils sont quelquefois parvenus à des grades distingués. Les Européens, qui résident dans l'Inde, sont contraints d'en prendre à leur service, parce qu'il est des soins domestiques que tout autre Indien rougirait de leur rendre, comme de graisser les bottes, décrotter les souliers, etc.; mais surtout ils ne trouveraient dans aucune caste un individu qui consentît à être leur cuisinier, parce que leur service oblige à préparer de la viande de bœuf; ce qui est le comble de l'abomination et de la dégradation aux yeux des Hindous.

L'origine des parias paraît remonter à une époque fort reculée; il en est fait mention dans les plus anciens Pouranas. On est fondé à croire que cette classe avilie se forma d'abord de l'agrégation des individus chassés des diverses castes pour leur mauvaise conduite ou pour avoir enfreint les lois, et qui ainsi repoussés à jamais de la société des gens d'honneur, et n'ayant plus rien à craindre ni à espérer, se livrèrent sans retenue à leurs penchants naturels, à tous les excès et à tous les vices dans lesquels ils vivent encore actuellement. Néanmoins la distance qui existe entre les autres tribus et celle des parias ne paraît pas avoir été dans le principe aussi grande qu'elle l'est maintenant. Quoique relégués sur le dernier plan dans le cadre social, ils n'en étaient pas totalement exclus, et la ligne de démarcation entre eux et les soudras était imperceptible; ils passent encore aujourd'hui pour les descendants immédiats de la meilleure caste de cultivateurs.

PARIDJATA, arbre céleste du paradis d'Indra. « Il est surtout renommé, dit M. Langlois, par le parfum de ses fleurs, qui s'étend à une distance merveilleuse. Il était sorti de la mer quand les dieux l'ont barattée. Cet arbre fut la cause d'une guerre qui s'éleva entre Krichna et Indra. Narada, toujours adroit à semer la discorde, vint un jour dans le palais de Krichna, et offrit à Roukmini, une des femmes de ce dieu, une fleur de Paridjata, qu'il avait apportée du ciel. Elle l'engagea à en faire d'abord hommage à son mari : celui-ci n'eut rien de plus pressé que de la présenter à Roukmini, et Narada courut avec malice en avertir une autre épouse, nommée Satyabhama, qui, jalouse de la préférence accordée à sa rivale, se fâcha contre Krichna, et ne consentit à se réconcilier avec lui, qu'à condition qu'il demanderait pour elle à Indra un arbre de cette espèce. Krichna se soumit au caprice de Satyabhama. Indra s'y refusa d'abord : les deux divinités combattirent ensemble. Mais Indra, poursuivi en tous lieux par un trait mystérieux, nommé *soudarchana*, que son ennemi avait lancé contre lui, fit la paix, et le Paridjata, apporté en triomphe sur la terre, satisfit l'orgueil d'une femme jalouse. »

PARILIES, fête romaine confondue à tort avec les Palilies. Elle était, suivant Festus et Scaliger, célébrée par les dames romaines pendant leur grossesse, pour obtenir des dieux une heureuse délivrance, et ensuite pour les remercier de l'avoir obtenue.

PARISIES, fête que les femmes romaines célébraient dans leur lit lorsqu'elles étaient enceintes. C'était sans doute la même que la précédente. L'une et l'autre tirent leur dénomination du mot *parere*, enfanter.

PARNASSE, la plus haute montagne de la Phocide ; elle a deux sommets fameux, dont l'un était consacré à Bacchus, et l'autre à Apollon et aux Muses. Cette montagne et les lieux voisins étaient autant de lieux sacrés qui furent chantés par les poëtes de l'ancienne Grèce. Ce fut sur cette montagne que Deucalion et Pyrrha se retirèrent au temps du déluge. Plus tard elle fut regardée comme le séjour habituel d'Apollon et des Muses. De la masse des rochers qui couronnent son sommet s'échappe la fontaine de Castalie, dont les eaux avaient la vertu secrète d'inspirer les poëtes, et qui coule encore. Les ruines de Delphes sont à peu de distance ; c'est là que se trouve maintenant le petit hameau de *Castri*; son église, dédiée à la Vierge, est sur l'emplacement du temple d'Apollon, dont les oracles, jadis consultés par tous les peuples, terminaient les débats les plus graves, décidaient les plus grandes entreprises.

Selon M. de Pouqueville, la terre rendait primitivement des oracles à Delphes par la voix de Daphné, l'une des nymphes du Parnasse. Neptune y prophétisa ensuite par l'organe de Pyrion. Thémis, qui avait précédé l'arrivée de Jupiter à Dodone, lui ayant succédé, céda ses droits à Apollon, qui ne fut donc que la troisième divinité qui régna à Delphes et sur le Parnasse, vers l'époque à laquelle on assignait l'arrivée des dieux dans la Grèce. Dans ce même temps, des poëtes et des prophètes, voués au culte d'Apollon, racontaient les histoires du temps où la montagne sacrée avait pris son nom de Parnassus, fils de Cléopompe et de la nymphe Cléodore, et comment Parnassus fonda une ville qui fut submergée dans le déluge de Deucalion ; ils montraient l'endroit où s'arrêta l'arche de Deucalion, lorsque les eaux rentrèrent dans le sein des mers.

PARNASSIDES, surnom des Muses, tiré du Parnasse qui leur était consacré et sur lequel on croyait qu'elles faisaient leur résidence ordinaire.

PARNASSIM, nom que les Juifs modernes donnent aux chefs de la Synagogue et de la police. Leurs fonctions ressemblent assez à celles des anciens dans les consistoires des réformés. Ce sont eux qui sont chargés de recueillir les aumônes et de les distribuer aux pauvres. On les consulte aussi sur les points litigieux qui ont rapport à la doctrine et aux règlements.

PAROISSE (du grec παροιχία, réunion d'habitations) ; église desservie par un curé et par ses vicaires, où s'assemblent un certain nombre d'habitants pour assister au service divin, recevoir les sacrements et s'acquitter des devoirs de la religion. — On donne aussi le nom de *paroisse* au territoire sur lequel s'étend la juridiction spirituelle d'un curé, soit à la ville, soit à la campagne. L'institution des paroisses est de droit ecclésiastique, et tire son origine de ce que les évêques des premiers siècles, exerçant par eux-mêmes le ministère pastoral dans la ville où se trouvait leur siége, et ne pouvant conséquemment donner les mêmes soins aux campagnes, y déléguaient des prêtres pour y veiller en leur nom et sous leur autorité, à l'instruction et au bien spirituel des paysans ; plus tard ces prêtres reçurent une commission définitive qui leur conférait une juridiction pleine et entière sur une localité déterminée, mais toujours sous l'autorité de l'évêque diocésain ; on les nomma alors *parochi*, chefs de paroisse, ou *curati*, curés, c'est-à-dire chargés du soin (*cura*) des âmes.

Dans tous les pays chrétiens, les habitations des fidèles font toutes partie d'une certaine circonscription de territoire, qui, dans le langage ecclésiastique, porte le nom de paroisse. C'est une espèce de communauté qui a son église et son pasteur secondaire. C'est là que les habitants doivent recevoir l'instruction, entendre les offices divins, participer aux sacrements. De là le nom d'*office paroissial*, de *messe paroissiale*, etc., que l'on donne à l'office et à la messe auxquels tous les paroissiens sont convoqués, où l'on fait des instructions publiques, pour les distinguer des offices ou messes privées, ou de ceux qui ont lieu pour les besoins particuliers d'un individu, d'une famille, d'une confrérie, etc. — Les habitants d'une paroisse sont appelés *paroissiens*.

PAROLE; la Parole est, dans la religion chrétienne, la seconde personne de la sainte Trinité, en grec Λόγος, raison, parole; en latin *Verbum*, le Verbe. Un des plus anciens Pères de l'Église, saint Denis d'Alexandrie, explique parfaitement bien la génération du Verbe divin comparé à la parole humaine. « Notre pensée, dit-il, produit la parole de son fond, suivant cette expression du prophète : *Mon cœur a produit une bonne parole* ; et chacune est distinguée de l'autre, ayant un lieu propre et séparé, l'une dans le cœur, l'autre sur la langue ; toutefois elles ne sont pas éloignées, et ne peuvent être l'une sans l'autre ; car la pensée n'est point sans la parole, ni la parole sans la pensée ; mais la pensée fait la parole, en laquelle elle paraît, et la parole montre la pensée, en laquelle elle est. La pensée est comme une parole cachée au dedans, et la parole une pensée qui se produit au dehors ; la pensée passe dans la parole, et la parole communique la pensée aux auditeurs. L'une est comme le Père, savoir, la pensée qui est d'elle-même ; l'autre, comme le Fils, savoir la parole, puisqu'il est impossible qu'elle soit avant la pensée, ni qu'étant avec elle, elle vienne dehors. Ainsi le Père étant la grande pensée, la pensée universelle, a pour premier interprète et premier organe, son Fils le Verbe. » On ne peut expliquer plus clairement et plus exactement le dogme catholique.

Dans le langage usuel, on donne aussi le nom de *parole de Dieu* à l'Écriture sainte, et en général à tout discours qui peut instruire les ignorants, toucher, convertir les pécheurs, fortifier les justes et porter l'édification dans les âmes.

PARQUES, divinités que les anciens croyaient présider à la vie et à la mort des humains, et qui, de toutes, passaient pour avoir le pouvoir le plus absolu. Maîtresses du sort des hommes, elles en réglaient les destinées ; tout ce qui arrivait dans le monde était soumis à leur empire ; et ce pouvoir ne se bornait pas à filer nos jours, car le mouvement des sphères célestes et l'harmonie des principes constitutifs du monde étaient aussi de leur ressort. Elles étaient trois sœurs, *Clotho*, *Lachésis* et *Atropos*. Les mythologues ne sont pas plus d'accord sur leurs noms que sur leur origine. Hésiode, après les avoir fait naître de la Nuit, sans le secours d'aucun dieu, comme pour nous marquer l'obscurité impénétrable de notre sort, se contredit ensuite, et les fait naître, ainsi qu'Apollodore, de Jupiter et de Thémis. Orphée, dans l'hymne qu'il leur adresse, les appelle filles de l'Érèbe ; et Lycophron les dit nées de la Mer et de Zeus, le maître des dieux. Aimées de ce dernier, qui leur accorda de grands privilèges, elles le secoururent avec succès dans la guerre contre les géants ; et Agrius et Thaon périrent sous leurs coups. Un autre les fait filles de la Nécessité et du Destin. Cicéron, après Chrysippe, prétend qu'elles étaient elles-mêmes cette fatale Nécessité qui nous gouverne ; et Lucien, en plusieurs endroits de ses Dialogues, les confond avec le Destin. Quant au nombre, même diversité d'avis. Des auteurs anciens y mettent *Opis*, parce que ce nom, dit Lilio Giraldi, a rapport au voile mystérieux qui couvre (*operit*) nos destinées. *Némésis* et *Adrastée* tiennent aussi leur rang parmi ces déesses, si l'on en croit Phurnutus, qui les distingue ainsi : La première corrigeait l'injustice du sort, et la seconde était comme le ministre des vengeances célestes et des récompenses dues aux gens de bien. Pausanias nomme trois Parques toutes différentes : *Vénus-Uranie*, la plus ancienne de toutes, la *Fortune* et *Ilithyie*, que Pindare fait seulement leur compagne. *Proserpine*, ou *Junon Stygienne*, est aussi du nombre des Parques, puisque, suivant les meilleurs auteurs de l'antiquité, elle dispute souvent à Atropos l'emploi de couper le fil de nos destinées : car on ne pouvait mourir qu'elle n'eût coupé le cheveu fatal qui nous attachait à la vie. Cesellius nomme encore trois autres Parques, *Nona*, *Decima* et *Morta*, ce qui indiquait que les enfants qui venaient au monde hors du neuvième ou du dixième mois de la grossesse étaient en danger de mort.

Les mythologues ne varient pas moins sur l'étymologie de leur nom. Varron dérive le nom général de *Parques* de *parta* ou *partus*, enfantement, parce que ces déesses présidaient à la naissance des humains. Suivant Servius, ce mot vient, par antiphrase, de *parcere*, parce qu'elles ne font grâce à personne, *quod nemini parcant*. Plusieurs expliquent cette dernière étymologie dans le sens qu'elles sont avares de nos jours (*parcæ*) et qu'elles n'en accordent pas après le terme prescrit par le Destin. Scaliger en donne une explication plus subtile que solide : « Le nom des Parques vient, dit-il, de ce qu'elles épargnent la vie de l'homme jusqu'à ce que ses destinées soient remplies. » Le Clerc en a cherché l'origine dans le chaldéen פרק *parac*, rompre, diviser ; et d'autres l'ont fait dériver du mot latin *porca*, sillon ou rupture. L'emploi attribué à ces déesses dans le Latium, et le nom de *Matras* qu'elles portaient dans les Gaules, donnent quelque poids à cette explication. On croyait en effet que les Parques présidaient à la naissance des héros. Elles reçurent Méléagre lorsqu'il vit le jour. Apollon, suivant Pindare, les pria d'aider Évadné lorsqu'elle enfanta Hyamus. Philostrate rapporte la même chose de Clotho, qui se trouva présente au moment que Jupiter rendit la vie à Pélops ; et Catulle dit que la naissance d'Achille fut honorée de leur présence. On regardait tellement ces déesses comme favorisant la délivrance des femmes en couches, que Lucine, invoquée pour ce sujet, ne signifiait souvent que l'une des Parques. C'est ainsi que, dans l'Achaïe, on l'appelait *la Fileuse*, et que Lysias, ancien poète de Délos, dans un hymne en l'honneur de cette déesse, l'a nommée une Parque célèbre et puissante.

Elles habitaient, suivant Orphée, un antre ténébreux dans le Tartare. Le monarque des enfers les établit ses ministres. On le surnomma même leur conducteur, et Olympie lui avait dédié un autel magnifique sous ce nom. Claudien les représente aux pieds du dieu des enfers, pour le détourner de faire la guerre à Jupiter. Ovide leur fait habiter un palais où les destinées de tous les hommes sont gravées sur le fer et sur l'airain, de manière que ni la foudre de Jupiter, ni le mouvement des astres, ni le bouleversement de la nature entière, ne peuvent les effacer. Les philosophes, et Platon entre autres, leur assignent pour séjour les sphères célestes, où ils les représentent avec des habits blancs couverts d'étoiles, portant des couronnes, assises sur des trônes éclatants de lumière, et accordant leurs voix au chant des sirènes, pour nous apprendre qu'elles réglaient cette harmonie admirable dans laquelle consiste l'ordre de l'univers.

Souvent persuasives et éloquentes, les Parques consolèrent Proserpine de la violence qu'on lui avait faite; elles calmèrent la douleur de Cérès, affligée de la perte de sa fille; et lorsque cette déesse fut outragée par Neptune, ce fut à leurs prières qu'elle consentit à sortir d'une caverne de la Sicile où Pan la découvrit. Toujours immuables dans leurs desseins, elles tenaient ce fil ingénieux, symbole du cours de la vie. Rien ne pouvait les fléchir et les empêcher d'en couper la trame. Admète fut le seul qui obtint d'elles le pouvoir de substituer quelqu'un à sa place, lorsque le terme de ses jours serait arrivé. Selon Claudien, elles sont maîtresses absolues de tout ce qui respire dans le monde. « Ce sont elles, dit Hésiode, qui distribuent le bonheur ou le malheur aux hommes, et qui poursuivent les coupables jusqu'à l'instant où ils sont punis. » Les autres poëtes ne nous donnent pas des idées moins brillantes de leur pouvoir. Tantôt ils les exhortent à filer des jours heureux pour ceux qui doivent être les favoris du Destin; tantôt elles prescrivent le temps que nous devons demeurer sur la terre. L'événement suit toujours leurs prédictions. Quelquefois elles révèlent une partie de nos destinées, cachant le reste sous un voile impénétrable; quelquefois elles se servent du ministère des hommes pour ôter la vie à ceux dont les destinées sont accomplies, comme le dit Virgile en parlant d'Halésus. Non-seulement elles présidaient à la naissance, comme on l'a vu plus haut; mais, tandis que Mercure ramenait des enfers les âmes qui devaient, après une révolution de plusieurs siècles, animer de nouveaux corps, les Parques étaient chargées de conduire à la lumière et de faire sortir du Tartare les héros qui avaient osé y pénétrer. Elles servirent de guides à Bacchus, à Hercule, à Thésée et à Ulysse : elles ramenèrent au jour Persée, qui descendit aux enfers, suivant Pindare; Rhampsinithe, qui, au rapport d'Hérodote, y joua aux dés avec Cérès; Orphée, qui écrivit ensuite l'histoire de ce voyage; Énée, qui y parvint pour voir Anchise. Enfin, c'est à elles que Pluton confiait son épouse lorsque, suivant l'ordre de Jupiter, elle retournait dans le ciel pour y passer six mois près de sa mère.

Les Parques filaient de la laine, dont la couleur désignait le sort des mortels soumis à leurs décrets : la noire annonçait une vie courte et infortunée; la blanche une existence longue et heureuse. Lycophron seul leur donne des fils de trois couleurs. Clotho tenait la quenouille; Lachésis tournait le fuseau, et Atropos, la plus âgée des trois, coupait le fil avec ses ciseaux lorsque le moment était arrivé. Les mythologues ne s'éloignent pas beaucoup de toutes ces idées. Martianus Capella les fait les secrétaires du Destin; Fulgence, les ministres de Pluton; Phurnutus, ceux de Jupiter; et les anciens en général, ceux du Destin. Hygin leur rapporte l'invention de quelques lettres de l'alphabet grec, savoir: A, B, Θ, T, I, Υ. Les Grecs attribuaient aux Parques la conservation du globe de la lune. C'était le sentiment du philosophe Epigènes, qui prétendait, ainsi que Vossius, que souvent on les a représentées au nombre de trois, parce que cette planète était nouvelle, pleine, ou sans clarté. Leur nombre a toujours paru plutôt une allégorie ingénieuse des trois divisions du temps. Celle qui filait figurait le présent; celle qui tenait les ciseaux représentait l'avenir, et la dernière, dont le fuseau était rempli, était le symbole du passé.

Les Grecs et les Romains rendirent de grands honneurs aux Parques et les invoquaient ordinairement après Apollon, parce que, comme ce dieu, elles présidaient à l'avenir. On leur éleva des autels à Olympie et à Mégare. Elles en avaient un plus célèbre encore, entièrement découvert et placé au milieu d'un bois épais, où les peuples de Sicyone et de Titane leur offraient chaque jour des sacrifices. A Sparte enfin, on leur dédia un temple superbe près du tombeau d'Oreste. On leur immolait tous les ans des brebis noires, comme aux Furies; et, entre autres cérémonies, les prêtres étaient obligés de porter des couronnes de fleurs. Les peuples d'Italie adorèrent aussi les Parques. Elles eurent des autels à Rome, en Toscane et surtout à Vérone; les Gaulois les honorèrent sous le nom de déesses Mères.

Les anciens les représentaient sous la forme de trois femmes au visage sévère, accablées de vieillesse, avec des couronnes faites de gros flocons de laine blanche entremêlée de fleurs de narcisse. D'autres leur donnent des couronnes d'or; quelquefois une simple bandelette leur entoure la tête. Rarement elles paraissent voilées; cependant leurs statues l'étaient dans le temple qu'elles avaient à Corinthe. Une robe blanche bordée de pourpre leur couvre tout le corps : l'une tient des ciseaux, l'autre les fuseaux, et la troisième une quenouille. Lycophron dit qu'elles étaient boiteuses, et l'auteur d'un hymne à Mercure, attribué à Homère, leur donne des ailes.

PARRAIN. Les chrétiens appellent ainsi celui qui tient un enfant ou un catéchumène sur les fonts baptismaux, et répond pour l'enfant, incapable de parler, aux questions qui font partie des cérémonies du baptême. L'usage des parrains est fort ancien dans l'Eglise, comme nous l'apprenons de plusieurs saints Pères, qui en font mention, entre autres de Tertullien, saint Jean Chrysostome et saint Augustin. Mais, dans les premiers siècles de l'Eglise, il n'y avait aux baptêmes des hommes et des garçons qu'un parrain seul, sans marraine, comme il n'y avait qu'une marraine seulement et point de parrain quand on baptisait des femmes ou des filles. C'étaient eux qui aidaient le ministre et le catéchumène, lorsque l'on conférait ce sacrement par immersion. Plus tard, la coutume s'introduisit de donner plusieurs parrains et plusieurs marraines pour une seule personne qu'on baptisait; mais cet abus a été aboli, et maintenant chaque enfant qui est baptisé avec les cérémonies de l'Eglise, a un parrain et une marraine, et même l'un des deux suffit. Le parrain et la marraine contractent une parenté spirituelle avec la personne qu'ils ont tenue sur les fonts de baptême, et avec son père et sa mère. Cette parenté forme un empêchement dirimant de mariage.

PARSIS, nom que l'on donne, dans l'Inde principalement, aux descendants des anciens Perses, adorateurs du feu, et sectateurs de la doctrine de Zoroastre; on les appelle aussi *Guèbres* et *Mazdéens*.

Persécutés par les Musulmans fanatiques, qui voulaient les contraindre à abandonner leur culte, ils se retirèrent au nord de la Perse, dans les montagnes du Khorasan, où ils trouvèrent une retraite assurée pendant un siècle environ; mais poursuivis par les progrès toujours croissants de l'islamisme, ils traversèrent toute la Perse du nord au sud et arrivèrent à Ormuz, où ils résidèrent pendant quinze ans, employant ce temps à faire les préparatifs nécessaires pour passer la mer. Ils équipèrent une flottille, dans laquelle ils mirent leurs livres anciens, le feu sacré et les différents objets de leur culte, puis ils s'embarquèrent et abordèrent dans le Guzerate, près de la petite île de Diu, où ils formèrent un établissement passager qui dura près de vingt ans. Puis après avoir pris une connaissance suffisante des langues, des arts et du commerce de la contrée, ils voulurent y fonder un établissement durable; c'est pourquoi ils se rendirent à Sandjan, dans la presqu'île du Guzerate, pour demander au radja la permission de se fixer sur son territoire, ce qui leur fut accordé, après qu'ils eurent exposé la teneur de leur religion en seize distiques, dont voici la traduction :

« Nous, les Parsis, beaux, sans peur, vaillants et athlétiques, adorons le soleil, les éléments et Ormuzd, chef des demi-dieux ; nous gardons le silence en sept occasions : pendant le bain, en contemplant la divinité, dans les offrandes au feu, le repas et les autres fonctions de la nature; nous nous servons de parfums, d'encens, et de fleurs dans les cérémonies religieuses ; nous adorons la vache ; nous portons des vêtements sacrés ; nous célébrons notre joie par des chants et des instruments de musique aux occasions de mariage ; nous donnons à nos femmes des ornements et des parfums ; nous sommes pleins de libéralité dans nos aumônes, et particulièrement dans le soin que nous prenons de faire creuser des étangs et des puits ; nous avons, hommes et femmes, des sympathies communes d'humanité; nous pratiquons des ablutions avec le *gamoutra* (l'urine de vache); nous portons le *koschi* (ceinture sacrée) pendant la prière et le repas ; nous pratiquons des dévotions cinq fois le jour, nous sommes scrupuleux observateurs de la foi conjugale et de la pureté; nous sommes exacts à célébrer chaque année des cérémonies funèbres à l'intention de nos ancêtres; nous veillons attentivement à la conduite de nos femmes après qu'elles sont enfermées dans l'intérieur de nos maisons, et nous attachons un grand mérite aux observances religieuses. »

Les Parsis s'établirent dans le Guzerate, et de là ils se répandirent au nord et au midi, le long du littoral surtout, et en général dans l'ouest de l'Hindoustan, où on évalue leur nombre à cinquante mille ; il y en a plus de vingt mille à Bombay, qui est presque une ville parsie. Ce sont eux qui se trouvent maintenant à la tête du commerce ; ils possèdent en général de grandes richesses, et sont en excellents rapports avec les Anglais de l'Inde. Quelques familles subsistent encore dans la Perse, leur patrie primitive, mais ils y vivent dans l'oppression sous le joug musulman.

« Le culte fondé par Zoroastre, dit M. Pavie, jadis répandu non-seulement dans toute la Perse, mais dans plusieurs provinces asiatiques aujourd'hui musulmanes, est un des plus anciens du monde ; il vit naître le christianisme, et ses prêtres furent les premiers à saluer le Sauveur dans sa crèche; le bouddhisme, dans ses missions aventureuses vers le nord de la Perse, lui arracha, comme la religion des apôtres, un grand nombre de sectateurs. Consigné dans des livres mystérieux, dont les caractères inconnus faisaient supposer une antiquité plus reculée encore, il a traversé, au milieu de bien des révolutions, vingt siècles au moins, avant de livrer son secret aux savantes investigations de l'Europe ; mais qui peut savoir ce que fut cette religion à son principe ? Peut-être, comme tant de cultes idolâtres, enseigna-t-elle jadis une doctrine moins extravagante, jusqu'à ce que d'ignorants sectateurs oubliassent la divinité pour ses attributs et passassent du créateur à la chose créée. Telle qu'elle est maintenant, la religion des Parsis n'est rien de mieux qu'une espèce de matérialisme ou culte aveugle des éléments : le soleil et la mer sont des divinités auxquelles ils offrent, comme les anciens habitants du Pérou, leurs vœux et leurs prières ; à l'heure où l'astre-dieu, si puissant sous les tropiques en toute saison, disparaît sous les flots de l'océan Indien, on voit les Parsis s'arrêter sur les promenades, et alors, sans s'inquiéter de l'*Angelus* qui tinte à la chapelle portugaise, sans prendre garde au musulman priant vers la Mecque, ni au juif qui incline la tête et murmure ses oraisons, la face tournée vers le temple détruit, sans suivre des yeux ces milliers d'Hindous, qui font les ablutions du *Sandhya* et se rendent à la pagode, le sectateur de Zoroastre contemple le disque du soleil, et, se balançant d'un pied sur l'autre, il récite à demi-voix, d'un ton monotone, ses hymnes sacrés. De l'autre côté de la ville, ils se réunissent en grand nombre sur les remparts, et dominent cette vaste et belle rade où dorment leurs vaisseaux, où tant d'îles arides et verdoyantes brillent encore d'un dernier rayon du soleil; ils rabattent leur manche et la relèvent lentement à mesure que la prière s'achève. D'autres fois, s'ils se trouvent sur une plage unie, on les voit quitter leurs pantoufles, s'exposer jusqu'aux genoux dans les vagues, et là, joignant leurs mains, levant les bras à la hauteur du front, ils ceignent le cordon sacré et invoquent leurs divinités tutélaires; Plus d'une heure avant le jour, un matin que je débarquai au quai par un clair de lune étincelant, je trouvai un prêtre parsi en prière au bord de l'océan, quand la ville, la rade même, étaient encore plongées dans le sommeil. Toute prière commande le respect ou émeut d'une compassion profonde; mais que penser de ce riche Parsi, qui, dans sa pieuse libéralité, jette à la mer plusieurs milliers de livres de sucre? De pareilles aumônes ne sont pas rares à Bombay, et attirent à celui qui en est l'auteur la considération de ses coreligionnaires.

« Cependant si le soleil, la lune et l'océan reçoivent d'une manière publique et ostensible les hommages des Parsis, les diverses œuvres de la création, les étoiles en général, les rivières, les plaines et les montagnes, tout ce qui, en un mot, sous un point de vue panthéistique, peut être une manifestation de la divinité, tout cela mérite, d'après les enseignements du Zend-Avesta, l'adoration des mortels. Jaloux de se distinguer des Hindous, qui, panthéistes aussi dans le principe, ne sont que d'ignorants idolâtres, les Parsis n'admettent point d'images dans leurs temples. Sur leurs autels brille le feu sacré et éternel, l'âme, le fils du dieu Ormuzd. Le feu dont ils ont besoin pour cuire leurs aliments est non moins sacré à leurs yeux; par ce seul fait, la cuisine devient comme un temple domestique dans lequel un profane ne peut être admis; et non-seulement les Parsis ont horreur de la pipe turque et du narguilé indien, mais encore il s'en trouve parmi eux d'assez scrupuleux pour refuser de vendre tout objet dont la destination pourrait avoir rapport à cette coutume odieuse.

« Les Parsis n'admettent pas d'idoles, n'ont ni peinture, ni sculpture, et à vrai dire l'architecture leur manque également, car leurs temples n'ont rien qui les distingue des maisons voisines. Toutefois, comme les maisons des natifs sont souvent fort gracieuses, décorées de galeries peintes, et ornées même d'arabesques et de dessins de fantaisie sculptés avec goût, comme aussi celles que choisissent les Parsis pour y déposer le feu sacré sont parmi les plus belles, il résulte de là que ces temples ont un aspect particulier, et se trahissent bien vite aux yeux du passant. Le bœuf blanc vénéré des Brahmanes, et si aimé des Hindous qu'il s'en va, comme un Djoghi, recevoir sa pitance de porte en porte; le petit bœuf à la bosse pointue, dorment en paix sous les galeries des temples parsis; mais le chien a un rôle plus important encore, aux yeux des sectateurs de Zoroastre; car si la première part dans un repas lui est refusée, il empêchera l'âme du défunt de passer sur le pont qui conduit aux demeures bienheureuses, et il peut aussi, par la seule puissance de son regard, écarter l'esprit malin d'un cadavre placé près de lui, et défendre son maître mort contre les esprits invisibles.

« La théorie des expiations, qui forme la partie la plus ridicule du code brahmanique, est moins compliquée, mais tout aussi absurde chez les Parsis : boire le *gomoutra* consacré, pratiquer des ablutions, sont les deux grands moyens de salut; il est vrai de dire que la loi recommande aussi les bonnes œuvres et le repentir.

« Trois sortes de prêtres partagent, dans leurs attributions respectives, le soin du culte et de la doctrine : le *destour* explique la loi; c'est lui qui tranche les questions difficiles et détermine le sens des écritures; son turban est d'une forme particulière, non point allongé, comme celui des autres Parsis, mais arrondi et enveloppé d'un châle à la manière des Musulmans. Les *mobeds* sont chargés de lire (et non d'interpréter) les ouvrages liturgiques et le Vendidad; après eux viennent les *herbads*, auxquels est dévolu l'entretien du temple.

« Depuis peu, tous les livres sacrés ont été traduits avec le plus grand soin dans le dialecte guzarati. Comme ce travail est manuscrit, il n'en existe pas plus de cinq ou six exemplaires.

« Ainsi que la plupart des Orientaux habitués à vivre dans l'intérieur de leurs maisons, les Parsis sont doux et tranquilles; l'éducation de leurs enfants les occupe beaucoup. A l'âge de sept ans, ils leur confèrent l'investiture du cordon sacré, sans lequel on ne peut prier; c'est donc une cérémonie qui marque l'âge de raison et de discernement. Le second soin des parents est de marier leurs fils; ils les fiancent de très-bonne heure avec toute la pompe d'un mariage; puis, après ces fêtes prolongées pendant des semaines entières, les époux futurs retournent, celui-ci à l'école, celle-là dans l'intérieur de la maison.... On attend pour réunir le couple que les premiers signes de puberté se soient manifestés.

« Mais c'est par les cérémonies funèbres, les plus solennelles de toutes peut-être, que les Parsis se distinguent surtout des autres peuples. A une certaine distance des villes, sont établis des enclos fermés par des murs élevés ; on les appelle *dokmach* ou tours du silence. Là sont exposés les cadavres, aux rayons du soleil, à l'influence des pluies et de la rosée, et à la voracité des oiseaux de proie. L'adorateur des éléments abandonne sa dépouille mortelle aux éléments eux-mêmes ; des milliers de corbeaux et de vautours au cou nu se disputent cet odieux festin : à la différence de presque toutes les nations du monde, qui, dans leur respect pour les morts, tâchent par tous les moyens possibles de soustraire les cadavres à la profanation des bêtes sauvages. »

Les mœurs des Parsis sont simples et douces ; ils ne contractent mariage qu'entre eux, et ils ne doivent épouser qu'une seule femme ; cependant, si cette femme est stérile pendant les neuf premières années du mariage, ils peuvent en prendre une seconde. Leur religion leur permet l'usage du vin et de toutes sortes de viandes, à l'exception seulement de celle de vache et de bœuf. Ils sont en général fort charitables, et ils ont toujours soin de leurs parents qui sont pauvres. Pendant une disette qui eut lieu du côté de Bombay, en 1805, on vit Ardeschir, l'un des plus riches négociants de la ville, nourrir 5000 individus pendant trois mois entiers, sans parler d'autres secours qu'il accordait à divers nécessiteux.

PARTES, déesses qui présidaient aux accouchements chez les Romains; l'une, nommée *Nona*, était invoquée par les femmes dans le neuvième mois de leur grossesse ; et l'autre, appelée *Decima*, lorsque leur état se prolongeait jusqu'au dixième mois. Il y en avait d'autres encore, telles que *Partule, Lucine, Alemone,* etc.

PARTHÉNIE, nom donné chez les Grecs aux déesses réputées vierges, telles que Diane et Minerve; on en gratifiait aussi Junon, quoique mère de plusieurs enfants, parce que tous les ans cette déesse recouvrait sa virginité dans la fontaine de Canathos. — Parthénie était encore une déesse honorée à Bubaste dans la Chersonèse, où elle avait un temple et un culte. On la disait fille de Staphyle (la grappe de raisin).

PARTHÉNIES, hymnes composées pour des chœurs de jeunes filles qui les chantaient dans certaines fêtes solennelles, et en particulier dans les Daphnéphories, qu'on célébrait en Béotie, en l'honneur d'Apollon Isménien. Ces filles, en équipage de suppliantes, marchaient en procession, portant à la main des branches de laurier.

PARTHÉNIS, surnom sous lequel Minerve était honorée par les Athéniens, qui lui avaient érigé une statue d'or et d'ivoire, haute de 39 pieds, ouvrage de Phidias. Cette statue était placée dans le temple appelé *Parthénon*, un des plus beaux monuments de la Grèce, dont nous avons admiré les magnifiques sculptures au British Museum, où les débris en ont été transportés. Il est d'ordre dorique et construit en marbre pentélique. Sa hauteur était de 69 pieds, sa longueur d'environ 227 et sa largeur de 100, ce qui lui avait fait donner aussi le nom d'*Hécatompédon*. La déesse était représentée debout, une pique à la main, son bouclier à ses pieds, sur sa poitrine une tête de Méduse, et auprès d'elle une victoire haute de quatre coudées.

PARTIBUS (ÉVÊQUE in). On appelle ainsi les évêques qui ont le titre d'un évêché situé dans le pays des infidèles, *in partibus infidelium*. Comme les règlements de l'Église s'opposent à ce qu'on confère la consécration épiscopale, à un ecclésiastique sans lui donner en même temps un siège, on choisit le nom d'un siège ancien, qui souvent n'existe plus, pour le donner aux ecclésiastiques que l'on veut honorer de la dignité épiscopale. Ces évêques sont alors ou coadjuteurs d'un autre évêque, ou vicaires apostoliques, ou bien ils remplissent quelque position élevée dans l'Église ou dans l'État.

PARTICULARISTES, partisans de la grâce particulière ; on donne ce nom à ceux qui soutiennent que Jésus-Christ a répandu son sang pour les seuls élus, et non pour tous les hommes en général.

PARTULE, PARTUNDE, PARUNDE, divinités romaines qui présidaient aux accouchements. La première portait aussi le nom de *Parte*, elle gouvernait et réglait le terme de la grossesse.

PARVATAS, dévas de la mythologie hindoue. M. Nève croit que ce sont les divinités qui président aux jours lunaires, désignés dans la langue classique par le nom de *Parvan*.

PARVATI, déesse indienne, épouse de Siva ; son nom signifie *la montagnarde* ; en effet elle était fille d'Himala, souverain des montagnes de neige. Au dire de quelques-uns, Parvati ne fut d'abord qu'une simple mortelle, qui sut inspirer de l'amour à Siva ; ce dieu, épris de ses charmes, aurait quitté le céleste séjour et aurait vécu tranquillement avec elle pendant mille années. Mais Brahmâ et Vichnou, indignés qu'il déshonorât ainsi sa divinité, lui firent de pressantes représentations et le décidèrent enfin à s'arracher des bras de sa femme, qui en mourut de douleur. Elle revint une seconde fois au monde, et Siva l'épousa de nouveau et l'emmena dans son paradis.

Cette déesse semble se rapprocher de la Junon des Grecs. Elle en a l'air majestueux, la fierté, les attributs généraux, et se retrouve sans cesse auprès de son mari, sur le mont Kailasa, ciel de Siva, et dans les festins des dieux. Elle est ordinairement accompagnée de son fils Kartikéya, qui monte un paon ; dans quelques peintures, elle est représentée vêtue d'une robe parsemée d'yeux. Dans les temples, cet oiseau accompagne son image. Elle n'a point cependant de temples particuliers, mais sa statue a un sanctuaire à part dans les temples de son époux. Elle est adorée sous plusieurs noms, comme l'Isis des Grecs, surtout sous celui de *Mère*. Les Hindous la représentent comme Cybèle, couronnée de tours ; elle est aussi la personnification de la lune. On la peint les cheveux flottants, ayant le lotus pour diadème et tenant l'urne sacrée d'où les eaux bienfaisantes, versées à grands flots, vont amortir les brûlantes ardeurs du dieu qui préside avec elle au grand acte de la fécondation universelle.

Les Saivas, c'est-à-dire les Hindous qui font une profession particulière d'honorer Siva, et qui le regardent comme le plus grand des dieux, considèrent Bhavani comme la déesse suprême, souveraine du ciel, protectrice de la terre, providence universelle de tous les êtres. Les Saktas, ou les Hindous qui rendent un culte spécial à l'énergie divine personnifiée sous la forme féminine, ne balancent pas à la représenter comme la déesse primitive, Parasakti, la grande Maya, l'illusion qui parcourt l'univers, produite immédiatement par le créateur et qui ensuite a donné naissance à tous les dieux, à tous les hommes et à tous les êtres. Elle est éternelle, elle a à elle seule autant de puissance que tous les dieux réunis ensemble ; elle est adorée par les êtres infiniment subtils, rayons de lumière sortis de son corps; elle est l'*atma*, l'âme qui existe dans tous les êtres vivants. *Voy.* SAKTI et SAKTAS.

Parvati porte aussi les noms de *Dourga* l'inaccessible, de *Dévi*, la déesse par excellence. Mais lorsqu'elle partage avec son époux le rôle de la destruction, on l'honore sous les noms terribles de *Bhavani* et de *Kali.* Voy. DOURGA, DÉVI, BHAVANI, KALI, etc.

PARVIS, 1° chez les Juifs, c'était une vaste enceinte qui environnait le tabernacle. Sa forme était un carré oblong. Elle avait cent coudées de longueur et cinquante de largeur. Elle était fermée par des rideaux ou courtines, qui permettaient au peuple de voir ce qui s'y passait. Il y avait, du côté de l'Orient, une ouverture de vingt coudées, par laquelle on y entrait. Le parvis était le lieu destiné à immoler les victimes. C'était là qu'étaient placés l'autel des holocaustes et la cuve d'airain.

2° Chez les chrétiens, c'est la place publique, qui est ordinairement devant la principale façade des églises. Quelques écrivains prétendent que le mot *Parvis* vient de *Parvisium*, qui, dans la basse latinité, désignait le lieu où l'on instruisait autrefois les enfants, *parvos* ou *parvulos.* On nommait anciennement *paradis* ce que nous appelons aujourd'hui *parvis*.

PASANDAS, sectaires hindous qui traitent de fables tout ce qui est contenu dans les livres sacrés, et nient l'immortalité de l'âme. Ils s'abandonnent au vice sans aucune retenue ; leur dissolution est, dit-on, si grande qu'ils ne respectent aucun degré de parenté dans leurs débauches, et disent que toute femme est leur propre femme du moment qu'ils en jouissent. Ceux de cette secte n'osent pas toujours avouer qu'ils en sont; et on en a vu de massacrés en haine de leur doctrine impie. *Voy.* SAKTI-POUDJA, SAKTEYAS.

PASI, prêtre des Kayanos, habitants des montagnes qui se trouvent entre Aracan et Birnah, dans l'ancien empire des Birmans. Dans les maladies on a recours au Pasi, qui opère au moyen d'un talisman. Ce talisman est supposé le don d'une providence mystérieuse et indéfinie, qui se manifeste par le tonnerre; car ce peuple ne reconnaît pas d'Etre suprême. Chaque fois que la foudre a frappé un arbre, les Kayanos accourent en foule à ses racines, et commencent à y creuser la terre avec soin, jusqu'à ce qu'ils y trouvent une substance minérale ou autre qu'ils jugent à sa forme être le talisman cherché. Alors ils tuent un porc ou une vache qu'ils mangent en grande cérémonie, pour célébrer le bienfait de l'orage.

PASIPHAÉ, déesse grecque, qui avait à Thalames en Laconie, un temple avec un oracle très-fréquenté. Quelques-uns, dit Plutarque, prétendent que c'est une des Atlantides, filles de Jupiter, et qu'elle fut mère d'Ammon. Selon d'autres, elle est la même que Cassandre, fille de Priam, qui mourut à Thalames ; et parce qu'elle rendait ses oracles à tout le monde, elle fut appelée *Pasiphaé*, de πᾶσι φαίνειν, déclarer à tous. On allait coucher dans le temple de cette déesse, et la nuit elle faisait voir en songe tout ce qu'on voulait savoir.

PASITHÉE, fille de Jupiter et d'Eurynome ; c'était, suivant quelques-uns, la première des trois Grâces. Ses sœurs étaient Eurynome et Egialée. Dans Homère, Junon la promet en mariage au Sommeil s'il acquiesce à sa demande.

Pasithée était aussi un surnom de Cybèle, comme mère de tous les dieux.

PASOUPATAS, sectaires hindous, adorateurs de Pasoupati, surnom de Siva. Ils identifient l'Etre suprême avec ce dieu, qu'ils regardent comme la cause efficiente du monde, son créateur et sa providence régulatrice, mais non comme sa cause matérielle. Ce principe matériel est la nature ou la matière plastique. Cette secte est plutôt philosophique que pratique. Cependant ils ont des rites particuliers qu'ils distribuent sous deux chefs, appelés *vrata* et *dwara*.

Au premier chef (*vrata* ou *vœu*) appartient l'usage des cendres au lieu de l'eau, pour bains et ablutions : c'est-à-dire, premièrement, au lieu de se baigner trois fois le jour, le matin, à midi et le soir ; secondement, au lieu d'ablutions pour des causes spéciales, comme la purification de souillures après l'évacuation de l'urine, des excréments, etc. Au même chef appartient aussi le sommeil sur les cendres, pour l'usage particulier duquel ils demandent des cendres aux chefs de famille, de la même manière qu'ils demandent de la nourriture et les autres subsistances. Ce chef comprend aussi l'exaltation, qui embrasse le rire, la danse, le chant, l'action de mugir ou beugler comme un taureau, celle de faire des salutations, de réciter des prières, etc.

Le second chef (*dwara*) consiste, 1° à faire semblant de dormir quoiqu'on soit réellement éveillé ; 2° à trembler ou à avoir des mouvements convulsifs dans les membres, comme si l'on était affligé d'une affection rhumatismale ou paralytique ; 3° à clocher comme si l'on était boiteux ; 4° à se livrer à la joie, comme un amant à la vue de sa maîtresse ; 5° à affecter la folie, quoique l'on soit complétement sain d'esprit ; 6° à tenir des discours incohérents. — Cette secte est considérée comme hérétique (Colebrooke, traduit par Pautier).

PASOUPATI, un des noms du dieu Siva, considéré comme maître et seigneur des animaux.

PASSADOR, nom que les habitants du royaume de Benin, sur la côte d'Afrique, donnent à l'ombre du corps humain : ils la regardent comme un être réel, qui rendra un jour témoignage de leurs bonnes ou de leurs mauvaises actions. Ils tâchent de se la rendre favorable par des sacrifices, persuadés que son témoignage peut décider de leur bonheur ou de leur malheur éternel.

PASSAGERS, PASSAGIENS, PASSAGINIENS et PASSAGUINS, noms formés du grec πᾶς ἅγιος, tout saint, qui ont été pris par différents hérétiques, lesquels prétendaient à une sainteté toute particulière, et entre autres par des sectaires du XIIᵉ siècle, issus des Vaudois, et des Albigeois : leurs principales erreurs consistaient à nier le mystère de la sainte Trinité, et à prétendre que Jésus-Christ était une simple créature. Ils soutenaient la nécessité de quelques rites judaïques, et pratiquaient la circoncision ; aussi les appela-t-on les circoncis. Ils furent condamnés en 1184 par le pape Lucius III.

PASSALORYNCHITES (de πάσσαλος, cheville, et ῥύγχος, museau) : on appelait ainsi certains hérétiques descendus des Montanistes, qui, dans le IIᵉ siècle, se distinguèrent par une affectation ridicule de garder le silence ; ils prenaient à la lettre ce passage du Psalmiste : Mettez, Seigneur, une garde à ma bouche, et une porte de circonspection à mes lèvres ; c'est pourquoi ils avaient toujours le doigt sur la bouche. Ils eussent cru faire un crime s'ils eussent proféré une seule parole ; mais ils se permettaient des erreurs plus réelles, et pensaient que leur silence devait leur tenir lieu de vertu. Il y avait encore quelques-uns de ces visionnaires à Ancyre en Galatie, du temps de saint Jérôme.

PA-SSE, religieux de la secte de Tao-sse, dans le royaume de Camboge. Ils sont vêtus comme les gens du peuple, excepté qu'ils portent sur leur tête une toile rouge ou blanche en forme de coiffure. Ils ont des couvents et des temples, quelquefois accompagnés de tours, mais qui ne peuvent se comparer, pour la magnificence, aux monastères bouddhiques du même pays. Dans leurs temples, il n'y a point de représentations particulières, mais seulement un amas de pierres, comme ceux qui servent à la Chine, pour offrir des sacrifices au ciel et à la terre. Il y a aussi des religieuses de cette secte. Les Pa-sse ne partagent pas le repas d'un homme étranger à leur religion, et ne souffrent pas qu'on les voie manger ; ils ne boivent pas de vin.

PASSION. Les chrétiens désignent par ce mot le mystère des souffrances et de la mort qui terminèrent la vie mortelle du fils de Dieu, et par lesquelles il racheta le genre humain de l'esclavage du péché et de la damnation éternelle. — De là on donne le nom de Passion au récit évangélique des souffrances du Sauveur, qui se chante publiquement dans les églises, pendant la semaine sainte, et aux sermons sur le même sujet que l'on prêche le vendredi saint. — La semaine de la Passion est la cinquième du carême, celle qui précède immédiatement la semaine sainte.

PASSION (Confrérie de la), association qui se forma vers la fin du XIVᵉ siècle. Elle était composée de quelques bourgeois de Paris et de plusieurs pèlerins, qui représentaient sur un théâtre public les mystères de la passion de Notre-Seigneur et plusieurs autres sujets pieux. Les pèlerinages, qui étaient alors très-fréquents, donnèrent lieu à cette confrérie. Ceux qui étaient de retour de ces pieux voyages s'attroupaient dans les rues pour chanter les merveilles dont ils avaient été témoins. Les pèlerins de la terre sainte chantaient la passion de Notre-Seigneur ; ceux de saint Jacques célébraient la gloire et les miracles de l'apôtre de l'Espagne ; ceux de Notre-Dame du Puy entonnaient les louanges de la sainte Vierge ; et ainsi des autres. La singularité de leur habillement, les coquilles et les images dont ils étaient couverts, donnaient du prix à leurs cantiques, et le peuple paraissait prendre un grand plaisir à les entendre. C'est ce qui fit naître l'idée à quelques bourgeois de Paris d'élever un théâtre, pour y représenter publiquement ces mêmes mystères dont le récit plaisait tant dans la bouche des pèlerins. Ils débutèrent au bourg de Saint-Maur, à deux lieues de Paris, l'an 1398, sous le règne de Charles VI, et la passion de Notre-Seigneur fut le sujet de la première pièce qu'ils donnèrent. Mais, comme ils avaient hasardé cette entreprise sans la permission du roi et des magistrats, défense leur fut faite, par le prévôt de Paris, de continuer leurs représentations. Les nouveaux acteurs obtinrent, quelque temps après, l'agrément de la cour, et leur société fut décorée du titre de Confrérie de la Passion de Notre-Seigneur. Le roi Charles VI, qui goûtait fort ce spectacle, accorda aux confrères, le 4 décembre 1402, des lettres qui les autorisaient à s'établir à Paris. Les confrères louèrent une partie de l'hôpital de la Croix de la Reine, appelé depuis la Trinité, et commencèrent à y donner régulièrement, tous les jours de fête, à l'exception cependant des fêtes solennelles, des représentations des principaux mystères de la religion, des histoires de l'Ancien Testament, et des traits les plus mémorables de la Vie des saints. En faveur du peuple, qui était passionné pour ce spectacle, on avança l'heure des vêpres en plusieurs églises. Il se forma des confréries, sur le modèle de celle de Paris, en plusieurs villes de France, telles que Rouen, Angers, le Mans, etc.

Les confrères de la Passion continuèrent leurs représentations avec le même succès, sous les règnes de Charles VII et de Louis XI; mais, pour amuser le peuple, qui commençait à s'ennuyer des sujets sérieux, ils furent obligés d'entremêler les mystères de scènes profanes et bouffonnes. Ce mélange indécent du sacré et du profane n'empêcha pas que François Ier ne confirmât les confrères de la Passion dans tous les priviléges qui leur avaient été accordés par ses prédécesseurs. En 1539, la confrérie fut obligée de quitter l'hôpital de la Trinité, et alla s'établir à l'hôtel de Flandres, dans la rue qu'on appelle aujourd'hui *Coquillière*. François Ier, ayant ordonné la démolition de cet hôtel en 1543, les confrères achetèrent une partie de l'hôtel de Bourgogne; mais en même temps survint un arrêt du parlement, qui leur défendait de représenter aucune pièce qui eût rapport à la religion, et leur prescrivait de ne choisir pour leur spectacle que des sujets profanes. Les confrères, qui auraient cru se déshonorer en représentant des pièces profanes, et qui regardaient peut-être leurs fonctions comme très-nobles et comme tenant à la religion, louèrent leur théâtre et leurs priviléges à une troupe de comédiens qui s'établirent alors. Ils se contentèrent seulement de réserver pour eux quelques loges qui furent appelées *les loges des maîtres*. Nous avons encore quelques-unes des pièces qui furent représentées par la confrérie de la Passion.

PASSIONNEL. On appelait ainsi autrefois dans l'Eglise le livre qui renfermait la vie et la passion ou le martyre des saints. On le trouve cité dans la plupart des anciennes liturgies. Ce mot a été remplacé par celui de *légendes*, et dans les temps plus modernes par celui de *Vie des saints*. Les Grecs donnent à ces sortes de recueils le nom de *ménologes*.

PASSIONNISTES, nom donné aux hérétiques qui prétendaient que Dieu le Père et toute la sainte Trinité avaient souffert simultanément avec Jésus-Christ. On les appelait encore *Patripassiens*.

PASTEUR, titre que l'on donne à celui qui est chargé du soin des âmes : il dérive du verbe *pascere*, nourrir, faire paître, et signifie proprement un *berger*, parce qu'en effet les pasteurs des âmes sont chargés de nourrir le troupeau de Jésus-Christ par les sacrements et le pain de la parole. Ce titre appartient en propre aux évêques qui ont des diocèses à gouverner, c'est celui qui doit leur être le plus cher; mais on le donne aussi aux curés ou prêtres chargés de régir les paroisses sous l'autorité épiscopale, parce que l'évêque s'est déchargé sur eux d'une partie de son ministère pastoral, eu égard à la portion du troupeau qui leur est confiée. — Homère appelait les rois *pasteurs des peuples*.

Dans la plupart des communions protestantes le titre de *pasteur* répond absolument à celui de *curé* chez les catholiques.

PASTOPHORES (du grec παστός, voile, lit nuptial); prêtres ainsi nommés par les Grecs, à cause de leurs longs manteaux, ou du lit de Vénus qu'ils portaient dans certaines cérémonies, ou du voile qui couvrait les divinités, et qu'ils étaient obligés de lever pour les exposer aux regards du peuple. Saint Clément d'Alexandrie, en parlant des quarante-deux livres sacrés de l'Hermès égyptien, qu'on gardait avec tant de soin dans les temples d'Egypte, dit qu'il y en avait six appartenant à la médecine, et qu'on les faisait étudier aux Pastophores. Selon Diodore de Sicile, ils promettaient de se conformer aux préceptes de cet ouvrage sacré; alors, si le malade périssait, on ne les en rendait pas responsables; mais quand ils s'étaient écartés des ordonnances, et que le malade venait à mourir, on les condamnait comme meurtriers.

PASTOPHORIE, habitation où, selon Cuper, demeuraient les prêtres païens chargés de porter en procession la châsse ou l'image des dieux. D'autres ont cru que c'était une petite maison où demeuraient ceux qui avaient la garde des temples. — Le Moine convient que, chez les païens comme chez les chrétiens, c'était une cellule à côté des temples, où l'on portait les offrandes, et où l'évêque les distribuait. Il en est qui ont prétendu que c'était un endroit placé sur le côté oriental des églises où l'on était dans l'usage de renfermer ce qui restait de la sainte eucharistie. — La version des Septante donne aussi le même nom à la tour du haut de laquelle le sacrificateur en charge sonnait de la trompette, et annonçait au peuple le sabbat et les jours de fête.

PASTORAL, livre où sont contenus les prières, cérémonies, devoirs et fonctions des pontifes et des pasteurs.

PASTORICIDES, hérétiques du XVIe siècle, auxquels on donna ce nom parce qu'ils en voulaient particulièrement aux pasteurs de de l'Eglise catholique, et qu'ils en faisaient un horrible carnage partout où ils les rencontraient.

PASTOUREAUX, fanatiques qui exercèrent de grands ravages en France, pendant la captivité du roi saint Louis chez les Sarrasins. Ils avaient à leur tête un moine apostat, nommé Jacob, qui s'était échappé d'un couvent de l'ordre de Cîteaux en Allemagne. Ce misérable, étant venu en France, s'était annoncé comme envoyé de la part de Dieu, pour procurer la délivrance du roi Louis IX, retenu prisonnier chez les infidèles. Il avait en effet prêché une croisade à cette intention, et il avait essayé de prouver sa mission en débitant plusieurs révélations qu'il disait avoir reçues de Dieu. Il s'était particulièrement attaché à prêcher dans les bourgs et dans les villages, et avait fait accroire aux bergers et aux villageois que Jésus-Christ, qui est le bon pasteur, les avait spécialement choisis pour être les libérateurs de leur bon roi Louis IX. Par de pareils ar tifices, Jacob se forma un parti nombreux, composé de paysans et de bergers, auxquels on donna, pour cette raison, le nom de *Pastoureaux*. Ce brigand établit dans sa secte des chefs qui lui étaient subordonnés, et dont l'autorité s'étendait sur le spirituel comme sur le temporel. Ils exerçaient même les fonctions ecclésiastiques, et, pour encourager leurs soldats, ils leur accordaient l'absolution, non-seulement des péchés qu'ils avaient commis, mais de tous ceux qu'ils pourraient commettre à l'avenir. Les Pastoureaux en voulaient surtout aux prêtres et aux moines, qu'ils massacraient impitoyablement partout où ils les rencontraient. Ils disaient qu'on ne devait attribuer qu'à leurs crimes et à leurs dissolutions les disgrâces qu'avait éprouvées le roi Louis. Les Orléanais ayant eu l'imprudence de leur ouvrir les portes de leur ville, les Pastoureaux y firent un horrible carnage de tous les gens d'Eglise. Ils se répandirent ensuite dans le Berri; mais les gentilshommes de cette province s'étant réunis, tombèrent sur ces brigands, et en tuèrent une grande partie, entre Mortemer et Villeneuve. Jacob, leur général, fut du nombre des morts. Ceux d'entre les Pastoureaux qui furent assez heureux pour se sauver, trouvèrent la mort partout où ils se réfugièrent, et la France se vit par là délivrée de cette troupe de scélérats.

PATAIQUES, divinités dont les Phéniciens plaçaient l'image sur la poupe de leurs vaisseaux. Elles avaient la forme de petits marmousets ou pygmées, si grossièrement faits, qu'elles attirèrent le mépris de Cambyse, lorsqu'il entra dans le temple de Vulcain. L'on mettait toujours sur la poupe l'effigie d'un de ces dieux, regardé comme le patron du vaisseau, au lieu qu'on ne mettait sur la proue que la représentation d'un animal ou d'un monstre qui donnait son nom au navire. On ignore quels étaient précisément ces dieux, que quelques-uns prennent pour les Dioscures phéniciens, d'autres pour des espèces de fétiches. Les diverses étymologies qu'on a données de ce mot nous paraissent fort incertaines.

PATALA, régions infernales situées sous le monde terrestre. On le confond ordinairement avec le *Naraka*. Cependant le Patala est proprement la région souterraine, demeure des serpents Nagas, tandis que le Naraka est le lieu de supplice des réprouvés.

Le Patala est divisé en sept régions principales. Mahabali, vaincu par Vichnou, est roi du troisième Patala, en attendant qu'il devienne roi du Swarga ou ciel. Le Naraka est partagé en vingt et un enfers, destinés à renfermer les différentes espèces d'âmes pécheresses, et où elles éprouvent des tourments plus ou moins rigoureux, selon la gravité de leurs crimes.

Yama, juge des morts, est le souverain des enfers; il réside dans la ville de Yamapoura, située au centre des régions ténébreuses. Un fleuve de feu, nommé Vakarani, sépare notre monde de l'empire de Yama. Le passage en est terrible et douloureux; mais un agonisant peut le franchir sans danger, s'il a eu soin de faire don d'une vache et d'une somme d'argent au brahmane qui l'assiste. Au moment où il abandonne la vie, cette vache se présente à lui sur le bord du fleuve; il lui saisit la queue, et, par ce moyen, il se trouve transporté en un clin d'œil à l'autre rive. Les morts qui ont négligé cette utile précaution n'effectuent leur trajet qu'en quatre heures quarante minutes, et sont exposés pendant tout ce temps à l'action dévorante des eaux enflammées; car l'âme séparée de son corps terrestre n'en est pas moins sensible au plaisir et à la douleur: elle est revêtue à cet effet d'un autre corps formé des particules subtiles des éléments.

Aussitôt qu'un mort a atteint l'empire de Yama, il se présente au tribunal de ce dieu, dont le terrible aspect le glace d'épouvante. A côté de ce juge inflexible, est assis Tchitragoupta, le greffier infernal, tenant déployé devant lui le registre où il a eu soin de noter, jour par jour, moment par moment, les bonnes et les mauvaises actions du mort qui paraît à la barre de son tribunal. Si les premières l'emportent sur les secondes, l'âme est dirigée sur celui des Swargas où elle a mérité d'être admise. Si au contraire ce sont les dernières qui dominent, Yama dit au coupable: « Ne savais-tu pas que j'avais des récompenses pour les bons et des supplices pour les méchants? Tu le savais; et tu as péché! Eh bien! que l'enfer soit ta demeure pendant le cours de tous les âges! » A ces mots, il ordonne à Tchitragoupta de lire les charges qui existent; et si le coupable exige qu'on produise la preuve des faits, Yama, feignant de sourire, mais plein de courroux, appelle les témoins: ce sont la terre, le jour lunaire, le jour solaire, la nuit, le matin, et le soir. Après leurs dépositions, le coupable confondu est envoyé dans celui des enfers où il doit subir les peines dues aux fautes qu'il a commises.

Afin qu'aucun des humains ne puisse se soustraire à sa juridiction finale, Yama entretient dans l'univers entier de nombreux émissaires qui épient l'instant où les hommes meurent, s'emparent de leurs âmes et les entraînent devant le juge. Mais leur action est souvent contrecarrée par Vichnou et Siva, qui, de leur côté, envoient sur la terre des agents qui connaissent parfaitement les clients de leur maître respectif. Lorsque ceux-ci viennent à mourir, les agents de l'un ou de l'autre dieu tâchent de conduire leurs âmes à celui des deux qu'ils ont honoré durant la vie. Il résulte de ce conflit entre les émissaires des différents dieux, d'assez vives disputes, et parfois des batailles sanglantes; car chaque parti veut s'emparer de l'âme du défunt et la mener à son maître. Mais la dévotion spéciale à Siva ou à Vichnou, quelque tiède qu'elle ait été, a tant de mérites, que leurs émissaires ont ordinairement le dessus, et que ceux de Yama sont obligés de lâcher prise.

Quant aux tourments du Naraka, les supplices que les méchants auront à y endurer sont vraiment épouvantables. Nous en donnons une description abrégée au mot ENFER, n° 11.

PATALÈNE ou PATELÈNE, une des déesses qui présidaient aux moissons chez les Romains. Elle était invoquée dans le temps que les tiges du blé étaient près de s'ouvrir. Aussi le peuple lui attribuait-il le soin particulier de faire sortir heureusement les épis. Son nom vient de *patere*, être ouvert.

PATANDJALI, secte philosophique hindoue : elle appartient à la doctrine du Sankhya ; mais elle est théiste, c'est-à-dire qu'elle reconnaît un Dieu, à la différence de celle de Kapila, qui, ainsi que les Djainas et les Bouddhistes, n'admet ni créateur de l'univers, ni providence souveraine.

PATARINS, PATÉRINS ou PATRINS, nom que l'on donna aux Manichéens des XI° et XII° siècles. Il y avait alors de nombreuses transmigrations de villes et de peuples. Une grande quantité de Bulgares, ayant quitté leurs foyers, étaient venus s'établir en Italie, principalement à Milan et dans la Lombardie. C'est là qu'on leur donna ce nom. Ils s'appelaient eux-mêmes *Cathares* ou *purs*.

PATA-SANNYASA, pratique religieuse en usage chez les Hindous ; elle consiste à se précipiter sur une rangée de lances, du haut d'un échafaud érigé devant la statue de Siva. Cette pratique fait partie des cruelles cérémonies du *Tcharkh-Poudja*.

PATÉIDES, surnom des Muses, pris d'une fontaine qui leur était consacrée en Macédoine.

PATÉLIERS, nom que l'on a donné à des hérétiques du XVI° siècle, parce qu'ils soutenaient que le corps de Jésus-Christ était dans l'eucharistie, comme la chair est dans un pâté.

PATELLA ou PATELLANE. Arnobe parle d'une divinité romaine de ce nom, laquelle avait soin des choses qui doivent s'ouvrir, se découvrir, ou de celles qui étaient déjà ouvertes. D'autres la confondent avec *Patalène*.

PATELO, divinité adorée par les anciens Prussiens. Le culte qu'on lui rendait consistait à tenir suspendue devant la statue de ce dieu la tête d'un homme mort.

PATÈNE, plat d'or ou d'argent, sur lequel les prêtres de l'Église catholique mettent la sainte hostie pendant le sacrifice de la messe. Si la patène est d'argent, l'intérieur doit être doré. Avant de servir à la célébration du sacrifice, elle doit avoir été consacrée par l'évêque, ainsi que le calice. Dans la plupart des églises, il est d'usage de présenter la patène à baiser au clergé et aux fidèles qui viennent à l'offrande. Ceux qui sont dans les ordres sacrés la baisent en dedans et les autres en dehors. Cependant les conciles d'Aix en 1585, et celui de Toulouse en 1590, défendent de présenter la patène à baiser au peuple ; c'est pourquoi, en plusieurs diocèses : on lui substitue un crucifix ou une image de métal.

Les patènes des Orientaux sont des plats d'or ou d'argent, plus grands qu'en Occident ; elles ont même un couvercle à charnière, ce qui en fait une espèce de boîte.

PATENOTRE. Ce mot désigne l'oraison dominicale, parce qu'elle commence en latin par ces deux mots, *Pater noster*.

On se sert plus communément du mot *patenôtre* pour désigner les grains de chapelet sur lesquels on récite le *Pater noster*.

Enfin, dans le style familier et badin, on l'emploie pour désigner toute espèce de prières.

PATÈRE, vase qui avait une large ouverture, dans lequel les Romains recevaient le sang des victimes, ou dont ils se servaient pour faire des libations aux dieux. De ces vases, les uns avaient un manche ou une anse, les autres en étaient dépourvus.

PATÈRES, 1° prêtres d'Apollon, par la bouche desquels ce dieu rendait ses oracles. On fait dériver ce mot de l'hébreu פתר *patar*, interpréter.

2° C'était aussi, chez les Gaulois, les prêtres du dieu Belen, selon Ausone, qui les appelle *Patera*.

PATÉRINS, nom que l'on donna aux Manichéens du XII° siècle. *Voy.* PATARINS.

Les ennemis du pape Grégoire VIII donnaient aussi le nom de *Patérins* à ceux qui soutenaient le parti de ce pontife ; sans doute parce que les partisans de Grégoire, pour faire valoir leur cause, disaient qu'ils défendaient le père commun des fidèles.

PATER PATRATUS. C'est le nom que les Romains donnaient au chef des prêtres appelés *féciaux*. Il était chargé du soin des cérémonies qui accompagnaient les traités. Lorsque les Romains étaient convenus avec leurs ennemis des articles de la paix, il se rendait au lieu de la conférence, dressait un autel, devant lequel il assommait un pourceau d'un coup de massue ; il faisait en même temps une prière aux dieux, les suppliant de traiter, comme il avait fait ce pourceau, ceux qui les premiers violeraient le traité. Une de ses fonctions était aussi de livrer les infracteurs aux ennemis. Le *Pater Patratus* était élu par le suffrage du collége des féciaux.

Plutarque cherche l'origine de ce nom : voici comme il s'exprime dans ses *Questions romaines* : « Pourquoi le premier des féciaux est-il appelé *Pater Patratus*, ou le père établi, nom que l'on donne à celui qui a des enfants du vivant de son père, et qu'il conserve encore aujourd'hui avec ses priviléges ? Pourquoi les préteurs leur donnent-ils en garde les jeunes personnes que leur beauté met en péril ? Est-ce parce que leurs enfants les obligent à se retenir, et que leurs pères les tiennent en respect ? ou parce que leur nom même les retient, car *patratus* veut dire parfait, et qu'il semble que celui qui devient père, du vivant de son père même, doit être plus parfait que les autres ? ou peut-être est-ce que, comme, selon Homère, il faut que celui qui prête serment et fait la paix regarde devant et derrière, celuiià peut mieux s'en acquitter, qui a des enfants devant lui, auxquels il est obligé de pourvoir, et un père derrière, avec lequel il peut délibérer? »

PATET, formule d'acte de contrition en usage chez les Parsis. Le pécheur repentant prononce ces paroles, en présence du feu ou du Destour, en s'adressant à Dieu et aux anges : « Je me repens avec confusion de tous les crimes que j'ai commis en pensées, paroles et actions ; je les renonce, et je promets d'être pur désormais en pensées, paroles et actions. Dieu me fasse miséricorde, et prenne sous sa sauvegarde mon âme et mon corps, en ce monde et en l'autre. » Après quoi il avoue ses fautes, qui sont de vingt-cinq espèces.

PATINIAK, superstition en usage chez les Aëtas, peuple sauvage des îles Philippines. C'est un sortilége qu'ils prétendent attaché à l'enfant qu'une femme porte dans son sein. L'effet de ce sortilége est de prolonger les douleurs de l'accouchement, et même de l'empêcher. Pour lever le Patiniak, au plus fort de la douleur, le mari ferme soigneusement la porte de la case, fait un grand feu à l'entour, quitte le peu de vêtements dont il est couvert, et s'escrime avec fureur du kampilan, jusqu'à ce que sa femme soit accouchée. — Le kampilan est une espèce de sabre dont la partie inférieure est plus large que le haut de la lame.

PAT-LOUANG, ordre supérieur des talapoins, dans le royaume de Siam. *Voy.* BADLOUANG.

PATRACHAM, sorte de chapelet en usage chez les Hindous du Malabar : son nom est tamoul et paraît être une altération du sanscrit Bhadrakcham, œil de Bhadra ou Siva. Il est composé de fruits ou noyaux autres que ceux qui forment le Roudrakcha, qui est le véritable chapelet brahmanique, celui qui a la vertu de remettre les péchés. Le Patracham n'a pas cette propriété, aussi est-il peu estimé, et il n'y a que les gens de la plus basse classe qui le portent.

PATRAGALI, déesse indoue, dont le nom est ainsi orthographié dans les livres français du siècle précédent ; mais l'orthographe véritable est BHADRAKALI. *Voy.* ce mot, et MARYAMMA.

PATRIARCHE, du grec πατήρ, père, et ἀρχὸς, chef : titre d'autorité qui fut autrefois donné dans l'Eglise à certains prélats dont la juridiction s'étendait sur plusieurs provinces, et qui avaient le pas sur tous les évêques, archevêques et primats. Ces patriarches étaient au nombre de cinq ; ils occupaient les cinq grands siéges de la chrétienté, Rome, Constantinople, Alexandrie, Antioche et Jérusalem. Le patriarche de Rome a pris depuis le nom de *pape*, et le titre de patriarche n'est plus en usage que dans l'Eglise grecque. On a cependant conservé ce titre dans plusieurs églises métropolitaines d'Occident, comme celles de Venise, d'Aquilée, de Lisbonne, de Goa, etc.; mais il est purement honorifique. Outre les quatre grands patriarches de Constantinople, de Jérusalem, d'Alexandrie et d'Antioche, on en compte plusieurs autres, comme le patriarche des Maronites, des Jacobites, des Nestoriens et des Géorgiens. L'Eglise d'Arménie en a quatre, et celle de Russie, avant Pierre le Grand, était aussi gouvernée par un patriarche, dont nous dirons quelque chose lorsque nous aurons parlé de celui de Constantinople, qui est le chef de l'Eglise grecque.

Ce patriarche prend le titre d'œcuménique, c'est-à-dire universel. Il eut autrefois de grandes disputes avec le patriarche de Rome, sur l'article de la primauté et de la souveraineté : l'un et l'autre prétendaient être le chef de l'Eglise universelle. Mais les choses ont bien changé de face, et le patriarche de Constantinople, vil esclave des Turcs, n'est pas en état aujourd'hui de faire comparaison avec le souverain pontife de l'Eglise latine. Il est bien déchu de son ancienne splendeur : il suffit, pour en juger, de comparer les cérémonies de leur élection, telle qu'elle se fait aujourd'hui, avec celle qui se faisait autrefois du temps des empereurs grecs. Autrefois l'empereur choisissait, sur trois sujets qui lui étaient présentés, celui qui lui était le plus agréable : un des premiers officiers de l'empire conduisait par la main le nouveau patriarche en présence de l'empereur ; ce prince le recevait, assis sur son trône, environné de ses courtisans, et, dans tout l'éclat de la majesté impériale, il lui donnait de sa main le bâton pastoral, en lui disant : « Selon le pouvoir que la sainte Trinité nous a donné, vous êtes désigné archevêque et patriarche œcuménique de Constantinople, la nouvelle Rome ; » paroles qui étaient accompagnées des acclamations de tous les assistants. Le nouveau patriarche, après avoir reçu le bâton pastoral, allait s'asseoir vis-à-vis de l'empereur, sur un trône qu'on lui avait préparé. Quelque temps après, il était mené en triomphe dans l'église de Sainte-Sophie, et sacré par l'archevêque d'Héraclée. L'empereur et tous les plus grands seigneurs de l'empire assistaient à cette cérémonie, et contribuaient, par leur magnificence, à la rendre pompeuse et solennelle.

Aujourd'hui, celui qui, par son argent et par ses intrigues à la Porte, a obtenu la dignité de patriarche, reçoit du Grand Seigneur un cheval blanc, une crosse et un caftan brodé. Il va ensuite dans son église patriarcale escorté d'un grand nombre d'ecclésiastiques et de quelques officiers de la Porte, lesquels y paraissent moins pour y faire honneur au patriarche que pour veiller en maîtres sur ce qui se passe pendant la cérémonie. Il se tient quelque temps debout au milieu de l'église, sur un morceau d'étoffe où l'on a représenté un aigle (c'est Cyrille Lucar qui rapporte cette particularité). L'archevêque d'Héraclée revêt le nouveau patriarche des ornements pontificaux, pendant que le peuple fait les acclamations ordinaires. Mais la joie que tous ces honneurs doivent lui causer est empoisonnée par la présence des officiers turcs, dont il est la créature, ce qui lui fait sentir vivement sa dépendance. En effet, ce n'est pas assez qu'il se soit épuisé pour acheter sa dignité : s'il veut s'y maintenir, il faut qu'il fasse sans cesse de nouveaux présents à ses protecteurs, dont l'avarice insatiable le persécute sans cesse, et qui ne l'ont pas plutôt élevé sur le trône patriarcal, qu'ils songent à le déposer, et entrent en marché avec son successeur. Quoique riche de plus de quarante mille écus, ses revenus ne suffisent pas aux dépenses qu'il est obligé de faire pour se soutenir : il faut qu'il vende les évêchés et tous les bénéfices qui dépendent de lui, qu'il commette mille vexations et mille bassesses, pour amasser de l'argent ; et très-souvent, malgré ces honteuses ressources, il a le chagrin de voir une dignité qui lui coûte si cher passer entre les mains d'un autre. Il faut remarquer que, dans le baratz, ou lettre patente que le sultan donne pour confirmer l'élection du patriarche, on trouve ces paroles plusieurs fois répétées : « Selon leurs vaines et inutiles cérémonies ; » ce qui, sans doute, est fort humiliant pour le patriarche.

Malgré l'avilissement de ce chef de l'Église grecque, on ne laisse pas de lui rendre à l'extérieur des hommages et des respects extraordinaires, et lorsqu'on en parle, on lui donne le titre de Tout-Saint, Παναγιώτατος.

Les autres patriarches sont beaucoup plus heureux que celui de Constantinople, en ce qu'ils jouissent plus tranquillement de leurs revenus, et sont bien moins persécutés par les Turcs, dont ils sont fort éloignés.

Les patriarches d'Alexandrie portaient autrefois le titre de *pape*, comme les évêques de Rome ; ils le quittèrent à l'occasion des troubles excités par l'hérésie d'Eutychès, et portèrent même une loi par laquelle il était expressément défendu à leurs successeurs de jamais le reprendre. Aujourd'hui le patriarche d'Alexandrie est le chef de tous les chrétiens d'Égypte qui suivent l'opinion d'Eutychès, et qui sont connus sous le nom de *Coptes* ; lui-même prend le titre de chef et d'évêque suprême de l'Église copte, et ne croit pas être inférieur en dignité au chef de l'Église romaine. A ses autres qualités il ajoute celle de successeur de saint Marc. Cet évangéliste fut le premier apôtre de l'Égypte, et il est reconnu pour le fondateur et le premier évêque du siége patriarcal d'Alexandrie. Le monastère de saint Maurice est le lieu de la résidence du patriarche d'Alexandrie. Son autorité s'étend sur cent quarante évêchés, tant en Égypte, qu'en Syrie, en Nubie et en plusieurs autres pays ; il a même le privilège de nommer et sacrer l'*abouna*, ou évêque des Abyssins.

Le plus beau droit des patriarches d'Alexandrie est l'indépendance. Ils ne sont point soumis aux caprices de leurs évêques ni du gouvernement : l'apostasie et l'hérésie sont les seules causes qui puissent les faire déposer. On a des exemples de la déposition de plusieurs patriarches qui s'étaient écartés de la doctrine d'Eutychès. Les patriarches d'Alexandrie ont encore le privilége de n'être élus que par les évêques de leur corps. Les électeurs donnent leurs suffrages de vive voix ; mais, s'il s'élève quelque contestation sur la pluralité des voix, ou qu'il arrive que le nombre en soit égal, alors les évêques écrivent le nom de celui qu'ils veulent élire, sur un billet, qu'ils posent sur le grand autel avec beaucoup de cérémonies. Les laïques influent cependant beaucoup sur les élections, et quelquefois même, lorsque le sujet élu par les évêques ne leur convient pas, ils ont assez de pouvoir pour en faire élire un autre. On ne sera point surpris de leur autorité dans cette matière, si l'on considère que dans un pays où les ecclésiastiques sont presque tous pauvres et misérables, ce sont les riches laïques qui avancent de l'argent pour avoir la patente du gouverneur qui confirme l'élection, et qu'on nomme *Firman*. Les nouveaux patriarches sont d'abord installés au Caire, dans l'église de Saint-Macaire, ensuite à Alexandrie, dans celle de Saint-Marc. Le devoir de leur dignité les oblige d'annoncer, une fois tous les ans, la parole de Dieu au clergé ; mais leur ignorance et leur incapacité semblent les dispenser de cette obligation. Ils se contentent de lire au peuple, à certains jours, des homélies et des légendes.

Nous terminerons cet article par quelques particularités sur les patriarches qui gouvernaient autrefois l'Église de Russie. La superstition et l'ignorance des peuples avaient fait de ce patriarche une espèce de divinité, souvent redoutable aux czars ; et dans un temps où la religion influait sur tout, le pouvoir de ce prélat était presque sans bornes. Pour donner une idée des honneurs excessifs qu'on lui rendait, nous allons copier la description d'une cérémonie qui était autrefois en usage à Moscou, telle qu'elle se trouve dans *l'État présent de la Russie*, par Perry. Le dimanche des Rameaux, « on couvrait, dit cet auteur, un cheval d'un drap de toile blanche, qui pendait jusqu'à terre ; on allongeait ses oreilles avec cette toile, comme celles d'un âne ; le patriarche était assis de côté sur ce cheval, comme une femme, et avait sur ses genoux un livre sur lequel il tenait, de la main gauche, un crucifix d'or ; dans la main droite il avait une croix d'or avec laquelle il donnait la bénédiction au peuple. Un boyard tenait le cheval par la têtière, de peur d'accident, et le czar par les rênes, marchant à pied, et ayant en main un rameau de palme. Les nobles marchaient immédiatement après, avec environ cinq cents prêtres, revêtus de leurs habits différents, et suivis d'une multitude innombrable de peuple. La procession marchait au son de toutes les cloches, et se rendait à l'église. De là le czar, accompagné des boyards, des métropolitains et des évêques, allait dîner chez le patriarche. »

Pierre le Grand, ne voulant pas souffrir dans son empire un homme aussi puissant que lui, réunit la dignité de patriarche à celle de czar, et se fit reconnaître pour chef de l'Église de Russie : entreprise délicate, et qu'on peut regarder comme un des chefs-d'œuvre de la politique de ce prince.

PATRICES. Il y avait huit dieux que les Romains nommaient *Patrices* ; Janus, Saturne, le Génie Pluton, Bacchus, le Soleil, la Lune et la Terre.

PATRICIE, surnom sous lequel Isis avait un temple dans la cinquième région de Rome.

PATRIMPO ou POTRIMPOS, dieu des anciens Prussiens et Samogitiens, chez lesquels il formait une sorte de trinité avec Perkunas et Piktalis. Il présidait aux fruits et aux animaux, et on le regardait comme le dieu de la terre. On nourrissait de lait un serpent en son honneur.

PATRIQUES, un des noms que l'on donnait aux mystères mithriaques ; il était tiré de celui de Pater, que portait un des sacrificateurs de Mithras.

PATRON. On donne ce nom, chez les chrétiens, aux saints ou saintes qui sont spécialement honorés dans un État, une province, une ville, une église, une confrérie, et qui en sont regardés comme les protecteurs particuliers. Chaque individu a aussi son patron, qui est ordinairement le saint dont il a reçu le nom à son baptême : c'est pourquoi on célèbre tous les ans, dans les familles, le jour que l'Église a affecté à son culte ou à sa mémoire, avec cette différence, que les personnes vraiment chrétiennes sanctifient ce jour par la communion et des œuvres de piété qui n'excluent pas les relations et les affections de famille, ni une joie modeste et innocente ; tandis que les gens du monde n'ont conservé de ces fêtes que les plaisirs, souvent tumultueux, sans songer en aucune manière au bienheureux qui en est l'occasion. Au reste, dans le choix des noms que l'on impose aux enfants à leur naissance, on s'occupe assez peu de leur donner un protecteur spirituel, et ce que l'on cherche avant tout, c'est l'euphonie ; plusieurs même répudient totalement les vocables des saints, pour donner les noms qui ont appartenu à des personnages célèbres, ou que l'on tire des romans à la mode.

Il en est des fêtes patronales des villes et des églises, comme des fêtes de famille. C'est le petit nombre qui les sanctifient par la piété et les bonnes œuvres ; la très-grande majorité ne connaît que les foires, les danses et les plaisirs dangereux auxquels ces fêtes ont donné occasion.

Le *patron*, en matière bénéficiale, est celui qui a fondé ou doté l'église à laquelle est attaché un bénéfice et qui, en cette qualité, a droit de patronage. Ce droit consiste, en quelques pays, à avoir la nomination ou présentation au bénéfice, par lui fondé ou doté, à jouir dans l'église des droits honorifiques, à être enterré dans le chancel, etc. On distingue le patronage laïque et le patronage ecclésiastique. Le premier est un droit attaché à la personne, soit comme fondateur, soit comme héritier des fondateurs, soit comme possédant un fief auquel le patronage est annexé. Le patronage ecclésiastique est celui que l'on possède en vertu d'un bénéfice dont on est pourvu. Le patronage laïque est ou réel ou personnel : il est réel lorsqu'il est attaché à la glèbe et à un certain héritage ; il est personnel lorsqu'il appartient directement au fondateur de l'église, sans être annexé à aucun fonds.

Ces droits n'existent plus en France depuis la nouvelle législation ; quand ils subsistaient encore, le patronage ne pouvait être vendu séparément de la terre auquel il était attaché, parce que c'était un droit spirituel et indivisible. Le patron laïque était tenu de présenter au bénéfice vacant dans l'espace de quatre mois ; cependant, en Normandie et en quelques autres provinces, il avait six mois, comme le patron ecclésiastique. Mais il y avait cette différence entre eux, que le patron ecclésiastique ne pouvait varier, c'est-à-dire que, si le sujet qu'il présentait d'abord n'était pas jugé capable, il n'en pouvait présenter un second ; ce qui était permis au patron laïque, parce qu'on excusait en ce point le défaut de lumières qu'on lui supposait. Un autre avantage qu'avait le patron laïque, c'était de ne pouvoir être prévenu par le pape.

PATROOS, ou *paternel* ; les Grecs donnaient ce nom à plusieurs espèces de divinités : aux dieux pénates, à ceux qu'ils avaient reçus de leurs ancêtres, aux dieux de la patrie, à ceux qui étaient honorés particulièrement dans un pays ou qui en étaient regardés comme les protecteurs. Les Athéniens distinguaient par le surnom de *Patroi* Jupiter et Apollon, parce qu'ils avaient été les premiers à les recevoir et à les honorer par des sacrifices. Ils appelaient d'ailleurs Apollon *Patroos*, parce qu'ils prétendaient descendre de lui et qu'ils rapportaient l'origine de leur république à Apollon Pythien. — Jupiter Patroos avait à Argos, dans le temple de Minerve, une statue de bois qui le représentait avec trois yeux, pour marquer qu'il voyait ce qui se passait dans le ciel, sur la terre et dans les enfers. Les Argiens disaient que c'était le Jupiter qui était dans le palais de Priam, et que ce fût au pied de son autel que ce malheureux prince fut tué par Pyrrhus. Dans le partage du butin, la statue échut à Sthénélus de Capanée, qui la déposa dans le temple d'Argos. — Bacchus était aussi honoré à Mégare sous le nom de Patroos.

PATROPASSIENS, hérétiques qui soutenaient que, dans la Trinité, il n'y avait point de distinction de personnes ; que Dieu le Père était le même que Jésus-Christ, qui s'était incarné et qui avait souffert la mort : c'est à cause de cette opinion qu'on leur donna le nom de *Patropassiens*. Le chef de ces hérétiques était un certain Praxéas, Phrygien, qui avait été d'abord engagé dans l'erreur des Montanistes, et qui la quitta depuis pour en imaginer une nouvelle.

PA-TSIOGH, dieu des Tibétains, appelé aussi *Djian-rai-zigh*. On le représente avec onze têtes, disposées en pyramide, et huit bras. Toutes ces têtes sont de couleurs différentes. Celle qui est au sommet est rayonnante, a le visage rouge et une chevelure bleue et bouclée. Du milieu du front sort une boucle longue et blanche, et du sommet de la tête une tumeur comme un petit globe de chair, surmontée d'une petite pierre tirant sur l'or et d'un grand éclat. Le front de cette tête est ceint d'une couronne d'or, sur laquelle sont gravées des fleurs, et qui est enrichie de pierres précieuses très-brillantes. Cette première tête est, dit-on, celle du dieu Ho-pa-mé. En effet, on représente quelquefois Ho-pa-mé seul et on lui donne une tête telle que celle que nous venons de dépeindre. *Voy.* Ho-pamé et Djian-Raï-zigh.

PATULCE, surnom de Janus, tiré du verbe *patere*, s'ouvrir ; soit parce qu'on ouvrait les portes de son temple durant la guerre ; soit parce qu'il ouvrait l'année et les saisons, qui commençaient par la célébration de ses fêtes.

PAULIANISTES, hérétiques du IIIe siècle, disciples de Paul de Samosate, évêque d'Antioche. Ils soutenaient que le Fils de Dieu n'existait point avant Marie, qu'il tenait d'elle le commencement de son être, et que de pur homme Jésus-Christ était devenu Dieu. Paul émettait beaucoup d'opinions qui sentaient le judaïsme, pour faire sa cour à Zénobie, femme d'Odénat, prince de Palmyre, auprès de laquelle il avait un grand crédit. Il fut condamné en 264 par le concile d'Antioche. Il paraît que les Paulianistes professèrent encore d'autres erreurs et qu'ils ne baptisaient point au nom des trois personnes, car leur baptême fut déclaré nul par le concile de Nicée.

PAULICIENS. Dans le VIIe siècle, une femme nommée Callinice, imbue des erreurs manichéennes, les communiqua à ses deux fils Paul et Jean, et les envoya prêcher cette doctrine en Arménie. Ils y firent beaucoup de prosélytes, qui regardèrent l'aîné des deux frères comme leur apôtre et prirent le nom de *Pauliciens*. Ces hérétiques devinrent très-puissants en Asie, sous la protection de l'empereur Nicéphore. Ils avaient une horreur extrême de la croix, et ils outrageaient indignement toutes celles qu'ils rencontraient. Ils supposaient, comme les orthodoxes, un Dieu suprême, mais ils disaient qu'il n'avait en ce monde aucun empire, puisque tout y allait mal ; ils en attribuaient le gouvernement à un autre principe, dont l'empire ne s'étendait pas au delà de ce monde et finirait avec lui. L'impératrice Théodora, tutrice de Michel III, les fit poursuivre avec la dernière rigueur en 841, et l'on en fit alors périr plus de cent mille ; ceux qui échappèrent se réfugièrent chez les Sarrazins et se réunirent plusieurs fois à ces derniers pour ravager les terres de l'empire et faire beaucoup de mal aux catholiques. Jean Zimiscès, élevé au trône d'Orient en 963, en transféra un grand nombre dans la Bulgarie, où déjà beaucoup d'autres s'étaient établis ; aux erreurs manichéennes ils associaient la dissolution des mœurs. C'est de là qu'ils envoyèrent plus tard des émissaires en Italie et en France, qui firent beaucoup de progrès au commencement du XIe siècle, surtout dans le Languedoc et l'Orléanais. *Voy.* Paulinistes.

PAULINISTES, nom que l'on donne aujourd'hui aux descendants des *Pauliciens* ou *Manichéens*, établis chez les Grecs. Voici ce qu'imprimait à leur sujet Richard Steele, en 1716 : « Les Paulinistes, secte d'hérétiques, qui n'avaient point de sacrements et qui étaient grands ennemis de la croix, furent convertis par le P. Pierre Deodato, archevêque de Sophie. Ils demeurent dans l'évêché de Nicopoli, où la congrégation entretient quelques prêtres avec un évêque. Le P. Antonio Stéfani, mineur observantin, a succédé au dernier évêque, qui est mort depuis peu. » *Voy.* Paulins.

PAULINS ou Paulistes. Ce sont sans doute encore des restes des *Pauliciens*, et les mêmes que les *Paulinistes*. Leur chef-lieu est Philippopolis, où ils montrent une vieille église dans laquelle ils prétendent que saint Paul a prêché. Ils ont une vénération profonde pour cet apôtre : c'est sans doute ce qui les a fait accuser de mettre saint Paul au-dessus de Jésus-Christ. On dit aussi qu'ils administraient le baptême, non pas avec de l'eau, mais avec du feu. Un Grec très-instruit fait remonter l'époque de leur conversion jusqu'au règne d'Alexis Comnène, dont le zèle y contribua puissamment. Après la prise de Constantinople, ils adoptèrent le rite latin, et les Paulistes actuels sont catholiques romains. Ils ne contractent pas de mariages avec les Grecs, qui les regardent comme ennemis de leur foi. Leur nombre est de quatre ou cinq mille aux environs de Philippopolis. On en compte à peu près mille dans deux ou trois villages, près de Sistow en Bulgarie. Les uns comme les autres suivent en tout le culte catholique. Leurs prêtres vont à Rome étudier et se faire ordonner. Ils portent la moustache, se rasent la barbe et sont habillés comme les laïques. Les Paulistes ont, à Philippopolis, une chapelle où ils ne se réunissent que clandestinement et avec beaucoup de précautions ; car, quoiqu'un laps de temps considérable se soit écoulé depuis l'époque où leurs ancêtres abjurèrent le manichéisme, on les appelle encore très-improprement *Manichéens* et *Pauliciens*.

PAURANIKA-SANKHYA, secte philosophique hindoue qui considère la nature comme une illusion. Elle appartient au système *Sankhya*.

PAUSAIRE, officier qui, chez les Romains, réglait les pauses des pompes ou processions solennelles. Il y avait des stations, nommées *mansiones*, à des endroits préparés à cet effet, et dans lesquelles on exposait les statues d'Isis et d'Anubis. Suivant une inscription citée par Saumaise, il paraît que ces ministres formaient une espèce de collége.

PAUSE ou Pausus, dieu du repos, chez les Romains. Il était opposé à Bellone et à Mars.

PAUVRES DE LYON, un des noms que l'on a donnés aux Vaudois, parce que leur erreur prit naissance dans cette ville, vers l'an 1160. On les appelait aussi *Léonistes* pour la même raison.

PAUVRETÉ, 1° un des trois grands vœux que forment les personnes de l'un et l'autre sexe qui embrassent la vie religieuse. Il consiste à ne jamais rien avoir en propre, à renoncer à la possession et à la gestion des biens que l'on avait auparavant dans le monde, et à ne pouvoir en acquérir en son nom personnel. Les religieux et religieuses n'ont que l'usufruit des objets qui sont à leur usage.

2° Les Romains avaient fait de la Pauvreté une divinité allégorique, fille du Luxe et de l'Oisiveté; Plaute la dit fille de la Débauche. L'une et l'autre de ces filiations sont parfaitement exactes.

PAVADA, cérémonie expiatoire des Hindons vaichnavas, qui n'a lieu que lorsqu'il s'agit de purifier un individu de fautes énormes qu'il a commises, comme s'il avait injurié un membre de la secte, tué un singe, l'oiseau garouda, un serpent capel, coupé un arbre saint, etc. Il ne s'agit de rien moins que d'immoler une victime humaine et de la ressusciter ensuite. On commence par s'emparer du coupable et par le tenir aux arrêts, puis on dresse une petite tente, qui est aussitôt entourée de plusieurs rangs de ces sectaires. Les chefs choisissent ensuite un vaichnava, qui consent à être immolé, et ils le font voir à la foule des curieux qui sont venus pour être témoins de ce spectacle. Après lui avoir fait au bras une légère incision par laquelle le sang coule, la victime paraît s'affaiblir, tombe à terre et reste sans mouvement. On transporte le prétendu mort dans la tente dressée à cet effet; les gens de la secte ont soin de ne laisser approcher aucune personne étrangère, d'autres cernent la maison du coupable, et tous ensemble poussent de grands cris, battent leurs plaques de bronze et sonnent de leurs conques marines. Ce tintamarre dure jusqu'à ce que le coupable ait payé l'amende qui lui a été imposée, et qui ordinairement excède de beaucoup ses facultés : c'est pourquoi le village se hâte de se cotiser ou d'entrer en composition avec les chefs de ces frénétiques pour être délivrés du vacarme horrible qui les assourdit et qui menace de ne jamais finir. Les chefs rentrent alors dans la tente, et ressuscitent le mort. Pour opérer ce miracle, on fait une incision à la cuisse d'un des leurs; le sang qui en découle est recueilli dans un vase, et l'on en arrose le corps de la victime : par la vertu de cette simple aspersion, le prétendu mort reprend vie aussitôt, et se porte le mieux du monde. On le fait voir alors aux spectateurs, qui tous paraissent bien convaincus de la réalité de cette merveilleuse résurrection. Après la cérémonie, pour consommer l'expiation du crime ou de l'insulte qui l'a occasionnée, on donne, avec le produit de l'amende, un grand repas, et l'on se sépare enfin dès qu'il est fini.

PAVAKA, c'est-à-dire *purificateur*, un des noms d'Agni, dieu du feu. C'est lui qui préside aux sacrifices, qui remplit et illumine l'univers. Ce dieu est, avec Indra, le plus anciennement adoré dans l'Inde, dont le culte primitif paraît avoir été le sabéisme. *Voy.* AGNI.

PAVANA, dieu des Hindous, un des huit Vasous ou gardiens protecteurs du monde; il préside à la région sud-ouest. C'est le roi des vents, l'air, l'âme du monde, la respiration universelle; il est de plus le messager des dieux. On le représente monté sur une gazelle et tenant un sabre à la main. Le Ramayana raconte que les cent filles de Kousanabha, roi de Kanodje, ayant refusé de céder aux désirs de Pavana, ce dieu les rendit contrefaites, mais que leur père les ayant unies à un saint personnage, appelé Brahmadatta, elles reprirent, au moment de leur mariage, leur beauté première. Suivant une autre tradition, Aditi, mère de Pavana, avait obtenu par ses prières que son fils deviendrait plus puissant qu'Indra, roi du ciel. Pour détruire l'effet de cette promesse, Indra s'introduisit dans le sein d'Aditi, lorsqu'elle était enceinte de Pavana, coupa avec sa foudre le fœtus en sept parties, puis chacune de ces parties en sept autres. Pavana naquit en conséquence sous quarante-neuf formes ou aspects. Ces subdivisions de Pavana sont autant de dieux, que l'on nomme *Maroutas* et qui personnifient l'aire des vents, partagée par les Hindous en quarante-neuf points. Pavana porte encore les noms de *Vata*, *Vayou*, *Anila* et *Marouta*. Il devint le père du singe Hanouman, célèbre par ses exploits dans la guerre de Rama contre Lanka, capitale de l'île de Ceylan.

PAVENTIE, divinité romaine, à laquelle les mères et les nourrices recommandaient les enfants pour les garantir de la peur. Selon d'autres, on menaçait d'elle les petits enfants. Une troisième opinion veut qu'elle ait été invoquée pour se préserver soi-même de la peur.

PAVITRA. Les Hindous donnent ce nom, qui signifie *pur*, au cordon brahmanique, à un chapelet de soie, et à un lien d'herbe *darbha*, dont ils se servent dans les cérémonies religieuses. Le pavitra a, suivant les Hindous, la propriété d'épouvanter les géants, les démons et les esprits malins quelconques, dont la principale mission est de nuire aux hommes et de troubler les cérémonies des brahmanes. La vue seule du Pavitra les fait trembler et les oblige à prendre la fuite. Cet amulette salutaire consiste en trois, cinq ou sept tiges de l'herbe darbha tressées ensemble en forme d'anneau.

PAVITRI, anneau fait d'herbe *Poa cynosuroïdes*, ou bien d'or, d'argent, de cuivre, que les Hindous se mettent au doigt annulaire ou à l'index, quand ils procèdent à quelque cérémonie religieuse. Le *pourohita* ou brahmane officiant le trempe dans l'eau lustrale et le met à son doigt avant de commencer les cérémonies qu'il doit présider.

PAVOR, *la peur*, dieu dont les Romains avaient fait un compagnon de Mars. Tullus Hostilius, roi de Rome, lui avait érigé une statue comme au dieu *Pallor*, la pâleur.

PAVORIENS, nom donné à une partie des saliens, ou prêtres de Mars; ils étaient consacrés spécialement au culte du dieu *Pavor*.

PAWORANCE, nom que les habitants de la Virginie donnaient à leurs autels. Ces peuples avaient coutume d'élever des autels partout où il leur arrivait quelque chose de remarquable; mais il y avait un autel particulier, qu'ils honoraient préférablement à tous les autres. Avant l'entrée des Anglais en Virginie, le grand autel était un lieu que les Virginiens appelaient Uttamussak. On y voyait le principal temple du pays, et ce lieu était le siége métropolitain des prêtres. Il y avait aussi trois grandes maisons, chacune de soixante pieds de longueur, et toutes remplies d'images. Ils conservaient les corps de leurs rois dans ces maisons religieuses, pour lesquelles les naturels du pays avaient un si grand respect, qu'il n'était permis qu'aux rois et aux prêtres d'y entrer. Le peuple n'y pénétrait jamais, et n'osait même approcher de ces sanctuaires qu'avec la permission des premiers. Le grand autel était d'un cristal solide de trois ou quatre pieds en carré. On sacrifiait sur cet autel aux jours solennels; le cristal était si transparent qu'on pouvait voir au travers le grain de la peau d'un homme. Avec cela, il était d'un poids si prodigieux, qu'incapables de le traîner plus loin, les indigènes furent obligés de l'enfouir dans le voisinage, pour le dérober à la vue des Anglais.

Les Virginiens respectaient beaucoup un petit oiseau, qui répète continuellement le mot *paworance*, qui était le nom de leurs autels. Ils disaient que cet oiseau était l'âme d'un de leurs princes. Ils ajoutaient qu'un Indien ayant tué un de ces oiseaux, sa témérité lui coûta cher. Il disparut, peu de jours après, et l'on n'entendit plus parler de lui. Lorsqu'en voyage ils se trouvaient près d'un paworance, ils ne manquaient pas d'instruire les jeunes gens qui se rencontraient avec eux, de l'occasion qui l'avait fait élever, et du temps auquel la chose avait eu lieu, les exhortant à rendre à l'autel le respect qui lui était dû.

PÉAN, 1° un des noms d'Apollon en tant que dieu du jour, et surtout comme médecin. Il en est qui font dériver ce mot de παύω, *faire cesser*, parce qu'Apollon, en qualité de médecin, met un terme aux douleurs; d'autres le tirent de παίω, *frapper*, parce que ce dieu est redoutable par ses traits. Nous croyons ce vocable étranger à la langue grecque et tiré du phénicien; mais nous n'osons proposer aucune étymologie.

2° On donne aussi le nom de Péan à des hymnes ou cantiques chantés originairement en l'honneur d'Apollon et de Diane, ce qui renouvelait le souvenir de la victoire remportée par ce dieu sur le serpent Python. Ces cantiques étaient caractérisés par le refrain Ἰὼ Παιών ou ἰὴ Παιών, Io Péan! qui vient, selon quelques-uns, de ἴε, παῖ, *frappe, mon fils!* cri de Latone encourageant Apollon qui combattait contre Python. On chantait les Péans pour se rendre Apollon favorable dans les maladies contagieuses, que l'on regardait comme des effets de sa colère. Dans la suite, on en fit pour Mars, et on les chantait au son de la flûte en marchant au combat; mais, après la victoire, Apollon en devenait le seul objet. Bientôt ces cantiques s'étendirent à toutes les divinités, et, dans Xénophon, les Lacédémoniens entonnent un Péan en l'honneur de Neptune. Athénée nous en a conservé un adressé par le poëte Ariphron de Sicyone à Hygie, déesse de la santé. Enfin on en composa pour célébrer les grands hommes.

PÉCHÉ, transgression volontaire de la loi de Dieu. Les chrétiens distinguent plusieurs sortes de péchés.

Le péché *originel* est celui qui fut commis par le premier homme, dans le paradis terrestre. Il est appelé originel, parce qu'il s'est transmis à tous les hommes, et qu'ils l'apportent tous en naissant. De là les inclinations corrompues et le penchant secret qui porte au mal tous les enfants d'Adam; de là les misères de la condition humaine, qui, selon le sentiment de saint Augustin, sembleraient accuser Dieu d'impuissance ou d'injustice, si les hommes naissaient innocents. Le dogme du péché originel n'est pas particulier à la religion chrétienne : la plupart des peuples en ont conservé le souvenir, et plusieurs l'enseignent explicitement. *Voy.* CHUTE ORIGINELLE.

L'Église enseigne que Jésus-Christ a été exempt du péché originel, tant parce qu'il était Dieu que parce qu'il n'est pas né par la voie commune de la génération. C'est aussi la croyance commune des catholiques, des chrétiens orientaux et même des Musulmans, que la sainte Vierge Marie, par un privilége spécial, n'a point été souillée de la tache originelle; c'est cette éminente prérogative qui est célébrée dans la fête de la Conception, appelée immaculée dans plusieurs diocèses. Le péché originel est effacé par les mérites de la mort de Jésus-Christ, dont l'application est faite aux hommes par le sacrement de baptême qui efface la coulpe et remet la peine éternelle due à ce péché; mais il ne détruit pas la concupiscence, ni les misères de la vie qui en sont l'effet.

Le péché *actuel* est celui que l'on commet par l'acte libre de sa volonté propre, une fois que l'on est parvenu à l'âge où l'on est capable de discerner le bien du mal; on en distingue de deux sortes :

Le péché *mortel*, qui est une violation de la loi de Dieu en matière considérable avec une pleine connaissance et un consentement parfait. Ce péché est appelé mortel parce qu'il donne la mort à l'âme, en la privant de la grâce de Dieu, et la rend digne d'un châtiment éternel. Ce péché est effacé par l'application des mérites de Jésus-Christ faite aux chrétiens dans le sacrement de pénitence, pourvu que le pécheur apporte à sa réception la triple condition de la contrition, de la confession et de la satisfaction.

Le péché *véniel*, ainsi appelé parce qu'il est l'effet plutôt de la fragilité que de la malice de l'homme, et qu'il est ainsi plus digne de pardon, *venia*, est celui dans lequel on ne manque qu'en matière légère, et avec un consentement imparfait. Il n'ôte pas la grâce de Dieu, mais il la diminue. Le péché véniel peut être remis, soit par la réception du sacrement de pénitence, soit par des bonnes œuvres.

Le péché *philosophique*. Quelques novateurs ont ainsi appelé les péchés commis par ceux qui n'ont point la connaissance de Dieu, ou qui ne songent point à lui : tels sont les infidèles et les pécheurs endurcis. Ils ont prétendu que les péchés opérés par ces sortes de personnes étaient à la vérité un mal moral, puisque c'étaient des actions contraires à la loi ; mais qu'on ne pouvait les qualifier d'offense de Dieu, parce que ceux qui les commettaient n'avaient point l'intention de l'offenser, puisqu'ils ne le connaissaient pas, ou qu'ils ne pensaient point à lui ; par conséquent que leurs péchés ne méritaient pas un châtiment éternel. Cette opinion a été condamnée en 1690, comme fausse et erronée, par le pape Alexandre VIII ; et l'assemblée du clergé de France en 1700, en a porté le même jugement.

Péché contre le Saint-Esprit. C'est un péché que Jésus-Christ dit ne devoir être jamais remis, ni dans ce monde, ni dans l'autre. Les théologiens n'expliquent pas d'une manière bien précise quelle est la nature de ce péché ; mais on s'accorde assez généralement à taxer de péchés contre le Saint-Esprit, l'impénitence finale, l'opiniâtreté contre les vérités connues, etc. Le catéchisme romain en signale six, qui sont : désespérer de son salut, présumer de se sauver sans aucun mérite, combattre les vérités connues, porter envie aux grâces d'autrui, persévérer dans le péché, enfin mourir dans l'impénitence.

On compte sept *péchés capitaux*, qui sont la source et la cause de tous les autres péchés : ce sont l'orgueil, l'avarice, la luxure, l'envie, la gourmandise, la colère et la paresse. C'est à tort que quelques-uns les appellent les sept péchés mortels, car ils ne sont pas toujours mortels, et on peut n'en être coupable qu'en matière légère ; ce sont plutôt des passions, qui peuvent mener aux péchés les plus graves, si on s'y abandonne, et si on ne se hâte de les réprimer.

PÉCUNIE, déesse de l'argent, que les Romains invoquaient pour en avoir en abondance. Saint Augustin prétend que Pécunie était un surnom de Jupiter.

PÉDOBAPTISTES (du grec παιδὸς, *d'enfant*, et βαπτισμὸς, *baptême*). Les Baptistes donnent ce nom aux chrétiens qui font conférer le baptême aux petits enfants. Cette pratique est celle de l'Eglise universelle de tous les temps et de tous les lieux, et de toutes les communions hérétiques, à l'exception des Baptistes et des Quakers. Elle est fondée sur les textes du Nouveau Testament, sur le témoignage des anciens Pères et sur la tradition. Tous les Pédobaptistes administrent le sacrement de baptême par infusion ; à l'exception de l'Eglise orientale, qui pratique, suivant l'usage ancien, la triple immersion, aussi bien dans les régions glacées de la Sibérie que sous la zône torride. Tous les Pédobaptistes exigent une profession de foi personnelle de la part des adultes qui demandent le baptême. *Voy.* BAPTISTES.

PÉDOTHYSIE, sacrifice dans lequel on immole des enfants, coutume barbare pratiquée dans l'antiquité pour désarmer le courroux des dieux. Les Carthaginois sacrifiaient des enfants à Melcart ; et plusieurs fois les Israélites se rendirent coupables de ce forfait, pour honorer Moloch, dieu des Ammonites.

PÉGASE, cheval ailé, qui naquit du sang de Méduse, lorsque Persée lui eut tranché la tête : il fut ainsi nommé parce qu'il parut près des sources, πηγή. Dès qu'il eut vu la lumière, il s'envola, dit Hésiode, au séjour des immortels, dans le palais même de Jupiter, dont il porta la foudre et les éclairs. Ovide dit qu'il se rendit sur le mont Hélicon, où d'un coup de pied il fit jaillir la fontaine Hippocrène. Minerve le dompta, et le donna à Bellérophon, qui le monta pour combattre la Chimère ; mais ce héros ayant voulu s'en servir pour s'élever au ciel, fut précipité en terre, et Jupiter plaça Pégase parmi les astres, où il forme une constellation. Ovide le donne encore pour monture à Persée, lorsque celui-ci se transporta par les airs en Mauritanie, chez les Hespérides. Ce cheval ailé pourrait bien n'être autre chose en réalité qu'un navire, ayant à sa poupe une figure de cheval, et dont Bellérophon et Persée se servirent dans leurs expéditions. Les modernes lui assignent une place sur le Parnasse, et feignent qu'il ne prête son dos et ses ailes qu'aux poëtes de premier ordre.

PÉGÉES, nymphes des fontaines (πηγή), les mêmes que les naïades.

PÉGOMANCIE, divination par le moyen des sources. On la pratiquait soit en y jetant un certain nombre de pierres dont on observait les divers mouvements, soit en y plongeant des vases de verre, et en examinant les efforts que faisait l'eau pour y pénétrer en chassant l'air qui les remplissait. La plus célèbre divination de ce genre est celle qui se pratiquait par le sort des dés, à la fontaine d'Apone près de Padoue.

PEIGHAMBER, mot persan qui signifie *messager*, *porteur de nouvelles*. Ce titre est commun aux 124,000 prophètes qui ont précédé Mahomet. Mais les Persans le donnent encore plus particulièrement à ce dernier, ou, pour mieux dire, ce mot, non accompagné d'un nom propre, désigne toujours le fondateur de la religion musulmane, que ses sectateurs appellent le plus grand et le dernier des prophètes.

PEIROUN, le Noé des traditions japonaises. Il était roi de l'île Maurigasima, voisine de Formose, fameuse dans l'antiquité par la beauté, l'excellence de son territoire et par la fabrication de la porcelaine. La méchanceté des insulaires, que la prospérité et les richesses de leur commerce avaient corrompus, jusqu'à s'abandonner aux plus grands crimes et mépriser la Divinité, détermina les dieux à les submerger avec leur île. Mais Peiroun était un prince vertueux et religieux, et il n'avait aucune part aux crimes de ses sujets. Il lui fut révélé en songe de monter à bord de ses navires et de se retirer de l'île au plus vite, dès qu'il remarquerait que le visage de deux idoles, qui étaient à l'entrée du temple, deviendrait rouge. C'étaient deux statues de bois, de taille gigantesque, et qui figuraient le ciel et la terre; c'est pourquoi on les appelait *In-yo, Ni-wo* et *A-wun;* la première syllabe de ces trois mots désigne le principe générateur, et la seconde le principe destructeur. Peiroun avertit ses sujets de la colère céleste et des malheurs qui les attendaient, il les engagea à chercher avec lui leur salut dans une prompte fuite, dès que les signes précurseurs apparaîtraient; mais on se moqua de lui, on tourna son zèle en ridicule et on méprisa ses avertissements. Un mauvais sujet crut même faire une bonne plaisanterie en barbouillant de rouge, pendant la nuit, la face des deux statues. Le roi, voyant le changement survenu dans la couleur des statues, et ne soupçonnant pas la supercherie, crut y voir le signe certain de la prochaine destruction de l'île; il s'embarqua aussitôt avec toute sa famille et ceux qui voulurent le suivre, et s'éloigna du fatal rivage à force de rames et de voiles. Après le départ du prince, l'île fut submergée tout entière avec les incrédules qui y étaient demeurés et toutes leurs richesses. Peiroun aborda heureusement sur les côtes de la Chine, où la mémoire de son arrivée est encore célébrée par une fête annuelle, pendant laquelle les Chinois des provinces méridionales prennent des divertissements sur l'eau, et font des jeux et des joûtes, en criant Peiroun! Peiroun! Les Japonais font pareillement mémoire de cet événement, dans la troisième fête annuelle qui a lieu le cinquième jour du cinquième mois.

PÉLAGIE, surnom de Vénus, tiré de πέλαγος, la haute mer, parce qu'elle était née de la mer. C'était aussi un surnom d'Isis, soit parce qu'elle avait inventé les voiles, soit parce que l'Egypte, à l'époque de l'inondation, ressemble à une mer.

PÉLAGIENS. «Toutes les traditions, toutes les histoires de l'humanité, toutes les réflexions des philosophes nous disent assez que l'homme n'est plus dans son état primitif, qu'il est déchu, tombé, conséquemment qu'il a besoin d'un sauveur, d'un réparateur, qui supplée à sa faiblesse, qui lui prête un secours divin, une *grâce,* selon l'expression théologique. Aussi l'Eglise catholique, d'accord avec les traditions du genre humain et le témoignage intérieur de l'esprit de l'homme, a consacré, comme une de ses croyances, comme une des révélations que Dieu l'a chargée de conserver, trois choses : la première, que la nature humaine, affaiblie et corrompue par le péché, a besoin d'une grâce actuelle et intérieure pour commencer et pour finir toute bonne action méritoire ; la deuxième, que cette grâce est un don de Dieu, père et ami de l'humanité, *grâce gratuite, prévenante et non prévenue, ni méritée par les actions des hommes*, pour me servir des termes de théologie; la troisième, que ce secours, cette grâce est le fruit des mérites de Jésus-Christ, et non des nôtres.

« Un moine de Bangor, dans le pays de Galles, nommé Pélage, refusa son adhésion à cette doctrine; dans ses études, dans ses nombreux voyages en Italie, en Afrique, dans les Gaules, il crut avoir mieux trouvé pour expliquer l'énigme de notre état présent. Lié d'amitié et de pensées avec Célestius, autre moine écossais, avec Rufin le Syrien, qui avait appris à l'école de Théodore de Mopsueste à rêver des croyances, il commença par nier la propagation du péché originel dans les enfants d'Adam, et toutes les faiblesses, tous les besoins de l'humanité qui en sont la suite. En conséquence, de son autorité privée, il essaya de rompre ce commerce intime et continuel que la foi nous apprend exister entre Dieu et l'homme, et décida que la grâce de Dieu, cette grâce sans laquelle on ne peut observer ses commandements, n'est autre chose que ce qui s'appelle du mot vague de nature et de loi; et, quant à cette grâce que Dieu ajoute de surplus, il pensa qu'elle est accordée à nos mérites : comme si, en éloignant Dieu de l'homme, en le dépouillant de quelques miséricordes, l'homme pouvait s'enrichir de ces dépouilles, et devenir plus grand par cette séparation. Donnant ensuite dans ces excès de subtilité si déplorables et si communs parmi ceux qui se séparent de la foi de l'Eglise, Pélage enseigna encore que l'homme peut dans cette vie s'élever à un tel degré de perfection, qu'il n'a plus besoin de dire à Dieu : *Pardonnez-nous nos offenses;* que ce n'est point pour effacer le péché originel que le baptême est conféré aux enfants, mais pour leur assurer la grâce de l'adoption ; enfin qu'Adam serait mort quand même il n'aurait pas péché.

« Cette hérésie, qui prit naissance au commencement du v° siècle, se répandit en Italie, en Angleterre, dans les Gaules et surtout en Afrique, où elle rencontra un puissant adversaire dans saint Augustin. Saint Jérôme écrivit aussi contre Pélage.

« Les Sociniens et les Arminiens ont fait revivre de nos jours le pélagianisme. Il est répandu autour de nous, dans tous ces esprits façonnés par la philosophie du xviii° siècle. En effet, ce péché commis par un seul homme et transmis cependant à tous ses descendants, qui en sont rigoureusement punis, ce rachat que l'homme est obligé de subir, cette impuissance de faire le bien de ses seules forces, ont assez de quoi choquer la bonne opinion que notre siècle a si éminemment de soi. Nous l'avouons avec simplicité, ce sont de grandes profondeurs. Elles tiennent à ce fond de notre nature qu'il ne nous est pas donné de sonder. Il ne faut donc pas disputer, il faut seulement dire, *Je ne sais*, ou avoir la foi catholique. L'état déchu de l'homme, le besoin d'un réparateur, l'explication contenue dans la foi catholique, sont des traditions du genre humain : ce sont des faits ; hors de là, il n'y a que des suppositions et des doutes. » *(Annales de Philos. chrét.,* tom. II.)

Un écrivain américain résume toute la doctrine pélagienne en six articles, savoir :

1° Que les péchés de nos premiers parents leur furent imputés à eux seuls, et non point à leur postérité ; que notre corruption ne vient point de la faute qu'ils ont commise, mais que nous naissons purs et sans souillure, tels qu'Adam sortit des mains du créateur.

2° Que les hommes, bien que capables de repentir et d'amendement, et susceptibles d'arriver au plus haut degré de piété et de vertu par l'usage de leurs facultés naturelles, ont cependant besoin d'une grâce externe pour exciter leurs efforts, mais qu'ils n'ont pas besoin des secours internes du Saint-Esprit.

3° Qu'Adam était mortel de sa nature, et qu'il serait certainement mort, quand même il n'eût pas péché.

4° Que la grâce de Dieu nous est donnée en proportion de nos mérites.

5° Que les hommes peuvent parvenir dans cette vie à l'état de perfection.

6° Que la loi ancienne rendait les hommes dignes du royaume des cieux, et qu'elle était fondée sur des promesses égales à celles de l'Evangile.

PÉLÉ, déesse des volcans, dans les îles Sandwich : elle réside dans le volcan d'Hawaï, appelé Kirau-Ea. Une plaine de sept à huit milles de circonférence, dont le terrain bouleversé et onduleux étale une soixantaine de cratères coniques, dont plusieurs sont sans cesse en activité, des pitons de bitume et de soufre, des fissures dont l'œil n'ose sonder la profondeur, des monceaux de laves et de cendres, qui se présentent à une profondeur de plus de 1300 pieds, tel est le palais de la formidable déesse. Elle y joue au konane avec les autres dieux volcaniques, et leur divertissement le plus habituel consiste à nager dans les laves brûlantes, et à danser dans les tourbillons de flammes, en écoutant la musique tonnante du volcan. La déesse n'accorde que dix pieds sur les bords de son domaine aux pèlerins qui veulent y passer la nuit : tout le reste du terrain est tabou, c'est-à-dire interdit, et Pélé ne manquerait pas de punir les audacieux qui oseraient le profaner en y portant leurs pas. La déesse cependant préside à tous les autres volcans de l'archipel, et l'on raconte ses différents combats avec les princes du pays, combats dans lesquels elle a été quelquefois vaincue, mais le plus souvent victorieuse. Ces luttes rappellent les ravages que les volcans ont opérés dans les îles et les efforts qu'on a tentés pour les prévenir ou les arrêter. — Une colline près de Koula est célèbre dans une légende du pays. Elle se rapporte à un chef de Pouna, le puissant Kahavari, qui vainquit Pélé et brava sa vengeance. Voici cette singulière allégorie.

C'était dans une fête où le peuple assistait à son divertissement favori du *horoua*. Le horoua consistait à se laisser glisser le long d'une colline sur un *papa*, sorte de traîneau composé de deux longues pièces de bois fort polies, assujetties l'une à l'autre et terminées en pointe par-dessus. Ce jeu correspondait à celui qui porte chez nous le nom de montagnes russes. Kahavari, chef de Pouna, et son favori jouaient un jour au horoua, sur une colline qui a conservé le nom de *Ka horoua ana Kahavari* (glissade de Kahavari). Les naturels, rassemblés au pied de la hauteur, s'étaient rendus à cet assaut comme à une fête. Le chef et son ami allaient partir dans leurs papas. Tout à coup Pélé, la terrible Pélé, se présente : elle descend de Kirau-Ea, comme témoin d'abord ; puis, la fantaisie lui en étant venue, elle se propose comme acteur ; elle offre à Kahavari de lutter avec lui. Le chef de Pouna accepte ; les joûteurs s'élancent ; mais Pélé n'a pas l'habitude de manier le traîneau : elle reste en chemin, elle est vaincue, et Kahavari est couronné aux applaudissements de la multitude.

Avant de fournir une seconde traite, Pélé demanda au chef de lui céder son papa. A quoi Kahavari, la prenant pour une femme ordinaire, répondit : «Etes-vous mon épouse, pour me demander mon traîneau ? » Puis, comme impatienté de ce retard, il prit son élan, et glissa rapidement le long de la colline. On peut juger de la rage de Pélé, quand elle se vit ainsi refusée. Elle se souvint qu'elle était déesse, frappa du pied la terre et fendit en deux la montagne. A ses cris, le feu et la lave en jaillirent. Kahavari était arrivé dans le vallon, lorsqu'en se retournant il aperçut Pélé qui accourait escortée de tonnerres et d'éclairs, et poussait devant elle des ruisseaux enflammés et des torrents de bitume. Elle avait gagné du terrain et talonnait Kahavari. Alors le guerrier saisit sa large lance plantée dans le sol, appela un de ses amis et prit la fuite. Moins alertes que lui, les danseurs, les musiciens, les spectateurs furent engloutis sous l'avalanche embrasée. Tant de victimes ne suffisaient pas à Pélé : ce qu'elle voulait, c'était le chef de Pouna, c'était Kahavari qui lui avait refusé son papa. Elle le poursuivit donc à outrance. Kahavari n'eut pas le temps de respirer dans cette chasse incessante. A Boua-Kea, il jeta son manteau de feuilles de *ti*, et se dirigea vers sa maison située près du rivage. Sur la porte, ayant rencontré Aroi-Pouaa, son cochon favori, il le salua avec son nez, courut chez sa mère à Kou-kii, la salua de même. « Je suis venu, dit-il, à la hâte, parce que j'ai pitié de vous ; votre mort est proche ; Pélé vient vous dévorer. » Ensuite il accosta sa femme Kanaka-Wahine, la salua aussi, et comme elle lui disait : « Reste ici, nous mourrons ensemble, — Non pas, répondit Kahavari, je me sauve. » Il fit aussi ses adieux à ses enfants Paupourou et Kaohé, en leur disant : « J'en suis désolé pour vous. » La lave roulait déjà sur ses talons, il reprit sa course et ne s'arrêta que devant une fissure large et profonde. Sans sa lance, il était perdu; il la mit en travers et passa. Son ami en fit autant. Pélé arriva presque en même temps qu'eux; et d'un bond franchit cet obstacle.

Alors Kahavari gravit la colline Bou-o-Kahavari où il rencontra sa sœur Koaé, à qui il n'eut que le temps de dire bonjour en courant; puis il s'enfuit sur le bord de la mer. Il y trouva son jeune frère qui venait de lancer à l'eau sa pirogue de pêche, afin d'y embarquer la famille. Kahavari et son compagnon y sautèrent, et pagayant de toutes leurs forces, ils gagnèrent le large. Pélé arrivait alors furieuse sur la grève : quand elle vit que sa proie lui échappait, elle se jeta à l'eau, fumante et désespérée, hurlant, se tordant de désespoir; elle lança encore des pierres contre les fugitifs, mais aucune d'elles n'atteignit la pirogue. Le vent s'est élevé; le chef de Pouna planta alors, dans le milieu de sa frêle embarcation, sa large lance, qui servit à la fois de mât et de voile, et atteignit bientôt l'île Mawi où il séjourna une nuit. De là il passa successivement à Ranaï, à Moro-Kaï, puis enfin à Ohaou, séjour de son père et de sa sœur auxquels il raconta ses aventures. Il fixa dès lors sa résidence sur cette île, loin des vengeances de Pélé. Les insulaires d'Hawaï montrent encore aujourd'hui les rochers que Pélé lança sur Kahavari.

PÈLERINAGE, voyage que l'on fait à un lieu de dévotion, pour un motif ou dans un but religieux.

1° On doit compter parmi les pèlerinages les voyages des dévots de l'ancien paganisme pour consulter l'oracle d'Apollon à Delphes, de Jupiter à Dodone, de Jupiter Ammon en Libye, de Sérapis en Égypte, de Trophonius en Béotie, à l'antre qui portait ce nom.

2° On peut mettre également au nombre des pèlerinages le voyage que les Juifs éloignés de Jérusalem devaient faire au moins une fois chaque année pour se rendre au temple de cette ville pour s'y acquitter des sacrifices et des rites religieux imposés par la loi mosaïque.

3° L'abbé Fleury nous apprend quelle fut l'origine des pèlerinages chez les chrétiens. Dans les premiers siècles de l'Église, « on accourait de tous côtés, dit cet auteur, aux tombeaux des saints, pour célébrer leur mémoire, et souvent plusieurs évêques s'y rencontraient. Un seul exemple peut faire juger du reste. Saint Paulin rapporte plus de vingt noms, tant de villes que de provinces d'Italie, dont les habitants venaient tous les ans, en grandes troupes, avec leurs femmes et leurs enfants, à la fête de saint Félix, le 14 janvier, nonobstant la rigueur de la saison; et cela pour un seul confesseur, dans la seule ville de Nole. Qu'était-ce par toute la chrétienté? Qu'était-ce à Rome, aux fêtes de saint Hippolyte, de saint Laurent, des apôtres saint Pierre et saint Paul? On y venait même de fort loin et en tout temps. Ainsi ont commencé les pèlerinages. Dès le commencement du IIIe siècle, quand saint Alexandre fut fait évêque de Jérusalem, il était venu de Cappadoce pour visiter les lieux saints.

« Et véritablement, continue l'abbé Fleury, c'était un des meilleurs moyens d'aider la piété par les sens. La vue des reliques d'un saint, de son sépulcre, de sa prison, de ses chaînes, des instruments de son martyre, faisait une toute autre impression que d'en entendre parler de loin. Ajoutez les miracles qui s'y faisaient fréquemment, et qui attiraient même les infidèles, par l'intérêt pressant de la vie et de la santé. Chacun sait qu'un des premiers effets de la liberté du christianisme fut le soin que prit sainte Hélène d'honorer les saints lieux de Jérusalem et de toute la terre sainte; les pèlerinages y furent depuis encore plus fréquents qu'auparavant. Lorsqu'une croix de lumière parut en plein midi à Jérusalem, sous l'empereur Constantin, il y avait une infinité de pèlerins de tous les pays du monde qui furent témoins de ce miracle. Saint Jérôme, témoin oculaire, assure qu'en tout temps on y voyait un grand concours de toutes nations, même des docteurs et des évêques. Ces voyages n'étaient pas difficiles, à cause de la grande étendue de l'empire romain, par la commodité de sa situation tout autour de la Méditerranée, et par les grands chemins que l'on y avait dressés de tous côtés pour le passage des armées et des voitures publiques. Ce n'était pas une grande entreprise d'aller d'Espagne ou de Gaule en Égypte, en Palestine ou en Asie. »

Les vœux et les pèlerinages que l'on fait aux tombeaux des martyrs et des autres saints, aux églises, aux chapelles et aux autres lieux de dévotion, sont d'une haute antiquité, et autorisés par le témoignage des Pères et des autres écrivains ecclésiastiques. Mais ce serait une erreur grossière de s'imaginer qu'on ne saurait être parfait sans faire de pèlerinages aux lieux saints, et de penser qu'après avoir exécuté de ces sortes de pèlerinages, offert des vœux et des prières à ces lieux de dévotion, on obtiendra infailliblement de Dieu l'objet de ses demandes par l'intercession des saints qu'on y réclame, on sera délivré certainement des maux et des peines que l'on souffre, on sera exempt de péché, on mourra dans la grâce de Dieu, et on sera sauvé, quoiqu'on mène une vie insouciante et peut-être déréglée. Cette erreur était cependant fort commune dans les siècles passés, où les pèlerinages étaient très-fréquents; et elle n'est pas inconnue de notre temps, où ces pratiques pieuses sont bien tombées. Bien des gens, qui vivent dans l'habitude du péché et qui enfreignent presque chaque jour les commandements de Dieu et ceux de son Église, entreprennent des pèlerinages pour obtenir une faveur temporelle, et ils demeurent tout étonnés, scandalisés même de n'avoir pas obtenu le résultat qu'ils demandaient. Un autre abus est que, dans les lieux de pèlerinage fréquentés, le grand concours a donné occasion à des foires, à des parties de plaisir, à des fêtes toutes profanes, et que les personnes qui s'y rendent, sous prétexte de pèlerinage, y sont attirées bien plutôt par l'attrait des divertissements qu'ils y trouveront que par la dévotion.

Il y a trois pèlerinages célèbres chez les chrétiens, et que l'on appelle pour cette raison les grands pèlerinages : ce sont ceux de la terre sainte, de Rome et de Compostelle en Galice.

Le pèlerinage de la *terre sainte* n'a jamais été plus fréquenté que dans le moyen âge ; des milliers de pèlerins y accouraient, pour la solennité de Pâques, de toutes les nations de l'Orient et de l'Occident, malgré la difficulté des chemins, les périls du voyage, les avanies des Turcs, les incursions des Arabes, et les dangers de toute espèce auxquels ils étaient exposés. Mais ils ne croyaient pas acheter trop cher le bonheur de voir les lieux où s'étaient opérés les grands mystères de la rédemption du genre humain. Ils l'entreprenaient dans le but d'augmenter leur foi, de satisfaire leur piété et d'expier leurs fautes ; aussi y avait-il de grandes indulgences attachées à cette pieuse et périlleuse dévotion. Ce sont ces pèlerinages qui ont donné naissance aux croisades ; car ce fut pour assurer la sûreté des pèlerins que tous les princes chrétiens se coalisèrent contre l'empire musulman. Maintenant ce pèlerinage est bien déchu, car, une des années dernières, on ne compta à Jérusalem, à la fête de Pâques, que cinq pèlerins venus d'Occident. Cependant les Orientaux lui sont demeurés plus fidèles. Nous croyons que ce qui a contribué à faire déchoir cette dévotion en Europe, c'est la multitude d'indulgences plénières que les souverains pontifes ont attachées, depuis quatre siècles, à une foule de pratiques beaucoup plus faciles. Quel est maintenant le fidèle qui consentira à quitter sa patrie et sa famille, à interrompre son négoce ou ses affaires pour entreprendre un voyage long et coûteux, afin de gagner une indulgence plénière, lorsqu'il peut jouir du même bénéfice en faisant pendant une demi-heure le chemin de la croix dans l'église de sa paroisse, ou une autre œuvre de piété ?

Le pèlerinage de Jérusalem est partagé en stations ; il y en a dix sur le mont Sion, savoir : la première au saint cénacle ; la deuxième à la maison qu'habitait la sainte Vierge ; la troisième au palais d'Anne le grand prêtre ; la quatrième à la maison de Caïphe ; la cinquième au lieu où Jésus-Christ rencontra les trois Marie ; la sixième au lieu où, suivant une tradition locale, le corps mort de la sainte Vierge fut insulté par un Juif ; la septième à l'église de Saint-Marc ; la huitième à l'église de Saint-Thomas ; la neuvième à la maison des enfants de Zébédée ; la dixième au lieu du martyre de l'apôtre saint Jacques.

La voie douloureuse se compose aussi de dix stations, savoir : la première au prétoire de Pilate ; la deuxième à l'arcade de l'*Ecce homo* ; la troisième au lieu où Pilate prononça la condamnation de Jésus ; la quatrième à l'escalier de Pilate où Jésus fut chargé de sa croix ; la cinquième au lieu de la pâmoison de la sainte Vierge ; la sixième au lieu où Jésus consola les filles de Jérusalem ; la septième au lieu où Simon le Cyrénéen porta la croix de Jésus ; la huitième au lieu où Jésus tomba pour la seconde fois ; la neuvième à la porte de la Véronique ; la dixième à la porte judiciaire.

L'église du Saint-Sépulcre contient douze stations : la première à la colonne de la flagellation ; la deuxième à la prison où fut gardé Jésus-Christ ; la troisième au lieu où les soldats partagèrent ses vêtements et tirèrent sa robe au sort ; la quatrième à la chapelle de Sainte-Hélène ; la cinquième au lieu de l'invention de la sainte croix ; la sixième à la colonne de l'impropère ; la septième au lieu du crucifiement ; la huitième au lieu où Jésus fut élevé en croix ; la neuvième à la pierre d'onction, sur laquelle on parfuma le corps de Jésus descendu de la croix ; la dixième au saint sépulcre ; la onzième au lieu où Jésus ressuscité apparut à Marie-Madeleine ; et la douzième au lieu où Jésus apparut à sa sainte mère.

La vallée de Josaphat a dix stations : la première est au jardin des Olives, au lieu où Jésus se mit en prière ; la deuxième au lieu où les trois apôtres s'étaient endormis ; la troisième au lieu où le Sauveur fut pris ; la quatrième au torrent de Cédron que passa Jésus-Christ ; la cinquième à la grotte où saint Pierre pleura son péché ; la sixième au village de Gethsémani où Jésus laissa ses apôtres ; la septième au sépulcre de la sainte Vierge ; la huitième au lieu où Marie apparut après sa mort à saint Thomas ; la neuvième au lieu où se tenait Marie pendant qu'on lapidait saint Etienne ; la dixième au lieu où ce premier diacre subit son martyre.

Outre ces stations suivies régulièrement par les pèlerins et à des jours déterminés, il y a encore différents lieux de dévotion, soit dans les environs de Jérusalem, soit dans le reste de la Judée : tels sont le village de Béthanie, l'étable de Bethléem, le bourg d'Emmaüs, le désert de saint Jean-Baptiste, le fleuve du Jourdain, la mer Morte, le désert de Notre-Seigneur, etc., etc. En un mot, il n'est pas de lieu illustré par le séjour, ou par le passage, ou par les discours, ou par les nombreux miracles de l'Homme-Dieu, qui ne soit l'objet de la vénération des chrétiens du pays et des pieux pèlerins.

Le pèlerinage *de Rome* a pour objet principal de vénérer les tombeaux des apôtres saint Pierre et saint Paul ; ce qui a lieu particulièrement à l'époque du jubilé, mais ce qui n'empêche pas que, dans l'intervalle d'un jubilé à l'autre, il ne vienne à Rome un certain nombre de pèlerins, bien moindre cependant que dans les siècles passés. *Voy.* Jubilé.

Le pèlerinage de *Compostelle* a pour objet de vénérer saint Jacques le Majeur, frère de saint Jean l'Évangéliste, dont on célèbre la fête le 25 juillet. Ce saint apôtre, selon la tradition des Espagnols était venu prêcher la foi dans leur contrée, puis était retourné à Jérusalem d'où ses reliques furent dans la suite apportées en Espagne, et placées à Compostelle en Galice. Cette tradition et cette translation sont révoquées en doute et même niées par de savants auteurs; mais le bienheureux n'en est pas moins l'objet d'un pèlerinage, que l'Eglise a mis au nombre des trois principaux; et si l'on a fait vœu d'y aller, ce vœu est un des cinq que le pape seul puisse commuer. Ce sont surtout les pèlerins de Saint-Jacques qui revenaient dans leur patrie avec le bourdon, la gourde, le grand chapeau et une pèlerine garnie de coquilles.

Voici comment s'exprime l'abbé de Vayrac sur ce pèlerinage : « Saint Jacques, patron de toute l'Espagne, repose depuis neuf cents ans dans l'église métropolitaine de Compostelle. La figure de ce saint apôtre est sur le grand autel. C'est un petit buste de bois, toujours éclairé de quarante ou cinquante cierges blancs. Les pèlerins baisent la figure par trois fois, et lui mettent leur chapeau sur la tête avec une dévotion respectueuse. On voit dans l'église une trentaine de lampes d'argent suspendues, et toujours allumées, et six grands chandeliers, aussi d'argent, de cinq pieds de haut, donnés par Philippe III. Tout autour de l'église, on voit de belles plates-formes de grandes pierres de taille, où l'on se promène; et au-dessus, on en voit une autre de même, où les pèlerins montent et attachent quelque lambeau de leur habit à une croix de pierre qu'on y a élevée. Ils font encore une autre cérémonie qui n'est pas moins singulière : ils passent trois fois sous cette croix, par un trou si petit, qu'ils sont contraints de se glisser sur l'estomac contre le pavé; de sorte que ceux qui ont trop d'embonpoint ont beaucoup à souffrir; cependant il faut qu'ils en passent par là, s'ils veulent gagner l'indulgence qui y est attachée. » Un autre écrivain assure qu'on en a vu qui, ayant oublié de passer sous la croix de pierre, sont revenus sur leurs pas, de plus de cinq cents lieues, pour cette pieuse cérémonie. Il y a dans l'église de Saint-Jacques de Compostelle une chapelle qui appartient aux pèlerins français.

Le pèlerinage le plus célèbre, après ceux dont nous venons de parler, est sans contredit celui de Notre-Dame de Lorette, dont nous parlons à l'article NOTRE-DAME.

Il y a en outre, dans presque tout l'univers chrétien, une multitude infinie de pèlerinages plus ou moins fréquentés, que nous devons passer sous silence, car leur simple nomenclature remplirait des volumes entiers. Feu Louis de Sivry et M. Champagnac ont donné un *Dictionnaire* des pèlerinages principaux, qui fait partie de cette *Encyclopédie théologique*.

4° « De toute antiquité, dit M. Noël Desvergers, le temple de la Mecque avait été le but d'un pèlerinage qui favorisait le commerce de l'Arabie. Mahomet n'avait garde de heurter une coutume appuyée sur l'intérêt personnel; il se contenta de purifier le temple en en expulsant tous les dieux que chaque tribu y avait apportés, et consacra le pèlerinage dans sa loi nouvelle : « Faites le pèlerinage de la Mecque, dit le Coran, faites-le, à moins que vous ne soyez cernés par vos ennemis, et dans ce cas, du moins, envoyez quelque offrande. Lorsque vous n'avez rien à craindre de l'attaque de vos ennemis, et que vous vous contentez cependant de faire une simple visite au temple sans vous soumettre à tous les rites du pèlerinage, vous devez expier cette infraction par une offrande, et si vous ne possédez rien, trois jours de jeûne pendant le voyage, et sept jours de jeûne après le retour, formeront l'expiation de votre faute. » Cette même expiation est imposée à celui que sa famille n'accompagne pas au temple de la Mecque. « Vous connaissez les mois destinés au pèlerinage : celui qui l'entreprendra doit s'abstenir de s'approcher de ses femmes, éloigner tout sujet de rixe et ne transgresser la loi en aucun point. Le bien que vous ferez, Dieu en aura connaissance. Prenez des provisions pour le voyage, et souvenez-vous que la meilleure de toutes les provisions, c'est la piété. Cependant ce n'est pas un crime que de demander à Dieu l'augmentation des biens de ce monde en vous livrant au commerce pendant la durée du pèlerinage. Lorsque vous en aurez accompli tous les rites, gardez le souvenir de Dieu, comme vous gardez celui de vos pères, et qu'il soit plus vif encore. Celui qui meurt sans s'être acquitté des devoirs du pèlerinage peut mourir, s'il le veut, juif ou chrétien; mais celui qui s'en est acquitté dignement ne saurait être récompensé que par les délices du paradis. »

« Tels sont quelques-uns des principaux commandements dictés par le prophète à l'occasion du pèlerinage, et sur lesquels il revient plus d'une fois dans le Coran; aussi cet acte d'obligation divine doit-il être accompli au moins une fois en sa vie par tout musulman de l'un et de l'autre sexe. Chaque année, depuis le Maroc jusqu'aux parties de l'Inde soumises à l'islamisme, les caravanes de pèlerins se mettent en marche pour le Hédjaz, achetant au prix des périls de toutes sortes la vue de ce temple saint, dont le culte remonte aux plus anciennes traditions des races sémitiques.

« Arrivé sur les confins du territoire sacré, le pèlerin se purifie par une ablution complète, et revêt l'*ihram* ou manteau pénitentiel, composé de deux pièces de laine, blanches et sans coutures. C'est le symbole des nouvelles pensées qui doivent assaillir le musulman en approchant du lieu consacré, depuis l'origine du monde, à l'adoration de l'Éternel. Toute idée terrestre est dès lors repoussée avec soin, et chacun doit s'efforcer de concentrer son intelligence sur les ineffables vertus du Très-Haut. Plus d'œuvres mondaines et charnelles, plus d'amour, plus de parfums; le pèlerin s'avance vers la Mecque en récitant à haute voix cette prière : « Mon Dieu, c'est ici ta région sainte. J'ai prononcé les paroles de ton culte, et ta parole est la vérité même ; celui qui m'a conduit dans ton temple y trouve le salut. O mon Dieu ! préserve du feu ma chair et mon sang, et sauve-moi de ta colère au jour de la résurrection de tes serviteurs. »

Quelle que soit l'heure à laquelle le pèlerin arrive aux portes de la ville, il doit se rendre aussitôt à la Kaaba, dont le parvis intérieur est ouvert nuit et jour. Il y entre, les pieds nus, en récitant cette prière : « Au nom de Dieu et de la doctrine de l'apôtre de Dieu ! Grâces au Seigneur qui m'a conduit à la sacrée Kaaba. O mon Dieu ! ouvre sur moi les portes de ta clémence et de ta miséricorde ; ferme devant moi celles du crime et de l'infidélité. » Au premier aspect de la Kaaba, il dit : « Grand Dieu ! grand Dieu ! grand Dieu ! ô mon Dieu ! le salut de paix est en toi ; le salut de paix vient de toi. Vivifie-nous, Seigneur, par le salut de paix, et fais-nous entrer dans la maison du salut. O mon Dieu ! augmente la sainteté, la majesté et la grandeur de ta maison. O mon Dieu ! agrée ma componction, pardonne mes offenses, efface mes péchés. O Dieu de miséricorde ! ô Dieu de munificence ! » Il s'avance du même pas vers la pierre noire, et récite cette prière, les mains levées vers le ciel : « Au nom de Dieu ! grand Dieu ! ô mon Dieu ! je crois en toi, je crois en ton livre, je crois en ta parole, je crois en ta promesse. J'observe les pratiques et les œuvres de ton prophète. O mon Dieu ! ton temple est la maison, ta demeure, ton sanctuaire ; c'est le séjour du salut. J'ai recours à toi ; sauve-moi des feux de l'éternité. »

Il baise ensuite la pierre noire, ou bien il la touche des deux mains et les porte ensuite à sa bouche, ou, s'il ne le peut à cause de la foule, il étend les mains vers elle ou la touche avec un bâton, et baise ensuite cet instrument. Il commence aussitôt les tournées ou *tawaf* qu'il doit accomplir autour du temple en s'avançant de droite à gauche, récitant en même temps les prières suivantes,

En passant devant la porte du sanctuaire : « O mon Dieu ! ta maison est grande ; ta face est bienfaisante. Tu es le plus miséricordieux de tous les êtres. Sauve-nous du feu éternel et de Satan lapidé. Préserve du feu ma chair et mon sang. Sauve-moi des tourments au dernier des jours, et délivre-moi des peines temporelles et éternelles. »

En passant devant l'angle de l'Irac : « O mon Dieu ! préserve-moi de l'esprit d'incertitude, de malice, de sédition ; des vices, des mœurs perverses et de tous les mouvements de la jalousie, de l'avarice et de la concupiscence. »

En passant devant la gouttière d'or : « O mon Dieu ! couvre-moi de l'ombre de ton trône auguste en ce jour où il n'y aura d'ombre que ton ombre, de divinité que ta divinité. O le plus miséricordieux des êtres !

ô mon Dieu ! rafraîchis-moi avec la coupe de Mohammed, sur qui soient la paix et le salut, et avec un breuvage qui puisse étancher ma soif pour jamais. »

En passant devant l'angle de Syrie : « O mon Dieu ! rends mon pèlerinage digne de toi, qu'il te soit agréable ; pardonne-moi mes péchés ; soutiens mes travaux ; bénis mes entreprises ; ô Dieu saint ! ô Dieu clément ! efface les péchés que tu connais en moi, ô Dieu très-saint et très-miséricordieux. »

En passant devant l'angle du Yémen : « O mon Dieu ! j'ai recours à toi ; daigne me sauver de l'infidélité, de l'indigence, des tourments de la tombe, des supplices de la vie et de la mort, des afflictions temporelles et éternelles. » Après cette prière il baise cet angle.

En passant devant l'angle de la pierre noire : « O Seigneur ! donne-nous ce qui nous est avantageux dans ce monde et dans l'autre ; sauve-nous et des tourments du feu et des tourments de la tombe. » Il s'arrête un moment devant la pierre noire et y fait cette prière : « O mon Dieu que ta clémence me fasse miséricorde. J'ai recours au créateur de cette pierre sacrée pour qu'il me délivre des dettes de mes crimes, des misères de ce monde, de l'oppression et des souffrances de la tombe. » Il renouvelle ces tournées sept fois de suite, les trois premières en se balançant alternativement sur chaque pied, et sautillant tour à tour ; les quatre autres, au contraire, d'un pas lent et grave. Il baise de nouveau la pierre noire, puis, sortant par la porte de Safa, il monte sur la colline de même nom, où, tourné vers la Kaaba et les mains levées vers le ciel, il récite ces prières : « Dieu très-grand ! Dieu très-grand ! il n'y a d'autre dieu que Dieu. Dieu très-grand ! Dieu très-grand ! A Dieu est la gloire. Il n'y a d'autre dieu que Dieu : il est seul, il est unique. Il n'a point d'associés. L'univers entier est à lui. A lui est la gloire. C'est lui qui donne la vie ; c'est lui qui donne la mort. Il est le Dieu vivant et immortel. La félicité est entre ses mains, et sa puissance s'étend sur toutes choses. Il n'y a d'autre dieu que Dieu. Ne rendez de culte à nul autre qu'à lui. Soyez les adorateurs de sa loi et de sa doctrine, et ne vous laissez jamais corrompre par les discours pervers des infidèles. » Puis le pèlerin parcourt sept fois dans sa longueur la petite vallée qui sépare la colline de Safa de celle de Merwa, en répétant les mêmes prières, puis il ajoute : « O Dieu ! fais-moi miséricorde, et efface les péchés que tu connais en moi, ô Dieu très-saint et très-clément ! » Cette pratique a été instituée, dit-on, en imitation de la conduite d'Abraham, qui, voyant dans ce même lieu Agar et Ismaël en proie aux horreurs de la soif, monta sur la colline de Safa pour découvrir au loin quelque source ; et n'en ayant pu trouver, parcourut sept fois, dans son désespoir, l'espace où ce rite s'accomplit aujourd'hui. Dès lors le pèlerin a rempli les obligations de la première visite ; il est libre d'aller dans la ville chercher un lieu de repos pour ne plus prendre part ensuite qu'aux pratiques communes à tout le corps des pèlerins.

Le huitième jour du mois de dhoul-hidja, aussitôt après la prière du matin, tous les fidèles, sous la conduite de l'imam, quittent la ville et se rendent à la vallée de Mina. Là on dresse des tentes où la foule des pèlerins, après avoir accompli les rites et récité les prières, passe la nuit pour se rendre le lendemain au mont Arafa : on y fait le khotba comme à l'office solennel du vendredi, et les prières journalières ; puis les pèlerins renouvellent leurs purifications. Le molla qui préside à cette seconde station, s'avance à cheval sur une espèce de terrasse placée au pied de la montagne, et commence le cantique suivant, dont il donne le signal à ceux qui ne peuvent entendre sa voix, en agitant un mouchoir blanc qu'il tient à la main droite : « O notre Seigneur ! à toi est la gloire. Dieu très-grand ! Dieu très-grand ! Il n'y a d'autre dieu que Dieu. Dieu très-grand ! Dieu très-grand ! à Dieu est la gloire. Il n'y a de force, il n'y a de puissance qu'en Dieu très-haut et très-élevé.... Me voici à ton service, ô mon Dieu ! et prêt à obéir à tes ordres. Tu n'as pas d'associés ; me voici prêt à te servir. Certes la gloire et la grâce t'appartiennent ; l'univers est à toi ; il n'y a pas d'associé avec toi. »

Au moment où le soleil disparaît sous l'horizon, le molla se met en marche le premier, et, suivi de tous les fidèles, il dirige ses pas vers Mozdélifé, où l'on fait la prière du soir et celle de la nuit ; puis on récite en commun cette prière : « O mon Dieu ! préserve du feu ma chair, mon sang, mes os et tous mes membres, ô le plus miséricordieux des êtres miséricordieux ! » En traversant la plaine qui conduit à cette station, chaque pèlerin doit ramasser sept petites pierres, pour les jeter le lendemain en mémoire d'Abraham, qui, traversant ces lieux pour aller immoler son fils Ismaël, repoussa le démon à coups de pierres, au moment où ce tentateur cherchait à lui inspirer la désobéissance aux ordres du Seigneur. La foule des pèlerins passe la nuit à Mozdélifé, et part, le lendemain, 10 de la lune, immédiatement après la prière du matin et avant le lever du soleil ; on reprend le chemin de Mina. Arrivé à un endroit déterminé, chaque pèlerin commence le jet des sept pierres, en disant : « Au nom de Dieu ! Dieu est grand, en dépit du démon et des siens. Rends, ô mon Dieu ! les travaux de mon pèlerinage dignes de toi et agréables à tes yeux. Accorde-moi le pardon de mes offenses et de mes iniquités. »

A la suite du jet des pierres, les pèlerins commencent leurs sacrifices, et immolent un mouton, ou un bouc, ou un bœuf, ou un chameau. Le sang des victimes rougit les sables du désert ; des feux s'allument, et une foule d'Arabes nomades, attirés par les distributions que font les pèlerins de la chair des animaux sacrifiés, viennent prendre leur part du festin. C'est cette fête qui est connue sous le nom de *Beiram* ou d'*Id-el-Corban*. Après le sacrifice, les pèlerins se font raser la tête, et reviennent à la Mecque en observant les mêmes pratiques et les mêmes prières que le jour de l'arrivée, et principalement les sept tournées, *tawaf*, autour du sanctuaire.

La fête du Beiram dure encore trois jours, pendant lesquels les pèlerins se rendent de nouveau à Mina et renouvellent le jet des pierres. Du reste, on peut alors se livrer aux plaisirs, aux festins et aux amusements de toute espèce ; mais le quatrième jour ils doivent quitter la ville, après avoir bu à longs traits l'eau du puits de Zemzem : y rester plus longtemps serait s'exposer à profaner par le péché un lieu sacré où chaque faute est comptée au double et demande une double réparation ; car la ville de la Mecque est si sainte, a dit Mahomet, qu'un jour de jeûne y est égal à cent mille accomplis partout ailleurs, et qu'une drachme, qu'on y donne aux pauvres, est inscrite comme cent mille drachmes au compte du donateur.

Le pèlerinage à Médine, au tombeau de Mahomet, n'est pas d'obligation comme celui de la Mecque, mais c'est un acte très-méritoire : aussi beaucoup de Musulmans se font-ils un devoir de s'y rendre en quittant la ville sainte. Dès qu'il aperçoit la ville, le pèlerin doit dire : « Seigneur, voici la maison sacrée de ton prophète et de ton envoyé Mahomet, sur qui soient ton salut et ta paix. Fais-moi la grâce qu'elle me soit une sauvegarde contre le feu, les peines éternelles et le compte terrible que j'aurai à te rendre au jour du jugement. »

En entrant dans la ville : « Au nom de Dieu clément et miséricordieux ! Le salut et la paix de Dieu soient sur la maison du prophète. Seigneur, fais-moi la grâce d'entrer et de sortir de ce lieu avec toute la décence requise, et, en récompense de cette visite, fais que je sois honoré et puissant. »

En entrant dans la mosquée : « Mon Dieu, pardonne-moi mes péchés et ouvre-moi les portes de ta miséricorde. »

Auprès du tombeau du prophète, le fidèle dit : « Paix sur toi, Mahomet ! paix sur toi, envoyé de Dieu ! paix sur toi, élu de Dieu ! paix sur toi, ami de Dieu ! paix sur toi, ô digne de louanges ! paix sur toi, favori de Dieu ! paix sur toi, distributeur des grâces ! paix sur toi, mon imam ! paix sur toi, le dernier des prophètes ! paix sur toi, ô porteur de bonnes nouvelles ! paix sur toi, ô apôtre ! paix sur toi, le plus honorable des enfants d'Adam ! paix sur toi, prince des envoyés de Dieu ! paix sur toi, sceau des prophètes ! paix sur toi, envoyé du maître des deux mondes ! paix sur toi, sur ta postérité, sur tes compagnons, et sur tes chastes femmes, qui sont les mères des vrais croyants. — Je te fais des remercîments plus grands que ceux qu'ont faits à Dieu un prophète pour sa nation, un apôtre pour sa tribu. Que la paix de Dieu soit sur notre seigneur Mahomet, soit que l'on en fasse mention dans ses prières, ou que l'on y manque. Je professe, ô envoyé de Dieu ! que l'apostolat t'a été donné, que tu as semé la vraie foi, que tu as donné des conseils salutaires aux nations, que tu as dévoilé les obscurités, et que tu as marché si droit dans les voies du Seigneur, qu'il t'a gratifié de la science certaine. — Nous sommes venus te visiter en troupe, ô envoyé de Dieu ! des pays les plus éloignés, pour exécuter tes commandements. Je te salue, et je te prie d'intercéder pour moi auprès de Dieu ; car mes fautes sont grandes et mes péchés nombreux ; mais tu es un intercesseur qui obtiens tout ce que tu demandes. Dieu a dit : Si les hommes, après avoir péché, me demandent pardon, et que mon envoyé intercède pour eux, ils me trouveront tout miséricordieux. Je suis venu ici chargé de péchés, intercède pour moi auprès de Dieu, et obtiens-moi de lui la grâce de mourir dans ta loi et de ressusciter dans ta compagnie. Intercession, intercession, intercession, ô envoyé de Dieu ! » Les pèlerins saluent ensuite les khalifes Aboubekr et Omar, dont les corps sont inhumés auprès de celui de Mahomet.

En décrivant les principaux actes du pèlerinage, nous avons dû passer sous silence la multitude de prescriptions, de prohibitions, de décisions légales, touchant l'obligation de faire le pèlerinage, les cas de dispense, et la manière de s'en acquitter ; car tout est prévu, tout est déterminé : les jours, les heures, les lieux, la posture, le nombre des pas ; la forme, la matière, la couleur des vêtements ; l'intention que l'on doit avoir, les pensées auxquelles il faut se livrer, les discours que l'on doit tenir, la manière dont les caravanes doivent être organisées, etc., etc. Ceux qui seraient curieux de connaître ces minutieuses particularités, peuvent consulter le *Tableau général de l'empire othoman*, par Mouradjea d'Ohsson ; les *Voyages* de Chardin, l'*Exploration scientifique en Algérie*, etc.

Les Musulmans schiites font en outre des pèlerinages aux tombeaux des principaux personnages de leur secte, et particulièrement au désert de Kerbéla, lieu où s'est donnée la célèbre bataille dans laquelle l'imam Hosein perdit la vie ; à Nedjeb, où est enseveli le khalife Ali ; à Tous, sépulture de l'imam Riza, etc.

Les Musulmans de l'Inde, outre les pèlerinages précédents, qui leur sont communs avec les schiites, en ont encore de particuliers, comme celui du tombeau de Sarwar, à Kélat ; du tombeau de Dariaï, à Dépal-dal ; du tombeau de Cotbeddin, dans la ville de Cotoub, etc., etc.

5° Les *tirths* ou lieux de pèlerinage sont beaucoup plus fréquents chez les brahmanistes que chez les chrétiens : il est peu de villes, de collines qui n'aient leur temple, et ce temple est un point central, vers lequel convergent les dévots d'alentour, jusqu'à une certaine distance ; quelquefois c'est une source, un bassin, un étang, une rivière, un arbre antique, qui est l'objet de la vénération publique. Ces pèlerinages sont très-fréquentés ; il est peu de négociants, par exemple, qui n'interrompent plusieurs fois chaque année leurs affaires ou leur négoce, pour entreprendre un pèlerinage d'une quinzaine de jours, à une certaine distance de leur domicile. Mais il y a, en outre, cinq pèlerinages célèbres, qui attirent des milliers de dévots des provinces les plus reculées de l'Hindoustan : ce sont ceux de Bénarès, de Jaggrenat ou Djagad-Natha, de Ramisseram, de Seringam et de Palani. Ces lieux sacrés ont le privilége de procurer infailliblement la béatitude céleste à tous ceux qui les auront visités. Nous parlons des deux premiers aux articles BÉNARÈS et DJAGAT-NATHA. Voici ce que le P. Saint-Cyr, missionnaire, écrivait en 1844, au sujet de celui de Palani :

« Pour se rendre l'idole favorable, il n'est pas de bizarre expédient qu'on n'emploie. Cultiver sa chevelure, pour venir en faire l'offrande au grand dieu de Palani, est une dévotion très en vogue parmi les païens, et un gage certain d'une félicité constante ; parcourir, vêtu de toiles de couleur, une partie de l'Inde ; apporter au temple des vases de lait ; mendier, une clochette à la main, des dons pour le grand dieu, sont encore des pratiques très à la mode. Quelle que soit la maladie qui vous travaille, venez à Palani, et votre guérison est certaine. Venez-y avec des poissons morts, et ces poissons, jetés dans l'étang du dieu, revivront aussitôt ; présentez du sable, et ce sable se changera incontinent en sucre ; ou bien offrez du sucre, et il vous reviendra du sable. Gardez-vous bien d'en douter, les brahmanes en sont garants ; et la parole d'un brahmane n'est-elle pas sacrée ? C'est ainsi que ces adroits hypocrites nourrissent la crédulité populaire.

« Ce sont ces prodiges supposés qui font affluer de toutes les parties de l'Inde ces masses de pèlerins qu'on voit, en janvier et en mai, accourir par toutes les routes ; c'est grâce à ces merveilles mensongères que les anciens maîtres du pays ont doté de tant de priviléges la pagode et ses ministres, et qu'ils ont consacré à l'entretien du temple tant de domaines exempts de tout impôt, dont la rente égale, assure-t-on, les revenus du royaume de Tondaman tout entier. Toujours est-il que, l'année dernière, les Anglais ont affermé la recette de Palani, en y comprenant les offrandes des pèlerins, pour une somme d'environ 50,000 roupies, ou 150,000 francs de notre monnaie ; et l'on dit généralement que c'est à peine le quart de ce qui revient annuellement au temple. Il paraîtrait que cette année le gouvernement de Madras, pressé par les ordres émanés de la cour des directeurs, aurait apporté quelques modifications à ce trafic, qui spécule sur tout et tire bénéfice de l'idolâtrie elle-même. Une partie des biens de la pagode enlevés au diable, aurait été définitivement attribuée à la compagnie des Indes ; quant à ce qui reste pour l'entretien du temple, des brahmanes et des dévadassis, le gouvernement ne s'en mêlerait plus.

« Le sanctuaire s'élève sur une petite montagne conique, assez régulière, qui se détache de la masse imposante des grandes Gates. Au pied de la colline, une large voie qui en fait le tour, est plantée de beaux arbres et environnée d'une foule de niches ou pagodins. C'est là que se promenait le grand *Ter*, ou char du dieu ; c'est là que des païens fanatiques, se précipitant sous les roues, se faisaient écraser pour aller jouir de la félicité promise à leur démence. Pour mettre fin à ces actes horribles, dont les brahmanes étaient les chauds partisans, le gouvernement a défendu la marche de ce char monstrueux.

« Au bas de la montagne, est une pagode avec pyramide, dédiée au dieu Vichnou. Plus loin s'élève le grand portique, qui ouvre cette suite continue de degrés dont l'extrémité touche au temple. A l'ouest, est un autre portique, morceau d'architecture vraiment remarquable ; jusqu'à présent, je n'ai rien vu dans l'Inde qui puisse lui être comparé. L'entrée a pour ornement des statues fantastiques de paons et de lions ; le toit de pierre qui le surmonte, est soutenu par des groupes de petites colonnes sculptées avec art, et présentent les formes les plus curieuses et les plus variées. Là se trouvent les statues des anciens seigneurs de Palani et d'Aycoudy ; elles sont aussi l'objet d'un culte spécial.

« Introduits par le grand portique, les pèlerins commencent à gravir la sainte montagne. Les plus dévots en montent les nombreux degrés à genou, et sur chaque degré cassent une noix de coco en l'honneur de la divinité ; ceux qui n'ont pas le courage de faire cette longue ascension d'une manière aussi pénible, ne se dispensent pas au moins de se prosterner à tous les petits temples ou pagodins qui, parsemés sur le flanc de la montagne, servent comme de halte. A chaque prostration il faut offrir quelque sacrifice. Dans ces pagodins se trouvent tantôt un paon, monture favorite du *Grand Seigneur*, tantôt un vignesoura ou pouléar, dieu à tête d'éléphant, à quatorze bras, et à ventre monstrueux ; tantôt un dieu serpent à cinq têtes, idole que je n'ai trouvée qu'à Palani ; tantôt un éléphant, tantôt un chien, tantôt un killipillei, espèce de perruche ou de pie verte, fort commune dans le pays, tantôt d'autres simulacres grotesques dont les noms me sont inconnus.

« Sur le plateau de la montagne, élevée à plus de cinq cents pieds au-dessus du niveau de la plaine, se trouve une vaste enceinte quadrangulaire, dans laquelle on pénètre par un élégant portique. Au milieu de cette enceinte surgit le grand temple avec sa haute et magnifique pyramide. Il faudrait un Champollion indien pour déchiffrer les caractères, ou, pour mieux dire, les figures symboliques grossièrement sculptées sur les quatre faces de l'édifice. A l'est du temple, sous un arbre vénérable de vieillesse, gît un petit pagodin ; c'est là qu'habite le dieu. Autour du sanctuaire principal on remarque une multitude de paons et de chevaux en pierre ou en terre cuite : la divinité monte ces coursiers pour aller à la promenade ou à la chasse. Du haut de cette montagne escarpée, l'on a vu souvent de fanatiques dévots se précipiter la tête la première, et pendant que la multitude applaudissait à cette extravagance, leurs crânes volaient en morceaux, leurs membres, violemment arrachés, se dispersaient de part et d'autre. Il va sans dire que le gouvernement anglais a fait cesser ce spectacle sanglant.

« Vous me demanderez sans doute quel est donc ce dieu de Palani, si fameux, si vénéré ? C'est ici que je suis embarrassé pour répondre. Interrogez les païens, ils seront pour la plupart aussi embarrassés que moi : ils vous diront tous : « Mais c'est le seigneur de Palani. » — Si vous insistez en demandant quel est ce seigneur de Palani ? ils vous regarderont avec un air étonné et balbutieront encore : « C'est le seigneur de Palani. » Par le fait, ils ne savent pas ce qu'ils adorent. S'ils se hasardent à donner quelques explications, chacun créera un personnage différent, et contera des anecdotes contradictoires. Ce n'est pas que les noms et surnoms manquent à ce grand dieu : les Indiens sont peut-être plus fertiles en épithètes que n'étaient les Grecs eux-mêmes. Je pourrais vous citer cent noms magnifiques qui se donnent au seigneur de Palani. L'histoire la plus généralement reçue suppose que ce dieu est un fils du grand Siva ; que son nom réel est *Soubhramanya* (ou *Kartikéya*) ; qu'ayant cherché querelle à son fils aîné, il le relégua sur la cime escarpée de la montagne de Virpachi, tandis qu'il établissait lui-même son trône et sa demeure sur le mont sacré de Palani, où depuis lors il règne en souverain. »

Il y a des dévots hindous qui poussent le fanatisme jusqu'à environner leurs pèlerinages de difficultés presque insurmontables. Les uns ont la patience d'avancer constamment de trois pas et de reculer aussitôt de deux, et de poursuivre de la sorte un voyage de 100 et de 200 lieues ; d'autres parcourent une pareille étendue de chemin, en mesurant tout le trajet de la longueur de leur corps ; c'est-à-dire qu'en sortant de leur maison, ils s'étendent à terre, tout de leur long, la tête tournée vers le but de leur pèlerinage, se relèvent, s'avancent jusqu'à l'endroit où ils viennent de poser leur tête, se prosternent de nouveau, et ainsi de suite jusqu'au terme de leur voyage ; d'autres prennent des chaussures garnies d'épines et de pointes de fer, d'autres traînent de lourdes chaînes, etc. Aussi les chemins qui mènent à ces lieux de dévotion sont-ils jonchés des cadavres de ceux qui sont morts de fatigues ou des tortures qu'ils se sont infligées. *Voy.* POUNYA-STHALAS.

6° Les sectes réformées de l'Inde, telles que les Baba-Lalis, les Kabir-Panthis, les Sikhs, etc. ont également des lieux de pèlerinages très-fréquentés ; particulièrement aux endroits illustrés par la mort ou par la sépulture de leurs fondateurs respectifs, Baba-Lal, Kabir, Nanek, etc.

7° Les bouddhistes ont plusieurs espèces

de pèlerinages : les uns sont à certains temples fameux, particulièrement dans ceux où résident les incarnations vivantes des bouddhas et des bodhisatwas, et qui se trouvent presque tous dans le Tibet et dans la Mongolie; les autres sont dans les lieux où l'on conserve les reliques vraies ou prétendues de Gautama Bouddha.

Un des plus célèbres est celui qui a lieu au pic d'Adam, dans l'île de Ceylan, sur lequel on montre l'empreinte du pied de Bouddha. Au pied de la montagne se trouve un vihar é qui sert d'hôtellerie aux pèlerins. Au-dessus de cet endroit il faut gravir le mont à pied, par un sentier étroit, frayé au milieu de forêts impénétrables au soleil. Cette route fourmille de dévots qui vont faire leurs adorations au pied de Bouddha ; ils font halte auprès des torrents nombreux qui traversent le pic, y prennent un repas frugal, s'y désaltèrent et s'y purifient. Auprès d'un de ces cours d'eau, le Satagongola, commence la montée ardue sur un roc vif et glissant : ce chemin serait inabordable sans les degrés que les rois Chingulais y ont fait tailler dans la pierre. Les trois premiers escaliers n'ont que 37 marches en tout ; mais le dernier en compte 90. Au-dessus de cet échelon, commence avec le cône du pic la seule partie périlleuse du chemin : il n'est pas de mois où, saisi de vertige, un visiteur ne tombe brisé au fond d'un gouffre. Sans de fortes chaînes en fer, scellées dans le roc, qui servent de rampe près du sommet, le pèlerinage en l'honneur de Bouddha compterait encore bien plus de victimes.

En haut du pic, la vue plonge dans toute l'île de Ceylan, sur ses chaînes de montagnes qui se festonnent au nord et à l'est, et sur les plateaux plus rapprochés, qui se présentent comme un tapis bigarré de vert, de brun et de rouge. De ce tableau si vaste, quand il faut revenir à chercher autour de soi le but de tant d'ascensions fatigantes, on trouve, dans l'enceinte d'un petit mur en pierres, le *Sri-pada*, ou l'empreinte du *pied sacré* de Bouddha. C'est un creux peu profond, long de cinq pieds trois pouces, et large de deux pieds sept pouces. Un rebord en cuivre, garni de pierres précieuses, un toit fixé au rocher par quatre chaînes de fer, soutenu par quatre colonnes et entouré d'un mur, complète l'ensemble de ce monument. Le toit est doublé d'étoffes bariolées, et ses bords sont parés de fleurs et de guirlandes. Tout porte à croire que cette empreinte, qui a quelque analogie avec un pied humain, a été taillée après coup. Les seuls abris que présente le sommet du pic sont un petit bosquet de rhododendrons, regardé comme sacré par les naturels, et une petite maisonnette pour le prêtre officiant.

Quand une bande de pèlerins arrive sur le pic, la cérémonie religieuse commence. Le prêtre, en robe jaune, se tient à côté de l'empreinte du pied, et le visage tourné vers les fidèles rangés sur une ligne, les uns à genoux et les mains en l'air, les autres penchés en avant et les mains jointes. Ensuite l'officiant récite phrase par phrase les articles du symbole, et l'assistance les répète après lui. Quand la prière est finie, le prêtre se retire : alors les pèlerins poussent un cri et la recommencent sous la direction du plus âgé de leur troupe ; après quoi ils se saluent respectueusement les uns les autres en commençant par les vieillards, puis ils s'embrassent et échangent entre eux des feuilles de bétel : la cérémonie finit par des offrandes au pied de Bouddha, et par la bénédiction du prêtre, qui profite de ces dons (1).

Dans la ville de Candy, une des principales de l'île, est un temple fameux par le concours des pèlerins qui viennent y vénérer une dent de Bouddha, que l'on y conserve dans un coffret d'or enrichi de pierres précieuses, et renfermé dans quatre autres, tous incrustés de joyaux. Jamais relique ne fut plus somptueusement enchâssée, ni plus dévotement adorée ; cependant elle ressemble plus à une défense d'animal qu'à une dent humaine. Lorsque l'armée anglaise s'en empara, les Candiens se soumirent paisiblement à l'Angleterre, persuadés que les possesseurs d'un objet si saint avaient un droit incontestable à la souveraineté du pays.

Enfin l'arbre Bogaha est le but d'un pèlerinage non moins fréquenté par les Chingulais. *Voy.* BOGAHA.

L'île de Ceylan n'est pas le seul endroit qui ait l'avantage de posséder l'empreinte du pied de Bouddha, on en montre encore quelques-unes sur le continent ; la plus célèbre est celle qui se voit auprès de Miaïday, dans l'empire Birman. Elle est gravée sur une table de granit gris, longue de six pieds et large de trois. Sa surface est sculptée en plus de cent compartiments contenant chacun une figure symbolique. Deux serpents entrelacés semblent pressés sous le talon, et cinq coquilles forment les orteils. Cette table de granit est soutenue sur un massif de maçonnerie et recouverte d'un grand hangar en bois. Une tradition bouddhique rapporte que le divin personnage avait une fois posé l'un de ses pieds sur le pic de Ceylan et l'autre sur la terre ferme en ce même endroit.

8° Les Chinois de la secte des Lettrés se font un devoir d'accomplir un pèlerinage en l'honneur de Confucius. Lorsque ce philosophe fut mort, le roi de Lou fit construire en son honneur, près de son tombeau, un de ces édifices destinés à honorer les ancêtres, « afin, dit-il, que tous les amateurs de la sagesse, présents et à venir, puissent s'y rendre pour faire les cérémonies respectueuses à celui qui leur a frayé la route, et sur le modèle duquel ils doivent se former. » On déposa son portrait dans ce monument,

---

(1) Les Musulmans disent qu'Adam ayant été chassé du paradis terrestre, se retira dans l'île de Ceylan, fixa son séjour sur cette montagne et s'y tint debout sur un pied, jusqu'à ce que Dieu lui eut accordé le pardon. De là, suivant eux, cette empreinte restée indélébile dans le roc.

ainsi que tous ses ouvrages, ses habits de cérémonie, ses instruments de musique, le chariot dans lequel il voyageait et quelques-uns des meubles qui lui avaient appartenu. Les disciples du philosophe renouvelèrent dans ce lieu les hommages qu'ils avaient déjà rendus à leur maître, et arrêtèrent entre eux, qu'au moins une fois chaque année, ils viendraient s'acquitter des mêmes devoirs; ce qu'ils pratiquèrent le reste de leur vie avec une exactitude qui a servi de modèle à tous les lettrés qui sont venus après eux. Depuis plus de 2000 ans, ils suivent constamment cet usage, et comme il n'est pas possible que tous fassent annuellement le voyage de Kiu-fou-kien, où est le tombeau du grand philosophe, on a élevé dans chaque ville, un *miao*, temple, où ceux qui sont dans les provinces éloignées de l'empire, vont faire les mêmes cérémonies qu'ils feraient au tombeau, s'ils pouvaient s'y rendre. Les empereurs mêmes ne s'en dispensent pas; et comme représentant la nation, ils vont rendre hommage à celui que la nation a reconnu solennellement pour maître; ce fut le fondateur de la dynastie des Han, qui le premier en donna l'exemple, environ 200 ans avant notre ère. Dans la suite, il fut réglé qu'aucun lettré ne serait admis aux degrés, qu'aucun mandarin n'entrerait dans l'exercice de sa charge, qu'après avoir accompli solennellement les cérémonies respectueuses à quelqu'un des temples érigés pour cette raison dans chaque ville, en l'honneur du philosophe et de ses principaux disciples.

Les offrandes qu'on présente à Confucius sont ordinairement du pain, du vin, des cierges, des parfums; souvent quelque animal, tel qu'un mouton. Une des cérémonies qui se pratiquent dans les temples, consiste simplement à se prosterner et à frapper neuf fois la terre du front, devant la tablette qui porte cette inscription : *C'est ici le trône de l'âme du très-saint et excellentissime premier maître Confucius*. Lorsqu'un magistrat passe devant l'un de ces temples, il ne manque jamais de descendre de son palanquin, de se prosterner la face contre terre, et de marcher ensuite à pied pendant quelque temps.

9° Les Japonais ont plusieurs lieux de pèlerinage dans leur empire; le plus célèbre est celui que nous décrivons à l'article SANGA.

PÈLERINS, gens qui font un pèlerinage. 1° Comme les pèlerinages faits au loin étaient sujets à entraîner beaucoup d'abus, l'Eglise avait sagement ordonné que les fidèles ne pourraient en entreprendre qu'après avoir consulté leur évêque et obtenu sa permission. Plusieurs rituels contiennent même la formule de bénédiction solennelle qu'on doit leur donner. On bénit aussi leur sac ou besace pour mettre leurs provisions, ainsi que leur bourdon ou bâton de voyage. Autrefois un large chapeau et une pèlerine à coquilles faisaient aussi partie de leur costume.

2° Les Musulmans qui ont fait le pèlerinage de la Mecque ont droit au titre de *Hadji* ou pèlerin, qu'ils ajoutent à leur nom. Ils jouissent aussi de plusieurs priviléges. *Voy.* HADJI.

PELINA ou PELINUS, divinité gauloise, sur laquelle on manque de renseignements.

PELLÉNIE, surnom donné à Diane, du culte qu'on lui rendait à Pellène, ville d'Achaïe. La statue de la déesse, suivant le rapport des habitants, demeurait ordinairement renfermée; mais, quand la grande prêtresse l'ôtait de sa place pour la porter en procession, personne n'osait la regarder en face, et tout le monde en détournait les yeux, dans la persuasion que non-seulement la vue en était dangereuse pour les hommes, mais que, partout où elle passait, elle rendait les arbres stériles, et faisait tomber tous les fruits. Dans un combat contre les Etoliens, la prêtresse ayant tourné le visage de cette statue vers les ennemis, cette formidable apparition leur ôta le sens et les mit en fuite.

PELLERVOINEN, dieu des anciens Finnois, qui, avec son fils Sämpsä, cultivait les arbres et veillait à leur prospérité. Cependant ils exerçaient moins leur action sur les forêts proprement dites que sur les vergers et les terres livrées à l'agriculture.

PELLONIE, déesse romaine à laquelle on avait recours pour chasser les ennemis. Son nom vient du verbe latin *pellere*, chasser.

PELLON-JUMALA et PELLON-PEKKO, dieux des Finnois : le premier était le dieu des champs, et le second présidait à la pousse de l'orge et du blé.

PÉLOPIES, fête que les Eléens célébraient en l'honneur de Pélops, pour lequel ils avaient plus de vénération que pour aucun autre héros. Hercule fut le premier qui sacrifia à Pélops un bélier noir, comme aux divinités infernales, après lui avoir consacré près d'Olympie un espace de terre considérable; consécration qui durait encore au temps de Pausanias. Dans la suite, les magistrats de l'Elide suivirent cet exemple, en ouvrant leurs Pélopies par un sacrifice semblable. Ce qu'il avait de particulier, c'est qu'on ne mangeait rien de la victime immolée, et que l'entrée du temple de Jupiter lui était interdite.

PÉLORIES, fête célébrée en Thessalie, en l'honneur de Jupiter Pélorien, et qui avait beaucoup de rapport avec les Saturnales des Romains, dont elle fut peut-être l'origine. Les Pélasges, nouveaux habitants de l'Hémonie, faisant un sacrifice solennel, un étranger nommé Pélorus, vint leur annoncer qu'un tremblement de terre avait entr'ouvert les montagnes voisines; que les eaux d'un grand marais, nommé Tempé, s'étaient écoulées dans le fleuve Pénée, et avaient découvert une grande et belle plaine, qui fut depuis le célèbre vallon de Tempé. Cette agréable nouvelle fut reçue avec joie; l'étranger fut invité à s'associer au sacrifice, et tous les esclaves eurent la permission de prendre part à la réjouissance. Cette fête devint annuelle. Les Thessaliens y traitaient les étrangers et leurs esclaves, auxquels ils laissaient prendre toute sorte de libertés.

PELVIT, dieu des moissons, dans l'ancienne Prusse.

PÉNATES (1), dieux célèbres du paganisme, que l'on confondait quelquefois avec les dieux des maisons particulières; et, en ce sens-là, ils ne différaient point des Lares. Les Romains, dit Denys d'Halicarnasse, appellent ces dieux *Pénates*. Ceux qui ont tourné ce nom en grec les ont appelés, les uns les dieux *paternels*, les autres les dieux *originaires*, les autres les dieux *des possessions*, quelques-uns les dieux *secrets* ou *cachés*, les autres les dieux *défendus*. Il paraît que chacun a voulu exprimer quelques propriétés particulières de ces divinités; mais, dans le fond, il semble qu'ils veuillent tous dire la même chose.

Le même auteur donne la forme des dieux Pénates apportés de Troie, telle qu'on la voyait dans un temple, près du marché Romain. C'étaient, dit-il, deux jeunes hommes assis, armés chacun d'une pique. Les Pénates troyens, dit Macrobe, avaient été transportés par Dardanus de la Phrygie dans la Samothrace : Enée les apporta de Troie en Italie. D'autres croient que ces Pénates étaient Apollon et Neptune; mais ceux qui ont fait des recherches plus exactes disent que les Pénates sont des dieux par lesquels seuls nous respirons, desquels nous tenons le corps et l'âme, comme Jupiter, qui est la moyenne région éthérée; Junon, c'est-à-dire la plus basse région de l'air; et Minerve, qui est la suprême région éthérée.

Tarquin, instruit dans la religion des Samothraces, mit ces trois divinités dans le même temple et sous le même toit. Ces dieux Samothraciens, ou les Pénates des Romains, s'appelaient les grands dieux, les bons dieux et les dieux puissants.

Dans la suite, on appela plus particulièrement dieux Pénates tous ceux que l'on gardait dans les maisons. Suétone nous dit que, dans le palais d'Auguste, il y avait un grand appartement pour les dieux Pénates. Une palme, dit-il, était née devant sa maison, dans la jointure des pierres, il la fit apporter dans la cour des dieux Pénates, et eut grand soin de la faire croître.

Comme il était libre à chacun de se choisir ses protecteurs particuliers, les Pénates domestiques se prenaient parmi les grands dieux, et quelquefois parmi les hommes déifiés. Par une loi des douze tables, il était ordonné de célébrer religieusement les sacrifices des dieux Pénates, et de les continuer sans interruption dans les familles, de la manière que les chefs de ces familles les avaient établis. Les premiers Pénates ne furent d'abord que les mânes des ancêtres que l'on se faisait un devoir d'honorer;

(1) Article du *Dictionnaire* de Noël.

mais dans la suite on y associa tous les dieux.

On plaçait les statues des Pénates dans le lieu le plus secret de la maison; là, on leur élevait des autels, on tenait des lampes allumées, et on leur offrait de l'encens, du vin et quelquefois des victimes. La veille de leurs fêtes, on avait soin de parfumer leurs statues, même de les enduire de cire pour les rendre luisantes. Pendant les saturnales, on prenait un jour pour célébrer la fête des Pénates; et, de plus, tous les mois, on destinait un jour pour honorer ces divinités domestiques. Ces devoirs religieux étaient fondés sur la grande confiance que chacun avait en ses Pénates, qu'on regardait comme les protecteurs particuliers des familles, jusque-là qu'on n'entreprenait rien de considérable sans les consulter comme des oracles familiers. Néron négligeait tous les autres dieux, en faveur d'un Pénate favori. On portait quelquefois leurs figures en voyage, comme on l'apprend d'Apulée. Cicéron craignait de fatiguer sa Minerve favorite; lorsqu'il était prêt à partir pour son exil, il alla solennellement la consacrer dans le Capitole.

On donne plusieurs étymologies du mot *Pénates*, que l'on tire du grec et du latin; en quoi on se trompe évidemment, puisque c'est des Samothraces et des Phrygiens que nous vient le nom comme le culte et les mystères de ces dieux.

Les anciens Hébreux, ou plutôt les Chaldéens avaient aussi leurs dieux Pénates. *Voy.* THÉRAPHIM.

PENEUSE. On appelait autrefois la semaine *peneuse* celle qu'on nomme aujourd'hui la semaine sainte, et qui précède immédiatement la fête de Pâques. Cette dénomination venait de ce qu'alors les chrétiens se soumettaient à des privations et à des pénitences plus rigoureuses.

PÉNIE, déesse de la pauvreté; elle était honorée particulièrement à Gadara. On la regardait comme la mère de l'industrie et des arts. Les anciens lui avaient fait une généalogie comme aux autres dieux. Platon raconte à ce sujet une allégorie assez ingénieuse : il dit qu'un jour les dieux donnant un grand festin, celui des richesses, qui avait un peu trop bu, s'était endormi à la porte de la salle, Pénie, qui était venue là pour recueillir les restes du repas, l'aborda, lui plut, et en eut un enfant qui fut l'Amour. Peut-être a-t-il voulu exprimer par là que l'amour rapproche les distances; ou, en faisant l'Amour fils de la pauvreté, il a pu vouloir constater que le propre de cette passion est de demander toujours, et, lors même qu'on jouit, de désirer encore quelque chose.

PÉNIN, dieu topique, adoré par les Véragres, peuple de l'Entremont dans les Alpes; c'est à tort que Tite-Live orthographie son nom *Pennin* (Penninus) : toutes les inscriptions portent *Pœninus*. Ce dieu était invoqué autrefois par les voyageurs qui couraient des dangers dans les montagnes de cette contrée, comme en font foi plusieurs monuments conservés jusqu'à ce jour. L'inscription suivante, quoique très-simple et conçue en termes généraux, en est un exemple :

POENINO
PRO ITV ET REDITV,
C IVLIVS PRIMVS
V. S. L. M (1).

Cette autre est également remarquable par la naïveté de pensée qu'on y trouve :

C. IVL. RVFVS POENINO V. S. L.
AT (2) TVA TEMPLA LYBANS (3) VOTA SVSCEPTA PEREGI
ACCEPTA VT TIBI SINT NVMEN ADORO TVVM
INPENSIS NON MAGNA QVIDEM TE LONGE PRECAMVR
MAIOREM SACVLO (4) NOSTRVM ANIMVM
ACCIPIAS.

Ailleurs c'est un officier militaire échappé peut-être à quelque danger dont furent victimes ses compagnons d'armes :

C. TVLIVS AN
TVLLVS PRAE
FECTVS COHOR
TIS ASTVRVM
POENINO V. SOL

Plus tard les Romains confondirent le dieu Pénin avec Jupiter, et ajoutèrent ce nom à celui du maître de l'Olympe, comme nous le voyons dans cette inscription tracée par le fils d'un empereur et son collègue dans le consulat :

IOVI POE
NINO Q
CASSIVS FACVNDVS
L. A. COM. COS.
V. S. L. M.

La suivante a été érigée par un Gaulois de la province actuelle de Picardie :

NVMINIB. AVGG
IOVI POENINO
SABINEIIVS CENSOR
AMBIANVS
V. S. L. M.

Celle-ci appartient à l'un de nos compatriotes des bords de la Seine.

IOVI POENINO
Q. SILVVIVS PERENNIS
STABELL. COLON
SEQVANOR
V. S. L. M.

Il y a quelque chose de touchant dans l'ex-voto suivant d'un esclave pour son maître.

I. O. M. POENINO
PRO SALVTE HELI ET SVORVM
APRICVLVS EIVS DEDIT
DONVM VOTO S. L. M.

Ce dieu avait en cet endroit une statue de marbre, qui avait 14 pieds de hauteur, suivant Caton l'Ancien. — La montagne en a conservé jusqu'à présent le nom de Mont-Joux (Mons Jovis). C'est là qu'a été établi le monastère du Saint-Bernard, qui a rendu et rend encore tant de services à ceux qui voyagent dans ces contrées inhospitalières.

PÉNITENCE. Il n'est aucun peuple, aucune religion qui ne fasse profession de croire que, pour obtenir de la Divinité la rémission des fautes que l'on a commises, il ne faille en avoir un regret sincère avec une ferme résolution de ne plus y retomber ; de plus, la plupart conviennent que toute action mauvaise exige une expiation réelle et corporelle, et c'est là proprement ce que l'on appelle *pénitence* (de *pœna tenet* ou *pœnam tenere*). Cette expiation pénitentielle était un dogme chez les Égyptiens, les Grecs, les Syriens, les Romains, et presque tous les peuples de l'antiquité ; l'histoire ancienne en fourmille d'exemples ; et elle était exigée personnellement de tous ceux qui voulaient être initiés aux mystères. Ces peuples étaient tellement persuadés de cette vérité, qu'ils attribuaient au défaut de pénitences volontaires les fléaux et les calamités publiques qui fondaient sur les populations. Il y a plus encore, c'est que ces fléaux étaient regardés moins comme une expiation que comme un châtiment qui ne dispensait pas de faire une pénitence effective et volontaire ; alors on allait consulter les oracles qui ordonnaient une œuvre humiliante, pénible, onéreuse, quelquefois même le sacrifice de victimes humaines.

La pénitence est aussi un des dogmes fondamentaux des Parsis, des Brahmanistes, des Bouddhistes, des Chamanistes ; on le retrouve chez les nègres de l'Afrique, chez les sauvages de l'Amérique, parmi les mille tribus de l'Océanie.

Ce sentiment si universel, si naturel, pour ainsi dire, au cœur de l'homme, est assurément la conséquence d'une de ces vérités primitives révélées au genre humain et dont le souvenir ne s'est jamais effacé. Aussi ce dogme est-il enseigné expressément dans tout l'Ancien Testament, comme presque toutes ses pages en font foi. Aussi Jésus-Christ, en venant sur la terre, et en satisfaisant pour les péchés de tous les hommes, n'a-t-il pas prétendu abolir toute pénitence ; il le répète fréquemment dans l'Évangile, les apôtres le confirment dans leurs écrits, et l'Église de tous les siècles l'a constamment enseigné. On ne saurait donc trop s'étonner de voir les chrétiens protestants, seuls de tous les peuples de l'univers, proclamer l'inutilité de la pénitence corporelle. Et ce qu'il y a de plus curieux, c'est que ces mêmes chrétiens ont rejeté en même temps et la pénitence et le sacrement de pénitence. Que reste-t-il donc pour l'expiation des fautes ? — Le sang de Jésus-Christ, répondent-ils. — Oui, nous le proclamons avec admiration et reconnaissance, le sang et la mort de l'Homme-Dieu sont la pénitence suprême, la seule expiation qui réconcilie complétement l'homme avec Dieu ; mais encore une

---

(1) C'est-à-dire *votum solvit lubens merito*.
(2) Pour *ad*.

(3) Pour *lubens*.
(4) Pour *sacculo*.

fois Jésus-Christ n'a aboli nulle part la pénitence ; il en inculque la nécessité à chaque instant, et ses apôtres nous enseignent qu'il faut que nous accomplissions en notre chair ce qui *manque* à la passion du Christ.—Peut-il manquer quelque chose à la satisfaction du Christ? nous diront-ils.—Oui, il y manque quelque chose, et ce quelque chose est l'application des mérites du Sauveur; or, ces mérites nous sont appliqués par notre propre pénitence tant spirituelle que corporelle. Telle est la doctrine du Nouveau Testament, qui a toujours été professée par l'Église.

1° Outre la pénitence que le Dieu Sauveur a maintenue bien loin de l'abolir, Jésus-Christ a institué dans son Église le *sacrement de pénitence*, c'est-à-dire un pouvoir de juridiction par lequel les péchés sont remis à l'homme coupable, moyennant trois conditions : savoir, 1° qu'il soit vraiment contrit et repentant; 2° qu'il avoue humblement les péchés mortels qu'il a commis ; 3° qu'il accomplisse fidèlement la peine satisfactoire qui lui est imposée par le ministre de Dieu. Nous exposons ces trois parties du sacrement de pénitence, aux articles CONTRITION, CONFESSION et SATISFACTION; *voy.* aussi ABSOLUTION, INDULGENCE, CANONS PÉNITENTIAUX, etc.

Mais il nous reste à exposer la manière dont l'Église imposait autrefois la pénitence canonique; nous ne saurions mieux faire que de rapporter à cet effet ce que dit l'abbé Fleury sur cette matière, dans son traité sur les Mœurs des premiers chrétiens.

« Ceux qui, après avoir commis quelque grand crime, voulaient en obtenir le pardon, allaient eux-mêmes demander la pénitence. On les recevait avec une grande charité, mais accompagnée de discrétion. On leur faisait sentir que c'était une grâce qui ne devait pas s'accorder facilement. On éprouvait auparavant, par quelque délai, si leur retour était sincère et solide. C'était à l'évêque à imposer la pénitence. Il jugeait si le pécheur y devait être admis; combien elle devait durer; si elle devait être secrète ou publique; s'il était à propos, pour l'édification de l'Église, qu'il fît même sa pénitence publiquement. On n'admettait pas facilement les jeunes gens à la pénitence, à cause de la fragilité de l'âge, qui faisait craindre que leur conversion ne fût pas solide. On tenait aussi pour suspecte la conversion de ceux qui attendaient l'extrémité d'une maladie pour demander la pénitence; et, s'ils revenaient en santé, on les obligeait d'accomplir la pénitence canonique. Plusieurs faisaient pénitence publique sans que l'on sût en particulier pour quel péché ils la faisaient ; et plusieurs faisaient pénitence en secret, même pour de grands crimes, comme les femmes mariées pour des adultères inconnus à leurs maris, et les autres dont la pénitence publique aurait causé trop de scandale, ou à qui la publication de leurs crimes aurait pu faire perdre la vie. Mais il était si ordinaire de voir des chrétiens jeûner, prier, veiller, coucher sur la terre, même par simple dévotion, qu'il n'y avait pas grand sujet de s'informer pourquoi ils en usaient ainsi……

« Ceux à qui il était prescrit de faire pénitence publique, venaient, le premier jour de carême, se présenter à la porte de l'église, en habits pauvres, sales et déchirés; car tels étaient, chez les anciens, les habits de deuil, non-seulement chez les Juifs, mais chez les Grecs et les Romains, même à la fin du IV° siècle de l'Église. Etant entrés dans l'église, ils recevaient, de la main du prélat, des cendres sur la tête, et des cilices pour s'en couvrir; puis demeuraient prosternés, tandis que le prélat, le clergé et tout le peuple faisaient pour eux des prières à genoux. Le prélat leur faisait une exhortation, pour les avertir qu'il allait les chasser pour un temps de l'église, comme Dieu chassa Adam du paradis pour son péché; leur donnant courage, et les animant à travailler, dans l'espérance de la miséricorde de Dieu. Ensuite il les mettait en effet hors de l'église, dont les portes étaient aussitôt fermées devant eux. Les pénitents demeuraient d'ordinaire enfermés et occupés à divers exercices laborieux. On les faisait jeûner tous les jours, ou très-souvent, au pain et à l'eau, ou avec quelque autre sorte d'abstinence, selon leur péché, selon leurs forces et leur ferveur. On les faisait prier longtemps à genoux ou prosternés; veiller, coucher sur la terre, distribuer des aumônes selon leur pouvoir. Pendant la pénitence, ils s'abstenaient non-seulement des divertissements, mais encore des conversations, des affaires et de tout commerce, même avec les fidèles, sans grande nécessité. Ils ne sortaient que les jours de fête ou de station, auxquels ils venaient se présenter à la porte de l'église : ce qu'ils observaient pendant quelque temps. Ensuite on les faisait entrer pour entendre les lectures et les sermons, mais à la charge de sortir avant les prières; puis ils étaient admis à prier avec les fidèles, mais prosternés ; et enfin debout comme les autres. On les distinguait encore d'une autre manière du reste des fidèles, en les plaçant dans l'église du côté gauche.

« Il y avait donc quatre ordres de pénitents : les *Pleurants*, les *Auditeurs*, les *Prosternés*, les *Consistants*, c'est-à-dire ceux qui priaient debout ; et tout le temps de la pénitence était distribué en ces quatre états. Nous les trouvons marqués depuis le temps de saint Grégoire Thaumaturge, vers l'an 260. Par exemple, celui qui avait tué volontairement était quatre ans entre les Pleurants, c'est-à-dire qu'il se trouvait à la porte de l'église aux heures de la prière, et demeurait dehors, non pas sous le vestibule, mais dans la place, exposé aux injures de l'air. Il était revêtu d'un cilice. Il avait de la cendre sur la tête, et se laissait croître le poil. En cet état, il priait les fidèles qui entraient dans l'église d'avoir pitié de lui et de prier pour lui; et en effet toute l'Église priait pour les pénitents, comme elle fait encore pendant le carême. Les cinq années suivantes, il était au rang des Auditeurs. Il entrait à l'église pour entendre les instructions ; mais il demeurait sous le vestibule avec les catéchumènes, et en sortait avant que les prières commençassent. De là il passait au troisième rang, et priait avec les fidèles, mais au même lieu, près de la porte, prosterné sur le pavé de l'église; et il sortait avec les catéchumènes. Après qu'il avait été sept ans en cet état, il passait au dernier, où il demeurait quatre ans, assistant aux prières des fidèles, et priant debout comme eux, mais sans qu'il lui fût permis d'offrir ni de communier. Enfin, les vingt ans de sa pénitence étant accomplis, il était reçu à la participation aux choses saintes, c'est-à-dire de l'Eucharistie. Les quinze ans de l'adultère se passaient de même à proportion. Il était quatre ans Pleurant, cinq ans Auditeur, quatre Prosterné, deux Consistant, et l'on peut juger par là des autres sortes de pécheurs.

« Pendant tout le temps de la pénitence, l'évêque visitait souvent les pénitents, ou leur envoyait quelque prêtre pour les examiner et les traiter diversement, suivant leurs dispositions, qu'il observait avec grand soin. Il excitait ou épouvantait les uns ; il consolait les autres. Il proportionnait les remèdes aux sujets et aux maladies ; car les prélats regardaient la dispensation de la pénitence comme une médecine spirituelle. Ils étaient persuadés que la guérison des âmes demande pour le moins autant de science, de conduite, de patience et d'application que la guérison des corps, et que l'on ne peut détruire les habitudes vicieuses que par un long temps et par un régime très-exact. Ils prenaient garde de ne pas désespérer les pécheurs par une dureté excessive qui leur donnât occasion de retourner au siècle et à la vie païenne; mais d'ailleurs ils réprimaient leurs impatiences, sachant combien est nuisible une absolution prématurée. Ils n'accordaient la réconciliation parfaite qu'aux larmes et au changement effectif des mœurs, jamais à l'importunité, et beaucoup moins aux menaces. Il n'était pas facile d'intimider des prélats accoutumés à résister aux persécutions des païens. Leur maxime fondamentale était de travailler de tout leur pouvoir au salut des autres, mais de ne pas se perdre avec les incorrigibles. Le pénitent n'avançait donc d'un degré à l'autre que par l'ordre du prélat.

« Le temps seul ne décidait pas de la pénitence ; mais on l'abrégeait s'il y en avait quelque raison particulière, comme la ferveur extraordinaire du pénitent, une maladie mortelle, ou une persécution ; car, en ces rencontres, on avait grand soin de ne les pas laisser mourir sans sacrements. Cette dispense, qui abrégeait la pénitence régulière, s'appelait *indulgence*; et, pendant les persécutions, on accordait souvent aux prières des confesseurs prisonniers ou exilés. Si le pénitent mourait pendant le cours de sa pénitence, avant que d'avoir reçu l'absolution, on ne laissait pas d'avoir bonne opinion de son salut : on priait pour lui, et l'on offrait le saint sacrifice pour le repos de son âme.

« Quand l'évêque jugeait à propos de finir entièrement la pénitence, il le faisait d'ordinaire à la fin du carême, afin que le pénitent recommençât à participer aux saints mystères, à la fête de Pâques. Le jeudi saint, les pénitents se présentaient à la porte de l'église. Le prélat, après avoir fait pour eux plusieurs prières, les faisait rentrer, à la sollicitation de l'archidiacre, qui lui représentait que c'était un temps propre à la clémence, et qu'il était juste que l'Église reçût les brebis égarées, en même temps qu'elle augmentait son troupeau par les nouveaux baptisés. Le prélat leur faisait une exhortation sur la miséricorde de Dieu et le changement qu'ils devaient faire paraître dans leur vie, les obligeant à lever la main pour signe de cette promesse. Enfin, se laissant fléchir aux prières de l'Église, et persuadé de leur conversion, il leur donnait l'absolution solennelle. Alors ils se faisaient faire le poil, quittaient leurs habits de pénitents, et recommençaient à vivre comme les autres fidèles. Il y a eu sans doute beaucoup de diversité dans ces cérémonies extérieures, suivant le temps et les lieux ; mais elles revenaient toujours à la même fin, et étaient d'un grand effet pour faire sentir l'énormité du péché et la difficulté de s'en relever, et tenir dans le devoir ceux mêmes qui avaient conservé l'innocence. « Si l'homme, dit saint « Augustin, revenait promptement au bon-« heur de son premier état, il regarderait « comme un jeu la chute mortelle du pé-« ché. »

« Si, pendant le cours de la pénitence, le pénitent retombait dans un nouveau crime, il fallait la recommencer : si l'on voyait qu'il ne profitât point et qu'il ne changeât point de vie, on le laissait en même état, sans lui donner de sacrements ; et si, après avoir reçu l'absolution, il retombait encore dans un péché capital, il n'y avait plus pour lui de sacrements ; car la pénitence publique ne s'accordait qu'une fois. On se contentait de prier pour lui, et de l'exhorter à se convertir et à espérer en la miséricorde de Dieu, qui n'a point de bornes : en général, on comptait peu sur la pénitence, si les rechutes étaient fréquentes. Il y avait des crimes dont la pénitence, quoique fidèlement observée, durait toute la vie, et après lesquels on n'accordait la communion qu'à l'article de la mort. On ne recevait point à la pénitence les apostats qui attendaient, pour la demander, qu'ils se vissent en péril de mort ; et, bien qu'on l'accordât aux autres pécheurs, on faisait toujours peu de cas de ces pénitences, dont la seule crainte des supplices éternels semblait être cause. Ceux qui avaient été mis une fois au rang des pénitents, quoiqu'ils eussent été absous et réconciliés, n'étaient plus capables de recevoir les ordres ; ni d'être élevés à aucun ministère ecclésiastique ; et si un prêtre ou un clerc commettait un péché qui méritât pénitence publique, il perdait non-seulement son rang, c'est-à-dire qu'il était interdit pour toujours de ses fonctions et réduit à l'état des laïques, mais on ne lui imposait point d'autres pénitences, pour ne le pas punir deux fois, et pour la révérence du sacrement d'ordre.

« Si quelqu'un s'étonne de cette ancienne discipline, qu'il considère qu'alors les péchés dignes de telles pénitences étaient rares parmi les chrétiens. Comme les gens d'honneur, bien élevés et bien établis dans le monde, ne font guère de ces crimes qui attirent la vengeance des lois et l'infamie du supplice, aussi n'arrivait-il pas souvent que des chrétiens, si bien choisis et si bien instruits, commissent des adultères, des homicides et d'autres crimes dignes de mort. »

Cette rigoureuse discipline subsista longtemps dans l'Eglise, et s'observa même plus exactement lorsque les persécutions eurent cessé ; mais on fut seulement alors plus facile à accorder la communion aux mourants. Personne n'était exempt de la pénitence : le rang ni la naissance ne pouvaient en dispenser. Les princes y étaient sujets comme les particuliers. Au milieu du IIIe siècle, l'empereur Philippe, que plusieurs disent avoir été chrétien, se soumit à la pénitence ; et l'Eglise rappelle encore avec édification l'exemple du grand Théodose.

La rigueur des pénitences canoniques a dû nécessairement s'affaiblir, lorsque l'esprit de ferveur et de piété a commencé à diminuer parmi les chrétiens. Pour imposer la pénitence, il fallait que le pécheur la demandât, ou du moins qu'il s'y soumît. Il fallait donc qu'il confessât son péché, soit en venant le dénoncer lui-même, soit en acquiesçant à ceux qui l'accusaient. Cela supposait qu'il avait un vif regret de sa faute, et un désir sincère de l'expier. Mais, lorsque les chrétiens commencèrent à perdre cette horreur salutaire du péché, qui était le fondement de la pénitence, on les vit rester tranquilles après les plus grands crimes, sans s'embarrasser de la punition qu'ils méritaient. Le relâchement général fit paraître trop sévères des peines qui, dans les premiers siècles, avaient semblé légères en comparaison du péché. L'Eglise, forcée de condescendre à la faiblesse de ses enfants, toléra les adoucissements qui s'introduisirent dans la pénitence. Ce fut vers le VIIe siècle que la rigueur des canons pénitentiaux commença de se relâcher. On ne fit plus de pénitence publique que pour les crimes publics, encore en modérait-on beaucoup la sévérité. Dans les siècles suivants, l'usage s'établit de commuer les peines canoniques en d'autres œuvres satisfactoires plus faciles, comme des aumônes, des prières, etc. Saint Pierre Damien parle d'une autre sorte de commutation communément reçue de son temps. Par exemple, il nous apprend que trois mille coups de discipline pouvaient racheter une année de pénitences ordinaires ; et, comme il avait supputé que dix psaumes chantés en se flagellant continuellement faisaient mille coups, il se trouvait, par son calcul, que tout le Psautier récité en se donnant la discipline valait cinq ans de pénitence. Comme, en vertu de la communion des saints, nous savons que Dieu pardonne quelquefois aux pécheurs, en vue des prières ou des bonnes œuvres de leurs frères, il y avait des saints en ce temps-là qui se consacraient à la pénitence pour les autres. Le plus illustre fut saint Dominique Loricat, ou le Cuirassé, ainsi nommé, parce qu'il portait sur sa chair une chemise de maille, dont il ne se dépouillait que pour se donner la discipline.

Entre les œuvres pénales qui tenaient lieu de pénitence canonique, une des plus usitées était le pèlerinage aux lieux célèbres de dévotion, comme à Jérusalem, à Rome, à Tours, à Compostelle. Vinrent ensuite les Croisades, qui étaient de véritables pèlerinages, mais qui furent, selon le sentiment de M. Fleury, la principale cause de relâchement de la pénitence, parce que ce fut alors que commença l'indulgence plénière, c'est-à-dire la rémission de toutes les peines canoniques pour quiconque prendrait la croix. Voy. CROISADES, INDULGENCES, PÈLERINAGE.

2° Si l'on en croit Buxtorf, les Juifs modernes infligent aux criminels des peines canoniques plus sévères encore que celles qui étaient en usage dans la primitive Eglise. Par exemple, un meurtrier est condamné à être fouetté tous les jours à la synagogue, pendant trois ans. Il doit crier pendant la flagellation : « Je suis un meurtrier ! » L'usage du vin, de la viande et du linge blanc lui est interdit durant tout le temps de sa pénitence. Il doit avoir au cou une chaîne qui attache en même temps le bras qui a commis le meurtre. Il lui est défendu de couvrir sa tête, excepté une fois par mois. Il doit laisser croître ses cheveux et sa barbe. Ces peines ne peuvent avoir lieu aujourd'hui : les Juifs vivant sous la domination étrangère, s'il se trouve parmi eux un meurtrier, il est mis à mort selon les lois du pays, et dérobé à la peine canonique.

3. Les prêtres mexicains expiaient par des pénitences et des austérités surprenantes les péchés du peuple ; et, pour détourner la colère des dieux, ils faisaient devant eux couler leur sang. C'était ordinairement vers le milieu de la nuit qu'ils pratiquaient ces œuvres expiatoires, dans le temple de Tescalipuca, divinité qui présidait à la pénitence. Le peuple s'y rendait aussi, au bruit d'une espèce de cor dont un des prêtres sonnait, pour seconder, du moins par ses prières, les austérités et les pénitences qui se faisaient pour lui. Lorsque tout le monde était assemblé, les prêtres commençaient leur exercice par se percer la cheville du pied avec une épine de manguey, ou avec une lancette de pierre. Ils recueillaient le sang qui coulait de la blessure qu'ils s'étaient faite, et s'en frottaient les tempes et les oreilles. Ils se lavaient ensuite, et l'eau dans laquelle ils se baignaient était appelée l'eau du sang. C'était aussi l'usage qu'ils montrassent aux assistants l'épine ou la lancette avec laquelle ils

s'étaient percés. Cependant d'autres prêtres se déchiraient impitoyablement le corps avec des cordes garnies de gros nœuds. Quelques-uns, armés de pierres et de cailloux, s'en donnaient mutuellement de grands coups dans la poitrine.

PÉNITENCE DE SAINT-DOMINIQUE. C'est ainsi qu'on appelle le tiers-ordre de Saint-Dominique, fondé par le bienheureux lui-même. Il y fit garder la plus exacte régularité, sans prescrire cependant d'austérités extraordinaires. — Des femmes qui embrassèrent cet institut, les unes vivaient dans des monastères et étaient véritablement religieuses; d'autres restaient dans leurs propres maisons, s'appliquant à sanctifier les devoirs de la vie civile par certains exercices réglés. Elles consacraient aussi une partie de leur temps aux œuvres de miséricorde, surtout à servir les pauvres dans les prisons et les hôpitaux.

PÉNITENCE DE JÉSUS-CHRIST (FRÈRES DE LA). C'est le nom que portaient autrefois les religieux d'une des congrégations qui ont été réunies pour former l'ordre de Saint-Augustin.

PÉNITENCE DE LA MADELEINE (FILLES DE LA), communauté religieuse établie à Paris, l'an 1496, par un cordelier, nommé Jean Tisseran, pour la conversion des filles débauchées; elle fut autorisée par le roi Charles VIII, et confirmée par une bulle du pape Alexandre VI. Il n'y avait que les femmes de mauvaise vie qui pussent faire profession dans cet institut. Mais dans la suite on n'y reçut plus que des filles qui avaient mené une vie honnête: cette communauté fut appelée dans les derniers temps de Saint-Magloire, de la maison qu'elle occupa dans la rue Saint-Denis.

Il y avait aussi des religieux de la Pénitence de la Madeleine, qui avaient été établis dans le but spécial de travailler à la conversion des femmes pécheresses.

PÉNITENCE DES MARTYRS (NOTRE-DAME DE METRO DE LA), ordre religieux établi en Italie et en Espagne, qui a été confondu par quelques écrivains avec un ordre supposé de Saint-Démétrius. — Il y a aussi en Pologne des religieux de cet ordre, qu'on y appelle communément *Chanoines de Saint-Marc*.

PÉNITENCERIE, office, tribunal ou conseil de la cour de Rome, où se délivrent les bulles, grâces et dispenses qui concernent la conscience, soit pour l'absolution des cas réservés au souverain pontife, soit à raison des censures qu'on a encourues, soit pour la dispense des empêchements secrets qui ont rendu ou qui rendraient un mariage invalide, etc., etc.

PÉNITENCIER, ou *grand pénitencier*; prêtre qui a reçu de l'évêque le pouvoir d'absoudre des cas réservés dans toute l'étendue du diocèse. Ce n'est que vers le XIIe siècle qu'on a commencé à établir des grands pénitenciers dans les Églises d'Occident. En Orient cette charge était bien plus ancienne, mais elle fut supprimée à Constantinople sous le patriarche Nectaire, à l'occasion d'un abus qui était arrivé; ce qui a donné lieu à quelques-uns d'avancer faussement que la confession auriculaire avait été alors abolie. Le concile de Latran et celui de Trente ont décrété que des grands pénitenciers seraient établis, autant que possible, dans toutes les églises cathédrales. Le pape Pie VII a renouvelé cette disposition pour les églises de France, dans sa bulle à l'occasion du concordat de 1817.

PÉNITENTIAUX (PSAUMES). On appelle ainsi les psaumes dans lesquels David pénitent exhale la vive douleur que lui inspiraient ses péchés, les sentiments de contrition dont il était pénétré, et la confiance qu'il a en la miséricorde infinie de Dieu. Ces psaumes sont au nombre de sept. Il y a certaines circonstances dans lesquelles on les récite publiquement à l'église, comme le mercredi des cendres et le jeudi saint. Les chrétiens ont aussi coutume de les réciter en leur particulier pour s'exciter à la contrition; et les confesseurs les donnent comme pénitence satisfactoire dans le sacrement de pénitence. Dans plusieurs endroits, ces psaumes sont au nombre des prières que l'on récite pour les défunts.

PÉNITENTIEL, recueil de canons et de règlements concernant les pénitences qu'il faut imposer pour chaque péché. Théodore, archevêque de Canterbury, le vénérable Bède, Raban Maur, évêque de Mayence, sont les principaux auteurs qui aient dressé des Pénitentiels. Leur but, dans la composition de ces sortes d'ouvrages, fut de maintenir la rigueur de la discipline ecclésiastique à l'égard des pénitences, et de prévenir le relâchement. Mais un grand nombre de personnes ayant voulu, à leur exemple, dresser des Pénitentiels, et y ayant inséré des règlements de fantaisie et des pénitences arbitraires, la discipline ecclésiastique, bien loin d'y gagner, en souffrit un affaiblissement notable; et les Pénitentiels, devenus trop communs et trop différents les uns des autres, furent en partie la cause du relâchement qu'ils devaient prévenir.

PÉNITENTES, ou *Converties du nom de Jésus*. C'est le nom que portent les filles repenties établies à Séville en 1550. — Il y a, dans la plupart des pays catholiques, des communautés établies pour retirer du désordre les filles de mauvaise vie, et dans lesquelles on les reçoit, soit comme religieuses, soit comme pensionnaires: dans l'un et l'autre cas on les appelle *Pénitentes*.

Les *Pénitentes de la Madeleine* sont un ordre religieux de filles, établi en Allemagne.

Les *Pénitentes d'Orviette* sont des religieuses établies en Italie. Antoine Simonelli, gentilhomme d'Orviette, considérant que plusieurs filles, abandonnées de leurs parents et ne sachant comment subsister, se jetaient dans le libertinage, fit bâtir à Orviette une maison destinée à leur servir de retraite. Le pape Alexandre VII érigea cette maison en monastère, en 1662, et statua qu'on n'y recevrait que les filles ou femmes qui voudraient expier par la pénitence les débauches de leur vie passée. Il donna aux nouvelles religieuses la règle des Carmes, avec de nouvelles constitutions, qui furent mises à exécution par l'évêque d'Orviette. L'habillement de ces religieuses est à peu près le même que celui des Carmélites déchaussées, excepté que le voile des Pénitentes d'Orviette est doublé de toile blanche, et qu'elles portent, au lieu de sandales, des pantoufles fort hautes. Elles ne font point de noviciat. Celles que l'on reçoit dans le monastère, après y avoir demeuré en habit séculier pendant quelques mois, prennent l'habit religieux, et prononcent leurs vœux en même temps.

Les religieuses du tiers-ordre de Saint-François sont aussi appelées *Pénitentes*; elles furent instituées à Foligni en 1397, par la bienheureuse Angèle, comtesse de Civitella; et elles sont en grand nombre.

PÉNITENTS. 1° Chrétiens soumis à la pénitence publique. *Voy.* PÉNITENCE.

2° Nom que l'on donne aux religieux du tiers ordre de Saint-François d'Assise.

3° On appelle ainsi certaines confréries ou associations de personnes pieuses qui font profession de faire une pénitence publique en certains temps de l'année, particulièrement le jeudi et le vendredi de la semaine sainte. Ils font alors des processions où ils paraissent revêtus d'un sac qui leur couvre le visage, avec deux trous vis-à-vis des yeux. Ils ont une discipline à leur ceinture, mais ils en font rarement usage en public. Il y a plusieurs de ces confréries établies en Italie, en Espagne, dans le midi de la France, dans le Pérou et ailleurs. Ils portent différents noms, selon la couleur du sac dont ils sont revêtus. Ceux dont le sac est blanc s'appellent les *Pénitents blancs*; ceux dont le sac est noir se nomment les *Pénitents noirs*, et ainsi des autres. En 1586, Henri III, roi de France, ayant assisté à une procession de Pénitents blancs d'Avignon, se fit recevoir au nombre des confrères. Quelques années après, il institua à Paris une pareille confrérie, dans l'église des Augustins, sous le titre de l'*Annonciation de Notre-Dame*. Tous les favoris du roi et tous les seigneurs de la cour s'engagèrent dans cette confrérie; et paraissaient dans les processions, revêtus de l'habit de Pénitents, à l'exemple du roi.

Plusieurs fois ces associations donnèrent lieu à des désordres. Vers la fin du XV° siècle, les Pénitents blancs occasionnèrent de vifs mouvements en Italie. Certains imposteurs, venus d'Écosse, avaient publié que le monde allait périr par un tremblement de terre. Bien des gens se laissèrent persuader, en sorte qu'on vit partout des processions de personnes qui, par pénitence, portaient de longs habits de toile, avec des capuces qui leur couvraient le visage, sauf deux ouvertures devant les yeux, comme sont les sacs des Pénitents blancs du midi de la France. Presque tout le peuple, des prêtres même, et jusqu'à des cardinaux, se laissèrent entraîner à cette dévotion de porter des habits blancs, et de marcher en procession, en chantant des cantiques; ce qu'ils continuaient pendant treize jours de suite, puis ils se retiraient chacun chez eux. Entre leurs cantiques, on remarquait la prose *Stabat Mater*, qu'on attribuait alors à saint Grégoire. *Voy.* DISCIPLINANTS, FLAGELLANTS.

4° Nous ne devons pas oublier de mentionner les pénitents hindous. Ils sont de deux sortes: les premiers appartiennent à l'ère mythologique; ce sont des hommes qui, par leurs vertus, leurs mérites et leurs austérités, étaient parvenus à acquérir des facultés surnaturelles. Ils pouvaient à leur gré disposer des éléments, changer l'ordre de la nature, connaître le passé et l'avenir, et se rendre redoutables aux dieux mêmes, comme en font foi plusieurs exemples rapportés dans ce Dictionnaire. *Voy.*, entre autres, MOUNI, RICHIS, AGASTYA, INDRA, NAHOUCHA, etc.

La seconde classe de pénitents qui se font gloire aujourd'hui de prendre pour modèles leurs célèbres devanciers, portent le nom de *Djôguis* ou *Yoguis*, contemplatifs; *Tapaswis*, austères pénitents; *Sannyasis*, ascètes; les Musulmans les appellent *Faquirs*. Le fanatisme leur fait tout abandonner, biens, familles, maisons, etc., pour traîner une vie misérable. La plupart appartiennent à la secte de Siva. Les seuls meubles qu'ils puissent avoir sont un linga auquel ils offrent continuellement leurs adorations, et une peau de tigre sur laquelle ils s'asseyent et se couchent. Ils exercent sur leur corps tout ce qu'une fureur fanatique peut leur inspirer. Les uns se déchirent à coups de fouet, ou se font attacher au pied d'un arbre, par une chaîne que la mort seule peut briser; d'autres font vœu de rester toute la vie dans une posture gênante, telle que de tenir les poings toujours fermés, de telle sorte que leurs ongles, qu'ils ne coupent jamais, finissent par leur pénétrer dans la chair, et même par transpercer leurs mains. On en voit qui ont toujours les bras croisés sur la poitrine, ou bien les mains élevées au-dessus de la tête, de sorte qu'il ne leur est plus possible de les plier. Ces pauvres malheureux ne peuvent ni boire ni manger, que par le secours de quelques disciples attachés à leur personne. Qu'on juge de la violence qu'ils se font pendant bien des années pour réduire leurs membres à cet état d'inertie. Plusieurs se font enterrer et ne respirent que par une étroite ouverture; ils demeurent ainsi sous terre un espace de temps si considérable, qu'il est étonnant qu'ils n'étouffent pas; quelques-uns, moins fanatiques, se contentent de s'enterrer seulement jusqu'au cou. On en trouve qui ont fait vœu de rester toujours debout sans se coucher; ils dorment appuyés contre une muraille ou contre un arbre, et, pour s'ôter les moyens de dormir commodément, ils s'engagent le cou dans une espèce de cangue ou d'épais treillis dont ils ne peuvent plus se débarrasser. D'autres se tiennent des heures entières sur un seul pied, les yeux fixés sur le soleil et considérant cet astre avec une grande contention d'esprit. Quelques-uns, pour avoir plus de mérite, se tiennent de même un pied en l'air et ne s'appuient de l'autre que sur l'orteil, ayant de plus les deux bras élevés ; ils sont ainsi placés entre quatre foyers et contemplent le soleil avec des yeux immobiles. Il y en a qui paraissent en public dans un état de nudité complète, prétendant montrer par là qu'ils ont vaincu la chair et qu'ils ne sont plus assujettis à la concupiscence. Le peuple, persuadé de leur vertu, les regarde comme des saints, et pense qu'ils obtiennent de Dieu tout ce qu'ils demandent. Chacun, croyant faire une œuvre très-pieuse, s'empresse de leur porter à manger, de mettre les morceaux dans la bouche de ceux qui se sont interdit l'usage de leurs mains et de les nettoyer ; quelques femmes vont jusqu'à baiser les organes les plus dégoûtants de ces infâmes pénitents, tandis que le sale personnage est immobile dans sa contemplation. D'autres enfin se livrent à des jeûnes immodérés de cinq, neuf, dix jours et davantage, qu'ils passent sans prendre la moindre nourriture ; il en est qui, ne prenant pour tout aliment que l'infusion de certaines herbes, se réduisent à un état de maigreur et de marasme, qui les conduit promptement à la mort.

Bien qu'il ne soit pas rare de voir encore actuellement dans l'Inde de ces dévots fanatiques, ils sont cependant moins fréquents qu'autrefois ; ils se trouvent gênés par la domination étrangère. Le caractère de ces pénitents est un grand fond d'orgueil ; ils sont pleins d'estime pour eux-mêmes et se croient des saints. Ils évitent en conséquence d'être touchés par des gens d'une classe inférieure et par les Européens, dans la crainte d'en être souillés. Ils ne souffrent pas même qu'on touche aux objets à leur usage ; et si l'on s'approche d'eux, ils s'éloignent aussitôt. Ils ont un souverain mépris pour ceux qui ne sont pas de leur état, et les regardent comme des profanes ; ils n'ont rien sur eux qui ne passe pour renfermer quelque mystère, et qui ne soit digne d'une grande vénération.

PÉNIN, dieu adoré par les peuples des Alpes. *Voy.* PÉNIN.

PENTATEUQUE, le premier des livres canoniques de l'Ancien Testament, et très-probablement le plus ancien des livres que nous ait transmis l'antiquité. Son nom vient du grec πέντε, cinq, et τεῦχος livre, il a été ainsi appelé à cause des cinq livres qu'il contient, et qui sont la *Genèse*, l'*Exode*, le *Lévitique*, les *Nombres* et le *Deutéronome*. Encore ces cinq parties n'ont-elles été ainsi distribuées et intitulées que très-postérieurement, car l'auteur primitif avait composé cet ouvrage d'une seule haleine. Les Juifs l'appellent *Thora*, la loi.

La rédaction du Pentateuque est universellement attribuée à Moïse, législateur des Hébreux. Jusqu'au XVIII° siècle de notre ère, personne ne s'était avisé de douter que ce livre n'eût été composé par lui ; juifs, païens, chrétiens, tous s'accordaient à l'en reconnaître pour l'auteur ; il a fallu tout le dévergondage du siècle dernier pour chercher à jeter le doute sur l'existence même de ce grand législateur, et s'inscrire en faux contre le témoignage de tous les anciens peuples qui en ont parlé, tels que les Égyptiens, les Phéniciens, les Assyriens, les Grecs, les Romains, etc.

Nous ne voulons pas dire cependant que Moïse n'ait pu consulter des documents antérieurs à lui ; inspiré par Dieu lui-même pour rédiger et coordonner son œuvre littéraire, aussi bien que pour conduire et diriger son peuple, il a dû consulter des mémoires écrits pour la partie matérielle de son livre, par exemple pour fixer les dates, établir les généalogies, déterminer la position géographique des lieux ; car il serait absurde de soutenir que toute tradition véridique, toute histoire ait été anéantie avant Moïse, et que Dieu ait été obligé de révéler à l'écrivain jusqu'aux moindres circonstances ; ce système tendrait à justifier la défection des peuples à cette époque. Que Moïse ait consulté des documents et recueilli des traditions antérieures à lui, cela ne saurait, selon nous, infirmer en rien l'inspiration divine, car, avant Moïse, il y avait aussi des hommes inspirés de Dieu, et intéressés comme lui à garder intact le dépôt des vérités premières ; Abraham, Jacob, Joseph ont dû très-certainement prendre toutes les précautions possibles pour transmettre à leurs descendants le récit véridique des événements importants dont ils avaient été les acteurs ou les témoins. On croit même reconnaître quelques-uns de ces différents mémoires dans la narration de Moïse, où l'on remarque une variété de style et d'expression, qui, sans cela paraîtrait systématique. Nous convenons cependant que ces variantes pourraient être fort bien du fait de Moïse, qui mit quarante ans à composer son ouvrage ; or, il ne serait pas étonnant qu'un ouvrage composé et repris à de longs intervalles, offrît un cachet différent dans plusieurs de ses parties.

Quoi qu'il en soit, le Pentateuque est le monument le plus antique que l'on connaisse, et renferme un corps de loi qui, par une durée toute merveilleuse, régit encore aujourd'hui la nation à laquelle il a été donné, et forme la base de la législation d'un autre peuple bien plus nombreux, qui, sous le nom de chrétiens, couvre la face de la terre.

Le monde, suivant nos livres saints, n'a pas au delà de 7000 ans d'antiquité, et chaque jour nos lumières acquises viennent à l'appui de ce texte précis de la révélation. — C'est une chose bien remarquable, que l'aurore des sciences exactes semble devoir heurter d'abord ce principe essentiel de notre foi religieuse, mais que leurs progrès finissent toujours par lui donner une autorité nouvelle. Ainsi l'histoire, l'astronomie, la physique, la géologie, ont d'abord donné aux peuples des millions d'années. La science perfectionnée a bientôt prouvé que ces exagérations premières venaient du vice des expressions chronologiques des peuples anciens, ou du défaut de ceux qui plus tard les ont mal interprétées. Ainsi les myriades d'années voulues par les chronologies égyptienne, chaldéenne, indienne, chinoise, japonaise, ont disparu devant l'étude sérieuse de l'histoire de ces peuples. Les hiéroglyphes égyptiens nous ont révélé naguère une précieuse conformité avec le texte de la Bible. On s'est assuré que la certitude historique ne date pour les Chinois que du IX° siècle avant l'ère chrétienne ; pour les Japonais du VII°, pour les Chaldéens du VIII° ; pour les Hindous du XII° siècle après Jésus-Christ. L'histoire incertaine de ces mêmes peuples ne saurait être reculée au delà de 3000 ans avant notre ère, quelques monuments historiques que l'on consulte ; les monuments astronomiques qui nous ont été transmis sont infiniment postérieurs à cette époque.

Même hommage de la part de la physique et de la géologie. Les premières notions de ces sciences demandaient des millions d'années pour amener la formation matérielle que nous présentent les entrailles du globe. Nous admirons et nous respectons ces découvertes, nous croyons même jusqu'à un certain point à leur résultat ; nous disons jusqu'à un certain point, parce que la science est loin d'avoir dit son dernier mot, et si nous avancions que Dieu a bien pu, si telle a été sa volonté, créer notre globe avec tous les accidents qu'il présente, nous ne savons trop comment on pourrait prouver le contraire ; ce serait un système tout comme un autre ; mais nous aimons mieux admettre avec les géologues la longue formation des couches internes de notre planète ; or dans ce cas même nous trouvons que Moïse a dit parfaitement vrai : la terre proprement dite, c'est-à-dire la couche qui forme le sol sur lequel nous habitons, est relativement très-moderne : les dépouilles des animaux enfouis, le calcul analogique du creusement des fleuves, l'atterrissement des côtes, l'épaisseur de la terre végétale, etc., etc., tout nous certifie et nous garantit que la demeure de l'homme est très-certainement en-dedans des époques fixées par nos livres saints.

Enfin il n'est pas jusqu'aux progrès de notre civilisation et à la nomenclature de nos découvertes même, dont on ne puisse faire une échelle approximative pour mesurer avec quelque exactitude les temps qui nous ont précédés. Tout ce que nous avons fait dans l'espace de trois ou quatre cents ans nous fait juger de ce qu'on a dû faire avant nous, et nous affirme la jeunesse des nations attestée par Moïse. Mais du reste, comment ne pas apercevoir dans ce patriarche de la révélation, les signes éclatants de la mission divine ? Ses écrits, les plus anciens de la terre, sont arrivés jusqu'à nous, en dépit des siècles et de leurs nombreux accidents ; et les lois dont il fut l'interprète régissent encore aujourd'hui un peuple qui, vaincu, proscrit et dispersé parmi toutes les nations, n'a pu cesser d'être une nation.

Oui, reconnaissons-le, Moïse domine au-dessus des générations et des siècles, comme une colonne impérissable de vérité. Hérodote, Manéthon, les marbres de Paros, les historiens chinois, le sanscrit, toutes ces sources, les plus anciennes du monde, demeurent de 500 ans, de 1000 ans au-dessous de lui. Aucun de ces témoignages antiques ne peut l'atteindre, le contredire ni l'affaiblir ; au contraire, la nature et les hommes se trouvent de toutes parts en harmonie parfaite avec ce qu'il dit. Aussi, touchée de cet accord merveilleux, la foi religieuse triomphe, et, frappée d'un tel résultat, l'incrédulité philosophique chancelle ; vaincue par ses propres lumières, elle se voit contrainte d'avouer qu'il y a dans tout cela quelque chose de surnaturel qu'elle ne comprend pas, mais qu'elle ne saurait nier.

Le Pentateuque embrasse généralement tout ce que Dieu a fait depuis la création d'Adam jusqu'à la mort de Moïse, environ 1500 ans avant l'ère chrétienne, pour instituer, conserver et propager la vraie religion. Ce livre intéresse tous les peuples, car il est le seul qui ait conservé les annales du monde, et qui ait publié les origines universelles ; la partie législative n'est pas moins curieuse, même sous le point de vue moral, politique et civil, parce qu'il contient la morale la plus pure, la philosophie la plus saine de l'ancien monde ; il doit intéresser surtout les chrétiens, parce que la religion de ces derniers trouve sa raison et son fondement dans l'œuvre du législateur hébreu.

PENTECÔTE (en grec πεντηκοστή, c'est-à-dire cinquantième). 1° Fête que les Juifs célébraient cinquante jours après Pâques, en mémoire de la loi qui fut donnée à Moïse cinquante jours après la sortie d'Égypte. Ils l'appelaient la fête des *Semaines* ou des *Septaines* (שבעות *schebouoth*) parce qu'ils la solennisaient sept semaines (sept fois sept jours) après Pâques.

Cette fête, instituée par le Seigneur même, rappelait aux Israélites une époque très-solennelle, car c'était celle où ils avaient été constitués en corps de nation par la promulgation d'une loi qui leur était propre et particulière. Cette loi leur fut donnée dans l'Arabie Pétrée, sur le mont Sinaï ; une voix puissante et miraculeuse en promulgua les douze principes ce jour-là même, au milieu du bruit du tonnerre, de l'éclat des foudres, et du son des trompettes. Le reste de la loi leur fut successivement développé les jours suivants, et même pendant les quarante années que les Hébreux passèrent dans le désert. Le jour de cette fête, les Israélites portaient au tabernacle ou au temple les prémices des fruits de leurs champs pour les offrir au Seigneur ; c'est pourquoi on l'appelait *fête des Prémices*. C'était une des trois grandes solennités dans lesquelles toute la nation était convoquée dans le lieu saint.

Les Juifs modernes la célèbrent pendant deux jours, qu'ils observent comme les fêtes de Pâques, excepté qu'on peut manger du pain levé, et apprêter le repas ; mais on ne traite d'aucune affaire temporelle. On se régale de friandises où il entre du lait ; qu'ils regardent comme le symbole de la loi, à cause de sa douceur et de sa blancheur. On sert aussi à table un gâteau assez épais, composé de sept couches de pâte, que l'on appelle le gâteau de Sinaï. Ce gâteau les fait ressouvenir non-seulement de la montagne de Sinaï, sur laquelle Dieu donna la loi, mais encore des sept cieux, par lesquels, dit-on, Dieu fut obligé de passer pour remonter du sommet de cette montagne sur le trône de sa gloire. Ils ont coutume d'orner les synagogues et même leurs maisons avec des roses et des fleurs disposées en couronnes et en festons; dans plusieurs pays, comme en Allemagne et en Italie, on garnit les chandeliers, les lampes et la chaire de fleurs et d'herbes odoriférantes.

2° Les chrétiens célèbrent aussi la fête de la Pentecôte, cinquante jours après Pâques, parce que c'est en ce jour que l'Eglise fut fondée. Dix jours après l'Ascension de Jésus-Christ, les apôtres étaient tous rassemblés dans un même lieu, avec les saintes femmes et quelques disciples, lorsque tout à coup ils entendirent un grand bruit, comme d'un vent impétueux qui ébranlait la salle où ils étaient réunis. En même temps ils aperçurent des langues de feu ou de petites flammes qui se dispersèrent et descendirent sur chacun d'eux. Aussitôt ils se sentirent remplis de l'Esprit-Saint; ils sortirent du Cénacle et commencèrent à prêcher Jésus-Christ, au milieu de Jérusalem, à tous les Juifs que la solennité avait réunis dans la ville sainte, de toutes les contrées du monde. Les livres saints comptent les représentants d'environ quinze nations, présents à ce spectacle, et qui tous parlaient une langue différente; chacun cependant entendait les apôtres prêcher dans son propre idiome, eux qui ne connaissaient que le patois galiléen. Ce prodige les frappa d'étonnement et d'admiration; ils prêtèrent l'oreille à la doctrine nouvelle, et dès ce premier jour, trois mille personnes demandèrent le baptême et furent le premier noyau de l'Eglise. L'impératrice sainte Hélène fit bâtir l'église de la Sainte-Sion, dans l'endroit même où étaient les apôtres quand ils reçurent le Saint-Esprit; mais elle fut détruite par les Musulmans, et maintenant il n'en reste plus que des ruines.

La fête de la Pentecôte est la plus grande de toutes les fêtes, pour les chrétiens, après celle de Pâques, et elle en a tous les privilèges; la veille de la Pentecôte, comme celle de Pâques, était signalée autrefois par le baptême des catéchumènes; maintenant on y fait encore la bénédiction de l'eau baptismale. Eusèbe ne fait pas difficulté de dire que la Pentecôte est la plus grande des solennités; en effet on peut la considérer comme la consommation de tous les mystères; c'est la clôture de la loi ancienne, et la porte de la nouvelle.

L'office de ce jour a cela de particulier que l'heure de Tierce, comptée ordinairement comme une petite heure, est célébrée avec beaucoup de solennité, parce que ce fut sur les neuf heures du matin que le Saint-Esprit descendit sur les apôtres; on y chante l'hymne *Veni Creator*, pendant lequel le célébrant et ses ministres encensent l'autel sans interruption. Dans quelques églises on simulait le mystère accompli, en faisant en même temps tomber du haut des voûtes de l'église, une pluie de feu ou de roses rouges; en sonnant de la trompette ou en faisant voltiger une colombe. Ces spectacles, qui pouvaient édifier autrefois, auraient aujourd'hui un résultat opposé, c'est pourquoi ils sont abolis presque partout. Cependant, en plusieurs endroits, l'orgue simule une grande tempête, au moyen de procédés mécaniques tout particuliers.

Les anglicans nomment la Pentecôte le *dimanche blanc*, à cause de la solennité du baptême de la veille, après laquelle les nouveaux baptisés se présentaient vêtus de blanc à l'assemblée des fidèles. Peut-être aussi lui a-t-on donné ce nom pour désigner cette lumière que le Saint-Esprit répand dans le cœur des fidèles.

Les Grecs donnaient autrefois le nom de *Pentecôte moyenne* à une solennité qui se rencontrait entre Pâques et la Pentecôte. Elle commençait le mercredi de la quatrième semaine d'après Pâques, et durait jusqu'au mercredi de la semaine suivante.

PÉON, surnom d'Apollon considéré comme dieu de la médecine. Ce serait le même mot que *Péan*. Suivant d'autres mythologues, Péon était un médecin fameux, originaire d'Egypte, qui passait pour le médecin des dieux. C'est lui qui guérit Mars, blessé par Diomède, et Pluton blessé par Hercule. — Apollon portait chez les Oropiens le surnom de *Péonien*.

PÉONIE, surnom de Minerve, honorée à douze stades d'Orope, comme conservatrice de la santé.

PÉPÉNUTH, idole des anciens Saxons. On gardait dans son temple un cheval sacré, sur lequel on croyait que le dieu montait pour secourir le peuple dans les combats.

PEPLUS ou *PEPLUM*, habit de femme ou de déesse, manteau léger sans manches, brodé ou broché d'or ou de pourpre, attaché avec des agrafes sur l'épaule ou sur le bras. C'est l'habillement dont on parait anciennement les statues ou images des dieux, et surtout des déesses. Homère appelle *divin* celui de Vénus, et dit que les Grâces l'avaient tissu de leurs doigts. Ils ne sont pas toujours traînants; quelquefois on les voit retroussés ou attachés avec des ceintures; assez ordinairement ils laissent une partie du corps à découvert.

Ces *Péplos* ou voiles étaient de byssus, quelquefois bigarrés, mais plus ordinairement d'une blancheur éclatante. Indépendamment de la couleur, ils étaient brodés, à franges, et tissus d'or et de pourpre; tels étaient ceux dont parle Eschyle, et qu'il nomme *barbarici*, par opposition aux Péplos sévères des Grecs, qu'il appelle *dorici*. Le plus fameux de tous, dans l'antiquité, était celui de Minerve. C'était une robe blanche, sans manches et toute brochée d'or, sur laquelle on voyait représentées les grandes actions de la déesse, de Jupiter et des héros. On le portait dans les processions des Panathénées, ou plutôt on transportait ce voile célèbre sur un vaisseau le long du Céramique, jusqu'au temple de Cérès, d'où on le reportait dans la citadelle. Les dames romaines imitèrent l'usage d'Athènes en offrant, tous les cinq ans, en grande pompe, une robe magnifique à Minerve.

PÉPUSIENS, nom que l'on a donné aux Montanistes, hérétiques du IIe siècle, parce qu'ils avaient établi leur chef-lieu à Pépuse en Phrygie, ce qui les a fait nommer aussi *Phrygiens* ou *Cataphrygiens*. La ville de Pépuse était leur Jérusalem et ils voulaient que les hommes s'y rendissent de tous côtés. Ils confiaient aux femmes le ministère sacerdotal, et même les fonctions épiscopales. *Voy.* MONTANISTES.

PERANNA, divinité romaine. *Voy.* ANNA PERENNA.

PÉRASIE (de πέρασις, trajet), surnom de Diane, adorée à Castabale en Cilicie, pris de ce qu'elle avait traversé la mer pour arriver en ce lieu.

PERDOYT, dieu des anciens Prussiens, invoqué particulièrement par les marins qui lui attribuaient l'empire des eaux et des vents. Ils l'invoquaient dans les tempêtes, et lorsqu'ils arrivaient heureusement au port, ils lui offraient des sacrifices d'actions de grâces. Les pêcheurs lui rendaient aussi un culte particulier, et lui faisaient de fréquentes offrandes, dans le dessein d'obtenir une heureuse pêche. Ils le représentaient sous la figure d'un être d'une taille gigantesque, debout sur les eaux et dirigeant les vents à son gré. Les pêcheurs prétendaient qu'il venait souvent s'asseoir au milieu d'eux, à leur repas de poisson. Son prêtre portait le nom de *Sigonotta*.

PÉRÉENS ou PÉRATIQUES, hérétiques des premiers siècles, qui suivaient les erreurs du philosophe Euphrate, natif de Péra en Cilicie, d'où ils tiraient leur nom. Imbu des idées pythagoriciennes et platoniciennes, sur les nombres et sur la cosmogonie, il partageait tout ce qui existe en trois parties qui concouraient à former l'unité; ou plutôt, selon lui, l'unité se résolvait nécessairement en une triple production et manifestation. Le monde était un et triple; sa première partie renfermait l'Être nécessaire, du sein duquel sortaient trois Pères, trois Fils et trois Esprits-Saints. Comme Jésus-Christ, Fils de Dieu, était homme, il s'ensuivait qu'il avait une triple humanité et que les trois Fils étaient trois hommes. — La seconde partie de l'univers renfermait une multitude infinie de puissances différentes; et la troisième était ce que l'on appelle communément le monde. Les puissances de cette troisième partie avaient attiré dans leur sphère les essences de la seconde; et c'est pour délivrer celles-ci que le Fils de Dieu était descendu sur la terre avec trois natures, trois corps et trois puissances; cependant l'œuvre n'est pas encore achevé, car la fin du monde ne doit venir que lorsque les puissances de la seconde partie de l'univers seront remontées au lieu d'où elles ont été violemment arrachées. — Il est possible que saint Athanase ait eu les Péréens en vue dans son symbole, lorsqu'il dit qu'il n'y a qu'un Père et non trois Pères, un Fils et non trois Fils, un Saint-Esprit et non trois Saints-Esprits.

PÉRÉGRINE (COMMUNION), c'est-à-dire *étrangère*. Peine que l'Église infligeait aux clercs, en les réduisant à un ordre inférieur à celui qu'ils avaient reçu. On l'appelait ainsi soit parce qu'elle était étrangère à l'ordre de celui qui y était ainsi réduit, soit parce que leur nouvelle fonction était attachée et assignée à une église de campagne.

PÉRÉGRINS, dieux que les Romains reçurent des autres nations. Dans les premiers temps de la république, il était défendu d'admettre dans le sein de la ville des divinités étrangères; dans la suite, on se relâcha de la sévérité de cette loi; mais lorsque les conquêtes eurent étendu au loin la domination de Rome, on vit aussitôt des religions de toutes sortes et des dieux de toutes figures; aussi comptait-on, dans la seule ville de Rome, plus de 420 temples. Il n'y a pas de doute que les chrétiens n'eussent pas été persécutés, s'ils avaient consenti à laisser mettre Jésus-Christ au nombre des dieux Pérégrins, comme plusieurs empereurs en manifestèrent l'intention.

PÉRÉPHATE, nom syrien de la déesse Proserpine. *Voy.* PHÉRÉPHATE.

PÈRES (SAINTS). C'est le nom que l'on donne aux anciens docteurs de l'Église, dont les ouvrages et la doctrine forment ce qu'on appelle *la tradition* (1). « Quiconque, dit Bossuet, veut devenir un habile théologien et un solide interprète, qu'il lise et relise les Pères. S'il trouve quelquefois dans les modernes plus de détails, il trouvera très-souvent, dans un seul livre des Pères, plus de principes, plus de cette première sève du christianisme, que dans beaucoup de volumes d'interprètes nouveaux; et la substance qu'il y sucera des anciennes traditions le récompensera très-abondamment de tout le temps qu'il aura donné à cette lecture. Que s'il s'ennuie de trouver des choses qui, pour être moins accommodées à nos coutumes et aux erreurs que nous connaissons, peuvent paraître inutiles, qu'il se souvienne que, dans le temps des Pères, elles ont eu leur effet, et qu'elles produisent encore un fruit infini dans ceux qui les étudient; parce qu'après tout ces grands hommes se sont nourris de ce froment des élus, de cette pure substance de la religion; et que, pleins de cet esprit primitif, qu'ils ont reçu de plus près et avec plus d'abondance de la source même, souvent ce qui leur échappe, et qui

(1) Plusieurs cependant n'ont pas personnellement le titre de *saints*, tels que *Tertullien*, *Origène*, *Eusèbe*, *Théodoret*, etc.; mais, à part les quelques erreurs qu'on peut leur reprocher, leurs ouvrages n'en sont pas moins précieux pour la tradition.

sort naturellement de leur plénitude, est plus nourrissant que ce qui a été médité depuis. »

On reproche aux Pères latins de ne pas parler assez purement la langue latine; ce reproche ne saurait s'appliquer à tous; car il en est plusieurs dont le style n'eût pas été désavoué par les bons auteurs du siècle d'Auguste; beaucoup, cependant, emploient des ornements trop légers, ont des allégories trop recherchées, et un style diapré de *concetti*, de jeux de mots, de bouts rimés, etc. Mais on ne saurait leur en faire un crime, car les défauts de leur style sont ceux de leur siècle, et la plupart d'entre eux avaient étudié dans les écoles célèbres de leur temps. Il serait donc absurde de répudier le fond pour la forme, qui varie presque à chaque siècle. Quant aux Pères grecs, ils sont moins différents des auteurs anciens. La langue n'avait pas tant changé en Orient, et l'étude des bonnes lettres s'y était mieux conservée. Les ouvrages de ces Pères sont la plupart également solides et agréables. Saint Grégoire de Nazianze est sublime, et son style est très-châtié. Saint Jean Chrysostome est le modèle achevé d'un bon prédicateur.

PERFECTIONISTES, secte moderne qui existe actuellement dans la Nouvelle-Angleterre. Ils croient que toute action est ou tout à fait coupable, ou tout à fait juste, et que tout être dans l'univers est, à un temps donné, ou entièrement saint ou entièrement pécheur. En conséquence, ils soutiennent hardiment qu'ils sont eux-mêmes exempts de péché. Ils appuient cette doctrine en disant que le Christ habite dans les fidèles, les dirige et assure ainsi leur parfaite sainteté; que le corps de Jésus-Christ, qui est l'Eglise, est nourri et guidé par la vie et la sagesse de son chef. De là ils condamnent la plus grande partie des chrétiens qui sont dans l'univers, comme professant l'œuvre de l'Antechrist. Ils ajoutent que tous les traits essentiels du judaïsme et du papisme, son successeur, peuvent être suivis à la piste dans chaque forme du protestantisme; et bien qu'ils applaudissent à la réforme en général, ils la regardent plutôt comme un progrès de l'Antechrist que comme une restauration du christianisme. — Les Perfectionistes publient à New-Haven, dans le Connecticut, un journal pour la propagation de leurs idées.

PERFIQUE, (de *perficere*, achever, perfectionner), déesse qui présidait aux plaisirs, et à l'accomplissement des désirs des hommes. On la met au rang des divinités obscènes que les Romains invoquaient dans les mariages.

PERGALAK, mauvais génie redouté par les anciens Lapons.

PERGRUB, PERGRUBIS et PERGRUBIE. Pergrub ou Pergrubis était, chez les Samogitiens et les anciens Prussiens, le dieu du printemps, des prairies, de la verdure, des fleurs et des grains. On célébrait une fête en son honneur le 22 mars. Pendant la cérémonie, chacun vidait en son honneur une coupe de bière, et après avoir bu, jetait le vase par-dessus sa tête.

Les Lithuaniens en avaient fait une déesse qu'ils appelaient *Pergrubie ou Mélitelé*, et son culte a subsisté chez eux jusqu'en 1530.

PÉRI. Ce mot désigne, en persan, la plus belle espèce de ces génies qui ne sont ni hommes, ni anges, ni démons, et que les Arabes appellent *Djinn*. Les Péris jouent dans les romans persans le même rôle que les fées dans ceux de notre Europe au moyen âge; ils habitent un pays que les Orientaux appellent le *Djinnistan*, le pays des fées ou de *féerie* (ce dernier mot se rapproche beaucoup du vocable persan). Bien que les Orientaux reconnaissent des Péris des deux sexes, on leur prête généralement la forme féminine; c'est ce qui les a fait prendre à tort pour les femelles des Dews. Les Orientaux leur attribuent les formes les plus séduisantes, et lorsqu'ils veulent faire l'éloge d'une belle personne, ils lui donnent le nom de *Périzadeh*, née d'une fée; ce nom nous a été transmis par les Grecs sous la forme de *Parisatis*.

Il est dit, dans les anciennes légendes, que les Dews s'étant emparés à la guerre de quelques-unes de ces Péris, les enfermèrent dans des cages de fer qu'ils suspendirent aux arbres les plus élevés, où leurs compagnes les venaient visiter de temps en temps avec des odeurs les plus précieuses. Ces odeurs ou parfums sont la nourriture ordinaire des Péris, et leur procurent en outre l'avantage d'éloigner d'elles les Dews ou mauvais génies qui cherchent sans cesse à les molester; ces Dews ne pouvaient les souffrir, parce qu'elles les rendaient mornes et tristes, aussitôt qu'ils s'approchaient des arbres ou des cages où leurs victimes étaient suspendues.

PÉRIBOLE, espace de terre planté d'arbres et de vignes que les Grecs laissaient autour des temples; il était enfermé dans un mur consacré aux divinités du lieu, et les fruits qui y croissaient appartenaient aux prêtres.

PÉRIÉGÈTES, ministres du temple de Delphes, qui servaient à la fois de guides et d'interprètes.

PERIMAL ou PÉROUMAL, nom sous lequel les Indiens du sud de la presqu'île adorent le dieu Vichnou. C'est le mot sanscrit *parimala*, qui signifie *bonne odeur*. On raconte qu'un pénitent s'étant laissé tomber sur le pied la pointe d'une alène, fit vœu de ne la point retirer de la plaie où elle s'était brisée, avant d'avoir vu danser Périmal. Le dieu indulgent eut la complaisance de se rendre à ce désir bizarre, et dansa une ronde avec le soleil, la lune et les étoiles. Durant cette danse, une chaîne d'or, échappée du pied de cette divinité tomba dans l'endroit où depuis on lui éleva un temple célèbre sous le nom de Sidambaran, ou de la chaîne d'or.

PÉRIODEUTE, ministre de l'Eglise grecque, qui va de côté et d'autre pour instruire ceux qui doivent recevoir le baptême. On traduit ce nom en latin par *circumcursor*; c'est ce que nous appellerions un catéchiste.

PÉRIPHALLIQUES, fêtes en l'honneur de Priape. *Voy.* PHALLIQUES.

PÉRIPHAS. C'était, suivant Noël, un roi d'Athènes qui aurait régné avant Cécrops, et auquel ses belles actions et les bienfaits dont il combla ses sujets valurent la gloire d'être honoré de son vivant comme un dieu, sous le nom de Jupiter Conservateur. Le père des dieux, irrité de ce qu'un mortel eût usurpé son nom et souffrit qu'on lui rendît de pareils honneurs, voulut, d'un coup de foudre, le précipiter dans le Tartare : mais Apollon intercéda pour Périphas en considération de sa vertu, et Jupiter se contenta de le métamorphoser en aigle ; il en fit même son oiseau favori, lui confia le soin de garder sa foudre et lui donna permission d'approcher de son trône toutes les fois qu'il le voudrait ; il l'établit même roi des oiseaux. La reine obtint la faveur d'être métamorphosée avec son mari, sur le désir qu'elle en avait manifesté.

PÉRIRRHANTÉRION, sorte de bénitier ou vase dans lequel les Grecs conservaient l'eau lustrale ; ils donnaient le même nom à l'aspersoir ou goupillon.

PÉRISCYLACISME, expiation au moyen de l'immolation d'un chien ou d'un renard. Les Grecs offraient à Proserpine, dans les purifications, un de ces animaux que l'on promenait autour de ceux qui avaient besoin d'être purifiés, après quoi on le sacrifiait.

PERISOKIA, mauvais génie de la mythologie finnoise, compagnon de Rampa. *Voy.* RAMPA.

PERKELE, nom du chef des mauvais génies chez les anciens Finnois. C'est encore aujourd'hui, parmi le même peuple, le nom du diable. Une sorte d'injure, très-commune en cette contrée, est d'appeler quelqu'un *Musta kuin Perkelé*, noir comme le diable. *Voy.* HIISI.

PERKUN ou **PERKUNAS**, divinité des anciens Slaves, Lithuaniens, Prussiens, Samogitiens ; c'était le dieu du feu et de la foudre : il présidait au tonnerre, rassemblait et dispersait les nuages qui retenaient ou laissaient tomber les eaux supérieures. C'est lui aussi qui lançait la foudre sur les criminels. On entretenait devant sa statue un feu perpétuel de bois de chêne ; et si le *weidalote* ou prêtre le laissait éteindre, il payait de sa vie sa négligence. On lui offrait aussi des victimes humaines. Ces peuples étaient persuadés que, quand il tonnait, leur grand prêtre, *Krewe-Kreweyto*, s'entretenait avec ce dieu et se prosternait pour l'adorer et lui demander le beau temps. Ils portaient alors une tranche de lard sur leurs épaules et faisaient le tour de leurs habitations en chantant : « Perkun, ne fais point de mal à nos champs, et je te donnerai cette tranche de lard ; » mais lorsque le danger était passé, ils mangeaient le lard promis au dieu. On confondait quelquefois Perkun avec le Soleil ; d'autres en faisaient le dieu de la guerre. *Voy.* PÉROÜN.

PERLÉVÉNOU, dieu des anciens Prussiens. Ils croyaient que ce dieu aidait le laboureur à tracer son premier sillon.

PERMESSIDES, surnom des Muses, qu'on supposait habiter sur les bords du Permesse, petite rivière de Thessalie qui leur était consacrée ainsi qu'à Apollon.

PÉROU ; les habitants du Monomotapa, en Afrique, honorent sous ce nom une vierge, à laquelle on dédie des temples et des couvents de filles obligées au célibat.

PEROUMAL, divinité hindoue. *Voy.* PÉRIMAL.

PEROUM-PONGOL, premier jour consacré à la grande fête du Pongol, célèbre dans le sud de l'Inde ; ce jour est consacré au Soleil. Les Indiens font alors cuire du riz dans du lait ; et quand ils le voient bouillir, ils crient à haute voix *Pongal, Pongal !* voulant dire par là que le monde soit heureux et qu'il se réjouisse : c'est pourquoi l'abbé Dubois appelle ce jour le Pongol de la joie. Le riz au lait ainsi cuit, mêlé avec d'autres aliments du règne végétal, est offert au Soleil, qu'on invoque pour la prospérité publique, comme pour une moisson abondante. On offre encore, durant ce jour, des libations aux mânes. *Voy.* PONGOL.

PÉROUN, le dieu le plus vénéré des anciens Slaves, le même sans doute que *Perkun*, dieu du tonnerre et des phénomènes terribles de la nature. On lui avait érigé un temple à Kiew, hors de la cour Teremnoi, au-dessus d'un petit ruisseau nommé Bouritschoff, sur une colline fort élevée. Sa statue était d'un bois incorruptible ; la tête était d'argent, les moustaches et les oreilles d'or, les pieds de fer. Le dieu tenait en main une pierre taillée en forme d'éclair qui serpente, et il était orné de plusieurs rubis et autres pierres précieuses. Le feu sacré brûlait continuellement devant lui ; et si le prêtre venait à le laisser éteindre, il était brûlé vif comme ennemi du dieu. C'était peu de lui sacrifier des taureaux et des prisonniers de guerre, on voyait des pères même immoler leur fils unique sur ses autels. On lui avait consacré de riches forêts ; et ceux qui n'étaient pas en état de lui faire des offrandes considérables se coupaient la barbe et les cheveux pour les déposer à ses pieds. Ce dieu avait encore un temple à Novogorod-Veliki.

Le prince Vladimir, ayant embrassé le christianisme sur la fin du xe siècle, fit attacher à la queue d'un cheval le simulacre qui était à Kiew et ordonna de le faire traîner jusqu'au Dnieper, pendant que douze de ses guerriers battraient l'idole avec de gros bâtons. Une fois précipitée dans le fleuve, il recommanda de l'empêcher d'aborder au rivage jusqu'à ce qu'elle fût arrivée aux cataractes, dont la rapidité la jeta au pied d'une montagne à laquelle on donna depuis le nom de ce dieu. — L'oncle de Vladimir, Dobrinia, qui commandait à Novogorod, reçut aussi l'ordre de précipiter dans le Volkof le simulacre de cette ville. Il obéit. Un historien rapporte que Péroun revint sur l'eau et, jetant un bâton sur le pont, s'écria d'une voix terrible : « Citoyens, voilà ce que je vous laisse en mémoire de moi ! » Tout en rendant justice au zèle de Vladimir, nous ne pouvons nous empêcher de remarquer que ce prince vengeait, sur une idole inerte et impuissante, les rites barbares dont il s'était lui-même rendu coupable en répandant le sang humain sur les autels de Pérouu, car Vladimir avait été un zélé païen avant d'embrasser la religion chrétienne.

PERSA, PERSÉ ou PERSÉIS, déité grecque, fille de l'Océan et de Téthys. Le Soleil l'épousa et en eut Eétès, Persé, Circé et Pasiphaé.

PERSÉCUTIONS. L'établissement de la religion chrétienne, malgré les obstacles que l'enfer, secondé de toute la puissance des empereurs romains, lui opposa pendant l'espace de trois siècles, est sans doute une des preuves les plus éclatantes de la vérité de cette religion : aussi nous croyons devoir présenter au lecteur un tableau succinct des persécutions que l'Eglise naissante a essuyées, et des cruautés inouïes que l'on a exercées sur les premiers chrétiens.

Plusieurs causes concouraient à rendre les chrétiens odieux et méprisables aux païens. Les calomnies que l'on débitait au sujet de leurs assemblées secrètes, quelqu'absurdes qu'elles fussent en effet, étaient accréditées parmi le peuple : les discours qu'ils tenaient sur la vanité des grandeurs temporelles, sur la fin du monde, sur le jugement, les faisaient regarder comme les ennemis du genre humain. On voyait qu'ils ne prenaient aucune part aux réjouissances publiques, qu'ils s'affligeaient et faisaient pénitence pendant ces jours, tandis qu'ils se réjouissaient dans les temps que la superstition païenne regardait comme malheureux : sur cette conduite, on jugeait qu'ils désiraient la ruine de l'empire, qu'ils s'affligeaient de sa prospérité et se réjouissaient de ses revers. Comme on ne leur voyait ni autels, ni sacrifices sanglants, ni statues, on les regardait comme des athées et des impies, qui détestaient toutes les religions et n'en avaient aucune. Les ministres des idoles attribuaient à l'impiété prétendue des chrétiens toutes les calamités qui survenaient dans l'empire, et animaient le peuple à les détruire comme autant d'ennemis des dieux. Les vertus mêmes des chrétiens passaient pour des crimes. On traitait leur charité mutuelle de conjuration odieuse. On empoisonnait, par des interprétations infâmes, les noms de frère et de sœur qu'ils se donnaient. On voit en effet, dans Pétrone, l'horrible abus que faisaient les païens de ces noms consacrés par la nature. On ne regardait les abondantes aumônes qu'ils répandaient que comme un moyen de séduire les pauvres et de les attirer à leur parti. On attribuait aux prestiges de l'art magique leurs miracles les plus éclatants, dans un temps surtout où l'empire était plein de magiciens, d'enchanteurs, de devins et de charlatans.

Ce n'était pas seulement le peuple qui haïssait les chrétiens ; les gens éclairés et ceux qui entraient en quelque examen les regardaient, sinon comme des scélérats, du moins comme des fous et des insensés opiniâtres. Ils étaient accoutumés à mépriser les autres peuples, et surtout les Juifs, décriés depuis longtemps et regardés comme des gens d'une superstition ridicule et d'une sotte crédulité. Le juif Apella le pourrait croire, disait Horace, mais non pas moi. « Quand on leur disait (c'est l'abbé Fleury qui parle) qu'il y avait des Juifs qui adoraient comme Fils de Dieu un homme qui avait été pendu, et que leur principale dispute contre les autres Juifs était de savoir si cet homme était encore vivant après sa mort et si c'était leur véritable roi, on peut juger de quelle absurdité leur paraissaient tous ces discours. Ils voyaient que ceux de cette nouvelle secte étaient haïs et persécutés par tous les autres Juifs, jusqu'à exciter souvent de grandes séditions, et de là ils concluaient qu'ils étaient les pires de tous. » Aussi plusieurs auteurs anciens parlent-ils des chrétiens avec le dernier mépris et en des termes injurieux. Suétone nous les représente comme des brouillons et des gens d'une *superstition nouvelle et malfaisante.* Tacite les dépeint comme des hommes odieux par leurs crimes, et ennemis du genre humain.

Les chrétiens avaient donc tout le monde contre eux : ils étaient condamnés sur le seul nom de chrétiens, quelque vertueux qu'ils fussent. Il n'est pas surprenant que cette haine publique et générale leur ait attiré des persécutions. On en compte ordinairement onze ou douze dans les trois premiers siècles de l'Eglise; mais il serait presque impossible de compter le nombre des chrétiens qui scellèrent alors de leur sang la vérité de la religion. Ce fut sous l'empereur Néron, l'an 64 de Jésus-Christ, que s'éleva la première persécution : elle dura l'espace de quatre ans. La seconde, qui commença sous Domitien, l'an 92, eut la même durée. Trajan fut l'auteur de la troisième, qui s'éleva la dernière année du 1ᵉʳ siècle, et continua pendant seize ans. Adrien ordonna la quatrième, qui dura depuis 125 jusqu'en 138. Marc-Aurèle, le prince le plus sage, le plus humain et le plus vertueux qui ait gouverné l'empire dans le paganisme, persécuta cependant les chrétiens depuis 161 jusqu'en 174. La sixième persécution commença sous l'empire de Sévère, en 202, et dura neuf ans. La septième, sous Maximien, commença en 235, et dura trois ans. La huitième, sous l'empire de Décius, fut une des plus cruelles, mais elle dura peu : elle commença en 249 et finit en 251. Ce détail chronologique pourrait peut-être paraître sec et ennuyeux, s'il n'était doux à un chrétien de se rappeler les époques des triomphes de ses ancêtres dans la foi : aussi nous continuons sans craindre de rebuter le lecteur. Valérien ordonna la neuvième persécution en 257 : elle dura trois ans. La dixième s'éleva sous Aurélien, en 273, et s'apaisa en 275. Celle qui suivit fut la plus longue et la plus violente de toutes : elle commença l'an 286, sous l'empire de Dioclétien et de Maximien, et sa durée fut de plus de vingt-cinq ans. Après avoir été quelques années assoupie par Constantin, elle fut renouvelée avec fureur par Licinius, l'an 320 ; mais ce prince impie et barbare ayant été vaincu par Constantin, les chrétiens commencèrent à respirer. En 361, Julien l'Apostat troubla de nouveau la paix de l'Eglise et ne cessa de persécuter les chrétiens jusqu'à sa mort, arrivée en 363. Il faut joindre à ces persécutions celle de Sapor, roi de Perse, qui fut très-cruelle et très-longue, et ne fut apaisée qu'en 380.

La persécution commençait ordinairement par un édit de l'empereur qui défendait aux chrétiens de faire des assemblées particulières et leur ordonnait de sacrifier aux faux dieux, sous de certaines peines. Les évêques s'en donnaient avis, et s'exhortaient les uns les autres à redoubler les prières et à encourager le peuple. Plusieurs prenaient alors la fuite, ainsi que le conseille Jésus-Christ lui-même ; mais il en demeurait toujours quelques-uns pour animer et fortifier le peuple par leur présence. Il est vrai qu'ils prenaient toutes les précautions possibles pour se bien cacher, parce que leur perte pouvait causer la dispersion du troupeau : aussi c'était eux que l'on cherchait le plus. Quelques-uns changeaient de nom, afin qu'ils ne fussent pas si aisément reconnus. Il y en avait qui donnaient de l'argent pour se racheter de la persécution : c'était toujours souffrir en leurs biens et faire voir combien le salut de leurs âmes leur paraissait préférable aux richesses.

Il était défendu, par les règles de l'Eglise, de provoquer les persécutions par un zèle indiscret et de faire aucune action capable d'irriter les païens, comme de briser leurs idoles, de s'emporter en invectives contre leurs dieux, de se moquer publiquement de leurs superstitions et de mettre le feu à leurs temples. Si quelques saints ont fait des choses semblables, il faut attribuer ces exemples singuliers à un zèle trop ardent ou à des inspirations particulières de Dieu : mais en général il était défendu de tenter Dieu et d'aller se dénoncer soi-même ; il suffisait de soutenir courageusement sa foi lorsqu'on était juridiquement cité pour en rendre compte.

Lorsqu'un chrétien était pris, il était aussitôt conduit devant le magistrat, lequel, assis sur son tribunal, l'interrogeait selon la forme ordinaire de la justice. Si le chrétien reniait sa foi, on n'en demandait pas ordinairement davantage, et on le renvoyait parce qu'on était sûr que les véritables chrétiens ne niaient jamais leur croyance ; cependant on l'obligeait quelquefois de faire sur-le-champ quelque acte d'idolâtrie ou de prononcer quelque parole injurieuse contre Jésus-Christ. S'il confessait qu'il fût chrétien, on s'efforçait de vaincre sa constance, premièrement par la persuasion et par les promesses, puis par les menaces, et enfin par les tourments. On tâchait de le surprendre et de lui faire commettre quelque impiété, même involontaire, afin de lui persuader qu'il ne pouvait plus s'en dédire. Comme le jugement se faisait dans la place publique, il y avait toujours quelque idole et quelque autel. On y offrait des victimes en leur présence et l'on s'efforçait de leur en faire manger, jusqu'à leur ouvrir la bouche pour y porter quelque morceau de chair, du moins quelque goutte de vin offert aux dieux ; et, quoique les chrétiens fussent bien instruits que ce n'est pas ce qui entre dans la bouche, mais ce qui sort du cœur, qui rend l'homme impur, ils ne laissaient pas de faire tous leurs efforts pour ne pas donner le moindre scandale aux faibles. Il s'en est trouvé qui se sont laissé brûler la main, y tenant longtemps des charbons ardents avec de l'encens, de peur qu'ils ne semblassent offrir l'encens en secouant les charbons, comme saint Barlaam, dont saint Basile a fait l'éloge.

Les tourments ordinaires étaient d'étendre sur un chevalet par des cordes attachées aux pieds et aux mains et tirées des deux bouts avec des poulies, ou pendre par les mains avec des poids attachés aux pieds, battre de verges ou de gros bâtons, ou de fouets garnis de pointes de fer nommées scorpions, ou avec des lanières de cuir cru ou garnies de balles de plomb. On en a vu grand nombre mourir sous les coups. D'autres étant étendus, on leur brûlait les côtés et on les déchirait avec des ongles ou des peignes de fer, en sorte que souvent on découvrait les côtes et jusqu'aux entrailles. Le feu entrant dans les corps étouffait les patients. Pour rendre ces plaies plus sensibles, on les frottait quelquefois de sel et de vinaigre, et on les rouvrait lorsqu'elles commençaient à se refermer. Tout ce que disaient pendant ces tourments le juge ou les patients, était écrit mot pour mot par des greffiers.

On ne faisait pas mourir les chrétiens sur-le-champ, après les avoir déchirés de coups ; on les conduisait en prison pour les éprouver plus longtemps et les tourmenter à plusieurs fois. Les prisons mêmes étaient une autre espèce de tourment. Les confesseurs de Jésus-Christ étaient enfermés dans les cachots les plus noirs et les plus infects. On leur mettait les fers aux pieds et aux mains. On leur mettait au cou de grandes pièces de bois, ou des entraves aux jambes, pour les tenir élevées ou écartées, le patient étant posé sur le dos. Quelquefois on semait dans le cachot de petits morceaux de pots de terre ou de verres cassés, et on les y étendait tout nus et tout couverts de blessures ; quelquefois on laissait corrompre leurs plaies, et on les faisait mourir de faim et de soif. Quelquefois on les nourrissait et on les pansait avec soin, mais c'était afin de les tourmenter de nouveau. On défendait d'ordinaire de les laisser parler à personne, parce que l'on savait que dans cet état ils convertissaient beaucoup d'infidèles, souvent jusqu'aux geôliers et aux soldats qui les gardaient. Quelquefois on donnait ordre de faire entrer ceux que l'on croyait capables d'ébranler leur constance, un père, une mère, une femme, des enfants, dont les larmes et les discours enfantins étaient une autre espèce de tentation, et souvent plus dangereuse que les tourments. L'Église avait un soin particulier de ces saints prisonniers : les diacres les visitaient souvent, pour les servir, pour faire leurs messages et leur donner les soulagements nécessaires. Les autres fidèles allaient aussi les consoler : ils gagnaient par argent les gardes et les geôliers pour avoir la liberté d'entrer dans les prisons. Ils baisaient les chaînes de leurs frères, bénissaient leurs peines et souhaitaient d'y avoir part. Ils pansaient leurs plaies, et leur apportaient toutes les commodités qui leur manquaient, des lits, des habits, des rafraîchissements ; jusque-là que Tertullien se plaignait que l'on faisait bonne chère dans ces prisons.

Quelqu'un s'étonnera peut-être que les Romains qui, dans leurs lois et le reste de leur conduite, nous paraissent si pleins de sagesse et d'équité, exerçassent sur d'autres Romains, sur des hommes, enfin, les cruautés que nous lisons dans les histoires des martyrs ; que les juges fissent tourmenter les accusés en leur présence, dans la place publique, devant tout le peuple, et qu'ils employassent des supplices si divers, qu'ils semblent avoir été arbitraires ; c'est pourquoi nous allons exposer ce qui était de leurs lois et de leurs mœurs, et ce que le faux zèle de la religion et la politique y ajoutaient.

Les Romains faisaient publiquement à l'audience tous leurs actes judiciaires, les procès criminels aussi bien que les civils, l'instruction aussi bien que le jugement ; et les audiences se tenaient dans la place publique. Le magistrat était sous une galerie couverte, assis sur un tribunal élevé, environné de ses officiers avec des licteurs, portant des haches et les faisceaux de verges, et des soldats toujours prêts à exécuter ses ordres, car les magistrats romains avaient l'exercice des armes aussi bien que de la justice. Les peines de chaque crime étaient réglées par les lois, mais différentes selon les personnes, et toujours plus rigoureuses contre les esclaves que contre les libres, contre les étrangers que contre les citoyens romains. De là vient que saint Paul fut décollé comme citoyen, et saint Pierre crucifié comme juif. La croix était le plus infâme de tous les supplices ; et ceux qui devaient y être attachés étaient d'ordinaire battus de verges auparavant et brûlés aux côtés avec des fers rouges ou des flambeaux. La question se donnait aussi en public et était fort cruelle : on y doit rapporter la plupart des tourments des martyrs ; car les lois romaines, comme autrefois les nôtres, ne permettaient de tourmenter les accusés qu'à la question, et l'on employait, pour faire nier aux chrétiens leurs prétendus crimes, les moyens dont on se servait pour faire avouer aux autres leurs crimes effectifs. La même manière de donner la question par extension des membres, le fouet, le fer et le feu, durait encore sous les empereurs chrétiens.

Il était ordinaire de condamner les personnes viles à travailler aux mines, comme aujourd'hui aux galères, ou de les destiner à être exposées aux bêtes dans l'amphithéâtre pour divertir le peuple. Il pouvait y avoir encore divers genres de supplices usités en diverses provinces ; et l'on ne peut nier que les magistrats n'en aient souvent inventé de nouveaux contre les chrétiens, principalement dans les dernières persécutions, où le dépit de les voir multiplier s'était tourné en fureur, et où le démon leur suggérait des moyens de tuer les âmes plutôt que les corps. Je ne crois pas qu'il se trouve d'exemples qu'on ait condamné d'autres que des vierges chrétiennes à être prostituées. L'amour de la chasteté, qui éclatait dans les chrétiens, fit imaginer cette espèce de supplice, comme aussi celui dont parle saint Jérôme, de ce martyr qui fut attaché mollement sur un lit dans un lieu délicieux, pour être tenté par une femme impudique à qui il cracha sa langue au visage. Enfin il y a eu un grand nombre de martyrs tués ou tourmentés sans aucune forme de justice, soit par la populace mutinée, soit par leurs ennemis particuliers.

PERSÉE, héros des temps mythologiques, honoré par les Grecs comme un demi-dieu. Fils de Danaé, séduite par Jupiter sous la forme d'une pluie d'or, il fut exposé avec sa mère sur une méchante barque et jeté sur les côtes des îles Cyclades. Reçu favorablement par Polydecte qui en était roi, il fut contraint un peu plus tard de quitter le pays, parce que Polydecte, devenu amoureux de la mère, cherchait à éloigner l'enfant. Il lui ordonna de combattre les Gorgones et de lui apporter la tête de Méduse ; c'était vouer Persée à une mort certaine. Mais le jeune héros était favorisé par les dieux : Minerve lui donna son bouclier ; Pluton son casque et Mercure ses ailes et ses talonnières ; ainsi armé, il accomplit l'exploit qui lui avait été imposé, et fixa à son bouclier la tête de Méduse, dont le seul aspect suffisait pour pétrifier ceux auxquels il l'opposait. De là il se transporta en Mauritanie, monté sur le cheval Pégase, et pétrifia Atlas qui lui avait refusé l'hospitalité ; c'est ce même Atlas qui aujourd'hui encore borne au midi nos possessions françaises de l'Algérie. Il enleva ensuite les pommes d'or du jardin des Hespérides ; puis il passa en Éthiopie où il délivra Andromède du monstre qui allait la dévorer ; il épousa cette princesse et revint avec elle en Grèce. Bien qu'il eût à se plaindre d'Acrise son aïeul, qui l'avait fait exposer à sa naissance, il le rétablit sur le trône d'Argos d'où Prétus l'avait chassé, et tua l'usurpateur. Cependant il eut, peu après, le malheur de tuer Acrise lui-même d'un coup de palet, dans les jeux qu'on célébrait pour les funérailles de Polydecte. Il éprouva tant de douleur de cet accident, qu'il abandonna le séjour d'Argos, et alla fonder la ville de Mycènes, dont il fit la capitale de ses États. On dit qu'il fut aussi la cause de la mort de Polydecte. Persée lui apporta la tête de Méduse, suivant l'ordre qu'il en avait reçu, et se garda bien de la montrer d'abord, à cause des terribles effets que produisait la vue de ce monstre. Mais un jour que ce prince voulut, dans un festin, faire violence à Danaé, Persée ne trouva plus d'autre moyen pour sauver l'honneur de sa mère, que de présenter la Gorgone au roi qui fut pétrifié; ce héros fut tué dans la suite par Mégapenthe, fils de Prétus.

Les peuples de Mycènes et d'Argos lui élevèrent des monuments héroïques; mais il reçut encore de plus grands honneurs dans l'île de Sériphe, où il avait abordé, et à Athènes où on lui érigea un temple. Hérodote parle encore d'un autre temple de Persée, bâti à Chemnis en Egypte, qui était carré et environné de palmiers. Sa statue était dans l'intérieur du temple. Les Chemnites disaient que ce héros leur apparaissait souvent, et le plus ordinairement dans ce temple. Ils avançaient aussi qu'ils possédaient un de ses souliers qui avait deux coudées de long. Persée fut placé dans le ciel parmi les constellations septentrionales avec Andromède, son épouse, et son cheval Pégase.

PERSEPHONE et PERSEPHASSE, noms grecs de Proserpine (διὰ τὸ πάντα πέρθειν φόνῳ, parce que tout est dévasté par la mort). Le nom latin n'est qu'une corruption du vocable grec. *Voy.* PROSERPINE.

PERSES. La religion des anciens Perses est décrite au long dans Hérodote, et avec l'exactitude ordinaire de cet historien. — Ils n'ont, dit-il, ni statues, ni temples, ni autels, parce qu'ils ne croient pas que les dieux aient une origine humaine. Ils se portent sur les plus hautes montagnes pour sacrifier à Jupiter (*Zérouané Akéréné*); c'est ainsi qu'ils appellent toute la rondeur du ciel. Ils sacrifient aussi au Soleil, à la Lune, à la Terre, au Feu, à l'Eau et aux Vents. Ils ne connaissaient pas anciennement d'autres dieux que ceux-là. Il paraît, par ce récit d'Hérodote, que le culte ancien des Perses était l'univers et toutes ses parties. Depuis ce temps-là, poursuit le même auteur, ils ont appris des Assyriens et des Arabes à sacrifier à Uranie ou à Vénus céleste (*Mitra*; *Mylitta*). Les sacrifices des Perses se font en cette sorte: ils n'érigent point d'autels, ne font point de feu; il n'y a chez eux ni libations, ni joueurs de flûte, ni couronnes; mais celui qui fait le sacrifice mène la victime dans un lieu pur et net, et invoque le dieu auquel il veut sacrifier, ayant sa tiare couronnée de myrte. Il n'est pas permis au sacrificateur de prier pour lui en particulier; mais il doit avoir pour objet, dans ses prières, le bien de toute la nation: ainsi il se trouve compris avec tous les autres. Après qu'il a fait cuire les chairs de la victime, coupées en plusieurs morceaux, il étend de l'herbe tendre, et surtout du trèfle, et il les met dessus; ensuite un mage chante la théogonie, espèce de chant religieux. Après cela le sacrificateur emporte la victime, et en fait l'usage qu'il veut.

Strabon, qui copie Hérodote, ajoute quelques circonstances. Selon lui, les Perses, dans leurs sacrifices, ne laissent rien pour les dieux, disant que Dieu ne veut autre chose que l'âme de la victime. Ils sacrifient principalement au feu et à l'eau: ils mettent dans le feu du bois sec, sans écorce; sur lequel ils jettent de la graisse et de l'huile, et allument le feu, mais sans souffler, faisant seulement du vent avec une espèce d'éventail. Si quelqu'un souffle le feu, ou s'il y jette des cadavres ou de la boue, il est puni de mort. Le sacrifice de l'eau se fait en cette manière: ils se rendent auprès d'un lac, ou d'un fleuve, ou d'une fontaine, et font une fosse où ils égorgent la victime, prenant garde que l'eau prochaine ne soit ensanglantée, ce qui la rendrait immonde. Ensuite ils placent les chairs sur du myrte et du laurier; les mages y mettent le feu avec de petits bâtons, et répandent leurs libations d'huile mêlée avec du lait et du miel, non sur le feu, ni sur l'eau, mais sur la terre. Cela fait, ils procèdent à leurs enchantements l'espace d'une heure, en tenant un faisceau de verges à la main. *Voy.* PARSIS.

PERSIQUE, surnom sous lequel Diane était révérée chez les Perses. On lui immolait des taureaux qui paissaient sur les bords de l'Euphrate. Ces animaux portaient l'empreinte d'une lampe, comme marque qu'ils étaient consacrés à la déesse.

PERTUNDE, une des divinités romaines qui présidaient aux mariages. On en plaçait la statue dans la chambre de la nouvelle mariée, le jour de ses noces.

PERUNO, nom que les anciens Prussiens donnaient à la foudre qu'ils adoraient comme une divinité, et en l'honneur de laquelle ils entretenaient perpétuellement un feu sacré de bois de chêne. *Voy.* PÉROUN et PERKUN.

PESCH-NAMAZ, nom que les Musulmans de la Perse donnent au ministre de la religion qui préside aux prières publiques; c'est celui que les Arabes et les Turcs appellent *Imam*.

PETA, divinité romaine qui présidait aux demandes que l'on avait à faire aux dieux; on la consultait aussi pour savoir si ces demandes étaient justes ou non.

PETAGAT, grand recueil qui renferme tout ce qui a rapport au bouddhisme. C'est la Bible des Bouddhistes de l'empire Birman. Ce recueil est divisé en trois parties.

PETEMPAMENTIS, PETENSENES et PETENSETIS, divinités égyptiennes dont on trouve les noms avec la synglosse grecque sur un stèle de l'île de Dionysos, où on lit entre autres choses:

Χνουβει τῷ καὶ Ἀμμῶνι; Σατετ τῇ καὶ Ἥρᾳ, Ἀνουκε τῇ καὶ Ἑστίᾳ, Πετεμπαμέντει τῷ καὶ Διονύσῳ, Πετενσοτει τῷ καὶ Κρόνῳ, Πετενσηνει τῷ καὶ Ἑρμεῖ.

c'est-à-dire: « A Chnoubis qui est le même qu'Ammon, à Satis qui est Junon, à Anoukis la même que Vesta; à Pétempamentis le même que Bacchus; à Pétensétis le même que Saturne; à Pétensénis qui est Mercure. »

PETBÉ, divinité égyptienne; la même que *Souk* ou *Saturne*. *Voy.* SOUK.

PETERSEN (SECTE DE). Jean-Guillaume Petersen, surintendant de Lunébourg, se constitua, vers la fin du xviiᵉ siècle, le panégyriste de Rosemonde, comtesse d'Assebourg, en Allemagne, qui prétendait avoir des communications verbales et épistolaires avec Jésus-Christ. Donnant dans les idées extravagantes de cette visionnaire, il se lança dans les erreurs des Millénaires; il composait Jésus-Christ de deux natures humaines, l'une qu'il avait prise au ciel avant la création, l'autre qu'il avait reçue de la sainte Vierge. Il enseignait qu'il y aurait une double résurrection avant la fin du monde, que Jérusalem serait rebâtie, que le Sauveur règnerait mille ans sur la terre, que Satan serait lié pendant cet espace de temps, qu'ensuite il travaillerait à séduire les nations jusqu'au jugement dernier, mais que finalement l'enfer serait fermé, et que tous les êtres intelligents, même les démons, seraient admis à la béatitude. Pour soutenir ces opinions, il publia plusieurs ouvrages, entre autres la *Clef de l'Apocalypse* et l'*Évangile éternel*. Sa doctrine et ses écrits causèrent une grande rumeur parmi les protestants, ses coreligionnaires, et séduisirent des gens de tout sexe et de tout état; il trouva même des partisans parmi les théologiens luthériens; quelques-uns d'entre eux, construisant leur système sur les périodes de sept ans, et de cinquante des jubilés mosaïques, envisagés comme types, fixaient le minimum des peines des damnés à 6000 ans, suivis d'un jubilé au septième millésime, qui, ouvrant même aux démons les portes du ciel, fermerait à jamais celles de l'enfer. Petersen mourut en 1727, près de Magdebourg. La secte qu'il avait formée ne lui survécut pas, quoique l'opinion des Millénaires ait trouvé depuis plusieurs défenseurs non-seulement chez les protestants, mais même parmi les catholiques.

PÉTESCHEM, un des six Gahanbars de la mythologie persane. *Voy.* GAHANBAR.

PETITE ÉGLISE. On sait que, pendant la tourmente révolutionnaire, le clergé et les fidèles catholiques se partagèrent, en France, en deux camps. Les uns, toujours fidèles à Dieu et à l'Eglise, refusèrent de souscrire à la constitution civile du clergé, et restèrent unis et obéissants au souverain pontife. Les évêques et les prêtres, demeurés ainsi dans l'unité catholique, furent punis de leur fidélité par l'expulsion de leurs sièges ou de leurs paroisses, par la persécution, l'exil, la souffrance et la mort. Les autres, courbant la tête sous les lois faites par un gouvernement impie, ne craignirent pas de donner dans le schisme et d'admettre cette constitution qui les séparait du reste de l'Eglise; c'est à ce prix qu'ils conservèrent leurs sièges et leurs fonctions. Ce fut aussi parmi eux que l'on choisit des pasteurs pour remplacer ceux que l'on avait violemment expulsés. Ce malheureux état de choses dura jusqu'à l'époque du concordat, qui signala le rétablissement du culte public. Mais la plaie immense qui depuis tant d'années saignait en France demandait un remède extraordinaire. Il y avait trois classes d'évêques; les uns étaient les évêques légitimes et demeurés fidèles, qui avaient été dépossédés de leurs sièges; les autres, les évêques légitimes il est vrai, mais qui étaient tombés dans le schisme en prêtant serment à la constitution civile du clergé; les troisièmes étaient les évêques intrus qui avaient été mis illégitimement à la place des véritables pasteurs; d'autres étaient morts; la circonscription des diocèses avait été changée; d'anciens sièges avaient été supprimés; on en avait créé de nouveaux. Il s'était élevé une multitude de disputes sur la validité des fonctions exercées par les uns ou par les autres. En un mot, on entrait dans une ère nouvelle. Le souverain pontife, d'accord avec le gouvernement qui régissait alors la France, et après s'être entouré de tout ce qui pouvait l'éclairer sur l'état, les besoins et les nécessités de l'Eglise de France, exigea la démission de tous les évêques, tant insermentés qu'assermentés, pour procéder ensuite à une nouvelle nomination. C'est ce qui eut lieu en effet; et l'institution canonique fut donnée à des évêques tirés des différents partis, mais qui avaient fait acte de soumission.

Cette mesure, inouïe jusque-là dans l'Eglise, mais qui était justifiée par la situation exceptionnelle où l'on se trouvait, éprouva quelques oppositions, et malheureusement dans les rangs qui jusque-là s'étaient montrés fidèles à l'Église. Plusieurs protestèrent contre l'organisation nouvelle, soutenant que le pape avait outrepassé ses droits, refusèrent de se soumettre et rejetèrent le concordat. Bien plus, ils se regardèrent comme les seuls pasteurs légitimes, considérèrent comme schismatiques, non-seulement ceux qui s'étaient soumis, mais le pape même et toute l'Eglise qui l'avait approuvé, ou du moins qui n'avait pas réclamé, et ils refusèrent de communiquer *in sacris* avec les ecclésiastiques et les fidèles qui n'embrassaient pas leur parti. C'est ce que l'on a appelé la *Petite Église*, parce qu'en effet ils ne formaient qu'une société infiniment petite en comparaison de ceux qui avaient accepté le concordat. La petite Eglise prit naissance en Angleterre parmi le clergé émigré, et se répandit ensuite en France, principalement dans la Normandie, la Bretagne et la Vendée. Elle persévéra pendant plusieurs années, s'amoindrissant toujours de plus en plus par la mort plutôt que par la soumission de ses membres à la décision de l'Eglise, car l'opiniâtreté a toujours été le caractère dominant des petites sectes; enfin elle est maintenant morte d'inanition, car le terme de sa durée a été celui de la vie des ecclésiastiques qui l'ont créée et soutenue.

PE-TOU, divinité ou génie des Chinois, qui préside aux étoiles du Nord. Il a un temple dans le palais de l'empereur à Péking, dans lequel il y a un cartouche ou carré de toile, environné d'une riche bordure, avec cette inscription, *A l'esprit Pe-tou*.

PETPAYATONS, esprits malins, qui, suivant les Siamois, sont répandus dans l'air,

Ce peuple croit que les Petpayatons jouissent les premiers de toutes les filles, et qu'ils leur font cette prétendue blessure qui se renouvelle tous les mois. Quand les Siamois préparent une médecine, ils attachent au bord du vase plusieurs papiers sur lesquels sont écrites des paroles magiques pour empêcher ces mauvais génies d'emporter la vertu du remède avec la fumée.

PÉTROBRUSIENS, hérétiques du XII° siècle, ainsi nommés de Pierre de Bruys, simple laïque du Dauphiné. Les idées que les Manichéens et quelques autres sectaires avaient semées dans les esprits poussaient alors de nouveaux rejetons çà et là. La réformation de l'Eglise était le prétexte de tous les hommes remuants pour propager toutes les innovations qu'ils voulaient introduire dans l'Eglise de Dieu. Or, voici quelles étaient les réformes de Pierre de Bruys.

Sous le prétexte que les prières sont aussi bonnes dans une hôtellerie que dans une église, et dans une étable que sur un autel, il soutenait qu'on ne doit point bâtir d'églises, et, en conséquence, il faisait détruire par ses disciples celles qu'il rencontrait ; il enseignait que les chrétiens doivent avoir en horreur tous les instruments de la passion de Jésus-Christ, et, en conséquence, il faisait brûler les croix et les tableaux qui les représentaient. Il ajoutait à ces absurdités que le baptême n'est pas nécessaire ni même utile aux enfants, parce qu'ils ne peuvent rendre compte de leur foi, et que c'est la foi et non la grâce qui sauve les hommes dans ce sacrement ; que Jésus-Christ n'est pas présent dans l'eucharistie ; enfin que les sacrifices, les aumônes et les prières ne servent de rien aux morts. Plusieurs écrivains ajoutent qu'il professait en outre quelques erreurs des Manichéens, l'admission des deux principes, le refus de recevoir l'Ancien Testament, etc. Les protestants ont hérité de quelques lambeaux de cette secte ; aussi plusieurs de leurs théologiens ont pris la défense de Pierre de Bruys. La Provence et le Languedoc se ressentirent particulièrement des ravages de ces hérétiques ; mais leur chef fut enfin arrêté dans cette dernière province et condamné à être brûlé vif ; ce qui fut exécuté.

PEULVANS, monuments de la religion des anciens Gaulois ; leur nom vient du celtique *peul*, pilier, et *vœn*, pierre. On en signale encore un certain nombre debout dans diverses provinces de la France. C'était la même chose que les *Men-hirs* ou pierres dressées. *Voy.* DOLMEN, MENHIR.

PEUPLIER, arbre consacré à Hercule. Lorsque ce héros descendit aux enfers, il se fit une couronne de peuplier ; le côté de la feuille qui touchait sa tête conserva la couleur blanche, tandis que la surface qui était restée en dehors fut noircie par la fumée de ce ténébreux séjour. De là vient dit-on, que le peuplier, qui avait autrefois ses feuilles blanches des deux côtés, les a maintenant noires en dehors. On croit que ce fut Hercule qui trouva cet arbre dans ses voyages, et le porta dans la Grèce ; c'est pourquoi il lui aurait été consacré. Ceux qui voulaient offrir des sacrifices à Hercule se ceignaient la tête de peuplier pendant la cérémonie.

PEUR, divinité grecque et romaine. Elle avait un temple à Sparte, près du palais des Ephores, soit pour avoir toujours devant les yeux la crainte de faire quelque chose d'indigne de leur rang, soit pour mieux inspirer aux autres la crainte de violer leurs ordonnances. Thésée sacrifia à la Peur afin qu'elle ne saisît point ses troupes. Alexandre suivit cet exemple avant la bataille d'Arbelles.

Hésiode, dans la description du bouclier d'Hercule, représente Mars accompagné de la Peur ; et, dans sa Théogonie, il fait naître cette déité de Mars et de Vénus. Pausanias cite une statue de la Peur, érigée à Corinthe. Homère la met sur l'égide de Minerve, et sur le bouclier d'Agamemnon. Dans le XIII° livre de l'Iliade, il compare Idoménée et Mérion son écuyer au dieu Mars suivi de la Peur et de la Fuite, dont il est le père. Dans le XV°, Mars, irrité de la mort de son fils Ascalaphe, ordonne à ces mêmes déités d'atteler son char. Dans le XVI°, le poëte personnifie l'épouvante des Troyens mis en désordre, sous les noms de la Peur et de la Fuite, qui, s'élevant des vaisseaux grecs, poursuivent les défenseurs de Troie. Eschyle fait jurer les sept chefs devant Thèbes par la Peur, par le dieu Mars et sa sœur Bellone. Enfin Rome honorait la Peur jointe à la Pâleur, depuis le vœu fait par Tullus Hostilius dans une bataille contre les Albains.

Les médailles anciennes représentent la Peur avec les cheveux hérissés, un visage étonné, la bouche ouverte, et un regard qui exprime l'épouvante, effet d'un péril imprévu.

PHAENNA, l'une des deux Grâces reconnues par les Lacédémoniens. Ils appelaient l'autre *Cléta*. *Voy.* CLÉTA.

PHAÉTON, fils du Soleil et de Climène ; il est le sujet d'une allégorie fort célèbre dans l'antiquité. Ce jeune homme ayant eu un différend avec Epaphus, qui lui reprocha de n'être pas fils du Soleil comme il s'en vantait, alla s'en plaindre à sa mère qui le renvoya au Soleil, pour apprendre de sa propre bouche la vérité de sa naissance. Phaéton se rendit donc au palais du Soleil, lui exposa le sujet de sa visite, et le conjura de lui accorder une grâce signalée pour fermer la bouche à ses ennemis. Le Soleil lui jura par le Styx qu'il accomplirait son désir, quel qu'il fût. Le jeune téméraire lui demanda alors la permission d'éclairer le monde pendant un jour seulement, en conduisant son char. Le Soleil, engagé par un serment irrévocable, fit tous ses efforts pour détourner son fils d'une entreprise si difficile, mais ce fut en vain. Phaéton, qui ne connaissait pas le danger, persiste dans sa demande et monte sur le char ; mais sa main inexpérimentée ne peut contenir les chevaux fougueux du Soleil, qui, n'étant plus maîtrisés, s'abandonnent à leur impétuosité. Tantôt montant trop haut, ils menacent le ciel d'un embrasement universel; tantôt descendant trop bas, ils tarissent les rivières et brûlent les montagnes. La terre, desséchée jusqu'aux entrailles, porte ses plaintes à Jupiter, qui, pour prévenir le bouleversement de l'univers, et apporter à ce désordre un prompt remède, renverse l'imprudent d'un coup de foudre et le précipite dans l'Éridan.

Cette catastrophe fait sans doute allusion à un événement antique, mais qu'il est assez difficile de préciser; c'est pourquoi elle a été expliquée fort différemment. — Aristote croit, sur la foi de quelques anciens, que, du temps de Phaéton, il tomba du ciel des flammes qui consumèrent plusieurs pays, et Eusèbe place ce déluge de feu dans le même siècle où arriva celui de Phaéton. — D'autres y ont vu l'embrasement des villes criminelles de la Pentapole, ou l'arrestation du soleil par Josué, ou sa rétrogression sous Ézéchias. — Saint Jean Chrysostome regarde comme le fondement de cette fable le char du prophète Élie, dont le nom se rapproche fort du grec ἥλιος, soleil. — Vossius y retrouve une fable égyptienne, et confond le deuil du Soleil pour la perte de son fils, avec celui des Égyptiens pour la mort d'Osiris. — Ceux qui regardent les fables comme les dépositaires de la morale des anciens, n'ont vu dans celle-ci que l'emblème d'un téméraire qui présume trop de ses forces. — Selon Lucien, dont l'explication est ingénieuse, Phaéton était fort appliqué à l'astronomie, et surtout à connaître le cours du soleil. Mais, étant mort fort jeune, il avait laissé ses observations imparfaites, ce qui fit dire à quelques poëtes qu'il n'avait pu conduire le cours du soleil jusqu'à la fin de sa carrière. — Plutarque, qui a suivi cette explication, dit qu'il y a eu véritablement un Phaéton qui régna sur les Molosses, et se noya dans le Pô; que ce prince s'était appliqué à l'astronomie, et avait prédit cette grande chaleur qui arriva de son temps et désola son royaume. — Il ne faut pas oublier que les Grecs ont quelquefois donné au Soleil, le nom de Phaéton (de φαέθειν, briller); en rapprochant ce nom de la circonstance indiquée par Ovide, que Phaéton, à la vue du signe du Scorpion, abandonna les rênes, on ne trouvera plus, avec Dupuis, qu'un phénomène astronomique.

PHAGÉSIES ou PHAGÉSIPOSIES (de φαγεῖν, manger), fêtes athéniennes en l'honneur de Bacchus; c'était une espèce de carnaval pendant lequel on se livrait aux plaisirs de la table.

PHALANTHE, héros grec, auquel les Tarentins décernèrent les honneurs divins, et dont ils placèrent la statue dans le temple de Delphes. C'était un Lacédémonien qui était arrivé en Italie porté sur un dauphin, parce qu'il avait fait naufrage avant d'aborder à la côte. Chassé de Tarente, où il s'était établi, il alla se fixer à Brunduse où il mourut. Mais il ordonna de reporter ses cendres à Tarente et de les disperser dans la place publique, parce que l'oracle avait attaché à cette poussière, ainsi répandue, la possession de la ville pour les Parthéniens, ses anciens compagnons de voyage. Ce fut en reconnaissance de ses bienfaits que les Tarentins lui firent les honneurs de l'apothéose.

PHALÈS, divinité invoquée par les Cylléniens, suivant Lucien. Quelques auteurs croient que Phalès est le même que Priape, sans doute à cause du rapport de ce nom avec *phallus*. On disait Phalès, fils de Bacchus et de Vénus.

PHALIDES, prêtresses de la Junon d'Argos, les mêmes que les Hérésides. *Voy.* HÉRÉSIDES, n° 2.

PHALLIQUES, fête que l'on célébrait à Athènes en l'honneur de Bacchus et dont voici l'origine: Ce peuple railleur, ayant plaisanté sur des images de Bacchus, colportées dans la ville par un certain Pégase, fut frappé d'une maladie épidémique, que la superstition regarda comme une vengeance du dieu outragé. D'après l'avis de l'oracle, on fit faire des figures de Bacchus qu'on porta en procession dans la ville et l'on attacha aux thyrses des représentations des parties malades, comme pour marquer que c'était au dieu qu'on en devait la guérison. Cette fête devint annuelle.

PHALLOGOGIE, pompe ou procession, dans laquelle on portait les phallus.

PHALLOPHORES, ministres des orgies, qui portaient le phallus dans les Bacchanales et dans les mystères: ils couraient les rues, barbouillés de lie de vin, couronnés de lierre, et chantant en l'honneur du dieu des cantiques dignes de leurs fonctions. Les Sicyoniens donnaient le même nom à certains mimes qui couraient les rues, revêtus de peaux de moutons, portant des paniers contenant du cerfeuil, de la branche-ursine, de la violette, du lierre et des couronnes. Ils dansaient en cadence en l'honneur de Bacchus.

PHALLOPHORIES, sacrifices et processions en l'honneur d'Osiris et d'Isis.

PHALLUS, figure symbolique de l'organe générateur; elle était fort en usage dans les fêtes égyptiennes d'Osiris et d'Isis. La tradition portait qu'Osiris ayant été mis en pièces par Typhon, Isis parcourut les diverses contrées pour recueillir les membres dispersés de son mari; elle réussit à les réunir à l'exception de cette partie qui, jetée dans le Nil, avait été dévorée par les poissons. Pour y suppléer en quelque sorte, elle en fit faire la représentation en bois, et cette figure était portée solennellement dans les fêtes établies pour célébrer la mémoire de cet événement.

La plupart des savants s'accordent à considérer la figure du phallus comme le symbole du principe générateur de la nature et de la fécondation des êtres, comme le Cléis était l'emblème du principe passif et de la parturition. Plusieurs regardent aussi la croix ansée appelée aussi la clef du Nil (le T surmonté d'un anneau), qui accompagne la figure de la plupart des divinités comme la figure du Phallus.

Cet emblème passa chez les Grecs. Nous ne savons jusqu'à quel point il avait été traité religieusement chez les Egyptiens; mais, à coup sûr, ce n'était point chez les Grecs un chaste symbole. On en portait la figure dans des processions publiques, où elle devenait comme le signal des plus infâmes débauches; chacun s'autorisant de cette honteuse exhibition pour s'abandonner à un affreux dévergondage de paroles, de chants, d'actions et d'obscénités de toutes sortes. Il en était à peu près de même chez les Romains où ces figures prenaient le nom de Priapes.

Le Phallus joue encore à présent, chez les Hindous, un rôle bien plus grand que chez les Egyptiens; il est comme la marque distinctive des adorateurs de Siva, et cette figure est reproduite à satiété dans les temples, dans les chapelles, sur les grandes routes, et jusque sur la chair et les vêtements. *Voy.* LINGA.

PHAM-LANG, divinité inférieure adorée par les Tonquinois. *Voy.* VUA-BEP.

PHANÉE, PHANES, PHANÉTA, PHANÉUS, surnoms d'Apollon ou du Soleil, comme dieu de la lumière (de φάνειν, *briller*). Le premier était en usage dans l'île de Chio; le second était aussi un surnom de l'Amour, dans la poésie orphique, parce que ce dieu parut le premier à la lumière.

PHANIKESWARA, un des huit Vitaragas de la cosmogonie brahamique et bouddhique. *Voy.* VITARAGA.

PHAN-KOU, un des principes constitutifs du monde, suivant les Chinois, personnification du Chaos. *Voy.* PAN-KOU.

PHANTASE, un des fils du Sommeil; il se métamorphosa en terre, en rocher, en rivière, en tout ce qui est inanimé. On ajoute que cette divinité trompeuse, environnée d'une foule de Mensonges ailés, répandait de jour et de nuit une liqueur subtile sur les yeux de ceux qu'elle voulait décevoir. Dès ce moment leurs rêves les trompaient, et les illusions de l'état de veille n'étaient pas moindres. Cette fiction est l'emblême des jeux bizarres de l'imagination.

PHANTASIASTES ou PHANTASIASTIQUES, anciens hérétiques, autrement nommés *Incorruptibles*, qui soutenaient que le corps de Jésus-Christ était fantastique, qu'ainsi il n'avait pas souffert, et que sa mort n'était qu'apparente.

PHARIE, surnom de Cérès, dont les statues, sous ce vocable, n'étaient que des blocs informes de pierre ou de bois. Ce nom vient de Pharos en Egypte; on l'appelait ainsi, soit parce qu'on la confondait avec Isis, soit parce qu'on supposait que son culte avait été importé par des colonies égyptiennes.

PHARISIENS, une des trois grandes sectes qui se partagèrent la nation juive, environ un siècle et demi avant Jésus-Christ. Les deux autres étaient celles des Sadducéens et des Esséniens. Les Pharisiens tiraient leur nom du mot hébreu פרשׁ *pharasch*, séparer, parce qu'ils se distinguaient et se séparaient en quelque sorte des autres Israélites, par un genre de vie plus régulier et plus exact.

Ils accordaient beaucoup au destin ou à la fatalité, aux décrets éternels de Dieu, qui a réglé et ordonné toutes choses avant tous les temps. Josèphe, qui était pharisien et qui nous dit que les sentiments de cette secte approchaient assez de ceux des Stoïciens, avoue que les Pharisiens ne donnaient pas tout au destin; mais qu'ils laissaient à l'homme la liberté de faire ou de ne pas faire les actions de justice, de manière que leur fatalité ne ruinait pas le libre arbitre.

Les Pharisiens croyaient l'immortalité de l'âme, l'existence des esprits et des anges; ils admettaient une espèce de métempsycose, non des âmes de toutes sortes de personnes, mais seulement des gens de bien. Celles-ci pouvaient passer d'un corps dans un autre; mais celles des méchants étaient jugées dans des lieux souterrains, et étaient condamnées à demeurer éternellement dans des cachots ténébreux. C'est en conséquence de ces sentiments que quelques-uns d'entre eux disaient que Jésus-Christ était ou Jean-Baptiste, ou Élie, ou l'un des anciens prophètes, c'est-à-dire que l'âme de quelqu'un de ces personnages recommandables était passée dans son corps et l'animait.

Le peuple était fort prévenu en faveur des Pharisiens, à cause des apparences de vertu, de science et de piété qu'il voyait en eux; car ils passaient pour savoir mieux que personne les lois et les traditions de leur pays; leur vie était fort austère, leur extérieur composé, leur nourriture simple; ils s'éloignaient de la sensualité et du plaisir; enfin ils étaient attachés jusqu'au scrupule à l'observation littérale de la loi.

Cependant Jésus-Christ, dans l'Évangile, ne les ménage nullement, et témoignant beaucoup de mépris pour leur prétendue vertu et leur science, il fait voir que leur vie, réglée en apparence, avait plus d'ostentation que de réalité. Ils jeûnaient beaucoup, faisaient de longues prières, payaient exactement la dîme, même des choses qui n'étaient pas ordonnées dans la loi, distribuaient de grandes aumônes; mais tout cela était corrompu par l'orgueil et par l'hypocrisie; c'étaient là leurs vices dominants; le faste, l'ostentation, l'esprit de domination et de vanité étaient les vrais principes de leur conduite; la vaine estime des hommes, les louanges, la gloire, étaient leur premier objet. Semblables à des sépulcres ornés et blanchis, ils paraissaient au dehors tout autres qu'ils n'étaient au dedans.

Ils portaient des phylactères, ou des bandes de parchemin sur leur front et sur leurs poignets, plus grands et plus apparents que le commun des Juifs; les franges de leurs manteaux étaient plus longues qu'à l'ordinaire; et il y en avait, dit saint Jérôme, qui y attachaient des épines, lesquelles leur ensanglantaient les jambes lorsqu'ils marchaient, pour les faire souvenir de prier Dieu, et de penser continuellement à sa présence. Ils lavaient souvent leurs mains, et ne retournaient jamais à la maison, après avoir été dans le marché et dans les rues, sans se les laver depuis le coude jusqu'à l'extrémité des doigts; ils se baignaient même fréquemment tout le corps dans l'eau froide, pour le purifier. Toute la vaisselle dont ils se servaient à table, leurs lits de table et tout le reste étaient souvent plongés dans l'eau; par une vaine affectation de pureté, ils n'auraient pas voulu toucher un homme qu'ils croyaient de mauvaise vie, par exemple un publicain, encore moins boire et manger avec lui.

Saint Épiphane raconte des effets surprenants de leur mortification et des austérités qu'ils pratiquaient pour conserver la pureté du corps : quelquefois ils s'imposaient ces exercices pénibles pour quatre ans, quelquefois pour huit ou dix ans, avant de se marier. Ils se privaient presque entièrement du sommeil, et priaient continuellement. Il y en avait qui couchaient sur une planche étroite, afin que, s'ils venaient à s'endormir trop profondément, ils tombassent par terre et s'éveillassent pour vaquer à l'oraison. D'autres couchaient sur de petites pierres inégales et pointues, pour s'empêcher de dormir à leur aise; il y en avait même qui couchaient sur des épines pour se mettre dans une espèce de nécessité de toujours veiller. Le Sauveur leur reproche de faire de longues prières, se tenant debout dans les synagogues, ou au coin des rues, et sous prétexte d'oraison, de consumer les maisons des veuves.

Les traditions des Pères en matière de religion étaient le principal sujet de leurs études. Par le moyen de ces traditions ils avaient surchargé la loi d'une infinité d'observances frivoles; ils l'avaient même corrompue en plusieurs articles importants, comme Jésus-Christ le leur reproche dans l'Évangile. L'amour du prochain était presque aboli dans la pratique par leurs mauvaises interprétations. L'observation du sabbat est un des articles sur lequel ils avaient le plus raffiné. Le Sauveur eut souvent des prises avec eux sur ce point; et ce fut un des prétextes dont ils se servirent pour le faire mourir, prétendant qu'un homme qui n'observait pas le sabbat de la manière dont ils l'entendaient, ne pouvait être envoyé de Dieu. Ils soutenaient que, ce jour-là, il n'était pas permis d'opérer des guérisons, même par une seule parole, que les malades ne pouvaient la demander; ils se scandalisaient qu'un paralytique, guéri le jour du sabbat, osât emporter son lit, qu'un homme affamé froissât des épis de blé entre ses mains pour en manger les grains, etc. S'ils faisaient eux-mêmes quelque bonne œuvre, ils avaient bien soin de la faire en public pour s'attirer les louanges et l'admiration des hommes : ainsi, quand ils jeûnaient, ils affectaient de paraître au dehors avec un visage pâle et défait, avec un air exténué et abattu; ils faisaient sonner de la trompette devant eux, lorsqu'ils voulaient faire l'aumône.

Nous voyons encore, dans les livres des Juifs, ces traditions dont les Pharisiens faisaient un si grand cas, et qui furent écrites cent ans après la résurrection de Jésus-Christ. Il n'est pas possible à ceux qui ont été élevés dans d'autres maximes de s'imaginer les questions frivoles dont ces livres sont remplis : S'il est permis de monter sur un âne le jour du sabbat, pour le mener boire, ou s'il faut le tenir par le licou; — si l'on peut marcher, le même jour, dans une terre nouvellement ensemencée, puisque l'on court le risque d'enlever avec ses pieds quelques grains, et par conséquent de les semer de nouveau; — si, le même jour encore, il est permis d'écrire assez de lettres pour former un sens; — s'il est permis de manger un œuf pondu ce jour-là même. Touchant l'absence du levain pendant la solennité de Pâques, ils examinent : — s'il faut recommencer à purifier une maison, en cas qu'on y voie une souris transporter quelques miettes de pain; — s'il est permis de garder du papier collé, ou un emplâtre dans lequel il entre de la farine; — si, après que l'on a brûlé le vieux levain, il est permis de manger ce qui a été cuit avec les charbons qui en sont restés; — et un millier d'autres cas de conscience semblables, dont est rempli le Talmud avec ses commentaires.

Le Talmud décrit sept ordres de Pharisiens : les premiers sont ceux qui mesuraient leur obéissance sur le profit et la gloire. — Les seconds ne levaient point les pieds en marchant, pour marquer une plus grande mortification et une plus grande modestie. — Les troisièmes se frappaient la tête contre les murailles en marchant, jusqu'à en tirer le sang, sans doute par une ostentation de vertu, de patience et de mortification. — Les quatrièmes cachaient leurs têtes dans un capuchon, et regardaient de cet enfoncement comme du fond d'un mortier, pour marquer un esprit de recueillement, de pénitence et de componction. Les cinquièmes demandaient d'un air présomptueux : *Que faut-il que je fasse? je le ferai. Qu'y a-t-il que je n'ai point fait?* — Les sixièmes obéissaient par amour pour la vertu, et pour mériter la récompense promise aux observateurs de la loi. Enfin, les septièmes ne remplissaient leurs devoirs que par la crainte de la peine, ou dans la vue intéressée de la récompense. On voit dans ce dénombrement divers degrés de perfection pharisaïque et diverses classes de ces célèbres sectaires du judaïsme.

Benjamin de Tudèle, qui vivait sur la fin du XIIe siècle, dit qu'il trouva dans son voyage des Pharisiens qui déplorent sans cesse la désolation de Sion et de Jérusalem; ils s'abstiennent de chair et de vin, et vont d'ordinaire vêtus de noir : ils demeurent dans des cavernes ou dans des huttes à la campagne. Ils jeûnent tous les jours, à l'exception du sabbat, et prient continuellement pour la délivrance d'Israël.

Les sentiments des Pharisiens modernes sont les mêmes que ceux des anciens : ils soumettent au destin toutes les choses qui ne dépendent point de la liberté de l'homme; ils disent que *toutes choses sont en la main* du ciel, *excepté la crainte de Dieu*; c'est-à-dire que dans l'exercice des œuvres de piété, ils ont le libre arbitre, et peuvent se déterminer librement au bien ou au mal. Basnage dit qu'ils ne sont pas éloignés de ceux qu'on appelle Remontrants en Hollande; ils approuvent le concours de Dieu dans les actions méritoires, et ils laissent à l'homme une entière liberté de se déterminer entre le bien et le mal.

Les Pharisiens d'aujourd'hui sont moins rigides que leurs ancêtres sur la nourriture et sur les autres austérités du corps; mais ils n'ont rien relâché de leur vanité, de leur hypocrisie et de leur entêtement pour les traditions de leurs pères. Ils ont conservé leurs sentiments sur la métempsycose, et la révolution des âmes, et sur la liberté de l'homme.

PHARMAQUES, ministres de la religion chez les Grecs. C'étaient eux qui étaient chargés de purifier les personnes coupables de grands crimes, en pratiquant sur elles plusieurs cérémonies superstitieuses; ils les aspergeaient du sang des victimes, les frottaient avec une espèce d'ognon, leur mettaient au cou un collier de figues, etc.

PHARNACE ou PHARNAK, dieu adoré autrefois dans l'Ibérie et dans le Pont; il avait dans la ville d'Arméria un temple desservi par un grand nombre d'hiérodules ou ministres, et auquel était attaché un domaine sacré dont le pontife percevait les revenus. Les symboles de ce dieu étaient le croissant et l'étoile. Le même dieu, sous le titre de *Men-Pharnakos*, avait à Cabire ou Sébastopolis, dont le bourg d'Arméria était voisin, un autre temple aussi très-célèbre. Les serments qui se faisaient en joignant le nom de cette divinité à celui du roi régnant, passaient pour inviolables. Suivant Strabon, Pharnak était le même que le dieu Lunus, ou l'intelligence qui présidait au cours de la lune.

La chronique géorgienne de Vakhtang appelle ce dieu *Pharnavaz*, et le donne pour le premier roi des Géorgiens: elle porte: « Pharnavaz fit faire une grande idole qui portait son nom; c'est *l'Armazi*, car en Persan *Pharnavaz* est appelé *Armazi* (Ormuzd). Comme il plaça cette idole sur la montagne Karthli, celle-ci fut nommée depuis lors *Armazi*. Cette image était adorée avec beaucoup de cérémonies. Ce prince vivait environ 250 ans avant l'ère chrétienne.

PHASÉ, un des noms de la pâque judaïque dans la Vulgate. C'est une transcription du mot hébreu פסח qui se prononçait autrefois *phasé*, et maintenant *phesa*, ou *pesahh*. Le mot *pascha*, qui a prévalu depuis, est l'articulation syriaque פסחא *paskha*. Le vocable *Phasé* est pris dans la Vulgate dans le sens de *passage*, qui est sa valeur littérale; puis il désigne et la solennité de Pâques et l'agneau qu'on immolait pendant cette fête.

PHASIANE, déesse adorée dans la Colchide. On croit que c'est la même que Cybèle. Son nom vient sans doute du fleuve du Phase, qui se jette dans la mer Noire.

PHAT, nom de l'une des sectes du Tongking et de la Cochinchine. Phat est le même que le Bouddha indien et le Fô des Chinois. *Dao-Phât* signifie en annamite le bouddhisme, et *Phât-môn* ou *Phât-thi*, les Bouddhistes.

PHAUSTÉRIOS, surnom de Bacchus, tiré du grand nombre de flambeaux qu'on allumait dans les fêtes nocturnes (du grec φαύειν pour φάειν, briller).

PHÉCASIENS, divinités révérées particulièrement par les Athéniens, qui les nommaient ainsi, parce qu'on les représentait avec une espèce de chaussure blanche, appelée *phécasion*, qu'Appien dit avoir été la chaussure propre des prêtres d'Athènes et d'Alexandrie.

PHÉGALÉE et **PHÉGONÉE**. Ces deux mots dérivent de φηγός, hêtre; le premier est un surnom de Bacchus, tiré des sarments de hêtre employés dans ses fêtes; et le second un surnom de Jupiter qu'on supposait habiter parmi les hêtres de la forêt de Dodone, arbres qui avaient rendu les premiers oracles. Jupiter-Phégonée avait un temple près de Scotuse, en Thessalie.

PHÉGOR, idole des Moabites, en l'honneur de laquelle les jeunes filles se prostituaient. *Voy.* BAAL-PÉON.

PHEI, génie qui, suivant les Chinois, préside aux fleuves.

PHEI-NGO, autre esprit qui infeste les habitations.

PHELLOS, fête grecque qui servait de préparation aux *Dionysies*.

PHE-LO, personnage mythologique des Chinois; on lui attribue d'avoir trouvé, le premier, l'usage du sel, et comme ses compatriotes ne lui en témoignèrent pas la moindre reconnaissance, il se retira tellement outré contre eux, qu'on ne sut jamais depuis ce qu'il était devenu. On institua dans la suite en son honneur une fête que Corneille le Bruyn appelle *Phélophanie*. On la célèbre vers le commencement de juin; les Chinois ornent alors leurs maisons de feuillages et de branches d'arbres, se mettent en mer avec plusieurs barques, et courent de côté et d'autre en l'appelant à grands cris. Phé-lo est le même personnage auquel les Japonais rendent des honneurs à peu près semblables sous le nom de *Peiroun*. Voy. ce mot.

PHÉNIX, oiseau fabuleux, dont les Egyptiens avaient fait une espèce de divinité. Ils le peignaient de la grandeur d'un aigle, avec une belle huppe sur la tête, les plumes du cou dorées, les autres pourprées, la queue blanche mêlée de plumes incarnates, et les yeux étincelants comme des étoiles. Cet oiseau était unique de son espèce; il faisait son séjour dans les déserts de l'Arabie, et vivait cinq ou six siècles. Lorsqu'il sentait sa fin approcher, il se formait un bûcher de bois et de gommes aromatiques, qu'il exposait aux rayons du soleil, puis il s'y couchait jusqu'à ce que les rayons ardents de cet astre y eussent mis le feu, et il s'y laissait consumer. De la moelle de ses os naissait un ver, d'où se formait un autre phénix. Le premier soin du fils était de rendre à son père les honneurs funèbres. A cet effet, il formait avec de la myrrhe une masse en forme d'œuf, la soulevait pour s'assurer s'il était capable de la porter, puis la creusait, y déposait les restes du cadavre qu'il avait enduits de myrrhe, et portait le précieux fardeau à Héliopolis, dans le temple du Soleil. Les anciens historiens ont compté quatre apparitions du phénix : la première sous le règne de Sésostris; la seconde sous celui d'Amasis; la troisième sous le troisième des Ptolémées; Dion Cassius, Tacite et Pline parlent de la quatrième.

Sur les anciens monuments, le phénix est le symbole de l'éternité; les modernes en ont fait l'emblème de la résurrection.

Le phénix se retrouve dans les traditions chinoises, où son apparition est un présage de bonheur. *Voy.* FONG-HOANG.

PHÉRÉPHATTE, nom phénicien de *Proserpine*, appelée en grec *Perséphone*. Il en est qui font dériver ces noms de פאר *pher*, thiare, couronne, et צפון *séphon*, du nord; la couronne boréale, constellation septentrionale; pour la seconde partie du nom phénicien, ils trouvent que פתח *phatteh*, signifie ouvrir, délier; ce qui donnerait la formule *corona soluta*, ou, suivant d'autres, *flos solutus*, qui serait, disent-ils, un autre nom astronomique de la même constellation. Nous trouvons une interprétation bien plus simple et bien plus naturelle du vocable oriental *Phéréphatta*, c'est פרי פתח *phéri-phattah*, *fruit ouvert* ou *mûr*, nom qui convient parfaitement à la fille de Cérès. *Voy.* PROSERPINE.

PHÉRÉPHATTIES, fête que les Siciliens célébraient en l'honneur de Proserpine.

PHIBÉONITES ou PHIBIONITES, hérétiques sortis des Gnostiques, dont ils suivaient les erreurs. Saint Epiphane a dévoilé leurs turpitudes.

PHILADELPHES ou PHILADELPHIENS, secte du XVII° siècle, qui reconnaissait pour fondatrice et pour prophétesse Jeanne Leade, du comté de Norfolk, en Angleterre, veuve d'un riche négociant. Cette femme, imbue des doctrines de Jacques Boehm, y ajouta ses rêveries qui furent imprimées en huit volumes. Nous donnons le titre de ses principaux ouvrages; ils suffiront pour donner une idée de la tournure d'esprit de l'auteur; ce sont : la *Nuée céleste*, l'*Apocalypse de l'Apocalypse*, la *Vie Enochienne*, les *Lois du Paradis*, l'*Arbre de la foi*, l'*Arche de la foi*, l'*Apologie de la société philadelphienne*, établie en 1697. La secte avait pris le nom de *Philadelphienne*, parce qu'elle se prétendait constituée sur le modèle de l'Eglise de Philadelphie, dont il est parlé au chapitre III de l'Apocalypse.

Jeanne Leade enseignait qu'il y avait au ciel une double sagesse increée, l'une masculine et l'autre féminine; cette dernière, vierge et mère tout à la fois, se manifesta à Jeanne, environnée de gloire, et l'engendra spirituellement. C'est cette sagesse féminine qui a tracé les lois de la société philadelphienne pour en faire une Eglise sainte et pure, vrai royaume de Jésus-Christ, seule société où réside l'Esprit saint. C'est dans cette Eglise que se réuniront tous les justes avant la fin du monde. Jeanne prétendait avoir reçu une mission divine pour proclamer et préparer cette communion des saints; toutes discussions entre les chrétiens devaient cesser pour faire place au règne du Rédempteur; à cet effet, tous ceux qui faisaient profession de croire en Jésus-Christ, sans s'inquiéter des formes de discipline entre les diverses sociétés, devaient s'abandonner au guide spirituel et suivre ses impulsions.

Elle rejetait le système des calvinistes sur la prédestination, et niait l'éternité des peines; car elle annonçait la restauration totale des êtres intelligents pour être élevés à la perfection et admis au bonheur.

Il y avait, suivant elle, quatre mondes intellectuels dont elle donnait la description. Dans le premier, sont les impies qui souffriront jusqu'à ce que les siècles fixés pour leur châtiment soient accomplis. — Le second comprend ceux qui ont vécu selon la chair. Ils ne sont pas tourmentés, et cependant ils n'ont pas de repos. Aussi plusieurs rentrent dans leurs cadavres pour y trouver un adoucissement à cette situation pénible. — Dans le troisième sont ceux qui, croyant en Dieu et en Jésus-Christ, ont vécu moralement, mais qui n'ont pas été régénérés; ils habitent une atmosphère supérieure plus pure, et qui avoisine le paradis, en attendant qu'ils soient entièrement purifiés; ils éprouvent peu de douleurs, mais ils goûtent peu de plaisirs; car ils sont privés de la vision intuitive. — Toutes les âmes traversent des régions purgatives pour arriver à la quatrième région céleste, qui est celle de la félicité. Ainsi la prophétesse admettait au ciel des gens de toutes les religions, pourvu qu'ils craignissent Dieu et fissent sa volonté. Elle croyait au rétablissement des damnés; elle avait même vu Adam et Eve transportés de joie en apprenant que toute leur race, à la fin, serait sauvée. Quant aux enfants morts sans baptême, ils étaient placés dans un lieu intermédiaire entre le ciel et la terre, où, privés de la béatitude surnaturelle, ils jouissaient d'une félicité naturelle.

Jeanne Leade, consultée pendant sa vie comme un oracle, eut des admirateurs passionnés; et après sa mort, arrivée en 1704, elle apparut à plusieurs de ses sectateurs. Sa société ne paraît pas avoir eu jamais de culte séparé, et elle ne lui survécut guère; mais les écrits de cette femme occupent encore une place distinguée dans la bibliothèque de quelques illuminés.

PHILALETHES. Il s'est formé, vers l'an 1831, à Kiel, dans le Holstein, sous le nom de *Philalèthes*, ou amis de la vérité, une secte religieuse, qui réclame une liberté absolue en matière de religion, et qui professe un déisme pur. La société est gouvernée par un chef spirituel et deux anciens, assistés d'une commission de dix membres; le pouvoir suprême appartient à la communauté. Elle a un temple sans ornement et sans images. Le culte se compose d'une prière et d'un sermon prononcé par le chef, et de cantiques chantés par tous les membres ; il est célébré chaque septième jour de la semaine et à certains jours de fête. Ces fêtes sont : la fête de la conscience ou de la pénitence, le jour de l'an, les fêtes de la nature au commencement des quatre saisons, l'anniversaire de la fondation de la société, et les fêtes politiques ordonnées par l'État. La société consacre en outre, par des rites particuliers, certains événements de la vie privée, comme l'imposition d'un nom au nouveau-né, l'admission dans la communauté, le mariage, le divorce, l'inhumation, le serment.

PHILÉLIE, chanson grecque en l'honneur d'Apollon ; elle était ainsi nommée de son refrain : *Lève-toi, soleil chéri,* φίλε ἥλιε.

PHILIE, l'*Amitié*, divinité grecque. *Voy.* AMITIÉ. Les Grecs donnèrent aussi le nom de *Philios* à Apollon, à cause de son affection pour Branchus, et à Jupiter, comme président à l'amitié

PHILIPPONOVIENS ou PHILIPPONS, secte moscovite, détachée des RASKOLNIKS. Leur fondateur était un nommé Philippe, connu sous le sobriquet de *Nustos-Wiat* ou saint du désert. Il était supérieur du monastère de Pomonie, dans le gouvernement d'Olonetz ; mais ayant été déposé par les moines il s'en vengea en les accusant de diverses hérésies ; il paraît qu'en effet ils étaient infectés des erreurs du raskolnisme. Une cinquantaine d'entre eux suivirent son parti, et formèrent sous sa direction une communauté nouvelle. Ses sectateurs, outre la dénomination empruntée de celle de leur chef, furent encore appelés *brûleurs* et *tueurs*. C'est spécialement dans leur parti que se manifesta la frénésie du suicide.

Quoique d'accord sur des points essentiels avec l'Église russe, ils regardaient comme nul le baptême qu'elle administre, parce qu'on y répète quatre fois le mot *Amen* ; en conséquence, ils rebaptisaient leurs prosélytes, et baptisaient leurs propres enfants à l'âge de six semaines. Ils réprouvaient le mariage, et quand des époux devenaient Philippons, ils renonçaient à la vie conjugale, et s'appelaient frères et sœurs spirituels. Périr par une mort violente était regardé comme un bonheur ; se tuer était un acte de vertu. On en a vu se faire enterrer tout vifs, se faire mourir par la faim ou par le feu ; ils exhortaient même les autres à les imiter ; et, lorsqu'un membre de la secte prenait ce parti, on le faisait confesser, puis habiller en moine, si c'était un homme, en religieuse, si c'était une femme. Ensuite, pour accélérer son trépas, on l'enfermait dans une chambre avec un garde à la porte. Le patient restait dans sa prison jusqu'à ce qu'il expirât de faim, car on lui aurait refusé des aliments, quand même, pressé par la douleur, il en eût demandé. Plusieurs fois se voyant poursuivis ou persécutés, ils ont mis le feu aux monastères où ils étaient enfermés et s'y sont laissé brûler ; ou bien ils cachaient dans les tiges de leurs bottes un couteau bien affilé pour s'égorger eux-mêmes, s'ils venaient à être poursuivis. Ils rendaient même volontiers ce service à d'autres, ainsi qu'à leurs femmes et à leurs enfants. Cependant les Philippons actuels se sont engagés à ne plus attenter à leur propre vie ni à celle d'autrui ; mais le suicide est encore réputé parmi eux un martyre qui conduit à l'éternelle félicité ; et maintenant ceux qui veulent se procurer ce bonheur s'enfoncent dans un marais très profond.

Ils refusent tout emploi militaire, parce qu'il faudrait prêter serment, ce à quoi ils répugnent. Ils n'ont pas de prêtres, mais ils élisent un vieillard *starii*, quand celui qui est en exercice ne s'est pas choisi lui-même un successeur. Ce vieillard est dépositaire de leurs coutumes religieuses. Chacun a le droit de prêcher s'il éprouve l'inspiration céleste. Ils ne s'inclinent devant aucune image, à moins qu'elle ne soit faite par leurs coreligionnaires ; celles-ci leur sont envoyées de Riga. Le *starii* conduit les défunts au tombeau, entend les confessions impose des pénitences, mais ne donne pas l'absolution, parce que Jésus-Christ seul peut remettre les péchés. Leurs réunions ont lieu dans des maisons particulières, où ils lisent l'Évangile, chantent des psaumes et font des prières.

Ils purifient par une révérence, et quelquefois par une centaine de révérences, les comestibles achetés au marché. Ils ont le moins de communications possible avec les personnes qui ne sont pas de leur religion, et ne se marient jamais avec eux ; car maintenant ils se marient quelquefois dans leur secte. Chacun porte sur la poitrine une croix de cuivre jaune, sans inscription. Ils sont vêtus d'une robe longue en forme de manteau.

Le baptême est conféré par le starii, ou par un autre philippon délégué pour cet office ; on y prononce trois fois *Amen*. Chaque néophyte doit avoir au moins deux parrains. On lui donne pour nom celui qu'on trouve, le huitième jour après sa naissance, dans le calendrier ; ou si c'est un prosélyte, le nom qu'il a choisi lui-même. On le plonge trois fois dans la rivière ou dans la mer. Il a dû se disposer à ce sacrement par un jeûne de quarante jours, pendant lequel sa nourriture ne consistait qu'en pain sans levain, en herbages et en légumes préparés avec de l'eau et du sel. Le catéchumène peut boire à volonté, en s'abstenant de toute liqueur enivrante.

On trouve des Philippons en Lithuanie, et surtout dans le Palatinat d'Augustof, disséminés dans les villages au nombre d'environ 5000 ; ils ont quelques églises.

PHILOSOPHES. On sait que ce mot signifie *amis de la sagesse*. Mais depuis la seconde moitié du siècle dernier, on donne fort improprement ce beau titre à des hommes qui, se couvrant du manteau de la philosophie, se sont constitués ouvertement les ennemis jurés du christianisme et même de toute espèce de religion. C'est pourquoi nous devons leur consacrer un article dans ce Dictionnaire.

Quelques hommes, tels que Spinosa et Bayle, avaient bien, dès le siècle précédent, préparé les voies à l'incrédulité; mais c'est en Angleterre et sous le règne de la reine Anne qu'on vit pour la première fois les zélateurs de l'irréligion former un parti, secouer hautement le joug de la croyance évangélique, et combiner des plans d'attaque contre l'antique édifice élevé par les apôtres sur les ruines de l'idolâtrie. La librairie anglaise fut dès lors inondée d'une multitude d'ouvrages dans lesquels des esprits téméraires substituaient aux vérités de dogme et de morale que la foi enseigne, les hypothèses les plus absurdes et les principes les plus désolants. Presque tous mêlaient à leurs assertions une ironie piquante et souvent même des injures grossières contre le christianisme et les prêtres. A la tête de ces prédicateurs d'impiété il faut placer Collins, Toland, Tyndal, Woolston et Shaftesbury, auxquels ont succédé Chubb, Morgan, Middleton, Bolingbroke, Annet, et une foule d'anonymes.

Les relations qui existaient entre l'Angleterre et la France étaient trop fréquentes et trop directes pour que la contagion ne se communiquât pas dans cette dernière contrée, où d'ailleurs se manifestaient déjà des symptômes propres à alarmer les partisans de l'ordre et des saines doctrines. A l'austérité des dernières années du règne de Louis XIV avait succédé, sous le régent, la licence la plus effrénée. Une immoralité scandaleuse était devenue le caractère dominant de cette époque, où la cour elle-même offrit l'exemple des excès les plus révoltants. Aussi toutes les productions de la philosophie anglaise, transplantées sur le sol français, s'y naturalisèrent-elles avec une déplorable rapidité. Voltaire contribua surtout à les faire fructifier. Il avait professé dès sa jeunesse une indépendance d'opinions qui put faire présager ce qu'il deviendrait un jour. Retiré en Angleterre, il s'y était intimement lié avec le célèbre Bolingbroke, dont le commerce l'avait encore fortifié dans ses dispositions anti-chrétiennes. De retour dans sa patrie, il se montra constamment l'ennemi le plus acharné de la religion, et avoua même ouvertement le projet de la détruire. Encouragés par son exemple, et séduits d'ailleurs par l'appât de cette célébrité qui s'attache toujours à la profession des opinions hardies et singulières, une foule d'hommes épousèrent chaudement les nouvelles doctrines et employèrent tous leurs efforts à les propager. Le mal fit de grands progrès et gagna toutes les classes de la société; enfin il se forma un parti qui adopta une tactique, qui eut ses mots de ralliement et marcha sous des chefs entre lesquels s'établit une funeste émulation d'impiété. Le nombre des écrivains qui entrèrent dans cette ligue est considérable : tout le cours du XVIII° siècle en offre une série telle, qu'il serait impossible d'indiquer dans cette période une époque qui n'ait pas été signalée par quelque attaque scandaleuse. Toussaint, D'Argens, Lametterie, Boulanger, Helvétius, Diderot, Damilaville, le baron d'Holbach, Condorcet, Raynal, Dulaurens, Saint-Lambert, Maréchal, Cabanis, Dupuis, Naigeon, etc., publièrent successivement une multitude d'ouvrages, où se mêlent souvent à des dogmes impies, aux maximes d'une morale pernicieuse, les spéculations politiques les plus dangereuses, et dont plusieurs tendent à saper les fondements mêmes de la loi naturelle. Mais quelques formes qu'emprunte l'erreur, de quelques couleurs qu'elle se pare, elle ne saurait fonder un empire durable; aussi la raison et le temps ont-ils fait justice de tous les systèmes monstrueux, de tous les paradoxes insoutenables prêchés par les philosophes. La plupart de leurs productions, après avoir joui d'une vogue éphémère, sont en effet tombées dans l'oubli le plus profond. Parmi les coryphées de la philosophie, il en est deux, il faut l'avouer, qui par l'influence que la supériorité du talent assure à leurs écrits, conserveront longtemps encore le triste privilége de populariser l'irréligion. Je veux parler de Voltaire et de Rousseau. Cependant, quel est l'homme de bonne foi, quel est l'homme sage et éclairé qui ne gémisse, en méditant leurs ouvrages, sur les écarts où peut se laisser entraîner le génie, lorsqu'il ne connaît plus aucun frein.

Les philosophes prêchaient la tolérance, parce qu'elle pouvait assurer leur impunité; mais du reste ils étaient les plus intolérants de tous les hommes. Quiconque osait se déclarer leur adversaire devenait un ennemi irréconciliable qu'il fallait accabler, et contre lequel se réunissaient tous les efforts. On sait avec quelle animosité ils poursuivirent, et de combien d'amertume ils abreuvèrent le marquis de Pompignan, parce qu'il avait choisi pour sujet de son discours à l'académie cette proposition : *Le philosophe vertueux et chrétien mérite seul le nom de philosophe.* Voltaire se distingua surtout par un acharnement qui révolte les âmes honnêtes. Implacable dans sa haine et dans ses vengeances, il s'abandonnait à des mouvements de fureur et de rage dont rougissaient ses propres disciples, et qui n'inspireraient aujourd'hui que la pitié, s'ils ne portaient pas souvent un caractère atroce. On a exalté avec une sorte d'affectation la douceur et la bonté d'Helvétius : cependant, « sa tolérance, dit le philosophe Grimm, dans la bouche duquel un pareil aveu n'est pas suspect, sa tolérance ne s'étendait que sur les vices particuliers de la société; car pour les auteurs des maux publics (et l'on sait par là qui il voulait désigner), il les pendait ou les brûlait sans miséricorde. Dans tous les cas, il n'aimait pas les palliatifs, et il ne manquait jamais d'indiquer les derniers remèdes, et par conséquent les plus violents. »

Tous les *frères* (1), ennemis jurés de la

---

(1) C'était le nom que se donnaient entre eux les adeptes de la philosophie.

religion, s'accordaient bien quant au but, qui était de la détruire, mais ils n'avaient dans leurs systèmes aucune conformité de principes et d'opinions. Ceux-ci étaient déistes, ceux-là athées, d'autres professaient le scepticisme. De là provinrent des schismes qui divisèrent la ligue et la partagèrent en plusieurs écoles. On a pu observer aussi que, lorsqu'ils différaient de sentiments, ils ne s'épargnaient pas beaucoup et se prodiguaient même assez libéralement les épigrammes et les injures. Rien ne serait plus curieux et plus propre à faire apprécier l'indulgence et l'aménité philosophiques, que de rapprocher les divers jugements que les philosophes ont portés les uns des autres. On serait surpris du ton âcre, ironique et souvent plein d'irrévérence avec lequel se traitaient les apôtres de la sagesse. L'orgueil et les emportements de plusieurs d'entre eux excitèrent du scandale, même dans le parti. Duclos, quoique affilié à la secte, disait, en parlant de ces énergumènes : *Ils en feront tant qu'ils me feront aller à la messe* (1).

Cependant tous les écrits dans lesquels on attaquait la religion avec tant d'audace ne demeurèrent pas sans réponses. Il y eut des réclamations solennelles contre les agressions de l'impiété. Un grand nombre d'apologistes défendirent la foi avec un zèle et un talent dignes de la sainteté de la cause. Tels ont été en Angleterre Thomas Sherlock, Leland, Chandler, Lardner, etc.; et chez nous, Bergier, Pey, Gérard, Guénée, Duvoisin, l'abbé Guyon, Gauchat, Bullet, Barruel, Régnier, etc., etc. D'un autre côté, la magistrature, le clergé et la cour de Rome elle-même, tentèrent tous les moyens qui se trouvaient en leur pouvoir pour opposer des digues au torrent (2). Mais ces efforts ne produisirent que de vains résultats ; les ouvrages proscrits n'en furent recherchés qu'avec plus d'empressement, et les auteurs poursuivis ne s'en montrèrent que plus ardents et plus téméraires. La faiblesse et les fausses mesures du gouvernement, et surtout le déplorable système de tolérance, adopté par quelques ministres qui s'aveuglaient sur le danger, ou jugeaient plus prudent de composer avec l'ennemi, contribuèrent à hâter les progrès de la contagion. Des grands seigneurs, qui s'étaient hautement déclarés partisans de la nouvelle philosophie, l'appuyaient encore de l'autorité de leur exemple, toujours si puissant sur les classes inférieures. Au milieu de ces aberrations de l'esprit humain, l'édifice social s'ébranlait, tout présageait une grande et prochaine catastrophe.

Tandis que la philosophie cherchait à ruiner les bases de la foi, un parti nombreux, chez les protestants, penchait visiblement vers le socinianisme, dont la réforme, de l'aveu même de Mosheim, n'avait montré

(1) Ce propos se trouve cité dans l'*Encyclopédie méthodique*, partie de l'histoire.
(2) Il parut en effet une foule de réquisitoires, de mandements, d'avertissements, de remontrances, où étaient signalés les dangers des nouvelles doctrines

dès son origine, que trop de dispositions à adopter les erreurs. Alors on vit s'élever aussi, parmi eux, la *nouvelle exégèse*, système analogue à celui des *chrétiens rationnels* d'Angleterre, qui prétendent épurer la croyance en rejetant toute autorité et en soumettant tout à la discussion. En Allemagne les partisans de cette doctrine s'appelèrent *Néologues*. Ils attaquaient les principes généraux du christianisme, et regardaient les faits rapportés dans les livres saints comme de simples allégories.

Quoique dans la dernière moitié du XVIII° siècle le nombre des écrivains ennemis de la révélation ait diminué en Angleterre, l'esprit philosophique y exerça encore une déplorable influence. On en peut juger par les œuvres de Hume, de Gibbon, de lord Chesterfield, de Thomas Payne, du docteur Priestley, etc., et par les tentatives faites pour propager le *christianisme rationnel*, dont les principaux fauteurs étaient Kippis, Pringle, Enfield, Hopkins, Wakefield, etc.

L'Italie et l'Allemagne ne furent point à l'abri des ravages de l'incrédulité. Dans la première, la lutte où quelques gouvernements s'étaient engagés contre la cour de Rome, avait favorisé l'introduction des doctrines irréligieuses. Tous les livres des sophistes français y étaient recherchés avec avidité. Dans l'autre, le néologisme des protestants, la philosophie de Kant et les erreurs des Illuminés furent également funestes au christianisme. L'empereur Joseph II, qui, lors de ses débats avec Pie VI, crut devoir employer tous les moyens propres à diminuer l'influence de la religion, servit par là, et contre son gré peut-être, la cause de la philosophie.

La France, dans le sein de laquelle avaient, pendant si longtemps, fermenté tant d'éléments de trouble et de dissolution, la France éprouva enfin des crises qui se terminèrent par un bouleversement universel. Après avoir brisé le frein de la religion, les novateurs voulurent secouer le joug de l'autorité royale. Aux écrits, aux diatribes, aux clameurs succédèrent des attaques plus sérieuses. La révolution qui s'ensuivit amena des changements qui se pressèrent avec une telle rapidité, que, dans l'espace de quelques années, tout changea de face dans ce malheureux pays. La plupart des anciennes institutions abolies, la monarchie renversée ; un roi, petit-fils d'Henri IV, expirant sur un échafaud ; la religion proscrite, ses ministres bannis ou égorgés ; les temples profanés ; la vertu et la fidélité vouées à la mort ; la France en proie aux discordes civiles ; le feu de la guerre s'allumant de toutes parts ; le sol européen arrosé du sang de plusieurs millions d'hommes : tels sont les événements qui ont signalé la fin d'une époque où la philosophie devait faire renaître l'âge d'or ;

et les abus de la presse. Presque tous les ouvrages des détracteurs de la religion furent condamnés et supprimés, et plusieurs même brûlés par la main du bourreau.

ainsi s'est opérée la régénération qu'avaient préparée les sages du xviii° siècle.

PHLÉGÉTON, fleuve des enfers, dans la mythologie grecque; il roulait des torrents de flammes, et environnait de toutes parts la prison des méchants. On lui attribuait les qualités les plus nuisibles. Ce fut avec l'eau de ce fleuve que Cérès métamorphosa en hibou l'indiscret Ascalaphe, qui, en révélant que Proserpine avait mangé des pepins de grenade, empêcha que cette déesse fût rendue à sa mère. Aucun arbre, aucune plante ne croissait sur les bords de ce fleuve, qui, après un cours assez long en sens contraire du Cocyte, se jetait comme celui-ci dans l'Achéron.

PHOEBADES, prêtres qui, chez les Romains, étaient chargés du culte d'Apollon. — On donnait le même nom aux prêtresses du même dieu, surtout à celles qui passaient pour être inspirées de lui.

PHOEBÉ, c'est-à-dire la brillante; divinité grecque, la même que Diane ou la Lune. Cette divinité portait trois noms : on l'appelait Diane sur la terre, Hécate dans les enfers, et Phœbé dans le ciel. *Voy.* DIANE, LUNE. Une autre Phœbé était, suivant Hésiode, fille du Ciel et de la Terre. Elle épousa son frère Cœus, et devint mère de Latone et d'Astérie.

PHOEBUS, *le brillant, le lumineux;* un des noms d'Apollon: on le lui donnait par allusion à la lumière du soleil et à sa chaleur qui donne la vie à toutes choses (φοῖϐος, clair, brillant, ou φῶς βίου, lumière de la vie). Ovide parle de l'un et l'autre Phébus, *utroque Phœbo*, mais il entend par là le soleil levant et le soleil couchant. *Voy.* APOLLON, SOLEIL.

C'est un usage assez commun parmi le vulgaire, lorsqu'on tire le gâteau des Rois, à la fête de l'Epiphanie, pour savoir à qui le sort décernera la fève, et la royauté du festin, de commencer la cérémonie par ces paroles: *Phæbe Domine.* Quelques auteurs prétendent que cette formule est un reste du paganisme, et qu'elle exprime une invocation au Seigneur *Phœbus*, qui était autrefois regardé comme le dieu de la divination et des sorts; cette conjecture est assez incertaine. On serait tenté de croire que ce mot *Phœbe* n'est qu'une corruption de celui de *Fabæ* qui signifie fève, et que la formule correcte est *fabæ domine*, seigneur de la fève.

PHORCUS ou PHORCYS, un des dieux marins, était, selon Hésiode, fils de Pontus et de la Terre. Il eut de sa femme Céto les Grées et les Gorgones, appelées de son nom *Phorcydes* ou *Phorcynides*. Varron prétend que c'était un roi de l'île de Corse, qui perdit la vie dans une bataille contre Atlas, et dont on fit un dieu marin.

PHOSPHORE, *qui porte la lumière;* nom que l'on donne à la déesse Até, à Diane, et à l'étoile de Vénus. Cette dernière était particulièrement honorée sur le mont OEta. — Dans la traduction biblique des Septante, Phosphore est le nom de celui qui est appelé *Lucifer* dans la Vulgate. *Voy.* LUCIFER. —

On célébrait en l'honneur de Phosphore ou Lucifer des fêtes appelées *Phosphories*.

PHOTINIENS, hérétiques du iv° siècle, qui tiraient leur nom de Photin, évêque de Sirmium en Hongrie. Ils enchérissaient encore sur les erreurs d'Arius, soutenant que Jésus-Christ était un pur homme, né cependant du Saint-Esprit et de la vierge Marie. Une certaine émanation divine, qu'ils appelaient le *Verbe*, était descendue sur lui. C'était l'union de ce Verbe avec la nature humaine qui faisait que Jésus-Christ était appelé *Fils de Dieu, Fils unique*. Le Saint-Esprit, suivant Photin, n'était pas une *personne*, mais une *vertu* émanée de la Divinité. Comme Sabellius, il n'admettait qu'une personne en Dieu. Les Sociniens ont rajeuni ces vieilles erreurs.

PHO-TO-LI, esprit vénéré dans le royaume de Cambodge, au xiii° siècle, et auquel on sacrifiait des victimes humaines. Il avait un temple à l'est de la ville capitale. Chaque année le roi y allait lui-même pour y offrir un semblable sacrifice pendant la nuit. Ce temple était gardé par mille soldats. C'est ainsi, ajoute un auteur chinois, qu'ils honoraient les esprits.

PHOU-KÈ-RÈ, nom que les Karians donnent à l'Etre incréé, tout-puissant, souverainement parfait et bon, présent en tous lieux, mais résidant d'une manière spéciale dans les cieux supérieurs. Cet Etre a créé le ciel, la terre et tout ce qu'ils renferment; sa providence règle et conserve tout. Son nom ordinaire, *Phou-Kè-rè*, signifie *Aïeul-Ancien-tout-puissant*. Les Karians le désignent encore sous d'autres dénominations qui expriment ses différents attributs et surtout son éternité, ou son ancienneté, car le mot Phou y entre toujours. Mais, outre ces noms ordinaires, la divinité a chez eux un *grand nom*, comme ils disent, un nom *ineffable, incommunicable*, de même que chez les Juifs; et, ce qu'il y a de plus frappant, c'est que ce grand nom est le même que *Jéhova*, prononcé IOVA. Ce mot sacré signifie *éternel*, suivant leur interprétation; ils le rendent par le birman *Thaoura*. *Voy.* KACHA-IOVA.

Outre le culte privé qu'ils lui rendent, les Karians ont encore un culte public. A la nouvelle et à la pleine lune, ils se rassemblent dans leur *Bou-do*, temple, où l'on ne trouve ni idoles, ni aucune sorte de représentation humaine. Au fond du sanctuaire, on voit un autel couvert d'une étoffe blanche, et décoré de bougies qu'on allume pendant l'offrande. L'assemblée est présidée par deux vieillards, un homme et une femme. Ceux-ci doivent jouir d'une bonne réputation et vaquer plus que les autres aux œuvres de piété, à la prière, à la louange de *Iova*. Ils habitent ordinairement le *Bou-do*, et gardent constamment l'habit blanc, symbole de la pureté qui doit orner leur âme. Quand tout le monde est rassemblé, et avant que l'on entre dans le temple, le vieillard *Bou-kho* prend un bouquet composé de trois petites branches de différentes espèces, il le trempe dans une eau qu'il a préalablement bénite sur l'autel par divers exorcismes, et en asperge le peuple en disant : « que tout ce qu'il y a d'impur et de nuisible s'éloigne de nous, que rien de mauvais ne nous obsède ou ne nous suive! » Après l'aspersion, qui se pratique aussi dans les maisons privées avec la même eau, l'assemblée entre dans le sanctuaire et l'offrande commence : elle consiste en une tasse de riz, une tasse d'eau, un peu de bétel et d'arèque, et se fait par les mains du *Bou-kho* qui, en la présentant, parle en ces termes :

« Le Seigneur tout-puissant, très-haut, très-grand, très-bon, très-excellent, brille d'un éclat qui ravit. Il est parfait en tout. Il a créé le ciel, la terre, le soleil, la lune, l'eau, le feu, le riz. Il a créé notre premier père, notre première mère ; il a créé les fruits et les feuilles, l'amer et le doux, les oiseaux, les amphibies, les poissons, les quadrupèdes et tout ce qui peut nous nourrir. O Seigneur ! vos bienfaits sont sans mesure. O Seigneur ! nous ne pourrions vous en remercier dignement. Nous vous adorons, Seigneur ; ayez pitié de nous, assistez-nous ; nous ne saurions nous garder nous-mêmes ; gardez-nous Seigneur ! Préservez-nous du chaud, préservez-nous du froid, préservez-nous de l'iniquité, du péché ; Seigneur, ayez pitié de nous, faites descendre sur nos têtes votre vertu bienfaisante ; donnez-nous la santé ; accordez-nous une abondante moisson ; faites que nous puissions dormir en paix, Seigneur ! Adorons le Seigneur en joignant les dix doigts des mains. »

C'est par ces dernières paroles que se terminent presque toutes leurs prières publiques. C'est là leur doxologie. Après cet exorde, l'assemblée exécute, à la louange de Iova, divers chants monotones et mélancoliques, dont l'esprit est aussi religieux que l'invocation que nous venons de transcrire.

PHOU-LAI, nom que les Cambogiens donnent au bouddha Chakya-Mouni ; sa statue est la seule qu'ils placent dans leurs temples ; elle est faite d'argile peinte avec du vermillon et de la couleur bleue, et ils l'habillent de rouge. Ils placent aussi dans des tours, des représentations de Phou-laï, faites de cuivre coulé.

PHOULA SANNYASA, cérémonie qui a lieu dans les Indes à la fête du *Tcharkh-Poudja*. Le soir de cette fête, on prend de vieilles boiseries et on allume un grand feu de joie. Les dévots sautent dans le feu, marchent à travers les flammes, jouent avec la braise, et se la jettent les uns sur les autres.

PHOU-SÀ, nom que les Chinois donnent aux divinités bouddhistes de second ordre ; il n'est que l'abrégé du vocable *Pou-ti-sa-to*, qui correspond exactement au *bodhisatwa* des Hindous, et il désigne les saints personnages qui ne sont pas encore parvenus à la dignité sublime de bouddhas. C'est donc à tort que le P. Kircher et plusieurs autres l'ont pris pour le nom d'une déesse dont ils faisaient la Cybèle ou l'Isis des Chinois. (Ils orthographient son nom *Pussa* ou *Poussa*.) Cependant Chakya-Mouni lui-même est fréquemment représenté sous la figure de *Phousa* parce qu'il parut sur la terre en qualité de bodhisatwa et que ce fut en ce monde qu'il parvint au rang de bouddha parfait.

PHRA. Ce mot désigne un être divin, suivant les bouddhistes de la Birmanie et du pays de Siam. Mais qu'est-ce que *Phra* ou Dieu ? « Cette question, si simple et à laquelle un enfant en Europe répond avec tant de clarté et de précision, est une énigme au Bouddhiste, répond M. l'abbé Bigandet. Voici ce que l'on entend par un *Phra* dans le système bouddhiste. C'est un être qui, pendant des myriades d'existences différentes, a travaillé à acquérir une prodigieuse quantité de mérites. Ayant obtenu ces mérites, alors on dit que le *Phra laong* ou l'être qui est en voie pour devenir *Phra* est mûr. En cet état, un pouvoir extraordinaire lui est subitement communiqué ; son esprit embrasse le passé et le présent ; sa vue pénétrante découvre tout ce qui existe ; ses oreilles perçoivent tous les sons ; son âme connaît à fond tous les êtres, les relations qui existent entre eux et les lois qui régissent le monde physique et moral. Cette profonde science lui fait découvrir la foi qui doit être prêchée aux différents êtres ; sa sensibilité sur les misères dans lesquelles les êtres sont comme ensevelis, le porte à prêcher cette loi. Son grand but, en prêchant cette loi, c'est de faire connaître aux hommes leurs misères, les sources d'où découlent ces misères, et de les exciter à s'affranchir du principe producteur de tous ces maux, afin de diriger leurs regards vers le *Néiban* qui est l'affranchissement du bien ou du mal, du plaisir ou de la peine. Dès qu'un *Phra* a rempli cette mission, lui-même est précipité dans l'abîme du *Néiban*. Voilà en abrégé ce que c'est qu'un *Phra*.

« Ainsi *Gaudam*, le dernier *Phra* qui a paru au milieu des hommes, a parcouru successivement l'échelle du règne animal. Ayant acquis assez de mérites pour arriver à un plus haut point, on le voit émerger du règne animal, et mettre le pas sur le premier échelon de la condition humaine ; sans doute il était très-imparfait ; ses nombreux péchés lui valurent l'enfer des millions de fois ; mais, dès qu'il avait expié son péché, il devenait un peu meilleur ; ainsi de suite, jusqu'à ce qu'enfin il arriva à cet état où il devint *Phra*.

« Un *Phra*, comme *Phra*, est un être assez éphémère comme on le voit. Il est inutile de faire des rapprochements ; chacun peut les faire soi-même et conclure que le *Phra* bouddhiste n'a rien de toutes ces qualités sublimes que nous attribuons à l'Être souverain. Le rôle de *Phra* semble plutôt donner l'idée d'un réparateur de la nature humaine.

Le haut respect, la profonde adoration que l'on rend à Chakya-Mouni, ou Gaudama, comme l'appellent les Birmans, ne lui sont accordés qu'en considération de sa qualité de Phra. Etant Phra il est le plus parfait des êtres qui existent. La perfection qu'il n'a obtenue que par tant d'efforts lui fait mieux connaître et apprécier les misères et les imperfections au milieu desquelles les autres êtres sont comme ensevelis; l'épreuve qu'il a faite lui-même de ces misères le rend plus sensible au sort des infortunés mortels; sa science profonde lui fait retrouver cette antique et éternelle loi prêchée par les Phras ses prédécesseurs, mais presque oubliée et perdue au milieu de la corruption naturelle et toujours croissante du genre humain. Sa bonté le fait alors travailler au bonheur de l'homme, en remettant en vigueur ces préceptes qui font connaître à l'homme ses misères, le portent au renoncement et à l'abnégation de lui-même pour arriver à l'exemption de ces misères, qui sont inséparablement unies à sa nature. Voilà les titres qui valent à Phra les honneurs extraordinaires et les louanges toutes divines qui lui sont prodiguées. Il ne faut pas perdre de vue que les louanges données à Phra par un bouddhiste ne se rapportent pas à lui comme existant actuellement, mais bien à l'être qui, autrefois, étant Phra était doué des plus hautes qualités et qui alors a travaillé à la réforme du genre humain en publiant sa loi. Un bouddhiste rirait si on venait à lui demander s'il croit que Phra l'entend, le voit et peut exaucer ses prières; car il ne s'adresse jamais à lui comme existant actuellement.

PHRA-ARYA-SERYA, personnage mythologique des Siamois, qui vivait, suivant eux, du temps de Sommona-Codom, ou Gautama. Il avait quarante brasses de hauteur; ses yeux en avaient trois et demie de large, et deux et demie de tour, c'est-à-dire moins de circonférence que de diamètre, si ces mesures ne sont pas fautives.

PHRA-DI, espèce d'oratoire ou de salle commune pratiquée dans chaque couvent des talapoins. Elle est percée de petites lucarnes dont elle tire le jour.

PHRA-MOGLA, personnage divin des Siamois; c'était un des principaux disciples de Gautama. C'est pourquoi ils placent sa statue à droite de celle de ce saint bouddha. Ils racontent qu'à la prière des damnés Phra-Mogla renversa la terre, et prit dans le creux de sa main tout le feu de l'enfer; mais que, voulant l'éteindre, il n'en put venir à bout, parce que ce feu desséchait les rivières, au lieu de s'y éteindre, et qu'il consumait tout ce sur quoi Phra-Mogla voulait le poser. Ce que voyant, ce saint personnage alla prier Gautama d'éteindre ce feu; mais Gautama ne jugea pas à propos de le faire, dans la crainte que les hommes ne devinssent trop méchants, s'ils perdaient la crainte des supplices de l'autre vie. *Voy.* PHRA-SARI-BOUT.

PHRA-NAROTTE, bouddha futur qu'attendent les Siamois, et qui doit succéder à celui qu'ils appellent Sommona-Codom, ou Godama. Ils disent de lui qu'il tuera ses deux enfants pour les donner à manger aux talapoins, et que, par cette pieuse aumône, il consommera sa vertu.

PHRA-POUTI-TCHAOU, ou le seigneur *Phra-Puti;* un des noms que les Siamois donnent à Gautama.

PHRA-RA-SI, saints personnages dont les Siamois racontent des choses merveilleuses. Ces solitaires mènent une vie très-sainte et très-austère, dans des lieux éloignés du commerce des hommes. Les livres siamois leur attribuent une parfaite connaissance des secrets les plus cachés de la nature, l'art de faire de l'or et les autres métaux les plus précieux. Tous ces secrets sont gravés en gros caractères sur les murailles qui environnent le monde; et c'est là qu'ils vont puiser leurs lumières, par la facilité qu'ils ont à s'y transporter. Il n'y a point de miracle qui soit au-dessus de leurs forces. Ils prennent toutes sortes de formes, s'élèvent en l'air et se transportent légèrement d'un lieu à un autre. Mais, quoiqu'ils puissent se rendre immortels parce qu'ils connaissent les moyens de prolonger leur vie, ils la sacrifient à Dieu, de mille ans en mille ans, par une offrande volontaire qu'ils lui font d'eux-mêmes sur un bûcher, à la réserve d'un seul qui reste pour ressusciter les autres. Il est également dangereux et difficile de rencontrer ces merveilleux ermites. Cependant les livres des talapoins enseignent le chemin et les moyens qu'il faut prendre pour arriver aux lieux qu'ils habitent.

PHRA-SARI-BOUT, un des principaux disciples de Gautama-Bouddha, dont les Siamois placent toujours la statue, dans leurs temples, à la gauche de celle de son maître. La statue de Phra-Mogla, autre disciple, a les honneurs du côté droit.

PHRA-SOUANE, personnage mythologique des Siamois. C'était un homme d'une vertu consommée, qui doutant de la perfection à laquelle Gautama était parvenu, le défia pour éprouver ses forces, et fut vaincu par lui.

PHRA-YOM-PA-BON, un des administrateurs de la justice, dans les enfers, suivant les Siamois. Il préside un tribunal chargé de marquer exactement les mauvaises actions des hommes, pour les punir dans l'autre vie. Phra-yom-pa-bon tient le registre où se trouve détaillée la vie de chaque individu; il le lit continuellement, et lorsqu'il arrive à la page qui contient les faits et gestes d'une personne, celle-ci ne manque pas d'éternuer. De là la coutume des Siamois de souhaiter une longue et heureuse vie à ceux qui éternuent.

PHRE, le dieu Soleil, chez les Egyptiens; le vocable propre est *Ra* ou *Ré;* précédé de l'article il devient *Pi-ré* ou *Phré.* On le représentait avec une tête d'épervier surmontée d'un grand disque rouge. Ce dieu, selon les Egyptiens, était fils de Phtha et de la déesse Bouto ou Neith, mère de tous les êtres, et la même que les ténèbres primitives. Les Grecs faisaient aussi *Hélios* ou leur dieu-soleil, fils de la nuit.

PHRYGIENNES ou PHRYGIES, fêtes célébrées dans la Grèce en l'honneur de Cybèle, appelée par les anciens *Mater Phrygia*.

PHRYGIENS, nom que l'on a donné aux hérétiques montanistes du IIe siècle, parce qu'ils avaient établi leur chef-lieu à Pépuse, ville de la Phrygie. On les appelait encore *Cataphrygiens*.

PHTHA, dieu égyptien, le second des trois Khaméphis. C'est le feu primordial, créateur, producteur, vivificateur. Les anciens historiens en font le premier dieu qui régna sur l'Égypte un espace de temps indéterminé, à cause de son éclat le jour et la nuit. Après lui régna le Soleil; ce qui concorde parfaitement avec la cosmogonie de Moïse qui en tête de la création place d'abord le règne du feu ou de la lumière, אור *or*; vient ensuite le règne du Soleil qui n'est créé que le troisième jour, postérieurement à la lumière.

D'un autre côté on peut encore considérer le règne de Phtha d'après les notions physiques que nous avons de la formation du globe. Phtha ou le feu règne avant tout autre, et, brillant d'un éclat non interrompu, rend impossibles les ténèbres et par conséquent la succession alternative du jour et de la nuit, ainsi que la mesure du temps. Le soleil, en le supposant déjà parvenu à son état actuel, ne pouvait pas darder ses rayons jusqu'à la superficie de la terre (ou autrement la lumière éclatante de celle-ci les aurait rendus imperceptibles) à cause de l'immense quantité de molécules hétérogènes, qui formaient comme une vaste et dense atmosphère fort différente de l'atmosphère actuelle. De plus, l'énorme chaleur de la superficie de la terre ne permettant pas à l'eau de rester à l'état liquide, devait la réduire en vapeur élastique; cette vapeur s'élevait dans les régions les plus hautes, et en s'élevant se refroidissait; et parce qu'elle se dilatait, et parce qu'elle trouvait une région moins chaude; et finalement parce qu'elle passait à l'état de vapeur visible ou, comme nous avons coutume de dire, vésiculaire; elle environnait et revêtait la terre d'un vaste manteau nébuleux qui suffisait seul pour lui dérober la face du soleil, et, à plus forte raison, des autres astres.

Cependant la surface de la terre allait se refroidissant et perdant son embrasement; le règne lumineux de Phtha cessa; le refroidissement continua, et sa température arrivée au degré de recevoir l'eau à l'état liquide; celle-ci, en se précipitant, dut couvrir la face du globe d'une nappe aqueuse. Mais par la suite l'atmosphère et la terre s'approchant toujours de plus en plus de l'état actuel, cette voûte de nuages se déchira, et laissa arriver sur la terre les rayons solaires. Voilà le commencement du règne du soleil, qui, dans le style figuré de l'Orient, peut se dire fils de Phtha ou du feu, parce qu'il lui succéda.

Phtha fut appelé *Héphaistos* par les Grecs et *Vulcain* par les Latins. Il est représenté sous les formes les plus diverses : le plus souvent on le voit enfermé dans une sorte de chapelle, comme dans l'œuf du monde. Il affecte toujours des formes bizarres. Ordinairement sa tête est celle d'un épervier ou d'un scarabée.

M. Champollion met Phtha au troisième rang parmi les divinités égyptiennes, immédiatement après Amon-Ra, le principe générateur, et la déesse Neith, le principe producteur; et lui donne le titre d'ouvrier céleste. Ce Phtha était sorti de l'œuf produit par la bouche de Chnef; c'est lui qui était l'esprit créateur actif, l'intelligence divine qui, dès l'origine des choses, entra en action pour accomplir l'univers en toute vérité et avec un art suprême. Les Égyptiens le regardaient comme l'inventeur de la philosophie; bien différents en cela des Grecs, qui ne citaient de leur Héphaistos que des œuvres matérielles et purement mécaniques. — On lui avait consacré la ville royale de Memphis.

Une des manifestations de ce dieu porte le nom de PHTHA-SOKARI; il est alors représenté sous la forme d'un enfant. En cet état, les Grecs l'appelaient *Harpocrate*.

PHTHONOS, l'*Envie*. Les Grecs en avaient fait un dieu, parce que ce mot, dans leur langue, est du genre masculin. Ils le représentaient précédant la Calomnie, avec les mêmes attributs que l'Envie. *Voy.* ENVIE.

PHYLACTÈRES, bandes de peau que portent les Juifs sur le front et sur le bras. En voici la description : On écrit sur deux morceaux de parchemin, avec de l'encre faite exprès, en lettres carrées, avec une grande exactitude, ces quatre passages de l'Exode, chapitre XIII : *Écoute, Israël*, etc. — *Et il arrivera que si tu obéis exactement*, etc. — *Sanctifie-moi tout premier-né*, etc. — *Et il arrivera quand le Seigneur te fera entrer*, etc. Ces deux parchemins sont roulés ensemble en forme de petit rouleau pointu, qu'on enferme dans de la peau de veau noire; puis on met celle-ci sur un morceau carré et dur de la même peau, d'où pend une courroie large d'un doigt et longue d'une coudée et demie à peu près. Les Juifs posent ce phylactère au pliant du bras gauche, et la courroie, après avoir fait un petit nœud en forme de la lettre *yod* (י), se tourne en spirale autour du bras, et vient aboutir au bout du doigt du milieu, ce qu'ils nomment le phylactère de la main. Pour le phylactère de la tête, ils écrivent les mêmes passages sur quatre morceaux de vélin séparés, dont ils forment un carré en les attachant ensemble, sur lequel ils écrivent la lettre *schin* (ש); puis ils mettent par-dessus un petit carré de peau de veau, dure comme l'autre, d'où il sort deux courroies semblables à la première. Ce carré se place au milieu du front; et les courroies, après avoir ceint la tête, font un nœud par derrière, en forme de *daleth* (ד), puis viennent se rendre devant l'estomac. Ils mettent ce dernier avec le taleth, le matin seulement, pour la prière.

Les Juifs portent ces phylactères, parce qu'ils prennent à la lettre le passage où Dieu recommande aux Israélites d'avoir toujours les préceptes de la loi devant les yeux, comme un frontal, et de les lier en signe à leurs mains. Les phylactères étaient déjà en usage du temps de Jésus-Christ, puisque le Sauveur reprochait aux pharisiens de les porter plus larges que le commun du peuple, par une vaine ostentation de vertu. Les Juifs modernes donnent à ces phylactères les noms de *Thephilin* et de *Totaphoth*.

PHYLLOBOLIE, cérémonie qui consistait à jeter des feuilles et des fleurs sur les tombeaux des morts. Les Romains, qui avaient emprunté cette coutume des Grecs, joignaient aux fleurs quelques flocons de laine. La phyllobolie se pratiquait encore à l'occasion des victoires gagnées par un athlète dans quelqu'un des jeux publics. On ne se contentait pas de jeter des fleurs au victorieux, on en jetait aussi à ceux de ses parents qui se trouvaient en sa compagnie.

La phyllobolie à l'égard des morts est encore à présent en usage dans l'Inde.

PHYLOBASILES, magistrats athéniens qui avaient sur chaque tribu la même inspection que le *Basileus* avait sur toute la république, c'est-à-dire l'intendance des sacrifices publics et de tout le culte religieux. On les choisissait parmi la noblesse.

PHYTALMIOS. Les Grecs honoraient sous ce nom Jupiter, comme auteur de toutes les productions de la nature (ce mot grec signifie *fécond* ou *fécondateur*).

Les habitants de Trézène donnaient le même titre à Neptune, parce que ce dieu, dans sa colère, inonda tout le pays des eaux salées de la mer, fit périr tous les fruits de la terre, et ne cessa d'affliger les Trézéniens que lorsqu'ils l'eurent apaisé par des vœux et des sacrifices. Ce nom pourrait avoir alors une autre étymologie que le précédent, et venir de φυτόν, plante, et ἅλμη, eau salée; il aurait eu ainsi pour objet de prier le dieu de sauver les hommes en contenant dans leurs limites les eaux de la mer, et en les éloignant des productions de la terre.

PHYTIE, surnom sous lequel les Phéastiens célébraient, en l'honneur de Latone, une fête nommée *Ecdysie*. Le mot grec φύτιος signifie auteur de la vie, de la génération et de la végétation. Les Grecs donnaient encore cette qualification à Jupiter et à Diane.

PI, sacrifice que les Chinois offrent à l'esprit du foyer.

PIACHES, nom sous lequel les Américains de la côte de Cumana désignaient leurs prêtres qui, aux fonctions de ministres de la religion, joignaient encore l'exercice de la médecine; ils étaient aussi les conseillers des caciques dans toutes leurs entreprises. Pour être admis dans l'ordre des Piaches, il fallait passer par une espèce de noviciat, qui consistait à errer deux ans dans les forêts, où le peuple était persuadé qu'ils recevaient des instructions de certains esprits qui prenaient une forme humaine pour leur enseigner leurs devoirs et les doctrines religieuses. Leurs principales divinités étaient le Soleil et la Lune, qu'ils assuraient être le mari et la femme. Ils regardaient le tonnerre et les éclairs comme des signes sensibles de la colère du Soleil. Pendant les éclipses, on se privait de toute nourriture; les femmes se tiraient du sang et s'égratignaient les bras, parce qu'elles s'imaginaient que la Lune était en querelle avec son mari. Les prêtres montraient au peuple une espèce de croix de Saint-André, que l'on regardait comme un préservatif contre les fantômes. La médecine qu'exerçaient les Piaches consistait à donner aux malades quelques herbes et racines, à les frotter avec le sang et la graisse des animaux, et pour les douleurs, ils scarifiaient la partie affligée et la suçaient longtemps afin d'en tirer les humeurs. Ces prêtres se mêlaient aussi de prédire, et il s'est trouvé des Espagnols assez crédules pour ajouter foi à leurs prédictions. Les Piaches savaient mettre à profit les erreurs des peuples, et se faisaient payer chèrement leurs services. Ils tenaient le premier rang dans les festins, où ils s'enivraient sans difficulté. On brûlait les corps des grands un an après leur mort, et les échos passaient pour les réponses des ombres; cette dernière assertion contredit ce qu'on a avancé, qu'ils n'avaient aucune idée d'une vie à venir. Les Piaches sont les mêmes que les *Piayas*. *Voy.* ci-dessous.

PIACULUM, sacrifice expiatoire chez les Romains; les Grecs l'appelaient *Catharma*.

PIASA, être mythologique des nations qui habitent les bords du fleuve Mississipi. Nous en empruntons la légende au R. P. Smel, missionnaire dans cette contrée.

« Voici, dit-il, une tradition très-singulière que je tiens du premier chef de la nation; elle est répandue parmi toutes les tribus de l'Illini, ou des Etats de l'Illinois, de l'Indiana et de l'Ohio. En remontant le Mississipi, après Saint-Louis, entre Alton et l'embouchure de la rivière des Illinois, le voyageur observe entre deux grandes côtes un étroit passage, où un petit ruisseau se décharge dans le fleuve. Ce ruisseau s'appelle le *Piasa*, c'est-à-dire, en langue sauvage, *l'oiseau qui dévore l'homme*. Dans ce même endroit, on remarque sur un rocher uni et perpendiculaire, au-dessus de la portée de la main, la figure d'un énorme oiseau ciselée dans le roc, les ailes déployées. L'oiseau que cette figure représente, et qui a donné le nom au petit ruisseau, a été appelé par les Indiens le *Piasa*. Ils disent que, plusieurs mille lunes avant l'arrivée des blancs, quand le grand Mammouth ou Mastodonte, que *Nana-bousch* a détruit, et dont on retrouve encore aujourd'hui les ossements, dévorait l'herbe de leurs immenses et vertes prairies, il y avait un oiseau d'une grandeur si démesurée, qu'il enlevait sans peine un cerf entre ses griffes. Cet oiseau, ayant goûté un jour la chair humaine, ne voulut plus depuis se rassasier d'autres mets. Sa ruse ne le cédait pas à sa force; il s'élançait sur un Indien, l'emportait dans une des cavernes du rocher et le dévorait. Plusieurs centaines de guerriers avaient essayé de le détruire, mais sans succès. Pendant plusieurs années, des villages entiers furent presque dévastés, et la terreur s'était répandue parmi toutes les tribus de l'Illini. Enfin *Outaga*, chef guerrier dont la renommée s'étendait au delà des grands lacs, se sépara du reste de sa tribu, jeûna l'espace d'une lune dans la solitude, et pria le Grand-Esprit, le Maître de la vie, de vouloir délivrer ses enfants des griffes du *Piasa*. La dernière nuit de son jeûne, le Grand-Esprit apparut en songe à *Outaga*, l'avertit de choisir vingt guerriers, chacun armé d'un arc et d'une flèche empoisonnée, et de les cacher dans un endroit désigné. Un seul guerrier devait se montrer à découvert, pour servir de victime à *Piasa*, sur lequel tous les autres décocheraient leurs flèches au moment où l'oiseau s'élancerait sur sa proie. A son réveil, le chef remercia le Grand-Esprit, et retourna raconter son songe à sa tribu. Les guerriers furent choisis, armés sans délai, et placés en embuscade. *Outaga* s'offrit lui-même pour servir de victime : il était prêt à mourir pour sa nation. Debout sur une éminence, il vit le *Piasa* perché sur le roc; il se dressa de toute sa hauteur, appuya ses pieds fermement sur la terre, la main droite sur son cœur, qui ne battait pas, et entonna d'une voix ferme le chant de mort d'un guerrier. Aussitôt le *Piasa* prit son essor, et comme un éclair il s'élança sur le chef. Tous les arcs étaient tendus, et chaque flèche lui entra dans le corps, jusqu'à la plume. Le *Piasa* jeta un cri effrayant et sauvage, et expira aux pieds d'*Outaga*. Ni les flèches, ni les griffes de l'oiseau n'avaient touché le guerrier. Le Maître de la vie, pour récompenser le dévouement généreux d'*Outaga*, avait suspendu un bouclier invisible au-dessus de sa tête. En mémoire de cet événement, l'image du *Piasa* a été ciselée dans le roc. Telle est la tradition indienne, et je la donne telle que je l'ai reçue. En tout cas, ce qu'il y a de certain, c'est que l'on voit sur le roc la figure d'un énorme oiseau, qui paraît ciselée, à une hauteur inaccessible. Jamais un sauvage ne passe par cet endroit, dans son canot, sans tirer un coup de fusil sur la figure de l'oiseau. Les marques que les balles ont laissées sur le roc sont presque innombrables. Les ossements de plusieurs milliers d'hommes sont entassés dans les cavernes tout autour du *Piasa*. Comment, par qui, et pourquoi? Il n'est pas aisé de le deviner. »

PIAYAS ou PIAYES, prêtres et jongleurs de la Guiane. Celui qui aspire à cette grande distinction doit avoir vingt-cinq ans, et s'assujettir à passer quatre années chez un ancien Piaya, dont il reçoit les instructions, qui consistent dans la connaissance des plantes et des simples, et dans la manière d'évoquer certaines puissances infernales; cette dernière partie de la science est regardée comme la fin du métier. Mais tout cela ne s'acquiert qu'en se soumettant à des épreuves très-rudes, dont la moindre désagrément est un jeûne austère durant quatre années consécutives, et la privation totale de toute liqueur forte. La moindre infraction anéantirait tout ce qu'on aurait déjà fait; il faudrait recommencer complétement, quand même le noviciat eût été près de finir.

Le jeûne consiste à ne manger, durant les deux premières années, que du millet et de la cassave; la troisième, le candidat ne soutient ses forces qu'avec quelques crabes et cette espèce de pain; et la quatrième, il ne se nourrit que d'oiseaux et de poissons très-petits, encore ne lui en donne-t-on que la quantité suffisante pour ne pas mourir de faim. Ne semble-t-il pas qu'on veuille lui apprendre par là combien la diète prescrite aux malades peut souvent leur devenir nuisible? Il éprouve aussi l'inconvénient des médecines purgatives. Une fois par mois, on le force d'avaler une infusion de feuilles de tabac, liqueur très-amère, qui le purge et le fait vomir avec une violence extrême.

Vers la fin de la quatrième année, les anciens Piayas s'assemblent, le candidat se présente tout nu au milieu d'eux, sans même avoir le corps enduit de poudre de roucou; celui qui l'a instruit, ou l'un des plus vénérables, lui découpe sur tout le corps une ligne profonde depuis le cou jusqu'aux pieds, avec un os de poisson très-aigu, ou quelque chose de tranchant. On fait ces scarifications de manière qu'elles coupent tout l'épiderme en losanges, et que le sang coule à longs ruisseaux. Lorsque cette opération est terminée, et que le patient est tout couvert de plaies, on le conduit au bord d'une rivière pour laver. L'un d'eux lui répand de l'eau sur la tête avec la moitié d'une calebasse, pendant qu'un autre le frotte vivement avec une poignée de feuilles de chalombo. Cette friction violente rouvre toutes les plaies, et en fait sortir le sang avec abondance. Après quoi on l'oint d'huile de carapat, pour empêcher les scarifications de dégénérer en ulcères; on le roucoue, et tous les Piayas qui ont assisté à cette étrange cérémonie lui appliquent chacun soixante coups de fouet de toutes leurs forces. Voilà pour les saignées et les opérations chirurgicales.

Après cette exécution, on laisse au candidat quelques jours de repos, afin de donner à ses plaies le temps de se refermer et de se guérir. Il ne lui en reste que les cicatrices, qui le font paraître comme vêtu d'un habit de satin découpé en losanges. Dès que la quatrième année est révolue, on le conduit dans un bois épais, on cherche un nid de certaines mouches assez semblables à nos guêpes, mais plus grosses, plus venimeuses; et si méchantes que les Français leur ont donné le nom de *mouches sans raison*. On lui couvre les yeux avec son tablier, pour lui conserver la vue qu'il perdrait infailliblement, si quelqu'une de ces mouches venait à les lui piquer; on l'exhorte à demeurer ferme, et à souffrir cette dernière épreuve, qui va mettre le sceau à son bonheur, et on jette un bâton sur le nid. Les mouches irritées en sortent aussitôt, et se jettent avec fureur sur ce malheureux qu'elles trouvent à leur portée, et lui laissant leur aiguillon dans les chairs, le font enfler dans l'instant avec des douleurs inouïes. Les Piayas accourent alors, le saluent, l'embrassent en qualité de confrère, et se rendent au festin qu'il leur a préparé. Ce n'est qu'après avoir achevé ce long cours de privations et d'épreuves douloureuses, qu'il a le droit d'être appelé à la visite des malades.

Il se dédommage de tout ce qu'il lui en a coûté de dépense et de tourments, en dépouillant les malades de tout ce qu'ils possèdent. Plus ils sont riches, plus il les déclare en danger de mort, c'est-à-dire quand il les sait possesseurs de colliers de pierres vertes, de haches, de serpettes, de couteaux, de hamacs, d'un fusil, de toile de coton, etc. Il examine le malade, lui tâte toutes les parties du corps, les presse, souffle dessus, et enfin il dresse un petit réduit auprès du hamac où le malade est étendu ; il le couvre de feuilles, et il y entre avec tous les instruments de son métier, contenus dans une espèce de gibecière, et une grosse calebasse à la main, dans laquelle sont renfermées quelques graines sèches et dures, assez semblables à des grains de poivre. C'est là le tambour dont il se sert pour appeler le diable, qu'on suppose toujours la cause des maladies. Il agite sa calebasse, il fait le plus de bruit possible, il chante, il crie, il appelle Irocan et Massourou, et, durant deux ou trois heures, il fait un tintamarre capable d'étourdir et de rendre malade un homme qui se porterait bien. Il contrefait enfin sa voix, en mettant quelques graines dans sa bouche, ou en parlant dans une petite calebasse, et on entend une voix terrible prononcer ces paroles : « Le diable est extrêmement irrité contre le malade ; il veut le faire périr après l'avoir longtemps tourmenté. » Les assistants, que cet arrêt épouvante aussi bien que le malade, poussent des hurlements affreux et conjurent le Piaya d'apaiser le mauvais esprit, en dût-il coûter tout le bien de la famille. Il se rend à ces supplications et conjure le démon de se laisser fléchir ; la voix tonnante répond qu'il lui faut telle ou telle chose, et aussitôt on la lui passe sous la petite cahute. Il s'agit ensuite de savoir quel est le mal et quel en est le remède. Nouvelles invocations, nouvelles demandes, et il faut recommencer à faire des présents. Quand le pauvre dupe est assez plumée, le rusé charlatan suce la partie dont le malade est le plus incommodé, et crachant de petits os, ou autres bagatelles qu'il a eu soin de mettre dans sa bouche : « Voilà, dit-il, la cause du mal ; hâtez-vous de la brûler, et soyez sûrs que le malade sera bientôt rétabli. »

Ce pronostic se réalise quelquefois, car on obtient souvent des cures merveilleuses en frappant vivement l'imagination. Si le contraire arrive, que le malade vienne à mourir, et qu'on en fasse des reproches à l'effronté fourbe, il a son excuse toute prête : « Vous n'avez pas fait au diable vos présents de bon cœur, dit-il, et vous avez de nouveau excité sa colère. » Un de ces Piayas, plus amoureux qu'intéressé, laissait mourir d'inanition les hommes qui le consultaient, et proposait ensuite à leurs veuves de les épouser. Il devint le mari de trois femmes, qu'il n'eut que par ce moyen. *Voy.* PIACHES, INITIATION GALIBI.

PICARDS ou FRÈRES PICARDS, hérétiques qui s'élevèrent en Bohême, au commencement du XVe siècle. Ils avaient pour chef un imposteur nommé *Picard*, qui se faisait passer pour le fils de Dieu, et prenait le nom d'Adam. Il enseignait que toutes les femmes doivent être communes, mais que personne n'avait droit d'en jouir sans sa permission. Il était suivi d'une troupe nombreuse d'aventuriers et de gens de la lie du peuple, qui, sous prétexte d'imiter l'innocence d'Adam dans le paradis terrestre, se dépouillaient de tous vêtements, hommes et femmes dans leurs assemblées ; quelques-uns même se présentèrent en cet état dans les rues. On punit et on contint facilement ces malheureux insensés. Cependant d'autres écrivains rapportent que s'étant retirés dans une île de la rivière de Lismeik, à sept lieues de Thabor, en Bohême ; ils y furent taillés en pièces en 1420 par Jean Zisca, chef des Thaborites, et qu'il n'y en eut que deux qui échappèrent à ce massacre. — D'autres regardent leur nom de *Picards*, comme une corruption française de celui des *Beggards*, appelés aussi *Biggards*, dont ils étaient une branche.

PI-CHA-MEN, dieu du panthéon bouddhiste chez les Chinois : son nom signifie glorieux : il doit cette épithète à la renommée de ses vertus, qui s'est répandue dans tout l'univers. Il habite, dans le premier ciel, la paroi de cristal, située au nord du mont Mérou. Cette région du monde est sous sa protection spéciale, et il a pour ministres de ses volontés des myriades de yakchas ou génies belliqueux.

PI-CHE-TCHE, génies des Bouddhistes de la Chine, qu'on suppose respirer les esprits animaux des hommes et la vapeur des graines. Ce sont les mêmes que les *Pisatchas* des Hindous. *Voy.* PISATCHAS.

PICHTAKA-SANKRANTI, fête que les Hindous célèbrent le premier jour du mois de Magha, en l'honneur de la conjonction du soleil. On offre alors à cet astre des gâteaux composés de farine de riz, de sucre et de beurre liquéfié ; ces gâteaux, appelés *Pichtakas*, ont donné le nom à la fête. *Voy.* OUTTARAYANA et TILWA-SANKRANTI.

PICPUS (autrefois *Picquepusses*). On donnait ce nom singulier aux *Pénitents réformés* du tiers ordre de Saint-François, parce que, vers l'an 1600, ils s'établirent à Paris, dans le lieu du même nom.

Maintenant on désigne, pour la même raison, sous le nom de *Picpus* ou *Picpussiens*, une congrégation de prêtres qui se livrent à l'éducation des clercs dans les grands séminaires, aux missions, et à diverses autres fonctions du ministère ecclésiastique.

PICUMNUS, dieu des anciens Romains, qui le disaient fils de Jupiter et de la nymphe Garamantide. On lui attribue l'invention de l'usage de fumer les terres, d'où il fut surnommé *Sterquilinius*. Il présidait avec son frère Pilumnus, aux auspices des mariages; aussi dressait-on pour eux des lits dans les temples. A la naissance d'un enfant, lorsqu'on le déposait à terre, on le recommandait à ces deux divinités, de peur que le Dieu Sylvain ne lui fût nuisible. Picumnus était particulièrement révéré chez les Etrusques. Il présidait aux augures, à la tutèle des enfants et aux mariages. Il passait pour le génie du mari. *Voy.* PILUMNUS.

PICUS, dieu indigète des anciens Romains. On le disait fils de Saturne, et roi des Aborigènes. C'était un prince très-accompli. Objet des désirs de toutes les nymphes de la contrée, il donna la préférence à la belle Canente, fille de Janus. Comme il périt à la chasse, dans un âge peu avancé, on publia qu'il avait été changé en pivert, oiseau qui porte son nom en latin; et, pour accréditer cette fable, on ajouta que c'était Circé qui avait opéré ce changement avec sa baguette, pour le punir de son insensibilité. Servius prétend que cette fiction est fondée sur ce que ce prince, qui se piquait d'exceller dans l'art de connaître l'avenir, se servait pour cela d'un pivert qu'il avait su apprivoiser.

PIDION-SCHEBIIM, confrérie établie autrefois, parmi les Juifs, dans certaines villes d'Allemagne pour *la rédemption* des captifs; elle recueillait des aumônes pour cette bonne œuvre.

PIDZOU-PENNOU, dieu de la pluie chez les Khonds, peuple de la côte d'Orissa, dans l'Hindoustan. Lorsque les pluies viennent à manquer, toute la tribu s'assemble pour invoquer Pidzou-Pennou. Les querelles sont alors oubliées ou suspendues; tout le monde sort au dehors, hommes, femmes, enfants, accompagnés d'une musique bruyante, poussant de grands cris, dansant et gambadant en rond. On demande le dieu des pluies à quelque vieil arbre ou à un rocher déterminé. Et pendant que les uns continuent la danse sans interruption, les autres dépouillent des victimes et les font cuire; ces victimes sont des veaux, des brebis ou des cochons. Le kouttagottarou, ou prêtre, fait en même temps des invocations. Lorsque la chair des victimes est cuite, il en mange le premier avec les vieillards, qui sont à jeun depuis le jour précédent; ensuite les jeunes gens viennent en prendre leur part, et en dernier lieu les femmes et les enfants.

PIÉRIDES, surnom donné aux Muses, soit du mont Piérius en Thessalie, qui leur était consacré, soit à cause de leur victoire sur les filles de Piérus, roi de Macédoine, que l'on appelait aussi Piérides.

Ces dernières étaient au nombre de neuf, et excellaient dans la musique et dans la poésie. Fières de leur nombre et de leurs talents, elles osèrent aller défier les Muses jusque sur le Parnasse. Le combat fut accepté, et les nymphes de la contrée, choisies pour arbitres, prononcèrent en faveur des Muses. Les Piérides, piquées de ce jugement, s'emportèrent en invectives, et voulurent même frapper leurs rivales, lorsqu'Apollon les métamorphosa en pies, leur laissant toujours la même démangeaison de parler.

PIERRE, 1° C'était un des noms mystérieux de Jupiter; on dit qu'il fut ainsi nommé de la pierre dont on assommait la victime dans les traités, ou de celle que Rhéa donna à dévorer à Saturne à la place de Jupiter, son fils. Le serment fait par ce nom était très-respecté, au dire d'Apulée; c'est ce que Cicéron appelle *Jovem lapidem jurare.* Jupiter Lapis était souvent confondu avec le dieu Terme.

2° On voyait du temps des anciens, à côté des grands chemins, des tas de pierres auxquelles chaque passant se faisait un point de religion d'en ajouter une en l'honneur de Mercure, à qui ces amas étaient consacrés. On leur donna même le nom de *Mercures.*

3° Les plus anciens simulacres des dieux étaient sculptés en pierres carrées, auxquelles on ajouta successivement la tête, les bras, le jambes, etc. *Voy.* TERME.

4° Dans les poésies d'Ossian, il est fait mention de *la pierre du pouvoir,* invoquée par le roi d'une île du Schetland. C'était probablement l'image de quelque divinité des peuples du Nord.

5° Certaines pierres dressées ou couchées sont à peu près les seuls monuments qui nous restent du culte des Druides, nos pères. *Voy.* DOLMENS, MENHIR, PEULVAN.

6° Les Musulmans ont le plus grand respect pour une pierre noire, qui est fixée à l'un des angles de la Kaaba, ou temple de la Mecque, et tous les pèlerins se font un devoir de la baiser ou du moins de la toucher lorsqu'ils font les sept tournées autour du sanctuaire. Les Mahométans prétendent que cette pierre fut le gage de l'alliance que Dieu fit avec les hommes en la personne d'Adam, et qu'il grava sur elle les paroles de cette alliance, ainsi que sa loi. Suivant une autre tradition, elle servit d'échafaud à Abraham lorsque ce saint patriarche construisit la Kaaba, s'élevant d'elle-même à mesure que la bâtisse montait. Abraham la plaça ensuite à l'angle sud-est du sanctuaire en ordonnant de commencer toujours les processions par ce côté-là. Il paraît qu'en effet cette pierre était déjà vénérée dans les temps antérieurs à l'islamisme. Les Musulmans disent qu'elle était blanche dans son principe, et que ce sont les péchés des hommes qui l'ont noircie. Elle fut profanée en l'an 414 de l'hégire (1023 de Jésus-Christ) par un Karmate qui lui porta trois grands coups d'une masse d'armes pendant les rites du pèlerinage; le téméraire paya de sa vie son sacrilège; mais la pierre n'en fut pas moins mutilée; et c'est en cet état qu'elle reçoit aujourd'hui les hommages des fidèles musulmans.

PIÉTÉ. Ce mot, pris dans son acception la plus large, exprime la réunion des devoirs dont chacun doit s'acquitter envers la Divinité, envers sa patrie et envers ses parents. Dans les langues modernes, on entend principalement par cette expression le culte tant intérieur qu'extérieur que les hommes doivent rendre à Dieu; mais les auciens paraissent l'avoir appliqué de préférence aux devoirs des enfants à l'égard de leur père et de leur mère. C'est en ce dernier sens qu'ils en avaient fait une divinité allégorique, à laquelle on offrait des sacrifices, particulièrement chez les Athéniens. Cependant le mot de *piété*, pour exprimer le culte rendu à la Divinité, était également reçu chez les Romains; Cicéron en parle avec exactitude; quand il dit: *Nec est ulla erga deos pietas, nisi honesta de numine eorum ac mente opinio, cum expeti nihil ab iis quod sit injustum, atque inhonestum, arbitrere* (Pro domo sua).

La piété à l'égard des parents est appelée maintenant *piété filiale;* la religion en a fait le premier des devoirs après celui que l'on doit rendre à Dieu; elle est l'objet d'un des préceptes du Décalogue.

Il n'y a peut-être pas de contrée où elle soit plus en honneur qu'à la Chine; on peut dire que cette vertu y est passée à l'état de véritable culte, et cela de temps immémorial. Un Chinois peut très-librement n'avoir aucune religion, personne ne songera à s'en scandaliser; mais manquer à son père ou à sa mère à la moindre chose est un crime irrémissible. « Le premier principe de la morale chinoise, dit le P. Lecomte, recommande aux enfants un amour, une complaisance, un respect pour les pères, que ni les mauvais traitements, ni l'âge avancé, ni le rang supérieur qu'on pourrait avoir acquis, ne puissent jamais altérer. Il n'y a point de soumission, point d'obéissance, que les parents ne puissent exiger de leurs enfants. Ces enfants sont obligés de les nourrir toute leur vie, et, après leur mort, de les pleurer continuellement. Ils se prosternent mille fois devant leurs corps; ils leur offrent des viandes, comme s'ils étaient en vie; ils les enterrent avec une pompe et des dépenses excessives; ils vont régulièrement verser des larmes sur leurs tombeaux; ils honorent leurs tableaux par des offrandes. Les rois même ne se dispensent point de ce devoir; et si un père est honoré comme une divinité après sa mort, il est obéi comme un roi durant sa vie dans sa famille, qu'il gouverne avec un pouvoir despotique, maître absolu non-seulement de ses biens, mais encore de ses concubines et de ses enfants, dont il dispose avec une entière liberté. Si un père accuse son fils de quelque faute devant le mandarin, il n'a pas besoin d'autre preuve. On suppose toujours qu'il a raison, et qu'un enfant est coupable dès qu'un père n'est pas content. »

Le crime de parricide est inouï dans la Chine; mais si un enfant se révolte contre son père, s'il l'accable d'injures, ou se porte contre lui à des voies de fait, la province où ce crime a été commis en est alarmée; l'empire lui-même devient le juge du coupable. On dépose les mandarins de la ville, qui ont si mal instruit cet enfant dénaturé; on châtie sévèrement ses proches, pour avoir été si négligents à le reprendre; car on suppose qu'un si méchant naturel s'était déjà manifesté en d'autres occasions. Il n'est point d'assez grand supplice pour punir ce forfait. On coupe le coupable en dix mille morceaux (c'est la teneur de la sentence); on le brûle; on détruit sa maison jusqu'aux fondements; on renverse celles de ses voisins; et on dresse partout des monuments, pour conserver la mémoire de cet horrible excès.

L'histoire rapporte que, dans une province du midi, un jeune homme s'oublia jusqu'au point de frapper sa mère; tous les tribunaux de la province se jugèrent incompétents pour juger un crime aussi inouï; on dépêcha des exprès à la capitale, éloignée de 600 lieues pour en faire le rapport à l'empereur; le prince était absent; il était parti pour deux mois en Tartarie, avec toute sa cour, pour se livrer au plaisir de la chasse. On jugea à Péking qu'un pareil attentat valait la peine que l'empereur en fût informé au plus tôt; on fit partir aussitôt des courriers; à la lecture des lettres dont ils étaient porteurs, le monarque descendit de cheval, se prosterna à terre devant toute sa cour, s'humilia devant le ciel, cherchant dans sa conduite par quel grand crime il avait mérité d'avoir dans son empire un semblable monstre. Il ordonna en même temps de cesser les chasses et de rentrer en toute hâte dans la capitale. Le châtiment de l'enfant dénaturé ne se fit pas attendre plus longtemps; il fut puni comme nous venons de le rapporter plus haut.

Un empereur de la Chine avait jugé à propos d'exiler sa propre mère, parce qu'elle déshonorait son rang et sa naissance par un commerce scandaleux avec un seigneur de la cour. Une mesure si juste parut révoltante à toute la nation. Les ministres commencèrent à accabler le monarque de requêtes pour l'engager à rappeler sa mère. Obsédé par leurs instances réitérées, le prince fit mourir quelques-uns de ces ministres trop zélés. Cette rigueur n'effraya pas les autres, qui tour à tour importunèrent l'empereur pour le même motif, et payèrent de leur tête la hardiesse de leurs représentations. Enfin l'un d'eux, se faisant accompagner d'un cercueil, dit à l'empereur d'un ton ferme : « Faites-moi mourir, et délivrez-moi de là vue d'un prince qui n'est plus à mes yeux qu'un objet d'horreur, puisque vous refusez d'écouter la voix de la nature qui vous parle par ma bouche. Je vais trouver vos ancêtres et ceux de l'impératrice votre mère; je leur apprendrai votre crime, et dans l'ombre de la nuit leurs ombres et la mienne viendront encore vous reprocher votre cruauté. » La mort fut encore le prix d'un discours si généreux; mais tant de sang répandu ne procurait point au monarque le repos qu'il désirait; de nouveaux censeurs venaient tous les jours le persécuter au péril de leur vie. Sa cruauté fit enfin place à la crainte; il appréhenda que son obstination ne produisît quelque soulèvement dans ses États, et, pour s'épargner de nouveaux embarras, il rappela, malgré lui, sa mère.

On conserve une déclaration de Wen-ti, qui ordonne à tous les vice-rois et gouverneurs des provinces de l'empire de lui faire connaître ceux qui se sont rendus recommandables par une tendresse et une soumission particulière envers leurs parents, afin qu'il puisse honorer et récompenser dignement une si belle vertu. Le même empereur, par une autre déclaration, dispense des corvées ordinaires les enfants qui ont perdu leur père ou leur mère, pendant tout le temps destiné à leur rendre les honneurs funèbres, qui est de trois ans.

Pendant cet espace de temps, on ne peut exercer aucun emploi public, prendre part à aucune cérémonie, monter à cheval, etc., etc. *Voy.* DEUIL, n° 16. Le fils du roi de Tsin, pour se dérober aux embûches que lui tendait sa belle-mère, s'était exilé des États de son père, et vivait errant dans différents pays. Pendant le cours de ses voyages, il reçut avis que son père était mort, et qu'un usurpateur s'était emparé de ses États. Un gouverneur, sensible à sa disgrâce, voulait lui offrir une armée pour soutenir ses droits; mais le prince lui répondit que la piété filiale lui était plus précieuse que le trône, qu'il devait songer à pleurer la mort de son père, avant de s'occuper de ses propres intérêts, et que pendant les trois années destinées au deuil et à la tristesse, il lui était défendu de prendre les armes.

PIÉTISTES. 1° Secte de dévots luthériens, qui prétendaient que le luthéranisme avait besoin d'une nouvelle réforme; ils se croyaient illuminés, et ils ont renouvelé les erreurs des Millénaires et plusieurs autres.

Philippe-Jacques Spéner, pasteur à Francfort, fut le premier auteur du piétisme parmi les protestants; il crut que l'on sacrifiait trop aux disputes théologiques, à l'esprit de système, et qu'il fallait accorder davantage au sentiment intérieur et à l'esprit de piété. Il parla et il écrivit dans ce sens, vers la fin du XVII° siècle; il forma dans sa maison un *collége de piété*, à l'imitation duquel beaucoup d'autres furent établis jusque dans les villages. Ces assemblées furent d'abord approuvées par la faculté de théologie; mais bientôt le bruit se répandit que les orateurs qui y prenaient la parole se servaient d'expressions suspectes, et on les désigna, aussi bien que leurs partisans, sous le nom de Piétistes.

Les Piétistes toléraient à peu près tous les partis, pourvu qu'ils eussent de la tolérance; ils estimaient plus les fruits de la foi que la foi elle-même, s'occupaient moins des dogmes que de la morale, et pensaient que la Bible n'est bien comprise que par le juste illuminé du Saint-Esprit. Ainsi, très-peu rigides sur les opinions, mais rigides sur les actions, proscrivant les danses, les jeux de cartes et d'autres amusements, ils s'occupaient à former la piété intérieure, et quelques-uns se jetèrent dans le mysticisme. Leur dévotion était plus affective qu'éclairée :

un des points sur lesquels ils dissertaient le plus, était le mariage de l'âme avec Jésus-Christ. Ce sont, disait Frédéric II, roi de Prusse, des Jansénistes protestants, à qui il ne manque que le tombeau du diacre Paris, et un abbé Bécherand pour gambader dessus. Il paraît certain que le fanatisme s'introduisit dans les assemblées des Piétistes, qui furent composées d'hommes et de femmes de tous états, de tout âge, parmi lesquels il y avait des tempéraments bilieux, mélancoliques, qui produisaient des fanatiques et des visionnaires. Ils recherchaient avec avidité les ouvrages de piété de toutes les communions, et surtout ceux qui ont été composés par les catholiques, tels que ceux de Thomas à Kempis, de saint François de Sales, du P. Scupoli, de sainte Thérèse, la Vie de Marie Alacoque, Marie d'Agréda, les lettres d'Olier, fondateur de Saint-Sulpice, etc., etc. Le piétisme de Spéner, peu de temps après sa naissance, fut propagé rapidement en Allemagne et en Alsace, et y obtint une faveur signalée ; mais ensuite on chercha à le réfuter et on le persécuta. Il paraît avoir subsisté depuis 1670 jusque vers 1730. Mais il reparut ensuite sous différentes formes.

2° Il y a, depuis plus d'un siècle, une autre secte de Piétistes disséminée sur les deux rives du Rhin, et qui est également opposée aux Calvinistes et aux Luthériens. La plupart de ceux qui la composent, artisans ou cultivateurs, sont en général peu instruits, peu communicatifs, et s'enveloppent d'un silence qui tient du mystère. Ce qui paraît constaté sur leur croyance se réduit, suivant Grégoire, aux articles suivants :

Ils admettent la Bible, reconnaissent la divinité de Jésus-Christ, voient dans les communions protestantes et partout la Babylone qui doit succomber prochainement. Ils ont des réunions journalières, le matin pour prier, le soir pour des lectures édifiantes. Leurs ouvrages de prédilection sont ceux d'Armsbruster et d'Adam Muller. Ils n'ont ni sacrements, ni symbole, ni sacerdoce. Le droit d'instruire, d'après l'inspiration privée, appartient indistinctement à chacun. Leurs chants sont graves et harmonieux; une discipline sévère les éloigne des danses et autres récréations mondaines. On s'accorde à dire qu'en général leur costume est négligé et malpropre. Lorsqu'un d'eux est malade, on n'a pas recours à la médecine; ils s'agenouillent, prient pour lui, attendent le secours divin, et, s'il meurt, ils l'inhument sans cérémonie; on voit que les Piétistes protestants tiennent beaucoup des Quakers et des Anabaptistes.

Quelques relations venues d'Allemagne portent que, dans certaines réunions, entre autres à Edenkoben, ils s'agenouillent dos à dos, et se donnent de grands coups de tête contre les murs. Ils attachent une foule d'idées mystérieuses au nombre de 666 de l'Apocalypse, et au nombre de 40, à cause des quarante ans de séjour des Israélites dans le désert, et des quarante jours de jeûne de Jésus-Christ. Quelques-uns d'entre eux, qui se trouvent en Alsace, principalement à Bischviller, furent inquiétés par les tribunaux, comme tenant des réunions illicites; mais ayant fait, en 1829, leur déclaration à la municipalité, on les laissa tranquilles.

3° Il y eut aussi, parmi les catholiques, des Piétistes qui firent beaucoup de bruit dans le XVIIᵉ siècle. *Voy.* QUIÉTISTES.

4° Le Piétisme a pénétré chez les Juifs; car on peut donner ce titre à ceux qui formèrent, sur la fin du siècle dernier une corporation religieuse, dans la Lithuanie et dans l'Ukraine, sous le nom de *Khasidim* ou de *Carolins*. *Voy.* KHASIDIM.

5° Enfin plusieurs, parmi les Musulmans, donnent également dans le piétisme; c'est un défaut fort commun aux poëtes, dont presque toutes les poésies et les romans roulent sur l'amour de Dieu, dépeint presque toujours avec des formes et des expressions qui rappellent un amour charnel, et même tout le désordre des passions les plus monstrueuses. La plupart de ces poëtes théosophes adoptent même un surnom mystique, tel que *le Fou, Sans-Cœur, Extravagant, Sans-Ame, le Pleureur, la Douleur, le Blessé*, etc., prétendant exprimer par là les ravages que l'amour divin a opérés en eux-mêmes.

PIFRES ou PIPHLES, nom que l'on a donné, dans le XIIᵉ siècle, aux Albigeois, à cause de leur grossière rusticité.

PII, nom que les Siamois donnent aux démons et aux habitants de l'enfer, qui est le monde inférieur. Ceux du ciel ou monde supérieur s'appellent *Theuada*, et les habitants de notre monde, *Manout*.

PIIOH, PIOH ou POOH, le dieu de la lune (*Lunus*) chez les Egyptiens. Ce mot est composé de l'article *pi* et du mot *yoh*, la lune. Ce dieu était souvent représenté avec une tête d'épervier, et porté sur un crocodile. Le croissant lunaire, le serpent Uræus, le nilomètre, le sceptre et la croix ansée étaient encore au nombre de ses attributs.

PI-KIEOU, et PI-KOU, religieux bouddhistes de la Chine, qui sont arrivés au plus haut degré de perfection. Ceux qui embrassent cet état ne sont plus astreints à rien de particulier pour la demeure, ni pour le manger; ils regardent tous les hommes du même œil, et reçoivent indifféremment de tous ceux qui veulent bien leur donner. Supérieurs à tous les événements, rien n'est capable de leur inspirer de la crainte; leur unique occupation est de s'appliquer à la contemplation. Ils ne doivent plus être susceptibles ni d'avarice, ni de concupiscence, ni de crainte, ni d'aucune autre passion, et doivent avoir un empire absolu sur leurs sens, s'ils restent encore sujets aux faiblesses humaines et aux impressions des passions, tout ce qu'ils font d'ailleurs leur devient inutile, et ne mérite que du mépris.

PIKOLLOS, dieu de la mort chez les anciens Prussiens, qui lui consacraient la tête d'un homme mort, et brûlaient du suif en son honneur. Ce dieu se faisait voir lorsqu'il mourait quelqu'un. Si on ne l'apaisait pas par des sacrifices, il tourmentait ses adorateurs. Négligeait-on de le satisfaire, il se présentait une seconde fois; et lorsqu'on lui donnait la peine de paraître une troisième, on ne pouvait plus l'apaiser que par l'effusion du sang humain: mais le prêtre en était quitte pour se faire une incision au bras et en répandre quelques gouttes. On connaissait que Pikollos était satisfait, lorsqu'on entendait du bruit dans le temple.

PIKOU, ordre inférieur des Talapoins, dans le royaume de Siam. Il faut avoir au moins vingt ans pour le recevoir. Dans la consécration du Pikou, le sankrat ou supérieur récite sur lui quelques prières; il l'exhorte ensuite à observer les préceptes sévères de loi écrite; à veiller à la garde des temples et des idoles; à tenir les lieux saints dans une grande propreté; à maintenir les anciens rites, sans souffrir la moindre innovation en matière de culte.

PIKTALIS, dieu de la colère et de la mort chez les anciens habitants de la Prusse, de la Lithuanie et de la Samogitie. Sa statue fut enfermée avec celles de Warpintas, dieu des moissons, et de Perkunas, dieu du feu, dans les cavités du chêne de Romnowe; on lui offrit trois têtes dans un vase; une d'homme, une de cheval et une de vache; elles représentaient toutes trois le sacrifice de la vie.

PILAMOU-PENNOU, dieu de la chasse chez les Khonds, habitants de la côte d'Orissa. Lorsqu'ils entreprennent une partie de chasse, les Khonds demandent toujours au prêtre de leur rendre favorable le dieu de la chasse. Il entasse les armes des chasseurs au bord d'un ruisseau, répand de l'eau dessus y met une poignée de longues herbes, et sacrifie un oiseau au dieu, qui, s'il est propice, instruit le prêtre de la direction que doivent prendre les chasseurs, et même lui apprend quelquefois le nombre de lièvres, de cochons sauvages, etc., qu'il doit dévouer à tomber sous les coups.

PILES, figures d'hommes, faites de laine, que les Romains sacrifiaient aux dieux Lares dans les Compitales. Macrobe nous apprend qu'on leur immolait d'abord de petits enfants pour la conservation de toute la famille; mais Brutus, ayant chassé les rois de Rome, abolit cet usage barbare, et substitua aux enfants ces figurines de laine.

PILIATCHOUTCHI, dieu des Kamtchadales; Koutkou, le créateur, l'établit pour veiller sur les animaux terrestres. Ce dieu, d'une taille fort petite, est vêtu de peau de goulu de mer, et traîné par des perdrix. Sa femme s'appelle *Tiranous*. Des écrivains lui donnent des attributs plus relevés. Béranger, dans sa *Morale en exemples*, donne l'hymne suivante, comme une imitation de Steller et de Krachenninikof, et le suppose chanté à la fête de la purification des *ostrogs* ou villages:

« Vive Piliatchoutchi, le père! Il habite au-dessus des nues, d'où il verse la pluie et lance les éclairs. L'arc-en-ciel est la bordure de ses vêtements; les sillons que l'ouragan trace sur la neige sont les vestiges de ses pas. Il faut craindre ce dieu, ce grand dieu tout-puissant ! car il fait enlever dans des tourbillons les enfants des Kamtchadales, pour supporter éternellement les lampes de cristal qui éclairent son palais de glace. Piliatchoutchi est le dieu du ciel; le soleil est son œil droit, la lune son œil gauche ; tous les fleuves de la terre tombent de sa ceinture, et les baleines de nos mers se cachent de peur, quand le tonnerre de sa colère retentit parmi les rochers de nos rivages. O grand dieu ! sois-nous propice, défends-nous des chagrins, de la foudre et des incendies. »

PI-LIEOU-LI, le cinquième dieu de la cosmogonie bouddhique, suivant les Chinois. Sa grandeur et sa majesté ajoutent encore, disent-ils, à l'éclat des autres divinités. Il habite la paroi de saphir du mont Mérou, préside à la région du Sud, et a sous ses lois les Koumbandas et une multitude d'autres génies. Le dieu des Védas est sous sa dépendance immédiate.

PI-LIEOU-PO-TCHA, sixième dieu de la cosmogonie bouddhique. Il est remarquable par la grandeur de ses yeux, et par la faculté dont il jouit de parler toutes les langues. Sa demeure occupe la paroi d'argent du mont Mérou, et il gouverne la plage occidentale du monde avec l'aide des démons appelés Pisatchas, auxquels il commande.

PI-LI-TO, nom que les Chinois donnent aux esprits que les Hindous appellent *Prétas*; ce sont des démons faméliques qui, dans toute la durée de leurs Kalpas, n'entendent parler ni de nourriture ni d'eau.

PILLA, dieu de l'air, adoré dans le Brésil; c'est peut-être le même que le Pillan des Araucans.

PILLAL-KARRAS, c'est-à-dire *hommes qui aveuglent les requins*. Les Malabars appellent ainsi certains devins ou exorcistes, aux conjurations desquels les pêcheurs de perles ont recours pour se mettre à l'abri des attaques du requin, lorsqu'ils plongent dans la mer. Ces conjurateurs se tiennent debout sur la côte, depuis le matin jusqu'au retour des barques, marmottant continuellement des prières, faisant mille contorsions bizarres, et des cérémonies insignifiantes pour les autres comme pour eux-mêmes. Durant tout ce temps, il faut qu'ils s'abstiennent de boire et de manger, sans quoi leurs formules n'auraient aucun effet. Cependant ils font quelquefois trêve à cette abstinence, et prennent tant de vin de palmier qu'il ne leur est plus possible de remplir les fonctions de leur ministère. D'ailleurs les requins ne cèdent pas toujours à l'efficacité des conjurations; mais si l'un des pêcheurs vient à être dévoré, ces charlatans ont des réponses toutes préparées pour ne pas ébranler leur crédit.

PILLAN, dieu suprême des Araucans, ancien peuple de l'Amérique du sud. Ce mot signifie *âme, esprit*.

PILOSITÉS, nom que les origénistes donnaient par dérision aux catholiques, qui soutenaient que les hommes ressusciteraient avec toutes les parties de leur corps, d'où les origénistes concluaient qu'il n'y devait pas manquer un poil (en latin *pilus*).

PILUMNUS, dieu des Romains, qui en faisaient le frère de Picumnus ; ils lui attribuaient l'invention de l'art de moudre le blé; aussi était-il particulièrement honoré par les meûniers. *Voy.* PICUMNUS.

PILWITÉ et PILWITIS. La Pologne de M. Forster représente *Pilwité* comme la déesse de la fortune, dans la mythologie lithuanienne; et *Pilwitis*, comme le dieu des granges et des richesses, dans la Samogitie et l'ancienne Prusse. Nous sommes tenté de croire que ce n'était qu'une seule et même divinité.

PIMANDER, l'*Intelligence suprême*, d'après les Egyptiens. Il existe, sous le nom de *Pimander*, un ouvrage cosmogonique, théologique et philosophique, composé par Thoth ou Hermès Trismégiste, et que les critiques modernes considèrent comme le plus ancien et le plus authentique des livres de l'Egypte. Nous ne l'avons plus dans l'original, mais il en existe des traductions grecques qui ont été publiées. Cet ouvrage est sous la forme d'un dialogue entre Pimander et Thoth ; or comme Thoth est aussi une intelligence manifestée aux hommes, c'est donc un dialogue entre l'Intelligence divine et l'Intelligence humaine, la première révélant à la seconde, pour le salut du genre humain, l'origine de l'âme, sa destinée, ses devoirs, les peines ou les récompenses qui lui sont réservées.

Pimander se manifeste à Thoth, sous des formes symboliques, et se définit lui-même dans le fragment que nous allons citer.

« Comme je réfléchissais un jour sur la nature des choses, élevant mon entendement vers les cieux, et mes sens corporels assoupis, ainsi qu'il arrive, dans le profond sommeil, aux hommes fatigués par le travail ou la satiété, il me sembla voir un être d'une stature démesurée, qui, m'appelant de mon nom, m'interpella en ces termes : Que désires-tu voir et entendre ? ô Thoth ! que souhaites-tu d'apprendre et de connaître ? Je lui demandai : Qui es-tu ? — Je suis, me dit-il, Pimander, la pensée de la puissance divine ; dis-moi ce que tu désires, je serai en tout à ton aide. — Je désire, lui dis-je, apprendre la nature des choses qui sont, et connaître Dieu. Il me répondit : Explique-moi bien tes désirs et je t'instruirai sur toutes choses. M'ayant ainsi parlé, il changea de forme, et soudainement il me révéla tout.

« J'avais alors devant les yeux un spectacle prodigieux : tout s'était converti en lumière, aspect merveilleusement agréable et séduisant ; j'étais transporté de ravissement. Peu après, une ombre effroyable, qui se terminait en obliques replis, et se révélait d'une nature humide, s'agitait avec un fracas terrible. Une fumée s'en échappait avec bruit ; une voix sortait de ce bruit ; elle me semblait être la voix de la lumière, et le Verbe sortit de cette voix de la lumière. Ce Verbe était porté sur un principe humide, et il en sortit le feu pur et léger qui, s'élevant, se perdit dans les airs. L'air léger, semblable à l'Esprit, occupe le milieu entre l'eau et le feu; et la terre et les eaux étaient tellement mêlées ensemble, que la surface de la terre, enveloppée par les eaux, n'apparaissait en aucun point. Elles furent toutes deux agitées par le Verbe de l'Esprit, parce qu'il était porté au-dessus d'elles; et dans ce moment, Pimander me dit: As-tu bien compris ce que signifie ce spectacle? — Je le connaîtrai, lui dis-je. Il ajouta: cette lumière, c'est moi: je suis l'Intelligence, je suis ton Dieu, et je suis bien plus ancien que le principe humide qui s'échappe de l'ombre. Je suis le germe de la pensée, le Verbe resplendissant, le Fils de Dieu. Je te dirai donc: Pense que ce qui voit et entend ainsi en toi, c'est le Verbe du maître, c'est la Pensée qui est Dieu le Père; ils ne sont aucunement séparés, et leur union, c'est la vie. Médite d'abord sur la lumière et arrive à la connaître. Quand ces choses furent dites, je le priai longtemps pour qu'il tournât vers moi sa figure. Dès qu'il l'eut fait, j'aperçus aussitôt dans ma pensée une lumière environnée de puissances innombrables, brillant sans limites, le feu contenu dans un espace par une force invincible, et se maintenant au-dessus de sa propre base, etc. »

Nos lecteurs, familiers avec la cosmogonie mosaïque, reconnaîtront sans peine dans cet extrait, la lumière et les ténèbres, le chaos primordial, l'eau couvrant la face de la terre, l'air ou l'Esprit de Dieu porté sur les eaux, le Verbe de Dieu produisant ou coordonnant les êtres, etc. On y aperçoit même le dogme de la Trinité, ainsi que l'union et l'identité de substance du Père et du Fils.

PIMPLÉENNES ou PIMPLÉIDES, nom des Muses, pris du mont Pimplée, contigu à l'Hélicon, qui leur était consacré. Festus le fait venir d'une fontaine de Thessalie, ainsi appelée de l'abondance de ses eaux (πιμπλᾶν, remplir).

PIN, arbre consacré à Cybèle; c'est pourquoi il accompagne souvent les statues de cette déesse. Dans les mystères célébrés en son honneur, ses prêtres couraient armés de thyrses, dont les extrémités étaient des pommes de pin ornées de rubans. A l'équinoxe du printemps, on coupait en grande pompe un pin que l'on portait dans le temple de Cybèle. Cet arbre était aussi consacré à Sylvain; car ses images portent assez souvent de la main gauche une branche de pin, à laquelle tiennent des pommes du même arbre. Properce le donne encore au dieu Pan; la pomme en était aussi employée dans les sacrifices de Bacchus, les orgies, les pompes, les processions, etc. Les anciens en faisaient des couronnes dont on se ceignait la tête dans les orgies. Enfin on se servait du bois de cet arbre pour la construction des bûchers funéraires.

PINACLE, comble terminé en pointe, que les anciens mettaient au haut des temples pour les distinguer des maisons particulières. — Satan avait transporté Jésus-Christ sur le pinacle du temple de Jérusalem, lorsqu'il l'invita à se précipiter à terre, pour éprouver sa divinité et sa puissance.

PINARIENS, anciens prêtres d'Hercule. « Après la mort de Cacus, dit Noël, Evandre reconnut Hercule pour dieu, et lui sacrifia un bœuf choisi dans son troupeau même. On choisit les *Potitiens* et les *Pinariens*, les deux plus illustres familles du pays, pour avoir soin du sacrifice et du festin dont il devait être suivi. Par hasard, les Potitiens arrivèrent les premiers, et on leur servit les meilleures parties de la victime. Les Pinariens, venus trop tard, furent obligés de se contenter des restes. Ce fut une règle pour toute la suite des temps; et, tant que les Pinariens subsistèrent, ils ne goûtèrent jamais des morceaux choisis. Les Potitiens apprirent d'Evandre même les cérémonies qui devaient s'observer à l'égard d'Hercule; et pendant plusieurs siècles ils furent les prêtres de son temple, jusqu'à ce qu'ayant abandonné ce ministère aux esclaves publics, ils périrent avec toute leur race. » Tel est le récit de Tite-Live. Celui de Diodore de Sicile varie dans quelques circonstances peu importantes: de son temps, ces cérémonies étaient faites par des jeunes gens achetés de l'argent du public.

PINDJAI, un des dieux adorés par les Khonds, peuple de la côte d'Orissa. Il est vénéré dans un village du même nom.

PION, héros auquel les habitants de Pionie, dans la Mysie, offraient des sacrifices comme à un dieu. C'était un descendant d'Hercule, et il passait pour être le fondateur de la ville. On dit que, pendant le sacrifice, une fumée miraculeuse sortait de son tombeau.

PIPI. C'est ainsi que certains Grecs, dans leur ignorance de la langue hébraïque, prononçaient le nom tétragramme *Jéhova*, écrit en hébreu יהוה, ce qui en effet ressemble assez au grec πιπι. Saint Jérôme, dans sa lettre à Marcella, remarque que le nom tétragramme s'écrit par les lettres *iod, hé, vav, hé*; mais que quelques-uns le trouvant écrit ainsi יהוה dans les livres grecs, lisaient πιπι, trompés par la similitude des caractères. Bar-Hébræus, écrivain syrien, fait la même remarque. « Les Septante, dit-il, pénétrés de vénération pour l'excellence de ce nom, l'ont écrit dans le grec de leur version avec ses propres caractères hébreux. Et comme le *yod* a la même figure en grec, et que le *hé* hébreu ressemble au *pi* des Grecs, ce mot, si on le lit de droite à gauche, fait *yahyah*; mais si, à la manière des Grecs, on le lit de gauche à droite, il forme le mot *pipi*, qui n'a aucune signification. » M. Drach soupçonne que ce terme singulier pourrait bien être l'article égyptien *pi*, répété deux fois; ce qui donnerait *le, le*, équivalent à *lui, lui*. Les Arabes, en effet, donnent habituellement à Dieu le nom de *Hou*, qui signifie *lui*; mais cette interprétation nous semble forcée; *pi* est un article, et n'a jamais signifié *lui*. L'explication de saint Jérôme et de Bar-Hébræus est très-simple et très-naturelle.

PIR, mot persan qui signifie proprement *vieillard,* comme *scheikh* en arabe. Aussi est-il comme celui-ci le titre des supérieurs de monastères dans l'empire ottoman. Chez les Musulmans de l'Inde, il correspond au *gourou* des Hindous, et désigne comme ce dernier une dignité spirituelle ou plutôt la charge de directeur dans la voie du salut. Ils donnent aussi le titre de *Pirs* aux personnages de leur religion qui sont morts en odeur de sainteté, et dont les tombeaux sont devenus des lieux de pèlerinage.

PIRIPIRIS, talisman en usage chez plusieurs tribus sauvages du Brésil, du Pérou et des Pampas. Ils sont composés de diverses plantes; il y en a qu'on porte sur les bras, sur les pieds, sur les armes; d'autres qu'on mâche et qu'on jette ensuite dans l'air; d'autres dont on boit l'infusion. Ces filtres, à ce qu'on assure, occasionnent un désordre dans le système nerveux. Les autres Piripiris sont plus innocents; ils passent pour faire réussir à la chasse, assurer les moissons, faire tomber la pluie, provoquer des inondations, et disperser des armées ennemies.

PIRITA, une des avenues qui, suivant les Néo-Zélandais, conduit au *Reinga,* ou à l'empire de la Mort. *Voy.* l'article Enfer, nº 27.

PIROMI, statues de bois qui représentaient les prêtres égyptiens. Hérodote prétend que ce mot égyptien signifie *bon et vertueux;* mais il veut dire simplement *un homme.*

PIRU, un des noms du mauvais esprit, dans la mythologie finnoise. *Voy.* Hisi. Les Finnois donnaient le même nom au feu, à qui ils rendaient leurs hommages.

PIRULAINEN, mauvais génie redouté des Finnois; il décoche contre les hommes des traits meurtriers.

PISATCHAS, mauvais esprits de la mythologie hindoue; ce sont des espèces de Vampires qui absorbent les esprits animaux des hommes et la sève des plantes. Ils ressemblent aux Rakchasas, mais ils sont d'une classe inférieure.

PISCATORIENS, jeux romains renouvelés tous les ans au mois de juillet par le préteur de la ville, en l'honneur de ceux des pêcheurs du Tibre dont le gain était porté dans le temple de Vulcain, comme un tribut qu'on payait aux morts.

PISCINE. 1° Dans les églises catholiques on appelle ainsi un puisard placé sous les fonts de baptême et dans lequel se perd l'eau baptismale qui a servi au sacrement; on y jette aussi les ablutions et les eaux qui ont servi à laver ou à purifier les vases et les linges sacrés.

2° Chez les Musulmans, c'est un grand bassin carré long, construit en pierres ou en marbre, avec plusieurs robinets, au milieu de la cour d'une mosquée, ou sous les portiques environnants. Les fidèles y font leurs ablutions légales avant de commencer la prière canonique.

PISTOR, ou *boulanger.* Les Romains donnaient ce surnom à Jupiter, parce que, dans le temps où les Gaulois assiégeaient le Capitole, il avait ordonné à la garnison de faire du pain de tout le blé qui leur restait, et de le jeter dans le camp ennemi, pour faire croire qu'ils ne seraient pas de longtemps pris par la famine; ce qui réussit si bien que les ennemis levèrent le siège.

PITABALDI, dieu des Khonds sur la côte d'Orissa; son nom signifie *le dieu aïeul;* il est adoré à Chokapand, à Hodzoghoro, à Ogdur et à Nowsagur, tandis que son nom est inconnu dans les districts de l'ouest et du sud. Son emblème est une pierre enduite de safran, placée sous un grand arbre, dans un endroit où la tradition rapporte qu'il a marqué son passage par une fente, en sortant de la terre ou en y rentrant. Pitabaldi a aussi un temple dans un bocage, à Godrisye. C'est un hangar de dix ou douze pieds en carré; devant est un poteau auquel on attache les victimes qui doivent être sacrifiées. On fait à Pitabaldi deux offrandes par an : l'une au temps des semailles et l'autre à celui de la moisson. Elles consistent ordinairement en une chèvre et quelques oiseaux, avec du lait, du safran, du riz, du beurre liquide et de l'encens. Quelquefois on lui sacrifie des buffles. On répand sur le riz de l'offrande une partie du sang des victimes, et on fait couler le reste sur le sol, dans l'endroit où l'on suppose que la fente a existé.

PI-TCHI-FO, classe de saints personnages qui, selon les Bouddhistes de la Chine, sont déjà parvenus à un haut degré de pureté, quoiqu'ils conservent encore une existence distincte et individuelle. Ces intelligences paraissent aux époques où il n'y a point de Bouddha; elles sont supérieures aux *Arhan,* et n'ont au-dessus d'eux que les Bodhisatwas. Les *Pi-tchi-fo* sont ceux qu'on appelle dans l'Inde *Pratyéka-Bouddhas. Voy.* Pratyékas.

PITHÉGIES, fête grecque qui faisait partie des Anthestéries. Son nom signifie l'ouverture des tonneaux.

PITHO, déesse de la persuasion, chez les Grecs. Elle était regardée comme fille de Vénus, et se trouve souvent dans son cortège avec les Grâces. On dit que Thésée introduisit son culte dans l'Attique, parce qu'il avait persuadé à tous les peuples de cette contrée de se réunir dans une même ville. Plusieurs personnages lui élevèrent des statues, des chapelles et même des temples.

PITRIPATI, c'est-à-dire *seigneur des Mânes;* un des noms de Yama, dieu des enfers chez les Hindous. On l'appelle aussi *Pitriradja,* roi des Mânes.

PITRIS, nom que les Hindous donnent aux *mânes;* ce mot signifie proprement *les ancêtres (patres, parentes).* Il y a plusieurs fêtes et plusieurs jours dans l'année consacrés à les honorer. On prend le bain, et on fait des aumônes à leur intention; ou bien on leur offre de l'eau, du riz et différentes sortes de mets.

Les Pitris ou ancêtres sont quelquefois

identifiés avec les divinités secondaires; on les invoque en cette qualité dans les Sraddhas, ou aux sacrifices des funérailles. On lit en ce sens dans les lois de Manou : « Les sages donnent à nos pères le nom de Vasous; aux grands pères de nos pères, celui de Roudras; et aux grands pères de nos grands pères, celui d'Adityas.

PLACIDE, surnom sous lequel Vénus avait, à Rome, un petit autel. Les amants brouillés venaient lui confier leurs chagrins et la charger de les raccommoder.

PLASTÈNE, divinité adorée par les Lydiens, qui lui avaient érigé une chapelle sur le sommet du mont Sipyle. Pausanias dit que c'était une déesse mère des dieux. En effet le nom de *Plastène* ou *fabricatrice* convient à Cybèle.

PLATANE, arbre qui paraît avoir été de temps immémorial l'objet de la vénération des Orientaux. Hérodote nous apprend que Xerxès, ayant trouvé en Lydie un très-grand platane, le fit orner d'une chaîne d'or, et lui donna même une garde d'honneur. Il est probable que le monarque persan consacra cet arbre à quelque divinité; du moins chez les Grecs et les Romains, il était spécialement consacré au génie de chaque individu, ou à l'esprit tutélaire de celui qui l'avait planté. On lui faisait des couronnes de ses feuilles et de ses fleurs, et on en ornait ses autels. On conservait avec un respect religieux les deux platanes qu'Agamemnon et Ménélas avaient confiés à la terre, l'un à Delphes, l'autre dans une forêt sacrée de l'Arcadie, où mille ans après on le montra à Pausanias. Un de ces arbres, placé au pied du mont Ida, ne perdait jamais ses feuilles, au dire des Crétois. On prétendait que sous son ombrage avaient été célébrées les noces de Jupiter et d'Europe, mais que les rejetons de cet arbre, transportés dans d'autres cantons de l'île de Crète, ne jouissaient plus du même avantage.

PLATÉENS, jeux quinquennaux qui étaient célébrés à Platée, et dans lesquels on courait tout armé autour de l'autel de Jupiter. « Il y avait, dit Noël, des prix considérables établis pour cette course. Ces jeux étaient appelés *les jeux de la liberté*, à cause de la célèbre victoire que les Grecs avaient remportée en ce lieu sur les Perses. Outre cette fête, on y tenait tous les ans une assemblée générale de toute la Grèce, dans laquelle on faisait un sacrifice solennel en l'honneur de Jupiter.

« Les Platéens, le seizième jour du mois qu'ils appelaient monastérion, faisaient une procession devant laquelle marchait un trompette qui sonnait l'alarme; il était suivi de quelques chariots chargés de myrtes et de chapeaux de triomphe, avec un taureau noir. Les premiers de la ville portaient des vases à deux anses pleins de vin, et d'autres jeunes garçons de condition libre tenaient des huiles de senteur dans des fioles.

« Le prévôt des Platéens, à qui il n'était pas permis de toucher du fer, ni d'être vêtu autrement que d'étoffe blanche, toute l'année, venait le dernier, portant une robe de soie pourpre, tenant d'une main une buire et de l'autre une épée nue. Il marchait en cet équipage par toute la ville jusqu'au cimetière où étaient les sépulcres de ceux qui avaient été tués à la bataille de Platée; alors il puisait de l'eau dans la fontaine de ce lieu, et lavait les colonnes et les statues qui étaient sur les sépulcres, et les frottait d'huile de senteur. Ensuite il immolait un taureau; et, après quelques prières faites à Jupiter et à Mercure, il conviait au festin général les âmes des vaillants hommes morts, et disait à haute voix sur leurs sépulcres : « Je bois aux braves qui ont perdu la vie en défendant la liberté de la Grèce. »

PLÉIADES; 1° filles d'Atlas et de Pléione; elles étaient au nombre de sept : Maïa, Electre, Taygète, Astérope, Mérope, Alcyone et Céléno. Elles furent aimées, dit Diodore, des plus célèbres d'entre les dieux et les héros, et en eurent des enfants aussi fameux que leurs pères, et qui devinrent les chefs de bien des peuples. Elles forment la constellation de leur nom dans la tête du Taureau, et sont dites avoir été métamorphosées en étoiles, parce que leur père avait voulu lire dans les secrets des dieux, soit parce qu'il fut le premier qui découvrit cette constellation, et lui donna le nom des Pléiades, ses filles, soit qu'on les ait appelées ainsi de Pléioné, leur mère, soit parce que ces étoiles paraissent au mois de mai, temps propre à la navigation, de πλείω, *naviguer*. On dit que Mérope, l'une d'elles, qu'on ne voit plus depuis longtemps, se cacha de honte d'avoir épousé un mortel, Sisyphe, pendant que ses sœurs avaient été mariées à des dieux, c'est-à-dire aux princes Titans. Mais suivant une autre tradition plus autorisée, et confirmée par le témoignage d'Ovide et d'Hygin, ce fut Electre, femme de Dardanus, qui disparut vers le temps de la guerre de Troie, pour n'être pas témoin des malheurs de sa famille. Un poëte ancien ajoutait qu'Electre se remontrait de temps en temps aux mortels, mais toujours avec l'appareil d'une comète; allusion, suivant Fréret, à une comète qui se montra d'abord aux environs des Pléiades, traversa la partie septentrionale du ciel, et alla disparaître vers le cercle arctique, l'an 1193 avant Jésus-Christ.

2° Les Hindous ne comptent que six Pléiades. Ils disent que les épouses des sept Richis étaient autrefois dans la constellation de la Grande Ourse où brillent encore à présent leurs maris; mais six d'entre elles, s'étant laissé séduire par Agni, dieu du feu, furent chassées du pôle, et demeurèrent errantes dans le ciel, jusqu'à ce que, ayant servi de nourrices à Kartikéya, ce dieu les fixa dans le zodiaque, où on les voit aujourd'hui. La seule Aroundhati mérita par sa vertu de demeurer auprès d'Agastya, son mari. *Voy.* AROUNDHATI, KRITTIKA.

3° Les anciens Péruviens avaient un respect singulier pour les Pléiades; ils leur avaient consacré un appartement dans le temple du Soleil, à Cusco.

PLESTORE, dieu indigène des Thraces Apsinthiens, qui lui sacrifiaient des victimes humaines. Hérodote parle d'un Perse, nommé Œbase, qui lui fut immolé.

PLEURANTS ou PLEUREURS, 1° un des quatre ordres de pénitents publics, dans la primitive Eglise. *Voy.* PÉNITENTS.

2° Branche d'Anabaptistes, qui s'imaginaient que les larmes étaient agréables à Dieu, et dont toute l'occupation était de s'exercer à acquérir la facilité de pleurer; ils mêlaient toujours leurs pleurs avec leur pain, et on ne les rencontrait jamais que les soupirs à la bouche.

PLUTON (1), frère de Jupiter et de Neptune, fut le troisième fils de Saturne ou Chronos, et d'Ops ou Rhée. Il avait eu le sort de ses autres frères, c'est-à-dire que Saturne l'avait dévoré; mais Jupiter, sauvé par sa mère, ayant fait prendre un breuvage à Saturne, ce dernier fut forcé de rejeter de son sein ceux qu'il avait engloutis. C'est ainsi que Pluton revit le jour; aussi n'oublia-t-il rien pour seconder son frère, et le faire triompher des Titans. Après la victoire, Pluton eut pour son partage la région des enfers. Selon Diodore de Sicile, cette fable était fondée sur ce qu'il avait établi l'usage de rendre aux morts les honneurs funèbres. D'autres ont cru, avec plus de fondement, qu'il fut regardé comme le roi des enfers, parce qu'il vivait dans des lieux fort bas par rapport à la Grèce, et qu'il faisait travailler aux mines ses sujets, qui, par cette raison, habitaient pour ainsi dire au centre de la terre; parce que l'Océan, sur les bords duquel il régnait, était regardé comme un lieu couvert de ténèbres; enfin parce que les peuples de cette contrée, noircis par la fumée des mines, et vivant sous terre, passèrent facilement, aux yeux des marchands phéniciens et grecs, pour des démons, et leur pays pour les enfers. Ceux qui confondent Pluton avec Sérapis reconnaissent, aux traits dont on l'a peint, tantôt le soleil d'hiver, tantôt cette chaleur souterraine, ce feu central, qui donne la vie à toute la nature. Il était si difforme, et son royaume si triste, qu'aucune femme ne consentit à partager sa couronne; de sorte qu'il fut obligé d'enlever Proserpine, fille de Dio ou Cérès.

Ce Dieu était généralement haï et redouté, ainsi que toutes les divinités infernales, parce qu'on le croyait inflexible : aussi ne lui érigeait-on presque jamais de temple ni d'autel, et l'on ne composait point d'hymnes en son honneur. Le culte que les Grecs lui rendaient était distingué par des cérémonies particulières. Le prêtre faisait brûler de l'encens entre les cornes de la victime, la liait, et lui ouvrait le ventre avec un couteau nommé *secespita*, dont le manche était rond et le pommeau d'ébène. Les cuisses de l'animal lui étaient particulièrement dévouées.

On ne pouvait lui sacrifier que dans les ténèbres, et des victimes noires dont les bandelettes étaient de la même couleur, et dont la tête devait être tournée vers la terre. Le cyprès, le narcisse et le capillaire étaient réservés pour ses sacrifices. Il était particulièrement honoré à Nysa, à Opunte, à Trézène, où il avait des autels ; à Pylos et chez les Éléens, où il avait un temple, qu'on n'ouvrait qu'un seul jour dans l'année, encore n'était-il permis d'y pénétrer qu'aux sacrificateurs. Epiménide, dit Pausanias, avait fait placer sa statue dans le temple des Euménides. Il était représenté sous une forme agréable, contre l'usage ordinaire.

Le culte de Pluton ne fut pas moins célèbre à Rome et chez les peuples d'Italie. Les Romains l'avaient mis non-seulement au nombre des douze grands dieux, mais parmi les huit dieux choisis, les seuls qu'il fût permis de représenter en or, en argent, en ivoire. Il y avait à Rome plusieurs prêtres victimaires, et plusieurs de ceux nommés *cultrarii*, qui étaient consacrés à Pluton. Dans les premiers temps, le Latium lui avait immolé des hommes; mais lorsque les mœurs devinrent moins féroces, on leur substitua des taureaux noirs, des brebis et d'autres animaux de la même couleur. Ces victimes devaient être sans tache, non mutilées et stériles. Pollux nous apprend qu'on les offrait toujours en nombre pair, tandis que celles qu'on sacrifiait aux autres dieux étaient en nombre impair. Les premières étaient entièrement réduites en cendres, et les prêtres n'en réservaient rien ni pour le peuple ni pour eux, parce qu'il était sévèrement défendu de manger de la chair des victimes dévouées au monarque des enfers.

Avant de les immoler, on creusait une fosse pour recevoir le sang, et on y répandait le vin des libations. Les prêtres grecs avaient la tête nue dans tous les sacrifices ; mais les Romains, qui l'avaient couverte dans ceux qu'ils offraient aux dieux célestes, la découvraient pour Pluton, qui leur inspirait une crainte plus religieuse, une vénération plus profonde. Chez ces derniers, c'était un grand crime pour les assistants de parler lorsqu'on l'invoquait, et le silence régnait surtout dans le temps de l'immolation, et lorsque le feu sacré consumait les victimes. Pour offrir celles-ci aux dieux du ciel et de la terre, il était nécessaire de se laver tout le corps; mais Pluton se contentait de l'aspersion, et il suffisait de se purifier les mains et le visage. Rome célébrait des fêtes en son honneur le 12 des calendes de juillet; et, tout le temps de leur durée, il n'y avait d'ouvert que son temple. Tout ce qui était de mauvais augure lui était consacré.

Pluton fut tellement redouté des peuples d'Italie, qu'une partie du supplice des grands criminels fut de lui être dévoués. Après cet acte religieux, tout citoyen qui rencontrait le coupable pouvait impunément

---

(1) Article emprunté au *Dictionnaire* de Noël.

lui ôter la vie. Romulus adopta cet usage, et l'une de ses lois permit de dévouer à Pluton le client qui tromperait son patron, et l'ingrat qui trahirait son bienfaiteur. Souvent même on vit des généraux s'offrir à lui pour le salut de leurs armées. Macrobe nous a conservé la formule d'un de ces dévouements sublimes. Elle était ordinairement dictée par le souverain pontife.

En Italie, sur le mont Soracte, Pluton avait un temple qui lui était commun avec Apollon; ainsi les Falisques avaient cru devoir honorer à la fois et la chaleur souterraine et le soleil.

Les peuples du Latium et des environs de Crotone avaient consacré au monarque infernal le nombre *deux*. Pythagore l'a regardé, par cette raison, comme un nombre malheureux; les Romains, suivant cette doctrine, consacrèrent à Pluton le second mois de l'année; et, dans ce mois, le second jour fut encore plus particulièrement désigné pour lui offrir des sacrifices et des vœux.

Comme les Gaulois supputaient le temps par le nombre des nuits et non pas des jours, plusieurs ont cru que c'était en l'honneur de Pluton, dont ils prétendaient descendre. Mais le *Dis* qu'ils adoraient n'était pas le dieu des enfers; ce nom désigne la Divinité en général, comme nous l'avons observé à l'article *Dis*, n° 2. Au reste, il est d'autres peuples qui comptent également par nuits, sans pour cela se donner une origine infernale.

L'étymologie du nom de *Pluton* n'est pas certaine; peut-être ce mot vient-il du mot grec πλοῦτος, *richesses*, parce qu'on supposait que ce Dieu présidait aux trésors cachés que la terre renferme dans son sein. Si on le tirait des langues sémitiques, son origine serait plus philosophique : פלט *plut*, signifie *délivré*; le tombeau est la délivrance des peines de cette vie. Les Grecs l'appelaient *Adès*, *Aïdès*, l'invisible; les anciens Slaves, *Tcherno-Bog*, le dieu noir. Les Latins lui donnaient encore le nom de *Dis*, qui signifie aussi *le riche*. On peut encore reconnaître la même divinité dans le *Lacton* des Sarmates, le *Tuisto* des Suèves, le *Siva* et le *Yama* des Hindous; le premier de ceux-ci est le dieu destructeur, et comme Pluton, il est la troisième puissance de la triade divine; mais le second est proprement le roi des enfers et de la mort.

PLUTUS. 1° Ce dieu semble être une doublure de *Pluton*; le nom paraît avoir une même racine, en grec, où le roi des enfers est quelquefois appelé *Pluteus*, vocable qui vient sans doute de la racine πλοῦτος, *richesses*. Comme Pluton, Plutus est supposé présider aux trésors cachés; c'est pourquoi on le mettait aussi au nombre des divinités infernales. Cependant l'usage a prévalu, par la suite, d'en faire une divinité distincte, à laquelle on donna une généalogie particulière. Hérodote le fait naître de Cérès et de Jasion, peut-être parce que ces deux personnages s'étaient appliqués toute leur vie à l'agriculture qui procure les richesses les plus solides. Mais là s'arrête son histoire; tout le reste est allégorique. Aristophane, dans sa comédie de *Plutus*, dit que ce Dieu, dans sa jeunesse, avait une très-bonne vue; mais qu'ayant déclaré à Jupiter qu'il ne voulait favoriser que la vertu et la science, le père des dieux, jaloux des gens de bien, l'avait aveuglé pour lui ôter le moyen de les discerner. Lucien ajoute que depuis ce temps-là il va presque toujours avec les méchants. Le même écrivain fait Plutus boiteux.

Ce Dieu avait une statue à Athènes sous le nom de Plutus Clairvoyant; elle était dans la citadelle, derrière le temple de Minerve, où l'on tenait le trésor public. Plutus était placé là comme pour veiller à sa garde. Dans le temple de la Fortune à Thèbes, on voyait cette Déesse tenant Plutus entre ses bras, sous la forme d'un enfant, comme si elle était sa nourrice ou sa mère. A Athènes la statue de la Paix tenait sur son sein Plutus encore enfant, symbole des richesses que donne la paix.

Dans les sacrifices en son honneur, les signes funestes qu'offraient les entrailles des victimes devaient toujours s'interpréter en bonne part, et présageaient d'heureux succès.

2° Le dieu *Varouna* joue chez les Indiens le même rôle que Plutus chez les Grecs.

3° Le Plutus des Japonais porte le nom de *Daï-Kokf*.

4° Les Mexicains avaient aussi une divinité qui présidait aux richesses, et dont on ne nous apprend pas le nom. Sur un corps humain, ils lui donnaient une tête d'oiseau, couronnée d'une mitre de papier peint. Sa main était armée d'une faux. Les divers ornements précieux dont ce dieu était revêtu répondaient à la qualité qu'on lui attribuait.

PLYNTÉRIES, fêtes célébrées par les Athéniens en mémoire de Minerve Agraule. On y dépouillait la statue de la déesse, mais on la couvrait aussitôt pour ne pas l'exposer nue, et on la lavait. C'est de cette cérémonie que la fête tirait son nom (πλυντήρ, *laveur*). On environnait tous les temples d'un cordon, pour marquer que ce jour était mis au rang des plus malheureux. Ce jour-là même encore, on portait en procession des figues sèches, d'après l'opinion que les figues étaient le premier fruit que les Grecs eussent mangé après le gland. Solon avait permis de jurer ce jour-là par Jupiter Propice, par Jupiter Expiateur, et par Jupiter Défenseur.

PNEUMATOMAQUES, ou *Ennemis du Saint-Esprit*; hérétiques du IV° siècle, qui soutenaient que le Saint-Esprit n'était pas Dieu, mais seulement un esprit ou un ange du premier ordre; car, disaient-ils, s'il était vrai qu'il fût Dieu, et qu'il procédât du Père, il serait donc son Fils; Jésus-Christ et lui seraient ainsi deux frères, ce qui ne peut être, puisqu'il est certain que Jésus-Christ est Fils unique. On ne peut pas dire non plus qu'il procède du Fils ; car, en ce cas, le Père serait son aïeul ; ce dont on ne saurait convenir. Tout prouve donc, ajoutaient-ils, que le Saint-Esprit n'est pas Dieu. Ces hérétiques étaient aussi appelés *Macédoniens*, de Macédonius, évêque déposé de Constantinople.

PNEVTHO, dieu égyptien ; il formait avec Aroéris, son père, et la déesse Tsonénoufré, sa mère, une triade honorée dans le grand temple d'Ombos.

PODAGRE, de ποδάγρα, *piège*, surnom de Diane considérée comme déesse de la chasse, et présidant en cette qualité aux piéges et aux rets.

PODÈRE, robe traînante dont les prêtres juifs étaient revêtus durant leur service dans le temple. On la nommait aussi la robe de gloire. Josèphe dit qu'elle avait quatre couleurs représentant les quatre éléments.

POGAGA ou POGODA, dieu du printemps chez les anciens Slaves ; c'est lui qui procurait les doux zéphyrs ; il était l'amant de Zimtzerla, qui faisait naître les fleurs dans cette saison de l'année. On l'appelait aussi *Dagoda*.

POHJA ou POHJOLA. C'était, suivant les Finnois, la région ténébreuse et le séjour d'Hiisi, le mauvais principe. Cette sphère malheureuse, qui, d'après les Runas, dévorait les hommes et engloutissait les héros, confinait d'un côté avec Kalewa, la sphère lumineuse, et touchait de l'autre côté à l'enfer, situé sous le pôle arctique.

POHJAN-EUKKO, déesse protectrice des forêts situées dans les régions extrêmes du Nord, suivant la mythologie finnoise.

POIRÉTIENS, sectateurs de l'illuminé Poiret, mort en 1719 à Rhinsbourg. *Voy.* COLLÉGIENS.

POISSONS. Plusieurs peuples rendirent à ces animaux un culte superstitieux. 1° Certaines espèces de poissons étaient vénérées en Égypte. Il y avait des villes où on avait élevé des autels à l'anguille, dans d'autres à la tortue, ailleurs à des monstres marins ; et on offrait de l'encens à ces animaux.

2° Les Philistins, les Syriens, les Chaldéens avaient aussi leur dieu poisson ; *Voy.* DAGON, OANNÈS, etc. Les Syriens s'abstenaient de manger du poisson, parce qu'ils croyaient que Vénus s'était cachée sous les écailles d'un poisson, lorsque les dieux furent obligés de se dérober aux géants sous la figure de différents animaux.

3° Les Grecs placèrent dans le ciel les poissons qui portèrent sur leur dos Vénus et l'Amour. Cette déesse, fuyant la persécution du géant Typhon ou Tiphoë, fut portée, avec son fils Cupidon, au delà de l'Euphrate, par deux poissons, qui forment maintenant la douzième constellation zodiacale. D'autres prétendent que ce sont les dauphins qui menèrent Amphitrite à Neptune.

4° Les Hindous célèbrent une incarnation de Vichnou en poisson. *Voy.* ce curieux épisode à l'article MATSYAYATARA.

5° Le voyageur Barbot a donné la figure d'un poisson d'une grande beauté et d'environ sept pieds de long, qui est vénéré comme un fétiche par les nègres de la côte d'Or. Pour rien au monde, ces peuples ne consentiraient à le vendre, encore moins à goûter de sa chair.

PO-KINO, enfer des habitants de la Nouvelle-Zélande et des îles Gambier. Ils se le représentent tantôt comme une fournaise ardente, tantôt comme un bourbier profond, d'où nul ne peut sortir, une fois qu'il a eu le malheur de glisser sur la pente de l'abîme fangeux. Si les parents du défunt négligeaient de célébrer le *tirau* ou fête funèbre en son honneur, son ombre était condamnée à errer de montagne en montagne, de précipice en précipice, jusqu'à ce qu'elle tombât pour jamais dans les gouffres du Po-Kino.

POKLUN, dieu des morts et juge des enfers, suivant la mythologie des Vénèdes ou Vendes, peuple slave.

POKOLLOS, dieu des spectres et des fantômes, chez les anciens Prussiens.

PO-KOUA, méthode de divination par les *koua*, en usage chez les Chinois. Il y a plusieurs procédés établis pour cette opération : le plus commun est de se présenter devant une idole, et de brûler des parfums, en frappant plusieurs fois la terre du front. On prend soin de porter près de l'idole une boîte remplie de spatules d'un demi-pied de longueur, sur lesquelles sont gravés les koua. Après avoir fait plusieurs révérences, on laisse tomber au hasard une des spatules, dont le caractère est expliqué par le bonze qui préside à la cérémonie. Quelquefois on consulte un grand tableau attaché contre le mur, et qui contient la clef de ces caractères. Cette opération se pratique dans les affaires importantes, lorsqu'il s'agit d'un voyage, d'une vente de marchandises, d'un mariage, et dans mille autres occasions, pour le choix d'un jour heureux, et pour le succès de l'entreprise. *Voy.* KOUA, et POU.

POLEL, POLÉLA ou POLÉLUM, dieu de l'hymen, chez les Slaves ; il était frère de Lelum, dieu de l'amour, et fils de Léda. Leur temple était sur le mont Chauve (*Lysa-Gora*), et fit place plus tard à l'église de Sainte-Croix.

POLEMGABIA, esprit domestique des anciens Slaves ; c'était lui qui était chargé d'entretenir le feu du foyer.

POLEYAR, divinité hindoue. *Voy.* POLLÉYAR, et GANÉSA.

POLIADE, c'est-à-dire *protectrice de la cité* (de πόλις, *ville*) ; surnom de Minerve, sous lequel elle avait à Tégée un temple desservi par un seul prêtre, qui n'y entrait qu'une fois l'an. On y conservait précieusement la chevelure de Méduse, dont Minerve, disait-on, avait fait présent à Céphée, fils d'Aléus, en l'assurant que par là Tégée serait une ville imprenable.

La même déesse avait, sous le même nom, un autre temple à Érithrès, en Achaïe. Sa statue était de bois, d'une grandeur extraordinaire, assise sur une espèce de trône, tenant une quenouille des deux mains, et portant sur sa tête une couronne surmontée de l'étoile polaire.

POLIÉE, c'est-à-dire *protecteur de la cité*; Jupiter avait, sous ce nom, un temple dans la citadelle d'Athènes. Lorsqu'on lui sacrifiait, on mettait sur l'autel de l'orge mêlée avec du froment, et on ne laissait personne auprès. Un bœuf, qui devait servir de victime, mangeait un peu de ce grain en s'approchant de l'autel; le prêtre destiné à l'immoler l'assommait d'un coup de hache, puis s'enfuyait ainsi que les assistants, comme s'ils n'avaient pas vu cette action. Pausanias, qui raconte cette cérémonie, n'en rend aucune raison. Les modernes conjecturent, avec assez de vraisemblance, que cet usage faisait allusion à la défense ancienne d'immoler les animaux qui servaient à l'agriculture, et dont le législateur voulait multiplier la race.

POLIÉES, fête célébrée par les Thébains en l'honneur d'Apollon *Polius*, c'est-à-dire *grisonnant*, parce que ce dieu, d'après un usage contraire à celui de toute la Grèce, était représenté dans cette ville avec des cheveux gris. — Anciennement les Thébains lui sacrifiaient un taureau; mais un jour, ceux qui étaient chargés d'amener la victime n'arrivant pas, et un chariot attelé de deux bœufs venant à passer, on prit un de ces bœufs pour l'immoler; depuis, il passa en coutume de sacrifier un de ces animaux qui eût été sous le joug.

POLKONI, génies des forêts, dans la mythologie slave. C'étaient des espèces de centaures, dont la partie supérieure avait la forme humaine, et la partie inférieure, celle d'un cheval ou d'un chien. On leur attribuait une force surprenante et une vitesse extraordinaire à la course.

POLLENTIE, déesse de la puissance, adorée par les Romains.

POLLÉYAR, dieu des Hindous, appelé plus communément en sanscrit *Ganésa*. Il était fils de Siva et de Parvati. Nous décrivons les particularités de sa naissance et de son culte à l'article GANESA. Le nom Polléyar, qui paraît d'origine tamoule ou malabare, s'écrit aussi *Poléar, Poliar, Poléyar, Poullyar*, etc.

POLLÉYAR-TCHAOTI, fête que les Indiens célèbrent en l'honneur de Polleyar ou Ganésa, le quatrième jour après la nouvelle lune du mois de Bhadon (août), qui est, disent-ils, le jour de sa naissance. Cette fête se fait dans les temples et dans les maisons; on observe le petit jeûne, et pour la célébrer, on achète une petite statue de Polleyar en terre cuite, qu'on porte chez soi et devant laquelle on accomplit les cérémonies ordinaires. Le lendemain cette idole est portée hors de la ville, et jetée dans un étang ou dans un puits. Ceux qui veulent faire de la dépense, la mettent sur un char pompeux, et se font accompagner par des danseuses et des musiciens. D'autres la font porter sur la tête par un portefaix.

POLLUX, fils de Jupiter et de Léda, était immortel, au lieu que son frère Castor né de Tyndare était sujet à la mort. L'amitié fraternelle répara le tort de la naissance. Pollux demanda que son frère participât aux honneurs de la divinité, et obtint que tour à tour chacun d'eux habitât l'Olympe et l'Elysée; ainsi les deux frères ne se trouvaient jamais ensemble dans la compagnie des dieux. Pollux fut un des Argonautes, et se distingua par sa force athlétique. Il était supérieur au pugilat, comme Castor dans l'art de dompter les chevaux, et vainquit au combat du ceste Amicus, roi de Bébrycie, et fils de Neptune, le plus redouté des athlètes de son temps. Quoique la religion des peuples réunît les deux frères dans un même culte, on trouve cependant un temple élevé à Pollux seul, près de la ville de Térapné en Laconie, outre une fontaine au même endroit, qui lui était spécialement consacrée, et qu'on appelait *Polydocée*. *Voy.* à l'article CASTOR la célèbre idylle dans laquelle Théocrite chante l'amitié et la valeur des deux frères.

POLYBÉE, déesse qu'on croit la même que Cérès. C'était aussi un surnom de Proserpine. Ce nom vient de πολὺ, *beaucoup*, et de βόειν ou βόσκειν, *nourrir*.

POLYBOTÈS, géant qui, dans la guerre des dieux, osa se mesurer avec Neptune. Poursuivi par ce dieu, il prit la fuite à travers les flots de la mer, qui ne lui allaient que jusqu'à la ceinture; mais Neptune, ayant arraché une partie de l'île de Cos, en couvrit le corps du géant, ce qui forma l'île de Nysiros.

POLYCAON, fils de Lelex, fut révéré comme un dieu par les Messéniens.

POLYCÉPHALE, cantique dont Pindare rapporte l'invention à Pallas, ainsi que de la flûte que cette déesse avait fabriquée pour imiter les gémissements des sœurs de Méduse. On donne à ce nom, qui signifie *plusieurs têtes*, diverses explications, dont la plus naturelle est que ce cantique avait plusieurs préludes, qui en précédaient les différentes strophes. Plutarque, qui en attribue l'invention à Olympe, ajoute que cet air était consacré au culte d'Apollon et non pas à celui de Pallas.

POLYGAMIE. Ce mot peut s'entendre de deux manières : dans un sens large, il exprime l'état d'un homme qui a épousé successivement plusieurs femmes; les polygames de cette sorte sont exclus. par l'Eglise des ordres sacrés, non que les secondes noces soient défendues, mais parce qu'elles paraissent opposées à la vertu de continence, et parce que le mariage doit, dans l'esprit du christianisme, représenter l'union mystique de Jésus-Christ vierge avec l'Eglise vierge. Mais dans le sens naturel et l'acception commune, on entend par polygamie l'état d'un homme qui a simultanément plusieurs épouses.

1° Nous ne croyons pas que dans la loi patriarcale, Dieu ait réglementé le mariage, et par conséquent que Dieu ait interdit positivement la polygamie. Cependant cet état paraît contraire à la primitive institution du mariage, car Dieu en ne créant qu'une seule femme, mettait le premier homme dans la nécessité d'être toujours monogame; ou bien il faudrait admettre qu'il aurait eu la liberté d'épouser ses filles ou ses petites-filles, ce qui répugne à la religion, à la morale et au sentiment naturel à tous les hommes. Jésus-Christ lui-même assure que dans le commencement la polygamie n'existait pas, et qu'elle n'a été tolérée ou permise chez les Juifs qu'à cause de la dureté de leur cœur, et sans doute pour prévenir de plus grands malheurs.

Cependant il y a des théologiens qui soutiennent que la polygamie était interdite sous la loi patriarcale, et que les patriarches furent dispensés de la loi commune par l'autorité divine. Saint Augustin dit même positivement, que lorsque les patriarches et les saints de l'Ancien Testament ont épousé plusieurs femmes, ils l'ont fait par une permission particulière de Dieu, *ex Dei nutu*.

2° Quant à la polygamie chez les Juifs, voici comme s'explique l'abbé Fleury : « C'était, dit-il, le désir d'avoir un grand nombre d'enfants qui portait les Israélites à prendre plusieurs femmes à la fois, et ils s'en faisaient aussi un honneur et une marque de grandeur. C'est ainsi qu'Isaïe, pour marquer combien seraient estimés ceux que Dieu conserverait entre son peuple, dit que sept femmes s'attacheront à un seul homme, offrant de vivre à leurs dépens, pourvu qu'elles aient l'honneur de porter son nom. Ainsi il est dit que Roboam avait dix-huit femmes et soixante concubines, et qu'il donna plusieurs femmes à son fils Abia, qu'il avait choisi pour son successeur.

« Nous ne devons pas trouver étrange que Dieu tolérât la polygamie, qui s'était introduite dès avant le déluge, quoiqu'elle fût contraire à la première institution du mariage : car quand il fut institué dans le paradis terrestre, il n'y avait pas encore de concupiscence, et depuis que, par la loi nouvelle, il a été élevé à la dignité de sacrement, il est accompagné de grâces très-fortes. Mais, dans l'intervalle, lorsque la grâce était beaucoup moindre et que le péché régnait, il était digne de la bonté de Dieu d'user d'une plus grande indulgence. La polygamie était donc comme le divorce, que Jésus-Christ dit aux Juifs ne leur avoir été souffert que pour la dureté de leur cœur. Outre les femmes, il était encore permis d'avoir des concubines, qui d'ordinaire étaient des esclaves. Les épouses légitimes n'avaient au-dessus d'elles que la dignité qui rendait leurs enfants héritiers. Ainsi le nom de concubinage ne signifiait pas une débauche, comme parmi nous ; c'était seulement un mariage moins solennel.

« Au reste, bien loin que cette licence rendît le mariage plus commode, le joug en était bien plus pesant. Un mari ne pouvait partager si également son cœur entre plusieurs femmes qu'elles fussent toutes contentes de lui. Il était réduit à les gouverner avec une autorité absolue, comme font encore les Levantins. Ainsi il n'y avait plus dans le mariage d'égalité, d'amitié et de société. Il était encore plus difficile que les rivales pussent s'accorder entre elles ; c'étaient continuellement des divisions, des cabales et des guerres domestiques. Tous les enfants d'une femme avaient autant de marâtres, que leur père avait d'autres femmes. Chacun épousait les intérêts de sa mère, et regardait les enfants des autres femmes comme des étrangers ou des ennemis ; de là vient cette manière de parler si fréquente dans l'Ecriture : C'est mon frère, le fils de ma mère. On voit des exemples de ces divisions dans la famille de David, et de bien pires encore dans celle d'Hérode. »

3° Il serait bien téméraire, dit M. Champollion-Figeac, d'affirmer que la polygamie était autorisée chez les anciens Egyptiens. Tout le monde convient qu'elle était expressément prohibée dans la classe sacerdotale ; et on ne saurait prouver que cette prohibition ne s'appliquait pas également à toutes les autres. La monogamie semble donc avoir été la condition générale des familles égyptiennes ; s'il en avait été autrement dans la lettre de la loi, les princes et les prêtres, personnages les plus influents de l'Etat, devaient, par l'empire tout-puissant de l'exemple donné de si haut, corriger la loi par les mœurs. Du reste, l'état des femmes, que rien ne permet de supposer placées dans une condition d'infériorité civile à l'égard des hommes, est encore une considération puissante à l'appui de cette opinion.

4° On ne voit pas que la polygamie fut en usage chez les Grecs, les Romains, les Celtes et la plupart des anciens peuples de l'Europe ; ils n'avaient qu'une seule femme à la fois ; mais presque partout ils avaient la liberté d'en changer par le moyen du divorce. Cependant les Romains furent plusieurs siècles sans profiter de ce bénéfice que leur accordait la loi.

5° Les Orientaux, tels que les Syriens, les Chaldéens, les Arabes, les Persans, etc., avaient un système opposé et suivaient l'exemple des Juifs. Dans tout l'Orient en effet la femme est supposée fort inférieure à l'homme, et ne jouit presque d'aucune autorité dans la famille ; c'est pourquoi on cherche peu à ménager sa susceptibilité, son affection, sa jalousie ; et il ne vient jamais à l'idée qu'elles puissent marcher de pair avec les hommes. De plus, les Orientaux mettent leur gloire à avoir une nombreuse famille, et ils croient parvenir plus sûrement à ce but en épousant un grand nombre de femmes.

6° Mahomet a consacré ces principes dans sa législation. « Si vous craignez d'être injustes envers les orphelins, dit le Coran, n'épousez que peu de femmes, deux, trois ou quatre, parmi celles qui vous auront plu. Si vous craignez encore d'être injustes, n'en épousez qu'une seule ou une esclave. Cette conduite vous aidera plus facilement à être justes. » Mahomet a donné l'exemple de la polygamie à ses peuples, et il a outrepassé les bornes qu'il avait fixées lui-même : car il en épousa treize, d'autres en comptent dix-sept; mais l'historien Aboulféda semble lui faire un mérite de n'en avoir pas eu plus de onze à la fois. Quand il mourut il en avait encore onze. Outre les épouses proprement dites, la loi autorise tout individu à prendre autant de concubines que bon lui semble.

Malgré ces dispositions des lois, si favorables aux hommes et si fâcheuses pour le repos des femmes, dit Mouradjea d'Ohsson, la polygamie n'est pas aussi commune qu'on pourrait se l'imaginer. Peu de Mahométans ont deux femmes, et il est rare de voir un seigneur donner sa main à quatre à la fois. Le défaut de moyens pour les entretenir, la crainte de troubler la paix domestique, la difficulté de s'allier avantageusement, et le scrupule que se font les parents de donner leur fille à une personne déjà mariée, sont autant d'obstacles qui restreignent, sur ce point, l'indulgence des lois. Il arrive encore assez communément qu'un homme n'obtient la main de son épouse que sous la condition expresse de n'en pas prendre une seconde, tant que subsisteront les liens de leur mariage. Les citoyens peu opulents n'ont jamais qu'une femme; et ceux qui le sont assez pour acquérir une ou deux esclaves, ont ordinairement soin de les choisir d'un certain âge, pour ne point donner d'ombrage à leurs femmes, et pour maintenir la paix dans leur intérieur. Quant aux princes, aux pachas et aux autres puissants personnages, ils usent et abusent de toute la liberté que leur donne la loi. On sait que le Grand Seigneur, pour lequel il est, depuis plusieurs siècles, passé en usage de ne point se marier, entretient dans son harem des esclaves qui lui tiennent lieu d'épouses et que l'on compte par centaines.

7° La polygamie, dit l'abbé Dubois, est tolérée, chez les Hindous, parmi les personnes d'un rang élevé, telles que les radjas, les princes, les ministres et autres. On permet aux rois d'avoir jusqu'à cinq femmes titrées; mais jamais plus. Cependant cette pluralité des femmes parmi les grands est regardée comme une infraction aux lois et aux usages; c'est un abus enfin. Mais, dans tous les pays du monde, les dépositaires de la puissance trouvent toujours moyen de faire fléchir la loi en leur faveur; quelqu'expresse qu'elle soit. Les principaux dieux de l'Inde n'eurent qu'une seule épouse; on n'en donne pas d'autre à Brahmâ que Saraswatî; à Vichnou que Lakchmi; à Siva que Parvati. Il est vrai que, sous leurs différentes formes, ces vénérables personnages portèrent de nombreuses atteintes à la fidélité conjugale; mais cela même sert à prouver que, de toute antiquité, le mariage fut considéré chez les Indiens comme l'union légale de deux personnes de l'un et de l'autre sexe. Si l'on voit aujourd'hui des gens d'un rang inférieur vivre avec plusieurs femmes, une seule d'entre elles porte le titre et le nom d'épouse; les autres ne sont que des concubines. Dans plusieurs castes, les enfants qui naissent de ces dernières sont considérés comme des bâtards. Il n'y a qu'un seul cas où un homme peut se marier légalement avec une seconde femme du vivant de la première; c'est lorsque celle-ci, après une longue cohabitation, est déclarée stérile, ou bien lorsqu'elle ne met au monde que des filles; car dans ce dernier cas, la dette des ancêtres, c'est-à-dire la naissance d'un fils, n'est censée acquittée qu'imparfaitement. Alors même, pour contracter un second mariage, le consentement de la première femme est requis; elle est toujours considérée comme la principale épouse et en conserve les prérogatives. C'est ainsi qu'Abraham prit pour concubine Agar, du vivant et du consentement de Sara, son épouse, parce que celle-ci était stérile.

8° Nous ne parlons ici des Tibétains que pour signaler une coutume en dehors des lois et des usages de toutes les autres nations. C'est que chez ce peuple, il est fort commun qu'une fille ou une femme épouse en même temps tous les frères d'une même famille, quels que soient leur nombre et leur âge. C'est l'aîné qui la choisit, et il en partage la jouissance avec ses frères; aussi les enfants qui naissent de ces unions singulières donnent le titre de père à chacun des époux de leur mère. C'est la pauvreté qui a introduit la polyandrie chez les Tibétains; les membres des familles peu aisées vivent en commun et n'ont ainsi qu'une femme à nourrir et à entretenir : si les frères viennent ensuite à se séparer, ils se partagent entre eux les garçons et les filles.

9° Les Siamois peuvent avoir plusieurs femmes, quoiqu'ils estiment qu'il serait mieux de n'en avoir qu'une seule. Il n'y a que les gens riches qui affectent d'en avoir davantage, plus par faste et par ostentation que par débauche. Quand ils ont plusieurs femmes, il y en a toujours une qui est la principale : ils l'appellent la grande femme. Les autres, qui portent le nom de petites femmes, sont à la vérité considérées comme légitimes, mais elles sont soumises à la principale. Ce ne sont que des femmes achetées et par conséquent esclaves; de sorte que les enfants de ces dernières appellent leur père Pô-tchaou, c'est-à-dire père-seigneur, au lieu que les enfants de la femme principale lui donnent simplement le nom de Po, père.

10° La polygamie est pareillement autorisée en Chine : mais pour la plupart des natifs, qui ont à peine de quoi nourrir une seule femme et les enfants issus d'elle, cette tolérance dégénère rarement en abus. Les grands officiers de l'État ont seuls des harems peuplés de six, huit ou dix femmes chaque, suivant leurs goûts et leurs moyens. Quant au sérail de l'empereur, il est magnifiquement assorti; tous les trois ans, le souverain passe une revue de toutes les filles des officiers tartares et des personnes de distinction qui ont atteint l'âge de douze ans; puis, parmi ces familles, dont il est réputé le père commun, il choisit ses femmes et ses concubines. Celles qui ne sont pas désignées à la troisième revue sont exemptes dès-lors de cette humiliante corvée. Les femmes de service du palais, qui sont au nombre de cinq mille environ, sont prises parmi les troisièmes tribus. Quand elles donnent naissance à un fils, elles ont le droit d'entrer au palais et prennent rang parmi les épouses.

11° Nous croyons inutile de pousser plus loin ce détail, et de décrire la polygamie parmi les tribus barbares de la haute Asie, chez les nègres de l'Afrique, les sauvages de l'Amérique et les insulaires de l'Océanie. Le sujet serait peu intéressant, et d'ailleurs il n'a presque aucun rapport avec la religion de ces peuples.

POLYGAMISTES. On a voulu faire passer les premiers Anabaptistes pour une secte de polygamistes, parce que Jean de Leyde et plusieurs autres chefs, après avoir été polygames par libertinage, ont voulu ensuite convertir ce libertinage en précepte. On a prétendu même que Bernardin Ochin était le fondateur de cette secte. Mais les Polygamistes, tant en théorie qu'en principe, sont beaucoup plus anciens qu'Ochin et les Anabaptistes. La polygamie a bien été un des dogmes de quelques sectes ; mais il n'y en a point qui n'ait été que polygamiste.

POLYMNIE ou POLYHYMNIE, une des neuf Muses ; elle présidait à l'éloquence, à la rhétorique et à la mémoire. On la représente couronnée de fleurs, quelquefois de perles et de pierreries, avec des guirlandes autour d'elle, et vêtue de blanc.

POLYONYMES. On a donné quelquefois ce nom, chez les Grecs, aux hérétiques *Massaliens*; il signifie *secte à plusieurs noms*, parce qu'en effet il y en avait de différentes sortes, et qu'ils prenaient diverses dénominations.

POLYPHÈME, fils de Neptune et de Thoosa, le plus grand, le plus fort et le plus célèbre des Cyclopes. Il était d'une grandeur démesurée, n'avait qu'un œil au milieu du front et ne se nourrissait que de chair humaine. Ulysse ayant été jeté par la tempête sur les côtes de la Sicile où habitaient les Cyclopes, Polyphème l'enferma avec tous ses compagnons et ses troupeaux de moutons, dans son antre, pour les dévorer ; mais Ulysse le fit tant boire, en l'amusant par le récit du siège de Troie, qu'il l'enivra. Ensuite, aidé de ses compagnons, il lui creva l'œil avec un pieu rougi au feu. Le Cyclope se sentant blessé poussa des hurlements effroyables ; tous ses voisins accoururent pour savoir ce qui lui était arrivé ; et lorsqu'ils lui demandèrent le nom de celui qui l'avait blessé, il répondit que c'était *Personne* (car Ulysse lui avait dit qu'il s'appelait ainsi); alors ils s'en retournèrent, croyant qu'il avait perdu l'esprit. Cependant Ulysse ordonna à ses compagnons de s'attacher sous les moutons pour n'être point arrêtés par le géant, lorsqu'il faudrait mener paître son troupeau. Ce qu'il avait prévu arriva, car Polyphème, ayant ôté une pierre que cent hommes n'auraient pu ébranler, et qui bouchait l'entrée de sa caverne, se plaça de façon que les moutons ne pouvaient passer qu'un à un entre ses jambes ; et lorsqu'il entendit Ulysse et ses compagnons dehors, il les poursuivit, et leur jeta à tout hasard un rocher d'une grosseur énorme ; mais ils l'évitèrent aisément et s'embarquèrent, après n'avoir perdu que quatre d'entre eux que le géant avait mangés. Neptune, offensé de ce qu'Ulysse avait aveuglé son fils Polyphème, fit périr son vaisseau dans l'île des Phéaciens, où il aborda cependant à la nage.

Polyphème, malgré sa férocité naturelle, devint amoureux de la nymphe Galatée, éprise elle-même du berger Acis. Polyphème, jaloux de cette préférence, observa les deux amants, et les ayant surpris ensemble, écrasa d'un rocher le jeune Acis, qui fut transformé en fleuve.

POLYTHÉISME, système religieux qui admet la pluralité des dieux. La plupart des nations de l'antiquité étaient polythéistes ; il en est de même de tous les idolâtres modernes. Presque tous ces peuples cependant reconnaissent, au-dessus des divinités qu'ils révèrent, une essence supérieure, souveraine, unique, spirituelle qui est le vrai dieu ; mais ils ne lui rendent presque aucun hommage, réservant leurs adorations pour les divinités qu'ils se sont forgées, ou qui sont le produit de leur imagination ; et c'est en cela principalement qu'ils sont coupables.

Il serait impossible d'énumérer les myriades de divinités qui faisaient partie du panthéon respectif des Égyptiens, des Grecs, des Romains, des Hindous et de cent autres peuples. — Les Égyptiens avaient une multitude de triades qui, descendant du ciel en terre, embrassaient à peu près l'universalité des êtres. — Les Grecs n'avaient pas une montagne, une colline, un fleuve, une fontaine, je dirai presque un arbre, une plante qui ne fût sous la protection d'une déité spéciale. — Varron comptait 300 Jupiters, et près de 6000 divinités subalternes. — Mais rien n'approche du polythéisme des Hindous, qui ont 33 millions de dieux ; d'autres même en portent le nombre beaucoup plus haut, car ils l'augmentent de 300 millions en sus. — Les Japonais ont des pagodes destinées à honorer, les unes mille, les autres 33,333 déités ; et chacune d'elles y est représentée par une statue ou une statuette. — Les Mexicains eux-mêmes avaient au moins 2000 dieux. à Y a-t-il avait-il une rue, dit l'historien de la conquête du Mexique, qui n'eût son dieu tutélaire. Il n'est point de mal dont la nature se fait payer un tribut par notre infirmité qui n'eût son autel où ils couraient pour y trouver le remède. Leur imagination blessée se forgeait des dieux de sa propre craïule, sans considérer qu'ils affaiblissaient le pouvoir des uns par celui qu'ils attribuaient aux autres.» *Voy.* IDOLES, IDOLÂTRIE.

POM, figure d'homme, faite de bottes de paille ou d'herbes sèches. Elle n'a qu'un pied de hauteur ; on lui attache entre les cuisses une baguette de deux toises de longueur, on la suspend au plafond par cette baguette courbée en arc, après quoi on jette la figure au feu. Cette cérémonie fait partie de celles qu'observent les Kamtchadales, à leur grande fête de la purification des fautes.

POMACAMA, un des neuf Guacas, ou idoles principales, adorées à Cusco par les anciens Péruviens.

POMARIUS, surnom d'Hercule, invoqué pour la prospérité des vergers.

POMONAL, flamine ou prêtre de Pomone, chez les Romains. Il offrait des sacrifices à la déesse pour la conservation des fruits de la terre.

POMONE, déesse des fruits et des vergers, chez les Romains. « C'était, dit Noël, une nymphe remarquable par sa beauté, autant que par son adresse à cultiver les jardins et les arbres fruitiers. Tous les dieux champêtres se disputaient sa conquête; mais Vertumne, surtout, chercha tous les moyens de lui plaire, et y réussit, après avoir emprunté différentes métamorphoses. Un jour qu'il était déguisé en vieille, il trouva l'occasion de lier conversation avec elle. D'abord il la flatta beaucoup sur ses charmes, sur ses talents, et son goût pour la vie champêtre; et il lui raconta tant d'aventures funestes arrivées à celles qui, comme elle, se refusaient à la tendresse, qu'enfin il la rendit sensible et devint son époux. Elle eut à Rome un temple et des autels. On la représentait comme la déesse des fruits et des jardins, assise sur un grand panier plein de fleurs et de fruits, tenant de la main gauche quelques pommes, et de la droite un rameau. On la trouve aussi debout, vêtue d'une robe qui lui descend jusqu'aux pieds, et qu'elle replie par-devant pour soutenir des pommes et des branches de pommier. Les poëtes la dépeignent couronnée de feuilles de vigne et de grappes de raisin, et tenant dans ses mains une corne d'abondance ou une corbeille remplie de fruits. Pomone était particulièrement révérée chez les Etrusques; ils la représentaient avec une couronne de myrte, mais sans bandelettes; elle était quelquefois confondue avec la déesse Nortia. »

POMORANIENS, hérétiques de Russie; ainsi appelés du monastère de Pomoni, gouvernement d'Olonetz, où naquit leur secte, vers l'an 1675. Ils n'ont point de sacerdoce, quoique, parmi leurs fondateurs, on voie un diacre, un moine, et même un *Igoumène* (supérieur de monastère). Ils tiennent pour certain que l'Eglise russe est livrée à Satan et que tous les sacrements qu'elle administre sont nuls; en conséquence ils rebaptisent les prosélytes.

Les Pomoraniens, subdivisés en sectes nouvelles, se répandirent dans la Russie, surtout en Sibérie, puis en Livonie, en Turquie, en Pologne. Dans cette dernière contrée, ils tinrent en 1751, une espèce de synode qui, entre autres dispositions, défend aux filles et aux femmes d'aller cueillir des champignons les jours de fêtes et de dimanches, de fréquenter ceux qui ne sont pas de leur secte, d'acheter d'eux ou d'en accepter des liqueurs enivrantes, de porter des chemises rouges, ni des mouchoirs de cette couleur quand elles vont aux églises. En 1771, ils établirent au village de Preobraschensk, un hôpital où ils recevaient gratuitement les malades, ce qui leur attira des présents et des legs considérables.

Actuellement ils prient pour le chef de l'Etat, mais sans lui donner le titre d'empereur, parce que ce mot n'existe pas dans l'ancien idiome russe, qui l'appelle *czar* ou *tzar*; et en plaçant sur leurs croix l'inscription de Pilate, ils écrivent ainsi : I. N. Z. I. Jésus de Nazareth *tzar* des Juifs.

PONG, sacrifice que les Chinois font à la porte des temples, en l'honneur de l'esprit qui préside aux quatre parties du monde, et qui règle toutes choses.

PONGHIS, prêtres de Bouddha, chez les Birmans et les Pégouans. La vénération qu'on leur porte est au delà de ce qu'on peut imaginer. On leur rend un culte qui égale presque celui qui est décerné aux idoles. Les Ponghis font en effet partie de la triade sainte des Bouddhistes, qui comprend Bouddha, la loi et l'assemblée des justes, dans laquelle les Ponghis tiennent le premier rang.

PONGO ou *Pongou*. Les nègres du Congo entendent par cette expression un esprit, ou génie, une divinité quelconque. Dieu est pour eux *Zambi-an-Pongou*, l'esprit du ciel. Ils donnent aussi le nom de Pongo à leurs fétiches, à leur roi, auquel ils attribuent un pouvoir divin, et à tous les objets auxquels ils rendent un culte et une vénération particulière.

PONGOL ou **POUNGAL**, grande fête des Hindous; elle est célébrée avec beaucoup de solennité, principalement dans le sud de l'Inde, et elle a pour objet de fêter l'entrée du soleil dans le signe du Capricorne, c'est ce qu'on appelle en sanskrit *Makara-Sankranti* (*Voy.* ce mot). Le mot *Pongol* est tamoul; on en verra tout à l'heure l'origine.

Les Indiens partagent le cours de l'année en deux périodes, chacune de six mois; la première, qui est le jour des dieux, est déterminée par le cours du soleil vers l'hémisphère septentrional, c'est une période heureuse : les jours croissent graduellement, la chaleur augmente, les plus belles fleurs éclosent, les grains les plus excellents, les fruits les plus délicieux mûrissent; la seconde période commence à l'entrée du soleil dans le signe du Cancer, et finit au solstice d'hiver; c'est la nuit des dieux, c'est une époque néfaste : les jours et la chaleur diminuent, les fleurs deviennent rares, la terre ne produit que des grains d'une qualité inférieure, le dieu Vichnou dort, les noces sont interdites, etc. On a donc hâte de voir s'écouler cette période de tristesse et de douleur, de là la joie que l'on manifeste au moment où le soleil, entrant dans le signe du Capricorne, recommence sa carrière de splendeur et de puissance; et tel est l'objet de la fête du Pongol.

Pendant le mois néfaste qui précède cette solennité, une espèce de Sannyasi va de porte en porte vers les quatre heures du matin; et frappant sur une plaque de bronze, il réveille ceux qui dorment, les avertit de se tenir sur leurs gardes, et de prendre les précautions nécessaires contre les influences malignes de ce mois maudit, en apaisant, par des adorations et des sacrifices, le dieu Siva qui y préside. Dans cette intention, les femmes vont tous les jours à la porte de la maison, enduire de fiente de vache un espace de trois pieds en carré, sur lequel elles tracent plusieurs raies blanches avec de la farine de riz; elles rangent ensuite dans ce carré, plusieurs boulettes de fiente de vache ornées chacune d'une fleur de citrouille. Chaque soir, on recueille soigneusement ces massules stercoraires avec leur fleur, et on les conserve jusqu'au dernier jour du mois. Ce jour arrivé, les femmes, seules chargées de cette cérémonie, les mettent dans une corbeille neuve; précédées par des instruments de musique, elles vont toutes avec solennité, et frappant des mains, les porter hors du lieu de leur habitation, et les jeter dans un étang ou dans quelqu'autre endroit écarté, mais propre.

Cette fête dure trois jours, et la cérémonie la plus importante consiste à faire cuire du riz. Le premier jour, en effet, les femmes mariées, après s'être purifiées par des ablutions, qu'elles font sans ôter leurs vêtements, et encore toutes mouillées, font cuire en plein air du riz dans du lait; dès que l'ébullition se manifeste, elles se mettent à crier toutes ensemble : *Pongol o pongol! Pongol o pongol!* Peu de temps après, on ôte le vase de dessus le feu, et on le porte devant l'idole de Ganésa, à laquelle on offre une partie du riz; une autre portion est portée aux vaches, et les gens de la maison mangent le reste. Ce jour-là les Hindous se rendent des visites, et en s'abordant, les premières paroles qu'ils s'adressent, sont celles-ci : *Le riz a-t-il bouilli?* À quoi on répond : *Il a bouilli.* De là vient le nom de la fête; car *Pongol* est dérivé du verbe *ponguédi* en télinga, et *pongradou* en tamoul, qui signifie bouillir; métaphoriquement ce mot est pris dans le sens de *prospérité* ou *réjouissance*. Suivant un auteur hindou que nous avons sous les yeux, le riz cuit est offert non au dieu Ganésa, ou Vigneswara, mais au soleil, qu'on invoque pour le bien-être public et pour une moisson abondante. On fait encore des libations aux mânes de ses ancêtres.

Le lendemain, de grand matin, les laboureurs répandent de l'eau sur les blés dans les champs, en criant à haute voix *Pongol! pongol!* voulant dire par là, que le blé croisse en abondance par l'influence du soleil glorieux qui a commencé sa course septentrionale, ce qui produit le jour des dieux. Vers midi, on fait cuire ensemble du riz et du lait que l'on offre en l'honneur d'Indra, dieu du ciel, en lui adressant des prières pour qu'il bénisse la terre avec des pluies tombant à propos, qu'il multiplie la race des bestiaux, et qu'il augmente leur pâture. Dans l'après-midi, on lave les vaches et les taureaux, on les nourrit avec une partie de l'oblation faite à Indra, on leur peint les cornes, et on les orne de guirlandes; alors on les réunit en troupeaux accompagnés d'une bande de musiciens; on les conduit à une place publique de la contrée ou du village, où les vachers préparent de la nourriture, des parfums et des fleurs en l'honneur des vaches; ils les aspergent d'eau de safran avec des feuilles de manguier, pour les préserver du mal, en criant à haute voix, *Pongol! pongol!* c'est-à-dire, puisse le bétail être favorisé et multiplié par la grâce d'Indra, aussi bien que de Krichna, qui a fait des miracles, et a mené une vie pastorale. Après cela les Hindous, se donnant la main, font le tour des vaches et des taureaux, et les Brahmanes se prosternent devant ces animaux. Alors les vachers s'en retournent chez eux avec les troupeaux. L'abbé Dubois dit qu'on force les bœufs et les vaches à s'enfuir de côté et d'autre, en les effarouchant par le bruit confus d'un grand nombre de tambours et d'instruments bruyants. Ce jour-là, ces animaux peuvent paître partout sans gardien; et quelques dégâts qu'ils fassent dans les champs où ils se jettent, il n'est pas permis de les en chasser.

Le même jour, les idoles sont retirées des temples et portées en procession, au son des instruments de musique, au lieu où l'on a de nouveau rassemblé le bétail. Les danseuses des temples marchent à la tête d'une foule de peuple, et font de temps en temps des pauses pour charmer les spectateurs par leurs danses lascives et leurs chansons obscènes. La fête se termine par une cérémonie singulière : la multitude forme un grand cercle, au milieu duquel on lâche un lièvre qui, ne trouvant pas d'issue pour s'échapper, court à droite et à gauche en bondissant au milieu des éclats de rire de tous les spectateurs, et finit bientôt par se laisser prendre. Sonnerat dit qu'on choisit n'importe quelle espèce de quadrupède, depuis le tigre jusqu'au rat, que l'on examine le côté qu'il prend dès qu'il est lâché, pour en tirer des augures, et qu'enfin on le tue. Ce même jour, les Brahmanes jettent des sorts pour connaître les événements de l'année qui commence. Les animaux et les grains sur lesquels ils tombent deviendront, disent-ils, très rares : si c'est sur les bœufs et le riz, les bœufs périront et le riz sera très-cher; s'ils tombent sur les chevaux et les éléphants, c'est signe de guerre.

Les brahmanes font accroire au peuple que le dieu *Sankranti* (personnification de l'entrée du soleil dans un signe du zodiaque) vient tous les ans sur la terre à pareil jour leur découvrir le bien et le mal futurs, et qu'il l'annonce par le grain qu'il mange et l'animal qu'il monte; c'est ce que le sort leur fait connaître. Le soir de ce jour les Hindous se rassemblent en famille, se font réciproquement des présents, et se visitent en cérémonie pour se souhaiter un bon *pon-*

gol, comme nous faisons le premier jour de l'an ; les visites durent huit jours.

Suivant Sonnerat et l'auteur indien déjà cité, cette fête dure deux jours. Le premier se nomme *Pérôüm-Pôngol*, premier ou grand Pongol consacré au soleil ; et le second *Madhou-Pôngol*, Pongol des vaches. L'abbé Dubois dit qu'elle dure trois jours ; le premier est appelé *Bhôga-Pongol*; pongol de la joie ; ce jour est comme la préparation des deux suivants ; on le passe en visites, en présents mutuels et en divertissements. Le second est le *Sôurya-Pôngol*, le Pongol du soleil, et le troisième le Pongol des vaches.

PO-NOUI, enfer des Néo-Zélandais. *Voy.* PO-KINO.

PONQUELAIS. Les habitants de l'île de Jersey donnent ce nom à d'anciens monuments du paganisme qu'on trouve encore dans leur pays : ce sont des pierres plates d'une grandeur et d'une pesanteur considérables ; il y en a d'ovales, d'autres quadrangulaires, élevées de trois ou quatre pieds de terre, et supportées par d'autres pierres d'une plus petite dimension. Il paraît, par leur figure et par la grande quantité de cendres répandues à l'entour, qu'elles servaient d'autels. Elles sont presque toutes placées sur des éminences au bord de la mer ; ce qui ferait croire qu'elles étaient dédiées aux divinités de l'Océan. A dix ou douze pieds de distance de chacun de ces autels, on trouve une plus petite pierre, à peu près en forme de dé, où l'on présume que le prêtre faisait quelques cérémonies ; tandis que le sacrifice brûlait sur l'autel. Ces monuments semblent être les mêmes que les *Dolmens* et les *Menhirs*, que l'on trouve encore en assez grand nombre dans plusieurs provinces de France.

PONT DES ÂMES. 1° Suivant la doctrine musulmane, il y a au-dessus de l'enfer un pont appelé *Sirat*, qui est plus fin qu'un cheveu, plus affilé qu'un rasoir, et dont la longueur égale le diamètre de la terre. Après la résurrection, les élus le passeront avec la rapidité de l'éclair, soutenus par la main des anges ; les réprouvés y glisseront et se précipiteront dans les abîmes du feu éternel. Selon d'autres docteurs, ce pont a sept arches, sur chacune desquelles il y a une prison où Dieu renferme l'homme pour l'interroger sur ses actions principales. Dans la première, il le questionne sur sa religion, et lui demande s'il est musulman, juif, chrétien ou infidèle. Dans la seconde, il examine le nombre et la validité de ses prières. Dans la troisième, il lui demande compte de ses aumônes. Dans la quatrième, l'examen roule sur les jeûnes. Dans la cinquième, toutes ses dépenses sont supputées. Dans la sixième, il doit rendre compte de ses ablutions. Enfin dans la septième, Dieu lui fait rendre compte des devoirs dont il avait à s'acquitter à l'égard de ses parents, etc. Les méchants ne pourront donc parcourir ce pont étroit dans toute sa longueur, le poids de leurs iniquités les entraînera dans le feu de l'enfer.

2° Les Scandinaves disent que les dieux ont construit un pont immense qui sert de communication entre le ciel et la terre ; ce pont n'est autre que l'arc en ciel. *Voy.* BIFROST.

3° Les Américains des montagnes Rocheuses croient à l'existence d'un pont des âmes fort semblable à celui des Musulmans. Il est jeté au travers de l'abîme et tenu, par l'écoulement des eaux qui atteignent son tablier, dans un balancement continuel. Les défunts doivent le traverser pour se rendre au paradis ; les bons le franchissent sans peine malgré son agitation ; mais les méchants sont incapables de s'y tenir debout ; ils chancellent et tombent, puis le torrent les emporte dans un dédale de marais et de lacs où, malheureux jouets des flots vengeurs, déchirés par la faim et les angoisses, en proie à toutes sortes de reptiles venimeux et d'animaux féroces, ils errent au gré des courants, sans espoir de trouver jamais un rivage.

PONTIFE. Ce mot a exprimé chez les Romains, comme à présent chez les chrétiens, la plus haute dignité du sacerdoce. Ce terme paraît avoir pour origine *pontem facere*, faire un pont ; mais pourquoi a-t-on donné ce nom singulier aux chefs des prêtres ? C'est ce que l'on ignore. Plutarque prétend qu'ils avaient soin de réparer le pont de bois qui conduisait au delà du Tibre ; et il combat le sentiment de Denys d'Halicarnasse qui voulait qu'ils eussent bâti un pont ; car, observe ce judicieux écrivain, du temps de Numa Pompilius, qui institua les pontifes, il n'y avait point de ponts à Rome. Les chrétiens, en adoptant ce titre, en spiritualisèrent l'étymologie ; ils dirent que le pontife devait, par ses vertus, ses leçons et ses bonnes œuvres, être ou faire comme un pont qui conduit les âmes à Dieu. Nous ne citons que pour mémoire une autre étymologie, qui nous semble forcée, et par laquelle ce mot viendrait de *posse facere*, pouvoir sacrifier.

1° Les pontifes, chez les Romains, avaient la principale direction des affaires de la religion ; ils connaissaient de tous les différends qu'elle occasionnait ; ils réglaient le culte et les cérémonies ; recevaient les vestales, offraient les sacrifices, faisaient la dédicace des temples, jugeaient de l'autorité des livres qui renfermaient les oracles, réformaient le calendrier. Ils faisaient des lois sur les rites sacrés qui n'étaient ni écrits ni passés en usage ; lorsqu'ils jugeaient que quelques-uns méritaient d'être observés et ensuite insérés parmi les lois ; ils avaient inspection sur tous les magistrats et sur toutes les dignités qui donnaient droit d'exercer les fonctions du culte divin, et veillaient à ce qu'il ne se commit point de fautes contre les lois sacrées. Ils étaient de plus obligés d'instruire le peuple, de lui enseigner les cérémonies du culte des dieux et des génies, de publier, au commencement de chaque mois, l'époque précise des ides, et de montrer à ceux qui en avaient besoin, les droits, usages et coutumes des funérailles.

Ils jugeaient et punissaient eux-mêmes toute rébellion à leurs ordres.

Ils formaient à Rome un collége, qui, lors de la première institution faite par Numa, ne fut composé que de quatre pontifes pris du corps des patriciens; ensuite on en admit quelques autres, choisis entre les plébéiens. L. Sylla, le dictateur, en augmenta le nombre jusqu'à quinze, dont les huit premiers prenaient le titre de grands pontifes, et les sept autres celui de petits pontifes, quoique tous ensemble ne fissent qu'un même corps dont le chef était appelé le souverain pontife. Mais le nombre des pontifes ne resta point fixe; il y en eût par la suite tantôt plus, tantôt moins.

Cette dignité était si considérable, qu'on ne la donna d'abord, comme on vient de le dire, qu'aux seuls patriciens. Quoique les plébéiens eussent été consuls, et qu'ils eussent eu les honneurs du triomphe, ils en étaient cependant exclus. Décius Mus fut le premier de cet ordre qui parvint au sacerdoce, après avoir vivement représenté au peuple l'injustice qu'on lui faisait en le privant de cet honneur. Depuis cette époque, il n'y eut plus de distinction entre les patriciens et les plébéiens par rapport à cette dignité.

Les pontifes étaient regardés comme des personnes sacrées; ils avaient le pas sur tous les magistrats; ils présidaient à tous les jeux du cirque, de l'amphithéâtre et du théâtre, donnés en l'honneur des divinités. Ils pouvaient se subroger un de leurs collègues, lorsque de fortes raisons les empêchaient de remplir leurs fonctions.

Les pontifes, en parlant au peuple assemblé, l'interpellaient en disant: *Mes enfants*. Leur habillement consistait en une de ces robes blanches bordées de pourpre, qu'on appelait *prétextes*, et que portaient les magistrats curules.

Le *grand pontife*, ainsi appelé par excellence, parce qu'il était à la tête de tout le collége des pontifes, avait l'intendance universelle de toutes les cérémonies, tant publiques que particulières. Cette dignité avait été instituée par Numa et se donnait toujours à quelqu'un du collége des pontifes, qui était élu dans les comices par tribu. On le choisissait, dans les premiers temps, parmi les patriciens; mais le peuple étant venu à bout de se revêtir de toutes les dignités qui appartenaient aux nobles, ne négligea pas celle-ci; et, l'an 500, Tibérius Coruncanius, plébéien, fut élu grand pontife. Après la mort de Lépide, qui avait été triumvir, Auguste prit le grand pontificat, et, après lui, tous les empereurs, jusqu'à Gratien, furent honorés de la même dignité. On affecta de la donner aux princes régnants, parce que le pontificat semblait attirer plus de respect à celui qui en était revêtu qu'il n'en était dû à un simple particulier. Le grand pontife ayant la surintendance de toutes les choses de la religion, en prescrivait les cérémonies et en expliquait les mystères. Il avait la direction des vestales; c'était lui qui les recevait, et les punissait lorsqu'elles avaient prévariqué; il avait l'inspection sur tous les ordres de prêtres; et sur les ministres des sacrifices; il dictait toujours la formule dans les actes publics; il avait le droit de présider aux adoptions, de conserver les annales, de régler l'année; et de prendre connaissance de certaines causes qui concernaient le mariage; lui seul pouvait accorder les dispenses, et il ne rendait compte de sa conduite ni au sénat ni au peuple. D'ailleurs, il avait le privilége de conserver sa dignité pendant toute sa vie; et de n'avoir point d'égal dans sa charge; ce qui se prouve par l'exemple d'Auguste, qui attendit la mort de Lépide pour prendre le souverain pontificat. Mais, quoique toutes ces prérogatives lui donnassent une autorité supérieure, il y avait cependant plusieurs choses qu'il ne pouvait faire sans le consentement du collége des pontifes, et on pouvait appeler à ce dernier de ses décisions, ainsi que du jugement du collége au peuple. Il ne lui était pas permis de sortir de l'Italie; et Crassus fut le premier grand pontife qui contrevint à cette loi. A son exemple, ses successeurs dans le pontificat s'arrogèrent le même privilége; et la loi Vatinia, qui vint ensuite, permit au grand pontife de tirer au sort les provinces à gouverner. Il ne pouvait habiter que dans une maison publique. Il lui était défendu de convoler à de secondes noces, de regarder ou de toucher un cadavre, et c'est pour cela que l'on plantait un cyprès devant la maison d'un mort, de peur que le pontife n'entrât dans une maison qui pût le souiller. La consécration du souverain pontife se faisait avec des cérémonies extraordinaires.

2° Quoique le terme de *pontife* ait été inconnu aux Juifs, on s'en sert cependant pour désigner le chef de la hiérarchie sacerdotale, qu'ils appelaient le *grand prêtre*. Il possédait la première dignité de la république judaïque. Sa charge lui donnait le privilége d'entrer dans le sanctuaire, honneur qui était réservé à lui seul; mais il n'y entrait qu'un seul jour de l'année, qui était celui de l'expiation solennelle. Il était président de la justice, et l'arbitre de toutes les grandes affaires de la religion; il fallait qu'il fût de la famille et de la race d'Aaron, et sa naissance devait être pure; il était exclu de la dignité de grand prêtre par certains défauts corporels déterminés dans la loi. Le deuil pour les morts lui était interdit. Par une prérogative spéciale, Dieu avait attaché à sa personne l'oracle de la vérité; et il prédisait l'avenir, lorsqu'il était revêtu des ornements de sa dignité. Ses habits, dans le temple, étaient d'une magnificence digne de l'élévation de son rang et de la majesté de son ministère; et ses revenus étaient proportionnés à sa haute qualité. Les lévites levaient la dîme sur tous les revenus d'Israël; ils payaient aux prêtres la dîme de cette dîme; et le souverain sacrificateur en avait toujours la principale partie.

Tous ces avantages et ces prérogatives lui donnaient, dans la république, un pouvoir qui n'était pas beaucoup au-dessous de celui même du souverain. On a vu plus d'une fois la double puissance, sacrée et civile, réunie dans la même personne. Phinéès, Héli, Samuel, furent en même temps chefs de la nation et souverains prêtres du Seigneur. Pendant le règne de Joas, Joïada avait un très-grand pouvoir dans la nation. Le grand prêtre Héliacim était à la tête des affaires, sous le roi Manassès, et il avait été grand maître de la maison du roi Ezéchias, avant son pontificat. Depuis le retour de la captivité, c'est-à-dire depuis Josué, fils de Josédech, jusqu'à la persécution d'Antiochus Epiphane, les grands prêtres eurent beaucoup d'autorité dans la nation ; et, après la mort de ce prince, le pontificat étant entré dans la famille des Asmonéens, fut presque toujours uni au gouvernement et à l'autorité souveraine. Hérode le Grand, par un trait de sa politique, ôta la sacrificature à cette famille, et rendit cette dignité élective et arbitraire, au choix du prince.

Cette dignité subsista chez les Juifs l'espace de 1520 ans environ ; c'est-à-dire, depuis Aaron, frère de Moïse, élu grand prêtre par le Seigneur, dans le désert, jusqu'à Phannias, élu par les Zélés, durant le dernier siège de Jérusalem par Titus.

3° Le nom de *pontife* est employé fréquemment dans l'Eglise pour désigner les évêques et tous les dignitaires qui ont reçu la consécration épiscopale. Cependant on n'emploie ce titre qu'en parlant d'eux, et jamais dans le discours direct. Cependant l'usage ecclésiastique semble l'avoir affecté d'une manière particulière aux saints qui ont été revêtus du sacerdoce suprême, car c'est sous ce titre qu'ils sont désignés dans la liturgie, dans les martyrologes, etc.

On donne très-souvent au pape le titre de *souverain pontife*. Voy. ÉVÊQUES, PAPE, etc.

PONTIFES (FRÈRES), c'est-à-dire *faiseurs de ponts*; ordre de frères hospitaliers qui s'établissaient le long des rivières pour transporter gratuitement les voyageurs sur l'autre rive, ou qui s'associaient pour construire des ponts. Les premiers dont il soit question se montrèrent sur les bords de l'Arno en Toscane. Quelques-uns font remonter cette pieuse et charitable association à un berger d'Avignon, nommé Bénezet ou le petit Benoît, aujourd'hui vénéré comme un saint, qui en 1177, construisit à Avignon, sur le Rhône, un pont de 447 mètres de long et de dix-huit arches. C'est aussi aux Frères Pontifes que l'on doit le beau pont du Saint-Esprit, construit de 1265 à 1309, et qui a 26 arches et 840 mètres de longueur. D'autres croient que la première association de ce genre eut lieu à Chartres, et que de là elle se répandit en Normandie et en beaucoup d'autres pays. Cet ordre fut sécularisé en 1519. Ces pieux ouvriers charmaient leur travail par le chant des cantiques; quelquefois même, pendant la nuit, au lieu de prendre le repos qui leur était si nécessaire après leurs fatigues, ils allumaient des chandelles sur leurs chariots, et veillaient en chantant des hymnes. Les religieux de Saint-Jacques du-Haut-Pas, à Paris, étaient une colonie des anciens Frères Pontifes.

PONTIFICAL, livre à l'usage des évêques, et qui contient les rites de la confirmation, des ordinations, des consécrations d'églises, d'autels, de vases sacrés, des bénédictions réservées, et généralement de toutes les cérémonies qui ne peuvent être remplies et exécutées que par les ecclésiastiques qui appartiennent à l'ordre épiscopal. Le Pontifical romain est suivi dans toute l'Eglise d'Occident. Il ne faut pas confondre le Pontifical avec le Rituel ; ce dernier contient les rites des sacrements et autres cérémonies qui peuvent être exécutés par les simples prêtres ; ces rituels varient dans beaucoup de diocèses, surtout en France.

PONTIFICAT, dignité de pontife ou de souverain pontife. On emploie aussi ce terme pour désigner le temps pendant lequel a siégé un évêque ou un pape.

PONTUS, ancien dieu marin, vénéré chez les Syriens ; il était fils de Nérée et père de Posidon, et de la déesse Sidon.

POOH, le dieu Lunus, chez les Egyptiens ; représenté avec une tête de chien ou d'épervier, surmontée du disque ou du croissant lunaire.

POPANA, gâteaux sacrés qu'on offrait aux divinités chez les Romains ; ils étaient ronds, larges et minces. Les Grecs en connaissaient aussi l'usage.

POPES, sorte de ministres de la religion chez les Romains. « Ils conduisaient, dit Noël, la victime à l'autel, mais de manière que la corde avec laquelle ils la conduisaient fût fort lâche, afin que la victime ne parût pas conduite au sacrifice malgré elle, ce qui aurait été d'un fort mauvais augure. Quand elle était devant l'autel, on la déliait pour la même raison, et c'était un signe funeste quand elle s'enfuyait. Les popes apprêtaient alors les couteaux, l'eau et les autres choses nécessaires pour le sacrifice. Après avoir reçu l'ordre du sacrificateur, l'un d'eux, appelé *cultraire*, frappait la victime avec une hache ou une massue et l'égorgeait aussitôt. Quand elle avait perdu tout son sang, qu'on recevait dans des cratères, et qu'on répandait sur l'autel, les popes la mettaient sur une table sacrée, nommée *enclabris*, et là, ils la dépouillaient et la disséquaient, à moins qu'on ne la brûlât tout entière, auquel cas ils la mettaient sur le bûcher aussitôt qu'elle était égorgée. Dans les sacrifices ordinaires, on ne brûlait qu'une très-petite partie de la victime ; et du reste on faisait deux portions, l'une pour les dieux, l'autre pour ceux qui faisaient les frais du sacrifice. Ceux-ci s'en régalaient avec leurs amis, et la portion des dieux était abandonnée aux popes, qui l'emportaient dans leurs maisons appelées *popinæ*, de leur nom, où allaient en acheter tous ceux qui en voulaient (1). Comme les popes vendaient aussi

(1) C'étaient ces sortes de viandes, qui sont appelées *Idolothyta*, et qui étaient interdites aux premiers chrétiens, de peur qu'ils ne parussent prendre part aux sacrifices des païens.

du vin, les *popines* étaient les cabarets des Romains, et c'est encore de ce mot qu'on se sert pour exprimer les nôtres en latin.

« Les popes portaient une espèce de couronne sur la tête; mais ils étaient à demi-nus, ayant les épaules, les bras et le haut du corps découvert jusqu'au nombril; le reste du corps était couvert jusqu'à mi-jambes d'un tablier de toile ou de peaux de victimes : c'est ainsi du moins qu'ils sont dépeints sur la colonne Trajane. Il y a cependant d'autres figures anciennes qui les représentent avec une aube pendante depuis les aisselles, et retroussée pour loger leurs couteaux. Le tablier qui les couvrait jusqu'à mi-jambes s'appelait *limus*, parce qu'il y avait au bas une bande de pourpre qui était cousue en serpentant : c'est ce que nous apprenons de Servius. »

POPES, nom que les Russes donnent à leurs prêtres; ce mot est le même que le *papa* des Grecs. Ces prêtres étaient autrefois réputés pour leur ignorance, leur grossièreté et leur intempérance. Ils ne prêchaient jamais au peuple, ou, s'ils le faisaient, ce n'était que fort rarement. Il était même dangereux de s'exposer à monter en chaire, s'il faut en croire Oléarius, qui rapporte qu'un protopope s'étant avisé de prêcher, le patriarche le déposa, ainsi que les prêtres qui avaient voulu suivre son exemple, les excommunia et les envoya en Sibérie, prétendant que la prédication est une source d'erreurs, et que c'est par ces moyens que les hérésies se répandent dans le monde. C'est par la même raison que l'imprimerie était défendue en Russie avant Pierre le Grand. « Il n'y a, dit Perry, en parlant de l'usage de son temps, qu'un petit nombre de principaux prêtres qui prêchent quelquefois devant le czar et dans les églises cathédrales, les jours des grandes fêtes. Le plus haut point de doctrine auquel s'élève le bas clergé, et ce qu'on requiert effectivement de ceux qui se présentent aux évêques pour être admis aux ordres sacrés, est qu'ils sachent chanter et lire distinctement l'office, qu'ils ne soient pas en mauvaise réputation parmi leurs voisins, qu'ils aient la voix bonne et claire, et qu'ils puissent prononcer aussi ferme qu'il est possible, douze ou quinze fois, sans perdre haleine : *Hospodi, pomiloi*, Seigneur, ayez pitié de nous. »

POPLICAINS ou PUBLICAINS, branche de Manichéens, dont les erreurs prirent naissance en Gascogne et se répandirent en France, en Espagne, en Italie, en Allemagne, en Angleterre; on croit que ce nom est venu de celui de Pauliciens. Ils rejetaient le baptême, l'eucharistie et le mariage; ils condamnaient l'usage du signe de la croix, l'eau bénite, des églises, de la dîme. Ils blâmaient la profession monastique, et toutes les fonctions des clercs et des prêtres. *Voy.* ALBIGEOIS, VAUDOIS.

POPOGOUSSO, enfer des anciens habitants de la Virginie; c'était une grande fosse qu'ils plaçaient fort loin à l'occident de leur pays, et dans laquelle leurs ennemis étaient condamnés à brûler toujours. Ils racontaient qu'un des leurs étant mort, avait été transporté à l'entrée du Popogousso, mais qu'un dieu le sauva et lui permit de retourner dans le monde, pour dire à ses amis ce qu'ils devaient faire afin de ne point aller dans ce lieu de tourments.

PO-POROTOU, le paradis des insulaires de l'Archipel Gambier. C'est une région souterraine, éclairée par un astre aussi pâle que la Lune; elle est le séjour des dieux bons. Pour que les âmes des hommes puissent y être transportées après la mort, il est nécessaire que les parents du défunt lui rendent les honneurs funèbres, en célébrant une fête, appelée *tirau*, qui dégénère toujours en orgie.

POPOWSCHISTCHINA, dénomination sous laquelle les Russes comprennent les sociétés dissidentes qui ont conservé les *popes* et le sacerdoce, à la différence des *Bespopowschistchina*, c'est-à-dire des sectes qui n'ont point de prêtres. Les premiers se rapprochent davantage de l'Église russe, et sont moins ignorants et moins turbulents que les autres.

POPULIFUGIE, ou *fuite du peuple*, fête que les Romains célébraient au mois de juin, en mémoire, selon les uns, de l'expulsion des rois, et selon d'autres, en l'honneur de la déesse Fugia, qui avait favorisé la déroute des Fidénates, lorsqu'ils voulurent s'emparer de Rome, le lendemain que le peuple s'en fut retiré. Denys d'Halicarnasse prétend que l'objet de cette fête était la fuite du peuple, qu'un violent orage dispersa, après que Romulus eut été massacré.

POPULONIE, déesse des Romains. On invoquait Junon sous ce titre, comme président aux accouchements, et contribuant ainsi à peupler le monde. — C'était aussi une divinité champêtre, dont on implorait le secours contre les dégâts et les ravages, soit de l'ennemi, soit des éléments, soit des saisons. Dans ce dernier cas, c'était encore Junon qui vraisemblablement était invoquée sous le nom de *Populonie*, comme Jupiter sous celui de *Fulgur*.

PORC. 1° Cet animal était immonde chez les Juifs; il était par conséquent du nombre de ceux dont on ne devait point se nourrir, et qu'on ne pouvait offrir en sacrifice.

2° Les Égyptiens au contraire avaient deux grandes fêtes, durant lesquelles on n'immolait pas d'autres victimes. Le porc était sacré chez les Crétois, parce qu'ils croyaient que Jupiter avait été allaité par une truie. Cet animal était immolé dans les petits mystères d'Éleusis; ailleurs à Hercule, par les Argiens; à Vénus dans les Hystéries; par les Romains, aux dieux Lares; et en général par ceux qui voulaient guérir, ou étaient guéris de la folie.

On immolait la truie à Cérès, soit parce que cet animal semble avoir appris aux hommes l'art de labourer, et c'est pour cela qu'il était sacré aux yeux des Égyptiens; soit à raison du dommage qu'il cause aux moissons, en fouillant la terre. Ceux qui n'avaient pas rendu exactement les derniers devoirs à quelqu'un de leur famille, ou qui n'avaient pas purifié le logis où il y avait eu un mort, immolaient également à Cérès, par forme d'expiation, une truie qui portait alors le nom de *Succedanea*. Enfin on immolait une truie le jour des noces à cause de sa fécondité ; et ceux qui contractaient une alliance, la ratifiaient par le sacrifice d'un porc.

PORÉMUT ou PORÉNUCE, dieu de l'air chez les anciens Slaves. C'était le même que *Striborg* ou *Némisa* ; on le représentait avec quatre visages à la tête et un cinquième à l'estomac. Le dieu couvrait son menton de la main droite, et son front de la gauche.

POREWIT, autre divinité des Slaves. On le représentait avec cinq têtes. Ce dieu avait un temple à Carence, dans l'île de Rugen. Quelques-uns en font le dieu de la guerre ; mais cette spécialité convient plutôt à Regewith, qui portait sept glaives dans leurs fourreaux et une épée nue à la main.

PORPHYRION, surnom d'Hercule, considéré comme un génie incube qui découvre les trésors. C'est sans doute une allusion au Soleil, dont les rayons fécondent et enrichissent les entrailles de la terre.

PORRECTION, cérémonie par laquelle l'évêque consécrateur présente aux ordinands l'instrument ou le vase propre à l'ordre auquel il est élevé. Chaque degré de la hiérarchie ecclésiastique est accompagné de sa porrection. L'évêque fait toucher au portier les clefs de l'église et la corde des cloches ; au lecteur le livre des leçons ; à l'exorciste celui des exorcismes ; à l'acolyte les burettes vides et le chandelier ; au sous-diacre le livre des Epîtres, ainsi que le calice et la patène vides ; au diacre le livre des Evangiles ; au prêtre le calice et la patène, avec le pain, le vin et l'eau nécessaires au sacrifice. Les ordres mineurs et le sous-diaconat ne sont conférés que par la porrection seule, qui peut être considérée comme le rite essentiel ; mais pour le diaconat et la prêtrise, la forme du sacrement consiste dans l'imposition des mains de l'évêque.

PORRÉTAINS, disciples de Gilbert de la Porrée, évêque de Poitiers dans le XIIe siècle. Son erreur était plutôt philosophique que théologique : il enseigna qu'il y avait une distinction physique entre Dieu et ses attributs ; que sa divinité et son essence étaient distinguées de lui. Ce prélat, ayant inséré cette erreur dans un discours qu'il tint à son clergé, fut déféré par ses deux archidiacres au pape Eugène III, qui se trouvait alors en France. Eugène fit examiner l'accusation intentée contre lui. Le prélat fut cité au concile de Reims, en 1148 ; et son opinion ayant été condamnée comme hérétique, il souscrivit à ce jugement et se rétracta publiquement ; mais il eut quelques disciples qui continuèrent encore quelque temps leurs distinctions, leurs arguties et leur résistance.

PORRICIES, entrailles de la victime, que les prêtres romains jetaient dans le feu après les avoir considérées pour en tirer de bons ou de mauvais présages.

PORRIMA, déité romaine, sœur ou compagne de Carmenta. Elle présidait aux événements passés, comme Postverta aux événements futurs.

PORTIE, surnom de Vénus, comme présidant aux ports de mer, sans doute parce qu'elle était née de la mer, à moins qu'on ne prétende que ces villes lui étaient consacrées, parce qu'ordinairement il y règne plus de licence qu'ailleurs. Ce mot répond, chez les Latins, au *Liménie* des Grecs.

PORTIER, le premier et le plus inférieur des ordres mineurs, dans l'Eglise catholique. Le portier est l'ecclésiastique chargé d'ouvrir et de fermer les portes de l'église et de la sacristie, de tenir le temple propre, d'y maintenir l'ordre, d'appeler les fidèles au son des cloches, de présenter le livre à celui qui doit annoncer la parole de Dieu. Ces fonctions sont maintenant remplies presque partout par des laïques. Néanmoins il faut nécessairement passer par ce degré pour parvenir aux ordres supérieurs. L'évêque confère l'ordre de portier en faisant toucher au clerc les clefs de l'église ; puis on lui fait ouvrir et fermer la porte de l'église ou celle de la sacristie, et sonner la cloche. L'évêque prononce ensuite sur eux une formule de bénédiction, accompagnée de prières.

PORTUMNALES, fêtes que les Romains célébraient le 17 du mois d'août, en l'honneur de Portumne.

PORTUMNE, dieu des Romains, qui présidait aux ports de mer. On le confond avec Mélicerte ou Palémon ; d'autres avec Neptune. Il avait deux temples à Rome. On le voit représenté, sur les médailles anciennes, sous la figure d'un vieillard respectable, appuyé sur un dauphin, et tenant une clef dans ses mains. Il était, chez les Etrusques, l'objet d'un culte particulier. Ceux-ci le représentaient nu et jeune, les cheveux frisés à la manière des divinités égyptiennes. Il portait des colliers et des bracelets.

PORUS, dieu de l'abondance, fils de Métis, déesse de la prudence. A la naissance de Vénus, les dieux célébrèrent une fête à laquelle Porus se trouva comme les autres. Quand ils furent hors de table, Pénie (ou la Pauvreté), crut que sa fortune était faite si elle pouvait avoir un enfant de Porus ; elle alla donc adroitement se coucher à ses côtés, et quelque temps après elle donna naissance à l'Amour. De là vient que l'Amour s'est attaché à la suite et au service de Vénus, ayant dû sa naissance à l'occasion de sa fête. Comme il a pour père l'Abondance, et la Pauvreté pour mère, il tient également de l'une et de l'autre.

POSIDON, nom grec de Neptune. Son étymologie est fort obscure. Les uns le font venir de $\pi o \dot{u} \varsigma$ $\sigma \epsilon \dot{\iota} \epsilon \iota$ $\delta \tilde{\alpha} \nu$, *son pied ébranle la terre*; d'autres, avec Platon, de $\pi o \sigma \sigma \grave{\iota}$ $\delta \epsilon \sigma \mu \grave{o} \nu$ $\ddot{\epsilon} \chi \omega \nu$, *qui a des liens aux pieds* ; ce qui indiquerait les bornes prescrites aux flots de la mer. Ces dérivations nous paraissent fort peu naturelles et ne nous satisfont aucunement. Le mot *Posidon* (ou *Poseidon*, comme écrivaient les Grecs) nous paraît d'origine orientale. Les Phéniciens faisaient Pontus, ou la mer au masculin, père de deux enfants : un garçon, nommé *Posidon*, et une fille, appelée *Sidon*. Ce dernier nom désigne sans aucun doute la pêche ou une pêcherie ; Poseidon renferme le même mot, précédé d'un préfixe. C'est ce préfixe qu'on ne peut déterminer d'une manière positive. *Po* est un adverbe qui signifie *là* ; il pourrait aussi être un substantif correspondant au *pé* ou *pi* des Hébreux, au *fo* des Arabes, qui signifie *bouche, embouchure, porte* : ce serait alors la *porte de la pêcherie* ou de la *ville de Sidon*.

POSIDONIES, fêtes grecques en l'honneur de Neptune. Dans l'île de Ténédos, une des Cyclades, il y avait hors de la ville un bois et un temple remarquables par de vastes salles à manger, qui servaient à la multitude de gens qui venaient célébrer cette fête.

POSSESSION, état de ceux qui sont possédés du démon. Nous voyons dans l'Écriture sainte que les possédés étaient assez communs du temps où Jésus-Christ parut sur la terre ; Josèphe témoigne qu'il y en avait aussi avant et après cette époque. L'histoire ecclésiastique des premiers siècles en parle assez fréquemment. Maintenant, cette infirmité, ou ce châtiment est devenu beaucoup plus rare. Plusieurs rituels contiennent les formules et les rites pour les exorciser. *Voy.* EXORCISME.

POSTCOMMUNION, oraison finale qui se dit à la messe après la communion. Dans les anciennes liturgies, elle porte le nom de *Complenda*.

POSTIS, fanatiques indiens, ainsi appelés de l'usage qu'ils font d'une herbe qui exerce sur eux une terrible influence ; car elle a la propriété de produire, dans un temps peu considérable, l'amaigrissement, la défaillance et la mort. Ces pauvres insensés, mus par un principe de religion, l'emploient avec persévérance, jusqu'à ce qu'ils succombent à une complète inanition. Ils pensent qu'une telle mort est agréable à la Divinité, et qu'elle doit leur procurer des jouissances éternelles. Ils s'asseient sur un coussin à la manière orientale, préparent des vases et des pipes, fument le posti, et le boivent en infusion. Dès le jour où ils ont commencé l'accomplissement de leur vœu, ils renoncent à toute nourriture, et ils s'enivrent sans relâche du suc de la plante sacrée, jusqu'à ce qu'ils rendent le dernier soupir sur les instruments de leur mort.

POSTULATIONS, sacrifices que faisaient les Romains pour apaiser les dieux irrités, comme si ces divinités offensées les eussent demandés, ou plutôt parce qu'ils étaient accompagnés de demandes ou prières propres à les fléchir.

POSTULIO, nom donné à Pluton, sur les bords de l'étang de Curtius, parce que la terre s'étant entr'ouverte en ce lieu, les aruspices prétendirent que le roi des enfers demandait des sacrifices. De cette demande, exprimée en latin par le mot *postulatio*, se forma *postulio*.

POSTVERTA, POSTVERSA ou POSTVORTA, divinité romaine : elle présidait aux accouchements laborieux et difficiles. C'était une des Carmentes. Une autre divinité du même nom présidait aux événements futurs, comme *Porrima*, sa sœur, aux événements passés.

POSTVOTA, nom sous lequel Fabius Gurges, vainqueur des Samnites, dédia un temple à Vénus, dont il avait éprouvé la protection.

POSWISTE, l'Éole des Slaves : ces peuples le reconnaissaient comme le dieu des vents orageux ; les habitants de Kiew le vénéraient comme le dieu de l'air en général, pouvant envoyer le beau et le mauvais temps.

POTA, POTICA et POTINA, déité romaine, qui présidait au boire des petits enfants.

POTAMIDES (de ποταμὸς, *fleuve*), nymphes des fleuves et des rivières.

PO-THE-MO, l'un des huit enfers glacés, selon les Bouddhistes de la Chine. Le froid que les damnés y endurent est si vif, que leurs os se montrent à nu.

POTHOS, le *Désir*, dieu adoré chez les Samothraces. Il avait une statue, dans le temple de Vénus Praxis, à Mégare, à côté de celles d'*Eros*, l'amour, et d'*Himéros*, autre expression du désir.

PO-TI-SA-TO, idole adorée par les bouddhistes chinois ; ce nom est la transcription du mot indien *Bodhisatwa*, par lequel on désigne les êtres qui ne sont pas encore parvenus à la dignité suprême de Bouddha. On vénère souvent sous ce nom le Bouddha suprême Chakya-Mouni, qui a paru d'abord sur la terre en qualité de Bodhisatwa.

POTITIENS, anciens prêtres d'Hercule, en Italie. *Voy.* PINARIENS.

POTNIADES, déesses que l'on croyait propres à inspirer la fureur, dont on voyait les statues du temps de Pausanias, dans les ruines de Potnie, en Béotie. A certain temps de l'année, les gens du pays leur offraient des sacrifices, et laissaient aller en quelques endroits du bois, des cochons de lait, qui, à les en croire, étaient retrouvés, l'année suivante à pareille époque, paissant dans la forêt de Dodone. — On dit que les Bacchantes étaient surnommées *Potniades*.

POTOYAN, mauvais génie redouté par les Australiens de la Nouvelle-Galles du sud. Ils disent que cet esprit est sans cesse occupé à leur jouer de mauvais tours. Son arrivée s'annonce par un sifflement particulier. C'est pourquoi ils se gardent bien de siffler quand ils passent sous une roche ; ils auraient peur qu'elle ne tombât sur eux.

POTRIMPOS, dieu des anciens Prussiens ; il formait avec Perkoun et Pikollos une espèce de trinité. Perkoun était alors considéré comme le dieu de la lumière et du tonnerre ; Pikollos, comme le dieu des enfers ; et Potrimpos, comme le dieu de la terre, des fruits et des animaux. On leur offrait en sacrifice des prisonniers de guerre.

POTTERGHOR, dieu adoré par les Khonds, dans un village du même nom.

POTUA, déesse des buveurs, chez les Romains.

POU, divination que les Chinois pratiquent

au moyen de la tortue. Les anciens Chinois nourrissaient des tortues dans les temples pour l'usage des divinations. Lorsqu'on voulait consulter le sort sur une affaire quelconque, on plaçait une tortue sur un feu doux, sans la tuer, et on examinait les lignes que la chaleur faisait paraître sur son écaille. Ces lignes étaient comparées aux *koua*, c'est-à-dire aux lignes divinatoires de Fo-hi, et d'après les explications des koua, données par l'Y-king, on jugeait du bon ou du mauvais succès de l'entreprise projetée. — De nos jours, les Chinois se contentent d'agiter trois pièces de monnaie dans une écaille de tortue, de les jeter sur une table, et de voir au moyen de croix et pile, à laquelle des combinaisons ternaires des koua elles se rapportent. *Voy.* Koua, Pokoua.

POUCHPAKA, le char de Varouna, dieu des richesses, dans la mythologie hindoue. Ce nom désigne un char de fleurs.

POUDJA , *adoration* ou *sacrifice*. De toutes le pratiques religieuses des Hindous, le Poudja est celle qui a lieu le plus souvent dans leurs cérémonies publiques et privées, dans les temples et ailleurs. Tout brahmane est indispensablement obligé de l'offrir au moins une fois chaque jour aux dieux domestiques qu'il conserve dans sa maison.

Il y a trois sortes de Poudjas : le grand, le moyen et le petit. Le grand sacrifice est composé des parties suivantes :

1° *Ahvâna*, l'évocation de la divinité.
2° *Asana* ; on lui présente un siége pour s'asseoir.
3° *Swâgata*; on lui demande si elle est arrivée saine et sauve, et s'il ne lui est survenu dans sa route aucun accident.
4° *Padya*; on lui présente de l'eau pour se laver les pieds.
5° *Argha*; on lui offre de l'eau dans laquelle on a mêlé huit sortes d'ingrédients, comme des fleurs, du safran, de la poudre de bois de sandal.
6° *Atchmanya* ; on lui fait une offrande d'eau pour se laver la bouche et le visage, de la manière prescrite.
7° *Madhou-parka* ; on lui présente à boire, dans un vase de métal, du miel, du sucre et du lait mêlés ensemble.
8° *Snâna-djâla*, de l'eau pour faire le bain.
9° *Vasan-âbharanisa*; on lui présente des habits, des joyaux et autres ornements.
10° *Gandha* , du sandal réduit en poudre.
11° *Akchata* , des grains de riz enduits de safran.
12° *Pouchpa*, des fleurs.
13° *Dhoupa*, de l'encens.
14° *Dipa* , une lampe allumée.
15° *Naivédya*; cette dernière offrande se compose de riz bouilli, de fruits, de beurre liquéfié, de sucre et autres comestibles, et de bétel.

Avant d'offrir ces différentes choses on doit avoir soin de répandre dessus un peu d'eau avec le bout des doigts. On finit en se prosternant devant la divinité.

Pour le Poudja moyen, on offre les neuf derniers articles ; et pour le petit les six derniers seulement. Quand on fait des sacrifices sanglants aux divinités malfaisantes ou aux démons, on leur présente la chair et le sang des animaux qu'on immole.

Quand le Poudja a lieu dans les temples, les danseuses forment des pas en présence de la statue, pendant la cérémonie. Des brahmanes chassent les mouches avec des éventails de plumes de paon, et les autres présentent les offrandes.

Il n'appartient qu'aux brahmanes de faire le Poudja dans les maisons particulières, parce qu'il faut que la divinité y soit présente, et que seuls ils ont le droit de la faire descendre sur la terre. Dans certaines fêtes de l'année, tous les Hindous sont obligés à cette cérémonie ; elle consiste à faire des offrandes et un sacrifice au dieu. Le brahmane dispose à cet effet un lieu que l'on purifie avec de la bouse de vache dont on enduit le sol, et de l'urine du même animal dont on asperge la chambre. On met au milieu une cruche d'eau couverte, autour de laquelle on allume des lampions pleins de beurre. Lorsque tout est préparé, le brahmane, assis à terre, la tête nue, récite des prières, et de temps en temps, jette sur la cruche des fleurs et du riz. Lorsque les évocations sont finies, le dieu doit se trouver dans la cruche ; alors on lui fait des offrandes, mais intéressées ; car on lui présente ce qu'on désire que l'année rende au centuple, comme des fruits, du riz et du bétel, mais point d'argent. Le brahmane fait ensuite le sacrifice, qui consiste à brûler devant la cruche plusieurs morceaux de bois, que lui seul a le droit de jeter au feu l'un après l'autre, et aux instants exigés par la prière qu'il récite. La cérémonie faite, le brahmane congédie le dieu par une autre formule.

POUDJARI, prêtre sacrificateur ou officiant, chez les Hindous. C'est le brahmane qui préside au Poudja. Il paraît que l'on donne ce nom de préférence au prêtre qui préside au culte infâme du Sakti Poudja. *Voy.* ce mot.

POULAHA, un des sept Richis de la constellation de la Grande-Ourse. D'autres en font un des dix Maharchis ou Pradjapatis.

POULASTYA, autre Richi, fils de Brahmâ, qui le forma de l'air qui était dans son corps. Il vécut dans les pratiques de la dévotion, à Kédara près de l'Himalaya. Sa femme se nommait Havila. Il passe pour avoir été le père du mouni Visrava ou Viswasrava, père de Kouvéra, de Ravana et de toute cette famille de mauvais démons. Mais M. Langlois observe que c'est un grand anachronisme.

POULETS SACRÉS. On nommait ainsi, chez les Romains, des poulets que les prêtres élevaient, et qui servaient à tirer les augures. On n'entreprenait rien de considérable dans le sénat, ni dans les armées, qu'on n'eût auparavant pris les auspices des poulets sacrés. La manière la plus ordinaire d'y procéder consistait à examiner de quelle façon ces poulets usaient du grain qui leur était présenté. S'ils le mangeaient avec avidité, en trépignant et en l'écartant çà et là, l'augure était favorable; s'ils refusaient de manger et de boire, l'auspice était mauvais, et on renonçait à l'entreprise pour laquelle on consultait. Lorsqu'on avait besoin de rendre cette sorte de divination favorable, on laissait les poulets un certain temps dans une cage sans manger; après cela les prêtres ouvraient la cage, et leur jetaient leur mangeaille. On faisait venir ces poulets de l'île d'Eubée.

POUL-SIRAT, c'est-à-dire *le Pont du chemin*. Les Musulmans de la Perse appellent ainsi le pont sur lequel ils croient que tous les hommes seront obligés de passer après la résurrection générale. Voy. PONT DES AMES, n° 1.

POUNAMOU, images ou statuettes des dieux que les Néo-Zélandais suspendent à leur cou, non pas pour les adorer, mais comme parures et ornements.

POUNTAN, le premier homme, selon la cosmogonie des anciens Marianais : c'était une espèce d'être divin, qui, habitant dans l'espace, s'ennuya de son isolement et de son oisiveté. Il conçut le projet de tirer l'univers du chaos qui était en lui : dans cette vue, il mit ses sœurs à l'œuvre, et les chargea de faire de ses épaules le ciel et la terre; de ses yeux le soleil et la lune; de ses sourcils l'arc-en-ciel. Le premier homme fut pétri avec un fragment du rocher de Fauña, petite île située sur la côte occidentale de Guaham. Ce Pountan paraît être le même que le *Pan-kou* des Chinois.

POUNYA-AHVATCHANA, mot à mot *évocation de la vertu*: c'est le nom qu'on donne, dans les Indes, à la cérémonie par laquelle on consacre l'eau lustrale. Voici comment on y procède: ayant purifié, avec de la bouse de vache, un endroit de la maison, on l'arrose avec de l'eau; puis le brahmane Pourohita, qui préside à la cérémonie, s'étant assis, le visage tourné vers l'orient, on place devant lui une feuille de bananier, sur laquelle on met une mesure de riz; à côté, un vase de cuivre plein d'eau, et dont les parois extérieures ont été blanchies avec de la chaux : on couvre de feuilles de manguier l'orifice du vase, et on le pose sur le riz. Près du vase de cuivre, on met un petit tas de safran qui représente le dieu Ganésa, auquel on offre le Poudja, et pour *naivédya*, du sucre brut et du bétel. On jette ensuite dans le vase, en récitant des mantras, de la poudre de sandal et des *akchatas*, dans l'intention que l'eau qui y est contenue devienne l'eau sacrée du Gange. Finalement on offre au vase un sacrifice, et pour naivédya, des bananes et du bétel. L'eau lustrale, ainsi fabriquée, purifie les lieux et les personnes qui ont contracté des souillures.

POUNYA-STHALA, c'est-à-dire *lieu de sainteté*; les Hindous appellent ainsi les endroits où l'on va en pèlerinage. Les Hindous attachent une idée de sainteté, non-seulement aux temples et aux lieux qui passent pour avoir été honorés de la présence de leurs divinités, mais aussi à tout ce qui paraît extraordinaire, ou qui a un caractère de grandeur ou de singularité. Ainsi les cataractes du Kavéri et d'autres chutes d'eau sont autant de pounya-sthalas; et les Hindous sont persuadés que les eaux de ces lieux ont une vertu éminemment efficace pour l'ablution des péchés. Il existe dans le Carnatic, district de Coïmbatour, une montagne qui passe pour la plus haute de la province, c'est le Nilaguri-Malaï; à ce titre seul, on en a fait un *Pounya-Sthala* ou lieu de vertu. Mais comme il est très-difficile d'atteindre au faîte de cette montagne, la vue seule de son sommet, qui s'aperçoit de fort loin, est suffisante pour débarrasser celui qui la regarde du fardeau dont sa conscience est oppressée, pourvu qu'il le fasse à cette intention. Voy. PÈLERINAGE, n° 5.

POURANA. 1° Les Pouranas sont les livres de l'Inde les plus sacrés après les Védas. Leur nom signifie *antiquités*, et c'est en effet ce qu'ils contiennent. Ce sont les livres *mythologiques* de l'Inde, comme les Védas en sont les livres *théologiques*. Dans les Védas se trouve l'ancienne religion des Brahmanes, qui consistait à adorer un seul dieu, et les éléments comme étant sa manifestation visible. Dans les Pouranas se déploient les contes et s'agitent les héros, presque inconnus dans les Védas, de la religion idolâtrique, qui est maintenant la religion du peuple et même celle des Brahmanes.

« Les Pouranas, dit M. Langlois, sont des recueils de anciennes légendes, traitant particulièrement de cinq choses, savoir : la création, la destruction et le renouvellement des mondes, la généalogie des dieux et des héros, les règnes des Manous et les actions de leurs descendants. Dans la forme qu'ils ont maintenant, ces œuvres sont modernes; si le fond est ancien, il y a certains détails qui n'ont pu être ajoutés qu'après coup. Pour concilier leur réputation d'antiquité et l'existence de quelques passages où il était question d'événements modernes, l'auteur ou le compilateur, quel qu'il soit, a pris le ton d'un prophète, et ces faits sont présentés comme des prédictions. On suppose donc que cet arrangeur des Védas et des Pouranas a dû exister au XI° siècle de notre ère. Il porte le nom de Vyâsa, mais il est impossible de le confondre avec Vyâsa, fils de Parâsara, qui vivait mille à douze cents ans avant notre ère. On cite Vopadéva comme l'auteur du Bhâgavata. En tout cas, ces livres sont toujours comme des monuments d'un âge ancien que le compilateur a souvent respectés. La confusion qui y règne atteste seule l'antiquité de ces fragments échappés aux désastres des temps, et rassemblés par une main quelquefois peu adroite à déguiser son travail. »

Les Pouranas sont au nombre de dix-huit; en voici le nom et le sujet :

1° *Brahmâ-Pourana*, pourana de Brahmâ.

2° *Padmâ-Pourana*, pourana du Lotus.

3° *Brahmânda-Pourana*, pourana de l'œuf de Brahmâ.

4° *Agni-Pourana*, pourana d'Agni, dieu du feu.

5° *Vichnou-Pourana*, pourana de Vichnou.

6° *Garouda-Pourana*, pourana de l'oiseau Garouda.

7° *Brahmá-Vaivartta-Pourana*, histoire des transformations de Brahmâ.

8° *Siva-Pourana*, pourana du dieu Siva.

9° *Linga-Pourana*, pourana du Linga ou Phallus de Siva.

10° *Nârada-Pourana*, pourana du saint richi Nârada.

11° *Markandéya-Pourana*, pourana du sage Markandéya.

12° *Bhavichiyat-Pourana*, pourana prophétique.

13° *Skanda-Pourana*, pourana de Skanda ou Kartikéya, dieu de la guerre.

14° *Matsya-Pourana*, histoire de l'incarnation de Vichnou en poisson.

15° *Varâha-Pourana*, histoire de l'incarnation de Vichnou en sanglier.

16° *Kourma-Pourana*, histoire de l'incarnation de Vichnou en tortue.

17° *Vâmana-Pourana*, histoire de l'incarnation de Vichnou en nain.

18° *Bhâgavata-Pourana*, histoire de Vichnou sous la forme de Krichna. Ce dernier est regardé par quelques personnes comme moderne et apocryphe.

Les Pouranas contiennent, dit-on, huit cent mille vers. On compte encore dix-huit *Oupapouranas* ou poëmes du même genre, mais moins sacrés. Ils ont des noms différents. Tel est le fond où puise la foi des Hindous, et qui est exploité par les poëtes. Quelques-uns de ces ouvrages, en tout ou en partie, sont généralement lus et étudiés. Plusieurs pouranas ont été traduits dans les langues européennes. Nous citerons entre autres la belle traduction française due au savant M. Burnouf.

2° La secte des Djainas a aussi ses *Pouranas* particuliers ; ils sont au nombre de vingt-quatre et portent les noms de leurs vingt-quatre principaux *Tirthankaras* ou réformateurs.

POURIM, fête solennelle, instituée chez les Juifs, en mémoire de l'heureuse délivrance de leurs ancêtres, sous Assuérus, roi de Perse. Ce mot, d'origine persane, signifie *les sorts*, et rappelle les sorts qu'Aman fit jeter par les devins pour déterminer le moment où toute la nation juive devait être exterminée dans tous les États de la Perse.

Cette fête se célèbre le quatorzième jour du mois d'adar, qui correspond ordinairement à mars ; elle dure deux jours et est précédée d'un jeûne sévère. Le matin du quatorzième jour, on donne aux pauvres de quoi se réjouir le soir ; on leur envoie même souvent des mets de sa table, afin qu'ils fassent meilleure chère. Dans quelques endroits, on fait la collecte du demi-sicle, qu'on payait autrefois pour le temple, et on la distribue à ceux qui vont en pèlerinage à Jérusalem ; car plusieurs aiment à s'y faire enterrer, afin d'éviter la peine d'un long voyage au jour de la résurrection, et de se trouver plus près de la vallée de Josaphat. Le soir, on se rend à la synagogue, pour y entendre la lecture du livre d'Esther, que le Khazan explique à l'assemblée. Le lecteur peut s'asseoir, au lieu qu'il doit toujours être debout quand il lit la loi. Après avoir déployé le volume, qui est en forme de rouleau, il fait trois prières pour rendre grâces à Dieu de ce qu'ils sont appelés à cette cérémonie, de ce qu'il les a délivrés, et de ce qu'il les a fait vivre jusqu'au jour de cette fête. Il y a cinq endroits de cette lecture où il élève la voix d'une manière formidable ; et il doit lire, sans reprendre haleine, les noms des dix enfants d'Aman. Lorsqu'on prononce le nom de ce persécuteur, il se fait un grand bruit dans la synagogue. On frappe des pieds et des mains, en disant : *Que sa mémoire périsse !* Les enfants ont des maillets ou autres instruments propres à augmenter le fracas. En quelques lieux on grave le nom d'Aman sur une pierre ou sur du bois, et au moment où ce nom est prononcé dans la lecture, on le frappe à coups de pierre, en proférant le même anathème. On finit par des malédictions contre Aman et contre sa femme, par des bénédictions pour Mardochée et pour Esther, et par des louanges que l'on donne à Dieu, qui a conservé son peuple. On sort ensuite de la synagogue pour aller se mettre à table, et l'on y revient le lendemain au matin, pour entendre encore l'histoire d'Esther. Le reste de la journée est consacré à une joie bruyante qui, dans quelques pays, dégénère en excès ; on l'a comparée aux désordres des Bacchanales et du Carnaval. Quelques-uns prétendaient justifier leur intempérance, en disant que ce fut par des festins qu'Esther sut mettre Assuérus dans la bonne humeur dont elle avait besoin pour obtenir la délivrance de sa nation.

POURNABHICHIKTAS, sectaires hindous qui forment une des branches des adorateurs de Sakti ou de la puissance féminine.

POURNAHOUTI, oblation finale : c'est l'offrande que les Hindous font à la divinité à la fin des sacrifices ou des cérémonies religieuses.

POURNA-VAINASIKAS, nom que les Hindous brahmanistes donnent aux Bouddhistes, comme soutenant que toutes choses sont dissolubles et périssables. C'est ce qui est exprimé par cette dénomination.

POUROHITA. C'est le nom par lequel on distingue dans l'Inde le brahmane officiant et qui préside à toutes les cérémonies religieuses. Il y a ordinairement un brahmane Pourohita attaché à chaque famille. Il est le directeur spirituel des membres de cette famille, et cette fonction est quelquefois héréditaire. Aujourd'hui, un homme riche, pour une roupie, charge son Pourohita de jeûner pour lui, et de faire ses ablutions dans le temps froid. L'abbé Dubois énumère ainsi les fonctions d'un Pourohita :

« Déterminer les bons et les mauvais

jours pour commencer une entreprise où la différer; détourner par des mantras ou prières efficaces, l'effet des malédictions, des maléfices, de l'influence nuisible des planètes et des éléments; purifier de leurs souillures les personnes qui en ont contracté; donner un nom aux enfants nouveau-nés, et tirer leur horoscope; bénir les maisons neuves, les puits et les étangs; purifier les maisons et les temples qui ont été pollués; consacrer ces derniers; animer les statues, et y fixer la divinité par la force des mantras. Tout cela n'est qu'un abrégé des nombreux objets qui sont dû ressort des brahmanes appelés Pourohitas, et pour lesquels leur intervention est indispensable. Mais la célébration des mariages et des funérailles est la plus importante de leurs attributions. » Ce sont encore eux qui sont chargés de la confection et de la publication de l'almanach indien. *Voy.* PAÑTCHANGA.

POUROUCHAMÉDHA, sacrifice de l'homme, autrefois en usage chez les Hindous. *Voy.* NARAMÉDHA.

POUROUCHASTHIMALI, un des noms de Siva, troisième personne de la triade Hindoue. Ce mot signifie, *celui qui porte une guirlande de crânes humains.* Kali, son épouse, est représentée avec le même ornement.

POUROUCHOTTAMA, surnom de Vichnou, considéré comme *le premier des êtres*, selon la doctrine des Vaïchnavas, ses adorateurs particuliers. A l'époque de la destruction des mondes, c'est lui qui dort et flotte sur les eaux, sous le nom de *Narayana*, pour reproduire l'univers.

POUROUHOUTA, un des noms d'Indra, dieu du ciel chez les Hindous.

POUROURAVA, un des dix Viswas, divinités indiennes, vénérés principalement dans les cérémonies funèbres. Il est petit-fils du soleil par sa mère Ilâ, et petit-fils de la lune par son père Boudha (la planète de Mercure). On lui attribue l'invention du moyen d'allumer le feu sacré par la friction de deux branches de sami et d'aswattha.

POURVA-MIMANSA, ou *première Mimansa*; un des principaux systèmes philosophiques des Hindous. Il a pour fondateur Djaimini; son dessein est de déterminer le sens de la révélation, et de faciliter l'interprétation des Védas. Son grand but est d'établir les preuves du devoir (*dharma*), et par cette expression il comprend les sacrifices et les autres actes de religion ordonnés par les Védas.

POUSSA, idole vénérée par les Bouddhistes de la Chine. *Voy.* PHOU-SA.

POUTANA, nom d'une géante tuée par Krichna. Les *Poutanas* sont aussi des démons faméliques et fétides qui président aux maladies pestilentielles.

POU-TCHEOU, le paradis céleste, suivant les traditions chinoises. Un livre chinois en donne la description suivante: « Sur le sommet du mont Pou-tchéou, se voient les murs de la justice. Le soleil et la lune ne sauraient en approcher. Il n'y a là ni saisons différentes, ni vicissitudes de jours et de nuits: c'est le royaume de la lumière, qui confine avec celui de la mère du roi d'Occident. Un sage alla se promener au delà des bornes du soleil et de la lune, et il vit un arbre sur lequel était un oiseau, qui en le béquetant faisait sortir du feu; il en fut frappé; il en prit une branche, et s'en servit pour en tirer du feu. » Ce mythe ressemble assez à la fable grecque d'après laquelle Prométhée aurait dérobé le feu du ciel pour l'apporter sur la terre.

POUTCHHIS, branche de sectaires, dans l'Inde, qui rejettent l'autorité des Védas et toute la mythologie des Brahmanes. Ces schismatiques désignent l'objet de leur culte par le nom de *Parasnath*, qui signifie possesseur de la pierre philosophale.

POUTE-SAT, un des noms de Bouddha chez les Siamois: c'est le *Bohdisativa* des Hindous.

POUTIMRITTIKA, lieu infect, qui est l'un des vingt et un enfers des Hindous.

POW, dieu des Paharrias, montagnards de l'Inde. On lui sacrifie avant d'entreprendre un voyage.

POZVID, dieu de la tempête chez les anciens Slaves. Rien ne résistait à la violence de son souffle; il excitait les bourrasques et les tempêtes, et était l'ennemi déclaré de Dagoda, dieu du zéphir.

PRA. Cherchez par PHRA les mots birmans et siamois qui commencent par ce monosyllabe.

PRADJAPATI, c'est-à-dire *seigneur des créatures*; les Hindous donnent ce nom à Brahmâ, considéré non-seulement comme le créateur, mais comme étant devenu *pouroucha*, le premier homme. N'oublions pas de remarquer la grande analogie phonique qui existe entre ce nom et ceux du *Japhet* de la Bible et du *Japet* de la mythologie grecque, donnés l'un et l'autre comme les ancêtres des habitants de l'Europe et de la haute Asie. Le nom de *Pradjapati* se décompose en Pra et *Djapati, Japati, Japeti*; or, la première syllabe est une préposition intensitive dont les Hindous font très-communément précéder les noms des grands personnages. *Pra-Japeti* signifie donc *le vénérable Japhet.* Ce n'aura été que plus tard que les Hindous lui auront donné une étymologie sanscrite par la décomposition de ce mot en *Pradja* où *Praja*, créature, et *pati*, seigneur: *le Seigneur des créatures.*

PRADJNA, c'est-à-dire *l'intelligence*: les Bouddhistes du Népal en ont fait une déesse, qui est l'épouse ou l'énergie active d'Adi-Bouddha, leur divinité suprême. Pradjna est aussi la personnification de la nature.

PRADJNIKA, école philosophique des Bouddhistes du Népal: c'est une branche des Swabhavikas. Les Pradjnikas sont d'accord avec ceux-ci pour considérer la matière comme la seule entité, la douer d'intelligence ainsi que d'activité, et lui donner deux modes, celui d'action et celui de repos. Mais les Pradjnikas inclinent à réunir les forces de la matière dans l'état de *nirvritti*, et à faire de cette unité une divinité; enfin à considérer le souverain bien de l'homme, non comme une association vague et douteuse à l'état de *nirvritti* (éternel repos), mais comme absorption spéciale et certaine dans le *pradjna*, qui est la somme de toutes les forces actives et intellectuelles de l'univers.

PRADYOUMNA, un des dieux des Hindous : il est fils de Krichna et de Roukmini, la plus chérie de ses femmes. On le donne comme une incarnation de Kama-Déva, dieu de l'Amour, réduit en cendres par un regard de Siva.

« Dès sa naissance, dit M. Langlois, il fut enlevé par le géant Sambara; quelques-uns disent qu'il fut jeté à la mer, et dévoré par un poisson qui, bientôt après, arrêté dans les filets, fut porté dans les cuisines de Sambara; on y trouva un jeune enfant, qui fut remis à l'intendante Mayavati. Or, cette Mayavati était Rati, épouse de Kama-Déva, descendue sur la terre pour y prendre soin de son époux rappelé à la vie. Peu à peu l'élève conçut pour sa mère adoptive un autre sentiment que celui de l'amour filial. Un attrait sympathique les attirait l'un vers l'autre : Pradyoumna reconnut enfin son épouse dans Mayavati. Il attaqua bientôt et vainquit Sambara. Puis, montant avec Mayavati sur un char céleste, il alla, par sa présence, consoler ses parents qui pleuraient sa perte. Pradyoumna, compagnon d'armes de son père, se distingua dans plusieurs occasions. Entre autres exploits, il conquit les états de Vadjranabha placés vers le nord. Il employa dans cette expédition la ruse et la force. Déguisé en comédien, suivi de ses principaux compagnons qui composaient une troupe complète, il s'introduisit dans les États de Vadjranabha, y fit la conquête de sa fille Prabhavati, qu'il épousa, et finit par donner la mort au prince imprudent qui avait laissé pénétrer ses ennemis dans son empire. Cet empire fut partagé : Pradyoumna en eut une portion qu'il laissa au fils qu'il eut de Prabhavati. De Mayavati, il avait un fils, nommé Anirouddha, qui épousa Oucha, et dont le fils Vadjra fut ensuite roi de Mathoura. Il paraît que Pradyoumna échappa à la destruction des Yadavas, dans laquelle fut enveloppé son père Krichna. »

PRAGMATIQUE-SANCTION, du latin *sanctio*, *ordonnance*, et du grec πρᾶγμα, *affaire*. Ce mot, suivant son étymologie, signifie une ordonnance concernant les affaires, soit de l'État, soit de la religion.

L'histoire fait mention d'une pragmatique-sanction faite par le roi saint Louis, en 1268. Les principaux articles sont que les prélats du royaume, les collateurs des bénéfices et les patrons, seront maintenus dans la possession paisible de tous leurs droits; que l'élection des prélats sera faite librement par les églises cathédrales; que l'on tâchera d'empêcher la simonie et la vente des bénéfices; que la cour de Rome ne pourra mettre aucune imposition sur le clergé du royaume, si ce n'est dans le cas d'une nécessité pressante, et avec consentement du roi et de l'Église gallicane; que toutes les églises et tous les ecclésiastiques du royaume jouiront paisiblement des privilèges et franchises qui leur ont été accordés par les rois de France ses prédécesseurs.

La plus fameuse pragmatique est celle qui fut faite en France, en 1438, sous le règne de Charles VII. Ce prince, considérant qu'il s'était glissé de grands abus dans le royaume, particulièrement au sujet de l'élection des prélats et de la collation des bénéfices, résolut d'y remédier. Il convoqua une assemblée du clergé, à Bourges, en 1431; on y dressa des mémoires, que l'on envoya au concile qui se tenait alors à Bâle; et, après sept ans de discussions et de délibérations, on acheva enfin cette pragmatique, qui devait être la base de la discipline ecclésiastique dans le royaume. Elle contient vingt-trois articles, dressés sur les décrets du concile de Bâle. Le premier établit la supériorité du concile général sur le pape. Le second traite en particulier de l'autorité du concile de Bâle, qui avait déposé le pape Eugène IV. Le troisième ordonne que les églises auront la liberté d'élire leurs prélats, et marque la forme des élections. Le quatrième et le cinquième traitent de la collation des bénéfices, et abolissent les réserves et les grâces expectatives du pape et de ses légats. Le sixième concerne les causes et les jugements. Le septième traite des appels en cour de Rome. Pour abréger cette énumération, les articles suivants règlent ce qui regarde le fait des possessions paisibles, contiennent diverses ordonnances sur les cérémonies du service divin et la police des églises cathédrales, abolissent les annates, établissent les prébendes théologales, et affectent le tiers des bénéfices aux gradués. Le pape Pie II, élevé sur le siége apostolique en 1458, fit tous ses efforts pour faire abolir en France une ordonnance si contraire aux intérêts de la cour de Rome. L'évêque de Terni, qui était à la cour de Louis XI en qualité de nonce, engagea ce prince à publier un édit, en 1461, qui abolissait la Pragmatique. Le pape, ravi de ce succès, envoya à Louis XI une épée qu'il avait bénite à la messe de minuit, à Noël, et dont le fourreau était enrichi de pierreries. Il accompagna ce présent d'une pièce de vers à la louange de ce prince.

Cependant l'abolition de la Pragmatique, qui causait tant de joie à la cour de Rome, fit en France un certain nombre de mécontents; on ne laissa pas même d'en observer plusieurs articles, malgré l'édit du roi. Il n'y eut que ceux qui concernaient les réserves et les grâces expectatives, qui demeurèrent sans exécution. Paul II ayant succédé à Pie II en 1464, envoya un légat en France, en 1467, pour presser le roi d'abolir entièrement cette Pragmatique : ce légat était aussi chargé de donner à Jean Balue, évêque d'Évreux, le chapeau de cardinal, s'il voulait s'employer à faire réussir cette affaire. Balue se dévoua aux intérêts du pape, et obtint de Louis XI des lettres qui confirmaient l'abolition de la Pragmatique. Le prélat, après les avoir fait publier au Châtelet, voulut les faire enregistrer au parlement; mais le procureur général, Jean de Saint-Romain, s'opposa à l'enregistrement. Il représenta vivement qu'il ne pouvait y avoir rien de plus funeste pour le royaume que l'abolition de la Pragmatique; que, pendant trois ans que l'exécution en avait été suspendue, il était sorti de France trois cent quarante mille écus, pour les évêchés, les abbayes, les prieurés, et deux millions d'écus pour les grâces expectatives des cures et autres bénéfices : il fit de sanglants reproches à l'évêque d'Evreux, qui sacrifiait à son ambition particulière le bien commun de la patrie, et protesta qu'il ne consentirait jamais à l'abolition d'une ordonnance aussi utile au royaume que la Pragmatique-Sanction. L'Université témoigna aussi un grand zèle pour la défense de la Pragmatique, et le recteur alla déclarer au légat qu'il appelait au futur concile de tout ce qui serait fait à l'encontre.

Louis XI étant mort en 1483, on demanda avec empressement le rétablissement de la Pragmatique, dans une assemblée générale des États du royaume, que Charles VIII tint dans la ville de Tours. Il n'y eut que les évêques qui avaient été promus sous le règne de Louis XI, contre la forme prescrite par la Pragmatique, qui s'opposèrent au vœu de l'assemblée; mais on n'eut aucun égard à leur opposition. La Pragmatique fut remise en vigueur, et continua d'être observée sous les règnes de Charles VIII et de Louis XII, son successeur. Au mois de décembre 1512, le pape Jules II, présidant au concile de Latran, ordonna que tous ceux qui favorisaient la Pragmatique-Sanction eussent à comparaître au concile, dans l'espace de soixante jours. Jules II étant mort en février 1513, Léon X, son successeur, renouvela cette sommation : c'est pourquoi Louis XII envoya ses ambassadeurs au concile de Latran; mais sa mort, qui arriva le 1er de janvier 1514, l'empêcha de voir la fin de cette affaire. Enfin François Ier, qui lui succéda, conclut à Boulogne, avec le pape Léon X, ce fameux traité, connu sous le nom de *Concordat*, qui abolissait la Pragmatique.

PRAKRITI. C'est, chez les Hindous, la nature procréatrice, le *substratum* de toutes les formes corporelles; nommée aussi la racine ou l'origine plastique de tout (*Moula-prakriti*) et le principe primordial (*Pradhana*). Souvent elle est personnifiée comme la première femme créée par Manou-Swayambhouva, qui, avec son époux Adima, a donné naissance au genre humain. Le nom d'*Adima* qui, en sanscrit, signifie *premier*, rappelle d'une manière frappante l'*Adam* biblique. Et si le nom de *Prakriti* n'est pas homophone avec celui d'Eve, il a une signification presque semblable : il signifie *procréée* (*procreata*), comme *Hava* en hébreu peut se traduire par *vivifiée*.

PRALAYA, époque de dissolution générale, suivant le système cosmogonique des Hindous.

Après avoir produit l'univers, le démiurge, le créateur disparut de nouveau, absorbé dans l'âme suprême, et remplaçant le temps de la création par celui de la dissolution. Lorsque ce dieu s'éveille, aussitôt cet univers accomplit ses actes; lorsqu'il s'endort, l'esprit plongé dans un profond repos, le monde se dissout. C'est ainsi que, par un réveil et par un repos alternatifs, l'être immuable fait revivre ou mourir successivement cet assemblage de créatures mobiles et immobiles. Le sommeil de Brahmâ, ou la dissolution, le *Pralaya*, a une durée de mille âges divins, c'est-à-dire de 4,320,000,000 d'années humaines. A l'expiration de cette nuit, Brahmâ se réveille et fait émaner de lui *Manas*, l'esprit divin, qui existe par son essence, mais qui n'existe pas pour les sens extérieurs. Poussé par le désir de créer, cet esprit divin donne naissance aux cinq éléments et reconstitue l'univers.

PRAMNES, ordre de religieux hindous, dont parle Clitarque, qui étaient opposés aux Brachmanés. Cet ancien auteur les dépeint comme des gens subtils, chicaneurs et de mauvaise foi dans la dispute, affectant de se moquer en tout de leurs adversaires.

PRANA ou PRANAVA, la parole ou le souffle de Brahmâ, le créateur. Pareil au pur éther, renfermant en soi toutes les qualités, tous les éléments, le Prâna est le nom et le corps de Brahmâ, et par conséquent il est infini comme lui; comme lui, auteur et maître de toutes les créatures. Son image est la vache, qui est aussi le symbole du monde. Le *Prâna* est identique avec la syllabe mystique *aum* ou *om*, et par conséquent il renferme de profonds mystères, et la contemplation de ce mot est très-méritoire. *Voy.* OM.

PRAN-NATHIS, sectaires indiens, partisans de Pran-Nath, Kchatriya, qui, étant très-versé dans la doctrine musulmane, entreprit de concilier les deux religions. Dans cette vue, il composa un ouvrage où il compare des textes du Coran avec des passages des Védas, et démontre qu'ils ne diffèrent pas essentiellement. Pran-Nath florissait vers la fin du règne d'Aurangzeb, et on dit qu'il acquit une grande influence auprès de Tchattrasal, radja de Bondelkand, parce qu'il fit découvrir une mine de diamants. Bondelkand est le siège principal des sectateurs de Pran-Nath; ils ont aussi à Puona un édifice consacré à leurs réunions; on y conserve le livre de leur fondateur sur une table couverte de drap d'or.

En témoignage de l'assentiment que ses disciples doivent donner à l'identité d'essence des doctrines hindoues et musulmanes, la cérémonie de l'initiation consiste à manger dans la société des membres des deux communions. Mais, à part cet acte initiatoire et l'admission du principe général, il ne paraît pas que les deux classes fassent confusion de leurs distinctions civiles ou religieuses; chacune continue à observer les pratiques et les rites de ses ancêtres, soit musulmans, soit hindous. Cette union des deux peuples n'a d'autre but que de professer que le dieu des deux religions et celui de toutes les autres est absolument le même.

PRAPRAGHAN, instrument de bois, artistement découpé, auquel les naturels de la Nouvelle-Irlande témoignent beaucoup de respect. Il est placé dans leur temple, auprès de la plus grande de leurs idoles, mais voilé, peut-être pour le dérober aux regards des profanes; cependant ils placent le même ornement sur l'avant de leurs pirogues.

PRASADA, c'est-à-dire *présent*, *faveur*. 1° Les Hindous donnent ce nom aux viandes et aux mets qui ont été offerts aux dieux. Les brahmanes, en reconnaissance des bestiaux, des terres, des étoffes, des sommes d'argent, etc., dont on leur a fait présent, se montrent quelquefois généreux et font de leur côté un *prasada* à leurs disciples. Ce prasada consiste à leur donner une pincée de cendres de fiente de vache, avec laquelle ils se barbouillent le front, des fruits ou des fleurs offerts aux idoles, les restes de leur nourriture, l'eau avec laquelle ils se sont rincé la bouche, lavé le visage ou les pieds, qui est conservée précieusement, et le plus souvent bue par ceux qui la reçoivent; enfin tout don quelconque, offert de leurs mains sacrées, a la vertu de purifier l'âme et le corps de toutes leurs souillures.

2° Les Sikhs donnent le nom de *prasada* au pain qu'ils mangent en commun : il est composé de fleur de farine, de beurre et de certaines épices, et consacré par un brahmane. Plusieurs sectes d'Hindous en mangent quand il s'agit de faire un serment, ceux surtout qui habitent la portion de la côte d'Orissa voisine du temple de Djagad-Natha.

PRATCHÉTA, un des noms de Varouna, dieu des eaux, chez les Hindous. C'est aussi le nom d'un saint mouni et législateur, père du poète Valmiki : c'était sans doute un avatare du dieu Varouna.

PRATYEKAS, classe de personnages en voie de perfection, selon le système des Bouddhistes : ce sont ceux qui, après avoir parcouru la carrière de Sravakas, sont parvenus, par l'étude des douze états successifs de l'intelligence, à reconnaître la véritable condition de l'âme, qui est le vide ou l'extase. Pour parvenir à l'état de Bouddhas parfaits, il leur faut encore monter un degré plus haut et devenir Bodhisatwas : alors, au moyen des six perfections morales et des dix mille actions vertueuses, ils aident les êtres à sortir de l'enceinte des trois mondes. Mais, dans l'état de Pratyéka, quelque pureté qu'on ait acquise, on ne peut cependant opérer que son salut personnel; car on n'éprouve pas encore ces grands mouvements de compassion qui profitent à tous les êtres vivants. *Voy.* PI-TCHI-FO.

PRAVRITTI, état d'activité, selon les Hindous ; il est opposé à l'état d'inaction, *Nirvritti*. Le système vaiséchika définit le *Pravritti*, la détermination, le résultat de la passion et la cause de la vertu et du vice, du mérite et du démérite, selon que l'action est commandée ou défendue. Il est oral, mental ou corporel, ne comprenant point cependant les fonctions vitales qui n'appartiennent pas à la conscience. Il est la raison de tous les procédés ou de toutes les manières d'agir des hommes. *Voy.* SWABHAVIKA, NIRVRITTI.

PRAXIDICE (de πρᾶξις, *action*, et δίκη, *justice*), divinité des anciens, qui marquait aux hommes le juste milieu qu'ils doivent garder dans leurs discours et dans leurs actions. C'est la déesse de la modération, de la tempérance et de la discrétion. Hésychius, qui la définit la divinité qui met la dernière main aux actions et aux paroles, dit que ses statues consistaient en une tête seule, pour exprimer que c'est à la tête seule à régir l'homme. Par la même raison, on ne lui offrait que les têtes des victimes. Le même auteur ajoute que Ménélas, au retour de Troie, consacra un temple à cette déesse et à ses deux filles, la Concorde et la Vertu, sous le seul nom de *Praxidice*. On lui donne pour père Soter, ou le dieu conservateur, et pour filles Homonoé (la Concorde) et Arété (la Vertu). On remarque que cette déesse avait tous ses temples découverts, pour marquer qu'elle tirait son origine du ciel, comme de l'unique source de la sagesse. Quelques-uns ont confondu cette déité avec Alalcomène, d'autres avec Minerve elle-même. Il en est qui ont prétendu qu'elle était la même que Laverne, déesse des voleurs : analogie qu'il n'est pas aisé de saisir. Il est possible que les Grecs ne l'aient regardée que comme une déesse des enfers, chargée de présider à la vengeance.

Les Aliartiens, au rapport de Pausanias, connaissaient plusieurs déesses du nom de *Praxidices*, qui avaient un temple dans leur pays : ils juraient par ces divinités, et le serment fait en leur nom était inviolable. Ces Praxidices étaient peut-être les filles d'Ogygès, savoir Alalcomène, Aulis et Thelsinie, qui passaient pour les nourrices de Minerve.

PRAXIERGIDES, prêtres athéniens qui, le jour des Plyntéries, célébraient des mystères qu'ils tenaient fort secrets.

PRAXIS, surnom de Vénus. Cette déesse avait un temple à Mégare, dans lequel elle était invoquée sous le nom de Vénus-Praxis ou agissante.

PRAYANGAN, génies de la mythologie javanaise. Ils habitent les arbres et les bords des rivières. Quelquefois ils prennent la figure de belles femmes, et par ce moyen ils ensorcellent les hommes et les rendent fous.

PRÉADAMITES. Ce nom pourrait s'entendre des hommes que l'on supposerait avoir vécu sur la terre avant Adam, mais ici nous le prenons comme désignant les personnes qui ont soutenu ce système contraire à l'Ecriture sainte.

1° En 1655, Isaac de la Peyrère, calviniste de Bordeaux, publia un livre latin intitulé : *Les Préadamites, ou Essai d'interprétation sur les versets* 12, 13, 14 *du* v° *chapitre de l'Epitre de saint Paul aux Romains*, dans lequel il établit son système. Voici le passage sur lequel il s'appuie : « Le péché a toujours « été dans le monde jusqu'à la loi ; mais la « loi n'étant point *encore*, le péché n'était pas « imputé ; cependant la mort a exercé son « règne depuis Adam jusqu'à Moïse, à l'é- « gard de ceux mêmes qui *n'ont pas péché*, « par une transgression semblable à celle « d'Adam, etc. » Le temps de la loi commence, dit-il, non à Moïse, mais à Adam ; car avant Moïse le péché était imputé et puni : il cite en preuve la punition de Caïn, des habitants de Sodome, et beaucoup d'autres ; puis, altérant le texte grec, au lieu de ces mots : *Ceux qui n'ont pas péché*, il veut qu'on lise : *Ceux qui n'avaient pas péché* ; d'où il conclut que les mérites de Jésus-Christ ayant été imputés à des hommes, qui ont précédé Adam, le péché d'Adam, auquel il donne un effet rétroactif, était aussi le leur.

Dans un ouvrage à la suite de ce premier et publié la même année, il étaye ses rêveries de conjectures nouvelles, quoique lui-même tourne en ridicule je ne sais quel auteur, au dire duquel Adam serait *mort de la goutte, qui était un mal héréditaire dans sa famille*. Cependant il ne prétend pas donner son opinion comme irréfragable, ni avancer une proposition qui serait contraire à la doctrine de l'Église. Il est difficile de concilier cette humilité, cette soumission apparentes, avec la roideur de ces expressions fréquentes répandues dans les deux écrits : *Cela est plus évident que le jour, plus clair que le soleil*, etc.

Ce système fut réfuté par divers auteurs, entre autres par *Selden*, dans ses *Loisirs théologiques*; il rappelle une secte obscure et ancienne dont la Peyrère aurait ressassé le système, et qui admettait des hommes créés avant Adam. Le rabbin Ménassé ben Israël cite d'autres rêveurs qui prétendaient que le monde était détruit tous les sept mille ans, et remplacé par un monde nouveau. La Peyrère étant à Rome en 1656, abjura le protestantisme et le préadamisme entre les mains d'Alexandre VII.

Les paradoxes de la Peyrère furent renouvelés en Angleterre sur la fin du XVIII siècle, par Edward King, dans ses *Fragments littéraires* ; et en 1820 par le docteur Grofpker, professeur d'astronomie et de mathématiques à Brunswick.

2° Cette opinion n'est pas inconnue aux Orientaux. Les Musulmans disent que Djafar, surnommé Sadic ou le Juste, l'un des douze imams, interrogé s'il n'y avait point eu d'autre Adam en ce monde avant celui dont parle Moïse, répondit qu'il y en avait eu trois, et qu'il y en aurait encore dix-sept, dans autant de grandes révolutions d'années. Et comme on lui demanda si Dieu créerait d'autres hommes après la fin du monde actuel, « Voulez-vous, répondit-il, que le royaume de Dieu demeure vide, et sa puissance oisive ? Dieu est créateur dans toute son éternité. »

C'est le sentiment presque général des Musulmans que les pyramides d'Égypte ont été élevées avant Adam, par Djan ben Djan, monarque universel du monde, dans les siècles qui ont précédé, selon eux, la création de ce premier père du genre humain. Il est vrai que ceux qui vivaient sous la domination de Djan ben Djan sont donnés comme une race de génies, ou du moins comme des créatures d'une nature différente de la nôtre.

3° Les livres persans assurent qu'il y a eu quarante Solimans, ou monarques universels de la terre, qui ont régné successivement pendant le cours d'un grand nombre de siècles avant la création d'Adam ; quelques auteurs en portent même le nombre jusqu'à soixante et douze. Tous ces monarques préadamites commandaient chacun à des créatures de leur espèce, qui étaient différentes de celles de la postérité d'Adam, quoiqu'elles fussent raisonnables comme les hommes. Les unes avaient plusieurs têtes, les autres plusieurs bras, et quelques-unes paraissaient composées de plusieurs corps. Leurs têtes étaient aussi fort extraordinaires ; car les unes ressemblaient à celles des éléphants, des buffles, des sangliers ; les autres avaient encore quelque chose de plus monstrueux.

PRÉBENDE, droit qu'a un ecclésiastique de percevoir plusieurs revenus en argent ou en nature, dans une église cathédrale ou collégiale dont il est membre, à la charge par lui de remplir certaines fonctions. Il y avait aussi dans les chapitres, des *semi-prébendes* affectées à des chapelains qui étaient révocables à volonté. Il n'y a plus en France ni prébendes, ni semi-prébendes.

PRÉCHANTRE. Dans certaines églises ou chapitres on donne le nom de *préchantre* au chanoine ou à l'ecclésiastique qui préside au chant de l'office divin.

PRÊCHE. C'est le nom que l'on donne, en France, aux sermons des ministres protestants, et par extension on appelle quelquefois ainsi leurs temples ou lieux de réunion.

Dans les églises luthériennes, on fait ordinairement deux sermons les dimanches et fêtes, un le matin, et l'autre dans l'après-midi. En certains temps de l'année, les ministres des églises particulières sont obligés de prêcher en présence de leur surintendant, qui est pour eux une espèce d'évêque ; c'est ce qui s'appelle *prédication circulaire*. Cet usage est établi afin que le surintendant puisse connaître quels sont les ministres soumis à sa juridiction qui se distinguent par le talent de la parole, et réformer les abus que certains ministres ignorants pourraient introduire dans leurs sermons.

PRÊCHEURS (FRÈRES), ordre religieux, institué au commencement du XIIIe siècle, par saint Dominique, pour s'opposer aux progrès de l'hérésie des Albigeois et des autres erreurs qui, à cette époque, désolaient l'Europe. *Voy.* DOMINICAINS.

PRÉCIDANÉES, victimes que les Romains immolaient la veille des grandes solennités.

PRÉCISIENS, nom que les Anglais donnaient, dans le xvi⁰ siècle, aux presbytériens, à cause de la *précision* exagérée qu'ils apportaient dans leurs discours, dans leur conduite, dans leurs habitudes, dans leurs relations, dans leur costume, en un mot dans tout ce qu'ils disaient et ce qu'ils faisaient.

PRÉCLAMITEURS, officiers romains qui précédaient le *flamen dialis* quand il allait dans les rues de Rome, pour avertir les ouvriers de cesser leur travail, parce que le culte divin aurait été souillé, dit Festus, si ce pontife eût aperçu quelqu'un se livrer au travail. On les appelait encore *Précies.*

PRÉCONISATION, proposition que le cardinal patron fait, dans le consistoire de Rome, de l'ecclésiastique nommé par le gouvernement civil à quelque prélature, en vertu des lettres dont il est porteur, pour le faire agréer au pape, qui, après plusieurs autres formalités, lui donne l'institution canonique.

PRÉDESTINATIANISME, système erroné sur la prédestination et sur la grâce, qui fut condamné dans les conciles d'Arles et de Lyon, sur la fin du v⁰ siècle. Les principaux articles de ce système étaient : 1° que depuis le péché du premier homme, le libre arbitre était entièrement éteint ; 2° que Jésus-Christ n'était pas mort pour tous ; 3° que la prescience de Dieu forçait les hommes et les damnait malgré eux, et que ceux qui étaient damnés l'étaient par la volonté de Dieu ; 4° que, de toute éternité, les uns étaient destinés à la mort, et les autres à la vie.

« Les dogmes de la liberté et de la prédestination, dit un auteur moderne, sont entre deux abîmes ; et, pour peu qu'on ait intérêt de défendre en particulier, ou la liberté, ou la prédestination, on tombe dans les abîmes qui bordent, pour ainsi dire, cette matière. » Quelques-uns ont regardé le prédestinatianisme comme une hérésie imaginaire, mais ils se sont trompés. Il est vrai qu'elle eut trop peu de partisans pour devenir une secte considérable.

Elle fut depuis renouvelée par un moine de l'abbaye d'Orbais, dans le diocèse de Soissons, nommé, *Gotescalc*, qui fut condamné dans le concile de Mayence. Il voulut s'obstiner, après sa condamnation, à défendre sa doctrine : on lui répondit, et les différents écrits pour et contre excitèrent de grandes divisions en France.

PRÉDESTINATIENS, sectaires du prédestinatianisme. Ceux qui soutiennent que le prédestinatianisme n'est qu'une hérésie imaginaire prétendent que le nom de *Prédestinatiens* ne fut jamais donné à aucun hérétique, mais qu'on s'en servait pour distinguer les partisans de la doctrine de saint Augustin sur la prédestination. Il importe assez peu de savoir s'il y a eu en effet des Prédestinatiens, quoiqu'on ne puisse guère en douter, après ce que nous avons dit à l'article précédent ; mais il est certain que l'Église a condamné les erreurs que l'on attribue aux Prédestinatiens, et qu'il faut croire que le libre arbitre n'a point été éteint dans l'homme par le péché ; que Jésus-Christ est mort pour d'autres que pour les prédestinés : que la prescience de Dieu ne nécessite personne, et que ceux qui sont damnés ne le sont point par la volonté de Dieu.

PRÉDESTINATION. C'est, selon les théologiens, un acte de la volonté de Dieu, par lequel il a résolu, de toute éternité, de conduire par sa grâce certaines créatures au bonheur éternel. Le choix que Dieu fait de certaines personnes pour les rendre éternellement heureuses est, selon les uns, absolument gratuit : il précède la prévision des mérites, et n'a point d'autre motif que la volonté de Dieu. Selon d'autres, la prédestination n'est fondée que sur la prévision des mérites, c'est-à-dire, sur la connaissance que Dieu a que telle et telle personne feront, avec le secours de la grâce, les bonnes œuvres nécessaires pour mériter la gloire éternelle. Ces deux sentiments partagent les écoles. Le premier est plus conforme à la doctrine de saint Augustin et de saint Thomas. Ceux qui le soutiennent se fondent sur un grand nombre de passages de l'Écriture qui paraissent décisifs, sur l'élection de Jacob et la réprobation d'Esaü, avant même qu'ils fussent nés, et particulièrement sur le sentiment de saint Augustin, dont l'autorité sur cette matière est du plus grand poids dans l'Église. « On peut juger, dit ce saint docteur, si la prédestination est gratuite ou non, par la nature des moyens dont elle se sert pour exécuter ce décret ; car, si les moyens produisent infailliblement leurs effets, c'est une marque que Dieu veut absolument le salut de ceux à qui il les donne : or, continue ce Père, le secours que les saints destinés au royaume de Dieu reçoivent de lui, ne leur donne pas seulement le pouvoir de persévérer, pourvu qu'ils veuillent, mais il leur donne la persévérance même ; en sorte que, non-seulement c'est un secours sans lequel on ne peut persévérer, mais un secours avec lequel on ne peut manquer de persévérer. » Telle est la doctrine de saint Augustin, doctrine qui a été enseignée unanimement dans l'Église jusqu'à la fin du xvi⁰ siècle.

Les partisans de la prédestination gratuite ajoutent à ces autorités respectables plusieurs raisonnements qui semblent sans réplique : 1° Si la prédestination était fondée sur nos mérites, il s'ensuivrait que l'on pourrait mériter la première grâce : conséquence qui est insoutenable. 2° La prédestination, selon les paroles de l'Apôtre, est un mystère impénétrable : si elle était fondée sur nos mérites, ce serait une chose simple et naturelle. 3° Tout agent raisonnable veut la fin avant les moyens : le salut et la gloire des élus étant la fin de la prédestination, les mérites, qui ne sont que les moyens, doivent venir après.

Ceux qui soutiennent que la prédestination est fondée sur les mérites allèguent aussi quantité de passages de l'Écriture, des Pères et même de saint Augustin. Ils prétendent que leur système s'accorde bien mieux avec la liberté de l'homme, que celui de leurs adversaires, qui est capable, disent-ils, de jeter le désespoir dans les âmes; mais on leur répond que la prédestination gratuite n'attaque point la liberté, et qu'il demeure vrai que les élus ne seront sauvés que pour avoir observé la loi de Dieu, et que les autres ne seront damnés que pour l'avoir violée ; que le salut est toujours en la puissance des prédestinés; que Dieu la leur fait opérer ; que l'exécution du décret de leur prédestination est liée avec la liberté et leur consentement ; et enfin que Dieu a prévu que ceux à qui il ferait cette grâce y consentiraient, sans aucun préjudice de leur liberté.

Si l'on demande une explication de la manière dont peuvent s'allier la liberté et la prédestination gratuite, il n'y a point d'autre réponse à faire que ces paroles de saint Paul : *O altitudo!* O profondeur des jugements de Dieu !

Les Musulmans croient la prédestination sans aucune réserve et de la manière la plus positive du monde. Les savants entre eux se servent pour soutenir leur opinion, des passages de l'Ecriture sainte qui semblent la favoriser, comme sont ceux-ci: « Le « vaisseau dira-t-il au potier: Pourquoi m'as-« tu fait ainsi ?..... J'endurcirai le cœur de « Pharaon..... J'ai aimé Jacob, et j'ai haï « Esaü, » et d'autres semblables. Car les Mahométans ont beaucoup de respect pour l'Ancien Testament, et considèrent fort son autorité, parce qu'ils croient qu'il a été inspiré de Dieu et écrit par son commandement ; mais ils disent que le Coran, qui est venu depuis, marquant plus précisément et plus parfaitement la volonté de Dieu, le premier a été abrogé, et l'autre mis en sa place.

Il y en a parmi eux qui affirment cette opinion avec tant de hardiesse, qu'ils ne craignent pas de dire que Dieu est auteur du mal, sans se servir d'aucune distinction ni d'aucun adoucissement pour mettre à couvert la pureté de Dieu de la souillure du péché, ressemblant en cela aux hérétiques manichéens. Ils ont encore une autre opinion, dont il n'y a personne parmi eux qui ne soit persuadé, qui est que Dieu est auteur de tout ce qui arrive heureusement..... Sur ce principe, ils concluent, à cause de leurs conquêtes et de leur prospérité présente, que leur religion est la meilleure, et que Dieu approuve tout ce qu'ils font.

Ils croient que la destinée de chaque particulier est écrite sur son front, ce qu'ils appellent *tacdir* : c'est le livre écrit au ciel de la bonne ou mauvaise fortune de chacun, laquelle on ne peut éviter, ni par sa prudence, ni par quelque effort qu'on fasse au contraire. Cette opinion est tellement imprimée dans l'esprit du peuple, que les soldats ne balancent pas à exposer hardiment leur vie dans les occasions les plus dangereuses et les plus désespérées, et qu'ils abandonnent leurs corps comme de la terre, pour remplir les tranchées de l'ennemi.

PRÉDICATEUR, ecclésiastique qui annonce la parole de Dieu, et qui instruit le peuple dans la religion. La prédication est une des plus nobles et des plus importantes fonctions des ministres de l'Eglise. Le concile de Trente recommande à tous les prélats de l'exercer par eux-mêmes, lorsqu'ils n'ont point de raison légitime pour s'en dispenser. En qualité de pasteurs du troupeau de Jésus-Christ, c'est à eux qu'il appartient particulièrement de distribuer la nourriture spirituelle au peuple. Le saint concile ordonne aussi à tous les curés de prêcher dans leurs églises, tous les dimanches et fêtes solennelles, et, s'ils ne peuvent le faire eux-mêmes, de commettre ce soin à des personnes capables. Le concile de Latran, tenu sous le pontificat de Léon X, s'exprime en ces termes, au sujet des prédicateurs : « D'autant que plusieurs n'enseignent point, en prêchant, la voie du Seigneur, et n'expliquent point la morale de l'Evangile, mais plutôt inventent beaucoup de choses par ostentation ; accompagnent ce qu'ils disent de grands mouvements, en criant beaucoup ; hasardent en chaire des miracles feints, des histoires apocryphes et tout à fait scandaleuses, qui ne sont revêtues d'aucune autorité, et qui n'ont rien d'édifiant : nous ordonnons qu'à l'avenir aucun clerc séculier ou régulier ne soit admis aux fonctions de prédicateur, qu'il n'ait été auparavant examiné sur ses mœurs, son âge, sa doctrine, sa prudence et sa probité ; qu'on ne prouve qu'il mène une vie exemplaire, et qu'il n'ait l'approbation de ses supérieurs en due forme et par écrit. Après avoir été ainsi approuvés, qu'ils expliquent dans leurs sermons les vérités de l'Evangile, suivant le sentiment des saints Pères ; que leurs discours soient remplis de la sainte Ecriture ; qu'ils s'appliquent à inspirer l'horreur du vice, à faire aimer la vertu, à inspirer la charité les uns envers les autres, et à ne dire rien de contraire au véritable sens de l'Ecriture et à l'interprétation des docteurs catholiques. »

PRÉFACE, c'est-à-dire préambule : c'est une partie de la messe qui forme la transition de l'offertoire au canon de la messe. Cette prière est très-solennelle, et dans les grand'messes elle est modulée sur un ton à la fois doux et majestueux. La manière dont elle se dit ne pourrait manquer de frapper un esprit attentif qui ne serait pas accoutumé aux rites de la liturgie catholique. Après un temps de silence, pendant lequel le prêtre a récité tout bas les secrètes, il élève la voix du fond du sanctuaire, en terminant ses prières ; et le peuple répond *Amen*. Il donne le salut à l'assemblée, mais cette fois sans se retourner vers elle, parce qu'il ne doit plus se distraire ni se détourner de l'autel ; le peuple lui rend son salut. Le célébrant invite l'assemblée à élever son esprit et son cœur, et le peuple répond qu'il les tient élevés vers le Seigneur, et ce disant, il se lève en effet, si auparavant il était assis. Le célébrant l'invite à rendre à Dieu des actions de grâces, et le peuple répond que c'est une chose juste et salutaire. Enfin le célébrant reprend les paroles du peuple, les commente, cite quelques-uns des bienfaits généraux du Seigneur, et, suivant l'occasion, rappelle les grâces particulières attachées à la solennité qu'on célèbre : d'où il conclut en invitant les cieux et la terre à chanter l'hymne céleste, que tout le peuple répète en entonnant le *Trisagion*.

PRÉFÉRICULE, vase en usage dans les sacrifices des anciens : il avait un bec et une anse comme nos aiguières, et il contenait du vin ou toute autre liqueur.

PREITTAS, êtres surnaturels qui, d'après les Bouddhistes de la Birmanie, tiennent le milieu entre les animaux et les Asourikés, ou démons proprement dits. Ces monstres à forme humaine habitent dans un enfer particulier, où les uns se nourrissent de salive, d'excréments et d'autres immondices ; ils résident dans les égouts, vivent dans les citernes et dans les tombeaux. D'autres errent dans les lieux arides, dans des déserts ou des forêts inhabitées, où ils sont tourmentés par la faim et par la soif; ils y poussent des gémissements et des hurlements perpétuels. D'autres sont condamnés pendant toute la durée d'un monde à labourer la terre avec une charrue de feu, en tenant à la main une barre de fer rouge. D'autres se nourrissent de leur propre sang et de leur chair, qu'ils arrachent eux-mêmes avec leurs ongles. Il y en a qui, ayant trois kilomètres de taille, ont la bouche grande comme le trou d'une aiguille ; ce qui leur fait éprouver une faim intolérable. Il en est enfin qui sont brûlés au dedans et au dehors par un feu consumant. Les hommes qui, après leur mort, passent dans la condition de Preittas, sont ceux qui n'ont pas fait l'aumône aux Ponghis, qui se sont livrés à des violences à leur égard, qui les ont raillés, insultés ou calomniés, qui ont méprisé ou vilipendé les observateurs de la loi; qui se sont abandonnés à la colère, à la passion de l'avarice, etc. Les Preittas sont les êtres que les Hindous nomment *Prêtas*.

PRÉLAT. On donne, dans l'Église, le nom de prélat à tous ceux qui ont une juridiction ordinaire, tels que les archevêques et évêques; mais dans une signification plus étendue on peut appeler prélats tous ceux qui sont chargés de la conduite des âmes, car le mot *prélat*, d'après son étymologie latine, désigne un individu élevé en dignité au-dessus des autres.

PRÉMA, une des déesses romaines qui présidaient au mariage. On l'invoquait le soir des noces.

PRÉMICES. 1° Les Juifs étaient obligés d'offrir au Seigneur les premières productions de leurs champs et les premiers fruits de leurs arbres, aussi bien que les premiers-nés des animaux. Les premiers fruits des arbres étaient offerts la quatrième année après qu'ils avaient été plantés ; il ne leur était pas permis de les cueillir ni d'en manger les trois années précédentes. Lorsque celui qui apportait ces prémices était arrivé au parvis des prêtres, les lévites entonnaient le psaume XXX°, et le fidèle récitait une prière relative à la cérémonie. En même temps les prêtres lui aidaient à retirer la corbeille de dessus son épaule, et la déposaient à côté de l'autel. L'offrande des prémices était toujours accompagnée d'un sacrifice : elle avait lieu à la Pentecôte, qui de là a été aussi appelée *fête des Prémices*.

2° Presque tous les peuples païens étaient également dans l'usage d'offrir aux dieux les premières productions de la terre. Les Hyperboréens envoyaient les prémices de leurs moissons à Délos, pour y être offertes à Apollon. Les Romains offraient les leurs aux dieux Lares et aux prêtres.

PRÉMONTRÉS, chanoines réguliers, institués en 1120, par saint Norbert, sous le pontificat de Calixte II et le règne de Louis le Gros. Ils furent appelés *Prémontrés* parce que leur première demeure fut l'abbaye de Prémontré, au diocèse de Laon en Picardie, qui devint le chef-lieu de l'ordre. Ces religieux n'eurent d'abord d'autres revenus que le produit du bois qu'ils coupaient dans la forêt de Coucy, et qu'un d'entre eux allait vendre tous les matins, à Laon; mais, par la pieuse libéralité des fidèles, ils acquirent bientôt des richesses considérables, et leur ordre devint nombreux et puissant, particulièrement en Allemagne. La règle de saint Norbert fut observée rigoureusement par les religieux Prémontrés, jusqu'en 1245. Ce fut alors que le relâchement commença à s'introduire dans l'ordre. Les religieux qui voyageaient pour les besoins de la communauté, ayant demandé au pape d'être dispensés de l'abstinence de viande, et ayant obtenu cette grâce, ceux qui ne sortaient pas de leurs couvents en furent jaloux, et firent tous leurs efforts pour participer au bénéfice de cette dispense : leurs importunités forcèrent en quelque sorte les souverains pontifes de la leur accorder, avec quelques restrictions cependant. — Il s'est formé depuis plusieurs réformes de cet ordre. Il y a en Allemagne quelques monastères de Prémontrés infectés de l'hérésie luthérienne, entre autres celui de Sainte-Marie de Magdebourg.

PRÉPARSIS, génie des anciens Slaves. Il était chargé de veiller sur les marcassins.

PRÉSAGES. Cette faiblesse, qui consiste à regarder comme des indices de l'avenir les événements les plus simples et les plus naturels, est une des branches les plus considérables des superstitions humaines. Les anciens l'avaient réduite en théorie, et les modernes n'y ont pas perdu toute confiance. Ce ne sont pas seulement les peuples ignorants ou barbares qui ont foi aux présages ; mais les nations les plus policées et les plus éclairées comptent dans leur sein un grand nombre de personnes imbues de cette superstition. Souvent même il arrive que les gens les plus éminents par leur savoir et leur position sociale n'en sont pas tout à fait exempts.

1° Les anciens distinguaient les présages des augures, en ce que ceux-ci s'entendaient des signes recherchés et interprétés suivant les règles de l'art augural, tandis que les présages, qui s'offraient gratuitement, étaient interprétés, par chaque particulier, d'une manière plus vague et plus arbitraire. On peut les réduire à sept classes, savoir :

1. Les paroles fortuites, que les Grecs appelaient φῆμις et κληδών, et les Latins *omen* pour *oremen*. Ces paroles fortuites étaient appelées voix divines, lorsqu'on en ignorait l'auteur. Telle fut la voix qui avertit les Romains de l'approche des Gaulois, et à qui l'on bâtit un temple sous le nom d'*Aius-Locutius*. Ces mêmes paroles étaient appelées voix humaines lorsqu'on en connaissait l'auteur, et qu'elles n'étaient pas censées venir immédiatement des dieux. Avant de commencer une entreprise, on sortait de sa maison pour recueillir les paroles de la première personne qu'on rencontrait, ou bien on envoyait un esclave pour écouter ce qui se disait dans la rue; et, sur des mots proférés à l'aventure, et qu'ils appliquaient à leurs desseins, ils prenaient quelquefois des résolutions importantes.

2. Les tressaillements de quelque partie du corps, principalement du cœur, des yeux et des sourcils. Les palpitations du cœur passaient pour un mauvais signe, et présageaient particulièrement la trahison d'un ami. Le tressaillement de l'œil droit et des sourcils était au contraire un signe heureux. L'engourdissement du petit doigt, ou le tressaillement du pouce de la main gauche, ne signifiait rien de favorable.

3. Les tintements d'oreilles et les bruits que l'on croyait entendre. Les anciens disaient, quand l'oreille leur tintait, comme on le dit encore aujourd'hui, qu'on parlait d'eux en leur absence, en bien, si c'était l'oreille droite ; en mal, si c'était l'oreille gauche.

4. Les éternuments. Ce présage était équivoque et pouvait être bon ou mauvais, suivant les occasions. C'est pourquoi l'on saluait la personne qui éternuait, et l'on faisait des souhaits pour sa conservation, dont la formule était, *Jupiter te conserve!* et cela afin de détourner ce qu'il pouvait y avoir de fâcheux. Les éternuments du matin, c'est-à-dire depuis minuit jusqu'à midi, n'étaient pas réputés bons : ils étaient meilleurs le reste du jour. Entre ceux de l'après-midi, on estimait davantage ceux qui venaient du côté droit; mais l'amour les rendait toujours favorables aux amants, de quelque côté qu'ils vinssent.

5. Les chutes et les accidents imprévus. Camille, après la prise de Véies, voyant la grande quantité de butin qu'on avait faite, pria les dieux de vouloir bien détourner, par quelque légère disgrâce, l'envie que sa fortune ou celle des Romains pourrait attirer. Il tombe en faisant cette prière, et cette chute fut, dans la suite, regardée comme le présage de son exil et de la prise de Rome par les Gaulois. — Les statues des dieux domestiques de Néron se trouvèrent renversées au premier jour de janvier, et l'on en tira le présage de la mort prochaine de ce prince. — Si l'on heurtait le pied contre le seuil de la porte en sortant, si l'on rompait le cordon de ses souliers, ou qu'en se levant de son siége on se sentît retenu par sa robe, tout cela était pris pour mauvais augure. — Suétone nous apprend qu'Auguste demeurait consterné s'il lui arrivait de chausser le pied droit de son soulier gauche, ou de mettre au pied gauche le soulier droit.

6. La rencontre de certaines personnes et de certains animaux. Un nègre, un eunuque, un nain, un homme contrefait qu'ils trouvaient le matin au sortir de la maison, les effrayait et les faisait rentrer. Il y avait des animaux dont la rencontre était heureuse: par exemple, le lion, des fourmis, des abeilles ; il y en avait dont la rencontre ne présageait que des malheurs, tels que les serpents, les loups, les renards, les chiens, les chats, etc.

7. Les noms. On avait soin d'employer, dans les cérémonies du culte, et dans les affaires publiques et particulières, les noms dont la signification marquait quelque chose d'agréable. On voulait que les enfants qui aidaient dans les sacrifices, que les ministres qui faisaient la cérémonie de la dédicace d'un temple, que les soldats enrôlés les premiers, eussent des noms heureux. On appréhendait au contraire les noms qui signifiaient des choses tristes et désagréables.

On peut joindre à tous ces genres de présages l'observation de la lumière de la lampe, dont on tirait des pronostics pour les changements des temps, et même pour le succès des entreprises. On peut y joindre aussi l'usage puéril de faire claquer des feuilles dans sa main, ou de presser des pepins de pomme entre ses doigts, et de les faire sauter au plancher, pour éprouver si l'on était aimé de sa maîtresse, et mille autres niaiseries semblables.

Pour ce qui est des occasions où l'on avait recours aux présages, il n'y avait aucun temps où l'on crût pouvoir les négliger impunément; mais on les observait surtout au commencement de tout ce que l'on faisait. C'est de là qu'était venue la coutume pratiquée à Rome de ne rien dire que d'agréable le premier jour de janvier, de se faire les uns aux autres des souhaits obligeants, accompagnés de petits présents, surtout de miel et d'autres douceurs. Cette attention pour les présages avait lieu dans toutes les cérémonies de religion, dans les actes publics, qui, pour cette raison, commençaient par ce préambule : *Quod felix, faustum, fortunatumque sit!* On avait le même soin de les observer dans les transactions particulières, comme dans les mariages, à la naissance des enfants, dans les voyages, dans les repas, etc.

Mais il ne suffisait pas d'observer simplement les présages, il fallait de plus les accepter, lorsqu'ils paraissaient favorables, afin qu'ils eussent leur effet. Il fallait en remercier les dieux qu'on en croyait les auteurs, leur en demander l'accomplissement, et même leur demander de nouveaux présages qui confirmassent les premiers. Au contraire, si le présage était fâcheux, on en rejetait l'idée avec horreur, on priait les dieux d'en détourner les effets, lorsque ce présage s'était présenté fortuitement; car, si on l'avait demandé, il n'y avait d'autre parti à prendre que de se soumettre à la volonté des dieux.

On remédiait aux présages de bien des manières. Une des plus ordinaires, pour détourner l'effet d'un discours ou d'un objet désagréable, était de cracher promptement; et l'on croyait, par cette action, rejeter en quelque façon le venin que l'on avait respiré. Quand on ne pouvait éviter de se servir de certains mots de mauvais augure, on prenait la précaution de renoncer, par une détestation expresse, à tout ce qu'ils pouvaient présager de mauvais. L'expédient le plus ordinaire était d'adoucir les termes, en substituant des expressions qui présentassent à l'esprit des images moins tristes et moins affreuses. Ainsi, au lieu de dire qu'un homme était mort, on disait qu'il avait vécu. Ainsi les Athéniens appelaient la prison, la maison; le bourreau, l'homme public; les furies, les Euménides ou déesses pitoyables, et ainsi du reste.

Les hommes qui osaient négliger les présages, s'en moquer ou les affronter, étaient bien rares. On faisait observer à un général romain que le jour où il avait résolu d'entrer en campagne était un jour malheureux : « Eh bien, reprit-il, nous en ferons un jour heureux! » Un autre, tombant à terre au moment où il débarquait sur le sol ennemi, s'écria : « Enfin je te tiens! » Un Romain vint trouver Caton tout effrayé, parce que les rats avaient mangé pendant la nuit un de ses souliers, et lui demanda ce qui présageait une pareille aventure. « Je n'y vois rien que de fort naturel, répondit Caton; mais si votre soulier eût mangé les rats, ce serait une autre affaire. »

2° Les Kalmouks, comme les anciens Romains, tirent des présages du vol des oiseaux. La chouette blanche (*strix nyctæa*) est un bon ou mauvais augure, suivant qu'elle prend son vol à droite ou à gauche. Si l'oiseau se dirige à gauche, qui est le côté sinistre, ils font tout leur possible pour le repousser sur la droite; s'ils réussissent à lui faire rebrousser chemin, ils croient avoir détourné le danger qui les menaçait. Tuer un de ces oiseaux est un crime irrémissible.

3° Un Hindou se dispose à sortir pour quelque affaire pressée : il a déjà le pied sur le seuil de la porte; mais il entend quelqu'un éternuer : il rentre aussitôt. Il y a un grand nombre de pies dans les Indes : si quelqu'un de ces oiseaux touche une personne en volant, on est persuadé que celui qui a été touché, ou du moins quelqu'un de sa famille, ne vivra pas au delà de six semaines.

4° Les hurlements des bêtes sauvages, les cris des cerfs et des singes, sont des présages sinistres pour les Siamois. S'ils rencontrent un serpent qui leur barre le chemin, c'est pour eux une raison suffisante de s'en retourner sur leurs pas, persuadés que l'affaire pour laquelle ils sont sortis ne peut pas réussir. La chute de quelque meuble que le hasard renverse est aussi d'un très-mauvais augure. Que le tonnerre vienne à tomber par un effet naturel et commun, voilà de quoi gâter la meilleure affaire. Plusieurs poussent encore plus loin la superstition et l'extravagance. Dans une circonstance critique et embarrassante, ils prendront pour règle de leur conduite les premières paroles qui échapperont au hasard à un passant, et qu'ils interpréteront à leur manière.

5° Les insulaires de Ceylan sont aussi faibles sur les présages qu'aucun des peuples idolâtres. S'il arrive qu'ils éternuent en commençant un ouvrage, en voilà assez pour les engager à l'interrompre. Ils attribuent une vertu prophétique à un certain petit animal qui a la forme d'un lézard : s'ils entendent le cri de cet animal, ils s'imaginent qu'il les avertit de ne rien entreprendre dans ce moment, parce qu'il est sujet à l'influence d'une planète maligne. Si le matin, au sortir de leur maison, ils rencontrent une femme enceinte, ou bien un homme blanc, c'est pour eux l'augure le plus favorable : si, au contraire, le premier objet qui s'offre à leurs yeux est un vieillard impotent, ou une personne difforme et contrefaite, il n'en faut pas davantage pour les faire rester chez eux pendant toute la journée.

6° Les habitants de l'intérieur de l'île de Bornéo n'ont point d'autre règle de leur conduite que le vol et le cri des oiseaux. Le matin, au sortir de leur maison, s'ils aperçoivent un oiseau qui, par hasard, dirige son vol vers eux, c'est pour eux un très-fâcheux présage qui les avertit de se tenir renfermés chez eux tout le jour. Ils regardent, au contraire, comme un augure très-favorable, que le vol de l'oiseau soit dirigé vers l'endroit où ils portent leurs pas.

7° Un insulaire des Moluques qui, le matin, sortant de sa maison, trouvera en son chemin un homme difforme ou estropié, un vieillard courbé et appuyé sur ses béquilles, rentrera promptement chez lui, et ne fera aucune affaire pendant toute la journée, persuadé qu'un si mauvais présage ferait manquer toutes ses entreprises.

8° Les idolâtres qui habitent les îles Philippines sont fort entêtés de la manie des présages. Il faut qu'ils tirent un augure quelconque du premier objet qui s'offre à leurs yeux lorsqu'ils sont en voyage; et souvent il arrive qu'ils retourneront sur leurs pas, parce qu'ils auront rencontré quelque insecte qui leur aura paru d'un mauvais présage.

9° Dans le royaume de Bénin, en Afrique, on regarde comme un augure très-favorable qu'une femme accouche de deux jumeaux. Le roi ne manque pas d'être aussitôt informé de cette importante nouvelle, et l'on célèbre par des concerts et des festins un événement si heureux. Le même présage est regardé comme très-sinistre dans le village d'Arébo, quoiqu'il soit situé dans le royaume même de Bénin.

10° Lorsque les Péruviens voulaient savoir si la guerre qu'ils étaient sur le point d'entreprendre serait heureuse, si la récolte de l'année serait abondante, etc., « ils prenaient un agneau ou un mouton, et lui tournaient la tête du côté de l'orient, sans lui lier les pieds; mais trois ou quatre hommes le tenaient fortement, pour l'empêcher de remuer. Ainsi, tout en vie, ils lui ouvraient le côté gauche, où ils mettaient la main, et en tiraient le cœur, les poumons, et tout le reste de la fressure, qui devait sortir entière sans qu'il y eût rien de rompu... Ils tenaient pour un si bon présage, continue Garcilasso, quand les poumons palpitaient encore après qu'on les avait arrachés, qu'ils prenaient pour indifférents tous les autres présages, parce que, disaient-ils, celui-ci suffisait pour les rendre bons, quelque mauvais qu'ils fussent. Lorsqu'ils avaient tiré la fressure, ils soufflaient dans le gosier, pour le remplir de vent; puis ils le liaient par le bout, où ils le pressaient avec la main, observant en même temps si les conduits par où l'air entre dans les poumons, et les petites veines qui s'y voient ordinairement, étaient plus ou moins enflés, parce que plus ils l'étaient, plus le présage leur paraissait bon. Ils considéraient aussi plusieurs autres choses, qu'il me serait bien difficile de rapporter, ne les ayant pas remarquées. Ils tenaient pour un présage sinistre, s'il arrivait qu'en ouvrant le côté de l'animal qu'ils voulaient sacrifier, il se levât sur ses pieds, et s'échappât des mains de ceux qui le tenaient. Ils prenaient encore pour un malheur, si le gosier, qui tient d'ordinaire à l'estomac, venait à se rompre sans qu'ils l'eussent tiré entièrement; si les poumons étaient déchirés et le cœur gâté, etc. »

PRÉSANCTIFIÉS (MESSE DES). On donne ce nom à l'office qui se célèbre le matin du vendredi saint, dans l'Eglise catholique, parce qu'on n'y consacre pas, et que le prêtre communie avec une hostie *sanctifiée* ou consacrée *la veille*. Autrefois tous les assistants y communiaient avec le prêtre; mais depuis plusieurs siècles ce dernier usage est tombé en désuétude. — Dans l'Eglise d'Orient, la messe des présanctifiés a lieu tous les vendredis de carême et en quelques autres jours de jeûne.

PRESBYTÈRE. 1° Ce mot a désigné d'abord l'assemblée des évêques et des prêtres, ou l'assemblée des prêtres présidée par l'évêque. C'est en ce sens que l'apôtre saint Paul dit à son disciple Timothée : « Ne négligez pas la grâce qui vous a été donnée par la prophétie, avec l'imposition des mains du presbytère. »

Les Presbytériens d'Angleterre, d'Ecosse et d'Amérique, ont conservé cette expression pour désigner l'assemblée des ministres.

2° On appelle *presbytère* l'endroit de l'église où se tenaient les prêtres, c'est ce que nous nommons maintenant *le chœur;* tandis qu'autrefois *le chœur*, qui était le lieu où les chantres étaient placés, était au milieu de la nef, devant le presbytère.

3° Enfin on donne maintenant le nom de *presbytère* à une maison appartenant soit à la paroisse, soit à la fabrique d'une église paroissiale, et qui est affectée au logement du curé.

PRESBYTÉRIENS. Ce nom fut donné d'abord en Angleterre aux réformés qui, dans le XVIe siècle, ne voulurent pas recevoir la liturgie de l'Eglise anglicane. En se séparant de l'Eglise romaine, les Anglais avaient conservé l'ordre de la hiérarchie, avec une partie des cérémonies et des usages catholiques ; les calvinistes rigides prétendirent que la réforme de l'Eglise anglicane n'était qu'imparfaite ; que celle-ci était encore infectée d'un reste de papisme ; que les cérémonies qu'elle avait conservées étaient superstitieuses; qu'il fallait nécessairement les abolir, sous peine de prendre part aux abominations et à la prostitution de l'impure Babylone. Ils s'élevèrent particulièrement contre la hiérarchie et l'autorité des évêques, soutenant que tous les ministres de la religion étaient égaux ; que, du temps des apôtres, il n'y avait point de distinction entre les prêtres et les évêques; enfin que l'Eglise devait être gouvernée par des consistoires ou *presbytères*, composés de ministres et d'anciens de l'ordre des laïques. C'est ce qui leur fit donner le nom de *Presbytériens*, du grec πρεσϐύτερος, *ancien, vieillard.*

Cette dissidence parmi les réformés produisit les plus grands maux et provoqua des dissensions, des querelles, des persécutions et des guerres sanglantes. Le presbytérianisme fut apporté de Genève en Ecosse par John Knox, dont le fanatisme ne connut aucunes bornes ; les Ecossais l'embrassèrent en masse, tellement que ce système religieux devint le culte propre de l'Ecosse, comme celui des *épiscopaux* fut la religion dominante en Angleterre. — C'est d'Angleterre et d'Ecosse que les Presbytériens passèrent en Amérique, vers le commencement du XVIIIe siècle, et ils s'y propagèrent d'une manière extraordinaire; mais ils se subdivisèrent en plusieurs sectes, dont les principales sont :

1° Les *Presbytériens de l'assemblée générale*, ou Calvinistes proprement dits. Ils sont soumis au gouvernement d'un *synode national* sans appel ; ils comptent près de deux millions d'adhérents. Cette vaste société est nombreuse dans les Etats du centre de l'Union ; mais elle se montre surtout dans ceux du Sud et de l'Ouest, et presque pas dans les Etats de la Nouvelle-Angleterre, où domine encore l'ancienne organisation puritaine. Les presbytériens calvinistes convoquent annuellement leur synode national à Philadelphie. Leur clergé se composait, en 1836, de dix-neuf cent quatorze ministres, auxquels étaient adjoints quatre cent vingt et un prédicateurs et candidats suffragants.

2° Les *Presbytériens associés*. Ils datent d'un schisme arrivé en 1733 dans l'Eglise nationale d'Ecosse. Ils ont un synode, neuf presbytères, quatre-vingt-sept ministres, cent quatre-vingts-trois congrégations, et environ seize mille communiants. Ils résident surtout à l'ouest et au sud de la rivière d'Hudson.

3° Les *Presbytériens réformés* ou *Covenantaires*. Ils sont formés des descendants de nombreux réfugiés hollandais, belges et allemands ; ils professent un calvinisme plus modéré, et sont répandus principalement dans la Pensylvanie et dans l'Ohio. Ils ont un synode général, deux synodes subordonnés, quatre presbytères, vingt ministres, quarante congrégations et environ trois mille communiants.

4° Les *Presbytériens réformés associés*. Ils occupent principalement les Etats de l'Ouest et la Pensylvanie. Ils ont trois synodes : un du Nord, un du sud et l'autre de l'Ouest : treize presbytères, cent seize ministres, deux cent quatorze églises, et environ douze mille communiants.

5° Les *Presbytériens du Cumberland*, communauté importante, qui représente le côté le plus fanatique et le plus austère du vieux calvinisme. Au milieu d'eux, l'idée terrible de la prédestination absolue règne sans adoucissement. Cette secte aux Etats-Unis date de 1810. Elle dut son origine à un démêlé entre le presbytère de Cumberland et le synode de Kentucky, qui, conformément aux règlements calvinistes, exigeait des études classiques chez les nouveaux ministres. Le presbytère déclara que l'inspiration valait mieux que la science ; il en résulta un schisme, à la suite duquel les Presbytériens dits du Cumberland se répandirent principalement dans les Etats du Tenessée, du Kentucki, de l'Alabama et du Missouri. C'est une des sectes les plus dogmatiques et les plus superstitieuses de la république. Elle ne compte pas moins de cinq cents églises, quatre cent cinquante ministres, et cinquante mille communiants.

Les doctrines des Eglises presbytériennes en général sont calvinistes, et le principe fondamental qui les distingue de toutes les autres communions protestantes est que Dieu a autorisé le gouvernement de cette Eglise par le moyen des prêtres et des anciens qui sont choisis par le peuple, et établis dans leurs offices par leurs prédécesseurs, en vertu de la commission que le Christ a donnée à ses apôtres comme ministres du royaume de Dieu, et qu'il y a entre tous les prêtres une parité officielle, quoiqu'il puisse y avoir entre eux disparité de talents et d'emplois.

Toutes les congrégations d'une contrée sont soumises, soit à un synode, soit à une assemblée générale. Toute congrégation particulière de chrétiens baptisés, qui s'associent pour vivre religieusement et adorer Dieu, peut se former en Eglise presbytérienne, en élisant un ou plusieurs anciens, conformément à la forme prescrite dans le livre intitulé *Constitution de l'Eglise presbytérienne*, en les ordonnant et en les installant.

Les Presbytériens jugent que Jésus-Christ a confié le gouvernement spirituel de chaque congrégation particulière au presbytère et non à tout le corps des communiants ; ils différent sur ce point des Indépendants et des Congrégationalistes. Ils disent que, si tous étaient chargés de gouverner, ils ne pourraient distinguer les inspecteurs ou évêques, de tous les autres communiants, hommes et femmes, et qu'ils ne pourraient se conformer à ce commandement : « Obéissez à ceux qui sont préposés sur vous ; car ils veillent sur vos âmes, comme devant en rendre compte. » Si tous les communiants étaient directeurs dans l'Eglise, cette exhortation de l'Apôtre n'aurait plus de sens : « Nous vous prions, frères, de reconnaître ceux qui travaillent parmi vous, et *qui président sur vous* dans le Seigneur, et qui vous exhortent, et d'avoir un amour singulier pour eux, à cause de l'œuvre qu'ils font. »

L'assemblée générale est le plus haut tribunal parmi les Presbytériens de cette dénomination : elle est composée d'un nombre égal de prédicateurs et d'anciens, choisis annuellement par chaque presbytère, et commissionnés spécialement pour délibérer, voter et résoudre sur toutes les matières qui seront portées devant cette assemblée. Chaque presbytère doit y envoyer un évêque et un ancien ; tout presbytère qui a plus de douze ministres envoie deux ministres et deux anciens, et ainsi de suite, dans la proportion de deux délégués pour douze ministres.

Chaque église presbytérienne choisit son propre pasteur ; cependant, pour prévenir la nomination d'hommes dont la doctrine, la capacité ou la morale laisseraient à désirer, il a été décidé qu'aucune église ne pourrait faire une élection, avant d'en avoir obtenu l'autorisation du presbytère dont elle dépend, et qu'aucun licencié ou évêque ne recevrait sa nomination que des mains de son presbytère.

Chaque membre d'une église est assujetti à sa discipline, et s'il se croit lésé par cette église, il peut en appeler au presbytère, du presbytère au synode, et du synode à l'assemblée générale.

PRÉSENCE RÉELLE. On appelle ainsi le dogme catholique de la présence de Jésus-Christ dans l'eucharistie, dogme fondé sur les paroles de la promesse et de l'institution, enseigné par les apôtres, appuyé par la tradition, et toujours professé par les communions tant orthodoxes qu'hétérodoxes des Eglises d'Orient et d'Occident, à l'exception des sociétés protestantes établies au XVI° siècle. *Voy.* EUCHARISTIE.

PRÉSENTATION. 1° L'Eglise célèbre une fête sous le nom de *Présentation de Notre-Dame* ou *de la sainte Vierge*. C'était un usage religieux observé chez les Juifs par quelques personnes pieuses, de vouer à Dieu leurs enfants, même avant leur naissance. L'Ecriture sainte nous en offre plusieurs exemples : Anne, femme d'Elcana, se voyant stérile, promit à Dieu, s'il la rendait féconde, de consacrer à son service l'enfant qu'elle mettrait au monde, et cet enfant fut Samuel. Les parents qui avaient fait un tel vœu conduisaient au temple l'enfant qu'ils avaient voué, avant qu'il eût atteint l'âge de cinq ans : ils le remettaient entre les mains des prêtres, qui l'offraient au Seigneur; puis, s'ils voulaient le racheter, ils payaient au temple une certaine somme, sinon l'enfant restait dans le temple, où il était occupé à servir au ministère sacré, à travailler aux ornements, en un mot à tous les offices qui concernaient le culte de Dieu. Or une tradition porte que la sainte Vierge fut vouée à Dieu par saint Joachim et sainte Anne, et conduite par eux au temple de Jérusalem, dès l'âge de trois ou quatre ans. On ignore quel fut le prêtre qui la reçut : quelques-uns ont cru que c'était Zacharie, père de saint Jean-Baptiste. C'est cette offrande de la sainte Vierge au Seigneur que l'Église célèbre par la fête de la *Présentation*.

Cette fête est plus ancienne chez les Grecs que chez les Latins. Les premiers la célébraient avant le XIIe siècle, sous le nom d'*Entrée de la Mère de Dieu dans le temple*: il en est fait mention dans les anciens martyrologes. Elle passa de la Grèce dans l'Occident, et on la célébrait à Avignon, en 1372. Quelques années après elle est marquée, dans une lettre de Charles V, roi de France, comme solennisée à la Sainte-Chapelle de Paris. Sixte-Quint ordonna, en 1585, qu'on en récitât l'office dans toute l'Église, le 21 du mois de novembre.

2° L'Église célèbre aussi une autre fête de la *Présentation*, le 2 février : elle a pour but d'honorer par là l'acte par lequel Jésus-Christ fut présenté et offert au temple, quarante jours après sa naissance, en qualité de premier-né, conformément aux prescriptions de la loi judaïque. Cette cérémonie avait pour but de rappeler la délivrance de la servitude égyptienne, opérée au moyen de l'extermination des premiers-nés des Égyptiens, tandis que les premiers-nés des Israélites avaient été épargnés. Le premier-né devait être racheté par l'offrande d'un agneau d'un an et d'une colombe ou tourterelle. Les pauvres, qui n'avaient pas le moyen de donner un agneau, fournissaient à la place une autre colombe ou tourterelle. C'est par cette dernière offrande que Jésus-Christ fut racheté. Cette fête s'appelle aussi *Purification de Notre-Dame* et vulgairement la *Chandeleur*. Voy. CHANDELEUR, PURIFICATION.

PRÉTAS, démons faméliques des Hindous, *Voy.* PREITTAS, PI-LI-TO.

PRÊTRE. Ce mot vient du grec πρεσβύτερος, en latin *senior*, et signifie proprement un ancien, un *vieillard* ; mais dans le style ecclésiastique, il désigne presque toujours un homme revêtu du sacerdoce, parce qu'on a d'abord choisi pour cet emploi éminent des personnages recommandables par leur âge et leur gravité. C'est ainsi que les Latins donnaient le nom de *sénateurs* (de *senex*, vieillard) à ceux qui composaient ce que nous appellerions le parlement, la chambre des pairs ou la chambre des lords, bien que, dans la suite, des gens encore jeunes aient été appelés à siéger au sénat (1). Les anciens Grecs donnaient également le nom de πρεσβευτής aux ambassadeurs, parce qu'on choisissait communément des gens âgés pour cette fonction délicate : c'est de là qu'est venu le verbe πρεσβεύειν, qui signifie *remplir la fonction d'ambassadeur, et, par suite, négocier, intercéder, prier*. Le mot *prêtre* renferme donc en lui-même la signification de *vieillard*, qui est comme *l'ambassadeur des hommes auprès de Dieu*. Ce même mot est propre à la religion chrétienne, et désigne exclusivement les ministres de la loi nouvelle ; néanmoins on a depuis longtemps la coutume de l'appliquer par extension aux ministres de tous les cultes : juifs, chrétiens, païens, idolâtres, etc. C'est ainsi que nous allons le considérer ici.

Prêtres de la religion révélée.

1° Sous la loi patriarcale il n'y avait pas de prêtres : chaque chef de famille était en même temps le roi et le pontife de sa tribu. C'est en cette qualité que nous voyons Noé, Abraham, Jacob, offrir des sacrifices et présider à des cérémonies religieuses. Adam a été sans doute le premier sacrificateur, bien que l'Écriture sainte n'en parle pas. Les premiers qu'elle cite comme tels sont Caïn et Abel, et peut-être que ces deux fils aînés d'Adam n'offrirent ainsi des sacrifices que lorsqu'ils furent l'un et l'autre à la tête d'une maison et d'une famille.

2° Les prêtres juifs étaient tous choisis dans la famille d'Aaron, dans laquelle le Seigneur avait fixé le sacerdoce par un privilège spécial. Ils devaient être exempts de tout défaut corporel. La cérémonie de leur consécration était fort simple, ou plutôt il n'y avait pas de consécration proprement dite, car ils naissaient prêtres : c'étaient leurs pères qui l'avaient reçue par l'imposition des mains et des onctions faites avec le sang des victimes immolées à cette occasion. Quant à leurs descendants, on les introduisait dans le parvis du tabernacle ou du temple. Ils s'y lavaient eux-mêmes avec de l'eau pure, destinée à cet usage. On les revêtait ensuite de leurs habits sacerdotaux, et on les amenait au grand pontife, qui les présentait à Dieu très-haut.

Les fonctions des prêtres juifs étaient de brûler de l'encens dans le lieu saint, matin et soir ; d'offrir les sacrifices quotidiens et particuliers, les jours ordinaires ; de répandre au pied de l'autel le sang des victimes ; d'entretenir continuellement le feu sur l'au-

---

(1) Dans nos langues modernes même, les mots *seigneur*, et son abrégé, *sieur* ; *signore*, *senor*, *senhor*, etc., viennent originairement du latin *senior*, et ont d'abord signifié *vieillard*.

tel des holocaustes; d'allumer les lampes; de faire les pains de proposition, et de les exposer chaque semaine sur la table d'or. C'était le sort qui déterminait leur emploi. Ils étaient en charge depuis un sabbat jusqu'au sabbat suivant. Moïse avait fixé à vingt-cinq ou trente ans l'âge auquel ils pouvaient commencer leur ministère. Ils sortaient de charge environ à cinquante ans; mais, quoiqu'ils n'exerçassent plus leurs fonctions, ils étaient toujours nourris des offrandes de l'autel : car les prêtres, aussi bien que toute la tribu des lévites, dont ils faisaient partie, n'étaient point entrés dans le partage des terres fait entre toutes les autres tribus: ils n'avaient d'autre revenu que les dîmes et les oblations des fidèles. Hors du temple, l'office des prêtres était d'instruire le peuple sur les cérémonies et les pratiques religieuses, de juger les différends, d'examiner les lépreux, de connaître des différentes impuretés légales, des causes de divorce; de déterminer les occasions où il fallait recourir à l'emploi des eaux de jalousie; de proclamer, au son de la trompette, le sabbat, les néoménies et les autres fêtes solennelles; de porter l'arche d'alliance et les choses saintes, lorsqu'il y avait lieu. Quoique ministres de la paix, c'étaient eux souvent qui donnaient le signal de la guerre et qui encourageaient les combattants.

Leur habillement se composait, 1° de caleçons; 2° d'une tunique d'une texture particulière, probablement faite à petits carreaux; selon Josèphe, cette tunique était très-serrée et presque collée sur le corps; 3° d'une ceinture en ouvrage de broderie de différentes couleurs; 4° d'un turban ou haut bonnet. A ces vêtements, le grand prêtre ajoutait, 1° un manteau de couleur bleue, au bas duquel étaient attachés des glands et des sonnettes d'or; 2° l'Ephod, camisole sans manches, mais richement tissue et confectionnée; 3° le pectoral, de forme carrée et garni de douze pierres précieuses; 4° une plaque d'or attachée par un fil bleu sur le turban du grand prêtre.

3° Dans l'Eglise catholique, les prêtres forment le plus haut degré de la hiérarchie ecclésiastique: ils reçoivent de l'évêque le pouvoir de célébrer le sacrifice de la messe, de baptiser, d'absoudre, de prêcher et de bénir. Ces différentes fonctions sont marquées par ces paroles du Pontifical, que l'évêque adresse aux ministres auxquels il confère cette dignité : *Sacerdotem oportet offerre, benedicere, præesse et baptizare*. On entend par ces quatre mots toutes les fonctions sacerdotales, que les prêtres exercent sous la juridiction et l'autorité de l'évêque; car, bien que la prêtrise soit considérée comme ne faisant qu'un seul ordre avec l'épiscopat, celui-ci cependant est d'un degré différent. L'évêque seul a la plénitude du sacerdoce; seul il est, à proprement parler, un des pasteurs de l'Eglise; seul il a le pouvoir de décider les points de foi, conjointement avec ses collègues dans l'épiscopat; seul enfin il a le pouvoir d'ordonner les prêtres et de leur donner leur mission. La prêtrise suppose nécessairement l'épiscopat; car sans évêques il n'y aurait pas de prêtres, et tous les prêtres du monde chrétien ne pourraient consacrer ou instituer canoniquement un évêque, si déjà ils n'en avaient pas au moins un avec eux. En lisant attentivement l'histoire des premiers siècles de l'Eglise, on voit que les prêtres, en général, n'avaient guère plus d'autorité et de juridiction que les diacres; car presque toutes les cérémonies ecclésiastiques étaient présidées par les évêques; et si maintenant leur autorité et leur juridiction sont plus étendues, ce n'est que parce que les églises et les diocèses étant devenus beaucoup plus grands qu'autrefois, les évêques se sont déchargés sur eux d'une partie des fonctions qu'ils remplissaient eux-mêmes, et qu'ils leur ont donné pour cela une mission spéciale.

Tous les prêtres cependant n'ont pas la même juridiction, bien qu'ils aient intrinsèquement le même pouvoir radical : c'est que parmi les fonctions ecclésiastiques, il en est plusieurs qui, pour être remplies légitimement et validement, ont besoin d'une mission spéciale. Nous pouvons distribuer les prêtres catholiques en trois classes principales : ce sont, 1° les *curés*, qui sont les chefs spirituels des paroisses, et jouissent de tous les droits, de tous les pouvoirs et de toute la juridiction accordée ordinairement aux pasteurs de second ordre; 2° les *vicaires*, qui exercent à peu près les mêmes fonctions que les curés, sans avoir cependant l'autorité des pasteurs, ni les mêmes obligations et la même responsabilité. Ils exercent leur ministère sous l'autorité et la surveillance des curés: ce n'est cependant pas d'eux qu'ils reçoivent leur mission, mais de l'évêque seul ; 3° enfin les prêtres sans juridiction aucune, qui n'ont guère que le pouvoir de célébrer la sainte messe. Si quelques-uns de ces derniers entendent les confessions et prêchent la parole de Dieu, c'est d'après une autorisation spéciale. Il en est de même des curés et des vicaires, qui ne peuvent exercer hors de leur paroisse, encore moins hors de leur diocèse, les fonctions ecclésiastiques qui supposent un pouvoir de juridiction.

Au-dessus de tous les prêtres, nous mettons ceux que l'on appelle *archidiacres*, *archiprêtres*, *grands vicaires* ou *vicaires généraux*, auxquels les évêques ont confié leur pouvoir juridictionnel, pour l'exercer soit en leur absence, soit conjointement avec eux. Ils tiennent leur autorité de l'évêque immédiatement, ou du chapitre en cas de vacance du siége; et dans cette dernière circonstance surtout, leur pouvoir est presque le même que celui des évêques, sinon qu'ils ne peuvent administrer les sacrements de la confirmation et de l'ordre. — Les *chanoines* forment entre eux une communauté appelée *chapitre*. S'ils ont à régir une église paroissiale, ils jouissent des mêmes droits et des mêmes pouvoirs que les curés et les vicaires. S'ils ne sont établis que pour le service d'une chapelle ou d'une église qui ne soit point paroissiale, ils n'ont pas plus de juridiction que les prêtres que nous avons mis ci-dessus dans la troisième classe. Les chanoines, qui forment le chapitre établi dans chaque église cathédrale, les seuls qu'il y ait maintenant en France (à l'exception du chapitre de Saint-Denis, dans le diocèse de Paris), sont censés former le conseil de l'évêque, et n'ont par cela même aucune juridiction, à moins que l'évêque n'ait choisi parmi eux des grands vicaires, ou qu'ils ne soient en même temps curés de la cathédrale; cependant ils ont presque toujours le pouvoir de prêcher et de confesser. — Il y a encore bien d'autres fonctions sacerdotales qui supposent un pouvoir et une juridiction plus ou moins étendus, mais qui sont presque toujours déterminées d'après les lieux, les circonstances, des usages ou des règlements particuliers : telles sont celles des supérieurs de séminaires et de congrégations religieuses, des aumôniers ou des chapelains de communautés, d'hospices ou d'hôpitaux, de régiments, de vaisseaux, de pensionnats, de prisons, d'ateliers, de châteaux, de maisons particulières, etc., etc. Nommons encore les missionnaires qui vont porter la foi dans les pays étrangers; ils ont ordinairement tous les pouvoirs et toute la juridiction que peut avoir un prêtre. Enfin nous ne parlerons pas des prêtres qui appartiennent à des ordres religieux ou à des congrégations; un grand nombre de ces derniers ont des priviléges spéciaux, quelquefois aussi des restrictions particulières.

Quant à l'ordination des prêtres, tant en Orient qu'en Occident, *Voy.* PRÊTRISE.

Le costume habituel des prêtres, dans l'Église romaine, consiste en une longue robe noire descendant jusqu'aux talons, et boutonnée par devant dans toute sa longueur; on l'appelle soutane. Dans la plupart des diocèses de France, elle se prolonge par derrière en queue traînante, qui n'est cependant rabattue que pendant les offices. Ils portent autour des reins un cordon ou une ceinture noire. En France encore, les ecclésiastiques portent un rabat noir liseré de blanc, et dans la plupart des autres contrées, c'est un petit collet qui est à la place du rabat. Par-dessus ces vêtements on met, suivant l'usage des pays, un manteau long en étoffe appelée crêpe. Pour les cérémonies religieuses, le costume varie beaucoup, suivant la dignité dont on est revêtu, ou la fonction que l'on remplit. Ces ornements sont décrits ou indiqués à leur ordre alphabétique. — Nous n'entrons pas dans de plus longs détails sur les prêtres catholiques romains, car tout ce qui les concerne est à la portée de tous nos lecteurs.

4° Les prêtres de l'Église orientale remplissent à peu près les mêmes fonctions que les prêtres latins : comme eux ils baptisent, prêchent, offrent le saint sacrifice, président aux cérémonies religieuses, et administrent tous les sacrements à l'exception de l'ordre; car ils ont coutume de donner le sacrement de la confirmation immédiatement après le baptême, tandis qu'en Occident ce sacrement est conféré ordinairement par les évêques; cependant on donne souvent le même pouvoir aux préfets apostoliques. Les prêtres orientaux ont encore cela de particulier qu'ils ne sont point obligés de se séparer de leurs femmes, s'ils ont été mariés avant de recevoir l'ordination; d'où il résulte qu'il y en a un grand nombre de mariés. Les prêtres grecs vivent du revenu des églises, ou des présents que leur font les paroissiens, et des offrandes qu'ils reçoivent les jours de fête. Toutes les fois que ces prêtres disent la messe, les jours de fête et le dimanche, chaque maison leur donne quelque argent. En récompense, le prêtre doit prier et intercéder auprès de Dieu avant le sacrifice pour celui qui lui a fait cette petite libéralité. De plus, les Grecs ayant coutume de se régaler et de faire des repas solennels dans ces jours de fête, les prêtres y assistent et prononcent la bénédiction sur les viandes; cette pieuse cérémonie leur vaut quelques pains, de la viande, du vin et même de l'argent. De tous ces présents, qui dépendent des moyens ou de la bonne volonté des paroissiens, il ne se forme jamais que des revenus fort incertains et très peu solides; ce qui entretient un prêtre dans l'avarice et les soucis, le dispose à des bassesses, et refroidit sa piété. Ainsi le clergé est presque contraint, pour vivre, de vendre les mystères divins, dont il est dépositaire. On ne peut ni recevoir l'absolution, ni être admis à la confession, ni faire baptiser ses enfants, ni entrer dans l'état du mariage, ni se séparer de sa femme, ni obtenir l'excommunication contre un autre, ou la communion pour les malades, qu'auparavant on ne soit d'accord de ce qu'on veut donner. Les prêtres font leur marché le meilleur qu'ils peuvent, tirant de chacun selon son zèle et ses facultés. Tel était l'état du clergé grec sous la domination ottomane, et tel il est encore dans les contrées où les chrétiens gémissent sous une domination étrangère. *Voy.* PAPAS.

5° L'ordre des prêtres, chez les Arméniens, comprend la corporation des docteurs, appelés *Vartabieds*, qui se subdivisent en deux classes. *Voy.* VARTABIED.

6° Autrefois les richesses du clergé russe étaient immenses; mais Pierre le Grand, dont il contrariait la police réformatrice, s'empara des biens ecclésiastiques, et les prêtres se trouvent réduits au traitement qu'ils reçoivent de l'État et aux libéralités des fidèles. La modicité des appointements rend leur position précaire, et plusieurs causes, parmi lesquelles il faut citer l'absence d'instruction et l'intempérance, portent atteinte, surtout dans les provinces éloignées des capitales, à la considération qui doit entourer leur ministère. Le clergé russe en général aurait besoin d'une grande et prompte réforme. *Voy.* POPES.

7° Les prêtres géorgiens ou mingréliens qui n'ont point d'église s'appellent *kochessi*, les chapelains *okhdelli*, et les curés *kanda-*

lqkhi; mais tous en général s'appellent *papas*. Ces prêtres sont en très-grand nombre, et sont de pauvres gens qui ne subsistent que des émoluments de leurs fonctions. Il ne faut pas être fort savant pour recevoir l'ordination : il suffit de savoir lire, ou d'apprendre par cœur quelque messe que l'on dit tout le reste de sa vie. Les évêques n'examinent point les sujets qui se présentent pour être promus aux ordres, étant souvent aussi ignorants qu'eux ; et comme chaque ordination leur vaut au moins le prix d'un bon cheval, on est ordonné sans peine, quelque ignorant qu'on soit. On dit que, contrairement à la discipline de l'Église orientale, ils ne se font pas scrupule de convoler, après leur ordination, à de secondes et même à de troisièmes noces, avec dispense de l'évêque, qui l'accorde toujours moyennant finance. Ces misérables prêtres sont obligés de cultiver leurs terres et même celles de leurs maîtres ou seigneurs, dont ils sont comme les domestiques. On a pour eux peu de respect, à cause de leur ignorance, de leur gourmandise et de l'ivrognerie à laquelle ils se livrent à la table des séculiers. Un prêtre n'est respecté en Mingrélie que quand il dit la messe, après laquelle les assistants lui demandent tous sa bénédiction. Quand on est à table, on donne à boire au prêtre le premier, et personne ne boit qu'on ne lui ait dit : *Bénissez-nous, monsieur* ; à quoi il répond : *Dieu vous bénisse !* Les Mingréliens font encore grand cas des prêtres quand ils sont malades ; car alors ils croient tout ce que ces prêtres leur disent. Mais ils les consultent bien plutôt sur la santé de leur corps et la cause de leur maladie, que sur le salut de leur âme.

8° Le nom de prêtre est peu en usage dans les communions protestantes. Ceux qui sont chargés de présider au culte et de remplir les fonctions religieuses portent le nom de *ministres* ; cependant ces ministres sont quelquefois désignés sous le titre de *prêtres* dans la liturgie et dans les rituels. *Voy.* MINISTRES.

Prêtres du paganisme ancien.

9° Les prêtres égyptiens formaient une classe à part, comme les prêtres juifs ; leurs enfants mâles leur succédaient dans les fonctions du sacerdoce. Cette classe était fort respectée et jouissait d'immenses revenus ; car aux dotations attachées aux temples, il faut ajouter les subventions que les prêtres recevaient du trésor royal pour les nombreuses fonctions salariées qui étaient réservées à leur culte, et qui embrassaient toutes les branches de l'administration publique non spécialement militaires. Le grand prêtre, le chef suprême de l'ordre, était, après le roi, le premier fonctionnaire de l'État. On montra à Hérodote la série chronologique des statues des grands prêtres ; elles étaient déposées dans le temple à côté de la suite des statues royales. Les fils des principaux titulaires de l'ordre sacerdotal vivaient avec les enfants du monarque, et remplissaient ainsi auprès du roi lui-même les fonctions les plus relevées dans le service du palais. L'alliance des rois et des prêtres était intime, comme celle de la royauté avec le sacerdoce.

Le corps des prêtres était nombreux ; car le service journalier des dieux exigeait beaucoup de monde, et la diversité des emplois explique la diversité des classes qui composaient l'ordre en général. « Les monuments, dit M. Champollion-Figeac, nous désignent les grands prêtres attachés au culte des rois, et à la fois à celui d'un dieu et d'un roi ; des rois revêtus du titre de grand prêtre d'une divinité ; enfin, les pères-prêtres ou prophètes ; — les *hiérogrammates* ou scribes sacrés, chargés de l'administration des revenus sacrés, tirant leur titre du dieu honoré dans le temple où ils étaient placés : il y avait aussi des hiérogrammates des villes ; — les *archiprophètes*, les *prophètes*, les prophètes de Hathor et autres dieux ou déesses ; les gardiens des temples, ou attachés aux temples ; les supérieurs dans les divers rangs ; — les *sphragistes* ou scribes des victimes, chargés de marquer d'un grand sceau les victimes propres aux sacrifices ; — les prêtres des villes ; les *hiéracophores*, les prêtres royaux ; ceux qui étaient chargés de présenter les offrandes funéraires ; les *libanophores*, ou prêtres chargés d'offrir l'encens aux dieux ; les *spondistes*, chargés des libations ; les surveillants des temples ; les fonctionnaires inférieurs attachés à leur service ; les porteurs de *flabellum* ou *fl.bellifères*, pour les dieux, les portiers, les décorateurs, les chanteurs, les inspecteurs. Enfin les *taricheutes*, les *paraschistes* et les *cholchytes* étaient les membres des rangs inférieurs de cette caste toute-puissante, et employés à l'embaumement des morts... Les costumes étaient variés et réglés en tout point comme la hiérarchie, et avec des obligations générales imposées à tous les membres de la caste, il y avait encore les coutumes ou injonctions particulières à chaque ordre de prêtres... Comme prescription générale, on doit mettre au premier rang celle d'être entièrement rasé et épilé : c'était un devoir impérieux de prendre ce soin tous les trois jours... La circoncision leur était prescrite comme aux autres citoyens. »

Quant au costume, le *schenti*, suivant le même auteur, était leur vêtement habituel : c'était une courte tunique réservée vraisemblablement pour l'intérieur ; la *calasiris*, plus longue et plus ample, couvrait le schenti. Une peau de panthère jetée sur la tunique de lin caractérise spécialement les prêtres d'Osiris : elle était l'insigne de cette classe de prêtres. D'autres se distinguaient par des pectoraux en forme de petit *naos*, renfermant le scarabée sacré, ou des images de divinités, la *bari* symbolique, les emblèmes de la vie, de la stabilité et des figures d'animaux sacrés. De riches colliers à plusieurs rangs ajoutaient à l'éclat du costume des prêtres, des bagues ornaient leurs doigts, et leurs pieds étaient couverts et défendus par des chaussures en papyrus, ou bien en palmier, ayant la forme de la plante des pieds, et se terminant par de longues pointes recourbées et attachées sur le cou-de-pied.

Nous terminerons cette notice sur les prêtres égyptiens par un fragment de saint Clément d'Alexandrie, qui fait allusion à leurs études et à plusieurs de leurs fonctions, renvoyant pour tout le reste à l'*Egypte* de M. Champollion-Figeac.

« Les Egyptiens suivent une philosophie particulière à leur pays ; c'est dans leurs cérémonies religieuses surtout qu'on s'en aperçoit. On y voit d'abord, marchant le premier, le *chanteur*, portant un symbole musical ; il est obligé de savoir deux des livres d'Hermès, l'un contenant les hymnes en l'honneur des dieux, l'autre les règles de vie pour les rois. Après le chanteur vient l'*horoscope*: il porte dans ses mains une horloge et une palme. Il faut qu'il ait toujours dans son esprit les quatre livres qui traitent des astres : l'un, des astres errants ; l'autre, de la conjonction du soleil et de la lune ; les derniers, de leur lever. Vient ensuite le prêtre *hiérogrammate*, reconnaissable aux plumes qui ornent sa tête ; il a dans ses mains un livre et une palette garnie de l'encre et des joncs nécessaires pour écrire. L'hiérogrammate doit posséder les connaissances qu'on appelle hiéroglyphiques (ou interprétatives des anciens livres), et qui comprennent la cosmographie, la géographie, les phases du soleil et de la lune, celles des cinq planètes, la chorographie de l'Egypte, le cours du Nil et ses phénomènes, l'état des possessions des temples et des lieux qui en dépendent, les mesures et tout ce qui est utile à l'usage des temples. Le *stoliste* vient ensuite, portant la coudée, emblème de la justice, et le vase des purifications. Celui-ci sait tout ce qui concerne l'art d'enseigner et l'art de marquer du sceau sacré les jeunes victimes. Dix livres sont relatifs au culte des dieux et aux préceptes de la religion : ils traitent des sacrifices, des prémices, des hymnes, des prières, des pompes religieuses et autres sujets analogues. Après tous les prêtres marche le *prophète*, portant le sceau sacré, suivi de ceux qui portent des pains ; comme le supérieur des autres prêtres, le prophète apprend les dix livres qu'on appelle sacerdotaux, où est contenu ce qui concerne les lois et l'administration de l'Etat et de la cité, les dieux et la règle de l'ordre sacerdotal. Il y a en tout quarante-deux livres principaux d'Hermès, dont trente-six, où est exposée toute la philosophie des Egyptiens, sont appris par des prêtres des classes qui viennent d'être désignées ; les six autres livres sont étudiés par les *pastophores*, comme appartenant à l'art de guérir, et ces livres parlent en effet de la construction du corps humain, des maladies, des instruments et des médicaments, des yeux, enfin des maladies des femmes. »

10° Les prêtres des Babyloniens et des Chaldéens sont désignés souvent, dans les auteurs classiques, sous le nom de *Chaldéens*. Ils étaient exempts de tous impôts, de toutes charges publiques, de toute fonction étrangère à leur ministère. Le sacerdoce passait des pères aux enfants, comme en Egypte ; au reste, Diodore assure que leur vie était semblable à celle des prêtres égyptiens. Tous les écrivains anciens les donnent pour de grands astronomes. Cependant leurs occupations ne se bornaient pas à l'étude et à la connaissance des astres : ils offraient, comme partout, des sacrifices sanglants, et brûlaient de l'encens en l'honneur des dieux. Il y avait à Babylone un autel sur lequel on brûlait chaque année, au rapport d'Hérodote, pour cent mille talents de cette substance précieuse.

11° Les prêtres syriens et phéniciens étaient généralement fort nombreux : l'Ecriture sainte parle de quatre cent cinquante prêtres de Baal pour le pays de Samarie, sans compter quatre cents autres prêtres des bosquets sacrés. Lucien dit que, dans le temple de Hiérapolis, on comptait, pour les sacrifices, trois cents prêtres, sans parler d'une multitude de gens employés aux cérémonies, tels que les joueurs de flûtes, de chalumeaux, de cymbales, etc., des galles ou prêtres mendiants, des devineresses ou prophétesses, etc. L'emploi de grand prêtre était annuel ; tout le temps qu'il était en exercice il portait une robe de pourpre et une mitre d'or. Les autres prêtres avaient des robes de différentes couleurs, ou des tuniques blanches ornées de pourpre, qu'ils attachaient avec une ceinture ; elles étaient de lin ou de soie : c'étaient des robes de femme. Ils portaient un bonnet à la phrygienne, leur chaussure était jaune, ils se peignaient le visage et les sourcils. Les prêtres offraient deux fois par jour des sacrifices à deux des principaux simulacres de ce temple : à l'un en silence, à l'autre, en chantant et en jouant de divers instruments. — A Tyr, les prêtres étaient les premières personnes de l'Etat, après le roi : ils étaient revêtus de robes de pourpre dont l'or relevait l'éclat, et portaient des couronnes d'or enrichies de pierreries.

12° Chez les Grecs, il n'y avait point de villes où l'on trouvât autant de prêtres et de prêtresses qu'à Athènes, parce qu'il n'y en avait point où l'on eût élevé une si grande quantité de temples, et où l'on célébrât autant de fêtes. Dans les différents bourgs de l'Attique et du reste de la Grèce, un seul prêtre suffisait pour desservir un temple ; dans les villes considérables, les soins du ministère étaient partagés entre plusieurs personnes qui formaient une communauté. A la tête était le ministre du dieu, qualifié quelquefois du titre de grand prêtre. Au-dessous de lui étaient le *Néocore*, chargé de veiller à la décoration et à la propreté des lieux saints, et de jeter de l'eau lustrale sur ceux qui entraient dans le temple ; des sacrificateurs qui égorgeaient les victimes ; des aruspices qui en examinaient les entrailles ; des hérauts qui réglaient les cérémonies et congédiaient l'assemblée. En certains endroits, on donnait le nom de *père* au premier des ministres sacrés, et celui de *mère* à la première des prêtresses. On confiait à des laïques les fonctions moins saintes et relatives au service des temples. Les uns étaient chargés du soin de la fabrique et de la garde du trésor ; d'autres assistaient, comme témoins et inspecteurs, aux sacrifices solennels.

Les prêtres officiaient avec de riches vêtements sur lesquels étaient tracés, en lettres d'or, les noms des particuliers qui en avaient fait présent au temple ; quelques-uns portaient aussi les attributs de la divinité dont ils étaient les ministres. Plusieurs sacerdoces étaient attachés à des maisons anciennes et puissantes, où ils se transmettaient de père en fils ; d'autres étaient conférés par le peuple ; mais on n'en pouvait remplir aucun, sans avoir subi un examen qui roulait sur la personne et sur les mœurs. Il fallait que le nouveau ministre n'eût aucune difformité dans la figure, et que sa conduite eût toujours été irréprochable. A l'égard du savoir, il suffisait qu'il connût le rituel du temple auquel il était attaché, qu'il s'acquittât des cérémonies avec décence, et qu'il sût discerner les diverses espèces d'hommages et de prières que l'on devait adresser aux dieux.

A l'entretien des prêtres et des temples étaient assignées différentes branches de revenus. On prélevait d'abord sur les confiscations et sur les amendes, le dixième pour Minerve, et le cinquantième pour les autres divinités. On consacrait aux dieux le dixième des dépouilles enlevées à l'ennemi. Dans chaque temple, deux officiers, connus sous le nom de *Parasites*, avaient le droit d'exiger une mesure d'orge de différents tenanciers du district qui leur était attribué ; enfin, il était peu de temples qui ne possédassent des maisons et des portions de terrain. Ces revenus, auxquels il faut joindre les offrandes des particuliers, étaient confiés à la garde des trésoriers du temple. Ils servaient pour les réparations et les décorations des lieux saints, pour les dépenses qu'entraînaient les sacrifices, pour l'entretien des prêtres, qui avaient presque tous des honoraires, un logement et des droits sur les victimes. Quelques-uns jouissaient d'un revenu encore plus considérable.

Les prêtres grecs jouissaient de plusieurs avantages honorifiques, tels que d'avoir des places distinguées dans les jeux et les spectacles. Quelques-uns remplissaient des charges dans la république, et la servaient soit dans les armées, soit dans les ambassades. Du reste, ils ne formaient point un corps particulier et indépendant et les causes qui les concernaient étaient portées devant les tribunaux ordinaires.

13° Les prêtres, à Rome, n'étaient pas d'un ordre différent des autres citoyens. On les choisissait indifféremment pour administrer les affaires civiles et celles de la religion. Les prêtres des dieux, même de ceux d'un ordre inférieur, étaient, pour l'ordinaire, élus d'entre les plus distingués par leurs emplois et par leurs dignités. On accordait quelquefois cet honneur à des jeunes gens d'illustre famille, dès qu'ils avaient pris la robe virile.

Il faut distinguer deux classes de prêtres romains : les uns n'étaient attachés à aucune divinité en particulier, mais ils étaient les ministres des dieux en général : tels étaient les *pontifes*, les *augures*, les *quindécemvirs*, les *septemvirs-épulons*, les *auspices*, les *frères arvales*, les *curions*, les *féciaux*, le *roi des sacrifices*. Les autres prêtres étaient attachés au culte d'une divinité particulière ; comme les *flamines*, les *saliens*, les *luperques*, les *galles*, les *vestales*, etc. *Voy.* aussi POPES.

14° Outre les augures, les aruspices et les autres devins, les Etrusques avaient plusieurs sortes de ministres de la religion. Le souverain pontife était élu dans l'assemblée des douze *lucumonies* ou royaumes. Suivant Gori, il y avait en Etrurie des frères *arvales*, des flamines, des saliens et des saliennes, des camilles, c'est-à-dire, de jeunes garçons et jeunes filles qui servaient dans les sacrifices. Les femmes avaient beaucoup de part dans le culte, il paraît même qu'elles étaient admises au sacerdoce en plus grand nombre que les hommes. Les prêtres seuls pouvaient toucher les simulacres des dieux, encore devaient-ils avoir les mains couvertes.

15° Quant aux prêtres des Gaulois, *voy.* DRUIDES.

16° Le sacerdoce, chez les Germains, était à peu près le même que chez les Gaulois. Les prêtres n'étaient pas seulement chargés de présider aux cérémonies du culte, de faire les sacrifices et d'enseigner aux peuples la doctrine religieuse : ils remplissaient encore dans la nation les fonctions de magistrats : eux seuls avaient le droit de mettre aux fers, d'infliger des peines ; ce n'était point la justice des hommes, ni l'ordre du général qu'ils prétendaient exécuter ainsi, mais l'arrêt même de leurs dieux. C'étaient eux encore qui décidaient les guerres, ou du moins elles n'avaient lieu que d'après leurs conseils. Ils portaient dans les armées les drapeaux et les figures du dieu des combats, et, pendant la paix, ces images demeuraient en dépôt dans les bois sacrés.

17° Les ministres du culte, chez les Gètes, étaient tirés des ordres les plus distingués de la nation. Le souverain pontife, qui était leur chef, jouissait de la plus grande autorité. Il assistait le roi de ses conseils ; son nom était mis à la tête de tous les édits avec celui du souverain. On lui donnait, comme au prince, le nom de *roi* ; on y ajoutait même le titre de *dieu*, et on l'appelait *Zamolxis*. Il résidait sur une montagne, qui, par cette raison, était le sanctuaire le plus célèbre qu'il y eût dans la nation, et qu'on nommait la montagne sainte. Les sacrificateurs portaient le nom de *pileati*, ou mitrés, parce qu'ils avaient des espèces de mitres pendant le temps des sacrifices.

18° Les prêtres scandinaves étaient nommés *Drottes*, nom qui a peut-être la même étymologie que celui de *Druides*. Voy. DROTTES.

19° Chez les Slaves, les ministres du culte étaient partagés en différentes classes. Les

Weidalotes ou sacrificateurs occupaient le premier rang : ils étaient assistés dans leurs fonctions par les *Siggénotes*. Leur emploi ne consistait pas uniquement à immoler les victimes ; ils étaient chargés en outre d'entretenir perpétuellement le feu sacré devant les images des dieux, d'instruire le peuple des dogmes de la religion, et de célébrer sa gloire par des chants héroïques. Ils avaient à leur tête le *Kreve-Kreveito*, grand prêtre qui partageait le pouvoir suprême avec le chef de l'Etat. Il y avait en outre des prêtres consacrés au culte des divinités particulières.

20° Chez les Finnois, les Lapons et plusieurs autres peuples du Nord, il n'y avait pas de prêtres proprement dits, du moins dans le sens que nous attachons à ce mot ; c'étaient des magiciens qui en tenaient lieu : on les regardait comme des personnages revêtus d'un pouvoir divin et en communication avec la divinité. *Voy.* Magiciens, Noaaidès, etc.

Prêtres du paganisme asiatique.

21° Les Mahométans (1) n'ont point de prêtres ; car, le culte public ne consistant qu'en prières, il suffit d'un président pour les diriger et les faire avec ensemble. Dans le système musulman, il n'y a aucune distinction entre l'ordre religieux et l'ordre civil ; le chef de l'Etat est en même temps le pontife et le magistrat de la nation ; tout représentant du prince participe par là même à son autorité, tant dans la magistrature que dans la religion. Dans toutes les nations musulmanes, il n'y a à proprement parler qu'une seule étude, celle de la loi ; une seule école, celle du Coran. Quiconque a étudié et a pris les degrés est, par cela même, apte à être nommé légiste, magistrat, ministre du culte. Cette dernière fonction comporte, comme les autres, différents grades, sur lesquels nous donnons des détails aux articles Khalife, Imam, Moufti, Molla, Oulémas, Marabouts, etc., etc.

22° Nous rangeons parmi les infidèles orientaux les Mendaïtes ou chrétiens de Saint-Jean-Baptiste, dont la religion est un mélange de judaïsme, de sabéisme et de quelques formes chrétiennes. Ils ont des évêques et des prêtres, qui, quand ils viennent à mourir, sont remplacés par leurs fils ; s'ils n'en ont point, on élit parmi leurs parents celui qui est jugé le plus capable, et l'on fait sur l'élu beaucoup de prières. Lorsqu'un évêque doit ordonner des prêtres, il jeûne pendant six jours, et récite fréquemment des prières sur les ordinands, qui, de leur côté, sont astreints au jeûne et à la prière pendant le même temps. Les évêques et les prêtres remplissent chez eux des fonctions analogues à celles qui sont en usage chez les chrétiens.

23° Nous donnons des détails sur le sacerdoce des Persans anciens et des Parsis modernes, aux articles Mages, Destour, Mobed, Herbad, etc.

24° Chez les Hindous, une caste tout entière est consacrée aux fonctions sacerdotales : c'est celle des brahmanes ; cependant tout brahmane n'est pas prêtre, mais tous sont aptes à le devenir, et tous ont caractère sacré qu'ils doivent à leur naissance ; car qui que ce soit des autres tribus ne saurait jamais parvenir à cette dignité suprême. Cependant, il y a dans l'Inde quelques divinités de bas aloi, adorées seulement par les castes inférieures, qui ont pour ministres de leur culte de vils soudras ; mais ces fonctions ne sont point considérées comme un sacerdoce, et les brahmanes ne les inquiètent nullement dans ce ministère, qui est à leurs yeux aussi méprisable que la divinité qui en est l'objet. Nous parlons fréquemment, dans ce Dictionnaire, du sacerdoce brahmanique ; *voyez*, entre autres, les articles Brahmanes, Brahmatchari, Gourou, Pourohita. Nous ajouterons seulement ici que le brahmane se considère comme le maître de tout ce que renferme le monde créé ; c'est sa propriété, car il est issu de la plus noble partie de Brahma ; et s'il veut bien permettre que les autres hommes usent des choses de ce monde, c'est, de sa part, un acte de pure générosité. Il y a plus, c'est que les brahmanes se proclament hautement les dieux de la terre : ils se font un devoir, non-seulement de s'isoler du reste du genre humain, mais encore de mépriser et de haïr de tout leur cœur les hommes que le hasard n'a pas fait naître leurs égaux ; ils se croient dispensés de faire paraître à leur égard les moindres sentiments de reconnaissance, de commisération ou de sensibilité. Suivant les livres sacrés, les plus distingués parmi les brahmanes sont ceux qui possèdent la science sacrée ; parmi les savants, ceux qui connaissent le mieux leur devoir ; parmi ceux-ci, ceux qui l'accomplissent avec exactitude ; parmi ces derniers, ceux que l'étude des livres saints conduit à la béatitude. Le brahmane étudie les Védas et les enseigne aux jeunes gens de sa caste ; il accomplit le sacrifice, ou dirige le sacrifice offert par d'autres ; il a le droit de donner et celui de recevoir ; mais ce qu'il a droit de recevoir consiste en des terres, des vaches, des étoffes, de l'or, etc. ; et les présents qu'il fait se réduisent à une pincée de fiente de vache desséchée, à l'eau qui lui a servi à se rincer la bouche ou à se laver les pieds, aux fleurs fanées qu'il retire de devant les statues des dieux, aux restes de ses repas, etc.

25° Ceux que nous appelons quelquefois prêtres, chez les Bouddhistes, sont plutôt des religieux que des prêtres : ce sont des gens qui tendent à une haute perfection, et qui sont en chemin de devenir Bouddhas, ou au moins Bodhisatwas. Ils habitent presque toujours les monastères, ou bien ils desservent les temples et les chapelles, président

---

(1) Les Mahométans ne sont point des païens, puisqu'ils adorent le vrai Dieu ; mais ils font partie des infidèles, parce qu'ils ne professent pas la religion révélée.

aux cérémonies du culte, instruisent le peuple, lui expliquent la loi, font des prières dans les funérailles, ou bien s'adonnent à la contemplation; la plupart vivent d'aumônes. Les articles qui les concernent sont assez multipliés dans ce Dictionnaire, car le bouddhisme étant répandu dans une multitude de nations asiatiques, la plupart leur donnent des noms particuliers, et ils ont souvent des fonctions différentes à remplir dans les diverses contrées. Voy., entre autres, BONZES, LAMA, DALAÏ-LAMA, TALAPOINS, HO-CHANG, PADZING, PONGHIS, RAHANS, OUPASAMPADAS, GYALONGS, etc., etc.

26° La plupart des Tartares, tels que les Mongols, les Mantchous, etc., professent une religion mélangée de bouddhisme et d'ancien paganisme, et qu'on appelle chamanisme; leurs prêtres sont désignés sous le nom de chamans. Voy. CHAMANS.

27° L'ancienne religion des Chinois n'a pas un ordre ou une classe distinguée de personnes pour en exercer solennellement les cérémonies. On voit dans le Chou-king un grand prêtre appelé Taï-che-ting. Mais le droit de sacrifier publiquement au Chang-ti est réservé de tout temps à l'empereur; encore n'ose-t-il pas sacrifier par lui-même : il choisit le fondateur de sa famille pour un emploi dont il se croit indigne; et comme ces cérémonies se font en forme d'un grand banquet, c'est assez d'honneur pour lui que de servir à table. L'empereur fait aussi offrir des sacrifices par d'autres, comme par les mandarins, c'est-à-dire par les magistrats et les grands officiers de l'empire. Entre les différents tribunaux de la Chine, il y en a un qu'on a nommé tribunal des Rites, et qui juge des affaires concernant la religion.

28° Chez les Tunquinois et les Coréens, le droit d'offrir des sacrifices publics au ciel, à la terre, aux montagnes, etc., appartient, comme à la Chine, au souverain.

29° Il n'y a point non plus de prêtres dans l'ancienne religion du Japon, appelée sintoïsme; ce sont des laïques qui remplissent la fonction de gardiens des miyas ou temples. Nous en parlons aux articles NÉGRIS, KANOUSIS, SIANNIN, etc.

30° Les prêtres, chez les Ostiaks, ne forment pas un ordre à part. Chaque père de famille peut prendre ce titre de sa propre autorité, et se charger de servir le simulacre qu'il a fabriqué. Ceux qui ne veulent pas se donner cette peine trouvent facilement des personnes qui consentent à remplir les fonctions du sacerdoce. Il n'y a pas non plus de devins attitrés, chacun peut l'être. Celui qui veut en faire la fonction crie d'une voix haute au simulacre, pour tâcher de lui faire entendre les demandes de ceux qui consultent. Il se fait ensuite lier, se jette par terre, se roule en faisant des grimaces et des contorsions affreuses; pendant ce temps-là les consultants poussent des plaintes et des soupirs, et font grand bruit, jusqu'à ce qu'ils croient apercevoir une fumée bleuâtre, qui est, selon eux, l'esprit de prophétie dont le devin est animé et agité pendant près d'une heure. Ce devin reprend ensuite ses sens, et donne une réponse, que le hasard vérifie quelquefois.

Prêtres des populations africaines.

31° Les nombreuses tribus qui ont embrassé la religion musulmane ont une obéissance sans bornes pour les marabouts, qu'on peut considérer comme les ministres du culte. Ceux-ci sont à la fois interprètes de la loi de Mahomet, prêtres, médecins et commerçants; ils sont les seuls qui sachent lire et écrire. Ils conservent et ils expliquent les traditions du pays. Ils forment un corps hiérarchique avec un chef suprême ou patriarche, qui a le titre de *sems*. Leurs mœurs sont sévères, leur extérieur est réservé, leurs paroles sont mesurées : ils parlent par sentences et paraboles. Les Maures, auxquels ils en imposent par l'hypocrisie de leur conduite, ont pour eux un profond respect; mais comme ce sont eux qui font tout le commerce, les Européens les apprécient mieux et les jugent différemment. Les marabouts, disent nos marchands, sont actifs et intelligents pour le commerce, mais menteurs, trompeurs, avares et voleurs. Si, pendant leurs voyages, les marabouts, dont le prosélytisme s'est étendu jusque parmi les nations nègres, passent par quelques endroits habités, ils sont accueillis avec respect. On s'empresse de leur donner l'hospitalité : ils se restaurent aux dépens des pauvres nègres ou des Maures profanes, qui les regardent comme des saints ou des prophètes. Les nègres se prosternent pour recevoir l'imposition de leurs mains, et leur font des présents pour en obtenir des *grisgris*, espèces d'amulettes ou talismans. Ces grisgris sont composés de choses très-diverses : les plus rares sont les griffes d'un lion, la queue d'un éléphant ou les dents de quelque serpent; mais les plus communs consistent en de petits morceaux de papier, sur lesquels sont écrits quelques versets du Coran.

32° Dans la plupart des peuplades de la Guinée et des pays du centre, qui sont adonnées, soit à l'idolâtrie, soit au culte des fétiches, il n'y a pas de prêtres proprement dits : ce sont des jongleurs, des espèces de sorciers, des porteurs de grisgris qui en tiennent lieu; le peuple leur accorde une confiance illimitée et redoute beaucoup leur puissance; dans plusieurs contrées ils sont les conseillers des rois nègres, et ceux-ci ne font rien sans les avoir consultés. Les pays mêmes qui ont embrassé l'islamisme ont presque partout conservé ces charlatans, et souvent il arrive que les marabouts cumulent les fonctions de docteurs de la loi musulmane avec la charge de présider aux anciennes superstitions du fétichisme. Dans plusieurs lieux cependant il y a des prêtres en titre, auxquels est dévolu le soin de diriger toutes les cérémonies du culte. *Voyez* entre autres, les articles BÉTI, BELLIMO, GRISGRIS, GRIOTS, CALANDOLA.

33° Dans les royaumes de Congo, Kakongo, Angola, Loanda, etc., nous retrouvons un sacerdoce légalement constitué, qui a sa hiérarchie, ses lois, ses règlements, ses cérémonies et ses priviléges. *Voy.* GANGAS, GANGA-ILIGUI, GANGA-KITOMA, GANGA-MATOMBOLA, CHITOMBE, NGOMBO, etc.

34° Chez les Bétchouanas, le prêtre de chaque tribu est le second personnage après le roi. Ses fonctions consistent principalement à circoncire, tous les deux ans, les jeunes gens parvenus à l'âge de puberté, à bénir le bétail avant les excursions guerrières, et, après la victoire, à pratiquer des cérémonies très-simples. Ils observent avec attention le cours des astres, partagent l'année en treize mois lunaires, distinguent très-bien les planètes, et donnent des noms particuliers à plusieurs étoiles. Ils ont aussi quelques connaissances en médecine, et taillent des dés à jouer, qui, d'après la ferme persuasion du peuple, portent bonheur; en un mot tout ce qui concerne la croyance ou la superstition est de leur ressort.

35° Pour les prêtres de l'île de Madagascar, voy. OMBIASSES, OMFANOMÉSAVOUS.

Prêtres des populations américaines.

36° Les peuples du nord de l'Amérique ont peu de cérémonies publiques de religion; si quelquefois on offre un sacrifice public, toute la tribu remplit la fonction de sacrificateur; chacun aussi honore à son gré son Manitou particulier. Cependant il y a chez eux des gens revêtus d'une sorte de caractère sacré : ils passent pour avoir des communications avec les esprits; ils se mêlent de prédire l'avenir, de révéler les choses cachées, de guérir ou plutôt de chasser les maladies. Ces différentes fonctions sont comprises par les sauvages dans un mot de leur langue que les Français du pays traduisent par celui de médecine. Mais ces devins ou sorciers sont plus connus sous le nom de *jongleurs*, parce qu'en effet toute leur prétendue science n'est qu'une vaine charlatanerie. *Voy.* JONGLEURS.

37° Les Virginiens avaient des prêtres qui portaient un costume particulier. Il consistait en une espèce de jupe de femme plissée qu'ils mettaient autour du cou et qu'ils attachaient sur l'épaule droite; mais ils tenaient toujours un bras dehors, pour s'en servir en cas de besoin. Ce manteau était arrondi par le bas et ne descendait que jusqu'au milieu de la cuisse. Il était fait de peaux bien préparées avec la fourrure en dehors. Ces prêtres avaient la tête rasée de près, excepté au sommet, où ils laissaient une espèce de crête, avec une bordure de cheveux hérissés sur le front, ce qui leur donnait l'apparence d'être coiffés d'un casque; de plus ils se peignaient le corps de différentes couleurs. Ils étaient fort respectés du peuple, tout ce qu'ils disaient passait pour des oracles. Ils vivaient souvent séparés de la société des hommes, dans les bois ou dans des huttes écartées. Ils ne se laissaient pas facilement aborder, et ne se donnaient aucune peine pour leur nourriture, parce qu'on avait soin de leur apporter de quoi vivre près de leur demeure. On s'adressait à eux dans les nécessités pressantes; on allait par exemple leur demander de la pluie; on les priait de faire retrouver les choses perdues; ils servaient aussi de médecins, à cause de la connaissance qu'on leur attribuait de la nature. Enfin leur avis décidait de la guerre ou de la paix, et rien d'important ne se faisait sans les consulter. Les devins paraissaient faire une classe à part; cependant ils étaient les associés des prêtres, non-seulement à l'égard des fraudes, mais aussi pour les profits qui en revenaient; quelquefois ils officiaient l'un pour l'autre.

38° Les prêtres floridiens étaient médecins, comme ceux des autres peuples de l'Amérique : ils étaient aussi les conseillers et les ministres d'état des Paraoustis. Ce triple caractère était accompagné de gravité, de modestie et d'une abstinence extraordinaire. Avant d'être promus à la prêtrise, ils devaient passer par les épreuves d'une longue discipline, sous la conduite des autres prêtres, qui leur enseignaient les dogmes de la religion, et préparaient leur esprit aux idées qu'ils devaient un jour inculquer aux peuples. On les exerçait par le jeûne, l'abstinence, la retraite, la privation des plaisirs des sens; mais la rigueur du noviciat était adoucie par des visions et par une communication intime avec la Divinité. Ces prêtres portaient à la ceinture un sac plein d'herbes médicinales et d'autres médicaments, ce qui était aussi pratiqué par ceux des Virginiens; ils connaissaient assez bien la vertu de ces remèdes et les propriétés de ces simples. Du reste ils avaient l'usage des vomitifs, des sueurs et des scarifications, comme la plupart des autres médecins de l'Amérique. Ils n'essuyaient point le sang des plaies qu'ils avaient faites; ils le suçaient avec la bouche ou au moyen d'un chalumeau. Les Floridiens croyaient que le souffle et l'attouchement de leurs prêtres-médecins ne pouvait qu'être salutaire aux malades. Le prêtre accompagnait ses opérations de quelques paroles. Quand tous ces remèdes n'opéraient pas la guérison, il prescrivait le bain, et si le bain ne produisait pas l'effet attendu, il exposait le patient à la porte de sa cabane, le visage tourné au soleil levant. Le prêtre conjurait cet astre de rendre la santé au malade par la douce influence de sa lumière : c'était là la dernière ressource de l'un et de l'autre. Ces prêtres étaient revêtus d'un manteau de peau coupé en bandes inégales. Quelquefois cet habillement était fait en façon d'une longue robe : alors ils l'attachaient avec une ceinture de peau, d'où pendait le sac qui renfermait leurs remèdes. Ils avaient les pieds et les bras nus, et portaient sur la tête un bonnet de peau terminé en pointe; souvent, au lieu de bonnet, ils avaient la tête ornée de plumes.

39° Nous décrivons les prêtres des anciens Caraïbes, à l'article BOIÉS.

40° Chez les Mexicains, le sacerdoce de Huitzilipochtli était héréditaire; celui des autres divinités était électif. Souvent on destinait les enfants, dès leur plus tendre jeunesse, au service des idoles, et pour lors ils tenaient le rang de clercs ou d'enfants de chœur. Ces prêtres recevaient une espèce de consécration, qui consistait à les oindre, depuis les pieds jusqu'à la tête, d'une graisse claire et liquide, qui leur faisait croître le poil dans toutes les parties du corps, et qui le faisait dresser comme le crin des chevaux; ce qui devait d'autant plus les incommoder, qu'il ne leur était pas permis de le couper jusqu'à la mort, ou du moins jusqu'à leur dernière vieillesse, époque à laquelle ceux qui voulaient quitter leur profession étaient exempts de toute sorte de travail, et jouissaient d'une distinction proportionnée à l'opinion qu'on avait de leur vertu. Ils tressaient leurs cheveux avec des bandes de coton larges de six doigts. L'encens qu'ils employaient ordinairement n'étant que de la résine, leur teint, naturellement basané, en devenait presque noir. Lorsqu'ils allaient rendre hommage aux idoles qu'ils tenaient dans des caves, dans des bois touffus, ou sur les montagnes, ils s'y disposaient par une autre onction, composée de la cendre de plusieurs bêtes venimeuses, de tabac et de suie, pétris ensemble. Le peuple était persuadé que cette préparation les élevait au-dessus du commun des hommes, et les mettait en commerce avec les dieux. Eux-mêmes croyaient se rendre par là invulnérables, et s'imaginaient n'avoir alors rien à craindre de la dent des tigres, ni de la fureur des serpents et des bêtes féroces. Cette persuasion devait ajouter encore à leur intrépidité, et peut-être à la cruauté qui les faisait tremper leurs mains dans le sang des victimes humaines dont ils inondaient les autels.

La fonction ordinaire des prêtres mexicains était d'encenser les idoles : ils renouvelaient cet exercice quatre fois par jour, c'est-à-dire, au lever du soleil, à midi, le soir et à minuit. A chacune de ces heures, on entendait dans les temples le son des trompettes, des tambours et d'autres instruments, qui formaient un bruit fort lugubre. C'était le signal auquel le prêtre, désigné pour la semaine, se mettait en marche, vêtu d'une robe blanche, avec son encensoir à la main. Il prenait du feu dans un grand brasier qui brûlait continuellement devant l'autel, et de l'autre main il tenait un vase dans lequel était l'encens. Il encensait seul, quoiqu'il fût accompagné de tous ses collègues. Ensuite on lui présentait un linge dont il frottait l'autel et les rideaux. Après cette cérémonie, ils allaient ensemble dans un lieu secret, où ils faisaient quelque rude pénitence, telle que de se meurtrir la chair et de se tirer du sang de quelque partie du corps. L'office de la nuit s'observait scrupuleusement. Chaque temple avait ses revenus, et les prêtres étaient bien payés pour les rigueurs qu'ils exerçaient sur eux-mêmes. — A certaines fêtes de l'année, les prêtres du grand temple et tous les jeunes religieux du monastère s'assemblaient dans un lieu environné de sièges, armés de cailloux pointus et de lancettes, avec lesquels ils se tiraient, depuis l'os des jambes jusqu'au mollet, quantité de sang, dont ils devaient non-seulement se frotter les tempes, mais ensanglanter les lancettes. Ils les fichaient ensuite dans des boules de paille, entre les créneaux de la cour, afin que le peuple jugeât de leur ardeur pour la pénitence. Le lieu où ils se baignaient, après cette opération, portait le nom d'*Ezapan*, qui signifie eau de sang. Une même lancette ne servant jamais deux fois, ils en avaient un grand nombre en réserve. Avant les mêmes fêtes, ils jeûnaient rigoureusement cinq ou six jours, se réduisant à l'eau, dormant peu, se mortifiant le corps par de fréquentes disciplines. Ces disciplines étaient composées de fils d'une plante fort tenace, longues d'une brasse, et terminées par des nœuds, dont ils se donnaient de grands coups sur les épaules. Quoique les prêtres ne fussent obligés par aucune loi de se priver du commerce des femmes, ils y renonçaient dans ces grandes occasions; quelques-uns même se mettaient dans l'impossibilité d'en user durant un certain temps. — Nous parlons ailleurs des sacrifices humains offerts par les prêtres du Mexique. *Voy.* SACRIFICES.

41° Prêtres des Muyscas, ancien peuple du Cundinamarca. *Voy.* CHÈQUES.

42° Prêtres ou magiciens des peuplades des Guyanes. *Voy.* PIACHES et PIAYAS.

43° Les prêtres des Péruviens étaient tous du sang royal des Incas, et avaient eux-mêmes le titre d'*Incas*. Ceux qui étaient destinés aux fonctions subalternes du sacerdoce portaient également le nom d'Incas par privilége, bien qu'ils ne fussent pas de la race du Soleil. Le chef des prêtres était ordinairement un des oncles ou des frères de l'Inca. Les prêtres n'étaient pas distingués par un costume particulier, mais seulement par la vénération des peuples et par les priviléges attachés à leur dignité. Il y avait dans le temple du Soleil, à Cusco, des appartements uniquement destinés pour eux, où aucune autre personne n'avait le droit d'entrer. *Voy.* INCAS.

44° Prêtres des tribus des Pampas. *Voy.* MOHANES.

45. Pour être prêtre ou médecin, chez les peuples de la Plata, il faut avoir jeûné longtemps et souvent; il faut avoir combattu plusieurs fois contre les bêtes sauvages, principalement contre les tigres, et tout au moins en avoir été mordu ou égratigné : après cela on peut obtenir l'ordre de prêtrise. Le tigre est chez eux un animal presque divin, et l'imposition de sa sainte griffe, dit Coréal, leur vaut autant que chez nous le bonnet doctoral reçu à l'université de Salamanque. Ensuite on leur verse sur les yeux le suc de certaines herbes distillées : c'est là l'onction sacerdotale, après laquelle ces nouveaux prêtres savent apaiser les esprits de toutes les choses sensibles et matérielles, avoir des relations secrètes

avec les divinités, et participer à leur vertu.

46° Les Patagons ont des devins des deux sexes, à la fois leurs prêtres, leurs prophètes et leurs augures ; les hommes doivent prendre des habits de femme et garder le célibat, auquel les femmes ne sont pas astreintes. Ils sont toujours escortés, pendant leur vie, de deux esprits malfaisants, dont, après leur mort, ils sont destinés à augmenter le nombre. Ils annoncent leur vocation par des convulsions et par les paroxysmes de l'épilepsie. Ils prétendent pénétrer par leurs regards dans le sein de la terre. On les voit, l'œil en feu, les cheveux hérissés, la bouche écumante, avec un petit tambour, une calebasse remplie de pois, des sacs et d'autres instruments, conjurer la maladie au lit du malade; ou bien, assis sur une espèce de trépied, inspirés comme des Calchas ou des Pythies, annoncer au peuple assemblé des victoires ou des défaites; mais, pour prix d'une influence due à la terreur et à la superstition, et comme pour expier l'autorité qu'ils usurpent sur une population tremblante, on les a vus aussi tomber en victimes expiatoires, après la mort de leurs caciques, ou après de grandes calamités publiques.

47° Les prêtres des Tupinambas portent le nom de *Pajès*; ils sont en même temps médecins et sorciers, et desservent les autels de Toupa et des génies secondaires. Ils interprètent les songes et soufflent l'esprit de courage aux guerriers en les inondant de fumée de tabac. Ils errent de village en village ; à chaque station ils fichent dans la terre la perche à laquelle est suspendu le *Maruca*, et vivent du produit des offrandes que les fidèles viennent déposer au pied de l'instrument sacré.

Prêtres des tribus océaniennes.

48° Prêtres de l'île de Bali. *Voy.* AÏDAS.
49° Prêtres des anciens habitants des îles Mariannes. *Voy.* MAKAHNAS.
50° Les prêtres des îles Hawaï ou Sandwich cumulaient très-souvent leurs fonctions sacerdotales avec un rôle de sorcellerie. Ils se targuaient de pouvoir faire périr par des enchantements les personnes dont on avait à se plaindre, et il suffisait pour cela qu'on leur présentât un objet ayant appartenu à ces personnes, surtout de leurs cheveux et de leur salive ; le reste du charme s'opérait au moyen du geste et de paroles mystiques. Comme toutes les maladies étaient attribuées aux enchantements, pour les combattre, on avait recours à des enchantements contraires. C'était alors entre sorciers à qui serait plus fort l'un que l'autre. Le roi Taméhaméha avait toujours à sa suite un officier dont toutes les fonctions se réduisaient à recueillir ses crachats, pour qu'ils ne tombassent point au pouvoir de quelque sorcier malintentionné.

51° Les prêtres de Nouka-Hiva ou des îles Marquises, forts du respect qu'inspire le tabou, jouissent d'une puissance fort grande.

D'après Stewart, quatre ordres distincts forment la classe des personnes que le tabou couvre de sa mystérieuse influence : le premier est celui des *Atouas* ou divinités ; le second celui des *Tahouas* ou prophètes ; puis viennent les *Tahounas* ou prêtres, et les *Ouhous* ou desservants. *Voy.* TAHOUNAS.

52° Le sacerdoce était héréditaire dans les familles à Taïti ; il appartenait aux cadets, et il était répandu dans tous les ordres des familles. Les prêtres étaient respectés presque autant que les rois. Toute leur science consistait à savoir les noms, le rang et les attributions des différents dieux, et à les invoquer. Ils avaient aussi plus de lumières sur la navigation et sur l'astronomie, et le nom de *Tahoua* qu'on leur donnait ne signifiait autre chose qu'un homme éclairé. Le roi était quelquefois prêtre du temple national, et la dignité de grand prêtre était toujours confiée à un membre de la famille régnante, dans le but sans doute d'éviter des conflits entre les autorités spirituelle et temporelle.

53. Dans l'archipel Tonga, il y a une hiérarchie sacerdotale qui a à sa tête le *Toui-Tonga*, ou souverain pontife, et le *Vénchi*, espèce d'évêque. *Voy.* TOUI-TONGA. VÉACHI, FAHÉ-GUÉNÉ. Les fonctions des prêtres ne sont pas circonscrites aux cérémonies religieuses : on les consulte aussi au sujet des malades, que l'on promène à cet effet de chapelle en chapelle. Quand un enfant est moribond, sa mère le porte devant la case du prêtre, accompagnée d'amies et de parentes ; elle s'accroupit au milieu du cercle, et demande pour l'enfant les paroles d'exorcisme qui doivent chasser la maladie. Le prêtre les prononce et accepte ensuite quelque présent, en guise de rémunération.

54° Prêtres de la Nouvelle-Zélande. *Voy.* ARIKS, TOHOUNGAS.

55° Le grand prêtre de Tikopia porte le nom de *Taoura-doua* ; il est le ministre du roi, et a trois autres prêtres sous ses ordres. Ces derniers font les mêmes gestes que le grand prêtre dans les cérémonies religieuses, mais ils ne peuvent pas parler.

56° Les prêtres des îles Viti se nomment *Ambetti* ou *Nambetti*. Auprès du roi est le grand prêtre, *Ambetti-Lévou* ; il a trois femmes, et il est très-riche en dents de baleine. Il y a une prêtresse, nommée *Ambetti-Lévoua*. Ces personnages jouissent tous d'une grande influence sur l'esprit des naturels. On ne croit pas qu'ils soient appelés pour un cérémonial convenu dans les cas de naissance et de mort ; mais on a recours à eux pour les maladies, et on leur fait des présents à cette occasion.

57° Les Malgaradoks tiennent lieu de prêtres chez les Australiens : ce sont des médecins charlatans. Il y en a de plusieurs classes, lesquelles indiquent la nature et l'étendue du pouvoir de chacun d'eux. Un Malgaradok est regardé comme possédant le pouvoir de dissiper le vent ou la pluie, de faire descendre la foudre ou la maladie sur un objet quelconque de sa haine. Quand il essaye de calmer un orage, il se tient en plein air, agite les bras, secoue son manteau de peau, et gesticule violemment pendant assez longtemps. Il procède à peu près de même pour éloigner la maladie, en faisant moins de bruit, en pratiquant des frictions avec deux baguettes de bois vert, auparavant chauffées au feu, et en lâchant par intervalle une bouffée de vent, pour enlever la douleur. Mais dans les cas de dyssenterie, ils administrent au patient de la gomme d'un arbre et certaines racines. Les naturels supposent que la main d'un Malgaradok peut conférer la force ou l'adresse; c'est pourquoi on le visite souvent pour obtenir l'une ou l'autre. L'opération consiste simplement à lui tirer la main plusieurs fois de suite avec une forte pression, de l'épaule aux doigts, et il l'étend alors jusqu'à ce que les articulations viennent à craquer. L'office habituel de ces jongleurs est de guérir les blessures de lance, qui du reste inquiètent peu les naturels.

PRÊTRESSES. Plusieurs peuples anciens, qui avaient des femmes pour divinités, avaient confié à des femmes le soin de présider aux cérémonies qui avaient lieu dans leurs temples. De là les prêtresses. Il y avait même des femmes attachées à certains temples de dieux, surtout en qualité de prophétesses, comme la Pythie de Delphes.

1° La discipline que les Grecs observaient dans le choix des prêtresses n'était pas uniforme : en certains endroits on prenait de jeunes personnes qui n'avaient contracté aucun engagement : telles étaient, entre autres, la prêtresse de Neptune, dans l'île Calauria; celle du temple de Diane, à Égire en Achaïe; et celle de Minerve, à Tégée en Arcadie. Ailleurs, comme dans le temple de Junon, en Messénie, on revêtait du sacerdoce des femmes mariées. Dans un temple de Lucine, situé auprès du mont Cronius en Élide, on voyait des femmes et des filles attachées au service du temple, et occupées, tantôt à chanter les louanges du génie tutélaire de l'Élide, et tantôt à brûler des parfums en son honneur. Denys d'Halicarnasse observe aussi que les temples de Junon, dans la ville de Falère en Italie, et dans le territoire d'Argos, étaient desservis par une prêtresse vierge, nommée *Cistophore*, qui faisait les premières cérémonies des sacrifices, et par des chœurs de femmes qui chantaient des hymnes en l'honneur de cette déesse. L'ordre des prêtresses d'Apollon Amycléen était vraisemblablement formé sur le même plan que celui des prêtresses de Junon à Falère et à Argos : c'était une espèce de société où les fonctions du ministère se trouvaient partagées entre plusieurs personnes. Celle qui était à la tête des autres prenait le nom de *mère*; elle en avait une sous ses ordres à qui on donnait le titre de fille ou de vierge; après cela venaient toutes les prêtresses subalternes, dont les noms isolés paraissent dans quelques inscriptions.

La prêtresse qui desservait le temple d'Argos devait, entre autres choses, s'abstenir de certains poissons; on lui élevait pendant sa vie une statue, sur laquelle on gravait, après sa mort, et son nom et la durée de son sacerdoce. — Le temple de Bacchus aux Marais, près Athènes, était desservi par quatorze prêtresses, à la nomination de l'archonte-roi. On les obligeait à garder une continence exacte. La femme de l'archonte, nommée la reine, les initiait aux mystères qu'elles avaient en dépôt, et en exigeait, avant de les recevoir, un serment par lequel elles attestaient qu'elles avaient toujours vécu dans la plus grande pureté et sans aucun commerce avec les hommes.

2° Prêtresses des Romains. *Voy.* VESTALES.
3° Prêtresses des Gaulois. *Voy.* DRUIDESSES.
4° Dans tout l'Orient où les femmes sont tenues dans un état d'infériorité et presque de servitude, on ne leur confère point une dignité qui leur donnerait une certaine supériorité sur les hommes : il n'y a donc point de prêtresses. Ainsi ce n'est qu'abusivement que des voyageurs ont pu donner le nom de prêtresses aux femmes attachées dans l'Inde au service des temples; car, malgré le beau nom de *Dévadasis* ou servantes de Dieu dont on les honore, ce ne sont que des danseuses et de viles courtisanes; les Hindous eux-mêmes ne les considèrent pas autrement. *Voy.* BAYADÈRES, DÉVADASIS.

5° Quelques tribus africaines ont un ordre de prêtresses. *Voy.* BÉTA.

6° Contrairement à la discipline des autres peuples, les Patagons d'Amérique n'imposent point le célibat à leurs prêtresses, tandis qu'ils en font une obligation pour les hommes revêtus du sacerdoce.

PRÊTRISE. 1° La prêtrise est, dans l'Église catholique romaine, le troisième des ordres sacrés. C'est un sacrement qui donne le pouvoir de consacrer, d'offrir et de distribuer le corps et le sang de Jésus-Christ, de remettre et de retenir les péchés, et d'administrer tous les sacrements, à l'exception de la confirmation et de l'ordre.

Les jours consacrés à l'ordination des prêtres sont les samedis des Quatre-Temps, ainsi que les samedis du carême qui précèdent immédiatement le dimanche de la Passion et le jour de Pâques. Les ordinands, après avoir été dûment examinés, assistent à la messe avec les ornements de diacres. Après qu'on a chanté le trait, l'archidiacre les appelle, puis, s'adressant à l'évêque officiant, il lui dit : « Très-révérend Père, la sainte mère Église catholique demande que vous éleviez à la charge du sacerdoce les diacres ici présents. » — Savez-vous s'ils sont dignes ? » demande le pontife. L'archidiacre répond : « Autant qu'il est permis de savoir à la fragilité humaine, je sais et j'atteste qu'ils sont dignes de recevoir la charge de cet office. » L'évêque reprend : « Rendons-en grâces à Dieu. » Il s'adresse alors à l'assemblée, lui rappelle l'éminence de la dignité du sacerdoce, et invite ceux qui connaîtraient, dans la vie ou la conduite des ordinands quelque chose qui fût opposé à la sainteté que l'Église a droit d'attendre d'eux, de le déclarer aussitôt; puis il retrace aux ordinands leurs devoirs. Alors ceux-ci se prosternent, étendus à terre tout de leur long, et toute l'assemblée à genoux récite avec l'évêque les litanies des saints; ils se relèvent ensuite sur leurs genoux, et l'évêque leur impose les mains sans rien dire, ainsi que tous les prêtres assistants. L'évêque étend de nouveau sur eux la main droite, ainsi que les prêtres assistants, et prononce une oraison très-ancienne et plusieurs autres prières, par lesquelles il invoque la grâce du Saint-Esprit.

Ces prières achevées, le pontife relève aux ordinands la partie de l'étole qui pend derrière le dos à la manière des diacres, la leur met sur l'épaule droite et la leur croise avec l'autre partie sur la poitrine, en disant : « Recevez le joug du Seigneur; car son joug est doux et son fardeau est léger. » Il leur met ensuite la chasuble, de telle sorte que la partie postérieure reste pliée sur leurs épaules, en disant : « Recevez le vêtement sacerdotal, qui désigne la charité; car Dieu est puissant à augmenter en vous la charité et l'œuvre parfaite. » Puis l'évêque prononce une prière, dans laquelle il les bénit. On chante l'hymne au Saint-Esprit; et, pendant ce temps-là, l'évêque consacre les mains des ordinands avec l'huile des catéchumènes, en disant : « Seigneur, daignez consacrer et sanctifier ces mains par cette onction et notre bénédiction, afin que tout ce qu'elles béniront soit béni, que tout ce qu'elles consacreront soit consacré et sanctifié, au nom de Notre-Seigneur Jésus-Christ. » Il leur fait toucher de leurs mains jointes et ointes de l'huile sainte, un calice plein de vin et d'eau, et la patène avec le pain, en leur disant : « Recevez la puissance d'offrir le sacrifice à Dieu, et de célébrer la messe, tant pour les vivants que pour les défunts, au nom du Seigneur. » Les nouveaux prêtres se lavent les mains, vont à l'offrande, et récitent avec l'évêque l'offertoire et tout le reste de la messe, offrant, consacrant et priant avec lui, de telle sorte que le sacrifice tout entier n'est pas moins leur œuvre que celle du pontife. L'évêque, après avoir communié, donne la communion sous l'espèce du pain aux nouveaux prêtres et à tous les autres clercs qui ont reçu les ordres inférieurs, s'il s'en trouve, puis un ministre de l'autel leur présente pour l'ablution de la bouche un calice plein de vin et d'eau non consacrés. On chante un répons; puis les nouveaux prêtres récitent le symbole; ils se mettent à genoux devant l'évêque, qui leur impose les mains, en disant : « Recevez le Saint-Esprit; les péchés seront remis à ceux à qui vous les remettrez, et ils seront retenus à ceux à qui vous les retiendrez. » Il leur rabat la chasuble, en disant : « Que le Seigneur vous revête de la robe d'innocence. » Il leur prend les mains dans les siennes, en disant : « Promettez-vous, à moi et à mes successeurs, respect et obéissance ? » Le nouvel ordonné répond : « Je le promets. » L'évêque lui donne le baiser, en disant : « Que la paix du Seigneur soit toujours avec vous. » Il leur donne ensuite quelques avis, avec une bénédiction particulière, et tous ensemble achèvent la sainte messe.

2° Suivant le Pontifical des Grecs, deux diacres conduisent jusqu'aux portes du sanctuaire celui qui passe de leur ordre à la prêtrise; et là ils le remettent entre les mains des prêtres. Le protopapas et le premier prêtre après lui, lui font faire trois fois le tour de l'autel en chantant l'hymne des martyrs. L'élu se met à genoux; l'évêque fait trois fois sur sa tête le signe de la croix, récite des prières convenables à cette sainte cérémonie, et lui impose les mains. Dans une des prières le consécrateur nomme les principales fonctions du sacerdoce : le sacrifice, la prédication de l'Évangile, le baptême, etc. Après les prières, il relève le nouveau prêtre, et lui met sur l'épaule droite la bande de l'*Orarium* ou étole, qui est par derrière. Il lui donne l'*Epitrachelium*, autre espèce d'ornement, et le *Phelonium* ou la chasuble. Ensuite un diacre prononce ces paroles : » Aimons-nous les uns les autres.» Alors le patriarche, s'il assiste à la cérémonie, baise l'autel; les prêtres, chacun selon son rang, le baisent aussi, baisent la main du patriarche, qui l'a posée sur le saint autel, et le baisent lui-même à la joue. Les prêtres s'embrassent les uns les autres, et les diacres s'embrassent également entre eux.

3° Chez les Luthériens, le jour étant pris pour l'ordination, le candidat se rend à l'église où il doit être ordonné en présence des ministres, des juges ecclésiastiques et de l'assemblée des fidèles; il se confesse avant ou pendant le prêche. Dans la prière qui suit le prêche, on fait expressément mention de ce candidat, et on prie pour lui en ces termes : « Un tel devant être reçu et ordonné ministre, par l'imposition des mains, selon l'usage apostolique, prions tous pour lui que Dieu lui veuille donner son Saint-Esprit et le combler de ses dons, etc. » Le prédicateur étant descendu de chaire, on entonne le *Veni Spiritus sancte*, et pendant le chant, le surintendant se rend à l'autel, accompagné de six collègues et suivi du candidat, qui se met à genoux devant lui. Ici, le surintendant, s'adressant à ses collègues, leur communique le désir du postulant, les invite à joindre leurs prières aux siennes, et lit le formulaire de l'élection, qui est suivi d'une prière après laquelle il parle en ces termes aux six pasteurs : « Mes chers frères en Jésus-Christ, je vous exhorte à poser vos mains sur ce postulant, qui se présente ici pour être reçu ministre de l'Église de Dieu, selon l'ancien usage apostolique, et de concourir avec moi pour le revêtir du saint ministère. » En achevant ces mots, il pose le premier les mains sur la tête du postulant, et lui dit : « Soyez et demeurez consacré à Dieu. » Les six collègues répètent la même cérémonie; après quoi le surintendant s'adresse en ces termes au nouveau ministre. « Étant assemblés ici avec le secours du Saint-Esprit, nous avons prié Dieu pour vous, et nous espérons qu'il aura exaucé nos prières. C'est pourquoi je vous ordonne, je vous confirme, je vous établis, au nom de Dieu, pasteur et conducteur des âmes dans l'Église de...... Gouvernez-la dans la crainte de Dieu; veillez sur elle en pasteur fidèle, etc. » Ces paroles sont proprement l'essence de l'ordination. En achevant de les prononcer, le surintendant descend de l'autel, et le prédicateur ordinaire s'en approche revêtu de ses habits sacerdotaux, pour lire l'institution de la cène, et consacrer le pain et le vin dont il communie le nouveau ministre, qui reçoit la communion à genoux. Quelques cantiques et la bénédiction ordinaire terminent la cérémonie. Tous les pasteurs rentrent dans la sacristie; on félicite en latin le nouveau ministre sur sa vocation, et le surintendant lui donne de nouveaux avis touchant les devoirs de la charge pastorale. *Voy.* MINISTRES.

PRIAPE. A peine osons-nous accoler le nom de divinité à cet impur symbole des anciens. Rien ne justifie l'introduction ou plutôt l'intrusion de Priape dans le panthéon grec et romain; il paraît avoir été inconnu aux anciens Grecs, car il n'est pas mentionné dans la Théogonie d'Hésiode; peut-être l'auront-ils emprunté au *Beelphégor* ou *Baal-Péor* des Phéniciens. Les poëtes, suivant leur habitude, lui composèrent une légende. Ils disent que Vénus étant allée à la rencontre de Bacchus qui revenait triomphant des Indes, Priape fut le fruit de cette entrevue; et telle pourrait bien être l'étymologie de son nom (פרי *pri*, fruit; אף *aph* ou אפים *apim*, personnes, entrevue). Junon, jalouse de Vénus, influa par ses enchantements sur le fruit que celle-ci portait dans son sein, et le fit naître avec une honteuse difformité. Vénus, ne pouvant supporter la vue de ce monstre, le fit élever loin d'elle à Lampsaque, où il devint la terreur des maris. Ses débauches infâmes le rendirent odieux aux habitants, qui le chassèrent ignominieusement. Mais quelque temps après, la ville de Lampsaque ayant été désolée par la peste, les habitants crurent y voir la punition du mauvais traitement qu'ils avaient fait au fils de Vénus, le rappelèrent et dans la suite lui rendirent les honneurs divins.

Son culte se répandit de là dans les autres contrées; on le regarda comme le dieu des jardins, ou plutôt on le chargea de les garder et d'en éloigner les oiseaux et les voleurs. A cet effet, on y plaçait sa statue, à laquelle on donnait différentes formes. Le plus souvent on le représentait sous la forme d'un Terme, avec des cornes de bouc, des oreilles de chèvre, et une couronne de laurier ou de feuilles de vignes. D'autres fois on lui mettait sur le front une crête comme à un coq, avec l'appendice sous le menton; mais presque toujours il était accompagné de l'attribut le plus obscène, ce qui le faisait considérer comme le dieu de la fécondité; c'est pourquoi les femmes stériles venaient faire sur son image des libations de vin. L'âne lui était aussi consacré, sans doute à cause de sa lubricité. A Lampsaque, on lui immolait cet animal, pour la même raison; d'autres veulent que ce soit parce qu'un âne s'étant mis à braire, éveilla la nymphe Lotis, au moment où Priape allait la surprendre pendant son sommeil. Ce dieu était aussi honoré par ceux qui nourrissaient des troupeaux de chèvres ou de brebis, ou qui élevaient des abeilles.

Mais les poëtes latins traitent ce prétendu dieu fort cavalièrement. Horace peint un ouvrier devant un tronc de figuier, hésitant s'il en taillera un banc ou une statue de Priape; il se décide à en faire un dieu, et le place dans son jardin pour faire peur aux oiseaux et aux voleurs; il n'avait pas songé aux sorcières qui venaient pendant la nuit faire leurs enchantements dans son verger. Priape remplit son devoir jusqu'au bout, et terrifia les sorcières par un bruit insolite qui leur fit prendre la fuite avec précipitation. Nous demandons à nos lecteurs la permission de citer ici quelques vers latins, qui exprimeront ce que nous avons dû taire en français.

Olim truncus eram ficulnus, inutile lignum,
Cum faber incertus scamnum faceretne Priapum,
Maluit esse deum. Deus inde ego, furum aviumque
Maxima formido. Nam fures dextra coercet,
Obscenoque ruber porrectus ab inguine palus;
Ast importunas volucres in vertice arundo
Terret fixa, vetatque novis considere in hortis.

. . . . et ut non testis inultus
Horruerim voces Furiarum et facta duarum?
Nam, displosa sonat quantum vesica, pepedi
Diffissa nate ficus; at illæ currere in urbem....

Martial ne le ménage pas davantage : il le menace de le jeter au feu, s'il laisse enlever quelques pieds d'arbres dont il lui confie la garde.

PRIAPÉES, fêtes en l'honneur de Priape. Il nous reste un bas-relief qui représente la principale fête de ce dieu. Ce sont des femmes qui la célèbrent. La plus considérable d'entre elles, qui est apparemment la prêtresse, arrose la statue de ce dieu, pendant que d'autres lui présentent des paniers remplis de fruits et des vases pleins de vin, comme au dieu des jardins et de la campagne. On en voit d'autres qui sont en attitude de danseuses, jouant d'un instrument assez semblable à un cerceau : deux jouent de la flûte, une autre tient un sistre; une autre, vêtue en bacchante, porte un enfant sur ses épaules; quatre autres sont occupées au sacrifice de l'âne qu'on lui offrait. La victime, ceinte au milieu du corps d'une large bande, a déjà reçu le coup mortel, et son sang coule dans un bassin. Enfin, on voit, près de la prêtresse qui fait la fonction de victimaire, un étui à plusieurs couteaux.

On donnait encore le nom de *Priapées* à des pièces de vers obscènes, composées en l'honneur de Priape, et que l'on suspendait aux statues de ce dieu.

PRIÈRE. C'est une élévation de l'âme vers

Dieu, pour le louer, le bénir, lui demander les grâces temporelles ou spirituelles dont on a besoin, et le remercier de celles qu'on a reçues de lui.

1° La prière était la première et la principale occupation des chrétiens primitifs. Ils priaient ordinairement en commun, pénétrés de la vérité de cette maxime de Jésus-Christ : « Si deux d'entre vous s'assemblent sur la terre pour me prier, quoi qu'ils demandent, il leur sera accordé par mon Père qui est dans les cieux; car, où il y a deux ou trois personnes assemblées en mon nom, je suis là au milieu d'elles. » Ils assistaient surtout aux prières publiques du matin et du soir, consacrant ainsi le commencement et la fin de la journée. Aucune occupation temporelle ne pouvait les dispenser de ce devoir. Après la prière publique, ils se donnaient ordinairement le baiser de paix. Ceux qui ne pouvaient pas se trouver avec le commun des fidèles, comme les malades, les prisonniers, les voyageurs, s'assemblaient en particulier, autant qu'il leur était possible; et s'il arrivait qu'ils fussent seuls, ils étaient du moins exacts à prier aux heures marquées. Les fidèles se tournaient pour prier du côté de l'orient, et leur attitude ordinaire était de lever la tête et les mains vers le ciel. Ils interrompaient même leur sommeil pour vaquer à la prière, tant était grande leur ardeur pour ce saint exercice. La prière de la nuit est recommandée par les saints Pères, comme très-favorable pour élever son esprit à Dieu dans le calme et le silence. David nous apprend qu'il priait la nuit, et saint Paul était en prison, après avoir été fouetté avec Silas, consacrait à la prière les heures destinées au sommeil. Ces chrétiens fervents ne se contentaient pas de prier à certaines heures réglées; chacune de leurs actions était précédée et terminée par la prière. Tous leurs travaux étaient sanctifiés par cette sainte pratique : le labour, la moisson, les semailles et la récolte des fruits, commençaient et finissaient par des prières. On priait en commençant à bâtir une maison ou à l'habiter; à faire une pièce d'étoffe ou un habit, ou à s'en servir; et ainsi de toutes les autres choses les plus communes. Nous voyons des exemples de ces prières en plusieurs bénédictions qui sont encore dans les rituels. La salutation au commencement d'une lettre et dans les autres rencontres n'était pas seulement un témoignage d'amitié, c'était une prière.

Nous ne parlons pas de la prière chez les chrétiens de nos jours; tout le monde sait qu'on peut les partager en deux camps : les chrétiens qui prient et ceux qui ne prient pas; ces derniers forment sans contredit le plus grand nombre; car nous ne mettons pas au rang des chrétiens qui prient ceux qui ne font que de rares apparitions dans nos temples : ce sont presque les seuls endroits où l'on prie..., quand on prie.

2° Voici ce que dit, à propos de la prière chez les Juifs, M. Anspach, dans la préface de son *Rituel des prières journalières à l'usage des Israélites* :

« La prière, jusqu'à la destruction du premier temple, n'avait pas de forme fixe; à l'exception du *Criat schema*, qui était plutôt un acte de foi qu'une simple prière, aucune formule n'était adoptée; chaque Israélite, le cœur plein, soit de reconnaissance pour les bienfaits dont son Dieu l'avait comblé, soit du sentiment de ses besoins, soit des dangers dont il était menacé, invoquait le Seigneur, et les mots se présentaient en foule aux idées que chacun voulait exprimer. Un grand nombre de psaumes de David, la prière d'Anne, celles de Salomon, d'Ezéchias, d'Habacuc, de Jonas, nous prouvent cet usage par de nombreux et beaux exemples.

« Mais il en fut autrement à l'époque de la captivité de Babylone : les Israélites altérèrent leur langue maternelle par le mélange d'expressions assyriennes et chaldéennes; un idiome corrompu résulta de ce mélange. Esdras et le conseil qu'il avait institué, appelé la Grande Synagogue, sentirent qu'il était contraire à la majesté du service divin de le célébrer dans un langage obscur et corrompu; ils rédigèrent alors le rituel que nous avons encore aujourd'hui, et qui, à quelques variantes près, est suivi par les Israélites de toutes les parties du globe.

« Nos prières sont composées de psaumes, de versets tirés des livres de l'Ecriture sainte et des formules prescrites par les rédacteurs du Rituel.... Ces dernières ont rapport aux grâces journalières que nous devons rendre à notre Créateur, et aux besoins que nous éprouvons à chaque instant. Ainsi, le matin, nous célébrons le créateur de la lumière; le soir, celui de la lune et des étoiles. La plus importante de ces prières est celle qui est répétée à chaque office, et que l'on appelle *Schemoné Esré*, où, après avoir invoqué la toute-puissance de Dieu, nous lui demandons ce qui est nécessaire à notre vie morale et physique, en terminant par des actions de grâces au Dieu de nos pères, au Dieu de la bonté, au Dieu de la paix. Les autres prières sont des actions de grâces particulières pour les diverses jouissances, les diverses situations de la vie et pour les époques fériées de l'année.

3° Chez les anciens Romains, la prière faisait une partie intégrante du culte. Les Romains priaient debout, la tête voilée, afin de n'être pas troublés par quelque face ennemie, comme le dit Virgile, et pour que l'esprit fût plus attentif aux prières. Un prêtre, un livre à la main, prononçait les prières avec tout le monde, afin qu'on ne transposât rien, et qu'elles fussent faites sans confusion. Pendant les prières on touchait l'autel, comme faisaient ceux qui prêtaient serment : d'où vient que l'on a donné le nom d'*ara* au serment. Les suppliants embrassaient aussi quelquefois les genoux des dieux, parce qu'ils regardaient les genoux comme le siège de la miséricorde. Après leurs prières, ils faisaient un tour entier en formant un cercle, et ne s'asseyaient qu'après avoir fait toute leur oraison, de peur de paraître rendre leurs respects aux dieux avec trop de négligence. Ils portaient aussi la main à leur bouche, d'où vient le mot d'*adoration* (*ad ora*). Enfin ils se tournaient ordinairement du côté de l'orient pour prier.

4° Les Grecs faisaient aussi leurs prières debout ou assis, et ils les commençaient toujours par des bénédictions ou par des souhaits; lorsqu'ils les allaient faire dans les temples, ils se purifiaient auparavant avec de l'eau lustrale, qui n'était autre chose que de l'eau commune dans laquelle on éteignait un tison ardent tiré du foyer des sacrifices. Cette eau était mise dans un vase placé à la porte ou dans le vestibule des temples; et ceux qui y entraient s'en lavaient ou s'en faisaient laver par les prêtres. — Les particuliers adressaient leurs prières aux dieux au commencement d'une entreprise. Ils les priaient le matin, le soir, au lever et au coucher du soleil et de la lune. Quelques-uns prononçaient leurs prières à voix basse; Pythagore voulait qu'on les récitât tout haut, afin de ne rien demander dont on eût à rougir. Dans les solennités publiques, les Athéniens prononçaient en commun des vœux pour la prospérité de l'État et pour celle de leurs alliés; quelquefois pour la conservation des fruits de la terre, et pour le retour de la pluie ou du beau temps; d'autres fois pour être délivrés de la peste, de la famine ou d'autres fléaux.

Homère a personnifié les prières. *Voy.* LITES.

5° Les Musulmans définissent la prière, le culte que la créature rend à son créateur en signe d'hommage, de reconnaissance et d'aveu solennel de son néant auprès de la toute-puissance de Dieu. On sait que la prière fait partie intégrante, je ne dirai pas seulement du culte, mais même de la vie commune et civile de tout musulman, qui est obligé de vaquer à la prière cinq fois par jour. Mais le rituel de la prière est tellement précis quant aux formules, à la posture, au lieu, au temps, à la manière, à l'intention, etc., que cet acte important est devenu purement mécanique chez la plupart des Mahométans, et les a presque entièrement déshabitués de cette prière du cœur, qui est cependant la plus essentielle, et qui seule peut donner de la vertu et du mérite à l'hommage extérieur que l'on rend à Dieu. D'où il arrive qu'un grand nombre de Musulmans, qui n'ont jamais manqué à leurs *namaz* journaliers, ne savent cependant pas ce que c'est que la prière proprement dite. Il est vrai que le même reproche peut être adressé à bon nombre de chrétiens. *Voy.* NAMAZ.

6° Les Guèbres ou Parsis sont invités par leur législateur à la prière fréquente, et peut-être n'y a-t-il point de religion où elle soit plus multipliée que dans celle de Zoroastre. Il n'est presque pas de circonstance qui n'en exige. On doit prier avant de couper une ceinture ou un habit, ses ongles ou ses cheveux; on le doit si on voit un troupeau de bœufs, un homme attaqué de la lèpre; si on a eu, pendant le sommeil, une souillure involontaire; si on aperçoit une ville, une contrée, un cimetière, des montagnes, la mer, des fleuves, des étangs, des sources, des puits, de grandes citernes, etc.; on le doit lorsqu'on éternue, quand on satisfait aux besoins ordinaires de la nature, avant et après l'action conjugale, quand on allume une lampe ou qu'on en voit une allumée, quand on tue certains insectes ou d'autres animaux venimeux : il y a des prières pour bénir les aliments qu'on prépare, et pour rendre grâces à Ormuzd quand on s'en est nourri; il y en a pour celui qui a besoin d'être saigné, ou qui a des glandes, des tumeurs, des abcès, la fièvre, des maux d'yeux, des maladies de foie, etc., etc. Le détail en est infini. On ne s'adresse pas seulement à Ormuzd et à Zérouané-Akérène, le temps sans bornes : les esprits célestes créés par celui-là sont également invoqués, chacun d'eux présidant à telle ou telle action, à telle ou telle partie du monde ou du corps humain. Les prières les plus méritoires sont celles que l'on fait devant le soleil ou devant le feu, ou vers l'un et l'autre à la fois.

7° Les Hindous, et surtout les brahmanes, doivent également prier fréquemment. En général, leurs prières ont pour but d'obtenir la délivrance du péché; cependant elles n'ont pas communément le caractère de demande faite à la Divinité; elles sont plutôt des actes d'adoration; et celles des plus parfaits consistent dans la contemplation. *Voy.* POUDJA, SANDHYA, YOGA, etc.

8° Les Bouddhistes n'ont pas la prière proprement dite; du moins ils n'ont rien à demander à la Divinité; car, n'admettant aucun être spirituel capable de les entendre et de les exaucer, ils ne sauraient s'adresser à lui. Tous ceux qui sont parvenus à l'état de Bouddha, et Chakya-Mouni lui-même, sont depuis des siècles absorbés dans leur béatitude, ne voyant rien, ne sentant rien, n'ayant pas même conscience de leur propre existence, assimilés au néant, et peut-être même parvenus à avoir secoué totalement le joug et le fardeau de l'existence. Cependant les Bouddhistes leur adressent des prières, des vœux et des félicitations, bien persuadés que ces êtres ne peuvent les entendre; mais c'est pour accomplir le précepte de la prière que Chakya-Mouni leur a imposé.

PRIEUR, du latin *prior*, le premier; titre de la plupart des supérieurs des communautés religieuses. Ce nom prend le féminin, *prieure*, pour désigner la supérieure d'une congrégation de femmes. — Un prieur est aussi celui qui possède un bénéfice simple, appelé *prieuré*.

Le *prieur claustral* est celui qui gouverne les religieux dans les abbayes ou prieurés qui sont en commende. Il est ainsi nommé parce qu'il a autorité dans le cloître ou le monastère.

Le *grand prieur* est le premier dans une

abbaye nombreuse qui a besoin de plusieurs supérieurs. Il y a aussi des grands prieurs dans les ordres de chevalerie militaire. On comptait en France six grands prieurs de l'ordre de Malte : le grand prieur de Provence, celui d'Auvergne, celui de France, celui d'Aquitaine, celui de Champagne et celui de Toulouse.

PRIEURÉ, bénéfice dont est pourvu un prieur. Il y a des prieurés simples qui n'obligent le titulaire qu'à la récitation du bréviaire; il y en a qui sont dignités, et qui donnent le pouvoir de conférer des bénéfices. Le *prieuré claustral* est au rang des bénéfices doubles. Il y a aussi des *prieurés-cures*, qui sont des cures desservies par des religieux, et dépendant de quelqu'une de leurs maisons. Il n'y a plus, en France, aucune espèce de prieurés.

PRIMAMENSIS, assemblée de docteurs en théologie, qui se tenait le premier jour de chaque mois, ainsi que l'indique son nom, pour conférer des affaires concernant la faculté.

PRIMAT, archevêque qui a une primauté de juridiction sur plusieurs archevêques ou évêques. L'archevêque de Lyon prend le titre de primat des Gaules; l'archevêque de Bordeaux se dit primat d'Aquitaine; l'archevêque de Rouen prétendait être primat de Normandie, quoiqu'il n'eût aucun métropolitain sous sa juridiction; l'archevêque de Reims prenait le titre de primat de la Gaule Belgique; et celui de Sens enchérissait sur tous les autres en se disant primat des Gaules et de la Germanie; cependant celui de Vienne, dédaignant toute qualification locale, se proclamait primat des primats. Les archevêques de Bourges, d'Arles, de Narbonne, ont aussi reçu ou se sont arrogé le titre de prélats. Le fait est que ces juridictions primatiales ont varié dans la suite des siècles, suivant que les anciennes grandes provinces de la France étaient successivement démembrées. La primatie qui paraît avoir été la moins contestée est celle de l'Église de Lyon, la plus ancienne peut-être de toutes les Gaules. On appelait l'évêque au métropolitain et de celui-ci au primat. Ce dernier titre, que quelques sièges ont repris depuis le Concordat, est aujourd'hui purement honorifique. Il serait à désirer que ces prélats rentrassent dans leurs anciens droits; ils pourraient convoquer des conciles plus nombreux que ceux que l'on rassemble aujourd'hui; les décisions auraient plus d'autorité, et l'on parviendrait par là à une unité plus étroite, et à rendre à l'Église de France son ancienne gloire.

PRIMATIE. On entend par cette expression, et la dignité même du primat, et le ressort de la juridiction primatiale.

PRIME, la première des heures canoniales, dans l'office public. Elle a lieu à la *première* heure du jour, ou au lever du soleil, vers les six heures du matin. 1° Dans l'office romain, elle se compose d'une hymne, de trois psaumes, d'un capitule, d'un répons bref et de prières récitées à deux chœurs, dans lesquelles se trouvent l'oraison dominicale, le symbole, la confession des péchés et l'absolution, parce que cette heure canoniale est proprement la prière du matin; cependant ces dernières prières sont omises les jours de fête. Prime se termine par une oraison qui est toujours la même. Vient ensuite l'office capitulaire, dans lequel on fait la lecture du martyrologe, du nécrologe, avec des prières pour les bienfaiteurs, pour bénir le travail de la journée, etc. Dans les communautés religieuses, on lit une partie de la règle, et dans la plupart des diocèses de France, on lit à la place un extrait des canons des conciles, ou des décisions des papes et des saints docteurs, sur la discipline ecclésiastique.

2° Le rite ambrosien de cette heure ressemble beaucoup au romain, sinon qu'on y récite chaque jour le symbole de saint Athanase, qui ne se dit que les dimanches ordinaires, dans l'office romain.

3° Suivant le rite mozarabe, l'office de Prime commence par une antienne et la salutation, *Que le Seigneur soit toujours avec vous!* On récite ensuite sept psaumes, l'antienne, un répons, une prophétie, une épître, une louange, une hymne et son verset, le cantique *Te Deum*, le symbole des apôtres, une supplication, l'oraison dominicale et la bénédiction.

4° Chez les Grecs, Prime est composé de trois psaumes, de répons selon le temps, du trisagion, d'une hymne fort courte, de quarante fois *Kyrie eleison* et des oraisons.

5° Les Arméniens commencent par un fragment du psaume LXXV, terminé par une oraison, ensuite deux psaumes et une autre oraison, et les jours de jeûne, une hymne, deux psaumes, deux versets, une homélie et une oraison.

PRIMICIER, titre d'une dignité ecclésiastique. Dans les églises cathédrales, le primicier présidait au chœur, et il était chargé de maintenir l'ordre dans l'office public. Il était le chef du clergé inférieur; et ses fonctions étaient à peu près les mêmes que celles du préchantre ou premier chantre. On fait venir son nom de *primus in cera*, parce que son nom était marqué le premier sur la tablette enduite de cire qui contenait la liste des chantres et des officiers inférieurs. Dans les anciennes églises d'Espagne, il était qualifié *primiclerc*, ce qui est préférable.

PRIMIGÉNIE. Les Romains donnaient ce nom à la Fortune, à laquelle ils attribuaient l'origine de leur ville et de leur empire. Ils donnaient le même nom à Proserpine, vénérée à Athènes. Ce nom venait de la religion orphique, qui attribuait à la Nature (*Physis*), à Bacchus et à Proserpine, la création de toutes choses.

PRINCIPES (DOGME DES DEUX). Nous ajoutons ici des particularités omises à notre article sur le DUALISME.

1° Ce dogme se retrouve chez les Pégouans, qui rendent à l'un et à l'autre un culte peu différent. C'est même au mauvais principe que leurs invocations s'adressent dans leurs maladies et dans les disgrâces qui leur arrivent. Ils lui font des vœux dont ils s'acquittent avec une exactitude scrupuleuse, aussitôt qu'ils croient en avoir obtenu l'effet. Un prêtre, qui s'attribue la connaissance de ce qui peut être agréable à cet esprit, sert à diriger leur superstition. Ils commencent par un festin, qui est accompagné de danses et de musique ; ensuite quelques-uns courent le matin dans les rues, portant du riz dans une main, et dans l'autre un flambeau. Ils crient de toutes leurs forces qu'ils cherchent le mauvais esprit pour lui offrir sa nourriture, afin qu'il ne leur nuise point pendant le jour ; d'autres jettent par-dessus leurs épaules quelques aliments qu'ils lui consacrent. La crainte qu'ils ont de son pouvoir est si continuelle et si vive, que, s'ils voient un homme masqué, ils prennent la fuite avec toutes les marques d'une vive agitation, dans l'idée que c'est le redoutable maître qui sort de l'enfer pour les tourmenter. Dans la ville de Tavay, l'usage des habitants est de remplir leurs maisons de vivres au commencement de l'année, et de les laisser exposés pendant trois mois, pour engager leur tyran, par ce soin qu'ils prennent de le nourrir, à leur accorder du repos pendant le reste de l'année.

2° Les Lapons admettent également deux principes : l'un bon, qu'ils appellent *Jabmel* ou *Jumala* ; l'autre mauvais, qu'ils nomment *Perkélé*. Ils disent que Jabmel, voulant créer le monde, tint conseil avec Perkélé sur l'ordre qu'il convenait de donner à toutes choses. Le premier voulait que les arbres fussent de moelle, et tous les lacs de lait ; que toutes les plantes portassent des fleurs, et toutes les herbes des fruits ; mais Perkélé s'y opposa, et ce projet n'eut aucun effet. Si donc tout, dans le monde, n'est pas aussi bon que Dieu l'aurait voulu, c'est Satan qui en est la cause.

3° Ce dualisme se trouve encore dans toute l'Amérique du Nord. Les Groënlandais admettent aussi deux principes, l'un bon, qu'ils appellent *Torngarsuk*, et l'autre mauvais, esprit femelle et sans nom. Cependant ils redoutent peu ce dernier, car ils ne le croient pas assez méchant pour nuire aux hommes de propos délibéré ; ils le regardent plutôt comme un génie maussade et atrabilaire, qui fuit les hommes et se confine dans son palais de glaces, dont il environne l'accès de dangers, afin qu'on ne vienne pas l'y troubler. Aussi les Groënlandais s'éloignent-ils avec soin de l'endroit où ils supposent qu'il demeure, dans la crainte qu'il ne leur arrive quelque malheur.

4° Les Esquimaux ont à peu près le même système que les Groënlandais sur les deux principes.

5° Cette doctrine se retrouve jusque dans l'île de Nootka, auprès de la Nouvelle-Géorgie. Les habitants admettent une lutte entre le bon et le mauvais principe qui gouvernent le monde : ils les appellent *Quautz* et *Matlox*.

6° Dans le Canada, le mauvais principe était, comme chez les Groënlandais, un esprit femelle, appelé *Athaensic*. La plupart des nombreuses tribus de la famille Lenappé sont dualistes, car ils partagent leurs hommages entre *Matchi-Manitou* et *Kitchi-Manitou*.

PRINTEMPS, saison de l'année qui était spécialement consacrée aux Muses et aux Grâces. C'est au commencement du printemps que le grand pontife des Romains allait prendre le feu nouveau sur l'autel de Vesta.

Le vœu du *printemps sacré* était celui par lequel on consacrait aux dieux tout ce qui devait naître depuis le premier jour de mars jusqu'au premier de mai. Il comprenait le bétail né dans cet espace de temps, et l'on avait soin d'en particulariser toutes les différentes espèces. Festus et Strabon nous apprennent que des peuples d'Italie qui avaient recours à ce vœu dans de grands dangers, y comprenaient aussi les enfants ; alors ils les élevaient jusqu'à l'âge de l'adolescence ; et, après les avoir voilés, ils les envoyaient chercher d'autres habitations.

PRISCILLIANISTES, hérétiques du IV° siècle, disciples de Priscillien, Espagnol, homme savant, riche et insinuant. Il recueillit les principaux dogmes des Gnostiques et des Manichéens, et les fit circuler dans son pays. Il niait la réalité de la naissance et de l'incarnation de Jésus-Christ, soutenait que le monde visible n'est pas l'ouvrage de la Divinité suprême, mais celui de quelque démon ou mauvais principe. Ainsi il admettait des Eons ou génies, émanés de la nature divine. Il regardait les corps comme des prisons, que l'auteur du mal a construites pour y renfermer les substances célestes. En conséquence, il condamnait le mariage, niait la résurrection des corps, et renouvelait quelques erreurs des anciens Gnostiques. Les Priscillianistes entremêlaient ces croyances de pratiques bizarres. Ils ne mangeaient pas de chair, jeûnaient les dimanches, les jours de Noël et de Pâques, s'assemblaient la nuit, priaient quelquefois nus, hommes et femmes. L'auteur de cette secte impie fut mis à mort, avec plusieurs de ses sectateurs, par l'ordre de l'empereur Maxime, après qu'ils eurent été convaincus des crimes dont on les accusait. Ces hérétiques, condamnés par le concile de Saragosse et par les édits des empereurs, disparurent peu à peu, après avoir fait assez de bruit pendant près de deux cents ans.

PRISE D'HABIT. On donne ce nom à la cérémonie par laquelle on donne l'habit religieux à une personne qui veut renoncer au monde et entrer dans un monastère. La prise d'habit pour un homme se passe dans le silence du cloître et le secret du sanctuaire ; mais quand il s'agit d'une fille, la cérémonie se fait avec une grande pompe et un cérémonial imposant ; cette fonction est réservée ordinairement aux évêques. Il serait seulement à désirer que la jeune personne qui veut ainsi renoncer au monde se présentât à la vêture sous un costume moins mondain et plus modeste; l'usage contraire, qui a prévalu presque partout, ne peut avoir pour résultat que de satisfaire un reste de vanité, peut-être d'inspirer des regrets à la novice, et presque toujours d'attirer les regards indiscrets et les propos inconvenants des gens du monde invités à cette cérémonie.

PRISNI, déité hindoue, confondue quelquefois avec le Soleil; son nom signifie *rayon de lumière*. Dans les traditions postérieures, Prisni est donnée comme l'épouse de Savitri, et en cette qualité elle mit au monde la prière au soleil (*Savitri*), les monosyllabes sacrés, et les formes principales des sacrifices. Elle est aussi considérée comme la mère des Maroutas, génies des quarante-neuf rhombes de vents.

PRITHIVI ou **PRITHWI**, personnification de la terre chez les Hindous, qui en font une des formes de Lakchmi, épouse de Vichnou. Ce nom signifie *large*; mais on le fait venir de l'ancien roi Prithou, antérieur aux dynasties indiennes. Il paraît que ce prince protégea l'agriculture, abattit les forêts et défricha les champs : ce qui est désigné par cette fable que l'on raconte. Ce prince, incarnation de Vichnou, avait nécessairement pour épouse Lakchmi sous le nom de Prithivi. Elle refusait ses secours aux hommes; le prince la battit et la blessa. Elle prit alors la forme d'une vache, se rendit au mont Mérou, et se plaignit aux dieux, qui rejetèrent ses demandes. Elle revint donc sous l'empire de Prithou et de ses descendants, qui la soumettaient à toute espèce d'instruments. D'autres font de Prithivi l'épouse de Kouvéra, dieu des richesses : on la symbolise sous la forme d'une vache; le nom de cet animal est *gau* en sanscrit; le mot grec γαῖα, γῆ, *la terre*, peut en être dérivé.

PRITHWIGUERBHA, un des Bodhisatwas, adorés par les Bouddhistes du Népal.

PROAO, dieu des anciens Germains : il présidait à la justice. On le représentait tenant d'une main une lance environnée d'une banderole, et de l'autre un bouclier, ce qui le faisait ressembler à Mars ou à Pallas.

PROAROSIES, sacrifices que les Grecs faisaient à Cérès avant les semailles : ce nom vient d'ἀροσιν, *labourer*. On en attribue la première origine à un devin, nommé Authias, qui déclara que c'était le seul moyen d'apaiser la déesse, dont le ressentiment avait frappé la Grèce d'une famine terrible. Ces sacrifices étaient aussi appelés *Proacturies*.

PROCESSION, marche religieuse du clergé et des fidèles accompagnée de chants et de cantiques. Cet usage est commun à presque toutes les religions. Nous ne citerons que les principales.

I° Les Juifs n'avaient point de processions périodiques ou déterminées; mais ils en avaient d'occasionnelles; comme celle qui eut lieu lorsque David transporta l'arche d'alliance de la maison d'Obed-Edom en la ville d'Hébron : l'ordre en était alors fixé par celui qui avait ordonné la cérémonie ou qui y présidait. On pourrait encore regarder comme une immense procession la marche des Israélites dans le désert. C'est Dieu lui-même qui s'était constitué le grand maître des cérémonies; il en avait tracé le plan, fixé la place de chaque tribu, celle des lévites, des prêtres, la manière dont l'arche devait être transportée, le lieu des stations, l'ordre de se mettre en marche, de s'arrêter, etc. On sait que cette procession dura quarante ans.

II° Dans les premiers siècles de l'Eglise, il y avait peu ou point de processions : les persécutions et la surveillance des païens ne le permettaient guère. Mais lorsque la paix eut été rendue à l'Eglise, le culte osa se montrer au dehors des temples; c'est alors que l'on vit les fidèles se rendre processionnellement aux tombeaux des martyrs, à leurs prisons, au lieu de leur supplice, pour y célébrer les divins mystères; c'est alors qu'il y eut des translations solennelles des reliques et des corps saints, comme nous en voyons un exemple mémorable à l'occasion des reliques du saint martyr Babylas, que l'empereur Julien fit enlever du voisinage d'un temple d'idoles, parce qu'elles avaient fait taire l'oracle. Les chrétiens les transportèrent avec la plus grande solennité, en chantant : « Qu'ils soient confondus tous ceux qui adorent les idoles, et qui se glorifient dans leurs simulacres ! » On peut encore rapporter à la même époque la coutume qui s'introduisit dans les grandes villes, où l'évêque se rendait avec son clergé dans les autres églises de la ville, à certains jours de dimanches et de fêtes pour y officier pontificalement en qualité de pasteur de toutes les paroisses. Dès lors les processions se multiplièrent et s'organisèrent partout d'une manière assez uniforme. Il y en a différentes sortes et qui sont soumises à des rites différents.

1. Dans presque toutes les églises paroissiales, c'est la coutume de faire, tous les dimanches et jours de fête, une procession, avant la messe, soit à l'intérieur, soit à l'extérieur du temple. Cet usage peut venir de celui dont nous venons de parler, et rappelle la procession du clergé de la cathédrale pour se rendre à une autre église. D'autres croient que cette coutume vient des religieux, qui, le dimanche matin, faisaient le tour du monastère pour l'asperger d'eau bénite au dedans et au dehors. D'autres en rapportent des raisons mystiques, et disent que cette procession rappelle le voyage des saintes femmes au tombeau de Jésus-Christ, le matin du jour de Pâques; ou la condition de l'homme qui doit se regarder comme voyageur sur la terre. Il serait possible que le clergé eût aussi voulu par là recueillir et rassembler les fidèles qui arrivaient de tous côtés, avant l'office, et les faire ainsi entrer dans le temple avec plus de respect et de recueillement. Pendant cette procession, on chante soit l'hymne au Saint-Esprit, soit un

ou plusieurs répons, suivant l'usage des lieux.

2. Les processions des Rogations, qui ont lieu les trois jours qui précèdent l'Ascension, ont pour but de détourner les fléaux et les calamités, et d'attirer la bénédiction de Dieu sur les biens de la terre. On y chante des psaumes et les litanies des Saints. Ces processions sont quelquefois fort longues; on se rend à une chapelle ou à une église plus ou moins éloignée, et située dans une autre paroisse, où l'on chante la messe de la station. Il en est de même d'une procession semblable qui a lieu le jour de saint Marc, et qui porte le nom de *Petites Litanies*, à la différence de celles des Rogations qu'on appelle les *Grandes Litanies*. Voy. ROGATIONS.

3. La procession de la Fête-Dieu se fait avec la plus grande solennité, depuis le commencement du IV° siècle. On y porte le sacrement du corps de Jésus-Christ. *Voy.* FÊTE-DIEU.

4. Il y a en outre plusieurs autres processions qui se font dans les églises, comme celle par laquelle le clergé se rend aux fonts baptismaux le samedi saint, pendant toute la semaine de Pâques, et la veille de la Pentecôte; celle qui, en certaines églises, se fait aux autels des chapelles le jour de la Toussaint; la procession au cimetière le jour de la Commémoration des morts; la procession des reliques le jour de l'Ascension; la procession des Rameaux le dimanche d'avant Pâques, laquelle rappelle et imite, autant qu'il est possible, l'entrée triomphante de Jésus-Christ à Jérusalem; la procession pour bénir le feu de Saint-Jean, etc., etc.

5. Il y a encore des processions solennelles ordonnées pendant les jubilés ou dans les temps de calamités publiques; on y chante ou on y récite les prières ordonnées par le pape ou par l'évêque.

Les processions se font ordinairement dans l'ordre suivant: en tête s'avance la bannière du patron de l'église; puis les bannières des différentes confréries, suivies chacune des confrères ou des consœurs qui y sont agrégés; viennent ensuite les enfants de la paroisse, puis les corporations de métiers, avec leurs insignes ou leurs bannières; les ordres religieux, s'il en existe; la croix, suivie de tous les membres du clergé, chacun suivant son rang, les plus jeunes, ou ceux qui sont dans les degrés inférieurs de la hiérarchie, marchant les premiers; puis les magistrats, et enfin la foule des fidèles, les hommes les premiers et les femmes ensuite. On cite cependant quelques processions où les femmes marchent les premières, en mémoire de quelque fait mémorable opéré par des personnes de leur sexe; comme celle qui a lieu à Beauvais, en mémoire de la délivrance de la ville par Jeanne Hachette.

6. Enfin il y a encore d'autres processions très-solennelles, mais locales, telles que celles des Disciplinants ou des Pénitents en Espagne et en Italie: celle du vendredi saint à Lima et ailleurs, celle de Sainte-Rosalie à Palerme, etc., etc.

III° Les chrétiens grecs ont très-peu de processions solennelles; on cite cependant celle qui a lieu pour la bénédiction des eaux le jour de l'Epiphanie, cérémonie qui s'observe dans presque toutes les communions orientales. Les Russes, bien qu'appartenant à l'Eglise d'Orient, ont cependant plusieurs processions dont quelques-unes se font avec beaucoup d'ordre et sont imposantes.

IV° Les anciens Romains pratiquaient une cérémonie, qu'ils nommaient *Ambarvales*, et qui consistait à conduire processionnellement des victimes sur les limites de leurs champs, leur en faisant faire trois fois le tour, avant de les sacrifier; cette pratique avait pour objet d'obtenir des dieux une moisson favorable. Cette cérémonie était publique ou particulière; dans ce dernier cas elle se faisait par le chef de la famille. Des prêtres, nommés frères arvales, la faisaient lorsqu'elle était publique. On trouve dans le livre de Caton, *De Re rustica*, la formule de prières en usage dans cette occasion, que l'on nommait *Carmen ambarvale*. On sacrifiait à Cérès, lors de ces fêtes, une truie, une brebis, un taureau ou une génisse. La cérémonie se faisait en conduisant autour des champs ensemencés la victime que les paysans accompagnaient; l'un d'eux, couronné de feuilles de chêne, chantait, en l'honneur de Cérès, l'hymne en vers composé pour cette fête. On la célébrait deux fois l'année, au commencement de janvier ou d'avril, et au mois de juillet.

Virgile fait mention, dans les Géorgiques, de la procession usitée chaque année en l'honneur de Cérès. Ovide ajoute que ceux qui y assistaient étaient vêtus de blanc, et portaient des flambeaux allumés. Il est encore certain que les païens arrosaient alors leurs champs avec de l'eau lustrale.

V° Les Grecs avaient plusieurs processions très-solennelles. A Lacédémone, il y en avait une en l'honneur de Diane. Une dame, des plus considérables de la ville, portait la statue de la déesse. Elle était suivie de plusieurs jeunes gens d'élite qui se frappaient à grands coups. Si leur ardeur se ralentissait, la statue, légère de sa nature, devenait, dit-on, si pesante, que celle qui la portait, accablée sous le poids, ne pouvait plus avancer: aussi les amis et les parents de ces jeunes gens les accompagnaient pour animer leur courage.

La célébration des mystères était souvent suivie d'une procession publique. On y portait une cassette ou corbeille voilée qui contenait différents symboles, tels qu'un serpent, un phallus, des productions naturelles, un enfant emmailloté, etc. Ces sortes de fêtes s'appelaient *Orgies*. — Très-souvent encore les sacrifices étaient précédés de processions.

VI° Nous donnons la description de deux processions égyptiennes: l'une à l'article PRÊTRES, n° 9; l'autre à l'article INITIATION ÉGYPTIENNE.

VII° Les Musulmans n'ont point de processions proprement dites ; je me rappelle cependant avoir lu, dans les *Lettres édifiantes*, qu'à l'occasion d'une grande calamité qui désolait la ville de Smyrne, le gouvernement ordonna une procession générale de tous les habitants quel que fût leur culte ; les Mahométans marchaient les premiers, les chrétiens venaient ensuite, et après eux les Juifs

VIII° Les processions jouent un rôle important dans la religion brahmanique. « Il n'est aucun temple, dit l'abbé Dubois, qui n'en ait une ou deux par an. Dans ces marches religieuses, on promène les idoles sur de grands chars massifs, portés par quatre grosses roues pleines, et non à jantes et à rais comme les nôtres ; une grosse poutre sert d'essieu, et soutient un édifice haut quelquefois de cinquante pieds. Sur les planches d'assemblage qui en forment la base, sont sculptées des figures d'hommes et de femmes dans les attitudes les plus obscènes. Divers étages, construits en pièces de charpente à claire-voie, s'élèvent sur cette espèce de soubassement, et vont toujours en diminuant de largeur, de manière que l'ensemble de l'édifice a la forme d'une pyramide.

« Ces jours-là, le char est orné de toiles peintes, d'étoffes précieuses, de feuillage vert, de guirlandes de fleurs, etc. L'idole est vêtue de ses plus riches habits, et parée de ses joyaux les plus précieux ; elle est placée au milieu du char, dans un pavillon élégant. On attache de gros câbles à ce char, et l'on y attelle quelquefois plus de mille personnes. Une partie des danseuses sont montées sur le char, et entourent l'idole ; les unes lui procurent de la fraîcheur, en agitant l'air avec des éventails faits de plumes de paon, les autres font, avec grâce, voltiger en tous sens des houppes touffues faites avec des bouts de queues de vaches du Tibet. Plusieurs personnes encore sont montées sur le char pour en diriger les mouvements, et animer par des vociférations réitérées la multitude qui le traîne. Tout cela se fait au milieu d'un tumulte et d'une confusion capables d'assourdir. La cohue qui accompagne la procession, hommes et femmes, tout se trouve pêle-mêle, et chacun peut se permettre telles privautés qu'il lui plaît, sans que cela tire à conséquence : la décence et la pudeur ne sont point de la fête ; aussi est-il assez commun de voir des amants, soumis ailleurs à une surveillance importune, se donner rendez-vous à ces bacchanales.

« La procession s'avance lentement : de temps à autre on fait des pauses, pendant lesquelles des hurlements effroyables, des sifflements aigus, des cris aigres et perçants, se font entendre en signe d'admiration. Les courtisanes, qui sont toujours en grand nombre à ces solennités, exécutent des danses lascives ; et, tant que la procession dure, les tambours, les trompettes, les instruments de musique de toute espèce, font retentir l'air de leurs sons discordants. Ici ce sont des spadassins qui, armés de sabres nus, s'escriment à qui mieux mieux et simulent des combats singuliers ; là sont des groupes de gens qui exécutent des danses figurées et battent en mesure sur de petites baguettes ; ailleurs on en aperçoit qui s'exercent à la lutte. Enfin, un grand nombre de dévots se traînent en rampant devant le char. Ceux qui n'ont rien autre chose à faire sifflent ou poussent des cris tels que le tonnerre du grand Indra, foudroyant les géants, ne réussirait point à se faire entendre d'eux. Mais pour se former une juste idée du tapage et de l'horrible confusion qui règnent parmi ce troupeau d'énergumènes, il faut en avoir été témoin. Je n'ai jamais vu une procession indienne sans qu'elle m'ait rappelé l'image de l'enfer. » *Voy.* une autre procession célèbre des Hindous, à l'article DJAGAD-NATHA.

IX° Dans l'île de Ceylan, on fait une grande procession en l'honneur des génies. Le prêtre porte un bâton, peint et orné de fleurs, devant lequel le peuple se met à genoux. Chacun présente une offrande à ce bâton ; après l'offrande, le prêtre met le bâton sur ses épaules et se couvre la bouche d'un linge, afin que son souffle ne souille pas ce bâton sacré. Ensuite il monte sur un éléphant, qui est entièrement couvert d'une toile blanche, et se promène ainsi par toute la ville. Quarante ou cinquante éléphants, portant des sonnettes, marchent les premiers ; et des hommes travestis en géants viennent à la suite de ces éléphants. Les tambours et les trompettes, qui marchent après ceux-ci, précèdent des gens qui dansent et des femmes destinées au service des pagodes. Les tambours, les hautbois et les danseurs sont mêlés parmi ces femmes. Ensuite paraît l'éléphant qui porte le prêtre tenant le bâton sacré. Ce prêtre représente le créateur du ciel et de la terre. Un autre prêtre est derrière lui avec un parasol à la main pour le garantir du soleil et de la pluie. Deux éléphants sont à ses côtés, et sur chacun de ces éléphants deux prêtres, dont le premier représente aussi un dieu, et celui qui le suit le couvre d'un parasol. Des femmes suivent les dieux et les éventent pour les rafraîchir et les garantir des mouches. Des milliers de dévots marchent trois à trois après les dieux. Pendant cette procession, les rues sont jonchées de verdure et de toutes sortes de fleurs. Les maisons sont ornées de branches et de festons où l'on attache des banderoles. Les lampes éclairent à droite et à gauche, elles brûlent même nuit et jour. Avant que la procession commence, on expose les dieux à la porte des pagodes, afin que le peuple les adore et leur porte des offrandes. Cette fête dure environ quinze jours et commence à la nouvelle lune. Deux ou trois jours avant son plein, on porte des palanquins devant ces dieux, pour leur faire plus d'honneur. Il y a, dans ces palanquins, des reliques et un pot d'argent. Quand on est à peu près à la pleine lune, on remplit ce pot d'eau de la rivière et on le porte à la pagode. Cette eau reste là jusqu'à l'année suivante : on la renouvelle ainsi tous les ans.

X° Lorsque l'empereur de la Chine va sacrifier dans quelque grande pagode, son cortége forme une procession magnifique. Il est précédé de 24 trompettes ornées de cercles d'or, de 24 tambours, de 24 hommes armés de bâtons vernis et dorés, de 100 soldats portant des hallebardes magnifiques, de 100 massiers et de deux officiers distingués. Cette espèce d'avant-garde est suivie de 400 lanternes, de 400 flambeaux, de 200 lances chargées de gros flocons de soie, de 24 bannières où l'on a peint les signes du zodiaque, et de 56 autres qui représentent les constellations du ciel. On voit ensuite plus de 200 éventails dorés, avec des figures de dragons et d'autres animaux; 24 parasols magnifiques et un buffet porté par des officiers du palais, dont tous les ustensiles sont d'or.

Tout cela précède l'empereur, qui paraît à cheval, superbement vêtu, entouré de dix chevaux de main, blancs, dont le harnais est couvert d'or et de pierreries, de cent gardes et des pages du palais. On soutient devant l'empereur un parasol qui l'ombrage et brille de tous les ornements qu'on a pu imaginer. L'empereur est suivi des princes du sang, des mandarins du premier ordre et des autres seigneurs de la cour, tous en habit de cérémonie. Après ceux-ci viennent 500 jeunes hommes de qualité, accompagnés de 1000 valets de pied; 36 hommes qui portent une chaise découverte, semblable à un char de triomphe; 120 porteurs qui en soutiennent une autre fermée; quatre chariots tirés par des éléphants et par des chevaux. Chaque chaise et chaque chariot a pour garde une compagnie de 50 hommes, tous superbement vêtus, et les éléphants, comme les chevaux, sont couverts de housses magnifiques. Cette marche est fermée par 2000 lettrés et 2000 officiers de guerre. Comme cet ordre ne varie point et qu'il est connu que la cérémonie se fera toujours de même, il n'en coûte aucune dépense extraordinaire à l'empereur. Ainsi, dès que le prince veut aller sacrifier, on est toujours prêt à l'accompagner dans le même ordre.

XI° Kæmpfer décrit ainsi une procession qui se fait à Nangasaki, dans le Japon, en l'honneur de Sou-wa, patron de la ville. Premièrement deux chevaux de main, demi-morts de faim, chacun aussi maigre et décharné, dit-il, que celui que le patriarche de Moscou monte le jour de Pâques fleuries lorsqu'il va à la cathédrale. 2° Plusieurs enseignes ecclésiastiques et autres marques d'honneur pareilles à celles qui étaient en usage parmi leurs ancêtres, et que l'on voit encore aujourd'hui à la cour de Miyako : ce sont, par exemple, une lance courte et large toute dorée, une paire de souliers remarquables par leur grandeur et la grossièreté de l'ouvrage; un grand panache de papier blanc attaché au bout du bâton court, qui est le bâton de commandement. 3° Des tablettes creuses pour y placer des Mikosis; on les porte renversées, afin que le peuple y jette ses aumônes; on loue, pour la même raison, deux portefaix qui soutiennent un grand tronc pour les aumônes. 4° Les Mikosis mêmes, qui sont des niches octogones, trop grandes cependant pour être portées facilement par un seul homme : elles sont vernissées et ornées avec art de corniches dorées, de miroirs de métal fort polis, et ont entre autres ornements une grue dorée au sommet. 5° Deux petites chaises de bois ou palanquins, un peu différentes, pour la figure, d'un norimon, et semblables à celles dont on se sert à la cour de l'empereur : c'est là que sont portés les deux supérieurs du temple. 6° Deux autres chevaux de main avec leurs harnais, appartenant à ces deux supérieurs, et aussi efflanqués que ceux qui ouvrent la procession. 7° Le corps du clergé, marchant à pied, en bon ordre et avec beaucoup de modestie. 8° La foule du peuple termine la procession avec sa confusion ordinaire. C'est dans cet ordre qu'on entre dans la cour du temple; arrivent alors les subdélégués des gouverneurs avec leur suite ordinaire et précédés de vingt longues piques de cérémonie, au bout desquelles sont attachés des panaches de copeaux de bois peints et vernissés, qui font assez l'effet de plumes de coqs d'Inde. Quatre des principaux subdélégués, après s'être lavé les mains dans un bassin qui est devant le temple, rendent, au nom de leurs maîtres et en leur nom propre, leurs devoirs aux deux supérieurs du temple, assis entre les Mikosis, et un des *Néghis* ou ministres du temple leur présente une boisson nommée Ama-saki, dans des vases de terre, en mémoire de l'indigence de leurs ancêtres. *Voy.* SOUWA.

XII° Les peuples de Nicaragua, voisins du Mexique, faisaient, en l'honneur de leurs dieux, des processions dont voici les principales cérémonies. Les prêtres y paraissaient en mantes de coton qui descendaient jusque sur les jambes; les séculiers y portaient des bannières sur lesquelles étaient représentées les images des dieux, objets de leur dévotion; et les jeunes gens s'y trouvaient avec l'arc et les flèches à la main. A la tête des fidèles marchait le grand prêtre, portant au bout d'une lance l'image d'une des divinités du pays. Les prêtres s'avançaient en chantant, jusqu'à ce que l'on fût arrivé à l'endroit où l'on devait faire la station. Alors on jonchait de fleurs de toutes sortes la place où l'idole devait être posée. Le chant cessait : le grand prêtre se tirait du sang de quelque partie du corps à l'honneur du dieu ; les assistants l'imitaient; les uns se saignaient à la langue, les autres aux oreilles, aux bras ou ailleurs. Mais quelle que fût la partie qui souffrait l'opération, le sang qui en coulait servait à colorer le visage de l'idole. Pendant ces actes de dévotion, les jeunes gens dansaient et se réjouissaient. Quelquefois, durant ces processions, on consacrait le maïs en l'arrosant de sang, puis on le mangeait en signe de communion.

PROCHARISTÉRIES, fête annuelle que les Athéniens célébraient au printemps en l'honneur de Minerve, quand les fruits commençaient à pousser : les magistrats de la ville offraient, à cette occasion, un sacrifice à la déesse.

PRODIGE, pronostic que les Romains tiraient de quelque événement extraordinaire et que les augures étaient chargés d'interpréter. L'explication qu'ils en donnaient se nommait *Commentarii*, et ils marquaient en même temps ce que l'on devait faire pour détourner ce qu'il y avait de sinistre dans les présages qu'ils en tiraient. Cette expiation se nommait *Procuratio*. On regardait comme prodige tout ce qui arrivait contrairement à l'ordre de la nature, comme la naissance d'un animal à deux têtes, d'un monstre, une pluie de pierres ou de sang, une voix sortie du sein de la terre, etc. Tite-Live rapporte, dans ses Décades, un grand nombre de prodiges arrivés à des époques critiques pour la république. On a taxé, à ce sujet, cet historien judicieux d'un excès de crédulité ; cependant, la plupart des prodiges qu'il rapporte sont des phénomènes qui se reproduisent assez souvent encore : seulement il n'y a aucune induction à en tirer. Les anciens Romains, dans la persuasion qu'ils pronostiquaient ordinairement des événements funestes ou qu'ils étaient une preuve de la colère des dieux, se hâtaient d'en détourner l'effet en sacrifiant à Jupiter *Prodigialis*.

PRODOMÉES, divinités grecques qui présidaient à la construction des édifices et qu'on invoquait avant de mettre la main à l'œuvre. On dit que Mégaré leur sacrifia avant de jeter le fondement du mur dont il entoura la ville de Mégare.

PRODOMIE, surnom de Junon invoquée pour le même motif. Elle avait, sous ce nom, dans le territoire de Sicyone, un temple dont on attribuait la fondation à Phalcès, fils de Témène.

PRODROMES, ou *avant-coureurs*, surnoms de Calaïs et Zéthès, vents du nord-est qui précèdent de huit jours le lever de la canicule. *Voy.* CALAÏS.

PROFANE, terme opposé à celui d'*initié*. On donnait ce nom à ceux à qui il était défendu de révéler les mystères ; on les mettait hors des temples avant de commencer les cérémonies mystérieuses ; c'est ce qui avait lieu pareillement chez les chrétiens des premiers siècles : les infidèles et les catéchumènes pouvaient assister aux offices de l'Eglise, mais on avait grand soin de les faire retirer avant de commencer l'oblation du saint sacrifice. Le nom de *profane* vient de ce que, pendant les cérémonies sacrées, les non-initiés restaient devant le temple, *profanum*.

PROFESSION, promesse solennelle que fait un novice, dans un monastère, d'observer la règle de l'ordre et de garder les trois vœux de pauvreté, chasteté et obéissance. Dans la plupart des ordres religieux, on n'est admis à faire profession qu'après une année de noviciat.

PROLOGIES, fêtes grecques célébrées en Laconie avant la récolte (de πρὸ, *avant*, et λέγειν, *récolter*).

PROMACHIES, autre fête de la Laconie, dans laquelle les Lacédémoniens se couronnaient de roseaux.

PROMACHORMA, surnom sous lequel Minerve avait un temple sur le sommet du mont Buporthmos, dans le Péloponèse.

PROMÉTHÉE, personnage célèbre, espèce de demi-dieu, qui est l'objet d'un des mythes les plus antiques de la cosmogonie des Grecs. Voyons d'abord sa légende.

Prométhée était fils de Japet et de Thémis (d'autres nomment sa mère Asie ou Clymène). Il forma l'homme du limon de la terre ; ce fut Minerve qui anima cet ouvrage, et qui lui donna la crainte du lièvre, la finesse du renard, l'orgueil du paon, la férocité du tigre et le courage du lion. Cependant une tradition plus accréditée rapporte que Minerve, admirant la beauté de la statue de chair que Prométhée avait formée, offrit à celui-ci tout ce qui pouvait contribuer à la perfection de son œuvre. Prométhée répondit qu'il désirait voir par lui-même les régions célestes, pour y choisir ce qui conviendrait mieux à la nouvelle créature. Ravi au ciel par la complaisante déesse, il vit que c'était le feu ou le calorique qui animait tous les êtres supérieurs, et emporta ce feu sur la terre. Mais il ne s'en tint pas là : distingué par un esprit adroit et entreprenant, il essaya de tromper Jupiter dans un sacrifice, et d'éprouver ainsi s'il méritait les honneurs divins. Il fit donc tuer deux bœufs, et remplit l'une des deux peaux de la chair, et l'autre des os de ces victimes. Jupiter fut dupe et choisit la dernière. Le dieu, résolu de s'en venger sur tous les hommes, leur ôta l'usage du feu. Mais l'audacieux Prométhée eut recours de nouveau à la sagesse de Minerve, dont les conseils l'avaient dirigé déjà dans la formation de l'homme. Il monta au ciel une seconde fois, s'approcha du char du soleil, y prit le feu céleste, l'enferma dans la tige d'une férule et le rapporta sur la terre. Jupiter, irrité de ce nouvel attentat, voulut abattre l'orgueil du Titan en le rendant lui-même l'artisan de son malheur ; il ordonna à Vulcain de forger une femme douée de toutes les perfections. Les dieux la comblèrent de présents et l'envoyèrent à Prométhée avec une cassette qui renfermait tous les maux. Celui-ci fut assez prudent pour se défier du piège, dont Epiméthée son frère ne sut pas se garantir. *Voy.* EPIMÉTHÉE, PANDORE. Jupiter, outré de ce que Prométhée n'avait pas été dupe de ses artifices, et avait ainsi acquis sur lui une sorte de supériorité, ordonna à Mercure de le conduire sur le mont Caucase et de l'enchaîner à un rocher, où un aigle, fils de Typhon et d'Echydna, devait lui ronger éternellement le foie. D'autres disent que ce supplice ne devait durer que 30,000 ans ; Eschyle en réduit la durée à 10,000. Suivant Hésiode, Jupiter n'aurait pas emprunté le ministère de Mercure, il se serait acharné lui-même sur la malheureuse victime, et l'aurait attachée à une colonne inébranlable. Cependant Prométhée finit par être délivré de ses souffrances ; suivant Eschyle, ce Titan qui connaissait l'avenir et avait prédit la chute future du souverain des dieux, se refusa obstinément à lui en révéler l'époque ; Jupiter en finit avec lui en le foudroyant. Suivant d'autres mythologues, ce fut Hercule qui tua l'aigle dévorant, et mit ainsi fin aux souffrances du créateur de l'homme.

Il existe dans le mythe de Prométhée plusieurs variantes importantes : ainsi Durius de Samos prétend que Prométhée fut chassé du ciel pour avoir aspiré à l'hymen de Minerve ; d'autres avancent qu'il avait présidé à la naissance de cette déesse. Nicandre de Colophon veut que son crime ait été d'avoir persuadé aux hommes de céder aux serpents la faculté de se rajeunir dont les dieux les avaient gratifiés. Enfin, il en est qui, bien loin de penser qu'il eût méprisé Pandore, assurent qu'il en avait abusé, après que son frère l'eut épousée.

Quoi qu'il en soit, et quelque dénaturé qu'ait été ce mythe dans la suite des âges, nous y retrouvons de précieux restes des traditions primitives : la formation du premier homme du limon de la terre à l'aide de la sagesse divine ; son animation par une essence céleste ; son audace qui le porte à vouloir pénétrer dans le sein de la divinité et s'égaler à elle ; l'intervention malheureuse d'une première femme ; le châtiment de l'homme, sa réhabilitation future, etc. Mais les rôles sont souvent confondus dans la légende grecque ; car Prométhée y apparaît tour à tour et comme Dieu et comme homme, et ce n'est pas ce que la légende a de moins merveilleux. Des savants, qui ont étudié attentivement le Prométhée d'Eschyle le tragique, y ont vu le grand mystère de l'humanité. Prométhée, d'après l'étymologie de son nom, est un sage, un homme aux vues profondes et prodigieusement sublimes ; il voit loin devant lui comme un prophète ; saint Augustin ne balance pas à l'appeler *l'excellent docteur de la sagesse*. D'autres ont vu en lui la sagesse du Père, ou plutôt son image et sa ressemblance. L'orgueil l'aveugle, l'amour de la science le suffoque ; il veut se constituer l'égal de Jupiter ; il aspire à l'hyménée de Minerve, personnification du savoir. Quel que soit le mythe que l'on adopte, il n'en est pas moins vrai que son crime, comme celui d'Adam, fut la glorification de la nature humaine ; mais l'un et l'autre furent vaincus dans leur lutte contre Dieu : eux qui vivaient autrefois sur la terre sans maux et sans pénibles labeurs, virent, après leur faute, accourir à eux l'affliction et la vieillesse ; car la main d'une femme avait soulevé le grand couvercle du vase, et tous les maux s'étaient répandus sur la terre.

D'un autre côté, Prométhée se trouve, comme Adam, au berceau des peuples ; comme lui antérieur à celui qui vit le déluge ; comme lui tiré de la terre, comme lui prophète, comme lui ayant eu des relations dans sa chute avec le serpent, avec la femme, avec la science ; enfin Prométhée est l'ombre défigurée de l'homme que la Bible nous montre à la tête de tous les autres hommes.

Mais bientôt Prométhée joue un autre rôle : dans son châtiment, ce n'est plus un homme, c'est un dieu qui souffre et qui expie. Pendant qu'il est lié sur son roc sauvage, que ses bourreaux pressent ses chairs de liens puissants et déchirent sa poitrine, ses lèvres ne laissent pas échapper le moindre soupir ; mais quand les ministres de la justice suprême l'ont abandonné dans cette région de douleurs, il s'adresse aux vents qui passent, aux fleuves qu'il voit couler, aux flots retentissants, à la terre, au soleil qui roule dans l'espace, à l'espace dans lequel lui-même se perd : « Voyez, dit-il, ce que les dieux me font souffrir, tout dieu que je suis ! regardez ces liens qui me broient !... Je les porterai dix mille ans !.. Telle est la récompense de ce rayon divin que j'ai pris au ciel pour les hommes. » Bientôt ses yeux percent les voiles de l'avenir ; il contemple un nouvel ordre de choses ; Jupiter se calmera ; alors enfin il y aura entre eux l'amitié et la concorde qu'ils désiraient si vivement l'un et l'autre. Mais une profonde parole s'échappe de ses lèvres, comme malgré lui : *La couronne et l'honneur de Jupiter passeront sur la tête d'un nouveau Dieu.* Cette parole prophétique, il la répète et s'en réjouit : parole étrange, rapportée par un tragique païen. Le poëte ajoute que Prométhée doit souffrir jusqu'à ce que Dieu veuille se charger de ses maux et prendre sa place ; jusqu'à ce qu'il veuille ensuite descendre dans les profondeurs des enfers. Il y a ici plus que la tradition, on a tenté d'y voir une connaissance explicite des prophéties qui avaient cours parmi les Juifs. Ceux de nos lecteurs qui voudraient étudier à fond cet important sujet peuvent consulter les savants articles que M. Rossignol a insérés dans les *Annales de Philosophie chrétienne*, tomes XVIII et XIX.

Les Grecs rendirent à Prométhée les honneurs divins, ou du moins les honneurs dûs aux héros. Il avait un autel dans l'Académie même d'Athènes, et l'on institua en son honneur des jeux qui consistaient à courir depuis cet autel jusqu'à la ville avec des flambeaux qu'il fallait se garder de laisser éteindre. On le révérait comme l'inventeur de tous les arts, et on disait que les hommes avaient appris de lui les vertus des plantes, l'agriculture et l'art de dompter les chevaux.

C'est sur les flancs de l'Elborz, la plus haute montagne du Caucase, que, d'après la tradition, Prométhée aurait été enchaîné. Les indigènes qui demeurent dans la vallée voisine en conservent une suivant laquelle les os d'un géant, exposé en ce lieu à la colère divine, se voient encore sur la cime la moins élevée. Cette fable est tellement accréditée parmi les tribus grossières de cette partie du Caucase, qu'il s'y trouve des gens prêts à jurer qu'ils ont vu ces débris immenses. Il n'y a pas longtemps qu'un général européen, curieux de vérifier une histoire attestée par tant de récits, essaya de pénétrer dans les montagnes plus avant qu'on ne l'avait fait jusqu'alors. Mais à peine s'était-il enfoncé à une certaine distance dans les replis des monts, qu'une terrible avalanche engloutit le détachement qu'il avait amené et n'épargna que le chef et quelques soldats. Les Caucasiens pensent que le but de cette expédition était de donner la sépulture au corps du géant, et que la catastrophe fut un effet de la vengeance des esprits des montagnes chargés de veiller sur ces reliques mystérieuses, montrant par là que le jugement qui avait condamné ces ossements à rester pour toujours exposés sur ces rocs aux injures de l'air, ne pouvait pas être révoqué.

Prométhée est connu des Hindous sous le nom de *Pramathésa*. Voir le parallèle que nous établissons entre le héros grec et le personnage indien, à l'article GARGA.

PROMÉTHÉES, fête que les Grecs célébraient en l'honneur de Prométhée : c'est la même qui est aussi appelée *Lampadophories*, ou fête des Lampes, parce que Prométhée était comme l'auteur de la lumière des lampes, puisqu'il avait dérobé le feu du ciel. On y faisait une course aux flambeaux.

PROMITOR, dieu romain qui présidait aux dépenses (de *promere*, dépenser).

PROMOTEUR, officier ecclésiastique qui, dans les assemblées du clergé, dans les conciles, dans les chambres de décimes, dans les officialités, en un mot, dans quelque tribunal ecclésiastique que ce soit, est la partie publique, et requiert pour l'intérêt public, comme le procureur du roi dans les cours laïques.

PROMOTION DES CARDINAUX. Comme il ne doit jamais y avoir plus de soixante-dix cardinaux, le pape n'en fait de nouveaux que lorsqu'il y en a quelques-uns qui sont décédés. Avant de faire cette promotion, il déclare à son consistoire secret ceux sur lesquels il a jeté les yeux pour les élever au cardinalat. La veille que doit s'en faire la cérémonie, le cardinal patron prend soin d'avertir les nouveaux cardinaux de se trouver le lendemain à l'audience de Sa Sainteté. Quand ils y sont rendus, leurs valets de chambre les revêtent des habits de leur nouvelle dignité; le barbier du pape leur fait la tonsure à la cardinale, après quoi le cardinal patron va les présenter au saint-père. Ils se prosternent à ses pieds ; le pape leur met la calotte rouge, et fait sur eux le signe de la croix, en disant : *Esto cardinalis*, « Soyez cardinal. » A ces paroles, le promu ôte sa calotte, et baise les pieds de Sa Sainteté. La cérémonie finit par des compliments que les nouvelles Éminences font au saint-père pour lui témoigner leur reconnaissance. Quand le cardinal désigné est étranger et ne se trouve point à Rome, alors le pape lui envoie un de ses camériers pour lui porter la calotte, et cette commission est toujours bien payée au porteur. Le nonce du pape, s'il y en a un dans le royaume où réside le nouveau cardinal, fait la fonction de lui mettre la calotte. A son défaut, un empereur, un roi, un archevêque, ou enfin un évêque, en fait la cérémonie. Ce n'est pas assez que le nouveau cardinal ait reçu la calotte, il faut qu'il aille encore à Rome recevoir le chapeau rouge des mains du pape. Le jour marqué pour en faire la cérémonie, le nouveau cardinal va se rendre à la chapelle de Sixte, quand la cérémonie se doit faire au Vatican, et dans une chambre du palais apostolique, quand c'est à Monte-Cavallo. Cependant les anciens cardinaux entrent deux à deux dans la salle du consistoire; et, après avoir rendu l'obédience, ou baisé la main au pape, deux cardinaux diacres vont chercher le nouveau cardinal, et le conduisent devant le pape, auquel il fait trois révérences profondes, une à l'entrée de la chambre de Sa Sainteté, l'autre au milieu, et la troisième au bas du trône. Ensuite il monte les degrés, baise les pieds de Sa Sainteté, qui l'admet aussi *ad osculum oris*, à lui baiser la bouche. Après cela le nouveau cardinal va *ad osculum pacis*, c'est-à-dire qu'il embrasse tous les anciens cardinaux, et leur donne le baiser de paix.

Cette première cérémonie étant faite, le chœur des musiciens entonne le *Te Deum*: les cardinaux s'en vont deux à deux à la chapelle papale, où refont le tour de l'autel avec le nouveau cardinal, accompagné d'un ancien, qui lui cède la main droite cette fois-là seulement. Après quoi le nouveau cardinal vient s'agenouiller sur les marches de l'autel, où le premier maître des cérémonies lui met sur la tête le capuchon qui pend derrière sa chape ; et quand on chante le *Te ergo* du *Te Deum*, il se prosterne en telle manière, qu'il paraît couché sur le ventre, et demeure en cette posture, non-seulement jusqu'à la fin de ce cantique, mais encore pendant que le cardinal doyen, qui est pour lors à l'autel, du côté de l'épître, dit quelques oraisons marquées dans le Pontifical romain.

Lorsque ces prières sont finies, le nouveau cardinal se relève : on lui abaisse le capuchon ; après quoi le cardinal doyen, en présence de deux chefs d'ordre et du cardinal camerlingue, lui présente la bulle du serment qu'il doit prêter. Après l'avoir lue, il jure qu'il est prêt de répandre son sang pour la sainte Église romaine, et pour le maintien des priviléges du clergé apostolique auquel il est agrégé. Tous les cardinaux retournent ensuite dans la chambre du consistoire, dans le même ordre qu'ils avaient gardé pour en sortir. Le nouveau cardinal s'y rend aussi, à la droite de l'ancien qui l'accompagnait à la chapelle. Il s'agenouille devant le pape: un maître de cérémonie lui tire un capuchon sur la tête, et le pape lui met le chapeau de velours rouge sur le capuchon, en disant quelques oraisons.

Le pape se retire alors, et les cardinaux, en sortant du consistoire, s'arrêtent en cercle dans la salle. Le nouveau cardinal vient leur faire la révérence au milieu du cercle, et les remercier l'un après l'autre de l'honneur qu'ils lui ont fait de l'avoir reçu au nombre de leurs confrères. Quand il a achevé ses remercîments, les anciens cardinaux viennent aussi tour à tour le complimenter sur sa nouvelle promotion. Enfin chacun retourne chez soi. Mais quand le pape régnant a quelque neveu dans le collège des cardinaux, le cardinal neveu retient ordinairement à dîner le nouveau collègue. Au premier consistoire secret qui se tient, les nouveaux cardinaux y assistent, et après qu'on a terminé en leur présence les affaires sur lesquelles on avait à délibérer, le pape vient leur mettre la main sur la bouche et la leur fermer, pour leur signifier qu'ils doivent garder un profond secret sur tout ce qui se passe au consistoire. Au consistoire suivant, ils sortent de la salle où il se tient, et un moment après on les fait rentrer : le pape leur ouvre la bouche, et leur met au doigt un anneau de grand prix, et qu'ils payent aussi fort cher. De ces deux cérémonies, l'une leur donne le droit de donner leur voix au consistoire et partout ailleurs, et l'autre leur apprend qu'ils ont l'Eglise pour épouse, et qu'ils ne la doivent jamais abandonner. Le pape leur distribue ensuite des titres plus ou moins considérables, selon qu'il le juge à propos. Des personnes peu instruites pourraient s'imaginer qu'il faut nécessairement, pour être cardinal, avoir préalablement été évêque ou archevêque, parce que, selon l'usage, on passe d'abord par une moindre dignité avant d'arriver à une plus considérable : mais ils se tromperaient ; un prêtre, un diacre, un simple clerc, peuvent, sous le bon plaisir du pape, être élevés tout d'un coup au cardinalat, sans avoir passé par aucune autre dignité. Nous avons dit ailleurs qu'il y avait trois ordres de cardinaux : les cardinaux évêques, les cardinaux prêtres, les cardinaux diacres. On pourrait croire encore que dans chacun de ces trois ordres il n'y a que des évêques, ou des prêtres, ou des diacres ; ce qui est faux : car souvent il arrive qu'un évêque cardinal n'a que le titre de cardinal, diacre, et en conséquence est obligé de céder le pas à un simple clerc, qui porte le titre de cardinal évêque, ou de cardinal prêtre, quoiqu'il ne soit ni évêque ni prêtre. Voici par quelles circonstances cela arrive : premièrement, comme les cardinaux sont tous égaux par leurs dignités, ils prennent leur rang selon leur promotion et le titre qu'ils ont. Secondement, ils n'ont que le titre qu'ils ont opté. Troisièmement, les plus anciens cardinaux ont droit d'opter les premiers les titres de ceux qui viennent à mourir. Quatrièmement, il n'y a que les cardinaux qui sont actuellement à Rome, quand il vaque un titre, qui puissent l'opter. Cinquièmement, enfin, y ayant quelquefois des titres de cardinaux diacres qui sont plus lucratifs que des titres de cardinaux prêtres ou de cardinaux évêques, souvent les évêques, ou des prêtres cardinaux, préféreront le titre de cardinal diacre à celui de cardinal évêque. Ainsi, puisqu'un cardinal n'a que le titre qu'il a opté, un évêque cardinal ne pourra pas porter le titre de cardinal évêque, ou de cardinal prêtre, s'il n'a opté que le titre de cardinal diacre ; puisque les titres sont optés par droit d'ancienneté, un simple clerc, qui sera plus ancien cardinal qu'un évêque ou qu'un prêtre, pourra avoir un titre de cardinal évêque, en cas qu'il vienne à en vaquer un, et qu'il veuille l'opter, par préférence à l'évêque ou au prêtre, qui seront moins anciens cardinaux que lui ; et conséquemment il aura toujours le pas sur eux ; puisqu'il n'y a que les cardinaux qui résident actuellement à Rome quand il vaque un titre, qui puissent l'opter, un clerc cardinal qui se trouvera à Rome quand un titre vient à vaquer, aura l'avantage dans l'option de ce titre, qui peut être un titre d'évêque ou de prêtre, sur l'évêque ou le prêtre cardinal qui ne s'y trouvera pas. Enfin, puisqu'il y a des titres de cardinaux diacres ou de prêtres qui sont plus lucratifs que certains titres de cardinaux évêques, un clerc cardinal qui aimera mieux l'honneur que le profit pourra choisir, de deux titres qui vaqueront, le titre le plus honorable, quoique le moins lucratif ; tandis qu'un évêque cardinal, qui aimera mieux le profit que l'honneur, pourra choisir le plus lucratif, quoique le moins honorable. Il est donc très-facile de voir, d'après ce que nous venons de dire, que non-seulement les trois ordres de cardinaux dont nous avons parlé n'admettent point uniquement les seules personnes qu'ils semblent désigner, mais que même celles qui sont réellement les moindres en dignité peuvent très-fréquemment avoir la préséance sur celles auxquelles elles devraient par là être inférieures.

PROMYLÉE, divinité grecque, qui présidait aux meules. Selon d'autres, c'était une divinité qu'on plaçait au devant des môles, des ports, et à laquelle les navigateurs adressaient des vœux pour un heureux retour.

PRONAIA, surnom de Minerve, lorsque sa statue était placée πρὸ ναοῦ, sur le parvis des temples. Mercure portait, pour la même raison, le surnom de *Pronaos*, à Thèbes en Béotie, parce que sa statue de marbre, ouvrage de Phidias, était à l'entrée du temple d'Apollon.

PRONE, proclamation qui se fait tous les dimanches, dans les églises paroissiales, après l'évangile. On dérive communément ce mot du grec πρόναον, *nef, parvis du temple*, parce que c'est en ce lieu qu'on fait cette proclamation ; mais M. l'abbé Pascal préfère y voir une corruption du mot *præconium*.

1° Le prône se fait en langue vulgaire, car on y publie tout ce qui peut intéresser la communauté catholique de la paroisse. On commence par prier pour toute l'Eglise en général, pour les différents ordres qui la composent, pour le souverain, pour l'Etat, pour les paroissiens, pour les étrangers, pour les bienfaiteurs de l'église, pour les malades, pour les vivants et pour les morts. On y annonce les fêtes, les jeûnes et les différentes cérémonies qui doivent avoir lieu pendant le courant de la semaine; on y publie les bans de ceux qui se disposent à recevoir les ordres sacrés, et des personnes qui doivent se marier, les monitoires et les excommunications, quand il y a lieu ; on y lit les lettres pastorales et les mandements de l'autorité diocésaine; enfin on fait la lecture en français de l'évangile du jour. Un prêtre de la paroisse fait ensuite une instruction familière, soit pour expliquer l'évangile qu'on vient de lire, soit pour instruire le peuple des vérités de la religion. — Cette instruction porte aussi le nom de *prône*. Le prône diffère du sermon, en ce qu'il est d'un genre plus familier, plus court, et que, fait par le curé ou par ses vicaires, il est plus approprié aux besoins des paroissiens, qu'un sermon, fait le plus souvent par un prêtre étranger.

2° Les Musulmans ont une espèce de prône que nous exposons à l'article Khotba.

PRONO ou Prowée, dieu des Varèges, des Vandales et des Poméraniens. Ce dieu était regardé comme le second après Swétowid ; son simulacre était placé sur un chêne très-élevé et fort touffu, autour duquel on voyait une multitude d'idoles en sous-œuvre, et chacune d'elles avait deux ou trois faces. On sacrifiait à Prono sur un autel en avant du chêne qui lui servait de reposoir. Ce dieu était représenté tenant d'une main une charrue, et de l'autre un épieu et un étendard. Sa tête portait une couronne ; ses oreilles étaient saillantes, et sous un de ses pieds était suspendue une clochette. Krantz dit qu'il était le dieu d'Altembourg dans le duché de Holstein.

PRONUBA, surnom de Junon considérée comme déesse du mariage. On lui offrait en se mariant une victime dont le fiel avait été ôté, symbole de la douceur qui doit régner entre les époux.

Les Romains donnaient aussi le nom de *pronubæ* aux femmes qui accompagnaient la nouvelle mariée jusqu'à la maison de son époux, et qui étaient chargées de la mettre au lit. Elles devaient n'avoir eu qu'un seul mari, et être recommandables par une grande réputation de chasteté.

PROPAGANDE. 1° *Congrégation de la Propagande*, établie à Rome. *Voy.* Congrégations des Cardinaux, n° 5.

2° Société établie en Angleterre, en 1649, pour la propagation de la religion chrétienne dans les contrées de l'Amérique qui appartenaient aux Anglais. Ce ne fut que sous le règne de Guillaume III que cette société prit une forme régulière. Ce prince régla, par ses lettres patentes du 16 juin 1701, qu'elle serait composée de quatre-vingt-dix personnes, choisies entre les ecclésiastiques et les laïques, qui auraient à leur tête l'archevêque de Cantorbéry. Chaque membre de la société fournissait une certaine somme, et quantité de particuliers se firent un devoir de religion de contribuer aux frais de cette entreprise. La société envoya donc des missionnaires dans les nouvelles colonies anglaises ; mais elle éprouva des obstacles auxquels elle ne s'attendait pas, et de la part des indigènes qui refusèrent d'écouter les missionnaires, et de la part des Anglais mêmes, qui ne voulaient pas qu'on instruisît leurs esclaves, de peur qu'après les avoir convertis on ne voulût les rendre libres. Mais cette dernière difficulté fut levée par le gouvernement, qui ordonna que les esclaves convertis resteraient esclaves. La société de la Propagande avait un bureau fixe, qui s'assemblait chaque semaine, dans le chapitre de Saint-Paul à Londres. Les assemblées générales se tenaient, tous les mois, dans la bibliothèque de Saint-Martin de Westminster.

Cette œuvre est maintenant remplacée par la société des Missions et par les sociétés Bibliques, qui répandent par toute la terre des éditions de la Bible en une multitude de langues, et qui entretiennent, dans les pays infidèles, des missionnaires appartenant à différentes sectes. Ces sociétés sont établies, non-seulement en Angleterre, mais dans les Etats-Unis, en France, et dans plusieurs autres contrées ; elles disposent de sommes très-considérables. *Voy.* Missions.

PROPAGATION DE LA FOI. L'Œuvre de la propagation de la foi a pour but de répandre la connaissance de notre sainte religion chez les nations infidèles dans les deux mondes. Fondée à Lyon, le 3 mai 1822, elle a pris depuis cette époque un accroissement considérable : non-seulement elle s'est répandue dans toute la France, mais elle s'est établie encore en Belgique, en Savoie, en Angleterre, en Irlande, en Ecosse, en Suisse, en Allemagne, en Italie, en Espagne ; elle s'est même organisée à Malte, à Smyrne, à Constantinople, et jusqu'aux Indes orientales et en Amérique.

Les évêques de presque tous les pays catholiques de l'Europe se sont empressés de l'autoriser dans leurs diocèses où leur zèle la soutient ; les souverains pontifes l'ont comblée des marques d'une paternelle affection ; ils ont ouvert pour elle le trésor des indulgences qu'ils ont ensuite étendues à tous les fidèles associés dans quelque lieu du monde qu'ils résident ; enfin, par des lettres encycliques S. S. Grégoire XVI l'a recommandée à la sollicitude des pasteurs et à la piété des chrétiens répandus sur toute la surface du globe.

La bénédiction du ciel s'est reposée sur cette Œuvre, de telle sorte qu'elle est devenue aujourd'hui comme la providence visible des missions catholiques qui, de tous les points du globe, ont recours à elle pour réclamer ses secours, et lui adressent les plus touchantes actions de grâces.

Pour concourir à cette grande Œuvre, il ne faut que deux choses bien simples :

1° Appliquer une fois pour toutes à cette intention le *Pater* et l'*Ave* de sa prière du matin ou du soir, en y joignant chaque fois cette invocation : *Saint François Xavier, priez pour nous ;*

2° Donner en aumône pour les missions un sou par semaine.

Pour la plus facile perception des aumônes, un souscripteur par dix est chargé de les recueillir. Il en verse le montant entre les mains d'un autre membre de l'OEuvre qui a dix collectes semblables à recevoir, c'est-à-dire cent souscriptions ; et celui-ci verse à son tour sa recette entre les mains d'un troisième chargé de réunir dix recettes de même valeur, c'est-à-dire mille souscriptions.

Ce mode de perception n'autorise aucune réunion entre les souscripteurs. On reçoit avec reconnaissance les dons faits par des personnes étrangères à l'OEuvre, ou par des membres de l'OEuvre en sus de leurs rétributions.

Deux conseils, l'un à Lyon, l'autre à Paris, composés d'ecclésiastiques et de laïques, distribuent les aumônes entre les diverses missions ; les fonctions des membres de ces conseils sont gratuites. Le compte des recettes et de leur emploi est publié chaque année ; on y désigne les dons envoyés à chaque mission en particulier, les noms des évêques et des chefs de missions qui les ont reçus : aucune œuvre de charité ne va donc plus sûrement à son but.

La *Propagation de la Foi* étant devenue un centre naturel pour les missions des deux mondes, c'est par son organe que se publie tout ce qui les concerne. Une correspondance suivie est établie avec les diverses missions, et les relations des travaux apostoliques des missionnaires, adressées directement aux conseils de l'OEuvre, sont rédigées en recueil et publiées à Lyon. Ce recueil, qui forme la continuation des *Lettres édifiantes*, présente le tableau vivant de l'état de la religion dans les missions des deux hémisphères. Il paraît six fois par an et renferme en outre les comptes rendus annuels de l'OEuvre et tous les documents qui la concernent.

Il en est distribué gratuitement tous les deux mois un cahier par dizaine de souscripteurs : le collecteur de la dizaine doit le communiquer successivement et rapidement à ses souscripteurs ; la propriété lui en revient ensuite. Le nombre des cahiers distribués ainsi tous les deux mois est de plus de cent mille. Les Annales sont imprimées en français, en italien, en allemand, en anglais, en flamand, en portugais et en espagnol. Considérée seulement comme œuvre de bons livres, celle de *la Propagation de la Foi* tient donc le premier rang parmi toutes les fondations de ce genre.

PROPHÈTES, hommes inspirés de Dieu pour connaître et prédire l'avenir.

1° Les Juifs en ont eu un très-grand nombre, et la plupart de leurs grands hommes ont été des prophètes. Abraham, Moïse, Josué, Samuël, Nathan, David, Elie, Elisée, et plusieurs autres, ont été remplis de l'Esprit de Dieu, qui leur a révélé des vérités inconnues aux autres hommes. Depuis Moïse jusqu'à Esdras, on voit, parmi le peuple juif, une succession de prophètes, parmi lesquels on distingue particulièrement ceux dont les prophéties font partie des livres canoniques de l'Ancien Testament. Ils sont au nombre de seize : quatre qu'on nomme *grands*, parce que leurs prophéties sont plus longues que celles des autres, Isaïe, Jérémie avec Baruch, Ezéchiel, Daniel ; douze qu'on nomme *petits*, parce que leurs écrits sont moins étendus, sont Osée, Joël, Amos, Abdias, Jonas, Michée, Nahum, Habacuc, Sophonie, Aggée, Zacharie et Malachie. Chacun de ces prophètes a son article à part dans ce Dictionnaire.

Il n'y a jamais eu tant de prophètes parmi les Juifs que depuis Elie et Elisée jusqu'à la captivité de Babylone. Ces prophètes étaient de véritables religieux. Ils vivaient séparés du monde, distingués par leur habit et leur manière de vivre. Ils demeuraient sur des montagnes, comme Elie et Elisée sur le mont Carmel et en Galgala. La femme riche qui logeait Elisée quand il passait à Sunam, lui fit bâtir et meubler une chambre où il vivait si retiré, qu'il ne parlait pas même à son hôtesse ; mais il lui faisait parler par son serviteur Giézi ; et quand cette femme vint le prier de ressusciter son fils, Giézi voulait l'empêcher de toucher les pieds du prophète. Deux miracles d'Elisée montrent que ses disciples vivaient en communauté ; celui du potage d'herbes, dont il ôta l'amertume, et celui du pain d'orge, qu'il multiplia, et l'on y voit aussi la frugalité de leur nourriture. Il y avait jusqu'à cent prophètes qui vivaient ensemble dans cette communauté. Ils travaillaient de leurs mains ; car, se trouvant trop étroitement logés, ils allèrent eux-mêmes couper du bois pour bâtir, et ils étaient si pauvres, que l'un d'eux emprunta une cognée. L'exemple d'Habacuc, qui fut enlevé par un ange pour porter à Daniel le dîner qu'il avait préparé pour ses moissonneurs, montre encore la vie simple et laborieuse des prophètes.

Leur habit était le sac ou le cilice, c'est-à-dire l'habit de deuil, pour montrer qu'ils faisaient continuellement pénitence pour les péchés de tout le peuple. Ainsi, pour décrire Elie, on dit, un homme vêtu de poil, avec une ceinture de cuir. Ainsi, quand Dieu commande à Isaïe de se dépouiller, il lui ordonne d'ôter son sac d'autour de ses reins. Les deux grands prophètes dont parle l'Apocalypse paraissaient vêtus de sacs.

Les prophètes, au moins quelques-uns, ne laissaient pas d'être mariés, et cette veuve dont Elie multiplia l'huile était la veuve d'un prophète. Il semble même que leurs enfants suivaient la même profession ; car les prophètes sont souvent nommés *enfants des prophètes*. C'est ce qui faisait dire à Amos : « Je ne suis point prophète ni fils de prophète, mais un simple pâtre ; » pour montrer qu'il ne prophétisait point par profession, mais par vocation extraordinaire. Car, bien que Dieu se servît le plus souvent de ceux qui menaient la vie prophétique pour faire savoir ses volontés, il ne s'était point imposé de loi de ne pas faire de révélation à d'autres.

Cependant on ne comptait d'ordinaire pour prophètes que ceux qui en menaient la vie: d'où vient que les livres de David, de Salomon et de Daniel ne sont point mis par les Juifs au rang des livres prophétiques, parce que les deux premiers étaient des rois, vivant dans les délices; et le dernier était un satrape, vivant aussi à la cour et dans le grand monde.

Ce furent ces saints personnages qui conservèrent, après les patriarches, la tradition la plus pure de la véritable religion. Ils s'occupaient à méditer la loi de Dieu, à le prier plusieurs fois le jour et la nuit, et pour eux et pour les autres, et s'exerçaient à la pratique de toutes les vertus. Ils instruisaient leurs disciples, leur découvraient l'esprit de la loi, et leur expliquaient les sens relevés qui regardaient l'état de l'Eglise après la venue du Messie, ou sur la terre ou dans le ciel, cachés sous des allégories de choses sensibles et basses en apparence. Ils instruisaient aussi le peuple, qui venait les trouver les jours de sabbat et les autres fêtes. Ils lui reprochaient ses péchés, et l'exhortaient à en faire pénitence. Souvent ils lui prédisaient, de la part de Dieu, ce qui lui devait arriver. Cette liberté de dire les choses les plus fâcheuses, même aux rois, les rendait odieux, et il en coûta la vie à plusieurs.

Cependant il y avait beaucoup d'imposteurs qui contrefaisaient l'extérieur des vrais prophètes, portaient des sacs comme eux, parlaient le même langage, et se disaient aussi inspirés de Dieu; mais ils prenaient bien garde de ne faire que des prédictions agréables au peuple et aux princes.

2° Les Musulmans disent qu'il a paru sur la terre 124,000 prophètes, depuis Adam jusqu'à Mahomet, après lequel on ne doit plus en attendre d'autres. Tous ont été doués des grâces de la révélation, en vertu desquelles ils ont promulgué des lois positives et des lois négatives. La mission de tous a été également constatée par des prodiges, surtout celle de Mahomet. Cependant, parmi tous ces prophètes, compris sous le nom de *Nabi*, il faut distinguer les *Resoul*, ou envoyés de Dieu. Ces derniers, au nombre de 316, ont été seuls favorisés des livres célestes et des grâces de la révélation. Tous les patriarches et les saints de l'ancienne loi sont rangés par les Mahométans au nombre des prophètes et dans la classe des *Resoul*; plusieurs mêmes sont distingués par des dénominations particulières: Adam est appelé *Safi-Allah*, le pur en Dieu; Seth, *Résoul-Allah*, l'envoyé de Dieu; Enoch, *Réfi-Allah*, l'exalté en Dieu; Noé, *Nedji-Allah*, le sauvé en Dieu; Abraham, *Khalil-Allah*, l'ami de Dieu; Ismaël, *Zébi-Allah*, le sacrifié en Dieu; Jacob, *Israël-Allah*, l'homme nocturne de Dieu; Joseph, *Sadic-Allah*, le sincère en Dieu; Job, *Sabour-Allah*, le patient en Dieu; Moïse, *Kélam-Allah*, la parole de Dieu; David, *Kha-lifat-Allah*, le khalife ou le vicaire de Dieu; Salomon, *Emin-Allah*, l'affidé de Dieu, etc. Jésus-Christ est distingué au-dessus de tous; il est appelé *Rouh-Allah*, l'Esprit de Dieu, puisque l'islamisme admet sa conception immaculée dans le sein de la sainte Vierge. Mais Mahomet est révéré comme le plus grand et le dernier des prophètes; il porte, entre autres noms sublimes, plus généralement ceux de prince et de coryphée des prophètes, et d'intercesseur au jour du jugement.

3° Les nations païennes avaient aussi leurs prophètes; tels étaient les faux prophètes de Baal dont Elie fit faire justice. C'étaient des gens qui se donnaient pour inspirés par les dieux, qui simulaient une frénésie religieuse, et qui se mêlaient de rendre des oracles; tels étaient encore ceux auxquels les Grecs donnaient le nom de Μάντεις, et les Latins celui de *Divini*, comme étant inspirés par la Divinité, comme Chalcas, Tirésias, la Pythie de Delphes, Carmenta, les Sibylles et une multitude d'autres. Il y avait en outre une classe de prêtres qui dans quelques contrées étaient distingués par le titre de *prophètes* ou un nom équivalent.

4° Les Grecs appelaient ainsi ceux qui étaient chargés de rédiger par écrit les oracles des dieux. Les plus célèbres étaient ceux de Delphes, que l'on élisait au sort et que l'on choisissait parmi les premiers habitants de la ville. C'était à eux que l'on adressait les demandes que l'on voulait faire aux dieux. Ils conduisaient la Pythie au trépied sacré, recueillaient la réponse, et l'arrangeaient pour la faire mettre en vers par les poètes.

5° Les Grecs ont donné le nom de *prophètes* aux ministres du premier rang de la religion égyptienne, parce qu'ils passaient pour être instruits de la connaissance des mystères, de toutes les choses secrètes, de l'avenir même, et qu'ils étaient les interprètes des oracles. En effet, si les Egyptiens consultaient rarement les choses sacrées, comme les entrailles des victimes, pour connaître et pour prédire l'avenir, ils avaient souvent recours à l'inspection des astres, et croyaient par là être en état de prédire les choses futures. Au moins leurs prophètes s'en vantaient-ils; ils se donnaient aussi pour possesseurs et dépositaires de livres où les événements futurs étaient consignés. A les entendre, ils avaient encore une habileté merveilleuse pour expliquer les songes. Enfin ils avaient la prétention de passer pour de grands magiciens, et d'avoir des recettes à eux pour opérer les effets les plus étranges. Dans les pompes et les processions, les prophètes marchaient les derniers. Ils portaient devant eux une urne où était de l'eau du Nil; il paraît même qu'ils étaient chargés du soin des vaisseaux sacrés où l'on conservait de cette eau. Ils étaient enveloppés d'un grand manteau qui leur couvrait la tête et les mains.

6° Les Taïtiens avaient leurs prophètes, nommés *Atouas* ou dieux. Ce sont des gens qui se prétendaient inspirés; de temps en temps la frénésie prophétique les transportait ; ils étaient hors d'eux-mêmes, parlaient à tort et à travers, et faisaient des actions extravagantes. Les insulaires ne doutaient pas que ces insensés ne fussent possédés par l'esprit de la divinité. On dit que pendant leur accès, ils ne connaissaient personne, pas même leurs amis; que s'ils avaient des richesses, ils les distribuaient au public, à moins qu'on n'eût soin de leur en ôter les moyens; que lorsqu'ils reprenaient leur raison, ils demandaient ce qu'étaient devenus les objets dont ils s'étaient dépouillés, et qu'ils ne semblaient pas conserver le moindre souvenir de ce qui s'était passé pendant leur accès. Le capitaine Cook parle d'un de ces enthousiastes qui pérora et prophétisa devant lui l'espace d'une demi-heure sans qu'il parût s'apercevoir d'une averse très-forte survenue tout à coup et qui l'inondait de toutes parts. Ses paroles, sa démarche, son maintien, annonçaient un fou, et il avait les reins enveloppés d'une multitude de feuilles de bananier qui composaient tout son vêtement.

7° Les habitants de l'archipel Nouka-Hiva ont également leurs prophètes qui viennent, dans la hiérarchie sacrée, immédiatement après les *Atouas*. Voy. TAHOUAS.

8° On a donné le nom de *prophètes* à quelques sectes hérétiques, comme à ceux qui se sont fait connaître dans le XVII° siècle, sous le nom de *Prophètes du Dauphiné*. Le fanatisme qui les inspira vers l'an 1688, s'était manifesté dès le temps de la révocation de l'édit de Nantes ; ils prétendaient entendre des voix célestes qui psalmodiaient dans les airs les psaumes de Clément Marot et de Théodore de Bèze. Plusieurs eurent des extases, des visions, et rendirent des oracles ; entre autres une jeune paysanne de quinze ou seize ans, connue sous le nom de *Bergère de Cret* (*Voy.* son article) : favorisée par les ministres calvinistes, la contagion du fanatisme prophétique se répandit dans le Dauphiné et le Vivarais ; on vit naître des essaims de petits prophètes, presque tous enfants et incapables de tromper, tous également simples et grossiers, mais tous également instruits et dressés au manège qu'on leur faisait jouer. Ils avaient des maîtres qui leur apprenaient la manière de prophétiser. Mais au lieu de l'enthousiasme, de l'agitation, de l'exaltation même qui animait les anciens prophètes, vrais ou faux, l'esprit prophétique ne se manifestait dans ceux-ci qu'au milieu d'un état réel ou feint de prostration et d'assoupissement. Aussi se servait-on dans la secte du mot *tomber*, pour dire prophétiser, parce que le symptôme de la prophétie était une léthargie subite, qui exposait le prophète à la chute. Cette chute même n'était pas toujours prévue, témoin celle d'un de ces prophètes qui, se trouvant saisi de l'esprit en voyageant, tomba dans un bourbier où il se cassa la jambe. A la vérité, la verve prophétique suspendit la douleur pendant qu'il était dans le trou, et il prophétisa aussi patiemment que s'il ne se

fût point fait de mal. Très-souvent, quand on voyait le prophète tomber d'assoupissement, s'endormir ensuite, et commencer à prêcher dans ce sommeil, on le portait au lit ainsi endormi, et il y prêchait ou prophétisait quelquefois trois ou quatre heures de suite. Mais bientôt plusieurs de ces fanatiques furent convaincus d'imposture par les Calvinistes eux-mêmes et la secte ne tarda pas à disparaître.

9° Les prophètes des Cévennes firent également beaucoup de bruit sous le nom de *Camisars*, et portèrent ensuite leur enthousiasme en Angleterre. Voy. CAMISARS.

10° Enfin on a encore donné le nom de *prophètes* à des illuminés qui ont paru en différents temps et en diverses contrées. *Voy.* ILLUMINÉS.

PROPHÉTESSES, femmes douées du don de prophétie : 1° Dieu distribuant ses dons à qui lui plaît, n'a pas exclu les femmes de l'inspiration prophétique. Nous en trouvons plusieurs exemples dans l'Ancien Testament, comme Marie, sœur de Moïse; Débora, femme de Lapidoth, Holda, etc., et dans le Nouveau Testament, la bienheureuse vierge Marie, la prophétesse Anne, les quatre filles de Philippe l'Evangéliste, etc.

2° Les païens avaient aussi leurs prophétesses, comme la Pythie de Delphes, Carmenta, les Sibylles, les Druidesses, etc. Les Gaulois, les Germains et en général les peuples du Nord, paraissent même avoir considéré les femmes comme plus aptes que les hommes à recevoir l'esprit prophétique.

PROPHÉTIE, oracle que Dieu fait rendre par la bouche d'un homme qu'il inspire et qu'il éclaire sur l'avenir. Les prophéties sont une des parties les plus importantes de l'Ecriture sainte; elles établissent la vérité de la révélation, car il n'y a que Dieu seul qui connaisse l'avenir ; et les oracles des prophètes, que l'événement a confirmés, sont une preuve qu'ils étaient inspirés de Dieu. Comme la religion est de tous les siècles, la prophétie subsiste depuis le commencement du monde. Adam est communément regardé comme le premier des prophètes, car c'est lui qui a dû faire connaître à sa race les vérités que Dieu lui avait révélées, et les oracles dont il avait été rendu dépositaire; Hénoch annonça aux hommes corrompus leur malheur futur ; Noé, le prédicateur de la justice, selon l'expression de saint Pierre, prédit aux hommes le déluge, et travailla avec zèle, mais sans fruit, à rappeler les pécheurs à la pénitence; Abraham, Isaac, Jacob, reçurent fréquemment des communications de Dieu, relativement à leur postérité, et les découvrirent à leurs enfants ; Joseph fut favorisé, dès son enfance, de plusieurs visions prophétiques, et exerça en Egypte le ministère de prophète. Jusque-là cependant la prophétie n'était que verbale, du moins nous ne voyons pas qu'elle ait été consignée par écrit; mais plus tard, comme les vérités s'affaiblissaient, et que la prophétie devait s'appliquer à une multitude de faits différents que la mémoire des hommes n'aurait pú retenir dans leurs détails, Dieu voulut qu'elle fût mise en écrit. La Providence avait en même temps en vue la conviction des peuples futurs; car il fallut dans la suite, pour convaincre les gentils, leur apporter en main la preuve que les grands événements qui venaient de se passer avaient été clairement prédits, et que ces prédictions étaient consignées dans des livres dont l'authenticité était incontestable. C'est pourquoi nous trouvons chez les Juifs une longue suite de prophéties écrites depuis Moïse jusqu'aux temps d'Esdras. C'est des Juifs que les chrétiens ont reçu ce précieux dépôt, qui leur a fourni une des preuves les plus concluantes des vérités qu'ils enseignaient. Certes, c'est un grand malheur pour le gros de la nation juive d'avoir persévéré dans son aveuglement; mais s'il en eût été autrement, les prophéties eussent perdu presque toute leur force. En effet, lorsque les premiers prédicateurs de l'Evangile cherchaient à convaincre les païens en leur montrant la prédiction précise des événements qui s'étaient passés sous leurs yeux ou à leur connaissance, ceux-ci se retranchaient derrière l'objection que ces écrits étaient supposés; mais lorsqu'ils voyaient ces livres entre les mains d'un peuple ennemi, qui les revendiquait comme les siens propres, et en démontrait l'antiquité, les païens ne savaient plus que répondre et ils étaient convaincus.

Maintenant que les anciennes promesses ont été accomplies, que la religion a reçu son complet développement, nous ne devons plus attendre de révélation nouvelle, en tant qu'elle devrait modifier le dogme, la croyance ou la morale; mais l'esprit prophétique n'a pas pour cela cessé dans l'Eglise; car, depuis sa fondation, Dieu a révélé de temps en temps ses voies cachées; et même des événements futurs, soit à de saints personnages, soit à des personnes choisies pour manifester ses desseins. La vie des saints fourmille d'exemples de ces sortes de prédictions. Nous citons, dans ce Dictionnaire, à l'article DÉESSE DE LA RAISON, la célèbre prédiction du P. Beauregard, touchant les saturnales qui devaient être exécutées treize ans après dans la basilique de Notre-Dame de Paris.

Dans l'usage de l'Ecriture sainte et de l'Eglise, le mot prophétie désigne encore et particulièrement un don de l'Esprit de Dieu par lequel on connaît ses desseins et sa volonté, avec la facilité de les expliquer aux autres pour l'édification des fidèles. Le pressentiment et la prédiction des choses futures ou cachées sont une partie de la prophétie; mais la principale et la plus excellente est la liberté de parler d'une manière forte et efficace, de Dieu, de la piété et des vertus, par un don particulier de sa grâce.

PROPITIATOIRE. C'était, chez les Juifs, une table d'or massif qui servait de couvercle à l'arche d'alliance; aux extrémités étaient deux chérubins d'or dont les ailes se rejoignaient au-dessus du propitiatoire; c'était sur leurs ailes que Dieu était censé résider, comme dans le siège de sa souveraine majesté; c'était de là que Dieu parlait à Moïse, et après lui, au grand pontife, et qu'il rendait ses oracles. C'est pourquoi on l'appelait aussi l'*oracle*. Le propitiatoire portait en hébreu le nom de *Kaphoreth*, du verbe כפר *Kaphar*, qui signifie *couvrir*; mais comme ce verbe a métaphoriquement la signification d'*expier* ou couvrir les péchés, c'est de ce second sens que la Vulgate traduit ce mot par *Propitiatoire*. Les Septante l'ont rendu par ἱλαστήριον ἐπίθεμα, *couvercle propitiatoire*, traduisant ainsi les deux sens du terme hébreu.

PRORSA, PORRIMA ou PROSA, divinité romaine que l'on invoquait pour procurer aux enfants une situation convenable dans le sein de leur mère.

PROSCLYSTE, surnom de Neptune chez les Argiens : il fut donné à ce dieu en mémoire de ce qu'ayant inondé leurs terres, il retira ses eaux à la prière de Junon, à qui ce pays venait d'être adjugé par la décision d'Inachus. Ce mot vient du verbe προσκλύζειν, *s'écouler*.

PROSE. Dans l'office de l'Eglise catholique, plusieurs pièces de chant se terminent par des neumes ou tropes, séries de notes plus ou moins nombreuses modulées sur la dernière syllabe du morceau. Ceci a lieu particulièrement pour l'*Alleluia* qui se chante avant l'évangile. En quelques églises on jugea à propos de substituer à cette prolongation vocale de la même syllabe quelques paroles qui formaient un sens et que l'on appelait *séquence*. Telle est l'origine des proses. Plus tard on composa des morceaux relatifs aux différents mystères que l'on célébrait; plusieurs de ces compositions étaient trop longues pour être adaptées au chant primitif, on fit alors pour elles un chant particulier. Une fois entré dans cette voie, il n'y avait plus de raison pour s'arrêter : ces sortes de pièces s'allongèrent encore, puis on les divisa en couplets ou en strophes, consistant en petits vers rimés; mais comme ces vers n'étaient point sur le mètre latin, presque inconnu dans le moyen âge, et qu'ils n'étaient par conséquent que de la prose rimée, on leur donna plus tard le nom de *prose*.

On croit que l'usage des proses a commencé dans le IXe siècle; on en fait honneur au moine Notker, abbé de Saint-Gal en Suisse, qui ne fit peut-être que populariser ces sortes de pièces, et qui sans doute fut l'auteur de plusieurs. Depuis cette époque on en composa un grand nombre, et les anciens missels en sont remplis. Quelques-unes sont d'un grand mérite; mais la plupart se ressentent de la barbarie des siècles qui les avaient produites. La réforme de saint Pie V en fit bonne justice; il les retrancha toutes, à l'exception de quatre seulement, savoir : celle du jour de Pâques, *Victimæ paschali*, qui nous semble mériter peu cet honneur (1); celle de la Pentecôte, *Veni, sancte Spiritus*, qui est d'une belle et touchante simplicité (2); celle de la Fête-Dieu, *Lauda, Sion, Salvatorem*, qui est de saint Thomas d'Aquin; elle est magnifique de style, de composition et de difficultés scolastiques vaincues; on dit que son chant est calqué sur le chant de triomphe des anciens Romains; enfin la prose des morts, *Dies iræ, dies illa*, admirable d'expression, de piété, de prières et de religieuse terreur. Plusieurs églises en ont conservé d'autres ou en ont composé de nouvelles. Presque toutes celles du Missel de Paris sont fort belles.

PROSÉLYTE. Ce mot, d'origine grecque, désigne proprement un étranger; mais on l'emploie, la plupart du temps, pour exprimer un nouveau converti, ou une personne qui embrasse une nouvelle religion, une nouvelle doctrine. Dans une acception restreinte, les Juifs donnaient le nom de *prosélytes* aux étrangers qui embrassaient leur religion ou qui se soumettaient à leur loi.

Les Juifs, comme nous l'exposons à l'article JUDAÏSME, n'avaient pas pour mission de convertir les autres peuples à leur forme religieuse, car leur loi ne concernait que la postérité de Jacob; cependant, comme la plupart des peuples qui les entouraient étaient tombés dans l'idolâtrie et dans l'oubli des vérités primitives, ils ne leur fermaient pas la porte du salut, lorsque ceux-ci voulaient pratiquer un culte raisonnable et servir le vrai Dieu. Ces étrangers étaient cependant distingués des nationaux par le nom de *Guérim* ou *prosélytes*. On les partageait encore en deux classes, savoir les prosélytes de *cohabitation* et les prosélytes de *justice*: les premiers n'étaient pas regardés comme faisant partie du peuple juif; c'étaient des étrangers, autrefois soumis par les Juifs, et réduits par eux à une espèce d'esclavage ou de servitude; ils étaient employés aux travaux les plus rudes et les plus vils, et ils remplissaient les fonctions les plus basses dans les villes et dans les armées; ils n'étaient point circoncis, et n'étaient point assujettis à la législation mosaïque; il suffisait qu'ils renonçassent à l'idolâtrie, qu'ils observassent la loi naturelle et qu'ils reconnussent l'unité de Dieu. Quant aux prosélytes de justice, c'étaient ceux qui avaient embrassé par conviction le culte des Israélites, et qui de plus demandaient à leur être agrégés; alors ils étaient circoncis, et on les incorporait à la nation juive. S'ils ne devaient pas faire partie de la nation, on ne les soumettait point à la circoncision, comme nous le voyons par Naaman le Syrien, de qui le prophète Élie exigea seulement le renoncement au culte des idoles.

Les Juifs modernes disent que trois choses sont nécessaires pour la réception d'un prosélyte, savoir: la circoncision, le baptême et le sacrifice. Les femmes sont naturellement exemptes de la première. Le sacrifice consiste en un bœuf, un bouc ou une brebis, offerts en holocauste; ou au moins deux tourterelles ou deux pigeonneaux; mais maintenant que les Juifs sont expulsés de la terre sainte et que les sacrifices ont cessé, on doit se contenter de la circoncision et du baptême, jusqu'à ce que la nation soit réintégrée dans sa patrie. Mais ces deux choses sont si nécessaires, que celui qui négligerait l'une ou l'autre ne pourrait être prosélyte. Le baptême doit s'administrer en présence de trois témoins au moins, sous peine de nullité. Mais auparavant il faut examiner sérieusement le postulant, et s'assurer s'il ne se porte pas à cette démarche par crainte, par l'appât du gain, par le désir des honneurs, ou par amour pour une fille juive; auquel cas on doit rejeter sa demande. Si on ne découvre pas en lui ces motifs intéressés, on lui met sous les yeux le joug incommode des préceptes de la loi, surtout dans le temps actuel, les persécutions et le mépris auxquels les Juifs sont maintenant exposés. S'il persiste, on le reçoit et on l'instruit des principaux articles de la religion judaïque, comme de l'unité de Dieu, de la prohibition de l'idolâtrie, etc. Ensuite on lui détaille sommairement les préceptes en matière grave et en matière légère, les châtiments qui attendent les transgresseurs; les récompenses réservées à ceux qui pratiquent fidèlement la loi; les causes qui ont attiré sur les Juifs les maux qu'ils souffrent, etc. Si le postulant persévère dans sa résolution, on le circoncit, et on l'asperge du sang de sa circoncision. Lorsqu'il est bien guéri, on le baptise, et pendant qu'il est dans l'eau, trois Israélites se tiennent auprès de lui et lui énumèrent de nouveau les préceptes tant en matière grave qu'en matière légère. Si c'est une femme que l'on baptise, d'autres femmes la plongent dans l'eau jusqu'au cou, et les juges lui exposent les préceptes, en se tenant hors de l'appartement. Après quoi la néophyte se plonge elle-même dans l'eau tout entière, en présence de ces femmes qui sortent aussitôt pour ne pas l'apercevoir quand elle se retire de l'eau. Les prosélytes ainsi reçus font dès lors partie intégrante du peuple juif, et sont assujettis à toutes les prescriptions de la loi.

PROSERPINE, déesse des enfers, dans la mythologie grecque et latine. Elle était fille de Jupiter et de Cérès, et fut enlevée par Pluton, lorsqu'elle cueillait des fleurs dans les champs de la Sicile, et malgré la résistance opiniâtre de Cyane, sa compagne. Cérès éplorée arrache deux arbres du mont Etna, les allume en guise de torches, et cherche sa fille nuit et jour sans pouvoir

---

(1) La prose *Victimæ* n'est au reste composée que des fragments décousus d'un ancien drame religieux chanté en quelques églises le jour de Pâques. *Voy.* le *Dictionnaire de Liturgie* de l'abbé Pascal.

(2) C'est à tort qu'on attribue la composition de cette prose au roi Robert. Ce prince avait composé la prose que l'on chantait antérieurement à celle-ci et qui commence par ces mots : *Sancti Spiritus adsit nobis gratia*.

en apprendre des nouvelles; enfin la nymphe témoin de son enlèvement lui découvre en même temps le rapt et le nom du ravisseur. Cérès se transporte aussitôt sur l'Olympe, se plaint à Jupiter de l'enlèvement de Proserpine, et implore son puissant secours pour la ramener auprès d'elle. Le père des dieux lui promet que sa fille lui sera rendue, pourvu qu'elle n'ait rien mangé depuis son entrée aux enfers. Malheureusement Proserpine, en se promenant dans les champs Elysées, avait cueilli une grenade et en avait mangé six pepins; l'indiscret Ascalaphe s'en était aperçu, et l'avait rapporté à son père pour lui faire sa cour; Proserpine fut donc condamnée à rester dans les enfers en qualité d'épouse de Pluton et reine de l'empire des ombres. Selon d'autres, Cérès obtint de Jupiter que Proserpine passerait six mois de l'année avec sa mère sur la terre ou dans l'Olympe, et six mois avec son époux dans les enfers.

Les Phéniciens connaissaient une Proserpine plus ancienne que celle des Grecs, qu'ils disaient fille de Saturne, morte vierge et fort jeune, ce qui a pu donner lieu à l'idée de son enlèvement par Pluton : ils l'appelaient *Phérephate*.

On a trouvé dans cette fable, avec assez de vraisemblance, l'emblème naturel de la germination. Elle est fille de Cérès, *la moisson*, parce que le grain est produit par l'épi en maturité. Selon Apollodore, elle est née de Jupiter et de la nymphe Styx, c'est-à-dire de la chaleur et de l'eau. Proserpine est la vertu des semences cachées dans la terre; Pluton est le soleil qui fait son tour au-dessous de la terre au solstice d'hiver; et si Jupiter ordonne que Proserpine reste la moitié de l'année avec son époux, et l'autre moitié avec sa mère, c'est que le grain demeure à peu près six mois hors de son sein.

La Sicile rendit un culte solennel à Proserpine : on lui attribua le droit de faire naître à son gré la stérilité ou l'abondance, et les Siciliens ne pouvaient assurer la fidélité de leurs promesses par un serment plus fort qu'en jurant par cette déesse. Dans les funérailles on se frappait la poitrine en son honneur. Chez les Grecs et les Romains, les serviteurs et les amis de ceux qui venaient de mourir se coupaient les cheveux, et les jetaient dans le bûcher funéraire pour fléchir Proserpine. On lui immolait des chiens comme à Hécate, et surtout des génisses stériles. Les Arcadiens lui avaient consacré un temple sous le nom de *Conservatrice*, parce qu'ils l'invoquaient pour retrouver les choses perdues. Proserpine était encore la divinité tutélaire des Sardes. Les Gaulois la regardaient comme leur mère et lui avaient bâti des temples, s'il faut s'en rapporter au témoignage des Romains. Varron lui dérive le nom de Proserpine de *pro-serpere*, parce que le grain étend ses racines en serpentant de tous côtés. Il pourrait se faire cependant que ce nom fût une altération du grec *Persephone*; mais Court de Gebelin préfère y voir le nom de la couronne boréale (en hébreu *Per-Tséphon*) qui précède la constellation du Serpent, *proserpens*.

L'enlèvement de Proserpine était l'objet de mystères célébrés dans la Grèce, et dans une partie de l'Orient.

PROSPHONÉSIME, nom de la semaine de la Septuagésime chez les Grecs. Cette semaine était comme l'ouverture de l'année ecclésiastique ou liturgique, pour le cours des offices des fêtes mobiles. Le dimanche qui ouvre cette semaine se nomme le dimanche de la *Prosphonèse* ou de la publication, parce qu'on y annonce au peuple le jeûne du carême, et le jour où tombera la fête de Pâques.

PROSPHORA, ou oblation; nom que les chrétiens grecs donnent au pain qui doit être consacré dans le sacrifice de la messe.

PROSTASIS, ou la *Secourable*; surnom de Cérès honorée dans un temple situé entre Sicyone et Phliunte, dont Proserpine partageait avec elle les honneurs. Pour célébrer la fête de ces divinités, les hommes et les femmes avaient un lieu séparé.

PROSTROPÉEN (de προστροπή, *supplication*); surnom de Jupiter qui protégeait les suppliants, et à qui les hommes adressaient leurs supplications, principalement pour demander vengeance d'un ennemi cruel.

PROSYMNE, surnom de Cérès, honorée en Argolide, dans un bois de platanes, où elle était représentée assise; c'était aussi un surnom de Junon. Ce nom signifie *célébrée par des hymnes*.

PROTECDICE, ou grand avocat; officier de l'Église grecque, qui juge à l'entrée du temple les affaires de moindre importance.

PROTÉE, dieu marin, fils de Neptune et de Phénice, ou, selon d'autres, d'Océan et de Téthys. Les Grecs le font naître à Pallène, ville de Macédoine. Deux de ses fils, Télégone et Tmolus, étaient des monstres de cruauté. Protée, n'ayant pu les ramener à des sentiments d'humanité, prit le parti de se retirer en Égypte, avec le secours de Neptune, qui lui creusa un passage sous la mer. Il eut aussi des filles, et, entre autres la nymphe Eidothée, qui apparut à Ménélas, lorsqu'en revenant de Troie il fut poussé par les vents contraires sur la côte de l'Égypte, et lui enseigna ce qu'il avait à faire pour apprendre de Protée, son père, les moyens de retourner dans sa patrie.

Protée était le gardien des troupeaux de Neptune, qu'on appelait phoques ou veaux marins; et son père, pour le récompenser du soin qu'il en prenait, lui avait donné la connaissance du passé, du présent et de l'avenir. Mais il n'était pas aisé de l'aborder, et il se refusait à tous ceux qui venaient le consulter. Eidothée dit à Ménélas que, pour le déterminer à parler, il fallait le surprendre pendant son sommeil, et le lier de manière à ce qu'il pût s'échapper; car il prenait toutes sortes de formes pour épouvanter ceux qui l'approchaient; celle d'un lion, d'un dragon, d'un léopard, d'un sanglier; quelquefois il se métamorphosait en eau, en arbre et même en feu; mais, si l'on persévérait à le tenir bien lié, il reprenait enfin sa première forme, et répondait à toutes les questions qu'on lui faisait. Ménélas suivit ponctuellement les instructions de la nymphe, et ayant pris avec lui trois de ses plus braves compagnons, il entra, dès le matin, dans les grottes où Protée avait coutume de venir se reposer au milieu de ses troupeaux. Eidothée leur avait apporté quatre peaux de veaux marins pour les en revêtir, afin que Protée ne les reconnût pas; mais comme l'odeur en était insupportable, elle leur versa à chacun dans les narines une goutte d'ambroisie, qui neutralisa la puanteur de ces peaux. Ménélas saisit le moment où Protée dormait, pour se jeter sur lui. Ses trois compagnons et lui le serrèrent étroitement entre leurs bras; et à chaque forme qu'il prenait, ils le serraient encore plus fort, jusqu'à ce qu'ayant épuisé ses ruses, il revint à sa forme ordinaire, et donna enfin à Ménélas les éclaircissements qu'il lui demandait.

Nous lisons dans les Géorgiques de Virgile qu'Aristée, après avoir perdu toutes ses abeilles, alla, par le conseil de sa mère, consulter Protée sur les moyens de réparer ses essais, et qu'il eut recours aux mêmes artifices pour le faire parler.

Toute cette fable est fondée sur l'histoire. Protée était de Memphis, capitale de la basse Egypte, et vivait dans le temps de la guerre de Troie. Il régna dans cette partie de l'Egypte après Phéron; et Paris, en passant la mer avec Hélène, qu'il avait enlevée de Sparte, ayant été jeté par la tempête sur la côte d'Egypte, Protée se le fit amener. Quand il eut appris son crime, il retint Hélène pour la rendre à son époux; mais, pour ne pas violer les droits de l'hospitalité, il se contenta de chasser Paris de sa présence, et de lui ordonner de sortir dans trois jours de ses Etats.

Protée était un prince sage et adroit. Sa prudence lui faisait prévoir tous les dangers; ce qui avait donné lieu de croire qu'il connaissait l'avenir. Il était impénétrable dans ses secrets, et il fallait le serrer de bien près pour les découvrir. Il se montrait peu en public, et se promenait à certaines heures au milieu de ses courtisans. Il avait beaucoup de souplesse dans l'esprit, et savait prendre toutes sortes de formes pour éviter de se laisser pénétrer. D'ailleurs les rois d'Egypte avaient coutume, pour marquer leur courage et leur puissance, de porter sur leur tête la dépouille d'un lion, d'un taureau ou d'un dragon; quelquefois des branches d'arbres; d'autres fois des cassolettes où brûlaient des parfums. Ces parures servaient en même temps à inspirer à leurs sujets une crainte superstitieuse.

Quelques auteurs ont dit que Protée était un orateur qui, par les charmes de son éloquence, tournait comme il lui plaisait les esprits de ceux qui l'écoutaient; d'autres en ont fait un comédien, un pantomime fort souple qui se montrait sous une infinité de figures différentes. Enfin, on l'a mis au nombre de ces enchanteurs dont l'Egypte était remplie, et qui, par leurs prestiges, fascinaient les yeux de la multitude ignorante. On en avait fait un dieu marin, fils de Neptune, parce qu'il était puissant sur la mer; ses sujets, peuple maritime et fort adonné à la navigation, ont été appelés les troupeaux de Neptune.

PROTÉLIES, sacrifice que les Grecs offraient à Diane, à Junon, à Vénus et aux Grâces, avant la célébration des mariages. Les Athéniens conduisaient ce jour-là la future épouse au temple de Minerve; et sacrifiaient pour elle à la déesse. La jeune vierge y consacrait sa chevelure à Diane et aux Parques, et les prêtres immolaient un porc.

PROTÉSILÉES, fête ou jeux que les Grecs, à leur retour de Troie, instituèrent en l'honneur de Protésilas, héros qui se dévoua pour eux à une mort certaine, et abandonna, le lendemain de ses noces, une épouse dont il était tendrement chéri. L'oracle avait prédit la mort au premier guerrier qui descendrait sur le rivage ennemi, et personne n'osant s'y exposer, Protésilas se sacrifia pour ses compagnons et fut tué par Hector. On lui consacra un temple à Éléonte dans la Chersonèse et on lui rendit les honneurs héroïques. Les Protésilées étaient célébrées à Phylacé, lieu de sa naissance.

PROTESTANTISME. On comprend sous cette dénomination tous les systèmes religieux enfantés par la prétendue réforme de Luther, et qui ont pour base le principe de la libre interprétation des Ecritures. On compte une multitude presque infinie de sectes qui, depuis trois siècles, parties de ce point, sont arrivées à des résultats différents et souvent opposés. La plupart de ces sectes se combattent et s'anathématisent mutuellement; mais elles se réunissent toutes et font cause commune contre l'Eglise romaine. Les principales sont les Luthériens, les Calvinistes, les Episcopaux, les Presbytériens, les Anabaptistes, les Quakers, les Baptistes, les Méthodistes, les Mennonites, les Moraves, les Sociniens, etc., presque toutes sont fragmentées en une multitude d'autres sous-sectes qui ont pris plus ou moins d'extension.

C'est un fait digne de remarque, et qui n'a pas échappé à l'attention des protestants eux-mêmes, que le protestantisme n'a fait aucun progrès en Europe depuis la réforme de Luther et de Calvin, et qu'il est encore, relativement au nombre de ses adhérents, dans l'état où l'ont laissé les premiers réformateurs; tandis que le catholicisme n'a cessé de s'accroître. Si l'Amérique du Nord, les Etats-Unis surtout, sont maintenant le réceptacle de toutes les hérésies modernes, il n'y a pas pour cela accession ni accroissement, car les protestants d'Amérique ne sont pas de nouveaux prosélytes amenés à cette communion, mais ce sont des colonies européennes qui ont apporté avec elles leur système religieux; et chaque jour le catholicisme y fait de rapides progrès. Les missions protestantes de l'Asie et de l'Afrique offrent un résultat à peu près nul. L'Océanie est la seule contrée où il ait opéré des conversions, par la raison fort simple qu'il y avait trouvé le champ libre ; mais depuis que le catholicisme y a pénétré, celui-ci va s'étendant chaque jour, et souvent au détriment de la foi protestante.

PROTESTANTS. Ce nom fut donné d'abord en Allemagne aux partisans de la doctrine de Luther, parce que les chefs de ce parti *protestèrent*, en 1529, contre le décret de la diète de Spire, tenue la même année par l'archiduc Ferdinand et les autres princes catholiques. Quatorze villes impériales firent leur protestation par écrit, et la publièrent au mois d'avril de la même année, appelant en même temps de tout ce qui s'était passé à l'empereur et au futur concile général : appel singulier de la part de gens qui faisaient bon marché de l'Église en général, et qui s'insurgeaient contre ses décisions et son autorité. C'est de cette protestation que tous les Luthériens prirent le nom de protestants. Les Calvinistes ont depuis adopté la même dénomination, afin d'éviter d'autres titres qui ne leur convenaient pas si bien. Et maintenant on comprend sous cette dénomination tous ceux qui professent le grand principe luthérien de l'interprétation personnelle de l'Écriture sainte, à quelque secte qu'ils appartiennent.

PROTHÈSE, nom d'un petit autel ou table qui servait dans les anciennes églises pour donner la communion sous les deux espèces aux religieux et au clergé, et qui était près du maître-autel ; il servait aussi à déposer les offrandes de pain et de vin destinées au saint sacrifice. La Prothèse est, chez les Grecs, l'autel préparatoire sur lequel on commence la messe et on dispose ce qui est nécessaire pour le sacrifice.

PROTHYMA, offrande que les Grecs faisaient aux dieux avant l'immolation de la victime. Lorsqu'on offrait des sacrifices à Esculape, on lui présentait auparavant des gâteaux appelés *Prothymata*.

PROTOCTISTES, hérétiques du VIe siècle qui soutenaient, d'après quelques passages des écrits d'Origène, que nos âmes avaient été créées avant les corps : c'est ce que signifie le nom de *Protoctistes*.

PROTOGONE, ou le *premier-né*; surnom d'Éros ou de l'Amour, dans les poésies orphiques. Sanchoniaton donne aux deux premiers hommes les noms de *Protogone* et d'*Eon*.

PROTONOTAIRE. 1° Il y a à Rome un collége de douze notaires, secrétaires de la chancellerie, institués par saint Clément pour écrire les actes des martyrs et avoir soin des registres des églises. Ce sont eux qui sont chargés de faire toutes les informations et procédures nécessaires pour la canonisation des saints, et les actes d'une haute importance pour le saint-siége et l'État ecclésiastique. Pour cela, ils ont entrée dans les consistoires publics et demi-publics, et ils accompagnent le pape lorsqu'il va remplir quelque fonction extraordinaire hors de Rome. Ils ont aussi le droit de recevoir les testaments des cardinaux. Ces protonotaires apostoliques sont prélats, et dans les cérémonies publiques ils prennent place immédiatement avant tous les abbés et les ecclésiastiques, tant séculiers que réguliers, qui ne sont pas évêques.

2° Dans l'Église grecque, le grand protonotaire se tient devant le patriarche, pour écrire et délivrer les brefs, les mandements, les ordonnances et les décrets. Il a en outre le droit d'examiner deux fois l'année ceux qui se mêlent des lois ecclésiastiques. Il est aussi l'inspecteur des contrats, des testaments, etc. ; enfin il sert le patriarche dans le sanctuaire, et lui présente à laver, pendant la célébration du sacrifice.

PROTOPAPAS, ou *archiprêtre*; officier de l'Église grecque qui siège à la gauche du patriarche. Les protopapas remplissent les mêmes fonctions que les archiprêtres ou les archidiacres dans l'Église latine.

PROTOSYNCELLE, nom d'une dignité de l'Église grecque : c'est le titre des vicaires du patriarche et des évêques.

PROTRYGÉES, fête que les Grecs célébraient avant les vendanges en l'honneur de Bacchus et de Neptune (πρὸ, avant, τρυγὸν, le *vin doux*).

PROUNICOS, nom que les Nicolaïtes donnaient à la mère des puissances célestes. Ils s'accordaient tous à lui imputer des actions infâmes, pour autoriser, sous ce prétexte, leurs propres impuretés.

PROVE ou PROWA, dieu des serments, révéré dans l'ancienne Germanie, et surtout à Altembourg dans la Saxe. On le représentait sous la forme d'un vieillard revêtu d'une cotte de mailles, et ayant sur l'estomac une tête d'homme avec une longue barbe. Quelques-uns le confondent avec *Pronu*.

PROVERBES, l'un des livres canoniques de l'Ancien Testament. C'est un recueil de sentences, de maximes et de leçons courtes et instructives, écrites d'un style concis et sentencieux : plusieurs sont rédigées d'une manière figurée et parabolique, d'où le nom de *Paraboles* que donnent aussi à ce livre les Grecs et les Latins. On attribue ces paraboles à Salomon, et son nom paraît en effet à la tête du livre et dans le corps de l'ouvrage. Il est possible que ce recueil soit un extrait de l'ouvrage beaucoup plus considérable que ce prince avait composé et qui comprenait trois mille paraboles ou sentences. Il se compose maintenant de trente et un chapitres ; le dernier est terminé par l'éloge de la femme vertueuse écrit en forme de poëme acrostiche ; c'est peut-être un des mille et cinq cantiques de Salomon, que nous avons perdus, à l'exception de ceux qui entrent dans le Cantique des cantiques.

PROVIDENCE, attribut de Dieu, par lequel le Créateur ne cesse de s'occuper de ses créatures et de disposer toutes choses dans le ciel et sur la terre, selon ses desseins éternels, pour sa gloire et pour le plus grand bien des hommes.

1° La religion chrétienne nous apprend qu'il ne se passe rien sur la terre sans la permission de Dieu; que les cheveux mêmes de notre tête sont tous comptés, et qu'il n'en tombe pas un seul sans que Dieu l'ait ainsi ordonné; que le Tout-Puissant veille à la conservation de ses créatures; qu'il pourvoit aux besoins des animaux les plus vils; qu'il nourrit les oiseaux du ciel et les bêtes de la terre; qu'il fait croître l'herbe des champs, et pare les fleurs des jardins; en un mot, qu'il étend ses soins sur toute la nature. Quand la religion ne nous instruirait pas de cette vérité, il suffit de croire un Dieu pour admettre sa providence. Nous croyons devoir reproduire ici ce beau passage où Linné proclame hautement l'intervention de la Providence dans l'ordre de la nature:

« Réveillé sur la terre, j'ai contemplé un Dieu immense, éternel, tout-puissant, sachant tout; je l'ai vu, et je suis tombé dans l'étonnement à sa seule ombre. J'ai cherché quelques-uns de ses pas au milieu des créatures, et jusque dans les plus imperceptibles même, quelle puissance! quelle sagesse! quelle perfection inexplicable! J'ai observé les animaux, sustentés par les végétaux, ceux-ci par les corps terrestres, et la terre roulant, dans un ordre inaltérable, autour du soleil, source ardente de sa vie; ce soleil, tournant sur son axe avec les planètes qui l'environnent, forme avec les autres astres, indéfinis en nombre, et soutenus dans les éternels espaces par le mouvement dans le vide, un immense système. Tout est régi par un moteur premier, incompréhensible, l'*Etre des êtres*, comme l'appelle Aristote, *la cause des causes*, le gardien, le recteur suprême du grand tout; l'auteur, l'artisan, l'éternel architecte, selon Platon, d'un si magnifique ouvrage. Voulez-vous l'appeler la *Fatalité*? vous ne vous trompez pas, ajoute Sénèque: toutes choses dépendent de lui. Préférez-vous le nommer *Nature*? vous n'errez pas: toutes choses sont nées de lui. Le nommez-vous *Providence*? vous parlez bien: c'est par ses ordres et ses conseils que le monde déploie tous ses actes. Il est tout sentiment, tout œil, tout oreille, toute vie; toute âme, tout est lui-même, et l'intelligence humaine reste incapable d'embrasser son immensité. Il faut croire, dit Pline, qu'il existe une divinité éternelle, infinie, non engendrée, non créée. Cet être, comme l'expose encore Sénèque, cette cause sans laquelle rien n'existe, qui a tout bâti et organisé, qui remplit nos regards et leur échappe, qui n'est saisissable que par la seule pensée, a dérobé son auguste majesté dans un asile si saint et si impénétrable, qu'il n'est permis qu'à notre seule intelligence d'y aborder. »

Sans le dogme de la Providence, aucune religion ne peut subsister. Tous les peuples qui ont un culte sont persuadés que les dieux qu'ils honorent font attention aux actions des hommes, sans quoi ils ne se donneraient pas la peine de les honorer.

2° Les Romains croyaient tellement à la Providence, qu'ils en avaient fait une divinité. Ils lui donnaient pour compagne Antevorta et Postvorta, et ils la représentaient avec divers attributs. L'inscription que l'on trouve sur une de ses statues, *Providentiæ deorum*, fait foi que c'était des dieux et de leur providence que les anciens croyaient obtenir toutes sortes de biens.

3° Les habitants de l'île de Délos avaient également élevé un temple à la Providence.

4° Les Epicuriens niaient l'action de la Providence, et soutenaient que les dieux, tranquilles dans le ciel, ne prenaient aucune part à ce qui se passe ici-bas, et que tout dépendait du hasard. Mais les Epicuriens n'étaient pas un peuple: c'était une secte philosophique, qui compte encore de nombreux adhérents dans les différents systèmes religieux; car de tout temps il y a eu des hommes qui ont trouvé leur compte à nier la Providence.

5° Il est rapporté dans l'ambassade de lord Macartney en Chine, que les Anglais virent, dans un temple de Tong-chou-fou, une statue de la Providence, représentée par une figure pleine de grâce et de dignité, tenant dans ses mains un disque au milieu duquel était un œil.

6° Plusieurs peuples païens considèrent la Divinité suprême comme immobile dans sa majesté, et trop élevée au-dessus des êtres pour s'occuper de ce qui se passe sur la terre; mais ils ne nient pas pour cela l'action de la Providence, car ils disent que le Très-Haut s'est déchargé sur des divinités subalternes du soin des créatures; et c'est à celles-ci qu'ils adressent des vœux et qu'ils exposent leurs besoins.

PROVIDENCE (FILLES DE LA). Il y a en France plusieurs communautés religieuses qui portent ce nom. Elles se livrent à l'éducation de la jeunesse, surtout des pauvres orphelines, qu'elles reçoivent dans leurs maisons; tiennent un pensionnat et des écoles d'externes. Elles ont été fondées par Marie de Lumague, veuve de M. Pollalion, qui mourut en 1657, en odeur de sainteté. Les filles de la Providence font, après deux ans de noviciat, les vœux simples de chasteté, d'obéissance, de stabilité, et s'engagent à servir le prochain selon leurs constitutions. Leur supérieure est triennale.

PROVINCIAL, nom donné, dans les ordres religieux, au supérieur général de toutes les maisons d'un même pays ou d'une même langue, qui forment une province ou division de l'ordre. Le provincial est subordonné au général, et il a plus ou moins d'autorité, selon les statuts de chaque ordre.

PROXÈNE et SÉROTHYTE, noms que les Grecs de l'île de Malte donnaient au grand prêtre qui présidait, tous les ans à l'équinoxe d'automne, à la célébration des petits mystères d'Eleusis, qui avaient lieu partout à la même époque.

PRUDENCE, divinité allégorique, à laquelle les anciens donnaient une tête à deux visages, pour désigner la connaissance du passé et la prévision de l'avenir. Les Egyptiens la représentaient quelquefois par un grand serpent avec trois têtes emblématiques : une de chien, une de lion et une de loup, pour exprimer qu'il faut tantôt flairer comme le chien, tantôt donner l'assaut du lion, tantôt faire la retraite du loup. Les modernes lui donnent pour symbole un miroir entouré d'un serpent.

PRYTANITIDES. Les Grecs donnaient ce nom à des veuves chargées du soin de garder le feu sacré de Vesta; elles étaient entretenues dans les Prytanées.

PSALMISTE. 1° On donne ce nom aux auteurs des Psaumes et principalement au roi David qui en a composé la plus grande partie.

2° Le psalmiste était, dans la primitive Eglise, le clerc chargé de lire les psaumes au peuple, qui les répétait après lui, avant que l'usage de les chanter se fût introduit en Occident. Dans la suite, le nom de *psalmistes* fut donné aux chantres. Cette dignité paraît avoir fait partie, en quelques endroits, des ordres mineurs.

PSALMODIE, rite en usage dans l'Eglise latine pour chanter les psaumes et les cantiques. Ces divines louanges sont chantées à deux chœurs sur des tons fort anciens et que l'on a empruntés aux différents peuples de l'ancienne Grèce, dont ils portent encore les noms. Ces tons sont au nombre de douze, réduits communément à huit, à cause de la similitude de quelques-uns. Le chant d'un psaume est suivi d'une antienne sur le même ton. Par extension, on donne le nom de *psalmodie* à tout le chant de l'office divin.

PSAPHON, personnage fort révéré des Libyens, qui lui rendirent les honneurs divins. Il dut son apothéose à un stratagème. Il avait appris à quelques oiseaux à répéter ces mots : *Psaphon est un grand dieu*, et il lâcha ensuite dans les champs, où ils les répétèrent si souvent, qu'à la fin les peuples crurent qu'ils étaient inspirés des dieux, et honorèrent Psaphon comme un être surnaturel ; d'où est venu le proverbe : *Les oiseaux de Psaphon*. On conte une anecdote semblable d'un Carthaginois nommé Hannon. *Voy.* HANNON.

PSAUMES. La collection des cent cinquante psaumes forme un des livres canoniques de l'Ancien Testament. On attribue ordinairement tout le Psautier à David, parce que ce prince en a composé la plus grande partie; mais quelques-uns des psaumes paraissent être antérieurs à lui, et plusieurs lui sont certainement postérieurs; il en est même qui n'ont été composés que pendant la captivité de Babylone. Un grand nombre ont des épigraphes qui exhibent les noms de Moïse, de David, de Salomon, d'Asaph, de Coré, d'Idithun, etc. Cependant il est très-probable que ces trois derniers ne sont pas les auteurs des psaumes qui portent leur nom en tête, mais qu'ils étaient simplement les chefs des chœurs chargés de les chanter dans les grandes solennités; quelques-uns en effet portent l'épigraphe : *Pour les enfants de Coré*, c'est-à-dire pour le chœur de musiciens dirigé par Coré. Ces mêmes épigraphes désignent souvent le genre d'instruments qui devaient en accompagner le chant, ou l'air sur lequel on devait les moduler. La collection et la disposition actuelle du Psautier est attribuée à Esdras, qui, après la captivité, aura réuni dans le même recueil les psaumes de David et ceux des autres auteurs inspirés de Dieu; après ce saint prêtre, la collection a été close définitivement, et on n'y a plus ajouté d'autres pièces.

Les psaumes sont d'une composition et d'un style fort variés : les uns sont de véritables odes qui accusent une verve éminemment poétique, et qui laissent bien loin derrière elles toutes les poésies lyriques de l'antiquité païenne ; les autres sont des prières touchantes qui représentent le Psalmiste profondément humilié devant Dieu, pleurant amèrement sa faute et sollicitant grâce et miséricorde avec les accents déchirants de la douleur et du repentir ; d'autres sont des actions de grâces pour des bienfaits reçus, des chants de triomphe après une victoire remportée; d'autres des élévations de l'âme à la vue de la grandeur et de la majesté de Dieu, de la magnificence de ses œuvres, des merveilles opérées en faveur de son peuple, ou l'expression d'un ardent désir de contempler sa gloire, de la joie pure que l'on éprouve au pied de ses autels ou en célébrant ses fêtes. Il en est qui, dans un style plus simple, racontent les événements passés, ou qui revêtent la forme didactique pour laisser couler une morale douce, pure et enchanteresse. D'autres enfin tonnent contre les ennemis de Dieu et de la justice, et appellent sur les impies les châtiments les plus terribles.

Les psaumes ont été rédigés en vers hébreux ; cependant, éloignés que nous sommes du temps où l'on parlait cette langue, et en ayant perdu la prosodie et même la prononciation véritable, nous ne pouvons en déterminer le mètre, ni découvrir clairement s'il consistait dans le nombre, la mesure ou la rime. Peut-être n'y avait-il pas de mètre proprement dit : mais le sentiment poétique nous est révélé par les pensées d'abord, puis par le style, dont les expressions sont souvent différentes de celles usitées dans la prose, et enfin par le parallélisme perpétuel qui paraît avoir été le propre de la poésie hébraïque. Quelques psaumes sont composés en acrostiches, comme plusieurs autres passages poétiques de l'Ancien Testament ; mais nous ne savons si ce genre appartenait à la poétique des Hébreux, ou si ce n'était pas un procédé purement mnémonique dans un temps où l'écriture n'était peut-être pas à la portée de tout le monde.

Le livre des Psaumes est intitulé en hébreu le livre des Hymnes ou des Louanges, parce que la principale partie a pour objet les louanges de Dieu. Les Grecs les ont appelés *Psaumes*, du mot ψαλμός, *chant accompagné du luth*, parce qu'en les chantant les voix étaient mariées au son des instruments de musique.

L'Eglise a trouvé la Synagogue en possession de louer Dieu par les psaumes; elle les a adoptés et s'en est servie d'autant plus volontiers que, comme il n'y a que Dieu qui se connaisse parfaitement, il n'appartient qu'à lui de se louer comme il convient. C'est à lui à nous apprendre comment il faut le louer: ainsi, on ne se trompera jamais en lui adressant les hymnes qu'il a inspirés aux hommes de chanter à sa louange, tels que sont les psaumes.

Les psaumes furent d'abord traduits de l'hébreu en grec par les Septante, comme on le croit communément; cependant plusieurs savants pensent que les Septante n'ont traduit que le Pentateuque; mais il est certain que cette traduction grecque existait avant Jésus-Christ; et cette traduction n'est pas entièrement conforme à l'original; elle s'en éloigne même beaucoup en certains endroits. Dès le premier siècle de l'Eglise, un ancien interprète fit sur le grec une version latine des psaumes: cette version s'éloigne encore plus du texte hébreu; de plus, elle est souvent obscure et barbare. Le pape saint Damase chargea saint Jérôme d'en faire une autre, et ce savant Père de l'Eglise s'acquitta avec un brillant succès de cette tâche difficile; malheureusement la routine et le préjugé s'opposèrent à son admission dans la liturgie: on s'en tint presque partout à l'ancienne version, dans laquelle cependant on fit quelques corrections; mais il reste encore bien des passages qu'on ne peut entendre sans recourir à l'original.

Les psaumes se chantent dans l'Eglise à deux chœurs, qui récitent alternativement chacun son verset. Cet usage est des plus anciens, et l'on prétend que, dès le temps de saint Ignace, il était établi dans l'Eglise d'Antioche. L'Italie le reçut des Grecs. Il fut introduit dans l'Eglise de Milan par saint Ambroise, et la plupart des Eglises d'Occident imitèrent en cela l'exemple de celles d'Italie. *Voy.* PSAUTIER.

PSAUTIER. On appelle ainsi le livre des Psaumes. Les Hébreux le divisent en cinq sections, dont la première contient 41 psaumes; la seconde, 31; la troisième, 17; la quatrième, 17; et la cinquième, 44. Les Juifs ne comptent pas les psaumes tout à fait comme les Latins et les Grecs: ainsi ils font deux psaumes de celui que nous comptons pour le IX°, et deux encore du CXIII°. En récompense ils n'en font qu'un seul du CXIV° et du CXV°, et un autre du CXLVI° et du CXLVII°.

Les Grecs partagent le Psautier en vingt stations ou sessions, et ils en récitent plusieurs sessions par jour, de manière qu'à la fin de la semaine toutes les sessions ont été récitées. En carême, le nombre des sessions est doublé: ainsi le Psautier se trouve récité deux fois chaque semaine, à l'exception cependant de la semaine sainte, où ils ne le disent qu'une fois.

Dans l'Eglise latine, le Psautier est divisé en autant de parties qu'il y a de jours dans la semaine; mais l'ordre n'est pas toujours le même, car plusieurs ordres religieux et la plupart des diocèses de la France suivent un ordre et une division différente de celle de l'Eglise romaine. Cependant le Psautier est toujours disposé de manière à être dit tout entier dans la semaine, à moins qu'il ne se trouve quelque fête particulière, auquel cas l'ordre est interrompu.

Les Psautiers de lutrin ou liturgiques, à l'usage des chanoines et des chantres, contiennent tous les psaumes non selon l'ordre établi dans la Bible, mais suivant la distribution adoptée dans les diocèses où ils sont en usage.

PSÉPHOS, sorte de divination pratiquée par les Grecs au moyen de galets ou petits cailloux plats, appelés ψῆφοι.

PSILACAS ou PSILÁS, nom que les habitants d'Amyclée en Laconie donnaient à Bacchus; on dit que ce vocable vient de *psila*, qui, en dialecte dorien, signifie *la pointe de l'aile*. Nous ne saisissons pas le rapport de cette étymologie avec les diverses fonctions du dieu.

PSYCHAGOGUE, c'est-à-dire *conducteur des âmes*: 1° surnom de Mercure, chargé de conduire dans les enfers les âmes des morts.

2° Les Grecs donnaient aussi le nom de *Psychagogues* à des prêtres consacrés au culte des Mânes; c'était une sorte de magiciens qui faisaient profession d'évoquer les ombres des morts. Leur institution ne laissait pas d'avoir quelque chose d'imposant et de respectable: ils devaient être irréprochables dans leurs mœurs, n'avoir jamais eu de commerce avec les femmes, ni mangé de la chair des animaux, et ne s'être point souillés par l'attouchement d'un corps mort. Ils habitaient dans des lieux souterrains, où ils exerçaient leur art, nommé *psychomancie*, ou divination par les âmes des morts. La pythonisse d'Endor, qui fit apparaître à Saül l'ombre de Samuel, faisait profession de cette espèce de magie.

PSYCHÉ, jeune beauté dont la légende offre une des compositions les plus gracieuses et en même temps les plus morales que nous ait laissées l'antiquité païenne.

Psyché était une jeune fille dont la rare beauté inspira une vive passion à l'Amour lui-même. Cupidon fit tous ses efforts pour l'épouser; mais, par l'ordre d'un oracle que ses parents avaient consulté avant de la marier, Psyché fut exposée sur le bord d'un précipice où elle devait être la proie d'un monstre inconnu. La malheureuse s'attendait à périr lorsque Zéphir, par l'ordre de Cupidon, la transporta dans un palais somptueux où elle entendait des voix qui la charmaient assez pour enchaîner ses pas; elle y était servie par des nymphes invisibles. Chaque nuit son amant venait la visiter au sein des ténèbres, et se retirait à la pointe du jour pour éviter d'en être aperçu, lui recommandant de ne point chercher à le voir. Mais Psyché, qui avait appris de l'oracle qu'elle aurait un époux immortel, plus malin qu'une vipère, portant partout la flamme et le feu, redoutable non-seulement à tous les dieux, mais aux enfers même, résolut d'éclaircir ses doutes et de satisfaire sa curiosité. Une nuit que cet amant mystérieux dormait à ses côtés, elle se leva adroitement, alluma la lampe, et vit à sa lueur, au lieu d'un monstre, Cupidon lui-même ; mais une goutte d'huile étant tombée sur la cuisse du dieu, il se réveilla, en reprochant à Psyché sa défiance, et s'envola pour ne plus revenir ; le palais s'évanouit en même temps. Psyché, au désespoir, voulut se tuer ; mais elle en fut empêchée par son amant invisible. Elle mit tout en œuvre pour le retrouver ; elle importuna toutes les divinités de ses sollicitations ; elle se hasarda même à recourir à Vénus, qu'elle savait irritée contre elle, de ce qu'elle avait eu la témérité de séduire son fils par ses charmes. C'est alors que l'amante infortunée fut soumise aux épreuves les plus rigoureuses. L'Habitude, l'une des femmes de Vénus, à laquelle Psyché avait eu recours, la traîna par les cheveux aux pieds de sa maîtresse. La déesse, non contente de s'être épuisée en paroles pour la maltraiter, la mit entre les mains de la Tristesse et de la Sollicitude, deux autres de ses femmes, qui firent de leur mieux pour satisfaire l'esprit vindicatif de leur maîtresse, et n'épargnèrent rien pour tourmenter leur captive. La déesse, pour assouvir sa rage, ajouta à tous ces mauvais traitements des travaux au-dessus des forces du sexe. Elle enjoignit à Psyché de lui apporter un vase plein d'une eau noirâtre qui coulait d'une fontaine gardée par des dragons furieux ; d'aller dans des lieux inaccessibles chercher sur des moutons qui y passaient un flocon de laine dorée ; de séparer, dans un temps fort court, chaque espèce de grains d'un monceau où il s'en trouvait de toutes les sortes. Aidée d'un secours invisible, Psyché surmonta toutes ces difficultés et sortit triomphante de ces épreuves ; mais la plus pénible restait encore ; elle y aurait infailliblement succombé sans Cupidon. Vénus lui ordonna de descendre aux enfers, et d'engager de sa part Proserpine à mettre dans une boîte une portion de sa beauté. Cet ordre jeta Psyché dans le plus grand embarras qu'elle eût jusqu'alors éprouvé. Elle ignorait et la route qu'elle devait prendre pour descendre au palais de Proserpine, et le moyen d'en obtenir la grâce qu'elle avait à lui demander. Pendant qu'elle agitait dans son imagination les divers expédients qu'elle pourrait mettre en œuvre, sans pouvoir se déterminer à aucun, une voix mystérieuse lui apprit tout à coup ce qu'elle avait à faire, avec la condition néanmoins de ne point ouvrir la boîte. Elle exécuta ponctuellement ce qui lui avait été inspiré ; mais la curiosité, et sans doute aussi l'envie de prendre pour elle un peu du trésor renfermé dans la boîte, la tentèrent : elle succomba, ouvrit la boîte, et saisie aussitôt d'une vapeur soporifique, elle tomba à terre tout endormie, sans pouvoir se relever. Cupidon, toujours surveillant, accourut, et de la pointe d'une de ses flèches la réveilla, fit rentrer dans la boîte la funeste vapeur, et la lui remit avec ordre de la porter à Vénus. Cupidon, sans perdre de temps, s'envola à la cour de Jupiter, et le pria d'assembler les dieux. Le résultat de cette assemblée fut favorable à Psyché : il fut convenu que Vénus consentirait au mariage de son fils, et que Mercure enlèverait au ciel la princesse. Elle fut accueillie des dieux, et après avoir bu le nectar et l'ambroisie, elle fut gratifiée de l'immortalité. On célébra les noces ; Vénus même y dansa. Psyché eut de ce mariage une fille qui est la Volupté.

Il est difficile de croire que cette légende n'ait point une portée morale, quoique plusieurs, parmi les anciens et les modernes, aient abusé du sujet pour se donner le plaisir de faire des peintures lascives ; il est probable que les premiers auteurs de ce mythe célèbre ont voulu nous donner des leçons d'une haute portée ; mais ce sujet a reçu des interprétations fort diverses. Les uns y ont vu cette vérité morale, que le bonheur ne dure qu'autant que persévère l'illusion, et qu'il se dissipe dès que la vérité nous apparaît toute nue. D'autres y ont trouvé une conception psychologique ; Psyché en effet signifie *l'âme*, et cette fable serait l'emblème de la beauté de l'âme, de son union avec le corps, des épreuves qu'elle subit sur la terre, et de l'immortalité à laquelle elle est destinée. D'autres enfin ont voulu y voir la doctrine théosophique de l'union de l'âme avec Dieu, son impuissance à agir sans le secours divin, les peines et les combats auxquels on doit se soumettre pour parvenir à la possession de Dieu, enfin le bonheur éternel qui en est la conséquence.

PSYCHOMANCIE, sorte de divination ou de magie qui consistait dans l'art d'évoquer les ombres des morts. Les cérémonies usitées dans la psychomancie étaient les mêmes que celles usitées dans la nécromancie. C'était ordinairement dans des caveaux souterrains et dans des antres obscurs qu'on faisait ces sortes d'opérations, surtout quand on désirait voir apparaître les morts et les interroger. Mais il y avait encore une autre manière de les consulter, qu'on appelait aussi psychomancie, dont toutefois l'appareil était moins effrayant : c'était de passer la nuit dans certains temples, de s'y coucher sur des peaux de bêtes, et d'attendre en dormant l'apparition et les réponses des morts. Les temples d'Esculape étaient surtout renommés pour cette cérémonie. Il était facile aux prêtres de procurer de pareilles apparitions, et de donner des réponses tantôt claires, tantôt ambiguës.

PSYCHOPOMPE, surnom de l'Hermès égyptien, chargé de conduire les âmes dans les enfers ; c'était le même que le Mercure Psychagogue.

PSYCHOSTASIE, jugement définitif prononcé par Jupiter, après avoir *pesé* les âmes dans une balance. On donne également ce nom au jugement que, selon les doctrines égyptiennes, devait subir l'âme des morts en quittant le corps mortel, dans la région inférieure de l'Amenthi, où l'on examinait sévèrement et où l'on *pesait* les actions opérées durant sa vie sur la terre. La scène de la psychostasie se trouve fréquemment répétée sur les monuments égyptiens. On y voit une balance supportée par un fût de colonne et surmontée d'un cynocéphale assis. Horus et Anubis se tiennent auprès des plateaux, et pèsent avec exactitude les bonnes et les mauvaises actions des défunts en présence des quarante-deux juges de l'Amenthi. Les bonnes actions sont symbolisées par une petite figure de Thméï, déesse de la justice et de la vérité, ou par la plume, un de ses attributs; et les mauvaises par un vase d'argile.

PSYLLES, enchanteurs ou jongleurs de l'Egypte et de la Libye, dont Hérodote a fait à tort un peuple particulier. Ils prétendaient avoir le don de neutraliser le venin des serpents les plus redoutables et de les tuer par leur seule présence. Ils se vantaient aussi de guérir la morsure de ces animaux par leur simple attouchement ou l'application de leur salive. On ajoute que, pour éprouver la fidélité de leurs femmes, ils exposaient aux cérastes leurs enfants nouveau-nés. S'ils étaient un fruit de l'adultère, ils périssaient; s'ils étaient légitimes, ils étaient préservés par la vertu qu'ils avaient reçue avec la vie. Hérodote dit encore que les anciens Psylles périrent dans la guerre insensée qu'ils entreprirent contre le vent du midi, indignés de voir leurs sources desséchées. Ces derniers pourraient fort bien avoir été une nation particulière; mais quant aux enchanteurs du même nom, leur race n'est pas éteinte; il y en a encore en Egypte qui ont une adresse vraiment surprenante, ou des procédés connus d'eux seuls pour découvrir les serpents, les faire venir à leur voix et s'en faire obéir. On en trouve encore dans les Indes, dans l'Afrique et dans plusieurs autres contrées.

PUCIS, divinité des anciens Lithuaniens; c'était leur zéphyr.

PUDEUR. Les Grecs en avaient fait une divinité. Hésiode dit qu'elle quitta la terre avec Némésis, indignée des vices et de la corruption des hommes : c'est pourquoi elle est représentée avec des ailes, ou se cachant le visage avec un voile. On demandait à une prêtresse d'Apollon quelle couleur était la plus belle; elle répondit que c'était celle que la pudeur répandait sur le visage des personnes modestes.

PUDICITÉ. Les Romains avaient fait de cette vertu une déesse, qui avait dans la ville des temples et des autels. Il y en avait deux entre autres; l'un situé dans la place aux Bœufs, destiné aux femmes de qualité, et consacré à la Pudicité patricienne; le second, bâti dans la rue Longue, qui n'était fréquenté que par les femmes du peuple : il était dédié à la Pudicité plébéyenne. Ce dernier fut érigé par une dame romaine, nommée Virginie, l'an de Rome 469. Voici ce qui donna lieu à son établissement. Il n'y avait d'abord dans la ville qu'un seul temple de la Pudicité, où les femmes patriciennes avaient seules le droit d'entrer. Virginie, dame d'une naissance illustre, ayant épousé Volumnius, citoyen recommandable par son mérite et par ses emplois, puisqu'il devint consul, mais d'une famille plébéyenne, fut chassée du temple de la Pudicité par les autres dames patriciennes, parce qu'elle s'était mésalliée. Virginie se plaignit hautement de l'insulte, disant qu'elle était demeurée vierge jusqu'à son mariage, que depuis, son mari et elle avaient vécu en gens d'honneur, et qu'il n'y avait aucune raison pour l'exclure du temple. Pour réparer en quelque sorte cette injure, elle fit construire auprès de sa maison un temple qu'elle dédia à la Pudicité plébéyenne; et elle engagea plusieurs femmes des plus distinguées parmi le peuple à fréquenter avec elle ce nouveau temple, qui devint bientôt aussi célèbre que celui des patriciennes.

PUHURI ou PUPULI, divinité des anciens Finnois. C'était l'époux d'Hyytö, et le père de Pakkanen, le froid.

PULKHS, un des dieux subalternes des Tchouvaches, peuples de la Russie asiatique.

PULLAIRES. Les Romains donnaient ce nom à ceux qui étaient chargés de garder et de nourrir les poulets sacrés et les oiseaux dont on se servait pour les auspices. Ils devaient observer la manière dont les poulets mangeaient la pâtée qu'on leur donnait, et en rendre compte aux augures.

PULTUKE, divinités des Etrusques, qui correspondaient, comme l'on croit, à Castor et Pollux.

PULVINAR, lit ou coussin sur lequel les Romains mettaient les statues des dieux dans les festins appelés Lectisternes.

PURGATOIRE. 1° Suivant la doctrine catholique, les âmes des fidèles qui, après la mort, paraissent devant Dieu revêtues de la robe d'innocence et de sainteté, après avoir effacé toutes leurs taches et payé toutes leurs dettes par la pénitence, entrent aussitôt en participation du bonheur et de la gloire du paradis. Celles qui n'ont pas la grâce sanctifiante, et qui sont maculées de péchés mortels, sont dès lors condamnées pour toujours aux supplices de l'enfer. Mais celles qui se présentent au tribunal du Souverain Juge avec la grâce habituelle, redevables cependant de quelques satisfactions pour les péchés qui n'ont pas été suffisamment expiés, ou avec quelques légères souillures, doivent, avant de jouir de la félicité céleste, passer auparavant par les peines du purgatoire, jusqu'à ce qu'elles soient entièrement purifiées. Telle est la foi de l'Eglise; elle est appuyée sur plusieurs passages de l'Ancien et du Nouveau Testament; elle a été enseignée dans tous les siècles; elle est confirmée par le témoignage des saints Pères et des auteurs les plus anciens; elle est de plus tout à fait conforme à la raison, à la notion que nous avons de la sainteté de Dieu; elle concilie parfaitement sa miséricorde infinie avec les intérêts de sa justice. On a donc lieu de s'étonner quand on voit Luther rayer d'un trait de plume, et tous ses protestants, à quelque dénomination qu'ils appartiennent, rejeter unanimement un dogme professé jusqu'alors dans l'Eglise universelle. Nous sommes très-portés à croire que les protestants ont nié le purgatoire, uniquement par antipathie pour l'Église romaine. En effet, il est positif que maintenant plusieurs communions protestantes nient hautement l'éternité des peines de l'enfer, d'où il résulte qu'à leur sens l'enfer n'est plus qu'un purgatoire.

Mais, pour en revenir à la doctrine catholique, ce qu'enseigne l'Église se borne à peu près à ce que nous avons consigné ci-dessus ; car elle n'a pas défini le lieu du purgatoire, ni la nature des tourments qu'on y endure, ni la manière dont les âmes y souffrent. Le mot de purgatoire désigne moins un lieu particulier que l'état où se trouvent certaines âmes séparées du corps ; on croit communément que ces âmes y endurent la peine du feu, parce que saint Paul a dit qu'elles seraient sauvées comme par le feu ; mais, en tout cas, ce feu ne saurait être matériel. Le purgatoire durera jusqu'à la fin des temps, parce que, tant qu'il y aura des créatures humaines qui passeront de cette vie à trépas, il y aura des âmes qui auront besoin d'être purifiées. Mais chaque âme en particulier n'y résidera pas jusqu'au jugement général ; car les peines qu'elle y souffre sont proportionnées à la grandeur de sa dette, et toutes les âmes ne sont pas également redevables. La foi nous enseigne encore que les âmes qui expient dans le purgatoire peuvent être soulagées et même entièrement délivrées par le sacrifice de la messe qui s'offre pour elles, par les prières et par les bonnes œuvres que les fidèles vivants font à leur intention.

2° La doctrine de l'Église grecque concorde avec celle des Latins sur les points de foi touchant le purgatoire ; cependant les Grecs ne paraissent pas faire de distinction entre l'enfer et le purgatoire ; la différence ne consisterait que dans la qualité des âmes qui y subissent leur peine. Les âmes qui meurent dans l'inimitié de Dieu sont aussitôt punies dans les enfers par des châtiments qui dureront toute l'éternité ; tandis que les âmes auxquelles il reste des fautes à expier sont également renfermées dans les enfers, privées de la vue de Dieu et des jouissances célestes, sans cependant y souffrir les tourments réservés aux damnés. Ce sentiment n'est pas cependant tellement propre aux Grecs, qu'on n'en trouve des traces chez les Latins ; car, dans la messe des morts, suivant la liturgie romaine, le prêtre fait à Dieu cette prière : *Domine Jesu Christe, libera animas omnium fidelium defunctorum de pœnis inferni et de profundo lacu.* « Seigneur Jésus-Christ, délivrez les âmes de tous les défunts des peines de l'enfer et de la fosse profonde. » Du reste, les Grecs, comme les Latins, font des oblations pour les défunts, et croient que leurs âmes peuvent être soulagées par les suffrages des vivants. Ce que nous disons ici des Grecs est applicable à tous les autres chrétiens orientaux.

3° Les Juifs reconnaissent une sorte de purgatoire qui dure pendant toute la première année qui suit la mort de la personne décédée. Selon eux, l'homme, pendant ces douze mois, a la liberté de venir visiter son corps, revoir les personnes et les lieux pour lesquels elle a eu pendant la vie quelque affection particulière. Ils nomment le purgatoire *le sein d'Abraham, le trésor des vivants, le jardin d'Eden, la Géhenne supérieure*, par opposition à l'enfer, qu'ils appellent *Géhenne inférieure*. Le jour du sabbat est, selon eux, un jour de relâche pour les âmes du purgatoire ; et au jour de l'expiation solennelle, ils font beaucoup de prières et d'œuvres satisfactoires pour les soulager. D'autres pensent qu'il n'y a que les *prévaricateurs de la maison d'Israël* qui vont dans le purgatoire, c'est-à-dire les Juifs qui ne sont, ni tout à fait méchants, ni absolument bons, et qui meurent sans avoir fait pénitence.

4° Une partie des païens, surtout les Platoniciens, ont cru que les âmes étaient purifiées par le feu après la destruction de leurs corps. Platon, dans un de ses dialogues, semble reconnaître un tribunal, où les morts qui n'ont commis que des péchés légers seront condamnés dans l'autre monde à des peines finies et proportionnées à leurs fautes. Voici l'analyse du sentiment de ce célèbre philosophe : « Toutes les âmes subissent le jugement au sortir de leurs corps : il y a des âmes, mais en petit nombre, qui se trouvent entièrement saines, et qui n'ont rien à craindre de ce jugement ; toutes les autres y sont trouvées malades, les unes pourtant capables de guérison, et les autres incurables. Les âmes saines prennent le chemin des champs Elysées, qui est le pays de la liberté et de l'affranchissement de tous maux : elles achèvent de s'y purifier, et cette purification est une affaire de mille ans. Pour savoir ce qu'elles deviennent après cela, il faut distinguer celles qui doivent revenir dans ce monde, suivant l'ordre du destin, et celles qui y ont déjà achevé leurs tournées fatales. Ces dernières passent dans une terre bienheureuse, où elles jouissent des plus pures délices, dans la contemplation continuelle du Verbe divin. Les âmes malades prennent toutes le chemin du Tartare, les guérissables pour y être purgées, les incurables pour y être tourmentées. Quand les premières y sont guéries de toutes les indispositions par des remèdes très-violents, les unes passent dans les champs Elysées, les autres vont continuer l'animation des corps, à laquelle elles sont encore obligées, n'ayant pas fourni toute leur carrière. Les malades désespérées, c'est-à-dire celles qui sont chargées de crimes impardonnables, ne sortent jamais du Tartare. » On peut voir aussi la description que Virgile donne de la purification de l'âme après la destruction du corps, au vi° livre de son Enéide.

5° Les Musulmans admettent le purgatoire d'une manière précise et positive. *Voy.* ARAF.

6° Les Egyptiens, les Hindous, les Bouddhistes et tous les autres peuples qui croient à la métempsycose, admettent par là même un purgatoire ; car la transmigration des âmes n'est, suivant leur doctrine, qu'un moyen d'expiation et de purification, après lequel seulement les âmes peuvent jouir de la béatitude. Dans le système bouddhiste, les enfers même, quelque nombreux et quelque terribles qu'ils soient, ne sont, à proprement parler, que les différents degrés d'un vaste purgatoire; car ils ne reconnaissent aucune peine éternelle, bien qu'il y en ait qui puissent durer des milliers et des millions d'années.

PURIFIANTS, secte de Juifs orientaux qui se lavaient, chaque jour, le corps tout entier; ils soutenaient que l'on ne pouvait mériter la vie éternelle qu'en observant exactement cette purification quotidienne. C'était sans doute les mêmes que les *Hémérobaptistes*.

PURIFICATION. 1° Les purifications, les lustrations, les baptêmes ont été en usage parmi tous les peuples. L'idée générale qu'ils ont eue de la Divinité et de la pureté nécessaire à ceux qui s'en approchent, leur a fait comprendre la nécessité de se purifier par le bain et par les lustrations d'eau pure, de feu ou d'encens. Mais nulle nation n'a été sur cela plus religieuse que les Hébreux. Moïse leur ordonna de se purifier et de laver leurs habits, pour se disposer à recevoir les lois du Seigneur au pied du mont Sinaï, lorsque Dieu y donna des marques éclatantes de sa présence. Aaron et ses fils n'entrèrent dans l'exercice du sacerdoce, et ne furent revêtus de leurs habits de cérémonie qu'après s'être lavé tout le corps dans l'eau. On voit la même chose dans la cérémonie de la consécration des simples lévites.

Toutes les souillures légales se nettoyaient par l'ablution et ordinairement par le sacrifice. Les impuretés même naturelles des hommes et des femmes, et certaines incommodités des uns et des autres, comme la lèpre et les pollutions volontaires ou involontaires, étaient purifiées par le bain. Celui qui avait touché un animal impur, vif ou mort, ou une personne souillée, était soumis à la même loi; de même que celui qui avait été souillé par l'attouchement d'une victime immolée pour le péché, ou de la vache qu'on sacrifiait au jour de l'expiation solennelle, ou d'un homme mort, ou de toute autre chose impure. Mais ce baptême ne nettoyait point les souillures de l'âme. Il n'était point établi pour cela; il n'était que pour les impuretés légales et corporelles.

La manière dont se pratiquaient toutes ces purifications était de se plonger tout le corps nu dans l'eau, et de laver ensuite ses habits séparément, ou de se plonger dans l'eau tout vêtu et avec ses habits. Ces deux choses n'allaient point l'une sans l'autre, disent les docteurs juifs; quand l'Ecriture ordonne de laver ses habits, elle entend qu'on doit aussi se laver tout le corps; et réciproquement quand elle commande de se plonger le corps dans l'eau, elle entend qu'on lavera aussi ses habits.

Nous n'entrerons point dans le long détail de toutes les souillures judaïques, des causes par lesquelles on les contractait, du temps qu'elles duraient, de la manière dont on devait s'en purifier; on peut en voir le rituel dans la loi de Moïse, et surtout dans le Lévitique et les Nombres. Nous les réduirons toutes en trois classes, savoir les légères, les moyennes et les grandes. Les souillures légères, comme, par exemple, celles qui étaient contractées par les nécessités corporelles et quotidiennes, étaient effacées aussitôt par une simple ablution. Les souillures moyennes, comme d'avoir touché un cadavre, une personne ou un objet impur, duraient jusqu'au soir, et on était purifié par un bain complet, et même il y avait certaines occasions où il fallait être aspergé par une eau lustrale, dans laquelle on avait fait infuser des cendres provenant du sacrifice d'une vache rousse. Enfin les grandes souillures étaient celles qui étaient provoquées par la gonorrhée, les infirmités périodiques, l'accouchement, la lèpre, etc. Elles duraient au moins sept jours, ou tant que durait l'infirmité (l'impureté durait quarante jours pour la femme qui avait accouché d'un garçon, et quatre-vingts pour celle qui avait mis au monde une fille); pour être purifié de ces souillures, il fallait, outre le bain complet, offrir encore un sacrifice, qui consistait en deux victimes, dont l'une était sacrifiée à la manière ordinaire, et l'autre brûlée en holocauste. Les plus pauvres offraient deux tourterelles à cet effet; les gens plus aisés offraient deux animaux d'un troupeau.

Les purifications des Israélites étaient utiles pour la santé et pour les mœurs; les peuples voisins en pratiquaient de semblables, entre autres les Egyptiens, chez qui les sacrificateurs se rasaient le poil tous les trois jours, et se lavaient tout le corps, deux fois la nuit et deux ou trois fois le jour. La netteté du corps est un symbole de la netteté de l'âme. De là vient que la purification extérieure est appelée dans l'Ecriture *sanctification*, parce qu'elle rend sensible la pureté intérieure avec laquelle on doit s'approcher des choses saintes. On peut même dire que la propreté est un effet naturel de la vertu, puisque la saleté ne vient pour l'ordinaire que de la paresse et de la bassesse de cœur. La netteté, d'ailleurs, est nécessaire pour entretenir la santé et prévenir les maladies, surtout dans les pays chauds. La chaleur invite à se dépouiller, à se baigner et à changer souvent d'habits; au lieu que dans les pays froids, on craint l'eau et l'air, on est plus engourdi et plus paresseux. Il est certain que la saleté où vivent parmi nous la plupart des gens pauvres cause ou entretient plusieurs maladies. Que serait-ce dans les pays chauds, où l'air se corrompt plus aisément, et où les eaux sont moins communes? De plus, les anciens se servaient peu de linge, et la laine n'est pas si facile à nettoyer.

Admirons ici la sagesse et la bonté de Dieu, qui avait donné à son peuple des lois utiles en tant de manières, puisqu'elles servaient tout ensemble à les accoutumer à l'obéissance, à les éloigner de la superstition, à régler leurs mœurs et à conserver leur santé. Or, il était important que les préceptes de propreté fissent partie de la religion, parce que, concernant l'intérieur des maisons et les pratiques les plus secrètes de la vie, il n'y avait que la crainte de Dieu qui pût les faire observer. Cependant, par ces choses sensibles, Dieu formait leur conscience et les accoutumait à reconnaître que rien ne lui est caché, et qu'il ne suffit pas d'être pur aux yeux des hommes. Tertullien prend ainsi ces sortes de lois, quand il dit : « Même dans le commerce de la vie et de la conduite des hommes au dedans et au dehors, il a tout déterminé, jusqu'à prendre soin de leur vaisselle, afin que, rencontrant partout ces préceptes de la loi, ils ne pussent être un moment sans regarder Dieu. » Et ensuite : « Pour aider cette loi plutôt favorable que pesante, la bonté de Dieu a aussi envoyé des prophètes qui enseignaient ces maximes dignes de lui : Otez la malice de vos âmes, etc. » De sorte que le peuple était suffisamment instruit de la signification de toutes ces cérémonies et de ces pratiques sensibles. Voilà le fondement des lois qui ordonnent de se baigner et de laver ses habits, après avoir touché un corps mort ou un animal immonde, et en plusieurs autres rencontres. De là viennent la purification des vases par l'eau ou par le feu, des maisons où il paraissait quelque corruption, des habits où la teigne et la moisissure se mettaient, des femmes après leurs couches, et la séparation des lépreux, quoique la lèpre blanche, la seule dont parle l'Ecriture, soit plutôt une difformité qu'une maladie.

2° « Il y avait, dit Noël, deux sortes de purifications chez les païens : les unes générales et les autres particulières, qu'on peut considérer encore comme ordinaires et extraordinaires. Les purifications générales ordinaires avaient lieu quand, dans une assemblée, avant les sacrifices, un prêtre ou quelque autre, après avoir trempé une branche de laurier ou des tiges de verveine dans l'eau lustrale, en faisait aspersion sur le peuple, autour duquel il tournait trois fois. Les purifications générales extraordinaires se faisaient dans les temps de peste, de famine ou de quelque autre calamité publique; et alors ces purifications étaient cruelles et barbares, surtout chez les Grecs. On choisissait celui des habitants d'une ville qui était d'une figure plus laide et plus difforme; on le conduisait avec un appareil triste et lugubre au lieu destiné pour le sacrifice; et là, après plusieurs pratiques superstitieuses, on le brûlait et on jetait ses cendres dans la mer.

« Les purifications particulières ordinaires étaient extrêmement communes. Elles consistaient à se laver les mains avant quelque acte de religion, avec de l'eau commune, quand cet acte se faisait en particulier, et avec de l'eau lustrale, à l'entrée des temples et avant les sacrifices. Il y en avait qui ne se contentaient pas de se laver les mains : ils croyaient acquérir une plus grande pureté en se lavant aussi la tête, les pieds, et quelquefois tout le corps et leurs habits mêmes. C'est à quoi étaient surtout obligés les prêtres, qui, pour leur purification, avant de pouvoir faire les fonctions de leur ministère, étaient tenus d'observer plusieurs pratiques austères durant plusieurs jours avant la cérémonie religieuse, comme d'éviter soigneusement toutes sortes d'impuretés, et de se priver même des plaisirs permis et innocents.

« Les purifications particulières extraordinaires avaient lieu pour ceux qui avaient commis quelque grand crime, comme l'homicide, l'inceste, l'adultère, etc. Quand quelqu'un avait commis un de ces crimes, il ne pouvait se purifier lui-même; mais il était obligé d'avoir recours à une espèce de prêtres appelés *Pharmaques*, qui le faisaient passer par plusieurs cérémonies superstitieuses, comme de faire sur lui des aspersions de sang, de le frotter avec une espèce d'ognon, de lui faire porter au cou une sorte de collier de figues, etc. Il ne pouvait entrer dans les temples, ni assister à aucun sacrifice, qu'auparavant un pharmaque ne l'eût déclaré suffisamment purifié.

« La matière la plus ordinairement employée pour les purifications était l'eau naturelle. Celle de la mer, quand on en pouvait avoir, était préférée à toute autre; et ce n'était qu'à son défaut qu'on se servait de celle des fleuves et des fontaines : mais on avait soin d'y mettre du sel, et quelquefois du soufre. »

3° Les Musulmans disent que les purifications ont été instituées pour nettoyer le corps, en faire disparaître les souillures, et mettre ainsi l'homme en état de faire dignement ses prières, en se présentant devant son créateur avec toute la pureté qu'il exige. Elles consistent en lavages, en ablutions et en lotions, toutes relatives aux différentes espèces de souillures, dont les unes sont substantielles, et les autres non substantielles. Les premières se partagent en graves et en légères; les secondes se divisent en majeures et en mineures. *Voy.* ABDEST, GUOSL, LOTION FUNÉRAIRE, IMPURETÉS, n° 3, EAU D'ABLUTION, n° 2, etc.

4° Suivant la doctrine de Zoroastre, quand on a perdu la pureté du corps on doit en réparer la perte par des purifications. L'urine de bœuf entre dans les purifications les plus efficaces, mais elles sont toujours terminées par l'eau, précédée de la terre qui doit sécher jusqu'à la dernière goutte de l'urine qui s'est comme imprégnée de ce qu'il y a de plus fort dans la souillure. Il y a quatre sortes de purifications : la première consiste à se laver avec de l'eau les mains, les pieds et le visage; dans la seconde, on se lave tout le corps avec de l'urine de bœuf; la troisième dure neuf nuits, et ne peut être administrée que par un prêtre qui a eu des enfants; dans la quatrième, celui qui purifie, frotte sa langue avec une fleur de grenade, et dit : *Je mange cela; par là je purifie mon âme;* le patient répète ces mots, en buvant de l'urine de bœuf consacrée et bénite. l' n'y a que les purifications qui puissent effacer les souillures même involontaires. Cependant, lorsque celui qui est souillé se trouve dans l'impossibilité de pratiquer ce que la loi ordonne à ce sujet, des prières faites avec un cœur humble suppléent aux pratiques extérieures.

5° Nulle part la pratique des purifications n'est onéreuse comme chez les Hindous ; non-seulement ceux qui ont touché à un corps mort sont souillés, mais ceux mêmes qui ont assisté aux funérailles ; tous vont se plonger dans l'eau immédiatement après la cérémonie funèbre, et personne n'oserait rentrer chez soi avant de s'être ainsi purifié. La seule nouvelle du décès d'un parent, fût-il mort à cent lieues de là, produit les mêmes effets et oblige à la même purification tous les membres de la famille qui en sont informés. Il faut que la maison du défunt soit de plus purifiée par un brahmane pourohita, avec des cérémonies particulières.

Les femmes, par suite de l'accouchement ou de leurs infirmités périodiques, sont censées impures, comme chez les Juifs, et souillent tout ce qu'elles touchent. Le temps de l'impureté étant passé, elles vont se plonger dans le bain ou dans une rivière, ou bien se font verser sur là tête et sur tout le corps une grande quantité d'eau. Cependant les femmes de la secte des Linganistes, pour se purifier des mêmes souillures, se contentent de se frotter le front avec de la fiente de vache réduite en cendres, ce qui les purifie complétement.

La vaisselle contracte à peu près les mêmes souillures que chez les Hébreux, et se purifie à peu près de la même manière, c'est-à-dire qu'il suffit de laver les vases de métal ; mais ceux de terre deviennent hors d'usage et doivent être détruits. Les vêtements sont également susceptibles de contracter des souillures, excepté les étoffes de soie, et celles qui sont faites avec les fibres de certaines plantes. On les purifie en les lavant. Mais toute espèce de cuir et de peau est essentiellement impure de sa nature, et on ne peut les toucher sans se souiller soi-même.

Une multitude d'accidents peuvent rendre impur un Hindou, surtout un brahmane ; ainsi, marcher sur un os, un tesson, une guenille, un morceau de cuir, des cheveux, une feuille sur laquelle on aurait mangé, dans un endroit où l'on aurait craché ; boire après quelqu'un dans le même vase ; toucher un paria, un chien ; ouvrir une lettre fermée par un pain à cacheter qui aurait été mouillé avec de la salive ; recevoir sur ses vêtements la salive d'un autre ou la sienne propre, et mille autres choses semblables vous rendent impurs, et vous obligent à prendre un bain. Il existe des rivières et des étangs qui possèdent, pour cet usage, une efficacité toute particulière, et les Brahmanes qui en sont voisins viennent fréquemment se plonger dans leurs eaux ; quant à ceux que l'éloignement où ils en sont privé de cet avantage, ils se contentent de se baigner dans la mare ou l'étang qui est à proximité de leur habitation. Comme les occasions d'encourir des souillures sont très-fréquentes, il est rare qu'un brahmane passe un seul jour sans se baigner au moins une fois ; ceux qui veulent s'attirer l'attention et l'estime du public par une exacte observance des usages, doivent se baigner trois fois par jour.

Mais la plus grande des souillures, c'est sans contredit le péché ; tel est aussi le sentiment des Indiens ; malheureusement la plupart s'imaginent que, pour l'effacer, il suffit de recourir aux purifications extérieures. La lecture ou l'audition des védas et des pouranas, le pèlerinage à des lieux sacrés, l'aumône faite à des Brahmanes sont des bonnes œuvres très-propres à expier les péchés ; mais il est encore plus commode de se baigner tout simplement dans une rivière sacrée, quand on est à portée, ou dans une eau commune, dont un pourohita a fait de l'eau du Gange par ses rites et ses cérémonies. Cependant il y a des péchés qui exigent de boire le *pantcha-karya*, mixtion éminemment efficace, pour la rémission des plus grandes fautes ; elle se compose de cinq ingrédients provenant du corps de la vache, savoir : le lait, le caillé, le beurre liquide, l'urine et la fiente. *Voy.* PANTCHA-KARYA.

6° Plusieurs peuples anciens avaient aussi, et plusieurs religions modernes ont encore coutume de purifier par le feu ; pour cela on passe rapidement à travers des flammes, ou on expose la personne qui a des souillures à la chaleur plus ou moins intense du feu. Tels étaient les Ammonites, les Phéniciens, les Carthaginois ; tels sont encore les Parsis, les Siamois, les Pégouans, les Ostiaks, etc.

PURIFICATION DE NOTRE-DAME, fête instituée dans l'Eglise catholique en l'honneur de la sainte Vierge ; on la solennise le 2 février : le peuple l'appelle communément la *Chandeleur*, parce qu'on porte ce jour-là dans les églises des cierges bénits. On célèbre, dans cette fête, le jour auquel Marie vint offrir au Seigneur, dans le temple de Jérusalem, l'enfant Jésus, en qualité de premier-né, selon la loi de Moïse, et présenta, pour la purification, une offrande de deux pigeons ou de deux tourterelles. Les Grecs nomment cette fête *Hypapante*, ou la rencontre, parce que le saint vieillard Siméon et la prophétesse Anne se rencontrèrent dans le temple lorsque Marie s'y rendit. Quelques-uns croient que le pape Gélase, qui vivait sur la fin du v° siècle, fut le premier instituteur de cette fête, et qu'il la substitua aux lustrations que les Romains idolâtres célébraient au commencement de février, en l'honneur de la déesse Februa, ainsi qu'aux courses nocturnes qui se faisaient alors avec des flambeaux pour honorer Cérès, en mémoire de ce qu'elle avait si longtemps cherché sa fille. Ce fut pour détourner l'esprit des nouveaux chrétiens que ce pape aurait institué la solennité de la Purification. *Voy.* CHANDELEUR, PRÉSENTATION, n° 2.

PURIFICATOIRE, petite serviette de toile fine dont les prêtres se servent à l'autel, pour s'essuyer la bouche et pour purifier.

c'est-à-dire essuyer le calice. Une fois qu'il a servi, il ne peut plus être touché que par les ecclésiastiques qui sont dans les ordres sacrés, et ceux-ci doivent le passer dans trois eaux avant de le remettre dans les mains des blanchisseuses.

PURISTES ou PURS, nom que prenaient, sous la Restauration, les prêtres et les laïques qui n'avaient pas voulu adhérer au Concordat, traitant d'hérétiques ceux qui l'avaient accepté. Voy. CHAMBRISTES, BLANCHARDISTES, CONCORDAT.

PURITAINS, dénomination que l'on donna, dans la Grande-Bretagne, à tous ceux qui, rejetant la liturgie et les cérémonies anglicanes, se séparèrent sous prétexte d'établir un culte plus pur. Une secte du moyen âge, celle des Cathares, avait le même nom; en grec, καθαρός signifie *pur*, *innocent*. Cette qualité, qui en flattant l'amour-propre donnait une couleur de sainteté, augmenta leur parti, dont le premier chef, selon Selden, fut le comte de Huntingdon, petit neveu du cardinal Polus; mais quant à la dénomination, Antoine de Dominis, archevêque de Spalatro, paraît être le premier qui employa le terme de *Puritains*, que l'usage appliqua plus spécialement à une classe de sectaires opposés surtout à l'Eglise anglicane. Cette secte bannit de l'Eglise toute hiérarchie, et du culte toute espèce de luxe, musique, ornements, vêtements sacerdotaux, toute liturgie, ainsi qu'une foule de manifestations extérieures, telles que jeûnes, agenouillements, signes de croix, cérémonies, etc. Née pendant la persécution exercée par la reine Marie Tudor, cette secte commença à attirer l'attention sous le règne d'Elisabeth, et en 1566 elle déclara formellement se séparer de l'Eglise anglicane. Elisabeth poursuivit les Puritains plus sévèrement même que les catholiques, ce qui ne les empêcha pas de croître en nombre, et d'acquérir sous le règne suivant la consistance d'un parti. Bon nombre d'entre eux se réfugièrent en Amérique, où ils peuplèrent le Massachussets, fondèrent New-Plymouth, New-Haven, etc. Les Puritains se signalaient par leur exaltation républicaine, et ils jouèrent le plus grand rôle dans la double chute des Stuarts. Ils perdirent ensuite leur nom, en se distribuant sous divers chefs Indépendants, Presbytériens, Congrégationalistes, etc. Mais, dans chacune de ces sociétés issues du puritanisme, régnait une divergence d'opinions qui, successivement, modifièrent leur système. Thomas Edward, ministre à Londres, dans son livre intitulé *la Gangrène*, comptait 180 erreurs ou blasphèmes, qui, dans l'espace de trois ans, depuis 1640, avaient scandalisé l'Angleterre.

Les Indépendants, ou *nouveaux Puritains*, avaient la même doctrine que les Presbytériens, sous le nom desquels ils se cachaient souvent; mais leur régime était différent; ils portaient plus loin qu'eux les opinions démocratiques, ne voulant ni rois, ni pairs, ni seigneurs, mais en tout l'égalité. A la dénomination d'Indépendants, ils préfèrent actuellement celle de Congrégationalistes.

PUSCHKAYT, dieu des anciens Prussiens; on le regardait comme le maître des nains, qui se partageaient en deux classes: les *Barstukes*, qui résidaient sur la terre, et les *Markopètes*, qui erraient dans les airs. Puschkayt habitait sous des touffes de sureau.

PUSCHOT, appelé aussi *Zuttibor*, dieu des Slaves: il présidait aux forêts, avec Madeina et Ragaïna, ses lieutenants.

PUSÉISTES, secte nouvelle qui a pris naissance en Angleterre il y a quelques années; elle tire sa dénomination du docteur Pusey, professeur à l'université d'Oxford. Cependant les partisans de ce système rejettent le nom de *Puséistes*, et prétendent être appelés purement et simplement *catholiques*.

« En quoi consiste le puséisme? se demande l'*Oxford-Chronicle*. — Il consiste, répond cette feuille, à dire anathème au principe du protestantisme; à abandonner de plus en plus les fondements de la réforme anglicane; à déplorer la séparation de l'Eglise romaine; à regarder Rome comme notre mère, et à dire qu'elle nous a enfantés à Jésus-Christ. — Il consiste à représenter l'Angleterre comme une esclave condamnée aux fers et à un honteux travail; à dire que son enseignement se borne à bégayer des formules équivoques; à dépeindre au contraire l'Eglise de Rome comme donnant un libre cours à tous les sentiments religieux de foi, de respect, d'amour et de dévotion, et comme possédant par ses sublimes bienfaits les droits les plus sacrés à notre vénération et à notre reconnaissance. — Il consiste à dire que nos trente-neuf articles sont la production d'un siècle étranger au catholicisme; que notre liturgie est la condamnation de notre Eglise, tandis que le rituel de Rome est un trésor précieux, et son missel un riche et sacré monument des temps apostoliques. — Il consiste à déclarer que l'Ecriture n'est pas l'unique règle de la foi, mais que les révélations divines nous sont aussi proposées par la tradition orale dont l'Eglise est dépositaire, et que la Bible, sans explications ni commentaires aux ignorants, n'est pas propre ordinairement à les diriger dans l'affaire de leur salut. — Il consiste à affirmer que dans la cène, le Christ est présent sous la forme du pain et du vin; qu'il est alors personnellement et corporellement avec nous, et que le clergé a reçu le mystérieux et sublime pouvoir de changer le pain et le vin au corps et au sang du Christ. — Il consiste enfin à défendre comme légitime la prière pour les morts; à établir une différence entre un péché véniel et un péché mortel; à affirmer qu'on peut admettre l'existence d'un purgatoire, honorer les reliques, invoquer les saints, reconnaître sept sacrements, et qu'on peut ensuite en toute conscience souscrire aux trente-neuf articles de l'Eglise d'Angleterre. »

Voilà ce qu'écrivait en 1841 un journal anglican au sujet de cette nouvelle doctrine; il est certain qu'il exagère les rapports entre le puséisme et le catholicisme, bien que chacune des propositions énoncées ci-dessus soit appuyée sur des textes tirés soit des lettres soit des écrits de la secte; mais il faut considérer cette appréciation plutôt comme la tendance de cette nouvelle doctrine que comme l'expression authentique de sa croyance. Il n'en est pas moins vrai que le puséisme est un pas immense fait vers le catholicisme : parmi le grand nombre de docteurs qui ont embrassé ce nouveau système, une partie fort notable est retournée franchement au catholicisme, et les autres demeurent dans un état de suspension et d'incertitude qui n'attend qu'une occasion favorable ou une dernière lumière pour franchir le détroit qui sépare l'anglicanisme de l'Église romaine.

Il y a dix ou douze ans, plusieurs personnes sensées et cherchant sérieusement la vérité (et sans doute ce n'étaient pas les premières), se sont prises à jeter les yeux autour d'elles, et elles s'aperçurent que l'Église anglicane était, par la nature de sa constitution, seule et isolée au milieu de la grande famille chrétienne; que sa doctrine était purement locale; que de plus elle ouvrait une large voie au schisme, à la dissension, à des contentions interminables sur des points regardés cependant comme fondamentaux; que les peuples n'avaient aucune certitude de posséder la vérité, aucune assurance d'y parvenir; que les pasteurs n'avaient aucun garant de leur enseignement; que l'esprit de foi et de piété avait disparu des uns et des autres, ou plutôt qu'il n'avait jamais régné chez eux ; que les anglicans s'étaient séparés de l'Église romaine, sans pour cela satisfaire les autres communions protestantes, pour lesquelles ils étaient un sujet de honte, de dérision et de mépris; qu'en un mot l'anglicanisme était une sorte de composé hybride, qui tendait à devenir une tache flétrissante pour le nom chrétien, au lieu d'être une des plus grandes communions et des plus florissantes de toutes les Églises. Enfin elles ont considéré que l'Angleterre, en répudiant son ancienne liturgie, ses anciens catéchismes, son ancienne doctrine, n'avait pas seulement rompu avec l'Église romaine, mais avec l'Église universelle; que par conséquent c'était son propre bien qu'elle avait répudié. Ces personnes donc ont voulu remonter de deux ou trois siècles en arrière, et se reporter à l'époque de la scission, ou plutôt du changement de doctrine. Elles ont commencé par reprendre ce beau nom de *catholique*; et tout en admettant le principe de l'indépendance anglicane, elles ont cherché à se rapprocher de la foi de leurs pères (1). Mais écoutons un séculier anglican, de l'école de M. Pusey, nous définir la doctrine puséiste, dans un opuscule intitulé *Un traité de plus*.

« La doctrine catholique, dit-il (c'est-à-dire puséiste), admet que l'Église catholique est une institution spéciale fondée par Jésus-Christ et par ses apôtres, et transmise de génération en génération au moyen de certaines règles; qu'étant universelle, elle est en dehors des lois de l'espace et du temps; qu'elle se peut unir, mais par pur accident seulement, à un État politique quelconque. C'est à cette institution politique quelconque que Dieu a confié la conservation de la vérité religieuse, le soin et le gouvernement des choses spirituelles de tous les hommes baptisés dans l'Église de Jésus-Christ : tout exercice de cette juridiction de la part du pouvoir séculier est une usurpation contre laquelle on doit protester comme contre une injustice, et il faut résister par les moyens qui ne sont pas incompatibles avec la nature spirituelle de cette autorité. A ce point de vue, l'Église anglicane n'a pas son origine dans les sales passions d'Henri VIII, et dans le scepticisme de son ministre Cromwell, mais elle devient cette portion de l'Église du Christ qui fut établie en Angleterre soit sous l'autorité du patriarcat romain, soit avec quelque constitution indépendante plus ancienne. »

Les Puséistes nient que la primauté de juridiction appartienne au pontife romain; ils lui reconnaissent simplement une primauté de préséance ou d'honneur, et réduisent son autorité à celle d'un patriarche, prétendant que son patriarcat se bornait à l'Italie et aux îles voisines, et que sa juridiction ne s'était étendue sur l'Angleterre que vers le VIIe siècle. C'est pourquoi ils se regardent comme une des grandes branches de la chrétienté primitive; rejettent la qualification de protestants, parce que le protestantisme est un terme absolument négatif qui ne suppose nécessairement aucune ombre de foi, et prennent le titre de *Catholiques en Angleterre* ou *Anglocatholiques*, avec cette étrange idée que les Anglais unis avec Rome sont schismatiques; car, disent-ils, ce sont eux qui se sont retirés, ce n'est pas nous. Toutefois plusieurs parmi eux ne veulent pas rompre avec l'anglicanisme proprement dit; mais ils soutiennent et ils s'efforcent de démontrer que les trente-neuf articles de l'Église anglicane peuvent recevoir un sens catholique, et que les idées et les principes protestants ne s'y sont infiltrés que plus tard.

Nous devons considérer le puséisme comme une école plutôt que comme une religion ou une secte nouvelle, et en cette qualité nous en saluons l'apparition avec plaisir, parce que ce sera cette école peut-être qui ramènera à l'unité une grande nation qui a enfanté tant de saints, et qui était autrefois une des plus belles portions de l'Église.

PUSTER, idole des anciens Germains, que l'on découvrit dans le château de Rothembourg en Thuringe, et qui fut ensuite transportée, en 1546, dans la forteresse de Sondershausen. Elle est de bronze : sa hau-

---

(1) Le vénérable docteur Newman, aujourd'hui recteur d'une des chapelles catholiques de Londres, est un de ces nombreux savants qui ont passé de l'anglicanisme au catholicisme romain. Dans le temps qu'il était puséiste, il résumait la doctrine de cette école en une seule proposition, disant de la réforme : *Non debuit fieri, sed factum valet*. « Elle n'aurait pas dû avoir lieu; mais une fois en vigueur, elle doit rester.»

teur est de deux pieds un pouce, et elle à deux pieds et demi de circonférence. Elle paraît s'appuyer sur le genou droit, et a la main droite sur la tête, laquelle est percée d'un trou vers le sommet, et d'un autre à la bouche. Si l'on remplit en partie d'eau et en partie de matières combustibles la cavité de cette idole, et qu'après avoir exactement bouché les deux trous avec des chevilles de bois, on la pose sur le feu, on la voit, au bout de quelque temps, couverte d'une sueur universelle; après quoi, si l'on augmente le feu, les deux bouchons sont chassés avec impétuosité des ouvertures qu'ils remplissaient, et il en sort des flammes avec grand bruit. Ainsi Puster n'est autre chose qu'une sorte d'éolipyle. A l'égard de la matière, c'est une espèce de bronze, dont l'alliage est inconnu, quoiqu'on l'ait soumis à différentes épreuves chimiques, et que pour cela il en ait coûté au simulacre une partie de son bras gauche.

Il paraît que les prêtres germains se servaient de cette figure, objet du culte public, pour intimider les peuples superstitieux, et pour tirer d'eux des offrandes et des sacrifices, suivant que cette idole paraissait aux spectateurs plus ou moins irritée; ce qui dépendait uniquement des divers degrés de chaleur qu'ils savaient lui communiquer. D'abord Puster, par la sueur qui lui coulait de tout le corps, marquait une médiocre colère; mais si les assistants n'en paraissaient que médiocrement touchés, alors, à l'aide du feu que les prêtres avaient soin de redoubler, le dieu entrait en fureur, faisait entendre des mugissements, et vomissait des flammes par la bouche et par le sommet de la tête, ce qui ne manquait pas de produire l'effet qu'on en attendait, c'est-à-dire, de multiplier les offrandes que les prêtres de l'idole tournaient à leur profit.

PUTA, divinité romaine qui était invoquée pour la taille et l'émondage des arbres; son nom vient de *putare*, tailler.

PUTÉAL. Les Romains appelaient ainsi le lieu où la foudre était tombée, et qui par là devenait sacré. Le *Putéal* différait du *Bidental* en ce que la foudre s'y était enterrée comme dans un puits, *quasi in puteo*. On l'entourait d'une palissade, et l'on y élevait un autel en l'honneur de Jupiter-Fulgurateur. de Cœlus, du Soleil et de la Lune.

PYANEPSIES, fête que les Grecs célébraient en l'honneur d'Apollon, le septième jour du mois pyanepsion, correspondant à octobre et novembre. Plutarque dit que ce fut Thésée qui l'institua à son retour de Crète, lorsqu'il apprit la mort de son père. Il fit un sacrifice à Apollon de tout ce qui lui restait de fèves, les mit dans une marmite, les fit cuire, et les mangea avec ses compagnons; ce que l'on imita ensuite, en mémoire de son heureux retour. Ce fut de ces fèves cuites que la fête fut appelée *Pyanepsies*, c'est-à-dire *cuisson des fèves*. On portait à cette fête des branches d'olivier entortillées de laine, qu'on appelait *Erésiones*, et auxquelles étaient suspendus des fruits de toute sorte. On chantait un hymne en l'honneur de cette Erésione, lui demandant de produire en abondance des figues, du pain, de l'huile, du miel, du vin, etc. On suspendait ensuite ces branches aux portes des maisons et des temples, en guise d'amulettes ou de talismans contre la disette et la pauvreté.

PYLAGORE, surnom de Cérès, ainsi nommée parce que les Amphictyons, avant de se rassembler, lui offraient un sacrifice aux portes de la ville.

PYLÉES, fête que les Grecs célébraient en l'honneur de Cérès, divinité tutélaire des Thermopyles; c'était aussi le nom des sacrifices que les Amphictyons offraient à cette déesse.

PYLOTIS, surnom de Minerve, pris de l'usage où l'on était de placer son image au-dessus des portes des villes, comme celle de Mars était placée au-dessus des portes des faubourgs, pour faire comprendre que, si l'on doit faire usage des armes au dehors pour repousser l'ennemi, c'est à la sagesse de Minerve qu'il faut avoir recours dans l'intérieur des villes.

PYRAMIDES. 1° Les pyramides d'Egypte paraissent n'avoir jamais été autre chose que d'immenses mausolées; car dans toutes celles où l'on a pénétré, on a trouvé des chambres sépulcrales et des sarcophages, mais point de cadavres ni de momies, parce que ces sépultures paraissent avoir été violées il y a déjà bien des siècles. Plusieurs de ces monuments remontent à une très-haute antiquité: les pyramides de Sakkara et de Ghizé sont très-probablement antérieures non-seulement à l'invention de l'écriture, mais même à la peinture alphabétique, car les parois n'en offrent pas la moindre trace, contrairement à l'habitude constante des Egyptiens dans tous les monuments postérieurs. Elles sont certainement les plus anciens ouvrages sortis de la main des hommes. Des savants modernes ont supposé qu'elles pouvaient bien avoir été bâties à une époque antédiluvienne. Les Orientaux abondent dans ce sens, car ils disent qu'elles ont été construites, longtemps avant le déluge, par une nation de géants, dont chacun transportait, des carrières sur le chantier, une pierre de 20 à 25 pieds de longueur.

2° Quelques peuples païens attribuent quelque chose de divin à la forme pyramidale. Plusieurs idoles chinoises ne sont autre chose que des pyramides appelées *Chin* ou esprits. Elles sont extrêmement redoutées; et lorsque les Chinois veulent s'assurer d'un esclave, ils le conduisent devant une de ces pyramides, à laquelle ils offrent du vin et quelques autres présents. Ils lui confient ensuite la garde de l'esclave, et prient l'idole de le faire dévorer par les tigres, s'il prend la fuite. Cette cérémonie en impose à l'esclave, et il est rare qu'il ose s'enfuir, quelque dur que soit son maître.

3° Les temples des Siamois, des Birmans, des Pégouans et de plusieurs autres peuples bouddhistes affectent la forme pyramidale. La grande chapelle de Gautama à Rangour est surmontée d'une pyramide dorée, haute de 338 pieds anglais; autour d'elle se dressent en aiguilles une foule de phras ou petites pagodes flanquées de figures monstrueuses, semblables aux sphinx d'Egypte, et qui ont des têtes d'hommes ou d'animaux.

4° Tous les édifices consacrés aux divinités mexicaines formaient des pyramides tronquées. C'était sur leur sommet que les Mexicains plaçaient les statues de leurs divinités, couvertes de minces lames d'or, et dont les figures gigantesques et monstrueuses rappellent de la manière la plus frappante les idoles de l'Inde et de la Tartarie.

5° Les indigènes de la Virginie élevaient souvent des pyramides et des colonnes de pierre, qu'ils peignaient et qu'ils ornaient suivant leur goût. Ils leur rendaient toutes les marques extérieures d'un culte religieux, non pas cependant comme à des divinités réelles, mais comme à des symboles sacrés de l'Etre souverain.

PYRAMOUS, gâteau fait de miel et de farine de blé (πυρός) que les Grecs donnaient en récompense à celui qui, dans les fêtes nocturnes appelées *Charisies*, pouvait le plus longtemps se défendre du sommeil.

PYRANISTES, une des quatre espèces d'êtres intermédiaires que les anciens admettaient entre l'homme et la brute. Ils les dépeignaient grêles et allongés comme la flamme, et c'est en cette forme qu'ils prétendaient les voir apparaître le long des chemins. Leur nom vient de πῦρ, le *feu*: c'est ce que les modernes ont appelé *ardents* ou *feux follets*.

PYRÉES (du grec πῦρ, *feu*). Ce nom signifie *temples du feu*; il convient à tous les édifices consacrés à rendre à cet élément un culte quelconque, mais on l'emploie principalement pour désigner les temples des anciens Perses et des Parsis modernes, appelés dans leur langue *Atesch-gâh* ou *Atesch-kedeh*, lieux du feu, ou maisons du feu.

1° Les premiers Perses n'avaient point de temples, parce qu'ils ne les croyaient pas dignes de la majesté divine: ils accomplissaient les cérémonies de leur culte sous la voûte du ciel, au sommet des montagnes, et le feu sacré brûlait sur la terre nue; plus tard ce fut sur un autel que l'on nomma *Dadgâh*, lieu de justice. Ce fut sans doute lorsqu'ils voulurent conserver ce feu et l'empêcher de s'éteindre qu'ils commencèrent à construire des temples. D'autres disent que ce fut Zoroastre qui, le premier, éleva des *Atesch-gâh* ou Pyrées. Le dôme de ces temples, tout en préservant le symbole révéré des injures des saisons, devait représenter le firmament. Il reposait seulement sur des colonnes qui permettaient à l'air de circuler librement, et de répandre au loin les influences de la flamme divine. Maintenant il y a peu de Pyrées en Perse, ou bien ils ne diffèrent en rien des autres maisons; car les Musulmans ne les toléreraient pas; ils regardent ce culte comme idolâtrique; mais il y en a un assez grand nombre à Bombay et dans plusieurs autres contrées de l'Hindoustan, où les Parsis jouissent d'une liberté complète et même d'une certaine considération.

2° Près de Bakou, dans le Caucase, il y a des Pyrées qui sont sans doute les sanctuaires les plus anciens et les plus révérés; car là brûle un feu naturel qui n'est point entretenu ni alimenté par la main des hommes; mais il est produit par des vapeurs de naphte qui s'échappent des entrailles du sol à la faveur d'issues qu'on leur a ménagées. Mais il paraît que c'est une colonie d'Hindous et non de Persans qui s'est établie dans ce lieu sacré. *Voy.* BAKOU. (*Feu perpétuel de*).

3° Plusieurs des *Bamoth*, des Syriens et des Juifs idolâtres, peut-être aussi les *Khamanim* dont il est parlé dans la Bible, les *Nur-gal* des Cuthéens, les *Nur-hag* de la Sardaigne, les *Téocalli* des Mexicains, les monticules artificiels ou naturels des Irlandais, et sans doute les *Dolmens* des Gaulois, étaient autant de Pyrées. Dans les uns on entretenait un feu perpétuel, et dans les autres on en allumait occasionnellement pour les cérémonies du culte.

PYRÈNE, déesse adorée par les anciens Celtes: elle avait un temple sur les confins des Gaules et de l'Espagne. On croit qu'elle a donné son nom à la chaîne des Pyrénées. Cette déesse est confondue avec Vénus.

PYROLATRIE, culte du feu, pratiqué par les disciples de Zoroastre et par plusieurs autres peuples.

PYROMANCIE, divination par le moyen du feu. Il y avait chez les anciens différentes méthodes d'exercer la pyromancie; en voici les principales d'après le Dictionnaire de Noël:

Tantôt on jetait sur le feu de la poix en poudre, et si elle s'allumait promptement, on en tirait un bon augure. Tantôt on allumait des flambeaux enduits de poix, et l'on observait la flamme: si elle se réunissait et ne formait qu'une seule pointe, on augurait bien de l'événement sur lequel on consultait; si, au contraire, elle se partageait en deux, ce signe devait être pris en mauvaise part; mais quand elle montrait trois pointes, c'était le présage le plus favorable. Si elle s'écartait à droite ou à gauche, on en concluait la mort pour un malade, et des maladies pour ceux qui n'en étaient point encore attaqués. Le pétillement annonçait des malheurs; et l'extinction, les dangers les plus affreux. Quelquefois on jetait une victime dans le feu, et l'on s'attachait à considérer la manière dont il l'environnait et la consumait, si la flamme formait une pyramide ou si elle se divisait. En un mot, la couleur, l'éclat, la direction, la lenteur ou la vivacité de cet élément dans les sacrifices, tout était matière à observation et à prophétie. On attribuait l'origine de cette espèce de pyromancie au devin Amphiaraüs, qui périt au siége de Thèbes; d'autres la rapportent aux Argonautes. Dans quelques occasions, on ajoutait au feu d'autres matières. Par exemple, on prenait un vase plein d'urine, dont l'orifice était bouché avec un tampon de laine; on examinait de quel côté le vase crevait, et alors on réglait les augures. D'autres fois on le prenait en observant le pétillement de la flamme ou de la lumière d'une lampe. Il y avait à Athènes, dans le temple de Minerve Poliade, une lampe continuellement allumée, entretenue par des vierges, qui observaient exactement tous les mouvements de sa flamme. Mais ceci se rapporte plus directement à la lampadomancie ou lychnomancie.

Quelques écrivains mettent au nombre des différentes espèces de pyromancie la coutume qu'avaient certains peuples orientaux de faire passer leurs enfants par le feu en l'honneur de Moloch.

Delrio y comprend aussi la superstition de ceux qui examinent les symptômes des feux allumés la veille de Saint-Jean-Baptiste, et la coutume de danser à l'entour ou de sauter par-dessus, pour être préservé de maladie. Il ajoute que les Lithuaniens pratiquaient encore de son temps une espèce de pyromancie. « Pour connaître, dit-il, quelle sera l'issue d'une maladie, ils mettent le malade devant un grand feu. Si l'ombre formée par son corps est droite et directement opposée au feu, c'est, selon eux, un signe de guérison; si au contraire elle paraît de côté, ils désespèrent du malade, et le tiennent pour mort.

Enfin on peut rattacher à la pyromancie certaines superstitions qui ont cours encore parmi certains chrétiens ignorants et peu instruits, concernant la bûche de Noël ou les tisons arrachés du feu de Saint-Jean, et celle des gens qui, assistant à la bénédiction nuptiale, examinent comment brûlent les cierges des deux époux, et croient que celui-là mourra le premier dont le cierge s'est consumé plus rapidement, etc.

PYRONIE. Diane avait, sous ce nom, un temple sur le mont Crathis. Les Argiens allaient y chercher du feu pour leurs fêtes de Lerne.

PYROPHORES. C'étaient, chez les Grecs, des hommes qui marchaient à la tête des armées et tenaient dans leurs mains des vases remplis de feu, comme le symbole d'une chose sacrée. Ils étaient si respectés, que c'eût été un grand crime, même aux ennemis, de les attaquer.

PYTHAGORICIENS, secte philosophique qui faisait profession de suivre la doctrine de Pythagore, fondateur de l'école italique, qui naquit à Samos, six siècles avant Jésus-Christ. Vers l'an 540, il s'établit à Crotone en Italie, où il fonda son école et se vit bientôt environné d'une foule de disciples. Il en forma une sorte de congrégation ou d'institut moral et politique : on n'y était admis qu'après un long noviciat ; les aspirants étaient soumis à diverses épreuves, entre autres à un silence de plusieurs années. Les Pythagoriciens menaient la vie la plus frugale, et s'abstenaient de la chair des animaux, Pythagore exerçait sur ses disciples un empire absolu et en obtenait une foi aveugle. Quand on leur demandait raison de leurs dogmes, ils se contentaient de répondre : Le maître l'a dit. Pythagore passe pour avoir substitué au nom de sage (σοφός), qu'avaient porté ses devanciers, le nom plus modeste de philosophe, ou ami de la sagesse. Il embrassa toutes les sciences connues de son temps, et cultiva surtout avec le plus grand succès les sciences mathématiques, l'arithmétique, la géométrie, l'astronomie et la musique; il fit plusieurs découvertes, entre autres celle de la fameuse démonstration du carré de l'hypoténuse. La considération assidue des rapports mathématiques le conduisit à un système universel, dans lequel il donne les nombres pour principes des choses : les nombres ont en eux-mêmes pour principe l'unité ou la monade : les dix premiers nombres ont chacun des vertus merveilleuses, surtout le nombre 10 ou la décade. Dieu est l'unité absolue et primordiale, la monade des monades : l'âme est un nombre qui se meut lui-même ; le monde est un tout harmonieusement ordonné (κόσμος, mundus) : le soleil en est le centre, et les autres corps célestes se meuvent autour de lui en formant une musique divine. Le bien moral est l'unité, le mal la diversité, la justice est l'égalité. Pythagore enseignait la métempsycose, dogme qu'il avait pris en Égypte ou qu'il avait tiré de l'Inde, et c'est pour ce motif qu'il proscrivait l'usage des viandes ; il prétendait, dit-on, se souvenir d'avoir existé autrefois dans le corps d'Euphorbe, qui assista au siége de Troie. Au reste, on ne sait rien de bien certain sur les vraies doctrines de Pythagore, parce qu'on n'a aucun écrit de lui. On a sous son nom des préceptes moraux, connus sous le titre de *Vers dorés*, qui paraissent être d'une époque fort postérieure. Sa mort eut lieu vers l'an 504 avant J.-C.

PYTHIE, nom que les Grecs donnaient à la prêtresse de l'oracle d'Apollon à Delphes.

Dans les commencements de la découverte de l'oracle de Delphes, plusieurs frénétiques s'étant précipités dans l'abîme, on chercha les moyens de remédier à un pareil accident. On dressa sur le trou une machine qui fut appelée *trépied*, parce qu'elle avait trois montants sur lesquels elle était posée ; et l'on commit une femme pour monter sur le trépied, d'où elle pouvait, sans aucun risque, recevoir l'exhalaison prophétique.

On éleva d'abord à ce ministère de jeunes filles encore vierges, à cause de leur pureté, et parce qu'on les jugeait plus propres, dans un âge tendre, à garder les secrets des oracles. On prenait beaucoup de précaution dans le choix de la Pythie. La première condition, comme nous venons de le dire, était qu'elle fût jeune et vierge, et qu'elle eût l'âme aussi pure que le corps. Il fallait de plus qu'elle fût née légitimement, qu'elle eût été élevée simplement, et que cette simplicité parût dans ses habits. « Elle ne connaissait, dit Plutarque, ni essences, ni tout ce qu'un luxe raffiné a fait imaginer aux femmes. Elle n'usait ni du cinnamome, ni du laudanum. Le laurier et les libations de farine d'orge étaient tout son fard. » On la cherchait ordinairement dans une maison pauvre, où elle eût vécu dans l'obscurité et dans une ignorance entière de toutes choses. On la voulait telle que Xénophon souhaitait que fût une jeune épouse lorsqu'elle entrait dans la maison de son mari, c'est-à-dire qu'elle n'eût jamais rien vu ni entendu ; pourvu qu'elle sût parler, et c'était ce que le dieu lui dictait, elle en savait assez. La coutume de choisir les Pythies jeunes dura très-longtemps ; mais une Pythie extrêmement belle ayant été enlevée par un Thessalien, on fit une loi qu'à l'avenir on n'élirait, pour monter sur le trépied, que des femmes qui eussent passé cinquante ans ; et, afin de conserver la mémoire de l'ancienne pratique, on les habillait comme de jeunes filles, quel que fût leur âge.

Dans les commencements, il n'y eut qu'une seule Pythie ; dans la suite, lorsque l'oracle fut tant à fait accrédité, on en élut une seconde pour monter sur le trépied alternativement avec la première, et une troisième pour la remplacer en cas de mort ou de maladie. Enfin, dans la décadence de l'oracle, il n'y en eut plus qu'une, encore n'était-elle pas fort occupée. La P.ythie ne rendait ses oracles qu'une fois l'année : c'était vers le commencement du printemps. Elle se préparait à ses fonctions par plusieurs cérémonies. Elle jeûnait trois jours, et, avant de monter sur le trépied, elle se baignait dans la fontaine de Castalie. Elle avalait aussi une certaine quantité d'eau de cette fontaine, parce qu'on croyait qu'Apollon lui avait communiqué une partie de sa vertu. Après cela on lui faisait mâcher des feuilles de laurier cueillies encore près de cette fontaine. Ces préambules achevés, Apollon avertissait lui-même de son arrivée dans le temple, qui tremblait jusque dans ses fondements. Alors les prêtres conduisaient la Pythie et la plaçaient sur le trépied. Dès que la vapeur divine commençait à l'agiter, on voyait ses cheveux se dresser, son regard devenir farouche, sa bouche écumer, et un tremblement subit et violent s'emparer de tout son corps. Dans cet état, elle faisait des cris et des hurlements qui remplissaient d'une sainte frayeur tous ceux qui étaient présents. Enfin, ne pouvant plus résister au dieu qui l'agitait, elle s'abandonnait à lui, et proférait par intervalles quelques paroles mal articulées, que les prêtres recueillaient avec soin ; ils les arrangeaient ensuite, et leur donnaient, avec une forme métrique, une liaison qu'elles n'avaient pas en sortant de la bouche de la Pythie. L'oracle prononcé, on la retirait du trépied, pour la conduire dans sa cellule, où elle demeurait plusieurs jours pour se remettre de ses fatigues. Souvent, dit Lucain, une mort prompte était le prix ou la peine de son enthousiasme. Les souverains trouvaient le moyen de se faire rendre des oracles favorables. Cléomène, roi de Sparte, et, avant lui, les Alcméonides, avaient corrompu la Pythie en lui donnant de l'argent.

PYTHIEN, surnom donné à Apollon, en mémoire de sa victoire sur le serpent Python. D'autres le font dériver de Pytho, ancien nom de Delphes.

PYTHIQUES, jeux que l'on célébrait à

Delphes en l'honneur d'Apollon Pythien. Les Amphictyons avaient dans ces jeux le titre de juges ou d'agonothètes. On les célébra d'abord tous les huit ans ; mais dans la suite ce fut tous les quatre ans, en la troisième année des Olympiades, en sorte qu'ils servirent d'époque aux habitants de Delphes. Dans les commencements, ces jeux ne consistaient qu'en des combats de chant et de musique. Le prix était décerné à celui qui avait fait le chant le bel hymne ou l'honneur du dieu, pour avoir délivré la terre du monstre qui la désolait. Plus tard on y introduisit les autres exercices du pancrace, tels qu'ils étaient aux jeux olympiques. Pausanias rapporte que les jeux Pythiques eurent pour instituteur Jason, ou Diomède, roi d'Étolie, et pour restaurateur le brave Eurylochus de Thessalie, à qui sa valeur et ses exploits acquirent le nom de nouvel Achille. Ce renouvellement des jeux Pythiens eut lieu dans la troisième année de la quarante-huitième olympiade, 584 ans avant J.-C.

PYTHON, serpent monstrueux qui apparut sur la terre, lorsque les eaux du déluge de Deucalion se retirèrent, et choisit pour demeure le Parnasse. Apollon le tua à coups de flèches. La ville voisine en prit le nom de *Pytho* ; c'est celle qui fut depuis appelée Delphes, et les jeux qu'on y célébra furent appelés *Pythiques*. On donne à Python pour enfants la Gorgone, l'Hydre de Lerne, etc. Le serpent Python représente sans doute l'humidité de la terre après le déluge, et les miasmes malfaisants qui sortaient des marécages ; en effet, πύθω signifie en grec *se putréfier*. Apollon, vainqueur de Python, est le soleil dont les rayons absorbèrent l'humidité du sol. Nous préférons cette explication à celle qui représente un brigand qui fut tué par Apollon, parce qu'il empêchait le concours des pèlerins qui venaient sacrifier à Delphes. Les mythologues rapportent plusieurs fables sur son compte.

PYTHONISSE. Les Grecs donnaient ce nom, qui est synonyme de celui de Pythie, à toutes les femmes qui faisaient métier de prédire l'avenir et de révéler les choses cachées, parce qu'ils les supposaient inspirées par Apollon Pythien, dieu de la divination. La fameuse devineresse d'Endor, qui, la veille de la bataille de Gelboé, évoqua devant Saül l'ombre de Samuel, est très-connue sous le nom de pythonisse d'Endor.

PYTHONS. Les Grecs appelaient de ce nom les démons par l'inspiration desquels on prédisait l'avenir : tel était celui qui rendait les oracles à Delphes, et celui qui possédait la Pythonisse d'Endor. Ce nom est quelquefois donné aux personnes qui parlaient et agissaient sous l'influence de cet esprit.

PYXIDE, nom d'une espèce de tourelle à jour, placée ordinairement au-dessus du maître-autel des anciennes églises, et qui servait à renfermer la sainte hostie contenue dans le ciboire. Ces instruments, quelquefois très-élégants et très-riches, ont disparu à peu près partout.

FIN DU TROISIÈME VOLUME.

www.ingramcontent.com/pod-product-compliance
Lightning Source LLC
Chambersburg PA
CBHW061956300426

44117CB00010B/1358